H. H. Sambraus · A. Steiger

Das Buch vom Tierschutz

Das Buch vom Tierschutz

Herausgegeben von
Hans Hinrich Sambraus
und **Andreas Steiger**

Bearbeitet von
61 Fachwissenschaftlern

182 Abbildungen, 55 Tabellen

 Ferdinand Enke Verlag Stuttgart 1997

Prof. Dr. med. vet. Dr. rer. nat. **Hans Hinrich Sambraus**
Lehrgebiet für Tierhaltung und Verhaltenskunde
Technische Universität München
D-85350 Freising-Weihenstephan

Prof. Dr. med. vet. **Andreas Steiger**
Breitenrain 64
CH-3032 Hinterkappelen

Die Deutsche Bibliothek – CIP-Einheitsaufnahme

Das Buch vom Tierschutz : mit 55 Tabellen / hrsg. von
Hans Hinrich Sambraus und Andreas Steiger.
Bearb. von 61 Fachwiss.
– Stuttgart : Enke, 1997
   ISBN 3-432-29431-X

Das Werk, einschließlich aller seiner Teile, ist urheberrechtlich geschützt. Jede Verwertung ist ohne Zustimmung des Verlages außerhalb der engen Grenzen des Urheberrechtsgesetzes unzulässig und strafbar. Das gilt insbesondere für Vervielfältigungen, Übersetzungen, Mikroverfilmungen und die Einspeicherung und Verarbeitung in elektronischen Systemen.

© 1997 Ferdinand Enke Verlag, P.O. Box 30 03 66, D-70443 Stuttgart – Printed in Germany
Umschlaggestaltung: Schlotterer & Partner, D-80469 München
Satz: Schröders Agentur, D-14199 Berlin
Druck: betz-druck, D-64291 Darmstadt
Filmsatz: 9/12 p ZapfCalligraph, PC   6 5 4 3 2 1

Preface

We are completely dependent on animals. We make them work for us, and wie need them to work and fertilise the soil. We use them for food. We use them in many experimental ways to make our lives longer, safer and more satisfying. We use them for clothes and furnishings. We use them to carry us, for companionship and in a wide variety of entertainments. We kill them needlessly and cruelly in the name of 'sport' and 'religious tradition'. It is a sobering thought that although we are totally reliant on animals, the animal kingdom could survive without us.

This very reliance on animals should increase our feeling of responsibility but instead we often use them with unquestioning arrogance. This timely book will contribute greatly to giving people a better understanding of the animals they are using and cause them to think more deeply about what they are doing, even perhaps to abandon 'traditions' which are unacceptable in the light of present day knowledge.

When the English edition of my book *Animal Machines* was published in 1964, the UK Ministry of Agriculture held a Press Conference to answer the questions it raised. Their Chief Scientist made the comment that "merely to deprive animals of light, pasture and exercise ... did not, in his opinion, cause suffering." I would like to think that, thirty three years on, such a statement would be unthinkable, but I am not entirely convinced that this is so.

The Ministry was forced to take action and within six weeks a Technical Committee of Enquiry was set up under the Chairmanship of Professor Rogers Brambell. The Committee published its Report in 1965. For the first time a government committee faced the issue of where the line should be drawn in our use of animals: *"In principle, we disapprove of a degreee of confinement which necessarily frustrates most of the major activities which make up its natural behaviour"*. For the first time also, animal behaviour was stressed as an important component of welfare. The Committee made recommendations for immediate change that were based on what it considered to be absolute minima to prevent actual suffering: *"An animal should at least have sufficient freedom of movement to be able, without difficulty, to turn around, groom itself, get up, lie down and stretch its limbs"*. These minima became known as the 'five freedoms' but, to the dismay of members of the Committee, instead of being regarded as minima for immediate implementation, they became an ideal to aim for in the future. It is a matter of great shame that thirty three years on there are still millions of animals throughout Europe – and indeed the world – for whom we still deny these minimum requirements.

The *Brambell Report* was taken less seriously in Britain than in other European countries. In 1972 a new Animal Protection law was drawn up in Germany, which laid down that the Act *"shall serve to protect the life and well-being of the* animal", 'well-being' defined in the Explanatory Text as *"being based on the normal vital functions developing and proceeding undisturbed in a manner which does justice to the animal's behaviour"*. The Council of Europe drew heavily on both the Brambell Report and this Act when drafting the *Convention for the Protection of Animals kept for Farming Purposes,* open for signature in 1976. Its Article 3 sets the tone *"Animals shall be housed and provided with food, water and care in a manner which ... is appropriate to their physiological and ethological needs ..."*. These are both high sounding statements of intent, but they have been only partially observed in the face of commercial pressure. Perhaps it is to Switzerland, its government and its people, to whom we should look for leadership in the practice of animal welfare.

Although at government and intergovernmental level, progress in animal welfare is painfully slow, much has been achieved. This progress has come from a variety of sources. From scientists who have explored the biological needs of animals and suggested ways of meeting them. From progressive farmers, zoo directors, researchers and other keepers of animals who have developed enriched systems with which they feel happier. From animal protection societies who have alerted members of the public to poor conditions and pressed for change. Finally, and perhaps most importantly, from commercial firms, including supermarket chains, who have responded to public pressure and have seen commercial advantage in setting and advertising their own standards – each trying to outdo its rivals!

But widespread improvement must ultimately depend on *an informed popular culture and the realisation that we have an individual responsibility towards the animals in our care,* restraint in purchasing, a willingness to make an extra effort and, where necessary, to pay a little more if this is needed for animal welfare.

The European Union has at last agreed that animals are actually 'sentient beings'! Will this, I wonder, lead its member states to improve animal welfare despite commercial pressure?

July 1997

Ruth Harrison

Geleitwort

Wir sind angewiesen auf die Tiere. Wir lassen sie für uns arbeiten, und wir brauchen sie, um für uns zu arbeiten und unseren Boden zu düngen. Wir benutzen sie als Nahrungsmittellieferanten. Wir verwenden sie in verschiedenster Weise als Versuchstiere, um unser Leben zu verlängern, es sicherer und zufriedener zu gestalten. Wir benutzen sie zur Herstellung von Kleidung und Mobiliar. Sie dienen uns zum Transport, als Lebensgefährten und bei vielen Freizeitbeschäftigungen. Wir töten sie unnötig und grausam unter dem Deckmantel „Sport" oder „religiöse Traditionen". Es ist ein ernüchternder Gedanke, daß Tiere ohne uns überleben könnten, während wir vollständig von ihnen abhängig sind.

Genau diese Abhängigkeit von den Tieren sollte unser Verantwortungsgefühl eigentlich stärken, aber statt dessen bedienen wir uns ihrer oft mit blinder Rücksichtslosigkeit. Dieses notwendige Buch wird einen großen Beitrag dazu leisten, den Menschen ein besseres Verständnis der Tiere zu vermitteln und sie dazu bringen, genauer darüber nachzudenken, was sie tun, vielleicht sogar Gewohnheiten aufzugeben, die beim derzeitigen Wissensstand nicht mehr zu vertreten sind.

Als 1964 mein Buch „Animal Machines" in Großbritannien erschien, berief das britische Landwirtschaftsministerium eine Pressekonferenz ein, um die aufgeworfenen Fragen zu beantworten. Sein wissenschaftlicher Vorstand erklärte, daß „den Tieren nur das Licht, den Weidegang und die Möglichkeit zu körperlicher Bewegung zu nehmen ... seiner Meinung nach, kein Leiden verursache". Ich würde gerne glauben, daß dreiundreißig Jahre später eine solche Behauptung undenkbar wäre, aber ich bin nicht sehr überzeugt davon.

Das britische Landwirtschaftsministerium war gezwungen in Aktion zu treten. Innerhalb von sechs Wochen wurde ein Technischer Untersuchungsausschuß unter dem Vorsitz von Professor Rogers Brambell einberufen. Der Ausschuß veröffentlichte seine Ergebnisse 1965 im *Brambell-Report*. Zum ersten Mal stellte sich ein Regierungsausschuß dem Problem, wo in unserem Umgang mit Nutztieren die Grenze zu ziehen wäre: „Prinzipiell lehnen wir einen Grad der Einschränkung ab, der gezwungenermaßen die wichtigsten Aktivitäten unterdrückt, durch die ihr natürliches Verhalten bestimmt ist." Ebenfalls zum ersten Mal wurde das Verhalten der Tiere als ein wichtiges Merkmal ihres Wohlbefindens betont. Der Ausschuß empfahl sofortige Änderungen im Sinne absoluter Mindestanforderungen, um Leiden tatsächlich zu verhindern: „Ein Tier sollte zumindest ausreichend Bewegungsmöglichkeiten haben, um sich ohne Schwierigkeiten umdrehen, aufstehen, niederlegen, Körperpflege betreiben und seine Extremitäten ausstrecken zu können." Diese Mindestanforderungen wurden als die „fünf Freiheiten" bekannt, aber zum Mißfallen der Ausschußmitglieder wurden sie, statt als Minima angesehen zu werden, die sofort erfüllt werden sollten, zum Ideal, das man in der Zukunft anstreben wollte. Es ist beschämend, daß es nach dreißig Jahren immer noch Millionen von Tieren in der ganzen Welt gibt, denen wir diese Mindestanforderungen weiterhin verweigern.

Der Brambell-Report wurde in Großbritannien weniger ernst genommen als in anderen europäischen Ländern. In Deutschland wurde 1972 ein neues Tierschutzgesetz erlassen, dessen Zweck es war, das Leben und Wohlbefinden des Tieres zu schützen. „Wohlbefinden" wird in den Erläuterungen definiert als „ausgehend davon, daß die normalen Lebensfunktionen ungehindert entwickelt und ausgeführt werden können, wie es dem Verhalten des Tieres entspricht". Der Europäische Rat griff sowohl auf den Brambell-Report als auch auf dieses Gesetz zurück, als er 1976 die „Konvention zum Schutz der landwirtschaftlichen Nutztiere" entwarf. Ihr Artikel 3 lautet „Tiere sollen so untergebracht, mit Futter und Wasser versorgt und gepflegt werden ... wie es ihren physiologischen und ethologischen Bedürfnissen entspricht...". Das sind hochtrabende Absichtserklärungen, aber angesichts kommerzieller Zwänge wurden sie nur teilweise umgesetzt. Vielleicht ist es die Schweiz, ihre Regierung und ihr Volk, die wir im praktizierten Tierschutz als führend betrachten sollten.

Obwohl auf Regierungsebene und supranational der Fortschritt im Tierschutz schmerzlich langsam vonstatten geht, ist schon viel erreicht worden. Diesen Fortschritt haben wir vielen zu verdanken: Wissenschaftlern, die die biologischen Bedürfnisse von Tieren erforscht haben und Wege vorschlugen, diesen gerecht zu werden; fortschrittlichen Landwirten, Zoodirektoren und anderen Menschen, die Tiere halten und verbesserte Haltungssysteme entwickelt haben, mit denen sie selbst zufriedener sind. Den Tierschutzorganisationen, die die Öffentlichkeit auf schlimme Zustände aufmerksam gemacht und konsequent auf Änderung gedrängt haben. Schließlich, und das ist vielleicht am wichtigsten, den Firmen, einschließlich der Supermarktketten, die auf den öffentlichen Druck reagiert und einen wirtschaftlichen Vorteil darin gesehen haben, ihre eigenen Standards zu erstellen und dafür zu werben – jeder möchte seine Konkurrenten übertreffen!

Aber Verbesserung auf breiter Ebene muß letztendlich auf einer *informierten Öffentlichkeit und der Einsicht beruhen, daß wir eine individuelle Verantwortung gegenüber den Tieren in unserer Obhut haben:* Einschränkungen beim Einkauf, die Bereitschaft zu einer zusätzlichen Anstrengung und, wo es nötig ist, ein bißchen mehr zu bezahlen, wenn es dem Wohlergehen der Tiere dient.

Die Europäische Union hat jetzt endlich beschlossen, daß Tiere zweifellos „empfindungsfähige Lebewesen" sind. Ich frage mich allerdings, wird das ihre Mitgliedstaaten dazu bringen, den Tierschutz auch gegen wirtschaftliche Interessen durchzusetzen?

Juli 1997

Ruth Harrison

Vorwort

Seit dem Erscheinen der „Tierschutzpraxis" von K. Drawer und K.J. Ennulat im Gustav Fischer Verlag 1977 sind zwei Jahrzehnte vergangen. In der Zwischenzeit ist im Bereich Tierschutz europaweit viel geschehen und das Verständnis für Tierschutzfragen insgesamt sehr gewachsen. Öffentlichkeit, Medien, Einzelpersonen verschiedener Herkunft, namentlich in den Bereichen der Politik, der Tierschutzorganisationen, der Forschung und der Tierhaltung, nehmen vermehrt kritisch Stellung zu Tierschutzfragen. In zahlreichen Ländern sind nationale Tierschutzgesetze eingeführt oder bestehende Regelungen überarbeitet und verschärft worden. Auch in der EU in Brüssel und im Europarat in Straßburg bilden Tierschutzfragen ein laufend zu behandelndes Thema. Die Haltung landwirtschaftlicher Nutztiere, europaweite Tiertransporte und die Tierversuche stehen häufig im Brennpunkt des Interesses, doch beschäftigen auch andere und neue Tierschutzprobleme, z. B. im Pferdesport, bei der Schlachtung, in Tierzucht und Gentechnologie und in der Heimtierhaltung, die Öffentlichkeit und Fachkreise. Stets kommen neue Tierschutzprobleme auf. Die Wissenschaft, namentlich die Verhaltensforschung und die Forschung über Alternativmethoden für Tierversuche, haben in den vergangenen Jahrzehnten Wesentliches zu Tierschutzfragen beigetragen.

Es schien angezeigt, ein aktuelles, wissenschaftlich fundiertes Buch über den Tierschutz herauszugeben. Die Herausgeber haben die Herausforderung gerne angenommen und sich bemüht, kompetente Autorinnen und Autoren in erster Linie aus Deutschland, der Schweiz und Österreich, vereinzelt auch aus anderen Ländern zu gewinnen und dabei auch jüngere Fachleute beizuziehen.

Das Buch soll dem heutigen Stand eines modernen Tierschutzes entsprechen, auf die praktische Arbeit im Tierschutz ausgerichtet sein und die Haupt- und weitgehend auch Randbereiche des Tierschutzes auf wissenschaftlicher Grundlage sachlich, allgemeinverständlich, differenziert und ausgewogen behandeln. Die Meinungen über Tierschutzfragen sind indessen häufig kontrovers. Es ist deshalb nicht vermeidbar, daß die Ausführungen in den einzelnen Kapiteln nicht stets die Zustimmung jeder Leserin und jeden Lesers finden werden. Den einen werden einzelne Darstellungen zu wenig, den anderen zu stark tierschutzfreundlich sein.

Herausgeber und Lektor danken allen Mitarbeiterinnen und Mitarbeitern für ihre kompetente Mitwirkung. Ein besonderer Dank seitens der Herausgeber gilt Herrn Dr. Dr. Roland Itterheim für seinen steten sachkundigen Einsatz seit Beginn der Arbeiten und Frau Dr. Ulrike Arnold vom Enke Verlag für ihr engagiertes, aktives Mitwirken.

Große Denker und Staatsmänner haben sich seit jeher für den Schutz der Tiere eingesetzt. Mahatma Gandhi, indischer Freiheitskämpfer (1869-1948), vertrat die Auffassung, daß man die Größe einer Nation nach der Art beurteilen kann, wie sie mit Tieren umgeht. Theodor Heuss, deutscher Bundespräsident (1884-1963), hielt es für eine der blamabelsten Angelegenheiten, daß das Wort „Tierschutz" überhaupt geschaffen werden mußte. Albert Schweitzer, Theologe, Musiker und Tropenarzt (1875-1965), betonte, daß Mitleid gegen die Tiere auf dem Boden einer allgemeinen Ehrfurcht vor allem, was Leben ist, erscheinen muß, ansonsten sei es unvollständig und unbeständig.

Das Werk möge eine breite, interessierte und kritische Leserschaft finden und zu einem sachlichen, modernen Tierschutzverständnis beitragen. Es soll in kontroversen Tierschutzfragen auch einen konstruktiven Dialog unter Interessierten in Tierhaltung, Forschung, Tierschutz, Behörden, Politikern und Öffentlichkeit fördern. Es helfe letztlich aber insbesondere jenen, denen es gewidmet ist: den TIEREN!

München
Jena
Bern
September 1997

Prof. Dr. Dr. Hans Hinrich Sambraus
Dr. Dr. Roland Itterheim
Prof. Dr. Andreas Steiger

Autorenverzeichnis

Althaus, Thomas, Dr. phil. nat.
Bundesamt für Veterinärwesen
Sektion Artenschutz
Schwarzenburgstrasse 161
CH-3003 Bern

Bartussek, Helmut, Prof. Dr. techn.
Bundesanstalt für alpenländische
Landwirtschaft
Gumpenstein
A-8952 Irdning

Berg, Kåre, M. D., Ph. D.
Professor of Medicine
Institute of Medical Genetics
University of Oslo
Ullevål University Hospital
Kirkeveien 166
N-0407 Oslo

Bernatzky, Günther, Univ.-Doz., Dr. phil.
Zentrale Tierhaltung
Universität Salzburg
Naturwissenschaftliche Fakultät
Hellbrunner Straße 34
A-5020 Salzburg

Blaha, Thomas, Prof. Dr. med. vet.
Department of Clinical and Population
Sciences
University of Minnesota
1988 Fitch Avenue
St. Paul, MN 55108, USA

Bögel, Konrad, Prof. Dr. med. vet.
Lange Straße 43
D-31683 Obernkirchen

Buchenauer, Doris, Dr. agr.
Institut für Tierzucht und Vererbungsforschung
Tierärztliche Hochschule Hannover
Bünteweg 17p
D-30545 Hannover

Bürki, Kurt, PD Dr. sc. nat.
Novartis Pharma AG
Research
CH-4002 Basel

Cronau, Peter, Dr. med. vet.
Nevelstraße 71
D-44795 Bochum

de Jonge, Gerrit, Dr. rer. nat.
Praktijkonderzoek Pluimveehouderij
Spelderholt 9
NL-7361 DA Beekbergen

Feddersen-Petersen, Dorit, Dr. med. vet.
Institut für Haustierkunde
Christian-Albrechts-Universität Kiel
Olshausenstraße 40
D-24118 Kiel

Fikuart, Karl, Dr. med. vet.
Karl-Wagenfeld-Straße 97
D-48565 Steinfurt

Fröhlich, Ernst, Zoologe
Bundesamt für Veterinärwesen
Prüfstelle für Stalleinrichtungen
Burgerweg 22
CH-3052 Zollikofen

Goetschel, Antoine F., Dr. jur.
Stiftung für das Tier im Recht
Ilgenstrasse 22
CH-8030 Zürich

Gruber, Franz, PD Dr. med. vet.
Fonds für versuchstierfreie Forschung
Biberlinstrasse 5
CH-8032 Zürich

Haag-Wackernagel, Daniel,
PD Dr. phil. nat.
Institut für Pathologie
Medizinische Biologie
Schönbeinstrasse 40
CH-4003 Basel

Haering, Hans-Peter
Landhausweg 40
CH-4126 Bettingen

Havranek, Charlotte, Dr. iur.
Amt der Kärntner Landesregierung
Verfassungsdienst
Wulfengasse 13
A-9020 Klagenfurt

Herling, Andreas Waldemar,
Dr. med. vet.
Am Walberstück 5
D-65520 Bad Camberg

Herzog, Alexander, Prof. Dr. med. vet.
Institut für Tierzucht und Haustiergenetik
Veterinärmedizinische Genetik und Zytogenetik
Justus-Liebig-Universität Gießen
Hofmannstraße 10
D-35392 Gießen

Hirt, Helen, Zoologin
Bundesamt für Veterinärwesen
Prüfstelle für Stalleinrichtungen
Burgerweg 22
CH-3052 Zollikofen

Hoffmann, Rudolf, Prof. Dr. med. vet.
Institut für Zoologie, Fischereibiologie und
Fischkrankheiten
Ludwig-Maximilians-Universität München
Kaulbachstraße 37
D-80539 München

Hollmann, Peter, Dr. med. vet.
Tierärztliche Klinik für kleine Haustiere
Königsdorfer Straße 24
D-82547 Beuerberg

Jantschke, Fritz, Dr. rer. nat.
Redaktion „Das Tier"
Brunnwiesenstraße 23
D-73760 Ostfildern

Klimke, Reiner, Dr. jur.
Auf dem Draun 93
D-48149 Münster

Knierim, Ute, Dr. med. vet.
Institut für Tierhygiene und Tierschutz
Tierärztliche Hochschule Hannover
Bünteweg 17p
D-30559 Hannover

Kölle, Petra, Dr. med. vet.
Institut für Zoologie, Fischereibiologie und
Fischkrankheiten
Ludwig-Maximilians-Universität München
Kaulbachstraße 37
D-80539 München

König, Robert, Prof. Dr. phil.
Wartweg 47
D-35392 Gießen

Krug, Wolfgang, Dr. med. vet.
Unter dem Burghain 8
D-35418 Buseck

Kummerfeld, Norbert, Dr. med. vet.
Klinik für Zier- und Wildvögel
Tierärztliche Hochschule Hannover
Bischofsholer Damm 15
D-30173 Hannover

Lerch-Leemann, Cynthia, Dr. med. vet.
Dorfstrasse 1
CH-5423 Freienwil

Maeß, Jürgen, Dr. med. vet.
Zentrales Tierlabor
Medizinische Hochschule Hannover
Carl-Neuberg-Straße 1
D-30625 Hannover

Malin, Peter, Dr. med. vet.
Landesveterinäramt
FL-9494 Schaan

Meier, Hanspeter, Dr. med. vet.
Klinik für Nutztiere und Pferde
Universität Bern
Länggassstrasse 124
CH-3012 Bern

Mermod, Claude, Prof. Dr. ès sciences
Institut de Zoologie
Université de Neuchâtel
Rue Émile-Argand 11
CH-2007 Neuchâtel

Mertens, Claudia, Zoologin
Bergstrasse 19
CH-8400 Winterthur

Meyer, Rolf, Diplom-Landwirt
Lilienthalweg 12
D-99087 Erfurt

Müller, Albrecht, Dr. med. vet.
Lange Furche 3
D-72072 Tübingen

Oester, Hans, Dr. phil. nat.
Bundesamt für Veterinärwesen
Prüfstelle für Stalleinrichtungen
Burgerweg 22
CH-3052 Zollikofen

Oidtmann, Birgit, Dr. med. vet.
Institut für Zoologie, Fischereibiologie und
Fischkrankheiten
Ludwig-Maximilians-Universität München
Kaulbachstraße 37
D-80539 München

Pick, Jutta, Diplom-Volkswirtin und
Pferdewirtschaftsmeisterin
Weißpfennigweg 24
D-81825 München

Pick, Maximilian, Dr. med. vet.
Weißpfennigweg 24
D-81825 München

Richter, Klaus, Prof. Dr. rer. nat.
Sächsische Akademie der Wissenschaften
zu Leipzig
Erbertstraße 1
D-07743 Jena

Richter, Thomas, Prof. Dr. med. vet.
Fachbereich Landwirtschaft
Fachhochschule Nürtingen
Schelmenwasen 4–8
D-72622 Nürtingen

Ruh, Hans, Prof. Dr. theol.
Institut für Sozialethik
Universität Zürich
Zollikerstrasse 117
CH-8008 Zürich

Ruppert, Mario, Dr. med. vet.
Ährenweg 4
D-38518 Gifhorn

Sambraus, Hans Hinrich,
Prof. Dr. med. vet. Dr. rer. nat.
Lehrgebiet für Tierhaltung und
Verhaltenskunde
Technische Universität München
D-85350 Freising-Weihenstephan

Scharmann, Wolfgang, Dr. med. vet.
Bundesinstitut für gesundheitlichen
Verbraucherschutz und Veterinärmedizin
Thielallee 88–92
D-14195 Berlin

Schatzmann, Urs, Prof. Dr. med. vet.
Klinik für Nutztiere und Pferde
Universität Bern
Länggassstrasse 124
CH-3012 Bern

Schildger, Bernd-Joachim, Dr. med. vet.
Tierpark Dählhölzli
Tierparkweg 1
CH-3005 Bern

Stauffacher, Markus, Dr. phil. nat.
Institut für Nutztierwissenschaften
Physiologie und Tierhaltung
Eidgenössische Technische Hochschule Zürich
ETH-Zentrum TUR E 23
CH-8092 Zürich

Steiger, Andreas, Prof. Dr. med. vet.
Bundesamt für Veterinärwesen
Abteilung Tierschutz
Schwarzenburgstrasse 161
CH-3003 Bern

Trachsel, Bernhard, Zoologe
Zürcher Tierschutz
Zürichbergstrasse 263
CH-8044 Zürich

Troeger, Klaus, Prof. Dr. med. vet.
Bundesanstalt für Fleischforschung
E.-C.-Baumann-Straße 20
D-95326 Kulmbach

von Loeper, Eisenhart, Dr. jur.
Markstraße 39
D-72202 Nagold

Wechsler, Beat, Dr. phil. II
Bundesamt für Veterinärwesen
Prüfstelle für Stalleinrichtungen, FAT
CH-8356 Tänikon

Wegner, Wilhelm, Prof. Dr. med. vet.
Institut für Tierzucht und
Vererbungsforschung
Tierärztliche Hochschule Hannover
Bünteweg 17p
D-30559 Hannover

Wicker, Rudolf, Diplom-Biologe
Zoologischer Garten Frankfurt am Main
Alfred-Brehm-Platz 16
D-60316 Frankfurt am Main

Wiepkema, Pieter Reinier,
em. Prof. Dr. rer. nat.
Landwirtschaftliche Universität Wageningen
Lehrstuhl Ethologie
Stationsweg 1
NL-6861 EA Oosterbeek

Zeeb, Klaus, Prof. Dr. med. vet.
Tierhygienisches Institut
Am Moosweiher 2
D-79108 Freiburg

Zeeb, Ulrich, Dr. agr.
Oberlichet 11a
D-83395 Freilassing

Inhalt

Geschichte des Tierschutzes
H. H. Sambraus 1

Tierrechte – Neue Fragen der Tierethik
H. Ruh 18

Grundbegriffe im Tierschutz
H. H. Sambraus 30

Schmerz bei Tieren
G. Bernatzky 40

Normalverhalten und Verhaltensstörungen
H. H. Sambraus 57

Neue Tendenzen in der Nutztierhaltung und der Tiergerechtheitsindex
H. Bartussek 70

Tiergesundheit als Indikator für Tiergerechtheit in der Nutztierhaltung
Th. Blaha 84

Die Arbeit der Tierschutzorganisationen
H.-P. Haering 91

Aufgaben der Tierärzteschaft im Tierschutz
A. Steiger 98

Rind
H. H. Sambraus 107

Schaf
D. Buchenauer 127

Ziege
D. Buchenauer 144

Pferd
K. Zeeb 160

Schwein
B. Wechsler 173

Wirtschaftsgeflügel
H. Oester, E. Fröhlich und H. Hirt 186

Strauße
H. H. Sambraus 215

Kaninchen
M. Stauffacher 223

Pelztiere (Nerz und Fuchs)
P. R. Wiepkema und G. de Jonge 235

Hund
D. Feddersen-Petersen 245

Katze
C. Mertens 297

Kleinsäuger als Heimtiere
P. Hollmann 308

Ziervögel
N. Kummerfeld 364

Versuchstiere
W. Scharmann 381

Zoo- und Zirkustiere
F. Jantschke 402

Gehegewild
W. Krug und U. Zeeb 424

Greifvögel
Th. Richter 434

Reptilien und Amphibien
B.-J. Schildger und R. Wicker 452

Fische in der Aquakultur
R. Hoffmann und B. Oidtmann 477

Zierfische
R. Hoffmann und P. Kölle 488

Tiertransporte
K. Fikuart 496

Schlachten von Tieren
K. Troeger 510

Zoofachhandel
Th. Althaus 525

Das Tierheim – Bau, Einrichtung und Betrieb
B. Trachsel 535

Tierschutzaspekte in der Tierzucht
W. Wegner 556

Transgene Versuchstiere
K. Bürki 570

Transgene Nutztiere
K. Berg 577

Gentechnik in Tierzucht und Tierhaltung – eine Bewertung
A. Müller 588

Ausbildung und Haltung von Tieren im Zirkus
Th. Althaus 604

Tierschutz im Pferdesport aus reiterlicher Sicht
R. Klimke 619

Tierschutz im Pferdesport aus tierärztlicher Sicht
M. Pick und J. Pick 625

Doping im Pferdesport
P. F. Cronau 640

Neurektomie (Nervenschnitt) beim Pferd
U. Schatzmann und H. Meier 647

Hundesport und Ausbildung von Hunden
D. Feddersen-Petersen 651

Tiere in Riten, Kulten und im Brauchtum
R. Meyer 673

Das Töten von Tieren
U. Schatzmann 686

Schmerzhafte Eingriffe an Tieren
U. Schatzmann 705

Tierversuche und Alternativmethoden
A. Steiger und F. P. Gruber 713

Jagd
A. W. Herling, A. Herzog und W. Krug 738

Angelfischerei
R. W. Hoffmann und B. Oidtmann .. 750

Zivilisationsbedingte Tierschäden
R. König und W. Krug 755

Brandschutz in der Tierhaltung
M. Ruppert 767

Bestandsregulierung bei Straßentauben
D. Haag-Wackernagel 776

Bestandsregulierung bei Nagern
C. Mermod 786

Bestandsregulierung bei Katzen
C. Lerch-Leemann 791

Bestandsregulierung bei Hunden
K. Bögel 796

Artenschutz und Tierschutz bei Wirbellosen
K. Richter 803

Ausbildung und Einsatz des Tierpflegepersonals in Deutschland
J. Maeß 819

Ausbildung und Einsatz des Tierpflegepersonals in Österreich
Ch. Havranek 824

Ausbildung und Einsatz des Tierpflegepersonals in der Schweiz
A. Steiger 827

Ausbildung und Einsatz des Tierpflegepersonals im Fürstentum Liechtenstein
P. Malin 831

Die Tierschutzgesetzgebung in Deutschland
U. Knierim 832

Die Tierschutzgesetzgebung in Österreich
Ch. Havranek 845

Die Tierschutzgesetzgebung in der Schweiz
A. Steiger 855

Die Tierschutzgesetzgebung im Fürstentum Liechtenstein
P. Malin 873

Tierschutzregelungen in der Europäischen Union
U. Knierim 879

Tierschutzregelungen des Europarates
A. Steiger 886

Tierschutz und Recht
E. von Loeper 892

Tierschutzrecht im Wandel
A. F. Goetschel 906

Sachwortverzeichnis 929

Geschichte des Tierschutzes

H. H. SAMBRAUS

In etlichen Abhandlungen über die Geschichte des Tierschutzes wird als älteste Quelle der **Codex Chammurabi** angegeben. Chammurabi war Anfang des zweiten vorchristlichen Jahrtausends König von Babylon. Er ließ eine Gesetzessammlung in Keilschrift in eine übermannshohe Stele aus schwärzlichem Dioret meißeln. Ein Relief auf diesem Stein stellt den König in Gebetshaltung vor dem göttlichen Gesetzgeber und Richter Schamasch dar. Die aufgeführten Gesetze sind also göttliche Gesetze.

Die Stele wurde 1901/02 von französischen Archäologen auf dem Boden der alten Elamiterhauptstadt Susa (Irak) ausgegraben. Sie steht heute im Louvre.

In den Abschnitten „Feld, Baumgarten-Haus", „Arzt" und „Haus-Schiff" sowie „Tiere, Personen und Sachen" befassen sich über 30 §§ mit (Haus-)Tieren, und zwar mit Rind, Esel, Schwein, Schaf und Ziege. Es wird angegeben, welche Pacht ein „Bürger" (für Adlige galten andere Maßstäbe) für ein geliehenes Nutztier zahlen mußte bzw. wie er zu bestrafen sei, wenn durch seine Schuld ein Tier Schaden erlitten hatte.

Dabei werden Sachverhalte genannt, die aus heutiger Sicht einen groben Verstoß gegen den Tierschutz darstellen:

§ 245: Wenn ein Bürger ein Rind gemietet hat und durch Nachlässigkeit oder Schlagen zu Tode bringt, so ersetzt er dem Eigentümer des Rindes Rind um Rind.

§ 246: Wenn ein Bürger ein Rind gemietet hat und er dessen Fuß bricht oder seine Nackensehne durchschneidet, so ersetzt er dem Eigentümer des Rindes Rind um Rind.

§ 247: Wenn ein Bürger ein Rind gemietet hat und sein Auge zerstört, so gibt er dem Eigentümer des Rindes an Geld die Hälfte seines Kaufpreises.

§ 248: Wenn ein Bürger ein Rind gemietet und dessen Horn zerbrochen hat, seinen Schwanz abschneidet oder das Fleisch an seinem Zaume abreißt, so gibt er an Geld 1/5 seines Kaufpreises.

Auch tierärztliche Verrichtungen gab es damals schon:

§ 224: Wenn ein Rinder- oder Eselarzt einem Rinde oder Esel eine schwere Wunde gemacht hat und dadurch gesund werden läßt, dann gibt der Eigentümer des Rindes oder Esels dem Arzt 1/6 des Kaufpreises als Lohn.

Die Behandlung war jedoch nicht ohne Risiko, denn bei Mißerfolg konnte der Tierarzt belangt werden:

§ 225: Wenn er (der Tierarzt, Verf.) einem Rinde oder Esel eine schwere Wunde gemacht hat und sterben läßt, dann gibt er dem Eigentümer des Rindes oder Esels 1/4 des Kaufpreises.

In allen Fällen handelt es sich jedoch nur um die Begleichung eines wirtschaftlichen Schadens. Ein Schutz des Tieres vor Schaden, Schmerz oder Leiden um des Tieres willen ist an keiner Stelle des Codex Chammurabi erkennbar.

Anders ist die Situation im **Alten Testament**, insbesondere bei Moses, dem Propheten und Gesetzgeber der Israeliten, der um 1400 v.Chr. lebte. In der Forderung „Wenn du deines Bruders Esel oder Ochsen siehst fallen auf dem Wege, so sollst du dich nicht von ihm entziehen, sondern sollst ihm aufhelfen" (5. Mose 22, Vers 4) muß nicht zwangsläufig der Tierschutzaspekt im Vordergrund stehen. Es ist auch hier denkbar, daß wirtschaftlicher Schaden vermieden werden soll. Jeder Zweifel scheint jedoch bei anderen Passagen ausgeschlossen: „Sechs Tage sollst du deine Arbeit tun; aber des siebten Tages sollst du feiern, **auf daß dein Ochs und Esel ruhen** und deiner Magd Sohn und der Fremdling sich erquicken". Weiter geht die Forderung in 5. Mose 5, Vers 14: „Aber am siebten Tage ist der Sabbat des Herrn, deines Gottes. Da sollst du keine Arbeit tun, noch dein Sohn, noch deine Tochter, noch dein Knecht, noch deine Magd, noch dein Ochse, noch dein Esel, noch **all dein Vieh**, noch dein Fremdling, der in deinen Toren ist, auf daß dein Knecht und deine Magd ruhe gleich wie du." Hier ist es Anliegen, daß die sonst Rechtlosen nicht ausgebeutet werden. Zu den Rechtlosen zählen nicht nur die Familienangehörigen, Sklaven und Fremden (das Thema war also schon vor mehr als drei Jahrtausenden aktuell), sondern – weit vor dem römischen Recht – auch die im Besitz einer Person befindlichen und genutzten Haustiere.

Wie sehr Mose der Schutz des Schwächeren ein Anliegen war – und damit auch der Schutz des schwächeren Tieres im Sinne des heutigen Tierschutzes – geht aus 5. Mose 22, Vers 10 hervor: „Du sollst nicht ackern zugleich mit einem Ochsen und einem Esel". Eindeutig tierschützerische Tendenz hat auch der Satz von Salomo (um 965–926 v.Chr.): „Der Gerechte erbarmt sich seines Viehs" (Sprüche 12, 10).

Trotz vieler Schutz-Gebote für das Tier führten die *monotheistischen Religionen* mit ihrem Alleinvertretungsanspruch (erstes Gebot; der Mensch als Krone der Schöpfung; alleinseligmachende Kirche) zur Betonung von Unterschieden und der wesensmäßigen Verschiedenheit von Mensch und Tier. Während in vielen Religionen Tiere als Inkarnation oder Symbol eines Gottes verehrt werden,

Abb. 1 *Franziskus von Assisi* (1182–1226). Nach einem Gemälde von Ferrer Bassa, Kloster Pedralba.
Archiv: Interfoto-Pressebild-Agentur München.

schalteten das Judentum und die aus ihm hervorgegangenen Religionen Christentum und Islam das Tier als Gegenstand religiöser Verehrung aus. „Rückfälle", z.B. der Tanz um das Goldene Kalb, werden entsprechend geahndet. Später werden Tiere zwar vereinzelt als „Bruder" (z.B. **Franz von Assisi**; Abb. 1) bezeichnet, stehen aber in der allgemeinen Bewertung deutlich unter dem Menschen. Eine hieraus resultierende rigorose Behandlung ist fast zwangsläufig.

Anders sieht die Bewertung von Tieren durch die **Philosophie** aus. Hier ist die Spanne der Einschätzung groß; sie reicht von wesensmäßiger Gleichheit von Mensch und Tier (Monismus) bis zur deutlichen Verschiedenheit (Dualismus). Das gilt insbesondere für die Philosophen der griechischen Antike im 5.

und 4. vorchristlichen Jahrhundert sowie kurz nach Beginn unserer Zeitrechnung.

Aristoteles (384–322 v.Chr.) war der Überzeugung, daß auch Tiere eine Seele haben. Allerdings unterscheidet er mehrere Stufen der Seele. Das Tier besitzt eine vegetative und eine animalische Seele; dagegen fehlt ihm nach Aristoteles die höchste Stufe, die Vernunft. Aus dem Vorhandensein einer Seele kann freilich noch keine gerechte Behandlung des Tieres abgeleitet werden. In seinem Werk „Recht und Gerechtigkeit" räumt Aristoteles nicht einmal Sklaven und Kindern ein Recht ein, denn „es gibt ja doch keine Ungerechtigkeit in bezug auf das, was schlechthin unser eigen ist". Das gilt natürlich auch für Tiere.

Aus der Epoche nach Beginn der Zeitrechnung ist **Plutarch** (ungefähr 45–125 n.Chr.) hervorzuheben. Dieser griechische Philosoph aus der Gegend von Delphi beklagt vor allem Unrecht und Grausamkeit gegenüber Tieren. In seinem Werk „*Moralia*" (dort in dem Kapitel „Lebensklugheit und Charakter") wendet sich Plutarch vor allem gegen die Stoiker. Diese vertraten die Lehre von den Gegensatzpaaren: das Sterbliche und das Unsterbliche, das Vergängliche und das Unvergängliche, das Körperliche und das Körperlose usw. Sie schlossen aus der Tatsache, daß der Mensch Verstand hat, daß das Tier keinen Verstand haben könne. Plutarch zweifelt nicht an den Gegensatzpaaren, er weist jedoch darauf hin, daß das Verstandlose überreichlich in allem Leblosen gegeben sei. Nach Plutarch gehört es zur Natur alles Beseelten, d.h. alles Lebendigen, Wahrnehmungs- und Vorstellungsvermögen zu besitzen. Der sinnlichen Wahrnehmung – sie ist über Sinnesorgane möglich – folgen Ergreifen und Suchen der nützlichen wie auch das Wegstoßen und Meiden der verderblichen und schmerzenden Dinge. Dies setzt aber Überlegungen und Entscheidungen, Erinnerung und Aufmerksamkeit voraus. Plutarch läßt keinen Zweifel daran, daß Tiere Schmerzen empfinden und leiden können. Er spricht vom Dünkel des Menschen gegenüber dem Tier und vom Unrecht, das Tieren von Menschen angetan werde. Plutarch hält es für zulässig, daß wir „Tiere, die uns nur schaden", töten; doch „verlieren die Menschen nicht das Leben und brauchen nicht zugrunde zu gehen, wenn sie keine Fischgerichte, keine Gänselebern zu essen bekommen, keine Ochsen oder Zicklein für ihre Opferschmäuse geschlachtet werden, und auch nicht, wenn sie keine Zirkussensationen, keine Jagdspäße haben, wobei man die Tiere teils zwingt, auf Leben und Tod zu kämpfen, teils umbringt, ohne daß sie sich, wie sie nun einmal beschaffen sind, auch nur zur Wehr setzen können."

Eine fatale Auswirkung auf den Schutz von Tieren wird dem französischen Philosophen, Mathematiker und Naturwissenschaftler René **Descartes** (latinisiert Renatus Cartesius) zugesprochen. Descartes war bemüht, Vorurteile und Täuschungen bei der wissenschaftlichen Erkenntnis zu meiden. Er versuchte, eine selbständige Forschung aufzubauen. So zweifelte er sogar an der absoluten Wahrheit der sinnlichen Erfahrung und war stets auf der Suche nach Prinzipiellem, aus dem sich weitere Sachverhalte folgern lassen. Dieser Grundsatz führte zu zwei elementaren Aussagen – zunächst zu dem Satz: Ich denke, also bin ich (cogito, ergo sum). Dieser Satz ist so zu verstehen, daß das einzige Sein, dessen der Mensch völlig sicher ist, das eigene ist: das Sein des Geistes und seiner Gedanken, während das Sein der Körperwelt – auch des eigenen Körpers – ungewiß bleibt. Tiere hatten nach Descartes keine

„Denkseele", und er bezeichnete sie deshalb als lebende Maschinen.

Descartes wird nachgesagt, er habe im Tier *ausschließlich* eine empfindungslose Maschine gesehen. Das stimmt so nicht. Er sprach dem Tier lediglich die Fähigkeit zur bewußten, reflektierten Wahrnehmung von Schmerz ab. Descartes war deshalb jedoch nicht der Auffassung, Tiere seien völlig gefühllose, schmerzunempfindliche Wesen. Auf körperlicher Ebene billigte er ihnen durchaus Empfindungsvermögen zu (Maehle, 1992).

Zur Ehrenrettung von Descartes sei gesagt, daß er in seinen Schriften „über den Menschen" (1632) und „Beschreibung des menschlichen Körpers" sich bemüht, auch den Menschen als Maschine oder Automaten darzustellen. Er versuchte, die Körperfunktionen nach den Gesetzen der Mechanik zu erklären. Im Grunde handelt es sich dabei weitgehend um den ersten Versuch einer funktionellen Physiologie und Morphologie: „Ich stelle mir einmal vor, daß der Körper nichts anderes sei als eine Statue oder Maschine aus Erde ..... Zuerst werden die Nahrungsmittel in dieser Maschine verdaut ...." Zweifellos kann man die Schmerzleitung auch heute beschreiben, ohne deshalb als Rationalist gelten zu müssen. Bei Descartes liest sich die Erklärung zu einer Abbildung so: „Wenn z.B. das Feuer die Hand verbrennt und verursacht, daß die Spiritus in die Röhre 7 eintreten und nach 0 streben (zugrunde liegt der Erklärung eine Abbildung mit Zahlen- und Buchstabenbenennung, Verf.), so werden sie dort zwei Poren oder Hauptdurchgänge OR und OS vorfinden. Einer von ihnen, und zwar OR, lenkt sie in alle Nerven, die dazu dienen, die äußeren Glieder in der erforderlichen Weise zu bewegen, um der starken Einwirkung (also dem schmerzauslösenden Reiz, Verf.) zu entgehen." Auffallend an den Darstellungen von Descartes ist die Diskrepanz zwischen dem Bemühen um eine sachliche Darstellung und den z.T. abenteuerlichen Vorstellungen von Aufbau und Funktion des menschlichen Körpers. Diese entsprachen dem Wissen Mitte des 17. Jahrhunderts.

Die einseitige Interpretation der Ausführungen von Descartes geschah erst später durch Personen, denen es aus philosophischen oder theologischen Gründen opportun schien, eine unüberbrückbare Kluft zwischen Mensch und Tier herzustellen. Hiermit erst begann sich eine katastrophale Grundhaltung Platz zu schaffen, die noch heute anhält.

Nach dem Moralphilosophen Jean-Jacques **Rousseau** (1712–1778; Abb. 2) haben Tiere selbstverständlich Anteil an dem „natürlichen Gesetz", obwohl sie nicht fähig sind, dieses Gesetz anzuerkennen. Da sie aber die gleichen Empfindungen haben wie der Mensch, müssen sie an dem „natürlichen Recht" Anteil haben, und der Mensch muß ihnen gegenüber gewisse Pflichten beachten. Er darf sie nicht unnütz mißhandeln oder quälen. Nur dann, wenn seine Erhaltung auf dem Spiel steht, hat der Mensch das Recht, sich selbst den Vorrang zu geben, meint Rousseau.

Im **römischen Reich** wurde das Tier zur Sache erklärt. Dies war eine Aufwertung; das Tier stand damit auf derselben Stufe wie Frauen, Kinder und Sklaven. Es zur Person zu erklären, die einzige Alternative der damaligen Zeit und späterer Epochen, wäre undenkbar gewesen. Rechtsperson konnte nur sein, wer verantwortlich handelte.

Eine solche Einstellung findet sich z.B. um 1800 in England. Die Konsequenz war, daß das Tier für sein Handeln verantwortlich gemacht wurde und seiner „Missetat" entsprechend wie ein Mensch zur Rechenschaft gezogen wurde. Ein Schwein, das ein Kind getötet hatte, wurde gehenkt. Alle Schweine der Um-

Abb. 2 *Jean-Jacques Rousseau* (1712–1778). Original-Xylografie nach einer Zeichnung von Adolf Neumann.
Archiv: Interfoto-Pressebild-Agentur München.

gebung mußten bei der Vollstreckung aus Gründen der Abschreckung anwesend sein. Im Wendower wurde ein Pferd von einem Gericht zum Tode verurteilt, weil der Kutscher bei einem Unfall zu Tode gekommen war. Da die Eigentümerin bei Verkündigung des Urteils in Ohnmacht fiel, wurde das Pferd begnadigt. Es wurde allerdings vom Kutschpferd zum Arbeitspferd degradiert.

Typischerweise war **England** Wegbereiter für einen durch die Gesetzgebung gedeckten Tierschutz. Hier wurde schon seit 1770 *Tierquälerei als Delikt* durch die Gerichte geahndet (Stolting und Zoebe, 1962). Zwar soll Lord Erskine, der 1809 im Unterhaus einen Gesetzentwurf zum Schutz der Tiere einbrachte, zunächst nur Gelächter geerntet haben, doch 1821 wurde dieses Gesetz dennoch angenommen. Ihm lag die Überlegung zugrunde, daß Mitleid mit Tieren die sittliche Erziehung des Menschen beeinflußt. Das Gesetz galt also indirekt mehr dem Menschen als dem Schutz von Tieren. Dieser *anthropozentrische Tierschutz* sollte mehr als ein Jahrhundert die Tierschutzgesetzgebung aller Länder bestimmen.

1824 kam es in England zur Gründung der ersten Gesellschaft zur Verhütung von Grausamkeit an Tieren (Society for the Prevention of Cruelty to Animals). Diese Gesellschaft kämpfte gegen die Neigung von Menschen, Aggressionen durch Mißhandlung von schwächeren Lebewesen abzubauen. Die Philanthropic Society in London setzte 1837 einen Preis von 30 britischen Pfund für die beste Darlegung moralischer Gründe gegen Tierquälerei aus. Der Preis wurde 1839 einem Mr. MacNamara zuerkannt (SCHOPENHAUER, 1977, S. 693).

In **Deutschland** wurden ab 1838 in den einzelnen Ländern Tierschutzbestimmungen eingeführt. Als *erstes Land* erließ *Sachsen* eine Tierschutzbestimmung; es folgten Bayern, Württemberg und wenig später weitere Länder. Erst nach Gründung des Deutschen Reiches im Jahre 1871 konnte ein einheitliches Recht entstehen. Schon in der ersten Hälfte des 19. Jahrhunderts hatten die Tierschutzbestimmungen Auswirkungen auf die Tierhaltung. So hatten z.B. in Bayern die entsprechenden Personen ein Dienstbotenbuch zu führen. Dieses Buch enthielt neben der Dienstbotenordnung noch einige besondere Forderungen. Die letzte betraf den Tierschutz, nämlich „daß sich die Dienstboten aller und jeder Thierquälerei zu enthalten haben." Nachstehend „wird ausdrücklich bemerkt, daß es Pflicht der Polizeibehörden ist, jede Mißhandlung und Grausamkeit gegen Thiere mit Nachdruck abzustellen, und erforderlichen Falls gegen solche Dienstboten, welche sich derartiger Mißhandlungen schuldig machen, ernstgemessen einzuschreiten."

Man darf die Dinge in der ersten Hälfte des 19. Jahrhunderts jedoch nicht so sehen, daß nur die Gesetzgebung das Handeln bestimmte. Vielmehr war es schon vorher zu einem Sinneswandel gekommen, der eine relevante Gesetzgebung zur Folge hatte. In Deutschland entstanden ab 1837 in rascher Folge *Tierschutzvereine*; zunächst in Stuttgart und Dresden. Sie hatten einen nicht unerheblichen Einfluß auf die Tierschutzgesetzgebung. In Stuttgart setzte sich vor allem der evangelische Pastor Knapp sehr engagiert für die Tierschutzidee ein.

Die sich zunächst in Süddeutschland, wenig später auch in Norddeutschland bildenden Tierschutzvereine erkannten bald, daß Tierschutzprobleme nur dann zufriedenstellend gelöst werden konnten, wenn ein nationaler Zusammenschluß erfolgt. Bereits im Jahre 1868 forderten Berliner Tierschützer eine übergeordnete Dachorganisation, jedoch erst 1879 trafen sich Delegierte von 88 Tierschutzvereinen in Gotha, um die Einberufung einer Gründungsversammlung zu beschließen. 1881 wurde dann in Wiesbaden *der „Verband der Tierschutzvereine des Deutschen Reiches"* gegründet. Schon bald danach hatten sich fast alle der ca. 200 Tierschutzvereine angeschlossen.

Nach dem Reichsstrafgesetzbuch von 1879 wurde *Tierquälerei* unter Strafe gestellt; sie galt jedoch als eine Übertretung. Schon damals wurde die Auffassung vertreten, daß der Tierschutz Gegenstand des Strafrechts sein müsse; doch dazu kam es lange Zeit nicht. Auch bei späteren Novellierungen blieb es dabei, daß nach § 360 Nr. 13 des Strafgesetzbuches nur derjenige mit einer Geldstrafe bis zu 50 Talern bestraft werden konnte, der „öffentlich oder in Aergerniss erregender Weise Thiere boshaft quält oder roh mißhandelt."

Für die erwachende Tierschutzidee der ersten Hälfte des 19. Jahrhunderts schuf die Philosophie den gedanklichen Überbau. Insbesondere **Schopenhauer** (1788–1860; Abb. 3) hatte für lange Zeit prägen-

Abb. 3 *Arthur Schopenhauer* (1788–1860). Original-Xylografie nach einer Zeichnung von Adolf Neumann.
Archiv: Interfoto-Pressebild-Agentur München.

den Einfluß auf die Tierschutzethik. In seiner von ungefähr 1839 stammenden Preisschrift *„Über die Grundlagen der Moral"* äußert sich Schopenhauer folgendermaßen: „Mitleid mit Tieren hängt mit der Güte des Charakters so genau zusammen, daß man zuversichtlich behaupten darf, wer gegen Tiere grausam ist, könne kein guter Mensch sein. Auch zeigt dieses Mitleid sich als aus derselben Quelle mit der gegen Menschen zu übenden Tugend entsprungen." Seine Begründung lautet: „So z.B. werden fein fühlende Personen, bei der Erinnerung, daß sie, in übler Laune, im Zorn, oder vom Wein erhitzt, ihren Hund, ihr Pferd, ihren Affen unverdienter oder unnötiger Weise, oder über die Gebühr gemißhandelt haben, dieselbe Reue, dieselbe Unzufriedenheit mit sich selbst empfinden, welche bei der Erinnerung an gegen Menschen verübtes Unrecht empfunden wird, wo sie die Stimme des strafenden Gewissens heißt." (Schopenhauer, 1977).

Schopenhauer (1977, S. 694) wägt allerdings die Leiden von Mensch und Tier gegeneinander ab. Er meint, daß Menschen ohne Fleischgenuß (im Norden) nicht überleben könnten, also sei das Töten von Tieren notwendig; außerdem leide der Mensch durch Fleischmangel mehr als das Tier durch einen raschen Tod. Schopenhauer fordert jedoch, daß man Tiere vor der Tötung mit Chloroform betäuben solle. Dabei ist zu berücksichtigen, daß das Schlachten damals noch ohne Betäubung geschah und die (Chloroform-)Narkose erst seit wenigen Jahren bekannt war.

In besonderer Weise empört Schopenhauer jedoch die *Vivisektion*, über die er sich in folgender Weise äußert: „Heutzutage hält jeder Medikaster sich befugt, in seiner Marterkammer die grausamste Tierquälerei zu treiben, um Probleme zu entscheiden, deren Lösung längst in Büchern steht, in welche seine Nase zu stecken er zu faul und unwissend ist. Unsere Ärzte haben nicht mehr die klassische Bildung wie ehemals, wo sie ihnen eine gewisse Humanität und einen edlen Anstrich verlieh." Nach Schilderung eines besonders abstoßenden Beispiels fragt er dann rhetorisch „Lassen denn diese Herren vom Skalpell und Tiegel sich gar nicht träumen, daß sie zunächst Menschen und dann Chemiker sind?" (Zukowsky, 1938, S. 65/66). Von der anteilnehmenden Öffentlichkeit werden gewisse Praktiken bei Tierversuchen noch heute mit Empörung betrachtet.

Seltsamerweise meint Schopenhauer (1977, S. 694) dennoch, daß die Fähigkeit zu leiden bei Mensch und Tier stets nur im selben Maße ausgeprägt sei wie die Intelligenz. Dies gilt wohl nur, falls überhaupt, wenn man eine unübliche Definition von Leiden zugrunde legt.

Neben vielen anderen Denkern meint **Schopenhauer**, daß in den christlichen Ländern, im Gegensatz zu asiatischen Religionen (z.B. Hinduismus, Buddhismus), durch die Überhöhung des Menschen durch das Christentum in der Moral eine Lücke klaffe. Er sieht es zudem als „Kunstgriff" an, alle Vorgänge, die bei Tier und Mensch gleich sind und die „die Identität unsrer Natur mit der ihren zunächst bezeugen, mit unterschiedlichen Begriffen zu belegen": essen – fressen, trinken – saufen, gebären – werfen usw. In Asien gewähren, sagt Schopenhauer, die Religionen den Tieren hinlänglichen Schutz. Er empfand es als erheblichen Mangel, daß die Moral des Christentums die Tiere nicht berücksichtige. Die Folge sei, daß man sie als Sachen behandele. In Europa und Amerika benötige man Tierschutzvereine, um die Leiden und Bedürfnisse der Tiere deutlich zu machen. Er hebt hervor, daß der Sinn für „die Rechte der Tiere" allerdings auch hier immer mehr erwache. Schopenhauer betont, daß „die feinfühlende englische Nation" sich vor allem durch Mitleid mit Tieren auszeichne und diese Eigenschaft zum ersten Tierschutzgesetz außerhalb von Religionen geführt habe.

Die Einschätzung von *Hinduismus* und *Buddhismus* durch Schopenhauer, dies muß einschränkend gesagt werden, gilt lediglich für das *Tötungsverbot* und das auch nur in gewissen Fällen. Für den Umgang mit Tieren und ihre Haltung trifft dieser Schutz nicht zu. Das Tötungsverbot hat sogar zur Folge, daß unheilbar kranke und erheblich leidende Tiere nicht durch die Tötung von ihren Qualen erlöst werden können. Sie bleiben sich selbst überlassen, bis sie schließlich qualvoll zugrunde gehen. Schopenhauer konnte auch nicht wissen, daß es im deutschsprachigen Raum gerade (protestantische) Geistliche waren, die sich seit dem 19. Jahrhundert tatkräftig für den Tierschutz einsetzten. Der wohl bekann-

Abb. 4 *Albert Schweitzer* (1875–1965).
Foto: Deutsches Albert-Schweitzer-Archiv Frankfurt/M.

teste Vertreter ist Albert **Schweitzer** (1875–1965).

Albert Schweitzer (Abb. 4) befaßte sich vor allem mit der *Ehrfurcht vor dem Leben* und der zwingenden Notwendigkeit des Menschen, Leben zu zerstören, wenn er selbst leben will. So ist der vielzitierte Satz „ich bin Leben, das leben will, inmitten von Leben, das leben will" zu verstehen (Schweitzer, 1963). Gleichzeitig ist ihm aber auch die Vermeidung von Leiden bei Tieren ein Anliegen, und er bringt Beispiele von bestürzender Aktualität: „Wie viel (wird) auch dadurch gefrevelt, daß Tiere der Qual unterworfen werden, nur um Studenten allgemein bekannte Phänomene zu demonstrieren! Gerade dadurch, daß das Tier als Versuchs-Tier in seinem Schmerze so wertvolles für den leidenden Menschen erworben hat, ist ein neues, einzigartiges Solidaritätsverhältnis zwischen ihm und uns geschaffen worden. Ein Zwang, aller Kreatur alles irgend mögliche Gute anzutun, ergibt sich daraus für jeden von uns." Und wenig später: „Wenn so viel Mißhandlung der Kreatur vorkommt, wenn der Schrei der auf dem Eisenbahntransport verdurstenden Tiere ungehört verhallt, wenn in unsern Schlachthäusern so viel Roheit waltet, ... tragen wir alle Schuld daran."

Lange Zeit waren mit dem Tierschutz ganz wesentlich zwei Aspekte verknüpft, die aus heutiger Sicht nur Randbedeutung haben. Zum einen wurde nur Tierquälerei in der Öffentlichkeit und in ärgerniserregender Weise verboten. Es sollte verhindert werden, daß die Empfindungen von Zeugen durch den Anblick verletzt werden (ästhetischer Tierschutz). Zum anderen wurden auch wirtschaftliche Aspekte berücksichtigt, so daß insgesamt menschliche Interessen stark eingebunden waren. Es wurde also ein anthropozentrischer Tierschutz betrieben. Nur bedingt ging es darum, das Tier um seiner selbst willen zu schützen.

Das änderte sich mit dem deutschen **Tierschutzgesetz von 1933**. Der § 1 dieses Gesetzes lautete folgendermaßen:
(1) Verboten ist, ein Tier unnötig zu quälen oder roh zu mißhandeln
(2) Ein Tier quält, wer ihm länger dauernde oder sich wiederholende Schmerzen oder Leiden verursacht; unnötig ist das Quälen, soweit es keinem vernünftigen, berechtigten Zwecke dient. Ein Tier mißhandelt, wer ihm erhebliche Schmerzen verursacht; eine Mißhandlung ist roh, wenn sie einer gefühllosen Gesinnung entspricht.

Neu war, daß es sich hier um ein *eigenständiges Gesetz* handelte. Die Tierschutzbestimmungen des Strafgesetzbuches traten gleichzeitig außer Kraft. Seitdem enthält das deutsche Strafgesetzbuch keine tierschutzrechtlichen Tatbestände mehr.

Mit diesem Gesetz begann der **ethische Tierschutz**. Erstmals wurde das Tier als leidensfähiges Lebewesen ausschließlich um seiner selbst willen geschützt. Neu an diesem Gesetz war auch, daß nicht mehr eine auf Tierquälerei gerichtete Absicht verlangt wurde, sondern daß **unnötiges Quälen** bestraft wurde. Zudem wurden durch das Gesetz nicht nur Haustiere oder allgemein Säugetiere, sondern alle Tiere geschützt.

Das Gesetz fand weltweite Anerkennung, wurde jedoch von den Nationalsozialisten in fataler Weise zu Propagandazwecken mißbraucht. Es sollte der Eindruck erweckt werden, daß nur der Deutsche und in Deutschland nur nationalistisch gesinnte Personen bereit und fähig seien, Tiere wirksam zu schützen. Betont werden muß, daß Initiativen zu einem Tierschutzgesetz schon lange vor der „Machtergreifung" im Januar 1933 erfolgten. Bereits 1927 wurde im Deutschen Reichstag aufgrund einer Entschließung des Otto-Hartmann-Bundes in Dresden mehrfach über die Frage eines eigenständigen Tierschutzgesetzes diskutiert. Schon vor 1933 lag der Entwurf zu diesem Gesetz „fertig in der Schublade" (Schröder, 1970).

Katastrophal für das Ansehen des Tierschutzes ist die ungeheure Diskrepanz zwischen dem Schutz von Tieren und der Behandlung von Menschen im „Dritten Reich".

Die „Amtliche Begründung" des deutschen Tierschutzgesetzes, die im Deutschen Reichsanzeiger und Preußischen Staatsanzeiger Nr. 281 vom 1. Dezember 1933 publiziert wurde, beginnt mit folgendem Satz: „Die Schaffung eines Reichsgesetzes zum Schutze der Tiere ist seit Jahrzehnten Wunsch des deutschen Volkes, das besonders tierliebend ist und sich der hohen ethischen Verpflichtung dem Tiere gegenüber bewußt ist." In der Einleitung zu einem Kommentar der Tierschutzgesetzgebung von 1933 (Giese und Kahler, 1934) findet sich als Begründung ein ähnlicher Satz: „Auch im Volke ist das Verlangen nach verstärktem Schutz der Tiere und nach Anerkennung ihres Rechts auf gerechte und anständige Behandlung seit langer Zeit lebendig, denn das deutsche Volk besitzt von jeher eine große Tierliebe und ist sich der hohen ethischen Verpflichtung gegenüber dem Tier immer bewußt gewesen."

Der Gebrauch der Worte Schutz, Recht, Anstand und Ethik wirkt angesichts der ungeheuerlichen Greueltaten zu jener Zeit in den vom Deutschen Reich beherrschten Gebieten unübertrefflich zynisch. Unterstrichen wird dieser Eindruck durch die demonstrative Tierliebe etlicher Nazi-Größen. Wen wundert es, daß seither immer wieder die Ansicht vertreten wird, Tier- und Menschenliebe seien einander umgekehrt proportional.

Der Ausspruch von Schopenhauer „Wer gegen Tiere grausam ist, kann kein guter Mensch sein" ließe sich nach den Erfahrungen des Dritten Reiches ersetzen durch „wer gut zu Tieren ist, kann durchaus grausam gegen Menschen sein". Im Grunde stimmen wohl beide Aussagen. Sehr zu bezweifeln ist jedoch, daß die führenden Nazis tierlieb waren. Teils war die scheinbare Tierliebe reine Demonstration wie Blumenpflücken und Kinder tätscheln, teils war es Machtdemonstration.

Mit dem wirtschaftlichen Wiederaufschwung in der Nachkriegszeit kam es in der Landwirtschaft zu einem außerordentlichen Intensivierungsprozeß. Um billiger produzieren zu können, mußte in der Tierhaltung die von einer Person betreute Tierzahl größer werden. Dies war nur möglich durch Mechanisierung von Versorgung und Entsorgung der Tiere. Mit anderen Worten: Die Fütterung wurde automatisiert, Kot- und Harnbeseitigung gleichfalls. Dies ließ sich am besten durch Einheitsfutter und einstreulose Haltung bewerkstelligen. Nebeneffekt dieser arbeitsextensiven

Tierhaltung war ein geringer Betreuungsaufwand für das Einzeltier. Tierverluste wurden billigend in Kauf genommen, solange sie die Wirtschaftlichkeit der Tierhaltung nicht wesentlich beeinträchtigten.

Die Tierärzteschaft, die den Schutz der Tiere vor Leiden auf ihre Fahnen geschrieben hat, traf diese Entwicklung unvorbereitet. Nur in Einzelfällen kam es aus diesem Kreis zu mahnenden Stimmen. Typischerweise war es eine Engländerin und eine Frau, die als erste ihre Stimme erhob. Bereits 1964 veröffentlichte Mrs. Ruth **Harrison** ein Buch mit dem Titel *„Animal Machines"*. Schon ein Jahr später wurde dieses Buch unter dem Titel *„Tiermaschinen"* ins Deutsche übersetzt.

Mrs. Harrison schließt die Einführung zu ihrem Buch mit folgenden Worten ab: „Aber je eingehender ich mich mit dem Gegenstand beschäftigte, desto mehr vertiefte sich bei mir die Überzeugung, daß noch andere entscheidende Fragen damit verbunden sind. Wenn das Tier auf so entsetzliche Weise erniedrigt und gezwungen wird, ein kümmerliches Dasein zu fristen, muß das die Selbstachtung des Menschen erschüttern und sich letzten Endes auch auf die Art auswirken, wie er seine Mitmenschen behandelt."

Zum Schluß des Buches äußert diese engagierte und mutige Frau folgende Überzeugung: „An Beteuerungen, daß in der Welt der Tiere, die man in der Landwirtschaft hält, alles in Ordnung sei, hat es in der jüngsten Vergangenheit nicht gefehlt und wird es auch in Zukunft nicht mangeln. In der heutigen Zeit, in der das Hasten und Drängen intensiven Lebens auf vielen Gebieten schwer auf unseren Schultern lasten, sind immer Leute da, die uns von Berufs wegen und von offizieller Seite beschwichtigen: Wir sollten doch überzeugt sein, daß mit der intensiven Aufzucht keinerlei Tierquälerei verbunden sei und daß, wenn sie vorkomme, das Tierschutzgesetz aus dem Jahre 1911 schon entsprechend für Abhilfe sorgen werde. Wir sollten nur überzeugt sein, daß die Erzeugnisse der Industrie besser und nahrhafter seien, als sie es jemals waren. Man wird uns auch erzählen, daß wir das besternährte Volk auf Erden sind und daß wir mit jedem Tag noch besser ernährt werden. Man wird uns zu verstehen geben, daß jene Leute, die von heimlichem Mißtrauen erfüllt sind, es könnte nicht alles in Ordnung sein, eine ausgesprochene Minderheit darstellen, daß sie Sonderlinge sind und daß Leute, die noch fanatischere Ansichten über diese Dinge hegen, völlig verschrobene Menschen sind. Der Apparat, der für diese Beschwichtigungsmanöver in Bewegung gesetzt werden kann, ist beängstigend. Einschmeichelnde Gesichter werden dauernd auf unseren Fernsehschirmen erscheinen, gerüstet mit gewichtigem 'Wenn und Aber' und mit entwaffnendem Lächeln, um jede Erscheinung, die vielleicht Unruhe verursachen könnte, mit einem beruhigenden Wortschwall zu verschleiern. Dem habe ich nur die Tatsachen entgegenzustellen, wie ich sie sehe, und ich muß mich darauf verlassen, daß meine Leser selbst die Schlußfolgerungen daraus ziehen." (Diese Ausführungen galten der Situation in Großbritannien. Sie sind aber zweifellos ohne Einschränkung auf die Situation in Mitteleuropa übertragbar; Verf.).

Das Buch „Tiermaschinen" blieb nicht ohne Folgen. Unmittelbar nach seinem Erscheinen wurde in Großbritannien eine Kommission eingesetzt, die der *Massentierhaltung* Grenzen setzen sollte. 1965 schloß diese Kommission den „Report of the Technical Committee to Enquire into the Welfare of Animals kept under Intensive Livestock Husbandry

Systems" ab. Dieser nach seinem Vorsitzenden, dem Zoologen Prof. F.W. Rogers **Brambell,** auch „*Brambell-Report*" genannte Bericht befaßt sich mit dem Schutz landwirtschaftlicher Nutztiere in Intensivhaltung. Ausgehend von der Biologie und den Verhaltensbedürfnissen, werden für zahlreiche Nutztierarten Mindestbedingungen für die Haltung festgelegt.

Die Kommission ging davon aus, daß ein Haltungssystem nur dann akzeptabel ist, wenn das angeborene Verhalten nicht übermäßig eingeschränkt wird. Ein Tier sollte zumindest so viel Bewegungsfreiheit haben, daß es ohne Schwierigkeiten in der Lage ist
– sich umzudrehen,
– Körperpflege zu treiben,
– aufzustehen,
– sich hinzulegen sowie
– die Gliedmaßen zu strecken.
Außerdem sollten alle landwirtschaftlichen Nutztiere, die ein ausgeprägtes Bedürfnis nach Sozialkontakt haben, in Familienverbänden oder Herden gehalten werden. Selbstverständlich muß ein Tier ausreichend mit Futter und Wasser versorgt werden, damit es nicht unter Hunger oder Durst leidet. Der Boden von Käfigen und Ställen sollte so gestaltet sein, daß das Tier angemessen stehen und sich bewegen sowie bequem liegen kann.

Am Ende des Berichts werden etliche auch aus heutiger Sicht bemerkenswerte Forderungen aufgestellt, die offenbar in die Tierschutzgesetzgebung zahlreicher Länder eingingen. Hierzu gehören z.B. das Verbot des Schnabelkürzens bei Geflügel, das Verbot der Anbindehaltung von Zuchtsauen und die Versorgung von Kälbern mit Rauhfutter. Auch die Forderung nach Tierschutzkommissionen zur Beratung von staatlichen Institutionen wird schon erhoben.

Ein grundlegender Wandel in der Tierhaltung, neuere wissenschaftliche Erkenntnisse sowie ein veränderter Zeitgeist, führten **1972** in **Deutschland** zu einem neuen **Tierschutzgesetz**. Zum einen war das neue Gesetz wesentlich differenzierter als das alte, zum anderen wurden gesicherte wissenschaftliche Erkenntnisse über tiergemäße und verhaltensgerechte Normen in das Gesetz eingearbeitet. Verboten war es jetzt nicht nur, ein Tier unnötig zu quälen oder roh zu mißhandeln (deutsches Tierschutzgesetz von 1933). Das neue Gesetz von 1972 diente dem Schutz des Lebens und Wohlbefindens von Tieren. Ihnen durfte jetzt **niemand ohne vernünftigen Grund** Schmerzen, Leiden oder Schäden zufügen.

§ 2 des Tierschutzgesetzes von 1972 befaßt sich mit der **Tierhaltung**. Die frühe Erwähnung macht deutlich, wie wichtig dieser Aspekt dem Gesetzgeber war. Im Abschnitt über die Tierhaltung sind vor allem die Begriffe „artgemäße Nahrung und Pflege", „verhaltensgerechte Unterbringung" und „artgemäßes Bewegungsbedürfnis" von Bedeutung. Im einzelnen wurden das Töten von Tieren, Eingriffe an Tieren und Tierversuche geregelt. Der Bundesminister für Ernährung, Landwirtschaft und Forsten wurde durch § 13 des Gesetzes ermächtigt, durch Rechtsverordnung Vorschriften über Haltung, Pflege und Unterbringung von Tieren zu erlassen. In den folgenden Jahren kam es durch Sachverständigengremien zu zahlreichen Gutachten, die als Grundlage von Verordnungen gedacht waren. Vom Bundesrat verabschiedet wurde damals jedoch nur eine, nämlich die „Verordnung über das Halten von Hunden im Freien".

In einem bemerkenswerten Fall konnten sich die Sachverständigen nicht auf ein gemeinsames Gutachten einigen. Bei der **Legehennenhaltung** legten die drei Verhaltenskundler des Gremiums ein eigenes Gutachten vor, weil die übrigen Sachverständigen die essentiellen Verhaltensbedürfnisse der Legehennen nicht gebührend berücksichtigen wollten. Die Diskrepanz in der Beurteilung löste eine umfangreiche Forschungsaktivität aus. Als das Forschungsprojekt abgeschlossen war, bat man den renommierten Schweizer Ethologen Beat Tschanz als neutralen Ausländer um eine abschließende Würdigung der Versuchsergebnisse. Tschanz schloß das Gutachten mit folgenden Sätzen ab: „Das Ungenügen der Umgebung eines Batteriekäfigs ist mit Ergebnissen der …. durchgeführten Untersuchungen damit so eindeutig nachgewiesen, daß es keiner weiteren Erhebungen bedarf, das Verbot dieses Haltungssystems zu begründen. Wenn die zuständigen Instanzen nicht bereit sind, den nun vorliegenden Befunden entsprechende Entscheide zu fällen, dann läßt sich das nicht mehr mit dem Fehlen sachlicher Grundlagen begründen" (FAL, 1981, S. 210). Die Folge war jedoch, daß weiterhin Hühner in Käfigen gehalten werden und diese Haltung durch entsprechende Verordnungen legitimiert wird.

In der **DDR** galt bis zum Zusammenschluß beider deutscher Staaten formal das deutsche Tierschutzgesetz von 1933. Praktisch hatte der Tierschutz dort allerdings eine nur sehr untergeordnete Bedeutung.

Nachdem sich gezeigt hatte, daß die im deutschen Tierschutzgesetz von 1972 formulierten Zielvorstellungen nicht im vollen Umfang verwirklicht werden konnten, wurde es 1986 von Bundestag und Bundesrat novelliert. Dieses Anfang **1987 in Kraft getretene Gesetz** geht davon aus, daß der Mensch für die seiner Obhut anheimgegebenen Tiere verantwortlich ist. Tiere dürfen jetzt zwar nach wie vor für die Bedürfnisse des Menschen in Anspruch genommen werden; dabei ist jedoch verantwortungsbewußtes Handeln geboten. Nur ein vernünftiger Grund rechtfertigt fortan gewisse Einschränkungen gegenüber dem Tier.

Neu an diesem Gesetz ist, daß das Tier ausdrücklich als *Mitgeschöpf* anerkannt wird. Der Ausdruck „Mitgeschöpf" hat einen überwiegend theologischen Hintergrund (Dahlke, 1993). Der Gedanke von der Mitgeschöpflichkeit wurde in den 50er Jahren von dem Theologen Fritz Blanke formuliert: „Die Idee der Herrschaft des Menschen über die Erde muß ergänzt werden, nämlich durch den Gedanken, daß der Mensch zum Verwalter, Halter, Fürsorger der Natur berufen sei." Diese Überlegungen von Blanke sind eine Fortsetzung der Ethik „Ehrfurcht vor dem Leben" von Albert Schweitzer. Sie unterstreichen die ethische Ausrichtung des Tierschutzes. Das Wort „Mitgeschöpf" – es wurde bewußt nicht das Wort „Geschöpf" gewählt – deutet jedoch auch die entwicklungsgeschichtliche Verwandtschaft von Mensch und Tier an. Damit wird deutlich, daß das (höherstehende) Tier Empfindungen und Bedürfnisse hat wie der Mensch; es können Analogien hergestellt werden.

Schon vor Inkrafttreten des deutschen Tierschutzgesetzes von 1972 hatte der Bundesminister für Ernährung, Landwirtschaft und Forsten einen „**Beirat für Tierschutz**" berufen, ohne daß dies durch das Tierschutzgesetz gefordert worden wäre. Dieser Beirat setzte sich aus namhaften Vertretern von Tierschutzorganisationen, Wissenschaft und Tiermedizin zusammen. Eine Neuerung wurde durch den § 16 b des Gesetzes von 1986 geschaffen. Danach ist der Bundesminister für Ernährung, Landwirtschaft und Forsten verpflichtet, eine **Tierschutzkommission** zu seiner Unterstüt-

zung in Fragen des Tierschutzes zu berufen. Diese Kommission besteht aus zwölf Personen, die aus folgenden Bereichen stammen:
– überregionale Tierschutzverbände (4)
– überregionaler Tierhalterverband
– Deutsche Forschungsgemeinschaft
– Geisteswissenschaften
– Verhaltenskunde
– Tierhaltung
– biomedizinische Grundlagenforschung
– Humanmedizin
– Veterinärmedizin

Vor dem Erlaß von Rechtsverordnungen und allgemeinen Verwaltungsvorschriften nach dem Tierschutzgesetz hat der Bundesminister die Tierschutzkommission anzuhören. Freilich braucht er deren Rat nicht zu befolgen. Dies führt in der interessierten Öffentlichkeit gelegentlich zu Mißverständnissen. Der Vermerk „nach Anhörung der Tierschutzkommission" in jedem Tierschutzerlaß erweckt den Eindruck, es käme dort die Überzeugung der Kommission zum Ausdruck.

Wesentliches Anliegen des Gesetzgebers war auch eine Verbesserung im Bereich der **Tierversuche**. Tierversuche im Sinne dieses Gesetzes sind Eingriffe oder Behandlungen an Tieren zu Versuchszwecken, die mit Schmerzen, Leiden oder Schäden für die Tiere verbunden sein können. Wer Versuche an Wirbeltieren durchführen will, braucht eine Genehmigung durch die zuständige Behörde der einzelnen Bundesländer. Die Landesbehörden haben Kommissionen zu ihrer Unterstützung zu berufen. Diese Kommissionen begutachten Anträge auf Tierversuche; unter Einbeziehung dieser Gutachten entscheidet die zuständige Behörde. Neu in dem deutschen Tierschutzgesetz von 1986 ist auch, daß Einrichtungen, in denen Tierversuche an Wirbeltieren durchgeführt werden, einen **Tierschutzbeauftragten** zu bestellen haben. Dieser Tierschutzbeauftragte hat auf die Einhaltung des Tierschutzgesetzes zu achten.

Nach Inkrafttreten des deutschen Tierschutzgesetzes von 1986 sind in rascher Folge zahlreiche Verordnungen erlassen worden. Hierzu gehören die „Legehennenhaltungsverordnung", die „Schweinehaltungsverordnung" und die „Kälberhaltungsverordnung". Teilweise wurden die Verordnungen in Anpassung an neuere technologische Entwicklungen, wissenschaftlichen Erkenntniszuwachs und Wandlung der Einstellung der Gesellschaft zur Natur und zum Tier schon sehr bald novelliert.

In der **Schweiz** wurde der *erste Tierschutzverein* 1844 in *Bern* gegründet. Weitere Vereine folgten wenig später. 1861 fand in Olten eine Versammlung von Abgeordneten „schweizerischer Thierschutz- und landwirthschaftlicher Vereine" statt. Man gründete damals einen „Zentralverein". Dieser sollte sich dafür einsetzen, daß einschlägige Gesetze erlassen und neue Vereine gegründet werden (Bönning, 1993). Damals gab es noch kein einheitliches Tierschutzgesetz für die ganze Schweiz; nur einige Kantone hatten für ihren Bereich Bestimmungen erlassen. Eine Beurteilung dieser Bestimmungen findet sich wenig später (1864) in der Zeitschrift „Thierschutzblätter", dem Publikationsorgan des Zentralverbandes der Tierschutzvereine:" Werfen wir einen Blick auf obige Thierschutzgesetze, so mögen wir sie gut und zweckmäßig finden, doch Eines ist immer noch darin, auf dessen Weglassung bei noch zu erlassenden Thierschutzgesetzen die Vereine einwirken sollen, nämlich: daß bei einer rohen Mißhandlung und Quälerei nicht das Requisit des öffentlichen Ärgernisses zur Bestrafung notwendig, sondern die Quälerei als solche strafbar sei." Besondere

Aufmerksamkeit erfuhren damals die Nutzung der Pferde, Schlachtviehtransporte und das Schlachten.

Ungefähr ab 1875 gab es in der Schweiz eine erbitterte Diskussion um die Vivisektion. Den radikalen Gegnern ging der Zentralverband mit seinen Forderungen nicht weit genug. Deshalb wurde 1883 in Bern der „Schweizerische Antivivisektionsverein" gegründet, dem weitere Vereine ähnlicher Ausrichtung folgten. Bemerkenswert ist eine Eingabe aus dem Jahre 1912, in der Berufsverbot für solche Fuhrhalter, Kutscher und Milchhändler gefordert wird, die gewohnheitsmäßig Tiere quälen. Diese Forderung fand allerdings kein Gehör.

Erst durch das Strafgesetzbuch von 1938 wurde der Tierschutz in der Schweiz bundeseinheitlich geregelt.

Der Tierarzt und Nationalrat Degen setzte sich mit 41 Mitunterzeichnern schon seit langem dafür ein, daß der Schutz der Tiere allgemein zur Bundesaufgabe wird. In einer Volksabstimmung wurde 1973 mit großer Mehrheit (84% Ja-Stimmen) eine Verankerung des Tierschutzes in der Bundesverfassung beschlossen. 1977 wurde von den eidgenössischen Räten das Tierschutzgesetz verabschiedet. 1978 wurde es in einer weiteren Abstimmung des Schweizervolkes mit deutlicher Mehrheit (81%) angenommen. Dieses Gesetz ist ein Rahmengesetz. Damit es wirksam werden konnte, brauchte es eine Vollziehungsverordnung mit detaillierten Einzelbestimmungen für Wild-, Zoo- und Heimtiere, landwirtschaftliche Nutztiere, Versuchstiere, Handel und Werbung mit Tieren, für Tiertransporte und vieles andere mehr.

Nach eingehender Beratung mit mehreren Expertenkommissionen hat das Eidgenössische Veterinäramt in sehr kurzer Zeit einen Entwurf für eine Vollzugsverordnung ausgearbeitet. Die Tierschutzverordnung wurde 1981 erlassen. Das Tierschutzgesetz und die Tierschutzverordnung traten am 1. Juli 1981 in Kraft; verschiedene Übergangsfristen liefen bis 1991 ab.

Auch das Schweizer Tierschutzgesetz hebt die Mitgeschöpflichkeit des Tieres hervor. Wesentlich sind des weiteren die Begriffe Schmerzen, Leiden, Schäden, Angst und Wohlbefinden. Tiere sind angemessen zu ernähren und zu pflegen; ihnen ist, soweit nötig, Unterkunft zu gewähren. Die notwendige Bewegungsfreiheit darf nicht dauernd oder unnötig eingeschränkt werden. Einzigartig ist die in Artikel 5 des Gesetzes ausgesprochene Pflicht, daß serienmäßig hergestellte Aufstallungssysteme und Stalleinrichtungen zum Halten von landwirtschaftlichen Nutztieren auf ihre Eignung zu prüfen sind. Die Prüfung geschieht durch das Bundesamt für Veterinärwesen.

1991 wurde das Schweizer Tierschutzgesetz erstmals geändert. Die Änderungen bezogen sich im wesentlichen auf die Bereiche der Tierversuche, der Milchvieh- und der Kaninchenhaltung.

Die erste Tierschutzverordnung in **Österreich** stammt von 1855. Dort heißt es, „wer öffentlich auf eine Ärgernis erregende Weise Tiere, sie mögen ihm eigentümlich angehören oder nicht, mißhandelt, ist ...... zu bestrafen. Sollten gewisse Arten solcher Mißhandlung häufiger wahrgenommen werden oder im gewerblichen Verkehr herkömmlich geworden sein, so bleibt es der Landesstelle vorbehalten, gegen dieselben mittels speziellen Verbots vorzugehen." Ab 1939 galten in Österreich die deutschen gesetzlichen Bestimmungen zum Schutz von Tieren. 1945 wurde dieses deutsche Tierschutzrecht durch das Veterinärrechtsgesetz aufgehoben, und es galt

Tab. 1 Entwicklung der Tierschutzgesetzgebung in den Ländern der EU und der Schweiz (Baving, 1965; u.a.)

Land	Erste Tierschutzbestimmung Gesetz	Jahr des Erlasses	Erstes eigenständiges Tierschutzgesetz bzw. -verordnung	Geltendes Gesetz von ... (Stand von 1994)
Belgien	Code pénal	1867	1929	1986
Dänemark	Bürgerliches Gesetzbuch	1866	1950	1991
Deutschland	Reichsstrafgesetzbuch	1879	1933	1993
Finnland				1971
Frankreich	Loi Grammont	1850	1850	1989 (code rural)
Griechenland	?		1901	1981
Großbritannien		1770	1821	1911/1988
Irland	s. Großbritannien		1821	1911/1965
Italien	Polizeireglement für die Toskana	1849	1913	1913/1938
Luxemburg	Strafgesetzbuch	1879	1965	1983
Niederlande	Wetboek van Strafrecht Artikel 254 und 455	1881	1961	1991
Norwegen	Strafgesetznovelle	1874	1935	1974
Österreich	Kanzleidekret	1846	1939	Gesetze der einzelnen Bundesländer aus den 80er Jahren, keine einheitliche nationale Tierschutzgesetzgebung
Portugal	Strafgesetzbuch	1886	1989	In Vorbereitung
Schweden		1900	1944	1988
Schweiz	Strafgesetzbuch	1937	1978	1991 revidiert
Spanien	Königliches Gesetz	1925		Tierschutzgesetze in 3 von 13 Regionen

vorübergehend wieder die Verordnung aus dem Jahre 1855.

Später war der Tierschutz in Österreich Ländersache. Die einzelnen Bundesländer erließen um 1950 eigene Tierschutzgesetze, die in den grundsätzlichen Forderungen übereinstimmten. Diese Tierschutzgesetze der österreichischen Bundesländer wurden zumeist in den 80er Jahren novelliert. In neuerer Zeit besteht auch in Österreich die Tendenz, bundeseinheitliche Tierschutzregelungen zu schaffen. Das gilt für Tiertransporte, aber auch für andere Teilaspekte des Tierschutzes. 1993 haben alle neun Landeshauptleute die *„Vereinbarung über den Schutz von Nutztieren in der Landwirtschaft"* unterzeichnet. Ratifiziert wurde der Vertrag allerdings nur von acht Landtagen. Das Land Salzburg hielt sich zunächst zurück, weil ihm die Forderungen in Hinblick auf den Tierschutz nicht weit genug gingen. Man hoffte, durch diese Entscheidung Neuverhandlungen bewirken zu können. 1994 haben aber die acht übrigen Landeshauptleute die Vereinbarung unverändert neuerlich bestätigt. Nun beschloß auch Salzburg, dem Vertrag beizutreten.

Dem Vorbild Großbritanniens folgend, haben alle **Länder der Europäischen Union** seit längerer Zeit eine Tierschutzgesetzgebung (Tabelle 1). Im allgemeinen stellte diese zunächst einen Abschnitt im Strafgesetzbuch dar. Später erließen die meisten Länder ein eigenständiges Tierschutzgesetz.

Der 1949 gegründete **Europarat** ist die

älteste politische Organisation Westeuropas. Ihm gehören gegenwärtig (Stand 1997) die 15 Länder der EU sowie 25 weitere Länder an. Der Europarat hat keine direkten gesetzgeberischen Kompetenzen. Seine Aufgabe ist es, die Ideale und Grundsätze der Mitgliedsländer zu schützen und zu fördern. Schon früh wurden im Europarat Initiativen zur Verbesserung des Tierschutzes ergriffen.

Seit den 60er Jahren werden Übereinkommen auf dem Gebiet des Tierschutzes ausgearbeitet. Die vom Ministerkomitee des Europarats beschlossenen Übereinkommen werden anschließend zur Unterzeichnung und Ratifikation ausgelegt. Bisher wurden in diesem Bereich fünf völkerrechtliche Übereinkommen erarbeitet (Tierschutzbericht 1995 des BML). Die Mitgliedsstaaten sind nicht verpflichtet, die Übereinkommen zu ratifizieren. Wenn dies aber geschieht, verpflichtet sich der betreffende Staat, die nationalen Bestimmungen bzw. die Vollzugspraxis mit den Vorschriften des Übereinkommens in Einklang zu bringen.

Um einen Konsens möglichst vieler Staaten des Europarates herbeizuführen, sind die Bestimmungen in der Regel recht allgemein gehalten. Die bisherigen Übereinkommen befassen sich mit Nutz-, Heim- und Versuchstieren sowie – unabhängig von der Spezies – dem internationalen Tiertransport und der Schlachtung von Tieren. Weitere Tierschutzübereinkommen werden derzeit nicht für erforderlich gehalten.

Auch die 1958 zunächst von sechs Staaten gegründete Europäische Gemeinschaft (jetzt Europäische Union = EU) hat Gesetzgebungskompetenz. Der Anlaß für gemeinschaftliche Regeln auf dem Gebiet des Tierschutzes war primär nicht ethischer Natur, sondern – dem Wesen einer Wirtschaftsgemeinschaft entsprechend – die Vermeidung von Wettbewerbsverzerrungen durch Tierschutzbestimmungen, die in den einzelnen Ländern voneinander abweichen (Blumenstock, 1994).

Richtlinien der EU sind für alle Staaten verbindlich und gelten wie nationale Gesetze. Sie stellen Mindestanforderungen dar; den Mitgliedsstaaten bleibt es überlassen, strengere nationale Bestimmungen zu erlassen. Seit 1974 hat die EU etliche Richtlinien erlassen. Sie betreffen Nutztiere (Richtlinien zur Festsetzung von Mindestanforderungen zum Schutz von Legehennen, Kälbern und Schweinen sowie über die Betäubung von Tieren vor dem Schlachten), Versuchstiere und Tiertransporte. Die Richtlinien stützen sich auf Artikel 43 des EG-Vertrages (Landwirtschaft).

In Deutschland wurde im Jahre 1990 das Gesetz zur Verbesserung der Rechtsstellung des Tieres im bürgerlichen Recht erlassen. Danach sind Tiere im Zivilrecht keine Sachen mehr. Allerdings erhielten sie damit keine dem Menschen vergleichbare Rechtsstellung, vielmehr sind auch jetzt die für Sachen geltenden Vorschriften entsprechend anzuwenden, soweit nicht etwas anderes bestimmt ist. Österreich hat eine ähnliche Gesetzgebung. Am progressivsten ist die Schweizer Gesetzgebung. Seit dem 17. Mai 1992 ist die „Würde der Kreatur" durch die schweizerische Bundesverfassung geschützt.

Literatur

Aristoteles (O.J.): Recht und Gerechtigkeit. Verlag Felix Meiner, Leipzig.
Baving, A. (1965): Ein Überblick über die gesetzlichen Tierschutzbestimmungen in sechzehn europäischen Staaten. Vet.-med. Diss., Hannover.
Blumenstock, S. (1994): Tierschutzgesetzgebung in Europa. Landwirtschaftsverlag, Münster.
Bönning, U. (1993): Vergleich der Tierschutz-

gesetzgebung in Deutschland und in der Schweiz (unter besonderer Berücksichtigung der Geschichte des Schweizer Tierschutzes, der Probleme im Vollzug und der Verbesserungsmöglichkeiten für den deutschen Tierschutz). Vet.-med. Diss., Hannover.

Brede, W. (1977): Arthur Schopenhauer – Werke in zwei Bänden, Bd. 1, S. 691. Carl Hanser Verlag, München, Wien.

Dahlke, Ulrike (1993): Zum theologischen Hintergrund des Begriffes „Mitgeschöpf" in Paragraph 1 des Tierschutzgesetzes. Vet.-med. Diss., Gießen.

Descartes, R. (1969): „Über den Menschen" (1632) sowie „Beschreibung des menschlichen Körpers" (1648). Verlag Lambert Schneider, Heidelberg.

Eilers, W. (1932): Die Gesetzesstele Chammurabis. Gesetze um die Wende des dritten vorchristlichen Jahrtausends. Der Alte Orient 31, 1–84.

Ennulat, K.J., und Zoebe, G. (1972): Das Tier im neuen Recht. Verlag W. Kohlhammer, Stuttgart, Berlin, Köln, Mainz.

FAL (1981): Legehennenhaltung. Wiss. Mitt. Bundesforschungsanstalt für Landwirtschaft, Sonderheft 60.

Giese, C., und Kahler, W. (1934): Das deutsche Reichs-Tierschutzgesetz. Weidmannsche Buchhandlung, Berlin.

Giese, C., und Kahler, W. (1939): Das deutsche Tierschutzrecht. Duncker u. Humblot, Berlin.

Harrison, Ruth (1965): Tiermaschinen. Biederstein Verlag, München.

Kaul, Gabriele (1988): Vergleich der Tierschutzgesetze von 1972 und 1986. Vet.-med. Diss., Hannover.

Maehle, A.-H. (1992): Kritik und Verteidigung des Tierversuchs. Franz Steiger Verlag, Stuttgart.

Pangritz, W. (1963): Das Tier in der Bibel. Ernst Reinhardt Verlag, München, Basel.

Plutarch (1979): Lebensklugheit und Charakter. Dieterich'sche Verlagsbuchhandlung, Leipzig.

Rousseau, J.-J. (1955): Über den Ursprung und die Grundlagen der Ungleichheit unter den Menschen. Aufbau-Verlag, Berlin.

Schopenhauer, A. (1977): Werke in zwei Bänden (darin: Über die Grundlagen der Moral), Band 1. Carl Hanser Verlag, München, Wien.

Schröder, Barbara (1970): Das Tierschutzgesetz vom 24.11.1933, zur Dokumentation der Vorgeschichte und der Änderungsvorschläge. Vet.-med. Diss., Berlin.

Schweitzer, A. (1963): Die Lehre der Ehrfurcht vor dem Leben. Union Verlag, Berlin.

Schweitzer, A. (1972): Kultur und Ethik. Verlag C.H. Beck, München.

Steiger, A. (1986): Die eidgenössische Tierschutzgesetzgebung – ihre Ziele und Auswirkungen. Schweiz. Arch. Tierheilk. 128, 329–346.

Stolting, H., und Zoebe, G. (1962): Das Tier im Recht. Wilhelm Limpert-Verlag, Frankfurt a.M., Wien.

Zukowsky, L. (1938): Tiere um große Männer. Verlag Moritz Diesterweg, Frankfurt a.M.

Tierrechte – Neue Fragen der Tierethik

H. Ruh

■ Vorbemerkung

Die Formulierung der Leidensfähigkeit der Tiere durch Jeremy Bentham: „the question is not, Can they *reason*? nor, Can they *talk*? but, Can they *suffer*? (Bentham, 1789, 311) leitete eine neue Ära der *Tierethik* ein. Heute ist es nicht nur ethisch, sondern ganz allgemein akzeptiert, daß Tiere nicht leiden sollen, weil sie an dem Punkt mit dem Menschen zu vergleichen sind.

Ethik, Wissenschaft und Alltagspraxis haben aus diesem Grundsatz Konsequenzen gezogen, welche das Leiden der Tiere auf jeden Fall massiv eingeschränkt haben. Man denke etwa an die restriktive Gesetzgebung vieler Staaten in bezug auf *Tierversuche*. Es hat ganz den Anschein, als ob die jüngere Diskussion über die *Tierrechte* sozusagen eine neue Tür der Tierethik aufstoßen könnte, hinter der eine Reihe von Grundfragen liegt, die bisher nicht beachtet wurden und unter dem Kriterium der Leidensfähigkeit auch nicht ins Blickfeld geraten konnten.

Im folgenden soll zuerst diese neuere Diskussion über die Tierrechte in ihren Hauptvertretern dargestellt werden. In einem zweiten Teil geht es um die Frage, welche neuen Problemstellungen sich damit aufdrängen. Wenn von Tierrechten im ethischen Sinn die Rede ist, dann ist gemeint, daß Tiere grundlegende Interessen und Rechte haben, welche mit solchen der Menschen vergleichbar und deshalb zu respektieren sind.

Schon vor der Darstellung der neueren Diskussion über die Tierrechte ist darauf aufmerksam zu machen, daß dieser Schritt, nämlich die Anerkennung von Tierrechten, neue und brisante Fragen aufwerfen und uralte Tabus brechen wird. Dies gilt insbesondere für die Frage des Todes der Tiere. Denn wenn es ein Recht auf Leben für die Tiere gibt, dann ist der Tod der Tiere kein ethisches Niemandsland mehr.

Es sind insbesondere die drei folgenden Komplexe, in denen, unter Voraussetzung der ethischen Rechtfertigung der Tierrechte, neue Probleme aufbrechen.

■ Die Frage nach der Entscheidung zwischen gleich schwerwiegenden Interessen bzw. Rechten von Mensch und Tier im unausweichlichen Konflikt. Damit ist etwa die Situation gemeint, in der Leben von Menschen gegen Leben von Tieren steht und der Schutz von menschlichem Leben nur unter Inkaufnahme des Verlustes entweder menschlichen oder tierischen Lebens möglich ist. Um es an einem konkreten Beispiel zu verdeutlichen: Todesfälle bei Menschen sind nicht zu vermeiden, wenn das Nähen von zerstörten Blutgefäßen im Gehirn nicht – wie in der aktuellen Praxis – an Ratten, sondern am menschlichen Ernstfall selbst geübt wird. Wenn aber Mensch und Tier das *gleiche* Recht auf Leben haben, wie sieht die ethische Entscheidung aus?

■ Der zweite Problemkreis, der sich auftut, läßt sich beschreiben als Konflikt zwischen *nur* kulturell-zivilisatorischen, auf jeden Fall nicht überlebensnotwendigen Ansprüchen des Menschen und dem Recht auf Leben des Tieres. Unter diesen Aspekt fallen z.B. Tierversuche für kosmetische oder hygienische Zwecke, aber auch der sehr wichtige Bereich der tierischen Nahrung sowie der Straßenverkehr. Man kann in all diesen Fällen nicht von einem unausweichlichen Konflikt von Leben gegen Leben reden, sofern man die Auffassung vertritt, daß der Mensch auch ohne Seife und Fleischnahrung überlebensfähig ist.

- Der dritte Problemkreis berührt den Vergleich von menschlichen und tierischen Rechten bei Menschen, deren Interessen, z.B. im Falle von Feten oder im Koma liegenden Menschen, deutlich unterhalb der Interessen von Tieren liegen. Es entspricht nur der Logik, wenn man bei der Diskussion über die Tierrechte auf dieses weitere Problem stößt: die Vergleichbarkeit von Interessen von Tieren mit Interessen von menschlichen Personen, welche aus Gründen des Entwicklungsstandes oder von Behinderungen faktisch gar keine Interessen haben können. Denn wenn man den prinzipiellen Vorrang des Menschen aufgibt und das Recht auf Leben von faktisch manifestierten Interessen herleitet, dann kommt man unweigerlich zur Feststellung, daß unter diesem Aspekt gewisse Tiere eher Interessen und Rechte haben können als menschliche Wesen. Als Beispiel werden menschliche Feten oder Menschen in einem irreversiblen Koma genannt.

Diese drei Fragen werden sich in neuer Schärfe stellen, wenn sich ergeben sollte, daß das Postulat auf Anerkennung von Rechten, wie es im folgenden anhand einiger aktueller Positionen dargestellt werden soll, Anspruch auf ethische Rechtfertigung haben kann.

Neuere Positionen der Verfechter der Tierrechte

Bevor wir einen kurzen Gang durch die neueren Positionen der Verfechter der Tierrechte versuchen, muß klargestellt werden, daß Albert Schweitzer einige dieser Positionen schon sachlich vorweggenommen hatte:

„Bei Descartes geht das Philosophieren von dem Satze aus: ‚Ich denke, also bin ich.' Mit diesem armseligen, willkürlich gewählten Anfang kommt es unrettbar in die Bahn des Abstrakten. Es findet den Zugang zur Ethik nicht und bleibt in toter Welt- und Lebensanschauung gefangen. Wahre Philosophie muß von der unmittelbarsten und umfassendsten Tatsache des Bewußtseins ausgehen. Diese lautet: ‚Ich bin Leben, das leben will, inmitten von Leben, das leben will.' Dies ist nicht ein ausgeklügelter Satz. Tag für Tag, Stunde für Stunde wandle ich in ihm. In jedem Augenblick der Besinnung steht er neu vor mir. Wie aus nie verdorrender Wurzel schlägt fort und fort lebendige, auf alle Tatsachen des Seins eingehende Welt- und Lebensanschauung aus ihm. Mystik ethischen Einswerdens mit dem Sein wächst aus ihm hervor. ... Ethik besteht also darin, daß ich die Nötigung erlebe, allem Willen zum Leben die gleiche Ehrfurcht vor dem Leben entgegenzubringen wie dem eigenen. Damit ist das denknotwendige Grundprinzip des Sittlichen gegeben. Gut ist, Leben erhalten und Leben fördern; böse ist, Leben vernichten und Leben hemmen. ...

Wahrhaft ethisch ist der Mensch nur, wenn er der Nötigung gehorcht, allem Leben, dem er beistehen kann, zu helfen, und sich scheut, irgend etwas Lebendigem Schaden zu tun. ... Geht er nach dem Regen auf der Straße und erblickt den Regenwurm, der sich darauf verirrt hat, so bedenkt er, daß er in der Sonne vertrocknen muß, wenn er nicht rechtzeitig auf Erde kommt, in der er sich verkriechen kann, und befördert ihn von dem todbringenden Steinigen hinunter ins Gras. Kommt er an einem Insekt vorbei, das in einem Tümpel gefallen ist, so nimmt er sich die Zeit, ihm ein Blatt oder einen Halm zur Rettung hinzuhalten. Ethik ist ins Grenzenlose erweiterte Verantwortung gegen alles, was lebt." (Schweitzer, 1923, 377-379)

Tom Regan ist der wohl bekannteste neuere Vertreter der Tierrechte. Sein Argument für den Eigenwert und die Rechte der Tiere leitet sich im wesentlichen ab von der Feststellung, daß die Tiere in gleicher Weise wie Menschen empfindende Subjekte sind und z.B. auch den vorzeitigen Tod als Beeinträchtigung des Lebens empfinden (Regan, 1986).

Für *Peter Singer* haben Tiere wie Menschen Interessen, und aufgrund dieser Interessen sind den Tieren Rechte zuzusprechen. Er zieht durchaus radikale Konsequenzen: „Die einzige Ausnahme bestünde darin, daß es überwiegende utilitaristische Gründe für das Töten gäbe, wenn z.B. Töten die einzige Möglichkeit wäre, Nahrung zu erlangen. Es gibt also durchaus Situationen, in denen es nicht falsch ist, Tiere zu töten, aber sie sind sehr speziell und betreffen nur ganz wenige von den Milliarden Fällen, in denen Menschen Jahr für Jahr nichtmenschlichen Geschöpfen den vorzeitigen Tod bringen." (Singer, 1984, 144f.). So bekennt sich denn Singer eindeutig zum theoretischen und praktischen Vegetarismus (Singer, 1986, 204). Der einzige Punkt, der in diesem Zusammenhang bei Singer (und in gewisser Weise auch bei Regan) offenbleibt, ist die Frage: „Wie weit sollen wir die Evolutionsleiter heruntersteigen?" (Singer, 1986, 190).

Auch für *Joel Feinberg* gilt, daß Tiere Interessen und damit Rechtsansprüche haben, selbst wenn sie diese nicht einfordern können (Feinberg, 1987).

In gewisser Weise im Anschluß bzw. in Weiterführung der Überlegungen Regans befaßt sich die Philosophin *Ursula Wolf* mit der Frage: „Haben wir moralische Verpflichtungen gegen Tiere?" (Wolf, 1988, 222). Der Ausgangspunkt ihrer Überlegungen ist der Begriff des *Personseins*: „Mein Vorschlag wäre, daß Personen Wesen sind, die auf ein gutes oder sinnvolles oder befriedigendes Leben aus sind, wobei sie verschiedene Vorstellungen davon haben, worin dieses Leben positiv besteht." (Wolf, 1988, 223).

Diese inhaltliche Bestimmung des Personseins verknüpft Wolf nun mit dem Grund der moralischen Motivation: Rücksicht kommt immer dort zustande, „wo im Gegenüber hinter allen Unterschieden der Mensch wahrgenommen wird, der leidet, wo das Mitleid durchbricht. Das zeigt, daß Mitleid immer schon allen Moralen als Fundament zugrunde liegt." (Wolf, 1988, 231). In die Vorstellung von Leiden gehört dann die „Behinderung jeder Weise eines sinnvollen Lebens." (Wolf, 1988, 234). Nachdem Wolf so die Grundlage ihrer moralischen Einstellung aus der Analyse der Beziehungen zwischen menschlichen Personen gewonnen hat, fragt sie nun, was dies für die Frage der moralischen Verpflichtungen gegenüber Tieren bedeuten muß. Von ihrer Konzeption eines *universalisierten Mitleids* her legt sich eine Ausdehnung auf die Tiere nahe. Diese sind zwar keine Personen, aber sie sind Wesen, die im angegebenen Sinne leiden können. Die Pointe scheint zu sein, daß Wolf von einem in Analogie zum Personsein erweiterten Begriff von Leiden ausgeht, diesen auf die Tiere bezieht, ohne diese als Personen zu bezeichnen.

Von Tierrechten spricht auch *Klaus Michael Meyer-Abich* in seinem Artikel „Das Recht der Tiere" (Meyer-Abich, 1984, 22). Eigenwerte der natürlichen Mitwelt sollen als Eigenrechte anerkannt werden. Dabei könnte man nach dem heuristischen Grundsatz verfahren, daß solche Rechte zumindest überall dort anerkannt werden, wo es bei Naturreligionen Götter gab. Die eigentliche Argumentation für die Anerkennung von Tierrechten wird auch bei Meyer-Abich in Form einer Zuordnung von Gleichheitsgrundsatz und Anerkennung von Interessen geführt: „Lassen wir also das

Gleichheitsprinzip auch für das Verhältnis des Menschen zur natürlichen Mitwelt gelten, so ist die entscheidende Frage: Welche Gemeinsamkeiten gibt es zwischen uns und den Tieren und Pflanzen?" (Meyer-Abich, 1984, 27). Ein wichtiger Punkt ist für Meyer-Abich die Gleichheit in der Zugehörigkeit zur Geschichte der Natur. Aber es gibt auch eine Gleichheit der Interessen.

Auch *Robert Spaemann* muß nach seinem Artikel „Tierschutz und Menschenwürde" (1984) zu der Gruppe von Ethikern gezählt werden, welche die Achtung vor den Tieren nicht allein von deren Leidensfähigkeit ableiten. Allerdings verläuft seine Argumentation anders als bei den übrigen Vertretern der Tierrechte im angelsächsischen oder deutschsprachigen Raum. In gewisser Weise bleibt Spaemann bei einer anthropozentrischen Sicht, allerdings nicht nach dem Motto: Tierschutz ist Menschenschutz. Die Pointe seiner Überlegungen besteht in der sittlichen Pflicht des Menschen zur Anerkennung jeder Subjektivität: „Sittlichkeit heißt zuerst und vor allem: freie Anerkennung der Subjektivität, auch wo es nicht die eigene ist." (Spaemann, 1984, 78). Die Anerkennung der Subjektivität der Tiere ist so ein Akt der Menschenwürde. „Nicht das eigene Interesse, sondern die Selbstachtung ist es, die uns gebietet, das Leben dieser Tiere, wie kurz oder lang es sein mag, artgemäß und ohne Zufügung schweren Leidens geschehen zu lassen." (Spaemann, 1984, 78).

■ Theologische Argumente

Fragen wir, wie es mit der theologischen Argumentation heute aussieht, so kann man davon ausgehen, daß der Artikel von Gerhard Liedke (1985) nach wie vor den heute als gültig anerkannten Stand wiedergibt. Danach kennt die Bibel keine prinzipielle Ablehnung des *anthropologischen Speziesismus*, worunter man in der Tierethik den Vorrang des Menschen (der „Spezies Mensch") vor anderen Lebewesen versteht. „Aber ebenso deutlich ist: Das gesamtbiblische Zeugnis legt uns für die heutige Situation extremer Gewalt gegen Tiere und extremen Leidens der Tiere nahe, Minimierung der Gewalt gegenüber den Tieren und Linderung des Leidens der Tiere, wo immer es geht, als christliche Handlungsmaxime zu betrachten." (Liedke, 1985, 170). Im Anschluß vor allem an Odil Hannes Steck (1978) und Kurt Koch (1983) macht Liedke die Sicht des *Alten Testamentes* klar. Eine Sicht des Alten Testamentes, vertreten z.B. durch Psalm 104, kennt keinen Vorrang des Menschen, sondern ordnet ihn ein in das Ganze der Schöpfung. In einer Version der biblischen Urgeschichte findet sich die Erfahrung der Feindschaft von Mensch und Tier, aber: „Im Konflikt wird das Miteinander, die Mitgeschöpflichkeit festgehalten." (Liedke, 1985, 165). Die Priesterschrift kennt die Schärfe des Konflikts: „Die Gewalt zwischen Mensch und Tier kann zwar nicht verhindert werden, wenigstens aber muß sie minimiert, das heißt auf das unumgänglich Notwendige beschränkt werden." (Liedke, 1985, 167).

Die Sicht des *Neuen Testamentes* ist wesentlich bestimmt durch die Auslegung von Vers 13 im ersten Kapitel des Markusevangeliums durch Ernst Fascher. Fascher ist überzeugt, „daß die Notiz vom Zusammenleben mit den Tieren nicht die schauerliche Einöde der Wüste ausmachen soll, sondern als Zeichen der angebrochenen Heilszeit zu verstehen ist." (Fascher, 1965, 567f.). Im Blick darauf soll kreatürliches Leiden schon jetzt gelindert werden.

Die Linie dieser biblischen Sicht wird grundsätzlich auch in dem Artikel von Franz Böckle eingehalten. Tierisches Leben erhält in der Bibel „Eigenwertigkeit" (Böckle, 1984, 51). Es hat „Eigenwert und einen eigenen Sinn" (Böckle, 1984, 52). Aber der Mensch kann den Konflikt „zwischen Leben und Leben nicht völlig ausschließen" (Böckle, 1984, 56). Böckle zieht die Folgerung: „Wo die Notwendigkeit besteht, tierisches Leben zu opfern, um personales, menschliches Leben zu retten, zu schützen, zu bewahren und zu fördern, ist dies erlaubt." (Böckle, 1984, 56). Dies gilt allerdings nur unter der Bedingung der Minimierung der Schmerzen sowie der Verhältnismäßigkeit. Sowohl bei Liedke wie auch bei Böckle, und damit repräsentieren sie zweifellos die heute geltende theologische Sicht, findet sich das Postulat der Freiheit des Menschen, innerhalb restriktiver Grenzen den Konflikt zwischen Leben und Leben im Sinne der Wahrnehmung einer menschlichen Vorrangstellung zu lösen. Diese letztlich speziesistische Fundamente nicht bestreitende *Bevorzugung des Menschen* wird nicht als Peinlichkeit wahrgenommen, eher als Angebot, das dem Menschen zukommt.

Nach dieser Darstellung einiger Schwerpunkte in der neueren Diskussion der Tierrechte sollen die drei eingangs angekündigten Fragen wieder aufgenommen werden. Denn es steht außer Zweifel, daß, sofern Tiere Rechte, vor allem ein Recht auf Leben haben, sich unangenehme Fragen in aller Schärfe stellen. Dabei handelt es sich:
- um die Frage nach der ethischen Entscheidung über Leben und Tod bei Mensch und Tier im unausweichlichen Konflikt;
- um die Frage nach der ethischen Entscheidung im Konflikt zwischen nicht lebensnotwendigen zivilisatorischen Ansprüchen des Menschen und Rechten der Tiere;
- um die Frage des Vergleichs von Interessen von Menschen, die faktisch keine Interessen haben, mit faktisch vorhandenen Interessen von Tieren.

Die Frage nach der ethischen Entscheidung über Leben und Tod bei Mensch und Tier im unausweichlichen Konflikt

Der Konflikt zwischen Mensch und Tier ist bekanntlich unausweichlich, denn leben bedeutet immer auch töten, und Verzicht auf Töten kann den eigenen Tod bedeuten. Die Schärfe dieser Problematik ergibt sich bei der Anerkennung der Leidensfähigkeit der Tiere nur auf der Ebene des unausweichlichen Konflikts zwischen schwerem Leiden oder Tod des Menschen einerseits und schwerem Leiden des Tieres andererseits. Meist läßt sich dieser Konflikt lösen durch die – z.B. medikamentöse – Vermeidung tierischen Leidens oder eben durch Tötung des Tieres. Dieser Fall war beispielsweise gegeben bei der Tötung von ca. 7000 Affen im Hinblick auf die Herstellung eines Impfstoffes gegen die Kinderlähmung. Werden nun aber vergleichbare Rechte von Mensch und Tier angenommen, speziell im Blick auf den Willen zum Leben, dann entfällt diese Konfliktlösung. Es muß dann neu gefragt werden nach dem Kriterium der Ungleichbehandlung bei gleichen Rechten. Das Konzept der gleichen Tierrechte verbietet aber jeden prinzipiellen *Speziesismus*, d.h. den prinzipiellen Vorrang des Menschen vor dem Tier. Weder der Hinweis auf menschliche Subjektivität noch auf Intelligenz etc. ist hier ethisch relevant.

Die meisten Vertreter der Tierrechte

haben diese Problematik erkannt. So lehnen Regan und Singer Tierversuche ab, sofern gleiche Rechte oder Interessen tangiert sind (Singer, 1982, 43). Gleich verfährt Wolf: „Auch mit dem Hinweis auf die besondere Form, die das Leiden bei Personen hat, ist noch nicht erklärt, warum der Unterschied in der Art und Weise der Leidensfähigkeit ein moralisch relevanter Unterschied sein soll." (Wolf 1988, 243). Es ist also nur konsequent, wenn die Vertreter der Gleichheit der Lebensrechte von Mensch und Tier Tierversuche ablehnen. Weniger konsequent scheint aber zu sein, daß sie die Konsequenzen ihrer Einstellung für den Menschen nicht deutlich hinstellen: Diese bedeuten doch ohne Zweifel den punktuellen Verzicht auf die Rettung von menschlichem Leben oder die Zulassung schweren menschlichen Leidens, es sei denn, man nimmt die Tötung von anderem menschlichen Leben in Kauf. Diese Seite des Konflikts müßte nun eben auch deutlich vor Augen gebracht werden.

Gerade wenn man die Unausweichlichkeit dieser Alternative voll realisiert, kann es ethisch nicht befriedigen, wenn die Vertreter der Tierrechte sich mit der Feststellung begnügen, daß es keine Gründe gäbe für die Rechtfertigung von Tierversuchen. Zumindest muß hier die Frage gestellt werden, wer es mit seinem Gewissen vereinbaren könne, menschliches Leben im Konfliktfall aus Gründen des Tierschutzes *nicht* zu retten. Auch wenn es auf diese Frage keine allgemeingültige Antwort gibt, kann man sicher sagen, daß es nicht der ethischen Plausibilität entbehrt, wenn es den meisten Menschen aus Gewissensgründen nicht möglich ist, in diesen Fällen auf die Tötung von Tieren zu verzichten. Dabei muß man auch der gegenteiligen Entscheidung den Charakter eines echten Gewissensentscheides zubilligen, allerdings nur unter der Bedingung eines inneren Zusammenhanges: Wer Tierversuche grundsätzlich ablehnt, muß bereit sein, auf bestimmte medizinische Hilfe sowie auf Fleischnahrung zu verzichten.

Ein weiterer Versuch zur Lösung könnte ausgehen von der Vorstellung einer Lebens- und Tötungsgemeinschaft von Mensch und Tier. Mensch und Tier leben zusammen. Im Verlauf dieses Lebens teilen sie Nutzen und Lasten. Die Frage ist, welches eine faire Aufteilung von Nutzen und Lasten sein könnte. Das Leben zwischen Mensch und Tier geht nicht ohne gegenseitige Zufügung von schwerem Leid und Tod ab. Menschen behindern Tiere und töten Tiere. Tiere töten Menschen. Tiere töten aber auch Tiere und fügen sich gegenseitig schwere Leiden zu. Der Lebensvollzug aller Lebewesen ist offenbar gar nicht möglich außerhalb dieser gegenseitigen schweren Behinderung. Die Frage, welche bleibt, ist die nach der fairen Verteilung von Nutzen und Lasten in diesem notwendigen Geschehen.

Seit John Rawls „Theorie der Gerechtigkeit" (1979) sind die Regeln der *Fairness* wieder in ein breiteres Bewußtsein gedrungen. Allerdings geht es da zunächst um Fairness zwischen Menschen. Nach Rawls sind diejenigen Regeln Ausdruck der Fairness, welche von allen Betroffenen als richtig angesehen werden, bevor die einzelnen Mitglieder der Gesellschaft wissen, welche Rolle sie im wirklichen Leben spielen. Es liegt nun zunächst nahe, von dieser Annahme auszugehen. Zwar können die Tiere an einem solchen gedachten Diskurs nicht denkend teilnehmen. Aber wir können uns als Menschen ein Stück weit in die Rolle der Tiere versenken und die Fairness im Sinne einer paternalistischen Solidarität anstreben. Man könnte auch von der Figur eines unparteiischen Zuschauers ausgehen, wie er in der angelsächsischen Philosophie, z.B. bei Adam Smith, vorkommt. Man kann sich vorstellen, daß der unparteiische Zuschauer zwischen Mensch und Tier differenzieren würde. Er könnte z.B. zum Schluß kommen, daß bestimmtes menschliches Leiden für den Menschen relevanter ist als vergleichbares Leiden für Tiere. Die Regeln, die so entstünden, wären wohl in gewisser Weise fair.

Zumindest in einigen Bereichen könnte die Vorstellung der Fairnessgemeinschaft zu ethisch befriedigenden Lösungen führen. Konkret wäre denkbar, daß Versuche vermehrt zur Entlastung der Tiere auch an Menschen durchgeführt werden, soweit das Einverständnis der Betroffenen vorliegt. Auf jeden Fall würde der Gedanke verstärkt, daß die Menschen zur Lösung unausweichlicher Konflikte allenfalls größere Opfer zu bringen haben als bisher.

Am einfachsten scheint eine Lösung auf der Linie der biblischen Sicht zu sein. Bei aller Betonung der Minimierung des Leidens der Tiere wird man davon ausgehen können, daß im Konflikt zwischen schwerem Leid von Mensch und Tier dem Menschen von Fall zu Fall Vorrang zukommen kann, weil der biblische Befund insgesamt eben doch so etwas wie eine Selbstverständlichkeit – innerhalb restriktiver Grenzen – menschlichen Eingriffes in die Tierwelt voraussetzt. Ein Forscher, der die Notwendigkeit von Tierversuchen mit der Verantwortung vor dem göttlichen Gebot begründet, hat von daher gesehen die guten Gründe auf seiner Seite.

Eine solche Begründung wird sich, wie jede andere auch, allerdings noch einige kritische Fragen gefallen lassen müssen. So ist die Berufung auf das göttliche Gebot nur dann plausibel, wenn sie in einem sinnvollen Bezug steht zu Argumentation und Handeln des betroffenen Forschers selbst. Auf der anderen Seite ist aber auch nicht auszuschließen, daß jemand das göttliche Gebot als Verbot eines Tierversuches, ja von Tierversuchen überhaupt, versteht. Auch diese Position ist zunächst zu respektieren. Einige kritische Fragen nach der inneren Stimmigkeit sind allerdings unausweichlich. Eine minimale Voraussetzung für eine solche Kohärenz scheint die Praktizierung des Vegetarismus zu sein. Ebenfalls ist keine Position denkbar, die einerseits Tierversuche aufgrund des göttlichen Gebots ablehnt, andererseits aber im Bedarfsfalle medizinische Hilfe beansprucht, die aufgrund von Tierversuchen mit ermöglicht wird. Zwar gibt es auch hier wieder den sophistischen Einwand: Tierversuche gibt es eben sowieso, dann macht es nichts aus, wenn ich im Bedarfsfall davon profitiere, auch wenn ich grundsätzlich gegen Tierversuche bin. Abgesehen davon, daß eine solche Argumentationsweise schlecht in die theologische Landschaft zu passen scheint, ist sie auch noch nachweislich falsch: Jeder, der medizinische Hilfe beansprucht, die Tierversuche voraussetzt, trägt seinen Teil zur Steigerung der Nachfrage nach Tierversuchen bei.

Ein wichtiger Punkt ist schließlich die kritische Überlegung, daß ich mit dem Verzicht auf Tierversuche nicht nur mir persönlich Schaden zufüge, sondern daß ich so unermeßliches Leid für andere Menschen bewirken kann. Aber auch dieses Argument spricht noch nicht gegen die Respektierung eines vom Gebot Gottes hergeleiteten Verzichtes. Nur muß man sich dann solche unangenehme Fragen gefallen lassen.

Diese Überlegungen zeigen, daß es gegenüber den radikalen Vertretern der Tierrechte durchaus gute ethische Argumente gibt, auf der Ebene des unausweichlichen Konflikts zwischen menschlichem und tierischem Leben.

Die Frage nach der ethischen Entscheidung
im Konflikt zwischen nicht lebensnotwendigen zivilisatorischen Ansprüchen des Menschen und Rechten der Tiere

Etwas schwieriger ist die Argumentation in der Frage des Konflikts zwischen nicht lebensnotwendigen, zivilisatorischen Ansprüchen des Menschen und den Rechten der Tiere.

Hier muß man sich zunächst eine Übersicht verschaffen über die fast grenzenlose Tiernutzung durch den Menschen. Eine besondere Bedeutung kommt der Frage des Tötens der Tiere zu Nahrungszwecken zu. Aber auch im Rahmen von Tierversuchen stellen sich Fragen jenseits des unausweichlichen Konflikts zwischen Leben und Leben: Tierversuche gibt es im Blick auf die Testung von Pestiziden, Herbiziden, Industriesubstanzen, Haushaltssubstanzen, Kosmetikprodukten, Toilettenartikeln, Tabak etc., je nach der geltenden Gesetzgebung.

Welche ethischen Gründe gibt es nun, das Töten von Tieren zuzulassen – immer unter der Annahme, daß Tiere ein Recht auf Leben haben – in all diesen Fällen, in denen nicht das menschliche Überleben oder schweres menschliches Leiden auf dem Spiel steht?

Sofern man die Tierrechte als gegeben sieht, scheint der vernünftige ethische Diskurs hier am Ende zu sein. Denn einerseits gibt es keine guten Gründe dafür, bei gleichen Rechten von Mensch und Tier den Tod der letzteren in Kauf zu nehmen für einen nicht lebensnotwendigen Zweck. Andererseits ist diese Praxis fast so etwas wie eine kulturell-zivilisatorische Selbstverständlichkeit. Es ist auch schwer vorstellbar, daß der Mensch im Blick auf die Bewältigung der Nahrungsprobleme im Alltag stets tiefschürfende ethische Überlegungen anstellen soll. Und so ergibt sich eben die Frage, ob der ethische Diskurs an dieser Stelle fast in eine Art Skurrilität umzuschlagen im Begriff ist. Man möchte vorderhand Günther Patzig zustimmen in seiner Forderung, daß wir bestimmte Annahmen, eben die Ungleichheit von Mensch und Tier, machen müssen, wenn wir sinnvoll leben wollen (Patzig, 1986, 80ff.).

Ulrich Melle hat in diesem Zusammenhang, u. a. im Anschluß an Peter Singer, auf eine weitere Dimension dieser Fragestellung aufmerksam gemacht: „Nun steht das Vernunftinteresse im Konflikt mit unseren parteiischen Gefühlen, Neigungen, Interessen, die z. T. zu unserer genetisch bedingten Natur gehören. Vom Standpunkt der Unparteilichkeit aus muß ich den Interessen der Hungernden in Afrika ebensoviel Rechnung tragen wie den Interessen meiner Familie, was praktisch bedeuten könnte, daß ich, nachdem ich für mich und meine Familie die strikt lebensnotwendigen Güter an Nahrung, Kleidung und Wohnung gesichert habe, alle weiteren mir zur Verfügung stehenden Mittel für die Linderung des Hungers in einem anderen Weltteil aufwenden müßte. Singer räumt ein, daß eine Umformung der menschlichen Natur gemäß solch abstrakter Konsistenzprinzipien unmöglich ist. Eine praktikable Ethik darf nicht zu rigoros sein in ihren Anforderungen; sie muß unseren natürlichen und parteiischen Neigungen Rechnung tragen und versuchen, eher mit ihnen als gegen sie zu arbeiten." (Melle, 1988, 257).

Man kann sich natürlich jetzt fragen, ob sich der Schluß Melles auch auf das Problem des Tötens der Tiere für Nahrungszwecke beziehen läßt. Im Unterschied zu der Frage der gerechten Verteilung von Nahrungsmitteln im weltweiten Horizont geht es bei der tierischen Nahrung nicht um einen quantitativ schwer abschätzbaren, sondern um einen qualitativen Aspekt: Der Mensch kann durchaus, ohne Überforderung der Bewältigung der Alltagspraxis, den einmalig-grundsätzlichen Beschluß auf Verzicht von tierischer Nahrung fällen.

Bleibt also das Problem, daß die Forderung auf diesen Verzicht fast unendlich weit von der Alltagspraxis der überwiegenden Mehrheit der Menschen in Vergangenheit und Gegenwart entfernt ist. Inwiefern ist dieses Argument ethisch relevant? Nicht gerade eine Verstärkung erfährt es durch die Einsicht, daß die tierische Nahrung der Menschen eine schlechte Ausnützung der Energiereserven bedeutet und zu einer immer stärkeren Übernutzung der Natur beiträgt. Es gibt von dieser Seite her Gründe, die für den Verzicht auf Fleischverzehr sprechen könnten.

Darüber hinaus wird man bald gewahr, daß der Fleischverzehr nicht die einzige zivilisatorische Tätigkeit des Menschen ist, bei der Tiere getötet werden. Man denke etwa an den Tod von Tieren durch den Straßen- und Flugverkehr, aber auch an die Zerstörung der Lebensgrundlagen unzähliger Tierarten durch Eingriffe aller Art in die Natur. Die moderne Zivilisation ist ohne massive Tötung von Tieren überhaupt nicht denkbar. Die Frage stellt sich also, ob es wirklich ethisch gefordert ist, daß der Mensch aus Gründen der Gleichheit von Mensch und Tier einen radikalen Wandel der Zivilisation anstreben muß. Auch wenn es dabei nicht gerade um die Überlebensfähigkeit des Menschen geht: Die Lebensfähigkeit als Zivilisation ist durchaus in Frage gestellt.

Angesichts der Schärfe dieser Problemstellung müssen wir nochmals auf die Übertragbarkeit von Melles Vorschlag auf eine ökologische Ethik zurückkommen. Ist es wirklich undenkbar, in einer Natur, in der fast alle Lebewesen Gewalt gegen andere Lebewesen ausüben, ein bestimmtes Maß von Gewaltausübung auch für den Menschen als ethisch gerechtfertigt anzusehen? Hat es nicht eine gewisse Plausibilität für sich, daß inmitten der Lebens- und Tötungsgemeinschaft auch dem Menschen ein gewisses Maß an Tötungsrechten zusteht?

Hier gilt es zunächst, einen pädagogischen Aspekt zu beachten. Insofern das Postulat auf radikalen Verzicht auf Tötung von Tieren unendlich weit von der Alltagspraxis entfernt ist, könnte es auch kontraproduktiv wirken. Auf jeden Fall würde es kurzfristig diese Praxis kaum wesentlich verändern.

Aber dieser pädagogische Aspekt enthebt uns nicht der Lösung der Grundsatzfrage. Man könnte vesuchen, sich dieser Lösung schrittweise zu nähern. Dabei könnte man zuerst von zu fordernden Mindestverhaltensweisen sprechen. Zu fordern wären beispielsweise die Beendigung der unethischen Tierhaltungs- und Tötungspraktiken sowie der Verzicht auf offensichtlich ökologisch und gesundheitlich übersteigerten Fleischkonsum. Gibt es aber für die restlichen Probleme, maßvoller Fleischkonsum oder Autoverkehr, gute ethische Gründe? Gibt es so etwas wie die Norm einer ökologisch vertretbaren Mäßigkeit im Töten?

Zum Beispiel die Norm, daß der Mensch das Maß des Tötens und der Zerstörung von Lebengrundlagen anderer Lebewesen, wie es in der freien Natur vorkommt, auf jeden Fall nicht überschreiten, sondern tendenziell unterschreiten soll? Die Schwierigkeit eines solchen Vorschlags liegt darin, daß dieses Maß schwer feststellbar ist angesichts der unterschiedlichen Praktiken der anderen Lebewesen. Sollte sich der Mensch aber an dem Maß der mit ihm am ehesten vergleichbaren Tiere, der höheren Säugetiere etwa, orientieren? Dieser Vergleich scheint auch untragbar zu sein, weil gerade diese kaum andere Tiere töten. Darüber hinaus bleibt es mißlich und widerspricht allen Regeln der Ethik, daß nun doch eine ökologische Norm zu einer ethischen Norm werden soll. Einen anderen Ausweg deutet Brumlik (1985) an, wenn er von einem solidarischen Paternalismus der Menschen gegenüber den Tieren spricht. Auch wenn Brumlik diese Alternative nicht nur sympathisch ist, weil sie eben die Verfügung der einen über andere Lebewesen voraussetzt, könnte es wohl sein, daß der solidarische Paternalismus diejenige Variante sein könnte, welche sich für die Tiere am vorteilhaftesten auswirkt.

Bei aller Unvollkommenheit könnten trotz allem diese letzteren Vorschläge im Rahmen eines vernünftigen ethischen Diskurses noch am ehesten überzeugen. Ganz befriedigend ist keiner der Vorschläge. Darum muß man vielleicht doch bei der Feststellung bleiben, daß der ethische Diskurs an dieser Stelle in eine Ausweglosigkeit führt.

Diese Feststellung mag schwerwiegend sein für die philosophische, sie muß es nicht sein für die theologische Ethik. Denn die theologische Ethik kennt unter gewissen Aspekten einen Vorbehalt gegenüber dem vernünftigen Diskurs. Dieser Vorbehalt hat zu tun mit dem Verdacht, daß dieser die Grenzen der menschlichen Vernunft nicht genügend berücksichtigt und die Reichweite menschlicher Vernunft überschätzt. Es könnte wohl sein, daß an dieser Stelle die Reserve der theologische Ethik im Sinne von Karl Barth und Dietrich Bonhoeffer wieder zum Zuge käme, in dem Sinne, daß das menschliche Wissenwollen des Guten den Menschen vergessen läßt, daß er nicht zuerst etwas soll, sondern etwas darf, nämlich aus der Freiheit der Gnade leben. Es könnte wohl sein, daß die Grundaussage der Bibel zum Fleischverzehr, ein fast selbstverständliches *Ja* innerhalb restriktiver Begrenzung, die von Gott gewollte und geschenkte Freiheit des Lebensvollzugs theologisch-ethisch unaufgebbar wiedergibt, ja zur eigentlichen Grundlage des freien Lebensvollzugs führt.

Sobald man den Tieren dem Menschen vergleichbare Lebensrechte zugesteht, wird man in einen Konflikt verwickelt, der argumentativ ins Unendliche geht. Wenn nämlich die Tiere ein dem Menschen vergleichbares Lebensrecht haben, dann kann die Lösung offenbar nur heißen: entweder der totale Verzicht auf Tiertötung oder klare Kriterien für jeden Fall der notwendigen Tötung. Letzteres ist aber im Blick auf die Spontaneität des menschlichen Lebensvollzugs schwer vorstellbar: Die ethische Dauerreflexion bzw. der Dauerentscheid über alltägliche Fragen der Nahrung und Fortbewegung ist schwer vorstellbar. Es könnte sein, daß die Theologie hier eine Hilfestellung leisten kann, indem sie, herkommend von dem von uns eingangs ausgeführten Grundkonsens, die von Gott geschenkte Freiheit des Menschen zum Töten von Tieren festhält, allerdings immer vor dem Hintergrund eines tiefen Respekts. Das Abwägen für den jeweiligen Fall der Tötung oder Beeinträchtigung von Tieren wäre so nicht Sache eines permanenten Diskurses, sondern Ausfluß und Ausdruck einer Haltung, einer Tugend, welche gleichzeitig durch Freiheit und Respekt konstituiert wird und verträglich ist mit der Spontaneität des Lebensvollzugs.

Natürlich darf eine solche Sicht nicht zu einer neuen Variante der „billigen Gnade" werden, zum Freipaß für unethisches Verhalten gegenüber anderen Geschöpfen. Auch ist nicht einfach jedermann legitimiert, diese theologische Argumentation beizubringen, sofern sie sich eben nicht im Kontext einer theologischen Existenz ausweisen kann. Aber es könnte wohl sein, daß gerade die theologische Ermächtigung zu dieser Freiheit in sich eine mitgeschöpfliche Haltung hervorbringt, welche dann, philosophisch ungenau, aber lebenspraktisch realistisch, dem Maß einer ökologischen Tugend, z.B. der Mäßigkeit, recht nahekommt. Dabei kann offenbleiben, ob nicht auch die Dynamik der theologischen Sicht das Verhältnis zwischen Mensch und Tier längerfristig in die Richtung des Vegetarismus rückt.

Die Frage des Vergleichs von Interessen
von Menschen, die faktisch keine Interessen haben, mit faktisch vorhandenen Interessen von Tieren

Vergleichsweise leicht läßt sich der letzte Punkt der eingangs als neu bezeichneten Problemstellungen lösen, d. h. die Frage des Vergleichs zwischen nichtinteressefähigen Menschen und Tieren, deren Interessen manifest sind.

Fest steht, daß kein Vertreter der Tierrechte die Absicht hat, die Rechte nichtinteressefähiger Menschen herabzumindern. Es geht einfach um die Feststellung, daß man nicht, sofern man den speziesistischen Vorrang aufgegeben hat, nichtbestehende Interessen von Menschen existierenden Interessen von Tieren vorordnen kann. Patzig hat sich diese Frage ausdrücklich gestellt und sie überzeugend beantwortet. „Daß wir solche Individuen in unsere auf alle Menschen in gleicher Weise gerichteten moralischen Kategorien einbeziehen, bedarf einer besonderen Begründung. Es kann aber damit gut begründet werden, daß es sehr gefährlich wäre, im Hinblick auf den Respekt vor der menschlichen Integrität irgendwelche Ausnahmen zuzulassen. ... Die Behandlung politischer Dissidenten als Geisteskranke ist hierfür nur ein warnendes Beispiel." (Patzig, 1986, 81).

Literatur

Bentham, J. (1789): An Introduction to the Principles of Morals and Legislation. Ed. by L. J. Lafleur. New York, Hafner Publishing Company, 1948.

Böckle, F. (1984): Das Tier als Gabe und Aufgabe. Von der kreatürlichen Verantwortung des Menschen. In: Tierschutz. Testfall unserer Menschlichkeit. Hrsg. von U. M. Händel. Frankfurt a. M., S. Fischer Verlag, 1984, S. 50–58.

Brumlik, M. (1985): Vom Leiden der Tiere und vom Zwang zur Personwerdung. Zwei Kapitel advokatorischer Ethik. In: Kommunikation und Solidarität. Beiträge zur Diskussion des handlungstheoretischen Ansatzes von Helmut Peukert in Theologie und Sozialwissenschaften. Hrsg. von H.-U. Brachel und N. Mette. Freiburg i. Br., Edition Exodus, 1985, S. 300–322.

Fascher, E. (1965): Jesus und die Tiere. In: Theologische Literaturzeitung, Jg. 90, Nr. 8, Leipzig 1965, S. 561–570.

Feinberg, J. (1987): Die Rechte der Tiere und zukünftige Generationen. In: Ökologie und Ethik. Hrsg. von Dieter Birnbacher. Stuttgart, Reclam, 1987, S. 140–179.

Koch, K. (1983): Gestaltet die Erde, doch heget das Leben. In: Wenn nicht jetzt, wann dann? Aufsätze für H.-J. Kraus zum 65. Geburtstag. Hrsg. von H. G. Geyer et al., Neukirchen-Vluyn, 1983, S. 23–34.

Liedke, G. (1985): Tier-Ethik – Biblische Perspektiven. In: Zeitschrift für Evangelische Ethik, 29. Jg., 1985, S. 160–173.

Melle, U. (1988): Tiere in der Ethik. In: Zeitschrift für Philosophische Forschung, Jg. 42, 1988, S. 246–267.

Meyer-Abich, K. M. (1984): Das Recht der Tiere. Grundlagen für ein neues Verhältnis zur natürlichen Mitwelt. In: Tierschutz. Testfall unserer Menschlichkeit. Hrsg. von

U. M. Händel. Frankfurt a. M., S. Fischer Verlag, 1984, S. 22–36.

Patzig, G. (1986): Der wissenschaftliche Tierversuch unter ethischen Aspekten. In: Tierversuche und medizinische Ethik. Beiträge zu einem Heidelberger Symposion. Hrsg. von W. Hardegg und G. Preiser, Frankfurt a. M., Olms Weidmann, 1986, S. 68–84.

Rawls, J. (1979): Eine Theorie der Gerechtigkeit. (Orig.: A Theory of Justice.) Übers. von H. Vetter, Frankfurt a. M., Suhrkamp Verlag, 1979.

Regan, T. (1986): In Sachen Rechte der Tiere. In: Verteidigt die Tiere. Hrsg. von Peter Singer. Wien, Paul Neff Verlag, 1986, S. 28–47.

Schweitzer, A. (1923): Die Entstehung der Lehre der Ehrfurcht vor dem Leben und ihre Bedeutung für unsere Kultur. In: Ges. Werke in 5 Bdn., Bd. V, Zürich, Ex Libris, 1973, S. 172–191.

Singer, P. (1982): Befreiung der Tiere: eine neue Ethik zur Behandlung der Tiere. Übers. von E. von Scheidt, München, Hirthammer, 1982.

Singer, P. (1984): Praktische Ethik. Übers. und hrsg. von J. C. Wolf, Stuttgart, Reclam, 1984.

Singer, P. (1986): Verteidigt die Tiere. Übers und hrsg. von K. Simon. Wien, Paul Neff Verlag, 1986.

Spaemann, R. (1984): Tierschutz und Menschenwürde. In: Tierschutz. Testfall unserer Menschlichkeit. Hrsg. von U. M. Händel. Frankfurt a. M., S. Fischer Verlag, 1984, S. 71–81.

Steck, O. H. (1978): Welt und Umwelt. Stuttgart, Kohlhammer Verlag, 1978.

Wolf, U. (1988): Haben wir moralische Verpflichtungen gegen Tiere? In: Zeitschrift für Philosophische Forschung, Jg. 42, 1988, S. 222–246.

Grundbegriffe im Tierschutz

H. H. SAMBRAUS

Der Tierschutz hat es sich zur Aufgabe gemacht, Tiere vor Schmerzen, Leiden und Schäden zu bewahren oder diese zu lindern. Die Voraussetzung hierfür werden durch die Tierschutzgesetzgebung der einzelnen Staaten geschaffen. Tierschutzgesetze sowie entsprechende Verordnungen und Erlasse schützen jedes Einzeltier.

Vom Tierschutz ist der Naturschutz zu unterscheiden. **Naturschutz** hat nach dem deutschen Naturschutzgesetz (Gesetz über Naturschutz und Landschaftspflege) zum Ziel, Natur und Landschaft im besiedelten und unbesiedelten Bereich so zu schützen, zu pflegen und zu entwickeln, daß
1. die Leistungsfähigkeit des Naturhaushalts,
2. die Nutzungsfähigkeit der Naturgüter,
3. die Pflanzen- und Tierwelt sowie
4. die Vielfalt, Eigenart und Schönheit von Natur und Landschaft

als *Lebensgrundlagen des Menschen* und als Voraussetzung für seine Erholung in Natur und Landschaft nachhaltig gesichert sind.

Die unterschiedlichen Zielrichtungen schließen nicht aus, daß Tierschutzverbände gleichzeitig vehement für den Naturschutz eintreten und Naturschutzverbände auch Positionen des Tierschutzes vertreten. Dies liegt zum Teil an der Überlappung der Aufgabengebiete. Umweltkatastrophen, denen unzählige Tiere zum Opfer fallen, sind immer auch eine Katastrophe für jedes betroffene Einzeltier und mit Schmerzen und Leiden verbunden. Umgekehrt können Maßnahmen, deren Folge zunächst nur Leiden vieler einzelner Tiere zu sein scheinen, Indikatoren für ein weiterreichendes Naturschutzproblem sein. Noch deutlicher wird dies bei Schildkrötensuppe, Froschschenkeln und anderen „Delikatessen". Wer die einschlägige Literatur aufmerksam verfolgt weiß, daß durch extravagante Eßgewohnheiten in den übersättigten Industriestaaten nicht nur erhebliche Naturschutzprobleme entstehen. Die brutale Tötung der Tiere ist gleichzeitig eines der schwerwiegendsten Tierschutzprobleme. Dennoch sollte eines deutlich werden: Naturschutz treibt der Mensch um seiner selbst willen, nämlich um die Natur für sich und seine Nachkommen zu erhalten. Beim **Tierschutz** steht das zu schützende Tier im Vordergrund. Die heutigen Tierschutzgesetzgebungen, früher war das anders, haben in der Regel allein den Schutz des Tieres zum Ziel. Sobald menschliche Interessen beteiligt sind, geschieht dies meist auf Kosten, nicht zum Wohle des Tieres.

Artenschutz ist der Schutz von Tier- und Pflanzenpopulationen vor Ausrottung. Ursache der Ausrottung kann direkt (z.B. Walfang) oder indirekt (z.B. Tankerunglücke) der Mensch sein. Es ist aber auch denkbar, daß Naturkatastrophen (z.B. Überschwemmungen, Vulkanausbrüche, Dürreperioden) den Bestand einer Art gefährden.

Wovor sollen Tiere geschützt werden?

In den Tierschutzgesetzen vieler Staaten erscheinen die Begriffe Schmerzen, Leiden, (mangelndes) Wohlbefinden, Angst und Schäden. Bis auf den letzten geht es bei all diesen Begriffen um Empfindungen, und auch bei Schäden geht es nicht um die umfassende Bedeutung dieses Begriffs. **Schäden** werden in die Beurteilung einbezogen, weil durch sie am besten Schmerzen und Leiden zu objektivieren sind. Schaden steht für Körperschaden. Der Begriff umfaßt alle Schädigungen *lebender* Substanz.

Ein Eingriff an der leblosen Substanz eines Tieres ist nur im Einzelfall ein Schaden, z.B. dann, wenn Vögeln Federn entfernt wurden und sie anschließend großer Kälte ausgesetzt sind oder wenn Rindern die Klauen extrem beschnitten werden und sie dann später auf Kieseln gehen müssen. Häufiger entstehen allerdings Tierschutzprobleme, wenn Tieren leblose Substanz *nicht* entfernt wird. Würden Schafe nicht geschoren, dann würden sie auch in Mitteleuropa im Sommer zweifellos erheblich leiden. Würden Pferden die Hufe nicht regelmäßig bearbeitet, dann würde die unphysiologische Belastung der Gelenke zu erheblichen Schmerzen führen.

Empfindungen sind nur für das betroffene Individuum wahrnehmbar. Gemessen werden können nur der die Empfindung auslösende Reiz oder die physiologischen und ethologischen Folgen der Empfindung. Häufig scheinen (subjektive) Empfindung und objektiv feststellbare Folgen so sehr miteinander korreliert, daß sie gleichgesetzt werden: Schreie gelten als gleichbedeutend mit Schmerzen, Apathie gilt als gleichbedeutend mit Leiden.

Selbst wenn mehrere Menschen über eine Apparatur z.B. den gleichen elektrischen Reiz erhalten, dann kann jedes Individuum nur seine eigene Empfindung beschreiben. Während eine der Personen den Reiz vielleicht als nur unangenehm, aber erträglich beschreibt, schildert eine zweite ihn möglicherweise als sehr schmerzhaft, und eine andere empfindet ihn als gänzlich unerträglich. Gründe für Unterschiede in der Empfindungsintensität sind nur teilweise erkennbar (z.B. unterschiedliche Leitfähigkeit gegenüber elektrischem Strom bei unterschiedlicher Hautfeuchte); teilweise sind sie im Individuum begründet. Es soll an dieser konstruierten Sachlage verdeutlicht werden, daß jeder Mensch und auch jedes Tier nur seine eigenen Empfindungen wahrnimmt. Man kann aus dieser Erfahrung heraus kaum auf die Intensität der Empfindungen von Artgenossen und schon gar nicht auf jene artfremder Individuen schließen. *Von einer Objektivierbarkeit der Empfindung durch Maß und Zahl kann nicht gesprochen werden.*

Wissenschaftstheoretisch ist es also nicht möglich, Empfindungen zu objektivieren. Dies soll deshalb nachdrücklich herausgestellt werden, weil gelegentlich gefordert wird, man solle sich so lange *nicht* mit dem Problem des Tierschutzes wissenschaftlich befassen, bis angemessene Methoden für den objektiven Nachweis von Schmerzen und Leiden gefunden worden seien. Hier werden Utopien geweckt, die nie erfüllt werden können. Zudem gilt: Die Probleme sind jetzt vorhanden, und es müssen jetzt Lösungen gefunden werden. Das trifft auch dann zu, wenn die Lösungen nicht in jeder Hinsicht befriedigen können.

Wichtig ist zunächst, die verschiedenen Empfindungen präzise zu definieren. Anschließend muß geprüft werden, ob es allgemeingültige Symptome/Parameter für die einzelnen Empfindungen gibt und wie weit sich die Äußerungen der Empfindungen bei den einzelnen Tierarten unterscheiden.

Bisher wurde in diesem Kapitel der Ausdruck Empfindung gebraucht. Er soll mit Emotion gleichgesetzt werden. Schmerz soll hier nur als eine Empfindung auf physischer Grundlage verstanden werden, also z.B. nicht „Liebesschmerz". Schmerz ist eine unangenehme Empfindung, die neben unterschiedlicher Intensität auch in der Qualität unterschiedlich sein kann, z.B. stechend, brennend, ziehend oder dumpf.

Wohlbefinden und Leiden sind als Gegensätze aufzufassen (komplementäre Begriffe). **Wohlbefinden** liegt dann vor, wenn das Tier frei ist von negativen Empfindungen und von stärkeren Bedürfnissen.

Leiden ist nicht als Plural von Leid zu verstehen. Es sind also nicht mehrere Formen von Leid erforderlich, um Leiden hervorzurufen. Durch den Begriff wird vielmehr das Umfassende betont. Der Ausdruck schließt deshalb auch mehr als der medizinische Begriff ein. Dort wird er als Umschreibung einer chronischen Erkrankung, verbunden mit starken Unlustgefühlen, gebraucht. Leiden können auch psychischer Natur sein („Die Leiden des jungen Werther"). Beim Tier ist hier vor allem an einen anhaltenden Zustand von Angst zu denken.

Angst ist ein unangenehmer emotionaler Zustand bei Erwartung eines stark negativen Ereignisses. Weitere negative Empfindungen wie Übelkeit und Sehnsucht sollen hier nicht weiter berücksichtigt werden, andere, wie z.B. die Libido sexualis, besitzen kaum Tierschutzrelevanz.

Da Empfindungen nicht direkt gemessen werden können, muß auf sie geschlossen werden. Grundlage hierfür ist zunächst die Situation beim Menschen. Menschen kennen bekanntlich Schmerzen, Angst, Leiden und andere Empfindungen. Jeder Mensch weiß von sich selbst oder durch verbale Kommunikation mit anderen, welche Symptome mit den einzelnen Empfindungsqualitäten verbunden sind. Menschen und höherentwickelte Tiere gleichen sich im Körperbau und selbst in ihrer Histologie weitgehend. Das gilt so sehr, daß die Tiermedizin von der früher entwickelten Humanmedizin die meisten Benennungen für homologe Organe übernehmen konnte (und gelegentlich umgekehrt). Auch in der Physiologie besteht eine weitgehende Übereinstimmung von Mensch und Säugetier. Dies ist die Voraussetzung dafür, daß Heilmittel zunächst beim Tier auf ihre Wirksamkeit geprüft werden müssen, bevor sie beim Menschen eingesetzt werden können. Schließlich gleichen sich Mensch und höherstehende Tiere auch in vielen Reflexen und grundlegenden Verhaltensreaktionen. Wir kennen bei Mensch und Säugetier in analogen Situationen Schweißausbruch, Zittern, weitaufgerissene Augen und andere gleichartige Reaktionen.

Aus bestimmten Symptomen kann nicht im Sinne eines mathematischen Beweises auf bestimmte Empfindungen geschlossen werden. Dies wird aber auch in anderen Bereichen von Medizin und Biologie nicht gefordert; man sollte deshalb beim Schutz der Tiere keinen unüblich scharfen Maßstab anlegen. Es ist nicht zu bezweifeln, daß der Schluß auf Empfindungen in hohem Maße plausibel ist. Es kommt hinzu, daß Empfindungen lebenserhaltenden Wert besitzen. Ein Tier kann nicht wissen, daß es ein Wasserdefizit hat oder energetisch unterversorgt ist. Es hat Durst oder Hunger und versucht, diese Empfindungen durch Trinken und Nahrungsaufnahme zu befriedigen.

Schmerz ist im allgemeinen ein höchst sinnvolles Phänomen. Er schützt das Individuum vor (weiterer) Schädigung, gewährleistet die Heilung und wirkt vorbeugend. Schmerz entsteht durch Erregung spezieller Rezeptoren, der *Nozizeptoren*, die in nahezu allen Organen vorkommen. Durch den Reiz werden afferente Impulse ausgelöst, die über das vegetative Nervensystem an das Zentralnervensystem geleitet werden. Sowohl alle histologischen Strukturen als auch alle bei der Schmerzleitung auftretenden physiologischen Prozesse sind bei Mensch und Tier gleichermaßen vorhanden. Sie sind, einschließlich des limbischen Systems, entwicklungsgeschichtlich sehr alt.

Die Schmerzempfindung führt zu **Schmerzäußerungen**. Diese sind tierartspezifisch und zudem abhängig von der Intensität des Schmerzes; es lassen sich jedoch bei einiger Tierkenntnis einige allgemeingültige Kriterien erkennen. Bei plötzlich auftretendem starkem Schmerz sind dies
– gellende Schreie,
– unorganische Bewegungsabläufe,
– Zittern,
– Schweißausbruch,
– weitaufgerissene Augen,
– Schonen einer betroffenen Extremität u, a.

Chronische Schmerzen werden anders beantwortet:
– Stöhnen,
– Apathie,
– veränderter Gesichtsausdruck,
– fehlende Körperpflege usw.

Dabei ist Tierartspezifisches zu beachten: Schweine schreien meist schon bei Berührung; bei dieser Tierart haben gellende Lautäußerungen vielerlei Funktion. Pferde schreien auch bei stärksten Schmerzen nicht. Eine angemessene Beurteilung der Situation ist dennoch auf Grund der Gesamtsymptomatik möglich. Fatale Fehlinterpretationen geschehen immer wieder bei Tierarten, die zu Lautäußerungen nicht fähig sind und deren Schmerzsymptome anders sind als die des Menschen. Deshalb werden Fische oft so behandelt, als seien sie unfähig, Schmerzen zu empfinden.

Angst kann sich in vielfältiger Weise äußern:
– weitaufgerissene Augen,
– veränderte Mimik,
– Zittern,
– spezielle Lautäußerungen,
– erhöhte Pulsfrequenz,
– panisches Davonstürmen ohne Rücksicht auf Hindernisse,
– häufiger Absatz von Harn und wäßrigem Kot ohne entsprechendes Ausscheidungsritual,
– Zusammendrängen von Artgenossen u.a.

Durch neurophysiologische Untersuchungen konnte belegt werden, daß im Gehirn von geängstigten Tieren – also in Situationen, in denen die genannten Symptome auftreten – die gleichen Prozesse ablaufen wie beim Menschen. Durch *Anxiolytika*, also pharmakologisch wirksame Substanzen mit angstmindernder Wirkung, die beim Menschen erfolgreich eingesetzt werden, können bei Tieren gleichsinnige Reaktionen erzielt werden.

Der Aufbau des Gehirns zeigt bei höheren und niederen Wirbeltieren große Übereinstimmung mit dem des Menschen. Das gilt insbesondere in Hinblick auf Empfindungen. Schmerz, Angst und Panik werden generell im Hirnstamm und im limbischen System realisiert.

Leidende Tiere sind daran zu erkennen, daß sie nicht in gewohnter Weise auf Umgebungsreize reagieren; sie haben ein „herabgesetztes Sensorium" und machen einen in sich gekehrten Eindruck. Hinzu kommen Stöhnen, veränderter Gesichtsausdruck und mangelndes Bewegungsbedürfnis. Da leidende Tiere keine Körperpflege betreiben, ist ihr Haarkleid ungepflegt und stumpf.

Wohlbefinden setzt physische Intaktheit (Schmerzfreiheit), physiologische Ausgewogenheit und die Möglichkeit, die Verhaltensbedürfnisse auszuleben, voraus. Als Maß können deshalb Morphologie, Physiologie und Verhalten genommen werden. Häufig wird Tieren Wohlbefinden unterstellt, wenn eine entsprechende Leistung vorhanden ist. Dazu ist zunächst zu sagen, daß das, was wir als Leistung ansehen, kein zusätzliches biologisches Kriterium ist. Leistung von Tieren ist immer eine vom Menschen erwünschte Besonderheit morphologischer, physiologischer oder ethologischer Art.

Als morphologische Leistung werden z.B. hohe tägliche Gewichtszunahmen, hoher Anteil wertvoller Teilstücke, günstiges Fleisch-Fett-Verhältnis oder eine große Zahl von Eiern angesehen. Hinter dieser morphologischen steht stets eine entsprechende physiologische Leistung. Die ethologische Leistung eines Tieres kann in der erfolgreichen Verhinderung von Diebstahl durch besondere Aggressivität (Wachhund) bestehen. Hinter der Verhaltensleistung kann aber auch eine ausgeprägte Sinnesleistung stehen, wie z.B. bei der Fährten- und Drogensuche von Hunden oder dem Entdecken von tief in der Erde verborgenen Trüffeln durch Schweine. Gelegentlich kann die vom Menschen gewünschte Leistung ans Pathologische grenzen, wie bei der Fettleber von gestopften Gänsen oder bei der Eisenmangelanämie von Kälbern, die wegen der Erzeugung von hellem Fleisch nicht ausreichend mit Eisen versorgt werden.

Es ist nicht daran zu zweifeln, daß kranke und leidende Tiere im allgemeinen weniger leistungsfähig sind als gesunde Individuen und solche mit ungestörtem Wohlbefinden. Diese Aussage ist jedoch nicht zwangsläufig umkehrbar: Aus einer vorhandenen Leistung kann nicht zwingend auf ungestörte Lebensvorgänge geschlossen werden. Hochleistungstiere sind z.B. in mancher Hinsicht viel umweltstabiler als Landrassen.

Primitivrinder lassen sich beispielsweise nur melken, wenn ihr Kalb in der Nähe ist. Ist dies nicht der Fall, dann haben sie keine „Leistung". Aus der Sicht des Menschen ist es als Leistung zu werten, daß man von Hochleistungskühen jederzeit ohne Beachtung der Umgebungssituation Milch gewinnen kann. Schwerverletzte Hühner, bei denen kein Zweifel darüber besteht, daß sie starke Schmerzen haben und leiden, haben in vielen Fällen eine nicht von der Norm abweichende Legeleistung (Fölsch, 1977).

Um zu erkennen, wie fragwürdig der scheinbare Zusammenhang von Leistung und Wohlbefinden ist, muß der Ursprung dieser Behauptung deutlich gemacht werden. Er stammt aus der Zootierhaltung oder genauer: aus den Menagerien früherer Zeiten. Die Tiere, vorwiegend Wildfänge, wurden dort so artwidrig untergebracht, so fehlerhaft ernährt und so streßreich gehalten, daß sie meist nur eine kurze Zeit überlebten. Zumindest wurde aber die Fortpflanzung, die sensibelste biologische Funktion, eingestellt. Die Leistung von Zootieren damaliger Zeit war aber, neben dem Überleben, die Fortpflanzung. Dieser Spezialfall wurde später unzulässigerweise verallgemeinert und auf landwirtschaftliche Nutztiere übertragen.

Im deutschsprachigen Raum wurden einige Konzepte erarbeitet, die sich mit dem Tierschutz befassen. Sie wurden von Militzer (1986) zusammengestellt. Wissenschaftlichen Anspruch dürfen nur die **Indikatorenkonzepte** (Schmitz, 1995) erheben. Sie alle lassen erkennen, wann die Anpassungsfähigkeit von Tieren in der Haltung überschritten ist. Besondere Beachtung fanden
– Analogieschluß,
– Bedarfsdeckungs- und Schadensvermeidungskonzept,
– Handlungsbereitschaftskonzept.

Diese Konzepte unterscheiden sich nur graduell bzw. in der Art ihrer Argumentation. Auf der Grundlage der Biologie und ihrer Teilwissenschaften, insbesondere der Ethologie, wird versucht, mit objektiven Parametern so nahe an das eigentliche Problem, die negativen Empfindungen (insbesondere Schmerz, Angst und Leiden), heranzukommen, daß der Schluß auf diese Empfindungen plausibel und zwingend ist.

■ **Analogieschluß** (Sambraus)
Dieses Konzept wurde im Grunde schon auf den ersten Seiten dieses Kapitels dargestellt. Es sei deshalb nur in kurzen Zügen wiederholt:
a) Tiere sollen generell vor Schmerzen, Angst, Leiden, Hunger und Durst geschützt werden. Es werden weitere Kriterien genannt. Allen diesen Kriterien ist gemeinsam, daß es sich um Empfindungen handelt. Selbst wenn in Tierschutzgesetzen und -verordnungen der Begriff „Schäden" erscheint, ist oft nicht ein Schaden allgemeiner Art gemeint, sondern ein solcher, der zu Schmerzen oder Leiden führt. Tierschutz ist Empfindungsschutz (Sambraus, 1995).
b) Empfindungen sind per se nicht nachweisbar. Es kann nur auf sie geschlossen werden.
c) Ein solcher Schluß ist nur vom Menschen auf das Tier möglich. Er ist erlaubt, weil der Mensch und die höherstehenden Wirbeltiere infolge ihrer stammesgeschichtlichen Verwandtschaft im Körperbau und in der Physiologie starke Analogien besitzen. Diese Analogien gehen so weit, daß die einzelnen Organe und Organteile (z.B. Knochen, Muskeln, Teile des Zentralnervensystems, Aufbau des Auges) mit den gleichen Fachausdrücken benannt werden können und Ergebnisse tierexperimenteller Untersuchungen im allgemeinen auf den Menschen übertragbar sind.

Die Analogie kann so weit gehen, daß die für den Empfindungsbereich zuständigen Hirnteile (Hypothalamus) auch beim Wirbeltier vorhanden sind und daß z.B. die bei der Schmerzleitung des Menschen ablaufenden physiologischen Prozesse auch beim Tier nachgewiesen werden können. Daraus wird geschlossen, daß beim Tier dem Menschen analoge Empfindungen möglich sind (deshalb Analogieschluß).
d) Tiere zeigen in bestimmten Situationen Reaktionen, die denen des Menschen entsprechen. Die Symptome bei Schmerzen, Leiden, Angst oder Hunger bei Tieren gleichen im allgemeinen denen des Menschen. Damit werden negative Empfindungen bei Tieren erkennbar.

Empirisch wird diese Einsicht seit langer Zeit genutzt: Der Tierarzt schließt aus der Art der Schmerzsymptome auf den Sitz der Erkrankung, der aufmerksame Bauer erkennt allein schon an den Reaktionen seiner Tiere, daß die Futter- oder Melkzeit naht, der Hundebesitzer bemerkt den Bewegungsdrang seines Tieres.
e) Der Analogieschluß besagt lediglich, daß es über die Artgrenze hinweg möglich ist, Empfindungen von Tieren zu erkennen. Eine weitere Auslegung des Analogiebegriffes ist nicht zulässig. Es darf vor allem nicht von speziellen Bedürfnissen des Menschen ohne Betrachtung der tierlichen Reaktionen auf die Bedürfnisse des Tieres geschlossen werden. Der Analogieschluß wäre völlig mißverstanden, wenn daraus abgeleitet würde, daß z.B. die arme Kuh nicht mit Gras

gefüttert werden sollte, nur weil dem Menschen Gras nicht schmeckt.
f) Der Ausdruck Analogieschluß wurde gewählt, um auf den entscheidenden Schritt hinzudeuten. In der Tat wird hier etwas vollzogen, was in der Naturwissenschaft sonst gemieden wird. Verbal stößt die Auseinandersetzung mit Empfindungen bei Naturwissenschaftlern deshalb im allgemeinen auf Ablehnung. Bei genauer Betrachtung wird jedoch der Sprung vom objektiv nachweisbaren Symptom einer Empfindung und der Empfindung selbst – denn nur um sie geht es im Tierschutz – meist sehr unauffällig dennoch vollzogen. Es scheint bei Wissenschaftlern häufig eine seltsame Furcht davor zu bestehen, daß dieser Schluß erkannt werden könnte.
g) Im Rahmen des Analogieschlusses soll zusätzlich auf etwas aufmerksam gemacht werden, was über die Analogie hinausgeht: Empfindungen sind nicht nur biologisch sinnvoll, sie sind unabdingbar. Kein Tier kennt seinen Bedarf an Wasser oder Kohlenhydraten. Der Bedarf wird nur über seine Bedürfnisse, nämlich Durst und Hunger, geregelt. Warum sollte ein pflanzenfressender Säuger vor einem Raubtier fliehen, obwohl es noch nie unangenehme Erfahrung mit ihm hatte? Sein Verhalten wird dennoch von Angst geleitet. Wie sollte die Fraktur eines Gliedmaßenknochens heilen, wenn das Tier das betroffene Bein nicht schont? Sein Verhalten wird durch Schmerzen gelenkt.

■ **Bedarfsdeckungs- und Schadensvermeidungskonzept** (Tschanz)
Diesem Konzept liegen die tierschutzrechtlichen Regelungen Deutschlands und der Schweiz zugrunde, nach denen Tieren nicht ohne vernünftigen Grund Schmerzen, Leiden oder Schäden zugefügt werden dürfen. Um eine tiergerechte Haltung zu gewährleisten, sind den Tieren artgemäße und verhaltensgerechte Nahrung, Pflege und Unterbringung zu bieten. Es wird davon ausgegangen, daß Lebewesen im Unterschied zu unbelebten Gegenständen zu Selbstaufbau, Selbsterhaltung und Fortpflanzung fähig sind. Hierzu sind bestimmte Voraussetzungen zu erfüllen; es müssen z.B. bestimmte Stoffe und Reize vorhanden sein. Daraus wird abgeleitet, daß Lebewesen einen Bedarf an Stoffen und Reizen haben. Mit dem Begriff „Bedarf" wird also darauf hingewiesen, daß ein Individuum einen bestimmten Zustand nur über bestimmte Voraussetzungen erreichen kann. Durch **Bedarfsdeckung** gelingt dem Lebewesen Selbstaufbau und Selbsterhaltung.

Neben der Bedarfsdeckung sind Selbstaufbau und -erhaltung von der Fähigkeit des Individuums abhängig, schädigende Einflüsse zu vermeiden. Bedarfsdeckung und **Schadensvermeidung** werden als die grundlegenden Funktionen des Verhaltens angesehen, welche es dem Individuum ermöglicht, sich erfolgreich mit der Umwelt und mit sich selbst auseinanderzusetzen.

Das Konzept geht davon aus, daß im Gegensatz zu Schaden Bedarf, Bedarfsdeckung und Schadensvermeidung direkter Beobachtung nicht zugänglich sind. Es kommt aber sehr darauf an, objektive Kriterien für die Bedarfsdeckung und Schadensvermeidung zu finden. Deshalb wird von einem „Typus", d.h. vom Normalbereich der Merkmalsausprägung ausgegangen. Wie weit einem Individuum Selbstaufbau und Selbsterhaltung gelungen ist, kann aus dem *Vergleich mit einer Referenzgruppe* ermittelt werden. Damit sind Bedarfsdeckung und Schadensvermeidung mit naturwissenschaftlichen Methoden überprüfbar. Dagegen gehören nach Tschanz Bedürfnis und Bedürfnisbefriedigung wie Wohlbefinden, Leiden, Angst und Schmerzen zum Bereich des subjektiven Empfindens und können mit naturwissenschaftlichen Methoden nicht erfaßt werden.

Um Mißverständnisse zu vermeiden, werden die in dem Konzept wesentlichen Begriffe definiert: **Bedarf** entsteht bei einem Lebewesen aus der Notwendigkeit, einen Zustand zu erreichen, in dem die Voraussetzungen für Selbstaufbau und Selbsterhaltung erfüllt sind. **Bedarfsdeckung** ist der Vorgang, bei dem das Lebewesen endogene Bedingungen erzeugt, die für das Gelingen von Selbstaufbau und Selbsterhaltung erfüllt sein müssen. **Bedürfnis** ist das mit dem Wahrnehmen eines Mangels und mit dem Streben nach Beseitigung dieses Mangels verbundene Gefühl. Unter **Typus** wird ein Erscheinungsbild verstanden, das die wesentlichen Merkmale enthält, die eine Gruppe von Tieren unter vergleichbaren Voraussetzungen besitzt. Der Typus kann mit mathematisch-statistischen Methoden festgelegt werden. Ein Typus kann anhand von Fakten deskriptiv festgelegt werden. Erhebliche Abweichungen vom Typus, sei es, daß diese als Schaden einzustufen sind oder sei es, daß sie Verhaltensabläufe betreffen, sind nach dem Bedarfsdeckungs- und Schadensvermeidungskonzept tierschutzrelevant (Bammert et al., 1993).

■ **Handlungsbereitschaftsmodell** (Buchholtz)

Dieses Modell soll erkennbar machen, wo die Grenzen der Anpassungsfähigkeit von Tieren liegen und wann diese sowohl in bezug auf die Haltung als auch auf die Zucht überschritten sind. Es geht davon aus, daß mit der **Anpassungsfähigkeit** nicht allein die Lebensfähigkeit eines Tieres mit menschlicher Unterstützung gemeint sein kann, sondern es muß aus ethischen und auch aus wissenschaftlichen Gründen um die Befindlichkeiten des Tieres gehen (Buchholtz, 1994). Als Befindlichkeiten gelten Empfindungen wie Schmerz, Angst, Trauer und Leiden.

Befindlichkeiten bei Tieren sind nicht direkt meßbar. Sie können jedoch aus Anatomie, Physiologie und dem Verhalten der Tiere erschlossen werden. Anatomische, physiologische und ethologische Gegebenheiten können also Indikatoren für Empfindungen/Befindlichkeiten sein. Schmitz (1995) zählt dieses Modell wie auch ähnlich vorgehende zu den Indikatorenkonzepten. Das Handlungsbereitschaftsmodell sucht nach **Verhaltensindikatoren**, die schon zu einem frühen Zeitpunkt Mängel in der Haltung deutlich machen und etwas über das Wohlbefinden eines Tieres aussagen.

Verhalten stellt die höchste integrative Ebene dar, auf der sich physiologisches und morphologisches Geschehen abbildet. Störungen des Verhaltens stellen einen hochempfindlichen Indikator dar, der nicht nur morphologische Schäden, sondern auch physiologische Schäden erkennen läßt. Gestörtes Verhalten eines Tieres ist ein Zeichen dafür, daß etwas im Verhältnis des Tieres zu seiner Umgebung nicht stimmt; es ist Ausdruck einer Beeinträchtigung der Verhaltensregulation des Tieres in seiner Umwelt (Schmitz, 1995). Das Handlungsbereitschaftsmodell stellt ein arbeitshypothetisches Konzept zur Wechselbeziehung zwischen gestörtem Verhalten und Befindlichkeiten dar.

In den Organismus eingehende Reize werden im *limbischen System*, dem Handlungsbereitschaftssystem verrechnet. Ergebnis einer solchen komplexen Verarbeitung ist ein Verhalten, das zur Veränderung des Organismus in der Umwelt führt. Das limbische System der Säugetiere und das des Menschen sind im Sinne der Phylogenese als homolog anzusehen.

Über das limbische System erfolgt außerdem die Aktivierung motorischer Koordinationszentren. Dies hat das Auftreten bestimmter motorischer Aktivitäten zur Folge, die als Verhaltensweisen erkennbar sind. Die funktionale Organisation des Verhaltens kann allerdings nur aufrechterhalten werden, wenn die Umwelt ein gewisses Mindestmaß an unspezifischen Reizen bietet. Geschieht dies nicht, sind Verhaltensstörungen die Folge. Verhaltensstörungen (s. auch Kapitel „Normalverhalten und Verhaltensstörungen") werden definiert als Verhaltenselemente bzw. -sequenzen, die sich in Dauer und Häufigkeit sowie in ihrer räumlichen und zeitlichen Orientierung von Normalverhalten unterscheiden (Buchholtz, 1994).

Jedem gestörten Verhalten liegt eine Störung der zentralen Verhaltensregulation zugrunde. Da das limbische System sowohl Ort der Motivation als auch der Befindlichkeiten ist, ist davon auszugehen, daß beide Bereiche miteinander korrelieren. Verrechnungsdefizite im Motivationssystem führen gleichzeitig zu negativen Befindlichkeiten. Damit ist gestörtes Verhalten ein Indikator für mangelndes Wohlbefinden.

Im limbischen System können gefühlsbetonte Stimmungen und Verhaltensreaktionen experimentell induziert werden. Befindlichkeiten und Verhalten sind hier also eng miteinander verknüpft. Außerdem besteht eine nahe Verbindung des limbischen Systems mit kortikalen Strukturen. Diese Verbindung ermöglicht eine Einspeicherung der Verrechnungsergebnisse über Kurz- und Langzeitspeicherung. Auf diese Weise können einlaufende Reize mit Gedächtnisinhalten verglichen und so bewertet werden.

Durch die Verbindung von Motivation und Gedächtnis und der sich daraus ergebenden Bewertung der Situation ist eine Wahl zwischen verschiedenen Verhaltensalternativen möglich. Die positiven oder negativen Bewertungen der zentralnervalen Verrechnungsergebnisse des Motivationssystems sind befindlichkeitsgetönt, d.h. mit Wohlbefinden oder mangelndem Wohlbefinden korreliert (Schmitz, 1995).

Einschränkend ist zu allen zoologisch argumentierenden Konzepten folgendes zu sagen: Schmerzen, Leiden, Hunger, Angst und andere Empfindungen sind bei höherstehenden Tieren ohne Zweifel erkennbar. Dies ist nicht allein eine Folge von Modellen und Konzepten, die Empfindungen anhand von Einzelschritten unter Heranziehung von Morphologie, Physiologie und Verhalten plausibel machen. Mehr als zwei Jahrhunderte Tiermedizin haben zu einem differenzierten Bild vom gesunden und kranken Tier geführt, das über zoologische Kriterien weit hinausgeht.

Schwierigkeiten können bei der graduellen Festlegung von Empfindungen bestehen. Wann sind Schmerzen erheblich? Wann werden Leiden als unerträglich empfunden? Im Ansatz kann auch hier die Tiermedizin helfen. So gibt es z.B. seit langem eindeutige Kriterien dafür, was als leichte, mittelgradige oder hochgradige Lahmheit einzustufen ist. Dies ist nur möglich, weil das Ausmaß der Lahmheit durch eine entsprechende Schmerzempfindung verursacht wird. Es gehört zum Grundwissen des klinischen Unterrichts, bei der Adspektion des Patienten das Haarkleid zu beurteilen. Ist dies nicht glatt und glänzend, war das Tier also nicht bereit oder fähig sich zu pflegen, dann ist dies ein Zeichen für Leiden oder Apathie. Die Apathie ist aber ihrerseits ein Symptom für Leiden.

Übermitteltes Wissen erspart nicht die Erfahrung. Um das Ausmaß einer Empfindung zu erfassen, ist die genaue Kenntnis von Tierart, Rasse, Geschlecht, Alter und bisheriger Haltung erforderlich. Hinter dem, was mit „Intuition" umschrieben wird, steckt eine Fülle von vernetztem Wissen und Information. In erster Linie ist durch Ausbildung und tägliche Erfahrung der Tierarzt zu einem Urteil fähig. Es besteht jedoch kein Zweifel, daß jeder sachkundige Tierkenner in ähnlicher Weise Bedürfnisse und Empfindungen von Tieren erkennen kann. Daß dennoch ein gewisser Interpretationsspielraum bei der Beurteilung von Ausmaß und Intensität von Empfindungen bleibt, sollte nicht verwundern.

Literatur

Arzt, V., und Birmelin, I. (1993): Haben Tiere ein Bewußtsein? C. Bertelsmann Verlag, München

Bammert, J., Birmelin, I., Graf, B., Loeffler, K., Marx, D., Schnitzer, U., Tschanz, B., und Zeeb, K. (1993): Bedarfsdeckung und Schadensvermeidung – Ein ethologisches Konzept und seine Anwendung für Tierschutzfragen. Tierärztliche Umschau 48, 269–280.

Buchholtz, Christiane (1993): Das Handlungsbereitschaftsmodell – ein Konzept zur Beurteilung und Bewertung von Verhaltensstörungen. In: Buchholtz et al. (1993): Leiden und Verhaltensstörungen bei Tieren. Tierhaltung, Band 23, Birkhäuser Verlag, Basel, Boston, Berlin.

Buchholtz, Christiane (1994): Verhaltensstörungen bei Versuchstieren als Ausdruck schlechter Befindlichkeit. Tierärztliche Umschau 49, 532–538.

Dawkins, M.S. (1982): Leiden und Wohlbefinden bei Tieren. Eugen Ulmer Verlag, Stuttgart.

Fölsch, D.W. (1977): Die Legeleistung - kein zuverlässiger Indikator für den Gesundheitszustand bei Hennen mit äußeren Verletzungen. Tierärztliche Praxis 5, 69–73.

Gray, J.A. (1982): The neuropsychology of anxiety. Oxford University Press, New York.

Loeffler, K. (1993): Schmerz und Angst beim Tier. Dtsch. tierärztl. Wschr. 100, 69–70.

Maier, J. (1987): Die Beurteilung der Schmerzintensität beim Tier mit Hilfe ethologischer und physiologischer Parameter. Diplomarbeit, Hohenheim.

Militzer, K. (1986): Wege zur Beurteilung tiergerechter Haltung bei Labor-, Zoo- und Haustieren. Schriftenreihe Versuchstierkunde, Heft 12. Paul Parey, Berlin und Hamburg.

Putten, G. van (1982): Zum Messen von Wohlbefinden. In: Ethologische Aussagen zur artgerechten Nutztierhaltung. Tierhaltung 13, 78–95.

Sambraus, H.H. (1981): Tierschutz, Tierhaltung und Tierarzt. Dtsch. Tierärzteblatt 29, 252–262, 342–346.

Sambraus, H.H. (1993): Was ist über die Ursachen von Verhaltensstörungen bekannt? In: Buchholtz, Christiane, et al.: Leiden und Verhaltensstörungen bei Tieren. Tierhaltung 23, 38–49, Birkhäuser Verlag, Basel, Boston, Berlin.

Sambraus, H.H. (1995): Befindlichkeiten und Analogieschluß. In: Aktuelle Arbeiten zur artgemäßen Tierhaltung 1994. KTBL-Schrift 370, 31–39.

Schmitz, S. (1995): Erfassung von Befindlichkeiten und gestörtem Verhalten beim Tier. In: Aktuelle Arbeiten zur artgemäßen Tierhaltung 1994. KTBL-Schrift 370, 40–51.

Stauffacher, M. (1993): Angst bei Tieren – ein zoologisches und ein forensisches Problem. Dtsch. tierärztl. Wschr. 100, 322–327.

Teuchert-Noodt, G. (1994): Zur Neurobiologie der Leidensfähigkeit bei Tieren und dem Menschen. Tierärztliche Umschau 49, 548–552.

Tschanz, B. (1993): Erkennen und Beurteilen von Verhaltensstörungen mit Bezugnahme auf das Bedarfskonzept. In: Buchholtz, Christiane, et al.: Leiden und Verhaltensstörungen bei Tieren. Tierhaltung 23, 65–76. Birkhäuser Verlag, Basel, Boston, Stuttgart.

Schmerz bei Tieren

G. BERNATZKY

■ Einführung

„Niemand darf einem Tier ohne vernünftigen Grund Schmerzen, Leiden oder Schäden zufügen." Dieser Grundsatz des deutschen Tierschutzgesetzes (§ 1) enthält drei zentrale Begriffe, die auch im schweizerischen und österreichischen Tierschutz- bzw. Tierversuchsgesetz zu finden sind (Deutsche Forschungsgemeinschaft, 1991): Im allgemeinen Sprachgebrauch werden die Termini Schmerz, Leid und Schaden allerdings oft undifferenziert verwendet. Sich über die Bedeutung und Abgrenzung der Begriffe klar zu werden, ist nicht zuletzt deshalb wichtig, weil vor allem Schmerz und Leid zunächst als Umschreibungen typisch menschlicher Empfindungen gelten.

Das Erleben von Schmerz und Leid setzt ein Bewußtsein voraus. Die Art und Weise, wie dieses Bewußtsein erlebt wird, hängt vom phylogenetischen Stand des Tieres ab.

Was ist Schmerz?

Nach einer Definition der „International Association for the Study of Pain" (1979) ist „Schmerz eine unangenehme sensorische und gefühlsmäßige Erfahrung, die mit akuter oder potentieller Gewebeschädigung einhergeht oder in Form solcher Schädigungen beschrieben wird". Menschen können Charakter, Intensität und Dauer dieser subjektiven Sinnesempfindung durch verbale Beschreibung vermitteln. Bei Tieren ist die Feststellung dieser Charakteristika schwieriger, weil der Schmerz rein begrifflich weder unmittelbare Einwirkung noch erkennbare Abwehrreaktionen erfordert. Er kann als subjektive Empfindung selbst bei den höchsten Wirbeltieren mit naturwissenschaftlichen Methoden nicht eindeutig erfaßt werden (Morton und Griffiths, 1985; National Academic Press, 1992; Paterson und Palmer, 1991). Das darf jedoch nicht dazu führen, Tieren dieses Empfinden abzusprechen. Je näher ein Tier mit dem Menschen verwandt ist, um so eher kann man wohl davon ausgehen, daß Eingriffe oder Behandlungen, die für den Menschen schmerzhaft oder mit Leiden verbunden sind, auf das Tier eine ähnliche Wirkung haben können.

Biologische Bedeutung des Schmerzes

Der Schmerz als Sinnessystem hat für Menschen und Tiere lebenserhaltende Bedeutung (Abb. 1). So signalisiert der *akute Schmerz* potentielle Schäden von außen (Hitzeschmerzen warnen vor Verbrennungen, eingetretener Nagel) oder von innen (Herzschmerzen zeigen Sauerstoffmangel des Herzmuskels an). Schon die Griechen haben diese Funktion als Frühwarnsystem des Körpers erkannt und diese Art von Schmerz als „bellenden Wächter der Gesundheit" bezeichnet. An Kindern, die ohne dieses Schmerzsystem geboren sind, sieht man die lebenserhaltende Funktion deutlich:

Abb. 1 Biologische Bedeutung des Schmerzes: Akuter Schmerz und chronischer Schmerz kommen teils getrennt vor, teils treten sie gleichzeitig auf.

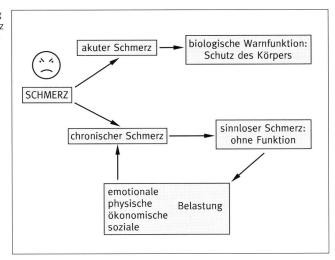

Sie haben ständig schwere Verletzungen und müssen mit einer verringerten Lebenserwartung rechnen (McGrath und Craig, 1989; Anand und Carr, 1989). Akute Schmerzen veranlassen Tiere oft zu aggressiven Reaktionen oder zu Fluchtverhalten.

Beim *chronischen Schmerz* ist dieser meistens selbst das *Krankheitsbild* geworden. Der ursprüngliche Auslöser, Gewebeschädigungen oder ähnliches, kann durchaus schon abgeheilt sein. Deshalb wird hier manchmal vom „sinnlosen Schmerz" gesprochen. Allerdings hat z.B. der chronische Entzündungsschmerz zu Beginn durchaus Sinn, d.h., er bewirkt eine Ruhigstellung der entzündeten Region. So kann der chronische Schmerz bei Tieren zur Schonung und Pflege der schmerzhaften Region führen. Genauso wie beim Menschen chronische Schmerzen eine drastische Beeinträchtigung der Lebensqualität bewirken, kann bei Tieren ein gestörtes Ernährungs-, Schlaf- und Sozialverhalten auftreten. Das Wohlbefinden des Tieres ist deutlich gestört. Zweifelsohne leidet das Tier unter chronischen Schmerzen.

Abgrenzung der Begriffe Leiden und Schmerz

Wie beim Menschen gehören auch bei den Tieren langanhaltende Schmerzen, entkräftende Krankheiten und eine schlechte körperliche Verfassung zu den Hauptursachen des Leidens (Bauman et al., 1994). Die Folgen sind Verhaltensstörungen und -anomalien, die die Form der Neurose oder Psychopathie annehmen und mit körperlichen Veränderungen oder Funktionsstörungen von Organen einhergehen können. Stereotype Verhaltensweisen mancher Zootiere sind ein charakteristisches Zeichen dafür (Broom und Johnson, 1993; Cahib, 1993; Ladewig et al., 1993a, b). *Leiden* werden besonders durch Einwirkungen verursacht, die der Wesensart, den Instinkten, dem Selbst- und Arterhaltungstrieb des Tieres zuwiderlaufen und deshalb als lebensfeindlich empfunden werden. Leiden wird durch körperliche Einschränkungen verursacht, aber auch durch den Entzug einer natürlichen, artgemäßen Umgebung, durch das Fehlen von Nahrung und Wasser. Leiden können soziale Ursachen haben, etwa Isolierung oder auch zu hohe soziale Dichte; Krankheiten führen zu Leiden, und schließlich lassen auch Schmerzen leiden. Eine grundsätzliche Abgrenzung des Begriffs *Leiden* kann man vornehmen, indem man damit *alle vom exakten Begriff des Schmerzes nicht erfaßten Unlustgefühle* bezeichnet. Diese nicht einheitlich zu kennzeichnenden Gefühle können körperlich oder auch rein seelisch empfunden werden.

Daß Tiere Leiden und Schmerzen verspüren, ergibt sich schon aus der Verwandtschaft von Mensch und Tier. Wir stellen sowohl Leiden als auch Schmerzen der Tiere durch Beobachtung ihres Verhaltens und Zustands fest, ähnlich wie bei Menschen, mit denen wir nicht in einem engeren persönlichen Verhältnis stehen (Lorz, 1992). Was wir beobachten, ist also ein abweichendes Verhalten. Bei manchen Tierversuchen können deshalb starke Abweichungen vom Normalverhalten (wie fehlendes Putzen, verminderte Nahrungsaufnahme, Verkriechen in Verstecke oder Schonhaltungen) ebenso Hinweise auf mögliche Leiden oder Schmerzen geben wie starker Gewichtsverlust oder spezifische physiologische Veränderungen (Gärtner, 1991).

Während vielfach als Indikatoren für das Vorhandensein von Leid die typischen Selyeschen Streßfaktoren (z.B. erhöhte Abgabe von Cortisol und Corticosteron, Veränderungen von Körpertemperatur, Blutdruck oder Herzfrequenz) herangezogen werden, werden für vorhandene Schmerzen oder vermutete Schmerzen dieselben Faktoren betrachtet und andere Faktoren zusätzlich berücksichtigt. Untersuchungen von freien Fettsäuren, Catecholaminen, Corticosteroiden, Bradykinin und Substanz P im Blut haben ergeben, daß nach wie vor zu wenig biochemische Marker vorhanden sind, um einfache Beweise für Schmerz- und Leidempfindungen zu finden. So ist man auf klinische Zeichen angewiesen (Morton und Griffiths, 1985; National Academic Press, 1992). Zu bedenken ist darüber hinaus, daß schmerzhafte Stimuli nicht nur physiologische Reaktionen, sondern auch emotionale und affektive Reaktionen auslösen, wie Angst und Flucht, sowie Reflexe und andere Verhaltensweisen, um die schmerzhafte Reaktion zu beenden oder ihr auszuweichen: Eine Schmerzreaktion führt zu weiteren, äußerst vielschichtigen Abläufen, wobei vegetative und spezifische Verhaltensreaktionen beobachtet werden können.

Vegetative Reaktionen: Schreckreaktion, Beugereflex, Schwitzen oder Schockzustand, Blutdruckanstieg oder -abfall, Pupillenerweiterung, Durchblutungsstörungen, Veränderungen der Herztätigkeit und Atmung oder Änderungen der Darmtätigkeit.

Spezifische Verhaltensreaktionen: Flucht- und Abwehrverhalten, Gestik, Mimik, Schmerzlaute oder „Schonhaltungen", Neuorientierung der Körperstellung, Orientierungsreaktion von Kopf und Augen mit dem Ziel der Begutachtung des geschädigten Gebietes, selbständig auftretende körperliche Reaktionen, Reiben der verletzten Region, Meideverhalten.

Schaden

Ein Schaden kann als Ursache, als Begleiterscheinung oder als Folge von Schmerzen und Leid, neben die der Begriff im Tierschutzgesetz gestellt wird, auftreten. Die Schädigungen können körperlicher oder psychischer Art sein. Als Beispiele seien genannt: Abmagerung, Abstumpfung von Sinnesorganen, Unfruchtbarkeit, Verhaltensschädigungen, Gleichgewichtsstörung, herabgesetzte Bewe-

Abb. 2 Freisetzung körpereigener Schmerz- und Entzündungsmodulatoren. Als Folge einer Gewebeschädigung werden zahlreiche Schmerzstoffe und verschiedene Faktoren, wie Kinine, gebildet. Zusammen führen diese Faktoren zum Erst- und Dauerschmerz.

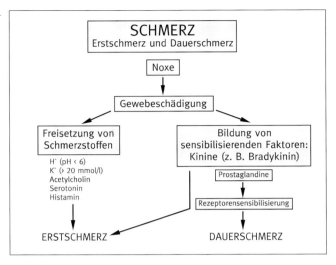

gungsfähigkeit, charakterliche Verschlechterung, Entstellung, Gesundheitsschädigung in ihrer ganzen körperlichen und seelischen Bandbreite (funktionelle Störungen, Hysterien, Krankheiten, Krämpfe, Lähmungen, Nervenschädigungen, Neurosen, Psychopathien, besonders als Folge von Schreckerlebnissen, Konfliktsituationen und Triebhemmungen, Psychosen, Wunden etc.).

Schmerzphysiologie

Schmerzentstehung

Bereits das Neugeborene hat ein fertig ausgebildetes schmerzreizleitendes (nozizeptives) und -verarbeitendes System, das ihm die „Nachricht" Schmerz vermittelt (Anand und Carr, 1989; Beyer und Wells, 1989; Koren und Levy, 1989). Mit der 30. Schwangerschaftswoche ist beim Menschen diese Bildung verschiedener anatomischer und physiologischer Voraussetzungen für die Entstehung und Verarbeitung des Schmerzes im wesentlichen abgeschlossen.

Schmerzempfindungen sind nahezu von der ganzen Haut und von fast allen anderen Teilen des Körpers auslösbar. Ausnahmen bilden das Gehirn und die Knorpelsubstanz. Wie von den klassischen fünf Sinnen können wir auch hier von einer Art *Schmerzsinn* sprechen: Für die Wahrnehmung schmerzhafter Reize gibt es spezifische Sinnesorgane, sogenannte *freie Nervenendigungen*, die über ein Nervenfasersystem alle Schmerzreize aus der Peripherie und inneren Organen sowie Gelenken etc. in das Gehirn melden: Diese freien Nervenendigungen „schlafen" zum Teil und treten erst bei Entzündungen in Aktion. Dies macht sich vor allem bei einer Blasen- oder einer Gelenkentzündung bemerkbar.

Als schmerzhafte Reize kommen chemische, thermische, mechanische oder elektrische Auslöser in Frage. Infolge dieser Reize, die zu einer Gewebeschädigung an der Peripherie führen, kommt es zu einer lokalen Produktion gewebereizender Stoffe, wie Histamin, Serotonin, Acetylcholin, Wasserstoff- und Kaliumionen (Abb. 2). Die Freisetzung dieser Schmerzstoffe führt unter einer gleichzeitig stattfindenden Produktion von sensibilisierenden Faktoren, wie den

Kininen (z.B. Bradykinin, Interleukin), zum Erstschmerz. Der Dauerschmerz hängt von der Konzentration der Prostaglandine (Gewebehormone, die sich von C-20-Fettsäuren ableiten) ab. Diese Prostaglandine führen zur Rezeptorsensibilisierung, wobei die folgenden Schmerzreize noch empfindlicher wahrgenommen werden.

Sind die Schmerzrezeptoren durch einen der genannten Reize erregt worden, so verursachen die Bildung und Ausschüttung der oben erwähnten körpereigenen Substanzen einen elektrischen Impuls, der über bestimmte Nervenfasern entlang zum Rückenmark läuft. Dort gibt er die Botschaft „Schmerzreiz" über einen chemischen Botenstoff (sog. Neurotransmitter, wie z.B. Substanz P, Calcitonin-, Gene-Related Peptide, Glutamat) in erregenden Synapsen auf die nächste Nervenfaser in Richtung Gehirn weiter. Auch in dieser Rückenmarknervenfaser kommt es zur Entstehung eines elektrischen Impulses. Gleichzeitig erfolgen im Rückenmark vor einer Weiterleitung u.U. der Wegziehreflex bzw. lokale Durchblutungssteigerungen. Jene Nervenfasern, die den Schmerzreiz von der Körperperipherie zum Rückenmark leiten, haben eine Leitungsgeschwindigkeit von 10–30 m/s (A-Faser). Mit Hilfe elektrophysiologischer Methoden konnte man feststellen, daß der „helle" Oberflächenschmerz über diese dünnen, markhaltigen, schnelleitenden Fasern vermittelt wird. Dieser „helle" Oberflächenschmerz wird oft als erster, stechender Schmerz empfunden. Er geht von der obersten Hautschicht aus und kann durch Nadelstiche, Verbrennungen, Zwicken und ähnliches verursacht werden; er ist gut lokalisierbar und löst meist Abwehr- und Fluchtbewegungen aus. Andere Nervenfasern sind marklos, sie leiten langsamer mit 0,5–2 m/s (C-Faser). Über diese Fasern werden vorwiegend Schmerzreize aus dem Körperinneren oder von den Blutgefäßen geleitet. Dieser Schmerz ist eher dumpf und läßt sich schwer lokalisieren; so reagieren z.B. Herz, Darm, Niere auf Dehnung, Krämpfe und Sauerstoffmangel sowie auf Entzündung mit ausgesprochen quälenden Schmerzen. Auch bei der Quetschung von Gliedmaßen, einem Schlag gegen Knochen oder Druck auf die Muskulatur entsteht dieser sogenannte *Tiefenschmerz*.

Zentralnervale Verarbeitung von Schmerzreizen

Im Rückenmark werden die Schmerzreize vor allem über den Tractus spinothalamicus ins Gehirn geleitet, wo durch komplexe Verschaltungen in den verschiedenen Teilen (Mittelhirn, Thalamus, Großhirnrinde) die Information des Schmerzreizes verarbeitet wird und die Empfindung „es tut mir an einer bestimmten Stelle schrecklich weh" entsteht (Abb. 3). Dabei erfolgt im limbischen System die emotional-affektive Verarbeitung der Schmerzwahrnehmung. Die Großhirnrinde ist zuständig für die bewußte Erkennung und Lokalisation der Schmerzen. Gleichzeitig gehen von dort zielgerichtete Handlungen zur Schmerzbeseitigung aus.

Die Schmerzinformation kann im Zentralnervensystem durch äußere und innere Einflüsse modifiziert werden. Vor allem die Hemmungsmechanismen können für die Therapie von Schmerzen genutzt werden (s. Gate-Control-Theorie, S. 53). Jene an der Schmerzreizleitung im Rückenmark und Gehirn beteiligte Strukturen sind auch Träger von Rezeptoren, die von körpereigenen Schmerzhemmern, den sogenannten Endorphinen, besetzt werden. Verschiedene dieser

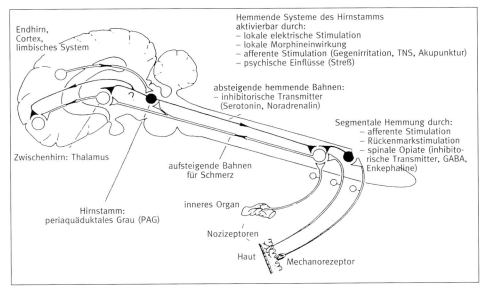

Abb. 3 Schmerzverarbeitung und Schmerzhemmung im Zentralnervensystem. Schmerzreize werden von der Peripherie nach zentral zum Gehirn über verschiedene Nervenfasern geleitet; von zentral nach peripher verlaufen hemmende Systeme, die Einfluß auf die eingangs erwähnte Schmerzreizleitung nach zentral haben (nach Zimmermann, 1994).

Opioid-Rezeptoren ermöglichen eine selektive Anwendung und sind für zukünftige Forschungsarbeiten von besonders großer Bedeutung.

Neben diesen rezeptorvermittelten **Nozizeptorschmerzen** (z.B. Zahnschmerzen) kennen wir auch Schmerzen, die z.B. durch eine Schädigung peripherer Nerven (**neuropathische Schmerzen**), etwa durch Druck oder durch Durchtrennung, entstehen können. Schmerzen können auch auf Grund einer Fehlsteuerung der Motorik oder der Blutgefäße, z.B. bei einer Muskelverspannung, auftreten (**Schmerz durch Fehlregulation**). Andere Schmerzen sind psychosomatischer Natur (**psychosomatische Schmerzen**), wie sie etwa bei sozialem Streß – bei unbewältigten Konflikten – auftreten können.

Neueste Erkenntnisse zeigen, daß viele der geschilderten bewußten Schmerzwahrnehmungsmechanismen auch bei bewußtlosen (z.B. nach Schädel-Hirn-Traumen) oder narkotisierten Patienten vorkommen. Trotz Narkose, die das Bewußtsein ausschaltet, bleiben Schmerzen während der Operation bestehen oder treten neu auf und können damit im Schmerzgedächtnis gespeichert bleiben.

Schmerzgedächtnis (zentralnervale Neuroplastizität)

Wiederholte Schmerzreize führen einerseits zu einer Sensibilisierung, d. h. Senkung der Erregungsschwelle für nachfolgende Schmerzen in den Nozizeptoren, und zu einer Vermehrung der Anzahl aktivierbarer Rezeptoren, andererseits kommt es infolge der netzartigen neuronalen Verschaltung rund um das geschädigte Feld zu einer deutlichen Vergrößerung der Neurone (Bernatzky und Waclawiczek, 1995). Damit reagiert nun auch die Umgebung auf äußere Reize empfindlicher. Die Reizschwelle wird gesenkt, das Empfindungsfeld vergrößert; die Folgen sind ein intensiviertes Schmerzerlebnis und eine dementsprechend verstärkte vegetative Reaktion. Über eine Rückkopplung über das Hinterhorn des Rückenmarks findet eine Hypersensibilisierung statt, und es erfolgt eine verstärkte Reizweiterleitung zu den schmerzwahrnehmenden Zentren im Gehirn. Die Schmerzdauer wird verlängert und die Schmerzintensität verstärkt. Die Entzündung eines Gelenks führt zur erhöhten Erregbarkeit der zugehörigen Rückenmarkneurone.

Unphysiologisch hohe Entladungstätigkeit in einem Nerv, wie sie etwa nach Durchtrennung eines Nervs während einer Operation der Fall ist, oder ein Sonnenbrand lösen ebenso eine erhöhte Schmerzempfindlichkeit aus und sind an einer sogenannten Engrammbildung (Gedächtnisspeicherung) entscheidend beteiligt. Nach einem andauernden Schmerzreiz (elektrische Hitze, chemische Reize oder nach Nervenverletzungen) erfolgt die Schmerzreizleitung über die A- und C-Fasern, wobei die Ausschüttung eines chemischen Überträgerstoffes (Transmitters) sogenannte zweite Botenstoffe („second messenger") aktiviert.

Als „second messenger" können je nach Neurotransmittertyp zyklisches Adenosinmonophosphat (cAMP) oder Calciumionen (Ca^{2+}) ausgeschüttet werden. Diese „second messenger" lösen die Expression von Transkriptionsfaktoren („Immediate Early Genes" = IEGs) aus (Zieglgänsberger und Tölle, 1993; Zimmermann,1994): Diese Transkriptionsfaktoren, wie c-Fos, c-Jun, Jun D oder Krox-24, werden im Laufe der Nozizeption in Hinterhornzellen und in weiteren, an der Schmerzreizperzeption beteiligten Hirnanteilen gespeichert. Im Folgegeschehen werden Proteine kodiert, die weitere Gene aktivieren. Erst danach erfolgen die Synthese verschiedener Neuropeptide, (z.B. Substanz P, Dynorphin und andere Transmitter), Enzyme oder auch Rezeptorproteine und die vermehrte Bildung von Ionenkanälen.

Da nun auch langfristige Änderungen, u.a. im Hippocampus, nachweisbar sind und man aus der Gedächtnisforschung ein ähnliches zelluläres Lernmodell kennt, wurden diese IEGs mit der Gedächtnisfunktion in Zusammenhang gebracht. Daß dieses Geschehen auch für die Entstehung chronischer Schmerzen eine große Rolle spielen kann, ist naheliegend. Zimmermann (1993) konnte nach Durchtrennung des Nervus ischiadicus einen selektiven Anstieg für die Transkriptionsfaktoren c-Jun und Jun D sowohl im peripheren als auch im zentralen Nervensystem zeigen. Dabei löst die Expression von c-Jun die Produktion von Galanin und die Nitric oxide synthase (NOS) in dorsalen Rückenmarkganglien und die Produktion von Calcitonin-Gene-Related-Peptiden und Galanin in den Motoneuronen aus. Es waren sowohl die Transkriptionsfaktoren als auch die Neuromodulatoren bis zu 100 Tage nach der Durchtrennung des Nerven in erhöhter Konzentration meßbar. Auch Jun-, Fos- und Krox-Proteine waren in beiden dorsalen Rückenmarkneuronen gebildet. Die NOS war im proximalen Nervenende in Neuronen und Fasern der spinalen dorsalen Rückenmarkganglien meßbar.

Kerngebiete mit starker Transkriptionsfaktoren-Expression sind vor allem jene Hirnareale, in denen Schmerzreize umgeschaltet werden.

Zusammenfassend läßt sich feststellen, daß Schmerzen dann entstehen können, wenn folgende Forderungen erfüllt sind:
1. Ein adäquater Reiz wirkt auf die Schmerzrezeptoren ein.
2. Ein Impuls wird ausgelöst und über Schmerzfasern zum Gehirn weitergeleitet.
3. Weder endogene, medikamentöse noch sonstige therapeutisch induzierte Hemmungsmechanismen unterbinden die Schmerzleitung.
4. Der Reiz wird im Bewußtsein individuell erlebt.

Schmerzwahrnehmung beim Menschen und beim Tier

Schmerzwahrnehmung beim Menschen

Nicht alle Personen spüren den Schmerz in gleicher Weise. Wir wissen, Schmerz ist etwas Individuelles, etwas Subjektives. Im Bewußtwerden des Schmerzes spielen neben Kindheitserfahrungen (Erziehung) auch die momentane psychische Verfassung, die Erfahrungen, der Stellenwert der jeweiligen Situation, die sozio-kulturelle Umgebung, individuelle Erbanlagen, die Religion, ethnische Herkunft oder auch die Zivilisationsstufe eine große Rolle (s. Definition Schmerz). Schmerz hängt ganz entscheidend von emotionalen Einflüssen ab, wobei psychische Einwirkungen, wie Suggestion, Hypnose, Placebos etc., Schmerzzustände lindern können (Kistler, 1988a; Zenz und Jurna, 1993).

Schmerzwahrnehmung beim Tier

Schmerzfeststellung beim Tier kann Schwierigkeiten bereiten: Empfindungen lassen sich als solche naturwissenschaftlich nicht unmittelbar nachweisen; ihre Feststellung beim Tier beruht auf einem *Analogieschluß*, der auf Grund der unmittelbar, notfalls nach einer Untersuchung, beobachteten Erscheinungen (z.B. Wunden, Krankheit, Reaktionen) gezogen wird. Andererseits ist aus der Tatsache, daß manche Tiere (Huhn, Schaf) in Rückenlage unbetäubt operative Eingriffe hinnehmen, nicht auf Schmerzunempfindlichkeit zu schließen. In gewissen biologischen Situationen (Rivalitätskämpfe, harte Spiele) empfinden aber Tiere wider unser Erwarten anscheinend keinen Schmerz (van Zutphen et al., 1993).

Einzelne „Schmerzreaktionen" oder „Schmerzreflexe" treten beim Menschen und bei Tieren auch dann auf, wenn das Bewußtsein ausgeschaltet ist (z.B. während einer Narkose). Sie sind neuronal gesteuerte, aber vom Bewußtsein unabhängige Schutzreaktionen des Körpers. Das Auftreten einer Schmerzreaktion muß also nicht notwendigerweise bedeuten, daß ein Mensch oder Tier auch gleichzeitig bewußt Schmerz oder Leid erlebt. Ziel tierexperimenteller Methodik muß daher sein, beim Tier die nach menschlichen Erfahrungen an das Bewußtsein gekoppelten Schmerzreaktionen auszuschalten (U.S. Department of Health and Human Services, 1985).

Auch bei höheren Wirbeltieren, insbesondere bei Säugetieren, sind nach noxischen Reizen Veränderungen im Verhalten und vegetative Reaktionen zu beobachten, die denen des Menschen weitgehend entsprechen. Diese nichtverbalen „Schmerzreaktionen" lassen vermuten, daß auch diese Tiere – wie der Mensch – über ein schmerzreizaufnehmendes und -verarbeitendes (nozizeptives) System verfügen. Untersuchungen der letzten Jahre an Säugetieren haben diese Annahme bestätigt: In den Bereichen, die experimentell zugänglich sind, besteht eine weitgehende Übereinstimmung der nozizeptiven Systeme des Menschen und der höheren Säugetiere. So verfügen beispielsweise diese Tierarten ebenso wie der Mensch über aufsteigende (afferente) Nervenfasern, die ausschließlich oder überwiegend durch Reize hoher Intensität (noxische Reize) erregt werden. Diese afferenten Fasern kodieren – wie wir aus Tierexperimenten wissen – das Auftreten gewebsbedrohender oder gewebsschädigender Reize und aktivieren diejenigen Neurone des Zentralnervensystems, die für die Steuerung des Verhaltens und der vegetativen Reaktionen auf noxische Reize verantwortlich sind.

Diese Übereinstimmungen im nozizeptiven Sinnesapparat sowie in den vegetativen und verhaltensmäßigen Reaktionen auf noxische Reize bei Mensch und Säugetieren legen den Schluß nahe, daß es bei höherentwickelten Wirbeltieren auch subjektive Äquivalente geben kann, die ihrem Charakter nach dem Schmerz beim Menschen entsprechen. Allerdings sollte nochmals festgehalten werden, daß die Existenz derartiger nozizeptiver Systeme nicht ohne weiteres den (naheliegenden) Schluß zuläßt, das Auftreten von verhaltensmäßigen und vegetativen Reaktionen nach Einwirkung noxischer Reize bei Tieren zeige zwangsläufig das Erleben von Schmerz an.

Nicht nur das Vorhandensein, auch der Grad der Schmerz- und Leidensfähigkeit hängt von der Entwicklungshöhe des Tieres ab; hier ergeben sich große Schwierigkeiten. Die Schmerzempfindlichkeit des Tieres steigt und fällt vermutlich mit seiner Organisationsstufe. Sie kann aber innerhalb eines Stammes schon sehr unterschiedlich sein. Bei den Säugern fällt es uns auf Grund der dem Menschen vergleichbaren ähnlichen morphologischen und funktionellen Struktur des Zentralnervensystems leicht, auf eine Schmerzempfindung, wie sie der Mensch kennt, zu schließen. Vögel, die wie Säugetiere Warmblüter sind, besitzen gleichfalls ein hohes Empfindungsvermögen.

Schwierig zu beantworten ist die Frage, ob Schmerzfähigkeit oder Leidensfähigkeit bei Fischen vorliegt: Fische können sowohl ein dem menschlichen Schmerz ähnliches Empfinden besitzen als auch leidensartige Belastungen erfahren (Verheijen und Buwalda, 1988). Fische zeigen z.B. nach einem Ruck am Angelhaken, daß die Atemfrequenz sich erhöht, das Tier speit Schwimmblasenluft, der Körper sondert auch mitunter Schleim ab, so daß dadurch die Kiemen verkleben können. Die Tatsache, daß Fische keine Großhirnrinde haben, mit dem letztlich die gesamte unangenehme Bewertung des Schmerzes beim Menschen erfolgt, erschwert die Frage sehr, ob Fische Schmerzen – im Sinne unserer Vorstellung – verspüren. Andererseits haben aber Fische nahezu alle anderen physiologischen und anatomischen Voraussetzungen, um Schmerzen zu erleben. In einer eigenen Studie konnten wir z.B. die Substanz P, einen Schmerzreiztransmitter, auch bei Forellen sowohl in der Haut als auch im Nervensystem nachweisen (Lembeck et al., 1985).

Im Gegensatz zu den Säugetieren ist es bisher weitgehend unbekannt, inwieweit auch das Nervensystem niederer Wirbeltiere nozizeptive Neurone besitzt. Da es aber für jedes Individuum biologisch sinnvoll ist, physische Bedrohungen für das eigene Leben zu vermeiden, dürften auch niedere Wirbeltierarten neuronale Systeme zur Erkennung und Vermeidung von Gewebsschädigungen besitzen. Zu betonen ist zudem, daß schädigende Reize auch dann zum Erleben von Schmerz führen können, wenn dies für den Beobachter nicht erkennbar ist und der gegenwärtige Erkenntnisstand der Forschung eher dagegen spricht.

Allerdings kann eine Schmerzfähigkeit bei Arthropoden, wie Spinnentieren und Insekten, kaum angenommen werden; z.B. lassen sich Bienen, deren Flügel abgeschnitten werden, beim Saugen nicht stören. Gleiches gilt u. a. für Stachelhäuter und Weichtiere. Allerdings muß eingestanden werden, daß zu wenig wissenschaftliche Arbeiten vorliegen, die eine eindeutige Antwort darauf geben können, ob Individuen der eben genannten Tierstämme tatsächlich keine Schmerzempfindung haben oder ob ihre Schmerzempfindung über ein anderes System, als wir es kennen, erfolgt.

Wie läßt sich Schmerz feststellen und messen?

Als grundsätzliches Indiz für das Vorhandensein von Schmerz und Leid können die Beurteilungskriterien für die Gesundheit der Tiere herangezogen werden (Gärtner, 1991): Wachstum, Reproduktionsleistung, Lebenserwartung, Fehlen/Vorliegen sichtbarer Schäden und zusätzliche ethologische Bewertungskriterien (s. oben).

Eine der wichtigsten Aufgaben der Ethologie ist die systematische Erforschung der Ausdrucksmittel der Tiere. Bei Schmerzen und Leiden sind das z.B. gellendes Schreien, Heulen, Jaulen, das Zusammenpressen des Mauls, Zähneknirschen, starker Schweißausbruch, unmotiviertes Drehen oder Krümmen des Körpers, ungewöhnliche Bewegungsreaktionen, Belecken von Gelenken oder ein stumpfer Blick.

Viele Ethologen plädieren dafür, viele charakteristische Merkmale durch Quantifizierung, unter Anwendung eines semiquantitativen Punktesystems, zusammenzufassen, und zwar unter folgenden Aspekten: Körpergewicht, Nahrungs- und Futteraufnahme, verhaltensphysiologische Aspekte und klinische Zeichen.

Wenn man von Schmerzen bei Tieren spricht, müssen grundsätzlich folgende Kriterien vorliegen (Committee on Pain and Distress in Laboratory Animals, 1991):
1. anatomische und physiologische Ähnlichkeiten mit dem Menschen
– spezifisches System von Rezeptoren, die auf Noxen reagieren können,
– ähnliche Gehirnstrukturen,
– nervale Weiterleitung der Schmerzreize.
2. Meidung von Reizen, die dem Tier offensichtlich unangenehm sind. Es läßt sich auch unter Bedrohung nicht dazu bewegen, sich einer schmerzhaften Situation erneut auszusetzen.
3. Feststellung der Wirkung schmerzhemmender Substanzen.

Da uns Tiere nicht sagen können, daß sie Schmerz haben, sind wir also auf andere Mitteilungsformen angewiesen, so z.B. auf grundsätzliche Anzeichen von Schmerz (Tabellen 1 und 2), wobei speziesspezifische Verhaltensmuster diffe-

Tab. 1 Typische Schmerzsymptome bei Versuchstieren (LASA, 1990)

Spezies	Symptome
Ratte	Vokalisierung, Stolpern, Lecken/Deckung suchend, Gewichtsverlust, Piloerektion, gekrümmte Haltung, Hypothermie
Maus	Rückziehreflex, Beißen, Piloerektion, gekrümmter Rücken, eingesunkene Augen und eingesunkener Bauch, Dehydratation, Gewichtsverlust
Meerschweinchen	Stolpern, Zurückziehen, Vokalisierung, Tiere leisten keinen Widerstand bei Einschränkung oder Einfangen, Starren, Deckung suchend, nicht reagierend
Hamster	Gewichtsverlust, erhöhte Aggression oder Depression, ausgedehntere Schlafperioden
Wüstenspringmaus	gekrümmte Haltung, Gewichtsverlust, Schocksyndrom
Kaninchen	teilnahmslos, Verweigerung der Nahrungs- oder Flüssigkeitsaufnahme, Gesicht zur Käfighinterseite, vokalisiert bei Berührung

Tab. 2 Speziesspezifisches Verhalten bei Schmerz, Streß oder Diskomfort bei Versuchstieren (aus Morton und Griffiths, 1985)

Spezies	Haltung	Vokalisierung	Temperament	Lokomotion	Andere Merkmale
Ratte[1]	andauernde Schlafstellung	Schreie während Berührung oder Druck auf befallene Bereiche	kann gefügiger oder aggressiver werden		Bauchkrämpfe bei Mäusen; frißt Einstreu und Nachkommen
Kaninchen	ängstlicher Ausdruck, Gesicht zur Käfigrückseite (Versteckstellung)	gellende Schreie	schlägt aus und kratzt oder ist schläfrig		Ausschütten von Futter oder Wasser; frißt Nachkommen
Meerschweinchen		durchdringende wiederholte Schreie	selten bösartig, normalerweise ruhig, ängstlich, agil	zieht Füße ein	Ausschütten von Futter oder Wasser
Hund	ängstliche Blicke, sucht kalte Oberflächen, Schwanz zwischen den Beinen, „Hangdog"-Aussehen	Heulen, charakteristisches Bellen	Aggression oder gekrümmte Haltung, extreme Unterwerfungsgebärden, läuft davon		Hervortreten des Penis; häufiges Urinieren
Katze	eingezogene Glieder, gekrümmter Kopf und Hals	charakteristischer Schrei oder Zischen und ohrenzerreißendes Schreien	Ohren flach angelegt, Angst vor Berührung; kann sich krümmen		
Affe	Kopf nach vorne, Hände um den Körper gekreuzt	Schreie	Grimassen		

[1] = viele Anzeichen bei Ratten sind auch bei Mäusen bemerkbar.

Tab. 3 Allgemeine klinische Anzeichen für Schmerz, Streß oder Diskomfort bei Versuchstieren (aus Morton und Griffiths, 1985)

System	Anzeichen
Herz-Kreislauf	veränderte Herzfrequenz, beeinträchtigte Pulsqualität, verminderte periphere Zirkulation, blaue und kalte Extremitäten (Ohren, Pfoten)
Atmung	abnormales Atmungsverhalten, veränderte Atmungsfrequenz und -tiefe, schwerfälliges Schnaufen, nasaler Ausfluß
Verdauung	Körpergewichtsverlust bzw. geringer Gewichtsanstieg, verändertes Fäkalvolumen – Farbe oder Konsistenz (z. B. schwarz mit Blut; bleich, Fehlen von Gallepigmenten, unverdautes Futter, Diarrhoe/Verstopfung) – Erbrechen, Gelbsucht, Speichelfluß
Bewegungsapparat	nervöse und muskuloskelettale Zuckungen, Tremor, Konvulsionen, Paralyse, erweiterte Pupillen, Zittern, Hyperästhesie, schwerfällige oder fehlende Reflexe, instabile Gangart, Lahmheit, Muskelstarre oder -schwäche, Schutz von befallenen Bereichen (z.B. Afterregion), Bewegungsverweigerung (z.B. Arthritis)
Mehrere Organsysteme	jegliche abnorme Schwellung, Vorwölbung (Hernie, Bruch) oder abnormale Absonderungen aus natürlichen Körperöffnungen; erhöhte Körpertemperatur, Dehydratation, eingesunkene Augen, Hautspannung, erhöhtes spezifisches Gewicht des Harns, vermindertes Urinvolumen

Tab. 4 Speziesspezifische klinische Anzeichen für Schmerz, Streß oder Diskomfort bei Versuchstieren (aus Morton und Griffiths, 1985)

Spezies	Herz-Kreislauf-System	Atmung	Andere Merkmale
Ratte	dunkle Krallen und Füße, Augen vorspringend und blaß	flache, schnelle Atmung, grunzendes Geräusch während Ausatmung	rote Färbung um Augen und Nase: Zyanose, Blutandrang und Gelbsucht der Schleimhäute oder nichtpigmentierter und unbehaarter Bereiche, viereckiger Schwanz (Dehydratation)
Kaninchen		siehe Ratte	weißer Ausfluß aus Augen, Nase und an den Innenseiten der Vorderpfoten: Zyanose, Blutandrang und Gelbsucht der Schleimhäute oder nichtpigmentierter und unbehaarter Bereiche
Meerschweinchen		siehe Ratte	Zyanose, Blutandrang und Gelbsucht der Schleimhäute oder nichtpigmentierter und unbehaarter Bereiche
Hund		siehe Ratte, Speichelfluß und Keuchen	siehe Meerschweinchen, erhöhte Körpertemperatur: erhöhtes spezifisches Gewicht des Harns, vermindertes Urinvolumen, schweißnasse Pfoten, erweiterte Pupillen, glasige Augen
Katze		siehe Hund	siehe Hund, Drüsenausfluß, drittes Augenlid kann vorstehen
Affe		siehe Hund	siehe Hund

renziert werden (Bauman et al., 1994). Eine klare Übersicht vermitteln uns klinische Anzeichen (Tabellen 3 und 4). Als eine Art von Richtkatalog über objektive Kriterien, ob Schmerzen oder Leiden vorliegen, dient eine Beziehungsübersicht, in der mittels Punktezuordnung eine Wertung in normal, leicht, mäßig und schwer erfolgt. Diese Punktezuordnung erlaubt das Einschätzen von Belastungsgraden (Tabellen 5 und 6). Gelangt man bei Tierversuchen zu der Vermutung, daß es sich um einen schmerzhaften Eingriff handelt, ist zu überlegen, auf welche Weise das Versuchsdesign abgeändert werden kann, um Schmerz und Leid auszuschalten (Toth und Olson, 1991; Tabellen 5 und 6).

Am Bundesamt für Veterinärwesen der Schweiz (1994a, b) wurde ein Katalog mit sogenannten *Belastungskategorien* publiziert, der es ermöglicht, schon vor Versuchsbeginn und nach Abschluß des Versuchs den Schweregrad eines Eingriffes festzuhalten. Eine derartige Aufzählung stellt einen wichtigen Beitrag zur Vereinheitlichung der Begriffe dar, die im Tierschutzgesetz -bzw. Tierversuchsgesetz verwendet werden. Letztlich erleichtert es auch Gutachtern und Entscheidungsträgern im Tierschutz, Entscheidungen zu treffen.

Wege aus dem Schmerz
Körpereigene Schmerztherapie

Im Laufe der Evolution haben sich zahlreiche Überlebensmechanismen als optimal etabliert. Auch die körpereigene Schmerztherapie kann in diesem Zusam-

Tab. 5 Beziehung zwischen Anzeichen und Stärke von Schmerz, Streß oder Diskomfort (aus Morton und Griffiths, 1985)

Kriterium	Normal (0)	Leicht (1)	Mäßig (2)	Schwer (3/4)
Erscheinungsbild		Fell verliert Glanz, vernachlässigte Fellpflege, verschmutzte Afterregion	Haarverlust, steifes rauhes Fell	
		Ausfluß aus Nase und Augen Augenlider teilweise geschlossen		
			Augen glasig und eingesunken	
			verfallenes Aussehen, schwerfällige Atmung, abnormales Schnaufen	
				grunzendes Geräusch vor Ausatmung; knirschende Zähne
Futter- und Wasser-Aufnahme		reduziert		Futter- und Trinkwasserverweigerung (über längeren Zeitraum hinweg keine Futter- und Wasseraufnahme)
		reduzierte Kot- und Harnmengen		
Verhalten		abseits von anderen Käfiginsassen, isoliert		Nicht-Bemerken fremder Aktivitäten oder Schikanieren von Artgenossen
		Selbstverstümmelung		
			Rastlosigkeit; unwillig, sich zu bewegen, liegend	
		Temperamentsschwankungen		
			Winseln, Heulen etc., speziell nach Provokation	
Klinische Anzeichen	hoher Puls			schwacher Puls
- Herz-Kreislauf-System		Herzfrequenz erhöht oder erniedrigt		
		abnormale periphere Zirkulation		
			Lungenentzündung, Pleuritis	
- Verdauung		verändertes Kotvolumen, veränderte Kotfarbe und -konsistenz		
			abnormaler Speichelfluß Erbrechen (sehr häufig)	
				hartes Abdomen (wie bei Peritonitis)
- Nervensystem, Bewegungsapparat		Zuckungen	Konvulsionen	
			Lahmheit und Arthritis	

menhang als optimal wirksam betrachtet werden.

Gerade bei Tieren wird ein häufiger Schutzmechanismus bei Einwirkung einer Noxe in Form der Flucht wirksam. In diesem Falle, aber auch bei fehlender Fluchtmöglichkeit, werden neuronale Mechanismen aktiviert, die dem Organismus helfen, Leid zu vermeiden und die damit auch zu einem raschen Heilungsprozeß beitragen.

Körpereigene Stoffe, wie die eingangs

Tab. 6 Wertungsskala für die Gesamteinschätzung eines Versuchstieres (aus Morton und Griffiths, 1985)

Wertung	Gesamteinschätzung
0 bis 4	normal
5 bis 9	sorgfältig aufzeichnen, Einsatz von Analgetika und Sedativa empfehlenswert
10 bis 14	Leidensverdacht, Schmerzerleichterung sollte ernsthaft in Erwägung gezogen werden. Tier sollte unter laufender Beobachtung sein: Expertenrat suchen; Abbruch des Experiments überlegenswert
15 bis 20	Schmerzerleichterung sollte gegeben werden, außer das Tier ist komatös. Handelt es sich um ein lohnendes Versuchstier, weil es abnormale physiologische Eigenschaften besitzen wird? Verdacht auf starken Schmerz. Sollte der Zustand andauern, wird der Abbruch des Experiments empfohlen.

erwähnten Endorphine, Enkephaline, Dynorphine und andere, hemmen übermäßige Schmerzempfindungen (Sandkühler, 1993). Heute sind drei Mechanismen körpereigener Schmerzabwehr bekannt; alle Formen werden über verschiedene Hemmsysteme entlang einzelner Nervenfasern realisiert, die vom Gehirn in Richtung jener Stelle verlaufen, an der ein Schmerzreiz erfolgt ist.

■ **Gate-Control-Theorie**
Es erfolgt ein ständiger Informationsfluß sowohl von peripher nach zentral als auch von zentral nach peripher. Dabei beeinflussen sich beide Bereiche sowohl auf nervaler als auch auf biochemischer Ebene. Mit einem derartigen Rückkoppelungsmechanismus, wobei man symbolisch von einem Schrankensystem sprechen kann, läßt sich auch zeigen, daß biologische und psychologische Faktoren eine gleichermaßen bedeutende Funktion in der Therapie chronischer Schmerzen haben. Diese Theorie wurde 1965 von Melzack und Wall als die Gate-Control-Theorie bezeichnet. Bei Aktivierung eines derartigen Schrankensystems werden Schmerzreize, die nach zentral geleitet werden, entweder nicht über die Schranke im Rückenmark transportiert oder aber die Intensität des Schmerzreizes wird reduziert, so daß der Schmerz letztlich geringer empfunden wird, als zu erwarten. Bei diesen Abläufen spielen auch die oben erwähnten Transmitter eine große Rolle.

Externe Schmerzbehandlung

So wie in der Humanmedizin steht auch in der Veterinärmedizin heute eine breite Palette bester Analgetika und Anästhetika zur Verfügung, die in ihrer richtigen Anwendung mit geringen bzw. fehlenden Nebenwirkungen unnötiges Leid und unnötige Schmerzen verhindern helfen (Bernatzky et al., 1997; Henke et al., 1995; Kistler, 1988b; Shannon und Berde, 1989):

In der Therapie werden heute verstärkt Mechanismen der körpereigenen Schmerzabwehr genutzt (Henke et al., 1987; Kistler, 1988b; Kossmann et al., 1986; Miser und Miser, 1989): so z.B. bei der transkutanen elektrischen Nervenstimulation (TENS) und anderen Gegenirritationsverfahren, bei der Akupunktur, bei psychologischen Formen der Schmerztherapie, bei Hypnose und Suggestion oder bei der klassischen Opioid-Analgesie. In vielen Fällen ist das Ziel der Therapie die Aktivierung der körpereigenen Schmerztherapie.

■ **Möglichkeiten der Schmerzbehandlung beim Tier**
In der folgenden Aufzählung werden die zur Zeit gängigsten Behandlungsmöglichkeiten, um Schmerzen bei Tieren vor-

zubeugen bzw. Schmerzen zu lindern, vorgestellt:
1. Ablenkung der Tiere durch beruhigendes Reden und Streicheln oder Konditionieren.
2. Systemische Verabreichung von stark wirksamen Analgetika (auch vor Operationen).
3. Verabreichung von schwächer wirkenden, peripher ansetzenden, nichtsteroidalen entzündungshemmenden Analgetika.
4. Zusätzlicher Einsatz von Sedativa.
5. Regionale Analgesie durch Nervenblockade.
6. Anlegen von heißen oder kalten Umschlägen.
7. Mechanische Ruhigstellung, z.B. Schienung eines gebrochenen Beines.
8. Epidurale (rückenmarknahe) Verabreichung von Morphin.
9. Akupunktur.

Es gibt einige weitere Methoden, mit denen Schmerz durch vorbeugende Maßnahmen minimiert bzw. verhindert werden kann: So haben z.B. Beobachtungen bei Schweinen gezeigt, daß deren Ängste stark reduziert werden, wenn man ihnen ein Spielzeug gibt und sie menschlichen Kontakt haben. Da unter Streß oder Angst stehende Tiere Schmerzen anders (oft stärker) verspüren als entspannte, beruhigte Tiere (Gärtner, 1985; Stauffacher, 1993), ist es unbedingt notwendig, den Tieren die Angst vor einer Behandlung, einem Eingriff oder vor anderen potentiellen Störfaktoren zu nehmen.

■ Schlußbemerkung

Auch in der Forschung muß in jedem Fall abgewogen werden, inwieweit ein Experiment am Tier zu Schmerzen und Leiden führen kann und wie diese soweit wie möglich gelindert werden können, z.B. durch Narkose, Analgetika, besondere Unterbringung und Betreuung (Flecknell, 1994; Toth und Olson, 1991).

Bei der Behandlung von Tieren finden die wissenschaftlich gesicherten Erkenntnisse der Verhaltensforschung dann eine angemessene Berücksichtigung, „wenn die angeborenen, arteigenen und essentiellen Verhaltensmuster des Tieres nicht so eingeschränkt oder verändert werden, daß dadurch Schmerzen, Leiden oder Schäden an dem Tier selbst oder durch ein so gehaltenes Tier an einem anderen Tier entstehen" (Lorz, 1992).

Wenn es schon sehr schwierig ist zu beweisen, wann ein Tier Schmerzen empfindet, so ist es viel leichter zu sagen, daß bei einem Tier, das im Augenblick weder Schmerzen noch Leiden empfindet, Wohlbefinden vorliegt. Es manifestiert sich in Gesundheit und in uneingeschränkt normalem Verhalten. Voraussetzung dafür ist der ungestörte, artgemäße und verhaltensgerechte Ablauf der Lebensvorgänge (Flecknell, 1994).

Es muß alles getan werden, um unnötige Schmerzen zu vermeiden. Vor allem sind ein umfassendes Wissen und die Möglichkeit der objektiven Beurteilung, inwieweit ein Tier Schmerzen hat, notwendig. Verschiedene Kataloge, wie sie im amerikanischen Bereich (U.S. Department of Health and Human Services, 1985) oder in der Schweiz (Bundesamt für Veterinärwesen, 1992, 1994b) bereits hohe Akzeptanz finden, sind auch im österreichischen und deutschen Bereich notwendig.

Tierschutz darf auf keinen Fall ein Lippenbekenntnis darstellen. Nur wenn wir alles Denkbare (zum Teil in diesem Artikel Vorgestellte) dazu beitragen, daß Schmerz bei Tieren durch richtiges Umgehen mit ihnen reduziert wird, können wir davon ausgehen, daß Wissen Tiere schützt.

Literatur

Anand, K.J.S., and Carr, D.B.(1989): The neuroanatomy, neurophysiology, and neurochemistry of pain, stress, and analgesia in newborns and children. In: Pedriatic Clinics of North America 36, S. 795–822.

Bauman, V., Brain, P.F., Brugere, H., Clausing, P., Jeneskog, T., and Perreta, G. (1994): Pain and distress in laboratory rodents and lagomorphs. In: Laboratory Animals 28, S. 97–112.

Bernatzky, G., Likar, R., and Waclawiczek, H.W. (1997): Anaesthesia, pain control and analgesia in experimental animals. In: „Animal Modelling in Surgical Research" (Jeppson, Ed.). Harwood Academic Publishers, London.

Bernatzky, G., und Waclawiczek, H.W. (1995): Zentralnervöse Neuroplastizität als wesentliche Grundlage für die Schmerztherapie. In: Standards in der Chirurgie, S. 460–463; O. Boeckl and H.W. Waclawiczek (Eds.). Zuckschwerdt Verlag, München.

Beyer, J.E., and Wells, N. (1989): The assessment of pain in children. In: Pediatric Clinics of North America 36, S. 837–853.

Broom, D.M., and Johnson, K.G. (1993): Pain, fear and anxiety. In: Stress and animal welfare. Chapman & Hall, Animal Behaviour Series. London, S. 27–30.

Bundesamt für Veterinärwesen (1994a): Einteilung von Tierversuchen nach Schweregraden vor Versuchsbeginn (Belastungskategorien). Allgemeine Leitsätze und Beispiele zur analogen Klassierung weiterer Versuche, Information Tierschutz, 24 Seiten. CH-3003 Bern.

Bundesamt für Veterinärwesen (1994b): Retrospektive Einteilung von Tierversuchen nach Schweregraden (Belastungskategorien), Information Tierschutz, 23 Seiten. CH-3003 Bern.

Cahib, S. (1993): Pharmacologically induced stereotyped behaviour. In: Lawrence A.B., and Rushen, J.: Stereotypic animal behaviour: Fundamentals and applications to welfare. CAB International, Wallingford, S. 122–128.

Committee on Pain and Distress in Laboratory Animals, Institute of Laboratory Animal Resources, National Research Council (1991): Recognition and alleviation of pain and distress in laboratory animals. In: ILAR News 33, S. 71–74.

Deutsche Forschungsgemeinschaft (1991): Schmerz- und Leidempfinden bei Tieren. In: Novellierung des Tierschutzgesetzes 1986. Information für den Forscher. VCH Verlagsgesellschaft mbH, Weinheim, S. 3–20.

Flecknell, P.A. (1994): Refinement of animal use – assessment and alleviation of pain and distress. Laboratory Animals 28, S. 222–231.

Gärtner, K. (1985): Handling and experimental procedure of laboratory animals as stress induction. In: Z. Versuchstierkunde Proceedings, 27, S. 57–119.

Gärtner, K. (1991): Qualitätskriterien der Versuchstierforschung. Ergebnisse aus dem Sonderforschungsbereich „Versuchstierforschung" der Medizinischen und der Tierärztlichen Hochschule Hannover. VCH Verlagsgesellschaft mbH, Weinheim.

Henke, J., Brill, T., Haberstroh, J., Bernatzky, G., and Erhardt, W.(1995): General anaesthesia in several mammal species. In: Der Tierschutzbeauftragte, S. 171–187.

IASP – International Association for the Study of Pain (1979): Pain terms: a list with definitions and notes for usage. Pain 6, 249–252.

Kistler, P. (1988a): Endogene Schmerzkontrolle. In: Kistler, P. (1988): Zur Schmerzbekämpfung im Tierversuch. Eine Studie zur Wahl geeigneter Analgetika für die Schmerzbekämpfung bei Versuchstieren. Dissertation, Zürich, S. 32–33.

Kistler, P. (1988b): Analgetika. In: Kistler, P. (1988): Zur Schmerzbekämpfung im Tierversuch. Eine Studie zur Wahl geeigneter Analgetika für die Schmerzbekämpfung bei Versuchstieren. Dissertation, Zürich, S 45–90.

Koren, G., and Levy, M. (1989): Pediatric uses of opioids. In: Pedriatic Clinics of North America 36, S. 1141–1156.

Kossmann, B., Ahnefeld, F.W., Bowdler, I., und Zimmermann, M. (1986): Schmerztherapie. Kohlhammer, Stuttgart.

Ladewig, J., de Passille, A.M., Rushen, J., Schouten, W., Terlouw, C., and von Borell, E. (1993a): Stress reactions. In: Lawrence A.B., and Rushen, J.: Stereotypic animal behaviour: Fundamentals and applications to welfare. CAB International, Wallingford, S. 102–107.

Ladewig, J., de Passille, A.M., Rushen, J., Schouten, W., Terlouw, C., and von Borell, E. (1993b): Individual Differences. In: Lawrence, A.B., and Rushen, J.: Stereotypic animal behaviour: Fundamentals and applications to welfare. CAB International, Wallingford, S. 101–102.

LASA Working Party Assessment and Control Severity. Section IV (1990): Recognition and assessment of the signs of pain and distress

in laboratory rodents and rabbits, S. 115–117.
Lembeck, F., Bernatzky, G., and Saria, A. (1985): Distribution of substance P in submammalian species. Symposium on Nonmammalian Peptides, Rome.
Lorz, A. (1992): Kommentar zum Tierschutzgesetz. C.H. Beck'sche Verlagsbuchhandlung, München.
McGrath, P.J., and Craig, K.D. (1989): Developmental and psychological factors in children's pain. In: Pediatric Clinics of North America 36, S. 823–835.
Melzack, R., and Wall, P.D. (1965): Pain mechanisms: A new theory. Science 150, S. 971–979.
Miser, A.W., and Miser, J.S. (1989): The treatment of cancer pain in children. In: Pediatric Clinics of North America 36, S. 979–999.
Morton, D.B., and Griffiths, P.H.M. (1985): Guidelines on the recognition of pain, distress and discomfort in experimental animals and an hypothesis for assessment. Vet. Rec. 116, S. 431–436.
National Academic Press (1992): Recognition and alleviation of pain and distress in laboratory animals. National Academy of Science, Washington D. C.
Paterson, D., and Palmer, M. (1991): The status of animals. Ethics, Education and Welfare. CAB International, Wallingford.
Sandkühler, J. (1993): Körpereigene Schmerzabwehr: Neue Konzepte aus der funktionellen Neuroanatomie, Neurophysiologie, Neurobiologie und Chaosforschung. In: Der Schmerz, Konzepte, Klinik und Forschung 7/4, S. 250–261.
Shannon, M., and Berde, Ch.B. (1989): Pharmacologic management of pain in children and adolescents. In: Pediatric Clinics of North America 36, S. 855–871.
Stauffacher, M. (1993): Angst bei Tieren – ein zoologisches und ein forensisches Problem. Dtsch. Tierärztl. Wschr. 100, S. 322– 327.
Toth, L.A., and Olson, G.A. (1991): Strategies for minimizing pain and distress in laboratory animals. In: Laboratory Animals 20, S. 33–39.
U.S. Department of Health and Human Services (1985): Guide for the care and use of laboratory animals. Animal Resources Program, Division of Research Resources, National Institute of Health, Bethesda, Maryland, U.S.A.
Verheijen, F.J., and Buwalda, R.J.A. (1988): Do pain and fear make a hooked carp in play suffer? Henriette Verheijen, Den Haag.
Zenz, M., und Jurna, I. (1993): Lehrbuch der Schmerztherapie. Grundlagen, Theorie und Praxis für Aus- und Weiterbildung. Wissenschaftliche Verlagsgesellschaft, Stuttgart.
Zenz, M. (1991): Zukunftsperspektiven der Schmerztherapie. Anästhesiologie und Intensivmedizin 12/91, S. 348–353.
Zieglgänsberger, W., and Tölle, T.R. (1993): The pharmacology of pain signaling. In: Current Opinion in Neurobiology, Vol. 3, S. 611–618.
Zimmermann, M. (1993): Immediate-early genes in the nervous system – molecular steps in hyperalgesia and chronic pain? In: New Trends in Referred Pain and Hyperalgesia, Chapter 11, S. 119–126.
Zimmermann, M. (1994): Neurobiologie des Schmerzsystems. Neuroforum, S. 351–395.
Zutphen, L.F.M. van, Baumans, V., and Beynen, A.C. (1993): Recognition of pain and distress. In: Zutphen, L.F.M. van, Baumans, V., and Beynen, A.C. (1993): Principles of laboratory animal science. Elsevier Science Publisher, Amsterdam, S. 255–265.

Normalverhalten und Verhaltensstörungen

H. H. SAMBRAUS

Jede höher entwickelte Tierart verfügt über eine Fülle von arttypischen Verhaltensweisen mit hoher Formkonstanz. Hierzu zählen sowohl Bewegungen als auch Lautäußerungen und Körperstellungen. Das Einzeltier läßt sich nach den auftretenden Verhaltensweisen einer Spezies ebensogut zuordnen wie nach morphologischen oder physiologischen Besonderheiten. Individuelle Abweichungen von der Norm gibt es zwar; sie sind aber bei Tieren, deren Entwicklungsmöglichkeiten nicht eingeschränkt wurden, geringfügig und führen nicht zu Schwierigkeiten bei der Zuordnung. Zum Beispiel kommt ein Schlag mit dem gestreckten Vorderlauf unter den Wiederkäuern bei der Ziege vor, nicht jedoch beim Rind. Die soziale Hautpflege besteht beim Rind im Belecken; dabei ist nur einer der beiden Partner aktiv. Beim Pferd besteht die soziale Hautpflege in einem gegenseitigen Beknabbern. Schweine wühlen bei der Futtersuche nach Möglichkeit im Boden, Rinder und Pferde dagegen bekanntlich nie. Der Unterschied dieser beiden Tierarten in der Nahrungsaufnahme besteht darin, daß Pferde Pflanzen mit den Zähnen erfassen, Rinder aber mit der Zunge. Wenn eine Verhaltensweise bei verschiedenen Tierarten in ähnlicher Form vorkommt (z.B. Laufschlag bei Schaf und Ziege), kann dies ein Hinweis auf stammesgeschichtliche Verwandtschaft sein.

Die Gesamtheit der Verhaltensweisen einer Art wird als **Ethogramm** bezeichnet. Nun ist aber die einzelne Verhaltensweise durch ihren Ablauf nur unzureichend charakterisiert. Zum Normalverhalten gehört, daß eine Verhaltensweise in einem bestimmten Kontext auftritt bzw. daß sie an einem adäquaten Gegenstand abläuft. Nur ausnahmsweise kann ein und dieselbe Verhaltensweise in verschiedenen Funktionskreisen auftreten und zählt dennoch in jedem Fall zum Normalverhalten. Wenn z.B. der Eber eine Sau umwirbt, dann schlägt er frequent und kräftig die Kiefer aufeinander. Durch diese Bewegung wird der Speichel zu Schaum geschlagen, der sich an den Lippen ansammelt und zu Boden tropft. Diese als „Patschen" bezeichnete Verhaltensweise gehört zum Vorspiel des Schweines und ist damit eine Verhaltensweise des Funktionskreises Fortpflanzung.

Wenn fremde Sauen sich begegnen, dann drohen sie zunächst und versuchen einander durch Ausdrucksverhalten zu vertreiben. Zu den in dieser Situation auftretenden Verhaltensweisen gehört eine Beißdrohung, bei der gleichfalls die Kiefer frequent und kräftig zusammengeschlagen werden und bei der in der beschriebenen Weise Speichel zu Schaum geschlagen wird. Dieses Verhalten kann als Beißintention gewertet werden.

Neben diesen Beißformen in unterschiedlichem Zusammenhang gibt es eine dritte: Einzeln gehaltene Sauen, die zwar nach dem energetischen Wert und der Zusammensetzung des Futters ausreichend ernährt werden, machen nicht selten lang anhaltend eine Beißbewegung, ohne Futter im Maul zu haben. Dieses Leerkauen ist einem weiteren Funktionskreis zuzuordnen dem Freßverhalten. Es gehört jedoch nicht zum Normalverhalten.

Ob eine Verhaltensweise in der aktuellen Situation eine Funktion erfüllt, ist nicht in jedem Fall dafür entscheidend, ob sie zum Normalverhalten gehört oder nicht. Jede Form des Spielens von Jungtieren führt zu dieser Zeit noch nicht zu einer triebverzehrenden Endhandlung und ist auch in anderer Weise in der Regel nicht lebenserhaltend. Ihm fehlt der spezifische Ernstbezug. Die Handlungsbereitschaft zum Spielen ist dennoch sehr groß.

Spiel tritt in verschiedenen Funktionskreisen auf. Die Verhaltensweisen werden in unermüdlicher Folge wiederholt. Charakteristisch für Spiel ist zudem, daß ohne erkennbaren Anlaß von einem zu einem anderen Funktionskreis übergewechselt wird. Spiel hat die Funktion, angeborene Verhaltensmuster in der Feinmotorik so flexibel zu gestalten, daß das Tier später jeder denkbaren Situation mit Ernstbezug gewachsen ist und sich jedem Objekt mit seinen Besonderheiten anpassen kann. Grundsätzlich gilt, daß Verhalten sich durch Spiel und auch durch spätere Erfahrung leicht ändert. Die angeborene Verhaltensweise wird durch Lernvorgänge leicht modifiziert. Diese Vervollkommnung durch Übung läßt sich kaum beschreiben. Es entsteht jedoch der Eindruck, daß Tiere mit Erfahrung im Spiel bei Ernstbezug Verhaltensweisen konsequenter und routinierter durchführen als Tiere nach einer Deprivation.

Neben der beschriebenen Art der Vervollkommnung durch Lernen im Spiel und in Situationen mit Ernstbezug gibt es die **Reifung**. Hierunter wird im ethologischen Sprachgebrauch die Vervollkommnung einer Verhaltensweise *ohne* Übung verstanden. Die Reifung läßt sich an Tieren nachweisen, die nicht die Gelegenheit hatten, ein bestimmtes Verhalten auszuüben. So hielt man z.B. Tauben noch lange nachdem sie flugfähig wurden, in engen Käfigen, in denen sie ihre Flügel nicht gebrauchen konnten. Diese Tiere zeigten jedoch nach dem Freilassen keine schlechtere Flugleistung als normal aufgewachsene Artgenossen.

Küken werden mit zunehmendem Alter im Futterpicken immer zielsicherer. Daß diese Verbesserung der Ergebnisse nicht notwendigerweise die Folge von Lernen durch Erfolg ist, konnte Hess (1956) nachweisen. Er setzte frisch geschlüpften Küken Prismenbrillen auf, durch die das Gesichtsfeld der Tiere um einige Grade verschoben wurde. Bot man Küken einen in Plastelin eingebetteten Nagel an, dann pickten sie nach dem vermeintlichen Futter. Durch die Brillen waren die Tiere in dieser Situation nie erfolgreich. Die Pickschläge lagen – als Spuren im Plastelin nachweisbar – alle neben dem Nagel und zwar zunächst recht weit gestreut. Obwohl die Küken sich nicht am Erfolg orientieren konnten, lagen die Pickschläge an den folgenden Tagen zunehmend näher beieinander. Die Ergebnisse waren nicht schlechter als die von Küken, deren Orientierungsvermögen nicht beeinträchtigt war.

Gleichgültig, ob es sich um das Ergebnis von Lernvorgängen, Reifung oder hormonal bedingten Dispositionen handelt, ändert sich das Verhalten eines Tieres mit zunehmendem Alter. Beim neugeborenen Säuger bzw. frischgeschlüpften Vogel erscheinen die einzelnen Verhaltensweisen in einer arttypischen Weise nacheinander; manche von ihnen sogar erst nach der Geschlechtsreife. Diese **Verhaltensontogenese** ist nicht nur qualitativ zu sehen: das erste Auftreten der einzelnen Verhaltensweisen bei einem Individuum überhaupt. Auch der quantitative Aspekt ist von Bedeutung: die Frequenzänderung in Abhängigkeit von Reife, Jahreszeit, sozialem Status und weiteren Faktoren. Ein junger Hahn begann z.B. im Alter von 75 Tagen zu krähen. An diesem Tag krähte er nur zweimal. Nach sechstägiger Pause waren es am 81. Lebenstag fünfmal. Mit 102 Tagen krähte der Hahn schon allein in der ersten Stunde nach Krähbeginn am Morgen mehr als 80mal (Sambraus und Sambraus, 1976).

Eine angemessene Wertung des Normalverhaltens ist nur bei guter Kenntnis einer Tierart möglich. Lediglich aus umfangreicher Erfahrung heraus kann beurteilt werden, ob eine Änderung des Verhaltens eine Adaptation im Rahmen der biologischen Möglichkeiten eines Tieres ist oder ob dessen Anpassungsfähigkeit in unzumutbarer Weise überschritten wurde.

Eine **Verhaltensstörung** ist eine in Hinblick auf Modalität, Intensität oder Frequenz erhebliche und andauernde Abweichung vom Normalverhalten. Diese Abweichung kann unterschiedlich aussehen. Die einzelnen Formen lassen sich einer der folgenden Kategorien zuordnen:
1. *Handlungen am nicht-adäquaten Objekt*
   a) Handlungen an leblosen Objekten
   b) Handlungen an lebenden Objekten
      – Artgenossen
      – Individuen fremder Spezies
      – eigener Organismus
   c) Handlungen ohne Objekt
2. *veränderte Verhaltensabläufe*,
3. *In der Frequenz stark von der Norm abweichendes Verhalten*,
4. *Stereotypien*,
5. *Apathie*.

Alle diese Gruppierungen sollen zunächst erläutert werden, um deutlich zu machen, daß neben Störungen auch völlig normales Verhalten darunter verstanden werden kann.

Eine Handlung am leblosen Objekt (Kategorie 1a) ist z.B. das Stangenbeißen von Zuchtsauen. Dieses Verhalten läuft gleichzeitig stereotyp ab und ist damit eindeutig als Verhaltensstörung zu identifizieren. Es gibt allerdings eine weitere Form des Stangenbeißens, die jedoch nicht stereotyp abläuft: Während der Vorbereitungen zur Fütterung nehmen Sauen in offensichtlich starker Erregung die Stangen über dem Trog in das Maul und rütteln daran. Sie erfassen häufig ein anderes Ende der Stange oder weitere erreichbare Objekte. Während dieses Vorgangs schreien die Tiere und sind in offensichtlich starker Erregung. Diese Form des Beißens in die Stangen kann als Versuch der hungrigen Sauen gewertet werden, die Stangen zu entfernen, um leichter an das Futter zu gelangen. Es ist ohne Zweifel *keine* Verhaltensstörung.

Bemerkenswert ist der stereotype Ablauf der Verhaltensstörung „Stangenbeißen". Aber die Stereotypie allein genügt nicht, um ein Verhalten als gestört zu klassifizieren. Auch viele Formen des Normalverhaltens laufen stereotyp, also gleichförmig ab. Das gilt für das Aufstehen ebenso wie für die Freßbewegung oder den Ablauf der Begattung. Der gleichförmige Ablauf der Bewegung ist ja gerade Merkmal arttypischer Verhaltensweisen. Selbst wenn man die häufige Wiederholung in ununterbrochener Reihenfolge zum Kriterium einer stereotyp ablaufenden Verhaltensstörung machen wollte, würde auch dies nur mit Vorbehalt gelten. Auch z.B. das Wiederkauen oder Vorwärtsbewegungen (Schritt, Trab, Galopp) wiederholen sich in häufiger Folge.

Jeder innerartliche Kampf ist eine

Handlung an einem lebenden Objekt. Selbst das Auftreten von Verletzungen bei einem der beteiligten Tiere kann nicht ohne Einschränkung als Zeichen gestörten Verhaltens gewertet werden. Zwar versuchen Tiere einer Gruppe, vakante Dominanzverhältnisse meist zunächst durch Ausdrucksverhalten (Imponieren, Drohen) zu klären; dennoch ist auch der Kampf ein sehr normales Geschehen. Ein solcher innerartlicher Kampf ist in der Regel ein Kommentkampf, der nach festen Regeln abläuft und nicht die Verletzung oder gar Tötung des Kontrahenten zum Ziel hat. Trotzdem kommen Beschädigungen – auch bei wildlebenden Tieren – durchaus vor. Es läßt sich deshalb nicht generell sagen, daß ein Verhalten, das eine Schädigung eines der Beteiligten zur Folge hat, gestört ist.

Auch bei Verhalten, das in der Dauer oder der Frequenz der auftretenden Verhaltensweisen stark von einem geläufigen Mittelwert abweicht (Kategorie 3), muß nicht zwangsläufig ein pathologischer Prozeß vorliegen. So kann z.B. beim Freßverhalten eine Anpassung an die Fütterungsverhältnisse vorliegen. Die Neigung zum Scharren ist bei Hühnern angeboren. Reichlich gefütterte Hühner werden allerdings nur wenig scharren. Ein Huhn, das sich bei Auslaufhaltung sein Futter selbst zusammensuchen muß, wird einen wesentlich höheren Anteil der Zeit mit Scharren verbringen. Hier liegt keine Störung vor; der Unterschied ist als Adaptation an die Gegebenheiten zu werten. Das angepaßte Verhalten dient der Bedarfsdeckung.

Bei allgemeiner Apathie (Kategorie 5) ist zunächst an eine schwere Erkrankung mit gestörtem Allgemeinbefund zu denken. Wenn dies nicht der Fall ist, muß Untätigkeit nicht bedeuten, daß das Verhalten gestört ist. Es ist denkbar, daß das Tier ein ausgeprägtes Ruhebedürfnis hat. Der Nachweis der Apathie läßt sich nur nach langer Beobachtung treffen. Bedenklich ist stets, wenn während einer Aktivitätsphase einer Tiergruppe Einzeltiere bewegungslos bleiben.

Durch die weiter vorn gewählte Definition ist der Begriff Verhaltensstörung sehr weit gefaßt. Er geht damit über Tierschutzrelevanz deutlich hinaus. Veränderte Bewegungsabläufe und Haltungen sind in vielen Fällen die Folge von Traumen oder Organerkrankungen. Jede Erkrankung des Bewegungsapparates führt zu einem veränderten Bewegungsablauf. Diese meist durch Schmerzen veranlaßte Abweichung von der Norm fördert den Heilungsverlauf und ist selbstverständlich nicht als bedenklich anzusehen.

Die bisherigen Ausführungen sollen die Relevanz von Verhaltensstörungen keineswegs in Frage stellen. Sie sollen auch nicht dazu führen, Verhaltensstörungen unbeachtet zu lassen, nur weil ihre Identifizierung dem Ungeübten schwerfallen könnte. Allerdings sollten sie relativieren. Zwar kann man jede Verhaltensstörung einer der genannten fünf Gruppen zuordnen; die Kenntnis dieser Kategorien ermöglicht es aber noch nicht, gestörtes Verhalten zu diagnostizieren. Der Umkehrschluß ist nicht zulässig. Die Erkennung ist dem Ungeübten nur nach einer differenzierten Beschreibung der Störung und seiner Begleitumstände möglich.

Die Einstufung einer Verhaltensweise als gestört setzt eine gründliche Kenntnis des Normalverhaltens der jeweiligen Tierart voraus. Der weniger Geübte sollte insbesondere darauf achten, ob eine Verhaltensweise in rascher Folge stereotyp abläuft und ob ein Sinn fehlt. Auf diese Weise kann ein großer Teil der Verhaltensstörungen erkannt werden.

Die **Ursachen von Verhaltensstörun-**

gen sind vielfältig. Sie alle lassen sich in Anlehnung an Brummer (1976, 1978) in eine von sieben großen Gruppierungen einordnen. Ursachen können sein:
a) mit Schmerzen verbundene Traumen, Entzündungen oder Organveränderungen,
b) angeborene und erworbene Defekte des zentralen oder peripheren Nervensystems,
c) domestikationsbedingte Veränderungen von Zentralnervensystem oder Endokrinium,
d) Infektionen oder Intoxikationen,
e) Ernährungsstörungen,
f) Prägung,
g) Haltungsfaktoren.

In älteren Literaturangaben steht vorwiegend, daß Tiere mit gestörtem Verhalten ein Defizit an bestimmten Substanzen haben (Kategorie e). Der Schluß scheint naheliegend, denn die meisten Verhaltensstörungen ließen sich dem Funktionskreis der Nahrungsaufnahme zuordnen. Häufig nahm man an, daß die Tiere versuchen, durch das gestörte Verhalten ein Defizit zu beheben. Reizarm aufgezogene Hühnervögel (Hühner, Fasanen, Puten und andere) zeigen häufig Federpicken. Sie picken insbesondere nach den gerade sprießenden, blutstrotzenden Federkielen junger Artgenossen. Die gepickten und abgeschluckten Substanzen sind das Horn der Federn sowie Blut. Daraus wurde geschlossen, daß den Tieren die in diesen Substanzen enthaltenen Stoffe fehlen. Deshalb fütterte man Tiere, die eine solche Störung zeigten, zusätzlich mit Hufspänen und Blutmehl. Man glaubte so, das Defizit decken zu können.

Anders verliefen weitere Heilungsversuche. Man untersuchte das Blut verhaltensgestörter Tiere und stellte dann häufig ein Defizit oder einen Überschuß an bestimmten Elementen oder chemischen Verbindungen fest: Mg, Na, K, Ca usw. Ohne weitere Überprüfung stellte man einen Zusammenhang zwischen Substanzmangel und Verhaltensstörung her und versuchte, das Ungleichgewicht durch Änderung der Ernährung zu beheben.

Ein Mangel bzw. Überschuß von bestimmten Substanzen läßt sich grundsätzlich als Ursache bestimmter Verhaltensstörungen nicht ausschließen. Diese Denkrichtung war jedoch weit überzogen, weil eine weitere Ursache zu damaliger Zeit außerhalb der üblichen Denkschemata lag: Triebstau als Folge mangelhafter Haltungsbedingungen.

Jedes Trauma des Bewegungsapparates, z.B. die Fraktur eines Extremitätenknochens, und auch eine Entzündung (lokal begrenzt oder generalisiert) in Zusammenhang mit dem Bewegungsapparat (Kategorie a) führt zu einem veränderten Verhalten. Ein solches Verhalten ist als Entlastungsreaktion zu werten und fördert die Heilung. Damit ist es auf jeden Fall sinnvoll und sollte nicht behindert werden. Nach der gewählten Definition ist ein solches Verhalten dennoch als gestört zu betrachten.

Defekte des Zentralnervensystems können gleichfalls die Ursache von Verhaltensstörungen sein. Der fehlende Schluckreflex mancher Kälber ist möglicherweise die Folge einer Sauerstoffunterversorgung bei der Geburt. Finnen des Hundebandwurms *Taenia multiceps* im Gehirn führen bei Schafen zur „Drehkrankheit". Als weiteres Beispiel ist Dummkoller des Pferdes zu nennen. Die verringerte Fluchtbereitschaft domestizierter Tiere steht teilweise in Zusammenhang mit der Reduktion bestimmter Hirnteile im Verlauf der Domestikation. Haustiere werden deshalb gelegentlich als fluchtverhaltensgestört bezeichnet.

Tanzmäuse laufen ununterbrochen im Kreis. Dieses Verhalten wird durch eine Degeneration des Innenohrs verursacht. Vom letztgenannten Beispiel sind Fälle zu unterscheiden, in denen bei Haustieren die biologisch sinnvolle Abfolge von Verhaltensweisen gestört ist bzw. eine Verhaltensweise nicht bis zur triebverzehrenden Endhandlung zu Ende geführt wird (Kategorie c). Hunde zeigen im Vergleich mit dem Wolf oft lebenslang ein infantiles Verhalten. Ein solches Verhalten kommt zwar beim Wildtier auch vor, nur nimmt es hier lediglich eine vorübergehende Phase in der Jugend ein. Der Vorstehhund beendet das Verhalten des Nahrungserwerbs vor dem Beutefang. Es fehlt die triebverzehrende Endhandlung. Ein derartiges Verhalten ist zwar erwünscht und wurde durch gezielte Selektion herbeigeführt, es ist aber dennoch im Vergleich mit dem „normalen" Wildtier gestört.

Infektionen können das Verhalten ebenso verändern wie Intoxikationen (Kategorie d). So ist z.B. Allotriophagie, das Fressen unverdaulicher Objekte wie Holz, Lumpen und Steine, symptomatisch für Tollwut. Als Beispiel für ein verändertes Verhalten nach einer Intoxikation sind tremorgene Mykotoxine zu nennen. Die betroffenen Tiere zeigen, in Abhängigkeit von der Toxinmenge, Zuckungen von Körperteilen, Schüttelkrampf, krampfhaftes Rückwärtsbiegen des Kopfes (Opisthotonus) mit gleichzeitiger starker Unruhe und das Einnehmen der sog. Känguruh-Stellung (Suzuki et al., 1984).

Als gesonderte Kategorie wird die Prägung aufgeführt (Kategorie f). Das Ergebnis – Sozialprägung, Futterprägung oder motorische Prägung – wird während einer sensiblen Phase in früher Jugend erreicht. Stehen dann nicht die arttypischen, biologisch sinnvollen Reize zur Verfügung, kommt es zur Fremdprägung. Ebenso wie viele andere Verhaltensstörungen wird diese „Störung" besonderer Art durch Außenreize bewirkt. Es besteht allerdings ein deutlicher Unterschied: Die Prägung ist irreversibel. Eine spätere Trennung von der Prägungsspezies und erzwungener Kontakt mit Artgenossen löst bei sozial fremdgeprägten Tieren Angst aus (Abb. 1). Der

Abb. 1 Durch Handaufzucht ist das Lamm im Vordergrund auf Menschen geprägt und fürchtet sich vor Artgenossen. Es zeigt Fluchtbemühungen und versucht, zum Fotografen zu kommen.

Versuch der Umprägung kann aus der Sicht des Tierschutzes sogar fragwürdig sein.

Tierschutzrelevant sind neben behindertem Bewegungsablauf nur solche Verhaltensstörungen, die als Folge fehlender auslösender Reize zustande kommen (Kategorie g). Es kommt hierdurch zu einer Erhöhung der Handlungsbereitschaft. Die Reizschwelle sinkt. Die hieraus resultierenden Entlastungsreaktionen können sich als eine der (s. S. 59ff.) aufgeführten Kategorien äußern, sie können aber auch in einem fremden Funktionskreis manifest werden.

Handelt es sich formal um eine Verhaltensweise des Freßbereichs, dann können nach Art des Objekts drei Kategorien unterschieden werden: lebloses Objekt, lebendes Objekt, fehlendes Objekt (Leerlaufhandlung). Bei lebenden Objekten kann eine weitere Untergliederung vorgenommen werden: a) das aktive Tier bearbeitet eigene Körperteile (Automutilation) bzw. rupft sich selbst die Federn aus, und b) das aktive Tier bearbeitet andere Individuen. Dieses fremde Individuum gehört in der Regel der eigenen Art an. Bei entsprechenden Voraussetzungen kann es sich aber auch um ein artfremdes handeln. So wurden z.B. in einem bestimmten Versuch jeweils ein Kaninchen und ein Hühnerküken gemeinsam gehalten. Die Kaninchen wurden ausschließlich mit Kraftfutter-Preßlingen ernährt, erhielten also kein strukturiertes Futter und wurden auch einstreulos auf einem Gitterrost gehalten. Die Kaninchen beknabberten daraufhin die Federn der Hühnchen (Abb. 2).

Verhaltensstörungen können auch auf andere Weise durch nicht-adäquate Umweltreize entstehen. Es kommt zu einer Reizüberflutung oder zu einer Überforderung des Tieres. Die sich hieraus ergebende Dauererregung führt gleichfalls zu einem hohen Aktionspotential. Das Tier findet in seiner – ansonsten scheinbar „normalen" – Umwelt keine angemessene Möglichkeit, sich abzureagieren. Es kommt gleichfalls zu einer Leerlaufhandlung oder zu einem Verhalten am nicht-adäquaten Objekt mit späterer Stereotypisierung. Als Beispiel sei das Weben von Pferden genannt.

Besonders gut untersucht sind in dieser Hinsicht das Schwanzbeißen (ohne Verletzungen) bzw. als fortgeschrittene Form der Kannibalismus (mit Verletzungen) bei Schweinen. Zunächst ist zwischen endogenen und exogenen auslösenden Faktoren zu unterscheiden. Bis zur Mitte des 20. Jahrhunderts trat Kannibalismus bei Mastschweinen kaum auf. Bis dahin wurde der Typ des alten Fettschweines gezüchtet, der phlegmatischer ist als das moderne Fleischschwein und auf ungünstige Umweltreize kaum reagiert. Die exogenen auslösenden Reize sind vielfältig und sehr unterschiedlich:
– zu große Gruppen,
– zu hohe Besatzdichte,
– unregelmäßige Fütterungen,
– Ausfall der Tränke,
– Parasitenbefall,
– schlechtes Stallklima (hohe Temperatur, Zugluft, Schadgase),
– Langeweile u.a.

Diese Faktoren scheinen zunächst nichts gemeinsam zu haben, und man meinte vorübergehend, die eigentlichen Ursachen seien noch unbekannt. Unbeachtet blieb, daß alle diese Faktoren die Tiere in Erregung versetzen. Sie versuchen die Erregung abzureagieren. Bei Schweinen geschieht dies über Maultätigkeiten, also im Funktionskreis Freßverhalten. Das ist für sie eine im Normalverhalten viel Zeit beanspruchende und leicht aktivierbare Tätigkeit.

Bei Maultätigkeiten will das Schwein sich mit Objekten beschäftigen, die sich verändern lassen. In Vollspaltenbuchten werden ihm keine leblosen Objekte angeboten, auf die das zutrifft (z.B. Einstreu). Es bleibt nur der Buchtgenosse.

Ist es erst einmal zu Verletzungen und

Abb. 2 Dieses Küken wurde gemeinsam mit einem Kaninchen gehalten, das kein Rauhfutter erhielt. Das Kaninchen beknabberte daraufhin die Federn des Kükens.

Blutaustritt gekommen. Dann wird das Bebeißen durch den Blutgeschmack gleichsam belohnt, und der Beißer intensiviert seine Aktivität. Hinzu kommt, daß die Situation jetzt auch für die übrigen Buchtgenossen attraktiv wird, und sie beginnen gleichfalls, das verletzte Tier zu verfolgen.

Festzuhalten ist, daß bei dieser Verhaltensstörung des Freßbereichs die Ursache nur ausnahmsweise in einem Triebstau des Freßverhaltens zu finden ist. Allgemein ausgedrückt, finden sich Verhaltensstörungen vor allem in leicht aktivierbaren Funktionskreisen: dem Freßverhalten und – z.B. im Falle des oben angesprochenen Webens – der Lokomotion.

Verhaltensstörungen, die Folge mangelhafter Haltungsbedingungen sind, setzen nicht unvermittelt ein. Das Tier versucht zunächst, die arttypische Verhaltensweise auf normale Weise durchzuführen bzw. das Bewegungsbedürfnis artspezifisch auszuleben. Der weitere Ablauf kann unterschiedlich sein. Sauen in Anbindehaltung sind in der folgenden Phase relativ ruhig (Cronin et al., 1984). Die Phase, in der die Tiere viel liegen und nach dem Fressen Trog oder Boden belecken, ist nur gelegentlich von Aktivitätsschüben unterbrochen. In der darauffolgenden Phase scheinen diese Ausbrüche mehr geordnet. Sie wirken bösartig und richten sich gegen alle erreichbaren Gegenstände. In Phase 4 entscheiden die Sauen sich meist für ein Bewegungsmuster. Dieses Verhalten wird ständig wiederholt; die Aggression ist nicht mehr erkennbar. Die Störung bekommt stereotypen Charakter. Ursprünglich entfalten die Tiere ihre größte Aktivität nach der Fütterung. In Phase 4 ist die Aktivität auf den Teil des Tages verlegt, in dem die Tiere sonst ruhen (Cronin et al., 1984).

Kühe in Anbindehaltung oder Liegeboxenställen mit ungünstiger Gestaltung des Kopfbereiches versuchen zunächst, mit vielen Abweichungen vom bisherigen Aufstehvorgang ihrer Art entsprechend hinten und im Anschluß daran vorn aufzustehen. Gelegentlich kommt es dabei auch zu schwerfälligem, „pferdeartigem" Aufstehen, also zunächst vorn und anschließend hinten. In der Folgezeit erscheint der arttypische Bewegungsablauf immer seltener und wird schließlich eingestellt. Das pferdeartige Aufstehen tritt immer häufiger auf und wird trotz aller immer noch erkennbaren Schwierigkeiten in seinem Bewegungsablauf einförmiger und „flüssiger".

Verhaltensstörungen sind ein pathologisches Geschehen. Die Heilungschancen können sehr unterschiedlich sein. Im einfachen Fall kann eine Verhaltensstörung behoben werden, indem die auslösende Ursache abgestellt wird. Dies gilt z.B. für das Federpicken von Hühnern oder Straußen. Federpicken kann auftreten, wenn den Tieren das Futter leicht zugänglich und dazu in einer reizarmen Umwelt angeboten wird. Die Futtersuche erübrigt sich hier. Bei jedem Pickvorgang ist der Schnabel mit Futter gefüllt; das Tier ist rasch satt. Der Freßvorgang besteht jedoch aus mehr als Futteraufnahme und Schlucken. Futtersuche und -aufbereitung sind gleichfalls Teilbereiche. Sie werden bei dieser Art der Haltung nicht befriedigt.

Wird die Nahrungsaufnahme in einer Gruppe von Vögeln mit Federpicken (nicht Papageien, die sich selbst die Federn ausrupfen) erschwert, dann läßt sich meist allein durch diese Maßnahme die Störung beheben. Bei Junghennen, die auf Drahtrosten und in einem Stall mit Betonboden ohne Einstreu gehalten wurden, kam es gehäuft zu schwerwiegenden Fällen von Federpicken und Kannibalismus. Die Tiere wurden daraufhin in ein Stallabteil gebracht, das mit Häcksel eingestreut worden war. Das Futter wurde unter die Einstreu gemischt. Die Junghennen mußten jetzt viel Zeit aufwenden, um das Futter freizuscharren. Federpicken und Kannibalismus konnten auf diese Weise rasch geheilt werden.

Viele Verhaltensstörungen bestehen auch dann noch weiter, wenn die auslösende Ursache längst abgestellt ist. Gewöhnlich tritt die Störung bereits beim Jungtier auf; sie wird aber erst sehr viel später beachtet. Die auslösenden Ursachen sind nun nicht mehr erkennbar; sie können vielfältig sein.

Daß die Verhaltensstörungen trotz differenzierter und reizvoller Haltungsumwelt manifest bleiben, deutet auf eine kompliziertere Ursache-Wirkung-Kette. Denkbar ist die Freisetzung von körpereigenen Substanzen, die die Schmerzempfindlichkeit senken (Endorphine) während der Stereotypie, die das Tier zu einer Selbststimulation führen (Wiepkema et al., 1984). Jedenfalls kann stereotypes Verhalten durch Applikation von Naloxone, einem Opioid-Blocker, erheblich reduziert werden. Dabei ist bemerkenswert, daß Stereotypien, die schon länger andauern, weniger naloxone-sensitiv sind (Wiepkema et al., 1984).

Daß residual-reaktive Verhaltensstörungen durch Verbindungen, die suchtähnliche Zustände verursachen, bedingt sein können, kann von forensischer Bedeutung sein. Das gilt vor allem für die Fälle, in denen eine Verhaltensstörung auch dann noch besteht, wenn die auslösende Ursache längst abgestellt ist. Daraus werden zuweilen zwei Dinge abgeleitet: 1. wird bezweifelt, daß die vermutete Noxe die auslösende Ursache war, 2. wird gefolgert, daß die die Verhaltensstörung auslösende Ursache für das Tier nicht sehr belastend gewesen sein kann, da es doch bei veränderten Bedingungen die Störung weiterhin äußert. Beide Schlüsse sind falsch. Die Erklärung liefert der suchtähnliche Zustand, in den die Tiere durch die Stereotypie und hierdurch bedingte Ausschüttung von Endorphinen geraten.

Die Beschreibung einer Verhaltensstörung erfaßt oft nur ihren spektakulärsten Teil. Wird das Gesamtverhalten der betroffenen Tiere beachtet, dann ist erkennbar, daß eine allgemeine Unruhe bei dem einen Tier zu dieser, bei dem anderen zu jener Störung führt. Bei manchen Individuen kommen kurz nacheinander mehrere verschiedene Verhaltensstörungen vor; sie alle betreffen jedoch nur einen Funktionskreis. In Gruppen von Mastschweinen mit Analmassage und Kotfressen wechseln die Tiere in offensichtlicher Erregung und raschem Wechsel zwischen diesen und anderen Verhaltensweisen ab: Beißen an der Tränke, Wühlintentionen am Boden, Ansätze zum Schwanzbeißen (denen die Gruppengenossen sich rasch entziehen, weil die Schwänze kupiert sind), Freßversuche am leeren Trog.

Bei offensichtlich gleicher Ursache, nämlich einer Unterforderung des Freßverhaltens, beginnen manche Zuchtsauen in Einzelhaltung mit Stangenbeißen, andere mit Leerkauen. Bei einzelnen Tieren wechseln diese beiden Störungen einander ab. Es scheint deshalb sinnvoll, die Gesamtheit der Verhaltensstörungen nach ihrem formalen Ablauf nach Funktionskreisen zu untergliedern.

Nicht jede Verhaltensstörung ist tierschutzrelevant. Bei vielen Formen gestörten Verhaltens ist jedoch bekannt, daß es sich um reaktive Störungen handelt, also ein Verhalten, das als Reaktion auf (ungünstige) äußere Reize auftritt. In manchen Fällen ist es vom Betrachter und von der Definition abhängig, ob eine Verhaltensweise als Störung angesehen wird oder nicht. Aus biologischer Sicht gilt z.B. das Verhalten eines Vorstehhundes, der die Verhaltenskette des Beutemachens unmittelbar vor dem Beuteerwerb abbricht, eindeutig als gestört. Der Jäger, der diese Neigung des Tieres nutzt, würde ein Individuum dieser Rasse als ungeeignet abschaffen, wenn es permanent versucht, die triebverzehrende Endhandlung des Freßverhaltens ablaufen zu lassen.

Schließlich wäre noch zwischen gestörtem Verhalten und **störendem Verhalten** zu unterscheiden. Manchmal scheinen Tiere durch auffallendes Verhalten auf sich aufmerksam machen zu wollen. Hierzu könnte das „Kicken" von Pferden gehören. Die Tiere schlagen mit einem Hinterhuf in häufiger Folge gegen Boxenwand oder Tür. Das laute Geräusch ist lästig; im Stall tätige Personen versuchen es meist durch Ansprechen des Pferdes abzustellen. Dieses bekommt so den von ihm möglicherweise erwarteten Kontakt. Auch das Harnmarkieren von Katern in Wohnungen wird verständlicherweise als störend empfunden; es gehört jedoch zweifellos zum Normalverhalten.

Bei Hunden haben von der Norm abweichende Bewegungskoordinationen und Stereotypien eher untergeordnete Bedeutung. Die meisten Störungen bei dieser Tierart betreffen zwar auch arttypische Verhaltensweisen; diese weichen allerdings quantitativ von der Norm ab. Sie treten entweder zu ausgeprägt (z.B. Aggressivität) oder zu schwach (z.B. geringe Bindungsfähigkeit) zu oft oder zu selten auf.

Für das Entstehen von Fehlanpassungen bei Hunden spielt der Hundehalter eine entscheidende Rolle (Feddersen-Petersen, 1990). Die Verhaltensstörungen des Hundes lassen sich nach Feddersen-Petersen (1990) in zwei Gruppen mit jeweils mehreren Kategorien einordnen:

I. Frühontogenetisch erworbene Verhaltensstörungen
   a) Deprivationsschäden infolge fehlender sozialer Reize
   b) Deprivationsschäden infolge einer Reduktion von Umweltreizen
   c) Fehlprägungen
   d) Versäumte Prägungen
II. Aktualgenetisch erworbene Verhaltensstörungen
   a) Verhaltensstörungen infolge räumlich beengter und reizarmer Haltung
   b) Stereotypien von Bewegungsmustern
   c) Traumatische Verhaltensstörungen nach Lernprozessen

Räumlich beengte und reizarme Haltung (Kategorie IIa) kann z.B. zu triebhaftem Scharren auf dem Boden, Unfähigkeit zur sozialen Kontaktaufnahme, erhöhter Aggressivität oder Apathie führen. Es können aber auch Stereotypien (Kreis- oder Figurenlaufen), zwanghafte Kopfbewegungen oder räumlich und zeitlich fixiertes Bellen als Folge extrem reizarmer Haltung beobachtet werden (Kategorie IIb). Traumatische Erlebnisse (Beißerei, Geschlagenwerden oder Unfall) können zu sozialer Unsicherheit, Nervosität oder hysterischen Reaktionen, aber auch zu Flucht vor bestimmten Menschentypen oder Deckverweigerung führen (Kategorie IIc) (Feddersen-Petersen, 1990).

Bei der formalen Einteilung der Verhaltensstörungen nach Funktionskreisen lassen sich die meisten Störungen dem Freßverhalten und der Lokomotion zuordnen. Dies hat zwei Gründe. Zum einen verbringen Tiere in natürlicher Umgebung sehr viel Zeit mit Aktivitäten in einem dieser beiden Funktionskreise; die Handlungsbereitschaft ist sehr groß.

Tab. 1 Beispiele für Verhaltensstörungen der einzelnen Abschnitte des Freßbereichs

Abschnitt	Tierart	Typ	Verhaltensstörung	Objekt	Analoge Verhaltensweise
Futtersuche	Schwein	Sauen	Nasenrückenreiben	Teile der Stalleinrichtung	Wühlen
		Mastschweine	Analmassage	Artgenossen	Wühlen
		Ferkel	Bauchmassage	Artgenossen	Wühlen
Futteraufnahme	Schwein	Mastschweine	Schwanzbeißen	Artgenossen	Erfassen des Futters
	Rind	alle	Zungenspielen	fehlt	Erfassen des Futters
	Rind	Kühe	Milchaussaufen	Artgenossen/ sich selbst	Saugen am Euter
	Rind	Kälber	Besaugen	Artgenossen	Saugen am Euter
	Giraffe		Zungenspielen	fehlt	Erfassen des Futters
	Schaf		Haarausrupfen	Artgenossen	Erfassen des Futters
	Pferd		Lippenschlagen	fehlt	Erfassen des Futters
	Pferd		Zungenschleppen	fehlt	Erfassen des Futters
	Hühnervögel	Jungtiere	Federpicken	Artgenossen	Erfassen des Futters
	Strauß	Alttiere	Federpicken	Artgenossen	Erfassen des Futters
	Huhn	Hennen	Zehenpicken	Artgenossen	Erfassen des Futters
	Huhn	Hennen	Kloakenpicken	Artgenossen	Erfassen des Futters
	Ziege	laktierende Geiß	Milchsaufen	sich selbst	Saugen am Euter
	Papageien	alle	Federpicken	sich selbst	Erfassen des Futters
Aufbereitung des Futters	Schwein	Sauen	Stangenbeißen	Teile der Stalleinrichtung	kauen
	Sauen	Leerkauen	fehlt	kauen	
Abschlucken	Pferd	alle	Koppen	fehlt	Abschlucken

Zum anderen sind aber gerade Aktivitäten in diesen beiden Funktionskreisen bei Haustieren stark eingeschränkt.

Häufig liegt die Ursache von haltungsbedingten Verhaltensstörungen in dem Funktionskreis, dem die Störung zuzuordnen ist. Verhaltensstörungen des *Freßbereichs* haben ihre Ursache nicht selten in der Art des Futters und der Fütterung. Konzentriertes und damit in der Menge reduziertes Futter, das nicht strukturiert ist und in einem Trog angeboten wird, erfordert für die Sättigung wenig Zeit. Dieses Defizit versuchen die Tiere durch Verhaltensweisen des Fressens zu kompensieren.

Der gesamte Freßvorgang läßt sich in vier Abschnitte unterteilen: a) Futtersuche, b) Futteraufnahme, c) Aufbereitung des Futters und d) Abschlucken. Die meisten Verhaltensstörungen, die sich formal dem Freßbereich zuordnen lassen, kann man von einem dieser vier Bereiche ableiten (Tabelle 1). Verhaltensstörungen der Futteraufnahme und der Aufbereitung des Futters sind oft nicht eindeutig voneinander trennbar.

Ein weiterer Bereich, in dem sehr häufig Verhaltensstörungen auftreten, ist die *Lokomotion*. Dabei ist Lokomotion im eigentlichen Sinne, d.h. Bewegung vom Ort weg, oft gar nicht möglich oder wird nicht durchgeführt. Lokomotion wird hier im weitesten Sinne verstanden. Sie umfaßt auch Bewegung am Ort sowie das stereotype Bewegen von Körperteilen (Tabelle 2). Das Verhalten wird hier nicht ausgeführt, um einen anderen Ort zu erreichen. In der reduzierten Form dient es auch nicht der Bedarfsdeckung in anderen Funktionskreisen (z.B. Körperpflege). Alle Störungen des Lokomotionsverhaltens laufen stereotyp ab. Ursache können Bewegungsmangel, (scheinbare) Bedrohung, Reizüberflutung sowie Monotonie sein.

Tab. 2 Beispiele für verschiedene Typen von Verhaltensstörungen der Lokomotion

Kategorie	Art der Bewegung	betroffene Tierarten
stereotype Fortbewegungsbahnen	Hin- und Herlaufen in gerader Bahn, Kreisgang (Manegebewegungen), Figurenlaufen (auch dreidimensional)	Bären, Caniden, Eichhörnchen und viele andere
„Weben"	Wechselseitiges Belasten der Vorderextremitäten, begleitet von Pendelbewegungen des Kopfes	Pferde, Rinder, Schweine, Elefanten, Bären und andere
stereotype Bewegungen von Körperteilen	Krippen- oder Barrenwetzen, Hornreiben	Pferd, Rind

Sowohl Verhaltensstörungen des Freßbereichs als auch der Lokomotion können Spuren an den Haltungseinrichtungen hinterlassen. Ein Hinweis auf die Störung ist deshalb auch dann möglich, wenn die Tiere zum Zeitpunkt der Beobachtung ein normales Verhalten zeigen oder abwesend sind. Vorsicht bei der Zuordnung ist geboten, da die Veränderungen an der Stalleinrichtung nicht unbedingt von den gegenwärtig gehaltenen Tieren stammen müssen, sondern von früher dort gehaltenen Individuen herrühren können.

Die Schrittfolge von Eisbären mit einer Bewegungsstereotypie ist so gleichförmig, daß durch tausendfache Wiederholung Vertiefungen im Beton des Auslaufs entstehen. Ähnliche Erscheinungen können bei webenden Pferden in Stall oder Paddock entstehen.

Durch die Beiß-, Kau- oder Leckaktivität können bei Pferden, Schweinen, Rindern und anderen Tierarten Teile der Stalleinrichtung oder des Zaunes zerstört werden. Das gilt nicht nur für Holz oder Kunststoffe, sondern auch für Mörtel und Steine. Koppende Pferde setzen in ihrem Ständer oder der Box die Zähne immer auf die gleiche Stelle. Beton wird auf diese Weise abgenutzt, betroffene Metallteile sind blanker als die Umgebung. Ein bemerkenswertes stereotypes Verhalten, bei dem ein Körperteil betroffen ist, tritt bei Rindern auf: Manche Kühe reiben ihre Hörner so intensiv an Teilen der Stalleinrichtung, daß diese im Laufe der Zeit erheblich kürzer werden (Abb. 3).

Abb. 3 Diese Gelbvieh-Kuh wird ganzjährig im Anbindestall gehalten. Sie hat sich an einer Stützsäule als Folge des frustrierten Bewegungsdranges die Hörner weitgehend abgerieben.

Literatur

Bernauer-Münz, Heidi, und Quandt, Christiane (1995): Problemverhalten beim Hund. Gustav Fischer, Jena–Stuttgart.

Brummer, H. (1976): Verhaltensstörungen und ihre Tierschutzrelevanz. Fortschr. Vet. Med., Heft 25: 11. Kongreßbericht, 53–60.

Brummer, H. (1978): Verhaltensstörungen. In: H.H. Sambraus (Hrsg.): Nutztierethologie. Paul Parey, Berlin und Hamburg.

Cronin, G.M., Wiepkema, P.R., and Hofstede, G.J. (1984): Stereotypies and Endorphins: Functional Significance of Developing Stereotypies in Tethered Sows. Proc. Int. Congr. Appl. Ethol. Farm Animals, Kiel, S. 97–100.

Dantzer, R. (1986): Behavioral, Physiological and Functional Aspects of Stereotyped Behavior: A Review and a Re-Interpretation. J. Anim. Sci. 62, 1776–1786.

Feddersen-Petersen, Dorit (1990): Verhaltensstörungen bei Hunden und ihre Ursachen in Zucht, Haltung und Dressur. Praktischer Tierarzt 71 (4), 18–28.

Feddersen-Petersen, Dorit (1994): Fortpflanzungsverhalten beim Hund. Gustav Fischer, Jena–Stuttgart.

Feddersen-Petersen, Dorit, und Ohl, Frauke (1995): Ausdrucksverhalten beim Hund. Gustav Fischer, Jena–Stuttgart.

Heider, G. (1992): Ethopathien. In: Heider, G., und Monreal, G.: Krankheiten des Wirtschaftsgeflügels. Bd. 2. Gustav Fischer, Jena – Stuttgart.

Hess, E. (1956): Space reception in chicks. Scient. Amer. 195, 71–80.

Holzapfel, M. (1938): Über Bewegungsstereotypien bei gehaltenen Säugern. Z. Tierpsychol. 2, 46–72.

Inhelder, E. (1962): Skizzen zu einer Verhaltenspathologie reaktiver Störungen bei Tieren. Schweiz. Arch. Neurol. Neurochir. Psychiatrie 89, 276–326.

Sambraus, H.H., und Sambraus, D. (1976): Beobachtungen an einem isoliert aufgezogenen Hahn. Arch. Geflügelkunde 40, 103–108.

Stauffacher, M. (1992): Grundlagen der Verhaltensontogenese – Ein Beitrag zur Genese von Verhaltensstörungen. Schweiz. Arch. Tierheilk. 134, 13–25.

Suzuki, S., Kikkawa, K., and Yamazaki, M. (1984): Abnormal behavioural effects elicited by a neurotropic mycotoxin, fumitremorgin A in mice. J. Pharm. Dyn. 7, 935–942.

Wechsler, B. (1993): Verhaltensstörungen und Wohlbefinden: ethologische Überlegungen. Tierhaltung 23, 50–64.

Wiepkema, P.R., Cronin, G.M., and van Rec, J.M. (1984): Stereotypies and Endorphins: Functional Significance of Developing Stereotypies in Tethered Sows. Proc. Int. Congr. Appl. Ethol. Farm Animals, Kiel, S. 93–96.

Neue Tendenzen in der Nutztierhaltung und der Tiergerechtheitsindex

H. BARTUSSEK

■ Einleitung

Das Ausmaß des praktischen Tierschutzes in der landwirtschaftlichen Nutztierhaltung hängt in erster Linie von der Art des Stallbaues und der Tierhaltungstechnik ab. Deshalb ist die in Europa etwa seit Mitte dieses Jahrhunderts zu beobachtende Entwicklung zur durchgängigen Rationalisierung, Spezialisierung, Intensivierung und Automatisierung der sogenannten *„Tierproduktion"* kritisch zu beurteilen (Bartussek, 1976). Sie ist dadurch gekennzeichnet, daß immer mehr Tiere auf immer engerem Raum mit immer weniger Betreuung durch den Menschen gehalten werden. Sie ging jahrzehntelang eindeutig zu Lasten der Tiere. Es wurde nicht nach den Bedürfnissen der Tiere gefragt, sondern nach den technischen Verfahren für eine immer noch perfektere Automation der Produktion mit mehr „output" pro eingesetzter Arbeitskraftstunde. Schäden an den Tieren fanden nur dort Berücksichtigung, wo sie offensichtlich den Produktionserfolg zu schmälern drohten. Mit der Autorität wissenschaftlicher Institutionen wurden Haltungssysteme oder Systemkomponenten als „tiergerecht" bezeichnet, die eine hohe tierische Leistung ermöglichen. Gegen diese einseitige, allein produktionsorientierte Sicht regte sich seit Beginn der 60er Jahre Widerstand von verschiedenen Seiten innerhalb und außerhalb der Landwirtschaft. Bielenberg (1963) war sicherlich einer der ersten Fachvertreter der Tierhaltung, der eine umfassende Kritik vorlegte. Die wichtigsten wissenschaftlichen Disziplinen zur Begründung einer solchen Kritik waren und sind die angewandte Nutztierethologie, Teilbereiche der Veterinärmedizin und die Ökosystemforschung.

In den letzten zwei Jahrzehnten haben das Verständnis für die Grundforderungen einer tiergerechten Nutztierhaltung und die Mitarbeit zahlreicher Fachdisziplinen und Persönlichkeiten an der Begründung der Anliegen, an der Entwicklung von Methoden und an der Umsetzung der Ergebnisse in die Praxis – vorerst in den 70er Jahren unscheinbar und langsam, in den 80er Jahren zunehmend deutlicher und rascher – zugenommen. Verfahrenstechnik, Beratung, Lehre, Praxis und zuletzt auch die Stallbauindustrie haben den Trend teilweise aufgegriffen und leisten Beiträge zur Umsetzung neuer Erkenntnisse. Hierbei zeichnen sich immer deutlicher drei Entwicklungsrichtungen ab:
- ■ Weitergehende Technisierung (und meistens auch Vergrößerung) bestehender Intensivbetriebe nach den alten, rein technokratischen Prinzipien der Rationalisierung und Intensivierung, gemäß den Kriterien der kurzfristigen, einzelbetrieblichen Ökonomie. Hierbei wird auf den jeweils letzten Stand der Verfahrenstechnik umgerüstet. Rücksichtnahme auf das Tier erfolgt höchstens in dem Maße, wie geltendes Tierschutzrecht dies zwingend vorschreibt (z.B. Umrüstung und

Aufstockung von Legehennenkäfigbatterien auf die neueste Technik mit Besatzdichte gemäß EG-Richtlinie).
- Verbesserung der Tiergerechtheit von Systemen unter Berücksichtigung ethologischer Erkenntnisse in dem Ausmaß, indem die Stallbautechnik und Stallbauindustrie dazu neue technische Verfahren anbieten, die ein verbessertes Managament und höhere Deckungsbeiträge ermöglichen (z.B. Gruppenhaltung von Kühen, Kälbern oder Sauen mit elektronischer Einzeltierfütterung).
- Entwicklung von tiergerechten Haltungssystemen aus dem natürlichen Ethogram der Arten heraus, mit an die Bedürfnisse der Tiere angepaßter Verfahrenstechnik und Abdeckung erhöhter Erzeugungskosten durch höhere Preise im Rahmen von Markenprogrammen (z.B. möblierter Familienstall für Schweine nach Stolba).

Einige Faktoren begünstigen ein Umschwenken von einer rein kurzfristigökonomisch ausgerichteten Zielsetzung auf industrieorientierte Intensivhaltung zu einer an den Bedürfnissen der Tiere orientierten, tiergerechten Haltung:
- die rasch zunehmenden Erkenntnisse der Nutztierethologie;
- das wachsende Bekenntnis verantwortlicher Stellen zu mehr Tierschutz in der Nutztierhaltung (z.B. Tierschutzübereinkommen des Europarates);
- die angestrebte Sicherung des Betriebseinkommens aus der Tierhaltung durch Senkung der Erzeugungskosten, wobei die Verbesserung der Tiergesundheit eine zentrale Rolle spielt;
- der auf den Betrieben lastende zunehmende Druck der Öffentlichkeit, Forderungen eines modernen Tierschutzes zu erfüllen;
- die neu entstehenden Markenprogramme auf dem tierischen Sektor, die alle auch mehr oder weniger deutlich mit einer tiergerechten Haltung werben.

Heute wird es nicht mehr viele maßgebliche Leute geben, die die grundsätzliche Forderung nach einer tiergerechten Haltung der Nutztiere ablehnen oder als überspitztes Verlangen militanter oder fanatischer Randgruppen bezeichnen. Allerdings ist nach wie vor der Begriff *„Tiergerechtheit"* je nach Standort und Interesse dessen, der dieses Wort gebraucht, mit sehr unterschiedlichen Inhalten gefüllt; ein Umstand, der in Agrarpolitik, Verwaltungspraxis (insbesondere Förderungspraxis), Lehre, Beratung und praktischer Tierhaltung zu beträchtlichen Meinungsverschiedenheiten, Unsicherheiten, ja Konflikten führt. Hier soll ein kleiner Beitrag zum besseren Verständnis dieser neuen Tendenzen vorgelegt werden, ohne daß auf die verschiedenen wissenschaftlichen Konzepte zur Definition von Begriffen wie „Wohlbefinden", „tiergerecht", „artgemäß", „verhaltensgerecht", „naturgemäß", „tierfreundlich", im englischen Sprachraum „animal well-being" oder „animal welfare" usw. eingegangen wird. Vielmehr soll mit sieben Thesen eine Position aufgzeigt werden, die rein pragmatisch in der Lage ist, die Entwicklung und Verbreitung einer tiergerechteren Nutztierhaltung in der Praxis zu fördern, den neuen Trend zu mehr Tiergerechtheit in der Tierhaltung zu stärken.

■ Thesen

These 1 (zu Abb. 1):
Tierschutzinteressen und ökonomische Interessen des Tierhalters stehen nicht im Widerspruch zueinander, solange die Verbesserung von Gesundheit und

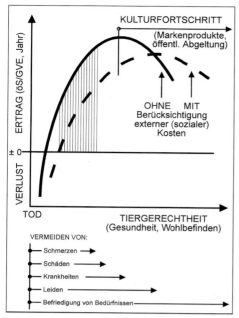

Abb. 1 Verlauf der Wirtschaflichkeit von haltungsbezogenen Tierschutzmaßnahmen im „Ertrags-Tiergerechtheits-Diagramm".

Wohlbefinden der Nutztiere zu einem Mehrertrag in der Erzeugung führt. Erst ab einem bestimmten Erfüllungsgrad der Verhaltensansprüche nimmt der Ertrag ab. Die Kurve aus Abb. 1 zeigt diesen allgemeinen Zusammenhang, dessen konkrete Ausprägung je nach Tierart und Nutzungsrichtung sehr verschieden sein kann. Auf der waagerechten Achse muß man sich ein Maß für Gesundheit und Wohlbefinden, kurz für die Tiergerechtheit des Haltungssystems, aufgetragen vorstellen (Vermeidung von Schmerzen, Schäden, Krankheiten und Leiden; Erfüllung von Verhaltensbedürfnissen). Nach rechts nimmt das Ausmaß an Tiergerechtheit zu. Die senkrechte Achse gibt ein Maß für den Ertrag aus der Tierhaltung an, und zwar für denjenigen Ertragsteil, der von der Haltung ahängig ist (wesentliche Anteile am Ertrag ergeben sich aus der Fütterung, aus der genetischen Basis [Tierzucht] und aus dem allgemeinen Herdenmanagement). Nach oben steigt der Ertrag an.

Bei schlechter Tierhaltung mit hoher Krankheitshäufigkeit und zahlreichen Tierschäden ist kein ausreichender Ertrag zu erzielen. Es werden sogar nicht selten Verluste „erwirtschaftet", die durch Raubbau (unbezahlte Arbeit, Abbau von Reserven) lange verdeckt bleiben können. Durch die Vermeidung von Schmerzen, Schäden, Krankheiten und Leiden der Tiere und durch die Befriedigung von Verhaltensbedürfnissen nimmt der Ertrag vorerst durch bessere Leistungen, geringere Ausfälle, weniger Tierarzt- und Medikamentenkosten, längere Nutzungsdauer usw. zu. Der größere Teil der Nutztierhaltungen sind im „Ertrags-Tiergerechtheits-Diagramm" im schraffierten Bereich anzusiedeln. Durch Mängel in der Haltungstechnik und im Management treten vermeidbare Beeinträchtigungen von Gesundheit und Wohlbefinden auf, die auch den Betriebsertrag schmälern. Bemühungen um eine Verbesserung dienen den Interessen des Tierschutzes ebenso wie denjenigen der Betriebsökonomie. Gemeinsame Bemühungen beider Interessensgruppen sind in diesem Bereich fachlich gerechtfertigt und dienen dem Abbau klischeehafter und falscher Feindbilder. Dies wäre eine notwendige Voraussetzung für den angestrebten Fortschritt.

Erst nach Überschreitung eines Punktes des maximalen Ertrages verschlechtert sich das Betriebsergebnis, weil bei weitergehender Berücksichtigung von Verhaltensansprüchen, die die Gesundheit nicht mehr verbessern oder die die Leistungsfähigkeit sogar verringern, gewisse variable Spezialkosten, Fixkosten und Arbeitskosten weiter ansteigen (z.B. durch Auslaufpflege, größeren Stallbau,

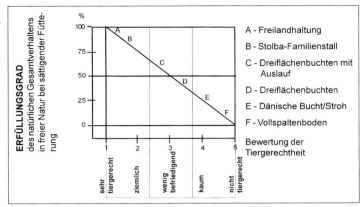

Abb. 2 Zum Begriff der Tiergerechtheit als Erfüllungsgrad des natürlichen Gesamtverhaltens am Beispiel der Haltung von Mastschweinen.

Aufwand für Einstreu) ohne daß die eigentliche Produktivität der Tiere (Fleischzuwachs, Eier, Milch usw.) zunimmt. Eine aus der ethischen Verpflichtung zur Erfüllung von Verhaltensansprüchen unserer leidensfähigen Mitgeschöpfe verursachte Verschlechterung der Wirtschaftlichkeit muß als Kosten des Kulturfortschrittes gewertet werden. Solche müssen von der ganzen Gesellschaft als Preis für die moralische Entwicklung getragen und können keinesfalls der Landwirtschaft aufgelastet werden.

Die Volkswirtschaftslehre kennt den Begriff der externen oder sozialen Kosten. Das sind die Kosten des Raubbaues an den Naturgütern (fossile Energie, reines Wasser, reine Luft, gesunder Boden, vielfältige Landschaft, Volksgesundheit durch gesunde Nahrung). Die tiefer verlaufende gestrichelte Kurve im Diagramm der Abb. 1 verdeutlicht den Ertrag bei Berücksichtigung dieser Kosten. Wenn z.B. bei einstreuloser Schweinehaltung Heizenergie in Form von Erdöl nötig ist, dann wird der einzelbetriebliche Ertrag durch Raubbau am Erdöl erzielt. Einstreu erhöht das Ausmaß an Tiergerechtheit und verringert gleichzeitig den Heizenergieaufwand, so daß dieses Haltungssystem auf der strichlierten Kurve weiter nach rechts und weiter nach oben rutscht. Wahrscheinlich liegt das Maximum dieser Kurve allgemein im Bereich höherer Tiergerechtheit. Umweltschutz, Nachhaltigkeitsprinzip und Tierschutz ergänzen sich in den meisten Fällen.

These 2 (zu Abb. 2):
Zahlreiche Konflikte zwischen Tierschutz und Landwirtschaft beruhen auf unterschiedlichen Inhalten des Begriffes „TIERGERECHTHEIT". Tierschützer berufen sich auf die Verhaltensforschung an in Freigehegen gehaltenen Haustieren und fordern eine weitgehende Erfüllung des dort beobachteten natürlichen Gesamtverhaltens. Für erfolgreiche spezialisierte Tierhalter sind hohe Leistungen und geringe Verluste – wie sie in heutigen Intensivsystemen bei bestem Management und optimaler Technik erzielbar sind – hinreichender Beleg für die Tiergerechtheit der Verfahren. Ersterer Standpunkt ist, gemessen an der heutigen Realität, als extrem zu bezeichnen, letzterer Standpunkt ist fachlich einfach falsch.

In Abb. 2 wird am Beispiel der Mastschweinehaltung die Tiergerechtheit nach dem Ausmaß der Erfüllung (oder Ermöglichung) des gesamten natürlichen Verhaltensinventars (senkrechte Achse) in fünf Stufen gemäß der österreichischen Schulnotenskala bewertet (waagrechte Achse). Die Note 1 (sehr gut tiergerecht) wird für ein System vergeben, in dem das Gesamtverhalten in normaler Ausprägung auftritt. Die Note 5 (nicht genügend tiergerecht) betrifft Systeme, in denen keine einzige Verhaltensweise artgemäß ablaufen kann. Auf der schräg verlaufenden Geraden zwischen 1 und 5 (100% und 0% Erfüllung des Verhaltens) sind mit Buchstaben gekennzeichnet bekannte Haltungssysteme eingetragen.

Die klassische Vollspaltenbodenbucht mit 0,66 m^2 Bodenfläche pro Endmasttier ermöglicht fast keine artgerechten Verhaltensweisen. Nicht einmal das Liegeverhalten ist in der Endmastphase bei warmer Witterung artgerecht möglich. Auf der anderen Seite des Spektrums liegt der „Stolba-Familienstall" (Wechsler et al., 1991). Trotz starker Verkleinerung und Vereinfachung der Umwelt im Vergleich zur echten Gehegehaltung – und bei hoher Produktivität (ca. 22 ausgemästete Schweine pro Sau und Jahr) – tritt fast das gesamte Verhaltensinventar in normaler Ausprägung auf. Betriebswirtschaftlich und verfahrenstechnisch sind bei diesem System aber noch etliche Fragen offen.

Zwischen diesen Extremen liegt die ganze Palette konventioneller und neu entwickelter Alternativen zur Vollspaltenbucht als eingestreute Ein-, Zwei- und Mehrflächenbuchten mit oder ohne Auslauf. Eine Zweiflächenbucht mit Einstreu im Liegebereich (E = dänische Bucht oder z.B. Schrägbodenbucht gemäß Bartussek et al., 1995) erhöht den Erfüllungsgrad des Verhaltens im Vergleich zum Vollspaltenboden ganz beträchtlich. Grob 25% Erfüllungsgrad ist zwei- bis dreimal größer als 5 bis 10% und bedeutet somit eine sehr starke Verbesserung. Gemessen am gesamten Verhaltensinventar sind aber auch 25% Erfüllung immer noch recht mager und entsprechen in der Notenskala nur einem „genügend". Man sieht: Was von der einen Seite aus als gewaltiger Fortschritt erscheint, kann der anderen Seite immer noch als viel zu wenig vorkommen. Die Verständigungsschwierigkeiten können nur durch das Gespräch überwunden werden. Dazu ist eine ausreichend tolerante Haltung auf allen Seiten nötig.

Viele Alternativen zu den gängigen und erprobten Intensivhaltungssystemen weisen noch verfahrenstechnische Mängel auf. Außerdem sind bei solchen Systemen die Ansprüche an die Betriebsleiterqualifikation bzw. an das Herdenmanagement beträchtlich höher, da das variable Verhalten der Tiere bzw. deren Verhaltensansprüche ein Faktor sind, über den in der Praxis häufig zu wenig Kenntnisse vorliegen. Vermehrte Anstrengungen in der Entwicklung, Beratung und Förderung von tiergerechteren Haltungssystemen sind ebenso notwendig wie die Schulung der Landwirte. Tierschutzvertretern hingegen muß klar gemacht werden, daß produktive Nutztierhaltung in den meisten Fällen mit Einschränkungen beim Verhalten der Tiere verbunden ist und daß solche Einschränkungen auch unter ethischen Gesichtspunkten möglich sind, wenn sie nicht zu Schäden an den Tieren und Verhaltensstörungen führen.

These 3:

In der ethologischen Theorienbildung und in der Interpretation von ethologischen Versuchsergebnissen gibt es – wie in jeder Wissenschaft – gravierende Meinungsunterschiede. Dies beruht auf den persönlichen Interessen, Werthaltungen und Weltanschauungen der beteiligten Forscher. Es ist sozialwissenschaftlich belegt, daß nur bei einem relativ kleinen Teil der Ethologen Werthaltungen vorliegen, wie sie dem Tierschutzgedanken zugrunde liegen (van Rooijen, 1989).

Den Aussagen dieser Gruppe von Nutztierethologen – sie sind in Mitteleuropa besonders in der IGN (Internationale Gesellschaft für Nutztierhaltung) vertreten – ist deshalb bei Tierschutzfragen wesentlich mehr Gewicht beizumessen als anderen. Keinesfalls kann das oft gehörte Argument akzeptiert werden, solange sich die Ethologen nicht einig seien, bräuchten auch Praxis und Politik nichts an den jetzigen Gegebenheiten ändern. Hinter einem solchen „Argument" verstecken sich meistens Interessen, die nicht im Sinne eines echten Fortschrittes des ethischen Tierschutzes sind.

These 4:
Aus den zahlreichen, wissenschaftlichen Arbeiten seit über 25 Jahren derjenigen Nutztierethologen, deren Werthaltungen mit denjenigen des Tierschutzes übereinstimmen, läßt sich ein Katalog von Mindestforderungen für eine tierschonende Nutztierhaltung ableiten:
- ausreichend Bewegungsraum (Kriterium: Bewegungsmöglichkeit),
- Laufstall- und Gruppenhaltung (Kriterium: Sozialkontakt),
- artspezifisch strukturierter Lebensraum (Kriterium: Raumstrukturbezug und Bodenbeschaffenheit),
- Einstreu wenigstens in Teilbereichen (artspezifisch unterschiedliche Begründung und Wichtung, Kriterium: Mindeststruktur, Bodenbeschaffenheit),
- Tageslicht (Auslauf, Fensterflächen, Beleuchtungsprogramme),
- Vermeidung von haltungsbedingten Schäden (Technopathien) und Verhaltensstörungen (Ethopathien),
- richtiger Umgang des Menschen mit dem Tier (Kriterium: Betreuungsintensität).

These 5:
Seit rund 25 Jahren existieren in Europa moderne Tierschutzgesetze, die gemäß ihren Grundsatzparagraphen das Nutztier aus ethischen Gründen um seiner selbst willen schützen. Dennoch blieb die Auswirkung der Gesetze auf die Situation der Nutztiere gering.

Diese Behauptung muß dahingehend differenziert werden, daß der unbestreitbare sektorale Fortschritt, wie er durch Forschung und besonders durch die Entwicklung der Elektronik in der Tierhaltung (z.B. Abrufütterung in der Sauen- und Kälberhaltung) zustande kam und auch der regionale Fortschritt in der Tiergerechtheit der Nutztierhaltung, wie er durch innovative Beratungsinstitutionen erreicht wurde, in keinem ausreichenden Verhältnis steht zum Erkenntniszuwachs der Nutztierethologie über die Verhaltensansprüche der Tiere in den vergangenen 25 Jahren.

These 6:
Hinter dem politischen Willen zur Erlassung moderner Tierschutzgesetze sind sehr verschiedene Motive zu orten. Sowohl demokratie- und rechtspolitisch als auch ethisch bedenklich ist das Motiv der „Alibifunktion" (die Praxis wird zwar nicht oder kaum verändert, aber man kann auf ein sehr fortschrittliches Tierschutzrecht pochen). Noch problematischer, ja verwerflich, ist die „Umkehrfunktion": In den Grundsatzparagraphen finden sich moderne und ethisch hehre Formulierungen, mit den Durchführungsverordnungen wird aber der Status quo legalisiert. Damit wird in Umkehrung der Sachverhalte eine tatsächlich nicht verhaltensgerechte Praxis

scheinbar als tiergerecht ausgewiesen, weil sie ja dem „strengen" Tierschutzgesetz entspricht. Diese Umkehrfunktion des Tierschutzrechtes wird bei einigen Markenprodukten bewußt oder unbewußt als Werbestrategie eingesetzt.

These 7:
Über das Tierschutzrecht kann ein Standard an Tiergerechtheit, der dem heutigen Kulturbewußtsein und den ethologischen Kenntnissen ausreichend entspricht und über die wirtschaftliche Verbesserung gemäß These 1 hinausgeht, offensichtlich nicht ausreichend durchgesetzt werden (dennoch dürfen die diesbezüglichen Bemühungen nicht nachlassen, und es muß ein langsamer, aber steter Fortschritt angestrebt werden). Zielführender sind Lenkungsmaßnahmen im Rahmen der freien Marktwirtschaft, die auf einen allmählichen Wandel des öffentlichen Bewußtseins und des Verbraucherverhaltens abzielen. Dieser „weiche" Weg des Kulturfortschrittes würde den Staat dazu verpflichten, die Förderung des Tierschutzgedankens in alle Bereiche des Aus- und Fortbildungswesens, der Forschung und Lehre, des Konsumentenschutzes einschließlich Werbung, der Landwirtschafts- und Handelsförderung und des eigenen Beschaffungs- und Wirtschaftswesens einfließen zu lassen. Besonders dringend wären folgende Maßnahmen:
- Definition und rechtlicher Schutz der Begriffe „aus tiergerechter Haltung" (hoher ethologischer Standard) und „aus tierschonender Haltung" (geringerer Standard, aber deutliche Verbesserung gegenüber der üblichen Intensivtierhaltung) mit hohen Konventionalstrafen für Etikettenschwindler.
- Einführung einer Deklarationspflicht nach obigen Begriffen für alle tierischen Produkte oder zumindest für den Bereich der definierten Qualitätsprodukte.
- Verbindliche Einführung eines Kontrollwesens (ISO 9000) zur Sicherstellung dieser Qualitätskriterien (Qualitätssicherungssysteme mit Zertifizierung).
- Förderung der Erzeugung, Vermarktung und Nachfrage von Produkten, die aus tiergerechter oder tierschonender Haltung stammen.
- Verbindliche Einführung des Gegenstandes „Tierschutz" in das allgemeine und höhere Schulwesen und in die universitäre Ausbildung der Tierärzte, Biologen und Landwirte.
- Einrichtung von Forschungs- und Prüfstellen für tiergerechte Nutztierhaltung mit „Prüfsiegel"- Vergabe für Haltungssysteme.
- Schaffung der rechtlichen Voraussetzungen für die Abnahme von Produkten aus tiergerechter Haltung durch das öffentliche Beschaffungswesen (Krankenhäuser, Kasernen, Internate, Schulen usw.), auch wenn diese Produkte teurer sind.

Es besteht kein Zweifel daran, daß die Nachfrage nach Produkten, die im Einklang mit der Natur und unter Beachtung des Tierschutzes erzeugt werden, immer größer wird.

Dazu ein Beispiel aus der Schweiz: Eine der großen Handelsketten (Coop-Schweiz) führte 1993 ein Programm für pflanzliche Bioprodukte sowie Milch, Fleisch und Eier aus der „kontrollierten Freilandhaltung" ein. Schon im Startjahr belief sich der Umsatz mit diesen Produkten auf 35 Millionen Schweizer Franken. Im Jahr 1994 wurde die Zielsetzung von 70 Millionen deutlich übertroffen. Coop rechnet damit, daß der Umsatz mit diesen Produkten bis 1998 auf mindestens 400 Millionen Franken gesteigert werden kann, was einem Anteil von 15 bis 20% am gesamten Lebensmittelumsatz entspricht (!). Coop stellt fest, daß der limitierende Faktor nicht die Nachfrage ist, sondern das ungenügende Angebot! Angebotslücken gibt es vor allem bei den tierischen Produkten, bei Milch und Fleisch (Wehrle, 1995).

Der Tiergerechtheitsindex TGI

Zur Beurteilung der Tiergerechtheit in der Praxis steht heute mit dem „Tiergerechtheitsindex (TGI)" ein praktikables Instrument zur Verfügung (Bartussek, 1985, 1988, 1990, 1991a, 1992; 1995a, b, 1996a, b, 1996a, b, c; Sundrum et al., 1994). Es handelt sich dabei um ein ganzheitliches Beurteilungssystem, das von der begründbaren Annahme eines „Gesamtbudgets" der Tiere ausgeht. Lebende Systeme besitzen eine Art Pufferfähigkeit, die einen gewissen Ausgleich zwischen belastenden und entlastenden Faktoren ermöglicht. Jeder Art steht für einen solchen Ausgleich, für eine derartige Kompensation negativer Effekte durch positive Wirkungen ein bestimmtes Gesamtpotential zur Verfügung. Dieses kann züchterisch angehoben werden (und hängt zudem von der Fütterung der Tiere ab). Die Belastung durch enge Stallverhältnisse oder gar durch Anbindung kann durch die Gewährung von Auslauf gemildert werden. Das selbe gilt für einen Lichtmangel im Stall. Eine ordentliche Stroheinstreu ersetzt andere Auslöser für die Befriedigung so mancher Verhaltensbedürfnisse, wie z.B. Beißen, Wühlen, Kauen, Nestbau, Scharren, Futtersuche, Erkundungs- und allgemein Beschäftigungsverhalten, hat eine große Bedeutung für die Thermoregulation und kompensiert manche Mängel in der Stallklimagestaltung.

Der Tiergerechtheitsindex TGI beurteilt Haltungssysteme mit Hilfe einer Struktur im Sinne dieser Idee des Gesamtbudgets. Beim ursprünglichen und in Österreich eingeführten TGI (Bartussek, 1995a,b; 1996 a,b) wird ein bestimmtes Haltungssystem in den fünf wichtigsten Einflußbereichen für das Wohlbefinden der Tiere, nämlich „Bewegungsmöglichkeit", „Sozialkontakt", „Bodenbeschaffenheit", „Licht und Luft (Stallklima)" sowie „Betreuungsintensität", auf der Grundlage von Erhebungstabellen mit einer Punktezahl bewertet. Die Einstufung ergibt in jedem Einflußbereich eine Bewertungszahl – je größer sie ist, umso mehr entspricht das System den Anforderungen von seiten der Tiere. Die Punkte der Einflußbereiche werden zu einer Gesamtsumme addiert, die den *TGI-Wert* darstellt.

Der TGI ist individuell und flexibel anwendbar, ermöglicht relativ schnell eine generelle Aussage über die allgemeine Tiergerechtheit einer Tierhaltung, die Aufdeckung von Schwachstellen im Haltungssystem sowie eine Grenzziehung für Markenprodukte. Freilich hört eine Kompensationsmöglichkeit zwischen den Bereichen dort auf, wo die Anpassungsfähigkeit des Tieres an allzu einschränkende oder gar schädigende Bedingungen überfordert wird. Dieser Tatsache wird im TGI-Konzept dadurch Rechnung getragen, daß bestimmte Mindestbedingungen nicht unterschritten werden dürfen. Wird eine oder werden mehrere dieser Mindestbedingungen nicht eingehalten, so kann zwar eine TGI-Zahl erhoben werden, doch gilt sie bei der Beurteilung nur mit Vorbehalt (TGI/V, V = Vorbehalt), also vorbehaltlich der Beseitigung des Mangels innerhalb einer angemessenen Frist.

In den ursprünglichen Fassungen (Bartussek, 1985, 1988, 1990) bestand das ganze System nur aus einer einzigen Tabelle mit fünf Spalten für die Einflußbereiche und sieben Zeilen für die Beurteilungsstufen. Die Bewertung konnte rasch erfolgen, doch war der Beurteilungsraster grob und somit sehr ungenau. Es wurden 1 bis 7 Punkte je Einflußbereich vergeben. Die Punktesumme lag demnach zwischen 5 und 35 Punkten. Im österreichischen Bundesland Vorarlberg wird der TGI seit 1992 in einer vereinfachten Form (fünf Beurteilungsstufen im Sinne der Schulnotenskala) beim Vollzug des Tierschutzgesetzes eingesetzt (Amt der Vorarlberger Landesregierung, 1992).

Das Verfahren wurde ursprünglich „Tiergerecht**igkeits**index – TGI" genannt. Die Ethologin Dr. Glarita Martin, Stuttgart, unterbreitete 1990 den Vorschlag, den Begriff „Tiergerecht**igkeits**index" durch „Tiergerecht**heits**index" zu ersetzen, denn sein Ziel muß es sein festzustellen, wie weit ein Haltungssystem den Ansprüchen der Tiere **gerecht** wird, wie weit es sich um ein tiergerechtes System handelt. Hingegen bedeutet der Begriff **Tiergerechtigkeit**, dem Tier Gerechtigkeit angedeihen zu lassen, eine Forderung, die über eine tiergerechte Haltung hinausgeht, Fütterung und Züchtung einschließt und sich schließlich auch der ethischen Frage widmet, wie weit eine Nutzung der Tiere überhaupt gehen darf und soll. Seit diesem berechtigten Hinweis wird der TGI als Tiergerechtheitsindex bezeichnet.

In einer Arbeitsgruppe, die im wesentlichen aus Vertretern der Institute für organischen Landbau der Universitäten Bonn, Gießen, Kassel-Witzenhausen, München, der AGÖL (Arbeitsgemeinschaft Ökologischer Landbau e.V., Darmstadt) und dem Verfasser bestand (aus der Arbeitsgruppe ging im Oktober 1991 die Gesellschaft für ökologische Tierhaltung – GÖT hervor), wurden Probeerhebungen mit der ursprünglichen TGI-Fassung in über 200 ökologisch wirtschaftenden Betrieben der Bundesländer Hessen, Nordrhein-Westfalen, Bayern und Steiermark durchgeführt. Das Prinzip wurde als brauchbar befunden (z.B. Sinreich, 1990), doch wurde die Notwendigkeit deutlich, für eine genauere Beurteilung eine ausführlichere Version zu entwickeln und die Anzahl zu erhebender Sachverhalte zu vergrößern. Auf neuen Vorschlägen mit derselben gedanklichen Grundlage (Bartussek, 1991b, c) aufbauend, wurde in mehreren Arbeitsschritten ein erweitertes System entwickelt. Die Beurteilung einer Tierhaltung erfolgte nach wie vor in den genannten fünf Einflußbereichen mit Punkten, wobei die insgesamt zu vergebende Punktesumme im Mittel etwa gleichblieb, doch wurden die Begutachtung und Bewertung innerhalb jedes einzelnen Einflußbereiches differenzierter durchgeführt, und es konnten auch Minuspunkte für sehr schlechte Bedingungen vergeben werden. Dadurch wurde das Erhebungsverfahren aufwendiger, aber auch wesentlich genauer, was das Ziel dieser Weiterentwicklung war. Auf diese Weise entstanden 1991 bis 1992 erweiterte TGIs für Rinder und Schweine. Mehrere Untersuchungen belegen ihre Brauchbarkeit und geben Anregungen für Verbesserung und Weiterentwicklung (Daase, 1992; Lotter, 1993; Gessl, 1994; Feyerlein, 1996; Missoni, 1996; Schatz, 1996). Der TGI-Rinder wurde veröffentlicht (Andersson et al., 1992). Gleichzeitig wurden auch die ursprünglichen Kurzfassungen weiterentwickelt (Anpassung an den Stand der Verfahrenstechnik, Angleichung des Einflußbereiches „Betreuungsintensität" an die Langfassung) und dieses Konzept als integrierenden Bestandteil in Vorschläge für Richtlinien zur Markenproduktion, für gesetzliche Abgrenzungskriterien der Begriffe „tierschonende" und „tiergerechte" Haltung und für die Förderungspraxis verwendet (BAL und BMfLuF, 1994; Schmid, 1995). Deshalb existieren nun zwei TGI-35-Versionen, die zur Unterscheidung mit den Buchstaben K für Kurzfassung (rasches Verfahren für Abgrenzung und Schnellkontrolle) und L für Langfassung (aufwendigeres Verfahren für Schulung, Beratung und genauere Kontrollen) bezeichnet sind. Nach den Ergebnissen von Missoni (1996) unterscheidet sich jedoch der Zeitaufwand für die Erhebung eines Betriebes bei der Kurz- und der Langfassung kaum, wenn man den Gesamtaufwand einschließlich Reisezeit bewertet. Deshalb hält es Missoni nicht für sinnvoll, auf den größeren Informationsgehalt der Langfassung zu verzichten. Tatsächlich hat auch die Kurzfassung – im Gegensatz zur Langfassung – bisher keine praktische Bedeutung erlangt. Da sich die Systeme entsprechend dem Erkenntnisstand weiterentwickeln, wird zur Kennzeichnung eines verwendeten TGIs auch die Jahreszahl beigefügt.

Die fünf Einflußbereiche des TGI-35 wurden 1993 im österreichischen Tierschutzrecht verankert (Bundesländervereinbarungen über den Schutz von Nutztieren in der Landwirtschaft vom 23.9.1993 und 9.11.1994), wobei diese Rechtsnorm expressis verbis davon ausgeht, Mindestbedingungen in diesen Einflußbereichen festzulegen.

Die oben erwähnte GÖT hat 1994 eine wesentlich veränderte Version des TGI herausgebracht (Sundrum et al., 1994). Hier ist die Anzahl der Beurteilungsbereiche vergrößert worden, sie sind nicht mehr primär verfahrens- und bautechnisch, sondern vor allem ethologisch-hygienisch ausgerichtet. Die maximale Punktesumme beträgt 200. Dieser TGI ist nach Feyerlein (1996) mit den beiden oben erwähnten Systemen mit einer Punktesumme von ca. 35 Punkten nicht mehr vergleichbar. Es existieren somit vier Typen von TGIs: TGI 5/92 (Vorarlberger TGI für Nutztiere und für Wildtiere in Zoos), TGI 35 K/1994 (für Rinder und Schweine), TGI 35 L/1995, 1996 (für Rinder, Legehennen, Mastschweine und Kälber) und TGI 200/1994 (für Rinder, Kälber, Schweine und Legehennen). Eine Untersuchung von Schatz (1996) zeigte, daß keinem der beiden Systeme eindeutig der Vorzug zu geben ist.

In Österreich wird der TGI 35L seit 1995 auf breiter Basis diskutiert und angewendet.

■ Die hier bestehende gesetzliche Regelung für den biologischen Landbau mußte mit dem Eintritt Österreichs in die Europäische Union 1995 an die Rechtslage der EU angepaßt werden. Die österrreichischen Vorschriften beinhalten auch Bedingungen für die Tierhaltung in Bio-Betrieben, während dies in der EU bisher (Mai 1997) noch nicht der Fall ist. Deshalb ist auf diesem Gebiet ein Alleingang Österreichs derzeit noch möglich. Zuständig für diese Regelungen ist die Codexkommission des Gesundheitsministeriums, die den „Lebensmittel-Codex" festlegt. Die Unterkommission „Biologischer Landbau" hat mit einstimmigem Beschluß vom 17.1.1995 festgelegt, den Tiergerechtheitsindex TGI-35 (in der genaueren Langfassung TGI 35 L/ jeweilige Jahreszehl) als offizielles Beurteilungssystem für den biologischen Landbau einzuführen. Die Codexkommission als eigentlich rechtsetzende Institution hat dies mit Beschluß vom 23.4.1995 bestätigt. Als Grenzwerte für Bio-Betriebe wurden folgende TGI-Punktesummen festgelegt: mindestens 21 Punkte für bestehende Stallungen und mehr als 24 Punkte für Um- und Neubauten.

Bartussek (1990) hat für die qualitative Beurteilung der TGI-Punktesummen beim TGI 35 folgende Abgrenzungen vorgeschlagen:

- bis 20 Punkte: nicht, kaum, wenig tiergerecht – entspricht der intensiven oder konventionellen Erzeugung;
- bis 24 Punkte: ziemlich tiergerecht – entspricht einer „tierschonenden" Haltung;
- bis 28 Punkte: tiergerecht – entspricht einer „tiergerechten" Haltung;
- mehr als 28 Punkte: sehr tiergerecht – entspricht einer sehr tiergerechten Haltung.

Mit der offiziell festgesetzten Grenze von mindestens 21 bzw. mehr als 24 TGI-Punkten durch die Codexkommission für den biologischen Landbau hat diese Einteilung in Österreich einen amtlichen Charakter erhalten. Längerfristig, vor allem bei Neubauten, sollte die akzeptierte Mindestpunktezahl angehoben werden. Im Jahr 1996 wurden 13085 vorwiegend rinderhaltende Betriebe mit Hilfe des TGI kontrolliert. Dazu wurden 176 Kontrollpersonen eingesetzt. Der zeitliche Aufwand beträgt rund 30 bis 40 Minuten pro Stalleinheit.

- Vier führende Tierschutzvereine haben eine gemeinsame "Kontrollstelle der Tierschutzorganisationen" eingerichtet, die auf der Grundlage des TGI 35 L für Legehennen bis Ende 1996 354 Bodenhaltungen und Freilandbetriebe mit insgesamt rund 280000 Hennen kontrolliert hat. Für die Vergabe des Logos "tierschutzgeprüft" müssen Bodenhaltungen mindestens 21 TGI-Punkte (tierschonend), Freilandhaltungen mehr als 28 Punkte (sehr tiergerecht) erzielen. Es laufen Bemühungen, auch andere Tierschutzorganisationen und sonstige Institutionen und Einrichtungen, die sich einer tiergerechten Nutztierhaltung im Sinne eines praktizierten Tierschutzes verpflichtet fühlen, dazu zu bringen, sich für ein einheitliches Beurteilungs- und Kontrollsystem für die landwirtschaftliche Nutztierhaltung auf der Basis des TGI 35 L einzusetzen und tierische Markenprodukte mit einem Prüfsiegel nur noch nach diesen einheitlichen Kriterien zuzulassen.
- Die österreichische Delegation im EU-Rat bemüht sich (1997) bei der Festlegung der Tierhaltungsrichtlinien für die ökologische Landwirtschaft um die Einführung eines ganzheitlichen, flexiblen Systems zur Bewertung der Tierhaltungen, das sowohl den vielfältigen Bedingungen in den unterschiedlichsten Regionen Europas gerecht wird als auch den Konsumentenerwartungen und dem Tierschutz in sachlicher Weise entgegenkommt. Der Tiergerechtheitsindex TGI könnte diesen Ansprüchen genügen.
- Das Bundesministerium für Land- und Forstwirtschaft hat im Juli 1996 für den Bereich Legehennen und Mastschweine den TGI 35 L als Beurteilungssystem für die Gewährung einer Investitionsförderung für die sogenannte "besonders tierfreundliche Haltung" eingeführt.
- Tierschutzrecht ist in Österreich gemäß der Bundesverfassung Landessache. Entsprechend der oben erwähnten Vereinbarung aller Bundesländer über gemeinsame Mindeststandards im Tierschutz für landwirtschaftliche Nutztiere waren die Länder verpflichtet, die Vereinbarung bis September 1996 in geltendes Landesrecht umzusetzen. Im Bundesland Salzburg wurde mit dem Salzburger Nutztierschutzgesetz vom 12. Dezember 1996 der TGI indirekt als Rechtsnorm eingeführt: In mehreren Paragraphen ist die Einhaltung eines „nutztierwissen-

schaftlichen Grundstandards an Tiergerechtheit" vorgeschrieben, der durch Verordnung festzulegen ist. In den offiziellen Erläuterungen zum Gesetz, Nr. 157 der Beilagen zum stenographischen Protokoll des Salzburger Landtages (4. Session der 11. Gesetzgebungsperiode), wird dazu auf den TGI 35 L verwiesen, und als Mindeststandard sind 16 TGI-Punkte festgelegt worden.

Nach dem Volksbegehren für ein bundeseinheitliches Tierschutzgesetz 1996, das von 460.000 österreichischen Wahlberechtigten unterschrieben worden ist, hat die Sozialdemokratische Partei Österreichs (SPÖ) zu einem Hearing im Parlament am 20. November 1996 einen Entwurf für ein Bundesgesetz zum Schutz von Tieren vorgelegt, das den Tiergerechtheitsindex TGI unmittelbar anspricht. § 14 (1) lautet: "Zur Gewährleistung der Tiergerechtheit der Haltung von Nutztieren hat der Bundesminister für Gesundheit und Konsumentenschutz unter Bedachtnahme auf die Zielsetzung (§ 1) und die Allgemeinen Bestimmungen dieses Gesetzes sowie den Stand der wissenschaftlichen Erkenntnisse und Erfahrungen durch Verordnung nähere Bestimmungen zu erlassen. Diese Verordnung hat Kriterien festzulegen, nach denen die für das Wohlbefinden der Tiere ausschlaggebenden Umstände, die Bewegungsmöglichkeit, Sozialkontakt, Bodenbeschaffenheit, Stallklima, Licht und Betreuungsintensität, in ihrer Gesamtheit und in ihrem Zusammenwirken bewertet werden. Die Bewertung erfolgt mit Hilfe eines Punktesystems, wobei umso mehr Punkte vergeben werden, je mehr die Tierhaltung den Bedürfnissen der Tiere entspricht. Die Punkteanzahl ist das Maß für die Tiergerechtheit der Tierhaltung (Tiergerechtheitsindex)." In § 17 finden sich die Bedingungen für ein gesetzlich geschütztes bundeseinheitliches Tierschutzsiegel. Auch hier wird der TGI als Bewertungssystem angeführt und bestimmt, daß eine vom Verordnungsgeber noch festzulegende höhere Mindestpunkteanzahl nach dem Tiergerechtheitsindex erreicht werden muß. Auf Grund des Koalitionsübereinkommens zwischen der Sozialdemokratischen Partei Österreichs (SPÖ) und der Österreichischen Volkspartei (ÖVP) vom 11.März1996 und der ablehnenden Haltung der ÖVP zu einem Bundestierschutzgesetz ist der Vorschlag der SPÖ bisher nicht umgesetzt worden.

■ Zusammenfassung

In letzter Zeit werden in Forschung, Entwicklung und Beratung – allerdings in national, regional und institutionell sehr unterschiedlichem Ausmaß – verstärkt Anstrengungen unternommen, das heutige ethologische Wissen um die Verhaltensansprüche der Nutztiere in Form von funktionstüchtigen tierschonenden oder tiergerechten Haltungssystemen in die Praxis umzusetzen. Damit versprechen sich umstellungswillige Landwirte, die die Schiene der üblichen Intensiv- und Massentierhaltung verlassen wollen, sowohl eine Verbesserung des Kosten-Nutzen-Verhältnisses ihrer tierischen Erzeugung als auch ein zukunftsorientiertes Ausweichen aus dem zunehmenden gesellschaftlichen Konflikt um den Tierschutz in der Nutztierhaltung. Dieser Tendenz kommt aber auch die wachsende Nachfrage nach Erzeugnissen aus einer naturnahen und tiergerechten Produktion entgegen. Sie übertrifft in manchen Sektoren das Angebot bei weitem. Ein wirkungsvoller Kulturfortschritt wird nur erzielt werden können, wenn die vielfältigen Mißverständnisse um den Begriff der Tiergerechtheit abgebaut werden, der Begriff im Sinne des Konsumentenschutzes festgelegt und rechtlich geschützt wird, und die öffentliche Hand im Rahmen der freien Marktwirtschaft und der nationalen Möglichkeiten aktive Eigenverantwortung wahrnimmt in allen ihr zustehenden Bereichen der Rechtsetzung und Förderung des Tierschutzgedankens. Mit dem Instrument „Tiergerechtheitsindex" (TGI) steht eine einfache und objektive

Methode zur Verfügung, Tierhaltungssysteme in der Praxis nach ihrer Tiergerechtheit zu beurteilen und einzustufen. Der TGI wird in Österreich auf breiter Basis in der Kontrolle des ökologischen Landbaues eingesetzt und findet auch in der neueren Diskussion zum Tierschutzrecht und in der Betriebsförderung Verwendung. Er könnte fester Bestandteil eines einheitlichen Marketings für tierische Erzeugnisse „aus tiergerechter Haltung" und auch Grundlage für einschlägige EU- Verordnungen werden.

Literatur

Andersson, R., Bartussek, H., Postler, G., und Sundrum, A.: TGI-Rinder 1992.
Tiergerechtheitsindex für Rinder, herausgegeben von GÖT, Möhrendorf 1992.
Amt der Vorarlberger Landesregierung, Veterinärabteilung: Der Tiergerechtheitsindex, Bregenz 1992.
BAL und BMfLuF (1994): Rahmenrichtlinie für österreichische Qualitätsprodukte tierischer Herkunft mit Prüfsiegel, Stand: 17.2.1994, Bundesanstalt für alpenländische Landwirtschaft (BAL) Gumpenstein und Bundesministerium für Land- und Forstwirtschaft, Wien, Manuskript, BAL Gumpenstein, A-8952 Irdning, 1994.
Bartussek, H.: Industrieorientierte Intensiv- und Massentierhaltung – Versuch eines Aufrisses der Gesamtproblematik. BVA Gumpenstein, Irdning, 1976.
Bartussek, H.: Vorschlag für eine Steiermärkische Intensivtierhaltungsverordnung. Der Österr. Freiberufstierarzt, Nr. 97/ 1985, S. 4–15
Bartussek, H.: Grundlagen einer naturgemäßen Tierhaltung. In: Haiger, A., Storhas, R., und Bartussek, H.: Naturgemäße Viehwirtschaft, Ulmer Verlag, Stuttgart, 1988, S. 147–161.
Bartussek, H.: Der Tiergerechtheitsindex. In: Bartussek, H., et al.: Naturnähe in der Veredelungswirtschaft – ein Definitionskonzept. Bericht über die 8. IGN-Tagung vom 22.–24.2.1990 an der LFS Schlierbach, BAL Gumpenstein, Irdning, 1990, S. 34–46.
Bartussek, H. (1991a): A Concept to Define Naturalness in Animal Production. In: Proceedings of the International Conference on Alternatives in Animal Husbandry, Witzenhausen, July 22–25, 1991, University of Kassel, pp. 309–319.
Bartussek, H. (1991b): Erweiterter TGI/1991 für Kühe, BAL Gumpenstein, Irdning, Manuskript unveröffentlicht.
Bartussek, H. (1991c): Erweiterter TGI/1991 für Schweine, BAL Gumpenstein, Irdning, Manuskript unveröffentlicht.
Bartussek, H. (1995a): Tiergerechtheitsindex für Legehennen, TGI 35/L 1995, Stand November 1995, Veröffentlichungen Nr. 25, Bundesanstalt für alpenländische Landwirtschaft (BAL) Gumpenstein, A-8952 Irdning, 1995.
Bartussek, H. (1995b): Tiergerechtheitsindex für Mastschweine, TGI 35/L 1995, Stand Dezember 1995, Veröffentlichungen der Bundesanstalt für alpenländische Landwirtschaft (BAL) Gumpenstein, A-8952 Irdning, 1995.
Bartussek, H. (1996a): Tiergerechtheitsindex für Rinder, TGI 35/L 1996, Stand Mai 1996, Veröffentlichungen der Bundesanstalt für alpenländische Landwirtschaft (BAL) Gumpenstein, A-8952 Irdning, 1996.
Bartussek, H. (1996b): Tiergerechtheitsindex für Kälber, TGI 35/L 1995, Stand Mai 1996, Veröffentlichungen der Bundesanstalt für alpenländische Landwirtschaft (BAL) Gumpenstein, A-8952 Irdning, 1996.
Bartussek, H. (1996c): Handbuch – Rinder – TGI 1996 – Anbindehaltung; Ergänzung zu den Anweisungen für die Anwendung. Manuskript, Bundesanstalt für alpenländische Landwirtschaft (BAL) Gumpenstein, A-8952 Irdning, 1996.
Bartussek, H., Hausleitner, A., Schauer, A., Steinwender, R., und Ubbelohde, J.: Schrägbodenbuchten für Mastschweine. Veröffentlichungen Nr. 23, Bundesanstalt für alpenländische Landwirtschaft (BAL), Gumpenstein, A-8952 Irdning, 1995.
Bielenberg, H.: Der Einfluß des Stalles auf die Schweinemast. Vet.-med. Diss., Tierärztliche Hochschule, Hannover, 1963.
Daase, I.: Überprüfung der Praktikabilität des Tiergerechtheitsindexes auf ökologisch wirtschaftenden Milchviehbetrieben in Nordrhein-Westfalen. Diplomarbeit an der Landwirtschaftlichen Fakultät der Universität Bonn, 1992 (unveröffentlicht).
Feyerlein, I.: Vergleich des Tiergerechtheitsindex (TGI) 200/1994 mit dem Tiergerechtheitsindex (TGI) 35L/1995 in Anbinde- und Laufställen für Milchkühe der Rasse Fleck-

vieh. Diplomarbeit an der Fachhochschule Weihenstephan, Abteilung Triesdorf, Fachbereich Landwirtschaft und Umweltsicherung, Fachgebiet Tierische Erzeugung (Prof.Dr.Willeke), Triesdorf 1996.

Gessl, R.: Beurteilung der Haltungsbedingungen von Rindern auf biologisch wirtschaftenden Betrieben Oberösterreichs nach dem Tiergerechtheitsindex TGI 35L/1992. Diplomarbeit am Institut für Nutztierwissenschaften der Univ. f. Bodenkultur, Wien, veröffentlicht unter dem Titel: Haltungsbedingungen von Rindern auf biologisch wirtschaftenden Betrieben in OÖ. Landtechnische Schriftenreihe Nr. 200, Österr. Kuratorium für Landtechnik, Wien 1994.

Lotter, M.: Der Tiergerechtheitsindex für Mastschweine. Diplomarbeit an der Fachhochschule Weihenstephan, Fachbereich Landwirtschaft I, Abt. Weihenstephan, Fachgebiet landwirtschaftliches Bauwesen (Prof.Dr.J.Eckl), 1993.

Missoni, F.: Erste praktische Erfahrungen mit dem TGI 35L/1995 – Mastschweine und dessen Vergleichbarkeit mit dem TGI 35K/1994. Diplomarbeit am Institut für Nutztierwissenschaften der Universität für Bodenkultur (o. Univ. Prof. Dr. A. Haiger), Wien 1996.

Schatz, P.: Beurteilung der Tiergerechtheit von Milchviehhaltungssystemen anhand zweier Tiergerechtheitsindices (TGI 35L/1995 und TGI 200/1994). Diplomarbeit am Institut für Land-, Umwelt- und Energietechnik der Universität für Bodenkultur (o. Univ. Prof. Dr. J. Boxberger), Wien 1996.

Schmid, E.: „Ländle" – Vorarlberger Programm zur Erhaltung des Arbeitsplatzes Bauernhof – Ein integriertes Förderungs-, Beratungs-, Qualitätssicherungs- und Marketingkonzept für die Vorarlberger Viehhalter auf einheitlicher Grundlage. Endbericht der Projektgruppe 1 der AGEX, Amt der Vorarlberger Landesregierung, Jänner 1995.

Sinreich, R.: Tierhaltung in ökologisch wirtschaftenden Betrieben Österreichs. Diplomarbeit an der Gesamthochschule Kassel, Fachbereich Landwirtschaft, Witzenhausen 1991.

Sundrum, A., Andersson, R., und Postler, G.: Tiergerechtheitsindex – 200 1994. Institut für Organischen Landbau, Bonn 1994.

Van Rooijen, J.: Backgrounds of Students of Behavior in Relation to their Attitude Toward Animal Well-Being. Journal of Agricultural Ethics, Volume 2, 1989, 3, pp. 235–240.

Wechsler, B., Schmid, H., und Moser, H.: Der Stolba-Familienstall für Hausschweine. Tierhaltung, Band 22, Birkhäuser Verlag, Basel, Boston, Berlin 1991.

Wehrle, F.: Bio-Produkte bei Coop unter Coop NATURAplan: Aspekte der Marktentwicklung. In: Freyer, B., und Lehmann, B.: Betriebswirtschaft im biologischen Landbau, Stiftung Ökologie und Landbau SÖL, Sonderausgabe Nr. 57, Bad Dürkheim 1995, S. 169–171.

Tiergesundheit als Indikator für Tiergerechtheit in der Nutztierhaltung

TH. BLAHA

Einleitung

In der Nutztierhaltung konzentriert sich das Augenmerk des Tierschutzes in aller Regel auf drei Bereiche: auf bestimmte *Haltungsformen*, auf den *Tiertransport* und auf die *Schlachtung*. Sieht man von der zwar oft sehr pauschalen, aber meist berechtigten Verurteilung bestimmter Haltungssysteme wie Käfighaltung, Anbindehaltung usw. ab, muß mit Erstaunen festgestellt werden, daß über die recht kurzen Episoden des Transportes und der Betäubung auf dem Schlachthof wesentlich intensiver diskutiert wird als über die unter Umständen sehr viel länger dauernden Leiden und Schmerzen der Tiere, wenn sie Haltungsbedingungen ausgesetzt sind, unter denen sie ständig krank werden, oder wenn sie zootechnischen Eingriffen unterworfen werden, durch die sie Leiden erfahren (Bollwahn und Burger, 1984; Heinritzi, 1994).

Der Begriff *Haltungsbedingungen* umfaßt in diesem Zusammenhang sehr viel mehr als nur die Haltungsform oder das Haltungssystem: Es handelt sich um die Gesamtheit aller biotischen und abiotischen sowie produktionsorganisatorischen Umweltfaktoren, denen die Tiere während ihres Lebens direkt oder indirekt ausgesetzt sind (Schulze, 1986; Marx, 1989). So kann ein Tierbestand durchaus in einem allgemein als tiergerecht anerkannten Haltungssystem untergebracht sein, aber dennoch permanent Leiden und Schmerzen erfahren, weil z.B. das Stallklima überhaupt nicht den Bedürfnissen der jeweiligen Tierspezies angepaßt ist und der Tierbestand daher in regelmäßigen Abständen z.B. an respiratorischen Erkrankungen leidet. Die ständige Behandlung dieser Erkrankungen oder gar ihre ständige „Unterdrückung" durch Dauermedikationen mit Antibiotika oder Chemotherapeutika ist nicht im geringsten geeignet, den Tieren ein Wohlbefinden zu garantieren, denn selbst wenn die fieberhafte Erkrankung gebannt oder verhindert wird, fühlt sich das Tier in dem nicht adäquaten Klima durchaus nicht wohl. Das gleiche gilt für einen Tierbestand, der in einem optimalen Stallklima gehalten wird, aber durch die ständige Zusammenführung von Tieren aus unterschiedlichen Beständen einem andauernden, durch das Abwehrsystem der Tiere nicht zu bewältigenden Infektionsdruck ausgesetzt ist (Blaha, 1995). Es bedarf keiner tiefgründigen Analyse und keiner experimentellen Beweise, um festzustellen, daß – ohne die Unterschiede in der Tiergerechtheit zwischen den einzelnen Aufstallungsformen in Frage stellen zu wollen und unabhängig vom Haltungssystem und von der Bestandsgröße – der Mensch, in dessen Obhut sich der jeweilige Tierbestand befindet, die Hauptdeterminante für das Wohlbefinden unserer Nutztiere ist (Gindele, 1996). Obwohl die Beurteilung des Wohlbefindens der Tiere unbestritten in hohem Maße subjektiv ist, gibt es sehr wohl objektive Parameter, die dem kritischen Beobachter signalisieren, ob sich die beobachteten Tiere in ihrer Umwelt wohlfühlen oder nicht.

Bewertung der Tiergerechtheit

Für die Bewertung der Tiergerechtheit gibt es praxisrelevante Testmethoden für die „Befragung" der Tiere nach ihren „Wünschen". Solche Befragungen können wissenschaftlich geplante und streng kontrollierte Verhaltensexperimente sein, die immer dann sinnvoll sind, wenn neue Haltungsmethoden auf ihre prinzipielle Tierschutzrelevanz zu prüfen sind. Nach den „Tierwünschen" oder besser gesagt, nach den täglichen Bedürfnissen seiner Tiere „fragt" aber auch jeder Tierhalter, der die Verantwortung für die von ihm gehaltenen Tiere ernst nimmt, entweder durch einfühlsame Beobachtung des Tierverhaltens oder durch das absichtliche „Ausprobieren" unterschiedlicher Angebote an seine Tiere, wie z.B. das Zurverfügungstellen verschiedener Spielzeugvarianten, um herauszufinden, mit welchen Gegenständen zum Beschäftigen der Tiere der Reizarmut bei der Stallhaltung am besten entgegenzuwirken ist (Hesse, 1996).

Diese Zuwendung zu den Tieren ist wiederum zunächst unabhängig von bestimmten Haltungsformen und Bestandsgrößen, was im einen Extrem bedeuten kann, daß eine besonders intensive Zuwendung trotz eines primär ungünstigen Haltungssystems den Tieren eine durchaus angenehme Umwelt beschert. Im anderen Extrem kann es bedeuten, daß Tiere in primär günstigen Haltungssystemen durch völlig fehlende Zuwendung durch den oder die betreuenden Menschen ein ganz und gar nicht tierartgerechtes Leben führen müssen.

Tiergesundheit und Tierschutz

Obwohl die Nutztiere in aller Regel in irgendeiner Form Besitz oder Eigentum von Menschen sind und sich Besitz und Eigentum eigentlich der Einflußnahme durch die Gesellschaft entziehen, besteht in vielen Ländern der Welt mehr oder weniger unangefochten ein Konsens darüber, daß das Tier zu schützen sei, da es sich nicht um eine Sache handelt, sondern um ein Mitgeschöpf, das Leiden und Schmerzen empfinden kann. Diese prinzipielle Feststellung zugrunde legend, kann folgende Maxime aufgestellt werden:

Das Halten von Tieren unter Bedingungen, unter denen sie ständig erkranken, d. h. ständig behandelt werden müssen, stellt einen tierschutzwidrigen (Straf-)Tatbestand dar.

Besteht dieser Tatbestand, so hat die Gesellschaft ebenso das Recht zum Einmischen wie bei tierquälerischen Tiertransporten oder bei anderen mehr spektakulären und mehr öffentlichkeitswirksamen Tierschutzverletzungen. Um sich aber im Interesse der Tiere einmischen zu können, bedarf es objektiver Indikatoren. Solche Indikatoren entstehen, wenn die *Tiergesundheit als ein objektivierbares Tiergerechtheitsmerkmal der Haltungsbedingungen definiert* wird. In diesem Zusammenhang ist es wichtig, daß die Definition des Begriffes Gesundheit der Weltgesundheitsorganisation (WHO) auch auf das Tier angewendet wird:

Gesundheit ist der Zustand der vollkommenen körperlichen, geistigen und sozialen Unversehrtheit und nicht nur das Fehlen von Krankheitssymptomen.

Unter Anwendung dieser Definition sind neben Anzeichen für wiederholt durchgemachte schwere Erkrankungen (postmortal feststellbare pathologisch-anatomische Veränderungen) dann auch Anzeichen für gestörtes Verhalten (Verletzungen durch Kannibalismus oder Kämpfe, die durch aggressionssteigernde Haltungsbedingungen wie Überbelegungen von Buchten u. a. hervorgerufen werden) sowie Anzeichen für Mißhandlungen durch den Menschen (Schlagstriemen, Amputationen ohne medizinische Indikation) Indikatoren für schwerwiegende Tiergesundheitsstörungen (Blaha und Blaha, 1995).

Qualitätssicherung und Tierschutz

Zur routinemäßigen Feststellung solcher Gesundheitsstörungen eignen sich in hervorragender Weise alle Produktionsstufen berücksichtigende **Qualitätssicherungssysteme**, in die die Tiergesundheit der lebensmittelliefernden Tiere als ein objektivierbares (semiquantifiziertes) Qualitätsmerkmal einbezogen wird (Großklaus, 1989; Blaha, 1993; Predoiu und Blaha, 1993).

Im folgenden soll die Qualitätssicherung anhand der *Schweinefleischerzeugung* erläutert werden:

Im Gegensatz zur Qualitätskontrolle, bei der am Ende eines Produktionsprozesses die Endprodukte nach Qualitätsklassen sortiert werden und mangelhafte Ware entweder verbilligt oder gar nicht abgesetzt werden kann, besteht das Prinzip der Qualitätssicherung in Einhaltung und Kontrolle qualitätsgarantierender Arbeitsweisen auf allen Stufen eines Produktionsprozesses. Je kostenintensiver und arbeitsteiliger ein Produktionsprozeß ist, desto unverzichtbarer ist die Vermeidung von Fehlern bei den einzelnen Produktionsstufen von Anfang an.

Die Schweinefleischerzeugung als hochgradig arbeitsteiliger Prozeß von der Basiszucht, Vermehrungszucht, Ferkelproduktion bis zur Mast und Schlachtung einschließlich der vor- und nachgelagerten Bereiche hat sich von der ausschließlichen Orientierung auf Produktion von Quantität nach dem 2. Weltkrieg nunmehr auf einen kunden- und qualitätsorientierten Fleischmarkt einzustellen. Die kundenorientierte Vermarktung des Fleisches sowie die Anforderungen des Verbrauchers verlangen durchgängige Hygiene- und Qualitätskonzepte. Angestrebt wird eine engere Bindung zwischen den Erzeugern von Schlachtschweinen und den Fleischgewinnungsbetrieben, um unterschiedliche Marktnachfragen ausgleichen zu können, aber auch um Qualitätssicherung auf allen Stufen des arbeitsteiligen Produktionsprozesses besser zu organisieren. Die wichtigste Maßnahme hierfür ist die Einhaltung von qualitätsgarantierenden Arbeitsweisen innerhalb jeder Produktionsstufe. Hierzu zählen neben der Hygiene auch die Erhaltung der Tiergesundheit und die Einhaltung des tierschutzgerechten Umganges mit den Tieren. Eine abschließende Zertifizierung zugesicherter Merkmale der Zwischenprodukte bei der Übergabe an die jeweils nächste Produktionsstufe entsprechend den international gültigen Normen für die Zertifizierung von Produktionsprozessen DIN ISO 9000-9004, die den Tierschutz ebenfalls garantiert, rundet dann das Bild ab.

Für alle erwarteten Qualitätsmerkmale von Schlachtschweinen (Idealgewicht bei gewünschter Zusammensetzung des Schlachtkörpers, Fleischbeschaffenheit, Unversehrtheit der Organe, einheitlich gewachsene Tiere, tiergerechte Haltung und tierschutzgerechte Behandlung) ist eine hohe Bestandsgesundheit in den

Herkunftsbetrieben eine der wichtigsten Voraussetzungen. Das Ziel der Qualitätssicherung auf der Ebene des Tierbestandes muß sein, mit gesunden Tieren so zu produzieren, daß die Anwendung von Arzneimitteln nur in einzelnen Erkrankungsfällen erforderlich ist und ständig daran gearbeitet wird, die Krankheitsursachen abzustellen.

Durchgängige Qualitätssicherungssysteme, also solche, die alle Stufen eines komplizierten arbeitsteiligen Produktionsprozesses wie die Schweinefleischerzeugung einbeziehen, lassen sich in der Regel nur „rückwärts" aufbauen. Dabei stellt die abnehmende Hand an die abgebende Hand Qualitätsanforderungen in bezug auf das zu übergebende Zwischenprodukt, und die abgebende Hand übernimmt gegenüber der abnehmenden Hand vorher vereinbarte *Qualitätsgarantien*. In zunehmendem Maße werden die Qualitätsanforderungen und die Qualitätsgarantien sogenannte *subjektive Qualitätsmerkmale* wie Tiergerechtheit der Haltungsbedingungen sowie schonender und humaner Umgang mit den Tieren ebenso enthalten wie die objektiven Qualitätskriterien Konsistenz, Nährstoffgehalt, Schmackhaftigkeit und Safthaltevermögen des Fleisches.

Die erste Aufgabe beim schrittweisen Aufbau eines durchgängigen Qualitätssicherungssystems von der Basiszucht bis hin zur Schlachtung ist die Schaffung einer integrierten Qualitätssicherung am Schlachthof. Die Datenerfassung, -verarbeitung und -auswertung zu allen Informationen, die den Produktionsprozeß betreffen und Auskunft über vorgelagerte Produktionsstufen geben können, stellen die Grundlage für das Qualitätsmanagement in der gesamten Produktionskette dar. Folgende Bereiche der Datenerfassung für eine effektive Qualitätssicherung haben sich bewährt:

1. Ante-mortem-Kriterien,
2. Hygiene und Technologie des Schlachtprozesses,
3. physikalisch-technische Parameter,
4. pathologisch-anatomische Veränderungen an Schlachtkörpern und Organen.

Davon sind in hohem Maße tierschutzrelevant die Ante-mortem-Kriterien als Indikatoren für den Umgang mit den Tieren vor der Schlachtung und die pathologisch-anatomischen Veränderungen als Indikatoren für den Tiergesundheitsstatus des Herkunftsbestandes (Blaha und Blaha, 1995).

Das Ziel der Datenerfassung und -verarbeitung zu den *Ante-mortem-Kriterien* ist es, Schwachstellen und Mängel beim Umgang mit den Tieren vor der Schlachtung bis zu ihrer Betäubung und Tötung zu erkennen, um sie umgehend abstellen bzw. vermeiden zu können. Hierbei geht es um:

– die Einhaltung der Nüchterung zur Reduzierung der Belastung der Tiere auf dem Transport und im Wartestall des Schlachthofes,
– tierschutzgerechte Verladung, Transporte und Entladung und
– die Minimierung von Verletzungsrisiken und Rangkämpfen während des Transports und in den Warteställen des Schlachthofes.

Die Datenerfassung zu den Ante-mortem-Kriterien erfolgt sinnvollerweise:
1. während der amtlichen Schlachttieruntersuchung und der Annahme der Tiere am Schlachthof:
   – Art der Ausrüstung und Beladung der Transportfahrzeuge,
   – Anzahl der während des Transports verendeten und verletzten Tiere,
   – Erschöpfungsgrad der Tiere und
   – Anzeichen für Kämpfe.
2. Nach dem Brühen und Entborsten der Tiere:

- Schlagstriemen,
- durch Kämpfe verursachte Hautveränderungen.
3. Bei der Entnahme des Darmpaketes:
- volle Mägen.

Das Ziel der Datenerfassung im Bereich pathologisch-anatomischer Organveränderungen ist die Gewinnung von Informationen zum Krankheitsgeschehen bzw. zur Tiergesundheit im Herkunftsbestand der Schlachttiere. Hierfür werden die Veränderungen erfaßt, die auf Erkrankungen während des Lebens der Tiere zurückzuführen sind (Done et al., 1964; Lindqvist, 1974; Aalund et al., 1976; Straw et al., 1986; Blaha, 1993). Gemeint sind hier nicht die ohnehin bei der amtlichen Fleischuntersuchung zu registrierenden Veränderungen wie Abszesse und andere herdförmige Abweichungen von der Norm, die zu Beanstandungen, zumindest aber zur vorläufigen Beschlagnahme führen. Vielmehr geht es hier um diejenigen Veränderungen von Organen, die bei der amtlichen Fleischuntersuchung zwar entfernt werden müssen, aber nicht zu Beanstandungen der verbleibenden Organe und des Schlachtkörpers führen. Diese zusätzlich zu erhebenden Befunde an den inneren Organen und Schlachtkörpern sind ohne personellen Mehraufwand relativ einfach am Fleischuntersuchungsband während der amtlichen Fleischuntersuchung zu erheben, wenn entsprechende Hardware für eine computergestützte Befunderhebung und -auswertung vorhanden ist (Blaha und Blaha, 1995).

Im einzelnen geht es bei den inneren Organen um:
1. Veränderungen der *Lunge*, die in geringgradig, mittelgradig und hochgradig unterteilt werden können,
2. Veränderungen des *Brustfells*, die ebenfalls in die drei Schweregrade wie die Lungenveränderungen eingeteilt werden können,
3. Veränderungen des *Herzbeutels* und
4. Veränderungen der *Leber*.

Beim Schlachtkörper geht es um lokale Veränderungen, die nach Entfernung keine Beanstandung des Schlachtkörpers nach sich ziehen, aber Auskunft über Gesundheitsbeeinträchtigungen vor der Schlachtung geben, wie:
1. Hautveränderungen, die auf Parasitenbefall schließen lassen (Haupt und Siebert, 1983);
2. Gelenkveränderungen an den distalen Gliedmaßen, die nach Entfernen die Tauglichkeit des Schlachtkörpers nicht beeinträchtigen (Geyer und Troxler, 1988);
3. Schleimbeutelentzündungen, Liegebeulen und Hautveränderungen, die sich entfernen lassen, aber Rückschlüsse auf Mängel bei der Haltung oder beim Transport der Tiere zulassen (Geyer und Troxler, 1988).

Alle wie oben beschrieben erfaßten Daten müssen mindestens einem Datum und einer Schlachtnummer zuzuordnen sein. Die Software für das Integrierte Qualitätssicherungssystem des betreffenden Schlachthofes muß die zunächst den einzelnen Tieren bzw. Schlachtkörpern zugeordneten Daten nach Einsendern (bei den Daten zu den Antemortem-Kriterien auch nach Anlieferern) zusammenfassen.

Die so vorliegenden Daten werden dann wie folgt verwendet:
1. Die Daten zu den Ante-mortem-Kriterien werden, solange sie nicht auf Mängel beim Treiben der Tiere auf dem Schlachthof hinweisen, an den Tierbesitzer bzw. den Tiertransporteur gemeldet. Diese werden hiermit in die Lage versetzt, die am Schlachthof festgestellten Mängel entweder bei der Verladung oder beim Transport selbst abzustellen.

2. Die Informationen über eine erhöhte Häufigkeit von vollen Mägen werden dem Tierhalter mitgeteilt, damit dieser Maßnahmen ergreifen kann, um sein System der Nüchterung der Tiere vor dem Transport zum Schlachthof verbessern zu können.
3. Die Daten zu den pathologisch-anatomischen Organveränderungen werden jedem Erzeuger zugeordnet, über längere Zeiträume zusammengefaßt und an den Tierbesitzer zurückgemeldet. So ist nicht nur eine Aussage zum jeweiligen Schlachtposten, sondern auch zur Tiergesundheit und damit zum Wohlbefinden der Tiere im Herkunftsbestand möglich.

Für vergleichende Auswertungen, z.B. über den Gesundheitsstatus in allen Anlieferbetrieben eines Schlachthofes, oder für die Fleischuntersuchungsstatistik sind die Angaben zum Tierbesitzer und zum Bestand prinzipiell zu anonymisieren.

Schlußbetrachtung

Das bereits erwähnte Mißtrauen der Verbraucher(innen) gegenüber Schweinefleisch ist unter der Bedingung, daß die Schlachttier- und Fleischuntersuchung seit vielen Jahrzehnten einen unschätzbaren Beitrag zum Verbraucherschutz leistet, zunächst verwunderlich. Bei genauerem Hinsehen stellt sich dann auch heraus, daß sich das Mißtrauen im Grunde genommen weniger auf die Produktion des Fleisches am Schlachthof und auf die weitere Verarbeitung bezieht, sondern mehr auf die Primärproduktion im landwirtschaftlichen Betrieb. Die größten Defizite bestehen dabei im zum Teil völlig undifferenzierten Umgang mit der Tiergesundheit, der unter anderem zu einem unvertretbar hohen Verbrauch an Antibiotika in unseren Tierbeständen geführt hat. Dies ist nicht etwa so, weil, wie vom Laien vermutet wird, der Masterfolg verbessert wird, sondern weil in vielen Fällen die produktionsorganisatorischen und hygienischen Bedingungen die ständige medikamentöse Bekämpfung infektiöser Erkrankungen erforderlich machen. Allerdings besteht bei vielen Anwendern von Antibiotika in der Tierproduktion nur ein schwach ausgeprägtes Problembewußtsein hinsichtlich der Verwendung dieser Medikamente und hinsichtlich der Tatsache, daß die immer wieder auftretende Erkrankung in erster Linie anzeigt, daß die Haltungsbedingungen nicht optimal sind. Es ist alarmierend, daß in der einschlägigen Literatur immer wieder Artikel erscheinen, die den Eindruck vermitteln, als ob der prophylaktische Einsatz von Antibiotika etwas völlig Normales sei. Hierzu muß eindeutig gesagt werden, daß vorbeugender Antibiotikaeinsatz und langzeitige Ganzbestandsbehandlungen mit Antibiotika eben nicht die Norm sein dürfen.

Die vielfältigen negativen Faktoren, die zu mittel- und hochgradigen Lungenveränderungen führen, verdeutlichen, daß sowohl aus wirtschaftlichen Gründen für den Landwirt, den Schlachthof und die fleischverarbeitende Industrie als auch aus Verbraucherschutzgründen zur Rückstandsvermeidung und Verbesserung der Lebensmittelhygiene sowie aus Tierschutzgründen (Krankheitsvermeidung und Streßreduzierung) die Häufigkeit von pathologisch-anatomischen Veränderungen der Schlachttiere dringend verringert werden muß.

Werden im Rahmen von durchgängigen Qualitätssicherungssystemen die Daten zu den Ante-mortem-Kriterien und zu den pathologisch-anatomischen

Veränderungen routinemäßig erfaßt und ausgewertet, erhält man sehr schnell ein permanentes Informationsinstrument, mit dem Tierschutzdefizite und Tierschutzverstöße in den Herkunftsbetrieben und während der Behandlung der Tiere vor der Schlachtung offengelegt werden. In der Regel werden die Rückinformationen an den Verursacher der Mängel und die Beratung zu ihrer Beseitigung eine deutliche Verbesserung der Zustände zur Folge haben; wo das nicht der Fall ist, kann die zuständige Behörde eingeschaltet werden, die durch die beschriebene Datenerfassung eine objektive Handlungsgrundlage erhält und sogar ohne ständige „Vor-Ort-Besuche" überwachen kann, ob die erteilten Auflagen eingehalten werden.

Literatur

Aalund, O., Willeberg, P., and Riemann, H. (1976): Lung lesions at slaughter: Association to factors in the pig herd. Nord. Vet. Med. 20, 487–495.

Blaha, Th. (1993): Die Erfassung pathologisch-anatomischer Organbefunde am Schlachthof. 1. Ansatz zu neuen Wegen bei der Wahrnehmung der Verantwortung für Verbraucherschutz und Tiergesundheit. Fleischwirtschaft 73, 877–881.

Blaha, Th. (1995): Gegenwärtiger Stand und Zielsetzung der tierärztlichen präventiven Bestandsbetreuung von Schweinebeständen in Deutschland. collegium veterinarium XXV, 63–65.

Blaha, Th., und Blaha, M.-L. (1995): Qualitätssicherung in der Schweinefleischerzeugung. Tierärztliche Bestandsbetreuung – Tiergesundheit – Tierschutz. Gustav Fischer Verlag, Jena – Stuttgart.

Bollwahn, W., und Burger, A. (1984): Beitrag zur pathogenetischen Bedeutung zootechnischer Eingriffe beim Ferkel. Praktischer Tierarzt 65, 1087–1089.

Done, J. D., Richardson, M. D., and Herbert, G. N. (1964): Animal Disease Survey. No. 3. MAFF, UK.

Geyer, H., und Troxler, J. (1988): Klauenerkrankungen als Folge von Stallbodenmängeln. Tierärztl. Prax. Suppl. 3, 48–54.

Gindele, H. (1996): Gesundheitliche Probleme wie Atemwegserkrankungen, Lahmheiten, MMA und Verhaltensstörungen. Tagungsband der Evangelischen Akademie Bad Boll zur Fachtagung „Verwirklichung des Tierschutzes in der ‚Nutz'-tierhaltung – eine gemeinsame Aufgabe von Landwirtschaft und Tiermedizin", 1. bis 3. März 1996.

Großklaus, D. (1989): Gesunde Tiere – Sichere Lebensmittel – Gesunde Verbraucher. Fleischwirtschaft 66, 1318–1328.

Haupt, W., und Siebert, W. (1983): Untersuchungen zur Lebensdauer von Grabmilben und deren Entwicklungsstadien in Hautgeschabseln von Schweinen unter verschiedenen Umweltbedingungen. Arch. exper. Vet. med. 37, 623–628.

Heinritzi, K. (1994): Tierschutz im Warte- und Abferkelstall. Praktischer Tierarzt 75, 860–867.

Hesse, D. (1996): Möglichkeiten der Schweinehaltung unter ethologischen Aspekten. Tagungsband der Evangelischen Akademie Bad Boll zur Fachtagung „Verwirklichung des Tierschutzes in der ‚Nutz'-tierhaltung – eine gemeinsame Aufgabe von Landwirtschaft und Tiermedizin", 1. bis 3. März 1996.

Lindqvist, J. O. (1974): Animal health and environment in fattening pigs: A study of disease incidence in relation to certain environmental factors, daily weight gain and carcass classification. Acta Vet. Scand. 51, 1–78.

Marx, D. (1989): Tierschützerische Aspekte bei der Aufzucht von Schweinen. Vet. 4, 10–14.

Predoiu, J., und Blaha, Th. (1993): Die Erfassung pathologisch-anatomischer Organbefunde am Schlachthof. 2. Einbeziehung der Organbefunde in ein etabliertes IQS. Fleischwirtschaft 73, 1183–1186.

Schulze, W. (1986): Tierschutz – Selbstverständlichkeit oder Problem? Praktischer Tierarzt 67, 461–465.

Straw, B. W., Baeckstrom, L., and Leman, A. D. (1986): Examination of swine at slaughter. Part II. Findings at slaughter and their significance. Compendium of Contin. Educ. Pract. Vet. 8, 106–112.

Die Arbeit der Tierschutzorganisationen

H.-P. HAERING

Möglichkeiten und Grenzen privater Tierschutzorganisationen

In diesem Beitrag sollen die Möglichkeiten, aber auch die Grenzen der Tätigkeit von privaten Tierschutzorganisationen auf regionaler, nationaler und internationaler Ebene aufgezeigt werden. Das Bibelwort „Seid fruchtbar und mehret Euch und füllet die Erde und machet sie Euch untertan und herrschet über die Fische im Meer, über die Vögel unter dem Himmel und über alles Getier, das auf Erden kriecht" – dieses Wort ist heute in erschreckendem Umfang erfüllt.

„Der Geist, den es zum schrankenlosen Erkennen drängt, hat sich durch Jahrhunderte des Kampfes gegen die christliche Kirche befreit. Und heute, nachdem sich sein gefährlichstes Erzeugnis, die Technik, über die ganze Erde hin verbreitet hat, muß dieser entfesselte Geist selbst zur Umkehr mahnen und Grenzen für die Auswirkungen seines Forschens suchen" (Adolf Portmann, 1974). Der berühmte Basler Zoologe, Naturforscher und Philosoph Adolf Portmann hat schon vor mehr als 20 Jahren erkannt, daß dem Verfügen des Menschen über die Tiere, die Natur, d.h. über ganze Lebenssysteme, Grenzen gesetzt werden müssen. Er ruft in seinen Publikationen zum Kampf gegen die Entwicklung einer Biotechnologie auf, die dabei ist, zu einer herrschenden Weltmacht zu werden. Ist sie dies in den vergangenen 20 Jahren schon geworden? Wird es uns gelingen, die Biochemiker und Genetiker daran zu hindern, *alles* Machbare auch zu tun? Bereits haben USA-Pharmafirmen über 350 Milliarden Dollar in die Gentechnologie, die Technologie der Zukunft, gesteckt. Wo bleibt die „Ehrfurcht vor dem Leben"? Wir wollen alles beherrschen und das Letzte ergründen. Staunen und Stillsein vor dem Wunder der Natur sind uns abhanden gekommen. Wir überschreiten bereits Grenzen ins Ungesicherte. Was sind die Folgen? Sind wir Menschen, als „Krone der Schöpfung", nicht gerade dabei, eine Querschnittslähmung durch die ganze Evolution auszulösen? Die große Schuld, die wir uns aufgeladen haben, ist nicht der Wissenschaft anzulasten. Wohl ist sie die Voraussetzung und das Instrument der Technik, ihr Werk leistet sie aber im Rahmen einer von uns mitgetragenen Sozialstruktur. Wir, als Gesellschaft, sind als Ganzes verantwortlich. Wir sind wiederum in zahlreichen politischen Gruppierungen gefangen, und es ist deshalb außerordentlich schwer, die Verantwortlichen zu eruieren, die über die nötigen Machtmittel verfügen, in den verhängnisvollen Gang der Dinge einzugreifen. Aber wir müssen es tun. Es bleibt uns nicht mehr viel Zeit dazu.

Der private Tierschutz versuchte in den letzten Jahren mit wachsendem Erfolg, auf regionaler, nationaler und internationaler Ebene in den außerordentlich vielfältigen Sparten seiner Tätigkeit zu dieser Trendwende beizutragen.

Durch den regionalen und nationalen Tierschutz sind europaweit mit Hilfe der Behörden und verantwortungsvoller Politiker in den letzten 15 Jahren einige nennenswerte und wichtige Verbesserungen des Status der Tiere realisiert worden. Die Schweiz hat sich ein Tierschutzgesetz gegeben, das auch aus europäischer und internationaler Sicht als progressiv und wegweisend bezeichnet werden kann. Es enthält unter anderem das weltweit erste Verbot der üblichen Käfighaltung von Legehennen und die Einführung eines Prüf- und Bewilligungsverfahrens für den Verkauf von Aufstallungssystemen und Stalleinrichtungen für Nutztiere. Zudem steht eine markante Revision dieser Gesetzgebung vor der Tür, die verschiedene Belange weiter verschärfen und verbessern wird. Sehr fortschrittlich ist auch das deutsche Tierschutzgesetz, dessen erneute Revision ebenfalls bevorsteht. Veränderungen sind, aus Erfahrung, nicht nur mit Eingaben und politischem Engagement möglich, sie benötigen die Mitarbeit und das Mitdenken der gesamten Bevölkerung, was oft etwas despektierlich „der Druck der Straße" genannt wird. Diesen Druck zu erzeugen, ist eine der Aufgaben der lokalen und nationalen Tierschutzorganisationen. Sogar extreme Gruppierungen, wie es sie überall gibt, helfen gelegentlich mit, Verbesserungen zu erreichen. Sinnlose und wenig durchdachte Aktionen von sogenannten Fundamentalisten haben allerdings oft eine kontraproduktive Wirkung. Seriös arbeitende Tierschutzorganisationen werden nicht selten durch derartiges Handeln in dieselbe Ecke positioniert, und jahrelange Aufbauarbeit wird dadurch beinahe zunichte gemacht.

Ein weiterer Faktor, der dem Tierschutzgedanken sehr abträglich ist, sind, oft sogar mit teuren gerichtlichen Auseinandersetzungen verbundene, Diadochenkämpfe unter Tierschutzorganisationen. Sie verunsichern die Beiträge zahlenden Mitglieder und das allgemeine Publikum, das einem sinnvollen und machbaren Tierschutz zugeneigt ist. Die Presse und die Massenmedien stürzen sich genüßlich auf solche Vorkommnisse und fügen der Arbeit für das Tier und den Tierschutzorganisationen großen Schaden zu. Die „Gegenseite" belächelt derartige Situationen und nützt sie umgehend aus mit der Bemerkung, diesem sogenannten Tierschutz gehe es nur um Macht und Ansehen, er sei keineswegs kompetent, Verbesserungen vorzuschlagen und uneinsichtige Tiernutzer anzuprangern, zur Rechenschaft zu ziehen.

Leider bestehen in verschiedenen Ländern *mehrere* nationale Tierschutzorganisationen, d.h., man spricht leider nicht „mit einer Tierschutzstimme". Für Regierungen und Behörden ist es daher bequem zu argumentieren, man wisse nicht, welche Meinung zu einer Sachfrage nun gelte, vor allem wenn sich die verschiedenen Organisationen in Auslassungen zu Tierschutzproblemen noch widersprüchlich äußern. Jegliche Zersplitterung innerhalb des Tierschutzes schadet der Arbeit und Glaubwürdigkeit ungemein.

Regionale Tierschutzvereine haben eine außerordentliche Arbeit zu leisten. Sie sind, sofern sie sinnvollen und machbaren Tierschutz anstreben, wichtige Partner der lokalen Behörden. Ihre Informationstätigkeit durch Broschüren, Jahresberichte und eigene Publikationsorgane helfen mit, aufklärend und beratend vor allem zur Heimtier- und Nutztierhaltung auf das Publikum einzuwirken. Aktionen zur Kastration und Sterilisation ermöglichen es, gezielt und erfolgreich gegen Überpopulationen von Hunden und Katzen vorzugehen. Viele Tierschutzvereine betreiben mit großem finanziellem Aufwand Tierheime, die sich um Findel-, Verzicht- und Pensionstiere kümmern und damit den Behörden eine große Last abnehmen. Ebenso werden gemeldete Tierquälereifälle mit großer Sachkenntnis abgeklärt und nötigenfalls zur Anzeige gebracht. Eine wichtige Sparte der lokalen Tierschutztätigkeit ist der intensive Kontakt mit Schule (Biologielehrer) und Presse. Regelmäßige Veranstaltungen mit Vortragsreihen und Exkursionen helfen mit, die Bevölkerung im Tätigkeitsgebiet des Tierschutzvereins auf die Arbeit und die Ziele des Tierschutzes auf dem laufenden zu halten und dafür auch die nötigen Mittel aufzutreiben.

Leider wird in vielen lokalen und nationalen Tierschutzorganisationen aus verschiedenen Gründen noch immer nicht professionell gearbeitet. Die „Gegenseite", d.h. die Tiernutzer, sind längst zur Professionalität übergegangen, und so sitzen wir Tierschützer oft am kürzeren Hebel und haben große Mühe, unsere Anliegen bekanntzumachen und durchzusetzen. Um die öffentliche Aufmerksamkeit und dadurch auch Geldmittel zu erhalten, benötigen Tierschutzorganisationen hochentwickelte Marketing-Techniken, welche Informationskampagnen und Tierschutzaktionen erfolgreich, wie irgendein Produkt des täglichen Lebens, verkaufen können. Dies wiederum bedingt, daß innerhalb der Tierschutzorganisationen Arbeitsgruppen mit Fachexperten zur Verfügung stehen, die Tierschutzproblemkreise eingehend bearbeiten und wissenschaftlich abstützen und damit den Public-Relations- und Marketing-Spezialisten die nötigen fachlichen Unterlagen liefern.

Wissenschaftlicher Tierschutz ist auf allen Ebenen unabdingbar, vor allem in den folgenden Bereichen: Nutztier-, Heimtier-, Wildtierhaltung, Jagd, Fischerei, Erziehung, Zirkus, Zoo, Tierversuche und Biotechnologie. Nur so werden Tierschutzorganisationen und ihre Arbeit ernst genommen und auch von den Behörden und zuständigen staatlichen Stellen akzeptiert. Selbstverständlich darf bei all diesen Aktivitäten der emotionale Aspekt nicht vergessen werden, er darf aber nicht als alleiniges Argument für Tierschutz verwendet werden. Reger Medienkontakt und regelmäßige, seriöse Informationen der Presse sind unabdingbar. Es ist die Pflicht aller Tierschutzorganisationen, auf allen möglichen Kanälen die Bevölkerung unentwegt und mit allen Mitteln auf die wichtigen Anliegen des Tierschutzes aufmerksam zu machen.

Im Rahmen dieses Beitrages lassen sich gewisse Punkte nur stichwortartig anführen. Nachfolgend, jedoch nicht abschließend, sollen einige wichtig erscheinende Probleme kurz angedeutet werden:

– **Einbezug der Jugend in die Tierschutzarbeit**: Jugendtierschutzarbeit ist Arbeit für die Zukunft. Jugendgruppen, Jugendferienlagern und der Erziehung der Jugend zum Tierschutz ist hohe Priorität einzuräumen.
– **Erneuern und Verjüngen der Vereins- und Verbandsvorstände**: Viele Tierschutz-Vorstände sind überaltert und benötigen Blutauffrischung. Lassen Sie junge Leute in Ihrer Vereinsleitung mitarbeiten und Projekte ausarbeiten (Planung von Tierheimen, Leiten von Jugendgruppen, Sammeln von finanziellen Mitteln, Sponsoring etc.)!
– **Einsetzen von Arbeitsgruppen und Fachkommissionen**: siehe weiter oben den Hinweis auf PR und Marketing (wissenschaftlicher Tierschutz).

- **Zusammenarbeit mit gleichgesinnten Organisationen**: Kontaktsuche zu anderen Tierschutzvereinigungen sowie Naturschutz, WWF, Greenpeace, Umweltschutz, Vogelschutz und ähnlichen Organisationen sowohl auf lokaler als auch nationaler Ebene. Enge Zusammenarbeit und gegenseitige Unterstützung der Anliegen (Unterschriftensammlung, Initiativen, Eingabe an Behörden etc.).

Wie in der Einleitung erwähnt, ist Tierschutz ohne Natur- und Umweltschutz heute undenkbar (Biotopschutz, Landwirtschaft, biologischer Landbau, nachhaltige Nutzung von Ressourcen etc.).

Tierschutz-Ethik und Behörden

Daß sich, als Novum, in der Schweiz Behörden (Ständerats-Kommission im Parlament, 1993) weitgehend aus eigenem Antrieb umfassend mit Tierschutzproblemen beschäftigen und sogar einen markanten, umfangreichen Bericht über „Vollzugsprobleme im Tierschutz" verfassen und herausgeben, wäre noch vor einigen Jahren undenkbar gewesen. Diese Ständerats-Kommission überprüfte nicht nur die Realisierung der in Gesetz, Verordnung und Richtlinien vorgesehenen Vorschriften in der Praxis, sondern sie nahm die vollständige Konzeption des Vollzugs unter die Lupe. Auch Fragen der Tierethik wurden behandelt: „Die neue Tierethik, von der das Tierschutzgesetz ausgeht, achtet die Tiere als Lebewesen. Massstab für den Umgang der Menschen mit Tieren muß deren Wohlbefinden sein. Die wirtschaftlichen Folgen des Tierschutzes sind erheblich – sie dürfen jedoch nicht als Hindernis gewertet werden, sondern als Problem, das gelöst werden muss." Zu diesem Bericht mußte in der Folge auch die hohe Schweizer Landesregierung Stellung nehmen und sich demzufolge zu zahlreichen Tierschutzproblemen im einzelnen äußern und Empfehlungen abgeben. Trotz der gegenwärtigen prekären finanziellen Verhältnisse von Bund, Kantonen und Gemeinden wird von den Behörden nach Möglichkeiten gesucht, um die Vorschläge der erwähnten Ständerats-Kommission zu realisieren.

Ein derartiges Interesse der Behörden anzuregen und an der Findung von Lösungsmöglichkeiten aktiv mitzuarbeiten, scheint eine wichtige Möglichkeit für private, nationale Tierschutzorganisationen zu sein, die damit aber auch an gewisse Grenzen stoßen. Derartige Erfolge sind aber nur erreichbar, wenn Tierschutz auf realistischer und sinnvoller Basis betrieben wird und wenn nicht nur Falsches angeprangert, sondern auch zur Lösung der Probleme beigetragen wird.

Internationale Tierschutzarbeit

Glücklicherweise kann vom internationalen Tierschutz und seinen Möglichkeiten nur außerordentlich Positives berichtet werden. Der internationale Tierschutz ist seit einigen Jahrzehnten aktiv und hat vor allem in den letzten Jahren weltweit an Bedeutung und Ansehen gewonnen.

In Europa sind in allen Mitgliedstaaten der Europäischen Union (EU) nationale Tierschutzorganisationen tätig und in der Eurogroup for Animal Welfare in Brüssel vereinigt (die Schweiz und die meisten europäischen Länder, die nicht der EU angehören, sind als Beobachter zu allen Sitzungen eingeladen). Die **Eurogroup für Tierschutz** ist eine sehr aktive Tierschutzlobby-Organisation, die der EU vollumfänglich für alle Tierschutzfragen zur Verfügung steht. Ein eigenes parlamentarisches Sekretariat ist für den direkten Kontakt mit den Politikern verantwortlich und steht allen Einrichtungen und Parlamentariern jederzeit zur Verfügung (der Schweizer Tierschutz STS hat seinerzeit dieses Sekretariat initiiert und auch jahrelang für die Finanzierung gesorgt, bis diese, in Erkenntnis der Wichtigkeit dieser Institution, durch die EU selber übernommen werden konnte).

Die Eurogroup wird seit Jahren vornehmlich durch Tierschutzorganisationen aus Nord-, Mittel- und Westeuropa getragen, von Ländern also, in denen der Tierschutz auf eine alte Tradition zurückblicken kann. Hier wäre vor allem die herausragende, älteste englische Tierschutzorganisation, die Royal Society for the Prevention of Cruelty to Animals (RSPCA) zu nennen (gegründet 1824). England gilt ja als Mutterland des organisierten Tierschutzes. Aber auch alle anderen Länder, wo Tierschutz oft auf kargem Boden wächst, wie Italien, Griechenland, Spanien etc., leisten in diesem Rahmen und unterstützt durch die Eurogroup große Tierschutzarbeit. Innerhalb der EU ist die Eurogroup nicht mehr wegzudenken. Die Eurogroup gibt das Periodikum „Euro Bulletin" heraus.

Die enge Zusammenarbeit mit der World Society for the Protection of Animals (WSPA), der Welttierschutzgesellschaft, ist gewährleistet, nehmen doch Repräsentanten der WSPA an allen Sitzungen und Tagungen der Eurogroup teil. Auch im Europarat in Strasbourg sind Experten der Eurogroup und der Welttierschutzgesellschaft tätig und beraten dort die Tierschutz-Expertenkommissionen in Tierschutzfragen, die den Europarat beschäftigen.

Die Tierschutzentwicklung in vielen Ländern wird auch von Faktoren bestimmt, die außerhalb des direkten nationalen Einflußbereichs liegen, wie z.B. Forschung, Wissenschaft, Bio- und Gentechnologie, Politik, Wirtschaft, EU, Gatt. Es besteht daher die Gefahr, daß der erreichte nationale Tierschutzstandard gefährdet und mühsam Erkämpftes in Frage gestellt wird. Andererseits werden in supranationalen Gremien wichtige Probleme halbherzig in die Hand genommen (Tiertransporte), oder der Abbau der Zölle und Handelshemmnisse (Gatt) kann zu einem Anstieg von nicht tierschutzkonformen, dafür billigen Importen führen. Deshalb ist eine starke Tierschutzlobby, wie sie die Eurogroup betreibt, von großer Wichtigkeit. Gefragt sind gute Dienste auf internationaler Ebene von Tierschutzorganisationen und deren Experten, die im eigenen Land vieles erreicht haben und das Know-how besitzen, um anderen Tierschutzorganisationen in Ländern mit weniger hohem Tierschutzstandard zu helfen und die nötigen Fakten zusammenzutragen. Ein Beispiel bildet der Bericht über das Verbot der Käfighaltung von Legehennen in der Schweiz, der in drei Sprachen weltweit an Tierschutzorganisationen und Behörden verteilt worden ist (Schweizer Tierschutz, 1994).

Die **Welttierschutzgesellschaft** (World Society for the Protection of Animals, WSPA) wurde 1980 nach langen, zähen Bemühungen durch das Zusammenlegen von zwei seit den sechziger Jahren bestehenden Welttierschutzorganisationen, der ISPA, International Society for the Protection of Animals (bestehend aus Exponenten aus den englischen Sprachgebieten), und der WFPA, World Federation for the Protection of Animals, gegründet. Es waren zwei Jahrzehnte nötig, um die Exponenten zu überzeugen, daß Kräfte gebündelt werden müssen, um schlagkräftiger zu werden. Auch hier ist Zersplitterung schädlich und hemmt den Fortschritt.

Wie die Eurogroup hat die WSPA vor allem in den letzten Jahren immense Fortschritte gemacht. Als sie endlich zur absoluten Professionalität gelangte und auch in der Geschäftsführung und im Personalbereich Umbesetzungen vorgenommen worden waren, trat der Erfolg ein. Es sind bereits über 350 Tierschutzvereine aus allen Ländern der Welt Mitglied der WSPA, und kürzlich konnte das 200000. Individualmitglied registriert werden. Der Erfolg zeigt sich auch im finanziellen Bereich, wo dadurch große Mittel für Tierschutzaktionen und Aufklärungs- und Erziehungsarbeit in vielen Ländern bereitgestellt werden können.

Der Hauptsitz und die Administration für die östliche Hemisphäre befinden sich in London, die Geschäftsstelle für die westliche Hemisphäre in Boston/USA. Regionale Direktionen und entsprechendes Fachpersonal sind über die ganze Welt verteilt. Mit großem, erfolgreichem Einsatz wird in Zentral- und nun auch intensiv in Osteuropa, Zentral- und Südamerika, Asien und Afrika gearbeitet.

Für nationale Mitgliedsvereine werden wie oben erwähnt von der WSPA auf Gebieten des länderübergreifenden Tierschutzes Aktionen, Informations- und Mittelbeschaffungskampagnen vorbereitet und zur Verfügung gestellt. Wie auf nationaler Ebene sind gute Beziehungen und Bündniswürdigkeit auch international von großer Wichtigkeit. Die WSPA arbeitet eng mit der UNO, WHO sowie mit WWF, Greenpeace und Humane Society International (HSI) zusammen. Ein ausgezeichnetes Disaster Relief (Katastrophen-Programm) ist vorbereitet und kann jederzeit bei Kriegen, Unwetterschäden, Erdbeben etc. zum Einsatz gelangen. Bei allen erwähnten Katastrophen sind ja neben Menschen auch Tiere in besonderem Maß die Leidtragenden, ihnen muß ebenfalls Hilfe gebracht werden. Viele Regierungen, vor allem im osteuropäischen Bereich, sind für juristische Hilfe (Tierschutzgesetzgebung) und die Mithilfe beim Aufbau von privaten Tierschutzorganisationen dankbar. Bei all diesen Tätigkeiten wird aber immer Rücksicht auf die spezifische Situation im entsprechenden Land genommen. Dies verlangt großes Fingerspitzengefühl und Erfahrung im Umgang mit Behörden, vor allem in den sogenannten Entwicklungsländern.

Auf allen Tierschutz-Fachgebieten, die länderübergreifende Probleme beinhalten, leistet die WSPA, unterstützt durch eine eigene wissenschaftliche Expertenkommission aus allen Bereichen von Forschung und Wissenschaft, immense Arbeit. Tierschutzbemühungen von privaten Tierschutzorganisationen, Behörden und Regierungen aller Länder werden nach Möglichkeit unterstützt. Vor allem folgende Bereiche werden bearbeitet: internationale Tiertransporte, Harmonisierung der Tierversuche, Abschaffung von Stierkämpfen und Kämpfen von Tieren mit Tieren weltweit, Verbesserungen der Nutztierhaltung, Gentechnologie, Schutz von bedrohten Arten, Wildlife-Management, aber auch Kampf gegen Patentierung von Tieren. Nicht zuletzt darf die Überbevölkerung (6,5 Milliarden im Jahr 2000) nicht außer acht gelassen werden, die uns noch viele, auch tierschützerische, Probleme bringen wird! Die WSPA gibt das Periodikum „Animals International" heraus.

Die WSPA fördert jegliche Zusammenarbeit und strebt eine weltweite Vernetzung von Tierschutzorganisationen und ihrer Arbeit an. Auf der ganzen Welt arbeiten zahllose Männer und Frauen, kleine und große Organisationen für den Tierschutz und für dasselbe Ziel. Solange alle diese Leute und Tierschutzorganisationen miteinander und in gegenseitiger Harmonie arbeiten und an den erwähnten Grundsätzen festhalten, wird sich der Schutz der Tiere weiter Schritt für Schritt verbessern.

Wir haben einen langen Weg vor uns, und es gibt unzählige Probleme zu lösen, aber es lohnt sich, diesen Weg gemeinsam zu gehen, auf regionaler, nationaler und internationaler Ebene.

Literatur

Schweizer Tierschutz STS (1994), Legehennen – 12 Jahre Erfahrung mit neuen Haltungssystemen in der Schweiz, Schweizer Tierschutz, CH-4008 Basel (deutsch, französisch und englisch erhältlich).

Ständerats-Kommission (1993), Vollzugsprobleme im Tierschutz (Schweiz), Bericht vom 5. November 1993 der Geschäftsprüfungskommission des Ständerates und Stellungnahme vom 26. Januar 1994 des Bundesrates, Bundesblatt 1994, Band I, 618–657 (93.082), Eidgenössische Drucksachen- und Materialzentrale, CH-3000 Bern.

Adressen

Eurogroup for Animal Welfare (Eurogroup), Sekretariat: 13 rue Boduognat, B-1040 Bruxelles.
World Society for the Protection of Animals (WSPA), Sekretariat:2 Lanley Lane, GB - London SW 8 1 TJ.

Aufgaben der Tierärzteschaft im Tierschutz

A. Steiger

■ Aufgabenspektrum

Der Bereich des Tierschutzes ist seit je ein **Tätigkeitsfeld der Tierärzte und Tierärztinnen**. Früher standen die direkte praktische Hilfe und damit die Leidensminderung beim Tier im Rahmen der tierärztlichen Praxis, die Beratung der Tierhalter und Tierhalterinnen und gelegentlich die Mitwirkung in Tierschutzvereinigungen im Vordergrund. Die formellen Anstöße zur Schaffung von nationalen Tierschutzgesetzen kamen zu einem erheblichen Teil von Tierärzten, und bei der Ausarbeitung der Gesetzgebungen wirkte die Tierärzteschaft maßgeblich mit. Seit Inkrafttreten der Tierschutzgesetzgebungen in verschiedenen Ländern gehört für viele Tierärzte und Tierärztinnen zusätzlich die Tätigkeit für den Vollzug der Vorschriften zur gesetzlichen Pflicht. Auf nationaler Ebene fällt der Tierschutzbereich in der Regel in die Zuständigkeit der obersten Veterinärbehörden, auf regionaler Ebene meistens in jenen der lokalen Veterinärdienste und der Amtstierärzte und -tierärztinnen (Bezirks-, Kreis-, Kontrolltierärzte) und der tierärztlichen Fleischschauer und Fleischschauerinnen. Die häufigsten Aufgaben von Tierärzten und Tierärztinnen im Tierschutz sind die Abklärung mutmaßlicher Verstöße gegen die Tierschutzgesetzgebung oder Betriebsbesuche in Nutztierhaltungen, Hunde- und selten Pferde- oder Katzenhaltungen, Tierheimen, Wildtierhaltungen, Zoofachgeschäften, gelegentlich auch Untersuchungen sowie Stellungnahmen über Tierschutzfälle bei Tiertransporten, in bezug auf Eingriffe an Tieren und verbotene Handlungen an Tieren (z.B. Mißhandlung von Tieren, Doping und andere Widerhandlungen im Pferdesport, das Töten von Tieren auf tierschutzwidrige Weise; zum Pferdesport vgl. Goldhorn, 1993). In Schlachtbetrieben steht die Überwachung der Anlieferung und der Betäubung von Schlachttieren im Vordergrund. In der Industrie und an den Hochschulen bildet der weite Bereich der Tierversuche ein weiteres Tätigkeitsfeld für Tierärzte und Tierärztinnen, die in der Praxis, Verwaltung und Forschung mit zahllosen Publikumsanfragen zu Tierhaltungsfragen aller Art konfrontiert sind (Unshelm, 1990). Im Rahmen der Forschung haben schließlich Tierärzte und Tierärztinnen in der Regel an den Veterinär-medizinischen Fakultäten die Möglichkeit, Forschungsprojekte über Tierschutzprobleme zu bearbeiten, z.B. Forschungsarbeiten über Fragen der Nutztierhaltung, der Heimtierhaltung, der Schlachtviehbetäubung oder der Alternativmethoden zu Tierversuchen.

■ Beurteilung von Tierhaltungen und Tierschutzfällen

Voraussetzung für eine kompetente und wirksame Wahrnehmung der Aufgaben beim Vollzug der Tierschutzgesetzgebung ist die **Kenntnis der Grundsätze** des Tierschutzes und der Tierschutzvorschriften. Wo keine Detailregelungen in der Gesetzgebung vorgegeben sind, ist, gestützt auf die allgemeinen Tierschutzvorschriften, im Einzelfall eine sinnvolle Auslegung der Bestimmungen vorzunehmen. Daneben ist es unumgänglich, daß sich der Tierarzt und die Tierärztin im Bereich des Tierschutzes durch den Besuch von Vorträgen und Kursen sowie das Studium gesetzlicher Erlasse und von Fachliteratur in die Materie einarbeiten und darin laufend weiterbilden.

Bei der Beurteilung einer Tierhaltung und von Tierschutzfällen ist wichtig, daß **systematisch** vorgegangen wird, damit die Überprüfung wichtiger Aspekte nicht vergessen wird. Etliche der von Tierschützern und Tierschützerinnen oder in den Medien beanstandeten Tierhaltungen geraten nicht zuletzt deshalb in die Schlagzeilen, weil die mit der Überprüfung beauftragten Personen nicht genügend Kenntnisse über Tierschutz und Tierhaltung haben, in der Beurteilung nicht genügend sicher und erfahren sind und diese nicht ausreichend gründlich vornehmen. Für detaillierte Beurteilungen von Tierhaltungen sind „**Checklisten**" zweckmäßig, da sie eine Bewertung erleichtern. Es empfiehlt sich, vorgängig zu einer Beurteilung die für den spezifischen Fall zutreffenden Tierschutzbestimmungen zusammenzustellen oder aufzulisten. Bei der Beurteilung einer Tierhaltung sind einerseits die Tiere selbst und anderseits die Haltungsbedingungen zu überprüfen.

Die Untersuchung der **Tiere** muß umfassen:
a) Beurteilung des Gesundheitszustandes (Schäden, Verletzungen usw., Ernährungs- und Pflegezustand, evtl. Eingriffe am Tier, sofern feststellbar physiologische Störungen) und

b) Beurteilung des Verhaltens (Verhaltensstörungen).

Ausprägungsgrad und Häufigkeit von gesundheitlichen Störungen und Verhaltensanomalien sind in die Wertung einzubeziehen. Auch ist abzuklären, ob die beobachteten Abweichungen vom Normalzustand durch die Haltung bedingt sind oder nicht, was im konkreten Einzelfall nicht stets leicht ist.

Die Untersuchung der **Haltungsbedingungen** muß umfassen:
a) Prüfung der baulichen Anforderungen (Einhaltung der Mindestanforderungen der Tierschutzgesetzgebung; Einrichtungen);
b) Beurteilung der Fütterung (qualitativ und quantitativ);
c) Beurteilung der Pflege;
d) Beurteilung allfälliger Eingriffe und Handlungen am Tier (Prüfung, ob Eingriffe wie Kastration, Enthornen, Schwanzkürzen usw. fachgerecht durchgeführt wurden und ob verbotene Handlungen vorgenommen wurden);
e) Beurteilung des Stall- bzw. Raumklimas.

Je nach Art des Falles sind ein Protokoll und als **Dokumentation** Fotoaufnahmen empfehlenswert. Je nach Art und Schwere der Befunde werden die mündliche oder schriftliche Aufklärung und Information oder Verwarnung des Tierhalters oder der Tierhalterin oder aber die Anzeige erfolgen müssen.

Interessenkonflikte

Häufig wird die Tierschutztätigkeit von Tierärzten und Tierärztinnen, namentlich von Bezirks-, Kreis- oder Kontrolltierärzten, neben der Praxistätigkeit ausgeübt. Dabei können **Interessenkonflikte** zwischen der Ausübung der amtlichen Funktion und der Praxistätigkeit auftreten (Steiger, 1989). Der praktizierende Tierarzt und die Tierärztin arbeiten aufgrund eines privatrechtlichen Auftrags in einem Tierbestand und üben damit keine amtliche Funktion aus. Streng verwaltungsrechtlich betrachtet, sind sie nicht verpflichtet, die Tierschutzgesetzgebung durchzusetzen und bei Verstößen gegen die Vorschriften Anzeige zu erstatten. Ist der praktizierende Tierarzt bzw. die Tierärztin zugleich Amtstierarzt bzw. Amtstierärztin, so haben sie einerseits als Beauftragte des privaten Nutztierhaltenden nach den Bestimmungen des Obligationenrechts die Interessen ihres Auftraggebenden wahrzunehmen, andererseits sind sie öffentlich-rechtlich verpflichtet, die Tierschutzgesetzgebung durchzusetzen und gegebenenfalls Strafanzeige zu erstatten, wenn sie von Verstößen Kenntnis erhalten. In solchen Fällen ist es zweckmäßig, wenn der Tierarzt und die Tierärztin den Tierhaltenden unmißverständlich **auf die Abweichungen vom Tierschutzgesetz hinweisen** und ihm erklären, was er vorzukehren hat, und hinzufügen, daß sie künftig amtlich einschreiten müssen, falls die Mängel nicht binnen einer vernünftigen Zeit behoben werden. Im Zweifel und bei krassen Tierschutzfällen muß die vorgesetzte Stelle (in der Regel regionales Veterinäramt) benachrichtigt werden. Erachtet sich ein Tierarzt bzw. eine Tierärztin für die Beurteilung eines möglichen Tierschutzfalles im Betrieb eines Klienten oder einer Klientin als befangen, so können sie durch Meldung an die vorgesetzte Stelle nach den Grundsätzen des Verwaltungsrechts den **Ausstand** erklären und ihre Amtstätigkeit für diesen speziellen Fall abtreten. Ohnehin ist es wegen Interessenkollisionen zweckmäßig, daß nicht Tierschutzfälle im eigenen Praxisgebiet beurteilt werden müssen. Keinesfalls darf es geschehen, daß der Klient oder die Klientin vor Kontrollen geschützt werden oder krasse Mißstände nicht weitergemeldet werden.

Wenn ein Tierarzt oder eine Tierärztin beigezogen wird, um einen Tierhaltenden in Fragen der eigentlichen Tierhaltung zu beraten, so sind sowohl der Tierarzt oder die Tierärztin als auch der Tierhaltende selbst verpflichtet, die Tierschutzvorschriften anzuwenden. Generell muß vom Tierarzt und von der Tierärztin erwartet werden, daß sie die Tierschutzvorschriften kennen. Der Tierhaltende darf von ihnen erwarten, daß er hinsichtlich der korrekten, gesetzeskonformen Tierhaltung beraten wird.

Erzieherische Aufgaben und Information

Tierschutz ist nicht nur eine Frage des Verwaltungszwangs, sondern vor allem eine **erzieherische Aufgabe**. Der Tierarzt und die Tierärztin können in ihrem Einflußbereich sehr viel für die Beachtung der Tierschutzvorschriften tun. Auch wenn sich Unzulänglichkeiten in bestehenden Tierhaltungen, wenn sie nicht offensichtlich und krass sind, nicht von einem Tag auf den andern beheben lassen, so können der Tierarzt und die Tierärztin sehr viel dazu beitragen, daß der Tierschutzgedanke in der Tierhaltung Fuß faßt. Dabei geht es namentlich darum, die für Tierhaltende nicht immer leicht verständlichen Vorschriften der Tierschutzgesetzgebung zu kennen und deren Sinn zu erklären.

Auch außerhalb des direkten Vollzugs der Tierschutzgesetzgebung können die Tierärzte und Tierärztinnen wichtige **weitere Funktionen für den Tierschutz** wahrnehmen. Insbesondere die Tierärzteschaft in der Großtier- und Kleintierpraxis sowie in der Forschung hat es in der Hand, bei der täglichen klinischen Tätigkeit und bei der Durchführung von Tierversuchen die Grundsätze des Tierschutzes zu beachten. Eine sehr wichtige nebenamtliche Tierschutztätigkeit erfüllen nicht wenige Tierärzte und Tierärztinnen durch ihre aktive Mitarbeit in den Vorständen von Tierschutzorganisationen und in einzelnen Fällen in betriebsinternen ethischen Kommissionen für Tierversuche, wo sie dank ihrer biologischen und medizinischen Kenntnisse und ihrer Praxiserfahrung wesentlich zu einem sachlichen, realistischen, aber doch wirkungsvollen Tierschutz beitragen können.

Tierschutz ist weitgehend auch eine Frage der Information. Der Inhalt der Tierschutzgesetzgebungen muß den Tierhaltenden bekannt sein und sachlich verstanden werden, damit er auch realisiert werden kann. Durch **Information über die Grundsätze der Tierhaltung und über die Tierschutzvorschriften** bei Groß- und Kleintierhaltenden, in der Landwirtschaft, im Stallbau, in Schulen, namentlich aber auch in der Öffentlichkeit, können der Tierarzt und die Tierärztin indirekt viel zur Durchsetzung der Tierschutzvorschriften beitragen.

Eigeninitiative der Tierärzteschaft

Aus eigener Initiative ist die Tierärzteschaft in verschiedenen Bereichen im Tierschutz aktiv geworden, so seit Jahren durch die Organisation von Fortbildungstagungen über Tierschutzfragen, namentlich durch die Deutsche Veterinärmedizinische Gesellschaft e.V., ferner in Deutschland durch die Gründung der Tierärztlichen Vereinigung für Tierschutz e.V., in der Schweiz analog der Schweizerischen Tierärztlichen Vereinigung für Tierschutz, welche ihrerseits Informationen und Stellungnahmen herausgeben oder Tagungen durchführen.

Neben gesetzlichen Bestimmungen sind auch **berufsethische Grundsätze** im Bereich des Tierschutzes maßgebend für die Arbeit der Tierärzteschaft. Die Gesellschaft Schweizerischer Tierärzte GST (1992) hat „Ethische Grundsätze für den Tierarzt" verabschiedet, die einen Verhaltenskodex für Tierärzte und Tierärztinnen bilden. Die Grundsätze werden hier im Wortlaut aufgeführt. Sie betreffen die Nutztier-, Heimtier- und Wildtierhaltung, die Tierzucht/Gentechnik, die amtstierärztliche Tätigkeit, die Schlachtviehbetäubung, Tiertransporte, Tierversuche und den Sport mit Tieren.

Gesellschaft Schweizerischer Tierärzte, Ethische Grundsätze für den Tierarzt, 4. Juni 1992

Präambel
Das Tier als Teil der Schöpfung nimmt einen festen Platz neben dem Menschen ein und hat grundsätzlich Anspruch auf Unversehrtheit seines Lebens.

Der Tierarzt hat als Helfer der Tiere eine besonders verantwortungsvolle Stellung gegenüber dem Tier einzunehmen.

I. Rechtliche Grundlagen
Als rechliche Grundlagen dienen dem Tierarzt das Tierschutzgesetz vom 9. März 1978, die Tierschutzverordnung vom 27. Mai 1981, die Richtlinien und Weisungen des Bundesamtes für Veterinärwesen sowie die kantonalen Tierschutzregelungen.

II. Ethische Grundlagen
Der Grundsatz der Ehrfurcht vor dem Leben und die Verantwortung gegenüber dem Tier gebietet seinen Schutz.

Zur Sicherung seiner Existenz nutzt und tötet der Mensch Tiere, wobei er in jeder Situation seine Verantwortung gegenüber dem Tier wahrnimmt.

III. Ethische Verpflichtungen des Tierarztes
Der Tierarzt sorgt im Rahmen seiner Möglichkeiten für den Schutz der Tiere sowie auch

dafür, daß ihnen die naturgegebenen Bedürfnisse zuteil werden.

Er verpflichtet sich, im Rahmen seiner tierärztlichen Tätigkeit einerseits die anerkannten – wenn immer möglich vorsorglichen – Maßnahmen zur Beseitigung oder Linderung von Schmerzen, Schäden, Leiden und Angstzuständen zu ergreifen, sowie anderseits alles zu unterlassen, was das Tier unnötigerweise mit diesen Zuständen belastet.

Den mit der Wahrnehmung dieser Verpflichtungen entstehenden Konflikten begegnet der Tierarzt mit verantwortungsvollem Abwägen der sich gegenseitig konkurrierenden Werte.

Ethische Grundsätze für den Tierarzt – Richtlinien für deren Anwendung

Einleitung
Die „Ethischen Grundsätze für den Tierarzt" der GST bilden die Basis für Richtlinien, in welchen die konkreten Verpflichtungen des Tierarztes in seiner täglichen Arbeit gegenüber den Tieren dargelegt werden.

Nach einem allgemeinen – für alle Haltungen und Nutzungen von Tieren geltenden – Teil wird auf folgende Bereiche eingegangen:
– Nutztiere/Heimtiere
– Tierzucht und Gentechnologie
– Verwaltung/Schlachthofwesen/Tiertransporte
– Tierversuche
– Sport mit Tieren
– Zoo, Zirkus und Wildtierhaltung

1. Allgemeine Verpflichtungen
a) In jedem Bereich, wo sich der Tierarzt in Ausübung seiner Tätigkeit mit Tieren befaßt, hat er für deren Wohlergehen einzustehen. Er trägt dabei die moralische und in den meisten Fällen auch die rechtliche Verantwortung.
b) Der Tierarzt fördert das Bewußtsein, daß der Mensch gegenüber den Tieren, die er hält, verantwortlich ist. Dieser soll das Wohlbefinden der sich in seiner Verantwortung befindenden Tiere im größtmöglichen Maße respektieren, ungeachtet des Zweckes, für welchen die Tiere gehalten werden.
c) Im Bewußtsein, daß eine tiergerechte Haltung auch Kompromisse einschließen kann, betrachtet der Tierarzt dennoch die artspezifischen Ansprüche des Tieres als wichtig. Er unterstützt alle präventiven Maßnahmen, welche Verstöße gegen diese Ansprüche verhindern helfen; treten dennoch offensichtliche Verstöße auf, so setzt er sich im Rahmen seiner Möglichkeiten für deren Behebung ein.
d) Er trägt durch Aufklärung und Beratung die Mitverantwortung, daß auf die physiologischen und verhaltensgemäßen Bedürfnisse eines Tieres Rücksicht genommen wird.
e) Die Tiere haben Anrecht auf eine artgemäße und den hygienischen Anforderungen entsprechende Umgebung. Der Tierarzt soll den Tierbesitzer in seinen Anstrengungen zur Verbesserung der Haltungsbedingungen der Tiere beraten und unterstützen.
f) Die Tiere sind ausreichend und angemessen zu ernähren.
g) Der Tierarzt wirkt darauf hin, daß auf eine übertriebene Vermenschlichung der Tiere verzichtet wird.
h) Der Tierarzt ist mit seinen medizinischen Handlungen verantwortlich für das Wohlbefinden des Tieres. Er soll ihm seine Hilfe ohne unnötiges Leiden angedeihen lassen; sie soll immer mit einer guten, der Art angepaßten Lebensqualität vereinbar sein.
i) Der Tierarzt nimmt im Rahmen seiner Möglichkeiten auf die Zucht in der Weise Einfluß, daß die artspezifischen Bedürfnisse des Tieres gewahrt werden.
k) Der Tierarzt hat sich in Tierschutzfragen laufend durch Studium der Fachliteratur und der Gesetzestexte sowie wenn möglich durch den Besuch von Fachtagungen und -kursen über die geltenden oder neuen Vorschriften zu informieren.

2. Nutztiere/Heimtiere
2.1 Nutztiere
a) Unter Nutztieren verstehen wir diejenigen Tiere, die zur Produktion von Nahrungsmitteln oder anderen tierischen Produkten genutzt werden.
b) Alle Maßnahmen, die das Tier zur Erbringung von Leistungen forcieren, welche seine physiologischen Grenzen übersteigen oder auf seine Gesundheit negative Konsequenzen haben, lehnt der Tierarzt ab.
c) Der Tierarzt wirkt durch kompetentes Beraten, Aufklären, Informieren, Überzeugen und Mahnen des Tierhalters auf eine tiergerechte Haltung der Nutztiere hin. Er weist namentlich darauf hin, daß die Tiere genügend Platz, Auslauf und Bewegung, Beschäftigung, Sozialkontakt, ferner gutes Stallklima, ausreichend Licht, geeignete Stalleinrichtungen sowie gute Pflege und Fütterung benötigen. Er betont, daß von tiergerecht gehaltenen Tieren auch gute Produktionsleistungen erwartet werden können.
d) Der Tierarzt informiert den Tierhalter über die geltenden Tierschutzbestimmungen.

Stellt er tierschutzwidrige Zustände fest, hält er den Tierhalter zur Behebung der Mängel an. Bei schweren Mißständen leitet er ein Strafverfahren ein.
e) Erachtet sich der Tierarzt bei der Beurteilung eines Tierschutzfalls als befangen, so kann er im Rahmen seiner amtlichen Tätigkeit den Ausstand erklären. Keinesfalls darf es geschehen, daß der Tierarzt den Klienten vor Kontrollen schützt oder krasse Tierschutzmißstände nicht zur Untersuchung weitermeldet.
f) Der Tierarzt führt schmerzhafte Eingriffe an Nutztieren wie z.B. Kastration, Enthornen, Schwanzkürzen und andere Maßnahmen nach dem neuesten fachtechnischen Stand in bezug auf Durchführung und Verwendung einer Anästhesie durch. Er wirkt darauf hin, daß solche Eingriffe nur durchgeführt werden, wenn sie unbedingt nötig sind, und daß sie, wenn die Durchführung durch den Tierhalter selber zugelassen ist, fachgerecht vorgenommen werden.

2.2. Heimtiere
a) Wird der Tierarzt über den Kauf oder die Aufnahme eines Tieres um Rat gefragt, so ist er gehalten, daß er die Verantwortlichkeiten und die ethische Haltung dem Tier gegenüber hervorhebt und auch auf die Konsequenzen hinweist, die sich mit der Haltung eines Heimtieres ergeben.
b) Es sollen keine Behandlungen vorgenommen werden, die mit einer der Art angepaßten Lebensqualität nicht vereinbar sind; dies gilt insbesondere auch bei altersbedingten Leiden. Bei Eingriffen am Tier, welche wohl gesetzlich erlaubt sind, jedoch ausschließlich ästhetischen Zielen dienen, soll der Tierarzt beim Tierbesitzer auf deren Unterlassung hinwirken.
c) Die Euthanasie soll nach den Regeln der medizinischen Kunst, nach einer präzisen Diagnose und Prognose sowie im Respekt gegenüber dem Tier und seinem Besitzer durchgeführt werden.
d) Der Tierarzt soll im Bereich der Ernährung unabhängig, begründet und gestützt auf wissenschaftliche Erkenntnisse beraten.
e) Der Tierarzt soll den Tierbesitzer zu einem körperlichen Training seines auch kleinen Tieres ermutigen.
f) Er soll im Bereich Erziehung und Dressur im Rahmen seiner Möglichkeiten beraten und, wenn notwendig, soll die Unterstützung eines Dressurfachmannes in Anspruch genommen werden.
g) Den Familien mit Kindern soll bewußt gemacht werden, daß ein Tier kein Spielzeug ist, und daß Hunde, Katzen und andere Heimtiere wie Kaninchen oder Meerschweinchen nicht zur Befriedigung einer vorübergehenden Laune dienen.
h) Der Tierarzt soll sich im Kontakt mit Kynologen, Züchtern, Heimtierbesitzern, Volieren und Tierhaltereien für gute Lebensbedingungen der betroffenen Tierarten einsetzen.

3. Tierzucht und Gentechnologie
a) Der Tierarzt anerkennt, daß das Recht des Menschen zur Nutzung von Tieren bei Eingriffen in die Erbsubstanz einer Kontrolle und sorgfältigen Abklärung bedarf; grundsätzlich ist bei Zuchtverfahren die körperliche Integrität der Tiere sicherzustellen. Geleitet vom Grundsatz, Krankheiten und damit Leiden zu lindern, anerkennt und unterstützt der Tierarzt züchterische Maßnahmen, die diesen Zielen dienen.
b) Die Anwendung von genmanipulatorischen Produkten zu therapeutischen Zwecken und von solchen zur Leistungssteigerung ist wegen heute nicht genügend erkennbarer Konsequenzen auf Tier und Mensch in jedem Fall zu bewerten und einem Bewilligungsverfahren zu unterziehen.
c) Die Grundlagenforschung im Bereich der Genmanipulation (Erkenntnisgewinn) ist nach den Grundsätzen der Tierschutzgesetzgebung durchzuführen. Die Tierärzteschaft tritt dafür ein, daß alle genmanipulatorischen Verfahren, soweit sie die Veterinärmedizin betreffen, zu bewerten und einem Bewilligungsverfahren zu unterziehen.
d) Ethische Fragen kommen neben ökologischen und ökonomischen Aspekten wegen Nicht-Vorhersehbarkeit möglicher negativer Auswirkungen der Genmanipulation auf das Einzeltier und die Tierhaltung besondere Bedeutung zu.
e) Vorbehalten bleiben außerdem die Richtlinien der Schweizerischen Kommission für biologische Sicherheit in Forschung und Technik (SKBS).

4. Verwaltung/Amtstierärztliche Tätigkeit/ Schlachthofwesen/Tiertransporte
4.1 Verwaltung/Amtstierärztliche Tätigkeit
Seit Inkrafttreten der Tierschutzgesetzgebung gehört für die Tierärzte in den kantonalen Veterinärämtern und für einen Teil der amtlichen Kreis-, Bezirks- oder Kontrolltierärzte die Tätigkeit für den Vollzug der Gesetzgebung, für die Tierärzte im Bereich Tierschutz

des Bundesamtes für Veterinärwesen die Tätigkeit für die Oberaufsicht zur Berufsverpflichtung. Der Tierarzt in diesen Funktionen hat:
a) sich vorbehaltlos, kompetent für die konsequente Durchsetzung der Tierschutzvorschriften in allen Bereichen und der Grundsätze des Tierschutzes einzusetzen;
b) zur sachgerechten, umfassenden Information der Tierhalter und Forscher über die Tierschutzvorschriften beizutragen;
c) gemeldete und mutmaßliche Verstöße gegen die Tierschutzvorschriften rasch, sachgerecht, unvoreingenommen, kompetent und konsequent abzuklären, und gegebenenfalls die notwendigen Maßnahmen zum Schutz der Tiere zu treffen;
d) Stellungnahmen zu Tierschutzfällen sorgfältig, objektiv und in Kenntnis der geltenden Vorschriften und Tierschutzgrundsätze zu verfassen.

4.2 Schlachtviehbetäubung
Der praktizierende Tierarzt, tierärztliche Fleischschauer und Amtstierarzt hat im Bereich der Schlachtviehbetäubung:
– sich im Rahmen der Bestimmungen der Tierschutzgesetzgebung und der Fleischschauverordnung konsequent für die Einhaltung der Tierschutzvorschriften und die Beachtung der Grundsätze einer raschen, möglichst schonenden Betäubung der Schlachttiere einzusetzen;
– die Anlieferung der Tiere regelmäßig zu überwachen, auf den schonenden Einsatz von Treibhilfen, das Vermeiden von Mißhandlungen, die schonende Behandlung und die Absonderung nicht gehfähiger Tiere hinzuwirken;
– die Einstellung und Betreuung der Tiere zu überwachen, namentlich auch auf den Schutz vor extremen Witterungseinflüssen, das Tränken, das Melken von laktierenden Kühen bei langen Wartezeiten und gute Haltungseinrichtungen hinzuwirken;
– die Betäubung und das Entbluten der Tiere regelmäßig zu überwachen, namentlich auf den Einsatz geeigneter, gut ausgebildeter Personen in genügender Anzahl, eine regelmäßige Instruktion des Personals, die Sicherstellung einer fachgerechten Betäubung und Entblutung mit gut bedienten und gewarteten Apparaten hinzuwirken;
– bei tierschutzwidriger Haltung, bei Mißhandlung und nicht fachgerechter Betäubung und Entblutung von Schlachttieren rasch und konsequent Maßnahmen zur Behebung der Mißstände zu treffen.

4.3 Tiertransporte
Der praktizierende Tierarzt, tierärztliche Fleischschauer und Amtstierarzt hat bei der Anlieferung von Schlachttieren und bei anderen Tiertransporten:
– den Transport von Tieren bei jeder sich bietenden Gelegenheit zu überwachen;
– namentlich auf einen besonders schonenden Transport kranker und verletzter Tiere, das schonende Treiben der Tiere, das Verwenden geeigneter Rampen, Böden, Trennwände usw., nicht zu hohe Besatzdichten in Transportfahrzeugen und -behältern, genügend Frischluftzufuhr und Schutz vor schädlicher Witterung hinzuwirken;
– bei tierschutzwidrigem Transport von Tieren rasch und konsequent die notwendigen Maßnahmen zur Behebung von Mißständen zu treffen;
– nicht transportfähige Tiere sofort schlachten zu lassen;
– sich an Stelle von längeren Schlachtviehtransporten für den Transport von Fleisch einzusetzen.

5. Tierversuche
a) Der Tierarzt akzeptiert die Durchführung von Tierversuchen nach den Bestimmungen der Tierschutzgesetzgebung. Er setzt sich dafür ein, Tierversuche so weit als möglich zu ersetzen und mit einer möglichst geringen Zahl von Versuchstieren und mit möglichst geringer Belastung der Tiere auszukommen, ohne aber dem Menschen die Erfüllung seiner Schutzansprüche und seines Strebens nach Erkenntnisgewinn (Grundlagenforschung) vorzuenthalten oder die Verbesserung der Gesundheit und des Wohlbefindens der Tiere zu schmälern.
b) In der Haltung und der Zucht von Versuchstieren wirkt der Tierarzt auf die Einhaltung der Vorschriften der Tierschutzgesetzgebung hin. Er setzt sich namentlich für ausreichend große Käfige, Boxen und Gehege, ausreichende Beschäftigung der Tiere, geeignete Strukturierung der Käfige, gute Pflege und Betreuung und wenn möglich Sozialkontakt der Tiere ein.
c) Der Tierarzt setzt sich kraft seiner Ausbildung und Kenntnisse dafür ein, daß unnötige Versuche in der ganzen Schweiz vermieden werden, und daß unnötige juristische oder gesetzliche Auflagen, vor allem im Gebiet der Toxikologie, abgebaut werden. Im weiteren macht er seinen Einfluß geltend, daß wenn immer möglich „niedrigere" Spezies verwendet werden. Er hat die moralische Verpflichtung, dafür zu sorgen,

daß den Tieren nicht unnötig Schmerz beigefügt wird, und daß ein Tier in einem Zustand des nicht beeinflußbaren Schmerzes sofort durch eine geeignete Methode getötet wird.

d) Bei schmerzhaften Eingriffen richtet er sein besonderes Augenmerk auf die Anästhesie und postoperative Analgesie.

e) Im weiteren ist der Tierarzt mitverantwortlich, daß die „Ethischen Grundsätze und Richtlinien für wissenschaftliche Tierversuche" der Schweizerischen Akademien der Medizinischen Wissenschaften und der Naturwissenschaften bei allen Tierversuchen beachtet werden.

6. Sport mit Tieren

a) Der Tierarzt akzeptiert die nicht mißbräuchliche, verantwortungsvolle Nutzung von Tieren in den verschiedenen Disziplinen des Sports. Er betrachtet den Leistungsausweis dabei als wesentlichen Faktor zur Erhaltung einer gesunden Tierrasse.

b) Er setzt sich durch Aufklärung breiter Kreise dafür ein, daß Tiere vor unsachgemäßem Umgang und ungerechtfertigter Zufügung von Schmerzen, Leiden und Schäden geschützt werden. So lehnt der Tierarzt Eingriffe und Medikationen ab, die die Leistung beeinflussen oder die Integrität des Körpers verändern oder stören. Dies betrifft vor allem die Ausbildung und Verwendung von Pferden, indem auf Veranlagung, Leistungsbereitschaft, Ausbildungsstand und Gesundheit Rücksicht genommen werden muß. Es darf von einem Tier keine Leistung verlangt werden, die zu bewältigen es weder psychisch, physisch noch gesundheitlich in der Lage ist.

7. Zoo, Zirkus und Wildtierhaltung

a) Der in Zoo, Zirkus und in der übrigen Wildtierhaltung tätige Tierarzt hat dafür zu sorgen, daß die Tiere artgerecht und gesetzeskonform gehalten werden.

b) Er achtet insbesondere darauf, daß
   – die Gehege und Käfige den natürlichen Bedürfnissen der Tiere möglichst entsprechen und ausreichend groß und strukturiert sind,
   – den Tieren Beschäftigungs- und Bewegungsmöglichkeiten geboten werden und die Tiere wenn möglich Sozialkontakte haben.

■ Tierärztliche Behandlung von Findeltieren

Berufsethische Probleme stellen sich auch im Zusammenhang mit der Honorierung von Behandlungen von Findeltieren (Hunde und Katzen). Der Vorstand der Gesellschaft Schweizerischer Tierärzte GST (1994) hat dazu Richtlinien ausgearbeitet, die folgendes festhalten.

Grundsätzliches: Jeder Tierarzt bzw. jede Tierärztin ist aus berufsethischen Gründen verpflichtet, an jedem ihm bzw. ihr vorgestellten verunfallten oder erkrankten Findeltier die erste Hilfe zu leisten oder falls die Leiden zu schwer erscheinen, es einzuschläfern, unbesehen davon, ob eine Aussicht auf eine Honorierung besteht. Solange mit dem Überbringer oder dem Besitzer kein eindeutiges Abkommen über das weitere Vorgehen besteht, soll auf eine aufwendige Behandlung verzichtet werden.

Vorgehen: Grundsätzlich hat der Besitzer des gefundenen Tieres für die Kosten aufzukommen. Solange der Besitzer nicht bekannt ist, kann der Überbringer als Auftraggeber angesehen werden. Es soll mit ihm, sofern es seine finanziellen Verhältnisse erlauben, ein Abkommen über die Kostenfolge und die weitere Behandlung des Findeltieres abgeschlossen werden. Dieses Vorgehen hat unter anderem auch den Vorteil, daß sich der Überbringer in seinem eigenen Interesse an der Suche nach dem Besitzer beteiligt (Anschläge anbringen usw.). Weigert sich dieser, die Behandlungskosten oder mindestens einen Teil davon zu übernehmen, so hat er auch kein Anrecht auf Auskunft und vor allem auch kein Mitbestimmungsrecht bei der Weiterbehandlung des Findeltieres.

Kann der Besitzer nicht ausfindig gemacht werden, und der Überbringer ist aus finanziellen Gründen nicht imstande, die Kosten oder einen Teil davon zu übernehmen, soll mit der lokalen Tierschutzorganisation wegen einer Kostenübernahme in Verbindung getreten werden.

Falls die Schritte 1–3 zu keinem Ergebnis führen, kann der Tierarzt (GST-Mitglied) die detaillierte Rechnung mit einer kurzen Schilderung seiner Bemühungen (Schritte 1–3) sowie mit der Angabe des Namens des Überbringers der Geschäftsstelle der GST zustellen. Aufgrund eines Beitrages einer außenstehenden Organisation verfügt die GST über gewisse finanzielle Mittel zur Deckung solcher Rechnungen. (Es folgen Details über die Entschädigung.)

Fachkompetenz und Engagement

Die tierärztliche Tätigkeit im Bereich des Tierschutzes ist von der Zielsetzung her zweifellos eine schöne, vielseitige und dadurch interessante, in der Realität aber nicht stets einfache Aufgabe. Die Ansichten von Tierschützern und Tierschützerinnen auf der einen Seite – zuweilen solchen mit sehr radikalen Auffassungen und solchen ohne genügende biologische Kenntnisse – und von Tierhaltenden auf der anderen Seite – zuweilen solchen, die rein wirtschaftlich denken und solchen mit ebenfalls ungenügenden Kenntnissen über Tierhaltung – liegen oft weit auseinander. Gründliche biologische und medizinische Kenntnisse über die Haltung einer Vielzahl von Tierarten, Geschick im Umgang mit den Tierhaltenden, Unabhängigkeit von Interessenvertretern, Kritikfähigkeit – denn an Kritik wird es im umstrittenen Bereich Tierschutz nie fehlen –, Konsequenz bei der Auslegung der gesetzlichen Tierschutzvorschriften, namentlich aber ein Engagement für die Tierschutzanliegen und ein großes Interesse für das Tier sind einige der Eigenschaften, die dem Tierarzt und der Tierärztin bei der Erfüllung ihrer Aufgaben im Tierschutz wesentlich helfen.

Tierhaltende, Tierschutzvertreter und -vertreterinnen, Konsumenten und Konsumentinnen, Öffentlichkeit und Medien behalten die Stellung der Tierärzte und Tierärztinnen im Tierschutz vermehrt im Auge. Die Tierärzteschaft, von Berufs wegen dem Schutz der Tiere verpflichtet, ist besonders aufgerufen, in ihrem Tätigkeitsbereich ihren Beitrag für den Tierschutz zu leisten, und sie tut gut daran, wenn sie ihre Pflicht, zu einem strengen Vollzug der Tierschutzgesetzgebung beizutragen, gewissenhaft, kompetent und mit Engagement wahrnimmt (Steiger, 1989).

Literatur

Gesellschaft Schweizerischer Tierärzte (1992): Ethische Grundsätze für den Tierarzt, Postfach 6324, CH-3001 Bern.

Gesellschaft Schweizerischer Tierärzte (1994): Richtlinien für die Honorierung von Behandlungen von Findeltieren (Hunde und Katzen), Postfach 6324, CH-3001 Bern.

Goldhorn, W. (1993): Möglichkeiten des Amtstierarztes, den Tierschutz in der Pferdehaltung und im Pferdesport zu verwirklichen. Tierärztliche Umschau 48, 291–297.

Steiger, A. (1989): Die Aufgaben des Tierarztes im Tierschutz. Swiss Vet 6a, 47–57.

Unshelm, J. (1990): Lehre und Fortbildung auf dem Gebiet Tierschutz und Verhaltenslehre. Dtsch. tierärztl. Wschr. 97, 250–253.

Rind

H. H. SAMBRAUS

Milchkühe

Anbindehaltung

Allgemeines

Die Tierschutzgesetze Deutschlands und der Schweiz fordern, daß die notwendige Bewegungsfreiheit eines Tieres nicht so weit eingeschränkt werden darf, daß ihm Schmerzen oder vermeidbare Leiden oder Schäden zugefügt werden. Zweifellos stellt die Anbindehaltung eine erhebliche Einschränkung der artgemäßen Bewegung dar. Diese Einschränkung ist jedoch nicht so stark, daß zwangsläufig Schmerzen, Leiden oder Schäden auftreten. Gelegentlich kommt bei Rindern in Anbindehaltung die Verhaltensstörung „Weben" vor. Sie ist aber so selten, daß dadurch ein Verbot der Anbindehaltung nicht gerechtfertigt ist. Schäden treten nicht so regelmäßig auf, daß die Anbindehaltung als solche in Frage gestellt werden muß. Ursache von Schäden sind immer ungünstig gestaltete Details, die sich beheben lassen. Die Selbstverständlichkeit mit der (erwachsene) Rinder sich immer wieder anbinden lassen, muß so gedeutet werden, daß die Tiere in dieser Situation zumindest nicht erheblich leiden. Nach der Schweizer Tierschutzverordnung dürfen jedoch Tiere (und damit auch Rinder) nicht dauernd angebunden gehalten werden.

Anbindung

Die Anbindung muß so beschaffen sein, daß die Kühe sich nicht verletzen können. Der halsumfassende Teil hat so geräumig zu sein, daß er nicht in die Haut einwächst oder Druckschäden verursacht. Die Anbindung muß außerdem so großzügig bemessen sein, daß der Hinlegevorgang und vor allem das Aufstehen in artgemäßer Weise ablaufen können. Pferdeartiges Aufstehen ist sehr häufig durch eine zu straffe oder starre Anbindung bedingt. Weitere Ursache für

Abb. 1 Pferdeartiges Aufstehen durch ein ungünstig angebrachtes Rohr im Kopfbereich.

diese Verhaltensstörung sind ungünstig montierte Teile der Stalleinrichtung. In manchen Fällen ist dies eine zu hohe Futterkrippe, in anderen ein Rohr im Kopfbereich der Kühe, das Futterwerfen verhindern soll, oder an dem die Anbindung befestigt ist (Abb. 1). Behinderung des Bewegungsablaufs beim Aufstehen führt nicht nur zu Verhaltensabweichungen. In vielen Fällen ist sie Ursache für Zitzenverletzungen.

Standfläche

Die Standfläche muß genügend lang und breit sein. Die Länge muß so bemessen sein, daß die gesamte Auflagefläche der Kuh auf ihr Platz hat. Belastet das Tier die hintere Begrenzungskante (Mittellangstand) bzw. den Kotrost (Kurzstand), dann ist die Liegefläche zu kurz bemessen.

Der arttypische Abliegevorgang von Rindern verläuft so, daß die Tiere neben der Fläche liegen, auf der sie eben noch standen. Deshalb ist für die mitteleuropäischen Rassen eine Standplatzbreite von mindestens 120 cm erforderlich. Bei geringerer Breite kommt es vor, daß der Platz zwischen zwei liegenden Kühen zu schmal ist. Ein dazwischen stehendes Tier kann sich deshalb unter Umständen stundenlang nicht hinlegen. Bei zu schmalen Ständen besteht eine erhöhte Gefahr, daß Kühe sich beim Aufstehen auf die Zitzen treten. Diagonalliegen der Tiere kann durch bewegungssteuernde Elemente hinter der Anbindung weitgehend verhindert werden.

Die Standfläche muß rutschfest und wärmegedämmt sein. Um Druckschäden (Abb. 2) und Verletzungen durch Rutschbewegungen auf dem Boden zu vermeiden, ist stets eine gewisse Einstreumenge erforderlich.

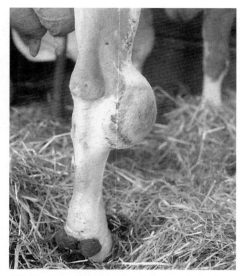

Abb. 2 Abszeß im Tarsalbereich einer Kuh, die vorher auf einstreuloser Liegefläche gehalten wurde.

Fütterung und Tränke

Kühe in Anbindehaltung sind in der Regel gehörnt. Dadurch ist eine gewisse Verletzungsgefahr für Artgenossen vorhanden. Wenn ein schwaches, rangtiefes Tier zwischen zwei ranghohen steht, dann ist für dieses Tier eine ungestörte und ausreichende Futteraufnahme häufig nicht möglich. Rohrbügel im Kopfbereich verhindern negative Auswirkungen der sozialen Rangordnung.

Es ist ausreichend, daß zwei Kühe sich eine Tränke teilen. Dabei ist aber darauf zu achten, daß eine sehr ranghohe oder besonders aggressive Kuh das Nachbartier trinken läßt; evtl. ist ein Umstellen einzelner Kühe erforderlich. Das Tränkebecken muß es dem Tier gestatten, das Maul in vollem Umfang in das Wasser zu tauchen.

Kurzstand

Die weitaus meisten Tiere in Beständen unter 40 Milchkühen werden gegenwär-

Abb. 3 Eine flexible Gummischürze zwischen Futterbarren und Liegefläche ermöglicht das Ausstrecken der Vorderbeine.

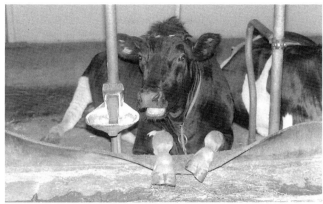

Abb. 4 Bei zu kurzer Standfläche müssen die Kühe mit der Hinterhand auf dem Gitterrost liegen.

tig noch in Anbindeställen gehalten. Dabei überwiegt deutlich der Kurzstand in unterschiedlichen Gestaltungsformen (mit Kotstufe, ohne Kotstufe, mit Tretrost).

Die früher gebauten Kurzstände waren in mehrfacher Hinsicht nicht tiergerecht:
- zu kurze, schmale Standflächen ohne Einstreu;
- zu niedriger Futtertisch, insbesondere bei der üblichen straffen Anbindung;
- tierseitig zu hohe Krippenmauer, die ein Ablegen des Kopfes erschwerte;
- nicht versenkte Bodenanker der Anbindung, von denen eine Verletzungsgefahr für das Tier ausging.

Bei der schrittweisen Entwicklung des Kurzstandes wurde zunehmend auf die Bedürfnisse der Rinder eingegangen. Sollten die genannten Mängel heute noch vorhanden sein, so wären sie zu beanstanden. Sie lassen sich durch lockere Anbindung, versenkte Bodenanker, Gummischürze tierseitig am Futterbarren und Einstreu vermeiden. Bei Halsrahmen genügen nur *Gelenkhalsrahmen* den heutigen Ansprüchen. Die Gummischürze gestattet es den Kühen, die Vorderbeine nach vorn auszustrecken (Abb. 3). Dies ist bei einem Betonsockel, evtl. mit aufmontiertem Balken, nicht möglich. Deshalb entspricht eine solche Bauausführung nicht den Vorstellungen einer tiergerechten Haltung.

Ein Kurzstand mit Kotstufe ist nur dann vertretbar, wenn der Stand genügend lang ist. Die Tiere sollen auch mit den Hinterfüßen stets auf der Standfläche stehen und liegen können (Abb. 4).

Abb. 5 Der Kuhtrainer ist nur dann vertretbar, wenn bestimmte Bedingungen eingehalten werden.

Dies ist bei großen Tieren bei einer Standlänge von weniger als 175 cm nicht immer gewährleistet.

Die Standardlösung ist der Kurzstand mit Gitterrost geworden. Zur Sauberhaltung des Liegeplatzes wird die geringe Standlänge von 150 cm oder weniger für erforderlich gehalten. Eine derartig kurze Standlänge führt zwangsläufig dazu, daß die Tiere mit den Hinterextremitäten auf dem Gitterrost stehen müssen. Klauenverletzungen sind nicht selten die Folge. In Hinblick auf die Klauengesundheit ist eine längere Standfläche wünschenswert (170–185 cm), allerdings wird die Fläche nur dann frei von Kot und Harn gehalten, wenn das Ausscheidungsverhalten der Kühe durch einen Kuhtrainer gesteuert wird.

Kuhtrainer

Weibliche Rinder nehmen beim Koten und Harnen eine versammelte Stellung ein. Sie wölben den Rücken und setzen Kot und Harn unmittelbar hinter den Hinterextremitäten auf der Liegefläche ab. Aus Gründen der Arbeitsersparnis, aber auch um Klauenerkrankungen zu reduzieren – nicht von ungefähr betreffen mehr als 80% der Klauenerkrankungen die Hinterextremitäten – will man die Tiere dazu zwingen, Kot und Harn auf dem Kotrost abzusetzen. Dies gelingt nur, wenn man sie vorher zum Zurücktreten zwingt.

Die Verhaltensänderung vor der Elimination – das Aufwölben des Rückens – kann genutzt werden, um das Verhalten zu steuern. Über dem Rücken der Tiere wird ein Metallbügel angebracht (Abb. 5). Über ein Netzgerät werden Stromimpulse durch diesen Bügel geschickt. Wölbt die Kuh vor dem Harnen oder Koten den Rücken, gerät sie mit dem Bügel in Kontakt und wird dafür mit einem elektrischen Schlag bestraft. Das Tier lernt es, durch Verhaltensänderung dem Strafreiz auszuweichen. Manche Kühe wölben den Rücken nicht mehr; in der Regel treten die Kühe aber vor der Elimination einen Schritt zurück. Kot und Harn fallen dann auf den Kotrost.

Diese zunächst elegant wirkende Methode der Verhaltenssteuerung kann nicht vorbehaltlos befürwortet werden. Hier wie bei allen anderen Geräten zur Setzung automatischer Strafreize wird das Tier zu oft auch in anderen Situationen gestraft; angeborene Verhaltensweisen werden zu leicht unterbunden. Bis zu 80% aller Kontakte der Tiere mit dem Kuhtrainer erfolgen außerhalb des Eliminationsverhaltens (Kohli, 1987). Ist ein solches Gerät installiert, dann lecken Kühe sich den Rücken deutlich weniger häufig als in Situationen ohne Kuhtrainer. Die Dauer des das Abliegen einleitenden Verhaltens ist bei eingeschaltetem Kuhtrainer erheblich länger. Gegen den Einsatz von vorschriftsmäßig installierten Kuhtrainern nach sorgfältiger Prüfung wird dennoch kein Einwand erhoben (Metzner und Groth, 1979). Daß durch dieses Gerät Brunstverhalten und Hormonausschüttung beeinträchtigt sein können, berührt zwar wirtschaftliche Aspekte, nicht jedoch den Tierschutz.

Nach einer erneuten, sehr sorgfältigen und kritischen Untersuchung des Kuhtrainers an der Prüfstelle für Stalleinrichtungen des Bundesamtes für Veterinärwesen der Schweiz (Oswald, 1992) kam es wieder nicht zu einer generellen Ablehnung. Das Ergebnis der Untersuchung war, daß der Kuhtrainer die Verschmutzung des Standplatzes und der Tiere wesentlich vermindert; es gibt keine praxistaugliche Alternative. Das Bundesamt für Veterinärwesen der Schweiz verband die Bewilligung allerdings mit bestimmten Auflagen und Empfehlungen für eine vertretbare Anwendung des Kuhtrainers:

1. Es dürfen nur Netzgeräte verwendet werden, die vom Bundesamt für Veterinärwesen bewilligt sind.
2. Der Kuhtrainer darf nur bei Standplatzlängen von mindestens 175 cm verwendet werden.
3. Der Abstand zwischen Widerrist und Kuhtrainer-Bügel darf 5 cm nicht unterschreiten.
4. Der Kuhtrainer darf nur bei Kühen sowie bei Rindern ab 18 Monaten verwendet werden.
5. Der Kuhtrainer darf nicht dauernd eingeschaltet sein. Als Empfehlung gilt der Einsatz an einem oder zwei Tagen pro Woche.
6. Vor der Geburt bis einige Tage danach ist der Kuhtrainer-Bügel bis zum oberen Anschlag zu verschieben. Dasselbe Vorgehen empfiehlt sich auch einige Tage vor der zu erwartenden Brunst.
7. Weil der Kuhtrainer für angebundene Kühe eine zusätzliche Einschränkung der Bewegungsfreiheit und bestimmter Verhaltensweisen (vor allem Brunst- und Körperpflegeverhalten) bedeutet, sollten alle Möglichkeiten für regelmäßigen, ausgiebigen Weidegang oder Auslauf genutzt werden.
8. Die Einschränkung des arteigenen Körperpflegeverhaltens durch den Kuhtrainer erfordert regelmäßiges, gründliches Putzen der Tiere.

Die Forderungen lassen sich auf andere mitteleuropäische Länder übertragen. In Schweden ist der Kuhtrainer aus Gründen des Tierschutzes verboten.

Futterwerfen

Manche Kühe nehmen Futter ins Maul oder auf den Nasenrücken und schleudern es mit einer heftigen Bewegung nach hinten. Mit Grünfutter und Grassilage wird mehr geschleudert als mit Heu oder Maissilage. Das Schleudern führt zu einer Futtervergeudung. Das Futter bleibt in der Stalleinrichtung hängen und verunziert so den Stall oder es fällt auf das Tier und die Standfläche. Letztere wird rutschig; außerdem kann das Futter auf den Kotrost fallen und diesen in seiner Funktion beeinträchtigen. Eine das Wohlbefinden des Tieres steigernde Funktion des Futterwerfens wurde nie nachgewiesen. Es ist deshalb verständlich, daß der Tierbesitzer Maßnahmen ergreift, die dieses Verhalten unterbinden sollen.

Grundsätzlich sind zwei Systeme üblich: Rohre, die die Schleuderbewegung verhindern sollen, und Geräte, die am Kopf des Tieres angebracht werden, beim Futterschleudern hochschleudern und anschließend auf den Kopf zurückprallen. Sie sollen Schmerzen verursachen, die das Tier zur Aufgabe des Verhaltens zwingen.

Bei allen geprüften Geräten ist nur sehr bedingt ein Effekt erkennbar. Im allgemeinen wird nur in der Anfangszeit nach Erstmontage der Geräte das Futterwerfen eingeschränkt. Später ist auch bei Metallteilen von erheblichem Gewicht kaum eine Minderung der Schleudertätigkeit erkennbar. Das gilt noch mehr nach Entfernen des Gerätes. Durch die Hartnäckigkeit der Tiere kann es jedoch zu Verletzungen am Kopf kommen, die unbedingt zu vermeiden sind. Der Sitz der Geräte und seine Auswirkungen sind deshalb regelmäßig zu überprüfen.

Rohre vor den Köpfen der Kühe unterbinden zwar die Schleuderbewegung, sie können aber bei falscher Montage auch den Aufstehvorgang der Tiere behindern. Sollte sich herausstellen, daß vermehrt Kühe durch die Behinderung pferdeartig aufstehen, dann ist der Sitz des Rohres zu überprüfen und gegebenenfalls zu ändern.

Stallklima

Das Wärmebedürfnis von Rindern wird häufig überschätzt. Der Behaglichkeitsbereich erwachsener Rinder liegt zwischen 0°C und 20°C. Die kritischen Temperaturen sind bei −10°C und +25°C erreicht. Bei Temperaturen darunter bzw. darüber leiden die Tiere, und die Leistung geht zurück. Der hohe Stoffumsatz von Milchkühen ist mit stärkerer Wärmebildung verbunden als bei anderen Rinderkategorien gleichen Gewichts. Andererseits haben Milchkühe in Anbindehaltung weder die Möglichkeit, bei zu niedrigen Temperaturen durch Bewegungsaktivität einen Ausgleich zu schaffen noch können sie in Stallteile mit günstigeren Temperaturen ausweichen. Es ist deshalb sorgfältig auf die Einhaltung von Höchst- und Mindesttemperaturen im Stall zu achten. Durch entsprechende Lüftung und evtl. Umstallen einzelner Tiere bzw. Haltung im Freien ist dafür zu sorgen, daß die kritische Obergrenze der Temperatur nicht überschritten wird.

Laufstallhaltung
Allgemeines

Laufställe haben für Milchkühe gegenüber Anbindeställen im allgemeinen in mehreren Funktionskreisen Vorteile:
– Die Lokomotion führt zu einer besseren Kondition
– Das Komfortverhalten ist ausgeprägter. Das gilt für alle drei Möglichkeiten: Sich-selbst-Lecken, soziales Lecken sowie Scheuern an speziellen Vorrichtungen (Bürsten) oder Teilen der Stalleinrichtung.
– Das Bedürfnis nach Sozialkontakt kann bei dem Sozialwesen Rind befriedigt werden.

Allerdings kommt es im Laufstall zur Bildung einer sozialen Rangordnung. Das bedeutet, daß die stärkeren Tiere sich hemmungslos Zugang zu den Ressourcen verschaffen und die rangtiefen zurückstehen müssen. Bei Platzmangel und unzureichendem Management können letztere ihre Bedürfnisse nicht ausreichend befriedigen.

Unter Laufstall werden unterschiedliche Haltungssysteme verstanden. Gemeinsam ist allen, daß die Kühe sich in dem zur Verfügung stehenden Stallbereich sowie evtl. in einem dazugehörigen Auslauf frei bewegen können. Die einzelnen Funktionsbereiche können jedoch sehr unterschiedlich gestaltet sein. Die früheste Entwicklungsstufe war der in seiner gesamten Fläche eingestreute *Einraumlaufstall*. Ihn gibt es fast nur noch in denkmalgeschützten Gebäuden, in denen bauliche Veränderungen nicht zugelassen sind. Die häufigste Form ist gegenwärtig der Liegeboxenlaufstall mit Trennung von Freß- und Liegebereich sowie Verkehrsflächen. In den letzten Jahren werden vermehrt *Tretmistställe* gebaut. Das Besondere dieses Haltungssystems ist, daß der Liegebereich geneigt ist. Im oberen Teil wird eingestreut. Die Kühe treten die mit Kot und Harn vermischte Einstreu in Richtung Mistgang hinter dem Futtertisch. Von dort wird der Mist mechanisch beseitigt.

Liegeboxenlaufstall

Seinem Namen entsprechend enthält dieses Haltungssystem Liegeboxen. Diese Boxen dienen nicht nur dem Liegen. Die Kühe stellen sich zum Wiederkauen und Dösen hinein. Die Boxen haben also eine Nischenfunktion und erhöhen die Ruhe im Bestand. Die Zahl der Liegeboxen sollte der Anzahl der vorhandenen Tiere entsprechen. Kühe liegen in Laufställen täglich durchschnittlich zehn Stunden. Daraus darf jedoch nicht abgeleitet werden, daß es ausreicht, halb so viele Boxen zu installieren, wie Tiere vorhanden sind. Rinder unterliegen sowohl der Allelomimetrie, d.h., sie wollen zur selben Zeit das gleiche tun, als auch Zeitgebern (z.B. dem Wechsel von Hell und Dunkel). Sie sind tagaktiv und ruhen vorwiegend nachts. Reicht die Zahl der Liegeboxen nicht aus, dann legen sich die Tiere im Stallgang oder Auslauf. Neben der Verschmutzung ist mit einer erhöhten Krankheitsanfälligkeit zu rechnen. Es kommt hinzu, daß einzelne Boxen ungern angenommen werden. Das gilt insbesondere dort, wo verstärkt Unruhe ist – Randboxen und Boxen in der Nähe der Tränke – und für wandständige Boxen. Diese werden oft gemieden. Es kommt hinzu, daß es rangtiefe Tiere häufig nicht wagen, sich in die Nähe von ranghohen Kühen zu legen.

Man unterscheidet Hoch- und Tiefboxen. *Tiefboxen* enthalten stets Einstreu. Damit die Einstreu nicht auf den Stallgang gelangt, haben Tiefboxen gangseitig eine Streuschwelle. Dieser Boxentyp muß deshalb länger sein als die Hochboxen. Als Einstreu kann neben den üblichen Materialien auch Schweißsand (Quarzsand) genommen werden. Durch die große Auflagefläche des ausgemuldeten Lagers überschreitet die Punktbelastung nicht ein für das Tier unzumutbares Maß.

Bei *Hochboxen* besteht die Liegefläche aus Beton oder Holz. Auch sie sollte zur Wärmedämmung und um Druckschäden zu vermeiden, mit einer gewissen Einstreumenge (z.B. Strohmehl) bedeckt sein. Ist die Liegefläche zu hart, dann treten vermehrt Schäden an Carpus (zumeist chronische Schleimbeutelentzündungen) und Tarsus (hauptsächlich Abszesse) auf. Mit zunehmender Einstreumenge ist die Häufigkeit dieser Schäden geringer (Molz, 1989).

Liegeboxen müssen genügend lang und breit sein. Für den Hinlegevorgang benötigen Rinder viel Platz in der Breite, für den Aufstehvorgang ist viel Platz in der Länge erforderlich. Die Liegefläche ist nach vorn durch Steuerungsvorrichtungen (Bugschwelle, Nackenriegel) zu begrenzen, um den Tieren die Möglichkeit zu artgemäßem Aufstehen zu geben. Pferdeartiges Aufstehen der Kühe ist ein Hinweis darauf, daß die Länge der Boxen nicht ausreicht oder daß Stallteile im vorderen Boxenbereich den Kopfschwung behindern. Besondere Beachtung ist wandständigen Boxen zu schenken.

Die Boxen sollten nicht nur genügend breit sein; auch die Verarbeitung der seitlichen Buchtenbegrenzung ist besonders zu beachten. Vorstehende Metallteile und selbst Rauhigkeiten im verarbeiteten Material sind sorgfältig zu meiden. Im hinteren Bereich der seitlichen Abtrennung sollten sich keine senkrechten Verstrebungen befinden; sie schränken die Bewegungsfreiheit der Hinterhand unnötig ein. Seile und Gurte geben auf Druck nach und verhindern so im Gegensatz zu Metall- und Holzteilen Abschürfungen und Verletzungen. Nach Beginn des Abliegevorgangs kann ein Rind den Bewegungsablauf nicht mehr steuern. Verletzungen an Hüfthöckern, Schwanzansatz und anderen Körperteilen sind ein Hinweis darauf, daß die Boxen nicht artgerecht sind.

Oft werden Boxen schmal gehalten, um ein Umdrehen der Tiere und Verkoten der Box zu vermeiden. Die Folge ist eine deutliche Steigerung der Technopathien. Ein breiteres Maß ist vertretbar, wenn die Boxen nach hinten ein Gefälle von ca. 3% haben. Rinder meiden es, mit dem Kopf nach unten zu stehen und drehen sich dann auch in breiteren Boxen kaum um.

■ **Freßplatzbereich**
Rinder im Laufstall fressen täglich bis zu sechs Stunden. Daraus darf nicht gefolgert werden, daß für vier Kühe ein Freßplatz genügt. Durch Zeitgeber und die Allelomimetrie bedingt, wollen die Tiere alle zu gleicher Zeit fressen. Das gilt insbesondere nach Fütterungsbeginn. Auch bei Ad-libitum-Angebot ist die Neigung zur Futteraufnahme nach Fütterungsbeginn sehr groß; Ursache könnten Schmackhaftigkeit und Nährwert des Futters sein. Wenn die Zahl der Freßplätze der Tierzahl nicht entspricht, gehen die Rangtiefen zunächst nicht zum Futterbarren. Sie kommen erst später, wenn das Futter bereits durchsucht ist und bekommen bei begrenztem Futterangebot keine ausreichende Menge oder bereits durchgesuchtes Futter. Die Zahl der Freßplätze hat deshalb der Zahl der Tiere zu entsprechen.

Bei den Kühen der mitteleuropäischen Zweinutzungsrassen ist eine Freßplatzbreite von 90 cm erforderlich. Bei kleineren Rassen und bei Kalbinnen genügt eine etwas geringere Breite. Tier- und trogseitige Steuerungsvorrichtungen führen zu einer etwas ruhigeren Futteraufnahme, mindern aber häufige Freßplatzwechsel nach Fütterungsbeginn kaum. Häufige Freßplatzwechsel bei ausreichender Zahl von Freßplätzen sind nicht tierschutzrelevant. Die Tiere erhoffen offenbar an anderen Plätzen besseres Futter.

■ **Lauffläche**
Die Laufflächen müssen eben und rutschfest sein, außerdem den Klauenabrieb gewährleisten. Die Kombination dieser beiden Forderungen läßt sich im Stall nie so erreichen wie auf Naturböden. Am wenigsten griffig sind im allgemeinen planbefestigte Böden ohne Einstreu, vor allem nach längerer Betriebsdauer. Hier wird auch das Klauenhorn nur geringfügig abgenutzt und es treten häufiger Klauenerkrankungen auf (Molz, 1989). Auch Spaltenböden mit einer Spaltenweite von mehr als 3,8 cm und Lochböden mit einem Lochdurchmesser von 5,0–5,5 cm bieten nicht genügend Haftung. Das gilt sowohl für die Lokomotion als auch für die Körperpflege und hier vor allem für ein Sichselbst-Belecken, daß mit einer starken Rumpfbeugung verbunden ist (Sommer

und Troxler, 1986). Vor allem auf Spaltenboden kommt es leicht zu einem „Scheneneffekt"; auf dieser Bodenart treten außerdem Klauenläsionen (Nekrotischeitrige Wand, Ballenfäule, Steingallen usw.) gehäuft auf.

Die Klauengesundheit wird also sowohl auf Loch- als auch auf Spaltenboden beeinträchtigt. Da jedoch die Rutsch- und Verletzungshäufigkeit auf Lochboden geringer ist als auf Spaltenboden, andererseits das Anpassungsvermögen der Kühe beim Gehen auf Spaltenboden mehr überfordert ist als auf Lochboden, genügt letzterer den Ansprüchen der Rinder jedoch eher als Spaltenboden. Beim Zurücklegen einer gewissen Strecke auf Wegen oder der Weide gehen Kühe meist mit erhobenem Kopf. Auf glatten Stallböden halten sie den Kopf dagegen in der Regel tief (Sommer und Troxler, 1986). Der tiefgehaltene Kopf ist offenbar ebenso wie die geringere Laufgeschwindigkeit ein Hinweis auf unsicheres Gehen. Auch bei Anwendung dieser Kriterien ist der Lochboden günstiger zu beurteilen als der Spaltenboden.

Es ist jedoch darauf zu achten, daß die Spaltenweite 30 mm keinesfalls überschreitet. Im Bereich hinter dem Futterbarren sind Dreh- und Scherbewegungen besonders heftig. Wegen der dadurch bedingten großen Verletzungsgefahr, wenn die Tiere mit den Klauen in die Spalten geraten, ist die Spaltenweite in diesem Bereich auf 25 mm zu begrenzen. Eine Beeinträchtigung der Funktionstüchtigkeit der Spaltenböden ist dann nicht zu erwarten, wenn die Balkenbreite 8 cm nicht überschreitet.

Besonders kritisch zu betrachten sind einzelverlegte Betonbalken. Durch Verrutschen und Verkanten wird die Lauffläche uneben, und die Spalten können unzumutbar weit werden. Notfalls sind Balken neu zu verlegen oder auszutauschen. Das gilt auch bei abgenutzten oder ausgebrochenen Kanten und bei zu glatter oder zu rauher Trittfläche.

Laufgänge dürfen nie als Sackgasse enden, damit ein rangtiefes Tier vor einem ranghohen in Gegenrichtung entweichen kann. Bei hornlosen Kühen ist eine Laufgangbreite von 3,0 m ausreichend, bei gehörnten Tieren muß sie mindestens 4,0 m betragen.

Tiefstreuställe

Bei diesem Stalltyp ist die Fläche nicht unterteilt. Die Tiere können sich also nicht zum Ausruhen oder um ranghöhere Herdenmitglieder zu meiden, zurückziehen. Deshalb ist die Besatzdichte niedrig zu halten; pro Kuh werden mindestens 8 m^2 benötigt.

Da keine verhaltenssteuernden Stallelemente vorhanden sind und Rinder keine ausgewählten Kotplätze kennen, wird auf die gesamte Fläche gekotet. Um den Tieren dennoch eine einigermaßen trockene Liegefläche zu bieten, ist täglich neu einzustreuen. Pro Tier und Tag ist eine Einstreumenge von 6–8 kg Stroh erforderlich.

Auslauf

Damit bei geeignetem Wetter alle Tiere den Auslauf nutzen können, ist pro Kuh eine Fläche von mindestens 8 m^2 vorzusehen. Der Boden muß eben und rutschfest sein. Er ist in regelmäßigen Abständen von Kot zu befreien. Wenn der Freßplatz sich im Auslauf befindet, hat er überdacht zu sein. Das Dach muß nach außen geneigt sein, damit fressende Tiere nicht dem Tropfwasser ausgesetzt sind.

Sonstige Einrichtungen

In Laufställen müssen für kranke und kalbende Kühe Isolierbuchten vorhanden sein. Die Schmalseite solcher Buchten sollte mindestens das 1,5fache der Widerristhöhe der Kühe betragen; ihre Fläche muß bei kleineren Rassen mindestens 10 m², bei größeren Rassen mindestens 12 m² groß sein. Die Isolierbuchten sollten sich im Sichtbereich des Laufstalles befinden. Damit eine möglichst unkomplizierte Wiedereingliederung in die Herde erfolgen kann, sollten Kühe nicht über das zeitlich notwendige Maß hinaus isoliert gehalten werden.

Stallklima

Da bei Kühen, wie bereits auf S. 112 beschrieben, die untere kritische Temperatur sehr tief liegt und auch die Behaglichkeitstemperatur bis 0 °C hinuntergeht, sind Kaltställe ausreichend. Die Ställe sollen eine gute Lüftung besitzen, um Luftfeuchtigkeit und Schadgase möglichst gering zu halten, allerdings sollte Zugluft gemieden werden. Auch wenn ein Auslauf vorhanden ist, muß der Stall genügend groß sein, um auch den rangtiefsten Tieren Platz zu bieten. Bei Frost ist darauf zu achten, daß der hohe Trinkwasserbedarf der laktierenden Tiere jederzeit befriedigt werden kann.

Der Auslauf muß auch bei Minustemperaturen frei von erheblichen Kot- und Harnmengen sowie rutschfest sein. Ist dies nicht zu gewährleisten, dann müssen die Kühe am Betreten des Auslaufs gehindert werden.

Management

Kühe, die neu zur Herde kommen oder nach längerer Abwesenheit zur Herde zurückkehren, werden von den vorhandenen Tieren in Rangkämpfe verwickelt. Da auch in geräumigen Laufställen die Fluchtmöglichkeit begrenzt ist, sind die Neuankömmlinge anfangs in ständiger Erregung und geraten fortlaufend in weitere Kämpfe. Es ist deshalb anzustreben, Kühe – vor allem junge – nicht einzeln, sondern zu mehreren der Herden beizugeben. Die Aggressionen der heimischen Tiere konzentrieren sich auf diese Weise nicht so sehr auf eine einzelne Kuh (Jakob et al., 1988).

Weidehaltung

Der Weideaustrieb von Kühen ist grundsätzlich die am meisten tiergerechte Haltungsform; sie kann sogar als naturnah bezeichnet werden. Die Tiere haben Bewegung und Sozialkontakt. Sie können lange Zeit mit der Futteraufnahme verbringen und der Boden ist als Liegefläche angemessen. Bei Weidehaltung treten an den Tieren weniger Schäden auf als bei Stallhaltung (Molz, 1989). Es kommt hinzu, daß die hygienische Situation zufriedenstellender ist als im Stall und Tageslicht günstiger beurteilt wird als Kunstlicht. Dennoch gibt es einige Aspekte, die beachtet werden müssen.

Bei einer Weideperiode von Anfang Mai bis Ende Oktober sind keine extrem niedrigen Temperaturen zu erwarten, so daß die Kälte allein nicht zu besonderen Maßnahmen zwingt. Allerdings müssen die Kühe bei Regen, Temperaturen um 0 °C und starkem Wind eine Schutzmöglichkeit haben. Einzelstehende Bäume, ein Waldrand oder eine Hecke reichen in der Regel nicht aus. Angemessen ist eine Schutzhütte, wobei die einfachste Bauweise mit Offenfront genügt.

Stärker als Kälte kann den Tieren in Mitteleuropa Wärme zusetzen. Schutzhütten werden selbst bei großer Hitze oft nicht angenommen. Sie heizen sich stark auf und sind meist nicht groß genug, um alle Tiere aufzunehmen und die notwendigen Ausweichdistanzen zu ermöglichen; außerdem ist dort die Belästigung der Kühe durch Fliegen groß.

Günstiger sind schattenwerfende Bäume. Ist kein anderer Schattenspender vorhanden, dann stellen oder legen sich vorzugsweise ranghohe Kühe in den Schatten des Wasserwagens. Die schwächeren Tiere leiden doppelt, weil sie nicht nur die Hitze ertragen müssen, sondern zuweilen stundenlang nicht an die Tränke gelassen werden.

Beim Anlegen des Zaunes sind spitze Winkel zu vermeiden. Geschieht dies nicht, dann werden manchmal Rangtiefe in diesen Teil der Weide abgedrängt. Bei dem Versuch zu entweichen, müssen sie sich starken Tieren nähern. Diese empfinden die Annäherung als Aggression oder „Unbotmäßigkeit" und traktieren die Schwächeren nachhaltig.

Dringend erforderlich ist auf der Weide eine Vorrichtung, an der die Kühe sich scheuern können. Zaunpfähle sind nicht geeignet. Sie sind meist nicht stabil genug, geben nach, und die Kühe können entweichen. Elektrische Weidezäune werden aus verständlichen Gründen gemieden. Ist ein Wasserwagen auf der Weide, oder sind Strommasten vorhanden, dann bieten sie ausreichend Gelegenheit zur Körperpflege. Auch Schutzhütten bieten die Möglichkeit zum Scheuern. Ansonsten sind genügend stabile freistehende Pfähle oder handelsübliche Viehbürsten vorzusehen.

■ Mutterkühe

Stallhaltung

Für die Mutterkuhhaltung sind alle Formen der **Laufstallhaltung** geeignet, d.h. sowohl Ein- und Mehrraumlaufställe als auch Tretmist- und Liegeboxenlaufställe. Anbindeställe sind in der Mutterkuhhaltung nicht üblich, kommen jedoch gelegentlich vor. Die Mängel aus der Sicht des Tierschutzes sind nicht so gravierend, daß diese Haltungsform grundsätzlich unzulässig ist.

Da in Mutterkuhherden mit Aggressionen gegen die Kälber gerechnet werden muß, sind die Tiere in jedem Fall zu enthornen. Vor allem Stiere können gegen sexualaktive ältere Stierkälber sehr aggressiv werden. Wären sie nicht hornlos, würde es zu erheblichen Verletzungen kommen.

Die Ställe müssen nicht zwangsläufig wärmegedämmt sein, allerdings sollen Kaltställe frei von Zugluft sein. Kälber benötigen bei der Geburt eine Temperatur von 20 °C. Bei Kälbern im Alter von einigen Monaten sollte die Stalltemperatur 5 °C nicht unterschreiten. Pro Kuh müssen mindestens 8 m^2 Stallfläche zur Verfügung stehen.

Liegebereich: In Liegeboxenställen muß die Zahl der Liegeboxen der Zahl der vorhandenen Kühe entsprechen. Für die Gestaltung der Boxen und ihre Maße gilt für mittelgroße bis große Rassen das auf S. 113 Gesagte. Kleinere Rassen benötigen etwas geringere Maße.

Nicht strukturierte Ställe wie Mehrraumlaufställe und Tretmistställe müssen stets gut eingestreut sein, so daß die Tiere jederzeit eine einigermaßen trockene Liegefläche vorfinden. Kotverschmutzte Euter erhöhen die Gefahr von Verdauungsstörungen bei Kälbern.

Freßbereich: Am Futterbarren muß so viel Platz vorhanden sein, daß alle Kühe gleichzeitig fressen können. Kleinere Rassen benötigen eine Freßplatzbreite von 80 cm, größere eine solche von 100 m Breite. Jede Situation, die die Unruhe unter den Tieren erhöht, ist zu meiden, da hierdurch insbesondere den Kälbern Schäden zugefügt werden könnten.

Laufbereich: Die Laufgänge müssen genügend breit und ohne Engpässe und Sackgassen sein. Insbesondere der Raum hinter dem Futterbarren muß ausreichend groß sein, um Rangierbewegungen der Tiere ohne Geschiebe zuzulassen. Ist der Platz zu gering, dann können die Kälber durch Kühe, die nach Auseinandersetzungen vor anderen ausweichen, an Teile der Stalleinrichtung gedrückt werden und Quetschungen sowie Hautverletzungen erleiden.

Der Boden muß in allen Teilen planbefestigt, eben und rutschfest sein. Er ist täglich mehrfach von Kot und Harn zu befreien. Das gilt insbesondere für die Fläche hinter dem Freßplatz, weil hier mehr als die Hälfte des Kotes abgesetzt wird. In Mutterkuh-Ställen sind perforierte Böden wegen der kleinen Klauen der Kälber nicht zulässig.

Kälberbereich: In jedem mit Mutterkühen besetzten Stall ist ein Kälberschlupf unabdingbar. Pro Kalb sind 2 m² Fläche vorzusehen, damit alle Kälber gleichzeitig ruhen können. Der Kälberschlupf darf für die erwachsenen Rinder nicht zugänglich sein. Er ist reichlich mit Stroh guter Qualität einzustreuen, damit die Kälber jederzeit trocken und wärmegedämmt liegen können.

Kälber beginnen schon im Alter von 14 Tagen mit der Aufnahme von festem Futter. Insbesondere um sie vom Futterbarren für die Kühe fernzuhalten, ist ihnen im Kälberschlupf Heu anzubieten. Aus hygienischen Gründen sollten die Kälber hier auch eine eigene Tränke haben.

Abkalbebox: Bei Wildrindern und extensiv gehaltenen Rindern isoliert die Kuh sich kurz vor der Geburt von der Herde. Dieses Bedürfnis nach einer störungsfreien, ruhigen Umgebung sollte auch bei Stallhaltung von Mutterkuhherden geschaffen werden. Die Kühe sind kurz vor der zu erwartenden Geburt in Abkalbebuchten zu führen. Diese Buchten haben den zusätzlichen Vorteil, daß die Kuh sich auf das Kalb konzentrieren kann und durch Artgenossen nicht abgelenkt wird. Auch bei nicht ausgereiftem Muttertrieb ist sie gezwungen, beim Kalb zu bleiben. Die anfangs gelegentlich fehlende Bindung der Kuh an das Kalb kann sich so in der folgenden Zeit noch einstellen.

Die Abkalbebucht muß sich in unmittelbarer Nähe des Herdenstalles befinden, damit der optische und akustische Kontakt mit den Artgenossen aufrechterhalten bleibt. Die Bucht soll mindestens 12 m² groß sein. Sie muß reichlich eingestreut sein. Die Einstreu muß trocken sein, um Kuh und Kalb einen weichen, wärmegedämmten Liegeplatz zu bieten.

Nach normaler Haltung und bei gut entwickeltem Kalb können Kuh und Kalb nach einer Woche zur Herde zurückgebracht werden. Längerer Aufenthalt in Isolierung führt nach Rückkehr der Kuh in den allgemeinen Stall zu erhöhter Kampfneigung.

Sonstiges: Mutterkühe und Kälber sind mehrmals täglich zu kontrollieren. Das gilt besonders für die Abkalbesaison. Tiere mit Allgemeinerkrankungen sind zu isolieren. Kranke Tiere, insbesondere solche mit einer Infektionskrankheit, dürfen nicht in die Abkalbebox gebracht werden. Sie sind in einer besonderen Krankenbox unterzubringen, damit nicht später kalbende Kühe und neugeborene Kälber einer erhöhten Infektionsgefahr ausgesetzt sind.

Kälber

Allgemeines

Als Kälber gelten nach der Richtlinie des Rates der EU von 1991 über Mindest-

Abb. 6 Für diese Kälber im Alter von mehr als acht Wochen ist die Einzelhaltung ein Verstoß gegen die gesetzlichen Vorschriften.

anforderungen für den Schutz von Kälbern junge *Rinder bis zu einem Alter von sechs Monaten*. Kälber haben in der ersten Zeit nach der Geburt ein sehr großes Ruhebedürfnis; sie liegen ungefähr 90 % der Zeit. Deshalb sollten sie in den ersten zwei Lebenswochen – abgesehen von Tieren in Mutterkuhhaltung – einzeln oder in Gruppen mit Gleichaltrigen gehalten werden. Bei älteren Kälbern sind Bewegungsdrang und Neigung zu Sozialkontakt sehr groß. Anbindehaltung wird diesen Bedürfnissen nicht gerecht. Kälber im Alter von mehr als zwei Wochen sollten in Gruppen gehalten werden.

Die Minimalbedingungen für Kälber regelt in Deutschland die Kälberhaltungsverordnung, in der Schweiz der 2. Abschnitt der Tierschutzverordnung. Einzelhaltung (Boxen- oder Anbindehaltung) ist in Deutschland gelegentlich noch bei Kälbern im Alter von über acht Wochen üblich (Abb. 6). Bei solchen Tieren verstößt diese Form der Haltung jedoch eindeutig gegen die Kälberhaltungsverordnung von 1992.

Gestaltung der Buchten

Kälberbuchten müssen zumindest teilweise eingestreut sein. Die Einstreu muß in regelmäßigen Abständen ergänzt bzw. erneuert werden, damit die Kälber jederzeit trocken und wärmegedämmt liegen können. Höchstens 50% der zur Verfügung stehenden Fläche darf nicht eingestreut sein (planbefestigt oder Spaltenboden). Dieser Teil der Bucht sollte sich hinter den Fütterungseinrichtungen befinden. Bei Spaltenboden darf die Spaltenweite höchstens 3,0 cm betragen. Die Auftrittsbreite der Balken muß mindestens 8 cm betragen. Lochböden sind bei Jungtieren bis 200 kg Körpergewicht abzulehnen.

Der nicht eingestreute Teil einer Bucht muß eben und rutschfest sein. Planbefestigte Böden sind täglich zu reinigen. Holzböden haben sich nicht bewährt. Sie nutzen sich zu leicht ab, und es kommt an den Spalten zu trichterartigen Einziehungen; außerdem sind sie durch den Kot der Kälber sehr glatt. Das gilt auch für die früher viel verwendeten Böden aus Bongossiholz.

Jedem Kalb müssen bis zum Alter von vier Monaten 4 m², danach bis zum Alter von sechs Monaten 6 m² Fläche zur Verfügung stehen. Nach der Schweizer Tierschutzverordnung gelten für die Boxenhaltung von Kälbern folgende Maße: Bis zum Alter von drei Wochen muß die Breite mindestens 70 cm, die

Abb. 7 Zungenspielen dieser Bullen wurde im Kälberalter durch ein Saugdefizit beim Tränken ausgelöst.

Länge mindestens 130 cm betragen. Für Kälber von drei Wochen bis vier Monaten ist eine Mindestbreite von 85 und eine Mindestlänge von ebenfalls 130 cm vorgesehen.

Nahrungsaufnahme

Kälber saugen an der Kuh in den ersten Lebensmonaten täglich durchschnittlich fast sechsmal. Jeder Saugvorgang dauert ungefähr 10 min. Die insgesamt mit Saugen verbrachte Zeit beträgt also nahezu 60 min am Tag. Mutterlos aufgezogene Kälber bekommen täglich zweimal einige Liter Milchaustauscher. Sie trinken diesen in jeweils 2–3 min aus, benötigen also täglich kaum 6 min zur Aufnahme von Milch(-austauscher). Diese Kälber sind dann zwar satt und energiemäßig ausreichend versorgt. Sie haben aber nur 10% von der Zeit trinkend verbracht, die ein Kalb an der Kuh benötigt. Die Folge ist, daß die Kälber ein Saugdefizit haben; sie wollen zusätzlich saugen.

Mutterlos aufgezogene Kälber besaugen einander oder Teile der Stalleinrichtung bzw. entwickeln häufig *Zungenspielen*, das sie auch später noch beibehalten (Abb. 7). Solche als Folge eines Triebstaus entstandenen Verhaltensstörungen dürfen als *Indikatoren für Leiden* gelten. Sie können auf unterschiedliche Weise verhindert oder doch zumindest stark gemindert werden. Das Saugen ist durch geeignete Maßnahmen so zu erschweren, daß die Aufnahme der vorgesehenen Milchmenge ungefähr 10 min in Anspruch nimmt. Zusätzlich können die Kälber in den Absperrgittern einige Zeit fixiert werden, da die Neigung zum gegenseitigen Besaugen nach dem Tränken rasch abnimmt. Während dieser Zeit haben Gaben von geringen Kraftfuttermengen eine zusätzlich günstige Wirkung, weil die Kälber jetzt Maulbeschäftigung haben. Kälber, deren Nahrung im wesentlichen aus Milch bzw. Milchaustauscher besteht, müssen täglich mindestens zweimal getränkt werden.

Kälber kauen bereits mit einer Woche auf einzelnen Halmen herum. Schon im Alter von zwei Wochen schlucken sie die erste feste Nahrung ab. Deshalb muß Kälbern von diesem Alter an stets rohfaserreiches, strukturiertes Futter zur Verfügung stehen. Zusätzlich müssen die Kälber jederzeit Zugang zu sauberem Trinkwasser haben.

Milch enthält kaum Eisen. Junge Kälber, die fast nur Milch bekommen haben, haben daher ein physiologisches Eisendefizit. Sie besitzen einen geringen

Hämoglobingehalt; deshalb ist ihr Fleisch hellrosa. Sobald Kälber in nennenswerten Mengen Rauhfutter aufnehmen, führt die bessere Eisenversorgung zu Fleisch, das deutlich dunkler rot ist. Ob ein Kalb mehr oder weniger gut mit Eisen versorgt ist, hat keinen Einfluß auf die Zartheit des Fleisches. Das Muskelfleisch mangelversorgter Kälber ist nicht zarter als das von Artgenossen, die nach Bedarf mit Rauhfutter versorgt wurden. Es gilt eher, daß das Fleisch älterer hellrosafleischiger und damit leicht anämischer Kälber an der Grenze zum Pathologischen liegt. Im Grunde wird eine Verbrauchertäuschung bezweckt, wenn nicht gar Betrug vorliegt, denn die Zartheit des Kalbfleisches hängt vom Alter des Tieres ab und nicht von seiner Farbe.

Eisenunterversorgte Tiere sind bei Anstrengung rasch erschöpft, weil Muskeln und andere Organe wegen der mangelhaften Hämoglobinbildung ungenügend mit Sauerstoff versorgt werden. Puls- und Atemfrequenz steigen, respiratorisches Atemminutenvolumen, Sauerstoffverbrauch und Blutlaktatkonzentration ebenfalls. Erheblich mit Eisen unterversorgte Kälber haben geringere tägliche Zunahmen als ausreichend versorgte Altersgenossen. Dies ist teilweise eine Folge von Infektionen, da die Immunreaktion solcher Kälber gestört ist.

Eisenmangelerscheinungen sind die Folge, wenn der Gehalt an Eisen im Milchaustauscher unter ca. 20 mg/kg Trockensubstanz liegt. Die Richtlinien der EU über den Verkehr mit Mischfuttermitteln schreibt einen Eisengehalt in Milchaustauschfutter für Kälber mit einem Lebendgewicht von nicht mehr als 70 kg von mindestens 30 mg/kg vor, bezogen auf das Alleinfuttermittel mit einem Feuchtigkeitsgehalt von 12 %. Durch Strohzufütterung, gleichgültig welcher Provenienz, werden zwar die Verhaltensbedürfnisse der Tiere befriedigt, aber der Eisenmangel kann nicht ausgeglichen werden. Erst ab einer Zufuhr von ca. 50 mg/kg Milchaustauscher ist mit einer ausreichenden Eisenversorgung von Kälbern zu rechnen.

Nach der Schweizer Tierschutzverordnung müssen Kälber so gefüttert werden, daß sie mit genügend Eisen versorgt sind. Maulkörbe dürfen Kälbern nicht angelegt werden.

Auslauf

Noch vor nicht allzulanger Zeit wurde das Wärmebedürfnis von Rindern überschätzt. Offenbar orientierte man sich dabei an den Bedürfnissen des Betreuungspersonals. Das Problem von Rindern ist eher, die überschüssige Körperwärme abzuführen. Das gilt in beschränktem Maße auch für Kälber. Früher wurden sie üblicherweise in einer Ecke des warmen und schlecht belüfteten Kuhstalles gehalten. Gehäuftes Auftreten von Atemwegserkrankungen und Verdauungsstörungen waren die Folge.

Kälber sollten möglichst viel an der frischen Luft sein. Sobald das Haarkleid nach der Geburt vollständig trocken ist, sind sie gegenüber den mitteleuropäischen Witterungsbedingungen erstaunlich tolerant. Nicht Minustemperaturen schaffen gefährliche Situationen, sondern Regen bei Wind mit Temperaturen um 0 °C. Deshalb ist Kälbern in Auslaufhaltung stets eine Unterstellmöglichkeit (Iglu, Hütte) anzubieten, in der sie vor Niederschlägen und Zugluft geschützt sind. Günstig zu beurteilen sind auch Offenfrontställe. Wichtig ist ein durch entsprechende Einstreumengen trockener, wärmegedämmter Liegeplatz. Der Laufhof muß planbefestigt und rutschfest sein. Er ist regelmäßig zu reinigen.

Maßnahmen am Tier

Grundsätzlich sollten Tiere nicht durch Zurechtstutzen an ein bestimmtes Haltungssystem angepaßt werden. Ausnahmen scheinen nur zulässig, wenn der Vorteil für das Tier die mit dem Eingriff verbundenen Schmerzen oder Leiden deutlich übersteigt. Dies scheint beim Enthornen der Fall zu sein. Würde man das *Enthornen* verbieten, dann käme es bei der üblichen Besatzdichte in den Ställen zu einer erheblichen Verletzungsgefahr und zu einer nicht vertretbaren Gefährdung des Stallpersonals (Jaokob et al., 1988). Andererseits wäre eine erhebliche Minderung der Besatzdichte, um die Verletzungsgefahr zu mindern, wirtschaftlich kaum tragbar.

Das Zerstören der Hornanlage bei Kälbern ist nach den gegenwärtig gültigen gesetzlichen Regelungen grundsätzlich zulässig. Es ist dabei jedoch mit großer Sorgfalt vorzugehen, damit den Tieren nicht ein über das notwendige Maß hinausgehender Schaden zugefügt wird. Nach dem deutschen Tierschutzgesetz ist eine Betäubung nicht erforderlich, wenn der Eingriff bei unter sechs Wochen alten Rindern geschieht; nach der geltenden Schweizer Tierschutzverordnung dürfen fachkundige Personen den Hornansatz bei Kälbern entfernen, solange diese jünger als zwei Monate alt sind.

Eingehende Untersuchungen ergaben allerdings, daß Kälber während und nach thermischer Zerstörung der Hornanlagen erhebliche Schmerzäußerungen zeigen; die Cortisolkonzentration im Speichel der betroffenen Tiere steigt deutlich an. Diese Reaktionen werden als Zeichen von Streß gewertet (Taschke und Fölsch, 1995).

Die früher vertretene Ansicht, daß das Schmerzempfinden bei jungen Tieren (und Säuglingen) noch nicht voll entwickelt ist, ist nicht mehr haltbar. *Kälber sollten deshalb nur unter Betäubung enthornt werden* (Taschke und Fölsch, 1995).

In letzter Zeit wird es insgesamt für überflüssig gehalten, daß Kühe in Laufställen hornlos sein müssen (Menke, 1996; Menke et al., 1995). Für den Erfolg oder Mißerfolg der Haltung behornter Milchkühe im Laufstall sind das Herdenmanagement und die Mensch-Tier-Beziehung bedeutende Faktoren. Eine gute Beziehung des Tierhalters zu seinen Kühen schafft über einen ruhigen Umgang große Sicherheit für die Tiere. Das Vertrauen in den Menschen führt zu umgänglicheren Tieren und zu einer stabilen Sozialstruktur in der Herde (Waiblinger, 1995).

Die *Kastration* männlicher Rinder darf in der Schweiz und in Deutschland nur dann ohne Betäubung durchgeführt werden, wenn die Kälber noch nicht zwei Monate alt sind.

Das vollständige oder teilweise *Amputieren* von Körperteilen, also z.B. das Amputieren des Schwanzes von Rindern, ist verboten. Das Verbot gilt in Deutschland nicht, wenn der Eingriff im Einzelfall
– nach tierärztlicher Indikation geboten ist und
– für die vorgesehene Nutzung des Tieres unerläßlich ist und tierärztliche Bedenken nicht entgegenstehen.

Eine bei mangelhaftem Abrieb regelmäßig (ein- bis zweimal jährlich) durchzuführende Maßnahme ist das *Beschneiden der Klauen*. Zu lange Klauen führen nicht nur zu einer fehlerhaften Belastung und damit zu Schmerzen, sondern können auch Ursache für Sohlengeschwüre sein und bei Kühen durch zwangsläufig veränderte Bewegungsabläufe zu Trittverletzungen an den Zitzen führen.

Mastrinder

Allgemeines

Als Mastrinder gelten hier *Bullen* und *Färsen*, soweit sie nicht für die Zucht vorgesehen sind, sowie *Ochsen*. Nicht zu den Mastrindern zählen (gemästete) Kälber sowie Kühe, die nach der Zuchtnutzung ausgemästet werden sollen. Mastrinder werden je nach Rasse im Alter von 12 Monaten (Fleckvieh) bis 18 Monaten (Limousin) geschlachtet. Mastrinder sind also bei der Schlachtung noch recht jung und haben, abgesehen von Ochsen, einen großen Bewegungsdrang. Deshalb ist eine ununterbrochene Anbindehaltung nicht artgerecht. Die Schweizer Tierschutzverordnung von 1981 fordert, daß Rindvieh, das angebunden gehalten wird, sich zeitweilig außerhalb der Standplätze bewegen können muß. Eine ähnlich lautende Regelung wäre in den anderen Ländern angebracht.

In Deutschland und Österreich ist die Bullenmast die bedeutendste Form der Mastrinderhaltung. In der Schweiz ist auch die Ochsenmast recht weit verbreitet.

Die Weidehaltung von Mastrindern hat nur in einzelnen Regionen stärkere Bedeutung. So ist in Nordfriesland traditionell die Ochsenmast in der Marsch („Fettviehgräsung") weit verbreitet. Sie wird darüber hinaus nur in Einzelbetrieben ausgeübt. Diese Form der Haltung wirft bei entsprechendem Witterungsschutz kaum Tierschutzprobleme auf. Sie kann im Gegenteil als tiergerechtes Referenzsystem gelten. Die meisten Mastrinder werden in spezialisierten Betrieben gehalten. Meist handelt es sich dabei um ganzjährige Stallhaltung.

Buchtengestaltung

Die **Gruppenhaltung** bietet den Tieren Bewegungsmöglichkeit und Sozialkontakt. Eine Gruppe sollte jedoch höchstens zehn Tiere umfassen, da Unruhe und Belästigung des Einzeltieres mit höherer Tierzahl deutlich zunehmen. Die Tiere einer Gruppe sollten annähernd das gleiche Körpergewicht besitzen. Tiere von wesentlich geringerem Gewicht werden leicht abgedrängt, von den deutlich schwereren Gruppengenossen an die Buchtenbegrenzung gepreßt und attackiert. Auch wenn sie zu Beginn der Mast annähernd das gleiche Gewicht haben, sollten Tiere leichterer und schwererer Rassen nie gemeinsam gehalten werden, weil die Gruppen später „auseinanderwachsen". Bullengruppen im Alter von mehr als sechs Monaten darf auch nach Ausfall eines Tieres kein fremdes Tier zugegeben werden.

Jungtiere, die zur Mast in Gruppen vorgesehen sind, sollten stets enthornt werden. Auch bei etwas großzügigerer Platzzumessung können schwache Tiere nur geringfügig ausweichen. Bei Rangstreitigkeiten sind sie den stärkeren schutzlos ausgeliefert. Hornbesitz kann zu erheblichen Verletzungen, Hämatomen und Hernien führen. In diesem Zusammenhang ist auch an das Stallpersonal zu denken. Es treten immer wieder Situationen auf, die ein Betreten der Buchten erforderlich machen. Bei älteren gehörnten Tieren wäre dies unverantwortlich.

Vollspaltenböden sind in der Mastrinderhaltung zwar üblich; sie sind aus unterschiedlichen Gründen jedoch abzulehnen. Es kommt zu oft vor, daß einzelne Körperteile (Extremitäten, Schwanz, Hodensack) getreten werden. Auf unbedecktem Stallboden geraten sie gleichsam zwischen Hammer (Klauen) und

Tab. 1 Mindestplatzbedarf und maximale Spaltenweite in Abhängigkeit vom Körpergewicht bei Mastrindern in Einraumställen

	Körpergewicht (kg)			
	< 200	200–350	350–500	> 500
Platzbedarf (m²)	2,5	3,0	3,5	4,0
Spaltenweite (mm)	20	25	30	35
Freßplatzbreite pro Tier (cm)	40	55	70	80

Amboß (Balken). Verletzungen sind unvermeidlich. Hinzu kommt, daß das Liegen auf unbedecktem Beton nicht als artgerecht angesehen werden kann. Hinterhandabliegen und pferdeartiges Aufstehen vieler Tiere zeigen, daß diese Form der Haltung den Bedürfnissen von Rindern nicht entspricht.

Teilspaltenboden ist nur dann zulässig, wenn der perforierte Teil des Bodens eben und rutschfest ist. Die Kanten der Balken sollten leicht gebrochen, jedoch ohne Scharten sein. Die Spaltenweite sollte der Klauengröße angepaßt sein (Tabelle 1). In eingestreuten Ställen muß die Einstreu so häufig erneuert bzw. ergänzt werden, daß allen Tieren gleichzeitig ein trockener Liegeplatz zur Verfügung steht.

Besatzdichte: Im Verlaufe der Jahre ist die Besatzdichte bei Mastrindern bis ungefähr 1990 immer größer geworden. Die Folge waren erhöhte Unfallbelastung und Krankheitsanfälligkeit der Tiere. Es ist ein Gebot des Tierschutzes, die Besatzdichte nicht ein gewisses Maß überschreiten zu lassen (s. Tabelle 1). Um eine ruhige Futteraufnahme aller Tiere gleichzeitig zu gewährleisten, muß ein Tier-Freßplatz-Verhältnis von 1:1 vorliegen.

Der **Laufhof** muß eben und rutschfest sein, täglich muß eine Kotbeseitigung stattfinden. Bei Außenfütterung soll der Futterbarren überdacht sein. Es ist dafür Sorge zu tragen, daß auch bei Frost keine erhöhte Verletzungsgefahr durch den Boden für die Tiere besteht.

Sonstiges: In jeder Bucht (maximal zehn Tiere) muß eine Tränke vorhanden sein, die nur Tieren dieser Gruppe zur Verfügung steht. Das Tränkebecken ist genügend hoch anzubringen, um eine Verunreinigung des Trinkwassers durch Kot oder Harn (Färsen) zu vermeiden.

Auch bei Intensivmast ist den Tieren ganztägig strukturiertes Futter (Heu oder Stroh) anzubieten. Bei ausschließlicher Verfütterung von aufbereitetem Futter (z.B. Maissilage) und Kraftfutter ist die Zeit der Futteraufnahme bis zur Sättigung zu kurz. Es kommt zu Verhaltensstörungen: Zungenspielen, Benagen und Belutschen der Stalleinrichtung.

Mastbullen bespringen einander. Dieses *gegenseitige Bespringen* ist kein Spiel. Der Penis wird (nach der Geschlechtsreife) ausgeschachtet, und es finden Suchbewegungen statt. Diese ernsthaften Deckbemühungen sind entsprechend hartnäckig. Die Aufsprünge können sowohl beim aufspringenden als auch beim besprungenen Tier zu Verletzungen führen. Es ist deshalb verständlich, daß der Besitzer diese Aktivität unterbinden will. Die Verletzungsgefahr ist vor allem auf Spaltenboden groß. Abweisrohre über den Köpfen der Bullen sind allerdings für das aufspringende Tier auch nicht gefahrlos. Bis jetzt gibt es keine zufriedenstellende Empfehlung, durch die das gegenseitige Bespringen unterbunden werden kann.

Auch bei relativ rutschfestem Boden gelingt es den Tieren nicht, alle Körperteile zu belecken. Sie brauchen zusätzliche Vorrichtungen zum Scheuern. Ge-

Tab. 2 Mindestanforderung für die Anbindehaltung von Rindern in der Schweiz

Kategorie	Breite (cm)	Länge (cm)
Kälber bis 3 Wochen	60	120
Kälber von 3 Wochen bis 4 Monaten	70	120
Jungtiere bis 200 kg	70	120
Jungtiere bis 300 kg	80	130
Jungtiere bis 400 kg	90 (85)	145 (140)
Jungtiere über 400 kg	100 (95)	155 (150)
Milchkühe im Kurzstand	110 (105)	165 (160)
Milchkühe im Mittellangstand	110 (105)	200 (195)

eignet sind Matten oder Bürsten, die im Fachhandel angeboten werden. Es ist darauf zu achten, daß diese Geräte einen senkrechten und einen waagerechten Teil enthalten, damit sie sowohl für die Rumpfseite als auch für den Rücken erreichbar sind.

Im Gegensatz zu Deutschland und Österreich gibt es in der Schweiz eine Tierschutzverordnung, in der Mindestanforderungen für die Haltung von Rindern gestellt werden.

Bei Gruppenhaltung von Jungtieren sind die Mindestmaße in folgender Weise abhängig vom Körpergewicht:

Körpergewicht (kg)	Bodenfläche je Tier (m²)
bis 200 kg	1,8
bis 300 kg	2,0
bis 400 kg	2,3
über 400 kg	2,5

Die Maße gelten für Vollspalten- oder Lochböden. Werden die Tiere in Ställen mit Einstreu gehalten, ist die Bodenfläche je Tier angemessen zu vergrößern. Bei Anbindehaltung gelten nach der Tierschutzverordnung der Schweiz die in Tabelle 2 angegebenen Mindestmaße. Diese Maße sind als lichte Weite zu verstehen. Die in Klammern angegebenen Werte sind die Grenzwerte für bestehende Einrichtungen, die nicht angepaßt werden müssen.

Literatur

Gygax, M., Hirni, H., Zwahlen, R., Lazary, S., and Blum, J. W. (1993): Immune Functions of Veal Calves fed low Amounts of Iron. J. Vet. Med. A 40, 345–358.

Jakob, P., Schmidlin, A., Steiner, Th., und Götz, M. (1988): Die Benützung des Liegebereichs im Boxenlaufstall durch Milchkühe. Schriftenreihe der Eidgen. Forschungsanstalt für Betriebswirtschaft und Landtechnik, Tänikon, Heft 31.

Kohli, E. (1987): Auswirkungen des Kuhtrainers auf das Verhalten von Milchvieh. Prakt. Tierarzt 68, 34–44.

Menke, C.A. (1996): Laufstallhaltung mit behornten Milchkühen. Diss. agr., Zürich.

Menke, C., Waiblinger, S., und Fölsch, D.W. (1995): Einflußfaktoren auf das Sozialverhalten von behornten Milchkühen im Laufstall. KTBL-Schrift 370, 107–116.

Metzner, Christine, und Groth, W. (1979): Der Einfluß des Kuhtrainers auf das Verhalten und auf Kreislauf- und Blutparameter der Kuh. Züchtungskunde 51, 85–95.

Molz, C. (1989): Beziehungen zwischen haltungstechnischen Faktoren und Schäden beim Milchvieh in Boxenlaufställen. Diss. med. vet., München.

Oswald, T. (1992): Der Kuhtrainer. Eidg. Forschungsanstalt für Betriebswirtschaft und Landtechnik, Tänikon, Heft 37.

Piguet, M., Bruckmaier, R.M., and Blum, J.W. (1994): Cardio-respiratory, haematological and lactate responses of breeding calves to treadmill exercise. J. Anim. Physiol. Anim. Nutr. 72, 101–114.

Schlichting, M.C. (1993): Haltungsorientierte Beispiele zur Verhaltensanpassung beim Rind KTBL-Schrift 356, 59–66.

Sommer, Th., und Troxler, J. (1986): Ethologische und veterinärmedizinische Beurteilungskriterien in bezug auf die Tiergerechtheit von Loch- und Spaltenboden für Milchvieh. KTBL-Schrift 311, 73–85.

Taschke, A.C., und Fölsch, D.W. (1995): Kritische Bewertung der thermischen Enthornung von Kälbern. Untersuchung des Verhaltens, des Cortisols im Speichel und der Innervation der Hornanlage. KTBL-Schrift 370, 52–62.

Waiblinger, Susanne (1995): Die Mensch-Tier-Beziehung bei der Laufstallhaltung von behornten Milchkühen.

Schaf

D. BUCHENAUER

Biologie des Schafes

Abstammung, Rassen und Verbreitung

Das Schaf gilt neben der Ziege als das älteste domestizierte Nutztier. Als Domestikationszentrum für das Schaf sind die Steppengebiete zwischen Kaspischem Meer, Aralsee und Turkestan anzusehen.

An der Entstehung der Schafrassen waren Mufflons Europas, Kleinasiens und Westpersiens sowie asiatische Wildschafe (Arkal osteuropäischer und asiatischer Steppen und Argali Zentralasiens) beteiligt. Das europäische Mufflon lebt sowohl in trocken-warmen Gebieten als auch in niederschlagsreichen Waldgebieten. Die Rassen, die von dieser Ursprungsform abgeleitet werden, sind sowohl an trockene Standorte als auch an feuchtere Gebiete angepaßt. Die asiatischen Wildschafe und deren Abkömmlinge sind an die Trockengebiete der Hochsteppen und Gebirge Asiens adaptiert. Schafe werden in fast allen Klimaregionen der Welt gehalten.

Die Nutzung der Schafe besteht in der Woll-, Fleisch- und Milchgewinnung, wobei die beiden letzten Nutzungsformen ebenfalls mit der Wollgewinnung kombiniert sind. Entsprechend diesen Nutzungsformen wird eine kurze Rassenzusammenstellung vorgenommen (Tabelle 1).

Die Schafbestände in der Europäischen Union betragen 79,6 Mio Tiere. In Deutschland werden 2,34 Mio, in der Schweiz 424027 und in Österreich 342144 Tiere gehalten (Vereinigung Deutscher Schafzuchtverbände 1994, Statistisches Jahrbuch der Schweiz, Veterinärjahresbericht Österreichs 1994).

Tab. 1 Schafrassen in den deutschsprachigen Ländern

Gruppe	Land	Rassen
Landschafe	Österreich	Österreichisches Bergschaf, Kärntner Brillenschaf, Schwarzbraunes Bergschaf, Steinschaf
	Schweiz	Walliser Schwarznasenschaf, Schwarzbraunes Bergschaf, Weißes Alpenschaf
	Deutschland	Heidschnucke, Moorschnucke, Bentheimer Landschaf, Rhönschaf, Coburger Fuchsschaf, Weißes und Braunes Bergschaf
Merinos	Österreich	Merinolandschaf
	Schweiz	Merinolandschaf
	Deutschland	Merinoland-, Merinofleisch-, Merinolangwollschaf
Fleischschafe	Österreich	Schwarzkopfschaf, Texel
	Schweiz	Braunköpfiges Fleischschaf
	Deutschland	Schwarzköpfiges, Weißköpfiges sowie Blauköpfiges Fleischschaf, Texel, Suffolk, Leineschaf
Milchschafe	Österreich	Milchschaf
	Schweiz	Milchschaf
	Deutschland	Ostfriesisches Milchschaf

Körperbau

Die Beurteilung von Schafen erfolgt nach Typ und Körperform. Der Typ wird durch Rasse, Geschlecht, Nutzungsrichtung und bestimmte Eigenschaften geprägt, z.B. Fleischschaf- oder Landschaftyp, Pummeltyp, Bocktyp oder weiblicher Typ. Die Beurteilung des Geschlechtstyps kann Hinweise auf Fruchtbarkeitsmerkmale oder mögliche Fruchtbarkeitsstörungen geben.

Mit der Beurteilung der Körperform sollen die Leistungsveranlagungen der Tiere abgeschätzt und Körperfehler rechtzeitig erkannt werden. Wegen der überragenden Bedeutung der Fleischleistung sollen Schafe einen breiten Rücken und volle Keulen haben. Viele Schafherden werden noch gehütet. Für das Zurücklegen langer Wegstrecken spielt die Marschfähigkeit der Tiere eine große Rolle. Die Beurteilung der Gliedmaßen liefert Anhaltspunkte für eine ausdauernde Funktionsfähigkeit. Abweichungen von den korrekten Stellungen der Beine können die Marschfähigkeit der Schafe stark beeinträchtigen. Für einen reibungslosen Geburtsablauf wird das Becken beurteilt. Die körperliche Entwicklung muß dem Alter der Tiere entsprechen. Das Alter der Schafe kann aufgrund der Zahnentwicklung der Tiere geschätzt werden. In der Herdbuchzucht spielen Wollbeurteilung und Schurgewichte eine Rolle.

Physiologie

Verdauung

Schafe sind Wiederkäuer; dementsprechend verläuft die Verdauuung nach dem üblichen Schema:

Sie beginnt mit der Zerkleinerung des aufgenommenen Futters im Maul. Nach dem Abschlucken gelangt das Futter in die Vormägen; nach 30 bis 45 min wird es zurück ins Maul befördert und gründlich durchgekaut. Nach erneutem Abschlucken wird der Futterbrei in den Vormägen durchmischt, zerkleinert und durch Mikroorganismen aufgeschlossen. Der Abbau der Cellulose im Pansen geschieht durch die Aktivität der Pansenflora. Die Mikroorganismen des Pansens sind für den Vitaminaufbau zuständig und dienen als Eiweißquelle, da stets ein Teil von ihnen verdaut wird. Im Labmagen gelangen Magensaft und im Dünndarm Bauchspeicheldrüsensekret sowie Galle zum Futterbrei, und es finden den Abbau und Resorption von Kohlenhydraten, Eiweißen und Fetten statt.

Auf Futterumstellungen reagieren Schafe empfindlich, weil sich die Mikroorganismen an die veränderten Bedingungen anpassen müssen. Futterwechsel sollen daher allmählich erfolgen. Das Fassungsvermögen des Pansens beträgt beim adulten Schaf 15–20 Liter.

Schafe können aufgenommenes Wasser in den Vormägen speichern. Diese Speicherkapazität ist beim Schaf ausgeprägter als bei anderen Wiederkäuern. Dadurch sind Schafe in der Lage, länger ohne Wasser auszukommen als die anderen Wiederkäuerarten.

Fortpflanzung

Die Geschlechtsreife setzt je nach Rasse bei Schaflämmern im Alter von 5–7 Monaten und bei Bocklämmern mit 3–6 Monaten ein. Die Zuchtreife richtet sich nach der Entwicklungsintensität der Rasse. Frühreife Rassen wie Weißköpfiges Fleischschaf, Milchschaf und Texelschaf können bereits im Alter von 6–7 Monaten belegt werden und lammen mit einem Jahr das erste Mal ab. Rassen mit einer mittleren Zuchtreife wie Merinoland-, Merinofleischschafe und Schwarzköpfige Fleischschafe werden mit 10–12 Monaten erstmals belegt, so daß sie mit knapp eineinhalb Jahren ablammen. Die meisten Landschafrassen gehören ebenfalls in die Gruppe der mittleren Zuchtreife, aber aufgrund der Saisonalität der Brunst werden sie im allgemeinen erst mit etwa 18 Monaten belegt.

Bei der Erstbelegung sollten weibliche Zuchtlämmer mindestens zwei Drittel ihres Endgewichtes erreicht haben. Dann sind die Tiere körperlich so weit entwickelt, daß die Trächtigkeit keine Belastung darstellt. Belegungen zu junger Tiere sind nicht tiergerecht und auf jeden Fall zu vermeiden.

Die natürliche Paarungssaison ist bei Wildschafen sowie den meisten Hausschafrassen Herbst und früher Winter. Somit tritt die Brunst bei den saisonalen Rassen wie Landschafen, Texel, Milchschafen von September bis Dezember auf. Merinorassen haben ein asaisonales Brunstgeschehen. Manche Rassen nehmen eine Mittelstellung ein, weil sie eigentlich saisonal sind, die Brunst aber über mehrere Monate auftritt. Dazu gehört u.a. das Schwarzköpfige Fleischschaf. Die Brunst tritt im Abstand von 16–17 ± 2 Tagen auf und dauert 30–36 Stunden. Die Ovulation findet 20–25 Stunden nach Beginn der Brunst statt. Brünstige Schafe drängen zum Bock, sind unruhiger und fressen weniger. Zur Erhöhung der Geburtenfrequenz kann die Brunst mit Lichtprogrammen oder hormonal ausgelöst werden.

Die Trächtigkeit beim Schaf dauert etwa 150 Tage. Die bevorstehende Geburt ist erkennbar an der Entwicklung des Euters, am Einfallen der Flanken, Anschwellen der Schamlippen und am häufigeren Liegen der Tiere. Unmittelbar vor der Geburt sondern sich die Muttertiere (auch Muttern oder Auen) von der Herde ab, indem sie eine ruhige Stelle im Stall oder auf der Koppel aufsuchen.

Die Geburt geht schnell und im allgemeinen ohne Komplikationen vonstatten. Die normale Geburtslage ist die Vorderendlage. Der Abstand zwischen den Geburten von Mehrlingen beträgt durchschnittlich 15 bis 30 min. Das Geburtsgewicht beträgt zwischen 3,5 und 5,5 kg. Einlingslämmer sind schwerer als Mehrlingslämmer.

Bocklämmer werden im Alter zwischen 5 und 8 Monaten zuchtreif. Böcke, auch saisonaler Rassen, sind das ganze Jahr hindurch sexuell aktiv. Im Frühjahr zeigen sie herabgesetzte Libido und geringere Spermaqualität. Bei der Zahl der zu deckenden Schafe muß das Alter der Böcke berücksichtigt werden. Lammböcken sollten nicht mehr als 20, Jungböcken nicht mehr als 40 und Altböcken bis zu 60 Schafe zugeteilt werden (Behrens et al., 1983; Haring, 1980; Schlolaut, 1992).

Sinnesleistungen

Als Fluchttiere verfügen Schafe über gute Sinnesleistungen. Besonders gut ausgebildet ist das **Sehvermögen**. Herannahende potentielle Feinde können auf größere Entfernungen wahrgenommen werden. Schafe können wie alle tagaktiven Tiere Farben unterscheiden. Nach Riese (1975) können sie klar die Farben Rot, Blau, Grün, Gelb, Orange und Violett erkennen. Die Lippen, ausgestattet mit vielen Rezeptoren, dienen als **Tastorgan**. Sie sind außerordentlich beweglich und „prüfen" bei der Nahrungsaufnahme alle Substanzen auf ihre Tauglichkeit. Eine Aufnahme von Fremdkörpern wird damit ausgeschlossen. Der **Geschmackssinn** der Schafe läßt wie bei anderen Wiederkäuern eine Unterscheidung zwischen süß, sauer, salzig und bitter zu. Schafe verfügen über einen gut ausgebildeten **Geruchssinn**. Die Meidung von Giftpflanzen soll auf geruchlicher Basis erfolgen. Schafe verfügen über ein feines **Gehör**.

Verhalten

Schafe sind tagaktiv und folgen einem 24-Stunden-Rhythmus; sie sind Fluchttiere. Zu unbekannten Personen, Objekten, artfremden Tieren als möglichen Gefährdungsursachen halten sie einen größeren Abstand als Rinder und Ziegen. Bei Annäherung eines eventuellen Feindes (z.B. Hund oder fremder Mensch) erfolgt ein Drohen durch Stampfen mit einem Vorderbein; zieht sich der Eindringling nicht zurück, flüchtet die Herde. Schaflämmer gehören zum Geburtstyp des Nachfolgetyps. Sie sind bald nach der Geburt in der Lage, mit ihren Müttern der Herde zu folgen.

Schafe, als in Gruppen lebende Tiere, zeigen ein ausgeprägtes **Sozialverhalten**. In großen Herden bilden sich kleine Gruppen, die aus verwandten weiblichen Tieren bestehen. Die soziale Rangordnung ist in weiblichen Schafgruppen weniger deutlich ausgeprägt als bei anderen Tierarten. Agonistische Auseinandersetzungen zur Errichtung einer Rangordnung sind seltener als bei andern Tierarten zu beobachten. Kämpferische Aktivitäten werden zur Verteidigung des Lammes gegenüber neugierigen Herdenmitgliedern und bei der Futteraufnahme ausgeführt. Die agonistische Handlung besteht aus Kopfstößen in den nächst erreichbaren Körperteil des Herdenmitgliedes. Böcke tragen Kämpfe in der Paarungszeit zur Ermittlung der Rangstellung aus. Kämpfende Böcke nehmen frontal Aufstellung, gehen einige Schritte zurück, rennen aufeinander zu und prallen mit den Stirnen zusammen.

Innerhalb der Sozialstruktur einer Schafherde hat das Leitschaf eine besondere Bedeutung. Es ist in der Regel ein erfahrenes und daher meist älteres Tier mit mehreren Nachkommen. Ihm folgt die Herde zu Futterplätzen, Wasserstellen und Schlafplätzen. Fällt das Leitschaf aus, dann übernimmt sogleich ein anderes Schaf die Herdenführung. In Bockgruppen ist meist der älteste Bock das Leittier. Soziale Körperpflege in Form von gegenseitigem Lecken oder Fremdputzen üben Schafe nicht aus. Sozialverhalten wird erst in Gruppen von mehr als drei Tieren gezeigt. Bis zu dieser Anzahl verhalten sich Schafe wie Einzelindividuen und nicht wie Herdentiere (Houpt, 1991). Zum Sozialverhalten gehört das Spielverhalten der Jungtiere. Lämmer finden sich im Alter von wenigen Tagen zu Spielgruppen zusammen. Die Spielaktivitäten nehmen einen großen Anteil an der Gesamtaktivität ein. Lämmer, die kein Spielverhalten zeigen, sollten auf ihren Gesundheitszustand oder Störungen im Haltungsumfeld untersucht werden.

Sexualverhalten zeigen Böcke saisonaler Rassen im Gegensatz zu den Schafen das ganze Jahr hindurch. In der Herde mitlaufende Böcke kontrollieren die Schafe ständig auf Brunstanzeichen. Brünstige Schafe werden intensiv umworben. Die Paarung dauert nur wenige Sekunden, die Erholungsphase des Bocks nach dem Deckakt ist relativ kurz.

Nach der Geburt des Lammes werden die **Mutter-Kind-Beziehungen** durch das fast unmittelbar einsetzende Belecken des Lammes eingeleitet. Je ungestörter und intensiver dieser Vorgang ablaufen kann, desto eher stabilisiert sich diese Beziehung. In den ersten 4 Stunden nach der Geburt ist es nach Kilgour und Dalton (1984) leicht möglich, Lämmer auszutauschen oder einem Muttertier ein zusätzliches fremdes Lamm beizugeben. Nach dieser Zeitspanne kennt die

Mutter ihre eigene Nachzucht und akzeptiert keine fremden Lämmer. Schon bald nach der Geburt können die Lämmer stehen, in der Regel nach 20 min (Sambraus, 1978).

Der Zeitpunkt des ersten Saugens hängt von der Vitalität, dem Geburtstyp (Einling, Zwilling) und der Erfahrung der Mutter ab. Normalerweise saugen Lämmer das erste Mal nach etwa einer Stunde. Nach 2 bis 4 Stunden verläßt die Mutter mit ihrem Lamm den Geburtsplatz und schließt sich der Herde an. Die Nachgeburt wird von Schafen normalerweise nicht gefressen. Schafe zeigen Unterschiede im Aufsuchen von Schutzeinrichtungen. Vor allem bei Mutterschafen mit Lämmern ist das Aufsuchen von Weideunterständen o.ä. erwünscht, da dieses Verhalten die Überlebenschancen der Jungtiere verbessert.

Das **Ruheverhalten** wird durch eine olfaktorische Kontrolle des Liegeplatzes und mit dem Scharren eines Vorderbeines auf dem Boden eingeleitet. Die Hauptruhezeiten sind in der Nacht, sie werden von nur kurz andauernden Aktivitäten unterbrochen. Die Dauer der nächtlichen Ruhezeit richtet sich nach der Jahreszeit. Schafe beenden sie vor der Morgendämmerung und beginnen sie mit einbrechender Dunkelheit. Auch während der Tagesstunden werden in regelmäßigen Intervallen Ruheperioden eingelegt, die im Sommer wesentlich länger als in kühlen Jahreszeiten sind. Schafe halten Schlafplätze ein. Bevorzugte Liegeplätze sind erhöhte Stellen, von denen sich das Umfeld gut überblicken läßt und herannahende Feinde frühzeitig auszumachen sind. Im Stall wird den Flächen entlang den Wänden der Vorzug gegeben. Beim Ausruhen ist die Individualdistanz sehr verringert; besonders eng liegen Lämmer sowie Muttern mit ihren Lämmern zusammen.

Das **Ernährungsverhalten** wird durch den Nahrungstyp bestimmt. Schafe sind Graser, ihre Hauptnahrung besteht aus Gräsern und Kräutern. Freilebende und in Koppeln gehaltene Schafe grasen am Tag 9–11 Stunden, die sich auf 4–7 Perioden verteilen. Adulte Tiere nehmen je nach Rasse zwischen 3 und 5 kg Grünmasse täglich auf, Lämmer je nach Alter 0,5 bis 2 kg. Bevorzugt gefressen werden junge, saftige Pflanzen oder Pflanzenteile; trockene, wollige und behaarte Pflanzen werden abgelehnt. Ebenfalls vermieden wird die Aufnahme von Pflanzen von verkoteten und mit Urin kontaminierten Flächen. Dies dient dem Schutz vor Endoparasiten. Lämmer beginnen schon im Alter von 2 Tagen, spielerisch an Grünfutter zu knabbern. Mit 2 Wochen fressen sie regelmäßig Grasteile. Bei Winterstallhaltung beginnen Lämmer mit 7–8 Tagen, Heu und mit 10 Tagen Kraftfutter zu fressen.

Das **Wiederkauen** findet in etwa 8 Intervallen in den Ruhephasen statt. Die Wiederkauzeit hängt von der Art des aufgenommenen Futters ab. Rohfaserreiches Futter verursacht längere Wiederkauzeiten als junger Grasbestand. Im Durchschnitt kauen Schafe 8–9 h/Tag wieder (Hulet et al. 1975; Porzig und Sambraus, 1991). Lämmer beginnen bei Winterstallhaltung durchschnittlich im Alter von 21 Tagen wiederzukauen (Buchenauer und Jopski, 1977).

Die **Wasseraufnahme** hängt vom Trockensubstanzgehalt des Futters ab. Nach Heu- und Kraftfutterverzehr ist der Wasserbedarf größer als nach der Aufnahme von jungem Gras. Zum Trinken tauchen Schafe das Maul flach ins Wasser ein und saugen es in kleinen Zügen auf. Schafe reagieren sehr empfindlich auf verschmutztes Wasser, sie vermeiden nach Möglichkeit dessen Aufnahme.

Zum **Koten und Harnen** nehmen

weibliche Tiere eine leichte Kauerhaltung ein, deren Sinn darin besteht, die Exkremente vom Körper entfernt abzusetzen. Böcke nehmen diese Stellung zwar beim Koten, nicht aber beim Harnen ein. Erwachsene Schafe koten 6- bis 8mal und harnen 9- bis 13mal pro Tag (Hulet et al., 1975). Mit Kraftfutter und Heu gefütterte Mastlämmer koteten im Durchschnitt 8mal und harnten 7mal am Tag (Grauvogl und Buchenauer, 1976).

Das **Ausdrucksverhalten** der Schafe gilt allgemein als merkmalsärmer als das anderer Tierarten. Aber auch Schafe verfügen über ein reichhaltiges Repertoire an Ausdrucksmitteln, das auf ihre Befindlichkeit schließen läßt. Im folgenden werden einige Anzeichen von Angst und Schmerzen beschrieben.

Auf *Angst* lassen u.a. folgende Anzeichen schließen:
- Drohstampfen mit den Vorderbeinen
- erhöhte Kot- und Harnfrequenz in kleinen Portionen
- Zittern
- erhöhte Atem- und Herzfrequenz
- angstvolles Blöken
- Zusammendrängen
- Fluchtversuche

Diese Ausdrucksmittel können allein oder auch miteinander kombiniert gezeigt werden. Als besonders belastend werden angstauslösende Situationen empfunden, denen die Tiere nicht ausweichen oder auf die sie nicht mit entsprechenden Verhaltensweisen reagieren können, um eine Situationsänderung herbeizuführen.

Für *Schmerzen* geben folgende Reaktionen Hinweise:
- Zähneknirschen
- tonloses Stöhnen
- heftige Atmung
- verkrampfte Köperhaltung
- Harnen in Kauerstellung bei Böcken
- Hinken
- Schütteln/Schleuderbewegungen betroffener Gliedmaßen
- Futterverweigerung
- gestörtes oder fehlendes Wiederkauen
- Apathie

Schmerzen sind bei Schafen nicht immer leicht zu erkennen. Sie werden im Routinebetrieb oft erst sehr spät und häufig auch zu spät bemerkt. Belastbarkeit und Leidensfähigkeit von Schafen werden häufig falsch eingeschätzt, Schafe sind „stille Dulder"!

■ Anforderungen an die Haltungsbedingungen

Schafhaltungsformen

Das Hauptziel der Schafhaltung besteht in der Erzeugung von Mastlämmern; in der Milchschafhaltung ist es die Erzeugung von Milch. Nur mit diesen Produkten erwirtschaftet der Schafhalter sein Einkommen. Wolle und gemerzte Schafe sind Beiprodukte ohne nennenswerte wirtschaftliche Bedeutung. Die Haltung der Muttern und der Nachzuchtlämmer muß daher äußerst kostengünstig erfolgen. In der Schafhaltung gibt es spezielle Haltungsformen, die bei den anderen Nutztierarten nicht oder nicht mehr existieren. Die wichtigsten Haltungsformen für Schafe sind Koppelschafhaltung, Hütehaltung, Wanderschafhaltung und Stallhaltung. Im folgenden sollen diese Haltungsformen kurz dargestellt werden, auf ihre Bezüge zum Tierschutz oder Tiergerechtheit wird in den nachfolgenden Abschnitten hingewiesen.

Die **Koppelschafhaltung** hat in den letzten Jahren stark zugenommen. In Betrieben mit verschiedenen Tierarten ist die gleichzeitige oder nacheinander erfolgende Beweidung der Koppeln mit diesen Tierarten möglich. Koppelhaltung wird häufig mit Hütehaltung kombiniert, indem die Koppeln in der Hauptvegetationsperiode genutzt und die Schafe in den anderen Jahreszeiten gehütet werden.

Hütehaltung kommt hauptsächlich in solchen Betrieben zur Anwendung, die wenig eigene Weideflächen besitzen und Schafhaltung im Vollerwerb betreiben. Das Bestreben der Hütehaltung ist eine möglichst komplette Versorgung der Tiere durch Hüten und eine möglichst kurze Stallhaltungsperiode im Winter. Neben Dauergrünland und Brachflächenbeweidung zur Landschaftspflege werden Saaten, Stoppelweiden, Zwischenfruchtanbauflächen, Kleeschläge und Hackfruchtflächen be- und nachgeweidet. Nachts werden die Schafe entweder gepfercht oder in den Stall gebracht.

Die **Wanderschafhaltung** hat vor allem in Süd- und Südwestdeutschland und auch in der Schweiz eine gewisse Bedeutung. Sie wird mit großen Herden durchgeführt, so daß 27% des Gesamtschafbestandes in Deutschland auf diese Betriebsform entfallen (VDL). Wanderschafherden folgen dem Vegetationsverlauf, im Sommer weiden sie in Höhenlagen, im Winter in geschützten Flußtälern. Die Ruhephasen verbringen die Schafe in Pferchen.

Eine ganzjährige **Stallhaltung** ist wenig verbreitet. Sie kommt nur in Betrieben zur Anwendung, die eine zweimalige Ablammung im Jahr anstreben und eine intensive Lämmermast betreiben. Bei Koppel- und Hütehaltung werden die Schafe im Winter aufgestallt. Dafür sollten 100–120 Winterstalltage eingeplant werden.

An **Schafställe** sind folgende klimatische Anforderungen zu stellen: Schafe stellen an das Stallklima keine hohen Ansprüche, nur gegen feuchte Wärme sind sie empfindlich. Daher sollen Schafställe folgende klimatische Anforderungen erfüllen: Die Ställe müssen kühl und luftig sein. Temperaturen von 8 bis 10 °C sind günstig, aber auch solche um und unter dem Gefrierpunkt werden bei ausreichender Fütterung kurzzeitig gut vertragen. Junge Lämmer benötigen Temperaturen von 14 bis 18 °C. Die relative Luftfeuchtigkeit sollte 75 % nicht überschreiten.

An Schafställe sind folgende bauliche Anforderungen zu stellen: An der Stalldecke darf sich kein Tropfwasser bilden. Die Stallböden müssen trittsicher und rutschfest sein. Der Liegebereich muß dem Wärmebedürfnis (abhängig von der Bewollung) der Tiere entsprechen.

An Stallböden sind in Schafställen anzutreffen: planbefestigte eingestreute Ställe, Spaltenböden, Lochblechböden, Gußrostböden, kunststoffummantelte Rostböden, Lattenrostböden. Alle perforierten Böden müssen bezüglich der Auftrittsfläche und der Perforation dem Alter und Gewicht der Tiere angepaßt sein. Sie müssen plan und die einzelnen Balken unverschiebbar verlegt sein; es dürfen keine Kanten vorstehen. Diese Bodenarten bergen viele Verletzungsgefahren, da sie häufig nicht sorgfältig genug verarbeitet werden oder bei Alterung des Materials nicht rasch genug ausgewechselt werden. In Ställen mit perforierten Böden läßt sich in der Regel (außer im Sommer) eine Tropfwasserbildung an der Stalldecke nicht vermeiden. Durch diese werden die Böden feucht und rutschig. Bei Fluchtreaktionen der Herde oder bei Laufspielen der Lämmer kommt es auf solchen Böden zu Stürzen oder zum Einbrechen in die Spalten. Dies kann Beinbrüche oder schwere Prellungen zur Folge haben. Weitere Gründe, diese Böden abzuleh-

Tab. 2 Abmessungen für Lattenrostböden

Tiergruppe	maximale Spaltenbreite	minimale Balkenbreite
Mutterschafe ohne Lamm	2,5 cm	5,0 cm
Mutterschafe mit Lämmern	2,0 cm	4,0 cm
Mastlämmer	2,0 cm	4,0 cm
Jährlinge	2,0 cm	4,0 cm
Böcke	2,5 cm	5,0 cm

nen, sind im Material begründet: Metallböden rosten trotz Verzinkung nach einigen Jahren, der Kunststoff von ummantelten Rostböden wird mit der Zeit brüchig und platzt ab, so daß die Fläche sehr ungleichmäßig wird, Lattenroste aus Hartholz sind zu glatt, und solche aus Fichtenholz halten nur 6 bis 8 Jahre (Birnkammer, 1991). Zudem erfordern solche strohlosen Ställe Isolierungen, damit die Temperaturen im Winter nicht zu stark abfallen. Zum Ablammen und zur Haltung junger Lämmer sind Ställe mit Spaltenböden strikt abzulehnen.

Für Lattenrostböden empfiehlt die Forschungsanstalt für Agrarwirtschaft und Landtechnik, Tänikon, Schweiz (1988), die Abmessungen der Tabelle 2.

Lochblechböden bestehen aus 4 mm starkem Blech mit einem Lochdurchmesser von 1,8 bis 2,0 cm (Burgkart, 1991). Nach den Erfahrungen dieses Autors verursachen Lochblechböden keine Klauenverletzungen, auch nicht bei neugeborenen Lämmern. Außerdem sind sie im Gegensatz zu Holzspaltenböden leicht zu reinigen und zu desinfizieren. Burgkart (1991) empfiehlt, Lochblechböden zur Einrichtung von sog. „Gesundungsboxen" zu verwenden, in denen Tiere mit Klauenerkrankungen zur Behandlung und Ausheilung aufgestallt werden können.

Am weitesten verbreitet ist die Haltung der Schafe auf Tiefstreu. Der Strohbedarf liegt bei 0,5 bis 1 kg/Tier und Tag. Bei guter Wartung der Einstreu ist der Tieflaufstall die ideale Haltungsform für Schafe. Bei zu geringen Strohgaben ist die Tiefstreu zu feucht. Das hat weichere Klauen zur Folge und kann zu einer höheren Erkrankungsrate an Moderhinke führen.

Soziale Bedürfnisse

Im Rahmen des Europäischen Übereinkommens zum Schutz von Tieren in landwirtschaftlichen Tierhaltungen von 1976 hat der Ständige Ausschuß 1992 Empfehlungen für die Haltung von Schafen und Ziegen ausgearbeitet. Danach müssen Schafe in Gruppen gehalten werden. Es werden Gruppengrößen von 50 Schafen empfohlen.

Über die Art der Gruppenzusammensetzung oder Herdenführung ist nichts angegeben. Bei der Zusammenstellung von Lämmergruppen zur Mast sollte darauf geachtet werden, daß die Lämmer aus denselben Untergruppen der Herde zusammenbleiben. So wird der Streß des Absetzens nicht noch durch eine neue soziale Gruppierung vergrößert.

Einzelne Schafe, die von der Herde isoliert werden, können in ihrem Bestreben, zu ihr zurückzugelangen, in Panik geraten. Unumgängliche Einzeltierbehandlungen sollten so durchgeführt werden, daß der Sicht- und Hörkontakt zu den Herdenmitgliedern bestehenbleibt.

Mutter-Kind-Verhalten

Wie schon erwähnt, sucht das Mutterschaf kurz vor der Geburt einen ruhigen Platz, wo es ungestört lammen und sich intensiv mit dem Neugeborenen beschäftigen kann. Da in unseren Breitengraden die Hauptlammsaison in der kalten Jahreszeit liegt, finden die Geburten im Stall statt. Hier sollten Ablammbuchten mit Wärmequellen bei niedrigen Temperaturen zur Verfügung stehen, in die das Muttertier kurz vor oder mit dem Lamm kurz nach erfolgter Geburt gebracht wird. Die Tiere bleiben in der Ablammbucht, bis sich das Muttertier von der Geburt erholt und bis das Lamm mehrmals gesaugt hat. Anschließend kommen sie in ein „Mutter-Kind-Stallabteil", das bis zu 20 Muttern mit Nachzucht beherbergt. Werden die Schafe so untergebracht, kann das Phänomen des Lämmerstehlens nicht auftreten. Dieses kommt in Herden mit hoher Besatzdichte vor: Es bemühen sich einzelne Schafe, 1–4 Tage vor der eigenen Lammung ein fremdes Lamm zu adoptieren. Sie verdrängen die richtige Mutter und kümmern sich intensiv um das Lamm, das sie allerdings nicht ernähren können. Nach der Geburt der eigenen Lämmer erlischt entweder das Interesse an dem fremden Lamm, oder sie kümmern sich nicht genügend um die eigene Nachzucht. In jedem Fall hat dieses unnormale Mutter-Kind-Verhalten erhöhte Lämmerverluste zur Folge.

Sommerlammungen finden häufig auf der Weide statt. Verschiedene Autoren haben aber nachgewiesen, daß die Lämmerverluste dort beträchtlich höher sind. Sie empfehlen, auch in den warmen Jahreszeiten die Tiere im Stall ablammen zu lassen, weil Kontroll- und Eingriffsmöglichkeiten dort günstiger als im Freiland sind.

Ein ungestörtes Mutter-Kind-Verhalten kann sich bei der Aufzucht von Lämmern zur Nachzucht entwickeln, da die weiblichen Lämmer in der Regel in der Herde bleiben. Bei der üblichen Aufzucht zur Lämmermast bleiben die Lämmer 90–120 Tage bei ihren Müttern. Sie werden dann abgesetzt und in Lämmergruppen mit einem bestimmten Mastverfahren weiter aufgezogen. Einen stärkeren Eingriff bedeutet die Frühentwöhnung, bei der die Lämmer im Alter von 6 bis 8 Wochen abgesetzt werden. Ein abrupter Abbruch der Mutter-Kind-Beziehung erfolgt, wenn Lämmer dem Verfahren der mutterlosen Aufzucht zugeteilt werden. Hierbei werden die Lämmer ab dem 2. oder 3. Lebenstag von der Mutter getrennt und mit Milchaustauschertränke aufgezogen. Dieses aus England stammende Verfahren galt einige Zeit als die modernste Methode der Lämmermast. Sie hat sich aber wegen der höheren Kosten und des höheren Arbeitsaufwandes im deutschsprachigen Raum nicht im größeren Stil durchgesetzt. Zu dem sozialen Streß, den diese Trennung für Mutter und Lämmer auslöst, liegen keine Untersuchungen vor. Das Verfahren der mutterlosen Aufzucht wenden Betriebe mit hohen Mehrlingsfrequenzen an, um Dritt- und Viertlämmer von Muttertieren mit ungenügender Milchleistung so aufzuziehen.

Eine Einzellammaufzucht wird dann notwendig, wenn die Mutter nach der Geburt verendet und es nicht gelingt, das Lamm einem anderen Muttertier unterzustoßen. Handaufgezogene Lämmer werden sehr zahm, weil sie ihr Nachfolgeverhalten auf ihren Betreuer richten. Dabei kann es auch zu prägeähnlichen Vorgängen kommen. Um das zu vermeiden, sollte ein handaufgezogenes Lamm so früh wie möglich mit gleichaltrigen Artgenossen zusammengebracht werden.

Das Unterstoßen von Lämmern unter eine andere Mutter gelingt problemlos innerhalb von 4 Stunden nach der Geburt des eigenen Lammes. Je gefestigter die Beziehung zum eigenen Lamm entwickelt ist, desto schwieriger wird das Akzeptieren eines fremden. Jeder erfahrene Schäfer kennt einige Tricks, um das Muttertier dennoch dazu zu bringen, ein fremdes Lamm zu akzeptieren.

Liegen bzw. Ausruhen

Zum Liegen muß den Schafen ausreichend Platz zur Verfügung stehen. Die Tiere müssen entspannte Ruhelagen einnehmen können, sie sollen einen Individualabstand zwischen den Gruppenmitgliedern sowie einen Abstand zwischen den Untergruppen einhalten können. Als Liegeflächenbedarf für die Stallhaltung empfiehlt Burgkart (1991) die in Tabelle 3 angegebenen Werte.

Bei Herden mit weniger als 20 Tieren sowie bei ganzjähriger Stallhaltung sollte die Fläche um 10–20% größer sein.

Bei der Wanderschafhaltung und mitunter bei der Hütehaltung werden die Herden mittags und nachts gepfercht. Im Pferch sollte eine Fläche von 1–1,4 m² je Tier gerechnet werden.

Über Nacht gepferchte Herden haben in der Vergangenheit Unverständnis bei Laien ausgelöst und zu Anfragen bei Behörden sowie zu Anzeigen wegen vermeintlicher tierquälerischer Haltung geführt. Da sich Wildschafe und freilebende Schafe aus Gründen der Feinderkennung und -abwehr und der Thermoregulation nachts zusammendrängen, nutzt man dieses Verhalten beim Pferchen aus. Diese scheinbare Enge ist daher für diesen relativ kurzen Zeitraum nicht tierschutzwidrig.

Fressen und Trinken

Die Empfehlungen des Europarates fordern eine tägliche Versorgung von Schafen mit schmackhaftem und wiederkäuergerechtem Futter von ausreichender Qualität. Diese Empfehlung weist nachdrücklich auf den hohen Rauhfutterbedarf der Schafe hin. Ferner muß die Futtermenge den Nährstoffbedarf der Tiere decken.

Schafe, die in Koppeln oder sonst im Freiland gehalten werden, benötigen eine Grasezeit zwischen 9 und 11 Stunden, um ihren Futterbedarf zu decken. Die Gesamtzeit der Futteraufnahme auf der Weide hängt von Größe und Qualität der Weidefläche, vom Nährstoffbedarf der Tiere sowie von Art und Menge der Zufütterung ab. Beim Hüten benötigen Schafe eine Futteraufnahmezeit von 6–9 Stunden, die in der Hauptvegetationszeit auf zwei Hüteperioden je Tag verteilt ist. An Flächenbedarf ist bei der Koppelschafhaltung mit etwa 10 Tieren/ha und bei der Hütehaltung mit 8–15 Tieren/ha zu rechnen. Werden empfindliche Biotope genutzt, sind bestimmte Auflagen zu beachten. Solche Restriktionen sind u.U. durch entsprechende Zufütterung auszugleichen.

Bei Hütehaltung muß das plötzliche Wechseln von Futterarten vermieden werden. Um im Frühjahr eine Weidetetanie zu vermeiden, sollten die Tiere im Stall mit Rauhfutter oder Trockenschnitzeln vorgefüttert werden. Das gleiche gilt für Kleeweiden zur Vermeidung von Blähungen. Jeder Fruchtwechsel sollte mit kurzen Hütezeiten begonnen und allmählich ausgedehnt werden.

Tab. 3 Liegeflächenbedarf bei Stallhaltung

Mutterschaf ohne Lamm	0,8–1,0 m²
Mutterschaf mit Lämmern	1,2–1,6 m²
Mastlamm	0,5–0,7 m²
Jährling	0,6–0,8 m²
Bock	1,5–3,0 m²

Bei Stallfütterung muß gewährleistet sein, daß alle Schafe gleichzeitig fressen können. Hierfür empfiehlt Burgkart (1991) je Tier folgende Freßplatzbreiten (Tabelle 4).

Tab. 4 Freßplatzbreiten bei Stallfütterung

Mutterschaf ohne Lamm	0,4–0,5 m
Mutterschaf mit Lämmern	0,6–0,7 m
Mastlamm	0,3 m
Jährling	0,3 m
Bock	0,5 m

Reduzierungen des Tier/Freßplatz-Verhältnisses auf 2:1 sind für die Schafhaltung nicht geeignet. Darauf reagiert die Herde mit großer Unruhe und einer hohen Aggressivität.

Bei der Verfütterung von verderblichem Futter ist der Trog vor der nächsten Fütterung zu reinigen. Kraftfutter sollte nicht in mehliger Form verfüttert werden, da es zu Schleimhautreizungen und Husten führt.

Für eine optimale Versorgung der Lämmer empfiehlt sich das Anlegen von Lämmerschlupfen. Auf der Weide ermöglichen sie den Lämmern die Vornutzung neuer Weideflächen und die Aufnahme jungen, eiweißreichen Grüngutes. Im Stall können die Lämmer separat mit dem besten Heu oder speziellem Kraftfutter versorgt werden.

Trinkwasser ist den Schafen stets hygienisch einwandfrei zur Verfügung zu stellen (Europarat-Empfehlungen). Das bedeutet erfahrungsgemäß, daß Tränken täglich zu reinigen sind. Es ist darauf zu achten, daß das Umfeld der Tränke trocken bleibt. Versumpfte Stellen können zu Klauenproblemen führen. Im Tieflaufstall ist die Tränke dem steigenden Miststapel anzupassen. Im Winter sind Maßnahmen gegen das Einfrieren der Wasserversorgung zu treffen. In zunehmendem Maße werden Selbsttränken auch im Schafbereich eingesetzt. Dabei wird eine Tränke für 40–60 Tiere gerechnet. Schalentränken sind für Schafe besser geeignet, weil Nippeltränken gelegentlich längerer Anlernphasen und daher einer genaueren Überwachung bedürfen.

Die tägliche Wasseraufnahme beträgt bei adulten Schafen 3–4 Liter (Porzig und Sambraus, 1991). Laktierende Muttern und Schafe in hohen Umgebungstemperaturen haben einen höheren Wasserbedarf.

Koten und Harnen

Schafe meiden die Aufnahme von Futter, das von ihren eigenen Fäkalien verschmutzt ist. Die tägliche Weidefläche sollte daher groß genug sein, um stark verkoteten Bereichen ausweichen zu können. Nach 8 Tagen werden solche Flächen von den Schafen wieder angenommen, diese Frist sollte bei Umtrieben beachtet werden.

Körperpflege

Körperpflegemaßnahmen von seiten der Tierhalter dienen der Gesunderhaltung und dem Wohlbefinden der Schafe. Eine zwingende Maßnahme ist die **jährliche Schur**. Manche Rassen werden zweimal im Jahr (Frühjahr und Herbst) geschoren, um ein „Einfüttern" der Wolle bei Stallhaltung mit Heufütterung zu verhindern. Die Schur sollte nicht in die kältesten Monate des Jahres fallen, aber andererseits auch nicht so früh erfolgen, daß das nachgewachsene Vlies im Hochsommer zu einem Hitzestau bei den Schafen führt.

Wegen des geringen Wertes der Wolle und des großen Aufwandes im Zusammenhang mit der Schur unterlassen es Hobbyschafhalter zuweilen, ihre Tiere jährlich zu scheren. Die Folge ist, daß die

Abb. 1 Bei diesem Schaf, das zum letzten Mal vor zwei Jahren geschoren wurde, ist die Wolle völlig verfilzt (Foto: Sambraus).

Wolle verfilzt (Abb. 1), Ektoparasiten und Juckreiz von den Schafen nicht bekämpft werden können und die Tiere im Hochsommer unter der Hitze leiden. Ein solches Vorgehen ist deshalb tierschutzwidrig.

Die Schur sollte vom Fachmann durchgeführt werden. Hobbyschafhalter sollten nur nach gründlicher Unterweisung durch ausgebildete Schäfer die Schur selbst durchführen. Besser ist es, die Dienste von Wanderschafscherern in Anspruch zu nehmen. Unsachgemäße Schur kann leicht zum Einreißen der dünnen Schafhaut führen und u.U. großflächige Verletzungen nach sich ziehen. Diese bedeuten Schmerzen und Leiden für die Tiere. Nach der Schur sind die Tiere auf Ektoparasiten zu untersuchen und gegebenenfalls zu behandeln.

Eine weitere, regelmäßig durchzuführende Körperpflegemaßnahme ist der **Klauenschnitt**. Er sollte mindestens zweimal jährlich durchgeführt werden, und zwar vor dem Weideaustrieb und vor dem Einstallen. Bei jedem Hinken muß eine sofortige Klauenkontrolle erfolgen. Entzündliche Veränderungen müssen gründlich ausgeschnitten und die Klauen mit einem Desinfektionsmittel behandelt werden. Im Herbst treten sich die Tiere häufig Schmutzballen in den Zwischenklauenspalt ein, die auch ein Hinken – die sogenannte *Drecklähme* – verursachen. Diese Schmutzballen sind zu entfernen, und der Klaueninnenrand ist nötigenfalls so weit zurückzuschneiden, daß Schmutzteile leichter von allein herausfallen können, damit sie nicht zu Entzündungen führen. An den regulären Klauenschnitt schließt sich ein **Klauenbad** mit einem Desinfektionsmittel an. Üblich sind 3–5%ige Formalinlösungen.

Bei Rassen, die empfindlich gegenüber Moderhinke sind, müssen Klauenkontrollen häufiger durchgeführt werden. Hochempfindlich sind Texelschafe, empfindlich Merinos und weniger empfindlich Landschafrassen.

Verglichen mit anderen Tierarten, führen Schafe weniger intensive Aktivitäten zur Körperpflege aus. Sie scheuern sich gelegentlich an Weidepfählen oder Stalleinrichtungen. Bei zunehmender Intensität besteht der Verdacht auf Befall mit Ektoparasiten. Dieser ist durch Scheitelung des Wollstapels feststellbar. Als Vorbeugungsmaßnahme gegen Ektoparasiten wird ein Tauchbad mit Antiparasitika einmal im Jahr empfohlen. Größere Betriebe besitzen meistens selbst die entsprechenden Einrichtungen. Schafhalter mit kleinen Beständen können sich an die Schafgesundheitsdienste wenden, die mobile Einrichtungen zur Verfügung stellen können.

▪ Überwachung und Management

Jede Herde muß vom Besitzer/Betreuer kontinuierlich überwacht werden. Für stallgehaltene Herden hat das mindestens einmal am Tag und für extensive Freilandhaltung mindestens einmal je Woche zu geschehen (Europarat-Empfehlungen). Für die extensive Haltung ist diese Europarat-Empfehlung zu großzügig. Praktische Erfahrungen zeigen, daß innerhalb einer Woche vielfältige Situationen entstehen, in denen die Schafe Hilfe benötigen, wie z.B. Verletzungen durch Raubwild, streunende Hunde, Zäune, die Tränke kann defekt und dadurch die Herde mehrere Tage ohne Wasserversorgung sein, Einzeltiere können aus den verschiedensten Ursachen erkrankt sein und einer Behandlung bedürfen u.ä., oder sie haben die Umzäunung überwunden und sind nach mehreren Tagen schwer aufzufinden und zurückzutreiben. Aus diesen Gründen müssen Schafe in extensiver Freilandhaltung ebenso wie bei Stallhaltung täglich kontrolliert werden und nicht nur bei ungünstigen Umweltbedingungen und kritischen Haltungssituationen, wie die Europarat-Empfehlungen angeben. Bei jeder Überwachung muß gewährleistet sein, daß alle Tiere einwandfrei zu kontrollieren sind. Das bedeutet, daß Ställe ausreichend belichtet oder beleuchtet sein müssen. Im Freien müssen Tiere, die sich hinter natürlichem Sichtschutz (Hecken, Büsche, Bodensenken) aufhalten, überprüft werden. Auffällige Tiere müssen genau inspiziert und notfalls einer tierärztlichen Behandlung unterzogen werden. Verendete Tiere sind sofort zu entfernen.

In die tägliche Überwachung müssen Lüftungs-, Heizungs- und Beleuchtungsanlagen einbezogen werden. Melkanlagen, automatische Fütterungsanlagen und Tränkevorrichtungen sind auf Sauberkeit und Funktionstüchtigkeit zu überprüfen. Das Anbringen von Feueralarmanlagen (Rauchmelder) wird empfohlen.

Bei Weidehaltung muß die Überwachung auch die Funktionsfähigkeit der Zäune einschließen. Bei Weidegeräten und Elektroknotengitterzäunen ist der Stromfluß zu garantieren. Feste Zäune, die in verkehrsreichen Lagen ratsam sind, müssen schlupffest sein und auf Verrottung überprüft werden.

Wichtig für das erfolgreiche Management einer Herde sind Rotationspläne für die Weideführung, Einsatzpläne für das Hüten, rechtzeitige Absprachen und Verträge für Hüteflächen, die Sicherstellung von Winterfutterflächen und/oder Winterfuttergewinnung.

Ein weiterer Aspekt ist die Erstellung von Zeitplänen für Impfungen, Wurmbehandlungen, Tauch- und Klauenbäder.

▪ Besondere Eingriffe und Maßnahmen am Tier

Notwendige **Kennzeichnungen** haben so schmerzlos wie möglich zu erfolgen. Zur Anwendung kommen Tätowierungen, Ohrmarken, elektronische Identifizierungen. Die letztgenannten Methoden verursachen Gewebeschäden und dürfen nur von qualifizierten Betreuungspersonen unter Verwendung geeigneter Geräte durchgeführt werden (Europarat-Empfehlungen). Nach Knierim

(1994) sind Kerbungen und Lochen der Ohren nach § 6 des deutschen Tierschutzgesetzes nicht gestattet, da andere Methoden zur Verfügung stehen.

Das **Kupieren des Schwanzes** bei Lämmern ohne Betäubung ist in Deutschland und Österreich nur bis zum Alter von 8 Tagen, in der Schweiz nur bis zu zwei Wochen gestattet. Die Verwendung von Gummiringen ist nicht erlaubt (ausgenommen Schweiz). Der gekürzte Schwanz soll beim weiblichen Tier noch die Vulva und beim Bock den After bedecken. Das entspricht einer Schwanzlänge von mindestens 5 cm. In der Praxis sieht man häufig Tiere, deren Schwanz zu stark gekürzt wurde. Das ist aus gesundheitlichen Gründen strikt zu vermeiden.

Die **Kastration von Bocklämmern** kann in den deutschsprachigen Ländern bis zum Alter von 2 Monaten erfolgen. Sie blutig oder unblutig mit der Burdizzo-Zange durchgeführt werden. In Deutschland ist die Kastration mit elastischen Ringen verboten, in der Schweiz darf diese Methode bis zum 14. Lebenstag angewendet werden.

▪ Weitere Aspekte der Schafhaltung

Ein spezieller Aspekt der Schafhaltung besteht im Einsatz von **Hütehunden**. Verwendet werden verschiedene Rassen, wie Deutscher, Altdeutscher und Pommerscher Schäferhund, Hütespitz, Schafpudel und diverse Kreuzungen (Scheelje, 1983). Der Hund muß gut abgerichtet sein. Er darf die Schafe beim Treiben nicht hetzen und beim Greifen nicht verletzen. Er wird vom Schäfer mit Hör- und Sichtzeichen dirigiert. Da Hüten sehr kräftezehrend ist, sollten mindestens zwei Hunde zur Begleitung einer Herde eingesetzt werden. Die Fütterung der Hütehunde sollte die geleistete Arbeit berücksichtigen, pünktlich und mit sauberen Näpfen erfolgen. Für die Unterbringung der Hunde sollte ein genügend großer, sauber gehaltener Zwinger zur Verfügung stehen, der eine dichte Hütte mit trockenem Strohlager enthält. Eine Ankettung ist für Hütehunde abzulehnen. Bei der Haltung und beim Einsatz von Hütehunden sind immer wieder tierschutzrelevante Praktiken anzutreffen. Sie beziehen sich auf die Unterbringung der Hunde, die häufig in viel zu kleinen, nicht isolierten Hütten, ausgedienten Tonnen oder in Stall-/Schuppenecken angebunden sind, sowie auf zu große Arbeitsleistungen, die den Tieren abverlangt werden, wenn nur mit einem Hund oder einem zweiten, aber unerfahrenen Tier große Herden gehütet werden.

▪ Gesetzliche Grundlagen

Die Tierschutzgesetzgebungen Deutschlands, Österreichs, der Schweiz und Liechtensteins enthalten ähnlich lautende allgemeine Bestimmungen zur artgemäßen Haltung, Pflege, Fütterung und Bewegung von Tieren. Die allgemeinen Tierhaltungsvorschriften untersagen die ständige Dunkelhaltung und schreiben Mindestbeleuchtungswerte vor, die in Deutschland und einigen österreichischen Bundesländern sowie in der Schweiz 15 Lux betragen müssen.

Für die Haltung von Schafen gibt es in allen vier Ländern keine speziellen gesetzlichen Regelungen. Allerdings hat im Europarat im Rahmen des Europäischen Übereinkommens zum Schutze von Tieren in landwirtschaftlichen Tierhaltungen dessen ständiger Ausschuß Empfehlungen zur Haltung von Schafen und Ziegen erarbeitet (1992). Die Vertragsparteien, zu denen Deutschland, Österreich und die Schweiz gehören, sind verpflichtet, diese Empfehlungen durch Rechtsetzung oder Verwaltungspraxis umzusetzen. Da die EU ebenfalls eine Vertragspartei ist, wird diese Empfehlung in Zukunft auf EU-Basis umzusetzen sein. Die relevanten Aspekte sind in den vorangegangenen Abschnitten angeführt worden.

Für **schmerzhafte Eingriffe** am Tier haben die drei Länder sowie Liechtenstein fast gleichlautende Regelungen. Die Eingriffe dürfen nur vom Tierarzt unter allgemeiner oder lokaler Betäubung ausgeführt werden. Das gilt u.a. für Enthornungen, Vasektomien und Kaiserschnitte sowie bei Lämmern für Hodensackbruch, Kryptorchismus und andere Anomalien.

Erlaubte Eingriffe sind bei Lämmern bis zu einem bestimmten Alter *Kastration* und *Schwanzkürzen* (s. S. 140).

Für den **Transport** von Schafen gilt der Beschluß zur Tiertransportrichtlinie, die der Rat der Europäischen Union auf seiner Sitzung am 22.6.1995 gefaßt hat. Diese Richtlinie mußte bis zum 31.12.1996 in nationales Recht umgesetzt werden. Seit 1.3.1997 ist in der Bundesrepublik Deutschland die Tierschutztransportverordnung in Kraft. Nach dieser Verordnung wird die Transportdauer auf acht Stunden begrenzt. Sie kann beim Transport in Spezialfahrzeugen verlängert werden. Diese Spezialfahrzeuge müssen folgende Bedingungen erfüllen: ausreichende Einstreu am Boden des Transportfahrzeugs; die mitgeführte Futtermenge muß den beförderten Tierarten und der Transportzeit angemessen sein; direkter Zugang zu den Tieren; angemessene Belüftungsmöglichkeiten; bewegliche Trennwände zur Errichtung von Boxen; Möglichkeiten der Wasserversorgung.

Bei Transporten in diesen Spezialfahrzeugen dürfen Lämmer, die noch nicht abgesetzt sind und mit Milch ernährt werden, nach einer Transportdauer von neun Stunden und einer mindestens einstündigen Ruhepause für weitere neun Stunden transportiert werden.

Da Schafe darüber hinausgehend nicht erwähnt werden, gilt für sie die Bestimmung der übrigen Tiere, daß sie nach einer Transportdauer von 14 Stunden eine ausreichende, mindestens einstündige Ruhepause zum Tränken und Füttern erhalten. Nach dieser Ruhepause kann der Transport für weitere 14 Stunden fortgesetzt werden. Nach Erreichen des Transportziels müssen die Tiere entladen, gefüttert und getränkt werden und eine Ruhezeit von mindestens 24 Stunden erhalten.

Für den Transport kranker und verletzter Tiere ist in Deutschland die Verordnung zum Schutz dieser Tiere zu beachten. Danach dürfen Tiere, die aufgrund ihres Zustandes nicht in der Lage sind, aus eigener Kraft auf das Transportfahrzeug zu gelangen und es zu verlassen, nicht transportiert werden. Als Ausnahme gilt der Transport zu einer tierärztlichen Behandlung.

Der Anteil an Hausschlachtungen ist in schafhaltenden Betrieben bedeutend umfangreicher als in anderen Betriebsformen. **Schlachtungen** dürfen nur von erfahrenen Personen vorgenommen werden. Eine Betäubung vor dem Schlachten wird von allen besprochenen Ländern zwingend vorgeschrieben. Schächten ist in der Schweiz verboten, in Deutschland gibt es Ausnahmegenehmigungen.

Für schafhaltende Betriebe, die **Hütehunde** einsetzen, gelten die Tierschutzverordnungen zum Halten von Hunden. Die deutsche Verordnung über das Halten von Hunden im Freien schreibt für die Anbindehaltung und die Haltung im Zwinger einen allseitig aus wärmedämmendem Material bestehenden Schutzraum vor, dessen Größe so bemessen sein muß, daß der Hund sich darin verhaltensgerecht bewegen und ihn durch seine Körperwärme warmhalten kann. Außerhalb des Schutzraumes muß dem Hund ein Schattenplatz zum Schutz gegen hohe Temperaturen und Sonneneinstrahlung zur Verfügung stehen. Die Anbindung darf nur an einer 6 m langen Laufvorrichtung angebracht sein. Sie muß so gestaltet sein, daß sie dem Hund einen zusätzlichen Bewegungsspielraum von mindestens 2,5 m² bietet. Für die Haltung im Zwinger muß einem 20 kg schweren Hund eine Mindestfläche von 6 m² ohne Schutzraumfläche zur Verfügung stehen. Für jeden weiteren im selben Zwinger gehaltenen Hund, mit Ausnahme von Welpen beim Muttertier, sind zusätzliche 3 m² einzuplanen. Diese Verordnung findet keine Anwendung für Hütehunde bei der Begleitung von Herden. Die Schweizer Tierschutzverordnung besagt, daß angebundene Hunde eine Bewegungsfreiheit von 20 m² haben müssen. Die österreichischen Bestimmungen unterscheiden sich in den einzelnen Bundesländern. So muß in Vorarlberg den Hunden bei Anbindehaltung ein Bewegungsspielraum von 20 m² zur Verfügung stehen, während in Niederösterreich die Anbindung an einer mindestens 5 m langen Laufvorrichtung angebracht sein und einen Bewegungsspielraum von mindestens 2,5 m² bieten muß (Blumenstock, 1994).

Literatur

Behrens, H., Scheelje, R., und Waßmuth, R. (1983): Lehrbuch der Schafzucht. Paul Parey, Hamburg und Berlin.
Birnkammer, H. (1991): Tier- und funktionsgerechtes Bauen in der Schafhaltung. Tagungsbericht: Tiergerechte Nutztierhaltung – Aufgabe und Ziel für Wissenschaft und Praxis. Institut für Tierhygiene Eberswalde.
Blumenstock, S. (1994): Tierschutzgesetzgebung in Europa. Schriftenreihe des Ministeriums für Ernährung, Landwirtschaft und Forsten, Reihe A: Angewandte Wissenschaft Heft 431, Landwirtschaftsverlag Münster.
Buchenauer, D., und Jopski, E. (1977): Untersuchungen zum Verhalten von frühabgesetzten Mastlämmern. Züchtungskunde 49, 241–249.
Burgkart, M. (1991): Tiergerechte Haltung beim Schaf unter Berücksichtigung unterschiedlicher Haltungs- und Aufstallungsformen. Tagungsbericht: Tiergerechte Nutztierhaltung – Aufgabe und Ziel für Wissenschaft und Praxis. Institut für Tierhygiene Eberswalde.
Europäisches Übereinkommen zum Schutz von Tieren in landwirtschaftlichen Tierhaltungen vom 10.3.1976.
Europarat-Empfehlungen für das Halten von Schafen und Ziegen vom November 1992, Tiertransportrichtlinie des Rates der Europäischen Union vom 22.6.1995, Tierschutztransportverordnung des Bundeslandwirtschaftsministeriums ab 1.3.1997.
Forschungsanstalt für Agrarwirtschaft und Landtechnik (1988): Richtwerte für die Haltung von Schafen. Tänikon (Schweiz).
Grauvogl, A., und Buchenauer, D. (1976): Einige Untersuchungen zum Eliminationsverhalten landwirtschaftlicher Nutztiere. Fortschritte der Veterinärmedizin, 80–86.
Haring, F. (1980): Schafzucht. Verlag Eugen Ulmer, Stuttgart.
Houpt, K.A. (1991): Domestic Animal Behavior for Veterinarians and Animal Scientists. Iowa State University Press, Ames/Iowa.
Hulet, C.V., Alexander, G., and Hafez, E.S.E. (1975): The Behaviour of Sheep. In: Hafez, E.S.E. (Ed.): The Behaviour of Domestic Animals. Bailliere Tindall, London.
Kilgour, R., and Dalton, C. (1984): Livestock Behaviour. Granada-London-Toronto-Sydney-New York.
Knierim, U. (1994): Tierschutz bei Schaf- und Ziegenhaltung. AID-Informationen für die Agrarberatung, Nr. 5406.
Porzig, E., und Sambraus, H.H. (1991): Nahrungsaufnahmeverhalten landwirtschaftlicher Nutztiere. Deutscher Landwirtschaftsverlag, Berlin.
Riese, G. (1975): Untersuchungen über das

Farbsehvermögen bei Schafen. Vet.-med. Diss., München.

Sambraus, H.H. (1978): Schaf. In: Sambraus, H.H. (Ed.): Nutztierethologie. Paul Parey, Berlin–Hamburg.

Schlolaut, W. (1992): Handbuch Schafhaltung. DLG-Verlagsgesellschaft Frankfurt (Main), BLV-Verlagsgesellschaft München, Bern, Wien, Österreichischer Agrarverlag Wien.

Vereinigung Deutscher Landesschafzuchtverbände (VDL): Angaben zu Schafbeständen für das Jahr 1994, mdl. Mitt.

Ziege

D. BUCHENAUER

Biologie der Ziege

Abstammung und Rassen

Ziegen zählen gemeinsam mit den Schafen zu den ältesten domestizierten Nutztieren. Gesicherte Befunde belegen, daß Hausziegen im Gebiet des heutigen Iran, Irak, Anatolien und Palästina im 8. bis 7. Jahrtausend v. Chr. gehalten wurden. Im Neolithikum (6. – 2. Jahrtausend v. Chr.) gelangten sie in weitere asiatische Gebiete sowie nach Europa und Afrika. Auf den amerikanischen Kontinent kamen sie mit den spanischen Eroberern und den europäischen Siedlern.

Der ursprüngliche Lebensraum der Ziegen waren die Gebirge Asiens. Ziegen stammen also aus reich strukturierten Habitaten und waren an beträchtliche Klimaschwankungen angepaßt.

Bei Ziegen werden 3 Nutzungsrichtungen unterschieden: 1. hauptsächlich zur Milchgewinnung, 2. hauptsächlich zur Fleischgewinnung, 3. hauptsächlich zur Fasergewinnung. Bei der erst- und letztgenannten Nutzungsform werden überzählige weibliche und männliche Jungtiere, die nicht zur Zucht vorgesehen sind, als Lammfleisch und Alttiere in Wurstwaren verwertet.

Die bekanntesten Ziegenrassen in Europa sind in Abhängigkeit von ihrer Nutzungsrichtung in Tabelle 1 dargestellt.

Ziegen werden weltweit unter nahezu allen klimatischen Bedingungen gehalten. In Deutschland gibt es etwa 100.000 Ziegen, die Tendenz ist seit einigen Jahren steigend.

In der Schweiz spielt die Ziegenzucht traditionell eine große Rolle. Dieses Land hat eine große Rassenvielfalt hervorgebracht, von denen einige, wie z.B. Toggenburger und Saanen, einen Siegeszug um die Welt antraten. Der Ziegenbestand in der Schweiz umfaßte 56.687 Tiere. Auch in Österreich spielt die Ziegenzucht in den Bergregionen eine Rolle. Der Bestand beträgt etwa 50000 Tiere. Alle Bestandsangaben machte die Arbeitsgemeinschaft Deutscher Ziegenzüchter, sie beziehen sich auf 1994.

Tab. 1 Ziegenrassen und ihre Nutzungsrichtungen

Nutzung	Land	Rassen
Milch	Deutschland	Weiße Deutsche Edelziege, Bunte Deutsche Edelziege,
	Schweiz	Saanenziege, Appenzeller, Gemsfarbige Gebirgsziege, Toggenburger, Bündner Strahlenziege, Schwarze Verzascaziege, Walliser Schwarzhalsziege
	Frankreich	Race Alpine, Race Saanen, Chamoisee, Poitevine
Fleisch	europaweit	Burenziege, Fleischziege (Burenziege x Weiße und Bunte Edelziege in Weiterzucht)
Hobby	europaweit	Zwergziegen

Körperbau

Aufgrund der Anpassungen an unterschiedliche Klimaregionen, unterschiedliche Standorte, Haltungs- und Fütterungsbedingungen und Nutzungsrichtungen bestehen zwischen den Ziegenrassen erhebliche Unterschiede in den Merkmalen Größe, Gewicht, Färbung, Bemuskelung, Schädel- und Hornformen, Haarkleid sowie Fortpflanzungsmerkmalen (Saisonalität, Asaisonalität).

Angestrebte Körperformen bei Milchziegen werden von Jaudas (1987), Pingel (1986) sowie von Späth und Thume (1986) folgendermaßen charakterisiert: Milchziegen sollen einen ausdrucksvollen, feinen Kopf besitzen. Der Rücken soll lang, gerade und fest sein und eine breite Lende haben. Senkrücken bzw. Karpfenrücken gelten als Körperfehler. Das Becken soll breit und nur leicht abfallend sein. Stark abfallende Becken sind abzulehnen. Milchziegen sollen über ein geräumiges, drüsiges, weit nach vorn reichendes Euter verfügen. Die Beinstellung soll korrekt sein mit kurzer, kräftiger Fessel. Tiere mit fehlerhaften Beinstellungen sollten von der Zucht ausgeschlossen sein.

Das Körpergewicht beträgt bei der adulten Weißen Edelziege 60 kg, bei Böcken etwa 90 kg, die Widerristhöhe der weiblichen Tiere 70 bis 80 cm und der Böcke 80 bis 90 cm.

Fleischziegen sollen über eine gute Bemuskelung und einen korrekten Körperbau verfügen. Sie stammen von Burenziegen ab, die mit Weißen und Bunten Deutschen Edelziegen gekreuzt wurden. Sie sind die Rasse, die in den letzten Jahren zahlenmäßig am stärksten zugenommen hat. Kastrierte Böcke können bis zu 100 kg wiegen.

Physiologie

Verdauung

Ziegen sind Wiederkäuer und haben ähnliche Futteransprüche wie Rinder und Schafe. Wie bei allen Wiederkäuern gelangt das Futter zunächst grob zerkaut in den Pansen und wird durch die Pansenaktivität gut durchgemischt. Mit einem Ructus wird der Futterbrei zurück ins Maul befördert, wo er gut durchgekaut und eingespeichelt wird. Mit einem erneuten Abschlucken wird der Futterbrei in die Netz-, Blätter- und Labmagen befördert. Für die richtige Pansenfunktion ist bei Ziegen ein ausreichender Rohfasergehalt außerordentlich wichtig. Hohe Kraftfutterrationen können Störungen in der Pansentätigkeit verursachen.

Fortpflanzung

Ziegen sind frühreif und fruchtbar. Im Alter zwischen 3 und 6 Monaten werden weibliche Tiere geschlechtsreif. Die Brunst tritt saisonal auf, sie beginnt i.d.R. im September und dauert bis Dezember. Die Anzeichen der Brunst äußern sich in verändertem Verhalten; die Tiere sind unruhiger, meckern und harnen häufiger, sie bespringen andere Ziegen, lassen sich bespringen und drängen zum Bock. Intensive Schwanzbewegungen gelten ebenfalls als untrügliches Brunstkennzeichen. Die Scham ist leicht geschwollen und gerötet. Die Paarungsbereitschaft läßt sich durch Drücken auf Kreuz- und Lendengegend feststellen.

Die Brunst dauert im Durchschnitt 30 Stunden. Wird die Ziege nicht belegt, wiederholt sich die Brunst im Abstand von drei Wochen. Mit Hilfe von Lichtprogrammen sowie Hormonbehandlungen kann die Brunst auch außerhalb der Fortpflanzungssaison ausgelöst werden.

Diese Verfahren wenden Betriebe an, die das ganze Jahr auf eine kontinuierliche Milchproduktion angewiesen sind.

Zuchtreif sind Ziegen im Alter zwischen 7 und 9 Monaten, wenn sie ein Lebendgewicht von mindestens 35 kg erreicht haben. Die Trächtigkeit dauert 5 Monate (152 Tage), bei Zwergziegen wird sie mit 143 Tagen angegeben, ist also etwas kürzer. Zwergziegen und andere tropische Rassen/Herkünfte besitzen einen asaisonalen Brunstzyklus.

Ziegenböcke sind im Alter von etwa 5 Monaten geschlechtsreif. Im Alter von 8 Monaten entspricht die Spermaqualität der erwachsener Böcke (Gall, 1982). Ziegenböcke saisonaler Rassen können im Gegensatz zu den weiblichen Tieren das ganze Jahr hindurch geschlechtsaktiv sein. Allerdings ist im Herbst die Libido intensiver und die Spermaqualität deutlich besser als in den anderen Jahreszeiten.

Die Deckleistungen von Ziegenböcken variieren sehr stark. Nach Gall (1982) können Böcke 10- bis 20mal am Tag decken. Späth und Thume (1986) empfehlen, nicht mehr als 4 bis 6 Ziegen von einem Bock an einem Tag decken zu lassen. Sambraus (1978) zufolge decken adulte Böcke in der Paarungssaison bis zu 350mal. Im allgemeinen rechnet man einen Bock für 50 Ziegen.

Anzeichen der bevorstehenden **Geburt** zeigen sich ähnlich wie bei anderen Säugetieren in einer deutlichen Vergrößerung des Euters, Anschwellung und Rötung der Scham, Einfallen der Bänder, Austritt von Schleim, unruhigem Verhalten, raschem Wechsel von Aufstehen und Abliegen, Scharren und Meckern, häufigem Koten und Harnen, verringerter Futteraufnahme und Absonderung von der Herde. Die Tiere bemühen sich, ruhige Plätze aufzusuchen.

Vom Einsetzen der ersten Preßwehen bis zur Geburt des ersten Ziegenlammes (auch Kitz, Zicklein oder Zickel) dauert es im Durchschnitt 20 min. Bei Mehrlingsgeburten werden die Ziegenlämmer im Abstand von 10 bis 20 min geboren. Sehr häufig fressen die Muttertiere die Nachgeburt ganz oder teilweise auf (Sambraus und Wittmann, 1993). Ziegen lammen i.d.R. ohne fremde Hilfe. Eingriffe von seiten des Tierhalters sind nur selten erforderlich, da Ziegen anatomisch als geburtsfreudig gelten.

Sinnesleistungen

Der **Geruchssinn** von Ziegen wird in der Literatur allgemein als gut ausgebildet beschrieben. Er ist vermutlich schwächer als der von Nage- und Raubtieren. Als wichtigstes **Tastorgan** dienen die Lippen. Sie sind außerordentlich beweglich und mit vielen Rezeptoren ausgestattet. Bei der Nahrungsaufnahme werden alle Partikel mit den Lippen ertastet und auf ihre Verwertbarkeit „geprüft". Damit wird die Aufnahme von Fremdkörpern vermieden.

In bezug auf den **Geschmackssinn** wird vermutet, daß Ziegen süß, sauer, salzig und bitter unterscheiden können. Das **Sehvermögen** wird als gut beurteilt. Außerdem verfügen Ziegen über ein Farbsehvermögen. Nach Buchenauer und Fritsch (1980) können Ziegen die Farben Orange, Grün, Rot, Gelb, Violett und Blau deutlich von Graustufen gleicher Helligkeit unterscheiden. Das **Gehör** ist ebenfalls gut ausgeprägt.

Verhalten

Ziegen sind tagaktiv und folgen einem 24-Stunden-Rhythmus.

Sie sind im Gegensatz zu Schafen keine Fluchttiere. In kritischen Situationen greifen sie einen Gegner an, während

Schafe flüchten. Die Jungen gehören zum Ablegetypus. Das bedeutet, daß Ziegenlämmer längere Perioden nach der Geburt allein am Platz der Geburt (z.B. bei freilebenden Ziegen im Unterholz) verbringen, ohne ihren Müttern nachzufolgen oder Verlassenheitsrufe zu äußern. Auch späterhin verschwinden die Jungtiere bei Alarmrufen ihrer Mütter in der Deckung, bei deren Lockrufen kommen sie wieder hervor. Alarmrufe von Ziegenlämmern sind hohe Klagetöne, die an Kinderweinen erinnern (Kilgour und Dalton, 1984). Der Ausprägungsgrad des Ablegeverhaltens hängt von verschiedenen Bedingungen ab. Nach Untersuchungen von Allen et al. (1991) entwickeln Ziegenlämmer spontan ein Nachfolgeverhalten, wenn die Umgebung keine Versteckmöglichkeiten bietet oder wenn die Ernährung der Muttertiere Mängel aufweist.

Das Erkundungsverhalten dieser Tierart ist sehr ausgeprägt. Die Tiere werden auch als sehr neugierig bezeichnet, weil sie alles, was in ihre Reichweite kommt, beriechen, beknabbern, ausprobieren, untersuchen.

Ziegen leben in Herdenverbänden, sie sind also sociallebende Tiere. Freilebende Ziegen bilden Herden, bestehend aus weiblichen adulten Tieren, Jungtieren beiderlei Geschlechts und Lämmern. Adulte Böcke sondern sich ab und bilden eigene Gruppen. In der Paarungszeit gesellen sie sich wieder zu den Ziegen. Die soziale Grundeinheit in einer Herde stellt die Ziege mit ihren jüngsten Lämmern dar, zu der auch häufig die weiblichen Jährlinge zählen. Untergruppen können aus Schwestern, Jahrgangsgefährtinnen, ihren Müttern, die i.d.R. auch miteinander verwandt sind, und der eigenen Nachzucht bestehen. Untergruppen einer Herde halten sich räumlich getrennt auf, finden sich aber bei Störungen oder in Gefahrensituationen zusammen.

In Ziegenherden bestehen in der Regel klare Dominanzverhältnisse. Die Rangordnung in einer Herde wird durch kämpferische Auseinandersetzungen gebildet. Bei behornten Ziegen weichen die schwächeren Herdenmitglieder dem dominanten Tier wegen der zu erwartenden Hornstöße respektvoll aus. Die Dominanzbeziehungen zwischen behornten Ziegen sind rascher und nachhaltiger geklärt als die zwischen unbehornten Tieren (Sambraus, 1978). In gemischtgeschlechtlichen Herden dominieren Altböcke die weiblichen Tiere, behornte Tiere sind unbehornten überlegen.

Die Führung der Gruppe zu Futter- und Ruheplätzen oder zur Tränke obliegt der Leitziege. Sie ist im Normalfall ein älteres und erfahrenes Tier. Das Leittier kann gleichzeitig das ranghöchste Tier der Gruppe sein, diese beiden Funktionen können aber auch verschiedene Tiere innehaben.

Anforderungen an Haltungsbedingungen

Die wichtigsten allgemeinen Vorgaben für die Haltung, Pflege und Unterbringung von Tieren sind in den Tierschutzgesetzgebungen der Bundesrepublik Deutschland, Österreichs und der Schweiz festgelegt. Diese beinhalten, daß die Haltungsverfahren je nach Art und Rasse, dem Alter, dem Entwicklungszustand der Tiere und der Nutzungsrichtung so zu gestalten sind, daß Versorgung und Entwicklung sowie Wohlbefinden und Gesundheit der Tiere gewährleistet sind. Generell gilt, daß landwirtschaftliche Nutztiere die Möglichkeit haben müssen, unbehindert stehen, fressen, ruhen, Ruhehaltungen einnehmen, Körperpflege betreiben und Sozialkontakte knüpfen und aufrechterhalten zu können. Ferner dürfen die Fortbewegungsmöglichkeiten nicht so eingeschränkt sein, daß dadurch Schmerzen und Leiden für die Tiere entstehen.

Aufgrund ihrer natürlichen Lebensräume haben sich Ziegen im Laufe der Evolution an *strukturierte Lebensräume* angepaßt. Das muß bei der Haltung dieser Tierart berücksichtigt werden.

Bei Stallhaltung werden Ziegen im Laufstall, Einzelboxenlaufstall und Anbindestall gehalten. Ausführliche Beschreibungen von Ziegenställen sind bei Jaudas (1987) sowie bei Späth und Thume (1986) nachzulesen. Die folgenden Ausführungen sollen Hinweise für eine *tiergerechte Haltung* von Ziegen geben.

Im Rahmen des „Europäischen Übereinkommens zum Schutz von Tieren in landwirtschaftlichen Tierhaltungen" von 1976 hat dessen Ständiger Ausschuß im Europarat 1992 Empfehlungen über das Halten von Ziegen erarbeitet. Nach diesen Empfehlungen gilt für alle Stallhaltungsformen, daß die Belüftung der Ställe so erfolgen muß, daß die Gesundheit der Tiere nicht durch Ventilation, Staubgehalt, Temperatur, Luftfeuchtigkeit und Schadgaskonzentration beeinträchtigt wird. In den Tageslichtstunden sollte der Stall durch natürliches oder künstliches Licht beleuchtet sein. Die Mindestlichtstärke sollte so sein, daß sich die Tiere gegenseitig erkennen und auch vom Tierhalter ohne Schwierigkeiten erkannt werden können. Die Stallböden müssen rutschfest sein.

■ Laufstall

Die Haltung in Laufställen (Abb. 1) entspricht am besten dem Aktivitätsverhalten von Ziegen, da sich die Tiere ungehindert im gesamten Stallbereich bewegen können. Auch das Sozialverhalten ist am geringsten beeinträchtigt, weil die Tiere Untergruppen bilden und ihre Sozialpartner frei wählen können.

Der Stall ist in den Liege-, Freß- und Melkbereich unterteilt. Die Liegefläche sollte eingestreut sein. Stroheinstreu dient dem Liegekomfort der Ziegen und gleicht in den kalten Jahreszeiten Klimamängel aus. Die Liegefläche kann direkt an den Futtertisch anschließen. Sinnvoll ist ein betonierter, planbefestigter Laufgang zwischen Futtertisch und Liegeflächen. Er dient dem Klauenabrieb und wirkt sich günstig auf die Klauengesundheit aus, vorausgesetzt, daß die-

Abb. 1 Der Laufstall ermöglicht Sozialkontakt und Lokomotion (Foto: Sambraus).

Abb. 2 Hofkoppel mit Klettermöglichkeit.

ser Laufgang trocken gehalten wird. Zusätzlich hilft er, Stroh einzusparen. Er kann mit einer Schwelle oder Balken von der Liegefläche abgesetzt werden.

Die zur Verfügung stehende Fläche sollte bei ganzjähriger Stallhaltung 2 bis 2,5 m²/Tier betragen, bei sommerlichem Weidegang und Winterstallhaltung kann die Fläche auf 1,5 m² reduziert werden. Werden Ziegenlämmer länger bei den Müttern belassen, sind 0,5 m²/Lamm der Fläche zuzurechnen. Diese Maße gewährleisten eine angemessene Bewegung der Tiere, die nachdrücklich in den Europarat-Empfehlungen gefordert wird.

Spaltenbodenställe sind für Ziegen nur bedingt geeignet, und zwar nur, wenn die Spalten sehr schmal sind. Durch die hohen und temporeichen Aktivitäten der Tiere treten auf Spaltenböden häufig Klauenverletzungen auf. Ganz besonders gilt dies für Lämmer aufgrund der rasanten Spielaktivitäten. Auch Strich- und Euterverletzungen bei Milchziegen werden durch diese Bodenart verursacht. Einstreulose Haltungsformen erfordern isolierte Gebäude mit einer aufwendigeren Klimagestaltung als bei Verwendung von Stroh.

Eine gute Ergänzung zum Laufstall ist eine hofnahe Weide, ein Auslauf oder Laufhof, zu dem die Tiere ständig Zugang haben sollten. Diese zusätzliche Fläche wird im Rahmen des Aktivitätsverhaltens genutzt und hilft, soziale Spannungen abzubauen.

Der Laufstall kann durch die Errichtung von Podesten, umgedrehten Fässern, das Aufstellen von Findlingen o.ä. strukturiert werden (Abb. 2). Diese Einrichtungen werden im Rahmen des Aktivitätsverhaltens adulter Tiere und von Jungtieren als Spieleinrichtung sowie als Ruheplatz genutzt.

Der Melkstand kann sich innerhalb des Laufstalles oder in einem anschließenden abgetrennten Bereich außerhalb des Stalles befinden. Er ist erhöht, so daß der Melker bequem arbeiten kann. Die Tiere gelangen auf den Melkstand über eine in der Regel steile Rampe, die wegen der guten Kletterfähigkeiten den Tieren keine Schwierigkeiten bereitet.

■ Einzelboxenlaufstall

In kleinen Beständen mit ausreichendem Stallraum werden Ziegen mitunter in Einzelboxen gehalten. Die Vorteile eines solchen Systems sind in der individuellen Fütterung sowie in den guten Beobachtungsmöglichkeiten bei der Lämmeraufzucht zu sehen. Nachteilig sind die stark eingeschränkten sozialen Kontakte, denn nach dem Absetzen der Lämmer ist

Abb. 3 Ständige Anbindehaltung entspricht nicht dem Bewegungsbedürfnis von Ziegen (Foto: Sambraus).

diese Haltungsform eine Einzelhaltung, die dem ausgeprägten Sozialverhalten der Ziegen widerspricht. Die Boxen sollten eingestreut sein.

■ **Anbindestall**

Im Anbindestall wird die Ziege am Freßplatz angebunden (Abb. 3). Diese Stallform schränkt die Bewegungsmöglichkeiten der Tiere fast völlig ein. Häufig sind die Standplätze durch Bretterwände voneinander getrennt, so daß auch kein Sozialverhalten möglich ist. Der Anbindestall ist die für Ziegen am wenigsten geeignete Haltungsform. Er ist als nicht tiergerecht anzusehen. Ziegenhalter, die ihre Tiere in Anbindehaltung aufstallen, sollten dahingehend beraten werden, diese in eine Laufstallhaltung umzuändern.

Beispiele für bauliche Lösungen, Einrichtungen und das Betreiben derselben sind ausführlich in den erwähnten Büchern von Jaudas sowie Späth und Thume angegeben.

In bezug auf das **Stallklima** sind Ziegen nicht anspruchsvoll. Sie tolerieren Temperaturen zwischen 8 und 15 °C. Bei trockener Einstreu werden auch Minusgrade in zugluftfreien Ställen gut vertragen. Die Luftfeuchtigkeit sollte zwischen 60 und 85% betragen. Gegen feuchtkalte Luft sind Ziegen empfindlich.

■ **Weide**

Die Weide dient der Futteraufnahme während der Vegetationsperiode. An Futterfläche benötigen Ziegen etwa 0,15 ha/Tier. Davon wird je die Hälfte für den Weidegang und für die Winterfuttergewinnung benötigt.

Um Ziegen auf der Weidefläche zu halten, die der Tierhalter für sie vorgesehen hat, bedarf es ziegensicherer Einzäunungen. Ziegen können sehr erfinderisch sein, Einzäunungen zu überwinden. Jaudas (1987) empfiehlt Holzzäune mit 1,20 m hohen senkrechten Latten, mit einem Lattenabstand von 5 cm sowie einem maximalen Bodenabstand von 5 cm. Maschendraht- und Knotengitterzäune werden von den Tieren im Laufe der Zeit runtergetreten. Elektrozäune gelten nicht als ausbruchsicher. In nicht straff gespanntem Maschendraht und in Elektroknotengitterzäunen können sich behornte Ziegen verheddern und verletzen (Knierim, 1994). Daher sind diese sowie Stacheldrahtumzäunungen für Ziegenweiden nicht zu empfehlen.

Die Weide muß mit einem Wetterschutz versehen sein, da Ziegen sehr regenempfindlich sind. Gern genutzte Strukturierungen auf der Weide sind Kletterbäume, Steinhaufen, Findlinge oder andere erhöhte Gegenstände.

Sollen Bäume eine biologische Funktion erfüllen, so müssen sie mit einem Rindenschutz umgeben sein, um Verbißschäden vorzubeugen.

Soziale Bedürfnisse

Aus den bisherigen Ausführungen geht hervor, daß Ziegen sociallebende Tiere sind. Auf dieser Tatsache beruhen auch die Europarat-Empfehlungen, nach denen Ziegen in Gruppen gehalten werden sollten. Behornte und hornlose Tiere sollten getrennt gehalten werden, es sei denn, sie sind zusammen aufgezogen worden. Bei fehlenden Möglichkeiten für eine Gruppenhaltung sollte zwischen den Tieren Sicht- und Hörkontakt bestehen. Das gilt auch für die Einzelhaltung von adulten Böcken.

Die Zusammenstellung großer Herden zum Zwecke der Alpung oder Sömmerung bereitet in der Regel keine Schwierigkeiten, solange mehrere, einander bekannte Tiere gemeinsam in eine solche Großherde verbracht werden. Diese Tiere bilden dann eine Untergruppe. Die Überstellung eines Einzeltieres in eine derartige Herde sollte vermieden werden.

Mutter-Kind-Verhalten

Die Dauer der Geburt hängt von der Anzahl der Lämmer ab; sie beträgt durchschnittlich 2 1/2 Stunden. Die Nachgeburt geht 0,5 bis 4 Stunden nach der Geburt ab. Sie wird häufig von dem Muttertier gefressen. Unmittelbar nach der Geburt beginnt das Muttertier, das Lamm intensiv zu lecken. Voraussetzung für eine komplikationsfreie Mutter-Kind-Bindung ist ein störungsfreier Geburtsverlauf. Auf Störungen in dieser Phase reagieren Ziegen sehr empfindlich. Das reicht von einem gleichgültigen Verhalten gegenüber den Lämmern bis zu deren völliger Ablehnung.

Bei Stallhaltung sind die spezifischen peri- und postnatalen Verhaltensweisen dieser Tierart zu berücksichtigen. Im Laufstall sollten den Ziegen Ablammbuchten mit Stroheinstreu zur Verfügung stehen. Mit diesen Buchten sollten die Tiere vor der Ablammung vertraut sein. Einige Stunden nach der Geburt sollten die Muttertiere die Möglichkeit haben, die Ablammbucht verlassen zu können, ohne daß das Lamm folgen kann. Dies könnte durch entsprechende Absperrvorrichtungen erfolgen. So würde dem natürlichen Ablegeverhalten entsprochen werden. Eine weitere Möglichkeit ist die Einrichtung temporärer Mutter-Kind-Abteile durch die Abtrennung eines Bereiches vom Laufstall mittels Absperrgitter oder Holzgatter. In diesem Abteil muß der Mutter Futter und Wasser ständig zur Verfügung stehen.

Auch in Anbindeställen müssen Ablammbuchten zur Verfügung stehen, damit die Ziege ungehindert ablammen und sich um ihre Lämmer kümmern kann. Die Ablammung am Standplatz, die in der Praxis häufig vorkommt, ist als nicht verhaltensgerecht zu beurteilen.

Werden die Lämmer von ihren Müttern aufgezogen oder einige Zeit bei ihnen belassen, so können sie bei Laufstallhaltung nach ein paar Tagen in die Herde überführt werden. In anderen Haltungsformen, wie Einzelboxen und Ablammbuchten des Anbindestalles, bleiben Mutter und Lämmer zusammen, bis die Ziege wieder gemolken wird. Die Ablammbuchten werden dann durch Herausnahme von Zwischenwänden in Aufzuchtbuchten umgewandelt, sofern kein eigener Aufzuchtstall zur Verfügung steht.

Liegen bzw. Ausruhen

Ziegen liegen während des Ruhens und Wiederkauens. Die Liegestellung steht in Beziehung zur Intensität des Ruheverhaltens. Die Ruhedauer hängt im wesentlichen von der Haltungsart ab. Ziegen, die geweidet werden, haben längere Aktivitäts- und kürzere Ruhephasen als Ziegen, die im Stall gehalten und mit konzentriertem Futter gefüttert werden. Untersuchungen von Buchenauer und Soumare in einer 100köpfigen Herde 4–6 Monate alter, im Stall gehaltener Jungziegen ergaben, daß 65 % des Liegens eines 24-Stunden-Tages auf die Zeit von 20 bis 8 Uhr entfielen. Während der Tagesstunden hatte Liegen einen Anteil von 28 % an den registrierten Verhaltensfrequenzen und Wiederkauen 18%, so daß fast die Hälfte aller beobachteten Verhaltensweisen im Liegen erfolgten. Auf der Weide waren die Frequenzen der Inaktivität geringer.

Diese Ausführungen belegen, daß Ziegen einen Großteil ihres 24-Stunden-Tages im Liegen verbringen. Demzufolge kommt der Liegefläche eine nicht zu unterschätzende Bedeutung zu. Ein Bereich des Stalls sollte als Liegebereich ausgewiesen sein und von den Tieren als solcher angenommen werden. Auf stroheingestreuten Böden scharren Ziegen vor dem Abliegen, auf perforierten Böden wird dies unterlassen. Das kann als Hinweis für eine nicht adäquate Bodenstruktur gelten. Zum Liegen bevorzugen Ziegen einen verformbaren Untergrund, der durch Stroheinstreu gewährleistet wird. Selbstverständlich muß so ein- und nachgestreut werden, daß die Liegefläche stets trocken ist. Für ein störungsfreies Liegen sollte eine Liegefläche von 1 m² je Tier zur Verfügung stehen.

In bezug auf das Liegeverhalten ist der Laufstall die für Ziegen am besten geeignete Aufstallungsform. Die Tiere können sich den für sie besten Liegeplatz selbst aussuchen, das gleiche gilt für die Liegepartnerin, und sie können problemlos von einer Ruhelage in die andere wechseln. Diese Wahlmöglichkeiten sind bei Anbindehaltung nicht gegeben, hinzu kommt, daß eine unsachgemäße Anbindevorrichtung ein Störfaktor für das gesamte Ruheverhalten sein kann. Störungen im Liegeverhalten können durch zu hohe Besatzdichten, durch Klimamängel oder Fütterungsfehler hervorgerufen werden. Wiederholt auftretende Störungen im Ruheverhalten sind als tierschutzrechtlich relevant einzuschätzen, da sie bei längerer Dauer zu gesundheitlicher Beeinträchtigung sowie Leiden führen können.

Fressen und Trinken

Ziegen gehören zu einem anderen Ernährungstyp als Schafe. In der englischen Literatur werden sie als „browser" bezeichnet. Das kann mit Futter- oder Vegetationsselektierer übersetzt werden. Bei Vergleichen der Futterpflanzenselektion verschiedener Tierarten wurde mehrfach nachgewiesen, daß Ziegen die größte Vielfalt an Pflanzenarten im Vergleich mit Schafen und Rindern aufnehmen.

Der morgendliche Weidebeginn hängt bei Ziegen, anders als bei den übrigen Wiederkäuern, vorrangig von der Temperatur ab. Bei milden Temperaturen beginnen die Tiere in der Dämmerung zu grasen. Das setzen sie, mit Ausnahme einiger Ruhephasen, bis zum Anbruch der Nacht fort. Bei niedrigen Temperaturen bleiben die Tiere länger in Weideschuppen oder Unterständen und beginnen die Futteraufnahme an geschützten Stellen. Erst wenn die Tagestemperaturen deutlich ansteigen, suchen die Tiere offene Futtergründe auf. Sehr empfindlich sind Ziegen aufgrund des lanolinfreien Haarkleids gegen Regen. Schon bei wenigen Regentropfen stellen die Tiere die Futteraufnahme ein und suchen Schutz. Das kann mitunter zu einer beträchtlichen Verringerung der Futteraufnahme führen. Ziegen sind wie alle Wiederkäuer zur Aufrechterhaltung ihrer Körpertemperatur auf die Wärmebildung durch Mikroorganismen des Pansens angewiesen. Da dieser Vorgang von einer reichhaltigen Rohfaseraufnahme abhängt, kann eine längerdauernde Reduzierung der Futteraufnahme durch ungünstige Wetterbedingungen zu Leistungsabfällen und gesundheitlichen Störungen führen. Deswegen sind ein Schutzdach oder eine Schutzhütte auf Ziegenweiden dringend erforderlich.

Die Europarat-Empfehlungen fordern eine tägliche Versorgung mit schmackhaftem, wiederkäuergerechtem Futter. Die Futterration muß einen hohen Rohfaseranteil enthalten. Es empfiehlt sich, Ziegen laubtragende sowie dürre Zweige vorzulegen. Zur Deckung ihres Rohfaserbedarfes zeigen sie großes Interesse an der Aufnahme von Baumrinde. Diese wird z.T. so intensiv abgeknabbert, daß die Bäume wie geschält aussehen. Um Blätter an Bäumen zu erreichen, stellen sich Ziegen auf die Hinterbeine und reißen das Laub ab, oder sie klettern in die Bäume, um begehrte Teile zu erreichen.

Stehen Ziegen große Weideflächen zur Verfügung, so werden diese nach bevorzugten Pflanzen abgesucht. Das führt zu beträchtlichen Weiderückständen und erfordert intensive Pflegemaßnahmen. Ziegen nehmen aber auch Portionsweiden an, die Flächen werden dann sauber abgegrast.

Auf Tagesweiden mit nächtlicher Stallhaltung verbringen Jungtiere sowie laktierende Ziegen etwa zwei Drittel der Aktivitäten mit Futteraufnahmeverhalten.

Beim Weidegang können Ziegen durchaus größere Wegstrecken zurücklegen. Es muß nur sichergestellt sein, daß die Tiere sich trotz der zurückgelegten Entfernungen sattfressen können oder beigefüttert werden.

Der Selektionsfreudigkeit und Vorliebe der Ziegen für eine vielfältige Pflanzenaufnahme sollte mit einer abwechslungsreichen Fütterung entgegengekommen werden. Gern aufgenommene Futterarten sind Grünfutter, Heu, Futterrüben, Gras- und Maissilage, Zuckerrübenschnitzel, Kartoffeln, Kartoffelflocken. Mengenmäßig verzehrt eine Ziege mit einem Lebendgewicht von 60 kg an Heu bei guter Qualität und einem selektiven Fressen mit dem Anfallen von Rückständen 2–3 kg. Der Verzehr von Grünfutter beläuft sich auf 12–14 kg; bei Zufütterung von 0,4–0,8 kg Heu verringert er sich auf 5–8 kg. Die Aufnahme von Silage ist abhängig von der Qualität. An Maissilage werden 4 kg und an Grassilage 2,5 kg je Tag gefressen. Silage wird nicht gefüttert, wenn die Milch verkäst wird. Eine gern gefressene Ration besteht aus 3 kg Rüben und 2 kg Heu. Milchziegen erhalten ihren Leistungen entsprechende Kraftfuttergaben. Ziegen haben einen hohen Kochsalzbedarf. Wenn die Futterration kein Mineralfutter enthält, sollten Salzlecksteine ständig zur Verfügung stehen.

Tierschutzrelevante Probleme bei der Fütterung sind: nicht ausreichende Rationen, also solche, die deutlich unterhalb der angegebenen Beispiele liegen, und solche, bei denen der Nährstoffbedarf trotz voluminöser Gaben nicht gedeckt ist. Ferner sind dazu alle verdorbenen Futtermittel zu zählen, wie fehlgegorene Silagen und mit Schimmelpilzen durchsetzte oder behaftete Futtermittel, sowie auch stark verschmutzte Feldfrüchte. Ziegen sind keine Abfallfresser! Futtermittel, die anderen Tierarten aus Verderbnisgründen nicht mehr vorgelegt werden, dürfen auch nicht an Ziegen verfüttert werden.

Die Wiederkau-Aktivitäten hängen von Art und Menge des aufgenommenen Futters ab. Sie belaufen sich auf etwa 4–6 Stunden bei Ziegen und 8 Stunden bei Böcken und verteilen sich auf 4–6 Perioden im 24-Stunden-Tag. Deutliche Abweichungen weisen auf ernsthafte Störungen hin, deren Ursachen geklärt werden müssen.

Der Wasserbedarf von adulten Milchziegen beträgt 6–9 l/Tag (Pingel 1986). Jungziegen trinken innerhalb von 24 Stunden 3–4mal, und zwar hauptsächlich in den Zeiten, in denen sie auch Futter aufnehmen. Die Wassermenge schwankt je nach Witterung zwischen 1,0 und 2,5 l, im Durchschnitt beträgt sie 1,8 l/Tier und Tag (Buchenauer und Soumare). Trinkwasser sollte mittels Selbsttränken angeboten werden, so daß die ständige Verfügbarkeit gewährleistet ist. Für Ziegen sind Schalentränken besser als Nippeltränken geeignet. Auf große Sauberkeit der Tränken ist zu achten, weil sich Ziegen weigern, aus verschmutzten Tränken zu trinken. Nach den Europarat-Empfehlungen müssen Tränken täglich, bei extremen Witterungsbedingungen auch häufiger kontrolliert werden. Im Winter muß dem Einfrieren des Wassers vorgebeugt werden.

Der Bereich der Tränke muß trocken gehalten werden, damit dieser keine Ursache für Klauenerkrankungen bildet.

Koten und Harnen

Ziegen koten scheinbar beiläufig, im Gehen oder Stehen mit hoch erhobenem Schwanz. Beim Harnen nehmen weibliche Tiere eine Kauerhaltung ein, während Böcke kaum den Rumpf beugen.

Die durchschnittliche Häufigkeit des Kotens beträgt bei Jungziegen 11 und bei Altziegen 16 im Verlauf des 24-Stunden-Tages. Harnen wurde 7mal bei Jungtieren und 12mal bei Alttieren beobachtet (Buchenauer et al., 1984). Deutliche Abweichungen lassen Störungen gesundheitlicher Art oder angstverursachende Situationen vermuten.

Maulharnen bei Ziegenböcken ist eine Besonderheit, die in den Bereich des Sexualverhaltens gehört, und keine Verhaltensstörung.

Körperpflege

Die meisten Körperpflegeaktivitäten von Ziegen bestehen in der eigenen Fellpflege durch Belecken, Beknabbern oder Kratzen. Außerdem schütteln sich die Tiere und reiben sich an Bäumen und Felsen. Gegenseitiges Belecken, wie es unter Rindern üblich ist, tritt bei Ziegen nicht auf.

Die beschriebenen Körperpflegeaktivitäten können freilaufende Ziegen im Laufstall oder auf der Weide ausführen. In Ställen sollten Scheuerpfähle vorhanden sein. Möglicherweise nehmen Ziegen auch Bürsten an, wie sie in Rinder- und Sauenställen verwendet werden. Ziegen in Anbindehaltung vermögen nur sehr eingeschränkt Körperpflegeaktivitäten auszuüben. Sie sollten daher regelmäßig gebürstet werden.

Zur Körperpflege gehört ferner die Klauenpflege. Bei Ziegen im Tieflaufstall oder auf der Weide sollten die Klauen alle 3 bis 4 Monate und bei Lämmern alle 10

Wochen geschnitten werden. Betonierte Laufgänge oder Laufhöfe mit hartem Boden sorgen für einen natürlichen Klauenabrieb. Manche Ziegenhalter plazieren einen Findling oder Steinhaufen in den Auslauf oder die Hofkoppel. Das Herumspringen und Klettern auf diesem Gestein fördert den Klauenabrieb.

Überwachung und Management

Eine sorgfältige und regelmäßige Überwachung seiner Tiere gehört zu den elementaren Pflichten eines Ziegenhalters. Da laktierende Milchziegen zweimal täglich gemolken werden, erfolgt hierbei die Überwachung des Gesundheitszustandes der Tiere. Alle anderen Ziegen müssen nach den Europarat-Empfehlungen täglich kontrolliert werden. Auffällige Tiere müssen einer genauen Kontrolle unterzogen und bei Bedarf einer tierärztlichen Behandlung zugeführt werden. Verendete Tiere sind unverzüglich zu beseitigen.

Gefahrenquellen für Ziegen stellen Zäune dar, weil Ziegen aufgrund ihres ausgeprägten Erkundungsverhaltens versuchen, sie zu überwinden. Sehr schmale Zwischenräume verlocken sie, sich durchzuwinden. Bei Knotengitter-Elektrodraht auf Nylonbasis besteht die Gefahr, daß sich die Ziegen mit den Hörnern darin verheddern und steckenbleiben. Zäune müssen in die regelmäßigen Kontrollen einbezogen werden.

Die Europarat-Empfehlungen fordern bei Stallhaltung die tägliche Überprüfung von Lüftungs-, Heizungs- und Beleuchtungsanlagen. Melkanlagen, automatische Fütterungsanlagen und Tränken sind ebenfalls täglich auf Sauberkeit und Funktionieren zu überprüfen.

Durch regelmäßige Kontrollen muß sichergestellt werden, daß die Tiere ausreichend mit Futter und Wasser versorgt sind. Bei nicht ausreichender natürlicher Vegetation in trockenen Sommermonaten muß rechtzeitig eine Zusatzfütterung vorgenommen werden.

Zum Management gehört ein Versorgungsplan der Tiere, aus dem hervorgeht, wie die vorhandenen Flächen rotationsmäßig genutzt werden, welche zusätzlichen Nutzungmöglichkeiten bestehen, und wo bei Bedarf zusätzliche Futterquellen erschlossen werden können. Besonders wichtig sind die Planung der Gewinnung des Winterfutters und dessen verderbnisfreie Lagerung. Dazu gehört auch der Schutz der Futtermittel vor Nagetieren, insbesondere vor der Kontaminierung mit deren Exkrementen.

Die Bestandsgröße ist abhängig von der Futtergrundlage des Betriebes. Es können nur so viele Tiere gehalten werden, wie ohne Probleme versorgt werden können. Dies ist für Hobbytierhalter häufig schwer abzuschätzen und kann zu Engpässen in der Winterfütterung führen.

Zum Herdenmanagement gehört, daß größere Herden in Leistungsgruppen eingeteilt werden und deren Ansprüchen entsprechend Rechnung getragen wird.

Die Erstellung eines Hygieneplanes und dessen konsequente Befolgung dienen der Gesund- und Leistungserhaltung des Bestandes. Dazu zählen regelmäßige Kotkontrollen, sich daraus ergebende Wurmkuren, Kontrollen des Haarkleides und entsprechende Parasitenbekämpfung sowie Klauenpflege.

Auch wenn Ziegen als leichtgebärend gelten, sind die Geburten zu überwachen, um Komplikationen rechtzeitig erkennen und Hilfsmaßnahmen einleiten zu können.

Besondere Eingriffe und Maßnahmen am Tier

Viele Tierhalter bevorzugen bei der Haltung der Ziegen im Laufstall hornlose bzw. enthornte Individuen, um Verletzungen der Tiere untereinander zu vermeiden. Wenn enthornt werden soll, muß diese Maßnahme so früh wie möglich durchgeführt werden, und zwar sobald sich die Hornansätze zeigen. In der Praxis übliche Verfahren sind das Abätzen und Abbrennen der Hornansätze. Wegen der Verletzungsgefahren sollte dies nur von erfahrenen Tierhaltern durchgeführt werden. Bei älteren Tieren müssen die Hörner unter Narkose entfernt werden, da es sich um einen schmerzhaften Eingriff handelt. Dieser muß vom Tierarzt vorgenommen werden, nach übereinstimmender Tierschutzgesetzgebung der deutschsprachigen Länder. Die Tiere müssen bis zur Abheilung einzeln aufgestallt und versorgt werden (Europarat-Empfehlungen). In der Rangordnung fallen frisch enthornte und daher schmerzempfindliche Tiere weit zurück, sie sind bei Auseinandersetzungen um das Futter benachteiligt.

Die Kastration von Bocklämmern wird durchgeführt, wenn die Tiere später als mit 3 bis 4 Monaten geschlachtet werden sollen. Denn ab diesem Alter kann das Fleisch einen Bockgeruch haben. Bis zum Alter von 2 Monaten kann in der Bundesrepublik Deutschland, der Schweiz und einigen österreichischen Bundesländern (nicht alle Bundesländer enthalten einen diesbezüglichen Hinweis in ihren Regelungen) eine Kastration mit der Burdizzo-Zange, bei der die Samenstränge abgequetscht werden, vorgenommen werden. Auch diese Maßnahme sollte nur von erfahrenen Tierhaltern durchgeführt werden. Die Kastration mit elastischen Ringen ist in allen drei besprochenen Ländern verboten. Geschlechtsreife Böcke dürfen gemäß der Tierschutzgesetzgebung der deutschsprachigen Länder nur vom Tierarzt unter Narkose kastriert werden.

Die Kennzeichnung von Ziegen muß nach den Europarat-Empfehlungen so schmerzlos wie möglich unter Verwendung nichttoxischer Aerosole oder Farben, durch Anbringen eines Hornbrandzeichens oder Gefrierbrandes, Einziehen einer Ohrmarke oder einer elektronischen Erkennung erfolgen.

Weitere Aspekte der Ziegenhaltung

Ziegen gelten fälschlicherweise als Vegetationszerstörer, weil ihnen die Erosionen im Mittelmeerraum angelastet werden. Diese sind aber in früheren Zeiten aufgrund von Abholzungen für den Schiffsbau und Branddüngungen für die Rinderhaltung entstanden. Die immer karger gewordene Vegetation konnte nur noch Ziegen ernähren. Wegen der geringen Individualleistungen wurden Ziegen in großen Herden gehalten. Große Herden aber bedeuteten Überweidungen dieser ökologisch sensiblen Gebiete und führten zu den Erosionen. Da Ziegen frische Triebe bevorzugen, verhinderten sie das Hochkommen neuer Vegetationen.

Ziegen eignen sich für die Landschaftspflege in Biotopen, die von Verbuschung freigehalten werden sollen. Zu diesem Zweck werden sie gemeinsam mit Schafen gehütet. Ein solches Projekt gibt es in einem größeren Umfang in der hessischen Rhön; ein anderes zur Biotoppflege von Wacholderweiden auf der Schwäbischen Alb (Eckert, 1993). Der Pflegeaufwand dieser Flächen konnte durch die gemischte Beweidung deutlich gesenkt werden. Tierschutzrelevante Situationen können beim gemeinsamen Hüten von Ziegen und Schafen wegen der unterschiedlichen Vegetationspräferenzen der Tierarten entstehen. Da die Gesamtherde auf einer überschaubaren Fläche zusammengehalten werden muß, kann unter Umständen der Nahrungsbedarf der einen Tierart nicht ausreichend gedeckt werden.

Eine ganzjährige Freilandhaltung, die im Rahmen von Extensivierungsprogrammen bei anderen Nutztierarten erprobt wird oder auch schon eingeführt ist, läßt sich mit Milchziegen nicht durchführen. Bei Vorhandensein eines Offenstalles lassen sich Fleischziegen ganzjährig im Freien halten.

■ Gesetzliche Grundlagen

Die Tierschutzgesetzgebungen der Bundesrepublik Deutschland, Österreichs (Angelegenheit der neun Bundesländer), der Schweiz und Liechtensteins enthalten ähnlich lautende allgemeine Bestimmungen zur artgemäßen Haltung, Pflege und Bewegung der Tiere. Sie sind schon an anderer Stelle zitiert worden. Die allgemeinen Tierhaltungsvorschriften verbieten eine ständige Dunkelhaltung und schreiben Mindestbeleuchtungswerte vor. Sie müssen in der Bundesrepublik Deutschland, in der Schweiz sowie in einigen österreichischen Bundesländern 15 Lux betragen.

Über diese allgemeinen Bestimmungen der Tierschutzgesetze hinaus bestehen weder auf EU- noch auf nationalen Ebenen spezifische gesetzliche Bestimmungen für die Haltung von Ziegen. Allerdings hat im Rahmen des Europäischen Übereinkommens zum Schutz von Tieren in landwirtschaftlichen Tierhaltungen von 1976 dessen Ständiger Ausschuß im Europarat 1992 Empfehlungen über die Haltung von Ziegen ausgearbeitet. Die Vertragsparteien, zu denen u.a. die Bundesrepublik Deutschland, die Schweiz und Österreich gehören, sind verpflichtet, diese Empfehlungen durch Rechtsetzung oder Verwaltungspraxis umzusetzen. Da die Europäische Union ebenfalls eine Vertragspartei ist, werden diese Empfehlungen in Zukunft auf EU-Basis umgesetzt werden. Knierim (1994) hat diese Empfehlungen zusammengestellt und kritisch betrachtet. Die speziellen Aspekte sind in den vorangegangenen Abschnitten angeführt worden, einige weitere sollen nachfolgend erwähnt werden.

Für *schmerzhafte Eingriffe* am Tier gelten in den deutschsprachigen Ländern die gleichen Regelungen. Die Eingriffe dürfen nur vom Tierarzt unter allgemeiner oder lokaler Betäubung durchgeführt werden. Das gilt u.a. für Enthornungen, Vasektomien und Kaiserschnitte.

Ohne Betäubung dürfen Bocklämmer, die jünger als zwei Monate sind, von fachkundigen Personen kastriert werden. In der Schweiz dürfen bis zum Alter von 14 Tagen elastische Ringe angewendet werden. In der Bundesrepublik Deutschland ist diese Methode verboten.

Bei der Entfernung des Hornansatzes bei Ziegen muß beachtet werden, daß die Hornknospe bei dieser Tierart tiefer sitzt und breiter ist als beim Kalb, so daß die Enthornung von Ziegen komplizierter ist als beim Rind (Berg, 1995). Beim Entfernen des Hornansatzes mit Ätzstiften und -pasten sowie mit Brenneisen muß darauf geachtet werden, daß keine Verätzungen und Verbrennungen außerhalb des Hornansatzes auftreten.

Für die Versorgung von kranken oder verletzten Tieren sind Einrichtungen zu fordern, in denen sie abgesondert, aber mit Sichtkontakt zu Artgenossen auf Einstreu untergebracht werden können. Kranke oder verletzte Tiere müssen gut beaufsichtigt und betreut werden.

Für den *Transport von Ziegen* gilt der Beschluß zur Tiertransportrichtlinie, die der Rat der Europäischen Union auf seiner Sitzung am 22.5.1995 gefaßt hat. Diese Richtlinie mußte bis zum 31.12.1996 in das nationale Recht der EU-Mitgliedsländer umgesetzt werden. Am 1.3.1997 trat die *Tierschutztransportverordnung* des deutschen Bundeslandwirtschaftsministeriums in Kraft. Nach dieser Verordnung wird die Transportdauer auf acht Stunden begrenzt. Erfolgt der Transport der Tiere in *Spezialfahrzeugen*, kann die Transportdauer verlängert werden. Diese Spezialfahrzeuge müssen folgende Bedingungen erfüllen: Der Boden des Fahrzeugs muß reichlich eingestreut sein; die mitgeführte Futtermenge muß der beförderten Tierart und der Transportzeit angemessen sein; ein direkter Zugang zu den Tieren muß möglich sein; angemessene Belüftungsmöglichkeiten und bewegliche Trennwände zur Errichtung von Absperrungen müssen vorhanden sein, desgleichen Möglichkeiten zur Wasserversorgung der Tiere. Bei Transporten in diesen Spezialfahrzeugen dürfen Lämmer, die noch mit Milch ernährt werden, nach einer Transportdauer von neun Stunden und einer Pause von mindestens einer Stunde, in der sie versorgt werden, weitere neun Stunden transportiert werden. Da Ziegen ebenso wie Schafe darüber hinausgehend nicht erwähnt werden, gilt für sie die Bestimmung für die übrigen Tierarten: Sie müssen nach einer Transportdauer von 14 Stunden (in Spezialfahrzeugen) eine ausreichende, mindestens einstündige Ruhepause zum Tränken und Füttern erhalten. Nach dieser Ruhepause kann der Transport für weitere 14 Stunden fortgesetzt werden. Nach Erreichen des Transportziels müssen die Tiere entladen, gefüttert und getränkt werden und eine Ruhezeit von 24 Stunden erhalten.

Für den Transport kranker und verletzter Tiere ist die Verordnung zum Schutz dieser Tiere zu beachten. Danach dürfen Tiere, die aufgrund ihres Zustandes nicht in der Lage sind, aus eigener Kraft auf das Transportfahrzeug zu gelangen oder es zu verlassen, nicht transportiert werden. Als Ausnahme ist der Transport zu einer tierärztlichen Behandlung gestattet.

In ziegenhaltenden Betrieben werden häufiger *Hausschlachtungen* als in anderen Betriebsformen durchgeführt. Schlachtungen dürfen nur von erfahrenen Personen vorgenommen werden. Eine Betäubung vor dem Schlachten ist in allen deutschsprachigen Ländern zwingend vorgeschrieben. Schächten ist in der Schweiz verboten, in Deutschland gibt es Ausnahmegenehmigungen.

Als Grundlage für die Anmerkungen der Tierschutzverordnungen der Schweiz und der österreichischen Bundesländer dienten u.a. die Ausarbeitung von Blumenstock (1994) und die Tierschutzverordnung der Schweiz.

Literatur

Allan, C.J., Hinch, G.N., and Holst, P.J. (1991): Behaviour of parturient Australian bush goat. Applied Animal Behaviour Sci. 32, 55–74.

Arbeitsgemeinschaft Deutscher Ziegenzüchter (1994): Angaben zu Bestandsgrößen in einigen europäischen Ländern und der EU. Mündl. Mitteilung.

Berg, R. (1995): Angewandte und topographische Anatomie der Haustiere. 4. Aufl. Gustav Fischer Verlag, Jena–Stuttgart.

Blumenstock, S. (1994): Tierschutzgesetzgebung in Europa. Schriftenreihe des Ministeriums für Ernährung, Landwirtschaft und Forsten, Reihe A: Angewandte Wissenschaft, Heft 431. Landwirtschaftsverlag Münster.

Buchenauer, D., und Fritsch, B. (1980): Zum Farbsehvermögen von Hausziegen. Z. Tierpsychol. 53, 225–230.

Buchenauer, D., Soumare, A., and Hinrichsen, J.K. (1984): Behaviour of grazing goats. Proceedings of the International Congress on Applied Ethology in Farm Animals, Kiel, 363–365.

Buchenauer, D., und Soumare, A. (in Vorbereitung): Untersuchungen zum Ernährungsverhalten von Ziegen.

Eckert, G. (1993): Zum Einsatz von Schafen und Ziegen zur Biotoppflege von Halbtrockenrasen der Schwäbischen Alb. Der Ziegenzüchter 9, 2–7.

Elze, K. (1995): Problemlose Geburten bei Ziegen. Deutsche Schafzucht 8, 189–190.

Europäisches Übereinkommen zum Schutz von Tieren in landwirtschaftlichen Tierhaltungen vom 10.3.1976.

Europarat-Empfehlungen für das Halten von Schafen und Ziegen vom November 1992.

Tiertransportrichtlinie des Rates der Europäischen Union vom 22.6.1995.

Tierschutztransportverordnung des Bundeslandwirtschaftsministeriums ab 1.3.1997 in Kraft.

Gall, Ch. (1982): Ziegenzucht. Eugen Ulmer, Stuttgart.

Jaudas, U. (1987): Ziegen: Unterbringung, Pflege, Ernährung, Krankheiten, Zucht. Gräfe und Unzer, München.

Kilgour, R., and Dalton, C. (1984): Livestock behaviour. Granada-London-Toronto-Sydney-New York.

Knierim, U. (1994): Tierschutz bei der Schaf- und Ziegenhaltung, AID-Informationen für die Agrarberatung 5406. Herausgegeben vom Auswertungs- und Informationsdienst für Ernährung, Landwirtschaft und Forsten, Bonn.

Pingel, H. (1986): Die Hausziege. A. Ziemsen, Lutherstadt Wittenberg.

Sambraus, H.H., und Wittmann, M. (1993): Geburtsablauf und Saugverhalten von Ziegen. Der Ziegenzüchter 1, 2–5.

Sambraus, H.H. (1978): Nutztierethologie. Paul Parey, Berlin–Hamburg.

Späth, H., und Thume, O. (1986): Ziegen halten. Eugen Ulmer, Stuttgart.

Pferd

K. ZEEB

■ Biologie des Pferdes

Im Zuge der Evolution haben sich die Pferdeartigen in Baumsavannen, Steppen und Tundren entwickelt. Dort weideten sie in mehr oder minder großen Gruppen oder Herden. Stets waren sie umgeben von Freßfeinden, wie Wölfen, Bären und Großkatzen. Die futterbedingten jahreszeitlichen Wanderungen und die Notwendigkeit, mit großer Geschwindigkeit vor den Feinden fliehen zu können, ließen ein hochspezialisiertes Lauf- und Fluchttier entstehen, das nur noch mit einer behornten Zehe an jedem Bein den Boden berührt, dem Huf. So spricht man auch von der zoologisch-systematischen Unterordnung der *Einhufer*. Dazu gehören die echten Pferde, die Zebras, die Esel und die Halbesel.

Schneller, ausdauernder Lauf erfordert viel Sauerstoff für die Muskelarbeit. Deshalb sind ein hochleistungsfähiger Atmungs- und ein ebensolcher Kreislaufapparat lebenswichtig. Die Überlebenschance vor dem Feind stieg durch hochsensible Sinnesorgane für Hören, Riechen und Sehen. Außerdem stiegen die Chancen der Arterhaltung, wenn zwischen den Herdengenossen ein guter sozialer Kontakt gegeben war. Dies wurde und wird erreicht mittels eines sehr differenzierten Sozialverhaltens. Mithin ist das Pferd ein hochspezialisiertes, laufausdauerndes, herdenlebendes Fluchttier, das sich, falls vom Sozialverband getrennt, ständig unsicher fühlt.

Es wird heute immer wieder behauptet, die Domestikation der Pferde und die Zucht auf Hochleistung hätten zu einer Reduktion der beschriebenen arttypischen Eigenschaften geführt. Dem muß entschieden widersprochen werden. Wenn man die Härte und Leistungsfähigkeit z.B. der verwilderten australischen Hauspferde betrachtet oder „hoch im Blut stehende", extensiv gehaltene Pferde beobachtet, wird diese Behauptung ad absurdum geführt.

■ Haltungsrelevantes Verhalten

Ausdrucksverhalten und Kommunikation

Dieser Abschnitt wird im Rahmen der Tierschutzbetrachtung besonders ausführlich behandelt, weil das Ausdrucksverhalten von Pferden schon im Frühstadium Hinweise auf tierschutzrelevante Sachverhalte, insbesondere auf Schmerzen und Leiden gibt. Außerdem trägt es besonders viel zum Verständnis dieser Lebewesen bei. Wenn man das Bedarfsdeckungs- und Schadensvermeidungskonzept (DVG, 1994) im Hinblick auf das Zusammenleben von Individuen in einer sozialen Gruppe als Erklärungsprinzip heranzieht, werden Selbstaufbau und Selbsterhalt des Einzeltieres durch die Kommunikation mit den Gruppenmitgliedern dank dem Ausdrucksverhalten sichergestellt.

Das Ausdrucksverhalten beinhaltet Gesichtsausdruck (Abb.1), Lautäußerun-

Abb. 1 Gesichtsausdruck bei Pferden.

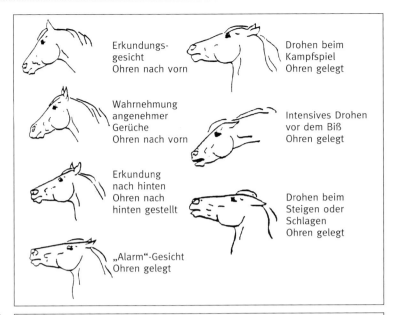

Abb. 2 Schweifhaltung als Ausdrucksverhalten bei Pferden.

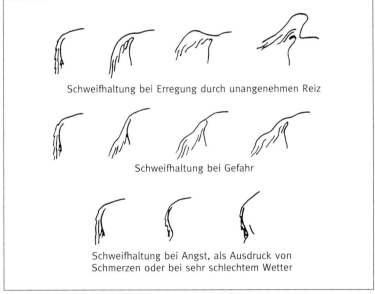

gen, Schweifhaltung (Abb. 2) und Körperhaltung.
1 **Gesichtsausdruck**
   a) Ungerichtet: Dösen, Gähnen, Flehmen, Rossigkeitsgesicht, Schmerzgesicht.
   b) Gerichtet: Begrüßungsgesicht, Drohgesicht, Unterlegenheitsgebärde des nicht erwachsenen Pferdes, Putzgesicht bei der sozialen Hautpflege.
2 **Akustisches Ausdrucksverhalten**
   Wiehern, Stöhnen, Blasen, Schnauben, Quietschen, Grummeln, Grunzen und Trompeten.

3 **Schweifhaltung**
Lose hängend, gelüftet, stark angehoben, schlagend, eingeklemmt.
4 **Körperhaltung**
Die Palette reicht von absoluter Entspannung (Ruhestellung) bis zur höchsten Anspannung (Achtungstellung).

Ausdrucksverhalten gegenüber dem Menschen

Gegenüber dem Menschen wird ähnliches Ausdrucksverhalten gezeigt, z.B. vertrauensvolle Zuwendung, leichtes Ohrenlegen im Sinne von Unsicherheit bis zur höchsten Aggression. Auch bei der Nutzung zeigen Pferde mittels Ausdrucksverhalten an, ob die Hilfengebung verhaltensgerecht ist. Ohren nach vorn bedeutet meistens Einklang mit den Hilfen und Orientierung nach vorn. Ohrenstellen nach hinten und Ohrenspiel bedeuten Orientierung zur Person im Sattel. Eingeklemmter Schweif oder Schweifschlagen, Kopfschlagen und Gegen-den-Zügel-Gehen weisen auf fehlerhafte oder schmerzhafte Hilfengebung hin. Auch Ohrenlegen kann auf fehlerhafter oder schmerzhafter Hilfengebung beruhen.

Das Ausdrucksverhalten von Pferden bei der Einwirkung durch den Menschen ist noch weit differenzierter, als hier beschrieben. Hervorzuheben ist, daß bei der reiterlichen Ausbildung bedauerlicherweise kaum Kenntnisse darüber vermittelt werden. Insbesondere im Zusammenhang mit dem Tierschutz beim Pferdesport ist dieser Verhaltenskomplex aber von besonderer Bedeutung. Elemente des Ausdrucksverhaltens der Pferde untereinander und gegenüber dem Menschen sind wichtige Indikatoren für die tierschutzrelevante Beurteilung einer Pferdehaltung und des Umgangs mit Pferden.

Verhaltensgerechter Umgang mit Pferden

Das Sozialverhalten von Pferden war, wie geschildert, im Sinne des Überlebens dieser Tierart von besonderer Bedeutung. Aus diesem Grunde steht auch die Mensch-Pferd-Beziehung als einer der wichtigsten Faktoren bei der Haltung, Ausbildung und Nutzung dieses Fluchttieres im Vordergrund. Vor allem in Fällen, in denen Pferde einzeln gehalten werden, spielt der Mensch als Sozialpartner eine bedeutende Rolle. Die Verkennung dieser Tatsache führt oft zu tierschutzrelevanten Situationen.

Aufgrund unerfreulicher Vorkommnisse im Springsport wurden vom deutschen Bundesministerium für Ernährung, Landwirtschaft und Forsten in Bonn Leitlinien „Tierschutz im Pferdesport" in Auftrag gegeben (BML, 1992). Danach müssen alle jene Personen, die mit Pferden engen Umgang haben, deren arttypisches angeborenes Verhalten und insbesondere das Ausdrucksverhalten kennen und verstehen. Sie sollen auch in der Lage sein, das vom Einzeltier im Laufe seines Lebens erworbene Verhalten und die jeweils bestehende Handlungsbereitschaft des Pferdes zu erkennen und entsprechend zu berücksichtigen.

■ Anforderungen an die Pferdehaltung

Die relativ geringe Lebenserwartung, die Häufigkeit von Erkrankungen und Dauerschäden bei Pferden lassen darauf schließen, daß den artbedingten Ansprüchen oft nicht ausreichend entsprochen wird und eine pferdegerechte Haltung und Nutzung vielfach nicht gegeben sind. Am häufigsten treten Lahmheiten auf, gefolgt von Erkrankungen des Atmungsapparates und Störungen der Verdauungsorgane (Rodewald, 1989). Um Haltungsfehler zu vermeiden, sind die nachfolgend beschriebenen grundsätzlichen Bedingungen zu erfüllen.

Haltungssystem und Fortbewegung

Wie eingangs schon beschrieben, bewegen sich Pferde im Sozialverband zur Futteraufnahme bis zu 16 Stunden am Tag. Unter Haltungsbedingungen ist daher ein angemessener Ausgleich für den Aktivitätsverlust zu schaffen. Durch mangelndes Bewegungsangebot verlieren Sehnen, Bänder und Gelenke ihre Elastizität. Starke Belastungen wirken sich dann schnell schädigend aus. Bewegungsmangel behindert zudem die Selbstreinigungsmechanismen der Atemwege und beeinträchtigt den gesamten Stoffwechsel. Neben ausreichender Bewegungsmöglichkeit im Haltungssystem ist regelmäßige angemessene Arbeit nötig, die in ihrem Aufbau sinnvoll sein muß und das Pferd nicht überfordert. Unvermittelte, zu hohe und zu lang andauernde Belastungen sind schädlich. Je stärker das Haltungssystem die Bewegungsmöglichkeit einschränkt, desto wichtiger ist ein Ausgleich durch tägliches, dem Trainingszustand und der Physiologie angepaßtes Bewegen der Tiere. Dies gilt insbesondere für die Anbindehaltung, die für Jungtiere auszuschließen ist und im übrigen nur für Sonderfälle geduldet werden kann.

Anbindehaltung ist nur dann vertretbar, wenn Pferde
- ihre Zeit überwiegend auf Ausläufen oder Weiden verbringen,
- über viele Stunden des Tages arbeiten, wie das früher in der Landwirtschaft der Fall war,
- während weniger Tage bei Veranstaltungen, Ausstellungen etc. untergebracht werden müssen.

Für Einzelhaltung gilt, daß selbst ein kleiner Auslauf (mindestens Einzelboxenfläche) besser ist als gar keiner. Dabei gilt grundsätzlich: Ausläufe sollten ganztägig und ganzjährig benutzbar sein, deshalb sind sie zu befestigen, um Morastbildung zu vermeiden. Das kann am einfachsten durch das Verlegen von Betonsteinen erfolgen. Der Durchgang von der Einzelbox ins Freie wird mit Weich-PVC-Bahnen versehen, die den Pferden beim Ortswechsel keine Schwierigkeiten bereiten und gut gegen starken Wind und Regen schützen.

Hinsichtlich der Bewegungsmöglichkeit, aber auch der Anregung zur Bewegung, ist *Auslaufhaltung in Gruppen* als die pferdegerechteste Haltungsform zu bewerten. Diese Art der Gruppenhaltung (Abb. 3) wird gegenüber der Einzelhaltung in drei Bereiche eingeteilt: a) Liegefläche mit zwei Zugängen, um die Blockade Rangniederer zu vermeiden, b) Laufbereich und c) Fütterungsbereich mit Freßständen, um Futterneidreaktionen zu vermeiden.

Bau- und Funktionsmaße

In den „Leitlinien zur Beurteilung von Pferdehaltungen unter Tierschutzgesichtspunkten" (BML, 1995) sind u.a. die wichtigsten Bau- und Funktionsmaße für die Pferdehaltung aufgeführt (im folgenden berechnet für das heutige Durchschnittsreitpferd mit einer Widerristhöhe Wh = 1,67 m):
- *Einzelbox*: Grundfläche 11,2 m² [(2 × Wh)²], wobei die schmale Seite 2,5 m (1,5 × Wh) lang sein soll, um dem Pferd

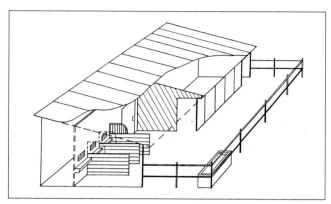

Abb. 3 Schema einer Auslauf-Gruppenhaltung für drei Pferde.

an der langen Seite einige geradeaus gerichtete Schritte zu ermöglichen.
Einzelbox für Stute mit Fohlen: 16,0 m².
- *Einraumlaufstall ohne permanenten Zugang zum Auslauf*: Grundfläche 11,2 m² [(2 x Wh)²] je Pferd.
- *Gruppenlaufstall mit getrennt liegenden Freßständen und ständigem Zugang zum Auslauf*: Grundfläche 7,0 m² je Pferd (2,5 x Wh²).
- *Freßstände*: Länge 3,0 m (1,8 x Wh), Breite 0,8 m.
- *Auslauffläche*: 25 m² je Pferd [2 x (2 x Wh)²].

Weitere Funktionsmaße finden sich in den o.a. Leitlinien.

Sozialkontakte

Werden die Anforderungen, die Pferde als soziale Lebewesen stellen, nicht berücksichtigt, so können Probleme im Umgang mit ihnen und sogar Verhaltensstörungen (s. S. 170f.) entstehen. Die Haltung eines einzelnen Pferdes ohne soziale Partner ist nicht pferdegemäß. Je geringer die Kontaktmöglichkeiten zu Artgenossen oder anderen Tieren sind, desto stärker ist das Pferd auf den Menschen als sozialen Partner angewiesen. Mit anderen Worten: Der Mensch muß sich mit dem von den Artgenossen „isolierten" Pferd häufiger und intensiver beschäftigen als mit dem soziallebenden. Nicht nur bei Haltung in Gruppen, sondern auch bei der Einzelaufstallung ist auf das soziale Gefüge zwischen den Pferden Rücksicht zu nehmen. So darf man z. B. nie Pferde, die einander stets androhen oder zu beißen versuchen, in benachbarte Boxen stellen oder nebeneinander anbinden.

Die Kontaktmöglichkeiten zu Artgenossen sind so frei zu gestalten, wie es Haltungszweck und Qualifikation des Betreuers erlauben. Bei Einzelaufstallung ist mindestens der Hör-, Sicht- und Geruchskontakt zwischen den Tieren sicherzustellen. Dieser Kontakt ist möglich bei Einzelboxen mit 1,35 m hohen (0,8 x Wh) Holzbohlenwänden und 2,20 m hohen (1,3 x Wh) Gitterteilen. Dabei muß beachtet werden, daß die Gitterstäbe nur so weit auseinanderstehen, daß sich steigende Pferde nicht mit den Hufen darin verfangen. Als lichte Weite zwischen den Stäben werden 50–60 mm empfohlen.

Darüber hinaus sollen Pferde als Fluchttiere, deren wichtigster Wesenszug Wachsamkeit ist, am Geschehen im Haltungsumfeld angemessen teilhaben können. Neuerdings ist man dazu übergegangen, bei Reithallen eine der langen Seitenwände offen zu lassen, damit die Pferde während der Arbeit in der Halle nicht von der Außenwelt „abgeschnitten" sind. Überhaupt sollen schon die Fohlen frühzeitig an Lärm wie Motorengeräusche, Geschrei und Getrampel von Kindern, Musik und dgl. gewöhnt werden. Das hilft Unfälle zu vermeiden und ist prophylaktischer Tierschutz!

Für junge Pferde muß die Aufzucht in Gruppen gefordert werden, denn nur hier sind die wichtigen Entwicklungsreize gegeben, die das arttypische Sozialverhalten fördern und zu ausreichender Futteraufnahme und Bewegung anregen. Es wird empfohlen, in Zuchtbetrieben Stuten mit Fohlen in den ersten Tagen nach der Geburt nicht in Gruppen zu halten, damit die Prägung des Fohlens auf seine Mutter ungestört erfolgen kann. Nach einigen Tagen ist es sinnvoll, mehrere Stuten und Fohlen gemeinsam auf die Koppel zu bringen, damit die Fohlen möglichst früh ihr angeborenes Sozialverhalten mit Erfahrungen verbinden können.

Bei der Haltung von Pferden in Gruppen muß eine Möglichkeit zur Abtrennung kranker oder nicht sozial integrierter Tiere mit Hilfe von Einzelboxen geschaffen werden.

In der Regel sollen Pferde in Gruppenhaltung an den Hinterhufen unbeschlagen sein (Zuchtstuten, Jährlinge, Fohlen, weniger genutzte Pferde). Bei Verträglichkeit innerhalb der Gruppe und ausreichender Bewegungsfläche sind Ausnahmen möglich. Die Beurteilung des Risikos liegt in der Verantwortung des Pferdehalters, Betreuers und Pferdebesitzers (BML, 1995).

Futter und Futteraufnahme

Futterzusammensetzung und Futtermenge müssen dem Erhaltungs- und Leistungsbedarf des Einzeltieres entsprechen. Vor allem während Wachstum,

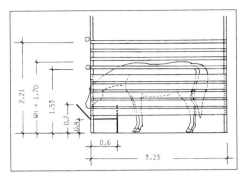

Abb. 4 Beispiel eines Futterstandes für ein Pferd mit einer Widerristhöhe (Wh) von 1,7 m.

Hochträchtigkeit und Laktation ist auf ausreichende Versorgung mit Vitaminen und Mineralstoffen zu achten (Zeyner, 1995). Unzureichendes Mineralstoffangebot während des Wachstums führt zu Schäden, die später kaum noch ausgeglichen werden können.

Ungestörte Futteraufnahme muß auch im Laufstall gewährleistet sein, z.B. durch Freßstände, kurzzeitiges Anbinden oder automatische Fütterung. In Abb.4 sind die wichtigsten Funktionsmaße eines Freßstandes dargestellt. Entscheidend für das Funktionieren des Freßstandes ist, daß die Seitenabtrennungen ca. 70 cm über das Hinterteil des fressenden Pferdes hinausragen. Dann traut sich auch ein Hochrangiger nicht, einen Rangniederen zu kneifen oder aus dem Stand zu vertreiben, weil dieser dann „ungestraft" ausschlagen kann.

Der Verdauungsapparat der Pferde ist so beschaffen, daß er auf kontinuierliche, mindestens aber täglich mehrmalige Futterzufuhr angewiesen ist. Zur artgemäßen Ernährung des Pferdes gehört ein ausreichender Anteil an strukturiertem Futter. Die Futteraufnahme dient nicht nur der Ernährung, sondern ist auch Beschäftigung. Je rohfaserreicher und grobstrukturierter Futterstoffe sind, desto besser sind sie für Pferde geeignet. Die Beachtung dieser Regel ist auch prophylaktischer Tierschutz, denn solches Futter füllt den Blinddarm ausreichend und und gibt genügend Beschäftigung.

Beim Verzehr einer Tagesration von 8,5 kg Wiesenheu macht ein Pferd nach Ahlswede (1977) 27625 Kauschläge und benötigt dafür 5,4 Stunden. Bei der Aufnahme einer Tagesration von 6,6 kg Heubriketts erfolgen 11250 Kauschläge in nur 1,1 Stunden. Weniger Kauschläge bedeuten weniger Speichelsekretion und damit mögliche Probleme bei der Verdauung. Falls Pferde nicht in Gruppen gehalten und mit ihnen nicht täglich gearbeitet wird, kann die Unterbeschäftigung bei der Futteraufnahme dazu führen, daß die Pferde nach Betätigung suchen. Angenagte Holzstangen und angefressene Holzwände sind ein wichtiger Hinweis auf solche Mängel.

Wichtig ist auch, daß die Fütterungseinrichtung eine entspannte Haltung bei der Futteraufnahme ermöglicht. Als Oberkante der Krippensohle wird empfohlen, diese so hoch anzubringen, daß die Höhe ca. 1/3 der Widerristhöhe entspricht. Es ist nämlich zu bedenken, daß ein Pferd in der Regel wegen der Stalleinrichtung an der Krippe nicht – wie beim Weiden – mit gegrätschten Vorderbeinen stehen kann. Ist die Krippensohle zu niedrig, führt das zu Verspannungen bei der Futteraufnahme.

Hufpflege

Sorgfältige Hufpflege ist für die Gesunderhaltung unabdingbar. Fohlen und Jungpferde sind frühzeitig an das Aufhalten für Hufpflegehandlungen zu gewöhnen. Hufe sind regelmäßig auf ihren Zustand zu prüfen und in Abhängigkeit vom Haltungssystem und von der Nutzung so zu pflegen, daß die Gesunderhaltung des Hufes gewährleistet ist. Vor und nach jeder Nutzung sind Sohle und Strahlfurchen zu säubern. Unbeschlagene Pferde sind in der Regel alle 6–8 Wochen auf Stellung und Abnutzung der Hufe zu kontrollieren. Diese sind nach Bedarf zu korrigieren. Wenn der Zustand der Hufe oder die Nutzung es erfordern, sind Pferde fachgerecht zu beschlagen. Das Beschlagintervall beträgt in der Regel 6 bis 8 Wochen.

Körperpflege

Die Körperpflege dient vor allem der Aufrechterhaltung der Hautfunktionen: Ausscheidung von Salzen, Wärmeregulation, Schutzfunktion. Das Organ *Pferdehaut* besteht aus 4 Organteilen: eigentliche Haut, Deckhaare, Schutzhaare und Sinushaare. Leben Pferde in der Gruppenauslaufhaltung oder bei ganzjähriger Haltung ohne Stall, und wird nicht mit ihnen gearbeitet, dann erledigen sie ihre Körperpflege mit arttypischem Verhalten, wie Benagen des Felles, Kratzen an Gegenständen, Wälzen am Boden oder in der Schwemme usw. Die Hautpflege einzeln gehaltener Pferde muß der Mensch mit Hilfe von Striegel und Bürste, erforderlichenfalls mit Wasser und Schwamm besorgen. Eine übertriebene Hautpflege stört die Hautfunktionen ebenso wie die Vernachlässigung. Außerdem kommt der Körperpflege durch den Menschen die wichtige Bedeutung des Abbaus der Kontaktscheu und des Aufbaus von Vertrauen zu.

Schädigende Körperpflege besteht dann, wenn Pferde übertrieben frisiert werden. Zu starkes Kürzen der Schutzhaare an den Köten und am Schweifansatz ist für solche Pferde tierschutzwidrig, die sich im Freien aufhalten, weil die Ableitung des Regenwassers mittels der Schutzhaare gestört ist, was zu starker Abkühlung des Scham- und Kötenbereiches führt.

Das Abschneiden oder Auszupfen der Sinushaare um Augen, Nüstern und Maul ist nach § 6 (1) des deutschen Tierschutzgesetzes als Teilamputation zu betrachten, weil Pferde ohne Sinushaare in diesem Bereich in ihrem schadenvermeidenden Verhalten, z.B. bei der Futteraufnahme oder im Dunkeln, behindert sind.

Indirekte Körperpflege durch den Menschen besteht im Bereitstellen trockener Liegeflächen, die eingestreut am pferdegerechtesten sind. Stallhaltung und Einzelaufstallung erfordern mehr Pflegemaßnahmen durch die Betreuungsperson als Gruppenhaltung.

Stallklima

Der Atmungsapparat der Pferde ist besonders anfällig für Staub und Schadgase. Deshalb muß sichergestellt sein, daß Frischluftversorgung, Luftzirkulation, Staubgehalt, relative Luftfeuchte und Schadgaskonzentration im Stall in einem Bereich gehalten werden, der die Gesundheit der Pferde nicht nachteilig beeinflußt. Die erforderliche Luftdurchflutung darf nicht mit „Zugluft" verwechselt werden. Zugluft ist ein partieller Luftstrom, der kühler ist als die Luft, welche das Tier umgibt.

Pferde können bei entsprechender Konditionierung schadlos große Temperaturschwankungen ertragen. Gleichmäßige Stalltemperatur ist schädlich, weil sie den Organismus nicht zum Training der thermoregulatorischen Mechanismen anregt. Eine solche Stimulierung wird nur erreicht,wenn die Stalltemperatur der Außentemperatur ganzjährig gemäßigt folgt. Sind Pferde infolge von Arbeit naßgeschwitzt, dann sind sie trockenzureiten oder zu -führen etc. Keinesfalls dürfen sie bewegungslos naß herumstehen. Eventuell kann auch mal eine geeignete Pferdedecke aufgelegt werden, bis das Pferd trocken ist. Das sollte aber nicht zur Dauergewohnheit werden, weil dauernd aufgelegte Decken verhindern, daß sich das Fell durch entsprechendes Wachstum an die jeweilige Klimasituation anpassen kann.

Das natürliche Spektrum des Sonnenlichts hat starken Einfluß auf den gesamten Stoffwechsel, wodurch Widerstandskraft, Leistungsfähigkeit und Fruchtbarkeit positiv beeinflußt werden. Deshalb müssen die Ställe ausreichend mit Tageslicht versorgt werden. Die Fensterfläche soll mindestens 1/20 der Stallfläche betragen.

Pferdehaltung bei unterschiedlicher Nutzung

Anhand der Tabelle 1 wird schematisch gezeigt, welches Haltungssystem für welche Art der Pferdenutzung aus der Sicht des Tierschutzes geeignet ist.

Allgemeine Beurteilung der Stallhaltung

Bei der tierschutzgemäßen Beurteilung des einzelnen Betriebes ist zu berücksichtigen, daß Haltungsumfeld und Nutzungspraxis in sehr komplexer Weise auf das Pferd einwirken. So ist es durchaus möglich, daß es mit qualifizierter Betreuung gelingt, Unzulänglichkeiten in Einzelbereichen so abzufangen, daß die Pferde ausgeglichenes Verhalten und guten körperlichen Zustand zeigen.

Es besteht kein Zweifel, daß die Gruppenauslaufhaltung dem Lebewesen Pferd am besten entspricht. Allerdings stellt diese Haltungsform die höchsten

Tab. 1 Möglichkeiten der Pferdehaltung entsprechend der Nutzungsart (BML 1995)

Nutzungsart	Einzelboxen	Geeignete Haltungssysteme		Weide mit Witterungsschutz
		Gruppenauslaufhaltung	Einraum-Gruppenlaufstall	
Zucht				
Stuten mit Fohlen	geeignet, Auslauf und Weide Bedingung	geeignet, Weide Bedingung	geeignet, Auslauf und Weide Bedingung	geeignet
Stuten ohne Fohlen	geeignet, Auslauf und Weide Bedingung	geeignet, Weide Bedingung	geeignet, Auslauf und Weide Bedingung	geeignet
Jährlinge/Jungpferde		geeignet, Weide Bedingung	geeignet, Auslauf und Weide Bedingung	geeignet
adulte Hengste	geeignet, zusätzliche ausreichende Bewegung Bedingung	geeignet, je nach Aufzuchtbedingung und Rasse	bedingt geeignet, je nach Aufzuchtbedingung und Rasse	geeignet, je nach Aufzuchtbedingung und Rasse
Verkaufsstall/Ausstellungsstall	geeignet	–	–	–
Reitstall/Fahrstall	geeignet mit angeschlossenem Auslauf	geeignet bei wenig Wechsel der Pferde	–	geeignet bei wenig Wechsel der Pferde
Rennstall	geeignet, Auslauf wird empfohlen	geeignet bei wenig Wechsel der Pferde	–	–
Pensionspferdehaltung	geeignet bei häufigem Wechsel der Pferde, Auslauf oder Weide Bedingung	geeignet bei wenig Wechsel der Pferde, Weidegang wird empfohlen	–	geeignet je nach Art des Reitbetriebes, bei wenig Wechsel der Pferde
Arbeitspferde	geeignet, Auslauf bzw. Weidegang wird empfohlen	geeignet		geeignet
Zoo/Freigehege	geeignet, Auslauf Bedingung	geeignet		geeignet
Zirkus	geeignet, im Heimat-/Winterquartier Auslauf Bedingung	geeignet		im Heimat-/Winterquartier geeignet
Schaustellung[1]	geeignet, im Heimat-/Winterquartier Auslauf Bedingung	geeignet		im Heimat-/Winterquartier geeignet

[1] Für kurzzeitige Unterbringung ist eine Ständerhaltung möglich.

Anforderungen an das Betreuungspersonal. Einfacher ist die Einzelboxenhaltung, die jedoch außerhalb der Nutzungszeit (in der Regel 23 bis 23,5 Stunden am Tag!) keine arttypische Bewegungsmöglichkeit für die Tiere schafft.

Die nachstehenden Zahlen geben die Möglichkeiten zur Fortbewegung in den verschiedenen Haltungssystemen wieder: Während eines Weidetages legen Pferde durchschnittlich 6000 m mit 7500 Schritten zurück. In der Gruppenauslaufhaltung beträgt die mittlere tägliche Strecke noch 1880 m mit 2250 Schritten. Bei 23,5 Stunden Aufenthalt in der Einzelbox beträgt die Strecke 173 m mit 587 Schritten (Zeeb, 1995a). Es ist Aufgabe des Managements, das je nach Haltungssystem unterschiedliche Fortbewegungsangebot durch Arbeit oder Auslaufmöglichkeit zu ergänzen. Der Einsatz motorenbetriebener Führmaschinen oder Laufbänder sollte nur für Ausnahmesituationen vorgesehen sein und nur unter fachlich kompetenter Aufsicht angewendet werden. Es kann sonst schnell zu Verletzungsrisiken kommen.

Jedoch ist nicht zu verkennen, daß die Gruppenhaltung von Pferden für ein schwaches, krankes oder rangniederes Individuum sehr nachteilig sein kann. Deshalb muß beim Bau von Pferdegruppenställen stets auch die Möglichkeit für Einzelunterbringung vorgesehen werden. Dies ist vor allem auch deswegen erforderlich, weil neu hinzukommende Pferde anfangs einzeln untergebracht und dann langsam an die Gruppenhaltung gewöhnt werden müssen.

▪ Weidehaltung

Die Weide ist eine *naturnahe Haltungsumgebung* für Pferde, die auch ohne Stall das ganze Jahr über geeignet ist, wenn nachstehende Bedingungen erfüllt sind:
- ausreichende Flächengröße zur Sicherstellung von Futtergrundlage und Bewegung,
- ausreichend Trinkwasser zur Sicherstellung der Wasserversorgung,
- ausreichender Witterungsschutz über alle Jahreszeiten zur Sicherstellung der Schadensvermeidung bei ungünstigen klimatischen Bedingungen,
- Teilbereiche mit harten und rauhen Oberflächen für die Fortbewegung zur Sicherstellung der Hufgesundheit,
- artgemäße Strukturierung zur Sicherstellung arttypischen Verhaltens, wie Hautpflege, Sichtschutz gegenüber Ranghohen etc.

Die Einfriedung einer Weide ist so zu gestalten, daß die Pferde sich nicht verletzen können. Ferner ist sie ausbruchsicher zu erstellen, damit Unfälle vermieden werden. Stacheldraht erhöht die Verletzungsgefahr.

Bezüglich der Verletzungsgefahr bei sozialen Auseinandersetzungen durch Beschlag an den Hinterhufen gelten die Ausführungen auf S. 165.

Es herrscht allgemeine Unsicherheit, inwieweit bei der Weidehaltung von Pferden ein *Witterungsschutz* vorhanden sein muß. Deshalb dazu einige Ausführungen: Wer Tiere hält, muß ihnen zur Sicherstellung der verhaltensgerechten Unterbringung die Möglichkeit zum Aufsuchen eines geeigneten Witterungsschutzes geben. Ein natürlicher Witterungsschutz kann je nach Witterung und Gegebenheiten eine Baum- oder Buschgruppe oder dgl. sein. Voraussetzung ist, die Funktion wird unter den gegebenen Umständen erfüllt, d.h., Laubbäume ohne Blätter sind in der kalten Jahreszeit ungeeignet. Einzelne Bäume schützen nicht genügend gegen den Wind. Ausreichende Fläche für alle Tiere muß zur Verfügung stehen. Das bedeutet z.B. für bis zu 10 Pferde (Widerristhöhe von 1,67 m) 4,0 m^2 je Pferd, bis zu 20 Pferde 3,5 m^2 je Pferd und ab 21 Pferde 3,0 m^2/Pferd. Erforderlichenfalls muß der anfallende Kot abgeräumt werden. Bei langdauernden Niederschlägen darf sich kein Morast entwickeln.

Falls kein natürlicher Witterungsschutz vorhanden ist, muß ein geeigneter künstlicher zur Verfügung stehen. Ein Dach und mindestens zwei Wände gegen die Wetterseite sind Grundvoraussetzung für Funktionssicherheit (Flächenbedarf siehe oben). Entstehung von Zugluft muß vermieden werden. Dies gilt auch für die Feuchte, weil im Gegensatz zum natürlichen Witterungsschutz rasches Austrocknen meist nicht erfolgt. Aus Hygienegründen muß der Boden erforderlichenfalls planbefestigt und anfallender Kot entfernt werden. Falls Einstreu notwendig ist, muß diese immer trocken sein.

■ **Weidehaltung ohne Witterungsschutz**
Nach Lorz (1973) sind *Leiden* „alle vom exakten Begriff des Schmerzes nicht erfaßten Unlustgefühle". Solche Unlustgefühle können bei langdauerndem Aufenthalt von Pferden auf Weiden ohne Witterungsschutz dann auftreten, wenn über einen längeren Zeitraum, also nicht nur über wenige Tage, Regen, Schnee oder andererseits intensive Sonneneinstrahlung bei hohen Temperaturen bestehen.

Ein Tier auf einer Weide ohne Witterungsschutz befindet sich z.B. bei viele Tage dauernden niederen Temperaturen, hoher Luftfeuchte, zeitweiligem Niederschlag und Wind in folgender Situation:
– Die starke Abkühlung infolge des dauernd nassen Fells bedingt eine andauernde Kälteempfindung.
– Dadurch entsteht die Motivation, nach einem Witterungsschutz zu suchen.
– Da kein Witterungsschutz vorhanden ist, bleiben die Einwirkungen von Wind und Nässe bestehen, was vom Tier emotional als *unangenehm* empfunden wird.
– Das Tier versucht, diesen Zustand zu ändern. Es geht zu einer Hecke, die aber als Witterungsschutz unzureichend ist, d.h., das Verhalten führt nicht zum Erfolg. Der Zustand ist unter den gegebenen Voraussetzungen nicht zu ändern.
– Das Tier erlebt seine Unfähigkeit, die Situation zu bewältigen, das Unlustgefühl bleibt. Dieses andauernde Erleben ist *erhebliches Leiden*.

Im Falle des Bestehens erheblicher Leiden ist wegen nicht verhaltensgerechter Unterbringung und dadurch der Unmöglichkeit schadensvermeidenden Verhaltens von einer Zuwiderhandlung gegen § 2 des deutschen Tierschutzgesetzes auszugehen. Aufgrund mehrerer Gutachten zu Fällen der langdauernden Weidehaltung ohne Witterungsschutz wurden die Beklagten wegen Zuwiderhandlung gegen § 17 Nr. 2 des deutschen Tierschutzgesetzes verurteilt, weil sie Tieren länger anhaltende und sich wiederholende erhebliche Leiden zugefügt haben (Zeeb, 1995b).

Ein Witterungsschutz ist dann nicht erforderlich, wenn die Tiere nur so kurzfristig auf eine Weide verbracht werden, daß andauernde Unlustgefühle oder Schäden nicht auftreten können oder wenn die Witterung so ist, daß die Tiere keinen Witterungsschutz aufsuchen würden. Sicher aber hat das dann Gültigkeit, wenn über einen längeren Zeitraum, d.h. während einer Reihe von Tagen, eine Witterung herrscht, die schadensvermeidendes Verhalten durch Aufsuchen eines Witterungsschutzes erforderlich macht.

■ **Unerwünschtes Verhalten und Verhaltensstörungen**

Wenn sich Menschen mit Pferden beschäftigen, gibt es Reaktionen der Pferde, die „normal" und erwünscht oder „nicht normal" und unerwünscht erscheinen. Zur zweitgenannten Kategorie gehören schadensvermeidende Reaktionen im Sinne von Anpassung an die Einwirkung von Menschen, die im Wesen des Pferdes als hochspezialisiertes Fluchttier begründet liegen. Außerdem gibt es echte Verhaltensstörungen, die durch Fehler bei der Haltung oder beim Umgang mit Pferden entstehen (Zeeb, 1994). In Tabelle 2 sind die beiden Kategorien bei-

Tab. 2 Unerwünschtes Verhalten von Pferden aus der Sicht des Menschen

Echte Verhaltensstörungen	Schadensvermeidende Reaktionen
Koppen	Scheuen
Barrenwetzen, Gitterbeißen	„Bösartigkeit"
Schlagen an die Wände	Zungenstrecken
Exzessives Scharren	Stätigkeit
Weben	- allgemein
Fortbewegungsstereotypien	- beim Reiten
Sich-nicht-Legen	- beim Fahren

spielhaft aufgelistet. Bedauerlicherweise wird auch heute noch in der Fachliteratur nicht klar zwischen echten Verhaltensstörungen und schadensvermeidendem Verhalten unterschieden. Schadensvermeidende Reaktionen sind in der Regel durch fehlerhafte Einwirkung des Menschen verursacht, während echte Verhaltensstörungen in der Regel durch Fehler bei der Haltung entstehen.

■ Schlußfolgerungen

Tierschutzrelevante Sachverhalte bei der Pferdehaltung werden dann vermieden, wenn das jeweilige Haltungssystem entsprechend den arttypischen Anforderungen des Pferdes an seine Umgebung konzipiert und erstellt wird. Außerdem muß, wer Pferde hält, gemäß BML (1995) über entsprechendes Fachwissen hinsichtlich der arttypischen Bedürfnisse des Pferdes verfügen. Man muß Kenntnisse über das Sozial- und Ausdrucksverhalten besitzen sowie Krankheiten frühzeitig erkennen. Es ist sicherzustellen, daß
– jedem Pferd täglich ausreichend sinnvolle Bewegung ermöglicht wird,
– Zuchtstuten, Fohlen und Jungpferde täglich Auslauf oder Weidegang erhalten,
– jedes Pferd täglich auf Krankheitsanzeichen kontrolliert wird,
– bei Schäden oder Krankheiten rechtzeitig tierärztliche Versorgung angestrebt wird,
– täglich mehrmals gefüttert wird und soviel Zeit zur Verfügung steht, daß ausreichend Futter in Ruhe aufgenommen werden kann,
– jedes Pferd mehrmals täglich trinken kann,
– die Körperpflege des Pferdes entsprechend den Erfordernissen durchgeführt wird,
– regelmäßig Hufpflege und, sofern erforderlich, fachgerechter Hufbeschlag erfolgt,
– Pferde auf trockener Einstreu stehen,
– Fohlen und Jungpferde an das Anbinden zu Pflegemaßnahmen und auf Transportfahrzeugen gewöhnt werden.

Literatur

Ahlswede, L. (1977): Untersuchungen über Pferdealleinfutter in Form von Briketts. Dtsch. Tierärztl. Wschr. 84, 132–135.
Bundesministerium für Ernährung, Landwirtschaft und Forsten (BML, 1992): „Leitlinien Tierschutz im Pferdesport". D-53152 Bonn-Duisdorf, Rochusstr. 1.
Bundesministerium für Ernährung, Landwirtschaft und Forsten (BML, 1995): „Leitlinien zur Beurteilung von Pferdehaltungen unter Tierschutzgesichtspunkten". D-53152 Bonn-Duisdorf, Rochusstr.1.
Deutsche Veterinärmedizinische Gesellschaft e.V., Autorengemeinschaft der Fachgruppe

Verhaltensforschung (DVG 1994): Bedarfsdeckung und Schadensvermeidung – ein ethologisches Konzept und seine Anwendung für Tierschutzfragen. Tierärztliche Umschau 48, 269 – 280.

Lorz, A. (1973): Kommentar zum Tierschutzgesetz. Beck-Verlag, München.

Rodewald, A. (1989): Fehler bei der Haltung und Nutzung als Schadensursache bei Pferden in Reitbetrieben. Vet.-med. Diss., München.

Zeeb, K. (1994): Artgemäße Pferdehaltung und verhaltensgerechter Umgang mit Pferden. In: Handbuch Pferd (Hrsg. P. Thein), BLV-Verlagsgesellschaft München-Wien-Zürich. 4. Auflage, 126–150.

Zeeb, K. (1995a): Ethologische Anforderungen an die Haltung von Rind und Pferd. Schriftenreihe der Akademie für Tierärztliche Fortbildung, D-53111 Bonn, Oxfordstr. 10.

Zeeb, K. (1995b): Leiden Rinder und Pferde ohne Witterungsschutz bei dauernder Weidehaltung? Tagungsbericht DVG-Kongreß Bad Nauheim, 198–205.

Zeyner, A. (1995): Diätetik beim Pferd. Gustav Fischer, Jena–Stuttgart.

Schwein

B. Wechsler

Biologische Merkmale von Hausschweinen

Hausschweine sind domestizierte Wildschweine. Das ausgedehnte Verbreitungsgebiet der Stammform, *Sus scrofa* L., erstreckt sich von Europa bis nach Südostasien. Archäologische Funde belegen, daß der Übergang vom Wildtier zum Haustier erstmals vor ca. 9000 Jahren erfolgte. Da Schweine wenig geeignet sind, um von Nomaden auf Wanderungen mitgeführt zu werden, setzte ihre Domestikation eine gewisse Seßhaftigkeit voraus. Wahrscheinlich gelang die Domestikation des Wildschweines mehrmals und unabhängig voneinander in Nordeuropa, im Vorderen Orient und im Fernen Osten.

Schweine sind Allesfresser. Wildschweine ernähren sich von Samen, Früchten, Wurzeln, Gräsern und Pilzen, aber auch von Wirbellosen und kleineren Säugetieren (Briedermann, 1986). Im Jahresverlauf passen sie sich dem sich ändernden Nahrungsangebot an. Der vielfältige Speisezettel bringt es mit sich, daß Schweine über einen ausgeprägten Geruchssinn verfügen und bei der Nahrungssuche ein reiches Repertoire an Verhaltenselementen einsetzen können. Zudem sind sie ausgesprochen neugierig und lernfähig.

Schweine zeichnen sich durch große Fruchtbarkeit und rasches Jugendwachstum aus. Sie sind deshalb in der Lage, relativ schnell große Populationen aufzubauen. Eine Wildschweinbache bringt im allgemeinen 5–7 Frischlinge pro Wurf. Weibliche Frischlinge können schon im Alter von 8–9 Monaten in Rausche kommen und im nächsten Jahr selbst wieder Junge führen. Dieses Vermehrungspotential, zusammen mit der relativ leichten Zähmbarkeit, waren wohl ausschlaggebend für die Domestikation.

Bis ins 19. Jahrhundert hinein waren europäische Hausschweine im Aussehen der Stammform sehr ähnlich. Durch gezielte Auslese sowie durch das Einkreuzen von asiatischen Unterarten wurden im Laufe von 150 Jahren die für moderne Hausschweine typischen Merkmale herangezüchtet: kurzer Schädel mit großen Ohren, geringe Beborstung, langgezogener Körper mit starker Betonung der Hinterhand. Zudem gelang es, die Wurfgröße, das Wachstum der Jungtiere und das Gewicht der ausgewachsenen Tiere erheblich zu steigern. Heute bringt eine Sau pro Wurf 10–11 Ferkel, die das Schlachtgewicht von 100 kg in nur 6 Monaten erreichen können.

Schweine haben einen Brunstzyklus von rund 21 Tagen. Während Wildschweine hauptsächlich in den Monaten November bis Januar rauschig werden und ihre Frischlinge von März bis Mai gebären, können Hausschweine das ganze Jahr über gedeckt werden. Die Laktation dauert sowohl beim Wildschwein als auch beim Hausschwein 3–4 Monate. In der Schweinehaltung ist es jedoch üblich, die Ferkel im Alter von 4–5 Wochen abzusetzen, um die Sauen schon bald nach dem Abferkeln wieder zu belegen. Wenn Hausschweine in Familiengruppen gehalten werden, können sie aber auch während der Laktation gedeckt werden (Stolba, 1986, Wechsler, 1995). Martys (1982) konnte das Auftreten des Laktationsöstrus beim Wildschwein nachweisen.

Das Verhalten der Hausschweine ist durch die Domestikation nur wenig verändert worden. Unter naturnahen Haltungsbedingungen in weitläufigen Freigehegen (Abb. 1) zeigen Hausschweine ein reichhaltiges und an ihre Umwelt angepaßtes Verhalten (Stolba und Wood-Gush, 1984, 1989; Stolba, 1986; Jensen, 1986, 1989). Hochträchtige Sauen entfernen sich von ihrer Gruppe und bauen ein Geburtsnest. Erst wenn die Ferkel 10–14 Tage alt sind, kehren sie mit ihrem Wurf zur Gruppe zurück. Innerhalb der Gruppe besteht ein Netz von sozialen Beziehungen. Besonders ausgeprägt sind die Bindungen zwischen verwandten Tieren. Fremde Schweine werden zunächst vertrieben und können sich nur langsam in die Gruppe einfügen. Es bilden sich Dominanzbeziehungen, die regeln, wer beim Zugang zu Reßourcen Vortritt hat.

Auch in anderen Funktionskreisen besteht eine große Übereinstimmung im Verhalten von Wild- und Hausschweinen. So verlassen die in einem Freigehege gehaltenen Hausschweine beispielsweise ihre Schlafnester, wenn sie koten oder harnen müssen. Zur Abkühlung suhlen sie sich an heißen Tagen in sumpfigem Gelände. Trotz Zufütterung einer ausreichenden Tagesration sind sie erkundungsfreudig und verbringen rund 70% der Aktivitätszeit mit Futtersuche. Bei der Gestaltung von artgemäßen Haltungssystemen muß deshalb davon ausgegangen werden, daß auf der Verhaltensebene in jedem Hausschwein noch ein Wildschwein steckt.

■ Anforderungen an eine artgemäße Haltung

Die Anforderungen an eine artgemäße Schweinehaltung lassen sich aus den biologischen Merkmalen dieser Tierart ableiten (Hörning et al., 1992; STS, 1992). Im folgenden werden zunächst einige allgemeine Grundsätze festgehalten. Anschließend wird auf die spezifischen Anforderungen an die Haltung von Zucht- und Mastschweinen eingegangen.

Abb. 1 Hausschweine in Freigehegen zeigen das vielseitige und an die natürliche Umwelt angepaßte Verhalten von Wildschweinen.
(Foto: A. Stolba)

Abb. 2 Die Qualität der Schweinehaltung wird entscheidend verbessert, wenn der Stallhaltung ein Auslauf angegliedert ist.
(Foto: P. Gloor)

Grundsätze

Schweine sind soziale Tiere, und es ist selbstverständlich, daß sie in Gruppen gehalten werden müssen. Da es sich bei Schweinegruppen um geschlossene Verbände handelt, treten beim Zusammentreffen von fremden Tieren regelmäßig Aggressionen auf (Sambraus, 1981). Optimal sind deshalb Haltungsformen, bei denen die Schweine über lange Zeit in stabilen Gruppen gehalten werden können. Nur in zwei Fällen soll vom Grundsatz der Gruppenhaltung abgewichen werden. Zum einen sind ausgewachsene Eber untereinander zumeist unverträglich, insbesondere bei Anwesenheit von brünstigen Sauen. Deckeber werden daher üblicherweise einzeln gehalten. Es ist aber auch möglich, den Eber in einer Gruppe von tragenden Sauen mitlaufen zu lassen. Zum anderen sollten Sauen für das Abferkeln einzeln gehalten werden, da sich hochträchtige Sauen natürlicherweise von ihrer Gruppe entfernen.

Die Verhaltenssteuerung der Schweine ist so angelegt, daß sie Verhaltensweisen aus verschiedenen Funktionskreisen an verschiedenen Orten ausführen. Für die praktische Tierhaltung von besonderem Interesse ist ihre Fähigkeit, Kot- und Liegeplatz zu trennen (Mollet und Wechsler, 1991; Schmid, 1992, 1994). Haltungssysteme für Hausschweine sollten deshalb räumlich strukturiert sein und es den Schweinen ermöglichen, verschiedene Areale mit unterschiedlichen Reizqualitäten aufzusuchen.

Hausschweine sind neugierig und insbesondere nach der Fütterung stark motiviert, ihre Umwelt zu bearbeiten. Um diese Verhaltensbedürfnisse zu befriedigen, müssen Schweine aller Altersklassen Zugang zu geeigneten Beschäftigungsmaterialien haben. Die mangelnde Beschäftigung erweist sich immer wieder als zentrales Problem der Schweinehaltung. Wie weiter unten ausgeführt wird, führt das Fehlen von Beschäftigungsmaterialien sowohl bei Ferkeln und Mastschweinen als auch bei Zuchtsauen zu Verhaltensstörungen.

Hausschweine sind tagaktiv. Der Stall sollte daher ausreichend mit natürlichem Tageslicht beleuchtet sein, wobei die Lichtintensität dort zu messen ist, wo die Schweine zur Hauptsache aktiv sind. Optimal ist es, wenn der Stallhaltung ein Auslauf angegliedert ist, so daß die Schweine Zugang zu vollem Tageslicht und zu wechselnden klimatischen Bedingungen haben (Abb. 2). Die Fütterung muß an den Tagesrhythmus der

Schweine angepaßt werden. Bei computergesteuerter Fütterung ist der Start des Futterzyklus so zu programmieren, daß er in die Tagesstunden fällt.

Hausschweine kennen natürliche Verhaltensweisen, um sich gegen Kälte und Hitze zu schützen. Bei Kälte liegen sie in Körperkontakt beieinander im Nest, und bei Hitze suchen sie kühle und feuchte Orte auf. Es ist deshalb möglich, Schweine in Kaltställen zu halten (Weber, 1993). Unerläßlich ist dann aber, daß die Haltungssysteme Strohnester und Abkühlflächen aufweisen, damit die Schweine extremen Temperaturen nicht schutzlos ausgeliefert sind.

Tragende Sauen

Während der Trächtigkeit sollen Sauen in Gruppen gehalten werden. In der Praxis bewährt haben sich Mehrflächenbuchten für Gruppen von 4–10 Sauen (Gloor und Dolf, 1985; Weber, 1993). Die in der Gruppenhaltung mögliche Bewegung wirkt sich positiv auf den Bewegungsapparat und das Kreislaufsystem der Sauen aus (Berner, 1988). Besonders vorteilhaft ist regelmäßiger Weidegang. Neben Grasland können auch abgeerntete Felder zur Verfügung gestellt werden. Um einer starken Verwurmung vorzubeugen, sollten periodisch Kotproben untersucht und die Sauen, wenn nötig, vor dem Abferkeln entwurmt werden.

Spezielle Beachtung verdient bei der Gruppenhaltung das Zusammenführen von fremden oder über längere Zeit getrennten Sauen. Die Bucht muß dann genügend Fläche bieten, damit rangtiefe Sauen den ranghöheren Gruppenmitgliedern ausweichen können. Kleinräumige Freßliegebuchten, welche häufig aus dem Umbau einer Kastenstandhaltung in eine Gruppenhaltung resultieren, sind hierzu ungeeignet. Optimal sind Buchten, die mit Sichtschranken unterteilt sind, so daß sich unterlegene Tiere aus dem Blickfeld von dominanten Sauen entfernen können.

Nicht angepaßt an das Verhalten der Hausschweine ist die Haltung von tragenden Sauen in Kastenständen oder in Anbindehaltung. Die Sauen können in diesen Haltungssystemen keine normalen sozialen Beziehungen aufbauen. Ihre Bewegungsfreiheit ist sehr stark eingeschränkt, und sie haben nicht die Möglichkeit, ihren Liegeplatz zum Koten und Harnen zu verlassen. Zudem treten sowohl im Kastenstand als auch bei der Brustgurtanbindung Schürfungen und Verletzungen auf, die auf die chronische Einwirkung des Haltungssystems auf die Körperoberfläche zurückzuführen sind (Gloor und Dolf, 1985; Gloor, 1988).

Die Einzelhaltung ist mit Anzeichen von Streß verbunden. Im Vergleich mit der Gruppenhaltung ist die Cortisolkonzentration im Blut tragender Sauen bei der Anbindehaltung erhöht (Becker et al., 1985). Die Belastung drückt sich auch im Auftreten von Verhaltensstörungen aus. Die bei der Einzelhaltung regelmäßig zu beobachtenden Verhaltensstörungen Leerkauen, Stangenbeißen und Trauern (Sambraus und Schunke, 1982; Arellano et al., 1992) sind deutliche Indikatoren dafür, daß die Anpassungsfähigkeit der Sauen überfordert ist (Wechsler, 1992). Eingehende Untersuchungen führten zum Schluß, daß weder die Anbindehaltung (Gloor, 1988; McGlone et al., 1994) noch die Kastenstandhaltung (Gloor und Dolf, 1985) als tiergerecht bezeichnet werden kann. Bei bestehenden Einzelhaltungen muß gewährleistet sein, daß sich die Sauen täglich über längere Zeit mit geeigneten Materialien beschäftigen und regelmäßig außerhalb ihres Standplatzes bewegen können.

Abferkelnde und ferkelführende Sauen

Die Fixierung von abferkelnden Sauen in Buchten mit Kastenstand oder in Anbindehaltung verhindert die Nestplatzwahl und schränkt das arttypische Nestbauverhalten weitgehend ein. Auffällig ist die gesteigerte Aktivität der Sauen in den letzten Stunden vor dem Abferkeln. Sie tritt unabhängig vom Haltungssystem auf (Hansen und Curtis, 1980). Sofern sich die Sauen frei bewegen können und ihnen geeignetes Material angeboten wird, zeigen sie in diesen Stunden die für den Nestbau typischen Verhaltensweisen: Eintragen von Material, Aufwühlen mit dem Rüssel, Einscharren mit den Vorderläufen (Jensen, 1993). Wenn sie hingegen in einem Kastenstand fixiert werden, orientieren sie das Nestbauverhalten an die Buchteneinrichtung um (Lawrence et al., 1994). In Versuchen mit operantem Konditionieren konnte gezeigt werden, daß Sauen am letzten Tag vor dem Abferkeln gleich stark motiviert sind, Zugang zu Stroh als Nestbaumaterial zu erhalten wie Zugang zu Futter (Arey, 1992).

Der Nestbau wird weitgehend durch angeborene Verhaltensprogramme bestimmt. Jungsauen zeigen das arttypische Nestbauverhalten schon beim ersten Abferkeln. Als Nestplatz wird ein Ort gewählt, der Deckung bietet (Jensen, 1989). Im Wahlversuch ziehen Sauen einen Erdboden, in dem sie eine Nestmulde ausheben können, einem Betonboden vor (Hutson und Haskell, 1990). Ebenfalls bevorzugt werden Orte mit Stroheinstreu (Arey et al., 1992). Interessanterweise wird die Dauer des Nestbauverhaltens nicht durch die Menge des angebotenen Nestbaumaterials bestimmt. Frei bewegliche Sauen zeigen nämlich gleiches Nestbauverhalten, unabhängig davon, ob ihnen 18 oder nur 2,25 kg Stroh zur Verfügung gestellt werden (Arey et al., 1992). Sie bauen selbst dann nicht weniger lang am Nest, wenn ihnen ein fertiges Nest aus 23 kg Stroh angeboten wird (Arey et al., 1991). Offenbar ist für die Befriedigung der Nestbaumotivation nicht das Vorhandensein eines Nestes wichtig, sondern das Ausführen des Nestbauverhaltens selbst.

Die aufgeführten Forschungsergebnisse machen deutlich, daß die Fixierung von abferkelnden Sauen im Kastenstand oder in Anbindehaltung nicht tiergerecht ist. In jüngster Zeit wurden denn auch verschiedene Abferkelbuchten mit frei beweglicher Muttersau entwickelt (Schmid, 1992; Phillips und Fraser, 1993). Der Einwand, daß in Abferkelbuchten ohne Kastenstand zwangsläufig viele Ferkel erdrückt werden, konnte entkräftet werden. Es stellte sich heraus, daß Muttersauen und Ferkel Verhaltensweisen besitzen, die dem Erdrücken vorbeugen können. Die Ferkel haben eine deutliche Tendenz, sich vor dem Abliegen der Sau auf einer Seite zu gruppieren, woraufhin diese ihre Hinterhand auf die der Ferkelgruppe gegenüberliegende Seite hinlegt (Schmid, 1992). Zudem reagieren Sauen auf akustische Reize von eingeklemmten Ferkeln mit Aufstehen (Cronin und Cropley, 1991). In einer vergleichenden Untersuchung konnte gezeigt werden, daß die Gesamtverluste an Ferkeln bis zum Absetzen in einer artgemäß strukturierten Bucht mit frei beweglicher Muttersau (Abb. 3) nicht größer sind als in einer Abferkelbucht mit Kastenstand (Schmid und Weber, 1992).

Seit einigen Jahren findet die ganzjährige Hüttenhaltung von Sauen zunehmend Verbreitung. Sofern den Sauen ein geeigneter Unterstand und ausreichend Langstroh für den Nestbau zur Verfügung gestellt wird, kann davon

Abb. 3 In einer tiergerechten Abferkelbucht kann die Muttersau vor der Geburt ihren Nestplatz wählen und arttypisches Nestbauverhalten ausführen. (Foto: H. Schmid)

ausgegangen werden, daß die Ferkel im Nest auch im Winter ein geeignetes Mikroklima vorfinden (Algers und Jensen, 1990). Aber auch für die warme Jahreszeit muß vorgesorgt werden. Es ist unerläßlich, daß bei Hitze Schattenplätze und feuchte Stellen zum Suhlen vorhanden sind.

Ferkelführende Sauen müssen nicht die ganze Säugezeit hindurch einzeln gehalten werden (Weber, 1993). Es entspricht dem Normalverhalten von Hausschweinen, daß sich Sauen nach dem Abferkeln wieder gruppieren. Die Gruppenhaltung von ferkelführenden Sauen wird ab einer gewissen Betriebsgröße interessant, da weniger Abferkelbuchten benötigt werden und Einsparungen bei der Stallfläche möglich sind. Um jedoch Probleme mit Fremdsaugen zu vermeiden, müssen einige Grundsätze beachtet werden. Die Sauen sollten mit ihren Würfen mindestens 14 Tage lang separiert gehalten werden, und der Unterschied zwischen den Wurfdaten der zusammengeführten Sauen sollte nicht mehr als 14 Tage betragen. Zudem sollten nicht mehr als 4–6 Sauen mit ihren Würfen gruppiert werden, da sonst die Anpassungsfähigkeit der Ferkel überfordert werden kann, so daß sie die Bindung an ihre Muttersau verlieren.

Ferkelaufzucht und Mast

Das natürliche Entwöhnen der Ferkel ist ein kontinuierlicher Prozeß (Jensen und Recén, 1989). Bei der konventionellen Ferkelaufzucht hingegen wird die Säugezeit plötzlich abgebrochen. Das Absetzen ist für die Ferkel belastend und sollte frühestens im Alter von 4–5 Wochen vorgenommen werden (Metz und Gonyou, 1990). Die Belastung ist geringer, wenn nicht gleichzeitig mit dem Absetzen Ferkel aus verschiedenen Würfen gemischt werden und wenn nach dem Absetzen täglich Stroh angeboten wird (Dybkjær, 1992). Ungeeignet für die Haltung von abgesetzten Ferkeln sind einstreulose Flatdecks. Die reizarme Haltungsumwelt führt dazu, daß Reize, die vom Körper von Buchtgenossen ausgehen, übermäßig Beachtung finden. Troxler (1981) stellte fest, daß Ferkel in Flatdecks viel häufiger an Artgenossen wühlen und knabbern als Ferkel in einer Tiefstreubucht. Zudem fand er bei den in Flatdecks aufgezogenen Ferkeln deutlich mehr haltungsbedingte Verletzungen.

Sowohl bei der Ferkelaufzucht als auch bei der Mast sollten die Haltungssysteme räumlich strukturiert sein und einen eingestreuten Liegebereich beinhalten. Buchten mit vollperforierten Böden sind

Abb. 4 Schweine aller Altersklassen müssen Zugang zu geeigneten Beschäftigungsmaterialien haben.
(Foto: B. Wechsler)

zwar in arbeitswirtschaftlicher Hinsicht interessant, aber von Nachteil, wenn es darum geht, die Schweine ausreichend zu beschäftigen. Oft werden überhaupt keine Beschäftigungsmaterialien angeboten, da diese durch die Löcher oder Spalten fallen und den Güllekanal verstopfen können. Das Haltungssystem ist dann aber äußerst reizarm und vermag den Anforderungen an eine tiergerechte Haltung nicht zu genügen. Nichts einzuwenden ist hingegen aus der Sicht des Verhaltens, wenn derjenige Teil des Haltungssystems, der von den Schweinen bevorzugt zum Koten und Harnen aufgesucht wird, mit einem perforierten Boden ausgestattet ist. Voraussetzung ist natürlich, daß die Lochgröße oder Spaltenweite den altersspezifischen Anforderungen der Tiere entspricht.

Beschäftigungsmaterialien sind für die artgemäße Haltung von Aufzuchtferkeln und Mastschweinen von zentraler Bedeutung (Abb. 4). Es ist bekannt, daß die beiden Verhaltensstörungen Schwanzbeißen und Ohrenbeißen gehäuft in strohlosen Haltungssystemen auftreten. Der Grund hierfür liegt darin, daß Schweine beim Fehlen von Beschäftigungsmaterial ihr Erkundungsverhalten an den Körper von Artgenossen umorientieren (Fraser et al., 1991). Wenn es hierbei zu Verletzungen kommt, ist das austretende Blut für die Buchtgenossen äußerst interessant (Fraser, 1987). Die weitere Bearbeitung des verletzten Körperteils führt schließlich zu Kannibalismus. Neben der Stroheinstreu im Liegebereich sollten deshalb zusätzliche Materialien zur Beschäftigung angeboten werden, z.B. in Form von Rauhfutter (Stroh, Heu, Gras, Silage) oder Nagebalken aus Weichholz (Krötzl et al., 1994). Wichtig ist bei diesen Materialien, daß sie regelmäßig erneuert werden, da das Erkundungsverhalten durch Neureize besonders stark angeregt wird. Aus der Praxis ist ebenfalls bekannt, daß Kannibalismus durch streßfördernde Faktoren wie Überbelegung der Bucht oder erhöhte Schadgaskonzentrationen begünstigt wird.

Hohe Lufttemperaturen können für Mastschweine sehr belastend sein. Nicht tiergerecht sind deshalb Haltungssysteme, in denen die Schweine ausschließlich auf Tiefstreu gehalten werden. Buchten mit einem Tiefstreubett müssen auch Abkühlflächen beinhalten, welche die Schweine jederzeit aufsuchen können. Probleme bei der Thermoregulation entstehen auch durch die Überbelegung eines Haltungssystems. Um bei erhöhten Stalltemperaturen Abkühlung zu finden, muß gewährleistet sein, daß alle Tiere ohne gegenseitigen Körperkontakt ausgestreckt liegen können.

Die in der Praxis übliche Trennung in Zucht- und Mastschweinehaltung bringt es mit sich, daß die natürliche Sozialstruktur der Hausschweine aufgebrochen wird. Im Alter von wenigen Wochen werden die Ferkel von den Muttersauen getrennt und wachsen dann nur noch in Gruppen von gleichaltrigen Tieren auf. Anders ist dies einzig bei der Familienhaltung von Schweinen, wo Zuchtsauen und Mastschweine im selben Haltungssystem gehalten werden (Stolba und Wood-Gush, 1984; Stolba, 1986; Wechsler, 1996).

Fütterung

Die meisten Hausschweine werden ein- bis dreimal pro Tag mit einem energetisch hochwertigen Futter in flüssiger (Brei, Suppe) oder fester (Mehl, Pellets) Form gefüttert. Da alle Tiere gleichzeitig fressen wollen, entsteht bei jeder Fütterung eine Konkurrenzsituation. Die gesetzlich vorgeschriebene Freßplatzbreite pro Tier muß deshalb unbedingt eingehalten werden. Bei der Gruppenhaltung von Sauen sind sogar verschließbare Einzelfreßstände zu empfehlen, damit alle Tiere ungestört die ihnen zustehende Futterration aufnehmen können (Sambraus, 1981; Berner, 1988). Die Freßstände sollten im Kopfbereich mit Sichtblenden ausgestattet sein, so daß sich benachbarte Sauen beim Fressen nicht sehen können.

Aus der Sicht des Verhaltens kritisch zu beurteilen ist die Haltung von Sauen in Großgruppen in Kombination mit einer computergesteuerten Abruffütterung. Es widerspricht dem Verhalten der Sauen, daß sie ihr Futter nacheinander fressen müssen. Im Wartebereich der Futterstation kommt es deshalb regelmäßig zu aggressiven Auseinandersetzungen. Besonders problematisch sind die bei der Abruffütterung häufig auftretenden Verletzungen an der Vulva, da sie nicht von normalen Dominanzinteraktionen herrühren. Van Putten und Van de Burgwal (1990) haben beschrieben, wie Sauen beim Anstehen vor der Futterstation die vor ihnen stehende Sau in die Vulva beißen. Um das Ausmaß der Auseinandersetzungen zu senken, wird empfohlen, nur einen Futterzyklus pro Tag zu programmieren und die Sauen zu Beginn des Futterzyklus durch das Anbieten von Beschäftigungsmaterialien aus dem Wartebereich der Futterstation wegzulocken (Weber und Friedli, 1991).

Das praxisübliche Futter wird in relativ kurzer Zeit gefressen. Die Schweine sind dann zwar satt, aber ihre Verhaltensbedürfnisse bezüglich Futtersuche und -bearbeitung noch nicht befriedigt. Hierzu müssen Beschäftigungsmaterialien verabreicht werden. Wie oben beschrieben, orientieren Aufzuchtferkel und Mastschweine bei einstreuloser Haltung das Wühlen und Beißen an den Körper von Buchtgenossen um, was zu Verletzungen und Kannibalismus führen kann. Auch die bei Sauen in Einzelhaltung häufig zu beobachtenden Bewegungsstereotypien haben einen Bezug zum Funktionskreis der Nahrungsaufnahme. Sie treten im Tagesverlauf gehäuft im Anschluß an die Fütterung auf (Rushen, 1985) und können durch das Anbieten von Stroh wesentlich reduziert werden (Fraser, 1975). In der Ontogenese entsteht das stereotype Stangenbeißen aus Elementen des Erkundungsverhaltens, die zunehmend repetitiv ausgeführt werden (Cronin et al., 1984). Deutlich weniger stereotypes

Verhalten entwickeln Sauen, wenn sie mit faserreichem Futter gefüttert werden (Robert et al., 1993).

Pflege, Überwachung, Management

Hausschweine können auf ihre Umwelt nur innerhalb des Haltungssystems und somit nur in beschränktem Maß Einfluß nehmen. Für ihr Wohlbefinden ist deshalb entscheidend, daß kritische Situationen, welche ihre Anpassungsfähigkeit überfordern könnten, durch eine fachgerechte Betreuung beseitigt werden. Besondere Beachtung verdient hierbei das Stallklima. Die Lufttemperatur, die Luftfeuchtigkeit und der Gehalt an Schadgasen sollten regelmäßig überprüft werden. Bei Hitze ist den Schweinen Abkühlung zu verschaffen, allenfalls durch Besprühen mit Wasser. Ebenfalls regelmäßig zu kontrollieren ist die Funktionstüchtigkeit der Wasserversorgung. Es sollte eine Selbstverständlichkeit sein, daß Schweine jederzeit Zugang zu Wasser haben.

Ein weiterer wichtiger Bestandteil der Betreuung ist die Überwachung des Gesundheitszustandes. Kranke und verletzte Schweine müssen von der Gruppe separiert und in einem speziellen Krankenabteil gehalten werden können, wo sie die notwendige Pflege erhalten. Beschädigte Buchteneinrichtungen sind unverzüglich zu reparieren, damit sich die Schweine nicht daran verletzen.

Ein aufmerksamer Betreuer achtet auf das Verhalten der Tiere. Er sorgt dafür, daß ihr Liegebreich genügend eingestreut ist und regelmäßig Beschäftigungsmaterialien angeboten werden. Er respektiert ihr Sozialverhalten und bemüht sich, das Mischen von Schweinen aus verschiedenen Gruppen nach Möglichkeit zu vermeiden. Wenn dies jedoch unumgänglich ist, stellt er den Schweinen eine strukturierte Bucht mit Ausweichmöglichkeiten zur Verfügung und überwacht die aggreßiven Auseinandersetzungen durch periodische Kontrollen.

Besondere Eingriffe

Das Abklemmen von Zähnen bei Ferkeln sollte nicht generell, sondern nur in Ausnahmefällen durchgeführt werden. Vergleichende Untersuchungen konnten belegen, daß der Eingriff nicht zu einer Leistungssteigerung führt (Bichsel und Burkhard, 1991). Er kann sich sogar nachteilig auswirken, wenn er zu Entzündungen der Pulpahöhle und des Zahnfleisches führt. Ebenfalls verzichtet werden sollte auf das Kürzen der Schwänze. Der Eingriff erübrigt sich in Haltungssystemen, in denen ausreichend Beschäftigungsmaterial angeboten wird, und ist ohne Zweifel schmerzhaft. Verglichen mit dem Abklemmen von Zähnen und dem Setzen von Ohrkerben, geben Ferkel beim Kürzen des Schwanzes am meisten Laute von sich (Noonan et al., 1994).

Rüsselringe sollen verhindern, daß die Grasnarbe auf der Weide allzu schnell zerstört wird. Der Erfolg des Eingriffs bezeugt, daß Rüsselringe beim Wühlen Schmerzen verursachen. Andererseits finden die Schweine gerade auf der Weide äußerst attraktive Reize vor, die sie mit Wühlen erkunden und bearbeiten wollen. Statt Rüsselringe einzusetzen, empfiehlt es sich deshalb, die Weide durch ein geeignetes Weidemanagement zu schonen und die Schweine neben der Weide auch im Stall ausreichend zu beschäftigen.

Mit Schmerzen verbunden ist auch die Kastration der männlichen Ferkel. Besonders intensiv ist das Kreischen beim Durchtrennen des Samenstranges. Am ersten Tag nach dem Eingriff liegen die Ferkel langsamer ab, und während rund 5 Tagen ist ihre Aktivität vermindert (Van Putten, 1987). Diese Verhaltensänderungen werden dahingehend interpretiert, daß sich die Ferkel schonen, um von den Wunden herrührende Schmerzen zu vermeiden. Zu begrüßen sind deshalb alle Anstrengungen, die Ebermast zu fördern. Das Problem des Ebergeruchs im Fleisch sollte durch Einschränkungen beim Alter und Gewicht der Schlachttiere und nicht durch die Kastration gelöst werden. Wenn der Eingriff dennoch vorgenommen wird, sollte er möglichst in der ersten Lebenswoche erfolgen, da die Wundheilung dann am besten verläuft. Keinesfalls sollten Ferkel nach der dritten Woche ohne Betäubung kastriert werden.

Miniaturschweine als Versuchstiere

Miniaturschweine sind kleinwüchsige Hausschweine, die ausgewachsen weniger als 40 kg wiegen können. Solche Linien wurden speziell für Tierversuche gezüchtet, da sie auf kleinerem Raum und mit weniger Kosten gehalten werden können. In ihrem Verhalten unterscheiden sich Miniaturschweine nicht von Schweinen bekannter Nutzrassen. Sie werden lediglich als etwas lebhafter beschrieben (Leucht et al., 1982). Ihre Haltung im Labor entspricht denn auch weitgehend derjenigen von Schweinen in der Landwirtschaft (Smidt, 1981).

Die Grundsätze der artgemäßen Schweinehaltung müssen auch bei Miniaturschweinen eingehalten werden. Tragende Sauen sind in Gruppen zu halten. Abferkelnde Sauen sollen nicht fixiert werden und ausreichend Langstroh erhalten, um arttypisches Nestbauverhalten ausführen zu können. Den Schweinen aller Altersklassen sollte ein eingestreuter Liegebereich eingerichtet werden. Durch eine geeignete Strukturierung des Haltungssystems kann erreicht werden, daß zwischen Kot- und Liegeplatz unterschieden wird. Zusätzlich zur Einstreu im Liegebereich müssen alle Tiere Zugang zu geeigneten Beschäftigungsmaterialien haben. Abweichungen von diesen Anforderungen sollten nur in begründeten Fällen gestattet werden, wenn es für den Tierversuch unerläßlich ist und auch dann nur für möglichst kurze Zeit.

Gesetzgebung

Nachfolgend werden Bestimmungen zitiert, welche die Haltung von Hausschweinen in Deutschland (Schweinehaltungsverordnung vom 30. Mai 1988), in Liechtenstein (Verordnung zum Tierschutzgesetz vom 12. Juni 1990) und in der Schweiz (Tierschutzverordnung vom 27. Mai 1981) regeln. Die Verordnungen Liechtensteins und der Schweiz sind identisch.
– Ein Boden mit Löchern, Spalten oder sonstigen Aussparungen muß so beschaffen sein, daß von ihm keine Gefahr von Verletzungen an Klauen oder Gelenken ausgeht; er muß der Größe und dem Gewicht der Tiere entsprechen (D, § 2). Spalten-, Loch- und Gitterböden müssen der Größe und dem Gewicht der Tiere angepaßt sein (CH, FL, Art. 13). Vollperforierte Böden sind in Neu- und Umbauten verboten (CH, Art. 21).

- Die Beleuchtung soll im Tierbereich eine Stärke von mindestens 50 Lux haben und dem Tagesrhythmus angeglichen sein (D, § 8). Ställe, in denen sich die Tiere dauernd oder überwiegend aufhalten, müssen nach Möglichkeit durch natürliches Tageslicht beleuchtet sein. Die Beleuchtungsstärke im Bereich der Tiere muß tagsüber mindestens 15 Lux betragen (CH, FL, Art. 14).
- Es muß sichergestellt sein, daß Luftzirkulation, Staubgehalt, Temperatur, relative Luftfeuchte und Gaskonzentration im Stall in einem Bereich gehalten werden, der die Gesundheit der Schweine nicht nachteilig beeinflußt (D, § 9). Räume, in denen Tiere gehalten werden, müssen so gebaut, betrieben und gelüftet werden, daß ein den Tieren angepaßtes Klima erreicht wird (CH, FL, Art. 7).
- In einstreulosen Ställen muß sichergestellt sein, daß sich die Schweine täglich mehr als eine Stunde mit Stroh, Rauhfutter oder anderen geeigneten Gegenstände beschäftigen können (D, § 10). Schweine müssen sich über längere Zeit mit Stroh, Rauhfutter oder anderen geeigneten Gegenstände beschäftigen können (CH, FL, Art. 20).
- Einige Tage vor dem Abferkeln und während zweier Wochen danach ist Einstreu in die Bucht zu geben (CH, FL, Art. 23).
- Sauen dürfen jeweils nach dem Absetzen der Ferkel insgesamt vier Wochen lang nicht in Anbindehaltung gehalten werden; sie dürfen während dieser Zeit in Kastenstände nur gehalten werden, wenn sie täglich freie Bewegung erhalten (D, § 7). Kastenstände für Galtsauen dürfen nur während der Deckzeit verwendet werden, Schweine dürfen nicht angebunden gehalten werden, und Abferkelbuchten sind so zu gestalten, daß sich die Muttersau frei drehen kann (mit Ausnahmen in Geburtsphase; CH, Art. 22/23).

Literatur

Algers, B., and Jensen, P. (1990): Thermal microclimate in winter farrowing nests of free-ranging domestic pigs. Livest. Prod. Sci. 25, 177–181.

Arellano, P.E., Pijoan, C., Jacobson, L.D., and Algers, B. (1992): Stereotyped behaviour, social interactions and suckling pattern of pigs housed in groups or in single crates. Appl. Anim. Behav. Sci. 35, 157–166.

Arey, D.S. (1992): Straw and food as reinforcers for prepartal sows. Appl. Anim. Behav. Sci. 33, 217–226.

Arey, D.S., Petchey, A.M., and Fowler, V.R. (1991): The preparturient behaviour of sows in enriched pens and the effect of pre-formed nests. Appl. Anim. Behav. Sci. 31, 61–68.

Arey, D.S., Petchey, A.M., and Fowler, V.R. (1992): The effect of straw on farrowing site choice and nest building behaviour in sows. Anim. Prod. 54, 129–133.

Becker, B.A., Ford, J.J., Christenson, R.K., Manak, R.C., Hahn, G.L., and DeShazer, J.A. (1985): Cortisol response of gilts in tether stalls. J. Anim. Sci. 60, 264–270.

Berner, H. (1988): Die Gruppenhaltung des Schweines aus tierärztlicher Sicht. Prakt. Tierarzt 6, 16–28.

Bichsel, S., und Burkhard, E. (1991): Ist Zähneschneiden nötig? Landfreund 21, 31.

Briedermann, L. (1986): Schwarzwild. Neumann-Neudamm, Melsungen.

Cronin, G.M., Wiepkema, P.R., and Hofstede, G.J. (1984): The development of stereotypies in tethered sows. In: Unselm, J., Van Putten, G., and Zeeb, K. (eds.), Proc. Int. Congr. on Appl. Ethol. in Farm Animals, 97–100, KTBL, Darmstadt.

Cronin, G.M., and Cropley, J.A. (1991): The effect of piglet stimuli on the posture changing behaviour of recently farrowed sows. Appl. Anim. Behav. Sci. 30, 167–172.

Dybkjær, L. (1992): The identification of behavioural indicators of 'stress' in early weaned piglets. Appl. Anim. Behav. Sci. 35, 135–147.

Fraser, D. (1975): The effect of straw on the behaviour of sows in tether stalls. Anim. Prod. 21, 59–68.

Fraser, D. (1987): Attraction to blood as a factor in tail-biting by pigs. Appl. Anim. Behav. Sci. 17, 61–68.

Fraser, D., Phillips, P.A., Thompson, B.K., and Tennessen, T. (1991): Effect of straw on the behaviour of growing pigs. Appl. Anim. Behav. Sci. 30, 307–318.

Gloor, P. (1988): Die Beurteilung der Brustgurtanbindung für leere und tragende Sauen auf ihre Tiergerechtheit unter Verwendung der „Methode Ekesbo" sowie ethologischer Parameter. FAT-Schriftenreihe, Band 32, Eidg. Forschungsanstalt für Agrarwirtschaft und Landtechnik, CH-Tänikon.

Gloor, P., und Dolf, C. (1985): Galtsauenhaltung einzeln oder in Gruppen. FAT-Schriftenreihe, Band 24, Eidg. Forschungsanstalt für Agrarwirtschaft und Landtechnik, CH-Tänikon.

Hansen, K.F., and Curtis, S.F. (1980): Prepartal activity of sows in stall or pen. J. Anim. Sci. 51, 456–460.

Hörning, B., Raskopf, S., und Simantke, C. (1992): Artgemäße Schweinehaltung: Grundlagen und Beispiele aus der Praxis. Alternative Konzepte, Band 78, Müller, Karlsruhe.

Hutson, G.D., and Haskell, M.J. (1990): The behaviour of farrowing sows with free and operant access to an earth floor. Appl. Anim. Behav. Sci. 26, 363–372.

Jensen, P. (1986): Observations on the maternal behaviour of free-ranging domestic pigs. Appl. Anim. Behav. Sci. 16, 131–142.

Jensen, P. (1989): Nest site choice and nest building of free-ranging domestic pigs due to farrow. Appl. Anim. Behav. Sci. 22, 13–21.

Jensen, P. (1993): Nest building in domestic sows: the role of external stimuli. Anim. Behav. 45, 351–358.

Jensen, P., and Recén, B. (1989): When to wean – Observations from free-ranging domestic pigs. Appl. Anim. Behav. Sci. 23, 49–60.

Krötzl, H., Sciarra, C., und Troxler, J. (1994): Der Einfluß von Rauhfutterautomaten, Strohraufen und Nagebalken auf das Verhalten von Mastschweinen. In: Aktuelle Arbeiten zur artgemäßen Tierhaltung 1993, KTBL-Schrift 361, 181–191, Darmstadt.

Lawrence, A.B., Petherick, J.C., McLean, K.A., Deans, L.A., Chirnside, J., Vaughan, A., Clutton, E., and Terlouw, E.M.C. (1994): The effect of environment on behaviour, plasma cortisol and prolactin in parturient sows. Appl. Anim. Behav. Sci. 39, 313–330.

Leucht, W., Gregor, G., und Stier, H. (1982): Das Miniaturschwein. Einführung in die Versuchstierkunde, Band 4, Gustav Fischer, Jena.

Martys, M. (1982): Gehegebeobachtungen zur Geburts- und Reproduktionsbiologie des Europäischen Wildschweines (Sus scrofa L.). Z. Säugetierkunde 47, 100–113.

McGlone, J.J., Salak-Johnson, J.L., Nicholson, R.I., and Hicks, T. (1994): Evaluation of crates and girth tethers for sows: reproductive performance, immunity, behavior and ergonomic measures. Appl. Anim. Behav. Sci. 39, 297–311.

Metz, J.H.M., and Gonyou, H.W. (1990): Effect of age and housing conditions on the behavioural and haemolytic reaction of piglets to weaning. Appl. Anim. Behav. Sci. 27, 299–309.

Mollet, P., und Wechsler, B. (1991): Auslösende Reize für das Koten und Harnen bei Hausschweinen. In: Aktuelle Arbeiten zur artgemäßen Tierhaltung 1990, KTBL-Schrift 344, 150–161, Darmstadt.

Noonan, G.J., Rand, J.S., Priest, J., Ainscow, J., and Blackshaw, J.K. (1994): Behavioural observations of piglets undergoing tail docking, teeth clipping and ear notching. Appl. Anim. Behav. Sci. 39, 203–213.

Phillips, P.A., and Fraser, D. (1993): Developments in farrowing housing for sows and litters. Pig News Inform. 14, 51–55.

Robert, S., Matte, J.J., Farmer, C., Girard, C.L., and Martineau, G.P. (1993): High-fibre diets for sows: effects on stereotypies and adjunctive drinking. Appl. Anim. Behav. Sci. 37, 297–309.

Rushen, J.P. (1985): Stereotypies, aggression and the feeding schedules of tethered sows. Appl. Anim. Behav. Sci. 14, 137–147.

Sambraus, H.H. (1981): Das Sozialverhalten von Sauen bei Gruppenhaltung. Züchtungskunde 53, 147–157.

Sambraus, H.H., und Schunke, B. (1982): Verhaltensstörungen bei Zuchtsauen im Kastenstand. Wien. tierärztl. Mschr. 69, 200–208.

Schmid, H. (1992): Arttypische Strukturierung der Abferkelbucht. In: Aktuelle Arbeiten zur artgemäßen Tierhaltung 1991, KTBL-Schrift 351, 27–36, Darmstadt.

Schmid, H. (1994): Kann das arttypische Ausscheidungsverhalten von Mastschweinen arbeitswirtschaftlich genutzt werden? In: Aktuelle Arbeiten zur artgemäßen Tierhaltung 1993, KTBL-Schrift 361, 253–263, Darmstadt.

Schmid, H., und Weber, R. (1992): Abferkelbuchten: ein neues Konzept. FAT-Bericht 417, Eidg. Forschungsanstalt für Agrarwirtschaft und Landtechnik, CH-Tänikon.

Smidt, D. (1981): Haltung und Fütterung. In: Glodek, P., und Oldigs, B. (Hrsg.): Das

Göttinger Miniaturschwein. Schriftenreihe Versuchstierkunde 7, 18–26, Parey, Berlin.

Stolba, A. (1986): Ansatz zu einer artgerechten Schweinehaltung: Der „möblierte Familienstall". In: Sambraus, H.H., und Boehncke, E. (Hrsg.), Ökologische Tierhaltung. Alternative Konzepte, Band 53, 148–166, Müller, Karlsruhe.

Stolba, A., and Wood-Gush, D.G.M. (1984): The identification of behavioural key features and their incorporation into a housing design for pigs. Ann. Rech. Vet. 15, 287–298.

Stolba, A., and Wood-Gush, D.G.M. (1989): The behaviour of pigs in a seminatural environment. Anim. Prod. 48. 419–425.

STS Schweizer Tierschutz (1992): Tiergerechte Haltung von Schweinen. Leitfaden für die Wahl von zeitgemäßen Haltungssystemen. STS, Basel.

Troxler, J. (1981): Beurteilung zweier Haltungssysteme für Absetzferkel. In: Aktuelle Arbeiten zur artgemäßen Tierhaltung 1980, KTBL-Schrift 264, 151–164, Darmstadt.

Van Putten, G. (1987): Verhalten als möglicher Indikator von Schmerz bei Ferkeln. In: Aktuelle Arbeiten zur artgemäßen Tierhaltung 1986, KTBL-Schrift 319, 120–133, Darmstadt.

Van Putten, G., and Van de Burgwal, J.A. (1990): Vulva-biting in group-housed sows: preliminary report. Appl. Anim. Behav. Sci. 26, 181–186.

Weber, R. (1993): Zuchtsauen und Ferkel im Kaltstall: keine wesentlichen Unterschiede zum Warmstall. FAT-Bericht 432, Eidg. Forschungsanstalt für Agrarwirtschaft und Landtechnik, CH-Tänikon.

Weber, R., und Friedli, K. (1991): Abruffütterung für Zuchtsauen – Ergebnisse und Schlußfolgerungen. FAT-Bericht 410, Eidg. Forschungsanstalt für Agrarwirtschaft und Landtechnik, CH-Tänikon.

Wechsler, B. (1992): Zur Genese von Verhaltensstörungen. In: Aktuelle Arbeiten zur artgemäßen Tierhaltung 1991, KTBL-Schrift 351, 9–17, Darmstadt.

Wechsler, B. (1995): Erfahrungen mit dem Laktationsöstrus bei der Familienhaltung von Schweinen auf einem Praxisbetrieb. In: Aktuelle Arbeiten zur artgemäßen Tierhaltung 1994, KTBL-Schrift 370, 247–256, Darmstadt.

Wechsler, B. (1996): Rearing pigs in species-specific family groups. Anim. Welfare 5, 25–35.

Wirtschaftsgeflügel

H. OESTER, E. FRÖHLICH UND H. HIRT

Einleitung

Praktischer Tierschutz in der Wirtschaftsgeflügelhaltung verlangt zunächst Kenntnisse über die Biologie des Geflügels, aber ebenso Kenntnisse über das wirtschaftliche Umfeld, die modernen Tierzuchten, die üblichen Haltungssysteme und das übliche Management. In diesem Kapitel werden in erster Linie die Haushühner behandelt, zusätzlich werden gewisse Informationen zu den anderen Arten gegeben.

Wirtschaftsgeflügel läßt sich in drei Nutzungstypen gliedern:
- Tiere für die Konsumeierproduktion (Eltern- und Legetiere),
- Tiere für die Fleischproduktion (Eltern- und Masttiere),
- Tiere für andere Nutzungsformen (z.B. Federn, Leder, Versuchstiere).

Einzelne domestizierte Formen werden für verschiedene Produktionsziele gehalten, während bei anderen (z.B. Hühner, Wachteln) spezielle Zuchten für die verschiedenen Produktionsrichtun-

Abb. 1 Vergleich eines männlichen Kükens einer Legelinie im Alter von 37 Tagen und einem Gewicht von 475 g mit einem männlichen Broiler im Alter von 40 Tagen und 2,2 kg. (Foto: A. Gloor, Schweizerische Geflügelzuchtschule, SGS)

gen eingesetzt werden (Tabelle 1). Je nach Produktionsziel müssen diese Typen (Hybriden) unterschiedlich gehalten werden, da ihre körperlichen Fähigkeiten (Abb.1) und damit ihre Ansprüche an die Haltung unterschiedlich sind.

Der in der Produktion genutzte Hybrid entsteht aus der Kreuzung speziell ausgelesener Elterntiere (unterschiedlicher, speziell ausgelesener Zuchtlinien) und

Tab. 1 Wichtigste Nutzungstypen und Hybriden beim Geflügel

Nutzungstypen	Eier	Fleisch	Andere Nutzungsart	Spezielle Hybriden
Legehennen	ja	Suppenhühner	(Leder)	ja
Broiler	ja	ja		
Mastputen	ja	ja		
Masttauben	selten	ja		ja
Gänse, diverse	selten	ja, auch Stopfleber	Federn	ja
Enten, diverse	selten	ja, auch Stopfleber	Federn	ja
Fasane	selten	ja	Aufzucht für Jagd	
Wachteln	ja	ja (als Wildfleisch)		ja
Strauße	selten	ja	Federn, Leder, Reiten	
Perlhühner	selten	ja		ja

erbringt durchschnittlich höhere Leistungen als die Elterntiere (Heterosis-Effekt). Die Großeltern und Elterntiere können sich phänotypisch deutlich von ihren Nachkommen unterscheiden – so werden beispielsweise in der Broilerzucht oft verzwergte Hennen als Mutterlinien eingesetzt. Auch die Elterntiere der verschiedenen Generationen können somit andere Ansprüche an die Haltungsumwelt haben als die eigentliche Nutzungsform.

Biologische Eigenschaften des Geflügels

Herkunft des Haushuhnes

Unsere Haushühner stammen alle vom Bankiva-Huhn – einem südostasiatischen Wildhuhn – ab, dessen Domestikationsbeginn 6000 bis 8000 Jahre zurückliegt. Von einer intensiven Zucht des Haushuhnes auf Hochleistung für die Eier- und Fleischproduktion kann aber erst in diesem Jahrhundert gesprochen werden. Während das Wildhuhn in der Lage ist, ungefähr 60 Eier pro Jahr zu legen, betrug die Legeleistung des Haushuhnes aus Reinzucht um 1950 bereits 170 Eier pro Jahr und Tier. Heute erreichen die modernen Hybriden ca. 300 Eier pro Tier und Jahr. Ähnlich rasant verlief die Entwicklung der Mastleistung. Bei einer Mastdauer von 56 Tagen erreichten die Masttiere 1960 ein Mastendgewicht von 1200 g, während die Tiere dieses Gewicht heute bereits mit 30 Tagen übertreffen (Scholtyssek, 1987; Wiedmer, 1994). Diese hohen Leistungen sind einerseits durch züchterische Maßnahmen (Hybridisierung), andererseits durch eine leistungsgerechtere Fütterung und zum Teil auch durch verbessertes Management (Hygiene, Lichtprogramme usw.)

erreicht worden. Die Zucht auf höchste Produktivität wurde aber nur ungenügend durch Maßnahmen begleitet, die das Anpassungsvermögen der Tiere an die Intensität der Nutzung ausreichend berücksichtigt hätten. So trifft man beispielsweise in der Mast gesundheitliche Probleme wie Herz- und Kreislaufbeschwerden und auch Beinprobleme an, und bei den Legehybriden stellt man oft Eileiterentzündungen, Verformungen des Brustbeines und Knochenbrüche fest.

Trotz der enormen Steigerungen im Leistungsvermögen zeigt sich – zwar mit graduellen Unterschieden für die verschiedenen Hybriden –, daß die modernen Hochleistungstiere noch immer über das gesamte Verhaltensspektrum ihrer Urahnen verfügen, wie dies verschiedene Autoren gezeigt haben (Duncan et al., 1978; Fölsch und Vestergaard, 1981; Fraser und Broom, 1990; Kruijt, 1964; Wood-Gush, 1971). Dies ist bei den Nutztieren, soweit die Urformen überlebt haben und wir dies überprüfen können, generell so.

Systematik und Domestikation des Geflügels

Das Geflügel kann den vier Ordnungen „Laufvögel" (Strauße), „Gänsevögel" (Enten und Gänse), „Hühnervögel" (Wachteln, Haushühner, Fasan, Perlhuhn, Pute) und den „Taubenvögeln" zugeordnet werden (Tabelle 2).

Die Domestikation erfolgte je nach Herkunft der einzelnen Geflügelarten in Asien, Amerika, Afrika oder in Europa. Auffallend ist, daß z.B. die Wachteln erst seit mehreren Jahrhunderten und die Strauße erst seit dem letzten Jahrhundert in Gefangenschaft zur Produktion gehalten werden (Tabelle 3). Die Zeitangaben in der Tabelle 3 beziehen sich auf den ver-

Tab. 2 Systematik des Geflügels (nach Grzimeks Tierleben, 1980)

Klasse: Vögel Aves

Ordnung: Laufvögel, Struthioniformes
   Familie: Strauße, Struthionidae (Strauße)

Ordnung: Gänsevögel (Anseriformes)
   Familie: Entenvögel, Anatidae
      Unterfamilie: Gänseverwandte, Anserinae (Echte Gänse)
      Unterfamilie: Entenverwandte, Anatinae (Schwimmenten, Glanzenten)

Ordnung: Hühnervögel, Galliformes
   Unterordnung: Eigentliche Hühnervögel, Galli
      Familie: Fasanenartige, Phasianidae
         1. Unterfamilie: Rauhfußhühner, Tetraoninae
         2. Unterfamilie: Feldhühner, Perdicinae (Wachteln)
         3. Unterfamilie: Fasanen, Phasianinae (Haushuhn, Jagdfasan)
         4. Unterfamilie: Perlhühner, Numidinae (Perhühner)
         5. Unterfamilie: Truthühner, Meleagridinae (Puten)

Ordnung: Taubenvögel, Columbiformes
   Familie: Tauben, Columbidae
      Unterfamilie: Eigentliche Tauben, Columbinae (Felsentaube)

Tab. 3 Herkunft der verschiedenen Geflügelarten und vermutlicher Beginn der Domestikation

Nutzform	Stammform	Herkunft	Beginn der Domestikation
Hühner	*Gallus gallus*	Südostasien	3000–2000 v.Chr.
Puten (Truthühner)	*Meleagris gallopavo*	Nord-/Mittelamerika	500 v. Chr.
Hausente	*Anas platyrhynchos*	Asien, Europa	3000–2000 v.Chr.
Moschusente	*Cairina moschata*	Südamerika	prähistorisch
Hausgans	*Anser anser*	Europa	3000–2000 v.Chr.
Höckergans	*Anser cygnoides*	Asien	3000–2000 v.Chr. ?
Wachtel	*Coturnix coturnix japonica*	Japan	1000 n. Chr.
Perlhuhn	*Numida meleagris galeata*	Afrika	3000–2000 v.Chr. ?
Tauben	*Columba livia livia*	Vorderasien	3000 v.Chr.
Strauße	*Struthio camelus*	Afrika	1838

muteten Beginn der Domestikation und nennen nur die Größenordnung. Die eigentlichen domestizierten Rassen traten erst im Verlauf der Entwicklung auf.

Verhalten des Haushuhnes

Haushühner leben in sozial strukturierten Gruppen und verfügen über ein gut entwickeltes Kommunikationsverhalten mit einer differenzierten Lautgebung, aggressiven bzw. freundlichen Körperkontakten (z.B. Hacken bzw. Schnabelpicken) und Körperstellungen (z.B. Drohen, Ducken). Schjelderup-Ebbe (1922) beschrieb als erster mögliche Rangordnungen in Legehennengruppen, in dem er „Hacklisten" erstellte. In kleinen Gruppen treten lineare, in größeren Gruppen komplexere Rangordnungen auf (Hackordnung). In größeren Herden scheinen sich Untergruppen zu bilden, wobei die soziale Struktur einer großen Herde mit z.B. 2000 Legehennen unklar bleibt. Erstaunlich ist aber immer wieder, daß die Häufigkeit und die Heftigkeit der sozialen Auseinandersetzungen auch in großen Herden kaum je zu einem Problem werden, wenn das Zusammenleben durch eine reichhaltig strukturierte Umgebung erleichtert bzw. ermöglicht wird.

Dem Verhalten der Wildart entspricht bei den Haushühnern auch der Funktionskreis der Futteraufnahme; die in diesem Funktionskreis typischen Verhaltensweisen sind Gehen, Erkunden, Bodenpicken, Scharren, Futterpicken und -abschlucken. Unabhängig von der Haltungsart und von der Art des vorgelegten Futters sind Legehennen mehr als 30% der Tageszeit mit Futtersuchen und Futteraufnahme beschäftigt (Fölsch und Vestergaard, 1981; Oester, 1985). Einschränkungen des Reizangebotes in diesem Funktionskreis, wie das Fehlen eines bearbeitbaren Substrats, führen oft zu Störungen in der Verhaltensorganisation, wie stereotypem Objektpicken, Federpicken oder gar Kannibalismus (Blokhuis, 1989), z. B. an den Flügeln, am Rücken oder an der dorsalen Schwanzwurzel.

Auch das Komfortverhalten ist bei den Haushühnern wie bei ihrer Stammform sehr stark ausgeprägt und besteht im wesentlichen aus Verhaltensweisen, die mit dem Schnabel ausgeführt werden, wie Ordnen, Durchstreichen und Einfetten der Federn, ferner Körperkratzen mit den Zehenkrallen, Streck-, Dehn- und Schüttelbewegungen sowie Staubbaden. Staubbadeversuche oder Pseudostaubbaden zeigen auch solche Tiere, die auf Gitterböden ohne jede Einstreu gehalten werden oder auf solchen aufgezogen wurden (Oester, 1985; Vestergaard, 1989), dies auch, wenn sie frei von Ektoparasiten sind oder ihnen die Bürzeldrüse entfernt wurde (Norgaard-Nielsen und Vestergaard, 1981, in: Liere, 1992). Fehlt ein entsprechendes Substrat, versuchen die Legehennen mit dem Futter, im Gefieder der Artgenossen oder auf dem Gitter selber staubzubaden. Sequenzanalysen dieser Verhaltensweisen zeigen dann eine Störung der Verhaltensorganisation auf. Vestergaard et al. (1993) sehen hier eine der Ursachen für das gefürchtete Federpicken.

Typisch für Haushühner, und auch hier übereinstimmend mit den Bankivahühnern, ist das Aufsuchen erhöhter Orte (Aufbaumen), sowohl zum Übernachten als auch tagsüber zum Ruhen und zum Putzen (Fröhlich, 1991; Oester; 1994). Die Vermutung, daß damit Begegnungen mit Freßfeinden vermieden werden könnten, ist einleuchtend. Dieses Verhalten muß während der Ontogenese eingeübt werden können, was weder bei Batterieaufzucht noch in Aufzuchthallen ohne erhöhte Sitzstangen möglich ist. Ohne dieses Lernen orientieren sich, wie in neuen Haltungssystemen festgestellt wurde (Fröhlich und Oester, 1989), die adulten Tiere abends häufig nach oben und versuchen jede Art erhöhte horizontale Strukturen aufzusuchen. Beobachtet wurde beispielsweise, wie Legehennen Schlagschatten an den Wänden zu erreichen suchten. Viele sind aber in der ersten Zeit nach der Umstallung nicht in der Lage, die angebotenen erhöhten Sitzstangen auch anzufliegen und dort sicher zu landen. Als weitere Folge dieses Unvermögens, erhöhte Orte zu nutzen, kann die Anzahl der verlegten Eier drastisch erhöht sein, dies besonders, wenn die Nester, wie dies in Boden- oder Volierenhaltung die Regel ist, erhöht und mehrstöckig angeboten werden. Das die Produktion störende Verlegen der Eier ist überdies für die Legehennen riskant, weil es anscheinend eine der Ursachen ist, die Kloakenkannibalismus begünstigt.

Das im Zusammenhang mit der Reproduktion stehende Verhalten (Balzen,

Treten, Eiablage, Brut) ist auch bei den Hochleistungshybriden erhalten geblieben (Fölsch und Vestergaard, 1981), obwohl oft behauptet wird, das Brutverhalten sei weggezüchtet worden. In der Praxis ist immer wieder festzustellen, vor allem, wenn die Hennen nicht mehr in Haltungssystemen, bei denen die gelegten Eier sofort wegrollen (Batteriekäfige, Abrollnester), sondern in solchen mit eingestreuten Nestern eingestallt sind, daß sie brütig werden und in den Nestern auf den Eiern sitzen bleiben. Alle Legehennen zeigen mehr oder weniger ausgeprägt das komplette Eiablageverhalten mit wiederholter Nestortinspektion, erhöhter Lokomotion vor der Eiablage, einfachem Nestbauverhalten, Sitzen im Nest, typischer Eiablagestellung (Pinguinstellung) und Lautgebung. Zur normalen Durchführung dieser Verhaltensweisen gehört selbstverständlich auch eine entsprechende Umgebung, d.h. ein störungsfreies, eingestreutes Nest oder zumindest ein Nest mit einer weichen Unterlage oder mit einer Nestmulde; sonst reagieren die Hennen oft mit verändertem Verhalten, und es treten stereotype Lokomotion, Verzögern der Eiablage und in Käfigen Fluchtversuche aus dem System auf (Martin, 1975).

Die Aufzucht der Küken, die künstlich ausgebrütet werden, erfolgt in größeren Gruppen (> 250 Küken), oft in geschlossenen Kükenringen oder neuerdings auch auf einer Etage eines Volierensystems, wo ihnen die notwendige Wärmequelle, das Futter und das Wasser angeboten werden. Hühnerküken können die ersten 2 bis 3 Lebenstage ohne Futter auskommen, weil der vor dem Schlupf eingezogene Rest des Eidotters für diese Zeit genügend Nahrung bereitstellt. Trotzdem ist es für die Entwicklung der Küken, auch unter natürlichen Bedingungen, wichtig, früh Futterquellen und Wassertränken kennenlernen zu können. In der natürlichen Aufzucht lockt die Glucke die Küken zu geeigneten Futter- und Wasserquellen und lehrt sie so Eßbares erkennen. Bei künstlicher Aufzucht gibt es keine solchen Vorbilder. Die Küken müssen alles selbst lernen, und es besteht einerseits die Gefahr, daß dies eine der Situationen ist, aus der sich Federpicken entwickelt und andererseits, daß sich die Tiere beim Erkunden zu weit von den Ressourcen entfernen und nicht mehr zurückfinden. Die Küken stoßen dann Verlassenheitsrufe aus, welche die führende Glucke normalerweise mit Lockrufen beantworten würde, oder sie gar veranlassen würde, ihre Jungen aufzusuchen. In der künstlichen Aufzucht fehlt die Glucke, und die Verlassenheitsrufe der Jungen bringen kaum Sicherheit. Die anderen Küken reagieren wenig darauf. Deshalb werden Kükenringe (Karton-, Gitterumzäunung) installiert, die die Küken in den ersten Tagen in der Nähe der Ressourcen halten.

Große Anforderungen stellen Küken an Form, Zusammensetzung, Energiegehalt und Zustand ihres Futters. Die Fütterung ist auch deshalb eine der Hauptrichtungen der Geflügelwissenschaften. Es würde zu weit führen, hier auf alle Aspekte näher einzugehen (vgl. dazu z.B. Scholtyssek, 1987). Allgemein wird Körnerfutter gegenüber allen Arten von Weich- bzw. Mehlfutter bevorzugt, wobei bezüglich Korngröße, Geschmack, Farbe usw. Vorlieben bestehen: Ganze Maiskörner sind für Küken zu groß, Weizen ist beliebter als Mais etc. Reine Körnerfütterung führt aber zu Mangel- und Fehlernährung, da Kropf und Magen zu rasch gefüllt werden und der Bedarf an Mineralstoffen, Vitaminen, Aminosäuren, tierischen Eiweißen etc.

durch Körner allein nicht gedeckt werden kann.

Die Hühnerküken sind als Nestflüchter ohne weiteres in der Lage, die Nahrungs- und Wasserressourcen zu finden und zu nutzen. Auch andere für die Entwicklung normalen Verhaltens wichtige Einrichtungen und Strukturen, wie Wärmequellen oder Einstreu, werden adäquat genutzt. Im Hinblick auf die Entwicklung des normalen Verhaltens ebenfalls sehr wichtig sind erhöht angeordnete Sitzstangen, die aber in der Aufzuchthaltung häufig fehlen. Die Entwicklung der entsprechenden „Aufbaumfähigkeit" ist, wie bereits ausgeführt wurde, für die Legehennenhaltung in modernen Volieren unbedingt nötig (Fröhlich, 1990). Es stellt sich die Frage, ob eine reichhaltigere Umgebung in der Aufzucht und die Anwesenheit einer führenden Glucke nicht mithelfen würden, das Auftreten von die Produktion erschwerenden Phänomenen, wie das Verlegen der Eier oder das Auftreten von Federpicken und Kannibalismus, in der Legehennenhaltung zu verhindern.

Allgemeine Anforderungen an eine tiergerechte Haltung für das Haushuhn

Wenn mit den gebotenen Haltungsbedingungen neben einer wirtschaftlichen Produktion auch das Ziel verfolgt wird, den Legehennen die Möglichkeit zu geben, sich entsprechend ihrer Art verhalten zu können, dann reichen dazu weder herkömmliche Batteriekäfige noch die in Untersuchung stehenden neuen Varianten davon (Get-away, E.T.T.-System), wie sie beispielsweise von Elson (1989) vorgestellt wurden, weder die in der Schweiz getesteten Großgruppenkäfige für mehr als 40 Legehennen noch die Schräggittersysteme aus (Fröhlich und Oester, 1989). Freie Fläche und Höhe der Gehege und die zusätzlich angebotenen Umgebungsqualitäten bleiben in diesen Systemen ungenügend, wenn davon ausgegangen wird, daß eine Haltung mindestens soviel Fläche, Raum und Strukturen bieten muß (Bundesamt für Veterinärwesen, 1994), daß die Hennen folgende Verhaltensweisen ausführen können:

– *aufrecht stehen und schreiten,*
– *in Einstreu scharren und futtersuchen,*
– *Futter und Wasser aufnehmen,*
– *in geeignetem Substrat staubbaden,*
– *sich für die Eiablage in Ruhe in ein Nest zurückziehen,*
– *auf einer erhöhten Sitzstange stehen, sitzen, tagsüber und nachts ruhen,*
– *das Gefieder putzen,*
– *hochspringen, flügelschlagen und flügelbein-strecken.*

Überdies sollen Hühner nicht einzeln, sondern in Gruppen gehalten werden, damit ihnen
– *gewisse Verhaltensweisen aus dem Funktionskreis Sozialverhalten möglich sind.*

Mit diesen Minimalforderungen ist das Angebot für die Legehennen immer noch weit von einer sogenannten natürlichen Haltung entfernt, und die Eier können immer noch „intensiv produziert" werden; es werden keine „Kleinfamilien" mit entsprechender Alters- und Geschlechterstrukturierung gehalten, die Tiere bewegen sich nicht auf natürlichem Untergrund, finden kaum jagdbare Insekten, außer bei einer Fliegen- oder Käferplage im Stall, haben keine Möglichkeit zum Sonnenbaden, und auch die Verteilung des Futters ist nicht weiträumig usw.

Aber auch wenn das Haltungssystem prinzipiell die verschiedenen Minimalanforderungen erfüllt, bleibt bei der Entwicklung tiergerechter Haltungssysteme ein zentrales Problem zu lösen: Die unterschiedlichen Elemente der verschiedenen Funktionsbereiche (Futtertröge, Tränken, Nester, Sitzstangen, Böden, Beleuchtung usw.) müssen zu einer funktionsgerechten Tierumwelt verbunden werden. In der Geflügelhaltung sind die räumlich-funktionalen Beziehungen der Elemente untereinander und damit vor allem auch die Verkehrswege von besonderer Bedeutung.

Besondere Aspekte beim Verhalten der anderen Geflügelarten

Bei den anderen Geflügelarten finden wir im Hinblick auf den Schutz dieser Tiere vergleichbare Verhältnisse. Das Verhalten der Wildformen ist durch die Domestikation im wesentlichen nicht verändert worden. Alle Geflügelarten leben in sozial strukturierten Gruppen mit Adulten und Jungtieren, z.T. finden wir bei den Eltern stabile Paare, wie bei Gänsen oder Tauben, oder die Hähne leben mit mehreren Hennen zusammen, wie bei den Hühnern oder den Wachteln. Die Küken der Geflügelarten sind – mit Ausnahme der Tauben, die fast nackt geboren, im Nest gehudert und in den ersten Tagen von den Eltern mit Kropfmilch gefüttert werden – Nestflüchter. Entsprechend der sozialen Organisation der Arten erfolgt die Brut der Eier durch die Hennen (Hühner) oder durch beide Eltern (Enten, Strauße). Dasselbe gilt für das Führen und Hudern der Küken. Hähne, die das Reproduktionsalter erreichen, müssen die Stammgruppe in der Regel verlassen und versuchen, neue Familien zu gründen. Zeitlich aufwendig ist die Futtersuche, wobei einzelne Arten wie die Strauße, Puten oder Gänse auch weiden, während andere Arten ihr Futter sehr selektiv aufpicken. Alle Geflügelarten verbringen relativ viel Zeit mit der Gefiederpflege und baden entweder in einem trockenen, krümeligen Substrat oder im Wasser (Wassergeflügel, Tauben). Zum Ruhen oder zur Feindvermeidung nutzen auch Puten und Tauben erhöhte Orte, das Wassergeflügel in der Regel freie Wasserflächen, während sich z.B. die am Boden ruhenden Wachteln zuerst ducken, in Bedrängnis aber rasant vertikal auffliegen, was in der Haltung immer wieder zu Verletzungen führt und auch teilweise erklärt, warum die Käfige für Wachteln in der Intensivhaltung nur rund 20 cm hoch sind.

Gemeinsamkeiten in der Geflügelproduktion

Bei der Haltung und Zucht des Geflügels lassen sich überall sehr ähnliche Entwicklungen feststellen. Eingesetzt werden bei den wichtigsten Geflügelarten Hybridlinien, wobei die Legelinien von den Mastlinien zu unterscheiden sind. Diese Zuchten werden von relativ wenig internationalen Organisationen kontrolliert, so daß, abgesehen von lokalen Zuchten, überall auf der Welt mit den gleichen Tieren produziert wird.

Für die Zucht der Broiler (männliche und weibliche Masthühner, Poulets) beispielsweise gibt es weltweit etwa 10 große und einzelne national oder regional tätige Zuchtfirmen (Tabelle 4).

Diese Zucht von Hybriden ist auch für die enormen Leistungssteigerungen verantwortlich, die in diesem Jahrhundert in der Geflügelhaltung erfolgt sind. Wenn auch, wie bereits erwähnt, die Steigerungen bei den Haushühnern vielleicht am deutlichsten sind (Legeleistung und Mast), sind die heutigen Leistungsdaten insgesamt erstaunlich (Tabelle 5).

Tab. 4 Große, weltweit tätige Zuchtfirmen für Broiler

Zuchtfirma	Hauptsitz	Name des Hybriden (Beispiel)
Lohmann Tierzucht	Deutschland	Lohmann Broiler 975
ISA	Frankreich	Vedette
Ross	England	Ross PM3
Cobb	England	500
Euribrid	Niederlande	Hybro
ASA	Dänemark	ASA
Shaver	USA	Starbro
Hubbard	USA	HI-Y
Tetra	Ungarn	Tetra Double Brest
Kabir-Chicks	Israel	Kabir, Nackthälse
SASSO	Frankreich	431N

Tab. 5 Leistungsdaten einiger ausgewählter Geflügelarten

Tierart	Nutzungstyp	Leistung	Futterverwertung[1]
Huhn	Eier	300 pro Jahr	1:2 (kg Eier)
	Mast	1200 g in 30 Tagen	1:1,72 (kg Lebendgewicht, 40 Tage)
Puten BUT BIG 6	Masthähne	21440 g in 168 Tagen	1:3,5
Wachteln	Eier	280 pro Jahr	1:3,3
	Masthennen	205 g in 42 Tagen	1:3,6
Strauße		90 kg in 10 Monaten	1:10
Enten		3200 g	1:2,35
Gänse		6000 g	1:2,3

[1] Futterverwertung, wo nichts anderes angegeben: kg Zuwachs pro kg Futter. Diese Angaben sind Durchschnittswerte, die vom Schlachtalter, von der Fütterung usw. abhängen.

Spezielle Anforderungen an die tiergerechte Haltung von Haushühnern

Stallbau, Gehege, Einrichtungen

Grundsätzlich gilt für jede tiergerechte oder artgerechte Haltung, daß sie für das „Wohlbefinden" der Tiere sorgen soll. Dazu verlangt das Tierschutzgesetz Deutschlands (1993) im § 2 beispielsweise eine „verhaltensgerechte Unterbringung" und daß das „artgemäße Bewegungsbedürfnis nicht dauernd und nicht so einschränkt werden darf, daß dem Tier vermeidbare Schmerzen, Leiden oder Schäden zugefügt werden". In der Tierschutzverordnung der Schweiz (1981) wird im Artikel 1 Absatz 1 festgelegt, was unter tiergerechter Haltung zu verstehen ist: Das Verhalten und die Körperfunktionen der Tiere sollen nicht gestört und die Anpassungsfähigkeit der Tiere nicht überfordert werden.

Baxter (1989) unterschied zwei Kategorien von quantifizierbaren Indikatoren des Wohlergehens (Welfare): Die einen deuten auf fehlendes und die anderen auf erreichtes Wohlergehen hin. Für die Entwicklung komplexer Haltungssysteme und die Beurteilung ihrer Tiergerechtheit sind Untersuchungen zur ersten Kategorie notwendig. Der unseres Erachtens bisher den größten Erfolg versprechende Ansatz dazu ist das *funktionale Konzept der Bedarfsdeckung und*

Schadensvermeidung (Tschanz, 1985). Dieses Konzept geht davon aus, daß es den Tieren durch den Einsatz normaler Verhaltensweisen gelingt, jene Umweltmerkmale zu finden und zu nutzen, welche für ihre Erhaltung und ihren Aufbau notwendig sind (Bedarfsdeckung), und solche zu meiden, welche sie schädigen (Schadensvermeidung). Körperliche Schäden (Verletzungen, Krankheiten) und Verhaltensstörungen (Stauffacher, 1991) stellen eine Beeinträchtigung von Selbstaufbau und Selbsterhalt des Organismus dar, sind Ausdruck einer nicht tiergerechten Haltung und folglich von mangelndem Wohlergehen.

In der Praxis hat sich gezeigt, daß eine wichtige Voraussetzung tiergerechter Haltungssysteme das Trennen der verschiedenen Funktionsbereiche ist.

Im Experiment nachgewiesene Präferenzen für bestimmte Qualitäten eines Umweltmerkmals können sich in einem Haltungssystem als irrelevant erweisen, da andere Faktoren zusätzlich einwirken. Die Bevorzugung eingestreuter, abgedunkelter Nester (u.a. Huber et al., 1985) wirkt sich im Haltungssystem kaum aus, wenn die Nester falsch plaziert sind oder die Hennen in der Aufzucht beispielsweise das Nutzen erhöhter Anflugstangen nicht geübt haben. Für die Beurteilung der Tiergerechtheit ganzer Haltungssysteme reichen Experimente mit einem einzelnen Haltungsfaktor deshalb nicht aus. Im Gegenteil, sie verführen oft dazu, die Komplexität der Haltungsbedingungen zu übersehen.

Im folgenden sollen zuerst die wichtigsten Haltungstypen in der Nutzgeflügelhaltung gezeigt und dann die Anforderungen an die Ausgestaltung der verschiedenen Funktionsbereiche besprochen werden.

In der Wirtschaftsgeflügelhaltung werden heute *vier grundsätzlich verschiedene Haltungssysteme* eingesetzt, die den Anforderungen an ein tiergerechtes Haltungssystem sehr unterschiedlich gerecht werden. Neben den weit verbreiteten, in mehreren Etagen angeordneten Käfigen (vor allem für Legehennen und Wachteln) finden wir auch Rosthaltungen oder Schräggittersysteme (Pennsylvania) für Legehennen, Gänse und Enten sowie einfache Bodenhaltungen, die heute vor allem in der Geflügelmast zum Einsatz kommen. In diesem Produktionsbereich werden heute auch mehrstöckige Anlagen angeboten, die ohne oder mit wenig Einstreu eine Belüftung des Kotes ermöglichen und so das Freiwerden von Ammoniak reduzieren. In der Legehennenhaltung werden als modernste Anlagen zwei- und mehretagige Volieren (aviary) angeboten. Die Volieren, die in der Schweiz im Gegensatz zur EU für die Eierbezeichnung als Bodenhaltungen gelten, und die herkömmlichen Bodenhaltungen werden teils auch mit Außenausläufen ergänzt (Auslauf- bzw. Freilandhaltung). Außer in gewissen neuen Typen (z.B. Get-away-Käfig) fehlen in den Käfigen Nester, Einstreu, Sitzstangen und eine mehr als minimale Raumhöhe. In den Rosthaltungen fehlen Einstreu und wie in den einetagigen Bodenhaltungen oft auch die erhöhten Sitzstangen. Nur in den Volieren, von denen hier ein Typ als Beispiel gezeigt wird (Abb.2), vor allem wenn sie mit Wintergärten oder sogar zusätzlichen Ausläufen ergänzt sind, decken die Einrichtungen das für eine tiergerechte Haltung von Haushühnern notwendige Angebot an Strukturierungen ab.

Die Entwicklung solcher Volieren ist das Ergebnis von Arbeiten, die, nachdem vielerorts erkannt worden war, daß herkömmliche Batteriekäfige den Verhaltensansprüchen der Legehennen in kei-

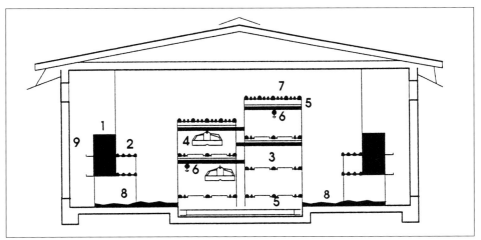

Abb. 2 Beispiel einer Legehennenvoliere. 1 Abrollnester, 2 Nestanflugplattformen, 3 Drahtgitter-Sitzstangenboden, 4 Futterpfannen, 5 Schrapperentmistung, 6 Nippeltränken, 7 Sitzstangen, 8 Scharraum, 9 Bedienungsgang (Bundesamt für Veterinärwesen, 1995).

ner Weise genügen können, das Ziel hatten, die Käfige zu ersetzen oder zumindest soweit zu verbessern, daß gewisse Mindestansprüche erfüllt werden konnten. In den letzten 20 Jahren wurden dazu parallel drei Ansätze verfolgt:
- Verbesserung des Batteriekonzeptes (u.a. Tauson, 1988);
- Entwicklung neuer Käfigkonzepte wie Get-away-Käfige (u.a. Oester, 1985; Wegner, 1985) und Großgruppenkäfige (u.a. Elson, 1989, Oester und Fröhlich, 1989);
- Entwicklung neuer Bodenhaltungen und Volieren (u.a. Fölsch et al., 1983).

Tauson erreichte durch Änderungen der Gestaltung herkömmlicher Batteriekäfige, wie feste Seitenwände, horizontale Frontgitterstäbe, rauhe Oberfläche an der den Tieren zugewandten Futtertrogaußenseite, wesentliche Verbesserungen vor allem hinsichtlich weniger Verletzungen und Schädigungen des Gefieders sowie vermehrten Krallenabrieb. Die Einschränkung der Tiere hinsichtlich ihres Verhaltens bleibt jedoch weitgehend bestehen, auch wenn heute zusätzlich Sitzstangen (Lüscher et al., 1982) oder Nester (Sherwin und Nicol, 1992) eingebaut oder sogar künstliche Pickobjekte zur Beschäftigung der Legehennen eingesetzt werden (AgroToP Ltd., 1991).

Der Get-away-Käfig erreichte die Praxisreife bis heute nicht. Immerhin beurteilte Oester (1985) einen mehretagigen Käfig mit einer Grundfläche von 7300 cm^2, zusätzlichen Nestern, erhöhten Sitzstangen sowie einem Scharraum als für 10 Legehennen aus Volieren- oder Bodenaufzucht zumutbar. Die verschiedenen, in der Schweiz auch in die Praxis eingeführten, Großgruppenkäfige für 41–58 Legehennen hingegen stellten gegenüber Batteriekäfigen keine Verbesserung dar (Oester und Fröhlich, 1989).

Wenn jedoch Haltungssysteme gefordert werden, welche den Tieren Normalverhalten weitgehend ermöglichen sollen (u.a. Farm Animal Welfare Council, 1987), müssen all jene Haltungsformen abgelehnt werden, die bestimmte Verhaltensmerkmale nicht oder nicht in normaler Weise zulassen. Daß in der Produktion den Tieren notwendigerweise Einschränkungen des Normalverhaltens, z.B. beim Sexual- und Fortpflanzungsverhalten, auferlegt werden, soll nicht unterschlagen werden. Sie sind durch das Nutzungsziel bedingt und können nur durch wirtschaftliche Argumente begründet werden. Sollen Hühner scharren, staubbaden, an erhöhten Orten ruhen, fliegen und sich zur Eiablage von der Herde absondern können, läßt sich dies nicht mit Käfigkonzepten realisieren. Aufgrund dieser Beurteilung begannen Fölsch et al. (1983) in der Schweiz gemeinsam mit einer Futtermühle mit der Entwicklung einer verbesserten Bodenhaltung, die zur Volierenhaltung führte.

Bedeutung und Probleme zusätzlicher Haltungselemente

Der Versuch, neben den vorwiegend produktionsorientierten Haltungsbedingungen der üblichen Intensivhaltungen, den Aspekt **Tiergerechtheit** verstärkt in die Ställe einzubringen, bedeutet immer das Angebot „Mehr von Etwas": mehr Platz pro Tier, mehr strukturierte Umwelt (Nester, Sitzstangen, Einstreu), mehr exogene Reize (Tageslicht, Sozialkontakte). Die Haltungspraxis befürchtet dabei höhere Investitionen und daß arbeitstechnische und hygienische Probleme entstehen, die den wirtschaftlichen Produktionserfolg in Frage stellen. Für die Akzeptanz tiergerechter Haltungssysteme ist es deshalb von entscheidender Wichtigkeit, daß auch die Produktions- und Arbeitsabläufe möglichst optimal gestaltet werden.

Zur tiergerechten Haltung gehören auch die individuelle Kontrolle und ständige Betreuung der Tiere. Rechnen wir bei einem 8stündigen Arbeitstag mit einer Betreuungszeit von 5 Sekunden pro Tier inklusive aller im Stall anfallenden Arbeiten, dann könnte eine Arbeitskraft 5760 Legehennen betreuen. Dieser Wert stimmt natürlich in keiner Weise mit denjenigen aus der Literatur überein, die für die Käfighaltung zwischen 19000 und 40000, für die Volierenhaltung ca. 25000 und für die Freilandhaltung 5000–8000 Legehennen angeben (Scientific Veterinary Committee, 1993). Tiergerechte Haltungssysteme, aber auch der tiergerechte Umgang mit Tieren, brauchen mehr Arbeitszeit, als die Praxis zuweilen zu geben bereit ist oder auch geben kann, es sei denn, die zusätzlichen Kosten würden durch die Konsumentin und den Konsumenten übernommen. Aber für die Zukunft nicht zu unterschätzen und beim Entscheid der Geflügelbranche über die zu wählende Produktionstechnik mit zu berücksichtigen ist auch die Akzeptanz einer Produktionsart durch eben diese Konsumentinnen und Konsumenten.

Legenester

Beim Geflügel bedeuten mehr Platz und Raum auch mehr Möglichkeiten zu „unerwünschtem" Verhalten. Fehlt den Legehennen die Möglichkeit, einen ihnen gerecht werdenden Eiablageort aufzusuchen, wie das in einem Batteriekäfig der Fall ist, lassen sich Veränderungen des Verhaltens feststellen, die als Ausdruck einer Störung des Wohlbefindens (Unruhe vor dem Legen, Fluchtversuche aus dem System, Stereotypien) interpretiert werden (Martin, 1975). Hingegen fallen keine sogenannten verlegten Eier an. Diese rollen sofort nach der Eiablage aus dem Tierbereich, können nicht bepickt werden und bleiben weitgehend sauber.

Sobald Legehennen die Möglichkeit

gegeben wird, sich einen eigenen Nestort zu suchen, besteht die Gefahr, daß die Eier nicht nur im Nest gelegt werden. Es besteht für die Produktion somit die Schwierigkeit, bei der Gestaltung des Funktionsbereiches für die Eiablage zu erreichen, daß möglichst 100% der Eier in das entsprechende Nest gelegt werden, weil damit Verluste, hygienische Probleme und Mehrarbeit vermieden werden können. Dem Produktionsziel steht hier die biologische Erfahrung entgegen, wonach alle Verhaltensmerkmale eine gewisse Variationsbreite aufweisen, ja im Hinblick auf evolutive Vorgänge auch aufweisen müssen. Die Eiablage in die Einstreu ist keine Verhaltensstörung und muß auch kein Zeichen eingeschränkter Tiergerechtheit des Haltungssystems sein. Hingegen hat sich aber gezeigt, daß das Risiko des Kloakenkannibalismus bei höheren Verlegeraten ansteigt. Dieser Aspekt und die Tatsache, daß die Verlegerate ein entscheidendes Produktionskriterium (Bruch- und Schmutzeieranfall) ist, verlangt Maßnahmen gegen das Verlegen der Eier. Wieviel verlegte Eier für die Produzentin und den Produzenten ein Problem darstellen, ist sehr verschieden: Einige erachten 1%, andere 5% verlegte Eier als noch tolerierbar. Eine in gewissen Systemen übliche Methode zur Verringerung der Verlegerate ist das Verschließen der Einstreubereiche zur Zeit der Eiablage. Diese Maßnahme reduziert zwar die Anzahl in die Einstreu gelegter Eier, führt jedoch zu anderen Problemen. Die Synchronisation einer Herde ist nie derart, daß alle Hennen gleichzeitig legen. Bei geschlossenem Einstreuteil warten immer einige Tiere vor oder nach der Eiablage auf den Zugang zur Einstreu. Dies führt zu einer Erhöhung der Nervosität der Tiere und steigert das Risiko von Schreckreaktionen und Federpicken.

Wie das ideale Nest auszusehen hat, wurde oft u.a. mittels Präferenzversuchen untersucht, und es lassen sich durchaus Eigenschaften der Nester beschreiben, die in einem Wahlversuch bevorzugt werden (Bodenqualität, Höhe des Nestes ab Boden usw.). In der praktischen Geflügelhaltung üben aber parallel dazu Faktoren wie Lichtverhältnisse im und vor dem Nest, Nestgröße, Nestzugang, Mikroklima usw. zusätzlich und gemeinsam Einfluß auf die Nestakzeptanz aus, so daß es in der Regel sinnvoller ist, die notwendigen Nesteigenschaften in einem gegebenen System zu prüfen und festzulegen.

Allgemein kann festgehalten werden, daß sich in der Praxis Einzelnester mit

Abb. 3 Dreistöckige Einzelnestanlage mit Kunststoffschalen, Eiersammelbändern und Nestanflugstangen. (Foto: Prüfstelle für Stalleinrichtungen Zollikofen/PSZ)

Kunststoffschalen (Abb. 3) oder -teppichen bzw. kleinere Gruppennester mit Teppicheinlagen, Kunststoffnoppenmatten oder auch Einstreu bewährt haben. Große Gruppennester sind dagegen abzulehnen, weil sich einerseits oft zu viele Tiere in einem Nest aufhalten und es dabei zu Tierverlusten infolge Überhitzung und Erdrücken kommen kann und andererseits die gelegten Eier in großer Anzahl in „Haufen" und bei entsprechender Bruchgefahr auf dem Sammelband oder in der Sammelrinne anfallen.

Aus den Erfahrungen der Praxis gehen noch andere Faktoren hervor, welche sich als mindestens ebenso wichtig wie die Nestgestaltung erweisen:
– Die Wege zum Nest dürfen nicht zu lang sein. Günstig ist es, wenn die Hühner täglich mehrmals vor den Nestern hindurch müssen, z.B. immer dann, wenn sie zum Futter oder auf die erhöhten Sitzstangen gelangen wollen.
– Hennen müssen problemlos vor den Nestern landen, aneinander vorbeigehen, und stärkere Tiere dürfen die Nestzugänge nicht blockieren können.
– Ab Legebeginn müssen alle verlegten Eier möglichst sofort aus dem Stallraum entfernt werden. Herumliegende Eier wirken stimulierend für die Artgenossinnen und erhöhen die Rate der verlegten Eier. Überdies besteht das Risiko, daß die Legehennen verlegte Eier zu fressen beginnen.
– Hennen, die beim Legen in die Einstreu „ertappt" werden, sind in die Nester zu versetzen. Die Tiere müssen lernen, daß ungestörtes Legen nur in den Nestern möglich ist. Solche mit vermehrter Arbeit verbundene Maßnahmen müssen je nach Herde die ersten 2–3 Wochen nach Legebeginn durchgehalten werden.

Besatzdichte

Große Aufmerksamkeit wird der Frage entgegengebracht, wieviel Platz ein Huhn für sein Wohlergehen braucht. Diese Frage ist auch hinsichtlich der Wirtschaftlichkeit von zentraler Bedeutung. Während klar ist, daß hohe Besatzdichten eine Senkung der Produktionskosten ermöglichen, gibt es bei Hühnern keinen linearen Zusammenhang zwischen mehr Platz und mehr Wohlergehen (Lagadic, 1989). Die Häufigkeit aggressiver Verhaltensweisen erreicht in Käfigen mit zunehmender räumlicher Einschränkung zunächst einen Höhepunkt bei ca. 800 cm^2 pro Tier, ab 650 cm^2 nimmt sie jedoch wieder stark ab (Super-Crowding-Effekt; u.a. Al-Rawi und Craig, 1975).

Sollen möglichst viele Verhaltensweisen normal ausgeführt werden können, kann dieses Phänomen jedoch nicht als Maßstab für den Flächenbedarf von Hühnern dienen. Die Ausführung der allermeisten Verhaltensweisen beansprucht wesentlich mehr als 650 cm^2 Platz pro Tier: Flügelschlagen z.B. mehr als 1800 cm^2 (Dawkins und Hardie, 1989), und der Flächenbedarf für alle Lokomotionsformen, inklusive Fliegen, ist nicht mehr im cm^2-Bereich zu suchen. Im übrigen sind aggressive Auseinandersetzungen nicht an sich negativ zu werten, gehören sie doch zum Normalverhalten der Hühner und dienen zur Strukturierung der Gruppen.

Steht den Tieren genügend Fläche zur Verfügung, muß dafür gesorgt werden, daß die Ausführung normaler Verhaltensweisen, welche aber das Wohlergehen anderer Hühner beeinträchtigen können – zu denken ist hier an Auseinandersetzungen – zwar möglich bleiben, aber nicht zu einer dauernden Belastung für die Unterliegenden werden.

Dies kann durch die Bildung von Stallbereichen mit spezifischen Funktionen erfolgen. Hühner versammeln sich gerne bei Verhaltensweisen wie Staubbaden, Fressen und Ruhen. Bei der Gestaltung einer Haltung kann das ausgenutzt werden, weil dadurch in anderen Stallbereichen Platz frei wird für mehr raumbeanspruchende Verhaltensweisen wie Lokomotion und Futtersuchen. Zudem können durch die Aufteilung des Raumes Konkurrenzsituationen vermieden werden, indem Verhaltensweisen, welche sich gegenseitig stören, wie z.B. Ruhen und Lokomotion, örtlich getrennt werden.

Etwas mehr Platz pro Huhn allein ergibt keine Verbesserung der Haltungssituation. Dies ist erst durch die Strukturierung in Bereiche unterschiedlicher Funktion der Fall. Voraussetzungen dazu sind allerdings der Einbezug der dritten Dimension in die Haltungskonzeption und der permanente Zugang aller Tiere zu allen Funktionsbereichen.

Einstreu zur Futtersuche und als Staubbad (Wasserbad)

Neben der Forderung nach mehr verfügbarer Fläche, nach Nestern oder nach Sitzstangen, wie später ausgeführt wird, ist es diejenige nach Einstreu, die in der Diskussion um eine moderne Hühnerhaltung am meisten Kontroversen auslöst. Obwohl Hühner eingestreute Böden bevorzugen, herrscht auch unter den Nutztierethologen Uneinigkeit über die Bedeutung von Einstreu für das Wohlergehen der Hühner. Im Experiment gelang es bisher nicht, ein entsprechendes Bedürfnis (need) klar nachzuweisen (u.a. Dawkins, 1983). In allen bisher entwickelten einstreulosen Haltungssystemen wie Großgruppenkäfigen oder Schräggittersystemen – ob die Batteriekäfige in dieser Hinsicht eine Ausnahme sind, bleibe dahingestellt – bereiten Federpicken, Kannibalismus und Schreckhaftigkeit jedoch derart Probleme, daß diese einstreulosen Systeme für die Produktion untauglich werden (Fröhlich und Oester, 1989).

Die größten Vorbehalte der Praxis betreffen die Hygiene, die Tiere hätten direkt mit ihrem Kot Kontakt, eingesetzte Medikamente würden ausgeschieden, aber dann über den Kot wieder aufgenommen, die Risiken von Krankheitsausbrüchen seien größer, die Eier würden mehr verschmutzt, der Staubanfall sei höher, und es gäbe zusätzliche Arbeit. Diese Vorbehalte sind nicht ohne weiteres von der Hand zu weisen, und es ist zweifellos so, daß eingestreute Haltungssysteme auch in dieser Hinsicht die qualifiziertere Betreuung brauchen als einstreulose.

Mit welchen Risiken z.B. bei der Kokzidiose zu rechnen ist und welche Maßnahmen getroffen werden können, haben Matter und Oester (1989) gezeigt. In elf von 163 untersuchten Herden mußte gegen Kokzidiose behandelt werden, dabei zeigte sich, daß die Krankheitsausbrüche in der Regel von zusätzlichen Problemen begleitet wurden (andere Krankheiten, feuchte Einstreu, Zugluft im Stall). Entscheidend für die Reduktion des Krankheitsrisikos in der Legezeit ist eine ausreichende Immunität der Tiere, die nicht durch fehlende Angewöhnung während der Aufzucht an das Legesystem und zu spätes Einstallen und nicht fachgerecht verabreichte Kokzidiostatikagaben gefährdet werden darf.

Die Notwendigkeit von Einstreu für das Wohlergehen der Legehennen wird aber auch prinzipiell in Frage gestellt. Soll den Legehennen jedoch ein annähernd normales Verhalten möglich sein, kann auf Einstreu nicht verzichtet werden. Für die typische Nahrungssuche der Hühner mit Vorwärtsschreiten, Scharren und Picken im freigescharrten Untergrund braucht es ein dazu geeignetes Substrat.

Auch für die normale Staubbadeaktivität ist Einstreu notwendig (Abb.4). Auf Gitterböden zeigt sich kein typischer, eingipfliger Tagesverlauf der Staubbadeaktivität (Oester und Fröhlich, 1988), und es werden Staubbadeaktivitäten beobachtet, die auf Ersatzobjekte gerichtet werden, wie auf das Gefieder anderer Hennen oder auf das Futter im Futtertrog, was zu Futterverlusten bzw. Gefiederschäden führen kann. Überdies treten auch Veränderungen in Form und Ablauf der Staubbadesequenzen auf, wie sie von Fölsch et al. (1986) beschrieben wurden. Schließlich wird angenommen, daß Federpicken als umorientiertes Futter- oder Bodenpicken (u.a. Martin, 1975) bzw. umorientiertes Staubbadeverhalten (Vestergaard, 1989) interpretiert werden kann. Das Fehlen eines bearbeitbaren Substrates scheint bei Hühnern in verschiedenen Funktionskreisen (Nahrungsaufnahme, Komfort) zu Konflikten zu führen. Wechsler (1990) wies darauf hin, daß die meisten Konflikte dadurch entstehen, daß Tiere mit hoher Handlungsbereitschaft (Motivation, Ansprechbarkeit) in einem Funktionskreis keine Reize wahrnehmen, die diejenigen Verhaltensweisen auslösen, welche die Handlungsbereitschaft senken würden. In der natürlichen Umwelt ist Appetenzverhalten („Suchverhalten") die erfolgreichste Strategie, um die auslösenden Reize zu finden. Fehlen solche Reize jedoch in der Haltungsumwelt gänzlich, richten die Tiere ihr Erkundungs- und Bearbeitungsverhalten auf andere, suboptimale Reize. Das Gefieder der anderen Hennen scheint ein solcher Reiz zu sein. In diesem Licht sind Verhaltensstörungen wie das Federpicken Folge einer durch die Haltungsumwelt bedingten Überforderung der stammesgeschichtlich erworbenen Verhaltenssteuerung der Hühner, und sie treten deshalb immer dann auf, wenn hohe Handlungsbereitschaft, in welchem Funktionskreis auch immer, nicht abgebaut werden kann.

Staubbäder sind nicht nur den Hühnern zu ermöglichen, sondern auch Puten, Wachteln und Fasanen, während für Tauben, Enten und Gänse ein Wasserbad vorzusehen ist, in welchem Enten und Gänse auch schwimmen können sollen. Auf die hygienischen Verhältnisse um die Wasserbäder und in diesen ist besonders zu achten.

Sitzstangen

Obwohl sich Hühner tagsüber meistens am Boden aufhalten, bevorzugen sie

Abb. 4 Staubbadende Legehennen in wenig Einstreu aus Hobelspänen. (Foto: PSZ)

Abb. 5 In der Nacht auf erhöhten Sitzstangen ruhende Legehennen. (Foto: PSZ)

zum Ruhen erhöhte Orte; dies tagsüber, aber vor allem auch nachts. In Hallenhaltungen wird zusätzlich das Gefiederputzen im Sitzen bevorzugt an erhöhten Orten ausgeführt (Fröhlich, 1983). Zudem können erhöhte Etagen und Sitzstangen als Rückzugsorte für verletzte oder angegriffene Tiere dienen.

Die entscheidenden Voraussetzungen, damit erhöhte Sitzstangen bzw. Etagen diese Funktionen erfüllen können, sind ausreichende Höhe, für die Tiere geeignete Formen und Materialien und eine Anordnung im Stallraum, die den Zugang auch erlaubt, und schließlich die Fähigkeit, diese Orte auch zu nutzen, eine Eigenschaft, die die Legehennen während der Aufzucht einüben können müssen.

Werden in Schräggitterhaltungen oder Käfigen Sitzstangen auf die Gitterböden aufgelegt oder nur einige Zentimeter erhöht, damit die Eier unten durch abrollen können, so stellen sie lediglich eine andere Bodenqualität dar, die aber durchaus für die Gesundheit der Tiere günstig sein kann (Tauson und Abrahamsson, 1994). Sie werden für Verhaltensweisen aus den verschiedensten Funktionskreisen, vor allem auch für die Lokomotion und das Stehen, dem Gitter vorgezogen. Die aktiven Tiere stören aber so die ruhenden andauernd. Dabei wäre es für Hennen auch tagsüber notwendig, ungestört ruhen zu können, da sie sonst schreckhaft und nervös werden. Ausreichend ist die Höhe von Sitzstangen zunächst, wenn die Anordnung verhindert, daß von der nächsttieferen Etage oder Sitzstange aus die Zehen, Federn oder die Kloake der Artgenossen bepickt werden können. Sollen erhöhte Sitzstangen und Etagen ausschließlich als Ruhe- und Rückzugsbereiche dienen, dürfen von dort her keine Futtertröge erreichbar sein, und die Sitzstangen und Etagen sollten nicht auf dem Weg zu anderen Funktionsbereichen liegen. Da Hühner zum Übernachten die höchsten Orte bevorzugen, sollten die Ruhebereiche zuoberst eingebaut werden (Abb. 5). Dies ist auch die beste Art zu verhindern, daß die Ruhezonen als Durchgangswege benutzt werden.

Fütterungseinrichtungen und Tränken

Angepaßte Fütterung und Tränkung sind bei allen Geflügelarten zwei der wichtigsten Faktoren für eine erfolgreiche Produktion. Aus diesem Grund ist es in der Regel auch so, daß das Angebot an Futter- und Tränkeplätzen ausreichend für eine bedarfsgerechte Fütterung und Tränkung ist. Fehler in der Anordnung dieser Einrichtungen, die oft beobachtet werden können, sind zu hohe oder zu tiefe Positionen, die einerseits zu Gefiederschäden und andererseits zu Futterverschwendung führen, und Fehler in der Plazierung der Futtertröge derart, daß letztere als Barrieren die freie Lokomotion der Tiere behindern. Empfehlenswert ist, das Angebot an Tränken reichlich zu gestalten, so daß das Wasser von der Einstreu, aber auch von den Wintergärten her, einfach und leicht zu erreichen ist.

Wichtiger noch als beim Futter ist die Kontrolle, ob das Wasser auch ständig zur Verfügung steht. Dies gilt auch in der Zeit einer Zwangsmauser; der Entzug des Wassers, um die Tiere schneller in die Mauser zu bringen, kann aus Tierschutzgründen nicht akzeptiert werden, und es ist zu verlangen, daß die Tiere in der Zwangsmauser auch jederzeit etwas fressen und sich mit Material (z.B. Stroh) beschäftigen können.

Bei der Vorlage des Futters hat sich als wichtig erwiesen, daß die Tiere bereits ab Lichtbeginn am Morgen Futter aufnehmen können und die Futtertröge tagsüber nicht leergefressen werden. Für die Zukunft wäre zu überlegen, ob nicht Tröge entwickelt werden könnten, die sowohl die Krallen als auch die Schnäbel kurz halten, da bei reiner Stallhaltung der Untergrund in der Regel zuwenig rauh ist, um durch Abrieb das Hornwachstum zu kompensieren. Zu beachten ist auch, daß den Hühnern, Puten und auch Straußen, sobald sie etwas anderes als das fertige Futtermehl oder Pellets fressen können, Magensteinchen in angepaßter Größe und Form angeboten werden. An die Geflügeluntersuchungsstellen werden immer wieder verhungerte Legehennen eingesandt, bei denen als Todesursache das Fehlen von Magensteinchen diagnostiziert wird.

Im Zusammenhang mit speziellen Managementmaßnahmen bei der Fütterung ist darauf hinzuweisen, daß eines der heute noch ungelösten Fütterungsprobleme bei den Masteltern zu suchen ist. Um der Verfettung der Tiere zu begegnen, wird restriktiv gefüttert. Die Methode der „Skip-a-day-Fütterung", bei der den Tieren alle zwei Tage kein Futter angeboten wird, ist besonders negativ zu bewerten (Mench, 1993).

Klima

In der Regel können die in der Fachliteratur genannten Klimaempfehlungen (Temperatur, Luftfeuchtigkeit, Luftbewegung) ohne Bedenken übernommen werden, hingegen erscheinen insbesondere die zu tolerierenden Schadgaskonzentrationen häufig als zu hoch. So wird beispielsweise für Ammoniak, das wichtigste Schadgas in der Geflügelhaltung, in den Merkblättern der Schweizerischen Geflügelzuchtschule empfohlen, den Wert von 10 ppm nicht für längere Zeit zu überschreiten, da über diesem Wert Schäden an den Tieren auftreten würden, und in der Information „Stallklimawerte und ihre Messung in Nutztierhaltungen" des Bundesamtes für Veterinärwesen (1986) werden 10 ppm als zulässige Höchstkonzentration genannt. Scholtyssek (1987) hingegen nennt 100 ppm als Maximum, was aber weit über die menschliche Wahrnehmungsgrenze – ca. 5 ppm – hinausgeht. Um den tiefen Wert von 10 ppm zu erreichen, ist es notwendig, den Stallraum auch im Winter ausreichend zu belüften, und der Kot muß regelmäßig entfernt werden. Demgegenüber steht das Bestreben der Praxis, einer besseren Futterverwertung wegen die Stalltemperaturen auch im

Winter möglichst über 18 °C zu halten. Im Hinblick auf die Vermeidung von Ammoniak ist auch darauf zu achten, daß kein Tropfwasser aus den Tränken in den Kot bzw. die Einstreu gelangt.

Wesentlichen Einfluß auf den Zustand und das Befinden des Geflügels hat auch das im Haltungssystem eingesetzte Licht. Einerseits wird mit abnehmender Lichtdauer die Entwicklung der Jungtiere gebremst – je nach Hybrid wird in dieser Phase das Licht in unterschiedlichen Programmen von 24 h bis auf 8 h reduziert –, damit sie als Legehennen nicht zu früh und zu kleine Eier legen, andererseits wird in der Legephase die Lichtdauer bis auf 16 h oder mehr verlängert, um die Eierproduktion möglichst lange hoch zu halten. Bereits geringe Lichtmengen reichen aus, um diese Effekte zu erzielen, deshalb werden die Tiere oft im Halbdunkeln (weniger als 5 Lux) gehalten, weil damit die Aktivität der Tiere reduziert werden kann und vor allem das gefürchtete Federpicken und der Kannibalismus besser kontrolliert werden können. Aus den gleichen Gründen und weil die Lichtintensitäten variabler sind, wehrt sich die Praxis dagegen, die Tiere im Tageslicht zu halten. Huber (1987) nennt die Vorteile, die Tageslicht den Tieren bietet (Sonnenbaden, Strukturierung des Tagesablaufes, Stoffwechsel). Als weitere Maßnahme zur Kontrolle unerwünschter Aktivitäten ist die Beleuchtung mit Rotlicht oder bei Puten mit Blaulicht zu erwähnen. Kritisch erscheint auch die Anwendung der herkömmlichen Fluoreszenzlampen zu sein, da die Legehennen das Flackern des Lichtes sehen können sollen (Nuboer et al., 1992). In der Geflügelmast treffen wir ein anderes Problem an. Hier wird, um den Tieren dauernd den Zugang zum Futter und zum Wasser zu ermöglichen, während 24 h oder 23 h Licht pro Tag gegeben. Da in der Schweiz aufgrund der Tierschutzgesetzgebung die maximal zulässige Beleuchtungsdauer pro Tag 16 h beträgt, untersuchten Matter und Oester (1995) die Auswirkungen eines 16-h-Tages auf das Verhalten, den Zustand und das Mastendgewicht von Broilern. Bei Dauerlicht waren die Bewegungsabläufe der Tiere stärker gestört. Die Tiere waren „träger", reagierten aber schreckhafter im „Blitzlichttest" als diejenigen mit Ruhephasen, das Dauerlicht war in den Untersuchungen bezüglich Mast- und Schlachtleistungen nicht überlegen.

Damit die Tiere geordnet ihre Schlafplätze aufsuchen können – dies ist vor allem in Systemen mit erhöhten Ruheplätzen wichtig –, soll mindestens der Beginn der Dunkelphase mit einer Dämmerungsphase angekündigt werden. In der Mast scheint sich überdies eine in der Nacht brennende Orientierungsbeleuchtung von weniger als 1 Lux zu bewähren; es wird u.a. davon ausgegangen, daß sich die nach nächtlichen Panikausbrüchen gebildeten Tieransammlungen so schneller wieder auflösen können.

Wintergarten und Auslauf

Als besonders tierfreundlich dürfen Haltungen bezeichnet werden, die den Tieren regelmäßig Auslauf ins Freie ermöglichen. Es können sogenannte *Wintergärten* angeboten werden. Diese sollen ungefähr 50% der für die Legehennen begehbaren Stallflächen und eine genügende Anzahl Zugänge zum Stallraum aufweisen, überdacht, eingestreut – sie sollen sich auch leicht reinigen lassen – und den Tieren permanent zugänglich sein (Abb. 6). Zusätzlich können hier Sandbäder und Tränken eingerichtet werden. Aus diesen Wintergärten haben die Legehennen dann Zugang zu den eigentlichen Auslauf- oder Freiland-

Abb. 6 Abschließbarer, überdeckter und eingestreuter Wintergarten mit Beschäftigungsmöglichkeiten mit Zugang zum Auslauf. (Foto: PSZ)

flächen (Weide). Bei diesen ist der Gesundheit der Tiere wegen darauf zu achten, daß Wechselflächen zur Verfügung stehen, die auch bewachsen bleiben, und daß die Tiere überall rasch Deckung finden. Bei der Berechnung der notwendigen Flächen ist in Europa die EU-Verordnung (EWG) Nr. 1274/91 der Kommission über bestimmte Vermarktungsnormen für Eier (für Eierbezeichnungen) zu berücksichtigen. Eigentlich müßten diese Flächen vor allem aber den Bestandsgrößen angepaßt werden. Große Herden brauchen pro Tier weniger Fläche als kleine Herden.

Einfluß der Aufzucht

Die meisten ethologischen Untersuchungen zum Geflügel erfolgten bisher zum Verhalten der Legehennen. Da die Möglichkeiten der Tiere, sich normal zu verhalten, in der Batteriehaltung aufgrund der Platzverhältnisse und der fehlenden Strukturierung der Tierumwelt sehr stark eingeschränkt sind, spielen die Aufzuchtbedingungen für diese Haltung eine weit weniger wichtige Rolle als für die Haltung von Legehennen in Volieren oder in anderen (mehretagigen) Systemen. Viele Probleme mit den Tieren in solchen Haltungen scheinen ihren Ursprung deshalb auch in der Aufzucht zu haben.

Für die korrekte Nutzung der erhöhten Sitzstangen und der Nester durch die Legehennen im Legestall ist die Aufzucht mit erhöhten Sitzstangen eine Voraussetzung. Fehlen solche in der Aufzucht, kann dies dazu führen, daß die Nester nicht genügend aufgesucht werden (u.a. Appleby, 1985), d.h. die Eier irgendwo im Stall verlegt werden, oder daß die Tiere in der Einstreu übernachten oder, wie an einem Volierensystem, bei dem die Fütterungs- und Tränkeeinrichtungen nur über erhöhte Sitzstangen zu erreichen waren, gezeigt werden konnte, daß die Legehennen verdursten und verhungern (Oester und Fröhlich, 1988). In Batteriekäfigen aufgezogene Tiere sind mindestens in den ersten Tagen physisch nicht in der Lage, gezielt erhöhte Orte anzufliegen (Fröhlich, 1983).

Untersuchungen zur Genese von Verhaltensstörungen, die die Zeit vom Eintagsküken bis zur adulten Legehenne umfassen, fehlen weitgehend, obwohl es z.B. entscheidend wäre, zu wissen, ob sich die federpickenden Adulthennen diese Verhaltensstörung in der Aufzuchthaltung angeeignet haben oder ob dies erst im Legehennensystem geschehen ist. Küken, die einmal mit Federpicken

Tab. 6 Problematische Manipulationen beim Geflügel

Tier	Maßnahme	Begründung
Legehennen	Kupieren der Schnäbel, Touchieren der Schnäbel	Vermindern des Verletzungsrisikos durch Federpicken und durch Kannibalismus, Vermindern der Futterverschwendung
Legehennen	Kupieren der Flügel	Blutig oder unblutig (d.h. nur Schwungfedern): Vermindern des Risikos bei Panikausbrüchen, Verhindern der Ausbrüche aus Gehegen im Freien
Hähne	Kupieren der Sporen, Zehen und Krallen	Vermindern des Verletzungsrisikos beim Treten, vor allem bei unterschiedlicher Größe der Hennen und Hähne
Hähne	Kastrieren	Produktion von Kapaunen
Hähne	Kupieren der Kämme	Unterscheiden der Hähne aus den Hennen- und den Hahnlinien (Sexfehler) bei der Bruteierproduktion, Produktion von Kapaunen
Hähne	Kupieren anderer Kopfanhänge	bei Kämpferrassen zur Verminderung des Verletzungsrisikos
Enten und Gänse	Rupfen der Federn (Lebendrupf)	Federgewinnung
Enten	Kupieren der Schnäbel	Vermindern des Verletzungsrisikos durch Federpicken und durch Kannibalismus
Enten	Kupieren der Zehen und Krallen	Vermindern des Verletzungsrisikos in der Masthaltung
Gänse	Kupieren der Schnäbel	Vermindern des Verletzungsrisikos durch Federpicken und durch Kannibalismus
Gänse	Koupieren der Zehen und Krallen	Vermindern des Verletzungsrisikos in der Masthaltung
Puten	Kupieren der Schnäbel, Touchieren der Schnäbel	Vermindern des Verletzungsrisikos durch Federpicken und durch Kannibalismus
Puten	Kupieren der Stirnzapfen	Vermindern des Verletzungsrisikos durch Bepicken
Puten	Kupieren der mittleren Zehen	Vermindern des Verletzungsrisikos beim Treten
Puten	Kupieren der Flügel	Blutig und unblutig (d.h. nur Schwungfedern): Vermindern des Übereinanderfliegens bei Panik, Verhindern der Ausbrüche aus Gehegen im Freien
generell auch bei anderen Geflügelarten	Kupieren der Schnäbel	Vermindern des Verletzungsrisikos durch Federpicken und durch Kannibalismus
generell auch bei anderen Geflügelarten	Kupieren der Flügel	Blutig und unblutig (d.h. nur Schwungfedern): Vermindern des Risikos bei Panikausbrüchen, Verhindern der Ausbrüche aus Gehegen im Freien

und Kannibalismus angefangen haben, sind im Adultalter kaum mehr davon abzubringen. Einen großen Einfluß auf das Verhindern des Federpickens während der Aufzucht haben anscheinend ein zum Staubbaden und Futtersuchen geeignetes Substrat, der Zuchtlinie angepaßte Beleuchtungsprogramme und das Vorhandensein von erhöhten Sitzstangen.

Besondere Maßnahmen, Eingriffe und Handlungen an den Tieren

In der Nutztierhaltung ist es allgemein üblich, aber unter Tierschutzaspekten sehr unterschiedlich zu bewerten, daß einzelne Körperteile der Tiere zur „Vereinfachung" der Haltung entfernt werden. Auch beim Geflügel werden die

Abb. 7 Schlecht kupierte Junghenne (langer Unterschnabel) und durch die Nase montierte „Brille" gegen Federpicken und Kannibalismus (Fotos: Frau Dr. R. Morgenstern, Tierspital Bern).

unterschiedlichsten Kupierungen vorgenommen. In der Tabelle 6 werden für die einzelnen Geflügelarten die Körperteile genannt, die den Tieren entfernt werden und die Begründungen der Praxis für diese Maßnahmen angeführt.

Doch nicht nur Kupierungen (Abb.7) sind üblich; es lassen sich noch weitere Maßnahmen ausführen (Tabelle 7), die aus Tierschutzüberlegungen zu kritisieren sind.

Diese Manipulationen sind weltweit, d.h. auch in Europa, üblich. Nur in einzelnen Ländern sind gewisse davon verboten oder durch spezielle Regelungen eingeschränkt. So ist beispielsweise das Schnabelkupieren in Schweden verboten, sicher auch, weil das Kürzen dieses reich innervierten Tastorgans den Tieren Schmerzen bereitet und vermutet wird, daß auch später Phantomschmerzen auftreten (Desserich et al., 1984; Kösters und Korbel, 1988). In der Praxis werden verschiedene Methoden angewendet (Kupieren des Oberschnabels durch Laserstrahl, Kürzen der beiden Schnabelhälften mit dem heißen Messer, Kürzen der Schnabelspitze ohne Verletzung des lebenden Gewebes, Touchieren). Umstritten ist der günstigste Zeitpunkt für diese Manipulation. Kupieren in den ersten Lebenstagen wird als für die Tiere weniger belastend beurteilt und ist vor allem einfacher durchzuführen, als wenn subadulte Hennen eingefangen und manipuliert werden müssen, die kurz vor dem Beginn der Legephase sind.

Die *Zwangsmauser* selber ist in der Schweiz und in Deutschland zugelassen, aber nur unter der Bedingung, daß z.B. das Wasser nicht vollständig entzogen wird. Dies ist sicher ein Hinweis, wie radikal die Methoden sein können, um eine Zwangsmauser einzuleiten. Daß die Tiere dadurch länger genutzt werden können und sie durch die Mauser zu

Tab. 7 Weitere Manipulationen am Geflügel

Tiere	Manipulation	Begründung
Legehennen, Fasane, Perlhühner usw.	Montieren von Antipick-Geräten wie Brillen, Schnabelringen, Augenlinsen	Gegen Federpicken, Kannibalismus und Eierfressen
Enten, Gänse	Stopfen	Herstellen von Stopfleber
Legehennen	Zwangsmauser	Verlängerung der Nutzungsdauer

Tab. 8 Auswahl der Rechtsvorschriften und Empfehlungen zur Haltung von Geflügel (Europarat, Europäische Union, deutschsprachige Länder Europas; z.T. nicht im Literaturverzeichnis)

Europarat	Europäisches Übereinkommen vom 10. März 1976 zum Schutz von Tieren in landwirtschaftlichen Tierhaltungen Empfehlungen für das Halten von Haushühnern (1995; Ersatz der Empfehlungen von 1986 für das Halten von Legehennen)
Europäische Union	Richtlinie 88/166/EWG vom 7. März 1988 zur Festsetzung von Mindestanforderungen zum Schutz von Legehennen in Käfigbatteriehaltung Verordnung (EWG) Nr. 1274/91 der Kommission vom 15. März 1991 mit Durchführungsvorschriften für die Verordnung (EWG) Nr. 1907/90 des Rates über bestimmte Vermarktungsnormen für Eier, zuletzt geändert durch Verordnung (EWG) Nr. 2221/92 der Kommission Verordnung (EWG) Nr. 1538/91 der Kommission vom 5. Juni 1991 mit ausführlichen Durchführungsvorschriften zur Verordnung (EWG) Nr. 1906/90 des Rates über bestimmte Vermarktungsnormen für Geflügelfleisch, zuletzt geändert durch Verordnung (EWG) Nr. 1980/92
Deutschland	Tierschutzgesetz (Bekanntmachung der Neufassung des Tierschutzgesetzes vom 17.Februar 1993) Verordnung zum Schutz von Legehennen bei Käfighaltung vom 10. Dezember 1987 Beispiel für Kompetenz Landesbehörden: Besatzdichte bei Mast, aufgrund §§ 2 und 16a Tierschutzgesetz.
Fürstentum Liechtenstein	Tierschutzgesetz vom 20. Dezember 1988; Verordnung vom 12. Juni 1990 zum Tierschutzgesetz; entsprechend Tierschutzgesetz und Verordnung der Schweiz
Österreich	Landestierschutzgesetze Vereinbarung über den Schutz von Nutztieren in der Landwirtschaft vom 1. August 1995 u.a. geplant: Verbot Käfighaltung bei Geflügel
Schweiz	Tierschutzgesetz (Bundesgesetz vom 9. März 1978; Revision: 1991) Tierschutzverordnung (27. Mai 1981; Revision 1991, 1997)

einer Leistungspause kommen, kann sicher als positiver Effekt einer solchen Mauser bewertet werden. Das Stopfen der Enten und Gänse ist in der Schweiz nicht ausdrücklich in den Gesetzestexten geregelt, aber durch deren Auslegung verboten, während in Deutschland im § 3 Absatz 9 des Tierschutzgesetzes und in den meisten Bundesländern Österreichs das zwangsweise Einverleiben von Futter, sofern dies nicht aus gesundheitlichen Gründen erforderlich ist, verboten wird.

Internationale und nationale Tierschutzgesetzgebungen

Rechtsvorschriften und Empfehlungen zur Geflügelhaltung auf internationaler Ebene wurden einerseits von der EU und andererseits vom Europarat erlassen. Daneben findet man im deutschsprachigen Europa Tierschutzgesetze und Verordnungen auf nationaler, Bundesländerebene (A, D) und auf kantonaler Ebene (CH). Wichtige Bestimmungen sind in den in der Tabelle 8 genannten Texten zu finden.

Puten

Truthühner stammen aus Mexiko und dem Südwesten der USA, wo sie ursprünglich von verschiedenen Indianerkulturen domestiziert wurden. Archäologische Untersuchungen datieren dies bis auf etwa 500 Jahre v. Chr. (s. Tabelle 3) zurück. Das Habitat dieser Vögel sind Steppen, Waldränder und lichte Wälder. Sie nisten am Boden und wählen ihre

Abb. 8 Offenfrontstall mit 7800 Puten. (Foto: H. Hirt, PSZ)

Schlafplätze auf den Bäumen. Die Nahrung – Beeren, Samen, Eicheln, Knospen, Blätter, Gräser und Insekten – finden sie auf Bäumen, Sträuchern und am Boden. Sie bilden große, geschlechtergetrennte Verbände und mischen sich nur zur Paarungszeit. Sie legen weite Strecken zu Fuß zurück, sind aber auch gute Flieger (Ritter, 1989; Gigas, 1987).

Nach Europa gelangten die ersten Truthühner möglicherweise schon durch Kolumbus. Wahrscheinlicher ist jedoch, daß dies vor allem in der Zeit der Eroberung Mexikos (um 1519–1521) geschah. Deshalb sollen alle später in Europa domestizierten Truthühner ursprünglich von der mexikanischen Unterart **Meleagris gallopavo gallopavo** (s. Tabelle 2) abstammen (Tüller, 1984).

Seit der frühen Domestikation durch die Indianer hat eine enorme Entwicklung von einem wilden Truthuhn über verschiedene Rassen und Hybriden zu den heutigen Mastputen stattgefunden.

Tab. 9 Körpergewichte bei Puten (Wildform und Masttyp)

Gewichte	Hennen	Hähne
Wildform	erwachsen 4 kg	erwachsen 7 kg
B.U.T. Big 6	20 Wochen 11,97 kg	24 Wochen 21,44 kg

In der Tabelle 9 werden die Gewichte der Wildform mit denjenigen der B.U.T.-Big-6-Puten, einem häufig genutzten Masthybrid, verglichen.

Die europäische Produktion erfolgt hauptsächlich in Frankreich, Italien und in Großbritannien. Deutschland, Österreich und die Schweiz haben vergleichsweise dazu kleinere Herden und insgesamt deutlich weniger Tiere. Für die Aufzucht und die anschließende Ausmast werden die Tiere in der Regel nach Geschlechtern getrennt. Die Haltung der meist schnabelkupierten Puten erfolgt bei Dauerlicht (23–24 Stunden pro Tag) in Dunkel- oder Offenfrontställen auf Einstreu in Herden mit Zehntausenden von Tieren (Abb.8). Die Mast erfolgt in der Regel bei sehr hohen Besatzdichten von 40–60 kg/m². Für die Mast im Freiland werden leichtere Typen eingesetzt. In der Schweiz werden Mastputen erst seit etwa 1988 in Hallen oder Offenfrontställen mit wenigen Hundert bis maximal 2200 Puten pro Umtrieb während 15 bis 20 Wochen gehalten. Als Besatzdichte sind 32 kg/m² für die ersten sechs Wochen und 36,5 kg/m² für die Ausmast zulässig. Im weiteren gelten in der Schweiz die folgenden Anforderungen (Tabelle 10).

Ab 1988 wurden vom Bundesamt für

Tab. 10 Mindestanforderungen an die Putenhaltung (August 1987)

Beleuchtung:	Tageslicht (wenn möglich), im Minimum 5 Lux
Fütterung:	praxisüblich
Tränken:	praxisüblich
Besatzdichte:	bis 6 Wochen 32 kg/m², Ausmast 36,5 kg/m²
Sitzstangen:	versuchsweise
Kupieren:	nur so stark, daß die Tiere noch normal fressen können. Nur zum Verhüten oder Vermindern von Federpicken/ Kannibalismus.

Veterinärwesen Aufträge zum Erforschen des Normalverhaltens von Puten sowie des Verhaltens von Hochleistungsmastputen in seminatürlicher und intensiver Haltungsumgebung erteilt. Dabei wurde u.a. festgestellt (Bircher et al., 1996; Bircher und Schlup, 1991a, b, c; Hirt, 1994, 1996; Hirt et al., 1996; Reinmann et al., 1995; Ritter, 1989; Schlup et al., 1991; Wyss, 1992):

- Das Verhalten von Landrassen wie auch von Masthybriden ist vergleichbar und stimmt mit dem Verhalten der Wildputen, soweit die domestizierten Tiere dazu körperlich in der Lage sind, überein (Abb.9). Mastputen sind aber beispielsweise am Ende der Mast nicht mehr in der Lage, alle Körperstellen mit dem Schnabel zu putzen.
- Sitzstangen werden zum Übernachten aufgesucht, wenn diese leicht zu erreichen, zu begehen und auch leicht zu verlassen sind.
- Federpicken mit anschließendem Kannibalismus tritt unter verschiedenen Haltungsbedingungen und bei verschiedenen Hybriden auf.
- Kopfverletzungen aufgrund von Auseinandersetzungen mit anschließendem Kannibalismus treten vor allem bei Hähnen der schweren Masthybriden auf.

Abb. 9 10 Wochen alte, im trockenen Erdreich staubbadende Puten.
(Foto: P. Schlup, Ethologische Station Hasli)

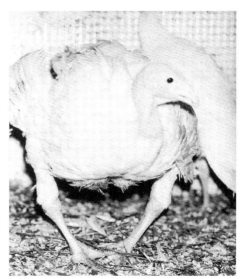

Abb. 10 O-Bein-Stellung in der 13. Lebenswoche, dieses Tier kann nicht mehr normal gehen. (Foto: H. Hirt, PSZ)

- 85–97% aller Tiere haben bei Mastende keine normale Beinstellung und keine normale Fortbewegung mehr (Abb.10).
- Bei ebenso vielen Tieren sind dann im Bereich des Kniegelenks massive Störungen bei der Knochenentwicklung festzustellen (tibiale Dyschondroplasie).

– Bis 9% der Tiere können zu diesem Zeitpunkt kaum oder gar nicht mehr gehen und stehen.
– Durch die massive Vergrößerung der Brustmuskulatur (doppeltes Gewicht) werden der Körperschwerpunkt nach vorne-unten verschoben und die Oberschenkel nach außen gedrückt. Dadurch werden vor allem die Kniegelenke in eine falsche Stellung gebracht und dadurch unphysiologisch belastet.

Diese Ergebnisse werden in der Praxis wenig zur Kenntnis genommen. In der Schweiz aber haben die Putenmastorganisationen – wenn auch vorerst etwas zaghaft – in der Zwischenzeit einiges zur Verbesserung der Situation getan:
– *Das gemeinsame Ziel in der Schweiz ist eine Putenhaltung in einem strukturierten Tageslichtstall mit unkupierten Tieren, die sich normal verhalten können.*

Hierzu wurden die folgenden Maßnahmen getroffen:
– *Tageslicht in den Ställen;*
– *Verzicht auf Schnabelkupieren, was in Tageslichtställen zu Problemen führen kann;*
– *Einbau von Abteilen, in die verletzte Tiere abgesondert werden können;*
– *Einbau erhöhter Sitzmöglichkeiten;*
– *Zurverfügungstellen von Unterschlupfmöglichkeiten;*
– *Zurverfügungstellen von Beschäftigungsmöglichkeiten;*
– *„Wintergarten" oder „Außenklimabereich" mit Sandbademöglichkeit* (Abb.11);
– *Suche nach besser geeigneten Hybriden.*

Die Haltung von Mastputen in der Schweiz und auch anderswo kann und soll verbessert werden. Die Hauptanstrengungen müssen u.E. aber im Hinblick auf Veränderungen und Verbesserungen in der Zucht der Tiere erfolgen. Dies ist ein Vorhaben, das Landesgrenzen sprengt. Produktion, Konsumentinnen und Konsumenten müssen gemeinsam und auch mit der Unterstützung z.B. des Europarates – die Schweiz hat dort ihre Vorstellungen zu einer tiergerechten Putenhaltung als Entwurf eingebracht – zu erreichen versuchen, daß die wenigen Zuchtorganisationen, die auf dem internationalen Markt tätig sind, das Problem ernst nehmen und ihre Zuchtziele entsprechend anpassen. Dabei werden sie von ihren Vorstellungen, es gäbe keine Grenzen bei den Leistungen, die diese Puten erbringen sollen, wegkommen müssen.

Zusätzliche Informationen zur Putenhaltung lassen sich beispielsweise im „Report on the Welfare of Turkeys" (1995) des Farm Animal Welfare Council, in „Putenmast" von Feldhaus und Sieverding (1995) sowie in „Putenkrankheiten" von Hafez und Jodas (1997) finden.

Abb. 11 Mastputenhaltung mit eingestreutem Wintergarten („Außenklimabereich").
(Foto: PSZ)

Weitere Angaben zu verschiedenen Geflügelarten

Da es im Rahmen dieses Kapitels nicht möglich ist, alle Geflügelarten in der notwendigen Differenzierung zu bearbeiten, sollen an dieser Stelle einige Angaben zu weiterführender Literatur erfolgen, wobei in diesen Werken der Tierschutzaspekt nicht unbedingt im Vordergrund zu stehen braucht.

Allgemein zur Geflügelhaltung: Hier können beispielsweise das Buch „Geflügel" von Scholtyssek mit verschiedenen Autoren und Autorinnen, das bei Ulmer (Stuttgart 1987) erschienen ist, oder die Empfehlungen des Europarates und die Richtlinien der EU zur Geflügelhaltung genannt werden.

Legehennen: Wichtige allgemeine Informationen zur Haltung von Legehennen lassen sich den Merkblättern zur Geflügelhaltung der Schweizerischen Geflügelzuchtschule, CH-3052 Zollikofen, entnehmen. Diese in einem Ordner gesammelten Merkblätter werden periodisch überarbeitet. Eine wertvolle Zusammenstellung stellt auch der Bericht „Report on the Welfare of Laying Hens Kept in Different Production Systems" (1993) des Scientific Veterinary Committee (Animal Welfare Section) der Kommissionen der EU dar.

Broiler: Informationen lassen sich beispielsweise im „Report on the Welfare of Broiler Chickens" (1992) des Farm Animal Welfare Council finden.

Hausgans und Hausente: Vor allem auch im Hinblick auf das ausgedehnte Literaturverzeichnis bietet die Diplomarbeit von Maike Horst: „Derzeit angewandte Haltungssysteme von Hausgans und Hausente unter besonderer Berücksichtigung ihrer Tiergerechtheit" (1992) eine Vielzahl von Informationen.

Wachteln: Einen guten Einstieg in das Thema Wachteln ermöglicht die von Schmid (1994) verfaßte „Literaturarbeit zu Verhalten und Haltung der Japanwachtel".

Literatur

Agro*ToP* Ltd. (1991): AGROTOY Environmental Enrichment. Use and Advantages for the Poultry Farmer. Agro*ToP* Ltd., P.O.B. 2268 , 76120 Rehovot, Israel.

Al-Rawi, B., and Craig, J.V. (1975): Agonistic behaviour of caged chickens related to group size and area per bird. Appl. Anim. Ethol. 2, 69–80.

Appleby, M.C. (1985): Developmental aspects of nest-site selection. In: Wegner, R.-M. (Ed.), Proceedings of the 2nd Europ. Symp. on Poultry Welfare, Celle, 138–143.

Baxter, M.R. (1989): Philosophical problems underlying the concept of welfare. In: Faure, J.M., and Mills, A.D. (Eds.), Proceedings of 3rd Europ. Symp. on Poultry Welfare, Tours, 59–66.

Bircher, L., Hirt, H., und Oester, H. (1996): Sitzstangen in der Mastputenhaltung. In: Aktuelle Arbeiten zur artgemäßen Tierhaltung 1995. KTBL-Schrift 373, 169–177.

Bircher, L., und Schlup, P. (1991a): Das Verhalten von Truten eines Bauernschlages unter naturnahen Haltungsbedingungen (Teil 1). Schlußbericht z.Hd. des Bundesamtes für Veterinärwesen (BVET).

Bircher, L., und Schlup, P. (1991b): Ethologische Indikatoren zur Beurteilung der Tiergerechtheit von Trutenmastsystemen (Teil 2). Schlußbericht z.Hd. des BVET.

Bircher, L., und Schlup, P. (1991c): Anforderungskatalog an eine tiergerechte Masttrutenhaltung (Teil 3). Schlußbericht z.Hd. des BVET.

Blokhuis, H. J. (1989): The development and causation of feather pecking in the domestic fowl. PhD Thesis Agricultural University, Wageningen.

Bundesamt für Veterinärwesen (1986): Stallklimawerte und ihre Messung in Nutztierhaltungen. Information Tierschutz, 800.106.01, Bundesamt für Veterinärwesen, CH-3097 Liebefeld-Bern.

Bundesamt für Veterinärwesen (1994): Richtlinien betreffend Käfigabmessungen und -einrichtungen für die Haltung von Haushühnern zu Versuchszwecken. Information Tierschutz, 800.116-2.04, Bundesamt für Veterinärwesen, CH-3097 Liebefeld-Bern.

Bundesamt für Veterinärwesen (1995): Kurzbeschreibungen der in der Schweiz verfügbaren, serienmässig hergestellten Haltungssysteme für Legehennen. Information Tierschutz, 800.107.04, Bundesamt für Veterinärwesen, CH-3097 Liebefeld-Bern.

Dawkins, M. S. (1983): Cage size and flooring preferences in litter-reared and cage-reared hens. Br. Poult. Sci., 24, 177–182.

Dawkins, M.S., and Hardie, S. (1989): Space needs of laying hens. Br. Poult. Sci., 30, 413–416.

Desserich, M., Fölsch, D.W., und Ziswiler, V. (1984): Das Schnabelkoupieren bei Hühnern. Ein Eingriff im innervierten Bereich. Tierärztl. Prax. 12, 191–202.

Duncan, L. J. H., Savory, C. J., and Wood-Gush, D. G. M. (1978): Observations on the reproductive behaviour of domestic fowl in the wild. Appl. Anim. Ethol. 4, 29–42.

Elson, H.A. (1989): Improvement in alternative systems of egg production. 3rd European Symp. on Poultry Welfare, Tours (Eds. J.M. Faure and A. Mills). French Branch of WPSA.

Farm Animal Welfare Council (1987): An assessment of egg production systems. FAWC, Tolworth, Surbiton, Surrey KT6 7NF, UK.

Farm Animal Welfare Council (1992): Report on the Welfare of Broiler Chickens. FAWC, Tolworth, Surrey KT6 7NF, UK.

Farm Animal Welfare Council (1995): Report on the Welfare of Turkeys. FAWC, Tolworth, Surrey KT6 7NF, UK.

Feldhaus, L., und Sieverding E. (1995): Putenmast. Eugen Ulmer, Stuttgart.

Fölsch, D. W., Müller, A., und Dolf, Ch. (1986): Die Bedeutung der Einstreu für Hühner in den Funktionsbereichen der Nahrungsaufnahme und Körperpflege. In: Aktuelle Arbeiten zur artgerechten Tierhaltung 1985. Darmstadt, KTBL-Schrift 311, 168–176.

Fölsch, D. W., Rist, M., Munz, G., und Teygeler, H. (1983): Entwicklung eines tiergerechten Legehennen-Haltungssystems: Die Volièrenhaltung. Landtechnik 6, 255–257.

Fölsch, D. W., und Vestergaard, K. (1981): Das Verhalten von Hühnern. Tierhaltung Band 12, Birkhäuser Verlag, Basel.

Fraser, A. F., and Broom, D. M. (1990): Farm animal behaviour and welfare. Third edition, Baillière Tindall, London.

Fröhlich, E. (1983): Zum Einfluß der Aufzuchtbedingungen auf das Verhalten von Hennen. In: Aktuelle Arbeiten zur artgerechten Tierhaltung 1982. Darmstadt, KTBL-Schrift 291, 56–68.

Fröhlich, E. (1990): Die Bedeutung der Aufzuchtbedingungen für die Verhaltensentwicklung und die Selbsterhaltung der Legehennen. Proceedings der 8. Tagung der Internationalen Gesellschaft für Nutztierhaltung (IGN) vom 22.–24. 2. 1990 in Schlierbach (A).

Fröhlich, E. K. F. (1991): Zur Bedeutung erhöhter Sitzstangen und räumlicher Enge während der Aufzucht von Legehennen. In: Aktuelle Arbeiten zur artgemäßen Tierhaltung 1990. Darmstadt, KTBL-Schrift 344, 36–46.

Fröhlich, E. K. F., und Oester, H. (1989): Die Anwendung ethologischer Erkenntnisse bei der Prüfung der Tiergerechtheit von Stalleinrichtungen und Haltungssystemen für Legehennen. In: Aktuelle Arbeiten zur artgemäßen Tierhaltung 1988. Darmstadt, KTBL-Schrift 336, 273–284.

Gigas, H. (1987): Puten. Verlag J. Neumann-Neudamm, Melsungen.

Gozzoli, L. (1986): Die Haltung von Legehennen in der Auslauf-, Boden- und Gitterrosthaltung. Eine vergleichende Beurteilung anhand von Untersuchungsdaten aus 33 Hühnerherden in Praxisbetrieben. Diss., ETH Zürich.

Hafez, H.M., und Jodas, S. (1997): Putenkrankheiten. Ferdinand Enke Verag, Stuttgart.

Heider, G., und Monreal, G. (Hrsg.) (1992): Krankheiten des Wirtschaftsgeflügels. Gustav Fischer Verlag, Jena – Stuttgart.

Hirt, H. (1994): Abklärung der Probleme betreffend Beinschwächen in der Praxis. Zwischenbericht z.Hd. des Bundesamtes für Veterinärwesen.

Hirt, H. (1996): Beinschwächen bei Mastputen. Bericht z.Hd. des Bundesamtes für Veterinärwesen.

Hirt, H., Fröhlich, E., und Oester, H. (1996): Beinschwächen bei Mastputen. KTBL-Schrift 373, 178, 188.

Horst, M. (1992): Derzeit angewandte Haltungssysteme von Hausgans und Hausente unter besonderer Berücksichtigung ihrer Tiergerechtheit. Diplomarbeit, Fachbereich Agrarwissenschaften der Universität Göttingen.

Huber, H.-U. (1987): Untersuchungen zum Einfluß von Tages- und Kunstlicht auf das Verhalten von Hühnern. Diss., ETH Zürich, Nr. 8341.

Huber, H.-U., Fölsch, D. W., and Stähli, U.

(1985): Influence of various nesting materials on nest site selection of the domestic hens. Brit. Poultr. Sci. 26, 367–373.

Kösters, J., und Korbel, R. (1988): Zur Frage des Schnabelkürzens beim Geflügel. Tierärztliche Umschau 43, 689–694.

Kruijt, J.P. (1964): Ontogeny of social behaviour in Burmese red jungle fowls. Behaviour Suppl. 12.

Lagadic, H. (1989): Defining the domestic hen's requirement for space: do operant conditioning techniques and physiological measures of stress agree? In: Faure, J.M., and Mills, A.D. (Eds.), Proceedings of 3rd European Symposium on Poultry Welfare, Tours, 67–77.

Liere, D. W. van (1992): The significance of fowls' bathing in dust. Animal Welfare 1, 187–202.

Lüscher, U. A., Hurnik, J. F., und Pos, J. (1982): New cage design for laying hens (research note). Poult. Sci. 61, 606–607.

Martin, G. (1975): Über Verhaltensstörungen bei Legehennen im Käfig. Angewandte Ornithologie 4, 4, 147–176.

Matter, F., and Oester, H. (1989): Hygienic and welfare consequences of alternative systems: Hygiene and welfare implications of alternative husbandry systems. 3rd European Symp. on Poultry Welfare, Tours (Eds.: J.M. Faure and A. Mills). French Branch of WPSA.

Matter, F,. und Oester, H. (1995): Einfluß verschiedener Lichtprogramme auf Kondition und Verhalten von Masthühnern. Schweiz. Arch. Tierheilk. 137, 141–148.

Mench, J. A. (1993): Problems Assiociated with Broiler Breeder Management. In: Savory, C. J., and Hughes, B. O. (Eds.), Proceedings of the Fourth European Symposium on Poultry Welfare, Edinburgh.

Nuboer, J.F.W., Coemans, M.A.J.M., and Vos, J.J. (1992): Artificial lighting in poultry houses: Do hens perceive the modulation of fluorescent lamps as flicker?. British Poultry Science 33, 123–133.

Oester, H. (1994): Sitzstangenformen und ihr Einfluß auf die Entstehung von Fußballengeschwüren bei Legehennen. Arch. Geflügelk., 58 (5), 231–238.

Oester, H. (1985): Die Beurteilung der Tiergerechtheit des Get-Away-Haltungssystems der Schweizerischen Geflügelzuchtschule Zollikofen für Legehennen. Diss., Univ. Bern.

Oester, H., and Fröhlich, E. (1988): New housing system for laying hens in Switzerland. In: Ekesbo, I. (Ed.), Proceedings of the 6th Intern. Congress on Animal Health, Skara, 709–712.

Oester, H., und Fröhlich, E. (1989): Alternative housing systems in Switzerland. In: Kruit, A. R., Ehlhardt, D. A., und Blokhuis, H. J. (Eds.), Alternative improved housing systems for poultry. Office for official publications of the European Communities, Luxemburg, 50–58.

Reinmann, M., Tlach-Schlegel, R., und Gasmann-Langmoen, A.B. (1995): Beinprobleme („Leg disorders") bei Masttruten. Zwischenbericht z.Hd. des Bundesamtes für Veterinärwesen.

Ritter, E. (1989): Intensive Masthaltung von Truthühnern unter besonderer Beachtung Schweizerischer Verhältnisse und der Tiergerechtheitsproblematik. Schlußbericht z.Hd. des BVET

Schlup, P., Bircher, L., und Stauffacher, M. (1991): Auswirkungen von Zucht und Haltung auf die Entwicklung des Fortbewegungsverhaltens von Hochleistungsmasttruten (Meleagris gallopavo ssp.). KTBL-Schrift 344, 47–58.

Schjelderup-Ebbe, T. (1922): Beiträge zur Sozialpsychologie des Haushuhnes. Z. Tierpsychol. 88, 255–252.

Schmid, I. (1994): Literaturarbeit zu Verhalten und Haltung der Japanwachtel. Ethologische Station Hasli der Universität Bern, Wohlenstrasse 50a, CH-3032 Hinterkappelen.

Scholtyssek, S. (1987): Geflügel. Unter Mitarbeit von M. Grashorn, H. Vogt, R.M. Wegner. Tierzuchtbücherei. Eugen Ulmer, Stuttgart.

Schweizerische Geflügelzuchtschule: Merkblätter zur Geflügelhaltung. Im Abonnement. Burgerweg 22, CH-3052 Zollikofen.

Scientific Veterinary Committee(Animal Welfare Section) Commission of the EU (1993): Report on the Welfare of Laying Hens Kept in Different Production Systems, 126.

Sherwin, C. M., and Nicol, C. J. (1992): Behaviour and production of laying hens in three prototypes of cages incorporating nests. Appl. Anim. Behav. Sci. 35, 41–54.

Standing Committee of the European Convention on the Protection of Animals Kept for Farming Purposes (T-AP) (1993): Draft Recommendation Concerning Domestic Fowl (Gallus gallus).

Stauffacher, M. (1991): Verhaltensontogenese und Verhaltensstörungen. In: Aktuelle Arbeiten zur artgemäßen Tierhaltung 1990. Darmstadt, KTBL-Schrift 344, 9–23.

Tauson, R. (1988): Plumage condition in SCWL

laying hens kept in conventional cages of different designs. Acta Agric. Scand. 34, 221–230.

Tauson, R., und Abrahamsson, P. (1994): Foot and Skeletal Disorders in Laying Hens. Acta. Agric. Scand., Sect. A, Animal Sci. 44, 110–119.

Tierschutzgesetz (Deutschland) (1993): Neufassung des Tierschutzgesetzes vom 17. Februar 1993. Bundesgesetzblatt, Teil 1, Z 5702 A, Nr. 7.

Tierschutzgesetz (Schweiz) (1978): Eidg. Drucksachen- und Materialzentrale, CH-3000 Bern.

Tierschutzverordnung (Schweiz) (1981): Eidg. Drucksachen- und Materialzentrale, CH-3000 Bern.

Tschanz, B. (1985): Normalverhalten bei Wild- und Haustieren. In: Aktuelle Arbeiten zur artgemäßen Tierhaltung 1984. Darmstadt, KTBL-Schrift 307, 82–95.

Tüller, R. (1984): Truthühner. Verlag Oertel & Spörer, Reutlingen.

Vestergaard, K. (1989): Environmental influences on the development of behaviour and their relation to welfare. In: Faure, J.M., and Mills, A.D. (Eds.), Proceedings of 3rd European Symposium on Poultry Welfare, Tours, 109–122.

Vestergaard, K., Kruijt, J. P., and Hogan, J. A. (1993): Feather Pecking and Chronic Fear in Groups of Red Junglefowl: Their relations to dustbathing, rearing environment and Social Status. Anim. Behav. 45, 1127–1140.

Wechsler, B. (1990): Verhaltensstörungen als Indikatoren einer Überforderung der evoluierten Verhaltenssteuerung. In: Aktuelle Arbeiten zur artgerechten Tierhaltung 1989. Darmstadt, KTBL-Schrift 342, 31–39.

Wegner, R. M. (1985): Alternative housing systems in West-Germany. In: Kruit, A.R., Ehlhardt, D.A., and Blokhuis, H.J. (Eds.), Alternative improved housing systems for poultry. Office for official publications of the European Communities, Luxemburg, 29–40.

Wiedmer, H. (1994): Mastleistung an der Schweizerischen Geflügelzuchtschule. Mündliche Mitteilung.

Wood-Gush, D. G. M. (1971): The behaviour of the domestic fowl. Heinemann, London.

Wyss, C. (1992): Trutenhaltung in der Schweiz. Schlußbericht z.Hd. des BVET.

Strauße

H. H. SAMBRAUS

Die Strauße gehören zur zoologischen Ordnung der Flachbrustvögel (Struthioniformes). Drei Arten werden landwirtschaftlich genutzt: **Afrikanischer Strauß** (*Struthio camelus*), **Nandu** oder **Pampasstrauß** (*Rhea americana*) sowie **Emu** (*Dromaius novaehollandiae*). Die in Mitteleuropa weitaus am meisten gehaltene Art ist der Afrikanische Strauß, gleichzeitig die größte Art. Nandu und Emu sind deutlich kleiner. Diese besitzen drei Zehen, wohingegen der Afrikanische Strauß nur zwei hat. Während Nandus und Emus ein graubraunes Gefieder tragen, hat das Männchen des Afrikanischen Straußes schwarze und weiße Federn. Obwohl die drei Arten nur weitläufig miteinander verwandt sind, ähneln sie einander in Aussehen und Lebensweise. Die nachstehenden Ausführungen gelten vor allem für den Afrikanischen Strauß.

Der afrikanische Strauß ist die größte lebende Vogelart. Die Männchen erreichen ein Gewicht von 150 kg bei einer Höhe von nahezu 3 m. Weibchen werden bis zu 120 kg schwer und 2 m hoch. Der Afrikanische Strauß kommt in *vier Unterarten* vor: Nordafrikanischer Strauß, Somalistrauß, Massaistrauß und Südafrikanischer Strauß. Diese Unterarten unterscheiden sich in der Färbung von Hals und Beinen sowie in Größe und Gewicht. In Südafrika werden Strauße seit Mitte des 19. Jahrhunderts wegen der Schmuckfedern in Farmen gehalten. Der dort heimische Südafrikanische Strauß wurde zur Verbesserung der Federqualität später mit dem Nordafrikanischen gekreuzt. Da die Tiere über viele Jahrzehnte auf ein Zuchtziel (Federqualität) selektiert werden und von den Wildformen morphologisch abweichen, müssen sie als domestiziert gelten. Welchen Anteil diese Farmstrauße – auf dem Umweg über Namibia – an den in Mitteleuropa gehaltenen Straußen haben, ist unbekannt.

Alle Straußenarten sind **Laufvögel**. Sie leben in Savannen und Halbwüsten. Durch ihre Höhe gelingt es ihnen im allgemeinen, Feinde früh zu erkennen und ihnen durch Laufen zu entkommen. Flügel und Brustmuskulatur sind verkümmert, der Brustbeinkamm ist zurückgebildet (Flachbrustvögel). Die Beine sind lang und kräftig. Strauße besitzen eine ausgeprägte Beinmuskulatur, die ihnen über längere Dauer eine Laufgeschwindigkeit von 50 km/h, über kurze Zeit auch eine Geschwindigkeit bis zu 70 km/h gestattet.

Rumpf und Flügel sind weitgehend befiedert. Während alle Federn des Weibchens graubraun sind, sind die Rumpffedern des geschlechtsreifen Männchens glänzend schwarz, die Schwung- und Schwanzfedern weiß. Da die Federäste und -strahlen nicht wie bei den flugfähigen Vögeln durch Häkchen miteinander verbunden sind, wirkt das Gefieder zerschlissen. Schwingen und Steuerfedern sind zu Schmuckfedern umgewandelt. Die Beine sind federlos, Kopf und Hals sind spärlich mit haar- bzw. flaumartigen, kurzen Federn bedeckt. Strauße besitzen keine Bürzeldrüse (Jost, 1994) und können deshalb auch ihr Gefieder nicht einfetten.

Der Strauß hat einen breiten, stumpfen Schnabel. Ein Kropf fehlt ihm. Der Magen läßt sich in drei Abschnitte unterteilen. Der Darm ist bis zu 14 m lang; besonders lang ist der Enddarm. Die Harnleiter münden in eine Aussackung des Enddarms, das Urodaeum. Dort wird der Harn gesammelt und getrennt vom Kot ausgeschieden. Der Hahn besitzt einen Penis von ungefähr 20 cm Länge. Bei der Paarung wird der Penis in die Kloake der Henne eingeführt. In einer Längsrinne des Penis wird das Sperma in das weibliche Genitale geleitet.

Strauße sind **soziallebende Vögel**; ein Hahn kann mehrere Hennen besitzen. Gewöhnlich lebt er mit einer Haupthenne und zwei Nebenhennen zusammen (Sauer und Sauer, 1968); es können jedoch auch sehr viel mehr Hennen sein. In Sozialverbänden von Straußen können auch mehrere Hähne leben; in großen Gehegen haben viele Hähne ein eigenes Territorium mit mehreren Hennen. In diesem Territorium lebt meist ein Beihahn, der vom Haupthahn toleriert wird und gelegentlich Hennen tritt. Weitere Hähne werden im Territorium bedingt geduldet. Sie müssen dem Haupthahn ausweichen und werden zuweilen aggressiv von diesem verfolgt. Sind in einem Gehege nicht genügend Futterplätze und Tränken, dann sind Tiere des Bestandes gezwungen, zum Fressen und Trinken fremde Territorien aufzusuchen. Sie müssen dann stets damit rechnen, vom heimischen Hahn verfolgt zu werden. Zum Schutz der rangtiefen und fremden Tiere ist es erforderlich, Sichtblenden anzubringen. Da das Anpflanzen von Büschen ernährungsphysiologisch bedenklich ist, wählt man am besten Bretterwände oder plastikbespannte Rahmen.

Zwischen den Hennen geschehen die meisten Auseinandersetzungen am Futterplatz. Meistens drohen sich die Tiere mit gespreizten Flügeln und geöffnetem Schnabel lediglich an. Die meisten Aggressionen überschreiten jedoch nie ein hinnehmbares Maß, und nur selten kommt es zu geringfügigen Verletzungen. In Namibia hat es sich bewährt, in Brutgehegen „Familien" von jeweils sechs Hennen und vier Hähnen zu halten (Jost, 1994). Die Hennen dulden einander. Sie legen ihre Eier in ein gemeinsames Nest. Das Gelege wird abwechselnd vom Hahn (nachts) und der Haupthenne (tagsüber) bebrütet. Die Jungen schlüpfen nach einer Brutzeit von ungefähr 42 Tagen. Die Küken verfügen nicht wie andere Vögel über einen Eizahn am Oberschnabel. Das Ei wird durch Druck mit dem Nacken und den Zehen aufgestemmt. Der Schlupf zieht sich nicht selten über 24 Stunden hin. Das Führen der Jungen übernehmen beide Eltern, oft jedoch auch der Hahn allein. Dieser ist jetzt aggressiv und wehrhaft, so daß er oft Raubtiere mit Erfolg vertreibt.

In Gefangenschaft werden Strauße künstlich erbrütet. Vor Beginn des Brutvorganges werden die Eier üblicherweise zur Desinfektion mit Formaldehyd begast. Wenige Tage vor dem Schlupf kommen die Eier aus dem Vorbrüter in den Schlupfbrüter. Die Unterhaut der Küken ist stark ödematös. Hier ist ein Wasservorrat gespeichert, der den Tieren die ersten Tage ohne Trinkwasser das Überleben ermöglicht. Ihnen wird bei Gefangenschaftshaltung dennoch vom ersten Tag an Wasser und auch Futter angeboten.

Strauße sind **tagaktiv**; während der Nacht ruhen sie. Sie legen sich bei Eintritt der Dunkelheit hin und stehen nur gelegentlich zum Harnen und Koten auf.

Lediglich in Vollmondnächten kann es vorkommen, daß Strauße vorübergehend umhergehen und nach Futter suchen.

Während des Tages ruhen gefütterte Strauße, die also keine Zeit mit der Futtersuche verbringen müssen, vor allem mittags und am Nachmittag. Sie legen sich auf den Boden, so daß das Brustbein der Erde aufliegt. Der Kopf wird gewöhnlich senkrecht getragen; nur zuweilen strecken die Tiere ihn lang auf dem Boden aus. Zumindest ein Teil des Bodens von Auslauf und Stall muß deshalb so beschaffen sein, daß die Tiere weich und trocken liegen können. Kot und harte oder sperrige Gegenstände sind zu entfernen. Als Bodenmaterial für den Liegeplatz sind Sand, Stroh und ähnliche Materialien geeignet.

In freier Natur lebt der Strauß gewöhnlich in nahrungsarmen Gebieten. Als Nahrung kommen, in Abhängigkeit von der Jahreszeit und dem Lebensraum, viele Pflanzenarten in Frage. Dennoch ist der Strauß wählerisch. Er zupft stets nur kleine Pflanzenteile ab oder streift die Blätter von Zweigen. Die aufgenommenen Nahrungspartikel werden zunächst im Schlundkopf gesammelt, bis dieser gefüllt ist. Dann wird der Futterbrocken durch die Peristaltik der Speiseröhre in den Magen befördert. Durch die Futterselektion ist der Strauß ungefähr zwei Drittel des Tages mit der Futteraufnahme beschäftigt. Er hat eine Vorliebe für calcium- und salzreiche Pflanzen.

Strauße sind vorwiegend Pflanzenfresser. Sie verschmähen jedoch tierische Kost nicht und sind fähig, diese zu verdauen. Zu ihrer Nahrung gehören Insekten, aber auch Kleinsäuger, Eidechsen und Schlangen. Früher wurden in Südafrika bei Futterknappheit, insbesondere bei Heuschreckeninvasionen, Insekten gesammelt und roh, gedämpft oder getrocknet als Straußenfutter verwendet (Jost, 1994).

Einen Teil seines Wasserbedarfs kann der Strauß über stark wasserhaltige Nahrungspflanzen (Sukkulenten) decken. Er muß aber trotzdem täglich mindestens einmal trinken. Dies geschieht auch dann, wenn der Weg zur Wasserstelle viele Stunden in Anspruch nimmt.

In Gefangenschaft werden Strauße in Mitteleuropa mit Fertigfutter und Heuhäcksel gefüttert. Da ihnen dieses Futter in Trögen angeboten wird, entfällt die zeitaufwendige Futtersuche. Werden Strauße auf der Weide gehalten, dann fressen sie trotz des Ad-libitum-Angebotes von Fertigfutter langanhaltend Gras und Kräuter. Anders ist es in vegetationslosen Ausläufen. Hier müssen sie ihren Nahrungsbedarf ausschließlich am Trog decken. Sie verbringen dann mit der Futteraufnahme täglich insgesamt nur wenig mehr als zwei Stunden. Dabei werden sie zwar satt, haben aber noch den Drang, sich im Funktionskreis Nahrungsaufnahme zu betätigen. Derartig gehaltene Strauße fressen nahezu alles Erreichbare, vor allem viel Unverdauliches. In Mägen wurden Münzen, Kronkorken und Glasscherben, aber auch Taschenmesser, Blechdosen, Stacheldrahtstücke und vieles mehr gefunden. Manchmal bleiben Gegenstände bereits im Schlund hängen und sind äußerlich erkennbar. Solchen Tieren kann durch einen Eingriff geholfen werden. Fremdkörper im Magen werden in der Regel erst bei der Sektion gefunden. Es ist ein Akt der Sorgfaltspflicht, daß Straußengehege stets freigehalten werden von verschlingbaren, aber unverdaulichen und gesundheitsgefährdenden Objekten.

Bei der **Fütterung** sollte zudem bedacht werden, daß Strauße in freier Natur stets nur kleine Futterpartikel aufnehmen. Bei der Verfütterung von Heu,

Abb. 1 Strauße beim Sandbad. Mit den Flügeln wird der Sand in das Körpergefieder geschleudert.

oder wenn im Gehege bei unzureichender Grundfütterung nur Zweige von Büschen und Bäumen erreichbar sind, kann es zu einer Anschoppung im Magen und dadurch zum Tod der Tiere kommen. Bäume, die als Schattenspender erwünscht sind, sollten so hoch sein, daß die Tiere das Laub nicht erreichen können. Außerhalb des Geheges sollten bei großmaschigem Zaun in weniger als 1,5 m vor der Umzäunung keine Büsche stehen. Eine geringere Entfernung ist für die langhalsigen Strauße kein Hindernis. Aus dem gleichen Grund – Mangel an Vegetation, die in kleinen Portionen aufgenommen werden kann – ist langdauernde Stallhaltung problematisch.

Als einzige Vögel harnen Strauße. Die Harnmenge ist nicht unerheblich; pro Harnvorgang scheiden erwachsene Afrikanische Strauße ca. 1 Liter Harn aus. Um dennoch eine einigermaßen trockene Fläche zu gewährleisten, muß der Boden des Auslaufs aus saugfähigem Material bestehen; der Stallboden muß mit saugfähiger Einstreu bedeckt sein. Befestigte Bodenflächen sollten etwas geneigt sein, damit der Harn abfließen kann.

Durch eine besondere Federstruktur ist das **Gefieder** des Straußes sehr locker und wirkt möglicherweise ungepflegt. Dieser Eindruck trügt; die Tiere verbringen täglich mehr als eine Stunde mit der Gefiederpflege. Dies geschieht vor allem nach der Nachtruhe und am Vormittag. Um die arttypische Lockerheit zu ermöglichen, darf das Gefieder durch die Bodenverhältnisse (Harn, Kot, verschüttetes Trinkwasser) weder feucht noch verklebt sein.

Strauße haben ein ausgeprägtes Bedürfnis, im Sand zu baden (Abb. 1). Sie benötigen dafür tiefgründigen, feinkörnigen Sand. Mit Flügeln und Hals scharren sie im Liegen den Sand in Richtung des Rumpfes. Mit Flügelbewegungen wird er in das lockere Gefieder eingearbeitet. Am häufigsten geschieht das **Sandbaden** am Nachmittag, wenn die höchsten Temperaturen herrschen (Sambraus, 1994).

Sandbaden muß auch unter europäischen Gegebenheiten das ganze Jahr möglich sein. Da die Tiere trockenen Sand benötigen, ist der Sandplatz zu überdachen. Bei der Anlage eines Sandbadeplatzes ist zu berücksichtigen, daß die Strauße auch beim Sandbaden die durch die soziale Rangordnung bedingte Ausweichdistanz einhalten können. Für drei Tiere ist eine Fläche von 6 m² bereitzustellen. Bis zu einer Gruppengröße von zehn Straußen ist pro weiteres Tier eine zusätzliche Fläche von 1 m^2 erforderlich.

Strauße sind vom Körperbau her extreme Lauftiere. Sie können Geschwindigkeiten von 70 km/h erreichen. Das bedeutet jedoch nicht, daß die **Laufneigung** sehr groß ist. Sie laufen nur nach sozialen Auseinandersetzungen oder wenn sie von Freßfeinden bzw. Autos verfolgt werden. Nicht einmal das Gehbedürfnis von Straußen scheint sonderlich groß zu sein. Wenn alle zur Bedürfnisbefriedigung erforderlichen Ressourcen (Futter, Wasser, Sandbad usw.) nahe beieinander liegen, gehen Strauße nur wenig. Meistens liegen oder stehen sie.

Das Besondere ist, daß die Schwelle zur Auslösung der Flucht niedrig ist. Strauße sind schreckhaft; sie **neigen zur Panik**. Scheinbar nichtige Anlässe – Flattern einer Plastikfolie im Wind, plötzliches Erscheinen von (harmlosen) Menschen oder Tieren und ähnliches – können Flucht auslösen. Dabei kommt es innerhalb der Gruppe zu Stimmungsübertragung, und unbeteiligte Tiere schließen sich an.

Bei der Flucht sind Strauße weitgehend unfähig, kontrolliert einen sinnvollen Weg einzuschlagen. Sie laufen zunächst einmal mit hoher Geschwindigkeit von der (vermeintlichen) Gefahrenquelle fort und können dabei in Zäune und andere Objekte geraten. Ein erheblicher Teil aller Verletzungen von gehegehaltenen Straußen, insbesondere Frakturen der Bein- und Flügelknochen, hat hier ihre Ursache. Zäune müssen darum so elastisch sein, daß sie die Wucht des Aufpralls mindern. Zu bedenken ist, daß Strauße auch deshalb in Zäune laufen, weil sie diese nie als etwas Gefährliches kennengelernt haben. Wird an der Innenseite des Zaunes in ca. 1 m Höhe ein Elektrodraht angebracht, dann ist der Zaun für die Tiere negativ getönt. Sie sind so eher fähig, ihn bei der Flucht zu meiden. Das gilt insbesondere für metalldrahtdurchflochtene Plastiklitzen, die für die Tiere gut erkennbar sind. Stacheldraht ist auf jeden Fall zu meiden.

Da Strauße auf der Flucht sehr hoch springen können, sollte der Zaun eine Höhe von mindestens 1,8 m haben; er muß außerdem auch in seinem oberen Teil genügend stabil sein. Die Gehegeecken sollten nie weniger als 90° haben. Empfehlenswert ist es, die Gehegeecken abzurunden. Die Tiere werden auf diese Weise bei der Flucht auf eine Richtungsänderung vorbereitet und die Gefahr eines Aufpralls auf den Zaun kann verringert werden.

Besondere Aufmerksamkeit und Sorgfalt erfordern **junge Strauße**. Küken, d.h. Strauße bis zum Alter von höchstens drei Monaten, haben gewöhnlich eine hohe Sterblichkeit. Diese läßt sich deutlich mindern, wenn die Bedürfnisse der Tiere berücksichtigt werden. *Küken* benötigen warme, trockene Luft bei guter Lüftung, also stets frische Luft. Ist es ihnen zu kalt, drängen sie sich unter der Wärmelampe zusammen. Ist es im Stall zu heiß, dann meiden die Tiere die Wärmelampe. Sie stehen einzeln mit angehobenen Flügeln und hecheln mit geöffnetem Schnabel.

Küken benötigen eine besondere Fütterung. Werden sie zu energiereich ernährt, dann wachsen sie zu schnell und die Beinknochen sind für das hohe Gewicht nicht genügend stabil. Es kann zu Beindeformationen kommen. Deshalb ist es ein Gebot des Tierschutzes, Strauße verhalten und wenig energie- und eiweißreich zu füttern.

Bereits Straußenküken neigen dazu, alle erreichbaren Gegenstände aufzunehmen und abzuschlucken. Daher sind auch in ihren Ställen ganz besonders sorgfältig herumliegende Gegenstände

Abb. 2 Blutende Wunden im Bereich der Schwanzfedern als Folge von Federpicken.

Abb. 3 Federlose Rückenpartie einer Straußenhenne als Folge von Federpicken.

zu entfernen. Das gilt nicht nur für Unverdauliches; auch Pflanzenteile können zu mengenhaft unkontrollierter Aufnahme und Verstopfung führen. Deshalb sind Häcksel und andere Formen kleinteiliger Einstreu zu meiden.

In Ställen und vegetationslosen Gehegen gehaltenen Straußen muß zwangsläufig Futter vorgelegt werden. Das besteht aus Fertigfutter und/oder zerkleinertem Futter mit hohem Rohfaseranteil (Grünfutter, Heuhäcksel usw.). Dieses Futter ist nach Menge und Zusammensetzung ausreichend, erfordert aber nur eine geringe Freßzeit. Die Tiere haben zwar keinen Hunger, versuchen aber wegen des nicht ausreichend befriedigten Freßtriebs, alles mögliche zu fressen. Sie nehmen im Übermaß Steine, andere herumliegende Objekte sowie getrockneten Kot auf und zupfen sich gegenseitig die Federn aus (Sambraus, 1995). Die Folge sind nicht nur Hygieneprobleme und Magen-Darm-Erkrankungen durch Fremdkörper. Das Ausziehen der Federn hinterläßt blutende Wunden (Abb. 2). Die betroffenen Tiere zeigen deutlich, daß diese Verhaltensstörung für sie schmerzhaft ist. Im Extrem ist die obere Hälfte des Rumpfes weitgehend federfrei (Abb. 3). Federpicken ist also keineswegs – wie dies gelegentlich von Straußenhaltern angenommen wird – eine Verhaltensweise der Fortpflanzung. Es führt zu Leiden und ist vermeidbar. Hinzu kommt, daß die Tiere durch die mangelhafte Befiederung bei tiefen Temperaturen nicht genügend wärmeisoliert sind und frieren. Infolge von Unterkühlungen können auch Nierenerkrankungen auftreten (Kösters et al., 1996).

Für die Kontrolle des Einzeltieres ist eine **individuelle Markierung** unerläßlich. Küken können zunächst mit Beinbändern gekennzeichnet werden, die jedoch wenig haltbar sind und sich nur bis zu einem bestimmten Laufumfang eignen. Bei größeren Tieren müssen sie erneuert werden. Brandmarkierung, früher in Südafrika weit verbreitet, schädigt die Haut und ist wegen der vermeidbaren Schmerzzufügung unzulässig. Ähnliches gilt für das Anbringen von Plastikmarken am Hals. Die Zufügung von Schmerzen beim Anbringen der mit Nummern versehenen Marken scheint gering zu sein. Allerdings versuchen die Tiere, sich diese Marken gegenseitig herauszuziehen. Die Reaktion des betroffenen Tieres spricht für erhebliche Schmerzen. Empfehlenswert scheint daher das Anbringen kodierter Mikrochips. Sie werden am oberen Ende des Halses mittels einer Kanüle in den Nackenmuskel implantiert und bleiben während des ganzen Lebens der Tiere funktionstüchtig.

Zwei Reaktionsformen sind es, die Straußen zum Verhängnis werden können: Neugierde und Neigung zur Panik. Sie können zum Verfangen und zu Verletzungen führen. Es kommt hinzu, daß Strauße auch bei scheinbar gut gesicherten Ställen und Gehegen immer mal wieder eine Möglichkeit finden, auszubrechen. Die Gefahr von Verkehrsunfällen ist dann groß. Deshalb sollten die Haltungsbedingungen von Straußen täglich mindestens einmal, der Gesundheitszustand der Tiere mindestens dreimal überprüft werden. Die wesentlichsten Ursachen für den Tod von Straußen sind **Verletzungen** und **Fremdkörper** (Jost, 1994). Diesen Gesundheitsrisiken muß die größte Aufmerksamkeit geschenkt werden.

Für Manipulationen werden Strauße in eine Boxe getrieben, aus der sie sich nicht durch Flucht entziehen können und in der ihre Bewegungsmöglichkeit eingeschränkt ist. Jetzt wird mit einem am Ende gebogenen Fangstab – dem in der Schafhaltung üblichen „Bischofsstab" ähnlich – der Vogel am Hals erfaßt und fixiert. Um das Tier erfassen zu können ist es erforderlich, ihm eine Kappe (an einem Stab) über den Kopf zu stülpen. Dieses Vorgehen ruft augenblicklich weitgehend Immobilität hervor und erleichtert Transport und Arbeit am Tier. Der Umgang mit Tieren, die nicht auf diese Weise an der optischen Orientierung gehindert wurden, sowie die Schlachtung können für beide Seiten eine Tortur sein und eine erhebliche Verletzungsgefahr in sich bergen. Die Anwesenheit von Artgenossen erleichtert den Umgang mit dem Einzeltier.

Auf **Transporten** sollten Strauße nicht viel Bewegungsfreiheit haben. Wenn die Tiere recht eng beieinander stehen, ist die Verletzungsgefahr gering. In manchen Ländern werden sie in Säcken transportiert, aus denen nur Kopf und Hals herausschauen. Strauße geraten durch diese ungewohnte Maßnahme nicht in Panik. Allerdings treten bei längerem Aufenthalt in dieser Zwangslage irreversible Muskelschäden auf (Kreibich und Sommer, 1994). Häufig setzen die Tiere sich schon bald nach Fahrtbeginn hin und sind auf diese Weise gut vor Transportschäden geschützt. Strauße lassen sich problemlos in Pferdeanhängern transportieren (Jost, 1994). Wesentlich ist, daß sie während des Transports ausreichend mit Frischluft versorgt werden, ohne der Zugluft ausgesetzt zu sein. Transport in geschlossenen Fahrzeugen kann zum Ersticken der Tiere führen.

Die in Mitteleuropa auftretenden Höchsttemperaturen werden von Straußen problemlos verkraftet. Auch **Temperaturen** wenig unter 0 °C führen nicht zu gesundheitlichen Störungen. Bei starkem Frost oder Dauerregen sind die Tiere im Stall zu halten. Insbesondere Regen um 0 °C in Verbindung mit starkem Wind beeinträchtigt das Wohlbefinden von Straußen sehr. Das Eintreiben in den Stall gelingt leichter bzw. die Tiere suchen ihn bei widrigen Witterungsbedingungen von selbst auf, wenn sie im Stall gefüttert werden.

Für jeden Straußenbestand muß ein **Stall** zur Verfügung stehen, in dem alle Tiere gleichzeitig untergebracht werden können. Für jede Zuchtgruppe bzw.

Tab. 1 Mindestfläche eines Stalles zur Straußenhaltung

Alter der Tiere in Monaten	Buchtenfläche pro Tier (m^2)	Mindeststallfläche (in m^2)
2–3	2	5
4–6	4	10
> 6	8	15

Altersstufe ist ein eigenes Abteil vorzusehen, außerdem sind genügend Abtrennmöglichkeiten für kranke und unverträgliche Strauße bereitzuhalten (Tabelle 1).

Die Mindeststallhöhe muß bei Jungstraußen 1,8 m, bei ausgewachsenen Straußen 2,5 m betragen. Der Boden muß rutschfest, trittsicher und trocken sein. Für eine ausreichende Beleuchtungsstärke, möglichst durch Tageslicht, ist zu sorgen.

Vom deutschen Ministerium für Ernährung, Landwirtschaft und Forsten wurde ein Gutachten für „*Mindestanforderungen an die Haltung von Straußenvögeln, außer Kiwis*" erstellt. In diesem Gutachten werden die Mindestanforderungen für Gehege und Ställe festgelegt. Außerdem wird u.a. auf Fütterung, Maßnahmen bei Kälte und Nässe, Transport und Umgang mit Straußen eingegangen.

In der **Schweiz** gelten Strauße aufgrund der Artikel 12 und 35 der Tierschutzverordnung (TSchV) von 1981 als *Wildtiere*. Gemäß Artikel 6 des Tierschutzgesetzes von 1978 und den Artikeln 38 und 39 TSchV ist sowohl die gewerbemäßige als auch die private Haltung von Straußenvögeln bewilligungspflichtig.

Größe und Beschaffenheit der Gehege haben mindestens den Anforderungen von Anhang 2 TschV zu entsprechen. Das bedeutet, daß für eine Gruppe bis zu 3 erwachsenen Tieren ein Freigehege von mindestens 250 m^2 (für jedes weitere Tier zusätzlich 50 m^2) und ein im Winter auf ca. 15 °C heizbarer Stall mit einer Grundfläche von 6 m^2 pro Tier zur Verfügung stehen müssen.

Die Gehege müssen so gebaut und eingerichtet sein, daß die Verletzungsgefahr gering ist und die Tiere nicht entweichen können; sie sind also stabil zu umzäunen. Die Umzäunung mit einer Höhe von ca. 1,8 m muß für die Tiere sichtbar sein. Stacheldraht und stromführende Drähte sind als Umzäunung nicht gestattet.

Literatur

Jost, R. (1994): Über den Strauß (Struthio camelus) und seine kommerzielle Nutzung Diss. med. vet., Gießen.

Kösters, J., Hornung, B., und Korbel, R. (1996): Straußenhaltung aus der Sicht des Tierarztes. Dtsch. tierärztl. Wschr. 103, 100–104.

Kreibich, A. und Sommer, M. (1994): Straußenhaltung. 2. Auflage. Landwirtschaftsverlag, Münster-Hiltrup.

Sambraus, H.H. (1994): Komfortverhalten beim Afrikanischen Strauß (Struthio camelus). Dtsch. tierärztl. Wschr. 101, 307–308.

Sambraus, H.H. (1995): Federpicken beim Afrikanischen Strauß in Gefangenschaftshaltung. Tierärztl. Umschau 50, 108–111.

Sauer, F., und Sauer, E. (1968): Der Afrikanische Strauß. In: Grzimek, B.: Grzimeks Tierleben, Band 7, Kapitel 3. Kindler Verlag, Zürich.

Kaninchen

M. STAUFFACHER

Einleitung

Kaninchen sind, von ihrer Nutzung her betrachtet, ein Spezialfall unter den Haustieren. Als landwirtschaftliche Nutztiere und in privater Kleintierhaltung liefern sie Fleisch, Felle und Wolle. Obschon weniger als 1% aller Hauskaninchen in Laboratorien gehalten werden, sind sie nach Mäusen, Ratten, Meerschweinchen und Fischen die am häufigsten eingesetzten Versuchstiere. Als Heimtiere sind sie nicht nur von Kindern gefragt; ihre Zucht ist ein beliebtes Hobby für jung und alt. In Deutschland, Österreich und der Schweiz sind Hunderttausende von Kaninchenzüchtern in unzähligen Ortsvereinen organisiert, die die Zucht von 50 bis 55 Rassen mit über 200 Farbschlägen regeln und lenken.

Während in der Heimtierhaltung von Kaninchen der individuellen Mensch-Tier-Beziehung große Bedeutung zukommt, sind bei Mast- und Laborkaninchen Haltung und Zucht standardisiert; der Betreuungsaufwand ist auf ein Minimum reduziert. Die von Generation zu Generation weitergegebene Züchtertradition, die strengen Bewertungsmaßstäbe bei der Jurierung von Rassekaninchen sowie der hohe Normierungsgrad von Fütterung, Hygiene und Klima bei Labor- und Fleischmastkaninchen verleiten zur verbreiteten Annahme, daß die Haltung und Nutzung von Kaninchen in bezug auf den Tierschutz kaum Probleme bergen. Körperliche Unversehrtheit, ein schönes Fell, guter Fleischansatz, ausgeglichene Würfe und hohe Zuchtleistungen sind jedoch nicht Garanten dafür, daß den Grundsätzen der Tierschutzgesetzgebungen Genüge getan wird. Obschon zur Zucht und Haltung von Hauskaninchen unzählige, vorwiegend populärwissenschaftliche Veröffentlichungen vorliegen, sind wissenschaftlich erarbeitete Kenntnisse über das Verhalten und die Umgebungsansprüche von Hauskaninchen erstaunlich spärlich (Zusammenfassung in Stauffacher, 1993).

Biologische Merkmale von Hauskaninchen

Hauskaninchen stammen von Europäischen Wildkaninchen (*Oryctolagus cuniculus*) ab, deren ursprüngliche Heimat auf der Iberischen Halbinsel und in Nordafrika liegt. Schon die Römer hielten sich Wildkaninchen und Feldhasen in Gehegen, in sogenannten Leporarien. Die Wurzeln der Domestikation liegen in französischen Klöstern des späten Mittelalters, wo das „weiße" Kaninchenfleisch als Fastenspeise galt; Anfänge der Rassenbildung sind aus dem 16. Jahrhundert, die ersten Langhaarkaninchen aus dem 18. Jahrhundert überliefert. Im letzten Drittel des 19. Jahrhunderts begannen sich Züchter in Deutschland in Vereinen zusammenzuschließen und formulierten erste Musterbeschreibungen („Standards") für die Preisrichter. Um

1940 entstanden aus der Kreuzung von Hermelinkaninchen mit Wildkaninchen die ersten Zwergkaninchen.

Obschon Hauskaninchen zahm sind und ihre Größe, Proportionen und Färbung durch selektive Züchtung den Bedürfnissen der Halterinnen und Halter angepaßt werden, ist ihr genetisch angelegtes Verhaltensrepertoire weitgehend unverändert geblieben (Kraft, 1979). Dies wird jedoch erst offensichtlich, wenn Hauskaninchen die Möglichkeit haben, in einem naturnahen Gehege *selbst* aus einer Vielzahl von Reizen und Stoffen das zu wählen, was sie für Bedarfsdeckung und Schadensvermeidung brauchen. Durch Domestikation und Rassenzüchtung sind nur die Intensität, die Häufigkeit und die Dauer einzelner Verhaltensmuster verändert worden.

Hauskaninchen sind sehr sozial. In naturnaher Umgebung leben sie, wie Wildkaninchen, in Gruppen von einigen adulten Weibchen, einem Bock und deren Nachkommen bis zum Erreichen der Geschlechtsreife (Lehmann, 1992; Stauffacher, 1992; Stodart und Myers, 1964). Ihre Aktivitäten folgen einem zweigipfligen, circadianen Rhythmus. Mehrstündige Ruhephasen wechseln mit Aktivitätsphasen während der Dämmerung ab. In den Erdboden graben sie weitverzweigte Röhrensysteme, die als Ruhe-, Flucht- und Wurforte dienen. Böcke und Zibben markieren ihren Lebensraum mit Duftstoffen (Pheromonen), die an der Kinnunterseite ausgeschieden werden. Durch „Männchenmachen" kontrollieren die Tiere ihre Umgebung („sichern"); droht Gefahr, stampfen sie mit den Hinterläufen auf den Boden („trommeln").

Für Ruhe- und Komfortverhalten werden bevorzugt von oben geschützte Orte mit guter Übersicht aufgesucht (z.B. Bäume, Büsche, Futterhäuschen). Häufig sammeln sich die Kaninchen dort, wo schon andere liegen. Sie schmiegen sich an diese an, ruhen in Körperkontakt oder pflegen sich gegenseitig das Fell. Während Ruhephasen treten vor allem tolerante Kontakte auf; intolerante Interaktionen verlaufen kurz und schadensfrei. Während der Aktivitätsphasen nutzen adulte Kaninchen vermehrt den offenen Raum. Beim Grasen halten sie zu Artgenossen Distanz. Konkurrenzsituationen können an Kraftfutterstellen, an Tränken sowie bei der Wahl und Verteidigung von Neststandorten auftreten.

Über Monate konstante Dominanzbeziehungen unter den adulten Zibben (lineare Rangordnung) ermöglichen eine schadensfreie Entscheidung von Konkurrenzen. Der Bock ist hingegen tolerant gegen alle Zibben und Jungtiere. Unter geschlechtsreifen Böcken können jedoch an Territoriumsgrenzen spontan intensive Kämpfe ausbrechen.

Eine trächtige Zibbe gräbt wenige Tage bis Stunden vor dem Werfen eine Neströhre in den Erdboden, trägt trockenes Gras ein und polstert das Nest mit Haaren, die sich aufgrund hormonaler Veränderungen an Brust und Flanken lockern. Unmittelbar nach dem Werfen der 5–12 Nesthockerjungen verläßt sie die Neströhre, scharrt den Röhreneingang mit Erde zu und kehrt zur Gruppe zurück. Noch am Wurftag sucht eine erfahrene Zibbe die Nähe des Bockes und wird wieder gedeckt (Tragzeit ca. 31 Tage). Nicht paarungsbereite Zibben reagieren hingegen auf sexuell motivierte Kontaktaufnahmen eines Bockes mit einer spezifischen Lautäußerung („Meckern").

Nur einmal täglich öffnet die Zibbe die Neströhre und säugt ihren Wurf während 3–5 Minuten; ihre Milch ist sehr reich an Nährstoffen. Mit 18–20 Tagen verlassen die Jungen zögernd und vorerst nur kurz die Neströhre. Ihr Aktionsradius vergrößert sich von Tag zu Tag, wobei dem Nest mindestens bis zum Erreichen des Entwöhnungsalters (27.–30. Tag) eine zentrale Bedeutung zukommt. Auch außerhalb des Nestes nimmt die Zibbe nur zum täglichen Säugen Kontakt mit den Jungen auf. Ist die Mutter unmittelbar nach dem Werfen wieder gedeckt worden und trächtig, werden die Jungen vom 25.–27. Lebenstag an nicht mehr gesäugt. Ihre Entwöhnung ergibt sich daraus, daß die Mutter nun weitere Kontaktaufnahmen durch Weggehen vermeidet.

Haltung

Hauskaninchen werden verbreitet in *Käfigen* gehalten. Diese sind unstrukturiert, bestehen aus Drahtgitter oder sind, mit Ausnahme der Front, von festen Wänden umgeben. Als Böden werden Metall-, Kunststoff- oder Hartholzroste eingesetzt, die nur in der Freizeithaltung eingestreut sind. Während hier das Futterangebot vielfältig ist, beschränkt es sich in der Erwerbs- und Versuchstierhaltung auf Kraftfutterwürfel; rohfaserreiche Zusätze wie z.B. Heu oder Stroh werden kaum angeboten. Die starke Reduktion der Komplexität der Umgebung und damit die starke Beschneidung der Möglichkeiten für das Kaninchen, durch sein Verhalten *selbst* etwas an seiner Umgebung zu verändern, macht das Haltungssystem Käfig, bezogen auf den Tierschutz, überaus anfällig. Ein unstimmiges Detail, etwa ein zu glatter Boden oder nasse Einstreu, wirkt sich nicht nur auf die Fortbewegung, z.B. häufiges Ausrutschen, und auf die Pfotengesundheit, z.B. entzündete Verletzungen und Druckstellen, sondern darüber hinaus auf die Aktivitätsverlauf und auf die Raumnutzung aus.

Die Anforderungen an eine art- bzw. tiergerechte Haltung lassen sich aus der Kenntnis der biologischen Merkmale von Kaninchen ableiten (Stauffacher, 1994). Daraus entstehen Haltungskonzepte für die Käfighaltung (Stauffacher, 1993) ebenso wie für die Bodenhaltung von Mast- und Zuchtgruppen (Bigler und Oester, 1994b; Stauffacher, 1992; Stauffacher et al., 1995).

Seit etwa einem Jahrzehnt sind an mehreren Hochschulen Europas viele Untersuchungen zu tierschutzrelevanten Aspekten der Kaninchenhaltung durchgeführt und veröffentlicht worden (Zusammenfassung z.B. Stauffacher, 1993). Veränderungen in der Haltungspraxis können mit der Forderung nach zusätzlichen Untersuchungen immer neu blockiert und hinausgeschoben werden; beim heutigen Kenntnisstand über das Verhalten und die Ansprüche von Kaninchen läßt sich ein Zuwarten insbesondere bei tierschutzrelevanten Verbesserungen der Bedingungen in der Käfighaltung von Mast- und Zuchtkaninchen nicht mehr sachlich begründen.

Haltungsanforderungen

■ **Bewegungsfreiheit**

In Käfigen mit Abmessungen, wie sie in Deutschland und Österreich üblich sind (z.B. 2000–3000 cm^2 Grundfläche und 40 cm Höhe für mittelschwere Rassen: Schlolaut, 1995), ist Hoppeln, die charakteristische Fortbewegungsform von Kaninchen, oft nicht möglich. Die räumliche Enge führt, insbesondere bei rasch wachsenden Fleischmastrassen, zu Störungen in der Bewegungskoordination und über Zeit zum Verlust der Hoppelfähigkeit (Lehmann und Wieser, 1985;

Stauffacher, 1992). Mehrfach nachgewiesene Auswirkungen von anhaltenden unphysiologischen Belastungen des Bewegungsapparates sowie von mangelndem Training sind pathologische Veränderungen im Skelettaufbau (z.B. Drescher und Loeffler, 1991). Für mittelschwere Rassen (z.B. Weiße Neuseeländer) und Masthybriden (z.B. ZIKA-Kaninchen) sollte darum ein minimales Raumangebot mit 6000 cm^2 Grundfläche und 60 cm Höhe gewährleistet sein (Stauffacher, 1993). Auf die in der erwerbsmäßigen Kaninchenhaltung verbreiteten Gitterrostböden ist zu verzichten, da die geringen Auflageflächen zu Verletzungen und Schäden an den Hinterläufen führen (Stauffacher et al., 1995).

In Käfigen gehaltene Kaninchen können lernen, ihren Bedarf an Bewegung während eines täglichen Auslaufs von 30–60 Minuten zu decken. Wird der Auslauf immer zur gleichen Zeit angeboten, sind die Kaninchen während der übrigen Zeit ruhiger, und es treten deutlich weniger Schübe von gestörtem Verhalten auf. Die Hoppelfähigkeit bleibt erhalten, und der Bewegungsapparat kann sich bei Kaninchen im Wachstum normal aufbauen (Lehmann, 1984).

Leider werden diese und andere tierschutzrelevante Erkenntnisse von der „Deutschen Gruppe der World Rabbit Science Association" (WRSA) sowie von Züchter- und Mästerorganisationen bis heute vermutlich aus wirtschaftlichen Überlegungen ignoriert oder abgelehnt. Ohne Nennung ihrer eigenen wissenschaftlichen Quellen propagiert die WRSA unter ihren „Kriterien der tiergerechten und tierschutzkonformen Haltung" weiterhin minimale Käfigabmessungen, die gemäß der oben genannten Untersuchungen § 2 des Deutschen Tierschutzgesetzes (1986) widersprechen (Löliger und Schlolaut, 1992; Schlolaut, 1995).

■ **Beschäftigung**

Räumliche Enge, Reizarmut und Mangel an Beschäftigung, insbesondere im Zusammenhang mit der Nahrungsaufnahme und mit dem Nestbau, führt bei Käfighaltung zur Ausprägung verschiedener Verhaltensstörungen (Abb. 1; Lehmann und Wieser, 1985). Wie nachfolgend ausgeführt wird, bieten das Angebot von Sozialpartnern, eine Strukturierung des Raumes sowie eine beschäftigungsintensive Darreichungsform des Futters Abwechslung und wirken der Entwicklung von Verhaltensstörungen entgegen (Morton et al., 1993; Stauffacher et al., 1995).

■ **Sozialpartner**

Kaninchen sollten, wenn möglich, nicht einzeln gehalten werden. Sozialpartner schaffen immer wieder neue, unvorhersehbare Situationen, auf die ein Kaninchen sich einstellen und reagieren muß. Dies entspricht der Biologie von Kaninchen. Zudem bereichert ein Partner die

Abb. 1 „Gitternagen" ist die am häufigsten ausgeprägte Stereotypie in reizarmer Käfighaltung. Stereotypien sind als haltungsbedingte Verhaltensstörungen tierschutzrelevant. Sie sind Ausdruck einer chronisch überforderten Verhaltenssteuerung und damit Hinweis auf nicht tiergerechte Haltungsbedingungen.

Abb. 2 Haltung von zwei ausgewachsenen Kaninchen im strukturierten Käfig.

monotonen Haltungsbedingungen, er bringt Abwechslung, Beschäftigung und vermutlich auch etwas wie „Sicherheit" und „Geborgenheit". Gruppen- oder Paarhaltung eignet sich für Jungtiere und ausgewachsene Zibben (Abb. 2). Das gemeinsame Halten von geschlechtsreifen Böcken ist hingegen risikoreich; sie können sich bei Kämpfen schwer verletzen. Voraussetzung für eine erfolgreiche Gruppenhaltung ist, daß die gleichen Tiere langfristig zusammenbleiben können und die Haltung so strukturiert ist, daß sich die Kaninchen bei Bedarf zurückziehen und einander meiden können (Stauffacher, 1993).

■ **Raumstrukturierung: erhöhte Ebene und Unterschlupf**

Der Einbau einer erhöhten Ebene (Abb. 3) strukturiert den Käfig, erlaubt die Wahl des Liegeortes und der Liegefläche (erhöht oder am Boden; Rost bzw. Einstreu oder fest) und fördert zudem das Training des Bewegungsapparates (Bigler und Oester, 1994a; Stauffacher, 1992). Bei Fixierung an einer festen Wand entsteht unter der erhöhten Ebene ein relativ dunkler Bereich (Lichtgradient); ein Unterschlupf, wohin sich das Kaninchen bei Störungen zurückziehen kann. Wird mehr als ein Kaninchen im Käfig gehalten, kann sich ein Tier auf oder unter die erhöhte Ebene zurückziehen (Sichtschutz). Im Zuchtkäfig kann eine Zibbe bei unablässigen Saugversuchen älterer Jungtiere auf die erhöhte Ebene ausweichen.

■ **Nest und Material zum Nestbau**

Da Zuchtzibben auf festem Käfigboden keine Setzröhre graben können, sollten ihnen einige Tage vor dem Werfen eine

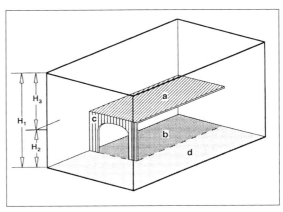

Abb. 3 Umriß eines strukturierten Käfigs für 3–5 kg schwere Kaninchen mit erhöhter Ebene (a: 60 x 30 cm = 1800 cm²) und Unterschlupf (b).
Bodengrundfläche (d) 90 x 55 cm (ca. 5000 cm²), lichte Höhe (H_1) 60 cm, Höhe der erhöhten Fläche (H_2) 25 cm, darüber (H_3) 35 cm. Bodengrundfläche mit voller Höhe ca. 3200 cm² (ca. 65%). Diese Abmessungen erfüllen die Anforderungen der Schweizer Tierschutzverordnung (1981) für ein oder zwei Kaninchen einer mittelschweren Rasse. Der Unterschlupf ist auf seiner Breitseite offen; mit dem seitlichen Einschlupf (c) unter der erhöhte Ebene wird dem kaninchentypischen Fluchtverhalten Rechnung getragen.

Tab. 1 Anforderungen an die Haltung von Hauskaninchen im strukturierten Käfig

Tiere
- Einzelhaltung: nur adulte Zibbe oder adulter Bock.
- Zweierhaltung: Jungtiere sowie langfristige Haltung von adulten Zibben und kastrierten Böcken (Austausch bzw. Ersatz eines Tieres sehr schwierig; geschlechtsreife Böcke unverträglich). Bei Jungtieren < 1,5 kg auch 3–4 Tiere möglich.

Minimales Raumangebot
- Fläche: 6000 cm², davon 1800 cm² erhöhte Ebene und 4200 cm² Bodenfläche. Bei Kaninchen > 5 kg (schwere Rassen) minimal 30 % größer.
- Höhe: 60 cm; diese Höhe bei > 50 % der Bodenfläche. Bei Kaninchen < 3 kg minimal 50 cm.

Käfighülle
- Metall, Kunststoff, Holz oder Mischkonstruktion.
- Front vergittert, Seitenwände und Rückwand fest mit oberer Hälfte der Seitenwände vergittert → Möglichkeit zu Sichtkontakt mit Nachbartieren, Überblick über Käfigumgebung.

Käfigboden
- Spalten- oder Lochrost (Metall, Kunststoff oder Hartholz), allenfalls eingestreut; Spaltenabstände bzw. Lochdurchmesser der Größe der Tiere angepaßt (Vorsicht bei kleinen Jungtieren in Zuchtkäfigen!). Einstreu muß außer an Kotplätzen trocken sein.

Erhöhte Ebene
- 30 x 60 cm (1800 cm²), 25 cm ab Bodenrost, an Käfigrückwand oder Seitenwand stabil befestigt. Für schwere Rassen (> 5 kg) 30 x 80 cm (2400 cm²), 30 cm ab Boden.
- Gleitsicheres, gut zu reinigendes Material, Wahlmöglichkeit Liegeort, Ausweichmöglichkeit bei Paarhaltung sowie physiologische Belastung des Bewegungsapparates.

Unterschlupf
- Raum unterhalb der erhöhten Ebene → zusätzlicher Lichtgradient → Rückzugsmöglichkeit bei Störungen.

Futterbereich (an/bei Käfigfront)
- Kraftfutterbehälter und Nippel- bzw. Flaschentränke.
- Beschäftigungsobjekte: unbehandelte, harzarme Nagehölzer sowie loses Heu bzw. Stroh in Raufe (Heupreßlinge bei Schwemmentmistung).

Nestkammer sowie Nistmaterial (Heu oder Stroh), das selbst gesammelt und eingetragen werden kann, angeboten werden.

- **Möglichkeit zum Verschließen des Nestes**

Zibben, die sich nicht vom Geruch der Nestjungen entfernen können (z.B. in ein zweites Käfigabteil), versuchen, diesen durch Zuscharren des Nestzuganges zu beseitigen. Im Freiland schützt das Verschließen der Erdröhre den Wurf vor Witterung und Feinden. Im Käfig können sich die Zibben nicht vom Nest entfernen, und Stroh zum Verstopfen des Einganges ist häufig nicht ausreichend vorhanden. Daraus entstehen Störungen der Mutter-Jungtier-Beziehung (Wullschleger, 1987), die Ursachen für Kannibalismus sowie für die in intensiver Kaninchenhaltung erheblichen Abgänge von Nestjungen sein können. Dies läßt sich verhindern, indem das Nest mit einem Schieber verschlossen und nur einmal täglich immer zur gleichen Zeit für 15–30 Minuten geöffnet wird. Weil das tägliche Säugen immer etwa zur gleichen Zeit der Biologie von Kaninchen entspricht, lernen Zibben den vorgegebenen Säugezeitpunkt rasch und beschäftigen sich in der restlichen Zeit nicht mehr mit der Nestkammer.

Käfighaltung

Bei Käfighaltung bieten die Strukturierung des Raumes sowie das Angebot von Nagehölzern und grob strukturiertem

Tab. 2 Zusätzliche Anforderungen bei Verwendung des strukturierten Käfigs zur Zucht

Nestbox (außen angebracht bzw. im Käfig bei entsprechend vergrößerter Käfiggrundfläche) **oder zweites Käfigabteil**
- Grundfläche Nestbox: minimal 1000 cm². Höhe: minimal 25 cm, mit 5–10 cm hoher Schwelle am Eingang. Bei schweren Rassen (> 5 kg) Abmessungen 20 % größer. Vorsicht Kondenswasserbildung: Löcher oder Schlitze für Luftzirkulation, aber keine Zugluft!
- Verschließbarer Zugang (entweder durch Eigenaktivität mit Einstreu oder durch das Betreuungspersonal mittels Schieber) mit fester Schwelle (Höhe: 5–10 cm).
- Wird als Nestbereich ein zweites Käfigabteil angeboten, so sollte dieses abgedunkelt sein. Durchgang mit 5–10 cm hoher Schwelle.

Material für Nestbau
- Heu oder Stroh (allenfalls Zellstoff) in Raufe → Möglichkeit, durch eigene Aktivität ein Nest zu bauen.

Rückzugsbereich für Zibbe bei Käfig mit Nestbox
- Erhöhte Ebene mindestens 25 cm ab Rostboden → Rückzugsmöglichkeit für laktierende Zibbe bei unablässigen Saugversuchen von Jungtieren nach dem Verlassen der Nestbox.

Futter, worauf später noch eingegangen wird, Abwechslung und wichtige Anreize zur Beschäftigung. Die minimalen Abmessungen eines Käfigs ergeben sich aus der Forderung nach arttypischer Bewegung und nach einem funktionalen Gebrauch des Raumes. In einen zu kleinen Käfig läßt sich z.B. die erhöhte Ebene nicht so einbauen, daß Kaninchen das Liegebrett, den Unterschlupf und den umliegenden Raum erfolgreich und schadensfrei nutzen können.

In Tabelle 1 sind die Anforderungen an die Haltung von Hauskaninchen im strukturierten Käfig zusammengestellt. Dieser Käfig ist tiergerecht; er erlaubt den Kaninchen ein schadens- und störungsfreies Leben (Bigler und Oester, 1994a; Stauffacher, 1993) und eignet sich für Einzelhaltung sowie für Zweierhaltung von adulten weiblichen Kaninchen. Jungtiere sind aktiver und brauchen mehr Bewegung als Alttiere; gewichtskorrelierte minimale Raumabmessungen, wie sie z.B. für Versuchskaninchen festgelegt wurden (Europäische Gemeinschaft, 1986; Europarat, 1986), sind darum sehr fragwürdig. Gerade vor dem Erreichen der Geschlechtsreife läßt sich der gleiche Raum jedoch problemlos von mehreren Tieren nutzen.

In Tabelle 2 finden sich zusätzliche Empfehlungen bei Verwendung des Käfigs zur Zucht.

Probleme treten im strukturierten Käfig vor allem dann auf, wenn die Einzelteile (z.B. Boden, erhöhte Ebene, Nestbox) instabil und ungenügend befestigt oder unsorgfältig gefertigt sind (z.B. scharfe Kanten).

Bodenhaltung in Gruppen

Die Gruppenhaltung am Boden ist, insbesondere für Mast- und Laborkaninchen, eine wirtschaftliche Alternative zur Käfighaltung. Bezogen auf die ethologischen Ansprüche von Kaninchen, bietet sie entscheidende Vorteile: Die größere Nutzfläche, die differenziertere Strukturierung sowie die Möglichkeit zur Wahl von bestimmten Interaktionspartnern stellen für das Individuum eine enorme Bereicherung dar. Befürchtungen, daß Gruppenhaltung grundsätzlich zu einem erhöhten Infektionsrisiko sowie zu mehr Streß führen könnte, ließen sich nicht bestätigen (Held et al., 1993; Whary et al., 1993), falls die Gruppenzusammensetzung der Sozialstruktur (individualisierte Beziehungen und stabile Rangordnung) Rechnung trägt.

Trotz des im Vergleich zur traditionellen Käfighaltung noch recht geringen

Tab. 3 Anforderungen an die Bodenhaltung von Hauskaninchen in Gruppen

Tiere
- Jungtiere vor Erreichen der Geschlechtsreife (z.B. Mast).
- Adulte Zibben (und kastrierte Böcke) in langfristig stabilen Gruppen (z.B. Vorratshaltung und Antikörperproduktion bei Labortierhaltung). Remontierung von Jungtieren möglich, Austausch oder Ersatz mit adulten Tieren hingegen schwierig.
- Gruppengröße: 3–15 Kaninchen; Großgruppen für Mast möglich bis 150 Tiere.

Minimales Raumangebot
- Adulte Kaninchen: 200 x 100 cm (20000 cm²) für 4–5 Tiere. 2500 cm² pro zusätzliches Tier.
- Jungtiere bis zur Geschlechtsreife: 1000 cm² (‹ 1,5 kg) bzw. 1500 cm² (›1,5 kg) pro Tier bis 40 Tiere; 800 cm² bzw. 1200 cm² pro Tier bei über 40 Tieren.

Futterbereich
- Mehrere Kraftfutterbehälter im Abstand von › 50 cm oder mit Sichtblenden abgetrennt.
- Nippel-, Flaschen- oder Manteltränken.
- Heu-/Strohraufe.
- Beschäftigungsobjekte (z.B. Nagehölzer, Weichholzäste mit Laub, Heupreßlinge).
- Zum Verweilen und Ruhen unattraktiver Boden (z.B. Kunststoff- oder Metallrost).

Ruhe- und Aufenthaltsbereich
- Gute Übersicht (z.B. mit erhöhten Ebenen → Nutzung der dritten Dimension).
- Strukturen zum Anschmiegen (z.B. an Gehegebegrenzung, an Blenden, an Zentralstruktur).
- Strukturen zum Verstecken (→ Rückzugsbereiche, z.B. unter erhöhten Ebenen und hinter Sichtblenden). Rückzugsbereiche in Form von Hütten müssen von mehreren Seiten zugänglich und bei größeren Tierzahlen unterteilt sein.
- Trockener, gleitsicherer und wärmeisolierter Boden (z.B. Einstreu).

Erfahrungsstandes, und obschon die Bodenhaltung von Gruppen weniger normierbar ist und relativ hohe Anforderungen an eine sorgfältige und aufmerksame Betreuung stellt, ist diese Haltungsform aus der Sicht des Tierschutzes grundsätzlich zu fördern. Die Verschiebung des Arbeitsaufwandes von den Umgebungsarbeiten, z.B. der aufwendigen Reinigung der Käfiganlagen, zu der unmittelbaren Auseinandersetzung mit den Tieren ist auch für das Tierpflegepersonal befriedigend und motivierend.

■ **Mast und Labortierhaltung**
Die Bodenhaltung von Kaninchen in Gruppen kann grundsätzlich für Mast und Aufzucht (Bigler und Oester, 1994b) sowie im Laborbereich für die Vorratshaltung und bestimmte langfristige Experimente, z.B. für die Produktion von Antiseren für diagnostische Tests, empfohlen werden (Morton et al., 1993; Stauffacher, 1993). Schwerpunkt der in Tabelle 3 zusammengestellten Haltungsanforderungen ist die Vermeidung von schadensträchtigen Konkurrenzsituationen in der Gruppe.

Das Gehege muß in verschiedene funktionale Bereiche gegliedert sein: in einen Futterbereich, wo sich die Kaninchen nur zur Nahrungsaufnahme aufhalten sollen, und in einen zum Verweilen attraktiven Ruhe- und Aufenthaltsbereich. Hier ist entscheidend, daß Strukturen zum Anschmiegen und zum Verstecken angeboten werden. Der Boden muß gleitsicher und wärmeisoliert sein. Die Nutzung der dritten Dimension durch das Angebot von erhöhten Ebenen erhöht die Komplexität dieses Bereiches, wobei gute Übersicht und Handhabbarkeit jedoch für Tier und Mensch nicht vernachlässigt werden dürfen (Abb. 4).

Auseinandersetzungen zwischen Kaninchen verlaufen dann schadensfrei, wenn sich subdominante Tiere erfolg-

Abb. 4 Gruppenhaltung von Mastkaninchen. Der Boden ist mit einer gleitsicheren und wärmeisolierenden Gummimatte abgedeckt und teilweise eingestreut. Kraftfutter wird in einem Längstrog (links), Heu bzw. während der Vegetationsperiode auch Gras werden in hängenden Körben (Vordergrund rechts) angeboten. Attraktiv sind auch frische Weichholzäste (z.B. Hasel, Weide). Die einfach herzustellenden Unterschlupfe (z.B. halbiertes Kunststoffaß) im Hintergrund sind so ausgerichtet, daß sie für das Betreuungspersonal von der Gehegefront her einsehbar sind.

reich zurückziehen können. Bei rasch wachsenden Fleischmastrassen und Hochleistungshybriden kann die Geschlechtsreife bei Böcken vorgezogen sein. Dies kann in wenig strukturierten Bodenhaltungen im letzten Mastdrittel zu Verletzungen führen, wenn die Böcke untereinander kaninchentypisch ihre Rangordnung auszumachen versuchen (Bigler und Oester, 1994b).

■ **Zucht**

Die Zucht in Gruppen, die aus drei bis fünf Zibben, einem Bock und deren Jungen bis zum Erreichen des Absetzalters bestehen, wird den Ansprüchen von jungen und alten Kaninchen an ihre soziale Umgebung zweifellos am ehesten gerecht und ist aus der Sicht der Verhaltensforschung und des Tierschutzes sehr zu befürworten (Stauffacher, 1992). Je komplexer eine Haltungsform ist, desto anspruchsvoller werden Strukturierung, Betreuung und Zuchtmanagement. Bei der Strukturierung ist nicht nur darauf zu achten, daß die einzelnen Elemente (z.B. Nestboxen, Sichtblenden, Unterschlupfe) funktionsgerecht gebaut sind. Entscheidend dafür, daß sie von den Kaninchen schadensfrei so genutzt werden, wie vom Tierhalter beabsichtigt, ist die Anordnung der einzelnen Elemente zueinander (Stauffacher, 1992, 1994). Die Zuchtgruppenhaltung ist darum zur Zeit erst bedingt praxistauglich. Weitere Entwicklungsarbeit ist vor allem in den Bereichen Hygiene und Tiergesundheit sowie bei der Ausbildung des Betreuungspersonals zu leisten.

Fütterung

In naturnahen Gehegen verbringen Kaninchen mehrere Stunden täglich mit Nahrungsaufnahme (Lehmann, 1992). Sie fressen Gras und Kräuter und benagen Äste und Wurzeln. Ihr Verdauungssystem ist an den Verzehr von viel grobstrukturierter Nahrung mit teilweise geringem Nährwert angepaßt. Im Käfig ist die tägliche Ration an energiereichen Futterwürfeln rasch aufgenommen. Daraus können sich nicht nur Probleme mit der Tiergesundheit ergeben (z.B. Verdauungs- und Fruchtbarkeitsstörungen; Kötsche und Gottschalk, 1990); der Mangel an Beschäftigung bei der Nahrungsaufnahme steht in direktem Zusammenhang mit der Ausbildung stereotyper Verhaltensmuster (z.B. „Gitternagen" und „Belecken von Einrichtungen"; Lehmann und Wieser, 1985).

Als Beschäftigungsobjekte eignen sich harzarme, unbehandelte Nagehölzer (oder frische Zweige) und grobstrukturiertes Futter (Heu, Stroh, Gras, allenfalls Gemüse), das in Form von Preßlingen oder noch besser lose in einer Raufe geboten wird. Neben dem Verzehr von Kraftfutter beschäftigen sich Kaninchen etwa zwei Stunden pro Tag mit Halmen und Nageobjekten (Lehmann, 1990). Es ist unbedingt darauf zu achten, daß das Beschäftigungsmaterial frisch, sauber und frei von Schadstoffen ist. Zudem ist täglich ausreichend frisches Wasser anzubieten.

Pflege, Überwachung, Management

Hauskaninchen können sich ihre Umgebung nicht selbst suchen; in Käfig- oder Mastgruppenhaltung können sie schadenträchtige Situationen oft nur beschränkt durch ihr Verhalten bewältigen oder vermeiden. Entscheidend ist, daß Probleme von der Betreuungsperson rasch wahrgenommen und für das Kaninchen angemessen behoben werden. Erfolg oder Mißerfolg, insbesondere bei der Gruppenhaltung, hängen vor allem davon ab, ob der Gesundheitszustand jedes Individuums täglich kontrolliert wird (z.B. Anzeichen für Verdauungsstörungen, Verletzungen). Kranke oder verletzte Tiere sind zu behandeln und bei Bedarf abzutrennen. Ebenso wichtig ist das Einhalten einer strikten Hygiene in den Käfigen und Gehegen (z.B. Vermeidung von Vernässung, Schimmelbildung).

Besondere Eingriffe

Geschlechtsreife Böcke lassen sich nur mit beträchtlichem Verletzungsrisiko zusammenhalten. Bei den eher seltenen, aber typischen Kämpfen treten immer wieder schwere Verletzungen im Genitalbereich auf. Gruppenhaltung von kastrierten Böcken (z.B. im Labor oder als Heimtiere) ist hingegen problemlos. Was weniger einschränkend ist, Kastration mit Sozialkontakt oder Einzelhaltung, bleibt letztlich eine ethische Entscheidung. Obschon nicht gesetzlich vorgeschrieben, sollte bei Kaninchen die Kastration wegen der Anatomie der Geschlechtsorgane jedoch nur unter Narkose und von einem Tierarzt durchgeführt werden.

Gesetzgebung

In Deutschland und Österreich gibt es keine speziellen Anforderungen an die Haltung von Hauskaninchen. Dort kommen die allgemeinen Tierhaltungsvorschriften zum Tragen. Eine Ausnahme bilden Kaninchen, die für Versuche oder andere wissenschaftliche Zwecke gehalten werden: Hier werden in supranationalen Übereinkommen Mindestabmessungen für Käfige festgelegt (z.B. Europarat, 1986; Europäische Gemeinschaft, 1986), deren Überarbeitung derzeit diskutiert wird (Stauffacher et al., 1995). In der Schweiz wurden aufgrund der stark erweiterten und wissenschaftlich fundierten Kenntnisse die Anforderungen an die Haltung von Hauskaninchen bei einer Revision der Tierschutzverordnung (1981) neu festgelegt (Artikel 24a und 24b, Revision vom 23.10.1991). Diese Bestimmungen gelten gleichlautend für die Erwerbs- und

Laborkaninchenhaltung ebenso wie für die Rassenzucht und Heimtierhaltung. So müssen Kaninchen „täglich mit grob strukturiertem Futter wie Heu oder Stroh versorgt werden sowie ständig Objekte zum Benagen zur Verfügung haben. Jungtiere dürfen in den ersten acht Wochen in der Regel nicht einzeln gehalten werden".

Käfige müssen „mindestens in einem Teilbereich so hoch sein, daß die Tiere aufrecht sitzen können" und „mit einem abgedunkelten Bereich ausgestattet sein, in den sich die Tiere zurückziehen können". Die Mindestabmessungen sind in Anhang 1 der Schweizer Tierschutzverordnung (1981, Tabellen 141 und 142) für Alttiere nach Rassengröße und für Jungtiere nach Gewichtsklassen geregelt (siehe auch Tabelle 1; in Käfigen ohne erhöhte Ebene ist die minimale Bodenfläche um etwa 60% zu vergrößern). „Gehege oder Käfige für hochträchtige Zibben müssen mit Nestkammern ausgestattet sein. Die Tiere müssen die Nestkammern mit Stroh oder anderem geeignetem Nistmaterial auspolstern können. Zibben müssen sich von ihren Jungen in ein anderes Abteil oder auf eine erhöhte Ebene zurückziehen können".

Im Bereich der Laborkaninchenhaltung wird auch in Deutschland der „Schweizer Standard" immer mehr übernommen; so werden kaum mehr neue Käfige verkauft, deren Abmessungen unter den Mindestanforderungen der Schweizer Gesetzgebung liegen.

Literatur

Bigler, L., und Oester, H. (1994a): Paarhaltung nichtreproduzierender Hauskaninchen-Zibben im Käfig. Berl. Münch. tierärztl. Wschr. 107, 202–205.

Bigler, L., und Oester, H. (1994b): Die Beurteilung der Tierartgerechtheit von Aufstallungssystemen für kleine und große Mastkaninchen-Gruppen. Berl. Münch. tierärztl. Wschr. 107, 150–156.

Drescher, B., und Loeffler, K. (1991): Einfluß unterschiedlicher Haltungsverfahren und Bewegungsmöglichkeiten auf die Kompakta der Röhrenknochen von Versuchs- und Fleischkaninchen. Tierärztl. Umschau 46, 736–741.

Europäische Gemeinschaft (1986): Richtlinie des Rates zur Annäherung der Rechts- und Verwaltungsvorschriften der Mitgliedstaaten zum Schutz der für Versuche und andere wissenschaftliche Zwecke verwendeten Tiere. No. 86/609/EEC, Amtsblatt EG 1.358/1.

Europarat / Council of Europe (1986): European Convention for the protection of vertebrate animals used for experimental and other scientific purposes. Convention ETS 123, Strasbourg.

Held. S., Turner, R., and Wootton, R.J. (1993): Social behaviour and immunological correlates in group-housed female laboratory rabbits. Proc. 27th Int. Congress Appl. Ethology Berlin, KTBL Verlag, Darmstadt, 131–135,

Kötsche, W., und Gottschalk, C. (1990): Krankheiten der Kaninchen und Hasen. 4. Aufl. Fischer Verlag, Jena.

Kraft, R. (1979): Vergleichende Verhaltensstudien an Wild- und Hauskaninchen. II. Quantitative Beobachtungen zum Sozialverhalten. Z. Tierzüchtung u. Züchtungsbiol. 95, 165–179.

Lehmann, M. (1984): Beurteilung der Tiergerechtheit handelsüblicher Batteriekäfige für Mastkaninchen. Bericht z.Hd. Bundesamt für Veterinärwesen, Bern.

Lehmann, M. (1990): Beschäftigungsbedürfnis junger Hauskaninchen: Rohfaseraufnahme und Tiergerechtheit. Schweiz. Arch. Tierheilk. 132, 375–381.

Lehmann, M. (1992): Social behaviour in young domestic rabbits under semi-natural conditions. Appl. Anim. Behav. Sci. 32, 269–292.

Lehmann, M., und Wieser, R. (1985): Indikatoren für mangelnde Tiergerechtheit sowie Verhaltensstörungen bei Hauskaninchen. In: Aktuelle Arbeiten zur artgemäßen Tierhaltung 1984. KTBL-Schrift 307, Darmstadt, 96–107.

Löliger, H.-Ch., und Schlolaut, W. (1992): Empfehlungen zur tiergerechten und tierschutzkonformen Haltung von Hauskaninchen. Dtsch. Geflügelwirtschaft u. Schweineproduktion DGS 44, 112–115.

Morton, D.B., Jennings, M., Batchelor, G.R., Bell, D.J., Birke, L., Davies, K., Eveleigh, J.R., Gunn, D., Heath, M., Howard, B., Koder, P., Phillips, J., Poole, T., Sainsbury, A.W., Sales, G.D., Smith, D.J.A., Stauffacher, M., and Turner, R.J. (1993): Refinement in Rabbit Husbandry. 2nd Report of the BVAAWF/ FRAME/ RSPCA/UFAW Joint Working Group on Refinement. Lab. Anim. 27, 301–329.

Schlolaut, W. (Hrsg.) (1995): Das große Buch vom Kaninchen. DLG-Verlag, Frankfurt am Main.

Stauffacher, M. (1992): Tiergerechte Haltung von Hauskaninchen: Neue Konzepte für die Zucht und Haltung von Labor- und Fleischmastkaninchen. Dtsch. tierärztl. Wschr. 99, 9–15.

Stauffacher, M. (1993): Refinement bei der Haltung von Laborkaninchen. Ein Beitrag zur Umsetzung von Tierschutzforderungen in die Praxis. Der Tierschutzbeauftragte 2/3, 18–33.

Stauffacher, M. (1994): Ethologische Konzepte zur Entwicklung tiergerechter Haltungssysteme und Haltungsnormen für Versuchstiere. Tierärztl. Umschau 49, 560–569.

Stauffacher, M., Bell, D.J., and Schulz, K.D. (1995): Rabbits. In: O'Donoghue, P.N. (Hrsg.): The accommodation of laboratory animals in accordance with animal welfare requirements. Bundesministerium für Ernährung, Landwirtschaft u. Forsten, Bonn, 15–30.

Stodart, E.J., and Myers, K. (1964): A comparison of behaviour, reproduction and mortality of wild and domestic rabbits in confined populations. CSIRO Wildlife Res. 9, 144–159.

Tierschutzgesetz Deutschland, Fassung der Bekanntmachung vom 18. August 1986, Bundesgesetzblatt I, S. 1319.

Tierschutzverordnung Schweiz vom 27. Mai 1981, Änderung vom 23. Oktober 1991, in Kraft seit 1. Dezember 1991. Eidgenössische Drucksachen- und Materialzentrale EDMZ, CH-3000 Bern (1992).

Whary, M., Peper, R., Borkowski, G., Lawrence, W., and Ferguson, F. (1993): The effect of group housing on research use of the laboratory rabbit. Lab. Anim. 27, 330–341.

Wullschleger, M. (1987): Nestbeschäftigung bei säugenden Hauskaninchenzibben. Revue Suisse Zool. 94, 553–562.

Pelztiere (Nerz und Fuchs)*

P. R. WIEPKEMA UND G. DE JONGE

■ Einleitung

Seit langem haben Menschen Felle verwendet, um sich zu kleiden oder sich zu schmücken. Einen der ältesten Berichte darüber finden wir in der Bibel am Ende der Paradiesgeschichte. Da macht der Gott Felle für Adam und Eva und kleidet sie damit. Bekleidung aus Fellen ist offenbar uralt.

Nerze und Füchse wurden seit Jahrhunderten ausschließlich gejagt. Zucht und Haltung dieser Tiere zur Pelzgewinnung haben sich erst in der zweiten Hälfte des vorigen Jahrhunderts, und zwar in Kanada, entwickelt (Herre und Röhrs, 1990). In Europa entstand die erste Pelztierfarm 1914. Die Haltung der Amerikanischen Nerze (*Mustela vison*), der Blaufüchse (*Alopex lagopus*) und der Silberfüchse (*Vulpes vulpes*) wird im folgenden besprochen.

■ Nerz

Biologie

Nerze bevorzugen ein Revier in der Nähe von Gewässern (Dunstone, 1993). Es sind Ufertiere, die beim Tauchen durch schnellen Zubiß Fische, Amphibien oder Krebse greifen und als Futter verwenden. Sie sind keine raschen Schwimmer und haben nur eine kleine Schwimmhaut zwischen ihren Zehen. Nerze können aber auch monatelang entfernt vom Wasser leben und sich z.B. von Kaninchen ernähren. An Land schleichen Nerze ihre Beute an und vertrauen auf einen schnellen Sprung.

Die Vorliebe, an Gewässern zu leben, ist der Grund für ausgedehnte Reviere (1–4 km^2). Deren Radius wird bestimmt durch das Futterangebot. Im Revier gibt es mehrere Baue, worin die Tiere ruhen, sich verbergen und ihre Jungen aufziehen. Nerze können nach erfolgreicher Jagd, wenn sie z.B. ein Kaninchen geschlagen haben, bis zu 2–3 Tagen im Bau verbleiben. Nerze meiden offenes Gelände.

Während der Ranzzeit im März suchen die Rüden brünstige Fähen. Dabei gibt es keine echten Paarbildungen. Nach einer gelungenen Kopulation mit induzierter Ovulation werden die befruchteten Eier nicht sofort implantiert. Dies geschieht erst, wenn die Fähe 8–9 Tage später wieder in Ranz gerät, kopuliert - mit demselben oder einem anderen Rüden - und ovuliert. Eine Besonderheit der Nerze ist die verzögerte Eiimplantation, wodurch die Trächtigkeitsperiode von 38–100 Tagen ab der letzten Begattung variiert.

Die Wurfgröße bei der Geburt wird auf 3–6 Jungtiere geschätzt. Von ihnen überleben unter sehr günstigen Umständen 2–3. Die Jungen werden bis zum Alter von 3–4 Wochen ausschließlich gesäugt. Sie bleiben etwa 3 Monate bei der Fähe und werden gegen Ende dieser Zeit allmählich entwöhnt. Nerze werden oft für

---

* Die Autoren bedanken sich bei Frau J. Simon für die Hilfe bei der Korrektur der deutschen Fassung.

Einzelgänger gehalten. Es gibt aber enge soziale Bindungen während der ersten Lebensmonate, wenn die Jungen zusammen bei ihrer Mutter aufwachsen. Nerze sind während der Morgen- und Abenddämmerung besonders aktiv. Die Gesamtaktivität pro 24 Stunden hängt vom Nahrungsangebot ab: je mehr Futter, desto weniger Aktivität. Nerze sind nicht scheu und oft sogar neugierig.

Haltung

Alle für die Produktion von Fellen bestimmten Nerze werden in annähernd gleichen Käfigen gehalten (C.E.C., 1990; Haferbeck, 1988; Abb.1). Diese haben in der Regel folgende Maße: Länge 85 cm, Breite 30 cm, Höhe 45 cm. Die Käfige sind einfache Drahtgeflechte mit einer Maschenweite von 25 x 25 mm. Überdies hat jeder Käfig einen hölzernen Wohnkasten mit den Ausmaßen von ungefähr 30 x 30 x 25 cm. Diese Wohnkästen, oft mit etwas Stroh eingestreut, dienen als Ruheplätze und Nesthöhle.

Die Käfige werden in einer Höhe von ungefähr 1 m über dem Boden angebracht und sind mit ihren Längsseiten fast direkt (Spalte 2,5 cm) nebeneinander aufgestellt. In einem Schuppen befinden sich zwei Käfigreihen, wobei die Wohnkästen an der Laufgangseite angebracht sind. Pro Farm werden unter Umständen mehrere tausend Zuchttiere gehalten.

Einmal pro Tag – wenn die Fähen Junge haben auch häufiger – wird breiiges Futter auf den Drahtkäfig gelegt. Das Futter besteht aus Schlacht- oder Fischabfällen. In Dänemark und den Niederlanden wird die Zusammenstellung des Mischfutters ganz durch zentrale Futterküchen übernommen. Das gilt z.B. nicht für Deutschland, wo manche Züchter selbst ihr Mischfutter täglich zubereiten. Tränkwasser steht den Tieren über eine Nippeltränke ad libitum zur Verfügung.

Jahresablauf im Betrieb

Im März findet die Fortpflanzung der Nerze statt. In dieser Zeit befinden sich alle Tiere in Einzelkäfigen. Gewöhnlich wird die Fähe zum Rüden gebracht, und die Paarung vollzieht sich innerhalb einer Stunde. Infolge der zweimaligen Ranz wird in der Regel die Paarung 8 und 9 Tage später wiederholt. Nach der Paarungszeit werden die meisten Rüden getötet und ihre Pelze verarbeitet. Die im April und Mai geborenen Jungen werden im Alter von 7–8 Wochen entwöhnt. Oft bleibt ein junger Rüde bei der Fähe, während die übrigen Jungen jeweils zu

Abb. 1 Prinzip der Gruppenhaltung für Nerze. Mit Hilfe einfacher Durchgangslöcher sind einige Käfige aneinandergereiht. Jeder Einzelkäfig hat einen Nestkasten (Vordergrund).

zweit auf die schon genannten Käfige aufgeteilt und bis zur Pelzung (November/Dezember) untergebracht werden. Zu dieser Zeit werden auch die neuen Zuchttiere ausgewählt, wobei Gewicht, Fellqualität und Fruchtbarkeit der Elterntiere Priorität haben. In den Monaten Januar und Februar leben auf der Farm nur noch die Zuchttiere, die in dieser Periode fast immer etwas knapp gefüttert werden; diese Fastenkur soll die Fortpflanzung fördern. Kurz vor der Paarungszeit werden die Tiere wieder reichlich gefüttert; das gleiche gilt während der Trächtigkeit und der Laktationsperiode.

Krankheiten

Bei sorgfältiger Gesundheitskontrolle treten Krankheiten selten auf. Es gibt einige ernsthafte Infektionen wie Virusenteritis und Pseudomonas-Infektionen, gegen die prophylaktische Maßnahmen angebracht sind. Für die Aleutenkrankheit ist aber keine Vakzine vorhanden. Diese Virusinfektion wird bekämpft, indem diejenigen Tiere gemerzt werden, die nach Analyse ihrer Blutproben Antikörpertiter zeigen. Der Infektionsdruck kann durch hygienische Maßnahmen weiter stark reduziert werden. Hierzu zählen vor allem Sauberkeit und Frische des Futters; eine einwandfreie Futterküche ist in dieser Hinsicht sehr wichtig.

Tötung

Nerze werden in der Regel mit Gas getötet. Dazu wird Kohlenmonoxid (CO) oder bisweilen Kohlendioxid (CO_2) verwendet. Das CO wird oft von laufenden Motoren (nach Kühlung) geliefert. Diese Methode erzeugt bei den Tieren während einiger Minuten Exzitationen, wonach Bewußtlosigkeit eintritt; das Verfahren ist keineswegs tierschutzgerecht. Eine geeignete Methode besteht darin, die Tiere mit CO aus einer Gasflasche zu töten. Hierbei wird der Begasungskasten mit Gasflasche an den Käfigen entlanggeführt. Bewußtlosigkeit tritt dann schon nach 10–17 Sek. ein (Lambooy et al., 1985). Die Tiere zeigen nur wenige (0–5) Sekunden Zuckungen.

Domestikation und Tierschutz

Eine zentrale Frage ist, inwieweit der Nerz als domestiziertes Tier oder als Wildtier aufzufassen ist. In der Schweizerischen Tierschutzverordnung wird der Nerz als Wildtier angesehen, und dementsprechend werden Gehege von 6 m² pro 1 oder 2 Nerze vorgeschrieben. Diese Stellung wurde in Deutschland vom Bundesland Hessen übernommen, wobei die entsprechenden Gehege auch ein Wasserbecken zum Schwimmen bieten sollen. Hingegen läßt die Empfehlung des Europarats über die Haltung von Pelztieren (Council of Europe, 1991) unter bestimmten Voraussetzungen Käfige als Haltungssystem zu und schreibt kein Wasserbecken vor. Um beide Auffassungen zu beleuchten, sind zwei Fragen zu beantworten:
1. Ist der Farmnerz noch immer ein Wildtier?
2. Haben Nerze ein Bedürfnis nach Wasser zum Schwimmen oder Fischen?

Zu 1.: Die Domestikation ist ein Prozeß, wobei sich wilde Populationen an menschliche Haltung und Versorgung anpassen (Herre und Röhrs, 1990). Diese Anpassung beinhaltet jedenfalls, daß die Tiere sich gut fortpflanzen, gesund und nicht scheu sind. Ziel der Domestikation ist, daß die selektierten Formen die durch den Menschen gewünschten Eigenschaften besitzen. Diesen Kriterien folgend, zeigen sich die Nerze der meisten

Betriebe als domestiziert. Fast immer verhält sich die Mehrheit der Tiere neugierig, zeigt gutes Wachstum, hat minimale Fortpflanzungsprobleme und, bei guten prophylaktischen Maßnahmen, selten ernsthafte Erkrankungen. Es gibt sogar Farmen, in denen Züchter ihre Tiere ohne Handschuhe handhaben. Damit ist nicht gesagt, daß die Käfighaltung für diese Tiere ohne Probleme ist.

Zu 2.: Die Untersuchungen von Dunstone (1993) zeigen, daß Nerze auch monatelang von Kaninchen leben und während dieser Zeit die Nähe von Gewässern praktisch vergessen. Hieraus ist zu schließen, daß Nerze zwar Wasser als Jagdgebiet lieben, es für sie aber nicht lebensnotwendig ist. Die Umwelt eines Nerzes ist damit vielseitiger als z.B. die des Iltisses. Daraus darf geschlossen werden, daß der Nerz vermutlich kein zwingendes Bedürfnis zum Schwimmen hat. Dieser Aspekt muß aber noch besser untersucht werden und damit auch die Frage, inwieweit das Bedürfnis zum Schwimmen berücksichtigt werden muß (Council of Europe, 1991).

Die völlig unnatürliche Haltungsweise, unter der Farmnerze leben, wirft die Frage auf, ob das Wohlbefinden dieser Tiere nicht ernsthaft gestört ist. Störungen des Wohlbefindens sind an einer Reihe von spezifischen (chronischen) Streßsymptomen zu erkennen (Wiepkema und Koolhaas, 1993). Diese Symptome sind folgende:
1. gestörtes Verhalten (z.B. Stereotypien, Apathie),
2. innere und/oder äußere Schädigungen,
3. Fortpflanzungsstörungen einschließlich Mortalität der Jungen,
4. erhöhte Krankheitsempfindlichkeit,
5. ängstliches Verhalten,
6. verminderte Lebensfähigkeit.

Farmnerze zeigen oft gestörtes Verhalten und Schädigungen (de Jonge et al., 1987; Hansen et al., 1994). Hinsichtlich der anderen Symptome unterscheiden sich Farmnerze allerdings nicht von ihren Artgenossen in der freien Wildbahn. Nerze können mehr oder weniger ausdauernd in ihren Käfigen hin- und herlaufen bzw. -rennen, mit ihren Köpfen stereotype Drehbewegungen um den Trinknippel oder andere, scheinbar sinnlose Bewegungen ausführen. Diese Stereotypien sind in allen Farmen festzustellen, vor allem bei den Zuchttieren während der Monate der Einzelhaltung und bei rationierter Fütterung. Viele, aber nicht alle Tiere zeigen dieses Verhalten, wobei die Gesamtdauer dieser Stereotypien bis zu 20 % eines Tages betragen kann. Diese Stereotypien treten häufig kurz vor dem Füttern auf und sind dann als Futtersuchverhalten aufzufassen: Die Belohnung ist frisches Futter.

Problematische Stereotypien sind die, welche in der Morgendämmerung und am Mittag nach der Fütterung auftreten (Hansen et al., 1994). Es stellte sich heraus, daß diese Bewegungen mit folgenden Faktoren zusammenhängen:
1. Stereotypien treten vermehrt bei Tieren ohne Wohnkasten auf (Hansen et al., 1992); vor allem die Fähen sind dann unruhig und ängstlich. Deshalb sollte in jedem Käfig immer ein Wohnkasten zur Verfügung stehen.
2. Stereotypien zeigen sich häufiger, wenn die Futterration reduziert wird (Bildsøe et al., 1991). Ein solcher Eingriff wird in der Regel in den Monaten vor der eigentlichen Paarungszeit durchgeführt. Weil die Vorstellung, daß diese Rationierung die Fortpflanzung günstig beeinflußt, zweifelhaft ist, gibt es keine ausreichende Begründung, eine Futterbeschränkung anzuwenden (Martens et al., 1992a, b;

Tauson, 1985); eine solche Restriktion muß abgelehnt werden.
3. Neuere Untersuchungen haben ergeben, daß Stereotypien signifikant seltener auftreten, wenn Tiere gemeinsam gehalten werden – Gruppenhaltung (de Jonge und Leipoldt, 1994). Einzelhaltung sollte daher vermieden werden.
4. Innerhalb der Nerzpopulationen treten große Unterschiede in der Neigung zu Stereotypien auf. Dies deutet auf genetische Ursachen hin (Bildsøe et al., 1991; de Jonge und Leipoldt, 1994). Mit Hilfe neuer und besserer Selektionskriterien, wozu namentlich ruhiges Verhalten gehört, ist es möglich, das Auftreten von Stereotypien drastisch zu vermindern. Neue Zuchtlinien sind allerdings nur akzeptabel, wenn zugleich das normale Verhalten (soziales Verhalten, Neugier, ruhiges Verhalten) sich nicht negativ verändert.

Diese Überlegungen führen zu der Schlußfolgerung, daß Stereotypien bei Farmnerzen *gravierende Probleme* darstellen. Sie können und müssen durch eine verbesserte Haltung und eine verstärkte spezifische Selektion von geeigneten Verhaltensmerkmalen deutlich vermindert werden.

Ein zweites Problem stellen die Schädigungen der Tiere dar. Im Gegensatz zu dem, was bisweilen vermutet wird, sind keine Verletzungen durch Käfigböden aus Drahtgitter bekannt. Dagegen gibt es Schädigungen des Felles und des Schwanzendes als Folgen ernsthaften Problemverhaltens: *Fell- und Schwanzbeißen* oder *Schwanzsaugen*. Es ist erwiesen, daß gegen diese Neigung zum Problemverhalten wirksam selektiert werden kann (de Jonge, 1988). Ebenso wurde festgestellt, daß das Alter, mit dem die Tiere entwöhnt werden (7–8 Wochen), einen großen Einfluß auf das Entstehen dieser Verhaltensanomalien hat (Mason, 1994). Wenn die Tiere im biologisch vorgegebenen Alter von 11 Wochen entwöhnt werden, ist das Auftreten von Fell- und Schwanzschädigungen signifikant geringer. Ein späteres Entwöhnen führt dazu, daß in der Praxis Tiere eines Wurfes länger als üblich gemeinsam gehalten werden müssen. Der dazu benötigte erhöhte Raumbedarf wird geschaffen, indem man mehrere Nachbarkäfige miteinander verbindet (s. Abb. 1). Auf diese Weise führt die Gruppenhaltung der Jungtiere zu einer wirksamen Strukturierung des Käfigs.

Wichtige Elemente für eine Verbesserung sind:
1. Strukturierung des Käfigs
   a) durch einen ständig vorhandenen Nestkasten,
   b) durch einen erhöhten Liegeplatz,
   c) durch Gegenstände im Käfig (z.B. Röhren zum Durchschlüpfen),
   d) durch eine Verbindung von zwei oder mehreren Nachbarkäfigen.
2. Die Haltung sollte gewährleisten, daß die Jungen zumindest drei Monate in miteinander verbundenen Käfigen zusammen mit ihrer Mutter leben.
3. Die Tiere sollten immer so reichlich gefüttert werden, daß Stereotypien nicht auftreten.
4. Tränkwasser muß immer zur Verfügung stehen.
5. Einzelhaltung darf nur von Dezember bis April zugestanden werden.
6. Ruhiges Verhalten sollte als wesentliche Eigenschaft in der Selektion berücksichtigt werden.
7. Wenn es gute Gründe für ein zwingendes Wasserbedürfnis gibt, sollte in den Käfigen ein gemeinsames Wasserbecken installiert werden.

Fuchs

Biologie

Obwohl Blau- und Silberfüchse zu zwei verschiedenen Gattungen gehören, werden die beiden Arten in diesem kurzen Überblick hinsichtlich ihrer Biologie gemeinsam beschrieben. Beide Arten sind Allesfresser, bewohnen aber unterschiedliche Gebiete. Während der Eisfuchs (Wildform des Blaufuchses) nur in arktischen Regionen lebt, kann der Rotfuchs (Wildform des Silberfuchses) fast überall südlich davon in der nördlichen Hemisphäre angetroffen werden (Garrot und Eberhardt, 1987; Harris und Lloyd, 1991).

Beide Arten bilden soziale Verbände, wobei Familien Territorien von 20 bis zu vielen tausend Hektar bewohnen. Die Größe dieser Reviere wird weitgehend vom Futterangebot bestimmt. Namentlich beim Blaufuchs in Gefangenschaft wurden deutliche hierarchische Beziehungen beschrieben (Korhonen und Alasuutari, 1992). Diese individuellen Verhältnisse spielen auch während der Fortpflanzungsperiode (Mitte Januar bis Ende April) eine sehr große Rolle, wenn sich feste Beziehungen zwischen einem Rüden und einer oder mehreren Fähen entwickeln. Fruchtbare Begattungen sind nur während einiger aufeinanderfolgender Tage möglich. Die Trächtigkeit dauert ungefähr 7,5 Wochen; eine Fähe erzeugt nur einen Wurf pro Jahr. Die Jungen werden in einem Erdbau oder einer Höhle geboren und dort während der ersten vier Wochen durch die Fähe gesäugt und gepflegt. Diese Fähe hält sich während der ersten 2–3 Wochen fast immer in der Wurfhöhle auf. Die Wurfgröße ist sehr variabel (bis zu 10 Welpen), die durchschnittliche Zahl der Welpen pro Fähe beträgt 2–4. Rüden und junge oder rangtiefe Fähen versorgen die Mutter. Diese Helferfähen sind oft unfruchtbar, oder ihre eigenen Jungen wurden oft am ersten Lebenstag von ihnen selbst getötet. In den ersten Lebenswochen ihrer Jungen reagiert die Mutterfähe sehr empfindlich auf Störungen. Wenn es zu Störungen kommt, werden die Jungen bald in einen anderen Bau umtransportiert. Die Jungen bleiben 6–12 Monate in der Familie; danach suchen vor allem die jungen Rüden neue Reviere auf.

Haltung

Früher wurden Füchse in Gehegen gezüchtet; seit längerer Zeit werden aber fast alle Tiere in einfachen Drahtkäfigen mit einer Höhe von ungefähr 70 cm und einer Bodenfläche von ungefähr 1 m² gehalten (C.E.C., 1990). Die Käfige befinden sich innerhalb eines langen Schuppens fast unmittelbar nebeneinander (Zwischenraum 2,5 cm). Bisweilen gibt es im Käfig einen erhöhten Liegeplatz (Drahtgeflecht oder Holzbrett). In der Regel werden die Füchse einmal pro Tag gefüttert, wobei das frische Breifutter in eine Drahtnische in der Vorderwand des Käfigs gelegt wird. Trinkwasser steht über eine Nippeltränke immer zur freien Verfügung.

Die Zuchttiere werden einzeln gehalten, wobei die Fähe während der Brunstperiode ein- oder zweimal in den Käfig des Rüdens gebracht wird. Dazu werden die Silberfüchse mit einer Zange, die sich um den Nacken schließt, gefangen. Blaufüchse werden auch mit der Hand angefaßt. Wenn die Paarung gelingt, was oft schwer zu erreichen ist, wird der Fähe ein Nestkasten zur Verfügung gestellt. Dieser Nestkasten ist in zwei Abteilungen unterteilt, in eine Vorhalle und in den eigentlichen Nestraum. Die äußeren Maße dieser hölzernen Nestkästen betragen ungefähr 85 x 40 x 45 cm.

Im Alter von acht Wochen werden die Jungen abgesetzt, indem die Fähe entfernt wird und die Jungen für die kommenden Monate (bis zur Pelzung) zu zweien in Normalkäfige umgesetzt werden. Die Jungtiere werden mehrmals am Tag gefüttert. Im Alter von sechs Monaten haben die Jungfüchse „reife" Pelze und werden getötet. In dieser Zeit werden auch die Zuchttiere selektiert; diese werden immer einzeln gehalten.

Krankheiten

Wenn der Farmer in seinem Betrieb auf gute hygienische Verhältnisse achtet und dazu nur tagfrisches oder gekochtes Futter verwendet, sind Krankheitsprobleme minimal. Gegen Virusinfektionen wie Hundestaupe und Parvovirose kann prophylaktisch geimpft werden. Tollwut wird verhindert, indem jeder Kontakt mit Wildfüchsen (sichere Umzäunung) oder fremden Hunden unterbunden wird. Erforderlichenfalls muß ein Tierarzt oder eine Tierärztin zu Rate gezogen werden.

Tötung

Füchse werden fast immer mittels elektrischen Stroms getötet. Dazu wird eine Sonde in den Anus geschoben und das Tier veranlaßt, in die andere Elektrode zu beißen, so daß dadurch der Stromkreis geschlossen wird. Es erfolgen zwei Stromstöße von einigen Sekunden. Der erste Stoß macht das Tier sofort bewußtlos, der zweite tötet es (Lambooy, 1983). Die Tiere werden in der Farm getötet. Diese schnelle Tötungsweise sollte vor der viel langsameren Gastötung oder der Tötung durch Injektion von Giften unbedingt bevorzugt werden. Letztgenannte Methode erfordert große Übung und eignet sich nicht für das Töten größerer Tiergruppen.

Domestikation und Tierschutz

Auch hier fragt sich, inwieweit die Füchse als wild oder domestiziert aufzufassen sind. In der Schweizerischen Tierschutzverordnung wird nur von Wildfüchsen gesprochen, und dementsprechend werden Gehege vorgeschrieben. Für Blaufüchse beträgt die Größe des Geheges 20 m² pro Tier plus 4 m² für jedes weitere Tier; für Rotfüchse sind die Maße auf 40 m² pro 2 Tiere und für jedes weitere Tier mit 5 m² festgeschrieben. In Deutschland hat das Bundesland Hessen diese Auffassung übernommen. Die Empfehlung des Europarates (Council of Europe, 1991) über die Haltung von Pelztieren läßt zwar Käfighaltung für Füchse unter bestimmten Voraussetzungen zu, weist aber darauf hin, daß die heutigen Haltungssysteme (Käfige) den biologischen Bedürfnissen der Füchse nicht entsprechen und sobald wie möglich durch bessere ersetzt werden müssen.

Obwohl Blau- und Silberfüchse seit vielen Jahrzehnten in Gefangenschaft gehalten und gezüchtet werden, ist die Frage, ob diese Füchse domestiziert sind, nicht eindeutig zu bejahen. Zwar hat Belyaev (1984) gezeigt, daß Füchse auf Zahmheit selektiert werden können, doch hat diese Maßnahme in der Praxis kaum zu sichtbaren Erfolgen geführt. In den meisten Betrieben sind die Füchse scheu und zeigen überdies schwerwiegende Fortpflanzungsprobleme (Bakken, 1994). Viele Füchse verweigern eine Paarung, oder Fähen werden nach einer Paarung nicht trächtig. Bei weiblichen Silberfüchsen ist das Töten ihrer Welpen nicht selten. Vom Gesichtspunkt des Tierschutzes machen diese Symptome die heutige Fuchshaltung sehr fragwürdig.

Über das Auftreten von Stereotypien ist in der Literatur über Füchse nichts

Abb. 2 Verbesserter Fuchskäfig. Grundsätzlich ist dies ein Doppelkäfig mit – links oben – einem dauernd vorhandenen Nestkasten. Dieser Kasten ist entweder offen, wie im Bild, oder abgedeckt. Im Käfig befinden sich zwei Plattformen. (Foto: L.L. Jeppesen).

beschrieben worden. Das gleiche gilt für interne Schädigungen. Krankheitsprobleme sind unter guten hygienischen Bedingungen zu vernachlässigen, und die Lebensfähigkeit ist unproblematisch.

Das ängstliche Verhalten der Füchse und die schwierige Fortpflanzung einschließlich des Infantizids durch die Fähe (besonders bei den Silberfüchsen) stellen große Probleme dar, wobei Angst und Fortpflanzungsstörungen korreliert sind (Bakken, 1994). Scheue und rangtiefe Fähen verweigern oft eine Paarung, sind häufig unfruchtbar und haben die starke Neigung, eines oder mehrere ihrer Jungen kurz nach der Geburt zu verletzen (Schwanzbeißen) oder gar zu töten. Diese Probleme könnten damit zusammenhängen, daß die Tiere nicht konsequent genug auf ruhiges und neugieriges Verhalten selektiert worden sind. Eine Verbesserung der Fuchshaltung ist vielleicht möglich, wenn zukünftig strikt gegen Scheuheit der Tiere selektiert wird. Scheuheit wird darüber hinaus wesentlich verringert, wenn die Jungtiere vor dem Absetzen schon vom Nestkasten aus einen guten Kontakt mit ihren Betreuern aufbauen können und/-oder in dieser Zeit täglich in die Hand genommen werden (Pedersen, 1994). Das Ideal sollte sein, daß schließlich auch erwachsene Tiere mit der Hand gefaßt werden können; die Zange sollte überflüssig werden.

Intensivere Kontakte zwischen Betreuer(in) und Fuchs könnten zwar den Fortpflanzungserfolg etwas verbessern, dennoch bleiben in anderer Beziehung grundlegende Probleme bestehen. So ist zu bedenken, daß während der natürlichen Fortpflanzung zwischen Rüden und Fähe eine Paarbindung entsteht. Die Tiere gewöhnen sich aneinander und akzeptieren sich gegenseitig. Dies ist vermutlich eine wichtige Voraussetzung für eine erfolgreiche Paarung. In der gegenwärtigen Praxis wird die biologische Bedeutung der Paarbildung leider nicht berücksichtigt. Auf Grund der natürlichen Neigung einer rangtiefen Fähe ist damit zu rechnen, daß diese Fähe ihre Jungen tötet, wenn sie in der Nähe einer dominanten Mutterfähe lebt. Die rangtiefe Fähe wird somit oft eine Helferin zur Betreuung der Jungen der dominanten Fähe (Bakken, 1994). In der Praxis, wo die Fähen tatsächlich dicht beieinander leben, könnte dies eine wichtige Ursache für den Infantizid sein (Bakken, 1994). Daher ist nicht sicher, ob bei Käfighaltung das Töten der Jungen wirklich verhütet werden kann.

Es liegt die Schlußfolgerung nahe, daß

analog den Empfehlungen des Europarates über die Haltung von Pelztieren (Council of Europe, 1991) die heutige Käfighaltung der Füchse nicht akzeptabel ist und sobald wie möglich durch verbesserte Systeme ersetzt werden muß.

Wichtige Elemente für eine Verbesserung sind:
1. Strukturierung des Käfigs (Abb. 2)
   a) durch einen ständig vorhandenen Nestkasten,
   b) durch einen erhöhten Liegeplatz und eine Vergrößerung des Käfigs.
2. Der Nestkasten muß einen Vorraum und einen separaten Raum enthalten und soll den Jungen frühzeitig mindestens visuellen Kontakt mit den Betreuern ermöglichen.
3. Die Haltung muß gewährleisten, daß die Jungen einige Monate zusammen mit ihrer Mutter leben. Gruppenhaltung sollte gefördert werden.
4. Rangtiefe Fähen dürfen nicht dem Einfluß dominanter Fähen ausgesetzt sein.
5. Ruhiges und neugieriges Verhalten sollte als wesentliche Eigenschaft in der Selektion berücksichtigt werden.

Literatur

Bakken, M. (1994): Infanticide behaviour and reproductive performance in relation to competition capacity among farmed silver fox vixens, *Vulpes vulpes*. Ph.D. Thesis, Universität Trondheim, Norway.

Belyaev, D.K. (1984): Foxes. In: Evolution of domesticated animals, 211–214 (Masow, I.L., Ed.), Longman, London.

Bildsøe, M., Heller, K.E., and Jeppesen, L.L. (1991): Effects of immobility, stress and food restriction on stereotypies in low and high stereotyping female ranch mink. Behav. Proc. 25, 179–189.

C.E.C. (1990): Study into the legal, technical and animal welfare aspects of fur farming. Commission European Communities, Contract nr 3814/12, Brussels.

Council of Europe (1991): European convention for the protection of animals kept for farming purposes, ETS/87. Recommendation concerning fur animals, Strasbourg.

Dunstone, N. (1993): The Mink. T. and Ad. Poyser, London.

Garrot, R.A., and Eberhardt, L.E. (1988): Arctic fox. In: Wild furbearer management and conservation in North America, 394–407, Ministry of Natural Resources, Ontario, Canada.

Haferbeck, E. (1988): Die gegenwärtigen Produktionsbedingungen in der deutschen Nerz-, Iltis- und Fuchszucht unter besonderer Berücksichtigung der Tierschutzproblematik. Diss., Georg-August-Universität Göttingen. Echo Verlag, Göttingen.

Hansen, S.W., Hansen, B.K., and Damgaard, B.M. (1992): The effects of cage environment and the welfare of mink. Norw. J. Agric. Sciences Suppl. 9, 536–544.

Hansen, S.W., Hansen, B.K., and Berg, P. (1994): The effect of cage environment and ad libitum feeding on the circadian rhythm, behaviour and feed intake of Mink. Acta Agric. Scand. 44, 120–127.

Harris, S., and Lloyd, H.G. (1991): Fox, *Vulpes vulpes*. In: The Handbook of British Mammals, 351–367 (G.B. Corbet and S. Harris, Eds.), Blackwell Scientific Publications, Oxford.

Herre, W., und Röhrs, M. (1990): Haustiere – zoologisch gesehen. Gustav Fischer, Stuttgart-New York.

Jonge, G. de (1988): Schwanzsaugen durch Nerze. Der Deutsche Pelztierzüchter 62, 20–22.

Jonge, G. de, Carlstead, K., und Wiepkema, P.R. (1987): Das Wohlbefinden von Farmnerzen, 1–53. Echo Verlag, Göttingen.

Jonge, G. de, en Leipoldt, A.L. (1994): De invloed van erfelijke aanleg en omgeving op de onrust van nertsen. De Pelsdierenhouder 44, 110–118.

Korhonen, H., and Alasuutari, S. (1992): Hierarchical development in captive arctic blue fox pack. Scientifur 16, 13–22.

Lambooy, E. (1983): Electrocution of foxes. Scientifur 7, 13–18.

Lambooy, E., Roelofs, J.A., and Voorst, N. van (1985): Euthanasia of mink with carbon monoxide. Vet. Rec. 116, 416.

Martens, R.P.C.H., Kemp, B., en Noordhuizen, J.P.T.M. (1992a): Relatie lichaamsgewicht begin paartijd en vruchtbaarheid. De Pelsdierhouder 42, 20–21.

Martens, R.P.C.H., Kemp, B., en Noordhuizen, J.P.T.M. (1992b): Relatie tussen het voerniveau gedurende de dracht en de vruchtbaarheid van eerste jaars standaard fokteven. De Pelsdierhouder 42, 70–72.

Mason, J. (1994): Tail biting in mink is influenced by age at removal from the mother. Animal Welfare 3, 305–311.

Pedersen, V. (1994): Early experience in silver foxes and effects on later behavioural and physiological parameters.Ph.D. Thesis, Zoological Institute, University of Copenhagen.

Tauson, A.H. (1985): Effect of nutrition on reproductive performance and kid growth in mink. Rapport 143, Sveriges Lantbruksuniversitet, Uppsala.

Wenzel, U.D. (1987): Pelztiergesundheitsdienst. 2. Aufl. Gustav Fischer Verlag, Jena.

Wiepkema, P.R., and Koolhaas, J.M. (1995): Stress and animal welfare. Animal Welfare 2, 195–218.

Hund

D. FEDDERSEN-PETERSEN

Biologie

Abstammung

Haushunde sind zunächst als eigene Art der Gattung *Canis* betrachtet worden; sie erhielten den wissenschaftlichen Namen *Canis familiaris* Linnaeus, 1758. Ein über den Rücken gekrümmter Schwanz wurde von Linné als wesentlicher Unterschied anderen Wildcaniden gegenüber genannt. Diese Auffassung, die auch heute mitunter noch vertreten wird (Clutton-Brock, 1984), vernachlässigt die vielen Möglichkeiten der Schwanzhaltung mit Signalcharakter bei Wölfen, anderen nahverwandten Wildcaniden und Haushunden und wird auch der hohen Variabilität der typischen „Ruhehaltungen" des Schwanzes bei verschiedenen Hunderassen/Hundeformen nicht gerecht. Eine Domestikationsveränderung ist zur Kennzeichnung einer besonderen Art ungeeignet (Herre und Röhrs, 1990). Bibikow (1988) u.a. stellen dennoch den Haushund ohne nähere Begründung als Taxon mit Artrang in die Gruppe der Wölfe. Dazu dienten auch Schädelmerkmale, auf deren Grundlage nach prähistorischem Fundgut später die Fülle der Haushundformen mehreren Stammarten zugeordnet wurde: für die Spitzartigen etwa *Canis palustris*, für Jagd- und Laufhunde *Canis intermedius*, für Schäferhunde *Canis matris-optimae* u.a. (Studer, 1901). Diese Einstufungen früher Haushunde als eigene Arten erfolgten in einer Zeit, in der ein typologisch starres Denken in der zoologischen Systematik die Bewertung von Gestalteigenarten bestimmte. Wir müssen heute davon ausgehen, daß der Wolf *Canis lupus* Linnaeus, 1758 die alleinige Stammart aller Haushunde ist: Morphologische, physiologische, biochemische und nicht zuletzt ethologische Befunde weisen Hunden und Wölfen stets größere Übereinstimmungen zu als etwa Hunden und Goldschakalen oder Hunden und Koyoten (Herre und Röhrs, 1990).

Dennoch wird mitunter noch heute der Goldschakal *Canis aureus* Linnaeus, 1758 als Stammart zumindest einiger Haushundrassen diskutiert (Scott, 1968), wie auch der nordamerikanische Koyote *Canis latrans* Say, 1823 oder die Variabilität der Hunde auf Artbastardierungen dieser Caniden zurückgeführt.

Letztendlich, basierend auf der Anerkennung des biologischen Artbegriffs (Cuvier, 1829), sind Wölfe als die Vorfahren aller Haushunde anzusehen, und ihre wissenschaftliche Bezeichnung lautet demnach nach Bohlken (1961) *Canis lupus* forma *familiaris*, die Hausform des Wolfes. Es kann als gesichert gelten, daß Wölfe wiederholt und zumeist unabhängig voneinander in verschiedenen Teilen ihres Verbreitungsgebietes domestiziert wurden: Die Haushundwerdung erstreckte sich wohl über einen relativ langen Zeitraum und war keine von ihren frühesten Ansätzen an kontinuierliche Entwicklung (Clutton-Brock, 1981; Benecke, 1987). Der früheste Haushundnachweis vor ca. 14 000 Jahren ist aus dem Jungpaläolithikum bei Bonn publiziert (Nobis, 1979).

Körperbau

■ Wölfe

Wölfe sind an die laufende Fortbewegungsweise angepaßte Landraubtiere von recht einheitlichem, generalisiertem Carnivorenhabitus: relativ hochbeinig, mit langem, S-förmig herabhängendem Schwanz und leicht zugespitzten Stehohren. Sie sind Zehengänger, ihre Vorderextremität besitzt fünf Zehen, die Hinterextremität vier, die Krallen sind gut entwickelt, nicht einziehbar, stumpf und ziemlich gerade. Der Schädel ist breit, die Schnauze zugespitzt. Das durchschnittliche Gewicht europäischer Unterarten beträgt 35 bis ca. 50 kg; die nordamerikanischen Timberwölfe können über 70 kg schwer werden. Die mittlere Widerristhöhe liegt bei ca. 70–80 cm. Die Fellfärbung variiert: Bei den europäischer Unterarten ist sie im Grundton grau mit ockerfarbenem Anflug, aufgehelltem Bauch und heller Innenseite der Extremitäten. Davon setzen sich deutlich dunkler Schultersattel und Rücken ab. Wölfe haben schwarze Lippen, die einen starken Kontrast zur hellen Maulumrandung bilden. Das ist kommunikativ bedeutsam, da selbst feinsten Lippenbewegungen so ein starker Signalwert zukommt. Die Halsinnenseite ist gleichfalls hell gefärbt. Helle Überaugenflecke zieren die ausdrucksstarken Gesichter. Die nordamerikanischen Timberwölfe dagegen sind relativ einheitlich schwarz gefärbt, antarktische Formen einheitlich weiß. Die Gültigkeit verschiedener der 35 Unterarten des Wolfes, die beschrieben wurden, ist in Frage zu stellen, da viele Übergänge bestehen und die Variabilität der Wölfe selbst in engen geographischen Gebieten überraschend groß ist (Mendelssohn, 1982).

Die Ernährung der Wölfe ist überwiegend carnivor, jedoch auch insectivor und pflanzlich.

Zahnformel: I 3/3 C 1/1 P 4/4 M 2/3 = 42.
In der Zahnformel werden Art und Anzahl der Zähne für eine Ober- und Unterkieferhälfte aufgeführt, wobei oberhalb des Formelstriches nach dem jeweiligen Zahnsymbol die Anzahl der Oberkieferzähne, unterhalb desselben die der Unterkieferzähne steht. Kennzeichnend für das Wolfsgebiß sind somit insgesamt 6 Schneidezähne (Incisivi), 2 Eckzähne (Canini), 8 Vorbackenzähne (Praemolares) und 4 Backenzähne (Molares) im Oberkiefer. Unterschiedlich dazu gibt es 6 Backenzähne im Unterkiefer. Die Eckzähne sind lang und kräftig, die Reißzähne (P4/ und /M1) deutlich ausgeprägt.

Wölfe besitzen ein Baculum, einen Penisknochen mit ventraler Furche. Ihre Chromosomenzahl (2n) ist 78. Ein ausgeprägter Sexualdimorphismus, der sich in unterschiedlicher, durch das Geschlecht bedingter Merkmalsausprägung bei einem Individuum darstellt, ist typisch.

■ Haushunde

Ein nach Gestaltmerkmalen gliedernder zoologischer Systematiker würde die extremen Unterschiede gerade im Körperbau der heute weltweit über 400 (mehr oder weniger rein) gezüchteten Hunderassen wohl Gattungsunterschieden gleichsetzen: Gerade bei dieser Art finden sich sehr starke innerartliche Merkmalsveränderungen. Körpergrößenunterschiede sind unter Haushunden auffallend: Es gibt „Riesen" und „Zwerge", züchterisch beliebte, aber ethisch bedenkliche Mutationen (Herzog, 1996).

„Riesen" und „Zwerge" können selbst Größenschläge innerhalb einer Rasse sein: Toypudel (2,5 kg Körpergewicht und 28 cm Schulterhöhe) und Großpudel (bis 60 cm Schulterhöhe und bis 34 kg Körpergewicht). Extreme: Ergebnis einer gezielten Zuchtwahl auf extremen Zwergwuchs ist der Chihuahua, als weltweit kleinste Rasse (Durchschnittsgewicht beträgt heute 1800 g); der kleinste Hund dieser Rasse wog nach Räber (1993) ausgewachsen 539 g. Dagegen steht der Irish Wolfhound mit einer Schulterhöhe von 86 cm, ein mächtiger Hund, dem ähnlich wie etwa der Deutschen Dogge (mindestens 80 bis 96 cm Risthöhe) bei unbiologischer Zucht auf Größe gesundheitliche Probleme und eine geringe Lebenserwartung beschieden sind. Übertypisierung in diesem Bereich führt zu disproportioniertem Größen- und Breitenwuchs von Kopf und Extremitäten, zu Gliedmaßendeformationen (Bärentatzigkeit) und zu Gigantismus, verbunden mit zahlreichen tierschutzrelevanten Gliedmaßenerkrankungen und anderen schweren genetischen Defekten, die ein kurzes, oftmals qualvolles Leben bedingen. Die extreme Zwergwüchsigkeit ist gleichfalls mit tierschutzrelevanten Dispositionen zu diversen Erkrankungen verbunden (Wegner, 1979): So kommen persistierende Schädelfontanellen infolge Hemmung der Knochennahtbildung und ausgeprägter Schädelwölbung bei verzwergten Kurzkopfrassen mit extremem „Kindchenschema" vor, die durch ihr hauchdünnes Schädeldach ständig gefährdet sind (Wiesner und Willer, 1983). Hervorstehende Augen, die durch Kontakt mit etlichen Außenreizen chronische Hornhautentzündungen bewirken, sind die Regel (Wegner, 1995), sowie diverse Zahnfehler (sog. Kulissenstellung der Backenzähne, die bei starker Gesichtsschädelverkürzung keinen Platz mehr im Kiefer finden und gegeneinander verschoben oder verdreht funktionslos wurden, da es keinen Gegenpart im anderen Kiefer gibt). Hinzu kommen Deviationen (unregelmäßige Anordnung der Zähne und diverse Zahnverluste).

Die auffällige Variabilität unter den Haushunden bezieht sich nicht nur auf die Körpergröße, sondern unabhängig von dieser auch auf die Körperproportionen; es gibt verschiedene Wuchsformen (Klatt, 1949), wie sie etwa Windhunde und Bulldogs veranschaulichen. Die Kopfformen reichen von extremer Gesichtsschädelverkürzung (sowie Längenreduktionen im Hirnschädelbereich) und -aufbiegungen beim Mops (extrem „kurznasige" Mops-Zuchtlinien leiden ein Leben lang unter Atemschwierigkeiten und Augenverletzungen) bis zum langen, schmalen Barsoi-Schädel. Ohrenform und -länge, Hautfalten, Fellbesonderheiten, Kurz- und Dackelbeinigkeit sind nur einige Merkmale, die zur Variabilität der Rassen beitragen und Formen hervorgebracht haben, denen man die enge Verwandtschaft mit dem Wolf nur noch mit viel Phantasie „zutrauen" möchte. Brachyzephalie (Kurzköpfigkeit), die im Extrem zu primatenähnlichen Rundköpfen mit frontaler Orientierung der Augen und zu etlichen Zahnanomalien führt, ist verbunden mit mehr oder weniger ausgeprägtem Vorbiß, Kulissenstellung der Zähne, Zahnmangel sowie unterentwickelter Kaumuskulatur, wodurch eine normale Nahrungsaufnahme erschwert oder unmöglich wird. Extremer Vorbiß erschwert oder verhindert, daß gebärende Mutterhündinnen selbständig die Fruchthüllen öffnen oder die Welpen, ohne ihnen Schäden zuzufügen, abnabeln können. So ist der Mops nicht oder nur unter erheblichen Problemen fortpflanzungsfähig (Arndt, 1996). Weiter resultieren Atemwegsverengungen mit daraus resultierenden Atmungsbeschwerden (Wegner, 1995).

Haushunde unterscheiden sich in Größe, Gestalt, Schwanzform, Behaarung, Färbung und vielen anderen Merkmalen, die erblich sind. Gerade unter den

Hunderassen treten in Merkmalen, die zu Zuchtzielen erklärt wurden, nicht selten disharmonische Extreme oder Erbdefekte auf, die mit Schäden, Leiden und/oder Schmerzen für ihre Träger verbunden und damit nach § 11 b des Deutschen Tierschutzgesetzes zu den verbotenen Zuchten zu rechnen sind. Solche Erbdefekte, die mittel- oder unmittelbar mit einem falsch verstandenen Schönheitsbegriff verbunden sind, nehmen offensichtlich zu (Räber, 1993). Sind Störungen im Selbstaufbau, Selbsterhalt, in der Fortpflanzung und der Schadensvermeidung (Tschanz, 1985) bei Hunderassen auch unter artgerechten Haltungsbedingungen nachweisbar, so ist eine Bewertung als „Qualzucht" (§ 11 b des Deutschen Tierschutzgesetzes) gleichfalls zutreffend (s. auch das Kapitel „Tierschutzaspekte in der Tierzucht" in diesem Buch).

Physiologie

Unter den Wildcaniden haben Wölfe die längste Jugendentwicklung; sie werden überwiegend erst mit 2–3 Jahren geschlechtsreif, die Fähen im Mittel früher als die Rüden (Mech, 1974). Fast alle der „frühreifen" Wölfe sind in Gefangenschaft geboren und aufgewachsen, und vorrangig ist wohl ihre sehr gute Ernährung auf das Erlangen der frühen Geschlechtsreife zurückzuführen.

Haushunde sind bei aller Variabilität ihrer Stammart Wolf gegenüber doch recht einheitlich durch ihre relative Frühreife gekennzeichnet; überwiegend werden die Rüden mit 6–18 Monaten geschlechtsreif, und die erste Brunst der Hündinnen fällt im Mittel noch etwas früher in die Zeit vor dem Erreichen des ersten Lebensjahres. Bei einigen Rassen, so beispielsweise den Chows und den Salukis, erreichen die Rüden ihre Geschlechtsreife mitunter um Monate später als die Hündinnen.

Bei Wölfen und anderen Wildcaniden ist eine Jahresperiodik der Fortpflanzungsphysiologie nicht auf die Fähen beschränkt, vielmehr zeigen auch die Rüden im Geschlechtsverhalten eine deutliche jahreszeitliche Abhängigkeit: voll befruchtungsfähig sind sie ausschließlich von Dezember bis März; Spermatogenese findet ab März nicht mehr statt. Das Gros der Wölfinnen wird im Februar/März erfolgreich gedeckt, die Jungen damit in einer für ihr Heranwachsen günstigen Jahreszeit, im warmen April/Mai geboren. Nicht allein diese Rhythmik hat sich bei den Haushunden verändert. Die Hündinnen werden auch häufiger im Jahr heiß (überwiegend sind sie diöstrisch), und dieses zyklische Geschehen ist weitgehend unabhängig von der Jahreszeit. Alle Haushundrüden sind stets begattungswillig und -fähig. Dies alles gilt in ähnlicher Weise für verwilderte Haushunde. Bei den Dingos aus Australien oder aus Neuguinea zeigen die Rüden keine begrenzte Periodik sexueller Aktivität, unter den Hündinnen gibt es jedoch sowohl diöstrische Tiere als auch solche, die mehr oder weniger streng monöstrisch sind. Das zyklische Geschehen weist bei ihnen jedoch noch unterschiedlich ausgeprägte jahreszeitliche Bindungen auf. Läufigkeitssymptome (Vaginalbluten, Paarungsverhalten) können auch bei Tieren, die nur einmal pro Jahr werfen (vorzugsweise im Herbst), ein zweites Mal im Frühjahr auftreten – ohne daß es zu Kopulationen kommt bzw. ohne erfolgreiches Decken (Voth, 1988).

Bei den meisten Haushunden sind die Wurftermine über das ganze Jahr verteilt. Manche Hündinnen werden häufiger als zweimal im Jahr brünstig, insbesondere dann, wenn sie nicht gedeckt wurden.

Über jahreszeitliche Einflüsse auf die Brunst von Haushunden gibt es immer noch wenig Fakten. Insgesamt wurden keine klaren saisonalen Unterschiede festgestellt, wenngleich für einige Rassen (z.B. Deutsche Schäferhunde) wohl mehr Konzeptionen in der Zeit vom Februar bis zum August als vom August bis zum Januar zu verzeichnen sind.

Naaktgeboren und van Straalen (1982) beschreiben für Hündinnen, die einzeln im Tierheim oder in Versuchstierhaltungen lebten, Zyklusstörungen (erniedrigte Läufigkeitsfrequenz) sowie völlige Zyklusausfälle. Ursächlich führen die Autoren eine extreme Reizarmut einerseits wie stereotype „Lärmemission" (zwanghaftes Bellen) an, die auf gestörte Tier-Umwelt-Wechselwirkungen auf der Verhaltensebene wie auf den Ebenen der neuronalen und streßphysiologischen Regelungsmechanismen zurückzuführen sind (Manser, 1992).

Die Tragzeit beläuft sich bei Wölfen auf durchschnittlich 62,4 Tage, bei Hunden variiert sie je nach Rasse und individuell zwischen 51–74 Tagen, die meisten Geburten jedoch erfolgen ähnlich der Stammart nach einer Tragzeit von 60–63 Tagen (Naaktgeboren, 1968).

Für den Wolf sind Würfe mit mehr als acht Welpen selten, die durchschnittliche Wurfgröße wird mit sechs angegeben (Mech, 1974). Bei Haushunden ist die Variabilität wiederum beträchtlich: Herre und Röhrs (1990) dokumentieren die Anzahl der Welpen pro Wurf mit 1–22. Die Körpergröße der Hunde wirkt sich dabei dergestalt auf die Jungenanzahl aus, daß etwa Doggen mit einem durchschnittlichen Gewicht von 53 kg eine durchschnittliche Wurfgröße von 10,2 (2–19) aufweisen, Großpudel von etwa 20 kg Körpergewicht 6,6 (1–13) und Zwergspitze, deren Hündinnen nur ca. 3 kg wiegen, im Schnitt 3,3 Jungtiere (1–8) pro Wurf zur Welt bringen. Es gibt aber offenbar auch Rassen, bei denen kaum eine Abhängigkeit der Jungtierzahl vom Körpergewicht besteht, z.B. die Chows. Diese Rasse bringt bei ca. 20 kg Körpergewicht nur 4,3 Jungtiere pro Wurf (1–9). So gibt es wohl auch in der Norm dieser Eigenschaft größenunabhängige Veränderungen bei Haushunden.

Die Wolfswelpen sind wie die Hundewelpen bei der Geburt blind, haben geschlossene Gehörgänge und insgesamt ein kurzes, flauschiges Fell. Die Geburtsgewichte werden mit 300–500 g angegeben. Bei Hundewelpen variiert die Fellbeschaffenheit rasseabhängig sehr. Das Geburtsgewicht der einzelnen Jungtiere erweist sich in Prozent des mütterlichen Körpergewichtes als höchst unterschiedlich: 1,03 % bei Doggen und ca. 6,2 % bei Zwergpinschern. Die kleineren Rassen zeigen also höhere Werte für die relativen Geburtsgewichte ihrer Welpen als die großen. Kaiser (1977) konnte Korrelationen zwischen der plazentaren Oberfläche und den relativen Geburtsgewichten der Welpen ermitteln.

Die Gewichtsentwicklung von Haushundwelpen läßt sich grob einteilen in: 1. sehr schnelle Gewichtszunahme bis zur 12.–15. Woche; 2. schnelle Gewichtszunahme bis zum 5./6. Monat; 3. langsame Gewichtszunahme bis zum Ende des ersten Lebensjahres (und darüber hinaus).

Abb. 1 gibt einen Überblick über das zeitliche Auftreten der wichtigsten physiologischen Entwicklungsprozesse (und einiger damit verbundener Verhaltensweisen) für Haushundwelpen. Der Geruchssinn ist neuro-anatomischen, physiologischen und ethologischen Untersuchungen zufolge bereits beim neugeborenen Hund gut entwickelt und funktionstüchtig (Fox, 1971).

Die olfaktorischen Sinnesleistungen

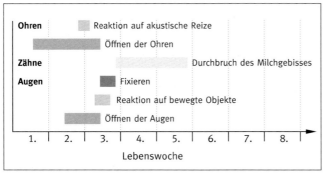

Abb. 1 Zeitliches Auftreten wichtiger physiologischer Entwicklungsprozesse beim Haushund und einiger mit diesen verknüpften Verhaltensweisen aus dem Funktionskreis der Orientierung (nach Dürre, 1994). Der Geruchssinn ist vom 1. Lebenstag an vorhanden.

der Wölfe sind als ausgesprochen hoch anzusehen und dürften mit denen der Haushunde in etwa vergleichbar sein (Zimen, 1990). Nach Herre und Röhrs (1990) bezieht sich zwar die Abnahme des relativen Hirngewichts (bezogen auf das Körpergewicht) beim Haushund im Vergleich zum Wolf zu einem nicht geringen Anteil (25,4 % Volumenabnahme) auf den olfaktorischen Allocortex, einen in der Evolution älteren Anteil des Endhirns, was auf einen Rückgang der Riechleistungen beim Haushund schließen läßt. Es gibt aber auch in diesem Bereich Hinweise auf ausgeprägte Rasseunterschiede. Das bezieht sich auch auf die Motivation eines Hundes, sich olfaktorisch zu betätigen (s. S. 277f.). Was den adäquaten Reiz des Gesichtssinnes des Wolfes betrifft, so dürfte er für das Hell-Dunkel-Sehen dem des Menschen weitgehend ähnlich sein. Die Struktur der Retina des Hundes weist zwar eindeutig auf die Möglichkeit des Farbsehvermögens hin (Odum et al., 1983), doch blieben Tests zur Farbendiskriminierung lange widersprüchlich: Fehlen oder Reduktion des Farbsehvermögens sind die in der Literatur dominierenden Angaben (Rosengren, 1969).

So weist Eisfeld (1965), der einige Wildcaniden untersuchte, auf ein stark reduziertes Farbsehvermögen der Caniden hin, schließt es für Koyoten, Goldschakale und Eisfüchse sogar aus, wenngleich er bei einem Wolf ein schwaches Farbsehvermögen nachweisen konnte, welches der Orientierung nach Helligkeiten weit untergeordnet schien. Nach Eisfeld (1965) kommt dem Farbsehvermögen des Wolfes „kaum eine biologische Bedeutung zu".

In diesem Zusammenhang ist der Hinweis von Hebel und Sambraus (1976) von Wichtigkeit, die die Hauptschwierigkeiten bei Prüfungen des Farbsehvermögens nach dem Prinzip der simultanen Mehrfachwahl in der Versuchsanordnung sehen. Alle Möglichkeiten, die es dem Tier erlauben, auch ohne Hilfe des Farbsehvermögens an das gewünschte Ziel zu gelangen, müssen ausgeschlossen werden. So ist es wichtig, unbedingt zu vermeiden, daß sich die angebotenen Objekte für das Versuchstier in der Intensität des von ihnen reflektierten Lichtes unterscheiden. Auch die Empfindlichkeit der Helligkeiten für Arten ist zu prüfen. Umfangreiche Paralleluntersuchungen sind obligatorisch. Bei Hunden sind die Meinungen widersprüchlich: Die negativen Ergebnisse von Gregg et al. (1929) sowie Walton (1936) zeigen allein, daß das Helligkeitssehen über das Farbensehen dominiert. Grzimeks (1952) Versuche mißlangen wohl, weil sie nicht lange genug fortgesetzt wurden. Beweise für ein Farbsehvermögen bei Haushunden liefert Hartenstein (1956), der zwei Hunde durch eine sehr lange Dressur dazu brachte, „Bunt" von „Unbunt" zu unterscheiden. Die Analyse von Neitz et al. (1989) jedoch weist mit modernen Verhaltens-Diskriminanz-Experimenten für drei Haushunde (zwei Greyhounds, ein Toy-Pudel) ein dichromatisches Farbsehvermögen nach (für die beiden Pigmente wurden Spektralmaxima von ca. 429 und 555 nm errechnet). Neitz et al. (1989) gehen davon aus, daß ihre Ergebnisse für alle Haushunde gelten.

Der adäquate Reiz für die akustische Wahrnehmung entspricht im unteren Frequenzbereich dem des Menschen, während Wolf und Hund im oberen Bereich auch Töne einer Frequenz von mehr als 21 000 Hertz hören können. (Hundepfeifen erzeugen Töne, die diesen Frequenzbereich überschreiten und vom Menschen nicht mehr wahrgenommen werden können.)

Verhalten

■ **Wölfe**
Wölfe leben in wohlorganisierten Rudeln, in individualisierten, hierarchisch strukturierten Gruppen mit einer Rangordnung zwischen ihren Mitgliedern. Sie haben besondere Mechanismen der Gruppenbindung entwickelt, die den Zusammenhalt im Rudel festigen und Aggressionen unterdrücken. Ihr Ausdrucksverhalten ist hochdifferenziert (Feddersen-Petersen, 1992), Sozialkontakte und Sozialspiele beherrschen das Rudelleben (Zimen, 1990), agonistische Interaktionen werden zu einem Großteil ritualisiert ausgetragen. Ernstkämpfe gibt es relativ selten. Wölfe sind vor allem Jäger größerer Beutetiere, sie jagen kooperativ. Ihre große Anpassungsfähigkeit an ökologisch unterschiedliche Bedingungen liegt jedoch in ihrer anpassungsfähigen Jagdweise; sie haben für jede Beutegröße und -art (Maus bis Elch) ein bestimmtes Jagdverhalten entwickelt: vom Mäusesprung über das Totschütteln mittelgroßer, wehrhafter Tiere (z.B. Füchse) bis zur Jagd von Huftieren (Moschusochsen), die durch definierte Strategien der Gruppe und Aufgabenteilung ihrer Mitglieder gekennzeichnet ist. Je nach den ökologischen Bedingungen variieren Aktionsraum und Territorium sowie Rudelgröße sehr: ca. 50–700 m² Aktionsraum (Streifgebiet), ca. 40–200 km² Territorium (Revier), mittlere Rudelgröße: 8–12.

Jungenfürsorge: Alle Rudelmitglieder sind in unterschiedlicher Weise an der Jungenaufzucht beteiligt und können dabei wechselnde Funktionen übernehmen; den größten Anteil haben Alpha-Fähe und Alpha-Rüde, der aktiv an der Jungenaufzucht beteiligt ist (Futterbeschaffung, Futtervorwürgen, Bauch- und Analmassage, Kontaktverhalten, Sozialspiele).

Wölfe legen im Trab ca. 17 km/h zurück, in vollem Galopp, etwa auf der Jagd oder bei der Flucht, können sie nach Mech (1975) auf kurzen Strecken 56–64 km/h erreichen.

Zusammenhänge zwischen der Größe des Rudels, seiner Altersstruktur, Geschlechterzusammensetzung, dem Beuteangebot, bevorzugten Beutearten sowie weiteren ökologischen Faktoren und den Verhaltensmechanismen, die seinen Zusammenhalt bzw. das Abwandern von Rudelmitgliedern bewirken, hat insbesondere Mech (1987) in Modellvorstellungen diskutiert.

■ **Haushunde**
Hunde weisen ausgeprägte Domestikationserscheinungen auf und zeigen insgesamt gesehen auffallende Unter-

schiede zur Stammform auch im Verhalten. Natürlich gilt diese Aussage pauschal nicht für alle Rassen oder Hundeformen, da die angesprochenen Unterschiede abhängig sind vom Grad und von der Richtung der Verschiebung zwischen natürlicher Selektion und künstlicher Zuchtwahl. „Den" Haushund gibt es ebensowenig wie ein genormtes, typisches Hundeverhalten. Es gilt, die Verhaltensbesonderheiten der verschiedenen Rassen kennenzulernen, um Haushunde rassegerecht halten und ihren besonderen Bedürfnissen Rechnung tragen bzw. Schmerzen, Leiden und Schäden für sie vermeiden zu können. Die Kriterien für die Bewertung der Umwelt in Abstimmung auf das Normalverhalten von Haushunden sind für jede Rasse mit den Methoden ethologischer Grundlagenforschung zu bestimmen, um dann die Konsequenzen für die jeweils rassegerechte Haltung und den rassegerechten Umgang ziehen zu können. Pauschale Aussagen über „Haushunde" sind zu wenig. Zudem sind zunächst einmal Fragen nach der Norm bzw. der Störung zu beantworten: Was ist Normalverhalten für Haushunde, wo sind die Grenzen zur Verhaltensstörung, Ethopathie (organpathologisch verursacht, genetisch oder exogen bedingt) oder der erworbenen Verhaltensstörung oder Neurose (Buchholtz, 1993) zu ziehen? Bekannterweise ist Hundeverhalten äußerst variabel, und Verhaltensabweichungen oder – individualitäten (Brunner, 1994) gehören durchaus zur Norm.

Mit Bezug auf statistisch feststellbare Normen läßt sich der Begriff Verhaltensstörung auch für Haushunde definieren als jedes von der arttypischen Norm abweichende Verhalten, das nicht ausreicht, jene Beiträge zur Gesamtleistung zu erbringen, welche für die Entwicklung und Erhaltung der dem Normtypus entsprechenden Körper- und Verhaltensmerkmale beim Individuum oder Artgenossen oder für die Erhaltung der Fortpflanzungsgemeinschaft erforderlich sind (Tschanz, 1993).

Ethologische Gemeinsamkeiten der Haushunde: Hunde sind hochsoziale Säugetiere, die in Sozialverbänden leben müssen, soziale Rollen einnehmen können, „rangordnungsbewußt" sind und ein ausgeprägtes Lernverhalten zeigen. Sie vermögen individuelle Bindungen mit Artgenossen und Menschen einzugehen. Solche Bindungen beruhen stets auf Lernprozessen. Im Zuge der Haushundwerdung wurden Menschen zum wichtigen Sozialkumpan. Eigene Untersuchungen an verschiedenen Hunderassen stützen die Auffassung von der generellen Bedeutung oder gar Unverzichtbarkeit auf den Menschen für die sozialen Ansprüche von Haushunden, zumal in der frühen Ontogenese, die durch altersabhängige sensible Phasen charakterisiert ist. Menschenisolierte Aufzucht von Hunden erzeugt zwangsläufig *Deprivationsschäden* (Entwicklungsstörungen durch sozialen Erfahrungsentzug), die sich auch auf die Auseinandersetzung mit Artgenossen erstrecken (Feddersen-Petersen, 1994 a). Die frühe Entwicklung der Beziehung zum Menschen ist offenbar auch wichtig für die spätere Beziehung zum Artgenossen. Die Sozialisation an Artgenossen ist gleichfalls zwingend für eine tiergerechte Entwicklung.

Reine Zwingeraufzucht von Hunden führt bei spärlichem Menschenkontakt (der sich auf die „stumme" Fütterung und Säuberung des Zwingers beschränkt, ohne Kontaktaufnahme, wie Streicheln oder Reden und Spielen mit den Welpen) vorhersagbar zu Verhaltensabweichungen oder gar Verhaltensstörungen (Feddersen-Petersen, 1994 a), die nach Sambraus (1993) den residualreaktiven Verhaltensanomalien zuzuordnen sind.

Verhaltensabweichungen werden als Auffälligkeiten definiert, die den Tieren eine Anpassung an besondere Umweltbelastungen ohne Entwicklung neurotischer Symptome ermöglicht, im Sinne einer adaptiven Modifikation (Lorenz, 1961).

Ihre Genesen betreffen häufig eine fehlgelenkte Mensch-Hund-Kommunikation, die zu „ritualisierten Mißverständnissen" führt. Damit ist hier eine Formalisierung in der Entwicklung der Kommunikation zwischen Hund und Mensch gemeint, indem sich aus dem variablen Verhalten des Welpen stärker formkonstante Verhaltensweisen herausbilden, die zunächst durchaus zum Vorteil für eine individuelle Hund-Mensch-Beziehung sein können, so auch Verhaltensweisen, die vom Menschenkumpan regelmäßig mißverstanden werden. Beispiel: Um zu verhindern, daß Hunde Artgenossen hinterherjagen oder sie angreifen, laufen häufig die aufgeregten Besitzer laut schreiend ihrem Tier hinterher. Hunde decodieren Aufgeregtheit und Lärm ihrer Gruppenmitglieder als Bekräftigung im Sinne einer Gruppenaggression und verfolgen nun den Gejagten gezielter oder greifen ihn jetzt wirklich an, stimuliert durch den „Zuspruch" ihrer Bezugspersonen. Folge solcher Mißverständnisse ist ein sog. *Problemverhalten* (Bernauer-Münz und Quandt, 1995), das überwiegend vom Menschenkumpan erzeugt wird. „Ritualisierte Mißverständnisse" können für Hunde tierschutzrelevant werden, da sie „plötzliche" Bestrafungen nicht zuzuordnen vermögen bzw. starke Restriktionen in ihrem Leben erfahren.

Verhaltensstörungen dagegen sind als psychopathologische Prozesse oder Zustandsbilder zu kennzeichnen. Ihre Ursache liegt in einer unzureichenden Effektivität zentralnervaler Funktionsänderungen im Sinne adaptiver Bereichsverstellungen für die laufende Optimierung der Organismus-Umwelt-Beziehungen (Oehler, 1994). Ihre Folgen sind Störungen in der Verhaltenssteuerung, die ein situationsinadäquates Verhalten (Buchholtz, 1993) erzeugen. Aus Welpen, die extrem restriktiv und ohne Kontakte zum Sozialpartner Mensch aufwachsen, werden Hunde, die ständig durch Umwelteinflüsse, die sie in der Jugendentwicklung nicht kennengelernt haben, überfordert werden. Diese Defizite können zu Verhaltensstörungen werden, die ja stets mit graduell unterschiedlich ausgeprägtem Leiden belastet sind (Tschanz, 1995). Schmerzen und Schäden können Folgen sein, die auf die defekte Verhaltensentwicklung zurückzuführen sind und aus der gestörten Beziehung zum Sozialpartner resultieren. § 1 des Deutschen Tierschutzgesetzes (1986) gestattet es niemandem, das Wohlbefinden eines Tieres ohne vernünftigen Grund einzuschränken. In den Grundsätzen des Schweizer Tierschutzgesetzes (1978) ist „ohne vernünftigen Grund" durch „ungerechtfertigt" ersetzt und die Vorschrift mit dem Zusatz „... oder es in Angst versetzen" ergänzt. Die Defizite einer ausschließlichen Zwingeraufzucht von Hunden liegen stets in der Genese umweltunsicherer, sozial unsicherer, ängstlicher Hunde. Ausschließliche Zwingeraufzucht von Hunden ist tierschutzrelevant. Für Versuchshunde, die ihr Leben lang in Versuchsanlagen verbleiben, gilt, sie durch gute Menschensozialisierung zu stabilisieren und sie möglichst nicht isoliert zu halten, ihren sozialen Ansprüchen also soweit als möglich gerecht zu werden.

„Wichtig ist, daß der psychischen Situation der Tiere in Zucht/Haltung vor, im und nach dem Versuch sowie auf dem Transport Rechnung getragen wird! Nur so können unnötige Leiden vermieden werden. Hierbei versteht man unter Leiden: vom exakten Begriff Schmerz nicht erfaßte Unlustgefühle, die eine gewisse Erheblichkeitsgrenze überschreiten und eine gewisse Zeit andauern. Leiden kann sich in Angst ausdrücken. Sie kann ausgelöst werden durch Streßsituationen, fehlendes Vertrauen in die Bezugsperson, grobe Behandlung und/oder mangelhaftes Gewöhnen an versuchsbedingte Situationen. Streicheln sowie Reden und Spielen mit den Tieren ist ein Muß!" (Empfehlungen der Tierärztlichen Vereinigung für Tierschutz [TVT] zur tierschutzgerechten Haltung von Versuchstieren, 1991).

Rasseunterschiede: Eine systematische Darstellung der ontogenetischen Verhaltensentwicklung und des Verhaltensrepertoires fehlt für Haushunde bislang. Vergleichende Untersuchungen zur früheren Verhaltensontogenese verschiedener Rassen (Labrador Retriever, Golden Retriever, Siberian Husky, Bull Terrier, American Staffordshire Terrier, West Highland White Terrier, Jack Russel Terrier, Pudel [Schlag Zwerg- und Großpudel], Deutscher Schäferhund, Tervueren, Kleiner Münsterländer, Rottweiler, Mops, Fila Brasileiro, Eurasier, Foxhounds, Weimaraner, Beagle u. a.) belegen im Vergleich zu Europäischen Wölfen eine außerordentliche Variabilität bezüglich altersabhängiger Verhaltensänderungen, die zum Teil als rassegebunden anzusehen sind (Althaus, 1982; Dürre, 1994; Feddersen-Petersen, 1978; Feddersen-Petersen, 1992; Feddersen-Petersen, 1994 b; George, 1995; Gramm, in Vorb.; Hense in Vorb.; In der Wieschen in Vorb.; Marx, 1994; Morgenroth, in Vorb.; Redlich, in Vorb.; Sarnow, in Vorb.; Schleger, 1983; Umlauf, in Vorb.; Venzl, 1990). Rassetypische Besonderheiten im „ersten Auftreten" (Althaus, 1979) bzw. „Verschwinden" infantiler Verhaltensformen und in der „Entwicklungsgeschwindigkeit" von Verhaltensweisen zeigen sich sowohl als relative Verlangsamung (Retardierung) wie auch als relative Beschleunigung (Akzeleration), gemessen an der Entwicklung Europäischer Wölfe. Während bei diesen das Gros der Verhaltensdifferenzierung in der 3. und 4. Lebenswoche zu verzeichnen ist, zeigen die verschiedenen Rassen diesbezüglich eine beachtliche Variabilität, die wohl zu einem Großteil in einer „unterschiedlichen Reifung des Verhaltens" (Zimen, 1978) ihre Erklärung findet. Während die Wölfe mit Abschluß der 4. Woche ca. 90 % aller Verhaltensformen zeigen, ist beim Deutschen Schäfer-

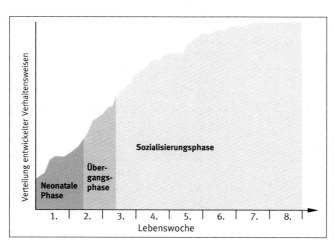

Abb. 2 Zeitlicher Verlauf dreier Lebensphasen (Einteilung nach Scott und Fuller, 1965) in bezug auf die relative Zunahme neu auftretender Verhaltensweisen. Dieses Schema gilt grob für die Entwicklung etlicher Hunderassen in den ersten 8 Lebenswochen.

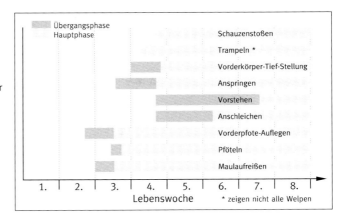

Abb. 3 Spielaufforderungen und Spieleinleitungen als Ausschnitt aus dem Entwicklungsethogramm des Funktionskreises Sozialverhalten zwischen Welpen der Rasse Weimaraner (nach Dürre, 1994).

hund etwa der vergleichbare prozentuale Anteil der entsprechenden Verhaltensweisen mit erst 7 Wochen zu registrieren, und in der 8. Woche kommen weitere „neue" Verhaltensweisen dazu. Ähnlich retardiert entwickeln sich die Pudel und offensichtlich viele andere Rassen (Weimaraner, Dürre, 1994; American Staffordshire Terrier, Redlich, in Vorb.; Tervueren, Sarnow, in Vorb.; u. a.), so daß für den zeitlichen Verlauf des Auftretens und der Ausreifung von Verhaltensweisen in drei frühen Lebensphasen in Anlehnung an Scott und Fuller (1965) ein Schema aufgestellt werden kann, das nach derzeitigem Kenntnisstand die Entwicklung etlicher Hunderassen grob darstellt (Abb. 2).

Nun beziehen sich die Entwicklungsunterschiede in rassespezifisch sehr variabler Weise auf bestimmte Verhaltensweisen oder allenfalls einheitlich auf bestimmte „Verhaltensbereiche" (Funktionskreise) – eine allgemein „retardierte Entwicklung für Haushunde" gibt es nicht. Abb. 3 stellt das zeitliche Auftreten im Entwicklungsverlauf einiger sozialer Verhaltensweisen für den Weimaraner an, dessen Sozialverhalten als relativ akzeleriert zu bezeichnen ist. Interessanterweise deutet sich die „Eigengesetzlichkeit" angeborener Verhaltensbesonderheiten/Motivationen einiger Rassen in dieser frühen Entwicklungsphase bereits an: So orientieren sich etwa Labradors und Golden Retriever auffallend früh und in hoher Frequenz olfaktorisch, und insbesondere Labradors integrieren das Apportieren viel häufiger in ihr Sozialspiel, als es andere Rassen tun. Terrierrassen zeigen das schnelle Zupacken sehr früh, und das Totschütteln von Lappen oder anderen Objekten dominiert ihr Spiel. Dieses Element wird auch im Sozialspiel am Nacken oder Ohr des Wurfgeschwisters durchgeführt, oftmals mit so großer Amplitude, daß „leergeschüttelt" wird, da das Fell oder der Körperteil durch die weiten, schnellen Bewegungen dem Maul bereits entglitten ist. Ausgesprochene Laufhunde, wie Barsois, haben sehr früh eine hohe Bewegungskoordinaton entwickelt und fallen durch eine besondere Laufmotivation und zahlreiche, geschickte Rennspiele auf. Bei einigen Zuchten oder Zuchtlinien des Bull Terriers und insbesondere des American Staffordshire Terriers und Pit Bull Terriers sind es aggressive Interaktionen, die früh zu beobachten sind – und aus dem Spielkontext fast regelmäßig in Kampfverhalten übergehen. Je nach dem Zuchtziel sind also gerade bei den Gebrauchshunderassen Elemente aus „wölfischen" Handlungsketten in typischer Qualität und Häufigkeit, unterschiedlich kombiniert mit verschiedensten Verhaltenselementen, sehr früh in der Ontogenese „wiederzufinden".

Die Rassen zeigen sozusagen ihre besonderen Haltungsbedürfnisse durch ihr Verhalten an – und das geschieht bereits früh. Hunden, die olfaktorisch hochmotiviert sind, ist sukzessive ein entsprechendes Reizangebot gerade in diesem Funktionskreis zu bieten. Das bedeutet, daß sich spätere Spürhunde früh olfaktorisch betätigen können müssen und daß ihnen insbesondere hier Raum und Vielseitigkeit geboten werden, damit sie ihre besonderen, angeborenen Fähigkeiten entwickeln und verfeinern können. So eine Entwicklung ist rassegerecht – die angeborenen Fähigkeiten einer Rasse werden adäquat gefördert und diesbezügliche Motivationen des Hundes erfüllt. Es gilt, diesen unterschiedlichen rassegebundenen Ansprüchen gerecht zu werden, damit die Hunde ein motivationales Gleichgewicht mit normalem Verhalten erreichen (Wechsler, 1993), indem ihr angeborenes Appetenzverhalten, das für bestimmte Verhaltensbereiche rassetypisch sein kann, zum Erreichen des Zieles führt (Wechsler, 1990). Ständige Entkopplung von Motivation und angestrebter Handlung dagegen (ein Hund ist stöbermotiviert und hält sich überwiegend in einer Wohnung auf) muß vermieden werden, da sie zu Verhaltensstörungen und damit zu Leiden führen kann.

Es ist für die Hundezucht allerdings zu überlegen, welche Rasseeigenschaften heute unbedingt zu erhalten sind und welche nicht. Für „unspezialisierte" Rassen sollte die soziale Verträglichkeit als Begleithund vorrangiges ethologisches Zuchtmerkmal sein. Andere Rassen sollten zudem spezifische Prüfungen (z.B. auf besondere Nasenleistungen oder lokomotorische Besonderheiten) erbringen. Die Frage allerdings, ob man nicht aus historischen Gründen die „Kampfbereitschaft" bestimmter Rassen bewahren müsse, sollten wir gar nicht erst aufkommen lassen.

So wie das Wachstum verschiedener Körperabschnitte bei unterschiedlichen Hunderassen so große Intensitätsunterschiede aufweisen kann, daß ihre Körperteile eigene Wachstumsrhythmen haben, so findet man in der frühen Verhaltensentwicklung bei verschiedenen Rassen offensichtlich innerrassische korrelative Variabilitäten in bezug auf verschiedene Verhaltensparameter, die mosaikartig anmuten. Es ist eine „vielseitige, kritische Bewertung von Einzelwandlungen" wichtig, wie eine Prüfung des „Problems der Harmonisierung, der Synorganisation im Körper und mit der Umwelt" (Herre und Röhrs, 1990). Dieses Problem stellt sich relativ früh bei einigen Zuchtlinien des Bull Terriers oder etwa des American Staffordshire Terriers und verwandten Rassen oder Hundeformen.

Der Vergleich der Entwicklung aggressiver Verhaltensweisen bei verschiedenen Hunderassen belegt (Feddersen-Petersen, 1993), daß es Zuchtlinien oder Zuchten des Bull Terriers gibt, deren Abkömmlinge außerordentlich früh ein unritualisiertes Angriffs- und Kampfverhalten untereinander und insbesondere der Mutterhündin gegenüber zeigen. Häufig „spielt" diese früh unangemessen rauh mit den Welpen, reagiert mit zunehmender Erregung anstatt mit Fürsorgeverhalten aggressiv auf deren Winsellaute oder Schreien, Abwehrverhalten und Fluchtversuche und zeigt dabei Verhaltensweisen, die an Objektspiele erinnern oder dem Beutefangverhalten ähneln (Schleger, 1983; George, 1995; Patterson et al., 1989). Welpen können dabei verletzt oder gar getötet werden.

Ihre Schadensvermeidung ist somit ohne „hilfreichen" Menscheneingriff nicht gewährleistet und der Tatbestand des „erheblichen Leidens" (§§ 1, 2, 17 b des Deutschen Tierschutzgesetzes) erfüllt. Alle anderen untersuchten Rassen (s. o.) entwickeln in dieser frühen Zeitspanne aggressives Verhalten auf einem ungleich niedrigeren Niveau. Kampfhunde im wahrsten Wortsinn, also genetisch deformierte, in ihrer Jugendentwicklung stark gestörte Hunde vom „Pitbull-Terrier-Typ", für die eine gesteigerte Aggressivität das einzige Zuchtziel darstellt, sind verhaltensgestörte Aggressionszüchtungen und somit als Straftatbestand zu ahnden, wie es das Deutsche Tierschutzgesetz ermöglicht (s. S. 284ff.).

Verhalten und Anforderungen an Haltungsbedingungen

Soziale Bedürfnisse

Entscheidend für die Hundeentwicklung ist ein „Lebensabschnitt", den man als „Spielalter" (Hassenstein, 1987) bezeichnen kann, eine Zeitspanne, in der Erkunden, Neugierverhalten, Spielen (Sozialspiel) und Nachahmen den wesentlichen Lebensinhalt darstellen. Dieses Verhalten kennzeichnet die gesamte hundliche Jugendentwicklung. Isoliert oder reizarm aufgezogene Hunde zeigen hingegen kein oder kaum Spielverhalten, sie entwickeln bei schwerem sozialem Erfahrungsentzug zwangsläufig Verhaltensstörungen, die zu einem großen Teil auf die fehlende Bindung an die Mutterhündin, andere Artgenossen und den Menschen, also die hundlichen Sozialpartner zurückzuführen sind (Feddersen-Petersen, 1994 a). Diese geben den Welpen die nötige soziale Sicherheit für das Erkunden, das Spiel und das Nachahmen, kurz für die normale Verhaltensentwicklung. Ähnliche Störungen entwickeln sich bei äußerst reizarm gehaltenen Hunden (bei ausschließlicher oder überwiegender Zwingeraufzucht), die keine ausreichenden Umwelterfahrungen gewinnen können und deshalb nicht selten lebenslang umweltunsicher bleiben.

Jedes beobachtbare Hundeverhalten ist das Ergebnis der genetischen Disposition des betreffenden Individuums in dynamischer Wechselwirkung mit den vielen sozialen und unspezifischen Reizen der Umwelt, denen der Hund im Laufe seiner Entwicklung ausgesetzt war bzw. ausgesetzt ist.

Deprivationsschäden sind bei Hunden, die in Massenzuchten ohne ausreichende Menschensozialisation aufwachsen, vorprogrammiert. Vorhersehbar entwickeln sich diese Störungen auch nach ausschließlicher oder überwiegender Zwingeraufzucht (Feddersen-Petersen, 1992). Aufgrund dieser und anderer Untersuchungen zu Fehlentwicklungen aufgrund unzureichender Kontakte oder gar sozialer Isolation in bestimmten Altersstadien (Immelmann, 1975; Keller, 1983) sollte die überwiegende oder ausschließliche Zwingeraufzucht verboten werden. Im Entwurf zur „Verordnung über das Halten von Hunden" vom deutschen Bundesministerium für Ernährung, Landwirtschaft und Forsten (1. 12. 1993) wird herausgestellt, daß Junghunde nach dem Absetzen bis zum Alter von 9 Monaten ein besonders großes Bedürfnis an Sozialkontakten haben und spätere Verhaltensstörungen häufig auf mangelnde Zuwendung während dieser Entwicklungsphase zurückzuführen sind. Es wird betont, daß die Integration in die Familie grundsätzlich jeder anderen Haltung vorzuziehen ist. Dennoch läßt dieser Entwurf noch eine tägliche Zwingerhaltung von 22 Stunden und eine Anbindehaltung von 14 Stunden für erwachsene Hunde zu, erwähnt wird jedoch in der Begründung, daß nach einem angemessenen Zeitraum analysiert werden sollte, ob für die Zwinger- und Anbindehaltung weitergehende Regelungen unerläßlich sind.

Die gewerbliche Hundezucht sollte auf engen und regelmäßigen Kontakt zwischen der Wurfgemeinschaft (Hündin und Welpen) und deren Bezugspersonen überwacht werden. Die Aufzucht der Welpen muß weiterhin gewährleisten, daß diese mit einer möglichst großen Vielfalt an Reizen (akustisch, optisch, olfaktorisch, thermisch, taktil) konfrontiert werden, ohne sie indessen zu überfordern (Leitlinien zur tiergerechten und tierschutzgemäßen Zucht, Aufzucht, Haltung und Ausbildung von Hunden, Deutsche Veterinärmedizinische Gesellschaft e. V. und Verband für das Deutsche Hundewesen, 1993). In der Zeit von der 3. bis zur vollendeten 16. Lebenswoche sind die Welpen in ihrer Verhaltensentwicklung besonders sensibel gegenüber Eindrücken ihrer sozialen (kommunikativen) Umwelt. Wenn Züchter ihre Zeit vorrangig für die Steuerung der Verhaltensentwicklung der Welpen nutzen, was zu fordern ist (Leitlinien zur tiergerechten und tierschutzgemäßen Zucht, Aufzucht, Haltung und Ausbildung von Hunden, DVG und VDH, 1993), ist die gewerbliche Hundezucht auf maximal drei Würfe im Jahr zu begrenzen, da der Zeitaufwand pro Wurf außerordentlich groß wird.

Der Hundehandel ist zu verbieten, eine Abgabe von Welpen vor der 8. (besser 9.–10.) Lebenswoche sollte untersagt werden, da Welpen in ihrer normalen Entwicklung gefährdet sind, wenn sie zu zeitig abgegeben oder von den Wurfgeschwistern getrennt werden (Begründung zu § 2 der „Verordnung über das Halten von Hunden", Entwurf 1993).

■ **Entwicklung**

Es gibt diverse Einteilungskriterien für die Jugendentwicklung, die alle mit dem Fehler der willkürlichen Abgrenzung bestimmter Zeitabschnitte behaftet sind: Entwicklung ist kontinuierliche (lebenslange) Veränderung – und das, was in einem Entwicklungsabschnitt geschieht, ist niemals unabhängig von dem, was vorher geschah und wird das beeinflussen, was folgt. Ein weiterer Nachteil ist, daß Entwicklungsdarstellungen einer Spezies die interindividuelle Variabilität oftmals vernachlässigen. Zulässig allerdings wird so eine Einteilung, um Vergleiche ziehen zu können. Es ist somit eine sinnvolle Hilfskonstruktion. Scott und Fuller (1965) haben die Hundeentwicklung nach vorrangig morphologischen Gesichtspunkten untergliedert:

1. *neonatale Phase* (beendet durch das Öffnen der Augen: ca. 1.–11. Tag),
2. transitionale bzw. *Übergangsphase* (Veränderungen hinsichtlich motorischer und sensorischer Fähigkeiten: je nach Rasse 11.–18. (36.) Tag,
3. *Sozialisierungsphase* (rasche Entwicklung sozialer Verhaltensmuster: je nach Rasse: 17. (37.)-ca. 90. Tag) und
4. *juvenile Phase*, die bis zur Geschlechtsreife reicht.

Die Sozialisierungsphase, in der artgemäßes Sozialverhalten gelernt werden muß, ist die Zeit, in der Hunde bevorzugt Bindungen einzugehen vermögen, was eine besondere emotionale Sensibilität voraussetzt. Durch diese Sensibilität besteht jedoch auch eine Anfälligkeit für Verhaltensschäden durch inadäquate Reize. Es liegt somit am Hundezüchter und am Hundehalter, wie diese Zeit im

Sinne einer hundegerechten Aufzucht genutzt – oder ob sie vertan wird, was stets den „schwierigen Hund" erzeugt. In die Sozialisierungsphase fallen für die untersuchten Hunderassen sensible („kritische") Phasen der Welpenentwicklung: eine Summe verschiedener Organisationsprozesse mit eigenen Phasenspezifitäten (Scott et al., 1974).

Mit dem 16. (20.) Tag wird unter den Welpen der Kontakt zu den Geschwistern, der Mutterhündin und dem Menschen intensiviert. In der folgenden Zeitspanne bis zur 6. (7.) Lebenswoche läuft eine rasante Entwicklung insbesondere des Sozialverhaltens der Welpen ab, und es ist der Höhepunkt einer Phasenspezifität erreicht, die insbesondere das Sozialverhalten der Welpen betrifft und bis zur ca. 20. Woche anhält. Dabei handelt es sich um einen Lebensabschnitt, in welchem Individuen für bestimmte Lernerfahrungen (zumal im sozialen Bereich) besonders empfänglich sind, in welchem also einprägsamer und nachhaltiger gelernt wird als außerhalb dieser Phase.

Auch die Genese von Deprivationssyndromen, aller Fehlentwicklungen als Folge früher sozialer Isolierung, ist bei Hunden, wie angedeutet, an sensible Phasen gebunden: Verhaltensauffälligkeiten, Verhaltensstörungen, die als Folge eines sozialen Erfahrungsentzuges in der frühen Ontogenese auftreten, erzeugen etwa lebenslang eine Unfähigkeit zu normalem Sozialverhalten und zur Sozialisation von Hunden, die auffallend teilnahmslos oder aber ausgeprägt schreckhaft und sozial unsicher bleiben. Eine „kritische Periode" (korrekter: Phase, da es sich nicht um sich wiederholende Prozesse innerhalb der Entwicklung handelt, sondern um einmalig auftretende Entwicklungsschritte) wird unterschiedlich definiert. Scott et al. (1974) sagen dazu: „Die Theorie der kritischen Phasen basiert auf der Erkenntnis, daß die Organisation eines Systems am leichtesten in der Zeitspanne modifiziert werden kann, in der diese Organisation am schnellsten voranschreitet", setzen also eine unterschiedliche Entwicklungsrate für die Existenz kritischer Phasen voraus. Fox (1969) definiert sie im bereits angeführten Sinne als die Zeit in der Entwicklung, in der frühe Erfahrungen den größten Effekt auf das spätere Verhalten haben, und nennt sie Phasen einer „supramaximalen Sensibilität". Allerdings hebt er ganz richtig hervor, daß die Art und Weise, in welcher frühe Erfahrung das spätere Verhalten beeinflußt, größtenteils noch nicht zu beantworten ist.

Die „sensible Phase", in der prägungsähnliche Lernvorgänge stattfinden, hat bei Hunden grob (es gibt diesbezüglich Rasseunterschiede, die noch nicht ausreichend abgesichert werden konnten) wohl mit der 7. Lebenswoche (optimale Phase in bezug auf den Sozialisierungsprozess nach Scott, 1968) ihren Höhepunkt erreicht. Limitierende Faktoren wie Furcht, Isolation, Bindung an einen Ort, Bindungen an Individuen sowie später Angriffs- und Verteidigungsbereitschaft führen danach zur Abnahme der Sozialisierungsfähigkeit. Hunde sollten daher nicht vor der 8. Lebenswoche abgegeben werden, weil vor und in diesem Alter der Kontakt zu den Geschwistern und das soziale Lernen im Spiel besonders wichtig sind.

Die Funktion des Sozialspiels ist nach wie vor nicht unumstritten geklärt. Es ist jedoch davon auszugehen, daß es gerade bei den hochsozialen Wölfen und Haushunden soziale „Fähigkeiten" sind, die gelernt werden. Die soziale Flexibilität etwa steigt an, die Kommunikationsfähigkeit wird differenzierter, und wahrscheinlich sind Sozialspiele bedeutsam für die Sozialisation an Artgenossen und Menschen. Zudem können die jungen Caniden im Laufe ihrer Entwicklung Bewegungsfolgen und soziale Reaktionsnormen einüben, ohne daß die im „Ernstverhalten" üblichen Konsequenzen folgen. Dies alles sollte in der vertrauten Umgebung beim Züchter erfolgen.

Als guter Abgabetermin ist die 10. (12) Lebenswoche zu nennen. Wichtig erscheint jedoch, daß der künftige Hundebesitzer in dieser Zeit bereits regelmäßig Kontakt zu seinem Welpen aufnimmt und dieser seinen Aktionsraum sukzessive erweitern kann (Umgang mit fremden adulten und jungen Hunden; Spaziergänge, die ihn mit Reizen bekanntmachen, denen er später angstfrei begegnen können muß: belebte Straßen, Autofahrten, Fahrstuhlfahrten u. a.). Expansionsmöglichkeiten bezüglich der belebten wie unbelebten Umwelt sind also bereits in der Zeitspanne beim Züchter für die Welpen unverzichtbar. Diese Forderungen nach einer hundegerechten Sozialisation und Expansion beim Züchter sollten detailliert in die Erlaubnis nach § 11 des Deutschen Tierschutzgesetzes, der die gewerbsmäßige Zucht von Hunden regelt, aufgenommen werden.

Es ist wichtig zu wissen, daß die angeführten Lernvorgänge auch für Motivationsbereiche (Handlungsbereitschaften, Stimmungen) gelten, so auch für aggressive Motivationen (Hassenstein, 1987). So gibt es erwiesenermaßen einen starken Einfluß früher Erfahrung auf die spätere Aggressivität. In ähnlicher Weise werden nun die Bindungsfähigkeit und das Geselligkeitsbedürfnis des Hundes sowie seine Fähigkeit, sich in eine Gruppe einzugliedern, entscheidend mitbestimmt (Scott und Fuller, 1965). Der spätere „Sozialitätsgrad" richtet sich bei Hunden eindeutig nach ihren sozialen Erfahrungen in dieser Phase. In der Zeit von der 4.–5. bzw. 11.–12. Lebenswoche nimmt der Welpe Verhaltenscharakteristika an, die denen der Adulten ähneln (Breazile, 1978), parallel dazu laufen neuronale Reifungsprozesse ab. Um Hunde in artgerechter Weise (bei Beachtung und Achtung ihrer Rassebesonderheiten) an Menschen sozialisieren zu können, bedarf es mindestens einer Person, die für die Betreuung jeweils nur eines Wurfes verantwortlich sein müßte. Hinweise auf die gleichfalls notwendige Umweltprägung, im Sinne einer möglichst unproblematischen späteren Anpassung an wechselnde Lebensumstände, sollten nicht fehlen (Feddersen-Petersen, 1991). Hunde aus großen kommerziellen Zwingeraufzuchten werden aufgrund restriktiver Lebensbedingungen gerade in dieser Zeit nicht selten sozial depriviert und bilden den Grundstock der später potentiell gefährlichen Hunde. Mit der Aufnahme einer entsprechenden Forderung in die Erlaubnis nach § 11 des Deutschen Tierschutzgesetzes würde somit über den Schutz des Tieres (durch Gewährleistung einer artgemäßen Aufzucht) auch die Sicherheit des Menschen beachtet werden – und die Problematik der „gefährlichen Hunde" aus diesem Bereich ursächlich bekämpft und nicht symptomatisch behandelt werden, wie es zunehmend durch gesetzliche Regelungen geschieht.

In den „Leitlinien zur tiergerechten und tierschutzgemäßen Zucht, Aufzucht, Haltung und Ausbildung von Hunden" (Deutsche Veterinärmedizinische Gesellschaft e. V. und Verband für das Deutsche Hundewesen e. V., 1993) wird für die Entwicklung eines „wesensfesten" und „gesellschaftsverträglichen" Hundes für die Zeit von der 3. bis zur vollendeten 16. Lebenswoche eine Nutzung gefordert, die vorrangig ihre Erziehung und Verhaltensentwicklung berücksichtigt. Althaus (1989) betont, daß „die aktive Beschäftigung des Halters mit seinem Vierbeiner, die Interaktion, der Umgang mit dem Hund integrativer Bestandteil der Hundehaltung" sein müssen. Auch für die Zeit beim Züchter fordert er regelmäßige Sozialkontakte als Voraussetzung für eine normale Entwicklung.

Die Mutterhündin beginnt – zunehmend ab der 5./6. Woche nach dem Werfen – ihre Welpen in deren „hierarchische Grenzen" zu verweisen: ein Anknurren, ein kurzes Zupacken (zumeist unter Beißhemmung) in Situationen der Fütterung/des Fressens, im Sozialspiel, bei Annäherung der Welpen an die ruhende Hündin oder mitunter reaktiv auf Saugbemühungen. Der Junghund sollte vom Hundehalter sofort „in diesem Sinne" weiter behandelt werden: Zu der sozialen Bindung an den Menschen gehört die Rangeinweisung des Welpen. Hunde zeigen ein Dominanz- bzw. ein Subdominanzverhalten und fügen sich – so oder so – in hierarchische Strukturen, so auch in die einer Familie ein. „Hunde suchen klare Rangordnungsverhältnisse bzw. sie schaffen sie" (Althaus, 1989). Bleibt seitens des Menschen jeglicher Widerspruch aus, wird der Junghund also nicht erzogen, sondern ist er der verzärtelte Familienmittelpunkt, der „alles darf", so arbeitet er sich zwangsläufig an die Spitze der Familienrangordnung, was dann beim ausgewachsenen Hund, der alle Ressourcen und Requisiten seiner Umwelt (vom Sessel bis zur Kontrolle und Sanktionierung der Lebensgewohnheiten der Familienmitglieder) für sich beansprucht und den plötzlichen Erziehungsversuchen seiner Menschen mit aggressiven Verhaltensweisen begegnet, zu großen Problemen und einem erheblichen Gefährdungspotential führen kann. Althaus (1989) führt aus, daß tiergerechte Hundehaltung tiergerechten Umgang mit dem Hund beinhaltet. Die Rangeinweisung eines Welpen oder Junghundes gehört zum tiergerechten Umgang. Auch der Umgang des Menschen mit seinem Hund muß beobachtet, beurteilt und kontrolliert werden oder durch Beobachtung von Verhaltenskriterien in der Interaktion Besitzer – Hund müssen Rückschlüsse auf den Umgang gezogen werden (Althaus, 1989). Die Schweizer Tierschutzgesetzgebung enthält jedoch, mit Ausnahme des Abschnittes „Hunde" der Tierschutzverordnung (Art. 31–34) und der Tabellen mit den Mindestanforderungen für das Halten von Hunden im Anhang 1 zur Tierschutzverordnung, keine Beurteilungsgrundlagen, die sich spezifisch auf die Haltung von Hunden und den Umgang mit ihnen beziehen (Althaus, 1989). Diese fehlen ebenfalls im Deutschen Tierschutzgesetz. Der erwähnte „Entwurf über das Halten von Hunden" vom Deutschen Bundesministerium für Ernährung, Landwirtschaft und Forsten, 1993, in dem Forderungen auch der Wohnungshaltung von Hunden geregelt werden, würde diese Lücke sinnvoll füllen, ist jedoch bislang noch nicht vom Bundesrat verabschiedet worden.

Nach den „Leitlinien zur tiergerechten und tierschutzgemäßen Zucht, Aufzucht, Haltung und Ausbildung von Hunden" (Deutsche Veterinärmedizinische Gesellschaft e. V. und Verband für das Deutsche Hundewesen, 1993) wird vorgeschlagen, der Züchter solle sich vergewissern, daß der neue Besitzer die Kenntnisse und Voraussetzungen hat, einen Hund zu halten und mit ihm umzugehen. Um tiergerechtes soziales Lernen unter Artgenossen auch nach der Trennung von den Geschwistern zu gewährleisten, wird auf die Möglichkeit der „Welpenspieltage" (Weidt, 1989) in Gruppen mit möglichst gleichaltrigen Hunden verwiesen.

Hundehalter müssen ihre Hunde konsequent dominieren und in der Lage sein, für den Hund die klaren Rangverhältnisse zu schaffen, die er braucht, ja geradezu sucht. Die Bereitschaft zu aggressivem Verhalten in sozialen Auseinandersetzungen und als Mittel der Verteidigung bei Angriffen (von schlecht menschensozialisierten Hunden kann auch die ungeschickte Bewegung eines Kindes als Angriff decodiert werden!) gehört zum Hundeverhalten. Hunde müssen und können jedoch sehr wohl lernen, daß aggressives Verhalten Menschen gegenüber nicht erlaubt ist: „Ziel der Erziehung muß es sein, einen in allen Situationen gesellschaftsverträglichen Hund zu haben, der mit sich und seiner Umgebung in Einklang ist. Um dieses Ziel sicher zu erreichen, ist die Autorität des Menschen unabdingbar" (Leitlinien zur tiergerechten und tierschutzgemäßen Zucht, Aufzucht, Haltung und Ausbildung von Hunden; Deutsche Veterinärmedizinische Gesellschaft e. V. und Verband für das Deutsche Hundewesen, 1993).

Entwicklung des Kotens und Harnens

Die Bauch- und Analmassage, die das Koten und Harnen der Welpen stimuliert bzw. reflektorisch auslöst und in den ersten beiden Lebenswochen für ein physiologisches Eliminationsverhalten wichtig oder sogar unerläßlich ist, wird von den meisten Hündinnen ausgesprochen häufig und intensiv durchgeführt. Diese Stimulation läßt mit der dritten Lebenswoche zunehmend nach, und wenn die Welpen zu fressen beginnen (mit etwa 21 Tagen wird im allgemeinen zugefüttert), werden auch deren Exkremente nicht mehr vollständig oder gar nicht mehr von der Hündin gefressen. Vorher wird der Urin aufgeleckt, zumeist im Verlauf der Anogenitalmassage, und ebenso der Kot abgeleckt und aufgenommen. Hündinnen, die ihren Welpen gegenüber überhaupt keine Bauchmassage zeigen, sollten von der Zucht ausgeschlossen werden, weil ihrem Pflegeverhalten ein für den Selbstaufbau (Tschanz, 1992) unentbehrlicher Bestandteil fehlt. Althaus (1982) weist zwar darauf hin, daß die von ihm untersuchten Siberian-Husky-Welpen bereits in den ersten Tagen zu selbständiger Harnabgabe fähig waren, diesbezügliche Angaben in der Literatur (Scott und Fuller, 1965; Fox, 1971) sowie eigene Untersuchungen an Wildcaniden und Haushunden stimmen darin überein, daß ausbleibende Bauchmassage zu Unwohlsein und Verdauungsstörungen der Welpen führt (Feddersen, 1978).

Sicherlich kommt diesen Verhaltensweisen eine Reinigungsfunktion des Wurflagers zu. Die Welpen der Wildcaniden verbleiben ja relativ lange in der Wurfhöhle, und verschmutzte Lager würden nicht allein olfaktorisch Feinde anziehen, vielmehr auch hygienisch sehr bedenklich sein. Mit ca. drei Wochen vergrößern die Welpen zunehmend ihren Aktionsradius. Sie koten und harnen jetzt überwiegend außerhalb des Wurflagers, natürlich nur, wenn sie die Möglichkeit erhalten, baldmöglichst in den Garten/außerhalb des Hauses zu gelangen, wo Urin und Exkremente dann sehr schnell regelmäßig abgesetzt werden.

Kommen so „vorbereitete" Welpen zum Besitzer, sind sie so gut wie „stubenrein". Hunde haben keine festen Kotplätze, Kot- und Urinmarken haben vielfältige Signalfunktionen (s. S. 277f.). So ist es falsch, Hundewelpen „zunächst einmal" auf Zeitungen oder Zellstoff zu setzen, um sie dort koten und urinieren zu lassen. Beharrliche Unsauberkeit bei Hunden ist nicht selten auf diesen Fehler des Züchters zurückzuführen.

Kommunikation

Wölfe und Hunde kommunizieren optisch, akustisch, olfaktorisch (chemisch) und taktil. Optische Kommunikation erfolgt über mimische Signale und Gesten oder spezielle Bewegungen, akustische Verständigung über Lautäußerungen, Lauttypen mit etlichen Übergangsformen, und die chemische Kommunikation bedient sich der Abgabe von Harn, Kot und Drüsensekreten als Geruchsstoffträger für komplexe chemische Mischungen. Der Verständigung über Berührungsreize (taktile Kommunikation) kommt bei Wölfen und Hunden eine große Bedeutung zu.

Gestik, Mimik und Blickkontakte vermitteln wie die Körperhaltung und die Lautgebung im jeweiligen Verhaltenskontext Informationen über den emotionalen Zustand eines Hundes, über dessen Motivationen und Verhaltensbereitschaften, sie haben zudem Appellfunktion und sind dialogisch, vermögen also Beziehungen zu regulieren. Dabei ist zu beachten, daß die visuellen, auditiven, taktilen und olfaktorischen Signale zumeist nicht auf einen einzelnen Übertragungskanal beschränkt sind, vielmehr Komponenten aus mehreren Kanälen erhalten. So sind es nie einzelne Signale, die einen bestimmten Bedeutungsinhalt haben, vielmehr differenziert zusammengesetzte Gesamtausdrücke, in denen Signalen je nach deren Kontext höchst unterschiedliche Bedeutungen zukommen können (Feddersen-Petersen und Ohl, 1995).

Optische Kommunikation

Grundsätzlich verfügen Haushunde über eine differenzierte Signalmotorik und kommunizieren sehr ausgeprägt im optischen Bereich. Im Zuge der Domestikation erfolgte jedoch eine Reduktion mimischer und gestischer Signale sowie der wölfischen Körperhaltungen und -stellungen mit Signalcharakter. Die hochdifferenzierte optische Kommunikation der Wölfe vergröberte mehr oder weniger ausgeprägt. Da die Anzahl der Gesamtausdrücke im Signalrepertoire einer Art offensichtlich in einem Zusammenhang mit der Komplexität der sozialen Organisationsform steht, also auch mit der Erfordernis, über eine Vielzahl bestimmter Bedeutungsinhalte kommunizieren zu können (Barash, 1980), erscheint die Hypothese naheliegend, die ursächlichen Zusammenhänge der domestikationsbedingten Ausdrucksvergröberung oder Ausdrucksabflachung des Hundes in seinen speziellen ökologischen Gegebenheiten, im engen Sozialleben mit dem Menschen, zu sehen. Unter den Haustieren sind es ja gerade Hunde, die sich weit in das Leben ihrer Besitzer zu integrieren vermögen und von denen ebenso eng einbezogen werden. Sie sind Sozialkumpan, und ihre Bindung an Menschen, gepaart mit Verhaltensweisen, die sich gegebenenfalls durchaus gegen eigene Artgenossen richtet (Lundberg, 1994), machen sie zum Partner, nicht selten zum Menschenersatz. Der Umgang mit Hunden wird in starkem Maße von Gefühlen bestimmt. Wohl kaum ein anderes Haustier wird von uns so emotionsüberladen, so unsachlich und, weit entfernt von biologischen Zusammenhängen, so anthropomorph eingeschätzt wie der Hund. Die Du-Evidenz gegenüber Hunden, die vollständige Einsichtigkeit in das Du dieser hochsozialen Lebewesen, die uns Sozialpartner wurden, drängt sich offenbar auf (Lorenz, 1968).

Darwin (1872), der den kommunikativen Charakter von Emotionen erkannte, zögerte nicht, die tierlichen Emotionen mit Begriffen analoger menschlicher Empfindungen zu belegen: „Hunde kennen sehr wohl den Unterschied zwischen liebkosenden und drohenden Gebärden und Tönen; auch scheinen sie einen mitleidsvollen Ton zu erkennen. So viel ich aber nach wiederholten Versuchen ermitteln konnte, verstehen sie keine nur auf das Gesicht beschränkte Bewegung – mit Ausnahme des Lächelns oder Lachens ... Diesen beschränkten Grad von Kenntnis haben nur Affen und Hunde, wahrscheinlich dadurch erlangt, daß sie eine rauhe oder freundliche Behandlung mit unseren Handlungen associierten; sicherlich ist diese Kenntnis nicht instinctiv."

Domestikationsbedingt, und damit angeboren, ist die Fähigkeit des „Lachens" (Fischel, 1961; Zimen, 1971) oder „Lächelns" bei vielen Hunden, eine qualitative Verhaltensänderung, welche als haushundtypisches mimisches Signal allein dem Menschen gegenüber gezeigt wird – bei dessen leicht submissiver Begrüßung. Unter den Bastarden zwischen Wolf und Großpudel, die am Institut für Haustierkunde in Kiel ethologisch analysiert wurden, gab und gibt es Individuen, die vertraute Menschen gleichfalls „lächelnd" begrüßen – was die genetische Grundlage dieses Signals beweist (Feddersen-Petersen, 1994 c).

Andere Haustiere „lächeln" nicht – zeigen auch nicht annähernd die enorme Vielfalt in der Mimik und Gestik wie Hunde, die sich dem Wolf gegenüber auch im Verhalten beträchtlich, z. T. extrem veränderten und neben quantitativen Verschiebungen in der Häufigkeit des Ausführens von wölfischen Verhaltensweisen auch qualitative Unterschiede zu ihm aufweisen (Umlauf, 1994).

Hunde veränderten ihr optisches Ausdrucksverhalten in Anpassung an das Zusammenleben und die Kommunikation mit Menschen, die wichtiger bzw. unverzichtbarer Bestandteil ihrer Umwelt wurden. Pudel, Labradors und andere Rassen entwickeln unter den Bedingungen der Gehegehaltung eine ausgeprägte Aggressivität, können jedoch sehr wohl in Gruppen gehalten werden, wenn sie menschensozialisiert sind und Umgang mit Menschen haben (Feddersen-Petersen, 1995). Die aufgezeigten Veränderungen weisen auf Bedürfnisse hin, die den Menschen hier in die besondere Verantwortung des „bevorzugten Sozialkumpans" nehmen, der er durch entsprechendes Verhalten im Zusammenleben mit Hunden begegnen muß. Hundehaltung fordert Kommunikation, Interaktion mit dem Hund.

Die große Variabilität der Rassen nun, die sich auf Kopf- und Körperform, Hautwachstum (Hängeohren, Hautfalten), Behaarung (Wollhaare, Haarlosigkeit) und ein breites Spektrum an Fellfärbung wie Musterung bezieht, wirkt sich mehr oder weniger ausgeprägt auf die Ausdrucksmöglichkeiten der Rassen aus. Durch bestimmte Rassestandards wurden mimische wie auch Körpersignale und andere Ausdrucksmöglichkeiten (z.B. Haareaufstellen als Drohgebärde) in hohem Maße eingeschränkt. Kennzeichnend für die Übermittlung einer bestimmten Motivation eines Hundes ist stets der Gesamtausdruck, resultierend aus allen mimischen, gestischen Signalen und anderen Ausdrucksmöglichkeiten (s. o.).

Während Wölfe im Bereich des Kopfes über 11 „Ausdrucksregionen" mit jeweils 2–13 verschiedenen Signalmöglichkeiten verfügen und für adulte Wölfe 60 Mienen unterschieden werden konnten (Abb. 4 a), haben etliche Hunderassen aufgrund der extremen Unterschiede im morphologischen Bereich kaum noch die

Abb. 4a Defensivdrohen beim Europäischen Wolf. Kreise: „Ausdrucksregionen" mit einer jeweils unterschiedlichen Anzahl definierter Signale; 4 Kreise um das Ohr: Grundstellungen, die m. o. w. frei untereinander kombinierbar sind. (Feddersen-Petersen, 1994)

Abb. 4b „Neutraler Gesichtsausdruck" bei einer Bordeauxdogge. Die Ausdruckssequenz weist ausgeprägte Reduktionen auf. Im Bereich des Fanges und des Nasenrückens fehlen alle Signalmöglichkeiten, im Bereich des Ohres sind allein noch Ohrwurzelbewegungen zu registrieren.

Möglichkeit dazu, auch nur einen Bruchteil dieser wölfischen Vielfalt, Feinheit und Graduation zu zeigen; so etwa die Bordeauxdogge (Abb. 4 b): Ihre Stirn ist stets faltenreich, der Nasenrücken auch, die Zähne können aufgrund der extremen Belefzung nicht mehr gebleckt werden. Bei aggressiver Motivation werden allein die Lefzen gespannt, und Stirn wie Nasenrücken enthalten 1 bis 2 zusätzliche Falten, Veränderungen, denen kaum ein hoher Signalwert zuzusprechen ist.

So entfallen etliche „Ausdrucksregionen" und noch mehr mimische Signale, um bestimmte innere Zustände zu übermitteln. Die Übermittlung der Stimmung oder Absicht wird dadurch erschwert bis unmöglich (Feddersen-Petersen, 1994 c).

Die fortschreitende Einschränkung dieser Ausdrucksmöglichkeiten durch unbiologische züchterische Entwicklungen bei etlichen Rassen ist mit großer Wahrscheinlichkeit für „Mißverständnisse" unter Hunden verschiedener Rassezugehörigkeit zumindest mitverantwortlich und wird damit tierschutzrelevant. Weisen viele Rassen „nur" Verluste wölfischer Graduierungsmöglichkeiten einzelner Signale/Signalfolgen auf, so gibt es bei anderen bereits qualitative Unterschiede in der Signalübermittlung (Feddersen-Petersen, in Vorb.). Im Bereich der Agonistik (aggressives/defensives Verhalten) können so Kommunikationsstörungen unter Hunden verschiedener Rassezugehörigkeit Beißereien verursachen, was biologisch sinnlos und ethisch alles andere als vertretbar erscheint, da eine Schadensvermeidung bei der hundlichen Kommunikation aus „kosmetischen Gründen" nicht mehr gewährleistet ist. Hunde suchen klare Rangordnungsverhältnisse (Althaus, 1989). Durch Etablierung von Dominanzunterschieden lassen sich soziale Hierarchien, Rangordnungen, aufstellen, die darauf abzielen, den unterschiedlichen individuellen Freiheitsspielraum der einzelnen Gruppenmitglieder abzubilden. Genau hier, im Rangordnungsverhalten, gibt es unter Hunden offenbar Probleme. So ist unter Möpsen zu beobachten, daß die hundetypische Imponiergeste des „Über-den-Fang-Beißens" oft nur noch als Andeutungsbewegung nach erfolglosen Bemühungen des ranghöheren Hundes vor dem „fehlenden Fang" des Unterlegenen ausgeführt wird. Die Bereitschaft zum Ausführen dieser Handlung ist also auch Möpsen angeboren, allein der zur Durchführung der Handlungskette „nötige" Körperteil des Interaktionspartners fehlt. Reaktiv resultiert regelmäßig Aggression anderen Hunden gegenüber, die zufällig in der Nähe sind (mdl. Mittlg., In der Wieschen), wohl aus Frustration, da die Zielerreichung (oder Triebbefriedigung) des Verhaltens verhindert wurde.

Negative Gefühle, Leiden des imponiermotivierten Tieres sind anzunehmen, auch die folgenden Beißereien deuten darauf hin, was stark brachyzephale Rassen als tierschutzrelevant kennzeichnet (§ 11 b Deutsches Tierschutzgesetz), da hier die gebotenen Grenzen der züchterischen Gestaltungsmöglichkeiten überschritten wurden. Die Schnittstelle zwischen Tierzucht und Tierschutz wird deutlich (Herzog, 1996). Durch Zucht geförderte oder geduldete Form- und Verhaltensmerkmale, die sich in Verhaltensstörungen äußern, sind nach § 11 b des Deutschen Tierschutzgesetzes verboten. Hier wird Sozialverhalten und damit Leben durch züchterische Tätigkeit geschädigt.

Die Anzahl möglicher Gesamtausdrücke im Bereich des Kopfes beträgt beim Pudel (Zwergpudel) 14, beim Deutschen Schäferhund 16. Für den Alaskan Malamute dagegen wurden 43 Mienen analysiert. Ausgeprägte Ausdrucksreduktionen sind typisch für Terrierrassen mit einer relativ jungen „Kampfhundvergangenheit": Bull Terrier und insbesondere American Staffordshire Terrier und Pit Bull Terrier. Die aggressive Kommunikation erscheint hier nach bisherigen Befunden stark reduziert, so daß fast ohne vorangehendes Drohverhalten oder etwa nach kurzem Drohfixieren Angriffs- und Kampfverhalten erfolgt. Je nach Zuchtlinie ist ein mehr oder weniger ausgeprägtes Aggressionsverhalten festzustellen.

Zudem wird aggressives Verhalten oft unangemessen bezüglich der Situation und des Ausmaßes der resultierenden Kämpfe durchgeführt. Ursächlich verantwortlich für eine Beißerei ist oftmals eine geringfügige Distanzunterschreitung, ein zufälliges Berühren oder ungeschicktes Anrempeln der Tiere. Während die Ausdrucksreduktionen der aufgeführten Terrierrassen tierschutzrelevant sein können, da sie zu Störungen im Sozialverhalten führen, ist die Ausdrucksreduktion von Deutschen Schäferhunden zwar biologisch überraschend, da diese Rasse dem Wolf morphologisch nachgezüchtet wurde und über dessen

Ausdrucksmöglichkeiten erfolgt. Minderleistungen, die zu Schmerzen, Leiden oder Schäden führen, sind jedoch nicht bekannt.

Im Bereich der Rute gibt es bei (unkupierten) Hunden über zehn unterscheidbare Stellungen mit Signalfunktion, die im Zusammenwirken mit allen anderen optischen Signalen maßgeblich an der Übermittlung von Stimmungen beteiligt sind. Dabei sind es nicht allein Gesamtbewegungen oder -haltungen der Rute, die Emotionen übermitteln, vielmehr kann diese auch im proximalen, mittleren und im distalen Bereich unterschiedlich bewegt/gehalten werden, was wiederum den Ausdruck einer Stimmung, Aufforderung oder Reaktion eines Hundes entscheidend zu präzisieren vermag. Die optische Kommunikation der Hunde also ist durch züchterisch bedingte Ausdrucksreduktionen, insbesondere im mimischen Bereich, „vergröbert" oder durch Eingriffe am Tier (Schwanzkupieren) vermindert worden. Tierschutzrelevante Mißverständnisse zwischen verschiedenen Rassen können vorkommen (Feddersen-Petersen und Ohl, 1995).

Bei einer Hundehaltung in Tierheimen, die bestrebt ist, dem ausgeprägten sozialen Bedürfnis aller Hunde Rechnung zu tragen und deshalb anstatt der nicht hundegerechten Einzelkäfighaltung eine Form der Gruppenhaltung praktiziert, sollte auch darauf geachtet werden, daß nach Möglichkeit Hunde mit ähnlichen Ausdrucksmöglichkeiten zusammengehalten werden (zusammenpassen sollten die Tiere auch in der Größe, im Temperament und in anderen Eigenschaften). Die Gruppenhaltung ist eindeutig tiergerechter, in ihrer Praktizierung bestehen noch Unsicherheiten, die durch methodisch „saubere" wissenschaftliche Arbeiten zu beheben sind (Heidenberger, 1993; Beck, 1994).

■ Eingriffe in das optische Ausdrucksverhalten

Das Kupieren von Ohren und Rute des Hundes wurde im Mittelalter von Feudalherren zur Kennzeichnung ihrer Hunde geübt. Die häufig zu hörenden Argumente, „der Schwanz des Boxers ist zu dünn", oder auch „lange Ohren passen nicht zu dieser Rasse" oder „sie verursachen Otitiden", muten seltsam an, hat doch der Mensch diese Rassenvielfalt durch züchterische Maßnahmen aus dem Wolf geschaffen.

Das Ohrenkupieren ist nach deutschem und Schweizer Tierschutzrecht verboten. Das Kupieren der Rute ist auch seit Änderung des Tierschutzgesetzes am 18. 8. 1986 in Deutschland noch bei unter 8 Tage alten Welpen ohne Betäubung erlaubt. Für das Ohrenkupieren muß hingegen die Indikation zur Heilung einer Erkrankung vorliegen. Dieses eindeutige Verbot soll dem Bestreben entgegenwirken, das Erscheinungsbild von Hunden geltenden Rassestandards durch Amputation von Körperteilen anzupassen. Dabei spielt es keine Rolle, ob die Zwecke rein kosmetischer Natur sind oder der Nutzung von Hunden dienen, weil es kaum vorstellbar ist, daß das Kupieren der Ohren bei Hunden für die vorgesehene Nutzung des Tieres, beispielsweise als Schutz- oder Diensthund, unerläßlich sein kann. Unsinnig erscheint auch das Kupieren der Rute angesichts der Tatsache, daß manche Jagdhunde (Deutsch Kurzhaar, Deutsch Drahthaar, Pointer, Spaniel) regelmäßig kupiert werden, andere hingegen, häufig gerade die für das Aufbringen von Wild im Unterholz eingesetzten, nie (z.B. Teckel und Münsterländer).

Das Kupieren der Rute bei Hunden aus vom Menschen erwünschten Gründen oder aus „Nutzungsgründen" (die nicht den Terminus „unerläßlich" erfüllen, da bei anderen Rassen mit gleichen Aufgaben nicht kupiert wird und offenbar kein Schaden für diese Tiere entsteht), ist als weitere Einschränkung der Kommunikation, damit als zusätzliche „Beschneidung der Signalmotorik", grundsätzlich für alle Rassen abzulehnen: Feinheiten der Signalübermittlung, damit Möglichkeiten der Graduierung im Gesamtausdruck und so in der Kommunikation gehen verloren und bedingen eine weiter verminderte Möglichkeit zur sozialen Kommunikation und zum Ausdruck von Gestimmtheiten. Nur in Ausnahmefällen ist das Kupieren aus medizinischer Sicht als therapeutische Maßnahme indiziert: bei einer Erkrankung des Schwanzes. Die weitaus größere Zahl an Eingriffen wird vorgenommen, um Hunde an die jeweils geltenden Rassestandards anzugleichen, also aus kosmetischen Gründen. Damit stellt sich die Frage, inwieweit ein solcher Eingriff durch den Tierarzt überhaupt verantwortet werden kann (Stellungnahme der Fachgruppe Kleintierkrankheiten der Deutschen Veterinärmedizinischen Gesellschaft zum Kupieren von Hunden, 1993). Goetschel (1995) sieht die Würde des Tieres bei Hobbytieren verletzt, „wenn sie nur als Mittel zu Zwecken des Menschen gehalten oder gezüchtet werden und bei der Verletzung der körperlichen Integrität, also bei der Beeinträchtigung von Art und Erscheinung eines Tieres, wenn kein zwingender Grund vorliegt (so etwa beim Kupieren von Hundeohren ...)". Ohren- und Schwanzkupieren ist somit der korrekt ausgeführten Amputation der Wolfskralle nicht gleichzusetzen, da diese keinem Schönheitsideal dient, sondern dem Schutz des Hundes vor Verletzungen, denn Afterkrallen (rudimentäre 1. Zehen am Hinterfuß) sind so geformt, daß Hunde relativ leicht daran hängenbleiben und sich schmerzhafte Verletzungen zuziehen können. Hier also gibt es eine medizinische Indikation.

Vergleichende Verhaltensuntersuchungen zur Kommunikation und zum Sozialverhalten an kupierten und nicht kupierten Hunden einer Rasse (Großpudel) mit vergleichbarer Jugendentwicklung unter vergleichbaren Umweltbedingungen belegen, daß agonistische Interaktionen unter den Hunden mit kupierter Rute häufiger zu verzeichnen sind (Feddersen-Petersen, in Vorb.). Auffällig dabei ist im quantitativen Verhaltensvergleich beider Gruppen, daß unter den kupierten Pudeln im aggressiven Kontext weniger kommuniziert, vielmehr schneller zugebissen wird. Der Auftritt eines sozial sicheren Rüden mit hoch aufgestellter Rute, die im distalen Bereich leicht bewegt wird, wirkt langfristig distanzvergrößernd und verhindert wirkungsvoll Übergriffe mit Beschädigungsbeißen. Kupierte Ruten vermögen diese aggressionshemmende Wirkung offenbar nicht mehr auszuüben. Zweck des Deutschen Tierschutzgesetzes und des Schweizer Tierschutzgesetzes ist es, das Wohlbefinden eines Tieres zu schützen. Das Wohlbefinden von Hunden, die durch kosmetische Amputation im Schwanzbereich Kommunikationsprobleme haben und deshalb häufiger kämpfen, ist eindeutig herabgesetzt. Schmerzen, Leiden oder Schäden, die keinen vernünftigen Grund haben, sind Resultate der reduzierten Kommunikationsmöglichkeiten. Ein Entwurf von 1995 zur Revision der Schweizer Tierschutzverordnung forderte, daß Tieren von sociallebenden Arten angemessene Sozialkontakte zu ermöglichen sind. Dem steht natürlich entgegen, daß diese Sozialkontakte regelmäßig zu Übergriffen führen, wenn sich Haustiere nicht mehr ausreichend verstehen können.

Somit ist Verständigungsproblemen entgegenzuwirken.

Aus ethologischen Gründen ist ein generelles Verbot des Rutenkürzens zu fordern. Nach der Revision von 1997 der Schweizer Tierschutzverordnung wird im Art. 66 das Kupieren der Rute bei Hunden verboten, und zudem expressis verbis das Anpreisen, Verkaufen oder Ausstellen von Hunden mit kupierten Ohren oder Ruten untersagt.

Akustische Kommunikation

Die feinabgestufte soziale Organisation eines Wolfsrudels spiegelt sich auch deutlich in der Komplexität seines akustischen Kommunikationssystems wider: Neben tonalen oder klanghaften (nicht-agonistischen) und atonalen oder geräuschhaften (agonistischen) Lauten gibt es Mischlaute (tonal/atonal) wie auch Kombinationen klang- und geräuschhafter Laute (z.B. Winseln-Bellen) (Schassburger, 1993). Für die Abgrenzung von Lauttypen bei Wölfen und Hunden liegen noch keine einheitlichen Kriterien vor (Schassburger, 1993). Einer rein auditiven Klassifizierung von Lauten, also einer Einteilung nach dem subjektiven Höreindruck des Beobachters, die äußerst unbefriedigend, da mißverständlich ist, zu recht phantasievollen Sprachverrenkungen führte und zahlreiche verschiedene Benennungen erzeugte, die letztendlich demselben Lauttyp angehören, folgte auch bei Caniden in der letzten Dekade die systematische sonagraphische Analyse.

Mit Hilfe der sonagraphischen Analyse kann die physikalische Struktur eines Lautes graphisch dargestellt und vermessen werden. Der Sonagraph bietet hierbei verschiedene Möglichkeiten. So kann man die Frequenz eines Signals gegen die Zeit auftragen lassen und erstellt ein Sonagramm. Weiterhin ist das Amplitudenspektrum gesondert darzustellen, wobei jetzt die Amplitude gegen die Frequenz aufgetragen wird. Nimmt man noch das Oszillogramm (Amplitude gegen Zeit) hinzu, so erhält man letztendlich ein dreidimensionales Bild des zu analysierenden Lautes (Feddersen-Petersen und Ohl, 1995).

Wichtig ist stets der Verhaltenskontext des Lautes, um zum Verständnis seiner Funktion zu kommen. Nach wie vor problematisch ist die Frage, welche Parameter sinnvollerweise zu vermessen sind. Die Variabilität innerhalb verschiedener Lautgruppen ist groß, Mischlaute und Übergänge sind die Regel, weshalb Diskriminanzprogramme für die statistische Analyse unumgänglich sind.

Warum wurde gerade das Bellen *die* Lautform der Haushunde?

Es ist durchaus von einer positiven Selektion durch den Menschen im Verlauf der Domestikation auszugehen, da ein weithin hörbares und vor allem auch gut ortbares akustisches Signal bei Hunden in ihrer Funktion als Wach-, Hüte- und Jagdhund wünschenswert gewesen sein muß (Herre und Röhrs, 1990). Die kontextspezifische Strukturvariabilität, die vom Sozialpartner Mensch nicht unbedingt als solche wahrgenommen wird, muß andere Gründe haben: Bedenkt man die extrem reduzierten optischen Ausdrucksmöglichkeiten etlicher Haushunde, so ist die Funktionsvielfalt von Lauten durch Kopplung des akustischen und visuellen Systems anders als bei Wölfen bei Hunden nicht mehr gewährleistet. Darüber hinaus macht auch die Tatsache, daß Haushunde mit dem sich überwiegend verbal verständigenden Menschen kommunizieren, die weitergehende Differenzierung eines akustischen Signals zwingend logisch. Bellaute scheinen die veränderten Anforderungen an das Kommunikationsverhalten des domestizierten Wolfes exzellent zu erfüllen.

Bislang existiert eine erst kleine Anzahl sonagraphischer, d. h. objektivierter Analysen für verschiedene Hunderassen. Problematisch sind Untersuchungen, die zwar moderne Techniken nutzen, diese aber auf nicht-repräsentative Einzelbeispiele anwenden. So werten Coppinger und Feinstein (1990) das Bellen des Haushundes pauschal als nicht-kommunikativ, obwohl diese Aussage aufgrund einiger weniger Beispiele von Hunden unbekannter Rassezugehörigkeit wie unbekannter Individualgenese nicht belegbar ist. Auch der situative Kontext wird nicht erwähnt. Leider prägen solche Veröffentlichungen leicht die Meinung einer breiten Öffentlichkeit. Zudem werden sie stets als „Beleg" angeführt, wenn es um „Erziehungshilfen", wie „Bell-Ex" oder „Aboistop" geht, die „unerwünschtem Bellen" durch Verabreichung von Strafreizen (Stromschläge oder Verspritzen von Säureessenzen im Gesichtsbereich des Hundes) erzieherisch beggegnen wollen. Die Argumentation der Hersteller ist leichter, wenn Bellen schlicht „nichts bedeutet", was falsch ist (Feddersen-Petersen und Ohl, 1995).

Neben optischen Ausdrucksreduktionen gibt es bei den Haushunden also Übersteigerungen im Bereich der akustischen Kommunikation: Daß insbesondere Bellaute von den meisten Haushunden wesentlich häufiger und in variableren Situationen vokalisiert werden als vom Wolf, wo Bellen streng situationsbezogener Warn- und Angriffslaut ist, belegen vergleichende Untersuchungen einheitlich. Die Urteile über die Bedeutung dieser Hypertrophie allerdings reichen von „völlig sinnlos" bis „ausgesprochen differenziert". So werden Bellaute als „Erregungslaut" (Althaus, 1982) und deren übersteigerte Vokalisation als Infantilismus oder Neotenie (Fox, 1971) oder aber als Differenzierung (Zimen, 1971) und Bedeutungsvielfalt (Feddersen-Petersen, 1986; Ohl, 1993; Frommolt, 1995) gedeutet.

Es sei betont, daß die Auswirkungen der zu unterschiedlichen Zwecken erzüchteten Hunderassen auf deren Vokalisation noch weitgehend unbekannt sind.

Bellen gehört mit seinen verschiedenen Untergruppen zum ausgeprägten und differenzierten Lautäußerungsverhalten der Haushunde, ist also wichtiger Bestandteil ihrer akustischen Kommunikation. Neue Untersuchungen zeigen, daß es in der frühen Ontogenese zu Veränderungen der funktionellen Bedeutung der verschiedenen Lauttypen kommt: In der Sozialisierungsphase zeichnet sich eine zunehmend situationsspezifische Vokalisierung ab (Ohl, 1993; Dürre, 1994; Lübker-Suhre, 1994):

Die Entwicklung der Einsatzhäufigkeiten verschiedener Lautgruppen in den ersten acht Lebenswochen belegt das allmähliche Verschwinden von Infantillauten (Mucken, Quärren), während Knurrlaute zunehmend ab dem 36. Lebenstag geäußert werden und die fortschreitende Bedeutung des Bellens ab der siebten Lebenswoche sowohl durch die drastische Zunahme dieser Lautform als auch durch einen zunehmend situationsbezogenen Einsatz unterscheidbarer Bellaute deutlich wird.

Ohl (1993) unterscheidet beim Großpudel folgende Untergruppen des Bellens, die durch deutliche Kontextbezogenheit voneinander abzugrenzen sind: tonales Spielbellen, „Tannenbaum"-Bellaute (Spiel), Spielaufforderungsbellen, atonales Spielbellen, Droh- und Warn-

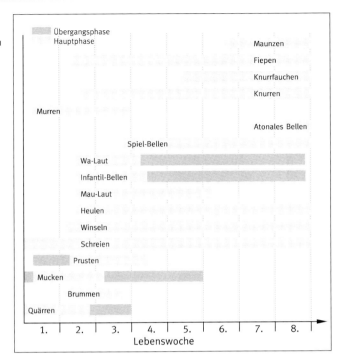

Abb. 5 Entwicklung der Lautäußerungen beim Weimaraner in den ersten 8 Lebenswochen (nach Dürre, 1994).

bellen und bestätigt damit die Annahme Zimens (1971), der diese Hypertrophie als Anpassung an den „sich hauptsächlich akustisch verständigenden Menschen" versteht. Auch für das akustische Ausdrucksverhalten der Haushunde ist somit eine genetische Anpassung von Hunden an das Zusammenleben mit dem Menschen nachzuweisen, die diesen in die Pflicht als Sozialpartner dieses Haustieres nimmt: Menschen sind unverzichtbarer Bestandteil einer normalen Hundeentwicklung, und eine tiergerechte Hundehaltung muß Kommunikation beinhalten.

Ein Entwicklungsethogramm der Lautformen für den Weimaraner zeigt ein weit umfangreicheres Lautrepertoire (Abb. 5), bestätigt die relativ späte Differenzierung der Bellaute, die hier in vier abgrenzbare Belltypen von unterschiedlicher kommunikativer Bedeutung untergliedert werden können (Abb. 6); (Dürre, 1994). Alle Analysen zeigen, daß Bellaute eine hohe Spezifität in bezug auf ihre Funktion und die Motivation eines Hundes aufweisen, Bellen ist eindeutig Indikator einer ganz bestimmten Motivation, damit Ausdruck der Gestimmtheit eines Hundes. Hunde kommunizieren untereinander und mit uns neben mimischen Signalen, Körperzeichen und Gesten sehr ausgeprägt über ihr Lautäußerungsverhalten, wobei das Bellen in seinen verschiedenen Formen eine Sonderstellung einnimmt.

Bellen kann Unbehagen wie Wohlbefinden signalisieren, es ist kontextspezifisch, kann also vieles bedeuten (Aufforderung, „Unterwürfigkeit", Kontaktlaut u. a.). Erreichen diese angeborenen Signale ihre angestrebten Funktionen nicht, wird etwa ein Such- oder ein Erkundungs- oder ein Aufforderungsbellen ganz pauschal mit Strafreizen „beantwortet", so muß eine starke Irritation des

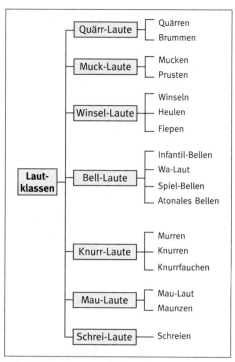

Abb. 6 Organigramm der Lautklassen mit ihren zugehörigen Lauttypen beim Weimaraner (nach Dürre, 1994).

Heulen wird von etlichen Hunderassen geäußert, mehr oder weniger variabel in Einsatz und Frequenzmodulation. Häufig zu registrieren ist es bei den Nordischen Hunderassen: Siberian Huskies (Althaus, 1982), Eurasiern (Marx, 1994). Unterbindung des Heulens durch die angesprochenen Erziehungshilfen wird ebenfalls als tierschutzrelevant gewertet. Ständiges Heulen ist wie ständiges Bellen in der Regel ein Indikator einer nicht tiergerechten Haltung (Beispiel: Huskies in Großstadtwohnungen).

■ **Vokalisation und Maßnahmen am Tier**

„Unerwünschtes Verhalten", zumeist normales Hundeverhalten, das durch Probleme der Mensch-Hund-Kommunikation in Form „ritualisierter Mißverständnisse" auftritt, also durch nicht tiergerechten Umgang des Menschen mit seinem Hund, soll nach dem Wunsch vieler Hundehalter möglichst schnell und mit wenig Aufwand beseitigt werden. Auf diese anthropozentrische Erwartungshaltung etlicher Menschen ihrem Tier gegenüber hat der Kleintiermarkt reagiert: Geräte zur gewünschten Verhaltensbeeinflussung über Strafreize (elektrische, olfaktorische, akustische) stehen hoch im Angebot: so etwa die TWEET-Trainingshilfe (Fa. Kleinmetall), mit der dem Leineziehen von Hunden begegnet werden soll. Diese sog. Erziehungshilfe wird zwischen Leine und Halsband befestigt und erzeugt, sobald das Tier unkontrolliert zieht, einen hohen Ton. Im Zusammenhang mit einem entsprechenden Befehl des Menschen soll der Hund lernen, leichter bei Fuß zu gehen. Wie diese Trainingshilfe tierschutzrechtlich zu bewerten ist, bedarf noch einer Prüfung seiner Wirkungen und Auswirkungen. Sie arbeitet, ebenso wie die Geräte, die das akustische

Hundes resultieren, dessen Ausmaß wir wohl nicht annähernd zu ermessen vermögen. So eine Bestrafung kontextspezifischer Vokalisationen führt auf längere Sicht zu Verhaltensstörungen, die mit Leiden behaftet sind, und sollte deshalb unterlassen werden.

Heulen, ein melodiöser Dehnungslaut, der unter Wölfen verschiedene Funktionen erfüllt: Informationsübermittlung über große Distanzen (Kontaktaufnahme mit dem Rudel; Information anderer Rudel über Existenz und Größe der Revierinhaber; Trennungsheulen vom Rudel getrennter Wölfe), hat aber auch kommunikative Funktionen über kurze Distanzen: „Chorheulen" (Zimen, 1971) dient zur Festigung der Rangordnung und stärkt damit den Gruppenzusammenhalt.

Ausdrucksverhalten beeinflussen (unterdrücken) sollen, nach dem Prinzip des unmittelbaren „Abtrainierens" den Menschen störender Verhaltensweisen, was außerordentlich subjektiv ist. Die Lebenssituation des Tieres, die Entwicklung der sog. Störung, wird nicht hinterfragt. Nicht selten sind die Auffälligkeiten des Hundes Indikatoren einer schadensträchtigen Haltungsumgebung, Symptome für ein herabgesetztes Wohlbefinden. So sei vorangestellt, daß diese Form der Konditionierung mit mehr oder weniger ausgefeilter Technik bei Belassen der belastenden Lebenssituation (Isolierung beispielsweise) hochgradig tierschutzrelevant ist.

Zunehmend werden sogenannte Bell-Stop-Geräte als Erziehungshilfe gegen „unerwünschtes" Bellen auf dem Kleintiermarkt angeboten. Es handelt sich dabei zum einen um Elektro-Dressurgeräte, die nach dem Prinzip der bekannten Teletakt-Geräte funktionieren. Es sind um ferngesteuerte Geräte, welche die Tiere am Halsband tragen und die auf entsprechende Signale Stromstöße abgeben. Der dadurch beim Tier ausgelöste Schreck und Schmerz sollen den Hund an Verhaltensweisen hindern, die störend oder problematisch für den Hundehalter sind. Teletakt-Geräte werden seit Jahrzehnten immer wieder zur Schutzhundeausbildung eingesetzt, nicht selten unter hochgradig tierschutzrelevanten Bedingungen (Gidl-Kilian, 1987) und finden etwa bei der Jagdhundeausbildung Anwendung. Besonders schädlich ist ihr unkundiger, teilweise kontraindizierter (Angstprobleme!), verspäteter (nicht das „unerwünschte", sondern ein beliebiges, unmittelbar vorausgehendes Verhalten wird mit dem Strafreiz verknüpft) oder in der Intensität unangemessener Einsatz bei der Ausbildung. Dem Hund wird so gar keine Assoziation mit dem Unterlassen des Problemverhaltens vermittelt, er wird zunehmend verunsichert und letztendlich geschädigt, da es unter diesen Gegebenheiten keine Möglichkeit für ihn gibt, den Strafreizen auszuweichen, sie etwa durch verändertes Verhalten gezielt zu meiden. Nach Askew (1993) ist die Anwendung von Elektroschockhalsbändern von Tierhaltern überhaupt nicht zu empfehlen, weil es schwierig ist, das Gerät auf die angebrachte Intensität (wirksam, aber nicht unnötig schmerzhaft) einzustellen und diese Einstellung dann unter den unterschiedlichsten Fell- und Luftfeuchtigkeitsbedingungen zu halten. Zudem betont auch Askew das schwer lösbare Problem der mißbräuchlichen Anwendung dieser Geräte. Er berichtet von einer Hundehalterin, die ein Teletakt-Gerät ganz allgemein zur Verhaltensbeeinflussung ihres Hundes benutzte, so auch, um den Hund zurückzurufen, wenn er in den Wald lief und verschwunden war. „Unter den genannten Gründen stellt die Beaufsichtigung von einem erfahrenen Fachmann die unbedingt erforderliche Voraussetzung für die sichere Anwendung dieses potentiell gefährlichen und grausamen Gerätes dar" (Askew, 1993).

Wer ein Fachmann ist und die streng zu haltenden Ausnahmen des Teletakt-Einsatzes prüfen darf, sollte genau definiert sein. Schwizgebel (1995) verweist mit Recht unter Bezugnahme auf Artikel 34 der Schweizer Tierschutzverordnung, die eine Verwendung elektrisierender Dressurgeräte nur unter Aufsicht eines Prüfungsrichters erlaubt, der von der Schweizerischen Kynologischen Gesellschaft (SKG) anerkannt ist, auf diese problematische Bestimmung. Fachleute müssen nicht zwangsläufig der SKG angehören, und nicht alle von dieser Institution anerkannten Prüfungsrichter sind a priori Fachleute. Die Schweizer Tierschutzverordnung wurde 1997 dahingehend geändert, daß auf Gesuch hin die kantonale Behörde Personen die Verwendung solcher Geräte ausnahmsweise bewilligen kann, wenn sich diese Personen über die notwendigen Fähigkeiten ausweisen. So wird der Sachkundenachweis gezielter, der Personenkreis, dem die Geräte erlaubt sind, wesentlich kleiner.

Elektrisierende Dressurgeräte sind in Ausnahmefällen „potentiell nützlich für die Kontrolle mancher schlimmer, ungewöhnlicher Probleme, wie zum Beispiel das Jagen von Schafen, wo das Verhalten selbstbelohnend für den Hund ist und nur stattfindet, wenn er frei läuft" (Askew, 1993). Auch das Landgericht München II hat nach seinem Urteil vom 27. 2. 1995 (9 Ns 12 Js 17287/93 – Archiv DJV) unter Zugrundelegung des §17 Nr. 2 b des Deutschen Tierschutzgesetzes entschieden: „Das Teletakt-Gerät für die Hundeausbildung ist in der Regel entbehrlich und aus der Sicht eines Hundeausbilders abzulehnen, womit ein ‚vernünftiger' Grund für seine Anwendung entfällt. Nur in Ausnahmefällen, wozu schwere Verhaltensmängel zählen, ist die maßvolle Anwendung des Gerätes und die damit verbundene Schmerzzufügung zulässig."

Zu präzisieren wären der „schwerwiegende Verhaltensmangel" des Hundes und der Sinn seiner Behandlung mit einem elektrisierenden Gerät, zu definieren die „maßvolle" Anwendung des Gerätes, die wohl besser durch „lernbiologisch sinnvoll" zu ersetzen wäre.

Zum Einsatz elekrischer Stromschläge zur Ausbildung von Tieren müssen drei Voraussetzungen erfüllt sein, um eine tierschutzwidrige Anwendung auszuschließen:
– Der dem Tier zugefügte Stromschlag muß in direktem Zusammenhang mit dem Lernziel oder einer falschen Handlung stehen.
– Die Intensität des Stromschlags muß begrenzt sein (Spannung, Stromstärke und Impulsdauer).
– Die Dauer des Stromschlags muß begrenzt sein (z.B. 2 Sekunden) (Beratender Ausschuß für Tierschutz der Tierärztekammer Schleswig-Holstein, 1996).

Es ist zudem zu begründen, weshalb überhaupt mit elektrisierenden Geräten ausgebildet oder therapiert werden muß und weshalb keine anderen Möglichkeiten der Verhaltensbeeinflussung gesehen werden.

In Deutschland sind Teletakt-Geräte nicht expressis verbis verboten, allerdings Ausbildungen, die mit erheblichen Schmerzen, Leiden oder Schäden für das Tier verbunden sind (§ 3, Pkt. 5 des Deutschen Tierschutzgesetzes). In Schleswig-Holstein allerdings wurde lt. Erlaß des Ministeriums für Natur, Umwelt und Landesentwicklung vom 1. 12. 1992 die Anwendung solcher Geräte als tierschutzwidrig im Sinne des § 18 Abs. 1 Nr. 1 des Deutschen Tierschutzgesetzes untersagt.

Bellen ist eine angeborene Kommunikationsform des Hundes. Hunde mit lautäußerungsgesteuerten elektrisierenden Halsbändern, deren Geräte, ventral an einem Halsband angebracht, mittels eines Kehlkopfmikrophons regulierbare Stromstöße auslösen, reagieren durch Zusammenzucken oder erneute Vokalisation, die erneut bestraft wird. Die Tiere können den Reiz nicht orten, lernen in der Regel nicht, wie sie sich ihm entziehen können und nehmen Schaden. Fand der Absatz dieser Geräte bis vor kurzem eher versteckt statt, so wird in den letzten Jahren öffentlich mit ihnen geworben, und sie können von verschiedenen Herstellern relativ preiswert erworben werden.

Zudem werden Geräte (etwa Typ TRITRONICS), wie getestet, selbst ohne Überwachung durch den Menschen angebracht, so daß die Folgen ihres Einsatzes nicht einmal überprüft werden können, was auch Schwizgebel (1995) als negativ wertet. Dieses gilt auch für olfaktorische Bellhemmer. Das Gerät Aboistop (Dynavet, Frankreich) besteht aus einem elektronischen Gehäuse, das ventral an einem Halsband angebracht wird, in einem Kunststoffbehälter Zitronenölessenz enthält und aus einer kopfwärts gerichteten Düse den stark riechenden Duftstoff versprüht.

Über das elektronische Gehäuse wird jeder Bellaut registriert, eine Verschlußkappe im Zitronenduftstoffgehäuse öffnet sich, und die Flüssigkeit wird herausgespritzt. Nach Testung des Gerätes (Feddersen-Petersen, 1996) an verschiedenen großen Hunden geschah stets folgendes: Die Hunde bellten, ein beachtlicher Strahl der Flüssigkeit (ca. 5 ml) spritzte unter hohem Druck auf die Hundenase bzw. gegen deren Augen (es folgten nach ca. 3 Minuten stets Reibebewegungen mit den Vorderextremitäten), die Hunde schrien auf, drehten sich im Kreis oder liefen ziellos hin und her, auf das Aufschreien folgte der nächste Strahl. Zur Beruhigung der Hunde waren mindestens 10 min erforderlich. Alle zehn getesteten Hunde reagierten völlig verunsichert, eine Assoziation des olfaktorischen Reizes mit der Lautäußerung erfolgte ganz offensichtlich nicht.

Das Gerät erweist sich als technisch völlig unausgereift, die kleinen Mengen, die Schwizgebel (1995) für Aboistop beim Auftreten von Bellen beschreibt (in diesem Fall Melissenessenz), konnten hier nicht bestätigt werden.

Allerdings berichtet Schwizgebel über andere Fabrikationsfehler: Auslösung des Sprühmechanismus durch Bellen anderer Hunde und z.B. durch Zuschlagen einer Tür (!).

Das Gerät ist als hochgradig tierschutzrelevant einzustufen, sofort aus dem Verkaufsangebot zu nehmen und zu verbieten. Anders als Schwizgebel (1995), der mit Recht darauf verweist, daß bei Beurteilung der Auswirkungen eines Reizes auf das Verhalten und die emotionale Befindlichkeit von Hunden immer auch der Kontext, in dem der Reiz auftritt, und die jeweiligen Erwartungen des Tieres berücksichtigt werden müssen, insgesamt gesehen jedoch den Einsatz elektrisierender und anderer Trainingsgeräte bei Beachtung bestimmter Kriterien als tiergerecht einsetzbar wertet, plädieren wir auf den vollständigen Verzicht auf diese Geräte und für ihr Verbot.

Begründung: Bellen ist die Lautform des Hundes (s. o.). An verschiedenen Hunderassen wurde eindeutig nachgewiesen, daß es ausgeprägt situationsspezifisch ist, also die unterschiedlichen Bellformen verschiedene Befindlichkeiten, Aufforderungen oder andere Inhalte kommunizieren. Es gibt mindestens acht verschiedene Bellformen: Einsamkeitslaut, Spielaufforderungsbellen, Spielbellen, Drohbellen, Warnbellen, Angriffsbellen, Begrüßungsbellen, Kontaktbellen u. a., die im sonagraphischen Design anhand verschiedener Parameter signifikant voneinander zu unterscheiden sind. Hunde bellen insbesondere auch bei der Kommunikation mit dem vorrangig verbal kommunizierenden Menschen. Die Motivation zu bellen, um bestimmte Gefühle oder Intentionen auszudrücken, ist angeboren – in Anpassung an das Zusammenleben mit Menschen züchterisch gefördert worden. Die Häufigkeit des Bellens unterliegt vielen lernbedingten Schwankungen und ist auch rassegebunden unterschiedlich. Zu einem großen Anteil ist der Einsatz des Bellens auch Ausdruck individueller Hund-Mensch-Beziehungen. Insgesamt gesehen, ist Bellen als Anpassung an das Zusammenleben mit Menschen zu sehen. So sollte es verstanden und genutzt werden. Hunde, die ausgesprochen viel bellen, deuten nicht selten Mängel in ihrer Haltung an; sie werden zu oft und zu lange allein gelassen, ihre Umgebung ist reizarm oder wird den Ansprüchen der jeweiligen Rasse nicht gerecht. So ist stets zunächst zu prüfen, warum ein Hund in welchem situativen Kontext viel bellt. Nicht tiergerechte Haltungen sind zu verändern, und bestimmte Formen des „Dauerbellens" werden verschwinden. Hundehaltung setzt Zeit und Beschäftigung mit dem Tier voraus. Nicht alles, was zunächst oder irgendwann einmal stört, kann „auf Knopfdruck" beseitigt werden. So steht bezeichnenderweise in der Bedienungsanleitung des Bell-Stop-Gerätes: Hunde, die zuviel bellen, müssen folglich zur Veränderung ihres Verhaltens gebracht werden: durch assoziatives Lernen. Deshalb erscheinen diese Geräte neben möglichen technischen Mängeln oder Fehlern in der Bedienung auch psychologisch gefährlich, weil sie eine „Konsumentenhaltung" der Hundehalter fördern und deren Bemühen um ein Verständnis der biologischen Bedürfnisse des Hundes entgegenwirken können. Zudem werden sie zur Erziehung, Ausbildung oder Therapie von Hunden überwiegend als unnötig angesehen, da es tiergerechte Möglichkeiten in diesen Bereichen gibt: akustische, visuelle, taktile und soziale Hilfen (Borchelt und Voith, 1985).

Vergleichbar mit der möglichen fatalen Auswirkung eines Bell-Stop-Gerätes wäre ein stereotyp immer wiederkehrender taktiler Strafreiz auf unterschiedliche optische Signale des Hundes dem Menschen gegenüber. Die Folgen einer Nichtbeachtung bzw. „falschen" Reaktion auf optische Signale (Feddersen-Petersen, 1994 a) führen zu schwersten Deprivationsschäden bzw. zu diversen Verhaltensstörungen, die sich durch ausgeprägte Stabilität auszeichnen. Eine wiederholt auftretende, monoton „falsche" Antwort verunsichert zunächst, erzeugt Angst und Fluchttendenzen, ihr schädigender Einfluß dann ist auf die Unmöglichkeit des Tieres zu einer Zuordnung des Strafreizes bzw. auf das Ausbleiben einer adäquaten Reaktion zurückzuführen.

Bellen wird immer wieder als kommunikativ unbedeutend mißverstanden, als Laut, der nichts bedeutet, weil es viele Hundehalter stört. Wenn Hunde ständig stereotyp in der Wohnung oder im Zwinger bellen, dann doch deshalb, weil mit diesem „Loneliness Cry" die Kontaktaufnahme zu den Sozialpartnern angestrebt wird, was auf angeborenem Signalverstehen beruht (Wölfe und Angehörige verschiedener Hunderassen heulen in entsprechenden Situationen).

Wird jedoch das Ziel hundlichen Bellens nie erreicht, der Sozialpartner antwortet nicht, vielmehr setzt ein Gerät reaktiv Strafreize, so müssen sich zwangsläufig Verhaltensstörungen entwickeln, etwa als stereotypes Bellen, das negativ gezeichnet als „Kläffen" bezeichnet wird. „Dauerbellen" ist ein Indikator für eine schadensträchtige Haltungsumgebung, dafür, daß sich ein Tier nicht wohlfühlt (Isolierung). Die Situation so zu belassen und zusätzlich Strafreize auszusenden, wird als hochgradig tierschutzrelevant erachtet.

Zerstören der Stimmorgane ist nach dem Schweizer Tierschutzgesetz (Art. 22, g) verboten, in Deutschland nach § 6 Tierschutzgesetz, wenn keine tierärztliche Indikation geboten ist. Bell-Stop-Geräte werden als Analogon zur Stimmbanddezision gesehen.

Taktile Kommunikation

Zumal unter Bindungspartnern spielt die taktile Kommunikation eine große

Rolle: im Rahmen der sozialen Fellpflege, des Kontaktliegens, der „Schnauzenzärtlichkeiten", des „Paargehens" verpaarter Hunde. Hunde widmen einen Großteil ihrer Tagesaktivität auf gegenseitiges Lecken (insbesondere im Bereich der Schnauze, der Mundwinkel und des Rachens), so bei der Begrüßung, der „aktiven Unterwerfung" (Schenkel, 1967) und im Sozialspiel. Taktile Kommunikation ist auch bei Rangauseinandersetzungen und agonistischen Auseinandersetzungen häufig: Wegdrängen, Hinterteilrempeln, Anrempeln, Kopf-Auflegen als Imponiergeste u. a. Für die tiergerechte Kommunikation Mensch-Hund sollte die Hand des Menschen weit mehr genutzt werden: Entspanntes Streicheln im Bereich des Kopfes und Körpers, häufiges Anfassen der Welpen wie des adulten Hundes festigt Bindungen, vermittelt dem Hund soziale Sicherheit. Durch kleine Berührungsgesten können Hunde sehr wirkungsvoll erzogen/ausgebildet werden. „Handscheue" Hunde sind nicht zufällig zumeist „Angstbeißer", deren Beziehung zum Menschen gestört ist. Zumeist sind es Hunde, die geschlagen wurden und die Hand des Menschen meiden. Schlagen ist im Verhaltensprogramm von Hunden nicht vertreten, stellt somit eine Art der Bestrafung dar, die nicht nachvollzogen werden kann, vermittelt vielmehr Unsicherheit und Angst vor Menschen. Tiere zu schlagen oder sie mit anderen Methoden schmerzhaft zu bestrafen, ist tierschutzrelevant, da es keinen vernünftigen Grund dafür gibt. Schimpfen oder Erschrecken kann ebenso wirksam sein. Schlagen ist kontraindiziert bei angstbedingten Verhaltensproblemen und angetan, weitere Verhaltensprobleme hervorzurufen (Askew, 1993). Dieses gilt auch für das Schlagen oder Verprügeln offensiv aggressiver Hunde, die ein starkes Dominanzbestreben zeigen und Familienmitglieder bedrohen oder angreifen. Schlagen oder Verprügeln löst dieses Verhalten oftmals erst aus und steigert es, da der Hund sich nun auf einen Ernstkampf mit dem Menschen einläßt, was für letzteren hochgefährlich sein kann.

Tiergerechte Sanktionen, etwa im Zuge der Rangeinweisung, sind das Fassen mit der Hand über den Fang des Hundes, das dem Über-die-Schnauze-Fassen unter Artgenossen nachempfunden ist und vom Hund verstanden wird. Vermeiden des Körperkontaktes und Ignorieren von Hunden ist eine weitere wirkungsvolle Art der Bestrafung (Bernauer-Münz und Quandt, 1995). Welpen sollten zur Rangeinweisung nicht am Nackenfell geschüttelt werden, da dieses unter Hunden allein als Spielgeste von der Mutterhündin ausgeführt wird, sondern auf den Boden gedrückt oder zur Seite gestoßen werden.

Taktile Kommunikation und Körperpflege: Kämmen und Bürsten des Hundes, das je nach Rasse in unterschiedlicher Häufigkeit und Intensität stattfinden muß, sollte im dargestellten Sinne genutzt werden. Hunde, die Körperpflege von vornherein als unangenehmes Geschehen unter Zwangsmaßnahmen kennenlernen, in extremen Fällen sogar vor der Fellpflege sediert werden müssen, haben die positive Assoziation zur Menschenhand nicht kennengelernt. Bei enger Bindung zum Menschenpartner und häufiger taktiler Kontaktaufnahme wird selbst das Trimmen, das Haarewaschen zur angenehmen „sozialen Fellpflege" für den Hund.

Olfaktorische Kommunikation

Hunde setzen Kot und Urin sowie Sekrete der Zirkumanaldrüsen als olfaktorische Signale ein. Urinmarken dienen der territorialen Besitzanzeige wie dem Anzeigen des Ranges (werden bei geschlechtsreifen Rüden mit angehobener Hinterextremität, bei Hündinnen mit Hinterteilanheben und mehr oder weniger ausgeprägtem Abspreizen einer Extremität gesetzt, was gleichzeitig optisches Imponiergehabe signalisiert). Urinmarken führen (östrische) Hündinnen und Rüden zusammen und fördern die Synchronisation des Reproduktionszyklus verpaarter Hunde. Wo Kot abgesetzt wird, wird häufig gescharrt: Sowohl dieses optische Imponierverhalten und die sichtbaren Scharrstellen als auch die Kothaufen dienen wohl der territorialen Besitzanzeige. Zudem dient das Scharren dem Verteilen des Duftes.

Jede Hundehaltung sollte so ausgerichtet sein, daß dieses Territorialverhalten durchgeführt werden kann: Eine Hundehaltung ausschließlich auf Betonboden ist nicht tiergerecht, da die Scharr- und Grabbedürfnisse unbefriedigt bleiben. Das Territorium sollte zudem verlassen werden können, die Erkundungsgänge des Hundes sollten auf Streifgebiete erweitert werden, so daß er sein Territorialverhalten entwickeln kann. Bei erforderlicher Zwingerhaltung sollte, wenn irgend möglich, ein Auslauf mit Sand- oder Kiesbeschichtung angeschlossen sein, der zudem durch Kisten, Pfähle und andere Strukturelemente adäquate Reize für angeborenes Verhalten bietet. Ausschließliche Zwingerhaltung ist auch in dieser Beziehung nicht hundegerecht, da extrem restriktiv in bezug auf unspezifische Reize. Vorübergehende Haltung im Tierheim sollte sollte zumindest ein- bis zweimal täglich arttypisches Scharren auf Sandboden ermöglichen. Wenn also kein Auslauf vorhanden ist, muß Hunden ein gemeinsamer Zwinger- oder Gehegebereich zum Absetzen von Urinmarken mit oder ohne Scharrbewegungen, je nach sozialer Situation, geboten werden.

Für die Haltung von Versuchshunden wird nach einem Merkblatt, welches die Tierärztliche Vereinigung für Tierschutz e. V. herausgegeben hat, empfohlen, Hunde nur zeitlich begrenzt in Käfigen unterzubringen, die stets einen Auslauf haben müssen.

Erziehung und Ausbildung

Die Erziehung und Ausbildung von Haushunden sollte möglichst auf verhaltensbiologischen Erkenntnissen basieren. Voraussetzung dafür sind Kenntnisse zur funktionellen Bedeutung hundlicher Gebärden und Rituale, die zu (be)achten sind. Hunde zeigen auch Menschen gegenüber die von Schenkel (1967) beschriebenen Ausdrucksformen „aktiver" und „passiver Unterwerfung". Intentionen, die Mundwinkel (bzw. die Hand) des Menschen zu lecken, Lecken der eigenen Schnauze oder Lecken der Hand des Menschen bei geduckter Körperhaltung darf ebenso wenig bestraft werden wie das Einnehmen der Rückenlage unter Blickvermeidung oder andere Verhaltensformen, die um „freundliche Wiederaufnahme in den Sozialverband bitten" (Zimen, 1971). Bestrafung „unterwürfiger" Gebärden stört die Kommunikation Hund-Mensch, ist somit nicht tiergerecht, erzeugt vielmehr Angst vor dem Menschen wie soziale Unsicherheit, die mit negativen Empfindungen gekoppelt und damit tierschutzrelevant ist. In den Grundsätzen zum Schweizer Tierschutzgesetz, Art. 2 Abs. 3 ist die Vorschrift mit dem Zusatz: „... oder es in Angst zu versetzen" ergänzt.

Verhaltensweisen des Menschen sollten, wenn möglich, hundetypischen Ausdrucksformen ähneln, so etwa das Über-die-Schnauze-Fassen des ranghöheren

Hundes zur Rangeinweisung eines subdominanten Artgenossen. Diese Geste kann erfolgreich vom Menschen nachgeahmt werden, indem der Fang des Tieres mit einer Hand von oben oder ringförmig mit beiden Händen fest umgriffen wird. Die biologische Bedeutung wird verstanden, weshalb diese Bestrafung als tiergerecht zu bezeichnen ist. Bestrafung durch Schläge ist grundsätzlich abzulehnen (s. o.). Nach Askew (1993) ist diese Form der Bestrafung eine der häufigsten Auslöser der Dominanzaggression, weil sozial expansive Hunde bereit sind zu kämpfen, wenn der Tierhalter ihr Knurren und Beißen mit Gewalt unterdrücken will.

Schließlich verweist Schwizgebel (1986) mit Recht darauf, daß die dominante Position eines Hundes stabiler wird, wenn der Mensch als Verlierer aus so einer Auseinandersetzung hervorgeht. Es gilt, ritualisierte Verhaltensweisen, also Formen hundlicher Kommunikation zur Vermeidung von Ernstkämpfen zu nutzen. Starke Schläge und Verprügeln eines Hundes sind also ebensowenig sinnvoll wie tiergerecht und zudem unnötig, somit entfällt der vernünftige Grund, der Schmerzen, Leiden oder Schäden, die Prügel zur Folge haben, rechtfertigen könnte. Askew (1993) verweist darauf, daß physische Bestrafung defensiv-aggressiver Hunde deren Angst bzw. Aggressivität zu steigern vermögen. Der Tierhalter steigert daraufhin die Intensität seiner Bestrafungen, und die Probleme mit seinem Hund werden größer.

Der Begriff der Bestrafung wird allerdings von Ethologen anders definiert als von Tierhaltern, wie Askew (1993) herausstellt. Ein bestrafendes Ereignis ist etwas Unangenehmes, das die zukünftige Wahrscheinlichkeit oder Häufigkeit eines Verhaltens verringert, wenn es sofort nach dem Verhalten erfolgt (Borchelt und Voith, 1985). Lautes Reden, In-die-Hände-Klatschen oder laute Geräusche können in diesem Sinne eine Verhaltensmodifikation bewirken. Bei der Erziehung und Ausbildung von Hunden sind unangemessene Härte, Hilfsmittel, die Schmerzen oder Leiden verursachen und unter anderem Dressuren, die ein Verhalten erzwingen, das nicht arttypisch ist, zu vermeiden (Leitlinien zur tiergerechten und tierschutzgemäßen Zucht, Aufzucht, Haltung und Ausbildung von Hunden, Deutsche Veterinärmedizinische Gesellschaft e. V. und Verband für das Deutsche Hundewesen [VDH] 1993).

Ebenso wie die Erziehung eines Hundes darf auch die Ausbildung diesem keine Schmerzen verursachen und zu keinen Schäden führen. Abzulehnen sind Hilfsmittel, die geeignet sind, den Hund zu schädigen, ihm Schmerzen oder Angst zuzufügen: Teletakt-Geräte (s.o.), Stachelhalsband, das Abschleifen von Zähnen, das Einbinden von Hölzern oder Stangen zwischen die Zähne, Benutzen von Wurfketten oder Riemen (Stöcken) zur Verabreichung von Schlägen, Fußtritte oder Faustschläge. Folgen unangemessener Anwendungen von Bestrafungen (Auslösung aggressiven Verhaltens, vermeidbare Leiden von Hunden, Angstprobleme) sind unnötig, den Bestrafungen fehlt der vernünftige Grund, sie sind damit abzulehnen. Die Belohnung von „wünschenswertem" Verhalten ist wichtiger als die Bestrafung des „unerwünschten" Verhaltens, da die Hauptwirkung der Bestrafung eine vorläufige Unterdrückung des bestraften Verhaltens ist, positive Maßnahmen hingegen, die ein bestimmtes Verhalten fördern, sind besser dazu geeignet, Problemverhalten zu eliminieren (Askew, 1993).

Die Motivation eines Hundes, etwas zu lernen und auszuführen, wird des weiteren durch das Lob des Menschen in Form einer Bestätigung der sozialen Bindung des Tieres erhöht. Die Hund-Mensch-Bindung bewirkt also einen neuen „Reiz-Reaktionszusammenhang" für das hundliche Lernverhalten. So kann die Erziehung/Ausbildung die soziale Bedeutung des Zusammenlebens mit dem Menschen für Hunde nicht nur nutzen, sondern vielmehr verstärken (Grahovac, 1994).

Bewegungsbedürfnis

Untersuchungen zum Bewegungsbedürfnis bestimmter Hunderassen gibt es unseres Wissens nicht, somit sind keine konkreten Angaben zu diesem Verhaltensbereich möglich. Es versteht sich von selbst, daß ausgesprochene Laufhunderassen (Windhunderassen, nordische Hunderassen, Schäferhunderassen, Terrier, andere Jagdhunderassen) weit mehr Bewegung benötigen als etwa Toys. Doch auch Malteserhündchen, Toy-Pudel und Zwergpinscher können nicht ausschließlich in der Wohnung ruhen. Es bleibt zu bedenken, daß alle Rassen vom Langstreckenläufer Wolf abstammen und dessen „Verhaltensprogramm" mit dem biologischen Sinn, Sozialpartner zu erreichen und Beute verfolgen zu können, mehr oder weniger abgewandelt in sich haben. Alle Hunde verfügen somit über ein Bewegungsbedürfnis, das sich je nach der Rasse sehr unterschiedlich ausgeprägt darstellen kann, in der Regel dem menschlichen Bewegungsdrang jedoch überlegen ist.

Nach Deutschem Tierschutzgesetz (§ 2) darf die Bewegungsmöglichkeit des Tieres nicht so eingeschränkt werden, daß ihm Schmerzen, vermeidbare Leiden oder Schäden zugefügt werden.

Rassenspezifische Unterschiede sind dabei zu berücksichtigen. Die Schweizer Tierschutzverordnung fordert in Art. 31 Abs. 1, daß Hunde, die in Räumen gehalten werden, sich täglich entsprechend ihrem Bedürfnis bewegen können müssen. Wenn möglich, sollen sie Auslauf im Freien haben.

Althaus (1989) fordert beim Wohnungshund, daß auch er ausreichend Gelegenheit zur Bewegung außerhalb seiner vier Wände, möglichst frei laufend, unter Aufsicht in natürlicher Umgebung erhält. Auch Althaus (1989) stellt heraus, daß der mehrmals täglich zu fordernde Spaziergang dem Hund nicht allein physische, sondern viel mehr noch psychische Betätigung sowie die Exploration (Erkundung) eines umfassenden Aktionsraumes, dessen Markierung soziale Interaktionen mit Artgenossen, regelmäßige Kot- und Harnabgabe sowie Vertiefung der Beziehung zu seinem Halter ermögliche. Hunde, die viele Stunden oder ganze Tage im Hause verbringen, leben unter tierschutzrelevanten Bedingungen und müssen sich zu sog. Problemhunden entwickeln. Nach Althaus (1989) sollten Hunde, welche in der Wohnung gehalten werden, jene rassentypischen Eigenschaften mitbringen, welche sie für eine solche Haltung geeignet machen (z.B. nicht zu groß, nicht zu temperamentvoll/nervös, eher kurzhaarig, keine „Kläffer"). Demgegenüber stehen tiergerechte Haltungen großrahmiger Hunde in Wohnungen, wenn gewährleistet ist, daß die Besitzer Zeit und Möglichkeit haben, mit den Hunden ins Freie zu fahren, um ihnen die nötige körperliche Auslastung zu gewähren.

Zwei bis vier Stunden Bewegung pro Tag sollte einem Hund zugestanden werden. Was aber heißt Bewegung? Kaum der angeleinte Ausgang allein, der dem Hund das Tempo seines Menschen aufzwingt. Auch eine Radfahrt bietet keine befriedigende Alternative, weil hierbei zwar die zurückgelegte Strecke zunimmt, aber dieses den Straßenverhältnissen angepaßt mit einer kontinuierlichen Geschwindigkeit geschieht, die dem Hund vorwiegend einen schnellen Trab abfordert, der höchstens für mittelgroße Rassen und dann auch nur für entsprechend trainierte Tiere in Frage kommt. Es gilt zu bedenken, daß Hunde über die reine Fortbewegung hinaus eine kaum überschaubare Vielzahl an Umgebungsreizen wahrnehmen, auf die sie nur unangeleint entsprechend reagieren können. Dieses gilt für die geruchliche Kontrolle der Duftmarken ihrer Artgenossen, für die olfaktorische Investigation überhaupt. Hier besteht ein natürliches Bedürfnis zur Informationsaufnahme, das sich auf unterschiedliche Reizqualitäten bezieht. Ständige Zwingerhaltung und Anbindehaltung, die nach Deutschem Tierschutzrecht nicht grundsätzlich verboten ist, entspricht in ihrer sozialen Isolation und allgemeinen Reizarmut nicht den hundlichen Ansprüchen und ist vom hundlichen Sozialverhalten her als tierschutzrelevant zu beurteilen. Hunde sind hochsozial, und ihrem Geselligkeitsbedürfnis muß Rechnung getragen werden. Das Bewegungsbedürfnis kann im Zwinger oder an der Kette wie bei der Leinenhaltung kaum oder doch zu wenig befriedigt werden. Althaus (1989) fordert für Ketten- und Zwingerhunde, insbesondere wenn diese allein gehalten werden, Zusammensein mit dem Besitzer, insbesondere gemeinsame Spaziergänge.

Nach Althaus (1989) ist zu bedenken, daß bei der heute existierenden Vielzahl von Rassen (und Bastarden) ein ganzjähriger Aufenthalt im Freien, auch wenn eine Schutzhütte vorhanden ist, nicht allen Hunden zugemutet werden kann.

Dem Bewegungsbedürfnis ist bei einer Anbinde- oder Kettenhaltung, die den Hunden einen Bereich von 20 m^2 Bewegung gestattet, gerade für Hunde, die ganztägig im Freien leben, nicht Genüge getan. Die Gehege- oder Zwingerhaltung ist je nach Strukturierung und Zusammenleben der Tiere zu beurteilen. Werden die Ausläufe abwechslungsreich und für die Tiere interessant gestaltet, können die Tiere ihre Artgenossen in den Nachbargehegen sehen, haben sie ausreichend Unterschlupf- und Aussichtsmöglichkeiten (erhöhte Plätze), so bleibt für eine tiergerechte Haltung immer noch das Problem der eingeschränkten Bewegungsmöglichkeit. Die Mindestmaße für Boxen und Zwinger sind kaum ausreichend. Dennoch ist das Verhalten der Tiere entscheidend, ob eine solche Haltung toleriert werden kann oder als tierschutzrelevant zu bewerten ist. Für Tiergerechtheit sprechen ausgeprägtes Spielverhalten, Kontaktverhalten und Komfortverhalten, wenig aggressive Interaktionen und kein sozialer Streß. Bei der Versuchstierhaltung sollten Möglichkeiten geboten werden, um das artgemäße Spiel- und Bewegungsbedürfnis zu erfüllen. Jede Möglichkeit, diesem Bewegungsbedürfnis zu entsprechen, muß genutzt werden. Vor allem Hunde mit verstärktem Laufbedürfnis (z.B. Jagdhunde wie Labrador, Beagle etc.) bedürfen des täglichen Austobens. Dafür sind strukturierte Ausläufe mit Bäumen, erhöhten Plätzen und Wiesenflächen einzurichten. Boxen und Zwinger sollten gleichfalls strukturiert sein, die Möglichkeit zum Spielen, Klettern etc. bieten sowie Rückzugs- und Schutzbereiche enthalten.

Die *Gruppenhaltung* ist grundsätzlich der Einzelhaltung vorzuziehen, da so Sozialverhalten und Beschäftigungsmöglichkeiten verbessert werden. Es ist jedoch notwendig, bei der Gruppenzusammenstellung die Sozialbindungen zwischen den Tieren zu berücksichtigen. Zudem müssen Gruppen sorgfältig beobachtet werden, um Konfliktsituationen zwischen den Tieren frühzeitig erkennen und beheben zu können. Unverzichtbar ist der tägliche Menschenkontakt. Die Gruppenhaltung verlangt wissenschaftlichen Untersuchungen zufolge (Feddersen-Petersen, 1994 c) nicht weniger, sondern vermehrt Menschenkontakt. Mangels ausreichender Kontakte zum Menschen treten gerade in Gruppenhaltung Scheu, Schreckhaftigkeit und soziale Unsicherheit dem Menschen gegenüber auf. Um diesen Rückzug vor dem Menschen zu verhindern, sind für jede Hundegruppe insgesamt, über den Tag verteilt, zwei Stunden Kontakt zu fordern.

Soziale Kommunikation ist nur bei Sichtkontakt und Möglichkeit zum Körperkontakt vorhanden. Hörkontakt allein genügt nicht. Im Gegenteil können stereotype Lautäußerungen als Streßfaktor wirken. Die Tierärztliche Vereinigung für Tierschutz betont in ihrem Merkblatt zur tierschutzgerechten Haltung von Versuchstieren (1991), daß der Aufenthalt in Käfigen nur in Ausnahmefällen (z.B. postoperative Erholungsphase) und dann auch nur möglichst kurzzeitig erfolgen darf und daß für täglichen Auslauf gesorgt sein muß.

Hunde sollten ansonsten nur in Gruppen gehalten werden. Für alle Tiere müssen Liegeflächen vorhanden sein. Anzustreben sind 6 m²/20 kg Tier und 3 m² für jedes weitere Tier und ein strukturiertes Freigehege. Im Entwurf der deutschen „Verordnung über das Halten von Hunden" soll sichergestellt werden, daß die Erfüllung elementarer Bedürfnisse für alle Hunde gelten muß, d.h. Versuchshunde, Tierheimhunde und Hunde in anderen restriktiven Haltungen nicht auszunehmen sind. Sie repräsentieren keine neue „Spezies" mit anderen Verhaltensbedürfnissen. Einzelne Hundehaltungen bzw. Hundehaltungen für spezielle Aufgaben dürfen nicht ausgeklammert werden.

■ **Fortbewegung und Leinenzwang**
Ein ständig angeleinter Hund kann weder in seiner Laufgeschwindigkeit noch in der Auswahl der für ihn relevanten Reize, was sich auch auf die Auswahl der begangenen Strecken bezieht, seinen Motivationen folgen. Die entsprechenden Auswahlkriterien decken sich hier selten; man beachte allein die unterschiedliche Bedeutung, die einem hypothetischen Geruch einerseits von einem primär geruchlich orientierten Hund und andererseits von einem primär optisch orientierten Menschen zuerkannt wird. So verringert sich automatisch die erfahrbare Reizvielfalt für den Hund, wird doch die Reizauswahl von einem Menschen vorgenommen – und nur ein geringer Teil der für den Menschen relevanten Umweltreize besitzt für den Hund eine annähernd entsprechende Bedeutung. Zudem werden Kontakte zu Artgenossen erschwert bzw. unmöglich gemacht. Jeder Hund muß von frühester Jugend an Sozialverhalten lernen. Er benötigt dazu Kontakte zu Artgenossen. Angeleinte Hunde können soziale Kontakte zu Artgenossen nur unter starken Einschränkungen ausführen: Ein Demonstrieren der sozialen Position, Geruchskontrollen u. a. werden nicht allein durch die Leine eingeschränkt, sondern vom leineführenden Menschen stark beeinflußt. So verhalten sich etliche Hunde angeleint untypisch aggressiv oder ängstlich Artgenossen gegenüber, und es kommt zu (vermeidbaren) Beißereien. Ständiges Anleinen

des Hundes ist tierschutzrelevant, da dem Hund nicht allein die Möglichkeit genommen wird, seinem Bewegungsbedürfnis nachzukommen, vielmehr die Möglichkeit der Aufnahme der für den Hund bedeutsamen Reizqualitäten verringert oder ganz verhindert wird und sich schließlich durch das Unterbinden arttypischer Kommunikation mit anderen Hunden Verhaltensfehlentwicklungen ergeben können. Es versteht sich von selbst, daß Hunde in Ballungszentren oder etwa auf Kinderspielplätzen anzuleinen sind. Obligatorisch sind gerade im Großstadtbereich „Hundebegegnungsstätten": große, begrünte und eingezäunte Auslaufflächen, die vielfältige Kontakte für Hund und Halter ermöglichen.

Trinken und Fressen

Frisches Wasser muß für den Hund stets verfügbar ein. Welpen müssen ab der 3. (4.) Woche zugefüttert werden (z.B. Welpenmilch mit etwas Schabefleisch oder Welpenfertigfutter verrühren, evtl. Hundeflocken dazu). Ab der 5. Woche sollte das Futter etwa 3–4mal täglich angeboten werden. Nach der Abgabe ab dem 3. Lebensmonat können die täglichen Fütterungen auf 4 Rationen verteilt werden (z.B. Futterfleisch, im Wechsel frisch, gekocht, etwa mit gekochten Möhren und einem rohen Ei und Reis). Vom 5. (6.) Monat an kann die Menge der Grundportion auf das 2fache bei 2 bis 3 Fütterungen erhöht werden. In der zweiten Hälfte des 1. Lebensjahres ist ein sehr hoher Energiebedarf vorhanden, je nach Rasse. Temperament und Bewegungsdrang u. a. sollten berücksichtigt werden. Die Fütterungen sollten zu festen Zeiten erfolgen. Nach der Fütterung muß Ruhezeit zur Verdauung des Futters sichergestellt sein. Zusammenstellung des Futters: ca. zu 2/3 aus Fleisch (Muskulatur, gekocht oder roh, Herz, Niere, ab und zu etwas Leber, gemischt mit Euter oder Pansen) und 1/3 aus Beifutter (z.B. spezielle Hundeflocken). Das Abknabbern von größeren Knochen zur Kräftigung des Gebisses ist wichtig. Gut ist auch, wenn dabei Knorpel oder Bindegewebe verzehrt wird; Hunde sind keine reinen Muskelfleischfresser, sondern „Tierfresser", und Tiere bestehen nicht nur aus Muskelfleisch. Außerdem ernähren sich Wölfe zusätzlich auch von Insekten, Früchten u. a.

Erwachsene Hunde erhalten täglich eine Hauptmahlzeit (mittags oder abends). Morgens etwas Zusatzfutter (Trockenfutter) empfiehlt sich insbesondere dann, wenn in den Nachmittagsstunden die höchste Aktivität (z.B. Ausbildung) liegt. Fleisch oder Fisch als Hauptnahrungsanteil kann roh oder gekocht verabreicht werden (Schweinefleisch immer gekocht), soll 2/3 der Nahrung ausmachen. Beifutter: Nudeln, Reis, Hundeflocken u. a. Das Futter sollte handwarm sein, Reste müssen aus der Schüssel entfernt werden. Auf einen Fastentag/Woche kann nach Meyer (1990) verzichtet werden. § 2 des DtschG, der u. a. vorschreibt, daß Tiere ihrer Art und ihren Bedürfnissen entsprechend angemessen ernährt werden müssen, verbietet somit eine Ernährung, die gesundheitliche Schäden verursacht, wie etwa eine häufige Gabe von Süßigkeiten oder stark gewürzten Gerichten, die dem menschlichen Speiseplan entstammen. So ist auch tierschutzrelevant, Hunden ständig auf ihr Betteln hin Leckereien zu verabreichen, die zwangsläufig zu einer Adipositas führen. Hunde sind keine ausschließlichen „Fleischfresser", vielmehr „Tierfresser", benötigen somit auch Bestandteile von Knochen, Haut, Bindegewebe, Innereien und aufgeschlossene

Pflanzenbestandteile. Reine Muskelfleischgabe ist nicht artgerecht und führt zu Ernährungsmängeln.

Schutzverordnungen für aggressive Hunde

In den Medien wird seit einigen Jahren verstärkt über durch Hunde verursachte Unglücksfälle berichtet, wobei vielfach pauschal davon ausgegangen wird, daß Hunde (zumal solche einer bestimmten Größe bzw. einer bestimmten Rassezugehörigkeit) gefährlich sind bzw. gefährlicher geworden sind. Im Zusammenhang damit hat sich der Diskussionsschwerpunkt „Kampfhund" herausgebildet. Hier scheinen sich folgende Prozesse meinungsbildend verselbständigt zu haben: Der Begriff „Kampfhund" oder „Kampfhunderasse" wird in den letzten Jahren von den Medien als unstrittig und bekannt vorausgesetzt, obgleich auf eine Definition verzichtet wird bzw. fehlerhafte und rein subjektive Begriffsbildungen nicht mehr in Frage gestellt werden. Es muß bedenklich stimmen, daß diese Entwicklung ihren Niederschlag in Vorstößen in Parlamente gefunden hat. So werden mehr oder weniger willkürlich in der Gruppe der „Kampfhunde" oder der „Gefährlichen Hunde" („Aggressiven Hunde") in gesetzlichen Regelungen verschiedene Rassen oder Hunde einer bestimmten Größe oder Tiere, bei denen man aufgrund anderer, allgemeiner Kriterien ein gesteigertes Gefahrenpotential vermutet, aufgeführt. In der Diskussion stand und steht, die Zucht bzw. die Haltung bestimmter Rassen zu verbieten bzw. sie bestimmten Restriktionen zu unterwerfen. Gesetze, wie in Großbritannien (Dangerous Dogs Act, 1991), die allen Pit Bull Terriern, Tosa Inus, Fila Brasileiros und Dogo Argentinos einen ständigen Leinenzwang, die Pflicht zur Kennzeichnung (Markierung oder Mikrochip), die Kastration und eine Haltung unter bestimmten Sicherheitsbedingungen auferlegt, andernfalls bestimmt, daß Tiere dieser Rassezugehörigkeit oder auch Kreuzungen vom „Pitbull-Terrier-Typ" sofort getötet werden, stellen den Hund als alleinigen Verursacher eines menschengefährdenden Verhaltens dar, und ihre Maßnahmen betreffen nur den Hund. Auch das „Gesetz über die Gesundheit und das Wohlbefinden von Tieren" (Sechster von der Regierung vorgelegter Änderungsentwurf der Niederlande, 1990) verbietet, Hunde bestimmter „Kategorien" (Hunde des „Pitbull-Terrier-Typs") zu züchten, zu halten, in die Niederlande zu bringen, sie zum Kauf anzubieten oder zu verkaufen. Der Mensch, der jede Hundezucht und Hundeentwicklung beeinflußt, rückt bei dieser Art der Reglementierung bedenklich in den Hintergrund. Eine Diskussion über gefährliche, besser – gefährdende Hunde ist immer auch eine Diskussion über gefährdende Menschen (Unshelm et al., 1993).

Nun ist die pauschale Beurteilung (Verurteilung) von Rassen wissenschaftlich unhaltbar, da sich jedes individuelle Hundeverhalten stets unter dem kombinierten Einfluß von genetischer Disposition und diversen Umwelterfahrungen entwickelt. Innerhalb einer Rasse variieren die konstitutionellen Verhaltensbereitschaften sehr, zudem ist der Faktor Umwelt alles andere als eine feststehende Größe.

Die meisten gesetzlichen Regelungen oder Entwürfe, die zunächst etwas überhastet erschienen, lag das Bestreben zugrunde, präventiv im Sinne eines ver-

besserten Menschenschutzes tätig werden zu können, und sie machten die „Gefährlichkeit" von Hunden an rassespezifischen Kriterien fest (Landesverordnungen in Bayern, Baden-Württemberg, Hamburg und Saarland). Entsprechendes gilt für die Änderung zum Steiermärkischen Tierschutzgesetz und die Verordnung der Steiermärkischen Landesregierung (1993), mit der Hunde bestimmter Rassen als besonders gefährlich definiert werden und deren Haltung, Ausbildung oder Abrichtung verboten wird.
Folgende Hunde gelten als gefährlich:
a) Hunde der Rassen Bullterrier, Mastino Napoletano, Fila Brasileiro, American Staffordshire Terrier, Mastiff, Dogo Argentino, Rhodesian Ridgeback, Bordeaux Dogge und Rottweiler sowie die Kreuzungen Bandog und Pitbullterrier.
b) Hunde aus Kreuzungen, der unter a. genannten Rassen und Kreuzungen.
Auf Zusammenhänge zwischen Tierschutzrelevanz und Menschengefährdung wird nicht verwiesen. Stur (1993) stellt in ihrem Gutachten zur Änderung des Gesetzes und der Verordnung heraus, daß es für die genannten Rassen weder abgesicherte Erkenntnisse aus der Tierzucht noch aus der Verhaltensforschung gibt, die diese als besonders gefährlich ausweisen. Allerdings beruft sie sich auf Ergebnisse von Gebrauchshundeprüfungen (Deutscher Schäferhund, Rottweiler) und führt die niedrigen Heritabilitätswerte für die in der Schutzarbeit erzielten Punkte sowie für den Kampftrieb beider Rassen auf die hohe Umweltbeeinflußbarkeit dieser Eigenschaften zurück. Wichtiger für den Beweis dieser schlüssigen Hypothese wären Untersuchungen zur Genese von Konflikten (Buchholtz, 1993) bei möglichst vielen Tieren vieler Rassen, da das Verhalten während der Gebrauchshundeprüfungen sehr anthropomorph und subjektiv bewertet wird, ausgesprochen situationsbezogen für die Ausbildung auf dem Hundeplatz zu werten ist und zur aggressiven Kommunikation bzw. der Konfliktlösung von Hunden unterschiedlicher Rassezugehörigkeit wenig aussagt.

Der gesetzliche Handlungsbedarf ergab sich zweifelsohne aus der „Kampfhunde-Diskussion" und der offenbar zunehmenden Zahl von Meldungen (und deren Art) über Unfälle mit gefährlichen (aggressiven) Hunden – aussagefähiges Zahlenmaterial hingegen fehlt immer noch weitgehend. Erwähnt sei die Untersuchung von Hamann (1992) zur Gefährlichkeit von Hunden, die im Auftrag des Deutschen Städtetages 1991 in 282 Städten durchgeführt wurde. An erster Stelle der auffällig gewordenen Hunde steht der Deutsche Schäferhund, gefolgt von Mischlingen, Rottweiler, Dobermann und Dogge. Die sog. Kampfhunderassen treten relativ selten in Erscheinung. Da diese Untersuchung jedoch die absolute Zahl der „auffällig" gewordenen Hunde (berücksichtigt wurden zerrissene Hosen wie schwere Verletzungen bzw. Tötungen von Menschen) nicht in Relation zu ihrer Population darstellt, verliert sie an Aussagewert, da Deutsche Schäferhunde die häufigste Rasse in Deutschland repräsentieren und die sog. Kampfhunderassen wesentlich seltener gezüchtet und gehalten werden oder sogar eine Rarität (von Tosa Inus gibt es in Europa < 10 Exemplare!) darstellen. Auch andere Auswertungen zu Vorfällen mit Hunden (Stadt Köln: Hartwig, 1991; Erhebungen für München: Unshelm et al. 1993) zeigen, daß die sog. Kampfhunde nur eine untergeordnete Rolle für die bekanntgewordenen Fälle spielen.

Allerdings wird auch hier der Vergleich auffällig gewordener Hunderassen in absoluten Zahlen gerechnet und dazu angeführt, daß die notwendige Zuordnung zur Gesamtzahl ihrer Vertreter und damit eine Relativierung der Zahlen nur unter Vorbehalt möglich ist. „Damit ist dann auch nicht zulässig, einen bestimmten einzelnen Hund allein aufgrund der Auffallenshäufigkeit seiner Rasse als gefährlich oder gar bösartig einzuordnen" (Unshelm et al., 1993). Eine Polizeistatistik von Hartwig (1990) über Schußwaffengebrauch zum Töten von Hunden weist von insgesamt 34 Fällen, in denen Hunde wegen Schädigung von Menschen oder Tieren getötet werden mußte, 16 Deutsche Schäferhunde, 1 Mischling, 5 Pit Bulls, 2 Rottweiler, 3 Boxer u. a. auf. Rehage (1992) gibt aus ihrer Kleintierpraxis folgende Übersicht über Hunde, die seit 1987 wegen Gefährlichkeit eingeschläfert werden mußten: 5 Rottweiler, 4 Deutsche Schäferhunde, 2 Münsterländer, 7 rote Cocker Spaniels, 5 Mischlinge u. a. Nach einer australischen Analyse werden als Rassen, die überwiegend an hundlichen Menschenattacken beteiligt waren, genannt: 1. Bull Terrier, 2. Deutscher Schäferhund und Mischlinge aus diesem, 3. Herdenschutzhunde, 4. Terrierrassen, Labradors, Pudel und Cocker Spaniels sowie Rottweiler (Blackshaw, 1991). Wiederum ist die Zahl der an Bißvorfällen beteiligten Hunde nicht in Relation zu der Gesamtzahl der Hunde dieser Rasse bewertet und die Überrepräsentation von Vertretern einer Rasse nicht statistisch abgesichert worden. Wieder ist es ein relativ kleines Zahlenmaterial, das ausgewertet wurde.

In der Schweiz wurde 1994 im Parlament eine Motion eingereicht, die ein „Zucht-, Abrichte- und Importverbot für Kampfhunde" fordert, und eine ähnlich gerichtete Petition des Tierschutzbundes Basel. Die Votanten machen geltend, sog. „Kampfhunde" seien so gefährlich wie Waffen, und sie verurteilen die tierquälerischen Methoden, mit welchen die zu Kampfhunden bestimmten Jungtiere „scharfgemacht" werden. In einer Stellungnahme der Schweizerischen Kynologischen Gesellschaft (1995) wird detailliert auf die vielschichtige Problematik eingegangen und herausgestellt, daß gefährliche Hunde, unabhängig von der Rasse, alle Hunde sind, die ein gestörtes Verhältnis zur Umwelt haben und bei der Begegnung mit Menschen oder Artgenossen zu ungehemmtem Beißen neigen. Weiter wird der Hund mit künstlich gesteigerter Schärfe, der als „Kampfhund" angepriesen wird, als unzuverlässiger Schutzhund herausgestellt.

„Gefährlichkeit", ein unbestimmter Rechtsbegriff, sollte nicht präventiv an bestimmten Rassen oder Hunden bestimmter Größen, sondern an individuellen Merkmalen festgemacht werden, denn die Variabilität innerhalb der Rassen ist in bezug auf Verhaltensdispositionen groß, und Verhalten entwickelt sich zudem in differenzierter Wechselwirkung aus Anlage und Umwelteinflüssen (belebten wie unbelebten Reizen). Die Zeitspanne zwischen der 3.-ca. 14. (20) Woche ist im Leben eines Hundes dabei besonders wichtig, da in dieser Zeit viel und einprägsam gelernt wird. Es ist daher sinnlos, die Zucht bzw. die Haltung bestimmter Rassen zu verbieten oder ihre Haltung von vornherein bestimmten Restriktionen zu unterwerfen. Das Problem des Mißbrauchs von Hunden wird so nicht gelöst, ebensowenig wie das Problem der Menschengefährdung.

Die juristischen Grenzen eines generellen *Leinen- und Maulkorbzwangs* ergeben sich aus dem Deutschen und dem

Schweizer Tierschutzgesetz (§§ bzw. Art. 1 und 2). Der vernünftige Grund oder die Rechtfertigung für diese Maßnahmen am Hund ist selbst dann, wenn dieser auffällig wurde, etwa gebissen hat, oft zweifelhaft. Möglicherweise ergibt sich erst aus dem Maulkorbzwang eine soziale Schädigung, die in Form schwerer Verhaltensstörungen auftreten kann. Ständig angeleinte Hunde, die soziale Kontakte zu Artgenossen nur bedingt unter starken Einschränkungen führen können, die ihre Distanz zu Sozialpartnern nicht regulieren und ihr Bedürfnis zur Informationsaufnahme nicht befriedigen können, stellen möglicherweise für manche Menschen in bestimmten Situationen sogar ein erhöhtes Unfallrisiko dar.

Gefährlichkeit und Tierschutzrelevanz gehen auffallend häufig Hand in Hand. Da durch generelle Anleinpflicht (und zusätzlichen Maulkorbzwang) artgemäßes Reagieren auf eine Vielzahl von Umweltreizen, die ihre Bewegung und deren Richtung lenken, zusätzlich unterbunden wird, ist die generelle Anleinpflicht für alle Haushunde aus tierschutzrechtlichen Erwägungen abzulehnen (s. S. 280ff.). Bei Maulkörben ist zudem darauf zu achten, daß die hundetypische Wärmeregulation nicht behindert wird. Geschieht dieses auch nur ansatzweise, besteht Tierschutzrelevanz. Richet schrieb bereits 1898: „Hunde, die durch einen Maulkorb an dieser Art der Wärmeabgabe (Hecheln) gehindert sind, sterben an Hyperthermie bei Außentemperaturen, die normalerweise noch gut vertragen werden."

Sind Hunde unkontrollierbar bissig geworden, verfügen sie also über eine hohe und untypische Aggressivität, kann diese Restriktion zum Menschenschutz unumgänglich werden, jedoch vom Tierschutzgedanken her nicht befriedigen. Hunde leiden, weil Menschen sie ohne vernünftigen Grund zu einer Umweltgefährdung machen. Hier ist anzusetzen. Es gilt, Menschen wirksam daran zu hindern, Hunde zu verhaltensgestörten oder verhaltensuntypischen und menschengefährdenden Individuen zu züchten und auszubilden.

Merkmale, die auf Gefährlichkeit und Tierschutzrelevanz bzw. auf deren zwangsläufig zu erwartende Genese hinweisen, sind in den Verordnungen zu benennen, da Gefährlichkeit interpretiert werden muß (s. o.). „Die Zucht von Hundestämmen mit gesteigerter Aggressivität und Reizbarkeit ist eine Zucht von Psychopathen" (Schweizerische Kynologische Gesellschaft 1995).

Typische Verhaltensbesonderheiten bzw. -störungen in diesem Kontext sind (s. S. 257ff.):

1. Paarungsschwierigkeiten aufgrund aggressiven Verhaltens sowie ein ausgeprägt aggressiv gefärbtes Paarungsverhalten, so daß Beißereien und Kämpfe resultieren.

2. Verletzungen (Tötung) der Welpen durch die Mutterhündin aufgrund eines abnorm ausgeprägten aggressiven Verhaltens, welches in bestimmten Handlungsfolgen an das hundliche Beutefangverhalten erinnert. Charakteristische Störungen im Verhalten Mutterhündin – Welpen sind ein unangemessen rauhes Spiel, das in aggressives Verhalten übergeht, ein sog. Hantieren (Hin- und Herschubsen mit der Vorderextremitäten) der Welpen (George, 1995), auf den Rücken Hebeln durch Reißen an einer Vorderextremität oder Wegschleudern und Nachfolgen.

3. Wenn Züchter ihre Hunde nie zusammenlassen können, die Tiere isoliert gehalten werden aufgrund eines ausgeprägten Aggressionsverhaltens und fehlender/mangelhafter sozialer Ver-

träglichkeit, ist gleichfalls ein Kriterium für Gefährlichkeit und Tierschutzrelevanz gegeben.

Diese Verhaltensstörungen treten nachweisbar selbst unter optimalem Aufzuchtbedingungen auf (Redlich, in Vorb.; George, 1995) und sind Folge einer einseitigen, auf Angriffsbereitschaft und Kampf ausgerichteten Zuchtauslese. Auffälliges Kriterium ist die gestörte Kommunikation Mutterhündin – Welpen, die diesen Schmerzen, Leiden und Schäden zufügt. Solche Hündinnen sind von der Zucht auszuschließen, die Rüden zu kastrieren. Mit Nachzuchten ist zu gegebener Zeit ebenso zu verfahren. Zudem sollte eine eindeutige Kennzeichnung der Tiere erfolgen, um tierquälerischen Zuchtmaßnahmen entgegenzuwirken.

Bei der Novellierung des Deutschen Tierschutzgesetzes sollte der § 11 b des Deutschen Tierschutzgesetzes folgendermaßen präzisiert werden, um ihm endlich forensische Handhabkeit zu geben: „Es ist verboten, Wirbeltiere zu züchten oder durch bio- oder gentechnische Maßnahmen zu verändern, wenn damit zu rechnen ist, daß bei den Nachkommen erblich bedingte Verhaltensstörungen auftreten" (Forderung der Bundestierärztekammer, Stand 19. 2. 96).

Es sollte zudem definiert werden, wer Züchter ist, nämlich jeder, der Hunde mit dem Ziel der Weitergabe bestimmter Merkmale an ihre Nachkommen verpaart. Wer dabei in Kauf nimmt oder wer es darauf anlegt, daß diese Tiere ein inadäquat übersteigertes Aggressionsverhalten entwickeln, darf nicht Züchter sein. Ziele und Methoden der Zucht müssen auf ein ausgewogenes Sozialverhalten ausgerichtet sein, durch entsprechend hundegerechte Aufzucht ist dann die soziale Verträglichkeit gewährleistet.

Es gibt Menschen, die weder Hunde züchten noch halten dürfen. Um sie zu erkennen, sind verschärfte Kontrollen der Hundehaltungen nicht mehr zu umgehen, und Züchterlizenzen müssen staatlich vergeben werden. Hundezucht-Verordnungen wären zu begrüßen.

Der Terminus „Kampfhund" sollte fehlen, da mit ihm für eine bestimmte Klientel eine gewünschte Aufwertung verbunden ist. „Kampfhunderassen" oder „Gladiatoren" sind nicht mit Hinweis auf die Erhaltung eines alten Kulturgutes ethisch zu rechtfertigen und nachzuzüchten, Kriegshunde oder Packer von Bären oder Hunde, die gegeneinander kämpfen, werden heute nicht mehr benötigt.

Wenngleich die „Kampfhunde" ein überwiegend soziologisches Problem darstellen, ist es in seinen Auswüchsen am Tier über diese Verordnungsschiene wirksam zu unterbinden. Hunde mit genetisch fixierter untypischer Angriffs- und Kampfbereitschaft sind als verhaltensgestört infolge organpathologischer Schäden aufgrund unbiologischer, fehlerhafter Zuchtauslese zu kennzeichnen.

Maßnahmen sind: Paarungsverbot, Kennzeichnungsgebot und Kastrationspflicht (um die Weiterzucht auszuschließen).

Ausbildung: Es muß klar definiert werden, daß das „Aufhängen" von Hunden an Fellstücken oder Säcken mit Drahtseilwinde nicht tiergerecht ist und in keiner tiergerechten Hundeausbildung vorkommt. Das gilt ebenso für das „Training" auf Laufbändern. Wenn lebende „Beutetiere" vorgehalten werden, greift das Deutsche Tierschutzgesetz (§ 3, Abs. 7), das verbietet, ein Tier an einem anderen lebenden Tier auf Schärfe abzurichten oder zu prüfen. Insgesamt führen diese Maßnahmen am Tier zu untypischer übersteigerter Angriffsbereitschaft und einem ebensolchen Kampfverhalten und sind tierschutzrelevant, da sie das hundliche Sozialverhalten beeinträchtigen und soziale Unverträglichkeit resultiert. Nach dem Schweizer Tierschutzgesetz ist in Artikel 22 das Veranstalten von Kämpfen zwischen oder mit Tieren, bei denen Tiere gequält oder getötet werden, verboten, ebenso das Verwenden lebender Tiere, um Hunde abzurichten oder auf Schärfe zu prüfen. Auch die Bestimmung greift, die unnötige Überanstrengung von Tieren untersagt.

Weitere Merkmale sind Haltungsbedingungen, die erfahrungsgemäß zu Gefährlichkeit und Tierschutzrelevanz führen. Ausschließliche Zwingeraufzucht von Hunden ist zu verbieten, da sie nachgewiesenermaßen (Feddersen-Petersen, 1993) sozial deprivierte Hunde hervorbringt, denen wiederum ohne vernünftigen Grund Leiden, Schäden und Schmerzen zugefügt werden, die zudem ein erhöhtes Gefahrenpotential für ihre Umwelt darstellen, da sie aus sozialer Unsicherheit und Umweltunsicherheit häufiger als gut menschensozialisierte Hunde zum Beißen neigen.

Bundesdeutsche gesetzliche Regelungen sind weitgehend in differenziertere Richtungen korrigiert worden. Insbesondere die „Ordnungsbehördliche Verordnung über die Zucht, die Ausbildung, das Abrichten und das Halten gefährlicher Hunde" (GefHuVO NW) von 1994 für Nordrhein-Westfalen, die Gefährlichkeit individuell und nicht pauschal nach Größe oder Rassezugehörigkeit definiert, ist in weiten Abschnitten zu begrüßen. Außerdem sollen hier am Tierschutz orientierte Normen verantwortungslosen Handlungen von Hundebesitzern einen Riegel vorschieben (Hartwig, 1995). Wer z.B. Hunde, die aus Aggressionszüchtungen stammen, hält, bedarf gemäß § 2 Abs. 2 GefHuVO der ordnungsbehördlichen Erlaubnis, womit eine wirksame Grundlage zur Gefahrenabwehr geschaffen wurde. Unbestimmte Rechtsbegriffe sind die „über das natürliche Maß hinausgehende Kampfbereitschaft". Diese sollte man definieren. Verhaltensuntersuchungen an Bullterriern (Schleger, 1983; Gorge, 1995), American Staffordshire Terriern (Redlich, in Vorb.) und „Pit Bull Terriern" (Feddersen-Petersen, 1993) weisen übereinstimmend in graduell unterschiedlicher Ausprägung *charakteristische* Störungen im Verhalten Mutterhündin – Welpen auf (s. o.). Diese Störungen, die in bestimmten Zuchten (oder Zuchtlinien; Schleger, 1983) der Rassen anzutreffen sind, kennzeichnen den Mißbrauch von Hunden durch bestimmte Züchter. Störungen im Paarungsverhalten, das stark sexuell gefärbt ist und Deckakte verhindert, sind gleichfalls tierschutzrelevant (§ 11 b Deutsches Tierschutzgesetz).

Welpenspiele gehen fast regelmäßig in Beißereien über, die beschädigen können. Selbstaufbau, Selbsterhalt, Schadensvermeidung und Fortpflanzung (Tschanz, 1985) sind somit nicht mehr gewährleistet, was den Tatbestand der Verhaltensstörung erfüllt. Gestörte Befindlichkeiten zeigen etwa Welpen, die sich in die Lefzen der Mutterhündin verbissen haben, blutig unterlaufene Augen haben und winseln, also Laute äußern, die Unwohlsein signalisieren. Gegenläufige Verhaltensbereitschaften sind offenbar gleichzeitig aktiviert. Schmerzen, Leiden und (oder) Schäden resultieren aus den Beißereien und letztendlich der isolierten Haltung infolge ausgeprägter Aggressivität. Der größte Schaden schließlich, der Tod, ist nicht selten die Folge dieser Defektzuchten, mit denen schließlich niemand mehr umgehen kann und deren zu einem Großteil genetisch bedingte ausgeprägte Angriffs-

und Kampfbereitschaft auch nicht oder kaum therapierbar ist. Goetschel (1995) äußerte sich über die Würde der Kreatur diesbezüglich so: Der kreatürlichen Würde stehen „Spielereien" mit der Natur und reine „Modeschöpfungen" entgegen, namentlich bei Heimtieren. Das Erzeugen von Tieren mit erheblichen Abnormitäten in morphologischer, physiologischer und verhaltensmäßiger Hinsicht wird beispielhaft aufgeführt.

Der Schutz des Menschen und der Tiermißbrauch durch bestimmte Hundezüchter und Hundehalter werden in der GefHuVO wirkungsvoll geregelt, wobei Hunde zunächst auffällig geworden sein müssen, bevor die Verordnung greifen kann. Die geplante Gefahrenabwehr-Verordnung für Niedersachsen verlangt hingegen, bei ansonsten weitgehender Übereinstimmung mit der GefHuVO, eine generelle Genehmigungspflicht (Befähigungsnachweis) für die Hundezucht und Hundeausbildung. Zucht, Ausbildung und Abrichten sollen insgesamt der behördlichen Genehmigung bedürfen.

Zu fordern sind Wesensprüfungen zur Zuchtauswahl. Eine Schutzhundeprüfung jedoch ist keine Wesensprüfung, wird allerdings vielfach so bezeichnet und gewertet und genügt auch den Anforderungen der GefHuVO NW. Somit ergibt sich die untragbare Situation, daß z.B. American Staffordshire Terrier, die „am Mann" ausgebildet wurden und eine „Begleithundeausbildung" absolviert haben, ihre soziale Verträglichkeit unter Beweis gestellt haben sollen, ein Tatbestand, der ebenso absurd wie gefährlich ist.

Wesensprüfungen auffällig gewordener Hunde: Das in einer bestimmten Situation beobachtbare (zu prüfende) Verhalten eines Hundes ist nicht beliebig extrapolierbar und muß keineswegs individualtypisch sein. Das gilt gleichsam für die Beurteilung auffällig gewordener Hunde. Entscheidungen dieser Art stellen den Tierarzt mitunter vor große Probleme, denen letztendlich am wirkungsvollsten durch Ausbau der Lehre verhaltensbiologischer Inhalte im veterinärmedizinischen Studium sowie durch Intensivierung ethologischer Forschungen an Haustieren an tierärztlichen Bildungsstätten zu begegnen ist. Dennoch erscheint es untragbar, vom Tierarzt oder einem Ethologen gutachterliche Stellungnahmen zu verlangen, die die potentielle Gefahr eines Hundes einschätzen.

Das Deutsche Ordnungswidrigkeitengesetz (OWiG) von 1975 wird als unbrauchbares gesetzliches Instrumentarium für gefährliche Hunde angesehen. Der Tatbestand des § 121 OWiG („Halten gefährlicher Tiere") beschreibt zwei Ordnungswidrigkeiten, die beide die Haltung eines gefährlichen Tieres einer wildlebenden Art (z.B. eines Raubtiers) oder eines „bösartigen" Tieres gemeinsam haben. Da der Hund unbestritten ein Haustier par excellence ist, stellt sich das Problem, wann ein Hund als „bösartig" angesehen werden kann. Maßgeblich muß für diese Beurteilung wohl sein, daß aufgrund bestimmter Veranlagungen eines Hundes die ständige Gefahr besteht, daß dieses Tier Menschen unmittelbar Böses antun, also ihnen gefährlich werden kann, denn „bösartig" im menschlichen Sinn sind Hunde nicht, da sie sich ihrer Handlungen nicht bewußt sind, sie mithin auch nicht werten können. Ein bissiger Hund würde in diese Kategorie fallen, nach ordnungsrechtlicher Auffassung z. T. auch große Hunde, die Menschen anspringen. Wann ist ein Hund als „bissig" zu bezeichnen, welches Anspringen läßt Gefährlichkeit vermuten? Allein der Terminus „bösartig" ist völlig ungeeignet für die Beurteilung von

Hunden und dürfte vor Gericht kaum noch unangefochten akzeptiert werden.

Fakten über das multikausale Aggressionsverhalten von Haushunden, die jeweilige biologische Bedeutung und die Motivationen zum Angriffs-, Verteidigungs- und Drohverhalten werden in Gesetzen wie Verordnungen über „gefährliche Hunde" zumeist vernachlässigt. Vergleichende Untersuchungen zur Entwicklung verschiedener Hunderassen, die sich mit den Genesen einer gesteigerten Angriffs- und Kampfbereitschaft bei Hunden befassen, sind angeführt worden. In relativ seltenen Fällen konnten bislang Hypertrophien im Bereich des Aggressionsverhaltens bei Hunden nachgewiesen werden. Vielmehr hat die Problematik der „gefährlichen Hunde" viele Ursachen. Analysen der Jugendentwicklung verschiedener Rassen unter Einbeziehung des sozialen Umfeldes belegen erworbene, reaktive Verhaltensabweichungen und -störungen mit Tierschutzrelevanz, die als mißglückte Anpassungsversuche an eine soziale Umwelt, die den hundlichen Ansprüchen so gar nicht genügt, aufzufassen sind (Feddersen-Petersen, 1992). Ethologische Belastungsindikatoren, die auf solch eine gestörte Entwicklung mit herabgesetzter Anpassungsfähigkeit hinweisen, sind beispielhaft aufgeführt worden.

Zusammenfassend ist davon auszugehen, daß überwiegend sozial deprivierte Hunde verschiedenster Rassezugehörigkeit das Hauptgefahrenpotential darstellen. Tierschutzrelevanz und Menschengefährdung liegen ebenfalls gekoppelt bei der „Hyperaggressivität" vor. Auf Mißstände in der Hundezucht, die durch konsequente Anwendung bestehender Gesetze bzw. leichte Gesetzesänderungen vermeidbar sind, ist eingegangen worden.

Die Problematik der „Kampfhunderassen" ist durch präventive Verbote schwerlich zu lösen (Feddersen-Petersen, 1996; Hamann, 1992), vielmehr handelt es sich hier um ein sehr vielschichtiges Problem der Hundezucht und -haltung, das ebenso differenziert zu betrachten wie zu behandeln ist.

Besondere Eingriffe und Maßnahmen am Tier in bezug auf das Aggressionsverhalten: Kastration der Rüden mit dem Ziel einer Minderung der Aggressivität ist in etlichen Fällen als ungeeignete Maßnahme zu bezeichnen. Aggressivität ist multikausal bedingt, abhängig von der genetischen Disposition, den Umwelteinflüssen (frühe Ontogenese!), der Sozialisation, der Bindung an den Menschen und Artgenossen, endogenen Faktoren, Alter, Rang/Erziehung und z.B. dem Territorium. Es handelt sich um situativ normales Hundeverhalten, wenn präventiv die Hundeentwicklung, die Haltung und der Umgang mit dem Tier artgerecht verlaufen (s. S. 257ff.) und wenn keine genetisch bedingte Ethopathie im Sinne einer Hyperaggressivität vorliegt. Kastration wäre in diesem Fall wirkungslos. Zudem ist sie in diesem Kontext nach § 6 des Deutschen Tierschutzgesetzes verboten. In der Schweiz besteht diesbezüglich keine spezielle Regelung.

■ Gesetzliche Grundlagen

BGB: Bürgerliches Gesetzbuch v. 18. 8. 1896 (RGBL. 195; BGBL. III 400-2).
Tsch-D: Deutsches Tierschutzgesetz v. 24. 7. 1972 (BGBL. I S. 1277) i. d. Fassung v. 17. 2. 1993 (BGBL. I S. 254).
TschG-CH: Schweizer Tierschutzgesetz v. 9. 3. 1978. Stand am 1. 1. 1994.
TierschutzVO-CH: Schweizer Tierschutzverordnung v. 27. 5. 1981, inkl. Revision 1997.
HundeHVO: Verordnung über das Halten von Hunden im Freien v. 6. 6. 1974 (BGBL. I S. 1265).

(Entwurf: VO über das Halten von Hunden, BML 321-3521/27 4157 v. 1. 12. 1993.)
OWiG: Gesetz über Ordnungswidrigkeiten v. 24. 5. 1968 (BGBL. II S. 481) i. d. Bek. v. 20. 8. 1975 (BGBL. I S. 2189, 2241).
BJagdG: Bundesjagdgesetz v. 29. 9. 1976 (BGBL. I S. 2849) i. d. Bek. v. 5. 11. 1980 (BGBL. I S. 41).
BNatSchG: Gesetz über Naturschutz und Landschaftspflege v. 20. 12. 1976 (BGBL. I S. 3574) mit Änderungen.
TierpflAusbV: Verordnung über die Berufsausbildung zum Tierpfleger/ zur Tierpflegerin v. 14. 5. 1984 (BGBL. I S. 673).
Tierheimordnung des Deutschen Tierschutzbundes e. V. v. 18. 6. 1989.
Gesetz zur Verbesserung der Rechtstellung des Tieres im Bürgerlichen Recht v. 20. 8. 1990 (BGBL. I S. 1762).
Gesetz zu dem Europäischen Übereinkommen vom 13. Nov. **1987 zum Schutz von Heimtieren** v. 1. Februar 1991.
Leitlinien zur tiergerechten und tierschutzgemäßen Zucht, Aufzucht, Haltung und Ausbildung von Hunden. Deutsche Veterinärmedizinische Gesellschaft e. V. und Verband für das Deutsche Hundewesen, Febr. 1993.
Hundehaltungs-VO der deutschen Bundesländer:
„PolizeiVO des Ministeriums Ländlicher Raum über das Halten gefährlicher Hunde", **Baden-Württemberg**, v. 28. 8. 1991 (GBL 1991, 524). Dazu: Verwaltungsvorschrift v. 11. 9. 1991 – Az.: 379142.25 (GABL 1991, 961).
„PolizeiVO über die Zucht, das Halten und das Führen von Kampfhunden" v. 14. 8. 1991, **Saarland** (ABL 1991, 918).
„VO über die Zucht von Kampfhunden und das Halten von Hunden (HundeVO)" v. 4. 6. 1991, **Hamburg** (GVBL 1991, 235).
„Bundesratsinitiative der Länder Nordrhein-Westfalen, Bremen und Niedersachsen", BR-Dr 246/91.
(„Entwurf eines Gesetzes zum Schutz von Tieren vor Mißbrauch durch Aggressionszüchtung und Aggressionsdressur" v. 22. 10. 1990.)
„VO über Hunde mit gesteigerter Aggressivität und Gefährlichkeit" v. 10. 7. 1992, **Bayern** (GVBL 1992, 268).
„GefahrenabwehrVO über das Halten von Hunden" v. 22. 04. 1992, **Hessen** (GVBL 1992, 154).
„LandespolizeiVO zur Abwehr von Gefahren durch gefährliche Hunde" v. 10. 11. 1992, **Rheinland-Pfalz** (GVBL 1992, 374).
„PolizeiVO über das Halten von Hunden in der freien Hansestadt Bremen" v. 16. 11. 1992.

„LVO über das Halten und Beaufsichtigen von Hunden" v. 16. 07. 1993, **Schleswig-Holstein** (Ersatz der früheren HundeVO von 1976).
„Ordnungsbehördliche VO über das Führen und Halten von Hunden" v. 22. 2. 1993, **Brandenburg** (GVBL 19.., 109).
„Ordnungsbehördliche VO über die Zucht, die Ausbildung, das Abrichten und das Halten gefährlicher Hunde" (GefHuVO NW), **Nordrhein-Westfalen**, v. 31. 12. 1994.
„Polizeiverordnung des Sächsischen Staatsministeriums für Soziales, Gesundheit und Familie zum Schutz vor gefährlichen Hunden" v. 28. 6. 1996, **Sachsen**.
Niederlande: Gutachten der niederländischen Beratungskommission „Agressif Gedrag bij Honden" (Den Haag 1988; nicht veröffentlicht).
Großbritannien: „The Working of the Dangerous Dogs Act 1991" (Rickmansworth 1992; nicht veröffentlicht).
Österreich: Änderung des **Steiermärkischen Tierschutzgesetzes** v. 26. 1. 1993.
Änderung der **VO der Steiermärkischen Landesregierung** v. 28. 6. 1993.

Literatur

Althaus, T. (1979): Die Ontogenese von Verhaltensweisen bei Haus- und Wildhunden. In: Aktuelle Arbeiten zur artgemäßen Tierhaltung 1978, KTBL-Schrift 240, 116–127. Darmstadt.

Althaus, T. (1982): Die Welpenentwicklung beim Siberian Husky. Dissertation, Math.-Nat. Fak., Universität Bern.

Althaus, T. (1989): Die Beurteilung von Hundehaltungen. Schweiz. Arch. Tierheilk. 131, 423–431.

Arndt, J. (1996): Der Mensch und sein Hund – aus der Patientenkartei. Beitrag zur Pressekonferenz der Bundestierärztekammer: „Der Hund – zu schützendes Tier des Jahres 1996. Wenn die Zucht zur Qual wird".

Askew, H. R. (1993): Die Anwendung der Bestrafung in der Tierverhaltenstherapie. Der praktische Tierarzt 10, 905–908.

Barash, D. P. (1980): Soziobiologie und Verhalten. Paul Parey, Berlin und Hamburg.

Bibikow, D. I. (1988): Der Wolf: Canis lupus. Die neue Brehm-Bücherei, Ziemsen, Wittenberg Lutherstadt.

Beck, W. (1994): Auswirkungen von Tierheimaufenthalten auf das Verhalten der Hunde. Vet.-med. Diss., Freie Universität Berlin.

Benecke, N. (1987): Studies on early Dog Remains from Northern Europe. J. Archaeol. Sci. 14, 31–49.
Bernauer-Münz, H., und Ch. Quandt (1995): Problemverhalten beim Hund. Gustav Fischer, Jena – Stuttgart.
Blackshaw, J. K. (1991): An overview of types of aggressive behaviour in dogs and methods of treatment. Applied Animal Behaviour Science 30, 351–361.
Bohlken, H. (1961): Haustiere und zoologische Systematik. Z. Tierzüchtung u. Züchtungsbiol. 76, 107–113.
Borchelt, P. L., and V. L. Voith (1985): Punishment. Comp. Cont. Educ. Vet. Pract. 7, 780–790.
Breazile, J. (1978): Neurologic and behavioral development in the puppy. Vet. Clin. North America 8, 31–45.
Brunner, F. (1994): Der unverstandene Hund. 5. Aufl. Naturbuch-Verlag, Augsburg.
Buchholtz, Ch. (1993): Das Handlungsbereitschaftsmodell – ein Konzept zur Beurteilung und Bewertung von Verhaltensstörungen. In: Leiden und Verhaltensstörungen bei Tieren. Tierhaltung 23, 93–109. Birkhäuser, Berlin.
Clutton-Brock, J. (1981): Domesticated animals from early times. Heinemann, British Musuem (Nat.-Hist.).
Clutton-Brock, J. (1984): Dog. In: Mason, I. J. (ed.): Evolution of domesticated animals. Longman, London, New York, 198–210.
Coppinger, R., and Feinstein, M. (1990): „Hark! Hark! The dogs do bark ..." and bark and bark. Smithsonian 6, 119–123.
Cuvier, G. (1829): Rapport sur un memoire de M. Roulin ... Ann. des sci. natur. 17, 107–112.
Darwin, Ch. (1872): Der Ausdruck der Gemüthsbewegungen bei dem Menschen und den Tieren. E. Schweizerbarth'sche Verlagshandlung, Stuttgart.
Dürre, I. (1994): Untersuchungen zur postnatalen Verhaltensontogenese von Haushunden der Rasse Weimaraner. Diplomarbeit, Math.-Nat. Fak., Universität Hamburg.
Eisfeld, D. (1965): Über das Farbsehvermögen einiger Wildcaniden sowie deren Verhalten. Dissertation, Math.-Nat. Fak., Universität Kiel.
Feddersen, D. (1978): Ausdrucksverhalten und soziale Organisation bei Goldschakalen (Canis aureus L.), Zwergpudeln (Canis lupus f. familiaris) und deren Gefangenschaftsbastarden. Vet.-med. Diss., Tierärztliche Hochschule Hannover.
Feddersen-Petersen, D. (1986): Hundepsychologie. 3. Aufl. Franckh-Kosmos, Stuttgart.

Feddersen-Petersen, D. (1991): Aggressive Hunde – ein Tierschutzproblem. Schutz des Tieres vor Mißbrauch durch den Menschen bedeutet Menschenschutz. Tierärztliche Umschau 12, 749–754.
Feddersen-Petersen, D. (1992): Hunde und ihre Menschen. 2. Aufl. Franckh-Kosmos, Stuttgart.
Feddersen-Petersen, D. (1993): Genesen des Aggressionsverhalktens von Hunden. Der praktische Tierarzt, Sondernummer, 75, Collegium Veterinarium XXIV, 104–108.
Feddersen-Petersen, D. (1994 a): Some interactive aspects between dogs and their owners: are there reciprocal influences between both inter- and intraspecific communication? Applied Animal Behaviour Science 40, 78.
Feddersen-Petersen, D. (1994 b): Fortpflanzungsverhalten beim Hund. Gustav Fischer, Jena – Stuttgart.
Feddersen-Petersen, D. (1994 c): Ethologische Untersuchungen zu Fragen des Normalverhaltens, zur Ermittlung sozialer Umweltansprüche und zur Präzisierung des Begriffes der „tiergerechten Haltung" von Haushunden, Kleintierpraxis 39, 669–694.
Feddersen-Petersen, D. (1995): Some aspects of the aetiology of aggressive behaviour of dogs towards humans. 2nd European Congress of the Federation of European Companion Animal Veterinary Associations. FECAVA, Brussels, 221–231.
Feddersen-Petersen, D., und Ohl, F. (1995): Ausdrucksverhalten beim Hund. Gustav Fischer, Jena – Stuttgart.
Feddersen-Petersen, D. (1996): Verhaltensindikatoren zur graduellen Kennzeichnung von Leiden im Rahmen der Hundezucht, -aufzucht und -haltung. Tierärztl. Umschau 51, 171–179.
Feddersen-Petersen, D. (in Vorb.): Zur Ethologie des Haushundes: Gibt es Mißverständnisse unter den Rassen? Beck, München.
Fischel, W. (1961): Die Seele des Hundes. Parey, Berlin, Hamburg.
Fox, M. W. (1969): Behavioral effects of rearing dogs with cats during the „critical period of socialization". Beh. 25, 273–280.
Fox, M. W. (1971): Integrative development of brain and behavior in the dog. Chicago Press, Chicago.
Frommolt, K.-H. (1995): Die Entwicklung der Lautgebung beim Wolf (Canis lupus L., Canidae L.) während der postnatalen Ontognese. Zool. Jb. Physiol. 92, 105–115.
George, E. (1995): Beitrag zur frühen Ver-

haltensontogenese von Bullterriern. Vet.-med. Diss., Tierärztliche Hochschule Hannover.
Gidl-Kilian, S. (1987): Beitrag zum Lernverhalten von Haushunden. Examensarbeit, Math.-Nat. Fak., Universität Kiel.
Goetschel, A. F. (1995): Das Tier hat einen Anspruch auf Unversehrtheit. Schweizer Tierschutz 4, 60–67.
Grahovac, U. (1994): Lernbiologische Untersuchungen zur Ausbildung von Blindenführhunden. Diplomarbeit, Math.-Nat. Fak., Universität Kiel.
Gramm, U. (in Vorb.): Zur Verhaltensontogenese von Fila Brasileiros.
Gregg, F M., Jamison, E., Wilkie, R., and Radinsky, T. (1929): Are dogs, cats and racoons color blind? J. com. Psychol. 9, 379–395.
Grzimek, B. (1952): Versuche über das Farbsehen von Pflanzenfressern. I. Das farbige Sehen (und die Sehschärfe) von Pferden. Z. Tierpsychol. 9, 23–39.
Hamann, W.(1992): Forschungsprojekt „Tierrecht", FHSöV NW, Deutscher Städtetag Köln.
Hartenstein, B. (1956): Die Dreidimensionalität der Farben, nachgewiesen für die Farbwahrnehmung des Hundes. Die Farbe 5, 153–178.
Hartwig, D. (1990): „Hundehaltung in Hessen 1990", Staat und Wirtschaft in Hessen, Heft 10, 324.
Hartwig, D. (1991): Bedrohung durch „Kampfhunde"? Unser Rassehund, S. 7 ff.
Hartwig, D. (1995): Schutz vor gefährlichen Hunden. Die Streife, S. 16.
Hartwig, D. (1996): Sicherheitsrisiken durch gefährliche Hunde. Die Polizei 1, 16–24.
Hassenstein, B. (1987): Verhaltensbiologie des Kindes. 4. Aufl. Piper, München.
Hebel, R., und Sambraus, H. H. (1976): Sind unsere Haussäuger farbenblind? Berl. Münch. Tierärztl. Wschr. 89, 321–325.
Heidenberger, E. (1993): Rehabilitation of dogs kept in animal shelters. International Congress on Applied Ethology, Berlin, S. 109.
Hense, M. (in Vorb.): Zur frühen Verhaltensentwicklung bei Haushunden der Rasse Rottweiler.
Herre, W., und Röhrs, M. (1990): Haustiere – zoologisch gesehen. 2. Aufl. Gustav Fischer, Stuttgart – New York.
Herzog, A. (1996): Was sind „Qualzuchten", was ist zu tun? Beitrag zur Pressekonferenz der Bundestierärztekammer: „Der Hund – zu schützendes Tier des Jahres 1996. Wenn die Zucht zur Qual wird".

Immelmann, K. (1975): Ecological significance of imprinting and early learning. Ann.Rev. Ecol. Syste. 6, 15–37.
In der Wieschen, F. (in Vorb.): Ethologische Untersuchungen zur Soziologie von Parias und Möpsen.
Kaiser, G. (1977): Physiologische und evolutive Aspekte der Säugetierontogenese in Zusammenhang mit den körpergrößenabhängigen Fortpflanzungserscheinungen bei Haushunden. Z. zool. Syst. Evolut.-forsch. 15, 278–310.
Keller, H. (1983): Die Einschätzung der Früherfahrung für den weiteren Entwicklungsverlauf. In: G. Lüer (Hrsg.): Bericht über den 33. Kongreß der Deutschen Gesellschaft für Psychologie, Mainz 1982, 556–563.
Klatt, B. (1949): Die theoretische Biologie und die Problematik der Schädelform. Biologia generalis 19, 51–89.
Lorenz, K. (1961): Phylogenetische Anpassung und adaptive Modifikation des Verhaltens. Z. Tierpsychol. 18, 139–187.
Lorenz, K. (1968): Haben Tiere ein subjektives Erleben? Arche Nova, Piper, München.
Lübker-Suhre, G. (1994): Ontogenese der Lautäußerungen bei Haushunden der Rasse Pudel, Schlag Zwergpudel (Canis lupus f. fam.). Diplomarbeit, Math.-Nat. Fak., Universität Kiel.
Lundberg, U. (1994): Entwicklungsprobleme der Tierschutzgesetzgebung aus verhaltensbiologischer Sicht. In: Verhalten, Informationswechsel und organismische Evolution. (Wessel, K. F., und Naumann, F., Hrsg.), 134–147. Kleine Verlag, Bielefeld.
Manser, C. E. (1992): The assessment of stress in laboratory animals. RSPCA, Horsham.
Marx, D. (1994):; Untersuchungen zur Lautgebung von Haushunden unter besonderer Berücksichtigung der frühen postnatalen Ontogenese. Diplomarbeit, Math.-Nat. Fak., RWTH Aachen.
Mech, L. D. (1974): Canis lupus. Mammalian Species No. 37. The American Society of Mammalogists.
Mech, L. D. (1975): Hunting behavior in two similar species of social canids. In: Fox, M. W. (ed.): The wild canids – their systematics, behavioral ecology and evolution. Academic Press, New York, 363–368.
Mech, L. D. (1987): Age, season, distance, and social aspects of wolf dispersal from a Minnesota pack. In: Chepko-Sade, B. D., and Z. T. Halpin (eds.): Mammalian dispersal patterns – the effects of social structure on population genetics. Academic Press, Chicago.

Mendelssohn, H. (1982): Wolves in Israel. In: Harrington, R. H., and Paquet, P. C. (eds.): Wolves of the world. Noyes Publications, New Jersey, 173–195.
Meyer, H. (1990): Ernährung des Hundes. Eugen Ulmer, Stuttgart.
Morgenroth, (in Vorb.): Zur Vokalisation von Wachtelhunden.
Naaktgeboren, C. (1968): Some aspects of parturition in wild and domestic Canidae. Internat. Zoo Yeark-book 8, 8–13. Zoological Society of London.
Naaktgeboren, C., und van Straalen, J. G. (1982): Über den Einfluß von Umweltfaktoren auf die Läufigkeit der Hündin. Z. Tierzüchtung und Züchtungsbiol. 93, 1–7.
Neitz, J., Geist, Th., and Jacobs, G. H. (1989): Color vision in the dog. Visual Neuroscience 3, 119–125.
Nobis, G. (1979): Der älteste Haushund lebte vor 14 000 Jahren. Umschau 79, 610.
Odum, J. V., Bromberg, N. M., and Dawson, W. W. (1983): Canine visual acuity: retinal and cortical field potentials evoked by pattern stimulation. Amer. J. Physiol. 245, R637–R641.
Oehler, J. (1994): Verhaltensänderungen während sozialer Isolation – dynamisches Modell für die experimentelle biologische Psychiatrie. In: Verhalten, Informationswechsel und organismische Evolution. (Wessel, K. F., und Naumann, F., Hrsg.), 148–153. Kleine Verlag, Bielefeld.
Ohl, F. (1993): Ontogenese der Lautäußerungen bei Haushunden der Rasse Großpudel. Diplomarbeit, Math.-Nat. Fak., Universität Kiel.
Patterson, D. F., Aguirre, G. A., Fyfe, J. C. et al. (1989): Is this a genetic disease? J. Small Anim. Pract. 30, 127–139.
Räber, H. (1993): Enzyklopädie der Rassehunde. Bd. I. Franckh-Kosmos, Stuttgart.
Redlich, J. (in Vorb.): Verhaltensontogenese an Haushunden der Rasse American Staffordshire Terrier.
Rehage, F. (1992): „Kampfhunde" – Eine Herausforderung für den praktischen Tierarzt. Vortrag Arbeitstagung der DVG, Fachgruppe Kleintiere, Fellbach.
Richet, Ch. (1898): Dict. Physiol. par Ch. Richet 3, 81.
Rosengren, A. (1969): Experiments on colour discrimination in dogs. Acta Zoologica Fennica 121, 3–19.
Sambraus, H. H. (1993): Was ist über die Ursachen von Verhaltensstörungen bekannt? In: Leiden und Verhaltensstörungen bei Tieren. Tierhaltung, 23, 38-49. Birkhäuser, Berlin.

Sarnow, S. (in Vorb.): Entwicklung der Vokalisation bei Belgischen Schäferhunden.
Schassburger, R. M. (1993): Vocal Communication in the Timber Wolf, Canis lupus, Linnaeus. Structure, Motivation, and Ontogeny. Advances in Ethology, 30. Parey, Berlin – Hamburg.
Schenkel, R. (1967): Submission: its features and function in the wolf and the dog. Am. Zoologist 7, 319–329.
Schleger, A. (1983): Geschichte und Entwicklung des Bullterriers. Dissertation, Math.-Nat. Fak., Universität Wien.
Schweizerische Kynologische Gesellschaft (1995): Kampfhunde, gibt es sie? Sonderdruck aus Hunde – Zeitschrift für Haltung, Zucht und Sport, 3–7.
Schwizgebel, D. (1986): Behebung von Störungen in der Hund-Mensch-Beziehung durch Anwendung verhaltensbiologischer Erkenntnisse. Hunde 19, 7 S.
Schwizgebel, D. (1995): Kriterien zum tiergerechten Einsatz elektrisierender Trainingsgeräte, des Ultraschallgerätes „Dazer" und des Duftstoffgerätes „Bellstop" beim Hund. Gutachten für das Bundesamt für Veterinärwesen, BVET.
Scott, J. P., and Fuller, J. L. (1965): Genetics and the social behavior in the dog. University of Chicago Presse, Chicago, Ill.
Scott, J. P. (1967): The evolution of social behavior in dogs and wolves. Am. Zool. 7, 373–381.
Scott, J. P. (1968): Evolution and domestication of the dog. Evolutionary Biology 2, 234–275.
Scott, J. P., Steward, J. M., and De Ghett, V. J. (1974): Critical periods in the organization of systems. Developmental Psychobiol. 7, 489–513.
Studer, Th. (1901): Die prähistorischen Hunde in ihren Beziehungen zu den gegenwärtigen Hunderassen. Abh. schweiz. paläontol. Ges. Zürich 28, 1–137.
Stur, I. (1993): Gutachten zur Änderung des Steiermärkischen Tierschutzgesetzes vom 26. 1. 1993 und der Verordnung der Steiermärkischen Landesregierung vom 28. 6. 1993.
Tembrock, G. (1963): Acoustic behaviour of mammals. In: Busnel, R. G.: Acoustic behaviour of animals. Elsevier, Amsterdam, London, New York.
Tschanz, B. (1982): Verhalten, Bedarf und Bedarfsdeckung bei Nutztieren. In: Aktuelle Arbeiten zur artgemäßen Tierhaltung 1981, KTBL-Schrift 281, 114–128. KTBL, Darmstadt.
Tschanz, B. (1985): Ethologie und Tierschutz.

In: E. von Loeper et al. (Hrsg.): Intensivhaltung von Nutztieren aus ethischer, ethologischer und rechtlicher Sicht. 2. Aufl., Tierhaltung 15, Birkhäuser, Basel, 41–48.

Tschanz, B. (1993): Erkennen und Beurteilen von Verhaltensstörungen mit Bezugnahme auf das Bedarfs-Konzept. In: Leiden und Verhaltensstörungen bei Tieren. Tierhaltung, 23, 65–76. Birkhäuser, Berlin.

Tschanz, B. (1995): Erfaßbarkeit der Befindlichkeiten bei Tieren. In: Aktuelle Arbeiten zur artgemäßen Tierhaltung 1994, KTBL-Schrift 370, 20–30. KTBL, Darmstadt.

Umlauf, K. (1994): Sozialbeziehungen innerhalb einer Gruppe von Pudelwölfen in der 2. Nachzuchtgeneration. Diplomarbeit, Math.-Nat. Fak., Universität Kiel.

Umlauf, K. (in Vorb.): Entwicklung und Funktionen von Lautäußerungen beim Kleinen Münsterländer.

Unshelm, J., Rehm, N., und Heidenberger, E. (1993). Zum Problem der Gefährlichkeit von Hunden; eine Untersuchung von Vorfällen mit Hunden in einer Großstadt. Dtsch. tierärztl. Wschr. 100, 381–420.

Venzl, E. (1990): Verhaltensentwicklung und Wesensmerkmale bei der Hunderasse Beagle. Vet.-med.Diss., München.

Voth, I. (1988): Beitrag zum Sozialverhalten des Neuguinea-Dingos. Ausdrucksverhalten, soziale Rangbeziehungen und soziale Organisation. Vet.-med. Diss., München.

Walton, W. E. (1936): Exploratory experiments in color discrimination. J. Genet. Psychol. 48, 221–226.

Wechsler, B. (1990): Verhaltensstörungen als Indikator einer Überforderung der evoluierten Verhaltenssteuerung. In: Aktuelle Arbeiten zur artgemäßen Tierhaltung 1989, KTBL-Schrift 342, 31–39, Darmstadt.

Wechsler, B. (1993): Verhaltensstörungen und Wohlbefinden: ethologische Überlegungen. In: Leiden und Verhaltensstörungen bei Tieren. Tierhaltung, 23, 50–64. Birkhäuser, Berlin.

Wegner, W. (1979): Kleine Kynologie für Tierärzte und andere Tierfreunde. Terra, Konstanz.

Wegner, W. (1995): Defekt- und Qualzuchten bei Kleintieren – der § 11 b Tierschutzgesetz ist anwendbar. Der praktische Tierarzt 76, 11–17.

Weidt, H. (1989): Der Hund, mit dem wir leben: Verhalten und Wesen. Paul Parey, Hamburg und Berlin.

Wiesner, E., und Willer, S. (1983): Lexikon der Genetik der Hundekrankheiten. S. Karger, Basel, München, Paris.

Zimen, E. (1971): Wölfe und Königspudel. Dissertation, Math.-Nat. Fak., Universität Kiel.

Zimen, E. (1978): Der Wolf – Mythos und Verhalten. Knesebeck & Schuler, München.

Zimen, E. (1990): Der Wolf. Knesebeck & Schuler, München.

Katze

C. Mertens

Merkmale

Wildtier und Haustier

Die Hauskatze weist eine ganze Reihe von widersprüchlichen Eigenschaften auf. Beispielsweise ist sie Wildtier und Haustier zugleich. Obwohl seit ca. 4000 Jahren domestiziert, hat sich die Hauskatze weder in der Körperform und -größe noch im Verhalten stark von ihren wilden Vorfahren entfernt (Abb. 1). Als verwildertes Tier ist sie daher in der Lage, auch ohne menschliche „Hilfe" zu überleben; sie gilt dann aber als Schädling (Raubzeug) und wird entsprechend behandelt (z.B. Abschuß von Katzen, die in Fabrikarealen und Hinterhöfen leben und sich von Abfällen ernähren; siehe auch Kapitel „Bestandsregulierung bei Katzen").

Die Katze ist wohl das einzige heutige Haustier, dessen Domestikation vermutlich vom Tier ausging. Einzelne Fachleute (nicht alle) sprechen von *Selbstdomestikation*, bei der die Katze sich dem Menschen aus eigenem Antrieb angeschlossen haben soll. Dabei stand der Mensch der Katze nie gleichgültig gegenüber; ihr sozialer Status wechselte aber im Verlauf der Geschichte von ganz hoch (als Verkörperung der Göttin Bastet im alten Ägypten) bis ganz tief (als Hexenattribut im Mittelalter). Heute können wir die Beziehung Mensch-Katze als symbiontisch bezeichnen, obwohl im Einzelfall enorme Unterschiede bestehen. Gezielt gezüchtet werden Katzen erst seit etwa 150 Jahren, und es existieren (noch) relativ wenige Rassen.

Heimtier und Nutztier

Als Schmusetier, als Sozialpartnerin, als Naturwesen, als Statussymbol ist die Katze in der westlich industrialisierten Welt das beliebteste und häufigste Heimtier. Wo es nicht schon geschehen

Abb. 1 Nicht weit von ihren wilden Vorfahren entfernt ist die Hauskatze: Raubtier und gleichzeitig geeignetes Heimtier.

ist, überflügelt die Katzenpopulation in absehbarer Zeit diejenige der Hunde. Besonders in Städten erfreut sich die Katze einer zunehmenden Beliebtheit, weil sie auch als reines Wohnungstier zu halten ist und nicht ausgeführt werden muß. Obwohl Katzen als Heimtiere keine Aufgabe im eigentlichen Sinne haben, sind die Erwartungen an sie vielfältig. Bei tiergerechter Haltung sind sie auch geeignet, (fast) alle diese Erwartungen und Wünsche zu erfüllen, und die Katzen selbst können sich in ihrer jeweiligen Funktion durchaus „wohl befinden". Bedingt durch mangelhafte Tierkenntnis und wenig naturnahe Lebensumstände, besteht aber leider ein beträchtliches Potential an Vermenschlichung und nicht tiergerechter Haltung.

Parallel zum Dasein als Heimtier dient die Katze als Nutztier und wird dann bisweilen recht strapaziert. Für den Bauern und andere mausgeplagte Menschen soll sie die Nagerpopulation kontrollieren. Manchmal wird sie unzureichend oder gar nicht gefüttert in der irrigen Meinung, sie jage dann besser. Solche Katzen sind z.T. auch medizinisch unterversorgt und nicht kastriert, was unkontrollierte Vermehrung und epidemische Krankheits- und Sterbewellen nach sich zieht.

In der biomedizinischen Forschung werden Katzen schon seit langem als Versuchstiere benutzt. Ihre Ernährung, Gesundheit und Fortpflanzung sind dort bestens kontrolliert; aber die Anpassungsfähigkeit wird allein schon durch die stark eingeschränkte Haltung gefordert. Die Belastung durch die eigentlichen Versuche ist unterschiedlich, kann aber sehr groß sein.

In der tiergestützten Psychotherapie und Psychiatrie schließlich dienen Katzen als Co-Therapeutinnen (bisher vor allem in USA), was auch nicht immer katzengerecht sein dürfte.

Raubtier und „süße Katze"

Unter den klassischen Haus- und Heimtieren ist die Katze – nebst dem Hund – das einzige Raubtier. Dies wirkt sich sowohl auf ihre Ernährung als auch auf ihr Verhalten aus. Die Fütterung von Fleisch oder Fleischprodukten ist sicher für vegetarisch lebende, für wenig bemittelte und für entwicklungspolitisch sensibilisierte Menschen nicht immer einfach. Vermutlich werden viele Katzen nicht artgerecht gefüttert.

Auch das Verhalten als Raubtier stellt viele Menschen vor Probleme. Ebenso wie der Hund, frißt die Katze ursprünglich Lebendbeute, also frisch getötete Tiere. Als Einzeljägerin fängt sie praktisch alles, was nicht größer ist als sie selbst (Kleinsäuger, Vögel, Reptilien, Amphibien, Fische, Insekten). Auch Wohnungskatzen jagen bei Gelegenheit, egal wieviel sie zu fressen bekommen, denn die Jagdmotivation ist unabhängig vom Sättigungsgrad. Dieselbe Eigenschaft (das Fangen und Töten anderer Tiere), die für die einen Menschen der Grund ihres Katzenbesitzes ist, verursacht für andere ihren Vorbehalt gegen Katzen. Dazu kommt, daß die satte Katze mit der lebenden Beute spielt, was oft vermenschlichend als Quälerei begriffen wird.

Als Sozialpartnerin wirkt die zutrauliche Katze auf Menschen nicht als gefährliches Raubtier, sondern als höchst anschmiegsame Gesellschafterin, die angenehm in der Berührung ist und bei gegenseitiger Neigung sogar das menschliche Bett teilt. Die freundlichen Interaktionsmuster beinhalten Körperkontakte (Lecken, Köpfchengeben, Schlafen in Körperkontakt) und Vokalisationen; sie sind für eine große Anzahl von Menschen dazu geeignet, fehlende Lebensqualität zu spenden.

Ein weiteres wichtiges Merkmal der

Katze ist ihre *Neotenie*, d.h. eine lange Jugendphase und das Fortbestehen juveniler Eigenschaften beim Adulttier. Beispiele für neotenes Verhalten sind der Milchtritt und das Schnurren: Beide Verhaltensweisen sind primär typisch für junge Kätzchen während des Trinkens am Gesäuge der Mutter. Die erwachsene Katze kann diese Verhaltensweisen aber auch im Kontakt zu Menschen zeigen; sie werden dann als Ausdruck des Wohlbefindens gewertet. Viele Katzen spielen bis ins hohe Alter wie Jungtiere, was für Menschen unterhaltsam und attraktiv ist. Schließlich entspricht auch die Kopfform der adulten Katzen, je nach Rasse mehr oder weniger, dem Lorenzschen Kindchenschema, das bei vielen Menschen anziehend wirkt. Neotenie ist zwar eine Folge der Domestikation und tritt bei vielen Haustieren auf; bei der Katze ist sie aber ein Hauptgrund für ihre Beliebtheit als Heimtier.

Naturtalent und Bildungsprodukt

Katzen zeichnen sich durch ausgezeichnete Sinnesleistungen, körperliche Sonderbegabungen, hohe Lernfähigkeit und Neugierde aus. Einige ihrer Sinne sind besser entwickelt als die des Menschen; dabei ist der Wahrnehmungsbereich größer und/oder die Sensibilität höher. Dies gilt für den Geruchs-, Gleichgewichts- und Tastsinn sowie für das Gehör. Der Geruchssinn ist u.a. wichtig in der intraspezifischen Kommunikation, indem via Pheromone Mitteilungen ausgetauscht werden. Die akustische Wahrnehmung in den hohen Frequenzen (Ultraschall) ist besonders wichtig auf der Jagd, denn damit werden Mäuse unterirdisch lokalisiert.

Die optische Wahrnehmung der Katze ist zwar gut und auf der Jagd vermutlich der wichtigste Sinn. Die hohe Leistungsfähigkeit liegt aber in anderen Aspekten des Sehens als beim Menschen: in der Wahrnehmung bewegter Objekte sowie im Nachtsehen. Der räumliche Orientierungssinn ist sehr gut („mental map"), wobei beim Heimfindevermögen der Katzen über große Distanzen vermutlich doch etwas übertrieben wird. Der Geschmackssinn der Katze ist nur schwerlich mit demjenigen des Menschen zu vergleichen; dennoch konnten gewisse Unterschiede ermittelt werden. Beurteilt daran, wie zermürbend wählerisch Katzen gegenüber kommerziellem Futter sein können, ist ihre Geschmackswahrnehmung sicher gut.

Unter den körperlichen Merkmalen der Katze hat die Fähigkeit zu klettern, zu springen und überall durchzuschlüpfen, eine praktische Bedeutung. Diese Eigenschaften werden durch scharfe Krallen, gute Muskulatur und das Fehlen des Schlüsselbeins ermöglicht. Mit ihren Krallen und Zähnen ist die Katze zudem recht wehrhaft und kann sich bei Bedarf auch gegen den Willen von Menschen durchsetzen.

Zu den sensorischen und morphologischen Merkmalen, die wir als angeborene Begabungen bezeichnen könnten, kommen die große Lernfähigkeit und Plastizität im Verhalten der Katze. Ihr adultes Verhalten wird maßgeblich durch äußere Einflüsse geformt und ist je nach Umfeld verschieden. Man spricht sogar von generischem Verhalten: Die Hauskatze verfügt potentiell über das gesamte Verhaltensrepertoire des Genus *Felis* und entwickelt individuell dasjenige Verhalten, das ihrem Umfeld und den frühen Erfahrungen am besten entspricht. Die Lernmechanismen, die zu diesen Anpassungsleistungen führen, reichen von Erfahrung, Übung und Spiel bis hin zu Beobachtung und Imitation sowie zur Konzeptbildung, die nur hochevolvierten Spezies offensteht.

Katzen lernen zeitlebens, obwohl die dafür günstigste Zeit natürlich in der frühen Jugend liegt. Futterpräferenzen und kompetentes Jagdverhalten werden in den ersten drei Lebensmonaten gelernt (weitgehend dank der Mutter als Erzieherin). Die sensible Phase für die Sozialisation gegenüber Artgenossen und gegenüber Menschen liegt in den ersten zwei Lebensmonaten. Es werden in dieser Zeit innerartlich soziale oder solitäre, zwischenartlich zutrauliche oder scheue Kätzchen geformt, wobei die beiden Sozialisationsmechanismen voneinander unabhängig sind. Dies ergibt bezüglich der sozialen Grunddisposition vier Katzentypen, die sich im weiteren Lebensverlauf nur noch geringfügig ändern: sozial/zutraulich, sozial/scheu, solitär/zutraulich, solitär/scheu.

Haltung

Entsprechend der Multifunktionalität von Katzen müssen verschiedene Haltungskonzepte bestehen. Unabhängig vom Menschen lebende Katzen bedürfen keiner Haltungsempfehlungen, sondern eines Managementprogramms; mehr darüber im Kapitel „Bestandsregulierung bei Katzen". Die übrigen Katzen können bezüglich Haltung folgendermaßen kategorisiert werden: 1. freilaufende Katzen, 2. private Wohnungskatzen ohne Auslauf, 3. Katzen im Tierheim oder in einer professionellen Zucht, 4. Versuchskatzen. Diese Kategorien sind nicht streng definiert. Folgende Parameter können innerhalb einer Kategorie durchaus unterschiedlich sein: Kastration (ja/nein), Rasse (ja/nein; welche), Auslauf (ja/nein; Balkon, Außengehege), Gruppengröße, Kontakte zum Menschen (viel/ wenig).

Ohne Populationskontrolle durch den Menschen bilden sich unter semi-natürlichen Verhältnissen bei ausreichender Nahrungsgrundlage, konzentrierter Nahrungsverteilung und hoher Katzendichte soziale Gruppen, die mehr sind als anonyme Aggregationen. Die Gruppengröße variiert von 2 bis über 50 Individuen und beträgt im Mittel 4–5 Adulttiere (selten mehr als 10). Meistens handelt es sich um mehrere Generationen verwandter Kätzinnen (Großmutter, Mutter, Schwestern, Tanten und Cousinen) sowie lose assoziierte Kater, die z.T. zwischen Gruppen pendeln (Abb. 2).

Die individuellen Paarbeziehungen innerhalb einer Gruppe hängen ab vom Alter, Geschlecht und sozialen Status der

Abb. 2 Katzen bilden soziale Gruppen, deren Kern aus mehreren Generationen verwandter Weibchen besteht.

Abb. 3 Mit dem Öffnen der Augen beginnt für das Kätzchen die am stärksten prägende Phase seines Lebens, die nur ca. 6 Wochen dauert.

beteiligten Partner sowie von der Gruppengröße und partnerspezifischen Freundschaft bzw. Unverträglichkeit. Insgesamt sind Katzen innerhalb ihrer Gruppe verträglich, gegenüber Gruppenfremden intolerant.

In Berücksichtigung dieser Tatsachen sollten wir grundsätzlich eine Gruppenhaltung (ab zwei Individuen) ins Auge fassen. Dies gilt einzig nicht für solitäre Katzen, die unverträglich sind und Sozialpartner nur im Zusammenhang mit der Fortpflanzung dulden. Solitäre Katzen sollten einzeln gehalten werden, sie machen aber zumindest in Westeuropa einen minimalen Anteil einer Katzenpopulation aus. Da es in einer eingeschränkten Haltung außerordentlich schwierig ist, Einzelkatzen vor Langeweile zu bewahren, sollten diese Tiere, wenn immer möglich, Auslauf genießen oder wenigstens engagierte menschliche Sozialpartner haben.

Wenn wir soziale *und* zutrauliche Katzen haben, ist das für die Haltung nur vorteilhaft (Abb. 3). Solche Tiere entwickeln sich, indem mindestens zwei Jungkätzchen pro Wurf aufwachsen, die während 8 bis 12 Wochen vielfältige Sozialkontakte unterhalten: mit der Mutter, mit Geschwistern und weiteren Katzen sowie mit verschiedenen Menschen, die sich freundlich und altersentsprechend mit dem Kätzchen beschäftigen. Die soziale Grundeinstellung gegenüber Menschen ist bereits mit 7 Wochen fixiert. Die Verantwortung der Züchter/innen ist also nicht nur groß in bezug auf Gesundheit und Genetik, sondern auch im Hinblick auf eine gute Sozialisation. Dies gilt nicht nur für Züchter/innen von hochdotierten Rassekatzen oder Versuchskatzen, sondern auch für diejenigen, die mehr oder weniger unfreiwillig Katzennachwuchs haben und private Abnehmer suchen.

Haltung privater Wohnungskatzen ohne Auslauf

Freilaufende Katzen (v.a. diejenigen mit einem Schleusensystem für Ein- und Ausgang) können ihr Leben mehr oder weniger selbst gestalten und mögliche Defizite z.T. außerhäusig kompensieren. Anders ist es bei Tieren, die auf Wohnung oder Haus beschränkt sind. Ihr Lebensraum ist kleiner als derjenige freilaufender Katzen, die Erlebniswelt ist geschmälert, vor allem sensorisch und sozial.

Zur Prävention von Langeweile ist das Halten von zwei sozialen Katzen dringend zu empfehlen. Auch sollten mindestens zwei Räume zur Verfügung stehen, weil so nicht alles gleichzeitig überschaubar ist und auch altbekannte Dinge neu entdeckt werden. Folgende Infrastruktur muß vorhanden sein: ungestörter Schlafplatz (den die Katze gern selbst auswählt), erhöhter Aussichts- und Sonnenplatz, *zwei* Katzenkistchen zur getrennten Kot- und Urinabgabe (beide fern von Freß- und Schlafplatz!), Kratz- und Kletterbaum, Spielzeug (Schachteln und Papiertüten zur Erkundung, Bälle und Kunstmäuse für Jagd- und Bewegungsspiele). Je reizarmer das Umfeld ist, umso mehr müssen sich die Besitzer mit der Katze beschäftigen.

Haltung im Tierheim oder bei (semi-)professioneller Zucht

Das Charakteristische bei dieser Katzenhaltung ist, daß viele Katzen auf beschränktem Raum leben, die Tiere verhältnismäßig oft manipuliert werden und auch Wechsel im Bestand stattfinden (vgl. dazu das Kapitel „Das Tierheim"). In der Zucht gibt es zwar Unterschiede zwischen Versuchstierzucht (institutionalisiert, keine Ansprüche an Rasse, dafür umso mehr an den hygienischen Standard) und Rassekatzenzucht (meistens Hobbyzucht, genetische Merkmale und Schönheitskriterien im Vordergrund, Ausstellungstätigkeit). In *jeder* Zucht sollten die Bedingungen optimal sein, denn Katzen sind das Produkt ihrer Kinderstube.

Käfighaltung für Zuchttiere ist strikt abzulehnen, auch für Kater. In Zuchtgruppen sollten pro Adulttier 3 m² zur Verfügung stehen (denn es kommen ja noch die lebhaften Jungtiere dazu); die Gruppengröße sollte 10 Adulttiere nicht übersteigen. Die für eine 10er Gruppe erforderlichen 30 m² sollten in Außen- und Innengehege gegliedert sein, mit permanent offenem Durchgang.

Für eine harmonische Zuchtgruppe sind die individuelle Zusammensetzung und eine größtmögliche Stabilität wichtig. Verwandte und befreundete Weibchen ziehen oftmals gemeinsam Junge auf, von der Geburtshilfe, über das indiskriminierte Säugen und Lecken im Gemeinschaftsnest bis hin zur Ammenaufzucht. Dies hat Vorteile (soziale Sicherheit, Übertragung von Immunstoffen, Erhöhung des Fortpflanzungserfolges), aber auch Nachteile (Übertragung von Krankheiten, Tod mehrerer Würfe). Welcher Einfluß überwiegt, hängt vom Gesundheitszustand der Zuchtbasis ab.

Kater sind im Freileben nicht an der Aufzucht beteiligt, sie können im Gegenteil eine Gefahr für Jungkatzen darstellen. Kater verüben Infantizid (Töten von Jungen anderer Männchen, wie dies auch von Löwen bekannt ist), wobei das exakte Risiko unbekannt ist und höchstwahrscheinlich überschätzt wird. Kater sollten dennoch genau beobachtet, Jungtiere evtl. während der ersten 4 Lebenswochen vom Kater ferngehalten werden. Gemeinschaftsnester stellen auch einen Schutz gegen Infantizid dar.

In einer Zuchtgruppe können zwei Kater gehalten werden. Um harte Dominanzkämpfe zu vermeiden, sollte allerdings ein Kater deutlich älter und/oder schwerer sein; bei klaren Dominanzverhältnissen sind Beschädigungskämpfe selten. In der Rassekatzenzucht muß das vorgesehene Zuchtpaar zur Sicherstellung der gewünschten Vaterschaft in den kritischen Tagen separiert werden.

Versuchskatzen

Hier gilt bezüglich der Haltung mehr oder weniger dasselbe wie in der Zucht, auch wenn die Tiere mehrheitlich adult sind. Es kann in der Versuchskatzenhaltung vorkommen, daß ein Tier vorübergehend einzeln gehalten werden muß. Es sollte dem Tier dann ein Käfig von mindestens 2 m² Grundfläche und 70 cm Höhe zur Verfügung stehen, mit erhöhter Liegefläche, Freßplatz, Toilette (diese drei Fixpunkte so weit auseinander wie möglich), Versteck und minimaler Kletter- und Kratzeinrichtung. Andere Katzen sollten in Sicht- und Hörweite sein.

Für die Gruppenhaltung ist es leider so, daß keine wissenschaftlich fundierten Werte für optimale Gruppengröße und Prokopffläche vorliegen. Aus praktischer Erfahrung sind Gruppen bis maximal 30 Individuen zu empfehlen; die Grundfläche pro Tier sollte 1,5 m² betragen (normale Raumhöhe, mindestens 2 m), wobei die Gesamtfläche in 2 bis 3 Räume unterteilt sein sollte (ein Raum möglichst als Außengehege). Die dritte Dimension soll bei der Möblierung ausgiebig genutzt werden. Erhöhte Schlafplätze und Verstecke sollten in genügender Zahl vorhanden sein und Rückzug ermöglichen, Aussichtsposten sollen Übersicht gewähren, und die ganze Möblierung soll alle Lokomotionsarten ermöglichen (Klettern, Springen).

Fütterung

Dank der heutigen Tiernahrungsindustrie sind wir nicht mehr um katzengerechte Nahrungsmittel verlegen, die alles nur erdenklich Gute in ausgewogener Menge enthalten. Individuelle Präferenzen können allerdings den Halter/innen zu schaffen machen. Die Nahrung des Raubtieres Katze muß reich an Protein und Fett und vergleichsweise arm an Kohlenhydraten sein; *dies schließt eine rein vegetarische Diät aus.* Der Proteinbedarf ist sogar größer als beim Hund, deshalb ist kommerzielles Hundefutter ungeeignet. Auch kann die Katze gewisse Vitamine (z.B. Vitamin A) nicht aus Vorläufern synthetisieren, sondern muß sie direkt mit Fleischnahrung aufnehmen. Speisereste sind nicht grundsätzlich falsch; es ist aber sehr viel schwieriger, damit eine ausgewogene Diät zu erzielen, besonders bezüglich schwefelhaltiger Aminosäuren (z.B. Cystein und Methionin).

Trocken- und Naßfutter sind gleichwertig, was die Nährstoffe anbelangt; Naßfutter enthält praktisch den gesamten Wasserbedarf der Katze, Trockenfutter nicht. Verfügt eine Katze in der Haltung ad libitum über (appetitliches) Futter, nimmt sie 12–20 Mahlzeiten über 24 Stunden verteilt. Für eine adulte Katze sind aber auch 2–3 größere Mahlzeiten pro Tag adäquat, für Jungkatzen 3–4. Daß immer Trinkwasser vorhanden ist, sollte bei jeglicher Fütterungsart selbstverständlich sein. Kuhmilch ist kein Getränk für Katzen und nur bedingt ein Nahrungsmittel; die meisten Tiere lieben Milch, aber nur ein Teil von ihnen verträgt sie (die anderen bekommen Durchfall).

Pflege

Grundsätzlich haben Katzen eine gute Gesundheit und Genesungsfähigkeit (z.B. bei Verletzungen), und sie sind auch leicht aufzuziehen; wir können sie als pflegeleicht bezeichnen. Ihr „Schwachpunkt" sind virale Infektionen, denen sie gleich massenweise zum Opfer fallen können. Vorsorge sollte daher groß geschrieben werden, und Impfungen sind für fast alle Infektionen verfügbar. Katzen, die auch natürliches Futter fressen (z.B. Mäuse), sollten regelmäßig entwurmt werden; Flöhe müssen ebenfalls bekämpft werden, denn sie spielen bei der Bandwurmübertragung eine Rolle und beeinträchtigen bei massivem Befall das Wohlbefinden der Katze. Nicht selten treten Zahnstein und Zahnfleischprobleme sowie Harnsteine auf; diese Probleme sind häufiger bei ausschließlicher Trockenfutterdiät. Langhaarige Katzen bedürfen der Fellpflege, weil sie sonst bei ihrer Toilette sehr viel Haar schlucken und häufig erbrechen oder total verfilzen.

Besondere Eingriffe

Der häufigste Eingriff bei Katzen ist die *Kastration*. Sie bewirkt nicht nur eine Eindämmung der Fortpflanzung, sondern auch Veränderungen auf der individuellen Verhaltensebene. Diese sind aber nicht zum Nachteil der Katze (vgl. Kapitel „Bestandsregulierung bei Katzen").

In der biomedizinischen Forschung dienen Katzen oftmals in Langzeitstudien und in methodisch-technisch aufwendigen Projekten, die z.B. das Setzen von Hirnsonden beinhalten. Das erfordert spezialisierte Kenntnisse auf der medizinischen Seite. Das ganze Tier mit seiner hochentwickelten Sensorik und Motorik, mit seiner Empfindungsfähigkeit für Schmerz, Angst und Streß sollte darob nicht vergessen werden. Verbringt ein Tier Jahre in einer eingeschränkten Haltung, und soll es dabei gesund bleiben, so bedarf es mehr als Futter und Hygiene. Der menschlichen Zuwendung und kompetentem Handling kommen große Bedeutung zu.

Katzen reagieren bereits auf verhältnismäßig alltägliche Eingriffe und Manipulationen streßphysiologisch eindeutig, während sie auf der Verhaltensebene eher unauffällig bleiben. Gut sozialisierte Katzen sprechen aber gut auf freundliche Betreuung an, was Manipulation und Eingriff für das Tier entschärft; die Wichtigkeit der Sozialisation in den ersten 7 Lebenswochen kann deshalb gar nicht genug betont werden. Ähnlich wie Hunde gehen auch Katzen innige Beziehungen zu Menschen ein. Im Gegensatz zu den Hunden lassen sie sich aber nicht sozial unterwerfen, denn solches Verhalten ist auch innerartlich nur schwach ausgebildet (in Konfliktsituationen überwiegt defensives Verhalten). Die Katze will also „überzeugt" werden, was bei guter Mensch-Tier-Beziehung viel eher gelingt als bei repressivem Vorgehen.

Spezielle Aspekte

Designerzucht, Defektzucht, Extremzucht, Qualzucht

Das Hinnehmen von Ausfällen und Schwächen (sensorisch, anatomisch, physiologisch und verhaltensmäßig) zu Gunsten ästhetischer Aspekte hat in der Katzenzucht seinen Kulminationspunkt noch nicht erreicht. Es gibt aber heute schon genügend Rassen, die mit erblichen Mängeln bzw. einer Häufung bestimmter Krankheitsbilder belastet sind, die somit als Defektzuchten oder sogar Qualzuchten zu bezeichnen sind.

Beispiele sind die Scottish-Fold und die Pudelkatze (beide mit Hängeohren) oder die Manx-Katze (ohne Schwanz). Bei diesen drei Rassen mit dominantem Erbgang bezüglich des betreffenden Merkmals sind homozygote Nachkommen mit mehrfachen Anomalien behaftet bzw. überhaupt nicht lebensfähig. Die Munchkin-Katze (Stummelbeine) kann sich nicht arttypisch fortbewegen. Der „spezielle Blick" des Siamesen beruht auf

Abb. 4 Ausstellungskatze. Was ein Tier an züchterischer Veränderung und Lebensumständen erlebt, hat oft wenig mit Tiergerechtheit zu tun.

einem neurologischen Defekt, der ein normales Sehen verhindert und durch Schielen zu kompensieren versucht wird; das flache Gesicht mehrerer Rassen bezahlt das Tier mit Atembeschwerden, Freßproblemen und tränenden Augen; das krause Haarkleid der Rex-Katzen geht mit verkümmerten oder fehlenden Vibrissen einher; die haarlose Sphinx ist kaum züchtbar, so degeneriert ist sie. Beim Züchten dominant weißer Katzen in verschiedenen Rassen wird in Kauf genommen, daß die Tiere mit großer Wahrscheinlichkeit schwerhörig oder taub sind und z.T. Sehfehler aufweisen (Abb. 4).

Die Phantasie (und Rücksichtslosigkeit) des Menschen kennt anscheinend keine Grenzen. Wenn nicht in der einen oder anderen Form Riegel vorgeschoben werden, ereilt die Katzen dasselbe Schicksal wie die Hunde, bei denen das Ausmaß züchterisch hervorgerufenen Leidens schon weit größer ist.

Verhaltensprobleme

Besonders mit Wohnungskatzen kann es zu Problemen kommen, die auf dem Verhalten beruhen. Unsauberkeit im Haus, Zerstörung von Mobiliar und Kleidungsstücken, Aggressionen (intra- und interspezifisch) und Hyperaktivität gehören zu den gängigsten Verhaltensproblemen mit Katzen. Gründe dafür sind oft fehlende Infrastruktur (z.B. eine zweite Toilette, Kratzbaum, Klettermöglichkeit), eine falsche Anordnung der Fixpunkte (Katzentoilette direkt neben dem Freßgeschirr) oder einfach Langeweile, d.h. Reizarmut (optisch, geruchlich, sozial). Viele sog. Verhaltensstörungen sind in Wahrheit normales Verhalten, das aber die Halter/innen stört, z.T. bedingt durch mangelhafte Artkenntnis und falsche Erwartungen. Es ist daher verantwortungslos, wenn der Besitz von Katzen hemmungslos propagiert wird (nach dem Motto: „pets are good for you"), ohne daß gleichzeitig sehr breit Aufklärungsarbeit über art- und tierspezifische Bedürfnisse und potentielle Konflikte geleistet wird.

Ausgesetzte und vernachlässigte Katzen

Der Katzenboom hat weitere Schattenseiten. Die leichte Erhältlichkeit und einfache Pflege bewirken eine Wegwerfmentalität, die speziell vor den Ferien und nach Weihnachten ihren traurigen Tribut fordert (Abb. 5).

In den USA soll nur 1/3 aller Privat-

Abb. 5 „Wegwerfartikel" Katze. Hunderte von Katzen landen im Tierheim und warten auf eine Neuplazierung; ein schwieriges Schicksal.

katzen das ganze Adultleben im selben Haushalt verbringen; jährlich sollen 25% aller Adulttiere ihr Zuhause verlassen. Der glücklichere Teil dieser Tiere findet neue Besitzer, ein Teil verwildert, und ein Teil gelangt in Tierheime und Auffangstationen. All dies birgt eine ganze Menge an Problemen, nicht nur für das Tier, sondern auch für Menschen.

Gesetzgebung

Bei Gesetzen und weiteren Bestimmungen gibt es wenig Katzenspezifisches; die Haltungsvorschriften sind in den verschiedenen Ländern praktisch gleich.

Das *deutsche Tierschutzgesetz* enthält in § 11b faktisch ein Qualzuchtverbot für Wirbeltiere (Versuchstiere ausgenommen) und somit auch für Katzen; eine Züchterin von dominant weißen Katzen (programmierte Taubheit) wurde 1994 mit einer Geldbuße von 500 DM „bestraft", ein wichtiges Urteil für die Anwendung des „Qualzuchtartikels". Das deutsche Tierschutzgesetz enthält weiter eine Bewilligungspflicht für gewerbsmäßige Katzenzucht und -haltung. Katzen, die zur Verwendung als Versuchstiere gezüchtet werden, müssen vor dem Absetzen dauerhaft gekennzeichnet werden (die Schweiz verlangt „in der Regel" ebenfalls eine dauerhafte Markierung vor dem Absetzen).

Das *schweizerische Tierschutzgesetz* verbietet ausdrücklich das Amputieren der Krallen sowie das Zerstören der Stimmorgane. Die zugehörige Tierschutzverordnung verlangt, Versuchskatzen müssen besonders hierfür gezüchtet worden sein und mit Artgenossen zusammen gehalten werden, unverträgliche Tiere ausgenommen.

Sämtliche Vorschriften für Einzelhaltung im Käfig (Minimalmaße), welche 1995 in den verschiedenen nationalen Verordnungen gültig waren und weitgehend noch gültig sind, widersprechen dem aktuellen Wissensstand über Katzen und sind weder art- noch tiergerecht. Richtigerweise sollte die Einzelhaltung im Käfig generell verboten sein und nur in definierten Ausnahmefällen bewilligt werden.

Literatur

Das Literaturverzeichnis gibt lediglich einige Lesetips. Weitergehende bibliographische Angaben sind den zitierten Werken zu entnehmen.

Bradshaw, J.W.S. (1992): The behaviour of the domestic cat. CAB International, Wallingford, UK.

Carlstead, K., Brown, J.L., and Strawn, W. (1993): Behavioural and physiological correlates of stress in laboratory cats. Applied Animal Behaviour Science 38, 143–158.

Feldman, H.N. (1993): Maternal care and differences in the use of nests in the domestic cat. Animal Behaviour 45, 13–23.

Mertens, C. (1994): Tiergerechte Katzenhaltung. Tierlaboratorium 17, 89–101.

Mertens, C. (1995): Die Beziehung Mensch-Katze. Tierärztliche Umschau 50, 71–75.

Schär, R. (1989): Die Hauskatze. Lebensweise und Ansprüche. Ulmer Taschenbuch. Eugen Ulmer, Stuttgart.

Schmidt, V., und Horzinek, M.C. (Hrsg.) (1992): Krankheiten der Katze. Band 1. Gustav Fischer Verlag, Jena – Stuttgart.

Turner, D., und Bateson, P. (1988): Die domestizierte Katze; eine wissenschaftliche Betrachtung ihres Verhaltens. Albert Müller Verlag, Rüschlikon-Zürich.

Turner, D.C. (1989): Das sind Katzen. Informationen für eine verständnisvolle Partnerschaft. Albert Müller Verlag, Rüschlikon-Zürich.

Turner, D.C. (1995): Die Mensch-Katze-Beziehung. Reihe VET special. Gustav Fischer Verlag, Jena-Stuttgart.

Wegner, W. (1994): Defektzuchten bei Katzen – ein aktuelles, prinzipiell wichtiges Urteil. Katzen-Magazin Juni/Juli 94, 64–65.

Wright, M., und Walters, S. (1985): Die Katze: Handbuch für Haltung, Zucht und Pflege. Mosaik Verlag, München.

Kleinsäuger als Heimtiere

P. HOLLMANN

■ Allgemeine Tierschutzaspekte bei der Heimtierhaltung

Das Halten von Ziervögeln und Kleinsäugern in Wohngemeinschaft mit dem Menschen unterscheidet sich von der landwirtschaftlichen Nutztierhaltung durch das Fehlen ökonomischer Zwänge und von der Haltung anderer Haustiere wie Hund und Katze durch die Unterbringung auf relativ begrenztem, die natürlichen Aktivitäten stark einschränkendem Lebensraum. Dies bedeutet einerseits, daß gravierende Abstriche im Sinne von Wirtschaftlichkeit nicht gerechtfertigt sind und andererseits die Verpflichtung zur Gestaltung eines artgemäßen und verhaltensgerechten Umfeldes besteht, das jedoch zwangsläufig nie den natürlichen Lebensraum ersetzen kann.

Der vom Zoofachhandel geprägte Begriff *Hobbytierhaltung* signalisiert, daß es sich hier um eine Beschäftigung aus Liebhaberei und zum Zeitvertreib handelt, bei der ein gewisser finanzieller Rahmen vorausgesetzt werden kann und muß. Es ist daher nicht vertretbar, daß als Kaufpreis für einen Großpapagei ein vierstelliger Betrag entrichtet wird und die Aufwendung in gleicher Höhe für einen Flugkäfig oder eine Voliere zu teuer erscheint. Ebenso dürfen die relativ geringen Anschaffungskosten für ein Zwergkaninchen oder ein Meerschweinchen nicht den Orientierungsrahmen für den Preis ihres Käfigs bilden. Platzmangel in der Wohnung als Hinderungsgrund für eine großräumigere Unterbringung ist in diesem Zusammenhang kein Argument.

Alle kleinen Heimtiere zeichnen sich durch ein starkes Bewegungsbedürfnis und ein damit verbundenes intensives Stoffwechselgeschehen aus. Diesem Umstand ist Rechnung zu tragen, wenn es um das Verwirklichen des Postulats nach Möglichkeit zu artgemäßer Bewegung geht. Beim Vogel besteht diese im Fliegen und nicht im Hüpfen zwischen zwei oder drei Stangen. Für die kleinen Nager heißt dies Laufen, Klettern, Springen, Graben. Hinzu kommen weitere typische Verhaltensweisen, die im Käfig nicht oder nur eingeschränkt ausgeübt werden können: Erkunden, Futtersuche, Markieren, Verstecken, Nestbau etc. An diesen Vorgaben hat sich die Käfiggröße zu orientieren. Wie problematisch sich das Umsetzen in die Praxis gestaltet, belegen die häufig zu beobachtenden Stereotypien und Technopathien.

Die Schwierigkeit bei den Maßangaben für Heimtierkäfige besteht darin, daß trotz aller ethologischen Erkenntnisse bislang die meisten Angaben auf Erfahrungswerten basieren. Das Übertragen von Normmaßen aus der Versuchstierhaltung, die das Existenzminimum definieren, ist nicht möglich. Außerdem ist das Beurteilen von Käfighaltung mit dem Zollstab im tierschützerischen Sinne nicht ausreichend. Unzureichendes Käfiginventar, falsche Standortwahl, ein gesundheitsschädliches Kleinklima etc.

sind Kriterien, die ebenso stark ins Gewicht fallen.

Je umfangreicher der Katalog der Anforderungen an die Käfighaltung wird, desto näher kommt man der Gestaltung eines Biotops. So erstrebenswert dies im Sinne der Tiere wäre, so realitätsfremd wäre es auf der anderen Seite. Zum gegenwärtigen Zeitpunkt macht es wenig Sinn, Maximalforderungen aufzustellen, weil seitens der Heimtierindustrie das Angebot entsprechender Haltungssysteme weitgehend fehlt. Der Käufer seinerseits ist nicht in der Lage, entsprechende Käfige zu konzipieren. Bis zu einem gewissen Grad ist man daher gezwungen, sich an den Vorgaben der Industrie zu orientieren, will man die Heimtierhaltung nicht im großen Umfang verbieten. Praktischer Tierschutz heißt also, neben dem Aufzeigen von Verbesserungsmöglichkeiten im Rahmen des Vorhandenen Empfehlungen zu geben. Die vom Bundesministerium für Ernährung, Landwirtschaft und Forsten in Auftrag gegebenen Sachverständigengutachten zu **Mindestanforderungen an die Haltung von Heimtieren** dürften hier richtungweisend werden. Soviel zur Erläuterung der Maßangaben für Käfige.

Ergänzend muß den kleinen Heimtieren Freiflug bzw. Freilauf in der Wohnung, auf dem Balkon oder im Garten angeboten werden. Um ein Entweichen und Unfälle zu vermeiden, sind entsprechende Sicherheitsvorkehrungen zu treffen. Hierzu gehört auch die Fähigkeit, ein Heimtier ohne Verletzungsfolgen zu ergreifen und zu fixieren, das sogenannte *Handling*.

Die Vielfalt der in Zoofachhandlungen angebotenen Spezies unterschiedlichster Herkunft macht es unmöglich, detailliert auf alle einzugehen. Es sollen daher nachfolgend nur die Arten angesprochen werden, die am häufigsten erworben werden. Dem Halter sogenannter Raritäten muß es anheimgestellt werden, sich anhand spezieller Fachliteratur kundig zu machen, um den Anforderungen der entsprechenden Bestimmungen der Tierschutzgesetzgebung gerecht zu werden. Darüber hinaus ist beim Erwerb eines Heimtieres dringend davon abzuraten, mit seltenen und deshalb besonders exotisch bzw. extravagant erscheinenden Tieren zu beginnen, die den Käufer im Hinblick auf Unterbringung und Pflege sehr schnell überfordern.

Keinesfalls dürfen Heimtiere zum Spielzeug für Kinder, zu einem Bestandteil der Wohnungseinrichtung, zur Imagegestaltung oder zum Outfit degradiert werden. Im Gegensatz zu Hund und Katze besitzen sie nur ein beschränktes mimisches Ausdrucksvermögen und sind kaum in der Lage, von sich aus auf pflegerische Defizite aufmerksam zu machen. Sie befinden sich in einer totalen Abhängigkeit und sind völlig auf das angewiesen, was an Zuwendung von außen in ihren Käfig kommt. Dies gilt nicht nur für elementare Bedürfnisse wie Futter und Wasser, sondern auch im Sinne von Kontaktaufnahme durch die Pflegeperson. Letzterer kommt eine besondere Bedeutung zu, da ein Großteil der kleinen Heimtiere gesellig im Schwarm oder im Rudel lebt und starke Bindungen in Form monogamer Partnerschaften eingeht. Aus dem Nichtbeachten der arttypischen Form des Zusammenlebens – Sozial- und Komfortverhalten – resultieren Verhaltensanomalien bis hin zur Automutilation.

Praktischer Tierschutz in Verbindung mit Käfighaltung von Vögeln und kleinen Nagern bedeutet ein hohes Maß an Verantwortung gegenüber Lebewesen, die zugunsten unserer emotionalen Bereicherung auf eine natürliche Existenz in Freiheit verzichten müssen.

Lagomorpha und Rodentia

Die als Heimtiere gehaltenen Kleinsäuger werden allgemein als „Heimnager" bezeichnet. Dabei handelt es sich nicht um einen Begriff aus der zoologischen Systematik, sondern um eine Wortschöpfung des Zoofachhandels, die in den allgemeinen Sprachgebrauch Eingang gefunden hat. Man versteht darunter die Spezies, die im Zoofachhandel zur Heimtierhaltung angeboten werden. Hierzu gehören die Zwergkaninchen aus der Ordnung der Hasenartigen (Lagomorpha) und aus der Ordnung der echten Nagetiere (Rodentia) das Meerschweinchen, der Goldhamster, das Streifenhörnchen, die Mongolischen Rennmäuse, Farbmaus und Farbratte mit ihren Albinoformen, das Chinchilla sowie der Degu.

Zwergkaninchen

Biologie

Kaninchen gehören innerhalb der Ordnung Lagomorpha (Hasentiere) zur Familie Leporidae (Hasenähnliche). Obwohl sie im äußeren Erscheinungsbild den Hasen sehr ähneln, sind sie mit diesen nur weitläufig verwandt. Eine Kreuzung zwischen beiden ist aufgrund differierender Chromosomenzahlen nicht möglich (Kaninchen = 44 Chromosomen, Hase = 48 Chromosomen). Auch im Hinblick auf Lebensraum und Lebensweise bestehen zahlreiche Unterschiede.

Die Urform, das Europäische Wildkaninchen *(Oryctolagus cuniculus)*, zählt zu den sog. Kulturfolgern. Von ihm stammen alle Kaninchenrassen ab. Seine Verbreitung über nahezu alle Kontinente wurde maßgeblich durch den Menschen beeinflußt.

Bereits die alten Römer hielten Kaninchen in Gehegen. In Deutschland fanden sie im 15. Jahrhundert Einzug in die Haustierhaltung und gelten als voll domestiziert.

Kaninchen sind Höhlenbewohner. Sie lieben leichte Hanglagen mit Gebüsch und Gehölzen, wobei sie junge, trockene Kiefernbestände bevorzugen. Hier ist der Untergrund zum Graben ideal – nicht zu steinig, nicht zu schwer und nicht zu locker. Mit ihren kräftigen Vorderläufen schaffen sie sich einen Bau mit zahlreichen Eingängen und Röhren, die in einen Wohnkessel münden. Bei Gefahr versuchen sie stets, einen Höhlenausgang zu erreichen, wobei sie speziell markierte Revierwechsel als Fluchtwege benutzen. Naht ein Feind – Fuchs, Iltis, Habicht –, warnen sie durch sog. Klopfen mit den Hinterläufen ihre Artgenossen.

Kaninchen leben gesellig in Kolonien und infolge ihres schwach ausgeprägten Heimfindevermögens in einem relativ kleinen Revier (ca. 100 Kaninchen/ha). Sie bilden jedoch keine Großfamilien wie die Meerschweinchen, sondern beanspruchen ein Einzelterritorium.

Die Männchen markieren mit ihren Kinndrüsen und durch Verspritzen von Urin ihr Hoheitsgebiet, in dem sie keinen Eindringling dulden.

Mit sechs Monaten werden die Jungtiere geschlechtsreif. Nach einer Tragezeit von 28–30 Tagen bringt die Häsin 5–8 blinde und nackte Junge zur Welt, für die sie ein Nest aus trockenem Gras anlegt und mit Wolle polstert, die sie sich an Brust und Bauch um die Zitzen ausrupft. Die Zibbe putzt und säugt die Jungen mehrmals täglich. Das Nest deckt sie anschließend sorgfältig wieder ab. Im Alter von 10 Tagen öffnen die kleinen Kaninchen ihre Augen. Das schützende Nest verlassen sie mit drei Wochen.

Wildkaninchen gehen vor allem am

Abb. 1 Der Ursprung der Zwergkaninchen geht auf das weiße Hermelinkaninchen zurück. Rassetypisch sind der gedrungene Körperbau und der große Kopf mit unverhältnismäßig kleinen Ohren.

Abb. 2 Sogenannte Zwerghäschen aus dem Zoofachhandel sind vom Körperbau weniger typisch als Rassenzwerge. Sie werden in der Regel etwas größer, da Zwergwuchsformen selten reinerbig sind. Wegen ihrer Putzigkeit werden sie schon sehr jung zum Verkauf angeboten und neigen aus diesem Grund häufig zu Verdauungsstörungen. Ein Unterschlupf in Höhlen- oder Kastenform gehört zum unverzichtbaren Käfiginventar.

frühen Morgen und abends in der Dämmerung auf Futtersuche. Außer Gräsern, Kräutern, Früchten und Wurzeln nehmen sie auch gern Rinde von jungen Gehölzen. Hierbei nutzen sie ihre ständig nachwachsenden Nagezähne ab. Wasser wird vor allem in Form von Tautropfen aufgenommen, die von Blättern abgeleckt werden.

Neben den verschiedensten Fell- und Fleischrassen wurden aus den Wildkaninchen auch die sogenannten Zwergkaninchen gezüchtet, die zu beliebten Heimtieren geworden sind und überall im Zoofachhandel angeboten werden. Ihr Ursprung geht auf das weiße Hermelinkaninchen zurück, das erstmals in Polen als Rasse in Erscheinung trat (Abb. 1). Aus ihm wurden während des 2. Weltkrieges in Holland die sog. Farbenzwerge mit über 20 Farbnuancen herausgekreuzt. Die Kriterien eines echten Farbenzwerges orientieren sich am Rassestandard des Hermelinkaninchens:
- Höchstgewicht 1,5 kg,
- walzenförmiger, gedrungener Körper,
- kurze Läufe,
- ausgeprägter, breiter Kopf ohne sichtbaren Hals,
- stark hervortretende, große Augen und kleine Ohren bis höchstens 5,5 cm Länge.

Bei den im Zoofachhandel angebotenen und fälschlich als „Zwerghäschen" bezeichneten Kaninchen handelt es sich zumeist um Kreuzungen bzw. um Tiere, die dem Rassestandard nicht entsprechen (Abb. 2). Wie bei allen derartigen Zuchten wehrt sich die Natur gegen die Verzwergung, indem ein Teil der Jungtiere wieder mit normalen Körpermaßen geboren wird.

Zur Vermeidung körperlicher Schäden sind einige anatomische und physiologische Besonderheiten zu beachten. Die ständig nachwachsenden Zähne – nach Fahrenkrug (1985) beträgt das Längenwachstum der Schneidezähne > 17 cm pro Jahr – besitzen einen offenen Wurzelkanal und auch im Bereich der Zahnalveolen eine Schmelzschicht. Die Unterscheidung von Krone und Wurzel ist dadurch nicht gegeben. Genetisch angelegte und alterungsbedingte Verkürzungen des Oberkiefers führen zu veränderten Krümmungsradien der Schneidezähne. Während sich die oberen Inzisivi nach innen krümmen, wachsen die unteren aus der Lippenspalte heraus (Abb. 3).

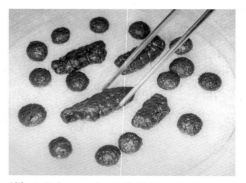

Abb. 3 Als Folge der ständig nachwachsenden Schneidezähne in Verbindung mit genetisch angelegter oder altersbedingter Kieferknochenrückbildung, Fütterungsfehlern und Mangel an Nagematerial neigen Zwergkaninchen zu Zahnanomalien. Die aus der Mundhöhle hervortretenden überlangen Inzisivi des Unterkiefers werden als Elefantenzähne bezeichnet und müssen in regelmäßigen Abständen vom Tierarzt gekürzt werden.

Abb. 4 Neben runden Kotbällchen setzen Kaninchen länglich geformte, sog. Zäkophage ab, die sie direkt vom After weg wieder aufnehmen und die der Versorgung mit Mineralstoffen und dem Vitamin-B-Komplex dienen.

Auch im Bereich der Backenzähne kommt es zu Stellungsanomalien. Eine Zusammenfassung dieser Problematik findet sich bei Böhmer und Köstlin (1988).

Außerdem besitzen sie eine Disposition zu Verdauungsstörungen. Diese erklären sich aus der relativ geringen Kontraktionsfähigkeit des nur wenig muskulösen Magen-Darm-Traktes, die Atonien begünstigt. Da der Weitertransport der aufgenommenen Nahrung überwiegend durch nachschiebendes Futter erfolgt, müssen die Tiere deshalb zur Aufrechterhaltung der Darmmotorik ständig Futter aufnehmen können. Auch ihr Drang zur Bewegung – manifestiert durch die gewaltige Sprungkraft der langen, in Ruhe taschenmesserartig zusammengeklappten Hinterextremitäten – dient teilweise diesem Ziel. Der Rohfaseraufschluß erfolgt mikrobiell – in erster Linie durch grampositive Sporenbildner in dem sehr voluminös entwickelten Blinddarm. Fütterungsfehler führen hier zu schweren Verdauungsstörungen mit Störungen der Darmflora und lebensbedrohlichen tympanischen Erkrankungen. Auch die sog. Zäkophage (Abb. 4), spezielle, der Versorgung mit dem Vitamin-B-Komplex dienende Kotbällchen, werden hier gebildet. Sie werden unmittelbar nach der Ausscheidung direkt vom After wieder aufgenommen.

Haltungsform

Trotz ihres Zusammenlebens im Familienverband beanspruchen Kaninchen ein Einzelterritorium, das sie kennzeichnen und notfalls auch verteidigen. Nach Scharmann (1995) sind sie sowohl Kontakt- wie Distanztiere.

Für die Haltung als Heimtier in der Wohnung bedeutet dies, daß man generell nicht von einer grundsätzlich wünschenswerten Gruppentierhaltung ausgehen kann, da die Beengtheit des Käfigs ein Miteinander auf gewisse Distanz nicht ermöglicht. Andererseits gibt es keine bessere Möglichkeit, Käfiglangeweile zu verhindern, als über einen Partner, der durch seine Spontaneität die gegebene Situation immer wieder verändert und zu reaktivem Verhalten animiert. Die **Schweizer Tierschutzverordnung** schreibt deshalb zur Haltung von Hauskaninchen vor, daß Einzelhaltung von Jungtieren in den ersten acht Wochen in der Regel nicht gestattet ist.

Am besten vertragen sich Wurfgeschwister unterschiedlichen Geschlechts, wobei die männlichen Tiere frühzeitig zu kastrieren sind. Zwei unkastrierte Böcke zusammen zu halten, ist wegen der bald einsetzenden Rangordnungskämpfe, dauernden Rammelns mit Urinverspritzen bis hin zu lebensbedrohlichen Verletzungen nicht möglich. Auch zwei weibliche Tiere auf engem Raum sind nicht unproblematisch, da sie um die Hitze und bei einsetzendem Nesttrieb zu aggressivem Verhalten neigen.

Es muß also abgewogen werden, welche Haltungsform in Frage kommt, wobei nach Möglichkeit der Gruppentierhaltung Vorrang zu gewähren ist. Ein Käfig mit 2 Ebenen, mindestens 2 Schlafhöhlen und mehrere Stunden Auslauf, wie nachfolgend beschrieben, sind unumgängliche Voraussetzungen. Auf die Erfahrungsberichte von Kalle et al. (1994) wird Bezug genommen.

Unterbringung

Käfig

Die Längenabmessungen eines Käfigs für Zwergkaninchen müssen diesem 2–3 Bewegungsabläufe, also 2–3 Hoppler, ermöglichen. Bei der Höhe ist zu berücksichtigen, daß sich die Tiere gern aufrichten, um zu sichern und die Umgebung zu beobachten. Daraus ergeben sich für 1 Zwergkaninchen als Käfigmindestmaße 100 cm Seitenlänge x 60 cm Tiefe x 45 cm Höhe (Abb. 5 und 6). Ist das Platzangebot zu gering, entwickeln sich Skelettschäden mit den daraus resultierenden Sohlenballengeschwüren. Die von Loeffler et al. (1991, 1992) beschriebenen pathologischen Veränderungen bei Mastkaninchen gelten ebenso für Zwergkaninchen in zu kleinen Käfigen. Auch Manege-

Abb. 5 Für ein einzeln gehaltenes Zwergkaninchen betragen die Mindestabmessungen des Käfigs 100 cm Seitenlänge x 80 cm Tiefe x 60 cm Höhe. Er sollte immer 2 Ebenen aufweisen. Mit etwas Phantasie und bastlerischem Geschick kann auch ein handelsübliches Käfigmodell etwas strukturiert werden.

Abb. 6 Eine Schlafhöhle und ein erhöhter Liegeplatz mit einer festen Begrenzung zum Anlehnen während der Ruhepausen gehören zum essentiellen Käfiginventar. Durch den hölzernen Einsatz, der nach Angaben des Verfassers gefertigt wurde, vergrößert sich die zur Verfügung stehende Bodenfläche um die Hälfte.

bewegungen wie der abgebrochene Hoppelsprung, bei dem die Tiere eine Art Hakenschlagen im Kreis versuchen, sind die Folge. Gitter- und Fellbeißen (Abb. 7), übersteigertes Territorialverhalten und Aggressivität gehen ebenfalls zu Lasten fehlenden Raumangebotes.

Auf die richtungweisenden, 1991 revidierten **Mindestanforderungen für die Haltung von Hauskaninchen** gemäß der **Schweizer Tierschutzverordnung** Anhang 1 Tabelle 14 und auf die Arbeiten von Stauffacher (1993) zur Haltung von Laborkaninchen wird hingewiesen.

Im Handel sind Gitterkäfige mit Kunst-

Abb. 7 Käfiglangeweile und Mangel an Rauhfutter führen bei einzeln gehaltenen Kaninchen häufig zum Fellbeißen an den Extremitäten und im Flankenbereich.

stoffschalen bis zu einer Seitenlänge von 120 cm erhältlich. Die Vergitterung sollte querverdrahtet sein. Da Versinterungen binnen kurzem abgenagt werden und Messinglegierungen vom Speichel angegriffen werden und oxidieren, sollte die Drahtkonstruktion galvanisch verzinkt oder matt verchromt sein. Der Abstand der Gitterstäbe darf 20 mm nicht überschreiten.

Dreiseitig geschlossene Kistenkäfige mit Bodenrost und Kotschuber, die bezüglich Sicherheits- und Ruhebedürfnis wie auch hinsichtlich Kleinklima und Hygiene vorzuziehen wären, werden komplett für den Heimtierbereich nur vereinzelt angeboten.

Käfiginventar

Als Höhlenbewohner benötigen Zwergkaninchen für ihre Ruhepausen und als Sichtschutz ein Schlafhäuschen in Kastenform mit den Abmessungen von beispielsweise 32,5 cm Seitenlänge x 22,5 cm Tiefe x 20 cm Höhe, Schlupfloch ∅ 12,5 cm. Tunnelförmig ausgehöhlte Stammteile von Obst- oder Laubbäumen erfüllen denselben Zweck und eignen sich darüber hinaus sehr gut zum Benagen (s. Abb. 2). Außerdem sollte der Käfig eine zweite Ebene mit einer festen Begrenzung zum Anlehnen aufweisen (s. Abb. 6). Die Tiere benötigen diese zum entspannten Ruhen, wobei sie ausgestreckt auf einer Körperseite liegen. Ruhen im Sitzen signalisiert Unbehagen.

Zur Kompensation der Käfiglangeweile und des ausgeprägten Nagebedürfnisses müssen zusätzlich immer frische Äste von Weide, Buche, Haselnuß, Apfel- oder Birnbaum sowie Rasenstücke mit Wurzelwerk angeboten werden *(Vorsicht bei Ziergehölzen, die oft giftig sind!)*.

Futterraufe und Nippeltränke *(cave Auslaufen – Aluminiumrohr mit 2 Stahlkügelchen vor der Öffnung!)* sollten aus Platzersparnis, zur besseren Handhabung und zur Vermeidung von Verschmutzung außen angebracht werden. Innenraufen müssen mit einem Deckel versehen sein, damit vor allem Jungtiere nicht hineinspringen können *(Verschmutzungs- und Verletzungsgefahr!)*. Zur Verabreichung von Körner- bzw. Mischfutter eignen sich am besten massive, glasierte Tongutschalen, deren Durchmesser so sein muß, daß sich die Tiere nicht hineinsetzen und das Futter verkoten können. Füttern vom Boden widerspricht ebenfalls der Hygiene.

Standort

Wegen ihrer Schreckhaftigkeit in Verbindung mit explosiven Fluchtreaktionen sollte der Kaninchenkäfig in Tischhöhe plaziert werden. Infolge des sogenannten Beutegreifereffekts – spontane Fluchtreaktion beim Annähern von oben – ist ein Abstellen auf dem Boden ungünstig.

Kaninchen besitzen ein sehr feines Gehör und reagieren sehr sensibel auf Erschütterungen des Bodens. Ein ständiger Geräuschpegel in Form von lauter Radiomusik, verbunden mit Vibrationen durch in der Nähe befindliche Elektrogeräte, bedeutet für die Tiere schweren Streß. Ebenso belastend erweist sich jedoch das Fehlen optischer und akustischer Reize in einem abgelegenen Raum.

Ein teilweise besonnter Standort bei normaler Zimmertemperatur (18–22° C) und Luftfeuchte (40–70 %) und mit Familienanschluß stellen das Optimum dar.

Freilauf in der Wohnung

Da auch ein großzügig bemessener Käfig dem Zwergkaninchen keine adäquate Möglichkeit zur Bewegung bietet, sollte täglich wenigstens für 1–2 Stunden Freilauf in der Wohnung gewährt werden. Dieser ist im Hinblick auf mögliche Gefahrenquellen zu organisieren und zu beobachten. Elektrokabel, Heizlüfter, ungesicherte Balkons, geöffnete Türen, schwer zugängliche Sockel von Einbaumöbeln, giftige Zimmerpflanzen (Weihnachtsstern, Christusdorn, Mistel, Kroton, Korallenbäumchen, Becherprimel etc.) können oft schwere gesundheitliche Schädigungen und tödliche Unfälle verursachen.

Auslauf im Freien

Für den Auslauf im Freien mit der Gelegenheit zum Weiden benötigt man einen allseits, auch von oben *(Achtung vor Hund, Katze, Greifvögeln!)* geschlossenen Pferch aus Drahtgeflecht mit einer Maschenweite von etwa 10 mm. Er sollte für 2–3 Kaninchen ungefähr 2 m² Grundfläche und eine Höhe von 75 cm haben. Zum Schutz gegen Sonne und Regen und als Rückzugsmöglichkeit ist ein Unterschlupf nötig.

Wichtig ist, daß der Gitterrahmen dem Boden überall fest aufsitzt, so daß ein Entweichen nicht möglich ist. Da die Tiere gern Ausgänge graben, müssen sie tagsüber wiederholt kontrolliert und nachts hereingeholt werden.

Fütterung

Kaninchen benötigen eine gewisse Konstanz in der Futterzusammenstellung. Häufiges Wechseln verstärkt ihre Anfälligkeit gegenüber Verdauungsstörungen. Sie sind auch keine Konzentrat-, sondern Pflanzenfresser.

Die Grundnahrung besteht aus Heu. Als Ballastfutter muß es ständig ad libitum zur Verfügung stehen, damit die Tiere bei Bedarf fressen können und die Magen-Darm-Peristaltik erhalten bleibt. Sie benötigen die Rohfaser (ca. 15 %) jedoch nicht nur zur Füllung ihrer voluminösen Blinddärme, sondern auch zur Abnutzung der kontinuierlich nachschiebenden Zähne. Je länger die Tiere mit dem Abbeißen und Zerkleinern des Futters beschäftigt sind, desto stärker ist der Zahnabrieb.

Ebenfalls zur Grundnahrung gehört das Wasser. Bei ausreichendem Angebot an Saftfutter decken die Tiere ihren Flüssigkeitsbedarf zwar größtenteils über die Nahrung, doch läßt sich dies nicht abschätzen. Es ist ein weitverbreiteter Irrglaube, daß man Kaninchen kein Wasser geben darf. Auch in Zoofachhandlungen wird dies gelegentlich beim Kauf geraten. Bei Tieren, die kein Wasser erhalten, kommt es zu schweren Störungen des Flüssigkeits- und Elektrolythaushaltes, die lebensbedrohlich sein können. Daher ist es unbedingt erforderlich, ständig frisches Trinkwasser anzubieten, das täglich zu erneuern ist und ständig verfügbar sein muß.

Auch etwas Trockenfutter gehört zur Standardfütterung. Im Zoofachhandel sind fertige Mischungen erhältlich, die aus Grünfutterpellets, geschrotetem Getreide und Trockengemüse bestehen.

Dabei ist es wichtig, daß die angegebenen Dosierungsrichtlinien beachtet werden, um ein Verfetten der Tiere zu vermeiden (ca. 10–20 g = 1–2 Eßlöffel je kg Körpermasse täglich). Im übrigen paßt man den Speiseplan des Kaninchens der Jahreszeit an. Teils aus Bequemlichkeit, teils infolge des reichhaltigen Angebots an konservierten Handelsprodukten vergißt mancher Tierliebhaber die natürlichen Futterstoffe. Im Frühjahr und Sommer steht an erster Stelle das Grünfutter: Löwenzahn, Luzerne, Bärenklau, Wiesenklee, Sauerampfer und verschiedene Wiesengräser. Es darf jedoch weder zu naß noch anwelk oder verschmutzt sein. Man füttere also nichts vom Straßenrand! Auch an das Vorhandensein toxisch wirkender Düngemittel ist zu denken! Alte Grünfutterreste sind immer zu entfernen!

Da die Beschäftigung mit dem Grünfutter am intensivsten erfolgt, ist es zur Erzielung eines normalen Zahnabriebs unverzichtbar.

Während der kalten Jahreszeit verabreicht man Karotten, Steckrüben, Maiskolben, Äpfel, Birnen etc., die ebenfalls der Zahnabnutzung dienen. Küchenabfälle sollten nur in einwandfreiem Zustand vorgelegt werden. Möhrenkraut ist häufig anwelk, Kohl- und Salatblätter sind oft schmierig und setzen Gärungs- oder Fäulnisprozesse in Gang. Empfindlich reagieren Kaninchen und die meisten Heimnager auf jede Art von Schimmelbildung im Futter. Daher ist grundsätzlich von der Verfütterung von Gebäckresten abzuraten! Auch knochenhartes Brot birgt manchmal im Innern Schimmelkolonien, deren Toxine lebensbedrohend sein können. Wenn man nicht ganz sicher weiß, daß das Brot einwandfrei ist, opfert man besser ein paar Scheiben Knäckebrot oder Zwieback.

Abschließend noch einige Hinweise zum Vitamin- und Mineralstoffhaushalt: Bei ausreichender Grünfütterung und regelmäßiger Verabreichung von Obst und Gemüse sind zusätzliche Gaben von Vitaminen und Mineralstoffen überflüssig. Sie können sich sogar nachteilig auswirken, indem sie die Bildung von Harnkonkrementen begünstigen. Stehen natürliche Futterstoffe nicht im nötigen Umfang zur Verfügung, sind entsprechende Zusätze unerläßlich. Ein Salzleckstein sollte immer angeboten werden. Man erhält ihn in Futtermittelhandlungen.

Handling

Zwergkaninchen besitzen nur ein relativ bescheidenes Repertoire an stimmlichen und mimischen Mitteln zu ihrer Artikulation:

Knurren = Unmut, Warnung;
Motzen = Angriffsstimmung;
Brummen = Werbung, Brunstgehabe;
Fiepen = Unbehagen;
Schreien = Schmerz, Angst, Panik;
Klopfen mit den Hinterläufen
   = Erschrecken, Warnung;
gespannte Sitzhaltung, angelegte Ohren
   = Verteidigungsbereitschaft;
Männchenmachen, Aufstellen der Ohren
   = Neugier, Sichern;
Fortschieben von Gegenständen mit dem Mund = Ablehnung;
Reiben der Kinnunterseite = Besitzanspruch, Zuneigung;
demonstrativ häufiges Harnen der Zibbe
   = Paarungsbereitschaft;
Harnverspritzen des Rammlers
   = Dominanz, Territorialanspruch.

Wegen ihrer Schreckhaftigkeit sollte man Zwergkaninchen vor dem Hochnehmen kurz ansprechen und streicheln. Dann umgreift man mit der einen Hand von unten den Brustkorb, und mit der anderen faßt man das Tier an der Nackenfalte (sog. Nackengriff!).

Nie den Brustkorb mit den Händen fest umschließen – Gefahr der Lungenkompression infolge der drei frei endenden letzten Rippen!

Nie an den Ohren hochheben – Verletzung der feinen Ohrmuskeln, die dem Orten von Geräuschen und dem mimischen Gesichtsausdruck dienen!

Hygiene

Kaninchen sind ausgesprochen reinliche Tiere, die sich durch ausgiebiges Putzen makellos sauberhalten. Im Käfig legen sie eine Kotecke an, die sie regelmäßig aufsuchen. Die Smegmakrusten der sog. Geschlechtsecken zu beiden Seiten unterhalb des Afters sind alle 4 Wochen mit einem angefeuchteten Wattestäbchen zu entfernen. Unsaubere Kaninchen mit schmutziger oder gar entzündlich veränderter Analregion gehen auf das Konto des Pflegers.

Je nach Größe und Ausstattung sollte ein Kaninchenkäfig ein- bis zweimal pro Woche mit heißem Wasser gereinigt und mit frischer Einstreu versehen werden. Hierzu eignen sich Hobelspäne mit einer Lage Stroh. Torfmullhaltige Tierstreu ist wegen der Staubentwicklung und wegen einer häufig anzutreffenden Verpilzung nicht zu empfehlen. Katzenstreu ist ungeeignet.

Zucht

Zwergkaninchen als Heimtiere sollten nur dann nachgezüchtet werden, wenn Abnehmer für die rasch heranwachsenden Jungen feststehen und wenn die räumlichen Voraussetzungen – großer Kistenstall, ruhiger Standort – erfüllt sind. Gitterboxen sind zur Zucht ungeeignet.

Kaninchen müssen zum Zeitpunkt der Paarung mindestens 6 Monate alt ein.

Zum Decken bringt man die Häsin in den Käfig des Rammlers, nie umgekehrt, da sie sonst eher aggressiv reagiert. Nach dem Deckakt wird die Häsin wieder in ihren Käfig gesetzt. In der Tragezeit von 28–30 Tagen benötigt die Zibbe viel Ruhe. Im Stall und in der Umgebung darf nichts verändert werden, was das Tier beeinträchtigen könnte. Fühlt sich die Häsin gestört, werden die Jungen nicht ins Nest abgesetzt, sondern im Stall verstreut. Vielfach kommt es sogar zum Kannibalismus, d. h. zum Auffressen der Neugeborenen. Schon geringfügige Störungen können den Geburtsablauf und die Nestpflege unterbrechen.

Etwa 10 Tage vor dem Wurftermin wird der Stall daher das letzte Mal gereinigt. Anschließend werden besonders viel Stroh und Heu eingebracht, da dies zum Nestbau benötigt wird. Unmittelbar vor der Geburt rupft sich die Häsin an Bauch und Brust die Wolle aus, um die Zitzen für das Säugen freizumachen und das Nest zu polstern. Sobald sich die Wolle über dem Nest leicht bewegt, hat die Häsin geworfen. Man kontrolliert das Nest jedoch nicht vor dem 2. oder 3. Tag nach der Geburt. Die Überprüfung erfolgt behutsam, wobei man mit der einen Hand mit Hilfe eines Stöckchens o. ä. aus dem Käfig *(Geruch!)* vorsichtig die Wolle beiseiteschiebt, während die andere Hand beruhigend die Häsin streichelt. Eine Zwerghäsin wirft in der Regel 3–4 Junge, die nackt und blind zur Welt kommen. Totgeborene Junge werden entfernt. Anschließend wird das Nest sofort wieder abgedeckt.

Während der Säugeperiode von 2–3 Wochen muß die Häsin besonders energiereich (2– bis 3fache Kraftfuttermenge) gefüttert werden. Nach dem Öffnen der Augen mit etwa 10 Tagen beginnen die Kleinen das Nest zu verlassen und nehmen in der Folgezeit zunächst spielerisch das erste Futter auf. Mit 6–8 Wochen trennt man die Jungen von der Mutter. Mehr als zwei Würfe pro Jahr sollten der Zwerghäsin nicht zugemutet werden.

Meerschweinchen

Biologie

Die Meerschweinchen bilden innerhalb der Ordnung Rodentia (Nagetiere) die Familie Caviidae. Die Gattung Wildmeerschweinchen *(Cavia aperea)* wird als Stammform des Hausmeerschweinchens *(Cavia porcellus)* angesehen.

Die Bezeichnung Meerschweinchen rührt wohl von seiner Herkunft jenseits des Meeres und von seinem schweineähnlichen Aussehen her, verbunden mit seinen quiekenden Lautäußerungen. In England war es zum Stückpreis von 1 Guinea zu bekommen und erhielt dort den Namen Guinea-pig.

Das Meerschweinchen wurde bereits von den Inkas domestiziert und als Speise- und Opfertier gehalten. In seiner Heimat, den Hochebenen und Buschsteppen der Anden, lebt es in Höhenlagen bis 4200 m. Ursprünglich handelt es sich um dämmerungs- und nachtaktive Tiere, die in kleinen Familien bis zu 20 Mitgliedern auftreten. Als reviertreue Individuen legen sie im gestrüppbewachsenen Gelände zwischen Futterplätzen und Ruhestellen in Form selbstgegrabener Höhlen zahlreiche Gänge an, die ihnen bei Gefahr als Fluchtwege dienen.

Meerschweinchen sind lebhafte, bewegungsfreudige und gesellige Tiere, die durch ständige Stimmfühlungslaute miteinander in Kontakt bleiben und in kritischen Situationen immer aufeinander zulaufen.

Sie sind bekannt für ihre große Fruchtbarkeit und für ihre problemlose Aufzucht. Bereits mit 3–4 Monaten sind sie fortpflanzungsfähig und bringen pro Jahr etwa vier Würfe mit 3–4 Jungen. Das Weibchen wird bereits wenige Stunden nach dem Werfen wieder gedeckt. Die Tragezeit ist mit durchschnittlich 65 Tagen doppelt so lang wie beim Kaninchen. Dies hat seinen Grund darin, daß Meerschweinchen von Geburt Nestflüchter sind, d. h., sie werden voll entwickelt geboren und nehmen neben der Muttermilch vom ersten Tag an feste Nahrung auf. Im Gegensatz zum blind auf die Welt kommenden Kaninchen leben sie schon 2 Wochen mit geöffneten Augen im Mutterleib.

Meerschweinchen gehen stets gemeinsam auf Futtersuche. Als Nager und überwiegende Vegetarier ernähren sie sich von Gras, Sämereien, Wurzeln, Zweigen und Früchten. Ihren Bedarf an tierischem Eiweiß decken sie über wirbellose Weichtiere. Ein erwachsenes Meerschweinchen wird ca. 25–35 cm lang, wiegt etwa 1000–1500 g und hat eine durchschnittliche Lebenserwartung von 6–8 Jahren.

Aus der agoutifarbenen Wildform wurden im Laufe der Zeit ca. 50 Rassen erzüchtet, die sich in Farbe und Haarstruktur unterscheiden. Besonders in den Niederlanden und in England gibt es zahlreiche Hobbyzüchter, die große Ausstellungen veranstalten, auf denen die Tiere nach speziellen Rassestandards bewertet werden.

Im Zoofachhandel werden neben den Glatthaarmeerschweinchen vor allem Rosettenmeerschweinchen und die langhaarigen Peruaner in unterschiedlichen Farben angeboten.

Meerschweinchen besitzen eine relativ robuste Konstitution. Anfälligkeiten bestehen vor allem im Bereich des Verdauungstraktes. Da alle Zähne lebenslang nachwachsen (1,2–1,5 mm pro Woche), ist ein ständiger Abrieb über die Futteraufnahme notwendig. Das Kiefergelenk ist als Schlittengelenk ausgebildet und ermöglicht den für Nager typischen Kauvorgang mit kranio-kaudalen Bewegungen des Unterkiefers. Sie sind anfällig gegenüber Verdauungsstörungen, die häufig sekundär durch Zahnanomalien infolge zu wenig strukturierten Futters ausgelöst werden.

Der Rohfaseraufschluß erfolgt mikrobiell – in erster Linie durch grampositive Sporenbildner – in dem sehr voluminös entwickelten Blinddarm. Fütterungsfehler verursachen schwere Störungen in der Zusammensetzung der Darmflora mit lebensbedrohlichen tympanischen Erkrankungen. Die Vitamine des B-Komplexes entstehen durch bakterielle Eigensynthese im Zäkum. *Koprophagie*, das Aufnehmen von Kotbällchen, ist daher physiologisch und darf nicht unterbunden werden. Von den übrigen Vitaminen spielt vor allem das Vitamin C eine bedeutende Rolle. Da es nicht gespeichert werden kann, muß es täglich mit der Nahrung (15 mg/kg Körpermasse) aufgenommen werden. Es dient dem Schutz vor Infektionen und verhindert die typischen, dem Skorbut des Menschen entsprechenden Veränderungen im Bereich der Mundspalte (Lippengrind).

Haltungsform

Als gesellig lebende Rudeltiere sind Meerschweinchen nur zur Gruppenhaltung geeignet. Alleinsein bedeutet für sie ständigen Streß, da sie bei Unruhe und Gefahr gewohnt sind, aufeinander zuzulaufen und Schutz bei der Sippe zu suchen. In freiem Gelände bewegen sie sich stets im Gänsemarsch.

Am besten vertragen sich Wurfgeschwister in Form von 1 Männchen und 1–2 Weibchen. Das Böckchen muß zur Vermeidung von unerwünschtem Nachwuchs bereits im Alter von 2 Monaten kastriert werden.

Bei Einzeltierhaltung werden Meerschweinchen infolge ihres natürlichen Kontaktbedürfnisses zwar schneller handzahm, jedoch ist kaum jemand in der Lage, hinsichtlich Zeitaufwand den Partner zu ersetzen, den diese Tiere nicht nur während der kurzen Fütterungszeiten beanspruchen.

Unterbringung

Käfig

Da Meerschweinchen sehr schreckhaft sind und sich einer drohenden Gefahr durch Flucht entziehen, müssen die Käfigmaße eine Fluchtreaktion wenigstens im Ansatz zulassen. Außerdem muß trotz der bekannten Friedfertigkeit dieser Tiere ein Ausweichen vor dem Partner möglich sein. Als Käfigmindestmaße für 2 Meerschweinchen sind daher 100 cm Seitenlänge x 60 cm Tiefe x 45 cm Höhe anzuraten.

Im Handel sind Gitterkäfige mit Kunststoffschalen bis zu einer Seitenlänge von

Abb. 8 Ein handelsüblicher Meerschweinchenkäfig mit den Abmessungen 80 cm Seitenlänge x 50 cm Tiefe x 40 cm Höhe mit dem erforderlichen Mindestkäfiginventar.

120 cm erhältlich. Die Vergitterung sollte querverdrahtet sein. Da Versinterungen binnen kurzem abgenagt werden und Messinglegierungen vom Speichel angegriffen werden und oxidieren, sollte die Drahtkonstruktion galvanisch verzinkt oder matt verchromt sein. Der Abstand der Gitterstäbe darf 20 mm nicht überschreiten.

Dreiseitig geschlossene Kistenkäfige mit Bodenrost und Kotschuber, die bezüglich Sicherheits- und Ruhebedürfnis wie auch hinsichtlich Kleinklima und Hygiene vorzuziehen wären, werden komplett für den Heimtierbereich nur vereinzelt angeboten.

Hohe Glaswandterrarien sind wegen mangelnder Luftzirkulation sowie damit verbundenen Wärmestaus und wegen zu starker Staubentwicklung abzulehnen. Dasselbe gilt für Kunststoffwannen, in denen die Tiere infolge des zu hohen Randes ihre Umgebung nicht beobachten können.

Sehr zu empfehlen ist das Acrylglasvivarium nach Morgenegg (1994), das in Zusammenarbeit mit dem Schweizer Tierschutz STS entwickelt wurde und mit den Abmessungen 150 cm Seitenlänge x 75 cm Tiefe x 30 cm Höhe vertrieben wird.

Käfiginventar

Als Höhlenbewohner benötigen Meerschweinchen für ihre Ruhephasen und auch als Sichtschutz ein Schlafhäuschen in Kastenform, wie bereits beim Zwergkaninchen angegeben (s. S. 314). Auch die übrigen Aussagen zum Käfiginventar für Zwergkaninchen gelten sinngemäß für Meerschweinchen.

Standort

Wegen der bereits erwähnten Schreckhaftigkeit der Meerschweinchen in Verbindung mit ihren plötzlichen Fluchtreaktionen sollte der Käfig niemals auf dem Boden, sondern immer in Tischhöhe aufgestellt werden. Wie beim Kaninchen ist an den sog. Beutegreifereffekt zu denken. Auch im übrigen treffen die für das Kaninchen gemachten Aussagen zu (s. S. 314).

Freilauf in der Wohnung

Hier gilt ebenfalls das für das Zwergkaninchen Gesagte (s. S. 315).

Auslauf im Freien

Meerschweinchen sind besonders empfindlich gegenüber starker Sonnenbestrahlung. Temperaturen über 28 °C verursachen bereits den sog. *Hitzestreß*, an dem die Tiere binnen kurzer Zeit verenden können. Deshalb sollte der Meerschweinchenpferch nach Möglichkeit im Halbschatten aufgestellt werden. Ansonsten gelten die gleichen Richtlinien wie für das Zwergkaninchen (s. S. 315).

Fütterung

Obwohl Meerschweinchen Gemischtköstler sind, benötigen sie praktisch kein tierisches Eiweiß. Wichtig ist jedoch eine gewisse Konstanz in der Futterzusammenstellung. Häufiges Wechseln verstärkt ihre Anfälligkeit gegenüber Verdauungsstörungen. Wegen ihres hohen Bedarfs an Vitamin C kann es beim Meerschweinchen besonders während der Wintermonate zu Mangelerscheinungen kommen: Lippengrind, Muskel- und Gelenkentzündungen etc. Hier sind nach Kamphues (1994) tägliche Gaben von 15 mg Ascorbinsäure je kg Körpermasse mit dem Futter erforderlich (= 1 Messerspitze Ascorbinsäure + 2 Messerspitzen Citronensäure zum Stabilisieren auf eine Tränkeflasche mit 300 ml Inhalt). Für die übrige Standardfütterung sind dieselben Kriterien maßgeblich wie für das Zwergkaninchen (s. S. 315).

Handling

Meerschweinchen stellen in akustischer Hinsicht die imponierendsten Heimnager dar. Obwohl sie fast den ganzen Tag über lautstark miteinander kommunizieren, ist ihr stimmliches Ausdrucksvermögen im Gegensatz zum mimischen nicht sehr variantenreich:
Murmeln = Zufriedenheit, Wohlbefinden;
pfeifendes Quieken = Begrüßung;
klagendes Quieken = Unmut, Angst;
Schnauzeheben, Schnuppern = Geruchskontrolle;
Zähnewetzen, Gähnen = Warnung, Angriffsstimmung;
demonstratives Harnen beim Männchen = Dominanz, Besitzanspruch;
demonstratives Harnen beim Weibchen = Abwehr;
Knattern, steifer Gang, Stampfen mit den Füßen, Sträuben des Nackenfells, Stoßen mit der Nase = Imponieren, Brunstgehabe.

Wegen ihrer Schreckhaftigkeit sollte man Meerschweinchen vor dem Hochheben kurz ansprechen und streicheln. Dann umfaßt man mit der einen Hand von hinten den Hals und schiebt die andere unterstützend unter die Hinterextremitäten. Keinesfalls darf man den Brustkorb mit den Händen fest umschließen – Gefahr der Lungenkompression infolge der frei endenden letzten Rippen!

Hygiene

Meerschweinchen sind sehr hygienebewußte Tiere, die tägliche Fellpflege betreiben. Im Käfig legen sie mehrere

Abb. 9 Bei mangelnder Käfighygiene neigen Meerschweinchen infolge Verschmutzung zu entzündlichen Veränderungen im Bereich der Analregion. Fliegenmadenbefall in den Perinealtaschen um den After ist häufig die Folge.

Kotecken an, die sie regelmäßig aufsuchen. Unsaubere Meerschweinchen mit Verfilzungen sowie schmutziger oder entzündlich veränderter Analregion (Abb. 9) gehen zu Lasten der Pflegeperson. Besonders während der heißen Jahreszeit sind die Perinealtaschen am After wöchentlich mit einem Wattestäbchen zu reinigen (*Achtung auf Fliegenmadenbefall!*).

Wegen der auffälligen Geruchsentwicklung sollte ein Meerschweinchenkäfig zweimal pro Woche mit heißem Wasser gereinigt und mit frischer Einstreu versehen werden. Hierzu eignen sich Hobelspäne mit einer Lage Stroh (ca. 4–6 cm hoch). Torfmullhaltige Tierstreu ist wegen zu starker Staubentwicklung und der Gefahr der Verpilzung nicht zu empfehlen. Katzenstreu ist ungeeignet.

Zucht

Meerschweinchen als Heimtiere sollten nur dann nachgezüchtet werden, wenn Abnehmer für die rasch heranwachsenden Jungen feststehen und die räumlichen Voraussetzungen – großer Kistenstall, ruhiger Standort – erfüllt sind. Gitterboxen sind zur Zucht weniger empfehlenswert.

Obwohl Meerschweinchen bereits mit knapp 3 Monaten geschlechtsreif sind, darf eine Paarung erst nach Abschluß der Wachstumsphase mit 4–5 Monaten zugelassen werden. Die Brunst dauert etwa 24 Stunden, der Follikelsprung erfolgt ca. 10 Stunden nach Brunstbeginn. Das Weibchen wird mehrmals gedeckt. Die Tragezeit beträgt durchschnittlich 68 Tage. Die Geburt erfolgt unproblematisch.

Da die Jungen (1-2-4-6) sehend und voll behaart zur Welt kommen, baut die Mutter kein Nest. Auch die übrige Nachwuchspflege ist nur schwach ausgeprägt und beschränkt sich auf das sporadische Säugen über einen Zeitraum von 3–4 Wochen. Die erste feste Nahrung nehmen die Neugeborenen bereits am 2. Lebenstag zu sich. Während der Säugeperiode muß das Muttertier besonders energiereich (2–3fache Kraftfuttermenge) gefüttert werden.

Das Weibchen wird innerhalb von 12 Stunden nach der Geburt wieder brünstig. Das Männchen muß deshalb rechtzeitig vor der Geburt separiert werden, wenn nicht ununterbrochen Nachwuchs kommen soll.

Goldhamster

Biologie

Der Goldhamster *(Mesocricetus auratus)* ist ein Steppentier. Sein Verbreitungsgebiet umfaßt Bulgarien, Rumänien, Kleinasien, den Kaukasus, Syrien, Israel und Iran. In freier Wildbahn baut er ein Nest am Ende eines 2–2,5 m tiefen Baues, das er mit pflanzlichem Material polstert. Dort schläft er tagsüber. Mit Beginn der Dämmerung werden die Tierchen aktiv und begeben sich auf Futtersuche. In erster Linie knicken sie Halme, um an die Ähren zu gelangen, und erledigen dabei ein enormes Laufpensum. Was nicht sofort verzehrt wird, wird in die Backentaschen gesammelt und im Bau gespeichert. Sinkt die Außentemperatur unter 15 °C, beginnt die Aktivität der Tiere deutlich nachzulassen. Mit Einsetzen des Winters verstopft der Hamster seinen Bau und verfällt in eine Winterruhe, bis es wieder wärmer wird.

Vom Sozialverhalten her ist der Goldhamster ein Einzelgänger. Lediglich zur Paarungszeit dulden die Weibchen ein Männchen in unmittelbarer Nähe. Um den Männchen ihre Begattungsbereitschaft zu signalisieren, markieren sie ihr Revier mit einem stark duftenden Sekret, das aus der Klitorisspitze austritt. Nach einem kurzen Liebesspiel, das aus einem kurzen Davontrippeln und Stehenbleiben besteht, fällt das Weibchen in eine Art Deckstarre und wird mehrmals begattet. Die Tragezeit beträgt 16–18 Tage, die Säugeperiode für die Jungtiere 15–21 Tage. Es werden 3–12 nackte Junge geboren, von denen im Durchschnitt 6 aufgezogen werden. Von einem Hamsterweibchen kann man bis zu 4 Würfe pro Jahr erwarten. Da die Jungtiere bereits mit 6–8 Wochen geschlechtsreif werden, ist es durchaus möglich, daß ein Hamsterpärchen innerhalb eines Jahres 40 Nachkommen hat.

Als Nachttier verfügt der Goldhamster über kein besonders gutes Sehvermögen. Farb- und Formensehen sind wahrscheinlich nur unzureichend ausgeprägt. Dagegen kann er infolge seiner seitlich angesetzten Kugelaugen seinen gesamten Umkreis mit einem Blick erfassen. Sein Gehör ist sehr hoch entwickelt und nimmt auch Frequenzen aus dem Ultraschallbereich wahr. Um während des Tages ungestört schlafen zu können, faltet er die Ohrmuscheln zusammen.

Die Hauptorientierung erfolgt über den Geruchssinn. Durch Duftmarken, die der Hamster über seine Talgdrüsen beiderseits an den Flanken sowie Kot und Harn setzt, findet er sich auch bei Dunkelheit in seinem Revier zurecht. Da er Duftbilder speichern kann, erkennt er mit ihrer Hilfe Artgenossen, Feinde und auch den Menschen. Dieser Gruppengeruch bestimmt über aggressives bzw. friedliches Verhalten.

Tasthaare im Gesichtsbereich sowie seitlich an den Extremitäten und am Körper dienen ebenfalls dem Erkennen der Umgebung.

Im Gegensatz zu den Backenzähnen haben die Nagezähne der Hamster einen offenen Wurzelkanal und wachsenständig nach. Durch unzureichenden Zahnabrieb kann es zu Erkrankungen der Mundhöhle kommen. Die bis zu den Hinterextremitäten dehnfähigen Backentaschen, die mit einer trockenen, derben, von Borsten besetzten Haut ausgekleidet sind, dienen dem Nahrungstransport. Durch Einhamstern ungeeigneten Materials können diese Taschen verstopfen und gesundheitliche Probleme bereiten (cave Schokolade!).

Goldhamster besitzen einen Vormagen zum Aufweichen des Futters und einen Drüsenmagen zur enzymatischen Aufspaltung. Eine Empfindlichkeit besteht gegenüber verdorbenem Futter. Störungen im Bereich der Darmflora durch bakterielle Erreger wie E. coli, Clostridien und Salmonellen können Dünndarmentzündungen wie die proliferative Ileitis hervorrufen. Wegen der dabei zu beobachtenden schmierigen Verände-

Abb. 10 Die beim Goldhamster zu beobachtenden schmierigen Fellverklebungen in der Analregion werden symptomatisch als „Wet Tail" bezeichnet und sind Folge einer oft tödlich verlaufenden Darminfektion.

rungen der Analregion wird sie auch als „Wet Tail" bezeichnet (Abb. 10).

Seine besonders kräftigen Vorderextremitäten dienen dem Hamster nicht nur zum Erfassen der Nahrung, sondern auch zum Graben und Klettern. Das zierliche Skelett macht ihn anfällig für Knochenbrüche.

Aus dem wildfarbenen Goldhamster mit seinem goldfarbenen Fell wurden zahlreiche Farbschläge herausgezüchtet, wie Braun, Grau, Blau, Schwarz, Creme-, Zimt-, Zobel-, Sealfarben usw. Daneben gibt es Schecken, den seidig glänzenden Satin- oder Teddyhamster, den weißen Russenhamster mit schwarzen Extremitätenenden, der Akromelanie, und Tiere mit Langhaarfaktor, sog. Angorahamster.

Haltungsform

Der Goldhamster ist prädestiniert zur Einzeltierhaltung, weil er infolge seines kargen, natürlichen Umfeldes an eine solitäre Lebensweise gewöhnt ist. Wegen seines ausgeprägten Territorialverhaltens und seiner Feindlichkeit gegenüber Eindringlingen ist Paarhaltung außerhalb der Brunstzeit nur in Ausnahmefällen möglich. Am ehesten gelingt sie in einem Käfig mit mehreren Ebenen und einer Grundfläche von mindestens 0,5 m^2.

Unterbringung

Käfig

Wegen der intensiven Nagetätigkeit und der starken Verschmutzung ist Holz als Käfigmaterial für Goldhamster ungeeignet. Die im Zoofachhandel angebotenen Kunststoffschalen mit Gitteraufsatz sind zwar gut zu reinigen, reichen aber mit den üblichen 40–50 cm Seitenlänge nicht aus, da die Tiere sehr bewegungsaktiv sind und eine besondere Ausgestaltung des Käfigs erforderlich machen. Als Mindestabmessungen sind daher 60 cm Seitenlänge x 30 cm Tiefe x 30 cm Höhe anzusehen.

Die Vergitterung muß zum Klettern querverdrahtet sein. Da Versinterungen binnen kurzem abgenagt werden und Messinglegierungen vom Speichel angegriffen werden und oxidieren, sollte die Drahtkonstruktion galvanisch verzinkt oder matt verchromt sein. Der Abstand der Gitterstäbe darf 12 mm nicht überschreiten.

Rundkäfige und ähnlich unzweckmäßige Designerkreationen sind abzulehnen. Dasselbe gilt für Baukastensysteme aus Kunststoff, die den Fun-Vorstellungen von Disney-World nachempfunden sind und vor allem im Hinblick auf Luftaustausch und wegen Wärmestaus quälerisch sind. Ausgediente Aquarien und rundum geschlossene Terrarien sind aus denselben Erwägungen ungeeignet.

Sehr zu empfehlen sind die Vivarien aus Acrylglas, die in Zusammenarbeit mit dem Schweizer Tierschutz STS entwickelt wurden und mit den Abmessungen 150 cm Seitenlänge x 75 cm Tiefe x 30 cm Höhe vertrieben werden (Morgenegg, 1994).

Käfiginventar

Wie alle kleinen Nager lieben Goldhamster die Dreidimensionalität, d. h., der Käfig sollte mindestens 1 bis 2 Etagen aufweisen, die über Leitern oder Kletteräste zu erreichen sind. Wegen der besseren Hygiene sind auch hier handelsübliche Kunststoffeinsätze vorzuziehen. Drahtroste und Schrägen in dieser Art sind auf Dauer zu scharfkantig und verursachen Sohlenballenerkrankungen.

Für ihre Ruhephase während des Tages benötigen Goldhamster ein Schlafhäuschen in Kastenform mit den Abmessungen von ca. 15 cm Seitenlänge x 10 cm Tiefe x 10 cm Höhe, Schlupfloch $\varnothing$ 5 cm. Gut geeignet sind Holzkistchen ohne festen Boden mit aufklappbarem Deckel. Häuschen aus Kunststoff sind meist zu leicht und werden beim Hineinschlüpfen verschoben und umgestoßen.

Zur Befriedigung ihres ausgeprägten Bewegungsbedürfnisses brauchen die Tiere ein Laufrad. Zwar stellt das Laufen im Laufrad eine Art Stereotypie dar, doch ist es bei den handelsüblichen Käfigrö-

Abb. 11 Laufräder sind für kleine Nager oft die einzige Möglichkeit, ihr starkes Bewegungsbedürfnis zu kompensieren. Sie sollten aus vernickeltem Eisendraht gearbeitet sein, fest stehen und sich ohne störende Nebengeräusche bewegen lassen. Um Verletzungen vorzubeugen, dürfen sie keine Querverstrebungen an der Vorderseite haben und müssen achsseitig geschlossen sein.

Abb. 12 In Spielgeräten wie diesem Hamsterauto werden die Tiere zu lebendem Inventar degradiert. Abgesehen vom bald zu beobachtenden Sauerstoffmangel, sind Unfallverletzungen vorprogrammiert, wenn Kinder beim Fahren nachhelfen oder das Gerät über die Tischkante rutscht. Ein klarer Verstoß gegen § 2 Deutsches Tierschutzgesetz bzw. Art. 3 Schweizer Tierschutzgesetz.

ßen die einzige Möglichkeit, ihren Bewegungsdrang zu kompensieren. Das Rad muß sich leicht und ohne Nebengeräusche drehen, festen Stand haben (*Fixieren des Unterteils mit einer flachen Steinplatte!*) sowie zum Schutz gegen Verletzungen einseitig geschlossen und von der anderen Seite frei zugänglich sein (Abb. 11). Die stabilisierenden Querholme bei beidseitig offenen Rädern führen zu Quetschungen an den Extremitäten. Matt verchromte Drahtkonstruktionen von 15 cm Durchmesser und 8 cm Laufflächenbreite eignen sich besser als Kunststoffräder, die meist zernagt werden. Außerdem müssen die Tiere darin in unphysiologischer Körperhaltung (mit durchgebogenem Rücken, Lordose laufen). An der Käfigwand fixierte Laufräder erzeugen unangenehme Vibrationsgeräusche.

Absolute Tierquälerei stellen Behältnisse wie der Hamsterball oder das Hamsterauto „Speed Streak Racer" dar (Abb. 12), in die die Tiere zum Laufen eingesperrt werden und in denen sie schon nach kurzer Zeit unter starker Atemnot leiden.

Zur Verabreichung von Körner- bzw. Mischfutter eignen sich am besten massive, glasierte Tongutbehältnisse, deren Durchmesser so gewählt werden muß, daß die Tiere sich nicht hineinsetzen und dabei das Futter verkoten können. Füttern vom Boden widerspricht ebenfalls der Hygiene. Ein Wasserspender mit Trinknippel sollte aus Platzersparnisgründen und zur besseren Handhabung außen angebracht sein.

Eine Schale mit Vogelsand zum Eingraben dient der Fellpflege. Immer wieder auszuwechselnde Papröhren, Rindenstücke, Natursteine und kleine Schachteln schaffen ein verändertes Umfeld und regen zur Beschäftigung an.

Standort

Bezüglich des Standortes für den Goldhamsterkäfig sind dieselben Überlegungen anzustellen wie beim Zwergkaninchen und beim Meerschweinchen (s. S. 314 und S. 320). Da der Hamster die gesamte Tageszeit schlafend in der Tiefe seines Baues zubringt, ist ein ruhiger, etwas abgedunkelter Standort bei normaler Zimmertemperatur (18–22 °C) und normaler Luftfeuchte (40–70 %) unerläßlich. Ein Winterschlaf findet unter diesen Umfeldbedingungen nicht statt.

Freilauf in der Wohnung

Da auch ein großzügig bemessener Käfig dem Goldhamster keine adäquate Möglichkeit zur Bewegung bietet, sollte wenigstens für 1–2 Stunden täglich Freilauf in der Wohnung gewährt werden. Dieser ist im Hinblick auf mögliche Gefahrenquellen zu organisieren und zu beobachten. Elektrokabel, Heizlüfter, ungesicherte Balkons, Möbelspalten, schwer zugängliche Einbausockel, Blumenvasen, Kochplatten, geöffnete Türen und Fenster, giftige Zimmerpflanzen (s.

S. 315), herumliegende Medikamente etc. können oft schwere gesundheitliche Schädigungen und tödliche Unfälle verursachen. Stürze aus Tischhöhe können bereits Schockzustände und Wirbelsäulenfrakturen hervorrufen.

Die günstigste Zeit für den Freilauf sind die frühen Abendstunden. Durch Verteilen von Futter und Polstermaterial an verschiedenen Stellen des Raumes erfolgt eine Aufgabenstellung, die Stereotypien wie Gitterbeißen und ständiges Hin- und Herlaufen an der dem Licht zugewandten Käfigseite verhindern hilft.

Auslauf im Freien

Auslauf im Freien ist nicht möglich. Da Goldhamster keine direkte Beziehung zum Menschen eingehen und sich sofort auf die Suche nach schützenden Verstecken machen, sind sie schon nach kurzer Zeit nicht mehr auffindbar. Hinzu kommt, daß die Zeit ihrer Hauptaktivität in die Dämmerungs- und Nachtstunden fällt.

Fütterung

Goldhamster sind Gemischtköstler, d. h., sie benötigen auch tierisches Eiweiß. Von der Zusammensetzung her am korrektesten sind sog. Alleinfutter in Pelletform, die nach dem täglichen Bedarf ausbalanciert sind (Kohlenhydrate 60 %, Eiweiß nicht unter 17,5 %, Fett 2,5 %, Rohfaser nicht über 8,5 %, Calcium 0,3–0,5 %, Phosphor 0,2–0,3 %, Spurenelemente und Vitamine). Täglich frisches Wasser (*Leitungswasser abkochen – Chlorgehalt!*) und ein Salzleckstein müssen ad libitum zur Verfügung stehen.

Neben der Vermeidung von Mangelsituationen hat pelletiertes Alleinfutter gegenüber der konventionellen Fütterungsweise den Vorteil längerer Haltbarkeit und des geringeren Verbrauchs. Dieser liegt bei etwa 15 g pro Tier und Tag. In Wegfall kommt jedoch die psychologische Seite der Fütterung im Hinblick auf geschmackliche Auswahl und Beschäftigung mit unterschiedlich strukturiertem Material.

Grundlage der konventionellen Fütterung bilden Fertigfuttermischungen aus dem Zoofachhandel, die aus einer Mischung von Mais, Weizen, Gerste, Hafer, verschiedenen Hirsesorten, Erdnüssen, Sonnenblumenkernen, Leinsamen, Buchweizen und Negersaat bestehen. Der Tagesbedarf beträgt hier wie bei den Pellets ca. 15 g (= 1 leicht gehäufter Eßlöffel). Hinzu kommen ebensoviel Saftfutter – ebenfalls etwa 15 g – in Form von kleinen Apfel- und Birnenschnitzen, einzelne Weintrauben, dünne Scheiben von Bananen, Kiwi und Melone sowie Erdbeeren, Brombeeren, Himbeeren usw. Auch Trockenfrüchte aus dem Reformhaus wie Rosinen, Aprikosen oder Vogelbeeren werden akzeptiert. Ebenso beliebt sind Karotten- oder Gurkenstücke sowie die handelsüblichen Blattgemüse. Wiesengräser, Löwenzahnblätter, Sauerampfer, Wiesenklee, Spitzwegerich und Vogelmiere können ebenfalls verabreicht werden.

Zur Deckung des Bedarfs an tierischem Eiweiß genügen einzeln verabreichte Mehlwürmer, Grillen, Heimchen oder Heuschrecken aus dem Zoogeschäft sowie einige Kügelchen Hüttenkäse oder Schabefleisch.

Handling

Bedingt durch seine solitäre Lebensweise, ist das Ausdrucksvermögen des Goldhamsters besonders auf Verteidigung und Angriff ausgerichtet:
Knurren = Mißlaunigkeit;
Fauchen = Abwehr;
Fiepen = Angst;

Kreischen = Schmerz, Schreck;
Zähnewetzen = Demonstration der Stärke (Beißvermögen);
Aufrichten, Backenaufblasen = Imponiergehabe;
hochgerecktes Hinterteil, aufgestelltes Schwänzchen bei Jungtieren = Demutshaltung;
Rückenlage = Ergebung.

Aggressiv reagieren Goldhamster, wenn sie unvermittelt während des Tages aus dem Schlaf gerissen werden. Häufiges Wecken bedeutet Streß und wirkt sich lebensverkürzend aus. Man sollte dies nur in Ausnahmefällen tun und behutsam dabei vorgehen. Mit einem Leckerbissen kann man sie am ehesten aus dem Häuschen locken. Ebenso über Leckerbissen macht man sie futter-, finger- und schließlich handzahm.

Will man einen Hamster vom Boden aufheben, bildet man über ihm durch Zusammenlegen der Hände eine Art Höhle, wartet, bis er sich etwas beruhigt hat und nimmt ihn dann hoch. Zum Fixieren erfaßt man ihn unmittelbar hinter dem Kopf an der Genickfalte. Er verfällt dabei in die sog. Tragestarre und läßt kleinere Manipulationen an sich vornehmen. Wichtig ist dabei, daß die Hautfalte sehr knapp hinter dem Kopf hochgezogen wird, da sich die Tiere in der Haut drehen und zubeißen können (Abb. 13). Verbeißt sich ein Hamster in den Finger, darf er niemals weggeschleudert werden, da man ihn dadurch lebensgefährlich verletzen kann. Rasches Absetzen auf den Boden bewirkt meist sofortiges Loslassen.

Hygiene

Goldhamster sind wie alle kleinen Heimnager sehr auf Sauberkeit bedacht und putzen ihr Fell mehrmals täglich. Da sie gewohnt sind, ihr Revier mit ihren Ausscheidungen zu markieren, legen sie im Käfig entsprechende Ecken an. Wegen möglicher Geruchsentwicklung sollte dieser zweimal pro Woche mit heißem Wasser gereinigt und mit frischer Einstreu versehen werden. Hierzu eignen sich Hobelspäne mit einer Lage Heu oder Stroh, insgesamt ca. 4 cm hoch. Letzteres dient neben Packpapierschnitzeln auch zum Polstern für das Schlafnest. Woll- oder Bastfäden sowie die sog. Hamsterwatte sind nicht geeignet, da es zu Abschnürungen an den Extremitäten bzw. zu Entzündungen der Backentaschen durch Verstopfen kommen kann. Torfmullhaltige Tierstreu ist wegen der Staubentwicklung und wegen häufig anzutreffender Verpilzung nicht zu empfehlen.

Tränkeflasche und Futterschüsseln sind täglich gründlich zu reinigen. Aus dem Schlaf- bzw. Vorratshäuschen sind eingehamsterte Frischfutterreste, besonders Saftfutter, jeden 2. Tag zu entfernen.

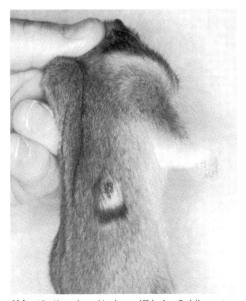

Abb. 13 Korrekter Nackengriff beim Goldhamster. Seine Flankendrüsen (s. Schurstelle), mit deren Hilfe er sein Revier markiert, werden gelegentlich als krankhafte Hautveränderungen angesehen.

Zucht

Goldhamster als Heimtiere sollten wegen der kurzen Tragezeit und wegen des raschen Heranwachsens der Jungtiere nur dann nachgezüchtet werden, wenn Abnehmer feststehen. Ein besonderer Zuchtkäfig ist daür nicht erforderlich.

Da junge Goldhamster bereits mit 4–5 Wochen geschlechtsreif sind, müssen sie bis zum Abschluß der Hauptwachstumsphase mit 10 Wochen nach Geschlechtern getrennt gehalten werden und dürfen erst dann zur Paarung gelassen werden. Nähere Ausführungen zum Ablauf wurden bei den Angaben zur Biologie gemacht (s. S. 322).

Zu früh gedeckte Weibchen fressen infolge von Laktationsstörungen ihre Jungen. Auch durch Unruhe in der Umgebung, Belassen des Bockes im Käfig und Veränderungen des Nestgeruchs durch ständiges manuelles Kontrollieren kann es zum Kannibalismus kommen. Während der Tragezeit ist neben einer Verdoppelung der Eiweißzufuhr vor allem das vermehrte Anbieten von Nistmaterial erforderlich.

Die Geburt sowie die Aufzucht erfolgen problemlos, und die Jungen beginnen bereits im Alter von 1 Woche mit der Futteraufnahme. Die Säugeperiode endet mit 21 Tagen. Das Weibchen kann zur Begattung wieder in den Käfig des männlichen Tieres gebracht werden. Zeigt sich dabei das Weibchen sehr aggressiv, dann ist es gerade nicht brünstig und muß in Abständen von einem Tag bis zum Tolerieren des Partners immer wieder zugesetzt werden.

Streifenhörnchen

Biologie

Bei den im Handel angebotenen Streifenhörnchen überwiegt das asiatische Streifenhörnchen *(Eutamias sibiricus)*, auch Burunduk genannt. Es gehört zu der umfangreichen Hörnchenverwandtschaft (Sciuridae), die in fast allen Regionen der Alten und Neuen Welt anzutreffen ist. Neben den nordamerikanischen Chipmunks, den afrikanischen Borstenhörnchen und den indischen Palmenhörnchen gehören auch unsere heimischen Eichhörnchen zu dieser Familie.

Streifenhörnchen leben in losen Kolonien vorwiegend im Untergehölz von Nadel- und Mischwäldern und im Gebüsch von Feldrändern und Flußufern. Als tagaktive Halbbaumbewohner sind sie geschickte und flinke Kletterer. Ihre Nahrung besteht aus Sämereien, Knospen, Beeren, Insekten und gelegentlich auch Jungvögeln. In ihren Backentaschen sammeln sie das nicht sofort verzehrte Futter und tragen es zu ihrem Bau. Dieser kann bis zu einem Meter Tiefe in die Erde führen und umfaßt neben den Vorratslagern einen Wohnkessel mit Nestkammer und einige Blindgänge als Toiletten.

Hier halten die Tiere auch ihren Winterschlaf, der bereits im Spätherbst beginnt. Die auslösende Temperatur ist noch nicht bekannt. Er wird jeweils zur Nahrungsaufnahme sowie zum Koten und Harnen für kurze Zeit unterbrochen. Ihre angesammelten Wintervorräte, die sie nach Futterarten getrennt speichern, erreichen ein Gewicht von 3 bis 5 kg.

Mit Beginn der wärmeren Jahreszeit, zumeist im April, findet die Paarung statt. Nach einer Tragezeit von 30–35 Tagen werden 3–5 nackte Junge geboren, die nach 3 Wochen voll behaart sind. Mit 10 Wochen sind sie selbständig.

Ein erwachsenes Streifenhörnchen besitzt eine Körperlänge von 13–15 cm und eine Schwanzlänge von 8–10 cm. Sein

Fell ist braungrau und hat eine typische schwarz-braune Längsstreifung. Die Tiere werden 8–10 Jahre alt.

Als tagaktive Tiere besitzen Streifenhörnchen ein sehr gutes Sehvermögen. Mit ihren relativ weit hervorstehenden, seitlich angeordneten Augen beobachten sie unentwegt ihre Umgebung. Dabei beziehen sie gern eine Position, von der aus sie einen möglichst guten Rundblick über ihr Revier haben.

Ihr Geruchssinn ist ebenfalls sehr gut entwickelt. Durch Reiben des Bauches auf rauhen Unterflächen markieren sie ihr Revier mit Eigenduft.

Das Hörvermögen des Hörnchens ist überdurchschnittlich gut und geht bis in den Ultraschallbereich.

Mit Hilfe ihrer Schnurrhaare, die Tastorgane darstellen, orientieren sie sich in ihrem Bau.

Ihre stark gekrümmten Krallen und gut haftenden Sohlenballen befähigen sie zu akrobatischen Kletterkunststücken. Mit ihren muskulösen Hinterextremitäten und ihrem buschigen Schwanz als Ruder sind sie in der Lage, Sprünge über Distanzen von mehreren Metern durchzuführen.

Streifenhörnchen besitzen einen einhöhligen Magen und einen wenig anfälligen Digestionstrakt. Die Zähne haben einen offenen Wurzelkanal und wachsen ständig nach.

Haltungsform

In freier Natur leben Streifenhörnchen zwar in losen Kolonien, beanspruchen aber dennoch ein Einzelterritorium, das sie zur Sicherung ihrer Ernährungsgrundlage gegenüber Artgenossen strikt verteidigen. Besonders Weibchen besitzen ein ausgeprägtes Revierverhalten und dulden keine fremden Eindringlinge, die sich nur durch Flucht über die Reviergrenzen in Sicherheit bringen können. Da dies in der räumlichen Beengtheit des Käfigs nicht möglich ist, kann es zu umfangreichen Bißverletzungen mit Todesfolge kommen. Auch Wurfgeschwister vertragen sich nur bis zum Eintritt der Geschlechtsreife. Eine Paar- bzw. Gruppenhaltung ist nur in einem großen, begehbaren Freikäfig möglich.

Unterbringung

Käfig in der Wohnung

Ihre Lebensweise als reaktionsschnelle und fluchtorientierte Halbbaumbewohner weist bereits darauf hin, wie schwierig es ist, diesen Tieren eine annähernd artgemäße Bewegung im Käfig zu ermöglichen. Die Mindestabmessungen müssen 80 cm Seitenlänge x 60 cm Tiefe x 120 cm Höhe betragen. Diese Maße werden jedoch meistens unterschritten, da für Behältnisse in der angegebenen Größenordnung die räumlichen Voraussetzungen in der Wohnung fehlen (Abb. 14).

Wegen der Schreckhaftigkeit des Hörnchens und wegen ihres Geschicks

Abb. 14 Ein Hörnchenkäfig, der den räumlichen Anforderungen mit 55 cm Seitenlänge x 30 cm Tiefe x 55 cm Höhe nicht entspricht. Erhöhter Liegeplatz, Kletterast, Schlafhäuschen und Sandbad versuchen den Bedürfnissen des Bewohners entgegenzukommen.

im Entweichen müssen am Käfig statt eines zentralen Türchens mehrere Zugänge an strategisch sinnvollen Stellen angebracht sein. Zur besseren Reinigung und leichteren Innenraumgestaltung sollte sich eine Seitenfront im ganzen öffnen bzw. entfernen lassen.

Da sie nur wenig nagen, ist eine Versinterung des Drahtgeflechts in dunklen Farbtönen wie Beige, Grau oder Schwarz möglich. Weiß ist wegen zu starker Reflexion ungeeignet. Aus demselben Grund verbietet sich messingfarbenes Material. Galvanisch verzinkte oder matt verchromte Vergitterungen sind am vorteilhaftesten. Die ideale Maschenweite beträgt 13–15 mm.

Ein Bodenschuber aus Kunststoff mit darüberliegendem Kotgitter erleichtert die Reinigung und kann zur Geruchsbindung mit etwas Katzenstreu beschickt werden.

Käfig im Freien

Am artgemäßesten lassen sich Streifenhörnchen in einem begehbaren Freikäfig mit Innen- und Außenraum halten. Als Mindestabmessungen gelten hier 100 cm Seitenlänge (Innenraum) x 200 cm (Außenraum) x 100 cm Tiefe x 200 cm Höhe. Die Einrichtung erfolgt analog zum Wohnkäfig, wobei das Inventar im Innenraum plaziert wird. Ein frostsicherer Sockel von 60–80 cm Bodentiefe, der gleichzeitig ein Durchgraben verhindert, sowie eine Türschleuse zur Verhinderung des Entweichens sind einzuplanen. Die Vergitterung darf hier 13 mm Maschenweite nicht überschreiten und muß zur Sicherheit in doppelter Ausführung erfolgen.

Käfiginventar

Zur Kompensierung des intensiven Bewegungsbedürfnisses entwickeln die meisten Streifenhörnchen bei Käfighaltung Stereotypien bzw. Manegebewegungen, die stets in gleicher Folge zwischen bestimmten Fixpunkten ablaufen. Neben pausenlosem Hin- und Herhüpfen führen die Tiere auch einen gesprungenen Rückwärtssalto in Serie aus. Die Anordnung von natürlichem Astwerk, das mit entsprechenden Vorrichtungen am Käfiggitter zu befestigen ist, muß diesem Bewegungsschema entgegenkommen. Auch Laufrollen in der Art der Hamsterräder, die zwischen 2 Käfigseiten eingespannt werden, sind im Zoofachhandel erhältlich. Sie müssen einen Durchmesser von ca. 20 cm haben, die Breite der Lauffläche darf 8 cm nicht unterschreiten, der Sprossenabstand sollte 12 mm betragen. Sie werden gern angenommen, und es macht den Tieren offensichtlich Spaß, darin buchstäblich zu galoppieren und Loopings zu drehen.

Zum Klettern und zur Abnutzung der nachwachsenden Krallen sollten die Rück- und eine Seitenwand mit ungehobeltem Holz oder mit berindeten Stammteilen verkleidet werden. Da die Streifenhörnchen ein Bad in der Morgensonne lieben und gern einen erhöhten Beobachtungsplatz einnehmen, fixiert man im oberen Drittel des Käfigs 2 oder 3 Sitzbrettchen. Vorrats- und Schlafhäuschen in der Art von Wellensittichkästen in den Abmessungen 20 cm Seitenlänge x 12 cm tiefe x 12 cm Höhe, Schlupfloch ∅ 5 cm, werden in jeder Höhe akzeptiert, obwohl sie sich unter natürlichen Bedingungen im Boden oder in Bodennähe befinden.

Zur Verabreichung von Körner- bzw. Mischfutter eignen sich am besten massive, glasierte Tongutbehältnisse, deren Durchmesser so gewählt werden muß, daß sich die Tiere nicht hineinsetzen und das Futter verkoten können. Füttern vom Boden widerspricht ebenfalls den Anforderungen der Hygiene. Ein Wasserspender mit Trinknippel sollte zur Sicherheit und zur besseren Handhabung außen angebracht werden.

Eine Schale mit Vogelsand zum Sandbaden dient der Fellpflege.

Standort

Da Streifenhörnchen gern in der Morgensonne baden, muß ihr Käfig in der Nähe eines nach Osten gerichteten Fensters so aufgestellt werden, daß zumindest kurzfristig Sonnenbestrahlung möglich ist. Für die Umfeldbedingungen gelten dieselben Maßgaben wie für das Zwergkaninchen und den Goldhamster (s. S. 314 und S. 325).

Freilauf in der Wohnung

Da nur eine Haltung im Freikäfig den Hörnchen eine adäquate Möglichkeit zur Bewegung bietet, sollte wenigstens 1–2 Stunden täglich Freilauf in der Wohnung gewährt werden. Dieser ist jedoch wegen der Reaktionsschnelligkeit dieser Tiere nicht unproblematisch, da sie jede Möglichkeit zum Verstecken und Entweichen nutzen (s. S. 325).

Da Hörnchen außerdem oft nicht mehr freiweillig in den Käfig zurückgehen und notfalls mit dem Kescher gefangen werden müssen, ist eine Raumunterteilung mit Gittern in Fertigbauweise anzuraten.

Auslauf im Freien

Auslauf im Freien scheidet für Streifenhörnchen wegen ihres ausgeprägten Wildtierverhaltens von vornherein aus (s. S. 326).

Fütterung

Streifenhörnchen haben das Bestreben, alles erreichbare Futter zu sammeln und Vorräte anzulegen. Während sie Saftfutter in der Regel gleich verzehren, tragen sie Körner und Nüsse in ihr Schlaf- bzw. Vorratshäuschen. Bei Freilauf legen sie überall in der Wohnung Verstecke an, wobei das Vergraben in Blumentöpfen am beliebtesten ist. Eine schnell geleerte Futterschüssel bedeutet daher nicht, daß das Tier zu knapp gefüttert wurde, sondern lediglich alles verräumt hat.

Streifenhörnchen sind Gemischtköstler, d. h., sie benötigen auch tierisches Eiweiß. Als Futtergrundlage eignen sich die im Zoofachhandel angebotenen Fertigfuttermischungen, die etwa zu 1/3 aus Sonnenblumenkernen und zu 2/3 aus einem Gemisch von Haferflocken, Weizen, Hanf und verschiedenen Nüssen bestehen. Der Tagesbedarf beträgt etwa 20–25 g (= 2 leicht gehäufte Eßlöffel). Hinzu kommen ebensoviel Saftfutter in Form von kleinen Apfel- und Birnenschnitzen, einzelnen Weintrauben, dünne Scheiben von Bananen, Kiwi und Melonen sowie alle Arten von Beeren. Auch Trockenfrüchte aus dem Reformhaus wie Rosinen, Aprikosen oder Vogelbeeren werden akzeptiert. Ebenso beliebt sind Karotten- oder Gurkenstücke sowie die handelsüblichen Blattgemüse. Wiesengräser, Löwenzahnblätter und Vogelmiere können ebenfalls vorgelegt werden. Zur Deckung des Bedarfs an tierischem Eiweiß genügen einzeln verabreichte Mehlwürmer, Grillen oder Heuschrecken aus dem Zoofachgeschäft sowie einige Kügelchen Hüttenkäse oder Schabefleisch.

Als Nagematerial eignen sich Zweige von Weide, Buche, Linde, Haselnuß, Birnbaum und Apfelbaum *(Vorsicht bei Ziergehölzen, die oft giftig sind!)*.

Täglich frisches Wasser *(Leitungswasser abkochen – Chlorgehalt!)* und ein Salzleckstein müssen ad libitum zur Verfügung stehen.

Handling

Aufgrund ihrer wenig sozialen Lebensweise sind das stimmliche Ausdrucksvermögen und die Gestik der Streifenhörnchen nicht besonders ausgeprägt:
Pfeifen = Paarungsbereitschaft des Weibchens;
Knurren = Ablehnung, Mißlaunigkeit;
Fiepen = Angst;
Kreischen = Schmerz, Panik;
Schwanzschlängeln, Aufrichten, starre Haltung = Neugier, Alarmbereitschaft;
buschiger Schwanz = Imponieren, Abwehrbereitschaft.

Da sie ihr Wildtierverhalten weitgehend beibehalten haben und kaum Domestikationserscheinungen zeigen, bleiben sie zumeist scheu und fluchtorientiert. Durch geduldiges Füttern von Hand macht man sie zunächst gitter-, später finger- und in Ausnahmefällen handzahm (Abb. 15). Ein Umfassen mit der Hand tolerieren jedoch auch sehr zahme Tiere nicht und beißen zu. Zum Fangen sind deshalb Handschuhe oder ein Kescher erforderlich. Bekommt man sie an der Genickfalte zu fassen, verfallen sie wie die meisten kleinen Nager in die sog. Tragestarre und lassen kleinere Manipulationen an sich vornehmen. Trotz der unvorteilhaften Optik gilt diese Methode als Mittel der Wahl, weil sie dem Tragen des Jungtieres durch die Mutter entspricht.

Am Schwanz dürfen Hörnchen wegen der leicht reißenden Schwanzhaut nicht erfaßt werden. Es dürfte sich hier um eine Art Schutzvorrichtung gegen das Festhalten analog zur Sollbruchstelle im Schwanz mancher Reptilien handeln (Autotomie). Kommt es zu einem Abriß der Schwanzhaut, müssen die stehengebliebenen Wirbelkörper amputiert werden.

Zurück in den Käfig gehen die Tiere am ehesten gegen Abend, wenn zusätzliches Futter bereitgestellt wird.

Hygiene

Streifenhörnchen sind sehr reinliche Tiere, die sich durch ausgiebiges Putzen makellos sauberhalten. Da sie jedoch keine Kotecken anlegen und auch den Harn überall absetzen, sollte der Käfig zweimal pro Woche mit heißem Wasser gereinigt und mit frischer Einstreu versehen werden. Hierzu eignen sich Hobelspäne mit einer Lage von kurzgeschnittenem Heu oder Stroh. Letzteres dient auch zum Polstern des Schlafnestes. Woll- oder Bastfäden sowie die sog. Hamsterwatte sind nicht geeignet, da es zu Abschnürungen an den Extremitäten bzw. zu Entzündungen der Backentaschen durch Verstopfen kommen kann. Torfmullhaltige Tierstreu ist wegen der Staubentwicklung und wegen einer möglichen Verpilzung nicht zu empfehlen.

Ihre Schlaf- und Vorratshäuschen halten Hörnchen weitgehend selbst sauber. Da zum Wohlbefinden das Wahrnehmen ihres Eigengeruchs von großer Bedeutung ist, sollte eine zusätzliche Reinigung mit Desinfektionsmitteln o.ä. nur in Aus-

Abb. 15 Streifenhörnchen bleiben auch im Käfig zumeist scheu und fluchtorientiert. Durch Verabreichung von Leckerbissen per Hand werden sie zunächst futter-, später fingerzahm.

nahmefällen erfolgen. Man beschränkt sich deshalb auf das Entfernen verdorbener Futterreste im Abstand von 2–3 Tagen.

Tränkeflaschen und Futterschüsselchen sind täglich gründlich zu reinigen.

Zucht

Streifenhörnchen, die in einem temperierten Raum gehalten werden und keinen Winterschlaf halten, paaren sich zumeist im Februar oder März, also 1–2 Monate früher als in der Natur. Zur Vermeidung von Beißereien empfiehlt es sich, die Partner während des Freilaufs in der Wohnung aneinander zu gewöhnen. Die Paarungsbereitschaft des Weibchens erkennt man an hohen Pfeiftönen und an nachlassender Abwehrbereitschaft. Beim Männchen kommt es zu einem deutlichen Anschwellen der Hoden. Hat die Kopulation stattgefunden, ist das Paar wieder zu trennen, da es sich nur selten längere Zeit verträgt. Ein besonderer Zuchtkäfig ist nicht nötig.

Die Geburt erfolgt problemlos nach einer Tragezeit von 30 bis 35 Tagen. Während dieser Zeit und während der Säugeperiode sind eine Verdoppelung der Eiweißration und vermehrtes Anbieten von Nistmaterial erforderlich. Unruhe in der Umgebung und Verändern des Nestgeruchs durch manuelles Kontrollieren *(nicht mit der bloßen Hand – Gegenstand aus dem Käfig verwenden!)* können zum Verlassen des Nistkastens und zum Wegtragen der Jungen führen. Diese werden nackt und blind geboren. Im Alter von 18 Tagen öffnen sie ihre Augen, und mit 3–4 Wochen beginnen sie mit der Futteraufnahme. Sobald die Mutter nicht mehr säugt und die Jungtiere zu vertreiben beginnt oder sie wegbeißt, muß man diese in einen anderen Käfig setzen.

Albinomaus, Farbmaus

Biologie

Die Maus *(Mus musculus)* gehört zur Ordnung der Nagetiere (Rodentia). Es gibt sie in allen bewohnten Regionen der Erde. Gemäß ihrer Herkunft aus den Steppen und Halbwüsten Asiens bevorzugt sie trockene Biotope und meidet feuchte Bereiche. Mäuse leben kommensal, d. h., sie sind hinsichtlich Lebensraum und Ernährung an den Menschen gebunden.

Ihre Stammform ist die graue Hausmaus. Diese lebt in kleinen Rudelverbänden und ist ein überwiegend nachtaktives Tier. Ihr Wohngebiet im Speicher oder Keller von Gebäuden markiert die Mäusefamilie durch Absetzen von Harn und Kothäufchen. In Verbindung mit den Absonderungen der Fußsohlendrüsen werden auf diese Weise regelrechte Duftstraßen zur rascheren Orientierung angelegt.

Mäuse sind Allesfresser, bevorzugen jedoch Getreide und Getreideprodukte, wie Brot und süßes Gebäck. Da sie durch ihr Leben in der Umgebung des Menschen keine Versorgungsprobleme haben, legen sie keine besonderen Vorräte an.

Bereits mit 1 Monat sind Mäuse geschlechtsreif. Nicht trächtige Weibchen werden alle 3–6 Tage brünstig. Die Paarung dauert nur wenige Sekunden und wird mehrmals wiederholt. Die Tragezeit beträgt 18–24 Tage. Pro Wurf werden durchschnittlich 10 nackte und blinde Junge in ein Nest aus Heu, Stroh, Laub, Grashalmen, Papierschnitzeln und Stoffresten geboren (Abb. 16). Innerhalb von 24 Stunden nach der Geburt wird das Weibchen wieder brünstig und sofort gedeckt. Die Säugeperiode dauert etwa 3 Wochen. Ein Weibchen kann im Laufe eines Jahres über 100 Junge zur Welt bringen.

Abb. 16 Ein Gemeinschaftsnest mit 10 Tage alten Farbmäusen. Die Jungtiere werden von allen Müttern gemeinsam gesäugt und gepflegt.

Die Körperlänge einer erwachsenen Maus beträgt 15–18 cm, wobei der Schwanz so lang ist wie der ganze Körper. Das Körpergewicht liegt zwischen 40 und 60 g, die Lebenserwartung beläuft sich auf 2–3 Jahre.

Als Nachttier verfügt die Maus über kein besonders gutes Sehvermögen. Farb- und Formensehen sind nur unzureichend entwickelt. Dagegen kann sie infolge ihrer seitlich angesetzten Knopfaugen ihren gesamten Umkreis mit einem Blick erfassen und auf Bewegungen sehr unmittelbar reagieren.

Der Geruchssinn ist bei Mäusen sehr stark ausgeprägt und dient neben dem Aufspüren von Futter vor allem dem Erkennen von natürlichen Feinden, der Identifikation von Familienmitgliedern und dem Herausfinden von paarungsbereiten Weibchen.

Ihr Gehör reicht bis zu einer Frequenz von 40 Kilohertz, da der überwiegende Teil der innerartlichen Lautäußerungen im Ultraschallbereich liegt. Aus dem Nest gefallene Jungtiere alarmieren auf diese Weise die Mutter, damit sie zurückgeholt werden (Abb. 17).

Tasthaare um Nasen- und Mundöffnung sowie seitlich an den Extremitäten und am Körper dienen dem Raumgefühl und der besseren Orientierung in der Dunkelheit.

Sehr empfindlich reagieren Mäuse auf Zugluft und Temperaturschwankungen. Bereits 2–3° C Unterschied wirken sich auf die Körpertemperatur aus und beeinflussen ihren Stoffwechsel. Zu hohe Umgebungstemperaturen führen schon nach kurzer Zeit zu gesundheitlichen Problemen, da sie wegen fehlender Schweißabsonderung einer Überhitzung nicht begegnen können. Das Fehlen des wärmenden Nestbereichs verursacht Erkältungskrankheiten. Dasselbe gilt für zu hohe Luftfeuchtigkeit mit Werten über 60 % (*Cave: Haltung in Glasbecken in Verbindung mit durchnäßter Einstreu!*). Gesträubtes Fell, gekrümmte Rückenhaltung, eingesunkene Flanken, Gewichtsverlust, knackende Atemgeräusche, Hypothermie der Körperoberfläche und auffälliges Rückzugsverhalten signalisieren Störungen des Kleinklimas.

Die Tumorhäufigkeit bei älteren Mäusen ist genetisch bedingt und resultiert aus Versuchstierzuchten für die biomedizinische Forschung.

Abb. 17 Eine Mäusemutter trägt ein Junges an der Genickfalte zurück ins Nest. Die dabei auftretende Tragestarre macht man sich beim manuellen Fixieren zunutze.

Mäuse sind ausgesprochen neugierig und anpassungsfähig. Zu einer engen Beziehung zum Menschen wie Hund und Katze sind sie jedoch nicht veranlagt. Der Mensch wird als Partner nicht anerkannt und aufgesucht. Sie brauchen den Kontakt zu Artgenossen. Wie andere sozial hochstehende Individuen betreiben sie untereinander Körperpflege, indem sie sich das Fell an schwer zugänglichen Stellen gegenseitig durch Belecken putzen. Einzeltierhaltung bedeutet für sie auf Dauer Streß und führt zu gesundheitlichen Schäden.

Der überwiegende Teil der Mäuse, die in Zoofachhandlungen angeboten werden, ist rein weiß und hat rote Augen. Es handelt sich um Albinos, bei denen die Anlage für Pigment rezessiv ist. Werden solche Tiere jedoch mit grauen Mäusen gepaart, kommt es zur Ausbildung verschiedener Fellfarben. Die zunächst verborgene Erbanlage, z.B. für Braun oder Beige, kommt dann zum Vorschein. Es gibt eine ganze Skala von *Farbvarianten*, von denen nur einige aufgeführt seien: Schwarz, Blau, Rehfarben, Cremefarben, Zimtfarben und Zobelfarben. Daneben gibt es gefleckte Tiere mit der sog. Hollandscheckung. Besonders kräftige und glänzende Farben zeigen Jungtiere. Erfahrungsgemäß werden die reizvollen Farbmäuse besonders zutraulich und sind bei Ungeschicklichkeiten im Umgang weniger zum Beißen aufgelegt als ihre weißen Artgenossen.

Noch ein paar Anmerkungen zu den sog. *Tanzmäusen*. Sie wurden vor etwa 300 Jahren in Japan als Kuriosität aus Tieren mit einem erblichen Defekt herausgezüchtet. In der Regel sind sie schwarz-weiß gefleckt und bleiben größenmäßig hinter den normalen Mäusen zurück. Ursache ist eine Störung im Bereich der Hirnanhangsdrüse, bei der es zu einer stark verminderten Ausschüttung des Wachstumshormons kommt. Infolge eines Innenohrdefektes werden sie außerdem am 16. Tag nach der Geburt taub. Man erkennt die Tiere an ihren zitternden Bewegungen und der Tendenz, im Kreis zu laufen. Dieses „Tanzen" beruht auf einer Degeneration von zwei Kernen des Gehirns und wird rezessiv vererbt. Tanzmäuse gehören zu den *Qualzüchtungen* nach § 11 b des Deutschen Tierschutzgesetzes!

Haltungsform

Als gesellig, in Sippen lebende Rudeltiere sind Mäuse zur Einzelhaltung nicht geeignet, da der Mensch nur in beschränktem Umfang die Rolle des Ersatzpartners übernehmen kann. Besonders im Hinblick auf das bereits erwähnte gegenseitige Wärmen und die Körperpflege leiden die Tiere unter sozialer Isolation stärker als durch andere Haltungsdefizite.

Für die Gruppenhaltung sollten die Tiere zur Vermeidung von Beißereien möglichst unmittelbar nach dem Absetzen im Alter von 18–21 Tagen zusammengebracht werden. Nach Eintritt der Geschlechtsreife tragen besonders männliche Tiere mitunter tödlich endende Rangordnungs- und Revierkämpfe aus, da im Käfig ein Abwandern überzähliger Tiere wie in natürlichen Populationen nicht möglich ist. Die Gemeinschaftshaltung mehrerer Weibchen, auch tragender und säugender Tiere, ist hingegen bei nicht zu hoher Besatzdichte unproblematisch.

Am besten vertragen sich Wurfgeschwister in Form von 1 Männchen und 2–3 Weibchen. Das Böckchen muß zur Vermeidung von unerwünschtem Nachwuchs bereits im Alter von 3–4 Wochen kastriert werden, da die weiblichen Jungtiere um den 28. Lebenstag erstmals brünstig werden. Auch die Trennung nach Geschlechtern innerhalb des Wurfes muß deshalb vor diesem Zeitpunkt erfolgen.

Unterbringung

Käfig

Wegen der intensiven Nagetätigkeit und wegen der starken Verschmutzung in Verbindung mit einer intensiven Geruchsentwicklung durch ihre Ausscheidungen ist Holz *(Fäulnis, Schimmel!)* als Käfigmaterial für Mäuse ungeeignet. Die im Zoofachhandel angebotenen Kunststoffschalen mit Gitteraufsatz sind zwar gut zu reinigen, reichen aber mit den üblichen 25–30 cm Seitenlänge nicht aus, da die Tiere sehr bewegungsaktiv sind und eine besondere Ausgestaltung des Käfigs erforderlich machen. Als Mindestabmessungen sind daher 80 cm Seitenlänge x 30 cm Tiefe x 30 cm Höhe anzusehen.

Die Vergitterung muß zum Klettern querverdrahtet sein. Da Versinterungen binnen kurzem abgenagt werden und Messinglegierungen vom Speichel angegriffen werden und oxidieren, sollte die Drahtkonstruktion galvanisch verzinkt oder matt verchromt sein. Der Abstand der Gitterstäbe darf wegen der schlanken Körperform der Jungmäuse 8 mm nicht überschreiten.

Rundkäfige und ähnliche unzweckmäßige Behältnisse sind abzulehnen. Ausgediente Aquarien und rundum geschlossene Terrarien sind zur Unterbringung von Mäusen nur geeignet, wenn eine ausreichende Luftzirkulation gewährleistet ist. Glasscheiben beschlagen sehr leicht, und der entstehende schmierige Feuchtigkeitsfilm begünstigt nicht nur das Wachstum von Bakterien, sondern macht auch das Glas undurchsichtig.

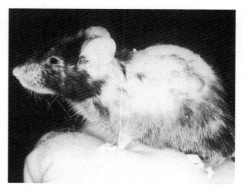

Abb. 18 Zu hohe Luftfeuchtigkeit und erhöhte Ammoniakkonzentration in hohen Glasbehältern führen bei Mäusen zu ekzematischen Hautveränderungen. Der dabei auftretende Juckreiz veranlaßt die Tiere, sich selbst Bißverletzungen zuzufügen (Automutilation).

Wärme- und Feuchtigkeitsstaus in Verbindung mit den hohen Ammoniakwerten aus dem abgesetzten Harn führen zu Atemwegserkrankungen und ekzematischen Hautveränderungen (Abb. 18).

Die Grundfläche eines Glasbehältnisses für Farbmäuse sollte daher etwa 80 cm Seitenlänge x 50 cm Tiefe betragen, die Höhe wäre mit 40–50 cm zu veranschlagen. Eine Abdeckung aus Maschendraht ist zu empfehlen, da Jungtiere im sog. Flohalter relativ hoch springen.

Käfiginventar

Wie alle kleinen Nager lieben Mäuse die Dreidimensionalität, d. h., der Käfig sollte mindestens 1–2 Etagen aufweisen, die über Leitern oder Kletteräste zu erreichen sind. Wegen der besseren Hygiene sind auch hier handelsübliche Kunststoffeinsätze vorzuziehen. Drahtroste und Schrägen in dieser Art sind auf Dauer zu scharfkantig und verursachen Sohlenballenerkrankungen.

Für ihre Ruhephase während des Tages als Fluchtort sowie als Schutzraum gegen Kälte, Zugluft und grelles Licht benöti-

KLEINSÄUGER ALS HEIMTIERE ■ 337

Abb. 19 Schlafhäuschen aus Ton in Igluform entsprechen den hygienischen Anforderungen besser als Holzprodukte.

gen Mäuse Schlafhäuschen in Kastenform mit den Abmessungen von ca. 15 cm Seitenlänge x 10 cm Tiefe x 10 cm Höhe, Schlupfloch ⌀ 5 cm. Zu empfehlen sind Holzkistchen ohne festen Boden. Häuschen aus Kunststoff sind in der Regel zu leicht und werden beim Hineinschlüpfen verschoben und umgestoßen. Sehr gut bewährt, weil leicht zu reinigen, haben sich die im Zoofachhandel angebotenen Tonbehältnisse in Igluform (Abb. 19). Umgedreht aufgestellte Blumentöpfe mit einer seitlich angebrachten Schlupföffnung erfüllen den gleichen Zweck und bieten den Vorteil variabler Größe, da jeweils die gesamte Mäusesippe im Nest Platz finden muß.

Es ist üblich, Mäusen zum Abreagieren ihres Bewegungsdranges Laufräder in den Käfig zu stellen. Wie für den Goldhamster müssen sie bestimmte Voraussetzungen erfüllen (s. S. 324).

Zur Verabreichung von Körner- bzw. Mischfutter eignen sich am besten massive, glasierte Tongutbehältnisse, deren Durchmesser so gewählt werden muß, daß sich die Tiere nicht hineinsetzen und das Futter verkoten können. Füttern vom Boden widerspricht ebenfalls der Hygiene. Alleinfutter in Pelletform wird über Futterautomaten verabreicht. Ein Wasserspender mit Trinknippel sollte aus Platzersparnis und zur besseren Handhabung außen angebracht werden. Wegen der Empfindlichkeit der Tiere gegenüber Nässe ist unbedingt darauf zu achten, daß der Trinknippel korrekt schließt und nicht ständig tropft. Wassernäpfe sind ungeeignet.

Eine Schale mit Vogelsand zum Eingraben dient der Fellpflege.

Immer wieder auszuwechselnde Pappröhren, Rindenstücke, Natursteine und kleine Schachteln schaffen ein verändertes Umfeld und regen zum Erkunden und zur Beschäftigung an. Auch die im Zoofachhandel angebotenen, mehrfach durchbohrten Holzrundlinge sind empfehlenswert (Abb. 20).

Standort

Mäuse brauchen dieselben Standortbedingungen für ihren Käfig wie der Goldhamster (s.S. 325).

Abb. 20 Ein mehrfach durchbohrter Ast dient Mäusen zum Klettern und Verstecken.

Freilauf in der Wohnung

Direkten Freilauf in der Wohnung wie die meisten anderen Heimnager benötigen Mäuse nicht. Da sie nie aus größerer Höhe als 50 cm herabspringen, genügt ihnen ein normaler Tisch mit überstehender Platte zur Kompensation ihres Bewegungsdranges. Tischbeine und Sockel müssen für die Tiere unerreichbar sein, um ein Hinunterklettern auf den Fußboden zu verhindern. Mit Hilfe von Holzkistchen, Schachteln und in Etagenform angebrachten Brettchen mit Verbindungsstegen kommt man dem Bedürfnis der Mäuse entgegen, alles zu untersuchen und zu erkunden. Nachdem sämtliche Gegenstände durch die Ausscheidungen der Tiere schnell verschmutzen, müssen sie immer wieder erneuert werden.

Auslauf im Freien

Da sich Mäuse aufgrund ihres angeborenen Schutzverhaltens sofort zu verstecken versuchen und in der Regel nicht mehr zu finden sind, ist Auslauf im Freien illusorisch (s. S. 326).

Fütterung

Mäuse sind Allesfresser. Sie besitzen jedoch eine Vorliebe für Körnerfutter wie Weizen, Hafer und Reis und ziehen dies Fett, Fleisch oder getrockneten Früchten vor. Die im Zoofachhandel angebotenen, fertigen Körnermischungen enthalten in unterschiedlichen Mischungsverhältnissen zusätzlich Gerste, Buchweizen, Mais, Hirse, geschälte Sonnenblumenkerne, Grassamen, Hanf und Leinsaat. Die Futteraufnahme erfolgt überwiegend nachts, die Tagesration beträgt etwa 5 Gramm (= ca. 1 leicht gehäufter Eßlöffel).

Zur Deckung des Vitaminbedarfs wird Grün- und Saftfutter in Form von Löwenzahn, Hirtentäschelkraut, Sauerampfer, Salat, Gurken, Möhren, Äpfeln, Birnen, Weintrauben, Erdbeeren usw. verabreicht.

Als zusätzliche Eiweiß- und Fettgaben eignen sich in Milch eingeweichte Semmel, hartgekochtes Ei, etwas milder Käse, leicht angesengter Speck und einzelne Mehlwürmer.

Von der Zusammenstellung her am korrektesten sind sog. Alleinfutter in Pelletform, die dem täglichen Bedarf entsprechend ausbalanciert sind und zur freien Aufnahme zur Verfügung gestellt werden können. Die wertbestimmenden Bestandteile betragen nach Schmidt (1973) 48–52 % Kohlenhydrate, 23–30 % Eiweiß, 6–9 % Fett, 4–5 % Rohfaser, 6–7 % Asche mit Mineralstoffen und Spurenelementen.

Handling

Trotz ihrer ausgesprochen sozialen Lebensweise ist das mimische und wahrnehmbare, stimmliche Ausdrucksrepertoire der Mäuse sehr bescheiden. Dies hängt damit zusammen, daß aus Gründen der Sicherheit Warn- und Schrecklaute im Ultraschallbereich liegen und daß der überwiegende Teil der Kontaktpflege über den Geruchssinn abläuft. Es bedeuten:

Zuwenden der Vorder- und Rückseite des Körpers = Kontaktaufnahme über das Anbieten von Duftproben, Erkennen der Sippenzugehörigkeit;

Anbieten des Kopfbereiches = Aufforderung zu gegenseitiger Körperpflege;

steif aufgestellte Extremitäten, hochgerichtete Mundpartie, Schlagen mit dem Schwanz, Trommeln mit den Hinterläufen = Drohgebärde, Imponiergehabe;

hohe Piepstöne = Streit- bzw. Kampflaute, Zeichen der Kampfaufgabe;

steiles Aufrichten, angelegte Vorderläufe, Darbieten der Kehle = Kampfaufgabe, Demutshaltung.

Da Labormäuse gezielt auf Zahmheit gezüchtet werden, sind die von ihnen abstammenden Zuchtstämme in den Zoofachgeschäften ebenfalls veranlagungsgemäß zutraulich. Will man Mäuse handzahm machen, muß man sich ihrer angeborenen Neugier bzw. ihres Orientierungsbestrebens bedienen. Man lockt sie mit Leckerbissen (Rosinen, Kekse, Datteln) und läßt sie zum Speichern des menschlichen Eigengeruchs ausgiebig auf den Händen klettern und schnuppern. Hektische und ruckartige Bewegungen irritieren sie und sollten unterbleiben. Kraulen hinter den Ohren und im Nackenbereich wird als angenehm empfunden und gern toleriert, da es dem Putzen durch Artgenossen entspricht. Auch eine Papprolle zum Hineinschlüpfen dient dem Gewöhnen an die Hand (Abb. 21). Bei intensiver Beschäftigung wird diese von den Tieren sogar als Fluchtort akzeptiert, und sie laufen bei Gefahr auf sie zu.

Will man eine Maus vom Boden aufnehmen, bildet man durch Zusammenlegen der Hände eine Art Höhle und läßt sie hineinklettern. Sobald sie sich beruhigt hat, kann sie hochgehoben werden. Zum Umsetzen in einen anderen Käfig kann man die Schwanzwurzel mit Daumen und Zeigefinger erfassen und das Tier daran hochheben. Tragende oder schwergewichtige Tiere unterstützt man zusätzlich an den Füßen mit der flachen Hand. Zum Fixieren erfaßt man die Maus unmittelbar hinter dem Kopf an der Genickfalte (s. auch Abb. 13). Sie verfällt dabei in die sog. Tragestarre und läßt ohne Probleme kleinere Manipulationen an sich vornehmen. Wichtig ist dabei, daß man ohne Hast vorgeht und die Hautfalte sehr knapp hinter dem Kopf

Abb. 21 Mäuse klettern gern in Pappröhren und lassen sich mit deren Hilfe leicht an die menschliche Hand gewöhnen.

hochgezogen wird, da sich die Tiere in der Hand drehen und zubeißen können. Geschieht dies, darf man die Maus auf keinen Fall aus der Hand schleudern oder fallen lassen. Schwere Verletzungen des kleinen Körpers wären die Folge. Auch zu festes Zupacken kann Störungen der Atmung und der Herzarbeit hervorrufen.

Hygiene

Obwohl Mäuse analog zu den übrigen Kleinnagern ihre Körperoberfläche mehrmals täglich durch Belecken mit der Zunge säubern, haben sie einen typischen Eigengeruch, der durch ihre Duftdrüsen an den Sohlenballen und durch ihr Markieren mit Harn entsteht. Auch durch häufiges Reinigen des Käfigs mit heißem Wasser und Desinfektionsmittelzusätzen kann dieser Geruch nicht unterdrückt werden. Wie bereits erwähnt, ist er für das Behaglichkeitsgefühl der Tiere essentiell, da sie ihre Umgebung und ihre Familienmitglieder nur über diese Duftstoffe erkennen. Mehr als wöchentliches Erneuern der Einstreu ist also nicht angezeigt.

Als Bodenbelag eignet sich eine Schicht Hobelspäne (ca. 2–3 cm), unter die in den bevorzugten Kotecken zur Geruchsbindung etwas Katzenstreu eingebracht werden kann. Sägemehl ist nicht zu empfehlen, da es an den Extremitäten kleben bleibt, beim Putzvorgang aufgenommen wird und zu Verdauungsstörungen führen kann. Auch torfmullhaltige Tierstreu ist wegen der Staubentwicklung und wegen einer häufig anzutreffenden Verpilzung ungeeignet.

Zum Polstern für das Schlafnest müssen Heu, Stroh und Packpapierschnitzel *(kein Zeitungspapier – Druckerschwärze enthält manchmal toxisch wirkende Bestandteile!)* angeboten werden. Woll- oder Bastfäden sind nicht geeignet, da es zu Abschnürungen an den Extremitäten kommen kann.

Tränkeflasche und Futterschüsselchen sind täglich gründlich zu reinigen.

Zucht

Da sich Mäuse auch unter beengten Verhältnissen explosionsartig vermehren können, ist an Nachzucht nur zu denken, wenn Abnehmer für die Jungtiere vorhanden sind. Junge Mäuse sind bereits im Alter von 4–5 Wochen geschlechtsreif und müssen deshalb bis zum Abschluß der Wachstumsphase mit 5–6 Monaten zur Vermeidung von zusätzlichem Nachwuchs nach Geschlechtern getrennt gehalten werden. Erst dann sollten sie zur Paarung zugelassen werden. Nähere Ausführungen hierzu wurden bei den Angaben zur Biologie gemacht (s. S. 333).

Die Geburt erfolgt während der Nacht und verläuft in der Regel komplikationslos binnen 15–20 Minuten. Außer der Erhöhung der Eiweißration und dem vermehrten Anbieten von Nistmaterial sowie eines möglichst großen Schlafhäuschens sind keine besonderen Vorkehrungen zu treffen. Unruhe in der Umgebung und Verändern des Nestgeruchs durch manuelles Kontrollieren *(nicht mit der bloßen Hand – Gegenstand aus dem Käfig verwenden!)* können die Tiere in Panik versetzen und zum Auffressen der Jungen veranlassen (Kannibalismus). Sind mehrere Weibchen gleichzeitig trächtig, wird zur Erzielung einer größtmöglichen Wärme (ca. 30 °C) ein Gemeinschaftsnest (s. Abb. 16) angelegt, in dem die Neugeborenen von allen Müttern im Wechsel gesäugt und auch gepflegt werden (Putzen, Massieren der Bauchregion zur Anregung der Verdauung und Entfernen des sogenannten Milchkotes). Die Männchen beteiligen sich nicht an der Pflege der Jungtiere. Mit 12–14 Tagen öffnen die Jungen ihre Augen. Gleichzeitig erfolgt die erste Aufnahme von festem Futter, und das Nest wird zu ersten Ausflügen in die Umgebung verlassen.

Albinoratte, Farbratte

Biologie

Die Vorfahren aller Ratten, die als Heimtiere gehalten werden, stammen von der Wanderratte *(Rattus norvegicus)* ab und kamen vor 200 Jahren aus Ostasien nach Europa. Wie die inzwischen in Deutschland fast ausgestorbene Hausratte *(Rattus rattus)* gehört sie zur Familie der Mäuse (Murinae). Sie sind weltweit verbreitet und leben aufgrund ihrer großen Anpassungsfähigkeit in den unterschiedlichsten Klimazonen und Biotopen.

Ratten zählen auch heute noch zu den sog. Ekeltieren – völlig zu Unrecht, wie die nachfolgenden Ausführungen zeigen werden. Man hatte sie zum Hauptverantwortlichen für die Übertragung der Beulenpest gemacht, obwohl die Ansteckung nur über den Rattenfloh erfolgen konnte. Heute gilt es als erwiesen, daß vor allem die katastrophalen hygienischen Zustände der damaligen Zeit als Ursache für die Seuchenzüge anzusehen sind.

Ratten sind Rudeltiere wie die Mäuse und verfügen über ein hochentwickeltes Sozialbewußtsein. Sie sind nachtaktiv und schlafen tagsüber die meiste Zeit. Als Kulturfolger leben sie in der Nähe des Menschen in Speichern, Kellern und bevorzugt in den Kanalisationen. Sie legen unterirdische Bauten an, deren einzelne Räume durch Gänge verbunden sind. Der zentrale Platz, eine Art Wöchnerinnenstube, wird von den säugenden Müttern eingenommen. Um ihn herum gruppieren sich Vorrats- und Schlafräume sowie eine Toilette. Dies veranschaulicht auch die Rangordnung in der Großfamilie: Mütter und Jungtiere nehmen in der Wertigkeit den ersten Platz ein.

Ratten ernähren sich überwiegend von Getreide und Getreideprodukten, Obst und Nüssen sowie gelegentlich von Insekten und Würmern. In Notzeiten gehen sie auch an Textilien, Leder und Papier. Ihre Nagezähne wachsen ständig nach.

Bereits mit 4 Monaten werden Ratten geschlechtsreif. Über den Duft ihrer Sexualhormone lockt das paarungsbereite Weibchen männliche Tiere an. Im Rudel wird es während ihrer 6 Stunden dauernden Brunst mehrere hundertmal begattet, wobei die Kopulation nur einige Sekunden dauert. Die Paarung erfolgt quer durch die Familie: Mutter – Sohn, Vater – Tochter, Bruder – Schwester. Trotzdem kommt es nicht zu Inzuchterscheinungen. Die Tragezeit beträgt 24 Tage, die Wurfstärke bei der Wildform 5–7 Junge, bei domestizierten Tieren bis 15. Die Geburt geht problemlos vonstatten. Junge Ratten kommen nackt und blind zur Welt. Wegen ihrer Kälteempfindlichkeit legt die Rättin ein warmes, weich gepolstertes Nest an. Die Säugeperiode dauert vier Wochen. Nach dem Öffnen der Augen um den 15. Lebenstag beginnen die Jungen, festes Futter aufzunehmen. Mit 5 Wochen sind sie voll behaart. Da bereits 2 Tage nach der Geburt eine erneute Befruchtung des Weibchens erfolgt, sind 6–8 Würfe pro Jahr möglich.

Die Körperlänge einer erwachsenen Ratte beträgt 40–46 cm, wobei der Schwanz nur geringfügig kürzer ist als der gesamte Körper. Das Körpergewicht liegt zwischen 400 und 800 g. Ihre Lebenserwartung beläuft sich auf 2–3 Jahre.

Als Nachttier verfügt die Ratte über kein besonders gutes Sehvermögen bei Tageslicht. Vor allem Albinos besitzen eine extrem hohe Lichtempfindlichkeit, und die Lichtintensität im Käfig sollte 60 Lux (= Dämmerlicht, Hausgangbeleuchtung) nicht überschreiten. Farbensehen ist wegen der in der Netzhaut fehlenden Zapfen nicht möglich.

Wie die Mäuse orientieren sich auch Ratten in erster Linie über den Geruchssinn. Neben dem Aufspüren von Futter dient er vor allem dem Erkennen von natürlichen Feinden, der Identifikation von Familienmitgliedern und dem Herausfinden von paarungsbereiten Weibchen.

Der Geschmackssinn der Ratten ist ebenfalls hervorragend, und sie können geringste Spuren von Gift registrieren. Eine Besonderheit ist der sog. Vorkoster, ein zumeist junges Männchen, das unbekanntes Futter probieren muß. Zeigen sich bei ihm einige Stunden später keinerlei Schadwirkungen, beginnen auch die übrigen Tiere davon zu fressen. Junge Ratten gehen nur an Futter, das von älteren bereits benagt wurde.

Ihr Gehör reicht bis zu einer Frequenz von 80 Kilohertz, da der überwiegende Teil der innerartlichen Lautäußerungen im Ultraschallbereich liegt.

Tasthaare um Nasen- und Mundöffnung sowie an den Pfoten und am Schwanz dienen dem Raumgefühl und der besseren Orientierung in der Dunkelheit. Bei Sprüngen übernimmt der Schwanz auch Balancefunktionen.

Sehr empfindlich reagieren sie auf Zugluft und Temperaturschwankungen. Die Raumtemperatur darf nicht unter 7 °C absinken. Das Fehlen des wärmenden Nestbereichs, aber auch zu hohe Umgebungstemperaturen führen schon nach kurzer Zeit zu gesundheitlichen Problemen. Gesträubtes Fell, gekrümmte Rückenhaltung mit nach unten eingezogenem Kopf, Gewichtsverlust, eingesunkene Flanken, rasselnde Atemgeräusche, Hypothermie der Körperoberfläche, Austrocknung und reduziertes Erkundungsverhalten signalisieren Störungen des Kleinklimas (Abb. 22).

Ratten sind ausdauernde Schwimmer und können hervorragend tauchen. Auch sind sie sehr geschickte Kletterer, und es gelingt ihnen, mehrere Stockwerke an senkrechten Fassaden zu überwinden und weite Strecken über Telefonleitungen zu balancieren.

Sie gehören zu den intelligentesten Heimtieren und werden sehr schnell zahm. Ihren Pfleger lernen sie schon nach kurzer Zeit kennen. Sie treten zu ihm in ein persönliches Verhältnis, das sehr viel Zuwendung und Zeit erfordert. Einzeltiere sollten daher nur von Personen gehalten werden, die dem Rechnung tragen können. Ansonsten ist das Halten von gleichgeschlechtlichen Wurfgeschwistern zu empfehlen.

Im Zoofachhandel werden neben den wildfarbenen, graubraunen Ratten vor allem Albinos und weiß-braun gescheckte Tiere angeboten. Schwarze, mink- und cremefarbene Ratten sind seltener anzutreffen. Nach der Haarbeschaffenheit unterscheidet man glatt- und wollhaarige Formen.

Haltungsform

Als gesellig, in Großfamilien lebende Rudeltiere mit einem hochentwickelten Sozialverhalten sind Ratten zur Einzelhaltung nicht geeignet, weil der Mensch nur in beschränktem Umfang die Rolle des Ersatzpartners annehmen kann. Besonders im Hinblick auf das gegenseitige Wärmen im Nest und die Körperpflege leiden die Tiere unter sozialer Isolation stärker als durch andere Haltungsdefizite.

Da sich Angehörige eines Familienclans am Geruch erkennen, ist das Zusammensetzen fremder Ratten problematisch und führt in der Regel zu blutigen Auseinandersetzungen. Lediglich bei verschiedengeschlechtlichen Tieren fällt das natürliche Aggressionsverhalten

Abb. 22 Gesträubtes Fell, gekrümmte Rückenhaltung, eingesunkene Flanken, erschwerte Atmung und Gewichtsverlust sind bei der Ratte Anzeichen für einen falschen Käfigstandort.

weniger stark ins Gewicht. Infolge des ausgeprägten Geschlechtstriebes kommt es fast immer kurzfristig zur Paarung mit anschließendem Tolerieren.

Für die Gruppenhaltung sollten die Tiere zur Vermeidung von Beißereien möglichst unmittelbar nach dem Absetzen im Alter von 6–8 Wochen zusammengebracht werden. Am besten vertragen sich Wurfgeschwister des gleichen Geschlechts. Sollen Männchen und Weibchen zusammen gehalten werden, muß das Böckchen zur Vermeidung von unerwünschtem Nachwuchs bereits im Alter von 3–4 Monaten kastriert werden, da die weiblichen Jungtiere zu diesem Zeitpunkt erstmals brünstig werden. Auch die Trennung nach Geschlechtern innerhalb des Wurfes muß deshalb vor diesem Zeitpunkt erfolgen.

Unterbringung

Käfig

Wegen der intensiven Nagetätigkeit und wegen der starken Verschmutzung in Verbindung mit einer intensiven Geruchsentwicklung durch ihre Ausscheidungen ist Holz *(Fäulnis, Schimmel!)* als Käfigmaterial für Ratten ungeeignet. Die im Zoofachhandel angebotenen Kunststoffschalen mit Gitteraufsatz sind zwar gut zu reinigen, reichen aber mit den üblichen 30–40 cm Seitenlänge größenmäßig nicht aus, da die Tiere sehr bewegungsaktiv sind und eine besondere Ausgestaltung des Käfigs erforderlich machen. Als Mindestabmessungen sind daher 80 cm Seitenlänge x 30 cm Tiefe x 30 cm Höhe anzusehen.

Die Vergitterung muß zum Klettern querverdrahtet sein. Da Versinterungen binnen kurzem abgenagt werden und Messinglegierungen vom Speichel angegriffen werden und oxidieren, sollte die Drahtkonstruktion galvanisch verzinkt oder matt verchromt sein. Der Abstand der Gitterstäbe darf wegen der schlanken Körperform der Jungratten 15 mm nicht überschreiten.

Rundkäfige und ähnliche unzweckmäßige Behältnisse sind abzulehnen. Aquarien und rundum geschlossene Terrarien sind zur Unterbringung von Ratten nur geeignet, wenn eine ausreichende Luftzirkulation gewährleistet ist. Glasscheiben beschlagen sehr leicht, und der entstehende schmierige Feuchtigkeitsfilm begünstigt nicht nur das Wachstum von Bakterien, sondern macht auch das Glas undurchsichtig. Wärme- und Feuchtigkeitsstaus in Verbindung mit den hohen Ammoniakwerten aus dem abgesetzten Harn führen zu Atemwegserkrankungen und ekzematischen Hautveränderungen. Die Grundfläche eines Glasbehältnisses für Ratten sollte daher etwa 80 cm Seitenlänge x 50 cm Tiefe betragen, die Höhe wäre mit 40–50 cm zu veranschlagen. Eine Abdeckung aus Maschendraht ist zu empfehlen, damit die Tiere nicht über die Inneneinrichtung herausklettern.

Speziell auf die Bedürfnisse von Ratten zugeschnittene Heimtierkäfige sind nicht im Handel.

Käfiginventar

Wie alle kleinen Nager lieben Ratten die Dreidimensionalität, d. h., der Käfig sollte mindestens 1–2 Etagen aufweisen, die über Leitern oder Kletteräste zu erreichen sind. Wegen der besseren Hygiene sind auch hier handelsübliche Kunststoffeinsätze vorzuziehen. Drahtroste und Schrägen in dieser Art sind auf Dauer zu scharfkantig und verursachen Sohlenballenerkrankungen.

Als Bewohner unterirdisch angelegter Bauten brauchen Ratten vor allem

Schlupf- und Versteckmöglichkeiten in Form von kleinen Schachteln, Papp- oder Keramikröhren (∅ ca. 6–8 cm) und Holzkistchen.

Je verwinkelter die Einrichtung ausfällt, desto besser. Lediglich im Zentrum des Käfigs sollte analog zum natürlichen Rattenbau ein größerer Freiplatz sein. Vom Käfigdeckel herabhängende Klettertaue und eine Schale mit Vogelsand zum Eingraben bieten eine zusätzliche Möglichkeit zur Betätigung.

Auf Laufräder muß wegen möglicher Schwanzverletzungen bei Ratten verzichtet werden.

Für ihre Ruhepausen während des Tages und als Fluchtort sowie als Schutzraum gegen Kälte, Zugluft und grelles Licht benötigen Ratten Schlafhäuschen in Kastenform mit den Abmessungen von ca. 20 cm Seitenlänge x 15 cm Tiefe x 15 cm Höhe, Schlupfloch ∅ 6 cm. Da Holz sehr gern benagt wird und schnell verschmutzt, eignen sich Tonbehältnisse am besten. Auch die im Zoofachhandel angebotenen Meerschweinchenhäuschen aus Hartplastik sind sehr gut zu verwenden, weil alle in der Gruppe lebenden Tiere darin Platz finden müssen.

Zur Verabreichung von Körner- bzw. Mischfutter eignen sich am besten massive, glasierte Tongutbehältnisse, deren Durchmesser so gewählt werden muß, daß sich die Tiere nicht hineinsetzen und dabei das Futter verkoten können. Füttern vom Boden widerspricht ebenfalls der Hygiene. Alleinfutter in Pelletform wird über Futterautomaten verabreicht. Ein Wasserspender mit Trinknippel sollte aus Platzersparnisgründen und zur besseren Handhabung außen angebracht werden. Wegen der Empfindlichkeit der Tiere gegenüber Nässe ist unbedingt darauf zu achten, daß der Trinknippel korrekt schließt und nicht ständig tropft. Wassernäpfe sind ungeeignet.

Standort

Infolge ihrer hohen Bewegungsaktivität ist das Ruhebedürfnis der Ratten bei Tag besonders groß. Auch die Lichtempfindlichkeit und das starke Wärmebedürfnis dieser Tiere ist bei der Standortwahl für den Käfig zu berücksichtigen. Die für den Goldhamster relevanten Gesichtspunkte zur Käfigplazierung treffen auch für die Ratte zu (s. S. 325).

Freilauf in der Wohnung

Das Hauptproblem bei in der Wohnung freilaufenden Ratten besteht darin, daß sie überall Kot und Urin absetzen, was unseren Hygienevorstellungen nicht unbedingt entspricht. Trotzdem sollte ihnen täglich zur Hauptaktivitätszeit am Abend 1–2 Stunden Freilauf gewährt werden, wobei zur Vermeidung von Unfällen entsprechende Vorsichtsmaßnahmen angezeigt sind (s. S. 338).

Auslauf im Freien

Ratten verhalten sich im Freien wie Mäuse. Deshalb ist auch für sie Auslauf im Freien nicht sinnvoll.

Fütterung

Ratten sind Gemischtköstler, ernähren sich jedoch überwiegend vegetarisch. Sie besitzen eine Vorliebe für Körnerfutter wie Weizen, Hafer und Reis und ziehen dies Fleisch, Fett oder getrockneten Früchten vor. Sehr gern werden kernige Haferflocken, gekochte Nudeln und gekochte Kartoffeln genommen. Im Zoofachhandel werden für Ratten meistens Körnermischungen für Papageien oder Hamster angeboten, die neben Weizen und Hafer vor allem Sonnenblumenkerne, Mais, verschiedene Hirsearten sowie Erbsen und Karotten in getrock-

Abb. 23 Übermäßiges Verabreichen von fetthaltigen Nahrungsmitteln führt schon nach kurzer Zeit zum Verfetten (Adipositas) der Ratte.

neter Form enthalten. Die Futteraufnahme erfolgt überwiegend nachts, die Tagesration beträgt etwa 15 g (= ca. 3 leicht gehäufte Eßlöffel).

Zur Deckung des Vitaminbedarfs wird Grün- und Saftfutter in Form von Löwenzahn, Feldsalat, Gurken, Möhren, Äpfeln, Birnen, Weintrauben, Erdbeeren usw. verabreicht. Auch getrocknetes Obst und gekochtes Gemüse werden nicht verschmäht.

Als zusätzliche Eiweißgaben, die aber nur in geringen Mengen angezeigt sind, eignen sich in Milch eingeweichte Semmel, hartgekochtes Ei, etwas milder Käse und Rinderhackfleisch.

Von der Zusammensetzung her am günstigsten sind sog. Alleinfutter in Pelletform, die dem täglichen Bedarf entsprechend ausbalanciert sind und zur freien Aufnahme zur Verfügung gestellt werden können, ohne zur Fettleibigkeit (Adipositas) zu führen (Abb. 23). Die wertbestimmenden Bestandteile betragen nach Schmidt (1973) 48–52 % Kohlenhydrate, 23–30 % Eiweiß, 6–9 % Fett, 4–5 % Rohfaser, 6–7 % Asche mit Mineralstoffen und Spurenelementen.

Zum Nagen können Nüsse in der Schale und hart getrocknete Brotrinden angeboten werden.

Handling

Trotz ihrer ausgesprochen sozialen Lebensweise ist das mimische, wahrnehmbare stimmliche und sonstige Ausdrucksrepertoire der Ratte sehr bescheiden. Dies hängt damit zusammen, daß aus Gründen der Sicherheit Warn- und Schrecklaute im Ultraschallbereich liegen und der überwiegende Teil der Kontaktpflege über den Geruchssinn abläuft. Es bedeuten:

Zuwenden der Vorder- und Rückseite des Körpers = Kontaktaufnahme über das Anbieten von Duftproben, Erkennen der Sippenzugehörigkeit;
Anbieten des Kopfbereiches = Aufforderung zur gegenseitigen Körperpflege;
Über- bzw. Unterkriechen = Ausdruck von Zuneigung;
drohendes Aufrichten, Entblößen des Gebisses = Abwehr, Imponiergehabe;
helle, hohe Schreie = Erregung, Angst;
sog. Demutsschrei im Ultraschallbereich = Unterwerfung, Ersuchen um Aufnahme ins Rudel.

Ratten reagieren gegenüber dem Menschen nur selten aggressiv und werden bei ruhigem Umgang infolge ihrer Anpassungsfähigkeit und ihres Lernvermögens sehr schnell zutraulich.

Will man eine Ratte handzahm machen, muß man sich ihrer angeborenen Neugier bzw. ihres Orientierungsstrebens bedienen. Man lockt sie mit Leckerbissen (Obststückchen, Kekse, Käsehäppchen) und läßt sie zum Speichern des menschlichen Eigengeruchs ausgiebig auf den Händen klettern und schnuppern. Hektische und ruckartige Bewegungen irritieren sie und sollten unterbleiben. Kraulen hinter den Ohren und im Nackenbereich wird als angenehm empfunden und gern toleriert, da es dem Putzen durch Artgenossen entspricht. Auch eine Papprolle zum

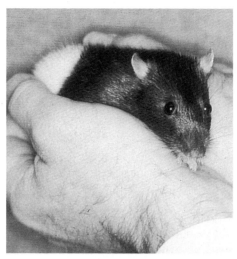

Abb. 24 Beim Hochheben fühlen sich Ratten am sichersten in einer Höhlung aus beiden Händen.

Hineinschlüpfen dient dem Gewöhnen an die menschliche Hand. Bei intensiver Beschäftigung wird letztere von den Tieren sogar als Fluchtort akzeptiert, und sie laufen bei Gefahr auf diese zu.

Sehr gern lassen sich Ratten auf dem Arm oder auf der Schulter spazieren tragen, wobei sie die Umgebung beobachten und gleichzeitig Körperkontakt mit dem Pfleger halten können.

Will man eine Ratte vom Boden aufnehmen, bildet man mit den hohlen Händen eine Art Höhle und läßt sie hineinklettern (Abb. 24). Sobald sie sich beruhigt hat, kann sie hochgehoben werden. Im Gegensatz zur Maus kann man Ratten am Schwanz nicht aufheben. Er ist wegen seiner empfindlichen Schwanzhaut nicht dafür geeignet, das gesamte Körpergewicht zu tragen. Zum Fixieren umgreift man die Ratte mit Daumen und Zeigefinger im Hals-Schulter-Bereich, wobei man zur Vermeidung von Bißverletzungen den Daumen gegen den Unterkiefer drückt. Auch an der Genickfalte kann man die Ratten fixieren. Da sie diesen Griff nicht so gern tolerieren und schnell zubeißen können, sollte er auf Ausnahmen beschränkt bleiben. Zu festes Zupacken kann zur Blaufärbung der Schleimhäute (Zyanose) infolge Kreislaufversagens führen.

Hygiene

Ähnlich den Mäusen können die an sich sehr sauberen Ratten zum Hygieneproblem werden. Im Gegensatz zu den wildlebenden Formen benutzen sie als Heimtiere nicht nur eine bestimmte Ecke zum Absetzen von Harn und Kot, sondern verteilen ihre Ausscheidungen im gesamten Käfig. Deshalb ist wöchentlich eine zweimalige Reinigung mit heißem Wasser zu empfehlen. Verschmutzte Einrichtungsgegenstände wie kleine Schachteln, Papprohren etc. ersetzt man von vornherein durch neue.

Als Bodenbelag eignet sich am besten eine Lage Packpapier mit einer Schicht Hobelspäne (ca. 2–3 cm), unter die in den bevorzugten Kotecken zur Geruchsbindung etwas Katzenstreu eingebracht werden kann. Sägemehl ist nicht zu empfehlen, da es an den Extremitäten kleben bleibt, beim Putzvorgang aufgenommen wird und zu Verdauungsstörungen führen kann. Auch torfmullhaltige Tierstreu ist wegen der Staubentwicklung und wegen einer häufig anzutreffenden Verpilzung ungeeignet.

Zum Polstern für das Schlafnest müssen Heu, Stroh und Packpapierschnitzel *(kein Zeitungspapier – Druckerschwärze enthält manchmal toxisch wirkende Bestandteile!)* angeboten werden. Woll- oder Bastfäden sind nicht geeignet, da es zu Abschnürungen an den Extremitäten kommen kann.

Tränkeflasche und Futterschüsselchen sind täglich gründlich zu reinigen.

Zucht

Ratten als Heimtiere sollten wegen der kurzen Tragezeit und wegen des raschen Heranwachsens der Jungtiere nur dann nachgezüchtet werden, wenn Abnehmer feststehen. Ein besonderer Zuchtkäfig ist dafür nicht erforderlich.

Da junge Ratten mit 2–3 Monaten geschlechtsreif sind, müssen sie bis zum Abschluß der Wachstumsphase mit 5–6 Monaten zur Vermeidung von zusätzlichem Nachwuchs nach Geschlechtern getrennt gehalten werden und sollten erst dann zur Paarung zugelassen werden. Nähere Ausführungen zum Ablauf wurden bei den Angaben zur Biologie gemacht (s. 341).

Die Geburt erfolgt während der Nacht und verläuft in der Regel komplikationslos binnen 30 Minuten. Außer der Verdoppelung der Futterration und dem vermehrten Anbieten von Nistmaterial sowie eines möglichst großen Schlafhäuschens sind keine besonderen Vorkehrungen zu treffen. Unruhe in der Umgebung und Verändern des Nestgeruchs durch manuelles Kontrollieren *(nicht mit der bloßen Hand – Gegenstand aus dem Käfig verwenden!)* sollten unterbleiben, obwohl Ratten hierauf nicht so panisch reagieren wie Mäuse. Sind mehrere Weibchen gleichzeitig trächtig, wird zur Erzielung einer größtmöglichen Wärme (ca. 30 °C) ein Gemeinschaftsnest angelegt, in dem die Neugeborenen von allen Müttern bis zum Alter von vier Wochen im Wechsel gesäugt und auch gepflegt werden (Putzen, Massieren der Bauchregion zur Anregung der Verdauung und Entfernen des sog. Milchkotes). Die Männchen beteiligen sich nicht an der Pflege der Jungtiere.

Mit 12–15 Tagen öffnen die Jungen ihre Augen. Kurze Zeit später erfolgt die erste Aufnahme von festem Futter, und das Nest wird zu ersten Ausflügen in die Umgebung verlassen. Nach dem Haarwechsel im Alter von 6 Wochen trennt man die Jungen von der Mutter.

Mongolische Rennmaus

Biologie

Die Mongolische Rennmaus *(Meriones unguiculatus)* gehört zur Familie der Wühler (Cricetidae) und ist mit dem Feldhamster verwandt. Sie wird auch unter der Bezeichnung Gerbil und Wüstenrennmaus im Handel angeboten.

Ihr Lebensraum sind die Steppen und Halbwüsten Asiens, vor allem der Mongolei und der Mandschurei. Den dort herrschenden extremen Witterungsbedingungen mit trockenen und heißen Sommern und kalten Wintern haben sich die Tiere in Körperbau und Lebensweise angepaßt.

Sie legen sich unter der Erdoberfläche ein umfangreiches Höhlen- und Wegenetz mit Nisträumen und Kammern für Wintervorräte an. Da sie keinen Winterschlaf halten, isolieren sie den Bau durch eine gute Polsterung in Form von Gräsern und Blättern gegen die Kälte.

Rennmäuse leben gesellig in Familienverbänden, wobei jeweils mehrere Generationen zusammenbleiben. Mitglieder einer Sippe erkennen sich am Geruch. Sie sind tag- und nachtaktiv.

Während des Sommerhalbjahres ernähren sie sich von Gräsern, Blättern, Kräutern, Wurzeln und gelegentlich von Insekten. Ihren Wasserbedarf decken sie durch Ablecken von Tautropfen. Für das Winterhalbjahr legen sie Vorräte in Form von Samenkörnern an.

Rennmäuse leben in einer monogamen Partnerschaftsbeziehung. Sie werden im Alter von 2½–3 Monaten geschlechtsreif. Der Paarungszeitraum erstreckt sich über einen halben Tag, wobei das Weibchen mehrere hundert Male für einige Sekunden besprungen wird. Die Tragzeit beträgt 23–26 Tage. Während der Geburt verlassen die übrigen Familienmitglieder das Wurfnest und beobachten zum Schutz die Umgebung. Im Durchschnitt werden 5 nackte und blinde Junge geboren. Sie werden ganztägig von der Mutter gesäugt, gewärmt und durch intensives Belecken gepflegt. Mit 10 Tagen sind sie voll behaart, und mit 12 Tagen erscheinen die Schneidezähne. Um den 20. Tag öffnen die Tiere die Augen. Ab der 6. Lebenswoche sind sie voll entwickelt und selbständig.

Die braunmelierte Wildfarbe der Mongolischen Rennmaus nennt man wie bei den Meerschweinchen agouti. Im Zoofachhandel werden hauptsächlich Tiere dieser Färbung angeboten. Daneben sind aber auch Albinos, schwarze, graue und cremefarbene Tiere erhältlich.

Wegen ihrer zahlreichen Feinde – Füchse, Iltisse, Eulen – werden Rennmäuse in freier Wildbahn nur selten älter als 1 Jahr. Ihre hochentwickelten Sinnesorgane sind daher besonders auf Fluchtverhalten ausgerichtet. Ihre großen, weit hervorstehenden Augen ermöglichen einen Blickwinkel von nahezu 360°. Ihr Hörvermögen reicht bis in den Ultraschallbereich von 20.000 bis 150.000 Hertz. Mit Hilfe ihres Geruchssinns können sie über das Sekret spezieller Duftdrüsen (Talgdrüse am Bauch und Hardersche Drüsen im Augen-Nasen-Bereich – Verteilung der Duftstoffe über den Körper beim Putzen) nicht nur Sippenangehörige, sondern sogar das einzelne Individuum erkennen. Die Tasthaare an der Schnauze dienen nachts als Fühler für die Größe der Schlupflöcher (Abb. 25).

Besonders ausgeprägt ist auch das

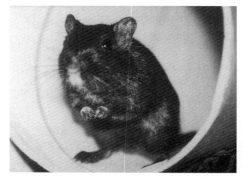

Abb. 25 Eine schwarze Wüstenrennmaus, sichernd aufgerichtet in einer als Unterschlupf dienenden Papphöhre.

Orientierungsvermögen. Mit Hilfe spezieller Drehbeschleunigungsmeßfühler in den Bogengängen des Innenohrs ist die Mongolische Rennmaus in der Lage, aus Richtungsänderungen und zurückgelegten Wegstrecken den Rückweg zu ihrem Schlupfwinkel zu berechnen, auch wenn dieser mehrere Kilometer entfernt liegt. Ihre ruckartigen Bewegungen erklären sich daraus, daß ihr Druckbeschleunigungsmeßfühler diese abrupten Bewegungen besser registriert.

Wittert eine Rennmaus Gefahr, signalisiert sie dies ihren Artgenossen, indem sie mit den Hinterpfoten auf den Boden trommelt. Wie auf Kommando richten sich dann alle Tiere auf, um zu sichern und notfalls im nächsten Moment die Flucht zu ergreifen. Neben diesem Schreckverhalten gibt es noch das sog. Begattungstrommeln, das etwas rascher und leiser erfolgt.

Haltungsform

Mongolische Rennmäuse eignen sich nicht zur Einzeltierhaltung. Männchen und Weibchen leben in einer überwiegend monogamen Partnerschaftsbeziehung und haben ein stark ausgeprägtes Bedürfnis nach sozialen Kontakten. Sie betreiben gegenseitige Fellpflege und lie-

Abb. 26 Bei zu klein bemessenen Käfigen bzw. bei zu dichtem Besatz reagieren Rennmäuse mit aggressivem Verhalten und verbeißen sich häufig ineinander.

gen beim Schlafen eng beieinander. Sie ergänzen sich bei der Sicherung des Territoriums sowie beim Nestbau und bei der Pflege der Nachzucht.

Allein gehaltene Tiere stehen unter Dauerstreß, wirken auffallend schreckhaft, sind sehr krankheitsanfällig und neigen zu Ersatzhandlungen wie Gitterbeißen.

Bei der zu empfehlenden Paarhaltung ist das männliche Tier zur Verhinderung von unerwünschtem Nachwuchs zu kastrieren. Mit ihren Jungen bilden die Alttiere einen Familienverband. Bei zu engen Käfigen bzw. zu dichtem Besatz beobachtet man jedoch ein zunehmend nervöses und aggressives Verhalten, wobei sich die Tiere häufig ineinander verbeißen (Abb. 26). Hier hilft nur das räumliche Trennen.

Unterbringung

Käfig

Spezielle Käfige für Rennmäuse, die dem Leben dieser Wühler in einem unterirdischen Höhlen- und Gangsystem nachempfunden sind, gibt es bislang nicht. Im Zoofachhandel werden wie für den Goldhamster Kunststoffschalen mit Gitteraufsatz angeboten. Da die Tiere sehr bewegungsaktiv sind und eine besondere Ausgestaltung des Käfigs erforderlich machen, sind als Mindestabmessungen 60 cm Seitenlänge x 30 cm Tiefe x 30 cm Höhe anzusehen. Der Rand der Kunststoffschale sollte wegen der tieferen Einstreu möglichst hoch sein. Da Versinterungen bald abgenagt werden und Messinglegierungen vom Speichel angegriffen werden und oxidieren, sollte die Drahtkonstruktion aus matt verchromtem oder galvanisch verzinktem Material gearbeitet sein. Der Abstand der Gitterstäbe sollte 12 mm nicht überschreiten.

Besonders verhaltensgerechten Bewegungsspielraum bieten mehrere Käfige, die durch röhrenartige Übergänge aus Drahtgeflecht (Maschenweite 12,5 mm, vierkantig) miteinander verbunden sind.

Da Wüstenrennmäuse nur minimale Harnmengen und sehr kleine, trockene Kotballen absetzen, können auch Vollglasbecken zur Unterbringung herangezogen werden. Sie bieten Käfigen gegenüber den Vorteil, daß man einen 25–30 cm hohen Bodenbelag einbringen kann, in dem die Tiere nach Herzenslust wühlen und graben können. Allerdings sollte das Becken mindestens 80 cm Seitenlänge x 50 cm Tiefe x 50 cm Höhe aufweisen, um eine ausreichende Luftzirkulation zu gewährleisten. Wegen des Sprungvermögens der Gerbils muß es oben mit einem Gitter abgedeckt werden.

Käfiginventar

Wüstenrennmäuse sind es gewohnt, ihren Lebensbereich zu unterteilen. Deshalb sollte ihr Käfig zur Vergrößerung der Grundfläche mehrere Ebenen aufweisen. Nachdem man ohnehin auf Hamsterkäfige ausweichen muß, bieten sich die dazu passenden, etagenähnlichen Kunststoffeinsätze an. Drahtroste und Leitern in dieser Art sind auf Dauer zu scharfkantig und nicht zu empfehlen.

Zur Befriedigung ihres ausgeprägten Bewegungsbedürfnisses kann man den Tieren ein Laufrad anbieten (s.S. 324).

Für die Verabreichung von Körner- bzw. Mischfutter eignen sich am besten massive, glasierte Tongutbehältnisse. Allerdings ist der hygienische Effekt wegen der Angewohnheit der Rennmäuse, alles zu durchsuchen und durchzuwühlen, nur gering. Ein Wasserspender sollte aus Platzersparnis und zur besseren Handhabung außen angebracht werden.

Immer wieder auszuwechselnde Papprohren (s. Abb. 25), Rindenstücke, Natursteine sowie kleine Kistchen und Schachteln regen zur Beschäftigung an.

Ein Schlafhäuschen ist nicht erforderlich, da sich die Tiere selbst Schlafnester in der Einstreu anlegen.

Standort

Auch bei Wüstenrennmäusen muß sich der Standort des Käfigs an der Eigenart der Tiere orientieren. Wegen ihres feinen Gehörs und wegen ihrer abrupt einsetzenden Fluchtreaktionen beim Wahrnehmen von Bodenerschütterungen sowie infolge des sog. Beutegreifereffekts ist ein Abstellen des Käfigs in Tischhöhe angezeigt. Ein ständiger Geräuschpegel in Form von Radiomusik, verbunden mit Vibrationen durch in der Nähe befindliche Elektrogeräte (Kühlschrank, Fernsehapparat etc.), bedeutet für die Tiere schweren Streß. Ebenso belastend für die mit einem hochentwickelten Sensorium ausgestatteten Lebewesen erweist sich jedoch das Fehlen optischer und akustischer Reize in einem abgelegenen Raum. Ein teilweise besonnter Standort bei normaler Zimmertemperatur (18–22 °C),

normaler Luftfeuchte (40–70 %) und mit Familienanschluß stellt das Optimum dar.

Freilauf in der Wohnung

Trotz der relativ geringen Körpergröße und ihrer großen Behendigkeit kann man Mongolischen Rennmäusen unter Aufsicht 1–2 Stunden Freilauf in der Wohnung gewähren, sofern die üblichen Vorsichtsmaßnahmen getroffen wurden (s. S. 325).

Ein Einfangen nach dem Freilauf ist nicht nötig, wenn man gleich zu Beginn den geöffneten Käfig auf den Boden stellt. Auch in großen Räumen finden sie mit Hilfe ihres Geländegedächtnisses immer zu ihrer Behausung zurück.

Auslauf im Freien

Obwohl Wüstenrennmäuse ein sehr gutes Heimfindevermögen besitzen, ist ein Auslauf im Freien nicht möglich, da auch bei relativ zahmen Individuen ihr intaktes Wildtierverhalten dominiert und sie sich schon nach kurzer Zeit eingraben.

Fütterung

Rennmäuse füttert man einmal pro Tag und wie alle kleinen Heimnager möglichst pünktlich zur gleichen Zeit, da sich die Tiere darauf einstellen.

Als Gemischtköstler benötigen sie auch tierisches Eiweiß. Im Handel sind Fertigfuttermischungen erhältlich, die in etwa 50 % Haferflocken, 10 % Gerste, 10 % Weizen, 10 % Sonnenblumenkerne, 10 % Grünpellets sowie 5 % Leinsaat und 5 % Haselnüsse enthalten. Die Tagesration beträgt 5–8 g (= 1 leicht gehäufter Eßlöffel). Mehr sollte nicht verfüttert werden, da die Tiere ein Überangebot in der Einstreu vergraben, wo es verschmutzt und verdirbt.

Zur Deckung des Bedarfs an tierischem

Eiweiß genügen 2–3 Mehlwürmer pro Woche, einige Kügelchen Hüttenkäse oder etwas hartgekochtes Ei. Hinzu kommt Saftfutter in Form von kleinen Apfel- oder Birnenschnitzen, Möhrenstücken, aller Arten von Beeren sowie Wiesengräsern und Löwenzahnblättern. Die verabreichte Menge liegt bei etwa 5 g pro Tag und richtet sich nach der Aufnahme. Auch Trockenfrüchte aus dem Reformhaus wie Rosinen, Aprikosen oder Vogelbeeren werden akzeptiert.

Als Nagematerial eignen sich Zweige von Weide, Buche, Linde, Haselnuß, Birnbaum und Apfelbaum *(Vorsicht bei Ziergehölzen, die oft giftig sind!)*.

Obwohl der Wasserbedarf gering ist, muß täglich zu erneuerndes Trinkwasser *(Leitungswasser abkochen – Chlorgehalt!)* ständig zur Verfügung stehen.

Aufgrund ihrer vegetarischen Ernährungsweise muß ein Salzleckstein zur Verfügung stehen.

Handling

Trotz ihrer ausgesprochen sozialen Lebensweise ist das mimische, gestische und wahrnehmbare stimmliche Ausdrucksvermögen der Mongolischen Rennmäuse nur beschränkt. Dies hängt damit zusammen, daß aus Gründen der Sicherheit die Lautäußerungen im Ultraschallbereich und der überwiegende Teil der Kontaktpflege über den Geruchssinn ablaufen. Zu beobachten sind:

Anbieten des Kopfes zur Fellpflege = Kontaktaufnahme;
Beschnuppern = Erkennen der Sippenzugehörigkeit;
leises Fiepen, starres Innehalten in der Bewegung = Schreck, Gefahr;
starkes Trommeln mit den Hinterläufen = Warnung vor Gefahren;
schwächeres und schnelleres Trommeln der Weibchen = Begattungsbereitschaft.

Will man Rennmäuse handzahm machen, muß man sich ihrer angeborenen Neugier bedienen. Man lockt sie mit Leckerbissen (Nüsse, Rosinen, Mehlwürmer) und läßt sie zum Speichern des menschlichen Eigengeruchs ausgiebig auf den Händen klettern und schnuppern. Hektische und ruckartige Bewegungen irritieren sie und sollten unterbleiben. Kraulen hinter den Ohren und an der Wange wird als angenehm empfunden und gern toleriert. Nach einiger Zeit lassen sie sich ohne weiteres hochheben. Zum Einfangen bildet man mit den Händen über dem Tier eine Art Höhle und wartet, bis es sich beruhigt hat. Dann schließt man die Hände und kann es in den Käfig setzen. Auch an der Genickfalte kann man die Tiere gut fassen, weil sie wie die meisten kleinen Nager in die sog. Tragestarre fallen. Trotz der unvorteilhaften Optik gilt diese Methode als Mittel der Wahl, weil sie dem Tragen des Jungtieres durch die Mutter entspricht.

Am Schwanz dürfen Rennmäuse wegen der leicht reißenden Haut über den Schwanzwirbeln nicht erfaßt werden (Abb. 27). Streß kann bei Gerbils zur Schockstarre (Katalepsie) führen.

Abb. 27 Am Schwanz dürfen Gerbils wegen der dünnen Haut über den Schwanzwirbeln nicht erfaßt werden. Bei Abrissen müssen die stehengebliebenen Wirbelkörper amputiert werden.

Hygiene

Im Gegensatz zu Maus und Ratte stellen Gerbils aus hygienischer Sicht keine besonderen Anforderungen. Als Steppen- bzw. Halbwüstenbewohner produzieren sie nur geringe Mengen an Ausscheidungen, deren Geruch kaum wahrnehmbar ist. Deshalb ist ein gründliches Reinigen des Käfigs mit heißem Wasser in Abständen von 3–4 Wochen ausreichend. Zu häufiges Säubern empfinden die Tiere als Störung, da sie den Käfig jedesmal neu einrichten müssen.

Als Einstreu eignet sich eine Schicht weißer Vogelsand und darüber eine Lage Hobelspäne (jeweils ca. 2–3 cm). Für eine zusätzliche Bodenschicht sorgen die Tiere selbst, wenn man ihnen zur Befriedigung ihres enormen Nagebedürfnisses geeignetes Material in Form von Wellpappestreifen, kleinen Kartonschachteln, Brettchen von Obstkisten, Hartholzzweigen und Rindenstücken *(Vorsicht bei Ziergehölzen, die oft giftig sind!)* anbietet. Zum Nestbau benötigen sie Heu, Stroh, Packpapierschnitzel, Zellstofftücher etc. Je nach Umgebungstemperatur wird das Nest geschlossen oder offen gehalten. Torfmullhaltige Tierstreu ist wegen zu starker Staubentwicklung und wegen einer häufig anzutreffenden Verpilzung nicht zu empfehlen.

Tränkeflaschen und Futterschüsselchen sind täglich gründlich zu reinigen.

Zucht

Mongolische Wüstenrennmäuse als Heimtiere sollten wegen der relativ kurzen Tragezeit und wegen des raschen Heranwachsens der Jungtiere nur dann nachgezüchtet werden, wenn Abnehmer feststehen. Ein besonderer Zuchtkäfig ist dafür nicht erforderlich.

Nach erfolgter Paarung, wie sie einleitend beschrieben wurde, und einer Tragezeit von 23–26 Tagen findet in den frühen Morgenstunden die komplikationslose Geburt von 3–6 nackten und blinden Jungen statt. Außer einer Verdoppelung der Eiweißration und dem vermehrten Anbieten von Nistmaterial sind keine besonderen Vorkehrungen zu treffen. Unruhe in der Umgebung und Verändern des Nestgeruchs durch manuelles Kontrollieren *(nicht mit der bloßen Hand – Gegenstand aus dem Käfig verwenden!)* könnte zum Anlegen eines neuen Nestes und zum Umziehen führen. Das Muttertier ist die ersten Tage voll mit dem Säugen und der Pflege der Jungtiere beschäftigt, an der sich nach einigen Tagen auch das Männchen beteiligt. Mit 10 Tagen sind die Jungen voll behaart, und mit 18–23 Tagen öffnen sie die Augen. Mit 5 Wochen beginnen sie mit der Futteraufnahme und sind mit etwa 6 Wochen völlig selbständig.

Chinchilla

Biologie

Chinchillas, auch Hasenmäuse genannt, gehören zu den Nagetieren (Rodentia). Unter den Heimnagern zählt das Meerschweinchen zu seinen direkten Verwandten. Es gibt zwei Arten: das Kurzschwanz-Chinchilla *(Chinchilla chinchilla boliviana)* und das Langschwanz-Chinchilla *(Chinchilla lanigera)*. In der Heimtierhaltung handelt es sich immer um die zweite Art.

Die Heimat der Chinchillas ist Südamerika. Sie bevölkern in Form von Kolonien bis in 5000 m Höhe die Anden Perus, Boliviens, Chiles und Argentiniens. Natürliche Höhlen und Felsspalten bieten ihnen Unterschlupf. Den starken Temperaturschwankungen dieser Region haben sie sich durch ein beson-

Abb. 28 Aufgrund ihrer kräftig entwickelten Hinterextremitäten verfügen Chinchillas über ein beachtliches Sprungvermögen. Die kurzen Vordergliedmaßen dienen vor allem dem Abstützen des Oberkörpers und dem Erfassen der Nahrung.

Abb. 29 Fellverklebungen im Bereich des Unterkiefers weisen auf Erkrankungen der Mundhöhle infolge von Zahnanomalien hin. Auch leeres Kauen ist zu beobachten.

ders dichtes und weiches Fell angepaßt, das sie mit Hilfe von Sandbädern eifrig pflegen. Sie sind dämmerungs- und nachtaktiv und verbringen die ganze Zeit mit Futtersuche. Steppengräser, Kakteenfrüchte, Blätter und Rinde von Sträuchern und Wurzeln bilden die Nahrungsgrundlage. Ihren Wasserbedarf decken sie vor allem über den morgendlichen Tau. Sie sind sehr bewegungsfreudig und verfügen mit ihren kräftig entwickelten Hinterextremitäten über ein beachtliches Sprungvermögen. Gut haftende, weiche Sohlenballen sorgen für sicheren Halt. Die kurzen Vordergliedmaßen dienen vor allem dem Abstützen und dem Erfassen der Nahrung (Abb. 28). Der buschige Schwanz dient der Balance und verhindert mit seiner borstigen Unterseite das Abrutschen auf glatten Flächen.

Wie alle dämmerungs- und nachtaktiven Tiere haben Chinchillas sehr große Augen, mit deren Hilfe sie sich auch in der Dunkelheit gut orientieren können. Ihre langen Schnurrhaare (Vibrissen), die sich in ständiger Bewegung befinden, dienen dem Ertasten der Umgebung. Ihr Hörvermögen ist ebenfalls sehr gut und kann tagsüber während der Ruhezeit auf bestimmte Frequenzen reduziert werden. Ihr Geruchssinn ist weniger gut ausgeprägt. Futter wird zwar beschnuppert, aber vor allem durch den sog. Probebiß auf Schmackhaftigkeit überprüft.

Chinchillas neigen wie alle Heimnager mit ständig nachwachsenden Zähnen zu Erkrankungen der Mundhöhle, wenn es aufgrund unzureichenden Zahnabriebs zu einem fehlerhaften Kieferschluß kommt (Abb. 29). Sekundäre Verdauungsstörungen mit Durchfall bzw. Verstopfung sind die Folge. Abrupte Futterwechsel und zu ballaststoffarme Fütterung verstärken die Anfälligkeit gegenüber Verdauungsstörungen. Außerdem erkranken Chinchillas bei Zugluft und zu hoher Luftfeuchtigkeit leicht an Atemwegsinfektionen, da ihr Fell aufgrund seiner besonderen Struktur nicht wasserabweisend ist (Schweigart, 1995).

Im Zoofachhandel werden überwiegend die wildfarbenen Chinchillas angeboten. Daneben gibt es weiße und braune Farbvarianten. Besonders beliebt sind Black Velvets (= Schwarz mit hellem Bauch) und Brown Velvets (= Braun mit hellem Bauch), die aber infolge eines Letalfaktors nicht direkt weitergezüchtet werden können.

Haltungsform

Chinchillas leben teilweise in einer monogamen Partnerschaftsbeziehung, aber auch in Familienverbänden von einem männlichen mit 2–3 weiblichen Tieren. Für die Heimtierhaltung empfiehlt sich die Anschaffung eines Paares in Form eines Weibchens mit einem kastrierten Böckchen oder von zwei weiblichen Wurfgeschwistern. Auch Mutter und Tochter harmonieren gut. Männchen vertragen sich nicht. Bei intensiver Zuwendung durch die Pflegeperson können Chinchillas auch einzeln gehalten werden.

Unterbringung

Käfig

Als bewegungsintensive Dämmerungs- und Nachttiere mit einem gewaltigen Sprungvermögen brauchen Chinchillas einen besonders geräumigen Käfig, da sie die Zeit ihrer größten Aktivität darin zubringen müssen. Als Mindestabmessungen sind 80 cm Seitenlänge x 50 cm Tiefe x 100 cm Höhe anzusehen. Die im Zoofachhandel angebotenen Kunststoffwannen mit Gitteraufsatz unterschreiten die Maße jedoch zumeist, da für Behältnisse in der angegebenen Größenordnung der Platz in der Wohnung fehlt. Auch die verzinkten Züchterkäfige in Würfelform mit 50 cm Kantenlänge sind für die Heimtierhaltung abzulehnen. Zur Erleichterung der Pflegemaßnahmen und der Innenraumgestaltung sowie zum Herausfangen sollten statt eines zentralen Türchens mehrere an strategisch sinnvollen Stellen angebracht sein.

Da Chinchillas alles benagen, muß die Vergitterung galvanisch verzinkt oder verchromt sein. Versinterungen und messingartiges Material sind ungeeignet. Gitterabstand bzw. Maschenweite dürfen 15 mm nicht überschreiten. Auf besonders sorgfältige Verarbeitung ist im Hinblick auf Verletzungsgefahren zu achten. Falls die Bodenschale aus Kunststoff gearbeitet ist, muß sie so angebracht sein, daß sie keine Angriffsstellen für die Zähne bietet.

Vogelkäfige sind bis auf rechteckige Zimmervolieren wegen ihrer ungünstigen Formgebung nicht zu verwenden.

Käfiginventar

Zur Kompensierung ihres intensiven Bewegungsbedürfnisses entwickeln die meisten Chinchillas infolge der Käfighaltung Stereotypien, die stets in gleicher Form zwischen bestimmten Fixpunkten ablaufen. Besonders das Fehlen unterschiedlicher Ebenen veranlaßt die Tiere, pausenlos hin- und herzurennen und zu Sprüngen anzusetzen, die dann unterbleiben. Das Anbringen von 2 oder 3 Sitzbrettchen im Abstand von 30–50 cm und eines Kletterastes ermöglicht den Tieren zumindest teilweise ihre artgemäße Bewegung.

Für die Ruhepausen benötigen Chinchillas ein hölzernes Schlafhäuschen von etwa 30 cm Seitenlänge x 20 cm Tiefe x 20 cm Höhe. Schlupfloch $\varnothing$ 10 cm. Der Deckel oder eine Seitenwand müssen zum Zweck der Reinigung zu öffnen sein. Kunststoffausfertigungen sind ungeeignet, da abgenagte Teile aufgenommen werden.

Tunnelförmig ausgehöhlte Stammteile von Obst- oder Laubbäumen *(Vorsicht bei Ziergehölzen, die oft giftig sind, und nach Einsatz von Insektiziden!)*, Papp- oder Tonröhren mit einem Durchmesser von 15–18 cm dienen als Versteckmöglichkeit bzw. Sichtschutz (s. Abb. 25).

Futterraufe und Wasserflasche mit Trinknippel sollten aus Sicherheits- und Platzersparnis, zur besseren Handhabung und zur Vermeidung von Verschmutzung außen angebracht werden. Innenraufen müssen mit einem Deckel versehen werden, damit vor allem Jungtiere nicht hineinspringen können *(Verletzungsgefahr!)*. Zur Verabreichung von Pellets bzw. Mischfutter eignen sich am besten massive, glasierte Tongutschalen, deren Querschnitt so gewählt werden muß, daß sich die Tiere nicht hineinsetzen und dabei das Futter verkoten können.

Ebenfalls aus glasiertem Ton (Höhe ca. 12 cm, Durchmesser ca. 20 cm) sollte die obligatorische Schale für das Sandbad der Chinchillas sein, das der Fellpflege dient *(Spezialsand für Chinchillas verwenden – Vogelsand ist ungeeignet!)*.

Standort

Bei der Standortwahl für den Chinchillakäfig ist vor allem an die bereits erwähnte Empfindlichkeit dieser Tiere gegenüber Nässe, Kälte und Zugluft zu denken. Da ihre Hauptaktivität in die Nachtstunden fällt und mit erheblichem Lärm verbunden sein kann, sollte der Käfig nicht in der Nähe der eigenen Schlafräume aufgestellt werden. Im Hinblick auf Umfeldbelastungen gelten dieselben Anhaltspunkte wie für Gerbils (s.S. 350).

Freilauf in der Wohnung

Aufgrund ihrer Sprungfreudigkeit sind Chinchillas darauf angewiesen, daß ihnen zumindest 1–2 Stunden pro Tag Freilauf in der Wohnung ermöglicht wird. Die frühen Abendstunden sind hierfür die günstigste Zeit. Er darf nur unter ständiger Beobachtung stattfinden, wobei besonders dem enormen Nagebedürfnis dieser Tiere Rechnung zu tragen ist. Hinzu kommt ihre Angewohnheit, alles mit einem Probebiß zu untersuchen. Wie beim Kaninchen ist eine Überprüfung der Wohnung auf Unfallrisiken unerläßlich (s. S. 315).

Auslauf im Freien

Auch bei sehr zahmen Chinchillas ist Auslauf im Freien praktisch nicht möglich, da sie sich gegen ihren Willen kaum einfangen lassen.

Fütterung

Chinchillas füttert man zweimal pro Tag und wie alle kleinen Heimnager pünktlich zur gleichen Zeit, da sich die Tiere darauf einstellen. Entsprechend ihrer Hauptaktivitätszeit erhalten sie ihre Hauptmahlzeit in den frühen Abendstunden.

Der Verdauungstrakt des Chinchillas ist auf eine nährstoffarme, ballaststoffreiche Nahrung programmiert. Obwohl die Tiere alle möglichen Leckereien wie Rosinen, Nüsse, Kekse und andere Süßigkeiten lieben, ist hier Zurückhaltung geboten. Auch Sonnenblumenkerne und die im Handel angebotenen Knabberherzen und Knabberstangen sind zu fett- bzw. ölhaltig.

Auf Dauer am unproblematischsten erweist sich die Verabreichung eines speziellen Alleinfutters in Pelletform. Wegen der nur geringen Haltbarkeit der darin enthaltenen Vitamine sollte es möglichst frisch produziert sein. Die Tagesration je Tier beträgt 10–15 g (= 2 leicht gehäufte Eßlöffel). Bei Nichtverzehren bis zur nächsten Fütterung ist die Menge zu reduzieren; dazu 1–2 Handvoll gut gelagertes, rohfaserreiches Heu *(Achtung auf Schimmelpilze – Toxinbildner!)* vom 1. Schnitt, das auch tagsüber zur Verfügung stehen muß. Als Leckerbissen können zur Kontaktaufnahme 1–2 Rosinen, einige getrocknete Hagebutten und eine halbe Hasel- oder Erdnuß von Hand gegeben werden. Zusätzliche Vitamin- und Mineralstoffgaben sind in der Regel nicht nötig. Abrupte Futterwechsel, auch von einem Pelletfutter zum anderen, sind bei Chinchillas wegen ihrer Anfälligkeit gegenüber Verdauungsstörungen zu vermeiden.

Als Nagematerial eignen sich Zweige von Weide, Buche, Linde, Haselnuß, Birnbaum und Apfelbaum *(Vorsicht bei Ziergehölzen, die oft giftig sind!).* Der tägliche Wasserbedarf beläuft sich auf 40–60 ml *(Leitungswasser abkochen – Chlorgehalt!).*

Aufgrund ihrer vegetarischen Ernährungsweise muß ein Salzleckstein zur Verfügung stehen.

Handling

Chinchillas verfügen aufgrund ihrer sozialen, auf Kommunikation ausgerichteten Lebensweise über eine eigene Körpersprache:
Fiepen der Jungtiere = Kontaktlaut;
Grunzen der Alttiere = Kontaktlaut;
Maunzen, Knurren = Unmut, Abwehr;
Schreien, Pfeifen = Aufregung, Warnung;
Männchenmachen = Neugier, Aufmerksamkeit;
Schnuppern = Kontaktaufnahme;
Aufrichten nach hinten = Drohen;
Urinspritzen = Abwehr.

Da sie ihr Wildtierverhalten noch nicht abgelegt haben, sind sie trotz ihrer relativen Zutraulichkeit immer etwas scheu und auf Flucht eingestellt. Durch Verabreichen von Leckerbissen wie Rosinen, getrocknete Hagebutten, Haselnüsse etc. *(Achtung auf die Finger – Probebiß!)* werden sie mit etwas Geduld gitter-, finger- und handzahm.

Zum Fangen ergreift man mit der rechten Hand die kräftige Schwanzwurzel am Ansatz, übt einen leichten Zug nach hinten aus und schiebt dann die linke Hand unter den Oberkörper. Wegen des lockeren Fells ist das Hochheben mittels Genickfalte nicht möglich *(Ausreißen der Haare!).*

Hygiene

Auch Chinchillas betreiben sehr intensive Körperpflege, indem sie sich mehrmals täglich putzen. Da sie Harn und Kot überall absetzen, sollte der Käfig samt Sitzbrettchen und Schlafhäuschen zweimal pro Woche mit heißem Wasser gereinigt und mit frischer Einstreu versehen werden. Hierzu eignen sich Hobelspäne mit einer Lage von kurz geschnittenem Heu oder Stroh (insgesamt ca. 4 cm hoch). Torfmullhaltige Tierstreu ist wegen der Staubentwicklung und wegen einer häufig anzutreffenden Verpilzung nicht zu empfehlen. Ebenfalls zur Verhinderung übermäßigen Staubes sollte das Sandbad jeweils nach der Benutzung aus dem Käfig genommen werden.

Männliche Chinchillas neigen zur Bildung von sog. Haarringen um den Penis. Die Tiere können diese beim Putzen nicht selbst entfernen und werden unruhig, weil es zu Abschnürungen der Penisspitze kommt. Das manuelle Entfernen dieser Haare gehört zu den regelmäßigen Pflegemaßnahmen.

Zucht

Chinchillas als Heimtiere sollten nur dann nachgezüchtet werden, wenn Abnehmer für die Jungen feststehen.

Mit 4–5 Monaten werden Chinchillaweibchen zum 1. Mal hitzig, wobei sie den sog. Brunstpfropfen aus der sonst geschlossenen Scheide ausstoßen. Die Brunst dauert 3–4 Tage. Der Deckakt erfolgt mehrmals und findet nachts statt. Die Tragezeit dauert 111 Tage.

Ein besonderer Zuchtkäfig ist nicht erforderlich, lediglich das Schlafnest

Abb. 30 Chinchillas sind Nestflüchter und werden vollständig behaart und sehend geboren.

muß geräumiger sein. Das Männchen kann im Käfig bleiben. Die Futterration ist während der Tragezeit und der Säugeperiode um die Hälfte zu erhöhen. Zusätzlich müssen Vitamine und Mineralstoffe verabreicht werden.

Chinchillas sind Nestflüchter und kommen vollständig behaart und sehend zur Welt (Abb. 30). Bereits in den ersten Lebenstagen beginnen die Jungen, am Futter der Mutter herumzuknabbern. Sie werden ca. 6 Wochen gesäugt. Nach weiteren 2–3 Wochen sind sie vollkommen selbständig.

Degu

Biologie

Der Degu (Octodon degus) gehört zoologisch zu den Meerschweinchenverwandten (Caviomorpha). Mit zwei weiteren Arten (Octodon bridgesi und Octodon lunatus) gehört er zur Gattung der Strauchratten (Octodon) aus der Familie der Trugratten (Octodontidae).

Das Herkunftsland der Degus ist Chile. Sie werden sowohl in den Küstengebieten als auch im Gebirge bis 1200 Meter Höhe angetroffen. Als Heimtiere traten sie erstmals 1975 in Ostdeutschland in Erscheinung.

Degus leben in offenen, buschbestandenem Gelände und legen unterirdische Höhlen an, die durch Gänge miteinander verbunden sind. Es sind Rudeltiere, die in Kolonien siedeln und ein hochentwickeltes Sozialverhalten zeigen. Jeweils 5–10 Tiere bilden einen Familienverband, der ein eigenes Territorium beansprucht, das mit Urinmarken gekennzeichnet und gegenüber Mitgliedern anderer Sippen verteidigt wird. Nach Sporon (1990) errichtet das ranghöchste Männchen einer Familie neben dem Erdbau eine Art „Feldherrnhügel" mit Hilfe von Rinden- und Aststücken, dessen Höhe die soziale Position des betreffenden Tieres innerhalb der Kolonie angibt. Wird der Hügel zerstört, verliert das Männchen seinen Rang.

Im Gegensatz zu den meisten übrigen Heimnagern sind Degus tagaktiv. Besonders in den frühen Morgenstunden und am Spätnachmittag gehen sie auf Futtersuche. Dabei beobachtet ein Familienmitglied von einem höher gelegenen Platz aus die Umgebung und stößt bei Gefahr einen pfiffartigen Warnlaut aus, der eine sofortige Flucht aller Tiere in die nächstgelegenen Erdröhren zur Folge hat. Die Ernährungsweise ist rein vegetarisch und auf ballastreiche, eher karge Kost abgestellt. Sie besteht aus trockenen Gräsern, Kräutern, Laub, Rinde, Kakteen, Wurzeln, Samen und Früchten.

Weibliche Degus werden mit 2 Monaten geschlechtsreif, männliche mit 3 Monaten. Die Tragezeit beträgt nach Mettler (1990) 77–90 Tage, die Wurfstärke im Durchschnitt 4–6 Tiere. Wie beim Meerschweinchen werden die Jungen voll entwickelt und sehend geboren. Sie werden etwa 4 Wochen von allen Weibchen einer Gruppe umsorgt und gesäugt, beginnen aber schon nach wenigen Tagen mit der Aufnahme von festem Futter. Im Alter von 6 Wochen sind sie selbständig. Das Weibchen wird unmittelbar nach dem Werfen wieder gedeckt, wobei es zu einer Vielzahl von Paarungen kommt.

Als tagaktive Tiere verfügen Degus im Gegensatz zu den meisten Heimnagern über ein sehr gutes Sehvermögen und beobachten ihre Umgebung sehr genau. Der hoch aufgerichtete Schwanz mit seiner typischen dunklen Quaste dient innerhalb des Rudels als optisches Erkennungszeichen.

Auffallend beim Degu ist seine Disposition für Grauen Star (Katarakt), dessen Entstehung noch nicht geklärt ist (Abb. 31).

Die relativ großen Ohren bilden die Voraussetzung für ein gut entwickeltes akustisches Wahrnehmungsvermögen der innerartlichen Lautäußerungen, die analog zu anderen Heimnagern teilweise im Ultraschallbereich liegen.

Auch der Geruchssinn ist ausgezeichnet und dient der Identifikation der einzelnen Rudelmitglieder sowie zum Beurteilen von Futterstoffen.

Wie alle Nager haben auch Degus ständig nachwachsende Zähne mit einem offenen Wurzelkanal und sind auf regelmäßigen Zahnabrieb über entsprechend strukturiertes Futter angewiesen. Die Nagezähne des Ober- bzw. Unterkiefers sind infolge einer besonderen Zahnschmelzbeschichtung wie beim Sumpfbiber besonders hart und auffallend orangefarben.

Zur Orientierung in ihren Erdbauten besitzen sie an der Schnauze und entlang der Extremitäten zahlreiche Tasthaare.

Die Körperlänge des Degus beträgt 25–30 cm, wobei ca. 12 cm auf den Schwanz entfallen. Die Haarfarbe ist am Rücken dunkelbraun, auf der Körperunterseite gelblich-weiß. Farbschläge wie beim Hamster oder Gerbil existieren nicht.

Haltungsform

Aufgrund ihrer sozial ausgerichteten Lebensweise, die durch stimmliches Korrespondieren und häufige Körperkontakte wie Beschnuppern und Beknabbern zur Begrüßung, spielerisches Aufreiten sowie gegenseitige Fellpflege charakterisiert ist, sind Degus zur Einzelhaltung nicht geeignet. Der Mensch als Bezugsperson kann auch durch intensive Beschäftigung mit einem allein gehaltenen Degu die artspezifischen Aktivitäten innerhalb einer Gruppe nicht ersetzen.

Am besten lassen sich Wurfgeschwister halten, wobei einem männlichen zwei weibliche Tiere beigegeben werden. Zur Vermeidung von unerwünschtem Nachwuchs ist das Männchen vor Eintritt der Geschlechtsreife im Alter von 2 1/2 Monaten zu kastrieren. Auch eine gleichgeschlechtliche Haltung von zwei oder drei Weibchen ist möglich, wobei besondere Sorgfalt bei der für Ungeübte etwas schwierigen Geschlechtsbestimmung angezeigt ist.

Abb. 31 Degus besitzen eine erbliche Veranlagung für Grauen Star (Katarakt).

Unterbringung

Käfig

Ein Käfig für Degus muß dem extremen Nagetrieb sowie dem Scharr- und Grabbedürfnis dieser Tiere Rechnung tragen. Kunststoffwannen mit Gitteraufsatz sind deshalb zur Unterbringung nur bedingt geeignet. Anzuraten ist der Kauf eines Terrariums, das für eine Gruppe von 3 Tieren die Mindestabmessungen 100 cm Seitenlänge x 50 cm Tiefe x 50 cm Höhe haben sollte. Von Vorteil sind hier vor allem vergitterte Seitenteile bzw. Belüftungsschlitze und der Zugang über frontal zu öffnende Schiebescheiben. Vom Raumangebot noch günstiger sind etwas höhere Behältnisse, wie sie für baumbewohnende Schlangen angeboten werden. Sie ermöglichen eine Ausstattung mit Klettermöglichkeiten und zusätzlichen Ebenen im Sinne einer dreidimensionalen Raumaufteilung.

Vollglasbecken sind wegen unzureichender Belüftung nicht empfehlenswert.

Käfiginventar

Aufgrund ihrer Lebensweise in unterirdischen Höhlen benötigen Degus vor allem Versteckmöglichkeiten in Form von Wurzelstücken, Schlupfkistchen aus Hartholz oder Höhlen aus übereinander geschichteten Steinen (z.B. Ziegel mit Steingutplatte als Abdeckung). Ein erhöhter Sitzplatz als Ausguck sollte ebenfalls zur Innenausstattung des Käfigs gehören.

Zur Vermeidung von Käfiglangeweile, die sich in Stereotypien wie Dauerscharren oder Eckenspringen äußert, werden Äste, Heu, Stroh und Rasenstücke mit Wurzelwerk zum Zerkleinern und als Nistmaterial angeboten.

Als Futternäpfe für Körnermischungen und Saftfutter eignen sich am besten Behältnisse aus glasiertem Steingut, deren Durchmesser so gewählt werden muß, daß sich die Tiere nicht hineinsetzen und das Futter verkoten können. Zur Vermeidung von Streitereien um den Freßplatz sind mehrere Futtergefäße aufzustellen. Ein außen am Terrarium angebrachter Wasserspender mit Trinknippel dient der Wasserversorgung. Wasserschüsselchen sind wegen zu rascher Verschmutzung mit Einstreu ungeeignet.

Für das essentielle Sandbad wird ein- bis zweimal täglich eine Keramikschale (Ø ca. 15 cm) mit frischem Badesand für Chinchillas (s. S. 355) in den Käfig gestellt.

Standort

Da Degus gern ein Sonnenbad nehmen, ist für den Käfig ein teilweise besonnter Standort zu wählen, wobei Morgen- bzw. Abendsonne bevorzugt werden. Bezüglich Aufstellungshöhe des Käfigs und Umfeld gelten dieselben Kriterien wie für Kaninchen, Meerschweinchen und die übrigen Heimnager. Empfindlich sind Degus vor allem gegenüber Zugluft.

Freilauf in der Wohnung

So sehr dem neugierigen und bewegungsaktiven Degu Freilauf in der Wohnung Spaß macht, so problematisch kann dies für den Besitzer werden. Wegen seines ausgeprägten Nagetriebes untersucht er fast alle Einrichtungsgegenstände mit seinen widerstandsfähigen Zähnen, und es ist wegen seiner Behendigkeit fast unmöglich, ihn daran zu hindern. Eine weitere Schwierigkeit besteht im Wiedereinfangen der Tiere, die geschickt jede Versteckmöglichkeit nutzen und auch bei relativer Zahmheit nicht freiwillig auf die Hand zurückkommen. Um Verletzungen beim Ergreifen zu vermeiden, sollte für alle Fälle ein Kescher zur Verfügung stehen.

Auslauf im Freien

Wegen der geschilderten Vorliebe für Verstecke und wegen ihrer dem Erdboden angepaßten Fellfärbung kann man den flinken Degus im Freien keinen Auslauf gewähren. Bezüglich der Beziehung zur Pflegeperson gilt das für den Goldhamster Gesagte (s. S. 326).

Fütterung

Wie bei Kaninchen, Meerschweinchen und Chinchillas besteht die Grundnahrung der Degus aus Heu, das als Ballastfutter ständig zur beliebigen Aufnahme verfügbar sein muß. Da der Rohfaseraufschluß mikrobiell in den Blinddärmen erfolgt, ist zur Vermeidung von Dysbakterien und daraus resultierenden Indigestionen auf gute Qualität zu achten.

Als Trockenfutter eignen sich die handelsüblichen Meerschweinchenmischungen aus Grünfutterpellets, geschrotetem Getreide und Trockengemüse. Auch Papageienfuttermischungen sind geeignet. Um ein Verfetten der Tiere zu vermeiden, sollte die täglich verabreichte Futtermenge für ein erwachsenes Tier nicht mehr als 10 g (= 1 Eßlöffel) betragen. Aus demselben Grund sollten fettreiche Beigaben wie Erdnüsse nur sporadisch verabreicht werden. Dabei ist zu bedenken, daß Degus in freier Natur nur selten gehaltvollere Futterstoffe zur Verfügung stehen und sie deshalb auf Magerkost eingestellt sind. Auch wird ein Großteil der aufgenommenen Energie wieder über die Futtersuche abgebaut, die sich über mehrere Stunden täglich erstrecken kann.

Saftfutter kann hingegen großzügig verabreicht werden Hierzu gehören Äpfel, Birnen, Weintrauben, Bananen, Möhren, Blumenkohl, Chicorée, Wirsing und die verschiedenen Blattsalate. Vom Wiesengrün eignen sich Löwenzahn, Wegerich, Klee und Sauerampfer. Wie für die übrigen Heimnager muß das Frischfutter hygienisch einwandfrei und unbelastet von toxisch wirkenden Pestiziden bzw. Düngemitteln sein.

Zur Befriedigung ihres Nagetriebes werden analog zum Kaninchen und Meerschweinchen frische Zweige von Obst- und Laubbäumen angeboten, ebenso Knäckebrot, Zwieback und handelsübliche Produkte wie Knabberstangen, Cracker, Joghurtdrops etc. Als Pflanzenfresser benötigen Degus einen Salzleckstein.

Obwohl Degus ihren Flüssigkeitsbedarf vorwiegend über das Saftfutter decken, muß ganztags frisches Wasser zur Verfügung stehen.

Handling

Das stimmliche Ausdrucksvermögen der Degus ähnelt dem der Meerschweinchen. Auch in mimischer Hinsicht und durch sonstiges Verhalten können sie sich, bedingt durch ihr soziales Zusammenleben, sehr gut mitteilen:

Fiepen = Kontaktlaut;
quäkende Klagelaute = Mißlaunigkeit, Schmerz;
quiekendes Pfeifen = Warnung, Alarm;
helles Trillern = Angriffsstimmung;
Nasenkontakt = Begrüßung;
Aufreiten, Beknabbern der Nacken- und Rückenpartie = Zuneigung;
aufgekrümmter Rücken, gesträubtes Fell = Abwehr, Imponiergehabe;
Entblößen der Zähne, gegenseitiges Betrommeln mit den Vorderextremitäten, Anspringen mit den Hinterextremitäten = Kampfverhalten;
Senken des Kopfes, langsames Entfernen, Darbieten der hinteren Körperregion = Unterwerfung.

Gegenüber der Pflegeperson legen Degus

aufgrund ihrer arteigenen Neugier sehr bald ihre anfängliche Scheu ab. Manuelles Verabreichen von Leckerbissen (Erdnüsse, Cornflakes, Rosinen), geduldiges Darbieten der Hand zum Beschnuppern und Hochklettern, beruhigendes Ansprechen sowie kraulende Fingerbewegungen im Nackenbereich unterstützen die Zähmung. Zum Hochheben umgreift man mit Daumen und Zeigefinger der rechten Hand von unten den Schultergürtel und schiebt dann die linke Hand unter den Körper (Abb. 32). Hektische Aktivitäten werden dabei ebenso übelgenommen wie plötzliches Annähern von oben (Beutegreifereffekt).

Festhalten am Schwanz ist ebenso problematisch wie beim Streifenhörnchen oder Gerbil, da die Schwanzhaut reißt. Hingegen bietet sich das Erfassen an der Genickfalte für notwendige, kurze Manipulationen am Tier an, da hierbei wie bei den übrigen Kleinnagern die Tragestarre ausgelöst wird.

Abb. 32 Die sehr flinken Degus fixiert man am besten durch Umgreifen im Bereich des Schultergürtels.

Hygiene

Degus sind wie alle kleinen Heimnager hygienebewußte Tiere, bei denen gründliche Fellpflege und das Reinigen der natürlichen Körperöffnungen zum Wohlbefinden gehören. Zum Absetzen des Harns legen sie eine Toilettenecke an, den relativ trockenen und gerucharmen Kot verteilen sie willkürlich im gesamten Käfig.

Als Einstreu eignen sich Hobelspäne oder Strohpreßlinge. Torfmullhaltige Tierstreu ist wegen zu starker Staubentwicklung und wegen möglicher Verpilzung abzulehnen. Da Degus die Angewohnheit haben, ihr Futter teilweise im Boden zu verscharren, muß die Einstreu wöchentlich 1–2mal erneuert werden. Das Säubern der Käfigwände und des mit Urin markierten Inventars sollte nur mit heißem Wasser erfolgen, da Desinfektionsmittelzusätze den für das Behaglichkeitsgefühl nötigen Eigengeruch überdecken.

Analog zu Ratte, Maus, Gerbil etc. muß Nist- bzw. Polstermaterial zum Ausgestalten des Schlafplatzes angeboten werden.

Da wegen des intensiven Wühlens und Scharrens die Futternäpfe und das Sandbad rasch verschmutzen, ist eine tägliche Reinigung angezeigt.

Zucht

Obwohl sich Degus infolge der relativ langen Tragezeit und der anschließenden Säugeperiode nicht so explosionsartig vermehren wie Mäuse und Ratten, sollte auch hier von vornherein feststehen, was mit dem Nachwuchs geschieht.

Das unmittelbare Zusammensetzen von Geschlechtspartnern aus unterschiedlichen Sippen ist wegen des Fremdgeruchs nicht möglich. Um Bißverletzungen zu vermeiden, müssen die Tiere über einige Tage, durch ein Gitter getrennt, aneinander gewöhnt werden. Wie beim weiblichen Chinchilla ist auch beim Degu die querverlaufende Scheidenfalte bis zur Paarung verschlossen. Weitere Angaben hierzu und zum Ablauf der Trächtigkeit wurden bereits beim biologischen Steckbrief gemacht (s. S. 357). Ein besonderer Zuchtkäfig sowie zusätzliche Futtergaben sind nicht erforderlich.

Erst kurz vor der Geburt, die in den frühen Morgenstunden erfolgt, beginnt das trächtige Weibchen ein Nest anzulegen, das mit Heu und Papierschnitzeln gepolstert wird. Komplikationen beim Geburtsvorgang selbst sind wie bei den übrigen Heimnagern nicht zu erwarten.

Die Jungen erkunden bereits im Alter von 1–2 Tagen die nähere Umgebung. Nach einer Woche beginnen sie mit der Aufnahme von fester Nahrung. Männliche Jungtiere müssen zur Vermeidung von Beißereien mit dem ranghöchsten Männchen im Alter von 6 Wochen separiert werden.

Literatur

Altmann, D. (1994): Meerschweinchen. Verlag Eugen Ulmer, Stuttgart.
Bartenschlager, E.-M. (1986): Alles über Meerschweinchen. Falken-Verlag, Niedernhausen.
Behrend, K. (1992): Meerschweinchen – richtig pflegen und verstehen. 5. Aufl., Verlag Gräfe und Unzer, München.
Berghoff, P. (1989): Kleine Heimtiere und ihre Erkrankungen. Paul Parey, Berlin und Hamburg.
Bielfeld, H. (1987): Der Goldhamster. Verlag Eugen Ulmer, Stuttgart.
Böhmer, E., und Köstlin, R. G. (1988): Zahnerkrankungen bzw. -anomalien bei Hasenartigen und Nagern. Der praktische Tierarzt 11, 37–50.
Bulla, G. (1994): Ratten als Heimtiere – richtig pflegen und verstehen. 5. Aufl., Verlag Gräfe und Unzer, München.
Drawer, K., und Ennulat, K. J. (1977): Tierschutzpraxis. Gustav Fischer Verlag, Stuttgart – New York.
Drawer, K. (1986): Tierschutz in Deutschland. 2. Aufl., Verlag Max Schmidt-Römhild, Lübeck.
Drescher, B., und Loeffler, K. (1991): Einfluß unterschiedlicher Haltungsverfahren und Bewegungsmöglichkeiten auf die Kompakta der Röhrenknochen von Versuchs- und Fleischkaninchen. 2. Mitteilung. Tierärztl. Umschau 46, 736–741.
Drescher, B., und Loeffler, K. (1991): Einfluß unterschiedlicher Haltungsverfahren und Bewegungsmöglichkeiten auf die Kompakta der Röhrenknochen von Versuchs- und Fleischkaninchen. 3. Mitteilung. Tierärztl. Umschau 47, 175–179.
Eibl-Eibesfeldt, I. (1987): Grundriß der vergleichenden Verhaltensforschung. Piper, München.
Fahrenkrug, P. (1985): Handbuch der Zahnbehandlung in der Kleintierpraxis. Albrecht GmbH & Co. KG, Aulendorf.
Flauaus, G. (1981): Zwergkaninchen. 5. Aufl. Franckh'sche Verlagshandlung, W. Keller & Co., Stuttgart.
Frisch, O. von (1990): Streifenhörnchen. 3. Aufl., Verlag Gräfe und Unzer, München.
Gabrisch, K., und Zwart, P. (Hrsg.) (1995): Krankheiten der Heimtiere. 3. Aufl., Schlütersche Verlagsanstalt, Hannover.
Grzimek, B. (1969): Grzimeks Tierleben XI. Kindler Verlag AG, Zürich.
Hamel, I. (1994): Das Meerschweinchen als Patient. Gustav Fischer Verlag, Jena – Stuttgart.
Herre, W., und Röhrs, M. (1990): Haustiere – zoologisch gesehen. 2. Aufl., Gustav Fischer Verlag, Stuttgart – New York.
Hollmann, P. (1982): Streicheltiere wollen nicht nur gestreichelt werden. Du und das Tier 12, Nr.4, 138–44.
Hollmann, P. (1987): Fehler der Heimtierhaltung. Der praktische Tierarzt 68, 44 ff., 61 ff.
Hollmann, P. (1988): Tierschutzgerechte Unterbringung von Heimtieren – Tips für die Beratung in der Kleintiersprechstunde. Tierärztl. Prax. 16, 227–236.
Hollmann, P. (1989): Besonderheiten der Heimtiere in der Mensch-Haustier-Beziehung. Tierärztl. Prax. 17, 1–11.
Hollmann, P. (1993): Heimtierhaltung aus tierschützerischer Sicht. Schweizer Tierschutz, Du + die Natur 4, 5–32.

Hollmann, P. (1993): Essentials zu den am häufigsten gehaltenen Heimtieren. Schweizer Tierschutz, Du + die Natur 4, 33–39.
Hollmann, P. (1993): Das Meerschweinchen. Bayerische Landestierärztekammer, München.
Hollmann, P. (1993): Verhaltensgerechte Unterbringung von Kleinnagern. Tierärztl. Umschau 48, 123–134.
Hollmann, P. (1995): Das Zwergkaninchen. Bayerische Landestierärztekammer, München.
Isenbügel, E. W. (1993): Der Degu – ein Heimtier mit Zukunft? Schweizer Tierschutz, Du + die Natur 4, 46–48.
Isenbügel, E. W. (1985): Heimtierkrankheiten. Verlag Eugen Ulmer, Stuttgart.
Isenbügel, E., und Baumgartner, R. (1985): Heimtierhaltung – Motivation und Voraussetzungen. Schweizer Tierschutz, Du + die Natur 3, 4–25.
Käser, K. (1994): Artgerechte Kaninchengruppenhaltung – ein interessantes Projekt. Schweizer Tierschutz, Du + die Natur 1, 19–23.
Kalle, G., und Ritter, G. (1994): Projekt Kaninchenhaltung der Landwirtschaftlichen Schule Bäregg. Schweizer Tierschutz, Du + die Natur 1, 4–11.
Kamphues, J. (1994): Ernährung von Kaninchen, Meerschweinchen, Chinchillas und Hamstern als Heimtiere. Vortrag Tagung „Ernährungskrankheiten", München.
Kötsche, W., und Gottschalk, C. (1990): Krankheiten der Kaninchen und Hasen. 4. Aufl., Gustav Fischer Verlag, Jena.
Kötter, E. (1995): Rennmäuse – richtig pflegen und verstehen. 5. Aufl., Verlag Gräfe und Unzer, München.
Kraft, H. (1984): Krankheiten der Chinchillas. 4. Aufl., Albrecht Philler Verlag, München.
Loeffler, K., Drescher, B., und Schulze, G. (1991): Einfluß unterschiedlicher Haltungsverfahren auf das Verhalten von Versuchs- und Fleischkaninchen. 1. Mitteilung. Tierärztl. Umschau 46, 471–478.
Löliger, H.-Ch. (1970): Pelztierkrankheiten. Gustav Fischer Verlag, Jena.
Loeper, E. von (1987): Von der „Sache" zur „Rechtskreatur". Der praktische Tierarzt 11, 56–65.
Lorenz, K. (1965): Über tierisches und menschliches Verhalten. Band I und II. Piper, München.
Matthes, S. (1984): Kaninchenkrankheiten. Verlagshaus Reutlingen, Oertel & Spörer, Reutlingen.
Meier, G. (1994): Vergleich des Verhaltens von Stall-, Gehege- und Wildkaninchen. Schweizer Tierschutz, Du + die Natur 1, 14–18.
Mettler, M. (1990): Alles über Chinchillas und Degus. Falken-Verlag, Niedernhausen.
Meyer, R. (1990): Vom Umgang mit Tieren. 2. Aufl., Gustav Fischer Verlag, Jena.
Morgenegg, R. (1994): Artgerechte Haltung – ein Grundrecht auch für Meerschweinchen. 2. Aufl., R. Morgenegg, CH–8912 Obfelden.
N.N. (1983): Die Maus. Merkblatt der Bayerischen Landestierärztekammer München.
Ostermöller, W. (1982): Goldhamster und Meerschweinchen. 5. Aufl. Franckh'sche Verlagshandlung, W. Keller & Co., Stuttgart.
Röder Thiede, M. (1993): Chinchillas als Heimtiere – richtig pflegen und verstehen. 2. Aufl., Verlag Gräfe und Unzer, München.
Scharmann, W. (1995): Biologie und Haltungsbedarf von Mäusen, Ratten, Meerschweinchen und Kaninchen. Der Tierschutzbeauftragte 2/95, 122–12
Schmid-Brunner, A. (1994): Artgerechte Hobbykaninchenhaltung. Schweizer Tierschutz, Du + die Natur 1, 30–34.
Schmidt, G. (1985): Hamster, Meerschweinchen, Mäuse. 2. Aufl. Verlag Eugen Ulmer, Stuttgart.
Schweigart, G. (1995): Chinchilla – Heimtier und Patient. Gustav Fischer Verlag, Jena – Stuttgart.
Smit, P. (1977): Streifenhörnchen als Heimtiere. Franckh'sche Verlagshandlung, W. Keller & Co., Stuttgart.
Sporon, A. (1990): Unser Degu. Franckh-Kosmos Verlags GmbH & Co., Stuttgart.
Stauffacher, B. (1993): Refinement bei der Haltung von Laborkaninchen. Der Tierschutzbeauftragte 3/93, 1–15.
Stauffacher, M. (1993): Angst bei Tieren – ein zoologisches und ein forensisches Problem. Dtsch. tierärztl. Wschr. 100, 322–327.
Stephan, E. (1988): Einfriedungen und Käfige. Dtsch. tierärztl. Wschr. 95, 72–74.
Tschanz, B. (1984): „Artgemäß" und „verhaltensgerecht" – ein Vergleich. Der praktische Tierarzt 65, 211–224.
Wegler, M. (1989): Kaninchen – richtig pflegen und verstehen. Verlag Gräfe und Unzer, München.
Weiß, J., Maeß, J., Nebendahl, K., und Rossbach, W. (1996): Haus- und Versuchstierpflege. Gustav Fischer Verlag, Stuttgart – New York.
Wiesner, E. (1988): Kompendium der Heimtierkrankheiten. Band 1. Gustav Fischer Verlag, Stuttgart – New York.

Ziervögel

N. KUMMERFELD

■ Ziervögel als Haustiere

Zier-, Heim- oder Liebhabervögel sind jeweils ein Sammelbegriff für solche Vogelarten, die in häuslicher Obhut des Menschen gehalten werden, ohne der Gewinnung von Lebensmitteln zu dienen. Neben einer artenreichen Gruppe selten gepflegter Exoten wie Kolibris, Nektarvögel, Tukane, Nachtigallen, Blattvögel, Frucht- und Erdtauben u.a. sind dies vor allem Vertreter der Papageienvögel mit den Eigentlichen Papageien und Sittichen sowie Singvögel mit verschiedenen Kanarienrassen, andere Finkenarten, Prachtfinken und Beos.

Kleine Ziervögel werden häufig spontan als vermeintlich preisgünstig und bequem zu haltende Hausgenossen, oft sogar als Spielkamerad für Kleinkinder angeschafft. Faszinierend auf die interessierten Käufer und Käuferinnen wirkt immer wieder die Sprachbegabung vieler Ziervogelarten, die leider später in vielen Fällen zu kuriosen Vermenschlichungen und zur Fehlbeurteilung des Wohlbefindens dieser Tiere führt (Lantermann, 1989). Bei älteren und alleinstehenden Menschen dienen Ziervögel jedoch auch als Lebenspartner zur Überwindung der Einsamkeit. Eine besondere Dimension menschlicher Unvernunft wird jedoch sichtbar, wenn Vögel als Statussymbole oder zur trendgemäßen Repräsentation herhalten müssen (Siegmann und Kummerfeld, 1989). Solchen Vogelhaltern und -halterinnen fehlt es dann oft an ausreichenden Kenntnissen zum natürlichen Verhalten, artgemäßen Fütterungsbedarf sowie zu den erforderlichen Haltungsansprüchen einschließlich der Klimabedingungen ihres neuen Hausgenossen aus der Vielfalt des Angebots am Ziervogelmarkt. Auf diese Unkenntnis zurückzuführende Erkrankungen sind die Folge. Bei der Anschaffung eines Ziervogels wird leider häufig außer acht gelassen, daß aufgrund einer wünschenswert hohen Lebenserwartung (z.B. Kanarien, Beos bis 15 Jahre; Wellensittich, Nymphensittich bis 25 Jahre; Großpapageien bis 70 Jahre) für lange Zeit die Verantwortung der Pflege und als Bezugsperson übernommen werden muß.

Viele dieser Ziervögel werden als importierte Wildfänge (Handelsquote nach dem Washingtoner Artenschutzabkommen) in den Verkauf gebracht. Nach Herkenrath (1994) wurden 1991 insgesamt 25748 Papageienvögel nach Deutschland importiert. Der überwiegende Teil der gehaltenen Graupapageien, Amazonen, Kakadus, Aras und Beos entstammt noch der Wildbahn (Herkenrath, 1994; Korbel, 1995). Erfreulicherweise steigen aber Nachfrage und Angebot der im Inland gezüchteten Vögel. Die häufig als Heimvögel gehaltenen Singvögel und kleineren Papageien (Agaporniden, Wellensittiche, Nymphensittiche) sowie weitere Sitticharten werden schon überwiegend nachgezüchtet.

Biologie (Verhalten, Körperbau und Physiologie)

Vögel haben entwicklungsgeschichtlich als wesentlichen Unterschied zum Säugetier über die Federbildung das Flugvermögen erreicht. Alle hier besprochenen Papageien, Sittiche, Finken und Beos zeigen ein äußerst aktives Flugvermögen bei entsprechenden räumlichen Voraussetzungen. An ihrem Körperbau wird dies durch das relativ lange Brustbein mit hohem Kamm (Carina) als Ansatzstelle für die mächtige Flugmuskulatur deutlich. Die verhältnismäßig langen und schmalen Flügel mit ihren harten Federn weisen auf die mögliche hohe Fluggeschwindigkeit hin. Physiologisch sichern die Körpertemperatur im Bereich 40,5 bis 42,5 °C, die variable Herzfrequenz zwischen 200 und 1000 Schlägen pro Minute, die effektive Atmung mit Unterstützung durch das Luftsacksystem (9 Luftsäcke) und einer Sauerstoffaufnahme während der In- und Exspiration sowie schnelle Verdauungszeiten (z.B. Magen-Darm-Passagen für Beo, Kanarienvogel und Wellensittich weniger als 60 Minuten; für Graupapagei und Amazonen weniger als 180 Minuten) die zum Fliegen notwendigen Stoffwechselleistungen (Sturkie, 1986). Farbintensität und Qualität der Federn hängen ebenfalls vom entsprechend hohen Stoffwechselniveau ab; so zeigen sich durch Fluginaktivität Mängel als ein Verblassen und Brüchigwerden des Gefieders bei Singvögeln (Reuter, 1964; Steinigeweg, 1986). Auch bei Graupapageien läßt die Intensität der Federfarben und die Federqualität bei Einschränkung der Flugmöglichkeiten nach. Die artgemäße Flugleistung mit intensivem und energiezehrendem Stoffwechselumsatz und die damit verbundene Aktivierung von Kreislauf und Atmung sorgen für die erforderliche Organdurchblutung und Körpertemperatur, um die Kondition eines Vogels zu erhalten. Aber auch Widerstandskraft und Wohlbefinden der Vögel werden gestärkt, wodurch Faktorenerkrankungen oder z.B. Beinschäden vorgebeugt wird (Kösters et al., 1993; Kummerfeld, 1995).

Neben aller biologischen Unterschiedlichkeit zwischen den vielen Ziervogelarten sind doch in den jeweils vielfältigen Mustern des Sozialverhaltens mit äußerst variablen Lautäußerungen, der Balz und Brut, beim Nestbau in Höhlen oder Zweiggeflecht und der Revierbesetzung, der Futtersuche sowie dem Komfortverhalten mit Putzen, Baden usw. wesentliche Gemeinsamkeiten zu erkennen. Alle Papageien und Sittiche, nicht nur die „Unzertrennlichen"/Agaporniden, fühlen sich aus sozialen Gründen nur in Gruppen bzw. während der Brutphase als Paar wohl. Finken und Prachtfinken sind aufgrund ihrer Verhaltensmuster ebenso nur als Schwarm- oder Vogelfamilie und nicht für eine Einzelhaltung geeignet. So verdeutlicht die Zugehörigkeit des Beos zur Familie der Stare, daß hier die häufig praktizierte Einzelhaltung nicht den artgemäßen Bedürfnissen entspricht (Rinno, 1996).

Lediglich durch die viel zu kleinen Käfige oder Fehlprägungen während der Handaufzuchten werden innerartliche Aggressionen bei Beos ausgelöst (Korbel und Kösters, 1995). Bei Papageien und Sittichen zeigen sich neben dem hochentwickelten Sozialverhalten während der Balz, des Brutgeschäftes in der Baumstammhöhle oder im Schwarm eine schier unstillbare Neugier und Knabberbereitschaft (Abb. 1) – vor dem Papageienschnabel ist nichts sicher (Lantermann, 1990). Hieraus folgt zwangsläufig,

Abb. 1 Äste und Zweige (z.B. Weide) als natürliche Sitzgelegenheit und Knabberholz für Graupapagei.

Abb. 2 Herkömmlicher Stubenkäfig für Kleinvögel („Hüpfkäfig").

Abb. 3 Federrupfen beim verhaltensgestörten Graupapagei.

daß eine zeitgemäße Ziervogelhaltung diese sehr vielschichtigen Verhaltensmuster berücksichtigen muß und die Bedürfnisse der Vögel nicht auf Minimalfunktionen wie Fressen von Universalfutter, Hüpfen und dezente Lautäußerungen reduzieren darf. Die angemessenen Haltungsansprüche aller Ziervögel gehen dabei bei weitem über die Möglichkeiten im derzeit üblichen Standardkäfig/"Hüpfkäfig" (Abb. 2) hinaus. Bei der Beurteilung einer tiergerechten Haltung sind alle biologischen, arttypischen Eigenschaften der jeweiligen Vogelart mit heranzuziehen. Als tragisches Symbol einer nicht verhaltensgerechten Vogelhaltung (reizarm oder dauergestreßt, allein, flugunfähig usw.) können die als „Rupfer" bekannten Graupapageien (Abb. 3) gelten (Lantermann, 1989).

Anforderungen an Käfige/ Volieren und deren Einrichtungen

Stubenkäfige

Eine Dauerhaltung von Ziervögeln in Käfigen, die wegen ihrer geringen Größe und Ausstattung das Fliegen ausschließen (s. Abb. 2), entspricht nicht einer zeitgemäßen und tiergerechten Haltungsform. Ein solcher Stubenkäfig kann

Abb. 4 Druckstellen im Ballenbereich einer Amazone.

vielmehr nur ein sicherer Freß-, Rückzugs- oder Schlafplatz sein, das Vogelzimmer insgesamt muß dann zum Flug- und Erlebnisraum werden. Schlafzimmer und Küche sind – vor allem wegen der Nutzung – grundsätzlich nicht als solche Käfigstandorte geeignet. Im Schlafzimmer wird in der Regel nur abends/nachts, also bei Dämmerung oder Dunkelheit, ein Kontakt zwischen Vogelhalter und Vogel möglich, so daß der Vogel in seiner Aktivphase überwiegend sich selbst überlassen ist. In der Küche bieten sich für Vögel mit Freiflug viele Gefahrenquellen in Form von offenen Gasflammen, heißen Suppentöpfen, dampfenden Teflonpfannen, Spülmitteln und anderen Haushaltschemikalien oder Lüftungsschächten. Daneben spricht aber auch die starke Beeinträchtigung der Hygiene bei der Lebensmittelaufbewahrung und -zubereitung infolge Feder- und Kotstaubes gegen diese Vogelhaltung. Bei der Einrichtung eines Stubenkäfigs muß vor allem den Sitzstangen in Form natürlich berindeter Äste und belaubter Äste (z.B. Obstbäume, Weide, Ahorn) sowie der Boden-, Futter- und Wasserhygiene besondere Bedeutung beigemessen werden. Gleichförmige und harte Sitzstangen aus Plastik oder hartem und glattem Buchenholz (zum Teil sogar mit Sandpapier ummantelt) führen bei empfindlichen Vögeln bald zur Abnutzung der Ballenhornhaut mit schmerzhaften Druckstellen (Abb. 4). Nachfolgend können durch Infektion mit Staphylokokken und anderen Bakterien aus dem Kot oder Zimmerstaub eitrige Ballengeschwüre entstehen. Die abgeknabberten oder bekoteten Sitzäste sollten nicht gewaschen, sondern durch frisch geschnittene, möglichst unterschiedlich dimensionierte Äste ersetzt werden. Auch das Beknabbern der Äste und das Zerbeißen der Blätter gehören zum vogeltypischen Verhalten und bieten einen artgerechten Umweltreiz und Beschäftigung.

Käfige zur Dauerhaltung

Käfige (Flugkäfige oder Zimmervolieren), die zur Dauerhaltung von kleineren Ziervögeln gedacht sind, müssen den Ansprüchen des Flugbedürfnisses, einer tiergerechten Fütterung, sozialen Verhaltensmustern der jeweiligen Vogelarten und hohen Hygieneansprüchen genügen. Flugkäfige haben aber den Vorteil, daß die Vögel darin längere Zeit unbeobachtet und ungestört verbleiben können und nicht den Gefahren oder Verlockungen im menschlichen Wohnbereich ausgesetzt sind.

Die Ausstattung solcher Käfige mit Ästen und Zweigen soll einerseits Versteck- und Ruhemöglichkeiten bieten, muß andererseits aber auch einen ausreichenden Flugraum belassen. Die fahrbaren, als Zimmervolieren für Großpapageien angebotenen Käfige entsprechen aufgrund ihrer immer noch sparsamen Platz- und Ausstattungsangebote keineswegs den Bedürfnissen einer Dauerhaltung. Als Partnerersatz oder Beschäftigungsspielzeug nach menschlicher Phantasie erdachte Hartplastikgegenstände wie Puppen, Plastikvögel, Wippen, Glockenkugeln und ähnliches (s. Abb. 2) oder gar ein Spiegel zur Vortäuschung eines weiteren lebenden Vogels im Käfig sind trotz vordergründiger Argumente wie bessere Säuberungsmöglichkeiten als nicht tiergerecht abzulehnen. Häufig birgt gerade dieses Spielzeug Gefahren, indem Technopathien oder Neurosen begünstigt werden (Siegmann und Kummerfeld, 1989; Kummerfeld, 1995).

Das Verhaltensrepertoire der Stubenvögel kann sich tiergerecht nur unter artgleichen Vögeln und natürlichen Gegenständen der typischen Lebensräume entfalten. So bieten die Tiere ihrem Halter/ihrer Halterin ihr charakteristisches und fesselndes Erscheinungsbild. Nur das mehr oder weniger deutliche Nachsprechen von Satzfragmenten – „Nachplappern" – darf nicht ausschließlicher Grund zur Haltung von Vögeln in Käfigen sein. Selbst Kanarienvögel werden in natürlich begrünten Zimmer- oder Außenvolieren in der Gruppenhaltung zu äußerst interessanten Ziervögeln. Entgegen vielen Vorurteilen singen sie besonders in der Gruppe äußerst interessant und vielstrophig, um einander bei der Revierbesetzung oder der Werbung um Weibchen zu übertrumpfen.

Die Mindestgröße für Singvogelkäfige soll nach ersten gutachterlichen Stellungnahmen aus dem Bundesministerium für Ernährung, Landwirtschaft und Forsten (vom 16.1.96) über „Mindestanforderungen an die Haltung von Kleinvögeln" mindestens 80 cm (Länge) x 40 cm x 40 cm betragen. Hierin ist bereits ein erheblicher Fortschritt gegenüber dem herkömmlichen Stubenkäfig zu sehen. Unter verhaltensbiologischen Aspekten ist aber damit keineswegs den artgemäßen Bewegungs- und Verhaltensansprüchen dieser kleinen Ziervögel an-

gemessen Genüge getan. Die arteigene Bewegung (gerade bei Kleinvögeln intensivste Flugtätigkeit im Schwarm) und Beschäftigung müssen auch aus veterinärmedizinischen Aspekten als Grundpfeiler der Vogelgesundheit angesehen werden (Kummerfeld, 1995). Aus tiermedizinischen und verhaltensbiologischen Gründen wären deshalb für ein oder zwei Paare Finken, Prachtfinken, Wellensittiche oder Agaporniden einschließlich einer Brut mindestens Käfiggrößen von 160 cm (Länge) x 80 cm x 80 cm zu fordern. Die Bemessung der Käfiggröße ausschließlich als Hochrechnung der Vogellänge ohne Berücksichtigung der charakteristischen Aktivität der jeweiligen Vogelspezies ergibt keine tiergerechte Haltung.

Für die Großpapageien kommt als artgerechte Unterbringung ausschließlich eine festinstallierte Zimmervoliere oder gar ein Papageienzimmer für die Dauerhaltung in Frage. Eine erste Stellungnahme der Sachverständigengruppe aus dem Bundesministerium für Ernährung, Landwirtschaft und Forsten (vom 10.1.95) fordert als „Mindestanforderung an die Haltung von Papageien" für Amazonen und Graupapageien pro Paar eine Voliere von 3 m (Länge) x 1 m (Breite) x 2 m (Höhe). Für die kleineren Papageienvögel sind sogar nur Flugkäfige oder Volieren von 1 m oder 2 m Länge und entsprechend reduzierter Breite und Höhe vorgesehen. In Käfigen solcher Abmessungen werden Papageien weder zum Fliegen noch zum Ausleben anderer arttypischer Verhaltensweisen angeregt und deshalb in ihrem Wohlbefinden eingeschränkt. Diese Käfige, auch wenn sie gegenüber den heutigen „Papageienwürfeln" bereits eine deutliche Vergrößerung darstellen, beschränken die Vitalfunktionen der Papageien unangemessen auf den Erhaltungsstoffwechsel und ein Minimalverhalten. Wie bei den Kleinvögeln muß auch hier zur artgerechten Haltung neben der angemessenen Raumgröße eine entsprechende Ausstattung der Käfige und Volieren gegeben sein. Nur vielfältige Umweltreize können arttypische Verhaltensweisen und damit das natürliche Vogelverhalten auslösen. Eine artgerechte Ausstattung ist in kleinen Volieren jedoch gar nicht möglich. Eine selbständige Flugtätigkeit beginnt bei den kleineren Papageien erst ab 3 m Käfiglänge, bei Großpapageien müssen die Entfernungen in der Voliere mindestens 4 m, besser noch 6 m oder mehr betragen. Die Volierenhöhe von mindestens 2,5 m bis 3 m hat auch ihre Bedeutung in der vogelgerechten Gestaltung des Lebensraumes. Dies gilt selbst dann, wenn die Vögel nur selten direkt auf dem Boden bei der Futtersuche oder beim Spielen beobachtet werden können. Allein als Fluchtraum bei Reinigungsarbeiten in der Zimmervoliere ist deren Höhe wichtig. Falls ein flugfähiger Papageienvogel nicht freiwillig fliegt, ist dies ein deutlicher Hinweis darauf, daß die Voliere oder der Flugkäfig nicht artgerecht bemessen, gestaltet und ausgestattet ist. Selbst eine erfolgreiche Reproduktion (Nachzucht) in kleinen Turmkäfigen von 1 m (Länge) x 1 m x (Breite) x 2 m (Höhe) gibt noch keine verläßliche Hinweise auf den tatsächlich beanspruchten Lebensraum und das Wohlbefinden der darin gehaltenen Tiere. Während der Reproduktionsphase sind die Vögel natürlicherweise an den engeren Nistbereich gebunden. Die Arterhaltung durch Reproduktion stellt anscheinend einen derart hohen biologischen Druck dar, daß hier durchaus oder gerade suboptimale Haltungsbedingungen zum Erfolg führen können. Die Dauerhaltung von großen Aras und Kakadus in Käfigen oder fahrbaren Zimmervolieren in Wohnräumen muß deshalb aus verhaltensbiologischen und tierschutzgemäßen Gründen abgelehnt werden. Für diese großen Vögel kann in Wohnungen kein tiergerechter Lebensraum gestaltet weden.

Außenvolieren

Offene Volieren mit heizbarem Schutzraum (mindestens 15 °C) und teilüberdacht, die dem natürlichen Klima ausgesetzt sind, bieten den Vögeln bei entsprechender Ausstattung einen vergleichsweise natürlichen Lebensraum. Wie in Zimmerflugkäfigen müssen Länge, Breite und Höhe ein längeres Fliegen und nicht nur einen „Stop-and-go-Verkehr" ermöglichen. Gerade bei Außenvolieren mit ihren kurzen Pflege- und Reinigungsintervallen sowie Ausstattungsmaßnahmen spielt die Volierenhöhe von mindestens 3 m als Rückzugsraum zur Verhinderung von Panik und Beunruhigung der Vögel eine wichtige Rolle. Eine Eingangstür mit Schleuse soll den Verbleib der Vögel in der Voliere sichern und ein Verunglücken oder Verhungern in der Freiheit verhindern.

Nach der niedersächsischen Verordnung zu „Mindestanforderungen zur Haltung von Papageien", die durch ein Urteil des Oberverwaltungsgerichts Lüneburg 1993 rechtskräftig abgesichert sind, muß eine Außenvoliere für 1 Paar Graupapageien oder Amazonen (sowie vergleichbare Vögel) mindestens 4 m (Länge) x 2 m x 2 m messen. Auch hier bleibt festzustellen, daß diese Forderungen, obwohl darin eine erhebliche Verbesserung gegenüber den bisherigen Haltungsbedingungen gesehen werden kann, keine wirklich artgerechte Haltung von Großpapageien schaffen. Für gutkonditionierte Vögel mit leuchtend gefärbtem Gefieder und hohem Aktivitätsgrad bietet sich erst in wesentlich größeren Volieren eine verhaltensgerechte und reizvolle Grundlage für ein artgemäßes Vogelleben und den Erhalt ihrer Vitalität. Nur in Großvolieren (10 m Länge und mehr) mit natürlichem Bodenbewuchs ist bei einem angemessenen Besatz auch mit einer biologischen Regeneration von Boden und Bepflanzung zu rechnen. Bei kleineren Volieren muß als Prophylaxe gegen Endoparasitosen, Schadnageranlockung oder Anreicherung mit bakteriellen Krankheitserregern (z.B. Mykobakterien, Yersinien, Rotlauferreger) ein Festboden mit leicht austauschbarem, saugfähigem Belag (z.B. Rindenmulch, Kies) vorgesehen werden. Als wichtige Einrichtung dieser Volieren oder Flugkäfige ist insbesondere an das Angebot und den ständigen Ersatz von Weichholz als Knabberstangen (s. Abb. 1) zu denken. In der Knabbertätigkeit des Schnabels muß bei den Papageien eine essentielle Verhaltensweise gesehen und diese in jedem Fall befriedigt werden, da sonst Übersprungshandlungen wie das „Rupfen" als Verhaltensstörungen zu erwarten sind (s. Abb. 3).

Besondere Haltungsbedingungen

Für eine kurzfristige Unterbringung (bis maximal 3 Monate) von Ziervögeln in Verkaufsräumen (z.B. Zoofachhandel) oder bei Präsentationen (z.B. Vogelausstellungen, Vogelbörsen) sind auch Käfige mit kleineren Ausmaßen (Tabelle 1), besetzt mit Vögeln in Kleingruppen, beispielsweise nach den Vorschlägen der TVT (Tierärztliche Vereinigung für Tierschutz) akzeptabel (Rinno, 1996).

Krankenkäfige (z.B. Quarantäne nach Zukauf, tierärztlichen Behandlungen) sowie Käfige für einen kurzfristigen Transport können sogar wesentlich kleiner sein, hier ist die Bewegungseinschränkung oft zweckmäßig. Großgruppen von über 20 Vögeln in einem Verkaufskäfig sollten dagegen vermieden werden, um der Gefahr von Panikreaktionen (z.B. beim Herausfangen von verkauften Vögeln) und Aggressionen durch Sozialstreß vorzubeugen. Die Ausübung eines minimalen Komfortverhaltens (z.B. Flügelputzen, Beinstrecken) muß aber auch in solchen Kleinkäfigen oder Krankenkäfigen möglich sein. Da diese Art der Haltungsbedingungen aber langfristig grundsätzlich weder tier-

Tab. 1 Käfige zur kurzfristigen Unterbringung von Ziervögeln nach Vorschlägen der Tierärztlichen Vereinigung für Tierschutz (TVT), aus Rinno (1996)

Vogelart	Länge (cm)	Breite (cm)	Höhe (cm)	Tierzahl (mindestens 2, maximal n)
Zebrafinken	80	50	50	16
Wellensittiche und Kanarien	80	50	50	12
Nymphensittiche	80	50	100	6
Beos	80	50	100	2
Graupapageien, Amazonen, kleine Kakadus	80	50	100	2
Aras, große Kakadus	200	200	200	2

gemäß noch verhaltensgerecht sein kann, muß der zulässige Zeitrahmen konsequent kontrolliert werden, wie es in den Mindestanforderungen vorgesehen ist.

Anforderungen an die Fütterung

Futtermanagement

Die Fütterung von Ziervögeln sollte art-, bedarfs- und verhaltensgerecht gestaltet sein (Wolf und Kamphues, 1994a). Die Fütterung des Vogels muß also nicht nur den tatsächlichen Bedarf für den hochleistungsfähigen Energiestoffwechsel sowie für die Mauser und Legetätigkeit decken, sondern bedeutungsgleich auch die spezifischen Verhaltensmuster für Futtererwerb und Nahrungsaufnahme befriedigen. Neben dem Komfortverhalten (Körperpflege), Partnerkontakten und Ausruhphasen nimmt die Zeit für den Futtererwerb der Vögel im Tagesrhythmus einen breiten Raum ein. Der Energieverbrauch (z.B. Fliegen zur und Aufsuchen der Futterquelle) durch Bewegungsaktivität muß dabei im ausgeglichenen Verhältnis zur Energieaufnahme stehen. Futter- und Tränkplätze sollten deshalb möglichst nur fliegend zu erreichen sein. Eine hohe Bewegungsaktivität (z.B. große Käfige und Gruppenhaltung) fördert die Gesamtfutteraufnahme über den Steuerfaktor Energie, steigert aber damit auch die Aufnahme von Vitaminen, Mineralstoffen und Spurenelementen (Wolf und Kamphues, 1992; Wolf und Kamphues, 1994b). Futterspender direkt vor dem Vogelschnabel verführen zur Trägheit; dies gilt vor allem in reizarmen Stubenkäfigen. Fressen wird dann zum Selbstzweck und führt so bekanntermaßen zur Fettsucht-Erkrankung (Adipositas) der Ziervögel unserer modernen Wohlstandsgesellschaft. Die Schnäbel der Ziervögel, insbesondere der Papageienvögel, sind Spezialwerkzeuge zur Aufnahme und Bearbeitung besonderer oder sehr verschiedenartiger Futterkomponenten. Die Bearbeitung der arttypischen Futtermittel, d.h. das Entspelzen, Knacken oder Schälen von Grassamen, Nüssen, Sonnenblumenkernen, Maiskörnern, Früchten, Knospen, Rinde u.a., zählt wie das Fliegen zum essentiellen Verhaltensrepertoire der Vögel. Die aus der Nutz- oder Masttierhaltung übernommene Pelletfütterung ist daher beim Ziervogel weder tier- noch verhaltensgerecht. Langeweile in reizarmer Umgebung kann dann Ersatzhandlungen wie Federrupfen provozieren.

Die Futter- und Wasserquellen müssen so angebracht werden, daß sie weder durch Bodenstreu noch durch Kot verschmutzt werden können (insbesondere die Position zu den Sitzästen beachten!). Ihre Maße (Breite und Tiefe) müssen die Wasseraufnahme mit dem großen Schnabel auch zulassen. Die meisten Ziervögel zeigen einen zweigipfeligen Futteraufnahmerhythmus (morgens und am späten Nachmittag), so daß Obst oder leicht verderbliches Breifutter zeitlich gezielt angeboten werden können (Wolf und Kamphues, 1994a).

Magengrit und Kalkgrit

Ziervögel, die einen großen Teil ihres Nahrungsbedarfs durch Sämereien oder Körnerfutter decken, benötigen als Mahlsteine für die Muskelmagentätigkeit zur Aufschließung der Nahrung den Magengrit. Dieser *Magengrit* besteht aus magensäurefesten Kieselsteinchen arttypischer Größe. Solche Gritsteinchen sind verschmutzungsfrei ad libitum dauerhaft anzubieten. Bei Röntgenaufnahmen des Abdominalraums sollte sich Magengrit als Zufallsbefund in Form körniger, harter Verschattungen zeigen. Bei Mangel ist eine entsprechende Beratung über Ersatzfütterung angezeigt.

Unter *Kalkgrit* werden natürliche Mineralstoff- und Spurenelementquellen, z.B. Sepiaschalen, zerstoßene Muschelschalen oder angereicherte Mineralsteine, verstanden. Kalkgrit ist ebenfalls durch Kot und Staub unverschmutzt zur freien Aufnahme zur Verfügung zu stellen. Das Einmischen in den Bodensand ist unhygienisch und nicht tiergerecht. Besonders bei mausernden, legenden oder mit der Jungenaufzucht beschäftigten Vögeln sind solche Haltungshinweise zur artgerechten Fütterung von großer Bedeutung.

Futterzusammensetzung und Bedarf

Die Artenvielfalt der Ziervögel verbietet im Rahmen dieser Ausführungen konkrete Futterempfehlungen für einzelne Spezies. Generell kann gesagt werden, daß hierzu selbst für in Menschenobhut gehaltene Ziervögel gesicherte Erkenntnisse bisher nur spärlich vorliegen. Spezielle Angaben bis hin zur bedarfsgerechten Futtermischung sind deshalb den entsprechenden Publikationen zu entnehmen. Es gibt aber darüber hinaus für alle Ziervogelarten ähnliche Probleme mit der Fütterung, insbesondere dem Mineralstoffbedarf und Futteraufnahmeverhalten, die bei der üblichen Ad-libitum-Fütterung mit Allein- und Ergänzungsfuttermitteln auftreten können.

Durch Selektion und Bearbeitung der Sämereien mit dem Vogelschnabel als arttypisches Entspelzen wird die Zusammensetzung des tatsächlich aufgenommenen Futteranteils gegenüber dem anfangs gereichten Angebot erheblich verändert. Infolge der unterschiedlich effizienten Schnabelarbeit nimmt der Rohfaser-, Natrium- und Calciumgehalt von Kanarien über Agaporniden bis hin zu Graupapageien ab, während der Rohfett- und Phosphorgehalt in dieser Hierarchie erheblich ansteigt (Wolf und Kamphues, 1994a). Die Energiegehalte des Futters müssen auf die tatsächlichen Stoffwechselbelastungen der Vögel wie Flugaktivität, Aufzuchtphase oder Mauser, abgestimmt sein, um die häufig zu beobachtende Fettsucht der Käfigvögel zu vermeiden (Drepper et al., 1987; Wolf und Kamphues, 1992; Kamphues, 1993). Häufiges Fliegen und Aktivitäten durch eine Gruppenhaltung steigern den Energieverbrauch (Wolf und Kamphues, 1992; Wolf und Kamphues, 1994b). Die Überwachung des Körpergewichts durch regelmäßiges Wiegen ist deshalb als Kontrolle und zur Regulierung des Futterangebotes äußerst wichtig. Die sich durch die ausschließliche Körnerfütterung mit Entspelzen zwangsläufig ergebenden Mineralstoffimbalancen führen ab einem Ca:P-Verhältnis von 1:7 zu Muskelverkrampfungen (Randell, 1981). Geringere Mißverhältnisse bleiben zunächst klinisch unauffällig, werden dann aber als Knochenveränderungen röntgenologisch sichtbar und bergen die Gefahr der Legenot bei Vogelweibchen oder Mauserstörungen sowie komplizierter Spontanfrakturen beim Freiflug. Darüber hinaus kommt es durch längere Futterlagerung, die häufig zu beobachtende Futterselektion, das Verweigern von Obst und Gemüse u.a. zu einem chronischen Vitamin-A-Mangel, der ebenso wie die unausgeglichenen Mineralstoffverhältnisse supplementiert werden muß (z.B. 4000 IE Vitamin A/l Wasser; Zwart, 1978). A-Hypervitaminosen, ausgelöst durch langfristige und unkontrollierte

Multivitaminzusätze, können zu Nierenschädigung, Hornhautentzündung, Bindehautentzündung und Federverlusten führen und müssen daher vermieden werden (Kamphues, 1993).

Anforderungen an Pflege und Management

Aufsichtspflicht

Ziervögel sind keine „Schmusetiere". Einem längeren direkten Körperkontakt gehen sie in der Regel aus dem Wege (Ausnahme: Handaufzuchten). Eine Haltung im Flugkäfig oder in einer Voliere mit Futtersilos und Wasserspendern, die einen Vorrat für mehrere Tage sicherstellen, kann deshalb dazu verleiten, diese Haustiere sich für längere Zeit selbst zu überlassen. Sie müssen ja nicht täglich mehrmals „Gassi geführt" werden. Damit Ziervögel aber nicht aus reiner Bequemlichkeit vernachlässigt werden, ist im Tierschutzsinne zu fordern, daß eine tägliche Kontrolle der Futter- und Wasseraufnahme, des Sitzes des Kennzeichnungsringes (Abb. 5), der Ausscheidungen, auf mögliche Verletzungen oder Veränderungen an Kopf, Gliedmaßen und Gefieder sowie des Wohlbefindens allgemein gewährleistet ist. Insbesondere sollten ein Aufplustern als unspezifisches Krankheitssymptom, regurgitiertes Futter, Lahmheiten sowie durch Räude oder andere Ursachen bedingte Hautwucherungen bei einer angemessen verantwortlichen Pflege unverzüglich zur tierärztlichen Untersuchung veranlassen.

Die Vogelhaltung in kleinen Schlaf- oder Freßkäfigen mit Freiflug erfordert eine noch intensivere Beaufsichtigung während der Freiflugdauer im Zimmer. Vorsorglich sollten im Vogelraum potentielle Gefahrenquellen (z.B. keine Möglichkeiten zur Bleiaufnahme, Verhängen der Fensterscheiben oder anderer verspiegelter Flächen mit Gardinen oder Jalousien, Abdichtung von Spalten zwischen Wänden und Möbeln, Vergittern von Lüftungsschächten, Aussperren der Katze) entschärft werden. Kanarien und andere Finken, Wellensittiche und Nymphensittiche sowie Graupapageien sind zudem nicht standorttreu und nutzen gern offenstehende Fenster und Türen für einen Wohnortwechsel. Bei Freiflug müssen deshalb alle Fenster und Türen des Zimmers geschlossen bleiben. Besondere Aufmerksamkeit ist Kleinvögeln zu widmen, die sich gern auf dem Fußboden aufhalten. Sie können dort durch Fußtritte, verschobene Bürostühle oder Kinderspielzeug leicht zu Unfallopfern werden.

Standplatz für Käfig und Voliere

Der Standort eines Käfigs sollte sich mindestens auf Kopfhöhe des Halters/der Halterin befinden, um dem Vogel ein ausreichendes Sicherheitsgefühl/Gefühl für einen möglichen Fluchtweg zu geben. Ein Standort auf Höhe der Hundeschnauze oder des Kleinkindes führt verständlicherweise zu einer dauerhaften

Abb. 5 Abgewetzte und einschnürende Kennzeichnung eines Molukkenkakadus.

Belastung des Ziervogels. Da die meisten Ziervögel aus warmen und hellen Biotopen der Erde stammen, ist vor allem das Sonnenlicht für eine artgemäße Haltung unverzichtbar und vitalisierend. Zimmer- wie auch Freivolieren sollten daher immer einen Sonnen-, aber ebenso Schattenplatz bieten. Jedoch sollten Kleinkäfige und kleinere Flugkäfige nicht direkt hinter einer Scheibe auf der Fensterbank eines Süd- oder Westfensters stehen. Vögel sind wie Hunde nicht in der Lage zu schwitzen, sondern können nur durch Verhecheln feuchter Atemluft die Überhitzung des Körpers verhindern. Fehlt es ihnen über Stunden an einem Schattenplatz oder Abkühlungsmöglichkeiten, erliegen sie bald einer Hyperthermie. Schon bei 30 °C Umgebungstemperatur steigt bei Kanarien die Wasseraufnahme auch wegen des Temperaturausgleiches von 8,6 ml auf 13,7 ml pro Tag/Vogel an (Wolf und Kamphues, 1992). Ungeeignet sind auch Käfigstandorte neben der Zentralheizung. Die dort aufsteigende trockene Luft schädigt die Atemschleimhäute und fördert mit ihrem bakterien- und pilzsporenhaltigen Staub chronische Atemwegserkrankungen wie Rhinitis oder Aspergillose.

Eine sauerstoffreiche Umgebung von 20 °C bei einer Luftfeuchtigkeit von 50% ist angemessen für fast alle Ziervögel.

Die Begrünung mit belaubten Ästen bietet neben dem Knabberspaß und Versteckmöglichkeiten auch Abkühlung und durch Verdunstung eine höhere Luftfeuchtigkeit. Ein Käfig- und Volierenstandort in fensterlosen Räumen stellt hohe Anforderungen an Lüftung und Beleuchtung (UV-Licht), sollte aber nach Möglichkeit insbesondere wegen der Reizarmut solcher Umgebung als wenig vogelgerecht vermieden werden.

Paar- und Schwarmhaltung

Allen Ziervögeln sind interessante und vielseitige Verhaltensmuster zu eigen, die jedem Halter/jeder Halterin eines Einzelvogels verborgen bleiben. Papageienvögel haben ein sehr ausgeprägtes Sozialverhalten. Eine Paarbildung ist sicher nur nach freier Partnerwahl möglich, hält dann aber über viele Jahre (Lantermann, 1990). Die Zwangsverpaarung ist nicht artgerecht und führt häufiger zum Gegenteil als beabsichtigt. Die meist aus rein menschlichem Egoismus einzeln gehaltenen Vögel neigen mit den Jahren zur Stumpfsinnigkeit oder „spielen den Kasper" mit „Turnübungen" (Stereotypien), Nachsprechen, schrillem Pfeifen oder auch Randalieren, um jedenfalls kurzfristig die Aufmerksamkeit ihres Pflegers/ihrer Pflegerin zu erlangen (Lantermann, 1989). Einzeln gehaltene Großpapageien zeigen in vielen Fällen nach Erreichen der Geschlechtsreife Neurosen wie das Federrupfen, Schreien oder Erbrechen (Lantermann, 1989; Siegmann und Kummerfeld, 1989; Kummerfeld, 1995). Kein vernünftiger Grund rechtfertigt eine solch artfremde Haltung bei sozialen, viele Jahre alt werdenden Vögeln. Mindestens paarweise und artgleich müssen deshalb alle Ziervögel gehalten werden, um sich verhaltensbiologisch normal entwickeln zu können. Innerartliche Kommunikation zählt bei allen Ziervögeln zum essentiellen Verhalten. Erst im Schwarm singen Kanarienvögel eindrucksvoll, Konkurrenz fördert hier die Anstrengungen. Ein lebhafter Schwarm Wellensittiche offenbart erst die wahre Natur dieser munteren Vögel. Die Vergesellschaftung mit artfremden Vögeln, insbesondere Wellensittichen als Spielkameraden für Großpapageien, ist für alle Seiten nur kurzzeitig interessant und muß als leichtsinnig beurteilt werden. Viele dieser Kleinvogel-Kameraden oder körperlich deutlich unterlegenen Begleitvögel bezahlen derartige Bedingungen mit abgebissenen Gliedmaßen oder noch schwereren, tödlich endenden Verletzungen.

Baden und Duschen

Die Gefiederpflege nach einem Bad ist ein wesentlicher Teil des Komfortverhaltens, sie trägt deshalb in hohem Grade zum Wohlbefinden der Ziervögel unter Haltungsbedingungen bei. Voraussetzungen dafür sind vogelgerechte Badeschalen bzw. eine Sprühflasche mit feinem Nebel und ein auch vor Störungen durch andere Vögel sicherer Ruheplatz; ein Überbesatz stört dagegen die Gefiederpflege erheblich. Finken und Prachtfinken, selten Papageienvögel, baden sehr gern. Badegefäß und Badewasser mit einer Wassertiefe von etwa Sprunggelenkhöhe sind täglich zu wechseln, mit Spülmittel zu reinigen und bei Auftreten von Veralgung intensiv mechanisch zu säubern. Das Badewasser wird gern auch als Trinkwasser aufgenommen und muß deshalb der Trinkwasserqualität entsprechen.

Sittiche und Papageien lieben dagegen eher das Absprühen mit kaltem oder lauwarmem, aber frischem Wasser. Abgestandenes Wasser ist wegen der massiven Keimbelastung zu vermeiden. Der inhalierte Sprühnebel stellt eine starke Infektionsgefahr für die Atmungsorgane dar und kann Ursache einer Pneumonie werden. Das besprühte Gefieder soll bei entsprechender Pflege das Wasser abperlen lassen, keinesfalls darf das Gefieder durchnässen. Bad und Dusche können täglich angeboten werden, anschließend ist dann aber ein ungestörter und vor allem warmer Ruheplatz für die Pflege und schnelle Abtrocknung der Federn anzubieten.

Reinigung von Käfig und Voliere

Alle kleineren künstlichen Haltungssysteme, vor allem Käfige und Innenvolieren, sind tote Lebensräume. Ihr Hygienestatus hängt ausschließlich von den Reinigungs- und Desinfektionsmaßnahmen des Vogelpflegers/der Vogelpflegerin ab. Der Käfig oder die Voliere müssen deshalb so ausgelegt oder eingestreut werden, daß eine regelmäßige Reinigung in kurzen Abständen praktikabel bleibt. Der Käfigboden sollte deshalb z.B. mit saugfähigen und leicht austauschbaren Papierhandtüchern oder Zeitungspapier ausgestattet werden (Siegmann und Kummerfeld, 1989). Die Ausscheidungen des Vogels lassen sich so besser beurteilen, bei Veränderungen Erkrankungen dann früher erkennen. Der üblicherweise als Einstreu benutzte Sand, der mit Magen- und Kalkgrit vermischt ist, muß aus Sicht der Reinigungspraxis wie auch der Gesundheitsprophylaxe als ungeeignet bezeichnet werden. Die Aufnahme kotverschmutzter Steinchen und festklebender Kotsandreste führt über Dysbakterien zu chronischen Verdauungsstörungen mit Erbrechen und Durchfall. Innenvolieren können mit saugfähigen und trockenen Hobelspänen eingestreut werden. Dagegen ist leicht feuchter Rindenmulch, der zu einem feinen Staub zerfällt und bei jedem Flügelschlagen aufgewirbelt wird, ungeeignet, da er einen idealen Nährboden für Schimmelpilze bietet. Der Käfigboden ist gemeinsam mit dem Trinkwasser und Futter täglich zu erneuern oder zu säubern. Bei Innenvolieren ist ein wöchentlicher Reinigungsabstand ausreichend. Sonst wird der Bodenbelag leicht über den Kot-, Staub- und Futteresteintrag zu einer ständigen Gefahrenquelle für die in diesem künstlichen Lebensraum gehaltenen Ziervögel (Siegmann und Kummerfeld, 1989).

Besondere Eingriffe an Ziervögeln

Amputationen

Die Flügel dienen dem Fliegen, der charakteristischen Fortbewegungsart der Vögel, und sind Mittel zur innerartlichen Kommunikation (Lantermann, 1990). Bei großen Ziervögeln, vor allem Papageien, können aus Sicht des Halters/der Halterin aber unterschiedliche Gründe für den Wunsch nach Einschränkung der Flugfähigkeit des Haustieres vorliegen. Der Schutz vor dem Entfliegen aus der Wohnung oder während des Aufenthaltes im Freien, der Schutz vor Verletzungen durch Anfliegen von Glasscheiben oder Gegenständen im Zimmer, auch der Schutz der Wohnungseinrichtung vor Bekoten oder Zerkratzen, die Verminderung des Federstaubanfalls durch das Fliegen oder der Selbstschutz vor Attacken des Vogels werden als Indikationen ins Feld geführt. Gefordert wird, diesen Indikationen entsprechend, eine permanente Flugunfähigkeit, seltener eine durch Federschnitt zu erreichende temporäre Bewegungseinschränkung.

Verschiedene Amputationsmethoden für den Bereich der Flügel und deren rechtliche Bewertung faßten Korbel und Kösters (1989) zusammen. Da die Flügel außer zum Fliegen auch als Balancierhilfen beim Klettern und zur Verständigung der Papageien dienen, wird durch die Amputation nicht nur eine vogelgemäße Bewegungsart, sondern insgesamt das Wohlbefinden eines solchen Tieres erheblich eingeschränkt (Korbel und Kösters, 1989). Die Konstruktion des Gegensatzes entweder „frei und amputiert" oder „komplett in Einzelkäfighaft" überzeugt dabei nicht, weil als adäquate Haltungsart nur die mindestens paarweise Unterbringung dieser Vögel in verhaltensgerecht ausgestatteten Flugvolieren anzusehen ist. Das nach der Tierschutzgesetzgebung geltende Verbot einer Amputation oder teilweisen Organzerstörung ist für Papageien deshalb generell nicht zu umgehen. Die als Indikationen vorgeschobenen Gründe sind sämtlich Ausdruck nicht artgemäßer Haltungsformen für Papageien. Bei Vorliegen einer Federstauballergie des Halters/der Halterin oder von Personen im Wohnbereich ist die Abgabe des Vogels aus Gründen der Gesundheitsvorsorge sowieso unausweichlich. Schnabel und Krallen von Großpapageien, insbesondere Kakadus, können bei Zimmerfreiflug Möbel, Gardinen oder Bilder stark in Mitleidenschaft ziehen. In einer Teilamputation des Schnabels wird oft eine Lösung gesehen. Diese Maßnahme ist aber nicht zulässig, da in dem Zusammenhang keine Einzelfallausnahme vom Amputationsverbot z.B. der deutschen Tierschutzgesetzgebung abgeleitet werden kann. Der Schnabel ist ein arttypisches „Werkzeug" aller Papageienvögel, d.h. Beknabbern und Zerbeißen sind artgemäße Verhaltensweisen.

Spitze, kurze und kräftige Krallen sind für Papageien zum Klettern an Baumstämmen und auf dicken Ästen unentbehrlich – zerkratzte Möbel, Arme oder Schultern zählen dagegen nicht zu deren artgemäßem Lebensraum. Deshalb hat auch hier das Amputationsverbot volle Geltung. Bei tiergerechter Haltung in Flugvolieren entfallen außerdem alle Indikationen, die sich nur aus dem nicht artgemäßen Zusammenleben in der Wohnung ergeben.

Lautes und schrilles Beo- oder Papageiengeschrei am Morgen und Abend zur Begrüßung, bei Auseinandersetzungen, während der Balz, übersteigert bei Verhaltensstörungen von Amazonen oder nur zum Spaß, schränken durch

Nachbarschaftsstreit die Haltemöglichkeit für Ziervögel erheblich ein. Der Stimmkopf (Syrinx) ist als Lautgebungsorgan zur Kommunikation unentbehrlich für die Papageien und Beos sowie kleineren Ziervögel. Es ist Schiwy (1987) sowie Korbel und Kösters (1989) vorbehaltlos zu folgen, die eine Zerstörung oder Funktionseinschränkung des Stimmorgans bei Vögeln (Devokalisation) aus Tierschutzgründen grundsätzlich ablehnen. Auch eine zeitweise Dunkelhaltung oder Unterbringung im Keller verbietet sich für Papageien. Falls gärtnerische (bei Freivolieren) oder bauliche Maßnahmen in Wohnungen keinen akzeptablen Erfolg bringen, sind entsprechende Papageien in artgerechte Haltungen abzugeben.

Kennzeichnung mit Ringen oder Transpondern

Eine dauerhafte Kennzeichnung oder die Möglichkeit zur Identifizierung von Ziervögeln in Menschenhand ist zur amtlichen Kontrolle (Tierseuchengesetzgebung, Naturschutzgesetzgebung, Washingtoner Artenschutzabkommen u.a.) erforderlich. Wormuth (1991) faßt die zum Teil komplizierten Rechtsvorschriften für Kennzeichnungen unter Tierschutzaspekten zusammen.

Numerierte *Kennzeichnungsringe* in unterschiedlicher Ausführung werden Jungvögeln in den ersten Lebenstagen oder importierten Wildvögeln vor der Quarantänebehandlung zur Psittakoseprophylaxe auf amtliche Anordnung hin um den Mittelfußbereich angelegt. Durch Formveränderungen nach Bearbeitung des als Fremdkörper empfundenen Ringes mit dem Schnabel, bei zu kleinen Ringdurchmessern, wegen Hyperkeratosen oder Schwellungen der Füße aufgrund einer Räude oder anderen Ursachen kann ein Ring einwachsen und den Fuß abschnüren (Wormuth, 1991; Kummerfeld, 1995). Durch die Bearbeitung des Ringes mit dem Schnabel, insbesondere bei Kakadus und Aras, geht darüber hinaus die Ringgravur mit der Zeit verloren. Mitunter entfernen Elternvögel den Ring durch Abbeißen ganzer Gliedmaßenteile bei ihren Nestlingen oder werfen den Nachwuchs samt dem Ring aus dem Nest. Im Bewuchs der Voliere schließlich können Vögel mit ihren Ringen hängenbleiben und verenden. Aus Sicht des Tierschutzes können deshalb heute Kennzeichnungsringe mit ihrem relativ hohen Gefährdungspotential als nicht mehr angemessene Methode angesehen werden (Kummerfeld, 1996). Ringe sollten deshalb nur noch in Ausnahmefällen (z.B. bei Tauben, wissenschaftlichen Untersuchungen) amtlich Einsatz finden. Der Ringsitz muß dann aber regelmäßig kontrolliert werden können, um Schäden, Schmerzen und Leiden bei den beringten Vögeln abzuwenden.

Transponder, die als in Glaskapseln eingegossene Mikrochips in oder unter die tiefe Brustmuskulatur eines Vogels mit einer Implantationsnadel eingesetzt werden, gelten als Alternative mit wesentlich geringerem Verletzungsrisiko. Die mehrstellige Kennzeichnungsnummer ist mittels eines Lesegerätes aus einem Abstand von etwa 10 cm darstellbar. Die tiefe Implantation in den Brustmuskel ist Voraussetzung für das dauerhafte Verweilen des Transponders. Subkutan oder flach intramuskulär implantierte Mikrochips wandern und werden abgestoßen. Die Implantationsnadeln haben allerdings einen Mindestaußendurchmesser von 2,5 mm und sind deshalb beim Vogel als Trokare und nicht als Injektionsnadeln anzusehen (Kummerfeld, 1996). Aufgrund der relativ ungünstigen Größenverhältnisse von Ziervogel und Trokar besteht die unbedingte Erfordernis einer sauberen (frei von Fremdkörpern aus Haut oder Federn, Keimen und Blutungen) Implantation für den ungestörten, dauerhaften Sitz und die Akzeptanz durch den Vogel. Die Implantation erfordert aus Tierschutzgründen eine Narkose. Das Kennzeichnen mittels Transpondern ist deshalb nur von Tierärzten durchzuführen (Kummerfeld, 1996). Wesentlich für die amtliche Kontrolle ist die Standardisierung der Implantationsstelle, wie dies bei anderen Tierarten schon vorgenommen wurde.

Als eine weitere, vor allem tierschutzgerechte Alternative zur sicheren und lebenslangen Identifikation der Großpapageien ist das *Pedigramm*, also die Darstellung der Hornschuppenkonfiguration auf der Fußoberseite, anzusehen. Ähnlich wie Fingerabdrücke beim Menschen sind Pedigramme besonders bei Papageien praktikabel, einfach einzusetzen und überprüfbar (Kummerfeld, 1986).

Halskragen zum Schutz vor Automutilation

Das Anlegen von Halskragen bei rupfenden Papageien oder Vögeln, die zu Automutilationen neigen, darf nur als Erste Hilfe oder Selbstschutzmaßnahme verstanden werden. Betroffene Vögel leiden bei fortbestehenden ungünstigen Haltungsbedingungen weiter. Sie haben durch den Halskragen nur keine Gelegenheit, den erlittenen Streß durch verhaltensgestörte Aktivitäten abzubauen. Parallel muß deshalb zum Anlegen des Halskragens als vorrangiges Ziel gelten, die Optimierung der Haltungsbedingungen im Sinne der artgerechten Haltung zur Überwindung der Neurose zu erreichen. Sperrige Elisabeth- oder schwere und harte Plastikzylinder-Halskragen sollten nicht mehr verwendet werden, da sie einerseits ein hohes Gefährdungspotential haben, andererseits zu Gefiederschäden oder Hautverletzungen führen können. Material der Wahl sind die preisgünstigen sowie federleichten und weichen Schaumstoffummantelungen für Heizungs- und Warmwasserleitungen zur Herstellung von individuell angemessenen Zylinderhalskragen. Diese Schaumstoffhalskragen können problemlos über Monate bis zum Nachwachsen der Federn oder Abheilen der Wunden getragen werden. Entsprechend versorgte Papageien sind dann ständig unter Kontrolle zu halten, um den bewegungseingeschränkten Vogel beim Hängenbleiben in der Volierenbepflanzung oder an Käfig- oder Wohnungseinrichtungen notfalls befreien zu können.

Spezielle Aspekte

Nachzuchten

Als wirkungsvollster Schritt gegen die in den letzten Jahren aus vielen ähnlich lautenden Berichten in den Medien bekanntgewordenen Tragödien in Wildvogelimport und -handel ist die *Inlandnachzucht* anzusehen. Hier müssen aber Haltungsbedingungen, Lüftung und Licht sowie die Fütterung den Anforderungen der jeweiligen Vogelart entsprechen. Die Papageienzucht in fensterlosen Kellerräumen unter Kunstlicht erweist sich vielfach als problematisch. Vor allem muß die Funktion der Leuchtstoffröhren, insbesondere wegen des Anteils an abgestrahltem UV-Licht, regelmäßig auf Alterungserscheinungen überprüft werden. Durch Änderungen des UV-Anteils können z.B. nach Vitaminzerfall im Futter Wachstumsstörungen von Skelett und Federkleid sonst unvermeidlich werden.

Die Fütterung muß sowohl die besondere Leistung der Eiproduktion (hohe Eiqualität = gesunde Nestlinge) durch die Elterntiere als auch die Bedürfnisse der schnell wachsenden Nestlinge/Jungtiere berücksichtigen. Häufige Fehler der nach „Geheimrezepten" gemischten Aufzuchtfutter scheinen Protein-, Phosphor- und Vitamin-A-Überdosierungen sowie Calcium- und Natriummangel zu sein. Papageiennestlinge mit verdichtetem Nierengewebe im Röntgenbild und rachitischen Skelettdeformationen sowie Federwachstumsstörungen werden aus privaten Papageiennachzuchten daher häufiger zur tierärztlichen Untersuchung vorgestellt. Eine Heilung ist in diesem Stadium in der Regel schon nicht mehr möglich. Pelletfutter muß bei Papageien, wie bereits ausgeführt, als nicht artgemäß eingestuft werden. Die arttypische Frucht-, Samen- und Körnerbearbeitung mit dem Schnabel zählt zum essentiellen Verhaltensrepertoire und zur Beschäftigung der Ziervögel, insbesondere der Papageien. Eine „Fehlprägung" der Jungvögel auf Pellets führt daher zu einer nicht den Bedürfnissen entsprechenden Fütterung und der Gefahr späterer Verhaltensstörungen bei erwachsenen Vögeln.

Handaufzucht

Eine zunehmend im Trend liegende Aufzuchtmethode für Papageiennestlinge stellt die Handaufzucht dar. Sie soll besonders anhängliche und zahme Stubenvögel („Pocketbirds") hervorbringen. Zur ansprechenden und werbewirksamen Präsentation für die zukünftigen Vogelliebhaber werden dabei häufig auch Jungvögel verschiedener Arten als Mischgruppen zusammengesetzt und großgezogen. Während dieser Entwicklungsphase findet dann aber eine Fehlprägung auf artfremde Papageien oder den Menschen statt. Abgesehen von den erheblichen Problemen bei der Futterverabreichung per Hand, mit abgebissenen Futterschläuchen als Fremdkörper in Kropf oder Magen, aspiriertem Futterbrei oder mit Ernährungsstörungen durch Fehler in der Futterzusammensetzung führt die elternlose Handaufzucht auch zu kaum beeinflußbaren späteren Verhaltensstörungen bei den erwachsenen Papageien. Diese fehlgeprägten Vögel lassen sich beispielsweise nach Auftreten von Sozialneurosen nach Erreichen der Geschlechtsreife nicht mehr mit ihresgleichen resozialisieren und zum normalen Vogelverhalten zurückführen. Nur der Mensch oder artfremde Papageien werden dann noch toleriert, die jedoch nicht auf die arteigenen Schlüsselreize/Sexualreize angemessen reagieren können. Als mögliche Zuchtpartner bereiten solche Handaufzuchten dann erwartungsgemäß ebensolche Probleme, da selbst klinisch gesunde Vögel häufig den artgleichen Geschlechtspartner nicht akzeptieren (Lantermann, 1995). Diese ausschließlich an den menschlichen Bedürfnissen und Ansprüchen orientierten Aufzuchtmethoden für Ziervögel sind deshalb als nicht mit dem Inhalt eines modernen Tierschutzgedankens vereinbar anzusehen und grundsätzlich abzulehnen.

Literatur

Baumgartner, G. (Hrsg.): Sachverständigengruppe des Bundesministeriums für Ernährung, Landwirtschaft und Forsten (1995): Mindestanforderungen an die Haltung von Papageien. Bonn (2. Entwurf 10.1.95).

Baumgartner, G. (Hrsg.): Sachverständigengruppe des Bundesministeriums für Ernährung, Landwirtschaft und Forsten (1996): Mindestanforderungen an die Haltung von Kleinvögeln. Bonn (1. Entwurf 16.1.96).

Drepper, U., Menke, K., Schulz, G., und Wachter-Vormann, U. (1988): Untersuchungen zum Protein- und Energiebedarf adulter Wellensittiche in Käfighaltung. Kleintierpraxis 33: 57–62.

Herkenrath, P. (1994): Aus den armen in die reichen Länder – Wildvogelhandel im Überblick. In: Herkenrath und Lantermann (Hrsg.): Flieg Vogel oder stirb. Verlag Die Werkstatt und WWF Deutschland, Göttingen: 27–52.

Kamphues, J. (1993):. Ernährungsbedingte Störungen in der Ziervogelhaltung. Mh. Vet. Med. 48: 85–90.

Korbel, R., und Kösters, J. (1989): Einige von Tierhaltern geforderte oder durchgeführte Operationen an gesunden Vögeln unter tierschutzrechtlichen Aspekten. Tierärztl. Praxis 17: 380–387.

Korbel, R., und Kösters, J. (1995): Beos. In: Gabrisch und Zwart (Hrsg.): Krankheiten der Heimtiere. Schlütersche Verlagsanstalt, Hannover.

Kösters, J., Jakoby, R., und Korbel, R. (1993): Zur Problematik der Flugunfähigmachung von Geflügel und zu Fragen der Teichhaltung von Wassergeflügel aus der Sicht des Tierschutzes. Dtsch. Tierärztl. Wschr. 100: 73–7.

Kummerfeld, N. (1986): Alternativen zur Identifikation von Papageien. Dtsch. Tierärztl. Wschr. 93: 56–59.

Kummerfeld, N. (1995): Anforderungen von Ziervögeln an ihre Haltungsumwelt. Prakt. Tierarzt 76: 59–62

Kummerfeld, N. (1996): Methoden zur Kennzeichnung von Vögeln – Ziele und Tierschutzaspekte. Prakt. Tierarzt 77: 792–800.

Lantermann, W. (1989): Modifikation und Störungen des arttypischen Verhaltens bei Großpapageien in Menschenobhut. Prakt. Tierarzt 70: 5–12.

Lantermann, W. (1990): Großpapageien – Wesen, Verhalten, Bedürfnisse. Verlag Franckh-Kosmos, Stuttgart.

Lantermann, W. (1995): Zur Problematik handaufgezogener Papageien. Prakt. Tierarzt 76: 455–457.

Niedersächsisches Oberverwaltungsgericht, Urteilsbegründung (1993): AZ 3 L 1259/9 und 4 A 103/8 Lüneburg: 18–20.

Randell, M. (1981): Nutrically induced hypocalcemic tetany in an Amazon Parrot. JAVMA 179: 1277–1278.

Reuter, K. (1964): Der Verlust der roten Gefiederfarbe und die Möglichkeit einer Behebung dieses Mangels. Gefiederte Welt 88: 32–35.

Rinno, J. (1996): Artgerechte Heimtierhaltung in Zoofachgeschäften (Maßnahmenkatalog). Dtsch. Tierärztl.Wschr. 103: 66–70.

Schiwy, P. (1987): Deutsche Tierschutzgesetze, Kommentar, Sammlung. Verlag R. Schulz, Percha-Kemptenhausen.

Schöne, R., und Arnold, P. (1989): Australische Sittiche. 2. Aufl. Gustav Fischer, Jena.

Schöne, R., und Arnold, P. (1989): Der Wellensittich. 5. Aufl. Gustav Fischer, Jena.

Siegmann, O., und Kummerfeld, N. (1989): Hygieneprobleme mit Ziervögeln im Haushalt. Zbl. Bakt. Hyg. B 187: 527–532.

Steinigeweg, W. (1986): Der Einfluß von Käfig- bzw. Volierengrößen auf die Gefiederfarben von Gangesbrillenvögeln und Sonnenvögeln. Prakt. Tierarzt 69: 14–16.

Sturkie, P. (1986): Avian Physiology (4. Ed.). Springer Verlag, New York – Berlin.

Wolf, P., und Kamphues, J. (1992): Die Futter- und Wasseraufnahme bei Kanarien – Einflußfaktoren und Abhängigkeiten. Kleintierpraxis 37: 545–552.

Wolf, P., und Kamphues, J. (1994a): Konsequenzen aus dem atypischen Futteraufnahmeverhalten verschiedener Ziervögel. Berichte Dtsch. Vet. Med. Gesellschaft, IX. Tagung Vogelkrankheiten, München, 2.–5.März: 39–42.

Wolf, P., und Kamphues, J. (1994b): Futter- und Wasseraufnahme bei Agaporniden – Grunddaten und Einflußfaktoren. Voliere 17: 324–334.

Wormuth, H. (1991): Marken, Mangel, Möglichkeiten – Tierschutz bei der Kennzeichnung von Tieren. Berl. Münch. Tierärztl. Wschr. 104: 293–298.

Zwart, P. (1978): Vitamin-A-Mangel und Stomatitis bei Papageien. Prakt. Tierarzt 59: 121–125.

Versuchstiere

W. Scharmann

Kritische Betrachtung der geltenden Haltungsnormen für Versuchstiere

Die Haltung von Versuchstieren fand lange Zeit nur geringe Beachtung. Erst als sich gegen Ende der sechziger Jahre die Versuchstierkunde als eigenständiges Fach etablierte, begann man sich Gedanken über die Unterbringung der Tiere und die hierdurch bewirkte Beeinflussung der Tierexperimente zu machen. Die 1971 von der Gesellschaft für Versuchstierkunde herausgegebenen Empfehlungen zur Einrichtung von Versuchstierhaltungen stützten sich vor allem auf praktische Erfahrungen und waren an den Interessen der Nutzer orientiert. Wert gelegt wurde in erster Linie auf ein Höchstmaß an Hygiene, hohe Reproduktionsleistungen der Tiere, Standardisierung der Käfige und Umwelteinflüsse sowie auf effiziente technische Abläufe, d.h., Ziel war eine möglichst praktische und kostengünstige Tierhaltung unter reproduzierbaren und hygienischen Bedingungen. Ethologische Gesichtspunkte fanden in diesen Empfehlungen kaum Berücksichtigung. Allerdings wußte man seinerzeit auch nur wenig von den spezifischen Verhaltensweisen der verschiedenen Labortierarten.In dem 1986 herausgekommenen „Europäischen Übereinkommen zum Schutz der für Versuche und andere wissenschaftliche Zwecke verwendeten Wirbeltiere" (European Convention) bzw. den entsprechenden, fast gleichlautenden EG-Richtlinien (Richtlinie des Rates, 1986) heißt es dann zwar: „Die Möglichkeiten eines Tieres, seine physiologischen und ethologischen Bedürfnisse zu befriedigen, dürfen nicht mehr als nötig eingeschränkt werden", doch diese Forderung ist bisher allenfalls bei jenen Tierarten erfüllt worden, die im besonderen Blickpunkt des öffentlichen Interesses stehen, nämlich bei Affen, Hunden und Katzen. Weniger Rücksicht wird immer noch auf die Unterbringung von Nagetieren und Kaninchen genommen, den am häufigsten verwendeten Versuchstierarten (laut Statistik von 1995 waren rund 85 % der fast 1,64 Mio. in Deutschland benötigten Versuchstiere Nager und Kaninchen, in der Schweiz betrug der Anteil der Nager und Kaninchen im Jahre 1994 95,7 % aller Versuchstiere). Nicht, als ob es an behördlichen Vorschriften für die Versuchstierhaltung mangelte: Der Anhang A des Europäischen Übereinkommens bzw. Anhang II der EG-Richtlinien enthalten neben Hinweisen auf Raumklima, Ernährung und Einstreu auch detaillierte Angaben über Größen und maximale Belegdichten der Käfige. Freilich handelt es sich dabei nur um Minimalforderungen, die dem Anspruch auf „verhaltensgerechte Unterbringung" in keiner Weise gerecht werden.

Zu bemängeln sind nicht allein die knappen Käfigabmessungen und die biologisch nicht zu begründende Relation zwischen Tiergewichten und Käfiggrundfläche, sondern auch die von den

Vorschriften geduldete absolute Reizarmut und Monotonie der Haltung. Eine „verhaltensgerechte Unterbringung" (in der Tierschutzverordnung der Schweiz heißt es zutreffender „tiergerechte Haltung") sollte sich jedoch nicht nur an den Interessen des Nutzers orientieren, sondern ebenso am Bedarf des Tieres, und die Käfigumwelt so zu gestalten suchen, daß die wichtigsten im Tier angelegten Verhaltensweisen angeregt, geübt und vollzogen werden können. Auch ist anzunehmen, daß Tiere besser mit den Belastungen eines Experiments fertigwerden, wenn sie frühzeitig die Möglichkeiten erhalten, ein umfangreiches Verhaltensrepertoire einzuüben. Die Haltung von Labornagern wäre, so gesehen, dann „tiergerecht", wenn Ratten, Mäuse und Hamster in ihrem Käfig nicht bloß schlafen, essen und sich im Kreis drehen können, sondern z.B. auch zum Erkunden motiviert werden, sich verstecken können und Möglichkeiten zum Spielen und Nestbau vorfinden.

Ein anderer wichtiger Aspekt der Versuchstierhaltung ist die Berücksichtigung des Sozialverhaltens der einzelnen Arten. Mit Ausnahme des Hamsters leben unsere gebräuchlichsten Labortierarten in Sozialverbänden. Hieraus folgert, daß Einzelhaltung nur aus zwingenden Gründen zulässig ist, da sie vor allem bei jungen Tieren mit erheblicher Belastung einhergehen kann (Riley, 1981). Einzelhaltung ist allerdings bei geschlechtsreifen männlichen Tieren wegen der oft hohen Aggressivität, vor allem von Mäusen und Kaninchen, teilweise nicht zu umgehen – es sei denn, die Tiere würden kastriert werden. Doch hier wäre abzuwägen, welche Maßnahme für das Tier die größere Belastung bedeutete.

Tiergruppen sollten möglichst früh zusammengesetzt und dann nicht mehr verändert werden, denn jeder Wechsel zieht Auseinandersetzungen der Gruppenmitglieder nach sich, die sich auch auf das Experiment nachteilig auswirken können. Frühzeitige Gruppenbildung ermöglicht es außerdem, unverträgliche und für den Versuch ungeeignete Tiere herauszufinden und aus der Gruppe zu entfernen.

Wege zu einer tiergerechten Haltung von Versuchstieren

Die für den Tierschutz wichtige Frage lautet nun, wie die heutigen Minimalstandards vor allem bei der Unterbringung von Nagern durch Haltungsbedingungen ersetzt werden können, die mit größerer Berechtigung die Bezeichnung „tiergerecht" oder „verhaltensgerecht" verdienen. Hierfür bieten sich zwei Wege an. Der ethologische Forschungsansatz wurde von Stauffacher 1992 erfolgreich bei der Neukonzeption der Kaninchenhaltung in der Schweiz beschritten: Zunächst wird das Verhaltensrepertoire der betreffenden Tierart in einer reichhaltig strukturierten und vielfältige Wahlmöglichkeiten bietenden Umgebung erforscht. Mit diesen Erkenntnissen wird ein Haltungssystem entwickelt, das auch auf engem Raum die für die Ausprägung des arttypischen Verhaltens wichtigen Reize und Strukturen aufweist. So kommt man zu wissenschaftlich abgesicherten Haltungsnormen, ohne die eine Änderung der geltenden Haltungsrichtlinien nicht sinnvoll wäre. Der Nachteil dieses Vorgehens liegt, wie sich bei Käfighaltung von Legehennen gezeigt hat, in den dafür erforderlichen langfristigen Untersuchungen und aufwendigen Prüfungen, so daß zumindest in der Nager-

Tab. 1 Wesentliche Verhaltensweisen von Wildnagern und Möglichkeit von Labornagern, derartige Verhaltensweisen bei restriktiver Haltung auszuüben (Scharmann, 1994a)

Verhaltensweisen	Möglichkeit der Ausübung bei Käfighaltung
Ruhen	+
Körperpflege (Putzen, Kratzen, Belecken)	+
Fortbewegung (Laufen, Klettern, Springen)	(+)
Erkunden / Kontrollieren (Aufrichten, Scharren, Schnüffeln)	(+)
Futter suchen, Futter speichern	−
Futteraufnahme (Nagen, Lecken)	+
Kot- und Harnabsatz	+
Markieren	+
Spielen	(+)
Auseinandersetzungen mit Sozialpartnern und Feinden	(+)
Sich zurückziehen / verstecken	−
Bauen (Graben) einer Wohnhöhle (Nestbau)	−
Brutpflege, Aufzucht der Jungen	+

+: möglich, (+): beschränkt möglich, −: nicht möglich

haltung noch eine Anzahl von Jahren vergehen dürfte, bis neue, allseits anerkannte Haltungsvorschriften erlassen werden. Deshalb muß auch darüber nachgedacht werden, wie im Interesse des Tierschutzes eine rasche, vorläufige Verbesserung der Versuchstierhaltung unter den Bedingungen des jetzigen Haltungssystems erreicht werden kann. Hierbei ist von den bisher vorliegenden Erkenntnissen über das Verhalten der einzelnen Labortierarten einschließlich ihrer Wildformen auszugehen. Zwar ist das Wildtierverhalten nicht direkt auf die domestizierte Form übertragbar, es vermag aber wichtige Hinweise auf mögliche Defizite in der Labortierhaltung zu geben. In welchem Maße die domestizierten Formen noch das Verhaltensrepertoire der Wildform aufweisen, läßt sich am Beispiel der Kaninchen und Ratten zeigen: Hauskaninchen beginnen, in der Erde einen Bau zu graben, wenn sie in den Garten gesetzt werden. Laborratten „verwildern" innerhalb weniger Wochen und sind nicht mehr handhabbar, wenn ihnen ein größeres, „natürliches" Areal zur Verfügung gestellt wird. So lassen sich am Beispiel wichtiger Verhaltensweisen der Wildnager Hinweise auf Mängel in der heutigen Haltung von Labornagern (Tabelle 1) und damit Ansatzpunkte für eine gezielte Haltungsverbesserung gewinnen. Hierfür käme vor allem die Wahl größerer Standardkäfige mit entsprechender Strukturierung in Betracht, ferner das Angebot von Nist- und Beschäftigungsmaterial.

Bevor man darangeht, bisherige Haltungsnormen zu verändern, müssen orientierende Versuche erwiesen haben, daß das neue System den beabsichtigten Zweck auch erfüllt und sich nicht etwa nachteilig auf Tiere und Versuchsziel auswirken. Da Stämme und Geschlecht einer Tierart unterschiedlich reagieren können, muß das veränderte Haltungskonzept zunächst in jedem einzelnen Fall vorher geprüft werden.

Auch die Nutzerinteressen dürfen nicht aus dem Auge verloren werden: Die Belange der Hygiene müssen ebenso gewahrt bleiben wie die Möglichkeiten zur Standardisierung, auch dürfen der zusätzliche Arbeitsaufwand und die Folgekosten nicht unverhältnismäßig hoch sein. Oft wird sich ein Kompromiß zwischen dem Erwünschten und dem Erreichbaren nicht umgehen lassen.

Haltungsempfehlungen für Labortiere

In diesem Kapitel sollen, ausgehend vom heutigen ethologischen Erkenntnisstand, Hinweise für die Unterbringung der verschiedenen Labortierarten gegeben werden. Dabei werden vor allem jene Tierarten Berücksichtigung finden, die nicht schon an anderer Stelle dieses Buches ausführlich behandelt wurden. Die Haltungsempfehlungen beziehen sich vor allem auf Zucht- und Vorratshaltung der Tiere. In begründeten Fällen können die Bedingungen des Experiments für befristete Zeit abweichende Haltungsformen erfordern.

Mäuse

Die Labormaus stammt von der wilden Hausmaus ab. Durch planmäßige Zucht wurden bei der Labormaus vor allem Eigenschaften selektiert, die für ihre Verwendung als Versuchstier vorteilhaft sind: hohe Fruchtbarkeit, Zahmheit, gute Handhabbarkeit. Dennoch besitzen auch die domestizierten Mäuse noch weitgehend das Verhaltensrepertoire ihrer wilden Vorfahren, auch wenn es teilweise weniger stark ausgeprägt erscheint. Neben zahlreichen Auszuchtstämmen[1] kennt man heute einige hundert Inzuchtstämme[2], die in bestimmten Eigenschaften (z.B. Fruchtbarkeit) oder Verhaltensweisen (z.B. Zahmheit) erheblich voneinander abweichen. In den letzten Jahren wurde mit der Erzeugung transgener[3] Mäuse eine neue Entwicklung beschritten, deren Folgen noch nicht voll absehbar sind. Jedenfalls dürfte die Zahl der speziellen Mäusestämme ins Unüberschaubare steigen, und dabei werden auch neue Tierschutzprobleme – etwa bei den Defektmutanten[4] – entstehen.

Wildmäuse sind dämmerungsaktive, sozial lebende Tiere, die einen großen Teil ihrer aktiven Zeit mit der Erkundung ihres Territoriums und mit Futtersuche zubringen. Dabei meiden sie zum Schutz vor Feinden offenes Gelände. Mäuse sind sehr bewegungsaktiv, dabei geschickt im Klettern und Springen. Sie graben sich Erdhöhlen, in denen Nester zum Wohnen und Aufziehen der Jungen hergerichtet werden.

Labormäuse werden gewöhnlich in durchsichtigen Kunststoffwannen gehalten, von denen 4 verschiedene Normgrößen im Handel sind (Tabelle 2).

Der Boden des Käfigs wird mit Einstreu (Weichholzgranulat) bedeckt. Im Drahtdeckel sind die Futterraufe für das standardisierte Alleinfutter und die Halterung der Tränkflasche eingelassen. Bei dieser üblichen Art der Mäusehaltung finden die Tiere unterhalb der Raufe einen gewissen „Höhlen-Ersatz" und bevorzugen diesen als Ort auch zum Ruhen und zur Jungenaufzucht. Außerdem können sie den Drahtdeckel zum Klettern benutzen. Die Frage ist jedoch,

Tab. 2 Maße der Standardkäfige für die Haltung von Labornagern

Standard-käfig	Länge/Breite (mm)	Höhe (mm)	Grundfläche des Käfigbodens (cm²)
Typ 1	200/100	130	200
Typ 2	220/160	140	350
Typ 3	375/215	150	800
Typ 4	550/330	190	1800

---

[1] *Auszucht*: Zuchtmethode zur maximalen Vermeidung von Verwandtschaftspaarung,
[2] *Inzucht*: Verpaarung eng miteinander verwandter Tiere,
[3] *transgene Tiere*: Tiere mit künstlich veränderter Erbanlage durch experimentelle Übertragung fremder Gene in die Keimbahn

[4] *Defektmutante*: Tier, bei dem durch Veränderung der Erbanlage (Spontanmutation oder Einfügung eines fremden Gens) Defekte im Organismus auftreten.

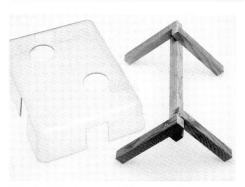
Abb. 1 Käfigeinsatz und Klettergestell zur Anreicherung des Mäusekäfigs.

Abb. 2 Blick in einen angereicherten Mäusekäfig.

ob diese wenigen Möglichkeiten zum Ausüben mäusespezifischer Verhaltensweisen für eine tiergerechte Haltung ausreichen, selbst wenn man akzeptiert, daß ein im Käfig gehaltenes Tier niemals sein gesamtes Verhaltensrepertoire wird vollziehen können. Zwar haben sich Labormäuse als außerordentlich anpassungsfähig an unterschiedliche Lebensbedingungen erwiesen, doch zeigten sich bei der beschriebenen Art der Unterbringung häufig auch untypische Verhaltensäußerungen, wie z.B. ständiges Im-Kreis-Laufen, Loopingschlagen, Gitternagen und Wandscharren (Würbel und Stauffacher, 1994), die als *Verhaltensstörungen* gedeutet werden können. Bietet man Labormäusen dagegen ein entsprechendes Umfeld, läßt sich demonstrieren, daß sie wesentliche arttypische Verhaltensweisen wie Nestbauen, Erkunden oder Futtersuche sogleich auszuüben beginnen. Versuche zur Haltungsverbesserung sollten deshalb in erster Linie darauf gerichtet sein, durch Vergrößerung und Anreicherung des Standardkäfigs eine Möglichkeit zur Ausübung der genannten Verhaltensweisen zu schaffen und die Passivität, die bei Labortieren durch Fortfall der Nahrungsbeschaffung bewirkt wird, zu vermindern.

Zu empfehlen ist für die Mäusehaltung ein Plastikkäfig von Typ III für maximal 8 Tiere, der durch einen Einsatz – wie er z.B. aus einem aussortierten Typ 2-Käfig hergestellt werden kann (Abb.1) – angereichert wird. Da der Einsatz Deckung und Rückzugsmöglichkeiten bietet, nutzen die Mäuse, die sich sonst vorwiegend am Käfigrand oder in den Ecken aufhalten, nun auch den mittleren Käfigbereich. Darüber hinaus schafft der Einsatz Anreize zum Erkunden, Klettern, Verstecken, Unterteilen in Kot- und Ruheplatz sowie zum Nestbauen und eröffnet eine zusätzliche Bewegungsfläche (Abb.2). Nicht zuletzt erhalten die Tiere auch die Möglichkeit, einen vom übrigen Käfig unterschiedlichen Klima- und Helligkeitsbereich zu wählen. Die Kontrolle der Umwelt durch das Tier ist eine wesentliche Voraussetzung für sein Wohlbefinden (Wiepkema und Koolhaas, 1993).

Als weitere Möglichkeit der Anreicherung können einfache Klettergestelle aus Holz (s. Abb.1) verwendet werden, die gleichzeitig zur Befriedigung des Nagetriebs der Mäuse dienen. Von manchen Gestellen sind nach längerem Gebrauch nur noch Fragmente übrig, ein Hinweis darauf, daß zumindest bei einem Teil der Mäuse das Beknabbern der Futterpellets nicht ausreicht, um den Nagedrang zu befriedigen.

Eine wichtige Möglichkeit der Anreicherung, die erfreulicherweise schon in manchen Tierhaltungen genutzt wird, ist das Angebot von Nestbaumaterial in Form von (sterilisiertem) Zellstoff oder Holzwolle. Wird das Material auf dem Käfigdeckel deponiert, ziehen es die Tiere alsbald durch die Gitterstäbe in den Käfig hinein (Abb. 3) – man schafft so ein zusätzliches Reizangebot und Möglichkeiten zur Beschäftigung. Ein Nest erfüllt verschiedenen Funktionen: Es ist geschützter Ruheplatz und Ort für die Brutpflege, es bietet aber auch – wie der Einsatz – einen vom übrigen Käfig verschiedenen Temperatur- und Helligkeitsgradienten. Verhaltensteste haben gezeigt, daß die in angereicherten Käfigen aufgezogenen und gehaltenen Mäuse sich aktiver, interessierter und geschickter verhielten als die Kontrolltiere in herkömmlichen Käfigen (Scharmann, 1994b; Prior und Sachser, 1994/95). Mäuse aus angereicherten Käfigen können deshalb möglicherweise auch besser mit wechselnden Versuchsbedingungen fertig werden.

Durch die Käfiganreicherung wird bei den Labormäusen offenbar eine Tendenz zum Wildtyp-Verhalten geweckt. Darum können Tierexperimente, die auf geringe Variabilität der Versuchsergebnisse abzielen und streng standardisierte Versuchsbedingungen erfordern, durch Anreicherung möglicherweise ungünstig beeinflußt werden. In diesem Fall sollte man sich sicherheitshalber auf das Angebot von Nistmaterial beschränken. Die Auswirkung der Käfiganreicherung wie auch von Sozialfaktoren (z.B. Gruppengröße) auf die Ergebnisse von Tierexperimenten sind allerdings noch nicht genügend erforscht.

Ratten

Die Wildform der Laborratte ist die *Wanderratte*. Wie bei der Labormaus wurde durch Selektion die Fruchtbarkeit erheblich gesteigert, die Neophobie (Furcht vor neuen, unbekannten Objekten und Situationen) und Aggressivität dagegen stark vermindert. Auch von den Laborratten existieren zahlreiche Auszucht- und Inzuchtstämme mit teilweise voneinander abweichendem Verhalten.

Vieles, was bereits über das Verhalten der Maus gesagt wurde, trifft ebenso für die Ratte zu.

Auch *Laborratten* zeigen unter entsprechenden Haltungsbedingungen ein erstaunlich reiches Verhaltensrepertoire. Eine besondere Eigenschaft der Ratte – vor allem in ihrer Jugendphase – ist das „Spielen", das aus einer Reihe schneller Bewegungsabläufe (Rennen, Springen, Verfolgen, Sich-Balgen) besteht und als Einübung in das Zusammenleben im Sozialverband zu deuten ist (Abb.4).

Laborratten werden üblicherweise in Plastikkäfigen gehalten, wobei nach den geltenden Richtlinien alle Standardgrößen mit Ausnahme von Typ 1 zulässig sind. Aus mehreren Gründen kann dagegen nur die Unterbringung im Typ-4-Käfig für annähernd tiergerecht gehalten werden. Eigene Untersuchungen haben gezeigt, daß Laborratten zwar auch im

Abb. 3 Auf dem Käfigdeckel deponiertes Stroh oder Holzwolle wird in den Käfig gezogen und für den Nestbau zerkleinert.

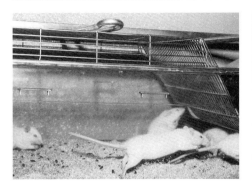

Abb. 4 Spielende Ratten.

Abb. 5 Durch Einsatz angereicherter Rattenkäfig.

Typ-3-Käfig „Spielen", Phasen wie Rennen oder Springen aber wegen des geringen Bewegungsraums nicht ausüben können. Auch Klettern am Käfigdeckel, ein im Typ-4-Käfig häufiges Verhalten, wird in kleineren Käfigen wegen der geringeren Käfighöhe nach erfolglosen Versuchen abgebrochen (Ernst, 1994). Wie Mäuse suchen Ratten ihren Lebensraum zu unterteilen in einen Bereich zum Ruhen, Urinieren, Spielen und einen Bereich zur Nahrungsaufnahme bzw. zum Futtervergraben. Diese Möglichkeiten bestehen ebenfalls nur in einem Käfig von der Größe des Typs 4.

Laborratten (und Labormäuse) sind an Abwechslung und Beschäftigung sehr interessiert. So drückten Ratten einen Hebel, der Futterpellets freigab, auch dann, wenn ihnen die Pellets zur freien Verfügung standen. Mäuse betätigten einen Hebel selbst dann, wenn daraufhin nur ein Geräusch oder ein Lichtwechsel erfolgte. Der Einsatz solcher aufwendigen Apparaturen ist in einer normalen, größeren Rattenhaltung allerdings nicht denkbar. Die Beschäftigung der anspruchsvollen Laborratten bleibt ein bisher noch weitgehend ungelöstes Problem. Ratten sind zwar stets an etwas Neuem interessiert, doch ihre Aufmerksamkeit erlischt rasch, sobald der unbekannte Gegenstand genügend erkundet ist.

Auch eine Käfiganreicherung ist unter den Bedingungen des Standardkäfigs bei Ratten ungleich schwerer zu bewerkstelligen als bei Mäusen. Hauptaugenmerk bei der Rattenhaltung muß deshalb auf die „soziale Anreicherung" gelegt werden, d.h. auf die Bildung einer stabilen, verträglichen Gruppe, die auch unter restriktiven Haltungsbedingungen eine gewisse Abwechslung schafft. Doch sollte auch bei Ratten versucht werden, den Käfig zu strukturieren, etwa durch massive Einsätze (Abb.5), die sich einerseits zum Unterschlupf, andererseits als Beobachtungsplattform eignen. Erhöhte Deckel erlauben den Tieren nicht nur das volle Aufrichten, sondern die seitlichen Gitterstäbe bieten auch einen zusätzlichen Anreiz zum Klettern (Abb.6) und damit für Beschäftigung. Nistmaterial

Abb. 6 Am erhöhten Käfigdeckel kletternde Ratten.

wird in der Regel nur bei der Brutpflege genutzt, Holzstäbchen (z.B. Holzspatel zur Rachenuntersuchung) werden umhergetragen und benagt. Wenn es den Versuchsbedingungen nicht zuwiderläuft, können auch Körner in der Einstreu versteckt werden – eine willkommene Abwechslung vom ewigen Einerlei der Standarddiät.

Zu prüfen wäre noch, ob vertikale Käfige dem Verhalten der Ratte besser entsprechen als die heute üblichen horizontalen Formen. Hobbyhalter, die turmartige Käfige mit Klettergerüsten und Plattformen in verschiedenen Höhen eingerichtet haben, berichten, daß sich ihre Ratten gerade auf der obersten „Beobachtungsplattform" bevorzugt aufhalten.

Meerschweinchen

Hausmeerschweinchen stammen wahrscheinlich von einer in den südamerikanischen Anden heimischen *Wildform* ab. Als scheue Tiere verstecken sie sich tagsüber in dichtem Gestrüpp oder in Erdhöhlen, die sie nicht selbst graben, sondern von anderen Tieren, die den Bau verlassen haben, übernehmen. Wilde Meerschweinchen bilden kleine Gruppen mit sozialer Hierarchie.

Auch *Hausmeerschweinchen* benötigen für ihre Individualentwicklung Sozialpartner und sollten als erwachsene Tiere zumindest paarweise (gleiche oder verschiedene Geschlechter) gehalten werden. Werden größere Gruppen von adulten Tieren benötigt, so empfiehlt es sich, Weibchengruppen zu bilden. Aber auch geschlechtsreife Männchen können zu zweit gehalten werden, wenn sie eine normale Jugendentwicklung in einer gemischtgeschlechtlichen Gruppe durchlaufen haben (Sachser, 1994).

Hausmeerschweinchen sind wie ihre wilden Vorfahren Fluchttiere, die sich zu verbergen suchen, wenn sich ihrem Käfig etwas Unbekanntes nähert. Die in den geltenden Haltungsrichtlinien akzeptierten Standardkäfige Typ III und IV können deshalb für Meerschweinchen nicht als tiergerecht bezeichnet werden, da sie keine Möglichkeit zum Rückzug aufweisen. Außerdem bieten diese Käfige zu wenig Bewegungsfläche, auf die Meerschweinchen zur Entwicklung ihres Bewegungsapparates angewiesen sind, zumal sie – im Gegensatz zu Ratten und Mäusen – nicht am Käfigdeckel klettern können. Auch Käfige mit Bodenrosten aus Metall sind für die Meerschweinchenhaltung nicht geeignet, da sie zu Schäden an den Füßen oder am Präputium führen. Bei Jungtieren können die Beine durch die Zwischenräume der Gitter rutschen und sich verletzen. Brauchbar für die Käfighaltung sind dagegen undurchsichtige Plastikwannen (81 x 61 x 26 cm) mit einer Vorderfront aus Drahtgitter. Hierin finden 3 erwachsene Tiere ausreichend Bewegungsfläche und dunkle Ecken für den Rückzug. Als Strukturierung kann Heu oder Stroh angeboten werden, die nicht nur aus ernährungsphysiologischen Gründen, sondern auch zur Beschäftigung wichtig sind. Wenn kein Stroh vorhanden ist, läßt sich der starke Nagetrieb der meisten Meerschweinchen durch Holzstückchen, die am Frontgitter aufgehängt werden, befriedigen. Verhaltensstörungen wie Gitterbeißen, Benagen der Futternäpfe oder Haarefressen können auf diese Weise weitgehend behoben werden.

Tiergerechter als die Unterbringung im Käfig ist die *Koloniehaltung auf dem Boden*, insbesondere für die Zucht von Meerschweinchen. Hierbei können 3–10 Männchen mit 15–30 Weibchen gemeinsam gehalten werden. Derartige Großgruppen dürfen allerdings nicht beliebig zusammengesetzt werden, sondern müssen aus kleineren Zuchtgruppen (ein Männchen mit mehreren Weibchen) heranwachsen. Bei der Bodenhaltung werden Hütten als Rückzugsmöglichkeit gern angenommen; es müssen allerdings genügend Hütten für alle Tiere vorhanden sein.

Auf zwei Besonderheiten der Meerschweinchenhaltung soll noch hingewiesen werden. Da die Tiere kein *Vitamin C* bilden können, sind sie auf die regelmäßige Zufuhr des Vitamins durch das Futter angewiesen. Auch wenn das Standardfutter – sofern es frisch genug ist – genügend Vitamin C enthält, sollte man dieses sicherheitshalber noch zusätzlich über das Trinkwasser anbieten (0,5 g Natrium-Ascorbat pro Liter; gelöstes Vitamin C zerfällt innerhalb von 24 Stunden).

Außerdem reagieren Meerschweinchen sehr empfindlich auf *Veränderungen in ihrer gewohnten Umgebung*. Eine bisher nicht bekannte Tränkapparatur kann dazu führen, daß die Tiere kein Wasser aufnehmen und daran zugrunde gehen. In solchen Fällen muß das gewohnte Tränkgefäß solange gleichzeitig angeboten werden, bis alle Tiere die neue Tränke angenommen haben. Auch ein neues Standardfutter wird nur sehr zögernd akzeptiert und sollte deshalb zunächst mit dem bekannten Futter gemischt werden.

Einfach zu registrierende ethologische Indikatoren, die zeigen, ob sich die Tiere an eine veränderte Umwelt (Käfigwechsel, Futterumstellung, Formierung neuer Gruppen, Versuchsbedingungen etc.) angepaßt haben, sind das Freß- und Trinkverhalten. Nehmen die Tiere Futter und vor allem Wasser zu sich, so sind sie in der Lage, sich in der neuen Situation zurechtzufinden. Hingegen deuten ein gesträubtes Fell und Apathie auf eine Überforderung ihrer Anpassungsfähigkeit hin. Gesundheitliche Beeinträchtigungen lassen sich generell anhand der Körpergewichtsveränderungen prognostizieren. Als Faustregel für adulte Tiere hat sich hier bewährt: Nehmen die Individuen innerhalb von 3 Tagen mehr als 10% an Gewicht ab, sollten unverzüglich die alten Haltungsbedingungen wiederhergestellt werden (Beer et al., 1994).

Kaninchen

Haltung und Verhalten von Kaninchen sind bereits in einem vorhergehenden Kapitel eingehend beschrieben worden. Wie jahrelange Untersuchungen erwiesen haben, ist bei den Hauskaninchen das Verhaltensinventar des *Wildkaninchens* weitgehend erhalten geblieben: Kaninchen sind sowohl Kontakt- wie Distanztiere. Sie ruhen gern eng aneinanderliegend und putzen sich gegenseitig, halten aber in der Aktivitätsphase und bei der Nahrungsaufnahme eher Abstand voneinander. Auch *Laborkaninchen* zeigen, wenn sie dazu die Möglichkeit haben, vielfältige Bewegungsformen wie Hoppeln, Rennen, Springen, Hakenschlagen, Männchen machen, Scharren, Graben. Zum Aufenthalt und Ruhen werden bevorzugt erhöhte Liegeplätze aufgesucht. Zuchthäsinnen versuchen, das Nest ihrer Jungen mit geeignetem Material gegen die Außenwelt abzuschirmen (Stauffacher, 1992).

Die geltenden Haltungsnormen des Europäischen Übereinkommens von 1986 werden diesen Erkenntnissen nicht gerecht. Doch einige der sonst weitgehend übereinstimmenden nationalen Haltungsrichtlinien weichen hinsichtlich des Raumbedarfs von Kaninchen erheblich von den Normen des Europäischen Übereinkommens ab. Während letztere z.B. für ein 4 kg schweres Kaninchen eine

Mindestgrundfläche von 4000 cm² und Käfighöhe von 40 cm vorschreiben, verlangen die britischen Richtlinien (Code of Practice, 1989) 5400 cm² Käfiggrundfläche und 45 cm Höhe. Die Tierschutzverordnung der Schweiz von 1991 fordert sogar 7200 cm² Bodenfläche und 60 cm Käfighöhe.

In der schweizerischen Verordnung ist die nach ethologischen Erkenntnissen entwickelte Käfighaltung genau vorgeschrieben worden:

1. Die Käfige müssen eine vom Tiergewicht abhängige Mindestbodenfläche aufweisen, die verringert werden kann, wenn der Käfig mit einer mindestens 20 cm erhöhten Liegefläche ausgestattet ist. Die relativ große Käfiggrundfläche und mehr noch die erhöhte Liegefläche sind eine Voraussetzung für die normale Entwicklung des Bewegungsapparates der Kaninchen. Bei längerer Haltung auf engem Raum können dagegen Schäden im Skelettsystem auftreten.
2. Die Käfige müssen mindestens in einem Teilbereich so hoch sein, daß die Tiere aufrecht sitzen können.
3. Die Käfige sind mit einem abgedunkelten Bereich auszustatten, in den sich die Tiere zurückziehen können. Wahlmöglichkeit verschiedener Helligkeitsstufen ist ein wesentliches Merkmal tiergerechter Haltung.
4. Käfige für hochträchtige Zibben müssen mit Nestkammern ausgestattet sein. Die Tiere müssen die Nestkammern mit Stroh oder anderem geeignetem Nestmaterial auspolstern können. Zibben müssen sich von ihren Jungen in ein anderes Abteil oder auf eine erhöhte Fläche zurückziehen können, um unerwünschtes Saugen zu verhindern.
5. Kaninchen müssen täglich mit grob strukturiertem Futter wie Heu bzw. Heupellets oder Stroh versorgt werden sowie ständig Objekte zum Benagen zur Verfügung haben, z.B. Weichholzstückchen, die am Frontgitter aufgehängt werden. Ohne solche Angebote kann es zu Verhaltensstörungen wie Gitterbeißen kommen.
6. Jungtiere dürfen in den ersten acht Wochen in der Regel nicht einzeln untergebracht werden. Auch ältere Kaninchen sollten möglichst zu zweit gehalten werden und die Paarbildung möglichst früh erfolgen – eine Außnahme bilden geschlechtsreife Böcke.

Abb. 7 zeigt einen Kaninchenkäfig, der den schweizerischen Vorschriften entspricht. Das Material hierfür ist aus Kunststoff und bietet gegenüber Metall-

Abb. 7 Tiergerechter Kaninchenkäfig.

Abb. 8 Zucht von Kaninchen in Bodengruppenhaltung.

käfigen den Vorteil, daß es eine geringere Wärmeleitfähigkeit aufweist. Der arbeitssparende Lochboden ist auch für die empfindlichen Fußballen der Kaninchen gut geeignet. Sohlengeschwüre, wie sie auf Drahtrosten – besonders bei schweren Rassen – nicht selten auftreten, kommen hier nicht vor.

Käfighaltung wird sich unter Versuchsbedingungen, namentlich in Bereichen, in denen die Tiere aus hygienischen Gründen hinter Barrieren gehalten werden (sog. SPF-Haltung, SPF = specific pathogen free) oft nicht umgehen lassen. Die tiergerechtere Alternative stellt jedoch die *Bodengruppenhaltung* dar, auch wenn sie mehr Platz und einen höheren Arbeitsaufwand erfordert. Der Tierversuch dürfte in vielen Fällen, z.B. Gewinnung von Antikörpern, kein Hinderungsgrund für die Haltung in kleinen Gruppen (2–6 Kaninchen) sein. Voraussetzung ist auch hier, daß die Gruppen möglichst frühzeitig zusammengesetzt werden (Wurfgeschwister verwenden!) und geschlechtsreife Böcke keine Verwendung finden. Auch für die Zucht ist die Bodenhaltung in entsprechend strukturierten Räumen prinzipiell möglich (Abb. 8), sie stellt aber wesentlich höhere Anforderungen an das Engagement der Tierpfleger(innen) als die Batteriehaltung. Der Tierpfleger/die Tierpflegerin muß jedes einzelne Tier kennen und beurteilen können, was viel Geduld, Einfühlungsvermögen und Zeit erfordert. Wechsel des Pflegepersonals wie auch der Austausch von Zuchttieren führen zur Beunruhigung der Gruppe und können den Zuchterfolg beeinträchtigen. Der Vorteil einer florierenden Bodengruppen-Zucht liegt dagegen in der Gewinnung vitaler und zutraulicher Kaninchen und im Erzielen höherer Reproduktionsraten als in der Batteriehaltung.

Primaten

Die Verwendung von Primaten in der biomedizinischen Forschung wird von der tierschutzorientierten Öffentlichkeit besonders kritisch beurteilt. Nicht zuletzt deswegen ist die Zahl der in Versuchen eingesetzten Primaten seit einigen Jahren kontinuierlich zurückgegangen. In Deutschland waren es laut Tierschutzstatistik der Bundesregierung 1625 Affen (einschließlich Halbaffen) im Jahre 1994 und 1488 Affen im Jahre 1995. In der Schweiz wurden 826 Primaten im Jahre 1993 und 763 Affen im Jahre 1994 in Tierversuchen eingesetzt. Während früher fast ausschließlich Wildfänge in die Labors gelangten, werden heute fast nur noch speziell gezüchtete Tiere verwendet. Nur ein kleiner Teil dieser Affen kommt aus europäischen Zuchten mit akzeptablen Haltungsstandards. Daneben werden Primaten vor allem aus Zuchtstationen unterschiedlicher Qualität in China, den Philippinen und Indonesien importiert. Eine Mindestforderung an die tierexperimentellen Wissenschaftler lautet, auf die immer noch vorkommenden Wildfänge in den nächsten Jahren ganz zu verzichten und Tiere in Zukunft nur noch aus solchen Zuchten zu beziehen, deren Haltung wenigstens den europäischen Mindestnormen entspricht.

Eine intensive Diskussion über den Umgang mit Primaten in Versuchslabors ist erst im letzten Jahrzehnt in Gang gekommen, ausgelöst durch die Novellierung des US Animal Welfare Act (1995). Dieses Gesetz schreibt Haltungsbedingungen vor, die das „psychische Wohlbefinden" der Affen fördern. Seither sind namentlich in den USA eine Fülle von Vorschlägen entwickelt worden, wie vor allem durch Gruppenhaltung und Käfigstrukturierung diesen Forderungen entsprochen werden kann (siehe Literaturliste am Ende des Kapitels).

Alle Primaten sind gesellig lebende Tiere mit ausgeprägten und komplexen Verhaltensweisen. Um die intelligenten und neugierigen Tiere in Gefangenschaft vor Apathie und Stereotypien zu bewahren, brauchen sie eine Umgebung, die ihre motorische Aktivität anregt, und vielseitige Beschäftigungsanreize, die ihre mentalen Fähigkeiten herausfordern. Mit Geduld und Einfühlungsvermögen lassen sich die meisten Affen an den täglichen Umgang mit Menschen gewöhnen und auf Versuchssituationen so weit vorbereiten, daß sie wenig belastende Eingriffe angstfrei ertragen und oft sogar freiwillig daran mitwirken.

Die für Tierversuche gehaltenen Affenarten unterscheiden sich nicht nur durch ihre Körpergröße voneinander, sondern teilweise auch durch ihr Verhalten, das von den Lebensbedingungen ihrer natürlichen Umwelt geprägt ist. Die folgenden Hinweise über tiergerechte Primatenhaltung können in diesem Rahmen nur Andeutungen geben und müssen durch weiterführende Literatur ergänzt werden. Krallenäffchen gehören zu den am häufigsten im Labor gezüchteten Primaten und sollen deshalb in einem besonderen Abschnitt behandelt werden.

■ **Krallenaffen** (Marmosetten, Tamarine) Krallenaffen sind Baumbewohner und als solche nicht nur geschickte Kletterer, sondern auch zu großen Sprüngen befähigt. In der Nacht ziehen sie sich zum Schlafen gern in Baumhöhlen zurück.

Die in den geltenden Haltungsrichtlinien genannten Käfigabmessungen reichen für eine tiergerechte Haltung von Krallenaffen nicht aus. Insbesondere die Käfighöhe, die für alle Primaten wichtigste Dimension, sollte mindestens 1,5 m betragen, die Grundfläche für ein nicht züchtendes Paar 1 m^2 (O´Donoghue, 1994).

Da leerer Raum die Affen nicht zum Entwickeln und Ausüben ihres arttypischen Verhaltens stimuliert, ist die Strukturierung des Käfigs noch wichtiger als seine Größe. Hierbei ist vor allem darauf zu achten, daß die Tiere klettern und springen können. Möglichkeiten dazu bieten dicke und dünne Äste oder Stäbe, die nicht nur horizontal, sondern auch schräg und vertikal aufgehängt werden, ferner Leitern, Netze, Schaukeln oder Hanfseile. Käfigwände aus Drahtgeflecht eröffnen zusätzliche Möglichkeiten zum Klettern. Als Ruheplätze eignen sich Stangen besser als Bretter, da letztere häufig naß sind und dann von den Tieren nicht genutzt werden. Zum Schlafen und als Versteck dient eine Nestbox, die aus desinfizierbarem Material (Plastik) bestehen sollte. Jungtiere spielen gern mit beweglich aufgehängten Holzstückchen und mit Röhren, die seitliche Löcher aufweisen. Da Knabbern zum arttypischen Verhalten der Krallenaffen gehört, müssen auch Futterpellets und eventuell Weichholzstücke angeboten werden.

Alle Holzteile müssen herausnehmbar sein, damit sie bei der Käfigreinigung gewaschen und autoklaviert werden können. Einige mit Duftmarken versehene, „schmutzige" Holzstücke sollten in den frischen Käfig übernommen werden, um die Kontinuität der Haltung zu wahren und den Tieren das Einleben in die „neue" Umgebung zu erleichtern.

Krallenaffen sollen zumindest paarweise gehalten werden, doch auch die Unterbringung als gleichgeschlechtliche Gruppe von bis zu 12 Tieren hat sich bewährt. Neu gebildete Gruppen müssen sorgfältig beobachtet werden, um aggressive Tiere herauszufinden und zu entfernen. Die Gruppe sollte dann möglichst nicht mehr verändert werden, um den Tieren langfristige soziale Bindungen zu ermöglichen.

Verträgliche Zuchtpaare können lebenslang in Einehe gehalten werden. Die Kinder, auch mehrerer Generationen, verbleiben im Familienverband und sind an der Aufzucht der jeweils Jüngsten beteiligt. Diese Erfahrung befähigt sie, später selbst erfolgreich Junge großzuziehen.

Ist Einzelhaltung notwendig, z.B. weil es die Versuchsbedingungen zwingend vorschreiben oder ein Tier wegen seiner Aggressivität isoliert gehalten werden muß, sind auch noch andere Krallenaffen im gleichen Raum zu halten. Sicht-, Hör- und Geruchskontakte zu den Artgenossen bleiben so erhalten.

Die Anwesenheit zu vieler Gruppen in einem Raum kann von den Tieren als Konkurrenzsituation empfunden werden und sich belastend auf sie auswirken. Sichtblenden zwischen den Käfigen können nur teilweise Abhilfe schaffen. Deshalb sollten nur wenige Gruppen pro Raum gehalten werden.

Die Fütterung bietet eine gute Möglichkeit, Abwechslung und Beschäftigung in den Affenalltag zu bringen. Das Nahrungsangebot sollte nicht nur vielseitig sein, sondern auch so dargereicht werden, daß die Aktivität der Tiere angeregt wird, z.B. Bananen, die geschält, oder Leguminosenschoten, die geöffnet werden müssen. Einige Krallenaffen-Arten ernähren sich vorzugsweise von Baumsäften – als Ersatz hierfür läßt sich Honig oder Vitaminsaft auf Äste streichen oder Gummi arabicum in ein Holz mit Löchern füllen.

Zum Nahrungsspektrum gehören auch Insekten und Würmer. Ein eindrucksvolles Beispiel dafür, wie durch Einfallsreichtum auch im Labor Naturbedingungen simuliert werden können, ist der „Mehlwurm-Dispenser": Mehlwürmer werden zusammen mit Sägemehl in eine verschließbare Plastikröhre gefüllt, die mit seitlichen Löchern versehen ist, gerade groß genug, daß die Würmer hindurchkriechen können. Draußen werden sie von den Affen schon mit Spannung erwartet.

■ **Andere Primatenarten** (außer Menschenaffen)

Vieles für die Krallenaffen Gesagte gilt auch für größere im Labor gehaltene Affenarten, wie z.B. Makaken, Meerkatzen oder Paviane. Käfige bzw. Gehege müssen genug Raum bieten und so eingerichtet sein, daß die Tiere ihr arttypisches Bewegungsverhalten entwickeln und ausüben können. Wie bereits erwähnt, ist vor allem auf eine ausreichende Käfighöhe zu achten, da die meisten Affen bei Gefahr in vertikaler Richtung fliehen.

Die in vielen Einrichtungen vorhandenen, zur Einzelhaltung verwendeten Käfige können weiter genutzt werden, wenn sie durch Aufbauten nach oben erweitert oder übereinander- stehende Käfige durch Herausnahme des Bodens bzw. der Decke miteinander verbunden werden. Ebenso lassen sich nebeneinanderstehende Käfige durch Tunnel miteinander kombinieren und so für die Gruppenhaltung gewinnen.

Als Faustzahl für die Unterbringung eines Paares wird folgende Käfig-Mindestabmessung empfohlen: Höhe = doppelte Scheitel-Schwanzspitzen-Länge der zu haltenden Affenart (erwachsene Tiere), Breite und Tiefe = jeweils doppelte Scheitel-Steiß-Länge (O´Donoghue, 1994). Die bewegungsaktiven Jungtiere benötigen den gleichen Raum wie Erwachsene. Von Bedeutung ist auch die Haltungsdauer: Werden Primaten jahrelang im Käfig gehalten, muß dieser größere Dimensionen aufweisen als bei nur vorübergehender Unterbringung.

Die Strukturierung des Käfigs/Geheges sollte ähnlich wie bei den Krallenaffen mit Stangen, Seilen, Leitern, Plastikketten, Autoreifen, Netzen sowie wandständigen Lauf- und Ruhebrettern erfolgen. Die Freß- und Tränkplätze sollten bei baumbewohnenden Arten mindestens 1,50 m hoch angebracht werden. Unbedingt erforderlich sind Sichtblenden und Nischen, um rangniederen Gruppenmitgliedern eine Möglichkeit zum Ausweichen und Verstecken zu geben. Mindestens zwei Seiten des Käfigs sollten aus Drahtgeflecht bestehen, das zum Klettern genutzt werden

kann. Glatte Wände können durch Netzbespannung „kletterfähig" gemacht werden.

Bei Primatenarten, die sich in der Wildnis auch auf der Erde aufhalten, sollte der Käfigboden eben sein und eingestreut werden (rückstands- und staubfreie Holzspäne, Stroh). In der Streu oder in engen Löchern verstecktes Futter (z.B. Rosinen, Körner) regt zum Suchen an und vertreibt die Langeweile. Auch Spielzeug bietet zusätzliche Beschäftigungsanreize, zum Beißen eignen sich z.B. Beißspielzeug für Kleinkinder oder Gummiknochen für Hunde, zum Benagen Äste mit Rinden und Weichholzstückchen, zum Manipulieren und Zerlegen Pappkartons. Um Streitigkeiten zu vermeiden, sollten für alle Gruppenmitglieder genügend Objekte vorhanden sein. Auch sollten diese regelmäßig ausgetauscht werden, da sie für die Affen rasch ihren Neuigkeitswert verlieren.

Willkommene Abwechslung vom Käfigalltag gewähren auch Fenster mit Sitzbrettern, von denen aus die Affen Vorgänge außerhalb des Tierraums beobachten können. Außengehege, wie sie von Zoologischen Gärten bekannt sind, haben sich auch in manchen Versuchstierhaltungen bewährt.

Das Sozialverhalten der verschiedenen Primatenarten ist so differenziert, daß in diesem Rahmen nicht näher darauf eingegangen werden kann. Gruppenbildung und -größe hängen nicht nur von Art, Alter und Geschlecht der Tiere ab, sondern auch von der Käfiggröße und -gestaltung. Je größer die Gruppe, desto höher ist auch das Konfliktrisiko, dem vor allem die rangniederen Tiere ausgesetzt sind. Entfernen einzelner Gruppenmitglieder, z.B. für ein Experiment, kann zur Folge haben, daß das Tier nicht wieder in die Gemeinschaft aufgenommen wird.

Einzelhaltung darf nur aus zwingenden Gründen und unter weitestmöglicher Beibehaltung der Kontakte zu den Artgenossen erfolgen. Geschlechtsreife männliche Affen können allerdings so unverträglich sein, daß sie einzeln gehalten werden müssen. Isolierte Tiere brauchen in besonderem Maße die Zuwendung des Pflegepersonals und Angebot von Beschäftigungsmaterial.

Primaten verbringen einen großen Teil ihrer Wachzeit (bis zu 50%) mit Futtersuche, bei der sie große manuelle Geschicklichkeit einsetzen. Das Nahrungsangebot in der Gefangenschaft sollte deshalb darauf ausgerichtet sein, diese manipulativen Fähigkeiten zu entwickeln und zu üben. Hierfür eignen sich ganze Pflanzen (z.B. Mais, Sonnenblumen), Pflanzenteile (Früchte, Gemüseabschnitte) wie auch verschiedene Arten von Futterspendern. Solche Dispenser bestehen z.B. aus verschließbaren Plastikröhren mit seitlichen Schlitzen oder Löchern, die mit Rosinen, Erdnüssen, Sonnenblumenkernen oder Mehlwürmern gefüllt werden. Durch regelmäßigen Austausch der Futterspender werden der Beschäftigungsanreiz erhöht und unterschiedliche manuelle Fertigkeiten geübt.

Weiterführende Literatur siehe unter: Heymann (1974), Novak und Suomi (1989), Poole (1990), Kaplan und Lobao (1991), Schapiro et al. (1991) und Dickie (1994).

Hunde

Versuchshunde besitzen das gleiche Verhaltensrepertoire wie andere Hunde (Feddersen-Petersen, 1994; Feddersen-Petersen und Ohl, 1995), über die bereits in einem früheren Kapitel eingehend berichtet wurde. Deshalb sollen an dieser Stelle nur Hinweise speziell für die Zucht und Haltung von Versuchshunden gegeben werden.

Die Verwendung von Hunden im Labor erfordert im besonderen Maße Tiere, die auf fremde Menschen oder ungewohnte Situationen nicht mit Ängstlichkeit und Unsicherheit oder gar Aggression reagieren. Bei der Zucht von Versuchshunden muß deshalb größter Wert darauf gelegt werden, daß die *Sozialisationsphase* im Welpen- und Jugendalter (4. bis 12. Woche und später) ungestört verläuft. In dieser Zeit brauchen Hunde intensiven Kontakt zu ihren Artgenossen und besonders zum Menschen (tägliches Ansprechen, Streicheln und Spielen). Umgang mit verschiedenen Tierpflegern/Tierpflegerinnen stärkt spätere Zutraulichkeit.

Die Betreuung von Hunden in Versuchseinrichtungen bedarf überdurchschnittlich qualifizierter und engagierter Tierpfleger/Tierpflegerinnen, die in ihrem Arbeitsbereich möglichst wenig wechseln sollten. Jedes Tier ist individuell zu behandeln. Gute Betreuung ist u.a. dadurch zu erkennen, daß die Hunde von sich aus zum Pfleger kommen, sich streicheln sowie leicht und ohne Hilfsmittel anfassen lassen (TVT-Merkblatt Hund und Katze, 1992). Auf diese Weise sollten die Hunde auch rechtzeitig auf versuchsbedingte Eingriffe vorbereitet werden, damit ihnen unnötige Belastungen erspart bleiben. Die so entstehenden Bindungen zwischen Mensch und Tier lassen Tierpfleger/Tierpflegerinnen allerdings oft in Gewissenskonflikte geraten, wenn sie ihre Schützlinge für ein Experiment hergeben müssen.

Hunde sind von ihrem Verhaltensinventar her darauf eingestellt, in einer Gruppe zu leben (Unshelm, 1984; Feddersen-Petersen, 1994). Die Verträglichkeit der Gruppenmitglieder muß ständig überprüft werden. Bewährt haben sich kleine, gleichgeschlechtliche Gruppen (2–4 Tiere), da sie nur geringes Konfliktpotential bieten. In der Gruppenhaltung sind Hunde aktiver und zeigen größeres Interesse an ihrer Umgebung als in Einzelhaltung (Hubrecht, 1994).

Die Haltung von Versuchshunden sollte in Boxen mit angeschlossenen oder separaten Ausläufen erfolgen, in denen sich die Tiere tagsüber ausreichend bewegen können. Boxen enthalten die Schlafplätze (erhöhte Liegeflächen aus wärmedämmendem Material – Plastik/ Hartholz – mit seitlicher Abschirmung, so daß eine Nische entsteht), Freß- und Tränkplätze. Um Streit zu vermeiden, müssen für alle Gruppenmitglieder genügend Plätze vorhanden sein.

Als Boxengröße sind 6 m² /20 kg Tier und 3 m² für jedes weitere Tier anzustreben (Verordnung über das Halten von Hunden im Freien, 1974). Die Seitenwände der Boxen sollten so beschaffen sein, daß die Hunde den Tierraum überblicken und sich gegenseitig sehen, aber auch aus dem Blickfeld gehen können (Solide Boxenwände mit aufgesetztem Metallgitter in ca. 70 cm Fußbodenhöhe).

Mit Rücksicht auf ihr empfindliches Riechvermögen sollten Hunde die Möglichkeit haben, ihren Kot möglichst weit vom Ruheplatz entfernt abzusetzen. Der Kot ist mindestens einmal täglich zu entfernen und der Boden anschließend naß zu reinigen. Wegen der Geruchsbelästigung ist eine wirksame Lüftung unerläßlich.

Ausläufe sollten durch erhöhte Liegebretter und Sichtblenden (für rangniedere Tiere) strukturiert sein und als Anreize zur Beschäftigung und Abwechslung Spielzeug (z.B. Hartgummiknochen, Bälle, Pappkartons, Äste) enthalten. Spielzeug sollte möglichst aufgehängt werden, um zu vermeiden, daß ein Hund es mit Beschlag belegt. Außerdem verschmutzt es auf diese Weise weniger.

Für viele Hunde verlieren „tote" Gegenstände allerdings bald ihren Reiz, um so wichtiger sind für sie der Umgang mit Artgenossen und ein möglichst häufiger Besuch des Pflegepersonals.

Da es zum Verhalten der Carnivoren gehört, die Umgebung von einem erhöhten Platz aus zu kontrollieren, werden Plattformen (eventuell mit Stufen) zum Spielen und Ruhen gern angenommen. Hubrecht (1994) berichtete, daß die Hunde mehr als 50% ihres Aufenthaltes im Auslauf auf Plattformen zubrachten.

Die Beleuchtung sollte durch Tageslicht erfolgen. Gelegenheit zum Sonnenbaden wird von Hunden gern genutzt.

Die Unterbringung einzelner Hunde im Käfig darf nur aus zwingenden Gründen und nur vorübergehend erfolgen. Dabei muß Sicht-, Geruchs- und Hörkontakt zu anderen Hunden ermöglicht und täglich für mehrmaligen intensiven Kontakt zum Tierpfleger gesorgt werden. Wenn es dem Versuchsziel nicht zuwiderläuft, ist dem Hund mindestens einmal am Tag Auslauf zu gewähren, möglichst zusammen mit anderen Artgenossen. Die Grundfläche des Käfigs sollte so bemessen sein, daß der Hund in allen Richtungen ausgestreckt liegen kann. Die Käfighöhe sollte volles Aufrichten des auf den Hinterbeinen stehenden Tieres ermöglichen. Wenn der Versuch einen perforierten Käfigboden erfordert, ist einem kunststoffbeschichteten Lochboden gegenüber einem Metallrost der Vorzug zu geben.

Weiterführende Literatur siehe unter: Trumler (1971), Althaus (1989) und Loveridge (1994).

Miniaturschweine

Das Verhalten von Miniaturschweinen gleicht weitgehend dem der Hausschweine (s. Kapitel „Schweinehaltung"). Wie diese zeigen auch Minipigs ein ausgeprägtes Erkundungs- und manipulatorisches Verhalten. Zum Ruhen wählen sie Liegeplätze, die vom Kotbereich klar getrennt sind. Als gesellig lebende Tierart sollten Schweine (mit Ausnahme von geschlechtsreifen Ebern und tragenden Sauen) in Gruppen gehalten werden. Aus diesen Erkenntnissen lassen sich folgende Haltungsempfehlungen ableiten:

Die Unterbringung von Miniaturschweinen erfolgt in Boxen mit planen, rutschfesten und waschbaren Böden, groß genug, um den Tieren eine Unterteilung in Ruhe-, Aktivitäts- und Futterbereich zu ermöglichen. Die Mindestgrundfläche der Box für ein Schwein (Gewicht bis 25 kg) sollte 3 m² betragen, zuzüglich 0,5 m² für jedes weitere Tier (O´Donoghue,1994). Wichtiger noch als die Flächengröße sind eine dem Schwein gemäße Liegefläche und ausreichendes Reizangebot. Der Ruheplatz muß wärmegedämmt sein (z.B. durch langes Stroh oder eine Gummimatte). Im Aktivitätsbereich ist Stroh oder Heu in einer Raufe zur Beschäftigung anzubieten. Dem gleichen Zweck dienen biegsame Äste, große Papiertüten, Bälle oder am Gitter befestigte Gummischläuche. Eine ebenfalls am Seitengitter angebrachte stabile Bürste mit Plastikborsten wird zum Scheuern (Hautpflege) benötigt. Die Beleuchtung sollte möglichst durch Tageslicht erfolgen. Käfighaltung soll nur für die Dauer des Experiments erfolgen.

Wenn das Experiment es zwingend erfordert, können Minischweine vorübergehend auch in Käfigen untergebracht werden. Die Käfiggrundfläche muß so bemessen sein, daß das Tier eine entspannte Liegeposition einnehmen kann. Die Liegefläche sollte wärmegedämmt (z.B. Kunststoffbeschichtung) und perforiert sein. Einzeln im Käfig gehaltene Schweine sollen Geruchs-, Hör- und Sichtkontakt zu Artgenossen haben und bedürfen besonderer Zuwendung des Pflegepersonals.

Minischweine können in verträglichen Gruppen von 4–6 Sauen, abgesetzte Ferkel in Gruppen von 8–12 Tieren gehalten werden. Die Gruppenbildung sollte in möglichst frühem Alter erfolgen. Unverträgliche Schweine sind separat unterzubringen, wobei der Geruchs- und Hörkontakt zu anderen Schweinen zu wahren ist. Geschlechtsreife Eber müssen einzeln gehalten werden. Sauen sollten einige Wochen vor dem Werfen eine gesonderte Box erhalten, die mit einer Nestbox und einer Wärmelampe für die Ferkel ausgestattet ist.

Haushühner
H. Oester und E. Fröhlich

Haushühner haben, ob sie nun als Rasse-, Hochleistungs- oder als Versuchstiere gehalten und genutzt werden, grundsätzlich alle die gleichen Ansprüche an ihre Umgebung. Wenn sie nicht aufgrund eines speziellen Versuchsansatzes körperlich eingeschränkt sind (z. B. nach einer Operation) oder eingeschränkt werden müssen (z. B. für spezielle Stoffwechselmessungen), dann sollte auch ihre Haltung die im Kapitel "Wirtschaftsgeflügelhaltung" genannten grundsätzlichen Anforderungen an eine tiergerechte Haltung erfüllen.

Im „UFAW Handbook on the Care and Management of Laboratory Animals" (1987) werden aber beispielsweise für die Haltung von Legehennen die folgenden Mindestwerte für Käfige angegeben (Tabelle 3):

Diese Mindestmaße sind bereits höher als jene aus der herkömmlichen Käfighaltung (z.B. 350 cm² – 600 cm² pro Henne), einer Haltungsform, wie sie

Tab. 3 Richtwerte für die Käfighaltung von Legehennen in der Versuchs- oder Vorratshaltung (Beispiel)

Gewicht	Fläche für			Höhe	Trog pro
	1 Henne	2 Hennen	3 Hennen		Henne
1800–2400 g	1700 cm²	2400 cm²	3000 cm²	55 cm	12 cm

auch in der Versuchstierhaltung eingesetzt und heute übereinstimmend als für Legehennen belastend beurteilt wird (Dawkins und Nicol, 1989; Martin, 1975; McLean et. al, 1986; u.a.). Im Hinblick auf die Qualität der Versuchsergebnisse müßte deshalb darauf verzichtet werden. Daß sie trotzdem noch Verwendung finden, ist wohl in erster Linie damit zu begründen, daß sie vergleichsweise wenig Raum beanspruchen, kostengünstiger sind, ohne Einstreu betrieben werden, mit erprobter Technologie versehen und hygienisch einfach zu kontrollieren sind.

Wenn der Auftrag ernst genommen wird, die Tiere in menschlicher Obhut seien tiergerecht zu halten – weder die Körperfunktionen noch das Verhalten sollen gestört werden und die Anpassungsfähigkeit der Tiere darf nicht überfordert werden, wie es beispielsweise der Artikel 1 Absatz 1 der Tierschutzverordnung der Schweiz (1981) fordert –, dann sind andere Haltungsformen zu wählen als herkömmliche Batteriekäfige oder die den Tieren kaum besser gerecht werdenden, durch das obgenannte „UFAW Handbook" empfohlenen Käfige. Dazu sind zum Teil auch neue Anlagen zu entwickeln.

Ist es für den geplanten Versuch beispielsweise notwendig, die gelegten Eier den Legehennen individuell zuzuordnen, dann können die Hennen sehr wohl in größeren Gruppen gehalten werden, wenn Fallennester eingesetzt werden. Dann ist allerdings auf eine regelmäßige Kontrolle dieser Nester zu achten, damit die Tiere nicht zu lange eingesperrt bleiben. Es können aber auch Gruppen bis zu drei Hennen gebildet werden, wenn solche Tiere gewählt werden, die Eier unterschiedlicher Schalenfarbe legen (braun, weiß, grün). Soll in einem anderen Fall der Kot gesammelt werden, kann bei der Konstruktion eine Einrichtung vorgesehen werden, die es erlaubt, die Einstreu zeitweise aus dem Tierbereich zu entfernen, so daß der Kot möglichst unvermischt aufgefangen werden kann. Muß hingegen der Kot quantitativ gesammelt werden, dann werden strukturierte Haltungen für das Erreichen des Versuchszieles kaum geeignet sein. In diesem Fall ist genau zu überlegen, wie lange die Kotproben erhoben werden müssen und wie lange die Tiere an das gewählte restriktive System vor Versuchsbeginn anzugewöhnen sind.

Haltungen, wie sie in der modernen Eierproduktion heute auch eingesetzt werden, die den Tieren Nester und Scharräume anbieten, mit erhöhten Sitzstangen die dritte Dimension erschließen und die u.U. sogar einen Aufenthalt im Freien ermöglichen, sind insbesondere für die Legehennen in der Vorratshaltung einzurichten und – soweit es der Versuchszweck zulässt – auch als Haltungsbedingungen für die Tiere im Versuch vorzusehen.

Solche Haltungen, die den grundsätzlichen Anforderungen an eine tiergerechte Haltung genügen, können für Kleinstgruppen wie auch für größere Herden realisiert werden und lassen sich bei entsprechender Ausrüstung hygienisch einwandfrei reinigen. Selbst die Einstreu kann heute keimfrei angeboten werden.

1993 wurden anläßlich eines Inter-

Abb. 9 Gehege; Beispiel eines volleingestreuten (Stroh und Sägespäne) Legehennengeheges mit Sitzstangen auf verschiedenen Höhen; eingestreutes Nest am Boden, Rundfutterautomat und Tränkenippel für beispielsweise 15 Legehennen, Grundfläche 4 m², Höhe 2 m.

Abb. 10 Käfig; Beispiel eines 1989 gebauten Legehennenkäfigs, teils mit Gitterboden, mit erhöhter Sitzstange, die zusätzlich als Einstieg ins erhöhte Abrollnest dient. Die Frontseite kann vollständig geöffnet werden; für bis zu 4 Hennen; Grundfläche 6000 cm², Höhe 78 cm. Zu verbessern wären in diesem Käfig die Anordnung der Sitzstange, die Griffigkeit des Bodens unter der Einstreu und der Schutz vor dem Herausscharren der Einstreu.

nationalen Workshops in Berlin mit Teilnehmern aus der Versuchstierhaltung und anderen Haltungsspezialisten die Anforderungen an die Haltung von Haushühnern zu Versuchszwecken diskutiert. Das Ergebnis dieser Diskussionen ist in den Proceedings (O'Donoghue, 1994) nachzulesen. Dabei wurde festgehalten, daß Legehennen in Gruppen – entweder in zum Teil eingestreuten Gehegen mit erhöhten Sitzstangen und Nestern und entsprechenden Fütterungs- und Tränkeeinrichtungen oder in speziellen Käfigen mit vergleichbaren Einrichtungen – gehalten werden sollen. Wie solche Gehege und Käfige in der Praxis aussehen könnten, ist in den folgenden Abbildungen dargestellt (Abb. 9 und 10). Die Mindestgrößen für entsprechende Systeme sind in der Tabelle 4 aufgeführt.

Auch den Legehennen in der Versuchstierhaltung sind selbstverständlich die entsprechenden Lichtprogramme und Klimabedingungen zu bieten, die für ihre Gesundheit notwendig sind. Dazu können in der Literatur zur Versuchstierhaltung oder z.B. in den bereits erwähnten Proceedings (O'Donoghue 1994) die Richtwerte gefunden werden.

Tab. 4 Mindestanforderungen für die Haltung von Legehennen

Mindestgröße für	Flächen	Höhen	Mindestflächen
Gehege	4 m² [1]	2 m	‹ 10 Legehennen 2 m² ‹ 15 Legehennen 3 m² ‹ 24 Legehennen 4 m² › 24 Legehennen zusätzlich 1660 m² pro Henne
Käfig	6000 cm²	85 cm	1500 cm²/Legehenne 2000 cm²/ Legehenne

[1] wünschenswert (Aus: Bundesministerium für Ernährung, Landwirtschaft und Forsten, 1994: The Accomodation of Laboratory Animals in Accordance with Animal Welfare Requirements)

Weitere Tierarten

Für die Haltung von Versuchskatzen wird auf das Kapitel „Katzen" und auf O`Donoghue (1994) verwiesen.

Zur Haltung von Reptilien finden sich Angaben bei Pough (1991) und O`Donoghue (1994) sowie im „Gutachten über Mindestanforderungen an die Haltung von Reptilien" des Bundesministeriums für Ernährung, Landwirtschaft und Forsten (1997). Hinweise für die Amphibien-Haltung siehe unter Pough (1991), O`Donoghue (1994), Hilken (1994), Hilken et al. (1994) sowie im Merkblatt der TVT über Wasser- und Krallenfrösche (1994). Angaben über die Haltung von Fischen zu Versuchszwecken finden sich bei O`Donoghue (1994).

Literatur

Althaus, T. (1989): Die Beurteilung von Hundehaltungen. Schweiz. Archiv für Tierheilkunde 131, 423–431.

Beer, R., Kaiser, S., Sachser, N., und Stanzel, K. (1994): Merkblatt zur tiergerechten Haltung von Meerschweinchen. Tierärztl. Vereinigung für Tierschutz, Hamburg.

Bundesamt für Veterinärwesen (1994): Richtlinien betreffend Käfigabmessungen und -einrichtungen für die Haltung von Haushühnern zu Versuchszwecken. Information Tierschutz, 800.116-2.04, Bundesamt für Veterinärwesen, CH-3003 Bern.

Bundesamt für Veterinärwesen (1995): Statistik der Tierversuche in der Schweiz 1994, CH-3003 Bern.

Bundesministerium für Ernährung, Landwirtschaft und Forsten (1994): The Accommodation of Laboratory Animals in Accordance with Animal Welfare Requirements. Proceedings of an International Workshop held at the Bundesgesundheitsamt, Berlin (Ed.: Donoghue, P. N., 53–58).

Bundesministerium für Ernährung, Landwirtschaft und Forsten: Tierschutzbericht der Bundesregierung 1997. Bundestagsdrucksache 13/7016 vom 27. 02. 97.

Code of Practice for the Housing and Care of Animals used in Scientific Procedures (1989). London, Her Majesty´s Stationery Office.

Dawkins, M.S., and Nicol, C. (1989): No Room for Manoeuvre. New Scientist, 16 September 1989.

Dickie, L.A. (1994): Environmental enrichment in captive primates: a survey and review. UFAW, Potters Bar, Herts, UK.

Ernst, C. (1974): Vergleichende Untersuchungen zur Haltung von Laborratten. Dissertation Berlin 1994.

European Convention for Protection of Vertebrate Animals used for Experimental and other Scientific Purposes. Council of Europe, Strasbourg 31.5.85, deutsch im Bundesgesetzblatt Teil II, Nr. 46, vom 15.12.1990.

Feddersen-Petersen, D. (1994): Fortpflanzungsverhalten beim Hund. Gustav Fischer Verlag, Jena–Stuttgart.

Feddersen-Petersen, D., und Ohl, F. (1995): Ausdrucksverhalten beim Hund. Gustav Fischer Verlag, Jena–Stuttgart.

Gesellschaft für Versuchstierkunde (1971): Planung, Struktur und Errichtung von Versuchstierbereichen tierexperimentell tätiger Institutionen. Sekretariat der Gesellschaft für Versuchstierkunde, Füllinsdorf (Schweiz).

Güttner, J., Bruhin, H., und Heinecke, H. (1993): Wörterbuch der Versuchstierkunde. Gustav Fischer Verlag, Jena–Stuttgart.

Gutachten über Mindestanforderungen an die Haltung von Reptilien vom 10. Januar 1997. Referat Tierschutz des Bundesministeriums für Ernährung, Landwirtschaft und Forsten, Bonn.

Heymann, E.W. (1994) : Tiergerechte Haltung von Marmosetten und Tamarinen aus Sicht eines Freilandbiologen. Tierlaboratorium 17, 43–58.

Hilken, G. (1994): Untersuchung zur Verbesserung der Haltungsbedingungen des Südafrikanischen Krallenfrosches (Xenopus laevis). Deutsche tierärztliche Wochenschrift 101, 169–170.

Hilken, G., Dimigen, J., und Iglauer, F. (1994): Growth od Xenopus laevis under different laboratory rearing conditions. Laboratory Animals 29, 152–162.

Hubrecht, R. (1994): Dog housing – is there scope for improvement ? In : Bunyan J. (Ed.): Welfare and Science. Proceedings of the Fifth FELASA-Symposium Brighton 1993, pp. 45–49, Royal Society Medical Press.

Kaplan, M.L., and Lobao, B.J. (1991) : An unique housing system für rhesus macaques. Lab. Animal 20 (6), 48–50.

Loveridge, G. (1994): Provision of environmentally enriched housing for dogs. Animal Technology 45, 1–19.

Martin G. (1975): Über Verhaltensstörungen bei Legehennen im Käfig. Angewandte Ornithologie 4,4, 147–176.

McLean, K.A., Baxter, M.R., and Michie, W. (1986): A Comparison of the Welfare of Laying Hens in Battery Cages and in a Perchery. Research and Development in Agriculture 3, 2, 93–98.

Novak, M.A., and Suomi, S.J. (1989): Psychological well-being of primates in captivity. ILAR-News 31, 5–15.

O´Donoghue, P.N. (Ed.) (1994): The accommodation of laboratory animals in accordance with animal welfare requirements. Proceedings of an international workshop held at the Bundesgesundheitsamt, Berlin 1993. Bundesministerium für Ernährung, Landwirtschaft und Forsten, Bonn, Germany.

Poole, T.B. (1990) : Environmental enrichment for marmosets. Animal Technology 41, 81–86.

Pough, F. H. (1991): Recommendations for the care of amphibians and reptiles in academic institutions. ILAR News Vo. 33, No. 4, S1–S21.

Prior, H., and Sachser, N. (1994/95): Effects of enriched housing environment on the behaviour of young male and female mice in four exploratory tasks. Journal of Experimental Animal Science 37, 57–68.

Richtlinie des Rates vom 24.11.1986 zur Annäherung der Rechts- und Verwaltungsvorschriften der Mitgliedstaaten zum Schutz der für Versuche und andere wissenschaftliche Zwecke verwendeten Tiere (86/609/EWG). Amtsblatt der Europ. Gemeinschaften Nr. L 358/1 vom 18.12.86.

Riley, V. (1981): Psychoneuroendocrine influences on immunocompetence and neoplasia. Science 212, 1100–1109.

Sachser, N. (1994) : Sozialphysiologische Untersuchungen an Hausmeerschweinchen : Gruppenstrukturen, soziale Situation und Endokrinium, Wohlergehen. Schriftenreihe Versuchstierkunde, Heft 16, Paul Parey, Berlin und Hamburg.

Schapiro, S.J., Breut, L., Bloomsmith, M.A., and Satterfield, W.C. (1991): Enrichment devices for nonhuman primates. Lab Animal 20 (6), 22–28.

Scharmann, W. (1994a) : Tiergerechte Haltung von Versuchstieren: Kritische Bewertung der geltenden Richtlinien. Tierärztliche Umschau 49, 552–560.

Scharmann, W. (1994b) : Housing of mice in an enriched environment. In: Bunyan, J. (Ed.): Welfare and Science.Proceedings of the Fifth FELASA Symposium Brighton 1993, pp. 335–337, Royal Society Medical Press.

Stauffacher, M. (1992) : Tiergerechte Haltung von Hauskaninchen. Neue Konzepte für die Zucht und Haltung von Labor- und Fleischmastkaninchen. Deutsche tierärztliche Wochenschrift 99, 9–15.

Steiger, A. (1992): Tiergerechte Haltung von Affen. In: Tiergerechte Haltung von Versuchstieren. Tagung der Fachgruppe „Tierschutzrecht und Gerichtliche Veterinärmedizin", Stuttgart 1992, S. 26–34, Deutsche Veterinärmedizinische Gesellschaft, Gießen.

Tierschutzverordnung (Schweiz) (1981): Eidgenössische Drucksachen- und Materialzentrale, CH-3000 Bern.

Trumler, E. (1971): Mit dem Hund auf du. Piper, München–Zürich.

TVT-Merkblatt zur tierschutzgerechten Haltung von Hund und Katze (1992). Tierärztliche Vereinigung für Tierschutz, Hamburg[1].

TVT-Merkblatt zur tierschutzgerechten Haltung von Wasserfröschen (Rana esculanta) und Südafrikanischen Krallenfröschen (Xenopus laevis) (1994): Tierärztliche Vereinigung für Tierschutz, Hamburg[1]

UFAW (1987): The domestic fowl and turkey. In: Handbook on the Care and Management of Laboratory Animals (Ed.: Poole, T. B.). Longman Scientific & Technical, 6th Edition, p. 645.

Unshelm, J. (1994): Tiergerechte Hundehaltung. Tierlaboratorium 17, 71–88.

US Animal Welfare Act Amendments (contained in Food Security Act of 1985), Public Law 99–198, December 1995. Section 1752.

Verordnung über das Halten von Hunden im Freien, vom 6. Juni 1974. Bundesgesetzblatt Teil I 1974, Nr. 60, S. 1265–1267.

Wiepkema, P.R., and Koolhaas, J.M.(1993): Stress and animal welfare. Animal Welfare 2, 195–218.

Würbel, H., und Stauffacher, M. (1994): Stereotypien bei Labormäusen – Ursprung und Ontogenese. Aktuelle Arbeiten zur artgemäßen Tierhaltung 1994, S. 85–96. KTBL-Schrift 370, Darmstadt 1995.

[1] Die Merkblätter der TVT zur tierschutzgerechten Haltung von Versuchstieren können von der Tierärztlichen Vereinigung für Tierschutz, Iltisstieg 5, D-22159 Hamburg, bezogen werden.

Zoo- und Zirkustiere

F. JANTSCHKE

Ziele der Zootier- und Zirkustier-Haltung

Zoos und Zirkusse haben das gemeinsame Ziel, lebende Haus- und Wildtiere einem interessierten Publikum zur Schau zu stellen. Dabei geht es Zoos in erster Linie darum, im Rahmen ihrer vier selbstgestellten Aufgaben – Erholung, Erziehung, Forschung und Naturschutz – die Tiere in ihrem natürlichen Verhalten zu zeigen und zu halten (Everts, 1989; Hediger, 1965). Dagegen sind Zirkusse bemüht, die körperlichen und geistigen Fähigkeiten von Säugetieren, seltener auch Vögeln und Reptilien, über die Dressur vorzuführen. Nur wenn diese Ziele verfolgt werden, nicht bei anderer – privater, hobbymäßiger oder auch kommerzieller – Haltung von Wildtieren, kann von einer Zoo- und Zirkushaltung die Rede sein. Ohne die Anliegen einer sinnvollen Öffentlichkeitsarbeit sind die Maßstäbe des Tierschutzes eher höher als niedriger anzusetzen.

Unabhängig von den unterschiedlichen Zielen sind sowohl für Zoos als auch für Zirkusse die bei den jeweiligen Besuchern „populären" Tiere (z.B. Affen, Raubtiere, große Huftiere wie Elefanten und Pferde, unter den Vögeln vor allem die Papageien) von – didaktisch und wirtschaftlich – größerem Interesse. In der Regel sind gerade diese Pfleglinge anspruchsvoller, da geistig weiter entwickelt. Die Grenzen zur Tierquälerei werden bei Schimpansen rascher überschritten als bei Mäusen, bei Kakadus eher als bei Kanarienvögeln. Das betrifft nicht nur die Ausstattung der Gehege, sondern auch die Pflege und Fütterung, die soziale Infrastruktur und viele andere Dinge. Auf der anderen Seite ist die Bereitschaft, gegenüber „niederen" Tieren Tierquälerei zu begehen oder zu dulden, ungleich größer. Es ist aber nicht einzusehen, warum z.B. Delphine grundsätzlich einen höheren Schutz genießen sollten als Flußpferde.

Grundsätzlich werden geistig höher entwickelte und uns – verwandtschaftlich oder auch „nur" emotional – näherstehende Tiere wohl immer „besser" behandelt. So hat niemand Probleme damit, Grillen an Vögel oder Krallenäffchen zu verfüttern, lebende Fische an Otter oder lebende Mäuse an Schlangen. Dagegen ruft ein totes Kaninchen, das mit Haut und Haaren in einen Raubtierkäfig gelegt wird, heftige Reaktionen bei den Zoobesuchern hervor. Dabei spielt es keine Rolle, ob es tierschutzgerecht getötet wurde und diese Form der Nahrung für das Raubtier wünschenswert und folglich „artgerecht" ist. Gar nicht in Frage kommt es aus Gründen des Tierschutzes ebenso wie wegen gefühlsmäßiger Hemmschwellen, etwa lebende Kaninchen oder Schafe durch Geparden jagen zu lassen. Dieses Beispiel macht deutlich, daß Tierschutz im Zoo – ebenso wie im Zirkus – oft weder rechtlich noch ethisch exakt zu definieren ist. Er ist interpretierbar und oft ebenso eine Sache des Gefühls wie der praktisch-zoologischen Erfahrung.

Kriterien artgerechter Haltung im Zoo

Grundsätzliches

Die Schaustellung von Wildtieren setzt einige Bedingungen voraus, die Dittrich (1986) wie folgt zusammenfaßt: Fütterung und Befriedung der Tiere, gute Sichtbarkeit, möglichst auch in den Ruhephasen, Überschaubarkeit und damit relative Kleinräumigkeit der Anlagen, Manipulierbarkeit der Tiere (im Hinblick auf klimatische Faktoren sowie aus betriebstechnischen Gründen), hygienische Gesichtspunkte sowie das ästhetische Empfinden der Besucher. Um diese Bedingungen zu erfüllen, können Zoogehege meist keine möglichst nahen Imitationen von natürlichen Lebensräumen sein, sondern weichen zum Teil erheblich davon ab. Wichtig ist, daß die Lebensbedürfnisse der Tiere erfüllt werden. Für die Beurteilung, ob Zootiere artgerecht gehalten werden, nennt Dittrich (1986) fünf Kriterien:

– Die Tiere sollen optimale Kondition besitzen (natürlich unter Berücksichtigung von Jahreszeit, Alter usw.).
– Sie sollen ein hohes Lebensalter erreichen (wegen des Fehlens von Feinden und der Behandlung von Krankheiten in der Regel höher als die durchschnittliche Lebenserwartung freilebender Artgenossen).
– Sie sollen sich vermehren und ihre Jungen ohne menschliche Hilfe aufziehen (aber: gelegentliche Fortpflanzung kann in Ausnahmefällen auch unter unzureichenden Bedingungen erfolgen, und nur das regelmäßige Versagen der „natürlichen" Aufzucht ist ein Hinweis auf Haltungsfehler).
– Sie sollen einen guten Immunstatus gegenüber Krankheitserregern besitzen (häufig kranke Tiere sind ein Indiz für Haltungsfehler).
– Sie dürfen keine „Ethopathien" (z.B. hochgradig stereotype Bewegungen, ständiges Feder- und Haarerupfen, Selbstverstümmelung) entwickeln.

Keines dieser Kriterien reicht allein, um eine Haltung zu beurteilen. Nur in ihrer Gesamtheit sind sie Indizien dafür, ob es Tieren im Zoo gut oder schlecht geht (s. auch Dittrich, 1977; Hediger, 1965).

Gehege

Die jedem Zoobesucher auffallenden Gehegebegrenzungen (Gitter, Glas, Trocken- oder Wassergräben, Zäune) sind für die meisten Tiere von eher sekundärer Bedeutung. Entscheidend für sie ist, daß sie in ihrer Beweglichkeit behindert sind, nicht wie. Es gibt keinerlei wissenschaftliche Begründung dafür, daß die von Tierfreunden zumeist negativ beurteilten Gitter von Affen oder Raubtieren ebenfalls als negativ empfunden werden. Im Gegenteil: Sie können für Klettertiere sogar wesentlich vorteilhafter sein als z.B. Glaswände. Das subjektive Empfinden des Menschen („Eingesperrtsein") sollte bei der Beurteilung von Haltungen keinen Eingang finden. Gräben, die sogenannte Freigehege für Zoobesucher wesentlich attraktiver machen als z.B. feste Zäune, bedeuten für die Tiere keinerlei Vorteil. Sie können sogar unfallträchtiger sein, da sie bei Panikreaktionen nicht mehr beachtet werden. Viele der seit den 60er Jahren nach dem „Modell Hannover" für Huftiere und Kängeruhs angelegten Trockengräben sind nur symbolische Grenzen. Sie können von den dahinter gehaltenen Tieren ohne weiteres überwunden werden. Somit dienen sie mit Recht als Beweis dafür, daß sich Zootiere in gut gestalteten Gehegen nicht eingesperrt fühlen, sondern diese durchaus als ihre Heimat ansehen, die sie nur im Notfall verlassen.

Käfig- und Gehegegrößen werden sehr häufig von Zoobesuchern als mangelhaft kritisiert. Dabei wird in der Regel vergessen, daß es die „goldene Freiheit" in der Natur nicht gibt. Tiere leben zumeist in deutlich gegenüber Artgenossen abgegrenzten Revieren. Überschreiten sie deren sichtbare oder unsichtbare Grenzen, so kann das zu sehr ernsthaften Angriffen durch den Besitzer des Nachbarreviers führen. Die Größe eines Eigenbezirks wird von vielen Faktoren bestimmt, entscheidend z.B. vom Nahrungsangebot. Sibirische Tiger haben in der Natur nicht deshalb deutlich ausgedehntere Reviere als Indische, weil sie größer sind und sich mehr bewegen „wollen", sondern weil in ihren ungünstigeren Lebensräumen das Nahrungsangebot viel knapper ist. In Zoogehegen spielt dieser Unterschied keine gravierende Rolle, da hier Futter in der Regel mehr als ausreichend geboten wird. Auch andere Bedürfnisse wie die Verfügbarkeit von Wasser, Ruheplätzen, Stellen für Komfortverhalten usw. sind für Reviergrößen bedeutsam. Wo diese Bedürfnisse erfüllt sind, können die Eigenbezirke verhältnismäßig klein sein. Natürlich gilt dies auch und vor allem für die Einrichtung sowie die Beurteilung von Zoogehegen. Ein einziger, stark strukturierter Baum kann für einen Orang-Utan ein besserer Lebensraum sein als ein noch so großes Betongehege ohne „Mobiliar". Allerdings würde dieser Baum wegen des „Gebrauchs" durch den Menschenaffen nicht lange intakt bleiben. Zwischen dem wunderbar natürlichen, für den Primaten idealen Baum und einem einigermaßen haltbaren, pflegeleichten Käfig muß im Zoo ein für alle Seiten (Tiere, Zoo und Besucher) akzeptabler Kompromiß gefunden werden.

Ein anderes Beispiel: Geier würden die Möglichkeit, zumindest von Zeit zu Zeit fliegen zu können, selbst wohl höher bewerten als die Fähigkeit, in einem riesigen Savannengehege zu leben – aber in diesem zum „Spazierengehen" verurteilt zu sein. Zu beachten ist auch, daß in einem größeren Gehege nicht zwangsläufig mehr Tiere gehalten werden als in einem kleinen (Poley, 1993).

Entscheidend für die Qualität eines Geheges ist nicht in erster Linie, wie „natürlich" es gestaltet ist oder aussieht. Das ist eher eine Frage der menschlichen Ästhetik (und Didaktik), die für die Tiere eine untergeordnete Rolle spielt. Wichtig ist, daß das Gehege den Erfordernissen der darin gehaltenen Tierart entspricht (Everts, 1989). So können afrikanische Antilopen höchst unterschiedliche Ansprüche haben. Eine Gazelle aus der freien Savanne braucht z.B. eine gewisse Lauffläche zumindest in einer Richtung, um bei einer Schrecksituation ohne Gefahr mit dem angeborenen Fluchtreflex reagieren zu können. Die in dichten Bergregenwäldern lebenden Bongo-Antilopen benötigen dagegen „Sichtschutz" in ihrem Gehege. Fehlt dieser, so neigen sie dazu, bei Panik in Zäune zu springen, weil die kräftigen Tiere in der Natur solche „Hindernisse" ohne Verletzungsrisiko im Sprung durchqueren können. Umgekehrt werden die auf Inselbergen in der Savanne lebenden Klippspringer nie das Weite in der Ebene suchen, sondern sich so rasch wie möglich auf ihre sicheren Felsen zurückziehen. Drei Antilopenarten Afrikas mit völlig unterschiedlichen Gehegeansprüchen. Die kleinen Klippspringer kommen deshalb mit sehr kleinen Anlagen aus, die sich aber auch in die Höhe ausdehnen müssen. Dagegen brauchen Gazellen wesentlich mehr Gehege-Grundfläche als die viel größeren und schwereren Bongos, bei denen die starke Strukturierung ungleich wichtiger ist.

Ein wichtiges Kriterium für die artgerechte Haltung von Wildtieren ist, daß sie – wenn das klimatisch machbar ist – nach Möglichkeit in Außenanlagen gehalten werden sollten. Klar ist, daß die Freilandhaltung aus didaktischen Gründen bevorzugt wird. Aber auch für die Tiere ist es zweifellos von Vorteil, wenn sie wie in der Natur Witterungseinflüssen ausgesetzt sind, frischer Luft, Sonne, Wind, Regen. Selbst wenn sie dadurch teilweise an ihre Grenzen der Belastbarkeit gebracht werden, ist dies aus psychischen und physischen Gründen eher positiv. Ideal ist es, wenn die Zootiere – z.B. durch Plastikklappen zwischen Innen- und Außenkäfigen – selbst entscheiden können, ob sie sich lieber drinnen oder draußen aufhalten. Und auch der wirklich freie Auslauf, der bei harmlosen Affenarten in einigen Zoos bereits praktiziert wird und bei dem die Tiere theoretisch ganz „entweichen" könnten, ist eine wesentliche Bereicherung für die Zoobewohner – und ein Beweis dafür, daß sie sich nicht eingesperrt fühlen.

Nur in Innenräumen möglich ist die Haltung von Nachttieren mit „umgekehrtem" Tag-Nacht-Rhythmus. Da nur auf diese Weise nachtaktive Tiere einmal wirklich in Bewegung zu zeigen sind, ist dies aus didaktischen Gründen wohl zu vertreten, auch wenn den so gehaltenen Tieren jeglicher Zugang zu Licht-Luft-Sonne-Regen verwehrt ist. Entscheidend ist, daß diese Form der Präsentation auf Tierarten beschränkt wird, die nur auf diese Art „aktiv", d.h. nicht schlafend oder ruhend zu sehen sind. Es macht keinen Sinn bei polyphasischen Tieren, deren Aktivität sich gleichmäßig über helle und dunkle Tageszeiten verteilt. Denn der entscheidende Nachteil ist natürlich, daß diese in sogenannten Dunkelkäfigen gehaltenen Tiere nie echtes Tageslicht zu sehen bekommen – und z.B. auch an Vitamin-D-Mangel leiden können.

Sozialstruktur und Verhalten

Gehegegröße und -ausstattung werden in der Regel sehr aufmerksam und kritisch beurteilt. Dagegen wird der artgerechten Haltung in bezug auf die richtige, wirklich „artgemäße" Zusammensetzung der Gruppen usw. meist deutlich weniger Aufmerksamkeit geschenkt. So wird kaum kritisiert, wenn Orang-Utans grundsätzlich in mehr oder weniger großen Gruppen gehalten werden. In ihrem heimischen Regenwald führen sie eher das Leben von Einzelgängern mit sozialer Komponente (gelegentliches Zusammenkommen von Erwachsenen entweder zur gemeinsamen Jungenaufzucht oder kurzfristige „consort pairs" vor, während und nach der Fortpflanzungsperiode). Diese an sich „unnatürliche" Haltung, bei der oft ein Männchen mit mehreren Weibchen zusammenlebt, wird selten kritisch hinterfragt. Sie ist deshalb möglich, weil Orang-Utans wie die meisten Primaten sehr anpassungsfähig sind. Gerade in der verhältnismäßig reizarmen Zooumgebung haben sie durch die Artgenossen mehr Abwechslung. Die Gruppenhaltung kann also selbst für die eigentlich solitär lebenden, aber ungeheuer adaptiven Orang-Utans von Vorteil sein. Sie entspricht trotzdem nicht den natürlichen Bedingungen und kann in Einzelfällen auch zum Problem werden, wenn extrem auf den Menschen orientierte Männer ihre Weibchen vergewaltigen, um bestimmten Personen gegenüber zu imponieren.

Ein weiteres Beispiel: Männliche und weibliche Rothirsche werden fast überall ganzjährig zusammengehalten, obwohl sie in der Natur außerhalb der Brunftzeit zumeist in Männchen- und Weibchen-

Abb. 1 Beschäftigungstherapie: In einem amerikanischen Wolfspark werden Wölfe einmal wöchentlich in ein Bison-Gehege gelassen – für beide Seiten eine willkommene Abwechslung im Gehege-Alltag.

rudeln getrennt leben. Auch diese Haltung kann akzeptabel sein und Sinn machen, obwohl sie nicht den natürlichen Gegebenheiten entspricht. Doch ist auch hier zu beachten, daß Hirsche im Bastgeweih nicht allzusehr von den Weibchen unterdrückt werden.

Viele Verhaltensweisen, die in der Natur zum Alltag der Tiere gehören, fallen in Zoos weg, z.B. Feindvermeidung, mühsame Nahrungssuche, meist sogar der Rivalenkampf. Fraglich ist, ob es für Tiere „bedauerlich" ist, daß sie sich nicht vor möglichen Feinden in acht nehmen und auch einmal fliehen müssen. (Abgesehen davon, daß ihnen ein gelegentlicher Adrenalinstoß nicht schaden würde.) Aber sicher ist, daß selbst zoogeborene Löwen oder Wölfe gern ihrem angeborenen Jagdtrieb nachgehen würden. Leider können ihnen die Zoos diese Gelegenheit nicht bieten. Auf diesem Sektor sind bereits vorhandene Ansätze für Jagdsimulatoren zu begrüßen (Abb. 1). „Behavioral enrichment" ist hier dringend angesagt. Markowitz (1982) bringt wichtige Beispiele aus der Frühzeit dieser inzwischen fast zur Mode gewordenen Methode der „Beschäftigungstherapie", Wiesner (1995) beschäftigt sich damit auch aus philosophischer Sicht, wobei er mit Recht die Frage stellt, ob ein gut gefütterter Löwe im Zoo sich mehr „langweilt" als ein Löwe, der in der Serengeti tagelang neben einem erlegten Gnu oder Zebra liegt.

Als selbstverständlich wird meist hingenommen und gefordert, daß die Zucht von Tieren – durch Kastration oder auf chemischem Wege – verhindert wird, um „überzähligen" Nachwuchs z.B. von Löwen oder Braunbären zu vermeiden. Dabei wird zu wenig berücksichtigt, daß die Fortpflanzung eine der stärksten Triebfedern des Lebens ist. Zootiere zeitweise oder dauernd daran zu hindern, ist ein gravierender Eingriff in ihre natürlichen Bedürfnisse. Dagegen ist der Verlust ihrer Jungen auch in der Natur nicht selten.

Erfreulich ist, wenn für Zootiere der zwangsläufige Ausfall von Verhaltensweisen aus der Natur kompensiert wird durch Möglichkeiten, mit Artgenossen oder auch fremden Mitbewohnern im Gehege Kontakt aufzunehmen. Selbst wenn dies gelegentlich über gegenseitiges (mildes) Kampfverhalten oder Rivalität zum Streß führen kann, ist es als eine Form der Beschäftigungstherapie zu begrüßen (Dittrich, 1986).

Fütterung

Die regelmäßige Versorgung der Pfleglinge mit Nahrung ist selbstverständlich.

Den richtigen Fütterungszeiten (wann, wie häufig) und dem adäquaten Futter wird oft verhältnismäßig wenig Aufmerksamkeit geschenkt. Daß Elefanten aus physiologischen und psychologischen Gründen fast rund um die Uhr mit der Nahrungsaufnahme beschäftigt werden sollten, wird nicht selten mißachtet.

Bei Menschenaffen und auch anderen Zootieren beginnt glücklicherweise ein Umdenken: Gorillas wird nicht mehr nur ein- oder zweimal am Tag kalorienreiches „Kraftfutter" gereicht. Vielmehr erhalten sie eine ballastreiche Kost und andererseits ganztägig viele kleine Leckerbissen (Hick, 1990). So sind sie mit der Suche, Aufnahme und Verdauung viele Stunden am Tag beschäftigt.

Auch unter artgerechter Fütterung ist nicht eine möglichst „natürliche" Ernährung zu verstehen. Niemand wird z.B. fordern oder erwarten, daß Löwen mit Zebras gefüttert werden, Giraffen vorwiegend mit Akazienlaub. Das „richtige" Ersatzfutter ist angesagt. So ist es durchaus denkbar, etwa Pelikane statt mit (stark belasteten, qualitativ oft minderwertigen) Fischen mit hochwertigen, mit Mineralien und Vitaminen angereicherten Eintagsküken zu füttern. Entscheidend ist, daß die Nahrung neben dem notwendigen „Nährwert" auch möglichst einen gewissen Unterhaltungswert besitzt. Eine Ernährung, die diesen Erfordernissen nicht entspricht, wirkt sich rasch in kürzerer Lebenserwartung, schlechterem Körperzustand und geringerem Fortpflanzungserfolg aus.

Durch Besucher-Fütterung ist es in der Vergangenheit nicht selten zu Erkrankungen bis hin zu Todesfällen gekommen. Deshalb wurde sie von den meisten wissenschaftlich geleiteten Zoos grundsätzlich untersagt. Das bedeutet aber für die Tiere weniger Abwechslung im Zooalltag, und die Besucher können viel weniger Kontakt mit den Zootieren aufnehmen, wodurch ein positiver Anreiz und ein pädagogisch wichtiger Erfolg des Zoobesuchs wegfallen. Die Fütterung der Zootiere durch die Besucher ist deshalb – auch aus der Sicht des Tierschutzes – nicht grundsätzlich abzulehnen. Zwei Voraussetzungen müssen allerdings erfüllt sein: Erstens sollte nur einwandfreies, möglichst vom Zoo selbst zur Verfügung gestelltes Futter dargereicht werden. Zweitens ist die Aufmerksamkeit der Pfleger gefordert, damit die Tiere nicht durch die Besucher oder später zusätzlich durch sie selbst überfüttert werden.

Tierpflegerische und tierärztliche Versorgung

Selbstverständlich ist, daß für die Versorgung von Zootieren – gleich ob es sich um Wild- oder Haustiere handelt – gut ausgebildetes Fachpersonal zur Verfügung stehen muß. Nicht überall wird dieser Grundsatz beachtet. Wird auf diesem Sektor gespart, so hat das in der Regel negative Auswirkungen für die Tiere. Natürlich spielen die Fachkenntnisse der Zooleitung (Direktor/in, Kurator(inn)en usw.) eine wichtige Rolle für die Haltung. Schließlich entscheidet dieser Personenkreis wesentlich über die Qualität von Gehegen, Fütterung, Zusammensetzung der Tiergruppen. Alle Zootiere müssen einer regelmäßigen tierärztlichen Kontrolle unterliegen. Es genügt nicht, Tierärzte/innen erst hinzuzuziehen, wenn ein Tier erkrankt ist. Die Prophylaxe von Krankheiten (bis hin zu den richtigen Böden für Huftiere, damit Klauenkorrekturen möglichst vermieden werden können), ständige Kotuntersuchungen und Wurmkuren, die artgerechte Fütterung und die Beurteilung von Zootieren auf ihren Gesundheitszustand sind bedeutsam für die ordnungsgemäße Haltung. Dafür sind Tierärzte/innen erforderlich, die Erfahrung mit Wildtieren besitzen und die Betreuung regelmäßig wahrnehmen.

Tierschutzgerechte Haltung von Zootieren

Säugetiere

Für die Haltung von Säugetieren in Deutschland gibt es eine Aufstellung von „Mindestanforderungen", die von Zoodirektoren und -kuratoren für das Bundesministerium für Ernährung, Landwirtschaft und Forsten (BMELF, 1995c) erarbeitet wurden. Sie sind für die Beurteilung von Haltungen wichtig, auch wenn sie bislang nicht in Gesetze oder Ausführungsbestimmungen Eingang gefunden haben. Von diesen Rahmenrichtlinien darf nur in begründeten Ausnahmefällen abgewichen werden, obwohl sie durch neue wissenschaftliche und praktische Erkenntnisse ständig Schwankungen unterliegen und endgültige Aussagen über Gehegegrößen usw. nie möglich sind. Die folgenden Ausführungen für die wichtigsten Säugetiergruppen in Zoos lehnen sich an diese Mindestanforderungen an. Darüber hinaus sei auf Fachliteratur verwiesen, z.B. Grzimek (1968–1972, 1987–1988) und Puschmann (1989). Auch die Schweizer Tierschutzverordnung enthält für zahlreiche Wildtiere detaillierte Mindestanforderungen.

■ **Kloakentiere (Monotremata)**
Während Schnabeltiere in Europa nicht gehalten werden, sind Schnabeligel gelegentlich in sogenannten Nachthäusern, Kleinsäugerhäusern und sogar in gemischten Freianlagen (z.B. mit Känguruhs) zu sehen. Nur selten sind die Haltungsbedingungen so gut, daß es zu Zuchterfolgen kommt. Schnabeligel sind – fast ausschließlich nachts! – sehr lauffreudig, so daß sie verhältnismäßig geräumige Gehege brauchen. Außerdem müssen sie entweder auf natürlichen Böden oder in einer Einstreu von Sand, Torf, Laub oder Erde unbedingt Grabmöglichkeiten sowie unter Wurzeln, Steinen tagsüber Unterschlupf und Versteck finden.

■ **Beuteltiere (Marsupialia)**
Allgemeingültige Aussagen über die Haltung von Beuteltieren sind nicht möglich, da sie fast ebensoviele Lebensformen und -spezialisierungen aufweisen wie plazentale („höhere") Säugetiere. So müssen Opossums und andere Beutelratten ähnlich gehalten werden wie Marder, die den Dachsen entsprechenden Beutelteufel wie Dachse, Känguruhs wie Huftiere entsprechender Größe, Gleitbeutler wie Flughörnchen. In der Regel sind australische Beuteltiere kälteempfindlicher und oftmals auch lauffreudiger als gleichgroße Plazentatiere Europas. Einige Beuteltiere – allen voran der Koala – sind hochgradig spezialisiert, so daß sie nur beim Angebot des artgemäßen Futters gehalten werden können.

■ **Insektenesser (Insectivora)**
Diese vorwiegend nachtaktiven Futterspezialisten werden nur selten gehalten. Sie sind in der Regel verhältnismäßig ungesellig, so daß sie bei Gesellschaftshaltung sehr geräumige, gut strukturierte Gehege brauchen. Dies gilt für Igel ebenso wie für die ähnlichen, wenn auch kletternden Tanreks aus Madagaskar.

■ **Fledertiere (Chiroptera)**
Von dieser artenreichen Säugetierordnung werden die echten Fledermäuse wegen ihres hohen Futterbedarfs an Insekten nur selten gehalten. Dagegen

gibt es Flughunde, Vampire und Fruchtvampire in Zoos. Die Fütterung ist bei diesen Arten – sieht man von den großen Mengen an Obst ab – meist unproblematisch. Fledertiere brauchen genügend Äste oder andere Möglichkeiten, sich tagsüber zum Schlafen aufzuhängen, gleichzeitig aber einen ihrer Größe angemessenen Flugraum.

■ **Nagetiere (Rodentia)**
Von Mäusen, Ratten, Meerschweinchen und Chinchillas über Hörnchen, Präriehunde, Murmeltiere, Biber und Nutrias bis zu Stachel- und Wasserschweinen sind Nagetiere recht beliebte Zoopfleglinge. Die in nördlichen Breiten lebenden Arten wie Biber und Murmeltier sind zwar winterhart, doch brauchen letztere eine Möglichkeit, sich für ihren Winterschlaf tief genug in den Boden zurückzuziehen. Klar ist, daß Hörnchen und andere Klettertiere Möglichkeiten zum Klettern brauchen, grabende wie Mara (Pampashase), Hamster und Ziesel Grabmöglichkeiten, Wasser-bewohner wie Biber, Sumpfbiber, Bisamratte und (australische) Schwimmratte Angebote zum Schwimmen und Tauchen.

Nagetiere haben Schneidezähne mit offenen Wurzeln, die das ganze Leben lang nachwachsen. Sie brauchen Zweige, Äste und andere Materialien zum Abnützen der Zähne. Die meisten Nagetiere sind mehr oder weniger sozial und müssen in Gruppen gehalten werden. Dagegen sind Hamster sehr ungesellig und Hörnchen nur bedingt gesellig.

■ **Hasenartige (Lagomorpha)**
(Feld-)Hasen werden nur selten in Zoos gezeigt, von Kaninchen vorwiegend die Haustierform. Beide können ganzjährig im Freien gehalten werden, brauchen aber Büsche, Baumstümpfe und andere Versteck- und Schutzmöglichkeiten. Hasen sind sehr schreckhaft, so daß ihr Gehege sehr groß und ruhig (besucherfern) sein muß.

■ **Herrentiere (Primates)**
Die rund 200 Arten von Affen sind durchweg sehr bewegungsfreudig und geistig rege. Sie brauchen also viel Raum (zum Klettern) und Abwechslung. Außerdem sind ihre Temperaturansprüche in der Regel verhältnismäßig hoch (von Ausnahmen wie Japan- und Berberaffen abgesehen). Ansonsten bestehen zwischen den knapp 100 g schweren, nachtaktiven, relativ solitär lebenden Mausmakis und den bis 250 kg wiegenden, tagaktiven, in Haremsgruppen lebenden Gorillas mit allen möglichen Zwischenstufen große Unterschiede. Während die kleineren Halbaffen (Galagos, Kobold- und Mausmakis) vorwiegend paarweise oder allenfalls in kleinen Familiengruppen leben, können Sozialeinheiten von Makaken, Pavianen, Meerkatzen, den größeren Neuweltaffen (Kapuziner-, Woll- und Klammeraffen sowie Totenkopfäffchen) und Schimpansen manchmal 30 und mehr Tiere umfassen. Krallenäffchen und Gibbons leben vorwiegend in strengen Familiengruppen (d.h. Eltern mit noch nicht selbständigem Nachwuchs). Haremsgruppen gibt es z.B. bei Gorillas und Drills/Mandrills sowie Mantelpavianen. Verhältnismäßig ungesellig unter den höheren Primaten sind allein die Orang-Utans, die in der Natur einzeln oder in Mutterfamilien leben. Nur selten sind zwei Mütter mit ihren Kindern zusammen, oder ein Paar bleibt für einige Tage oder Wochen beieinander, bis sie sich nach einer erfolgreichen Paarungsperiode wieder trennen. Für alle Primaten ist höchstens kurzfristig und in Ausnahmefällen Einzelhaltung statthaft.

Je größer die Gruppen sind, umso wichtiger ist eine starke Gliederung ihres

Lebensraums mit Sichtblenden, Nischen und anderen Rückzugsmöglichkeiten (z.B. in verschiedene Räume oder auch in die Höhe). Zu beachten ist, daß Primaten zwar sehr gut klettern können und in der Natur auch in 15 oder mehr Meter Höhe gehen. Dort wird ihr Fall allerdings von darunterliegenden Ästen meist gebremst (bzw. verhindert) und würde im schlimmsten Fall auf dem weichen Waldboden enden. Dagegen fehlen im Zoogehege die sichernden Ast- und Zweigschichten, und der Boden ist in der Regel nicht weich gepolstert. Abstürze sind also wesentlich gefährlicher. Auch aus diesem Grund sind Käfighöhen für Primaten Grenzen der Sicherheit gesetzt. Während vor allem die Makaken gut und gerne schwimmen, sind die meisten Primaten sogar wasserscheu. Sie können deshalb hinter Wassergräben gehalten werden, wobei aber auf die Unfallgefahr (Ertrinken) zu achten ist (flache Zonen zum Gehege, tiefe Stellen nach außen). Trotz emotionaler Widerstände gegen Gitterkäfige sind diese für alle Primaten günstiger als langweilige Glaskäfige oder unfallträchtige Freianlagen mit Wassergräben. Als Beschäftigungsmöglichkeit sollte den Tieren Spielmaterial (in Form von Zweigen, Holzwolle, Kartons) zur Verfügung stehen.

In der Natur sind Affen fast den ganzen Tag über mit Nahrungssuche und -aufnahme beschäftigt. Dies sollte mit möglichst häufigen kleinen Futtergaben auch in Zoogehegen nachgeahmt werden. Günstig ist es, wenn die Tiere in stark strukturierten Käfigen zur Nahrungssuche angeregt werden (z.B. indem Sonnenblumenkerne oder Rosinen zwischen Holzwolle oder Gras geworfen werden), oder wenn sie sich diese Nahrung erst mühsam beschaffen müssen (z.B. an künstlichen Termitenhügeln, aus denen sie sich mit Zweigen Leckerbissen herausangeln). Behavioral enrichment, „Beschäftigungstherapie", ist für Primaten vor allem in reizarmen Käfigen ungemein wichtig, um sie nicht in der Käfig-Monotonie stumpfsinnig werden zu lassen.

■ „Zahnarme" (Xenarthra, Pholidota, Tubulidentata)

Von den südamerikanischen Nebengelenktieren ernähren sich Ameisenbären und Gürteltiere ebenso vorwiegend von Ameisen und Termiten wie die altweltlichen Schuppentiere (Pholidota) und Erdferkel (Tubulidentata). Dagegen sind Faultiere hochspezialisierte Blätteresser. Ameisen- und Gürteltiere sind – vorwiegend in der Dämmerung und nachts – ausgesprochen bewegungsfreudig. Während Ameisenbären problemlos in geräumigen Außenanlagen gehalten werden können, sind Gürteltiere so gute Gräber, daß sie bei dieser Haltungsform fast nie sichtbar wären und sich auch unter Asphaltstraßen oder Betonflächen für immer „verbuddeln" könnten. Ähnliches gilt für Schuppentiere und Erdferkel.

Faultiere werden wegen ihrer Trägheit nicht selten ausschließlich auf ein paar an der Decke aufgehängten Ästen gehalten. Dabei wird vernachlässigt, daß sie sich nachts auch – zwar in begrenztem Umfang – bewegen und folglich Klettermöglichkeiten brauchen.

■ **Raubtiere (Carnivora)**

Die sieben Familien der Landraubtiere (Marder, Hunde, Bären, Kleinbären, Schleichkatzen, Katzen und Hyänen) sind recht unterschiedlich. Mehrheitlich sind sie vorwiegend oder ganz Fleischesser, von Würmern und Insekten bis zu Fischen und großen Huftieren, doch haben einige auch mehr oder wenige ausgeprägte vegetarische Vorlieben, vom melonenverzehrenden Mähnenwolf bis

Abb. 2 Gruppentherapie: In der Natur sind Eisbären Einzelgänger und müssen zur Beutebeschaffung oft riesige Strecken zurücklegen – im Zoogehege wird die Bewegungsarmut durch die erzwungene Beschäftigung mit Artgenossen ausgeglichen.

zu den Bambusspezialisten Großer und Kleiner Panda. Neben ausgesprochen winterfesten Raubtieren wie Eisbär und Polarfuchs, die in unserem Sommer sogar Hitzeprobleme haben können, gibt es andere wie etliche Kleinkatzen der Regenwälder, die auf tropische Wärme angewiesen sind. Die ökologischen Extreme reichen von Wüstenbewohnern (wie dem Fennek und der Schwarzfußkatze) bis zu Tieren feuchter Lebensräume (wie Otter und Fischkatze). Manche Raubtiere brauchen für ihre Ruheperioden oder zur Aufzucht ihrer Jungen Höhlen (z.B. Fuchs und Dachs, Hyäne und Wildhund). Andere leben vor allem in Bäumen, wie die meisen Marderarten und viele Kleinbären. Nur wenige Savannenbewohner wie Löwen und Geparden fühlen sich in relativ offenen, unstrukturierten Lebensräumen wohl. Auch sie benötigen allerdings zur Aufzucht ihrer Jungen ihre „Privatsphäre", vor ihren Artgenossen ebenso wie vor den Zoobesuchern.

Ein Großteil der Raubtiere (die meisten Marder, Katzen, Schleichkatzen, Bären) sind Einzelgänger, die höchstens paarweise oder in Kleinfamilien gehalten werden sollten. Doch gibt es auch Ausnahmen wie Löwen, Wölfe, Wald-, Rot- und Hyänenhunde, Tüpfelhyänen sowie Erdmännchen, Zebra- und Zwergmangusten. Diese führen meist ein sehr kompliziertes Sozialleben. Einige Großbären (Eis- und Braunbär) können bei reichlich Futterangebot (wie im Zoo) in Gruppen zusammenleben. Allerdings müssen hochtragende Weibchen rechtzeitig von den Männern abgetrennt werden. Dies trifft auch für die ansonsten sehr geselligen Löwen zu.

Der Raumbedarf der Raubtiere ist sehr unterschiedlich. Tiger sind viel lauffreudiger als Löwen. Entsprechendes gilt für die Eisbären unter den Bären (Abb. 2). Die Gehegegrößen hängen in diesem Fall also nicht allein von der Größe der Tiere, sondern von ihrem angeborenen Bewegungsdrang ab. Deshalb neigen Eisbären und Wölfe eher zu stereotypen, d.h. ständig wiederholten Bewegungsabläufen als Löwen. Dagegen haben die schnellsten Läufer unter den Tieren, die Geparden, keinesfalls das Bedürfnis, viel zu laufen. Sie ziehen es vor, ihre Umgebung möglichst von einem erhöhten Punkt aus zu beobachten, um dann bei der Jagd in einem kurzen Sprint zu „explodieren". Für Raubtiere, denen in Gehegen die Stimulans des Beutemachens fehlt, sind Einrichtungen des „behavioral enrichment" – z.B. in Form von Beutesimulatoren – sehr wünschenswert.

Bei der Fütterung der Carnivoren ist darauf zu achten, daß sie sich nicht von

Fleisch, sondern von toten Tieren ernähren, mit Haut und Haaren, mit Eingeweiden und Knochen. Auf der anderen Seite nehmen selbst Tiere, die sich vorwiegend carnivor ernähren, zu gegebener Zeit Früchte und andere pflanzliche Nahrung auf. Diesen Bedürfnissen ist bei der Haltung Rechnung zu tragen. Selbstverständlich ist es, daß Nahrungsspezialisten entsprechend ihren Bedürfnissen (z.B. Bambus im Falle der beiden Panda-Arten) gefüttert werden.

Unter den Raubtieren sind die **Robben (Pinnipedia)** so spezialisiert auf Wasser als Lebensraum, daß sie ohne ausreichende Becken nicht über längere Frist gehalten werden können. Bewohner verhältnismäßig flacher Meere wie Seehunde, Kegel- und Ringelrobben brauchen weniger große und tiefe Wasserbehälter als die außerordentlich bewegungsfreudigen Seelöwen und Seebären. Wirkliche Riesen unter den Robben sind See-Elefanten und Walrosse, die entsprechend dimensionierte Tanks brauchen. Seewasser ist für die Haltung von Robben nicht nötig, obwohl die meisten von ihnen im Meer leben. Bei See-Elefanten dürfte Salzwasser aber für den Fellwechsel, der mit dem Abstoßen ganzer Hautpartien einhergeht, von Vorteil sein. Alle Robben brauchen zum Ruhen und zur Jungenaufzucht einen Landteil.

Robben leben vorwiegend in mehr oder weniger großen Gruppen. Manche verteilen sich aber während des Jahres über große Gebiete und kommen nur zur Jungenaufzucht an bestimmten Geburtsstränden zusammen. Die dauernde paarweise Haltung z.B. von See-Elefanten entspricht nicht den natürlichen Gegebenheiten. Sie kann zur absoluten Qual für das Weibchen führen, wenn der Bulle seine auf mehrere Partnerinnen ausgerichteten sexuellen Bedürfnisse ausschließlich an einer befriedigen kann. Robben müssen aus physiologischen ebenso wie aus psychologischen Gründen möglichst mehrfach am Tag Nahrung erhalten und sollten dabei auch über eine gewisse Futterdressur „beschäftigt" werden.

■ **Wale (Cetacea)**

Von den rund hundert Arten der Waltiere (Zahn- und Bartenwale) werden wegen ihrer besonderen Ansprüche (Haltung in geräumigen Seewasserbecken und kostspielige Fischfütterung) nur wenige Arten der Zahnwale (insbesondere einige Delphinarten, daneben Weiß- und Schwertwal) gehalten. Bei ausreichend großen Becken ist die Haltung nach heutigen Kenntnissen durchaus möglich. Ihre Lebenserwartung liegt im Bereich von freilebenden Tieren, und sie sind nicht krankheitsanfälliger und „neurotischer" als ihre Artgenossen in der Natur.

Neben großen und tiefen Hauptbecken (mindestens 275 m^2 bei 3–5 m Tiefe für drei Große Tümmler) brauchen die Tiere nicht zu kleine Nebenbassins für Quarantäne, Behandlung und Jungenaufzucht. Als Wasser kommt nur natürliches oder künstlich hergestelltes Salzwasser mit Salzgehalt von 2,6 bis 3,3 % in Frage, das wegen der großen Kot- und Urinmengen der Delphine stets sehr gut gefiltert werden muß (Umwälzung alle zwei bis vier Stunden).

Für die Haltung, Pflege und Dressur sowie Vorführung der intelligenten Zahnwale sind sehr gut ausgebildete Fachtierpfleger/innen mit hervorragendem Tierverständnis und technischem Geschick für die Wartung der Einrichtungen nötig. Wegen des großen Spieltriebs ist die Ausbildung (und Vorführung) der Tiere eine wichtige Methode des „behavioral enrichment".

- **Rüsseltiere (Proboscidea)**

Die Elefantenhaltung geht in Asien einige Jahrtausende zurück. Trotzdem stellt sie Zoos noch immer vor erhebliche Probleme, da sie in dieser Form – bis zu drei Pfleger pro Tier, rigide disziplinarische Maßnahmen, Kettenhaltung über viele Stunden am Tag – nicht auf westliche Verhältnisse zu übertragen ist. Elefanten können auch nicht, wie in Asien teilweise üblich, nach getaner Arbeit einfach „in den Wald geschickt" werden, um sich ihr Futter selbst zu suchen. Durch die intensive, tägliche Beschäftigung mit den Arbeitstieren in Asien ist die Beziehung viel enger, als sie in einer 40-Stunden-Woche eines Tierpflegers je zu erreichen ist. Auch Langeweile kommt bei den arbeitenden Rüsseltieren – von Tempelelefanten einmal abgesehen – kaum auf.

Elefanten sind sehr sozial, so daß die Mindestzahl einer Herde drei Kühe betragen sollte (Abb. 3). Bullen leben auch in der Natur die meiste Zeit getrennt von der Weibchenherde. Für Elefantenkühe ist es also „normal", monate- oder auch jahrelang keinen Kontakt zu einem Männchen zu haben. Aber auch sie haben das Bedürfnis sich fortzupflanzen. Es ist deshalb aus ethologischen und ethischen Gründen kaum akzeptabel, daß in vielen Zoos Elefanten aus Platz- und Sicherheitsgründen ohne Bullen gehalten werden. Sexuelles Verhalten gehört zu den wichtigsten Triebfedern im Leben. Bei Elefantenweibchen kommt noch ein ausgeprägtes Bedürfnis dazu, Kinder zu betreuen und aufzuziehen, und zwar keinesfalls nur die eigenen. Eine dauerhafte Elefantenhaltung, die auf diese elementaren Bedürfnisse der Tiere und auf biologische Tatsachen keine Rücksicht nimmt, ist kaum als artgerecht anzusehen.

Aus traditionellen Gründen und wegen der Sicherheit der Tierpfleger wird die Ankettung von Elefanten zumindest zeitweise akzeptiert. Es ist fraglich, ob diese Form des „Handling" für ein Wildtier – das der Elefant trotz der Jahrtausende „im Hausstand" nach wie vor ist – aus der Sicht einer artgerechten Haltung Bestand haben darf. Alternative Formen – z.B. Einzelaufstallung bei Nacht, Training für regelmäßige Huf- und Fußpflege an dafür eingerichteten Klappen in Absperrwänden, Haltung hinter elastischen Spannseilen – sind in Erprobung und bedürfen dringend einer Perfektionierung. In diesem Zusammenhang stellt sich auch die Frage, ob die in Europa nach wie vor unumstrittene Methode der Elefantenhaltung mit

Abb. 3 Natürliche Sozialstruktur: Elefanten sind äußerst gesellig; artgemäße Haltung setzt eine Gruppe mit mehreren Kühen, möglichst auch mit Jungtieren unterschiedlichen Alters voraus.

direktem Tierpflegerkontakt die einzig mögliche und richtige Form ist oder ob Elefanten wie andere große Wildtiere „auf Distanz" gehalten werden können und sollten. Immerhin ist der direkte Kontakt nicht nur potentiell gefährlich. Er verlangt außerdem, daß die Tiere mit teilweise brutalen Methoden (u.a. unter Einsatz des sogenannten Elefantenhakens) ständig „unter Kontrolle" gehalten, also vom Tierpfleger unterdrückt werden, was sicher für die Psyche der Tiere nicht gut und möglicherweise auch für ihre Zuchtfähigkeit nicht förderlich ist. Weniger aus Tierschutzgründen, sondern mehr aus versicherungsrechtlichen Gründen findet zumindest in Amerika bereits ein Umdenkungsprozeß statt. Es ist zu erwarten, daß dieser auch in Europa bald einzusetzen beginnt und Elefantenhaltung ganz neu überdacht und konzipiert wird.

Unumstritten ist, daß eine Elefantenherde große Außengehege (mindestens 500 m²) sowie Absperrgehege für Bullen braucht. Der Bodenbelag ist so zu wählen, daß die Hornhaut der Füße einerseits elastisch bleibt und doch beim Laufen möglichst stark abgenutzt wird, um die Notwendigkeit der Pflege durch den Menschen auf ein Minimum zu beschränken. Trockengräben müssen breit genug sein, daß sich die Tiere beim Hineinfallen nicht verklemmen und auch umdrehen können.

Neben der üblichen Ernährung durch Gras bzw. Heu sowie Saft- und Kraftfutter müssen Elefanten stets ausreichende Mengen von Rauhfutter (Heu, Äste, Laub) erhalten. Das ist sowohl für ihre Zähne als auch für die Verdauung außerordentlich wichtig. Der Wasserbedarf der Tiere ist hoch. Vor allem in stark besonnten Außenanlagen müssen die Tiere ständig Zugang zu Wasser haben oder mehrmals am Tag getränkt werden. Falls kein Bad zur Verfügung steht, sind regelmäßiges Abspritzen und Schrubben der Elefanten zur Hautpflege notwendig.

- **Seekühe (Sirenia)**

Seekühe oder Sirenen werden bei uns nur selten gehalten, da ihre Bedürfnisse (warme, sehr geräumige Wasserbecken mit gutem Filtersystem und aufwendige Fütterung) viel größer sind als ihr „Schauwert". Die geselligen Tiere sollten in Gruppen von mindestens drei Tieren gepflegt werden. Als Mindest-Wasservolumen für zwei Paare plus Jungtiere werden 50 m³ gefordert, wobei die Tiefe zwischen 40 und 160 cm abgestuft sein sollte. Trotz ihrer scheinbaren Trägheit und Plumpheit müssen die Tiere eine Mög-lichkeit haben, sich in ihrer Anlage frei zu bewegen. Am ehesten ist das in Wasserarealen mit Inseln möglich. Die Wassertemperaturen bei allen Arten dürfen 18 °C nicht unterschreiten.

- **Schliefer (Hyracoidea)**

Schliefer sind den Huftieren verwandt. Die rein nachtaktiven Baumschliefer werden nicht gehalten, auch Klipp- und Buschschliefer sind nicht allzu häufig in Zoos zu sehen. Sie leben sehr gesellig. 4 bis 5 Tiere brauchen Gehege mit guten Klettermöglichkeiten (Felsen mit vielen Nischen) von mindestens 8 m² Fläche. Als Bewohner exponierter Felsen in der Savanne können sie sehr niedrige Temperaturen vertragen, doch brauchen sie eine geheizte Unterkunft mit mindestens 16 °C.

- **Unpaarhufer (Perissodactyla)**

Pferde

Alle Einhufer (Pferde, Esel, Halbesel, Zebras mit insgesamt sechs Arten) sind lauffreudige Herdentiere. Als Außengehege ist ein Minimum von 500 m² für fünf Tiere zu fordern. Przewalskipferde und Halbesel brauchen keine geschlossenen Ställe, für die anderen sind geheizte Ställe mit mindestens 10 °C notwendig. Als Bodengrund ist an häufig begangenen Stellen Beton oder anderes Material empfehlenswert, das den Hufabrieb fördert. Da alle Einhufer vorwiegend in trockenen Steppen- und Halbwüstengebieten leben, sind weiche Böden für ihre Hufe nicht günstig. Üblich ist bei ihnen eine Haremsgruppe (ein Hengst mit mehreren Stuten). Absperrmöglichkeiten (für die kurzfristige Haltung von überzähligen Jungtieren, von Mutter und Kind oder von aggressiven Hengsten) sind notwenig.

Tapire
Tapire (vier Arten in Südamerika und Südostasien) leben vorwiegend als Einzelgänger oder paarweise in Regen- und Bergwäldern. Sie brauchen in ihrer Außenanlage einen verhältnismäßig weichen Natur- oder Sandboden, innen Einstreu. Sie halten sich gern im Wasser auf und sollten innen und außen Bademöglichkeiten haben. Einzelaufstallung innen ist empfehlenswert. Die Vergesellschaftung mit anderen Säugetieren kann Probleme bringen. Als Nahrung ist mehr Saftfutter (Obst, Gemüse, Gras) als bei Einhufern vorzusehen.

Nashörner
Nashörner (fünf Arten in Afrika und Asien) leben einzeln oder in kleinen Gruppen (Breitmaulnashorn) und brauchen als recht bewegungsfreudige Tiere geräumige Anlagen von mindestens 500 m² Fläche. Stalltemperaturen (Einzelställe bei den vier nicht geselligen Arten) sollen 18 °C nicht unterschreiten. Obwohl die großen Tiere durchaus Kälte vertragen können, treten an ihren Ohren oder Schwanzspitzen leicht Erfrierungen auf. Sand oder Naturboden in den Außenanlagen ist geboten, eine Schlammsuhle oder Bademöglichkeit (vor allem bei Panzer- und Sumatranashorn) vorzusehen. In geräumigen Gehegen vertragen sich Paare auch der nichtgeselligen Arten, doch sind in jedem Fall Absperrgehege notwendig. Breitmaulnashörner sollten nach Möglichkeit nicht nur paarweise gehalten werden, sondern in Haremsgruppen.

■ **Paarhufer (Artiodactyla)**
Schweine
Während europäische Wildschweine häufig gehalten werden und verhältnismäßig unproblematisch sind, gehören tropische Schweine zu den heikelsten Pfleglingen unter den Huftieren. Riesenwaldschweine Afrikas konnten noch nie längerfristig gepflegt werden, und auch bei den Warzenschweinen sind dauerhafte Haltungen und Zuchten kaum gelungen. Die asiatischen Hirscheber (Babirusa) und afrikanischen Pinselohrschweine sind erst seit kurzem häufiger in Zoos zu sehen. Die Probleme sind falsche Ernährung (zu gehaltvolles, ballastarmes Futter), hoher Wärmebedarf (vor allem bei Müttern mit Jungen) und Streßanfälligkeit. Eber können für Tierpfleger sehr gefährlich werden. Alle tropischen Arten brauchen einen warmen Stall, Wildschweine einen geschützten, trockenen Unterstand. Innen ist ein Strohlager empfehlenswert, außen ein Naturboden mit Suhl-, Wühl- und Bademöglichkeiten notwendig.

Flußpferde
Die beiden Flußpferdarten haben nur ihre Vorliebe für das Wasser gemeinsam. Ansonsten ist das westafrikanische Zwergflußpferd ein Einzelgänger, der noch nicht so perfekt ans Wasserleben angepaßt ist, die Jungen an Land bekommt und bei Gefahr eher in den Busch als ins Wasser flieht. Die großen Flußpferde der ost- und südafrikanischen Savannen leben dagegen in Grup-

pen und sind perfekt angepaßte Wasserbewohner. Die Jungen werden im Wasser geboren, müssen aber bei der Geburt Flachwasserstellen haben, da sie sonst ertrinken können.

Flußpferde brauchen neben ausreichender Gehegefläche innen und außen großzügige Badebecken. Die Wassertemperatur sollte ganzjährig 18 °C nicht unterschreiten, darf kurzfristig höchstens 15 °C betragen. Bei Zwergflußpferden ist paarweise Haltung in der Regel, aber nicht immer möglich, so daß Einzelboxen zur Verfügung stehen müssen. Bei Flußpferden ist Gemeinschaftshaltung üblich, doch müssen die Weibchen bei der Geburt abgetrennt werden. Aus Platzgründen werden meist nur Paare von Flußpferden gehalten, doch entspricht das nicht den natürlichen Gegebenheiten und Ansprüchen.

Giraffen
Giraffen leben ganzjährig in sehr lockeren Gruppen. Einzelaufstallung bei Nacht ist zumindest für die Bullen notwendig. Wichtig ist ein guter Abrieb der Hufe durch Betonboden mit Einstreu von Quarzkies. Die Außenanlage darf für fünf Tiere 500 m² nicht unterschreiten. Giraffen sind nicht kälteempfindlich, Stalltemperaturen müssen nicht höher als 15°C sein, außen werden Minusgrade verkraftet (Vorsicht bei Glätte: Frakturgefahr). Sie brauchen möglichst ganztägig Rauhfutter (Klee oder Luzerneheu).

Okapis, die seltenen Waldgiraffen Zentralafrikas, sind Einzelgänger, die höchstens paarweise gehalten werden können. Sie sind recht lauffreudig und benötigen ein stärker strukturiertes Gehege, höhere Temperaturen und höhere Luftfeuchtigkeit.

Kamele
Die insgesamt sechs Formen der Kamele (Großkamele der Alten und Kleinkamele der Neuen Welt) werden regelmäßig in Zoos gehalten. Sie sind alle verhältnismäßig lauffreudig und brauchen folglich geräumige Gehege (300 m² und mehr). Alle Kamele sind winterhart und können ganzjährig im Freien gehalten werden, doch sind ausreichend dimensionierte Unterstände für alle Tiere notwendig. Kamele sind grundsätzlich in Gruppen, mindestens aber in Paaren zu halten. Großkamele können für Tierpfleger sehr gefährlich sein.

Hirsche
Hirsche können in Größe und Ansprüchen sehr stark schwanken. Die meisten der größeren Arten sind ganz oder weitgehend winterhart, doch können einige der südamerikanischen oder südasiatischen Kleinformen sehr empfindlich sein. Alle sind Lauftiere, die relativ große Gehege brauchen, die außerdem durch Pflanzinseln, Erdhügel oder anderen Sichtschutz gegliedert sein sollten. Für kleine Hirsche sind Versteckmöglichkeiten nötig, bei den großen Zusatzgehege mit Durchschlupf für die Weibchen. Für alle Geweihträger sind Fegebäume beim Abstreifen des Basts notwendig. Die Kleinformen leben paarweise, die größeren zumeist in größeren Rudeln. Adulte Männchen werden einzeln in einem Weibchenrudel ganzjährig geduldet, auch wenn dies nicht den natürlichen Gegebenheiten entspricht.

Hornträger
Für die außerordentlich vielfältigen Hornträger (Ducker, Gazellen, Antilopen, Rinder, Böcke und Moschusochsen, um die wichtigsten Gruppen zu nennen) sind nur allgemeine Haltungshinweise möglich, da sie in den unterschiedlichsten Lebensräumen vorkommen, streng paarweise leben bis hin zu sehr großen Gruppen. Auch bezüglich Temperatur und sonstiger Außenbedingungen haben

sie sehr verschiedene Ansprüche. Alle sind mehr oder weniger lauffreudig und können zum Teil hervorragend springen – ohne daß sie davon im Zoo in der Regel Gebrauch machen. Vor allem die kleineren tropischen Arten brauchen gut beheizte Ställe. Bei den meisten Arten ist nachts Einzelaufstallung wünschenswert, zumindest die Männchen sind von den Weibchen zu trennen. Nur bei wenigen Arten (z.B. Schafe und Ziegen) können mehrere Männchen mit den Weibchen gehalten werden. Absperrmöglichkeiten sind bei allen Arten notwendig – zum Schutz von Müttern und Kindern ebenso wie von Tierpflegern bei zum Teil sehr aggressiven Männchen.

Vögel

Nur für drei Gruppen von Vögeln gibt es bislang ähnliche „Mindestanforderungen" wie für Säugetiere: für Straußenvögel, Greifvögel und Eulen sowie für Papageien (BMELF, 1994, 1995 a, 1995 b). Ähnliche Richtlinien für andere Gruppen sind in Vorbereitung. Auch für die Haltung von Vögeln gibt es in der Schweizer Tierschutzverordnung zahlreiche Mindestanforderungen. Grundsätzlich gilt, daß Vögel eher spontaner reagieren als Säugetiere, sich dadurch in Panik leichter an Zäunen oder Glasscheiben verletzen können. Die meisten von ihnen sind recht bewegungsfreudig, und zwar Flug- ebenso wie Laufvögel. Doch gibt es auch Lauerjäger wie einige Reiherarten oder Störche, die stundenlang völlig ruhig stehen und auf ihre Gelegenheit zum Zuschlagen warten können. Ansonsten sind die Ansprüche und Bedürfnisse von Vögeln ähnlich unterschiedlich wie von Säugetieren.

Die Ausführungen über Gehege gelten grundsätzlich auch für Vögel: Qualität ist wichtiger als Quantität. Als Gegeabsperrungen sind für fliegende Vögel Gitter grundsätzlich besser geeignet als Glasscheiben. Diese bieten aber aus optischen, klimatischen und auch hygienischen Gründen vor allem in Vogelhäusern Vorteile. Allerdings müssen neue Bewohner von Glasvolieren sehr sorgfältig an die Scheiben gewöhnt werden, indem diese durch Vorhänge, Bemalen usw. zunächst gut sichtbar gemacht werden. Erst wenn sich die Vögel an ihre Lebensräume und deren kaum sichtbare Begrenzung gewöhnt haben, können diese optischen Kennzeichnungen langsam entfernt werden. Bei Fangaktionen oder anderen Situationen, in denen es zu Panik- und Fluchtreaktionen kommen kann, werden die Glasscheiben aber leicht „vergessen", so daß die Gefahr von Verletzungen erneut droht. Auch in diesem Fall gilt: Je besser die Infrastruktur eines Geheges, desto kleiner ist die Neigung der Bewohner, es zu verlassen – und entsprechend geringer auch die Unfallgefahr an Glasscheiben.

Zwei Haltungsformen sollen das Halten von flugfähigen Vögeln außerhalb von Volieren ermöglichen: Die eine betrifft das Anbinden bzw. Anketten und wird in erster Linie bei Greifvögeln und Papageien praktiziert. Bei Papageien ist das Anketten und Halten auf einem Bügel mit Recht nicht statthaft. Es beeinträchtigt nicht nur die Bewegung der Tiere erheblich, sondern führt nicht selten zu Verletzungen (von Quälereien durch unvernünftige Menschen, denen sich die Vögel nicht entziehen können, ganz abgesehen). Statthaft ist eine entsprechende Haltung nur für Greifvögel bei Falknern, die eine behördliche Genehmigung haben und mit den Vögeln regelmäßig falknerische Arbeit betreiben. Eine ständige Anbindehaltung von Greifvögeln ohne regelmäßige Flugmöglichkeit wäre hochgradige Tierquälerei.

Nach wie vor umstritten ist, ob Vögeln durch Kupieren (bzw. Federschneiden oder Durchtrennen von Sehnen) eines Flügels das Flugvermögen für immer oder zeitweise genommen werden darf. Tatsache ist, daß flugfähige Vögel, z.B. Enten, Gänse, Flamingos, Kormorane, Pelikane, Störche, Reiher, z.T. auch Geier, nur in dieser Form auf sogenannten „Freianlagen" gehalten werden können. Das Verbot dieser Operation an Vögeln würde Zoologischen Gärten viel von ihrer Großzügigkeit nehmen, weil „Entenweiher", „Flamingoteiche" oder „Stelzvogelwiesen" in der heutigen Form nicht mehr möglich wären. Auf die Haltung solcher Vögel müßte entweder ganz verzichtet werden, oder sie wären grundsätzlich in Volieren zu halten – wie dies teilweise in großzügigen Fluganlagen schon geschieht. Ein generelles Kupierverbot wäre also ein erheblicher Einschnitt in die Zootierhaltung sowie mit beträchtlichen Kosten und Änderungen verbunden. „Schöner" würden die Zoos damit zweifellos nicht. Auf der anderen Seite ist das Wohl der Vögel zu berücksichtigen. Es ist die Frage, wie wichtig es für Störche oder Reiher, Kraniche oder Trappen, Enten oder Gänse für ihr Wohlbefinden ist, gelegentlich ihre Flügel gebrauchen zu können. Gemeinsam ist allen auf diese Weise gehaltenen Vögeln, daß sie ihre Flügel zumeist nur dann nutzen, wenn das für die Nahrungsbeschaffung, für die Flucht vor Gefahren oder auch zum Zug in wärmere Winterquartiere notwendig ist. In Zoogehegen brauchen sie ihre Flügel dafür nicht. Trotzdem bleibt die Frage, ob sie darunter leiden, dauernd am Fliegen gehindert zu werden. Sie ist bislang nicht eindeutig und endgültig geklärt.

Anders als bei Säugetieren, von denen nur wenige (wie z.B. Nagetiere) viel Aufwand für einen Nestbau oder ähnliches betreiben, spielt dieser Aspekt bei den Vögeln für die Fortpflanzung und auch den eigenen Schutz (vor Nachstellung oder Witterungseinflüssen) eine große Rolle. Sie müssen in der Fortpflanzungsperiode (bei tropischen Arten in Warmhäusern ganzjährig, bei anderen vorwiegend im Frühling und Sommer) Nistgelegenheiten und das entsprechende Material zur Verfügung haben. Da Vögel in der Regel weniger spielen als Säugetiere, dient dies auch ihrer Beschäftigung. Für Details der Haltung s. Grzimek (1968–1972) und Robiller (1986).

- **Straußenvögel**
  (s. auch Beitrag „Strauße")

Während afrikanische Strauße und südamerikanische Nandus in Gruppen oder Paaren leben, sind australische Emus fast nur paarweise zu halten, die Kasuare Neuguineas und Nordaustraliens sogar nur einzeln. Die Laufvögel der Offenlandschaften brauchen große Gemeinschaftsgehege mit Absperrmöglichkeiten. Dagegen sind für Kasuare relativ kleine, gut strukturierte Einzelanlagen notwendig. Alle Straußenvögel benötigen geheizte Ställe für den Winter, wobei Kasuare viel kälteempfindlicher sind (ihre Stalltemperatur darf nie unter 15 °C sinken, während Strauße, Nandus und Emus kurzfristig auch Minustemperaturen aushalten können).

- **Pinguine**

Pinguine sind hochgradig ans Wasser angepaßt und dürfen nur in Anlagen mit ausreichend Schwimm- und Tauchmöglichkeiten gehalten werden, zu denen auch ein kleinerer Landteil gehört. Nur wenige Pinguinarten können problemlos ganzjährig im Freien gehalten werden, da sie in der Natur (im Süden Afrikas oder Südamerikas) auch mit wärmeren Temperaturen zurechtkommen. Die tiefer in der Antarktis lebenden Arten (wie

Esels- und Königspinguine, um nur zwei der populäreren Arten zu nennen) sind im Sommer in geschlossenen Räumen mit Kühl- und Filtereinrichtungen zu halten.

■ **Hühnervögel**

Fasane, Pfaue, Rauhfußhühner und viele Rassen von Haushühnern werden regelmäßig in Zoos gehalten. Pfaue und oft auch Perlhühner haben häufig sogar totalen Freilauf, so daß sie die von ihnen bevorzugten Stellen selbst aufsuchen können. Die verhältnismäßig lauffreudigen Vögel brauchen ausreichend Fläche, außerdem zumindest einen wetterfesten Unterstand, Versteckmöglichkeiten, Stellen zum Sandscharren, Möglichkeiten zum Aufbaumen usw. In der Regel ist die Haltung von Hühnervögeln unproblematisch, wenn man von der relativ aufwendigen Fütterung von Rauhfußhühnern (die reichlich Insektennahrung – eigentlich Ameisenpuppen! – sowie frische Knospen von Bäumen und Büschen brauchen) absieht.

■ **Wasservögel**

Enten und Gänse, Kormorane und Pelikane brauchen wie die Pinguine ausreichend Wasserfläche zum Schwimmen, dazu aber auch gut dimensionierte Landteile (vor allem für grasende Gänse wichtig). Für andere Vögel wie Flamingos, Störche, Reiher, Watvögel usw. sind Wasserflächen notwendig, weil sie an ihren Ufern auf Nahrungssuche gehen. Sie brauchen keine permanente Bademöglichkeit und können kurzfristig (z.B. in der Winterquarantäne) auch ohne Wasserbecken gehalten werden. Die meisten Wasservögel leben mehr oder weniger gesellig, doch können einige Gänsepaare auch ausgesprochen unduldsam anderen Entenvögeln gegenüber sein. Die Ansprüche sind außerordentlich vielfältig.

■ **Greifvögel und Eulen**

Die Bedürfnisse der rund 450 Greifvogel- und Eulenarten sind sehr unterschiedlich. Von wenigen Ausnahmen abgesehen (z.B. Geier), sind sie eher paarweise als in Gruppen zu halten. Beide Vogelgruppen sollten – abgesehen bei der falknerischen Haltung mit entsprechender Genehmigung – nur in Flugvolieren gehalten werden, die einen freien Flug ermöglichen. Sie brauchen Äste oder andere Sitzmöglichkeiten sowie Badeeinrichtungen. Die Volierengröße hängt nicht nur von der Größe der Vögel, sondern auch von ihren Flugfähigkeiten und -bedürfnissen ab.

■ **Papageien**

Die Krummschnäbel sind ausgesprochen gesellig und sollten nach Möglichkeit paarweise oder in Gruppen gehalten werden. Ausgenommen davon sind auf Menschen geprägte Vögel. Daß junge Vögel eigens von Hand aufgezogen werden, um sie in dieser Form auf den Menschen zu prägen, ist nicht als „artgerecht" anzusehen. Von wenigen Ausnahmen abgesehen, sind Papageien kälteempfindlich. Werden sie in Außenvolieren gehalten, so müssen sie ständig Zugang zu einem warmen Innenraum haben. Da Papageien vorwiegend in Höhlen brüten, sind in der Fortpflanzungszeit ausreichend Nistkästen anzubieten. Für die Bauer- oder Volierengrößen werden als Mindestmaße in der Regel die vierfache Körperlänge für die Länge, die jeweils zweifache für Breite und Höhe angegeben. Wesentlich höhere Maße wären aber zweifellos artgerechter. Wichtig ist, daß die Vögel an Ästen und Gittern klettern können.

■ **Stelzvögel**

Neben Störchen seien in dieser Gruppe vor allem die Kraniche genannt. Wegen ihrer Größe und ihres „stattlichen" Aussehens gehören sie zu den attraktivsten Zoobewohnern. Einige von ihnen (wie Kronen- und Jungfernkraniche) können zwar außerhalb der Brutzeit auch in Gruppen zusammenleben, doch ist eine Zucht nur bei paarweiser Haltung möglich. Diese ist auch bei den meisten Kranicharten üblich und angebracht. Neben ausreichender Gehegefläche ist eine gewisse Strukturierung des Geheges mit Büschen usw wichtig, damit sich die Tiere bei Störungen oder auch bei gelegentlichen Auseinandersetzungen zurückziehen können.

■ **Singvögel und andere Kleinvögel**
Die Haltung einheimischer Singvögel ist nur noch ausnahmsweise statthaft. Gleiches gilt für Spechte, Wiedehopfe usw. Häufig gehalten werden nach wie vor viele farbenprächtige „Exoten" in Vogelhäusern. Bei entsprechend dimensionierten und eingerichteten Volieren bestehen dagegen keine Bedenken.

■ Kriterien artgerechter Haltung im Zirkus
Grundsätzliches

Für die artgerechte Haltung von Zirkustieren wurden von einer Sachverständigengruppe im Auftrag des Bundesministeriums für Ernährung, Landwirtschaft und Forsten Leitlinien erarbeitet, an die sich die folgenden Ausführungen anlehnen (BMELF, 1990).

Zirkusunternehmen sind grundsätzlich genehmigungspflichtig. Die Erlaubnis darf nur erteilt werden, wenn die verantwortlichen Personen aufgrund ihrer Ausbildung oder ihres beruflichen Werdegangs die erforderlichen Kenntnisse und Fähigkeiten sowie die notwendige Zuverlässigkeit haben und wenn die Einrichtungen bzw. Räume, in denen die Tiere gehalten oder vorgeführt werden, eine ordnungsmäße Unterbringung, Pflege und Ernährung ermöglichen. Die Genehmigung wird nicht generell erteilt, sondern jeweils nur für bestimmte Tiergruppen. Werden Auflagen nicht erfüllt und Tiere nicht ordnungsgemäß gehalten, können sie dem Halter weggenommen und auf seine Kosten in Pflege gegeben oder – falls sich keine geeignete Stelle findet und dem Tier dadurch Leiden oder Schäden entstehen können – auch getötet werden. Tierhaltern, die wiederholt oder grob gegen Vorschriften des Tierschutzes verstoßen, kann das Halten von Tieren auf Zeit oder Dauer untersagt werden.

Haltung

Für die Haltung von Tieren in Zirkusbetrieben gelten grundsätzlich die gleichen Kriterien wie für Zootiere. Zwar kann den besonderen Umständen der in der Regel mobilen Unternehmen Rechnung getragen werden. Doch sind Einschränkungen, was Größe und Qualität der Gehege betrifft, nur dann zu akzeptieren, wenn mit den Tiere häufig und regelmäßig in Vorführungen bzw in der Ausbildung (Probe) gearbeitet wird. Überhaupt dürfen nach den von Sachverständigen im Auftrag des Bundesministerums für Ernährung, Landwirtschaft und Forsten erarbeiteten „Leitlinien für die Haltung, Ausbildung und Nutzung von Zirkusbetrieben oder ähnlichen Einrichtungen" nur Dressur-, keine reinen „Schau-"Tiere mitgeführt werden. Menschenaffen, Delphine, darüber hinaus Greifvögel, Flamingos und Pinguine sollen auch dann nicht von Zirkusbetrieben gehalten und mitge-

Abb. 4 Unzulässige Schaustellung: Lauftiere wie Zebras und Alpakas ohne artgemäßen Auslauf in einer Tierschau mitzuführen, entspricht nicht den Kriterien einer artgerechten Haltung.

führt werden, wenn sie dressiert sind und vorgeführt werden können. Den Mindestanforderungen für Säugetiere (BMELF, 1995) muß grundsätzlich für Affen Rechnung getragen werden, ebenso für Tiere im Winterquartier. Neben Zirkuswagen und Manegen werden für Großraubtiere und Affen Einrichtungen wie Veranden oder Außengehege gefordert, die den Tieren zusätzliche Fläche sowie die Außenreize von Sonne, Regen sowie unterschiedlichen Bodenstrukturen bieten. Diese Möglichkeiten müssen von den Tieren genutzt werden können, sobald das Unternehmen seinen Standplatz bezogen hat. Auch für Huftiere (incl. Zebras, Giraffen, Flußpferde, Nashörner) sowie für Känguruhs und Laufvögel (Strauße) müssen Ausläufe zur Verfügung stehen (Abb. 4). Tiere mit Wasserbedarf (Flußpferde, Eisbären, Robben, aber auch Enten, Gänse, Pelikane usw.) sind Badebecken vorzusehen, die nach Möglichkeit täglich zur Verfügung stehen sollen. Elefanten sind im Sommer täglich abzuspritzen.

Die Leitlinien verlangen in der kalten Jahreszeit grundsätzlich keine Heizung für Raubtiere. Doch sind ausreichende Isolierung der Wände und wärmedämmende Einstreu mit Sicherheit nicht immer ausreichend, um alle Raubtiere (z.B. Sumatra-Tiger, Malaienbären oder auch Jungtiere) artgerecht zu halten. Erfahrungsgemäß werden gerade im Winterquartier die Bedingungen des Tierschutzes häufig nicht erfüllt. Auch die Mindestmaße für Transportwagen (z.B. 7 m^2 für zwei Eisbären oder 5 m^2 für zwei Tiger) sind so niedrig, daß die Tiere sich kaum bewegen können (Abb. 5). Mindesttemperaturen von 14°C im Winterquartier von Affen mögen für die meisten Makaken und Paviane gerade noch akzeptabel sein, aber kaum für Meerkatzen oder andere „Kleinaffen".

Gefordert wird in den Leitlinien auch, daß jeder Zirkus spätestens am 1. September für die kommende spielfreie Zeit ein ordnungsgemäßes Winterquartier nachweisen soll. Nur wenn auch in dieser Zeit mit den Tieren regelmäßig (in Proben oder Vorführungen) gearbeitet wird, dürfen die Mindestanforderungen für Gehegegrößen, Temperaturen usw. des Gutachtens für die Haltung von Säugetieren (und der verschiedenen Vogelgruppen) unterschritten werden. Wandermenagerien können nicht wie Zirkusunternehmen behandelt werden und z.B. Wildtiere – gleich welcher Art – nicht im ständigen Wechsel von Ort zu Ort zur Schau stellen. Dies betrifft nicht nur die „üblichen" Zirkustiere wie Groß-

Abb. 5 Beengte Verhältnisse: Nach den Haltungskriterien für Zirkustiere dürfen in Deutschland zwei ausgewachsene Tiger in einem Transportwagen von 5 m² gehalten werden – vorausgesetzt, sie haben regelmäßig bei Training und Vorführungen Auslauf.

raubtiere und Huftiere (incl. Elefanten), sondern auch die seltener im Zirkus gezeigten Affen, Delphine oder gar Haie. Gerade letztere mit ihrem feinen Gleichgewichtssinn hätten unter dem häufigen Ortswechsel mit Sicherheit erheblich zu leiden.

Ausbildung

Grundsätzlich dürfen nur Tiere ausgebildet (und vorgeführt) werden, wenn ihnen damit keine erheblichen Schmerzen, Leiden oder Schäden zugefügt werden. Die Ausbildung soll Körperhaltungen und Bewegungsabläufe der Tiere fördern, die denen ihres ursprünglich Wildlebens entsprechen und verhaltensgerecht für die jeweilige Art sind. Weder dürfen „artfremde" Verhaltensweisen erzwungen werden (wie Roll- oder Schlittschuhlaufen bei Bären) noch dürfen die Tiere bei der Vorführung Zeichen von Angst, Aggression oder Streß zeigen. Verboten ist die Anwendung von Dressurmitteln, die zu Verletzungen führen können (z.B. spitze Elefantenhaken), sowie von Elektrostäben und anderen elektrisierenden Hilfsmitteln.

Transport

Beim Transport der Tiere sind die einschlägigen tierschutzrechtlichen Vorschriften zu beachten. Vor allem müssen die Tiere ausreichend Frischluft erhalten, regelmäßig mit Futter und Wasser versorgt werden und unter regelmäßiger Aufsicht stehen. Bei Anzeichen von Streß oder Unwohlsein ist der Transport zu unterbrechen, bei hohen Sommertemperaturen gegebenenfalls nachts zu reisen.

Versorgung toter Tiere

Tote Zirkus-(ebenso wie Zoo-)tiere sind grundsätzlich Tierkörperbeseitigungsanstalten zu übergeben. Ist die Todesursache nicht bekannt, soll die zuständige Behörde eine Sektion veranlassen und gegebenenfalls notwendige Hygienemaßnahmen ergreifen oder Haltungsauflagen erteilen.

Literatur

BMELF (1990): Leitlinien für die Haltung, Ausbildung und Nutzung von Tieren in Zirkusbetrieben oder ähnlichen Einrichtungen. Bonn 15.10.1990.

BMELF (1994): Mindestanforderung an die Haltung von Straußenvögeln, außer Kiwis. Bonn 10.7.1994.

BMELF (1995a): Mindestanforderung an die Haltung von Greifvögeln und Eulen. Bonn 10.1.1995.

BMELF (1995b): Mindestanforderung an die Haltung von Papageien. Bonn 10.1.1995.

BMELF (1995c): Mindestanforderung an die tierschutzgerechte Haltung von Säugetieren. Bonn 24.1.1995.

Dittrich, L. (1977): Lebensraum Zoo – Tierparadies oder Gefängnis. Herder, Freiburg i. Br.

Dittrich, L. (1986): Tiergartenbiologische Kriterien gelungener Adaptation von Wildtieren an konkrete Haltungsbedingungen. In: Militzer, K.: Wege zur Beurteilung tiergerechter Haltung bei Labor-, Zoo- und Haustieren. Schriftenreihe Versuchstierkunde, Heft 12. Paul Parey, Berlin und Hamburg.

Everts, W. (1989): Lebensraum Zoo – Kriterien einer artgemäßen Tierhaltung. Dtsch. tierärztl. Wschr. 96, 125– 126.

Grzimek, B. (Hrsg.) (1968–1972): Grzimeks Tierleben. Vögel und Säugetiere, Bd 7–13. Kindler, Zürich.

Grzimek, B. (Hrsg.) (1987–1988): Grzimeks Enzyklopädie, Säugetiere, Bd 1–5. Kindler, München.

Hediger, H. (1965): Mensch und Tier im Zoo. A. Müller, Zürich.

Hick, U. (1990): Verhaltensänderungen von Flachlandgorillas nach Futterumstellung. Zschr. Kölner Zoo 1990, 2, 75–84.

Markowitz, H. (1982): Behavioral Enrichment in the Zoo. Van Nostrand Reinhold, New York.

Poley, D. (Hrsg.) (1993): Berichte aus der Arche. Trias (Thieme), Stuttgart.

Puschmann, W. (1989): Wildtiere in Menschenhand. Bd. 2, Säugetiere. 2. Aufl. Deutscher Landwirtschaftsverlag, Berlin.

Robiller, F. (1986): Lexikon der Vogelhaltung. Landbuch-Verlag, Hannover.

Wiesner, H. (1995): Langeweile im Zoo: ein tierschutzrelevantes Problem? Tierärztl. Praxis 23, 328–335.

Gehegewild

W. Krug und U. Zeeb

■ Einleitung

Die Zahl der Wildgehege hat in den letzten Jahrzehnten laufend zugenommen. In Deutschland bestehen allein ca. 4.500 Damwildhaltungen mit über 57.000 Tieren, in der Schweiz ca. 400 Gehege mit etwa 4.700 Tieren, in dieser Zahl ist auch anderes Schalenwild enthalten. In Österreich wurden 1993 über 37.000 Tiere als Zuchtwild von 1.683 Besitzern zur Fleischproduktion gehalten. Bei diesem Umfang der Wildtierhaltung war es unausweichlich, sich mit dem Aspekt des Tierschutzes zu befassen. Die wirtschaftliche Bedeutung der Wildhaltung in Gattern als alternative Form der Grünlandnutzung ist zwar in den letzten Jahren aufgrund sinkender Wildbreterlöse zurückgegangen, die Haltung von Wild aus Liebhaberei dürfte aber noch zunehmen (Dedek und Steineck, 1994).

Die Haltung von Wild in Gehegen bedarf gemäß deutschem Naturschutzrecht, in der Schweiz aufgrund der Tierschutzgesetzgebung, der Genehmigung. Die Belange des Tierschutzes sind beim Genehmigungsverfahren zu berücksichtigen.

Eine klare begriffliche Abgrenzung der unterschiedlichen Tiergehege existiert nicht. Grundsätzlich lassen sich jedoch folgende Typen unterscheiden:
1. Gatterreviere oder Jagdgatter; das sind eingezäunte Reviere von der Mindestgröße eines Eigenjagdbezirks, die primär jagdlich genutzt werden. Dazu kommen auch sogenannte Wintergatter und Eingewöhnungsgatter, die nur zeitlich begrenzt genutzt werden.
2. Primär zur Fleischgewinnung genutzte Wildgatter. Im Vordergrund steht dabei die Damwildhaltung, seltener werden Rot- und Schwarzwild zur Fleischgewinnung gehalten.
3. Durch meist kleinere Flächen gekennzeichnete Gehege mit Wildtieren verschiedener Arten, wie Schau- und Zuchtgehege sowie Kleingehege aus Liebhaberei.
4. Ferner als Wildparks oder Tiergärten bezeichnete Gehege. Je nach Größe und Wildarten kann diese Wildtierhaltung einem großflächigen Zoo, einem Schaugatter oder sogar einem Gatterrevier ähneln. Eine Sonderstellung nehmen die Safariparks mit diversen, meist exotischen Tierarten ein.

Die nachfolgende Betrachtung beschränkt sich im wesentlichen auf die Haltung der wichtigsten Gatterwildarten, die primär der Fleischgewinnung dienen. Die Vielzahl der in Frage kommenden Tierarten macht es in diesem Rahmen unmöglich, auf alle Formen der Wildtierhaltung in Gehegen einzugehen. Dazu sei auf das Kapitel über Zoo- und Zirkustiere, die einschlägige Fachliteratur sowie die zoologischen Gutachten verwiesen, wie das Gutachten *„Tierschutzgerechte Haltung von Säugetieren"* (Enke et al., 1977) und das Gutachten *„Tierschutzgerechte Haltung sonst freilebender Tiere – Wild – in Gehegen oder ähnlichen Einrichtungen"* (Hatlapa et al., 1974). Nicht unter die Wildgehegehaltung fallen in der Regel Pelztierfarmen, die Haltung von Tieren, die aus Kreuzungen mit Wildtieren stammen (Hausschwein-Wildschwein-Kreuzungen) und die Haltung völlig domestizierter Arten wie Pfau, Goldfasan u. a.

Eingefriedete Bezirke von der Mindestgröße eines Jagdbezirks unterliegen dem Jagdrecht. Das darin vorkommende Wild ist nicht als Gehegewild zur Fleischgewinnung anzusehen.

Aus der Sicht des Tierschutzes sind Gehege öfter problematisch, da sich das Wild auf einer beschränkten Fläche selbst bei optimalen Voraussetzungen nicht im Sinne der Bedarfsdeckung und der Befriedigung seiner Ansprüche beliebig in der Landschaft bewegen kann, wie es dem freilebenden Wild zum Erreichen von Nahrung und Witterungsschutz möglich ist. Die witterungsabhängige Standortwahl der Wildtiere (Schutz vor Zugluft und Nässe, Schatten oder Sonne je nach Wetterlage) ist bekannt. Auf einer kahlen Weide gehaltene Wildtiere haben diese Ausweichmöglichkeit nicht; künstlicher Witterungsschutz (wie Unterstände) kann den Mangel nur bedingt ausgleichen.

Die Berücksichtigung des Genschutzes, die Bewahrung der genetischen Vielfalt, ist bei den isolierten Verhältnissen der Gatterhaltung eine bedeutsame Frage. Rückgang des Körpergewichts, erhöhte Anfälligkeit und vielfältige Verfallserscheinungen können die Folge genetischer Verarmung mangels Austausch von Erbanlagen sein (Herzog, 1982). Selbst in freilebenden, aber isolierten Vorkommen von Rot- und besonders auch Muffelwild ließ sich eine Verringerung der genetischen Variabilität nachweisen.

Damwild

Der europäische Damhirsch war in Europa nach der letzten Eiszeit verschwunden. In Deutschland wurde das Damwild im 16. Jahrhundert eingeführt. Obwohl diese Tierart seit ihrer Wiedereinbürgerung in Wildparks, Gattern und Tiergärten gehalten wurde, zählt Damwild weder zoologisch noch rechtlich gesehen zu den Haustieren. Die Haltung von Damwild in landwirtschaftlichen Gehegen als eine Möglichkeit der Grünlandnutzung hat in Deutschland seit Mitte der siebziger Jahre an Umfang zugenommen. Inzwischen gewinnt auch die Rotwildhaltung an Bedeutung.

In einigen deutschen Bundesländern gibt es Richtlinien für die Haltung von Damwild, die zum Teil unterschiedlich sind, sich aber im wesentlichen auf zwei Gutachten für das Bundesministerium für Ernährung, Landwirtschaft und Forsten (1974 und 1979) stützen. Speziell in letzterem werden Mindestanforderungen für die Haltung in landwirtschaftlichen Gehegen genannt. Die Gutachter gehen davon aus, daß es sich bei Damwild in Gehegen um gefangene wilde Tiere handelt und sprechen deshalb von einer *nutztierartigen Haltung*.

Gemäß deutschen Richtlinien muß die Gehegegröße mindestens 1 ha betragen. Jedem Tier müssen wenigstens 1.000 m^2 zur Verfügung stehen. Bei dieser Mindestanforderung werden die Kälber von der Geburt bis zum März des darauffolgenden Jahres nicht berücksichtigt. Im Gehege sollen wenigstens fünf adulte Tiere (1 Hirsch, 4 weibliche) vorhanden sein, da es sich beim Damwild um eine in hohem Maße sozial lebende Tierart handelt. Die Besatzdichte sollte sich neben der Mindestfläche pro Tier auch nach der Ertragsfähigkeit der Weide richten und so bemessen sein, daß die Tiere sich in der Zeit von Mai bis September ausschließlich von der Weide ernähren können. Ein überhöhter Tierbesatz führt neben der Schädigung der Grasnarbe auch zu einem verstärkten Parasitendruck.

Der Außenzaun soll mindestens 1,80 m hoch sein. Die unteren 75 cm des Zaunes sind mit einem engmaschigen Geflecht zu versehen, um ein Durchschlüpfen der neugeborenen Kälber zu verhindern. Die Zaunecken dürfen keine spitzen Winkel aufweisen, damit Hirsche brunftige Weibchen oder Rivalen nicht in die Enge treiben können. Eine Unterkoppelung der Fläche ist nicht nur aus weidewirtschaftlichen Gründen zweckmäßig, einzelne Koppeln können auch als Absperrgehege zur kurzfristigen Separierung von Tieren dienen. Jede einzelne Koppel muß alle erforderlichen Elemente der Gehegegestaltung aufweisen, und jedem adulten Tier müssen mindestens 250 m² zur Verfügung stehen. Vor allem während der Setzzeit müssen Koppeln oder zumindest Teilflächen mit hohem Aufwuchs vorhanden sein, um den Kälbern, die in den ersten Lebenswochen abseits vom Herdenverband ruhen, Deckung und Witterungsschutz zu gewähren.

Die Kälber des Vorjahres sind im Frühjahr möglichst von der Muttertierherde zu trennen und in separaten Koppeln zu halten, da sie während der Setzzeit einen potentiellen Störfaktor für die gebärenden Tiere darstellen. Dies hat den weiteren Vorteil, daß diese Tiere für den Zuchttierverkauf und für die Tötung zum Zwecke des Wildbretverkaufs nicht aus der Gesamtherde herausgefangen oder geschossen werden müssen.

Die Schaffung von Sicht- und Witterungsschutzeinrichtungen (z.B. Unterstände) ist unbedingt erforderlich, wenn nicht ausreichend natürliche Deckung wie Wald oder Strauchwerk vorhanden ist. Sichtschutzeinrichtungen sind nicht nur nach außen notwendig, sondern auch innerhalb des Geheges, um den Tieren untereinander eine optische Separierung zu ermöglichen.

Die Fütterung am Boden ist wegen der Gefahr der Parasitenübertragung abzulehnen. Überdachte Raufen und Tröge sind auf planbefestigtem Boden aufzustellen. Bei Mahlzeitenfütterung ist ein Tier-Freßplatz-Verhältnis von 1:1 zu gewährleisten, bei Dauerfütterung kann es auf 3:1 reduziert werden. Um auch rangniederen Tieren jederzeit Zugang zum Futter zu gewähren, sind die Tröge räumlich voneinander getrennt zu plazieren. Für Kälber sind spezielle Schlupfe anzulegen, in denen den Jungtieren Kraftfutter und auch die für die Parasitenbekämpfung nötigen Medikamente verabreicht werden können, ohne Konkurrenz durch die adulten Tiere. Wasser muß den Tieren ständig zur Verfügung stehen. Tränkeeinrichtungen auf befestigtem, trockenem Untergrund sind aus hygienischen Gründen natürlichen Gewässern vorzuziehen.

Der Klauenabrieb ist durch entsprechende Untergrundgestaltung (z.B. betonierter Futterplatz) sicherzustellen.

Ist im Gehege eine Fangeinrichtung vorhanden, muß diese unbedingt zur vertrauten und begangenen Umwelt der Tiere gehören. Geweihträger sind vor dem Fangen vom Rudel zu separieren oder müssen, wenn dies nicht gelingt, im Fang sofort immobilisiert werden.

Eine generelle Geweihentfernung ist aus der Sicht des Tierschutzes und der Ethologie wegen der wichtigen Funktion des Geweihs abzulehnen. Jedoch kann im Einzelfall zur Vermeidung von Verletzungen nach tierärztlicher Indikation die Geweihamputation gerechtfertigt sein. Die Meinungen zur Frage der Notwendigkeit der Geweihentfernung (Absägen) bzw. Verhinderung der Geweihbildung (Ausbrennen) sind kontrovers. In kommerziellen Großgattern wird die Geweihentfernung z. T. für erforderlich gehalten, um Verletzungen zu vermeiden; die Bestimmungen der Tierschutzgesetzgebung sind jedoch grundsätzlich zu berücksichtigen.

Rot-, Reh- und Muffelwild

Für die Gehegehaltung von Rotwild und anderen Hirscharten gelten sinngemäß die gleichen Anforderungen wie für das Damwild.

Die Mindestfläche eines Geheges für **Rotwild** sollte wenigstens 2 ha betragen. Jedem adulten Tier mit abhängiger Nachzucht sind mindestens 2.000 m^2 zur Verfügung zu stellen. Zusätzlich sind im Rotwildgehege Suhlen anzulegen, welche im Rahmen der Körperpflege und der Thermoregulation eine wichtige Funktion haben. Mischgehege mit Rot- und Damwild müssen wenigstens 3 ha aufweisen und so angelegt sein, daß eine optische Separierung zwischen den beiden Tierarten möglich ist.

Rehwild eignet sich am wenigsten für die Gatterhaltung, sowohl was die wirtschaftliche Nutzung als auch die besonderen Ansprüche dieser mehr einzeln lebenden und territorialen Wildart betrifft.

Für **Muffelwild** in Gehegen gilt im Prinzip das unter Damwild Gesagte. Bei Muffelwild muß besonders auf die Gesundheit der Klauen geachtet werden.

Die Haltung nicht an das Klima in Mitteleuropa angepaßten Wildes in Gehegen zur Fleischgewinnung ist grundsätzlich abzulehnen.

Wildschweine

Die Haltung von Wildschweinen in Gattern sollte nur in besonderen Ausnahmefällen erlaubt werden. Die Gatter erfüllen die Belange des Tierschutzes nicht. Der Boden verwandelt sich häufig in Morast bei völliger Zerstörung der Vegetation. Die Fütterung mit unbehandelten Speiseabfällen ist aus seuchenprophylaktischen Gründen zu untersagen. Die Verbraucher werden getäuscht, wenn ihnen Wildschweinfleisch aus Gatterhaltung als Wildbret angeboten wird. Ein vernünftiger Grund der Haltung dieser Wildart zur Fleischgewinnung in Gehegen besteht nicht. Das Aufkommen an Wildbret aus der freien Wildbahn ist ausreichend. Viele Gatter weisen parasitenverseuchte Kümmerer auf morastigem Boden in unnatürlichem, beengtem Lebensraum auf.

Das Einziehen von Nasenringen ist abzulehnen, da das Wühlen eine natürliche Verhaltensweise darstellt. Besonders bedenklich ist die häufig anzutreffende Haltung von einem Tier oder wenigen Tieren, die als Frischlinge in Stallungen oder Kleinstgehegen aufgezogen wurden. Selbst in größeren Jagdgehegen oder Sauparks ist nicht selten der viel zu hohe Bestand aufgrund unzureichender natürlicher Nahrungsgrundlage bei starkem Parasitenbefall als krank zu bezeichnen. Das deutsche Jagdrecht gestattet nur die Hege eines gesunden Wildbestandes. Schwarzwildgehege sollten daher häufiger kritisch überprüft werden.

Die einseitige Fütterung von Wildschweinen analog dem Hausschwein ist nicht artgemäß. Als Allesfresser nehmen die Tiere in freier Wildbahn jahreszeitlich bedingt einen erheblichen Anteil an tierischem Eiweiß auf, in Form von Würmern und Puppen, Engerlingen (Forstschädlinge) sowie Mäusen und gelegentlich auch Tierkadavern. Besonders im Frühjahr besteht die Äsung in freier Wildbahn bis zu 70 % aus frischem Grün.

Gehege mit Wildschweinen sind nur dort vertretbar, wo gesunde Tiere auf ausreichend großer Fläche mit natürlicher Vegetation gehalten werden können. Das erfordert Umtrieb auf Flächen, die sich natürlich regenerieren können und auf denen natürliche Deckung und Witterungsschutz vorhanden sind. Am Futterplatz ist eine feste Fläche, wie Betonbelag, erforderlich, die leicht zu reinigen ist. Ferner benötigen Wildschweine eine Suhle und einen Malbaum zur Körperpflege. Zugfreie, trockene und eingestreute Schutzhütten sind für die Aufzucht der Frischlinge im Gatter unumgänglich, da Schweine in den ersten Lebenswochen sehr empfindlich gegen Kälte und Nässe sind. Auch ältere Tiere nehmen saubere, trockene Schutzhütten gern an.

Angaben über die optimale Gruppengröße und den Flächenbedarf pro Tier lassen sich bei Wildschweinen kaum machen. Ältere männliche Tiere sind Einzelgänger. Die Größe einer Rotte hängt von der Nachkommenzahl der ältesten Bache ab, wobei sich männliche Tiere von der Rotte meist nach dem ersten Lebensjahr trennen. Ein einzelner Keiler oder eine einjährige Bache (Frischlingsbache) mit 2–3 Frischlingen entsprechen dem natürlichen Vorkommen von Wildschweinen ebenso wie Rotten von über 50 Tieren, wobei alle Rottenmitglieder verwandt sind und geschlechtsreife Keiler sich nur in der Paarungszeit dazugesellen.

Die zulässige Besatzdichte eines Geheges ist am besten am Zustand des Bodens und der Regenerationsmöglichkeit der Vegetation erkennbar. Der Mindestgrundflächenbedarf von 500 m² pro Tier (Gutachten über tierschutzgerechte Haltung sonst freilebender Tiere – Wild – in Gehegen oder ähnlichen Einrichtungen; Hatlapa et al., 1974), das entspricht 20 Tieren je ha, wobei die Nachkommenschaft eines Jahres den Besatz verdoppeln bis verdreifachen kann, erscheint völlig unzureichend. Der Zustand von Gatterflächen mit derartig hoher Besatzdichte beweist dies. Die Möglichkeit, daß Bachen zweimal im Jahr Nachwuchs haben und auch Frischlingsbachen bereits geschlechtsreif werden, ist bei guter Fütterung durchaus gegeben.

Besondere Bedeutung kommt bei der Haltung von Wildschweinen der Einfriedung zu. Die Kraft und die Fähigkeit zu wühlen und sich unter Zäunen durchzugraben, werden häufig unterschätzt. Die Höhe der Einfriedung sollte nicht weniger als 1,20 m betragen.

Für Kreuzungen zwischen Haus- und Wildschwein gilt im Prinzip das gleiche. Während aus Gattern ausgebrochene Wildschweine sehr schnell verwildern, stellen Kreuzungen beim Entweichen eine genetische Gefahr für die Wildschweinpopulation dar. Die Haltung von Wildschwein x Hausschwein-Kreuzungen darf daher nur in absolut ausbruchsicheren Gehegen gestattet werden.

■ Schaugehege, Hobby-Wildhaltungen

Für die Haltung einheimischer Wildarten in Gehegen, die nicht primär der Fleischgewinnung dienen, sondern Schaugehege oder private Hobbytierhaltungen darstellen, gelten die gleichen Anforderungen bezüglich der Gehegegestaltung und der Mindestflächen. Bei Schaugehegen ist besonders dem Schutz der Tiere vor Beunruhigung durch die Besucher

Rechnung zu tragen. Die Fütterung durch Unbefugte sollte grundsätzlich untersagt sein. Von Besuchern frequentierte Gehege müssen den Tieren eine Rückzugsmöglichkeit bieten. Das ist am einfachsten dadurch zu erreichen, wenn der Besucherweg nur eine Gehegeseite tangiert, der entgegengesetzte Gehegeteil aber Deckung aufweist. Schließlich sollten in Schaugehegen Hinweistafeln den Besuchern zoologische und wildbiologische Informationen bieten.

Grundsätzlich abzulehnen ist die Haltung zahmen einheimischen Wildes in sogenannten Streichelzoos und reisenden Menagerien oder Tierschauen, wie es in Einzelfällen noch immer festzustellen ist.

Einen Sonderfall stellt die Aufnahme verletzten oder verwaisten Wildes dar. Bei den dem jeweiligen Jagdrecht unterliegenden Arten ist bei der Aneignung das alleinige Aneignungsrecht des Jagdausübungsberechtigten zu beachten. Ohne dessen Einwilligung kann die Mitnahme eines verletzten oder verwaisten Tieres einen Straftatbestand (Wilderei) darstellen. Nur wenn berechtigte Aufzucht- oder Heilungsaussichten bei einschlägiger Sachkunde und verhaltensgerechter Unterbringung bestehen, ist die Aufnahme von Wildtieren zu rechtfertigen. Aufgrund mangelnder Kenntnis werden nicht selten Rehkitze und Frischlinge, die von dem Muttertier nur vorübergehend allein gelassen wurden, wie das bei vielen Wildarten normal ist, aus falsch verstandener Tierliebe mitgenommen. Ein heranwachsender Rehbock im Hausgarten wird meist nicht nur aufgrund des Schadens an der Vegetation zum Problem, sondern er wird häufig auch aggressiv gegenüber Personen. Ein Aussetzen stößt auf jagd- und tierschutzrechtliche Bedenken. Die öfter festzustellende Haltung eingefangener Frischlinge in Ställen ist selbstverständlich abzulehnen. Die Haltung eines Wildtieres im Stall kann auf Dauer nicht verhaltensgerecht sein. Vermutlich verletztes oder verwaistes Wild sollte der zuständigen jagdberechtigten Person oder Forstbehörde gemeldet werden, um spätere Probleme zu vermeiden, wie sie sich unausweichlich einstellen, wenn die erforderliche Sachkunde der Tierliebe nicht entspricht.

Da bei der Errichtung von Tiergehegen vorhandener natürlicher Schutz wie Hecken oder dichtes Gehölz im Laufe der Jahre vom Wild meist stark geschädigt wird und somit seine Schutzfunktion verliert, ist grundsätzlich ein landschaftsangepaßter Unterstand zu fordern. Die offene Seite muß windabgewandt sein und sollte freies Blickfeld in das Gehege bieten. Die im Laufe der Jahre zu beobachtende Vernichtung des Baum- und Heckenbestandes in Gattern, soweit die Gehölze nicht besonders geschützt wurden, führt nicht nur zu einem Defizit an Deckungs- und Witterungsschutz, sondern beeinträchtigt auch die Äsungsvielfalt und die Beschäftigungsmöglichkeit der Tiere. Als Ausgleich empfiehlt sich das Anbieten von geeigneten Zweigen und Astwerk.

Während eine Unterteilung der Fläche in großen Gattern aus mehreren Gründen geboten ist, ist in Kleingehegen eine Unterteilung abzulehnen. Je ungünstiger das Verhältnis von Fläche zur Zaunlänge, um so größer ist die Verletzungsgefahr. Auch unter diesem Aspekt sind Kleinstgehege häufig als nicht tierschutzgerecht zu bezeichnen. Eine Verletzungsgefahr durch Drahtgeflecht von Einzäunungen ist besonders in der Eingewöhnungsphase nach dem Umsetzen, bei Jungtieren, bei Rangkämpfen adulter Tiere sowie beim sogenannten Fegen des Bastgeweihes von Geweihträgern gegeben.

Die Verletzungsgefahr wird erhöht, wenn Fehler bei der Wahl des Drahtgeflechts oder der Linienführung des Zaunes gemacht wurden. Zaunecken im Gatter müssen stumpfe Winkel haben oder abgerundet sein. Schließlich sei erwähnt, daß die Einzäunung von Gehegen auch eine Gefahr für außerhalb des Gatters freilebendes Wild darstellen kann. Die zunehmende „Verdrahtung" der Landschaft in Form von Weidezäunen, Forstgattern und sonstigen Einfriedungen aus Draht und Drahtgeflecht ist eine erhebliche Gefahrenquelle für die freilebende Tierwelt.

Eine tägliche Gehegekontrolle sollte Bestandteil einer ordnungsgemäßen Betreuung von Wild in Gatterhaltung sein.

■ Schlachten von Wild in Gehegen

Bei der Schlachtung eines warmblütigen Tieres ist die Betäubung vor dem Blutentzug vorgeschrieben. Keine der üblichen Möglichkeiten der Schlachttierbetäubung läßt sich jedoch problemlos bei Gatterwild anwenden. Das dabei erforderliche Einfangen und Fixieren würde nur mit unverhältnismäßig großer Aufregung und Verletzungsgefahr durchführbar sein. In der Praxis wird daher Wild in Gattern überwiegend von einer waffenrechtlich autorisierten Person mittels Kugelschuß erlegt.

Die Tötung von Gehegewild durch den Kugelschuß ohne vorherige Betäubung ist in Deutschland zulässig, soweit eine Betäubung nach den gegebenen Umständen nicht durchführbar ist und die Tötung unter Vermeidung von Schmerzen erfolgt. Der Abschuß von Wild in Gatterhaltung unterliegt nicht dem Jagdrecht, daher ist der Abschuß von Wild in Gehegen durch einen beliebigen Jäger, etwa zur Erlangung einer Trophäe, unzulässig.

Die zur Tötung von Wild in Gehegen waffenrechtlich autorisierte Person muß die notwendigen Kenntnisse und Fähigkeiten besitzen. Bewährt hat sich der Einsatz eines zuverlässigen Schützen für einen größeren Bereich, der aufgrund seiner Erfahrungen und Treffsicherheit eine schnelle schmerzlose Tiertötung besser gewährleisten kann als ein beliebiger Betreiber eines Geheges. In Frage kommt ein Schuß auf den Bereich des Hirns, der Halswirbelsäule oder der Herzschuß. In der Regel wird Gehegewild mit einem geringeren Kaliber als dem jagdrechtlich für die Wildart vorgeschriebenen erlegt. Da eine unmittelbare Tötung auch mit geringeren Kalibern möglich ist, ist gegen die Wahl leichterer Kaliber aus der Sicht des Tierschutzes nichts einzuwenden. Jedoch muß der Grundsatz uneingeschränkt beachtet werden, wonach die schnelle, schmerzlose Tötung Vorrang hat gegenüber dem Verlust von Wildbret. Die öffentliche Sicherheit erfordert in der Nähe bewohnter oder sonst von Personen besuchter Gebiete besondere Vorsicht bei der Schußabgabe. Unbeteiligte Personen dürfen bei der Tiertötung selbstverständlich nicht zugegen sein. Um die übrigen Tiere möglichst wenig zu beunruhigen, sollten zu erlegende Tiere nach Möglichkeit vorher von der Herde abgesondert werden.

Soweit eine Betäubung in Einzelfällen, z.B. mit dem Bolzenschußapparat bei handzahmen Tieren in einem Fanggatter, durchführbar ist, kann sie dem Tötungsschuß vorgezogen werden. Bei der Schlachtung ist der Einsatz der medikamentösen Betäubung mit Betäubungsgewehr oder Blasrohr wegen der Rückstandsproblematik nicht möglich.

Aufgrund des deutschen Fleischhygienerechts ist vor der Schlachtung eine Besichtigung des lebenden Wildes in Form einer Gehegebesichtigung durch den zuständigen amtlichen Tierarzt durchzuführen. Nach der Schlachtung unterliegt Gehegewild, dessen Fleisch zum menschlichen Verzehr vorgesehen ist, in jedem Fall der Fleischbeschau durch einen Tierarzt. Bei Wildschweinen ist zusätzlich die Untersuchung auf Trichinen vorzunehmen. Der Betreiber eines Wildgeheges ist verpflichtet, ein Gehegebuch zu führen, in dem Zu- und Abgänge verzeichnet werden. Ferner sind die Gehegebesichtigungen des amtlichen Tierarztes im Rahmen der Fleischhygieneüberwachung einzutragen.

Medikamentöse Immobilisation

Die Betäubung eines warmblütigen Tieres ist vom Tierarzt vorzunehmen. In Deutschland kann die zuständige Behörde an sachkundige Personen, die einen berechtigten Grund nachweisen können, eine Ausnahmeerlaubnis erteilen. Wildgehegeverbände bieten hier Kurse zur Erlangung der erforderlichen Sachkunde an. Die Erteilung der Erlaubnis sollte restriktiv gehandhabt werden aufgrund des Narkoserisikos und der besonderen Problematik der Ballistik bei der Immobilisation. Die Wahl des Medikamentes, die erforderlichen Maßnahmen bei Zwischenfällen sowie die sachgerechte Handhabung narkotisierter Tiere erfordern ein besonderes Maß an Kenntnissen und Erfahrungen, die in der Regel nur bei einem einschlägig versierten Tierarzt vorausgesetzt werden können.

Fang und Transport

Eine tierärztliche Behandlung oder die Veräußerung von lebendem Wild machen das Einfangen von Gehegewild erforderlich. Sofern die Tiere an eine Fangeinrichtung, die sie häufiger passiert haben, gewöhnt sind, kann auf eine medikamentöse Immobilisation verzichtet werden. Tiere, die noch unter der Wirkung von Immobilisationsmitteln stehen, sollten nicht über größere Distanzen transportiert werden. Die Aufwachphase nach einer Immobilisation muß immer kontrollierbar sein, z.B. im Zielgehege nach kurzem Transportweg. Sie sollte nicht im Transportbehältnis erfolgen.

Durch Vorrichtungen zum Fangen von Tieren dürfen dem Wild keine vermeidbaren Schäden zugefügt werden. Die verschiedenen Konstruktionen von Wildfängen müssen in ihren Abmessungen der jeweiligen Tierart angepaßt sein und eine Verletzungsgefahr ausschließen. Die Fangvorrichtung sollte so konstruiert sein, daß eine notwendige Behandlung des Tieres durchgeführt werden kann. Ist die Abgabe von lebenden Tieren vorgesehen, muß am Ende des Wildfangs eine Vorrichtung für das Heranstellen einer Transportkiste vorhanden sein.

Das *Gutachten über tierschutzgerechte Haltung sonst freilebender Tiere – Wild – in Gehegen oder ähnlichen Einrichtungen* (Hatlapa et al., 1974) enthält in der Anlage Normen über Wildtransportbehältnisse bezüglich Konstruktion, Abmessungen und erforderlicher Wandstärke. Beim Transport von Wild in Transportkisten ist in Deutschland die *Verordnung zum Schutz von Tieren bei der Beförderung in Behältnissen* zu beachten. Die Verordnung untersagt den Versand kranker und verletzter Tiere, abhängiger Jungtiere und von Muttertieren unmittelbar vor und nach der Geburt. Die Verordnung regelt die Pflichten des Absenders und Beförderers sowie die Fütterungs- und Tränkintervalle.

Auf Treibhilfen und Fesselung kann in Einzelfällen nicht grundsätzlich verzichtet werden. Eine schonende Fesselung kann zum eigenen Schutz des zu transportierenden Tieres sowie zum Schutz der handhabenden Personen unter Umständen unerläßlich sein. Um Schäden und Angst zu vermeiden, müssen das Einfangen und der Transport von Wild stets mit besonderer Sorgfalt durch sachkundiges Personal vorgenommen werden. Das Einfangen und Verbringen in ein Transportbehältnis sind tierschutzgerecht, wenn das Tier den gewohnten Treibgang annimmt und ohne Anwendung von Zwang, z.B. durch Lockfutter veranlaßt, die Transportkiste betritt.

■ Erfahrungen einer Veterinärbehörde in Deutschland

Die Naturschutzbehörde ersucht in der Regel das zuständige Staatliche Veterinäramt um eine tierschutzrechtliche Begutachtung vor Erteilung einer Genehmigung. Danach wird ein jährlicher Besichtigungsrhythmus vom Veterinäramt angestrebt. Viele Wildtierhaltungen gelangten erst nach Jahren mehr oder weniger zufällig oder wenn sich besondere Probleme ergaben, zur amtlichen Kenntnis. Die Dunkelziffer ist besonders bei kleineren Wildtierhaltungen erheblich. Den Haltern von Wild ist häufig nicht bekannt, daß die Gehegehaltung einer Erlaubnis bedarf. Die häufigsten Probleme aus der Sicht des Tierschutzes ergaben sich bei Wildschweingattern, die meist aufgrund erheblicher naturschutzrechtlicher und tierschutzrechtlicher Bedenken aufgelöst werden mußten.

Ein Ausbrechen von Gehegewild war in den Fällen festzustellen, in denen die Gehege im oder am Wald lagen und umgestürzte Bäume die Einzäunung beschädigt hatten.

Die in den erwähnten Gutachten genannte zulässige Besatzdichte für Gehegewild erscheint aus der Erfahrung der Praxis als zu hoch, zumal die Betreiber dazu neigen, den zulässigen Besatz zu überschreiten. Die Werte vernachlässigen die Tatsache, daß die Standflächen von sehr unterschiedlicher Qualität sind und artgerechte Haltungsbedingungen bei ausreichender natürlicher Nahrungsgrundlage auch bei extremen Witterungsverhältnissen, wie lang anhaltenden Trocken- oder Nässeperioden, gewährleistet sein müssen. Die Entwicklung der Vegetation in vielen Gattern, insbesondere wenn Umtriebsflächen fehlen, weist auf eine zu hohe Besatzdichte hin.

Eine Überprüfung von Wildgehegen empfiehlt sich besonders im Spätsommer, aufgrund der dann vorhandenen maximalen Besatzdichte, und bei winterlicher Witterung, wenn der Nahrungsbedarf mehr oder weniger durch Zufütterung gedeckt werden muß.

Die erforderliche Sachkunde ist besonders bei Hobby-Wildhaltern häufig nicht gegeben. Einschlägige Grundkenntnisse sollten bei der Erlaubniserteilung gefordert werden. Besonders nachteilig für die Berücksichtigung von Belangen des Tierschutzes ist die Tatsache, daß häufig Wildhaltungen zunächst eingerichtet werden und dann erst um eine Erlaubnis ersucht wird, soweit ihre Existenz überhaupt amtlich zur Kenntnis gelangt. Verbesserungen der Haltungsbedingungen sind bei schon bestehenden Gehegen oft nur eingeschränkt möglich, auch läßt sich eine erforderlich werdende Wegnahme von Wildtieren zur anderweitigen Unterbringung nur in Ausnahmefällen realisieren.

Schlußbetrachtung

Die Haltung von Wild in Gehegen kann akzeptiert werden, wenn die Tiere hinsichtlich Aussehen, Gesundheit und Verhalten den freilebenden Artgenossen entsprechen (Hatlapa et al., 1974) bzw. wenn den Tieren Bedarfsdeckung und Schadensvermeidung gelingt (Tschanz, 1987). Die Einführung der Genehmigungspflicht für Wildgehege war ein wichtiger Schritt zur Verbesserung der Haltungsbedingungen; dennoch ist aus der Sicht des Tierschutzes zu fordern, daß die Erlaubniserteilung restriktiv gehandhabt wird, besonders bezüglich solcher Wildarten, deren Gehegehaltung erfahrungsgemäß Probleme verursacht. Die Haltung von Tierarten in Gehegen zur Fleischgewinnung, für die noch keine ausreichenden Erfahrungswerte unter hiesigen Bedingungen vorliegen, sollte zunächst nur zur wissenschaftlichen Prüfung gestattet werden, bevor über die erforderlichen Voraussetzungen für eine wirtschaftliche Nutzung auf breiter Basis entschieden werden kann.

Literatur

Dedek, J., und Steineck, Th. (1994): Wildhygiene. Gustav Fischer Verlag, Jena – Stuttgart.

Enke, W., Brummer, H., Dittrich, L., Frädrich, H., Herre, W., Klös, H. G., Neugebauer, W., Scherpner, Ch., und Wünschmann, A. (1977): Gutachten über tierschutzgerechte Haltung von Säugetieren (Zoogutachten). Bundesministerium für Ernährung, Landwirtschaft und Forsten, Bonn.

Hatlapa, H. H., Boch, J., Brüggemann, J., Brüll, H., Englaender, K., Klös, H. G., von Lüddinghausen-Wolff, F., Türcke, F., Ueckermann, E., und Zeeb, K. (1974): Gutachten über tierschutzgerechte Haltung sonst freilebender Tiere – Wild – in Gehegen oder ähnlichen Einrichtungen. Bundesministerium für Ernährung, Landwirtschaft und Forsten, Bonn.

Hatlapa, H. H. (1986): Probleme bei der Haltung von Tieren in Wildgehegen. Tierärztliche Umschau 10/1986.

Herzog, A. (1982): Vererbung und Umwelt bei Wildtieren (Institutsbericht). Institut für Zuchthygiene und Genetik, Hofmannstraße 10, 35392 Gießen.

Tschanz, B. (1987): Bedarfsdeckung und Schadensvermeidung – ein ethologisches Konzept. In: Aktuelle Arbeiten zur artgemäßen Tierhaltung. KTBL-Schrift 319, Landwirtschaftsverlag, Münster-Hiltrup, S. 9–17, 1986.

Verordnung zum Schutz von Tieren bei der Beförderung in Behältnissen (20. 12. 1988), Bundesgesetzblatt I S. 24/3. Bundesministerium für Ernährung, Landwirtschaft und Forsten, Bonn.

Greifvögel

Th. Richter

Einleitung

Die nachfolgenden Ausführungen befassen sich mit der tiergerechten Haltung von Greifvögeln einschließlich der Versorgung und Rehabilitation von Pflegefällen. Greifvögel faszinieren die Menschen, soweit die Überlieferung zurückreicht. Von der Vergötterung im Altertum, der höchsten Wertschätzung als Jagdgehilfen im Mittelalter über die fanatische Verfolgung als „Schädlinge" in den vergangenen Jahrhunderten bis zur mystischen Überhöhung als Symbole von Freiheit und Macht in der Jetztzeit ist das Bild geprägt von irrationaler Betrachtung. Ihre biologische Stellung am Ende der Nahrungskette mußten sie mit einem zum Teil dramatischen Bestandsrückgang bezahlen, da sich in ihnen Umweltgifte besonders stark anreichern. Dadurch wurden sie für die wissenschaftliche Welt zu *Bioindikatoren* par excellence. Wegen ihrer majestätischen Gestalt und der damit verbundenen Mystifikation haben sie einen hohen Schauwert in öffentlichen und privaten Tierhaltungen. Die Dramatik und Ästhetik ihrer Jagdflüge, die Möglichkeit, einen unübertroffen intimen Kontakt zu elementaren biologischen Lebensabläufen zu bekommen, und die Chance, in direktem zwangfreiem Miteinander angewandte Ethologie zu erleben, bedingen ihren Stellenwert bei den Falknern. Als große, auch für den Laien leicht auffindbare Vögel, die zudem mit dem (für einige Arten falschen) Odium der Seltenheit behaftet sind, werden sie häufiger als andere Vögel verletzt oder sonstwie hilflos von mitleidigen Mitbürgern aufgegriffen und Tierarztpraxen, Tierheimen und Auffangstationen zugetragen.

Greifvögel sind mit richtiger Methode leichter als viele andere Wildtierarten in Menschenhand zu halten. Häufig erreichen sie bei ungestörter Gesundheit und ohne Verhaltensanomalien zu entwickeln ein beeindruckendes Lebensalter, das dasjenige ihrer wildlebenden Artgenossen bei weitem übertrifft. Dennoch treten mitunter erhebliche Tierschutzprobleme im Zusammenhang mit ihrer Haltung auf. Als Hauptursachen für diese Probleme sind zu nennen:
1. die Haltung, besonders von Wildlingen, durch nicht speziell sachkundige Personen;
2. die Auswilderung von nicht vollständig auf das Leben in der freien Wildbahn vorbereiteten Vögeln (vor allem von menschengeprägten Nestlingen und von länger gehaltenen Wildfängen);
3. die Haltung von Vögeln, die nicht regelmäßig Freiflug erhalten, mit bestimmten falknerischen Methoden.

Biologie

Systematik

Unter dem Begriff Greifvogel versteht die biologische Systematik einen Angehörigen der Ordnung **Falconiformes** mit den Familien Cathartidae (Neuweltgeier), Pandionidae (Fischadler), Sagittariidae (Sekretäre), Accipitridae (Greife) und Falconidae (Falken). Weltweit leben zur Zeit etwa 290 Greifvogelarten. Das Größenspektrum reicht von den amselgroßen Zwergfalken der Gattung Microhierax mit etwa 60 Gramm Lebendmasse bis zu den truthahngroßen Adlern und Geiern; Kondore als die größten wiegen deutlich mehr als 10 kg.

Die Eulen und Käuze der Ordnung **Strigiformes** gehören nach moderner Auffassung nicht zu den Greifvögeln. Da sie aber in Folge einer konvergenten Evolution sehr ähnliche Verhaltensweisen und Lebensraumansprüche entwickelt haben, können doch viele Angaben zur Greifvogelhaltung unschwer auf sie übertragen werden.

Ökologie

Greifvögel besiedeln alle auf der Erde möglichen Lebensräume von der Arktis bis zum tropischen Regenwald und von der Küste bis ins Hochgebirge, mit Ausnahme der offenen Ozeane und der Antarktis (Brown, 1979). Dabei gibt es Arten wie den Mauritiusfalken *(Falco punctatus)*, die nur in einem eng umschriebenen Gebiet vorkommen, und Kosmopoliten wie den Wanderfalken *(Falco peregrinus)*, die, z.T. in vielen Unterarten, weltweit verbreitet sind. Der Grad der Anpassung an bestimmte Habitate ist ebenfalls unterschiedlich. Hochspezialisierte Spezies wie Fischadler *(Pandion haliaetus)* kommen ebenso wie plastische Arten, z.B. Mäusebussard *(Buteo buteo)*, vor. Auch regionale Unterschiede in den Biotopansprüchen sind nicht selten: Schwarzmilane *(Milvus migrans)* leben in unseren Breiten in geringer Dichte und stets in Wassernähe, während sie in den Tropen überaus zahlreich als Abräumer in den Städten auftreten.

Bestandsentwicklung

Der dramatische Rückgang einiger Greifvogelarten, vor allem der Zusammenbruch der Wanderfalkenpopulation in der nördlichen Hemisphäre in den sechziger Jahren, hat die Aufmerksamkeit der Wissenschaft, aber auch der Öffentlichkeit, erregt. Greifvögel wurden damit zum Sinnbild für bedrohte Tierarten schlechthin.

Als Ursache für diesen *Bestandsrückgang* wurde zunächst die direkte Verfolgung durch Abschuß, Aushorstung, Fang und Vergiften diskutiert. Die Fokussierung auf die direkten menschlichen Übergriffe und auf den Wanderfalken hat zunächst den Blick auf andere Greifvögel und Gefährdungsursachen verstellt. Bald stellte sich allerdings heraus, daß der Rückgang nicht alle Arten gleichermaßen betraf und auch die regionale Bestandsentwicklung sehr unterschiedlich war.

Der Blick über den nationalen Zaun, vor allem nach Skandinavien und Nordamerika, lenkte das Augenmerk auf indirekte menschliche Einflußnahmen, wobei als wesentlicher Faktor die Pestizidbelastung, vor allem mit chlorierten Kohlenwasserstoffen, erkannt wurde. Diese *Umweltgifte* wirkten sich auf die Endglieder der Nahrungskette, vor allem die Vogeljäger wie den Wanderfalken besonders fatal aus. Trotz des notwendigen intensiven Schutzes der verbleibenden Restpopulation des Wanderfalken vor direkten Übergriffen durch unvernünftige oder gar kriminelle Menschen, der von enthusiastischen Vogelschützern unter ungeheurem persönlichem Einsatz durch Bewachung der Horste geleistet wurde, erholten sich die Bestände erst nach dem DDT-Verbot. Nachdem die Umweltbelastung zurückgegangen war, konnten auch durch Managementmaßnahmen, wie die Auswilderung von Wanderfalken aus der Zucht von Falknern, bereits erloschene Populationen, z.B. in den USA und der Bundesrepublik Deutschland, wieder begründet werden. Diese gewiß beeindruckenden Erfolge dürfen allerdings nicht darüber hinwegtäuschen, daß andere Greifvogelpopulationen, z.B. die der Wiesenweihe, immer noch akut bedroht sind. Als Ursache hierfür ist die *Lebensraumzerstörung* anzusehen, und diesem Phänomen ist viel schwerer Einhalt zu gebieten als den oben beschriebenen Rückgangsursachen. Global betrachtet, ist die Lebensraumvernichtung, besonders die Abholzung der tropischen Wälder, sicherlich die bedeutendste Gefährdungsursache für Greifvogelpopulationen.

Auch die indirekte menschliche Einflußnahme ist nicht zu unterschätzen. Die bloße Anwesenheit von Menschen im Habitat, also z.B. Bergsteiger, Vogelkundler, Fotografen, Spaziergänger und Angler, kann den Bruterfolg sensibler Arten verhindern (Brown, 1979).

Erfreulicherweise sind aber nicht alle Greifvogelarten selten oder gar gefährdet. Mäusebussarde (*Buteo buteo*), Turmfalken (*Falco tinnunculus*), Sperber (*Accipiter nisus*) und Habichte (*Accipiter gentilis*) mit Beständen von jeweils mehr als 45000 Paaren in Europa (außer ehemaliger Sowjetunion; Mebs 1989), regional auch Rot- und Schwarzmilane (*Milvus milvus* und *M. migrans*) gehören zu den häufigen Großvögeln.

▪ Greifvogelhaltung

Greifvögel werden mit unterschiedlichen Verfahren aus verschiedenen Motiven in Menschenhand gehalten. Greifvögel in öffentlich rechtlichen Zoos müssen anders gehalten werden als Greifvögel, die von Falknern im Freiflug zur Beizjagd eingesetzt werden. Eine tierschutzgerechte Versorgung von hilfsbedürftigen Wildvögeln ist davon wiederum verschieden. Um zu einer Beurteilung unter dem Gesichtspunkt des Tierschutzes kommen zu können, muß eine Differenzierung zwischen den Haltungsverfahren, den Greifvogelarten, den Greifvogelindividuen und dem Zweck der Greifvogelhaltung vorgenommen werden.

Biologische Grundlagen der Greifvogelpflege

Lokomotionsverhalten und Verletzungsgefahr

Größere Distanzen werden nur von einer Greifvogelart, dem Sekretär (*Sagittarius serpentarius*), regelmäßig zu Fuß zurückgelegt. Alle anderen Arten bewegen sich meist fliegend fort. Dabei gibt es, anatomisch bedingt, gewaltige Unterschiede in den Flugleistungen. Brüll (1980, 1984) unterscheidet drei Flugleistungstypen:

Die **Gleitstoßgreifer** zeichnen sich anatomisch durch breite, lange, großflächige Flügel aus; sie jagen aus gemächlichem Flug oder von einer erhöhten Warte; sie beschleunigen und fliegen relativ langsam und sind wenig wendig, dafür segeln sie ausdauernd in der Thermik. Zu diesem Typ gehört der wohlbekannte Mäusebussard. Auch die Adler, Milane und Weihen sind hier einzureihen. Wenn man den Begriff „Greifer" nicht zu ernst nimmt, sind auch die Geier in diese Kategorie zu subsumieren.

Die **Späh- und Stoßfluggreifer** haben lange, sehr schmale Flügel; ihr typischer Jagdflug erfolgt aus dem freien Luftraum. Sie beschleunigen relativ langsam, fliegen dann aber mit Muskelkraft ausdauernd und sehr schnell; durch ihre hohe Geschwindigkeit sind sie nur wenig wendig. Zu den Späh- und Stoßfluggreifern gehören die Falken der Gattung *Falco*, aber auch z.B. der Fischadler.

Die **Pirsch- und Startfluggreifer** haben kurze, runde Flügel und einen langen Schwanz; ihr Jagdflug erfolgt als Überraschungsangriff aus dem Pirschflug oder von einer Warte. Pirsch- und Startfluggreifer beschleunigen schnell und sind sehr wendig. Typische Pirsch- und Startfluggreifer finden wir in der Gattung *Accipiter*, von den heimischen Arten also Habicht und Sperber. Zum artspezifischen Verhalten gehört sowohl beim Jagdflug als auch bei der Feindvermeidung bei diesen Arten das Durchfliegen von lichtem Astwerk. Maschendraht entspricht diesem Erscheinungsbild, kann aber nicht durchdrungen werden.

Die Undurchdringlichkeit des Maschendrahtes lernen viele Greifvogelindividuen nie. Diese Haltung in Drahtvolieren hat dann oft schwere Verletzungen zur Folge. Die Haltungsform sollte auf besonders ruhige Individuen beschränkt werden.

Fluchtbereitschaft

Die Fluchtbereitschaft ist eine Arteigentümlichkeit und vor allem abhängig von der Ontogenese. Vogelarten, die auch in freier Natur als Bewohner der offenen Landschaft nur eine geringe Distanz zum Menschen einhalten, wie Bussarde, Milane und Turmfalken, aber auch die großen Adler und Geier, verhalten sich meist auch in Gehegen dem Beschauer gegenüber tolerant, während scheue Waldbewohner wie Habichte oder Sperber auch in der Haltungsumwelt viel fluchtbereiter sind. Die Erfahrungen des Individuums stehen aber eindeutig im Vordergrund. Erwachsen in Menschenhand geratene Greifvögel, das sind vor allem Pflegefälle, werden meist zeitlebens nicht so vertraut, daß man sie z.B. in einem Zoo, in einem Schaugehege unterbringen könnte. Eingewöhnte Vögel hingegen, vor allem wenn sie in ihrer Jugend positive Erfahrungen mit Menschen und Haltungssystemen machen konnten, stellen bei richtiger Haltungstechnik meist ruhige und unproblematische Pfleglinge dar. Schreckhafte Individuen benötigen eine Rückzugsmöglichkeit, von der aus sie selbst die Umgebung beobachten können, sich aber unbeobachtet fühlen. Diese Rückzugsmöglichkeit sollte dem natürlichem Habitat nachempfunden sein. Für Waldbewohner eignen sich senkrecht gestellte Holzlatten (mit abgerundeten Kanten), für Felsbewohner erhöhte Standorte. Viele Zuchtpaare oder sonst besonders schreckempfindliche Individuen sind am besten in allseitig geschlossenen Gehegen, die nur nach oben Sicht ermöglichen, unterzubringen, so daß keine Beunruhigung von außen möglich ist.

Sozialverhalten

Die meisten Arten leben solitär oder als Einzelpaare in verteidigten Territorien. Die Arten, die selbst größere Beutetiere schlagen, sind im allgemeinen anderen Vögeln gegenüber sehr intolerant, bis hin zur Tötung von Artgenossen. Allerdings gibt es auch Kolonien oder Schwärme bildende Arten. Eine Vergesellschaftung mehrerer Greifvögel in einer Voliere ist deshalb nur bei verträglichen Individuen bestimmter Arten möglich. Unproblematisch ist die Gruppenhaltung bei Geiern, in der Regel möglich bei Milanen, Adlern, Bussarden und Turmfalken. Schwierig ist sie bei Großfalken und unmöglich bei Habichten und ihren Verwandten. Zuchtpaare müssen bei den gefährlichen Arten besonders behutsam zusammengestellt und anfänglich dauernd überwacht werden. Trotzdem kommt es gelegentlich zur Tötung des Männchens durch das stärkere Weibchen.

Brutbiologie

Zum Brüten nutzen Greifvögel, arttypisch unterschiedlich, Bäume, Felsen und den Erdboden. Die Arten der Familien Neuweltgeier (Cathartidae), Fischadler (Pandionidae), Sekretäre (Sagittariidae) und Greife (Accipitridae) errichten eigene, zum Teil gewaltige Horste. Die Falken (Falconidae) dagegen sind Horstbezieher; sie nehmen auch künstliche, vom Menschen angebotene Nistkästen an.

Die Gelege werden meist bereits nach Ablage des ersten oder zweiten Eies bebrütet, die Jungen schlüpfen demgemäß im Abstand einiger Tage, so daß unterschiedlich entwickelte Nestlinge in einem Horst vorhanden sind; die zuletzt geschlüpften haben die geringsten Überlebenschancen; bei einigen Arten (z.B. Schreiadler, *Aquila pomarina*) tritt regelmäßig Kainismus auf, d.h., der ältere Nestling tötet den jüngeren.

Die Jungen sind *Nesthocker*, verlassen das Nest aber bereits vor Erreichen der vollen Flugfähigkeit und halten sich in dessen unmittelbarer Nähe auf (*Ästlinge*). Nach dem Flüggewerden werden sie noch einige Zeit von den Eltern mit Nahrung versorgt, ehe sie sich selbständig ernähren können. Diese Bettelflugperiode dauert etwa so lange wie die Nestlingsperiode (Mebs, 1989).

Die sensible Phase für die *Artprägung* zieht sich fast über die gesamte Nestlingszeit hin, so daß Prägungen, z.B. auf den Menschen, auch bei älteren Nestlingen noch möglich sind (Trommer, 1983). Vögel, die ausgewildert werden sollen, sind mit möglichst wenig Menschenkontakt aufzuziehen. Geschwister sind als Partner der Artprägung ausreichend; stehen keine Artgenossen als Prägungspartner zur Verfügung, sind Attrappen zu verwenden. Die Auswilderung von auf den Menschen geprägten Tieren ist tierschutzwidrig, weil diese Vögel kein normales Sozialverhalten zeigen und dadurch die Gefahr der Entstehung von Schäden und/oder Leiden bei innerartlichen Auseinandersetzungen groß ist! Außerdem stören sie eventuell die Brut von Vögeln der Wildpopulation und verursachen damit ein Artenschutzproblem.

Ausruhen

Greifvögel ruhen meistens auf einer entsprechenden Sitzgelegenheit und nur selten mit ausgestreckten Hintergliedmaßen in Bauchlage. Zu beachten ist dabei das arttypische Verhalten der verschiedenen Arten. Felsbewohner wie Falken und Adler benötigen flache, Waldbewohner wie Habichte runde, astähnliche Sitzgelegenheiten. Nach neueren Überlegungen von Trommer (1992) sollten jedoch auch Falken ab und an auf astähnlichen Sitzgelegenheiten stehen dürfen. Die Oberfläche sollte leicht zu reinigen sein; außerdem muß verhindert werden, daß der Vogel stets auf der gleichen Stelle seine Füße belastet. Bei Falken, Geiern und Adlern, sehr selten bei anderen Greifvögeln, kommt die *Sohlenballengeschwulst* als Technopathie vor. Diese Erkrankung hat vermutlich eine multifaktorielle Genese. Neben Verletzungen auf der Sohlenfläche und Stoffwechselentgleisungen haben ungeeignete Sitzgelegenheiten einen Anteil an der Entstehung (Heidenreich, 1996). Jedem Vogel müssen unterschiedliche Oberflächen zur Verfügung stehen. Besonders bewährt hat sich neben Naturholzästen Kunstrasen, wie er als Fußabstreifer an Haustüren Verwendung findet. Auch Korkauflagen und die Polsterung mit Leder, Textilien und Klebeband sind gut geeignet.

Nahrung

Nach dem Zustand der Nahrungsquellen in der freien Natur kann man *Abräumer* und *Beutegreifer* unterscheiden.

Das Beutespektrum reicht von Weichtieren, auf die sich z.B. der amerikanische Schneckenweih (*Rostrhamus sociabilis*) spezialisiert hat, über Insekten, die von den kleinen Falken, wie den heimischen Baum- und Turmfalken (*Falco subbuteo* und *F. tinnunculus*), sowie dem Wespenbussard (*Pernis apivorus*) verzehrt werden, bis zu den Wirbeltieren. Fische werden von Fisch- und Seeadlern (*Pandion haliaetus* und *Haliaetus* spp.) sowie den Milanen (*Milvus* spp.) genutzt. Das Angebot an Amphibien und Reptilien hat evolutive Spezialisierungen wie die Schlangenadler (*Circaetus* spp.) und den Sekretär (*Sagittarius serpentarius*) begünstigt. Die meisten Greife und Falken jedoch leben von Säugetieren und Vögeln, wobei bei etlichen Arten das Beutespektrum sehr breit ist und wie im Falle der Kleinfalken und Milane neben warmblütigen auch kaltblütige Tiere umfaßt. Auch tote Tiere werden verwertet. Unser häufigster einheimischer Greifvogel, der Mäusebussard (*Buteo buteo*), sitzt regelmäßig neben vielbefahrenen Straßen auf Lauer, weil sein Tisch durch Autounfälle oft reich gedeckt wird. Auf diese Art und Weise nutzt er Tiere, die er wegen ihrer Größe oder Gefährlichkeit nie schlagen könnte, wie z.B. Hauskatzen, als Nahrung. Ganz auf tote Tiere spezialisiert haben sich schließlich die Geier (Familie Cathartidae und Unterfamilie Aegipiinae), bei denen der ursprünglich vorhandene Greifvogelfuß sich wieder zu einem reinen Stütz- und Fortbewegungsorgan zurückentwickelt hat. Etliche Geier- und Milanarten nutzen, vor allem in den Tropen, auch menschliche Nahrungsabfälle. Von überwiegend vegetarischer Nahrung, den Früchten der Öl- und der Raphiapalme, lebt der Palmgeier oder Geierseeadler (*Gypohierax angolensis*).

Die benötigte Nahrungsmenge und die Frequenz der Nahrungsaufnahme sind bei den Greifvogelarten sehr unterschiedlich. Generell haben kleine Arten einen höheren Grundumsatz als große Arten und benötigen prozentual zum Körpergewicht mehr Nahrung. Arten, die von kleinen Beutetieren leben, nehmen häufiger, meist mehrmals täglich, Nahrung auf, während Arten, die große Tiere schlagen oder sich von Aas ernähren, nach einer ausgiebigen Mahlzeit oft mehrere Tage fasten.

In Menschenhand stellt das beste Futter die artspezifische Beute dar, die in vielen Fällen aber nicht beschaffbar ist. Grundsätzlich sollte sich die Nahrung weitestgehend an dem natürlichen Nahrungsspektrum orientieren und so abwechslungsreich wie möglich sein. Sie darf nicht nur Muskelfleisch, sondern muß auch Knochen, Gewöllstoffe und Magen-Darm-Inhalt enthalten. Zubereitetes Fleisch, gar Schinken, Wurst oder Hunde- bzw. Katzenfutter dürfen in keinem Fall gegeben werden. Da viele größere Arten nicht täglich erfolgreich jagen, sind bei diesen, wenn sie keine körperlichen Leistungen erbringen, Fasttage einzulegen, um schädliches Übergewicht zu vermeiden.

Zur Erhaltung der Beutefangbereit-

Abb. 1 Schnabeldeformation und Überschnabel bei einem mangelernährten Turmfalken *(Falco tinnunculus).*

schaft müssen für die Beizjagd trainierte Individuen kontrolliert gefüttert werden. Wildgreifvögel leben und jagen ja nicht mit einem, nur unter Haltungsbedingungen bei unbeschränkter Fütterung erreichbaren, Maximalgewicht. Diese Gewichtsreduktion darf nicht mit Hungernlassen verwechselt werden. Als Faustzahl kann eine Reduktion des Körpergewichts, gemessen an dem Maximalgewicht, das am Ende der Mauser bei unbeschränkter Fütterung mit wenig Bewegung erreicht ist, von etwa 15% angegeben werden. Diese Zahl gibt allerdings nur einen groben Anhaltspunkt, sie ist von Art zu Art (Bussarde z.B. stärkere, Wanderfalken geringere Reduktion) und von Individuum zu Individuum unterschiedlich. Erreichbares Ziel in der Falknerei ist, den Vogel mit einem Jagdgewicht einzusetzen, das dem in freier Wildbahn entspricht.

Greifvögel decken ihren Wasserbedarf größtenteils aus der Nahrung. Dennoch sollte ihnen jederzeit frisches, einwandfreies Wasser in einem flachen Gefäß zum Trinken und Baden zur Verfügung stehen. Bei der vorübergehenden Haltung von kranken (Abb. 1) und verletzten Vögeln und bei Nestlingen genügt die Wasseraufnahme aus der Nahrung.

Koten und Harnen

Greifvögel setzen, wie fast alle Vögel, Kot und Harn stets gleichzeitig ab. Die Ausscheidung erfolgt bei den Greifen (Accipitridae) mit wenigen Ausnahmen (einige Schlangenadler, Bartgeier) in weitem Strahl nach hinten (Brown, 1979), während die übrigen Greifvögel den „Schmelz" nach unten fallen lassen. Verschmutzung der Sitzstangen, Fütterungs- und Tränkeeinrichtungen durch Exkremente sollte vermieden werden. Die Reinigung der gesamten Anlagen und Gerätschaften, insbesondere der Teile, die direkt mit den Vögeln oder der Nahrung in Berührung kommen, muß regelmäßig stattfinden. Dürfen Zuchtvolieren oder Kammern während der Balz- und Brutzeit nicht betreten werden, müssen sie außerhalb dieser Zeit gereinigt werden.

Körperpflege

Gesunde, eingewöhnte Greifvögel baden gern in flachen Wannen, kältetolerante Arten auch im Winter in handwarmem Wasser. Sie putzen mit dem Schnabel sorgfältig ihr Gefieder. Besondere Pflegemaßnahmen durch die betreuenden Menschen sind nur bei behinderten Individuen im Einzelfall nötig.

Einrichtungen zur Greifvogelhaltung

Die Anforderungen an eine tiergerechte Haltungsumwelt werden vom arttypischen Verhalten, aber auch von den Erfahrungen des Individuums bestimmt. Im folgenden werden die drei gebräuchlichsten Verfahren, die Volierenhaltung, die falknerische Haltung und die Klinikhaltung, beschrieben. Dabei wird klar, daß sich keine Haltungsform für jeden Haltungszweck eignet und wo spezifische Tierschutzprobleme auftreten. Bei allen Haltungsverfahren ist die körperliche Unversehrtheit zu gewährleisten und eine ethologische Überforderung zu vermeiden. Die Vögel dürfen unzuträglichen Witterungsbedingungen nicht schutzlos ausgeliefert sein.

Volierenhaltung

Zur Haltung von Greifvögeln werden Ganzdrahtvolieren, teilweise geschlossene Volieren und ganzseitig geschlossene Volieren genutzt. Bei allen Volierenformen ist ein Teil der Decke niederschlagsdicht zu überdachen, der übrige Teil mit straff gespanntem Nylonnetz oder mit Kunststoff ummanteltem Draht zu schließen.

■ **Ganzdrahtvolieren**

Ganzdrahtvolieren, meist mit Wänden aus Maschendraht, zeichnen sich durch ihre allseitige Einsehbarkeit und dadurch aus, daß erschreckt gegen die Gitter fliegende Vögel sich schwere Verletzungen zuziehen können. Solche Volieren sind nur für besonders ruhige Arten wie Geier, große Adler u.ä. geeignet. Die Vögel müssen besonders gut eingewöhnt sein. Bei der Überwachung ist besonders auf haltungsbedingte Verletzungen oder Gefiederschäden zu achten.

Für die Haltung von Wildvögeln in Tierheimen, Auffangstationen u.ä. verbieten sich Ganzdrahtvolieren.

■ **Teilweise geschlossene Volieren**

Teilweise geschlossene Volieren weisen neben geschlossenen Seitenwänden eine oder mehrere teildurchsichtige Fronten auf. Die durchsichtigen Abschrankungen sind so zu konstruieren, daß sich dagegen fliegende Vögel nicht verletzen können. Besonders bewährt haben sich senkrecht gestellte Holzlatten mit gebrochenen Innenkanten. Dieser Volierentyp eignet sich zur Haltung eingewöhnter Tiere aller Arten.

■ **Ganzseitig geschlossene Volieren**

Ganzseitig geschlossene Volieren sind von außen nicht einsehbar und haben nur von oben Licht- und Luftzutritt, sie eignen sich zur Haltung aller Arten, insbesondere zur Zucht. Die Haltung von Wildvögeln, die wieder ausgewildert werden sollen, sollte, wenn sie überhaupt in Volieren und nicht in Klinikboxen oder mit falknerischen Methoden erfolgt, ebenfalls in geschlossenen Volieren stattfinden. Zur Überwachung der Vögel müssen Beobachtungsmöglichkeiten in Form von kleinen Gucklöchern, Türspionen, einseitig verspiegeltem Glas oder Videokameras vorhanden sein.

■ **Volierengrößen**

Die absolute Größe ist der am wenigsten wichtige Parameter der Voliere, mehr Aufmerksamkeit ist der Gestaltung der Wände und der Inneneinrichtung zu schenken. Zu kleine Volieren bieten zu wenig Bewegungsmöglichkeit, besonders große Volieren, speziell in Ganzdrahtausführung, bergen das Risiko von Verletzungen und Beschädigungen in sich. Vor allem die Startfluggreifer (z.B. Habicht, Sperber) erreichen bereits nach einigen Metern eine hohe Geschwindigkeit, die beim Auftreffen auf Abschrankungen (insbesondere Maschendraht) zum Tode führen kann.

■ **Inneneinrichtung**

Sitzgelegenheiten müssen so angebracht sein, daß sie das Fliegen nicht behindern und keine schädliche Verschmutzung der Inneneinrichtung erfolgt. In von außen einsehbaren Volieren sind Rückzugsmöglichkeiten vorzusehen. Es müssen leicht zu reinigende Fütterungs- und

Tränke-/Badeeinrichtungen vorhanden sein, die vorzugsweise von außen zu beschicken sind. Der Boden soll entweder aus Naturboden mit Grünbewuchs (für Zuchtvolieren vorteilhaft, da er eine gewisse Selbstreinigung aufweist) oder aus einer Schüttung aus Kies und/oder Sand bestehen.

Falknerische Haltung

Die falknerische Haltung zeichnet sich dadurch aus, daß die Vögel an beiden Läufen angebunden werden. Die Vögel gewöhnen sich in ganz kurzer Zeit an diese Haltungsform, die Verletzungs- und Beschädigungsgefahr ist gegenüber der Volierenhaltung wesentlich geringer. Allerdings sind die Anforderungen an das Können und die Zeit der die Vögel umsorgenden Menschen ungleich höher. Diese Haltungsform eignet sich für alle Greifvogelarten, in vielen Fällen auch für vorübergehende Pfleglinge. Mit falknerischen Methoden dürfen Greifvögel nur einzeln gehalten werden, diese Haltungsform eignet sich nicht für Brutpaare und für die Aufzucht von Jungvögeln.

Die falknerisch gehaltenen Vögel sind – außer an Flugdrahtanlagen – in der Bewegungsmöglichkeit mehr oder weniger stark eingeschränkt. Ausreichende Bewegung muß unbedingt durch regelmäßigen Freiflug (mindestens jeden 2. Tag) gewährleistet sein. Während der Balz-, Brut- und Mauserzeit ist Freiflug nicht möglich; deshalb sind Beizvögel in dieser Zeit in Volieren oder an Flugdrahtanlagen zu halten. Im Fall von beschädigten Wildvögeln treten die Bewegungsansprüche gegenüber der Unversehrtheit in der Bedeutung zurück, hier kann eine Haltung mit starker Bewegungseinschränkung lebensrettend sein.

Zur falknerischen Haltung von Greifvögeln sind viele Gerätschaften z.T. schon vor langer Zeit entwickelt worden. Ausführliche Beschreibungen finden sich u.a. bei Trommer (1983), Hammer et al. (1989) und Richter (1993). Unter dem Gesichtspunkt des Tierschutzes sind zwei Einrichtungen von besonderer Bedeutung: zum einen die „hohe Reck"[1] (gleich zu beurteilen ist die „Rundreck" u. ä.) und zum anderen die Flugdrahtanlage.

Recks bestehen aus einer Sitzstange und einem darunter angebrachten Verwickelungsschutz in Form eines straff gespannten Tuches. Die Vögel müssen auf der hohen Reck so kurz angebunden werden, daß sie den Boden nicht erreichen können; wegen der besonderen Bewegungseinschränkung und Verletzungsgefahr darf die hohe Reck nur unter folgenden Bedingungen, die gleichzeitig erfüllt sein müssen, benutzt werden:
– ständige Überwachung,
– eingewöhnte Vögel,
– nur Vögel, die ansonsten frei geflogen werden bzw. in der Ausbildung sind,
– nur für wenige Stunden oder während der Inaktivität in der Nacht.

Flugdrahtanlagen, an denen der Vogel sich fast so ungehindert wie in einer Voliere bewegen kann, bestehen aus einem zwischen zwei Sitzgelegenheiten gespannten Stahldraht oder einer Nylonschnur. Die eine Sitzgelegenheit ist mit einer Schutzhütte überdacht, auf dem Draht läuft ein Ring, an dem der Vogel festgelegt wird.

Die Länge des Flugdrahtes sollte 4 m nicht unterschreiten und für die Startfluggreifer (z.B. Habicht) wegen deren hohen Anfangsgeschwindigkeit nicht mehr als 6 m betragen (die zu berücksichtigenden individuellen Unterschiede

---

[1] In der Falknersprache kann nach Lindner (1967) der Begriff „Reck" in allen drei grammatikalischen Geschlechtern verwendet werden, wobei die weibliche Form am häufigsten gebraucht wird.

im Verhalten der einzelnen Vögel sind allerdings sehr groß); für Stoßfluggreifer (z.B. Wanderfalke) und Gleitstoßgreifer (z.B. Mäusebussard) kann sie 15 m betragen.

Die Flugdrahtanlage eignet sich als einzige falknerische Haltungsform zur ganzjährigen Haltung von Greifvögeln.

Voraussetzung für die falknerische Haltung ist ausreichende Zeit, für jeden Vogel ist täglich ca. 1 Stunde zu veranschlagen.

Klinikhaltung

Die Art der Unterbringung von hilfsbedürftigen Wildgreifvögeln ist von der Ursache der Hilflosigkeit abhängig zu machen.

Vögel, die nur kurze Zeit (bis zu etwa 3 Wochen) der Behandlung bedürfen, sind am schonendsten in allseits geschlossenen Klinikboxen, hilfsweise in Pappkartons untergebracht. Diese Boxen dürfen in allen drei Dimensionen des Raumes nur wenig mehr als die Körperlänge des Patienten messen, um Verletzungen zu vermeiden und eine friedliche Entnahme zur medizinischen Versorgung zu ermöglichen. Sie müssen bei glatten Wänden so konstruiert sein, daß eine Beschädigung des Patienten verhindert wird, und sind ausreichend zu reinigen. Einstreu darf wegen der damit verbundenen gesundheitlichen Gefahren nicht verwendet werden, ggf. ist der Boden mit Papier, Zellstoff oder Textilien zu belegen. Sitzgelegenheiten können, je nach Lage der Behinderung, notwendig sein.

Alternativ und für die Fälle, bei denen eine längerfristige Pflege notwendig ist, kann die falknerische Haltung erwogen werden. Volieren sind nur in besonderen Fällen geeignet, Ganzdrahtvolieren zur Unterbringung von Rehabilitanden generell nicht brauchbar.

Überwachung und Management

Greifvogelhaltungen müssen täglich kontrolliert werden. Eine Haltung auf der hohen Reck, die ja ohnehin nur kurzfristig zulässig ist, darf nur erfolgen, wenn eine mit dem Vogel vertraute Person sich mindestens in Hörweite befindet. Alle Einrichtungen sind so zu gestalten, daß Verletzungen oder Beschädigungen ausgeschlossen sind.

Besondere Eingriffe oder Maßnahmen am Tier

Ausschaltung des Gesichtssinns

Greifvögel, auch frisch verunfallte Wildlinge, verhalten sich im Dunkeln sehr ruhig. Dieses Phänomen ist vor allem auf dem Transport, aber auch z.B. bei der tierärztlichen Behandlung, besonders wichtig. Zur zeitweiligen Abschirmung vor visuellen Reizen werden bei manchen Beizvögeln speziell angefertigte *Hauben*, die dem Vogel sehr gut passen müssen, verwendet. Sind die Vögel an die Haube gewöhnt, können sie diese ohne Beeinträchtigung während einiger Stunden auf der Faust des Falkners tragen. Auch im Auto oder Flugzeug ist der Transport unter der Haube sehr schonend möglich.

Zur Beförderung in Fahrzeugen haben sich speziell eingerichtete Transportkisten, in denen bei guter Belüftung Dunkelheit herrscht, besonders bewährt.

Das im Mittelalter auch in Europa, heute noch in Afrika und Asien gebräuchliche Zusammennähen der Augenlider bei frisch gefangenen Wildfalken („Aufbräuen") ist eine barbarische Methode, die aufs schärfste zu verurteilen ist.

Fixation

Müssen Greifvögel, z.B. zur tierärztlichen Behandlung, fixiert werden, so werden sie an beiden Läufen gehalten und anschließend so in ein weiches, feuchtes Tuch eingeschlagen, daß die Augen bedeckt sind und beide Flügel am Körper anliegen. Die Abwehr des Vogels erfolgt im wesentlichen mit den Füßen, bei einigen Arten (Geier, Falken, Bussarde u.a.) mit Füßen und Schnabel.

Pflege, Rehabilitation, Zucht und Auswilderung

Pflege und/oder Rehabilitation bereiten am häufigsten Tierschutzprobleme, da sie oft von wohlmeinenden, aber wenig mit den Besonderheiten der Greifvogelbiologie vertrauten Laien versucht werden. Auch zahlenmäßig überwiegen die Pflegefälle alle anderen Greifvogelhaltungen bei weitem. Ziel der Pflege sollte die erfolgreiche Rehabilitation sein; eine Dauerhaltung ist nur zu rechtfertigen, wenn eine Auswilderung aus medizinischen Gründen nicht in Frage kommt. Die tierschutzgerechte Haltung erwachsener Wildfänge stellt besonders hohe Anforderungen an Unterbringung und Pflege, die nur in seltenen Fällen erfüllt werden können. Die Euthanasie nicht mehr rehabilitierbarer Vögel ist daher aus tierschützerischen Gründen meist vorzuziehen, weil durch die Haltung nicht behebbare erhebliche Leiden entstehen können (Richter und Hartmann, 1993).

Medizinische Versorgung

Die medizinische Versorgung muß durch Tierärzte/innen mit einschlägiger Erfahrung erfolgen. Leider tummeln sich auf diesem Gebiet auch etliche tiermedizinische Laien, die z.T. auch große Operationen, wie Knochennagelungen, vornehmen. Diese Praktiken sind nicht nur illegal, sie stellen für die Vögel meist auch eine schlimme Quälerei dar.

Nestlinge und Ästlinge

Nestlinge und Ästlinge geraten, als vermeintlich aus dem Nest gefallen, häufig in Menschenhand. Meist sind sie jedoch gar nicht hilflos, sondern würden von ihren Eltern weiter versorgt. Es ist unverantwortlich, derartige Vögel mitzunehmen, ohne sich vorher aus weiter Entfernung (mit dem Fernglas) davon überzeugt zu haben, daß sie tatsächlich verlassen sind. Werden sie von den Altvögeln versorgt, ist aber ihr Aufenthaltsort zu unsicher, so genügt es, sie an einen nahegelegenen sicheren Ort zu verbringen. Durch ihr lautes Rufen locken sie auch ihre Eltern an den neuen Ort. Müssen sie tatsächlich vom Menschen versorgt werden, ist dem Phänomen der *Prägung* größte Aufmerksamkeit zu schenken. Menschengeprägte Individuen dürfen nicht ausgewildert werden. Die Aufzucht muß in Kunsthorsten erfolgen, für kleine Nestlinge eignen sich ausgepolsterte Kunststoffschalen, ab dem Zeitpunkt des Wechsels in das 2. Dunenkleid ist eine Nachbildung des arttypischen Horstes vorzuziehen. Die Ansprüche an das Klima, die Nahrungsmenge, die Nahrungsqualität und die Fütterungsfrequenz sind zu erfüllen.

Die **Auswilderung** kann nach zwei unterschiedlichen Methoden durchgeführt werden: Zum einen können die Jungvögel, anstatt sie mit der Hand aufzuziehen, wildlebenden Brutpaaren untergeschoben werden. Dieses *Adoptionsverfahren* (Trommer, 1983) ist dann eine sehr sichere und natürliche Methode, wenn ein ungefährdeter Wildhorst bekannt ist, in dem die Zahl der vorhandenen Jungvögel nicht zu groß ist. Die Adoptivgeschwister sollten darüber hinaus im Alter zueinander passen. Auch die Adoption durch artfremde Eltern wurde schon erfolgreich praktiziert. Hierbei ist zu beachten, daß mehrere gleichartige Jungvögel eingesetzt und die ursprünglichen Jungvögel entfernt werden müssen, um Fehlprägungen und Auseinandersetzungen unter den „Nestgeschwistern" zu vermeiden. Diese Methode kommt nur in Betracht, wenn eine entsprechende behördliche Genehmigung vorliegt.

Für handaufgezogene Nestlinge bietet die *Wildflugmethode* die einzig vertretbare Vorgehensweise. Junge Greifvögel sind direkt nach dem Ausfliegen noch einige Wochen auf die Versorgung mit Nahrung durch ihre Eltern angewiesen. Sie fliegen den Altvögeln in dieser sogenannten Bettelflugperiode mit lautem Geschrei entgegen, wenn diese Beute in den Aufenthaltsbereich der Jungen bringen. Das Selbständigwerden erfolgt dann gleitend, wenn die Jungen einige Male erfolgreich selbst geschlagen haben. Seit altersher wird dieses Verhalten von Falknern genutzt, die Nestlinge aufgezogen haben. Diese Nestlinge kann man unbesorgt um das Wegfliegen einige Tage, ja bis zu 3 Wochen völlig frei fliegen lassen, wenn man ihnen regelmäßig zur gleichen Zeit am selben Ort Nahrung anbietet. Ist die Entwicklung der Jungvögel so weit fortgeschritten, daß sie ohne künstliche Wärme auskommen und vorgeworfene Nahrung allein bearbeiten können, bringt man den Kunsthorst in einem geeigneten Biotop auf einem erhöhten Platz so an, daß den Jungen keine Gefahr durch die Unbilden der Witterung, fremde Personen, Hunde, Katzen und wildlebende Beutegreifer entsteht. Dabei sollte ein möglichst natürlicher Ort gewählt werden, also für die baumbrütenden Arten ein Baum am Waldrand und für die Felsbrüter ein Felsen oder ein entsprechendes Gebäude, z.B. ein Kirchturm. Hier werden die Jungvögel sich selbst überlassen und lediglich einmal täglich mit Nahrung versorgt. Will man ganz sichergehen, daß keine Verluste durch Beutegreifer entstehen, kann man den Kunsthorst in einen entsprechenden Drahtkäfig setzen, der erst geöffnet wird, wenn die Jungvögel fliegen können. Die Fütterung und gegebenenfalls das Öffnen des Drahtkäfigs sollten über Zugseile, Rohre oder ähnliche Einrichtungen erfolgen, um den Kontakt zum Menschen so weit wie möglich zu minimieren. Die Jungvögel sind jeden Tag zur gleichen Zeit mit Futter zu versorgen. Diese Konstanz ist unbedingt nötig, um nach dem Ausfliegen eine ziellose Nahrungssuche zu verhindern, bei der die Vögel unnötigen Gefahren durch unvernünftige Mitbürger ausgesetzt wären.

Das Fliegenlassen von Jungvögeln aus Volieren ohne das Training in der Bettelflugperiode bedeutet meist deren Tod. Auch das „Üben" des Schlagens von lebender Beute in der Voliere ist kein Ersatz für den Wildflug. Diese dem Vernehmen nach häufig angewandte Methode ist auch wegen der verwendeten „Beutetiere" grundsätzlich abzulehnen.

Ästlinge werden besonders häufig als „aus dem Nest gefallen" von mitleidigen Menschen aufgegriffen. Falls sie tatsächlich von den Eltern nicht mehr versorgt werden, bleibt nur der mühsame Weg des falknerischen Trainings. Eine Auswilderung nach der Wildflugmethode ist nicht möglich, da sie keine Bindung zum Kunsthorst mehr entwickeln. Die Auswilderung ohne ausreichendes Training der Muskulatur und des Jagdverhaltens ist tierschutzwidrig.

Adulte Individuen

Größte Sorgfalt ist auf die Erhaltung unversehrter Großfedern zu richten. Vögel mit beschädigtem Großgefieder (Abb. 2) haben in der Natur keine Überlebenschance. Unter Haltungsbedingungen kann man Federn mit der in der Falknerei üblichen Technik des „Schiftens" reparieren. Dabei wird der abgebrochene Teil der Feder mittels einer Stahl- oder Kunststoffnadel und Klebstoff im verbliebenen Kiel befestigt. Ein Auswildern derartig behandelter Vögel ist nicht zulässig, da die Haltbarkeit dieser Verbindung bis zur nächsten Mauser in der freien Wildbahn nicht garantiert werden kann; diese Vögel müssen in menschlicher Obhut vermausern.

Die Haltung von Rehabilitanden in Volieren ist sehr problematisch, da sie zur in der Regel nötigen Behandlung nur unter großer Belastung mit erheblichem Zwang eingefangen werden können. Ganzdrahtvolieren sind tierschutzwidrig, da es in ihnen mit an Sicherheit grenzender Wahrscheinlichkeit zu erheblichen Beschädigungen der Patienten kommt.

Die Überlebenschancen in Freiheit werden nicht nur wegen der eintretenden Muskelatrophie um so geringer, je länger ein Vogel gehalten wurde. Voraussetzung für das Überleben in freier Natur ist das wirklich optimale Flugvermögen. Die Vorstellung, ein Greifvogel könne in einer besonders großen Voliere dieses Flugvermögen erwerben oder erhalten, ist etwa so unsinnig, als erwarte man, ein Schreibtischmensch könne allein dadurch die körperliche Fitness eines Olympiasiegers erlangen, daß man die Größe des Arbeitszimmers verdoppelt. Daraus folgt: Greifvögel, die mehrere Wochen in Menschenhand waren, müssen, bevor sie ausgewildert werden, im kontrollierten Freiflug, d.h. wie durch einen Falkner als Beizvogel abgerichtet, für das Wildleben trainiert werden. Dieses Verfahren ist sehr aufwendig und setzt falknerische Grundkenntnisse voraus. Ein bloßes Fliegenlassen von länger gehaltenen Patienten führt zum sicheren Tod und ist damit tierschutzwidrig.

Zucht zur Auswilderung

Die Zucht von Greifvögeln als Beitrag zum Artenschutz wird in Europa und Nordamerika im wesentlichen von Falknern betrieben. Sinnvoll ist sie nur bei den Greifvogelarten, die Teile ihres möglichen Verbreitungsgebietes nicht besiedeln, obwohl dort ausreichende Lebensbedingungen gegeben wären. Dies ist mit Sicherheit beim Wanderfalken der Fall, der in einem großen Teil seines früheren europäischen Verbreitungsgebietes ausgestorben war. Hier beschleunigt die Auswilderung von gezüchteten Falken die Wiederbesiedelung tatsächlich um ein Vielfaches. Den aktuellen Stand der Wanderfalkenauswilderung, die mit verblüffendem Erfolg in Zusammenarbeit von Falknern, anderen Vogelschützern und staatlichen Stellen gemeinsam durchgeführt wird, stellten Saar et al. (1993) dar. Bei der Auswilderung von gezüchteten Greifvögeln sind

Abb. 2 Gefiederschaden bei einem nur wenige Tage in einer ungeeigneten Voliere gehaltenen, verletzten Mäusebussard *(Buteo buteo)*.

u.U. einschlägige artenschutzrechtliche Bestimmungen zu beachten. Auch einige Adler- und Geierarten werden zu diesem Zweck gezüchtet.

Naturentnahmen und Zucht für die Haltung

Legale Naturentnahmen von Habichten sind in Deutschland und Österreich[1] mit entsprechender Genehmigung der Jagdbehörden möglich. In der Schweiz könnte auf dem Bewilligungswege ebenfalls eine Naturentnahme genehmigt werden, die Schweizer Falkner beschreiten diesen Weg aber derzeit (1996) nicht. Alle anderen Greifvögel können nur durch legalen Import oder aus der Zucht erworben werden. Der Import von Greifvögeln spielt zahlenmäßig eine untergeordnete Rolle. Alle Greifvögel sind entweder in Anhang I oder II zum Washingtoner Artenschutzabkommen (WA) aufgeführt. Ihr Import ist also nur mit entsprechenden amtlichen Nachweisen möglich. Die Züchter von Großfalken und zunehmend auch von anderen Greifvogelarten sind seit den siebziger Jahren so erfolgreich, daß der Bedarf der Falkner und der Zoos problemlos gedeckt werden kann. Entgegen vielveröffentlichter Vermutungen kosten gezüchtete Greifvögel relativ wenig. So ist für junge Wanderfalken, je nach Rasse und Geschlecht, mit 200 DM bis 2000 DM zu rechnen, also etwa so viel wie für einen Rassehundewelpen. Bestehen im Einzelfall Zweifel an der Abstammung der Jungvögel von den behaupteten Eltern, so kann mit der biochemischen Analyse der DNA, dem sogenannten genetischen Fingerabdruck, wissenschaftlich exakt und unzweifelhaft Klarheit erlangt werden.

---

[1] in Oberösterreich auch von Sperbern und Mäusebussarden

Gesetzliche Grundlagen der Greifvogelhaltung

Deutschland

Bundesnaturschutzgesetz und Bundesartenschutzverordnung

Alle Greifvögel gehören zu den besonders geschützten Arten. Ihre Zucht, Haltung (außer einheimische Arten), Ein- und Ausfuhr sowie Vermarktung werden durch die Bestimmungen des Bundesnaturschutzgesetzes (BNatSchG) in der Form der Änderung vom 10. Dezember 1986 (BGBl. I S. 2349 in der derzeit geltenden Fassung) und der Bundesartenschutzverordnung (BArtSchV) vom 19. Dezember 1986 (BGBl. I S. 2705 in der derzeit geltenden Fassung) geregelt.

Demnach muß der Halter von (nichtheimischen) Greifvögeln die erforderliche Zuverlässigkeit und ausreichende Kenntnisse über die Haltung und Pflege der Tiere und die erforderlichen Einrichtungen zur Gewährleistung einer den tierschutzrechtlichen Vorschriften entsprechenden Haltung nachweisen können. Vorschriften über die Höchstzahl der Individuen, eine Sachkundeprüfung oder ein generelles Verbot der Haltung bestimmter Arten bestehen nicht. Die Legalität des Erwerbs wird in der Regel durch CITES-Bescheinigungen nachgewiesen.

Bundesjagdgesetz und Bundeswildschutzverordnung

Alle einheimischen Greifvögel sind Wild gem. § 2 Bundesjagdgesetz (BJG) vom 29. September 1976 (BGBl. I S. 2849) zuletzt geändert am 28. Juni 1990 (BGBl. I S. 1221); ihre Entnahme aus der Natur, auch die von hilflosen Vögeln, stellt Jagdausübung bzw. Jagdwilderei dar. Ausführliche Hinweise zur widersprüchlich geregelten Frage der Aufnahme von hilfsbedürftigen Wildgreifvögeln geben Richter und Hartmann (1993). Werden hilflose Vögel aufgegriffen, ist zumindest das Einverständnis des Jagdausübungsberechtigten einzuholen.

Vor der ersten Erteilung des Falknerjagdscheins ist außer der Jägerprüfung eine spezielle *Falknerprüfung* erfolgreich abzulegen. Als einzige Greifvogelart darf der Habicht mit Genehmigung der zuständigen Behörden (gem. § 22 (4) BJG) der Natur entnommen werden.

Die Haltung von einheimischen Greifvögeln wird durch die Bestimmungen der Bundeswildschutzverordnung (BWildSchV) vom 25. Oktober 1985 (BGBl. I S. 2040) geregelt.

Demnach dürfen nur zum Zwecke wissenschaftlicher Forschung und Lehre oder in öffentlich rechtlichen Zoos oder durch geprüfte Falkner mit Falknerjagdschein oder zur Zucht für eine der vorgenannten Fallgruppen oder für die Ansiedelung in der freien Natur sowie in amtlich anerkannten oder genehmigten Auffang- und Pflegestationen Greifvögel gehalten werden. Dabei ist die Haltung durch Falknerjagdscheininhaber auf insgesamt höchstens zwei Exemplare der Arten Wanderfalke, Steinadler und Habicht beschränkt. Andere Greifvögel dürfen Falkner nicht halten. Alle gehaltenen Greifvögel müssen durch amtliche Ringe gekennzeichnet sein, der legale Erwerb ist nachzuweisen.

Tierschutzrecht

Spezifische Bestimmungen zur Greifvogelhaltung kennt das deutsche Tierschutzrecht nicht. Selbstverständlich gelten die allgemeinen Anforderungen des Tierschutzgesetzes vom 22. August 1986 (BGBl. I S. 1309 in der derzeit geltenden Fassung). Im Auftrag des für den Tierschutz zuständigen Bundesministeriums wurde im Januar 1995 ein Gutachten über die Haltung von Greifvögeln und Eulen veröffentlicht (Bundesministerium für Landwirtschaft, 1995). Dieses Gutachten spannt einen Bogen von der Biologie der Greifvögel und Eulen bis zu detaillierten Hinweisen für die Haltung. Hier werden auch für alle häufiger gehaltenen Arten Ausführungen über Temperaturanforderungen und Volierengrößen gemacht. Diese Mindestwerte sind allerdings so ausführlich dargestellt, daß sich eine Wiedergabe an dieser Stelle verbietet. Die falknerische Greifvogelhaltung wird ebenfalls eingehend behandelt.

Im Falle des (gewerblichen) Transports kommt u.U. die Verordnung zum Schutz von Tieren beim Transport vom 28. Februar 1997 (BGBl. I S. 321) zum Tragen.

Landesrechtliche Bestimmungen

Einige Bundesländer haben landesrechtliche Bestimmungen über die Errichtung von Gehegen zur Greifvogelhaltung erlassen, so z.B. Baden-Württemberg im Naturschutzgesetz vom 21. Oktober 1975 (GBl. S. 654, ber. GBl. 1976 S. 96).

Schweiz

In der Schweiz[1] bedarf der Greifvogelhalter einer Haltebewilligung nach dem Bundesgesetz über Jagd und Vogelschutz. Außerdem gelten die Mindestanforderungen für das Halten von Wildtieren gemäß Anhang 2 zu Art. 5 Abs. 5 der Tierschutzverordnung (Tabelle 1).

Durch die Information Tierschutz „Falknerische Haltung von Greifvögeln" des Bundesamtes für das Veterinärwesen

---

[1] Herrn Toni Lutz, CH-3028 Spiegel, herzlichen Dank für die Beratung über schweizerisches Recht.

Tab. 1 Mindestanforderungen für das Halten von Greifvögeln (für jeweils 2 Individuen) in der Schweiz.

Tierarten	Volieren Fläche (m²)	Volumen (m³)	für jedes weitere Tier (m²)	Stallfläche* je Tier (m²)
Kondore, große Altweltgeier, große Adler	30	120	10	3
kleine Neuweltgeier, Schmutzgeier, kleine Adler, Schlangenadler, Fischadler	20	60	8	2
Caracara, Großfalken, Bussarde, Milane, Weihen	10	25	4	2
kleine Falken	5	10	2	1
Zwergfalken	2	3	0,5	–

*für kälteempfindliche Arten muss ein artgemässer Stall vorhanden sein

(1983) werden Anforderungen für die falknerische Greifvogelhaltung festgelegt. Dabei wird diese Haltungsform als zulässig bezeichnet. Als Hauptproblem wird der hohe Zeitaufwand für Training und Pflege herausgestellt. „Damit die notwendige Bewegungsfreiheit gewährleistet ist, sollen die Vögel in der Regel täglich Gelegenheit zum Freiflug haben, ausgenommen während der Mauser. Bei der Haltung in Flugdrahtanlagen kann Freiflug auch nur in größeren Intervallen gewährt werden. Für Pflege, Fütterung und Freiflug ist pro Vogel täglich etwa eine Stunde zu veranschlagen."

Die verschiedenen Haltungseinrichtungen werden beschrieben und Hinweise für eine tierschutzgerechte Gestaltung gegeben. Dabei liegt das Hauptaugenmerk auf der Verhinderung von Verletzungen; so wird z.B. der Mindestdurchmesser von Blockjulen angegeben, um ein Verhängen des Vogels mit dem Geschüh auszuschließen. Auch für die Gestaltung des Bodens, von Schutzhütten, Badebecken, Flugdrahtanlagen, Sprenkeln und Recks werden Empfehlungen gegeben.

Konkreter als im Anhang 2 der Tierschutzverordnung sind die Mindestmaße für Mauserkammern und für Zuchtvolieren definiert.

Mauserkammern:
Länge 3,00 m
Breite 2,50 m
Höhe hinten 3,00 m
Höhe vorne 2,00 m

Zuchtvolieren:
Länge 5,00 m
Breite 3,00 m
Höhe hinten 3,50 m
Höhe vorne 2,50 m

Zur Ausübung der Beizjagd ist eine Bewilligung der kantonalen Jagdbehörde nötig. Lediglich im Kanton Zürich wird – nach erfolgreich abgelegter Jägerprüfung – eine Falknerprüfung abgehalten (Lutz, 1996).

Österreich

Zur rechtlichen Situation der Falknerei und Greifvogelhaltung in Österreich[1] führt Pils (1996) aus:

---
[1] Herrn Heinz Pils, A-4421 Aschach, herzlichen Dank für die Beratung über österreichisches Recht.

"Österreich ist ein Bundesstaat mit neun selbständigen Bundesländern. Jagd und Naturschutz sind Landessache, [...]. Für Jagd und Naturschutz gibt es kein Bundesgesetz als Rahmengesetz.

In sieben Bundesländern zählen die Greifvögel zum jagdbaren Wild und unterliegen den Bestimmungen des Jagdgesetzes, nach denen sie ganzjährig geschont sind[1]. In Oberösterreich unterliegen Mäusebussard, Habicht, Sperber und Steinadler als ganzjährig geschonte jagdbare Tiere dem Jagdgesetz, die übrigen Greifvögel werden durch das Naturschutzgesetz geschützt. In der Steiermark fallen sämtliche Greifvögel als geschützte Tiere nur in die Kompetenz des Naturschutzgesetzes. In Höfen und Hausgärten dürfen auf Grund der Länderjagdgesetze neben anderen Beutegreifern Habichte, in Oberösterreich auch Bussarde und Sperber gefangen und getötet oder statt der Tötung auch an Falkner abgegeben werden.

Die Beizjagd ist eine Form der Jagdausübung, welche durch die Landesjagdgesetze der Bundesländer geregelt wird.

In drei Bundesländern[2] werden Beizjagd und Greifvogelhaltung durch das Jagdgesetz geregelt.

In drei Bundesländern[3] wird nur die Greifvogelhaltung durch das Jagdgesetz geregelt.

In drei Bundesländern[4] wird die Greifvogelhaltung durch das Naturschutzgesetz geregelt.

Für die Ausübung der Falknerei als Jagdart sind eine gültige Jagdkarte sowie ein eigenes Jagdrevier oder zumindest die Erlaubnis eines Revierinhabers erforderlich.

Nach Ablegung einer Falknerprüfung wird im Burgenland zusätzlich zur Jagdkarte eine Falknerkarte, in Kärnten ein Berechtigungsvermerk zur Ausübung der Beizjagd in der Jagdkarte ausgestellt. In Salzburg wird bei Abhaltung der Jagdprüfung Falknerei als Fach geprüft, falls der Prüfungsbewerber dieselbe ausüben will." Die übrigen Bundesländer haben noch keine Regelung getroffen.

Durch den Beitritt Österreichs zur Europäischen Union ergibt sich die Notwendigkeit zum Erlaß eines Bundesartenschutzgesetzes, das bei Fertigstellung dieses Berichtes (1/1996) noch nicht verabschiedet war.

Literatur

Bundesamt für das Veterinärwesen, CH-3003 Bern (1983): Information Tierschutz, „Falknerische Haltung von Greifvögeln".

Bundesministerium für Ernährung, Landwirtschaft und Forsten, Bonn (1995): Mindestanforderungen an die Haltung von Greifvögeln und Eulen.

Brown, L. (1979): Die Greifvögel. Paul Parey, Hamburg–Berlin.

Brüll, H. (1980): In: Grzimeks Tierleben, Bd. 7. dtv, München.

Brüll, H. (1984): Das Leben europäischer Greifvögel. Gustav Fischer, Stuttgart – New York.

Hammer, W., Heidenreich, M., Kösters, J., und Trommer, G. (1989): Empfehlungen zur tierschutzgerechten Haltung von Greifvögeln und Eulen. Tierärztliche Praxis 17, 59–79, Schattauer Verlag, Stuttgart – New York.

Heidenreich, M. (1996): Greifvögel. Blackwell-Wissenschafts Verlag, Berlin–Wien.

Lindner, K. (1967): Ein Ansbacher Beizbüchlein. Walter de Gruyter, Berlin.

Lutz, T. (1996): persönliche Mitteilung.

Mebs, Th. (1989): Greifvögel Europas. Kosmos, Franckh'sche Verlagsbuchhandlung, Stuttgart.

Pils, H. (1996): persönliche Mitteilung.

Richter, Th., und Hartmann, Susanne (1993): Anmerkungen zur Versorgung und Rehabilitation von vorübergehend in Menschen-

---

[1] Burgenland, Kärnten, Niederösterreich, Salzburg, Tirol, Vorarlberg, Wien
[2] Burgenland, Kärnten, Tirol
[3] Niederösterreich, Salzburg, Wien
[4] Oberösterreich, Steiermark, Vorarlberg

hand geratenen Greifvögeln. Tierärztliche Umschau 4, 239–250, Terra Verlag, Konstanz.

Richter, Th. (1993): Mindestanforderungen an die Haltung von Greifvögeln. Tierärztliche Vereinigung für Tierschutz, Iltisstieg 5, 22159 Hamburg.

Saar. Ch., Trommer, G., und Hammer, W. (1993): Wanderfalkenauswilderungsbericht 1992. Greifvögel und Falknerei 1992, 43–56, Neumann-Neudamm, Melsungen.

Trommer, G. (1983): Greifvögel. Eugen Ulmer, Stuttgart.

Trommer, G. (1992): Zur Entstehungsgeschichte der „Dicken Hände" bei Falken. Greifvögel und Falknerei 1991, 6–9, Neumann-Neudamm, Melsungen.

Reptilien und Amphibien

B.-J. SCHILDGER UND R. WICKER

Die herausragende Besonderheit bei der Bearbeitung eines Kapitels über Tierschutz bei der Haltung von Reptilien und Amphibien ist sicher die *Artenvielfalt*. Während Hund, Katze, Pferd usw. zoologisch nur je eine Art mit mehreren Rassen darstellen, sind die Reptilien eine Klasse von Wirbeltieren mit über 6.000 Arten. Sie besiedeln fast den gesamten Erdball mit Ausnahme der Antarktis und Grönlands. Im Kontext mit der zweiten großen Besonderheit, der *Ektothermie* (Poikilothermie), d. h. der Abhängigkeit der Körperinnentemperatur von der Umgebungstemperatur, ergibt sich hier immanent eine so große Vielzahl an Haltungsansprüchen, daß diese nicht umfassend zu bearbeiten sind.

Nachfolgend werden zunächst die Grundzüge der Haltung von Reptilien und Amphibien, wie Klima, Futter, Sozial- und Gehegestruktur, besprochen. Anschließend werden die speziellen Haltungsansprüche der häufigsten Reptilien- und Amphibiengruppen abgehandelt.

Klima

Reptilien und Amphibien sind wechselwarme oder ektotherme Tiere, deren Lebensfunktionen in hohem Maße von den Umweltbedingungen abhängen. Demzufolge ist die Klimatisierung der Gehege für eine erfolgreiche Pflege und Zucht von entscheidender Bedeutung.

Um dies zu gewährleisten, ist entsprechend den artspezifischen Bedürfnissen ein Mikroklima im Haltungssystem zu schaffen. Da die Anforderungen an das Klima jedoch von Art zu Art unterschiedlich sind und auch innerhalb einer Art abhängig sind von Alter, Reproduktionsstatus und Jahreszeit, ist es wichtig und sinnvoll, den Tieren einen Lebensraum zu bieten, in dem die einzelnen Klimafaktoren entsprechende Gradienten aufweisen. Besonders wichtig sind ein Temperaturgefälle und eine Nachtabsenkung. Die Spannbreite dieser Minimal- und Maximaltemperaturen sowie die Vorzugstemperatur sind sehr unterschiedlich.

Wahrscheinlich weisen die meisten Reptilien thermoregulatorische Verhaltensweisen auf, die es ihnen ermöglichten, während der Aktivität eine mehr oder weniger konstante Körpertemperatur (man könnte sie auch als Betriebstemperatur bezeichnen) aufrechtzuerhalten, was besonders für tagaktive Arten gilt. Um schnell und effektiv regeln zu können, müssen die Hitzpunkte (Sonnenplätze) 10 bis 15 °C über der Betriebstemperatur liegen. Generell kann man sagen, daß Tiere aus heißen und trockenen Regionen eine höhere Betriebstemperatur haben als solche aus tropischen Regionen. Weibchen mit Eiern oder Lebendgebärende mit Jungen liegen mit ihrer Körpertemperatur meist 1½ bis 2 °C darüber. Nachtaktive Arten oder solche, die sich von dämmerungsaktiven Beutetieren ernähren, sind zwar bei Temperaturen, die weit unter dem Optimum liegen, aktiv, suchen dann aber Tagesverstecke mit den entsprechenden Temperaturen auf, um eine adäquate Verdauung zu ermöglichen.

Für *heliotherme* Arten, d. h. solche, die auf Sonnenlicht (Strahlungswärme) zur Temperaturregulation angewiesen sind, ist die mit Licht gekoppelte Strahlungswärme wichtig, wie auch die Sonneneinstrahlung immer mit einer Wärmestrahlung verbunden ist. Präferenzversuche zeigen, daß solche Tiere eher eine gut beleuchtete Stelle unter einer hellen Lampe aufsuchen als eine nicht beleuchtete warme Stelle über einer Bodenheizung (eigene Beobachtungen und Versuche, Zoo Frankfurt, 1984). Auf die Verwendung geeigneter Lampen und Leuchtstoffröhren und deren sachgerechte Anbringung ist deshalb zu achten. Die Beleuchtungsintensität hat für Aktivität, Färbung und Gesundheit Bedeutung.

Amphibien liegen in ihren Temperaturansprüchen zum Teil sehr weit unterhalb der Werte, die für Reptilien gelten, und einige haben nur einen engen Temperaturbereich, in dem sie aktiv sind. Wärmestrahlung und hohe Lichtintensität werden meist gemieden.

Zwei weitere wichtige Faktoren für die Gesunderhaltung der Reptilien und besonders der Amphibien sind die *Luft-* und die *Substratfeuchtigkeit*. Bei Amphibien ist dies leicht einzusehen, da sie eine sehr wasserdampfdurchlässige Haut haben und bei niedriger Umgebungsfeuchtigkeit sehr schnell austrocknen. Sie sind auch nicht in der Lage, Wasser zu trinken, sondern müssen dieses über die Hautoberfläche aufnehmen. Speziell die lungenlosen Salamander atmen über die Hautoberfläche und sind auf eine Luftfeuchtigkeit von 90–100 % angewiesen.

Auch bei den Reptilien sollte die Luftfeuchtigkeit ungefähr den Werten entsprechen, die im betreffenden Lebensraum herrschen, wobei zu berücksichtigen ist, daß gerade Wüstentiere luftfeuchte oder substratfeuchte Verstecke brauchen, um ihren Flüssigkeitshaushalt zu regulieren. Bei vielen Arten reicht auf Dauer die orale Aufnahme von Wasser nicht aus.

Alle Umweltfaktoren sollten den natürlichen Verhältnissen der Herkunftsbiotope weitestgehend entsprechen. Dabei muß natürlich berücksichtigt werden, daß nicht nur das Makroklima, d. h. die aus einem Klimaatlas gewonnenen Daten, sondern vor allen Dingen das Mikroklima, das mitunter erheblich vom Makroklima abweichen kann, für die Gesundheit und das Wohlbefinden entscheidend ist. Die Larven der Amphibien – es gibt nur wenige Arten, bei denen aus Eiern fertig entwickelte Jungtiere schlüpfen bzw. geboren werden (Alpensalamander, *Salamander atra*) – leben in den unterschiedlichsten Gewässern.

■ Ernährung

Amphibien

Adulte Amphibien sind reine Kleintierjäger, wenn man von einer brasilianischen Froschart absieht, die auch Beeren frißt. Je nach Größe, Art und Lebensraum werden unterschiedliche Beutetiere bevorzugt, d. h., zum Teil wird das Beutefangverhalten nur durch bestimmte Beutearten ausgelöst. Zum Beispiel reagieren Feuersalamander (*Salamandra salamandra*) entsprechend ihrer Hauptbeute – Würmer und Schnecken – auf langsame, gleichmäßige Bewegungen. Brillensalamander (*Salamandrina terdigata*) reagieren auf kleine, schnell und sprunghaft sich bewegende Beutetiere, sie ernähren sich von Springschwänzen, Spinnen und Kleininsekten. Somit wären große bewegliche Heuschrecken für beide Arten keine adäquaten Futtertiere. Baumsteigerfrösche (Dendrobatidae) fressen für ihre Körpergröße nur sehr kleine Insekten – maximal Fliegengröße –, während z. B. gleichgroße Laubfrösche Schmetterlinge und Heuschrecken erbeuten. Schwanzlurchlarven sind wie die Adulti Kleintierjäger, Froschlurchlarven (= Kaulquappen) mehrheitlich herbi- bis omnivor, einige sind Futterfiltrierer, nur wenige „carnivor".

Reptilien

■ **Schildkröten**

Die zahnlosen Schildkröten sind mit Hilfe ihres Hornschnabels in der Lage, Nahrung zu zerteilen. Landschildkröten sind Vegetarier, wobei einige Arten auch tierische Kost zu sich nehmen, sofern sie welche finden bzw. erbeuten können. Die aufgenommene Menge im Freiland ist jedoch verschwindend gering. Eine Ernährung mit mehr als 5 % tierischem Protein ist sicher nicht artgerecht und führt langfristig zu Erkrankungen wie Osteodystrophia fibrosa bzw. Rachitis. Wenn die Tiere in Menschenobhut gierig größere Mengen tierisches Eiweiß verzehren, so ist dies darauf zurückzuführen, daß dieses Eiweiß in der Natur eine seltene Ressource ist und die Tiere darauf programmiert sind, davon soviel wie möglich zu fressen.

Innerhalb der Wasser- und Sumpfschildkröten gibt es von rein carnivoren bis zu rein vegetarischen Arten alle Übergänge. Rein Carnivore sind z. B. Schlangenhalsschildkröten (*Chelodina*), die meisten Weichschildkröten (Trionychidae), Fransen- (*Chelus fimbriatus*) und Geierschildkröten (*Macroclemmys temminchii*), Landkartenschildkröten (*Graptemys*). Omnivore sind Schmuckschildkröten (*Pseudemys*), wie z. B. die Rotwangenschmuckschildkröte (*Pseudemys scripta elegans*) und ihre Verwandten Erdschildkröten (*Rhinoclemmys, Melanochelys*), Asiatische Dosenschildkröten (*Cuora*), Nordamerikanische Dosenschildkröten (*Terrapene*). Vegetarisch leben die Dachschildkröten (*Kachuga*), Schienenschildkröten (*Podocnemis*) und verschiedene Schmuckschildkröten (*Pseudemys floridana, Pseudemys concinna*).

Jungtiere der Omnivoren und vegetarisch lebende Arten sind in vielen Fällen carnivor bzw. omnivor, d. h., der Anteil der pflanzlichen Kost ist zu Beginn geringer, und Jungtiere nehmen größere Mengen an tierischen Proteinen auf.

■ **Krokodile**

Krokodile sind rein carnivor und ernähren sich je nach Größe von Insekten, Krebsen, Fischen, Amphibien, anderen Reptilien, Vögeln, Säugern, d. h. allem, was sie bewältigen können.

■ **Schlangen**

Schlangen sind rein carnivor, jedoch oft auf bestimmte Beutetiere so spezialisiert, daß sie verhungern, sofern diese nicht ausreichend angeboten werden. So sind z. B. viele schlanke Baumschlangen (z. B. *Ahaetulla, Chrysopelea, Oxybelis*) reine Frosch- und/oder Eidechsenfresser. Andere Arten wie *Sibon* fressen nur Schnecken und dergleichen. Schlangen müssen ihre Beutetiere immer in einem Stück verschlingen; sie sind in der Lage, Tiere abzuschlucken, die größer sind, d. h. dicker als ihr eigener Kopf. Perioden ohne Nahrungsaufnahme sind normal. Längere Fastenperioden über mehrere Monate sind bei Riesenschlangen, Vipern und Klapperschlangen bekannt, die einen geringen Grundumsatz haben und wenig aktiv sind. Giftschlangen brauchen ihre Gifte, die in modifizierten Teilbereichen der Oberkieferspeicheldrüsen hergestellt werden, zur optimalem Verdauung.

■ **Echsen**
Eine ausführliche Behandlung des Kapitels Ernährung der Echsen würde den Rahmen des gesamten vorliegenden Buches sprengen, da nicht nur sämtliche Ernährungstypen mit all ihren Übergangsformen, sondern auch zahlreiche Spezialisierungen dieser über 3.000 Arten zu beachten sind.

Vertreter der nicht spezialisierten, rein carnivoren Art sind z. B. die Warane (mit einer Ausnahme, dem Philippinenwaran, *Varanus grayi*). Sie erbeuten alles, was sie bewältigen können. Viele Geckos sind rein insektivor; andere spezialisierte carnivore Arten sind z. B. die Flossenfüßer (Pygopodidae, Echsen bzw. Geckofresser); Dornteufel *(Moloch horridus)* und Krötenechsen *(Phrynosoma)* sind Ameisenfresser. Herbivore Gruppen sind die eigentlichen Leguane (Iguanidae), wie Grüner Leguan *(Iguana)*, Schwazer Leguan *(Ctenosaura)*, Chuckwalla *(Sauromales)*, Wüstenleguan *(Dipsosaurus)*, Dornschwänze *(Uromastys)* sowie Wickelschwanzskink *(Corucia)* und Segelechsen *(Hydrosaurus)*. Diese Arten besitzen auch einen gekammerten Darmtrakt zum besseren Aufschluß der pflanzlichen Nahrung mit Hilfe von Symbionten.

Bei den omnivoren Gruppen gibt es Arten, die nur gelegentlich Pflanzenkost nehmen, wie z. B. südeuropäische Eidechsen *(Lacerta, Podarcis)* und andere, die normalerweise immer Pflanzenkost zu sich nehmen, wie Bartagamen *(Pogona, Amphibolurus)*, Tannenzapfenechsen *(Trachydosaurus)*. Dabei können die Schwerpunkte jahreszeitlich variieren und/oder vom Angebot und Reproduktionsstatus der Tiere abhängen. So fressen weibliche Tiere bei der Eiproduktion mehr tierisches Protein, sofern sie es bekommen können, und schwerpunktmäßig herbivore Tiere werden dann oft omnivor. Bei Jungtieren ist das Spektrum prozentual deutlich in Richtung carnivor/insectivor bzw. omnivor verschoben.

■ **Empfehlungen für eine artgerechte Ernährung**
Auch sogenannte rein carnivor/insectivor lebende Arten verzehren nicht ausschließlich Muskelprotein, sondern leben von ganzen Beutetieren mit Innen- oder Außenskelett, Darminhalt, Darmsymbionten und anhaftendem Erd- bzw. Pflanzenmaterial. Eine reine Muskelfleischfütterung kann somit nicht artgerecht sein und führt zu Mangelerscheinungen. Auch beim Verfüttern von ganzen Futtertieren, z. B. Insekten, Kleinsäugern, ist auf die Qualität der Futtertiere zu achten. Im Regelfall ist auch hier eine *Substitution mit Mineralstoff- und Vitaminpräparaten* sinnvoll (Korvimin ZVT [WDT], Multi-Mulsin [Veyx], Crescovit [Rhone Merieux]). Bei der Ergänzung mit Vitamin- und Mineralstoffen ist eine mögliche Hypervitaminose A bislang nur bei Landschildkröten und Dosenschildkröten nachgewiesen worden.

Selbst bei naturnaher Fütterung mit Wiesenplankton ist diese Substitution nötig, da allein durch die Fangmethode eine Selektion der Futtertiere vorgenommen wird.

Futtertiere können je nach Größe Säuger wie Kaninchen, Meerschweinchen, Ratten, Hamster und Mäuse sein, aber auch Vögel wie Hühner (Küken), Tauben, Zebrafinken oder ähnliches. Bei der Verfütterung von Reptilien als Futtertiere ist zu beachten, daß einheimische und europäische Arten geschützt sind. Gleiches gilt für die Amphibien (Krallenfrösche können gezüchtet werden).

Fische als Futtertiere sind z. B. Moderlieschen, Karauschen und diverse Weißfische. Hier ist Vorsicht wegen der Gefahr der Thiaminasebildung geboten. Insekten und andere Gliedertiere als Futtertiere können sein: Heuschrecken, Grillen, Heimchen, Wachsmotten, Mehl- und Riesenschwarzkäferlarven (Zophobas), Getreideschimmelkäfer und deren Larven, Schmeiß- und Stubenfliegen, Fruchtfliegen, Springschwänze, verschiedene tropische Schabenarten, Asseln, Wiesenplankton, dgl. wasserbewohnende Mückenlarven, Eintagsfliegen, Wasserflöhe, Bachflohkrebse und anderes Plankton. Regen- und andere Ringelwürmer, Tubifex, Nackt- und Gehäuseschnecken gehören gleichfalls zum Spektrum der Futtertiere.

Zu den *pflanzlichen Futtermitteln* zählt die breite Palette der einheimischen Kräuter, wie Löwenzahn, verschiedene Kleearten, Ampfer, Wegerich, Vogelmiere und vieles andere mehr, was nicht unbedingt dem menschlichen Geschmack entsprechen muß, dazu Früchte, Beeren, Obst sowie Sämereien (z. B. *Uromastyx* bevorzugen Linsen, Kanarenechsen Vogelfutter) und Blüten, natürlich auch Gemüse und Salat, aber nicht ausschließlich. Abwechslung und Qualität sind wichtiger als schönes Aussehen. So ist nach unserer Erfahrung industriell produziertes Gemüse, wie Kopfsalat, Tomaten, Gurken, Paprika, auf Steinwolle mit Flüssigdünger gewachsen, qualitativ schlechter. Vorsicht ist geboten vor Rückständen von Insektiziden und Herbiziden. Obst ist im Freiland eine seltene, nur zu bestimmten Jahreszeiten vorhandene Ressource und deshalb nur in bescheidenem Maße zu verfüttern. Im Zweifelsfall ist die Überlegung, ob und wieviel davon im natürlichen Lebensraum der Tiere vorkommt, hilfreich.

Tierische Produkte wie Eier, Quark, Joghurt oder Honig können in geringem Umfang die Nahrungspalette ergänzen. Eier sind für Eierschlangen und Honig für einige Geckoarten (*Phelsuma*) von erheblicher Bedeutung.

■ Soziale Zusammensetzung

Mitentscheidend für Wohlbefinden und Gesundheit ist auch die soziale Zusammensetzung der Gruppe. Es gibt Arten, die stets Einzelgänger sind, wie viele Warane und Chamäleons, und nur in Ausnahmefällen mit Artgenossen zusammen gehalten werden können.

Die Arten, die normalerweise paarweise gehalten werden können, stellen den überwiegenden Teil dar. Bei diesen ist mitunter auch die Kombination von einem Männchen und mehreren Weibchen möglich. Hierunter zählen z. B. Bartagamen, Leopardgeckos, Taggeckos, Felsenleguane, Stachelleguane und Basilisken. Selten ist es möglich, mehrere Männchen in einer Gruppe auf Dauer zusammen zu halten, ohne daß es zu starker Unterdrückung einzelner Individuen kommt. Dies kann auf Dauer zu Leiden, Schäden und Tod führen. Bei den meisten Echsen und vielen Schildkröten sind die Männchen so territorial, daß nur ein Männchen pro Haltungssystem gehalten werden kann, da die Tiere Geschlechtsgenossen sofort angreifen und vertreiben; Ausnahmen sind z. B. Nashornleguane, einige Krokodilarten, Kronenbasilisken, Tannenzapfenechsen, Schlangen (mit Ausnahme einiger Pythonarten), Riesengürtelschweife, die meisten Landschildkröten und viele Wasserschildkröten. Aber auch Weibchen sind untereinander oft unverträglich, so daß nicht immer mehrere in einer Gruppe gehalten werden können.

Familiengruppen bis zur Geschlechtsreife des Nachwuchses funktionieren bei Hardunen *(Stellio)*, Wickelschwanzskinken *(Corucia)*, Dornenschwänzen *(Uromastyx)* und einigen Geckoarten.

Hält man Tiere suboptimal oder in so großer Anzahl, daß das natürliche Sozialverhalten zusammenbricht (Crowding-Effekt), kann dies den Anschein erwecken, daß die Tiere friedlich und ohne Streß auch in anderen Kombinationen gehalten werden können.

Auch bei verträglichen Arten muß man mit individuell unterschiedlichen Reaktionen rechnen: Ein Männchen und ein Weibchen sind noch lange kein Paar.

Amphibien sind meist verträglich, und nur wenige Arten sind territorial und/oder unverträglich, wie z. B. Riesensalamander. Aufgrund der Empfindlichkeit der Haut ist aber auch hier auf geringe Besatzdichte zu achten, da die Tiere sich sonst mit ihren Hauttoxinen vergiften.

■ Gehegeinfrastruktur

Die Gehegegestaltung oder -infrastruktur muß jeweils an die Bedürfnisse der einzelnen Arten angepaßt sein, wobei die wichtigsten Mindestausstattungen nachfolgend genannt sind.

■ Landschildkröten
Landschildkröten können nur die Fläche eines Geheges nutzen. Sie brauchen daher gerade Auslaufmöglichkeiten auf genügend festem Substrat, aber auch Hindernisse zum Darüberklettern, Verstecke und Grabmöglichkeiten. Bei tropischen Arten ist ein beheiztes größeres Wasserbecken erforderlich (z. B. *Testudo emys, Geochelone denticulata*). Besonders wenn mehrere Männchen gehalten werden, sind optische Barrieren erforderlich. Bei geschlechtsreifen Tieren ist für die Eiablage eine Eiablagestelle erforderlich. Diese muß allen Bedingungen für eine normale Eientwicklung über Wochen bzw. Monate erfüllen, d. h. Schutz, entsprechende Tiefe, nicht zu feucht und nicht zu trocken, Temperaturen von 28–32 °C.

■ Wasserschildkröten
Gut schwimmende Arten können auch die dritte Dimension eines Geheges nutzen. Die Arten variieren von vollkommen aquatisch (Landteil wird nur zur Eiablage aufgesucht) bis semiterrestrisch, d. h., die Tiere leben sowohl im Wasser als auch zu bestimmten Zeiten auf dem Land. Hierbei gibt es alle denkbaren Übergänge. Die Größe der jeweiligen Land- bzw. Wasseranteile ist artspezifisch (s. Tabelle 1). Das Wasser sollte mindestens so hoch sein wie der Panzer breit ist, damit die Tiere die Möglichkeit haben, sich umzudrehen, falls sie auf den Rücken fallen. Verstecke sind sowohl im Wasser als auch an Land erforderlich. Für das Eiablagesubstrat gilt das bei den Landschildkröten Gesagte, die Höhe sollte normalerweise mehr als die Länge der Hinterextremität eines erwachsenen Weibchens betragen.

■ Krokodile
Hier sind ein beheizbares Wasserbecken und ein Landteil, beide mit Verstecken, bei mehreren Tieren optische Barrieren und mehrere Sonnenplätze notwendig. Dies ist erforderlich, damit rangtiefere Tiere auch die Möglichkeit haben, sich auf Betriebstemperatur aufzuheizen. Eine Eiablagemöglichkeit bei geschlechtsreifen Tieren ist je nach Art aus Sand oder verrottetem Pflanzenmaterial anzubieten.

■ Schlangen
Schlangen benötigen im Regelfall Klettermöglichkeiten in geeigneten Dimen-

Abb. 1 Gesichertes Terrarium für ein Pärcher Grüne Mambas (1,1 *Dendroaspis viridis*) (Verbundglas, Rolläden, teilbar).

sionen (Abb. 1), d. h. angepaßt an Körpergewicht, -dicke und -länge, und geeignetes Bodensubstrat mit entsprechender Höhe und Feuchtigkeit, besonders für grabende Arten. Die Anforderungen an Eiablagemöglichkeiten entsprechen jenen für Schildkröten, und im Regelfall ist eine Konstruktion als herausnehmbare Box möglich. Bei Baumbewohnern ist eine Bepflanzung zur Streßminderung und Erhöhung der Luftfeuchtigkeit sinnvoll. Bei der Installation von Wärmequellen ist darauf zu achten, daß die Tiere sich nicht verbrennen können. Schlangen haben offensichtlich eine gegenüber Echsen deutlich verminderte Hitzeperzeption an der Körperoberfläche. So verbrennen teils große Haut- und Muskelteile bei Anwendung von ungeschützten Heizkabeln, Infrarot- und Ellsteinstrahlern, ohne daß die Tiere sich der Quelle entziehen, auch wenn dies einfach möglich wäre.

■ **Echsen**

Hier sind Verstecke in geeigneter Qualität und Anzahl, z. B. bei Felsspaltenbewohnern tatsächlich Spalten und nicht lose angeordnete Tonscherben oder hochgewölbte Korkrinde, anzubieten. Bei Arten, die Höhlen graben, ist entsprechend grabfähiges, hohes Substrat erforderlich. Klettermöglichkeiten müssen in geeigneter Dimension vorhanden sein, z. B. sollte die Hälfte der Äste (beim Grünen Leguan) körperdick sein, damit die Tiere sich darauf ablegen können. Bei Felsbewohnern sind Rückwände zum Klettern erforderlich. Optische Sichtbeschränkung und Barrieren mit mehreren Sonnenplätzen sollten vorhanden sein, sofern mehrere Tiere zusammen gehalten werden, damit sich auch rangniedere Tiere wärmen können. Ein beheiztes Wasserbecken bei wasserliebenden Arten (Grüner Leguan, Wasseragame und verschiedene Warane) sollte vorhanden sein. Eine Eiablagemöglichkeit in entsprechender Qualität bezüglich Substratbeschaffenheit und Temperatur muß vorhanden sein. Die Stabilität des Substrates bei Tieren, die Eier in Höhlen ablegen (Chuckwalla, Nashornleguan), ist wichtig, damit diese Höhlen nicht einstürzen.

■ **Frösche und Kröten**

Im Regelfall muß ein Gehege für Frösche und Kröten einen Land- und Wasseranteil besitzen. Die jeweiligen Größen variieren mit Art- und Reproduktionsstatus. Die meisten Arten legen ihre Eier in das Wasser ab. Einige Arten, wie Wabenkröten *(Pipa)*, Krallenfrösche *(Xenopus* und *Hymenochirus)* und Helmkopffrösche *(Caudiverba)* leben ganzjährig im Wasser. Je nach Art und Reproduktionsstatus ist eine Heizung bzw. Kühlung von Land- und Wasseranteil erforderlich. Auf dem Landteil sollte ein Feuchtigkeits- und Temperaturgradient mit entsprechenden Versteckmöglichkeiten in den verschiedenen Zonen gestaltet werden. Bei der Einrichtung des Landteils ist auf eine gute Reinigungsmöglichkeit zu achten, da die empfindliche Haut durch faulendes Moos, anhaftendes Bodensubstrat und dergleichen beeinträchtigt wird. Eine Bepflanzung erhöht die Luftfeuchtigkeit und bietet entsprechenden Lebensraum, Verstecke oder Eiablagemöglichkeiten.

■ **Molche und Salamander**
Auch hier variiert die Größe von Land- und Wasseranteil des Geheges je nach Lebensraum der Tiere und Reproduktionsstatus, da fast alle Arten ihre Eier in das Wasser ablegen. Einige Arten sind zeitlebens rein aquatil, z. B. Axolotl *(Ambystoma mexicanum)*, Armmolche *(Siren* spec.), Riesensalamander *(Megalobatrachus, Coyptobranchus)*, oder verbringen doch den größten Teil des Jahres im Wasser, wie z. B. Rippenmolche *(Pleurodeles), Paramesotriton* und *Pachytriton*-Arten. Andere dagegen, wie der heimische Feuersalamander, benötigen nur ein flaches Wasserbecken zum Absetzen der Larven, oder die Eier können sich sogar direkt ohne ein Wasserstadium in Höhlen oder Verstecken entwickeln wie bei vielen lungenlosen Salamandern. Die Heizung bzw. Kühlung ist je nach Art erforderlich und artspezifisch. Auch hier ist gleichfalls auf gute Reinigungsmöglichkeiten der Einrichtung zu achten.

Die Larven werden in Aquarien gehalten, brauchen aber bei der Umwandlung (Metamorphose) die Möglichkeit, an Land zu gehen, da sie sonst ertrinken.

Die Ansprüche an die Wasserqualität und -beschaffenheit sind artspezifisch, ebenso wie jene an die Wassertemperaturen, wobei Schwanzlurchlarven meist empfindlich gegenüber höheren Temperaturen sind, ähnlich wie die erwachsenen Tiere in ihrem Wasserstadium.

■ Grunddaten für die Haltung von Reptilien und Amphibien

In Tabelle 1 sind wichtige Grunddaten für die artgerechte Haltung häufiger gehaltener Reptilien angegeben. Die Gehegegröße (Länge x Breite x Höhe) ist in der „Maßeinheit" Kopf-Rumpf-Länge der adulten Tiere festgelegt, da sich andere Einteilungen nicht bewährt haben bzw. nicht zu rechtfertigen sind. In die Gehegegröße geht auch mit ein, ob die Tiere reine Bodenbewohner, sehr aktive Jäger, gute Kletterer, die die 3. Dimension nutzen, Ansitzjäger oder wenig aktiv sind.

Die genannten Werte gelten für 1,1 Tiere (1 Männchen, 1 Weibchen, bei Einzelgängern für ein Tier), bei jedem weiteren Tier (sofern sozial möglich) muß das Gehege um 15 % der Fläche vergrößert werden. Aufzucht, Winterruhe, andere Ruhepausen, Krankheiten und kurzfristige Abtrennung können zu Änderungen im Haltungssystem führen, was im Zweifelsfall zu begutachten ist. Die Lebensdauer bei einigen Arten ist angegeben, um zu zeigen, wie alt eine Art bei guter Pflege wird oder werden kann.

Tab. 1 Grunddaten für die artgerechte Haltung häufig gehaltener Reptilien

Name und erreichbare Gesamtlänge	Habitatansprüche, z. T. Herkunft	Gehegegröße für 1,1 (L x B x H)	Grund-temperatur (°C)	Sonnen-plätze lokal (°C)	Soziale Zusammensetzung (Lebenserwartung in Jahren, je nach Größe)	Bemerkungen/Besonderheiten, Ernährung
ECHSEN						
■ Iguanidae						
Grüner Leguan (*Iguana iguana*) 150 cm	tropisch feucht bis halbtrocken (lokal) Baumbewohner, Mittel- und Südamerika, südliche Antillen	mindestens 4 x 3 x 5 oder 5 x 3 x 5	25-30	45	1,x (20)	geheiztes Wasserbecken, feuchtes Substrat, 1/2 der Kletteräste dicker als Körper, vegetarisch
Schwarze Leguane (*Ctenosaurus* spp.) (bodenbewohnende Arten; je nach Art bis 100 cm	tropisch heiß, Trockenwälder, Felslandschaften bis halbtrockene Regionen Mittelamerikas	5 x 4 x 3	30-35	45	1,x (15)	obligate Verstecke, Klettermöglichkeiten, vegetarisch – omnivor
Chuckwalla (*Sauromales obesus*)	Felsbewohner, heiß, trocken, aride bis semi-aride Stein- und Felsgebiete der Sonorawüste	5 x 4 x 3 oder 5 x 3 x 4	25-30	45-50	1,x (20)	obligate Verstecke, Felsaufbauten, vegetarisch
Wüstenleguan (*Dipsosaurus dorsalis*)	Bodenbewohner, heiß, trocken, aride bis semiaride Gebiete der Sonorawüste	5 x 4 x 3	25-30	50	1,1 (15)	obligat: Substrat zum Höhlengraben, vegetarisch
Kleine Baumleguane (*Urosaurus*) und andere Stachelleguane (*Sceloporus*)	Baumbewohner aus mehr oder weniger trockenen Gebieten	5 x 4 x 6	25-30	45	1,1 – 1,x (4-6)	Stämme, Äste, Kletterwände, Verstecke, insektivor – omnivor
Felsenleguane (*Petrosaurus*) Stachelleguane (*Sceloporus*)	Felsbewohner aus Trockengebieten	5 x 4 x 6	25-30	50	1,1 – 1,x (8-12)	Kletterwände, Verstecke, Äste, Stämme, hohe Lichtintensität, insektivor – omnivor
Tropidurus, Rollschwanzleguane (*Leiocephalus*) Madara Leguane (*Oplurus*)	Bodenbewohner aus feuchten, subtropischen/tropischen Gebieten	6 x 4 x 4	25-30	40	1,x (3-5)	Verstecke, Äste, Stämme, z. T. feuchtes Substrat, insektivor (omnivor)

Reptilien und Amphibien

Art	Terrariengröße	Temperatur °C	Max. Temp.	Gruppe (Maße)	Einrichtung / Ernährung
Saumfinger (*Anolis*), Helmleguane (*Corytophanes*), Kronenbasilisken (*Laemanctus*)	6 x 6 x 8	25-30	45	1,x (5-7)	Baum-, Busch-, Blattbewohner. Ausnahme: kontinentale Regenwald- und Gebirgswaldbewohner	Kletterwände, Stämme, Äste, Zweige, Pflanzen, feuchtes Substrat, insektivor
		18-25	35	1,x (19-12)		
■ Agamidae						
Wasseragame (*Physignathus*)	mind. 4 x 3 x 5 oder 5 x 3 x 4	25-30	45	1,x (15-18)	Baumbewohner, tropische Flußufer	geheiztes Wasserbecken, 1/2 der Kletteräste dicker als Körper, feuchtes Substrat, omnivor
Segelechsen (*Hydrosaurus*)	mind. 4 x 3 x 5 oder 5 x 3 x 4	25-30	45	1,x (15-18)	Baumbewohner, tropische Flußufer	geheiztes Wasserbecken, 1/2 der Kletteräste dicker als Körper, feuchtes Substrat, vegetarisch
Hardune u. a. (*Stellio* spec.)	5 x 3 x 4	20-27	45	1,x (8-10)	mediterran, subtropisch, trocken	Wände und Aufbauten zum Klettern, insektivor – omnivor
Dornschwänze (*Uromastyx*)	5 x 4 x 3	25-30	50	1,1 – 1,x (15-20)	trocken, heiß	Höhlen, hohe Lichtintensität, grabfähiges Substrat, vegetarisch
Bartagamen (*Pogona/Amphibolurus*)	5 x 4 x 3	25-30	50	1,x	trocken, heiß	Höhlen, Kletterbäume, insektivor – omnivor
Ctenophorus, Tympanocryptis u. a.	5 x 4 x 4	25-30	50	1,1-1,x (4-7)	trocken, heiß	grabfähiges Substrat, insektivor – omnivor
Blutsauger- und Winkelkopfagame (*Calotes* und *Gonocephalus*)	5 x 4 x 5	22-28	45	1,1-1,x	Busch- und Baumbewohner, tropisch	Kletteräste und Wände, Bepflanzung, zum Teil feuchtes Substrat, insektivor – omnivor
■ Lacertidae						
Eidechsen *Lacerta* spec. *Podarcis* spec. *Gallotia* spec.	6 x 4 x 4	23-28	45	1,1-1,x (6-7-10-12)	mediterran gemäßigt, trocken	Verstecke, Kletterwände und Äste, insektivor – omnivor
Kielechse (*Algyroides* spec.) Felseidechse (*Lacerta saxiola* komp.), Bergeidechse (*Lacerta vivipara*)	6 x 4 x 4	18-25	40	(1),x (10-12)	mediterran gemäßigt, mäßig feucht	z. T. feuchtes Substrat, starke nächtliche Abkühlung, insektivor

Tab. 1 Fortsetzung

Name und erreichbare Gesamtlänge	Habitatansprüche, z. T. Herkunft	Gehegegröße für 1,1 (L x B x H)	Grund-temperatur (°C)	Sonnen-plätze lokal (°C)	Soziale Zusammensetzung (Lebenserwartung in Jahren, je nach Größe)	Bemerkungen/Besonderheiten, Ernährung
Sandläufer (Psammodromus), Schlangenauge (Ophisops), Wüstenrenner (Eremias), Fransenfinger (Acanthodactylus)	mediterran, trocken	6 x 4 x 3	25-30	50	1,x (4-5)	grabfähiges Substrat, nächtliche Abkühlung, insektivor
Anguidae						
Blindschleiche (Anguis fragilis)	gemäßigt, feucht	6 x 3 x 2	18-25	35	(15-20)	z. T. feuchtes Substrat, Verstecke, insektivor
Krokodilschwanz-Höckerechse (Shinisaurus crocod.)	Bachrandbewohner, südliches China	6 x 4 x 4, davon 1/2 Wasser	20-25	35	1,1 (12-15)	Verstecke unter Wasser und an Land, Klettermöglichkeiten, z. T. feuchtes Substrat, Würmer, Schnecken, Insekten
Scincidae						
Blauzungenskinke (Tiliqua spec.)	subtropisch/tropisch hauptsächlich Trockengebiete	6 x 4 x 3	25-30	40	z. T. sehr unverträglich, mitunter Einzelhaltung (20)	Verstecke, davon eines feucht, omnivor
Schneckenskink (Tiliqua gerardii)	Baumbewohner, tropisch	4 x 3 x 6, 4 x 4 x 5	25-30	40	1,x (15)	hohe Luftfeuchtigkeit, feuchtes Substrat, Schneckenfresser – Ersatznahrung
Tannenzapfenechse (Trachydosaurus rugosus)	subtropische Trockengebiete	7 x 4 x 3	22-28	40	x,x (25)	Verstecke, davon eines feucht, omnivor
Stachelskink (Egernia spec.)	subtropisch, trocken	6 x 4 x 3	25-30	45	1,x (15-20)	Verstecke, Kletterwände, Äste, insektivor – omnivor
Wickelschwanzskink (Corucia zebrata)	tropischer Baumbewohner	4 x 3 x 5 oder 5 x 3 x 4	25-30	40	1,1-1,x (20)	Baumhöhlen, Verstecke, feuchtes Substrat, dicke Kletteräste, 1/2 dicker als Durchmesser der Tiere, vegetarisch
Glattechsen, Skinke (Mabuya spec.)	Bodenbewohner	6 x 4 x 3	23-28	45	1,1-1,x (7-8)	Verstecke, ein feuchtes Versteck, insektivor

Reptilien und Amphibien

Art	Lebensraum	Terrariengröße	Temp. (°C)	LF (%)	Besatz (Größe cm)	Einrichtung/Ernährung
Mabuya spec.	Baum- und Felsbewohner	4 x 4 x 4 4 x 3 x 6	23-28	45	1,1-1,x (7-8)	Verstecke, Kletterwände und Äste, Substrat z. T. feucht, insektivor
Berberskink und Verwandte (Eumeces algeriensis)	mediterrane und vorderasiatische Trockengebiete	6 x 4 x 3	23-28	45	1,1 (15-20)	Verstecke, insektivor (- omnivor)
Nordamerikanische Eumeces	subtropisch, gemäßigt	5 x 4 x 3	25-28	45	1,1-1,x (8-10)	Verstecke, zum Teil feuchtes Substrat, insektivor
■ Geckonidae						
Nachtaktive Arten	klettern aus Trockengebieten	6 x 6 x 8	22-28	35	1,1-1,x (8-10)	Kletterwände, Verstecke, insektivor
Nachtaktive Arten	Bodenbewohner, aus tropischen Trockengebieten	4 x 3 x 2	22-28	35	1,1-1,x (15-20)	grabfähiges Substrat, Verstecke, ein feuchtes Versteck, insektivor
Tagaktive Arten: Phelsuma, Lygodactylus, Gonatodes	Baum-, Busch-, Pflanzenbewohner	6 x 6 x 8	25-30	40	1,1-x,x (10-12)	Pflanzen, Kletteräste, Verstecke, feuchtes Substrat, insektivor (+ Früchte, Honig)
■ Cordylidae						
Gürtelschweife (Cordylus spec.), Plattgürtelechsen (Platysaurus), Pseudocordylus spec. Ausnahme:	Fels- und Baumbewohner, tropisch/subtropisch Ost- und Südafrika	5 x 3 x 4	22-28	45	1,x (12-15)	Verstecke, Steinspalten, Kletterwände, insektivor
Riesengürtelschweif (Cordylus giganteus)	hochgelegene Grassteppen in Südafrika	5 x 3 x 3	20-25	35	x,x (25)	grabfähiges Substrat, bauen Höhlen, insektivor
Schildechsen (Gerrhosaurus spec. und Zonosaurus spec.)	tropisch und subtropisch, trocken (-feucht)	5 x 3 x 3	25-28	45	1,1-1,x (10-15)	Verstecke, Klettermöglichkeiten, insektivor/omnivor
■ Varanidae						
Varanus spec. baumbewohnend	tropische Regen- und Mangrovenwälder	5 x 2 x 4 oder 4 x 2 x 5	25-30	45	Baumbewohner meist einzeln, sonst 1,1-1,x (15-20)	hohe Luftfeuchtigkeit, Verstecke, Klettermöglichkeiten, insektivor/carnivor

Tab. 1 Fortsetzung

Name und erreichbare Gesamtlänge	Habitatansprüche, z. T. Herkunft	Gehegegröße für 1,1 (L x B x H)	Grundtemperatur (°C)	Sonnenplätze lokal (°C)	Soziale Zusammensetzung (Lebenserwartung in Jahren, je nach Größe)	Bemerkungen/Besonderheiten, Ernährung
Varanus spec. baumbewohnend	subtropische Regen- und bis Trockenwälder	5 x 2 x 4 oder 4 x 2 x 5	25-30	45	Baumbewohner, meist einzeln, sonst 1,1-1,x (15-20)	Verstecke, Klettermöglichkeiten, insektivor/carnivor
Varanus spec., bodenbewohnend	je nach Art afrikanische, arabische, zentralasiatische bis indische Trockengebiete, Australien	5 x 2 x 2	25-30	45	1,1-1,x (15-20)	Verstecke, Klettermöglichkeiten, grabfähiges Substrat, insektivor
Nilwaran (*Varanus niloticus*) Bindenwaran (*Varanus salvator*), Wasserwaran (*Varanus mertensi*), bodenbewohnend, wasserliebend	Afrika, Südostasien	5 x 2 x 2	25-30	45	1,1-1,x (15-20)	Verstecke, hohe Luftfeuchtigkeit, Klettermöglichkeiten, geheiztes Wasserbecken, insektivor/carnivor
■ **Teiidae**						
Rennechsen (*Ameiva* und *Cnemidophorus*)	tropisch feucht bis subtropisch trocken, Wüsten	7 x 4 x 3	25-30	50	1,1-1,x (3-5)	grabfähiges Substrat, insektivor
Teju (*Tupinambis*)	tropisch feucht bis subtropisch trocken	5 x 3 x 3	25-30	45	1,1-1,x (10-12)	Verstecke, Klettermöglichkeiten, insektivor/carnivor
Calliopistes, *Tejova ranus*	steinige Wüsten und Steppengebiete	7 x 4 x 3	25-30	45	1,1-1,x	grabfähiges Substrat, Verstecke, nächtliche Abkühlung, insektivor/carnivor
■ **Chamaeleons**		Terrariengröße bei Chamaeleons für nur 1 Tier			viele sehr unverträglich und individuell verschieden	alle brauchen gut belüftete Terrarien
Erdchamaeleons *Brookesia* spec. *Rhampholeon* spec.	Bewohner der Laubschicht in tropischen Waldgebieten	4 x 4 x 2,5	je nach Art 22-26		30 (3)	1-1,x Verstecke/Laubbepflanzung, feuchtes Substrat, hohe Luftfeuchtigkeit (70-90 %), insektivor

Reptilien und Amphibien

Name	Habitatansprüche, z. T. Herkunft	* = Landteil in Panzerlängen/ + = Wasserhöhe in Panzerbreiten	Grundtemperatur (°C)	Wärmespot (°C)	Soziale Zusammensetzung (Lebenserwartung in Jahren, je nach Größe)	Bemerkungen, Ernährung, Überwinterung
Chamaeleon jacksoni, Chamaeleon hoehnelli	Baumbewohner, Gebirgswälder, feucht	4 x 2,5 x 4	22-26	35	1-1,1 (10)	Kletteräste, Bepflanzung, nachts starke Abkühlung und hohe Luftfeuchtigkeit, insektivor
Pantherchamaeleon (Furcifer pardalis)	Baumbewohner, Tiefland, feucht	4 x 2,5 x 4	22-28	35	1-1,2 (10)	Kletteräste, Bepflanzung, hohe Luftfeuchtigkeit (60-80 %), nachts Abkühlung, insektivor
Chamaeleon calyptratus	Baumbewohner, Tiefland, mehr oder weniger trocken	4 x 2,5 x 4	24-28	45	1-1,2 (10)	Kletteräste, Bepflanzung, nachts Abkühlung, insektivor

SCHILDKRÖTEN
■ Landschildkröten

Name	Habitatansprüche, z. T. Herkunft	* = Landteil in Panzerlängen/ + = Wasserhöhe in Panzerbreiten	Grundtemperatur (°C)	Wärmespot (°C)	Soziale Zusammensetzung (Lebenserwartung in Jahren, je nach Größe)	Bemerkungen, Ernährung, Überwinterung
Europäische, vorderasiatische: Testudo graeca, Testudo hermanni, Testudo marginata, Testudo horsfieldei	mediterranes Klima bis kontinentales Wüstenklima, mehr oder weniger trockene Sommer	* 8 x 3	22-28	45	x,x (80)	vegetarisch, Überwinterung
Pantherschildkröte (Geochelone pardalis), Strahlenschildkröte (Geochelone radiata), Sternschildkröte (Geochelone elegans), Chilenische Schildkröte (Geochelone chilensis), Gelenkschildkröte (Kinixys belliana), Chersine u. a. sowie Verwandte	subtropische/tropische Trockengebiete mit Regenzeit	* 8 x 3	24-30	45	1,x-x,x (80 (159))	vegetarisch
Köhlerschildkröte (G. carbonaria), Waldschildkröte (G. denticulata), Indotestudo elongata	tropisch, feucht	* 8 x 3	26-30	45	1,x-x,x (60)	Substrat zum Eingraben, vegetarisch

Tab. 1 Fortsetzung

Name	Habitatansprüche, z. t. Herkunft	* = Landteil in Panzerlängen/ + = Wasserhöhe in Panzerbreiten	Grund-temperatur (°C)	Wärme-spot (°C)	Soziale Zusammensetzung (Lebenserwartung in Jahren, je nach Größe)	Bemerkungen, Ernährung, Überwinterung
Home's Gelenkschild-kröte (Kinixys homeana) Kinixys erosa						
■ Wasserschildkröten						
Schnappschildkröte (Chelydra), Geierschildkröte (Macroclemmys)	Nord-, Mittel- und Süd-amerika, Flüsse, Seen	+ 3 x 2 x 1 2 x 1 Landteil zur Eiablage	24 28		einzeln (bis mehrere, individuell unterschiedlich)	insektivor/carnivor
Klapp- und Moschusschildkröte (Kinosternidae)	Nord-, Mittel- und Südamerika, alle Gewässertypen	+ 4 x 3 x 1 2 x 1 Landteil zur Eiablage	24-28		1,1-1,x individuell, 1,0 einzeln (25)	insektivor/carnivor
Weichschildkröte (Trionychidae)	mehr oder weniger große Gewässer	+ 5 x 3 x 2 2 x 1 Landteil zur Eiablage	24-30	40	einzeln bis 1,1 oder 1,x (? sehr alt)	insektivor, carnivor (mit Ausnahmen)
Schlangenhals-schildkröten (Chelodina, Hydromedusa) Krötenkopfschildkröten (Phrynops und Verwandte; Emydura, Elseya)	Australien, Südamerika, subtropisch/tropisch Australien, Südamerika, tropisch/Subtropisch) Fluß- und Seebewohner	+ 4 x 3 x 2 und 2 x 1 Landteil zur Eiablage	24-28	40	einzeln bis 1,x individuell verschieden (40-50)	insektivor/carnivor (→ omnivor)
Schienenschildkröten (Podocnemis)	tropische Flußbewohner	+ 5 x 3 x 2 und 2 x 1 Landteil zur Eiablage	28-32	45	1,1-x,x (? > 25)	vegetarisch → omnivor
Afrikanische Klappschildkröte (Pelusios)	tropische Flüsse, Seen	+ 4 x 3 x 2 und 2 x 1 Landteil zur Eiablage	26-28	40	1,1-1,x (> 25)	omnivor

Starrbrustschildkröte (Pelomedusa)	alle Gewässer	+ 4 x 2 x 2 und 2 x 1 Landteil zur Eiablage	24-28	40	1,1-1,x (> 25)	carnivor/insektivor, sehr unverträglich mit anderen Arten
Sumpfschildkröten (Emydidae) Clemmys, Emys, Mauremys, Sacalia, Ocadia, Chinemys, Cyclemmys und andere mehr, aquatisch lebende Cuora-Arten	stehende bis fließende, z. T. kleinere Gewässer, subtropisch bis gemäßigt	+ 4 x 3 x 2 und 2 x 1 Landteil zur Eiablage	24-28	45	1,1-1,x (> 25)	insektivor/carnivor → omnivor
Graptemys Pseudemys, Chrysemys, Deirochelys	größere stehende oder fließende Gewässer, gemäßigt bis subtropisch	+ 5 x 3 x 2 und 2 x 1 Landteil zur Eiablage	24-28	45	1,1-x,x (> 25)	je nach Art und Alter: insektivor, carnivor, omnivor, vegetarisch
Kachuga, Hardella	tropische Flußbewohner	5 x 3 x 2 und 2 x 1 Landteil zur Eiablage	26-28	45	1,1-1,x (> 25)	vegetarisch → omnivor
Semiterrestrische Rhinoclemmys, Cuora, Melanochelys	Gewässer und Umgebung tropisch	4 x 3 x 1 und 4 x 3 Landteil	26-28	45	1,1-x,x je nach Art (> 25)	omnivor → vegetarisch, Substrat zum Eingraben
Landlebende Cuora, Rhinoclemmys	tropisch/subtropisch	5 x 3	26-28	45	1,1-1,x (> 25)	omnivor → vegetarisch, Badebecken, Substrat zum Eingraben
Dosenschildkröten (Terrapene)	gemäßigt-subtropisch	5 x 3	24-28	45	1,1-1,x (> 50)	insektivor/carnivor → omnivor, Badebecken, Substrat zum Eingraben

Tab. 1 Fortsetzung

Name	Habitatansprüche, z. T. Herkunft	L X B X H (Körperlänge)	Grund-temperatur (°C)	Wärme-spot (°C)	Soziale Zusammensetzung (Lebenserwartung in Jahren, je nach Größe)	Bemerkungen/Besonderheiten, Ernährung
SCHLANGEN						
■ **Riesenschlangen**						
Teppichpython (*Morelia* spp.), *Phyton* spp., (Felsenpython, Tigerpython, Netzpython, Amethystpython u. a.). Boa (constrictor) Pazifikboa (*Candoia*) Madagaskarboas (*Acrantophis* spp.)	tropische Wälder, Gebirgswälder bis Savanne	1 x 0,5 x 0,75	26-30	40	1,1-x,x (> 30)	Kletteräste, Verstecke, entsprechend großes, beheizbares Badebecken, Säuger, Vögel
Anakondas (*Eunectes notaeus*, *Eunectes murinus*, *Liasis fuscus*)	sehr aquatisch lebende Arten, tropisch (bis subtropisch)	1 x 0,5 x 0,75	26-32	35	1,1-x,x (> 30)	Kletteräste, Verstecke, beheizbares Badebecken (Größe 50 % des Geheges) Säuger, Vögel
Corallus spec. *Sanzina mad* *Chondropyhton viridis* *Morelia z. T.* *Epicrates z. T.*	baumbewohnende tropische/subtropische Arten	1 x 0,5 x 1	26-30	40	1,1-x,x (1,0 von Chondropython, einzeln)	Kletterbäume (z. T. Verstecke), hohe Luftfeuchtigkeit, Bepflanzung, Wasserbecken, Säuger, Vögel
Lichanura, *Aspidites*, *Eryx*	subtropische/tropische Bodenbewohner, Halbwüsten, mehr oder weniger Wüstenbewohner, Trockenwälder	1 x 0,5 x 0,75	26-30	45	1,1-x,x (> 20)	Verstecke, Klettermöglichkeiten, Wasserbecken, Säuger, Vögel, Echsen, Schlangen
■ **Colubridae**						
Kletternattern (*Elaphe* spec).	gemäßigt bis subtropisch, tropische Busch- und Waldgebiete	1 x 0,5 x 0,75	24-30	45	1,1-x,x (20)	Kletterbäume, Verstecke, nachts Abkühlung, Säuger, Vögel (Echsen)

Königsnattern (Lampropeltis)	gemäßigt bis subtropisch/tropisch, Wüste bis Regenwald	1 x 0,5 x 0,75	24-30	40	einzeln, 1,1-x,x (20)	Verstecke, Kletteräste, nächtliche Abkühlung, besonders *L. getulus* spp. Schlangenfresser, Kleinsäuger, Reptilien
Wassernattern (*Natrix* spec.) u. a., Strumpfbandnatter (*Thamnophis*) diverse andere Nattern	gemäßigt bis subtropisch, wasserliebend	1 x 0,5 x 0,5 und großes Wasserbecken	22-30	40	1,1-x,x > 15)	Verstecke an Land und im Wasser, Kletterbäume, nächtliche Abkühlung, Fische, Amphibien (Säuger, Wirbellose)
Zornnattern (*Coluber* spec, *Masticophis* spec. u. a.)	gemäßigt bis tropisch, sehr aktive Bodenbewohner	1,5 x 0,75 x 0,75	25-30	45	1,1-x,x (> 15)	Verstecke, Klettermöglichkeiten, Badebecken, nächtliche Abkühlung, Insekten, Reptilien, Säuger, Vögel, Amphibien
Leptophis Ahaetuella, Chrysopelea, Dendrelaphis	schlanker, tropisch/subtropischer Baumbewohner, tagaktiv	1 x 05, x 0,75 oder 0,75 x 0,5 x 1	25-30	45	1,1-x,x (> 10)	Verstecke, Klettermöglichkeiten, Verstecke, Frösche, Echsen, z. T. Insekten, z. T. Säuger, Futterspezialist
■ **Giftschlangen**						
Klapperschlangen *Sistrurus, Crotalus* Europ./Asiat. Vipern: *Vipera* und Verwandte	gemäßigt bis subtropisch, bodenbewohnende Arten	1 x 0,5 x 0,5	25-28	40	1,1-x,x (> 20)	Verstecke, Klettermöglichkeiten, nächtliche Abkühlung, Säugetiere, Vögel (Echsen)
Nashorn- und Gabunviper, *Bitis* spp. z. T. Lanzenottern, Bambusottern, *Trimeresurus* spp. (*Bothrops*) spp.	tropischer Waldbewohner, bodenlebend	1 x 0,5 x 0,5	23-28	35	einzeln – 1,1 (> 15)	Verstecke, z. T. feuchtes Substrat, hohe Luftfeuchtigkeit
Lanzenottern (*Bothrops*) Bambusottern, (*Trimeresurus*)	baumbewohnende, tropische Arten, Tiefland	1,0 x 0,5 x 0,75 oder 0,75 x 0,5 x 1,0	26-28	35	1,1-x,x (> 15)	Verstecke, Bepflanzung, hohe Luftfeuchtigkeit, feuchtes Substrat Säugetiere, Vögel u. a.
Lanzenottern (*Bothrops*) Bambusottern, (*Trimeresurus*), Buschviper-Arten (*Atheris*)	Hochlandbewohner, tropische Wälder,	1,0 x 0,5 x 0,75 oder 0,75 x 0,5 x 1,0	22-24	30	1,1-x,x (> 15)	Verstecke, Bepflanzung, hohe Luftfeuchtigkeit, Frösche, Reptilien, Vögel, Säuger

Tab. 1 Fortsetzung

Name	Habitatansprüche, z. T. Herkunft	L X B X H (Körperlänge)	Grundtemperatur (°C)	Wärmespot (°C)	Soziale Zusammensetzung (Lebenserwartung in Jahren, je nach Größe)	Bemerkungen/Besonderheiten, Ernährung
Kupferköpfe und Verwandte (*Agkistrodon* spec.)	gemäßigt bis subtropisch, Bodenbewohner	1 x 0,5 x 0,5	23-28	35	einzeln – x,x (> 20)	nächtliche Abkühlung, Verstecke, z. T. hohe Luftfeuchtigkeit, Klettermöglichkeiten, Säuger, Frösche, Reptilien, Amphibien
Boiga u. a.	tropischer Baumbewohner	0,75 x 0,5 x 1,0 1,0 x 0,5 x 0,75	26-28	40	einzeln – x,x (> 15)	Bepflanzung, Klettermöglichkeiten, hohe Luftfeuchtigkeit, Vögel, Säuger, Reptilien
Kobras (*Najas* spec.)	tropisch bis subtropisch, Bodenbewohner	1,0 x 0,5 x 0,75	26-28	40	1,1-x,x (> 20)	Verstecke, Klettermöglichkeiten, z. T. feuchtes Substrat, Säuger, Vögel, Reptilien, Amphibien
Mambas	tropischer Baumbewohner (*Dendroaspis*)	1,0 x 0,75 x 0,75	26-38	40	1,1-x,x (> 20)	Klettermöglichkeiten, Bepflanzung, z. T. feuchtes Substrat, Säuger, Vögel

In Tabelle 2 sind wichtige Grunddaten für die artgerechte Haltung häufig gehaltener Amphibien angegeben.

Eine tabellarische Übersicht der Mindesthaltungsansprüche der Amphibien wie bei den Reptilien ist nur schwer anzufertigen, da wir von vielen Arten zu wenig wissen und die Ansprüche normalerweise nach Reproduktionsstatus, Jahreszeit und Alter etc. auch innerhalb einer Art beträchtlichen Schwankungen unterliegen. So können für Individuen einer Art unterschiedliche Werte gelten:
1. an Land: außerhalb der Reproduktion,
2. im Wasser: Reproduktionsstatus,
3. Larvenstadium im Wasser,
4. Ruhephasen (Winterruhe je nach Art an Land oder im Wasser, Sommerruhe/Trockenschlaf).

Wir geben daher nur für einige wenige Arten von Amphibien Werte an, und zwar für die Landphase außerhalb der Reproduktionszeit (mit Ausnahme vollkommen oder überwiegend aquatisch lebender Arten). Die Werte gelten für zwei bis vier Tiere.

Tab. 2 Grunddaten für die artgerechte Haltung häufig gehaltener Amphibien

Name	Habitatansprüche, Herkunft	Gehegegröße, Landteil (L x B x H)	Wasserteil	Grundtemperatur und lokale Temperatur	Soziale Zusammensetzung	Sonstiges
FROSCHLURCHE						
■ **Laubfrösche**						
z. B. *Hyla arborea*, *Hyla squirilla*, *Hyla cinerea*, *Hyla meridionalis*, *Rhacophorus dennynsi*	europäische, nordamerikanische und ostasiatische Arten aus gemäßigten bis subtropischen Klimazonen; meist baum-, busch- und pflanzenbewohnende Arten	5 x 5 x 10 bis 10 x 5 x 5	20 % der Bodenfläche	je nach Herkunft und Jahreszeit 18-28° C, lokal 35° C	x,x	Kletteräste, Verstecke, Pflanzen, insektivor, je nach Herkunft Winterruhe
Verschiedene *Rhacophorus*, Flugfrösche (*Polypedates*), Riedfrösche (*Hyperolius*), Rotaugenfrösche (*Agalychnis*), etc.	tropische bis subtropische Arten aus Mittel- und Südamerika, Afrika, Südostasien, Australien; baum-, busch- und pflanzenbewohnende Arten	s. o.	s. o.	22-30° C, lokal 35° C	x,x	s. o.
■ **Kröten**						
Erdkröte (*Bufo bufo*), Wechselkröte (*Bufo viridis*), Kreuzkröte (*Bufo calamita*), Berberkröte (*Bufo mauretanicus*), (*Bufo boreas*) u. v. a.	gemäßigtes bis mediterranes (subtropisches) Europa, Nordamerika, Asien, z. T. südliches und südwestliches Südamerika, Argentinien, Chile; Bodenbewohner, oft mehr oder weniger trockene Habitate, Steppen, Halbwüsten bis Wälder	5 x 5 x 4	10 % oder nur Badegelegenheit außerhalb der Fortpflanzungszeit	je nach Herkunft und Jahreszeit 18-28° C, lokal 35° C	x,x	Verstecke, Substrat zum Eingraben, Klettermöglichkeiten, Insekten, Würmer, Schnecken u. a., je nach Herkunft Winterruhe

Tab. 2 Fortsetzung

Name	Habitatansprüche, Herkunft	Gehegegröße, Landteil (L x B x H)	Wasserteil	Grundtemperatur und lokale Temperatur	Soziale Zusammensetzung	Sonstiges
z. B. Agakröte (*Bufo marinus*), Tropfenkröte (*Bufo guttatus*), Pantherkröte (*Bufo pardalis*), Schwarznarbenkröte (*Bufo melanostictus*)	tropische bis subtropische Bodenbewohner, Mittel- und Südamerika, Afrika, Asien; Wald- bis Savannenbewohner	s. o.	s. o.	23-28° C, lokal 35° C	x,x	Verstecke, Substrat zum Eingraben, Klettermöglichkeiten, Insekten, Würmer, Schnecken u. a.
■ **Baumsteigerfrösche**						
Dendrobates spec. *Phyllobates* spec.	tropisches Mittel- und Südamerika; Waldboden-, Busch- und Baumkronenbewohner; Galeriewälder	8 x 8 x 10 bis 10 x 8 x 8	kleines Badebecken	23-28° C, lokal 32° C	Männchen und Weibchen territorial 1,1-x,x	Verstecke, Höhlen, Kletteräste, Bepflanzung und Bromelien oder andere Pflanzen mit wassergefüllten Blattachseln zur Aufnahme der Larven, hohe Luftfeuchtigkeit
■ **Pipidae**						
Krallenfrösche (*Xenopus* spec.) Zwergkrallenfrösche (*Hymenochirus* spec.) Wabenkröten (*Pipa* spec.)	Gewässer des tropischen Mittel- und Südamerikas und des tropischen bis subtropischen Afrikas	Landteil nicht erforderlich 5 x 4 x 4		22-30° C	x,x	Verstecke, Substrat, Pflanzen, Wasserflöhe, Insekten, Fische
■ **Grün- oder Wasserfrösche**						
Rana spec.	gemäßigte bis subtropische Gebiete Europas, Nordafrikas, Nordamerikas und Asiens	10 x 5 x 5	ca. 50 % der Bodenfläche	18-28° C, lokal 35° C	Männchen oft territorial x,x	Verstecke an Land und im Wasser, Pflanzen, Klettermöglichkeiten, insektivor

SCHWANZLURCHE

■ sogenannte Wassermolche

Mit seitlich abgeplattetem Schwanz: *Triturus, Taricha, Notophthalmus, Pachytriton, Paramesotriton* u. a.

gemäßigte bis mediterrane Gebiete Nordamerikas, Europas, Ostasiens; mit mehr oder weniger langer Fortpflanzungsphase im Wasser

10 x 4 x 4
Zur Fortpflanzung auch ganz im Aquarium zu halten, sonst mit mehr oder weniger großem Landteil je nach Art

mit wenigen Ausnahmen 12-20° C

Männchen z. T. territorial 1,1-x,x

Verstecke, Pflanzen, Substrat, Klettermöglichkeiten an Land wie im Wasser, an Land hohe Luftfeuchtigkeit

■ sogenannte Landsalamander

Mit mehr oder weniger rundem Schwanzquerschnitt: *Ambystoma, Salamandra* u. a.

gemäßigt bis mediterran; Nordamerika, Europa, Asien

8 x 4 x 4
je nach Art 5-20 %

mit wenigen Ausnahmen 14-22° C

x,x

Verstecke, Pflanzen, Substrat, Klettermöglichkeiten, Insekten, Würmer, Schnecken

■ Aquatile und neotene Arten

z. B. Axolotl, Armmolche, Riesensalamander

gemäßigtes Nordamerika

4 x 2 x 2
Aquarien, Landteil nicht nötig

einzeln bis x,x je nach Art

Verstecke, Pflanzen, Substrat, Insekten, Krebse, Würmer, Fische

Tierschutzrelevante Fehler bei der Haltung von Reptilien

Die Haltung von Reptilien, wie z. B. Landschildkröten, Waranen oder Riesenschlangen, frei in einer Wohnung ist ohne ergänzende Maßnahmen nicht tierschutzgerecht. So fehlt hier die Möglichkeit, unter einer Strahlungsquelle optimale Körpertemperaturen zu erzielen, die Zehennägel und Krallen werden nicht ausreichend abgenutzt, und es besteht die Gefahr der Aufnahme von Fremdkörpern, z. B. von Teppichfasern. Die Haltung von wüsten- oder steppenbewohnenden Echsen nur in einem gleichmäßig temperierten Terrarium (Bodenheizung) ohne die Möglichkeit, sich an Wärmespots aufzuheizen und in kühleren Regionen abzukühlen, ist gleichfalls nicht tierschutzgerecht.

Ein weiterer häufiger Fehler ist das Halten von Riesenschlangen in Behältern, die ungeschützte Wärmestrahler (Ellstein, Infrarot, Rotlicht, Spotlampen) enthalten. Hier kommt es häufig zu Verbrennungen schwerster Art (siehe vorn).

Häufige Fütterungsfehler sind das Verfüttern von großen Anteilen tierischen Proteins (Katzen-/Hundefutter, Milch, Käse etc.) an überwiegend Pflanzenfresser wie Landschildkröten oder Grüne Leguane. Osteodystrophien (Abb. 2), Verfettungen und Blasensteine können die Folge sein. Umgekehrt ist die Verfütterung von pflanzlichen Produkten oder Grünpflanzen an jagende Wasserschildkröten ein häufiger Fehler. Reptilien sollten auch in Menschenobhut die Möglichkeit haben, Fettkörper abzubauen. Hierzu ist eine unregelmäßige Fütterung sinnvoller als die häufig vom Säuger übertragene, täglich gleiche Fütterung. Diese ist meist nur bei Jungtieren erforderlich. Adulte Reptilien sollten je nach Art und Größe ein oder mehrere Fastentage einhalten oder ganze Perioden mit Futterabstinenz einhalten können (Winter-/Trockenruhe etc.). Mangelhafte Haltungsbedingungen können auch für die Entstehung einer Rachitis verantwortlich sein (Abb. 3).

Die Gruppenzusammensetzung wird häufig nicht beachtet. So sind bei vielen Arten insbesondere die männlichen Tiere stark territorial. Beim Zusammensetzen mehrerer Männchen, vor allem wenn weibliche mit vergesellschaftet sind, kommt es dann zu letal endenden Territorialkämpfen.

Abb. 2 Griechische Landschildkröte (*Testudo hermanni*, adult) mit Osteodystrophie infolge mangelhafter Haltungsbedingungen.

Abb. 3 Wasseragame (*Physignathus cocincinus*, juvenil) mit Rachitis infolge mangelhafter Haltungsbedingungen.

Eingriffe an Reptilien und Amphibien

Wie bei anderen Wirbeltieren ist auch bei Reptilien ein invasiver Eingriff, insbesondere bei Eröffnung der Körperhöhle oder von Knochen, mit erheblichen Schmerzen verbunden, die auch nicht, wie früher oft beschrieben, durch Abkühlung reduziert werden. Invasive Eingriffe erfordern auch bei Reptilien obligat eine Lokalanästhesie oder eine Allgemeinnarkose. Für kleine Eingriffe, wie Abszeßspaltung und endoskopische Untersuchung (van Bree et al., 1996), ist die lokale Schmerzausschaltung mit Lidocain ausreichend, während für alle anderen Fälle eine Allgemeinnarkose erforderlich ist. Wegen der Speziesunabhängigkeit in der Dosierung ist die Isofluran-Narkose gegenüber anderen Anästhetika vorzuziehen. Bewährt haben sich auch Ketamin® und dessen Kombination mit Rompun® sowie Tilest® und Saffan®. Nicht ausreichend für invasive Eingriffe ist die alleinige Muskelrelaxation mit Succinylcholin oder ähnlichen Präparaten, da die Schmerzrezeption und der Fixationsstreß dadurch nicht beeinflußt werden.

Tierschutzgerechtes Töten

Eine die Physiologie der Reptilien berücksichtigende Methode der Euthanasie ist die Applikation einer Vollnarkose und im Stadium der Toleranz anschließendes Tieffrieren über mehrere Tage. Keine tierschutzgerechte Methode aus der Sicht der Autoren ist die intraperitoneale Applikation von Barbituraten wie T61, da die Wirkung auf Ektotherme unsicher, langdauernd und mit lokalen Schmerzen, teils über erhebliche Zeiträume, verbunden ist.

Gesetzliche Grundlagen

Deutsche Gesetzgebung

Deutsches Tierschutzgesetz, Fassung vom 17. 02. 1993

Gesetz zur Verbesserung der Rechtsstellung des Tieres im bürgerlichen Recht vom 20. 08. 1990

Verordnung zum Schutz von Tieren bei der Beförderung in Behältnissen vom 20. 12. 1988

Gesetz über die Beseitigung von Tierkörpern, Tierkörperteilen und tierischen Erzeugnissen (Tierkörperbeseitigungsgesetz – TierKBG) vom 02. 09. 1975

Verordnung zum Schutz wildlebender Tier- und Pflanzenarten (Bundesartenschutzverordnung [BArtSchV]) vom 18. 09. 1989

Ländereigene Durchführungsverordnungen

Gutachten zur Haltung von Reptilien als Grundlage für eine Verordnung liegt als Ministerialvorlage vor
Sachsen-Anhalt: Gefahrenabwehrverordnung über das Halten gefährlicher Tiere vom 31. 03. 1993
Niedersachsen: Verordnung über das Halten gefährlicher Tiere vom 21. 08. 1980

■ **Schweizer Gesetzgebung**
Schweizer Tierschutzgesetz vom 09. 03. 1978
Schweizer Tierschutzverordnung (TSchV) vom 27. 05. 1981

■ **Internationale Gesetzgebung**
Gesetz zu dem Übereinkommen vom 03. 03. 1973 über den internationalen Handel mit gefährdeten Arten freilebender Tiere und Pflanzen (Gesetz zum Washingtoner Artenschutzübereinkommen) vom 22. 05. 1975
Verordnung (EWG) Nr. 3626/82 des Rates zur Anwendung des Übereinkommens über den internationalen Handel mit gefährdeten Arten freilebender Tiere und Pflanzen in der Gemeinschaft vom 03. 12. 1982
Europäisches Übereinkommen zum Schutz von Heimtieren vom 12. 12. 1991

Literatur

Im Text wurde auf Literaturhinweise verzichtet, um den Rahmen nicht durch häufige Zitathinweise zu sprengen. Nachfolgend ist die verwendete, aber auch weiterführende Literatur aufgelistet.

Bellairs, A. (1969): Die Reptilien. Editions Recontre, Lausanne.
Beynou, P. H., Lawton, M. P. C., and Cooper, I. E. (1992): Manual of Reptiles. BSAVA, Cheltenham.
Brabenetz, E., Luttenberger, F., und Schwammer, H. (1995): Haltungsrichtlinien, Mindestansprüche für Reptilien. Druckerei Nordösterreich, Melk.
Bradshaw, S. D. (1986): Ecophysiology of desert reptiles. Academic Press Australia, North Ryde.
Burghardt, G. M., and Stanley Rand, A. (1982): Iguanas of the World. Their Behavior, Ecology and Conservation. Noyes Publ., New York.
Cloudsley Thomson, J. L. (1971): The Temperature and Water Relations of Reptiles. Merrow, Watford.
Friederich, U. (1981): Futtertierzucht. Ulmer, Stuttgart.
Frye, F. L. (1991): A practical guide for feeding captive reptiles. Krieger, Malabor.
Frye, F. L. (1991): Biomedical and surgical aspects of captive reptile husbandry. Krieger, Malabor.
Frye, F. L., and Townsend, W. (1993): Iguanas: A guide to their biology and captive care.
Gans, C. (1977): Biology of the reptilia. Academic Press, London.
Günther, R. (1996): Die Amphibien und Reptilien Deutschlands. Gustav Fischer Verlag, Jena.
Harless, M., and Morlock, H. (1979): Turtles – Perspectives and Research. John Wiley, New York.
Henkel, F. W., und Schmidt, W. (1991): Geckos – Biologie, Haltung und Zucht. Eugen Ulmer, Stuttgart.
Herpetology Current Research on the Biology of Amphibians and Reptiles. Proc. of the first World Congress in Herpetology, ed. K. Adler (1992), SSAR Publ., London.
Müller, M. J. (1983): Handbuch ausgewählter Klimastationen der Erde. 5. Heft: Forschungsstelle Bodenerosion der Universität Trier (Hrsg.: Richter, G.).
Ross, R. A., and Marzec, G. (1990): The Reproductive Husbandry of Pythons and Boas. Institute for Herpetological Research, Stanford.
Rudloff, H. W. (1990): Vermehrung von Terrarientieren, Schildkröten. Urania, Leipzig.
Schildger, B.-J. (1991): Infektionskrankheiten der Reptilien. In: Infektionsschutz der Tiere, Hrsg.: Mayr, A., Scheunemann, H., und Hofmann, R., Berlin.
Schildger, B.-J., Baumgartner, R., Häfeli, W., Rübel, A., und Isenbügel, E. (1993): Narkose und Immobilisation bei Reptilien. Anesthesia and immobilisation in reptiles. Tierärztliche Praxis 21, 361.
Schildger, B.-J., und Häfeli, W. (1995): Reptilien. In: Krankheiten der Zoo- und Wildtiere (Hrsg.: Göltenboth, R., und Klös, H.-H.). Blackwell, Berlin.
Schmidt, D. (1990): Schlangen. Urania, Jena.
Schmidt, W., und Henkel, F.-W. (1995): Leguane – Biologie, Haltung, Zucht. Eugen Ulmer, Stuttgart.
van Bree, H., Kelch, G., und Thiele, S. (1996): Minimal-invasive Chirurgie beim Kleintier. Gustav Fischer Verlag, Jena – Stuttgart.
Warwick, C., Frye, F. L., and Murphy, J. B. (1995): Health and welfare of captive reptiles. Chapman and Hall, London.
Wermuth, H., und Mertens, R. (1961): Schildkröten – Krokodile – Brückenechsen. Gustav Fischer Verlag, Jena.

Fische in der Aquakultur

R. HOFFMANN UND B. OIDTMANN

Einleitung

Mehr als 23000 Arten repräsentieren die rezente Fischfauna mit den Wirbeltierklassen der Knorpelfische (Chondrichthyes) und Knochenfische (Osteichthyes). Unter letzteren haben einige Arten vor allem aus der Überordnung der Teleostei (echte Knochenfische) den Weg in die Haustierhaltung gefunden. Schon seit den Anfängen der Menschheit sind Fische ein wesentliches Lebensmittel, das aus Bächen, Flüssen und Seen mit Hilfe bereits zur Steinzeit sehr weit entwickelter Fangeinrichtungen gewonnen wurde. Im Küstenbereich kam die zunächst nur küstennahe Meeresfischerei hinzu, die in den letzten Jahrhunderten und insbesondere im 20. Jahrhundert praktisch alle ozeanischen Bereiche bis hin in die Tiefsee erfaßt hat.

Fische sind als aquatische Lebewesen diesem Element voll angepaßt, haben andererseits aber nur wenige Möglichkeiten, sich Veränderungen in diesem zu entziehen. Das bedeutet, daß bei jeglicher Manipulation, wie etwa Transport in ein anderes Gewässer, diese Tatsache bedacht werden muß. Die Oberfläche des Fischkörpers wird von einer durch epidermale Zellen gebildeten Schleimschicht bedeckt, die nicht nur der Erhöhung der Gleitfähigkeit und damit auch als Schutz gegen Raubtiere dient, sondern vor allem eine osmotische Schutzfunktion hat. Weiterhin besitzt sie antimikrobielle Eigenschaften und enthält Immunglobuline, aber auch spezifische Antikörper etwa gegen Parasiten. Der Schutz dieser Oberflächenschicht ist bei jeder Manipulation mit dem Fisch ein unabdingbares Gebot.

Je nach Herkunft stellen Fische unterschiedliche Ansprüche an die Wasserqualität. So liegen die Temperaturansprüche bei wärmeliebenden Arten, wie Karpfen, Welsen oder auch Stören, bei über 20 °C in den Sommermonaten, während bei kälteliebenden Arten, wie den Salmoniden, das Temperaturoptimum ganzjährig um 14 °C oder darunter liegt.

Das Sauerstoffbindungsvermögen des Wassers hängt von seiner Temperatur ab. Dementsprechend können Karpfenartige mit relativ wenig Sauerstoff im Wasser auskommen, während bei Lachsartigen (Salmoniden) der O_2-Gehalt nicht unter 7 mg/l Wasser sinken sollte. Auch die Belastung mit Nährstoffen ist für den aus eutrophen (nährstoffreichen) Gewässern stammenden Karpfen kein Problem, während Salmoniden sauberes, unbelastetes Wasser benötigen. Daher werden Karpfen in Teichen mit wenig Wasserwechsel gehalten, um die einstrahlende Sonnenenergie voll nutzen zu können, während Salmoniden in durchströmten Teichen mit hohem Wasserwechsel leben (Bohl, 1982).

Teichwirtschaft

Bereits im alten Mesopotamien und zur Römerzeit wurden gefangene Fische über mehr oder weniger lange Zeit in

Becken gehältert, um das Nahrungsmittel Fisch jederzeit für die Zubereitung bereitzuhalten. In Europa nahm allerdings die Fischzucht erst im frühen Mittelalter ihre Anfänge, zu einer Zeit, als im fernen Ostasien, im „Reich der Mitte", bereits eine hochentwickelte Teichwirtschaft vorhanden war. Die mit der Christianisierung aufgekommenen Speise- und Fastengebote führten zu einem erhöhten Bedarf an Speisefischen zu bestimmten Zeiten, der nicht immer über die Entnahme aus den natürlichen Gewässern gedeckt werden konnte. Dies führte über die Kulturzentren der Klöster zur systematischen Anlage künstlicher Teiche, die neben der Fischhaltung und -zucht auch als Viehtränken und Löschwasserreservoire dienten. Einer der ersten in Teichen gehaltenen Fische war der Karpfen.

Somit kann in Mitteleuropa die Teichwirtschaft auf eine mehr als eineinhalbtausendjährige Tradition zurückblicken, die über Jahrhunderte von den Klöstern getragen wurde. Mit der Reformation erlosch diese Tradition in einigen Gebieten ebenso wie in der Folge der Säkularisation zu Beginn des 19. Jahrhunderts.

Zentren der **Karpfenteichwirtschaft**, in der als Leitfisch der Karpfen kultiviert wird, sind in heutiger Zeit Polen, Böhmen, die Oberpfalz und Franken sowie Ungarn, Kroatien und Teile Frankreichs. Das Grundprinzip der Haltung von Karpfen (*Cyprinus carpio*) sowie von „Nebenfischen" wie Schleien (*Tinca tinca*), anderer Karpfenartiger (Cypriniden), aber auch von Hechten (*Esox lucius*) und Zandern (*Stizostedion lucioperca*) hat sich seit dem Mittelalter wenig geändert. Die Grundernährung erfolgt über die Naturproduktion des Teiches selbst und ist damit von der Witterung und der direkten Sonneneinstrahlung abhängig. Dies führt dazu, daß in Mitteleuropa ein Karpfen erst nach einem dreijährigen Zyklus zu einem Gewicht von 1,5 kg und damit zur Speisereife gelangt, während in südlicheren, insbesondere mediterranen Ländern wie Israel dieses Gewicht in nur zwei Sommern erreicht werden kann.

Die Produktivität wurde, von Böhmen ausgehend, seit dem 18. Jahrhundert durch die Trennung von Zucht- und Aufzuchtteichen, diese noch getrennt nach Größenstufen, optimiert. Die Münchener Schule unter Bruno Hofer führte zusätzlich eine Düngung der Teiche zur Erhöhung des Nahrungsangebots ein. Weiterhin werden heute die Produktivitätsphasen (Frühjahr bis Herbst) durch Zufütterung von Kohlenhydraten in Form von Getreideprodukten zu Beginn und zu Ende ausgedehnt, wenn die Planktonproduktion noch nicht voll angelaufen oder aufgrund der kürzeren Sonneneinstrahlung nicht mehr ausreichend ist (Steffens, 1985). Hingegen wird der Proteinanteil in der Nahrung der Karpfen fast ausschließlich über die „Naturnahrung" in Form der Nährtiere gedeckt (Hofmann, 1987).

Die Vermehrung von Karpfen, Schleien oder Hechten geschieht heute noch in speziellen Laichteichen, in die Zuchtpaare eingesetzt werden (zwei männliche [Milchner] mit einem weiblichen [Rogner] Tier), aus denen sie nach dem Ablaichen wieder entnommen werden. Bei weiteren Arten, wie dem aus Ostasien eingeführten Grasfisch (*Ctenopharyngodon idella*), wird die Laichreife über Temperaturerhöhung und die Verabreichung von Hypophysenhormonen (sog. Hypophysierung) herbeigeführt, wonach die Tiere künstlich abgestreift werden und die Bebrütung der befruchteten Eier in Zugergläsern oder Brutrinnen erfolgt (Bohl, 1982).

In der **Forellenteichwirtschaft** ist ein

erster Beginn bereits im 18. Jahrhundert durch die anschließend wieder vergessene Entdeckung der künstlichen Besamung und Aufzucht zu finden. Mitte des 19. Jahrhunderts wurden dann die Grundlagen für die heutige Entwicklung zunächst in Hüningen im Elsaß, dann in München an der damaligen Tierarzneischule gelegt. Die Möglichkeit, die Geschlechtsprodukte von Fischen durch Streifen zu gewinnen, wird heute bei den verschiedensten Arten genutzt. Besonders leicht ist es bei Salmoniden, bei denen die Eier frei in der Leibeshöhle liegen und ohne große Mühe über den Geschlechtsporus „abgestreift" werden können. Die Eier werden unter ständigem Wasserdurchfluß in Gläsern oder Rinnen erbrütet. Bereits wenige Tage nach Schlupf, sobald der Dottersackvorrat aufgebraucht ist, wird die nunmehr freßfähige Brut mit kommerziell erhältlichem Futter ernährt. Im Gegensatz zu der Karpfenteichwirtschaft spielt heute bei der Salmonidenhaltung Naturfutter keine Rolle mehr. In der Forellenteichwirtschaft ist es wesentlich, daß der Wasserwechsel stetig erfolgt, um Futterreste, Kot und die über die Kiemen ausgeschiedenen Stoffwechselprodukte kontinuierlich zu beseitigen. Die verfügbare Wassermenge wird daher in Litern pro Sekunde angegeben. Die Menge an Fischen, die in eine Anlage verbracht werden können, hängt von der Wasserbeschaffenheit selbst, d.h. in erster Linie vom Grad der Belastung mit Schad- und Nährstoffen, aber auch von der Wasserführung innerhalb eines Beckens oder Teiches ab, so daß keine absolut verbindlichen Werte gegeben werden können. Innerhalb einer Anlage ist aber der Besatz an der minimal verfügbaren Wassermenge zu orientieren, da die Wassermenge eines Oberflächengewässers oder einer Quelle starken jahreszeitlichen und witterungsbedingten Schwankungen unterliegt.

In neuerer Zeit wurden Forellenzuchtanlagen nicht nur in bzw. an Fließgewässern etabliert, sondern auch in Form von Netzkäfigen in Meeresbuchten oder Süßwasserseen errichtet. Im marinen Bereich sind hier vor allem die Lachszuchten Skandinaviens und der britischen Inseln zu nennen. Hier werden heute neben dem Lachs (*Salmo salar*) auch andere Fische, wie Plattfische und Seebarsche, kultiviert. Für den Süßwasserbereich wurden in Deutschland derartige Netzkäfiganlagen abgelehnt, da sie den Nährstoffeintrag in das Gewässer (Eutrophierung) stark fördern und eine Infektionsgefahr für die Wildfischpopulationen darstellen. Weiterhin ist aus tierschutzrechtlicher und wasserrechtlicher Sicht diese Form der Fischhaltung abzulehnen. Bei Krankheitsausbrüchen würde eine Therapie über die Körperoberfläche eine Kontamination des Gewässersystems, insbesondere des Grundwassers, mit sich bringen. Andererseits widerspricht es dem Tierschutzgedanken, wenn bei einer immanenten Bedrohung, insbesondere durch Ektoparasitosen, eine Behandlung aus o.a. Gründen untersagt werden müßte (Hoffmann, 1985). In der ehemaligen DDR wurden dagegen zahlreiche derartige Netzkäfiganlagen errichtet, die heute zumeist nicht mehr existieren.

Eine weitere Stufe der Intensivierung der Fischzucht erfolgte durch die Entwicklung von sogenannten **Kreislauf- bzw. Teilkreislaufanlagen**. Dabei wird das zur Haltung der Fische notwendige Wasser nicht mehr stetig erneuert, sondern durch Pumpen über Reinigungsstufen sowohl mechanisch als auch biologisch geklärt. In den Kläreinheiten erfolgt ein Abbau insbesondere der organischen Verbindungen aus den Ausscheidungen und Futterresten durch Bakterien und Protozoen. Diese Reinigungsstufen sind sensibel und müssen äußerst sorgfältig gepflegt werden. Sinnvoll kann eine derartige Anlage bei Warmwasserarten sein, da damit eine Einsparung an Wärmeenergie durch die Vermeidung von Wärmeabfluß erzielt werden kann. Andererseits ist die biologische Klärstufe sehr empfindlich gegenüber chemischen Einflüssen, so daß eine Behandlung mit Antiparasitika, Chemotherapeutika oder Antibiotika zu deren Zusammenbruch führen kann. Derartige Kreislaufanlagen haben sich daher auch aus finanziellen Gründen bei der Mast von Salmoniden nicht etablieren können (Bernoth, 1991). Dagegen werden sie heute bei wärmeliebenden Fischen wie Welsen, insbesondere dem europäischen Wels (*Silurus glanis*), dem Aal (*Anguilla anguilla*) oder bei Stören (*Acipenser* spp.) eingesetzt.

Tierschutzaspekte

Vermehrung von Fischen

Probleme in Hinblick auf den Tierschutz werden in den unterschiedlichen Formen der Teichwirtschaft sehr unterschiedlich zu finden sein. Bereits bei der Vermehrung von Fischen sind tierschutzrelevante Aspekte zu beachten.

Das **Streifen** zur Gewinnung von Eiern und Sperma erfordert es, die Fische aus dem Wasser zu nehmen und mit der Hand die Geschlechtsprodukte unter sauberen Bedingungen durch Entlangstreifen an den Flanken zu gewinnen. Um den Fisch und seine empfindliche Schleimschicht zu schützen, darf nur mit nassen Händen gearbeitet werden. Der Fisch selbst sollte mit einem feuchten Tuch umwickelt und fixiert werden. Da insbesondere größere Fische sich dagegen stark wehren und so die Gefahr der Verletzung, aber auch der Verunreinigung der gewonnenen Geschlechtsprodukte besteht, wird das Streifen heute unter Betäubung vorgenommen. Dazu bringt man den Fisch in eine Betäubungsmittellösung, aus der er sofort nach Eintreten der Narkose entnommen wird. Mittel der Wahl sind Tricain oder Trichlorobutanol. Das narkotikahaltige Wasser ist vom Fischkörper abzuspülen, um eine Verunreinigung der Geschlechtsprodukte zu vermeiden (Leitritz, 1980). Dagegen ist das Abtrocknen wegen der Gefahr der Schleimschichtzerstörung mit anschließender Verpilzung strikt abzulehnen.

Bei einigen Fischarten ist es unter den derzeitigen Kulturbedingungen nicht möglich, die Geschlechtsprodukte sicher unter den obigen Bedingungen oder auf natürliche Weise zu gewinnen. Dazu zählen Störe und Welse. Bei ihnen werden die Geschlechtsprodukte auf operative Weise durch Öffnung der Leibeshöhle gewonnen. Ein solcher Eingriff ist in Deutschland durch das Tierschutzgesetz (in der Fassung der Bekanntmachung vom 17. Februar 1993) geregelt und darf nur vorgenommen werden, wenn der betreffende Eingriff für die Nutzung des Tieres unerläßlich ist und von einem Tierarzt ausgeführt wird (§ 6 Absatz 1).

Weitere Entwicklungen in der Fischzucht stellen die Triploidisierung mit dem Ziel der Gewinnung steriler Fische und die hormonale Geschlechtsumwandlung bei Salmoniden dar. Bei letzterem Verfahren werden Brutfische mit androgenhaltigem Futter behandelt, so daß auch genetisch weibliche Tiere sich zu männlichen entwickeln. Kreuzt man diese mit normalen Weibchen, ist die Nachkommenschaft rein weiblich, da beide Elternteile genetisch weiblich sind (Bohl, 1982). Da die manipulierten, phänotypisch männlichen Salmoniden keine Samenleiter entwickeln, müssen sie zur Spermagewinnung getötet werden. Hier stellt sich die Frage, ob diese Form der Manipulation noch mit dem Tierschutzgedanken in Einklang steht (Förster, 1988).

Tierschutzrelevante Beurteilungskriterien

Bei der **Produktion** von Fischen in den verschiedenen Formen der Teichwirtschaft werden tierschutzrelevante Probleme unterschiedlich je nach Typ und Intensität zu erwarten sein. Grundsätzlich stellt sich jedoch die Frage, inwieweit Fische überhaupt leidens- und schmerzfähig sind.

Der **Schmerz** als Wert per se ist nicht meß- und objektivierbar. Wegen der im Vergleich zu höheren Vertebraten weniger ausgeprägten Entwicklung von Großhirnrinde und limbischem System wurde in der Vergangenheit das Vorhandensein von Schmerzen insgesamt bezweifelt. Untersuchungen belegen jedoch, daß auch Fische Schmerz empfinden (Schulz, 1982). Dabei spielt diese Frage insbesondere beim Schlachten und Töten eine Rolle, während in der Haltung die Probleme von Leiden und Schäden im Vordergrund stehen (Königs, 1988; Peters, 1988, 1990).

In den traditionellen Formen der Karpfenhaltung mit der Ernährung allein auf Naturbasis ergeben sich kaum Tierschutzprobleme. Erst die Intensivierung mit künstlicher Zuführung von Futtermitteln und damit ermöglichter höherer Populationsdichte kann zu haltungsbedingten Schäden führen. Dabei spielt zum einen die Auswahl des Futtermittels selbst eine Rolle. Ernährungsbedingte Schäden durch ungeeignete oder verdorbene Futtermittel sind durch die intensive Erforschung relevanter Fragen seltener geworden. Bei erst seit kurzer Zeit eingeführten Fischarten, wie etwa Stören, bestehen allerdings noch erhebliche Kenntnislücken hinsichtlich des Ernährungsbedarfs, so daß hier nicht selten in der Praxis ernährungsbedingte Erkrankungen und Todesfälle, beispielsweise durch Leberdegenerationen, auftreten. Die Verbesserung der Diäten liegt dabei sowohl im Interesse des wirtschaftlichen Erfolges als auch des Tierschutzes. Die Verabreichung von Futtermitteln muß in der Menge von der Temperatur abhängig sein, um bei tieferen Werten und damit erniedrigter Aktivität der Fische eine Verunreinigung des Wassers durch nicht aufgenommene Futterpartikel zu vermeiden. Die Darreichung selbst muß sowohl zeitlich als auch von der Lokalisation der Futterstellen bzw. der Futterautomaten her dem Alter und der Entwicklung der Fische angepaßt sein. Dabei ist insbesondere zu vermeiden, daß sich zu viele Fische an nur einer oder wenigen Futterstellen konzentrieren und so die schwächeren Tiere nicht zum Zuge kommen können. Bei höheren Wassertemperaturen muß insbesondere bei Lachsartigen die Futtermenge verringert werden, um eine Überbelastung bei erhöhter Stoffwechselaktivität und temperaturbedingtem niedrigerem Sauerstoffangebot zu vermeiden.

Ein negativer Einfluß der Haltungs- und Umweltbedingungen auf das Wohlbefinden der Fische ist zum Teil nur schwer zu objektivieren. Schäden können, müssen sich aber nicht unbedingt in Substanzdefekten äußern. Als Hinweis auf haltungsbedingte Schäden kann jedoch das Auftreten nichtkontagiöser, chronischer Krankheiten gewertet werden (Peters, 1990). Darunter fallen mor-

Abb. 1 Regenbogenforelle aus einer Teichhaltung mit Verlust der Brustflosse.

Abb. 2 Regenbogenforelle aus einer Teichhaltung mit Flossendefekten und Schuppenverlusten.

phologisch erkennbare Veränderungen in Form von Flossenverkürzungen bis hin zu -verlusten (Abb. 1), Hautläsionen (Abb. 2) und Kiemenveränderungen (Abb. 3). Eindeutig haltungsbedingt sind dabei die meist reversiblen Flossendefekte, die insbesondere bei dichter Haltung von Salmoniden zu finden sind. Inwieweit dabei Leiden für den betroffenen Fisch entstehen, ist allerdings fraglich, da in den Teichen keine Wachstums- oder Verhaltensunterschiede bei Fischen mit Flossenverkürzungen im Vergleich mit intakten auffallen. Hinweise auf Kiemenveränderungen können sowohl bereits äußerlich durch Verkürzungen der Kiemendeckel erkennbar werden als auch direkt in Form von Kiemenschwellungen oder histologisch an den Kiemen selbst. Kiemendeckelverkürzungen treten nach neueren Untersuchungen nahezu ausschließlich bei in der Teichwirtschaft gehaltenen Fischen auf (Oidtmann, 1994), wobei genetische Dispositionen nicht auszuschließen sind. Ausschlaggebend sind offensichtlich stoffwechselbedingte Prozesse, die in erster Linie vom Calcium- und Magnesiumgehalt des Wassers und erst in zweiter Linie vom Mineralstoffgehalt des Futters abhängen. Unter den Bedingungen des Fischteiches sind bei guten Umweltbedingungen keine negativen Effekte zu sehen. Allerdings sind derartige Fische in der freien Natur offensichtlich weniger überlebenstüchtig und sollten daher nicht als Besatzfische Verwendung finden.

Veränderungen an den Kiemen selbst sind in Form von Proliferationen des Epithels insgesamt oder von Teilen desselben, z. B. der Chlorid- und Schleimzellen, in Form von Hyperplasien, Lamellenverschmelzungen (s. Abb. 3) sowie entzündlichen Prozessen zu finden. Ihre Entstehung steht in unmittelbarem Zusammenhang mit der Wasserqualität, wobei pH-Wert, hohe Ammoniak-, Ammonium-, Nitrit- und Phosphatkonzentrationen eine besondere Rolle spielen (Oidtmann, 1994). Zu hohen Belastungen mit Stoffwechselprodukten kann es insbesondere im Zusammenhang mit hohen Besatzdichten bei geringem Wasserdurchsatz kommen. Weiterhin ist ein oft sekundärer Befall mit Ektoparasiten und Bakterien zu beobachten. Neuere

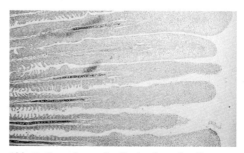

Abb. 3 Regenbogenforelle: hochgradige Hyperplasie der Kiemenepithelzellen; Fusion der Sekundärlamellen.

Untersuchungen zeigen dabei, daß diese Veränderungen nicht unbedingt auf die Teichhaltung selbst zurückzuführen sind, sondern daß bereits die Belastung des Wassers durch lokale (Landwirtschaft, häusliche und industrielle Abwässer) und überregionale (Saurer Regen) Faktoren derartige Veränderungen sowohl bei Wild- als auch bei Teichfischen verursacht (Fischer-Scherl und Hoffmann, 1988). Ektoparasiten werden dabei oft wegen der therapeutischen Möglichkeiten in den Zuchten in geringerer Frequenz als bei den Wildfischen gefunden.

Einen besonders guten Parameter für Streß und damit negative Haltungseinflüsse auf den Fisch können Blutbilduntersuchungen geben (Hofer und Lackner, 1995). Diese müssen allerdings unter standardisierten Bedingungen erfolgen, da die Ergebnisse in hohem Maße durch Entnahmetechnik und Methodik beeinflußt werden (Hoffmann et al., 1982).

Besatzdichte

Eine geeignete Besatzdichte von Fischen in einem Teich kann nicht generell angegeben werden. Sie hängt zum einen vom Alter und Entwicklungsstand, zum anderen von der Wasserqualität ab. Hinsichtlich der Sozialansprüche ist zu beachten, daß nicht nur ein zu dichter Besatz zu Problemen führen kann, sondern daß beispielsweise bei adulten Lachsartigen (Salmoniden), Aalen und Welsen eine zu geringe Populationsdichte erhöhte Aggressivität, Revierkämpfe und Kannibalismus provozieren kann. Die Wasserqualität hängt vom Chemismus des zur Verfügung stehenden Wassers, von der Wassermenge, wobei bei Quellen und Fließgewässern von der geringsten Wasserschüttung im Jahresverlauf auszugehen ist, sowie von der Wasserführung in der Anlage ab. Dabei ist insbesondere darauf zu achten, daß im Teich oder Behältnis keine toten Ecken mit fehlendem Wasseraustausch entstehen. Gegebenenfalls ist die Sauerstoffzufuhr durch Belüftung oder Begasung zu gewährleisten. Limitierend wirken in der Regel die durch den Fisch anfallenden Stoffwechselprodukte, die sich gegebenenfalls zu bereits im Wasser vorhandenen Belastungen, wie etwa Nitrat oder Nitrit, addieren. Weiterhin ist das Temperaturoptimum zu beachten, wobei etwa Salmoniden als kälteliebende Fische maximal 17 °C über längere Zeit tolerieren, dagegen die meisten Karpfenartigen (Cypriniden) mit Temperaturen über 20 °C gut zurechtkommen bzw. dort erst ihr Temperaturoptimum haben.

Biotechnische Maßnahmen

Verletzungen durch biotechnische Maßnahmen stellen einen häufigen Ausgangspunkt für lokale und generalisierte Infektionen in der Teichwirtschaft dar. Das notwendige regelmäßige Sortieren, das Umsetzen in andere Teiche und der Transport bei Ver- und Zukauf sowie Manipulationen beim Streifen sind hierfür die häufigsten Gründe. Diese Verrichtungen sind stets mit Streß verbunden (Sauer und Manz, 1994). Um diesen und die Verletzungsgefahr zu minimieren, ist ein möglichst schonender Umgang zu gewährleisten. Dabei sind die Fische nur so kurz wie unbedingt nötig aus dem Wasser zu nehmen, nur mit nassen Händen zu berühren, und die Geräte wie Netze, Kescher, Transportbänder und Sortiermaschinen sollen in der Größe den jeweiligen Fischen angepaßt sein. Jegliche scharfe Kanten sind zu vermeiden. Alle Oberflächen, die mit Fischen in Berührung kommen, müssen stets naß gehalten werden. Beim Abfischen von Teichen muß zunächst zügig der Wasserspiegel abgesenkt werden, um dann bei verringerter Abflußgeschwindigkeit die Fische unter geringstmöglicher Aufwirbelung von Schlamm zügig mit Keschern oder Netzen zu entnehmen.

Transport

Als Transportgefäße sind nur Bottiche oder Wannen mit glatten Oberflächen zulässig, nicht jedoch geflochtene Holz- oder Drahtkörbe. Kleinere Fische und Salmoniden müssen stets in Wasser transportiert werden, während Schleien und Karpfen sowie Aale auch kurzfristig, d.h. bis zu ca. 10 min, ohne Wasser über kürzere Strecken verbracht werden können. Zur Vermeidung von Druckschäden sollte ein Transportbehälter nicht mehr als 30 kg Fisch enthalten. Das gleiche gilt für das Abwiegen von lebenden Fischen. Aale dürfen auch über größere Strecken ohne Wasser, aber in feuchtem Milieu transportiert werden; der Transport erfolgt in sog. Aalkisten, in denen die Fische durch von oben herabtropfendes Eiswasser feucht und gleichzeitig kühl gehalten werden (Vollmann-Schipper, 1975).

Für Transporte über größere Entfernungen sind Spezialbehältnisse erforderlich, die eine Belüftung zulassen. Bereits vor dem vorgesehenen Termin sind die Fische nicht mehr zu füttern, um eine Verunreinigung des Transportwassers mit Stoffwechselprodukten so weit als möglich zu vermeiden. Das Transportgefäß selbst muß mit einem undurchsichtigen Deckel versehen sein, um durch Dunkelheit die Fische während des Transports ruhigzustellen. Die Temperatur sollte möglichst niedrig sein und bei Salmoniden 15 °C, bei Raubfischen wie Hecht, Zander und Barsch 8 °C nach Möglichkeit nicht überschreiten. Dabei ist ein Temperaturschock sowohl beim Ver- als auch beim Entladen zu vermeiden. Bei längeren Transporten ist ein Wasserwechsel vorzunehmen. Grundsätzlich sollte während des Transports eine Begasung mit Sauerstoff erfolgen (Vollmann-Schipper, 1975; Reichenbach-Klinke, 1980).

Vorrätighalten von Fischen im Einzelhandel

Vor dem Verkauf werden Fische häufig noch in Verkaufsstätten oder in der Gastronomie gehältert, um dann frisch geschlachtet an den Verbraucher abgegeben zu werden. Unter **Hälterung** ist ein zeitlich begrenztes Vorrätighalten zu verstehen. Diese Hälterung muß für den Fisch möglichst schonend sein. Dies beginnt bereits beim Einsetzen. Dabei darf die Wassertemperatur nur maximal drei Grad von der des Transportwassers abweichen. Durch Vermischen des Transportwassers mit dem Hälterungswasser wird eine langsame Umgewöhnung an das Hälterungswasser erreicht. Die Fische sollten möglichst ausgenüchtert sein, da sonst sowohl während des Transports als auch während der Hälterung eine starke Verunreinigung des Wassers zu erwarten wäre. Dementsprechend werden die Fische auch während der Hälterung nicht gefüttert. Da diese Art der Haltung mit gewissen Einschränkungen an die Bedürfnisse der Fische verbunden ist, ist sie zeitlich zu begrenzen. Für Forellen und Hechte ist dieser Zeitraum auf maximal 10 Tage zu beschränken. Wenn die Wasserqualität nicht optimal ist, muß dieser Zeitraum noch verkürzt werden; zusätzlich ist weniger dicht zu besetzen. Ein Nachbesetzen in ein Hälterungsbecken ist abzulehnen, da die Hälterungsdauer ein-

Tab. 1 Wichtigste Parameter bei der Hälterung von Speisefischen im Einzelhandel (modifiziert nach einem Merkblatt der Tierärztlichen Vereinigung für Tierschutz, 1994)

Fischart	Salmoniden	Karpfen	Aal	Wels	Hecht
Temperatur Optimum	5–12 °C		< 15 °C		< 10 °C
Maximum	18 °C		20 °C		15 °C
pH-Wert			6,0–8,5		
Minimum O₂ am Ablauf	5 mg/l		4 mg/l		
maximale Hälterungsdauer	10 Tage		3–4 Wochen		10 Tage
Besatzdichte	20 kg/250 l	100 kg/500 l	50 kg/250 l	50 kg/500 l	50 kg/500 l
Besonderheit			lichtempfindlich		

zelner Fische nicht mehr überprüfbar wird.

Eine Einhaltung der geforderten Wasserqualität ist in der Regel nur in Durchlaufbecken zu erreichen. Dabei ist insbesondere auf eine ausreichende Sauerstoffversorgung zu achten. In der Regel ist eine Sauerstoffanreicherung des Zulaufwassers erforderlich.

Werden mehrere Arten miteinander vergesellschaftet, müssen jeweils die Angaben für die empfindlichste Art berücksichtigt werden (Tabelle 1).

Bei der Aufstellung eines Beckens sollte beachtet werden, daß das Becken keiner direkten Sonneneinstrahlung (daher keine Aufstellung in Fensternähe) ausgesetzt ist. Für die Fische ist ein Abkleben des Beckens von drei Seiten günstig, da sie weniger Beunruhigungen ausgesetzt sind. Da Aale und Welse lichtscheu sind, sollte in deren Becken nur wenig Licht einstrahlen. Ein Beklopfen der Scheiben sollte unterbleiben.

Ein Zusammenhältern von Raubfischen mit kleineren Fischen der gleichen oder einer anderen Art sollte vermieden werden. Bei einigen Arten (z.B. Forelle, Aal) kommt es bei geringen Besatzdichten zu Revierverhalten und damit unter Umständen zu Verletzungen. Bei geringen Besatzdichten kann entweder auf ein kleineres Becken ausgewichen werden, oder die Fische sind der Verwertung zuzuführen. Kranke, verletzte oder sich abnorm verhaltende Fische sind unverzüglich aus Hälterungsbecken sowohl aus Gründen des Tierschutzes als auch aufgrund lebensmittelrechtlicher Vorschriften zu entfernen.

Gechlortes Wasser ist für viele Fischarten, vor allem Salmoniden, nicht verträglich. Bei Verwendung von gechlortem Trinkwasser ist daher eine Entchlorung, beispielsweise über Aktivkohle, vor Einleiten in das Becken erforderlich. Die wesentlichen Ansprüche, die bei den verschiedenen Fischarten variieren, sind in Tabelle 1 zusammengefaßt.

Tötung

Ein besonderes Problem kann die tierschutzgerechte Tötung von Fischen zum Zweck der Schlachtung darstellen (Schulz, 1982; Bernoth und Wormuth, 1991; Neukirch, 1994).

Nach der deutschen „Verordnung zum Schutz von Tieren im Zusammenhang mit der Schlachtung oder Tötung (Tierschutzschlachtverordnung – TierSchlV)" ist eine Betäubung vor dem eigentlichen Schlachtvorgang zwingend vorgeschrieben, wobei für Aale und Plattfische eine

Ausnahme besteht. In dieser Verordnung sind der Kopfschlag sowie die elektrische Betäubung und für Salmoniden die CO_2-Begasung als Betäubungsmethoden vorgesehen.

Während letztere Methode bei Salmoniden bereits innerhalb sehr kurzer Zeit zur Betäubung führt, sind bei anderen Fischarten, insbesondere beim Aal, aber auch bei Cypriniden, Exzitationserscheinungen und ein Eintritt der Betäubung erst nach längerer Zeit festzustellen (Marx et al., 1996).

Bei der Schlachtung nur einzelner Fische stellt die Betäubung durch Kopfschlag kein Problem dar, bei der Verwertung größerer Partien ist dagegen eine sichere Betäubung aller zur Schlachtung anstehenden Fische nur mit anderen Maßnahmen möglich. Die Betäubung mittels elektrischen Stroms, für die eine größere Zahl von Geräten durch die Industrie angeboten wird, eignet sich gut für die meisten Fischarten. Allerdings kann es bei zu starken Spannungen durch heftige Muskelkontraktionen zu Blutungen in die Muskulatur kommen, die aus Sicht des Verwerters und Verbrauchers unerwünscht sind. Keinesfalls darf jedoch die elektrische Betäubung als Tötung betrachtet werden, wenn auch die Mehrzahl der Fische den Stromstoß nicht überlebt. Aus der Praxis liegen immer wieder Beobachtungen vor, daß elektrisch nur betäubte Fische, wenn sie kühl und feucht transportiert werden, noch nach Stunden wieder erwachen und weiterleben. Die o.a. Verordnung sieht daher obligat die Schlachtung unmittelbar nach der Betäubung vor. Diese kann durch Herzstich oder sofortiges Ausnehmen erfolgen.

Keinesfalls tierschutzgerecht ist der Temperaturschock mit plötzlicher Unterkühlung bei einer Differenz von 10 °C, die für Coregonen (Renken, Felchen) und Zander angegeben wird (Sauer, 1993). Bei Aalen ist die Betäubung insgesamt noch nicht befriedigend gelöst. Die elektrische Methode führt oft zu erheblichen Blutungen, wenngleich modernere Geräte hier einen Fortschritt versprechen. Das früher übliche Totlaufen über Salz, mit dem Effekt einer gleichzeitigen Entschleimung, ist als tierschutzwidrig abzulehnen, auch wenn es zum Teil heute noch eingesetzt wird. Die Anwendung von Ammoniak zur Betäubung von Aalen ist nach der Tierschutzschlachtverordnung ausdrücklich verboten. Die Dekapitation ist aus Verarbeitungsgründen unerwünscht, da Aale zum Räuchern mit Kopf verwendet werden. Das sogenannte Prellen – dabei wird der Aal mehrfach auf den harten Boden geschleudert – ist ebenfalls nicht mit dem Tierschutz vereinbar. Bei diesen nur schwierig zu betäubenden Fischarten sind daher dringend weitere Untersuchungen zur Entwicklung tierschutzgerechter Betäubungsverfahren notwendig.

Therapie

Ein teilweise ungelöstes Problem stellt die Therapie von Krankheiten bei Nutzfischen dar (Sauer, 1993). Einerseits besteht, entsprechend den Grundsätzen des Tierschutzes, die Verpflichtung, einem Tier unnötige Schmerzen und Leiden zu ersparen, d.h. eine Krankheit fachgerecht zu behandeln. Andererseits sind viele Wirkstoffe arzneimittelrechtlich für Nutzfische nicht zugelassen.

Literatur

Bernoth, E.M. (1991): Intensivhaltung von Süßwasserfischen. Dtsch. tierärztl. Wschr. 98, 312–316.

Bernoth, E.M., und Wormuth, H.J. (1991): Tierschutzaspekte bei der Tötung von Fischen. Bundesgesundheitsblatt 34, 8–10.

Bohl, M. (1982): Zucht und Produktion von Süßwasserfischen. DLG-Verlag, Frankfurt/M.

Fischer-Scherl, T., and Hoffmann, R.W. (1988): Gill morphology of native brown trout *Salmo trutta m. fario* experiencing acute and chronic acidification of a brook in Bavaria, FRG. Dis. Aquat. Org. 4, 43–51.

Förster, M. (1988): Neue Methoden in der Forellenzucht – eine Chance für die Praxis? Fischer und Teichwirt 39, 50–53.

Hofer, R., und Lackner, R. (1995): Fischtoxikologie. Gustav Fischer Verlag, Jena-Stuttgart.

Hoffmann, R (1985): Stellungnahme der DVG-Fachgruppe „Fischkrankheiten" zur Frage der Netzgehegehaltung von Fischen. Dtsch. Tierärzteblatt 33, 550–551.

Hoffmann, R., Lommel, R., and Riedel, M. (1982): Influence of different anaesthetics and bleeding methods on hematological values in fish. Arch. Fisch. Wiss. 33, 91–103.

Hofmann, J. (1987): Der Teichwirt. Paul Parey, Hamburg–Berlin.

Königs, E. (1988): Tierschutzaspekte im Fischereirecht. Dtsch. tierärztl. Wschr. 95, 58–60.

Leitritz, E. (1980): Die Praxis der Forellenzucht. Paul Parey, Hamburg–Berlin.

Marx, H., Weinzierl, W., Hoffmann, R., und Stolle, A. (1996): Vergleichende Untersuchungen zur manuellen Tötung, CO_2-Betäubung und Elektrobetäubung bei Karpfen, Aal und Forelle (im Druck).

Neukirch, M. (1994): Über rechtliche und tierschutzrelevante Aspekte bei der Tötung von Fischen. Dtsch. tierärztl. Wschr. 101, 316–319.

Oidtmann, B. (1994): Untersuchungen zum Auftreten von Schäden und Veränderungen des Blutbilds bei Regenbogenforellen (*Oncorhynchus mykiss*) in Teichhaltungen im Vergleich mit Wildforellen. Vet.-med. Diss., Universität München.

Peters, G. (1988): Schmerz und Streß bei Fischen. Dtsch. tierärztl. Wschr. 95, 60–63.

Peters, G. (1990): Tierschutzprobleme in der Massenhälterung von Nutzfischen. Dtsch. tierärztl. Wschr. 97, 157–160.

Reichenbach-Klinke, H.H. (1980): Gutachten über tierschutzgerechte Hälterung und tierschutzgerechten Transport von Fischen (16.6.1980).

Sauer, N. (1993): Tierschutz bei Fischen. Vet.-med. Diss.., Universität Gießen.

Sauer, N., und Manz, D. (1994): Tierschutztatbestände bei Fischen. Tierärztl. Umschau 49, 653–658.

Schulz, D. (1982): Betäuben und Töten von Süßwasserfischen. Dtsch. tierärztl Wschr. 89, 171–172.

Steffens, W.C. (1985): Grundlagen der Fischernährung. Gustav Fischer Verlag, Jena.

Tierärztliche Vereinigung für Tierschutz e.V. (1994): Empfehlungen zur Hälterung von Speisefischen im Einzelhandel.

Vollmann-Schipper, F. (1975): Transport lebender Fische, Abfischen, Hältern, Sortieren, Verladen. Paul Parey, Berlin–Hamburg.

Zitierte Gesetze und Verordnungen (Deutschland)

– Tierschutzgesetz in der Fassung der Bekanntmachung vom 17.Februar 1993 (BGBl. I S. 254), zuletzt geändert durch Artikel 86 des Gesetzes vom 27. April 1993 (BGBl. I S. 512, 2436).
– Verordnung zum Schutz von Tieren im Zusammenhang mit der Schlachtung oder Tötung (Tierschutzschlachtverordnung – TierSchlV) (BGBl. 1997, Teil I Nr. 13, S. 405–415).

Zierfische

R. HOFFMANN UND P. KÖLLE

▪ Zierfische stellen individuenmäßig die größte Zahl an Heimtieren. Ihre Beliebtheit hat sich in den letzten Jahrzehnten nicht zuletzt durch die weiterentwickelte und leicht verfügbare Aquarientechnik stark erhöht. Entgegen der weitverbreiteten Meinung sind jedoch Zierfische nicht auf übliche Warmwasseraquarien begrenzt. Die Haltung von Fischen aus ästhetischen Gründen hat vielmehr eine sehr alte Tradition und entwickelte sich zunächst in Ostasien, wo *Spontanmutationen* gezielt in Teichen als Schmucktiere herangezogen wurden. Dies umfaßte sowohl Farbvarietäten, insbesondere rot-, orange- oder gelbgetönte Tiere, aber auch Veränderungen in der Körper- und insbesondere Flossenform, wie etwa „Schleierschwänze" bei Goldfischen und Guppies. In Europa kamen Zierformen mit der Anlage von Garten- und Teichanlagen vor allem seit der Barockzeit in Mode. Während damals die Goldorfe als Varietät des einheimischen Alands *(Leuciscus idus)* die Teiche der Feudalherren bevölkerte, haben heute Goldfisch und Koikarpfen als bunte Formen der Karausche *(Carassius auratus)* bzw. des Karpfens *(Cyprinus carpio)* die Hauptrolle übernommen. Bei diesen Arten bestehen nach wie vor sehr starke Verbindungen zu Ostasien, insbesondere zu Japan, wo die Zierfischzucht eine große Bedeutung hat. Einzelindividuen mit besonderer Zeichnung oder Körperform werden dabei zu Beträgen gehandelt, die dem Wert eines Mittelklassewagens entsprechen.

War die Haltung von Zierfischen in Teichen zunächst ein Privileg des Adels und des gehobenen Bürgertums, erwachte das Interesse an der Haltung von Fischen in Aquarien, d. h. kleinen Behältern vorwiegend aus Glas, im Haus zusammen mit der Erforschung der Natur im 19. Jahrhundert. Mit damals noch – aus heutiger Sicht – primitiven Einrichtungen entstanden um die Jahrhundertwende weitverbreitet *Biotopaquarien*, die sich vielfach der heimischen Fauna zuwandten, da hier eine zusätzliche Heizung nicht notwendig war. Die heutige Aquarientechnik ermöglicht es allerdings, die Verhältnisse fast aller denkbaren Biotope im Aquarium nachzuahmen. So beherrschen derzeit Fischarten aus den Tropen und Subtropen die Aquaristik, da diese Zonen besonders schön gefärbte Arten aufweisen. Weiterhin bringt für Tiere aus diesen Regionen das Vorherrschen relativ konstanter Temperatur- und Beleuchtungsansprüche über das ganze Jahr hinweg eine deutliche Vereinfachung, da die natürlichen Jahres- und Ruhezeiten nicht beachtet werden müssen.

Die Einführung der *Meeresaquaristik* auf breiter Basis ist ebenfalls erst in neuerer Zeit möglich geworden, da nicht nur die technische Einrichtung, sondern auch das benötigte Wasser nunmehr mühelos zur Verfügung steht. In der Meeresaquaristik werden neben Fischen auch zahlreiche Wirbellose, etwa Korallentiere oder Seeanemonen, gepflegt. Trotz also scheinbar idealer technischer

Voraussetzungen liegen auf dem Gebiet der Zierfische auch heute noch eine Fülle von Problemen hinsichtlich der tierschutzgerechten Haltung.

Diese Probleme nehmen vielfach ihren Anfang bereits bei der Zucht bzw. beim Fang. Von den schätzungsweise 3000 in Aquarien gepflegten Fischarten wird immer noch ein erheblicher Teil direkt durch die Entnahme aus der Natur gewonnen. Dabei werden Tier- und Naturschutzbelange in den tropischen und subtropischen Herkunftsländern kaum beachtet. Die Fangmethoden nehmen zum Teil weder Rücksicht auf die Populationen selbst noch auf die Biotope. Die Betäubung mit Giften führt nicht nur zum sofortigen Tod zahlreicher Individuen vor Ort, sondern oft auch zu langem Leiden bei überlebenden, jedoch geschädigten Fischen. Weiterhin ist insbesondere die Zerstörung von Biotopen, etwa Korallenriffen, zu nennen, die zum Artenschwund erheblich beiträgt. Nach fundierten Schätzungen überleben weniger als 10 % der Wildfänge das erste Jahr in der Gefangenschaft, wobei ein erheblicher Aderlaß bereits in den Sammelstationen durch das Zusammenbringen von Fischen aus verschiedensten Herkünften hervorgerufen wird. Bei den inzwischen in verschiedenen Regionen vor allem Südostasiens, aber auch Amerikas etablierten Zuchtbetrieben für die leicht zu haltenden und nachzuzüchtenden Arten herrschen oft wenig tierschutzgerechte Bedingungen. Dies setzt sich fort bis zum Transport und dem oft unnötig langen Aufenthalt im Zollabfertigungsbereich. Erfreulicherweise setzen sich heimische Nachzuchten, die sowohl über den sogenannten Fachhandel als auch direkt in Aquarianerbörsen angeboten werden, immer mehr durch. Sie sind in der Regel jedoch teurer als billig importierte Zierfische; deshalb ziehen viele Aquarianer letztere immer noch vor. Trotzdem werden die Ansprüche hinsichtlich der artgerechten Haltung häufig sowohl im Handel als auch in Privathand nicht erfüllt. Dies wird dadurch erschwert, daß Schmerz und Leidensäußerungen für den Laien oft nur schwer erkennbar sind.

Wie sollte nun die *artgerechte Haltung von Zierfischen* aussehen? Eine allgemeine Richtlinie kann hierfür wegen der zu großen Diversifikation der Ansprüche der zahlreichen Arten nicht gegeben werden. Jedoch sollten die jeweils zu beachtenden Hauptmerkmale aufgeführt werden. Dies betrifft einerseits die Aquarien und deren Wasser, zum anderen die Ausgestaltung der Einrichtung und die Zusammenstellung der gehaltenen Tiere.

Das Aquarium selbst sollte nie die „klassische", bereits im 17. Jahrhundert benutzte kugelige Form besitzen, da hier für die Insassen die Orientierung im Raum erschwert und der Austausch mit dem Luftsauerstoff infolge der Oberflächenreduzierung minimiert wird. Ein optimales Aquarium hat daher stets gerade Begrenzungsflächen. Sein Rauminhalt orientiert sich an der Größe und Zahl der zu haltenden Fische, wobei beim Besatz bereits von der Adultgröße auszugehen ist. Vielfach wird als meist auch brauchbare Faustregel die Angabe von Liter pro cm Körperlänge verwendet. Als akzeptable Relation können für die meisten Arten 0,5 cm Fisch pro Liter Wasser kalkuliert werden. Dies hängt jedoch auch von den noch zu besprechenden Territorialansprüchen und der Verträglichkeit der Individuen ab.

Die **Wasserqualität** ist durch physikalische und chemische Parameter zu charakterisieren. Letztere werden durch die geologisch bedingten, im Wasser gelösten Ionen sowie durch Bakterien, Pflanzen und Tiere eingebrachten oder entnommenen Stoffe bestimmt. Richtschnur ist hierfür zunächst die Beschaffenheit des Wassers in den Herkunftsgebieten, die regional sehr stark schwankt. So sind die ostafrikanischen Seengebiete durch hartes und alkalisches Wasser charakterisiert, während die meisten südamerikanischen Biotope ionenarmes, weiches und saures Wasser aufweisen. Weiterhin ist es natürlich von entscheidender Bedeutung, ob die zu pflegende Fischart im Süß-, Brack- oder Seewasser zu Hause ist.

Das Herkunftsgebiet gibt die Grundzusammensetzung des Wassers mit pH-Wert, Härte und Leitfähigkeit für die Gestaltung des Wassers im Aquarium vor. Entspricht das verfügbare Leitungswasser diesen Ansprüchen nicht, so muß durch Zusatz von Salzen oder deren Entzug durch Entionisierung das Wasser optimiert werden. Beim Betrieb des Aquariums verhält sich das Wasser in seiner chemischen Zusammensetzung aber nicht konstant, sondern verändert sich durch verschiedene Einflüsse. Hauptfaktor sind natürlich die Bewohner selbst, die durch Futter und Ausscheidungsprodukte ständig zu einer Belastung des Wassers vor allem mit organischen Verbindungen und Stickstoff beitragen. Demgegenüber können Pflanzen durch ihr Wachstum diese Stoffe wiederum binden und dem Wasser entziehen. Weiterhin geben Pflanzen tagsüber unter Lichteinfluß Sauerstoff ab und entziehen dem Wasser Kohlensäure, führen damit also zu einer pH-Erhöhung, während nachts durch Sauerstoffzehrung der Prozeß in umgekehrter Richtung verläuft. Diese tagesrhythmischen Schwankungen spielen aber nur bei ionenarmem, also weichem Wasser eine Rolle, während in hartem Wasser diese Schwankungen abgepuffert werden. Pflanzen können jedoch auch zur Belastung des Wassers bei Absterben und Fäulnis von Blatteilen beitragen. Gesteuert wird der Prozeß der Selbstreinigung des Wassers jedoch durch Bakterien, die im Bodengrund und im Bereich der Pflanzenwurzeln leben. Sie führen im Rahmen des Stickstoffkreislaufes zum Abbau der Stickstoffverbindungen und letztendlich zur Bildung von gasförmigem Stickstoff, der entweichen kann. Bei den normalerweise üblichen Besatzdichten ist jedoch die Selbstreinigung durch Bodenbakterien nicht ausreichend, so daß zusätzlich *Filtersysteme,* die innerhalb oder außerhalb des Aquariums angebracht sein können, diese Reinigung weiter komplettieren. Hierbei werden die Filtersysteme mit chemisch neutralem Material wie Watte oder Plastik gefüllt, das durch seine große Oberflächenstruktur den Bakterien, vor allem *Nitrobacter-* und *Nitrosomonas-*Arten, eine hohe Besiedlungsdichte ermöglicht. Weiterhin werden durch diese Filter Schwebstoffe entfernt.

Treten im Wasser Schadstoffbelastungen auf, kann auch ein zusätzlicher Kohlefilter wertvolle Dienste leisten. Um eine optimale Funktion eines Filters zu gewährleisten, ist sowohl eine ausreichende „Einlaufzeit" von etwa drei Wochen zur Entwicklung der Bakterienflora als auch eine regelmäßige Filterpflege Voraussetzung. Die Abstände dieser Filterpflege und eines notwendigen Teilwasserwechsels variieren je nach Besatz und Produktivität. Messungen der Wasserparameter vermögen dabei auch im Privathaushalt durch heute im Handel angebotene Testsets gute Hilfen zu leisten. Weiterhin ist der Gehalt an gelöstem Sauerstoff ein wesentlicher Faktor. Der Bedarf richtet sich nach der gepflegten Spezies. Er sollte keinesfalls unter 4,5 mg/l Wasser absinken. Ein ausreichender Sauerstoffgehalt ist nicht nur für die Fische selbst, sondern auch für die Bakterien wichtig.

Die **regelmäßige Wasserqualitätskontrolle** ist zumindest für den Zoofachhandel obligat zu fordern, wobei für diesen Bereich auch elektronische Meßgeräte zur Verfügung stehen. Unter den regelmäßig zu erfassenden chemischen Wasserparametern sind folgende zu nennen:
– pH-Wert: je nach Herkunftsgebiet zwischen 6,5 und 8,0 bei über 90 % der Zierfischarten;
– Gesamthärte: je nach Herkunftsgebiet zwischen 3 und 15° deutscher Härte – dH;
– Karbonathärte: 2 bis 8° deutsche Karbonathärte – dKH;
– Sauerstoff: Mindestgehalt 5 mg/l;
– Ammonium/Ammoniak: Diese beiden Verbindungen stehen in einem Dissoziationsgleichgewicht in Abhängigkeit von pH-Wert und Temperatur, wobei mit steigendem pH-Wert der Anteil des toxischen Ammoniaks steigt und der des ungiftigen Ammoniums sinkt.
– Nitrit: optimal von nicht nachweisbar bis 0,2 mg/l; Grenzwert 0,5 mg/l;
– Nitrat: 100 bis 150 mg/l werden von vielen Arten noch toleriert, jedoch sollten als Optimum Werte von 5 bis 10 mg/l nicht überschritten werden.

An physikalischen Einflüssen auf das Aquarium ist in erster Linie die Temperatur zu beachten. Diese liegt aufgrund ihrer tropischen bzw. subtropischen Herkunft der meisten Zierfischarten zwischen 22 und 28 °C. Diese speziesspezifischen Temperaturbereiche sind nur durch Einfügen von *Heizungssystemen* erreichbar, die ebenfalls im Handel in ausgezeichneter Qualität zur Verfügung stehen. Weiterhin ist eine **Durchlüftung** mit dem Effekt sowohl der Wasserströmung als auch eines Sauerstoffeintrags vorzusehen.

Entscheidend für die Aufrechterhaltung des biologischen Gleichgewichts sind auch die **Beleuchtungsdauer** und **-intensität**. Da die meisten Aquarien nicht im direkten Tageslicht lokalisiert sind, ist in der Regel eine zusätzliche Lichtquelle erforderlich. Der Tagesrhythmus der Beleuchtung wird entsprechend der Herkunft meist auf einen 12-Stunden-Tag, optimal mit zwei halbstündigen Dämmerungsphasen, eingestellt.

Der zweite, leicht erfaßbare physikalische Parameter ist die **Leitfähigkeit**. Diese beruht auf dem Gehalt der im Wasser gelösten Ionen. Je nach Herkunftsgebiet sind die Ansprüche sehr unterschiedlich. So werden im Herkunftsgebiet des Roten Neon am Rio Negro nur 12 μS/cm gemessen, während die Leitfähigkeit des Tanganjikaseegebiets bei über 600 μS/cm liegt. Eine Regulierung kann sowohl durch Ionenzugabe als auch durch deren Entfernung mittels Entsalzung oder Umkehrosmose erfolgen. Die wichtigsten Umweltansprüche sind in Tabelle 1 zusammengefaßt.

Die Zusammenstellung der gepflegten Fischarten darf, wie oft üblich, keinesfalls nur unter optisch-ästhetischen Gesichtspunkten erfolgen. Es sollten stets Arten aus hinsichtlich der Wasserbeschaffenheit in ihrem Herkunftsgebiet vergleichbaren Regionen vergesellschaftet werden. Weiterhin spielen das Sozialverhalten und die Ansprüche an die Gestaltung der Umwelt eine große Rolle. Die meisten Arten brauchen Rückzugsmöglichkeiten für schwächere Individuen oder Jungtiere, um sich dem direkten Blickkontakt zu dominanten Tieren entziehen zu können. Diese Einrichtung kann sowohl aus Pflanzen bestehen als auch durch tote Materialien wie Steine oder Wurzeln gestaltet werden. Letztere sind für einige Welsarten obligat, da diese Lignin benötigen, das sie durch Abnagen der Wurzeloberflächen zu sich nehmen.

Tab. 1 Optimalbereiche chemischer und physikalischer Wasserparameter verschiedener Zierfische (modifiziert nach Winter, 1993)

Fischart	GH (°dH)	KH (°dH)	pH-Wert	Temp. (°C)	Sonstiges
Beilbauchfische	‹ 8	0,1–3	6–6,8	24–28	
Black Molly	10–30	5–30	7,5–8,5	18–28	
Blauer Antennenwels	0–15	0,1–3	6–7,5	23–27	
Bratpfannenwels	2–20	3–15	5,8–7,8	20–26	
Diskus	0–5	0,1–3	6–6,5	26–31	
Dornaugen	0–10	0,1–5	6–6,5	24–30	
Fadenfische	3–20	3–15	6,5–8,5	22–28	
Feuerschwanz	0–15	5–10	6,5–7	22–26	
Fiederbartwels	3–20	3–15	7,2–8	22–27	
Goldfisch	8–18	5–10	6,5–8,5	‹20	
Guppy (je nach Herkunft)	5–30	5–20	6,5–8,5	18–28	
Haibarben	0–5	0,1–3	6–6,8	24–26	
Kampffisch	10–25	3–15	6,5–8	24–26	
Kardinalfisch	10–30	5–20	6,5–8,5	20–22	
Keilfleckbarbe	0–5	0,1–3	6–6,5	22–27	
Kirschflecksalmler	0–10	3–7	6–6,5	24–27	
Küssender Gurami	3–20	3–15	6,8–8,5	22–28	
Malawiseebuntbarsch	3–4	5–7	8–8,77	25–27	Leitfähigkeit 200–260 µS/cm
Neon	0–10	0,1–3	5–6,8	20–26	
Netzschmerle	0–5	0,1–3	6–6,5	26–30	
Panzerwels	0–10	0,1–5	6–6,8	20–26	
Platy	10–25	3–15	7–8,2	18–25	
Prachtschmerle	0–5	0,1–3	6–6,5	25–30	
Purpurprachtbarsch	8–12	0,1–56,5	24–26		
Regenbogenfische	10–18	5–10	7,5–8	24–26	
Roter Neon	0–10	0,1–3	4,8–6,2	23–27	wenig Ca, wenig Mg
Roter von Rio	0–10	0,1–5	6,5–7	22–28	
Rotkopfsalmler	0–8	0,1–5	6–6,5	23–26	NO_3 ‹30 mg/l
Schilderwels	0–10	0,1–5	5,8–7,8	23–27	
Schmucksalmler	0–12	0,1–6	6,5–6,8	24–26	
Schwertträger	10–18	5–10	7,5–8,3	22–28	
Siamesische Saugschmerle	0–12	0,1–6	6,5–7,5	24–28	
Skalar	0–15	0,1–4	5,8–6,8	24–30	
Südamerikanische Buntbarsche (Aequidens, Bistograma, Astronotus, Cichlosoma, Papillochromis)	0–10	0,1–5	6–6,8	24–28	
Sumatrabarbe	0–10	0,1–5	6–6,8	20–26	
Tanganjikaseebuntbarsch	8–11	16–18	7,8–9,3	24–26	Leitfähigkeit 600–620 µS/cm
Trauermantelsalmler	8–11	0–5	5,8–6,8	22–24	
Zebrabärbling	5–18	5–10	7,5–8	18–24	
Zwerg-Harnischwels	0–12	0–6	5,8–6,8	22–26	

Der Bodenuntergrund darf nicht scharfkantig sein und ist für die meisten Arten dunkel zu wählen. Auch hier sind die Verhältnisse des Herkunftsgewässers ausschlaggebend.

Bei der Auswahl der Fische ist zu berücksichtigen, ob es sich um Einzelgänger oder sozial lebende Tiere handelt. Wird man bei ersteren nur ein Paar, wenn überhaupt möglich, halten, so sollten bei im Verband lebenden Fischarten mindestens sieben bis zehn Individuen zusammenleben, um die Bildung eines Schwarmes zu erlauben. Werden diese Grundsätze nicht beachtet, wird das Wohlbefinden der Fische erheblich beeinträchtigt. Bei der Vergesellschaftung von verschiedenen Arten muß die jeweilige Verträglichkeit miteinander vor dem Besatz abgeklärt sein. Insgesamt sollte die Anzahl der Arten möglichst gering gehalten werden, da die Pflege den unterschiedlichen Ansprüchen vieler verschiedener Arten nicht gerecht werden kann.

Hochgradige Individualisten, z. B. Siamesische Kampffische, dürfen, zumindest was die Männchen betrifft, nur in Einzelhaltung möglichst ohne Sichtkontakt zu anderen Männchen gehalten werden. In Zoofachhandlungen trifft man nicht selten mehrere Kampffische zwar in separaten Gläsern, aber durch unmittelbar benachbarte Plazierung auf Sichtkontakt. Dies führt durch Dauerstreß infolge permanenten Imponierens gegenüber dem Gegner zu einem Leidensdruck, der einen klaren Verstoß gegen eine artgerechte Haltung darstellt. Im Handel werden diese Tiere durch die Präsentation ihres Prachtkleides zum Zweck des Imponierens leider immer noch häufig in dieser Form vorgestellt.

Ein weiteres Problem stellt die **Fütterung** dar. Die große Varietät der Arten und ihrer Herkunftsgebiete läßt fast kein den natürlichen Bedürfnissen entsprechendes Futterangebot zu, zumal für die meisten Arten gesicherte Untersuchungen zum Bedarf fehlen. Im Handel wird aber heute eine Vielzahl von qualitativ hochwertigen Futtersorten angeboten, die mit Ausnahmen der Nahrungsspezialisten meist eine ausreichend optimierte Ernährung zulassen. Das Hauptproblem stellt nicht ein Nahrungsmangel dar, sondern ein Überangebot, da Fische immer aufnahmebereit und deswegen sehr häufig verfettet sind. *Eine Ad-libitum-Fütterung stellt somit eine erhebliche Gefährdung der Fischgesundheit dar.* In der freien Natur hat der Fisch mit der Nahrungssuche einen Großteil seiner Aktivität zu verbringen, im Aquarium dagegen werden diese Aktivitäten vernachlässigt. Da in der Natur die Nahrung jedoch oft nur temporär zur Verfügung steht, ist es hier sinnvoll, auf Vorrat zu fressen. Dieses natürliche Verhalten wird in der Gefangenschaft oft zum Verderben, wie ernährungsbedingte Leberdystrophien eindrucksvoll belegen, die die Lebenserwartung deutlich verringern. Eine artgerechte Haltung bedingt daher eine rationierte Fütterung mit möglichst einem Fasttag pro Woche.

Nachtaktive Fische, zu denen z. B. die meisten Welse gehören, sollten erst nach Abschalten der Beleuchtung gefüttert werden, da sonst andere Mitbewohner des Aquariums jenen sämtliches Futter wegfressen. Auch ist der bevorzugte Aufenthaltsort der jeweiligen Fische im Aquarium (Oberfläche, mittlere Wasserschichten oder Boden) zu berücksichtigen, z. B. durch Verabreichen von zu Boden sinkenden Futtertabletten an Welse.

Ein besonderes Problem stellen **überzählige Fische** dar. Zum einen sind einige Arten, wie etwa Guppies, sehr vermehrungsfreudig, zum anderen wird häufig die Wachstumsfreudigkeit etwa von Welsen unterschätzt, so daß sich ein

Aquarium oft überbevölkern kann. Da Fische Wirbeltiere sind, ist eine Tötung zum Zweck der Beseitigung überzähliger Tiere nach Paragraph 1 des deutschen Tierschutzgesetzes nicht erlaubt. Diese Bestimmung wird oft nicht beachtet. Zudem ist eine tierschutzgerechte Tötung etwa von kranken Fischen zwar mit Hilfe von im Wasser löslichen Betäubungsmitteln, wie Trichlorbutanol, sehr gut möglich, in Laienkreisen inklusive von Zoofachhändlern aber oft unbekannt. Die weitverbreitete Unsitte, überzählige oder lästig gewordene Fische durch Aussetzen in Tümpel oder andere Freigewässer loszuwerden, ist sowohl im Hinblick auf den Tierschutz, da den Tieren nicht artgerechte Lebensmöglichkeiten geboten werden und sie daher meist rasch zu Tode kommen, als auch hinsichtlich Natur- und Artenschutz aufgrund der Faunenverfälschung nicht zu akzeptieren.

Weiterhin sehr problematisch ist der **Umgang mit kranken Fischen.** Der Gang zum Tierarzt mit Zierfischpatienten ist nach wie vor die große Ausnahme. Dies liegt nicht nur am Tierhalter, sondern auch an der oft mangelhaften Kenntnis der niedergelassenen Tierärzte über (Zier-)Fischkrankheiten, wodurch sie diesen Patienten oft hilflos gegenüberstehen. In den letzten Jahren haben sich jedoch an den tierärztlichen Bildungsstätten, an Untersuchungsämtern und auch unter Praktikern eine Reihe kompetenter Ansprechpartner weitergebildet, so daß in den meisten Regionen auf einen Spezialisten verwiesen werden kann. In der täglichen Praxis wird jedoch noch vielfach Rat bei Zoofachhändlern und Laien gesucht, die sowohl von den diagnostischen Möglichkeiten als auch von den ihnen legal zur Verfügung stehenden Therapeutika her häufig nicht entsprechend eingreifen können, so daß die Tiere vermeidbar erheblichem Leidensdruck unterworfen sind. Weiterhin stellt der illegale Einsatz von rezeptpflichtigen Medikamenten durch Zoofachhändler, Aquarienvereine und leider auch Apotheken bei Zierfischen ein erhebliches Problem dar, das sowohl aus tierschützerischen Gründen als auch wegen potentieller Gefahren für den Aquarianer Bedeutung hat. Der heute weitverbreitete, ohne exakte Diagnose ungezielt durchgeführte Einsatz von hochwirksamen Antibiotika und Antiparasitika führt zu Intoxikationen beim Fisch und zu Resistenzbildungen bei nicht selten auch zumindest fakultativ humanpathogenen Bakterien. Gleichzeitig verhindert er die frühzeitig einsetzende gezielte Therapie durch Fachleute, die sowohl den Fischen erhebliche Leiden erspart als auch letztendlich den Aquarianer vor finanziellen Verlusten schützt.

Literatur

Amlacher, E. (1992): Taschenbuch der Fischkrankheiten. 6. Aufl. Gustav Fischer Verlag, Jena – Stuttgart.

Baensch, H. A., und Riehl, R. (1978): Aquarienatlas, Band 1. Mergusverlag, Melle.

Davenport, K. E. (1996): Characteristics of the current international trade in ornamental fish with special reference to the European Union. OIE, Sci. Techn. Revue 15, 435–444.

Etscheidt, J. (1990): Die tierhygienischen Grundlagen der Aquaristik sowie Untersuchungen über die Beachtung in der Zierfischhaltung. Verlag Ferbersche Univ.-Buchhandlung, Gießen.

Etscheidt, J. (1995): Das Süßwasser-Aquarium: artgerechte Fischhaltung, gesunder Pflanzenwuchs, biologisches Gleichgewicht. Niedernhausen/Ts, Falken.

Herkner, H. (1987): Nichtparasitäre Erkrankungen bei Aquarienfischen. Der praktische Tierarzt 7, 34–39.

Hoffmann, R. W. (1992): Zierfischerkrankungen und ihre Behandlung. Der praktische Tierarzt 11, 1057–1059.

Leibovitz, L. (1980): Establishing and maintaining a healthy aquatic environment. J. Amer. Vet. Med. Assoc 176, 183–185.

Mayland, H. J. (1985): Aquarium für Anfänger. Econ Verlag, .

Scheinert, P., Schäfer, W., und Hoffmann, R. (1986): Zierfischkrankheiten – Bedeutung für die tierärztliche Praxis. Tierärztliche Praxis 14, 405–416.

Scott, P. W. (1981): Ornamental fishkeeping and the veterinarian surgeon. J. Small Anim. Practice 22, 331–339.

Stoskopf, M. (1988): Tropical fish medicine. J. Small Anim. Practice 18.

Winter, M. (1993): Tierschutzgerechte Haltung von Zierfischen im Zoohandel – Eine Studie. Vet.-med. Diss., München.

Tiertransporte

K. FIKUART

Einleitung

In *Deutschland* werden jährlich rund 300 Millionen Tiere geschlachtet, Pferde, Rinder, Schweine, Schafe, Ziegen, Geflügel. In der *Schweiz* wurden 1994 fast 4 Millionen Tiere, ohne Berücksichtigung des Geflügels, geschlachtet. Immerhin importiert die Schweiz jährlich rund 5 Millionen Eintagsküken, darunter sicherlich eine große Anzahl zur Mast bestimmter Tiere. Für *Österreich* änderte sich die Situation bei den Tiertransporten mit Beitritt zur EU grundlegend. Waren die Transporte bisher nur im Binnenland über relativ kurze Strecken gegangen, quert nunmehr eine große Anzahl vor allem von Schlachtviehtransporten im Transitverkehr zu Mittelmeerhäfen das Land.

Alle Schlachttiere werden mindestens einmal transportiert, nämlich zur Schlachtung. Viele wurden als Jungtiere aber bereits einmal oder mehrere Male befördert. Es wird also ständig eine kaum vorstellbar große Anzahl von Tieren transportiert. Hierbei kommt es regelmäßig zu Mißständen, die von der Öffentlichkeit bei Bekanntwerden stets mit großer Empörung aufgenommen werden. Hinsichtlich der Verbesserung der Transportbedingungen zeigen derartige Presseberichte selten die gewünschte Wirkung.

„Der Schlachtpferdetransport steht in letzter Zeit im Blickpunkt der Öffentlichkeit, da es besonders beim Schlachtpferdeexport zu Tierquälereien gekommen sein soll." Dieses Zitat stammt aus dem Jahr **1961** (Fröhner, 1961)!

Tiertransport ist „jegliche Art der Beförderung von Tieren mit einem Transportmittel, einschließlich Ver- und Entladen" (Richtlinie 91/628 EWG), sind also nicht nur die Europa querenden Ferntransporte von Schlachttieren. Auch diese Ferntransporte sind nicht neu. 1920 wurde die Rinderpest mit Zebus aus Indien nach Europa eingeschleppt, die, für Amerika bestimmt, in Antwerpen umgeladen wurden (Fröhner, 1961).

Auch zu früheren Zeiten fanden also Tiertransporte statt. Dementsprechend gab es bereits im vorigen Jahrhundert in Deutschland einzelstaatliche Regelungen, die sich mit diesem Problem befaßten (Lorz, 1992). Durch den Zusammenschluß Europas, die Spezialisierung und Intensivierung der Landwirtschaft sowie die Konzentration der Schlachtung und Verarbeitung, gefördert unter anderem durch sehr strenge Fleischhygienerichtlinien, strukturpolitische Maßnahmen der EU und Subventionszahlungen für Lebendviehexporte, erhöhten sich aber in den letzten Jahrzehnten die Zahlen der beförderten Tiere und die Transportentfernungen drastisch. Gleichzeitig verlagerten sich beispielsweise wegen der größeren Flexibilität des Transportmittels LKW und der Änderung der Vermarktungsgewohnheiten (Wegfall von Viehmärkten mit überregionaler Bedeutung) die Transporte nahezu ausschließlich auf die Straße. Schienen-, Schiffs- und Lufttransporte spielen nur noch eine untergeordnete Rolle.

Straßentransporte können nicht nur von

interessierten Journalisten einfach „verfolgt" werden, sondern stehen durch unmittelbares Erleben der übrigen Verkehrsteilnehmer in besonderer Kritik der Öffentlichkeit. Das Maß der Kritik sowie die Tierart, für die man sich einsetzt, hängen dann allerdings zum Teil von emotionalen und irrationalen Faktoren ab, da hier das gesellschaftlich geprägte Mensch-Tier-Verhältnis eine große Rolle spielt. Bei allen Abstrichen, die folglich zu machen sind, bleiben aber so viele Kritikpunkte, daß insbesondere bei Ferntransporten, die über mehrere Tage gehen und durch unterschiedlichste Klimazonen führen, die Frage der ethischen Vertretbarkeit beantwortet werden muß. Die ethische Ausrichtung des Tierschutzes fordert den Menschen zu seiner Verantwortung für sein Mitgeschöpf Tier zu stehen. Hier kann es nicht hingenommen werden, daß „übergeordnete europäische" Gesichtspunkte herhalten sollen, um dringend notwendige rechtliche Regelungen nicht zu schaffen, damit es nicht „zu unvertretbaren Behinderungen des grenzüberschreitenden Tiertransportes kommt" (Baumgartner, 1988). Dies gilt zumal, wenn Überproduktionen z. B. bei Rindern, „unter Aufwendung hoher Subventionen außerhalb der EU geschafft werden" (Wahl, 1993). Die Wiedervereinigung Deutschlands und der Wegfall der Binnengrenzen in der EU haben zu einer weiteren erheblichen Zunahme von Tiertransporten geführt. Die großen Unterschiede zwischen Produktions- und Verbrauchsgebieten lassen auf absehbare Zeit einen Verzicht auf Tiertransporte nicht zu. Durch entsprechende rechtliche Regelungen sind die Transportbedingungen aber so tierschutzgerecht wie möglich zu gestalten.

Anforderungen an Tiertransporte
Auswirkungen von Transporten auf das Tier

Eine Beförderung stellt für die meisten Tiere eine erhebliche Belastung dar. Sie werden von vertrauten Pflegern und Artgenossen getrennt, aus den gewohnten Stallungen gebracht, den besonderen körperlichen Anstrengungen des Be- und Entladens ausgesetzt. Die Tiere werden in Rangauseinandersetzungen mit unbekannten Artgenossen verwickelt, müssen Vibrationen und Fahrzeugbewegungen aushalten, während ihre eigene Bewegungsmöglichkeit stark eingeschränkt ist. Besonders bei Ferntransporten wirken u. U. extreme Witterungseinflüsse auf die Tiere ein, sie werden unregelmäßig getränkt, gefüttert und gepflegt (Deutscher Bundestag, 1993; v. Holleben, 1994; Müller, 1994 a). Diese Belastungen können Tiere nur teilweise und für eine begrenzte Zeit kompensieren. Danach kommt es zu mehr oder weniger erkennbaren Schäden.

Beim Treiben, Verladen und während der Fahrt können den Tieren durch Fehlverhalten des Personals Schmerzen zugefügt werden. Ganz sicher wird bei vielen Tieren aber Angst ausgelöst und häufig ist die Angst selbst oder durch Schmerz ausgelöste Angst für die Tiere belastender als Schmerz (Loeffler, 1993). Da Schmerzen und/oder Angst bei Transporten über einen gewissen Zeitraum auf die Tiere einwirken, muß davon ausgegangen werden, daß viele Tiere auf Transporten leiden. Ebenso können Leiden ohne Zweifel durch Hunger, Durst, Hitze und Kälte, aber auch durch sozialen Streß und Isolation sowie Bewegungsmangel entstehen (Loeffler, 1993).

Da nicht davon auszugehen ist, daß Tiertransporte irgendwann nicht mehr

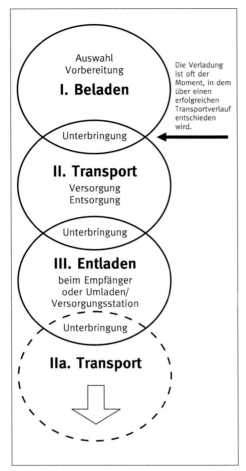

Abb. 1 Ablauf von Tiertransporten.

stattfinden, sind die Bedingungen, unter denen Tiere transportiert werden, so tierschutzgerecht wie möglich zu gestalten.

Transportmittel

Die Transportmittel müssen den Anforderungen der jeweils beförderten Tierart gerecht werden. Bereits in den Empfehlungen des Ministerausschusses des Europarates (1987–1990) sind für die am häufigsten transportierten Tierarten (Pferd, Rind, Schwein, Schaf, Ziege und Geflügel) jeweils ausführliche Ausstattungskriterien aufgeführt. Transportmittel, einschließlich Behältnissen, sollten:
– so stabil konstruiert sein, daß sie dem Gewicht der Tiere und den durch ihre Bewegungen verursachten Belastungen gewachsen sind,
– schnell und leicht bedienbar sein,
– angemessenen Schutz gegen Witterungseinflüsse bieten,
– aus wenig korrosionsanfälligem, die Gesundheit der Tiere nicht beeinträchtigendem Material gefertigt sein,
– rutschfeste Böden haben, die geeignete Einstreu aufnehmen können und Kot und Urin möglichst von den Tieren fernhalten,
– über ausreichende Belüftungseinrichtungen verfügen, die auch während Standzeiten eine ausreichende Frischluftzufuhr sicherstellen,
– wenn es sich um Fahrzeuge handelt, eine ausreichende Beleuchtung des Transportraumes haben und, sofern sie für Ferntransporte verwendet werden sollen, über geeignete Einrichtungen zum Tränken und Füttern der Tiere verfügen.

Um die Tiere in die Transportmittel zu verladen, müssen geeignet konstruierte Rampen, Hebebühnen oder Ladeplätze verfügbar sein. Sämtliche Rampen und Laufflächen müssen rutschfest sein; gegebenenfalls müssen sie mit Sand, Stroh oder anderem Material abgedeckt werden, um den Tieren die Angst vor dem Betreten zu nehmen. Ein ausreichend hoher Seitenschutz an Rampen und Hebebühnen ist unerläßlich, um ein Abstürzen der Tiere zu verhindern. Je geringer die Neigung der Laufflächen ist, desto weniger weigern sich die Tiere, sie zu betreten, wobei leicht ansteigende Rampen in der Regel ohne Zögern begangen werden. Fast alle Tiere betreten ungern abfallende Laufflächen, da sie

Abb.2 Neigungsarme Ladeklappen erleichtern die Verladung.

deren Gefälle nicht einschätzen oder nicht sehen können. Kleinere Tiere, die in Behältnissen transportiert werden, setzt man am schonendsten mit der Hand ein. Für diese Zwecke gibt es jedoch auch mechanische Ladevorrichtungen.

Die deutsche Verordnung zum Schutz von Tieren beim Transport (**Tierschutztransportverordnung** – TierSchTrV), die am *1. März 1997* in Kraft getreten ist, legt die vorgenannten Kriterien nunmehr als verbindlich fest. Die Transportmittel müssen an gut sichtbarer Stelle mit der Angabe „lebende Tiere" sowie einem Symbol für lebende Tiere versehen sein. Rampen der Verladeeinrichtungen für landwirtschaftliche Nutztiere dürfen nur noch einen maximalen Neigungswinkel von 20° haben.

Für Fahrzeuge, auf denen Tiere länger als acht Stunden befördert werden sollen (sog. Pullman-Fahrzeuge), gelten besondere Anforderungen: Zu jedem Tier muß ein direkter Zugang möglich sein; eine Belüftungseinrichtung, die eine jederzeitige Anpassung der Temperatur an die Bedürfnisse der Tiere ermöglicht muß vorhanden sein; die Ausstattung mit Fütterungs- und Tränkvorrichtungen sowie das Mitführen angemessener Futter- und Wasservorräte sind erforderlich.

Vorbereitung der Tiere

Für einen Transport vorgesehene Tiere sind rechtzeitig hierauf vorzubereiten und so auszuwählen, daß sie den bevorstehenden Belastungen gewachsen sind. Dieser Aspekt hat bei kürzeren Transporten eine mehr untergeordnete Bedeutung, ist bei Ferntransporten für Schlacht- wie für Nutztiere aber überlebenswichtig. Alle Tiere sollten vor Verladungen nur mäßig, Schlachttiere einige Stunden vorher gar nicht gefüttert, aber ausreichend mit Wasser versorgt werden. So vorbereitete Tiere liefern in der Regel Fleisch von besserer Qualität, und Todesfälle während des Transports sind seltener.

Sollen Tiere in Gruppen verladen werden, sind möglichst die Gruppen beizubehalten, in denen sie bereits zusammengelebt haben, damit sozialer Streß vermieden wird. Werden Tiere aus verschiedenen Gruppen zusammengebracht, muß dies ausreichend lange vor dem Verladen und unter geeigneten Bedingungen geschehen, damit Rangkämpfe und Beißereien nicht erst auf dem Fahrzeug stattfinden.

Tiere mit gestörtem Allgemeinbefinden, Knochenbrüchen, Tiere in der Geburt, festliegende und gehunfähige

Tiere dürfen nicht transportiert werden außer, sie werden zu einer Behandlung gebracht. In Zweifelsfällen muß eine tierärztliche Untersuchung über die Transportfähigkeit eines Tieres entscheiden. Saugende, noch nicht entwöhnte Jungtiere dürfen nicht transportiert werden, es sei denn, das Muttertier befindet sich mit auf dem Fahrzeug und während entsprechender Pausen wird dem Jungtier Gelegenheit zum Saugen gegeben. Bei hochtragenden Tieren darf der vorausberechnete Geburtstermin nicht in die Dauer des Transports fallen.

Nicht angebundene Tiere können in Gruppen transportiert werden, deren Größe sich nach Tierart, Alter und Gewicht und u. U. auch nach dem Geschlecht richtet. Die Gruppengröße ist so zu wählen, daß sich die Tiere bei unerwarteten Fahrzeugbewegungen gegenseitig einen gewissen Halt geben, andererseits aber nicht so viele Tiere umfassen, daß besonders beim plötzlichen Bremsen der Anpreßdruck auf die vorderen Tiere zu stark wird. Die einzelnen Gruppen müssen durch ausreichend stabile Gitter voneinander getrennt sein. Die Laderaumhöhe muß der transportierten Tierart entsprechen, damit einerseits ausreichend Luftraum verfügbar ist und sich die Tiere wegen zu geringer Deckenhöhe nicht verletzen können, andererseits ein Überspringen von Trenngittern oder das Aufreiten verhindert werden.

Ladedichte

Der Platzbedarf bzw. die Beladedichte sind abhängig von Tierart, Alter bzw. Gewicht, Transportdauer und Witterung. Die Tierschutztransportverordnung enthält hierzu, wie auch zu den Gruppengrößen, tabellarische Aufstellungen. Eine exakte Ermittlung der tatsächlichen Ladedichte bei Fahrzeugkontrollen ist u.U. schwierig, wenn die verfügbare Ladefläche zunächst ausgemessen werden muß und keine Wiegekarten vorliegen. Sofern Gewicht und Tierzahl festliegen, läßt sich die Einhaltung empfohlener Ladedichten unter Verwendung der in Tabelle 1 aufgeführten Regressionsgleichungen berechnen und beurteilen (Müller, 1994 b, modifiziert).

Bei schwüler Witterung, Langzeittransporten und hochtragenden Tieren sind die errechneten Werte um 10–15 % zu erhöhen. Zu geringe Ladedichten bedeuten für die Tiere größere Verletzungsgefahr infolge der Fahrzeugbewegungen.

Allgemeine Anforderungen an Transporte

Eine weitere Möglichkeit, die Transporte zu verbessern, ist deren Zeitbegrenzung. Höchsttransportzeiten, Versorgungsintervalle sowie vorgeschriebene Ruhezeiten mit Entladung der Tiere sind in der Richtlinie 91/628/EWG über den Schutz

Tab. 1 Berechnung des Flächenbedarfs

Saugferkel bis 15 kg KG	$y = 0,01$.	$x + 0,01$
Schweine ab 15 kg KG	$y = 0,004$.	$x + 0,06$
Kälber und Jungrinder (40-220 kg)	$y = 0,004$.	$x + 0,17$
Rinder ab 220 kg KG	$y = 0,001$.	$x + 0,83$
Pferde	$y = 0,0016$.	$x + 0,94$
Schafe und Ziegen	$y = 0,004$.	$x + 0,26$

y = Fläche in m^2; x = Körpergewicht (KG) in kg.
Beispiel: Ferkel à 17,5 kg x 0,004 +0,06 = 0,13 m^2 je Tier

von Tieren beim Transport und in der dazu erlassenen Änderungsrichtlinie 95/29/EG des Rates vom 29. Juni 1995 enthalten, die mit der deutschen Tierschutztransportverordnung in nationales Recht umgesetzt worden sind. Das österreichische Tiertransportgesetz sieht sowohl eine zeitliche als auch eine Streckenbegrenzung vor. Zur einheitlichen Rechtsanwendung sind die EU-Mitgliedstaaten verpflichtet, die Richtlinien in nationale Vorschriften zu übernehmen.

Ein beachtlicher Teil von Schäden und Mängeln auf Transporten ist auf den Einsatz unqualifizierten Personals zurückzuführen (Fikuart, 1994; Landwehr, 1994). Sowohl die Richtlinie 91/628 EWG als auch die deutsche Tierschutztransportverordnung und das Österreichische Tiertransportgesetz sehen für gewerbliche Transporteure einen *Sachkundenachweis* vor. Erfreulich ist festzustellen, daß der hier betroffene Handel und das Transportgewerbe über Berufsorganisationen und Genossenschaften bereits aktiv geworden sind und den rechtlichen Regelungen vorgegriffen hatten. Verschiedene Organisationen bieten Unterrichtsmaterial und Lehrgänge zum Erwerb der erforderlichen Sachkunde an (TVT, 1995; IGTTS, 1995).

Ein Transport beginnt spätestens in dem Augenblick, in dem Tiere auf ein Fahrzeug geladen werden. Da Schäden bei den Tieren vermieden werden müssen, ist bereits das Beladen schonend, ruhig, vorsichtig und umsichtig durchzuführen. Alle Gänge, auf denen die Tiere laufen, müssen rutschfest, genügend breit und möglichst ohne Stufen sein. Tiere laufen leichter, wenn ihnen die Treibgänge bekannt sind. Müssen Tiere Türen passieren, sollten diese möglichst nicht enger als die Gänge sein, da es sonst sofort zu gegenseitiger Behinderung kommt und ein ungestörtes Treiben nicht mehr möglich ist. Treibwege, Rampen und Ladeklappen müssen ohne scharfe Kanten, Ecken und Vorsprünge sein, die zu Verletzungen der Tiere führen könnten. Beim eigentlichen Treibvorgang muß das natürliche Verhalten der Tiere berücksichtigt und zur Erleichterung des Vorganges ausgenutzt werden. Die Tiere sollen ruhig, aber doch zügig, auf die Fahrzeuge getrieben werden.

Beim Treiben dürfen nur der Tierart entsprechend angemessene *Treibhilfen* verwendet werden. Häufig genügt es schon, daß sich hinter einem Einzeltier oder einer Gruppe von Tieren eine Person deutlich erkennbar bewegt. Dieses Hilfsmittel kann dadurch verstärkt werden, daß die Person Kleidung in auffälliger Farbe trägt und durch Händeklatschen zusätzliche Geräusche erzeugt. Bei Rindern kann ein erhobener Stock als verlängerter Arm das Leiten erleichtern. Einzeltiere können, besonders wenn sie angebunden transportiert werden sollen, am Halfter auf das Fahrzeug geführt werden. Eine elektrische Treibhilfe darf nur bei Rindern und Schweinen und nur in sehr seltenen Fällen eingesetzt werden und dann auch nur, wenn die Tiere Raum zum Ausweichen haben. Verboten sind Elektrotreiber mit Stromstößen von mehr als zwei Sekunden Dauer. Vermeidbare Aufregung, Beunruhigungen sowie das vermeidbare Zufügen unnötiger Schmerzen sind zu unterlassen. Insbesondere verboten sind das rohe Schlagen, Treten oder Stoßen der Tiere sowie der Einsatz spitzer und verletzender Treibhilfen. Wenn das Verladen der Tiere durch sachkundiges, im Umgang mit Tieren erfahrenes und entsprechend geschultes Personal ruhig und zügig erfolgt, verläuft der gesamte Vorgang für Mensch und Tier am schonendsten.

Nach Abschluß der Beladung sollte der Transport so schnell wie möglich beginnen und bei gleichmäßiger, aber zügiger Fahrweise durchgeführt werden. Heftige Beschleunigungs- und Bremsmanöver sind ebenso wie forsches Kurvenfahren zu vermeiden. Bei Untersuchungen, welchen Einfluß Ladetechnik, Ladedichte, Witterung und Fahrweise auf die Mortalität transportierter Schlachtschweine haben, erwies sich, daß der Einfluß der Fahrweise alle anderen Faktoren bei weitem übertraf (Reuter, 1975).

Bei Ferntransporten sind Transportpläne mit Angabe evtl. anzufahrender Versorgungsstationen vorzulegen. Die ungefähre Ankunft ist dem Empfänger rechtzeitig mitzuteilen, damit eine reibungslose Entladung ohne vermeidbare Verzögerungen durchgeführt werden kann.

Sofern Versorgungsstationen aufgesucht werden, sind die Tiere möglichst zu entladen, da nur so eine ordnungsgemäße Versorgung sichergestellt ist und nur bei entladenen Tieren sicher festgestellt werden kann, ob sie auch weiterhin transportfähig sind. Zur Einhaltung vorgeschriebener 24stündiger Ruhepausen müssen die Tiere in amtlich zugelassenen Aufenthaltsorten (Versorgungsstationen) entladen werden. Vor der erneuten Verladung muß ein amtlicher Tierarzt die weitere Transportfähigkeit der Tiere bestätigen.

Werden bei der Entladung kranke, vom Transport stark geschwächte oder verletzte Tiere gefunden, sind diese entweder sofort zu töten oder einer tierärztlichen Behandlung zuzuführen. Hier gelten die besonderen Vorschriften zum Schutz kranker und verletzter Tiere vor Belastungen beim Transport.

Eine Versorgung von Tieren auf dem Fahrzeug kann nur dann als angemessen angesehen werden, wenn entsprechend leistungsfähige Systeme wie Nippeltränken oder Tränkerinnen im Transportraum installiert sind und eine intensive Kontrolle der Tiere möglich ist. Hierzu gehört u. a., daß bei Fahrzeugen, deren Ladefläche in Buchten unterteilt ist, ein seitlicher Zugang zu jeder Einzelabteilung besteht, damit kranke, verletzte oder verendete Tiere gegebenenfalls versorgt oder geborgen werden können. Während vorgeschriebener 1stündiger Ruhepausen ist die Versorgung der Tiere nur auf Spezialfahrzeugen erlaubt.

Spezielle Anforderungen bei einzelnen Tierarten

Jede Tierart stellt ihre besonderen Anforderungen an einen tierschutzgerechten Transport. Diese ergeben sich vor allem aus spezifischen anatomischen, physischen, aber auch psychischen Grundvoraussetzungen.

Schweine werden neben Geflügel am häufigsten transportiert, da sie zahlenmäßig die zweitgrößte Gruppe landwirtschaftlicher Nutztiere stellen. Sie sind für Transporte denkbar ungeeignet und die Verluste entsprechend hoch, da
– das Gewicht des Herzens im Verhältnis zum Körpergewicht ungünstiger ist als bei anderen Tierarten,
– sie ungünstige Herzaktionen und eine relativ geringe Blutmenge haben,
– sie ein schlechtes Thermoregulationsvermögen besitzen,
– sie ein – genetisch bedingt – sehr begrenztes Streßbewältigungsvermögen besitzen,
– sie besonders leicht erregbar sind.

Um Schäden so gering wie möglich zu halten, müssen insbesondere ausgewachsene Tiere bzw. Schlachtschweine ruhig, vorsichtig und ohne elektrische Treibhilfen beim Be- und Entladen möglichst mit Brettern oder Gattern in kleinen Gruppen (3–4 Tiere) getrieben werden. Die Treibwege müssen trittsicher und ohne Unebenheiten sein; sie dürfen keine zu starken optischen Reize auf die Tiere ausüben. Vor der Verladung sollen Schweine (Schlachtschweine 12–6 h vorher) nicht gefüttert, jedoch ausreichend mit Wasser versorgt werden.

Die Ladedichte ist so zu wählen, daß sich alle Schweine gleichzeitig hinlegen können. Ein Ferkel von 20–25 kg Körpergewicht benötigt 0,17–0,18 m², ein Mastschwein von 100 kg Körpergewicht 0,45 m² Platz. Geringeres Platzangebot führt zu tierschutzwidrigen Transportbedingungen (Heuking, 1988) und ist unzulässig.

Schweine werden, mit Ausnahme von Ebern und Sauen, regelmäßig in Gruppen befördert, wobei Gruppengrößen bei Ferkeln von bis zu 50 und bei Schlachtschweinen von 12–15 Tieren sich als günstig erweisen, wenn die Tiere aneinander gewöhnt sind.

Rinder sind relativ streßstabil und vermitteln dadurch leicht den Eindruck, daß sie problemlos zu transportieren seien. Es ist aber erwiesen, daß es auch bei ihnen zu streßbedingten Folgen, wie stark erhöhten Krankheits- und Todesfällen bei Kälbern, Aborten bei tragenden Rindern oder Veränderungen der Fleischqualität bei Schlachtbullen kommt. Auf Transporten verlieren Rinder infolge Nüchterung und Wasserentzug verglichen mit anderen Tierarten besonders viel Gewicht. Bereits bei einer Entfernung von 300–400 km sind das rund 7 % (Fröhner, 1961). Danach kommt es zu weiterem Gewichtsverlust durch Abbau von Muskel- und Fettgewebe.

Aufgrund ihres Körperbaus haben Rinder große Schwierigkeiten, Gleichgewicht zu halten. Zu geringe Ladedichten ebenso wie zu dichte Beladung führen besonders bei ausgewachsenen Rindern zu Schäden, weil die Tiere bei zu heftigen Fahrzeugbewegungen entweder stürzen oder zu stark gegeneinander gepreßt werden. Der Platzbedarf liegt bei einem Kalb (50 kg KG) bei 0,30–0,40 m², bei Tieren von 550 kg KG bei 1,3–1,6 m². Kälber können in Gruppen von bis zu 15, erwachsene Rinder von bis zu 6 (6–8 bei kürzeren Strecken) Tieren je Gruppe befördert werden.

Bei Rindertransporten ist die Gefahr der Verletzung durch zu niedrige Laderäume besonders groß. Die Höhe sollte bei Kälbern je nach Alter 90–125 cm, bei erwachsenen Rindern mindestens 155 cm betragen, bei Ferntransporten jedoch 30 cm über Widerristhöhe. Bei in Gruppen beförderten Bullen muß die Höhe des Laderaums wegen der Gefahr des Aufreitens auf höchstens 50 cm über dem Widerrist begrenzt sein. Wegen des hohen Frischluftbedarfs müssen auf beiden Seiten des Fahrzeugs ausreichend große Lüftungsklappen auf der Gesamtlänge des Fahrzeugs angebracht sein. Werden mehrstöckige Transporter mit mobilen Böden verwendet, sind sie mit besonderer Sorgfalt hochzufahren, damit die Tiere nicht mit Klauen oder Hörnern zwischen Lüftungsöffnungen und Hubböden hängenbleiben, wodurch es zu Amputationen kommen könnte.

Schafe werden meistens in größeren Gruppen gehalten und sollten deshalb auch in solchen Gruppen zusammenbleiben, um Panikreaktionen zu vermeiden. Jeweils bis zu 20 erwachsene Schafe, erlaubt sind bis zu 50, sind auf dem Fahrzeug durch stabile Trennvorrichtungen abzutrennen. Sie sind so dicht zu verladen, daß sie nicht hin- und hergeworfen werden können; sie sollten stehen bleiben und sich gegenseitig stützen. Wenn sich ein Tier legt, besteht die Gefahr, daß es erdrückt wird. Wegen der dichten Beladung, je nach Vliesdicke zwischen 0,25 und 0,50 m² je ausgewachsenes Schaf, ist es allerdings besonders schwierig, die Transportfähigkeit der Tiere auf dem beladenen Fahrzeug festzustellen.

Die schlanken Beine der Schafe können besonders leicht in Spalten und Ritzen der Rampen oder Wagenböden geraten. Hier ist äußerste Vorsicht bei mehrstöckigen Fahrzeugen geboten.

Auch Schafe sollen vor dem Transport nur mäßig gefüttert, aber ausreichend getränkt werden. Wird eine Wasserversorgung unterwegs erforderlich, müssen die Tiere entladen werden (Schmiddunser, 1994). Schafe nehmen u. U. kurzfristig noch genügend Wasser auf, wenn sie Futterrüben oder eingeweichte Trockenschnitzel erhalten. Dieses reicht auf Ferntransporten jedoch keinesfalls aus!

Es ist kaum möglich, Ferntransporte von Schafen tierverträglich durchzuführen! Nach geltendem Recht sind sie aber erlaubt.

Pferde sind sehr sensibel und versuchen als „Fluchttiere" einer Gefahr so früh wie möglich auszuweichen. Bei der Verladung vor allem transportungewohnter Tiere muß also sehr behutsam vorgegangen werden. Bevor ein Pferd angefaßt wird, sollte durch ruhiges Zureden Kontakt aufgenommen werden. Zuwendung durch Klopfen oder Streicheln des Halses schafft meistens soviel Vertrauen, daß sich ein Pferd am Halfter anfassen oder es sich anlegen läßt. Gegebenenfalls sollte man ein Pferd zunächst noch an Halfter oder Führleine herumführen, damit es sich beruhigt. Reißen und Zerren am Zügel sind völlig falsch.

Als *Zwangsmittel* darf nur die „Oberlippenbremse" im äußersten Fall eingesetzt werden. Die Verwendung elektrischer Treibhilfen ist immer eine grobe Tierquälerei und gefährdet zudem das Personal in höchstem Maße.

Um Verletzungen vorzubeugen, die sich die Pferde selbst oder bei Gruppenverladung gegenseitig zufügen können, sollten ihnen Gummiglocken oder bis über die Krone reichende Streichkappen angelegt und müssen bei Schlachtpferden die Eisen entfernt werden.

Erwachsene Pferde werden mit einem gut sitzenden Halfter oder besser mit einem kräftigen, nicht einschneidenden Halsriemen angebunden transportiert. Nur Jungpferde dürfen unangebunden befördert werden.

Wegen des hohen Sauerstoffbedarfs der Pferde müssen in Laderäumen Lüftungsöffnungen von mindestens 400 cm^2/Tier vorhanden sein. Als Faustregel für ausreichende Höhe des Laderaumes kann gelten: Widerristhöhe + 50–60 cm = Laderaumhöhe.

In Gruppen von 4–5 Tieren oder einzeln verladen, müssen die Pferde durch stabile Wände voneinander getrennt sein, die unmittelbar auf dem Boden aufsitzen und gegenseitiges Beißen verhindern. Für Querverladung, die von einigen Autoren generell als tierschutzwidrig abgelehnt wird, eignen sich nur kleinere oder mittelgroße Pferde. Verladung in oder günstiger schräg zur Fahrtrichtung ist für alle Pferde besser geeignet, da Fahrzeugbewegungen auf diese Weise leichter ausgeglichen werden können.

Ein ausgewachsenes Pferd (400 kg KG) benötigt etwa 1,75 m^2 Platz. Wegen der Empfindlichkeit des Pferdes gegen seitliche Berührung ist eine ausreichende Standplatzbreite für einen störungsfreien Transportverlauf von ausschlaggebender Bedeutung. Zwischen den Tieren muß ein Abstand von jeweils 10 cm sein.

Auf längerdauernden Transporten müssen Tränkintervalle von maximal 8 h eingehalten werden. Bei entsprechend eingerichteten Transportern, deren Seitenwände sich aufklappen lassen, kann die Versorgung problemlos auf den Fahrzeugen erfolgen (Franzky, 1991).

Geflügel wird regelmäßig in Käfigen oder Containern befördert. Hier sind in den einzelnen Ländern die zum Teil detaillierten Vorschriften zum Schutz von Tieren beim Transport in Behältnissen anzuwenden. Probleme können sich bei der Klimatisierung und Belüftung der Transportfahrzeuge ergeben, da diese bei stark schwankenden Wetterverhältnissen die Tiere nur ungenügend gegen nachteilige Witterungseinflüsse schützen. Durch kontinuierliche Messung der Temperatur- und Lüftungsverhältnisse und automatische Steuerung der Luftzufuhr können auf modern eingerichteten Fahrzeugen die Transportbedingungen tierschutzgerechter gestaltet werden (Mitchell, 1994).

Dam- und Rotwild wird zunehmend in Gehegen gehalten und damit häufiger transportiert. Da es sich hier um Tiere handelt, deren natürliche Fluchtreflexe in besonderen Situationen trotz aller Vertrautheit mit dem Menschen normal ablaufen, müssen sie vor dem Verladen in speziellen Einrichtungen gefangen oder medikamentös immobilisiert werden. Für letzteres gelten besondere waffen- und arzneimittelrechtliche Bestimmungen. Aus Fangschleusen oder Quarantäneräumen können die Tiere in Transportkäfige dadurch gedrängt werden, daß der verfügbare Raum durch eine ausreichende Anzahl von Hilfspersonen, die sich hinter mannshohen Holzschilden bewegen, langsam verkleinert wird.

Einzelne Tiere werden am besten in Transportkisten befördert, die ausreichende Lüftungsöffnungen in Bodennähe und Kopfhöhe der Tiere haben müssen. Für größere Tierzahlen kommt auch ein Gruppentransport auf Spezialfahrzeugen in Betracht.

Immobilisierte Tiere dürfen nur dann transportiert werden, wenn das Ziel vor

Abb.3 Völlig ungeeignete Transportkiste für ein Wildrind.

Beginn der Aufwachphase erreicht wird und die Tiere während des Transports überwacht werden können. Nicht immobilisierte Tiere dürfen nicht gefesselt werden. Der Transport von Hirschen im Bast ist verboten.

Am besten lassen sich Hirsche während der Dämmerung und in abgedunkelten Räumen handhaben. Vor Beginn des Einfangens ist sicherzustellen, daß am Ziel alle Vorbereitungen für ein tierschutzgerechtes Einsetzen der Tiere in ihre neue Umgebung getroffen wurden.

Gesetzliche Regelungen
Regelungen des Europarates und der EU

Das Europäische Übereinkommen vom 13. Dezember 1968 über den Schutz von Tieren beim internationalen Transport (Europarat) war die erste umfassende

Bestimmung, die sich mit dem grenzüberschreitenden Transport befaßte. Unter anderen sind Deutschland, Österreich und die Schweiz diesem Übereinkommen beigetreten und haben sich damit verpflichtet, nationales Recht diesem Übereinkommen anzugleichen.

Die EU, dem Übereinkommen ebenfalls beigetreten, hat die darin enthaltenen Regelungen im wesentlichen mit der Richtlinie 77/489 EWG umgesetzt. In der Folgezeit wurden vom Europarat detaillierte Empfehlungen für den Transport von Pferden (R 87), Schweinen (R 88), Rindern (R 90), Schafen und Ziegen (R 90) sowie Geflügel (R 90) veröffentlicht, die auch auf nationale Transporte anwendbar sind. Die Empfehlungen müssen nicht in nationales Recht übernommen werden und sind daher nicht unmittelbar anwendbares Recht; die Vertragsstaaten haben sich aber verpflichtet, auf die Einhaltung der in diesen Empfehlungen enthaltenen konkreten Angaben zu Ladedichten und Konstruktion von Verladeeinrichtungen sowie Durchführung der Transporte hinzuwirken. Dem Übereinkommen sind auch Staaten beigetreten, die nicht Mitglieder der EU sind.

Die Richtlinie 77/489 EWG wurde den veränderten Transportbedingungen und dem Wegfall der Binnengrenzen entsprechend durch die Richtlinie 91/628 EWG vom 19. November 1991 über den Schutz von Tieren beim Transport ersetzt, die durch die Richtlinie 95/29 EG vom 29. Juni 1995 geändert und ergänzt wurde. Wie bereits aus dem Titel hervorgeht, soll durch diese Richtlinien der Tiertransport sowohl in den EU-Mitgliedsstaaten als auch zwischen ihnen sowie zwischen der EU und Drittländern geregelt werden.

Regelungen in Deutschland

Auch wenn das Deutsche Tierschutzgesetz (Bekanntmachung der Neufassung vom 17. Februar 1993, TierSchG., [BGBl. I S. 254]) Tiertransporte nicht im Detail regelt, müssen hierfür die Grundforderungen, Gebote und Verbote angewandt werden: Niemand darf einem Tier ohne vernünftigen Grund Schmerzen, Leiden oder Schäden zufügen (§ 1). Es ist verboten, einem Tier außer in Notfällen Leistungen abzuverlangen, denen es wegen seines Zustandes offensichtlich nicht gewachsen ist oder die offensichtlich seine Kräfte übersteigen (§ 3). Der Betreuer von Tieren, und das gilt gegebenenfalls auch bei der Beförderung (Lorz, 1992), muß die Tiere ihrer Art und ihren Bedürfnissen entsprechend angemessen ernähren, pflegen und verhaltensgerecht unterbringen (§ 2). Einrichtungen und Betriebe, die gewerbsmäßig Tiere transportieren und in denen Tiere während des Transports ernährt, gepflegt oder untergebracht werden, unterliegen der Aufsicht durch die zuständige Behörde (§ 16).

Mit der *Verordnung zum Schutz von Tieren beim internationalen Transport* (vom 29. März 1983) hatte Deutschland die Vorgaben der Richtlinie 77/489 EWG in nationales Recht übernommen. Da die im Tierschutzgesetz allgemein gehaltenen Grundsätze für das gesamte Gebiet des Tierschutzes gelten, war es sinnvoll, spezielle Probleme des Transports durch besondere Verordnungen zum *Schutz von Tieren bei der Beförderung in Behältnissen* (vom 20.12.1988) und zum *Schutz kranker oder verletzter Tiere vor Belastungen beim Transport* (vom 22.06.1993) zu regeln. Die vorgenannten Verordnungen wurden unter Berücksichtigung der Richtlinien der EU in die *Verordnung zum Schutz von Tieren beim Transport* (Tierschutztransportverordnung – TierSchTrV) vom 25.

Februar 1997 integriert, die am 1. März 1997 in Kraft trat und den Gesamtbereich der Tierbeförderungen umfassend regelt.

Verstöße gegen die Grundsätze des Tierschutzes bei Transporten können als Straftaten oder Ordnungswidrigkeiten geahndet werden. In diesen Fällen ist es immer wichtig nachzuweisen, daß den Tieren Leiden, Schmerzen oder Schäden in dem Umfang zugefügt wurden, wie es die entsprechenden Vorschriften definieren bzw. verbindliche Vorgaben der Verordnung, z.B. Einhaltung maximaler Transportzeiten oder Ladedichten nicht beachtet wurden. So reicht z. B. das Überschreiten einer maximalen Ladedichte, nicht für eine Ahndung als Straftat, wenn nicht nachgewiesen wird, daß hierdurch den Tieren ohne vernünftigen Grund erhebliche Leiden zugefügt wurden. Zur Erleichterung diese Nachweises sollte man sich an ein festes Schema halten und gegebenenfalls einer Checkliste bedienen (Fikuart, 1992, 1995, 1997).

Regelungen in Österreich, der Schweiz und Liechtenstein

In **Österreich** wurde am 21. Mai 1994 das Bundesgesetz über den Transport von Tieren auf der Straße (BGBl. Nr. 120/1994) verabschiedet. Es legt fest, daß ein Transport mit Anfang des Beladevorgangs beginnt und bis zum Ende des Entladevorgangs dauert. Das Gesetz verbietet die Beförderung transportunfähiger Tiere und verlangt, daß während des gesamten Transportes ein fachlich befähigter Betreuer verfügbar sein muß. Es regelt die Beschaffenheit der Transportmittel und begrenzt Schlachttiertransporte auf eine Gesamttransportdauer von sechs Stunden und eine Entfernung von nicht mehr als 130 km. Diese restriktiven Bestimmungen werden allerdings nur noch zeitlich begrenzt Gültigkeit haben, da Österreich verpflichtet ist, diese Vorschriften geltendem EU – Recht anzupassen.

Die **Schweiz** hat in Artikel 10 des Eidgenössischen Tierschutzgesetzes vom 9. März 1978 (TSchG, SR 455) bestimmt, daß Tiere so zu befördern sind, daß sie weder leiden noch Schaden nehmen. Ergänzend hierzu wurden in der Eidgenössischen Tierschutzverordnung vom 27. Mai 1981 (TSchV, SR 455.1) Detailbestimmungen für die Tiertransporte festgelegt. In den Artikeln 52–56 der Tierschutzverordnung finden sich unter anderem Bestimmungen über die Verantwortlichkeit der am Transport beteiligten Personen, Eignung, Vorbereitung und Betreuung der Tiere sowie Anforderungen an die Transportmittel und Transportbehälter (IGTTS, 1995).

Liechtenstein hat im Tierschutzgesetz vom 20. Dezember 1988 (LGBl. 1989 Nr. 3) und der aufgrund dieses Gesetzes erlassenen Verordnung vom 12. Juni 1990 (LGBl. 1990, Nr. 33) die Belange der Tiertransporte ähnlich geregelt wie die Schweiz. In beiden Ländern wird verlangt, daß das Personal im Umgang mit Tieren erfahren sein muß.

Rechtsvorschriften für den Lufttransport

Für den Transport von Tieren in Luftfahrzeugen wurden von der International Air Transport Association (IATA) besondere Vorschriften, die „Life Animals Regulations" erarbeitet. Diese Vorschriften werden regelmäßig den sich ändernden Bedingungen des Luftverkehrs angepaßt. Alle namhaften Luftfahrtgesellschaften haben sich zur Einhaltung dieser Anweisungen verpflichtet. Detailvorschriften für einzelne Tierarten enthalten aber auch die Empfehlungen des Europarates (Europarat 1988–1990). Auch beim

Lufttransport kommt es, vor allem bei der Beförderung exotischer Tiere, unter Umständen zu schweren Mißständen (Timme, 1992).

Literatur

Baumgartner, G. (1988): Stand und Entwicklung inter- und supranationaler Tierschutzregelungen. Berichte über Landwirtschaft 66, 256–266.
Deutscher Bundestag (1993): Bericht über den Stand der Entwicklung des Tierschutzes. Drucksache 12/4242, Sachgebiet 7833, 36–40
Fikuart, K. (1992): Tiertransporte – Rechtsgrundlagen und praktische Erfahrungen. Bundesverband der beamteten Tierärzte, Arbeitstagung am 29. und 30. April 1992, 175–185.
Fikuart, K. (1994): Sachkundenachweis für Tiertransporteure, Möglichkeiten der praktischen Durchführung DVG-Tagung „Hygiene und Tierschutz beim Transport", Hannover, am 8. und 9. März 1994.
Fikuart, K., von Holleben, Karen, und Kuhn, G. (1995): Hygiene der Tiertransporte. Gustav Fischer Verlag, Jena.
Fikuart, K. (1997): Ermittlung, Beweissicherung und Begutachtung bei Verstößen gegen tierschutzrechtliche Bestimmungen. Dtsch. tierärztl. Wschr. 104, 60–61.
Franzky, A. (1991): Untersuchungen zu Mindestanforderungen an Tiertransporte (Nutz- und Schlachtpferde) mit besonderer Berücksichtigung des internationalen Verkehrs im Transit durch die Bundesrepublik Deutschland (Polen – Deutschland – Frankreich). Vet.-med. Diss., FU Berlin.
Fröhner, H. (1961): Tiertransporte. Brücke Verlag, Hannover.
Heuking, L. (1988): Die Beurteilung des Verhaltens von Schlachtschweinen bei Lkw-Transporten in Abhängigkeit von der Ladedichte (0,33 m^2 und 0,43 m^2/100 kg Lebendgewicht) mit Berücksichtigung des Blutbildes, der Herzfrequenz und der Körpertemperatur zur Erfassung tierschutzwidriger Transportbedingungen. Vet.-med. Diss., FU Berlin.
von Holleben, Karen (1994): Das Elend von Millionen. Großtiertransporte – Tatsachen, Hintergründe, Regelungen. VETO 34, 8–12
Interessengemeinschaft für tierschutzkonforme Tiertransporte und Schlachthöfe,

Arbeitsgruppe Tiertransporte (1995): Das Tier auf dem Transport. IGTTS, CH–9015 St. Gallen, Postfach 26.
Landwehr, M., Pettrich, M., und Michelberger, R. (1994): Sachkundenachweis für die Durchführung von Tiertransporten. Tierärztl. Umschau, 49, 287–289.
Loeffler, K. (1993): Zur Erfaßbarkeit von Schmerzen und Leiden unter Berücksichtigung neurophysiologischer Grundlagen. Tierhaltung, Bd. 23: Leiden und Verhaltensstörungen bei Tieren, 77–84. Verlag Birkhäuser, Basel.
Lorz, A. (1992): Tierschutzgesetz, Kommentar Beck'sche Verlagsbuchhandlung, München.
Mitchell, M. A. (1994): Kontrolle und Vermeidung von thermischer Belastung beim Geflügeltransport. DVG-Tagung „Hygiene und Tierschutz beim Tiertransport", Hannover, am 8. und 9. März 1994.
Müller, W. (1994 a): Forderungen an einen tierschutzgerechten Tiertransport. Festvortrag, Kulmbacher Woche 1994.
Müller, W. (1994 b): Technische Anforderungen an einen tierschutzgerechten Tiertransport. DVG-Tagung „Hygiene und Tierschutz beim Tiertransport", Hannover, 8. und 9. März 1994.
Reinken, G. (1987): Damtierhaltung. Verlag Eugen Ulmer, Stuttgart.
Reuter, G., und Stolle, A. (1975): Untersuchungen über die auslösenden Faktoren für Transportverluste bei Schlachtschweinen einer Erzeugergemeinschaft im Münsterland im März 1973 – Februar 1974. SVZ – Schlachten und Vermarkten 75, 151–156.
Sacht, J. H. (1994): Amtstierärztliche Untersuchung der Tiere sowie Feststellung der Voraussetzungen für den grenzüberschreitenden Transport einschließlich der Versorgung der Tiere auf dem Transport. DVG-Tagung „Hygiene und Tierschutz beim Tiertransport", Hannover, am 8. und 9. März 1994.
Schmiddunser, Anna (1994): Schaftransport von Thüringen nach Polydrosos/Griechenland. Amtstierärztlicher Dienst und Lebensmittelkontrolle 1, 38–41.
Schütte, A., von Wenzlawowicz, M., und von Mickwitz, G. (1994): Tiertransport und Fleischqualität bei Schlachtschweinen. Fleischwirtschaft 74 (2), 126–132.
Tierärztliche Vereinigung für Tierschutz – TVT (1994): Tierschutzgerecht transportieren. DVH-Fachverlag Vieh und Fleisch, Bonn.
Timme, A. (1992): Praktischer Tierschutz im internationalen Flugverkehr. Dtsch. Tierärztl. Wschr. 99, 16–18.

Wahl, D. (1993): Zur Problematik von Tiertransporten. Dipl.-Arbeit, Universität Gesamthochschule Kassel.

Rechtsgrundlagen des Tiertransports:

EU
1. Richtlinie des Rates vom 18. Juli 1977 über den Schutz von Tieren beim internationalen Transport (77/489/EWG), Amtsblatt EG Nr. L200/10.
2. Richtlinie des Rates vom 12. Mai 1981 zur Festlegung von Maßnahmen für die Durchführung der Richtlinie 77/489/EWG über den Schutz von Tieren beim Internationalen Transport (81/389/EWG), Amtsblatt EG Nr. L150/1.
3. Richtlinie 91/628 EWG des Rates vom 19. November 1991 über den Schutz von Tieren beim Transport, Amtsblatt EG Nr. L 340/17.
4. Richtlinie 93/119 EG des Rates vom 22. Dezember 1993 über den Schutz von Tieren zum Zeitpunkt der Schlachtung oder Tötung, Amtsblatt EG Nr. L 340/21.
5. Richtlinie 95/29/EG des Rates vom 29. Juni 1995 zur Änderung der Richtlinie 91/628/EWG über den Schutz von Tieren beim Transport, Amtsblatt EG Nr. L 148/52.
6. *Verordnung des Rates vom 25. Juni 1997 zur Festlegung gemeinschaftlicher Kriterien für Aufenthaltsorte und zu Anpassung des im Anhang der Richtlinie 91/628/EWG vorgesehenen Transportplans (ABl. Nr. L 174/1).*
7. Europäisches Übereinkommen vom 13. Dezember 1968 über den Schutz von Tieren beim internationalen Transport.
8. Empfehlungen des Ministerausschusses des Europarates für
   a) den Transport von Pferden (R 87),
   b) den Transport von Schweinen (R 88),
   c) den Transport von Rindern (R 90),
   d) den Transport von Schafen und Ziegen (R 90),
   e) den Transport von Geflügel (R 90).

Deutschland
1. Tierschutzgesetz in der Fassung der Bekanntmachung vom 17. Februar 1993 (BGBl. I S. 254).
2. Verordnung zum Schutz von Tieren beim grenzüberschreitenden Transport vom 29. März 1983 (BGBl. I S. 409).
3. Verordnung zum Schutz von Tieren bei der Beförderung in Behältnissen vom 20. Dezember 1988 (BGBl. I S. 2413).
4. Verordnung zum Schutz kranker oder verletzter Tiere vor Belastungen beim Transport vom 22. Juni 1993 (BGBl. I S.1078).
5. Verordnung zum Schutz von Tieren beim Transport vom 25. Februar 1997 (Tierschutztransportverordnung-TierSchTrV) (BGBl. I S. 348).
6. Gesetz zu dem Europäischen Übereinkommen vom 13. Dezember 1968 über den Schutz von Tieren beim internationalen Transport vom 12. Juli 1973 (BGBl. II S.721).

Österreich
Österreichisches Bundesgesetz über den Transport von Tieren auf der Straße (Tiertransportgesetz-Straße, TG St) (BGBl. Nr. 120, S. 3597, 1994).

Schweiz
1. Eidgenössisches Tierschutzgesetz vom 9. März 1978 (TSchG, SR 455).
2. Eidgenössische Tierschutzverordnung vom 27. Mai 1981 (TSchV, SR 455.1).

Liechtenstein
1. Tierschutzgesetz vom 20. Dezember 1988 (LGBl. 1989, Nr.3, S.1).
2. Verordnung vom 12. Juni 1990 zum Tierschutzgesetz (LGBl. 1990, Nr. 33, S. 15).

Lufttransport
Bekanntmachung der deutschen Übersetzung der IATA-Richtlinien für den Transport von lebenden Tieren vom 2. Dezember 1996. Bundesanzeiger 49, Nr. 81a, vom 30. April 1997

Schlachten von Tieren

K. TROEGER

■ Allgemeines

Zur Gewinnung des wertvollen Lebensmittels Fleisch ist es notwendig, Tiere zu schlachten. Diese Tatsache wird vom modernen Verbraucher heute gern verdrängt. Andererseits ist gerade für jüngere Verbraucher die Akzeptanz des Lebensmittels Fleisch häufig auch mit ethischen Aspekten der Behandlung der Nutztiere verknüpft.

Schlachten bedeutet seit jeher *Töten eines Nutztieres durch Blutentzug*. Diese Definition findet sich auch in aktuellen Tierschutz- und Fleischhygiene-Gesetzgebungen. Eine erweiterte Definition des Begriffes „Schlachten" bringt das Europäische Übereinkommen über den Schutz von Schlachttieren (1979). Danach ist „Schlachten das Töten eines Tieres nach dem Ruhigstellen, Betäuben und Ausbluten".

Seit dem Mittelalter wurden Schlachttiere vor dem Entbluten durch Stirnschlag mit Keule oder Hammer betäubt. Dies erfolgte vornehmlich zum Schutze des Schlachtpersonals vor Abwehrreaktionen der Tiere. Prinzipielle Belange des Tierschutzes im Zusammenhang mit der Schlachtung wurden in Deutschland erst 1933 durch Gesetz und Verordnung über das Schlachten von Tieren gesetzlich verankert. Damit erfolgten die Einführung des allgemeinen Betäubungszwanges für Schlachttiere sowie die Vorgabe von Betäubungsmethoden. Mit dem Ersten Gesetz zur Änderung des deutschen Tierschutzgesetzes von 1986 wurde das Schlachtrecht im Tierschutzgesetz neu geregelt. Nach § 4a darf ein warmblütiges Tier nur geschlachtet werden, wenn es vor Beginn des Blutentzugs betäubt worden ist.

Eine nähere Regelung von Betäubungsverfahren erfolgt durch die deutsche Tierschutz-Schlachtverordnung (1997), welche der Umsetzung der Richtlinie 93/119/EG des Rates über den Schutz von Tieren zum Zeitpunkt der Schlachtung oder Tötung (1993) dient. Darin sind als zulässige Betäubungsverfahren genannt:
– Bolzenschuß,
– stumpfer Schuß-Schlag,
– Elektronarkose,
– Betäubung mit Kohlendioxid.

In der Schweiz regelt eine Richtlinie Tierschutz (1986) des Bundesamtes für Veterinärwesen, basierend auf allgemeinen Bestimmungen im Tierschutzgesetz von 1978, Einzelheiten der Schlachttierbetäubung. Seit 1997 ist die Schlachttierbetäubung in der Tierschutzverordnung geregelt.

Im folgenden soll auf die Anforderungen des Tierschutzes bei der Entladung der Tiere am Schlachthof, der Unterbringung in Warteställen, beim Zutrieb zur Betäubeposition, bei der Betäubung und der Tötung durch Blutentzug eingegangen werden. Auch die Technik, Funktion und Organisation dieser Prozesse werden, soweit notwendig, beschrieben und besonders tierschutzrelevante Aspekte herausgestellt.

Entladen der Transportfahrzeuge am Schlachthof

Das Entladen der Transportfahrzeuge und das Verbringen der Schlachttiere in die Wartebuchten oder zur Schlachtstätte geschehen in der Regel unter der Kontrolle des für die Schlachttieruntersuchung zuständigen amtlichen Tierarztes. Dabei hat er sein Augenmerk in besonderem Maße auch auf tierschutzrelevante Sachverhalte zu richten. Hierbei gilt es, nicht nur auf momentane tierschutzwidrige Tatbestände zu achten, sondern auch Anzeichen zu erkennen, die auf tierquälerische Haltungs-, Verlade- oder Transportbedingungen hindeuten. Somit sind auch die Transportfahrzeuge in eine kritische Betrachtung einzubeziehen, wobei folgende Punkte besondere Beachtung finden sollten:
– Frischluftzufuhr bzw. Schutz vor Kälte: Beanstandungsgrund z.B. offene Lüftungsklappen bei großer Kälte, Erfrierungen (Schweine)
– Ladedichte: Beanstandungsgrund z.B. gestürzte, niedergetrampelte Rinder oder Kälber infolge zu hoher Ladedichte; transporttote Schweine infolge Hitzestaus (Mindestflächen s. Kapitel „Tiertransporte")
– Freiraum über und hinter Großtieren auf dem Transportfahrzeug: Beanstandungsgrund z.B. Zwischendeck auf Widerristhöhe, unphysiologische, tierquälerische Körperhaltung; Standfläche zu kurz, Sitzbeinhöcker-Hämatome
– Art der Anbindung (Großtiere): Beanstandungsgrund z.B. tierquälerisches Anbinden von Bullen am Nasenring (verboten!);
– Unterteilung der Liegefläche durch Trenngitter: Beanstandungsgrund z.B. fehlende Unterteilung, Vermischung verschiedener Mastgruppen mit Beißereien und Hautläsionen als Folge (Schwein).

Kondition und Zustand der Tiere lassen Rückschlüsse auf Haltungs- und Transportbedingungen zu, insbesondere ist zu achten auf:
– Erschöpfungszustände
– Akute verlade- oder transportbedingte Schädigungen: z.B. frische Hämatome, Hautläsionen, Schwellungen, Brüche, Schlagstriemen
– Chronische, haltungsbedingte Schäden (Technopathien): z.B. Klauen-, Gelenk- und Knochendeformationen, Klauenverletzungen, Lahmheiten, Kettengeschwüre, massives Auftreten von Bursae auxiliares (sog. Liegebeulen) beim Schwein, Schwanzspitzennekrosen
– Chronische, krankheitsbedingte Schäden, andere Anzeichen einer erheblichen Vernachlässigung der Tiere: z.B. hochgradige Kachexie, Arthrosen, Muskelatrophien, massiver Befall mit Hautparasiten, schlechter Allgemeinzustand, starker Kotbehang.

Werden derartige tierschutzwidrige Feststellungen getroffen, sind die Verantwortlichen (Spediteur, Landwirt) zu informieren und gegebenenfalls zu maßregeln, bei groben Verstößen ist Anzeige zu erstatten. Es empfiehlt sich eine photographische Dokumentation tierschutzwidriger Sachverhalte.

Anforderungen für das Verbringen und Unterbringen der Tiere in Schlachthöfen sind in der Richtlinie 93/119/EG festgelegt. Danach soll die *Entladung* so schnell wie möglich nach Ankunft der Tiere im Schlachthof erfolgen. Die Transportfahrzeuge sind über die Heckklappe zu entladen und nicht, wie es häufig aus Bequemlichkeit geschieht, über die relativ schmale Seitenklappe (Großtiere). Die Tiere sind schonend über eine möglichst

horizontale, trittsichere Rampe, falls erforderlich mit Seitenschutz, zu geleiten. Dabei dürfen sie nicht in Angst oder Erregung versetzt und nicht mißhandelt werden. Dies bedeutet insbesondere das Verbot des Schlagens auf besonders empfindliche Stellen (z.B. Augenbereich, Geschlechtsteile), des Brechens oder Quetschens des Schwanzes sowie des Hochhebens an Ohren, Schwanz oder Beinen. *Elektrische Treibstöcke* dürfen nur bei bewegungsverweigernden ausgewachsenen Rindern und bewegungsverweigernden Schweinen verwendet werden und nur
- für längstens zwei Sekunden,
- in zumutbaren Abständen,
- an Hinterviertelmuskeln,
- wenn Tiere sich vorwärts bewegen können.

Eine ständige Erinnerung des Personals an ein tierschutzgerechtes Vorgehen durch Plakate und Hinweistafeln mit Grundsätzen einer schonenden Behandlung erscheint sinnvoll.

Unterbringung und Versorgung im Schlachtbetrieb

Allgemeine bauliche Anforderungen an die Schlachthofstallungen sind auf europäischer Ebene im Europäischen Übereinkommen über den Schutz von Schlachttieren (1979) und in Richtlinie 93/119/EG festgelegt. Danach müssen vorhanden sein:
- Schutz vor Witterungsunbilden; das erfordert in unseren Breiten einen baulich allseits geschlossenen Stall mit entsprechender Isolation gegen Hitze und Frost;
- Lüftungssystem zum Ausgleich von Temperatur- und Luftfeuchtigkeitsschwankungen;

- trittsichere Bodenflächen, von denen Flüssigkeiten vollständig abfließen können;
- Beleuchtung, die jederzeit eine Inspektion der Tiere ermöglicht;
- Tränken, die jederzeit die Trinkwasserversorgung gewährleisten, gegebenenfalls Krippen, Anbindevorrichtungen.

Darüber hinaus bestehen heute detailliertere Vorstellungen bezüglich eines funktions- und tiergerecht gestalteten „Ruhestalles" im Schlachthof.

Schlachthofstallungen für **Schweine** sollten so konzipiert sein, daß die Treibwege eine gerade, klare Linienführung aufweisen, d.h., ein gerader, direkter Weg führt von der Anlieferungsrampe in die (unterteilbaren) Ruhebuchten und von hier über eine quer zu den Buchten verlaufende Stallgasse in gerader Linie (ohne größere Steigung) zur Betäubungsanlage (Abb. 1). Die Ruhebuchten sollten durch ihre Gestaltung einer schnellen Beruhigung und Erholung der transportbelasteten Schweine förderlich sein. Dies läßt sich durch lange, schmale Buchten (z.B. 2 m x 20 m, unterteilbar) mit massiven Wänden (Beton) am ehesten erreichen. Hier steht für die meisten Tiere einer der favorisierten „Wand-Liegeplätze" zur Verfügung, (Sicht-)Kontakt mit fremden Schweinen in einer angrenzenden Bucht und damit zusätzliche Aufregung entfällt. Tränkenippel können in die Betonwände integriert werden und sind so vor Beschädigungen durch die Tiere weitgehend geschützt. Schließlich sind für jede Bucht separat zu betätigende Berieselungsanlagen zu fordern. Bezüglich der Besatzdichte der Buchten bei einer Aufstallung über Nacht gilt als Richtwert für die minimale Bodenfläche pro Schwein (60–110 kg) 0,65 m^2 (Steiger, 1989).

Für eine tierschutzgerechte Behandlung und Versorgung der Schweine in

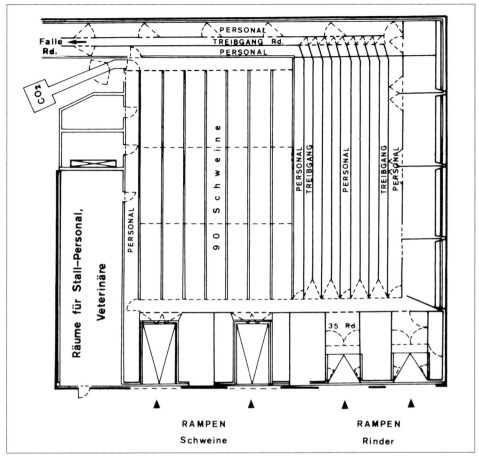

Abb. 1 Tiergerechte Schlachthofstallung für Schweine und Rinder.

der Schlachthofstallung gelten folgende Grundsätze:
- kein Vermischen unterschiedlicher Mastgruppen;
- Isolierung kranker, verletzter oder erschöpfter Tiere;
- sofortige Tötung/Schlachtung leidender Tiere;
- Ruhezeit nach Anlieferung 2–4 Stunden;
- Berieselung mit Kaltwasser (Sprinkleranlage) zur Abkühlung sowie zur Beruhigung gleich nach Anlieferung; keine Dauerberieselung, keine Berieselung bei kalter Witterung;
- Trinkwasser jederzeit verfügbar;
- Futter bei Aufstallungsdauer > 12 Stunden;
- Einstreu bei Aufstallung über Nacht.

Schlachthofstallungen für **Rinder** sind, neben den allgemein gültigen baulichen Anforderungen, grundsätzlich anders zu konzipieren als „Ruheställe" für Schweine. Rinder, insbesondere Jungbullen, sollten nach Antransport möglichst umgehend geschlachtet werden. Ein zwischenzeitliches Verbringen in Wartebuchten sowie insbesondere der Kontakt mit fremden Artgenossen führen zu vermehrter Erregung und motorischer Aktivität – was häufig über den vermehrten Verbrauch von Muskelglykogen zu Fleischqualitätsabweichungen (sog. DFD-Fleisch) führt. Um eine auch aus Tierschutzgründen zu vermeidende Vermischung einander fremder Jungbullen am Schlachthof zu verhindern, hat es sich in der Praxis bewährt, die Tiere nach dem Abladen direkt in Einzeltreibgänge (mit Steigschutzbegrenzung) zu verbringen und möglichst umgehend zu schlachten. Die Bereitstellung einer gewissen Tiermenge kann durch eine Reihe parallel geführter Einzeltreibgänge, die in einen gemeinsamen zur Betäubungsfalle führenden Sammelgang münden, erreicht werden (s. Abb. 1). Einer gut koordinierten Anlieferungslogistik kommt dabei große Bedeutung zu. Daneben müssen auch für Rinder Wartebuchten, z.B. für eine Aufstallung über Nacht, verfügbar sein.

In bezug auf das Tränken und Füttern der Rinder in Wartebuchten gelten dieselben Bestimmungen wie bei Schweinen. Länger eingestalltes (über Nacht) Milchvieh in Laktation ist morgens und abends zu melken; als Notbehelf können Zitzenstifte verwendet werden. Eine eventuelle Anbindung hat so zu erfolgen, daß die Tiere sich niederlegen können. Bezüglich der Belegdichte bei Gruppenhaltung in Buchten sowie der Abmessungen der Standplätze bei Anbindehaltung können die Mindestwerte der Schweizer Tierschutzverordnung für die Haltung von Rindvieh empfohlen werden (Tabelle 1).

▪ Zuführung zur Betäubung

Die Zuführung der *Schlachtschweine* zur Betäubungsanlage ist in der Mehrzahl der industriellen Schlachtbetriebe gegenwärtig nicht befriedigend gelöst. Dies liegt weniger am mangelnden guten Willen der Verantwortlichen (zumal eine erhöhte Streßbelastung auch die Fleischqualität negativ beeinflußt) als vielmehr am System und an derzeitiger Technik der modernen Massenschlachtung, die mit dem „normalen" Verhaltensmuster der Schweine nicht vereinbar sind. Deshalb lassen sich auch ethologische Modelluntersuchungen über das Verhalten der Schweine beim Treiben (Kleibs, 1992) nur bedingt auf industrielle Schlachtbetriebe mit Schlachtkapazitäten bis zu 600 Schweinen pro Stunde übertragen.

Tab. 1 Besatzdichte bei Gruppenhaltung und Abmessung der Standplätze bei Anbindehaltung für die Haltung von Tieren in Schlachtanlagen (nach Steiger, 1989).

	Anbindehaltung: Mindestgröße der Standplätze Länge x Breite (cm)	Gruppenhaltung: Mindestbodenfläche pro Tier (m²)
Kälber		
(< 4 Monate)	120 x 70	1,0–1,4
Jungvieh		
200–300 kg	130 x 80	1,5
300–400 kg	145 x 90	1,8
> 400 kg	155 x 100	2,0
	130 x 80	145 x 90
Milchvieh		
Kurzstand	165 x 110	
Mittellangstand	200 x 110	

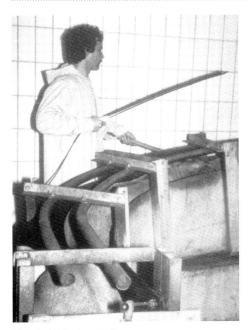

Abb. 2 Käfigeinzeltreibgang.

In Betrieben mit hohen Schlachtkapazitäten funktioniert die kontinuierliche Zuführung der Schweine zur Elektro- oder CO_2-Betäubung über Einzeltreibgänge nur mit massivem Einsatz von Treibhilfen (Stöcke, Elektrotreibstäbe). Sobald die Tiere aus der Stallgasse in die engen Käfigtreibgänge gelangen (Abb. 2), werden sie – jeder Fluchtmöglichkeit beraubt – oft schon ohne äußere Gewalteinwirkung von Panik erfaßt. Eine gewisse Verbesserung der Situation kann durch einen Doppeltreibgang erreicht werden, resultierend aus der Parallelführung zweier Einzeltreibgänge in der Weise, daß zwischen den Gängen Sichtkontakt gegeben ist, beidseitig nach außen aber geschlossene Wände vorhanden sind. So nutzt man den Herdentrieb und schirmt die Tiere gegen sie verängstigende äußere optische Eindrücke ab. Schließt der Doppeltreibgang in gerader Linie an die Stallgasse an, wird er von den Tieren häufig freiwillig begangen.

Bezüglich der *Beleuchtung* der Treibwege gilt, daß im Eingangsteil beleuchtete Gänge problemloser betreten werden als dunkle Eingangszonen. Lichteffekte am Gangende setzen Orientierungsreize und wirken somit anziehend auf die Schweine (Kleibs, 1992). Blendwirkungen durch Lampen oder reflektierendes Material (Edelstahl) sind zu vermeiden. Matte Grau- oder Grüntöne erscheinen dagegen geeignet.

Entscheidender noch als die baulichen Gegebenheiten ist der Personalfaktor für eine tierschutzgerechte Zuführung der Schweine zur Betäubung. Nach *Richtlinie 93/119/EG* dürfen für das Verbringen, Unterbringen, Ruhigstellen, Betäuben, Schlachten und Töten von Tieren nur Personen eingesetzt werden, die über ausreichende Kenntnisse und Fähigkeiten verfügen, um diese Arbeiten auf tiergerechte und effiziente Weise auszuführen. Die zuständige Behörde hat sich zu vergewissern, daß das Personal über die erforderliche Eignung und die erforderlichen Fähigkeiten verfügt (Befähigungsnachweis). Ein schonender Zutrieb erfolgt ruhig, gut koordiniert und taktweise, wobei die Schweine in kleinen Gruppen, abgestimmt auf das Fassungsvermögen des Zuführungstreibganges vor der Betäubungsanlage und die Schlachtleistung pro Stunde, zugeführt werden. Als *Treibhilfen* sollten bewegliche Gatter, Treibbretter, Gummiklatschen u.ä., evtl. auch Wasserstrahle, verwendet werden. Der Einsatz der Treibhilfen hat sinnvoll und gezielt zu erfolgen, d.h. kein wahlloses, automatisches Einschlagen auf die Tiere, insbesondere wenn für diese keine Ausweichmöglichkeit besteht.

Trotz aller Personalanstrengungen und weitgehender Optimierung der baulichen Gegebenheiten wird es bei höheren Schlachtleistungen beim gegenwärtigen System der aktiven Zuführung der

Schweine zur Betäubung über Käfigtreibgänge immer tierschutzrelevante Probleme geben.

Aus diesem Grund wurden in *Dänemark* bereits neue, vollautomatische, passive Zuführungssysteme für Schlachtschweine (Containertransport) erprobt. Die bisherigen Ergebnisse lassen erkennen, daß auch hohe Schlachtleistungen mit dem Tierschutzgedanken vereinbar sein können.

Weniger tierschutzrelevante Probleme bereitet im allgemeinen die Zuführung von Rindern über Einzeltreibgänge zum Betäubungsplatz bzw. in die Betäubungsfalle. Die Treibgänge sollten trittsichere Fußböden aufweisen und oben mit Abweisrohren zum Vermeiden gegenseitigen Bespringens versehen sein. Eckige, rechtwinkelige Kurvenführungen sind ebenso wie vorspringende Ecken und Kanten zu vermeiden. Die Seitenbegrenzung muß so beschaffen sein, daß die Tiere sie nicht überwinden und keine Gliedmaßen herausstrecken können. Die Steigung der Treibgänge zur Betäubungsfalle darf höchstens 5 Grad betragen (Deutsche TierSchlV, 1997).

Um ein Zurückdrängen der Tiere im Einzeltreibgang zu verhindern, werden häufig schwere *Rücklaufsperren* mit Drehpunkt oben im Treibgang installiert, die beim Passieren eines Tieres nach vorne geklappt werden. Ist das Tier unter der Sperre durch, schlägt diese durch das mehrere Kilogramm betragende Eigengewicht mit hoher Geräuschentwicklung zurück und trifft dabei nicht selten das nachfolgende Tier am Kopf. Ein derartiges System ist nicht nur tierschutzwidrig, sondern bewirkt auch durch ein Verschrecken der Tiere eine Verschlechterung ihrer Laufwilligkeit.

Für den Einsatz von Treibhilfen (Stöcke, Elektrotreiber) gelten die im Abschnitt „Entladen" ausgeführten Vorschriften entsprechend.

■ Betäubung

Nach Richtlinie 93/119/EG ist unter „Betäubung" jedes Verfahren zu verstehen, dessen Anwendung die Tiere schnell in eine bis zum Eintritt des Todes anhaltende Empfindungs- und Wahrnehmungslosigkeit versetzt. Die Betäubung soll demnach den Tieren Schmerzen und Leiden im Zusammenhang mit der Entblutung ersparen. Sie hat mit Sicherheit ihren Zweck verfehlt, wenn der Betäubungsvorgang selbst bereits mit erheblichen Schmerzen für das Tier verbunden ist. Derartige „Fehlbetäubungen" können durch ungeeignetes technisches Gerät und/oder durch Personalfehler bedingt sein. Wie das Beispiel Elektrobetäubung zeigt, bei der eine fehlende Lautäußerung und erfolgte Immobilisation der Tiere durch generalisierten Muskelkrampf während des Stromflusses noch keine Aussage über deren Empfindungsvermögen erlauben, ist zur Beurteilung der Tierschutzkonformität eines Betäubungsvorganges erhebliche Sachkenntnis vonnöten.

Tabelle 2 gibt einen Überblick über die gegenwärtig für verschiedene Tierarten vorgesehenen Betäubungs- und Tötungsverfahren. Da alle Verfahren gewisse Mängel aufweisen, auch bezüglich der resultierenden Schlachtkörper- und Fleischbeschaffenheit, wurde in den letzten Jahren vermehrt mit alternativen Methoden experimentiert. So versuchte man Schweine mit schlagartigem Unterdruck (Dekompression) oder Hochdruck-Wasserstrahl (Jet-Injektion), Geflügel mit energiereichen Mikrowellen zu betäuben.

Um den Betäubungsvorgang effektiv und fehlerfrei ausführen zu können, sind die Tiere vorher ruhigzustellen (Anhang B, Richtlinie 93/119/EG). Dabei dürfen ihnen keine Schmerzen zugefügt wer-

Tab. 2 Zulässige Betäubungs- und Tötungsverfahren (nach TierSchlV, 1997)

Tierart	Bolzen-schuß	Kugel-schuß	Verfahren Elektrischer Strom	CO_2	Kopf-schlag
Einhufer	+	+[1]			
Rinder	+	+[1]	+		
Schweine	+[1,5]	+[1]	+	+	+[2]
Schafe	+	+[1]	+		+[3]
Ziegen	+	+[1]	+		+[2]
Kaninchen	+	+[1]	+		+[4]
Hausgeflügel	+	+[1]	+	+[6]	+[7]
Gatterwild	+[8]	+			

[1] zur Nottötung;
[2] zur Betäubung von Tieren mit einem Körpergewicht bis zu 10 Kilogramm, die nicht in einem Schlachthof geschlachtet oder getötet werden, und bei denen das Betäuben und Entbluten durch dieselbe Person vorgenommen werden;
[3] zur Betäubung von Tieren mit einem Körpergewicht bis zu 30 Kilogramm, die nicht in einem Schlachthof geschlachtet oder getötet werden, und bei denen das Betäuben und Entbluten durch dieselbe Person vorgenommen werden;
[4] bei Hausschlachtungen und Schlachtungen, bei denen eine Person je Tag nicht mehr als 300 Tiere betäubt;
[5] bei Hausschlachtungen;
[6] bei Puten sowie bei behördlich veranlaßten Tötungen;
[7] bei Hausschlachtungen und Schlachtungen in Schlachtstätten, in denen je Tag nicht mehr als 100 Tiere geschlachtet werden, sowie zur Betäubung von Tieren, die im Wasserbad nicht betäubt wurden;
[8] zur Notschlachtung oder Nottötung bei festliegenden Tieren.

den. So dürfen die Beine nicht zusammengebunden werden, vor dem Betäuben dürfen die Tiere, ausgenommen Geflügel und Kaninchen, nicht aufgehängt oder umgedreht werden. Werden die Tiere durch Ansetzen von Betäubungsgeräten am Kopf betäubt, sind sie einzeln so zu immobilisieren, daß das Gerät korrekt angesetzt werden kann. Die deutsche Tierschutz-Schlachtverordnung (1997) schreibt vor, daß in Schlachtbetrieben mit mehr als 100 Schweineschlachtungen pro Woche Schweine in Betäubungsfallen oder ähnlichen Einrichtungen einzeln ruhiggestellt werden müssen. Da der Einsatz von Betäubungsfallen eine Vereinzelung der Tiere voraussetzt, ist eine erhebliche Streßbelastung unvermeidlich. Zur effektiveren Ruhigstellung sind kleine, ggf. unterteilbare Betäubebuchten (z.B. für 3 Tiere) besser geeignet.

Elektrobetäubung

Die Elektrobetäubung besitzt in erster Linie bei der Schweine- und Geflügelschlachtung praktische Bedeutung. Während die elektrische Betäubung des Schlachtgeflügels durch Eintauchen der Köpfe der am Kettenförderer hängenden Tiere in ein stromdurchflossenes Wasserbad vollständig automatisiert ist, wird die Elektrobetäubung der Schlachtschweine häufig noch manuell durchgeführt. Dabei wird das Schwein im allgemeinen mit einer 2-Handzange mit gezackten Elektroden, an denen der Betäubungsstrom anliegt, beidseitig am Kopf gefaßt, so daß der Strom durch das Gehirn fließt.

Eine kritische Prüfung von Tierschutzaspekten der Elektrobetäubung der Schlachtschweine erfolgte in Deutschland vermehrt in den letzten Jahren (Troeger und Woltersdorf, 1988). Bei

oberflächlicher Betrachtung ist die anscheinend schlagartige Wirkung des elektrischen Stromes durchaus beeindruckend. Werden die Schweine mit der Zange gefaßt, egal ob etwa im Schulterbereich oder an der Schnauze, kommt es augenblicklich zu einer starken Verkrampfung der Muskulatur. Dieser Zustand wird, in manchen Fällen leider zu unrecht, als Bewußtlosigkeit gedeutet. Es wird die durch den elektrischen Strom bewirkte Immobilisation mit Empfindungslosigkeit gleichgesetzt. Die Tiere sind während der Durchströmung zu einer Schmerzäußerung oder Abwehrreaktion nicht mehr in der Lage. Wie schnell nach Zangenansatz zusätzlich zur Immobilisation auch Bewußtlosigkeit eintritt, hängt jedoch von der Stromstärke bzw. Strommenge ab, die das *Gehirn* durchfließt. Eine Elektrobetäubung kann erst dann als akzeptabel gelten, wenn sie sofort zur Bewußtlosigkeit führt. Bewußtlosigkeit geht im Falle eines Elektroschocks mit der Auslösung eines epileptiformen Anfalls konform. Elektroenzephalographische Untersuchungen von Hoenderken (1978) an Schlachtschweinen haben ergeben, daß zur Auslösung eines epileptiformen Anfalls innerhalb einer Sekunde nach Stromflußbeginn (was als unakzeptabel lange Zeitspanne erscheint) eine Stromstärke von wenigstens 1,25 Ampere notwendig ist. Damit dieser Strom sofort nach Ansetzen der (Zangen-)Elektroden fließt, sind zwei Voraussetzungen notwendig:
1. richtiger Elektrodenansatz: Das Gehirn muß auf der Verbindungslinie der beiden Elektroden liegen. Als praktikable Ansatzpunkte ergibt sich beidseitig der Ohrgrund (nicht kaudal der Ohren!).
2. Ausreichend hohe Betäubungsspannung: Die Spannung im Moment des Elektrodenansatzes muß so hoch sein, daß der anfangs relativ hohe Hautwiderstand des Schweines schnell durchbrochen wird, damit die notwendige Strommenge (= Ampere x Sek.) fließen kann. Die Mindestbetäubungsspannung beträgt, bei sinusförmigem Wechselstrom von 50–60 Hz, 250 V (Troeger und Woltersdorf, 1989). Auch der Einsatz von Konstantstrom-Betäubungsgeräten (bei variabler Spannung), die mittlerweile von den Herstellern angeboten werden, ermöglicht bei exaktem Elektrodenansatz eine tierschutzkonforme Betäubung.

Bei der *automatischen Hochvoltbetäubung* der Schlachtschweine in einem Restrainer (Zwangsförderer) werden die Tiere zwischen zwei zueinander V-förmig angeordneten Transportbändern auf eine gabelförmige Elektrode zu zwangsbefördert. Die Betäubungsspannung beträgt im allgemeinen 450 bis etwa 650 V, die Stromflußzeit 1,2–2 Sek. Die Abmessungen dieser Betäubungsanlagen sind für marktübliche Mastschweine mit Lebendgewichten zwischen ca. 100 und 120 kg konzipiert. Werden deutlich leichtere Schweine (z.B. Kümmerer) durch die Anlage geschleust, kommt es zu äußerst tierschutzwidrigen „Fehlbetäubungen". Die Tiere können der Betäubungsgabel mit dem Kopf nach unten ausweichen, die Berührung der Elektroden erfolgt dann häufig im Rücken- oder Lendenbereich.

Eine aus der Sicht des Tierschutzes grundsätzlich zu begrüßende Entwicklung ist der in den letzten Jahren zunehmende Einsatz von Elektrobetäubungsverfahren, bei denen zusätzlich zur Ausschaltung der Empfindungs- und Wahrnehmungsfähigkeit durch Kopfdurchströmung z.B. mittels einer Brustwandelektrode Herzkammerflimmern und damit der baldige Exitus herbeigeführt wird (Abb. 3). Fleischhygienische und fleischhygienerechtliche Aspekte des Verfahrens, das als „cardiac arrest stunning"

Abb. 3 Manuelle Elektrobetäubung mit zusätzlicher Brustwandelektrode zur Auslösung von Herzkammerflimmern.

in anderen Ländern bereits weite Verbreitung gefunden hat, werden kontrovers diskutiert (Wormuth und Schütt-Abraham, 1986).

Neuerdings sind Elektrobetäubungsgeräte auf dem Markt, die nicht, wie bisher üblich, mit einem sinusförmigen Wechselstrom von 50 Hertz (Hz) arbeiten, sondern bei welchen höherfrequente Ströme (bis etwa 1000 Hz) und unterschiedliche Stromformen (z.B. Rechteck) zur Anwendung kommen. Damit ließ sich eine deutliche Verminderung von Schlachtkörperschäden, z.B. Knochenbrüche und Blutpunkte in der Muskulatur, erreichen. Allerdings ist aus britischen Untersuchungen (Anil, 1991; Anil und McKinstry, 1992) bekannt, daß bei Anwendung höherfrequenter Betäubungsströme (1600 Hz) die Dauer der Wahrnehmungs- und Empfindungslosigkeit im Vergleich zum 50-Hz-Strom um etwa 10 Sek. vermindert ist. Die Forderung nach einem direkten Übergang der betäubungsbedingten Bewußtlosigkeit in den Tod durch Blutentzug kann deshalb bei relativ hochfrequenten Betäubungsströmen Probleme bereiten.

Eine gangbare Möglichkeit der Hochfrequenz-Elektrobetäubung, die aus der Sicht des Tierschutzes akzeptabel erscheint, besteht in einer zusätzlich zur Kopfdurchströmung durchzuführenden Herzdurchströmung. Damit wird der Eintritt des Todes der Tiere während der Ausblutungsphase durch das induzierte Herzkammerflimmern deutlich beschleunigt.

Betäubung mit Kohlendioxid

Die derzeit einzige praxistaugliche Alternative zur Elektrobetäubung der Schlachtschweine ist die Gasanästhesie mit Kohlendioxid. In sogenannten Kompakt- oder Kombi-Anlagen werden die Schweine nach dem Paternosterprinzip in eine Atmosphäre aus 70 % bis 90 % CO_2 und Restluft abgesenkt. Die Tiere werden einzeln oder zu zweit in „Gondeln" verbracht, die so beschaffen sein müssen, daß die Schweine bis zum Eintritt der Bewußtlosigkeit stehen können (kein Wegklappen des Bodens bei Einzelgondeln mit Einengung des Brustkorbs). Etwa 20 Sek. nach Eintauchen in die höherkonzentrierte CO_2-Atmosphäre treten mehr oder weniger heftige Reaktionen, z.B. unkoordinierte Strampelbewegungen und zum Teil dumpfe Lautäußerungen, auf. Für die Gegner der Methode sind dies wenigstens teilweise bewußte Reaktionen auf die hohe CO_2-Konzentration bzw. den Sauerstoffmangel (Hoenderken et al., 1979). Befürworter sehen darin Teil eines üblichen Narkoseablaufes, wobei nach den Stadien der Analgesie und Amnesie die unbewußt ablaufende Exzitationsphase einsetzt. Letzteres konnte durch elektroenzephalographische Untersuchungen belegt werden (Forslid, 1987), so daß die CO_2-Betäubung als echte Anästhesie im medizinischen Sinne gelten kann.

Untersuchungen zur qualitativen und quantitativen Optimierung des Betäubungsgasgemisches mit halothan-getesteten Mastschweinen ergaben, daß das Ausmaß der Reaktionen der Tiere in erster Linie vom Halothanreaktionstyp sowie von der verwendeten CO_2-Konzentration abhängig ist. Starke motorische Reaktionen treten im allgemeinen 20–25 Sek. nach Gasexposition bei halothan-positiven (streßempfindlichen) Schweinen und relativ niedrigen CO_2-Konzentrationen (um 60 %) auf. Halothan-negative Tiere zeigten signifikant schwächere motorische Reaktionen. Die anteilige Verwendung von N_2O (bis 50 %) oder ein Austausch von Luft gegen Sauerstoff hatte keinen Einfluß auf Auftreten und Stärke der Exzitationen (Troeger und Woltersdorf, 1991).

Zur Gewährleistung einer tierschutzgerechten CO_2-Betäubung sind folgende Betriebsparameter einzuhalten:
– umgehendes Verbringen der Tiere in eine Gasatmosphäre mit ≥ 80 % CO_2;
– Verweildauer in der Gasatmosphäre so lange (90–120 Sek.), daß die Tiere auch während der Ausblutungsphase bewußt- und reflexlos bleiben.

Mechanische Betäubung mittels Bolzenschußapparat

Diese Betäubungsart wird vor allem bei Rindern, Kälbern, kleinen Wiederkäuern und Einhufern angewendet. Durch eine Kartusche oder Druckluft wird ein Metallbolzen (z.B. 12 x 80 mm) nach vorne getrieben, der den Schädelknochen durchschlägt und in das Gehirn eindringt. Entscheidend für die Wirkung ist die *richtige Einschußstelle*. Sie befindet sich beim Rind auf dem Schnittpunkt zweier Linien, die von der Mitte des Hornansatzes zur Mitte des jeweils gegenüberliegenden Auges ziehen. Rinder werden üblicherweise in einer *Betäubungsfalle* geschossen. Diese muß Vorrichtungen zu einer ausreichenden Fixation, insbesondere auch des Kopfes der Tiere, aufweisen, um ein sicheres, gezieltes Aufsetzen des Schußapparates zu ermöglichen.

Kriterien für eine effektive Betäubung sind:
– sofortiges Niederstürzen,
– Augen starr, reflexlos,
– keine Atmung,
– keine Aufstehversuche.

Als *Fehlerquellen* für eine ungenügende Betäubung können genannt werden:
– falsche Ansatzstelle,
– Treibladung zu schwach,
– Kartuschen feucht,
– Schußapparat schlecht gewartet, defekt.

Nach Angaben von Drawer und Woltering (1990) beträgt die durchschnittliche Fehlbetäubungsrate beim Rind 5–6 %, beim ungeübten Schützen bis zu 20 %.

Bei Schafen und Ziegen darf der Schußapparat am Hinterkopf angesetzt werden, wenn das Ansetzen am Vorderkopf wegen der Hörner nicht möglich ist. In diesem Fall muß direkt hinter der Hörnerbasis in Richtung Maul geschossen werden; der Blutentzug muß binnen 15 Sek. nach dem Schuß begonnen werden (Richtlinie 93/119/EG).

Entbluten

Elektrobetäubung und Gasanästhesie sind in der Regel reversibel. Nach Untersuchungen von Anil (1991) kehrt bei elektrobetäubten Schweinen der Kornealreflex nach durchschnittlich 47 bis 52 Sek. (Schwankungsbereich 24 bis 87 Sek.) zurück, der Aufstehreflex zeigte sich nach durchschnittlich 57 bis 67 Sek. (29 bis 103 Sek.). Auch nach CO_2-Betäubung sind die Schweine nach etwa 50 bis 60 Sek. wieder bei Bewußtsein. Demnach muß die Entblutung der Schlachttiere möglichst bald nach Ende des Betäubungsvorganges beginnen, um einen direkten Übergang der Bewußt- und Empfindungslosigkeit in den Tod durch Blutentzug zu gewährleisten. Anil (1991) kommt in seinen Untersuchungen zur Rückkehr physischer Reflexe beim Schwein nach Elektrobetäubung zu dem Schluß, daß die maximale Zeitspanne zwischen Betäubung und Entblutung 15 Sek. betragen sollte, um eine Wiederkehr des Bewußtseins zu verhindern. Nach der deutschen Tierschutz-Schlachtverordnung (1997) ist die Höchstdauer zwischen Betäuben und Entblutungsschnitt allgemein auf 20 Sek. begrenzt; bei Bolzenschußbetäubung von Rindern sind maximal 60 Sek. zulässig.

In der Praxis ist die Zeitspanne zwischen Betäubungsvorgang und Beginn des Blutentzugs oft – aus organisatorischen und/oder technischen Gründen – erheblich länger. Üblicherweise werden bei Bandschlachtungen die Tiere nach dem Betäubungsvorgang mit einer Kette an einer Hintergliedmaße angeschlungen und mittels Elevator auf die Rohrbahn gefördert. Erst dann erfolgt die Entblutung des hängenden Tieres. Vor allem nach CO_2-Betäubung von Schweinen in Doppelgondeln (für 2 Schweine) kann es zu einer systematisch zeitverzögerten Entblutung des jeweils zweiten Schweines kommen.

Augenfällig wurden tierschutzrelevante Mißstände im Zusammenhang mit Betäubung und Entblutung in vielen Betrieben, nachdem aus Gründen einer besseren Fleischqualität von der Entblutung der hängenden Schlachtschweine auf eine Entblutung im Liegen auf Plattenbändern umgestellt worden war (Abb. 4). Die (überwiegend manuell) elektrisch betäubten Schweine kamen während der Ausblutungsphase zu einem merklichen Anteil vorübergehend wieder in eine Wachphase. Die Technik der Entblutung im Liegen bringt somit auch den Vorteil einer besseren Kontrollmöglichkeit tierschutzrelevanter Sachverhalte.

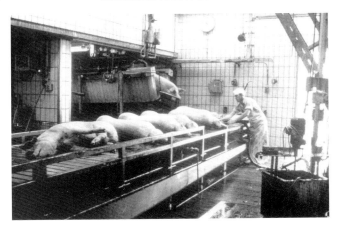

Abb. 4 Liegende Entblutung von Schlachtschweinen nach automatischer Elektrobetäubung im Restrainer.

Neben dem Zeitpunkt der Entblutung ist die Effektivität der Ausführung des Entblutestiches von außerordentlicher Bedeutung für eine tierschutzgerechte Schlachtung. Die deutsche Tierschutz-Schlachtverordnung (1997) gibt vor, daß durch Eröffnen mindestens einer Halsschlagader oder des entsprechenden Hauptblutgefäßes sofort ein starker Blutverlust eintreten muß. Ferner wird gefordert, daß die Entblutung kontrollierbar sein muß. Dem steht häufig die heutige Praxis der Lebensmittelblutgewinnung entgegen. Diese erfolgt in der Regel mit sogenannten Hohlmessern, d.h., an eine doppelseitige Klinge schließt sich ein Edelstahlrohr an, das mit einem das Blut ableitenden Schlauch verbunden ist, der in eine geschlossene Anlage führt. Somit ist eine visuelle Kontrolle des Sticherfolges, d.h. der richtigen Plazierung des Messers, nicht mehr möglich, da das Blut nicht sichtbar ausströmt. Bei nicht effektiv gestochenen Schweinen kann sich die Ausblutung und damit der Eintritt des Todes um Minuten und damit bis zu Beginn des Brühprozesses verzögern.

Die Forderungen an eine tierschutzgerechte Entblutung von Schlachttieren müssen deshalb lauten:
- Zeitintervall zwischen Betäubungsvorgang und Entblutebeginn $\leq$ 20 Sek.;
- effektiver Entblutestich mit Kontrollmöglichkeit: bei Hohlmesserentblutung z.B. Transparenz des blutableitenden Schlauches;
- nachfolgende Schlachtschritte (Brühen u.a.) erst nach Reflexlosigkeit (Richtwert: 5 min nach Entblutungsbeginn). Kontrolle!

Eine automatische Erfassung ungenügend entbluteter Schlachtschweine vor dem Brühprozeß, z.B. über eine in die Rohrbahn integrierte Differenzwägung, wäre ohne größeren technischen Aufwand machbar und diente nicht nur dem Tierschutz, sondern auch der Fleischqualität.

■ Schlachten ohne Betäubung (Schächten)

Beim Schächten werden ohne vorherige Betäubung mit einem Querschnitt kehlseitig alle weichen Gewebe des Halses (Muskulatur, Sehnen, Nerven, Blutgefäße, Speise- und Luftröhre) bis auf die Wirbelsäule durchtrennt.

Das deutsche Tierschutzgesetz (§ 4 Abs. 2) läßt Ausnahmen vom allgemeinen Betäubungszwang zu für Notschlachtungen sowie *rituelle Schlachtungen*, wenn „zwingende Vorschriften einer Religionsgemeinschaft das Schächten vorschreiben oder den Genuß von Fleisch nicht geschächteter Tiere untersagen". Dies trifft nach allgemeiner Auffassung, manifestiert auch in mehreren Verwaltungsgerichtsurteilen (Hamburg OVG 703/89, Gelsenkirchen 7K 5738/91), nicht für die muslimischen Glaubensvorschriften zu (Nowak und Rath, 1990).

Die zuständige Landesbehörde von Berlin (Senatsverwaltung für Gesundheit und Soziales) hat ein „Merkblatt für das Schlachten von Tieren nach muslimischem Ritus" erstellt. Darin wird ein Kurzzeitelektrobetäubungsverfahren (Zange, 240 V, 2 Sek.) vorgestellt, das bei Schafen und Rindern unmittelbar vor Ausführung des Schächtschnittes angewandt wird. Dieses Verfahren wird seit Anfang 1989 in Berlin erfolgreich praktiziert und entspricht sowohl den Vorschriften des Korans als auch dem deutschen Tierschutzrecht.

Die in den jüdischen Glaubensvorschriften geforderte Unversehrtheit der Schlachttiere läßt nach überwiegender

Auffassung der Angehörigen mosaischen Glaubens auch eine Elektrobetäubung vor der Entblutung nicht zu. Dabei muß anerkannt werden, daß das Schächten nach mosaischem Ritus durch Sachverständige, eigens dazu ausgebildete Personen mittels spezieller und nur für diesen rituellen Akt vorgesehener Werkzeuge vorgenommen wird („Chalaf") und somit dem Tier möglicherweise geringere Schmerzen zugefügt werden.

Von erheblicher Tierschutzrelevanz ist die Behandlung der Tiere unmittelbar vor dem Schächten. Rinder sind bei rituellen Schlachtungen mit geeigneten mechanischen Mitteln ruhigzustellen (Richtlinie 93/119/EG). Hierfür hat sich in der Praxis der sogenannte Weinbergsche Apparat (Umlegeapparat) bewährt. Nach Eintrieb des Tieres in einen Metallkasten mit Kopfausschnitt wird dieser in zwei Eisenreifen rollengelagerte Kasten um 180 Grad gedreht, die Halspartie wird durch Niederdrücken des Kopfes mittels eines gabelförmigen Gerätes gestrafft, so daß nach ca. 30 Sek. der Schächtschnitt erfolgen kann (Drawer und Ennulat, 1977).

In der **Schweiz** besteht ein *Schächtverbot* seit 1892, das ursprünglich in der Bundesverfassung verankert war und im Tierschutzgesetz von 1978 auf Gesetzesstufe weitergeführt wird. In **Österreich** enthalten einzelne Landestierschutzgesetze die Forderung nach Betäubung von warmblütigen Tieren vor dem Blutentzug, Ausnahmen aufgrund zwingender religiöser Vorschriften gibt es in einigen Bundesländern.

Besondere Aspekte der Geflügelschlachtung

Aufgrund der hohen Schlachtleistungen von mehreren tausend Tieren/Stunde bei der modernen industriellen Geflügelschlachtung ergeben sich hier spezifische tierschutzrelevante Probleme. So erfordert die automatische Elektrobetäubung, daß die Tiere nach Entnahme aus den Transportbehältern mit den Ständern in metallene Bügel einer Förderkette eingehängt und mit dem Kopf nach unten hängend transportiert werden. Diese „Lebendhängezeit" (bis zur Betäubung) beträgt meist mehrere Minuten. Die elektrische Betäubung erfolgt nach Eintauchen des Kopfes in ein stromdurchflossenes Wasserbad durch Ganzkörperdurchströmung. Die Betäubungswirkung hält jedoch häufig nicht genügend lange an, um nahtlos in den Tod durch Entbluten überzugehen. Eine Wiederkehr des Empfindungs- und Wahrnehmungsvermögens ist nur dann auszuschließen, wenn die elektrische Ganzkörperdurchströmung gleichzeitig Herzkammerflimmern hervorruft. Dazu sind folgende Mindeststromstärken je Tier erforderlich (Schütt-Abraham et al., 1987):

Broiler/Legehennen: 120 mA
Enten/Gänse: 130 mA
Puten: 150 mA

Hierzu ist die Spannung am Betäubungswasserbad so zu regeln, daß die gemessene (Amperemeter, Voltmeter) Gesamtstromstärke der Zahl der gleichzeitig eintauchenden Tiere, multipliziert mit der Mindeststromstärke je Tier, entspricht.

Tierschutzrelevante Schwachpunkte der beschriebenen Technik sind das manuelle Einhängen der Tiere in die Förderkette, lange Lebendförderzeiten sowie eine nicht immer effektive elektrische Betäubung. Diese Risiken können bei Anwendung einer Gasbetäubung vermieden werden, da hierbei die Tiere zuerst betäubt und erst anschließend in das Schlachtförderband eingehängt werden. Die bei der CO_2-Betäubung von Geflügel auftretenden Konvulsionen können nach Hoenderken et al. (1994)

deutlich vermindert werden, wenn anstelle von Restluft 30 % Sauerstoff verwendet wird. Erste Gasbetäubungsanlagen sind mittlerweile in der Praxis, vor allem für Puten, im Einsatz.

Zitierte Rechtsvorschriften

Gesetz zu dem Europäischen Übereinkommen vom 10. Mai 1979 über den Schutz von Schlachttieren vom 9. Dezember 1983 (BGBl. II S. 770).
Gesetz über das Schlachten von Tieren vom 21. April 1933 (RGBl. I. S. 203, BGBl. III S. 103), geändert durch Art. 216 Abschnitt I vom 2. März 1974 (BGBl. I S. 469).
Richtlinie 93/199/EG des Rates vom 22. Dezember 1993 über den Schutz von Tieren zum Zeitpunkt der Schlachtung oder Tötung (ABl. Nr. L 340 vom 31.12.1993 S. 21).
Richtlinie Tierschutz, Merkblatt über den Tierschutz in Schlachtanlagen. Bundesamt für Veterinärwesen, CH-3003 Bern, 1. Sept. 1986.
TSchG: Tierschutzgesetz vom 18. August 1986 (BGBl. I S. 1319).
Tierschutz-Schlachtverordnung: Verordnung zum Schutz von Tieren im Zusammenhang mit der Schlachtung oder Tötung vom 3. März 1997 (BGBl. I S. 405).
Verordnung über das Schlachten von Tieren vom 21. April 1933 (RGBl. I S. 212, BGBl. III S. 104).

Literatur

Anil, M.H. (1991): Studies on the return of physical reflexes in pigs following electrical stunning. Meat Sci. 30, 13–21.
Anil, M.H., and McKinstry, J.L. (1992): The effectiveness of high frequency electrical stunning in pigs. Meat Sci. 31, 481–491.
Drawer, K., und Ennulat, K.J. (1977): Tierschutzpraxis. Gustav Fischer Verlag Stuttgart.
Drawer, K., und Woltering, H. (1990): Schutz von Schlachttieren: Ein Arbeitsheft. Landestierschutzverband Nordrhein-Westfalen e.V., Bochum.
Forslid, A. (1987): Transient neocortical and hippocampal EEG-silence induced by one minute inhalation of high concentration CO_2 in swine. Acta Physiol. Scand. 130, 1–10.
Hoenderken, R. (1978): Elektrische bedwelming van slachtvarkens. Vet.-med. Diss., Utrecht.
Hoenderken, R., van Logtestijn, J.G., Sybesma, W., und Spaanjaard, W.J.M. (1979): Kohlendioxid-Betäubung von Schlachtschweinen. Fleischwirtschaft 59, 1572–1578.
Hoenderken, R., Lambooy, E., van den Bogaard, A.E.J.M., und Hillebrand, S.J.W. (1994): Tierschutzgerechte Gasbetäubung von Geflügel. Fleischwirtschaft 74, 497–500.
Kleibs, M. (1992): Das Treiben von Schlachtschweinen bei unterschiedlichen Beleuchtungsstärken bzw. Gangmaßen und die bioindikatorische Nutzung des Lauf- und Erkundungsverhaltens zur artgemäßen Gestaltung der Triftregulierung. Diss. Agr., Universität Leipzig.
Nowak, D., und Rath, R. (1990): Zur Integration muslimischer Schlachtvorstellungen in das Tierschutzrecht. Elektrokurzzeitbetäubung vor Schlachtungen nach muslimischem Ritus in Berlin (West). Fleischwirtschaft 70, 167–169.
Schütt-Abraham, I., Wormuth, H.-J., und Fessel, J. (1987): Vergleichende Untersuchungen zur tierschutzgerechten Elektrobetäubung verschiedener Schlachtgeflügelarten. Berl. Münch. Tierärztl. Wschr. 100, 332–340.
Steiger, A. (1989): Transport, Anlieferung, Einstallung und Betreuung der Schlachttiere. Swiss. Food 11, 15–19.
Troeger, K., und Woltersdorf, W. (1988): Tierschutzaspekte der manuellen Elektrobetäubung von Schlachtschweinen. Fleisch- und Lebensmittelhyg. 40 (8/9), 4–6.
Troeger, K., und Woltersdorf, W. (1989): Die Elektrobetäubung von Schlachtschweinen. Rdsch. Fleischhyg. Lebensmittelüberw. 41, 219–222.
Troeger, K., und Woltersdorf, W. (1991): Die Gasanästhesie von Schlachtschweinen. 1. Betäubungsversuche unter Laborbedingungen mit Mastschweinen bekannten Halothanreaktionstyps: Fleischbeschaffenheit, Tierschutzaspekte. Fleischwirtschaft 71, 137–153.
Wormuth, H.-J., und Schütt-Abraham, I. (1986): Zur tierschützerischen, fleischhygienischen und rechtlichen Problematik einer mit der Tötung zusammenfallenden Betäubung von Schlachttieren. Fleischwirtschaft 66, 1420–1424.

Zoofachhandel

Th. Althaus

■ Grundsätzliches zum Tierhandel

Auf den ersten Blick scheint völlig klar zu sein, was man unter „Tierhandel" bzw. „Zoofachhandel" zu verstehen hat. Bei näherer Betrachtung jedoch stellt man fest, daß die Dinge nicht so eindeutig sind, wie sie anfänglich zu sein scheinen.

Der Begriff „Handel" wird weder in Tierschutzgesetzgebungen noch in anderen Rechtserlassen eindeutig definiert. Ganz allgemein wird unter „Handel" eine wirtschaftliche Tätigkeit verstanden, die im wesentlichen aus dem Austausch von Gütern und Dienstleistungen besteht und je nachdem auch die Erzeugung von Gütern mit umfaßt. Das „Übereinkommen über den internationalen Handel mit gefährdeten Arten freilebender Tiere und Pflanzen" (CITES) versteht unter „Handel" die Ausfuhr, Einfuhr, Wiederausfuhr und das Einbringen aus dem Meer, also den grenzüberschreitenden Transfer. Gemäß dieser Definition fällt die Schenkung beispielsweise eines nachgezüchteten Graupapageis durch einen deutschen an einen schweizerischen Papageienliebhaber unter den Begriff „Handel". Es fällt auf, daß der finanzielle Aspekt nicht a priori im Begriff „Handel" enthalten ist.

Erst wenn der Handel „gewerbsmäßig" betrieben wird, wird der finanzielle Aspekt Teil der Definition. Allerdings ist auch der Begriff „Gewerbsmäßigkeit" weder in den Tierschutzgesetzgebungen noch in anderen Rechtserlassen klar definiert. Als „gewerbsmäßig" betrachtet man allgemein Tätigkeiten, die darauf ausgerichtet sind, einen Gewinn, Erwerb usw. zu erbringen.

„Gewerbsmäßigen Handel mit Tieren" betreiben folglich jene Tierhalter, die Tiere züchten, ankaufen, verkaufen oder vermitteln, mit der Absicht, daraus mit einer gewissen Regelmäßigkeit einen Erwerb zu erzielen, der für ihr wirtschaftliches Fortkommen oder ihre Tierhaltung von Bedeutung ist. Die Betonung liegt dabei auf „gewisse Regelmäßigkeit" und „wirtschaftliches Fortkommen" bzw. „Existenzsicherung". Ein Halter einer Hündin, der einmal pro Jahr einen Wurf produziert und die Welpen verkauft oder der Halter von Papageien, der einzelne Vögel geglückter Nachzucht verkauft, wobei diese Verkäufe für die Existenzsicherung nicht relevant sind, betreiben demnach keinen „gewerbsmäßigen Handel".

Diese längere Einleitung schien nötig, weil dem Handel mit Tieren nicht selten generell ein negatives Image verpaßt wird, das wohl darauf gründet, daß hier in der allgemeinen Vorstellung Tiere, also Lebewesen, zur Ware werden, mit der Geld gemacht wird. Maximierung des Gewinns, so die Vorstellung weiter, kann nur einhergehen mit einer Minimierung des Aufwandes bezüglich Transport, Unterbringung, Pflege und Betreuung der Tiere. Obwohl diese Vorstellung in gewissen Fällen der Realität entsprechen mag, muß sie nicht generell für jeglichen Handel mit Tieren zutreffen.

Statistiken zeigen, daß Heimtiere in ihrer ganzen Palette von den Hunden und Katzen über die Stubenvögel und Aquarienfische bis zu den Vogelspinnen und Stabheuschrecken zu Tausenden, ja zu Millionen gehalten werden. Es existiert also nicht nur ein enormer Liebhaber- und Kundenkreis und damit ein riesiger Bedarf an Tieren, sondern, nicht zuletzt bedingt durch die Nachzucht, ein großes Angebot. Tierhandel ist also nicht allein eine Sache der begrenzten Zahl von Zoofachhändlern, „pet-shops" und Grossisten, sondern schließt weite Kreise der Öffentlichkeit mit ein, ja er ist Bestandteil der weitverbreiteten Haltung von Tieren durch die Bevölkerung überhaupt.

Einige Worte zur Haltung von Tieren – auch Wildtieren – durch Private seien hier eingefügt, obwohl das Thema andernorts vertieft behandelt wird: Die Haltung von Tieren – auch exotischer Arten – vermag demjenigen, der sie verantwortungsbewußt und engagiert betreibt, sehr viele Kenntnisse und sehr viel Wissen zu vermitteln und ihn nicht nur für diese speziellen Arten zu interessieren, sondern ganz allgemein für die Tiere, den Tier- und Naturschutz zu sensibilisieren und zu motivieren. Unter Führung der Erwachsenen ermöglicht die Haltung von Tieren gerade Kindern einen direkten Zugang zum Wesen der Tiere und auch emotional prägende Einblicke ins Naturgeschehen. Wohl jeder große Naturforscher und Naturkenner und viele der Förderer eines vernünftigen Natur- und Tierschutzes haben bereits in kindlichen Jahren Tiere gehalten und so ihre ersten Erfahrungen gesammelt. Manche Tierhalter werden zu wahren Spezialisten ihres Faches, kennen und halten ihre Tiere besser als manche Zoologische Gärten und Tierparks (Honegger, 1993). Von ihren Erfahrungen können andere zum Wohl von Tieren und im Interesse der Tiere wiederum profitieren.

Wesentlich ist, wie bei jedem Umgang mit Tieren, daß ihnen nicht ungerechtfertigt Schmerzen, Leiden oder Schäden zugefügt werden, sie nicht in Angst versetzt werden und ihren Bedürfnissen in bestmöglicher Weise Rechnung getragen wird. Wie diesem Tierschutzaspekt im gewerbsmäßigen Tierhandel, insbesondere Heimtierhandel, Rechnung getragen werden kann, soll den wesentlichen Inhalt dieses Kapitels bilden. Vorher sei allerdings noch kurz auf den Aspekt des Artenschutzes eingegangen.

■ Artenschutz ist nicht gleich Tierschutz

Daß zahlreiche Hunde und Katzen, Meerschweinchen, Goldhamster, Wellensittiche, Prachtfinken und Kanarienvögel, aber auch viele ungewöhnliche Arten, wie beispielsweise Waschbären, Frettchen, Papageien, Schlangen, Schildkröten, Echsen, Frösche, Aquarienfische, Skorpione und Vogelspinnen, in Privathaltung gezüchtet und so verbreitet werden, ist bereits erwähnt worden.

Nach wie vor wird jedoch eine große Anzahl von Tieren für den Heimtierbedarf eingeführt: 1993 wurden beispielsweise durch Private (inkl. Zoos und Tierparks) und Händler total 2047 Säugetiere, 20433 Vögel, 13290 Reptilien und 4799 Amphibien in die Schweiz importiert. Darunter waren 83 Säugetiere, 1423 Vögel und 4382 Reptilien, welche zu Arten gehörten, die in den CITES-Anhängen aufgeführt sind. Ein respektabler Teil dieser Importe sind Gefangenschaftsnachzuchten. Beim in der Regel weitaus größeren Teil jedoch handelt es sich um Tiere, die der Natur entnommen wurden.

Ein Vergleich der Importe mit den Ausfuhren von im Inland nachgezüchteten Tieren zeigt außerdem, daß alljährlich regelmäßig viel mehr Tiere ein- als ausgeführt werden. Zieht man Bilanz, so muß man eingestehen, daß alljährlich Tausende von Heimtieren von uns „verbraucht" werden. Als Argument gegen den Tierhandel schlechthin wird bisweilen auch darauf hingewiesen, daß die entsprechenden Zahlen noch durch diejenigen Tiere zu ergänzen seien, welche bereits beim Fang, auf dem Transport zum Exporteur, beim Exporteur im Ursprungsland und auf dem Transport zum Importeur sterben würden und daß sich so diese Ziffer noch wesentlich vergrößere. Auf Grund dessen wird beispielsweise gefordert, nur noch nachgezüchtete Tiere zu halten, welche in der Pflege nicht heikel sind (was immer dies heißt) oder gar den Handel mit Heimtieren gänzlich zu verbieten.

In diesem Zusammenhang mag es nützlich sein, sich ein paar Gegebenheiten in Erinnerung zu rufen und sie gedanklich mit dem Tierhandel in Beziehung zu bringen:

– Enorme Zahlen von Tiere sterben, aus mannigfachen Gründen, im natürlichen Lebensraum.
Die rund 4500 im Mittelmeerraum lebenden Brutpaare des Eleonorenfalken beispielsweise schlagen, zusammen mit ihren Jungen, jedes Jahr während des Herbstzuges etwa fünf bis zehn Millionen Zugvögel, also gleich oder doppelt so viele, wie angeblich weltweit gehandelt werden.
Berechnungen aufgrund von Bestandszahlen ergaben, daß in der Schweiz, deren Fläche nur gerade 0,028% der Landmasse der Erde entspricht, jährlich über 56 Millionen Vögel sterben.
In Dänemark erlegten die Jäger im Jagdjahr 1988/89 insgesamt rund 2,3 Mio Vögel.
In Zimbabwe wurden 1985 zum Schutz von Kulturen 120 Millionen Blutschnabelweber vergiftet (Dollinger, 1993).

– Sowohl die in den Medien verbreiteten Angaben über Todesfälle beim Fang und beim Transport zum Exporteur wie diejenigen über die Transportsterblichkeit erweisen sich bei näherer Betrachtung in der Regel als unrichtig: Eine Untersuchung im Senegal (Diop, 1993) ergab eine Sterblichkeit von 1,38% beim Fang und 11,2% vom Fangort zum Exporteur.
Eine Untersuchung des staatlichen Veterinärdienstes in Belgien ergab für den Zeitraum vom 1. September 1993 bis zum 30. September 1994 eine Transportsterblichkeit von 1,2% (bei total 822197 Individuen in 726 Sendungen).
Im Zeitraum von 1976 bis 1991 betrug die bei Einfuhren in die Schweiz ermittelte Transportsterblichkeit für Papageien 0,87% (bei total 31342 Tieren; Dollinger, 1993). Tatsächlich hat in der Regel niemand, also weder der Fänger noch der Inlandtransporteur im Exportland noch der Exporteur noch der internationale Transporteur noch der Importeur oder gar der einzelne Zoofachhändler, geschweige der Käufer, ein Interesse an einer hohen Sterblichkeit, vielmehr haben alle Interesse an einer minimalen Sterblichkeit.

– Bei manchen Arten macht der Handel mit lebenden Exemplaren nur einen Bruchteil des Handels mit toten Exemplaren, Teilen oder Erzeugnissen derselben Arten aus (1990 wurden beispielsweise – wie aus dem CITES-Jahresbericht hervorgeht – die Häute von rund 30000 Brillenkaimanen und 70000 Nilwaranen für die Reptillederherstellung in die Schweiz importiert).

Damit soll nicht einem Raubbau an den Tierbeständen im natürlichen Lebensraum das Wort geredet werden, aber einer gewissen Versachlichung der Diskussionen, insbesondere im Artenschutzbereich. Es sollte also stets abgeklärt werden, ob die Tiere, die in einem gegebenen Fall zur Diskussion stehen, wirklich der Natur entnommen wurden oder ob es sich um Gefangenschaftsnachzuchten handelt. Weiterhin ist zu prüfen, ob es sich um geschützte, in ihrer Existenz gefährdete oder um ungeschützte, reichlich vorkommende Arten handelt. Ganz offensichtlich haben viele Freilandpopulationen eine regelmäßige Entnahme für den Tierhandel bisher ohne Schaden zu nehmen ertragen und ertragen sie noch. Viele der im Handel angebotenen Arten sind nämlich nach wie vor weder in nationalen noch internationalen Arten- und Naturschutzgesetzen oder irgendwelchen „Roten Listen" aufgeführt. Manche Arten werden in ihren Ursprungsländern nach wie vor geradezu verfolgt, gelten als Schädlinge oder als willkommene Bereicherung des Speisezettels.

In die Waagschale ist auch die bereits erwähnte Tatsache zu legen, daß private Halter von Wildtieren einen wesentlichen Beitrag zum Artenschutz leisten, und zwar nicht nur dann, wenn es ihnen gelingt, viele Arten – manchmal sogar sehr seltene – nachzuzüchten und damit den Bestand zu mehren, sondern auch durch Mehrung der Kenntnisse über die verschiedenen Tierarten.

Damit soll aber auch der grundsätzlichen Diskussion um die Problematik des Imports von Wildtieren für den Heimtierhandel nicht ausgewichen werden. Obwohl in den letzten Jahren vieles verbessert wurde, insbesondere die Transportbedingungen, ist nach wie vor sicher manches immer noch verbesserungswürdig, und Verbesserungen bedürfen der gemeinsamen Anstrengung aller Beteiligten. Was aber in den Diskussionen immer beachtet werden muß, ist der Unterschied zwischen dem Tierschutz- und dem Artenschutzaspekt. Eine Vermischung der beiden Aspekte ist zu vermeiden. Wer argumentiert, muß sich klar darüber sein, in welchem Bereich er argumentiert.

Während der Artenschutz sich mit der Verhinderung der Beeinträchtigung oder Ausrottung von Tierpopulationen oder -arten durch den Menschen bzw. dem Aussterben aus anderen Gründen befaßt (und mitunter ein Management von Populationen einschließt), ist die Thematik des Tierschutzes der Schutz von einzelnen Tierindividuen vor Schmerzen, Leiden, Schäden und Angstzuständen, die ihnen aus dem Verhalten des Menschen entstehen könnten. Ein Handel mit Tieren einer bestimmten Art oder Population mag aus der Perspektive des Artenschutzes aus betrachtet völlig unproblematisch , ja sogar zu empfehlen oder wünschenswert sein, von der Tierschutzperspektive aus mag jedoch derselbe Handel evtl. zu Bedenken Anlaß geben und umgekehrt. Auf dieser Grundlage sind die gesetzlichen Regelungen, Richtlinien und Empfehlungen für den Bereich Tierschutz im Tierhandel auszuarbeiten und zu vollziehen.

■ Tierschutzrelevante Anforderungen an den Handel mit Tieren

Der gewerbsmäßige Handel mit Tieren muß bewilligungspflichtig sein. Ziel der Bewilligungspflicht muß es sein, von vornherein sicherzustellen, daß der zukünftige Tierhändler über ausreichende

Fachkenntnisse verfügt und die vom Gesuchsteller für den Handel in Aussicht genommenen Tierarten und -zahlen mit den Vorschriften der Tierschutzgesetzgebung im Einklang gehalten werden können. Durch die Bewilligung will man sicherstellen, daß die Tierschutzvorschriften beachtet und eingehalten werden. Die Bewilligung erleichtert die Kontrolle, und sie ermöglicht, präventiv und immer wieder festzustellen, ob die Anforderungen der Tierschutzgesetzgebung erfüllt sind.

Bewilligungsgesuche für den Handel mit Tieren sind folglich an die zuständige Behörde zu richten und haben folgendes anzugeben: a) Art und Umfang des Handels, b) Größe, Beschaffenheit und Einrichtung der Räumlichkeiten, c) Bestand und Ausbildung des Personals für die Tierpflege.

Der letzte Punkt bedarf spezieller Erläuterung: Tiere in Betrieben, die gewerbsmäßig mit ihnen handeln, sollen grundsätzlich nur durch Personen, die sich über die entsprechende Sachkunde ausgewiesen haben (z.B. Tierpfleger mit Fähigkeitsausweis) oder unter ihrer unmittelbaren Aufsicht betreut werden. Es geht dabei nicht nur darum, daß die Tiere tiergerecht entsprechend ihren Ansprüchen und Bedürfnissen untergebracht, gepflegt und betreut werden, sondern auch darum, daß der Zoohändler seine Kunden fachlich korrekt beraten kann, über die gesetzlichen Grundlagen im Bilde sein und zur Führung eines kommerziellen Betriebes fähig sein soll. Auch wer „nur" Süßwasseraquarienfische verkauft, muß über weit mehr als hundert Arten, ihre Eigenschaften, Ansprüche und Bedürfnisse Bescheid wissen, muß ein ausgebildeter, befähigter Fachspezialist sein. In der Schweiz legt die zuständige bewilligungserteilende Behörde fest, ob und wie viele Tierpfleger mit Fähigkeitsausweis nötig sind. Die Bewilligung für den Handel mit einer beschränkten Zahl von Tieren für einen Gesuchsteller ohne Fähigkeitsausweis sollte nur in seltenen Ausnahmefällen erteilt werden, nämlich dann, wenn es sich um ganz wenige, relativ leicht zu pflegende Arten in einzelnen Exemplaren handelt und der Gesuchsteller aufgrund seiner Ausbildung oder seines bisherigen beruflichen Umgangs mit Tieren ausreichende fachliche Kenntnisse in der Haltung der betreffenden Tiere nachweisen kann.

Gemäß der schweizerischen Gesetzgebung ist der Handel mit Primaten (Affen und Halbaffen) sowie mit Raubkatzen (Felidae mit Ausnahme der Hauskatze) nur unter wissenschaftlicher Leitung stehenden Zoologischen Gärten und Tierparks erlaubt, die außerdem von der kantonalen Behörde dafür anerkannt sein müssen. In den übrigen Fällen wird die Bewilligung zum Ausüben des Handels mit Tieren grundsätzlich dann erteilt, wenn der Gesuchsteller seinen Wohn- oder einen Geschäftssitz im Land hat und über geeignete Räume, Gehege und Einrichtungen verfügt. In der Regel wird die Bewilligung nicht befristet.

In bezug auf die *Gehegedimensionen* für die vorübergehende Haltung von Wildtieren in Zoofachgeschäften kennt die schweizerische Tierschutzgesetzgebung – entsprechend der vorübergehenden Haltung von arbeitenden Zirkustieren oder von Tieren in temporären Tierschauen und -ausstellungen – eine Ausnahme: Für Wildtiere, die nur kurzfristig, d.h. primär zu Verkaufszwecken und nicht zu Schauzwecken gehalten werden, müssen die Gehege den gesetzlichen Mindestanforderungen nicht voll entsprechen. Der Gesetzgeber hat dabei in Erwägung gezogen, daß es unverhältnismäßig wäre, wenn von einem Zoofachhändler, wo die Tiere in der Regel nur vorübergehend leben, verlangt würde, daß seine Gehegedimensionen denjenigen eines stationären Zoologischen Gartens entsprechen. Wenn nun aber der Gesetzgeber in bezug auf die Gehegedimensionen ein gewisses Entgegenkommen zeigt, heißt das nicht gleichzeitig, daß andere, allgemeine gesetzliche Bestimmungen zur Haltung nun plötzlich auch nicht mehr gelten würden. Die Räume und Einrichtungen müssen eine den Anforderungen der Tierschutzgesetzgebung entsprechende Ernährung, Pflege und Unterbringung ermöglichen. Tiere sind grundsätzlich den Ansprüchen ihrer Art entsprechend zu ernähren, zu pflegen und unterzubringen, und die Möglichkeit des Tieres zu artgemäßer Bewegung darf nicht so eingeschränkt werden, daß ihm Schmerzen oder vermeidbare Leiden oder Schäden zugefügt werden. In einem guten Zoofachgeschäft sollten deshalb auch die Ansprüche der Tiere an die Gehegestrukturen, das Klima, Artgenossen und Artfremde u.a. ebenfalls erfüllt werden.

Räume, Gehege und Einrichtungen in Zoofachgeschäften

Die Tierschutzgesetzgebung der Schweiz enthält keine ausdrücklichen Hinweise darauf, was unter „geeignete Räume, Gehege und Einrichtungen" zu verstehen ist und inwieweit Verkaufsgehege die Mindestanforderungen für die stationäre Tierhaltung effektiv unterschreiten dürfen. Das Bundesamt für Veterinärwesen hat deshalb, in Zusammenarbeit mit dem Verband zoologischer Fachgeschäfte in der Schweiz, dem Schweizer Tierschutz und der Fachkommission für die Belange des Washingtoner Artenschutzübereinkommens, ein Informationsschreiben ausgearbeitet, wo die Anforderungen, die an Räume, Gehege und Einrichtungen in Tierhandlungen gestellt werden sollten, präzisiert werden (Bundesamt für Veterinärwesen, 1987). Ohne vollständig auf dessen Inhalt einzugehen, seien einige bemerkenswerte Punkte herausgegriffen:

Grundsätzlich werden separate Räume für die Eingewöhnung von Tieren, die Pflege kranker Tiere, die Quarantäne von Papageien/Sittichen und Ziergeflügel, als Lagerräume u.a.m. empfohlen.

Falls die Tierhandlung Teil eines größeren Warenhauskomplexes ist, wird eine klare räumliche Trennung oder besser eine in sich geschlossene Abteilung empfohlen. Insbesondere Vögel sollten sich im Verkaufsgeschäft in einem abgeschlossenen Teil befinden, damit aus dem Käfig entwichene Tiere nicht in den unüberschaubaren Raum des Geschäftskomplexes gelangen können.

Die Tiergehege, vor allem diejenigen der Vögel, sollten durch Tageslicht beleuchtet werden, und der normale Tag-Nacht-Rhythmus soll nicht unterbrochen werden (gilt insbesondere auch an Sonn- und Feiertagen). Tiere in Schaufenstern müssen eingewöhnt sein. Sie sind vor Sonneneinstrahlung zu schützen, und ihre Nachtruhe muß gewährleistet sein. Weil dies in der Regel schwierig zu gewährleisten ist, gibt es zunehmend Tierhandlungen, welche keine Tiere mehr in den Schaufenstern anbieten. Besonders in den Sommermonaten, wo die Ladentür oft offen steht, ist darauf zu achten, daß sich keine Tiere im Durchzug befinden oder – wenn gelüftet wird – ungewohntem, kaltem Luftzug ausgesetzt werden. Gesundheits- und Ernährungszustand der Tiere sollen, soweit beurteilbar, einwandfrei sein.

Die Tiere sollen sich nach arteigenen Bedürfnissen fortbewegen (Vögel fliegen!), fressen, trinken, sich verstecken und ruhen sowie ihr Komfortverhalten ausführen können. Auf Individualdistanzen ist Rücksicht zu nehmen, soziallebende Tiere sind nicht allein zu halten und auch nicht als Einzeltiere zu verkaufen. Territoriale, streitbare Tiere sind getrennt voneinander in ausreichend großen Behältern zu halten. Es muß darauf geachtet werden, daß auch gegenseitig unverträgliche Arten nicht miteinander gehalten werden. Rückzugsmöglichkeiten und Sichtblenden sind anzubieten.

Futter- und Trinknäpfe sind so zu plazieren, daß sie nicht durch Kot verunreinigt werden. Manchen Vogelarten muß zeitweilig ein Bad zur Verfügung stehen. Der Wasserteil von Schildkröten- und Krokodilbehältern hat beheizbar zu sein. Terrarien für Giftschlangen müssen abschließbar sein, und Geschäfte, welche Gifttiere führen, sollten über ein Sicherheits- und Notfallkonzept verfügen.

Bei den im Informationsschreiben genannten Angaben handelt es sich genau genommen um Empfehlungen des Bundesamtes, die primär nicht bindend sind. Wenn die zuständige kantonale Behörde den Inhalt des Schreibens – und sei es bloß auszugsweise – jedoch als integrierten Bestandteil der Bewilligung bezeichnet, wird er rechtskräftig und verbindlich.

▪ Kontrolle und Überwachung von Zoofachhandlungen

Die zuständige Behörde hat die zu bewilligende, aber auch die bewilligte Tierhandlung in regelmäßigen Abständen zu kontrollieren. Es empfiehlt sich, dazu eine Fachperson mitzunehmen oder diese Kontrolltätigkeit überhaupt auf ein spezielles Organ (Kommission) zu übertragen. Eine erste Kontrolle vor Ort muß bereits auf das Bewilligungsgesuch hin erfolgen, um die Verhältnisse in bezug auf ihre Gesetzeskonformität und ihre Übereinstimmung mit den Angaben auf dem Gesuch zu prüfen.

Zusätzliche Kontrollen sind insbesondere auch im Zusammenhang mit Importen vorzunehmen:

Das für die Erteilung von Einfuhrbewilligungen zuständige Bundesamt stellt in der Regel folgende Gesuche für die gewerbsmäßige Einfuhr lebender Tiere der jeweiligen kantonalen Behörde zur Stellungnahme zu:
– Tiere, die nach der Einfuhr quarantäniert werden müssen,
– Tiere, die auch privat einer Haltebewilligung bedürfen,
– bei großer Anzahl („Massensendungen"),
– wenn immer möglich bei allen Zweifelsfällen, insbesondere, wenn nicht bekannt ist, ob der Importeur tatsächlich eine Bewilligung für den Handel mit den betreffenden Tieren besitzt.

Bereits zum Zeitpunkt, wenn das Bundesamt der kantonalen Behörde Einfuhrgesuche von Tierhändlern zur Begutachtung und Stellungnahme zustellt, darf folglich erwartet werden, daß die kantonalen Behörden aufgrund ihrer spezifischen Kenntnisse beurteilen, ob ein bestimmter Betrieb grundsätzlich berechtigt ist, mit den im Gesuch genannten Tierarten Handel zu treiben und insbesondere, ob er effektiv über die notwendigen und geeigneten Räume, Gehege und Einrichtungen verfügt, um die vorgesehene Tiersendung (Arten, Anzahl) vorschriftsgemäß unterzubringen und/oder zu quarantänieren. Es darf erwartet werden, daß die zuständige Behörde ggf. Abklärungen zu den genannten Punkten an Ort und Stelle vornimmt.

Insbesondere sollte die zuständige Behörde aber auch nach der erfolgten Einfuhr überprüfen bzw. überprüfen lassen, ob die Tiere vorschriftsmäßig untergebracht worden sind und ob dort, wo als Basis der Gehegedimensionen die aktuelle Körpergröße der Tiere angegeben ist, diese Gehege nicht überbelegt sind. Stellt sie Mißstände fest, so hat sie unverzüglich einzuschreiten und die zweckmäßigen und notwendigen Maßnahmen anzuordnen. Gegebenenfalls ist ein Strafverfahren einzuleiten.

Der Bewilligungsinhaber hat nach den Weisungen der kantonalen Behörde eine *Tierbestandskontrolle* zu führen. Die Pflicht zum Führen einer Tierbestandskontrolle ist nicht nur in der Tierschutz-, sondern auch in der Tierseuchen- (für Betriebe, die mit Papageien und Sittichen Handel treiben) sowie in der Artenschutzgesetzgebung (für Betriebe, die Tiere der in den Anhängen I–III genannten Arten ein- oder ausführen) verankert.

Lückenlose und vollständige Buchführung ist anläßlich jeder ordentlichen Kontrolle ebenfalls zu überprüfen. Die Psittazidenkontrolle bezweckt, den Herd von Psittakoseerkrankungen und die Empfänger von möglicherweise an Psittakose erkrankten Papageien und Sittichen festzustellen. Die Kontrolle nach Artenschutzverordnung soll feststellen, ob die Vorschriften des Artenschutzübereinkommens bei der Ein- und Ausfuhr eingehalten werden. Schließlich soll die Kontrolle nach Tierschutzverordnung feststellen, ob sich die Sterblichkeit in einem noch akzeptablen Rahmen hält (Parameter für tiergerechte Haltung).

Um ihre Funktion zu erfüllen, müssen die Bestandskontrollen folgende Angaben enthalten:

– Identifikation der Tiere: Art, Zahl, evtl. Geschlecht, Kennzeichen, Markierung,
– Datum des Importes/Erwerbs oder der Geburt der Tiere,
– Datum der Abgabe oder des Todes der Tiere,
– Herkunft sowie Abnehmer der Tiere,
– Todesursache, wenn bekannt.

Kontrollen mögen gut sein, besser wäre Vertrauen. Vertrauen verdient jener Tierhändler bzw. Zoofachhändler, der sich seiner doppelten Verantwortung bewußt ist. Er trägt einerseits die Verantwortung dafür, daß die Tiere, die er verkauft, entweder in menschlicher Obhut gezüchtet oder aber in solchen Mengen und in solcher Art und Weise der Natur entnommen wurden, daß die Bestände und die Lebensräume nicht längerfristig geschädigt werden. Er importiert die Tiere mit den erforderlichen Artenschutzdokumenten und Gesundheitszeugnissen. Er ordnet an, daß die Transportbehälter und Transportbedingungen vorschriftsmäßig und tierschutzkonform sind. Er gewöhnt die Tiere sorgfältig an die neuen Lebensbedingungen, und er bemüht sich, den Anforderungen der Tiere, die er feilhält, während der Dauer ihres Aufenthaltes in seinem Geschäft gerecht zu werden. Andererseits trägt er die Verantwortung dafür, daß der Käufer und zukünftige Halter dem Tier die bestmöglichen Lebensbedingungen bietet.

Er informiert und berät seine Kunden fachlich kompetent. Er sorgt dafür, daß der Halter sich die für die Unterbringung und Pflege erforderlichen Gehege und Gerätschaften beschafft (dies darf ruhig etwas kosten!). Effektiv erwirtschaftet der gute Zoofachhändler heute den größten Teil seines Einkommens durch den Verkauf von Gehegen, Gehegeeinrichtungen und Installationen und Unterkünften sowie Nahrung für die Tiere, nicht durch den Verkauf von Tieren. Er stellt sicher, daß dem Käufer gesetzliche Vorschriften bekannt sind; insbesondere gibt er Tiere, deren Haltung bewilligt werden muß, tatsächlich nur an Empfänger ab, welche bereits im Besitz einer Haltebewilligung sind.

■ Freiwillige Selbstkontrolle des Zoofachhandels

In einigen Ländern (z. B. Deutschland, Schweiz) versuchen Dachverbände des Zoofachhandels, diese Ziele mit einer strengen Selbstkontrolle zu erreichen. Die Vorschriften, die sie sich selbst auferlegen und deren Einhaltung auch rigoros kontrolliert wird, gehen teilweise deutlich über die gesetzlichen bzw. über die in der Schweiz vom Bundesamt für Veterinärwesen herausgegebenen Anforderungen hinaus. Zoofachgeschäfte, welche die Voraussetzungen erfüllen, erhalten in Deutschland einen 2 Jahre gültigen Titel „Ausgezeichnetes Zoofachgeschäft" und eine entsprechende Urkunde bzw. in der Schweiz eine Vignette, die jeweils für ein Jahr erteilt und sichtbar beim Eingang des Geschäftes befestigt wird.

Unter den rund 150 Beurteilungskriterien des Verbandes zoologischer Fachgeschäfte der Schweiz finden sich – neben manchen Aspekten, die bereits angesprochen wurden – beispielsweise noch die folgenden:
– Ist der Geruch beim Eintreten in Ordnung?
– Sind die Daten der Produkte in Ordnung?
– Sind die angebotenen Artikel tiergerecht?
– Ist ein Kundenbriefkasten vorhanden?
– Werden bei Tierverkäufen (Ausnahme Fische und Futtertiere) Verkaufsurkunden ausgestellt? Werden Fische mit Garantieschein verkauft?
– Wird der Käufer über die artgerechte Haltung, Käfiggröße, Fütterung, Geburtenregelung, Notwendigkeit von Sozialkontakten aufgeklärt?
– Sind Quarantänekleber und Legende an der Fischanlage vorhanden?
– Liegen die Nitratwerte maximal bei 150 mg/l + 20 mg, gemessen in mindestens drei Aquarien?
– Beträgt die Wassermasse für ein Aquarium in der Salzwasseranlage mindestens 200 Liter?

Die Mitglieder des genannten Verbandes sind übereingekommen, Störe, Rochen, Knochenzüngler u.a. nicht im Angebot zu führen. Mit Ausnahme von rund 15 *Chaetodon*-Arten wird auf das Anbieten von Schmetterlingsfischen verzichtet, ebenso auf rund 20 namentlich genannte Kaiserfische und andere Korallenfischarten (z.B. Papageienfische, Schnapper, Lippfische, die größer als 25 cm werden). Mit Ausnahme der Wunder-, Blasen-, Wulst- und Becherkoralle ist der Verkauf von Steinkorallen verboten. Grundsätzlich dürfen keine Tiere, die mit Gift gefangen wurden, importiert werden.

Frettchen und Tanzmäuse dürfen sich nicht im Angebot befinden. Von den folgenden Tieren dürfen keine Wildfänge, sondern nur Nachzuchttiere angeboten werden: Schildkröten (*Testudo pardalis*, *Kinixys* spp., alle Landschildkröten aus Südafrika); Echsen (Grüner Leguan, Siedleragame, *Uromastyx* spp., Chamaeleons, Warane, Krokodile und Kaimane) und Schlangen (Netzpython, Tigerpython, alle frosch- und echsenfressenden Schlangen). *Python regius* darf nicht größer als 70 cm importiert werden, Nachzuchttiere mediterraner *Testudo*-Arten müssen älter als ein Jahr sein.

Hunde und Katzen werden nicht verkauft. Harzer-Bauer für Kanarien, Goldfischkugeln, Plastik-Aquaterrarien mit Palme für Wasserschildkröten dürfen sich nicht im Sortiment finden. Kampffische werden nicht in sogenannten „Kampffisch-Gläsern" gehalten. Grundsätzlich gilt, daß Käfige und Zubehör, das den Ansprüchen der Tiere nicht entspricht, sich nicht im Verkaufssortiment befinden.

Nach Möglichkeit sollen für einzelne Tierarten Modellanlagen vorhanden sein.

Gegebenenfalls ist eine Ferientierpreisliste oder aber ein Hinweis, wo Ferientiere untergebracht werden können, anzubringen, ebenso wie die vom Schweizer Tierschutz redigierten „11 wichtigen Fragen an alle, die Tiere halten möchten".

So wie in der Schweiz noch keineswegs alle Tierhändler diesem Verband angehören, den angegebenen Kriterien genügen und sich die erwähnten Eigenbeschränkungen auferlegen, entsprechen noch viele Tierhandlungen auch in anderen Ländern keineswegs dem hier geschilderten, anzustrebenden Bild. Es wäre wohl aber falsch, deswegen zu fordern, der Handel mit Tieren sei gänzlich einzustellen. Einleitend haben wir bereits darauf hingewiesen, daß dies unrealistisch wäre. In Anbetracht dessen, daß die Haltung von Tieren von großem erzieherischem Wert sein kann, wäre es wohl auch ein nicht sehr sinnvolles Ziel.

Es ist viel mehr ein Tierhandel zu fordern, der sich seiner Verantwortung bewußt ist und diese auch wahrnimmt. Aufgabe der Behörden und des Tierschutzes müßte sein, alle Anstrengungen zu unternehmen – insbesondere durch sachgerechte Schulung, Instruktion und Information – , daß dieses Ziel erreicht wird und die sich ihrer Verantwortung bewußten Menschen, die mit Tieren handeln, in ihren Bemühungen zu unterstützen.

Literatur

Bundesamt für Veterinärwesen (1987): Tierhandlungen – Anforderungen an Räume, Gehege und Einrichtungen (Tierschutz-Information 800.118.02, BVET, CH-3003 Bern).

Diop, M.S. (1993): L'impact de la commercialisation de certaines espèces d'oiseaux au Sénégal. UICN, Bureau Régional, Afrique de l'Ouest, Dakar.

Dollinger, P. (1993): Zur Sterblichkeit von Vögeln beim internationalen Transport und während der Einfuhrquarantäne. Verh. Ber. Erkr. Zootiere, 35.

Honegger, R.E. (1995): Amateurs – Conservation and Captive Care. Bull. Chicago Herp. Soc. 30, 6, 123–128.

Ministère des classes moyennes et de l'agriculture, Services vétérinaires, Section CITES, Protection animale du Royaume de Belgique: Rapport sur les mortalités d'oiseaux en transport international (01/09/1993 – 30/09/1994).

Das Tierheim – Bau, Einrichtung und Betrieb

B. Trachsel

■ Bedeutung von Tierheimen für die Heimtierhaltung

Der moderne, high-tech-gewohnte Mensch hat sich im Laufe der Jahre immer mehr von der Natur entfernt. Geblieben ist aber offenbar der Wunsch, mit irgendeiner Form der lebenden Umwelt in Kontakt zu bleiben. Man hat heute immer weniger Möglichkeiten, in die Natur zu gehen, also holt man sie sich einfach nach Hause. Das ist wohl einer der Gründe, weshalb viele Menschen die verschiedensten Haustiere halten. Ein Hund, eine Katze, Vögel, Meerschweinchen oder andere Nagetiere, eine Schildkröte oder Fische ersetzen dem modernen Menschen ein Stück Natur, mit dem er sich umgibt. Für die Tiere bedeutet dies, daß sie aus ihrer „natürlichen" Umwelt in eine künstliche, menschenbezogene Umgebung versetzt werden. Die dadurch eingeschränkte Lebensweise und die Tatsache, daß der Mensch auch seine Verpflichtungen gegenüber der Gesellschaft und seinen Mitmenschen einhalten muß, kann zu Konfliktsituationen führen, die nach einer für Mensch und Tier gleichermaßen annehmbaren Lösung verlangen.

Das ist ein Grund dafür, daß Tierheime, sei es als Auffangstationen oder Pensionen, in der heutigen Zeit immer unentbehrlicher werden, denn Heimtiere können und dürfen (auch von Gesetzes wegen) nicht mehr einfach in unsere heutige „denaturierte" Umwelt ausgesetzt oder allein zurückgelassen werden, wenn ein Tierhalter sich vorübergehend oder gar für immer von seinem Tier trennen muß.

Ein Tierheim erfüllt auch in hohem Maße öffentliche Aufgaben, etwa wenn es Findeltiere aufnimmt und weitervermittelt. Man stelle sich nur vor, alle eingesammelten und aufgenommenen Hunde und Katzen würden frei herumlaufen. Die öffentliche Ordnung wäre nicht mehr gewährleistet, die Nacht- und Sonntagsruhe wäre gestört, die Verkehrsteilnehmer wären gefährdet, oder tote Hunde am Straßenrand würden das ästhetische Empfinden der Bevölkerung beeinträchtigen.

Ein gutes Tierheim ist bestrebt, den Tieren ein möglichst tiergerechtes Dasein zu ermöglichen. Darüber hinaus ist es wichtig, daß ein Tierheim sich nicht nur um seine Pfleglinge kümmert, sondern zu einem Treffpunkt zwischen Mensch und Tier wird. Ebenso von großer Bedeutung ist das Tierheim als Ort des Informationsaustausches. Hier werden tagtäglich Erfahrungen mit dem Umgang oder der Haltung von Heimtieren weitergegeben, die sowohl den Besucher(inne)n als auch dem Personal sehr nützlich sein können und letztlich dem Wohl unserer Heimtiere zugute kommen.

Bei den Ausführungen in diesem Kapitel handelt es sich um eine gekürzte und überarbeitete Fassung der Broschüre „Das Tierheim", welche vom Schweizer Tierschutz 1995 herausgegeben wurde. Inhaltlich beschränken wir uns im wesentlichen auf Hunde und Katzen, die wohl die häufigsten Tierheimgäste sind. Dabei werden speziell auf die

Haltung im Tierheim bezogene Aspekte behandelt. Über das Verhalten von Hunden und Katzen bzw. deren Haltung orientieren spezielle Kapitel dieses Buches.

■ Anforderungen an die tiergerechte Haltung im Tierheim

Grundsätze einer tiergerechten Haltung von Hunden

Hunde stellen gerade auch im Tierheim besondere Ansprüche an ihre Haltung. Einerseits benötigen sie viel Platz bzw. Auslauf, andererseits sind sie in der Regel sehr laut, was sich für den Betrieb selbst und die Umgebung nachteilig auswirken kann. Trotzdem muß das Bestreben im Vordergrund stehen, den Tieren möglichst viel ihres Wohlbefindens zu ermöglichen (Goldhorn, 1991).

Aufgrund seines urtümlichen Wesens ließe sich der Hund ohne große Probleme in einer neuen Umgebung mit neuen Artgenossen einordnen. Dieses Wesen ist bei den heutigen Haushunden jedoch oft verändert, sei es durch züchterische Eingriffe des Menschen oder durch seine Einflußnahme bereits während der Jugendentwicklung. Sehr oft haben Tierheime deshalb mit wesensschwachen oder verhaltensgestörten Tieren zu tun, deren Eigenschaften speziell Rechnung zu tragen ist (Mertens und Unshelm, 1994a).

Die artgerechteste Haltung in Rudeln ist unter Tierheimbedingungen nicht ohne weiteres durchführbar. Durch die ständigen Wechsel der Tiere kann sich kaum eine geordnete, soziale Gemeinschaft bilden. Große Unruhe im Rudel wird deshalb den Tieren infolge von andauerndem Streß eher schaden als nützen, besonders wenn das Pflegepersonal weder genügend motiviert noch ausreichend qualifiziert ist. Da Hunde im Tierheim meist nur vorübergehend und für relativ kurze Zeit beherbergt werden, läßt sich die Haltung zu zweien oder in kleinen Gruppen durchaus vertreten und muß sogar die Einzelhaltung mit entsprechenden Möglichkeiten zum sozialen Kontakt in Kauf genommen werden.

Selbst unter den genannten Erschwernissen sollte der natürlichen Lebensweise von Hunden auch im Tierheim Rechnung getragen werden. Konkret bedeutet dies, daß die Haltung möglichst viele arttypische Verhaltensweisen ermöglicht (Mertens, 1994).

■ Einzelhaltung oder Gruppenhaltung

In vielen Tierheimen wird der Hund oft in Einzelboxen untergebracht, bestenfalls mit daran angrenzenden Boxenausläufen. Auch wenn ein gewisses Maß an Sozialkontakt mit den Boxennachbarn in den Ausläufen stattfinden kann, muß die Einzelhaltung die Ausnahme bleiben. Es ist zu bedenken, daß unter solchen Umständen der Hund während des größten Teils des Tages und der Nacht allein sein muß, zumal in den seltensten Fällen genügend Personal vorhanden ist, welches die Hunde zusätzlich ausgiebig ausführen kann. Da der große Bewegungsdrang dieser Tiere gerade bei Einzelhaltung, wo z.B. soziales Spielen nicht möglich ist, nur teilweise abgebaut werden kann, müßte dafür gesorgt werden, daß einzeln gehaltene Hunde sich täglich und wenn immer möglich zusammen mit dem Pflegepersonal in einem größeren Gruppenauslauf aufhalten können.

Eine bessere, weil hundegerechtere Lösung ist die Unterbringung der Hunde zu zweien oder in Kleingruppen, wobei im letzteren Fall die Größenverhältnisse der Boxe dem vermehrten Platzbedarf entsprechen müssen. Diese Haltungsform verlangt vom Personal sehr gute Tierkenntnis, damit die geeigneten Tiere zusammengebracht werden können. Selbstverständlich sollte auch bei dieser Haltung der tägliche Aufenthalt im Boxenauslauf oder im Gruppenauslauf, zusammen mit anderen Hunden, ausgiebig ermöglicht werden.

Die Haltung von Hunden auch in größeren Gruppen ist anzustreben. Untersuchungen in deutschen Tierheimen haben ergeben, daß die Vorteile für Hunde und Personal während des Tierheimaufenthalts überwiegen, indem etwa weniger Lärmimmissionen auftreten und Verhaltensstörungen seltener zu beobachten sind. Die Gruppenhaltung wirkt sich auch positiv auf die Zeit nach dem Tierheimaufenthalt aus, indem Hunde aus Gruppenhaltung nach der Plazierung seltener zurückgebracht werden bzw. die Besitzer eines Hundes aus Gruppenhaltung in der Mehrzahl uneingeschränkt mit ihrer Wahl zufrieden sind (Mertens und Unshelm, 1994b).

Grundsätzlich gilt es, für die Wahl der Einzel- oder Gruppenhaltung auch individuelle Eigenschaften der Tierheimhunde zu berücksichtigen, wie Gesundheitszustand, Läufigkeit, Trächtigkeit, Wesen und dergl., damit der Tierheimaufenthalt möglichst streßarm verlaufen kann.

■ **Größenverhältnisse von Einzel- bzw. Gruppengehegen**

Die Mindestgrößen für Boxen und Gruppengehege werden in der **Schweiz** durch die Tierschutzverordnung vorgeschrieben und gelten auch für Tierheime. Je nach Körpergewicht bewegen sich die Flächenmaße von 2,0 bis über 4,3 m² für Boxen und 6,0 bis 8,6 m² für Zwinger. Bei der Gruppenhaltung sind die Maße nach Gruppengröße und Körpergewicht des Hundes unterschiedlich. Die Mindesthöhe der Boxen bei Einzel- und Gruppenhaltung beträgt 180 cm.

Für **Deutschland** kommt im wesentlichen die Verordnung über das Halten von Hunden im Freien zur Anwendung. Demnach muß die Grundfläche eines Zwingers der Zahl und Art der auf ihr gehaltenen Hunde angepaßt sein. Für einen mittelgroßen, über 20 kg schweren Hund ist eine Grundfläche ohne Schutzraum von mindestens 6 m² erforderlich, für jeden weiteren in demselben Zwinger gehaltenen Hund, ausgenommen Welpen beim Muttertier, sind der Grundfläche 3 m² hinzuzurechnen. Diese Vorschriften gelten sinngemäß auch für in Festbauweise errichtete Zwinger (Hundehaus). Ein Schutzraum, z.B. eine Hundehütte, muß so bemessen sein, daß der Hund sich darin verhaltensgerecht bewegen und den Raum durch seine Körperwärme warmhalten kann.

In **Österreich** ist das Tierschutzgesetz in einigen Bundesgesetzen und in neun Landestierschutzgesetzen geregelt. Der Bundesgesetzgeber kann in Angelegenheiten wie Gewerbe, Verkehrswesen, Veterinärwesen u. a. materienbezogene Tierschutzregeln erfassen. Einige Landestierschutzgesetze enthalten auch explizite Bestimmungen über Tierheime, und in einigen Ländern sind auch sehr ausführliche Regelungen über die Hundehaltung enthalten. Die entsprechenden Mindestanforderungen für die Haltung von Hunden in Tierheimen wären somit am ehesten dem Gesetzestext des betreffenden Landes zu entnehmen.

Im Hinblick auf eine möglichst tiergerechte Haltung und je nach Art des Tierheimbetriebs, mit täglichem Gruppenauslauf bzw. täglichem Spaziergang oder ohne, sind die gesetzlichen Mindestmaße im Interesse der Tiere großzügig zu überschreiten, denn es handelt sich erfahrungsgemäß um absolute Minimalmaße. Gruppenausläufe sind immer großzügig zu bemessen, da die Tiere im Rudel aufgrund ihres sozialen Verhaltens genügend Platz und Ausweichmöglichkeiten benötigen und auch die Gelegenheit haben sollten, ausgedehnte Rennspiele zu unternehmen.

▪ Strukturierung und Einrichtung der Boxen und Gehege

Hunde stellen aufgrund ihres Normalverhaltens und der Tatsache, daß sie die Möglichkeit zum Auslauf und zu Spaziergängen haben, keine allzugroßen Anforderungen an die Einrichtungen. Das Mobiliar der Boxe besteht im wesentlichen aus einem Liegeplatz, aus, allenfalls festen, Einrichtungen für die Futter- und Trinknäpfe sowie nach Möglichkeit einer Sichtblende als Raumunterteilung. Es ist zudem von Vorteil, wenn hundegerechte Spielzeuge als Beschäftigungsmaterial angeboten werden.

Die großen Ausläufe gewinnen an Attraktivität, wenn der Boden verschiedenartig beschaffen ist (z.B. Wiese, animiert zur Versäuberung, abwechselnd mit Kies), wenn Aufschüttungen als Warten vorhanden sind oder wenn Bäume und Sträucher als Markierpfähle und Verstecke gepflanzt werden.

▪ Liegeplätze

Soll der Liegeplatz befestigt sein, eignet sich ein Metallrahmen mit eingelassenen Hartholzplanken. Der Rahmen wird mittels Scharnieren an der Boxenwand verschraubt. Er kann bei der Reinigung dann leicht aufgeklappt werden. Ob die Liegefläche zusätzlich mit robustem, waschbarem Material gepolstert wird, hängt auch davon ab, wie die Reinigung dieses Materials, etwa spezielle Decken, Kissen, Teppichreste usw., im Betrieb gelöst werden kann. Aus hygienischen Gründen sollte für die Wäsche dieser Materialien eine eigene Waschmaschine zur Verfügung stehen.

Als bewegliche Liegemöglichkeiten können Hundekörbe aus geflochtener Weide oder aus Kunststoff zur Anwendung kommen. Diese sind im Handel in verschiedenen Größen erhältlich, zeigen jedoch eher Abnützungserscheinungen durch Benagen als die Festeinrichtung.

▪ Sichtblenden

Wenn die Boxe räumlich unterteilt und dadurch strukturiert wird, so stellt dies eine Bereicherung für die Hunde dar. Voraussetzung ist jedoch eine genügend große Bodenfläche, denn die Unterteilung soll die Hunde nicht in ihrem Wohlbefinden einschränken.

Die Sichtblende, etwa ein senkrecht

Abb. 1 Heizkörper als Sichtblende in einer Hundeboxe.

zur Boxenwand befestigter Heizkörper (Abb. 1), ermöglicht es den Hunden, relativ nahe beieinander zu liegen, ohne sich gegenseitig zu stören. Sie dient auch als Deckung oder Rückzugsmöglichkeit und vermittelt Geborgenheit. Dies ist von Vorteil speziell bei unsicheren Hunden, etwa wenn sie neu in der fremden Umgebung sind.

Das Anbringen von Sichtblenden ist auch an den Trennzäunen zwischen den Boxenausläufen zu fordern. Die Hunde haben dadurch die Wahl, mit ihren Nachbarn zu kommunizieren oder aber ausserhalb des Sichtkontaktes zu Artgenossen im Boxenauslauf zu verweilen.

■ **Spielzeuge, Beschäftigungsmaterialien**

Die Heimtierindustrie bietet heutzutage eine unüberschaubare Menge an Zubehör an, was die richtige Wahl nicht gerade leicht macht. Zur Beschäftigung eignen sich Gegenstände aus getrockneter Tierhaut oder getrockneter Pansen. Sie sind gesundheitlich unbedenklich, ermöglichen das artgemäße Kauen und helfen bei der Zahnsteinprophylaxe. Bei der Wahl der Spielzeuge sollte nicht der menschliche Ästhetik-Maßstab angewendet werden, sondern Form, Material und Beschaffenheit müssen den Bedürfnissen der Hunde entgegenkommen. Insbesondere ist darauf zu achten, daß die Hunde beim Zerkleinern dieser Gegenstände nicht gefährliche Fremdkörper aufnehmen können.

Grundsätze einer tiergerechten Haltung von Katzen

Auch wenn das Tierheim in der Regel nicht jene ideale Haltungsumgebung ist, wie sie etwa Freilaufkatzen auf dem Bauernhof oder im Einfamilienhausquartier vorfinden, lassen sich Gehege und Boxen derart gestalten, daß die Katzen viele ihrer arttypischen Bedürfnisse befriedigen können. Die Anforderungen an eine tiergerechte Haltung der Katzen ergeben sich aus deren natürlichem Verhalten (Berg, 1991)

Nachfolgend soll beschrieben werden, wie artgemäßes Verhalten am besten ermöglicht werden kann bzw. wie Boxen und Gehege zu strukturieren sind.

■ **Einzelhaltung oder Gruppenhaltung**

Bekanntlich können wir bei der Katze zwischen dem sozialen und dem einzelgängerischen Typ unterscheiden, je nachdem, wie das Individuum aufgewachsen ist (Turner und Bateson, 1988).

Eine bekanntermaßen **soziale Katze** sollte in einem Gruppengehege untergebracht werden, wo ihr der Kontakt zu Artgenossen möglich ist. Das Gruppengehege enthält mit Vorteil zwei oder mehr Räume, z.B. auch Außengehege, was die Bildung von Untergruppen ermöglicht, die sich zumindest optisch absondern können. Ist eine Gruppenhaltung aufgrund der vorliegenden Gegebenheiten nicht möglich, so sollten die Einzelboxen so angelegt werden, daß die soziale Katze zumindest die Möglichkeit hat, ihre Artgenossen zu sehen, zu hören und zu riechen.

Für die Unterbringung der **einzelgängerischen Katze** ist die Einzelboxe vorzusehen. Mehrere Einzelboxen werden mit Vorteil in einem Raum untergebracht, so daß auch einzeln gehaltene Tiere nicht total von Artgenossen isoliert sind. Die Haltung in der Einzelboxe hat den Vorteil, daß auf Anhieb der gesundheitliche Zustand des Tieres erkannt werden kann, indem z.B. Würmer im Kot, Durchfallkot oder Verweigerung des Futters eindeutig dem entsprechenden Tier zugeordnet werden können. Bei länger dauerndem Aufenthalt (> als 10 Tage) muß der gesunden Katze täglich der Auslauf in einen größeren Raum ermöglicht werden, wo sie ihr Erkundungs- und Bewegungsbedürfnis befriedigen kann. Der Zuwendung durch das Personal (=Streicheleinheiten) ist im Falle der Einzelhaltung besondere Beachtung zu schenken.

Für Kätzinnen mit säugenden Jungen sollte ein *Einzelgehege* zur Verfügung stehen; Boxen sind sehr schnell zu klein, da die Kätzchen schon bald intensiv spielen und klettern.

Um die richtige Unterbringung zu gewährleisten, hilft bei Ferienkatzen und solchen, die dem Tierheim zwecks Weiterplazierung ins Eigentum übergeben werden (=Verzichtkatzen) die Schilderung des Charakters durch die Besitzer. Bei Findelkatzen zeigen sich entsprechende Charaktereigenschaften oft schon nach der Quarantänezeit.

Bei nur stubengewohnten Katzen ist es nicht empfehlenswert, diese in Außengehegen zu halten. Dies könnte zur Folge haben, daß die Katze später zuhause vermehrt versucht, ins Freie zu gelangen.

■ **Größenverhältnisse von Einzel- bzw. Gruppengehegen**

Bei der Bemessung der Flächen und Höhen von Einzelboxen bzw. Gruppengehegen sind zum einen die Verhaltensbedürfnisse der Katzen sowie die Tierschutzbestimmungen zu berücksichtigen. Im weiteren muß in Betracht gezogen werden, ob die Einzelboxe nur für Quarantänezwecke mit entsprechend kurzer Belegungszeit oder etwa für Pensionstiere benutzt wird, deren Aufenthalt bis mehrere Wochen dauern kann.

Wenn wir die Einzelboxe den katzentypischen Bedürfnissen entsprechend strukturieren wollen, benötigen wir eine angemessene Fläche und Höhe. Als Richtwert für die Höhe kann man die Körperlänge der sich streckenden Katze heranziehen, beispielsweise wenn sie sich an einem an der Boxenwand angebrachten Teppichstück oder Weichholzbrett die Krallen wetzt. Um ihr dies zu ermöglichen, sollte die Boxenhöhe auf mindestens 70 cm bemessen werden. Eine ausreichende Höhe begünstigt auch das Anbringen einer erhöhten Sitzfläche, welche als „Aussichtswarte" oder als Unterlage für das Schlafnest dient. Überhaupt sollte die dritte Dimension optimal genutzt werden, weil sich die Katze bekanntlich gern und häufig an erhöhten Stellen aufhält.

Bei der Bemessung der Boxenfläche ist zu berücksichtigen, daß das Katzenklo sowie die Freßgeschirre nicht eigentlich als Aufenthaltsort von der Katze genutzt werden können. Um genügend begehbare Fläche anzubieten, sollte die Seitenlänge deshalb 80 cm (= ca. 6500 cm^2) nicht unterschreiten.

Wenn die Möglichkeit besteht, die Einzelboxe mit einer unmittelbar anschließenden, stets zugänglichen Außenboxe zu verbinden (Abb. 2), kann die Fläche

Abb. 2 Einzelboxe für Katzen, mit erhöhten Flächen, Kratzgelegenheit und Ausgang zu stets zugänglicher Außenboxe.

Abb. 3 Außenboxe für Gruppen von Katzen, mit ausreichend erhöhten Sitzflächen auf mehreren Ebenen.

der Innenboxe auch etwas kleiner gehalten werden. In einer solchen Außenboxe besteht die Möglichkeit, zusätzliche Strukturen wie erhöhte Sitzflächen oder einen auswechselbaren Kratzbaum anzubringen.

Die Größenmaße für das Gruppengehege sind bei bestehenden Bauten in der Regel durch den Grundriß gegeben. Die Fläche sollte so bemessen werden, daß 2 m^2 pro Katze nicht unterschritten werden (Goldhorn, 1987); die Höhe des Geheges richtet sich normalerweise auch nach den Bedürfnissen des betreuenden Personals und entspricht mit Vorteil der normalen Raumhöhe. Dadurch können Strukturen wie erhöhte Sitz- und Schlafplätze oder Kratzbäume ohne abenteuerliche Balanceakte auf Leitern gut erreicht werden. Schließlich sollten sich die Katzen dem Zugriff des Personals nicht durch einen Sprung „in den zweiten Stock" entziehen können.

In einem Gruppengehege sollten höchstens 20 erwachsene Katzen untergebracht werden. Nebst den üblichen Strukturen (s. unten) hat sich das Vorhandensein einer oder mehrerer Einzelboxen im Gruppengehege bewährt. Darin können vorübergehend, z.B. bei der Fütterung, Tiere untergebracht werden, die von den Freßgeschirren verdrängt werden oder sehr dominant sind.

■ **Strukturierung und Einrichtung der Boxen und Gehege**

Einige Strukturierungsmerkmale und Einrichtungsgegenstände sind im vorangegangenen Kapitel bereits erwähnt worden. Grundsätzlich gilt, daß sowohl die Einzelboxe als auch das Gruppengehege möglichst reichhaltig und abwechslungsreich gestaltet werden. Bei der Einrichtung ist jedoch auch darauf zu achten, daß Hygienemaßnahmen wie Reinigung und Desinfektion nicht unnötig behindert werden oder teilweise gar unmöglich sind.

■ **Erhöhte Sitzplätze und Schlafnester**

Mit relativ einfachen Mitteln lassen sich sowohl in Einzelboxen als auch in Gruppengehegen erhöhte Sitzflächen anbringen. Als Grundlage für die Größe dient dabei die seitlich mit ausgestreckten Beinen liegende Katze. Diese Sitzflächen können für einzelne Katzen oder in Form von Brettern auch für mehrere Tiere konzipiert werden (Abb. 3). Auf jeden Fall sollte genügend Gesamtfläche für alle Tiere einer Gruppe vorhanden sein. Als Material wählt man am besten

Holz, welches bei Außengehegen mit einem witterungsbeständigen, umweltfreundlichen Anstrich behandelt ist. Bei Verwendung von Kunststoff ist darauf zu achten, daß es sich um umweltfreundliches Material handelt, weshalb beispielsweise auf PVC zu verzichten ist.

Für die Schlafplätze geht man nach demselben Prinzip vor. Wichtig ist auch hier, daß pro Katze mindestens ein separater, erhöhter Schlafplatz vorhanden sein muß. Die Schlafplätze sind nach Möglichkeit so anzuordnen, daß ruhende Katzen nicht durch Artgenossen gestört werden, welche das Nest aufsuchen bzw. verlassen wollen. Im Unterschied zu den Sitzplätzen sollten die Schlafnester „Höhlencharakter" haben, indem sie erhöhte Ränder aufweisen, damit sich die Katze während der Ruhephasen nicht gestört fühlt. Gerade bei Neuankömmlingen oder mit der Tierheimsituation unvertrauten Tieren vermittelt ein solches Schlafnest Geborgenheit. Sofern es vom Tierheimbetrieb her möglich ist, können bei Ferienkatzen von zuhause mitgebrachte und vertraute Schlafkörbe die Eingewöhnungsprobleme etwas mildern.

■ **Kratzgelegenheiten**

Als weiteres wichtiges und zudem strukturierendes Merkmal im Katzengehege gehört die Kratzgelegenheit, am besten in Form eines Kratzbaumes, unbedingt zur Ausstattung. Hier kann die Katze zum einen Körperpflege betreiben, indem sie alte Krallen abwetzt. Zum andern dient dieses Verhalten auch der innerartlichen Kommunikation, was im Falle von Gruppenhaltung wichtig ist.

Im Gruppengehege wird der Kratzbaum auch als Klettermöglichkeit gerne angenommen. Hierzu eignen sich z.B. gefällte Obstbäume, die dann periodisch gewechselt werden müssen. Aber auch Eigenkonstruktionen der Betreuer oder Exemplare aus dem Handel tun ihren Dienst. Ein Einbau von Kratzbäumen ist auch im Außenteil von Einzelboxen möglich, sofern dieser im Minimum 70 cm hoch ist. Als Alternative zum Kratzbaum können seitlich an den Wänden fixierte Weichholzbretter oder Teppichreste dienen. Diese sind entsprechend schneller abgenutzt und müssen deshalb leicht auswechselbar konstruiert sein.

■ **Versteck- und Rückzugsmöglichkeiten**

Als Rückzugsorte und Verstecke sind bereits die Schlafnester erwähnt worden. Die Katze sollte sich aber auch während der Aktivitätsphasen zumindest optisch von ihren Gruppengenossen zurückziehen können. Dies kann dadurch ermöglicht werden, daß man z.B. Gruppengehege räumlich unterteilt oder innerhalb eines Raumes verschiedene Abteile schafft, die als Sichtblenden dienen. Dieses Prinzip nutzt man z.B. bei der Gruppenhaltung von Kaninchen aus, was angesichts der im Vergleich zum Freiland stark eingeschränkten Ausweichmöglichkeiten die Haltung von (tiergerechten) Gruppen überhaupt erst ermöglicht.

■ **Spielzeuge, Beschäftigungsmaterialien**

Heranwachsende Kätzchen, aber auch erwachsene Tiere, spielen häufig und zeigen ausgeprägte Formen des Spielverhaltens. Als Spielzeug eignet sich fast alles, was bewegt werden kann. Beutetierähnliche Objekte wie Plüsch- oder Fellmäuse o.a. scheinen, an einer Schnur aufgehängt, besonders attraktiv zu sein. Auch hier sollte beachtet werden, daß genügend und vor allem auch verschiedene Spielzeuge angeboten werden. Da die Katzen bekanntlich große Erkundungsstreifzüge unternehmen, wenn sie die Möglichkeit dazu haben, sollten wir ihnen in der Tierheimsituation auch in diesem Bereich zumindest teilweise einen Ersatz bieten. Diesen Zweck erfüllen Gegenstände, die periodisch in die Boxe oder ins Gruppengehege gebracht werden. Es sind mit Vorteil Kartonschachteln, Holzkisten, Kunststoff- oder Kartonröhren und dergl., welche von den Katzen nicht nur bewegt, sondern auch außen- und innenseitig erkundet werden können. Besonders interessant ist es für die neugierige Katze, wenn diese Objekte Materialien oder Spielzeuge enthalten, welche entdeckt und wiederum zum Spiel benutzt werden können.

▪ Katzentoilette, Katzengras

Unsachgemäße Katzentoiletten führen bekanntlich in vielen Katzenhaushalten zu unerwünschten Verhaltensproblemen. Diese können auch im Tierheim auftreten, wenn grundlegende Regeln nicht eingehalten werden. Wichtig ist, daß die Katzentoiletten genügend groß sind, so daß sich die Katzen darin drehen können. Ebenso sind die Ränder ausreichend, etwa 10–15 cm hoch, zu bemessen. Bei Gruppenhaltung ist es unbedingt erforderlich, daß genügend Kistchen, erfahrungsgemäß ca. 1 Stück pro 2 Katzen, bereitgestellt werden. Je mehr Möglichkeiten zur Kot- und Harnabgabe vorhanden sind, desto unwahrscheinlicher ist die Verunreinigung des Geheges. Auch der Wahl der Einstreu muß Beachtung geschenkt werden. Es empfiehlt sich, nebst der bewährten Einstreue auch Ersatzprodukte am Lager zu haben, weil Katzen auf ungewohnten Katzensand mit Unsauberkeit reagieren können. Von desodoriertem Katzensand ist abzusehen, da er oft zu Allergien führt oder von den Katzen gemieden wird.

Das Katzengras ist für das Wohlbefinden eingesperrter Katzen unabdingbar. Im Gruppengehege muß es immer verfügbar sein. Bei der Einzelboxe, wo die Platzverhältnisse eingeschränkt sind, kann es periodisch angeboten werden. Eine andere Möglichkeit besteht darin, daß einzeln gehaltene Katzen ab und zu Zugang zu einem Raum erhalten, wo sie Katzengras vorfinden.

▪ Hygienemaßnahmen im Tierheim

Quarantäne

Damit ein Tierheim optimal funktionieren und sich gleichzeitig einen guten Ruf schaffen kann, sind genaue Regeln der Hygiene einzuhalten (Goldhorn, 1991). Diese sollten dort noch restriktiver zur Anwendung kommen, wo Findeltiere Aufnahme finden. Um eine korrekte Einhaltung der Hygienemaßnahmen sicherzustellen, ist das Vorhandensein eines isolierten Gebäudeteils oder Raumes, der sogenannten Quarantäne, unabdingbar. Dieser Trakt muß immer abgeschlossen sein und sollte nach Möglichkeit nur von einer einzigen Person betreut werden. Drinnen trägt man waschbares Schuhwerk und Schürzen, welche gleich vor dem Eingang abgelegt werden. Hier steht auch ein Becken mit Desinfektionslösung bereit.

Im folgenden beschäftigen wir uns mit der Quarantäne für Hunde und Katzen, wobei auf Unterschiede bei den Hygienemaßnahmen in reinen Tierpensionen und Auffangstationen hingewiesen wird.

Pensionstiere

In reinen Tierpensionen muß bereits bei der Annahme der Gäste auf verschiedene Gesichtspunkte geachtet werden:

Das Tier muß offensichtlich gesund

sein (z.B. frei von Parasiten, Hautkrankheiten, guter Fellzustand) und darf keine Beschwerden zeigen. Die Impfpapiere sind aufmerksam zu kontrollieren. Damit der Impfschutz bestmöglich gewährt ist, sollte zum Zeitpunkt des Eintritts ins Tierheim die letzte Impfung nicht länger als ein Jahr zurückliegen; bei nicht regelmäßig geimpften Tieren muß die letzte Impfung mindestens 30 Tage vor dem Eintritt erfolgt sein, d.h. das eingetragene Impfdatum muß über einen Monat zurückliegen. Der benutzte Impfstoff muß die folgenden Infektionskrankheiten der jeweiligen Tierart abdecken: Staupe, ansteckende Hepatitis, Parainfluenza, Leptospirose und Parvovirose bei Hunden, Katzenseuche, Katzenschnupfen, wenn möglich kombiniert mit Leukose, bei Katzen.

Nur wenn diese durch das Personal durchgeführte Eintrittsuntersuchung ohne spezielle Befunde verlaufen ist, dürfen die Tiere in die für sie vorgesehenen und selbstverständlich gereinigten und desinfizierten Boxen bzw. Gehege verbracht werden.

Findeltiere

Eine kompliziertere Angelegenheit ist die Beachtung der Hygienemaßnahmen in Tierheimen von Tierschutzvereinen, wo zu einem großen Teil Findeltiere aufgenommen werden. Verzicht- und Findeltiere werden bei ihrem Eintritt zuerst einer oberflächlichen Untersuchung durch das Personal unterzogen, wozu eine Kontrolle des Allgemeinzustandes sowie allenfalls die Temperaturmessung gehören (siehe dazu die Ausführungen zum Betrieb des Tierheims). Darauf sollten sie umgehend in die Quarantäneräume gebracht werden. In der Folge muß das Tier baldmöglichst einer tierärztlichen Untersuchung unterzogen werden.

Bei **Hunden** werden die üblichen Eintrittsuntersuchungen nötigenfalls folgendermaßen ergänzt:
- Kotanalyse auf Parasiten und für den Parvovirose-Test.
- Blutentnahme für einen Antigentest zur Erkennung von Bandwurmbefall und für den Filariose-Test, den Babesiose-Test und eventuell den Leptospirose- oder Leishmaniose-Test, der bei Hautveränderungen indiziert ist.

Schließlich muß der Hund auch gegen die oben genannten Krankheiten grundimmunisiert und entwurmt werden. Wenn das nicht schon vorher geschehen ist, wird er nun noch mit einem antiparasitären Shampoo gebadet. Bis die Testresultate bekannt sind, bleibt der Hund in der Regel 10 Tage in der Quarantäne. Bei negativem Befund kann das Tier verlegt werden und darf auch mit den anderen Tierheimgästen in Kontakt kommen. Die Schutzimpfungen sollten nach Ablauf eines Monats wiederholt werden.

Bei **Katzen** rechnet man generell mit einer längeren Quarantänezeit. Die Verlegung sollte erst nach der Wiederholungsimpfung, d.h. nach einem Monat stattfinden, weil sich bei einigen Katzen die Symptome des Katzenschnupfens 10 Tage nach der ersten Impfung zeigen können. Auch bei den Katzen wird der Kot auf Parasiten untersucht und eine Blutentnahme für den Leukosetest vorgenommen, da der Speicheltest allein nicht zuverlässig ist. Fällt der Leukosetest negativ aus, sollte die Katze sofort dagegen geimpft werden. Für die Katzenkrankheit FIP (=feline infektiöse Peritonitis) gibt es bis heute noch keinen zuverlässigen Test. Hingegen ist seit kurzem ein Impfstoff im Handel.

Besondere Maßnahmen

Es ist klar, daß ein Tier im Tierheim bei den geringsten Anzeichen einer Krankheit wie Durchfall, Erbrechen, Apathie, Fieber umgehend von den anderen Tieren getrennt und tierärztlich behandelt wird.

■ **Ektoparasiten und Pilzbefall**
Bei massivem *Flohbefall* müssen Hunde zweimal im Verlauf einer Woche mit einem antiparasitären Shampoo gebadet (Katzen nicht baden!) oder gewaschen werden. Ansonsten sind die Tiere mit Tiguvon oder Flohhalsbändern zu behandeln. Jeder Floh legt ein paar hundert Eier in der Umgebung der Tiere ab. Die Entwicklungszeit dauert z.T. mehrere Monate, weshalb eine Langzeitbehandlung der Tiere, bei Bedarf auch der Umgebung, sehr wichtig ist.

Eine hartnäckigere Angelegenheit ist der *Pilzbefall*, insbesondere bei Katzen. Hier reicht die zweimalige Waschprozedur mit antimykotischen Mitteln nicht aus. Befallene Tiere müssen unbedingt abgesondert und mit speziellen Salben und eventuell über lange Perioden oral behandelt werden. Man darf dabei auf keinen Fall vergessen, daß Pilzsporen trotz aller Maßnahmen noch über mehrere Monate vorhanden sein können.

■ **Bakterielle und virale Erkrankungen**
Noch schwieriger ist es, die richtigen Maßnahmen bei bakteriellen oder viralen Erkrankungen zu treffen, denn bei Auftreten der ersten Symptome bei einem Tier hat sich die Infektion womöglich schon auf andere übertragen. Eine Trennung oder Absonderung der Tiere wird zwar meistens vorgenommen, löst jedoch das Problem nicht allein. Hier bleibt nichts anderes übrig, als die erkrankten Tiere gemäß den Anweisungen des Tierarztes oder der Tierärztin zu therapieren.

Allgemeine Hygienemaßnahmen

Hundeboxen, Käfige, Ausläufe und Katzentoiletten müssen täglich mit einem Putzmittel gereinigt und einmal in der Woche bzw. bei Belegung mit neuen Tieren gründlich desinfiziert werden. Eine Gesamtdesinfektion ist vor allem nach Krankheiten wichtig. Bei der Desinfektion spielt bezüglich Wirksamkeit natürlich die Wahl des Mittels eine bedeutende Rolle. Bewährt haben sich Substanzen, die sowohl fungizid, bakterizid als auch viruzid wirken bzw. ein breites Wirkungsspektrum aufweisen. Hier sollte auch berücksichtigt werden, daß das Personal die Desinfektionsmittel fachgerecht anwendet und sich selber schützt. Beim Versprühen empfiehlt sich der Schutz von Mund und Nase durch das Tragen einer undurchlässigen Schutzmaske. Für die periodische gründliche Reinigung von Tierräumen, aber auch von befestigten Ausläufen, hat sich der Einsatz eines Hochdruckreinigers bewährt.

Die tägliche Hygiene in einem Tierheim ist nicht nur auf die Tiere und die Räumlichkeiten begrenzt. Maßnahmen zur Verbesserung der Hygiene sind auch im Bereich der Futterlagerung und der Abfallentsorgung zu treffen. Trockenfutter sind grundsätzlich kühl zu lagern. Für den täglichen Gebrauch wird das Futter in verschließbare Behälter aus Metall oder Kunststoff eingefüllt, von wo es für die Futterzubereitung entnommen wird. Nach der Fütterung müssen sämtliche Futternäpfe gereinigt werden. Es ist insbesondere darauf zu achten, daß Futterreste nicht zu lange liegenbleiben; sie bilden einen idealen Nährboden für Erreger.

Die Abfallbehälter sollten nach Reinigung der Räumlichkeiten unverzüglich in den Container oder an den dafür vorgesehenen Ort gebracht werden. In einem vorbildlichen Tierheim wird der Abfall sortiert, um der Ökoproblematik beim Heimtierfutter gerecht zu werden. Insbesondere die Weissblechdosen sind der Wiederverwertung zuzuführen. Es gibt heutzutage ökologisch weniger bedenkliche Verpackungsarten. Diesem Aspekt ist bei der Auswahl der Produkte gebührend Rechnung zu tragen. Wie dies am besten zu bewerkstelligen ist, erfährt man aus den oft erhältlichen Broschüren der Ortsbehörden.

Je professioneller und sauberer der Eindruck ist, den ein Tierheim bei seinen Besuchern hinterläßt, desto überzeugender fällt seine Visitenkarte aus. Daß sich dies, speziell bei reinen Tierpensionen, auf die Rendite auswirkt, ist wohl leicht vorstellbar.

Aspekte beim Bau und Umbau von Tierheimen

Wie aus den vorhergehenden Ausführungen bereits ersichtlich wird, stellen sich Anforderungen an ein Tierheim, die einerseits durch die „Benutzer" selbst, d.h. die zu beherbergenden Tiere, andererseits durch das Umfeld, die Umgebung, bestehende Sachzwänge, Organisation etc. gestellt werden. Dies trifft in gleichem Maße auf bauliche Fragen zu. Es soll auch hier im wesentlichen auf Hunde und Katzen eingegangen werden. Sinngemäß muß jedoch auch für andere als Haustiere gehaltene Tiere, welche in einem Tierheim Aufnahme finden könnten, analog vorgegangen werden: Aneignen von Wissen über die natürlichen Bedürfnisse der betreffenden Tierart, Einholen von Informationen über Haltungsvorschriften aus den Gesetzen, bei Tierschutzvereinen und aus der Fachliteratur, Beratung durch einschlägige Fachleute.

Vorgehen/Analyse

Wie beim Bau oder Umbau einer menschlichen Behausung muß auch bei der Planung oder für bauliche Eingriffe für ein Tierheim analytisch vorgegangen werden. So ist in erster Linie die Ausgangslage wichtig. Besteht die Absicht,
– ein Tierheim an geeigneter Stelle zu erstellen?
– Ein Objekt zwecks Einrichten eines Tierheimes zu übernehmen und umzubauen?
– Ein bereits bestehendes Tierheim zu sanieren/modernisieren?

Bereits zu diesem Zeitpunkt sollte man sich auch die Art der Finanzierung überlegen. Je nach Ausgangslage kann die Planung eines neuen Tierheims also bereits bei der Suche nach einem geeigneten Grundstück anfangen und einen Neubau bezwecken.

Grundstück/Liegenschaft

Eine für die Einrichtung eines Tierheims vorgesehene Liegenschaft stellt gewisse Bedingungen an die Umgebung. So sind einmal baurechtliche Fragen abzuklären. Da ein Tierheim lärmintensiv sein kann, ist sorgfältig abzuklären, ob die nähere Umgebung dies zuläßt. Ebenso ist mit einem gewissen Verkehr zu rechnen, etwa durch das Holen und Bringen von Tieren oder durch Futterlieferungen und dergleichen. Organisatorisch sollte das Tierheim auch mit öffentlichen Verkehrsmitteln erreichbar sowie in nicht allzu großer Enfernung einer Tierarztpraxis sein.

Planung eines Neubaus, Umbaus

Bauwillige müssen sich in erster Linie Klarheit verschaffen, in welcher Art und Größenordnung sie ein Tierheim erstellen möchten. Maßgebend sind Art und

Anzahl der Tiere und der Nutzungszweck, beispielsweise ob die Anlage nur als Ferienheim oder auch als Auffangstation dienen soll. Die Antworten auf solche Fragen ergeben den benötigten Platzbedarf und das Raumprogramm, welche die verschiedenen Funktionen, deren Beziehungen untereinander und deren Abläufe in einem Organigramm und Lagediagramm zusammenfassen. Einzuplanen sind auch Personalwohnung, Aufenthaltsräume sowie Toiletten und Dusche.

Handelt es sich um einen Umbau, so bestehen bereits einige Vorgaben, welche die baulichen Möglichkeiten und die zukünftige Größe des Tierheims teilweise oder ganz bestimmen oder beeinflußen. Grundsätzlich muß jedoch gedanklich und planerisch analog wie für einen Neubau vorgegangen werden, um alle Möglichkeiten einzukreisen und zu erfassen.

Projektierung

Bereits bei der Projektierung eines Tierheims ist sorgfältig an die Wahl bestimmter Materialien zu denken, welche aufgrund ihrer statischen und konstruktiven Möglichkeiten gewählt werden sollten. Für die Statik sollten möglichst einfache und flexible Systeme und Konstruktionen zur Anwendung gelangen, wie z.B. eine durchgehende Holzbauweise oder ein Stützensystem mit Zwischenmauerungen oder kombiniert mit Holz. Für die grundrißlichen Lösungen sind folgende Gesichtspunkte besonders zu beachten:
– gute Zugänglichkeit der Räume mit guter Einsichtmöglichkeit (Überwachung der Tiere),
– zentrale Erschließung der Boxentrakte, damit kurze Wege gewährleistet sind,
– Tageslicht, Beschattung, Möglichkeiten für Außenbereiche, die den einzelnen Boxen zugeordnet sind,
– Ausblick und Rückzugsmöglichkeiten,
– gesetzliche Mindestanforderungen, allgemeine Bauvorschriften wie Brandschutz, Wärmeisolation etc.,
– bauphysikalische Anforderungen, wie Lüftung, Klimatisierung, Heizung, geeignete Materialien in Bezug auf Dampfdurchlässigkeit,
– Anschluß der Hauskanalisation, Wasseranschlüsse, Ausgüsse etc.

Schon bei der Wahl der Rohbaumaterialien ist zu berücksichtigen, daß sie möglichst natürlich und biologisch sein sollten. Kunststoffe sollten nach Möglichkeit vermieden oder auf ein Minimum beschränkt und sorgfältig verarbeitet werden. Die gewählte Bauweise und Konstruktion sollten möglichst einfach und gut durchkonstruiert sein. Anschlüsse und Verschalungen oder Verkleidungen sollten großflächig und ohne angreifbare Fugen konzipiert werden (Verletzungs- oder Vergiftungsgefahr, Benagen, Demontage, vor allem bei Hunden).

Auch an den Lärmschutz muß bei der Wahl der Konstruktion gedacht werden. Dieser ist nach außen vorzusehen wegen der Nachbarn, nach innen wegen des Personals und der Tiere. Schallschluckende Elemente sind nachträglich nur schwierig und mit großem finanziellem Aufwand anzubringen.

Innenausbau/Materialien und Ausstattung

Bei der Wahl der Materialien und des Mobiliars stellen sich zwei Komplexe von Aspekten:

■ **Anforderungen der Heimtiere**
– Behaglichkeit,
– Beschäftigungsmöglichkeit,

– Vermeidung von Verletzungen und Vergiftungen,
– Bewegungsfreiheit,
– Rückzugsmöglichkeiten,
– Kontaktmöglichkeiten zu Artgenossen und Umgebung,
– Ausblick, Lichteinfall,
– Rutschfestigkeit von Belägen,
– keine hervorstehenden Teile (Verbiß, Benagen),
– keine chemisch oder mechanisch angreifbaren Materialien (durch Kot, Urin, Verbiß, Auf- und Abkratzen von Wand und Bodenbelägen).

- **Anforderungen des Personals**
– gute Erreichbarkeit,
– einfache Bedienung von Installationen, Toren, Türen, Schlössern etc.,
– pflegeleichte Materialien,
– einfache Sauberhaltung durch geeignete Materialien, gut disponierte und ausgeführte Wasseranschlüsse, Bodenabläufe und -rinnen,
– leichte Überschaubarkeit.

Ausführung

Ob Neubau, Umbau oder Sanierung: Die beste Planung und Vorbereitung stehen und fallen mit der Sorgfalt der Ausführung. Das beste Material nützt nichts, wenn es unsachgemäß verarbeitet oder befestigt wird. Eine optimale Anordnung einer zentralen Bodenrinne wird belanglos, wenn der Boden mit einem falschen Gefälle erstellt wird und das Wasser in einer falschen Ecke liegenbleibt. Das schönste Gehege oder Stützensystem ist nutzlos, wenn die Oberflächenbehandlung der Korrosion durch Exkremente nicht standhält. Der großzügigste Lagerraum für Futtervorräte ist unbrauchbar, wenn er nicht trocken ist. Solche Beispiele lassen sich noch viele finden, die immer aus einer ungenügenden Sorgfalt und Überwachung bei der Ausführung (oder allenfalls bereits bei der Planung) resultieren.

Praktische Hinweise

Es lohnt sich, für die Grundsatz- und Detailentscheidungen über Materialien und Technik in einem frühen Stadium der Vorbereitung, jedoch wenn der Grundriß bereits feststeht, ein sog. Gebäudeblatt, bzw. Raumblätter zu benutzen. Diese Blätter stellen eine Art Checkliste dar, woran gedacht werden muß und welche Entscheide zu treffen sind. Alle Räume bzw. Aufenthaltsräume für Mensch und Tier werden genau und einzeln bezeichnet oder numeriert und systematisch mittels des Raumblattes umschrieben. Selbstverständlich gilt dies auch für Außenbereiche wie Einzelausläufe, Außenboxen, Freigehege etc. Mit dem gewissenhaften und vollständigen Ausfüllen der Raumblätter kommt man nicht in Versuchung, wichtigen Entscheidungen auszuweichen oder sie auf später zu vertagen. Zudem wird man gezwungen, jedes bauliche Element bis hin zu den Betriebseinrichtungen und zur Möblierung auf seine Tiertauglichkeit hin zu prüfen.

Nachfolgend seien einige Beispiele herausgegriffen.

- **Decken**

Mit Vorteil nimmt man stabiles, schallschluckendes Material ohne harte Flächen, da auch Tiere eine Umgebung lieben, die nicht als Resonanzkörper wirkt. Das Material sollte zudem dampfdurchlässig, aber trotzdem dicht sein. Wo möglich, ist die Decke heruntergehängt zu montieren, damit zwischen fertiger Decke und konstruktiver Decke ein Installationshohlraum für elektrische Leitungen, Lüftung etc. bleibt.

■ Wände

Wände müssen möglichst überall mindestens abwaschbar sein. Diese Bedingung erfüllen z.B. glatter Verputz, Farbanstrich oder Hochglanz. In Naßräumen wie Futterküche, Behandlungszimmer, Quarantäneräume und Boxen werden am besten ganzflächig Fliesen angebracht, die jedoch keine saugenden, offenporigen Oberflächen aufweisen dürfen.

■ Boden

a) Für Naßräume und Boxen: Grundsätzlich sind Kunststoffböden vorzuziehen. Bei Plattenbelägen muß unbedingt auf Rutschfestigkeit geachtet werden. Wenn die Wahl auf fugenlose Kunststoffbeläge fällt, ist ebenfalls darauf zu achten, daß sie bei Nässe nicht rutschig werden. Es lohnt sich, Badezimmerqualität zu wählen und Schutzanstriche wie Emulsionen oder Glanzwachse zu vermeiden.

Bei Kunststoffbelägen, die in Platten oder aneinanderstoßenden Bahnen verlegt werden, muß, besonders für Hundeboxen, auf sehr sorgfältige Ausführung geachtet werden. Stoßfugen müssen geschweißt werden. Es ist darauf zu achten, daß ein gut haftender, aber baubiologischer Kleber verwendet wird. **Achtung!** jede auch nur im geringsten aufstehende Ecke einer Platte oder Bahn wird aufgekratzt, angebissen und abgerissen – vor allem von nervösen und/oder nicht heimgewöhnten Hunden.

b) Böden in Außenbereichen: Außenböden sollten mit Gefälle ausgebildet und mit einer Sammelrinne ausgerüstet werden. Als Material eignet sich ein Belag auf Zementbasis. In der Praxis sehr bewährt und von den Tieren gut akzeptiert sowie einfach zu reinigen ist ein Waschbetonbelag (Naturkiesel mit Zement ausgewaschen). Dies ergibt einen nicht topfebenen, liegefreundlichen Bodenbelag, der Wärme angenehm speichert und nie eiskalt auf das liegende Tier einwirkt, da durch die Erhebungen eine ständige Luftzirkulation unter dem Tier möglich ist.

c) In Gruppenausläufen für Hunde: Hier wird man sicher einen (Teil-)Naturboden vorsehen. Bei häufig und von zahlreichen Hunden benutzten Ausläufen ist ein Kiesbelag mit guter Kieskofferung angezeigt, da Nässe und die Beanspruchung durch die Hunde schnell zu Matschigkeit führen.

■ Fenster

Fenster sind wandbündig einzulassen und am besten mit dem Mauerwerk fest zu verbinden. Die Lüftungsflügel bringt man am ehesten obenliegend an und versieht sie mit einer Vergitterung.

Vorsicht!: Keine Drehkippbeschläge verwenden – gekippte Fenster sind vor allem für Katzen gefährliche Verletzungs- und Todesfallen! Lieber einen hochliegenden, vergitterten Lüftungsflügel anbringen. Holzrahmen und Holzflügel wählt man am besten nur dort, wo die Tiere keinen Zugang haben (Zerkratzen, Verbiß).

■ Türen

Stabile, metall- oder kunststoffverkleidete Ausführung. Keine angreifbaren Materialnähte (Nähte, die nur gepreßt oder gefälzt sind, können von Hunden aufgerissen werden, das Türblattinnere wird zerstört, die hervorstehenden Metallteile werden zur Verletzungsgefahr).

Hundeseitige Türdrücker (Türfallen) müssen entweder senkrecht angebracht, oder der Schloßkasten muß quasi „verkehrt" montiert werden. Hunde sind in der Lage, den Türdrücker mit Absicht oder zufällig zu öffnen. Drehknöpfe sind wenig geeignet, da sie häufig nur mit großer Kraft zu bewegen sind, was vor allem mit nassen Händen kaum möglich ist. Außentüren müssen witterungsbeständig sein. Am besten sind sie – falls Einzelausläufe vorhanden – mit einem vertikalen Schieber ausgerüstet. Einzelne Außentüren sollten mittels eines Flaschenzugs aus der Ferne bedienbar gemacht werden, damit auch aggressive Hunde betreut werden können. Innentüren zum Gang werden aus Gründen der Übersicht und der Durchlüftung am besten ganz oder teilweise als Drahtgeflechtkonstruktion ausgebildet. Die Konstruktion soll in jedem Fall einfach und gut bedienbar sein.

- **Schleusen (Auslaß für Katzengehege oder -boxen)**

Wo Katzen in Gruppen gehalten werden, reicht eine einfache Schleuse in Wand oder Tür. Sie sollte aber in jedem Fall verschließbar sein. Bei Einzelhaltung und erwünschter Ausrüstung der Boxen mit Innen- und Außenbereich sollte die Schleuse einen Durchblick erlauben. Sie muß stabil verankert sein und aus Isolationsgründen über zwei Klappen verfügen. Die Klappen sollten aber auch in geöffneter Stellung gehalten werden können, etwa beim Sommerbetrieb oder um einer unerfahrenen Katze den Zugang zum Außenbereich zu erleichtern.

- **Sonnenschutz, Verdunkelung, Gestaltung der Außenbereiche**

Grundsätzlich müssen Innenbereiche sowohl für Hunde wie für Katzen Rückzugsmöglichkeiten auch in bezug auf Sonne/Schatten bieten. In einem korrekt geführten Heim wird den Tieren in jedem Fall Auslauf geboten, so daß der Innenbereich der Boxen etwas dunkler sein darf. Hunde, die aus Gründen der Ruhe über gewisse Tageszeiten in den Boxen gehalten werden müssen, sollen ja eher ruhiggestellt werden. Katzen werden im allgemeinen jederzeit Zugang zu ihrem Außenbereich haben und sind somit auch nicht auf spezielle Helligkeit in der Innenboxe angewiesen. Sowohl für Hunde wie für Katzen muß der Außenbereich mindestens teilweise vor direkter Sonneneinwirkung, aber auch vor Regeneinfall geschützt sein (totale oder teilweise Überdeckung, Sonnenschutzvorrichtung). Trotzdem soll der Außenbereich nicht so abgeschirmt sein, daß gar kein Kontakt mit der Witterung möglich ist.

Bei Glasvordächern ist auf Bruchgefahr zu achten: nur Verbundsicherheitsglas verwenden. Stores und deren Bedienungselemente sind bei Hundeboxen außer Reichweite der Tiere anzuordnen.

- **Technische Installationen**

Installationen wie elektrische Leitungen, Heizung, Lüftung, Wasseranschlüsse etc. sind im Aufenthaltsbereich von Tieren möglichst hoch anzubringen. Dies ist einfach gesagt – es lohnt sich jedoch, diese Disposition gut zu studieren und zu lösen, da sonst ständige Reparaturen vorprogrammiert sind; nicht zu vergessen sind auch die Verletzungsgefahren (z.B. verbissene elektrische Leitungen). Wasseranschlüsse mit Druckventilen oder abnehmbarem Schlüssel ausrüsten, da geschickte Hunde einen üblichen Wasserhahn aufdrehen können. Regulierventile, Schalter, Steckdosen etc. wenn irgendmöglich außerhalb der Boxen anbringen bzw. möglichst zentral bedienbar machen.

- **Betriebseinrichtungen, Möblierung, Ausstattung**

Es muß darauf hingewiesen werden, daß es, vor allem bei Hunden, sehr darauf ankommt, ob ein Tier Heimerfahrung hat und den Aufenthalt im Heim akzeptiert. Heimgewohnte Tiere werden kaum auffällige Zerstörungswut oder Langeweile, die ebenfalls zu Verbiß oder Verkratzen führen kann, zeigen. Ein reines Ferienheim könnte somit ins Auge fassen, für Neulinge über speziell eingerichtete, nicht angreifbare Boxen zu verfügen, während sich angewöhnte und unkomplizierte Tiere in weniger aufwendig verarbeiteten Boxen aufhalten können. In einer Auffangstation für Findeltiere tut man gut daran, alle Boxen so auszustatten, daß sie vor Beschädigung möglichst geschützt sind.

Lange Zeit wurde die Verwendung von Holz als unhygienisch angesehen und – für Verkleidungen, Lager etc. – Kunststoff propagiert. Mittlerweile wurde aber erkannt, daß – allerdings nicht denaturiertes – Holz eine gewisse bakterizide Wirkung aufweist, während Kunststoff häufig ein geradezu ideales Klima für die Vermehrung von Bakterien bieten kann. Vor allem in Katzenhäusern können Raumunterteilungen, Ein- und Aufbauten, Verschalungen, Rampen, Liegebretter in verschiedenen Höhen durchaus in Holz ausgeführt werden. Dies wird von den Katzen geschätzt, da das Holz auch zum Wetzen der Krallen einlädt. Diese Beanspruchung macht nach einer gewissen Zeit Erneuerungsarbeiten notwendig.

Für die Beheizung der Katzenräume breite Speicheröfen verwenden, welche die Tiere als behagliche Wärmequelle nutzen können.

Für die Ausstattung von Hundeboxen und -ausläufen eignet sich Holz weniger, da ihm akuter Verbiß droht; hier wird man auf Metall oder Kunststoff zurückgreifen müssen. Für alle Stahl- und Metallarten ist wichtig, daß sie feuerverzinkt sind. Schrauben müssen ebenfalls rostfrei sein.

Überall, wo Holz verwendet wird, sollte es flächig oder aber gut zu ersetzen sein (z.B. Holzroste, bei denen man hie und da eine Latte ersetzt).

Hunde und Katzen sollen immer ein eigenes Lager haben. Beispiele sind Schlafhöhlen oder Körbe für Katzen sowie an der Wand befestigte Metallrahmen mit Einlagen, nach oben aufklappbare bzw. freistehende Wannen, Pritschen oder Körbe für Hunde. Sowohl Kunststoffwannen wie Körbe können angeknabbert werden, sind aber in der Anschaffung viel günstiger als der fest eingebaute, klappbare Rahmen.

In Katzen-Gruppengehegen sollten immer auch einige großzügige Einzelboxen eingerichtet sein, z.B. für Neulinge, die sich erst mit der Umgebung vertraut machen müssen, oder für die vorübergehende Separation speziell zu beobachtender Tiere (nicht zu verwechseln mit Quarantäne!).

Schlußfolgerung

Das Einrichten eines Tierheimes ist – wie aus allem Vorangehenden gesehen – eine recht komplexe Sache. Einerseits muß den gesetzlichen Bestimmungen Genüge getan, andererseits der Betrieb auf die zukünftigen Bewohner und deren Bedürfnisse und Ansprüche an ihre Haltungsumgebung zugeschnitten werden. Gleichzeitig gilt es, die Ansprüche der Betreiber(innen) bezüglich Organisation, Arbeitswirtschaft, Schutz und dergl. zu berücksichtigen.

Es ist daher ratsam, sich in jeder Phase eines weitergehenden baulichen Eingriffs den Rat von ausgewiesenen Fachpersonen wie Architekt, Ingenieur, Bauphysiker, Akustiker, Verhaltensforscher etc., aber auch von erfahrenen Kolleg(inn)en einzuholen. Diese sind zwar nicht vor Irrtümern gefeit, sie bringen aber doch die Erfahrung mit, planerisch, gestalterisch, materialmäßig und vom Verhalten der Tiere her ganzheitlich zu denken und die notwendigen Entscheidungen in die richtige Reihenfolge zu bringen. Auch bereits bestehende Tierheime, allenfalls Tierarztpraxen und Tierspitäler, verfügen über ein großes Erfahrungspotential und können hinsichtlich zu treffender Entscheidungen weiterhelfen.

Wo saniert wird, ist es ratsam, schrittweise vorzugehen, um so persönliche Erfahrungen mit gewissen Materialien zu gewinnen. Auch die hier beschriebenen Beobachtungen beruhen schlußendlich nur auf positiven oder negativen Erfahrungen.

Betrieb des Tierheims

Voruntersuchung bei der Aufnahme

Jedes Findeltier muß bei seinem Eintritt ins Tierheim als ein potentieller Infektions- und Infestationsherd für die anderen Heiminsassen betrachtet werden. Das Tier wird von der Tierheimleitung oder dessen Stellvertretung sogleich einer allgemeinen äußerlichen Voruntersuchung unterzogen. Dabei muß auf folgendes geachtet werden:
- Wie ist das allgemeine Erscheinungsbild (abgemagert, übergewichtig, normal)? Es wird die Größe des Tieres und wenn möglich seine Rasse bestimmt.
- Merkmale am Kopf: bei den Ohren, Augen und im Maul auf Entzündungssymptome achten; vielleicht eine Altersbestimmung anhand der Zähne vornehmen.
- Fell und Haut: auf Verletzungen, Geschwüre, Schuppen, Krusten, Ekzeme, Parasiten (Flöhe, Läuse und Zecken) untersuchen; auf die Beschaffenheit des Fells (matt, glänzend, struppig) achten.
- Gliedmaßen: den Gang des Tieres kontrollieren.
- Äußere Geschlechtsorgane: Hoden, Vorhaut, Vagina, Gesäuge und After kontrollieren.
- Weist ein Tier Zeichen von schlechtem Allgemeinbefinden auf (Mattigkeit, Apathie usw.), muß die Körpertemperatur gemessen werden.

Ausfüllen des Aufnahmeblattes: Im Verlauf einer solchen Voruntersuchung erhält man bereits Hinweise auf den Charakter des Tieres; ein gutmütiges Tier wird sie problemlos über sich ergehen lassen, während bei einem aggressiven oder stark verschüchterten Tier u.U. eine solche Untersuchung gar nicht möglich ist. Alle Feststellungen müssen ins Aufnahmeblatt eingetragen werden. Bei Verzichttieren ist das Ausfüllen des Aufnahmeblattes natürlich leichter, weil die Angaben von der das Tier übergebenden Person erfragt werden können. Hier ist es deshalb auch möglich, weitere Besonderheiten über den Charakter und das Benehmen des Tieres gegenüber Artgenossen, anderen Tieren und Menschen in Erfahrung zu bringen. Auch über spezielle Freßgewohnheiten können Informationen eingeholt werden. Für Verzichttiere (für die in der Regel ein Verzichtschein unterzeichnet werden muß) wird üblicherweise eine Entschädigungssumme erhoben.

Tierärztliche Eintrittsuntersuchung

Die aufgenommenen Tiere müssen spätestens nach drei Tagen von einem Tierarzt oder einer Tierärztin gründlich untersucht werden. Für diese Gelegenheit sollte auch frischer Kot in einem dafür bestimmten Behälter bereitgehalten werden. Nun werden als erstes das vom Personal ausgefüllte Aufnahmeblatt konsultiert und die Eintragungen mit dem Tier, das vorgestellt wird, verglichen. Für eine gründliche klinische Untersuchung ist evtl. eine leichte Sedation ratsam, insbesondere um das Otoskop in die tieferen Gehörgänge einführen zu können. In Fällen, wo das Tier ein Trauma oder eine Krankheit aufweist, ist es die Aufgabe von Tierarzt oder Tierärztin, die Prognose zu stellen, damit das weitere Vorgehen entschieden werden kann.

Nach der tierärztlichen Untersuchung werden die angenommenen Tiere geimpft und entwurmt und darauf in die Quarantänestation gebracht. Bevor sie dort entlassen werden, müssen sie nochmals einer Desinfektion unterzogen werden (Hunde werden gebadet, Katzen abgesprüht). Katzen beiderlei Geschlechts werden, soweit sie alt genug sind, bereits im Tierheim kastriert. Bei Hunden ist diese Maßnahme von Fall zu Fall zu entscheiden.

Aufenthalt im Tierheim

Insbesondere während der ersten Tage in der neuen Unterkunft sollte auch das Verhalten der Tiere beobachtet werden. Diese Beobachtungen geben Aufschluß darüber, ob und wie sich das Tier an seine neue Umgebung anpaßt bzw. ob es sich mit seinen Artgenossen verträgt. Die Zusammenstellung geeigneter Gruppen, vor allem bei Hunden, erfordert eine überdurchschnittliche Tierkenntnis und Beobachtungsgabe des Personals und ist für einen unfallfreien Betrieb enorm wichtig. Zudem kann bei geeigneter Zusammensetzung der Streß bei ängstlichen Tieren reduziert werden. Selbstverständlich sind „sozial unverträgliche" Tiere aufgrund der Beobachtungen vorerst auszusondern und einzeln unterzubringen. Diese sollten dann entsprechend mehr Kontakt mit dem Pflegepersonal erhalten. Sofern eine Verhaltenstherapie im Rahmen des Möglichen liegt, ist diese umgehend ins Auge zu fassen. Auffällige Hunde und Katzen, die sich an den Tierheimaufenthalt auch nach den ersten Anpassungsschwierigkeiten nicht gewöhnen können, scheinen wenig geeignet. Handelt es sich um Pensionäre, sollten die Besitzer(innen) entsprechend informiert werden.

Austritt

Irgendwann kommt für fast jedes Tier der Tag seiner Entlassung aus dem Tierheim. Bevor jedoch ein Tier adoptionswilligen Menschen anvertraut wird, muß abgeklärt werden, ob diese auch alle Voraussetzungen für eine tiergerechte Haltung gewährleisten können. Gleichzeitig ist der neue Besitzer oder die Besitzerin über die Charaktereigenschaften und besonderen Gewohnheiten des Tieres in Kenntnis zu setzen. Auch wenn alle diese Fragen zu beidseitiger Zufriedenheit gelöst sind, wird das Tier nicht ohne weiteres übergeben, sondern fürs erste nur anvertraut. Zu diesem Zweck ist ein **Tierplazierungsvertrag** abzuschließen, in welchem die Pflichten und Rechte gegenüber dem Tier und dem Tierheim festgehalten sind. Auf diesem Vertrag wird auch der für das Tier zu bezahlende Betrag aufgeführt. Dieser Betrag ist nicht dem Wert des Tieres gleichzusetzen, sondern er ist als Unkostenbeteiligung aufzufassen. Nebenbei dient er auch dazu, die Schwelle für den Kaufentscheid zu erhöhen.

Ein paar Wochen nach der Abgabe des Tieres wird dieses am neuen Platz kontrolliert. Diese Kontrolle bringt nicht nur

Klarheit darüber, ob das Tier vertragsgemäß gehalten wird, sondern es können auch allfällig auftretende Probleme, wie etwa unerwünschtes Verhalten, besprochen werden. Ist eine erfolgreiche Plazierung erfolgt, so hat das Tierheim seine eigentliche und wertvollste Aufgabe optimal erfüllt.

Gesetzliche Grundlagen

Nachdem bisher in bezug auf die gesetzlichen Aspekte des Tierheims hauptsächlich tierschutzrechtliche Vorschriften erwähnt wurden, sollen hier weitere Bestimmungen aus anderen Bereichen der Rechtsprechung aufgeführt werden. Der Einfachheit halber beziehen sich die nachfolgenden Ausführungen lediglich auf schweizerische Verhältnisse. Für Deutschland sei diesbezüglich auf das Bürgerliche Gesetzbuch, für Österreich auf das Allgemeine Bürgerliche Gesetzbuch verwiesen.

Auch wenn die Bedeutung eines Tierheims unbestritten ist und das Tierheim die öffentliche Hand von zahlreichen Aufgaben entlastet, meist ohne dabei entsprechend honoriert zu werden, haben die Betreiber von Tierpensionen und Auffangstationen zahlreiche rechtliche Verpflichtungen.

Wer Ferientiere in seinem Tierheim beherbergt, geht einen **Vertrag** gemäß Obligationenrecht ein. Demnach hat die Tierheimleitung für die sichere Unterbringung des Tieres zu sorgen und somit Entlaufen, Entwendung und Verletzung an Teilen der eigenen Bauten wie Kanten und Drähten und dergleichen zu verhindern. Daneben darf sie, ohne ausdrückliche Ermächtigung der Besitzer(innen), das Tier nicht gebrauchen (z.B. Decken einer Hündin zwecks Zucht auf eigene Rechnung). Zurückzugeben ist das Tier zum vereinbarten Zeitpunkt, mangels eines solchen jederzeit. Zur eigentlichen Aufbewahrung des Tieres kommen noch weitere **Leistungen** des Tierheims, etwa die tierärztliche und sonstige Betreuung, der Auslauf, die Fütterung und Pflege und verschiedene sonstige Verpflichtungen, die die Tierhaltenden treffen.

Falls das Tierheim mit dem Besitzer oder der Besitzerin eines Ferientieres bezüglich der Pensionskosten einen schriftlichen Vertrag mit entsprechender Klausel vereinbart hat, kann es seinerseits das Tier zurückbehalten, bis die Kosten beglichen sind. Es beruft sich dabei auf ein **Retentionsrecht**. Dies bedeutet jedoch nicht, daß das Ferientier bei Nichtbezahlung ins Eigentum des Tierheimes übergeht, sondern es muß ein Betreibungsverfahren auf Zwangsverwertung angestrengt werden.

Für die Betreiber(innen) von Tierheimen, die Findeltiere aufnehmen und weitervermitteln, gelten weitere zivilrechtliche Bestimmungen. Ein Findeltier geht nämlich nicht einfach ins **Eigentum** des Tierheims über, auch wenn es bereits mehrere Wochen oder Monate dort verbracht hat. Diesem Umstand ist, je nach den gesetzlichen Regelungen des Landes, Rechnung zu tragen.

Beim Betrieb eines Tierheims sind auch **haftpflichtrechtliche Fragen** zu berücksichtigen. So haftet etwa der Halter eines Tieres für den von ihm angerichteten Schaden, wenn er nicht nachweist, daß er alle nach den Umständen gebotene Sorgfalt in der Verwahrung und Beaufsichtigung angewendet hat. Solche Haftpflichtfälle können dann eintreten, wenn etwa ein Tierheimhund einen Besucher beisst oder sich auf dem Spaziergang losreisst und einen Verkehrsunfall verursacht.

Selbstverständlich gelten auch für die

Tierhaltung in Tierheimen die allgemeinen Grundsätze der Tierschutzgesetzgebung des betreffenden Staates oder der einzelnen Länder.

Literatur

Berg, K. (1991): Tierhygienische Untersuchungen zur Katzenhaltung in 28 Tierheimen Baden-Württembergs. Dissertation, Ludwig-Maximilians-Universität München.

Goldhorn, W. (1987): Das Tierheim – ein Tierschutzproblem? Der praktische Tierarzt 9/1987.

Goldhorn, W. (1991): Tierschutzaspekte bei der Unterbringung von Hunden im Tierheim. Der praktische Tierarzt 12/1991, 1095–1098.

Mertens, P. (1994): Die Haltung von Hunden in Tierheimen. Berichte aus der Veterinärmedizin, Verlag Schaker, Achen.

Mertens, P., und Unshelm, J. (1994a): Zur tierärztlichen Bestandsbetreuung in Tierheimen – Mängel und Möglichkeiten. Dtsch. tierärztl. Wschr. 101, 213–248.

Mertens, P., und Unshelm, J. (1994b): Ethologische Aspekte der Gruppenhaltung von Hunden in Tierheimen, in: Aktuelle Arbeiten zur artgemäßen Tierhaltung 1993/ Schrift 361, 83–95. KTBL-Schriften-Vertrieb im Landwirtschaftsverlag GmbH, Münster.

Turner, D.C., und Bateson, P. (Hrsg.) (1988): Die domestizierte Katze.Eine wissenschaftliche Betrachtung ihres Verhaltens. Albert Müller Verlag, Rüschlikon-Zürich.

Diverse Autoren (1995): Das Tierheim. Hrsg.: Schweizer Tierschutz, STS. Dornacher Strasse 101, Postfach, CH-4008 Basel.

Tierschutzaspekte in der Tierzucht

W. WEGNER

■ Einleitung

Tierzucht ist zwangsläufige Folge der Domestikation: die Vermehrung und genetische Veränderung von Tieren durch den Menschen – zur Befriedigung seiner Bedürfnisse oder Wunschvorstellungen. Diese Anthropozentrik liefert den Schlüssel zum Verständnis aller Zuchtvorgänge sowohl in der Nutz- wie auch in der Heimtierzucht, insbesondere auch für solche mit Tierschutzrelevanz; denn schon für die alten Römer war das Tier eine nutzbare „Sache", und diese Auffassung wirkt sich bis auf die Rechtsprechung unserer Tage aus. Dennoch wird zumindest in der westlichen Hemisphäre der hemmungslose Gebrauch von Tieren als Mittel menschlicher Selbsterhaltung und Selbstverwirklichung immer öfter als Mißbrauch empfunden – als Machtmißbrauch gegenüber wehrlosen Mit-Lebewesen. „Fressen und Gefressenwerden" sei Ordnungsprinzip auch in der freien Natur und der Mensch als Omnivor mit Bedarf an tierischem Eiweiß nur ein Rad in diesem Gefüge, das nicht er zu verantworten habe. So mag man argumentieren, doch kann dies nicht über tierquälerische Auswüchse hinwegtrösten, die Nutztiere einem erbarmungslosen Kosten-Nutzen-Denken unterwerfen. Noch viel weniger zieht dieses Argument bei Gesellschaftstieren, wo nicht selten züchterische Marotten, das snobistische Verlangen nach der „exotischen" (stark nachgefragten und gut bezahlten) Varietät in Defektzuchten resultieren. Der Beitrag will versuchen, schlimme Tendenzen der skizzierten Art in der Tierzucht aufzuzeigen; dabei wird nach Tierarten gegliedert vorgegangen.

■ Rind

Während vor 100 Jahren eine Schwarzbunte Kuh mit 3300 kg Milch eine gute Milchleistung erbrachte, liegen heute einige Holstein-Friesian-veredelte Populationen bei einer mittleren Jahresmenge von 8000 kg; aber während seinerzeit „Faktorenkrankheiten" wie Sterilität durch Zysten oder Mastitis eher die Ausnahmen waren, leidet in Hochleistungsherden ständig jede 3. bis 4. Kuh an akuten oder chronischen Euterentzündungen: Es ist die „Berufskrankheit" der Milchkuh geworden (Hutt und Rasmusen, 1982). Denn die enorme Milchleistung wird aus gewaltig vergrößerten Drüsen erstellt (Abb.1), die anfällig sind für Traumatisierungen (Zitzen-, Viertelverletzungen), Verschmutzungen und Erregereintritt. Dabei wird durch Verausgabung der Tiere das Risiko von Infektionen und Stoffwechselerkrankungen zusätzlich potenziert.

Weltweit bemühen sich Agrar- und Veterinärwissenschaftler sowie Praktiker um Problemlösungen und versuchen dabei die Quadratur des Kreises: Ökonomische Zwänge und gestiegene Personalkosten bewirken, daß immer mehr Milch von immer weniger Kühen er-

Abb.1 Hypertrophierte, verletzungs- und infektionsgefährdete Milchdrüse einer Hochleistungskuh (Foto: Sambraus).

zeugt werden muß. Deshalb kommt der Milchmengenleistung zwangsläufig Selektionspriorität zu, obwohl die genetischen Korrelationen zwischen Hochleistung und Mastitisanfälligkeit gesichert sind (Duda und Pirchner, 1989; Strandberg und Shook, 1989). Sie sind ständige Kostenverursacher durch Milchwertminderungen, Betriebssanierungen und therapeutische Maßnahmen (Berndgen, 1994).

Der niedrige Erblichkeitsgrad der Mastitisresistenz einerseits und die hohe ökonomische Gewichtung der Milchleistung andererseits bewirken aber, daß selbst die Beachtung beider Merkmale in einem Selektionsindex kaum weiterhilft. Hier werden selbst unter Landwirten Stimmen laut, die nicht immer nur wirtschaftliche und hygienische, sondern auch Tierschutzaspekte der geschilderten Situation bedenken (Dempfle, 1992): Milchdrüsenentzündungen sind zweifelsfrei schmerzhaft. Es ist nicht vertretbar, daß ständig Millionen von Rindern darunter leiden, daß 1/4 der landwirtschaftlichen Erlöse aus Kuhmilch stammt, obwohl der Selbstversorgungsgrad längst bei 100 % liegt. Hier kann es Lösungen geben, die die Rückbesinnung auf ein Zweinutzungsrind mit mittlerer Milchleistung bei gutem Fleischkern wieder lohnend machen; aber natürlich tangiert dies alles immer auch die Standespolitik.

Genauso unheilvoll wirkt sich eine extreme Leistungszucht beim Selektionsmerkmal „Fleisch" aus. Das gilt sowohl bei Wiederkäuern als auch bei Schwein und Geflügel, wenn auch mit unterschiedlichen Konsequenzen für die Tiere: Beim Rind besteht schon „normalerweise" eine ungünstige Beziehung zwischen Fleischwüchsigkeit, Größe des Kalbes und Gebärvermögen (Wegner, 1993 a). Wenn aber mit dem sog. *Doppellenderfaktor*, einem intermediär vererbten (oder „partiell rezessiven") Gen für pathologische Muskelfülle, gezüchtet und Homozygotie für diese Anlage zum Zuchtziel erklärt wird (wie z.B. bei Blau-weißen Belgiern, Abb. 2), „so kommen die wertvollen Kälber fast alle durch Kaiserschnitt zur Welt" (Anon., 1989); denn wegen eines herabgesetzten Knochenanteils sind auch die mütterlichen Beckenmaße oft ungenügend. Dennoch sei dies wirtschaftlich vertretbar, wie Hanset et al. (1989) bilanzieren, weil die Gewinne durch hervorragende Handelsklassifizierung der Schlachtkörper beträchtlich seien. Wenn aber anstelle der Kalbigkeit eine Abnormität zum Selektionsmerkmal erhoben wird, dann be-

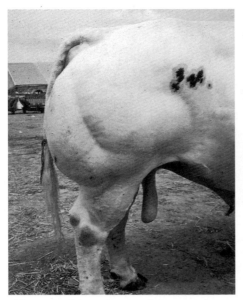

Abb. 2 „Prächtige Behosung" beim Doppellender (Blanc Bleu Belge).

sitzt dieser Vorgang zweifellos Tierschutzrelevanz.

Nicht von ungefähr sprach man sich unlängst in Deutschland dafür aus, die EU-Handelsklasse S (für Doppellender) nicht zu nutzen (Anon., 1991). Anderenorts wird betont, „daß Tierärzte bei geplanten Schnittentbindungen günstigere Konditionen hätten als bei ungeplanten" (Gerhardy, pers. Mitt.; Hanset, 1992). Die betroffenen Tiere neigen aber nicht nur vermehrt zu Schwergeburten, sondern zeigen weitere Vitalitätseinbußen: Makroglossie (Zungenvergrößerung), Brachygnathie (Kieferverkürzung), Laryngealstenose (Kehlkopfverengung) und Streßanfälligkeit erhöhen die Kälbersterblichkeit (Wegner, 1986), die herabgesetzte relative Herzgröße und -funktion erhöhen die Disposition zu Atem-/Lungenproblemen unter Sauerstoffmangel (Amory et al., 1993; Genicot et al., 1993). Das sind Probleme, die bei jüngsten Empfehlungen wieder bagatellisiert werden (May et al., 1994).

Schwein

Das Schwein ist heute gleichfalls ein Beispiel dafür, wie man bei ausschließlicher Beachtung vordergründiger, phänomenologischer Selektionsmerkmale ganze Rassen zugrunde züchten kann. Danach hat man dann Mühe, die „Konstitutionsschwäche" wieder in den Griff zu bekommen. So erreicht mit den enormen täglichen Zunahmen die Minderbelastbarkeit von Skelett und Gelenken, mit der Umfangsvermehrung des Schinkens die Hinterhandschwäche der Fleischschweine ein Ausmaß, daß selbst geringe Bodenerhebungen für sie zu kaum überwindlichen Hindernissen werden: Lahmheiten („Leg weakness") stellen wegen dieser „Merkmalsantagonismen" immer noch eine der Hauptabgangsursachen insbesondere bei Zuchtschweinen dar (Aherne, 1987; Jörgensen, 1987; Hill 1990).

Ferner führen die züchterisch verringerte Herzkapazität und fehlgelenkte Stoffwechselprozesse zur Sauerstoffunterversorgung des Muskels unter Streß und zu erhöhter Verlustrate (Wegner, 1986). Hier ist es die Piétrain-Rasse, in der einige dieser Negativaspekte besonders hervortraten: Dieser „Doppellender" unter den Schweinen (Abb.3) erreicht wie sein bovines Pendant hervorragende Schlachtkörperbewertungen – ohne allerdings in der Fleischqualität mithalten zu können; denn die o.a. hypoxischen Zustände und metabolischen Entgleisungen im Muskel machen ihn zum Kristallisationspunkt angelsächsischer Abkürzungen wie PSS (Porcine stress syndrome), PSE (Pale, soft, exudative pork) und MHS (Malignant hyperthermia syndrome), womit zugleich Muskelprobleme und Streßanfälligkeit gekennzeichnet sind (O'Brien et al., 1993). Dies gilt mit graduellen Unter-

Abb. 3 Piétrain – der „halothanverseuchte Doppellender" unter den Schweinen.

schieden auch für andere Fleischschweinerassen („Man rechnet mit ca. 1 Mio verendeter Schweine"; Deutschland, jährlich; Sommer, 1992): Sie seien unterschiedlich stark „halothanverseucht" – eine etwas laienhafte Umschreibung der Idiosynkrasie (genetisch bedingte erhöhte Empfindlichkeit) vieler Individuen gegenüber diesem Narkotikum, die im Halothantest zur Erkennung PSE- und MHS-anfälliger Genotypen genutzt wird. Hier scheinen recht enge Kopplungen zu bestehen – leider auch zum Fleischansatzvermögen (Blasco und Webb, 1989). Außer auf die genannten Erkrankungsdispositionen von Skelett-, Kreislauf- und Muskelsystem erstrecken sich diese Vitalitätseinbußen auf weitere Bereiche: Die ungünstigere Herz-Körper-Relation ist bei diesen Rassen noch stärker ausgeprägt (Comberg et al., 1973; Rundgren et al., 1990); Piétrain-Eber sind zudem vermehrt deckuntauglich und subfertil (Egle, 1988; Caugant et al., 1989). Dieses Problem wird aber auch beim Schwein zunehmend durch künstliche Besamung umgangen.

Insgesamt ist es jedenfalls eine zu verengte Sicht der Dinge, wenn man alle konstitutionellen Probleme des Fleischschweines mit dem „Halothan-Gen" verbinden und dadurch den Eindruck erwecken will, es werde sich mit der Senkung seiner Genfrequenz alles richten (Brenig und Brem, 1992; Rempel et al., 1993). Es kommt hinzu, daß diese Erbanlage „unvollkommene Penetranz und Expressivität" zeigt (= variable phänotypische Manifestation) – Begriffe, die Genetiker schon immer benutzten, wenn ihnen genetische Zusammenhänge nicht so klar waren. Nein, es ist der Drang nach Handelsklasse E (extra), verbunden mit ungewöhnlich hohen täglichen Zunahmen, denen das Schlachtschwein seine pathologische Muskelfülle und die Unreife von Skelett und inneren Organen verdankt (Wegner, 1971; Hovenier et al., 1992). Es ist die Maßlosigkeit in der Tierzucht, die Tiere nach Maß schafft (Anon., 1994) – nach Maßgabe des Menschen.

Geflügel

Den organischen Übergang zu Vorangegangenem bildet hier die exzessive selektive Überbetonung der Brustmuskulatur als „wertvolle Teilstücke" bei Puten und züchterische Forcierung der Zuwachsraten generell beim Mastgeflügel. Analog zum Schwein werden dadurch einerseits Myopathien (Muskelerkrankungen) gefördert (Wilson et al., 1990) und andererseits die schweren Puter so „vorderlastig" und tretunfähig, daß diese Intensivzuchten nur noch über künstliche Besamung vermehrbar und Verhaltensstörungen schon im Kükenalter sichtbar sind (Carte und Leighton, 1969; Dillier, 1991). Gleichzeitig nehmen lahmheitsbedingende Gelenk-, Knochen- und Knorpelschäden epidemische Ausmaße an (Duff und Lynch, 1988; Cherel et al., 1991), so daß eine Mehrzahl der Tiere chronisch leidet (Duncan et al., 1991). Das sind Fakten, die in agrarökonomischen Übersichten nicht berücksichtigt werden (Buss, 1989). Die Situation bei Hühnern ist der bei Puten vergleichbar: Broiler und Käfig-Legehennen erkranken gehäuft an Dyschondroplasien (Knorpelstörungen) und Knochenverformungen (Kestin et al., 1992; Leterrier und Nys, 1993). Statt die nachweislich ursächlichen extremen Zuchtziele und Haltungsformen zu ändern, wird jedoch zu oft primär versucht, die Tiere genetisch-selektiv an diese angeblich „ökonomischen Notwendigkeiten" anzupassen (Mandour et al., 1989; Wong-Valle et al., 1993 a,b). Vielfach sind nicht artgemäße Zucht und Haltung gefragt, sondern eine „genetische Konstruktion", ein Design, das sich dem wirtschaftlichen Denken der Menschen anpaßt. Tierschutzaspekte rücken oft erst in den Blickpunkt der Züchter, wenn „Veränderungen auf politischer Ebene" dies erfordern (Flock und Seemann, 1993). „Ökonomische Zwänge" werden auch immer wieder gern mit dem Hunger in anderen Teilen der Welt begründet: Der wird jedoch nicht durch Mangel an Produktion hierzulande, sondern durch Verteilungsschwierigkeiten und oder infolge Unvermögens politischer Systeme bedingt – und also auch nicht durch problematische Maßnahmen behoben.

Hier liegt auch ein Ansatzpunkt für die **Bewertung biotechnologischer Verfahren.** Ihre Befürworter argumentieren immer wieder mit dem angeblich notwendigen Leistungsanstieg z.B. durch transgene Tiere (Mepham, 1993; Boyd und Samid, 1993; Robinson und McEvoy, 1993). Sie behaupten, schädliche Effekte solcher Leistungszuwächse seien nicht bekannt (Morton et al., 1993) – wo doch, wie vorn gezeigt, schon die konventionelle Leistungszucht den Tieren genügend Schädigungen brachte (Cameron et al., 1994). Hinzu kommt, daß durch Mikromanipulationen zielgerichteter Einbau von Transgenen noch nicht möglich und zunächst unsagbar viel „Ausschuß" zu erzeugen ist, bevor eine reproduzierbare „patentfähige" Tierlinie entsteht (Wall et al., 1992; van Reenen und Blokhuis, 1993; Seidel, 1993; O'Connor, 1993). Wenn dagegen durch Gensonden die Erkennung von Anlageträgern spezieller rezessiver Schadgene effektiver möglich, durch Soma-Gentherapie die Linderung oder Heilung schwerer Erbleiden praktikabel wird (Cameron et al., 1994), so ist dies wohl ganz im Sinne des Tierschutzes.

Es ist wenig dagegen zu sagen, wenn entsprechende Ansätze bei Tieren als Modelle für analoge Vorhaben beim Menschen dienen (Womack, 1992; Weatherall, 1994). Wenn man Untersuchungen an Tieren generell auf diese enge Indikation der Nützlichkeit für Mensch und Tier im Rahmen der Heilberufe limitiert – und nicht vorrangig als Alibi für immer neue wissenschaftliche Versuche betrachtet, dann haben sie zweifellos ihre Berechtigung, können hier aber nicht Gegenstand der Betrachtung sein.

Pferd

Diese Art nimmt – wie teilweise auch der Hund – eine Mittelstellung zwischen Nutztieren auf der einen und Hobbyzuchten auf der anderen Seite ein: Beide sind einerseits Nutztiere –, man denke nur an den gewinnträchtigen Rennsport oder die Gebrauchshundezucht – während sie andererseits zumindest in der westlichen Welt vorrangig aus Liebhaberei gehalten werden. Tierschutzrelevante Mißstände bei „Pferdeprofis" beruhen daher weniger auf anzuprangernden Zuchtpraktiken – im Gegenteil wird hier stets auf leistungsfördernde anatomische und physiologische Funktionalität geachtet –, sondern auf Leistungsüberforderung, vielfach forciert durch Doping (Wegner, 1995). Dies wird in einem anderen Kapitel berücksichtigt (s. S. 640ff.).

Abb. 4 Westernreiterei mit augengeschädigtem Appaloosa. Vorbericht: Beißer und Schläger (Foto: Schiller).

Die eingangs erwähnte Tendenz, Tiere aus Renommiersucht und Prestigedenken zu „exotischen" Vorzeigeobjekten zu verzüchten, findet in angelsächsischen Ländern schon lange, neuerdings auch in Mitteleuropa Eingang in die Pferdezucht. Die „Westernreiterei" erlebt zur Zeit einen wahren Boom bei Europas Pferdenarren: Dazu gehört u.a. ein Appaloosa-Scheck, dessen markanteste, „unabdingbare" Merkmale neben der Sprenkelung des Felles die depigmentierten Augen (und Hufe) sind (Abb. 4). Diese Eigenschaft prädisponiert ihn – in Analogie zur Merle-Problematik beim Hund – zu Nachtblindheit sowie Sehverlusten (Witzel et al., 1977 a,b). Auch die bei „Paint" und „Pinto" beliebte Overo-Scheckung ist homozygot letal (Hultgren et al., 1987). Gute Gründe werden somit erfahrene Züchter veranlaßt haben, eine Aufnahme von Schecken in vielen europäischen Verbänden seit Jahrhunderten auszuschließen. Ein Selbstregulativ dieser unguten Entwicklung mag in der Tat sein, daß diese „Exoten" nur vermehrt Anklang finden, solange sie Seltenheitswert besitzen. Auch Araber sollen ihre Schimmel vorwiegend nach Europa verkauft haben, weil diese – insbesondere unter intensiver Sonneneinwirkung – vermehrt zu Melanomen und Melanosarkomen (Hautkrebs) neigen (Sundberg et al., 1977; Wegner, 1986).

Hund

Bei dieser Tierart nehmen die Verstöße gegen § 11b des deutschen Tierschutzgesetzes (Verbot von Defektzuchten), auf die ausführlicher unter Zitierung relevanter Literatur seit nunmehr über 20 Jahren hingewiesen wird (Wegner, 1995), noch stärkere Ausmaße an. Teilweise monogenisch fixierte Erbanomalien werden zum Rassestandard erhoben, oder dieser wird so formuliert, daß er jeder physiologischen Norm widerspricht. So betreut der „Club für exotische Rassehunde" im VDH (Verband für das Deutsche Hundewesen) Nackthunde, denen zusätzlich zum Haarkleid wichtige Zähne fehlen, sowie Faltenhunde, die neben ihrer Genodermatose (erbliche Hautanomalie) eine starke Neigung zu Entropium (Lidverengung und -einwärtsbiegung) besitzen. Mexikanische Taschenterrier oder Super-Mini-Yorkies werden zu Einpfündern verzwergt (adultes Lebendgewicht). Ihnen und weiteren Hundekretins wurden durch die Favorisierung des „Apfelkopfes" (Tendenz zu Wasserkopf und Glotzäugigkeit) vielfach durchlöcherte „Lückenschädel" angezüchtet, die keiner Traumatisierung standhalten (Abb. 6). Das Verlangen nach einem Sozialsurrogat (Kind- oder gar Partnerersatz) und/ oder der snobistische Hang zum vierbeinigen Freak an der Leine begünstigt zudem einen Phänotyp mit primatenähnlichem Rundkopf, frontal orientierten, vergrößerten Augen bei verkürzter Schnauze – bis hin zur Nasenlosigkeit (Abb. 7). Der so umgeformte Hund reagiert darauf mit gesteigerter Anfälligkeit für Schwergeburten, Atem-, Augen- und Schluckproblemen. Die chondrodystrophisch bedingte Verzwergung induziert zudem neben der Kurz- und Krummbeinigkeit eine erhöhte Rate von Gelenk- und Bandscheibenerkrankungen.

Statusdenken und übersteigertes Schutzbedürfnis verursachten andererseits gigantomanische Zuchtbestrebungen, die zu Hunderiesen mit einem Gewicht von über 100 kg („Molosser") führen. Das hat gleichfalls stark negative Effekte für den betroffenen Hund. Infolge vermehrter Hüftgelenksdysplasie, Knochenerkrankungen und Verhaltensproblematik ist eine herabgesetzte mittlere Lebens-

Abb. 5 Der Faltenhund Chinese Shar-Pei; Modell für Dermatosen und Lidverschluß.

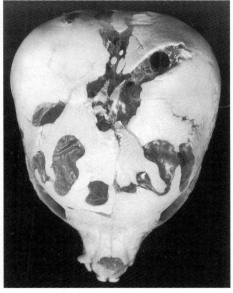

Abb. 6 Extremer Lückenschädel und Zahnverlust bei einem Chinese Crested (Nackthund). (Foto: Sabine Hahn).

Abb. 7 Brachyzephaler (fast nasenloser), exophthalmischer (glotzäugiger) Mops; nachts oft schnarchend.

Abb. 8 Fehlendes Sehpigment bei einem Bluemerle-Sheltie.

erwartung dieser Giganten unausweichlich. Sie werden nicht nur wegen ihrer Gangwerksprobleme vielfach „euthanasiepflichtig", sondern weil sie zunehmend in die Hände von Personen geraten, die nicht über die nötige Sachkenntnis zu ihrer Sozialisierung verfügen. Es kommt hinzu, daß verantwortungslose Züchter Wesensmerkmale in ihren Zuchten zu wenig beachten oder gar Unverträglichkeiten für einen bestimmten Käuferkreis noch fördern.

Exzentrik, die Sucht nach dem unverwechselbaren „Ambiente" oder schlicht Ignoranz sind auch die tieferen Gründe dafür, daß immer wieder auffällige Farb-Genotypen gefördert werden, obwohl seit langem bekannt ist, daß viele davon mit vitalitätsabträglichen Wirkungen gekoppelt sind – wie schon bei Pferden deutlich wurde. So nimmt man durch die Zucht mit dem Merle-Faktor („merle" aus „marbled" = marmoriert) in vielen harlekin-gesprenkelten Hunderassen das Risiko einer Schädigung des Seh-, Hör- und Gleichgewichtssinnes bewußt in Kauf (Wegner, 1993 b,c; Abb. 8; Tabelle 1). Mindestens so tierschutzrelevant wie dies ist zudem der Umgang mit vielfach auftretenden sog. „Fehlfarben" in diesen Zuchten: Überall dort, wo starre Rassestandards eine erwünschte Farbverteilung fordern und die biologischen Varianzen nicht berücksichtigen, kommt es immer wieder zu „fehlfarbenen" Individuen, die gemerzt oder als „Ausschuß" fortgegeben werden. Das gilt für alle Merle-Schläge – insbesondere Deutsche Doggen (Fiedler, 1986), aber auch für Dalmatiner, Boxer, Bernhardiner und Schweizer Sennenhunde. Dergestalt praktizierter Farbformalismus stellt zweifellos ein „Töten ohne vernünftigen Grund" dar, denn es sind ja inkompetente Zuchtmethoden oder rigide Standards, die dafür die Kausalität setzen (Wegner, 1994 d). Analoge Mißstände sind vom Hauskaninchen zu vermelden,

Tab. 1 Vergleich der Nennungshäufigkeit von Augenanomalien in Merle-Hunderassen und anderen (merlefreien) in der Zusammenstellung von Whitley et al.(1995)

Anomalien	Merle-Rassen (n=10)	Andere Rassen (n=114)	x^2
Mikrophthalmie	50 %	12 %	32,4***
Mikrocornea	40 %	5 %	34,4***
Kolobome, Staphylome	40 %	14 %	18,7***
Korektopie (Pupillenverlagerung)	30 %	0 %	–
Heterochromie (der Iris)	30 %	0 %	–
Persistierende Pupillenmembran	90 %	40 %	32,3***
Retina-Ablösung	30 %	15 %	8,7**
Retinafalten (Dysplasie)	80 %	32 %	33,4***
Uveodermatologisches Syndrom (Vitiligo)	20 %	5 %	12,4***
Katarakt	90 %	83 %	0,6 (nicht signifikant)
Glaukom	20 %	29 %	4,6*
Optikushypoplasie	30 %	11 %	13,1***

* = $p < 0,05$; ** = $p < 0,01$; *** = $p < 0,001$

das ja außerhalb der Hobbyzuchten ansonsten in Nord- und Mitteleuropa als Nutztier eine eher untergeordnete Rolle spielt.

Kaninchen

In der Punktscheckenzucht (Deutsche Riesen- und Englische Schecken) wird gleichfalls eine Heterozygoten-Verpaarung (mischerbige Tiere) vorgenommen. Diese ist infolge intermediären Erbganges des Scheckungsgens Ursache für einen konstant hohen Anfall homozygoter (reinerbiger), „fehlfarbener" Tiere, die vielfach schon als Nestlinge getötet werden. Doch selbst im heterozygoten, „standardkonformen" Genotyp ist der Pigmentierungsgrad so variabel, daß im allgemeinen unter 10% der erzüchteten Tiere „ausstellungswürdig" sind (Gerlitz, 1992; Abb.9). In anderen Scheckungszuchten, z.B. bei Hotots und Holländerschecken, ist die Lage nicht viel anders. Hinzu kommt, daß bei Punktschecken der homozygote, depigmentierte Typ (Weißschecken, „Chaplins") infolge

Abb. 9 Intermediärer Erbgang der Punktscheckung: Nur der Heterozygote (Mitte) entspricht (vielleicht) dem rigiden „Rassestandard". Dies bedeutet bei der üblichen Heterozygoten-Verpaarung über 50% „Fehlfarben" (oben und unten).

Megakolon-Disposition (Darmlähmung) subvital ist (Kümmerlinge; Mahdi et al., 1992).

Vollends zur Zucht mit einem Letalfaktor (todbringende Erbanlage) wird die Erstellung verzwergter Kaninchen (weiße Hermelin und Farbzwerge): Die „doppelte Dosis" des Zwergwuchsgens (Homozygotie) bedingt extreme Verzwergung, Tod oder vorzeitige Merzung durch Züchterhand; dies ist in Züchterkreisen lange bekannt, wird jedoch durch die gängige Zuchtpraxis immer wieder provoziert (Hollmig, 1993). Doch auch die „Typenzwerge" haben oft unter Geburtsschwierigkeiten, Zahn- und Kieferfehlern zu leiden. So steht den als Heimtiere gehaltenen Zwergkaninchen ein großes Kontingent verendeter Tiere gegenüber.

Katze

Das Katzen-Genom bietet offenbar aufgrund weniger ausgeprägter Mutationsbereitschaft „Fancy-Züchtern" zwar nicht so viele Ansatzpunkte wie das des Hundes, dennoch kam es auch hier zu Fehlentwicklungen: Die nackte „Sphinx", die schwanzlose Manx sowie die chondrodystrophe „Pudelkatze" werden genauso angeboten wie sehgeschädigte, schielende Partialalbinos (Siamesen) und dominant weiße Genotypen mit Hörverlusten. Das sind zweifellos alles Formen, bei denen der Erzüchter den Straftatbestand des Qualzuchtparagraphen (11b) des deutschen Tierschutzgesetzes erfüllt.

Neuerdings züchtet man gar Dackelkatzen mit verkürzten Beinen sowie praktisch nasenlose Exemplare („Exotic Shorthair"). Endlich fand sich jedoch in Deutschland (Kassel) ein Richter, der diese Vorgänge so nannte, wie sie heißen müssen: vorsätzliche Qualzüchtungen, die verboten gehören. In einem prinzipiell wichtigen Urteil wurde eine Züchterin weißer Katzen (vorwiegend blauäugig oder „odd-eyed") zu hohen Bußgeld- und Verfahrenskosten verurteilt. Sie wollte sich nicht „dem Diktat von Gesundheitsfanatikern beugen und fände es rückgratlos", solche Defektzuchten nicht fortzusetzen (Wegner, 1993 c, 1994). Die Rechtsbeschwerde wurde mittlerweile vom Oberlandesgericht Frankfurt/M. als unbegründet abgewiesen, so daß das Urteil rechtskräftig ist.

Rassevogelzucht

Eine kritische Betrachtung offenbart aber keineswegs nur in der Hunde- und Katzenzucht tierschutzrelevante Mißstände: Zu nennen wäre auch die Fancy-Vogelzucht. Flach et al. (1980) fanden, daß homozygote Bleiwangen bei Prachtfinken wegen schwerster Augenanomalien (Abb.10) „aussortiert" werden. Schulze (1985) und Denstorf (1986) zeigten, daß die als skurrile Variante produzierten Haubenkanarien und -finken bei Homozygotie ihre Augengardine mit

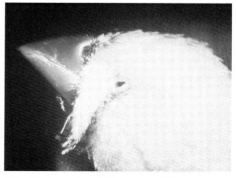

Abb. 10 Augapfelverkleinerung und Lidverengung bei homozygoten Bleiwangen (Zebrafinken).

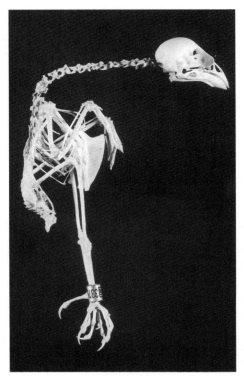

Abb. 11 Skelettmißbildung beim *Gibber italicus*: Halswirbelverlängerung und -abknickung sowie Extremitätenversteifung.

Letalität bezahlen. Schicktanz (1987) bewies, daß die extrem umfunktionierten Gibberkanarien (Abb.11) nicht nur einen Halswirbel zuviel besitzen, sondern wegen ihrer Stellungsanomalie auch nur bedingt tretfähig sind. Beim Rassegeflügel wiesen Bartels et al. (1991) ebenfalls auf Defektzuchten hin. Die Züchter scheuen sich nicht, Defektvarianten zur Norm zu erheben: Hängeköpfe und monströse Schnabelwarzen, Schwanzverlust und fehlende Bürzeldrüsen, Federlosigkeit und Gefiederdefekte, Haubenbildungen auf der Basis organisierter Hirnbrüche etc. bürden den Tieren Behinderungen auf, die arttypischem Leben und Verhalten entgegenstehen (Wegner, 1986).

Schlußbetrachtungen

Die Liste der letztlich auf eitle Gestaltungs- und Profilierungssucht zurückzuführenden, hemmungslosen züchterischen Modellierungen am „Objekt" Tier ließe sich fast beliebig verlängern, würde aber den Rahmen dieses Kapitels sprengen.

Nur kurz seien noch die vielen Fälle von Defektmutanten in der **Pelztierzucht** erwähnt, deren Berechtigung als Gefangenschaftszucht ohnehin in Frage zu stellen ist. Hier werden als ständige Anpassung an „modische" Strömungen immer neue Farbmutationen mit z.T. schwerwiegenden Anomalien fortgezüchtet; hierzu gehören weiße Nerze mit Taubheit (Hedlund) oder Farbaufhellungen, gekoppelt an Sterilität (Heggedahl), Pastellnerze mit Gleichgewichtsstörungen („Screw-neck"), Metallic-graue Nerze mit erhöhter Infektionsbereitschaft (Chediak-Higashi-Syndrom) und Platinfüchse, die bei Homozygotie einer letalen Anämie zum Opfer fallen.

Was die Phase der – zumindest für den Bereich der Erbpathologie – nunmehr fast 30 Jahre währenden Aufdeckung und Publizierung von Qualzuchten und die Propagierung tierschutzkonformer Züchtung auch über die Medien angeht, so kann sie als weitgehend abgeschlossen betrachtet werden: Sie hat, in Verein mit entsprechenden Aktivitäten hier zitierter, gleichgesinnter Wissenschaftler und Tierschützer, zu einem verstärkten Problembewußtsein, bei Gutwilligen teilweise zur Rückbesinnung auf physiologische Rassestandards und, wie bei der Katze gezeigt, sogar schon zu gerichtlichen Konsequenzen geführt. Was jetzt für die beschleunigte Bekämpfung züchterischen Fehlverhaltens und unvernünftiger Erwartungshaltungen bei Käufern angemahnt werden muß, ist die konsequente Anwendung bereits bestehender oder noch zu verbessernder Tierschutzgesetze. Daß in Deutschland der § 11b anwendbar ist – der Beweis wurde erbracht (Wegner, 1994 c); nur darf es nicht nur bei diesem einen Urteil bleiben. Hier sind die Veterinärbehörde und die Staatsanwaltschaft gefordert – was nützen immer neue Gesetze, wenn schon die alten nicht durchgesetzt werden?

Weitere wirkungsvolle Maßnahmen wären die Rücknahme der Verbannung von Amtstierärzten aus Körkommissionen sowie die seit langem geforderte Verabschiedung eines Heimtierzuchtgesetzes – eine Forderung, deren Notwendigkeit z.T. auch im angelsächsischen Ausland gesehen wird (Wegner, 1995). Denn auch für diesen Tierzuchtbereich muß ein gesetzlicher Rahmen her, der festlegt, was gezüchtet werden darf. Fachkompetenz, tierschutzkonformes Verhalten, biologische Rassestandards und Ausrichtung der Reproduktionsrate nach dem tatsächlichen Bedarf und nicht nach kommerziellen Aspekten sowie die Offenlegung und Kontrollierbarkeit der Zuchtbücher sind die wichtigsten Postulate. Seriöse Züchtervereinigungen erfüllen sie längst und brauchen somit Neuregelungen nicht zu fürchten.

Literatur

Aherne, F.X. (1987): Leg weakness in pigs. In: Farrell, D.J., Recent advances in animal nutrition. Armidale, Australia.

Amory, H., Rollin, F.A., Genicot, B.C., Beduin, J.L., and Lekeux, P.M. (1993): Comparative study of the body surface electrocardiogram in double-muscled and conventional calves. Can. J. Vet. Res. 57, 139–145.

Anon. (1989): Rinderproduktion 99,8.

Anon. (1991): Mitt. Arbeitsgemeinsch. Dt. Tierz.,18.

Anon. (1994): STS Medienkonferenz Schweizer Tierschutz, Zürich, 26.5.94.

Bartels, T., Meyer, W., und Neurand, K. (1991): Haut- und Gefiederveränderungen bei domestizierten Vögeln. Teile I, II, 1, 2, III: Tierärztl. Prax. 19, 649–658; 1992, 20, 171–177; 20, 275–281; Kleintierprax. 36, 1991, 325–331.

Berndgen, P. (1994): Mastitis-Sanierung. Rinderwelt 19,2,3–4.

Blasco, A., and Webb, A.J. (1989): Genetic variation in reaction time to halothane exposure. Anim. Prod. 49, 117–121.

Boyd, A.L., and Samid, D. (1993): Molecular biology of transgenic animals. J. Anim. Sci.71, Supp.3, 1–9.

Brenig, B., und Brem, G. (19): Molecular cloning and analysis of the porcine „halothane" gene. Arch. Tierz. 35, 129–135.

Buss, E.G. (1989): Genetics of turkeys. Wld. Poult. Sci. J. 45, 125–167.

Cameron, E.R., Harvey, M.J., and Onions, D.E. (1994): Transgenic science. Brit. Vet. J. 150, 9–24.

Carte, I.F., and Leighton, A.T. (1969): Mating behavior and fertility in the large white turkey. Poult. Sci. 48, 104–114.

Caugant, A., Runavot, J.P., LeHenaff, G., Corlouer, A., Deleon, H., LeBorgne, M., Pellois, H., and Petit, G. (1989): Reproductive performance of the Piétrain boar used as a terminal sire. Ann. Zootech. 18, 205–206.

Cherel, Y., Beaumont, C., Wyers, M., Fleury, R, et Delavigne, M. (1991):Estimations de la prévalence et de l'héritabilité de la dyschondroplasie tibiale du dindon. Av. path. 20, 387–401.

Comberg, G., Wegner, W., Stephan, E., Plischke, R., Feder, H., und Reetz, I. (1973): Die Auswirkungen von Temperaturen oberhalb des Optimums auf Piétrains, Belgische Landrasse und deren Kreuzungen. Züchtungsk. 64, 447–457.

Dempfle, L. (1992): Berücksichtigung von Fruchtbarkeit und Eutergesundheit in der Rinderzüchtung. Züchtungsk. 64, 447–457.

Denstorf, W. (1986): Untersuchungen von Plasmaproteinen beim Zebrafinken als Modell zum Nachweis der Elternschaft bei Wildvögeln unter gleichzeitiger Betrachtung der Auswirkung eines Schadgens bei dieser Art. Vet.-med. Diss., Hannover.

Dillier, M. (1991): Ethologische Indikatoren zur Beurteilung der Tiergerechtheit intensiver Aufzuchthaltungen für die Mastproduktion von Truten. Ber. Zoolog. Inst. Bern.

Duda, J., und Pirchner, F. (1989): Schätzung genetischer Parameter für die Merkmale der Mastitisanfälligkeit in Oberbayerischen Kuhherden. Züchtungsk. 61, 334–346.

Duff, S.R., and Lynch, M. (1988): Antitrochanteric and acetabular lesions in adult male breeding turkeys. Av. Path. 17, 121–137.

Duncan, I.J., Beatty, E.R., Hocking, P.M., and Duff, S.R. (1991): Assessment of pain associated with degenerative hip disorders in adult male turkeys. Res. Vet. Sci. 50, 200–203.

Egle, P. (1988): Untersuchungen zur Abgangsstatistik von Jungebern verschiedener Rassen in einem Zuchtgebiet, unter besonderer Berücksichtigung des Erblichkeitsgrades von Potenzstörungen. Vet.-med. Diss., Hannover.

Fiedler, H. (1986): Untersuchungen über den Einfluß des Merlefaktors auf die Zuchtsituation sowie auf das Karyogramm behafteter Hunde. Vet.-med. Diss., Hannover.

Flach, M., Dausch, D., und Wegner, W. (1980): Augenanomalien bei Zebrafinken. Kleintierprax. 25, 505–509.

Flock, D.K., und Seemann, G. (1993): Grenzen der Leistungssteigerung in der Broilerzucht? Lohmann Inf., Juli, 5–9.

Genicot, B., Mouligneau, F., Lindsey, J.K., Lambert, P., Close, R., and Lekeux, P. (1993): Induction of a serotonin-S2 receptor blockade during early or late stage of acute respiratory distress syndrome in double-muscled calves. Zbl. Vet. med. A40, 241–248.

Gerlitz, S. (1992): Untersuchungen zur Variabilität der Punktscheckung sowie einiger Parameter des Sehorgans zweier Kaninchen-Scheckungsrassen unter Berücksichtigung tierschützerischer und tierzüchterischer Aspekte. Vet.-med. Diss., Hannover.

Hanset, R., Michaux, C., and Detal, G. (1989): Genetic analysis of some maternal reproductive traits in the Belgian Blue cattle breed. Livest. Prod. Sci. 23, 79–96.

Hanset, R. (1992): L'hypertrophie musculaire en Blanc Bleu Belge. Bull. GTV 3, 65–69.

Hill, M.A. (1990): Economic relevance, diagnosis,and countermeasures for degenerative joint disease and dyschondroplasia in pigs. J.A.V.M.A.197,254–258.

Hollmig, K. (1993): Qualzüchtung Zwergkaninchen? Dt. Kleintierz. 10, 6.

Hovenier, R., Kanis, E., v. Asseldonk, T., and Westerink, N.G. (1992): Genetic parameters of pig meat quality traits in a halothane negative population. Livest. Prod. Sci. 32, 309–321.

Hultgren, B.D., Appell, L.H., Wagner, P.C., Blythe, L.L., Watrous, B.J, Slizeski, M.L., Duffield, D.A., Goldie, P., Clarkson, D., and Shell, D.S. (1987): Current research topics in equine genetics. Equ. pract. 9, 38–43.

Hutt, F.B., und Rasmusen, B.A. (1982): Animal Genetics. J. Wiley & Sons, N.Y.

Jörgensen, B. (1987): Genetic analysis of leg weakness in boars at testing stations. Ber. Stat. husd. No. 631.

Kestin, S.C., Knowles, T.G., Tinch, A.E., and Gregory, N.G. (1992): Prevalence of leg weakness in broiler chickens and its relationship with genotype. Vet. Rec. 131, 190–194.

Leterrier, C., and Nys, Y. (1992): Clinical and anatomical differences in varus and valgus deformities of chick limbs suggest different aetio-pathogenesis. Av. Path. 21, 429–442.

Leterrier, C., and Nys, Y. (1993): Twisted legs of broilers. Rec. méd. vét. 169, 173–181.

Mahdi, N., Wieberneit, D., und Wegner, W. (1992): Zur Problematik der Scheckenzucht bei Kaninchen. 2. Mitt., Dt. tierärztl. Wschr. 99, 111–113.

Mandour, M.A., Nestor, K.E., Sacco, R.E., Polley, C.R., and Havenstein, G.B. (1989): Selection for increased humerus strength of cage-reared broilers. Poult. Sci. 68, 1168–1173.

May, J., Feurich, S., und Golze, M. (1994): Phänomen Doppellender. Fleischrind. J. 1, 6–7.

Mepham, T.B. (1993): Approaches to the ethical evaluation of animal biotechnologies. Anim. Prod. 57, 353–359.

Morton, D., James, R., and Roberts, J. (1993): Issues arising from recent advances in biotechnology. Vet. Rec. 133, 53–56.

O'Brien, P.J., Shen, H., Cory, R., and Zhang, X. (1993): Use of a DNA-based test for the mutation associated with porcine stress syndrome in 10000 breeding swine. J.A.V.M.A. 203, 842–851.

O'Connor, K.W. (1993): Patents for genetically modified animals. J. Anim. Sci. 71, Sup.3, 34–40.

Reenen, C.G. van, and Błokhuis, H.J. (1993): Investigating welfare of dairy calves involved in genetic modification. Livest. Prod. Sci.26, 231–243.

Rempel, W.E., Lu, M.Y., ElKandelgy, S., Kennedy, C.F., Irvin, L.R., Mickelson, J.R., and Louis, C.F. (1993): Relative accuracy of the halothane challenge test and a molecular genetic test in detecting the gene for porcine stress syndrome. J. Anim. Sci. 71, 1395–1399.

Robinson, J.J., and McEvoy, T.G. (1993): Biotechnology – the possibilities. Anim. Prod. 57, 335–352.

Rundgren, M., Lundström, K. and Edfors-Lilja, I. (1990): A within-litter comparison of the three halothane genotypes. Livestock Prod. Sci. 26, 231–243.

Schicktanz, W. (1987): Phänomenologie, Tierschutzrelevanz und Zuchtsituation bei Positurkanarien, untersucht am Beispiel des Gibber italicus. Vet.-med. Diss., Hannover.

Schulze, D. (1985): Untersuchungen zur Vererbung, zur Phänomenologie und zur Tierschutzrelevanz der Haubenbildung bei Kanarien. Vet.-med. Diss., Hannover.

Seidel, G.E. (1993): Resource requirements for transgenic livestock research. J. Anim. Sci. 71, Suppl. 3, 26–33.

Sommer, H. (1992): Tierproduktion. VET 11, 19–23.

Strandberg, E., and Shook, G.E. (1989): Genetic and economic responses to breeding programs that consider mastitis. J. Dairy Sci. 72, 2136–2142.

Sundberg, J.P., Burnstein, T., Page, E.H., Kirkham, W.W., and Robinson, F.R. (1977): Neoplasms of Equidae. J.A.V.M.A. 170, 150–152.

Wall, R.J., Hawk, H.W., and Nel, N. (1992): Making transgenic livestock. J. Cell. Biochem. 49, 113–120.

Weatherall, D. (1994): Heroic gene surgery. Nature Gen. 6, 325–326.

Wegner, W. (1971): Zusammenhänge zwischen Zugfestigkeit der Fußknochen und Lahmheit bei wachsenden Schweinen. Berl. Münch. tierärztl. Wschr. 84, 246–249.

Wegner, W. (1986): Defekte und Dispositionen. Schaper-Verlag, Hannover.

Wegner, W. (1993a): Genetisch bedingte Geburtsstörungen. In: J. Richter und R. Götze: Tiergeburtshilfe. 4.Aufl. Paul Parey, Berlin – Hamburg.

Wegner, W. (1993b): Tierschutzrelevante Mißstände in der Kleintierzucht – der § 11b des Tierschutzgesetzes greift nicht. Tierärztl. Umschau 48, 213–222.

Wegner, W. (1993c): Mißstände in der Heimtierzucht. Schweiz. Tiersch. 4, 64–71.

Wegner, W. (1994a): Nachdenkliches über 100 Jahre Tierzucht im Spiegel der DTW. Dt. Tierärztl. Wschr. 100, 343–344.

Wegner, W. (1994b): Züchterische Fehlentwicklungen in der Klein- und Nutztierzucht – dargestellt im Spiegel gutachterlicher Tätigkeit. Tierärztl. Umsch. 49, 293–295, 332–336.

Wegner, W. (1994): Defektzuchten bei Katzen – ein aktuelles, prinzipiell wichtiges Urteil. Katzen-Magazin (Schweiz) 14, 3, 64–65.

Wegner, W. (1994d): Hundezucht am Scheideweg. Hunde-Magazin (Schweiz) 17 ,64–67.

Wegner, W. (1995): Kleine Kynologie. 4.Aufl. Terra-Verlag, Konstanz.

Whitley, R.D., and McLaughlin, S.A. (1995): Update on eye disorders among purebred dogs. Vet. Med. 90, 574–592.

Wilson, B.W., Nieberg, P.S., Buhr, R.J., Kelly, B.J., and Schultz, F.T. (1990): Turkey muscle growth and focal myopathy. Poult. Sci. 69, 1553–1562.

Witzel, D.A., Jones, R.C., and Smith, E.L. (1977a): Electroretinography of congenital night blindness in an Appaloosa filly. J. Equ. Med. Surg. 1, 226–229.

Witzel, D.A., Riis, R.C., Rebhun, W.C., and Hillman, R.B. (1977b): Night blindness in the Appaloosa: sibling occurrence. J. Equ. Med. Surg. 1, 383–386.

Womack, J.E. (1992): Molecular genetics arrives on the farm. Nature 360, 108–109.

Wong-Valle, J., McDaniel, G.R., Kuhlers, D.L., and Bartels, J.E. (1993a): Correlated responses to selection for high or low incidence of tibial dyschondroplasia in broilers. Poult. Sci. 72, 1621–1629.

Wong-Valle, J., McDaniel, G.R., Kuhlers, D.L., and Bartels, J.E. (1993b): Divergent selection for incidence of tibial dyschondroplasia in broilers at seven weeks of age. Poult. Sci. 72, 421–428.

Transgene Versuchstiere

K. BÜRKI

In vielen Forschungs- und Anwendungsbereichen ergänzen oder ersetzen transgene Versuchstiere zunehmend die konventionell gezüchteten Tiere. Dies gilt insbesondere für Labormäuse und -ratten. Experimentell eingeschleuste genetische Veränderungen erlauben ein gezieltes Studium sowohl der normalen Körperfunktionen als auch von Krankheitsursachen. Anwendungsorientiert werden transgene Tiere als sensitive Anzeiger von toxischen, kanzerogenen oder mutagenen Substanznebenwirkungen evaluiert. Auch werden mögliche Anwendungen transgener Techniken bei Nutztieren in der Regel im Labor erprobt.

Der vorliegende Artikel versucht die tierschutzrelevanten Aspekte bei der Planung, Erzeugung und Zucht transgener Versuchstiere zu beleuchten. Als fachliche Grundlage dieser Diskussionen ist ein Überblick über Methoden und mögliche Anwendungen vorangestellt.

Die Vielschichtigkeit der Thematik läßt sich in dieser kurzen Übersicht nur oberflächlich darstellen. Seit kurzer Zeit liegen aber zwei vertiefte kritische Auseinandersetzungen mit der Anwendung gentechnischer Methoden bei Tieren von Moore und Mepham (1995) und von Rollin (1995) vor.

Erzeugung transgener Tiere

Zur Erzeugung transgener Versuchstiere werden gegenwärtig zwei Methoden eingesetzt (Abb. 1).

Bei der ersten Methode werden unter dem Mikroskop die vom Molekularbiologen aufbereiteten fremden Gene mittels einer feinen Glaskapillare in geringer Konzentration direkt in einen der beiden Vorkerne des besamten Eies injiziert. Die Eier werden aus den Eileitern von hormonbehandelten, normal begatteten Spenderweibchen gewonnen. Nach erfolgter Mikroinjektion werden die überlebenden Eier in die Eileiter von sog. Ammenweibchen transferiert. Unter den Nachkommen finden sich in der Regel 10–20% Tiere, welche eines oder mehrere Fremdgene, die sog. *Transgene*, in ihrem Erbgut stabil eingebaut haben.

Die *Mikroinjektionsmethode* eignet sich besonders, falls ein zusätzliches dominantes Gen in das Erbgut des Empfängertieres eingefügt und ein zusätzliches Eiweiß in einem Tier exprimiert werden soll. Sie ist bei verschiedenen Tierarten erfolgreich anwendbar. Nachteile der Methode sind der örtlich zufällige Einbau der Transgene in das Erbgut, welcher ein Gen des Empfängertieres unterbrechen und so eine sog. Insertionsmutation erzeugen kann, sowie die oft unzuverlässige Expression der Transgene.

Bei der zweiten Methode werden *Gensequenzen in sog. embryonale Stammzellen (ES-Zellen) eingeschleust*. Diese Zellen werden aus frühen Embryonen gewonnen und können in vitro beliebig vermehrt werden, ohne daß sie ihre embryonalen Eigenschaften verlieren. Sie stehen im Gegensatz zu Eiern in prak-

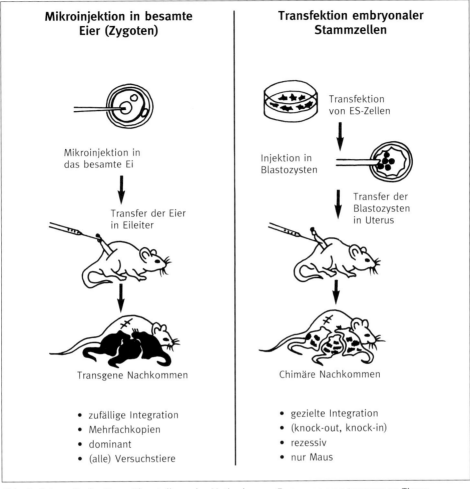

Abb. 1 Schematische Gegenüberstellung der Methoden zur Erzeugung von transgenen Tieren.

tisch unbeschränkter Zahl zur Verfügung. So ist es möglich, nach seltenen induzierten genetischen Veränderungen zu suchen: z.B. nach dem Einschleusen (Transfektion) von Gensequenzen, welche zum Teil einem Gen der Zelle entsprechen. In diesem Fall kommt es in vereinzelten Zellen zu einem homologen Austausch (Rekombination) zwischen den eingeschleusten und den entsprechenden gleichartigen Sequenzen des Erbguts der Zelle. Eine im Reagenzglas vorgenommemene Veränderung der Gensequenz kann so im entsprechenden Gen plaziert werden: Es können ausgewählte Gene unterbrochen oder Teile davon entfernt werden, es können ebensogut Sequenzen eingefügt oder ausgetauscht werden. ES-Zellen mit der gewünschten genetischen Veränderung können angereichert und mittels einer sensitiven Analysemethode, der sog. Polymerase-Kettenreaktion, identifiziert werden. Solche Zellen werden in kleiner Zahl in frühe Embryonalstadien, z.B. in Blastozysten, eingeschleust, wo sie an der Entwicklung des Embryos teilnehmen. Das resultierende Tier ist eine *Chimäre*. Sie trägt die induzierte genetische Veränderung in einem Teil ihrer Zellen. Haben diese Zellen auch die Keimbahn besiedelt, wird die in vitro induzierte genetische Veränderung an einen Teil der Nachkommen weitergegeben. Diese sind für die induzierte Mutation mischerbig (heterozygot). Die mit dieser Methode induzierten Veränderungen verhalten sich in der Regel rezessiv und müssen daher zuerst reinerbig (homozygot) gezüchtet werden, bevor ihre Auswirkungen auf den Phänotyp des Tieres untersucht werden können. Tiere mit einem unterbrochenen Gen werden *Knock-out*-Tiere, solche mit einem veränderten funktionellen Gen *Knock-in-Tiere* genannt.

Die Verwendung von ES-Zellen erlaubt präzise genetische Eingriffe. Die Methode ist im Moment jedoch nur für die Maus anwendbar, da nur für diese Spezies erfolgreich embryonale Stammzellen in Kultur etabliert werden konnten, welche in Chimären die Keimbahn besiedeln und ihr Erbgut an die Nachkommen weitergeben können.

Die beiden oben dargestellten Methoden sind in einem Handbuch von Schenkel (1995) anschaulich beschrieben. Ausführlichere Handbücher sind von Hogan et al. (1994) und Pinkert (1994) herausgegeben worden.

■ Einsatzmöglichkeiten transgener Versuchstiere

Transgene Versuchstiere werden in praktisch allen Gebieten der experimentellen Biologie und Biomedizin verwendet. Sie werden zu verschiedenen Zwecken erzeugt und eingesetzt.

Studium der Genregulation: Mit Hilfe von Genen, deren Aktivität leicht meßbar ist, sog. Reporter-Genen, werden Kontrollelemente, welche die Genexpression steuern, in transgenen Tieren getestet. Im Gegensatz zu Zellkulturen kann die Expression des Testkonstruktes in vivo in allen Entwicklungsstadien und in allen Geweben verfolgt werden. Die Identifizierung von zuverlässigen gewebespezifischen Kontrollelementen ist Voraussetzung für erfolgversprechende somatische Gentherapien.

Testen von Hypothesen: Die Überexpression oder das Fehlen eines Eiweißes im transgenen Tier kann Hinweise zu seiner In-vivo-Funktion liefern und so helfen, komplexe Interaktionen zu verstehen. Solche Grundlagenstudien haben sich z.B. insbesondere bei der Analyse des Immunsystems bewährt. Sie tragen aber auch entscheidend zum Verständnis von Entwicklunsprozessen bei.

Krankheitsmodelle: Tiere mit genetisch induzierten physiologischen Störungen können neuartige Modelle für menschliche Krankheiten darstellen. Prominente Beispiele sind Modelle für die Erbkrankheit Zystische Fibrose oder für die Alzheimersche Krankheit, eine Degenerationserscheinung des alternden Gehirns, welche nicht primär genetisch bedingt ist. Auch wenn alle für Tiermodelle geltenden Einschränkungen auch bei transgenen Modellen in Erwägung gezogen werden müssen, so können solche Modelle doch wichtige Einblicke in die Entstehung von Krankheiten ermöglichen; dies selbst, wenn auch nur Teilaspekte einer Krankheit vorhanden sind. Insbesondere können mit Kreuzungsstudien positiv oder negativ verstärkende Faktoren untersucht werden. Ebenfalls ist es möglich, neue Therapien zu evaluieren.

Pharmakologische Modelle: Transgene Tiere können sich zum Testen pharmakologischer Konzepte in vivo besser eignen als konventionelle Tiere. Dies ist z.B. der

Fall, wenn der Rezeptor für einen Wirkstoff in einem Knock-in-Tier durch den entsprechenden menschlichen Rezeptor ersetzt wird. Analog können in transgenen Tieren isolierte Elemente von Viren exprimiert werden, so daß antivirale Wirkstoffe in vivo getestet werden können, ohne das Tier mit intakten Viren infizieren zu müssen.

Toxikologische Modelle: Transgene Tiere mit erhöhter Sensitivität gegenüber toxisch wirkenden Substanzen können zum Erfassen von unerwünschten Nebenwirkungen eingesetzt werden. Beispiele sind sog. Krebsmäuse, welche sehr sensitiv auf krebserzeugende Substanzen reagieren. Zum Testen von mutagenen Nebenwirkungen können transgene Tiere mit geeigneten, leicht isolierbaren Reporter-Genen eingesetzt werden.

Testen von biotechnologischen Ansätzen: Mit transgenen Labortieren werden biotechnologische Ansätze erprobt, welche es erlauben sollen, transgene Nutztiere als Produzenten von therapeutisch wichtigen menschlichen Proteinen oder als Lieferanten von Organen für Transplantationen beim Menschen (Xenotransplantation) einzusetzen.

Ausführlichere Übersichtsartikel zu den oben genannten Anwendungsmöglichkeiten mit Zugang zu weiterführender Literatur sind von Hanahan (1989), Merlino (1991), Logan (1993), Smithies (1993) und Bürki und Ledermann (1995) verfaßt worden.

Tierschutzaspekte bei der Planung, Erzeugung und Zucht transgener Tiere

Die Grundsätze eines modernen Tierschutzes, wie Begründung des Einsatzes von Tieren, Wahrung des Interesses des Tieres nach Wohlbefinden sowie das Vermeiden von unnötigen Schmerzen, Leiden und Angst, gelten uneingeschränkt auch für transgene Tiere.

Bei der Beurteilung tierschutzrelevanter Aspekte bei transgenen Tieren stehen die Auswirkungen der induzierten genetischen Veränderung auf das Wohlbefinden des Tieres im Zentrum. Wie bei spontan auftretenden genetischen Aberrationen können bei transgenen Tieren die Auswirkungen der induzierten genetischen Veränderungen von frühembryonalen Letaleffekten bis zu phänotypisch nicht feststellbaren biochemischen Veränderungen reichen. Eventuell kann sogar eine verbesserte Fitness des Tieres erwartet werden.

Entgegen der allgemeinen Erwartung ist in der Praxis das Auftauchen von primär schwer geschädigten Tieren, zumindest bei Labornagern, äußerst selten. Dies ist durch zwei biologische Filter bedingt: durch das Absterben von entwicklungsunfähigen Embryonen und Feten im Uterus und durch den Kannibalismus der Mutter unmittelbar nach der Geburt (Overbeek, 1994). Besondere Beachtung verdienen deshalb genetische Veränderungen, welche die Entwicklung des Tieres nach der Geburt beeinträchtigen, insbesondere Mutationen, die pathologische Entwicklungen auslösen, wie das bei Krankheitsmodellen der Fall sein kann.

Bei der Umsetzung von Tierschutzforderungen in die Praxis sind grundlegende Überlegungen auf allen Stufen der Erzeugung transgener Tiere erforderlich, beginnend bei der Planung. Die Erzeugung transgener Tiere bedarf einer Begründung. Diese muß die erwartete wissenschaftliche Aussagekraft des geplanten transgenen Tieres darlegen: sowohl die Begründung der Notwendigkeit einer In-vivo-Studie als auch den Vorschlag eines schonenden gentechnischen Eingriffes. Moderne kombinierte transgene und Knock-in-Systeme erlauben eine gewebespezifische oder zeitlich kontrollierte Auslösung der gewünschten genetischen Veränderung (Barinaga, 1994). Solche Systeme können die Aussagekraft der transgenen Tiere erhöhen und unerwünschte negative Nebeneffekte zeitlich und örtlich begrenzen. Dies ist wichtig, falls genetisch bedingte schwere Leiden für das transgene Tier zu erwarten sind. In diesen Fällen sind ebenfalls Kriterien zum Abbruch des Versuchs festzulegen. Die Beurteilung dieser Darlegungen hat durch eine vom Antragsteller unabhängige Instanz zu geschehen. Deshalb ist die Erzeugung von transgenen Tieren einer Bewilligungspflicht zu unterstellen. Die Bewilligungsinstanz sollte ebenfalls die fachliche und technische Qualifikation der Antragsteller im Umgang mit Versuchstieren sicherstellen.

Da die präzisen Auswirkungen eines zusätzlich im Organismus exprimierten Transgens oder einer Veränderung eines eigenen Gens nicht genau vorhergesagt werden können, ist eine sorgfältige Beurteilung transgener Tiere nach der Erzeugung notwendig, insbesondere wenn die Tiere weitergezüchtet werden sollen. Diese Beurteilung kann Bestandteil einer wissenschaftlichen Analyse sein. Mögliche Modellprotokolle sind in Vorbereitung (van Zutphen und van der Meer, 1996). Da das Wohlbefinden eines Tieres jedoch wissenschaftlich nicht umfassend zu beschreiben ist, werden subjektive Kriterien herangezogen werden müssen. Diese können z.B. die Beurteilung des Felles des Tieres, aber auch seines Verhaltens in Gruppen oder beim Nestbau sowie seiner Fluchtreaktion umfassen.

Falls die Beobachtungen Hinweise auf ein beeinträchtigtes Wohlbefinden des transgenen Tieres liefern, ist abzuklären, ob dies eine direkte Auswirkung der induzierten genetischen Veränderung ist oder allenfalls durch einen indirekten Effekt ausgelöst wird. Indirekte Effekte können durch die Wahl der Methode, wie z.B. bei Insertionsmutationen, durch Inzucht genetisch heterogener Tiere oder durch einen schlechten Hygienezustand bedingt sein. Indirekte Effekte können die Aussagekraft einer wissenschaftlichen Studie stark vermindern und sind deshalb möglichst zu eliminieren.

Bei der Zucht von transgenen Tieren ist zu überlegen, ob die genetische Veränderung reinerbig (homozygot) oder mischerbig (heterozygot) weitergezüchtet werden soll. Obschon wegen der in jeder Generation notwendigen Analysen aufwendiger, ist für die Haltungszucht die heterozygote Vererbung in der Regel von Vorteil: Bei transgenen Tieren wird so die negative Auswirkung einer eventuell induzierten Insertionsmutante verhindert. Auch sind in jeder Generation transgene und entsprechende nichttransgene Geschwister als Kontrolltiere verfügbar. Bei Knock-out-Tieren wird die eventuell negative Auswirkung der induzierten genetischen Veränderung in heterozygoten Zuchttieren durch das Vorhandensein eines Wildtyp-Gens ebenfalls verhindert. Aus technischen Gründen sind bei der Maus transgene Tiere sehr oft genetische Gemische aus verschiedenen vorhandenen Inzuchtstämmen. Ein homozygotes Kreuzen von zugefügten Transgenen oder induzierten Knock-out-Mutationen mit solchen genetisch gemischten Tieren hat eine heterogene Nachkommenschaft zur Folge, was die Schwankungsbreite von Analyseresultaten drastisch erweitern kann. Um den genetischen Hintergrund der induzierten Mutation wieder homogen und konstant zu gestalten, ist eine Rückkreuzung mit einem Inzuchtstamm der Wahl über viele Generationen nötig

(Green, 1975). Auch aus diesem Grunde ist eine heterozygote Weiterzucht (Rückkreuzen) der induzierten genetischen Veränderung in der Regel von Vorteil.

Angesichts der raschen Erkenntnisfortschritte auf vielen Gebieten ist eine periodische Überprüfung der wissenschaftlichen Aussagekraft existierender transgener Linien angezeigt (Poole, 1995).

Gentechnik bei Tieren und das Prinzip der drei „R"

Kritiker der Anwendung gentechnischer Methoden bei Tieren gehen oft davon aus, daß die Erzeugung und die Verwendung transgener Tiere eine Verletzung der Prinzipien der drei „R" (Reduction = Verminderung, Refinement = Verfeinerung, Replacement = Ersatz von Tierversuchen) von Russell und Burch (1959) darstellen. Dies mag bei einer kurzfristigen Betrachtung der Zahlen neu erzeugter transgener Tiere zutreffen. Es ist jedoch zu bedenken, daß transgene Tiere in der Regel für viele Untersuchungen eine bessere Aussagekraft haben als konventionelle Tiere. Dank den Erkenntnissen aus transgenen Tieren wächst unser Verständnis von In-vivo-Zusammenhängen. Ein solches Verständnis ist notwendig, um aussagekräftige In-vitro-Systeme zu entwickeln. Transgene Tiere können so ihren Beitrag zur Forderung „Replacement" leisten. Transgene Tiere als sensitive Anzeiger von unerwünschten Medikament-Nebenwirkungen können die Zahlen der für In-vivo-Tests eingesetzten Tiere drastisch reduzieren. Transgene Tiere mit menschlichen Rezeptoren können in pharmakologischen Tests Primaten ersetzen. Die Forderung „Reduction" kann so unterstützt werden. Der Forderung „Refinement" kann durch neue technische Ansätze wie gewebespezifisch oder zeitlich kontrollierte Auslösung der gewünschten genetischen Veränderung nachgekommen werden.

Eine eingehendere kritische Stellungnahme zur Problematik transgene Tiere und „drei R" ist von Moore und Mepham (1995) verfaßt worden.

Ethische Überlegungen

Gewollte Eingriffe in das Erbgut von Tieren bedürfen einer ethischen Rechtfertigung. Während Gegner der Gentechnik solche Eingriffe auf Grund ethischer Argumente prinzipiell ablehnen, sind Befürworter der Meinung, daß die neuen Techniken unter gewissen Voraussetzungen auch bei Tieren zur Anwendung gelangen sollen (für eine kritische Gegenüberstellung der Argumente siehe Rollin, 1995). Angesichts der Vielfalt transgener Techniken und ihrer Anwendungszwecke müssen Beurteilungen in der Regel von Fall zu Fall im Rahmen einer *Güterabwägung* getroffen werden. In dieser Güterabwägung muß sich die Achtung vor dem Tier manifestieren, indem seinen Interessen ein großes Gewicht zukommt und das Prinzip der „drei R" als Richtschnur dient. Demgegenüber stehen die Interessen des Menschen, wie der Wunsch nach Gesundheit und Heilung, aber auch der Forschungsdrang.

Standpunkte, welche aus prinzipiellen Erwägungen eine Güterabwägung ausschließen, sind trotz bester Absichten problematisch, weil sie in der Praxis oft zu einseitigen, nicht allgemein akzeptierten Lösungen führen. Es ist Aufgabe eines modernen Tierschutzes, die notwendigen Güterabwägungen als Begleitung zu der rasanten Entwicklung auf dem Gebiet der Gentechnik bei Tieren zeitgerecht und kompetent durchzuführen und in praktikable Richtlinien umzusetzen.

Literatur

Barinaga, M. (1994): Knockout mice: round two. Science 265, 26–28.

Bürki, K., and Ledermann, B. (1995): Transgenic animals as pharmacological tools. Adv. Drug Res. 26, 143–177.

Green, E.L. (1975): Breeding systems. In: Biology of the Laboratory Mouse (Green, E.L., ed.). Dover, New York.

Hanahan, D. (1989): Transgenic mice as probes into complex systems. Science 246, 1265–1275.

Hogan, B., Constantini, F., and Lacy, E. (1994): Manipulating the Mouse Embryo: A Laboratory Manual. Cold Spring Harbor Press, Cold Spring Harbor, NY.

Logan, J.S. (1993): Transgenic animals: beyond 'funny milk'. Current Op. Biotechnol. 4, 591–595.

Merlino, G.T. (1991): Transgenic animals in biomedical research. FASEB J. 5, 2996–3001.

Moore, C.J., and Mepham, T.B. (1995): Transgenesis and animal welfare. ATLA 23, 380–397.

Overbeek, P. (1994): Factors affecting transgenic animal production. In: Transgenic Animal Technology. A Laboratory Handbook (Pinkert, C.A., ed.). Academic Press, San Diego, CA.

Pinkert, C.A., ed. (1994): Transgenic Animal Technology. A Laboratory Handbook. Academic Press, San Diego, CA.

Poole, T.B. (1995): Welfare considerations with regard to transgenic animals. Animal Welfare 4, 81–85.

Rollin, B.E. (1995): The Frankenstein Syndrome. Ethical and Social Issues in the Genetic Engineering of Animals. Cambridge University Press, Cambridge.

Russell, W.M.S., and Burch, R.L. (1959): The Principles of Humane Experimental Technique. Methuen, London.

Schenkel, J. (1995): Transgene Tiere. Spektrum Akademischer Verlag, Heidelberg.

Smithies, O. (1993): Animal models of human genetic diseases. Trends Genet. 9, 112–116.

van Zutphen, L.F.M., and van der Meer, M., eds. (1996): Welfare Aspects of Transgenic Animals. Springer Verlag, Berlin.

Transgene Nutztiere*

K. BERG

Einleitung

Die stürmische Entwicklung der Molekularbiologie hat Erwartungen geweckt, daß sowohl landwirtschaftliche Nutztiere als auch andere in menschlicher Obhut gehaltene Tierarten durch Genmanipulation für unterschiedliche Zwecke gezielt verändert werden können. Beispielsweise wurde das für das menschliche Wachstumshormon verantwortliche Gen in Lachse inkorporiert. Im allgemeinen wird jedes Gen, das die Wachstumsrate lebensmittelliefernder Tiere beschleunigt, die Resistenz gegenüber Krankheiten erhöht oder die Lagerfähigkeit von Tomaten verlängert, mit dem Interesse der Landwirtschaft und Lebensmittelindustrie rechnen können. Bedeutende Fortschritte in der Forschung wurden mit Tieren erzielt, denen menschliche Gene transferiert wurden oder bei denen ein Teil ihres Genoms ausgeschaltet wurde. So erhielt man durch Untersuchungen an transgenen Mäusen viele neue Erkenntnisse in bezug auf die Atherosklerose, und Studien an Tieren mit unterbrochenem Gen („Knock-out-Tieren") führten zur Entdeckung neuer Funktionen bestimmter Erbgutkomponenten. Letztere Methodik ist jedoch ethisch bedenklich, da durch die gentechnischen Eingriffe u. U. keine lebensfähigen Nachkommen geboren werden oder diese körperliche Schäden davontragen.

Im folgenden werden nur einige Probleme ausgewählt, wobei auf den Tierschutz bei landwirtschaftlichen Nutztieren angesichts der zunehmenden Ausweitung der Biotechnologie näher eingegangen wird.

Bewertungskriterien für das Wohlbefinden von Tieren

Die gegenwärtigen und künftigen Möglichkeiten der Biotechnologie im Hinblick auf landwirtschaftliche Nutztiere müssen durch die folgenden, sich zum Teil überschneidenden Regeln begrenzt werden.

1. Den Tieren soll kein Schmerz zugefügt werden.
2. Tiere sollen keinen Eingriffen oder Manipulationen unterworfen werden, die Krankheiten hervorrufen können oder die Empfänglichkeit für Krankheiten erhöhen.
3. Es sind nur geringgradige Veränderungen der anatomischen und physiologischen Eigenschaften der Tiere zu akzeptieren.
4. Die Möglichkeit für die Tiere, sich im Freien zu bewegen und dort Futter und Tränkwasser aufzunehmen, soll gewährleistet sein.
5. Die Tiere sollen ihre Individualität, ihre Verhaltensmuster und die Fähigkeit, mit anderen Artgenossen zu kommunizieren, nicht verlieren.

---
* Übersetzung des Beitrages aus dem Englischen: Roland Itterheim.

6. Den Tieren sollen normale Kontakte zu anderen Tieren gestattet werden.
7. Dem Futter- und Wasserbedarf der landwirtschaftlichen Nutztiere ist Rechnung zu tragen, ihre Behandlung muß hohen internationalen Standards entsprechen.
8. Es sollte keine Änderung der Freßgewohnheiten zugelassen werden; die Tiere dürfen nicht von Spezialfutter, Futterergänzungsstoffen oder Medikamenten abhängig werden.
9. Auf unvorhergesehene Gesundheitsprobleme soll man vorbereitet sein; bereits bei ersten Krankheitszeichen soll eine angemessene tierärztliche Behandlung erfolgen.

Die aufgeführten Regeln gründen sich auf die Einmaligkeit, Integrität und Würde der lebenden Kreatur und auf die Überzeugung, daß der Mensch die Pflicht hat, das Leben der Tiere zu schützen und sie zu pflegen, wobei die beabsichtigten Veränderungen in Anatomie und Physiologie der für wirtschaftliche Zwecke gehaltenen Tiere so gering wie möglich gehalten werden müssen. Weiterhin trägt der Mensch Verantwortung für den Erhalt aller Nutztierrassen und damit für die Sicherung einer Genreserve, die im späteren Bedarfsfall wertvolle Zuchteigenschaften garantiert. Diese Bewahrung der Genome von Nutztierrassen durch Konservieren von Gameten, befruchteten Eizellen und Kulturen somatischer Zellen sowie die Erhaltung kleiner Tierbestände in geeigneter Umgebung werden hier nicht weiter erörtert.

Über die ethischen Positionen, die der geforderten Verantwortung des Menschen für die Nutztiere zugrunde liegen, besteht in der westlichen Welt weitgehend Konsens.

Arten zu erwartender Manipulationen

Mit der Biotechnologie im weitesten Sinne ist ein breites Spektrum von Manipulationen an Tieren verfügbar. Dazu gehören die Nutzung des Phänomens der Immuntoleranz, Veränderungen von Rezeptoren durch monoklonale Antikörper oder andere Methoden und die Injektion von Peptiden oder Proteinen, die mittels Rekombinante-DNA-Technik hergestellt wurden. Das Klonen eines besonders wertvollen Tieres mit dem Resultat mehrerer genauer „Kopien" ist heute ebenfalls möglich. Dieses Verfahren an sich hat für den Tierschutz kaum ernsthafte Konsequenzen, wenn zum Klonen Zellkerne somatischer Zellen von gesunden und einwandfrei gehaltenen Tieren verwendet werden.

Im Rahmen dieses Beitrages soll nur die Manipulation an der DNA abgehandelt werden. Grundsätzlich kann die DNA in Somazellen, in Gameten und in Embryonen auf sehr frühem Entwicklungsstadium gentechnisch verändert werden. Die Langzeitfolgen für den Tierschutz sind unabhängig davon, ob Gameten, befruchtete Eizellen oder Embryonen manipuliert werden. Es wird deshalb im folgenden auch nicht danach unterschieden.

An befruchteten Eizellen und Embryonen auf frühen Entwicklungsstadien werden häufiger gentechnische Eingriffe vorgenommen als an Gameten.

Die genetische Manipulation somatischer Zellen, von der man sich die Möglichkeit zur Behandlung schwerer Krankheitsbilder des Menschen erhofft, hängt davon ab, inwieweit es gelingt, Gene im intakten Funktionszustand in eine begrenzte Anzahl somatischer Stammzellen oder in eine riesige Menge somatischer Zellen eines Organs zu transferieren. Bisher war das Hauptinteresse bei der Manipulation somatischer Zellen auf die Übertragung von Genen in Stammzellen des Knochenmarks gerichtet, um beim Menschen z. B. hereditäre hochgradige Immunmangelzustände und Anämien zu heilen. Obwohl anzunehmen ist, daß künftig somatische Zellen höherer Tiere genetisch manipuliert werden mit dem Ziel, in einem geeigneten tierischen Gewebe, wie z. B. im Knochenmark, ein therapeutisch wichtiges Polypeptid produzieren zu lassen oder Forschung zu betreiben, so wird sich doch mehr und mehr der Gentransfer an Embryonen früher Entwicklungsstadien durchsetzen. Das Einführen genetischen Materials in somatische Zellen ist nur für jene Tiere von Bedeutung, deren Zellen manipuliert worden sind. Da die fremden Gene in den Keimzellen nicht vorhanden sind, können sie auch nicht auf die folgenden Generationen übertragen werden. Deshalb kann die genetische Manipulation somatischer Zellen zwar für das einzelne Tier Risiken bergen, nicht aber für andere Individuen. Viel weitreichender sind die Folgen gentechnischen Managements an befruchteten Eizellen und Embryonen früher Entwicklungsstadien für die wirtschaftliche Nutzung. Nur diese Arten der Manipulation werden hier diskutiert.

Folgen und Gefahren gentechnischer Manipulation von befruchteten Eizellen und Embryonen

Für den erfolgreichen Transfer von Fremdgenen in das Genom eines Embryos auf einem frühen Entwicklungsstadium mit dem Ergebnis eines transgenen Tieres gibt es bereits zahlreiche Beispiele. Die Weitergabe des integrierten Fremdgens, des „Transgens", über mehrere Generationen in intaktem Funktionszustand ist durch viele Fälle und an unterschiedlichen Spezies belegt worden. Zu nennen wären hier die Gene, welche die menschlichen Hämoglobinketten codieren, die sich vom Mäusehämoglobin leicht unterscheiden lassen. Wiederholt wurde über richtige gewebespezifische Genexpression, ungestörte Entwicklungsprozesse und korrekte hormonale Regulation berichtet. Bei landwirtschaftlichen Nutztieren, z. B. beim Schaf, wurden gentechnische Manipulationen schon mehrfach erfolgreich praktiziert. Der maximale Erfolg beim Gentransfer in einen Embryo ist dann erreicht, wenn das Fremdgen in das Genom fest integriert wird, in so gut wie allen Zellen des aus dem manipulierten Embryo hervorgehenden Individuums vorhanden ist und auf die nächsten Generationen in einer stabilen und funktionsfähigen Form übertragen wird. Auf diese Weise hat in dem genetischen Material, das an die neuen Generationen weitergegeben wird, eine dauerhafte Veränderung stattgefunden. Durch die Segregation der Chromosomen in der Meiose und das natürlich vorkommende Phänomen der meiotischen Rekombination erscheint das eingeführte Gen in einer unübersehbaren Vielfalt von Kombinationen mit anderen Genen. Infolgedessen sind die künftigen Generationen nicht vollständig vorhersehbar. Jedoch ist die Schlußfolgerung erlaubt, daß das Risiko unerwünschter Effekte gering ist, denn mehrere Generationen „ingezüchteter" transgener Tiere zeigten keinerlei Auffälligkeiten. Vermutlich werden Tiere mit negativen Merkmalen und ihre Nachkommen von der Zucht ausgeschlossen. Um unerwünschte Folgen gentechnischer Eingriffe zu minimieren, sollten daher die Linien transgener Tiere sorgfältig beobachtet werden.

Die Inkorporation eines fremden Gens oder Genkonstruktes in einen Embryo auf frühem Entwicklungsstadium kann zur Insertion in solchen Genomabschnitten führen, die eine Expression unerwünschter Effekte verursachen. Eine erhebliche Gefahr wäre beispielsweise die Aktivierung von Onkogenen durch das fremde genetische Material mit nachfolgender Krebsentstehung oder erhöhter Empfänglichkeit für kanzerogene Noxen. Ausdrücklich sei betont, daß der inadäquate Einbau von Fremdgenen nicht nur eine theoretische Möglichkeit darstellt. Es gibt einen weiteren Grund, aus genmanipulierten Embryonen hervorgegangene Tiere und deren Nachkommenschaft aufmerksam zu kontrollieren. Eine derartige Überwachung ist auch in jenen Fällen ratsam, wo als sicher betrachtete Methoden mit einer anscheinend korrekten Integration des Fremdgens in das Genom zur Anwendung kommen.

Diese Unsicherheiten und Risiken sind die Hauptargumente für die Ablehnung der Genmanipulation an menschlichen Embryonen durch fast alle in der Humangenetik und verwandten Disziplinen tätigen Forscher. Das gilt auch dann, wenn das Ziel solcher Eingriffe die Heilung rezessiv vererbter Krankheiten ist. Im Hinblick auf mögliche Aktivierung von Onkogenen auch bei der gentechnischen Manipulation von Somazellen vertreten mehrere einflußreiche Forschungsgruppen die Auffassung, daß eine Gentherapie mit somatischen Zellen auf außerordentlich schwerwiegende Krankheiten, bei denen keine andere wirksame Behandlungsart verfügbar ist, beschränkt werden sollte. Angesichts der besonderen Verantwortung des Menschen für die seit Jahrhunderten in seiner Obhut gehaltenen Nutztiere könnte man auf dem Standpunkt stehen, daß es hinsichtlich der Genmanipulation bei diesen Tierarten ebenso restriktive Vorschriften wie für den Menschen geben müßte. Nach Ansicht des Verfassers leitet sich eine solche Haltung nicht zwangsläufig aus ethischen Überlegungen ab. Die Domestikation lebensmittelliefernder Tiere hat das Überleben der Menschheit gewährleistet, und es besteht auch heutzutage keine realistische Aussicht, auf die Zucht und Haltung landwirtschaftlicher Nutztiere verzichten zu können. Demzufolge erscheint es als erlaubt und vernünftig, auch mit Hilfe gentechnischer Eingriffe den Nutzen dieser Spezies für den Menschen weiter zu erhöhen. Es muß darüber hinaus erlaubt sein, Tiere für die Verbesserung der menschlichen Gesundheit heranzuziehen. Strikt zu achten ist aber auf bestimmte Grenzen in der Quantität und Qualität der an den Nutztieren vorgenommenen Veränderungen des genetischen Materials. Die eingangs formulierten neun Regeln können mit dazu dienen, um verbindliche Normen auf diesem Gebiet zu diskutieren und festzulegen.

Im folgenden werden einige Aspekte der Genmanipulation an Embryonen landwirtschaftlicher Nutztiere erörtert.

■ Gentechnische Eingriffe für Forschungszwecke

Einige Nutztierarten sind für Fragestellungen der Grundlagenforschung, vor allem als Modelle für Erkrankungen des Menschen, nutzbar bzw. potentiell geeignet. Beispielsweise dienten Schweine in zahlreichen experimentellen Studien der Atheroseleroseforschung. Vom Menschen weiß man, daß für das frühzeitige Auftreten der Atherosklerose eine starke erbliche Komponente ätiologisch eine Rolle spielt, und es sind auch bereits Gene identifiziert worden, die der genetischen Prädisposition für Atherosklerose und Herzinfarkt zugrunde liegen. Es wurde nachgewiesen, daß identifizierbare genetische Marker in den Lipoproteinen von Schweinen mit dem Ausprägungsgrad der Atherosklerose nach Verfütterung einer atherogenen Versuchsdiät eng korreliert sind. Mit hoher Wahrscheinlichkeit dürften ähnliche Marker auch beim Menschen gefunden werden. Es leuchtet ein, daß die Manipulation des Schweinegenoms dabei half, auf molekularer Ebene zu entschlüsseln, wie bestimmte Gene die Prädisposition für Atherosklerose codieren. Derartige Kenntnisse sind zweifellos wertvoll für die Entwicklung von Pharmaka, die in die atherogenen und thrombogenen Prozesse hemmend eingreifen. Eine Vielzahl geeigneter Forschungsgegenstände für den Einsatz der Genmanipulation an Nutztierembryonen ließe sich aufzählen. Überzeugende Gründe für die Forschungen und die Chance zur Förderung der menschlichen Gesundheit sind in jedem Fall Voraussetzungen für die Akzeptanz der Gentechnologie. Bedeutsam ist auch, daß nur wenige Tiere für solche Versuche verwendet werden.

Gentechnische Eingriffe aus wirtschaftlichen Gründen

Für gezielte Veränderungen des Genoms von Nutztieren können auch vorrangig ökonomische Überlegungen sprechen.

Vor Jahren fanden Versuche ein lebhaftes Interesse, in denen ein vervielfachtes Gen für das menschliche Wachstumshormon (Somatotropin, STH) in Mäuseembryonen inkorporiert wurde. Die Nachkommen dieser genmanipulierten Tiere entwickelten sich zu „Riesenmäusen" und zeigten, daß durch Transfer mehrerer Kopien des STH-codierenden Gens in Embryonen Individuen mit größerer Körpermasse erzeugt werden können. Auf Fleischproduktion spezialisierte Züchter sahen nun eine lukrative Möglichkeit, Tiere mit größerer Muskelmasse und schnellerem Wachstum zu erhalten. Während leichte Zunahmen der Körpergröße kaum unerwünschte Nebeneffekte verursachen, kann ein erheblicher Anstieg des Körpergewichts zum Risiko für die Tiergesundheit werden. Eine derartig massive Steigerung des Körpergewichts und speziell der Muskelmasse geht nicht zwangsläufig mit adäquaten Veränderungen des Skelettsystems einher. Daraus entspringt die durchaus reale Gefahr, daß Gliedmaßen und Wirbelsäule die enorm erhöhte Körpermasse nicht mehr stützen können, es zu Störungen der Skelettfunktion kommt und dem Tier Leiden zugefügt wird. Es wäre geradezu grotesk, wenn für landwirtschaftliche Nutztiere analoge Körpergrößen wie im geschilderten Mäuseexperiment gezüchtet würden. Selbst wenn das Skelett der vermehrten Belastbarkeit gewachsen wäre, würden solche überschweren Tiere an Beweglichkeit deutlich einbüßen und bei der Haltung im Freien Probleme bekommen.

Schon vor Jahrzehnten, also lange vor den Perspektiven der Biotechnologie, liefen Züchtungsversuche an Kühen, um die Milchleistung beträchtlich zu steigern. Inzwischen dürfte es ethisch fragwürdig sein, dieses Leistungsniveau noch weiter zu überbieten. Die extrem schweren Euter sind für die Milchkühe genauso unbequem und schmerzhaft, wie es überdimensionierte Brüste für Frauen sind, die sich diesbezüglich operieren lassen können. Auch für die Bewegung im Freien sind „Rieseneuter" den Tieren hinderlich. Weitere Experimente zur Steigerung der Milchleistung sind demnach aus diesen Gründen nicht zu befürworten und folglich tierschutzrelevant.

Durch Genmanipulation an Schafembryonen wird sich eine Verbesserung des Wollertrages und der Wollqualität erzielen lassen. Dabei ist allerdings der Gewinn erhöhter Wollbildung gegen die aus der Überhitzung resultierende gesundheitliche Belastung der Tiere abzuwägen.

In allen erwähnten Fällen besteht das Risiko eines falschen Einbaues in das Genom und damit die Notwendigkeit eines sorgfältigen Monitorings der transgenen Tiere im Hinblick auf Krebsentstehung und andere Erkrankungen.

Versuche zur Steigerung der wirtschaftlichen Erlöse auf dem Nutztiersektor durch Genmanipulation erfordern immer sehr hohe Tierzahlen. Auch wenn solche Programme erfolgreich und ohne Manifestation negativer Merkmale verlaufen, ist gerade in Anbetracht der vielen einbezogenen Individuen auf Grundsätze des Tierschutzes streng zu achten. Es wäre ökonomisch verheerend, wenn ein unvorhergesehener negativer Effekt oder eine solche behauptete Wirkung die Verbraucher vom Verzehr von Fleisch und Milch transgener Tiere Abstand nehmen ließe. Bereits grundlose Gerüchte würden zu ernsten Schwierigkeiten führen. Die Angelegenheit wird noch dadurch kompliziert, daß außer der Abschätzung des – vermutlich geringen – tatsächlichen Risikos scheinbaren Gefahren und Zielen, die von fundamentalistischen Gegnern der Gentechnologie medienwirksam unterstellt werden, entgegengetreten werden muß. Das aktuelle Beispiel BSE verdeutlicht sehr drastisch den Einfluß der Angst von Konsumenten auf die Umsätze der Fleischindustrie, wenn Verdachtsmomente eine Gefährdung der menschlichen Gesundheit auch bei nur bestimmten Produkten nahelegen. Jeglicher Realität entbehrende Ängste dürfen wirklich wichtige Fortschritte ohne gesundheitliche Beeinträchtigung von Mensch und Tier nicht aufhalten. Obwohl für die ständig wachsende Weltbevölkerung eine ausreichende Lebenmittelproduktion essentiell ist, kann nicht akzeptiert werden, daß wegen technologischer oder finanzieller Überlegungen die Gültigkeit und Anwendung ethischer Argumente und Grundsätze aufgegeben werden.

■ Gentechnische Eingriffe zur Verbesserung der Tiergesundheit

Große Aufmerksamkeit erfuhr das akute Streßsyndrom der Schweine (porcine stress syndrome), ein häufig letal endendes Herz-Kreislauf-Versagen, das auf einem einzigen Gendefekt beruht, indem die Struktur des sog. Ryanodinrezeptors (RYR) verändert wird. Durch den Nachweis der hereditären Ursache und den Ausschluß von Tieren mit dieser Genmutante von der Zucht läßt sich diese Krankheit einfach beherrschen. So stellt das akute Streßsyndrom z. B. in Norwegen kein Problem mehr dar. In ähnlichen Fällen mit einer Identifizierung von Trägern krankheitsassoziierter Mutanten könnte über züchterische Auslese analog verfahren werden.

Zahlreichen Krankheiten des Menschen und wahrscheinlich auch der Tiere liegt ätiologisch neben anderen Faktoren (z. B. Ernährung, Umwelt) eine genetische Komponente zugrunde. Einen eindrucksvollen Beleg dafür liefert die schon in jüngeren Jahren auftretende Atherosklerose des Menschen, die sich bei ungünstigem Lebensstil und risikoreicher Ernährung vornehmlich bei Personen mit genetischer Prädisposition manifestiert. Tiere weisen genetisch bedingte Unterschiede in der Resistenz gegenüber Infektionen auf, so daß es nahelag zu versuchen, mit Hilfe der Gentechnologie die Infektionsresistenz zu erhöhen. Das ist z. B. für die Aquakultur des Lachses besonders bedeutsam, wo es neben der Verbesserung des Gesundheitszustandes auch um den verringerten Einsatz von Antibiotika geht.

Jede Genmanipulation, mit der Gesundheit und Wohlbefinden von Tieren verbessert werden können, ist prinzipiell zu begrüßen. Sind diese Wirkungen jedoch auch mit den konventionellen Zuchtmethoden erreichbar, sollte letzteren der Vorzug gegeben werden, weil sie nicht mit den Risiken und Unsicherheiten eines Transfers von Fremdgenen oder Genkonstrukten in das Genom behaftet sind. Rekombinante Vakzinen werden künftig im Rahmen der Immunprophylaxe bei landwirtschaftlichen Nutztieren wesentliche Bedeutung erlangen.

Gentechnisch veränderte Tiere als Bioreaktoren für therapeutisch einsetzbare Proteine und Peptide

Schon seit vielen Jahren wird von Bakterien gebildetes Humaninsulin von Diabetikern erfolgreich verwendet. Mit dieser Technologie konnten biologisch wichtige Polypeptide, z. B. Somatotropin und Gewebe-Plasminogenaktivator, für klinische Zwecke in vorher nicht verfügbaren Mengen gewonnen werden. Peptide und Proteine menschlichen Ursprungs sind den von Tieren gewonnenen grundsätzlich vorzuziehen, weil dann nicht das Risiko einer Immunreaktion zu befürchten ist. Die Rekombinante-DNA-Technik hält für diesen biotechnologischen Sektor ein großes Potential bereit. Blut oder Blutprodukte wie das antihämophile Globulin (Faktor VIII der Blutgerinnung) stammten bis vor kurzem von menschlichen Spendern. Nachdem sich in mehreren Ländern Hämophilie-Patienten über Blut bzw. Blutprodukte mit AIDS infiziert hatten, machte sich hinsichtlich der Verwendung humaner Blutprodukte eine erhebliche Verunsicherung breit. Obwohl die Blutbanken ihre Blutspender gewissenhaft testen, gibt es keine absolute Gewißheit, daß in von zahlreichen Spendern gepooltes Blut, z. B. zur Gewinnung des antihämophilen Globulins, nicht doch eine HIV-infizierte Blutkonserve eingegangen ist. Diese neue Gefahr läßt sich durch die Rekombinante-DNA-Technik umgehen; mit ihr können therapeutisch wertvolle und virusfreie Peptide und Proteine erzeugt werden.

Wie zu erwarten war, wurden die Gene für medizinisch wichtige Peptide und Proteine des Menschen in das Genom von Säugetieren inkorporiert. So integrierte man beispielsweise das Gen für den humanen Gerinnungsfaktor IX und das Gen für das menschliche α_1-Antitrypsin in die Genome von Mäusen und Schafen. Benutzt wurde ein Genkonstrukt, indem zunächst die Regulatorproteine für das ovine β-Laktoglobulin-Gen mit dem Gen für das humane Protein verschmolzen wurden. Diese fusionierten Gene wurden mit der Milchdrüse der transgenen Schafe exprimiert; anfangs auf niedrigem Niveau, nach dem Austausch der früher verwendeten cDNA (copy-DNA) gegen humane Nukleotidsequenzen auf einem höheren Expressionsniveau. Es kann mit Sicherheit vorhergesagt werden, daß es durch den Einsatz von Genkonstrukten, die aus der Fusion von organspezifischen Regulatorproteinen und einem menschlichen Gen hervorgegangen sind, möglich sein wird, medizinisch wertvolle Peptide und Proteine humaner Herkunft in den Milchdrüsen verschiedener Nutztierarten in großen Mengen zu erhalten. Die Biosynthese des gewünschten Proteins in den Milchdrüsen und dessen hoher Gehalt in der Milch als dem Ausgangsmaterial für die großtechnische Gewinnung werden in ihrer Bedeutung die Rekombinante-DNA-Technik an Bakterien überflügeln. Eine Vielzahl für das Tier nicht toxischer Peptide kann auf diesem Weg produziert werden. Auch andere Methoden, die gegenwärtig nur für landwirtschaftliche Zwecke eingesetzt werden, kann man sich für die gentechnologische Herstellung humaner Genprodukte vorstellen. Ein System, bei dem ein Genprodukt humaner Herkunft aus der Milch einer Tierart stammt, die sowieso auf Milchleistung gezüchtet worden ist, dürfte sich auf die Lebensqualität des Tieres kaum störend auswirken. Der Melkakt unterscheidet sich nicht von dem nicht genmanipulierter Tiere. Die tierschutzethische Akzeptanz eines solchen Gentransfers ist damit zweifelsohne gegeben, zumal wenn man bedenkt, daß nur eine relativ geringe Anzahl von Individuen gebraucht werden.

Gentechnische Eingriffe zur Organgewinnung für Transplantationen

Bei ausgeprägtem Organversagen kann die Transplantation des betreffenden Organs menschliches Leben retten. Nierentransplantationen werden bereits seit 40 Jahren durchgeführt, die erste Herztransplantation erfolgte vor über einem Vierteljahrhundert. In einigen Ländern ist es fast unmöglich, den Bedarf an Spenderorganen zu decken. Gerade für Herztransplantationen bedeutet das eine arge Kalamität. Hinzu kommt als weitere Schwierigkeit, daß das zu transplantierende Herz so „lebend" wie möglich sein muß. In der Frühzeit der Organtransplantation stellten Abstoßungsreaktionen eine erhebliche Gefahr dar. Die Situation besserte sich mit der Anwendung der Gewebetypisierung, und mit der Einführung von Ciclosporin wurde auch die Prognose der Transplantatempfänger deutlich günstiger. Die Abstoßungsreaktionen werden inzwischen soweit beherrscht, daß es nahelag, sich Tieren zuzuwenden, um die Organlücke für den Transplantationsbedarf zu schließen.

Auf der Oberfläche von tierischen Zellen verankerte antigene Strukturen, die sich von denen humaner Zellen unterscheiden, werden vom Immunsystem des Menschen als fremd erkannt, wodurch es zur raschen und kräftigen Abstoßung des Organs kommt. In jüngster Zeit wurden bei Schweinen antigene Strukturen gentechnisch so verändert, daß ihre sonst vorhandene starke Fähigkeit zur Auslösung von Abstoßungsreaktionen beträchtlich vermindert wurde. Obgleich noch viele Probleme gemeistert werden müssen, wird die Erzeugung transgener Tiere als Organspender für Transplantationen beim Menschen in absehbarer Zeit Realität sein. Auf Herztransplantationen wird man ohnehin nur zurückgreifen, wenn andere therapeutische Optionen versagen.

Der Verfasser hatte die Gelegenheit, die Einrichtung einer Firma (Imutran, Cambridge) zu besichtigen, die sich der Zucht von Schweinen als Organspendertieren gewidmet hat. Alle Tiere des großen, veterinärmedizinisch intensiv betreuten Bestandes hinterlassen einen gesunden und sauberen Eindruck, die Stallungen sind sauber, geräumig und so strukturiert, daß das Wohlbefinden der Schweine gewährleistet ist.

Das Risiko, durch die Transplantation eines körperfremden Organs eine lebensbedrohliche Infektion zu übertragen, muß unter allen Umständen ausgeschaltet oder soweit wie möglich minimiert werden. Allein dieser Grund erfordert bei den Donortieren einen lückenlosen Infektionsschutz. Daher kann gewiß davon ausgegangen werden, daß Zucht und Haltung der für Organlieferungen vorgesehenen Tiere mit höchster Gewissenhaftigkeit erfolgen werden, um die Individuen vor Krankheitserregern und anderen schädigenden Einflüssen zu bewahren. Damit wird die Qualität im Vergleich zur Tierhaltung für die Lebensmittelproduktion optimal sein und also auch der Tierschutz voll zu seinem Recht kommen. Das Beherbergen menschlicher Gene ist der Gesundheit der Tiere nicht abträglich. Außerdem ist es unwahrscheinlich, daß diese transgenen Nutztiere kürzer leben als ihre meisten Artgenossen. Auf Grund der außergewöhnlichen Pflege jener Tiere gibt es keine ernsthaften ethischen Einwände gegen die Zucht transgener Nutztierarten zum Zweck der Organspende. Allerdings stellt sich die ethische Frage im Hinblick auf die Herkunft des artfremden Spenderorgans. Das Problem entsteht aus dem experimentellen Charakter der xenogenen Transplantation und den vielen Unsicherheiten im Zusammenhang mit möglichen Reaktionen der Empfänger auf solche heterologen Transplantate. Derartige Schwierigkeiten unterscheiden sich aber nicht grundsätzlich von anderen neuen Therapieformen. Die Verfahren und die internationalen Regelungen für die Einführung neuer Behandlungsmethoden haben sich im allgemeinen bewährt und schützen auch die Empfänger von Transplantaten.

Schlußfolgerungen

1. Die Entwicklung der Biotechnologie führt u. a. zur gentechnischen Manipulation von Nutztieren, die grundsätzlich ambivalenten Charakter trägt, d. h. entweder das Wohlbefinden der Tiere beeinträchtigen oder die Tiergesundheit verbessern kann.
2. Zu fordern ist ein Regelwerk, das dem Recht des Menschen, Nutztiere gentechnisch zu verändern, nicht überschreitbare Grenzen setzt.
3. Gentechnische Eingriffe an einer sehr großen Anzahl von Tieren und solchen an relativ wenigen Individuen sind unterschiedlich zu bewerten. Wahrscheinlich differieren für die beiden Gruppen die ethischen Aspekte.
4. Eine Genmanipulation von Nutztieren zur Steigerung der wirtschaftlichen Erlöse ist nur im Rahmen der ethischen Kategorien und Regeln zu erlauben.
5. Die Genome der gegenwärtig gehaltenen Nutztiere sind zu bewahren, um jederzeit ein großangelegtes Zuchtprogramm einer seit vielen Jahren nicht mehr gezüchteten Rasse starten zu können.
6. Wünschenswert ist ein gentechnischer Eingriff dann, wenn er die Gesundheit der Nutztiere verbessert.

7. Bevor jedoch aus den aufgeführten Gründen die Möglichkeit einer genetischen Veränderung in Betracht gezogen wird, soll stets geprüft werden, ob der angestrebte Effekt nicht auch mit konventionellen Züchtungsverfahren, bei denen weder fremde Gene noch Genkonstrukte in das Genom inkorporiert werden, in einem vertretbaren Zeitrahmen zu erreichen ist.
8. Aus genmanipulierten Embryonen hervorgehende Tiere und ihr Nachwuchs sollen auf unerwünschte Effekte, die das Ergebnis des Gentransfers sein könnten, sorgfältig kontrolliert werden. Beim Auftreten eines negativen Merkmals sind das betreffende Tier und dessen Nachkommen von der Zucht auszuschließen.
9. Die Verwendung von Nutztieren zur Herstellung therapeutisch wichtiger Peptide und Proteine, für die nur eine geringe Anzahl von Tieren benötigt wird, muß erlaubt sein.
10. Ebenso statthaft ist die Nutzung transgener Tiere mit dem Ziel, Organe für Transplantationen beim Menschen bereitzustellen.
11. Die Entwicklung der Biotechnologie verläuft stürmisch, und schon für die nahe Zukunft zeichnen sich praktisch umsetzbare Möglichkeiten ab. Umso wichtiger ist es, die Fortschritte aufmerksam und kritisch zu verfolgen.
12. Sinnvoll wäre die Schaffung eines internationalen Forums, das die Zulässigkeit und Weiterentwicklung biotechnologischer Verfahren hinsichtlich ihrer Auswirkungen auf den Tierschutz diskutiert und kontrolliert.

Literatur

Brom, F. W. A., and Schroten, E. (1993): Ethical questions around animal biotechnology. The Dutch approach. Livestock Production Science 36, 99–107.

Carver, A. S., Dalrymple, M. A., Wright, G., Cottom, D. S., Reeves, D. B., Gibson, Y. H., Keenan, J. L. Barrass, J. D., Scott, A. R., and Colman, A. (1993): Transgenic livestock as bioreactors: stable expression of human alpha-1-antitrypsin by a flock of sheep. Biotechnology (NY) 11, 1263–1270.

Devlin, R. H., Yesaki, T. Y., Donaldson, E. M., Jun Du, S., and Hew, C.-L. (1995): Production of germline transgenic Pacific salmonids with dramatically increased growth performance. Can. J. Fish. Aquat. Sci. 52, 1376–1384.

Diamond, L. E., McCurry, K. R., Oldham, E. R., Tone, M., Waldmann, H., Platt, J. L., and Logan, J. S. (1995): Human CD59 expressed in transgenic mouse hearts inhibits the activation of complement. Transplant. Immunol. 3, 305–312.

Diamond, L. E., McCurry, K. R., Martin, M. J., McClellan, S. T., Oldham, E. R., Platt, J. L., and Logan, J. S. (1996): Characterization of transgenic pigs expressing functionally active human CD59 on cardiac endothelium. Transplantation 61, 1241–1249.

Frazer, K. A., Narka, G., Zhang, J. L., and Rubin, E. M. (1995): The apolipoprotein (a) gene is regulated by sex hormones and acute-phase inducers in YAC transgenic mice. Nature Genet. 9, 424–431.

Fynan, E. F., Webster, R. G., and Fuller, D. H. (1993): DNA vaccines: protective immunizations by parental, mucosal, and gene-gun inoculations. Proc. Natl. Acad. Sci. USA 90, 11478–11482..

Gomez-Chiarri, M., Livingston, S. K., Muro-Cacho, C., Sanders, S., and Levine, R. P. (1996): Introduction of foreign genes into the tissue of live fish by direct injection and particle bombardment. Dis. Aquatic. Org. 27, 5–12.

Huang, L.-S., Voytaziakis, E., Chen, H. L., Rubin, E. M., and Gordon, J. W. (1996): A novel functional role for apolipoprotein B in male infertility in heterozygous apolipoprotein B knockout mice. Proc. Natl. Acad. Sci. USA 93, 10903–10907.

Hubrecht, R. (1995): Genetically modified animals, welfare and UK legislation. Animal Welfare 4, 163–170.

Jänne, J., Hyttinen, J.-M., Peura, T., Tolvanen, M., Alhonen, L., and Halmekytö, M. (1992): Transgenic animals as bioproducers of therapeutic protein. Ann. Med. 24, 273–280.

Jänne, J., Hyttinen, J.-M., Peura, T., Tolvanen, M., Ahonen, L., and Sinervirta, R., and Halmekytö, M. (1994): Transgenic bioreactors. Int. J. Biochem. 26, 859–870.

Kroshus, T. J., Bohman III, R. M., Dalmasso, A. P., Rollins, S. A., Guilmette, E. R., Williams, B. L. , Squinto, S. P., and Fodor, W. L. (1996): Expression of human CD59 in transgenic pig organs enhances organ survival in an ex vivo xenogenic perfusion model. Transplantation 61, 1513–1521.

Palmiter, R. D., Brinster, R. L., Hammer, R. E., Trubaner, M. E., Rosenfeld, M. G., Birnberg, N. C., and Evans, M. R. (1982): Dramatic growth of mice that develop from eggs microinjected with metallothionein-growth hormons fusion genes. Nature 300, 611–615.

Pliska, V., and Stranzinger, G. (Eds.) (1990): Farm animals in biomedical research. Advances in animal breeding and genetics, issue 5. Paul Parey, Hamburg und Berlin.

Poole, T. B. (1995): Welfare considerations with regard to transgenic animals. Animal Welfare 4, 81–85.

Purcel, V. G., Pinkert, C. A., Miller, K. F., Bolt, D. J., Campbell, R. G., Palmiter, R. D., Brinster, R. L., and Hammer, R. E. (1989): Genetic Engineering of Livestock. Science 244, 1281–1287.

Rapacz, J., Hasler-Rapacz, J., Taylor, K. M., Checovich, W. J., and Attie, A. D. (1986): Lipoprotein mutations in pigs are associated with elevated plasma cholesterol and atherosclerosis. Science 234, 1573–1577.

Rapacz, J., and Hasler-Rapacz, J. (1990): The pig as a model for styling genetic polymorphisms of apolipoproteins in relation to lipid levels and atherosclerosis. In: From Phenotype to Gane in Common Disorders (Berg, K., Retterstøl, N., and Refsum, N., Eds.). Munksgaard, Copenhagen, pp. 115–137.

Schenkel, J. (1995): Transgene Tiere. Spektrum Akademischer Verlag, Heidelberg.

Sill, B. (Hrsg.) (1996): Bio- und Gentechnologie in der Tierzucht – Ethische Grund- und Grenzfragen im interdisziplinären Dialog. Verlag Eugen Ulmer, Stuttgart.

van Zutphen, L. F. M., and van der Meer, M. (1997): Welfare aspects of transgenic animals. Springer Verlag, Berlin.

Velander, W. H., Lubon, H., and Drohan, W. N. (1997): Transgenic livestock as drug factories. Sci. Amer. 276, 70–74.

Gentechnik in Tierzucht und Tierhaltung – eine Bewertung

A. MÜLLER

Einleitung

Wer die Auffassung vertritt, daß wir auf Tiere in der gleichen Weise Rücksicht nehmen müssen, die wir im Verhältnis zwischen Menschen für selbstverständlich halten, der wird ohne große argumentative Umwege zu dem Schluß kommen, daß gentechnische Eingriffe an Tieren allenfalls dann gerechtfertigt sein können, wenn sie vorrangig dem Wohlbefinden der Tiere dienen.

Im Rahmen dieses Kapitels wird allerdings vorausgesetzt, daß diese sehr weitgehende Tierschutzposition sich nicht halten läßt. Eine Diskussion dieser Position und auch anderer, hier ausgeklammerter Gesichtspunkte findet sich in meiner Untersuchung „Ethische Aspekte der Erzeugung und Haltung transgener Nutztiere" (Müller, 1995). Wer hingegen der Auffassung ist, daß wir Rücksicht auf Tiere nehmen sollen, diese aber nicht so weit gehen muß, wie oben skizziert, muß sich überlegen, ob es Argumente gibt, die gentechnische Eingriffe bei Tieren unter allen Umständen verbieten. Wer keine derartigen Argumente findet, muß Einzelfallbeurteilungen treffen und sollte sich Rechenschaft über die Kriterien ablegen, anhand derer er die Einzelfälle beurteilen will. Hierzu soll im folgenden ein Beitrag geleistet werden.

Zunächst wird im ersten Teil die Frage untersucht, ob gentechnische Eingriffe an Tieren allein deswegen abgelehnt werden müssen, weil mit ihnen die natürlichen Grenzen zwischen verschiedenen Tierarten überschritten werden. Im zweiten Teil werden Kriterien für eine vernünftige Tierzucht und Tierhaltung vorgeschlagen. Schließlich werden im dritten Teil diese Kriterien auf ein konkretes Beispiel angewendet. Fragen, die sich aus den potentiellen Risiken der gentechnischen Methode ergeben, werden in diesem Zusammenhang weitgehend außer acht gelassen.

Zur moralischen Relevanz von Artengrenzen

Mit Hilfe gentechnischer Methoden ist es möglich, neue Gene im Erbgut von Tieren zu verankern. Auf diese Weise veränderte Tiere werden als *„transgen"* bezeichnet. Die modernen Techniken erlauben es, sowohl arteigene als auch artfremde Gene in das Erbgut eines Tieres einzufügen. Im Falle der Verwendung artfremder Gene überschreiten die Tierzüchter die natürlichen Grenzen zwischen den Arten. Verschiedene Tierarten kreuzen sich in der Natur normalerweise nicht. Als Art oder Spezies bezeichnen die Biologen ja gerade eine Fortpflanzungsgemeinschaft. Das heißt, daß Gene durch die natürliche Fortpflanzung lediglich innerhalb einer Art, in der Regel jedoch nicht zwischen verschiedenen Arten ausgetauscht werden[1].

---

[1] Das Definitionsproblem der Artbastarde braucht hier nicht vertieft zu werden. Die im weiteren Text wiedergegebene Position muß den Gentransfer zwischen verschiedenen Arten akzeptieren, soweit er in der Natur vorkommt.

Gegen gentechnische Methoden in der Tierzucht wird gelegentlich ein Einwand vorgebracht, der etwa folgendermaßen lautet:

„Die Gentechnik in der Tierzucht ist eine dermaßen unnatürliche Methode, daß sie sich nicht mehr verantworten läßt. Schon die reproduktionsmedizinischen Techniken Embryotransfer und künstliche Besamung als auch die konventionellen Zuchtverfahren stellen einen problematischen Eingriff in das natürliche Fortpflanzungsverhalten der Tiere dar. Wenn wir uns bereits problematischer Methoden bedienen, so ist dadurch ein noch intensiverer Einsatz von Technik in der Tierzucht keinesfalls gerechtfertigt. Wir sollten uns vielmehr besinnen, ob wir nicht schon jetzt zu weit gegangen sind. Wer die Zuchtwahl durch den Menschen hinnimmt, muß der Übertragung von Genen über die Artgrenzen hinweg noch lange nicht zustimmen."

Der Einwand kann sich nicht nur auf die Methode, sondern auch auf die Tiere selbst beziehen und lautet dann etwa folgendermaßen:

„Schon unsere alten Haustierrassen unterscheiden sich von ihren noch nicht domestizierten Vorfahren. Die heutigen, konventionell gezüchteten Tiere weichen noch stärker von den wildlebenden Vorfahren ab. Das mag gerade noch zu verantworten sein, aber mit Tieren, die Gene von anderen Arten enthalten, ist ein zu großes Maß an Unnatürlichkeit erreicht."

Die soeben skizzierte Argumentationsweise anerkennt, daß die auf herkömmliche Weise gezüchteten Tiere ebenfalls auf unnatürliche Weise entstanden sind und macht das Maß der *Natürlichkeit* zu einem Gradmesser des Erlaubten. Aber kann man vom Natürlichen ohne weiteres auf das moralisch Richtige schließen?

Stellen wir die Antwort zurück und versuchen, zunächst die Struktur des Problems zu analysieren.

Hierzu zwei *Beispiele:* In Zeiten schlechter Ernährung verfüttern Eulen ihre jüngsten Nachkommen an die älteren Geschwister, so daß wenigstens diese überleben. Ließen sich aus der Naturbeobachtung moralische Vorschriften gewinnen, so müßten wir uns fragen, ob wir uns in Hungerzeiten am Verhalten der Eule orientieren sollen. Das ist offenkundig absurd. Es könnte eingewendet werden, daß wir uns eher am Verhalten der Affen orientieren sollten, weil diese uns biologisch näher verwandt sind. Sollten wir dann auch die Rangordnung der Affen für die menschliche Gesellschaft übernehmen? Auch das ist absurd.

Mit dem Beispiel sollte folgendes deutlich gemacht werden: Es gibt zwei voneinander verschiedene Ebenen oder Kategorien.

1. Die Ebene der empirischen, d. h. aus der Erfahrung gewonnenen Tatsachen. Hierzu gehören die biologischen Erkenntnisse.
2. Die Ebene des Moralischen, zu der Aussagen über das gute oder schlechte Handeln gehören.

Um der begrifflichen Klarheit willen dürfen beide Ebenen nicht miteinander verwechselt werden. Niemand käme auf den Gedanken, aus rein moralischen Aussagen empirische Tatsachen ableiten zu wollen. Umgekehrt gilt genauso, daß sich aus rein empirischen Tatsachen allein keine moralischen Aussagen ableiten lassen. Beispielsweise ist das Resultat einer soziologischen Untersuchung unabhängig davon, ob man es für wünschenswert hält oder nicht. Das gilt zumindest solange, wie nicht betrogen wird. Für den unmittelbaren Schluß von empirischen Tatsachen auf moralische Aussagen wurden in der Ethik die Begriffe „naturalistischer Fehlschluß", „Sein-Sollens-Fehlschluß" oder „Kategorienfehler" geprägt. Will man von empirischen zu moralischen Aussagen gelangen, so müssen gemischte Aussagen, die sowohl einen empirischen als auch einen moralischen Anteil besitzen, hinzutreten.

Nehmen wir folgende Aussage als Beispiel:

(1) Zwischen verschiedenen als Arten bezeichneten Tiergruppen findet in der Regel kein Genaustausch statt.

Dieser Satz ist rein empirisch und hat keinen moralischen Gehalt. Die Artengrenze ist eine biologische und keine moralische Grenze. Wollen wir die biologische Grenze auch zu einer moralischen Grenze erklären, so muß eine moralische Aussage hinzutreten. Diese könnte beispielsweise folgendermaßen lauten:

(2) In der Natur vorfindliche Fortpflanzungsgrenzen *dürfen* von Menschen nicht verändert werden.

Die Anwendung des zweiten Satzes auf den ersten ergibt folgendes Gebot:

(3) Zwischen verschiedenen Arten *darf* in der Regel kein Genaustausch vorgenommen werden.

Mit dem zweiten Satz wurde eine moralische Aussage eingeführt. Ein Problem ergibt sich allerdings beim Versuch, diesen Satz zu begründen. Es wäre zu zeigen, warum gerade die Artengrenze eine so herausragende Bedeutung hat. Meines Erachtens läßt sich (2) nicht ohne Rückgriff auf Dogmen oder weltanschauliche Vorannahmen begründen. Solange es nicht gelingt, (2) zu begründen, muß (3) als unbegründet angesehen werden.

Mancher mag es enttäuschend finden, wenn sich kein Argument zur Begründung eines generellen Verbots des artübergreifenden Gentransfers finden läßt. Steht die Ethik mit leeren Händen da, wenn über die Erforschung und Anwendung der Gentechnik in der Landwirtschaft gestritten wird? Ich meine, nein.

Die Aussage, daß es kein generelles Argument gegen den Gentransfer bei Tieren gibt, wird häufig mit der Aussage verwechselt, es gäbe überhaupt keine Argumente gegen den Gentransfer. Das ist jedoch nicht richtig.

Wenn die Erzeugung transgener Tiere nicht generell abgelehnt werden kann, müssen Einzelfälle untersucht werden. Um die Beurteilung der Einzelfälle zu systematisieren, bietet es sich an, Kriterien zu formulieren, anhand derer die einzelnen Fälle beurteilt werden können. Im folgenden werden sechs Kriterien vorgeschlagen, an denen sich meines Erachtens eine vernünftige Tierzucht orientieren soll.

■ Kriterien für eine vernünftige Tierzucht und Tierhaltung

Die ersten vier Kriterien lauten:

1. *Ernährung*
   Es sollen ausreichend Nahrungsmittel für alle Menschen produziert werden.
2. *Gesundheit*
   Es sollen gesunde Nahrungsmittel produziert werden.
3. *Nachhaltigkeit*
   Die Ressourcen für eine ausreichende und gute Nahrungsmittelproduktion sollen erhalten bleiben.
4. *Tierschutz*
   Bedürfnisse von Tieren sind zu berücksichtigen. Eingriffe in das Wohlbefinden von Tieren sind zu begründen und gegen andere Ziele abzuwägen.

Zur Begründung dieser Kriterien können wir uns zunächst auf die Muster-Berufsordnung berufen, die sich die Deutsche Tierärzteschaft gegeben hat. Dort heißt es: „Er [der Tierarzt] dient dem Allgemeinwohl – insbesondere auch der menschlichen Gesundheit – und ist der berufene Schützer der Tiere." Der Satz hat die Form einer Beschreibung, kann aber nicht als solche gemeint sein, denn sonst wäre dies eine Lüge, da es nachweislich Tierärzte gibt, die nicht dem Allgemeinwohl dienen. Zusätzlich müßte man sich fragen, von wem denn die Tierärzte zu Schützern der Tiere berufen wurden. Diese Ungereimtheiten lassen sich vermeiden, wenn man den Passus als *Selbstverpflichtung* versteht, die dann folgendermaßen lautet:

Der Tierarzt *soll* dem Allgemeinwohl – insbesondere auch der menschlichen Gesundheit – und dem Schutz der Tiere dienen. Die sorgfältige Unterscheidung von Sein und Sollen würde also auch in der Berufsordnung der Tierärzte für Klarheit sorgen.

Die Forderung, daß für *alle* Menschen ausreichend gesunde Nahrung produziert werden soll, ergibt sich auch zwanglos aus der Goldenen Regel:

„Was Du nicht willst, das man Dir tu', das füg' auch keinem anderen zu",

oder dem von Kant formulierten Kategorischen Imperativ:

„Handle so, daß die Maxime deines Willens jederzeit zugleich als Prinzip einer allgemeinen Gesetzgebung gelten könne."

Es ist offensichtlich, daß eine Gesetzgebung, die vorsieht, daß nur für einen Teil der Menschen ausreichend gesunde Nahrungsmittel produziert werden, eine schlechte Gesetzgebung wäre.

Möglicherweise ist die Forderung nach Nachhaltigkeit nicht ganz so leicht einzusehen. Warum sollen wir die Bedürfnisse unserer noch gar nicht geborenen Nachkommen berücksichtigen?

Ein Gedankenexperiment soll die Frage zuspitzen und verdeutlichen. Man stelle sich vor, jemand deponiert unter einem Kindergarten eine Bombe, die in 20 Jahren explodieren wird. Hätten wir keine Pflichten gegenüber noch nicht geborenen Menschen, so könnte man nichts Falsches an diesem Vorhaben finden (vgl. Birnbacher, 1988, S. 59). Das widerspricht allen unseren Intuitionen.

Daß wir die mutmaßlichen Bedürfnisse unserer Nachkommen berücksichtigen müssen, läßt sich jedoch nicht nur intuitiv erfassen, sondern ebenfalls aus der Goldenen Regel oder dem Kategorischen Imperativ ableiten. Wir können voraussetzen, daß es zukünftige Generationen geben wird, und wir können ebenfalls voraussetzen, daß diese Generationen sich ausreichend und gesund ernähren wollen. Mit welchem Recht könnten wir den zukünftigen Menschen die Erfüllung dieser Bedürfnisse, die wir für uns selbst für unabdingbar halten, verweigern? Daß die zukünftigen Menschen uns nicht gegenübertreten können, um ihre Rechte einzufordern, kann als Argument nicht anerkannt werden. Auch Säuglingen, die ihre Rechte ebenfalls nicht einfordern können, werden diese nicht vorenthalten.

Für unseren Kontext läßt sich festhalten, daß die Voraussetzungen für eine ausreichende und gesunde Nahrungsmittelproduktion für unsere Nachkommen zu erhalten sind.

Eine Begründung des Tierschutzkriteriums würde den Rahmen dieses Beitrags sprengen. Eine Übersicht über die Tierschutzdiskussion gibt das Kapitel „Tierrechte – neue Fragen der Tierethik".

Die Begründung für ein weiteres, fünftes Kriterium setzt bei naturästhetischen Überlegungen an:

Auch ästhetische Gründe sprechen dafür, unsere unbelebte und belebte Umwelt nicht vollkommen nach Zweckgesichtspunkten einzurichten. Gerade das sich selbst Überlassene und das sich unserem Willen Sperrende schätzen wir, zumindest solange wie unser physisches Wohlergehen nicht beeinträchtigt ist und manchmal sogar auch dann. Man denke an Bergsteiger, die sich freiwillig größten Strapazen aussetzen.

Vom sicheren Hochsitz aus sind wir fasziniert vom Anblick des Tigers, während uns das Entsetzen packte, gerieten wir in seine bedrohliche Nähe. So wie kaum jemand gänzlich auf unsere technischen Errungenschaften verzichten will, möchte auch fast niemand das Natürliche gänzlich missen, und zweifellos wären wir ohne einen Rest belassener Natur ärmer. Beobachten wir Schweine, die eine Wiese umwühlen, so ist es das von uns nicht beeinflußte Verhalten der Tiere, das uns in seinen Bann zieht, eben das Natürliche. Der Fütterung von intensiv gehaltenen Schweinen zuzusehen, ist nicht einmal ein Abklatsch davon.

In gleicher Weise läßt sich eine Beobachtung am Rande des 4. Weltkongresses für angewandte Genetik in der Tierzucht verstehen: Dort zogen bei einer Ausstellung von Rinderrassen nicht etwa die Hochleistungsrassen, wie die weiß-blauen Belgier, das größte Interesse der Kongreßteilnehmer auf sich, sondern das Schottische Hochlandrind, bei dem der Anteil der künstlichen Besamung bei nahezu null Prozent liegt.

Für viele von uns wird der Verlust des Natürlichen nicht mehr durch den Gewinn des Technischen aufgewogen. Der „Rückkauf von Natur" in Form von Fernreisen, Naturfilmen oder Kleintierhaltung darf als Beleg dafür gelten.

Wir können davon ausgehen, daß es ein menschliches Bedürfnis ist, nicht nur einer technischen, sondern auch einer in Teilen natürlichen Welt gegenüberzutreten. Damit wird auch der zweckfreien Natur ein menschlicher Zweck zugeordnet. Dieses scheinbare Paradox löst sich auf, wenn wir bedenken, daß dieser Zweck der Natur nicht eigen ist, sondern sich lediglich aus der menschlichen Perspektive als solcher darstellt. Die wilden Tiere sind nicht dazu da, um uns zu erfreuen oder damit wir uns vor ihnen gruseln können. Sie sind einfach da, und wenn sie es nicht wären, fehlte uns etwas.

Dieser drohende Verlust ist es, mit dem wir begründen können, warum die natürliche Welt geschützt werden soll. Wir haben eingangs gesehen, daß sich aus der Natur oder der Natürlichkeit selbst kein Argument für ihren Erhalt ergibt. Wenn aber das Verschwinden von Natur für uns einen bedauernswerten Verlust darstellt, so ist damit ein Grund für ihren Erhalt gegeben.

Einige werden einwenden, ihnen sei am Erhalt des Natürlichen nicht gelegen. Führt man sich beispielsweise die Zuchtziele und -ergebnisse bei manchen Hunderassen vor Augen, so fällt auf, daß diese wenig mit Natürlichkeit und viel mit Unnatürlichkeit zu tun haben. Dies muß nicht notwendig bedeuten, daß die jeweiligen Hundebesitzer ihre Tiere als besonders schön empfinden. Zu einem guten Teil mögen diese Zuchtziele mehr durch das Geltungsbedürfnis als durch die ästhetischen Vorstellungen der Tierbesitzer bestimmt sein.

Dieser Einwand macht deutlich, daß sich aufgrund verschiedener ästhetischer Vorstellungen und eines verschiedenen Gewichts, das dem Ästhetischen zugemessen wird, sich unsere ästhetischen Vorstellungen nicht zu einem klaren Votum für den Erhalt des Natürlichen bündeln lassen. Aber auch nach Berücksichtigung dieses Einwands gilt: Für viele, möglicherweise sogar die meisten Menschen, gehört die Begegnung mit dem Natürlichen zum „guten Leben". Die Option, dem Natürlichen auch in der Gestalt von Haustieren zu begegnen, darf daher nicht ohne Gründe eingeschränkt oder gar abgeschafft werden. Auch wer das Bedürfnis nach einer in Teilen sich selbst überlassenen Welt nicht teilt, sollte dieses Bedürfnis seiner Mitmenschen respektieren. Von niemandem kann jedoch verlangt werden, auf die ästhetischen Vorstellungen seiner Mitmenschen Rücksicht zu nehmen, wenn es ihm selbst am Nötigsten fehlt. Kategorische Gebote der Art, daß das Natürliche unter allen Umständen zu schützen sei, lassen sich mit ästhetischen Argumenten nicht begründen. Sollte jemand aus Rücksicht auf ästhetische Vorstellungen seiner Mitmenschen auf lebenswichtige technische Hilfsmittel verzichten müssen? Das kann nicht richtig sein.

Zusammenfassend ist festzustellen, daß sich aus ästhetischen Gesichtspunkten ein Argument für die Erhaltung des Natürlichen ableiten läßt. Mit diesem konservativen Argument läßt sich der Erhalt des Natürlichen jedoch nicht unter allen Umständen einfordern. Das fünfte Kriterium lautet somit: Tierzucht und Tierhaltung sollen sich am natürlichen Verhalten der Tiere orientieren. Eingriffe, welche die Natürlichkeit der Tiere reduzieren, sind zu begründen und gegen andere Ziele abzuwägen.

Der Begründungsweg für das sechste und letzte Kriterium führt über menschliche Bedürfnisse, die uns im Alltag weniger bewußt sind. Verschiedene Philosophen (Holland, 1990; Attfield, 1992) machen darauf aufmerksam, daß natürliche Lebensformen für uns wie vertraute Freunde sind, die wir nicht missen und auch nicht in beliebiger Weise verändert sehen wollen. Menschen haben nicht nur materielle, sondern auch immaterielle Bedürfnisse, wie das Empfinden der eigenen Identität, das uns zum Teil durch die uns vertraute Umgebung vermittelt wird. Niemand wollte in einer Welt aufwachen, die ihn nur noch entfernt an das ihm bisher Vertraute erinnert. Das Tempo, mit dem sich heute Bereiche unseres Lebens ändern lassen, von denen wir geglaubt hatten, sie seien dem menschlichen Einfluß weitgehend entzogen, überfordert offenbar viele von uns. Es ist verständlich, daß niemand ohne Not vertraute Gegenstände oder gar Tiere gegen neue eingetauscht sehen möchte. Hierauf ist Rücksicht zu nehmen. Von unserem Bedürfnis, an das Alte auch im Bereich der Landwirtschaft anknüpfen zu können, zeugen Heimatmuseen, Landschaftspflegemaßnahmen, mit denen alte Kulturlandschaften erhalten werden, und die Haltung alter Haustierrassen in Freilichtmuseen.

Bei einer zu schnellen Veränderung unserer belebten und unbelebten Umgebung haben wir Schwierigkeiten, die realen Veränderungen begrifflich nachzuvollziehen. Sprechen wir von Landwirtschaft, so denken viele von uns an Kühe auf der Weide oder an einen Bauern mit einer Mistgabel in der Hand. Wenige denken an Schweineställe mit Spaltenboden und Flüssigentmistung oder an einen Unternehmer, der Futtermittelpreise vergleicht und Subventionsanträge ausfüllt. Verwenden wir die gleichen Worte, meinen aber Verschiedenes, so sind Kommunikationsstörungen und eventuell auch Konflikte die Folge.

Das vorgetragene Argument ist jedoch schwach, denn wir haben doch enorme Möglichkeiten, uns an neue Umgebungen anzupassen und neue Begriffe zu bilden. Es gibt auch gerade einen Reiz des Neuen, der sich beispielsweise in der Freude am Reisen ausdrückt. Mit dem Argument des Vertrauten läßt sich nicht fordern, daß die vorgefundene Umwelt und damit auch die Tiere unverändert bleiben müssen, sondern lediglich, daß Veränderungen zu begründen sind und Tempo und Ausmaß unseren intellektuellen Fähigkeiten angepaßt sein sollen.

Die Überlegungen begründen das letzte der sechs Kriterien für eine vernünftige Tierzucht und Tierhaltung:

Vertrautheit: Das Innovationstempo soll auf das menschliche Bedürfnis nach einer vertrauten Umwelt Rücksicht nehmen.

Gripperesistente Schweine als Problemlösung für die intensive Schweinehaltung oder Grippevermeidung im Rahmen des ökologischen Landbaus?

Mit diesem Kapitel sollen die gewonnenen Kriterien auf eine konkrete Fragestellung angewendet werden. Hierfür eignet sich das Projekt zur Erzeugung gripperesistenter Schweine, das besonders interessant ist, weil in der Zielsetzung des Projekts auch der *Tierschutz* genannt wird.

Die Ziele

Eine Arbeitsgruppe aus Wien und München arbeitet an der Erzeugung transgener, gripperesistenter Schweine. Die in der Literatur genannten Ziele dieses Vorhabens lassen sich unter drei Punkten zusammenfassen:
1. Erkrankungen der Tiere sollen aus Gründen des *Tierschutzes* vermieden werden (Brem, 1991).
2. Für die menschliche Gesundheit sind zwei Aspekte von Bedeutung. Einerseits wird durch eine Verbesserung der Tiergesundheit auch eine Verbesserung der Lebensmittelqualität angestrebt, indem Rückstände durch medikamentöse Behandlung vermieden werden, andererseits erhofft man sich, daß die Gefahr der Ansteckung von Menschen durch Schweine reduziert werden könnte (Brem, 1991).
3. Angesichts hoher Kosten für den Einsatz von Impfstoffen und Medikamenten im Rahmen der Influenzabekämpfung wird eine Kostenreduktion angestrebt, die auch den Konsumenten zugute kommen soll.

Die gentechnische Option

Zunächst sind die biologisch-tiermedizinischen Möglichkeiten und auch die Schwierigkeiten der gentechnischen Handlungsoption zu erläutern. Der Arbeitsgruppe von Arnheiter (1990) ist es gelungen, gripperesistente Mäuse zu erzeugen. Hierzu wurde ein als MX bezeichnetes Gen aus einer influenzaresistenten Mäuselinie isoliert und auf nichtresistente Mäuse übertragen. Die transgenen Mäuse erkrankten signifikant seltener an Influenza. Dieses MX-Gen wurde von der Arbeitsgruppe Brem auf Schweine übertragen (Brenig, 1990; Müller, 1992).

Obwohl das übertragene Gen von den transgenen Schweinen in ein Boten-Gen (m-RNA) umgeschrieben wurde, ließ sich das dazugehörige Protein, das letztlich die Resistenz bewirken soll, nicht nachweisen. Die Autoren der Veröffentlichung nehmen an, daß die anhaltende und hohe fetale Expression des MX-Proteins sich nachteilig auf die Gesundheit der Embryonen auswirken könnte und deshalb alle Embryonen, die das Protein bildeten, vorzeitig abstarben und nur die Embryonen überlebten, bei denen die Produktion des Proteins durch eine Punktmutation unterbunden wurde. Um das Projekt zu einem Erfolg zu führen, wäre es daher notwendig, die Expression des Gens exakt zu regulieren, was bisher jedoch nicht gelang.

Weitere Schwierigkeiten bei der Realisierung des Konzepts könnten Antagonismen verursachen. Aus der konventionellen Tierzucht ist bekannt, daß oftmals wünschenswerte Eigenschaften mit nachteiligen Eigenschaften gekoppelt sind. Es gibt verschiedene Beispiele, bei denen die Verbesserung der Krankheitsresistenz mit einem Rückgang der Produktivität verbunden war (Warner,

1987). Antagonismen lassen sich auf sogenannte pleiotrope Effekte von Genen zurückführen. Aufgrund antagonistischer Beziehungen kann es auch bei der gentechnischen Übertragung von Genen, die für die Krankheitsresistenz von Bedeutung sind, zu nachteiligen Auswirkungen auf die Leistungseigenschaften kommen.

Falls die antagonistischen Eigenschaften durch verschiedene Gene verursacht werden, die im Genom benachbart sind, wäre es auch denkbar, die Antagonismen aufzuheben, indem nur das Gen mit den erwünschten Eigenschaften übertragen wird (Warner et al., 1987).

Ein anderes Problem bezüglich der Influenzaresistenz wird deutlich, wenn man die Seuchenbekämpfung als ein dynamisches Geschehen begreift: Bei den Influenzaviren lassen sich drei Spezies unterscheiden, die mit A, B und C bezeichnet werden. Bislang ist nicht abzusehen, ob sich die Resistenz der transgenen Schweine auch auf das Influenza-C-Virus erstreckt, da aus der Literatur nicht hervorgeht, ob das MX-Gen auch gegenüber dieser Spezies eine Resistenz bewirkt. Falls die Resistenz der Schweine aber auf die Spezies A und B beschränkt wäre, könnte dies zu einem Selektionsvorteil für die Influenzaviren der Spezies C führen. In diesem Fall würden die Schweine zwar nicht mehr mit Influenza-A-Virus, dafür aber mit Influenza-C-Virus infiziert. Damit wäre für die Tiergesundheit wenig erreicht. Unter bestimmten Voraussetzungen muß man daher annehmen, daß mit der Erzeugung influenzaresistenter Schweine lediglich ein vorübergehender Erfolg bei der Seuchenbekämpfung erzielt werden kann.

Die Option des ökologischen Landbaus

Durch die Ausrichtung der Tierhaltung an den Standortbedingungen, der Futtergrundlage und der vorhandenen Nutzfläche gibt es in der ökologischen Tierhaltung keine derart hohe Tierkonzentration, wie sie sich in der modernen Schweinehaltung findet. Weil es bei der *ökologischen Schweinehaltung* keine Trennung von Zucht und Mast gibt, sind der Tierhandel und -transport auf ein Minimum beschränkt.

Da Schweineinfluenza im allgemeinen mit der Einführung neuer Schweine in eine Herde auftritt, werden mit dem Ankauf neuer Tiere immer wieder neue Infektionen des Bestandes verursacht (Bachmann, 1989). Tiertransporte sind bei einer spezialisierten Tierhaltung jedoch nicht zu vermeiden, und somit geschieht die Ausbreitung von Influenza ursächlich durch diese Form der Tierhaltung.

Andere Autoren betonen die Bedeutung der Verbreitung von Grippe auf dem Luftweg, die ebenfalls durch die intensive Schweineproduktion begünstigt wird.

Nach Auffassung von Witte et al. (1981) läßt sich die rasche, flächenhafte Ausdehnung der Seuche nur durch eine direkte aerogene Übertragung des Virus von Bestand zu Bestand erklären: „Offenbar werden von den gleichzeitig erkrankenden und unter den modernen Haltungsbedingungen auf engem Raum konzentrierten Tieren erhebliche Mengen des Virus ausgeschieden, das infolge der vielfach üblichen Zwangsbe- bzw. -entlüftung rasch in die Außenwelt und unter günstigen klimatischen Verhältnissen auch wieder in die Atemluft eines empfänglichen Bestandes gelangt. Die früher hierzulande üblichen Bedingungen der Schweineproduktion boten dem Schweineinfluenzavirus offenbar noch nicht die Voraussetzungen für die Aufrechterhaltung der Infektionskette; anders ist es kaum erklärbar, daß sich die 1957 in den Erhebungen von Kaplan und Payne (1959) indirekt in der Bundesrepublik nachgewiesenen Infektionen nicht schon damals weiter ausgebreitet haben."

Aufgrund dieser und anderer Arbeiten (z. B. Schafzahl et al., 1990; Derbyshire, 1982; Müller et al., 1981) kann man davon ausgehen, daß bei geringeren Schweinekonzentrationen, wie sie sich ergeben, wenn die Tierzahl an die Futtergrundlage angepaßt wird, Influenza bei Schweinen ein nur geringes, möglicherweise sogar gar kein Problem darstellt.

Bewertung anhand der Kriterien

Prüfen wir nun beide Optionen anhand der Kriterien für eine vernünftige Tierzucht und Tierhaltung.

Ernährung

Die konventionelle Landwirtschaft produziert genügend Nahrungsmittel für Deutschland und die europäischen Länder. Es ist jedoch zu beachten, daß hierbei einerseits Futtermittel importiert, andererseits Veredelungsprodukte, wie Rindfleisch, exportiert werden.

Krostitz (1990) legt dar, daß die Weltnahrungsproduktion genügte, um alle Menschen ausreichend zu ernähren. Die unterschiedliche Kaufkraft der armen und reichen Länder führt jedoch dazu, daß Futtermittel aus den Staaten der Dritten Welt in die reichen Staaten transferiert werden. Dieser Transfer ermöglicht eine ausgedehnte Viehhaltung in den europäischen Ländern, verursacht aber zusammen mit anderen Faktoren Hunger in den armen Teilen der Welt. Krostitz schätzt, daß weltweit eine Milliarde Tonnen Kraftfutter in der Viehhaltung Verwendung findet. Mit dieser einen Milliarde Tonnen Kraftfutter ließe sich theoretisch der Energie- und Eiweißbedarf von 3 1/2 bis 4 Milliarden Menschen decken. Vergegenwärtigt man sich, daß die Weltbevölkerung etwa fünf Milliarden Menschen beträgt, so wird deutlich, daß bereits jetzt genügend Nahrungsmittel für alle Menschen vorhanden sind. Die mangelnde Kaufkraft der armen Menschen verhindert jedoch eine gerechte Verteilung.

Bechmann (1987) hat untersucht, welche Auswirkungen die Umstellung der gesamten Landwirtschaft der Bundesrepublik Deutschland (alte Länder) auf ökologischen Landbau hätte. Gemäß Bechmanns Untersuchung liegen die Erträge im ökologischen Landbau bei einigen wichtigen Ackerfrüchten unter denen des konventionellen Anbaus. Der Getreideanbau weist Mindererträge von 10–20 % und der Kartoffelanbau von 25 % auf. Bechmann kommt zu dem Schluß, daß unter den Bedingungen des ökologischen Landbaus nach Abzug des menschlichen Nahrungsbedarfs das Gesamtfutteraufkommen um ca. 20 % sinkt. Das liegt zum Teil daran, daß die Studie davon ausgeht, daß keine Futtermittel aus der Dritten Welt und den Schwellenländern importiert werden. Für den Viehbestand geht Bechmann von folgenden Annahmen aus: Die Zahl der Pferde und Schafe bleibt gleich. Der Geflügelbestand wird aus ökologischen Gründen von 82,3 Millionen auf 50 Millionen Tiere reduziert. Für die Erzeugung angemessener Mengen an Milchprodukten, Rindfleisch und hochwertigem organischem Dünger setzt Bechmann 14 Millionen Stück Rindvieh (statt 15,7 Mio.) an. Diese Rahmenbedingungen erlauben die Haltung von 9,2 Millionen Schweinen. Das sind etwas weniger als 40 % des Bestandes von 1984, den Bechmann als Referenz gewählt hat.

Die Studie kommt damit zu dem Ergebnis, daß eine ausreichende Ernährung der Bevölkerung der Bundesrepublik Deutschland unter den Bedingungen des ökologischen Landbaus gewährleistet, das Nahrungsmittelangebot in seiner Zusammensetzung aber verändert wäre. Insbesondere verringerte sich das Angebot an Fleisch und Eiern.

Aus der Gegenüberstellung geht hervor, daß der ökologische Landbau nach

Maßgabe des Ernährungskriteriums vorzuziehen ist, weil er ohne Futtermittelimporte aus den Entwicklungsländern wirtschaftet.

Gesundheit

1. Auswirkungen auf die von Tieren gewonnenen Nahrungsmittel: Wenn es gelingt, transgene Schweine zu erzeugen, die nicht mehr an Influenza erkranken und die auch keine anderen gesundheitlichen Nachteile aufweisen, kann dies aus zwei Gründen Vorteile für die Lebensmittelqualität mit sich bringen.
a) Es müssen weniger Medikamente zur Behandlung von Sekundärinfektionen eingesetzt werden, wodurch sich Arzneimittelrückstände in Lebensmitteln vermeiden lassen.
b) Die Qualität von Lebensmitteln, die von kranken Tieren stammen, ist geringer.

Bezüglich der Vermeidung von Arzneimittelrückständen schneidet die ökologische Tierhaltung allerdings besser ab. Der Einsatz von Medikamenten wird dort nur in Einzelfällen praktiziert. Die moderne Schweinehaltung hingegen kommt nicht ohne Bestandsbehandlungen aus. Wenn neue Schweine durch Zukauf in den Bestand eingebracht werden, muß mit dem Ausbruch folgender Krankheiten gerechnet werden:
1. virusbedingte Darmerkrankungen,
2. Influenza,
3. Kolienterotoxämie,
4. Dysenterie,
5. Enzootische Pneumonie,
6. Wurmerkrankungen.

Als Maßnahmen gegen Kolienterotoxämie, Dysenterie und Wurmerkrankungen wird der vorbeugende Einsatz von Medikamenten empfohlen. Auch bei der Zusammenstellung neuer Gruppen für die Vormast sollen vorbeugend Sedativa injiziert werden, um die Aggressivität zu unterdrücken (Eich, 1985).

Im Gegensatz zur Verwendung transgener Schweine müssen keine Ungewißheiten bezüglich der Lebensmittelsicherheit in Kauf genommen werden (Müller, 1995, S. 80–82).

2. Vermeidung der Ansteckungsgefahr von Menschen durch Schweine: Es sind keine Untersuchungen darüber bekannt, ob die Ausschaltung der „Infektionsquelle Schwein" einen positiven Einfluß auf das Krankheitsgeschehen beim Menschen haben könnte. Da die riesige „Infektionsquelle Mensch" weiterbestehen würde und die Übertragungen des Virus vom Menschen auf das Schwein häufig, der umgekehrte Fall aber selten ist, gibt der erste Blick auf die Eigenarten der Krankheit wenig Grund für die genannte Erwartung.

Schweine sind jedoch nicht nur als Infektionsquelle für das menschliche Infektionsgeschehen von Bedeutung: Aus den Untersuchungen von Castrucci et al. (1993) geht hervor, daß sich bei gleichzeitiger Infektion von Schweinen mit menschlichen und von Vögeln stammenden Grippeviren vom Typ A die Gene dieser Viren neu kombinieren können, so daß Grippeviren mit veränderten antigenen Eigenschaften entstehen. Diese veränderten Grippeviren könnten Ausgangspunkt neuer Grippeseuchenzüge werden, da die Menschen keine Immunität gegenüber diesen Viren besitzen.

Nun wird überlegt, daß mit der Haltung gripperesistenter Schweine die Neukombination von Grippeviren vermieden und somit die Gefahr neuer Grippeseuchenzüge reduziert werden könnte. Für die Umsetzung eines solchen Konzepts wären jedoch massive Hindernisse zu überwinden. Beispielsweise würde es nicht genügen, in Deutschland ausschließlich gripperesistente Schweine zu halten, da in anderen europäischen Ländern weiterhin neue Grippeviren entstehen könnten. Selbst ein koordiniertes Vorgehen aller europäischen Länder könnte nicht verhindern, daß in anderen Kontinenten weiterhin grippeempfängliche Schweine gehalten werden. Da die Grippeseuchenzüge sich über die ganze Welt ausdehnen, wäre ein weltweites Programm zur Eliminierung grippeempfänglicher Schweine für einen sicheren Erfolg notwendig. Es könnte gemutmaßt werden, daß die europaweite Einführung gripperesistenter Schweine einen signifikanten Rückgang der Grippeseuchenzüge bewirkt. Ob sich eine solche Mutmaßung empirisch stützen läßt, ist bislang eine offene Frage.

Ein weiteres Problem wäre bei diesem Weg der Grippebekämpfung zu lösen. Da nicht nur Hausschweine, sondern auch Wildschweine für die Vermischung von Grippeviren in Frage kommen, müßten Impfprogramme für die Wildschweinpopulation entwickelt werden. Darüber hinaus ist nicht auszuschließen, daß Grippeviren sich nicht nur in Schweinen, sondern auch in anderen Arten neu kombinieren, die dann ebenfalls in das Grippebekämpfungsprogramm einzubeziehen wären.

Schließlich ist zu bedenken, daß der flächendeckende Ersatz konventioneller durch gripperesistente Schweine einen sehr erheblichen Verlust genetischer Vielfalt mit sich brächte.

Hinsichtlich der Ansteckungsgefahr mit Grippe von Menschen durch Schweine stellt der ökologische Landbau eine gleichwertige Alternative dar: Von grippefreien Betrieben in der ökologischen Tierhaltung läßt sich ein genauso großer oder kleiner Beitrag zur Vermeidung der Ansteckung von Menschen erwarten wie von grippefreien, modernen Schweinehaltungen.

Die Neukombination von Grippeviren läßt sich mittels ökologischer Tierhaltung nicht vermeiden. Castrucci et al. (1993) erwägen die Verdrängung des Grippe-A-Virus aus der Schweinepopulation durch Impfprogramme für Schweine. Bei diesem Ansatz ließe sich die Eliminierung der konventionellen Schweinerassen vermeiden. Von Nachteil wäre, daß die Immunität immer wieder aufgefrischt werden muß. Im übrigen sieht sich dieser Ansatz mit ähnlichen Schwierigkeiten konfrontiert, die auch ein flächendeckendes Programm zum Einsatz gripperesistenter Schweine zu bewältigen hätte.

Eine näherliegende Alternative ist die Impfung von Menschen. Diese verhindert nicht die Entstehung neuer Grippeviren, sondern beugt der Erkrankung von Menschen durch deren Immunisierung vor. Für die Verbesserung des Erfolgs dieser bereits praktizierten Maßnahmen wäre die Optimierung der Beobachtung der Erregerantigenität und schnelle Anpassung der Impfstoffe notwendig.

Angesichts großer praktischer Probleme und enormer Ungewißheiten über den Erfolg sowohl beim flächendeckenden Einsatz gripperesistenter Schweine als auch bei Programmen zur Immunisierung der gesamten Schweinepopulation erscheint die Immunisierung des Menschen als die Option mit den größten Realisierungs- und Erfolgschancen.

Nachhaltigkeit, Tierschutz, ästhetische Gesichtspunkte und Vertrautheit

Den Anforderungen des Nachhaltigkeitskriteriums kann der ökologische Landbau, der im Gegensatz zur intensiven Schweineproduktion beispielsweise keine Nitratbelastung des Grundwassers verursacht, besser nachkommen.

Mit der gentechnischen Option sind

zunächst *Tierschutzprobleme* verbunden, die sich aus den reproduktionsmedizinischen Voraussetzungen des gentechnischen Eingriffs ergeben. Zu den reproduktionsmedizinischen Voraussetzungen gehören eine hormonelle Behandlung der Spendertiere und ein unter Anästhesie vorgenommener chirurgischer Eingriff zur Entnahme bzw. zur Übertragung der Embryonen. Derzeit wird an neuen Verfahren gearbeitet, mit denen eine Operation vermieden werden kann, indem die Embryonen durch den Gebärmutterhals eingeführt werden (Reichenbach et al., 1993).

Die Hormonbehandlung stellt einen nicht zu vernachlässigenden Eingriff in den tierischen Organismus dar. Er ist unter der Perspektive des Tierschutzes allerdings schwierig zu bewerten, da kein Instrumentarium zur Verfügung steht, mit dem derartige Eingriffe, die nicht unmittelbar zu Schmerzen oder Leiden führen, bewertet werden können.

In tierschützerischer Hinsicht ist auch zu berücksichtigen, daß aufgrund der geringen Effizienz der gentechnischen Methode die Eingriffe an sehr vielen Tieren vorgenommen werden müssen. Beispielsweise gingen aus einem Experiment mit Schweinen, bei denen 1629 befruchtete Eizellen übertragen wurden, 8 transgene Ferkel hervor, von denen 3 das Transgen exprimieren (Brem, 1991). Wenn man davon ausgeht, daß pro Tier im Durchschnitt 30–40 befruchtete Eizellen übertragen werden, so sind dafür etwa 46 Operationen notwendig. Die mit der Gewinnung der Eizellen verbundenen Tierschutzprobleme werden vermieden, wenn die Eizellen von Schlachttieren gewonnen werden (Krimpenfort et al., 1991). Dies hat allerdings den Nachteil, daß sich die Auswahl der Spendertiere nur auf Schlachttiere erstreckt.

Die gentechnische Methode selbst bringt ebenfalls Tierschutzprobleme mit sich. Bei Nutztieren wird das Genkonstrukt in der Regel mit einer als Mikroinjektion bezeichneten Methode übertragen. Mit dieser Methode läßt sich nicht vorherbestimmen, wieviele der Genkonstrukte im Erbgut verankert werden. Es läßt sich auch nicht vorherbestimmen, an welche Stelle im Erbgut die Genkonstrukte eingefügt werden. Wenn sich das Genkonstrukt ungünstig plaziert, kann dies zu gravierenden Folgen für die transgenen Tiere führen. So wurden bei Mäusen Mißbildungen der Vorder- und Hintergliedmaßen beobachtet, die von einer Verschmelzung einiger Zehenglieder begleitet waren (Woychik et al., 1985).

Ein weiteres Problem ergibt sich aus dem unzureichenden Einfluß auf die Aktivierung des Genkonstrukts. Ein und dasselbe Genkonstrukt kann sich in verschiedenen Tieren sehr unterschiedlich verhalten, so daß ein Eiweiß in einem Fall nur in geringer Konzentration, in einem anderen Fall in hoher Konzentration gebildet wird. Dies kann zu erheblichen Beeinträchtigungen der Tiergesundheit führen. Das bekannteste Beispiel für derartige Folgen sind transgene Schweine, die einen sehr hohen Wachstumshormonspiegel besitzen. Die Tiere leiden an Gelenkerkrankungen, Streßanfälligkeit, Magengeschwüren, Atemnot und erheblichen Veränderungen der Blutzuckerwerte (Pursel et al., 1989).

Des weiteren hängen die Auswirkungen eines Genkonstrukts auf die Tiergesundheit davon ab, in welchem Alter der Tiere das Genkonstrukt aktiviert wird. Hierauf läßt sich bislang nur in Einzelfällen Einfluß nehmen (Vacher und Tilghman zitiert nach Kollias und Grosveld, 1992).

Durch die Wahl geeigneter Genkonstrukte läßt sich das Organ, in dem das neue Gen aktiviert werden soll, vorherbestimmen (Pinkert, 1990). Völlig zuverlässig ist die Begrenzung der Aktivierung des Genkonstrukts jedoch nicht: In verschiedenen Fällen wurde eine Aktivierung auch außerhalb der erwünschten Organe festgestellt (z. B. Wall et al., 1991). Auch hieraus können sich nachteilige Folgen für die Tiergesundheit ergeben.

Neben den hier angesprochenen tierschutzrelevanten Gesichtspunkten, die sich aus der Methode ergeben, ist auch nach den Gesichtspunkten zu fragen, die sich aus dem spezifischen Anwendungsfall ergeben.

Einerseits begründen die Versuchsergebnisse mit Mäusen die Einschätzung, daß es gelingen könnte, Schweine zu erzeugen, die seltener oder gar nicht an Influenza erkranken und daß dadurch Leiden bei diesen Tieren vermieden werden.

Andererseits gibt die Beobachtung, daß transgene Embryonen, die das MX-Gen besaßen, vorzeitig abstarben, Anlaß zu der Befürchtung, daß sich das Genkonstrukt nachteilig auf die Gesundheit der Schweine auswirken wird. Angesichts dieser Sachlage fällt die Einschätzung der tierschutzbezogenen Auswirkungen des Vorhabens schwer. Zum einen sind nachteilige Auswirkungen auf die im Verlauf der Versuche erzeugten transgenen Tiere m. E. eher wahrscheinlich, zum anderen brächte der Erfolg des Konzeptes Vorteile für die Gesundheit der Population und wäre zugunsten des Tierschutzes zu verbuchen.

Wie stellt sich nun die alternative Handlungsoption dar? Tierschutzziele lassen sich unter den Bedingungen des ökologischen Landbaus, der sich um eine artgerechte Tierhaltung bemüht, besser verwirklichen. Wie aus der obigen Darstellung der beiden Optionen hervorgeht, bietet diese Wirtschaftsform für das spezielle Ziel der Grippebekämpfung mindestens die gleiche Realisierungschance wie der gentechnische Ansatz. Im Gegensatz zur Übertragung eines Gens, das eine Resistenz gegen einzelne Krankheiten bewirkt, haben die Maßnahmen des ökologischen Landbaus den Vorteil, daß sie mehreren Krankheiten vorbeugen. Ebenfalls im Gegensatz zur gentechnischen Option sind für die Entwicklung und Realisierung des ökologischen Landbaus keine belastenden Tierversuche notwendig.

Die ökologische Tierhaltung orientiert sich in ungleich stärkerem Maße an natürlichen Gegebenheiten als die intensive Tierhaltung. Das Bedürfnis nach Kontinuität und einer vertrauten Umgebung wird mit der ökologischen Tierhaltung ebenfalls besser berücksichtigt.

Ein Nachteil der ökologischen Tierhaltung ist der Umstand, daß erheblich weniger Schweinefleisch produziert würde, als derzeit in Deutschland konsumiert wird. Wir müssen uns also fragen, ob der hohe Konsum von Schweinefleisch nicht Ausdruck einer den ästhetischen Gesichtspunkten zuzuordnenden Ernährungsvorliebe ist, die gerade für eine Ausweitung der intensiven Tierhaltung spricht. Das Verbraucherverhalten könnte aber auch lediglich den niedrigen Preis für Schweinefleisch widerspiegeln und sich ändern, sobald der Preis steigt. Ebenso ist eine Mischung beider Erklärungen denkbar. Wird der Schweinefleischkonsum als Ausdruck einer geschmacklichen Präferenz verstanden, so konkurrieren zwei verschiedene ästhetische Präferenzen miteinander: der Wunsch nach einer möglichst naturnahen Tierzucht und Tierhaltung einerseits und der Wunsch nach einem reichlichen Fleischangebot andererseits. Die Frage, welche der beiden Präferenzen Vorrang haben soll, muß jedoch nicht entschieden werden. Das ästhetische Kriterium kann in diesem Fall das Gesamtergebnis aufgrund der eindeutigen Aussagen des Ernährungs-, Gesundheits- und Nachhaltigkeitskriteriums nicht verändern.

Andere Ziele

Im Rahmen der Kriterien Tierschutz, Ästhetik und Vertrautheit ist eine Abwägung gegen andere Ziele möglich. Hier kommen beispielsweise ökonomische Ziele in Frage. Im vorliegenden Fall ist jedoch nicht klar, ob die gentechnische Option die kostengünstigere Lösung wäre und somit überhaupt ein Konflikt besteht zwischen ökonomischen und den in den Kriterien genannten Zielen. Es läßt sich nicht einfach behaupten, daß der ökologische Landbau aus ökonomischen Gründen ohnehin nicht praktikabel sei. Vielmehr kommt eine ausführliche ökonomische Analyse von Bechmann (1993) zu dem Schluß, daß es möglich wäre, die gesamte Landwirtschaft der Bundesrepublik Deutschland durch Umschichtung staatlicher Beihilfen und Zuschüsse kostenneutral auf ökologischen Landbau umzustellen.

Für die Gesamtbewertung fällt der ökonomische Aspekt in diesem Fall ohnehin nicht ins Gewicht, da die drei höchstrangigen Kriterien keine Abwägung mit anderen Zielen vorsehen. Auch wenn die ökonomischen Analysen zuungunsten des ökologischen Landbaus ausgingen, bliebe die Bewertung letztlich unverändert.

Resümee

Das Ernährungskriterium, das Nachhaltigkeitskriterium und das Vertrautheitskriterium werden durch den ökologischen Landbau eindeutig besser erfüllt. Dem Gesundheitskriterium und dem Tierschutzkriterium wird der ökologische Landbau teils besser, teils genauso gut gerecht. Die Konsequenzen aus dem ästhetischen Kriterium sind uneindeutig. Kein Kriterium spricht gegen den ökologischen Landbau. Deshalb ist der Grippevermeidung durch die Maßnahmen des ökologischen Landbaus der Vorzug zu geben gegenüber der Grippebekämpfung bzw. -vermeidung durch die gentechnische Erzeugung grippresistenter Schweine.

Ein letzter Einwand

Die Leserin oder der Leser mag sich fragen, ob diese Schlußfolgerung nicht etwas weltfremd ist. Es mag zwar wünschenswert sein, den ökologischen Landbau in viel größerem Umfang zu verwirklichen, wir müssen jedoch der Tatsache ins Auge sehen, daß die intensive Produktionsweise derzeit die Regel ist und der ökologische Landbau bislang nur eine Randerscheinung darstellt. Ist es nicht eher realistisch, die heute vorhandene Situation zur Grundlage unserer Entscheidungen zu machen? Gibt es angesichts der weit verbreiteten intensiven Produktionsweise nicht doch eine Begründung für die Erzeugung grippresistenter Schweine?

Das Ziel der hier ausgeführten Überlegungen ist es, zu einer begründeten Entscheidungsfindung angesichts unterschiedlicher Handlungsoptionen beizutragen. Wer den ausgeführten Kriterien und der Darstellung der empirischen Zusammenhänge zustimmt, wird sich der Schlußfolgerung, daß die intensive Schweineproduktion abgeschafft werden muß, kaum entziehen können. Selbst wenn die Erzeugung grippresistenter Schweine nicht ebenfalls lediglich eine noch nicht realisierte Option wäre und diese Tiere der Landwirtschaft bereits zur Verfügung stünden, müßte weiter an der Verwirklichung einer Landwirtschaft gearbeitet werden, die dauerhaft gesunde Nahrungsmittel für alle Menschen erzeugt. Angesichts gravierender Einwände gegen die intensive Schweineproduktion ist es zwingend, nur solche Partiallösungen anzustreben, die auf das eigentliche Ziel hinführen.

Literatur

Abel, H., Flachowsky, G., Jevoch, H., und Molnar, S. (1995): Nutztierernährung – Potentiale – Verantwortung – Perspektiven. Gustav Fischer Verlag, Jena – Stuttgart.
Arnheiter, H., Skuntz, S., Noteborn, M., Chang, S., and Meier, E. (1990): Transgenic mice with intracellular immunity to influenza virus. Cell 62, 51–61.
Attfield, R. (1992): Genetic engineering: Can unnatural kinds be wronged? In: Wheale, P., and McNally, R. (Eds.): Animal Genetic Engineering: Of pigs, oncomice and men. Pluto Press, London, 201–210.
Bachmann, P. A. (1989): Swine Influenza Virus. In: M. B. Pensaert (Ed.): Virus infection of porcines. Elsevier Science Publishers B. V., Amsterdam, 193–203.
Buschmann, H. G. (1989): Möglichkeiten und Aussichten der Resistenzzüchtung bei landwirtschaftlichen Nutztieren. Tierärztliche Umschau 44, 517–523.
Bechmann, A. (1987): Landbau-Wende: Gesunde Landwirtschaft – Gesunde Ernährung. S. Fischer, Frankfurt a. M.
Bechmann, A., Meier-Schaidnagel, R., und Rühling, I. (1993): Landwirtschaft 2000 – Die Zukunft gehört dem ökologischen Landbau. Szenarien für die Umstellung der Landwirtschaft in Deutschland. Barsinghäuser Berichte, Heft 27, Institut für ökologische Zukunftsperspektiven, gemeinnützige GmbH, Barsinghausen.
Birnbacher, D. (1988): Verantwortung für zukünftige Generationen. Philipp Reclam jr., Stuttgart.
Brem, G. (1991): Zum Stand des Gentransfers beim Nutztier. Züchtungskunde 63, 191–200.
Brenig, B., Müller, M., and Brem, G. (1990): Gene transfer in Pigs. Proc. 4th World Congress on Genetics Applied to Livestock Production (Hill, W. G., Thomas, R., and Woolliams, J. A. [Eds.]), XII, 41–46.
Castrucci, M., Donatelli, I., Sidoli, L., Barigazzi, G., Kawaoka, Y., and Webster, R. G. (1993): Genetic reassortment between avian and human influenza A virus in italian pigs. Virology 193, 503–506.
Derbyshire, J. B. (1982): Virus diseases of pigs. In: Gibbs, E. P. (Ed.): Virus diseases of food animals. Volume I. Academic Press, London 179–204.
Eich, K.-O. (1985): Handbuch Schweinekrankheiten. Landwirtschaftsverlag, Münster-Hiltrup.
Holland, A. (1990): The biotic community: A philosophical critique of genetic engineering. In: Wheale, P., and McNally, R. (Eds.): The bio-revolution, Cornucopia or Pandora's box. Pluto Press, London, 166–174.
Kaplan, M. M., and Payne, A. M.-M. (1959): Serological survey in animals for type A influenza in relation to the 1957 pandemic. Bull. Wld. Hlth. Org. 20, 465–488.
Kollias, G., and Grosveld, F. (1992): The study of gene regulation in transgenic mice. In: Grosveld, F., and Kollias, G. (Eds.): Transgenic Animals. Academic Press, London 1992, 79–98.
Krimpenfort, P., Rademakers, A., Eyestone, W., van der Schans, A., van den Broek, S., Kooiman, P., Kootwijk, E , Platenburg, G., Pieper, F., Strijker, R., and de Boer, H. (1991): Generation of transgenic dairy cattle using „in vitro" embryo production. Biotechnology 9, 844–847.
Krostitz, W. (1990): Bedarf und Produktion tierischer Lebensmittel. Vet 5, 34–39.
Müller, A. (1995): Ethische Aspekte der Erzeugung und Haltung transgener Nutztiere. Enke, Stuttgart.
Müller, E., Knocke, K. W., Willers, H., und Jochims, R. (1981): Über das Auftreten der Schweineinfluenza in Norddeutschland. Der praktische Tierarzt 62, 669–672.
Müller, M., Brenig, B., Winnacker, E.-L., and Brem, G. (1992): Transgenic pigs carrying cDNA copies encoding the murine Mx1 protein which confers resistance to influenza virus infection. Gene 121, 263–270.
Muster-Berufsordnung der Deutschen Tierärzteschaft e. V., Neufassung vom 7. März 1991. Deutsches Tierärzteblatt 4 (1991), 264–268.
Pinkert, C. A., Dyer, T. J., Kooyman, D. L., and Kiehm, D. J. (1990): Characterization of transgenic livestock prouction. Domestic Animal Endocrinology 7, 1–18.
Pursel, V. G., Pinkert, C. A., Müller, K. F., Bolt,

D. J., Campbell, R. G., Palmiter, R. D., Brinster, R. L., and Hammer, R. E. (1989): Genetic engineering of livestock. Science 244, 1281–1292.

Reichenbach, H.-D., Mödl, J., and Brem, G. (1993): Piglets born after transcervical transfer of embryos into recipient gilts. Veterinary Record 133, 36–39.

Schafzahl, W., Schuller, W., und Kölbl, S. (1990): Epidemiologische Untersuchung über das Vorkommen verschiedener Infektionskrankheiten beim Schwein in einem Praxisgebiet. Tierärztliche Umschau 45, 535–545.

Wall, R. J., Pursel, V. G., Shamay, A., McKnight, R. A., Pittius, C. W., and Hennighausen, L. (1991): High-level synthesis of a heterologous milk protein in the mammary glands of transgenic swine. Proc. Natl. Acad. Sci. USA. 88, 1696–1700.

Warner, C. M., Meeker, D. L., and Rothschild, M. F. (1987): Genetic control of immune responsiveness: A review of its use as a tool for selection for disease resistance. J. Anim. Sci. 64, 394–409.

Witte, K. H., Nienhoff, H., Ernst, H., Schmidt, U., und Prager, D. (1981): Erstmaliges Auftreten einer durch das Schweineinfluenzavirus verursachten Epizootie in Schweinebeständen der Bundesrepublik Deutschland. Tierärztliche Umschau 36, 591–606.

Woychik, R. P., Stewart, T. A., Davis, L. G., D'Eustachio, P., and Leder, P. (1985): An inherited limb deformity created by insertional mutagenesis in a transgenic mouse. Nature 318, 36–40.

Ausbildung und Haltung von Tieren im Zirkus

Th. Althaus

▪ Einleitung

Das Wort „Circus" stammt aus dem Lateinischen und heißt „Kreis". Kreisrund ist das, worum sich im Circus alles dreht, was Zentrum der Aufmerksamkeit darstellt, die Manege. Diese „Bühne circensischer Vorstellungen" geht auf die Vorführung von Tieren, insbesondere *Pferden*, zurück und ist somit untrennbar mit der Vorführung von Tieren verbunden: Der Kreis mit einem Durchmesser von ca. 12 Metern ermöglicht nämlich dem Pferd regelmäßigen Trab und Galopp. Dabei wird die Fliehkraft nicht zu groß und erlaubte bzw. erlaubt es so den sogenannten „Kunstreitern", noch sicher auf dem Rücken des Pferdes zu stehen und nicht abgeworfen zu werden. Der Radius von ca. 6 Metern ermöglicht es, daß das Pferd durch eine noch gerade handhabbare Longe geführt bzw. lange Peitsche durch den in der Mitte sich befindenden Tierlehrer erreicht werden kann. Mit Sicherheit war es also das Tier, vorerst das Pferd, das die Form und Größe der modernen Zirkusmanege von allem Anfang an bestimmte und prägte. Später kamen weitere Tierarten dazu, und zu Beginn unseres Jahrhunderts löste Carl Hagenbeck mit der Erfindung des Zentralkäfigs auch das Problem einer Vorführung von Raubtieren im Sägemehlrund.

Auch das Sägemehl (heute in der Regel vermischt mit Erde, Sand und Torf) steht mit der Vorführung von Tieren im Zirkus in Beziehung. Für manche Artisten wäre ein Arbeiten auf einer festen Unterlage sicher viel wünschenswerter. Aber die Vorführung von Tieren, insbesondere Pferden, verlangte nach einer weichen, trittfesten Unterlage, die auch saugkräftig sein mußte, um relativ leicht von Harn und Kot befreit werden zu können. So gehören denn für die meisten Menschen nicht nur das Chapiteau, die Musik, die farbigen Scheinwerfer, die Clowns und Artisten usw. zum Zirkus, sondern vor allem eben das Sägemehlrund mit seinem Tiergeruch und die Vorführung vierbeiniger Artisten.

Die Ausbildung von Tieren, insbesondere auch von Wildtieren, mit dem Ziel, sie einem Publikum vorzuführen, hat eine lange Geschichte und beinhaltet manche Dimension. So sind die Ausbildung und Vorführung von Tieren ein kulturhistorisch interessantes Phänomen, ja gehören wohl weltweit zum Kulturgut der Menschheit. Vor etwa 50 Jahren begann sich auch die Wissenschaft, angeführt durch den Tierpsychologen H. Hediger, mit der Ausbildung und Vorführung von Tieren zu beschäftigen. Hediger (1942) wies darauf hin, daß das sogenannte Stadium der „Dressiertheit" die höchste Beziehungsstufe zwischen Mensch und Tier überhaupt darstellt und somit Zugänge zur tierlichen Persönlichkeit öffnet, die sonst auf keinem anderen Weg geöffnet werden könnten. Die Theorien der Lernpsychologen, insbesondere aus den USA, halfen ebenfalls mit zu verstehen, was sich im Verlaufe des Ausbildungsprozesses abspielt. Die Ausbildungsmethodik, welche während langer Zeit aufgrund von Erfahrung allein vom Praktiker an den Praktiker weitergegeben worden war, erhielt nun ein theoretisches Fundament, aufgrund dessen sich methodische Fehler ermitteln und eliminieren und biologisch fundierte Ausbildungsmethoden aufbauen ließen. Aufgrund der sich verändernden Einstellung gegenüber dem Tier, vor allem in den Industrienationen, änderte sich auch die Art und Weise der Vorführung von Tieren. Tiere, die als menschliche Karikaturen, in menschliche Kleidung gesteckt, menschliche Szenen aufzuführen hatten, verschwanden allmählich aus dem Programm. Statt dessen werden heute Tiere im verantwortungsbewußten Zirkusunternehmen als Tiere gezeigt, welche veranlaßt werden, Verhaltensweisen aus dem natürlichen Repertoire auszuführen und deren Gestalt nicht durch störende Kostümierung verändert wird. Gleichzeitig werden die Haltungsbedingungen der Zirkustiere in guten Betrieben ständig verbessert.

Wie noch zu zeigen sein wird, kann die Haltung von Tieren im Zirkus durchaus tiergerecht sein und die Ausbildung von Tieren im Zirkus durchaus eine Bereicherung ihres Daseins darstellen.

Daß Haltung und Ausbildung von Zirkustieren mancherorts jedoch immer noch nicht tiergerecht sind und manche Zirkusunternehmen und Tierlehrer die Zeichen der Zeit nicht verstanden haben, ist allerdings ebenso Tatsache wie die, daß Haltung und Ausbildung von Zirkustieren bei anderen Unternehmen mustergültig sind und sogar Vorbildcharakter haben können. Wenn nun der „schwarzen Schafe" wegen die Haltung und Ausbildung von Zirkustieren gänzlich verboten werden sollten, hieße das, das Kind mit dem Bade auszuschütten und u.U. ganz allgemein, gegen die Interessen all jener Tiere, mit denen der Mensch Umgang pflegt, zu handeln. Denn „Dressur", also die Veränderung des Verhaltens von Tieren infolge verhaltenssteuernder Einwirkungen durch den Menschen, ist keineswegs auf den Zirkus begrenzt. Überall dort, wo der Mensch Umgang mit Tieren pflegt, beeinflußt, formt und steuert er deren Verhalten, bewußt oder unbewußt (Zeeb, 1973). Ob das nun Kühe sind, die an einem Strick geführt oder gemolken werden, Schafe oder Ziegen, die auf einen Ruf herbeikommen, Pferde, deren Hufe beschlagen werden müssen oder die zum Tragen oder Ziehen eingesetzt werden, Kamele oder Elefanten, die als Reittiere dienen, Hunde, welche zur Jagd eingesetzt werden oder eine Aufgabe als Blindenführ-, Katastrophen- oder Lawinenhund erfüllen, Meerschweinchen, welche auf die Stimme einer bekannten Person mit Lauten „antworten", Aquarienfische, welche zur Fütterungszeit an der Wasseroberfläche „betteln", immer ist „Dressur" mit im Spiel. Die Ausbildung von Tieren ist nicht a priori etwas Schlechtes. Sie kann durchaus im Interesse der Tiere stehen, kann das Zusammenleben zwischen ihnen und dem Menschen harmonischer gestalten, mag zur Ausführung gewisser Pflegehandlungen unerläßlich sein, ermöglicht den Tieren Betätigung, beschäftigt sie, bringt Abwechslung und Zerstreuung und ermöglicht es, Tiere auch in menschlicher Obhut physisch und psychisch zu fordern und zu fördern.

Aber es gibt gute und schlechte Tierlehrer, gute und schlechte Ausbildungsmethoden. Ausbildung und Vorführung von Tieren sind dann aus Tierschutzgründen verwerflich, wenn sie mit Leiden, Schmerzen und Schäden verbunden sind oder die Tiere in Angst versetzen. Ausbildungsmethoden können aber durchaus tiergerecht sein. Dies ist dann der Fall, wenn durch den Menschen diejenigen Faktoren und Einwirkungen eingesetzt und diejenigen Prozesse in Gang gesetzt werden, welche auch im natürlichen Lebensraum, in der Auseinandersetzung des Tieres mit seiner unbelebten und belebten Umgebung, zu Verhaltensänderungen und -anpassungen führen. Die tiergerechte Ausbildung von Tieren basiert auf der natürlichen Lernfähigkeit der Tiere und nutzt diese.

Der gute Tierlehrer (und zwar nicht nur derjenige im Zirkus) hat bei seiner Ausbildung nichts zu verbergen und öffnet seine „Schulstube" auch für Besucher. Diese können anhand verschiedener Kriterien beurteilen, ob seine Ausbildungsmethodik tiergerecht und somit akzeptabel oder nicht tiergerecht und somit nicht akzeptabel ist.

Verhaltensänderungen unter natürlichen Bedingungen

Organismen müssen sich selbst aufbauen und selbst erhalten. Das Verhalten von Tieren dient demzufolge der Bedarfsdeckung und Schadensvermeidung (Tschanz, 1982). Im Verlaufe der Auseinandersetzung von Tieren mit ihrer Umgebung und anderen Lebewesen sammeln sie fortwährend gute und schlechte Erfahrungen. Sie erreichen beispielsweise ein Ziel, erlangen Erfolg, decken einen Bedarf, erhöhen ihren Komfort, oder aber sie erreichen das Gegenteil, kommen also nicht ans Ziel, haben Mißerfolg, verfehlen die Bedarfsdeckung oder kommen in eine unangenehme Situation. Viele Tiere sind nun ganz offensichtlich in der Lage, das Verhalten und dessen unmittelbare – positive oder negative – Auswirkung miteinander in Beziehung zu bringen, ja mehr noch, später in einer entsprechenden Situation das Verhalten entsprechend der gemachten Erfahrung zu verändern. Wir sagen dann, das Tier habe „gelernt". „**Lernen**" ist folglich eine *Verhaltensänderung aufgrund individueller Erfahrung*. Positive Erfahrungen führen dazu, daß die Auftretenswahrscheinlichkeit des sie bewirkenden Verhaltens in derselben Situation erhöht wird (das Verhalten wurde „bekräftigt"). Negative Erfahrungen führen dazu, daß die Auftretenswahrscheinlichkeit des entsprechenden Verhaltens in derselben Situation reduziert wird.

In der natürlichen Lebenssituation dienen diese Verhaltensänderungen der Anpassung der einzelnen Individuen an ihre spezifische Umgebung (*individuelle Verhaltensadaptation*). Sie ermöglichen den Tieren in der Regel tatsächlich eine effizientere Vermeidung von Schäden oder eine effizientere Bedarfsdeckung und stehen somit im Interesse von Selbstaufbau und Selbsterhalt. Tiere verbessern beispielsweise ihre Nahrungssuche oder ihre Nahrungsverarbeitung, ihre Jagdtechnik oder das Töten von Beute. Sie lernen ihre Umgebung kennen und die Wege, die von einem Fixpunkt in ihrem Lebensraum zum anderen führen. Sie lernen Kampftechniken, werden behender, vervollkommnen Werbung, Balz und Paarungsverhalten, lernen den Bau von Nestern, vervollkommnen die Aufzucht von Nachkommen, lernen ihre Kinder erkennen oder aber die Eltern und Geschwister bzw. die Mitglieder der Familie, des Rudels oder der Herde. Sie vervollkommnen ihre Kommunikation und Kooperation und integrieren sich in den Sozialverband.

Vom Menschen beeinflußte Verhaltensänderungen

Der hier geschilderte Vorgang der *adaptiven Verhaltensmodifikation* ist natürlich nicht auf den natürlichen Lebensraum beschränkt, sondern kommt auch in der Mensch-Tier-Beziehung voll zum Tragen. Im Verlaufe ihres Umgangs miteinander kommt es sowohl beim Menschen wie beim Tier fortwährend zu solchen gegenseitigen Verhaltensänderungen bzw. Verhaltensanpassungen. Dem Menschen werden diese keineswegs immer selbst bewußt bzw. er veranlaßt das Tier auch unbewußt dazu, sein Verhalten zu ändern. Das zeigt sich vor allem in jenen Fällen, wo der Halter ein bestimmtes Verhalten seines Tieres als „Verhaltensstörung" bezeichnet, die das harmonische Zusammenleben stört. In den meisten Fällen sind solche Verhaltensstörungen, solche „Ticks", solches „Problemverhalten" das Ergebnis unbewußter Lehr- und Lernprozesse. Sie können in der Regel durch geeignete Verhaltenstherapie unter Anleitung einer ausgewiesenen Fachperson und mit dem Einbezug beider am Geschehen beteiligten Partner korrigiert werden („Umlernen").

Der Mensch wird nun aber auch ganz bewußt das Verhalten seiner Tiere in bestimmten Bereichen oder Situationen zu verändern suchen. Wer jedoch nicht weiß, wie Verhaltensanpassungen im natürlichen Umfeld ablaufen, wer keine Ahnung hat, wie Tiere lernen, ja wer gar meint, er müsse bei der Ausbildung seines Tiers vorgehen wie bei der Erziehung von Kindern oder der Schulung von erwachsenen Menschen, der wird dem Tier nicht gerecht, und dessen Methodik ist zu verurteilen. Es darf beispielsweise allgemein vom Tier nicht erwartet werden, daß es einsichtig auf die ihm gestellte Aufgabe reagiert bzw. das Lernproblem durchschaut und begreift. Obwohl gewisse Untersuchungsergebnisse darauf hindeuten, daß bei höheren Tieren tatsächlich durch Beobachtung und Nachahmung anderer Problemsituationen gemeistert werden können, spricht doch vieles dafür, daß Tiere nach wie vor weitgehend durch Versuch und Irrtum lernen und wohl auch keine Vorstellung des zu erreichenden Ziels haben. Ebenso unwahrscheinlich ist, daß Tiere absichtlich etwas falsch machen, aber auch, daß sie – in entspannter Situation – sich weigern würden zu lernen. Der gute Tierlehrer fragt sich deshalb immer, wenn Tiere im Sinne des Ausbildungsprozesses „Fehler" begehen: „Was habe *ich* falsch gemacht?"

Tiergerechte Ausbildung

Was aber ist denn das geeignete Vorgehen, die „biologisch ausgerichtete Dressur", wie sie Hediger genannt hat, oder die *„tiergerechte Ausbildung"*, wie wir sie heute bezeichnen?

Es sei noch einmal wiederholt: Die Ausbildungsmethodik hat sich an den natürlichen Gegebenheiten zu orientieren. Die Verhaltensbeeinflussungen durch den Menschen müssen den Faktoren und Einwirkungen entsprechen, welche auch im natürlichen Lebensraum, in der Auseinandersetzung des Tieres mit seiner Umgebung oder mit Artgenossen zu Verhaltensänderungen führen.

In erster Linie muß zwischen dem Menschen und dem Tier ein Vertrauensverhältnis etabliert worden sein, was wir u.a. daraus erschließen, daß das Tier gegenüber dem Menschen weder Meide- noch Schutzverhalten zeigt, sondern

Verhaltensweisen, die wir als „freundliche" interpretieren würden. In der Regel ist erwünscht, daß sich das Tier auch gegenüber der Lernsituation sicher fühlt, sich entspannt und gelöst gibt. Ein Vertrauensverhältnis ist nicht zuletzt auch sorgfältig zu eventuellen anderen vierbeinigen Partnern zu schaffen, insbesondere wenn sie einer anderen Art angehören. Nicht selten wird die Ausbildung spielerisch aus der Spielsituation her aufgebaut. Ist allerdings die Einpassung in eine neue Umgebung zentraler Lerninhalt (z. B. bei einem Hundewelpen, der in eine neue Familie und in einen für ihn neuen Lebensraum kommt), so wird die Ausbildung mit Vorteil bereits begleitend in den Prozeß der Erkundung der neuen Situation eingebaut.

Der das Verhalten zu beeinflussen suchende Mensch möchte erreichen, daß das Tier ein bestimmtes (erwünschtes) Verhalten in einer bestimmten Situation ausführt. Das Verhalten – wie beispielsweise Sich-Setzen – gehört in das natürliche Verhaltensinventar des betreffenden Tieres (z.B. Hund) und tritt im natürlichen Kontext in unterschiedlichen Zusammenhängen auf. Der Mensch muß nun erreichen, daß es auch auf ein von ihm gegebenes Signal (z. B. Wort „Sitz") hin ausgeführt wird.

Es gilt das Verhalten mit einem bestimmten Signal zu verbinden. Dazu sind im gegebenen Beispiel drei Möglichkeiten denkbar:
- Der Mensch wartet, bis der Hund Anstalten macht, sich zu setzen. In diesem Moment sagt er ruhig „sitz", wartet bis der Hund sich gesetzt hat und belohnt ihn unmittelbar danach, z.B. durch Verabreichen eines Leckerbissens. Gleichzeitig wird der Hund gelobt: „soo braav".
- Der Mensch sagt „sitz" und hält dem Hund den Leckerbissen so über den Kopf, daß er, um den Leckerbissen zu erreichen, den Kopf nach rückwärts oben drehen muß und dabei absitzt. Sobald er sitzt, sagt der Mensch „soo braav" und gibt dem Hund den Leckerbissen.
- Der Mensch sagt „sitz", zieht gleichzeitig am Halsband sanft nach oben und drückt die Kruppe sanft nach unten. Sobald der Hund Anstalten macht, sich niederzusetzen, wird er losgelassen, erhält seinen Leckerbissen und/oder das Lob „soo braav".

Das angestrebte Ausbildungsziel wird auf allen drei Wegen erreicht, allerdings dürfte der erste etwas länger dauern. Schon bei der zweiten oder dritten Wiederholung wird der Hund beginnen, das Zeichen („sitz"), welches vorerst für ihn völlig bedeutungslos war, zu beachten und allmählich mit der vom Menschen durch Futtergabe und Lob bekräftigten Verhaltensweise darauf zu reagieren.

Das Vorzeigen des Futters bzw. das Anfassen des Tieres wird allmählich unnötig.

Der mit dem Prozeß der Verhaltensformung („shaping") vertraute Ausbilder wird jeden Fortschritt in Richtung auf das angestrebte Ausbildungsziel hin bekräftigen, also Schritt für Schritt vorgehen. Damit verbunden ist allerdings auch, daß er seine Anforderungen im Verlauf des Lernprozesses stets etwas höher (in Richtung des Endziels) schraubt, aber immer so, daß eine höhere Anforderung erst gestellt wird, wenn die vorangehende Lernstufe sicher erreicht wurde.

Bei einer solchen Art der Ausbildung wird man nicht von „Ausbeutung" und „Unterwerfung" des Tieres im Interesse des Menschen sprechen können. Das Tier ist in einer Lernsituation, wie sie auch im natürlichen Kontext vorkommt. Es muß sich mit einer vorerst problematischen Situation auseinandersetzen bzw. steht in intensiver kommunikativer Verbindung zum Menschen, einem andersartigen, aber vertrauten, ja befreundeten Lebewesen und muß gleichsam den Weg suchen, um sich in diese Zweierbeziehung einzufügen. Es schreitet in einem solchen Ausbildungsprozeß gewissermassen von Erfolg zu Erfolg. Dies macht die ganze Situation angenehm, anregend und fordernd.

Im obigen Beispiel zeichnen sich der zweite und dritte Weg dadurch aus, daß das Tier irgendwie – auf Distanz oder handgreiflich – „manipuliert" wird. Sinn solcher Manipulationen im Ausbildungsprozeß soll es sein, dem Tier die Bedeutung des Zeichens rascher verständlich zu machen, d.h., sie stehen im Dienst einer rascheren Assoziation von Zeichen und Verhalten. In der Fachsprache werden die Manipulationen deshalb auch „**Hilfen**" genannt. Es ist wohl dieser direkten handgreiflichen Manipulation, die als Berühren, Führen, Heben, Ziehen, Drücken, Stoßen des ganzen Tieres oder einzelner Körperteile ausgeführt wird, zuzuschreiben, daß die Ausbildung von Tieren bisweilen als ein „Lernen unter Zwang" bezeichnet und entsprechend ablehnend beurteilt wird.

Dazu wäre folgendes anzumerken:
– Handgreifliche Manipulation ist – wie geschildert – nicht ein obligatorischer Bestandteil des Ausbildungsprozesses. Bei der Ausbildung von Zahnwalen beispielsweise kommen Hilfen wie die oben genannten nicht oder kaum zur Anwendung.
– Handgreifliche Unterstützung wird auch bei Lernprozessen des Menschen ohne nachteilige Folgen angewandt (sog. „kinästhetisches Lernen", Turn-, Tanzunterricht).
– Auch im natürlichen Kontext – unter Artgenossen – wird geschoben, gedrückt und gestoßen, und zwar mit Kräften, welche diejenigen des Menschen bei weitem übersteigen.

Dieses Handanlegen hat mit großem Feingefühl und Gespür zu erfolgen. Der korrekte Einsatz von Ausbildungshilfen ist eine Kunst und setzt hervorragende Kenntnis der Tierart, mit der gearbeitet wird, als auch der individuellen Persönlichkeit jedes einzelnen „vierbeinigen Schülers" voraus. Eine Ausbildung von Tieren ist heute zweifellos möglich ohne brutale Gewalt, Schmerz und Angst und darf als solche durchaus als „sanft" bezeichnet werden (UFAW-Proceedings, 1990).

Das heißt – leider – noch lange nicht, daß alle Kreise, die sich mit der Ausbildung von Tieren befassen, die Zeichen der Zeit begriffen haben, und wer landauf und landab – insbesondere auch außerhalb der Zirkuswelt – beobachtet, wie mit Tieren, deren Verhalten man formen möchte, umgesprungen wird, der entdeckt bald einmal, daß vor schmerzhaften, gewalttätigen, die Tiere bisweilen schädigenden und sie in Angst und Streß versetzenden Methoden nicht zurückgeschreckt wird; insbesondere auch dort, wo versucht wird, den Tieren in viel zu kurzer Zeit komplexe Verhaltensabläufe „beizubringen" und wo sie , nicht selten unter Druck eines ungeduldigen und reizbaren Ausbilders, in der Tat überfordert werden.

Dressurhilfen bestehen übrigens nicht nur in einer handgreiflichen Manipulation des Tieres oder einzelner Körperteile, sondern unter Ausnutzung biologischer Distanzen (Flucht-, Ausweich-, Individualdistanz) können Tiere auf größere Entfernung „getrieben", also zu einer Ortsveränderung veranlaßt werden. Tiere können aber auch „herangeholt", „gelockt" werden, indem beispielsweise durch geeignete attraktive Reize oder Verhaltensweisen Spielhandlungen oder Elemente des Beutefang- oder Bindungsverhaltens ausgelöst werden. Vor allem in solchen Fällen werden Ausbildungsgeräte, wie ein Handstock oder die Peitsche, als „verlängerte Arme" eingesetzt, um das Tier eben auch über größere Distanzen erreichen zu können. Diese Instrumente, mit Fachkenntnis verwendet, dienen nicht dazu, dem Tier Schmerzen zuzufügen oder es zu ängstigen, sondern um es zu berühren, zu „touchieren", zu leiten, zu führen, ihm den Weg zu zeigen, ja auch um es – auf Distanz – zu belohnen, zu beruhigen und zu liebkosen.

Die moderne Zeit erfindet fortwährend neue Ausbildungshilfsmittel, die weit weniger augenscheinlich, aber in der Hand des unfähigen Ausbilders ebenso gefährlich, wenn nicht sogar gefährlicher sind als Handstock und Peitsche. Elektrisierende Geräte, wie Treibstöcke, vor allem aber mit kleinen Empfängern versehene Elektrohalsbänder, machen es möglich, „Hilfen" auf weit größere Distanzen einzusetzen als bisher. Die Ausbildung wird damit nicht mehr zu einer Interaktion, gleichsam einem Dialog zweier in enger mentaler Beziehung und räumlicher Nähe zueinander stehender Partner, sondern zu einer Verhaltenssteuerung, die aus dem sozialen Kontext herausgelöst wird und das Tier mitunter vor weit größere, ja oft unlösbare Probleme stellt – seine Anpassungsfähigkeit effektiv überfordert –, vor allem wenn diese Geräte falsch angewendet werden. Dazu kommt, daß die Anwendung von Elektrizität bei der Ausbildung das Tier u.U. in Spannung und Streß versetzt. Wer über die Grundsätze der Lernpsychologie nichts weiß, wer die Psychologie des Lernens nicht versteht, sollte auf solche Geräte verzichten. Sie gehören, wenn überhaupt, nur in die Hände ausgewiesener Fachleute und sollten nur von solchen Personen eingesetzt werden dürfen, die sich über die erforderliche Sachkunde ausgewiesen haben (Schwizgebel, 1996).

Schematisch betrachtet, setzt sich der Ausbildungsprozeß bis jetzt aus folgenden Elementen zusammen:
ZEICHEN + evtl. „MANIPULATION"
→ **erwünschtes VERHALTEN** →
BELOHNUNG.

Nun ist es jedoch durchaus möglich, daß das Tier auf das Zeichen und evtl. die Manipulation des Menschen nicht das erwünschte, sondern unerwünschtes Verhalten zeigt. Beispielsweise könnte sich der Hund, als Reaktion auf die Manipulation, nicht bloß hinsetzen, sondern hinlegen. Dieses Verhalten darf keinesfalls bekräftigt werden, wird also beispielsweise ignoriert. Sollte der Hund auf das Zeichen und die Manipulation mit Schnappen nach der Hand reagieren, wird der Mensch seinen vierbeinigen Schüler zurechtweisen oder korrigieren. Er wird ihn also beispielsweise energisch über die Schnauze fassen (arttypisches Korrekturverhalten, unter Hunden Aufforderung, etwas zu unterlassen) und gleichzeitig ein scharfes „Pfui!" oder „No!" aussprechen. Wie dem „soo braav" durch Pawlowsche Assoziationsprozesse allmählich eine bekräftigende Wirkung zukommt, so erhält das „Pfui!" oder „No!" allmählich korrigierende, unerwünschtes Verhalten hemmende Wirkung.

Die Korrektur hat gleichzeitig oder unmittelbar nach dem Auftreten des unerwünschten Verhaltens zu erfolgen, sollte also mit dem Verhalten in Beziehung stehen. Tiere sind nicht in der Lage, „Strafen" mit Verhaltensäußerungen in Beziehung zu bringen, die zeitlich zurückliegen. Der Mensch ist weder Rächer noch Strafrichter, sondern er ist *Zeichengeber*, er beeinflußt die Erfahrung seines Tiers. Er korrigiert also emotionslos. Die Korrektur hat dem Tier und der Situation angemessen zu sein. Auch im natürlichen Lebensraum machen Tiere negative Erfahrungen, nicht zuletzt in der Auseinandersetzung mit Artgenossen und anderen Lebewesen. Daran hat man sich als Ausbilder zu orientieren.

Unmäßige, ja maßlose, dem Tier und der Situation in keiner Weise gerecht werdende, evtl. sogar zeitlich verzögerte „Bestrafungen" sind nicht nur aus Grün-

den des Tierschutzes, sondern auch in bezug auf den Ausbildungsprozeß völlig abzulehnen. Solche „Strafmaßnahmen", die meist auf einer unsachgemäßen Vermenschlichung des Tieres basieren, führen meist dazu, daß
- das für die Ausbildung so grundlegende und notwendige Vertrauensverhältnis zwischen Mensch und Tier und das für die Ausbildung ebenso wichtige Vertrauen des Tieres in die Ausbildungssituation beeinträchtigt oder zerstört werden,
- zwar u.U. gewisse unerwünschte Verhaltensweisen in ihrer Auftretenswahrscheinlichkeit verringert werden, andere ebenso unerwünschte aus den Bereichen des Meide-, Schutz- und Beschwichtigungsverhaltens aber gleichsam „angelernt" werden. Solche Tiere zeigen sich nicht gelöst, locker, ruhig und ausgeglichen, sondern gehemmt, gespannt, gestreßt, erregt, vielleicht sogar aggressiv.

Wenn Tiere in solchen Situationen Beschwichtigungs- und Schutzverhaltensweisen zeigen, sollte der Mensch situationsspezifisch darauf reagieren. Weil diese Verhaltensweisen bei vielen unwissenden Ausbildern nicht korrekt beachtet werden und ihre Wirkung verfehlen, befinden sich deren Tiere in einem „sozialen Streß", was aus Tierschutzgründen selbstverständlich abzulehnen ist (Schwizgebel, 1982). Es empfiehlt sich deshalb, dem Tier in einer Lernsituation, die eine Korrektur nach sich zog, sogleich die Möglichkeit zu geben, in erwünschter Weise zu reagieren und dafür belohnt zu werden.

Aus den dargelegten Gründen arbeitet die moderne Ausbildungsmethodik primär nach dem Prinzip der *Bekräftigung*, ist also bestrebt, die Verhaltensänderungen auf dem Weg über positive Erfahrungen zu erreichen.

Die Elemente des Ausbildungsprozesses lassen sich folglich so zusammenfassen:
ZEICHEN + evtl. „MANIPULATION"
→ erwünschtes VERHALTEN →
BELOHNUNG
 → nicht erwünschtes VERHALTEN →
IGNORIEREN
(nicht belohnen)
 → nicht erwünschtes VERHALTEN →
ZURECHTWEISEN,
KORRIGIEREN
Tatsächlich spielt sich jedoch im Ausbildungsprozeß noch weit mehr ab. Effektiv handelt es sich um eine fortlaufende Kette von Aktion und Reaktion, um ein Wechselspiel, ja einen Dialog zwischen zwei (oder mehr) Lebewesen unterschiedlichster Art unter Einbezug nicht nur von absichtlich gegebenen Zeichen, bzw. positiver oder negativer Beeinflussung tierlicher Verhaltensäußerungen, sondern auch von unbeabsichtigten Zeichen und Wirkungen, Ausdruckserscheinungen und Stimmungen. Im Idealfall entwickelt sich zwischen dem Tier und der ausbildenden Person bzw. den ausbildenden Personen eine sehr enge, vielschichtige Beziehung, ja Bindung und Anhänglichkeit.

Als Folge der tiergerechten Ausbildung fehlen beim Tier Ausdruckselemente des Drohens und der Abwehr weitgehend. Auch Schutz-, Beschwichtigungs-, Meide- und Fluchtverhalten, Zeichen von Streß und ungebührlicher Erregung (z.B. erhöhte Atemfrequenz, Zittern, Kot- und Harnabsatz) oder negative Lautäußerungen kommen kaum vor. Dagegen beobachten wir beim Tier nun Ausdruckselemente, welche eine ausgeglichene Stimmung signalisieren oder als Zeichen der Aufmerksamkeit, des „Interesses", der „freundlichen Zuneigung", der „Gelöstheit", in manchen Fällen sogar „der spielerischen Freude" interpretiert werden. Nicht selten läßt sich eine „Appetenz nach der Dressursituation" feststellen: Tiere drängen nach der Ausbildungssituation.

Tiergerechte Ausbildung kann das Dasein von Tieren in menschlicher Obhut erträglicher, angenehmer, abwechslungsreicher, interessanter, anforderungsreicher, spannender gestalten und bereichern. Ausbildung und später die Zusammenarbeit mit dem Tier in einer Vorführung oder der Arbeit wirken der bedenklichen Beschäftigungslosigkeit entgegen, der Tiere, die ja in ihrem natürlichen Lebensraum fortwährend physisch und psychisch angeregt und gefordert werden, in menschlicher Obhut oft unterliegen. Tiere, mit denen sich der Mensch regelmäßig beschäftigt, die er zu Aktivität anregt und deren Tagesablauf er anregend gestaltet, bleiben körperlich oft über lange Zeit fit und leistungsfähig. Die Ausbildung von Tieren vermag, wenn sie tiergerecht ist, durchaus einen Beitrag zum Selbstaufbau und Selbsterhalt von in menschlicher Obhut gehaltenen Tieren zu leisten, ja mag für diese geradezu notwendig sein (Hediger, 1942; Kiley-Worthington, 1990).

Ausbildung von Tieren im Zirkus ist kein Spezialfall

Das hier geschilderte Vorgehen zur Erreichung von Verhaltensänderungen bei Tieren ist nicht beschränkt auf den Heim- oder Nutztierbereich, sondern auf alle Bereiche, wo Mensch und Tier miteinander in Beziehung treten. Insbesondere gilt es auch für die Ausbildung von Tieren im Zirkus und auch im Zoo. Wer die guten Ausbilder von Tieren heute beobachtet, wird leicht erkennen, daß sie sich die als „sanft" bezeichnete, auf natürlichen Grundprinzipien basierende tiergerechte Ausbildungsmethodik längst zu eigen gemacht haben. Leider gibt es auch im Zirkus- und Zoobereich, ebenso wie unter den vielen Ausbildern in der Welt der Heim- und Nutztiere, noch viele schlechte Vertreter, die ihre Tätigkeit nie verstehen werden und deshalb ihr Bündel packen sollten.

Die Ausbildung von Tieren ist nicht ein Handwerk, das man, unter Befolgung kochbuchartiger Anweisungen, bis zur Perfektion lernen und vervollkommnen kann. Dieser Dialog mit einem Wesen einer anderen Art, die Formung flüchtiger Raum-Zeit-Gestalten, wie es Verhaltensweisen sind, ist in letzter Konsequenz weder lehr- noch lernbar und erfordert Menschen mit entsprechendem Einfühlungsvermögen und anderen wesentlichen Fähigkeiten. Ausbildung von Tieren ist eine Kunst und sollte, wie andere Künste auch, den Talentierten vorbehalten bleiben (UFAW-Proceedings, 1990).

Im Zirkus – und das unterscheidet sich von allem übrigen – werden die Tiere zur Vorführung ausgebildet. Sie „produzieren sich" also letztlich vor Publikum. Damit berühren wir nicht nur biologische, sondern auch ethische Bereiche. Folgende Punkte sollten bei einer Vorführung von Tieren zu beachten sein, damit sie auch aus ethischen Gründen akzeptiert werden kann (Althaus, 1986):
– Die Ausbildungsmethodik muß tiergerecht sein, die Tiere zeigen sich auch in der Vorführung gelöst. Anzeichen ungewöhnlicher Erregung, Elemente des Schutz-, Beschwichtigungs- und Meideverhaltens, Zeichen von Streß etc. dürfen (wenn überhaupt) nur sporadisch zu beobachten sein.
– Die Tiere wurden, gemäß den hier erläuterten Prinzipien, allmählich an die Vorführsituation, insbesondere die

Abb. 1 Das „Steigen" ist durchaus ein „natürliches" Verhalten. Es kommt bei Pferden sowohl im Spiel (Fohlen) als auch bei aggressiven Auseinandersetzungen (Hengste) vor. Durch schrittweises Vorgehen über mehrere Tage oder Wochen lernt das Pferd im Zirkus, das Verhalten auf bestimmte Zeichen auszuführen. Tägliches Körpertraining macht es möglich, daß besonders talentierte Hengste „steigend" sich drehen, vorwärts oder gar rückwärts schreiten können. Dabei bleiben sie, bei tiergerechter Ausbildung, entspannt, sicher und gelöst.

Anwesenheit von Publikum, gewöhnt.
- Die in der Vorführung gezeigten Verhaltensweisen entstammen dem arttypischen Verhaltensrepertoire (Althaus, 1993). Die Tiere zeigen „natürliche Verhaltensweisen", wenn auch in „artistischer Perfektion", basierend auf körperlichem Training (Abb. 1).
- Die Tiere werden möglichst natürlich vorgeführt, ohne störende verdeckende oder verzerrende „Kostümierung".
- In der Vorführung bleibt der Ausbilder nach Möglichkeit im Hintergrund. Seine Zeichen sind unauffällig, ja unscheinbar. Die Tiere arbeiten wie von selbst. Er strebt an, das Bewundernswerte der Tiere, das Spezielle ihrer Gestalt und ihres Verhaltens sichtbar werden zu lassen. Es sollen ihre Harmonie und Eleganz, Geschmeidigkeit und Kraft, Imposantheit oder das Bizarre, aber auch ihre Geschicklichkeit und ihr Temperament gezeigt werden. Das komische Element darf in Tiernummern durchaus vorkommen, wobei aber das Tier selbst nie der Lächerlichkeit preisgegeben, gedemütigt oder als menschliche Karikatur präsentiert werden darf.
- Die Vorführung von geschützten und/oder gefährdeten Tierarten, die der Natur entnommen worden sind, ist abzulehnen. Grundsätzlich sollen im Zirkus nur Tiere vorgeführt werden, die in menschlicher Obhut geboren sind. Auf die Vorführung von Menschenaffen ist u.U. zu verzichten.

Haltung von Zirkustieren

Die in den Tierschutzgesetzgebungen festgelegten Grundsätze für die Haltung von Tieren haben natürlich uneingeschränkt auch für die Zirkustiere Geltung. So sind sie beispielsweise regelmäßig und ausreichend mit geeignetem Futter zu versorgen, und das Befinden der Tiere sowie die Einrichtungen müssen genügend oft überprüft werden. Kranke und verletzte Tiere sind unverzüglich ihrem Zustand entsprechend unterzubringen, zu pflegen und zu behandeln. Tiere dürfen nicht dauernd angebunden gehalten werden, und die Anbindevorrichtungen dürfen nicht zu Verletzungen führen. Gehege müssen so groß und so gestaltet sein, daß Tiere sich artgemäß bewegen können. Es müssen Ausweich- und Rückzugsmöglichkeiten vorhanden sein, insbesondere wenn mehrere Tierarten im selben Gehege gehalten werden. Tieren, die sich den klimatischen Verhältnissen nicht anpassen können, ist eine geeignete Unterkunft zur Verfügung zu stellen. Elefanten sollten baden und evtl. auch suhlen, jedenfalls regelmäßig abgespritzt werden können. Flußpferde benötigen auch in der kalten Jahreszeit ein Bassin mit temperiertem Wasser. Seelöwen sollten schwimmen können, Affen klettern, Bären sich aufrichten und Raubkatzen erhöht liegen, um nur einige zu nennen. Die Einstreu muß trocken und sauber sein, die Luft in den Stallzelten nicht so, daß man die Nase rümpfen muß. Die Tiere müssen gegen Störung durch Besucher geschützt sein. Regelmäßige tierärztliche Überwachung des Tierbestandes ist sicherzustellen.

Was die Gehegegröße und die Gehegestruktur anbelangt, so werden in der schweizerischen Tierschutzgesetzgebung die Mindestanforderungen für die Haltung von Wildtieren in stationären Wildtierhaltungen (z.B. Zoologische Gärten, Tierparks, durch Privatpersonen) verbindlich festgelegt. In Deutschland existieren verschiedene entsprechende Richtlinien. Sie gelten auch für alle Wildtiere, die vom Zirkus mitgeführt werden und nicht in der Manege arbeiten. Gleichzeitig haben die Gesetzgeber jedoch eine Ausnahme für die Haltung von Tieren im Zirkus vorgesehen, welche „häufig in der Manege arbeiten". Unter „häufig in der Manege arbeiten" werden die regelmäßige Ausbildung und Vorführung der Tiere verstanden. Die Gehege dieser Tiere müssen den Mindestanforderungen, wie sie für stationäre Zoos vorgesehen sind, nicht voll entsprechen. Die Gesetzgeber gingen dabei einmal von der Überlegung aus, daß rein technisch solche großflächigen und voluminösen Konstruktionen, wie sie uns aus Zoos bekannt sind – und wo die Tiere u.U. ihr ganzes Leben in diesen „vier Wänden" zu verbringen haben –, sich in einem mobilen Betrieb nicht unbedingt verwirklichen lassen bzw. nicht zweckmäßig sind. Zum zweiten vor allem auch, daß eine Reduktion der Gehegefläche – der Raumquantität also – verantwortet werden kann, sofern den Tieren ausreichend Möglichkeit zu Aktivität und Abwechslung geboten, d.h. das Dasein durch andere Faktoren bereichert wird. In der Tat zeigt ein Vergleich der Haltungsbedingungen zwischen einem Wildtier in einer stationären Zoo- und einer mobilen Zirkushaltung wesentliche Unterschiede, die, unter gewissen Voraussetzungen, sogar für eine mobile Haltung sprechen. Zu diesen Voraussetzungen gehört sicher, daß das Tier an den immer wiederkehrenden Transport gewöhnt ist, daß es einer Art angehört, welche nicht grundsätzlich auf Transporte und Ortsveränderungen empfindlich reagiert, daß im Winterquartier Gehege ausreichender Größe und Qualität zur Verfügung stehen und die mobilen Haltungsbedingungen trotz der eingeschränkten Dimensionen tiergerecht sind und den allgemeinen Anforderungen der Tierschutzgesetzgebung entsprechen.

Zirkustiere erfahren in der Regel von frühester Jugend an, daß der regelmäßige Transport nicht nur ein wiederkehrendes Ereignis in ihrem Leben darstellt, sondern auch, daß er völlig harmlos ist. Wenn man beobachtet, was mit den Tieren während eines solchen Ortswechsels passiert, wird man feststellen, daß manche Tiere auf dem Transport ruhen oder gar tief schlafen, genau so wie ein an das Autofahren gewöhnter Hund beim Sonntagsausflug mit seiner Familie.

Nach jedem Transport eröffnet sich den Tieren im fahrenden Zoo jedoch gleichsam eine neue, unbekannte und interessante Welt: Die Exposition ihrer Wagen und Gehege ist verändert, die Gehegenachbarn sind andere, die Gehegeumgebung und damit auch die Aussicht sind neu, und der Auslauf selbst steht auf

Abb. 2 Selbst für Elefanten lassen sich auch im Zirkus mit relativ einfachen Hilfsmitteln Gehege erstellen, welche in bezug auf die Abmessungen die Mindestanforderungen für Zoologische Gärten erfüllen. Dadurch, daß den Tieren Erde, Heu, Gras, Sägemehl, belaubte Äste, Früchte, Gemüse und anderes verteilt im Raum zur Verfügung gestellt werden, daß sie zur Probe, zu den Vorführungen, zu Spaziergängen, zum Baden, zum Kinderreiten usw. das Gehege verlassen und auch zur Körperpflege täglich intensiv betreut werden, haben sie einen ausgefüllten, abwechslungs- und anforderungsreichen Tagesablauf.

einer unbekannten, evtl. auch qualitativ anderen Unterlage, die es zu erkunden gilt. Daneben aber bleiben wesentliche, Sicherheit vermittelnde und vertrauenerweckende Faktoren völlig unverändert, wie die effektive Gehegekonstruktion, die Objekte im Gehege, der Pfleger, die Pflegeroutine, die anderen Artgenossen usw., so daß ein Transport für die Tiere nach relativ kurzer Zeit der Gewöhnung keinen unzumutbaren Streß darstellt, sondern eine willkommene Bereicherung ihres Daseins.

Tiere im guten Zirkuszoo werden außerdem in der Regel sehr intensiv betreut. Um eine vergleichsweise kleine Anzahl von Tieren kümmert sich eine vergleichsweise große Anzahl von Tierpflegern. Der enge Kontakt zu den Tieren wird gesucht. Die Tiere werden regelmäßig ausgebildet und vorgeführt oder zu anderer Arbeitsleistung eingesetzt.

Wildtiere im Zirkus werden sowohl psychisch wie physisch stärker angeregt und gefordert als die Mehrzahl der Wildtiere in einer stationären Tierhaltung, die, wie es Alverdes (zit. in Hediger, 1942) bereits 1925 formuliert hat, oft „zu Beschäftigungslosigkeit verurteilt" sind (Schmid, 1993).

Wie weit die Abweichungen der Dimensionen für Zirkusgehege von denen in stationären Zoos zu tolerieren sind, wurde in einem Informationsschreiben des Bundesamtes für Veterinärwesen, ausgearbeitet von der vom Bundesrat gewählten Fachkommission für die Belange des Washingtoner Artenschutzübereinkommens (Schweiz, 1983) bzw. einer Richtlinie des Bundesministeriums für Ernährung, Landwirtschaft und Forsten (Deutschland, 1990) festgehalten. Zwar empfehlen diese Erlasse nur sehr knapp bemessene Käfige, Boxen usw., enthalten jedoch auch die Forderung nach Veranden, Außengehegen und anderen Möglichkeiten zur Vergrößerung des Aktionsraumes am Standplatz. Initiative Zirkusunternehmen bzw. fortschrittliche Zirkustierhalter bieten allerdings heute in zunehmendem Maße ihren Tieren, auch wenn sie „häufig in der Manege arbeiten", Gehege an, die in bezug auf die Dimensionen durchaus auch die gesetzlichen Anforderungen für stationäre Zoologische Gärten erfüllen bzw. diese übertreffen (Abb. 2). Bei Unternehmen, welche Tiere nicht vorschriftsgemäß unterbringen, sie beispielsweise immer noch dauernd in engen Transportwagen oder gar Transportbehältern halten, bei denen manche Tiere ständig angebunden werden oder die ihren Tieren weder Veranden noch Ausläufe zur Verfügung stellen, obwohl dies oft mit geringem finanziellem Aufwand möglich wäre, ist zu untersuchen, ob und in welcher Form gegen die geltenden gesetzlichen Grundlagen verstoßen wird. Gegebenenfalls ist ein Strafverfahren einzuleiten.

Neben Empfehlungen zu den Gehegedimensionen (der Raumquantität) enthalten die genannten Erlasse zusätzliche Empfehlungen zur Raumqualität, also zur Gestaltung der Gehege von Tieren im Zirkus, wie beispielsweise die Forderung nach Bassins bzw. Bademöglichkeiten, nach Heizeinrichtungen, wo solche erforderlich sind, nach Sichtblenden und Rückzugsräumen, nach erhöhten Liegeflächen und Kratzbäumen, nach Beschäftigungs- und Spielmaterial usw. Auch in diesem Bereich lassen sich große Unterschiede feststellen. Während einige Unternehmen den Großkatzen und Affen Kletterbäume bieten, manchen Tieren täglich neue belaubte Zweige zur Verfügung stellen (Elefanten, Giraffen, Affen, Bären), Futter unterschiedlichster Art räumlich und zeitlich verteilt darbieten (Elefanten, Affen, Kleinbären) oder verstecken (Bären), immer wieder neue Spiel- und Beschäftigungsobjekte in die Gehege bringen (Nashorn, Affen, Klein- und Großbären, Großkatzen) und manches mehr, sind die Gehege bei vielen anderen Unternehmen nüchtern, kahl und wenig strukturiert. Oft stellt man sich die Frage, ob es bei diesen Zirkustierhaltern wirklich nur am Wissen, an der Information und der Phantasie fehlt oder nicht viel mehr am guten Willen.

Dies würde bedeuten, daß in dieser Beziehung behördliche Überzeugungskraft und ein entsprechender Druck durch die Behörden gefragt sind.

■ Behördliche Überwachung der Zirkusbetriebe

Zusammen mit anderen Einrichtungen gelten Zirkusse, sofern sie überhaupt Wildtiere halten, als gewerbsmäßige Wildtierhaltungen. Als solche unterstehen sie einer *behördlichen Bewilligungspflicht*.

Da Zirkusunternehmen per definitionem Betriebe darstellen, die während eines großen Teils des Jahres nicht seßhaft sind, sondern von Ort zu Ort ziehen, wurde in der Schweiz bestimmt, daß für sie derjenige Kanton zuständig ist, wo sich ihr Winterquartier oder die festen Einrichtungen für die Tiere befinden. Daraus folgt, daß jedes Zirkusunternehmen, das Tiere mit sich führt, zwangsweise über ein solches Winterquartier verfügen und in der Lage sein muß, jederzeit dessen Standort mitzuteilen. Befindet sich das Winterquartier eines Zirkusunternehmens oder einer einzelnen Tiernummer im Ausland, wird eine amtliche Bestätigung verlangt, aus welcher hervorgeht, daß dieses Winterquartier die schweizerischen Mindestanforderungen erfüllt.

Die Bewilligung gilt allgemein oder wird auf bestimmte Tierarten beschränkt und legt die Mindestzahl der Tierpfleger fest. In diesem Zusammenhang sei darauf hingewiesen, daß in der Schweiz in gewerbsmäßigen Wildtierhaltungen, also auch in Zirkussen, die Tiere grundsätzlich durch Tierpfleger mit Fähigkeitsausweis oder unter ihrer unmittelbaren Aufsicht betreut werden müssen. Die

Anzahl der Tierpfleger richtet sich nach Art und Zahl der Tiere. Die Bewilligungen können außerdem Fütterung, Pflege und Unterkunft näher festlegen und mit Bedingungen und Auflagen verbunden werden.

Die zuständige Behörde des Standortkantons überprüft die Haltungsbedingungen nicht nur des Winterquartiers, sondern auch des fahrenden Zoos, in der Regel zu Beginn der neuen Saison. Zu diesem Zeitpunkt muß auch die vollständige Tourneeliste vorliegen. Den zuständigen Behörden der jeweiligen Gastspielkantone ist es durchaus gestattet, auch während der Tournee Kontrollen vorzunehmen und insbesondere zu überprüfen, ob die vom Standortkanton gestellten Bedingungen und Auflagen eingehalten werden. Dabei haben die mit dem Vollzug des Gesetzes beauftragten Organe Zutritt zu den Räumen, Einrichtungen, Fahrzeugen, Gegenständen und Tieren, und sie haben die Eigenschaft von Beamten der gerichtlichen Polizei.

Die Behörde hat unverzüglich einzuschreiten, wenn feststeht, daß Tiere stark vernachlässigt oder völlig unrichtig gehalten werden. Sie kann die Tiere vorsorglich beschlagnahmen und auf Kosten des Halters an einem geeigneten Ort unterbringen; wenn nötig, läßt sie die Tiere verkaufen oder töten. Sie kann dafür die Hilfe der Polizeiorgane in Anspruch nehmen. Die Verfolgung und Beurteilung strafbarer Handlungen sind Sache der Kantone. Das Bundesamt für Veterinärwesen kann Amtsklage erheben.

Die Ausdehnung der Bestimmungen der Tierschutzgesetzgebung in der erläuterten Art und Weise auf die Haltung von Zirkustieren hat sich in der Schweiz folgendermaßen ausgewirkt:
– Auf die Anzahl der effektiv auf Tournee gehenden Zirkusunternehmen hatte die Tierschutzgesetzgebung keinen negativen Einfluß: In der Schweiz existieren rund 20 Zirkusunternehmen (Kleinzirkusse, Kinderzirkusse etc. mit eingerechnet). Davon halten nur etwa 5–6 Wildtiere (die Haltung von Haustieren ist nicht bewilligungspflichtig) und dies auch nicht jede Saison. Wandernde Tierschauen gibt es jedoch keine mehr.
– Die Haltung der Tiere wurde verbessert, und zwar nicht nur in bezug auf die Quantität, sondern auch in bezug auf die Qualität der Gehege. Verschiedene Unternehmen entwickelten Eigeninitiative und erarbeiteten neuartige, gesetzeskonforme und teilweise weit über die Empfehlungen hinausreichende Haltungsformen. Es sei allerdings auch nicht verschwiegen, daß bei einzelnen Unternehmen die Durchsetzung der neuen Bestimmungen auf Widerstand stieß und als ungebührliche amtliche Einmischung verstanden wurde. Durch die gesetzlichen Bestimmungen gewinnen die Winterquartiere und die dortigen Einrichtungen an Bedeutung, und es wird ihnen vermehrt Aufmerksamkeit geschenkt. Ein Unternehmen errichtete z.B. ein völlig neues, vorbildliches Winterquartier.
– Ganz allgemein hat die Zahl der von den Zirkusunternehmen mitgeführten Arten und Individuen, vor allem der nicht in der Manege arbeitenden Wildtiere, abgenommen bzw. deren Haltung wurde gänzlich aufgegeben (z.B. Servale, Hyänen, Leoparden, Geparde, Wölfe, Hyänenhunde, Gorillas, Schimpansen, einzeln gehaltene Makaken, Reptilien). Die freiwerdende Raumkapazität in den vormals dicht belegten und stark unterteilten Käfigwagen ermöglicht es nun, besser geeignete

Tierarten in attraktiven (züchtenden) Gruppen zu halten (z.B. Kattas, Nasenbären, Makaken, Kapuzineraffen in Familiengruppen). Es werden auch attraktive Haustiere gehalten. Nach wie vor werden die Zirkuszoos von vielen Tausenden von Menschen im Laufe der neun Monate dauernden Saison besucht und positiv beurteilt.

- Die Forderung, daß für Schimpansen und Robben ein Winterquartier vorhanden sein muß, das die Anforderungen nach Anhang 2 der schweizerischen Tierschutzverordnung erfüllt bzw. die Forderung, daß die Existenz eines solchen Quartiers auch bei im Ausland beheimateten Nummern amtlich bestätigt werden muß, hat zu einem deutlichen Rückgang solcher Tiernummern geführt.
- In den Zirkusunternehmen werden die Tiere durch Tierpfleger mit Fähigkeitsausweis oder unter ihrer unmittelbaren Aufsicht betreut.
- Die Auswirkungen der Gesetzgebung auf die Ausbildung der Tiere sind etwas schwieriger abzuschätzen. Ein Unternehmen hat seit dem Jahre 1938 die Ausbildung seiner Tiere grundsätzlich dem Publikum zugänglich gemacht und veranstaltet seit 1978 an den größten Gastspielorten zusätzliche, durch Fachleute kommentierte sogenannte „öffentliche Dressurproben". Tausende von Einzelpersonen, aber auch Vereinigungen, die sich privat oder beruflich mit der Ausbildung von Tieren und auch mit dem Tierschutz allgemein beschäftigen, haben diese „Schule für Tiere" inzwischen besucht und sich sehr positiv darüber ausgesprochen, wieviel sie selbst für den Umgang mit ihren Tieren durch das vorgelebte Beispiel profitiert haben. Andere Zirkusunternehmen sind inzwischen diesem Beispiel gefolgt.

Literatur

Althaus, Th. (1985): Die Dressur von Tieren. In: Mensch und Tier (hrsg. von Maja Svilar), Lang, Bern.

Althaus, Th. (1986): A Code of Ethics for Circus Animal Training. Vortrag am Int. Symposium „Living together: People, Animals and the Environment", Boston, USA.

Althaus, Th. (1988): Das Zirkustier aus der Sicht der Schweizer Tierschutzgesetzgebung. Tierärztl. Umschau 43/10, 635–638.

Althaus, Th. (1993): „Natürliches Verhalten" in der Zirkusmanege. In: Aktuelle Arbeiten zur artgemäßen Tierhaltung 1992, KTBL Schrift 356, 225–229.

Bundesamt für Veterinärwesen (1983): Gehegeanforderungen für Zirkustiere. Tierschutz-Information 800.109.31, BVET CH-3003 Bern.

Bundesministerium für Ernährung, Landwirtschaft und Forsten (1990): Leitlinien für die Haltung, Ausbildung und Nutzung von Tieren in Zirkusbetrieben oder ähnlichen Einrichtungen. D-5300 Bonn.

Hediger, H. (1942): Wildtiere in Gefangenschaft. B. Schwabe, Basel.

Kiley-Worthington, M. (1990): Animals in Circuses and Zoos – Chiron's World? Little Eco-Farms Publishing.

Schmid, J. (1993): Aktivitätenvergleich bei Circus- und Zooelefanten im Paddock und an der Kette. Bongo, Berlin 22, 91–100.

Schwizgebel, D. (1982): Zusammenhänge zwischen dem Verhalten des Tierlehrers und dem Verhalten des Deutschen Schäferhundes in verschiedenen Dressurdisziplinen. Diplomarbeit, Universität Bern, unveröffentlicht.

Schwizgebel, D. (1996): Kriterien zum tiergerechten Einsatz elektrisierender Trainingsgeräte, des Ultraschallgerätes „DAZER" und des Duftstoffgerätes „BELL-STOP" beim Hund. Tierärztl. Umschau 51, 687–694 und 766–772.

Tschanz, B. (1982): Verhalten, Bedarf und Bedarfsdeckung bei Nutztieren. KTBL-Schrift 281, Darmstadt, 114–128.

Universities Federation for Animal Welfare (1990): Animal Training. Proceedings of a UFAW Symposium 1989.

Zeeb, K. (1973): Pferde dressiert von Fredy Knie. Hallwag, Bern.

Tierschutz im Pferdesport aus reiterlicher Sicht

R. Klimke

Das Pferd in Sport und Freizeit

Das Pferd ist seit Jahrtausenden Weggefährte des Menschen. Durch die Technisierung und Motorisierung ist das Pferd als Arbeitstier weitgehend überflüssig geworden. Heute werden Pferde überwiegend für Sport und Freizeit gehalten. Nur der Pferdesport garantiert noch das Überleben des Pferdes.

Die Reiterei hat sich in den letzten Jahrzehnten zum Volkssport entwickelt. Die Krise um 1963, als es in Deutschland nur noch rund 280.000 Pferde gab und in vielen Aktionen unter dem Leitmotiv „das Pferd muß bleiben" für den Pferdesport geworben wurde, ist überstanden. Nach der Statistik der Deutschen Reiterlichen Vereinigung betrug der Pferdebestand in Deutschland 1995 rund 598.800 Pferde. Für 1996 verzeichnete die Statistik einen weiteren Anstieg um ca. 5%. Etwa 650.000 Reiterinnen und Reiter sind in Deutschland in den Reiterlichen Vereinigungen organisiert. Man schätzt, daß insgesamt etwa 1,5 Mio. Menschen Pferdesport betreiben. Damit dürfte die Existenz des Pferdes auf absehbare Zeit gesichert sein.

Verantwortung des Menschen gegenüber dem Pferd als seinem Sportkameraden

Der verhaltensgerechte Umgang mit Pferden gehört nicht mehr zum selbstverständlichen Lebensalltag des Menschen, seitdem das Pferd ihm in erster Linie als Sportpferd dient und die Reiterei sich in erheblichem Umfang aus dem ländlichen Raum in die Städte verlagert hat. Wir müssen deshalb sehr deutlich die Ziele beschreiben, die der Pferdesport verfolgen darf, und wir müssen die Einhaltung dieser Ziele überwachen.

Wir stellen allgemein eine größere Sensibilität des Menschen im Umgang mit Tieren fest. Das ist gut so, darf aber nicht zu falscher Tierliebe verleiten, wie sie bei Laien oft anzutreffen ist. Der Pferdesport hat seine Ziele in den Ausbildungsvorschriften und Wettkampfbestimmungen definiert. Einfach ausgedrückt, sollen nur diejenigen Anlagen eines Pferdes ausgebildet und entwickelt werden, die die Natur ihm als Veranlagung mitgegeben hat. Wir wollen das Sportpferd durch gymnastische Ausbildung gesünder und leistungsfähiger machen. Um dies zu erreichen, müssen wir die technischen Fertigkeiten der Ausbildung erlernen und darüber hinaus ein Feingefühl entwickeln, um einerseits eine Vertrauensbasis zwischen Mensch und Pferd aufzubauen, andererseits darauf zu achten, daß das Pferd den Menschen als ranghöheren Partner akzeptiert. Gerade in diesem Punkte kann es leicht zu Mißverständnissen kommen. Wir wissen, daß mit Gewaltanwendung keine Harmonie erreicht werden kann. Wir wissen aber auch, in welche lebensgefährliche Situation der Mensch geraten kann, wenn er sich vor diesem Partner fürchtet. Deshalb ist nicht jede Maßregelung tierschutzwidrig. Für den Laien ist es häufig schwierig zu unterscheiden, ob eine Maßnahme des Reiters in der gegebenen Situation verhaltensgerecht oder tierschutzwidrig ist.

▪ Leistung als Grundelement der Bewegungserziehung

Der Leistungsgedanke ist - richtig verstanden - das Grundelement jeder Bewegungserziehung. Für den Rennsport ist dies selbstverständlich; denn das Training konzentriert sich darauf, in der entscheidenden Phase des Rennens als schnellster den Zielpfosten zu passieren. Aber auch im Reitsport ist das Training ausgerichtet auf die Erzielung einer bestimmten Leistung. Dies gilt nicht nur dort, wo das Pferd für die Teilnahme im Turniersport als Dressur-, Spring-, Military-, Fahr- oder Voltigierpferd eingesetzt wird. Jede Reitstunde verfolgt ein bestimmtes Ausbildungsziel, sei es für den Reiter, der lernen will, oder für das Pferd, das weiter ausgebildet werden soll.

Die Ausbildungsziele sind auf das Alter und den Entwicklungsstand des Pferdes abgestimmt. Nach der für den Reit- und Turniersport maßgeblichen Leistungsprüfungsordnung (LPO Deutschland) erfolgt der Leistungsaufbau in vier Ausbildungsstufen:

    Klasse A   = Anfänger
    Klasse L   = Leicht
    Klasse M   = Mittelschwer
    Klasse S   = Schwer.

Für jede Leistungsklasse rechnet man etwa eine Ausbildungszeit von 1 Jahr, um das Pferd systematisch an die gestellten Anforderungen heranzuführen.

Für einen Start in die nächsthöhere Klasse sind Erfolge in der darunterliegenden Klasse Voraussetzung. Es soll durch die Altersbegrenzung einer zu frühen Leistungsforderung vorgebeugt werden. So ist für die Klasse A in der Dressur ein Mindestalter des Pferdes von 4 Jahren vorgeschrieben. Für Spring- und Geländeprüfungen ist bereits in der Klasse A ein Mindestalter von 5 Jahren erforderlich. Für die Ausbildung gelten sowohl in der Grundstufe als auch in den Spezialdisziplinen die überlieferten und von der Deutschen Reiterlichen Vereinigung fortentwickelten Trainingsrichtlinien, die nach den Erfahrungssätzen sicherstellen sollen, daß das Pferd durch gymnastische Ausbildung den Leistungsstand erreichen kann, der seiner individuellen Veranlagung entspricht.

▪ Schutz des Pferdes vor Überforderung

Wir wissen, daß nicht jedes Pferd in den Spezialdisziplinen des Pferdesports zu Höchstleistungen fähig ist. Dort, wo die Natur Grenzen gesetzt hat, können diese auch durch das beste Training nicht überwunden werden. Hier steht die Verantwortung des Menschen auf dem Prüfstand. Es ist Aufgabe des Trainers, des Reiters oder des Fahrers, aus den Erfahrungen und Ergebnissen des Trainings die Leistungsgrenzen des ihm anvertrauten Pferdes zu erkennen. Wir alle haben die Pflicht, dafür Sorge zu tragen, daß diese Grenze nicht überschritten wird.

An Beispielen ausgedrückt, bedeutet dies:

Wenn im Springen erkannt wird, daß die Veranlagung des Pferdes für die höheren Klassen M und S nicht ausreichend ist, gebietet es die Verantwortung des Reiters, das Pferd in diesen Klassen nicht zu starten. Es ist zugegebenermaßen nicht einfach zu erkennen, ob eine schwache Leistung des Pferdes in der nächsthöheren Klasse auf mangelnder Routine oder mangelnder Veranlagung beruht; denn eine stufenmäßige Steigerung der Anforderungen von einer Klasse in die nächsthöhere braucht einen gewissen Erfahrungszeitraum. Aber in der Erprobungsphase zu einer ranghöheren Leistungsklasse zeigt sich für den Fachmann die Entwicklung. Diese Entwicklung muß seine Entscheidung bestimmen, vor welche Aufgaben er das Pferd verantwortungsbewußt stellen kann und vor welchen Anforderungen er sein Pferd zu verschonen hat.

In der Dressur ist es ähnlich. Man kann nahezu jedes Reitpferd bis zu den Leistungsklassen L (Leicht) und M (Mittelschwer) ausbilden. Doch hier scheiden sich häufig die Geister. Wenn der Grad der „Intelligenz" nicht ausreicht, um die Lektionen der nächsthöheren Klasse zu erlernen, muß der verantwortliche Ausbilder dies nach einer gewissen Erprobungs- und Erfahrungszeit erkennen und danach handeln. Gleiches gilt für die dem Pferd von Natur aus gegebenen Bewegungsmöglichkeiten. Es ist erfolglos und tierschutzwidrig, wenn der verantwortliche Dressurausbilder in einer solchen Situation den untauglichen Versuch unternehmen würde, aus dem Pferd unter Gewaltanwendung mehr herausholen zu wollen, als die Natur dem Pferd an Veranlagung mitgegeben hat. *Gewalt und Harmonie sind Feinde.* Mit Gewalt kann man keine Harmonie erzeugen, allenfalls Kadavergehorsam, mit dem man normalerweise in Dressurprüfungen des Turniersports keine Erfolge erringen kann; denn dort steht die Ausstrahlung des Gesamtbildes von Reiter und Pferd im Vordergrund.

Im Rennsport zeigt die Stoppuhr die Grenzen auf, welches Tempo das Pferd gehen kann. Eine Überforderung des Rennpferdes durch Verstoß gegen die anerkannten Trainingsregeln kann nur zu Mißerfolg führen und bestraft sich wirtschaftlich. Das mindert die Mißbrauchsgefahr und schützt das Pferd.

Tierschutzwidriges Verhalten gegenüber dem Pferd

Die Fragen, was bei der Haltung und Nutzung von Pferden verhaltensgerecht oder tierschutzwidrig ist, sind in einer fortlaufenden Diskussion unter Beteiligung der Organisationen des Pferdesports, der Tierärzteschaft und der Tierschutzverbände. Die Diskussionen haben dazu geführt, die gesetzlichen Bestimmungen über den Tierschutz durch Leitlinien weiterzuentwickeln.

Nach § 1 des deutschen Tierschutzgesetzes darf niemand einem Tier ohne vernünftigen Grund Schmerzen, Leiden oder Schäden zufügen. § 3 dieses Gesetzes regelt die einzelnen Verbotsfälle. Danach ist es u. a. verboten:

– einem Tier außer in Notfällen Leistungen abzuverlangen, denen es wegen seines Zustandes offensichtlich nicht gewachsen ist oder die offensichtlich seine Kräfte übersteigen, ...

– ein Tier auszubilden, sofern damit erhebliche Schmerzen, Leiden oder Schäden für das Tier verbunden sind, ...

– ein Tier zu einer Filmaufnahme, Schaustellung, Werbung oder ähnlichen Veranstaltung heranzuziehen, sofern damit Schmerzen, Leiden oder Schäden für das Tier verbunden sind, ...

– an einem Tier bei sportlichen Wettkämpfen oder ähnlichen Veranstaltungen Dopingmittel anzuwenden.

Tierschutzwidriges Verhalten bei der Nutzung von Pferden

Es ist tierschutzwidrig, von einem Pferd Leistungen zu verlangen, zu denen es wegen seines Zustandes offensichtlich nicht in der Lage ist oder die offensichtlich seine Kräfte übersteigen. Die einzelnen Pferdezucht- und Sportverbände legen in ihren Regelwerten Mindestalter für den frühesten Einsatz der Pferde fest. Über diese Angaben zu Trainingsbeginn und Einsatzalter sowie über die Belastung in den einzelnen Sportarten besteht in dem Diskussionsprozeß mit den beteiligten Gruppen bisher kein allgemeiner Konsens. Übereinstimmung besteht jedoch darin, daß die bisherigen Mindestaltersangaben der Verbände nicht unterschritten werden dürfen. Daraus leitet sich im Einzelfall ab, was als tierschutzwidrig einzustufen ist. Junge Pferde müssen langsam an ihre Aufgaben herangeführt und schonend ausgebildet werden. Die jeweiligen Schritte und Maßnahmen müssen sich nach Alter und Entwicklungszustand des einzelnen Pferdes richten.

In die allgemeine Erziehung des Pferdes im Fohlenalter kann Lauftraining ohne Belastung, d. h. ohne Reiter, ohne Fahrgerät und ohne Longe einbezogen werden. Auch ist gegen ein Mitlaufen des Fohlens als Handpferd ohne Trense und ohne Ausbindung nichts einzuwenden. Tierschutzwidrig hingegen ist ein Training von Fohlen unter dem Reiter oder ein gezieltes Training über Sprünge mit und ohne Reiter.

Umstritten ist die Frage, in welchem Alter mit der Ausbildung des Reit- oder Fahrpferdes begonnen werden darf. Ich halte es nicht für tierschutzwidrig, im Alter von 2 Jahren mit der Gewöhnung an Zaumzeug, Longe, Sattel, Geschirr, Fahrzeuge etc. zu beginnen und die Pferde unter Beachtung ihrer körperlichen Entwicklung am Ende des zweiten Lebensjahres anzureiten bzw. anzuspannen. Die eigentliche Ausbildung zu dem vorgesehenen Nutzungszweck darf jedoch nicht früher als im Alter von 3 Jahren beginnen.

Bei frühreifen Pferderassen mit ausschließlichem Training auf Schnelligkeit für Galopp- und Trabrennen haben die Verbände das Mindestalter für den Einsatz auf zwei Jahre festgesetzt. Allerdings ist zusätzlich vorgeschrieben, daß vor dem ersten Start alle Rennpferde fachtierärztlich zu untersuchen und zu begutachten sind, ob sie aus tierärztlicher Sicht für die Teilnahme an Rennen geeignet sind. Bei Einhaltung dieser Bestimmungen halte ich diese Toleranzgrenze bei Galopp- und Trabrennpferden für vertretbar, wenn das Antrainieren und der Einsatz mit Behutsamkeit erfolgen. Kontrollen zum Schutz vor Mißbrauch sind in dieser kritischen Alters- und Entwicklungsphase des Pferdes von großer Wichtigkeit.

Unerlaubte Hilfsmittel

Die Einwirkung des Menschen auf das Pferd erfolgt durch *Hilfen*. Hilfen sind Verständigungsmittel zwischen Mensch und Tier, um die gewünschten Reaktionen zu erreichen. Die Hilfengebung muß für das Tier verständlich und konsequent erfolgen. Hilfen sollen das Vertrauen des Pferdes zum Menschen aufbauen, haben aber auch das Ziel, den Menschen als den ranghöheren Partner zu begreifen. Aus diesem Grunde sind Zurechtweisungen und Strafen mitunter unumgänglich. Diese müssen aber der jeweiligen Situation angemessen sein. Lob, Zurechtweisungen und Strafen sind nur in unmittelbarem Zusammenhang mit dem jeweiligen Verhalten wirksam. Insbesondere dürfen Strafen keine länger andauernden Schmerzen und keinesfalls Schäden verursachen. Dann sind sie tierschutzwidrig.

Tierschutzwidrig sind jedwede Maßnahmen von Brutalität. Brutalität erzeugt nicht höheren Rang, sondern Feindschaft. Brutale und damit tierschutzwidrige Maßnahmen sind z. B. Peitschen- oder Gerteneinsatz am Kopf und an den Geschlechtsteilen.

Strafaktionen nach mißglücktem Einsatz sind sinnlos, weil das Pferd den unmittelbaren Zusammenhang mit der zuvor gewünschten Leistung nicht versteht. Sie sind tierschutzwidrig.

Tierschutzwidrig ist es auch, Pferde bewußt in Hindernisse „hineinzureiten", um sie „vorsichtig" zu machen.

Menschen, die als Erziehungsmittel Pferde im Stall ausbinden, als Mittel der Bestrafung dem Pferd über Tage kein Wasser geben, handeln im höchsten Maße tierschutzwidrig. Verboten und damit tierschutzwidrig ist jedweder übermäßige Gebrauch der Zügelhilfen, Sporen, Peitsche und Gerte. Zu scharfe, nicht passende, abgenutzte oder fehlerhaft eingeschnallte Gebisse können dem Pferd erhebliche Schmerzen und Schäden zufügen. Auch die Verwendung von gebißlosen Zäumungen (z. B. mechanische Hackamore) kann bei unsachgemäßer Verschnallung und Anwendung Schmerzen und Schäden verursachen. Es handelt sich dann um verbotene Hilfsmittel, die als tierschutzwidrig einzustufen sind.

Manipulation

Die Nutzung des Pferdes im Sport muß sich nach seiner Veranlagung, seinem Leistungsvermögen und seiner Leistungsbereitschaft orientieren. Jede Manipulation des Leistungsvermögens durch medikamentöse Einwirkung auf das Pferd oder die Anwendung von Hilfsmitteln, durch die einem Pferd bei Ausbildung, Training und Nutzung ohne vernünftigen Grund Schmerzen zugefügt werden oder durch die Leiden oder Schäden entstehen können, sind abzulehnen und als tierschutzwidrig zu ahnden. Darunter fallen z. B.

– die Anwendung stromführender Mittel, wie Elektrotreiber, Elektroführmaschinen mit stromführenden Treibhilfen, stromführende Sporen, stromführende Peitschen,
– die Durchführung von Manipulationen am Pferd zur Beeinflussung der Leistung, wie Blistern, präparierte Bandagen o. ä.,
– die Anwendung schädigender Beschläge oder das Anbringen von Gewichten an den Extremitäten,
– die Anwendung einer Methode des Barrens, bei der dem Pferd erhebliche Schmerzen zugefügt werden, um es zum stärkeren Anziehen der Karpaloder Tarsalgelenke zu veranlassen, z. B. Schlagen mit Hindernisstangen, Gegenständen oder Stangen aus Eisen, Verwendung stromführender Drähte über dem Hindernis.

Der Einsatz von Pferden mit Nervenschnitt (Neurektomie) im Sport ist umstritten (s. Beitrag Schatzmann und Meier). Er ist in einigen europäischen Ländern verboten; in Deutschland ist er zur Zeit noch erlaubt. Ich bin der Auffassung, daß neurektomierte Pferde, wenn sie bereits ausgebildet sind, als Lehrpferde durchaus noch verwendet werden können. Auch ein bedingter Einsatz in Dressurprüfungen kann in Betracht kommen. Allerdings halte ich einen Einsatz neurektomierter Pferde im Springsport und in der Military für tierschutzwidrig, weil dies zu erheblichen Schäden für das Tier führen kann.

Tierschutzwidrig ist es auch, die Tasthaare oder Ohrhaare des Pferdes zu entfernen.

Doping

Ein Pferd mit einer Erkrankung, die seine Nutzung ausschließt oder einschränkt, darf bis zu seiner Gesundung nicht oder nur insoweit eingesetzt werden, als es seinem Zustand angemessen ist und die Nutzung nicht zu Schmerzen, Leiden oder Schäden führt. Die Verführung, ein solches Pferd durch die Verabreichung von Dopingmitteln fit zu machen, hat den Gesetzgeber veranlaßt, diesen Tatbestand in § 3 des deutschen Tierschutzgesetzes als tierschutzwidrig aufzunehmen (s. Beitrag Cronau).

Die Definition des Dopings im Sinne des Tierschutzgesetzes ist nicht identisch mit Doping nach den verbandsrechtlichen Bestimmungen der Pferdesportverbände. Doping im Sinne des Tierschutzgesetzes liegt nur vor, wenn dadurch dem Tier Schäden zugefügt werden. Doping im Sinne der verbandsrechtlichen Bestimmungen der Pferdesportverbände liegt vor, wenn dem Pferd ein Mittel verabreicht worden ist, welches als unerlaubtes Mittel auf der Dopingliste geführt wird. In den Dopinglisten der Pferdesportverbände werden auch Substanzen genannt, von deren Verabreichung kein Schaden oder Nachteil für das Pferd zu erwarten ist. Dies ist nicht unproblematisch, weil der Mensch dafür Sorge zu tragen hat, daß das Pferd im Krankheitsfall die erforderliche Behandlung erhält und die Nachweismöglichkeiten soweit entwickelt worden sind, daß die verabreichten Substanzen im nachhinein über einen längeren Zeitraum nachweisbar sind. Die Frage nach dem Zeitpunkt der Startberechtigung eines nach ordnungsgemäßer Behandlung wiederhergestellten Pferdes ist deshalb schwierig zu beantworten und kann zu Streitigkeiten und Sanktionen führen, die an dem Kern des Problems vorbeigehen, wonach die Leistung des Pferdes nicht durch Verabreichung von Medikamenten manipuliert werden darf. Eine zusammenfassende Darstellung der vielschichtigen Thematik bietet der VET-special-Band „Doping beim Pferd" (Autorin: Claudia Schoene; Ferdinand Enke Verlag, Stuttgart 1996).

Tierschutz im Pferdesport aus tierärztlicher Sicht

M. PICK UND J. PICK

Tierschutzgesetz und Leitlinien zum Tierschutz im Pferdesport

Das deutsche Tierschutzgesetz in der Fassung der Bekanntmachung vom 18. August 1986 muß die Grundlage für jedes Regelwerk im deutschen Pferdesport sein. In Österreich wird der Tierschutz durch Gesetze der Länder geregelt, die zum Teil die Haltung von Tieren vorschreiben. Das Schweizer Tierschutzgesetz ähnelt dem deutschen, wenn auch manche Formulierung deutlicher ist. So ist z. B. der Begriff des „vernünftigen Grundes" durch den „rechtfertigenden Grund" ersetzt worden (Art. 2/3 „Niemand darf ungerechtfertigt einem Tier Schmerzen, Leiden oder Schäden zufügen oder es in Angst versetzen"). Auch hier ist das Tierschutzgesetz durch Verordnungsbestimmungen erweitert worden, so sind z. B. das Verwenden schädlicher Hufbeschläge und das Anbringen von Gewichten im Hufbereich verboten, der Einsatz neurektomierter Pferde im Sport als tierschutzwidrig geächtet und das Doping in jeder Form untersagt.

Nach § 3 des deutschen Tierschutzgesetzes ist es unter anderem verboten:
– einem Tier außer in Notfällen Leistungen abzuverlangen, denen es wegen seines Zustandes offensichtlich nicht gewachsen ist oder die offensichtlich seine Kräfte übersteigen,
– ein Tier auszubilden, sofern damit erhebliche Schmerzen, Leiden oder Schäden für das Tier verbunden sind,
– ein Tier zu einer Filmaufnahme, Schaustellung, Werbung oder ähnlichen Veranstaltung heranzuziehen, sofern damit Schmerzen, Leiden oder Schäden für das Tier verbunden sind,
– an einem Tier bei sportlichen Wettkämpfen oder ähnlichen Veranstaltungen Dopingmittel anzuwenden.

Als richtungsweisende Leitlinie im Pferdesport muß § 1 des deutschen Tierschutzgesetzes gelten: „Niemand darf einem Tier ohne vernünftigen Grund Schmerzen, Leiden oder Schäden zufügen". Das Attribut „vernünftig" ist jedoch schwer zu definieren und wird stets von Epoche zu Epoche neu zu bestimmen sein. Außerdem setzt diese Bestimmung voraus, daß die menschliche Vernunft auf jeden Fall auch vernünftig ist.

Das Bundesministerium für Ernährung, Landwirtschaft und Forsten in Deutschland hatte im Jahr 1990 eine Arbeitsgruppe eingesetzt, die Leitlinien zum Tierschutz im Pferdesport erarbeitete. Die 1992 veröffentlichten Leitlinien legen die Anforderungen fest, die an den Umgang mit Pferden zu stellen sind. Diese Leitlinien sollen all denen eine Hilfestellung geben, die mit Pferden beschäftigt sind. Nach diesen Leitlinien sollen sich auch die Regelwerke der jeweiligen Pferdesportverbände ausrichten. Aber auch den für den Vollzug von Tierschutzgesetzen zuständigen Behörden sollen sie Orientierungshilfe für die Entscheidungen in Einzelfällen sein.

Bisher hatten die Dachorganisationen

einer jeden Pferdesportart nach eigenem Gutdünken ihr Reglement erstellt. So bestimmt die „Fédération national" (FN), auch Deutsche Reiterliche Vereinigung genannt, das Regelwerk (Leistungsprüfungsordnung) für den Turniersport auf nationaler Basis, die FEI (Fédération equestre international) für internationale Turnierveranstaltungen. Das „Direktorium für Vollblutzucht und Rennen e. V." ist verantwortlich für die Rennordnung der Galopper in Deutschland, der „Hauptverband für Traberzucht und Rennen" (HVT) hat die Rennordnung für den Trabrennsport herausgegeben. Der „Deutsche Poloverband e.V." sorgt für die Spielregeln im Polosport, die „Erste Westernreiter Union Deutschlands" ist für das Reglement im Westernsport zuständig. Ferner kümmert sich noch eine „Vereinigung der Freizeitreiter" um den Sport seiner Mitglieder, der „Verein Deutscher Distanzreiter" ist für Distanzritte zuständig, der „Islandpferde Reiter- und Zuchtverband Deutschland e. V." für den Sport mit Islandpferden. Solche und ähnliche Verbände gibt es selbstverständlich auch in anderen europäischen Ländern, und die Organisatoren sind bemüht, die jeweiligen Regelwerke international aneinander anzugleichen.

Die Vielzahl der Sportverbände macht nicht nur den vielfältigen Gebrauch des Pferdes deutlich, sie dokumentiert auch die Schwierigkeit, Leitlinien oder Verordnungen zu erarbeiten, die von allen Sportverbänden gleichermaßen akzeptiert werden können.

Der Einzug der nord- und südamerikanischen Pferdesportarten in Europa ist noch nicht beendet. Bedenkt man, daß Pferdesportarten auch noch aus anderen Kulturkreisen nach Mitteleuropa importiert werden können, so wird man leicht zu dem Schluß kommen, daß Leitlinien oder Verordnungen auch in Zukunft einer ständigen Veränderung unterworfen sein müssen.

Aus den genannten Gründen gilt das derzeitige Augenmerk in dem vorliegenden Konzept den heute in Mitteleuropa etablierten Pferdesportarten.

■ Schmerzen, Leiden und Schäden des heutigen Sportpferdes

Schmerzen

Allgemeines

Alle Reize der Umwelt können über den Weg der Sinnesorgane als Schmerz empfunden werden. Der Oberflächenschmerz wird an den Schmerzpunkten der Haut ausgelöst, periphere Nerven leiten die Schmerzempfindung zum Rückenmark. Von dort gelangt der Schmerz zum Thalamus, zur größten grauen Kernmasse des Zwischenhirns. Über entsprechende Fasersysteme wird die Empfindung schließlich zur Großhirnrinde weitergeleitet. Besondere, durch einen schmerzauslösenden Reiz freigewordene Stoffe wie Histamin, Wasserstoffionen, Kaliumionen, Serotonin u. a. führen die Erregung der Schmerzrezeptoren herbei.

Obwohl in der Literatur der Oberflächenschmerz vom Tiefenschmerz (Schmerz aus dem Körperinneren) unterschieden wird, fällt im einzelnen oft eine scharfe Trennung beider Schmerzarten schwer. Als Schmerzen sind alle Einwirkungen auf das Tier anzusehen, die zu nachhaltiger Beeinträchtigung des Wohlbefindens oder zu Abwehrreaktionen führen. Die Intensität eines Schmerzes nimmt mit der Stärke des Reizes zu. Verschiedene Abwehrmechanismen können jedoch die Intensität des Schmerzes reduzieren oder ihn sogar ganz ausschalten (Ablenkung, Streß, Schock, Bewußtlosigkeit etc.). Nach Zimmermann (1983) kann als gesichert angesehen werden, daß die Vorgänge der Schmerzempfindung von Säugetieren denjenigen des Menschen entsprechen.

Je nach der Bedeutung des Schmerzes für das Fortbestehen oder die Gesundheit des Individuums wird auch die Schmerzempfindung einzuordnen sein. So wird mit großer Wahrscheinlichkeit der erlittene Schmerz bei Rangordnungskämpfen der Pferde als weniger leiderzeugend zu beurteilen sein als die Schmerzen der ungerechtfertigten Peitscheneinwirkung eines zornigen oder ehrgeizigen Reiters. Nach Löffler (1990) sind Schmerzen, die mit Angst verbunden sind, als besonders gravierend anzusehen.

Da Schmerzempfindungen immer sehr eng mit Gefühlskomponenten gekoppelt sind, ist die Feststellung von Schmerzempfinden auf objektive Weise weder beim Menschen noch beim Tier möglich (Deegen, 1990). Ein gesundheits- oder lebensbedrohlicher Reiz wird für jedes Tier subjektiv gleich empfunden, oder anders ausgedrückt: Jedes Tier hat soviel Schmerzempfinden, wie es zum (Über)Leben benötigt. So ist z. B. der Verlust eines Beines bei einem Insekt sicherlich weniger schmerzhaft als ein gebrochenes Beim beim Pferd, welches ohne funktionsfähigen Bewegungsapparat als Fluchttier in der freien Natur dem sicheren Tode geweiht war.

Der Schmerz ist stets als Alarmsignal für das Individuum zu verstehen, damit die Schadensursache mit verschiedenen Abwehrmechanismen bekämpft werden kann. Ein Leben ohne Schmerzen würde innerhalb kurzer Zeit zum Tode des Individuums führen.

Das Schmerzempfinden des Pferdes

Schmerzerlebnisse lösen beim Pferd Flucht-, Abwehr-, selten Aggressionsmechanismen aus. Obwohl das Pferd über wirksame Waffen der Verteidigung verfügt (Hufe, Zähne), zieht es im allgemeinen als schnelles Lauftier die Flucht als Gefahrenbewältigung vor. Die Fluchtbereitschaft und das Leben in Familienverbänden garantieren dem Pferd eine erfolgreiche Gefahrenbewältigung. Schmerzen, die vom Pferd auf Dauer nicht gemieden werden können, führen zu Leiden und Schäden.

Die äußerst sensiblen Sinnesorgane ermöglichen dem Pferd eine schnellstmögliche Reaktion auf Umweltreize. Auge, Gehör, Geruchs- und Tastsinn sind besonders gut ausgebildet. Die natürliche Angst vor dem Schmerz führt zur Meidung der schmerzauslösenden Ereignisse, z. B. durch Flucht. Da auf diese Weise dem Schmerz ausgewichen werden kann, stehen Schmerz und Meidung in der Regel proportional zueinander. Allerdings kann die Angst auch ohne die wiederkehrende Erfahrung einer Schmerzempfindung auftreten. Ein einmal empfundener Peitschenschlag kann über lange Zeit mit dem Peitschenknall verbunden bleiben, so daß der gehörte Knall u. U. schon genügt, um eine fluchtartige Reaktion hervorzurufen.

Bei einer sorgfältigen Beobachtung der Pferde wird man feststellen können, daß sich Pferde gegen Insektenplage gelegentlich mit größter Heftigkeit zur Wehr setzen. Schon ein einzelnes Insekt kann zu starken Abwehrreaktionen führen. Hieraus kann man schließen, daß die Sinnesorgane der Haut besonders empfindlich sind und das Schmerzempfinden deshalb als besonders hoch einzuschätzen ist. Bedenkt man andererseits, welche Schmerztoleranz bei Rangkämfen der Pferde untereinander zum Ausdruck kommt, so muß man davon ausgehen, daß die Toleranz der Schmerzempfindungen eine besonders große Bandbreite hat. Das bedeutet, daß Schmerzen eher vom Individuum akzeptiert und wahrscheinlich auch nicht als gravierend empfunden werden, wenn hinter dem Schmerzereignis eine notwendige, evtl. auch erfolgversprechende Handlung steht.

Daß das Pferd anscheinend über ein für uns Menschen wenig erkennbares Schmerzempfinden verfügt (wenig Mimik, kaum Lautäußerungen), darf nicht dazu führen, das Schmerzempfinden etwa als gering einzustufen.

Blendinger (1971) schreibt: „Soweit wir in der Lage sind, es zu beurteilen, besteht Grund zu der Annahme, daß kaum ein anderes Haustier ein so gewaltiges Maß an Schmerzgefühlen zu empfinden vermag wie das Pferd. Umso erstaunlicher ist es, daß es seine Schmerzen im allgemeinen ohne Lautäußerungen zu ertragen pflegt ..."

Schmerzerzeugung beim Umgang mit dem Pferd

Schmerzerzeugung durch die Zügelführung

Das in der Regel aus Metall hergestellte Gebiß, welches auf die Laden (zahnloser Teil beider Unterkieferäste) drückt, ist seit altersher die übliche Art, ein Pferd zu lenken und seine Geschwindigkeit zu beherrschen. Andere Arten der Zügelführung werden in Form von Ketten oder Riemen mit Hebeln (Hackemore) verwendet, die auf den Nasenrücken einwirken.

Obwohl es das Bestreben jedes Menschen, der Umgang mit dem Pferd hat, sein sollte, schmerzhafte Einwirkungen auf das Pferd zu vermeiden, wird es immer wieder Situationen geben, bei denen auf eine schmerzhafte Einwirkung mit Hilfe des Gebisses nicht verzichtet werden kann. Dennoch muß dies stets im Sinne der Tierschutzgesetzgebung erfolgen: Es muß ein *vernünftiger Grund* vorhanden sein. So muß ein Pferd, welches durchgehen will, mit aller Gewalt daran gehindert werden. Die Einwirkung auf das Pferdemaul kann und wird sicherlich manchmal dabei die Schmerzgrenze überschreiten (Abb. 1). Die Ausbildung des Pferdes muß also darauf abzielen, daß feine Zügelhilfen durch das Gebiß angenommen werden.

Während dieses Ziel im Turniersport leichter zu erreichen ist, gestaltet sich eine sanfte Zügelhilfe im Training der Galopp- und Trabrennpferde schwieriger. Auch im Polosport, bei dem abrupte Stops und Kehrtwendungen die Regel sind, wird man, ähnlich wie bei Rennpferden, gehäuft Verletzungen der Laden feststellen. Im Westernsport, in dem in der Regel mit blanker Kandare (scharfe Art von Zäumung) geritten wird, ist die Zügelhilfe ebenfalls nicht so sanft, wie sie propagiert wird. Bei den letztgenannten Sportarten ist auf Ausbildung und Training besonderes Augenmerk zu legen.

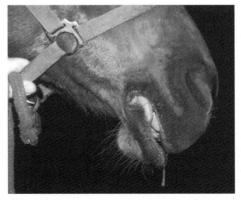

Abb. 1 Verletzung durch zu harte Einwirkung auf das Pferdemaul: entzündliches Ödem im Bereich des Maulwinkels (akuter Ladendruck).

Nervöse, hektische, überforderte Pferde reagieren häufig auf Schmerzen mit Durchgehen, entsprechend intensiver sollte deshalb die pferdefreundliche Ausbildung ausfallen. Ausgeglichenheit durch schonende Arbeit und maßvollen Einsatz sind hier das Mittel der Wahl.

Da manchmal aus Unerfahrenheit oder Ungeduld auf ein hartes Maul des Pferdes mit der Benutzung schärferer Gebisse reagiert wird, sollten die Gebißformen in allen Sportdisziplinen reglementiert werden. Tierschutzrelevante Gebisse sind zu verbieten. Bisher hat in Deutschland lediglich die FN in ihrer Leistungsprüfungsordnung Gebisse für einige Reitdisziplinen vorgeschrieben. Beim Trabrennpferd z. B. kommt eine Vielzahl von Gebissen und Zügeleinwirkungen zur Anwendung. Neben den zum Teil scharfen Gebissen für die Leinen zieht ein „Scheckgebiß" den Pferdekopf nach oben, „Kopfstangen" verhindern eine Seitwärtsbewegung des Kopfes, eine Seitenstange die Biegung des Halses, und gelegentlich macht auch noch ein Ausbinder das Hochheben des Kopfes unmöglich. Hier ist die Grenze zu erheblichen Schmerzen und Leiden deutlich überschritten.

Da die Eigenverantwortung gegenüber dem Pferd durch unterschiedlichste Gründe, wie Unwissenheit oder sportlichen Ehrgeiz, nicht immer gewährleistet ist, muß es eine unabdingbare Forderung des Tierschutzes sein, daß in allen Disziplinen und für alle Wettkampfarten lediglich Gebisse zugelassen werden, die unter der üblichen Einwirkung beim Pferd keine Schmerzen verursachen. Obwohl diese Forderung für Deutschland auch in den Leitlinien erhoben wird, haben bisher die angesprochenen Sportverbände noch keine Konsequenzen aus dieser von ihnen akzeptierten Bestimmung gezogen.

Schmerzerzeugung durch die Ausrüstung des Pferdes

Zwar sind Schmerzen, die durch Sättel und Geschirr verursacht werden, in der Regel nicht so häufig, dennoch dürfen diese Ausrüstungen nicht unerwähnt bleiben.

Der *Sattelzwang* ist die Folge eines plötzlich zu stark angezogenen Sattelgurtes. Durch das einengende plötzliche Zusammenschnüren des Brustkorbes treten beim Pferd Schmerzzustände auf, die ganz offensichtlich mit großen Angstgefühlen verbunden sind. Sehr schmale Sattelgurte, wie sie im Rennsport aus Gründen einer Gewichtsersparnis gebraucht werden, führen häufiger zu Sattelzwang als breite, elastische Sattelgurte.

Sattel- und Gurtendruck sind die Folge schlecht angepaßter Sättel oder eines schlecht sitzenden Geschirrs. Hier muß die Ursache durch gut angepaßte Ausrüstung behoben und dem entstandenen Druck Zeit zum Ausheilen gegeben werden. Bakterielle oder mykotische Infektionen können die Hautläsion komplizieren oder auch verursachen. Nur durch entsprechende Hygienemaßnahmen können diese Infektionen vermieden werden.

Schmerzerzeugung durch die Sporen

Sporen dienen im allgemeinen heute nur noch zur Verfeinerung der Schenkelhilfen des Reiters. Bei heftigem Einsatz können sie Verletzungen der Haut in der Schenkellage (seitliche Brustwand des Pferdes) verursachen. Grundsätzlich sollten in allen Sportdisziplinen, in denen Sporen getragen werden dürfen, nur noch *stumpfe Sporen* zugelassen sein.

Ein Vorwärtstreiben erschöpfter Pferde, wie es gelegentlich noch in Vielseitigkeitsprüfungen beobachtet werden kann, ist tierschutzwidrig. Aus diesem

Grund sollten Sporen bei diesen Prüfungen nicht mehr zugelassen werden. Im Galopprennsport werden in Mitteleuropa heute keine Sporen mehr verwendet.

Die im Westernsport zum Teil noch getragenen scharfen Sporen dienen eher dem Schmuck als dem Einsatz am Pferdekörper. Dennoch können sie Rißverletzungen erzeugen und sind deshalb aus Tierschutzgründen zu untersagen.

Schmerzerzeugung durch die Peitsche

Gemäß den in diesem Punkt von allen Pferdesportverbänden Deutschlands akzeptierten Leitlinien des Bundesministeriums für Ernährung, Landwirtschaft und Forsten (BML) darf die Peitsche nur noch im Sinne eines Touchierens angewandt werden.

Grundsätzlich kann man feststellen, daß ein *Peitschenmißbrauch* bei Reit- und Turnierpferden, wenn überhaupt, dann zu Hause bei der Arbeit und ohne Zuschauer stattfindet. Rennpferde werden hingegen in der Regel im Training ohne Peitschengebrauch geritten oder gefahren, der Peitschenmißbrauch erfolgt hier im Rennen beim Finish.

Während der Hauptverband für Traberzucht und Rennen in Deutschland (HVT) die stark einschränkende Bestimmung des Peitschengebrauchs im Sinne eines Touchierens in die deutsche Trabrennordnung übernommen hat (ein Verstoß dagegen wird von der jeweiligen Rennleitung jedoch selten geahndet), darf der Rennreiter desselben Landes die Peitsche noch mit aller Kraft einsetzen. Lediglich nach dem Rennen sichtbare Striemen sind – gemäß Rennordnung des deutschen Galopprennsportverbandes – hier strafwürdig. Nachdem sich die Rennsportverbände mit der Reglementierung des Peitscheneinsatzes offensichtlich schwer tun, wäre es sehr empfehlenswert, dem Beispiel Norwegens zu folgen und den Rennreitern und -fahrern die Peitsche ganz aus der Hand zu nehmen.

Schmerzerzeugung durch Barren oder Touchieren

Barren ist eine bei Springpferden gelegentlich angewandte Ausbildungsmethode, mit deren Hilfe die Pferde gezwungen werden sollen, ihre Beine über dem Sprung stärker anzuheben, um durch ihre vorsichtige Springmanier zu beeindrucken oder keine Fehler in der Leistungsprüfung zu machen. Dies wird erreicht, indem mit einer Stange (aus den verschiedensten Materialien) durch eine Hilfsperson gegen die Beine des Pferdes geschlagen wird, in dem Moment, da sich das Pferd im Sprung über das Hindernis befindet. Es gibt auch die bewährte Methode, ein Pferd von der falschen Seite über einen Oxer (Hoch-Weitsprung) oder über eine sehr dünne und schlecht sichtbare Stange, die über dem Hindernis angebracht ist, springen zu lassen. Das Taxieren des Sprungs wird hierdurch erschwert, und das Pferd schlägt gegen die Stange. Seit dem Skandal um den bekannten deutschen Springreiter Paul Schockemöhle sah sich die FN genötigt, das Barren als tierschutzwidrig zu ächten. Es wurde statt dessen der Begriff *Touchieren* eingeführt, wobei mit definierten Stangen (Stärke und Gewicht vorgeschrieben) und vorgeschriebenem Bewegungsablauf nach einem Gutachten von Preuschoft et al. (1991) keine „schmerzhaften Beanspruchungen" beim Pferd mehr ausgelöst werden sollen. Preuschoft et al. kommen zu dem Schluß: „Solange die Masse der Stange unter 0,8 kg liegt, bleibt die Belastung beim

Touchieren in Bereichen, die beim Menschen an der Unterarmkante keinen Schmerz hervorrufen." Dieser unseres Erachtens fragwürdige Vergleich mit dem menschlichen Schmerzempfinden läßt allerdings außer acht, daß bei Pferden manchmal Geräusche, die zunächst mit Schmerzen verbunden waren, auch später noch Angstzustände auslösen können, auch wenn sich der erwartete Schmerz nicht mehr einstellt. Das Pferd wird auch bei dieser Art des „Barrens", mit Hilfe einer Touchierstange, Angst vor zu erwartenden Schmerzen haben, die normalerweise bei dem Stoß gegen die dickere Hindernisstange aufgetreten sind.

Pferde, die über Hindernissen regelmäßig ihre Beine „hängen lassen", sollten nicht weiter als Springpferd ausgebildet werden. Werden nur talentierte Pferde für das Springen eingesetzt, erübrigt sich das Barren bzw. Touchieren von selbst.

Leiden

Allgemeines

Seit jeher beschäftigen sich Philosophen und Dichter mit dem Begriff des Leidens und erkannten, daß, ähnlich wie der Schmerz, auch das Leid unabwendbar mit dem Leben verbunden ist. Es wurde als Gegenbegriff zu Lust und Glück erkannt. Schopenhauer bezeichnet das Leid als das unaufhebbare Schicksal aller endlichen Wesen.

Nach Lorz (1987) werden als Leiden alle vom exakten Begriff des Schmerzes nicht erfaßten körperlich oder seelisch empfundenen Unlustgefühle bezeichnet. Nach Löffler (1990) ist es zweifelsfrei, daß Angst und sozialer Streß beim Tier ebenso Leiden verursachen können wie ungestillter Hunger oder Durst. Freude, Glück und Wohlbefinden sind auch beim Pferd die Gegenspieler des Leidens.

Während in der freien Natur soziale Rangordnungskämpfe, Hunger und Durst, Krankheit und Gefahren durch die Feinde des Pferdes ein Leiden verursachen, treten beim domestizierten Pferd andere Leiden in den Vordergrund, z. B. durch nicht artgerechte Haltung, eingeschränkte Bewegungsfreiheit, mangelnden Sozialkontakt, Überforderung oder unphysiologische Anforderungen.

Aus dem Gesagten geht hervor, daß das Pferd durch die Domestikation frühere Leiden gegen neue eingetauscht hat. Es muß als inhuman angesehen werden, wenn der Mensch das heutige Leiden der Pferde mit den durch die Domestikation gemilderten anderen Leiden entschuldigt. Vielmehr hat der Mensch die ethische Pflicht, das Leiden des Pferdes soweit als möglich einzuschränken.

Die Tierschutzgesetzgebungen verpflichten den Menschen in der Regel, erhebliche Schmerzen, Leiden oder Schäden zu vermeiden. Diese Erheblichkeit ist jedoch ein sehr relativer Begriff, dessen Interpretation, wie aus zahlreichen richterlichen Urteilen zu entnehmen ist, immer wieder zu kontroversen Beurteilungen führt.

Leiden durch nicht artgerechte Haltung

Die wesentlichen Grundbedürfnisse des Pferdes sind ausreichende Bewegung, Luft und Licht, sozialer Kontakt mit Artgenossen, regelmäßiges Futter in kleinen Portionen und regelmäßige Wasseraufnahme. Diesen Bedürfnissen muß in der Haltung von Pferden Rechnung getragen werden. Der Weidegang ist eines der „Grundrechte des Pferdes", dem, wo immer dies möglich ist, stattgegeben werden sollte. Soziale Kontakte, gleichmäßige Bewegung im Schritt und ganztägige Futteraufnahmen sind hiermit gewährleistet.

Im Auftrag des Bundesministeriums für Ernährung, Landwirtschaft und Forsten in Deutschland schuf eine Sachverständigengruppe „Leitlinien zur Beurteilung von Pferdehaltungen unter Tierschutzgesichtspunkten" (1996). Hier wird die Anbindehaltung (Ständerhaltung) der Pferde als tierschutzrelevant angesehen. Einzelboxen, Gruppenauslaufhaltung, Einraum-Gruppenlaufstall oder Weidehaltung werden empfohlen. Bewegungsfreiheit und soziale Kontakte sind hierdurch zwar nicht auf das ursprüngliche natürliche Maß zurückgeführt, es kommt jedoch zu einer die Nutzung des Pferdes berücksichtigenden Annäherung an natürliche Gegebenheiten. Die isolierte Haltung eines Pferdes, ohne Sozialpartner, der nicht unbedingt wiederum ein Pferd sein muß, ist für das Herdentier Pferd tierschutzwidrig.

Bei der Stallhaltung ist das Stallklima unter tierschutzrelevanten Gesichtspunkten zu beurteilen. Das Pferd hat ein hohes Maß an Sauerstoff- und Lichtbedarf, andererseits werden Außentemperaturen gut toleriert. Es muß daher eine der Hauptforderungen für jeden Stall sein, daß genügend Fenster und Türen vorhanden sind, die eine ausreichende Luftzirkulation und Lichteinstrahlung garantieren.

Leiden durch Überforderung in der Arbeit und im Wettbewerb

Eine Überforderung unserer Sportpferde stellt die Hauptursache des Leidens der heutigen Pferde dar. Es ist jedoch nicht möglich, hier eine generelle Aussage zu den verschiedenen Sportarten für den Durchschnitt der Pferde zu machen.

Während für das untalentierte Pferd ein einfacher A-Springparcours (A = Anfänger) schon eine Überforderung darstellt, wird ein talentiertes Pferd wahrscheinlich ohne jeden Zwang bis zu einer gewissen Höhe bereitwillig springen. Auch lauffreudige und leistungsfähige Rennpferde werden ohne großen Streß und Leiden eine gewisse Anzahl an Rennen verkraften, die für andere schwache, arbeits- oder laufunwillige Pferde Streß und somit Leid bedeuten. Selbst schwere sportliche Prüfungen, wie Vielseitigkeitsprüfungen der Klasse S (S = schwer) oder schwere Jagdrennen (Pferderennen über feste Hindernisse), müssen nicht für alle Pferde gleichermaßen eine Überforderung darstellen, wenn auch mit den Ansprüchen an die Leistungsfähigkeit die Zahl der überforderten Pferde zwangsläufig steigen wird. Je höher die Ansprüche an das Pferd, um so gewissenhafter muß die Auswahl der Pferde sein, die in diesen Prüfungen gestartet werden dürfen.

Der zu frühe Einsatz im Sport noch nicht ausgewachsener Pferde (Einreiten von Jährlingen, Rennen für 2jährige Pferde, erster Einsatz im Westernsport für 2jährige u. a. m.) kann aus der Sicht des Tierschutzes nicht toleriert werden. Die körperliche Entwicklung des Pferdes ist noch nicht abgeschlossen, der Körper ist nicht voll belastungsfähig und wird durch die zu frühe und zu hohe Belastung in sportlichen Wettkämpfen überfordert. Vielerlei gesundheitliche und psychische Schäden können die Folge sein.

Leiden durch unphysiologische Anforderungen

Unter einer unphysiologischen Anforderung ist eine von einem Tier geforderte Leistung zu verstehen, die dieses aufgrund seiner natürlichen Anlagen nicht erfüllen kann.

Abb. 2 Folgenschwerer Sturz mehrerer Pferde im Jagdrennen.

Jeder Pferdesport hatte seine Wurzeln in einem speziellen natürlichen Leistungsvermögen des domestizierten Pferdes. So ist z. B. das Ziehen eines Wagens für das domestizierte Pferd durchaus mit seinen physiologischen Anlagen zu vereinbaren. Auch die anfänglichen Wagenrennen wohlhabender Pferdebesitzer konnten noch als Ausnutzung physiologischer Gegebenheiten gesehen werden. Die in der Neuzeit gezüchteten Trabrennpferde entwickeln jedoch vor dem Rennsulky Trabgeschwindigkeiten, die nur noch mit Hilfe einer speziellen züchterischen Selektion möglich sind. Kann trotz der sehr spezialisierten Selektion die erforderliche Geschwindigkeit im Renntrab nicht mehr erreicht oder über die notwendige Distanz gehalten werden ohne eine technische Hilfegebung durch diverse Gebisse, Stangen (Hilfsmittel zum Geradehalten der Pferde), Ausbinder (Riemen zur Fixation des Kopfes), Rollen (runde Holzteile zur Verhinderung des Abknickens des Kopfes), Stöpseln (aus Schaumstoff) in den Ohren, teilweises Verdecken der Augen durch Scheuklappen, Anbinden der Zunge, Spezialbeschläge etc., so muß zwangsläufig daraus geschlossen werden, daß die Grenze des physiologischen Leistungsvermögens der so ausgerüsteten Trabrennpferde überschritten ist. Wenn die Anforderungen von dem Großteil der Pferde in Wettkämpfen ohne technische Hilfsmittel nicht mehr vollbracht werden können, sind diese Leistungsprüfungen als tierschutzrelevant anzusehen.

Während dem Gesagten zufolge der *Trabrennsport* am Scheideweg zwischen dem Physiologischen und dem Unphysiologischen steht, hat z. B. ohne Zweifel der „Tennessie Walker" (amerikanisches Gangpferd), der ohne speziellen Beschlag die geforderte Gangart nicht mehr bringen kann, die Grenze zum Unphysiologischen überschritten. Seine Nutzung auf Wettbewerben in der beschriebenen Art ist daher aus Tierschutzgründen abzulehnen.

Ebenso müssen pferdesportliche Wettbewerbe in Form extremer Pferderennen wie das „Grand National" (Jagdrennen in England), das „Pardubice" (Jagdrennen in Tschechien) und das Rennen in Siena (Pferderennen um einen Marktplatz in Italien), die regelmäßig für eine Vielzahl von Pferden schwerste gesundheitliche Schäden (Abb. 2) oder gar den Tod zur Folge haben, als unphysiologische Anforderung angesehen und daher strikt abgelehnt werden.

Potenzierung und Kompensation

Die artgerechte Haltung ist zwar eine gesetzliche Forderung für alle Pferde, in der Praxis wird dies jedoch häufig nicht eingehalten. Unphysiologische Haltungssysteme, Überforderung und/oder unphysiologische Beanspruchung in der täglichen Arbeit und in Wettbewerben, wie sie keine Seltenheit sind, können das Leiden eines Pferdes potenzieren. Andererseits kann auch eine Kompensation erreicht werden, wenn schwere, an die Grenzen der Leistungsfähigkeit gehende Arbeit und Wettbewerbe durch eine Haltung, die sich den natürlichen Bedürfnissen des Pferdes annähert, ausgeglichen werden. Haltung, Arbeit und Wettbewerb müssen daher immer als Gesamtheit beurteilt werden. Je größer die geforderte Leistung für ein Pferd ist, umso stärker muß eine Kompensation im Haltungs- und Fütterungssystem ausfallen (z. B. häufiges Füttern in kleinen Portionen, große Boxen, die Sozialkontakte und Sicht in die Natur zulassen, tägliche aufbauende und abbauende ruhige Bewegung vor und nach der Arbeit). Ebenso muß aber auch mangelnde Beanspruchung des Pferdes durch die Art der Haltung, wie z. B. Koppelgang in der Gruppe, ausgeglichen werden.

Schäden

Allgemeines

Nicht beachtete oder dem Pferd wiederholt zugefügte Schmerzen und Leiden führen häufig zu körperlichen Schäden und zu Verhaltensstörungen.

Schäden durch nicht artgerechte Haltung

Unnatürliche Haltung und Fütterung, bei der die Grundbedürfnisse des Pferdes nicht berücksichtigt werden, führen zu Schäden vorwiegend an den inneren Organen, jedoch auch an den Extremitäten und der Haut.

Es wird hier lediglich auf die häufigsten erheblichen Schäden stichwortartig eingegangen, die auf eine nicht artgerechte Haltung und Fütterung zurückzuführen sind:

- *chronische Erkrankungen der Atemwege und der Lunge* durch mangelhafte Belüftung der Lunge und eine permanente Staubexposition bei Heufütterung und Stroheinstreu.

 Es muß eine Forderung im Sinne des Tierschutzes sein, durch eine natürlichere Haltung diese Schäden an den Pferden zu verhindern.

- *Krankheiten der Skelettmuskulatur* durch mangelhafte Durchblutung, die sich insbesondere in Form eines Kreuzverschlages bemerkbar machen, wenn das Pferd nach aufgezwungener Ruhe unvorbereitet einer Arbeit unterzogen wird. Eine längere, erzwungene, unnötige Boxenruhe muß wegen ihrer gesundheitsschädlichen Auswirkungen als tierschutzrelevant angesehen werden.

- *Rezidivierende* (sich wiederholende) *Koliken* in Form von Obstipationen (Verstopfungen) durch erzwungene Ruhe bei gleichzeitiger Strohfütterung. Neben einer natürlichen vielseitigen Fütterung muß das Pferd einer regelmäßigen Bewegung, auch zur Vermeidung von Störungen des Verdauungsapparates, unterzogen werden.

- *Erkrankungen der Haut* durch den fehlenden Witterungseinfluß einerseits, eine herabgesetzte Widerstandskraft der Haut andererseits (vermehrt bakterielle oder mykotische [Pilz-]Infektionen) oder aber durch mangelhafte Hygiene der Einstreu (Mauke). Eine sorgfältige Pflege des Pferdes ist eben-

so notwendig wie die Hygiene in der Aufstallung.
- *Hufrehe* als Ausdruck eines Ungleichgewichtes zwischen Arbeit und Fütterung, vor allem bei Kohlenhydratüberfütterung (Kraftfutter). Ähnlich wie eine ungenügende Fütterung ist auch die Überfütterung als tierschutzrelevant anzusehen.
- Verhaltensstörungen können Symptome für eine nicht artgerechte Haltung sein. Folgende Stereotypien können sich u. a. einstellen: Weben, Boxenlaufen, Steigen, Koppen, Barrenwetzen, Gitterbeißen, Lecken, Zungenspielen, Kotfressen.

Auf eine Abstellung der tierschutzrelevanten Haltung muß geachtet werden, insbesondere, da Verhaltensstörungen nur sehr schwer zu beheben sind.

Schäden durch sportliche Nutzung

Bei übermäßiger sportlicher Nutzung des Pferdes kommt es häufig zu Schäden – vorwiegend am Bewegungsapparat – und zu Verhaltensstörungen.

Die häufigsten erheblichen körperlichen Schäden bei einer Überforderung der Pferde sind:
- Frakturen (Knochenbrüche) bei schnellem Galopp in der Arbeit und in Wettbewerben.
- Fissuren (Knochenrisse) bei schnellem Galopp in der Arbeit und in Wettbewerben.
- Kleine Gelenkfrakturen sind einerseits als Zeichen einer schlechten Aufzucht (Überfütterung junger Pferde) zu sehen, können aber auch ausschließlich durch eine Hyperextension oder Hyperflexion des Gelenkes bei starker Belastung hervorgerufen werden.
- Tendinitiden (Sehnenentzündungen), hervorgerufen meist durch Überbelastung in anstrengenden Gangarten oder durch abrupte Stopps.
- Arthritiden (Gelenkentzündungen), hervorgerufen durch Überbelastung der Gelenke und abrupte Wendungen oder Stopps.
- Arthrosen (chronische Gelenkveränderungen), Verschleißerscheinungen durch permanente Überanstrengung der betreffenden Gelenke.
- Luxationen (Gelenkausrenkungen), hervorgerufen bei sehr starker Beanspruchung von Gelenken, oft verbunden mit Rupturen der Gelenkbänder und Sehnen.
- Hornspalten, hervorgerufen durch krankhafte Hufformen, durch wiederholte Hufprellungen auf hartem Boden in schneller Gangart oder durch schädigende Hufbeschläge.
- Erkrankungen der Skelettmuskulatur als Zeichen eines Ungleichgewichts zwischen erzwungener Ruhe und unvorbereiteter Arbeit oder Überforderung.

Es gibt keine generelle Empfehlung, wie *Sportverletzungen* der oben beschriebenen Art vermieden werden können. Jedoch müssen folgende Vorsorgen getroffen werden:

Körperlich unausgereifte Pferde dürfen keiner schweren Arbeit unterzogen und auch nicht in Wettkämpfen gestartet werden. Das Training der Pferde muß schonend, aber konsequent erfolgen. Schwache, leistungsunfähige oder leistungsunwillige Pferde müssen aus dem Training genommen oder die Anforderungen reduziert werden. Pferde, die erste Anzeichen eines Schadens zeigen, müssen sofort aus dem Training genommen und einem Tierarzt vorgestellt werden.

Verhaltensstörungen treten gehäuft bei permanenter Überforderung der körperlichen Leistungsfähigkeit auf. Beispiele sind:

- Ungehorsamkeit und Widersetzlichkeit in der Arbeit, vor dem Wettkampf und im Wettkampf.
- Angstneurosen (Inappetenz, Abmagerung, Schweißausbrüche etc.) treten bei Pferden auf, die immer wieder überfordert wurden. Dies zeigt sich vor allem vor einem Wettkampf, ist jedoch auch bei Pferden zu beobachten, die nicht für den Wettkampf vorgesehen sind, jedoch in der Nähe des Wettkampfortes aufgestallt stehen und so das Wettkampfgeschehen akustisch oder auch optisch mitverfolgen können. Es dauert in der Regel einige Tage, bis die Angstzustände der am Rennen teilgenommenen Pferde wieder abgeklungen sind.
- Zungenstrecken zur Meidung schmerzhafter Einwirkung durch das Gebiß.

Derartige Verhaltensstörungen müssen, außer dem Zungenstrecken, als Hinweis erkannt werden, daß die Pferde überfordert wurden. Da die genannten Schäden meist nur sehr schwer oder gar nicht mehr behebbar sind, sollte sorgfältig geprüft werden, inwieweit ein weiteres Training mit dem Gedanken des Tierschutzes kollidiert.

Schäden durch Hufbeschlag

Der Hufbeschlag dient in der Regel dem Schutz des Hufes vor einer übermäßigen Abnutzung der Hufsohle und des Tragrandes. Bei verschiedenen orthopädischen Problemen kann der Hufbeschlag zusätzlich zur Behandlung von Beinschäden als orthopädischer Beschlag herangezogen werden.

Zur Förderung und Akzentuierung der unphysiologischen Gangarten sowie zur Bewältigung der sich einstellenden Probleme findet der Hufbeschlag in Form von Spezialbeschlägen und durch Anbringung von Gewichten Anwendung.

Diesen tierschutzrelevanten Manipulationen am Huf beugt die Schweizer Tierschutzverordnung in Artikel 66 vor: Sie verbietet „das Verändern der natürlichen Hufstellung, das Verwenden schädlicher Hufbeschläge und das Anbringen von Gewichten im Hufbereich bei Pferden."

Im deutschen Trabrennsport findet noch eine große Palette von Spezialbeschlägen Anwendung, ebenso werden Pferde, die Tölt (gleichseitige Paßgangart), Paß oder andere unnatürliche Gangarten gehen müssen, mit zum Teil gesundheitsschädlichen Beschlägen versehen. Quetschungen der Huflederhaut, chronische Huflederhautentzündung, Hornspalten, Hufgelenkentzündungen, Hufknorpelverknöcherungen und Hufrollenerkrankungen können die Folge sein.

Es kann aus Sicht des Tierschutzes nicht gerechtfertigt sein, unphysiologische Gangarten und Stellungen erst durch Spezialhufeisen zu ermöglichen.

Doping

Die deutsche Gesetzgebung enthält ein Dopingverbot für den Wettkampf, ohne den Begriff des Dopings näher zu definieren. Da das Dopingverbot im Rahmen des Tierschutzgesetzes ausgesprochen wurde, kann man davon ausgehen, daß der Gesetzgeber eine tierschutzrelevante künstliche Beeinflussung des natürlichen Leistungsvermögens des Pferdes meint. Die Schweizer Tierschutz-Gesetzgebung verbietet „Reizmittel zur Steigerung der Leistung" (positives Doping) und „Arzneimittel zur Beeinflussung der Leistung", wobei offengelassen ist, ob das negative Doping ebenfalls unter diesen Begriff fällt. Die Tierschutz-Verordnung der Landesregierung Tirol vom

11. 9. 1990 verbietet „die Verabreichung von Medikamenten oder anderen Mitteln zur Erreichung einer besseren sportlichen Leistung".

Alle großen deutschen Pferdesportverbände haben den Begriff des Dopings auf jede künstliche Beeinflussung ausgedehnt, ohne Rücksicht darauf, ob diese tierschutzrelevant ist oder nicht. Hier wurde also der Dopingbegriff auch im Sinne des Pferdesports erweitert. Bei den Rennsportverbänden stand allerdings der Schutz des wettenden Publikums als Hauptmotiv hinter diesem alles umfassenden Dopingverbot.

Eine Arbeitsgruppe Tierschutz und Pferdesport hat 1992 zusammen mit dem deutschen Bundesministerium für Ernährung, Landwirtschaft und Forsten (BML) Leitlinien zu diesem Thema veröffentlicht. Diese Leitlinien wurden von einer Vielzahl deutscher Pferdesportverbände und wichtiger Tierschutzverbände mitgetragen.

Auszugsweise seien hier wichtige Passagen zitiert:
1. „Im Pferdekörper darf zum Zeitpunkt eines Wettkampfes kein Pharmakon und keine körperfremde Substanz enthalten sein."
2. „Zur Begriffsbestimmung der Substanzen, die als Dopingmittel im Sinne dieser Leitlinie gelten, können jene Kriterien der Pferdesportverbände herangezogen werden, die von diesen in ‚Dopinglisten' oder als ‚unerlaubte Mittel' zur Verhinderung von ‚Doping' genannt werden."
  In den Auflistungen werden auch Substanzen genannt, von deren Verabreichung kein Schaden oder Nachteil für das Pferd zu erwarten ist. Das Tierschutzgesetz interpretiert anders, als es durch die Sportverbände geschieht; „Dopingmittel" im Sinne des Tierschutzgesetzes decken nur einen Aspekt der sehr umfangreichen Dopingproblematik ab.
  Die verbandsrechtlichen Bestimmungen berücksichtigen über die im Tierschutzgesetz angesprochenen Beweggründe hinaus weitere Kriterien. Es ist deshalb Aufgabe der Verbände, Dopingrichtlinien zu erlassen und ihre Ziele mit Hilfe ihrer Verbandsregeln zu verfolgen und durchzusetzen. Verstöße gegen die Dopingrichtlinien unterliegen verbandsinterner Ahndung; werden Tatsachen bekannt, die einen Verstoß gegen das Tierschutzgesetz rechtfertigen, sind die Behörden unverzüglich zu unterrichten."
3. „... Nach Verabreichung eines Medikamentes ist ein Pferd ggf. in einem anstehenden Wettbewerb nicht startberechtigt. ..."

Die FN hat im Jahr 1995 ein Pilotobjekt „Medikationserklärung" herausgebracht (sie wurde inzwischen wieder abgeschafft), in der sie die Medikamente in „erlaubte" und „nicht erlaubte" Medikamente unterteilt. Die FN glaubt, daß gewisse Medikamente im Rahmen einer vernünftigen veterinärmedizinischen Prävention unverzichtbar sind und deshalb nach Bekanntgabe und Beratung mit dem Turniertierarzt und dem Landeskommissionsbeauftragten der Start eines Pferdes auf einem Turnier trotz medikamentöser Behandlung des Pferdes erlaubt werden kann.

Während die von der FN zunächst mitgetragenen Leitlinien des BML klare Bestimmungen über Doping festgelegt hatten, führt die Medikationserklärung nun eine Einschränkung der dort festgelegten Punkte herbei.

Das Direktorium für Vollblutzucht und Rennen in Köln hat hingegen im Jahr 1995 sogar eine Kontrolle der im Training verabreichten Medikamente eingeführt. Dies ist als ganz bedeutender Schritt in Richtung Dopingverbot im Training zu werten und muß von seiten des Tierschutzes begrüßt werden. Bei der Novellierung des deutschen Tierschutzgesetzes in der nächsten Zeit sollte auch das Dopingverbot für Pferde im Training eingeführt werden.

Eine zusammenfassende Darstellung des Themas „Doping beim Pferd" bietet unter diesem Titel der von C. Schoene verfaßte Band in der Reihe VET special (Gustav Fischer Verlag).

Zusammenfassende Forderungen im Sinne einer tierschutzgerechten sportlichen Nutzung des Pferdes

Weder durch die Zügelführung noch durch die Ausrüstung des Reiters oder Fahrers dürfen dem Pferd im Sport Schmerzen zugefügt werden. Es wird hier an das „horsemanship" des einzelnen appelliert. Leider hat es sich jedoch gezeigt, daß dies nicht ausreicht. Der sportliche Ehrgeiz, das Unwissen oder die Ignoranz gegenüber dem Pferd sind Gründe hierfür. Daher sollten, ähnlich wie die „Fédération national" (FN) in Deutschland, die bereits eine Liste erlaubter Gebisse erstellt hat, welche allerdings nicht für alle Prüfungen gleichermaßen bindend ist, alle Sportverbände erlaubte Gebisse und andere Systeme der Zügelführung aufstellen. Ebensolche Listen sind für Sättel und Geschirre zu erstellen.

Sporen sind im Sinne des Tierschutzes strenger zu reglementieren. Sporen, die Rißverletzungen erzeugen können, sind zur Gänze zu untersagen. Ebenso sollten keine Sporen in Vielseitigkeitsprüfungen oder bei Distanzritten zugelassen werden.

Die Peitsche darf nur noch im Sinne des Touchierens benutzt werden. Da der Gebrauch der Peitsche im Rennsport offensichtlich so nicht durchsetzbar ist, sollte hier ein Verbot ähnlich wie in Norwegen praktiziert werden: Rennen dürfen nur noch ohne Peitsche geritten oder gefahren werden.

Barren oder Touchieren mit einer Barrstange ist aus Tierschutzgründen abzulehnen.

Die Haltung des Pferdes soll sich nach den Grundbedürfnissen des Pferdes richten. Weidegang gehört zu den „Grundrechten des Pferdes". Es muß, unter Berücksichtigung der Nutzung, eine Annäherung an die natürlichen Bedürfnisse der Pferde erreicht werden. Bei der Stallhaltung ist das Stallklima unter tierschutzrelevanten Gesichtspunkten zu beurteilen.

Unausgereifte Pferde dürfen, im Sinne des Tierschutzes, weder einer strengen Arbeit unterzogen noch in Wettbewerben gestartet werden. Insbesondere dürfen, wie bisher praktiziert, 1 1/2jährige Pferde weder eingeritten oder eingefahren werden, sondern höchstens schonend an den Umgang mit der Ausrüstung gewöhnt werden; es sollten keine Wettbewerbe für 2jährige Pferde ausgeschrieben werden. Ganz anzulehnen ist die in letzter Zeit übliche hohe Dotierung der Rennen der 2jährigen, die dazu verleitet, die noch nicht ausgereiften Pferde wegen des hohen Profits zu überfordern und bleibende Schäden in Kauf zu nehmen. Eine tierärztliche Untersuchung 2jähriger Pferde vor dem ersten Start kann nur als Alibihandlung gewertet werden, da im einzelnen keine Aussage über die Reife des untersuchten Pferdes möglich ist.

Je schwerer die Prüfungen sind, um so strenger muß die Auswahl der dort zu startenden Pferde erfolgen. Ebenso muß in den schweren Prüfungen, auch während des Wettkampfes, vor allem bei Vielseitigkeitsprüfungen, eine sichere Methode entwickelt werden, die es ermöglicht, ein Pferd nach objektiven Kriterien aus dem Wettbewerb zu nehmen, wenn sich Anzeichen einer Erschöpfung einstellen.

Wettbewerbe, die unphysiologische Leistungen vom Pferd fordern, sind zu untersagen.

Treten in einem Wettbewerb regelmäßig bei einer Vielzahl von Pferden

Schäden auf, so sind diese Wettbewerbe als unphysiologische Leistungsanforderungen zu sehen und deshalb als tierschutzwidrig zu beurteilen.

Ähnlich wie andere Hilfsmittel ist auch der Hufbeschlag der Pferde zu bewerten. Auch hier ist, da mit der Eigenverantwortung der pferdebetreuenden Person nicht immer gerechnet werden kann und um negative Auswirkungen zu vermeiden, von den Sportverbänden eine Liste der erlaubten Beschläge zu erstellen.

Die bisherige Praxis der Dopingauslegung und -vermeidung der großen Pferdesportverbände ist zu begrüßen. Das Dopingverbot muß auch von den kleineren Pferdesportverbänden in die Tat umgesetzt werden. Ein Dopingverbot im Training ist anzustreben.

Schlußbetrachtung

Die Tierschutzgesetze der einzelnen Länder können nur einen allgemeinen Rahmen für den Pferdesport vorgeben. Auch Leitlinien für den Tierschutz im Pferdesport, wie sie vom deutschen Bundesministerium für Ernährung, Landwirtschaft und Forsten erarbeitet wurden, können nur als Orientierungshilfen für den Pferdesportler und die Verbände sowie für die für den Tierschutz zuständigen Behörden gesehen werden. Dem einzelnen werden die immer wiederkehrenden ethisch-moralischen Entscheidungen für das Leben und die Nutzung des Pferdes nicht abgenommen werden können. Dennoch werden die gestiegenen Ansprüche des Tierschutzes und die Erfüllung seiner Forderungen über die Zukunft des Pferdesportes mitentscheiden.

Schmerzen, Leiden und Schäden müssen im Pferdesport soweit als möglich vermieden werden. Pferdesportarten, die regelmäßig bei Pferden Schmerzen, Leiden oder Schäden hervorrufen, müssen einer strengeren verbandsinternen und, wo dies nicht ausreichend ist, einer öffentlichen Kontrolle unterzogen werden, um die Negativ-Auswirkungen soweit als möglich zu unterbinden.

Literatur

Blendinger, W. (1971): Pferde und Tierschutz heute. Du und das Tier, 74–78.
Blendinger, W. (1971): Psychologie und Verhaltensweise des Pferdes. Erich Hoffmann Verlag, Heidenheim.
Bundesministerium für Ernährung, Landwirtschaft und Forsten:
1. Leitlinien Tierschutz im Pferdesport (1992),
2. Leitlinien zur Beurteilung von Pferdehaltungen unter Tierschutzgesichtspunkten (1996).
Deegen, E. (1990): Sachverständigengutachten in der Strafsache Paul Schockemöhle. Tierärztliche Hochschule, Klinik für Pferde, Bischofsholer Damm 15, Hannover.
Löffler, K. (1990): Schmerzen und Leiden beim Tier. Berl. Münch. Tierärztl. Wschr. 103, 257–261.
Lorz, A. (1987): Tierschutzgesetz, Kommentar. C. H. Beck'sche Verlagsbuchhandlung, München.
Preuschoft, H., von Plocki, K., Lauk, H., Zeeb, K., und Auer, J. A. (1991): Gutachten zur Frage des Touchierens. Prof. Dr. H. Preuschoft, Abteilung für Funktionelle Morphologie der Ruhruniversität Bochum.
Schoene, C. (1996): Doping beim Pferd. Gustav Fischer Verlag, Jena – Stuttgart.
Zimmermann, M. (1986): Behavioural investigations of pain in animals. In: Duncan, I. H., and Molony, V. (1986): Assessing pain in farm animals. Proceedings of a workshop held in Roslin, Scotland 1984.

Doping im Pferdesport

P. F. CRONAU

■ Der Rückblick auf die Geschichte des Dopings beim Pferd zeigt, daß es sich um ein ernstzunehmendes Thema handelt. Wenn bis zu 10% der untersuchten Proben die Anwendung von „verbotenen Substanzen" im Pferdesport offenbaren, kann nicht mehr nur zugesehen werden, es muß gehandelt werden. Keine Disziplin in der großen Pferdesportfamilie kann sich davon ausnehmen, nicht irgendwann mit einer medikamentösen Leistungsbeeinflussung zu tun gehabt zu haben.

Es existieren zahlreiche Versuche, den Begriff „Doping" wohlklingend zu definieren. Jeder weiß, was man mit Doping meint, aber die Kunst, den Begriff in Worte zu fassen, ist vielleicht auch ein Zeichen der Komplexität dieses Problems; umsomehr ist eine kurze und präzise Definition angesagt:

„**Jeder pharmakologische Versuch der Leistungsbeeinflussung des Pferdes.**"

Der Pferdesport ist in seiner heutigen Form der einzige Sport, bei dem Mensch und Tier gemeinsam um einen sportlichen Erfolg kämpfen. Die olympische Devise „höher, schneller, weiter" bekommt für den Pferdesport einen gewissen zweideutigen Anstrich. Der kategorische Wunsch nach immer höherer Leistung kann schnell zur Leistungsmanipulation ausarten.

Warum Doping beim Pferd verboten werden muß, hat drei Hintergründe:
1. Das Pferd ist der Willkür des Menschen ausgesetzt und hat keine Chance, sich gegen Manipulationen zu wehren.
2. Im sportlichen Wettkampf sollen gleiches Recht und gleiche Bedingungen für alle Wettbewerber vorliegen. Der manipulierte Pferdeathlet kann zwar im Wettbewerb vorn sein, verstößt jedoch gegen das Prinzip der Chancengleichheit.
3. Das Ziel der leistungsorientierten Pferdezucht wird durch Doping erheblich in Mißkredit gebracht. Die Zucht mit künstlich beeinflußten Pferden führt zu folgenschweren Fehlpaarungen. Deswegen soll das Pferd seinen Sport im nichtmanipulierten – also im Urzustand – betreiben.

In der nicht antidopingregulierten Zeit (bis 1984) vermochte man nur mit Appellen an die betroffenen Reiter/Fahrer einen Mißbrauch zu verringern. Es wurde offen gedopt. Selbstregulierende Kräfte existierten nur schwach und konnten nicht zu entscheidenden Konsequenzen bzw. Bekämpfungsmaßnahmen führen.

Da eine Selbstregulierung in der Bekämpfung offensichtlich nicht realisierbar ist, sind unabhängige Institutionen für die Bekämpfung des Dopings erforderlich. An oberster Stelle ist in jedem Fall der Staat gefragt. Ihm obliegen als höchster Instanz die Überwachung, Durchführung und Sanktionierung der positiven Dopingfälle.

Der Zweck der Bekämpfung des Dopings kann aber nicht allein nur in der Sanktionierung liegen. Die reitsportlich fundierte Erziehung und das Gefühl, mit dem Partner Pferd einen auf gegenseitigem Vertrauen basierenden Verbund einzugehen, sind die Grundlagen der Dopingbekämpfung. Schon sehr früh sollte der Reiter/die Reiterin das Gefühl entwickeln, damit Fairneß und Partnerschaft mehr als nur ein Schlagwort sind. Es besteht aber auch eine Gruppenverantwortung. Diese betrifft alle, die im Umfeld des Pferdes arbeiten oder regeln. Dazu gehören im besonderen auch die Tierärzte, da sie regelgerechten Zugang zu den dopingrelevanten Substanzen haben und durchaus auch in den Kreis der Mittäter eingeschlossen werden können.

Die Pferdesportverbände genießen in der Regel das Vertrauen von seiten der staatlichen Kontrollorgane. Das Dopingverbot ist in den verschiedenen Tierschutzgesetzen geregelt, befolgt aber immer rechtsstaatliche Prinzipien. Die Verbände sind gezwungen, die gesetzlichen Vorgaben in die Verbandsregularien einzuarbeiten. Im Idealfall besteht eine enge Kooperation zwischen Verband und Gesetzgeber. Die Verbände postulieren oft, daß man den Pferdesport nur als Insider beurteilen könne. Damit meint man, daß man mit dem alltäglichen Pflichtenkatalog der Pferdehaltung vertraut sein muß, um konstruktiv über Mißbrauch und Fehlverhalten in der Pferdehaltung urteilen zu können. Das ist richtig; richtig ist aber auch, daß eine zur konstruktiven Kritik angehaltene Person nicht ex cathedra urteilen soll. Die zu weite Distanz zum Objekt ist gefährlich und kann zu praxisfremden Entscheidungen führen.

Die Behörden haben die Aufgabe, das Tierschutzgesetz umzusetzen. Vielfach kümmern sie sich überhaupt nicht oder nur oberflächlich um Verbandsregularien. Sie haben ein ureigenes Interesse, Kontrollen autark und unabhängig vorzunehmen. Diese Politik erfordert kompetente und erfahrene Kontrolleure und stellt sicherlich das Idealbild einer staatlichen Kontrolle dar.

Die Wirklichkeit sieht anders aus. Kaum ein Land verfügt über den versierten Personenkreis, der flächendeckend dieses Aufgabengebiet bewältigen könnte. Außerdem hat man gelegentlich den Eindruck, daß parteipolitische und parlamentarische Diskussionen als ernstzunehmende Versuche bei der Tierschutzgesetzgebung eher ein Werben um den Wähler sind. Nachdem das Gesetz verabschiedet ist, scheint in manchen Ländern die Aufgabe erfüllt zu sein. Der Gesetzgeber ist dann nicht mehr gefragt. Die Überwachung, Durchsetzung und ggf. die deliktabhängige Sanktionierung sind die zu bewältigenden Aufgaben. Zwei Schwachpunkte existieren in diesem Beziehungsgeflecht zwischen Staat und Verband:

1. Der Verband schiebt die Form seiner Dopingbekämpfung als Alibifunktion vor. Eine geregelte Bekämpfung ist in seinen Regularien verankert – aber nur auf dem Papier.
2. Die Kommunikation zwischen Staat und Verband funktioniert nicht. Beispielsweise werden Dopingvergehen sportrechtlich geahndet, eine staatsrechtliche Verfolgung des Deliktes findet jedoch nicht statt, weil die Ergebnisse nicht offen an die staatlichen Behörden weitergegeben werden. Als Begründung wird angegeben, daß die Kontrollen allein für den Verband als private Organisation gedacht wären und von diesem auch finanziert würden. Ein zweites Kommunikationsdilemma besteht in der Unterlassung einiger staatlicher Behörden, bei vorhandenen Informationen – aus welchen Gründen auch immer (z.B. Geringfügigkeit, Furcht vor juristischen Anfechtungen) – ein Verfahren überhaupt zu eröffnen.

Die FEI (Fédération Equestre Internationale) deckt als Weltverband sechs Pferdesportdisziplinen ab. Ihr gehören 107 Nationale Federationen an, die die FEI-Regularien im internationalen Sport anerkennen und beachten. Der andere große Verband ist der weltweite Verbund im Galopprennsport. Auch bei den Trabern liegt eine weltweite Zusammenarbeit vor, der Traber-Verband arbeitet jedoch relativ eigenständig. Bei den Vollblütern ist der Jockey Club für die weltweite Koordinierung des Rennsports zuständig. Alle anderen Weltverbände genießen entweder nur lokalen Charakter wie Horse-Ball, Pato, Tent-Pecking, Fantasia oder haben sich eigenständig weltweit organisiert wie beispielsweise der Welt-Polo-Verband. Die Zusammenarbeit zwischen Jockey Club und FEI auf dem Gebiet der Dopingbekämpfung ist seriös und als besonders kooperativ zu bezeichnen.

Die flächendeckende Dopingkontrolle ist ein sehr junges Procedere. Bei den Olympischen Spielen In Los Angeles im Jahr 1984 fand die erste seriöse Dopingkontrolle der Olympischen Neuzeit statt. Seitdem sind zahlreiche Versuche national und international angestellt worden, um eine einheitliche übernationale Verfahrensweise zu entwickeln.

Mit der Einführung des MCP (Medication Control Program) im Jahr 1990 im FEI-Veterinärreglement fand eine nachhaltige Straffung des Verfahrens statt, die besonders die Unabhängigkeit des Systems zum Ziel hatte. Grundsätzlich herrscht das Verbotsprinzip vor, d.h., es sind alle Substanzen verboten. Zugeständnisse werden an Substanzen in Futtermitteln (Salicylsäure, Arsen, Theobromin, DMSO etc.) und bei endogenen Substanzen wie Hormonen (Cortisol, Testosteron) gemacht, bei denen teilweise wegen des Vorkommens unter natürlichen Bedingungen Schwellenwerte etabliert wurden.

Für die Untersuchung im Analyselabor sind körpereigene Ausscheidungen wie Blut, Urin und Speichel geeignet. Es soll aber auch erwähnt werden, daß PCR (Polymerase Chain Reaction)-Untersuchungen an Körperzellen (Haut, Haar etc.) für den Nachweis von verbotenen Substanzen bereits im Experiment sind (Fingerprint-Methode).

Der Analytiker bevorzugt für seine Untersuchung Urin, weil darin die meisten Substanzen in konzentrierter Form auftreten und die meisten Substanzen noch im Urin nachzuweisen sind, wenn der Nachweis im Blut schon lange nicht mehr gegeben ist. Andererseits sind einige Stoffe nur im Blut nachweisbar. Dazu gehören auch Peptidhormone wie ACTH oder auch das Erythropoetin (EP), die beide allerdings über eine sehr kurze biologische Halbwertszeit verfügen.

Die unabhängigste Lösung bei der Auswahl des zu untersuchenden Pferdes bietet die amerikanische Horse Show Association (AHSA). Hier bestimmt der MCP-Koordinator am Schreibtisch – also fern der Sportstätte – , daß beispielsweise das *„vierte Pferd in der dritten Prüfung auf dem Turnier in Washington"* einer Dopingprobe unterzogen werden muß. Eine willkürliche Einflußnahme vor Ort ist ausgeschlossen. Dieses Zufallsprinzip erscheint am objektivsten und fairsten zu sein. Natürlich muß jedes Reglement die Möglichkeit offerieren, auch während einer Prüfung eine allerdings zu begründende Ad-hoc-Auswahl treffen zu können.

Das Internationale Olympische Komitee (IOC) schreibt obligatorisch die Kontrolle der Medaillenträger und des Viertplazierten vor. Das macht ebenso Sinn wie die FEI-Auflage, die vier ersten bei Championaten, Cup-Finals und sogenannten Regional Games (Asian Games, Panamerican Games, Mediterranean Games, Balkan Games etc.) einer Dopingkontrolle obligatorisch zu unterziehen. Ansonsten gilt das Prinzip der Stichprobe (Random-System), wo auch für den Letztplazierten oder ein weniger starkes Paar durchaus Möglichkeiten bestehen, zur Dopingkontrolle herangezogen zu werden. Im Rennsport werden die Sieger bei den wertvollen Rennen zur Probe bestimmt, ansonsten herrscht auch hier das Prinzip der Stichprobe vor. So besteht eine höchstmögliche Gewähr, eine repräsentative Auswahl aller beteiligten Pferde zu treffen, wo die Teilnehmer permanent damit rechnen müssen, zu jeder Zeit überprüft zu werden. Dieses Abschreckungsstigma ist Bestandteil der Dopingbekämpfungspolitik.

Am Beispiel des FEI-Kontrollprogramms soll ein normales Procedere aufgezeigt werden:

Um dem Betroffenen die Möglichkeit zu geben, in Zweifelsfällen eine eigene Analyse anfertigen zu lassen, werden immer von einer Probe zwei Hälften abgenommen. Beide Proben (A- und B-Probe) gehen in das Labor, wovon die A-Probe sofort untersucht wird. Die B-Probe wird zunächst eingefroren, kann aber im Bedarfsfall aufgetaut und als Gegenprobe verwendet werden.

In aller Regel existiert für den Verband ein Vertragslabor. Dieses Labor ist rechtzeitig über die Anzahl der zu untersuchenden Proben informiert. Es muß sich um ein erfahrenes Labor handeln, welches sich intensiv mit den Untersuchungen beim Pferd beschäftigt, da die Fragestellungen in rein humanmedizinischen Labors verschieden sind. Darüber hinaus besteht in den humanmedizinischen Labors normalerweise keine Erfahrung im Untersuchen von Blutproben. Blutuntersuchungen beim Menschen sind praktisch nicht üblich, weil durch die Blutentnahme rechtliche Probleme entstehen (Unversehrtheit des Körpers).

Sehr wichtig ist die Sicherheitskette im Zusammenhang mit der Entnahme, dem Versand und der Untersuchung. Diese Kette muß lückenlos sein und zu jeder Zeit juristischen Ansprüchen genügen. Einer sauberen und sterilen Entnahme vor Zeugen und einem durch Gegenzeichnung des Reiters gekennzeichneten Untersuchungsprotokoll muß nach kürzestmöglicher Lagerung in einem verschlossenen Kühlschrank der Versand in das Vertragslabor folgen. Die Gefäße (z.B. FEI-Standard-Kit) müssen verschlossen, versiegelt und dicht sein. Für den Versand der Proben empfiehlt sich die Einschaltung eines Kurierdienstes, der auch an Sonn- und Feiertagen für einen raschen Transport ins Ziellabor sorgt. Eine ebensolche penible Ordnung muß bei der Ankunft und beim Auspacken gewährleistet sein. Das Labor erhält nur eine Codierungsnummer, so daß die Untersuchung diskret und anonym verläuft. Die A-Probe wird allgemein zunächst gaschromatographisch untersucht. Jede Probe muß aus Sicherheitsgründen im Labor mit einem verfeinerten Verfahren untersucht werden, bevor das Ergebnis weiter gegeben wird. Die laboreigene Bestätigung erfolgt zur Zeit durch massenspektographische Untersuchung, ein etwas sensileres Analyseverfahren.

Daß auch, nachdem das Ergebnis (immer noch anonym) vom Labor an den Verband übermittelt wird, weiterhin der Fall sorgfältig behandelt wird, zeigt das Beispiel FEI, wo in der nächsten Instanz – immer noch geheim – eine Expertenkommission zwischengeschaltet wird, die über formelle und laborbedingte Fehler urteilt, eine Wertung des Laborergebnisses abgibt und dann definitiv entscheidet, ob der Fall positiv ist oder nicht. Erst jetzt wird die Probe zentral decodiert und der Name von Pferd und Reiter an den Nationalen Verband weitergeleitet. In der ersten Instanz richtet die verbandseigene Sportgerichtsbarkeit. Der Delinquent hat nach der Verurteilung das Recht, Einspruch einzulegen und in die nächste und letzte Instanz zu gehen. Bei der FEI ist das der unabhängige internationale Sportgerichtshof (CAS – Court of Arbitration of Sports) mit Sitz beim IOC in Genf. Unabhängigkeit ist hier garantiert.

Die Sanktionen gliedern sich in:
– Geldstrafe,
– Zeitsperre,
– Veröffentlichung des Ergebnisses.

Während eine Geldstrafe in der Regel keine gravierende Bestrafung für den Betroffenen darstellt, kann eine Zeitsperre u.U. eine empfindliche Strafe bedeuten. Die Publikation eines positiven Dopingergebnisses wird auch als ein Ahndungsteil angesehen.

Zur Vermeidung von Interessenkonflikten sollten behandelnde Tierärzte und Tierärztinnen keine Dopingproben entnehmen. Besonders geschulte Tierärzte und Tierärztinnen bieten größtmögliche Garantie einer unabhängigen Verfahrensweise. Das Entnahmeprocedere birgt die Gefahr eines Formfehlers in sich. Für das Analyselabor gibt es nichts Schlimmeres, als eine Substanz gefunden zu haben, die dann aufgrund eines Formfehlers im Entnahmeprocedere verworfen werden muß. Formfehler können unvollständiges Verschließen oder Versiegeln der Proben, Verwechseln von Codenummern, fehlerhafte Lagerung, mangelhaftes oder unvollständiges Ausfüllen der Begleitpapiere und andere Fehler sein.

Die Kosten eines professionellen Anti-Doping-Systems sind relativ hoch. Bei Betrachtung der Gewinnpreise (Grand Prix beim CSIO Calgary in Canada, Siegerpreis: 265000 Can$) erscheint diese Feststellung jedoch in einem anderen Licht. Der aufwendige Analysegang muß sorgfältig ausgeführt werden, das Vorgehen muß äußerst exakt erfolgen. Der technische Aufwand ist groß. Eine Routineprobe kostet in einem normalen Labor je nach Aufwand zwischen 300 und 450 Sfr. Das Budget der FEI liegt bei 700000 Sfr pro Jahr für die Dopingbekämpfung. Ein Teil wird wieder hereingeholt, weil die Veranstalter und betroffenen Personen einen kleinen finanziellen Beitrag leisten.

In den USA wird noch deutlicher nach dem Verursacherprinzip vorgegangen. Die Idee, daß, wer den Schaden verursacht, auch dafür aufkommen muß, ist einleuchtend. So muß jeder Reiter 5 US $ mit dem Startgeld als Dopingobolus abliefern. Dadurch verfügt der nationale amerikanische Verband über ausreichende Mittel, eigene Forschung zu betreiben. Die Forschung muß vorangetrieben werden, da ständig neue Substanzen auf den Markt kommen, außerdem ist die Festlegung von Schwellenwerten mit den entsprechenden Ausscheidezeiten ebenfalls Anlaß für permanentes Forschungsverlangen.

Wenn man sich die Ergebnisse der letzten zwei Jahre im Rahmen der FEI-Proben ansieht, kann man zwei wichtige Erkenntnisse gewinnen:
1. Es existieren keine geographischen Barrieren, wenn es um Doping geht. Verbotene Substanzen zum Zwecke der Leistungsbeeinflussung werden weltweit verabreicht.
2. Nicht nur im Elitesport werden verbotene Substanzen angewendet, die positiven Ergebnisse betreffen nicht nur den Spitzensport. Die Dopingvergehen reichen nach unten bis hin zum ländlichen Turnier.

Das Dopingverhalten ist nach extremen „Wachstumsraten" Ende der 80er Jahre recht stabil. Etwa 2% der Proben sind positiv. Von 48 Proben bei den Olympischen Spielen in Atlanta zeigte nur ein Fall eine verbotene Substanz (Lidocain). Dennoch sei auch erwähnt, daß in England der durchschnittliche Prozentsatz von positiven Dopingfällen im Rennsport bei 0,2% der untersuchten Proben liegt. Das Spektrum der Substanzen muß je nach Verwendungszweck des Pferdes unterschiedlich sein. Während im Rennsport nur jüngere Pferde an den Start kommen, liegt das Durchschnittsalter des Pferdes international beim Springen um 10 Jahre, in der Dressur bei 12 Jahren.

Daraus läßt sich auf ein unterschiedliches Medikationsbegehren schließen. Der „ältere" Athlet leidet an Erkrankungen des degenerativen Formenkreises. Arthrosen, chronische Erkrankungen von Bändern, Gelenkkapsel und Sehnen lassen die Verwendung von Entzündungshemmern wie Corticosteroiden, Phenylbutazon (Butazolidin®) und anderen Substanzen angezeigt erscheinen. Neben der entzündungshemmenden Komponente sind diese Wirkstoffe im besonderen auch durch eine Schmerzhemmung gekennzeichnet. Die Nachweismöglichkeiten sind allgemein gut. Aber die „Szene" ist wie immer ein bißchen voraus, was keinesfalls ein Eingeständnis von Unvermögen ist. Die pharmakologische Ideenvielfalt ist unerschöpflich. Es ist kein Geheimnis, daß sogar mit körpereigenen schmerzlindernden Substanzen wie den Endorphinen gearbeitet wird.

Wie bereits erwähnt, existieren für bestimmte Substanzen *Schwellenwerte*. Es handelt sich ausschließlich um endogene Substanzen und Substanzen, die in gewisser Form in der Natur vorkommen, aber auch als Therapeutikum eingesetzt werden. Lange Jahre galt für das Phenylbutazon ebenfalls ein Schwellenwert, der sich im Laufe der Jahre vom uneingeschränkten Gebrauch über 6 und 4 ppm (= parts per million) bis hin zur sogenannten Null-Lösung entwickelte. Jedesmal, wenn der Verband die Schwellenwerte nach unten setzte, ging ein Aufschrei durch die Reiterwelt, und als 1993 auf der Generalversammlung in Rio de Janeiro per eindeutiges Votum gar die Nullgrenze proklamiert wurde, vermuteten Insider sogar das Ende des Springsportes. Was ist in den Jahren seitdem passiert? Der Sport geht weiter, wobei vor allem auch die aktive Arbeit der Reiter und ihrer Organisationen (International Jumping/3DE/Dressur-Riders Club) hervorgehoben werden soll, die offensichtlich gemerkt haben, daß die Manipulation des Athleten der Vergangenheit angehören muß, wenn der Pferdesport unbefleckt in das nächste Jahrhundert ziehen will. Die Wogen der Aufregung nach der Einführung haben sich längst geglättet.

Bei Betrachtung der gefundenen Substanzen fällt auf, daß eine ganze Reihe normale, täglich therapeutisch eingesetzte Medikamente sind. Darunter fallen auch Mittel, die bei Koliken eingesetzt werden, wie Buscopan® oder Novalgin®. Wenn die Verwendung verantwortungsbewußt durch einen Tierarzt angeordnet oder durchgeführt wurde, besteht dem Grunde nach keine verwerfliche Tat. Die/der anwendende Tierärztin/Tierarzt hat den Reiter nicht über die Ausscheidungszeiten informiert und damit seinen Patienten in die Sportkriminalität entlassen. Kein Ereignis auf der Welt – auch nicht das Olympische Einzelfinale – kann so wichtig sein, daß die Manipulation des Pferdes gerechtfertigt werden kann. Natürlich legt die geforderte pharmakologische Kenntnis von Ausscheidungszeiten dem behandelnden Tierarzt eine große Verantwortung auf. Eine Fehlbeurteilung kann zu gewichtigen Konsequenzen für Roß und Reiter führen.

Man mag fragen, ob das Grundwissen an den Hochschulen ausreichend vermittelt wird. Die tierärztliche Ausbildung ist zwar sehr breit, aber diese speziellen Ausbildungspunkte gehen für eine Hochschule fast zu weit. So bleibt dem Tierarzt, der mit diesen Dingen umgeht, sich für dieses Gebiet interessiert, aber auch als Dopingkontrolltierarzt wirkt, nur übrig, sich autodidaktisch und in eigener Regie fortzubilden. Möglichkeiten der Weiterbildung bestehen in Einzelfällen, werden allgemein jedoch zu wenig angeboten.

Dem Staat obliegt aber auch hier die Verpflichtung zu Lehre und Forschung, wenn das Kontrollsystem ernst genommen wird. Deswegen ist eine staatlich geforderte Weiterbildung zukünftig wohl nicht mehr aufzuhalten.

Literatur

Apel, W. (1993): Tierschutz im Pferdesport – Gedanken des Pferdschützers. In: Tagungsheft „Tierschutz im Pferdesport", Stuttgart.

Blobel, K. (1989): Doping mit dem Messer. Reiter-Revue, 11., 121.

Cronau, P.F., und Tilkorn, P. (1977): Kritische Betrachtungen zum Dopingproblem bei Sportpferden. Tierärztl. Umschau, 613–615.

Cronau, P.F. (1990): Treating Veterinarian – Antidoping Control – Contradiction in terms? Vortrag, Seminar für Sportmedizin in Madrid.

Cronau, P.F. (1991): Doping im Pferdesport. Vortrag, Chirurgischer Pferdekongreß, Genf.

Cronau, P.F. (1991): Application of the Medication Control Program of the International Equestrian Federation. SwissVet. 11a, 118–119.

Cronau, P.F. (1993): Phasing out Phenylbutazone. Vortrag, FEI-Generalversammlung, Rio de Janeiro.

Cronau, P.F. (1993): Tierschutz im Pferdesport. Polo-Magazine, Düsseldorf.

Cronau, P.F. (1994): Ethik im Pferdesport. Sonderausgabe „de Hoefslag" anläßlich der WEG in Den Haag.

Cronau, P.F. (1995): Pferdesport – wohin? BLV-Verlag, München.

Ditz, W. (1985): Doping im Pferdesport. Centaurus-Verlagsgesellschaft, Pfaffenweiler.

Donike, M., und Rauth, S. (1992): Dopingkontrollen. Bundesinstitut für Sportwissenschaft.

Grahwitt, G. (1989): Das Dopingproblem aus tierschützerischer Sicht. Dtsch.Tierärztl. Wschr. 95, 2, 46–47.

Kallings, P. (1990): Doping and Medication Control – a Review. Int. Conf. Eq. Sports Med., Stockholm.

Ministère de la Jeunesse et des Sports (Frankreich): Doping-Dekret, Bulletin Officielle du Cheval du Sport, Nr. 3, 1993.

Schoene, C. (1986): Doping beim Pferd. Reihe VET special, Enke Verlag, Stuttgart.

Schüle, E. (1995): Der Tierarzt im Konflikt – Zur Behandlung des Sportpferdes – Therapie und Doping. Pferdeheilkunde 11, 3, 159–167.

Simeoni, E. (1989): Regeln treten an die Stelle des Gewissens. Das Thema: Springreiter müssen etwas tun. Frankfurter Allgemeine Zeitung Nr. 106, S. 28.

Wagner, H.D. (1988): Rechtliche Aspekte im Doping von Pferden. Tierärztl. Umschau 43,146–147.

Wyss, H. (1984): Doping im Pferdesport. Der Sport.

Neurektomie (Nervenschnitt) beim Pferd

U. SCHATZMANN UND H. MEIER

■ Das Pferd ist ein Tier, von dem seit jeher erhebliche körperliche Leistungen abverlangt werden. In früheren Zeiten eher als Arbeitskraft im Zug oder als Transportmittel eingesetzt, beanspruchen wir heute seine Kraft vorwiegend in den verschiedensten Disziplinen des Sports, aber auch zur Erholung in freier Natur. Wir nutzen dabei die Kreatur „Pferd", d.h. seine Kraft und Größe. Diese Nutzung erachten wir als legitim, solange sie den Forderungen eines vernünftigen Tierschutzes entspricht.

Körperliche Leistung bei großer Belastung der Gliedmaßen, aber auch genetische Einflüsse, ungeeigneter Körperbau, fehlerhafter Beschlag und möglicherweise auch Aufzuchtfehler prädisponieren unser heutiges Pferd für orthopädische Erkrankungen, die zu chronischen Lahmheiten führen und die Tiere, oft im jungen Alter, unbrauchbar machen. Betroffen sind beim Pferd oftmals die Endgelenke der Vordergliedmaßen (Strukturen vom Fessel bis zum Huf). Es handelt sich dabei in den weitaus meisten Fällen um arthrotische Veränderungen der Gelenke (Fesselgelenk, Krongelenk, Hufgelenk) und um Veränderungen des Strahlbeins.

Trotz Einsatzes von modernsten Arzneimitteln lassen sich Arthrosen beim Pferd nicht heilen. Medikamente, entweder systemisch verabreicht oder in die erkrankten Gelenke injiziert, führen nur zu kurzzeitiger Verbesserung der Symptome, da die Grunderkrankung, wie beim Menschen, im Prinzip unheilbar ist.

Wenn auch durch therapeutischen Hufbeschlag, alternative Heilungsformen (z.B. Akupunktur, Homöopathie) gelegentlich über kurzzeitige Verbesserungen berichtet wird, so bleiben solche Pferde auf die Dauer unbrauchbar und gehen lahm.

Bereits vor mehr als 200 Jahren erkannten unsere Vorfahren, daß das Symptom dieser Erkrankungen, nämlich die sichtbare Lahmheit, durch Durchtrennung der Nerven, die das erkrankte Gebiet versorgen, verschwindet und die Pferde wieder für eine gewisse Zeit zur Arbeit eingesetzt werden können (Smith, 1976; Meier, 1996). Schon bald muß es sich aber herausgestellt haben, daß sich der Nervenschnitt auch nachteilig auswirken kann (Brauell, 1845). Dazu eine Meinung aus alter Literatur: „Uebrigens wird kein vernünftiger Tierarzt bei heftigen Graden der Entzündung zu dieser Operation schreiten" und „Der Nervenschnitt darf immer nur als 'ultima ratio' vorgenommen werden" (Renner, 1844).

In einer Zeit, in welcher das Pferd anstelle von Traktor, Zugfahrzeug und Transportmittel einen bedeutenden und – im Vergleich zu heute – anderen Wert aufwies, galt diese Maßnahme oft als lebensrettend, und man versuchte in der Folge, mit dieser Methode sämtliche schmerzenden Gliedmaßenstrukturen unempfindlich zu machen. Unsere Altvorderen haben aber bald erkannt, daß sich die Grunderkrankung eben nicht beheben läßt, sondern sich fortschreitend verschlimmert, daß der Organismus

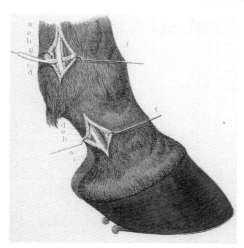

Abb. 1 Historische Darstellung der Operationsstellen für die „tiefe" und die „hohe" Neurektomie (nach Miles).

Die **Strahlbeinlahmheit** ist seit vielen Jahrhunderten als unheilbare, fortschreitend sich verschlimmernde Erkrankung des Pferdes bekannt. Sie tritt meist beidseitig auf, wobei in vielen Fällen die stärker betroffene Gliedmaße sichtbare Trablahmheit verursacht. Strahlbeinlahme Pferde zeigen einen kurzen, gespannten Gang mit Wendeschmerz, verlieren ihren Schwung im Trab und entlasten die befallene Gliedmaße in Ruhe häufig nach vorne. Aufgrund der Veränderungen im Strahlbeingebiet und am Strahlbein selbst müssen wir annehmen, daß die Erkrankung dem Pferd einen dumpfen Schmerz bereitet. Die Lahmheit ist, auch im fortgeschrittenen Stadium, für den Laien im Schritt nicht zu erkennen, im Galopp ist die Erkrankung völlig unsichtbar. Wahrscheinlich aufgrund seines Charakters und seiner Evolution (Fluchttier), möglicherweise auch unter der Einwirkung eines starken Reiters, galoppiert und vor allem springt ein Pferd auch bei erheblichen Schmerzen, was dann zu den bekannten Meinungsverschiedenheiten zwischen Fachleuten und Laien führt, ob ein solches Pferd im Sport eingesetzt werden darf oder nicht. Man hat lange geglaubt, daß es sich bei der Strahlbeinlahmheit um eine eigentliche Berufskrankheit der Springpferde handelt und in anderen Disziplinen arbeitende Pferde weniger befallen werden. Diese Annahme hat sich als unrichtig erwiesen. Ein entsprechend veranlagtes Pferd wird bei jeder Art von Arbeit früher oder später erkranken, obwohl man annimmt, daß die Symptome durch geeigneten Hufbeschlag und regelmäßige Arbeit hinausgezögert werden können.

Mittel und Wege findet, die betroffenen Gebiete wieder empfindlich zu machen und daß durch die fehlende Innervierung zusätzliche Schäden entstehen, weil der „Schutzmechanismus Schmerz" aufgehoben wurde. Aus diesen Gründen hat man sich darauf beschränkt, die Nerven nur noch auf Höhe der Fesselgelenke oder in der Fesselbeuge zu durchtrennen (Abb. 1). Auf Fesselgelenkhöhe denervierte Pferde „spüren" den ganzen Huf nicht mehr, was eine zusätzliche Gefahr für Pferd und Reiter bedeutet.

Wahrscheinlich infolge der Abnahme der reinen Zugpferde und der zunehmenden Verwendung der Tiere im Sport, möglicherweise aber auch durch falsche Zuchtselektion, beschränkte sich die Indikation zum Nervenschnitt in den letzten Jahrzehnten immer mehr auf die Strahlbeinlahmheit (Podotrochlose, „Hufrolle", Strahlbeinlähme, navicular disease). Dafür wird in der Fesselbeuge ein Stück des Nerven entfernt, und die Unempfindlichkeit betrifft nur etwa die hintere Hälfte des Hufes; das Pferd tritt deshalb noch relativ sicher auf (Hardy, 1992; Yovich, 1990).

Strahlbeinlahme Pferde benötigen eigentlich eine ständige Medikation mit einem Entzündungshemmer, was bei Einsätzen an offiziellen Anlässen (vor allem in den Sparten Dressur und Springen) als Doping erkannt und bestraft wird. Will man ein solchermaßen erkranktes Pferd weiterhin einsetzen, bleibt eigentlich nur der Nervenschnitt übrig (verschiedene andere chirurgische Eingriffe haben sich als wertlos erwiesen).

Aus diesem Grund hat der schweizerische Gesetzgeber den Einsatz von neurektomierten Pferden bei sportlichen Anlässen auch verboten (Art. 66 der Tierschutzverordnung). Auch nach dem gültigen Reglement der FEI (Fédération Equestre Internationale) sind neurektomierte Pferde von allen Turnieren ausgeschlossen.

Der Nachweis, ob einem Pferd die Beinnerven durchtrennt worden sind, ist nicht schlüssig zu führen (Moorman et al., 1988). Moderne Operationstechniken machen Operationsnarben auch nach Rasur des betreffenden Gebietes unsichtbar, und die Sensibilität der Haut erlaubt keine schlüssigen Beweise. Bestreitet ein Pferdebesitzer die Neurektomie seines Pferdes, besteht kaum Möglichkeit eines anderen Schlusses. Aus diesem Grund verzichtet auch die FEI auf entsprechende Kontrollen, und es ist kaum zu erwarten, daß sich die Situation ändern wird. Auch in der Schweiz kann die Einhaltung dieses Verbots nicht kontrolliert werden, und die Anzahl der neurektomierten Pferde im Sport ist nicht bekannt.

Der operierende Tierarzt steht vor der Durchführung eines Nervenschnittes vor einem Dilemma. Einerseits dem Gewissen verpflichtet, einem an Schmerzen leidenden Pferd mit einer wirksamen Operation zu helfen, andererseits in Konfrontation mit der klaren gesetzlichen Regelung, daß operierten Pferden der Einsatz im Sport verwehrt ist. Weshalb darf ein neurektomiertes Pferd ganztägig in einer Reitschule laufen oder unter einem gefühllosen Reiter über Stock und Stein galoppieren, währenddem einem bestens ausgebildeten und gepflegten Dressurpferd die Teilnahme an einer Dressurprüfung verwehrt ist? Die meisten Pferdekliniker raten heute bei jüngeren Pferden von der Operation ab und informieren den Besitzer über die gesetzlichen und verbandsinternen Grundlagen. Neurektomiert wird heute vielerorts nur noch auf ausdrücklichen Wunsch des Besitzers und bei Pferden ohne sportliche Ambitionen, z.B. für gelegentliches Spazierenreiten oder für schmerzarmen Weidegang im Alter.

Es ist seit vielen Jahren bekannt, daß sich die Gebrauchsdauer eines strahlbeinlahmen Pferdes nach Neurektomie auf ein bis maximal drei Jahre beschränkt, da immer mit Komplikationen (z.B. Bildung einer schmerzhaften Nervengeschwulst, eines Neuroms) oder mit erneuter Innervierung der erkrankten Bezirke gerechnet werden muß. Bleibt ein Pferd länger „gesund", scheint die ursprüngliche Lahmheit eher einen anderen Grund gehabt zu haben.

Die Strahlbeinlahmheit tritt in den weitaus meisten Fällen bei jungen Pferden, d.h. am Beginn ihrer sportlichen Karriere, in Erscheinung. Diese Erkenntnis, zusammen mit der beschränkten Gebrauchsdauer nach der Operation, ist wohl mit ein Grund, weshalb der Eingriff heute in Pferdekliniken seltener durchgeführt wird.

Bei der Strahlbeinerkrankung handelt es sich ohne Zweifel um ein vererbbares Problem, und der Einsatz von strahlbeinlahmen oder auch nur verdächtigen Pferden in der Zucht kann zum Fiasko werden. Trotzdem gingen und gehen wahrscheinlich noch heute hunderte von lahmen Stuten im jungen Alter nicht in den Pferdehimmel, sondern zum Deckhengst, was sich dann ein paar Jahre später in der Anzahl der notwendigen Neurektomien äußert. Der wichtigste Grund, weshalb Nervenschnitte heute weniger durchgeführt werden als vor 10 oder 20 Jahren, liegt sicher in der strikten Selektion des Zuchtmaterials in den großen Pferdezuchtländern Europas.

Hengste werden zu Beginn ihrer Zuchtkarriere nicht nur nach Leistung und Exterieur beurteilt, sondern müssen sich auch mit Röntgenbildern guter Qualität über gesunde Gelenke, vor allem aber der Strahlbeine, ausweisen. Nur: Die genetische Information kann auch bei einem „gesunden" Tier vorhanden sein, ohne daß es selber lahm wird. Diese Information wird trotzdem weitervererbt und wird sich, je nach Veranlagung eines Deckpartners, erst in der nächsten (oder in einer späteren) Generation äußern. Während wir heute in der Lage sind, erkrankte Tiere mit einiger Sicherheit zu erkennen und, mit Einverständnis eines einsichtigen Besitzers, aus der Zucht auszuschließen, bildet die Suche nach der genetischen Information die Basis ausgedehnter Forschungsarbeit bei Mensch und Tier. Es ist zu hoffen, daß in nicht allzu ferner Zukunft solche Pferde erkannt und aus der Zucht ausgeschlossen werden können. Nur so wird es möglich sein, unserer Pferdepopulation wirksam und grundlegend zu helfen. Der Nervenschnitt bleibt bis zu diesem Zeitpunkt ein unerfreuliches „Flickwerk", welches, wenn kritisch betrachtet, dem Wohl eines betroffenen Pferdes nicht förderlich ist.

Literatur

Brauell, F.G. (1845): Beitrag zur Pathologie und Therapie der chronischen Hufrollenentzündung. Mag. für die ges. Thierheilkunde 11, 1, 1–97.

Hardy, J. (1992): Surgical procedures involving the peripheral nerves. In: Auer, J.A.: Equine Surgery. W. B. Saunders, Philadelphia, 580–585.

Meier, H. (1996): Zur Geschichte der Neurektomie des strahlbeinlahmen Pferdes. Schweiz. Arch. Tierheilk. 138, 1, 15–21.

Miles, W.J. (Erscheinungsjahr unbekannt): Modern Practical Farriery, a complete system of the veterinary art. William MacKenzie, London, 193.

Moorman, G.H., Van Noort, J.H.C., Nemeth, F., Breukink, H.J., Gootjes, P., and Verzijlenberg, F. (1988): Detection of neurectomy by testing skin sensitivity using an electrical stimulus. Equine Vet. J. 20, 3, 194–198.

Renner, T. (1844): Abhandlungen für Pferdeliebhaber und Thierärzte. Friedrich Luden, Jena, 237–324

Smith, F. (1976): The Early History of Veterinary Literature and its British Development. Vol. III, J.A. Allen & Co., London, 9.

Yovich, J.V. (1990): Palmar Digital Neurectomy. In: White, N.A., and Moore, J.N.: Current Practice of Surgery. J.B. Lippincott, Philadelphia, 165–167.

Hundesport und Ausbildung von Hunden

D. FEDDERSEN-PETERSEN

Einleitung

Eine Ausbildung von Hunden erfolgt im Rahmen des Hundesports wie der dienstlichen Ausbildung etwa von Schutzhunden, Suchhunden, Wachhunden, Polizeihunden (Diensthunden bei Polizei, Zoll und Armee); Blindenführhunden, Lawinen- und Rettungshunden, Hütehunden, Jagdgebrauchshunden unterschiedlicher Anlagen und Fähigkeiten, Drogenspürhunden, Sprengstoff-Spürhunden, Flächensuchhunden, Sog. Service Dogs für Gehbehinderte, Sanitäts- und Fährtenhunden, Katastrophenhunden. Gebrauchshunde können (der individuellen Eignung entsprechend und nicht nach Rassezugehörigkeit) in Diensthunde, Rettungshunde, Blindenführhunde, Gehörlosenhunde, Jagdhunde, Treib- und Hütehunde sowie Zughunde unterteilt werden, die bei verschiedenen Institutionen die o. a. Funktionen übernehmen können.

Im Sporthundebereich bilden etliche Hundehalter ihren Hund als Begleit-, Schutz- oder z. B. als Sanitätshund aus. Für Schutzhundeklassen existieren unter dem Patronat der FCI (Fédération Cynologique Internationale) spezielle Prüfungsordnungen. Die dienstliche Ausbildung (z. B. Schutzhundeausbildung, Ausbildung von Rettungshunden oder Sanitätshunden) unterscheidet sich u. U. kaum von der sportlichen – je nachdem, wo und durch welchen Hundeverein eine solche Sporthundausbildung durchgeführt wird. Im Rahmen des Hundesports wollen sportliche Erfolge mit einem Tier erzielt werden, was durchaus auf dessen Kosten und zu seinem Nachteil geschehen kann.

Damit jedoch sind Hundesportvereine nicht annähernd umfassend und objektiv gekennzeichnet. Verschiedene Rassehundezuchtvereine und kynologische Organisationen bieten Ausbildungen und Prüfungen an, bei der weniger die Ausbildung zum Gebrauchshund als vielmehr Grundübungen zu „Gehorsam und Verkehrssicherheit" im Vordergrund stehen (Deutschland: Verband für das Deutsche Hundewesen [VDH] e. V., Österreich: Österreichischer Kynologenverband, Schweiz: Schweizerische Kynologische Gesellschaft).

Die Begleithundeprüfung beispielsweise, in deren Vorbereitung die Verständigung zwischen Besitzer und Hund gelernt oder vertieft wird, die der großen Bereitschaft von Hunden, zu erkunden und zu lernen, artgerecht Achtung zollt und sie fördert, zudem der Sozialisierung an Artgenossen und Menschen dient, bietet darüber hinaus sehr gute Möglichkeiten, Menschen und Hunde an die mehr oder weniger hektischen Bedingungen unserer Umwelt anzupassen. Somit ist dieses gemeinsame Lernen von Mensch und Hund nicht allein tiergerecht, sondern auch „ein Stück praktizierte Öffentlichkeitsarbeit" (Weisse, 1994), eine wirksame Prävention gegen den „Gefährlichen Hund" (s. Kapitel „Hund"). „Dadurch (durch die Begleithundeprüfung) werden die Partnerschaft zwischen Mensch und Hund sowie die Gesellschaftsverträglichkeit und die Verkehrssicherheit des Hundes bestens dokumentiert" (Leitlinien zur tiergerechten und tierschutzgemäßen Zucht, Aufzucht, Haltung und Ausbildung von Hunden, Deutsche Veterinärmedizinische Gesellschaft e. V. und Verband für das Deutsche Hundewesen [VDH], 1993).

In den letzten Jahrzehnten wurden Hundesportvereine zunehmend auch zu Begegnungsstätten von Hunden und ihren Besitzern. Der Pokal steht nicht mehr so sehr im Zentrum des Mühens, vielmehr das gemeinsame Lernen mit dem Hund, vom Hund und voneinander, und es zählt die Freude am Sozialspiel der Tiere untereinander sowie an der Geselligkeit. Breitensport wie Agility ist nun in der Tat Sport auch für Hundebesitzer – und das gemeinsame Laufen, Springen, Kriechen und verschiedenartige Bewegen von Mensch und Hund sind insgesamt positiv zu werten, solange die Latte zum Überspringen aus purem Ehrgeiz nicht zu hoch gelegt wird und der Hund keine artfremden Bewegungsweisen ausführen muß. Hunde sind außerordentlich lernfähig und - motiviert, wenn das Lernen auf angeborenen Verhaltensweisen basiert.

▪ Sind Hundesport und Hundeausbildung tiergerecht?

Als Lernen bezeichnet man Veränderungen des individuellen Verhaltens unter dem Einfluß von Erfahrungen, somit alle Prozesse, die zu einer Vervollkommnung des individuellen Verhaltens an veränderliche Umweltbedingungen führen. Bei der Hundeausbildung sind die Beziehungen zwischen Mensch und Tier von großer Wichtigkeit sowohl für den Erfolg der Ausbildung als auch für die Tiergerechtheit. Alle Lernvorgänge werden vom Menschen gesteuert. Ausbildung von Hunden bedeutet Einwirkung des Menschen auf Hunde, um bestimmte Verhaltensweisen durch bestimmte Verständigungsmittel (Hilfen, Signale oder Zeichen taktiler, optischer oder beispielsweise akustischer Natur), die artgerecht sein müssen, auszulösen oder um hundliche Verhaltensweisen unter Anleitung des Menschen aufzubauen oder sie auf bestimmte Ziele auszurichten und zu nutzen (Immelmann, 1982; Gattermann, 1993). Dabei gilt es, das richtige Maß zu wahren und die Würde des Tieres nicht zu verletzen (Leitlinien zur tiergerechten und tierschutzgemäßen Zucht, Aufzucht, Haltung und Ausbildung von Hunden, Deutsche Veterinärmedizinische Gesellschaft e. V. und Verband für das Deutsche Hundewesen [VDH], 1993).

Ausgehend von dieser Definition, soll beispielhaft erklärt werden, welche Erfahrungen ein Hund machen muß, um bestimmte Verhaltensweisen zu modifizieren oder bestimmte Signale und ihre Bedeutung zu erlernen und wie ein Hundebesitzer/Ausbilder ihn dabei tiergerecht unterstützt bzw. was dieser nach tierschutzrechtlicher Bewertung zu unterlassen hat, weil es tierschutzrelevant bzw. verboten ist.

Lernformen

Hundeausbildung nutzt insbesondere folgende elementare bis komplexere Lernformen, die nach den unterschiedlichen Niveaus ihrer Lernarten kurz klassifiziert (Hassenstein, 1980, 1987; Gattermann, 1993) und auf ihre Tiergerechtheit geprüft werden sollen.

1. Bedingte Appetenz (erfahrungsbedingtes Suchverhalten): Einer bestimmten Reizsituation folgt ein- oder mehrmals eine Antriebsbefriedigung nach, was auf einen umweltbedingten Sachzusammenhang zwischen dieser Reizsituation und der Gelegenheit zur Antriebsbefriedigung hindeutet. Solche Reizsituationen, die eine Antriebsbefriedigung ankündigten, werden im Gedächtnis behalten und bevorzugt gesucht, sobald der Antrieb wieder aktiviert ist. Es ist eine Form des Lernens aus guter Erfahrung. Für die erfahrungsbedingte Verknüpfung kommt es nicht nur auf die Belohnung an, vielmehr werden die erlernten Wahrnehmungen durch den Lernvorgang zum richtenden Reiz für das Appetenzverhalten gerade desjenigen Antriebs, der in der Lernsituation zur Befriedigung gekommen war. *Beispiel und Wertung: Diese Lernform sollte bei jeder Hundeausbildung ganz im Vordergrund stehen. Hunde benutzen als soziale Lebewesen untereinander ständig soziale Signale. Das gilt ebenso für die Hund-Mensch-Kommunikation. Die hundliche Lerndisposition ermöglicht zu lernen, welche Bedeutung bestimmte Signale haben, die vom Menschen kommen.*

Als soziales Wesen hat ein Hund stets ein Bedürfnis nach Anerkennung und Zuwendung durch seinen menschlichen Sozialpartner. So ist das Anfassen oder Streicheln für den Hund ein primär angenehmes Reizmuster, an das die lobende Stimme im Sinne der bedingten Appetenz assoziiert wird. Im Ausbildungsverlauf sollte viel gelobt werden, was als Belohnung empfunden wird, weil damit die positive Erfahrung des Gestreicheltwerdens verknüpft wird. Aber auch ohne diese Assoziation ist das Loben von entscheidender Bedeutung für die Lernmotivation eines Hundes, weil es dessen Zugehörigkeit zum Sozialpartner Mensch ständig bestätigt.

Sicher könnte man viele Hunde weitgehend allein durch die lobende Stimme ausbilden, vorausgesetzt, die soziale Bindung zwischen ihnen und ihren Ausbildern ist eng. Diese Voraussetzung sollte für jede tiergerechte Hundeausbildung zwingend sein.

Beispiel: Bei der Blindenführhundausbildung wird ein Vermeiden von Harnen und Koten während der Führphasen angestrebt; das stoffwechselbedingte Verhalten eines Hundes unterliegt keinen direkten Lernprozessen. Durch Füttern und Ausführen des Tieres zu festgelegten Zeiten kennt der Ausbilder/Sehbehinderte jedoch den ungefähren Zeitpunkt dieser Bedürfnisse seines Hundes. Während des Urinierens und Kotens erfährt der Hund ein bestimmtes Hörzeichen, danach wird er mit einem bestimmten Wort gelobt, wodurch er lernt, daß auf ein bestimmtes Hörzeichen immer dann eine angenehme Erfahrung folgt, sobald er harnt oder Kot absetzt. Ist das Lob das Ziel des Appetenzverhaltens, so kann dieses unter der Voraussetzung, daß ein stoffwechselbedingtes Bedürfnis des Hundes vorliegt, den Ausscheidungsprozeß in Gang setzen oder beschleunigen. Strafreize während einer „unerwünschten Ausscheidung" hingegen sind zu unterlassen, da sie dem angestrebten Ziel der Konditionierung nicht dienlich sind und somit des vernünftigen Grundes entbehren. Stockschläge oder Schläge mit der Leine sind unangemessen und tierschutzrelevant, da sie angetan sind, die Beziehung zum Menschen zu belasten oder zu zerstören und dem Hund Leiden zuzufügen.

2. Bedingte Aktion (auf ein Verhaltenselement folgt gute Erfahrung): Folgt auf ein Verhaltenselement ein- oder mehrmals eine Triebbefriedigung, so weist dieses auf eine Ursache-Wirkungs-Beziehung zwischen dem eigenen Verhalten und der nachfolgenden Antriebsbefriedigung hin. Deshalb wird das Verhalten erneut ausgeführt, sobald der Antrieb wieder aktiviert ist, weil dieses eine Chance zur Antriebsbefriedigung ist. Auch diese Lernweise gehört in den Bereich des Lernens aus guter Erfahrung. Erhalten Hunde, die Pföteln („Pfötchengeben"), sofort eine Leckerei, sobald sie dieses Verhalten aus irgendeinem Grunde zeigen, so werden sie fortan pföteln, sobald sie Hunger (Appetit!) haben. *Beispiel: Lernen von „Stehen", „Sitzen" u. a. auf Laut und Sichtzeichen. Am Ende jeder Übung wird der Hund verbal gelobt und gestreichelt, wodurch das Verhalten des Setzens nach dem bedingten Reiz „Sitz" mit angenehmer Erfahrung assoziiert wird. Beurteilung: tiergerechte und wirkungsvolle Lernform.*

3. Bedingte Aversion (bedingtes Meideverhalten): Bedingte Appetenz mit umgekehrtem Vorzeichen. Folgt auf die Wahrnehmung einer neutralen oder angestrebten Reizsituation ein- oder mehrmals eine negative Erfahrung, so bekommt die Reizsituation eine negative Valenz und verknüpft sich mit der Verhaltenstendenz des Meidens (Flucht, Hemmung der Annäherung). Lernen aus schlechter Erfahrung. *Beispiel: „Freifolgen" im Rahmen der Unterordnung; jedes Weglaufen ist mit einer unangenehmen Erfahrung verbunden (Ruck an der Hilfsleine, die für den Hund unsichtbar ist), die zusammen mit einem bestimmten Hörzeichen erfolgt. Beurteilung: Erfolgt die negative Erfahrung unmittelbar nach dem unerwünschten Verhalten, ist sie angemessen und als Bestrafung vom Hund nachvollziehbar (s. Kapitel „Hund") sowie zeitlich mit dem Verhalten assoziierbar, so ist diese Lernform in bestimmten Fällen tiergerecht. Wichtig ist die zeitliche Verknüpfung des negativen Reizes mit einem akustischen Reiz, der dann sehr bald den Strafreiz überflüssig macht. Elektrische Strafreize sind abzulehnen. In* schwerwiegenden Ausnahmefällen, für die durch Behandlung mit elektrisierenden Geräten beispielsweise das Einschläfern des betreffenden Hundes zu verhindern ist, ist ihr Einsatz allein durch geprüfte Fachleute zu überdenken (s. Kapitel „Hund"). *Strafschüsse sind verboten (Schweizer Tierschutzverordnung, Art. 34, Abs. 1), ebenso „übermäßige Härte", etwa ein Verprügeln oder hartes Schlagen des Hundes, Behandlungen, die mit „erheblichen Leiden, Schmerzen oder Schäden für das Tier" verbunden sind und das Deutsche Tierschutzgesetz (§ 3, 5.) im Rahmen der Ausbildung von Tieren untersagt.*

4. Bedingte Hemmung (auf ein Verhaltenselement folgt schlechte Erfahrung): Folgt einem Verhalten ein- oder mehrmals eine Erfahrung mit negativer Valenz (Schmerz, Schreck), so resultiert eine erlernte Unterdrückung angeborener (oder erlernter) Endhandlungen. Das Verhalten kann hinfort seltener oder von keinem beliebigen Reiz ausgelöst werden. *Beispiel: das „Abliegen" des Hundes. Das eigenmächtige Aufstehen ist erfahrungsbedingt (Strafreiz) mit einer inneren Hemmung verknüpft. Beurteilung: s. bedingte Appetenz.*

5. Kombinierte Formen:
a. *Differenzdressur:* Lernen mit positiven und negativen Verstärkern: Zwei verschiedene Reize werden mit Belohnung und Strafe verknüpft. Der Hund lernt, diese beiden Reize zu unterscheiden und den gewünschten aufzusuchen (bedingte Appetenz) sowie den unerwünschten zu vermeiden (bedingte Aversion). *Beispiel: „Leinenführigkeit". Jedes Abweichen von seinem Ausbilder, jedes Aufsuchen der rechten Seite, führt zu einem Leinenruck, zieht somit eine schlechte Erfahrung (negative Valenz) nach sich. Alle Laufrichtungen, die ihn von seinem Menschen wegführen, werden also einer bedingten Aversion unterworfen.*

Bleibt er auf der linken Seite und weicht er nicht aus, wird er gelobt, was dazu führt, daß der Hund versucht, die „gute" Seite aufzusuchen (bedingte Appetenz). Sehr häufige Lernform, die in verschiedensten Kombinationen durchgeführt wird: Sobald das Tier gelernt hat, daß etwa seiner Reaktion auf einen spezifischen Reiz unterschiedliche Konsequenzen in Form von Lob oder Bestrafung folgen, weiß es sehr schnell die unangenehme Einwirkung ganz zu vermeiden. Beurteilung: tiergerecht, da der Hund dem Strafreiz, der ihm durch sein eigenes Verhalten angekündigt wird, durch künftiges Unterlassen des Verhaltens sofort entgehen kann und das gewünschte Verhalten durch Belohnung verstärkt wird, was dem Hund soziale Sicherheit verleiht, da er die vorgegebene Situation durch sein Verhalten bewältigen kann.

b. Kombination von bedingter Aktion und bedingter Appetenz. Beispiel: Spürhunde, die vermeintliche Täter bei der Aufklärung von Kriminalfällen durch Spurenzuordnung identifizieren, lernen diese Zuordnung von Eigengeruchsfaktoren als Kombination von bedingter Aktion und bedingter Appetenz: Assoziation der gewünschten Verhaltensfolge (Zuordnung der Spurenleger) mit der Antriebsbefriedigung durch Belohnung (ausgiebiges Spiel mit dem Bringsel). So wird erfahrungsbedingt für die Spielappetenz die Aufnahme der Witterung als neuer, auslösender Reiz kennengelernt. Die Antriebsbefriedigung ist das Spiel, der bedingte Reiz die mit stets gleichen Gesten und Aufforderungen erlernte Geruchsaufnahme. Beurteilung: tiergerecht, da diese Art der Konditionierung exemplarisch auf angeborenen Verhaltensweisen und Motivationen des Hundes basiert, dessen Lernformen adäquat berücksichtigt und nach verhaltensbiologischen Erkenntnissen die hundliche Spielappetenz sowie die Bindung an den Ausbilder nutzt. Deshalb wird sie als verhaltensgerecht und zuverlässig erachtet.

6. Motorisches Lernen: Der Hund lernt, eine Bewegungsfolge auszuführen. Dabei können die einzelnen Teilabschnitte ursprünglich durch äußere auslösende Reiz oder durch äußere Zwänge gesteuert werden. Wiederholen sie sich häufig genug in der immer gleichen Reihenfolge, so führt das Tier nach Beendigung der Lernphase die gesamte Verhaltenskette aus, sobald diese durch die erste Teilhandlung ausgelöst wird. *Beispiel: Bringen über die Hürde/Springen im Rahmen der Unterordnung. Apportieren eines Gegenstandes unter Überwindung eines Hindernisses (1 m hohe Hürde im Freisprung). Zunächst werden kleine Hindernisse übersprungen (zusammen mit dem Ausbilder). Die Hürde wird hin und zurück überquert, initiiert durch ein Lautzeichen.* Durch die ständige Wiederholung lernt der Hund einen festen Bewegungsablauf. Bedingte Appetenz: Der Ausbilder läuft voraus, der Hund hat das Bestreben, ihm zu folgen. Häufiger Fehler: Läuft der Hund um die Hürde herum und wird gestraft, versucht er, diese Strafe zu vermeiden, indem er den gesamten Weg, der eine negative Erfahrung mit sich bringt, meidet. Springen sollte sparsam eingesetzt werden, weil es speziell für die Wirbelsäule und die Vorderläufe eine starke Belastung darstellt. Beurteilung: Diese Lernform kann tierschutzrelevant sein, wenn artfremde Bewegungsfolgen Schmerzen, Leiden und Schäden auslösen.

7. Soziale Anregung und Nachahmung: Soziale Anregungen können, wenn sie von Tier zu Tier weiterwirken, selbst zur Grundlage einer Tradition werden. Dieses gilt für das Erlernen von Nachgeahmtem, welches immer wieder von den jungen Tieren übernommen wird. Hunde eignen sich ausgesprochen gut für diese Art des Lernens, da sie als soziale Tiere Beziehungen und Bindungen einzugehen vermögen. Im Zusammenleben mit den Gruppenangehörigen wird gelernt. *Beispiel: Wenn junge Jagdhunde mit ausgebildeten Tieren, zu denen eine Bindung besteht, zur Wasserjagd (Apportieren von geschossenen/angeschossenen Enten) mitgenommen werden, so lernen sie durch Tradieren die entsprechenden Signale und Verhaltensweisen. Für die Ausbildung von Jagdhunden an flügelgestutzten Enten besteht somit keine sachliche Notwendigkeit, kein vernünftiger Grund. In Irland werden Jagdhunde auf diese Weise für die „Wasserarbeit" trainiert. Die dabei gewonnenen Erfahrungen werden als positiv bewertet. Beurteilung: ausgesprochen tiergerechte Lernform, die dem Soziallebewesen Hund und dessen Verhaltensdispositionen bestens entspricht.*

8. Lernen in „sensiblen Phasen": Biologische Bedeutung: Zum Verwirklichen des Jungtier-Elterntier-Zusammenhangs (Zusammenhang von Gruppenmitgliedern), zur Entstehung einer Bindung also, ist es notwendig, daß Jungtiere ihre Elterntiere (Sozialpartner allgemein) individuell kennen und daß sie an der einmal entstandenen Bindung festhalten. Hunde durchleben in der Zeit zwischen der 3. und der 12. Woche sensible Phasen mit ausgeprägter Lernfähigkeit (s. Kapitel „Hund") und besonderem Lernergebnis (das Gelernte sitzt besonders fest). Diese Zeitspanne in der Entwicklung, in der bestimmte individuelle Erfahrungen in angeborene Verhaltensprogramme eingebaut werden und die spezifische Lernbereitschaft des Individuums stark erhöht ist (Gattermann, 1993), sollte für den Umgang mit Artgenossen sowie dem Sozialpartner Mensch genutzt werden, weil so soziale Sicherheit, größere Offenheit neuen Reizen gegenüber und verstärkte Lernfähigkeit erzielt werden (Hassenstein, 1987). Spätere Gebrauchshunde wie Begleithunde sollten mit der Mutterhündin und den Wurfgeschwistern in Familien aufwachsen (zumindest reichlich Menschenkontakt haben), viel spielen und so durch spielerisches Nachahmen u. a. Lernprozesse mit all jenen Reizen vertraut gemacht werden, denen sie später angstfrei begegnen sollen. Ausbildungen nach reiner Aufzucht in Zwingern werden stets weniger erfolgreich und nicht so dauerhaft im Ergebnis sein. Reine Zwingeraufzuchten sind tierschutzrelevant, weil sie eine artgemäße Entwicklung des hundlichen Sozialverhaltens vernachlässigen (Art. 1 der Schweizer Tierschutzverordnung fordert eine Tierhaltung, die Körperfunktionen und Verhalten nicht stört und die Anpassungsfähigkeit nicht überfordert) und häufig zu Störungen durch Erfahrungsentzug führen (Deprivationsschäden). Die Genese von Verhaltensstörungen, die auf versäumte Prägungen zurückzuführen sind, beginnt mit der restriktiven Aufzucht von Hunden (Scott und Fuller, 1965; Feddersen-Petersen, 1991, 1994 b). Restriktive Aufzucht ist damit nach schweizerischem Recht (Art. 2, Abs. 1 und 3 des Schweizer Tierschutzgesetzes) wie deutschem Tierschutzrecht (§§ 1 und 2 Deutsches Tierschutzgesetz) verboten. „Hunde, die in der Prägungsphase wenig Gelegenheit zur Sozialisierung mit Menschen und ihrem Umfeld hatten, sind in bezug auf ihren Führer zu wenig belastbar ... zeigen dort Unsicherheiten und Fehlleistungen, wo die Anzeige eines Fundes vom freilaufenden Hund zu erfolgen hat (z. B. Polizeihunde bei der Vermißtensuche oder Rettungshunde beim Absuchen von Trümmern) ... lassen beim Anlernen einer zuverlässigen Fundanzeige durch Verharren, Bellen und Scharren jene Sicherheit vermissen, die der praktische Einsatz erfordert" (schriftl. Mittlg. Ochsenbein, 1990).

Tierschutzrelevanz in bezug auf die Entwicklung und Haltung von Hunden und Minderleistungen sowie Tierschutzrelevanz bei deren Ausbildung gehen Hand in Hand. Die angesprochenen Hunde werden dann in der Regel ausgesondert und an Familien abgegeben. Hier bilden sie nicht selten ein Gefahrenpotential, weil sie wenig menschensozialisiert sind, Bindungspartner wechseln und negative Erfahrungen ihr Wesen bestimmen. Letztendlich ist die tierschutzrelevante Aufzucht verantwortlich für eine lebenslange Unsicherheit im Umgang mit Sozialpartnern. Zudem wird die nicht tiergerechte Aufzucht nicht selten von tierschutzrelevanten Mängeln in der Ausbildung gefolgt: Hunde, die umweltunsicher sind, lernen schlechter als ihre gut menschensozialisierten Artgenossen. Fatalerweise sind es gerade diese vermeintlich „störrischen" Tiere, die in der Ausbildung Härte und Strafe erfahren, wodurch ihre Unsicherheit verstärkt und sie nicht selten unkontrollierbar bissig werden oder Verhaltensstörungen entwickeln. Häufig sind es Hunde mit der beschriebenen Vorgeschichte, die unvermittelbar in Tierheimen leben, weil ihr soziales Anpassungsvermögen sehr schnell überfordert ist. Hunde, deren Anpassungsvermögen ständig überfordert wird, die durch alltägliche Reize immer wieder in Panik geraten oder doch Angst vor ihnen haben, leiden. Sie vermögen sich nicht zu entspannen, leben vielmehr in sozialem Dauerstreß.

9. Lernen durch Bestätigung der sozialen Bindung des Hundes (Grahovac, 1993): Jede Hundeausbildung beruht auf der (interspezifischen) Interaktion des Hundes als Mitglied eines Sozialverbandes. Die verhaltensauslösende Handlungsbereitschaft oder Motivation des Tieres, hochkomplexe Aufgaben zu lernen und auszuführen (wie insbesondere bei der Blindenführhundausbildung), wird durch das Lob in Form einer Bestätigung der sozialen Bindung des Tieres erhöht. Im Verlauf der Ausbildung verknüpft das Tier durch verschiedene Lernprinzipien lediglich neue ausführende Verhaltensweisen mit dem Appetenzverhalten eines Antriebs, der aus dem Funktionskreis des angeborenen Sozialverhaltens stammt.

Lernvorgang: Wenn der Empfang von Lob das Ziel eines Appetenzverhaltens und der dazugehörige Antrieb aus dem Funktionskreis der Interaktion, nämlich dem interspezifischen Sozialverhalten des Tieres stammt, dann besteht der Lernerfolg in der Verknüpfung eines neuen Reizmusters mit dem Appetenzverhalten des durch das Lob befriedigten Antriebs. Die Besonderheit dieses Antriebs liegt darin, daß durch den Empfang einer Belohnung in Form von Lob keine Antriebsbefriedigung (Antriebssenkung) erfolgt, wie dies etwa bei Futterbelohnungen der Fall wäre. Das soziale Kontaktbedürfnis des Mitglieds eines Sozialverbandes ist somit eine Antriebskonstante, wobei das Lob eine Form der Bestätigung der sozialen Bindung darstellt. Dadurch kann ein neuer Reiz-Reaktions-Zusammenhang entstehen, der sich auf die zeitliche Abfolge der Verknüpfung eines vorangegangenen Reizmusters mit dem nachfolgenden Verhalten bezieht (Grahovac, 1993).

Moderne, tiergerechte Hundeausbildung sollte diese neuen Zusammenhänge, die eine Ergänzung der von Hassenstein (1987) u. a. formulierten Lernprinzipien darstellen, unbdingt berücksichtigen.

Für Hunde, die im Verlaufe ihrer Jugendentwicklung an Hunde und Menschen sozialisiert wurden, kann die Frage, ob Hundeausbildung generell als artgemäß und verhaltensgerecht anzusehen ist, vom lernbiologischen Standpunkt aus eindeutig bejaht werden. Voraussetzung ist, daß die einzelnen Lernformen angemessen sind und dem angeborenen Verhaltensrepertoire entsprechen. Nicht oder wenig menschensozialisierte Hunde oder solche, die mit wenig Artgenossenkontakt aufwuchsen, bedürfen einfühlsamer und kundiger Beschäftigung mit menschlichen und hundlichen Sozialpartnern. Sie benötigen ein Training, das auf soziale Stabilisierung und Korrektur von Verhaltensfehlentwicklungen ausgerichtet ist.

Voraussetzung für eine tiergerechte Hundeausbildung

Unabdingbare Voraussetzung für jegliche zuverlässige Arbeit mit Hunden ist die Qualität ihrer Ontogenese bezüglich der Entwicklung von Sozialkontakten zu Artgenossen und zum Menschen.

Junghunde sind in bestimmten Entwicklungsphasen sehr sensibel gegenüber Reizkonstellationen ihrer kommunikativen Umwelt, die sich auf ihre soziale Ausformung in Interaktionen mit Sozialpartnern beziehen (s. Kapitel „Hund"). Diese Phasenspezifitäten in sozialen Funktionskreisen bestimmen das spätere Sozialverhalten, insbesondere auch die Lernleistungen der Hunde, die Art der Menschenbindung, die soziale Flexibilität und das Verhältnis von Verträglichkeit zu Aggressivität (Scott und Fuller, 1965).

Bestimmte Sinnesleistungen spezialisierter Hunderassen erschöpfen sich keineswegs auf dem physiologischen Felde, vielmehr sind Merkfähigkeit, Gedächtnis- und Erfahrungsfähigkeit sowie insbesondere die schnelle Anpassungsfähigkeit an neue Situationen, die spezifische Handlungsbereitschaft, die Reaktionsbereitschaft u. v. m. Voraussetzungen für die zu erbringenden Sinnesleistungen. Die Grundvoraussetzung ist die verhaltensgerechte Individualentwicklung eines Hundes und dessen Bindung an (insbesondere) seinen Ausbilder.

So gibt es bereits einige Polizeihundeschulen, die eigene Zuchthündinnen halten und großen Wert auf das Heranwachsen der Welpen in abwechslungsreicher Umgebung mit möglichst viel menschlicher Zuwendung legen. Das gilt in besonderer Weise für Hunde, die für Spezialaufgaben (Geruchsspurenvergleichsverfahren zur Identifizierung von Spurenlegern mit Spürhunden, Vermißtensuche von Polizeihunden, Absuchen von Trümmern durch den Rettungshund) ausgebildet werden sollen.

Nach Ochsenbein (mdl. Mitteilung) können auch unzureichend an Menschen sozialisierte Hunde zuweilen überdurchschnittliche Leistungen in einzelnen Sinnesbereichen zeigen, z. B. einen intensiven Spürsinn, und sie vermögen etwa, an der Spurenleine geführt, bei der Nachsuche im Jagdbereich vollauf zu befriedigen. Dort jedoch, wo Hunde ohne Menschenbindung, die in der „sensiblen Phase" vernachlässigt wurden, auf höherem Niveau lernen und beachtliche kognitive Leistungen erbringen müssen, zeigt sich, daß sie auch in bezug auf ihren Ausbilder wenig belastbar sind, sobald dieser etwas Bestimmtes von ihnen verlangt. Das Erlernen einer zuverlässigen Fundanzeige durch Verharren, Bellen und allenfalls Scharren ist dann erschwert und führt oft nicht zu jener Sicherheit der Anzeige, die der praktische Einsatz erfordert. Je besser die Motivation des Hundes zur Spurensuche oder zum Apportieren oder zu anderen Arbeiten, desto besser die Leistung. Daraus ist zu folgern, daß das beste Riechvermögen, die beste Bewegungskoordination, das schnellste Laufen u. a. ebensowenig den besten Spürhund, Jagdhund oder Laufhund ausmachen, daß dieses vielmehr von der Bindung an den Menschen abhängig ist – ebenso wie es letztendlich diese Beziehung ist, die den Menschen berechtigt, von einem Hund Leistungen abzuverlangen. Durch Druck und Härte erzwungenes Arbeiten ist als nicht tiergerecht abzulehnen (Verstoß gegen § 3, 5. des Deutschen Tierschutzgesetzes).

Die Ausdauer, ja das Vermögen, trotz stark ablenkender Umweltreize genau die Verhaltensweisen beharrlich durchzuführen, auf die sie trainiert sind, überzeugt bei gut sozialisierten Hunden, die hochmotiviert mit Menschen zusammenarbeiten. Ochsenbein (mdl. Mitteilung) berichtet von Versuchen mit männlichen Trümmersuchhunden, die zum Eruieren verschütteter Figuranten eingesetzt wurden, nachdem sich in diesen Trümmern läufige Hündinnen aufgehalten hatten und zudem Fleischstücke ausgelegt worden waren. Die Rüden ignorierten die „Verleitungsgerüche" und gelangten ohne merkliche Verzögerung zur Anzeige der menschlichen Geruchsvariante, auf die sie beim Training eingestellt worden waren. Das entscheidende Stimulans dabei waren die Anwesenheit und das Lob des menschlichen Partners. Einige Landespolizeischulen in Deutschland und kantonale Ausbildungsstätten in der Schweiz erbringen unter besten Zucht-, Aufzuchtund Haltungsvoraussetzungen, optimaler Ausbildung der Hundführer und anderen ausgezeichneten Lebensbedingungen für die Hunde Sonderleistungen, die allein unter diesem hohen Anforderungsprofil möglich sind. So wurde in Deutschland über die polizeiinterne Ausgestaltung der Ermittlung hinaus erreicht, mit Hilfe eines methodisch sehr sorgfältig erstellten Geruchsspurenvergleichsverfahrens die Diskriminierung von Spurenlegern mit Spürhunden juristisch (als Ergänzung anderer beweiskräftiger Indizien) anzuerkennen.

Zu fordern sind also zum einen die Voraussetzungen für eine tiergerechte Entwicklung der Hunde, die deren rasseeigene Besonderheiten fördert (s. Kapitel „Hund"), zum anderen profunde Kenntnisse zur Biologie und zu den Bedürfnissen eines Hundes (der jeweiligen Rasse) bei den Diensthundeführern. Ein ganz wichtiges Kriterium für deren Eignung zur Hundeausbildung ist zudem die Einstellung zum Tier, die durch echtes Interesse am Hund und an seinem Verhalten und die Achtung seiner Bedürfnisse gekennzeichnet sein sollte. Daraus ergibt sich eine tiergerechte Arbeitsweise. Fehlerhafte Behandlung und ehrgeiziges Abrichten von Hunden bei mangelnden Kenntnissen über deren spezifisches Lernverhalten dagegen sind aus Gründen des Tierschutzes schärfstens abzulehnen und in der Verwertbarkeit der erbrachten Leistungen als äußerst zweifelhaft anzusehen (Most und Brückner, 1936).

Leiden, Schmerzen und Schäden resultieren durch diverse Zwangsmaßnahmen beim Abrichten: Benutzung von Stachel- und Würgehalsbändern, die Hunden bei scharfem Leinenruck oder harter Disziplinierung (extremes Zusammenziehen des Halsbandes und Würgen, Luftabdrücken) schmerzhafte Verletzungen zufügen und in Panik versetzen; Strafreize über die Wurfkette setzen, die äußerst schmerzhaft sein kann, da z. T. starkes Aufschreien, nachfolgendes Zittern oder panikartiger Defensivangriff resultieren; Schrotschüsse als Strafen, die verletzen oder töten; Verprügeln von Hunden (Fußtritte insbesondere in den Unterleib, Schläge mit der

Leine oder mit Knüppeln). Bei Hundeausbildern, die überfordert sind, weil sie keine Beziehung zu „ihrem" Tier haben, das ihnen nicht folgt, kommen derartige Wutausbrüche, im Zuge derer Hunde zum Teil schwer verletzt werden und jegliches Vertrauen in diesen Menschen verlieren, bedauerlicherweise häufiger vor. Hilfsmittel, die Schmerzen oder Leiden verursachen, sind oftmals elektrisierende Dressurgeräte (s. Kapitel „Hund"). Auch bei Benutzung von Teletakt-Geräten wurde registriert, daß bei Ausbleiben des erhofften schnellen Erfolges und zunehmender Erregung einiger Ausbilder ein ausgesprochen emotional geprägter Mißbrauch der Geräte resultierte (eigene Beobachtungen bei der Ausbildung von Polizeihunden).

Haben Hunde nach Meinung einiger Ausbilder schlecht gearbeitet, werden sie zur Strafe eingesperrt und nicht ausgeführt oder nach dem Training weiter gestraft, was wiederum Schmerzen, Leiden und Schäden beim Tier verursacht und verboten ist (im Extrem § 17, 2 b des Deutschen Tierschutzgesetzes).

Beispiele zu verschiedenen Formen der Hundeausbildung

Schutzhundeausbildung

Schutzhunde (Deutscher Schäferhund, Deutscher Boxer, Airedale Terrier, Dobermann, Riesenschnauzer, Rottweiler, Hovawart sind offiziell anerkannte Schutzhunderassen) sollen ihre(n) Menschen vor potentiellen Angreifern beschützen und sie in bestimmten Situationen verteidigen, Gegenstände oder einen Menschen bewachen, ein Gelände nach Gegenständen oder Personen abrevieren und (Menschen-)Fährten ausarbeiten.
Voraussetzungen des Hundes für die Schutzhundeausbildung: Die Schutzhundeausbildung verlangt vom Hund besondere körperliche Voraussetzungen und Verhaltensmerkmale: eine bestimmte Größe und Kraft, gute olfaktorische Fähigkeiten, einen ausgeprägten Kampf- und Schutztrieb (= ausgeprägtes Aggressionsverhalten, das kontrollierbar, jedoch leicht und konstant abrufbar [auslösbar] sein soll), sog. mittleres Temperament, sog. Wesenssicherheit, sog. Unerschrockenheit und Furchtlosigkeit, sog. Härte, ausgeprägtes Apportierverhalten, ausgeprägte Spür- und Stöbermotivation, Ausdauer, gute Unterordnungsbereitschaft, gute Lernfähigkeit, enge Bindung an den Menschen, Schußfestigkeit. Unerwünscht sind ängstliche, scheue und „weiche" Hunde, Hunde mit ausgeprägtem Jagdverhalten und geringer Menschenbindung.

Ausbildungsverlauf an Polizeihundeschulen: Die Ausgangsbedingungen wurden aus Kostengründen zunehmend ungünstig, die Situation der Hunde ist in etlichen Fällen tierschutzwidrig, da die Tiere keine Möglichkeit zur Menschenbindung haben, vielmehr nach einem oder mehreren Besitzerwechseln von der Polizei angekauft wurden.

Überwiegend werden die Hunde in Einzelzwingern gehalten, die Ausbildung erfolgt über Diensthundeführer und Ausbilder (als Figuranten oder Helfer, die Fliehende, Angreifer oder Versteckte imitieren). Die Hunde tragen Maulkörbe während der Ausbildung, sie werden vom Helfer, der sich kleidungsmäßig von den Diensthundeführern absetzt (schwarzer Mantel o. ä.) gereizt, bedroht und durch auffälliges Verhalten zum Nachsetzen angeregt. Die meisten Polizeihundeschulen übernehmen weder Welpen vom Züchter noch werden eigene Zuchthündinnen gehalten, da der Personalaufwand zur Aufzucht der Welpen zu groß ist. Die Hunde werden vielmehr im Alter von 1,5 bis 3 Jahren von Privatleuten übernommen. Ob ein Hund zum Polizeidienst geeignet erscheint, wird in einer Überprüfung entschieden, die das Verhalten des Tieres auf Bedrohung testet (der Hund wird durch Worte, Annähern, Armausstrecken und leichte Stockschläge in seine Richtung gereizt und seine Reaktion auf Schüsse bewertet). Als untauglich gilt ein Tier, welches Fluchtverhalten und Scheu zeigt. Hunde, die angreifen und „schußfest" sind, werden zur Ausbildung angenommen. Da diese Hunde nicht selten auch dem Diensthundeführer gegenüber Angriffsverhalten zeigen und einer Ausbildung Widerstand entgegenbringen, wird mit Zwangsmitteln gearbeitet, die tierschutzrechtlich abzulehnen sind. Nicht nur in Ausnahmefällen kommt es zu Übergriffen gegen den Diensthundeführer (mdl. Mittlg. der Landespolizeischule Hamburg). Hunde, die jemals Menschen gebissen oder z. B. Schafe gerissen haben, werden möglichst nicht übernommen.

Die Ankaufsrate für Hunde, die der Polizei angeboten werden, lag 1987 (Gidl-Kilian) bei nur 2 bis 4 %. Als häufigste Gründe, weshalb keine Übernahme stattfindet, wurden aufgeführt: 1. ausschließliche Zwingerhaltung, 2. frühere Beißvorfälle, 3. der Hund ist zu ängstlich. Heute sind die Auswahlkriterien aus Gründen der Mittelverknappung in den Behörden offenbar wesentlich weniger selektiv geworden. Hunde, die Probleme in der Haltung bereiten, die gebissen haben, werden der Polizei zunehmend angeboten und überwiegend auch genommen.

Gute Menschensozialisation kann bei Polizeihunden nicht mehr allgemein vorausgesetzt werden, dem ausgeprägten hundlichen Sozialverhalten und dem spezifischen Bedürfnis nach Zuwendung durch den Sozialpartner Mensch wird nicht mehr ausreichend Rechnung getragen. Sozial deprivierte Hunde lernen erfahrungsgemäß schlecht und sind durch Menschen nicht annähernd vergleichbar zu motivieren wie ihre menschensozialisierten Artgenossen. Ausbildung mit Zwang und Druck steigen folglich an. So ist eine nicht tiergerechte Polizeihundeausbildung, die mit Leiden, Schmerzen und Schäden verbunden ist und mit ausgesprochener Härte durchgeführt wird, nicht immer auszuschließen.

Fährtenarbeit: Hier wird sehr deutlich, daß die Schutzhundeausbildung auf der Ausnutzung natürlicher Anlagen und Verhaltensweisen beruht. Hunde verfolgen bekannterweise auch ohne Ausbildung Fährten, hier lernen sie, auf den Hörlaut „Such" eine beliebige Fährte aufzunehmen und bis zum Ende „auszuarbeiten". Auch bei der Fährtenarbeit wird das Verhältnis des Hundes zu seinem Besitzer genutzt. Wird er von ihm getrennt, zeigt er das Bestreben, ihn zu suchen, um zu ihm zu gelangen. Das ist natürliches Appetenzverhalten und muß nicht gelernt werden, stellt also keine bedingte Appetenz dar.

Sobald der Hund Suchverhalten zeigt, wird ihm das Suchgeschirr umgelegt, und der Ruf „Such!" ertönt. Durch dieses zeitliche Zusammenfließen verschiedener Erlebnisinhalte verknüpft sich die Motivation mit diesen neuen Reizen. Es muß also nicht das Verhalten, vielmehr der Auslöser dafür gelernt werden. Wenn der Hund auf Befehl sucht, handelt es sich um bedingte Appetenz.

Nun muß der Hund lernen, mit seinem Besitzer zusammen Fährten auszuarbeiten, was er von sich aus nicht täte. Das erlernte Appetenzverhalten wird jetzt mit einem anderen Antrieb verknüpft: Das Suchverhalten auf die gelernten

Auslöser hin führte für den Hund stets zu guten Erfahrungen, zu Lob und Belohnung. Das Suchverhalten erfährt einen neuen Antrieb; es wird ausgeführt, um gelobt oder belohnt zu werden. Dieses entspricht der Definition des Lernens durch bedingte Aktion. Dieser Teil der Schutzhundeausbildung erscheint sinnvoll, die Beziehung Polizeihundführer-Hund zu etablieren bzw. zu verbessern, da er Zusammenarbeit erfordert und über Härte nicht funktioniert.

Unterordnung: Anfangsübung ist die Leinenführigkeit. Es ist sicher sinnvoll, Hunde „bei Fuß" gehen zu lassen, da sie so leichter direkt zu beeinflussen sind. Lernform ist die Kombination von bedingter Appetenz und bedingter Hemmung (Differenzdressur).

Brunner (1994): „Die angeborene Grundlage des sog. „Bei-Fuß-Gehens" des Hundes ist das Vermögen, das Gehen und Laufen und Stehenbleiben hinsichtlich Richtung, Abstand und Geschwindigkeit auf einen Sozialpartner abstimmen zu können." Brunner rechnet dieses zum allelomimetischen Verhalten, betont allerdings auch, daß die korrekte Ausführung trainiert werden muß. Die „Anhänglichkeit" des Hundes dem Menschen gegenüber wird wiederum als zentral hervorgehoben. Fehlt diese, wird der Leinenruck zunehmend schmerzhaft bzw. es wird mit Stachel- oder Würgehalsband, also mit Zwangsmitteln, gearbeitet. Hunde, die geduckt, mit angelegten Ohren und niedriger Körperhaltung neben ihrem Hundeführer laufen, vor ihm zurückweichen und den Blickkontakt scheuen, zeigen durch ihr sozial unsicheres Ausdrucksverhalten eine nicht tiergerechte Ausbildung an.

Als Beispiel für eine nicht tiergerechte Konditionierung des „Ablegens" von Hunden sei angeführt: Auf ein bestimmtes Lautzeichen hin, das zum erfahrungsbedingten Reiz wird, soll der Hund solange liegen-, sitzen- oder stehenbleiben, bis er abgeholt (oder gerufen) wird. Fehler: Der Hund wird beim Weglaufen nicht konsequent an den Ausgangsplatz zurückgeführt, erfährt somit nicht, was von ihm verlangt wird. Folge: Zwangsmaßnahmen. Ein weiterer Fehler, der häufig anzutreffen ist: Der Ausbilder läuft hinter dem Hund her, wenn sich dieser vom Platz entfernt. Richtig wäre, sich in die entgegengesetzte Richtung zu entfernen. Läuft der Hundeausbilder hinterher, wird der Hund ein Verfolgungsspiel initiieren und weiterlaufen. Geht der Hundehalter, folgt ihm der Hund (Ausnutzung seines Bestrebens nach sozialem Kontakt sowie der Angst vor sozialer Isolation). Folge: Zwangsmaßnahmen.

Bringen: Das sog. „Zwangsapportieren" muß als hochgradig tierschutzrelevant abgelehnt werden, zudem birgt es die Gefahr der falschen Assoziation für den Hund bei zeitlichen Fehlern des Menschen: Der Hund wird an das Holz gewöhnt, indem es ihm gezeigt und simultan Schmerz zugefügt wird (Zuziehen eines Stachelhalsbandes oder Drücken seiner Lefzen mit der Hand gegen die Oberkieferzähne, woraufhin er das Maul öffnet, um einen Schmerzschrei auszustoßen). In diesem Augenblick des Maulöffnens wird das Holz in das Maul geschoben. Zweck: Der Hund soll das „freie Bringholz" mit Schmerz assoziieren und verknüpfen, daß der Schmerz aufhört, sobald er das Holz aufgenommen hat. Dieses Vorgehen, das stets mit Angst und Schmerz für das Tier verbunden ist, ist verboten (§§ 1 und 2 Deutsches Tierschutzgesetz; Art. 2 Schweizer Tierschutzgesetz; Art. 34 Abs. 1 Tierschutzverordnung).

Tiergerecht ist dieser Lernabschnitt

unter Ausnutzung des Spielverhaltens des Hundes und dessen Bindung an den Halter durchzuführen. So werden zudem bessere Erfolge erzielt, da ohne Angst gelernt wird.

Allgemeine Bemerkungen zum Lernabschnitt „Unterordnung": Die Ausbildung/ Erziehung eines Hundes, ohne daß dieser Negativerfahrungen macht, ist nicht immer möglich. Die Debatte, ob Hunde nur durch Belohnung oder auch durch Strafen zu erziehen sind, ist müßig. Es geht stets um das korrekte Verständnis der jeweiligen Ausbildungsteile. Alle Übungen, bei denen ein Hund ein ganz bestimmtes Verhalten nicht ausführen soll, beruhen prinzipiell darauf, daß dieses Verhalten vom Hund auf Grund einer bedingten Aversion oder einer bedingten Hemmung gemieden wird (Gaveau, 1983). Man kann keinem Hund beibringen liegenzubleiben, indem man ihn ständig lobt. Er darf nicht aufstehen – und das lernt er dadurch, daß er beim Versuch, dieses zu tun, sofort getadelt wird. Angemessene, arttypische Strafreize sind nicht tierschutzrelevant, vielmehr dem Ausbildungsrahmen für das Verständnis Hund-Mensch dienlich. Sie verhindern Mißverständnisse und Fehlentwicklungen des hundlichen Verhaltens, die mit negativen Empfindungen gekoppelt sein können.

Natürlich ändert diese Art der Ausbildung, die dem angeborenen Lernverhalten der Hunde nachempfunden ist und ihm entspricht, nichts daran, daß die Vorbedingung für jedes Lernen/jede Ausbildung die enge Bindung des Hundes an den Menschen ist. Sehen kann man, ob diese Bindung vorhanden ist oder ob Zwang ausgeübt wird, am Ausdrucksverhalten des Hundes; einem Hund, der mit eingeknickten Gliedmaßen, angelegten Ohren und eingeklemmtem Schwanz apportiert oder herankommt, fehlt diese Bindung, er signalisiert soziale Unsicherheit (Angst) und kennzeichnet damit eine schlechte Ausbildung. Wichtig ist, daß ein Hund nur dann getadelt (bestraft) wird, wenn er etwas Verbotenes tut und nicht etwa dann, wenn er unterläßt, was von ihm erwartet wird.

Zum Streifen, Stellen und Verbellen gilt folgendes: Im Rahmen der Polizeihundeausbildung verfolgt der Hund einen fliehenden Scheintäter, stellt und verbellt ihn. Sobald dieser stehenbleibt, darf der Hund nicht zubeißen, sondern nur bellen. Der Scheintäter benutzt als Hilfsmittel häufig einen Drahtkäfig. Schlägt der Hund z. B. nicht oder nicht ausreichend an, tritt der Figurant zeitweise leicht aus dem Käfig heraus und reizt das Tier, welches mit Hilfe einer Leine daran gehindert wird, den Scheintäter anzugreifen. Wird die Übung korrekt ausgeführt, wird sie durch das Hörzeichen „Sitz" oder „Platz" beendet.

Es gibt Hunde, die bereits bei Erscheinen des Scheintäters nicht zu halten sind und die Angriffsversuche auch dann, wenn dieser steht und das „Platz" ertönt, nicht beenden. In diesen Situationen wird gestraft; die Hunde werden etwa vom Ausbilder gepackt und zu Boden geworfen, wobei häufig Widerstand geleistet wird (Anknurren, Angreifen), oder sie werden mit Wurfketten getroffen. Nach unseren Beobachtungen gibt es etliche Hunde, die auf diese schmerzhaften Maßnahmen überhaupt nicht reagieren, indes immer wieder anzugreifen versuchen.

Das Schlagen der Tiere und der Gebrauch der Wurfkette sind strikt abzulehnen, ebenso wie Stachelhalsbänder und ähnliche Zwangsmittel. Es ist überwiegend die Ungeduld (oder Überforderung) der Ausbilder, die z. T. zu massiven Übergriffen auf Hunde führt, die weniger leicht „lenkbar" sind. Resultate sol-

cher Zwangsmaßnahmen sind unsichere Hunde, die plötzlich zubeißen, deren Ausbildung im Extremfall abgebrochen werden muß. Geduld und Einfühlungsvermögen sind unerläßlich für einen Hundeausbilder. Gute Ausbilder schlagen nicht.
Flucht und Abwehr (oder: Verfolgen und Beißen):
1. Im Rahmen des *Hundesports:* Der Scheintäter versucht zu fliehen, und der Hund muß dieses durch rasches und energisches Zufassen verhindern. Sobald der Figurant stehenbleibt, soll der Hund auslassen. Darauf greift der Helfer den Hund an, und dieser muß wieder zufassen. Der „Täter" versetzt ihm mit einem biegsamen Stock Hiebe auf Keule oder Widerrist, und der Hund darf nicht zurückweichen. Daraufhin stellt der „Täter" wieder die Gegenwehr ein, und der Hund muß auslassen. Der Helfer trägt einen Schutzanzug und Beißärmel.
2. Bei der *Polizeihundeausbildung:* Hier erfolgt zum Ablassen (Loslassen des Armes) das Kommando „Aus" des Ausbilders. Der Hund hat sich hinzulegen und wird abtransportiert. Auffällig ist dabei, daß es für etliche Hunde offenbar außerordentlich schwer ist liegenzubleiben und beim Abtransport nicht zuzubeißen.

Die Motivation des Hundes wird hier nicht berücksichtigt. Der abrupte Übergang vom Angriff, der unter großer Erregung erfolgt, zum „regungslosen Abtransportierenlassen" ist nicht tiergerecht. Gerade der Schutzdienst im Bereich der Schutzhundeausbildung ist umstritten, wird unterschiedlich durchgeführt und gefährdet unter gewissen Umständen Menschen. Diese Ausbildung fordert verantwortungsvolle, fähige Menschen, die sich in die unterschiedlichen Hundeindividuen „einfühlen" können. Unter gewissen Umständen (Zwangsmaßnahmen!) wird der Schutzdienst tierschutzrelevant und bedeutet eine potentielle Menschengefährdung (s. Abschnitt „Hundesport").

Ausbildung von Blindenführhunden

Ist die Führtätigkeit eines Hundes grundsätzlich als artgemäß anzusehen? Kritiker des Führhundewesens halten die Ausbildung für nicht verhaltensgerecht, da die Hunde in den Führphasen etliche angeborene Verhaltensweisen nicht ausführen, auf viele Reize nicht reagieren können. Dem stehen argumentativ die enge Bindung zwischen dem Sehbehinderten und seinem Tier gegenüber, die ganz offensichtliche, hohe Motivation des Hundes, die ihm gestellten Aufgaben zusammen mit seinem menschlichen Partner zu erfüllen, was in etlichen Fällen zu beachtlichen Leistungen des Teams „Hund/Mensch" hinsichtlich Orientierungsfähigkeit und Mobilität des letzteren und zu einer immensen Steigerung seiner Lebensqualität führt. Dies nicht zuletzt auch deshalb, weil ihn die enge Beziehung zum Tier erfüllt. Zu beklagen ist, daß das Blindenführhundewesen nicht überall ausreichend strukturiert ist, daß weiter die fehlende Anerkennung des Blindenführhundausbilders als Berufsbild und das Fehlen gesetzlich vorgeschriebener Richtlinien für die Ausbildung von Blindenführhunden besonders problematisch sind, da so auch unseriöse Geschäftsmethoden ermöglicht und Hunde weder tiergerecht noch zuverlässig trainiert und abgegeben werden, was den Sehbehinderten vor große, insbesondere auch emotionale Probleme stellt und für den Hund nicht selten den Beginn einer „Leidenskette" bedeutet, da er immer wieder neu vermittelt wird.

Die Führtätigkeit des Hundes ist dann

als artgemäß und tierschutzgerecht anzusehen, wenn Zucht, Aufzucht und Ausbildung seiner Entwicklung, seinen angeborenen Verhaltensweisen und seinen lernbiologischen Voraussetzungen entsprechen, wenn also die „Heranbildung" eines Blindenführhundes hundegerecht geschieht (Grahovac, 1993). Zu befürworten sind eine schuleigene Zucht und Aufzucht späterer Blindenführhunde, da einmal die gezielte Zuchtauswahl die Eignung der Hunde erhöht, zum anderen die Förderung der Junghunde optimal erfolgen kann. In diesem sehr kostenintensiven Verfahren werden die Junghunde bereits im Welpenalter speziell gefördert. Die Welpen haben früh Kontakte zu verschiedenen Menschen und zu Artgenossen, vergrößern ab der 5. Lebenswoche sukzessive ihren Lebensbereich in den Garten und werden früh gezielt mit neuen spezifischen und unspezifischen Reizen vertraut gemacht. Sie erhalten wechselnde Spielmöglichkeiten, erfahren zunehmend soziale Kontakte. Ab der 6. Woche werden die Welpen bereits zusammen mit dem Muttertier zu kurzen Stadtausflügen mitgenommen, wo sie erste Erfahrungen mit Großstadtlärm, Fahrzeugen und Passanten machen. Sie erfahren also eine optimale Menschensozialisation und Umwelt-„Prägung" und werden dann nach dem Durchlaufen sog. „Junghundveranlagungsprüfungen" von der 10. Lebenswoche an bis zum Alter von 18 Lebensmonaten in ausgewählten „Patenfamilien" betreut. Diese stehen in ständigem Kontakt zu den Blindenführschulen und sind angewiesen, den Junghund nach bestimmten Richtlinien zu behandeln, welche das Tier auf seinen späteren Einsatz als Blindenführhund vorbereiten sollen. Ihre wohl wichtigste Aufgabe besteht darin, dem Hund weiterhin vielfältige Möglichkeiten für verschiedenste Umwelterfahrungen zu bieten (Benützung verschiedener Verkehrsmittel, Besuch von Zoologischen Gärten, häufige Möglichkeiten zum Sozialspiel mit Kindern/Erwachsenen und Artgenossen). In dieser Zeit des intensiven und nachhaltigen Lernens erfolgt auch die spielerische Gewöhnung an das „Spurengeschirr". In Begleitung des Hundes werden niemals Bordsteinkanten oder Treppenabsätze ohne kurzes Stehenbleiben überschritten. Jegliche Ausbildung in dieser Zeit ist untersagt. Mit ca. 18 Monaten werden die für geeignet befundenen Tiere zur Schule zurückgebracht, und es wird nach einem Testverfahren mit der eigentlichen Ausbildung zum Blindenführhund begonnen.

Aus Kostengründen sind jedoch andere Auswahl- und Ausbildungsmethoden noch vorherrschend: Die Ausbildung zum Blindenführhund erfolgt in der Regel zwischen dem 12. und 18. Lebensmonat der Tiere, die bis dahin bei Züchtern (z. T. in ausgesprochener Zwingerhaltung) oder bei Privatleuten lebten. Bei dieser Vorgehensweise ist niemals auszuschließen, daß die Tiere später aufgrund ungünstiger bis völlig inadäquater Aufzuchtbedingungen Verhaltensabweichungen bis -störungen aufweisen, die vielleicht nicht ad hoc auffallen. Es gibt zwar verschiedene Tests, die in den Blindenführhundschulen mit den Tieren durchgeführt werden, allerdings auch nicht mit letzter Sicherheit die Eignung eines Hundes zu den „Höchstanforderungen an die Wesensveranlagungen und die höheren psychischen Fähigkeiten der Tiere" (Seiferle, 1972), wie sie gerade diese Ausbildung dem Tier abverlangt, korrekt beurteilen und nicht alle Verhaltensauffälligkeiten eines Hundes erfassen können.

Eine eigene Zucht und das Patenfamiliensystem sind in Ländern mit einem zentral geführten Blindenführhundewesen wie in den USA, Großbritannien und Australien die Regel und etablieren sich zunehmend in der Schweiz.

Ausbildung: Die traditionelle Ausbildung an deutschen Blindenführhundschulen sowie diejenige, die dem „Patenfamiliensystem" folgt, unterscheiden sich in der Methodik vor allem in der Art und Weise der Schulung der Hinderniswahrnehmung des Tieres. Das gemeinsame Ziel beider Ausbildungsmethoden ist es, das Verhalten des Hundes während des Führens so zu manipulieren, daß das Tier Hindernisse zu beachten lernt, die in seiner natürlichen Umwelt keine Rolle spielen (Brüll, 1951). Den diskriminativen Reiz für dieses Verhalten bildet das Ziehen des Wagens oder das Tragen des Führgeschirrs, wobei die erwünschte Reaktion gegenüber Hindernissen verschiedenster Art durch eine Assoziation des Hundes zwischen den Einwirkungen über den Führhundwagen bzw. das Führgeschirr und seinem Verhalten während der Führphasen erreicht werden soll. Nach der neuen Methode werden alle Manipulationen, die hierzu erforderlich sind, über das Führgeschirr und die Leine vorgenommen. Dieser Ansatz erfordert höchste Konzentration seitens des Ausbilders, um unerwünschte Assoziationen des Tieres zwischen der Person des Hundeführers und dessen Einwirkungen zu vermeiden. Die korrekte Anwendung der traditionellen Ausbildungsmethode nach von Uexküll und Sarris (1932) mit dem Führhundwagen schließt unbewußte Hilfestellungen seitens des Ausbilders weitgehend aus. Allerdings müssen mit dem Wagen ausgebildete Hunde nachträglich auf das Führen im Führgeschirr umgewöhnt werden, was eine zusätzliche Nachschulung erfordert. Die Ausbildungsmethode mit dem Führwagen ist seit ihrer Entwicklung im Jahre 1934 nahezu unverändert geblieben. Rein technische Umgestaltungen des Führhundewagens wurden z. B. 1951 von Brüll vorgenommen. Heute gibt es „Führwagen-Gegner" und „-Anhänger", wobei übersehen wird, daß der Grundgedanke zur modernen Blindenführhundausbildung über die Entwicklung des Wagens führte, indem nicht mehr bestraft, sondern die speziellen Anforderungen hinsichtlich der Hinderniswahrnehmung des Hundes Berücksichtigung fanden.

Tiergerechter ist sicher die Ausbildungsmethode, die auf der effektiven Zusammenarbeit zwischen Mensch und Hund beruht.

Dabei wurde in einer lernbiologischen Analyse herausgefunden (Grahovac, 1993), daß die Motivation des Hundes, hochkomplexe Aufgaben zu erlernen und auszuführen, durch das Lob des vertrauten Menschen in Form einer Bestätigung der sozialen Bindung des Tieres erhöht wird. Im Verlauf der Ausbildung verknüpft der Hund durch verschiedene Lernprinzipien lediglich neue ausführende Verhaltensweisen mit dem Appetenzverhalten eines Antriebs, der aus dem Funktionskreis des Sozialverhaltens stammt. Eine verantwortungsvolle Zucht, Aufzucht und Haltung des Hundes immer vorausgesetzt, kann die Frage danach, ob die Blindenführhundausbildung als artgemäß und verhaltensgerecht anzusehen ist, grundsätzlich auch vom lernbiologischen Standpunkt aus eindeutig bejaht werden.

Ausbildung mit schlecht sozialisierten Hunden durch Zwang und Strafen hingegen ist als tierschutzrelevant abzulehnen.

Ist Hundesport noch zeitgemäß und tierschutzrechtlich vertretbar?

Das Sporthundewesen, so wie wir es heute kennen, kam erst nach Ende des ersten Weltkrieges auf; aber da hatte sich unter den Deutschen Schäferhunden, einer Rasse, die stets große Bedeutung auch für die Sporthundeausbildung hatte und hat, bereits eine unübersehbare Wesensverschlechterung breitgemacht. Der Deutsche Schäferhund war auf dem besten Weg, ein Modehund zu werden (Räber, 1995). „Wilde" Züchter waren in der Überzahl. Es gab Leute, die einen Zusammenhang zwischen Scheuheit und der damals in Mode kommenden, übermäßigen Hinterhandwinkelung sehen wollten: Ein scheuer Hund täusche eine gute Winkelung vor, und weil der Richter gut gewinkelten Hunden den Vorzug gäbe, kamen folgerichtig die scheuen Hunde mit dem entsprechenden Körperausdruck vermehrt zur Zucht.

Dieses Beispiel sei angeführt, um die teilweise unglaublichen „Praktiken" der Hundezucht und des Hundesports zu verdeutlichen, wenngleich keine Verallgemeinerung betrieben werden soll. Die Auswüchse allerdings sind auch heute noch z. T. extrem.

Um diese Entwicklung aufzuhalten, führte der Verein für Deutsche Schäferhunde e. V. die *Ankörung* ein: die Auslese nach Leistungsmerkmalen. Im Rahmen des Hundesports können z. B. Prüfungen in den Klassen „Schutzhund" oder etwa „Lawinenhund" absolviert werden.

Auch „Hundesportgemeinschaften", die keine speziellen Rassesportvereine sind und nationalen Dachverbänden, wie dem Verein für das Deutsche Hundewesen e. V., dem Österreichischen Kynologenverband oder der Schweizerischen Kynologischen Gesellschaft angehören, führen neben Unterordnungsübungen Konditionierungen gerade im Bereich des Schutzdienstes durch. Das geschieht mit Mischlingshunden wie den Schutzhunderassen, Jagdhunderassen und auch mit Bull Terriern oder American Staffordshire Terriern und anderen Rassen dieses Typs. Dieser Ausbildung fehlt jegliche übergeordnete Kontrollinstanz. Die Qualifikation, Hunde auszubilden oder als Figurant agieren zu dürfen, wird in Form einer Prüfung beim jeweiligen Hundesportverein abgelegt. Auch das nach dem Deutschen, Schweizerischen und Liechtensteinischen Tierschutzgesetz verbotene „Scharfmachen" (Abrichten) an lebenden Tieren (Katzen, jungen Füchsen, Kaninchen) findet zumal bei der „Ausbildung" bestimmter Tiere vom „Pit-Bull-Typ" nicht selten statt. Allein das Abrichten etwa eines American Staffordshire Terriers am Figuranten ist als unverantwortlich einzustufen: Zu einer möglichen genetisch bedingten Hypertrophie des Aggressionsverhaltens (Feddersen-Petersen, 1993) wird zusätzlich durch Training genau dieses Funktionskreises das Sozialverhalten genetisch deformierter Hundeindividuen so ausgeprägt und oftmals irreversibel gestört, daß sie zu keinen anderen Interaktionen (als denen des Angriffs und des Kampfes) mehr fähig sind, isoliert gehalten und letztendlich nicht selten getötet werden müssen, da niemand mehr mit ihnen umgehen kann. Damit ist tierschutzrechtlich der Tatbestand des Leidens und des Schadens erfüllt.

Das Beißen wird beispielsweise durch Schleudern eines an einer Leine befestigten Sackes trainiert, den der Hund durch Zubeißen festhalten und dann vom Platz tragen kann. Damit wird der Hund auf den „Beißarm" konditioniert; der Figurant läuft vor ein Versteck, streift den Beißarm über und verhält sich ruhig.

Den Arm hält er horizontal vor dem Bauch. Hundeausbilder und Hund verfolgen den Figuranten. Auf ein bestimmtes Kommando läuft der Hund auf den Figuranten zu. Durch die Leine hat er keine Möglichkeit anzugreifen. Verbellt er den Figuranten, wird er gelobt. Darauf bewegt sich der Figurant, die Leine wird gelockert, der Hund beißt in den Arm. Figurant und Hund ziehen und zerren, und dem Tier wird der Beißarm überlassen. Dieser Ablauf wiederholt sich mehrfach. Zum Schluß trägt der Hund den Beißarm vom Platz. Es gibt etliche andere Übungen, die vom „Überfall" (Figurant stürzt sich vom Versteck aus auf den Hund) bis zu anderen Angriffsformen reichen.

Die Bestrafungen der Hunde sind je nach Verein bzw. nach Ausbilder verschieden; sie reichen vom Anschreien, Schütteln des Hundes am Nackenfell bis zu Schlägen/Verprügeln oder dem Einsatz von elektrisierenden Geräten (s. Kapitel „Hund"). Es handelt sich dabei um Geräte, die am Halsband der Hunde befestigt werden und per Funk Stromschläge aussenden, die in ihrer Intensität regulierbar sind. Die generelle Anwendung dieser Geräte von jedermann zur Hundeerziehung bzw. Hundeausbildung ist strengstens zu untersagen und ihre Verwendung zu bestrafen, da den damit „behandelten" Hunden zu einem hohen Prozentsatz Schmerzen, Leiden oder Schäden zugefügt werden, sie verunsichert und schreckhaft werden, weil die Strafreize etwa aufgrund eines fehlerhaften Einsatzes der Geräte nicht zugeordnet werden können und so auf längere Sicht Verhaltensstörungen resultieren. Auch bei korrektem Einsatz gehört zu einer Hundeausbildung a priori kein elektrisierendes Gerät. Ihr Einsatz ist auf Ausnahmefälle zu beschränken und nur von Personen durchzuführen, die strengste Befähigungsnachweise erbracht haben (s. Kapitel „Hund").

Die Methodik der Konditionierung im Abschnitt Schutzdienst ist bei etlichen Hundesportvereinen fast identisch mit derjenigen der Polizeihundeausbildung – allerdings treten mitunter grobe Fehler auf, da keine ausreichenden Kenntnisse zur Hundeausbildung vorliegen. Natürlich darf dieses nicht als pauschale Unterstellung mißverstanden werden, unsere Untersuchungen jedoch ergaben etliche Hinweise in dieser Richtung (Gidl-Kilian, 1987).

Der Schritt zur Ausübung von Zwang bei Mißerfolgen wurde in den Hundesportgruppen mitunter schneller vollzogen, die Mittel waren nicht tiergerecht, die Methoden nicht ausreichend durchdacht: „Die Tiere sind sehr jung (ab 6.–7. Monat), wenn sie die erste Schutzdienstübung erleben. Das Ziehen und Zerren an Sack oder Beißarm ist für den Hund ein spielerischer Kampf um einen Gegenstand oder eine Beute, also eine ‚intraspezifische' Auseinandersetzung. Intraspezifisch deshalb, weil der Mensch für den Hund einen Sozialpartner darstellt ... Jegliches aggressives Verhalten seitens des Tieres (Knurren etc.) ist in dieser Situation sicherlich spielerisch, wird durch den Ausbilder belohnt und somit gefördert. Auf das Knurren zeigt sich der Figurant eingeschüchtert, verhält sich unsicher und ängstlich und überläßt dem Hund schließlich die ‚Beute' ... Der Hund geht aus dieser ‚intraspezifischen' Auseinandersetzung also jedesmal als Sieger hervor und wird demzufolge in seiner Dominanz bekräftigt" (Gidl-Kilian, 1987).

Es handelt sich bei einigen dieser Übungen um eine systematische Ausbildung zum Beißen, wobei der Hund über Sack und Beißarm auf den Menschenangriff, ausgelöst durch dessen Bewegungen, konditioniert wird. Aggressives Verhalten Menschen gegenüber wird gefördert. Die gängige Argumentation dagegen, daß der Hund ja nur in den Schutzarm beiße, damit in die Beute und nicht den Menschen, ist unbewiesen. Auch wenn der Ärmel eine „Beute" darstellt, so wird der Hund nicht allein auf den Ärmel, sondern ebenso auf die Armbewegungen des Figuranten konditioniert. Es ist nicht auszuschließen, daß in bestimmten Situationen außerhalb des Hundeplatzes Menschen angefallen und gebissen werden, die trainierte angriffsauslösende Armbewegungen machen. Das könnte ein Kind sein, welches Angst vor einem Hund hat und schützend den Arm vor die Brust legt, damit genau die Armbewegung des Figuranten zeigt. Die Überlegung, den Schutzdienst zumindest im Rahmen des Hundesports zu verbieten, sollte endlich ernsthaft überdacht werden. Ein vernünftiger Grund für diese Ausbildung fehlt, sie erfolgt zudem vielfach in tierschutzrelevanter Weise. Über die potentielle Gefahr für Menschen, die schlecht ausgebildete Schutzhunde oder solche mit abgebrochener Schutzhundeausbildung bedeuten, existiert zwar keine aussagefähige Statistik, doch die Annahme, daß diese Gefahr nicht gering sein dürfte, scheint berechtigt.

Diese Aussage bezieht sich nicht auf alle Hunde mit einer Schutzhundeausbildung. Um eine differenzierte Aussage zu möglichen negativen Auswirkungen machen zu können, sind Untersuchungen nötig, die die verschiedenen Formen des Schutzdienstes berücksichtigen. Wichtig erscheint, Aufschluß über die jeweilige Motivation des Hundes zu gewinnen, Parameter abzuleiten, die es ermöglichen, die potentielle Gefährlichkeit eines Hundes für den Menschen zu beurteilen, um dann schließlich eine Aussage über einen möglichen Einfluß des Schutzdienstes (oder einer bestimmten Form dieser Ausbildung) auf die Gefährlichkeit des Hundes für den Menschen zu treffen. Bislang gibt es keine wissenschaftlichen Untersuchungen mit dieser Zielsetzung, somit allein subjektive Aussagen. Jedoch existieren Hinweise darauf, daß schlecht ausgebildete Hunde bzw. solche mit abgebrochener Schutzhundeausbildung eine Gefahr darstellen können (Gidl-Kilian, 1987; Feddersen-Petersen, 1991).

Hundeausbildung, im Sinne der Übungen zur Unterordnung und Fährtenarbeit etwa, ist eine sinnvolle Beschäftigung für den Hund wie den Hundehalter. Ein modifizierter Schutzdienst wäre ohne Abrichtung auf den Menschen vorstellbar. Er könnte sich auf ein Spiel mit dem Schleudersack beschränken, an dem der Hund zerren kann.

Im Rahmen des Hundesports gibt es die verschiedensten Gruppierungen mit unterschiedlicher Zielsetzung. Steht bei der geschilderten Ausbildung, die den Schutzdienst sehr betont, der Ehrgeiz der Hundehalter oft im Vordergrund, so gibt es Gruppen, die schlicht den menschlichen und hundlichen Kontakt fördern wollen. Hier kann ein jeder Hund teilnehmen, gleich welcher oder auch keiner Rassezugehörigkeit. Neben einigen Grundregeln im Umgang mit Hunden (Leinenführigkeit, bestimmte Übungen der Unterordnung [Sitz, Fuß, Platz] usw.) ist es hier das Sozialspiel der Tiere untereinander, das bewußt gefördert wird. Gehemmte, einseitig menschengeprägte Hunde können so die Kommunikation mit dem Artgenossen lernen, unsichere Menschen den Umgang mit Hunden.

Tierschutzrelevante Aspekte im Hundesport und in der Hundeausbildung
Rennsport

Unter den **Windhunden** sind heute die *Greyhounds* die „Stars" der Rennbahnen (Räber, 1995). Sie erreichen Höchstgeschwindigkeiten zwischen 60 und 70 km/h. Die verschiedenen Arten der Windhundrennen – Bahnrennen hinter mechanischen Hasen, Open Coursings auf freiem Felde – führten zu verschiedenen Hundetypen.

Tierschutzrelevant ist das Fehlen der Vor- und Nachbereitung der Hunde vor bzw. nach dem Rennen, also das „Warmlaufen" bzw. das „Auspendeln" und die Möglichkeit der psychischen Einstellung auf die jeweilige Situation. Die Hunde warten in der Regel im Auto, auf die Temperierung wird nicht geachtet, und sie werden kurz vor Beginn des Rennens aus ihrer Box gelassen. Da die Muskeln nicht angemessen durchblutet sind, besteht eine erhöhte Verletzungsgefahr im Bereich der Muskulatur und damit das unnötige Risiko, den Hunden vermeidbare Schmerzen und Schäden zuzufügen. Da die Tiere vor dem Rennen nicht herumlaufen dürfen, sondern sofort zum Start plaziert werden, sind sie unnötig aufgeregt und gereizt, und es kommt häufig zu Raufereien. Doping kommt vor, obwohl es nach dem Deutschen Tierschutzgesetz verboten ist, „an einem Tier bei sportlichen Wettkämpfen oder ähnlichen Veranstaltungen Dopingmittel anzuwenden" (§ 3, 11), ebenso ist in der Schweiz „das Zuführen von Reizmitteln zur Steigerung der Leistung (Dopen) von Tieren für sportliche Wettkämpfe" gemäß Tierschutzgesetz (Art. 22) nicht zulässig. Dopingkontrollen werden durchgeführt, sind allerdings mit dem Problem behaftet, daß nicht genau definiert ist, was als Dopingmittel gilt und der Nachweis bestimmter Substanzen schwierig bis unmöglich ist. Vielfach gilt, daß unter Dopingmitteln all das zu verstehen ist, was nicht zur spezifischen Hundenahrung gehört. Diese Definition ist schwammig. Coffein-Gemische sind häufig, zudem Psychopharmaka (sog. Psycho-Doping). Hunde, die auffällig ruhig und gelassen wirken, stehen nicht selten unter Psychopharmaka-Einfluß. Zur Leistungsteigerung ist es weiterhin gebräuchlich, daß Hündinnen kastriert werden. So entfällt der Leistungseinbruch während der Hitze, und die Hündinnen sind schneller als ihre nicht kastrierten Geschlechtsgenossinnen. Diese Amputation ist verboten (Deutsches Tierschutzgesetz, § 6), da weder eine tierärztliche Indikation geboten ist noch der Eingriff unerläßlich ist. bzw. Ausnahmen vorliegen.

Abrichten am lebenden Tier

„Das Verwenden lebender Tiere, um Hunde abzurichten oder auf Schärfe zu prüfen", ist nach dem Schweizer Tierschutzgesetz verboten, „ausgenommen das Abrichten und Prüfen von Bodenhunden am Kunstbau unter den vom Bundesrat festzulegenden Bedingungen". Ähnlich stellt das Deutsche Tierschutzgesetz unter Strafe, „ein Tier an einem anderen lebenden Tier auf Schärfe abzurichten oder zu prüfen und ein Tier auf ein anders Tier zu hetzen, soweit dies nicht die Grundsätzer waidgerechter Jagdausübung erfordern". Im Bereich der Jagdhundeausbildung sollte weit mehr als bislang vom Tradieren Gebrauch gemacht werden. „Dem im Feldrevier erfahrenen und dort vorstehenden Hund sekundiert ein ihn begleitender Junghund. Durch Nachahmung vorteilhafter Reaktionsnormen wird hier ohne menschlichen Dressureingriff und ohne jagdliche künstliche Hilfsmittel eine genetisch angelegte Verhaltensweise auf das lebenspraktische Maß gefestigt" (Weidt, 1985). Auch im Jagdhundebereich sind es ganz entscheidend Aufzucht- und Haltebedingungen, die tierschutzrelevanten Übungen, wie dem Abrichten an lebenden Tieren den vernünftigen Grund entziehen. Dieses gilt für die Ausbildung an flügelgestutzten Enten wie an Jungfüchsen oder Katzen. Bei der Ausbildung und Prüfung von Jagdgebrauchshunden an lebenden Enten zur Wasserarbeit wird in der derzeit praktizierten Form gegen geltendes Tierschutzrecht in Deutschland und in der Schweiz verstoßen („erhebliche Schmerzzufügung" durch das Federausreißen, „Angst" und „Leiden", „Amputation"), indem die heute bei diesen Prüfungen verwendeten lebenden Enten gequält bzw. unnötigem Streß ausgesetzt werden. Ein vernünftiger Grund, der diese Verfahrensweise rechtfertigen würde, liegt nicht vor.

Ausbildung von Bodenhunden: Nach der Schweizer Tierschutzverordnung (Art. 33) dürfen Bodenhunde nur an einem Kunstbau abgerichtet und geprüft werden, der von der kantonalen Behörde bewilligt worden ist. Die Bewilligung verlangt horizontale Röhren und Kessel, die an jeder Stelle abdeckbar sind. Weiter wird gefordert, daß die Bewegungen von Fuchs und Hund sich durch besondere Vorrichtungen überwachen lassen, und das Schiebersystem muß so angelegt sein und bedient werden können, daß ein direkter Kontakt zwischen Hund und Fuchs ausgeschlossen ist. Dennoch ist zu bedenken, daß Füchse für diese Ausbildung nicht immer tiergerecht gehalten werden, vielmehr oft isoliert in zu kleinen Zwingern vegetieren und die Ausbildung apathisch über sich ergehen lassen, was fälschlicherweise als „ruhig und gelassen" interpretiert werden kann. Außerdem ist auch bei Vermeidung der Berührung von Hund und Fuchs ein Leiden für letzteren anzunehmen, da dieser dem Hund nicht entgehen kann, ihn riecht, hört und in große Aufregung und Streß versetzt wird.

Literatur

Brüll, H. (1951): Der Blindenführhund: Ein Leitfaden für seine Abrichtung und Zuteilung an Späterblindete. Z. f. Hundeforschung 19, 68–123.

Brunner, F. (1994): Der unverstandene Hund. 5. Auflage. Naturbuch Verlag, Augsburg.

Feddersen-Petersen, D. (1991): Verhaltensstörungen bei Hunden – Versuch ihrer Klassifizierung. Dtsch. tierärztl. Wschr. 98, 15–19.

Feddersen-Petersen, D. (1994 a): Genesen des Aggressionsverhaltens von Hunden. Der Praktische Tierarzt 75, Collegium Veterinarium XXIV, 104–108.

Feddersen-Petersen, D. (1994 b): Vergleichende Aspekte der Verhaltensentwicklung von Wölfen (*Canis Lupus* L.) und Haushunden (*Canis lupus* f. fam.): neue Ergebnisse zur Domestikation und Züchtung im ethischen Argument. Tierärztl. Umschau 49, 527–531.

Fleiner, M. (1975): Lernverhalten von Hunden aus der Sicht der modernen Verhaltensbiologie. Staatsexamensarbeit, Math.-Nat. Fak., Universität Freiburg i. Br.

Gattermann, R. (1993): Wörterbuch der Biologie. UTB, Gustav Fischer, Jena.

Gaveau, A. (1983): Die Ausbildung von Schutzhunden aus der Sicht der Lernbiologie. Staatsexamensarbeit, Math.-Nat. Fak., Universität Freiburg i. Br.

Gidl-Kilian, St. (1987): Beitrag zum Lernverhalten von Haushunden. Staatsexamensarbeit, Math.-Nat. Fak., Universität Kiel.

Grahovac, U. (1993): Strukturanalyse zum Ausbildungskonzept des Blindenführhundes unter lernbiologischen Aspekten. Diplomarbeit, Math.-Nat. Fak., Universität Kiel.

Haberhaufe, L., und Albrecht, G. (1982): Schutz- und Diensthunde. J. Neumann-Neudamm, Melsungen.

Hassenstein, B. (1980): Instinkt, Lernen, Spiele, Einsicht. Einführung in die Verhaltensbiologie. Piper & Co., München.

Hassenstein, B. (1987): Verhaltensbiologie des Kindes. 4. Auflage, Piper & Co., München.

Immelmann, K. (1982): Wörterbuch der Verhaltensforschung. Paul Parey, Berlin und Hamburg.

Jung, D. (1987): Hundeausbildung. Handbuch für Hundeausbilder und Übungsleiter. Huber, Frauenfeld.

Menzel, R. (1982): Hundeausbildung. Falken-Verlag, Niederhausen/Taunus.

Most, K., und Brückner, G. H. (1936): Über Voraussetzungen und den derzeitigen Stand der Nasenleistungen von Hunden. Zschr. Hundeforschung 1, 9–30.

Ochsenbein, U. (1979): Der neue Weg der Hundeausbildung. Müller, Rüschlikon Zürich.
Ochsenbein, U. (1989): ABC für Hundebesitzer und solche, die es werden wollen. Müller, Rüschlikon Zürich.
Prüfungsordnung des Verbandes für das Deutsche Hundewesen (VDH). Selbstverlag Verein für Deutsche Schäferhunde (SV) e. V. (1986), Augsburg.
Räber, H. (1995): Enzyklopädie der Rassehunde, Bd. 2. Franckh-Kosmos, Stuttgart.
Raiser, H. (1981): Der Schutzhund. Paul Parey, Berlin und Hamburg.
Rupp, W. H. (1987): Der Blindenhund. Müller, Rüschlikon Zürich.
Scott, J. P., and Fuller, J. L. (1965): Genetics and the social behavior in the dog. University of Chicago Press, Chicago, Ill.
Seiferle, E. (1972): Wesensgrundlagen und Wesensprüfung des Hundes: Leitfaden für Wesensrichter, der auch jedem Hundehalter viel zu sagen hat. 2. Aufl. Stäfa AG, Zürich.
Uexküll, J. von, und Sarris, E. G. (1932): Dressur und Erziehung der Führhunde für Blinde. Der Kriegsblinde 16, Stuttgart.
Verein für Deutsche Schäferhunde (Hrsg.) (1984): Vom Welpen zum Gebrauchshund. Augsburg.
Weidt, H. (1985): Situation und Zukunft des Jagdhundewesens. Der Jagdgebrauchshund 21, 49–55.
Weisse, W. (1994): Deutscher Boxer. Das Rasse-Portrait. Kynos Verlag, Mürlenbach.

Tiere in Riten, Kulten und im Brauchtum

R. Meyer

Kulturhistorischer Hintergrund

Tierkämpfe mit rituellem, heute meist kommerziellem Hintergrund und ihr Einsatz bei Ritualen sind ein Teil der Kulturgeschichte des Menschen und seiner Beziehung zum Nachbar Tier. Ausgewählte Tiere mit auffälligen Merkmalen oder Verhaltensweisen, körperlicher Stärke oder besonderer Gefährlichkeit erkor sich bereits der frühgeschichtliche Mensch zu Göttern oder Begleitern bestimmter Gottheiten. Auseinandersetzungen zwischen diesen Tierarten sah er als Stellvertreterkriege der jeweiligen Götter an. Besiegte der Mensch im Zusammenhang mit Initiationsriten ein solch göttergleiches Tier, fand er sein Menschsein oder seine Mannbarkeit von den Göttern bestätigt. Dieses Phänomen ist in allen Kulturkreisen der Alten und Neuen Welt in Überlieferungen und Traditionen nachweisbar, auch wenn sich die dafür auserwählten Tierarten entsprechend der Tiergeographie unterscheiden. Kennzeichnend und bemerkenswert ist die Tatsache, daß keine dieser Auseinandersetzung auch nur ansatzweise Merkmale der Tierquälerei beinhaltete. Die rituellen Regeln schrieben Fairness und Chancengleichheit vor. Aus dem Bewußtsein unserer frühen Vorfahren, lediglich Teil eines größeren Beziehungsgefüges zu sein, dessen Gleichgewicht bei Strafe des eigenen Untergangs nicht zerstört werden dürfe, erwuchs die Achtung gegenüber dem tierlichen Gegner. War er besiegt, so wurden ihm alle Ehren zuteil, die auch dem menschlichen Artgenossen gebührt hätten, bis hin zur zeremoniellen Bestattung. Diese Einstellung hatte sich bei vielen Naturvölkern bis in unsere Tage erhalten. Sie wurde erst ausgelöscht, als mit der Missionierung abendländisch dekadentes Denken in die Hirne dieser Menschen gepreßt und damit diese Kulturen ihrer Wurzeln beraubt wurden.

Albert Schweitzers Maxime der Ehrfurcht vor dem Leben gehört auch heute noch nicht zu den von den Missionaren propagierten Glaubenssätzen. Wenn in unseren Tagen Robben der Enterhaken in Auge oder Körper geschlagen wird, um sie an Bord zu holen, Robbenbabys lebend abgehäutet werden, Haien die Flossen am lebenden Leib abgeschnitten werden und was der Ungeheuerlichkeiten mehr sind, so ist dies nur vor dem Hintergrund der pervertierten Ethik „Macht Euch die Erde untertan" erklärbar und dennoch unbegreiflich.

Im europäischen Kulturraum, ausgehend von den urbanen Reichen in den Mittelmeerländern, ist dieser Ethikverlust gegenüber den Tieren allerdings bereits in vorchristlicher Zeit aufgetreten. Er lief parallel zur Mißachtung von Menschen, die nicht dem eigenen Kulturkreis angehörten und bestenfalls als Sklaven überleben durften. Sklaven und Tiere waren in einer von Eroberungspolitik dominierten Gesellschaft wie der des Alten Roms ohne jeglichen moralischen Wert und konnten bedenkenlos verbraucht werden.

Wildtiere in Kämpfen und Riten

Venationes, Kämpfe von Tieren untereinander oder von Tieren gegen Menschen, gehörten bei den Römern zu den beliebtesten Volksbelustigungen. Auch wenn sie nach außen hin in Verfolgung des Panem-et-circenses-Prinzips der Unterhaltung der Bürger dienten, waren sie vom Sinngehalt her Massenhinrichtungen Andersseiender mit durchaus rituellem Charakter. In der Christenverfolgung fand dies einen Höhepunkt.

Ihre erste Erwähnung finden wir bei den Spielen des M. Fulvius Nobilior im Jahre 186 v.Chr. Genügte zuerst noch das Rund des Zirkus, fanden die späteren großen Massaker in eigens gebauten Amphitheatern statt. Die Tierkämpfer (bestiarii) waren meist schlecht oder gar nicht bewaffnete Verurteilte und Gefangene oder Gladiatoren. Pompejus rühmte sich, 500 Löwen, 18 Elefanten und 410 andere afrikanische Bestien zum Einsatz gebracht zu haben, die Zahl der getöteten Menschen bleibt unerwähnt. Caligula ließ 400 Bären und ebenso viele andere wehrhafte afrikanische Tiere sich gegenseitig zerfleischen (Friedländer, 1889). 1000 Bären aus dem Libanon ließ Kaiser Gordian an einem Tag in die Arena bringen, von denen keiner überleben durfte.

Römische Tierkämpfe erhielten sich bis ins 6. Jahrhundert n.Chr. Da in den Jahrhunderten der Venationes in vielen Herkunftsgebieten die Tierarten ausgerottet worden waren, mußte zwangsläufig lediglich die Dramaturgie verfeinert werden. Historische oder mythische Vorfälle und Ereignisse, etwa wie Orpheus von Bären zerrissen wird, wurden in entsprechender Dekoration nachgestellt. So konnte das blutgierige und sensationslüsterne Publikum zwar mangels Masse nicht mehr im Blut waten, sich aber immerhin noch am Blut des zerfleischten Orpheusdarstellers ergötzen.

Eine besonders perverse Form des publikumswirksamen Einsatzes von Tieren als Vollstrecker einiger vom Menschen erdachter Grausamkeiten soll in diesem Zusammenhang nicht unerwähnt bleiben. Gemeint ist der Mißbrauch von Tieren zur öffentlichen Hinrichtung von Menschen, sei es in Form des Vierteilens durch Pferde, das Zertrampelnlassen durch Elefanten oder das Verfüttern der Verurteilten an Krokodile.

Der Untergang des Römischen Reiches bedeutete jedoch nicht das Ende von öffentlichen Tiermassakern. Sie wurden in anderer Form in Deutschland, Frankreich, England und in den südeuropäischen Ländern weitergeführt. In Deutschland ließ man im Mittelalter gefangene Bären gegen große Hunde kämpfen. Bis in die napoleonische Ära hinein fand in Paris regelmäßig eine Hundehatz auf angekettete Bären statt, und in der Madrider Arena kämpften bis in die neunziger Jahre des vorigen Jahrhunderts Bären gegen Stiere.

Diese Gemetzel an Bären spiegeln in besonders auffälliger Weise den Niedergang eines ehemals hochverehrten Kulttieres im Denken der Menschen wider. In allen Kulturkreisen seines Verbreitungsgebietes einschließlich der germanischen Kultur galt der Bär noch als göttergleiches, höheres Wesen, welches mit dem Verstand eines Menschen und der Kraft von zehn Männern ausgestattet war. Der Kampf mit ihm blieb den Besten vorbehalten und fand unter Ausschluß der Öffentlichkeit statt, der besiegte Bär wurde mit aufwendigen Ritualen geehrt. In unseren Tagen würde zwar in Europa keine Hundehatz auf angekettete Bären mehr toleriert, es erheben sich jedoch auch kaum Stimmen, wenn er als Karikatur des Menschen zur Schau gestellt wird. Das Leiden eines Tanzbären am Nasenring kommt einer lebenslang währenden, in Etappen erfolgenden Hinrichtung gleich und wird doch noch in vielen Ländern von Touristen billigend oder belustigt zur Kenntnis genommen.

Tanzbären gehörten im europäischen Mittelalter zum Bild aller Feste und Jahrmärkte. Sie waren vom Ursprung her Bestandteil einer alten Zigeunerkultur. Ihre Vorführung trug zum Lebensunterhalt des Wandervolkes bei. Diese im Brauchtum begründeten Wurzeln haben heute ihre Bedeutung verloren, Tanzbären werden ausschließlich zur Touristenbelustigung gequält. Das trifft vorrangig auf die Balkanländer und die Türkei zu. Nach Recherchen des Schweizer Journalisten Mark Rissi (schriftliche Mitteilung) gibt es in der Nähe von Touristenzentren in der Türkei zwischen 200 und 300 Tanzbären; eine sehr große Zahl, wenn gegenübergestellt wird, daß schätzungsweise nicht mehr als 2000 Bären noch in der Wildnis leben. Der Fang eines Jungtiers für die Tanzbärenlaufbahn ist in aller Regel mit dem Abschuß des Muttertiers verbunden.

Da Tanzschritte im Gegensatz zum „Männchenmachen" nicht zum natürlichen Verhaltensinventar dieser Art gehören, müssen grausame Dressurmethoden angewandt werden. Unter den rhythmischen Klängen von Trommeln oder Tambourins wird der Jungbär auf ein heißes Blech gezerrt. Ein durch die empfindlichsten Teile der Nase gezogener Ring verhindert seine Flucht. Vom brennenden Schmerz gepeinigt, muß er die Füße im Wechsel heben. Ein bedingter Reflex wird ausgebildet, der den Bären Zeit seines Lebens beim Hören rhythmischer Musik in Erwartung von Schmerz die Füße heben läßt. Der unwissende Tourist interpretiert dies als Tanzschritte, spendet dem Bären Beifall und dem Vorführer ein gutes Trinkgeld und läßt sich stolz mit dem Bären fotografieren. Der Dauerstreß, mit dem die Bären durch ihr Angekettetsein und die ständige Konfrontation ihrer sensiblen Sinnesorgane mit Stadtlärm und Menschenschweiß leben müssen, bricht sich in stereotypen Bewegungen Bahn. Diese Hin- und-Her- und Drehbewegungen werden vom Touristen als weiterer Dressurerfolg mißdeutet und honoriert. Bären verfügen über keine Mimik oder Körpersprache, aus denen sich der Grad ihres Leidens ablesen lassen kann. Der Schmerz, den das Zerren an den Ketten verursacht, oder das Blut, das aus Nase und Lefzen rinnt, ist auf dem Erinnerungsfoto für die Daheimgebliebenen nicht zu erkennen.

Eine Lösung des Tanzbärenproblems ist nicht einfach, weil sie viele Faktoren berücksichtigen muß. Das Gesetz des Marktes, nach dem ein Angebot dann verschwindet, wenn die Nachfrage erlischt, wird in diesem Fall nicht greifen. Es setzte den im Tierschutz engagierten, mit Vernunft begabten Touristen in aller Welt voraus, der solche Spektakel grundsätzlich ablehnt. Ihn wird es als Massentourist nicht geben. Ein Verbot der Tanzbärenhaltung durch die Regierungen der betroffenen Länder nimmt diese in die Pflicht, den Tanzbärenhaltern eine Alternative zum Lebensunterhalt anzubieten. Schließlich müßte auch den konfiszierten Bären, die für ein Überleben in Freiheit keinerlei Voraussetzungen mehr besitzen, eine auf ihr vom Menschen deformiertes Verhaltensinventar zugeschnittene Unterbringung bis zum natürlichen Lebensende geschaffen werden. Von der WSPA, der Welttierschutzgesellschaft, wurde inzwischen ein Konzept erarbeitet, welches in Zusammenarbeit mit den Regierungen der betroffenen Länder diese Probleme lösen soll. So wurde im Norden Griechenlands ein erstes Refugium für aufgekaufte oder konfiszierte Tanzbären geschaffen. In der kleinen Stadt Worbis in Thüringen wurde 1997 auf dem Gelände eines ehemaligen Heimattiergartens der DDR mit dem Bau eines Bärenparks begonnen, der ausschließlich der Unterbringung „ausgedienter" Zirkus- und Tanzbären vorbehalten sein wird.

Massaker gegen Wildtiere vor Schaulustigen sind bis zu Beginn unseres Jahrhunderts auch aus Asien belegt. So ließen indische Fürsten noch zur Jahrhundertwende gefangene Tiger mit anderen starken Tieren kämpfen, auf Java traten Lanzenreiter vor Publikum gegen gefangene Tiger an.

Ein Schauspiel mit **Bären und Hunden**, das an tierquälerischer Grausamkeit seinesgleichen in der zivilisierten Welt sucht, gönnen sich bis zum heutigen Tag gelangweilte pakistanische Großgrundbesitzer in Punjab. Die Berichte, die darüber nach Europa drangen, schienen so unglaublich, daß an ihrem Wahrheitsgehalt gezweifelt wurde.

Doch das Spiegel-tv-Magazin dokumentierte es am 23.3.97 dem deutschen Publikum: Kampfhunde werden auf angepflockte Bären gehetzt. Wieder sind es arme Zigeuner, die ihren Lebensunterhalt dadurch aufbessern, daß sie die Bären liefern. Bevor die Bären, es handelt sich dabei um die selten gewordenen Kragenbären, zum Einsatz kommen, sind ihnen alle Zähne gezogen und die Krallen gezogen oder gestutzt worden. Sie haben außer ihrer Körperkraft nichts mehr, was sie den paarweise auf sie losgelassenen Kampfhunden entgegensetzen können. Je nach Größe und Widerstandsfähigkeit des Bären werden nacheinander drei bis sechs Kampfhundpaare auf ihn losgelassen. Es ist kein Kampf, es ist ein Massaker. Erst wenn der Bär sich im Blute wälzt und sich nicht mehr wehren kann, wird er vom Pflock genommen und manchmal durch einen neuen ersetzt. Die verletzten Bären erfahren keine Hilfe, sie werden sich selbst überlassen. Das Beschämende für uns Europäer an diesen Kämpfen ist, daß sie erst dadurch möglich wurden, daß die Kampfhunde mit den englischen Kolonialherren nach Pakistan kamen. Sie wurden mit einer bodenständigen, aggressiven Rasse gekreuzt und speziell für diese Bärenmassaker abgerichtet. Offiziell sind diese Bärenhetzen verboten, doch wie die Dokumentation belegte, sitzt die örtliche Polizeigewalt in einer Ehrenloge neben dem Gutsherren. Verwunderlich ist eigentlich nur, daß blasierte, sensationslüsterne Reisende und Katastrophentouristen aus den Wohlstandsländern dieses Spektakel noch nicht für sich als Kitzel für ihre übersättigten Nerven entdeckt haben.

Unter den wechselwarmen Wirbeltieren waren es vor allem die **Frösche** und ihre Verwandtschaft, deren rituelle oder abergläubische Verwendung mit einem hohen Maß an Tierquälerei verbunden war. Schmerzempfinden oder gar Leidensfähigkeit sprach man ihnen ab, an dieser Einstellung hat sich auch heute bei vielen Menschen kaum etwas geändert. Das „Handwörterbuch des deutschen Aberglaubens" hat eine Reihe von Beispielen zusammengetragen, die über den Umgang mit Fröschen Auskunft geben. So machte man für das Anschwellen des Kuheuters einen schwarzen Frosch verantwortlich. Zur Heilung des Leidens wurde ein Frosch zerrissen, und seine beiden Hälften wurden auf das Euter gelegt. Kühen mit Trommelsucht schob man drei lebende Frösche bis zum Vormagen in den Hals, damit sie mit ihrem zähen Leben die vermeintliche Verstopfung aufwühlten. Gegen menschliche Krankheiten und Leiden wurden Frösche vielfach eingesetzt. Der Glaube, daß ein lebendig verschluckter Frosch Krebs heilen könne, war noch bis zum Ende des vergangenen Jahrhunderts lebendig. Die Haut von Fröschen, die man zwischen den Händen hatte sterben lassen oder die an besonderen Lostagen zu Tode geschunden wurden, besaß besonders große Heilkraft für äußere

Krankheiten. Im Zusammenhang mit dem Regenzauber wurde ein Frosch so lange gezwackt, bis er quakte. Danach tötete man ihn. In einigen Pfingstbräuchen wurde der zuletzt austreibende Hirte zum Froschschinder ernannt, der einen auf die Spitze eines Spießes gesteckten Laubfrosch zu schinden hatte. Für den Liebeszauber wurden zwei in Paarung befindliche Frösche mit einer Nadel durchstochen. Verbarg man diese Nadel im Gewand der Angebeteten, so sollte dies sie ebenso wie Froschblut gefügig machen.

Wettbewerbe, wie sie in unseren Tagen gelegentlich mit sprunggewaltigen Fröschen durchgeführt werden, berühren Tierschutzbelange kaum, da sich die eingesetzten Frösche bester Pflege erfreuen.

Die Tierkämpfe zwischen männlichen **Kampffischen** der Art *Betta splendens*, die sich in den südostasiatischen Heimatländern der Art einer weiten Verbreitung und großer Beliebtheit erfreuen, sind dagegen aus der Sicht des Tierschutzes mehr als bedenklich einzustufen. Bereits die isolierte Aufzucht der männlichen Tiere in meist winzig kleinen Behältern ist alles andere als tiergerecht. Im natürlichen Lebensraum besetzen und verteidigen die Kampffischmännchen ein kleines Revier, in dem sie als Labyrinthfische ihr Schaumnest bauen. Gegenüber vorbeischwimmenden Konkurrenten genügt meist das Drohen durch Kiemendeckel- und Flossenspreizen, um den Schwächeren zum Rückzug zu bewegen. In der kleinen Wasserarena dagegen, in der sie gegeneinander antreten müssen, gibt es für den Unterlegenen keinerlei Rückzugs- oder Versteckmöglichkeiten. Die Verletzungen sind in der Regel bei beiden Rivalen erheblich und nicht selten für einen tödlich. Doch auch der geschundene Körper des Siegers bietet mit seinen zahlreichen Wunden genügend Eingangspforten für Sekundärinfektionen. Thailand hat inzwischen offiziell diese Kampffischkämpfe verboten. Dies jedoch nicht aus Gründen des Tierschutzes, sondern um zu verhindern, daß sich die Zuschauer mit ihren hohen Wetteinsätzen um Hab und Gut bringen.

Domestizierte Tiere in Riten, Kulten und im Brauchtum

Säugetiere

Beispielhaft und symptomatisch für die Veränderung im Denken gegenüber einem domestizierten Tier im europäischen Kulturkreis ist das Verhältnis zum **Stier**. Seine Stärke und Zeugungskraft ließen das erwachsene männliche Rind unter allen Haustieren des Menschen eine bevorzugte Stellung einnehmen. Die mythologische und rituelle Verehrung des Stiers ist seit dem Spätneolithikum in allen frühen Menschheitskulturen der Alten Welt nachweisbar. Er wurde als Gottheit, Begleiter von Göttern oder als wertvollstes Opfertier verehrt. Im Mithraskult galt der Stier sogar als erstes erschaffenes Lebewesen. Die aus dem antiken Persien stammende rituelle Tötung des Stiers wurde von diesem Kult übernommen. Bei den Mysterien und orgiastischen Riten der Kybele, der Großen Mutter der Phrygier in Kleinasien, spielte Stierblut eine zentrale Rolle. Stierhoden wurden der Göttin Artemis von Ephesos geopfert.

Unblutige **Stierspiele** sind zuerst aus der Induskultur und bei den Stiergöttern der Sumerer belegt, fanden von dort aus den Weg nach Ägypten und erreichten mit der Besiedlung der Insel Kreta durch das friedfertige Volk der Minoer auch den Weg nach Europa. Die beeindruckende Elfenbeinstatuette eines Stierspringers im Archäologischen Museum von Heraklion ist mit 1600 v.Chr. datiert. Das berühmte Stierspringer-Fresko aus dem Westflügel des Palastes von Knossos und Abbildungen auf Keramiken aller Art vermitteln uns ein sehr deutliches Bild vom Ablauf dieser Kultspiele mit dem Stier, obwohl keinerlei schriftliche Zeugnisse vorliegen. Als Sachzeugen wurden Stierschädel mit gestutzten und damit für die Spiele entschärften Hörnern als Grabbeigaben gefunden. Da Frauen und Männer in den Darstellungen der Minoer in unterschiedlicher Farbe dargestellt wurden, ist zu erkennen, daß sich auch Frauen an den Geschicklichkeitsübungen mit dem heranstürmenden Stier aktiv beteiligten. Es ging sicher nicht ohne Blessuren ab und war für Ungeübte vielleicht auch tödlich. Die schriftliche Überlieferung stammt aus der Feder der griechischen Sieger, die das minoische Reich mit seinen unbefestigten Städten und Palästen bezwangen. Durchaus denkbar ist, daß die als Tribut für den Tod des Minos-Sohns Androgeos von den Griechen nach Kreta überstellten Jünglinge und Mädchen sich aktiv an den Stierspielen beteiligen mußten und dabei nicht die beste Figur machten. Da diese Vorgeschichte für die Griechen wenig ehrenvoll war, erfand man als Erklärung den übermächtigen Minotaurus.

Spanischer **Stierkampf** könnte seine Wurzeln in den Stierspielen des 500 v.Chr. untergegangenen Reiches Tartessos am Guadalquivir in Südwestspanien haben, das einen wichtigen Knotenpunkt im Handel darstellte und ab 700 v.Chr. von Griechen dominiert wurde.

Die Blütezeit der Stierkämpfe als Massaker zur Volksbelustigung, wie wir sie heute noch erleben müssen, begann unter der Herrschaft Philipp II. in der zweiten Hälfte des 16. Jahrhunderts. Die Gier einer sensationslüsternen Menschenmenge nach Blut in der Arena war so groß, daß sich selbst ein so erzkatholisches Volk wie die Spanier über ein von Papst Pius V. erlassenes Verbot des Stierkampfes hinwegsetzte. Da nimmt es kaum wunder, daß in der Gegenwart weder die Proteste internationaler noch spanischer Tierschutzverbände auch nur die geringste Wirkung zeigen. Solange nicht als Zeichen des Protestes der devisenbringende Touristenstrom versiegt, solange wird es auch kein Umdenken in Spanien geben.

Der Schaukampf in der klassischen *Corrida de toros* gehorcht strengen Regeln. Der feierliche Einzug Paseo gleicht einer Kostümschau des 17. Jahrhunderts. In der Salida del toro als erster Runde wird der zur Opferung auserwählte Stier von Peones mit dem roten Mantel Capa gereizt und durch die Arena gejagt. Das erste Blut fließt in der Suerte de varas, dem Lanzenkampf, wo der Picador dem Stier die ersten Lanzenstiche zwischen die Schulterblätter zu setzen versucht. Es folgt die Suerte de banderillas. Dabei versuchen drei Banderilleros je zwei mit Widerhaken versehene und mit Bändern geschmückte Spieße dem Stier von vorn in den bereits blutenden Nacken zu stoßen. Ist dies erfolgreich geschehen und brüllt der Stier vor Schmerz, tritt der eigentliche Held in Aktion, der Torero. Ausgerüstet mit einem 90 cm langen Stoßdegen und der Muleta, einem an einem Stock befestigten roten Tuch, versucht er das gequälte Tier zum Gaudium des Publikums zu einigen Angriffsbewegungen und Passagen zu animieren. Unter dem frenetischen Beifall einer aufgeheizten Menge findet der Stier schließlich im Tercio, dem Abschluß des ungleichen „Kampfes", mit einem frontal zwischen die Schulterblätter erfolgten

Degenstoß Erlösung von seinen Leiden. Bricht das Tier nur zusammen, weil der Stoß nicht tödlich war, so ist die Stunde des Matadors gekommen, der dem Stier den Gnadenstoß gibt, bevor der Kadaver aus der Arena geschleift wird.

Den Emotionen, welches dieses Schauspiel bei den Zuschauern auslöst, hat keiner wieder so treffend literarischen Ausdruck gegeben wie Jack London in seiner bewegenden Erzählung: „Der Schrei des Pferdes." Er schrieb: „Es ist entwürdigend für die, die zusehen. Der Sinn des Stierkampfes ist, sich über die Leiden eines Tieres zu freuen.....Es ist feige, wenn fünf Männer mit einem dummen Stier kämpfen. Dadurch werden auch die feige, die zusehen. Der Stier stirbt, aber die, die zusehen, leben, und das, was sie sehen, beeinflußt sie."

Es ist 100 Jahre her, seit Jack London das für den Menschen so Entwürdigende dieses Schauspiels auf den Punkt brachte, und seine Worte haben nichts an ihrer Aktualität verloren. Der Ansatzpunkt für den Tierschützer liegt in eben dieser Problematik begründet. Stiere und Millionen anderer Haustiere sterben täglich in den Schlachthöfen dieser Erde. Das wird sich nicht ändern, solange die Menschheit nach ihrem Steak verlangt. Nicht in jedem Fall geschieht diese Tötung mit der nötigen Achtung vor der Kreatur, die ihr Fleisch uns zur Nahrung geben muß. Was sie aber grundsätzlich vom Stierkampf unterscheidet, ist die Tatsache, daß aus dem Tötenmüssen zur Fleischgewinnung kein Schauspiel für die niedrigsten Instinkte von Menschen gemacht wird. Was auf den Rängen der Arenen sitzt und den Tod des Stieres feiert, sind zumeist Menschen, die in ihrer überwiegenden Mehrheit unfähig oder zu feige wären, mit eigener Hand ein Tier zu töten. Mit dem Lösen einer Eintrittskarte werden sie zu kollektiven Auftraggebern für Morde, die sie nicht auszuführen imstande wären, jedoch emotional erleben wollen.

Bei der portugiesischen Form des Stierkampfes, der *Tourada*, endet zwar das Leben des eingesetzten Stieres auch in aller Regel nach dem Kampf, doch seine Tötung geschieht außerhalb des Kampfplatzes und bleibt den Augen der Zuschauer verborgen. Neben Reitern zu Pferde sind es hier vor allem die Forcados, Stierfänger, die als bejubelte Akteure in Erscheinung treten. Ihre Aufgabe besteht darin, den Stier nach einem Sprung zwischen die Hörner am Schwanz zu ergreifen und den so gefangenen Stier aus der Arena zu bringen. Diese Form weist noch die meisten Bezüge zu den Stierspielen der minoischen Kultur auf.

Der *Prix de la cocarde*, wie er in Südfrankreich beliebt ist, stellt schließlich die Form eines Stierkampfes dar, bei der die beteiligten Menschen in der Regel mehr Blessuren erfahren als der Stier. Dieses Spiel besteht darin, daß zahlreiche „Stierkämpfer" sich bemühen, einem geschmückten Stier die Papierblumen zu entreißen, die er zwischen den Hörnern trägt. Sieger ist der, dem es gelingt, dies zu tun, während der Stier von vorn angreift. Aus der Sicht des Tierschutzes dürfte es gegen die beiden letztgenannten Formen der Stierkämpfe, die eigentlich Spiele mit dem Stier sind, keine begründbaren Einwände geben, es sei denn, man ist grundsätzlich gegen den Einsatz von Tieren in öffentlichen Vorführungen. Leider gibt es allerdings trotz zunehmender Ablehnung der einheimischen Bevölkerung als Zugeständnis an den Tourismus aus den Wohlstandsländern auch in einigen Arenen Südfrankreichs noch blutige Corridas nach spanischem Muster.

Daß der verhängnisvolle Einfluß spanischer Eroberer Spuren auch durch die Einführung von Stierkämpfen in Lateinamerika hinterlassen hat, sei nur der Vollständigkeit halber vermerkt.

Rodeoveranstaltungen und **Bullen-**

reiten sind Ausdruck einer erst in der Neuzeit gewachsenen Cowboy-Kultur. Vom Ursprung her waren sie die vor einem sachverständigen Publikum vorgetragene Demonstration der Fähigkeiten und Fertigkeiten, welche die tägliche Arbeit mit den Herden verlangte. Für die Sieger verbesserten sich die Aufstiegschancen in der Berufswelt. Heute werden diese Veranstaltungen meist nur noch von Professionellen bestritten, die kaum noch mit den Tieren auf der Weide in Berührung kommen. Solange jedoch die Tiere nicht manipuliert werden, werden ernsthafte Argumente kaum greifen, die aus der Sicht des Tierschutzes kommen.

Für die südamerikanischen Kulturvölker, die vor Kolumbus keine Hausrinder kannten, ist der Stier zum Symboltier für die spanischen Eroberer und Kulturzerstörer geworden. Vor diesem Hintergrund ist ein besonderer ritueller Tierkampf mit Stier zu betrachten, der sich bis in unsere Tage bei einigen Hochlandindianerstämmen Perus erhalten hat: der *Kampf eines Kondors mit dem Stier*. Wenn anläßlich eines bevorstehenden Festes die Durchführung dieses Schauspiels auf dem Programm steht, erhält ein besonders ausgewählter junger Bursche den ehrenvollen Auftrag, einen Kondor zu fangen. Tagelang lebt er unter Beachtung wichtiger Stammesregeln in einem Versteck in der Bergeinsamkeit der Anden, bis ihm der Fang eines gesunden Vogels glückt. Nach seiner Rückkehr ins Dorf wird ein kräftiger Stier ausgewählt. Mit Hilfe eines Gurtes werden die Fänge des Kondors auf den Rücken des Stieres gebunden. Für die beiden ungleichen Tiere beginnt ein viele Stunden währender Kampf, der nur mit dem Tod eines der beiden sein Ende findet. Beim Versuch, sich zu befreien, schlägt der Kondor mit den Flügeln, hackt mit seinem gewaltigen Schnabel auf den Stier ein. Voller blutender Wunden und auf das höchste gereizt, versucht der Stier, seinen Peiniger abzuschütteln. Seine Bemühungen bleiben vergeblich, früher oder später bricht er erschöpft zusammen.

Die Zuschauer jubeln, in diesem Stellvertreterkrieg hat der Kondor, das stolze Symbol ihrer Heimat, den Stier als Sinnbild der europäischen Eroberer und Unterdrücker besiegt. Während sie dem siegreichen Kondor die Freiheit geben, trägt er gleichzeitig ihre eigenen Wünsche nach Freiheit mit sich. Für den Tierschützer europäischen Zuschnitts ist dieses Schauspiel sicher der Gipfel unmenschlichen Handelns einem Tier gegenüber. Solange jedoch noch ein einziger Stier in einer spanischen Arena verblutet, die wohlhabenden europäischen Nationen ihren Anteil am Ausbluten lateinamerikanischer Völker und ihrer Umwelt haben, kann sich keiner das Recht anmaßen, dieses Ritual zu verdammen. Viel wahrscheinlicher ist es, daß wir mit unserer Gier nach den Reichtümern dieser Region schon bald dem letzten Kondor die Lebensgrundlage vernichtet haben und sich damit dieses Ritual von selbst erledigt.

Im bäuerlichen Brauchtums Europas sind Wettkämpfe verankert, die vor allem mit der Weidewirtschaft im Zusammenhang stehen. Besonders dort, wo der Auftrieb auf Gemeinschaftsweiden erfolgte, gehörten Spiele mit und ohne Tiere zum rituellen Auftakt des Auftriebs (Weber-Kellermann, 1988). Der Sieger dieser Wettbewerbe erwarb sich damit das Recht zur Nutzung der besten Teile der Gemeinschaftsweide. Auf der Weide fochten nach langem Stallaufenthalt die Tiere ihre Rangordnung aus. Von besonderer Bedeutung war das in den Alpen, wo sich Tiere aus verschiedenen Tälern zur Sommerweide (Alpensömmerung)

Abb. 1 Die Kämpfe der Eringer im Wallis entsprechen normalen sozialen Auseinandersetzungen von Rindern. Verletzte Tiere läßt man nicht weiterkämpfen, auch wenn sie sich qualifiziert haben. (Foto: Sambraus)

begegneten. In einigen Gebieten der Alpen wurden bereits im Vorfeld des Auftriebs **Kuhkämpfe** veranstaltet. Sie haben sich bis heute vor allem im Aostatal und im Schweizer Kanton Wallis erhalten und werden, dem Zug der Zeit folgend, intensiv touristisch vermarktet. Der Walliser Kuhkampf hat inzwischen ein festes Reglement, das bis zur Einteilung in fünf Gewichts- und Altersklassen reicht. Es gibt Vorentscheidungen und ein kantonales Finale im Ort Aproz. Abgestumpfte Hörner verhindern weitgehend Verletzungen, die über Abschürfungen hinausgehen.

Als besonders geeignet für diese als *Ringmatch* bezeichneten Kuhkämpfe hat sich die Eringerrasse aus dem Wallis erwiesen (Preiswerk und Crettaz, 1986). Einige Linien wurden züchterisch durch den Einsatz besonders dominanter Bullen auf Kampfbereitschaft selektiert. Auch wenn die touristische Vermarktung von Brauchtum nicht unkritisch zu bewerten ist, im Falle der Eringerrasse hat touristisches Interesse einen sehr positiv zu bewertenden Anteil an der Erhaltung einer bodenständigen Haustierrasse.

In engem Zusammenhang mit dem Weidebeginn steht auch die Tradition der als **Schäferläufe** oder **-tänze** bezeichneten Wettbewerbe der Schäferzünfte vor Publikum. Nicht selten stand als Preis für den Sieger ein geschmückter Hammel bereit. Er war nicht Opfertier, sondern Trophäe. Nur in wenigen Fällen wurden mit diesem Hammel grobe Späße gemacht, die im heutigen Sinne den Tierschutz tangieren. Solche Ausnahmen waren der Ritt auf dem Hammel zum Hochzeitshaus bei einer Schäferhochzeit, wie er aus der Mitte des 18. Jahrhunderts aus Niedersachsen belegt ist, oder das Verprügeln des Preishammels, über das als Abschluß des rauhbeinigen Schäfertanzes und vor der Übergabe an den Amtmann im thüringischen Stadtilm berichtet wird (Jacobeit, 1987).

Andere Tiere wurden im Rahmen dieser Schäferfeste weniger zimperlich behandelt. So gibt ein Bericht über den Rothenburger Schäfertanz darüber Auskunft, wie mit einer Gans umgegangen wurde, welche die Zunft vom Stadtrat geschenkt erhalten hatte. Diese Gans war mit Blumen und Bändern geschmückt und wurde im Festzug mitgeführt. Die Schäfer sprachen dem Wein zu, und auch der Gans wurde ständig Wein eingeflößt. Zum Abschluß des Zuges wurde die Gans am Strick dreimal um einen Brunnen geführt. Ein Schäferknecht mußte ihr nun mit einem Hieb den Kopf ab-

Abb. 2 Mit den Böcken des sehr aggressiven Tiroler Steinschafs werden hauptsächlich im Zillertal Kämpfe ausgefochten. Die Zahl der Kampfgänge wurde durch Intervention der Tierschutzverbände begrenzt. (Foto: Sambraus)

schlagen. Mißglückte der Hieb, wurde der Schäferknecht unter dem Gejohle der weinseligen Menge dreimal in den Brunnen geworfen. Die Enthauptung einer Gans war auch in Mecklenburg Teil der Geschicklichkeitsprüfungen, die zum Aufnahmeritus junger Meister in die Schäfervereinigung gehörten. Auch hier zog der mißlungene Hieb den Spott der Menge nach sich.

Das **Pferd** war in allen Kulturen, die es kannten, mehr als nur ein Haustier. Es war Gefährte und oft auch Vertrauter des Menschen, mit vielen seherischen Fähigkeiten begabt. In den Riten und im Brauchtum kommt das Pferd deshalb stets gut weg, es sind keine rituellen Handlungen belegt, die tierquälerischen Charakter aufweisen. Dort, wo das Pferd Opfertier mit besonders hohem Rang war, erfolgte das Töten rasch. Da man im Kopf des Pferdes den Sitz aller Sinne und übernatürlichen Fähigkeiten sah, wurden geopferte Pferde stets enthauptet. Vom Kopfe wurde niemals Fleisch gegessen, er fand vielfältige rituelle Verwendung. Häufig an Hauswänden angenagelt, auf Stangen gespießt, gelegentlich auch vergraben, sollte er Unheil von Haus, Hof und Feld abhalten. Die mythische Wertschätzung, welches das Pferd über Jahrhunderte erfuhr, hat sich im Unterbewußtsein der Menschen bis in unsere Tage erhalten und schützt es so in der Regel vor tierquälerischen Ausschreitungen.

Der **Hund** erfreute sich bei den Menschen zu allen Zeiten als Diener und Wächter und wegen seiner Anhänglichkeit einer besonderen Wertschätzung. Sicher hat auch seine Wehrhaftigkeit dazu beigetragen, daß er nur in Ausnahmefällen zum Gegenstand tierquälerischer Rituale wurde. Zu den bemerkenswertesten gehörte, daß im Mittelalter bei zum Tode durch Ertränken verurteilten Missetätern ein lebender Hund mit in den Sack gebunden wurde. Weit verbreitet war die Sitte, einen noch blinden, jungen Hund lebend unter der Stalltür oder Krippe zu vergraben, um Krankheiten vom Vieh fernzuhalten. Als Bauopfer sollten Hunde gleiches in der Wohnstatt des Menschen bewirken. Im Glauben an die unheilabwehrende Kraft des Hundes wurde 1579 in Dithmarschen ein lebender Hund in den Riß eines Deichbruchs geworfen. In seltenen Fällen warf man Hunde lebend in ein brennendes Haus, um ein Ausbreiten der Feuersbrunst zu verhindern, oder in ein Opferfeuer zur Vertreibung böser Geister. Die tierquälerische Unsitte des Kupierens der Hunderute könnte ihre

Wurzeln ebenfalls im Aberglauben haben. Bereits im Mittelalter hackte man Hunden die Schwänze ab, um zu verhindern, daß böse Geister in sie hineinführen.

Die **Katze** war den Menschen zu allen Zeiten lieb und gleichzeitig unheimlich, bewahrte sie doch als einziges der Haustiere ihre relative Unabhängigkeit vom Menschen. Ihr schleichendes, nachtwandlerisches Wesen, ihre im Dunkeln leuchtenden Augen und ihre nächtlichen Liebesgesänge gaben Veranlassung, vieles in dieses Tier hineinzudeuten. Sie konnte Böses anziehen und auch vertreiben. Um sie an ein Haus zu binden, wurde vielen Katzen über Jahrhunderte hinweg die Schwanzspitze abgehackt, andererseits galt ein Ort, an dem eine Katze gequält oder geprügelt wurde, als Unglücksort. Schwarze Katzen wurden bevorzugt als Sühneopfer mißbraucht, im Mittelalter vor allem bei Seuchenzügen. In der Fastenzeit oder zu Aschermittwoch wurden in manchen Gegenden Katzen getötet und verscharrt oder mancherorts von Türmen heruntergeworfen, so in Ypern, Attendorn und Rapperswil. Schwarze Kater mußten für den Segen des Ackers ihr Leben lassen, wurden zu Weihnachten, zu Aussaatbeginn oder zu Pfingsten ertränkt oder vergraben. Dreifarbige Katzen sind immer weiblich, ihnen schrieb man besondere magische Fähigkeiten zu. So endete manche qualvoll, weil sie lebend in die Flammen eines brennenden Hauses geworfen wurde, um das Feuer zum Verlöschen zu bringen. Dem Blut von gequälten Katzen als vermeintlichen Begleiterinnen von Hexen schreibt man eine besondere Bedeutung zu. Im heute wieder auflebenden Hexen- und Satanskult müssen deshalb erneut Katzen für einen Aberwitz leiden.

Vögel in Riten und Brauchtum

Der **Hahn** nahm in der klassischen europäischen Mythologie wegen seiner Wachsamkeit eine beachtliche Stelle ein. Als ein stets kampfbereites Tier wurde er dem Kriegsgott Ares zugeordnet, sein Krähen galt im Zusammenhang mit Krieg weissagend und siegverkündend. In der Lehre Zarathustras gilt der Hahn als heilig, ihn zu töten war Sünde. Seine Rolle als Orakeltier und Wächter geht auf diese Ursprünge zurück. Zur Zukunftserforschung der Griechen wurde der Hahn bei der Alektryomantie benutzt. Dabei wurden Getreidekörner auf Buchstaben gelegt, und aus den Buchstaben, von denen die Körner weggefressen waren, wurde die Antwort zusammengestellt. Die antiken Griechen opferten nach überstandener Krankheit dem Asklepios einen Hahn.

Hahnenkämpfe (Alektryomachien) waren bereits in der Antike gebräuchlich. In Athen wurden sie jährlich veranstaltet in Erinnerung daran, daß die Athener aus dem Anblick zweier kämpfender Hähne eine gute Vorbedeutung für ihren Widerstand gegen die Perser genommen hatten. Bei Griechen waren Wachtel- und Hahnenkämpfe beliebt, bei denen bereits Wetten in beträchtlicher Höhe abgeschlossen wurden. Sie wurden auch in Kleinasien, Sizilien und besonders in Rom veranstaltet, wo man die eisernen Sporen erfand und die Tiere durch Reizmittel kampflustig machte. Auf der durch ihre Hühnerzucht berühmten Insel Delos wurde bereits in vorchristlicher Zeit eine aus Indien stammende Kampfhuhnrasse gezüchtet und zum Kampf abgerichtet.

Ab dem Mittelalter wurden Hahnenkämpfe in England Bestandteil des gesellschaftlichen Lebens und fanden ihre erste sytematische Regelung durch die Könige Heinrich VIII. und Karl II. Mit dem Royal cockpit in Westminster wurde die Tradition nationaler Hahnengefechte begründet. Annähernd zur gleichen Zeit wurden Hahnenkämpfe auch in den Niederlanden, Italien und Deutschland organisiert. Verbote um die Jahrhundertwende ließen sie im geheimen weitergedeihen. In Südostasien und Lateinamerika sind sie weiterhin üblich. Heute läßt man in aller Regel die Hähne nicht mehr bis zum Tod eines der Tiere kämpfen, weil es einen Verlust für den Besitzer bedeutet und der Hahn in späteren Kämpfen durchaus erfolgreich sein könnte.

Das **Hahnenschlagen** in Mitteleuropa geht in seinem Ursprung auf slawische und germanische Vorstellungen zurück. In den Ackerkulten in Germanien ging man von der Existenz eines Gewitterhahnes aus, der mit anderen Dämonen im Kornfeld haust. Er wurde mit dem letzten Sensenhieb getötet oder in der letzten Garbe mit dem Dreschflegel totgeschlagen. Nur in wenigen Landstrichen wurde zu Erntefesten ein lebender Hahn in die letzte Garbe eingebunden, meist genügte die symbolische Handlung.

Zur Volksbelustigung auch außerhalb der Erntefeste wurde das Hahnenschlagen erst ab Ausgang des Mittelalters und fand seine weite Verbreitung ab Ende des 18. Jahrhunderts. Es wurde zu Fastnacht, Ostern und Pfingsten ebenso betrieben wie zu Hochzeiten oder zur Kirchweih. Landschaftlich unterschiedlich war lediglich die Verfahrensweise. Mancherorts wurde ein Loch in die Erde gegraben, der Hahn hineingesetzt und ein Topf darüber gestülpt. In anderen Gegenden wurde der Hahn in einen Korb gesetzt und dieser an einen Pfahl oder Baum gebunden. In jedem Fall versuchten die Teilnehmer am Hahnenschlag, denen die Augen verbunden wurden, mit Stöcken oder Dreschflegeln solange auf das Behältnis zu schlagen, bis der Hahn tot war. Das Tier starb meist am Streß. Eine grausamere Abart dieses Schauspiels bestand darin, die Behältnisse mit einem so großen Loch zu versehen, daß der Hahn mit dem Kopf herausschauen konnte und von den Schlägen direkt getroffen wurde. Der Totschläger erhielt den Hahn als Preis.

Im **Hahnenreiten** schließlich verkam das Massaker völlig zur ausschließlichen Volksbelustigung. Ein an den Füßen an einem Pfahl oder an einen Baum gehängter Hahn mußte dabei von berittenen Burschen bis zum Tode getroffen werden.

Noch im Jahre 1983, vielleicht auch in den Jahren darauf, fand in der kleinen belgischen Stadt Achtel das **Hahnenköpfen** als Karnevalsbrauch statt (Meyer, 1990). Ein lebender Hahn wird dabei so in einen Eimer gesteckt, daß nur sein Kopf aus einem Loch im Boden herausragt. Dieser Eimer wird in einer Höhe von zwei Metern aufgehängt. Junge Burschen, die sich vorher mit Alkohol Mut angetrunken haben, sitzen auf einer Stange, die an einem sich waagerecht drehenden Wagenrad befestigt ist. Sie versuchen, mit einer Stange dem Hahn den Kopf abzuschlagen. Sieger ist erst der, dem das völlig gelingt. Kaum einen der Zuschauer stört es, was das Tier unter den ersten Treffern empfindet, bevor es der Tod von seinem Leiden erlöst.

Neben Gänsen oder Enten wurde bei allen Varianten des Hahnenschlagens manchmal auch ein Huhn eingesetzt. Das **Huhn** galt wie der Hahn dämonenvertreibend, war fast überall verfügbar und damit zum Opfertier geradezu prädestiniert. Als Bau- oder Sühneopfer wurde es nicht selten benutzt, bei Erkrankungen von Mensch und Vieh sogar in der Herdgrube oder im Stall eingemauert oder eingegraben.

Zu einer im Tierschutzsinne haarsträubenden Verwendung des Huhnes in der abergläubischen Volksmedizin stellt das Handwörterbuch des deutschen Aberglaubens noch 1931 fest: „Bis in die Gegenwart kommt es vor, daß man ein lebendes Huhn aufschneidet und auf den leidenden Körperteil eines Kranken legt."

Kritische Wertung von Tieren im Brauchtum der Gegenwart

In einer zunehmend multikulturell geprägten Zeit befürchten einige Konservative und Traditionalisten einen Verlust an Identität. Um dem entgegenzuwirken, werden von Lokalpatrioten verschüttetes Brauchtum und vergessene Traditionen wiederbelebt. Bedenklich wird es dann, wenn dabei Tiere zum Einsatz kommen, wie es im mancherorts wiederbelebten Hahnenschlagen bei Kirmesfesten geschieht. Auch der bei einem Teil der frustrierten Jugend als Zeiterscheinung in Mode gekommene Satanskult fordert Tieropfer. Die Pflicht aller im Tierschutz Engagierten ist es, solchem erneuten Einsatz von Tieren in Brauchtum und Kulten in den Anfängen zu wehren. Eine Berufung der Täter auf die Symbolik und rituelle Bedeutung kann in unserer aufgeklärten Zeit nicht mehr zählen. Was als Motivation bleibt, ist lediglich die Freude am Quälen eines Tieres, das Ansprechen primitivster Emotionen bei den Zuschauern. Ein Blick in die Gesichter der Zuschauer läßt jeden erschauern, der sich um die Vermittlung ethischer Werte in den Mensch-Tier-Beziehungen bemüht (Meyer, 1990). Über das Leiden des Tieres hinaus liegt die größte Gefahr darin, daß gerade bei der heranwachsenden Generation, die ja beim Zuschauen nicht ausgeschlossen ist, die letzten noch vorhandenen emotionalen Bindungen zum Tier zerstört werden.

Literatur

Bächtold-Stäubli, H. (Hrsg.) (1987): Handwörterbuch des deutschen Aberglaubens. Berlin/New York (Nachdruck von 1935).
Friedländer, L. (1889): Darstellungen aus der Sittengeschichte Roms. 6. Aufl. Bd. 2., S. 390 ff., Leipzig.
Jacobeit, W. (1987): Schafhaltung und Schäfer in Zentraleuropa bis zum Beginn des 20. Jahrhunderts. Berlin.
Meyer, R. (1990): Vom Umgang mit Tieren. 2. Aufl. Jena.
Preiswerk, Y., und Crettaz, B. (1986): Das Land wo die Kühe Königinnen sind. Rotten-Verlags AG, Visp.
Weber-Kellermann, I. (1988): Landleben im 19. Jahrhundert. München.

Das Töten von Tieren

U. Schatzmann

■ Einleitung

Der Mensch hält Tiere jeder Art zur Nutzung, sei es als Begleiter und Kamerad, als Nahrungslieferant, zum Freizeitvergnügen, zur Erleichterng seiner Arbeit, zur wissenschaftlichen Forschung und für viele andere Zwecke.

Das Tier erfüllt ein grundlegendes Bedürfnis des Menschen, nicht nur als Lieferant von Nahrung und täglich notwendigen Gütern, sondern auch als Begleiter und Kamerad. Wann immer Tiere gehalten werden, müssen sie auch getötet werden; nicht nur zur Produktion von Lebensmitteln und anderen Verbrauchsgütern, sondern auch um überzählige, alte und kranke Individuen zu eliminieren, ihnen Leiden, Schmerzen und eine erhebliche Beeinträchtigung ihres Wohlbefindens zu ersparen. Aus dieser Sicht hat der Mensch nicht nur das Recht, sondern geradezu die Pflicht zu töten.

Das Töten von Tieren, ganz oder teilweise zur menschlichen Ernährung, ist nach der gängigen Rechtsprechung in den verschiedensten Ländern nach Gesetz und Ethik gerechtfertigt. Auch die Verwendung und Tötung von Tieren in der wissenschaftlichen Forschung, zur Vergrößerung unserer Kenntnisse in der Grundlagenforschung und zur Verbesserung der Lebensqualität des Menschen sind, zumindest nach Gesetz, akzeptiert und verantwortbar. Nicht nur der eigentliche Tötungsvorgang, sondern auch das Umfeld des zu tötenden Tieres untersteht heute gesetzlichen Bestimmungen.

So darf gemäß Schweizer Tierschutzgesetz niemand ungerechtfertigt einem Tier Schmerzen, Leiden oder Schäden zufügen oder es in Angst versetzen; das qualvolle und mutwillige Töten von Tieren ist verboten (Artikel 2 und 22). Gemäß Deutschem Tierschutzgesetz darf die Möglichkeit des Tieres zu artgemäßer Bewegung nicht so eingeschränkt werden, daß ihm Schmerzen oder vermeidbare Schäden zugefügt werden (§ 2). Ein Wirbeltier darf nur unter Betäubung oder sonst, soweit nach den gegebenen Umständen zumutbar, nur unter Vermeidung von Schmerzen getötet werden. Ist die Tötung eines Wirbeltieres ohne Betäubung im Rahmen weidgerechter Ausübung der Jagd oder auf Grund anderer Rechtsvorschriften zulässig oder erfolgt sie im Rahmen zulässiger Schädlingsbekämpfungsmaßnahmen, so darf die Tötung nur vorgenommen werden, wenn hierbei nicht mehr als unvermeidbare Schmerzen entstehen. Ein Wirbeltier töten darf nur, wer die dazu notwendigen Kenntnisse und Fähigkeiten hat (§ 4 a).

Im weiteren fordert bei der Schlachtung von Tieren das Schweizer Tierschutzgesetz, daß eine Betäubung möglichst unverzüglich zu wirken hat und eine Verzögerung der Wirkung keine Schmerzen verursachen darf (Artikel 21). Gemäß Deutschem Tierschutzgesetz ist sicherzustellen, daß den Tieren nicht mehr als unvermeidbare Schmerzen zugefügt werden (§ 4 b). Das fachgerechte und tierschutzkonforme Töten, sowohl von Versuchstieren als auch von Schlachttieren, ist in der Schweiz durch Richtlinien des Bundesamtes für Veterinärwesen geregelt (Richtlinien Tierschutz 3.01 bzw. 800.108.01).

Die Verwendung tierschutzkonformer Tötungsmethoden kann bei Tierversuchen und bei Schlachttieren durch die zuständigen Behörden überprüft werden.

Das Töten eines Tieres erfolgt unter verschiedensten Umständen. Der eigentliche Tötungsvorgang kann als „Schlachtung", „Euthanasie" oder „Jagen" verstanden werden, wobei, je nach Ansicht, der Tötungsakt unterschiedlich beurteilt wird. Generell muß aber jede Tötung eines Tieres, unabhängig vom Begriff, gewissen Bedingungen entsprechen, die nachstehend erläutert werden.

Das Wort „Euthanasie", zu übersetzen als „guter Tod", wird in unseren Breitengraden eher als „human" angesehen, während die Tötung eines Schlacht- oder Wildtieres von gewissen Kreisen eher als „inhuman" betrachtet wird, obwohl gute Tötungsmethoden einer fragwürdigen Euthanasie zweifellos vorzuziehen sind.

Im Prinzip muß jede Tötungsmethode eines Tieres zu schnellem Bewußtseinsverlust führen, wonach entweder mechanisch, chemisch oder elektrisch ein Atem- und/oder Kreislaufstillstand zum endgültigen Verlust der Hirnfunktion zu führen hat.

■ Das „Umfeld" der Tötung, Streß und Angst

Obwohl für ein Tier seine Tötung nicht voraussehbar ist und damit auch nicht von „Todesangst" gesprochen werden darf, sind die individuellen Reaktionen des Verhaltens bei Tieren bei der Tötung zu berücksichtigen. So wird in den letzten Jahren immer klarer, daß der Streß eines Tieres, z. B. bei Transporten, im Schlachthof oder beim Einfangen, eine erhebliche Belastung darstellt. Das Verhalten von Tieren und ihre physiologische Antwort auf den Stressor umfassen Schreien (z. B. Schweine), Zappeln, Fluchtversuche, Aggressionen, Speicheln, Harnen, Koten, Entleerung des Analsacks, Pupillenerweiterung, hohe Pulsfrequenz, Schwitzen, Zittern als reflektorische Gefäßmuskelkontraktionen usw. Diese Symptome belasten ängstliche und wenig an den Menschen gewöhnte Tiere bedeutend stärker und vor allem länger als der eigentliche Tötungsvorgang. Der Verminderung von Streß und Angst vor der eigentlichen Tötung muß, vor allem bei Schlachttieren, erste Priorität eingeräumt werden. Auftreten und Ausmaß von Streß und Angst sind in erster Linie je nach Art, aber auch individuell unterschiedlich. So wird ein an den Menschen und an tierärztliche Interventionen gewöhntes Haustier (Hund, Pferd) prinzipiell sicher weniger belastet als ein eingefangenes Wildtier, ein Mastschwein im Schlachthof oder ein Vogel. Schreien, ängstliches Verhalten sowie die Ausschüttung von gewissen Geruchsstoffen oder Pheromonen durch ein ängstliches Tier kann auch auf andere Individuen streßinduzierend wirken. Aus diesem Grund ist die Tötung eines Versuchstieres in Gegenwart eines Artgenossen in einigen Ländern (z. B. England) auch verboten. Gewisse Tierarten sind nicht in der Lage, Angstzustände zu zeigen; bei Kaninchen und Schlachtgeflügel kann völlige Immobilität ein Ausdruck von hochgradiger Angst sein.

Unter Berücksichtigung dieser Erkenntnisse muß der Begriff „schmerzloser Tod" sicher überdacht werden. Schmerz wird empfunden, wenn durch mechanische, chemische oder thermische Einflüsse peripher liegende Rezeptoren (Nozizeptoren) gereizt werden. Körpereigene chemische Substanzen, aber auch Strom, führen zur Reizung von Nozizeptoren, die ihren Impuls dann über das Rückenmark und den Hirnstamm leiten. Zur Schmerzempfindung müssen die Hirnstrukturen intakt sein; ein bewußtloses Tier kann keinen Schmerz mehr empfinden, auch wenn es noch auf Schmerzreize antworten kann. Aus diesen Tatsachen wird klar, daß der Schmerz bei der Tötung von Tieren im heutigen Umfeld der Tötung eher von geringer Bedeutung ist. In Erwägung zu ziehen ist dabei aber die Immobilisation mit Strom, wenn der Stromfluß nicht direkt durch das Gehirn, sondern durch periphere Körperteile fließt.

Konsequenzen für ein tierschutzgerechtes Umfeld

Obwohl die Möglichkeiten und Umstände bei den Tieren sehr unterschiedlich sind, lassen sich für eine tierschutzgerechte Tötung folgende Bedingungen stellen:

Eine Aufregung des Tieres ist zu vermeiden oder auf so kurze Zeit wie möglich zu beschränken. Es sind Methoden vorzuziehen, die keine oder nur eine kurze und schonende Fixation der Tiere erfordern. Labortiere sind an den Umgang mit dem Menschen zu gewöhnen. Mögliche Abwehrreaktionen, Aggressivität und Aufregung (Streß und Angst) können dadurch vermieden oder zumindest wesentlich vermindert werden. Längere Transporte (z. B. von Schlachttieren) oder ein Vermischen von sich fremden Tieren kann zu größerem Streß führen als das Töten selbst. Das Herumjagen von Schlachttieren (mit Strom oder Schlägen) zur Erreichung hoher Schlachtfrequenzen ist durch technische Einrichtungen zu verhindern. Wenn immer möglich, soll nicht in dem Raum getötet werden, in dem die Tiere gehalten werden.

Menschliche Aspekte der Tötung

Wir haben eingangs erwähnt, daß das Töten von Tieren aus ethischer und rechtlicher Sicht unter den verschiedenen Aspekten nicht nur erlaubt oder vertretbar ist, sondern sogar eine Notwendigkeit darstellt.

Jede Tötung eines Tieres kann den involvierten Menschen belasten. Das gilt nicht nur für den Besitzer eines Hundes, sondern auch für den Bauern, den Forscher im Labor, den Pelztierzüchter, die direkt mit der Tötung beauftragten Tierärzte (mit ihren Gehilfen), den Jäger, den Fischer oder den Metzger. Während für den Bauern, den Tierzüchter oder für den Metzger das Töten von Tieren lebenswichtig ist und somit ethisch oder moralisch kaum hinterfragt wird, können Heimtierbesitzer durch die Entscheidung zur Tötung ihres Tieres in echte Gewissensnot geraten. Auch ständig mit der Tötung von Labortieren beauftragtes Personal kann diese Arbeit nicht immer problemlos ausführen. So wird auch immer wieder gefordert, die tötenden Personen regelmäßig auszuwechseln. Beim mit der Betäubung beauftragten Schlachtpersonal ist eine gewisse Abstumpfung zu beobachten: In den Schlachthöfen steht der Betäuber in der Regel zuunterst in der Hierarchiestufe; dies sicher zu Unrecht. Ein regelmäßiges Töten von Tieren kann beim Menschen zu psychischen Störungen führen. Mit der regelmäßigen Tötung beauftragte Leute sind deshalb in geeigneter Weise aufzuklären und zu schulen.

Dem Tierarzt kommt bei der Tötung von Haus- und Heimtieren eine Schlüsselrolle zu. Er stellt die Indikation zur Tötung eines Tieres und hat den Besitzer von der Notwendigkeit dieser Maßnahme zu überzeugen. Nicht selten steht dabei diese Entscheidung im Gegensatz zu seinen wirtschaftlichen Interessen, die eine Weiterbehandlung wünschbar machen. Der Tierarzt ist aber dank seiner Erfahrung und Ausbildung der einzige, der Schmerzen, Leiden und eine starke Beeinträchtigung des Allgemeinbefindens beim todkranken und nicht heilbaren Tier beenden kann, und er hat diese Pflicht über seine wirtschaftlichen Interessen zu stellen. Der Tierarzt kann durch Aufklärung von Tierbesitzern, durch sicheres, aber mitfühlendes Auftreten und Arbeiten den Verlust eines Tieres akzeptieren helfen.

Kriterien tierschutzgerechter Tötung

Der Mensch hat eine Vielzahl von Methoden zur Tötung von Tieren entwickelt, wobei religiöse, praktische, technische und finanzielle Aspekte eine Rolle gespielt haben und Erwägung finden müssen.

Zur tierschutzgerechten Tötung seien in der Folge einige Kriterien erwähnt:
1. *Eine akzeptable Methode sollte ohne Streß, Angst, Schmerz oder Abwehr zur Bewußtlosigkeit und zum Tod führen* und umfaßt auch das Umfeld der Tötung. Sämtliche Methoden, die auf Ersticken, Stromfluß durch den ganzen Körper oder auf Injektionen von chemischen Substanzen, die nicht narkotisch wirken, beruhen, sind deshalb abzulehnen. Beim Tier ist nicht bekannt, ob die Induktion eines Herzstillstandes ohne Schmerz und Angst zur Bewußtlosigkeit führt. Auch ist man sich uneinig, ob die Inhalation von Anästhetika oder CO_2 nicht mit erheblichen Schmerzen oder Streß verbunden ist. Selbst die Dekapitation eines Tieres kann bis zum Erlöschen des Bewußtseins als schmerzhaft befunden werden.
2. *Die Dauer bis zum Eintritt der Bewußtlosigkeit sollte möglichst kurz sein.* Der Terminus „möglichst kurz" ist schwer interpretierbar. So ist bekannt, daß der Bewußtseinsverlust nach Inhalation von chemischen Substanzen nach frühestens 20 Sekunden zur Bewußtlosigkeit führt. Auch bei der Dekapitation eines Tieres ist die Dauer bis zum Eintritt der Bewußtlosigkeit nicht sicher erkennbar. Auch die Injektion eines Narkosemittels in den Muskel oder in die Bauchhöhle führt nicht unmittelbar, sondern erst nach einer gewissen Absorptionszeit zur Bewußtlosigkeit. Ein sofortiger Bewußtseinsverlust tritt nur bei einer mechanischen Zerstörung des Zentralnervensystems oder bei Stromfluß durch das Gehirn auf.
3. *Der Tod sollte möglichst schnell eintreten.* Diese Forderung ist schwierig einzuhalten und dürfte von der Definition des Todes abhängen. Die Verwendung von Narkosemitteln führt vorerst zum Bewußtseinsverlust mit nachfolgendem Atemstillstand. Der Zeitpunkt des Todes hängt dabei wesentlich von der Resistenz des Organismus bzw. des Kreislaufs gegen Sauerstoffmangel ab. Die Periode zwischen Atemstillstand und Tod kann, vor allem bei Neugeborenen, längere Zeit beanspruchen. Wir erachten dabei das Erlöschen der

Hirnfunktion als einziges Kriterium des Todes, wobei ein Kreislauf noch während längerer Zeit intakt sein kann (z. B. bei Schlachttieren). Prinzipiell ist die Zeitdauer zwischen dem Bewußtseinsverlust und dem Eintritt des Todes eher als sekundär zu bewerten, solange die Hirnfunktion ausgeschaltet ist.

4. *Eine Tötungsmethode sollte zuverlässig sein.* Während Einzeltiere mit vielen Methoden sicher und zuverlässig getötet werden können, ist diese Forderung unter Schlachthofbedingungen nicht immer einzuhalten. Vor allem bei mechanischen Methoden (Bolzenschuß) oder elektrischen Betäubungsmethoden kommen vereinzelte Fehlbetäubungen immer wieder vor. Der Grund liegt entweder bei technischen Mängeln oder bei Fehlern durch das Personal.

5. *Eine geeignete Methode muß für den Menschen ungefährlich sein.* Viele an und für sich geeignete mechanische, physikalische oder chemische Tötungsmethoden können den Menschen gefährden. So muß ein Kugelschuß ins Gehirn, obwohl im Einzelfall ideal, wegen Fehlmanipulationen und Querschlägern als Routinemethode bei Massentötungen abgelehnt werden. Eine Handbetäubung mit der Stromzange bei Schlachttieren führt trotz eingebauter Sicherung zu schweren Unglücksfällen beim Betäuber, und Inhalationsnarkotika können bei regelmäßiger und unkontrollierter Anwendung zu Gesundheitsstörungen beim Menschen führen. Andere Stoffe (z. B. Ätherdämpfe) sind explosiv. Kohlenmonoxid als ideales Euthanasiegas ist schwer kontrollierbar und kann auch für die Umgebung lebensgefährlich sein. Auch gewisse zur Injektionsanästhesie verwendete Stoffe (z. B. Etorphin, M99) sind für den Menschen in allerkleinsten Dosen lebensgefährlich.

6. *Eine Tötungsmethode muß irreversibel wirken.* Dieser Forderung ist besonderes Gewicht beizumessen. Sowohl bei mechanischen Betäubungsmethoden (z. B. Bolzenschuß oder Betäubungsschlag) als auch nach Inhalation oder Injektion von chemischen Substanzen muß damit gerechnet werden, daß die Tiere, obwohl im Moment bewußtlos, das Bewußtsein wiedererlangen. Ein Betäubungsschlag auf den Kopf oder ein schlecht plazierter Bolzenschuß führt zu schlagartiger Bewußtlosigkeit. Wenn aber lebenswichtige Strukturen nicht zerstört werden, ist der Tod des Tieres nicht mit Sicherheit zu erwarten. Aus diesem Grund wird bei diesen Methoden auch immer die gleichzeitige Entblutung gefordert. Ein späteres Erwachen unter Wirkung von Inhalations- oder Injektionsanästhetika muß auch bei den sehr hypoxieresistenten Jungtieren (vor allem Neugeborenen) befürchtet werden. Der Tod durch Herzstillstand muß deshalb immer kontrolliert werden.

7. *Die emotionalen Effekte auf Ausführende oder Zuschauende müssen bedacht werden.* Viele geeignete Tötungsmethoden wirken auf den Ausführenden oder Betrachter unschön. Dazu gehören mechanische Methoden wie z. B. der Kopfschlag, eine Dekapitation, ein Bolzenschuß mit anschließenden Zuckungen oder chemische Methoden ohne sedative Prämedikation mit ausgeprägten Krämpfen bei ausgeschaltetem Bewußtsein. Demgegenüber werden völlig ungeeignete Methoden (z. B. die Injektion von peripher wirkenden Muskelrelaxantien) vom Beobachter als ideal empfunden.

Wann immer eine Tötung unter dem Beisein von Laien erfolgt, kommt diesem Kriterium besondere Bedeutung zu. Bei der Wahl der Tötungsmethode ist aber der Belastung des Tieres höhere Priorität beizumessen.

8. *Der Kostenfaktor.* Vor allem bei Massentötungen und im Schlachthofbereich spielt auch der Kostenfaktor einer Methode eine Rolle. Gerade in diesen Bereichen ist aber die Wahl der billigeren Methode nur zulässig, wenn sie nicht zur stärkeren Beeinträchtigung der Tiere führt. Bei Euthanasien von Heimtieren im Beisein von Laien soll aber die Kostenfrage der verwendeten Medikation eher vernachlässigt werden. Bei der Tötung von Labortieren spielen die Kosten im Vergleich zu den Aufwendungen der Tierhaltung und der Versuche eher eine untergeordnete Rolle. Die Auswahl einer Tötungsmethode aufgrund des Preises scheint für diese Tiere nicht zulässig.

9. *Eine Tötungsmethode kann den Tierkörper verändern.* Dieses Problem ist vor allem bei Schlachttieren und bei gewissen Labortieren von Bedeutung. Die anerkannten und bewilligten Betäubungsmethoden zur Schlachtung können massive Einflüsse auf die Fleischqualität haben. So führt die Elektrobetäubung beim Schwein offenbar zu einer höheren Beeinträchtigung der Fleischqualität als die CO_2-Anästhesie. Auch werden durch die elektrische Betäubung (zusammen mit dem Streß und der Fixation des Schweines) vermehrt Blutungen im Schlachtkörper beobachtet, die durch Rupturen von Blutgefäßen oder durch Muskelkontraktionen provoziert werden. Das Problem ist beim Schlachtgeflügel noch stärker, weil bei diesen Tieren der Strom nicht durch das Gehirn, sondern durch den ganzen Körper fließen muß. Bei Labortieren verbieten einige Versuchsziele sowohl die Applikation von Fremdsubstanzen als auch die mechanische Beeinträchtigung des Zentralnervensystems. Die verwendete Methode muß klar im Einklang mit dem Versuchsziel gewählt werden.

10. *Injektionsanästhetika können zu Suchtproblemen beim Menschen führen.* Dieses Problem wurde vor allem in den letzten Jahren manifest. Wenn in Laboratorien oder anderen Institutionen Betäubungsmittel vorhanden sind, ist mit der Möglichkeit eines Mißbrauchs zu rechnen.

Wirkungsmechanismen der Tötungsmethoden

Jede Tötungsmethode basiert auf drei Prinzipien:
1. direkter oder indirekter Sauerstoffmangel,
2. Zerstörung oder Unterdrückung von Neuronen, die für die Lebensfunktion essentiell sind,
3. physikalische Methoden, die die Gehirnaktivität unterdrücken und lebenswichtige Neuronen zerstören.

Tod durch Hypoxie

Eine Tötung durch Sauerstoffmangel (Hypoxie) kann auf verschiedene Art provoziert werden und führt zu unterschiedlich schnellem Bewußtseinsverlust. Als Beispiel sei die Induktion eines Kreislaufstillstandes (z. B. Herzstillstand durch Kaliumchlorid oder Strom) genannt. Zur Erreichung eines schmerz- und streßfreien Todes muß bei diesen Methoden gefordert werden, daß das Bewußtsein vor der Motorik ausgelöscht wird. Eine Paralyse der Muskulatur ohne Beeinträchtigung des Zentralnervensystems (z. B. durch peripher wirkende Muskelrelaxantien wie Curarederivate oder Succinylchlorid) ist strikt abzulehnen. Auch Barbiturate oder Inhalationsanästhetika führen über Atemstillstand und Hypoxie zum Tod. Diese Stoffe zeigen während der Einleitungsphase eine verstärkte Muskelaktivität (Exzitation), die aber im bewußtlosen Zustand nicht mehr wahrgenommen wird. Die Tötung von Tieren durch Verbringen in ein sauerstoffarmes Medium (Stickstoff) wird bis jetzt nicht routinemäßig praktiziert.

■ **Unterdrückung lebenswichtiger Neuronen**

Diese Gruppe umfaßt im wesentlichen die Narkosemittel. In einer ersten Phase werden dabei die Gehirnfunktionen ausgeschaltet, wonach das Tier als bewußtlos anzusehen ist. Narkosemittel in höheren Dosierungen führen auch zum Auslöschen der Atemreflexe, worauf – wahrscheinlich infolge des Sauerstoffmangels – auch der Kreislauf zum Erliegen kommt und die Gehirnfunktion endgültig sistiert. Die meisten Narkosemittel (vor allem Barbiturate und Inhalationsnarkotika) zeigen während der Anflutung eine identische Symptomatik. Zuerst werden die Funktionen der Großhirnrinde (Bewußtsein) gelähmt. Darauf werden die Zentren des Mittelhirns, die unbewußten Reflexe, ausgeschaltet. Dann erst werden die spinalen motorischen Reflexe im Rückenmark ergriffen, während die lebenswichtigen Zentren im oberen Rückenmark – Atem- und Kreislaufzentrum – als letzte ausfallen.

Aufgrund dieser Beobachtungen wird das Verhalten von Tieren (und des Menschen) während der Einleitung einer Narkose in vier Stadien eingeteilt.

1. *Analgetisches Stadium oder Rauschstadium:* Die Schmerzempfindlichkeit ist in diesem ersten Stadium deutlich herabgesetzt bzw. aufgehoben. Schmerz-, Kälte- und Wärmeempfindungen gehen zunehmend verloren, ebenfalls die Fähigkeit, koordinierte Bewegungen auszuführen. Am Schluß des analgetischen Stadiums verliert das Tier das Bewußtsein. Das analgetische Stadium ist beim Tier sehr flüchtig und läßt sich nicht sicher konstatieren.
2. *Exzitationsstadium:* Diese Phase ist durch den Ausfall des Bewußtseins und durch die Hemmung der Willkürmotorik gekennzeichnet. Das Stadium reicht vom Moment des Bewußtseinsverlustes bis zum Auftreten einer regelmäßigen Atmung. Die Tiere zeigen unwillkürliche Bewegungsmuster (Zappeln, Muskelkontraktionen), dazu Augenbewegungen und unregelmäßige, durch die Bewegungen gestörte Atmung. Einige Tierspezies zeigen auch Lautäußerungen. Die Pupillen sind dabei weit geöffnet, und ihre Reflexantwort ist erhöht.
3. *Toleranzstadium:* Das Toleranzstadium beginnt mit dem Einsetzen einer regelmäßigen Atmung und reicht bis zum Aufhören der Spontanatmung. Diese Narkosetiefe ist bei einer Operationsnarkose erforderlich, um alle störenden Reaktionen auszuschalten und eine Muskelrelaxation zu gewährleisten.
4. *Asphyxiestadium:* Das Asphyxiestadium ist erreicht, wenn die Zwerchfellatmung stillsteht. Ohne Gegenmaßnahmen tritt der Tod ein, sobald die Sauerstoffreserve aufgebraucht ist.

Die beschriebenen Symptome bzw. der Ablauf der Narkose oder Tötung durch Inhalations- oder Injektionsanästhetika ist bei allen Tieren unter Verwendung von Barbituraten oder Inhalationsanästhetika identisch. Durch Aufregung oder ungenügende Dosierungen kann sich das Erregungsstadium deutlicher zeigen, während durch eine Beruhigung oder sehr hohe Dosierungen ein schneller Übergang zwischen Bewußtsein und Atemstillstand provoziert wird. Diese Beobachtungen sind zur Erreichung eines schmerz- und streßfreien Todes von essentieller Bedeutung. Ebenso wichtig ist aber die Tatsache, daß ein Tier mit Exzitationserscheinungen bewußtlos ist.

■ **Physikalische Zerstörung des Gehirns und der lebenswichtigen Neuronen**

Die physikalische Zerstörung der Gehirnaktivität durch einen Betäubungsschlag, durch Zerstörung der Gehirnmasse oder durch elektrische Depolarisation von Neuronen im Gehirn provoziert schlagartig Bewußtseinsverlust. Während ein Kopfschlag, ein schlecht plazierter Bolzenschuß oder elektrischer Strom nur zu kurzzeitigem, aber reversiblem Bewußtseinsverlust führt, ist zur Tötung eine Zerstörung lebenswichtiger Zentren im Gehirnstamm notwendig.

Durch Unterbrechung der Willkürmotorik nach physikalischer Zerstörung des Gehirns werden die hemmenden Einflüsse auf Rückenmark und Muskulatur manifest. Die Reflexe und der Muskeltonus werden erhöht, und es treten überschießende Abwehrbewegungen, Ruder- und Laufbewegungen, unwillkürlicher Harn- und Kotabsatz, verstärkte, stöhnende Atmung, auch Schreien sowie Erbrechen auf. Diese Symptome können durch Angst, Aufregung oder erhöhten Stoffwechsel verstärkt sein, werden aber vom Tier mit Sicherheit nicht mehr wahrgenommen. Der Tod tritt bei diesen Methoden durch irreversible Zerstörung der lebenswichtigen Zentren im Gehirn auf (Atem- und Kreislaufzentrum). Werden lebenswichtige Zentren nicht betroffen (z. B. nach Anwendung von elektrischem Strom oder bei einem Betäubungsschlag), muß das Tier entblutet werden.

Die Exzitation infolge einer Enthemmung kann für den Zuschauenden abstoßend oder störend wirken, ist aber, wie erwähnt, für das Tier unbelastend, da es nicht mehr bei Bewußtsein ist.

Physikalische Tötungsverfahren

Dekapitation

Unter Dekapitation versteht man die schnelle Durchtrennung des Halses nahe am Kopf mit einem scharfen Instrument. Die Methode ist beim Geflügel seit Jahrhunderten eingebürgert. Bei kleinen Labortieren (Mäuse, Ratten, Meerschweinchen) werden dafür eigens entwickelte Geräte (Guillotinen) verwendet, damit eine schnelle und korrekte Durchtrennung der Gewebe an der richtigen Stelle gesichert ist. Bei Vögeln und Amphibien kann auch der kurze, kräftige Scherenschlag eingesetzt werden.

Todesursache: Eine Durchtrennung des Rückenmarks vor dem 5. bis 6. Halswirbel führt zum Tod infolge Atemstillstand. Die Dekapitation hat einen sofortigen Abfall des Blutdruckes zur Folge, was zum Verlust des Bewußtseins führt.

Eintritt der Bewußtlosigkeit: Die Abtrennung des Kopfes ist nicht zwingend mit sofortiger Bewußtlosigkeit verbunden. Verschiedene Untersuchungen haben gezeigt, daß ein Elektroenzephalogramm noch während mehr als 10 Sekunden aufgezeichnet werden kann.

Beurteilung: Die gesetzlichen Anforderungen sind bei korrekter, ruhiger und schneller Handhabung der Dekapitation bei kleinen Labornagetieren erfüllt. Bei größeren Säugetieren (z. B. Kaninchen) ist die Methode wegen technischer Schwierigkeiten nicht zu empfehlen.

Die Dekapitation führt zu Exzitationserscheinungen des Rumpfes. Sie kann sowohl für den Ausführenden wie auch für den Zuschauer einen eher unangenehmen Eindruck hinterlassen. Ob die Methode zu raschem, d. h. unmittelbarem Bewußtseinsverlust führt, kann nicht mit Sicherheit festgestellt werden. Die Methode führt aber in jedem Fall zum sicheren Tod des Tieres und erfordert minimale Übung. Die Belastung der Tiere ist in der Fixation zu sehen. Sie kann bei schneller, routinierter Ausführung durch geübtes Personal als relativ gering eingestuft werden. Einschränkungen ergeben sich bei kaltblütigen Tieren, bei denen die Dekapitation als alleinige Methode nicht genügt. Zusätzlich sind bei diesen Tieren das Gehirn und das Rückenmark mechanisch zu zerstören.

■ **Genickbruch (zervikale Dislokation)**
Bei der zervikalen Dislokation werden Schädel und Halswirbelsäule gegeneinander verschoben bzw. getrennt. Bei korrekter Ausführung wird dabei das Rückenmark durchtrennt.

Todesursache: Eine Durchtrennung des Rückenmarks führt zum Tod infolge Atem- und späteren Kreislaufstillstands. Je nach Durchführung werden dabei die großen Blutgefäße nicht immer durchtrennt.

Eintritt der Bewußtlosigkeit: Aufgrund der Trennung von Nervenbahnen zwischen Körper und Gehirn kann bei korrekter Ausführung, wie bei der Dekapitation, kein peripherer Schmerz mehr empfunden werden. Trotzdem ist die Methode nicht unbedingt mit einem unmittelbaren Bewußtseinsverlust vergesellschaftet. Die Methode ist anspruchsvoll und eignet sich nur für einzelne Tiere und kleine Tiergruppen bzw. wenn es die Versuchsanordnung erfordert.

Praktische Ausführung: Je nach Tierart kann der Genickbruch unterschiedlich ausgeführt werden. Die Maus wird auf einer rauhen Oberfläche am Schwanz oder an den Hintergliedmaßen gehalten. Mit einem Bleistift oder ähnlichem Gegenstand wird der Nacken des Tieres fixiert, worauf durch einen kurzen kräftigen Zug am Schwanz die Halswirbelsäule gestreckt wird (Abb. 1). Die gleiche Methode wird bei Hamstern und bei Ratten (maximales Gewicht 200 g) empfohlen. Bei Meerschweinchen wird der Kopf mit der einen Hand und der Körper des Tieres mit der anderen Hand fixiert.

Abb. 1 Genickbruch zur Tötung von Labormäusen.

Durch eine schnelle, kurze Zugbewegung wird die Halswirbelsäule gestreckt und das Rückenmark zerrissen.

Beurteilung: Generell wird diese Tötungsmethode für kleine Labornagetiere als akzeptabel beurteilt. Die Ausführung erfordert jedoch neben Geschicklichkeit auch eine gewisse physische Stärke. Die Bewußtlosigkeit tritt nicht immer unmittelbar ein, und es können massive Reflexbewegungen auftreten. Die Tiere scheinen das Bewußtsein zwischen 10 und 20 Sekunden nach der Dislokation zu verlieren; der Tod tritt durch Atemstilstand nach einigen Minuten ein. Die Belastung der Tiere hängt von der Manipulation und damit von der Geschicklichkeit und von der Kraft der ausführenden Person ab. Werden die Nervenbahnen jedoch nur unvollständig unterbrochen, ist der Genickbruch mit Qualen für das Tier verbunden. Die Methode ist aber, richtig ausgeführt, einfach und sicher. Infolge der unterschiedlichen Ausführung besteht aber die Gefahr, daß die gesetzlichen Anforderungen nicht erfüllt werden. Der Genickbruch als routinemäßige Euthanasiemethode kann deshalb nicht ohne Einschränkungen empfohlen werden.

■ **Betäubungs- oder Genickschlag**
Unter dem Betäubungsschlag ist ein gezielter Schlag auf den Kopfbereich zu

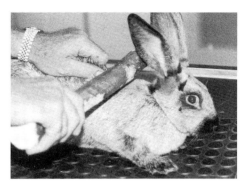

Abb. 2 Genickschlag zur Betäubung von Kaninchen.

verstehen. Er erfolgt, je nach Tierart, okzipital (Hinterkopf) bei Kaninchen (Abb. 2), Meerschweinchen, Ratte, Fisch, Vogel oder frontal. Häufig wird er auch bei kleinen Ratten oder Mäusen angewandt, wobei der Kopf des Tieres an eine Tischkante geschlagen oder das Ganztier auf den Fußboden geworfen wird (Totwerfen).

Todesursache: Ein Betäubungsschlag muß nicht zum Tode führen. Das Ausmaß der notwendigen Veränderungen im Gehirn ist wesentlich von der Wucht und der Stelle des Schlages und den daraus entstehenden Vibrationen abhängig. Durch den Schlag entstehen Blutungen und ein Hirnödem, die Lähmungen, Krämpfe und Tod hervorrufen. Bei einigen Tieren kann es auch zu einer Zusammenhangstrennung des Rückenmarks kommen. Nach dem Schlag muß jedes betäubte Tier durch Entbluten, Eröffnen der Brusthöhle oder durch Genickbruch zusätzlich getötet werden.

Eintritt der Bewußtlosigkeit: Bei korrekter Schlagausführung tritt die Bewußtlosigkeit unmittelbar mit dem Schlag auf. Trotzdem können ungenügende Betäubungen, vor allem bei größeren Tieren (z. B. Kaninchen) vorkommen.

Beurteilung: Ein Kopfschlag kann, muß aber nicht, zur Bewußtlosigkeit führen. Bei nicht korrekter Schlagausführung bleiben die Tiere in unterschiedlichem Grad bei Bewußtsein und erhaltenem Schmerzempfinden. Der Betäubungsschlag ist nur beim Einzeltier anzuwenden. Geeignet ist er sicher bei kleinen Labortieren (Nager und Kaninchen). Während die Bewußtlosigkeit bei korrekter Durchführung sofort nach dem Schlag eintritt, muß der Tod durch weitere Maßnahmen herbeigeführt werden. Die Belastung des wachen Tieres ist vor allem manipulatorischer Art und bei sachgerechter Ausführung äußerst gering. Die Methode erfordert allerdings einige Geschicklichkeit. Die Konstanz der Ausführung ist bei größeren Tierzahlen nicht sicher, und die Notwendigkeit, den Tod mit anderen Methoden herbeizuführen, muß als Nachteil gewertet werden.

■ **Bolzen- oder Kugelschuß**

Die direkte mechanische Zerstörung des Gehirns ist die Methode der Wahl zur Betäubung von großen Wiederkäuern, Pferden, einzelnen Schweinen und wird auch für Kaninchen, Hunde, Schafe und Ziegen empfohlen (Abb. 3–5). Durch den die Schädeldecke durchdringenden Bolzen oder durch die Kugel werden eine Druckerhöhung und eine traumatische Zerstörung der Gehirnzentren angestrebt.

Todesursache: Durch einen korrekt plazierten Bolzen- oder Kugelschuß werden lebenswichtige Zentren im Hirnstamm mechanisch zerstört. Dies führt zum augenblicklichen Bewußtseinsverlust, zum Atemstillstand und später auch zum Sistieren des Kreislaufs. Der Tod tritt aber nur ein, wenn auch die lebenswichtigen Zentren zerstört werden.

Eintritt der Bewußtlosigkeit: Ein durch Bolzen- oder Kugelschuß betäubtes Tier wird schlagartig bewußtlos. Als Ursache steht, neben der Zerstörung von lebens-

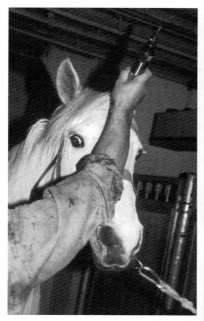
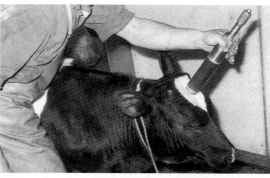

Abb. 3–5 Korrekte Bolzenschußbetäubung bei Pferd (Abb. 3), Kalb (Abb. 4) und Schwein (Abb. 5).

wichtigen Zentren, vor allem die Druckerhöhung oder die schwere „Gehirnerschütterung" im Vordergrund. Eine effektive Betäubung zeigt sich durch sofortiges Niederstürzen, gefolgt von Muskelkrämpfen und darauffolgenden Bewegungen, vor allem der Hintergliedmaßen. Diese Bewegungen können auf den Betrachter unschön wirken, werden aber vom Tier selber nicht mehr wahrgenommen. Ursache sind die Eigenaktivitäten von Rückenmark und Muskulatur infolge Ausfall der hemmenden Einflüsse durch das Zentralnervensystem.

Beurteilung: Der Bolzenschuß ist die Methode der Wahl zur Tötung großer Schlachttiere. Sie eignet sich aber auch für kleine Tiere wie Schafe, Ziegen und Kaninchen, wird aber auch für Hunde empfohlen. Generell bietet sich diese Methode bei Tieren an, wenn der Körper keine Fremdsubstanzen enthalten darf. Die Tötung ist schnell, effizient und, sofern korrekt ausgeführt, sicher. Sie eignet sich aber nur dann, wenn der Kopf des Tieres mit dem Betäubungsgerät sicher erreichbar ist.

Eine Bolzen- oder Kugelschußbetäubung erfordert genaue Kenntnisse der Anatomie. Sie ist nur dann tödlich, wenn der Hirnstamm zerstört werden kann. Praktisch ist der Zugang von frontal (Stirn) oder okzipital (hinter den Ohren) möglich. Neben der richtigen Plazierung ist aber auch eine geeignete Apparatur wichtig (Bolzen von genügender Länge, Patronen mit genügender Triebkraft). Um eine genügende und sichere Betäubung zu gewährleisten, wurde bei Großtieren auch immer das „Rütteln" (mechanische Zerstörung des Gehirns mit einen Stab durch das Schußloch; pithing) als notwendig erachtet. Kann das Gehirn auf diese Weise nicht zusätzlich mechanisch zerstört werden, muß *immer* entblutet werden.

Abb. 6 Neuentwickelte Apparatur zum Transport und zur Tötung von Schweinen mit Wasserstrahl im Schlachthof. Der Wasserstrahl dringt von oben ins Gehirn ein.

Der Kugelschuß wird auch bei Wildtieren oder anderen nicht zu bändigenden Individuen angewandt. Er ist, wenn korrekt durchgeführt, sicher und für diese Tiere die Methode der Wahl. Tötungen auf kürzere Distanzen müssen, wenn immer möglich, durch Kopfschuß erfolgen. Der Blattschuß tötet das Tier nicht unmittelbar, sondern führt über ein Kreislaufversagen zur Bewußtlosigkeit und Tod.

Tötung mit einem Wasserstrahl (Jet-Betäubung): Wasser, unter hohem Druck komprimiert (3500 bar) und während Millisekunden durch eine Düse gepreßt, wirkt wie ein Geschoß. Auf die Schädeldecke eines Tieres (Schwein) gerichtet, vermag der Strahl den Knochen zu durchdringen und das darunterliegende Gehirn in Sekundenbruchteilen völlig zu zerstören. Die Methode führt zur augenblicklichen Tötung eines Tieres (Abb. 6).

■ **Tötung durch elektrischen Strom**
Todesursache: Bei der Tötung durch elektrischen Strom wird durch einen Stromfluß durch den Körper des Tieres ein Herzflimmern mit nachfolgendem Herzstillstand herbeigeführt. Der Elektroschock unterbricht dabei die koordinierte Aktion der Herzmuskelfasern. Durch Sistieren der Pumpleistung des Herzens kommt es zu zerebraler Hypoxie.

Eintritt der Bewußtlosigkeit: Sofern die Elektroden beidseits am Kopf mit sicherem Kontakt zur Haut angelegt werden, kann durch den Stromfluß durchs Gehirn sofortige Bewußtlosigkeit erwartet werden (Elektronarkose; Abb. 7 und 8). Eine Tötung des Tieres erfolgt dadurch nicht und wird durch andere Maßnah-

Abb. 7 Vollautomatische Betäubung mit Starkstrom beim im Restrainer eingeklemmten Schwein. Die Elektroden sind beidseits am Kopf erkennbar.

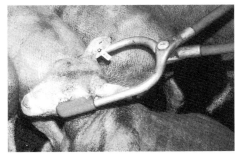

Abb. 8 Betäubung von Schlachtlämmern mit der Elektrozange.

men provoziert (z. B. Entblutung beim Schlachtschwein).

Praktische Ausführung: Zur Tötung von Tieren fließt ein Strom durch den Körper und führt zum Herzflimmern (z. B. beim Geflügel oder bei Seuchentötungen von Nutztieren).

Beurteilung: Herzstillstand durch elektrischen Strom darf nur nach Anwendung geeigneter Betäubungsverfahren einschließlich elektrischer Betäubung am bewußtlosen Tier provozieret werden. Dies, weil die Muskulatur (inkl. Atemmuskulatur) durch die Wirkung des Stromes in Spasmen versetzt wird und das Tier bei vollem Bewußtsein bleibt (vgl. Betäubung des Schlachtgeflügels).

■ Tötung durch Mikrowellen

Mikrowellen sind elektromagnetische Wellen mit einer Wellenlänge von einem Millimeter bis zu einem Meter mit einer Frequenz zwischen 300 Megahertz bis 300 Gigahertz. Elektromagnetische Mikrowellen werden im Gewebe in kinetische Energie der absorbierenden Moleküle umgewandelt, was sich in einer allgemeinen Erwärmung der bestrahlten Gewebe äußert. Bei der Bestrahlung mit Mikrowellen wird deshalb auch das Gehirn von bestrahlten Tieren, je nach seiner Größe, innerhalb kürzerer oder längerer Zeit auf eine Temperatur über 50 °C erhitzt. Die Methode ist für kleine Labortiere (Mäuse und Ratten bis zu einem Gewicht von 250 g) zugelassen, sofern der Mikrowellenapparat eine Frequenz von 2450 Megahertz aufweist und eine Leistung von mindestens 3,5 bis 5 Kilowatt erbringt. Während kleinere Tiere wie Mäuse ganzkörperbestrahlt werden können, erfolgt die Tötung von größeren Individuen (ausgewachsene Ratten, Geflügel) durch gezielte Bestrahlung des Kopfes.

Todesursache: Der Hirntod tritt aufgrund einer Zerstörung der Proteine und Enzyme des Zentralnervensystems ein. Die dazu notwendige untere Temperaturgrenze liegt bei 45° C. Der Hirntod tritt deshalb je nach Tiergröße innerhalb von weniger als einer Sekunde bis zu 3 Sekunden nach Beginn der Bestrahlung ein.

Beurteilung: Die Tötung mit Mikrowellen ist für kleine Labortiere (Mäuse, Goldhamster) bei Verwendung eines genügend starken Gerätes durch Ganzkörperbestrahlung möglich. Bewußtlosigkeit und Tod treten bei diesen Tieren nach weniger als einer Sekunde ein. Bei größeren Tieren (ausgewachsenen Ratten, Meerschweinchen) muß der Mikrowellenstrahl auf das Gehirn zentriert werden.

■ Dekompression (Verbringen der Tiere in eine Unterdruckkammer)

Bei der Dekompression wird das zu euthansisierende Tier in einen luftdichten Behälter verbracht. Je nach Durchführung wird langsam, schnell oder explosiv ein Unterdruck hergestellt.

Todesursache/Eintritt der Bewußtlosigkeit/ Beurteilung: Bei rascher Drucksenkung tritt eine Dekompressions- oder „Caisson"-Krankheit ein. Neben dem ungenügenden Sauerstoffgehalt ist vor allem das im Körper vorhandene Gas von Bedeutung. Beim Druckabfall werden der gelöste Stickstoff und Sauerstoff frei und führen über eine Verstopfung der Gefäße zur „Stickstoffembolie" in den verschiedensten Geweben, im zentralen Nervensystem, in der Lunge, in den Koronargefäßen und in den Gelenken. Bis zum Eintritt der Bewußtlosigkeit dauert es im allgemeinen 50 bis 60 Sekunden, je nach Geschwindigkeit der Dekompression. Während dieser Zeit kann der Druckanstieg im Körper Unbehagen oder Schmerzen auslösen. Wegen der für Zuschauer abstoßenden Symptomatik (Blähungen, Blutungen, Erbrechen, Krämpfe usw.), vor allem aber wegen der im Zusammenhang mit der Dekompression auftretenden Schmerzen und der Angst ist diese Tötungsart abzulehnen.

Tötung durch Inhalation chemischer Substanzen

Eine Reihe von Gasen oder flüchtigen Flüssigkeiten führen nach Einatmen zur Narkose. Es handelt sich dabei im wesentlichen um fettlösliche Stoffe, vor allem Äther, halogenierte Kohlenwasserstoffe. Außerdem ist zu diesem Zweck auch Kohlendioxid einsetzbar.

Die Stoffe werden in gasförmiger Form eingeatmet, treten in der Lunge ins Blut über und wirken im Zentralnervensystem. Im Prinzip sind deshalb zur raschen Wirkung eine genügende Atmung und ein funktionierender Kreislauf wichtig. Die chemischen und physikalischen Eigenschaften der verschiedenen Substanzen führen zu einem langsameren oder schnelleren Wirkungseintritt und auch zu unterschiedlichen Nebenwirkungen. Zur Tötung geeignet sind Narkosemittel, die schnell anfluten und gringe Reizung der Atemwege provozieren. Im Vordergrund stehen die modernen Inhalationsanästhetika (Halothan, Isofluran) und Kohlendioxid.

Die Tötung von Tieren durch alleinige Applikation von Inhalationsanästhetika hat den Vorteil, daß die Tiere nicht angefaßt werden müssen. Vor allem Labortiere, aber auch Vögel, nicht handzahme kleinere Wildtiere oder Katzen lassen sich, meist im gewohnten Käfig, euthanasieren. Eine luftdichte Glaskammer (z. B. Aquarium mit Glasdeckel) ermöglicht das Einbringen von Anästhesiegasen unter Luftabschluß. Zu tötende Tiere müssen den Anästhesiegasen genügend lange ausgesetzt sein (vor allem für Jungtiere und Neugeborene wichtig).

Die hauptsächlich verwendeten Gase sollen mit ihren Vor- und Nachteilen kurz erklärt werden.

■ **Inhalationsnarkotika**
(halogenierte Kohlenwasserstoffe, Halothan, Isofluran, Methoxyfluran)

Bei den heute in der Klinik am häufigsten verwendeten Inhalationsanästhetika handelt es sich um bei Zimmertemperatur klare Flüssigkeiten mit einem süßlichen Geruch, die nicht reizend auf die Schleimhäute des Atemapparates wirken. Die modernen Inhalationsanästhetika haben eine direkt anästhesierende Wirkung auf das Gehirn. Bei Applikation einer entsprechenden Konzentration kommt es sehr rasch zum Bewußtseinsverlust. Infolge eines ungleichen Ansprechens verschiedener Zentren im Zentralnervensystem treten unterschiedlich ausgeprägte Exzitationserscheinungen auf. Sie sind, obwohl unschön, für das Tier nicht wahrnehmbar. Die Inhalationsanästhetika führen dosisabhängig zu Bewußtseinsverlust, oberflächlicher bis tiefer Anästhesie, Atemstillstand und nachfolgendem Kreislaufversagen.

Beurteilung der Methode: Die Inhalation von modernen Anästhetika führt bei kleineren Tieren auch ohne vorherige Beruhigung zu einem schnellen und sicheren Einschlafen. Der Tod tritt, je nach Tierart, innerhalb von 1 1/2 bis 7 Minuten im Gasmilieu ein. Kaninchen und größere Tiere sollten wegen der Exzitationen nicht mit Inhalationsanästhetika allein narkotisiert werden. Notwendig ist eine zusätzliche starke Sedation.

Das regelmäßige Inhalieren von halogenierten Kohlenwasserstoffen kann für den Menschen gesundheitsschädlich sein. Bei regelmäßiger Exposition müssen die Gase abgesaugt werden.

- **Kohlendioxid**

Kohlendioxid (CO_2) ist in kleinen Konzentrationen in der Atemluft vorhanden.

Todesursache: Kohlendioxid führt über eine sehr schnelle und starke Ansäuerung des Blutes zur Narkose. Der Tod tritt nach Atemlähmung und Kreislaufstillstand über den Sauerstoffmangel im Gehirn ein.

Eintritt der Bewußtlosigkeit: Der Eintritt der Bewußtlosigkeit hängt von der eingeatmeten Konzentration ab. Bei Konzentrationen über 70 % werden die Tiere zwischen 10 und 40 Sekunden bewußtlos. Obwohl CO_2 als geruchloses Gas bezeichnet wird, kann nicht von der Hand gewiesen werden, daß höhere Konzentrationen die Atemwege bis zum Eintritt der Bewußtlosigkeit reizen. Kohlendioxid wirkt atemstimulierend; bis zum Eintritt des Atemstillstandes wird deshalb bei allen Tieren eine beschleunigte Atmung beobachtet (Abb. 9).

Beurteilung: Die CO_2-Tötung wird von vielen Autoren als optimale Methode für die schmerzlose Tötung kleiner Labortiere betrachtet. Die sehr schnelle Wirkung führte auch zur routinemäßigen Anwendung von Kohlendioxid zwecks Betäubung von Schlachtschweinen. Bei diesen Tieren ist die Sicherheit der Methode als Vorteil zu werten. Als Nachteil wird der Wirkungseintritt betrachtet. Bis zum Bewußtseinsverlust sind Streß, Angst und möglicherweise Schmerz in Betracht zu ziehen. Die Wirkung kann nicht als „unmittelbar" im Sinne des Tierschutzgesetzes eingestuft werden. Solange aber keine besseren Alternativen vorhanden sind, ist diese Betäubungsart für diese Tiere noch akzeptabel. Zur Tötung von Katzen, Hunden, Kaninchen oder Großtieren ist CO_2 nicht geeignet.

- **Äther**

Die Inhalation von Ätherdämpfen gilt nach wie vor weltweit als meistverwendete Methode zur Narkoseeinleitung bei kleinen Labortieren. Wegen der langsamen Wirkung kommt es dabei erst spät zum Atemstillstand.

Todesursache: Äther führt über einen Atemstillstand mit nachfolgendem Kreislaufversagen zur Hypoxie des Zentralnervensystems und damit zum Tod. Im Vergleich mit den anderen Inhalationsanästhetika und mit CO_2 tritt der Tod eher langsam ein.

Eintritt der Bewußtlosigkeit: Nach Einbringen von kleinen Labortieren in ein Äthermilieu tritt die Bewußtlosigkeit zwischen 30 Sekunden und 3 Minuten ein. Die Exzitation wird offenbar durch eine lokale Reizwirkung des Ätherdampfes auf die Schleimhäute, zusammen mit der atemanregenden Wirkung, provoziert.

Beurteilung: Wegen der reizenden Wirkungen auf die Atemwege und auf andere Schleimhäute sowie wegen der mit der langsamen Wirkung verbundenen Aufregung der Tiere wird die Verwendung dieser Substanz zur Euthanasie heute vielerorts nicht mehr als optimal erachtet.

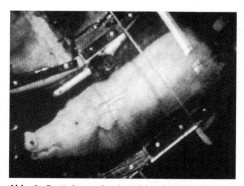

Abb. 9 Betäubung durch Kohlendioxidgas beim Schwein. Das Tier befindet sich auf einem Förderband mit CO_2-Tunnel.

■ **Kohlenmonoxid**
Kohlenmonoxid (CO) ist ein farb-, geruch- und geschmackloses Gas, das bei Verbrennungsprozessen entsteht. Es ist nicht schwerer als Luft.

Todesursache: Die Wirkungsweise des Kohlenmonoxids beruht auf einer Blockade des im Hämoglobin vorhandenen zweiwertigen Eisens. Das Sauerstoffatom wird dadurch verdrängt und der Körper mit Sauerstoff unterversorgt. Der Tod tritt infolge Sauerstoffmangels ein, den das Tier nicht spürt.

Eintritt der Bewußtlosigkeit: Der Eintritt der Bewußtlosigkeit ist vor allem abhängig von der eingeatmeten Konzentration. Konzentrationen zwischen 2 und 6 % führen innerhalb einiger Minuten zur Bewußtlosigkeit. Der Eintritt der Wirkung ist unterschiedlich; meist wird die Wirkung nicht verspürt. Nach Verlust des Bewußtseins können Krämpfe auftreten.

Beurteilung: Die Inhalation von Kohlenmonoxid kann als tierschutzgerechte und nahezu optimale Methode bezeichnet werden. Demgegenüber liegen die Nachteile in einer Gefährdung des Personals. Das Gas ist nicht schwerer als Luft, verteilt sich deshalb im Raum und kann nicht wahrgenommen werden. Im Hinblick auf die Gefährlichkeit der Methode für den Menschen ist sie für das Tier abzulehnen, wenn nicht apparative Sicherheitsvorkehrungen vorhanden sind.

■ **Blausäure und Cyanide**
Blausäure ist eine sehr schwache Säure, die mit Alkalien leicht wasserlösliche Salze bildet. Sie ist eine farblose, bei Raumtemperatur siedende Flüssigkeit; das Gas ist etwas leichter als Luft. Cyanide sind ihre Dämpfe.

Todesursache: Nach Einatmung gasförmiger Blausäure kann der vorhandene Sauerstoff nicht mehr an die Gewebe abgegeben werden; die Folge ist eine innere Erstickung auf zellulärer Ebene. Der Tod tritt nach Lähmung des Atemzentrums ein.

Eintritt der Bewußtlosigkeit: Die Bewußtlosigkeit tritt bei der Exposition mit hohen Konzentrationen offenbar sehr schnell ein. Kleinere inhalierte Mengen führen zunächst zu Reizerscheinungen an den Schleimhäuten und zu Atemnot. Wenn nicht hohe Dosen verwendet werden, zeigen die Tiere Krämpfe, bis sie bewußtlos werden.

Beurteilung: Die bei der routinemäßigen Tötung von Tieren beobachteten Krämpfe, eventuell vor dem Eintritt der Bewußtlosigkeit, wirken auf den Zuschauer abstoßend. Eine genügend hohe Konzentration, mit mit schnellem Bewußtseinsverlust verbunden ist, kann in der Praxis kaum erreicht werden. Für das beteiligte Personal besteht eine erhebliche Gefahr. Obwohl die Tötung durch Inhalation von hochkonzentrierter Blausäure die Anforderungen des Tierschutzgesetzes erfüllt, kann die Methode aufgrund der Gefährlichkeit nicht empfohlen werden. Da in der Praxis der Tod auch nicht schnell genug eintritt, erfüllt Blausäure die heutigen gesetzlichen Anforderungen nicht.

■ **Chloroform**
Chloroform ist eine farblose Flüssigkeit, nicht explosiv und nicht brennbar. Es wurde während vieler Jahre als Allgemeinanästhetikum für Menschen und Tiere eingesetzt.

Todesursache: Chloroform führt über eine Narkose zur Lähmung des Atemzentrums mit nachfolgendem Kreislaufstillstand und hypoxisch bedingtem Tod.

Eintritt der Bewußtlosigkeit: Chloroform wirkt reizend auf die Schleimhäute und kann beim wachen Tier zu Angstzuständen führen. Ein Bewußtseinsverlust tritt nach Exposition mit Chloroform zwischen 19 Sekunden und einigen Minuten ein. Die Belastung der Tiere während dieser Zeit ist unterschiedlich; während kleine Nagetiere weniger zu Exzitationen neigen, zeigen größere Tiere erhebliche Reaktionen. Die Anzeichen von Schmerzen, Leiden und Angst sind, je nach Anwendungsart und Tierart, außerordentlich verschieden.

Beurteilung: Obwohl Chloroform bei ausreichender Exposition zum sicheren Tod des Tieres führt, erfüllt es die gesetzlichen Anforderungen nicht. Zudem besteht eine Expositionsgefahr für das Personal. Wegen besserer Alternativen gilt Chloroform heute nicht mehr als akzeptables Tötungsmittel.

Tötung durch Injektion chemischer Substanzen

Die intravenöse Injektion chemischer Substanzen ist, neben der Zerstörung des Zentralnervensystems, die schnellste Methode zur Tötung. Sie ist immer dann angezeigt, wenn sie ohne Belastung des Tieres erfolgen kann. Bei wilden, aufgeregten oder nicht handgewohnten Tieren sollte vor einer intravenösen Injektion zur Tötung immer eine Sedation erfolgen.

Wenn sich eine intravenöse Injektion aus praktischen Gründen als unmöglich erweist (z. B. sehr kleine Tiere), ist die Injektion eines nicht reizenden Mittels in die Bauchhöhle akzeptabel, sofern es sich nicht um ein Muskelrelaxans handelt. Demgegenüber gilt die Injektion ins Herz, in die Lungen, in die Muskeln, unter die Haut oder in den Brustraum beim wachen Tier als nicht fachgerecht, wenn ein intravenöser Zugang vorhanden ist.

Barbiturate

Barbitursäurederivate wirken dosisabhängig; Sedation, Schlaf, Narkose, Atemstillstand und Tod gehen fließend ineinander über.

Todesursache: Barbiturate provozieren eine tiefe Narkose mit Atemstillstand, nachfolgendem Kreislaufversagen und Tod infolge Hypoxie des Zentralnervensystems.

Eintritt der Bewußtlosigkeit: Der Eintritt der Bewußtlosigkeit hängt ab von der Injektionsart (am schnellsten nach intravenöser, am langsamsten nach intramuskulär oder subkutaner Injektion), von der Dosierung, von der verwendeten Substanz und – bei der intravenösen Injektion – von der Injektionsgeschwindigkeit. Das am häufigsten verwendete Pentobarbital ruft nach intravenöser Injektion beim intakten Kreislauf Bewußtlosigkeit innerhalb von 20 Sekunden hervor. Nach intraperitonealer Injektion (Maus, Ratte, Meerschweinchen) tritt die Bewußtlosigkeit zwischen 30 Sekunden und 5 Minuten nach der Injektion ein. Vor allem bei aufgeregten, größeren Tieren muß während der Anflutungsphase eine unschöne Exzitation in Kauf genommen werden. Aus diesem Grund sind Heim- und Nutztiere vor der Euthanasie mit Pentobarbital zu sedieren.

Beurteilung: Barbiturate haben sich weltweit als Mittel der Wahl zur Euthanasie von Tieren eingebürgert. Als Nachteil gilt, daß das Tier einzeln zur Injektion festgehalten werden muß. Die intraperitoneale Injektion der unverdünnten Injektionslösung kann bei kleinen Tieren zu kurzdauerndem Schmerz führen. Die mögliche Angst insbesondere wegen der Fixation, ist tierartlich und individuell unterschiedlich ausgeprägt und von der Geschicklichkeit des Personals abhängig.

■ **T 61®**

T 61® ist eine injizierbare Euthanasielösung und enthält ein Allgemeinanästhetikum, ein Lokalanästhetikum und ein Muskelrelaxans.

Todesursache: Der narkotische Effekt des Anästhetikums ist in der empfohlenen Dosis absolut tödlich. Der Tod tritt über einen Atemstillstand mit nachfolgendem Kreislaufversagen und zentraler Hypoxie ein. Möglicherweise wird auch sofort ein primärer Herzstillstand provoziert.

Eintritt der Bewußtlosigkeit: Die Geschwindigkeit des Bewußtseinsverlustes hängt ab von der Applikationsart (intravenös am schnellsten, intramuskulär am langsamsten), von der Injektionsgeschwindigkeit und von der Dosierung. Bei intravenöser Injektion werden die Tiere in weniger als 25 Sekunden bewußtlos. T 61® wird bei Pelztieren auch intrakardial und intrapulmonal appliziert; eine Bewußtlosigkeit scheint auch nach diesen Applikationsarten innerhalb von 20 Sekunden aufzutreten.

Bei größeren Tieren (Katzen, Hunde) werden ohne vorhergehende Sedation in einem Teil der Fälle Exzitationen beobachtet. Aus diesem Grund ist bei Haustieren eine vorhergehende Sedation notwendig.

Beurteilung: Die Verwendung von T 61® zur intravenösen Euthanasie ist nach den neuesten Untersuchungen akzeptabel. Das Lokalanästhetikum verhindert bei Injektion neben die Vene das Auftreten von Schmerz. Es wurde behauptet, daß die Beimischung des Muskelrelaxans die Gefahr in sich berge, daß die Muskulatur bei erhaltenem Bewußtsein relaxiert wird. Die Pharmakokinetik der einzelnen Substanzen zeigt aber, daß das Muskelrelaxans seine Wirkung erst *nach* Eintritt der Bewußtlosigkeit ausübt und unwillkürliche Bewegungen dadurch verhindert werden. Trotzdem weist die Verwendung von T 61® zur Euthanasie von Tieren gegenüber Pentobarbital keine wesentlichen Vorteile auf.

■ **Nicht akzeptable Injektionsmittel zur Tötung**

Nikotin, Magnesiumsulfat, Kaliumchlorid, alle peripher wirkenden Muskelrelaxantien (z. B. Curarederivate, Strychnin) eignen sich zur Tötung von Tieren nicht. Entweder führen sie zu einem Atem- oder Kreislaufstillstand bei intaktem Bewußtsein oder verursachen Konvulsionen und schmerzhafte Krämpfe (Strychnin).

Andere Tötungsmethoden

■ **Entblutung**

Die Entblutung ist die Eröffnung großer Arterien (Halsschlagader) oder Stechen bei erhaltenem Bewußtsein.

Todesursache: Das Entbluten führt über einen Blutmangel zu einem Kreislaufversagen mit zentraler Hypoxie.

Eintritt der Bewußtlosigkeit: Je nach Größe der eröffneten Gefäße und je nach Tierart tritt die Bewußtlosigkeit schneller oder langsamer ein. Die Problematik ist beim rituellen Töten (Schächten) von Schlachttieren diskutiert worden. Die Meinungen dazu sind nach wie vor kontrovers.

Beurteilung: Es kann kein Zweifel bestehen, daß ein Verbluten eines Tieres, neben dem eigentlichen Wundschmerz, infolge Blutmangels auch zu Angstzuständen führen kann. Dies ist von Tier zu Tier unterschiedlich ausgeprägt. Wegen schnellerer und besserer Alternativen ist diese Methode nur beim bewußtlosen Tier zur Tötung zu akzeptieren. Ausnahmen ergeben sich bei Notfällen, wenn keine anderen Methoden durchführbar sind.

■ **Luftembolie**
Als „Luftembolie" wird die intravenöse Injektion größerer Mengen von Luft verstanden.

Todesursache: Obwohl nicht im Detail geklärt, scheint die Injektion von Luft zu einer zentralen Hypoxie nach Kreislaufversagen zu führen. Ob sich die Luft im Herzen ansammelt und damit eine Pumpfunktion des Blutes verhindert oder ob die Luftembolie periphere Gefäße blockiert, ist im Detail nicht bekannt.

Eintritt der Bewußtlosigkeit: Die Luftembolie kann beim wachen Tier mit schweren Krämpfen und Lautäußerungen zur Bewußtlosigkeit führen. Der Eintritt der Bewußtlosigkeit scheint relativ rasch zu erfolgen (innerhalb einer Minute).

Beurteilung: Die Luftinjektion als Tötungsmethode ist beim wachen Tier infolge besserer Alternativen und starker Belastung der Tiere *abzulehnen!* Die Methode ist prinzipiell nur beim anästhesierten Tier zu akzeptieren.

■ **Einfrieren**
Die Methode besteht im Eintauchen des zu euthanisierenden Tieres in flüssigen Stickstoff.

Todesursache: Rasches Einfrieren der Tiere führt, sofern die Kerntemperatur im Zentralnervensystem einen gewissen Grad unterschritten hat, zu Bewußtlosigkeit und zum Tod.

Eintritt der Bewußtlosigkeit: Das Eintauchen von adulten kleinen Labortieren in flüssigen Stickstoff führt nicht unmittelbar zum Bewußtseinsverlust. Es ist zu erwarten, daß dazu eine Zeitspanne von 10 Sekunden notwendig ist.

Beurteilung: Das schnelle Einfrieren von Tieren mit flüssigem Stickstoff stellt keine akzeptable Tötungsmethode für lebende Tiere dar. Ausnahmen sind: Euthanasie neugeborener Mäuse und Ratten. Größere Tiere müssen vor dem Einfrieren anästhesiert werden (was das Einfrieren von vornherein sinnlos macht).

■ Jede der beschriebenen Tötungsmethoden weist Vor- und Nachteile auf. Durch die Vielzahl von beeinflussenden Faktoren sind für jeden Fall gültige Anweisungen und Methoden immer mit Unsicherheiten behaftet. Im Mittelpunkt des Geschehens sollten immer der menschliche Verstand und der Wille stehen, das Beste für das Tier zu tun.

Literatur (Übersichten)

Recommendations for euthanasia of experimental animals. Part 1 and 2. Laboratory Animals (1996) 30, 293–316, (1997) 31, 1–32.

Report of The AVMA Panel on Euthanasia (1993): American Veterinary Medical Association, J.A.V.M.A. 202, 230–249.

Schmerzhafte Eingriffe an Tieren

U. Schatzmann

■ Es ist heute weitgehend anerkannt und gefordert, daß beim Tier, wie beim Menschen, schmerzhafte Eingriffe im allgemeinen nur unter entsprechender Medikation durchgeführt werden. Zudem haben auch Tiere Anrecht auf eine postoperative Schmerzbekämpfung, vor allem nach größeren Eingriffen, sofern aufgrund des individuellen Verhaltens nicht eindeutig auf Schmerzfreiheit geschlossen werden kann. Die Verabreichung von Schmerzmitteln ist auch zu fordern, wenn ohne chirurgische Intervention aufgrund von Verhaltensänderungen an Schmerz gedacht werden muß.

In der Versuchstierkunde wurden spezielle Beurteilungskriterien und Indikationslisten für eine schmerzlindernde Medikation geschaffen. In der praktischen Veterinärmedizin wird die Beurteilung aber weitgehend noch dem Ermessen des Tierarztes (oder des Tierbesitzers) überlassen.

■ Methoden der Schmerzbekämpfung

Im Prinzip ist heutzutage jeder Schmerz bei den meisten Tierarten unterdrückbar. Alle Methoden der Schmerzbekämpfung wurden auch bei den verschiedensten Tierarten überprüft, evaluiert und beschrieben. Vor allem bei Labortieren liegen Resultate über die Wirksamkeit und Toxizität der meisten Schmerzmittel vor.

Schmerzempfindung, Schmerzleitung und Schmerzverarbeitung können an verschiedenen Stellen eines Organismus medikamentös, physikalisch oder durch andere Maßnahmen beeinflußt werden (Abb. 1).

■ Schmerzbekämpfung am Ort der Entstehung

Mechanische Einflüsse (Schnitt, Schlag), Hitze, lokale Infektionen oder immunologische Reaktionen führen über die Ausschüttung von Übermittlersubstanzen (z. B. Prostaglandine) zu einer massiven Abwehrreaktion des Körpers, zu lokaler Entzündung. Prostaglandine ihrerseits aktivieren Schmerzstoffe (z. B. Bradykinin), die dann die peripheren Nervenendigungen (Nozizeptoren) reizen.

Durch medikamentöse Hemmung der Prostaglandinsynthese werden Entzündung und Schmerz unterdrückt. Dazu geeignete Substanzen, *Prostaglandinhemmer*, werden als „schwache Analgetika" oder gemeinhin als „Schmerzmittel" bezeichnet. Im Vordergrund stehen für die klinische Verwendung Salicylsäure (Aspirin), Anilinderivate (Phenacetin und Paracetamol), Pyrazolderivate (Novaminsulfon oder Phenylbutazon). Die einzelnen Stoffe wirken bei jeder Tierart ungleich, und auch die Wirkungsdauer ist unterschiedlich.

Die Reizung der Nervenendigungen (Schmerzrezeptoren, Nozizeptoren) am Ort der Entzündung läßt sich auch mit lokaler Betäubung (Lokalanästhesie) ver-

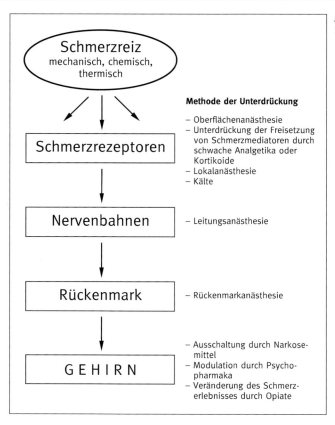

Abb. 1 Möglichkeiten der Schmerzbeeinflussung.

hindern. Durch äußere Einflüsse (Wärme, Kälte) läßt sich das Geschehen verstärken oder abschwächen (z. B. kaltes Wasser, Eiswickel, Eisspray bei Verbrennungen).

■ Verhinderung der Schmerzleitung

Gereizte Schmerzrezeptoren in der Peripherie leiten die Schmerzimpulse auf sensiblen Nervenbahnen gegen das Rückenmark. Dieser Impuls läßt sich durch lokale Betäubung (Lokalanästhesie) unterbrechen. Lokalanästhetika werden ungezielt in das Gewebe gespritzt (Infiltrationsanästhesie) oder direkt auf den Nerven injiziert (Leitungsanästhesie). Lokalanästhetika führen nicht nur zu Schmerzfreihheit (Analgesie), sondern im versorgten Gebiet auch zu einer Anästhesie (Aufhebung aller Sinnesqualitäten: Schmerz, Temperatur, Druck, Berührung, Juckreiz).

Eine Lokal- oder Leitungsanästhesie wirkt maximal einige Stunden. Im Handel befindliche Lokalanästhetika unterscheiden sich vorwiegend in ihrer Wirkungsstärke und Wirkungsdauer, die über Zusätze (z. B. Adrenalin, Öl) etwas modifiziert werden können.

Da für chirurgische Eingriffe bei vielen Tieren die notwendige Ruhigstellung nicht gewährleistet ist, hat die Lokal- und Leitungsanästhesie für chirurgische Eingriffe nur ein begrenztes Anwendungsspektrum. Zur postoperativen Schmerzbekämpfung sind regelmäßige Injektionen notwendig, was wiederum mit erheblichem Streß und lokaler Infektionsgefahr verbunden ist.

■ **Rückenmarkanästhesie**

Die herkömmliche Form der Rückenmarkanästhesie beinhaltet die Injektion eines Lokalanästhetikums in den Rückenmarkkanal, wo durchlaufende Nerven blockiert werden. Folge sind der Verlust der Sensibilität in den innervierten Körperteilen sowie eine Lähmung, wenn motorische Nerven vom Anästhetikum berührt werden (Hintergliedmaße). Der Vollständigkeit halber sei erwähnt, daß das Rückenmark ebenfalls Opiatrezeptoren besitzt und auch Morphine zur Schmerzbekämpfung injiziert werden können.

Bei kleineren Tieren (3–200 kg) wird das Lokalanästhetikum im Rücken-Becken-Bereich, bei Großtieren am Schweifansatz in den Rückenmarkkanal injiziert. Die Anästhesie beginnt in den hintersten Körperabschnitten. Wird mehr Anästhetikum injiziert, breitet sich die Anästhesie kopfwärts aus. Dabei werden, im Gebiet des zweiten Kreuzwirbels, auch die Nerven an den Muskeln der Hintergliedmaße blockiert. Das Tier verliert die Kontrolle über die Hintergliedmaße.

Grundsätzlich lassen sich alle chirurgischen Eingriffe in der Bauchhöhle, an der Hintergliedmaße, an den Genitalorganen und am Schwanz unter einer Rückenmarkanästhesie vornehmen. Viele Tierarten (z. B. Pferde, Katzen, Schweine, Wildtiere) reagieren aber auf die Lähmung der Hinterbeine mit Angst. Deshalb ist ein Tier zur Rückenmarkanästhesie fast immer stark medikamentös zu beruhigen oder gar zu anästhesieren (Ausnahme: Rind). Es fragt sich heute, ob eine Allgemeinanästhesie (Narkose) für das Tier nicht schonender und einfacher ist. Die Vornahme einer Rückenmarkanästhesie erfordert eine tierärztliche Ausbildung und eine genaue Kenntnis des zu injizierenden Volumens.

■ **Schmerzbekämpfung durch Beeinflussung des Zentralnervensystems**

Die Gehirnfunktion läßt sich mit pharmakologischen Stoffen in verschiedener Hinsicht modifizieren. Im Vordergrund steht hier die Bekämpfung von Schmerz.

1. Das Erlebnis „Schmerz" kann durch starke Analgetika, d. h. durch Morphin und seine chemisch verwandten Stoffe, verändert werden.
2. Durch Psychopharmaka werden der Bewegungsdrang und die Psyche verändert (Sedativa, Tranquilizer).
3. Durch Narkosemittel (Injektion oder Inhalation) werden die Gehirnfunktionen teilweise ausgeschaltet (Narkose).

Der Vollständigkeit halber sei erwähnt, daß in der modernen Anästhesiologie verschiedene Substanzen unterschiedlicher Wirkungsart miteinander kombiniert werden. Man erreicht dadurch eine mehr gezielte Wirkung (Schmerzfreiheit, Bewußtlosigkeit, Muskelentspannung) bei minimaler Belastung des Patienten.

Zu 1. *Veränderung des Erlebnisses „Schmerz" durch starke Analgetika*: Zentralwirkende, „starke" Schmerzmittel (Analgetika) sind natürlich vorkommende, schmerzstillende Medikamente vom Morphintyp, die aus Opium hergestellt werden, sowie halbsynthetische oder synthetische Präparate (z. B. Pethidin, Buprenorphin, Methadon, Fentanyl, aber auch Heroin oder Etorphin). Aufgrund des Angriffsortes an spezifischen Opiatrezeptoren ist das Wirkungsprofil sehr ähnlich, aber von Tierart zu Tierart und je nach Dosierung sehr unterschiedlich. Der Vollständigkeit halber sei erwähnt, daß das körpereigene Endorphinsystem zur Schmerzbekämpfung in Notsituationen (Flucht) ebenfalls diesem Wirkungsprinzip zugeordnet werden kann. Die beim Pferd zur Ruhigstellung verwendete Nasenbremse (Abb. 2) führt zur Auscheidung von Endorphinen und

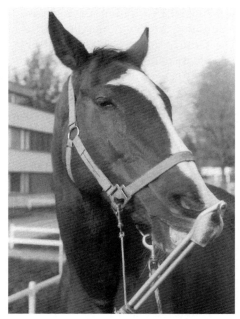

Abb. 2 Die Nasenbremse beim Pferd wirkt auf das körpereigene Schmerzabwehrsystem.

hat beruhigende sowie analgetische Wirkungen.

Starke Analgetika werden beim Tier in erster Linie zur Schmerzbekämpfung (intra- oder postoperativ) eingesetzt. Sie haben bei einigen Tierarten auch eine beruhigende Wirkung und führen zu Schlaf (analgetischer Dämmerschlaf beim Hund), während vergleichbare Dosen bei anderen Tieren eher eine Übererregbarkeit auslösen (Pferd, Rind, Katze). Morphine wirken bei Mensch und Tier suchterregend und unterstehen einer verschärften Rezeptpflicht. Opiate unterbrechen die Schmerzleitung nicht und haben keinen direkten Einfluß auf die Wundheilung nach chirurgischen Eingriffen. Sie werden deshalb auch mit Vorliebe in der postoperativen Phase eingesetzt.

Morphinartige Schmerzmittel entfalten ihre optimale Wirksamkeit nur, wenn sie in regelmäßigen Abständen injiziert werden. Dabei ist zu bedenken, daß die häufigen Injektionen eine Belastung der Tiere darstellen. So ist im Einzelfall abzuwägen, ob die vorhandene Schmerzsymptomatik diese Belastung überhaupt rechtfertigt.

Anstelle regelmäßiger Injektionen bietet sich, vor allem bei größeren Tieren, die Implantation eines Venenkatheters an, die eine Applikation von Schmerzmitteln ohne zusätzlichen Streß und Schmerz gewährleistet.

Starke Analgetika lassen sich im Prinzip auch über das Trinkwasser (z. B. Buprenorphin bei der Ratte) oder über das Futter (Buprenorphin in aromatisierter Gelatineform) verabreichen. Vor allem Laborratten lernen sehr schnell, den Schmerz selber zu kontrollieren. Bei oraler Verabfolgung ist aber zu bedenken, daß nur ungefähr 10 % der aufgenommenen Substanz analgetische Wirksamkeit bieten. Dies geschieht wegen der primären Elimination der Substanz in der Leber nach Aufnahme durch den Darmtrakt.

Zu 2. *Veränderung der Psyche und der Motorik durch Psychopharmaka:* Psychopharmaka sind Beruhigungsmittel (Sedativa, Tranquilizer), die die Reaktionslage eines Tieres verändern. Sie umfassen mehrere Stoffgruppen. Diese Substanzen haben im allgemeinen keine schmerzlindernde Wirkung, sondern führen über eine Beruhigung auch zu einer Verminderung der Schmerzantwort, d. h. zu einer Veränderung der Reaktionslage.

Vertreter dieser Gruppe spielen aber, wenn allein appliziert, bei der Unterdrückung von Angst und Streß eine wesentliche Rolle. In Kombination mit starken Analgetika oder mit Narkosemitteln vermögen sie deren Wirkung zu verstärken.

Zu 3. *Teilweise und zeitlich begrenzte*

Ausschaltung des Zentralnervensystems durch Injektions- oder Inhalationsanästhetika (Narkose): Diese Form der Schmerzbekämpfung gilt heute als Methode der Wahl für fast alle chirurgischen Eingriffe oder andere schmerzhafte Interventionen bei sämtlichen Tieren. Wenn sich auch Eingriffe unter Lokal-, Leitungs- oder Rückenmarkanästhesie im Prinzip schmerzfrei durchführen lassen, so ist die Bewegungslosigkeit eines Tieres noch nicht gewährleistet. Zu bedenken ist dabei, daß Angst und Streß durch die Fixation zu mehr Belastung führen können als ein kurzer und kleiner Eingriff selbst. Mit den heute zur Verfügung stehenden Methoden lassen sich bei allen Tieren Allgemeinanästhesien durchführen, wodurch die Indikation zur Lokalanästhesie ständig kleiner wird. Trotzdem: Ein gesunder Menschenverstand und entsprechende Fachkenntnis werden die Indikationen zur Allgemeinanästhesie eingrenzen. So ist z. B. das Enthornen von Rindern und Kälbern oder das Schwanzkürzen beim Lamm sicher unter einer Lokalanästhesie sinnvoller als die Durchführung einer Narkose. Andere Maßnahmen, wie Schwanzkupieren bei Welpen und Ferkeln, Einsetzen von Nasenringen beim Stier oder Schwein, rufen, wenn gekonnt durchgeführt, kaum einen erheblichen und andauernden Schmerz hervor. Jede Anästhesie, vor allem aber eine Allgemeinnarkose, birgt ein größeres Risiko und eine stärkere Belastung des Tieres in sich. Auch erfordert die Injektion einer Substanz in die Bauchhöhle bei der Ratte keine Allgemeinanästhesie, sondern ein gekonntes Handling. Demgegenüber sind Eingriffe, die mit erheblichem Streß oder Schmerz verbunden sind, sicher der Narkosepflicht zu unterstellen, auch wenn – aus praktischen oder anderen Gründen – chirurgische Eingriffe ohne jegliche Schmerzbekämpfung erlaubt sind und durchgeführt werden (z. B. Kastration von landwirtschaftlichen Nutztieren oder Enthornungen von Kälbern).

Die Allgemeinanästhesie (Narkose) läßt sich mit den heute zur Verfügung stehenden Stoffen und Methoden bei allen Tierarten mit einem vertretbaren Risiko durchführen. Die Gefahr bzw. die Anzahl tödlicher Zwischenfälle hängt ab
1. von der Ausbildung, Erfahrung und Gewissenhaftigkeit des Anästhesisten,
2. von der Wahl der geeigneten Methode.

Anästhesiemethoden

Eine Allgemeinanästhesie kann auf verschiedene Arten erreicht werden. Im Vordergrund stehen die klassischen Narkosemittel (Barbiturate zur Injektion oder Inhalationsanästhetika), die, analog zu einem „Einmannorchester", sämtliche für eine schmerzfreie Operation notwendigen Bedingungen (Bewegungslosigkeit, Bewußtlosigkeit, Schmerzfreiheit) schaffen. Diese Stoffe und Gase bieten aber nur begrenzte Sicherheit und führen, wenn überdosiert, zum Tod. Sie gelten deshalb auch als Mittel der Wahl zur Euthanasie.

Zunehmend wird heute versucht, ein operationstüchtiges Toleranzstadium durch Kombination von Mitteln verschiedener Wirkungsweise zu erreichen. So werden Tiere vorerst z. B. mit Beruhigungsmitteln (Neuroleptika und evtl. Analgetika) beruhigt, wobei dann, nach Wirkung, Schlafmittel oder Anästhetika verabfolgt werden. Man nutzt dabei das Phänomen aus, daß sich die Wirkungen der einzelnen Stoffe potenzieren und mehrere, relativ „harmlose" Mittel schlußendlich einen ideal anästhesierten Patienten präsentieren.

Als *Injektionsanästhetika* (Injektionsnarkose) verwendet man heute meistens folgende Stoffe:
Barbiturate,
Ketamin,
Steroide,
Hypnotica.
Als *Inhalationsanästhetika* werden verwendet:
Halothan,
Isofluran,
Ethran,
Methoxyfluran,
Äther,
CO_2-Gas.
Die Wahl der geeigneten Methode und Medikamente hängt ab von
– Tierart,
– Zustand des Individuums,
– Schwere des geplanten Eingriffs,
– gewünschter Narkosedauer,
– Versuchsziel (bei Labortieren),
– vorhandenen Einrichtungen,
– Erfahrung des Anästhesisten.
Daraus geht hervor, daß jede Ruhigstellung eines Tieres für schmerzhafte Eingriffe im Einzelfall geplant und durchgeführt werden muß. Gefordert ist dabei eine entsprechende Ausbildung in Veterinäranästhesiologie. Injektionsanästhesien eignen sich bei allen gesunden Tieren für Routineeingriffe, meist von kürzerer Dauer, die von der Pharmakokinetik der Medikamente, von den Eliminationsmechanismen, vom Zustand des Kreislaufs und von der Körpertemperatur beeinflußt wird. Infolge der großen tierartlichen und individuellen Unterschiede sind generell gültige und einfache Richtlinien in bezug auf einzelne Stoffe und ihre Dosierungen nicht möglich.

Bei der Inhalationsanästhesie wird das Narkosemittel in flüchtiger Form eingeatmet. In den Lungenalveolen tritt es dann, entsprechend dem Konzentra-

Abb. 3 Schematischer Aufbau eines Systems zur Dosierung von Narkosegas. Sauerstoffflasche, Reduzierventil/Manometer, Flowmeter, Halothanverdampfer, Zuführungsschlauch zu Narkosesystem oder zum Tier.

tionsgefälle, in das Blut über. Durch unterschiedliche Blutlöslichkeit der verschiedenen Inhalationsnarkotika ergeben sich Unterschiede in der Wirkung sowie in der Geschwindigkeit des Einschlafens und Aufwachens. So wirkt CO_2-Gas außerordentlich schnell und wird nur für ganz kurze und schmerzhafte Eingriffe bei kleinen Labortieren (Mäuse, Ratten) empfohlen. Demgegenüber stehen Äther und Methoxyfluran, die sehr langsam zur Narkose führen und als „sicherer" betrachtet werden. Halothan, Isofluran und Ethran gelten als Narkosegase mit schnellem Einschlafen und Aufwachen.

Inhalationsanästhetika sollten (mit Ausnahme von Äther und CO_2) immer über einen geeichten Verdampfer in Mischung mit Sauerstoff verabreicht werden. Moderne Inhalationsanästhetika müssen in bekannter und auch der Narkosetiefe angepaßten Konzentrationsform angeboten werden. Die dazu notwendige Apparatur ist schematisch in Abb. 3 festgehalten.

Abb. 4 Kammer zur Einleitung einer Inhalationsnarkose.

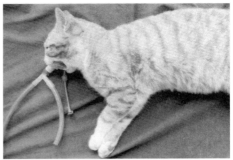

Abb. 5 Zur Inhalationsnarkose wird ein der Größe des Tieres angepaßtes Narkosesystem verwendet (z. B. Ayre's T-Stück bei der Katze).

Das Narkosegas wird dem Patienten entweder in einer Narkosekammer (Abb. 4) zugeleitet oder über ein für die Größe des Tieres geeignetes Narkosesystem (Pendelsystem, Kreisatemsystem, T-Stück usw.) appliziert (Abb. 5).

Der Patient atmet das Narkosegas entweder über eine Atemmaske (Abb. 6–8) oder besser über einen Tracheotubus ein (Abb. 9).

Die Vorteile einer Inhalationsnarkose sind:
1. bessere Steuerbarkeit der Narkosetiefe und der Dauer,
2. Sauerstoff als Trägergas führt zu einer optimalen Sauerstoffversorgung des Organismus,
3. körpereigene Eliminationsmechanismen (Leber, Niere) werden weniger oder nicht belastet, da das Narkotikum wieder über die Lungen abgeatmet wird.

Die Schmerzempfindung eines Tieres ist sicher weitgehend mit der des Menschen vergleichbar, wenn auch Unterschiede bestehen mögen. Schmerz kann in einigen Fällen zur Ruhigstellung eines Tieres und damit zur Verhinderung von Schäden notwendig sein. Lange andauernder und heftiger Schmerz ist aber sicher auch für das Tier belastend und erfordert Maßnahmen zur Verminderung. Im Zweifelsfall muß und soll

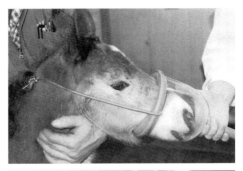

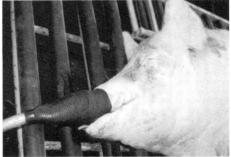

Abb. 6-8 Atemmaske bei Fohlen (Abb. 6), Schwein (Abb. 7) und Vogel (Abb. 8).

Abb. 9 Tracheotubus und Beatmung bei der Katze.

immer die menschliche Schmerzempfindung bei vergleichbarem Substrat herangezogen werden. Lieber einmal zuviel als zuwenig.

Literatur

Dietz, O., Schaetz, F., Schleiter, H., und Teuscher, R. (Hrsg.) (1988): Anästhesie und Operationen bei Groß- und Kleintieren. 4. Aufl. Enke Verlag, Stuttgart.

Flecknell, P. A. (1987): Laboratory Animal Anaesthesia. An introduction for research workers and technicians. Academic Press, Harcourt Brace Jovanovich Publishers.

Kitchell, R. L., and Erickson, H. H. (1983): Animal Pain. Perception and Alleviation. American Physiological Society, Bethesda, Maryland.

Schmidt-Oechtering, G., und Alef, M. (1993): Neue Aspekte der Veterinäranästhesie und Intensivtherapie. Blackwell, Hamburg.

Short, Ch. E., and Van Poznak, A. (1992): Animal Pain. Churchill Livingstone.

Short, Ch. E. (1987): Principles and Practice of Veterinary Anesthesia. Williams & Wilkins, Baltimore.

Tierversuche und Alternativmethoden

A. STEIGER UND F. P. GRUBER

Tierversuche im Meinungsstreit

Tierversuche bilden, neben der Nutztierhaltung und den internationalen Tiertransporten, den umstrittensten Bereich des Tierschutzes. Zahlreiche Organisationen des Tierschutzes und der Tierversuchsgegner sowie Einzelpersonen setzen sich seit Jahren in Publikationen, in den Medien, in Eingaben an Behörden, in Leserbriefen und mit öffentlichen Demonstrationen sowie an Tagungen für verschärfte Tierschutzbestimmungen bei Tierversuchen oder für die völlige Abschaffung der Tierversuche ein. Vertreter der Forschung an den Hochschulen und in der Industrie andererseits weisen auf die Notwendigkeit gewisser Tierversuche für den Fortschritt und die Gewinnung neuer Erkenntnisse in der Medizin und Biologie hin. Über das Ausmaß von tierschutzrechtlichen Regelungen, Einschränkungen und staatlicher Überwachung von Tierversuchen bestehen zwischen verschiedenen Vereinigungen des Tierschutzes und der Tierversuchsgegner, auch innerhalb der Organisationen, aber auch in Kreisen der Forschung wesentliche Differenzen. Meinungsumfragen geben ein Abbild über die Auffassungen in der Bevölkerung zum Problem der Tierversuche. Die Einstellung zu Tierversuchen in verschiedenen Bereichen zeigt dabei in der Regel ein sehr unterschiedliches Bild. Tierversuche im medizinischen Bereich werden von wesentlich weniger der Befragten abgelehnt als Tierversuche für die Entwicklung von Agrochemikalien, Haushaltprodukten und kosmetischen Produkten. Tierversuche im Rahmen der Grundlagenforschung sind besonders schwierig unmittelbar begründbar, da diese in der Regel mit einer medizinischen Anwendung für Mensch und Tier nicht direkt verknüpfbar sind. Von der Forschung wird dazu bemerkt, daß das Ziel der Grundlagenforschung auch darin liegt, grundlegende Mechanismen biologischer Abläufe im Organismus verstehen zu lernen. Aufgrund dieses Wissens könnten später neue Heilmethoden bzw. Medikamente entwickelt werden.

Einige Äußerungen bekannter Persönlichkeiten, Forscher und Publizisten sollen die Konflikte und die schwierige Lösung zwischen extremen Positionen charakterisieren:

„Diejenigen, die an Tieren Operationen oder Medikamente versuchen oder ihnen Krankheiten einimpfen, um mit den gewonnenen Resultaten Menschen Hilfe bringen zu können, dürfen sich nie allgemein dabei beruhigen, daß ihr grausames Tun wertvollen Zweck verfolge. In jedem einzelnen Falle müssen sie erwogen haben, ob wirklich Notwendigkeit vorliegt, einem Tiere dieses Opfer für die Menschheit aufzuerlegen. Und ängstlich müssen sie darum besorgt sein, das Weh, so viel sie nur können, zu mildern" (Albert Schweitzer, 1923).

„Solange der Tierversuch maßvoll bleibt und human, die Gesetze beachtet und die Kontrolle der Öffentlichkeit nicht scheut, werden wir mit ihm leben müssen, wenn wir leben wollen, wie wir nun einmal leben: genußsüchtig bis zur Krankhaftigkeit, der Bequemlichkeit hörig und skrupellos im Umgang mit der Natur" (Horst Stern, 1979).

„Es gibt nichts daran herumzudeuten: Viele Tierversuche in der Pharmaforschung sind eine schreckliche Angelegenheit. Nachdem ich die Stätten solcher Experimente und die Anlagen zur Aufzucht Tausender von Tieren monatelang immer wieder aufgesucht habe, werde ich die geschauten Bilder und die auf mich gerichteten Augen nicht wieder vergessen. Was da in unser aller Namen geschieht, ist ein böser Alptraum. Allerdings hat die Wirklichkeit, der ich begegnete, auffallend wenig mit den Schilderungen in erschütternden Anklageschriften zu tun. Die Greuelberichte gehen, wie ein sorgfältiger Vergleich bald einmal zeigt, zum größten Teil auf den an sich anerkennenswerten Bienenfleiß einzelner Autoren zurück. Diese aber haben nie die Schauplätze des Geschehens selbst besucht, sondern die Literatur nach Entsetzlichkeiten durchforstet – und einen beträchtlichen Teil ihrer Funde in ferner Vergangenheit gemacht" (Peter Ronner, 1984).

„Der Feststellung, daß zwar der Tierversuch an sich vertretbar ist, daß aber nicht alle Tierversuche wissenschaftlich und ethisch gerechtfertigt sind, stimmt heute die große Mehrzahl der Forscher zu. Wenn sich Befürworter und Gegner des Tierversuchs auf diese Formel einigen könnten, dann wäre die Diskussion auf eine Ebene verlegt, auf der nicht mehr das ideelle Prinzip – „Tierversuch ja oder nein" –, sondern jedes Forschungsvorhaben, ja jedes Experiment, einzeln betrachtet werden könnte. Als biomedizinische Wissenschaftler wären wir dann nicht mehr gehalten, die Vertretbarkeit „des Tierversuchs" im abstrakten Sinn zu begründen, sondern jede und jeder von uns wäre dann gehalten, diejenigen Experimente, die sie oder er für ethisch und wissenschaftlich zulässig hält, zu rechtfertigen," (Gerhard Zbinden, 1989).

Tierschutzgesetzgebungen zum Tierversuch

Der Bereich der Tierversuche wird in **Deutschland** im Tierschutzgesetz (Fassung der Bekanntmachung vom 17. Februar 1993) und in dazugehörigen Verordnungen, in **Österreich** im Tierversuchsgesetz (Fassung von 1988), in der **Schweiz** im Tierschutzgesetz (von 1978, revidiert 1991) und in der dazugehörigen Tierschutzverordnung und im Fürstentum **Liechtenstein** im Tierschutzgesetz (Fassung von 1988) und in der dazugehörigen Verordnung geregelt. Auf Detailangaben zu den umfassenden Regelungen wird hier verzichtet, weiteres findet sich in den Kapiteln „Die Tierschutzgesetzgebung Deutschlands"/„Die Tierschutzgesetzgebung Österreichs"/„Die Tierschutzgesetzgebung der Schweiz"/„Tierschutzregelungen im Fürstentum Liechtenstein". Liechtensteins Gesetzgebung verbietet grundsätzlich Tierversuche, die Regierung kann Ausnahmen zulassen.

Den gesetzlichen Tierversuchsregelungen in Deutschland, Österreich und der Schweiz ist gemeinsam, daß Versuche, die für das Tier mit Schmerzen, Leiden oder Schäden verbunden sind oder sein können, einer Genehmigungs- bzw. Bewilligungspflicht unterliegen, auf das unerläßliche Maß beschränkt werden müssen und eine **sorgfältige Interessenabwägung** zwischen Forschungsziel und Leiden des Tieres vorgenommen werden muß. Im Sinne der **Grundsätze der 3 R (reduce, refine, replace)** wird die Beschränkung der Tierzahl auf das notwendige Minimum, das Zufügen von geringstmöglichen Leiden und die Verwendung von Ersatzmethoden, wenn solche verfügbar sind, gefordert. Die Gesetzgebungen definieren ferner die zulässigen Versuchszwecke, die Anforderungen an das die Versuche leitende und durchführende Personal, an die Räume und Einrichtungen, an die Haltung, Betreuung und Pflege der Versuchstiere, an die Eignung der Methoden, an die Schmerzbekämpfung beim Versuchstier, an die Herkunft und Auswahl der Versuchstiere, an die Durchführung der Versuche und an die Protokollführung über die Versuche sowie die Überwachung der Versuche. Ferner werden beratende

Kommissionen für Tierversuche zur Beurteilung eingesetzt, in Deutschland zusätzlich **Tierschutzbeauftragte** in den Betrieben, während in der Schweiz zusätzlich ein Beschwerderecht des Bundes gegen Bewilligungsentscheide der kantonalen Behörden besteht.

Vom **Europarat** ist am 18. März 1986 das „Europäische Übereinkommen zum Schutz der für Versuche und andere wissenschaftliche Zwecke verwendeten Wirbeltiere" verabschiedet worden. Das Übereinkommen ist bisher von zahlreichen Staaten und von der EU unterzeichnet oder ratifiziert worden. Es enthält Bestimmungen über die Durchführung von Tierversuchen und die Versuchstierhaltung, namentlich über die Unterbringung und Pflege der Versuchstiere. Die Regelung der Einzelheiten des Bewilligungsverfahrens für Tierversuche bleibt den Vertragsstaaten überlassen. Hingegen ist eine europäische Statistik über die Zahl der verwendeten Tiere vorgesehen. Im Konflikt zwischen den Interessen des Menschen und jenen der Tiere geht die Konvention einen Mittelweg, sie sucht auch in bezug auf die Forderungen der verschiedenen bei der Ausarbeitung beteiligten Staaten den Kompromiß. Den Vertragsparteien steht es frei, auf nationaler Ebene strengere Regelungen zum Schutz der Tiere zu erlassen. Einen wesentlichen Grundsatz der Konvention bildet die Verpflichtung zur gegenseitigen Anerkennung von Resultaten aus Tierversuchen durch die Vertragsstaaten (vgl. Kapitel "Tierschutzregelungen des Europarates").

In der **EU** ist die Richtlinie des Rates vom 24. November 1986 zur Annäherung der Rechts- und Verwaltungsvorschriften der Mitgliedstaaten zum Schutz der für Versuche und andere wissenschaftliche Zwecke verwendeten Tiere maßgebend. Die Bestimmungen dieser Richtlinie entsprechen im wesentlichen jenen des obgenannten europäischen Übereinkommens (vgl. Kapitel „Tierschutzregelungen der Europäischen Union").

Freiwillige Regelungen über Tierversuche an Hochschulen und in der Industrie

Die Einschränkung von Tierversuchen auf das unbedingt erforderliche Ausmaß und deren Überwachung sind nicht allein Aufgabe der staatlichen Organe, sondern in erster Linie Pflicht der einzelnen Forschenden im Rahmen ihrer wissenschaftlichen und ethischen Verantwortung. Konrad Akert (1983) drückte sich wie folgt aus: „Zu weit gehende behördliche Vorschriften laufen allerdings Gefahr, das Verantwortungsgefühl des Forschers zu untergraben. Nach wie vor liegt die Verantwortung in der Hand derjenigen, welche den wissenschaftlichen Tierversuch planen und ausführen. Der Forscher selbst muß zuallererst mit sich selbst ins reine kommen. Diese Verantwortung kann und darf ihm auch von den staatlichen Aufsichtsorganen nicht abgenommen werden, die von jetzt an die Bewilligung für die Durchführung von Tierversuchen erteilen."

Sowohl in der chemisch-pharmazeutischen Industrie wie in zahlreichen Instituten an den Hochschulen sind auf freiwilliger Basis in vielen Fällen betriebsinterne Tierschutzbeauftragte (in Deutschland gesetzlich verlangt) und ethische Kommissionen für Tierversuche eingesetzt worden, welche geplante Tierversuche überprüfen, die Durchführung von Versuchen überwachen und die Kontakte mit den Behörden pflegen.

Aufgrund einer umfangreichen Analyse in der Basler chemisch-pharmazeutischen Industrie konnte Ronner (1984) die Wahrnehmung der Selbstverantwortung durch die Forschenden wie folgt anerkennen: „Um so erfreulicher ist die Tatsache, daß dennoch nicht wenige Forscher in Hochschulen und Industrie aus persönlicher Überzeugung und oft in engem Kontakt mit seriösen Tierschutzorganisationen unbeirrt weiter darum kämpfen, einen Tierversuch nach dem anderen entbehrlich oder zumindest weniger belastend zu machen. Im Mittelweg, den solche Kräfte suchen, liegt die größte Verheißung; denn er nimmt die Ansprüche leidender Menschen und mißbrauchter Tiere gleichermaßen ernst und kann die moralische Schuld, die untrennbar mit den Experimenten verknüpft ist, zielstrebig verringern."

Zbinden (1983) faßt die Grundsätze für die Forschenden, wie sie sinngemäß auch in den verschiedenen Gesetzgebungen festgelegt sind, wie folgt kurz zusammen: „In seiner ganzen Tätigkeit soll der Forscher die Prinzipien der "quantitativen Ethik" beachten. Dies bedeutet, daß er die Zahl seiner Versuche an Laboratoriumstieren und Menschen auf das unumgängliche Minimum beschränkt, die Tierzahl pro Experiment so klein wie möglich hält, wenn immer machbar Versuche mit höheren Tieren durch solche mit niedrigeren Tierarten ersetzt und die mit dem Versuch verbundenen Schmerz- und Angstzustände soweit als möglich vermeidet."

Die **Schweizerische Akademie der Medizinischen Wissenschaften (SAMW) und die Schweizerische Akademie für Naturwissenschaften (SANW**, früher Schweizerische Naturforschende Gesellschaft) haben 1983 gemeinsam „**Ethische Grundsätze und Richtlinien für wissenschaftliche Tierversuche**" ausgearbeitet und für alle in der Schweiz tätigen Wissenschaftler und deren Mitarbeiter für verbindlich erklärt. Die Richtlinien wurden 1995 revidiert. Die Grundsätze und Richtlinien umfassen die Kapitel Rechtliche Grundlagen, ethische Grundlagen, ethische Anforderungen an die Zulässigkeit von Tierversuchen, ethische Anforderungen an die Durchführung von Tierversuchen, Verantwortlichkeiten. Als Auszug wurden durch die SAMW/SANW die folgenden zehn wichtigsten Grundregeln separat herausgegeben:

1. Der ethische Grundsatz der Ehrfurcht vor dem Leben von Mensch und Tier gebietet insbesondere, Tierversuche soweit als möglich einzuschränken, ohne aber dem Menschen die Erfüllung seiner eigenen Schutzansprüche vorzuenthalten.

2. Der ethische Grundsatz der Ehrfurcht vor dem Leben führt zur Forderung, mit einer möglichst geringen Zahl von Versuchen und Tieren und möglichst geringem Leiden der letzteren den größtmöglichen Erkenntnisgewinn zu erzielen.

3. Versuche, die dem Tier schwere Leiden verursachen, müssen vermieden werden, indem durch Änderung der zu prüfenden Aussage andere Erfolgskriterien gewählt werden oder indem auf den erhofften Erkenntnisgewinn verzichtet wird.

4. Die Forderung nach Begründung durch überwiegende Werte auferlegt den Wissenschaftern die Pflicht, Notwendigkeit und Angemessenheit jedes Tierversuchs nachzuweisen. Tierversuche sind ethisch nicht zulässig, wenn es für die Gewinnung der angestrebten Erkenntnisse genügend aussagekräftige Alternativen gibt. Tierversuche, die bereits fachgerecht durchgeführt wurden, dürfen nicht ohne ausreichende Begründung wiederholt werden.

5. Je schwerer das dem Tier durch den Versuch zugemutete Leiden ist, desto schärfer stellt sich die Frage nach der Verantwortbarkeit eines Versuchs.
6. Versuche, welche Schmerzen verursachen können, müssen in allgemeiner oder lokaler Betäubung vorgenommen werden, wenn der Zweck des Versuchs diese nicht ausschließt.
7. Sind Schmerz, Leiden oder Angst unvermeidbare Begleiterscheinungen eines Versuchs, müssen durch alle möglichen Maßnahmen deren Dauer und Intensität auf das unerläßliche Maß beschränkt werden. Das Tier muß seinen Empfindungen Ausdruck geben und, wenn immer möglich, schmerzhafte Reize durch Ausweichen vermeiden können; deshalb ist die Verwendung von lähmenden Substanzen ohne Narkose nicht erlaubt.
8. Zum Mittel andauernder körperlicher Einengung darf nur gegriffen werden, wenn andere Verfahren erwogen und als untauglich befunden worden sind. Alle Mittel zur Linderung des Angstzustandes, insbesondere die sorgfältige und schonende Gewöhnung an die Versuchsbedingungen, sind einzusetzen.
9. Bei allen Versuchen, die chronisches Leiden zur Folge haben oder wiederholte Eingriffe nötig machen, sind alle möglichen Maßnahmen zur Linderung des Leidens und zur Dämpfung der Angst zu ergreifen. Von besonderer Bedeutung ist hier eine sorgfältige Gewöhnung an die Versuchsbedingungen und eine fachgerechte Betreuung der Tiere vor, während und nach dem Versuch.
10. Allen an Tierversuchen beteiligten Personen obliegt die Pflicht, für Wohlergehen und kleinstmögliches Leiden des Versuchstieres besorgt zu sein.

Eine Präzisierung des unter der Ziffer 3 geforderten Verzichts auf Erkenntnisgewinn hat in freiwilliger Selbstbeschränkung die Arbeitsgruppe für Tierschutzfragen an den Zürcher Hochschulen geleistet. Sie veröffentlichte eine Liste von an den Zürcher Hochschulen nicht mehr erlaubten Eingriffen an Tieren, weil man in intensiver Diskussion, auch mit Vertretern von Tierschutzorganisationen, zu dem Schluß kam, daß es keine noch so wichtigen wissenschaftlichen Erkenntnisse geben könne, die solche Versuche rechtfertigen würden. Diese Liste soll jährlich aktualisiert werden (Arbeitsgruppe für Tierschutzfragen, 1997).

Der **Arbeitskreis universitärer und industrieller Forschungsinstitute in Österreich** (1987), die sich mit Tierversuchen beschäftigen, hat im März 1987 in ähnlicher Weise, wie in der Schweiz geschehen, **„Ethische Richtlinien für Tierversuche"** erstellt und in seinem Bereich als gültig anerkannt (Losert, 1992):

1. Präambel

Alle an der Durchführung von Tierversuchen beteiligten Personen und Institutionen verpflichten sich in Übereinstimmung mit den von der Weltgesundheitsorganisation (WHO) veröffentlichten Empfehlungen, die Bestimmungen des österreichischen Tierversuchsgesetzes 1988, das Tierschutzgesetz des entsprechenden Bundeslandes und die nachstehenden Richtlinien einzuhalten. Des weiteren sind die sonstigen gesetzlichen Vorschriften, wie z.B. über Ankauf, Handel, Transport und Import von Tieren, sowie die internationalen Bestimmungen zum Artenschutz zu befolgen. Jeder Leiter von tierexperimentellen Arbeitsgruppen ist verantwortlich, daß diese Bestimmungen in seinem Einflußbereich eingehalten werden.

2. Ethische Aspekte

2.1 Der ethische Grundsatz „Ehrfurcht vor dem Leben" umfaßt generell alles Leben und gebietet dem Menschen im besonderen Maße die Obsorge, Pflege und den Schutz von Tieren, die in seinen Lebensbereich einbezogen sind.

2.2 Die Nutzung tierischen Lebens für oder durch den Menschen erfordert eine ethische Auseinandersetzung mit dem Grundsatz der Ehrfurcht vor dem Leben und kann nur durch eine verantwortungsvolle Abwägung dieser beiden Werte gelöst werden.

2.3 Eine Form der Nutzung tierischen Lebens stellen Untersuchungen an Tieren – Tierversuche – zur Aufklärung biologischer Vorgänge und deren Beeinflussung dar. Die gewonnenen Erkenntnisse dienen dem Schutz und der Sicherung sowohl menschlichen als auch tierischen Lebens, ermöglichen eine Vorbeugung und Verhütung von Krankheiten sowie Heilung bzw. Minderung von Leiden und tragen zur Wahrung und Verbesserung der Umwelt bei.

2.4 Die Bewahrung und der Schutz menschlichen Lebens sind eine Verpflichtung, die auch notwendige Tierversuche der Grundlagenforschung und der angewandten Forschung einschließt.

3. Zulässigkeit von Tierversuchen

3.1 Jeder Wissenschaftler hat die Pflicht, Notwendigkeit und Angemessenheit des von ihm geplanten Tierversuchs selbst zu prüfen und gegen die Belastung des Versuchstieres abzuwägen.

3.2 Versuche an Tieren müssen den Grundsätzen der naturwissenschaftlichen Forschung entsprechen, die zu prüfende Annahme und das gewählte Verfahren müssen sinnvoll sein, wobei der jeweils neueste Stand der Wissenschaft zu berücksichtigen ist.

3.3 Ein Tierversuch ist unzulässig, wenn es für die Gewinnung der angestrebten Erkenntnisse eine aussagekräftige und anerkannte Ersatzmethode gibt. Fachgerecht durchgeführte Tierversuche dürfen nur bei ausreichender Begründung wiederholt werden. Kontrollversuche zur Erhebung von Standardwerten sind zulässig, wenn sie zur Beurteilung des Versuchsergebnisses erforderlich sind.

4. Durchführung von Tierversuchen

4.1 Die Ehrfurcht vor dem Leben gebietet es, den größtmöglichen Erkenntnisgewinn unter der geringsten Belastung der Versuchstiere und der kleinsten Anzahl von Versuchstieren zu erzielen. Diese Forderung bedingt eine exakte Planung, Vorbereitung sowie fachkundige Durchführung. Alle an Tierversuchen beteiligten Personen sind verpflichtet, in verantwortlicher Weise für das Wohlergehen und eine möglichst geringe Belastung des Versuchstieres zu sorgen. Mit der Durchführung von Tierversuchen und der Pflege von Versuchstieren dürfen nur Mitarbeiter mit entsprechender fachlicher Kompetenz betraut werden.

4.2 Die Versuchstiere sind ihrer Art entsprechend fachgerecht zu halten, zu versorgen und sorgfältig an die Versuchsbedingungen zu gewöhnen.

4.3 Das Versuchstier muß seinen Empfindungen Ausdruck geben können, da nur so eine Belastung beurteilbar ist und entsprechende Gegenmaßnahmen getroffen werden können. Eine versuchsbedingte Immobilisation ist nur dann vertretbar, wenn kein anderes Verfahren zur Verfügung steht.

4.4 Eingriffe oder Manipulationen an Versuchstieren, die mit Schmerzen verbunden sind, müssen, sofern es der Versuchszweck nicht ausschließt, in allgemeiner oder lokaler Betäubung vorgenommen werden. Unvermeidbare Schmerzen, Leiden oder Angst sind in ihrer Dauer und Intensität auf das unerläßliche Ausmaß zu beschränken. Versuche, die eine dauernde Beeinträchtigung zur Folge haben oder wiederholte Eingriffe und Manipulationen erfordern, unterliegen einer besonderen Sorgfaltspflicht durch die beteiligten Personen. Treten im Rahmen von Tierexperimenten gravierende Beeinträchtigungen auf, die eine dem Versuchszweck entsprechende exakte Aussage oder Verwertbarkeit nicht erwarten lassen, sind diese Tiere unverzüglich schmerzlos zu töten.

4.5 Der Erwerb von Tieren für Versuchszwecke muß eindeutig belegbar und kontrollierbar sein. Tiere unbekannter Herkunft dürfen nicht verwendet werden.

5. Pflichten und Verantwortung

5.1 Grundsätzlich tragen alle an der Durchführung von Tierversuchen beteiligten Personen im Rahmen ihrer Tätigkeit ethische und wissenschaftliche Verantwortung. Der Leiter des Tierversuchs trägt überdies für die Notwendigkeit, die Planung und die Durchführung von Tierversuchen die rechtliche Verantwortung.

5.2 Dem Wissenschaftler obliegt die Pflicht, zur Vermeidung unnötiger Tierversuche den internationalen Wissensstand zu berücksichtigen sowie nach Möglichkeit und Erfordernis den Erfahrungsaustausch und die wissenschaftliche Zusammenarbeit zu pflegen. Er hat weiters die Aufgabe, die Aussagekraft und Anwendbarkeit von Tierversuchsmodellen stets kritisch zu überprüfen und dem anerkannten wissenschaftlichen Kenntnisstand anzupassen.

5.3 Die Wissenschaftler sind angehalten, unter Ausnützung von Erkenntnissen der Verhaltensforschung und Versuchstierkunde sowie neuer Methoden der Meß- und Labortechnik die Versuchsmodelle so weiterzuentwickeln, daß die Belastung der Versuchstiere auf ein Minimum herabgesetzt werden kann. Darüber hinaus ist es die Aufgabe des Wissenschaftlers, Methoden zu entwickeln, die eine Verringerung der Anzahl der Versuchstiere ermöglichen oder Tierversuche entbehrlich machen (Ersatzmethoden).

5.4 Die Wissenschaftler haben die Pflicht, die Tauglichkeit von Tierversuchen im Rahmen von rechtlichen Vorschriften, die dem Schutz von Mensch, Tier und Umwelt vor Gefahren dienen, einer stetigen kritischen Prüfung zu unterziehen und sich gegebenenfalls für eine Änderung dieser Vorschriften einzusetzen.

Bei den großen deutschen Wissenschaftsgesellschaften (Max-Planck-Gesellschaft, Deutsche Forschungsgemeinschaft) sind bisher noch keine Ansätze zu einer freiwilligen Selbstbeschränkung über die gesetzlichen Einschränkungen hinaus zu registrieren. Es wird vielmehr bedauert, daß die gesetzlichen Bestimmungen Tierversuche behindern (DFG, 1996).

Auswirkungen von Tierschutzmaßnahmen

Tierschutzgesetzgebungen, Maßnahmen der Forschenden, Druck von Tierschutzorganisationen und der Öffentlichkeit,

Fortschritte in der Versuchstierzucht sowie der Forschung über Alternativmethoden zu Tierversuchen und weitere Faktoren haben zu zahlreichen bemerkenswerten Verbesserungen bei der Planung und Durchführung von Tierversuchen geführt. Es seien stichwortartig folgende aufgeführt:
- Einführung von Genehmigungs- bzw. Bewilligungsverfahren für Tierversuche und damit verbundene Prüfung der Tierversuche vor der Durchführung und Beaufsichtigung bei der Durchführung.
- Verbesserungen in Versuchstierhaltungen, namentlich durch Vergrößerung des Raumangebots für die Tiere oder durch bessere Strukturierung der Gehege (speziell in Affen- und Hundehaltungen, aber auch in der Labornagerhaltung, teilweise vermehrte Auslauf-, Bewegungs- und Spielmöglichkeiten).
- Anpassung von Registrierungsvorschriften für Medikamente und andere Stoffe unter dem Gesichtspunkt des Tierschutzes, sowohl auf nationaler Ebene wie international (OECD, Pharmakopöe).
- Rückgang der Anzahl eingesetzter Tiere (vgl. Abschnitt „Umfang von Tierversuchen").
- Einführung von Alternativmethoden zu Tierversuchen im Sinn der 3R-Grundsätze in verschiedenen Bereichen (s. S. 723ff.).
- Verbesserung der Ausbildung des Tierpflegepersonals und des Tierversuche leitenden und durchführenden Personals.
- Wandlung der Einstellung vieler Forschenden zum Tierversuch aufgrund der Diskussionen um Tierschutzfragen in der Öffentlichkeit und in der Forschung und vermehrte Beachtung der Aspekte des Tierschutzes bei der Planung und Durchführung von Versuchen.
- Intensivierung der Forschung nach Alternativmethoden zum Tierversuch.
- Aufbau von Dokumentationsstellen für Tierversuche und Alternativmethoden an verschiedenen Orten.
- Durchführung von zahlreichen Kongressen und Tagungen über Tierversuche und Alternativmethoden im nationalen und internationalen Rahmen.

Die gemeinsamen Anstrengungen von Behörden, Wissenschaftlern und Tierschützern zeigen in der Praxis positive Wirkungen. Allerdings sind noch weiterhin große Anstrengungen aller Beteiligten nötig, um Mängel bei der Durchführung von Tierversuchen und bei der Durchsetzung der Tierschutzgrundsätze zu beheben sowie Alternativmethoden schneller zur Anerkennung zu verhelfen.

Die staatliche Kontrolle der Tierversuche im Rahmen der Tierschutzgesetzgebungen entbindet die einzelnen Forschenden, die Versuche planen, durchführen, leiten oder anordnen, nicht von der Selbstverantwortung beim Versuch. Alle an Tierversuchen Beteiligten (Forschungsleiter, Versuchsleiter, technisches Personal, Tierpfleger) können in ihrem Kompetenz- bzw. Arbeitsbereich Wesentliches zur Verbesserung des Tierschutzes bei Tierversuchen beitragen, dies insbesondere durch sorgfältige Planung und fachgerechte Durchführung der Versuche, durch einwandfreie Haltung, Betreuung und Behandlung der Versuchstiere und durch Transparenz gegenüber der Öffentlichkeit.

Umfang von Tierversuchen

Auskunft über den Umfang und die Zielsetzungen von Tierversuchen geben die Statistiken für Deutschland (BMELF 1997) und der Schweiz (Bundesamt für Veterinärwesen 1997), für Österreich waren solche bei Drucklegung des Buches nicht verfügbar.

In **Deutschland** ist die Verwendung von Versuchstieren seit 1989, dem Beginn der amtlichen Datenerhebung, rückläufig. 1995 wurden insgesamt 1,643 Millionen Versuchstiere eingesetzt, 116 000 Tiere weniger als 1994, dies entspricht einem Rückgang um 6,6%. Im Vergleich zu 1991, dem ersten gemeinsamen vollständigen Zeitraum einer Statistik für die alten und neuen Bundesländer, konnte die Zahl der benötigten Versuchstiere um ca. eine dreiviertel Million (etwa 30%) reduziert werden. Bei den am stärksten vertretenen Tiergruppen handelt es sich, wie in den Vorjahren, auch 1995 um Ratten, Mäuse, Meerschweinchen und andere Nager (81,8% der Gesamtsumme) und um Fische (7,9%) und Vögel (5,5%). Hunde und Katzen wurden vergleichsweise selten eingesetzt (0,39%). Die Anzahl der 1995 verwendeten Primaten betrug 1 488 Tiere. Zu den Menschenaffen zählende Arten wurden in Deutschland letztmals 1991 verwendet. Die Entwicklung der Versuchstierzahlen seit 1991 zeigt, daß nicht alle Tiergruppen von der rückläufigen Tendenz betroffen sind. Zunehmende Zahlen sind zu verzeichnen bei den Vögeln und bei weniger häufig für Versuchszwecke verwendeten Arten, zum Beispiel aus dem Bereich der landwirtschaftlichen Nutztiere.

Die Aufschlüsselung der jährlich benötigten Tiere in einzelne Hauptanwendungsbereiche zeigt, daß 1995 wie in den Vorjahren etwa die Hälfte aller Versuchstiere zur Entwicklung oder Prüfung von Arzneimitteln eingesetzt wurde (846 000 Tiere, 51,5%). Hier ist seit 1989 ein kontinuierlicher Rückgang festzustellen, im Vergleich zu 1994 beträgt er 8,6%. Die Grundlagenforschung hatte 1995 einen Bedarf von 312 000 Versuchstieren (18,9%). In diesem Bereich läßt die Statistik der letzten Jahre keine Tendenz zur Abnahme erkennen. Für gesetzlich erforderliche Prüfungen für die Zulassung von Stoffen oder Produkten oder für Prüfungen zur Erkennung von Umweltgefährdungen wurden 1995 604 000 (36,7%) bzw. 102 000 (6,2%) Versuchstiere verwendet. Zur Erforschung oder Erprobung von Methoden zur Diagnostik, Prophylaxe oder Therapie wurden 250 000 (30,4%) Tiere eingesetzt.

In der **Schweiz** wies die Jahresstatistik 1995 über bewilligungspflichtige Tierversuche zum zwölften Mal in Folge eine Abnahme aus: 621 182 Tiere gegenüber 724 158 im Jahr 1994. Das bedeutet eine Verminderung um 14,2% gegenüber 1994 und um 68,8% gegenüber 1983, dem ersten Jahr der gesamtschweizerischen Erfassung. Von der Gesamtzahl der in bewilligungspflichtigen Tierversuchen verwendeten Tiere waren 94% Kleinnager wie Mäuse, Ratten, Hamster und Meerschweinchen. Für einzelne Untersuchungen wurden neben Fischen und Kaninchen verschiedene Haustierarten, Primaten, Geflügel sowie Amphibien eingesetzt. In gemäß schweizerischer Gesetzgebung nichtbewilligungspflichtigen, d.h. nicht belastenden Tierversuchen wurden 1995 insgesamt 119 184 Tiere eingesetzt. Diese Gruppe von Versuchen umfaßt größtenteils das Töten von Tieren zur Organ- und Gewebeentnahme.

Für Untersuchungen im Bereich der Grundlagenforschung wurden 124 490 Tiere (20%) verwendet. Im Bereich Entdeckung, Entwicklung und Qualitätskontrolle von Arzneimitteln wurden 392 500 Tiere (63%) gebraucht. In Unbedenklichkeitsprüfungen für Pharmazeutika, Chemikalien und andere Erzeugnisse wurden 92 300 Tiere (14%) eingesetzt. Minimale Anteile entfallen auf die Kategorien Diagnostika und Lehre (1,6 und 0,3%).

Als **Gründe für die Abnahme des Versuchstierbedarfs** können folgende genannt werden (Rossbach, 1983; Thomann, 1984; BMELW 1997, Bundesamt für Veterinärwesen, 1997):
- Konzentrierung der Forschung.
- Bereitstellung besserer Versuchstiere (optimale Gesundheitsüberwachung, Zucht von Versuchstierstämmen mit bestimmten Eigenschaften, Aufbau von speziellen Versuchstierzuchten).
- Zunehmende Anwendung und Verbesserung biometrischer Methoden.
- Änderungen der Forschungsmethoden in den ersten Untersuchungsphasen neuer Substanzen, indem einzelne Substanzen nur noch in streng ausgewählten Experimenten geprüft werden, nachdem zuvor u.a. mittels Computerverfahren und Zellkulturmethoden die möglichen Wirkungsbereiche eingegrenzt wurden.
- Medizinisch-technisch-instrumentelle Fortschritte, die es erlauben, mit geringsten Mengen von Körperflüssigkeiten wie Blut, Urin usw. Analysen durchzuführen.
- Finanzielle Gründe, weil Zucht und Haltung von Versuchstieren hohe Kosten verursachen.
- Verstärktes Verantwortungsbewußtsein vieler Forscher gegenüber dem Versuchstier, dadurch sorgfältigere Planung und Durchführung von Versuchen und u. U. auch Verzicht auf Versuche.
- Fortschreitende Entwicklung und Anwendung von Ersatzmethoden für Tierversuche (Zell-, Gewebe-, Organkulturen, Verwenden isolierter Organe, Einsatz niedrigerer Organismen, Verwendung des Computers).
- Wirkung der Tierschutzgesetzgebungen, sei es direkt über die Genehmigungs- bzw. Bewilligungsverfahren oder indirekt über die Sensibilisierung der Forschenden für Tierschutzfragen, dies auch als Folge der Diskussionen in der Öffentlichkeit über die Probleme des Tierschutzes bei Tierversuchen.

Eine Abschätzung, welche der aufgeführten oder allenfalls weiteren Faktoren in welchem Ausmaß zum Rückgang der Tierversuche beigetragen haben, ist kaum möglich. Es wären hier wohl auch die Unterschiede zwischen Industrie und Hochschulen festzustellen. Zweifellos wäre es vermessen, den Rückgang der Versuchstierzahlen seit den achtziger Jahren einseitig den Tierschutzgesetzgebungen zuzuschreiben. Es kann aber auch mit gutem Grund angenommen werden, daß der Vollzug der Gesetze und die vielen damit zusammenhängenden Diskussionen um Tierversuche wesentlich bei der Reduktion und Verbesserung von Versuchen mitgewirkt haben. Die Zahl der benötigten Versuchstiere und die Tierversuche dürften in den kommenden Jahren tendenziell weiter abnehmen, allerdings kaum im gleichen Maß wie bisher, da die Forschung an Hochschulen und in der Industrie zumindest in Teilbereichen auch zunehmen wird. Umgekehrt ist längerfristig auch von einem zunehmenden Einsatz von Alternativmethoden zu Tierversuchen eine weitere Entlastung zu erwarten. Zahlenmäßig nicht so leicht erfaßbar wie die Versuchstierzahlen sind auch die vielen Verbesserungen bei Tierversuchen durch schonendere Eingriffe, verbesserte Tierhaltungen usw.

Die schweizerische Tierversuchsstatistik 1995 wies erstmals Angaben zur Belastung der Tiere in Tierversuchen aus (Bundesamt für Veterinärwesen, 1997). 65,3% der Tiere erlitten keine oder geringe Belastungen, 26,2% mittlere und 8,5%

schwere Belastungen. Die schwerbelastenden Versuche umfaßten Letalversuche sowie Krankheitsmodelle mit schwerwiegenden Symptomen. Der größte Teil davon diente der Qualitätssicherung biologischer Produkte (vor allem Vakzinen) sowie der Entwicklung und Prüfung neuer Substanzen mit folgenden Wirkungen: antimikrobiell, antiinflammatorisch, antikonvulsiv sowie neuroprotektiv bei Durchblutungsstörungen. Betroffen waren 94% Kleinnager und 5% Fische. Die Versuche in der Grundlagenforschung erwiesen sich als eher weniger belastend als jene zur Entwicklung und Prüfung neuer Arzneimittel.

Alternativmethoden zum Tierversuch

Über Alternativmethoden zu Tierversuchen gibt es bereits eine sehr umfangreiche Literatur, die hier nur unvollständig wiedergegeben werden kann. Einführungen, zusammenfassende Darstellungen und weiterführende Literatur finden sich in den Büchern bzw. Tagungsberichten von Smyth (1982), Lembeck (1988), Schuppan und Hardegg (1988), Hendriksen und Koeter (1991), Schöffl, Spielmann und Tritthart (1992, 1993, 1995, 1997), Hardegg, Livaditis und Vogt (1993), Reinhardt (1994) sowie Gruber und Spielmann (1996a).

Vertreter der Wissenschaft wie der Behörden, der Politik, des Tierschutzes und der Gesellschaft haben die Pflicht, an der Verminderung von Tierversuchen zu arbeiten. Ethische Überlegungen haben bei der Neufassung vieler nationaler und internationaler Gesetzgebungen zu diesen rechtlichen Vorgaben geführt. Der früher einzig gültige totale Anthropozentrismus wurde in der humanitären Ethik des Abendlandes bereits im 19. Jahrhundert durch einen gemäßigten Anthropozentrismus ersetzt. Die Entwicklung ging weiter. Albert Schweitzer hat die „Ehrfurcht vor dem Leben" als Konzept begründet, der Begriff der Mitgeschöpflichkeit wurde eingeführt. Die Begriffe sind zum großen Teil bereits in westeuropäischen Tierschutzgesetzgebungen verankert. Das deutsche Tierschutzgesetz spricht vom „Tier als Mitgeschöpf", in der schweizerischen Bundesverfassung ist die „Würde der Kreatur" geschützt. Aus diesen Gründen ist auch die Pflicht, Alternativmethoden zu Tierexperimenten anzuwenden und zu entwickeln, in der deutschen, schweizerischen, österreichischen und in der europäischen Gesetzgebung (Europarat, EU) verankert. Bei der Entscheidung, ob Tierversuche unerläßlich sind, ist insbesondere der Stand der wissenschaftlichen Erkenntnisse zugrunde zu legen und zu prüfen, ob der verfolgte Zweck nicht durch andere Methoden oder Verfahren erreicht werden kann.

„Alternativmethoden im engeren Sinn sind Versuchsanordnungen, bei denen der lebende Organismus durch schmerzfreie Materie ersetzt wird, ohne daß die Aussagekraft des Experiments geschmälert wird. Im weiteren Sinn gelten als Alternativmethoden auch Versuchsanordnungen, welche die Zahl und die Belastung der Versuchstiere reduzieren oder auf eine niedrigere Tierart ausweichen. Dazu zählen Versuche an isolierten Organen, Organ-, Gewebe- und Zellkulturen, chemische, biochemische, molekularbiologische, mikrobiologische und immunologische Methoden sowie Meßtechniken ohne operativen Eingriff (wie Ultraschall) und schließlich Forschungsuntersuchungen am Menschen" (Arbeitskreis Gesundheit und Forschung,

1985). Das Ziel von Alternativmethoden wird häufig durch die einprägsame **Kurzformel 3 R** umschrieben (**reduce, refine, replace**), d.h. Vermindern der Zahl der Tiere im Versuch, Verbessern der Methoden zur Entlastung der Tiere im Versuch und Vermeiden des Tierversuchs durch Anwendung einer anderen Methode (Russell und Burch, 1959). Es sind aber neben dieser Systematik auch andere Einteilungen von Alternativmethoden möglich (Gruber et al., 1996).

Die Verbreitung von Alternativmethoden war lange Jahre nicht sehr effektiv. An vielen Stellen wurden solche Verfahren entwickelt, aber sie waren oft nicht einmal im eigenen Land bekannt. Es ist sehr wesentlich, daß die in Forschungsarbeiten gefundenen Resultate auch **Eingang in die Praxis** finden. Dazu gehörten teilweise noch die Validierung, d.h. die Bewertung der wissenschaftlichen Qualität einer Methode, und die Evaluierung, d.h. die Bewertung des praktischen Nutzens, ferner die Verbreitung der Ergebnisse in geeigneten Publikationen, welche den Forschenden auf dem betreffenden Fachgebiet zugänglich sind, schließlich aber auch von Versuchsleitenden das aktive Suchen nach Alternativmethoden auf ihrem eigenen Fachgebiet.

Im Herbst 1996 fand der zweite Weltkongreß über Alternativmethoden in Urecht statt. In 392 Vorträgen und Postern wurden die neuesten Entwicklungen vorgestellt. Die englische Zeitschrift ATLA, das weltweit wohl wichtigste Organ zur Verbreitung von Alternativmethoden, hat die Zusammenfassungen dieser Vorträge publiziert (ATLA, 1996). Im deutschsprachigen Raum ist es die Zeitschrift ALTEX, die sich bemüht, ihre Leser auf dem aktuellen Stand zu halten. Im deutschsprachigen Raum sind es vor allem die jährlichen Tagungen über Alternativmethoden in Linz, die gleichzeitig auch die Jahrestagungen der MEGAT sind, der Mitteleuropäischen Gesellschaft für Alternativmethoden zu Tierversuchen. Die MEGAT ist ein Zusammenschluß von Wissenschaftlern aus Universitäten, Industrie und Behörden sowie von Privatpersonen und Institutionen, die an Alternativmethoden zu Tierversuchen am wissenschaftlichen Tierschutz im Sinne des 3R-Konzeptes interessiert sind. Sie ist in Mitteleuropa grenzübergreifend bestrebt, den unterschiedlichen Interessengruppen ein Forum für den offenen Gedankenaustausch über alle Aspekte des modernen Tierschutzes zu bieten (MEGAT, 1994).

Ohne gezielte **Forschungsförderung** wären die Weiterentwicklung und Umsetzung von Alternativmethoden kaum denkbar. Während es in den USA und in England jedoch hauptsächlich private Stiftungen sind, die für diesen Zweck Mittel zur Verfügung stellen, ist es ein Charakteristikum der deutschsprachigen Länder, daß zum Teil sehr beachtliche staatliche Mittel in diese Forschungsrichtung fließen. Eine Übersicht der zur Zeit in Deutschland, Österreich und der Schweiz geförderten Forschungsvorhaben auf dem Gebiet der Alternativmethoden ist in einer Liste von Forschungsvorhaben (1997) zu finden. Zusammen rund 8 Millionen DM werden in diesen drei Ländern jährlich für diese Art der Forschungsförderung ausgegeben. Eine im ersten Moment beeindruckende Zahl, die jedoch relativiert wird durch die Mittel, die für die Forschung mit Versuchstieren ausgegeben werden. Diese dürften in diesen drei Ländern zusammen etwa 200 Millionen DM pro Jahr ausmachen.

Bei der nun folgenden Beschreibung einiger ausgewählter Gebiete aus der Alternativmethoden-Forschung kann kein Anspruch auf Vollständigkeit erhoben werden. Angeführt werden sollen lediglich beispielhaft Methoden und Verfahren, die in den letzten Jahren besonders erfolgreich waren oder die in der Diskussion über Alternativmethoden immer wieder als „klassische" Alternativen angesehen werden. Es muß jedoch gesehen werden, daß es im eigentlichen Sinne nicht den „klassischen" Tierversuch gibt, sondern eine Vielfalt von Tierversuchen für die verschiedensten Zwecke (Grundlagenforschung, Arzneimittelentwicklung, Sicherheitsprüfung bei Arzneimitteln und Chemikalien und Kosmetika, Prüfung von Umweltgefährdungen, Einteilung in Gefahrstoffklassen bei Transporten, Entwicklung von biologischen und chemischen Waffen). Dementsprechend muß es natürlich eine gleiche Vielfalt an jeweils tauglichen Alternativen geben. Oftmals sind es mehrere Alternativmethoden, die nur zusammen als „Batterie" einen einzelnen Tierversuch ersetzen können.

Zellkulturen waren lange Zeit der hauptsächliche Hoffnungsträger bei der Entwicklung von Alternativmethoden. Doch bis vor etwa 10 Jahren waren (permanente) Zellkulturen für diesen Zweck wissenschaftlich nur schlecht taugliche Instrumente. Die meisten Zellen in Kultur haben fast alle Stoffwechselcharakteristika verloren, die sie im Organverband einmal hatten. Außer sich teilen zu können, ist ihre biologische Potenz unter den gegebenen Kulturbedingungen nahe Null. Auch Primärzellkulturen, die frisch aus Tieren oder aus menschlichem Operationsmaterial stammen, verlieren allzu schnell die Eigenschaften, die man in Versuchen brauchte. Erst in den letzten Jahren gelang es, durch verfeinerte Methoden Zellen so zu züchten, daß ihre Umgebung dem Charakter der Zellen besser entspricht. Es können Co-Kulturen verschiedener Zellen so angelegt werden, daß sie miteinander wichtige Botenstoffe austauschen können. Es werden organ- oder gewebetypische Kulturen gezüchtet, die den Verhältnissen im Spenderorganismus entsprechen, und es werden vor allem Fliesszellkulturen ver-

wendet, bei denen die Stoffwechselprodukte stetig entfernt werden und nicht nur alle 2–3 Tage beim Wechsel des Nährmediums wie in den herkömmlichen Kulturen. Einen großen praktischen Fortschritt beim Ersatz von Tierversuchen haben in letzter Zeit Zellen gebracht, die mit gentechnischen Verfahren verändert worden sind. Solche Zellkulturen werden heute schon in von den Behörden anerkannten Tests eingesetzt und ersetzen zahlreiche Tierversuche. Zum Beispiel kann so die Bestimmung von Hormonkonzentrationen in Arzneimitteln bereits mit Zellkulturen statt an Tieren erfolgen.

In der **Pharmakologie und Toxikologie** ist es leider noch nicht gelungen, die gesetzlich vorgeschriebene Bestimmung der letalen (tödlichen) Dosierung von Medikamenten und Chemikalien mit Zellkulturverfahren zu bewerkstelligen. Es wird zwar intensiv daran gearbeitet, aber die Probleme sind die gleichen, wie man sie auch bei der Übertragbarkeit von Tierversuchen auf den Menschen hat: Die Stoffwechselleistungen und Sensibilitäten von Zellen im Vergleich zum Menschen sind zu unterschiedlich, um von den Behörden als Sicherheit in der Toxikologie anerkannt zu werden. Viele Gifte entstehen auch erst während der Verstoffwechselung in einem komplexen Organismus. Dieser Stoffwechsel findet zum Teil in Zellkulturen nicht oder in anderer Weise als im Körper statt. Mit der gleichen Strenge hätten allerdings auch die meisten Tierversuche nicht anerkannt werden dürfen. Wir wissen heute, daß die für die Verstoffwechselung von chemischen Substanzen zuständigen Enzyme bei Mensch und (Versuchs-) Tier sehr unterschiedlich zusammengesetzt sein können. Wir müssen davon ausgehen, daß es bei der Prüfung auf die letale Toxizität niemals eine einzige Alternativmethode geben wird, sondern mit Sicherheit eine ganze Reihe von Alternativen, die einander ergänzend den erforderlichen Sicherheitsstandard erbringen können. Wichtig ist es, stets im Auge zu behalten, daß Alternativmethoden letztlich nicht „gleiche" Ergebnisse wie Tierversuche erbringen sollen, sondern einen für den Menschen relevanten Sicherheitslevel. Alternativen können also für den Menschen sehr viel nützlichere Erkenntnisse vermitteln, auch wenn sie nicht mit den Ergebnissen von Tierversuchen korrelieren.

Gute Erfahrungen wurden in der Toxikologie bereits auf Teilgebieten erzielt. So kann mit Sicherheit bald auf die Tierversuche zur **Hautverträglichkeit** und Hautpenetration sowie zur **Phototoxizität** verzichtet werden. Hier spielt die Entwicklung einer künstlichen Humanhaut, wie sie in den USA gelungen ist, eine große Rolle. Dies ist besonders wichtig im Hinblick auf die Umsetzung der 6. Änderung der Kosmetikrichtlinie der EU (Direktive 93/35/EEC der Richtlinie 76/68/EEC), nach der ab dem 1. Januar 1998 diese Versuche für Kosmetika nicht mehr am Tier durchgeführt werden dürfen, wenn Alternativmethoden zur Verfügung stehen. Zwischenzeitlich wurde dieser Termin verschoben, weil nach Auffassung der Europäischen Kommission noch keine wissenschaftlich validierten (anerkannten) Alternativmethoden verfügbar seien. Die Europäische Kommission will im Jahr 2000 erneut darüber beraten.

Charakteristisch für die Anerkennung von Alternativmethoden ist die Tatsache, daß nationale Behörden wie die ZEBET (Zentralstelle zur Erfassung und Bewertung von Ersatz- und Ergänzungsmethoden zu Tierversuchen, Berlin) in Deutschland zwar von einer erfolgreich durchgeführten Validierung einzelner Tests berichten, dies aber vom Wissenschaftlichen Komitee für Kosmetik der EU (SCC) nicht anerkannt wird. Weiter unten wird näher auf die Schwierigkeiten bei der Anerkennung von Alternativmethoden eingegangen.

Ein besonders aktuelles Kapitel ist die Prüfung von Chemikalien und Abwässern auf die **Ökotoxizität**. Hier wird deutlich, daß sich auf jeden Fall auch unsere Sicherheitsphilosophie ändern muß. Die herkömmlichen Tierversuche zur Prüfung der Umweltbelastung sind sehr eingeengte Systeme: Es werden überwiegend Versuche an Algen, niederen Krebsen und Fischen verlangt. Auch in dieser Kombination können diese Tests jedoch keinen Hinweis auf mögliche Gefahren in Gewässern anderer Regionen erbringen. Die Welt der Chemie ist multinational, die Gefahr eines Schadens im Ökosystem Regenwald kann nicht durch den Test an einem mitteleuropäischen Fisch geprüft werden. Die Abschätzung des ökotoxikologischen Risikos sollte sich daher nicht so sehr auf Tier- oder Pflanzenversuche stützen, sondern auf die biologische Abbaubarkeit einer Chemikalie. Die Gefahrenklassen müssen an der Halbwertszeit der Substanzen orientiert sein, nicht daran, bei wie vielen mg/kg Körpergewicht eine Alge oder ein Fisch in einem isolierten System stirbt. Die einzige umweltverträgliche Chemikalie, die es gibt, ist diejenige, die innerhalb kürzester Zeit in Bestandteile des natürlichen Kreislaufs zerlegt wird. Es ist aber in den letzten Jahren gelungen, wenigstens eine grobe Abschätzung der Ökotoxizität durch Zellkulturen zu ermöglichen. Zumindest die Berechnung der Abwassergebühren für chemische Betriebe, die in Deutschland immer noch mit Tierversuchen erfolgt, könnte längst auf ein vorhandenes Fischzellkultursystem umgestellt sein. Auch hier ist das Ausstehen der behördlichen Anerkennung kaum mehr nachvollziehbar. Die in letzter Zeit vielfach diskutierte Belastung der Abwässer mit östrogen oder östrogenähnlich wirksamen Substanzen, die bereits zu vielfach beobachteten Geschlechtsumwandlungen in der aquatischen Fauna geführt hat, kann mittlerweile ebenfalls mit geeigneten Fischzellkulturen erkannt werden. Es sind für diesen Zweck keine Tierversuche mehr erforderlich.

In der **Pharmakologie** hat es in den letzten Jahren durch die Entwicklung leistungsfähiger Computer enorme Fortschritte beim Modellieren von Molekülen gegeben. Jede größere Firma betreibt heute schon ein computergestütztes Auswahlverfahren, auch *Computer-Assisted Drug Discovery* (CADD) genannt, um festzustellen, welche Substanzen eine Chance haben, eine pharmakologische Aktivität auszuüben. Dies hat die Tierzahlen enorm reduziert. CADD-Verfahren beruhen auf der bereits 1894 von Emil Fischer formulierten „räumlichen Ergänzung von Wirksubstanz und Rezeptor". Diese auch unter dem Namen „Schlüssel-Schloß-Prinzip" bekannt gewordene Hypothese besagt, daß ein Wirkstoff in einen biologischen Rezeptor passen muß wie ein Schlüssel ins Schloß. Auf diesem Prinzip versucht CADD, Zusammensetzungen und Strukturen pharmakologischer Wirkstoffe zu ermitteln, die optimal an einen Rezeptor passen. Im CADD können zwar keine biologischen Wirkungen simuliert werden, um aber solche hervorzurufen, muß ein Wirkstoff zunächst an einen entsprechenden Rezeptor binden können. Genau dieses Vermögen wird im CADD simuliert und quantifiziert. Auch zur sogenannten Optimierung einer einmal gefundenen, pharmakologisch aktiven „Leitsubstanz" werden heute fast ausschließlich Computer eingesetzt. Dies geschieht weitgehend nicht mehr an Tieren. Weitere Entwicklungen, mit Computersimulationen auch Nebenwirkungen von Medikamenten vorhersagen zu können, sind erfolgversprechend. Selbst wenn der Zellrezeptor, an den sich ein Medikament im Menschen anheftet, noch nicht bekannt ist, kann man mit dem Konzept des Pseudorezeptormodeling bereits zu brauchbaren Ergebnissen kommen. Hauptsächliches Ziel eines CADD im Sinne der 3R ist es jedoch, ungeeignete Substanzen frühzeitig zu erkennen und aus dem pharmakologischen und toxikologischen Selektionsverfahren auszuscheiden, bevor Tierversuche konzipiert werden. Ein entscheidender Vorteil dieses Ansatzes ist es, daß im Computer auch hypothetische Wirkstoffe analysiert werden können.

Die größten Fortschritte beim Ersatz sehr schmerzhafter Tierversuche wurden in den letzten fünf Jahren bei der **Prüfung von Impfstoffen** erzielt. Impfstoffe nehmen bei den Arzneimitteln eine Sonderstellung ein. Sie gelten wegen ihrer Herkunft als „Biologika", also als Stoffe, die nicht in einem chemischen Synthesegang in absolut reiner und reproduzierbarer Qualität hergestellt werden können. Impfstoffe und auch Immunglobulinpräparate sind also nach den Bestimmungen des Arzneimittelbuchs besonders tierversuchsintensiv. Nicht nur bei der Entwicklung und Zulassung, sondern auch bei der Prüfung jeder einzelnen Produktionscharge werden Tierversuche verlangt. Am belastendsten sind bei der Impfstoffprüfung bisher die Infektionsversuche. Bei jeder Impfstoffcharge muß geprüft werden, ob der Impfstoff tauglich ist, geimpfte Tiere müssen also nach einer Infektion gesund bleiben. Dies ist der akzeptable Teil der Prüfung. Zur Kontrolle, ob die verwendeten Krankheitserreger auch noch genügend pathogen sind, mußten bisher auch gleichzeitig Tiere ohne Impfung infiziert werden. Nach den meisten Vorschriften müssen mindestens 80 % dieser Tiere an der Infektion sterben, von den geimpften mußten mindestens 80 % gesund bleiben, damit die Charge freigegeben werden kann. Es ist nun für einige Krankheitserreger bereits gelungen, das sogenannte protektive Antigen zu finden, d.h. das Antigen, auf das vor der Infektion schützende Antikörper gebildet werden müssen. Nun kann mit einem ELISA (Enzyme Linked Immunosorbent Assay), einem speziellen Test, der Schutznachweis erbracht werden. Bei der Impfstoffprüfung kann der Belastungstest an ungeimpften Kontrolltieren, die bisher zu 80 % an der Infektion verenden mußten, wegfallen. Bei einem anderen zur Prüfung von Biologika vorgeschriebenen Test, jenem auf anomale Toxizität, ist der Nachweis gelungen, daß dieser Test über einen längeren Zeitraum zu keiner Ablehnung einer Impfstoffcharge geführt hat. Er konnte ersatzlos aus einigen Monographien der Europäischen Pharmakopöe gestrichen werden (Krämer et al., 1996). Dies ist ein gutes Beispiel dafür, daß es in einigen Fällen gar keiner Alternative bedarf, um einen bestimmten Tierversuch zu eliminieren. Manchmal kann der Versuch auch ersatzlos gestrichen werden.

Als unverzichtbar muß dagegen ein Test gelten, der bei allen Impfstoffen und Medikamenten vorgeschrieben ist, die parenteral verabreicht werden. Es handelt sich um den Test auf fieberauslösende Verunreinigungen, die hauptsächlich aus Endo- und Exotoxinen von Bakterien stammen. Dieser *Pyrogentest* wird jedoch nur noch sehr selten wie früher an Kaninchen durchgeführt; er wurde vom Limulustest abgelöst, einem Endotoxinnachweis mit Amöbozyten aus dem Blut des Pfeilschwanzkrebses. Da heute in der Klinik Exotoxine grampositiver Bakterien eine immer größere Rolle spielen, wird der Limulustest jedoch in absehbarer Zeit nicht mehr genügen. Es ist auch bekannt, daß die Blutentnahme bei den Pfeilschwanzkrebsen nicht immer sehr tierfreundlich abläuft. Der Nachfolgetest ist schon in der Validierungsphase. Es handelt sich um einen Test, der mit Vollblut von humanen Spendern durchgeführt wird, mit dem sowohl Endotoxine als auch Exotoxine nachgewiesen werden können (Hartung und Wendel, 1995). Eine ganze Reihe von in der europäischen Pharmakopöe vorgeschriebenen Impfstoffprüfungen ist in den letzten Jahren im Sinne der beschriebenen Fortschritte abgeändert worden, weitere werden in Kürze folgen. Dieses Beispiel zeigt, daß Behörden auch sehr aktiv und innovativ sein können, wenn es um die Entwicklung von Alternativmethoden und ihre Anerkennung geht. Die Fortschritte in der Impfstoffprüfung haben wir fast ausschließlich dem holländischen RIVM (Reichsinstitut für Volksgesundheit und Umwelt) und dem Paul-Ehrlich-Institut in Langen zu verdanken. Es waren junge beamtete Wissenschafter, die diesen Tests mit einer letalen Dosis von 80% in den Kontrollgruppen nicht länger tatenlos zusehen konnten.

Ein erfolgreiches Beispiel der Entwicklung einer tierversuchsfreien Alternativmethode bietet die **Herstellung monoklonaler Antikörper** (mAK). Diese Antikörper haben eine einzige, selektierte Spezifität und werden kontinuierlich von „unsterblichen" Hybridomzellen produziert. Diese Hybridomzelle ist ein Verschmelzungsprodukt zwischen einer Antikörper produzierenden Zelle und einer Krebszelle. Sie hat von beiden die nützlichen Eigenschaften geerbt, nämlich Antikörper einer einzigen Spezifität zu produzieren und als Zellinie unsterblich zu sein. Auf monoklonale Antikörper kann heute in der medizinischen Diagnostik und Therapie und auch in der Grundlagenforschung nicht mehr verzichtet werden. Zur Gewinnung der Antikörper produzierenden Zellen muß auch heute noch die Milz eines Versuchstieres verwendet werden. Dies ist aber der wenig belastende erste Teil bei der Herstellung monoklonaler Antikörper. Die Vermehrung der Antikörper aus den Hybridomzellen war dagegen bis vor kurzem extrem schmerzhaft: Die Hybridomzellen wurden in die Bauchhöhle von Mäusen eingespritzt, in denen mit reizenden Substanzen vorher eine Bauchwassersucht provoziert wurde. Die Hybridomzellen produzierten in der Aszitesflüssigkeit die Antikörper, die zum Teil durch Punktion der Bauchhöhle mit Kanülen mehrmals „geerntet" wurden. Die Belastung der Tiere war extrem, viele starben vorzeitig. Bereits 1989 beschrieben Kuhlmann et al. ein alternatives Verfahren zur Produktion dieser Antikörper mit Zellkulturtechniken. In Deutschland wurde die Gewinnung über die Aszitesflüssigkeit daraufhin stark eingeschränkt. In der Schweiz finanzierte die Stiftung Forschung 3R ein großangelegtes Validierungsprojekt, das 1996 abgeschlossen werden konnte. In einem Workshop der ECVAM, des Europäischen Zentrums für die Validierung von Alternativmethoden, wurden Ende 1996 alle Fortschritte auf diesem Gebiet zusammengefaßt und zu einem Entwurf für eine Europäische Richtlinie für die Produktion monoklonaler Antikörper verarbeitet (Marx et al., 1997). Während in der Schweiz, in den Niederlanden und in Deutschland die Herstellung monoklonaler Antikörper nur noch (mit geringen Ausnahmen in Deutschland) auf alternativem Weg erfolgen darf, müssen die anderen europäischen Länder und hauptsächlich die USA erst noch von den Vorteilen der In-vitro-Produktion überzeugt werden.

Werden Alternativmethoden von Behörden und der Industrie entwickelt, hat dies einen besonderen Vorteil. Diese Einrichtungen sind vertraut mit dem Prüfen eines Tests, einem Vorgang, den wir **Validierung** nennen. Man hat sich international darauf geeinigt, daß durch die Validierung einer Ersatzmethode ihre Reproduzierbarkeit und Relevanz im Vergleich zum Tierversuch ermittelt werden sollen. Unterschiedliche Anwendungsgebiete erfordern aber auch unterschiedliche Validierungskonzepte. Bei den herkömmlichen Validierungsansätzen spricht man von der „Testentwicklung", wenn in einer Vorphase geprüft wurde, ob eine Methode prinzipiell geeignet ist, einen Tierversuch zu ersetzen. Es folgt die nächste Stufe der Validierung, die Evaluierung der Methode, bei der ein erarbeitetes alternatives Testverfahren auf seine tatsächliche mechanistische Ähnlichkeit mit den Gegebenheiten in vivo untersucht werden muß. Bei der folgenden Prävalidierung einer Alternativmethode müssen verschiedene Fragen beantwortet werden, unter anderem:

– Besteht überhaupt eine Notwendigkeit für den Tierversuch?
– Besteht ein ausreichendes Verständnis der Pathomechanismen, sowohl in vivo als auch in vitro, um einen aussagekräftigen Vergleich zu ermöglichen?
– Gibt es ausreichend viele Labors, um die Validierung international durchführen zu können?

Bei der Validierung selbst sollen letztlich vier Arten von Informationen erzielt werden:

- Besteht bei der Ersatzmethode eine Korrelation mit biologischen Parametern?
- Kann der Ersatzversuch an verschiedenen Institutionen zu den gleichen Aussagen führen?
- Ist die Methode präzise genug, um die tatsächlichen Lebensvorgänge zuverlässig wiedergeben zu können?
- Ist die Ersatzmethode relevant für die angestrebten Sicherheitsaussagen?

Eine große Rolle spielen bei diesen Konzepten statistische Methoden. Die **Biomathematik** kann auch außerhalb der Validierungsstudien sehr zur Reduzierung der Versuchstierzahlen beitragen. An dieser Stelle kann die *ATC-Methode* (*Acute Toxic Class Method*) genannt werden, mit deren Einführung die Anzahl der in LD_{50}-Tests verwendeten Tiere unter 30% gesenkt werden konnte. Der klassische LD_{50}-Test, bei dem ermittelt werden soll, bei welcher Dosis einer Substanz 50% der Tiere sterben, ist von jeher ein Reizthema nicht nur in Tierschutzkreisen. Auch ernstzunehmende Wissenschaftler haben immer wieder auf die wissenschaftlich kaum haltbaren Mängel des Tests, der mit großen Leiden verbunden ist, hingewiesen. Es war die Stiftung Fonds für versuchstierfreie Forschung in Zürich, die bereits 1980 zusammen mit dem renommierten Toxikologen Zbinden auf die Unhaltbarkeit des Tests hingewiesen hat (Zbinden und Flury-Roversi, 1981). Mittlerweile wird der klassische LD_{50}-Test – offiziell – nicht mehr durchgeführt. Zumindest die Tierzahlen sind jedoch durch die Erfolge der Biometrie stark zurückgegangen. Die völlige Abschaffung des LD_{50}-Tests, gleich in welcher Form, ist aber nach wie vor das erklärte Ziel des wissenschaftlichen Tierschutzes.

Einige Universitäten bieten mittlerweile ein eigenes Lehrangebot für Alternativmethoden zu Tierversuchen an. Studierende können sich gezielt informieren, wie, wo und warum Alternativen entwickelt und angewendet werden müssen. An anderen Universitäten hat man auch begonnen, den **Unterricht in Biologie und Medizin** selbst tierversuchsfrei zu gestalten. Manche Universitäten verwenden keine Frösche mehr im Physiologie-Unterricht. Die Muskel-Nerv-Versuche werden mit Myographen durchgeführt, mit denen die Studierenden diese Versuche an sich selbst vornehmen können (Gruber und Spielmann, 1996b). Auch in der mikrochirurgischen Ausbildung haben sich **Operationssimulatoren** bestens bewährt. Der Simulator POP, benannt nach der pulsierenden Organ-Perfusion, wird zur Zeit an Universitätskliniken erprobt (Szinicz et al., 1994). Der deutsche Tierschutzbund hat darüber hinaus eine **Datenbank** eingerichtet, in der man alle Alternativen, speziell auch im Hochschulunterricht, abfragen kann (Gelbe Liste). Prinzipiell wird in der EU empfohlen, im Grundstudium auf Tierversuche in der Ausbildung zu verzichten, auf keinen Fall aber Studentinnen und Studenten zu Tierversuchen zu zwingen. Der Personenkreis, der später beruflich mit Tierversuchen befaßt ist, sollte dafür eine fundierte Ausbildung in Versuchstierkunde erhalten (Balls et al., 1995). Dazu muß noch bemerkt werden, daß die Definition, was ein Tierversuch ist und was nicht, in Deutschland abweichend von den anderen Ländern Europas gehandhabt wird. In Deutschland gibt es per Definition keine Tierversuche in der Ausbildung, diese heißen dort „Eingriffe und Behandlungen zu Ausbildungszwecken". Sie sind weder genehmigungspflichtig wie in der Schweiz noch tauchen die verwendeten Tiere in irgendeiner Statistik auf (Stand 1997).

Es muß auch das Refinement erwähnt werden, ein bei manchen Tierschützern umstrittener Beitrag zu Alternativmethoden. In dem Bewußtsein, daß es in absehbarer Zeit nicht möglich sein wird, auf alle Tierversuche zu verzichten, haben die Engländer Russell und Burch bereits 1959 darauf hingewiesen, daß neben den Bemühungen, Tierversuche zu ersetzen und zu reduzieren, auch Anstrengungen gemacht werden müssen, Tierversuche in ihrem Schweregrad abzuschwächen. Im Gegensatz zu Russell und Burch erkennen wir heute nicht nur die Möglichkeiten des *Refinement bei der Versuchsdurchführung*, sondern auch das *Refinement bei der Versuchstierhaltung*. Für viele Versuchstiere ist bereits die Haltung im Käfig eine außerordentliche Belastung. Diese ist oft als höher einzuschätzen als der eigentliche Versuch. Hier muß es gelingen, durch die Einbeziehung ethologischer Erkenntnisse die Haltung wesentlich mehr an die Bedürfnisse der Tiere anzupassen, als das bisher geschieht. Bis vor kurzem waren Hygiene und Praktikabilität die entscheidenden Faktoren bei der Versuchstierhaltung, heute müssen zusätzlich die **Bedürfnisse der Tiere** im Vordergrund stehen, auch wenn dies Geld kostet. Es können namentlich bei großen Industrieunternehmen aber auch in Hochschulen bereits sehr gute Ansätze zu Verbesserungen in dieser Richtung beobachtet werden. Refinementmaßnahmen durchzusetzen ist die Hauptaufgabe von Tierschutzbeauftragten an Universitäten und in der Industrie. Den aktuellen Stand des Möglichen sollte man in der Zeitschrift „Der Tierschutzbeauftragte" finden können.

Wichtig ist, daß wir die Versuchstiere besser als Mitgeschöpfe verstehen, die keine Sachen sind, keine Reagenzgläser auf vier Beinen, sondern wie wir empfindsame Lebewesen. Das 3R-Konzept der Alternativmethoden hat sich in der Praxis bewährt, weil es nicht nur dem Ideal der versuchstierfreien Forschung nachhängt, sondern auch die schneller zu realisierenden Lösungen der Reduzierung und der Verminderung der Belastung von Versuchstieren in die Überlegung einbezieht. Trotzdem muß natürlich gelten: Was ohne Tierversuch gemacht werden kann, hat auch in reduzierter Form von Tierzahl und Belastung keine Existenzberechtigung mehr. Nur humane Forschung ist auch gute Forschung.

Weitere Verbesserungen sind nötig

Die Wirkung der Tierschutzgesetze ist zwar vorhanden, doch fordern namentlich Tierschützer weitere Maßnahmen zur Einschränkung und Verbesserung oder gar zum Verbot von Tierversuchen. Auch Wissenschafter selbst und Behörden anerkennen, daß weitere Verbesserungen bei Tierversuchen möglich und notwendig sind. Ein Forscher stellte dazu folgendes fest: „*Es gibt aber nach wie vor Versuche, wo das Tier leider Schmerzen erlebt, zum Beispiel in der Toxikologie und der Krebsforschung oder in der Hirnforschung. Wir hoffen, daß hier erhebliche Verbesserungen möglich sein werden, und wir müssen große Anstrengungen in dieser Richtung machen*" (Weibel, 1985). Ronner (1984) drückte sich angesichts der erzielten Fortschritte wie folgt aus: „*Verpflichtet uns all das dazu, die Verhältnisse so gutzuheißen, wie sie heute gehandhabt werden? Ich glaube nicht. Beim Gedanken an die stummen Opfer dieser Forschung scheinen mir in der Gesamtrechnung noch einige unbefriedigende Faktoren zu stecken. Zusätzliche Maßnahmen sind daher erforderlich."* Die Forderungen von seiten der Tierschutzorganisationen zielen vor allem auf stärkere staatliche Regelungen und Kontrollen von Tierversuchen. So werden unter anderem vermehrte Kontrollen von Instituten, welche Tierversuche durchführen, durch die Behörden, Verbote bestimmter Versuche, eine Genehmigungs- bzw. Bewilligungspflicht für Versuche mit wirbellosen Tieren, die Einführung des Verbandsbeschwerde- und Klagerechts für Tierschutzorganisationen, die Stärkung der Kompetenzen der behördlichen Tierversuchskommissionen, ein verstärktes Einsitzrecht von tierschutzorientierten Vertretern in den Tierversuchskommissionen, Verbesserungen in Versuchstierhaltungen sowie ein Fachausweis für Versuchsleitende mit einer vorgängigen Prüfung der Kenntnisse über Alternativmethoden gefordert. Im folgenden werden einige Möglichkeiten aufgeführt, wie im Rahmen der geltenden Tierschutzgesetzgebungen im fachlichen Bereich in erster Linie durch die Forschenden selbst und durch die Behörden Verbesserungen realisiert werden können.

Eingehende Überprüfung der Methodik: Verschiedene Tierversuche haben in den vergangenen Jahren Zweifel aufkommen lassen, ob die gewählten Methoden bzw. die Tiermodelle für den angestrebten Zweck die günstigsten seien und dem neuesten Stand der Wissenschaft entsprechen, ferner auch, ob der Schweregrad der Versuche nicht vermindert werden könnte. Es zeigte sich auch, daß für ähnliche Fragestellungen in verschiedenen Firmen verschiedene Tiermodelle gewählt wurden. Es ist zu fordern, daß die gewählten Tiermodelle, besonders jene, welche sich seit Jahren „eingespielt" haben und zur Routine gehören, betriebsintern und zusammen mit den Behörden sowie auch durch Vergleich mit Modellen in Instituten, welche eine ähnliche Forschungsrichtung betreiben, sehr sorgfältig überprüft werden, dies namentlich in bezug auf die gewählte Tierart, auf die Tierzahl, auf die biostatistische Auswertung, auf den Schweregrad und auf mögliche Einschränkungen in der Tierhaltung während des Versuchs. Biostatistiker vertreten die Auffassung, daß heute mit modernen, verbesserten biostatistischen Auswertungsmethoden Tiere noch erheblich eingespart werden können. Sogenannte Standard- oder Routineversuche sind besonders eingehend zu prüfen. Auch ist zu prüfen, ob Eingriffe nicht schonender durchgeführt werden können und ob z.B. bei Stoffwechselversuchen immer eine bewegungsarme Haltung unbedingt notwendig ist. Zu prüfen und wenn möglich zu eliminieren oder zu verbessern sind insbesondere auch jene Versuche, welche erhebliche Schmerzen und Leiden verursachen. Es ist für sachverständige Mediziner, Tierärzte und Biologen eine schöne und anspruchsvolle Aufgabe, zusammen mit Fachkollegen, Tierschutzvertretern und Behörden schonendere, wissenschaftlich gleichwertige Tiermodelle zu erarbeiten. Daß dies nicht einfach ist, drückt *Ronner (1984)* wie folgt aus: *„Daß zwischen dem Anwenden möglichst schonender Methoden und dem Ausmaß trotzdem zugefügten Leidens genügend Raum für einen bedrückenden Zwiespalt offenbleibt, ist einer der Kernpunkte der gesamten Tierversuchsproblematik."*

Verbesserungen in der Versuchstierhaltung: Namentlich bei der Haltung von Affen, Hunden und Kaninchen, aber auch bei anderen Versuchstieren, einschließlich der hauptsächlichsten Versuchstiere Maus und Ratte, sind in vielen Fällen noch Verbesserungen möglich, indem den Tieren mehr Bewegungs- und Auslaufmöglichkeiten, mehr Strukturen im Gehege, mehr Abwechslung (u.a. durch mehr Kontakt mit dem Geschehen in der Umwelt, mit anderen Tieren und mit dem Personal) und mehr Beschäftigungsmöglichkeiten geboten werden. Auch kann den Tieren in manchen Fällen mehr Komfort zukommen. Mit etwas Phantasie und unter Abweichung von den gängigen Schemata der Käfig- und Boxenhaltung könnten an manchen Orten großzügige, strukturierte Versuchstierhaltungen mit Tageslicht, Auslauf, Beschäftigungs- und Bewegungsmöglichkeiten sowie Abwechslung geschaffen werden, welche namentlich den Verhaltensansprüchen der Tiere gerechter würden. Ein völlig neues Konzept für die ethologisch orientierte Versuchstierhaltung wurde dabei von Stauffacher (1993) vorgestellt. Trotzdem bestehen noch wesentliche Lücken in der Forschung über Fragen der Versuchstierhaltung und des Verhaltens von Versuchstieren unter verschiedenen Haltungsbedingungen.

Verbesserungsfähig ist in manchen Fällen auch die Überwachung der Durchführung der Tierversuche, der Vorbereitung, Pflege und Nachbehandlung der Tiere, der Versuchstierhaltung und des beteiligten Personals durch die Versuchsleitenden, in manchen Fällen auch ein größeres Interesse der Versuchsleitenden für die Arbeit des Tierpflegepersonals. Es muß daran erinnert werden, daß der Tierversuch nicht nur den eigentlichen Eingriff am Tier umfaßt, sondern mit dem Einsetzen der Haltung der Tiere für den Versuch und ihrer Vorbereitung auf Eingriffe oder Behandlungen beginnt und daß ein Versuch erst abgeschlossen ist, wenn die Untersuchungen und Beobachtungen an den Tieren beendet sind und diese in unversehrtem oder geheiltem Zustand in eine durch den Versuch nicht beeinflußte Umgebung gebracht wurden, oder aber wenn sie tot sind.

Verbesserung der Aus- und Weiterbildung des Fachpersonals: Verbesserungsfähig ist auch die Aus- und Weiterbildung der bereits tätigen oder der künftigen Leiter und Leiterinnen von Tierversuchen und des übrigen Personals, dies durch Kurse während oder nach Abschluß der üblichen Ausbildungsgänge. Maßgebend können u.a. die Leitlinien des Europarats (1993) sein. Gestützt auf das Europäische Übereinkommen vom 18. März 1986 zum Schutz der für Versuche und andere wissenschaftliche Zwecke verwendeten Wirbeltiere hat 1993 eine Expertengruppe (Multilaterale Konsultation im Europarat) eine Resolution (résolution) für die Aus- und Weiterbildung des bei Tierversuchen tätigen Personals verabschiedet, welche vier Gruppen von Personen definiert, die über bestimmte Kenntnisse und Fähigkeiten in bezug auf die Haltung und Verwendung von Versuchstieren verfügen sollten: a) Personen in der Tierpflege, b) Personen, die Tierversuche durchführen, c) Personen, die Tierversuche leiten, und d) Fachleute auf dem Gebiet der Versuchstierkunde. Die Leitlinien richten sich als „Verhaltenskodex" an alle Stellen und Personen, die für die Aus-, Fort- und Weiterbildung der mit Versuchstieren arbeitenden Personen zuständig sind.

Förderung der Forschung und Kenntnisse über Alternativmethoden zum Tierversuch: Es sollte als selbstverständlich gelten, daß die Forschung über Alternativmethoden weiterhin und noch in verstärktem Maß durch Mittel von Hochschulen, Industrie, Forschungsfonds, Staat, Tierschutzorganisationen usw. gefördert wird, daß ausländische

Forschungsarbeiten berücksichtigt und Wege gesucht werden, damit die Ergebnisse der Forschungsarbeiten auch an die Adressaten, die Versuchsleitenden, gelangen. Neue Alternativmethoden sind sinnlos, wenn sie niemand anwendet, und es genügt nicht, sie in der spezialisierten Fachpresse zu veröffentlichen, um sie dann ihrem Schicksal zu überlassen. Publikationen in Fachzeitschriften, Periodika wie ATLA und ALTEX, Aus- und Weiterbildungskurse und Dokumentationsstellen für Tierversuche und Alternativmethoden können dazu wesentliche Beiträge liefern. Am Ende dieses Kapitels sollen deshalb alle relevanten Organisationen und Dienststellen aufgezählt werden, die mit dem Fortschritt auf dem Gebiet der 3R-Forschung befaßt sind.

Vorstöße zur Anpassung von nationalen und internationalen Regelungen über die Zulassung von Stoffen: Zuweilen ist eine gewisse Zurückhaltung sowohl bei Registrierungsbehörden wie bei Forschenden in bezug auf die Anpassung von Regelungen zur Durchführung von Tierversuchen für die Zulassung von Stoffen feststellbar. Ronner (1984) drückte dies wie folgt aus. *"Wissenschafter, die ihre Verfahren viele Jahre lang verbessert haben, und Firmen, die mit Millionen erkaufte Anlagen amortisieren möchten, neigen möglicherweise nicht allzu entschieden zur Förderung auch von Ergänzungsmethoden. Ob dieser theoretische Zusammenhang wirklich so spielt, kann ich nicht beurteilen. Eine meiner Beobachtungen liesse sich aber vielleicht in diesen Zusammenhang bringen: die mich merkwürdig berührende buchstabengetreue Folgsamkeit, mit der die Firmen behördlich vorgeschriebene Tierversuche als endgültig hinnehmen, statt zielstrebig einfach eine Möglichkeit zu erkunden, von welcher sie im Fall einer ebenbürtigen Aussagekraft erhebliche Einsparungen zu erwarten hätten."*

Die Bestrebungen zur Anpassung überholter nationaler und internationaler Regelungen, welche Tierversuche fordern, sind aktiv weiterzuführen. Die Anstöße dazu müssen u.a. auch von den Wissenschaftern selber in der Industrie kommen. Daneben müssen auch Wege gesucht werden, wie künftig Tierversuche, die von den Registrierungsbehörden gar nicht verlangt werden, vermieden werden können.

Vermehrte Transparenz und Information bei Tierversuchen: Zwei Zitate sollen das Wesentliche verdeutlichen: *"Der letzte Schwachpunkt in der Tierversuchs-Szene, dem wir uns jetzt zuwenden, ist uns als einer der ärgsten immer wieder begegnet: der Mangel an offener Information und wechselseitiger Kommunikation"* (Ronner, 1984). *"Unsere Nachfolger werden es weniger leicht haben. Nicht nur werden sie einen Tierversuch sehr viel eingehender zu rechtfertigen haben, sondern im Zeitalter der allgemeinen Enttabuisierung beträchtlich mehr zur Information des Mitbürgers über die theoretische und praktische Bedeutung ihrer Forschungsvorhaben und der damit in Verbindung stehenden Tierexperimente beitragen müssen"* (Akert, 1983).

Die Pflicht zu offener Information gilt sowohl gegenüber Behörden als auch Bürgerinnen und Bürgern, Tierschützerinnen und Tierschützern usw. Sie beinhaltet auch eine Vermittlung von Wissen über Tierversuche in allgemeinverständlicher Form. Gute Beispiele dafür sind das Buch zur Fernseh-Trilogie von 1978 "Tierversuche in der Pharmaforschung" von Horst Stern (1979), die Schrift "Zu wahr, um schön zu sein: Tierversuche in der Heilmittelforschung" von Peter M. Ronner (1984), das allgemein verständliche Toxikologiebuch "Menschen, Tiere und Chemie" von Gerhard Zbinden (1985) und das Standardwerk der Versuchstierkunde von van Zutphen, Baumans und Beynen (1993).

Konstruktive Auseinandersetzung statt Polarisierung: Die Auflistung von Forderungen für Verbesserungen bei Tierversuchen ist unvollständig und könnte erweitert werden. Die Diskussionen um die Problematik der Tierversuche haben in den vergangenen Jahren zuweilen zu einer heftigen Polarisierung, zu Intoleranz und zu Schuldzuweisungen zwischen Tierschützern bzw. Tierversuchsgegnern und Wissenschaftern in Industrie und an Hochschulen sowie Behörden, auch zu großen Meinungsdifferenzen unter Tierschützern selbst geführt. Die Heftigkeit und Unsachlichkeit, die zuweilen bei den Auseinandersetzungen festzustellen waren, haben den Versuchstieren wenig gebracht. Es ist zu hoffen, daß sich dies künftig ändern wird. Der verstorbene Journalist Peter M. Ronner (1984) hat dies treffend wie folgt ausgedrückt: „Den einen Anspruch haben die Versuchstiere uns allen gegenüber ganz gewiß anzumelden: daß ihr Leiden in unserer aller Namen zum Anlaß nicht für steriles Gezänk, sondern für konstruktive Gespräche wird."

Literatur

Akert, K. (1983): Der wissenschaftliche Tierversuch heute. In : Frewein, J. (Hrsg.): Das Tier in der menschlichen Kultur. Artemis-Verlag, Zürich.

ALTEX, Alternativen zu Tierexperimenten, Stiftung Fonds für versuchstierfreie Forschung, Zürich (Hrsg.), erscheint vierteljährlich beim Spektrum Akademischer Verlag, Heidelberg.

Arbeitsgruppe für Tierschutzfragen an den Zürcher Hochschulen (1997): Liste nicht mehr zulässiger Tierversuche an den Zürcher Hochschulen, ALTEX 14, 61–62.

Arbeitskreis Gesundheit und Forschung (1985): Tierversuche sind notwendig, Arbeitskreis G. und F., Zürich.

Arbeitskreis universitärer und industrieller Forschungsinstitute in Österreich (1987): Ethische Richtlinien für Tierversuche, Bezug im Forschungsinstitut für Versuchstierzucht und -haltung der Universität Wien, A-2325 Himberg.

ATLA, vol. 24, Special Issue (1996): Second World Congress on Alternatives and Animal Use in the Life Sciences. ATLA erscheint 6x jährlich bei FRAME, Nottingham (Hrsg.) im Selbstverlag.

Balls, M., Goldberg, A.M., Fentem, J.H., Broadhead, C.L., Burch, R.L., Festing, M.F.W., Frazier, J., Hendriksen, C.F.M., Jennings, M., van der Kamp, M.D.O., Morton, D.B., Rowan, A.N., Russell, C., Russell, W.M.S., Spielmann, H., Stephens, M.L., Stokes, W.S., Straughan, D.W., Yager, J.D., Zurlo, J., and van Zutphen, B.F.M. (1995): The Three R´s: The Way forward, ATLA 23, 838–866

Bundesamt für Veterinärwesen (1987): Statistik über Tierversuche der Schweiz 1995, CH-3003 Bern.

BMELF (1997): Bundesministerium für Ernährung, Landwirtschaft und Forsten, Tierschutzbericht 1997, BMELF Bonn.

Der Tierschutzbeauftragte. Arbeitskreis der Tierschutzbeauftragten in Bayern (Hrsg.), erscheint 3x jährlich beim Thomas Denner Verlag & Medien-Service, München

DFG, Deutsche Forschungsgemeinschaft (1996): Forschungsfreiheit. Ein Plädoyer für bessere Rahmenbedingungen in der Forschung in Deutschland, VCH Verlagsgesellschaft, Weinheim, s.a. Buchbesprechung in ALTEX 1/97, 43–44.

Europarat (1986): European Convention for the Protection of Vertebrate Animals Used for Experimental and Other Scientific Purposes, ETS 123, and explanatory report: Council of Europe, Strasbourg.

Europarat (1993): Resolution on education and training of persons working with laboratory animals, GT(95)25, Council of Europe, Strasbourg.

EU (1986): Richtlinie des Rates vom 24. November 1986 zur Annäherung der Rechts- und Verwaltungsvorschriften der Mitgliedstaaten zum Schutz der für Versuche und andere wissenschaftliche Zwecke verwendeten Tiere, 86/609/EWG.

Gelbe Liste: Tierversuche – Alternativen. Akademie für Tierschutz, eine Einrichtung des Deutschen Tierschutzbundes (Hrsg.), erscheint in Neubiberg im Selbstverlag; die Datenbank mit ca. 15.000 Einträgen über Alternativmethoden kann auch auf Disketten bezogen werden.

Gruber, F.P., und Spielmann, H. (Hrsg.) (1996a): Alternativen zu Tierexperimenten. Wissenschaftliche Herausforderung und Perspektiven, Spektrum Akademischer Verlag, Berlin, Heidelberg, Oxford.

Gruber, F.P., und Spielmann, H. (1996b): Der

Myograph im Physiologie-Unterricht: praktische Validierung in Deutschland, ALTEX 13, 190–194.

Gruber, F.P., Günzel P., Rusche B., und Schwabenbauer, K. (1996): Studie über die Forschungsförderung des BMBF zur Entwicklung von Ersatzmethoden zu Tierversuchen, ALTEX 13, 55–67.

Hendriksen, C.F.M., and Koeter, H.B.W.M. (1991): Animals in Biomedical Research. Elsevier, Amsterdam, London, New York, Tokyo.

Hardegg, W., Livaditis, I., und Vogt, M. (1993): Tierschutz durch Alternativen. Sport und Gesundheit Verlag GmbH, Berlin

Hartung, T., und Wendel, A. (1995): Die Erfassung von Pyrogenen in einem humanen Vollblutmodell, ALTEX 12, 70–75.

Krämer, B., Nagel, M., Duchow, K., Schwanig, M., und Cussler, K. (1986): Ist die tierexperimentelle Prüfung auf anomale Toxizität für Impfstoffe, Sera und Immunglobuline noch zeitgemäß? Eine retrospektive Datenanalyse zur Überprüfung der Aussagekraft der Arzneibuchvorschrift v.2.1.5, ALTEX 13, 7–16.

Kuhlmann, I., Kurth, W., und Ruhdel, I. (1989): Monoclonal antibodies: *in vivo* and *in vitro* production on a laboratory scale, with consideration of the legal aspects of animal protection, ATLA 17, 73–82.

Lembeck, F. (1988): Alternativen zum Tierversuch. Georg Thieme, Stuttgart

Liste von zur Zeit geförderten Forschungsvorhaben für Alternativmethoden in Deutschland, Österreich und der Schweiz (1997): ALTEX 14, 67–69.

Losert, U.M. (1992): Ethische Richtlinien für Tierversuche; in Kronberger, L. (Hrsg.) (1992): Experimentelle Chirurgie. Enke Verlag, Stuttgart, 10–13.

Marx, U., Embleton, M.J., Fischer, R., Gruber, F.P., Hansson, U., Heuer, J., de Leeuw, W.A., Logtenberg, T., Merz, W., Portelle, D., Romette, J.-L., and Straughan, D.W. (1997): Monoclonal Antibody Production, ATLA 25, 121–137.

MEGAT (1994): Aufgaben und Ziele der MEGAT, ALTEX 11, 54–55.

Reinhardt, C.A. (Hrsg.) (1994): Alternatives to Animal Testing. VCH-Verlagsgesellschaft mbH, Weinheim.

Ronner, P.M. (1984): Zu wahr, um schön zu sein. Tierversuche in der Heilmittelforschung. 3. Auflage, Econ Verlag, Düsseldorf.

Rossbach, W. (1983): Gründe für die Abnahme des Versuchstierbedarfs. Roche-Nachrichten 7.

Russell, W., and Burch, R. (1959): The principles of humane experimental technique. Methuen, London, 1992 neu herausgegeben durch UFAW, Universities Federation for Animal Welfare, Herts/England.

Schöffl, H., Spielmann, H., und Tritthart, H.A. (1992): Möglichkeiten und Grenzen der Reduktion von Tierversuchen. Springer Verlag, Wien, New York.

Schöffl, H., Spielmann, H., und Tritthart, H.A. (1993): Alternativen zu Tierversuchen in Ausbildung, Qualitätskontrolle und Herz-Kreislauf-Forschung. Springer Verlag, Wien, New York.

Schöffl, H., Spielmann, H., und Tritthart, H.A. (1995): Forschung ohne Tierversuche 1995. Springer Verlag, Wien, New York.

Schöffl, H., Spielmann, H., und Tritthart, H.A. (1997): Forschung ohne Tierversuche 1996. Springer Verlag, Wien, New York.

Schuppan, D., und Hardegg, W. (Hrsg.) (1988): Tierschutz durch Alternativen. Gustav Fischer Verlag, Stuttgart, New York

Schweitzer, A. (1923): Kultur und Ethik. Nachdruck, Verlag C.H. Beck, München.

Schweizerische Akademie der Medizinischen Wissenschaften und Schweizerische Akademie der Naturwissenschaften SAMW/SANW (1983): Ethische Grundsätze und Richtlinien für wissenschaftliche Tierversuche, SAMW/SANW, 3011 Bern.

Schweizerischer Nationalfonds zur Förderung der wissenschaftlichen Forschung (1988): Alternativmethoden zum Tierversuch, Schweiz. Nationalfonds, Bern.

Smyth, D.H. (1982): Alternativen zu Tierversuchen. Gustav Fischer Verlag, Stuttgart.

Stauffacher M. (1993): Tierschutzorientierte Labortierethologie in der Tiermedizin und in der Versuchstierkunde – ein Beitrag zum Refinement bei der Haltung von und im Umgang mit Versuchstieren, in: Schöffl, H., Spielmann, H., und Tritthart, H.A. (Hrsg.) (1993): Alternativen zu Tierversuchen in Ausbildung, Qualitätskontrolle und Herz-Kreislauf-Forschung. Springer Verlag, Wien, New York.

Stern, H. (1979): Tierversuche in der Pharmaforschung. Kindler, München.

Stiftung Forschung 3 R: Jahresberichte, CH-3110 Münsingen.

Szinicz, G., Beller, S., Zerz, A., und Bodner, W. (1994): Die Pulsierende Organperfusion als Möglichkeit zur Reduktion von Tierversuchen in der Ausbildung in minimal-invasiven Operationstechniken, ALTEX 11, 40–43.

Thomann, P. (1984): Labortierkunde und medizinische Forschung. Swiss Vet 4, 6–12.

Weibel, E.R. (1985): Der Konflikt des Tierversuchs. In: Svilar, M. (Hrsg.): Mensch und Tier. Verlag Lang, Bern, 175–199.

Zbinden, G. (1983): Ethik und Arzneimittelforschung, Bundesgesundheitsamt Berlin, bga-Schriften 1983, 13–15.

Zbinden, G. (1985): Menschen, Tiere und Chemie. M.T.C. Verlag, Zollikon.

Zbinden, G. (1989): Medizinische Forschung und Tierversuche. In: Reinhardt, Ch. (Hrsg.): Sind Tierversuche vertretbar? Zürcher Hochschulforum.

Zbinden, G., und Flury-Roversi, M. (1981): Significance of the LD 50 test for the toxicological evaluation of chemical substances. Arch. Toxikol. 47, 77–79.

Zutphen, van, L.F.M., Baumans, V., and Beynen, A.C. (1993): Principles of laboratory animal science. A contribution to the human use and care of animals and to the quality of experimental results. Elsevier, Amsterdam, London, New York, Tokyo.

Für Alternativmethoden zu Tierversuchen relevante Organisationen und Dienststellen

Europäische Union:
ECVAM (European Centre for the Validation of Alternative Methods), JRC Environment Institute, I-21020 Ispra, Italien

Deutschland:
Akademie für Tierschutz, Spechtstraße 1, D-85579 Neubiberg
BEO (Projektträger Biologie, Energie, Ökologie des Bundesministers für Forschung und Technologie), Postfach 1913, D-52425 Jülich
SET (Stiftung zur Förderung der Erforschung von Ersatz und Ergänzungsmethoden zur Einschränkung von Tierversuchen); Kaiserstraße 60, D-55116 Mainz
ZEBET/BgVV (Zentralstelle zur Erfassung und Bewertung von Ersatz- und Ergänzungsmethoden zum Tierversuch im Bundesinstitut für gesundheitlichen Verbraucherschutz und Veterinärmedizin), Postfach 330013, D-14191 Berlin

Österreich:
BMWV (Bundesministerium für Wissenschaft und Verkehr), Minoritenplatz 5, A-1014 Wien
MEGAT (Mitteleuropäische Gesellschaft für Alternativmethoden zu Tierversuchen), Postfach 748, A-4021 Linz
ZET (Zentrum für Ersatz- und Ergänzungsmethoden zu Tierversuchen), Postfach 210, A-4021 Linz

Schweiz:
BVET (Bundesamt für Veterinärwesen, Abteilung Tierschutz, Sektion Tierversuche und Alternativmethoden), Schwarzenburgstrasse 161, CH-3003 Bern
FFVFF (Stiftung Fonds für versuchstierfreie Forschung), Biberlinstrasse 5, CH-8032 Zürich
Stiftung Forschung 3R, Dorfplatz 5, CH-3110 Münsingen

Jagd

A. W. HERLING, A. HERZOG UND W. KRUG

▪ Einleitung

Jagd in der Gegenwart stellt die nachhaltige Nutzung und Bewirtschaftung bestimmter freilebender Wirbeltierpopulationen, die dem Jagdrecht unterliegen, unter Berücksichtigung wildbiologischer Zusammenhänge dar. Die Verpflichtung der Jagd zur „Nachhaltigkeit" macht deutlich, daß Jagd nicht als Ausbeutung und Zerstörung natürlicher Ressourcen mißverstanden oder mißbraucht werden darf. Jagdliche Tiernutzung muß in Verantwortung für die natürlichen Lebensgrundlagen von Mensch, Tier und Pflanze erfolgen und auf die beständige Regeneration der freilebenden Wildbestände ausgerichtet sein (Hennig, 1988).

Jagdliches Handeln muß integriert sein in die Verantwortung für Umwelt und Natur und ökologisch vertretbar sein. Dabei befindet sich die Jagd in einer Konfliktsituation zwischen Umwelt- und Naturschutz einerseits sowie dem Tierschutz andererseits. So fordern Forstwirtschaft und Naturschutz zum Teil weit höhere Abschußquoten für einzelne Wildtierarten, während der Tierschutz sich um das Leben des Einzeltieres sorgt.

Dem grundsätzlichen „individuellen Lebensschutz" eines jeden einzelnen Wildtieres kann die Jagd zwangsläufig nicht entsprechen. Die jagdliche Verantwortung hinsichtlich des „Lebensschutzes" besteht nicht in dem Erhalt des Individuums, sondern in dem Erhalt der Vielfalt der freilebenden Wildtierarten (Spaemann, 1984). Gleichwohl ist jegliche Jagdausübung grundsätzlich dem „individuellen Schutz des Wohlbefindens" der jagdbaren Tiere verpflichtet. Die jagdliche Tiernutzung muß in Ehrfurcht vor der belebten Natur und in hoher Verantwortung mit dem Bewußtsein der Leidensfähigkeit aller jagdbaren Tierarten erfolgen.

Die Wertigkeit des Lebens und die Leidensfähigkeit aller jagdbaren Tierarten sind grundsätzlich als gleich anzusehen. Sie gehören den warmblütigen Wirbeltieren an, die aufgrund ihres Nervensystems als leidensfähig angesehen werden müssen. Somit sind die Wertigkeit des Lebens und die Leidensfähigkeit eines Kaninchens und eines Rothirsches identisch. Demzufolge hat der Schuß auf ein Kaninchen mit der gleichen Sorgfalt zu geschehen wie der Schuß auf einen Rothirsch.

Gegenüber diesem ethisch vertretbaren Verständnis der Jagd muß die Jagd auf vom Aussterben bedrohte Tierarten weltweit als irreparabler Frevel an der Natur gebrandmarkt werden. Ebenso sind einzelne Jagdpraktiken abzulehnen, die charakterisiert sind als „Schießsport auf lebende Ziele", wie die alsbaldige Bejagung von ausgesetzten, industriell aufgezogenen Fasanen, Rebhühnern oder Enten. Die Hetzjagd (Parforcejagd), bei der die Hundemeute selbständig das Wild jagt, ohne daß der Jäger Einfluß auf den Jagdverlauf nehmen kann, führt zwar zu einem „tierartgerechten" Tod des Beutetiers (der Wolf würde auch nicht anders jagen), der jedoch infolge der natürlichen Grausamkeit des Tötungsgeschehens aufgrund tierschutzethischer Überlegungen nicht durch den Menschen initiiert werden darf. Daher ist die Hetzjagd in ihrer ursprünglichen Form immer abzulehnen und gesetzlich unzulässig. Qualitativ vergleichbar ist die Beizjagd („Falknerei") mit abgerichteten Greifvögeln zu beurteilen. Sie ist gesetzlich zulässig, tierschutzethisch problematisch und in der gegenwärtigen Jagdpraxis nur von marginaler Bedeutung.

Jagd und Waidgerechtigkeit

Die Jagdausübung erstreckt sich auf das Aufsuchen, Nachstellen, Erlegen und Fangen von Wild. Als *jagdbares Wild* werden bestimmte freilebende warmblütige Wirbeltierarten definiert, die nicht in der Obhut des Menschen gehalten werden. Ziel der Jagd ist die nachhaltige Nutzung und Bewirtschaftung freilebender Wildbestände unter Berücksichtigung ökosystemischer und wildbiologischer Zusammenhänge. Das bedeutet die Erhaltung eines den landschaftlichen Verhältnissen angepaßten, artenreichen und gesunden Wildbestandes. Die gesetzlichen Regelungen der Jagd in den einzelnen Ländern enthalten mehr oder wenige zahlreiche Bestimmungen, die dem Tierschutzgedanken entspringen, wie das Gebot der Schonung der zur Aufzucht der Jungen erforderlichen Elterntiere, Schonzeitbestimmungen, das Gebot der Fütterung in Notzeiten, Verbot der Nachtjagd für die meisten Wildarten, Abschußbegrenzungen, die Pflicht zur Hege, Verbot der Jagd an Fütterungen, die Wildfolgeregelung über die Reviergrenzen hinaus bei der Nachsuche nach krankem oder verletztem Wild sowie den Schutz des Wildes vor wildernden Hunden und Katzen.

Der unbestimmte und historisch gewachsene Begriff der *Waidgerechtigkeit* ist ein ungeschriebener Kodex von Verhaltensmaßregeln bei der Jagd. Er beinhaltet u. a. das gesetzeskonforme Verhalten und die Achtung vor dem Mitgeschöpf.

Daß der Tierschutzgedanke bisher nicht ausreichend und zeitgemäß in den gesetzlichen Regelungen der Jagd in den einzelnen Ländern verankert wurde und bisher nicht genügend Eingang in den Begriff der Waidgerechtigkeit gefunden hat, ist zu bedauern. Der Inhalt der sogenannten Waidgerechtigkeit hat in der Geschichte fortlaufende Änderungen erfahren. Feudale Hetzjagden auf Wild, Massentötungen von zu diesem Zweck gehaltenen Tieren, die Anwendung von Vogelleim, Schlingen und Tellereisen sind heute abzulehnen und je nach den gesetzlichen Bestimmungen der einzelnen Länder weitgehend verboten; sie wurden früher einmal als durchaus waidgerecht angesehen. Der Jägerschaft ist vorzuwerfen, daß die Fortentwicklung des Tierschutzes in der Jagd weniger von ihr selbst als überwiegend aufgrund von Kritik von außen erfolgte. Beispiele sind das Verbot der Schärfe- und anderer Prüfungen von Hunden an lebenden Tieren, die Bejagung von ausgesetztem Wild und die Diskussion um die Fallenjagd. Kritik an manchen Erscheinungen der heutigen Jagd ist berechtigt; Kritik ist positiv zu sehen, wenn sie dazu beiträgt, den Tierschutzgedanken vermehrt in das Jagdrecht und das Verhalten der Jäger einzubringen.

Der gezielte Tötungsschuß

Jeglicher Schußwaffengebrauch bei der paktischen Jagdausübung zielt immer darauf ab, jagdbare Wildtiere durch einen gezielten Tötungsschuß (Kugel/Schrot) plötzlich und für das Tier überraschend unter Vermeidung von Schmerzen zu töten. Der *Blattschuß* (Schuß in den Brustraum) mit der Kugel, bei dem das beschossene Tier die größte Zielfläche des Körpers bietet, führt mit hoher Wahrscheinlichkeit zum sofortigen oder kurzfristigen Tod durch Zerstörung lebenswichtiger Organe (Herz, Lunge, Blutkreislauf u. a.). Die Schußwirkung beruht darüber hinaus auf der Schockwirkung im Bereich des Schußkanals auf das Nervensystem und wirkt weiterhin durch das Entstehen einer temporären Wundhöhle mit Auswirkung auf entfernt liegende Organe (Keil et al., 1991). Der *Schrotschuß* führt durch den schlagartigen Nervenschock auf der Körperoberfläche auch ohne Eindringen von Schrotkörnern in lebenswichtige Organe zur Unterbechung der Lebensfunktion (Herz- und Atemstillstand).

Inwieweit die Tötung von Wild durch den Schuß der Forderung des Tierschutzes, wonach nur unvermeidbare Schmerzen akzeptiert werden dürfen, gerecht wird, hängt von der Waffe, also Kugel oder Schrot, der Fähigkeit des Schützen, der Beweglichkeit des Ziels und von den Faktoren wie Entfernung und Lichtverhältnissen ab. Während ein sicherer Schütze ein unbewegliches Ziel mit dem Kugelschuß in über 95 % der Fälle sicher treffen kann, sinkt die sofort sicher tötende Trefferquote auf bewegliche Ziele naturgemäß erheblich, nicht selten auf unter 1/3 der abgegebenen Schüsse. Entsprechend höher liegt dabei der Anteil nur verletzter Tiere, die durchaus nicht in jedem Fall erfolgreich nachgesucht werden können. Jagdmethoden, bei denen meist auf in Bewegung befindliches Wild geschossen wird, sind *Treibjagden* (laute Jagden mit vielen Treibern und Hunden), *Drückjagden* (ruhige Jagden mit wenigen Treibern) und die neuerdings als *Bewegungsjagden* bezeichneten, bei denen mit freilaufenden Hunden, die das Wild hochflüchtig machen, gejagt wird. Zwischen diesen Jagdmethoden gibt es fließende Übergänge. Sie sind aus der Sicht des Tierschutzes weitaus bedenklicher als die ruhige Einzeljagd.

Der Schrotschuß auf bewegliche Ziele ist in der Regel problematischer zu sehen als der Kugelschuß. Besondere Gefahren liegen in zu weiten Schüssen und der Verletzung von Tieren durch Randschrote. Aus diesem Grund sind Bestrebungen, den Schrotschuß auf Rehwild zuzulassen, aus Gründen des Tierschutzes abzulehnen.

Unter tierschutzethischen Gesichtspunkten ergeben sich folgende **Leitsätze für das Erlegen von Wild:**

1. Der Schußwaffengebrauch hat nur zu erfolgen, wenn der Jäger sicher ist, daß er das Wild tödlich treffen kann. Die sichere Tötung des Wildes bestimmt somit die zulässige Schußweite. Der sichere Schuß auf sich nicht bewegendes Wild ist einem Schuß auf flüchtiges Wild oder fliegendes Federwild vorzuziehen.
2. Der Jäger hat bei einem nicht tödlich getroffenen Wildtier immer zu versuchen, unverzüglich einen zweiten Schuß abzugeben. Der zweite Schrotschuß auf Niederwild (z. B. Hase, Kaninchen, Ente, Fasan) ist dem Töten durch den Jagdhund unbedingt vorzuziehen. Der vermeintliche Wildbretverlust ist der schnellen Tötung des Wildes unterzuordnen.

3. Bei dem ersten Kontakt des Jägers mit dem beschossenen Wildtier hat sich der Schütze unverzüglich von dem Tod des Tieres zu überzeugen. Bei noch lebendem Wild hat der Jäger durch geeignete Maßnahmen umgehend den Tod tierschutzgerecht herbeizuführen: in der Regel *Fangschuß* (tötender Schuß auf relativ kurze Entfernung auf angeschossenes bzw. krankes Wild) bei Schalenwild (Paarhufer; z. B. Rot-, Reh-, Muffel-, Schwarzwild) und Raubwild (z. B. Fuchs); *Tötungs*- bzw. *Betäubungsschlag* und Eröffnung der großen Gefäße zum Entbluten bei allem übrigen Niederwild.

Grundsätzliche Voraussetzung für das tierschutzgerechte Erlegen von Wild ist die verantwortungsvolle Selbstdisziplin des Jägers bei der Schußabgabe. Sie muß gekennzeichnet sein durch eine realistische Einschätzung der Tötungswahrscheinlichkeit unter Berücksichtigung von technischer und persönlicher Treffsicherheit bei den gegebenen Umständen in Relation zur Schußentfernung. Der unmittelbare zweite Schuß bei nicht mit dem ersten Schuß sofort tödlich getroffenem Wild ist tierschutzethisch immer geboten und allen anderen Tötungsmaßnahmen vorzuziehen und hat Gültigkeit für alles Wild. In der jagdlichen Praxis ist häufig der zweite Schuß mit Schrot auf angeschossenes Niederwild nicht so selbstverständlich wie der zweite Schuß mit der Kugel auf Schalenwild. Aus tierschutzethischen Überlegungen ist der zweite Schuß auch mit Schrot auf angeschossenes Niederwild allen anderen Tötungsmethoden vorzuziehen (Schulze, 1972). Wenn der Jäger dennoch bei dem ersten Kontakt mit dem beschossenen Wildtier noch Lebenszeichen feststellt, muß er auch beim Niederwild den Tod des Tieres unmittelbar tierschutzgerecht herbeiführen.

Erfahrungsgemäß sollte ein Herantreten an das beschossene Schalenwild mit einer gewissen zeitlichen Verzögerung erfolgen. Bei tödlich getroffenem, aber noch nicht verendetem Schalenwild wird durch zu frühes Herantreten an das beschossene Wild unnötiges Leiden durch angstvolle Fluchtversuche provoziert. Stellt man bei der Annäherung an das beschossene Tier noch Lebenszeichen fest, so muß die weitere Annäherung derart erfolgen, daß man möglichst von dem Wildtier ungesehen und gegen den Wind so nahe herantritt, daß ein sicherer Fangschuß abgegeben werden kann. Der Fangschuß auf Entfernungen unter 10 Meter mit der Langwaffe über Zielfernrohr auf den Hals des Tieres (Trägerschuß) führt infolge der abweichenden Treffpunktlage bei derart kurzen Entfernungen häufig zu Fehlschüssen oder gar zusätzlichen Verletzungen. Für den Fangschuß auf kurze Entfernungen ist entweder das Zielfernrohr abzunehmen oder eine großkalibrige Faustfeuerwaffe zu verwenden.

Das Abfangen oder Abnicken mit der blanken Waffe (Messer, Saufeder) ist aus heutiger Sicht abzulehnen; beim *Abfangen* wird das Messer oder die Saufeder (eine vom 16. bis 18. Jahrhundert verbreitete Stangenjagdwaffe von etwa 2 m Länge mit breitem, in der Mitte gegratetem Spießeisen, das am Ansatz mit einem Knebel ausgestattet ist) in der Höhe des Herzens und der großen Blutgefäße in den Brustkorb eingestochen; beim *Abknicken* erfolgt der Stich bei abgebeugtem Kopf zwischen Hinterhauptbein (Os occipitale) und erstem Halswirbel (Atlas) zur Durchtrennung des Rückenmarks.

Wo diese Leitsätze für tierschutzgerechtes Töten bei der Jagd nicht mit der traditionellen Auffassung von „Waidgerechtigkeit" übereinstimmen (z. B. Ablehnung von Schrotschuß auf sitzenden Hasen oder laufenden Fasan und zweiter Schuß mit Schrot auf angeschossenes Niederwild), ist ein Umdenkungsprozeß innerhalb der Jägerschaft erforderlich.

■ Nachsuche

Die Nachsuche von angeschossenem Wild stellt eine tragische, aber im praktischen Jagdbetrieb nicht grundsätzlich vermeidbare Ausnahmesituation dar. Darüber hinaus gewinnt die Nachsuche von Wild, das im Straßenverkehr angefahren wurde, eine zunehmend größere Bedeutung. Ziel jeder Nachsuche ist es, den Tod des angeschossenen oder angefahrenen Wildtieres möglichst schnell zu bestätigen oder tierschutzgerecht durch einen Fangschuß herbeizuführen. Jede Nachsuchesituation ist für das betreffende Wildtier eine Tragödie, die vor Eintritt des Todes mit Schmerzen, Leid, Angst und Belastung verbunden ist. Gut ausgebildete und erfahrene Jagdhunde einschließlich ihrer Hundeführer sind für die Nachsuche unentbehrlich.

Die Nachsuche muß grundsätzlich übergreifend über Reviergrenzen hinweg *(Wildfolge)* durchführbar sein. Inwieweit das tatsächlich rechtlich erlaubt ist, hängt von den Gesetzen des jeweiligen Landes ab. Grundsätzlich ist bei jedem Überwechseln eines angeschossenen oder anderweitig verletzten Wildtieres über die Reviergrenze die verantwortliche Person des betreffenden Nachbarreviers unverzüglich zu informieren.

■ Jagdgebrauchshunde

Das Jagdgebrauchshundewesen ist durch sachliche Notwendigkeiten, aber auch traditionelle „Gewohnheiten", gekennzeichnet. Für den praktischen Jagdbetrieb sind gut ausgebildete und jagdpraxiserfahrene Gebrauchshunde unerläßlich, wie z. B. Schweißhunde für die Nachsuche von Schalenwild. Unter jagdsachlichen Gesichtspunkten ist es jedoch unnötig, daß in der Jägerschaft soviele Jagdhunde mit dem häufig nicht gerechtfertigten Anspruch, jagdtauglich zu sein, gehalten werden. Die Ausbildung der Jagdhunde war und ist immer noch stark durch traditionell übernommene Praktiken gekennzeichnet, die unter Tierschutzaspekten abgelehnt werden müssen.

Ziel der Erziehung, Ausbildung und des Einsatzes von Jagdhunden dürfen nur solche Leistungen sowie Verhaltens- und Bewegungsabläufe sein, die in der Tierart, der Rasse sowie in dem einzelnen Tierindividuum von Natur aus angelegt sind. Nur wenn Körper und Verhalten der Hunde für die angestrebten Leistungen geeignet sind, kann das Ausbildungs- und Einsatzziel erreicht werden. Es liegt in der Verantwortung des Ausbilders, Eignung und Grenzen des Jagdhundes zu erkennen. Dabei sind rassespezifische Eigenschaften zu berücksichtigen. Bei der Ausbildung ist insbesondere folgendes abzulehnen:
– unangemessene Härte,
– Hilfsmittel, die Schmerzen und Leiden verursachen (z. B. „Strafschuß", d. h. der Schrotschuß auf weite Entfernungen, damit keine tödliche Schußwirkung eintritt),
– das Hetzen auf und Verfolgen von Menschen,
– die Ausbildung an lebenden Tieren (z.B. Enten, Fuchs),
– zu frühe, dem Alter und Entwicklungsstand des Hundes nicht angepaßte Belastung sowie
– Dressuren, die ein nicht-arttypisches Verhalten erzwingen.

Der „Strafschuß" verstößt gegen das

Tierschutzgesetz und ist erzieherisch wertlos, trotzdem wird er in der Jagdhundeausbildung offenbar noch vereinzelt eingesetzt. Als Zufallsbefund werden zuweilen bei Röntgenuntersuchungen von Jagdhunden zahlreiche Schrotkörner festgestellt; ungewolltes Anschießen der Hunde im Jagdbetrieb ist die regelmäßge Erklärung. Dieser Erklärungsversuch weist jedoch gleichzeitig auf eine bedenkliche Schußdisziplin mancher Jäger hin. Wenn ein Jagdhund durch den gezielten Schrotschuß auf ein Wildtier ebenfalls getroffen werden kann, und sei es durch Randschrote, hat der Schuß zu unterbleiben.

Die Ausbildung des Jagdhundes auf der Schwimmspur hinter der flugunfähig gemachten lebenden Ente ist für die Jagdhundezucht praktisch bedeutungslos. Bearbeitet man die Zuchtprüfungsergebnisse zuchtstatistisch, so ergibt sich sowohl für das Fach „Stöbern hinter der Ente" wie auch für das Fach „Verlorenbringen aus tiefem Schilfwasser" die Tatsache, daß etwa 80 % und mehr der geprüften Hunde überdurchschnittlich gut beurteilt werden. Außerdem handelt es sich bei der Wasserarbeit, insbesondere hinter der Ente, um ein quantitatives Merkmal, das polygen vererbt wird. Dies bedeutet, daß Umwelteinflüsse (umweltbedingte Variation) bei der Merkmalbildung beteiligt sind, die bei ähnlichen Merkmalen in der Nähe von 93 % liegen, d. h., nur etwa 7 % sind genetisch bedingte Variation (= züchterischer Spielraum). Aufgrund dieser Tatsachen und der fast durchweg guten Beurteilung der Jagdhunde in diesem Fach wird deutlich, daß dieses Ausbildungs- und Prüfungsfach für eine züchterische Bearbeitung nicht besonders geeignet ist. Ähnlich ist es mit dem Merkmal „Bauarbeit" mit dem lebenden Fuchs im Kunstbau.

Jagdhundehaltung bedeutet, Jagdgebrauchshunden artgemäße und verhaltensgerechte Lebensbedingungen, Bewegungsfreiraum und jagdliche Betätigung zu gewährleisten. Sie bedürfen täglich hinreichender Bewegung und entsprechend ihrer angeborenen Anlagen und erworbenen Eigenschaften einer danach ausgerichteten regelmäßigen Beschäftigung und jagdlicher Einsätze. Ungenügende Inanspruchnahme der Hunde kann zu Verhaltensstörungen führen. Für einen Jagdgebrauchshund müssen Leistungsvermögen, Beschäftigungs- und Einsatzmöglichkeit im Jagdbetrieb stets in Einklang stehen. Die Verwendung jagdlich wenig erfahrener Hunde im praktischen Jagdbetrieb ist häufig mit Mißerfolg, einschließlich tierschutzrelevanter Folgen, verbunden.

Der Einsatz des brauchbaren Jagdhundes bei der Nachsuche (Arbeit nach dem Schuß, Verkehrsunfall) ist aus der Sicht des Tierschutzes unproblematisch. Der Hundeeinsatz dient dabei der Abkürzung des Leidens oder dem Auffinden des verendeten Wildes. Der Einsatz vor dem Schuß, wie jener der Vorstehhunde bei der klassischen Form der Suchjagd auf Niederwild, ist heute nur noch in wirklich niederwildreichen Revieren gerechtfertigt.

Aufgrund tierschutzethischer Überlegungen verbietet sich die Hetzjagd, bei der der Jagdverlauf überwiegend durch die Hunde und weniger durch den Jäger selbst bestimmt wird. Das Verfolgen von Wild durch Jagdhunde bei Drückjagden auf Schalenwild oder neuerdings als Bewegungsjagden bezeichneten Jagdmethoden kann dem Verbot des Hetzens sehr nahe kommen. Bei größeren und schnellen Hunden kann, wenn diese frei jagen, nie ausgeschlossen werden, daß Wild von diesen gestellt und getötet wird. Die Beunruhigung auch der nicht zu bejagenden Wildarten ist bei diesen Jagdarten erheblich und der Schuß auf hochflüchtiges Wild unsicher. Darüber hinaus ist die Wildbretqualität eines nach längerer Hetze erlegten Wildtieres aus Sicht der Fleischhygiene bedenklich.

Das Töten von verletztem Wild durch den Jagdhund ist, wenn eine andere Möglichkeit besteht, abzulehnen. Die Leiden eines verletzten Tieres sind immer auf die schnellste und wirkungsvollste Weise, z. B. durch einen Fangschuß, zu beenden.

Fangjagd

Nur sofort tötende, streng selektiv oder sicher unversehrt fangende Fangvorrichtungen entsprechen den Tierschutzforderungen für die Fangjagd. Alle anderen Fangmethoden sind abzulehnen (Tellereisen, Schlingen). Die gegenwärtige Bedeutung der Fangjagd ist marginal.

Totschlagfallen sind nur dann vertretbar, wenn sie aus Gründen des Artenschutzes selektiv fangen und das gefangene Wild tatsächlich unverzüglich unter Vermeidung von Schmerzen und Leiden töten. Ein selektiver Fang wird durch den Bau eines Fangbunkers, in dem sich die Totschlagfalle befindet, mit definierten Einlauföffnungen erreicht. Die Beschaffenheit der Falle muß durch das Zuschlagen der Bügel einen Schockzustand des gefangenen Tieres und die Zerstörung lebenswichtiger Organe, die innerhalb von Sekunden zum Tod führt, gewährleisten. Die Tötungswahrscheinlichkeit muß in der Dimension von > 95 % liegen, damit diese Tötungsart ethische Akzeptanz finden kann. Diese Tötungswahrscheinlichkeit zu erreichen, ist primär ein technisches Problem und eine Frage der Sachkunde des Fallenstellers.

Eindeutig abzulehnen sind alle auf Tritt oder Druck eines Tieres auszulösenden Fallentypen, da diese weder die Selektivität noch den sofortigen schmerzlosen Tod ausreichend sicher gewährleisten. Den Anforderungen des Tier- und Artenschutzes genügen solche Abzugseisen (Auslösung des Schlagmechanismus durch Aufnahme eines Köders), die unter den Begriffen „Schwanenhals" oder „Berliner Eisen" für den Fang von Füchsen eingesetzt werden, sowie Eiabzugseisen für den Fang von Mardern. Unabdingbare Voraussetzung für den Einsatz dieser Fallen sind hochwertiges Material, technisch einwandfreie Funktion sowie sachgerechte und fachmännische Handhabung (Pohlmeyer, 1992).

Lebendfangfallen sind aus Tierschutzgründen grundsätzlich als wesentlich bedenklicher einzustufen als funktionsfähige Totschlagfallen. Der Tod durch die Totschlagfalle ereignet sich für das Wild so überraschend und plötzlich wie bei dem gezielten Tötungsschuß. Im Gegensatz dazu gerät das Tier beim Lebendfang zunächst in eine plötzliche Zwangslage, die eine psychische Streßsituation darstellt. Diese Situation wird offenbar von den einzelnen Raubwildarten unterschiedlich wahrgenommen und kompensiert. Für Fuchs, Waschbär und Marder als nachtaktive Tierarten und Höhlenbewohner stellt die plötzliche Zwangslage in einer dunklen Falle nach Meinung von Pohlmeyer (1992) offenbar keine gravierende Belastung dar. Als wesentliche Bedingung muß erfüllt sein, daß nach dem Fang der Falleninnenraum verdunkelt ist. Alle offenen, allseitig einsehbaren Drahtkonstruktionen sind somit abzulehnen. Der Vorteil unversehrt lebendfangender Fallen besteht in der absoluten Gefahrlosigkeit für den Menschen und der Möglichkeit, geschützte Tiere wieder in die Freiheit entlassen zu können. Lebendfangende Fallen fangen nicht selektiv. Die gefangenen Tiere lassen sich aber selektieren. Das Töten des lebend gefangenen Raubwildes hat tierschutzgerecht zu erfolgen. Der Fangschuß mit der Faustfeuerwaffe in der Falle oder dem Fangkorb ist grundsätzlich anderen Methoden vorzuziehen.

Der Lebendfang von Wieseln ist abzulehnen. Wiesel werden häufig tot aus der Lebendfangfalle, die eigentlich lebend fangen sollte, geborgen. Sie verenden an akutem Herzversagen. Wiesel zeigen offenbar eine tierartspezifische Besonderheit ihres Verhaltens. Durch die plötzliche Zwangslage geraten sie in eine ausweglose Streßsituation, die letztlich zum Erschöpfungstod durch psychische und physische Überbeanspruchung führt.

Die Sachkunde für die Durchführung der Fangjagd kann bei Berufsjägern und erfahrenen Jagdaufsehern meist unterstellt werden. Die bei der Vorbereitung zur Jägerprüfung durchgeführte diesbezügliche Ausbildung ist allerdings als nicht ausreichend anzusehen; es ist daher eine zusätzliche Prüfung der Sachkunde für Jäger zu fordern, die die Fangjagd tatsächlich praktizieren wollen. Weiterhin ist die Fangjagd auf den Einsatz geprüfter Fallentypen nach einer noch zu erarbeitenden Norm zu beschränken.

Fang und Tötung wildlebender Tiere außerhalb des Jagdrechts

Weitaus mehr wildlebende Wirbeltiere als im Rahmen der Jagd werden bei sogenannten „Schädlingsbekämpfungsmaßnahmen" in Wald, Feld und im menschlichen Siedlungsbereich gefangen und getötet.

In befriedeten Bezirken (z. B. Haus, Hof, Gärten), die keinem Jagdbezirk angegliedert sind, kann der Verfügungsberechtigte auch jagdbare Tiere wie Fuchs, Marder, Iltis, Wiesel und Wildkaninchen mit je nach Landesgesetzen geringen Abweichungen fangen und töten, in manchen Ländern auch in der Zeit der Aufzucht abhängiger Jungtiere. Die Tierschutzrelevanz des Tierfangs ist in diesem Sektor weitaus größer als bei der Fangjagd, da auch im Jagdrecht verbotene, tierschutzwidrige Fangvorrichtungen, einschließlich der verschiedenen Eigenkonstruktionen, zum Einsatz gelangen, dazu in der Regel ohne Sachkunde des Fängers und ohne Berücksichtigung von Schonzeiten (Krug und König, 1993).

Der Fang der Bisamratte durch autorisierte Bisamfänger ist dagegen aus der Sicht des Tierschutzes günstiger zu beurteilen. Das zulässige Fallensortiment ist beschränkt. Artenschutzrelevante Fehlfänge lassen sich auf unter 1 % der Fänge bei sachkundiger Auswahl des Fangplatzes reduzieren. Von Fehlfängen können Wildenten, Teichhühner und Rabenvögel betroffen sein. Völlig vermeiden lassen sich Fehlfänge mit Ausnahme von Ratten beim Bisamfang in Fangbunkern, wie sie bei der Fangjagd mit Totschlagfallen empfohlen werden.

Wildlebende Tiere werden ferner aus Gründen wissenschaftlicher Untersuchungen von Zoologen, Vögel zur Beringung sowie aus Gründen des Artenschutzes zur Wiederaussetzung gefangen. Auf behördliche Anordnung werden Kaninchen auf Friedhöfen und Parkanlagen gefangen. Tierschützer fangen herrenlose, verwilderte Katzen ein, um diese zu kastrieren. Die zum Einsatz gelangenden lebendfangenden Fangvorrichtungen unterscheiden sich dabei nicht von denen, die im Rahmen der Jagd verwendet werden.

Die größten Tierschutzprobleme bestehen in der Schädlingsbekämpfung und der „Jagd" in Haus, Hof und Garten durch jedermann, sowohl was die betroffene Tierzahl, die artenschutzrelevante Selektivität, die verwendeten Fanggeräte als auch die Sachkunde anbelangt. Der Tierfang durch jedermann im menschlichen Siedlungsbereich entzieht sich darüber hinaus der Überprüfbarkeit, so daß dessen Verbot oder Beschränkung auf sachkundige Beauftragte kaum durchsetzbar erscheint. Der beste Weg zur Erfüllung der Forderungen des Tierschutzes muß daher in der Überprüfung aller Fangvorrichtungen und dem Verbot von Herstellung, Vertrieb und Erwerb bedenklicher Fanggeräte gesehen werden. Weiterhin sollten den in befriedeten Bezirken gefangenen Wildtieren dieselben Schonzeiten gewährt werden, wie sie das Jagdrecht vorsieht, zumindest während der Aufzucht der abhängigen Jungen, die bei der jetzigen Rechtslage beim Fang des Muttertieres zum Verhungern verurteilt sind.

Überlebenssituation in Notzeiten zusätzlich verschärft wird. Aufgrund tierschutzethischer Erwägungen ist der Mensch verpflichtet, in Notzeiten helfend einzugreifen. Ein „Verhungernlassen" mit dem Ziel der natürlichen Auslese kann aus Sicht des Tierschutzes nicht akzeptiert werden. Ob Verbißschäden im Forst durch Fütterung des Wildes vermehrt oder reduziert werden, ist strittig und abhängig von der Art des angebotenen Futters. Die Fütterung des Wildes ist aus unterschiedlichen Gründen öfters übertrieben und mißbraucht worden. Bestrebungen, die Fütterung von Wild gänzlich zu untersagen, sind jedoch aus der Sicht des Tierschutzes höchst fragwürdig. Auswüchse der Fütterung des Wildes lassen sich auch ohne ein generelles Fütterungsverbot beseitigen.

Die Möglichkeit der Bejagung von Schwarzwild an der sogenannten Kirrung ist aus der Sicht des Tierschutzes zu begrüßen, da der erforderliche selektive Abschuß hierbei weitaus sicherer durchgeführt werden kann als auf Drückjagden.

Fütterung von Wild

Die Fütterung des Wildes in Notzeiten ist ein Teil der Hegepflicht und des Jagdschutzes. Die Pflicht zur Versorgung des Wildes in Notzeiten entspricht der Fürsorgepflicht des für Tiere Verantwortlichen in den Tierschutzgesetzgebungen. Wer ein Tier zu betreuen hat, muß eine angemessene Ernährung sicherstellen. Die Hege von Wild ist eine Betreuung herrenloser, jagdbarer Tiere. Die Beeinträchtigung der Lebensräume wildlebender Tiere durch landwirtschaftliche und forstliche Monokulturen bedeutet vielerorts das Fehlen der natürlichen Vielfalt ihrer Nahrungsgrundlage, wodurch die

Aussetzen von Wild

Das Aussetzen von künstlich aufgezogenem Wild mit dem Ziel der alsbaldigen Bejagung ist grundsätzlich abzulehnen. Dies betrifft insbesondere jagdbare Vogelarten wie den Fasan, das Rebhuhn und die Stockente. Das Aussetzen von künstlich aufgezogenen Tieren einer wildlebenden Art, die nicht auf die zum Überleben in dem vorgesehenen Lebensraum erforderliche Nahrungsaufnahme vorbereitet und an das Klima angepaßt sind, verbietet sich bereits aufgrund von tierschützerischen Überlegungen. Das Aussetzen von Fasanen aus der künstlichen Massenaufzucht gefährdet den vorhandenen, an das Überleben in Freiheit angepaßten Besatz, da es sich in der Regel um Zuchtrassen handelt, die in freier Wildbahn nur sehr geringe Überlebenschancen haben. Ein großer Teil der ausgesetzten Tiere fällt sehr bald Beutegreifern zum Opfer.

Gerechtfertigt ist das Aussetzen mit dem Ziel der Wiederansiedelung ausgestorbener oder der Stützung gefährdeter Arten unter Beachtung naturschutzrechtlicher Vorschriften und begleitender Maßnahmen zur Biotopverbesserung. In diesen Fällen hat eine jagdliche Nutzung selbstverständlich über Jahre hinaus zu unterbleiben. Weiterhin gerechtfertigt ist das Aussetzen von Wild im Einzelfall bei künstlicher Aufzucht, wenn das zur Brutpflege erforderliche Elterntier, z. B. bei der Heumahd, umkam und das Gelege anderweitig erbrütet wurde.

■ Abschuß von wildernden Katzen und Hunden

Der Abschuß von wildernden Katzen und Hunden erfolgt im Rahmen des Jagdschutzes. Befugt zur Tötung von wildernden Katzen und Hunden sind nur die *Jagdschutzberechtigten*, nicht jeder Jagdscheininhaber. Auch den herrenlosen, wildlebenden Tieren steht ein Schutz vor wildernden Hunden und Katzen zu. Die Tierverluste durch wildernde Hunde können erheblich sein, nicht nur beim Wild, sondern auch besonders bei Schafen in Koppelhaltung. Die beträchtliche Zahl verwilderter Katzen stellt ein großes Problem für den Tier- und Naturschutz dar. Verwilderte Haustiere haben weltweit zu schweren Problemen und Störungen des ökologischen Gleichgewichtes geführt. Verwilderte Katzen stellen aufgrund der Bastardierung die größte Gefahr für die verbliebenen echten Wildkatzen dar. Ein Verbot dieses Teils des Jagdschutzes würde einen einseitigen Tierschutz zu Gunsten streunender Hunde und Katzen bedeuten.

Die Befugnisse des Jagdschutzberechtigten nach den jeweiligen Landesgesetzen gehen jedoch teilweise weit über das für den Schutz wildlebender Tiere Erforderliche hinaus. Nicht die Tötung jedes Hundes, der sich aus dem Einwirkungsbereich seines Herrn entfernt hat, sowie jeder Katze, die umherstreunt, ist zum Schutz wildlebender Tiere erforderlich. Die Tötungsbefugnis sollte jagdrechtlich auf die Abwendung einer unmittelbaren Gefahr für Wildtiere durch notorisch wildernde Hunde und Katzen eingeschränkt werden unter Beachtung des Grundsatzes der Verhältnismäßigkeit und der Anwendung des mildesten Mittels. Läßt sich eine Katze oder ein Hund einfangen, ist ein Abschuß des Tieres in jedem Fall nicht zu vertreten. Der Schuß kann nur als letztes Mittel zur Abwendung einer unmittelbaren Gefahr akzeptiert werden. Wenn er unausweichlich ist, muß das wildernde Tier sicher getötet und gegebenenfalls auch nachgesucht werden.

■ Störungen von Wildtieren und Jagddruck

Wildlebende Tiere werden in einer dichtbesiedelten Landschaft bei zunehmender Freizeit des Menschen durch vielfältige sportliche Aktivitäten in Wald und Feld vermehrt in ihrem Wohlbefinden beeinträchtigt, wobei die Störung des natürlichen Tagesrhythmus sowie die Auslösung von Fluchtreaktionen, insbesondere in Zeiten der Nahrungknappheit, zu Schäden führen können. Dasselbe gilt für die Brut- und Aufzuchtperioden. Auch wenn die Störungen in der Regel unbeabsichtigt erfolgen, sind die Konsequenzen für wildlebende Tiere in stark von Erholungssuchenden beunruhigten Gebieten durchaus als tierschutzrelevant zu bezeichnen. Das Wild wagt sich nur noch bei Dunkelheit aus den sicheren Einständen; besonders bei Wiederkäuern kann die Störung des artgemäßen Rhythmus von Nahrungsaufnahme- und Ruhephasen zu Schäden führen. In stark besuchten Wintersportgebieten ist diese Problematik am stärksten ausgeprägt. Durch die Einrichtung von sogenannten *Wildruhezonen* wird versucht, der Störung von Wild durch Einschränkung des Rechts auf freies Betreten der Landschaft zumindest regional entgegenzuwirken. Das Schalenwild, das am Verlassen der Einstände durch häufige Beunruhigung gehindert ist, muß seinen Nahrungsbedarf im Forst decken, wobei es vermehrt zu den bekannten Schäden im Wald wie Verbiß- und Schälschäden kommt. Maßnahmen zur Verminderung der vom Menschen ausgehenden Beunruhigung des Wildes dienen dem Wohlbefinden des Wildes und dem Wald.

Die Ausübung der Jagd ist zwar durch die Schonzeiten der einzelnen Wildarten im Jahresablauf zeitlich begrenzt, sie kann grundsätzlich natürlich einen vergleichbaren Störeffekt bewirken wie Freizeitaktivitäten. Das wiederholte Abhalten von Jagden mit zahlreichen Jägern, Treibern und Hunden oder ständiges Pirschen im gleichen Revierviertel verursacht eine erhebliche Beunruhigung des Wildes. Eine alte Jägerweisheit besagt, daß mehr Reviere leergepirscht als leergeschossen wurden. In stark beunruhigten Revieren wird die vorgeschriebene Erfüllung des Abschußsolls bei Schalenwild immer schwieriger. Vermehrtes Nachstellen führt zu vermehrter Scheu des Wildes, die den jagdlichen Erfolg vermindert, so daß schließlich wiederum zu stark beunruhigenden Jagdmethoden mit zahlreichen Jägern, Treibern und Hunden Zuflucht genommen werden muß, um die erforderliche Reduktion der forstwirtschaftlich relevanten Wildarten zu erreichen.

Die Jagd muß mit möglichst wenig sicht- und hörbarem Aufwand und unter Vermeidung von Beunruhigung des Wildes erfolgen. Dabei gilt auch für die Einzeljagd zur Reduzierung von Jagddruck der Grundsatz: soviele erforderliche Abschüsse wie möglich, bei so wenig jagdlichen Einsätzen wie nötig. Der Jäger muß bemüht sein, das Wild durch die Ausübung der Jagd so wenig wie möglich zu stören, nicht zuletzt im eigenen Interesse.

Literatur

Hennig, R. (1988): Nachhaltigkeit als forstliches Wirtschaftsprinzip, als ethische Forderung und als landschaftsbiologische Funktion. Waldhygiene 17, 165–176.

Keil et al. (1991): Maßnahmen zur Verminderung freilebender Säugetiere und Vögel. Bestandsaufnahme, Berechtigung und tierschutzrechtliche Bewertung. Gutachten für das Bundesministerium für Ernährung, Landwirtschaft und Forsten. Bundesministerium für Ernährung, Landwirtschaft und Forsten, Rochusstr. 1, 53123 Bonn.

Krug, W., und König, R. (1993): Der Fang von Wirbeltieren aus tierschutzrechtlicher Sicht. Tierärztliche Vereinigung für Tierschutz, Iltissteig 5, 22159 Hamburg.

Pohlmeyer, K. (1992): Die Jagd mit Fallen unter dem Aspekt des Tierschutzes, Artenschutzes und der Sicherheit. Deutsche Tierärztliche Wochenschrift 99, 20–24.

Schulze, H. (1975): Tierschutzgerechtes Töten von Tieren auf der Jagd. In: Wissenschaftliche Tagung der Fachgruppe „Tierschutzrecht" der DVG in Hannover, 1975. Tierschutzgerechtes Töten von Wirbeltieren – Töten von Wirbeltieren aus der Sicht des Tierschutzgesetzes vom 24. Juli 1972, Schlütersche Verlagsanstalt und Druckerei.

Spaemann, R. (1984): Tierschutz und Menschenwürde. In: Händel, U. (Hrsg.): Tierschutz – Testfall unserer Menschlichkeit. Fischer Taschenbuch Verlag, Frankfurt.

Weiterführende Quellen

Dedek, J., und Steineck, Th. (Hrsg.) (1994): Wildhygiene. Gustav Fischer Verlag, Jena – Stuttgart.

DVG und VDH (1983): Leitlinien zur tiergerechten und tierschutzgerechten Zucht, Aufzucht, Haltung und Ausbildung von Hunden.

Ennulat, K., und Zoebe, G. (1972): Das Tier im neuen Recht. Verlag W. Kohlhammer, Stuttgart.

Fimmen, H.-O. (1972): Untersuchungen zur Zucht des Kleinen Münsterländer Vorstehhundes (Ein Beitrag zur Zuchtgeschichte und Entstehung der Rasse). Vet.-med. Diss., Gießen.

Geiger, G. (1973): Prüfungswesen und Leistungsvererbung beim Deutschen Drahthaarigen Vorstehhund (DD) (Populationsanalytische Untersuchungen anhand des Deutschen Gebrauchshundestammbuches und des Zuchtbuches Deutsch Drahthaar). Vet.-med. Diss., Gießen.

Herling. A. W. (1993): Jagd und Tierschutz. Deutsche Tierärztliche Wochenschrift 100, 156–159.

Herling. A. W. (1993): Gedanken zur Jagdethik mit Bezug zur Jagd in Deutschland. Zeitschrift für Jagdwissenschaften 39, 261–269.

Jung, E. (1980): Untersuchungen zur Zucht des Griffon in Deutschland (unter Berücksichtigung der Zuchtgeschichte). Vet.-med. Diss., Gießen.

Lorz, A. (1987): Tierschutzgesetz, Kommentar. Verlag C. H. Beck, München.

Nimz, A.-G. (1974): Populationsanalytische Untersuchungen zur Zucht des Deutschen Jagdterriers. Vet.-med. Diss., Gießen.

Ressing, W. (1983): Zucht im Wandel. Der Jagdgebrauchshund 19, 146–148.

Sacher, B. (1970): Statistisch-genetische Auswertungen von Zuchtbuchunterlagen bei Kleinen Münsterländer Vorstehhunden mit Hilfe der Elektronischen Datenverarbeitung (Ein Beitrag zur Populationsgenetik in der Jagdgebrauchshundezucht). Vet.-med. Diss., Gießen.

Sojka, K. (1981): Jagd und Tierschutz. Recht der Landwirtschaft 33, 253–256.

Angelfischerei

R. W. HOFFMANN UND B. OIDTMANN

Der Fischfang in den Binnengewässern wurde früher durch berufsmäßig ausgebildete Fischer wahrgenommen, die bereits seit dem Mittelalter in Zünften organisiert waren. Dabei regelten detaillierte Vorschriften Fangzeiten und Geräte, um auch langfristig einen Fischbestand zu erhalten. Erst im 19. Jahrhundert entwickelte sich die *Freizeitfischerei*, die von England ausgehend zunächst als Sportfischerei von der Berufsfischerei abgegrenzt wurde. Als Folge der industriellen Verunreinigung der Gewässer und des aus Gründen der Landmeliorisierung, des Hochwasserschutzes und der Schiffahrt vorgenommenen Ausbaus der Fließgewässer verschwand die berufliche Fischerei mehr und mehr. So finden sich haupt- und nebenberufliche Fischer heute nur noch an relativ wenigen Seen etwa Mecklenburgs, Brandenburgs und des Voralpenlandes sowie an vereinzelten Flußabschnitten und Bächen, während am Großteil der Oberflächengewässer die Fischerei durch Laien ausgeübt wird. Für diesen Personenkreis hat sich an Stelle des Sportfischers der Begriff des Angelfischers etabliert, da in der Regel nur dieses Fanggerät erlaubt ist, andererseits der Fang eines lebenden Tieres nie als Sport betrachtet werden kann. Die Angelfischerei wird heute von einer stetig wachsenden Zahl von Menschen ausgeübt.

In *Deutschland* wird die Angelfischerei durch die Fischereigesetze der Länder geregelt. Diese verlangen in der Regel eine Prüfung vor Erteilung des Fischereischeins. Weiterhin sehen die Fischereigesetze neben der Berechtigung, das Fischrecht auszuüben, auch eine Verpflichtung zur Hege des Gewässers und der Fische vor.

Grundsätzlich wird in letzter Zeit oft die Frage gestellt, ob die *Angelfischerei* überhaupt mit dem Tierschutzgedanken vereinbar sei.

Unbestritten ist heute, daß auch Fische schmerzempfindlich sind, wenn auch vielleicht nicht in einem dem höheren Wirbeltier vergleichbaren Ausmaß. Dabei spielt neben dem unmittelbaren *Schmerz* und der Verletzung an der Stelle des Hakensitzes in Maul- oder Kiemenhöhle, Schlund oder Kiemen vor allem der *Streß*, der aus der Einschränkung der Bewegungsfreiheit bei gleichzeitig einsetzendem starkem Fluchtreflex resultiert, die entscheidende Rolle (Klinger, 1988). Somit stellt der Vorgang des Angelns an sich ein erhebliches Leiden für den Fisch dar, dem in der Regel anschließend die Tötung folgt.

Allgemein sind die Zufügung von Schmerzen und Leiden und die Tötung eines Wirbeltiers nur bei Vorliegen eines *vernünftigen Grundes* erlaubt. Dieser ist analog den Verhältnissen in der Teichwirtschaft gegeben, wenn der Fisch mit dem Ziel der Gewinnung als Nahrungsmittel geangelt wird. Ein weiterer vernünftiger Grund kann auch in der Regulierung eines Fischbestandes (sog. Hege) liegen. Keinen vernünftigen Grund stellt dagegen die alleinige Freude an Fang und Drill des Fisches dar.

Hegemaßnahmen werden nötig in Gewässern, in denen als Folge der Gewässereutrophierung, verbunden mit der zu geringen Entnahme grätenreicher und damit heute beim Verbraucher nicht mehr beliebter Weißfische, es zu einer übermäßigen Populationsentwicklung von Karpfenartigen kommt, die mit einer *Verbuttung* (Überalterung der Fischbestände) einhergeht. Das exzessive Abschöpfen des Zooplanktons durch diese Weißfische kann zu weiteren Instabilitäten im Gewässerhaushalt bis hin zum Umkippen durch zu hohe Algenbestände führen. Ein Abfischen der überhöhten Fischbestände ist daher oft dringend geboten. Dies kann auch mit der Handangel erfolgen, wenngleich berufsfischereiliche Maßnahmen, wie Elektro- oder Netzfischen, meist effektiver sind. Diese sind aber teilweise aufgrund örtlicher Gegebenheiten oder des Mangels an Berufsfischern nicht immer möglich. Bei derartigen hegerischen Eingriffen müssen die Fische nicht unbedingt als Nahrungsmittel verwertet werden, sondern können nach gängiger Rechtsprechung auch als Futtermittel weiterverarbeitet werden.

Einen Sonderfall können Gewässer mit starker Schadstoffbelastung darstellen, aus denen die Fische für den menschlichen Verzehr nicht geeignet sind. Meist wird nur bestimmt, daß Fische aus diesen Gewässern nicht in den Verkehr gebracht werden dürfen, d.h., der einzelne Angler kann seinen Fang verwerten. In einem speziellen Fall wurde allerdings den Anglern empfohlen, zwar die Fischerei weiterhin auszuüben, den Fang jedoch wegen der hohen Schadstoffbelastung entsorgen zu lassen. Eine Anfechtung dieser Empfehlung durch den Deutschen Tierschutzbund mit dem Ziel, die Angelfischerei völlig zu verbieten, wurde jedoch zurückgewiesen, da der übergeordnete Gesichtspunkt der Kontrolle der Massenbestände an Fischen aus limnologischen Gründen schwerer als der Tierschutzgedanke wiege. Damit kann in Einzelfällen die Angelfischerei auch ohne anschließende Verwertung des Fangs für Nahrungs- oder Futtermittel legal sein.

Nicht unter den Begriff einer Hegemaßnahme kann weiterhin der Fang von Besatzfischen, d.h. von Fischen zum Umsetzen in andere Gewässer, mit der Handangel fallen, da hierfür für den Fisch schonendere Methoden zur Verfügung stehen, wie etwa der elektrische Fischfang.

Wer darf nun den Fischfang ausüben? Das Fischereirecht (das Recht, ein bestimmtes Gewässer zu befischen) als solches ist im Binnenland ein Eigentumsrecht, das nur durch den Eigentümer eines Gewässers selbst oder durch von ihm Privilegierte ausgeübt werden darf. Demgegenüber ist das Fischen im Meer frei.

Um die Fischerei tatsächlich auszuüben, wird jedoch ein Fischereischein meist nur erteilt, wenn der Antragsteller entweder eine Berufsausbildung als Fischwirt nachweisen kann oder eine Fischerprüfung abgelegt hat. Mit letzterer, die häufig einen Schulungskurs voraussetzt, ist das Fischen nur mit der Handangel gestattet. Der Gesetzgeber will damit unter anderem gewährleisten, daß der Fischer tierschutzgerecht angelt. Grundgesichtspunkt für den Fischereiausübenden muß unter diesem Aspekt die Wahl sowohl des Fangplatzes als auch des Gerätes selbst sein. Fangplätze, an denen eine sichere Anlandung nicht möglich ist, wie z.B. an Steilufern oder von hohen Brücken aus, müssen daher ebenso gemieden werden wie Plätze vor Wehren und Turbineneinläufen.

Des weiteren sollte nicht dort gefischt

werden, wo mit hoher Wahrscheinlichkeit geschonte oder untermaßige Fische zu erwarten sind. Das Fanggerät muß hinsichtlich des Materials (Schnurstärke, Haken, Köder, Vorfach) der zu erwartenden Fischart und Fischgröße angepaßt sein. So sollte beispielsweise die Schnurstärke so gewählt sein, daß auch bei Anbeißen eines größeren Fisches die Schnur nicht reißt. Das Verbleiben des Hakens ist für das Weiterleben des Fisches ein geringeres Problem, als wenn nach Schnurriß der Fisch mit einem längeren Stück Schnur weiterleben muß. Hiernach kommt es meistens zum sog. Verludern. Die Schnur bleibt häufig in Pflanzenteilen hängen, und der Fisch kann sich nicht mehr befreien. Der Drill (das Anlanden) sollte zügig erfolgen und der Fisch so schnell wie möglich angelandet werden.

Der Fisch wird in der Regel unter Zuhilfenahme eines Keschers aus dem Wasser entnommen. Der Haken wird gelöst, während sich der Fisch noch im Wasser befindet. So werden unnötige Hautverletzungen vermieden, was besonders dann von Bedeutung ist, wenn Fische wegen Unterschreitung des Mindestmaßes oder wegen generellen Fangverbotes für eine bestimmte Fischart zurückgesetzt werden müssen.

Verstöße gegen diese Grundsätze können zum Entzug des Fischereischeins wegen Unzuverlässigkeit führen.

Unter den *Fangmethoden* wurde neben den bereits früher geächteten Fischspeeren und Harpunen in den letzten Jahren durch die Rechtsprechung der Fang mit dem lebenden Köderfisch als eindeutig tierschutzwidrig eingeordnet. In der weitaus überwiegenden Zahl der Fälle ist auch die hegerisch notwendige Entfernung großer Raubfische ohne lebenden Köder, z.B. mittels Attrappen oder toter Köderfische, möglich, so daß die legale Verwendung lebender Köderfische rein hypothetisch bleibt.

Ein weitaus häufigeres Problem stellt dagegen die Verwendung des *Setzkeschers* dar (Drossé, 1992). Dabei werden die gefangenen Fische in einem Kescher bis zur weiteren Verwendung gehältert. Dies ist jedoch stets mit erheblichem Streß und damit Leiden für den Fisch verbunden und somit nur in wenigen Fällen begründbar.

Ein vernünftiger Grund kann der Zwang zum Nachhältern in Frischwasser sein, um den Fisch genußtauglich zu machen. Als Folge der Aufnahme von Algen können in bestimmten Gewässern die Fische Geschmacksbeeinträchtigungen erfahren (sog. Moseln), die nur durch Nachhältern in unbelastetem Wasser für einige Tage beseitigt werden können. In diesem Fall ist die Verwendung des Setzkeschers mit nachfolgendem Umsetzen erlaubt. Als Grund kann auch die Hälterung kranker oder krankheitsverdächtiger Fische gewertet werden, deren Krankheitsursache abgeklärt werden soll, womit wiederum andere im Gewässer lebende Fische geschützt werden können.

Nicht begründbar ist dagegen das „Frischhalten" des Fisches etwa an heißen Tagen, da heute eine Vielzahl von Kühlmöglichkeiten besteht, so daß dem Fisch der Hälterungsstreß durch sofortige Tötung erspart werden muß.

Sollte der Einsatz eines Setzkeschers aus oben genannten Gründen erforderlich sein, ist zu beachten, daß der Kescher aus knotenfreiem Material besteht und daß er ausreichend Innenraum bietet, so daß der Fisch nicht bei jeder Bewegung an das Netz stößt. Der Netzkescher sollte nicht in Gewässern mit starker Strömung zum Einsatz kommen, da der Innenraum durch die Strömung eingeengt würde (Sauer, 1993).

Für das Angeln in einem Gewässer gibt es in der Regel Beschränkungen hinsichtlich der Menge der Fische, die entnommen werden dürfen. Derjenige, der Fische, die das Schonmaß überschreiten, zurücksetzt, um das Tageskontingent nicht zu früh auszufüllen, handelt eindeutig tierschutzwidrig. Gleiches gilt für die sogenannten *Wettfischen*, bei denen der Wettkampf mit Wertung etwa im Rahmen von Meisterschaften oder die Aussetzung von Preisen im Vordergrund steht (Drossé, 1989). In einigen Anglerzeitschriften wird leider häufig noch das Streben nach besonders kapitalen Fischen gefördert, und es werden Berichte, in denen das Zurücksetzen von mäßigen Fischen beschrieben wird, abgedruckt.

Das Zurücksetzen von Fischen, die mit Angel gefangen wurden, sollte stets die große Ausnahme bleiben. Trotz oft nur minimaler Verletzungen sterben bis zu 30% der Fische und mehr sofort oder noch Stunden nach dem Zurücksetzen in das Wasser an den Folgen des erlittenen Stresses (Klinger, 1988). Daher darf auch nur zurückgesetzt werden, was aus fischereirechtlicher Sicht vorgeschrieben ist, etwa bei Untermaßigkeit, innerhalb der jeweiligen für die gefangene Spezies geltenden Schonzeit oder wegen eines absoluten Fangverbotes für die jeweilige Art. Bei tiefgreifenden Verletzungen, insbesondere wenn der Haken sehr tief abgeschluckt wurde und nicht oder nur unter Substanzverlust entfernbar ist, sollte aus Tierschutzgründen, um weitere Leiden zu ersparen, der Fisch getötet werden, wenn auch aus o.a. Gründen eine Verwertung des Fangs durch das Fischereirecht untersagt ist. Im Zweifelsfall kann der Haken auch nach Absetzen der Schnur sitzengelassen werden, da Wiederfänge oft eine erstaunliche Toleranz gegenüber verbliebenen Haken zeigen. Aus Tierschutzgründen ist es außerdem Vorschrift, Haken ohne Widerhaken den Vorzug zu geben, da diese sich leichter entfernen lassen und naturgemäß die Verletzungen dabei geringer sind, wenn auch ein Freischwimmen für den Fisch leichter erfolgen kann.

Das deutsche Tierschutzgesetz sieht vor, daß nur Personen, die die dazu nötigen Kenntnisse haben, ein Wirbeltier zu einem vernünftigen Zwecke töten dürfen. Diese Kenntnisse werden in den Vorbereitungskursen zur Fischerprüfung zumindest theoretisch vermittelt. In der Angelfischerei ist die *Betäubung* durch Kopfschlag oder die *Tötung* durch Genickbruch für kleinere Fische üblich, wobei anschließend der Fisch durch *Herzstich* entblutet oder direkt eviszeriert wird. Für Aale gelten aber auch hier dieselben Probleme wie in der gewerblichen Fischerei (s. S. 486).

Ein besonderes Problem stellt der sogenannte *Angelzirkus* dar. Dabei handelt es sich um einen Besatz von Teichen mit fangfähigen Fischen, meist Forellen, die kurze Zeit später, oft nur wenige Stunden nach Einsatz, wieder herausgeangelt werden. Oft handelt es sich dabei um nicht ausgebildete und nicht geprüfte Angler, so daß auch ein Verstoß gegen das Fischereirecht vorliegt, das die Verwendung der Handangel an einen Befähigungsnachweis entweder durch die Ausbildung zum Fischwirt oder durch den Nachweis der Fischerprüfung bindet. Aus Tierschutzsicht kann kein vernünftiger Grund vorliegen, da der herausgeangelte Fisch, der in der Regel nach Gewicht dem Betreiber der Anlage zu zahlen ist, bereits kurze Zeit vor dem Fang bei der Entnahme aus dem Produktionsteich als Lebensmittel hätte gewonnen werden können. Das erneute Aussetzen und Fangen sind mit einem vermeidbaren Leiden für den Fisch verbunden, das für den eigentlichen Zweck der

Lebensmittelgewinnung nicht nötig ist. Es dient vielmehr nur dem „Lustgewinn" des „Anglers". Dieses Verfahren wird von der Fischerei und deren Verbänden eindeutig als nicht waidgerecht abgelehnt.

Literatur

Berg, R., und Rösch, R. (1993): Tierschutz in der Fischerei. Berichte zur Fischereiforschung 4; Hrsg: Ministerium für den ländlichen Raum, Ernährung, Landwirtschaft und Forsten, Baden-Württemberg.

Drossé, H. (1986): Die Sportfischerei und das Tierschutzrecht – eine strafrechtliche Untersuchung. Mschr. für Dtsch. Recht 40, 711–717.

Drossé, H. (1989): Tierquälerei beim Wettangeln. Die öffent. Verw. 42, 762–768.

Drossé, H. (1992): Die Lebendhälterung gefangener Fische im Setzkescher aus tierschutzrechtlicher Sicht. Fischökologie aktuell 6, 16–24.

Hoffmann, R.W. (1994): Allgemeine Anforderungen an die tierschutzgerechte Haltung von Fischen. In: Loeffler, K., und Hoffmann, R.W.: Tierschutzgerechte Haltung von Heimtieren sowie Zier- und Nutzfischen. DVG-Tagung, Stuttgart-Hohenheim.

Klinger, H. (1988): Schmerz und Streß beim geangelten Fisch. Fischer und Teichwirt 39, 10–13.

Sauer, N. (1993): Tierschutz bei Fischen. Vet.-med. Diss., Gießen.

Wondrak, P. (1987): Angelfischerei und Tierschutz – Versuch einer Analyse. AFZ-Fischwaid 112, 52–54.

Zivilisationsbedingte Tierschäden

R. König und W. Krug

Einleitung

Tierverlusten durch den Verkehr, technische Einrichtungen, Bauten, land- und forstwirtschaftliche Arbeiten sowie durch die Naturnutzung im Rahmen der Freizeitgestaltung des Menschen wurde bisher von seiten des Tierschutzes kaum Aufmerksamkeit zuteil. Die Ursache dürfte sein, daß es sich bei den betroffenen Tieren meist um wildlebende Arten handelt, die uns weniger nahestehen. Auch werden die Tierschäden meist nicht vorsätzlich verursacht, jedermann kann z. B. im Kraftfahrzeugverkehr unbeabsichtigt den Tod von Tieren verursachen. Der Naturschutz hat der Problematik mehr Aufmerksamkeit zugewandt.

Für den Tierschutz besteht auf diesem Sektor ein ganz erheblicher Nachholbedarf, denn der Umfang der durch Verkehr und Technik verursachten Tierverluste ist größer als etwa der vieldiskutierte Versuchstierverbrauch. Ein moderner, ethisch bestimmter Tierschutz im Interesse der Gesamtheit der schmerz- und leidensfähigen Kreaturen muß sich von der oft einseitigen Hinwendung zu bestimmten Tierarten vermehrt den nicht minder wichtigen Problemen der herrenlosen, wildlebenden Tiere zuwenden. Tierschutz, der sich im wesentlichen auf die Lieblinge des Menschen beschränkt, wird unglaubwürdig. Einseitige Bemühungen von Katzenschützern, die primär den Schutz streunender und verwilderter Katzen betreiben, ohne die sich daraus ergebenden Konsequenzen für andere Tierarten zu berücksichtigen, vertreten nicht das Interesse der Gesamtheit der leidensfähigen Kreaturen.

Auch die bekannten Kommentare zur Tierschutzgesetzgebung gehen auf Tierschäden, die durch Verkehr, technische Einrichtungen, Land- und Forstwirtschaft sowie die Freizeitgestaltung des Menschen in der modernen Industriegesellschaft verursacht werden, mit Ausnahme von Drawer und Ennulat (1977) kaum ein. Letztere erwähnen im Kapitel „Schutz des Wildes" die Problemkreise Tieropfer des Verkehrs, Wildverluste durch landwirtschaftliche Maschinen und technische Todesfallen für Vögel. Pohlmeyer veröffentlichte in der Deutschen tierärztlichen Wochenschrift 1991 eine Untersuchung zum Thema „Vertreibung von Wild durch Freizeitgestaltung". Mit der Auswirkung von Sportarten, wie Gleitschirm- und Deltafliegen, auf Wild befaßt sich das Schweizer Bundesamt für Umwelt, Wald und Landschaft (BUWAL). Zeitschriften und Nachrichtenmagazine berichten in letzter Zeit häufiger über Tierschäden durch Freizeitsportarten.

Die wichtigsten Ursachen für Tierschäden bei wildlebenden Arten sind Straßenverkehr, moderne Landwirtschaft, Verdrahtung der Landschaft, andere bauliche Einrichtungen sowie zunehmende Freizeitaktivitäten des Menschen auch in den letzten Refugien der Tierwelt.

Schutz von Tieren vor landwirtschaftlichen Arbeiten

Die Tierverluste durch landwirtschaftliche Arbeiten sind mit der Mechanisierung des Ackerbaus und des Rückgangs der manuellen Bearbeitung ständig gestiegen. Die Gefährdung hat mit der Entwicklung vom Schrittempo eines Pferdes zu immer schneller fahrenden Geräten, insbesondere mit dem Einsatz des Kreiselmähwerks, sowie der Zunahme der Häufigkeit des Befahrens eines Feldes zum Zweck der Düngung und des Pflanzenschutzes ständig zugenommen. Tierverluste entstehen am häufigsten durch das Mähwerk bei der Heumahd, bei der Silagegewinnung und dem Mähen oder Mulchen von Brachflächen; weniger häufig bei der Bodenbearbeitung, solange die Feldflächen noch keine Deckung für Tiere bieten. Tierverluste wurden durch nahezu jede landwirtschaftlich genutzte Maschine beobachtet, vom Pflug bis zum Mähdrescher.

Die Tierschäden bestehen neben der unmittelbaren Tiertötung häufig in Verletzungen, besonders durch die Schneidwerke. Der Autor beobachtete in einem Fall ein erwachsenes Reh, dem durch das Schneidwerk eines Mähdreschers der untere Teil aller vier Gliedmaßen abgetrennt worden war und das auf den Knochenstümpfen zu flüchten versuchte. Die Verletzungen sind häufig sehr qualvoll, verstümmelte Tiere verenden je nach dem Grad der Verletzung zum Teil erst nach Wochen, in Ausnahmefällen überleben sie trotz erheblicher Behinderung. Die Problematik hat auch durch das Verschwinden kleiner, deckungbietender Parzellen in der großflächigen, maschinengerechten Landwirtschaft zugenommen.

Beobachtet man eine Wiese oder Brachfläche am Morgen nach der Mahd, so findet man oft mehrere Füchse sowie fast stets Scharen von Rabenvögeln, die die Fläche eifrig absuchen. Diese intelligenten Tiere haben gelernt, daß frisch gemähtes Grünland einen reich gedeckten Tisch für Aasfresser darstellt, sie finden hier von größeren Insekten bis zum Rehkitz, meist schon zerkleinert, ein reichhaltiges Nahrungsangebot in Form der Opfer des Mähvorganges.

Drawer und Ennulat gingen 1977 auf 1 km^2 Grünlandfläche von einem Verlust von 16 Tieren aus, die dem Jagdrecht unterliegen. Dabei wurden die nicht jagdbaren Kleinsäuger und bodenbrütende Vögel nicht berücksichtigt. Schließt man diese mit ein, muß auf der Fläche der Bundesrepublik Deutschland von Tierverlusten ausgegangen werden, die erheblich über dem vieldiskutierten Versuchstierverbrauch liegen.

Die besonders betroffenen Tierarten weisen naturgemäß regional erhebliche Unterschiede in der Populationsdichte auf. Hase, Rebhuhn und Fasan sind in vielen Revieren stark zurückgegangen. Dagegen wurden anstelle der genannten zwei Rehkitze auf 1 km^2 Grünland schon Verluste bis zum 10fachen festgestellt.

Bei bodenbrütenden Vogelarten ist die Zerstörung der Gelege zwar kein Tierschutzproblem, kann jedoch den Bestand einer gefährdeten Art bedrohen.

Die Gefährdung von freilebenden Tieren durch landwirtschaftliche Arbeiten wurde verschärft durch die zunehmende

Abb. 1 Rehkitze sind im hohen Gras kaum sichtbar. Nähert sich das Mähwerk, bleiben sie liegen (Foto: Volker Meckel).

Grassilagegewinnung im Frühjahr anstelle der traditionellen Heugewinnung Ende Mai oder im Juni. Aufgrund der angeborenen Verhaltensweisen drückt sich Jungwild bei nahender Gefahr und verharrt unbeweglich am Boden, anstatt zu fliehen (Abb. 1). Dieses Verhaltensmuster ist die richtige Reaktion bei nahenden Freßfeinden, um unerkannt zu bleiben; sie ist aber tödlich, wenn das Mähwerk sich nähert.

Tierverluste durch landwirtschaftliche Arbeiten lassen sich zwar mit keiner bisher bekannten Methode vollständig vermeiden, jedoch zumindest bei den größeren Tierarten erheblich reduzieren.

Durchführbar sind Abwehrmaßnahmen nur bei guter Zusammenarbeit zwischen den Landwirten und engagierten, ortskundigen Helfern, wie Jägern, Vogel- und Tierschützern.

Bewährt hat sich das Aufstellen von Stangen mit darübergestülpten Säcken oder Vogelscheuchen am Vortag des Mähtermins (Abb. 2). Das Muttertier führt die Rehkitze mit ziemlicher Sicherheit aus dem Gefahrenbereich. Die Scheuchen dürfen jedoch nicht länger stehenbleiben, da das Wild bald ihre Harmlosigkeit erkennt. Derselbe Effekt läßt sich durch im Fachhandel erhältliche Duftstoffe erreichen. Auch optische und akustische *Vergrämungsmittel* werden mit unterschiedlichem Erfolg angewendet. Das Absuchen von Wiesen durch Personen, ggf. unterstützt durch geeignete Hunde, kann Rehkitzen das Leben retten, ist jedoch sehr zeitaufwendig und eignet sich daher nur für kleinere, besonders gefährdete Flächen. Den Ortskundigen ist aufgrund jahrelanger Erfahrung meist bekannt, auf welchen Wiesen Rehmütter ihre Kitze bevorzugt absetzen. Die Beobachtung von Wiesen vor dem Mähtermin kann Hinweise ergeben, wo Rehkitze liegen.

Abb. 2 Das Aufhängen von flatternden Säcken am Vortag des Mähtermins veranlaßt die Rehmütter, ihren Nachwuchs aus der Wiese zu führen (Foto: Volker Meckel).

Verschiedene Modelle von sogenannten *Wildrettern*, die an das Mähwerk angebracht werden, sind entwickelt worden. Da es sich um relativ sperrige Konstruktionen handelt, ist ihre Akzeptanz durch die Landwirte überwiegend unbefriedigend, selbst da, wo diese Zusatzgeräte kostenfrei zur Verfügung gestellt wurden. Neu ist ein Infrarot-Wildretter, der, am Traktor montiert, Tiere vor dem Mähwerk anzeigt.

Auch wenn keine der möglichen Verhütungsmaßnahmen völlige Sicherheit bietet, muß dem millionenfachen Tiersterben durch die modernen landwirtschaftlichen Geräte endlich im Rahmen der praktikablen Möglichkeiten begegnet werden. Besonders gefährdete Grünflächen sollten nur nach Anzeige 24 Stunden vor dem Arbeitsbeginn bei der zuständigen Jagdaufsicht und/oder nur unter Verwendung eines Wildretters gemäht werden. Behördlich festgesetzte Bearbeitungstermine für Brachflächen müssen die erhöhte Tiergefährdung in der Zeit bis mindestens Anfang Juli berücksichtigen.

Tierverluste durch den Straßenverkehr

Ähnlich der Entwicklung der Tierverluste durch landwirtschaftliche Arbeiten hat die Zahl der Tiere, die Opfer des Straßenverkehrs werden, laufend zugenommen (Ueckermann, 1988) und dürfte weiterhin steigen mit Zunahme des Verkehrsaufkommens, des Neubaus von Straßen und der Zersiedlung der Landschaft. Eine Trendwende ist bisher außerhalb einzelner, lokal erfolgreicher Aktionen gegen den Verkehrstod von Tieren nicht zu erkennen.

Betroffen vom Verkehrstod ist ein großes Spektrum von freilebenden Tieren, von der Kröte bis zum Hirsch. Bei seltenen Arten, wie dem Fischotter, kann allein der Straßenverkehr zu bestandsgefährdenden Verlusten führen. Von den Haustieren ist die Katze das häufigste Verkehrsopfer, von wildlebenden Tieren der Igel. Unter den dem Jagdrecht unterliegenden Wildarten stehen Hase, Reh, Fuchs und Marder an erster Stelle. In nicht wenigen Revieren wird heute mehr Wild überfahren, als im Rahmen der Jagdausübung erlegt wird. In besonders verkehrsbetroffenen Bereichen kann die Zahl der Verkehrsopfer sogar über dem zulässigen jagdlichen Abschußlimit liegen, so daß die Jagd praktisch ruht bzw. auf das Einsammeln und Beseitigen des überfahrenen Wildes beschränkt wird.

Verläßliche Zahlen der Tierverkehrsopfer lassen sich aus den erwähnten Gründen nicht angeben, mit Ausnahme für einzelne, exakt untersuchte Straßenabschnitte. Auch die von Jägern den Jagdbehörden gemeldeten Unfallzahlen sind nur bezüglich der größeren Wildarten annähernd zuverlässig. Die Zahlen betreffen nur die aufgefundenen Tiere, nicht solche, die verletzt entkamen. Heute ist in Deutschland von Tieropfern in Höhe von mehreren Millionen auszugehen. Nur wenige Prozent der Unfälle mit Tieren werden der Polizei gemeldet, so daß deren Statistik, die zum Teil noch immer Grundlage für Abwehrmaßnahmen bildet, völlig unzureichend ist. Auch der optische Eindruck, den Verkehrsteilnehmer durch tote Tiere auf der Fahrbahn gewinnen, spiegelt nur einen Bruchteil der tatsächlichen Zahl der Opfer wider. Untersuchungen durch tägliches Absuchen der Umgebung von Straßen mit Spürhunden haben ergeben, daß der größere Teil verletzten oder getöteten Wildes noch von der Fahrbahn in Deckung flüchtet oder beim Aufprall weggeschleudert wird. Die Aasfresser haben die Straße als Futterquelle längst erkannt: Bussarde sitzen bevorzugt auf Straßenbäumen, und Füchse durchstreifen die Straßengräben.

Betroffen vom Verkehrstod sind nicht nur die Opfer selbst, sondern auch die abhängigen Jungtiere, die qualvoll eingehen, wenn das Muttertier überfahren wurde.

Die auffällig hohe Beteiligung jüngerer Verkehrsteilnehmer an Wildunfällen dürfte darin zu sehen sein, daß sich die Unfälle überwiegend in der Dämmerung und nachts ereignen, besonders an Wochenenden. Junge Verkehrsteilnehmer weisen meist eine größere Mobilität in der Freizeit auf.

Die Maßnahmen gegen Wildtier-Kraftfahrzeugunfälle von seiten der für die Verkehrssicherheit verantwortlichen Stellen beschränken sich auf die Errichtung von Wildschutzzäunen an Autobahnen und einigen Schnellstraßen sowie das Aufstellen der Wildwechselhinweisschilder. Letztere stehen nicht selten an der falschen Stelle, da Gefahrenschwerpunkte sich oft ändern, und sie sind meist wirkungslos, solange keine Geschwindigkeitsbegrenzung mit dem Warnhinweis verbunden ist. Nicht der dichte und gleichmäßig fließende Verkehr fordert die meisten Verkehrsopfer, da hierbei allein schon die Akustik den Tieren eine Gefahr signalisiert, sondern der Verkehr auf Landstraßen, besonders bei schlechten Sichtverhältnissen in der Dämmerung, nachts und bei Nebel. Hier wird das Tier auf seinem gewohnten Wechsel von plötzlich nahenden Fahrzeugen überrascht und geblendet. Für den Fahrer ist meist nicht mehr als die Fahrbahn einsehbar, zumal wenn die Straßenränder nicht ausgemäht werden, was zunehmend der Fall ist. Private Initiativen zur Reduzierung von Tierverlusten an Straßen werden unverständlicherweise von den zuständigen Behörden teilweise noch immer behindert. Das Anbringen von Wildwarnreflektoren oder anderen Schutzmaßnahmen bedarf der Genehmigung der Straßenbaubehörde. Der Tierschutzaspekt der Problematik ist bisher zu wenig deutlich geworden. Die Millionenverluste von Tieren dürfen nicht länger nur als eine Frage der Verkehrssicherheit und der allerdings hohen Kosten für die Fahrzeugversicherer gesehen werden, sondern als eines der großen Probleme des Tier- und Artenschutzes.

Die möglichen *Verhütungsmaßnahmen gegen den Verkehrstod* von Tieren sind vielgestaltig:

Wildschutzzäune haben sich an Autobahnen und Schnellstraßen bewährt, sollten aber auch an besonderen Gefahrenpunkten errichtet werden.

Richtig plazierte *Wildwechselhinweisschilder* in Verbindung mit einer *Geschwindigkeitsbegrenzung* würden die Unfallhäufigkeit reduzieren, da die Gefahr von Wildunfällen zweifelsfrei mit steigendem Verkehrstempo zunimmt. Allein „Bremsen für Tiere" genügt nicht immer. Bezüglich einer Geschwindigkeitsbegrenzung an gefährdeten Straßenabschnitten ist die Durchsetzbarkeit zur Zeit aber pessimistisch zu beurteilen.

Abb. 3 Reflektoren an den Leitpfosten können Verkehrsunfälle mit Wild erheblich reduzieren (Foto: Volker Meckel).

Von Jägern angebrachte *Wildwarnreflektoren* haben örtlich die Unfallzahlen bis über 80 % senken können (Abb. 3). Ebenfalls meist von Jägern wurden reflektierende Folien und „Duftzäune" mit unterschiedlichem Erfolg angelegt (Abb. 4). Geeignete Duftstoffe werden im Fachhandel angeboten.

Artenschützer haben Krötenzäune angelegt und konnten die Verkehrsverluste dieser Tiere lokal erheblich reduzieren.

Durchlässe und Übergänge für Tiere unter bzw. über Straßen sind sehr aufwendig und in der Regel nur in Verbindung mit Wildschutzzäunen, die den Durchlaß zu einem Zwangswechsel werden lassen, sinnvoll, um der Verinselung von Wildvorkommen zu begegnen.

Begleitende Maßnahmen zu Schutzvorrichtungen sind z. B. das Auslichten des Waldes an Gefahrenstrecken und das Ausmähen der Randstreifen. Störungen des Wildes durch Erholungsuchende und streunende Hunde, die die Tiere zur

Abb. 4 An Böschungen wirken Reflektoren nicht ausreichend sicher, hier wird ein „Duftzaun" auf Pfählen angebracht (Foto: Volker Meckel).

Flucht über Straßen veranlassen, erhöhen die Gefahr von Unfällen; das gleiche gilt für Motorsportveranstaltungen in Wald und Feld. Auffällig gestaltete Hinweisschilder können an besonderen Gefahrenpunkten hilfreich wirken.

Ein in der Schweiz entwickeltes Wildwarnsystem basiert auf durch Infrarotsensoren erfaßte Wildtierbewegungen in Straßennähe und löst eine Blinkanlage aus. Das an sich sehr überzeugende System dürfte aus Kostengründen nur für einzelne Unfallschwerpunkte in Frage kommen.

Je nach den örtlichen Gegebenheiten ist die jeweils am besten geeignete Verhütungsmethode zu wählen, ein Patentrezept außer der zur Zeit scheinbar kaum durchsetzbaren Geschwindigkeitsbeschränkung gibt es bisher nicht.

Voraussetzung für Maßnahmen gegen den Verkehrstod von Tieren ist eine sorgfältige Erfassung der gefährdeten Streckenabschnitte. Hier wurde durch Initiativen von Jägern, Tier- und Naturschützern in Zusammenarbeit mit der Verkehrspolizei in einzelnen Landkreisen Vorbildliches geleistet. Beispielhaft sei das „Chamer Modell" in der Oberpfalz erwähnt, das seit 1987 unfallträchtige Streckenabschnitte ermittelte und den jeweiligen örtlichen Gegebenheiten angepaßte Verhütungsmaßnahmen empfahl bzw. errichtete. In anderen Landkreisen wird an ähnlich konzipierten Projekten gearbeitet.

Lokale Erfolge dürfen jedoch nicht darüber hinwegtäuschen, daß das Problem Tierverluste durch den Verkehr bisher weder im öffentlichen Bewußtsein noch bei vielen Tier- und Naturschützern den ihm gebührenden Stellenwert erlangt hat.

Im innerörtlichen Verkehr lassen sich die Methoden der Unfallverhütung an Landstraßen nicht anwenden. Die häufigsten Unfallopfer sind hier Igel, Wildkaninchen und Katzen. Im Ortsbereich schafft nur eine Reduktion der zulässigen Geschwindigkeit Abhilfe.

Andere Verkehrsarten, wie der Schienenverkehr, haben heute im Vergleich zum Kraftfahrzeug eine untergeordnete Bedeutung als Gefahrenquelle für Tiere. Bei neuen Trassen und Hochgeschwindigkeitszügen sind Unfälle jedoch zu erwarten, entsprechende Schutzvorrichtungen sind daher zu fordern. Motorradfahrer sind bei Wildunfällen selbst in besonderem Maße gefährdet, wenn es zu einem Sturz kommt. Selbst durch Radfahrer, insbesondere Mountainbikefahrer, die sich außerhalb öffentlicher Wege bewegten, sind Unfälle mit Tierschäden bekanntgeworden.

Um die Leiden von verletzten Tieren abkürzen zu können, sollte jeder Verkehrsteilnehmer einen von ihm verursachten Unfall mit Tieren nach Markierung des Unfallortes der nächsten Polizei- oder Forstdienststelle bzw. dem Jagdausübungsberechtigten melden. Einzelne deutsche Landesjagdgesetze regeln die Anzeige- und Ablieferungspflicht von verunfalltem Schalenwild durch den Verursacher, aus der Sicht des Tierschutzes sollte die Anzeigepflicht jedoch nicht allein auf Schalenwild beschränkt werden. Vom Kraftfahrer ist nicht zu erwarten, daß er die jeweiligen Landesjagdgesetze kennt. Die Bestimmungen sollten vielmehr in der Straßenverkehrsordnung ihren Niederschlag finden.

Dem zu einem erheblichen Teil vermeidbaren Leiden und dem Tod von wildlebenden Tieren durch den noch immer zunehmenden Verkehr muß endlich gezielt begegnet werden.

Abb. 5 Eine Pferdeweide, die mit Stacheldraht, Knotengitterglecht und Elektrolitzen eingezäunt ist, stellt für Tiere eine erhebliche Gefahr dar (Foto: Volker Meckel).

Abb. 6 Der Rehbock verfing sich in der Elektrolitze einer Pferdeweide (Foto: Volker Meckel).

Forstgatter und andere Zäune – die „Verdrahtung" der Landschaft

Forstgatter sind Einrichtungen zum Fernhalten des Wildes von forstlichen Kulturen. Vergleichbar in der Funktion sind die Einzäunungen von Sonderkulturen und Gärten. Einfriedungen von Weideflächen sollen das Entweichen der Weidetiere verhindern. Letztere bestehen im Gegensatz zu dem Drahtgeflecht der Forstgatter meist aus Stacheldraht. Für die Koppelschafhaltung wird aber auch Drahtgeflecht verwendet. Eine Besonderheit sind verstellbare Kunststoffknotengitterzäune zum Pferchen von Schafen und diverse Kunststoffbänder für die Einzäunung von Pferdeweiden.

Die zunehmende „Verdrahtung" der Landschaft engt nicht nur den Bewegungsraum wildlebender Tiere ein, Zäune stellen vielmehr auch eine erhebliche Gefahr für Wildtiere dar (Abb. 5). Es kommt im Draht zu fußangel- oder schlingenähnlichen Verstrickungen, Gehörnträger hängen fest, können sich nicht mehr befreien und gehen qualvoll, oft nach tagelangem Leiden, zugrunde (Abb. 6). Vögel, besonders Eulen, verletzen sich an Zäunen. Von gefährdeten Arten wie dem Auerhuhn ist bekannt, daß der Bestand allein durch die Verdrahtung des Waldes gefährdet werden kann. In den Medien erscheinen immer wieder Berichte von Fällen, in denen ein Zaun Tieren zur Todesfalle wurde. Zahlen über Tierverluste im Draht sind bisher nie erfaßt worden, sie sind jedoch erheblich, und der Tod der Tiere ist meist ausgesprochen qualvoll.

Das deutsche Tierschutzgesetz verbietet die Anwendung von Vorrichtungen zum Fernhalten von Tieren, wenn damit die Gefahr vermeidbarer Schmerzen, Leiden und Schäden für Wirbeltiere verbunden ist. Dieser Forderung wird bei der Anlage und Unterhaltung insbesondere bei Forstgattern häufig nicht entsprochen.

Gitterzäune im Wald haben ein früher nicht bekanntes Ausmaß erreicht. Bedingt durch Sturmschäden, aber auch durch erhebliche Subventionen aus öffentlichen Mitteln gefördert, sind regional zum Teil über 10 % der Forstfläche eingegattert, meist mit rostfreiem, fast unbegrenzt beständigem Knotengitter. Folgt man den finanziellen Aufwendungen, dürften allein im Bundesland Hessen über 40 000 km Zaun im Walde stehen.

Dabei stellen weniger die intakten, regelmäßig gewarteten Gatter eine Gefahr dar als vielmehr der hohe Anteil beschädigter und aus Kostengründen stehengelassener Zäune, die ihre Funktion längst nicht mehr erfüllen. Nicht gewartete Forstgatter, Anlagen, die von vornherein nicht wilddicht waren, da sie unsachgemäß angelegt wurden oder durch umstürzende Bäume oder Wildschweine beschädigt worden sind, stellen regelrechte Wildfallen dar. Es läßt sich häufig in Gattern eine weitaus größere Wilddichte nachweisen als außerhalb, da das Nahrungsangebot in Forstkulturen meist besonders günstig ist und das Wild Ruhe findet. Aufgescheucht und in panikartiger Flucht, verunfallt Wild besonders häufig in Drahtzäunen. Daher ist der Einsatz von Hunden zum Vertreiben von Wild aus Forstgattern eindeutig tierschutzwidrig.

Überflüssig gewordene Einfriedungen sind Abfall, der ordnungsgemäß zu beseitigen ist. Nur überschaubare, kleinere, regelmäßig gewartete Forstgatter haben sich zum Schutz gefährdeter forstlicher Kulturen als effektiv erwiesen. Aus finanziellen Erwägungen hat das Eingattern von Forstkulturen in den letzten Jahren zwar regional nachgelassen, jedoch stellen die stehengebliebenen, überflüssigen Zäune unverändert eine erhebliche Gefahr für Wildtiere dar.

Von praktisch jeder Art von Weidezäunen, insbesondere von Stacheldraht, werden Wildtiere, insbesondere wenn sie aufgescheucht werden und flüchten, gefährdet. Liegengelassene Drahtreste stellen eine Gefährdung dar, Gehörnträger verfangen sich und schleppen das Drahtgeflecht oft tagelang mit sich herum, bis sie verenden oder durch einen Schuß erlöst werden. Eine Befreiung von der Verstrickung gelingt nur in Einzelfällen. Selbst in den harmlos erscheinenden Plastiklitzen von Pferdekoppeln und Elektrozaunlitzen können sich Wildtiere verfangen.

Elektrisch geladene netzartige Schafpferche stellen für Igel eine Gefahr dar. Der Igel rollt sich seiner natürlichen Verhaltensweise entsprechend bei einem Stromstoß zusammen, anstatt zu flüchten und bleibt unter Umständen weiteren Stromstößen ausgesetzt bis zum Eintritt des Todes.

Vogelnetze werden im Obst-, Wein- und Gemüsebau zum Fernhalten von Vögeln verwendet. Besonders in leichten Kunststoffnetzen verfangen sich Vögel und verenden an Erschöpfung nach langanhaltenden Befreiungsversuchen. Diese Netze zur Abwehr von Vögeln können somit wie die zum Vogelfang gestellten Netze und Fangvorrichtungen in südeuropäischen Ländern wirken.

Andere technische Todesfallen für Tiere und tierschädigende Umweltveränderungen

In einem dicht besiedelten, technisch hochentwickelten Land sind freilebende Tiere von vielfältigen anderen Gefahren bedroht, von denen hier nur die wichtigsten kurz gestreift werden können.

Glasflächen an Bauten, besonders großflächige Fenster, werden von Vögeln nicht als Hindernis erkannt, besonders wenn sich in Gärten und Parks die Bäume und Sträucher im Glas widerspiegeln. Betroffen sind meist kleinere Vogelarten, aber selbst ein Habicht, der eine Scheibe durchstoßen und sich erheblich verletzt hatte, wurde beobachtet. Bis zu einem Dutzend und mehr durch Anfliegen getötete Vögel vor einem einzigen Fenster im Laufe eines Jahres konnten festgestellt werden, darunter natürlich auch seltene, gefährdete Arten. Zur Verminderung des Glastodes von Vögeln lassen sich Greifvogel-Silhouetten an den Scheiben anbringen. Milch- und Buntglasscheiben oder Vorhänge verringern die Gefahr des Anfliegens. Wie bei allen Arten technischer Todesfallen sollte heute bereits bei der Bauplanung der Aspekt der Tiergefährdung berücksichtigt werden.

Hochspannungsmasten stellen besonders für größere Vögel wie Storch und Uhu eine Gefahr dar, wenn diese stromführende Teile berühren. Auch beim Anfliegen von Stromleitungen kommt es zu Verletzungen. Durch die Isolation der Gefahrenpunkte an Masten und das Anbringen von Sitzstangen an Strommasten hat sich die Gefährdung für Großvögel in Einzelfällen entschärfen lassen.

Wasserbecken, Swimmingpools und befestigte Ufer von Gewässern können für Tiere vieler Arten eine Todesfalle darstellen, besonders ebenerdige Anlagen. Begradigte Flußläufe mit steilen, künstlichen Ufern und Schiffahrtskanäle haben den Tod durch Ertrinken bei zahlreichen Tieren verursacht. Einzelne Ausstiege genügen nicht; von unumgänglichen Uferschutzbauten abgesehen, sollten Wasserläufe möglichst natürliche Ufer aufweisen bzw. renaturiert werden. Auch abgelassene Anlagen stellen für Tiere eine Gefahr dar, wenn sie nicht abgedeckt sind.

In Regentonnen, soweit diese nicht abgedeckt werden können, sollte wenigstens ein Brettchen auf der Wasseroberfläche schwimmen, auf das sich die Tiere retten können.

Turbinenanlagen an Staustufen von Flüssen und Stauseen behindern nicht nur die natürlichen Wanderungen der Fische, sondern können diese auch verletzen oder töten, sofern keine entsprechenden Schutzvorrichtungen eingebaut wurden.

Lichtschächte an Gebäuden, offene Schächte im Gelände und Baugruben können zu Tierfallen werden, ebenso die ummauerten Vertiefungen unter den Gitterrosten an Wegen und Straßen, die das Überqueren von Weidetieren verhindern sollen.

Gewässerverunreinigungen und Zivilisationsmüll gefährden die Gesundheit von Tieren und haben den Tod ganzer Populationen verursacht. Das Spektrum derartiger Tierschäden reicht von der Ölpest an den Küsten – die Leidtragenden sind vor allem Wasservögel – über das Fischsterben in verunreinigten Gewässern bis zu Tierschäden durch in Land- und Forstwirtschaft angewandte Chemikalien. Die Folgen der Aufnahme von schädlichen Stoffen können sich dabei durch Anreicherung in den Nahrungsketten erst nach Jahren auswirken. Auch der Zivilisationsmüll in Form achtlos weggeworfener Flaschen, Blechbüchsen oder Kunststoffgegenstände kann eine potentielle Tiergefährdung darstellen. Die Zeitschrift GEO (184/94) berichtete von der zunehmenden Flut von Kunststoffen in den Weltmeeren, die Zehntausenden von Meerestieren zum Verhängnis werden. Die Tierverluste durch treibende Plastikteile, die Tiere verschlucken können oder in denen sie sich verfangen, werden von der amerikanischen Meeressäugerkommission den Tierverlusten durch Öl und Giftmüll gleichgesetzt.

Am verhängnisvollsten wirkt sich die Zerstörung von Lebensräumen aus, die zur Folge hat, daß Tierarten aussterben.

Vorschriften zum Schutz von Tieren kennt das deutsche Tierschutzgesetz nicht, sofern der Mensch nicht unmittelbar mitwirkt (Verbot des Hetzens eines Tieres auf ein Tier). Für das Opfer besteht letztlich kein Unterschied, ob bei dem Getötetwerden der Mensch unmittelbar beteiligt ist oder nicht. Die Tiertötung durch Katzen, die ihre Opfer häufig gar nicht als Nahrung aufnehmen, muß als ausgesprochen grausam bezeichnet werden. Bei einer erforderlich werdenden Bestandsregulierung sind sorgfältige Abwägungen erforderlich, denen die Ausführungen des BML-Gutachtens *„Maßnahmen zur Verminderung freilebender Säugetiere und Vögel, Bestandsaufnahme, Berechtigung und tierschutzrechtliche Bewertung"* (Bundesministerium für Landwirtschaft und Forsten; Keil et al., 1991) zugrunde gelegt werden sollten.

Die Tierschäden durch Technik, Verkehr und vom Menschen verursachter Umweltveränderungen sind bedeutsamer als die direkt von der Tierschutzgesetzgebung untersagten tierwidrigen, vorsätzlichen und fahrlässigen Handlungen des Menschen.

■ Freizeitverhalten des Menschen und Tierschutz

Ein großer Teil der Freizeit wird mit Sport, Spiel, Hobbytätigkeiten oder Erholungssuche in der freien Landschaft verbracht. Die Freizeitaktivität in Wald und Feld wird überaus positiv bewertet und gefördert, insbesondere durch die Tourismusbranche. Die freie Landschaft wird durch die zeitlich gar nicht und räumlich nur wenig beschränkte Zugänglichkeit in einem Maße belastet, daß es zu schweren Beeinträchtigungen der wildlebenden Tierwelt kommen kann. Dabei treten auch tierschutzrelevante Probleme auf.

Das deutsche Tierschutzgesetz formuliert, „aus der Verantwortung des Menschen für das Tier als Mitgeschöpf dessen Leben und Wohlbefinden zu schützen. Niemand darf einem Tier ohne vernünftigen Grund Schmerzen, Leiden oder Schäden zufügen". Freizeitaktivitäten können direkt einem Einzeltier durch Störungen oder durch die Minderung der Qualität des Lebensraumes Schäden oder Leiden zufügen oder indirekt sein Leben gefährden oder sein Wohlbefinden beeinträchtigen.

■ Direkte Schädigungen des Einzeltieres

Das Tierschutzrecht verbietet, ein Tier auf ein anderes zu hetzen. Dieser Tatbestand ist gegeben, wenn Hundebesitzer ihre Hunde zum Austoben absichtlich auf Kaninchen, Hasen oder Rehe ansetzen bzw. ihre Hunde stöbern und hetzen lassen. Zumindest billigend in Kauf genommen wird das Hetzen von wildlebenden Tieren, wenn der Hundebesitzer einen ungehorsamen Hund frei laufen läßt, von dem er aus Erfahrung weiß, daß er Tiere sucht oder verfolgt. Diskutiert wird die Problematik von freilaufenden Katzen, die zwar nicht absichtlich zum Hetzen gebracht werden, aber der Besitzer mit voller Kenntnis über das Jagdverhalten seines Haustieres es billigt, daß die streunende Katze Tiere ihres Beutespektrums jagt, ihnen Leiden zufügt und sie tötet, ohne daß sie als Nahrung gebraucht werden. Es fehlt hierzu eine klare Formulierung im Tierschutzgesetz, das auch dem wildlebenden Tier Schutz vor dem Haustier gewähren sollte.

Ein Fall von Freizeitsport und seinen Folgen auf wildlebende Tiere ist in einem Gerichtsverfahren behandelt worden. In dem Prozeß bestätigte das schweizerische Bundesgericht räumliche, zeitliche und personelle Einschränkungen bei Orientierungsläufen (Maggio, 1988).

■ **Indirekte Schädigungen der Wildtiere**

Jede Freizeitaktivität in den Lebensräumen von Wildtieren, die zu solchen Störungen führt, welche das Wohlbefinden der Tiere erheblich beeinträchtigen, stellt zugleich eine Gefährdung für die Einzeltiere wie für lokale Tierpopulationen dar.

Insbesondere ist das der Fall, wenn die Störungen:
– während der Brut, Setz- und Aufzuchtzeit erfolgen und durch Vertreibung der Muttertiere die Jungtiere nicht weiter betreut werden können und durch Auskühlung, Verhungern oder Schutzlosigkeit gegenüber Freßfeinden gefährdet sind;
– zu langdauernden Fluchten, zum Ausharren in Verstecken oder zum Ausweichen in minder geeignete Biotope führen, in denen die Tiere ihre Bedürfnisse nicht mehr befriedigen können;
– während der Wintermonate oder bei Schneelagen die Wildtiere aus ihren Einständen und ihren Ruhegebieten treiben. Dabei wird der Energiebedarf so erhöht, daß sie in der kargen Jahreszeit verringerte Überlebenschancen haben oder langfristig Schäden und Leiden resultieren.

Ganz generell erhöht sich auch die anderweitige Unfallgefahr bei jeder Störung.

Pohlmeyer (1991) hat auf diese indirekten tierschutzrelevanten Störungen hingewiesen. Stärkere Störungen zwingen zu drastischen Veränderungen des Raum-Zeit-Verhaltens des Wildes, oft mit langanhaltender Wirkung bis zu einer Woche (Jeppesen, 1987). Die Fluchtdistanz der Tiere beträgt oft mehrere hundert Meter. Die Fähigkeit der Wildtiere, sich an unregelmäßige Störungen durch Freizeitaktivität des Menschen zu gewöhnen, ist sehr gering (Freddy et al., 1986).

■ **Mangel des Tierschutzrechts vor Folgen von Freizeitaktivitäten**

Es wird von der Öffentlichkeit und den politischen Instanzen deutlich gesehen, daß die stark gestiegene Freizeitbetätigung in der Landschaft eine Gefährdung der Natur und insgesamt der wildlebenden Tiere darstellt: „Die Freizeitbetätigung steht nach der Landwirtschaft an zweiter Stelle als Verursacher von Artenschwund und Naturbeeinträchtigungen" (Wiest, 1993).

Nur für räumlich meist eng begrenzte Gebiete bestehen Einschränkungen des freien Betretens der Natur; sie werden in besonderen Bestimmungen zum Naturschutzrecht geregelt, durch Ausweisung von Naturschutzgebieten, Ruhezonen und Sperrung schutzbedürftiger Bereiche. Für bestimmte Großveranstaltungen in der freien Landschaft besteht eine Genehmigungspflicht.

Das deutsche Tierschutzgesetz bezieht sich in keinem Punkt auf das Problem der Schadwirkung von Freizeitaktivitäten auf wildlebende Tiere. Der Schutz vor

Schädigungen und Leiden von wildlebenden Tieren durch Streß und Störung, wie sie bei Freizeitaktivitäten in der Natur auftreten, sollte in das Tierschutzgesetz aufgenommen werden. Das Freizeitverhalten belastet nicht nur die Natur- und die Kulturlandschaft, sondern hat unmittelbare und mittelbare negative Wirkungen auf die Überlebenschancen und das Wohlbefinden der wildlebenden Tiere.

Literatur

Amstutz, P. (1994): Frankfurter Rundschau, 10. 02. 1994. An Gleitschirme können sich Murmeltiere nicht gewöhnen; Bericht über Untersuchungen des Schweizer Bundesamtes für Umwelt, Wald und Landschaft (BUWAL).

Dedek, J., und Steineck, Th. (Hrsg.) (1994): Wildhygiene. Gustav Fischer Verlag, Jena – Stuttgart.

Drawer, K., und Ennulat, K. (1977): Tierschutzpraxis. Gustav Fischer Verlag, Stuttgart – New York.

Freddy, D. J., et al. (1986): Responses of Mule Deer to Disturbance by Persons Afoot and Snowmobiles. Wildl. Soc. Bull. 14, 63–68.

Giese, C., König, R., und Krug, W. (1991): Verkehrsopfer Wildtiere – Die Wildtierunfallproblematik aus der Sicht des Tierschutzes. Arbeitspapier der Tierärztlichen Vereinigung für Tierschutz, TVT-Geschäftsstelle, Iltissteig 5, 22159 Hamburg.

Jeppesen, J. L. (1987 a): Impact of Human Disturbance on Home Range, Movements and Activity of Red Deer in a Danish Environment. Dan. Rev. of Game Biology, Vol 13, No. 2, 2–38.

Jeppesen, J. L. (1987 b): The Disturbing Effects of Orienteering and Hunting on Roe Deer, Dan. Rev. of Game Biology, Vol 13, No. 3, 2–23.

Kerzel, H. (1993): Wildunfälle, Projektbeschreibung. Sonderdruck des LJV Bayern Implerstr. 25, 81371 München.

König, R., und Krug, W. (1992): Forstgatter und Tierschutz. Arbeitspapier der Tierärztlichen Vereinigung für Tierschutz, TVT-Geschäftsstelle, Iltissteig 5, 22159 Hamburg.

Maggio, G. (1988): Advokaten des Wildes. Vaduz, Heger-Verlag.

Pohlmeyer, K. (1991): Vertreibung von Wild durch Freizeitgestaltung. Deutsche tierärztliche Wochenschrift, Heft 1, Januar 1991.

Ueckermann, E. (1988): Verminderung der Wildverluste durch den Straßenverkehr und Verkehrsunfälle durch Wild. Forschungsstelle für Jagdkunde, Forsthaus Hardt, Bonn.

Wiest, G. (1993): Freizeit und Umwelt. In: Politische Studien, 44. Jg. Sonderh. 1/93, Grünwald, Atwerb-Verlag.

Brandschutz in der Tierhaltung

M. Ruppert

■ Brände in Tierhaltungsbetrieben sind – abgesehen von den wirtschaftlichen Schäden – tierschutzrelevant, weil dabei häufig Tiere ums Leben kommen oder schwere gesundheitliche Schädigungen infolge Rauchvergiftung, Verbrennung und sonstiger Einflüsse eintreten.

Veröffentlichungen beschränken sich in der Regel auf Kurzberichte über einzelne Brandereignisse, z. B. in landwirtschaftlichen Tierhaltungen, Reitbetrieben, Zirkusunternehmen, Zoofachgeschäften, Forschungsinstitutionen oder Privathaushalten. Umfassendere Beobachtungen und Auswertungen zum Tierverhalten und zur Tierrettung bei Stallbränden finden sich in den Arbeiten von Roitman et al. (1978), Sørby (1984), Ruppert (1985) und Pagel (1986).

Im folgenden wird anhand der Erkenntnisse über die Brände in landwirtschaftlichen Nutztierhaltungen ein Einblick in die Brandschutzthematik gegeben.

■ Häufigkeit von Bränden

In Deutschland gibt es *keine einheitliche Brandstatistik;* somit werden auch Brände in landwirtschaftlichen Betrieben oder anderen Tierhaltungen nicht regelmäßig gesondert erfaßt und ausgewertet.

Die Annahme, daß technischer Fortschritt und Neubauten in Verbindung mit brandschutzrechtlichen Vorschriften zu einem Rückgang der Brände im landwirtschaftlichen Bereich führen müßten, hatte sich nicht bestätigt (Ruppert, 1985). Als möglicher Grund dafür wird der Strukturwandel in der Landwirtschaft im Zusammenhang mit einer Aufstockung der Tierbestände in den Betrieben und einer Steigerung der Besatzdichte in dafür nicht genügend hergerichteten Stallungen angesehen. Damit besteht besonders bei *intensiv betriebener Tierhaltung,* wie beim Geflügel oder bei Schweinen, im Brandfall ein hohes Verlustrisiko. Außerdem ergeben sich mit zunehmender *Technisierung* neue Gefahrenherde. Die Brandhäufigkeit steht aber auch in einem direkten Zusammenhang mit der Menge an *brennbaren Gütern* in landwirtschaftlichen Betrieben.

■ Brandursachen

Die Brandursachenstatistiken von Bundesländern, Feuerwehr, Polizei oder Versicherungsunternehmen sind in Deutschland nach unterschiedlichen Gesichtspunkten erstellt worden und somit kaum vergleichbar. Etwa ein Viertel aller Brandursachen wird durch Ermittlungen der Kriminalpolizei eindeutig geklärt. Vereinfacht lassen sich die Ursachen von Bränden in landwirtschaftlichen Betrieben folgenden *Ursprungsbereichen* zuordnen (Ruppert, 1985):

Umwelt (Brandstiftung, Blitzschlag) 50 %,
Betrieb (Elektrik, Maschinen,
Geräte, Feuerungsanlage) 40 %,
Haushalt (Elektrik, offenes Feuer,
Feuerungsanlage) 10 %.

Tierschaden

Als häufigste Todesursache bei Stallbränden kann *Rauchvergiftung* angenommen werden. Der Schadwirkung von Kohlenmonoxid und Kohlendioxid kommt bei Schwelbränden mit starker Rauchentwicklung große Bedeutung zu; der Sauerstoffentzug aus der Umgebungsluft infolge heftiger Verbrennungsintensität ist maßgebend für Gesundheitsschäden bzw. den Erstickungstod.

Neben den Brandgasen der „normalen" Brandstoffe wie Holz, Stroh oder Heu können aber in Abhängigkeit von weiterem Brandgut, z. B. Kunststoffen (für Isolierungsmaterialien, Liegeunterlagen oder Folien) oder Chemikalien (für Düngung oder Schädlingsbekämpfung), zusätzlich Schadgase freigesetzt werden, deren Wirkung beim Zusammentreffen mit Löschwasser möglicherweise eine Steigerung erfährt. Unberücksichtigt bleibt dabei, wie sich das Zusammentreffen mehrerer Schadstoffe auf die toxikologische Wirkung von Brandrauch und Brandgasen auswirkt.

Die Tiere können aber auch *Verbrennungen* 1. bis 3. bzw. 4. Grades (Abb. 1), eine Verbrennungskrankheit sowie andere Verletzungen erleiden und gegebenenfalls daran sterben. Die Ansicht, daß Tiere bei lebendigem Leibe im offenen Feuer verbrennen, dürfte aber die Ausnahme sein.

Die *Beurteilung einer Gesundheitsschädigung* durch Rauch oder Feuer ist sehr schwierig. Wirtschaftlich genutzte Tiere sollten im Zweifelsfall mit Rücksicht auf eventuell erst später erkennbare Beeinträchtigungen baldmöglichst verwertet werden. Bei Zucht- oder wertvollen Nutztieren kann je nach Umfang der Rauchvergiftung oder Hautverbrennung ein Behandlungsversuch gerechtfertigt sein (Ruppert, 1985; Pagel, 1986).

In der Zeit nach einem Brandereignis lassen sich gelegentlich *Folgeschäden* feststellen. Zu ihren Ursachen gehören u. a. das Brandgeschehen, die Aufregungen, behelfsmäßige Unterbringung in fremden Stallungen, Pflege durch unbekanntes Personal, geänderte Fütterungs- und Melkzeiten, Futterwechsel oder Zusammenstellung neuer Tiergruppen. Die Spätschäden äußern sich z. B. in Form von Lungen- oder Augenentzündungen, Minderung der Milch- oder Mastleistung sowie von Störungen der Fruchtbarkeit oder Trächtigkeit. Über Umfang, Dauer und Auswirkung solcher Schäden sind konkrete Angaben nicht möglich. Es kommt dabei entscheidend auf die besonderen Verhältnisse im Einzelfall und auf die Reaktionslage bei den betroffenen Tieren selbst an.

Abb. 1 Sau mit Verbrennungen unterschiedlichen Grades durch geschmolzene Kunststoffdeckenisolierung.

Tierverhalten bei Feuer

Landwirtschaftliche Nutztiere werden, von wenigen Ausnahmen abgesehen, bei einem Stallbrand mit dem Phänomen „Feuer" erstmalig konfrontiert; dieses bleibt in der Regel auch ein einmaliges Ereignis. Insoweit haben sie weder gute noch schlechte Erfahrungen sammeln können. Entsprechend den Brandphasen (Brandgeruch, Brandrauch, offenes Feuer, herabstürzende Gegenstände, einstürzende Gebäude) ist das *Verhalten der Tiere unterschiedlich*.

Wenn sich Tiere in einer *sicheren Umgebung* wähnen, z. B. im Stall oder auf einer Weide, scheint der Anblick von offenem Feuer – als etwas „Unbekanntem" – eher die Neugier zu wecken und keine Verängstigung auszulösen. Die Strahlungswärme wird bis zu einer gewissen Temperatur möglicherweise sogar als angenehm empfunden. Es entsteht manchmal der Eindruck, als ob sich die Tiere der von einem Feuer ausgehenden Gefahr nicht bewußt sind, ruhig und lautlos bleiben sie auf ihrem Platz.

Das Tierverhalten ändert sich jedoch, sobald neben Brandgeruch, Brandrauch, Feuerschein oder Hitze *weitere Reize im Verlauf des Geschehens* hinzukommen: fremde Pesonen auf dem Hof und im Stall, laute Stimmen, Feuerwehrleute in auffallender Bekleidung, hektische Bewegungen, Lärm, Scheinwerferlicht, Motorengeräusche, einstürzende Gebäudeteile, zerberstende Dachziegel, Explosionen. Dann erscheint den Tieren das bislang „harmlose" Ereignis als eine Gefahr, auf die sie verstört oder unruhig reagieren. Falls ihnen durch Anbindung oder Einsperrung die Möglichkeit zur Flucht genommen ist, können sie in Panik geraten und sogar aggressiv werden; derartige Angsterlebnisse verändern möglicherweise das Gesamtverhalten überlebender Tiere und bleiben zeitlebens in Erinnerung. Dieses sei an einigen Beispielen erläutert.

Rinder in Laufstallhaltungen versuchen in Not und Panik aus den Buchten herauszukommen. Um sich aus der Kettenanbindung zu befreien, zerren und springen Kühe oder Mastbullen vor Aufregung hin und her, wobei evtl. auch die Kettenverankerung herausgerissen wird. Die Lautäußerungen bei Rindern werden als „Brüllen" oder „Schreien" beschrieben.

Jüngere *Schweine* und Mastschweine verhalten sich Rauch gegenüber eher ruhig, weil sie ihrem natürlichen Verhalten entsprechend den Kopf tief halten und ihnen in Bodennähe noch längere Zeit ausreichend Atemluft zur Verfügung steht; evtl. drängen sie sich in einer Buchtenecke zusammen. Die Angst verleiht den Tieren enorme Kräfte. Gerade Alttiere wie Sauen oder Eber können sehr unruhig werden; sie steigen über die Buchtenabtrennungen oder versuchen, unter den Gittern hindurchzukriechen. Die Laute von Schweinen werden als sehr lautes, angstvolles „Schreien aus Leibeskräften" oder als „langanhaltendes Quieken" beschrieben.

Auch *Pferde* zeigen sich in Brandfällen unruhig. Einige Tiere werden aufgeregt, toben und geraten in Panik. Sie stampfen, trampeln oder schlagen mit den Hufen gegen die Boxenwände, andere drehen sich in der Box im Kreis oder steigen mit den Vorderbeinen hoch. Bei von Stallbränden beunruhigten Pferden lassen sich die Lautäußerungen als „ängstliches Schnauben", „schreiähnliches Angstwiehern", „Angst- und Schmerzensschreie" beschreiben.

Bei *Geflügel* in Bodenhaltung erfaßt die Fluchtreaktion in der Regel die gesamte Herde. Die Tiere flattern gegen Stalleinrichtungen oder Wände und sammeln sich in einer Ecke: dabei kann es zu Todesfällen durch gegenseitiges Erdrücken kommen. Auch in der Käfighaltung hat Panik des Geflügels Verletzungen und Leistungsminderungen zur Folge; die aufgeregten Tiere schlagen mit den Flügeln und versuchen, sich untereinander zu verstecken.

Tierrettung

Nach der Brandentstehung und Alarmierung der Feuerwehr bemühen sich Besitzer und Betriebsangehörige erfahrungsgemäß vorrangig um die Rettung ihrer Tiere. Diese werden oft zu einer ihnen ungewohnten Tageszeit aufgeschreckt. Trotzdem gelingt es den Besitzern häufig, zum Teil mit Unterstützung von Nachbarn oder Feuerwehr, die in den brandbetroffenen oder gefährdeten Gebäuden untergebrachten Tiere zu bergen. Bei frühzeitiger Entdeckung des Feuers oder bei nicht in Tiernähe befindlichen Brandherden bleibt für die Evakuierung meistens genügend Zeit. Gelegentlich können die Tiere jedoch erst im letzten Moment vor den Flammen gerettet werden (Abb. 2).

Der Erfolg einer Rettungsmaßnahme ist unter anderem abhängig von Tierart, Tierzahl, Aufstallungsart, Anbindungssystem, Größe des Stalles sowie von der Brandphase.

Da die Evakuierung von Tieren durch deren Verhalten ganz wesentlich beeinflußt wird, sollten ihre *Gewohnheiten berücksichtigt und genutzt* werden. Tiere, denen das Verlassen des Stalles in mehr oder weniger regelmäßigen Zeitabständen vertraut ist, z. B. zum stallnahen Auslauf oder Weidegang, sind leichter zu handhaben als Tiere, die den Stall selten oder überhaupt noch nicht verlassen

Abb. 2 Ein Mastbulle kam nach 1 1/2 Stunden mit Hautverbrennungen und Atemwegsreizung aus dem Stall. Der andere Bulle wurde notgetötet.

haben. Normale Abläufe wie das Anlegen des Halfters oder Gurtes, das Verlassen der Buchten und Stände zum Wiege-, Melk- oder Deckplatz und ein ruhiger Umgang mit den Tieren wirken sich im Katastrophenfall positiv aus und erleichtern das Hinausbringen von Tieren aus einem brennenden Gebäude. Leere Buchten oder Boxen sind zu schließen, damit die Tiere nicht dorthin zurücklaufen können.

Einfach zu lösende Einzel- oder Gruppenanbindungen erleichtern Rettungsmaßnahmen entscheidend. Anbindegurte und -stricke müssen eventuell mit Messern, Ketten mit Bolzenschneidern durchtrennt werden. Allerdings sollte man nicht alle Tiere auf einmal losmachen, um Unruhe im Stall zu vermeiden. Gegebenenfalls ist ein Tier vorauszuführen und sind die anderen nachzutreiben oder sogar Notausgänge in die Stallwand zu schlagen.

Um einer Verbrennung vorzubeugen, kann die Körperoberfläche mit Wasserstrahlen angefeuchtet werden. Allerdings sollte man vermeiden, die Tiere mit Wasser abzuspritzen, um sie zu schnellerem Vorwärtsgehen zu veranlassen; gerade dieses könnte sie sehr beunruhigen.

Insbesondere bei *Rindern* bildet sich eine Gewohnheit zum Verlassen des Stalles auf bestimmten Wegen aus; dadurch wird es im Notfall erheblich erschwert, die Tiere innerhalb des Gebäudes auf andere Wege zu lenken (Roitman et al., 1978). Bei einem Brand bringen aufgeregte Tiere die Anbindung durcheinander und ziehen sie straff an, wodurch die Evakuierung verzögert wird.

Rettungsmaßnahmen bei *Schweinen* verlaufen im allgemeinen schwierig, weil die Tiere in eine Bewegungsstarre verfallen, sich passiv verhalten oder widersetzen, insbesondere wenn Personen versuchen, durch besonders energisches Einwirken das Hinaustreiben zu beschleunigen. Leichte Zwangsmaßnahmen lassen sich aber nicht immer vermeiden; die Schweine müssen unter Umständen gewaltsam aus den vom Feuer betroffenen Gebäuden getrieben oder getragen werden. In großen Schweinebeständen ist die Chance einer Tierrettung durch die baulichen und aufstallungsbedingten Gegebenheiten oftmals erheblich beeinträchtigt.

Pferde lassen sich bei Brandfällen eventuell selbst von vertrauten Personen nicht zum Verlassen des Stalles bewegen. Sie beißen sogar nach den Helfern, werden störrisch und widersetzen sich den Rettungsmaßnahmen. Andere Pferde drängen sich zusammen, wenn sie losgebunden oder aus den Boxen geholt werden. Bei angelegtem Halfter lassen sie sich von den ihnen vertrauten Personen gewohnheitsmäßig leicht aus einem brennenden Stall bringen. Die Führstricke sollten deshalb vor der Box aufgehängt sein. Es sei aber auf das Risiko hingewiesen, daß sich Pferde mit angelegtem Halfter in der Box aufhängen können. Das Festhalten eines Pferdes kann sich katastrophal auswirken, da das Tier vermutet, in dem Gefahrenbereich eines Feuers bleiben zu müssen. In einer derartigen Situation wendet es alle Energien auf, um sich, ohne Rücksicht auf mögliche Verletzungen, aus seiner Lage zu befreien.

Schafe sind es gewohnt, das ganze Jahr über in einer Herde zu gehen und den Stall zu verlassen; daher können sie leichter in Sicherheit gebracht werden. Nach Meinung anderer Beobachter ist es nur mit größter Mühe möglich, Schafe aus einem brennenden Gebäude hinauszutreiben; es wird empfohlen, den Leithammel zu ergreifen und nach draußen zu bringen sowie die übrigen Tiere erforderlichenfalls mit dem Hütehund anzutreiben. Bei Schafen wird auch beobachtet, daß sie sich zusammendrängen oder übereinandersteigen und nur äußerst schwer auseinanderzubringen sind.

Einzelnes *Geflügel* oder *Kleintiere* lassen sich einfangen, in Säcke, Körbe oder Kisten stecken und an einen sicheren Ort bringen. An Auslauf gewöhnte Tiere können unter Umständen selbständig vor dem Feuer flüchten. In größeren Stallungen mit Boden- oder Käfighaltung ist eine Tierrettung nahezu aussichtslos.

Wesentlichen Einfluß auf den Erfolg von Tierrettungsmaßnahmen haben auch die dabei tätigen *Personen*. Die Tiere sehen in den beteiligten und ihnen vielfach unbekannten Menschen keineswegs nur die „Retter aus größter Not"; sie vermuten in ihnen wahrscheinlich die Urheber des ganzen Geschehens, wodurch die Tierrettung möglicherweise behindert wird. Soweit es nach Lage des Falles überhaupt möglich ist, sollten sich in erster Linie Besitzer, Pfleger oder andere vertraute Personen um die Tiere kümmern; sie verfügen über die nötigen Kenntnisse der örtlichen Gegebenheiten, sind mit den Eigenarten der Tiere vertraut und auch am ehesten in der Lage, aufgeregte Tiere zu beruhigen.

Tierverhalten nach der Rettung

Das Verhalten der Tiere während und nach der Rettung ist sehr unterschiedlich. Vielfach wird ein *Zurücklaufen in das brennende Gebäude* beobachtet, aber unterschiedlich interpretiert. Häufig wird dieses Verhalten als „in das Feuer laufen" bzw. bei Bränden zur Nachtzeit als „Streben zum Licht" beschrieben. Es ist aber vielmehr als Ausdruck der Zuflucht in die *Geborgenheit* und als Zeichen der *Gewöhnung an den Stall* zu werten. Dieses Verhalten wird insbesondere dann beobachtet, wenn sich noch andere Tiere in den Stallungen befinden sowie bei Dunkelheit. Deswegen scheuen sie auch nicht davor zurück, „durch das Feuer" zu laufen. Ob Tiere überhaupt wieder in den Stall zurücklaufen, hängt auch davon ab, wie weit sie sich inzwischen von diesem entfernt haben. Die Annahme, daß landwirtschaftliche Nutztiere „feuersüchtig" seien, läßt sich nicht bestätigen.

Tiere, die nach der Rettung auf umzäunte Weiden gebracht werden, verlieren offenbar das Interesse an dem Brandgeschehen und zeigen keinen Drang zum Stall zurück. Bei anderen Tieren dagegen scheint der „Heimattrieb" so stark ausgeprägt zu sein, daß sie aus den Koppeln auszubrechen versuchen; mehrfach wird von geretteten Rindern oder Pferden berichtet, die nach Verbringen auf eine Weide „in panischer Angst" unter Durchbrechung oder nach Überspringen der Einzäunung davongaloppieren und erst an den folgenden Tagen in Entfernungen von einigen Kilometern eingefangen werden (Ruppert, 1985; Pagel, 1986).

Die *Versorgung geretteter Tiere* bereitet je nach Lage des Falles sowie in Abhängigkeit von der Jahres- und Tageszeit mehr oder weniger große Schwierigkeiten. Soweit möglich, werden die Tiere auf einer hofnahen Weide, in einem anderen Gebäude oder in der Nachbarschaft untergebracht. Dabei ist es kaum vermeidbar, daß Tiere aller Alters- und Nutzungsgruppen wahllos zusammenkommen, was zu Unverträglichkeiten und Rangordnungskämpfen führen kann.

Ein Brandereignis hinterläßt im allgemeinen bei den Tieren keinen besonders nachhaltigen Eindruck. Dennoch reagieren einige mit Schreckhaftigkeit, z. B. beim Einschalten der Stallbeleuchtung oder beim Ertönen des Signalhornes der Feuerwehr, mit Unruhe oder mit schlechterer Futteraufnahme.

Auch wenn das Stallgebäude zerstört ist, laufen einige Tiere beim morgendlichen Austrieb oder bei der Rückkehr am Abend an den angestammten Platz zurück. Andere weigern sich, in den alten Stall hineinzugehen und müssen „hineingezerrt" werden. In einzelnen Fällen zeigen sie für einige Tage bis Wochen eine gewisse Scheu und Aufregung, wenn sie in die Nähe der ehemaligen Brandstätte kommen.

Vorbeugender Brandschutz

Der Ablauf von Tierrettungsmaßnahmen wird auch von baulichen und betrieblichen Gegebenheiten beeinflußt. Bereits bei der *Planung von Stallgebäuden* muß der

Abb. 3 Eine feuerwiderstandsfähige Tür verhinderte das Übergreifen des Brandes auf den Stall und ermöglichte die Tierrettung.

Evakuierung von Tieren in Notfällen Rechnung getragen werden. Bau- und brandschutzrechtliche Vorschriften, Feuerversicherungsbedingungen und technische Normen tragen zu einer Senkung der Brandhäufigkeit und Minderung der Schadenshöhe bei.

Für Neu- oder Umbauten von Stallungen werden in behördlichen *Baugenehmigungsverfahren* u. a. Brandschutzauflagen erteilt, die der Betriebsinhaber einzuhalten hat. Werden sie jedoch nicht beachtet, können sich vorbeugende Vorkehrungen auch nicht erwartungsgemäß auswirken. Es entsteht vielfach der Eindruck, daß die Besitzer sich ihrer Verantwortung für die Tiere zwar durchaus bewußt sind, die Risiken aus einem unzulänglichen Brandschutz jedoch unterbewerten.

Die Stallgänge sollten für zügige Rettungsmaßnahmen nach Möglichkeit nur so breit sein, daß sich die Tiere nicht umdrehen können. Weiterhin sind mindestens zwei voneinander unabhängige *Fluchtwege* vorzusehen, um eine ungehinderte und geordnete Tierbewegung zu gewährleisten. Kurze Fluchtwege sind wichtig, da die Chance, Tiere ins Freie zu bekommen, mit dem Fortschreiten des Brandgeschehens immer geringer wird. Einfach und schnell nach außen zu öffnende oder seitwärts schiebbare *Türen* mit von innen und außen zu entriegelnden Verschlüssen haben sich bewährt. Die Stallausgänge sollten sich nicht in der Nähe möglicher Brandstellen, z. B. der Futterlagerung, befinden und nicht mehr als 30 m von den Tieren entfernt sein. In erster Linie sind diejenigen Gänge und Türen, die von den Tieren üblicherweise benutzt werden, als Fluchtwege vorzusehen; das bedeutet auch, daß den Tieren nicht vertraute Wege bei der Planung für Katastrophenfälle unberücksichtigt bleiben müssen.

Um im Brandfall kritische Situationen für die Tiere zu verhindern, Tierverluste auf ein Minimum zu beschränken und die Tierrettung zu ermöglichen, ist es von entscheidender Bedeutung, daß Brandrauch oder Feuer nicht aus benachbarten Räumen oder vom Dachboden z. B. über offenstehende Abwurfluken, Treppenaufgänge, Lüftungsschächte oder Spalten zwischen den Deckenbohlen in den Stallraum gelangen. Die Trennung von Wohn- und Wirtschaftsgebäuden, funktionsgerechte *Brandwände* mit feuerwiderstandsfähigen Türen (Abb. 3) oder feuerhemmende Deckenböden mit verschließbaren Öffnungen stellen eine wirkungsvolle Barriere dar.

In *Altbauten*, insbesondere Fachwerkgebäuden mit Schilfrohr(Reet-, Ried-)bedachung sind solche brandschutztechnischen Vorkehrungen kaum zu verwirklichen; hier besteht vor allem wegen fehlender Brandabschnitte oder zu geringer Abstände die Gefahr der Brandübertragung auf Nachbargebäude. *Neue Stallungen* mit „neuzeitlichen Haltungssystemen" scheinen zunächst weniger brandgefährdet zu sein; trotzdem treten auch hier häufig Brände mit zum Teil hohen Tierverlusten auf. Eine Unterteilung der Stallräume in Brandabschnitte muß von Art und Anzahl der untergebrachten Tiere abhängig gemacht werden.

Manchmal sind in Stallgebäuden *Zwischendecken* aus Holz oder Beton gefertigt. Die kostengünstigen Holzdecken aus 4 cm dicken Bohlen widerstehen einem Brand mindestens 30 Minuten. Eine teurere massive Decke schottet den Stallraum gegenüber dem Dachboden zwar besser ab, es besteht bei einem Brand aber Einsturzgefahr wegen innerer Spannungsänderungen im Beton aufgrund der starken Hitzeentwicklung in Verbindung mit Löschwasser; insoweit wäre im Ernstfall nur eine scheinbare Sicherheit gegeben.

Anbindevorrichtungen haben zu gewährleisten, daß Tiere bei Feuergefahr in kürzester Zeit losgemacht und ins Freie gebracht werden können. Einzeltier- oder Gruppenentriegelungen, die zentral von einer geschützten Stelle ausgelöst werden, erhöhen die Rettungs- und Überlebenschancen. Die Buchtenausgänge sind so herzurichten, daß den Tieren ein schnelles und ungehindertes Verlassen möglich ist. Bei Gruppenhaltungen könnte an den Einbau hochziehbarer Trennwände oder Türen gedacht werden.

Strom- und Lichtausfall oder Stromabschaltung während der Löscharbeiten behindern insbesondere zur Nachtzeit die Rettungsmaßnahmen. Der Ausfall der Ventilatoren kann zu einer weiteren Gefährdung durch Brandrauch führen; ihr kann nur – soweit baulich überhaupt möglich – durch schnelles Öffnen von Fenstern und Türen begegnet werden. Der Einbau kostenaufwendiger Brand- bzw. Rauchmeldeanlagen oder automatisch schließender Türen dürfte unter dem Vorbehalt bestimmter betrieblicher Voraussetzungen in besonders wertvollen Tierbeständen vertretbar sein.

Bei besserer Sicherung der Grundstücke und Gebäude gegen unerlaubten Zutritt fremder Personen, bei Aufrechterhaltung der Schutzfunktion von Brandabschnitten, bei sachgemäßer Bedienung und Wartung betrieblicher Einrichtungen, elektrischer Installationen, von Geräten sowie Blitzschutzanlagen könnte die Schadenquote verringert werden.

Empfehlenswert ist es, gemeinsam mit den Beauftragten der Brandaufsicht und der Veterinärverwaltung einen *Tierrettungsplan* für Katastrophenfälle auszuarbeiten. Dabei sind die Ursachen und Ausbreitungsmöglichkeiten eines Brandes sowohl für einen Gebäudeabschnitt als auch für den gesamten Gebäudekomplex zu berücksichtigen. Ferner ist es erforderlich, *verantwortliche Personen* für die Erledigung bestimmter Aufgaben zu benennen und das Personal sorgfältig auszubilden. Als günstig haben sich *Begehungen durch Feuerwehrleute*, z. B. bei Einsatzübungen, erwiesen, um in Notfällen mit Erfolg eingreifen zu können, falls die Betriebsangehörigen nicht anwesend sein sollten; bei dieser Gelegenheit lassen sich unter anderem geeignete Tierrettungsmaßnahmen besprechen. Auch die *Tierhalter* sollten mit Familienangehörigen und Mitarbeitern Möglichkeiten zur Tierrettung im Ernstfall erörtern. Die Kenntnis über das Vorhandensein von und den Umgang mit Löschwasserentnahmestellen, Feuerlöschern, Feuermeldern oder Telefon sowie deren Funktionsfähigkeit tragen zur Schadenminderung bei.

Im Rahmen der *behördlichen Aufsicht* über Tierhaltungen gemäß den geltenden tierschutzrechtlichen Bestimmungen sollten auch brandschutzrelevante Gesichtspunkte berücksichtigt werden. Ebenso können *Versicherungsunternehmen* auf die Behebung brandschutzbezogener Mängel Einfluß nehmen und somit zur Minderung von Feuerrisiken beitragen. Für die Beachtung und Einhaltung der Vorschriften und Auflagen ist aber letzten Endes der *Betriebsinhaber* verantwortlich.

Den berufsständischen Verbänden, Brandschutzbehörden, Versicherungsunternehmen, Feuerwehren und Tierärzten kommt gemeinsam die Aufgabe zu, Tierhalter über Brandgefahren in ihren Betrieben zu informieren sowie für den vorbeugenden Brandschutz und die Tiersicherheit zu sensibilisieren. Brandschutzmaßnahmen sind aber nicht nur unter dem Gesichtspunkt der damit verbundenen Kosten, sondern auch unter dem Aspekt der Verantwortlichkeit für den Tierbestand zu werten. Bereits bei der Ausbildung zu landwirtschaftlichen und tierpflegerischen Berufen ist diese Thematik zu berücksichtigen. Ein Zusammenwirken baulicher und betrieblicher vorbeugender Schutzmaßnahmen kann das Brandrisiko in der Tierhaltung mindern.

Literatur

Karlsch, D., und Jonas, W. (1993): Brandschutz in der Landwirtschaft. Verlag Kohlhammer, Stuttgart.

Pagel, S. (1986): Tierverluste und Schäden infolge von Stallbränden – Eine Schadensanalyse und Studie zum Verhalten von landwirtschaftlichen Nutztieren bei Bränden im Kreis Herzogtum Lauenburg während eines Zeitraumes von zehn Jahren (1973–1982). Diss., Freie Universität Berlin, Vet.-med. Fakultät.

Roitman, M., Pawlowa, O., und Schurin, E. (1978): Schutz des Viehes bei Brandfällen (russ.). Pozarnoe delo. Nr. 9, 26–27.

Ruppert, M. (1985): Tiere bei Stallbränden – Zur Häufigkeit, Ursache und Auswirkung von Stallbränden in den Jahren 1982 und 1983 in Niedersachsen. Diss., Tierärztliche Hochschule Hannover.

Schnitzer, U. (1970): Vorkehrungen für Brandfälle. In: Reitanlagen. Kuratorium für Technik und Bauwesen in der Landwirtschaft, Darmstadt, Bauschrift 6, 152–156.

Sørby, K. M. (1984): Brände in landwirtschaftlichen Betriebsgebäuden. Eine Analyse von Bränden in den Jahren 1977–1981 (norweg.). Diss., Norges Landbrukshøgskole, Inst. for Bygningsteknikk, Ås.

Svensson, G. (1983): Rettung von Tieren beim Brand (schwed.). Brandförsvar, Nr. 1, 12–15.

Bestandsregulierung bei Straßentauben

D. HAAG-WACKERNAGEL

■ Einleitung

Die Straßentaube oder verwilderte Haustaube ist mit einem Weltbestand von rund 500 Millionen Individuen (Simms, 1979) eines der erfolgreichsten Tiere im urbanen Lebensraum. Schon vor über 7000 Jahren dürfte sich die Felsentaube freiwillig dem Menschen und seinen frühen Ansiedlungen angeschlossen haben. Ihre einfache Haltung, große Fruchtbarkeit und ihr schmackhaftes Fleisch machten sie zum beliebten Haustier (Haag, 1994). Während ihrer Domestikation veränderte der Mensch die Taube nach seinen Bedürfnissen. Die ausgeprägte territoriale Aggression der Felsentaube wurde zugunsten der einfacheren Haltung reduziert, ihre Produktivität stark erhöht (Haag, 1993b). Im Laufe ihrer jahrtausendelangen Domestikation entstanden über 1100 verschiedene Haustaubenrassen (Schütte et al., 1994).

Während dieser Zeit sind immer wieder Haustauben entflogen oder aus vernachlässigten Schlägen ausgewandert. Die Städte mit ihren Häuserschluchten boten der Taube einen idealen Ersatzbiotop für die Felsenküste. Bis ins 20. Jahrhundert hinein lebten diese verwilderten Haustauben vor allem von Feldnahrung und brüteten in den Städten, meist an exponierten Gebäuden wie Kirchen und Rathäusern (Scherdlin, 1913). Solange der Mensch gezwungen war, mit seinen Lebensmitteln zu haushalten, waren die Tauben nur durch „Feldern" in der Umgebung der Stadt in der Lage, den Nahrungsbedarf für sich und ihre Brut zu beschaffen. Die damals weit verbreiteten Habichte, Wanderfalken und Sperber sorgten für eine wirkungsvolle Dezimierung während der Flüge in die Landschaft.

Nach dem zweiten Weltkrieg nahmen die Straßentaubenbestände in Europa und den USA stark zu. In Kensington Garden (London) wurde von 1949 bis 1967 eine Verzehnfachung des Bestandes (Simms, 1979) festgestellt. Der Hauptgrund für diese Entwicklung lag in einem Anstieg der Nahrungsgrundlage, die den ökologischen Minimumfaktor für die Populationsgröße darstellt (Haag, 1984). Durch das Billigwerden der Nahrungsmittel kann es sich der Wohlstandsbürger heute erlauben, Lebensmittel achtlos wegzuwerfen oder gar gezielt für die Fütterung von Straßentauben einzukaufen. Diese vom Menschen neu geschaffene Nahrungsgrundlage ermöglichte es den Straßentauben, ihre Nährgründe von der Landschaft in die Stadt zu verlegen und so auf die gefährlichen Flüge in die Landschaft zu verzichten. Dadurch entzogen sie sich weitgehend der Regulation durch ihre angestammten Feinde. Diese Entwicklung, in der sich die Straßentaube in jeder Beziehung in die Abhängigkeit des Menschen begab, hat sie zum Problemtier werden lassen.

Das Straßentaubenproblem

Die domestikationsbedingte Senkung der Territorialität in Verbindung mit einer stark erhöhten Fruchtbarkeit ermöglicht sehr hohe Populationsdichten, die für die Straßentaube selbst wie auch für den Menschen zu verschiedenen Problemen führen (Haag, 1984):
- An den übervölkerten Brutplätzen bewirken dichteabhängiger Streß, Krankheiten und Parasiten vor allem bei Nestlingen und Jungtieren schlechte, „slumartige" Lebensbedingungen, die ein Tierschutzproblem darstellen.
- Verschmutzungen von Gebäuden und Denkmälern mit dem aggressiven Taubenkot erfordern hohe Renovations- und Reinigungskosten.
- Die einseitige Fütterung durch Taubenfreunde verursacht Mineralstoff- und Vitaminmangel, den die Straßentauben durch die artuntypische Aufnahme von Grünfutter wie Knospen, Blätter und Keimlinge zu kompensieren versuchen. Dabei entstehen Schäden an öffentlichen Grünanlagen (Haag, 1984).
- Straßentauben stellen durch die Übertragung von Krankheiten und Parasiten auf den Menschen und seine Haustiere ein städtehygienisches Problem dar. Nach Kösters (1991) können beispielsweise folgende Krankheiten übertragen werden: Ornithose, Salmonellose, Kryptokokkose, Paramyxovirose, Pseudotuberkulose, Vogeltuberkulose, Listeriose und Röteln.
- Aus den verwahrlosten Brutplätzen können Parasiten, wie z.B. die Rote Vogelmilbe (*Dermanyssus gallinae*), die Taubenzecke (*Argas reflexus*) und Vogelflöhe (*Ceratophyllus* spec.), auswandern und den Menschen sowie seine Haustiere befallen (Haag, 1984; Haag und Gurdan, 1990). Materialschädlinge (z.B. Speckkäfer, Mehlkäferlarven, Mottenarten) können Schäden in Wohnungen verursachen.

Versuche zur Reduzierung von Überpopulationen

Abwehrmaßnahmen

Verschiedene Maßnahmen sollen dazu dienen, Straßentauben von bestimmten Orten fernzuhalten. Dabei wird das Problem nicht gelöst, sondern nur verlagert (meist auf das Gebäude des Nachbarn). Tabelle 1 vermittelt einen Eindruck und eine kritische Beurteilung der bisher angewandten Methoden.

Tötungsmethoden

Verschiedene Methoden der Bestandsregulierung haben das Ziel, möglichst viele Individuen zu töten, um dadurch eine Senkung der Populationsgröße zu erreichen. In Basel wurden mehrere Schwärme bis auf 20% ihrer ursprünglichen Größe reduziert. Nach einigen Wochen hatten die Schwärme ihren früheren Bestand wieder erreicht oder waren größer als zuvor (Haag, 1984). Ähnliche Resultate erhielten auch Murton et al. (1972) bei ihren Untersuchungen in den Salford Docks von Manchester. Kautz und Malecki (1990) untersuchten die Auswirkungen von Tötungsaktionen bei New Yorker Straßentauben. Sie konnten zeigen, daß die Population im Folgejahr erst dann abnimmt, wenn im Herbst mehr als 35% des Bestandes entfernt werden. Als Mechanismen für die enorme Regenerationsfähigkeit reduzierter Straßentaubenpopulationen konnten sie eine Erniedrigung der Ei- und Nestlingsmortalität

Tab. 1 Methoden zur Abwehr von Straßentauben

Abwehrmethode	Beurteilung
Bauliche Maßnahmen	Im Winkel von 45 Grad schräggestellte Blenden aus Metall oder Stein verhindern Sitzen – einfache und sehr wirksame Methode
Fluchtauslösende chemische Verbindungen (Avitrol, 4-Aminopyridin)	Zu toxisch für eine unkontrollierbare Anwendung in der Stadt (Martin und Martin, 1982), wirkt vor allem über die Reaktion der vergifteten Tiere, die durch ihr Verhalten ihre Artgenossen warnen (Weber, 1979) – aus tierschützerischen Gründen abzulehnen.
Chemische Reizstoffe, die auf Landeplätze aufgebracht werden (Hotfoot-Paste)	Tierschützerisch nicht verantwortbar; Plätze verschmutzen leicht und werden dadurch unwirksam
Vergrämungspasten, dauerplastische Kunststoffmasse	Bewirken bei Tauben einen unangenehmen Berührungsreiz, kann zur Verklebung des Gefieders und der Augen führen, Kleinvögel können festkleben und eingehen (Wormuth und Lagoni, 1985); Masse verschmutzt leicht und wird dadurch unwirksam – tierschützerisch nicht empfehlenswert
Nagelbrettableitungen	Vorstehende Stacheln und Spitzen aus Metall oder Kunststoffen. Bei scharfen Spitzen und Stacheln können sich die Tauben verletzen. Optische und mechanische Abwehrwirkung vor allem von der Motivation der Tauben abhängig. Um ihre Brutplätze zu erreichen, lassen sich Tauben auch durch starke Schmerzreize nicht abschrecken. Tauben können durch Auflage von Nistmaterial die Wirkung verschiedener Systeme aufheben. Nur dann empfehlenswert, wenn sich Tauben nicht verletzen können.
Verdrahtung mit Federspannung	Wenn nicht fachmännisch angebracht, können Tauben durchschlüpfen – zum lokalen Schutz von Gebäuden empfehlenswert.
Vernetzungen von Einflügen, Ruheplätzen usw.	Sichere Abwehr, Tauben dürfen sich nicht verfangen können – empfehlenswert
Elektrisch geladene Drähte an Landeplätzen	Sichere Abwehr, Gefahr von Kurzschlüssen (Weber, 1979) – tierschützerisch nicht abschließend beurteilt
Akustische Abwehr, z.B Angstrufe, die über Tonband abgespielt werden	Tauben gewöhnen sich nach kurzer Zeit an die Rufe, längerfristig unwirksam (Haag, 1984)
Ultraschallgeräte, rotierende Trägerfrequenzgeräte	Rotierende Elemente können anfänglich abschrecken (Keil et al., 1991), Ultraschall kann nach Wormuth und Lagoni (1985) bei Ratten Krampfanfälle sowie Gehör- und Gleichgewichtsorganschäden verursachen – die Geräte sind deshalb auch für den Menschen nicht unbedenklich, für Tauben nicht hörbar (Hörschwelle Tauben bei 12 Mhz), keine langfristige Wirkung nachgewiesen
Pulsartige elektromagnetische Felder	Kann von Tauben nicht registriert werden, keine Wirkung nachgewiesen

sowie eine erhöhte Lebenserwartung bei den Überlebenden nachweisen.

Die Lücken, die durch die Entfernung von Individuen entstehen, werden innerhalb kürzester Zeit von Jungtieren besetzt. Ein Brutpaar kann unter optimalen Bedingungen bis zu 12 flügge Jungtiere pro Jahr erzeugen (Haag, 1987). Die Adultmortalität von etwa 11% (Haag, 1990) ist relativ gering. Dadurch entsteht ein starker Konkurrenzdruck auf Nahrung und Brutplätze. Die Tötung von Adulttieren begünstigt demnach die Überlebenswahrscheinlichkeit der Jung-

Tab. 2 Fang- und Tötungsmethoden zur Reduktion von Straßentaubenpopulationen

Tötungsmethode	Beurteilung
Fraßgifte: Strychnin, Blausäure (Begasung von Brotwürfeln mit HCN-Gas – Zyklon-B)	Nur kontrollierter Einsatz möglich, Blausäure entweicht innerhalb weniger Minuten (Becker, 1963, Tannert, 1963, Dimigen, 1986, Schuster, 1989). Strychnin kann in die urbanen Nahrungsketten gelangen. In den meisten Ländern ist die Vergiftung von Wirbeltieren verboten, von der Bevölkerung nicht akzeptiert, nicht empfehlenswert.
Narkotika: z.B. Alpha-Chloralose, alkoholgetränktes Brot	Anwendung siehe oben, wirken in hoher Dosierung wie Gifte, Tiere, die davon gefressen haben, stürzen ab und verletzen sich, werden von Beutegreifern gefressen, die sich ihrerseits vergiften, von der Bevölkerung nicht akzeptiert (Morris, 1969; Murton et al., 1972; Haag, 1984), nicht empfehlenswert.
Kontaktgifte: Endrin, Fenthion (Rid-A-Bird)	Vergiftung über dermalen Kontakt (Weber, 1979), sichere Dosierung nicht möglich, Gefahr der Vergiftung von Beutegreifern, aus tierschützerischen Gründen abzulehnen.
Abschuß	Nur in Ausnahmefällen von guten Schützen mit Zielfernrohr und Schalldämpfer anwendbar, Gefahr von Querschlägern, verletzte Vögel sind nur schwer zu finden, aus tierschützerischen Gründen nicht empfehlenswert.
Elektrisch geladene Metallplatten	Auf einer großen Kupferplatte werden Tauben angefüttert, diese wird dann unter Strom gesetzt, und die Tauben werden so getötet, großer technischer Aufwand, Proteste aus der Bevölkerung, nicht empfehlenswert.
Fallen	Verschiedene Modelle von Fallen, meistens aus Metallgittern, in die zum Anlocken der Tauben Futter gestreut wird. Tauben müssen über längere Zeit durch Fütterung angewöhnt werden. Tauben, die Fänge erlebt haben, meiden die Falle künftig und können andere durch plötzliches Auffliegen warnen – deshalb meist nach kurzer Zeit beschränkte Fangerfolge (Haag, 1984).
Selbstfangfallen	Fallen aus Drahtgitter nach dem Reusenprinzip, aus der die Tauben durch einseitig öffnende Verriegelungen nicht mehr entweichen können, Anlockung durch Locktauben und Futter. Selbstfangfallen sollten mindestens 2mal täglich kontrolliert werden; wenig effizient, da meist nur wenige Tauben gefangen werden können, schlechte Akzeptanz bei Tierschützern, die oft Befreiungsaktionen durchführen.
Fangschläge	In Gebäude eingebaute Taubenschläge oder Taubenhäuser, aus denen regelmäßig zur Stammpopulation zugeflogene Tauben entfernt werden. Als Methode zur Bestandsregulierung bei größeren Populationen unwirksam, da meist nur wenige Tiere gefangen werden können.
Wurfnetze	Handwurfnetze und Netzwurfgeräte, die mittels Projektilen ein trapezförmiges Netz 10 m über einen Taubenschwarm schießen, nur auf großen Plätzen anwendbar, wegen der großen Verletzungsgefahr für die Tauben aus tierschützerischen Gründen nicht empfehlenswert.
Beizvögel, Ansiedlung von Greifvögeln	Beschränkte Wirksamkeit, da pro Tag nur wenige Tauben geschlagen werden (Versuch Milwaukee, USA, in: Nötzli, 1991), Greifvögel können sich durch Straßentauben wegen ihres hohen Bleigehaltes vergiften (De Ment, 1987), Straßentauben entwickeln Feindvermeidungsstrategien (Doering, 1990); als Methode zur Bestandsregulierung unwirksam.

tiere, die normalerweise eine jährliche Mortalität von über 90% erleiden. Murton et al. (1972) mußten beispielsweise 9000 Tauben während dreier Jahre aus ihrer Versuchspopulation entfernen, um deren Größe von 2600 auf 1300 Individuen zu senken. Tötungsaktionen sind bei Straßentauben kein wirksames Instrument für eine erfolgreiche Bestandsregulierung, weil nicht eine geringe Mortalität, sondern das große Nahrungsangebot die Ursache für die großen Straßentaubenbestände ist. Durch ihre hohe Natalität können Verluste innerhalb kürzester Zeit kompensiert werden. Aus tierschützerischen Überlegungen muß zusätzlich bedacht werden, daß Straßentauben meist ganzjährig außer Oktober (Zeit des Gefiederwechsels) brüten. Die Nestlinge haben keine Überlebenschance mehr (Erfrieren, Verhungern), wenn ein oder beide Elternteile einer Tötungsaktion zum Opfer gefallen sind. Generell sollten deshalb Tötungsaktionen nur außerhalb der Brutzeit durchgeführt werden. Tabelle 2 stellt die wichtigsten Fang- und Tötungsmethoden zusammen, die bisher in der Straßentaubenregulierung verwendet wurden.

Beeinflussung der Fortpflanzungsbiologie

In den letzten Jahrzehnten wurde versucht, eine Bestandsregulierung der Straßentaube über die Beeinflussung ihrer Fortpflanzungsphysiologie zu erreichen (Übersichten in Neubauer, 1994; Hennig, 1993; Kiefner, 1986). Tabelle 3 stellt die wichtigsten Typen der „Taubenpille" zusammen. Bei den verwendeten Wirkstoffen müssen die meist sehr toxischen Sterilantien von den eher harmlosen Hormonpräparaten unterschieden werden. Bisher konnte mit diesen Substanzen keine dauerhafte Bestandsregulierung erreicht werden (Wormuth, 1993). Dominante und kräftige Individuen setzen sich am Futter durch und können zuviel des Präparates aufnehmen, was zu einer Vergiftung führen kann. In den meisten Fällen ist es nicht möglich, die ganze Taubenpopulation einer Stadt zu behandeln. Die Nachkommen der unbehandelten Paare haben wegen der geringeren Konkurrenz eine höhere Lebenserwartung und sind so in der Lage, die geringere Natalität zu kompensieren. Die heute verwendeten Wirkstoffe werden meistens, auf Mais dragiert, in großen Mengen den Tauben verfüttert. Dies führt zu einer zusätzlichen Vergrößerung der Nahrungsgrundlage, was im Extremfall eine Erhöhung der Population verursachen kann. Bei allen diesen Substanzen besteht die Gefahr, daß diese in die urbane Nahrungskette gelangen und unkontrollierbare Auswirkungen auf Beutegreifer wie Hauskatzen und Greifvögel haben. Durch die schwer kontrollierbare Ausbringung von präpariertem Futter können andere Körnerfresser unbeabsichtigt mitbehandelt werden (Ringel-, Hohl- und Türkentauben, Sperlinge usw.).

Bestandsregulierung über die Verringerung der Nahrungsgrundlage (Basler Modell)

Arbeiten an wildlebenden Felsentauben zeigen, daß die verfügbare Nahrung die Populationsgröße limitiert (Goodwin, 1973; Peterson et al., 1949). Dies trifft auch für Straßentaubenpopulationen zu, da sich Tauben dank ihrer ausgeprägten Lernfähigkeit bei einer Verknappung anderer Ressourcen (Brutplätze, Warteplätze, Wasser, Vitamine und Mineralstoffe) optimal den städtischen Bedingungen anpassen können (Haag, 1984). Kösters et al. (1994) konnten in München

Tab. 3 Die „Taubenpille" – Substanzen mit Einfluß auf die Fortpflanzungsphysiologie der Taube

Wirkstoffe und Bezeichnung	Wirkung und Beurteilung
22,25-Diazacholesterol-dihydrochlorid, auf Mais dragiert Bezeichnung: Ornitrol	Chemosterilans, das über proliferationshemmende Eigenschaften nach ununterbrochener 10tägiger Applikation die Fruchtbarkeit für 3–6 Monate hemmt (Arbeiter et al., 1975), gravierende Nebenwirkungen wie Strecklähmungen, Erbrechen, Paralyse der Beine usw. (Murton et al., 1972), Auswirkungen auf die Nahrungskette nicht abgeklärt – aus tierschützerischen Gründen nicht empfehlenswert.
1,4-bis-Methansulfonyloxy-Butan, einmalige Dosis von 40 mg, auf Mais dragiert Bezeichnungen: Busulfan, Glysol-T-neu, Taubenregulans	Chemosterilans, das als Zytostatikum die Funktion der germinativen Gewebe hemmt, beim Menschen in der Leukämietherapie in über 1000fach geringerer Dosis eingesetzt, nach einmaliger Gabe Hemmung der Fortpflanzungsfähigkeit für ca. 6 Monate. Gravierende Nebenwirkungen: Apathie, Abmagerung; eine Immunsuppression provoziert Salmonellosen, Yersiniosen etc., die bei über 30% der behandelten Tiere zu einem qualvollen Tod führen, dadurch entsteht ein erhöhtes Infektionsrisiko für Mensch und Haustier; Tauben lernen den Busulfan-Mais kennen und meiden ihn (Heinzelmann et al., 1989, Hoerschelmann et al., 1981), Auswirkungen auf die Nahrungskette nicht abgeklärt – aus tierschützerischen Gründen nicht empfehlenswert.
Progesteron (0,01–0,1%), auf Mais dragiert Bezeichnung: Ornisteril	Hormon, verursacht bei hohen Dosen (2–10 mg/Tier/Tag) Hodenatrophie mit Rückgang der Spermienzahl und Abnahme der Follikelzahl und Follikelgröße. Muß mindestens 4 Tage lang hintereinander verabreicht werden, um eine Hemmung der Fortpflanzung für 8–12 Tage zu erreichen (Nötzli, 1991). Nachteile: ab 10facher Anwendungsdosis (1% Progesteron) toxisch (Nötzli, 1991), Hormonbehandlung verursacht Verhaltensänderungen und Störungen des Paarbindeverhaltens, Präparat muß dauernd der ganzen Population verfüttert werden, Auswirkungen auf die Nahrungskette nicht abgeklärt; nach Baldaccini et al. (1994) wurde bei konsequenter Anwendung in Kombination mit Fütterungsverbot und Tötungsaktionen in Bozen eine dauerhafte Bestandssenkung erreicht, Auswirkungen auf die Nahrungskette nicht abgeklärt.
Levonorgestrel und 17α-Ethinylestradiol, in Knochenzementmatrix als Magendepotpille	Die Steroide werden kontinuierlich über eine Magendepotpille abgegeben und bewirken eine reversible Rückbildung der Ovarien und Hoden, Wirkdauer bis 12 Wochen, keine negativen Auswirkungen auf Gesundheit der Tauben (Kummerfeld et al., 1996; Neubauer, 1994; Hennig, 1993), als Nebenwirkung treten Verhaltensänderungen wie Scheinbrüten und intensiviertes Paarbindeverhalten auf, Feldversuche sind zur Zeit im Gange, Anwendung empfehlenswert für gut überschaubare Populationen in Kombination mit Fütterungseinschränkungen.

zeigen, daß die Einstellung der Fütterung bei den ansässigen Populationen innerhalb eines Jahres eine Reduktion um 28% verursachte, ohne daß bei den benachbarten Schwärmen eine Zunahme an Tieren zu beobachten war. Eine dauerhafte Bestandsregulierung bei der Straßentaube kann demzufolge nur über eine Senkung der Nahrungsgrundlage erreicht werden.

Im Jahre 1988 wurde als gemeinsames Projekt der Universität Basel (Abteilung Medizinische Biologie), des Sanitätsdepartements und des Basler Tierschutzvereins die **„Basler Taubenaktion"** mit dem Ziel ins Leben gerufen, eine dauerhafte und ökologisch verantwortbare Lösung des Straßentaubenproblems herbeizuführen. Ökologisch gesehen, ist die durch die Fütterung des Menschen erzeugte Nahrungsgrundlage die Ursache für die Überpopulation der Straßentauben. Der Hauptangriffspunkt der Bemühungen war deshalb die Bevölkerung, d.h. die Taubenfreunde, und nicht die Straßentaubenpopulation an sich. Das Füttern der hilflosen Kreatur erfährt eine positive soziale Bewertung als ein karitativer, generöser und bemutternder Akt. Es war deshalb das Ziel, diese Werthaltung in ihr Gegenteil zu verkehren, d.h. die Leute zu überzeugen, daß das Füttern den Tauben schadet und in jeder Beziehung kontraproduktiv ist.

In Broschüren, Plakaten, Zeitungsartikeln sowie Fernseh- und Radiosendungen wurde der Bevölkerung klar gemacht, welche negativen Konsequenzen die an sich gut gemeinte Fütterung für die Straßentauben hat. In schockierenden Bildern wurden die Folgen der fütterungsbedingten „Slumsituation" (z.B. Taubennestlinge, die von Krankheiten und Parasiten infiziert sind) aufgezeigt. Mit dieser Medienarbeit wurde versucht, der Bevölkerung den komplizierten ökologischen Zusammenhang nahezubringen, daß die unkontrollierte Fütterung eine große Nahrungsgrundlage erzeugt, die für die zu große Taubenpopulation verantwortlich ist. Die resultierende Übervölkerung führt zu einer „Slumsituation", die durch Dichtestreß und die Ausbreitung von Krankheiten und Parasiten zu einer schlechten Lebensqualität der Tauben führt und dadurch indirekt auch eine hygienische Gefährdung für den Menschen und seine Haustiere darstellt. Aus diesen Gründen wurden die Taubenfreunde aufgefordert, das Füttern im Interesse der Straßentauben einzustellen oder zumindest stark einzuschränken.

Damit wegen der verringerten Nahrungsmenge keine Tauben verhungerten, wurden von den Beamten des Basler Jagdinspektorates in einer Kastenfalle soviele hungrige Straßentauben wie möglich eingefangen. Sie entfernten Tauben in folgender Zahl: 1988: 1297, 1989: 1869, 1990: 1614, 1991: 1671, 1992: 2099.

Durch diesen leichten „Feinddruck" konnte die Taubenpopulation schneller der verringerten Nahrungsgrundlage angepaßt werden. Diese jährlichen Fänge betrugen weniger als 20% der Population und dürften für sich allein keinen regulativen Einfluß auf die Populationsgröße ausüben. Wie Kautz und Malecki (1990) nachweisen konnten, wäre eine Herbstreduktion von mehr als 35% notwendig, um eine Straßentaubenpopulation längerfristig zu senken.

Um eine vorbildliche Tierhaltung durch die Stadt zu demonstrieren, wurden acht Straßentaubenschläge in die Dachböden öffentlicher Gebäude eingebaut. Diese kontrollierten Schläge werden wöchentlich durch einen Taubenwart gereinigt und überwacht. Wenn die einzelnen Schwärme zu stark anwachsen, werden als sanfte Regulationsmaßnahme befruchtete Eier aus den Nestern genommen und durch abgestorbene ersetzt. Im Jahre 1995 beispielsweise wurden aus den acht Taubenschlägen 2225 Eier und 1404 kg Kot entfernt, der sonst zur Verschmutzung von Gebäuden und Denkmälern beigetragen hätte. Diese von der öffentlichen Hand finanzierten Schläge sollen vor allem zeigen, daß es nicht die Absicht ist, die Straßentauben auszurotten, sondern einen kleinen und gesunden Bestand anzustreben. Durch eine vorbildliche Tierhaltung wird demonstriert, daß es nicht genügt, den Tauben einfach nur Futter hinzuwerfen und den Rest der Allgemeinheit zu überlassen. Eine Taubenhaltung muß auch die Beherbergung und die veterinärmedizinische Versorgung umfassen. In der unmittelbaren Umgebung unserer kontrollierten Taubenschläge wurden „Begegnungsstätten Mensch – Taube" errichtet, in denen das Füttern der durch Farbringe markierten Tiere toleriert war (Haag,

Abb. 1 Information der Bevölkerung als Methode der Bestandsregulierung bei Straßentauben: Die Entwicklung von 13 Kontrollschwärmen als Indikator für die Gesamtpopulation Basel zeigt einen Rückgang von rund 50% innerhalb von 50 Monaten. Die Informationskampagnen der „Basler Taubenaktion" sind durch Pfeile markiert.

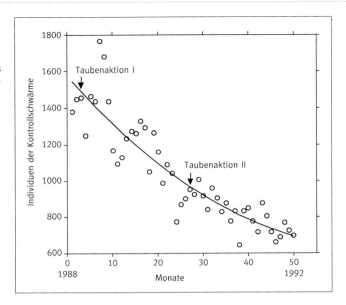

1995). Die Brutpaare haben einen guten Gesundheitszustand und erzeugen in den betreuten Schlägen heute durchschnittlich zwei Junge pro Jahr, so daß die betreuten Schwärme auf der gewünschten Größe gehalten werden können.

Abb. 1 stellt die Resultate der wöchentlichen Stichprobenzählungen von 13 Taubenschwärmen in der Stadt Basel dar, die die Größe der Gesamtpopulation repräsentieren (Haag, 1993a). Innerhalb von 50 Monaten sank die durchschnittliche Größe der 13 Kontrollschwärme von 1400 auf 708 Individuen. Dieser Rückgang erlaubt es, auf die Gesamtpopulation zu schließen. Die Anfangspopulation von 20000 Individuen dürfte somit innerhalb von 50 Monaten auf 10000 Tiere zurückgegangen sein. Entsprechend der geringeren Populationsgröße gingen auch die Schäden zurück. Die Stadtgärtnerei Basel konnte z.B. in öffentlichen Grünanlagen einen Rückgang der Schäden um etwa 50% feststellen. Mittels einer soziokulturellen Erfolgskontrolle wurde versucht, Veränderungen im Wertebewußtsein der Bevölkerung gegenüber dem Taubenfüttern zu erfassen. Die Auswertungen von Presseberichten, Leserbriefen in Zeitungen sowie Anrufen und Briefen belegten, daß die Botschaft, daß das Füttern den Tauben schadet, verstanden wurde. Die „Basler Taubenaktion" wurde von Radio, Fernsehen und Presse im In- und Ausland gut aufgenommen. Heute wissen die meisten Einwohner von Basel, daß die unkontrollierte Fütterung den Tauben schadet.

Unsere Erfahrungen haben gezeigt, daß eine Population von wildlebenden Tieren nur nach einer sorgfältigen Analyse der ökologischen Zusammenhänge beeinflußt werden kann. Tötungsaktionen ohne den Versuch, die Nahrungsgrundlage zu senken, haben dank der enormen Nachwuchsrate der Straßentauben keinen Einfluß auf die Populationsgröße und stellen eine reine Symptombekämpfung dar. Eine Erhöhung der Todesrate kann keinen Einfluß auf die ökologische Kapazität einer Stadt für die Straßentauben haben, wenn die Nahrungsmenge der bestimmende Faktor ist. Wenn eine menschliche Aktivität die Ursache für einen ökopathologischen Effekt ist, muß deshalb eine Lösung beim Menschen und nicht am betroffenen Ökosystem realisiert werden.

Literatur

Arbeiter K., Hager, G., und Kopschitz, M. (1975): Die temporäre Sterilisation von verwilderten Haustauben.. Zbl. Vet. Med. A 22, 117–141.
Baldaccini, N.E., Mongini, E., und Ragioneri, L. (1994): Die Tauben in Bozen: Kontrollmethode und Bevölkerungsdynamik. 3. Internat. Tag. Infektionskrankheiten in den Alpenländern 49–50.
Becker, K.(1963): Ergebnisse einer Probebekämpfung verwilderter Haustauben. Anzeiger für Schädlingskunde (Berlin) 36, 73–77.
De Ment, S.H. (1987): Toxic lead exposure in the urban Rock Dove. Journal of Wildlife Diseases 23(2), 273–278.
Dimigen, J. (1986): Tierschutzgerechte Regulierung verwilderter Stadttauben. Dtsch. tierärztl. Wschr. 93, 492–495.
Doering, C. (1990): Die Beutevögel der Wanderfalken am Kölner Dom. Tier und Museum 253–254.
Goodwin, D. (1973): Some characters of Rock and Feral Pigeons. Pigeon Genetics Newsletter 2, 9–14.
Haag, D. (1984): Ein Beitrag zur Ökologie der Stadttaube (Columba livia). Dissertation der Phil.-Nat. Fakultät der Universität Basel.
Haag, D. (1991): Population density as a regulator of mortality among eggs and nestlings of feral pigeons in Basel, Switzerland. In: Nestling mortality of granivorous birds due to microorganisms and toxic substances (Eds.: J. Pinowski et al.). PWN Polish Scientific Publishers.
Haag-Wackernagel, D. (1993a): Street pigeons in Basel. Nature 361, S. 200.
Haag-Wackernagel, D. (1993b): Zur Biologie der Straßentaube. Habilitationsschrift, Verlag Medizinische Biologie, Universität Basel.
Haag-Wackernagel, D. (1994): Die Straßentaube – die Geschichte einer Mensch-Tier-Beziehung. Schweizer Tierschutz, Du und die Natur Nr.3, 4–29.
Haag-Wackernagel, D. (1995):Regulation of the street pigeon in Basel. Wildlife Society Bulletin 23(2), 256–260.

Haag, D., und Gurdan P. (1990): Über den hygienischen Zustand der Straßentauben in Basel. Swiss Vet 6, 19–21.
Heinzelmann, O., Kösters, J., and Gerlach, H. (1989): The control of free-living pigeons in Munich. 2nd European Symposium on Avian Medicine and Surgery, March 8–11, Utrecht, The Netherlands, 186–192.
Hennig, B. (1993): Der Einfluß von Levonorgestrel und 17alpha-Ethinylestradiol auf die Fruchtbarkeit der verwilderten Haustaube Columba livia f. dom. Dissertation der Tierärztlichen Hochschule Hannover.
Hoerschelmann, H., Dimigen, J., und Kahler, H. (1981): Erfahrungen mit dem „Taubenregulans" Busulfan. Dtsch. tierärztl. Wschr. 88, 261–308.
Keil, W., Kösters, J., Rheinwalt, G., Rossbach, R., Ueckermann, E., und Wormuth, H.J. (1991): Müssen wir Tiere gleich töten? Schriftenreihe des Bundesministers für Ernährung, Landwirtschaft und Forsten, Angewandte Wissenschaft, Heft 404, Landwirtschaftsverlag Münster.
Kiefner, U. (1986): Gesundheitsrisiken und Schäden durch verwilderte Haustauben im Großstadtbereich. Diplomarbeit, Institut für Tiermedizin und Tierhygiene, Universität Hohenheim.
Kösters, J., Kaleta, E., Monreal, G., und Siegmann, O.(1991): Das Problem der Stadttauben. Deutsches Tierärzteblatt 4, 272–276.
Kummerfeld N., Hennig, B., Neubauer, K., Hoppen, H.O., und Rademacher, K.H (1996): Eine Pille für die Tauben – Ethinylestradiol und Levonorgestrel bei Stadttauben. Tierärztliche Hochschule Hannover, 1995/1996, 20–24.
Martin, C.M., and Martin, L.R. (1982): Pigeon control – An integrated approach.. Proc. tenth vertebrate pest conference. University of California, Visual Media, 190–192.
Morris, J.G. (1969): Control of feral pigeons. Australian Journal of Science 32, 9–14.
Murton, R.K., Thearle, R.J.P., and Thompson, J. (1972): Ecological studies of the feral pigeon columba livia var. I. Population, breeding biology and methods of control. Journal of Applied Ecology 9, 835–874.
Neubauer, K. (1994): Dosis-Wirkungs-Beziehungen beim Einsatz von Levonorgestrel und 17alpha-Ethinylestradiol zur Fertilitätskontrolle bei der verwilderten Haustaube. Diss., Tierärztliche Hochschule Hannover.
Nötzli, F. (1991): Comportement et régulation d'une population de pigeons des villes. Travail de diplôme Université de Genève.

Peterson, A., Botni, N.F., and Williamson, K. (1949): Polymorphism and breeding of the rock dove in the Faroe Islands. Ibis 91, 17–23.

Scherdlin, P. (1913): Über die Abnahme der verwilderten Tauben am Straßburger Münster – Das Resultat einer Umfrage. Colmar, ohne Verlagsangabe.

Schuster, W., Röder, R., Theodor, H., und Vogel, C. (1989): Verwilderte Haustauben – ein hygienisches Problem mit zunehmender Bedeutung in der DDR. Z. gesamte Hygiene 35, Heft 9, 514–517.

Schütte, J., Stach, G., und Wolters, J. (1994): Handbuch der Taubenrassen. Verlag J. Wolters, Bottrop.

Simms, E. (1979): The public life of the Street Pigeon. Hutchinson, London.

Tannert, W. (1963): Verhaltensphysiologische Studien auf Grund von HCN-Begiftungsaktionen gegen verwilderte Haustauben und Vorschläge für künftige Bekämpfung. Wiss. Z. Humboldt-Universität Berlin, Mathematisch-Naturwissenschaftliche Reihe XII, 231–233.

Weber, W. (1979): Health hazards from pigeons, starlings and english sparrows. Thomson Publications 1–137.

Wormuth, H.-J., und Lagoni, N. (1985): Taubenabwehr und Tierschutz – Verwendung sogenannter Repellents. Der praktische Tierarzt 3, 242–244.

Wormuth, H.-J. (1993): Maßnahmen zur Verminderung überhandnehmender freilebender Säugetiere und Vögel, insbesondere verwilderter Katzen sowie Haustauben. Mh. Vet.-Med. 48, 583–593.

Bestandsregulierung bei Nagern*

C. MERMOD

■ Wirtschaftliche und medizinische Bedeutung der Nagetiere in Europa

Es gibt ungefähr 25 Arten von Nagetieren in Zentraleuropa, wenn man bestimmte eingeführte Arten mitzählt (Tabelle 1). Von diesen Arten beeinträchtigen nur einige ernsthaft die menschlichen Tätigkeiten und erfordern deshalb eine Bestandskontrolle. Betroffen sind Land- und Forstwirtschaft, Nahrungsvorräte und die Gesundheit von Mensch und Haustieren.

Weltweit, besonders aber in den Tropen, sind die durch Nager verursachten Ernteverluste (Reis und andere Getreidearten) enorm: 33 Millionen Tonnen jährlich laut WHO (Meehan, 1984). In Europa sind die Schäden am erntereifen Getreide geringer, obwohl eine Untersuchung in England die durch Ratten verursachten Schäden am Mais auf bis zu 15% schätzt.

Die Wühl- und Schermäuse der Arten *Arvicola* und *Microtus* verzehren Pflanzen (grüne Teile oder Wurzeln) und richten bei periodischen Massenvermehrungen (bis zu mehreren tausend pro Hektar; Krebs und Myers, 1974; Rinke, 1990) zum Teil große Schäden in Wiesen und Obstgärten (junge Pflanzungen) an. Zwei eingeführte mittelgroße bis große Nager, die Bisamratte (bis 2 kg) und der Sumpfbiber (bis 8 kg), bedrohen den Anbau von Gemüse und Getreide. Da sie ihre Bauten an Kanal- oder Teichufern graben, wurden auch oft Ufereinstürze oder Dammzerstörungen gemeldet.

Überall, wo Nahrung für Tiere oder Menschen gelagert wird, besteht ein großes Risiko hauptsächlich durch Muriden: in Maissilos, Futtervorräten für Groß- und Kleinvieh, Lagerhäusern usw. Der Nahrungsverbrauch durch diese Nager ist nicht der einzige erhebliche Schaden: Die gelagerte Nahrung wird durch Kot, Harn und Haare verschmutzt, die durchlöcherten Säcke sind nicht mehr für den Transport und Verkauf geeignet. Schätzungen solcher Schäden in Lebensmittelfabriken und Lagerhäusern nähern sich den 70%, die nur durch Ratten verursachten Schäden betragen in den USA ungefähr 1 Milliarde Dollar jährlich (Meehan, 1984). Abgesehen von der Gattung *Mus* und *Rattus*, leben die Muriden der Gattung *Apodemus* normalerweise im Wald oder in Hecken, selten im offenen Gelände (Mermod, 1969). Im Winter dringen sie jedoch recht oft in die Wohngebäude ein und können dort Schäden verursachen, die denen der Hausmaus ähneln. Andere Nagerarten hingegen sind weniger bedeutsam, obwohl auch sie von Zeit zu Zeit begrenzte Schäden anrichten können.

Die Mäuseartigen sind zudem Träger von Krankheitskeimen. Infektionskrankheiten wie Leptospirose oder Salmonellosen, aber auch virale Erkrankungen, können auf Vieh und Mensch übertragen werden. Salmonellen werden durch kotverschmutzte Nahrung übertragen. Mit

---

* Übersetzung des Beitrages aus dem Französischen: Françoise Mermod-Fricker.

Tab. 1 Nagetiere in Mitteleuropa

Familie	Arten		Biotope
Sciuridae	Eichhörnchen	*Sciurus vulgaris*	Wald, Park
	Murmeltier	*Marmota marmota*	Gebirge
	Chipmunk*	*Tamia sibiricus*	Park
Castoridae	Biber	*Castor fiber*	Gewässer
Arvicolidae	Rötelmaus	*Clethrionomys glareolus*	Wald
	Schermaus	*Arvicola terrestris*	Felder, Feuchtgebiet
	Bisamratte*	*Ondatra zibethicus*	Feuchtgebiet
	Kleinwühlmaus	*Pitymys subterraneus*	Felder, Wiesen
	Schneemaus	*Microtus nivalis*	Gebirge
	Feldwühlmaus	*Microtus arvalis*	Felder, Wiesen
	Erdwühlmaus	*Microtus agrestis*	Felder
	Nordische Wühlmaus	*Microtus oeconomus*	Felder
Cricetidae	Hamster	*Cricetus cricetus*	Ackerland
Muridae	Zwergmaus	*Micromys minutus*	Ackerland
	Gelbhalsmaus	*Apodemus flavicollis*	Wald
	Waldmaus	*Apodemus sylvaticus*	Wald
	Alpenwaldmaus	*Apodemus alpicola*	Bergwald
	Brandmaus	*Apodemus agrarius*	überall
	Hausratte	*Rattus rattus*	Gebäude
	Wanderratte	*Rattus norvegicus*	Feuchtgebiet, Gebäude
	Hausmaus	*Mus musculus musculus*	Gebäude
		Mus m. domesticus	Gebäude
Gliridae	Siebenschläfer	*Glis glis*	Wald, Park, Obstbau
	Haselmaus	*Muscardinus avellanarius*	Wald
	Gartenschläfer	*Eliomys quercinus*	Wald, Obstbau
	Baumschläfer	*Dryomys nitedula*	Wald
Myocastoridae	Sumpfbiber*	*Myocastor coypus*	Feuchtgebiet

* eingeführte Arten

Leptospiren infiziert sich der Mensch durch Kontakt mit verschmutztem Wasser oder Gegenständen oder durch direkten Kontakt mit einer infizierten Ratte. Aus Schottland berichtete Meehan (1984), daß 42% der Wanderratten Träger von Leptospiren sind. Die durch Ratten übertragene Pest (Erreger: *Yersinia pestis*) ist heute selten geworden (505 gemeldete Fälle für 1980), aber die WHO schließt eine weltweite Pandemie nicht aus, da Warenaustausch und Reisen immer zahlreicher und schneller werden.

Möglichkeiten der Bestandsregulierung

Nagerbestände werden durch mehrere Faktoren reguliert: Beschränkte Nahrungsquellen und natürliche Feinde sind die wichtigsten. Unsere Untersuchungen ergaben jedoch, daß natürliche Feinde als Regulationsfaktor nicht mehr ins Gewicht fallen, sobald die Nager sehr zahlreich werden (Debrot et al., 1984; Ferrari und Weber, 1995; Lachat Feller, 1993; Marchesi und Mermod, 1989; Mermod, 1983; Mermod und Marchesi, 1988).

Die Notwendigkeit einer Bestandsregulierung *durch den Menschen* betrifft drei Gruppen:
– Wühlmäuse und Schermäuse, die periodisch starken Zuwachs verzeichnen,

– anthropophile Nager,
– eingeführte Nager, die nicht zur einheimischen Fauna gehören.

Massenvermehrungen bei Nagern sind seit der Antike bekannt, und der Kampf gegen die Schermäuse ist schon alt. Bereits Anfang des 16. Jahrhunderts belohnte z.B. der Kanton Solothurn in der Schweiz deren Einfangen mit einer Prämie von 5 Pfennigen gegen den als Beweis gebrachten Schwanz (Körner, persönliche Mitteilung). Die Bekämpfung beschränkte sich während mehrerer Jahrhunderte auf das Fangen mit Fallen, von denen die meistbenutzten, auch heute noch, die "Maulwurfklammern" sind, d.h. metallische Zangen, die durch einen Ring offen gehalten werden. Das Tier, das diesen berührt, wird eingeklemmt und durch das Schließen der Zange getötet. Viele andere Fangsysteme (Fallen mit herabfallenden Türen, Reusen usw.) wurden erfunden. Jedoch weisen alle den gleichen Fehler auf: Aufstellen und Kontrolle einer großen Anzahl von Geräten erfordert viel Zeit und Personal bei verhältnismäßig geringen Fangraten, wenn die Population sehr groß ist. Außerdem eignen sich nicht alle Fallen für die verschiedenen Nagetierarten; die Mäuseartigen und vor allem die Hausratte sind gegenüber neuen Gegenständen und unbekannter Nahrung sehr mißtrauisch. Man muß also gute empirische Kenntnisse über Biologie und Verhalten dieser Tiere besitzen, um Erfolg zu haben.

Vom ethischen Standpunkt aus gesehen, ist die Fangjagd nur verantwortbar, wenn der Tod sofort in der Falle (Zange) eintritt oder das lebendig gefangene Tier (Reuse) sofort durch den Fallensteller getötet wird. Es ist unannehmbar, Lebendfallen nicht zu beaufsichtigen und die Tiere damit langsam an Entkräftung oder vor Kälte umkommen zu lassen.

Fallen sollten mindestens zweimal pro Tag kontrolliert werden (morgens und abends).

Als Geburtenregelungsmethode ist die Fangjagd nicht immer angemessen. Deshalb wurden wirkungsvollere und weniger kostspielige Methoden gesucht. Die biologische Bekämpfung mittels krankheitserregender Mikroorganismen wurde in Laboratorien und in der Natur geprüft. Mangelnde Wirksamkeit und potentielle Risiken führten zu deren Verzicht. Es bleibt die Möglichkeit einer chemischen Bekämpfung, eine schon sehr alte Lösung, für die mehrere Substanzen ausprobiert wurden. Diese Methode wirft hinsichtlich Wirksamkeit, Technik und Ethik mehrere Probleme auf:

– die Zahl der dem Gift ausgesetzten Tiere (Wirksamkeit),
– Ort des Ausbringens und die Verteilung der Substanzen,
– Technik der Giftverteilung (Methodenrentabilität),
– Giftaufnahme durch den Zielorganismus (Einatmen, Verschlucken),
– zeitlicher Verlauf und Stärke der Giftwirkung (ethisches Problem),
– Risiko für die nicht betroffene tierische (oder menschliche) Population,
– Risiko für die Umwelt (Anhäufung von Giftsubstanzen).

Betrachten wir zuerst die Bekämpfung der Landnagetiere, dann jene der anthropophilen Nager.

■ Landnager

Die Bestandsregulierung betrifft nur einige Arten: die Feldmaus (*Microtus arvalis*), die Schermaus (Abb. 1) – mitteleuropäische Unterart (*Arvicola terrestris scherman*) und zwei eingeführte Nagetiere, die Bisamratte (*Ondatra zibethicus*)

Abb. 1 Die Schermaus, *Arvicola terrestris scherman*.

und den Sumpfbiber (*Myocastor coypus*). Das Begasen der Bauten wurde für die zwei ersten Arten angewendet: Autoabgase (Kohlenmonoxid) oder aktivere Substanzen wie phosphorhaltige Wasserbomben (PH_3). Diese Methoden sind jedoch wenig wirksam (das Gas entweicht aus trockenem oder rissigem Boden) und benötigen, im Vergleich zum Ergebnis, unverhältnismäßige Mittel. Außerdem besteht die Gefahr der Selbstvergiftung für den Benutzer.

Die heute verwendeten Gifte sind in ausgelegtes, attraktives Futter eingearbeitet (Fraßköder). Es gibt zwei Arten von Wirkstoffen:
– starke Rodentizide, die nach Aufnahme des Köders den Tod des Nagers herbeiführen,
– Rodentizide, welche durch wiederholte Einnahme (kumulativ) wirken.

Alle diese Produkte hemmen die Blutgerinnung (Antivitamin K). Wegen der Vergiftungsgefahr für den Menschen oder andere Tiere wurde der Gebrauch mehrerer dieser auf das Zentralnervensystem oft stark wirkenden Verbindungen verboten. Abgesehen von ethischen Einwänden, rufen die Krämpfe bereits vergifteter Tiere das Mißtrauen ihrer Artgenossen hervor, die dann ihrerseits die Köder meiden. Zur Erinnerung seien genannt: Zinkphosphid, Strychnin und Crimidin. Es gibt neuere Substanzen wie das Herzgift Scillirosid oder Calciferol-Derivate (Vit. D_2 oder D_3), die beim Tier zu einer tödlichen Hypervitaminose führen. Scillirosid wurde z.B. für am Wasser lebende Nagetiere (Bisamratte und Sumpfbiber) angewendet, die übrigen Gifte setzte man gegen die anthropophilen Nager ein.

Heute zieht man den starken Giften die seit den fünfziger Jahren entwickelten blutgerinnungshemmenden Mittel vor. Diese zeichnen sich durch günstigere Eigenschaften aus: schon bei geringer Dosis wirksam, keine Wirkung auf das Nervensystem (?), verzögert eintretende Wirkung (ein bis mehrere Tage), die das Meideverhalten von Artgenossen unterbindet. Diesen Produkten kann vom ethischen Standpunkt aus vorgeworfen werden, daß der Tod der Tiere nicht sofort eintritt, sondern zeitlich verzögert – durch innere und äußere Blutungen – hervorgerufen wird. Die „Behandlungen" der von Nagern heimgesuchten Wiesen, Kulturen oder Weiher können nicht ständig durchgeführt werden; zum einen wegen der zu hohen Kosten, zum anderen besteht bei einigen blutgerinnungshemmenden Mitteln (Warfarin) das Risiko einer Resistenzbildung bei Ratten. Bestände, in denen Gift ausgebracht worden war, können sich sehr schnell wieder erholen. Eine endgültige Ausrottung ist wegen der hohen Fortpflanzungsrate der Nagetiere unmöglich.

Stadtnager

Die ursprünglich aus dem Nahen und Mittleren Osten stammenden Ratten und Mäuse haben Europa schon seit langem besiedelt. Ihre Herkunft (warme und feuchte Gegenden) brachte es mit sich, daß diese Tiere in oder nahe den menschlichen Siedlungen passende ökologische Voraussetzungen und reichlich Nahrung gefunden haben. Die gegen diese städtischen Nagetiere angewandten Gifte sind die gleichen wie für die Landnager. Die Gefahren bei der Anwendung sind jedoch größer, da sich Nahrungsvorräte für Menschen und Haustiere oft in nächster Nähe befinden. Es versteht sich daher von selbst, daß der Einsatz dieser Produkte, sofern wirklich gerechtfertigt, nur gut ausgebildeten und mit allen Sicherheitsmaßnahmen vertrauten Spezialisten überlassen werden darf.

Abschließend muß festgestellt werden, daß es kein "gutes" Gift gibt. Eine künstliche Bestandsregulierung drängt sich erst dann auf, wenn die verursachten Schäden oder die Gefahren, welche diese Tiere für den Menschen darstellen, sorgfältig abgewogen sind. Der ethische Aspekt des Problems muß mit einbezogen werden: Die Ehrfurcht vor dem Tier gebietet große Vorsicht, sobald gewisse Arten bekämpft werden sollen, selbst wenn die verursachten Schäden ins Gewicht fallen. Die Zerstörung der Ernten in den Tropen rechtfertigt sicher solche Maßnahmen, aber ist dies auch in den industrialisierten Ländern der Fall? Obwohl die Vermehrungsrate von Nagern sehr hoch ist, haben natürliche Regulationsfaktoren (Feinde, Krankheiten, Streß), ohne Eingreifen des Menschen, schon immer dafür gesorgt, daß die Erde nicht in wenigen Jahren von Nagetieren bedeckt ist!

Literatur

Debrot, S., Fivaz, G., et Mermod, C. (1984): Note sur le gîte et la nourriture hivernale d'une hermine (Mustela erminea). Bulletin de la Société neuchâteloise des Sciences naturelles 107, 137–141.

Ferrari, N., and Weber, J.-M. (1995): Influence of the abundance of food resources on the feeding habits of the red fox, Vulpes vulpes, in western Switzerland. J. Zool. London 236, 117–129.

Krebs, C.J., and Myers, J.H. (1974): Population cycles in small mammals. Adv. Ecological Research 8, 268–389.

Lachat Feller, N. (1993): Régime alimentaire de la fouine (Martes foina) durant un cycle de pullulation du campagnol terrestre (Arvicola terrestris scherman) dans le Jura suisse. Zeitschrift für Säugetierkunde 58, 275–280.

Marchesi, P., et Mermod, C. (1989): Régime alimentaire de la martre (Martes martes) dans le Jura suisse. Revue suisse de Zoologie 96, 127–146.

Meehan, A.P. (1984): Rats and mice – their biology and control. The Rentokil Library, East Grinstead, U.K. 383 p.

Mermod, C. (1969): Ecologie et dynamique des populations de trois rongeurs sylvicoles. Mammalia 33, 1–57.

Mermod, C. (1983): Ecoéthologie de la prédation. Annales 1981–1982 de l'Université de Neuchâtel, 9 pp.

Mermod, C., et Marchesi, P. (1988): Les petits carnivores. Atlas visuels Payot, vol.19.

Rinke, T. (1990): Zur Nahrungsökologie von Microtus arvalis (Pallas, 1779) auf Dauergrünland I: Allgemeine Nahrungs-Präferenzen. Z. Säugetierkunde 55, 106–114.

Bestandsregulierung bei Katzen

C. LERCH-LEEMANN

■ Ausgangslage

Die unkontrollierte Vermehrung von Katzen und die daraus folgende Überpopulation sind weltweit verbreitet (Wormuth, 1993; Turner, 1996). Vielfach wird versucht, die Bestände zu regulieren, indem die Tiere getötet werden, was oft auf qualvolle Art geschieht. Die Tierschutzvereine werden teilweise täglich mit diesen Problemen konfrontiert. Einem Großteil der Gemeindeverwaltungen sind sie ebenfalls bekannt. Vor allem in Siedlungsgebieten, wo eine gewisse Nahrungsgrundlage vorhanden ist, treten Kolonien teilweise verwilderter Katzen von bis zu 30 und mehr Tieren auf.

Katzen, welche sich unkontrolliert vermehren, sind vor allem auf Bauernhöfen, in Fabrikarealen, in Schrebergärten, in Feriendörfern und bei Gaststätten anzutreffen. Neue Kolonien entstehen durch das Abwandern der grundsätzlich ortstreuen Katzen. Dies geschieht, wenn deren Lebensbedingungen ungenügend geworden sind, insbesondere wenn zu wenig Futter vorhanden ist oder sie keinen Unterschlupf mehr finden. Kätzinnen, deren Jungtiere vom Menschen getötet wurden, suchen für den nächsten Wurf zum Teil abgelegene Verstecke auf. Durch die Vermehrung dieser Tiere bilden sich ebenfalls Kolonien herrenloser Katzen.

Eine Kätzin wirft durchschnittlich zweimal im Jahr drei bis sechs Junge. Auch wenn nicht alle überleben, kann eine Population in zwei Jahren auf über 30 Tiere anwachsen. Solche Katzengruppen werden meist als störend empfunden, insbesondere wenn die Anzahl der Tiere laufend zunimmt. Es drängen sich Regulierungsmaßnahmen auf, welche durch Fachleute realisiert und möglichst tiergerecht und effizient gestaltet werden müssen, um grausame Selbsthilfemaßnahmen zu verhindern.

Die Populationskontrolle in Kolonien freilebender Katzen ist besonders schwierig, da es sich meistens um verwilderte Tiere handelt, welche sich wie Wildtiere verhalten. Haben Katzenwelpen in den ersten Lebenswochen keine positiven Kontakte zu Menschen, sind sie sehr scheu und lassen sich nicht berühren (s. Kapitel "Katze", S.297ff.)

■ Prophylaxe

Der Prophylaxe ist höchste Priorität einzuräumen. Das heißt, es muß dafür gesorgt werden, daß unerwünschte Kätzchen, welche getötet werden müßten, gar nicht erst geboren werden. Das Europäische Übereinkommen zum Schutz von Heimtieren verpflichtet die Vertragsparteien, das Ausmaß der ungeplanten Fortpflanzung durch Förderung der Unfruchtbarmachung zu verringern. Dazu sind auch die weit verbreiteten Vorurteile gegen die Kastration zu entkräften:
– Kastrierte Katzen bleiben gute Mäusefängerinnen.

- Kätzinnen müssen vor der Kastration nicht Junge gehabt haben.
- Katzen leiden nicht unter den Folgen der Kastration.
- Kastrierte Katzen werden weder dick noch faul, vorausgesetzt, sie werden nicht überfüttert.

Uneinsichtige Tierhalter, welche wiederholt unerwünschte Katzen "züchten", sollten von Gesetzes wegen dazu verpflichtet werden können, ihre Tiere kastrieren zu lassen.

Wichtig ist auch, daß Katzen nicht gedankenlos gefüttert werden. Insbesondere sollen keine fremden Katzen mit Futter angelockt werden. Taucht in einem Gebiet eine wirklich herrenlose Katze auf, soll sie der nächsten Tierschutzorganisation gemeldet und kastriert werden. Keinesfalls darf abgewartet werden, bis sie Junge bringt und das Problem ein größeres Ausmaß anzunehmen beginnt.

Möglichkeiten der Bestandsregulierung

Einfangen, kastrieren und am selben Ort freilassen

Die Kastration der Katzen wird mittlerweile weltweit als Methode der Wahl propagiert, um bereits bestehende Kolonien freilebender Katzen zu sanieren (Wormuth, 1993). Das heißt, die Katzen werden mit speziellen Fallen eingefangen, kastriert und am selben Ort wieder freigelassen. Sind trächtige oder säugende Kätzinnen mit wenigen Wochen alten Jungtieren vorhanden, sollen diese in ein Tierheim gebracht werden. Die Kätzchen können bei sorgfältiger Pflege gezähmt und an verantwortungsvolle Besitzer abgegeben werden. Die Kätzinnen werden kastriert und am selben Ort wieder freigelassen.

Es ist sehr wichtig, daß die Maßnahmen mit den betroffenen Personen und Behörden besprochen werden. Eine eingehende Aufklärung kann anfängliches Mißtrauen gegenüber dem Vorgehen in den meisten Fällen beseitigen. Wichtig ist auch, daß die sanierten Kolonien weiterhin betreut werden. Durch regelmäßiges Füttern bleiben die Tiere an einem Ort und verteidigen ihr Revier gegen fremde Katzen. Eine neu hinzukommende Katze wird von der betreuenden Person bemerkt und kann kastriert werden, bevor sie Junge bringt. So ist es möglich, Katzengruppen über Jahre in ihrer Größe stabil zu halten, was auch den anfänglich großen Aufwand rechtfertigt.

Das Einfangen verwilderter Hauskatzen muß mit großer Sorgfalt erfolgen. Ihr Verhalten gegenüber dem Menschen ist wie bei Wildtieren von Angst geprägt. Oberstes Gebot im Umgang mit diesen Tieren ist deshalb Ruhe. Wird den Katzen über das Futter ein Beruhigungsmittel verabreicht, sind ihre Bewegungen zwar etwas langsamer, doch sie lassen sich immer noch nicht anfassen.

Die Teleinjektion eines Narkosemittels mit einem Blasrohr ist eine streßarme Methode zum Einfangen der Tiere. Sie kann jedoch nur in geschlossenen Gehegen angewendet werden. Wenn sich Katzen in einem Gehege in einer Ecke verkriechen, kann das Medikament auch direkt injiziert werden, indem das Tier vorsichtig mit einer Wolldecke zugedeckt wird. Sobald die Katzen den Menschen nicht mehr sehen, verhalten sie sich ruhig und müssen für die Injektion nur leicht fixiert werden.

Wenn verwilderte Katzen im Freien eingefangen werden müssen, werden spezielle Katzenfallen verwendet (Abb. 1). Katzen in der Falle sind möglichst ruhig zu behandeln und vor unnötigen Kontakten mit Menschen zu schützen;

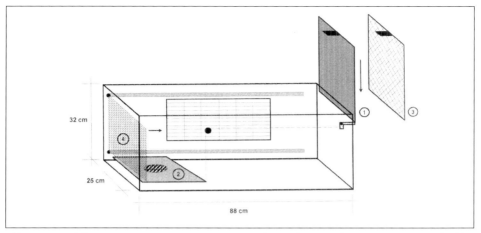

Abb. 1 Katzenfalle mit integrierter Fixationsvorrichtung (Bezug bei Büchel, CH-8603 Schwerzenbach). Funktionsweise: Die Falltür (1) wurd durch Treten auf die Futterplatte (2) geschlossen und in der Tierarztpraxis durch ein Gitter (3) ausgewechselt. Mit dem Schieber (4) wird die Katze für die Injektion leicht gegen das Gitter gedrückt. Material: undurchsichtiger Kunststoff als Sichtschutz für die Tiere. Durchsichtige Falltüren sind gut sichtbar zu markieren, damit die Katzen nicht dagegenrennen.

deshalb wird die Falle mit einem Tuch abgedeckt und möglichst rasch in eine tierärztliche Praxis gebracht. In der Praxis soll nicht versucht werden, die Katze aus der Falle zu nehmen. Verwilderte Katzen können nicht festgehalten werden und gehen in geschlossenen Räumen in Panik die blanken Wände hoch, was mit großem Streß für Tier und Mensch verbunden ist. Katzenfallen müssen deshalb mit einer integrierten Fixationsvorrichtung ausgerüstet sein, so daß die Tiere in den Fallen narkotisiert werden können. Das Einfangen von Katzen mit Schlingen und Zangen, wie sie im Handel angeboten werden, ist abzulehnen.

■ **Einfangen und vorübergehend im Tierheim unterbringen**
Zutrauliche herrenlose Katzen und noch zähmbare Jungkatzen können vorübergehend im Tierheim aufgenommen werden. Für verwilderte Katzen ist es jedoch nicht zumutbar, daß sie den Rest ihres Lebens in ein Tierheim gesperrt werden. Wenn sie älter als zwei bis drei Monate sind, können sie kaum gezähmt werden. Da sich nur äußerst selten Plazierungsmöglichkeiten für solch scheue Tiere finden, wären die Tierheime innerhalb kurzer Zeit mit verängstigten Katzen überfüllt. Ein solches Vorgehen ist weder tiergerecht noch werden so die für den Tierschutz zur Verfügung stehenden Mittel effizient eingesetzt.

■ **Entziehen der Lebensgrundlagen**
Oft wird geraten, die Tiere einer bestehenden Kolonie nicht mehr zu füttern und sämtliche Schlupfwinkel zu verschließen. Dies kann weder aus tierschützerischer Sicht akzeptiert werden noch stellt es eine effiziente Lösung dar, da sich das Problem nur an einen anderen Ort verlagert.

■ **Töten unerwünschter Tiere**
Das Töten von Katzen ist, wie die Überpopulation von Katzen, weltweit verbreitet und geschieht oft auf äußerst grausame Art. Nach Schätzungen werden

allein in der Schweiz jedes Jahr Zehntausende unerwünschter Katzen getötet.

Jungkatzen werden meist erschlagen oder ertränkt. Das Ertränken ist auf jeden Fall als grausame Methode abzulehnen. Das Erschlagen neugeborener Welpen wäre in besonderen Ausnahmefällen eine Lösung unter der Bedingung, daß die Tiere nach einem einzigen Schlag wirklich tot wären. Unzählige Berichte von Zeugen oder von Personen, welche selbst schon Katzen auf diese Art getötet haben, bestätigen, daß sehr oft mehrmals auf die Tiere eingeschlagen werden muß. Dies trifft vor allem dann zu, wenn die Kätzinnen die Jungen vor dem Zugriff des Menschen verstecken und die Kätzchen daher bereits größer sind. Das Erschlagen von Katzen ist deshalb abzulehnen, auch weil humanere Methoden wie die Euthanasie möglich sind.

Das Töten von Jungtieren hat auch tierschutzrelevante Folgen für das Muttertier, welches einerseits die Jungen sucht, andererseits an einem massiven Milchstau leidet. Zudem ist das Töten von Jungtieren nur eine Lösung auf Zeit. Schon nach wenigen Wochen ist die Kätzin wieder trächtig, und es müssen wenig später erneut Katzenwelpen getötet werden.

Auch in Kolonien freilebender, verwilderter Katzen wird das Töten der Tiere anfangs meistens als die beste Lösung angesehen. Da sich die Tiere nicht einfangen lassen, versucht man, sie zu erschießen. Nach dem ersten Schuß ist eine Katze tot, die anderen Tiere fliehen. Versucht der Schütze, auf diese Katzen zu zielen, hinterläßt er oft angeschossene Tiere. Auch bei großer zeitlicher Präsenz können so nicht alle Katzen eliminiert werden. Der vermeintlich leergeschossene Raum wird rasch wieder besiedelt. Erschießaktionen müssen in der Regel alle ein bis zwei Jahre wiederholt werden. Bei dieser Methode besteht zudem die Gefahr, daß säugende Muttertiere oder zahme Katzen getroffen werden, welche jemandem gehören. Das Schießen auf Katzen in Siedlungsgebieten kann auch Menschen gefährden und ist grundsätzlich weder der Polizei, der Jägerschaft noch Privatpersonen erlaubt.

Als weitere Tötungsmöglichkeit wird gelegentlich das Auslegen von Giften in Betracht gezogen. Einerseits ist das Auslegen von Giftködern gefährlich und aus verschiedenen Gründen gesetzeswidrig. Andererseits sind keine Gifte bekannt, welche sich zur humanen Tötung von Katzen eignen würden.

Eine andere Möglichkeit ist die Euthanasie. Dazu müssen die Katzen mit speziellen Fallen eingefangen werden, was für die Tiere einen nicht zu vernachlässigenden Streß durch Angst bedeutet. Vorgängig muß mit allen Mitteln ausgeschlossen werden, daß Katzen euthanasiert werden, die jemandem gehören. Auch bei dieser Methode ist es nur selten möglich, das Problem nachhaltig zu lösen. Der Raum wird in vielen Fällen nach einer gewissen Zeit wieder von Katzen besiedelt.

Grundsätzlich wird das Töten unerwünschter Katzen weder als tiergerechte, ethisch vertretbare noch als effiziente Lösung angesehen und sollte nach sorgfältiger Prüfung aller anderen Möglichkeiten nur in Ausnahme- und Einzelfällen toleriert werden.

Zudem verbietet das deutsche Tierschutzgesetz das Töten von Tieren ohne vernünftigen Grund und erlaubt das Töten von Wirbeltieren nur Personen mit den nötigen Fachkenntnissen und Fähigkeiten (s. Kapitel „Das Töten von Tieren", S. 686ff.).

Literatur

Schweizer Tierschutz, STS (1995): Video, Katzen kastrieren statt töten (VHS/PAL 15 Min. 30 Sek., auch französisch und italienisch), Schweizer Tierschutz, STS, CH 4008 Basel.

Turner, D. C., und Bateson, P. (1988): Die domestizierte Katze. Albert Müller Verlag, Rüschlikon-Zürich.

Turner, D. C. (1996): persönliche Mitteilung.

Universities Federation for Animal Welfare, UFAW (1995): Feral cats, suggestions for control. UFAW, 8 Hamilton Close, South Mimms, UK Herts EN6 3QD.

Wormuth, H.-J.(1993): Maßnahmen zur Verminderung freilebender Säugetiere und Vögel, insbesondere verwilderter Katzen und Tauben. Mh. Vet.-Med. 48, 583–893.

Bestandsregulierung bei Hunden

K. BÖGEL

Erforschung der Hundepopulation

Seit Jahrtausenden dient der Hund dem Menschen in mannigfaltiger Weise. Der Hund hält Tierherden zusammen, bewacht, ist Jagdgefährte und Zugtier, führt den Blinden, sucht, rettet und dient als Nahrung. Sein Gruppensinn macht ihn zum Mitglied der Familie und zum Begleiter in menschlicher Vereinsamung. Entsprechend umfangreich ist die Fachliteratur zur Zucht, Haltung sowie zum Verhalten und Schutz des Hundes. Sachbücher sind oft rasseorientiert mit einem fließenden Übergang zur einfachen Erlebnisliteratur.

Dieses zunächst unüberschaubar weite Schrifttum glänzt bei genauerem Studium durch eine nahezu vollkommene Abwesenheit von Untersuchungen über Dynamik und Kontrolle (im Sinne der Populationsregulierung) des Hundebestandes als Ganzes. Es finden sich Angaben zur Zahl administrativ oder durch Befragungsaktionen erfaßter Tiere auf 100 Einwohner und Haushalte. Tierschutzorganisationen und Tierheime erbringen Zahlen zu den von ihnen betreuten Hunden und den Prozentsatz sterilisierter Tiere. Solche Daten beziehen sich aber grundsätzlich auf Teilpopulationen und auf damit zusammenhängende Probleme, wie z.B. die Belastung des Hundehalters durch unerwünschten Nachwuchs.

So erstaunt es nicht, daß vor Aufnahme der systematischen Forschungsarbeit durch die Weltgesundheitsorganisation (WHO) im vergangenen Jahrzehnt nur eine einzige nennenswerte Publikation zur Verfügung stand, die Methoden und Resultate der Erfassung frei laufender, d.h. nicht oder nur zeitweilig überwachter Hunde einschloß (Beck, 1973). Gerade diesem Sektor der sogenannten *streunenden Hunde* hatte schon immer eine besondere Aufmerksamkeit aus kommunal- und seuchenhygienischer Sicht gegolten. Vorschriften zum Schutze vor Tollwut, die danach trachteten, die Zahl der streunenden Hunde zu vermindern, gehen weit ins Altertum zurück. Heute finden wir in vielen Ländern und Städten, vor allem der Dritten Welt, groß angelegte Programme mit Wagenkolonnen zum Fang von „Straßenkötern", die, so meinte man, einen beträchtlichen Teil, d.h. 30–60% des Hundebestandes ausmachten und damit den Erfolg seuchenprophylaktischer Maßnahmen in Frage stellten. So wurde und wird in den Hundebestand eingegriffen, ohne daß die Auswirkung der Maßnahmen auf Populationsdichte und -dynamik überprüft worden wäre.

Umfassende populationsbiologische Untersuchungen gingen vor allem vom Impuls der WHO und von den Erfahrungen aus, die Wissenschaftler in den siebziger Jahren bei der Erforschung der Wildtiertollwut gesammelt hatten (WHO, 1984). Was passiert eigentlich, wenn man aus einem relativ „stabilen" Ökosystem Hunde entnimmt? Wie groß ist der korrigierende Populationsdruck?

Welcher Anteil der streunenden Hunde hat ein Zuhause und wäre somit erreichbar? Wie steht es mit dem Geschlechterverhältnis und der Produktivität der im Rudel streunenden Tiere?

▪ Abkehr von falschen Vorstellungen

Forschungsprojekte zur Hundepopulation, zu der jährlichen Rekrutierung von Jungtieren in den Bestand vermehrungsfähiger Tiere und der Assoziation des Hundes zum Menschen führten in einer Reihe von Ländern zu sehr ähnlichen Ergebnissen (Sri Lanka, Tunesien, Ecuador, Nepal, Thailand, Griechenland). Über 90% der Hunde besitzen eine enge Bindung zu einem oder mehreren Menschen. Bei guter Vorbereitung der Bevölkerung und engem Netz an Impfstellen wurden auch unter schlechtesten sozio-ökonomischen Bedingungen 70% und mehr aller Hunde der Impfung zugeführt. Diese neuen und ermutigenden Ergebnisse veranlaßten die Weltgesundheitsorganisation und den Welttierschutzverband, gemeinsam Richtlinien zur Regulierung des Hundebestandes zu erarbeiten (WHO/WSPA, 1990). Das Dokument geht im Detail auf die Ökologie des Hundes und Verfahren der Bestandsüberwachung ebenso ein wie auf Gesetzgebung, Organisationsverfahren und technische Methoden, die direkt in den Bestand oder indirekt über Habitatregulierung eingreifen. Auf die einzelnen technischen Verfahren sei hier nur verwiesen.

Als erstes mußte der Begriff des *„streunenden Hundes"* neu definiert und der ganz oder zeitweilig unbeaufsichtigt frei laufende Hund vom wirklich verwilderten Tier ohne enge Bindung an den Menschen klar unterschieden werden.

Noch drastischer ist die Korrektur unserer Vorstellung von der Möglichkeit einer Bestandsregulierung durch *Beseitigung frei laufender Hunde*. Entsprechende Maßnahmen waren bis in die achtziger Jahre in allen internationalen Empfehlungen, z.B. der WHO zur Tollwutbekämpfung, enthalten. Sie sind nach wie vor in den meisten Ländern durch Gesetz und Verordnung festgelegt. Heute wissen wir, daß Hundefang und -beseitigung, wie dies in vielen Ländern praktiziert wird, in der Regel keinerlei Einfluß auf die Dichte der Hundepopulation haben. Im Verlaufe hierarchischer und territorialer Neuordnung wird lediglich die Kontaktrate zwischen den Tieren erhöht, und gerade das sollte eigentlich vermieden werden.

▪ Neue bestands- biologische Erkenntnisse

Dieser dramatische Wandel unserer wissenschaftlichen Ansichten bedarf einer Erklärung. Theoretisch gewährleisten Nahrung und Schutz/Aufsicht eine stetige Population. Dabei ist der Populationsdruck gleich den Gegenkräften in Form von Krankheit, Unfall und menschlicher Intervention. Die Bestandskapazität (carrying capacity) eines Quadratkilometers Erdoberfläche ist unter den gegebenen Bedingungen ausgeschöpft. Durch Entnahme von Individuen aus diesem „stabilen" System erhöhen sich proportional die Überlebenschancen in der verbleibenden Population, bis das Limit der Bestandskapazität wieder erreicht ist. Im mathematischen Modell kommt es so zu einer nahezu sofortigen Kompensation, und zwar ohne Änderung von Geburtenrate, Populationsdichte und -plafond. In der Praxis kann die Entnahme von Individuen jedoch zu einer zeitweiligen Erhöhung der Populationsdichte führen, z.B. indem die Entnahme von Alttieren Nahrung und Schutz für die doppelte Zahl an Jungtieren freisetzt, was keineswegs wünschenswert erscheint. Wenn schon Hundefang, dann in der Tollwutbekämpfung zur Impfung des Hundes und zur Maßregelung des Besitzers, aber nicht zur Beseitigung des Tieres aus seiner Umgebung!

Eine im täglichen Rhythmus ganzzeitig oder zeitweilig freilebende Population kann eine gewaltsame Entfernung von 15% der Tiere im Jahr problemlos abfangen. Jährlich werden ohnehin ca. 30% der Population erneuert, wobei der Populationsdruck bei freiwerdender Bestandskapazität mindestens so groß ist wie bei Füchsen, die jährlich zwei Drittel der Gesamtpopulation erneuern, obwohl sie in diesem Zeitraum nur einmal Gehecke hochziehen (WHO/WSPA, 1990; Lloyd et al., 1976).

Programme des Hundefangs und der Euthanasie, wie sie unter großem Aufwand in vielen Teilen der Welt heute noch unterhalten werden, schöpfen aber im Jahr selten mehr als 5% der betreffenden Population frei laufender Hunde ab und damit kaum über 2–4% der Gesamtpopulation. Sie sind weitgehend wirkungslos (WHO, 1992), es sei denn, der Bürger würde auf die Gefahr, seinen Hund zu verlieren oder bestraft zu werden, mit einer verantwortungsbewußteren Hundehaltung reagieren. Dies müßte aber zu einem so hohen Entwicklungsstand von Tierbesitz und -überwachung führen (der vorübergehend auch durch Angst vor Tollwut zustande kommen kann), daß die Regulierung des Hundebestandes ohnehin anders erfolgen würde als durch Tötung frei laufender Hunde. Immerhin wäre solch ein indirekter Effekt unter bestimmten Umständen denkbar.

An der Population frei laufender Hunde soll grundsätzlich nicht gerührt werden, solange populationsbiologische Daten für die Segmente der ganz- und teilzeitig überwachten Hunde fehlen oder Effektivitätsberechnungen dagegen sprechen. Dieser Kernsatz gilt für die Bestandsreduktion, nicht jedoch für die Durchsetzung von Maßnahmen der Stadthygiene, den Schutz des Wildes und die Bekämpfung übertragbarer Krankheiten, wie z.B. Tollwut und Echinokokkose.

■ Definitionen (WHO, 1992)

Überwachter Hund: in seiner Bewegungsfreiheit ständig eingeschränktes Tier, das damit auch in der Fürsorge vom Besitzer vollständig abhängt.

Teilüberwachter Hund: in seiner Bewegungsfreiheit zeitweilig eingeschränktes Tier, das in der Fürsorge ganz (Familienhund) oder teilweise (Nachbarschaft/Gemeinschaftshund) von einem bestimmten Besitzer abhängt.

Bewegungsfreier Hund: in seiner Bewegungsfreiheit nie eingeschränkter Hund, der in der Fürsorge vom Menschen teilweise (Nachbarschaftshund) oder nicht (verwilderter Hund) abhängt.

Streunender Hund: im Rahmen der Tollwutbekämpfung rein seuchenhygienischer Begriff für Hunde, die nicht in Übereinstimmung mit tierseuchenpolizeilichen Vorschriften gehalten werden (WHO/WSPA, 1990, dort Abschnitt 4.2). Dies betrifft nicht nur die Bewegungsfreiheit des Tieres, sondern auch Transport durch den Menschen, Impfzwang usw. Als Not- bzw. Zwischenlösung bleibt dieser Begriff bestehen, da er in

Verordnungen vieler Länder verankert ist. Der Begriff sagt nichts über Besitzverhältnisse sowie den Grad der Überwachung und Abhängigkeit des Tieres aus. In anderem Zusammenhang wird der Begriff auch auf Tiere angewendet, die sich außerhalb des Areals des Hundehalters befinden oder kein Zuhause haben und nicht unter direkter Aufsicht/ Kontrolle stehen (WHO/WSPA, 1990, dort Abschnitt 4.1).

Fruchtbarkeitsrate (fertility rate): Anteil der zeugungsfähigen/fruchtbaren Tiere am Gesamtbestand oder, soweit besonders vermerkt, an allen männlichen bzw. weiblichen Tieren.

Trächtigkeitsrate (pregnancy rate): Anteil der tragenden Tiere an der Gesamtpopulation (pro Halbjahr oder Jahr). In anderen Berichten auch: Anteil der tragenden Tiere an allen weiblichen Tieren im Fruchtbarkeitsalter.

Produktivität: Anteil des jährlichen Neuzuganges im Gesamtbestand. Die perinatale Mortalität der Neugeborenen wird nicht mitgerechnet.

In manchen Berichten wird die Trächtigkeitsrate pro 100 fruchtbare weibliche Tiere als Produktivität bezeichnet, z.B. „die Produktivität der Hündinnen im vermehrungsfähigen Alter beträgt 30%".

Maßnahmen der Bestandsregulierung

Die **Programmplanung** dürfte meistens auf der Gemeindeebene beginnen. Planungsverfahren einschließlich der Verwendung einer Entscheidungsmatrize stehen seitens der WHO und des Welttierschutzverbandes bereit (WHO/ WSPA, 1990).

Eine wesentliche Planungshilfe ist das Baumdiagramm mit der Aufzweigung aller möglichen Einflußfaktoren, welche die Dynamik des Gesamtbestandes bestimmen. Dies betrifft den jährlichen Zuwachs, die Altersstruktur, die Lebenserwartung, Zu- und Abwanderung usw. Ableitend von diesem System an Einflußfaktoren, werden alle denkbaren entgegenwirkenden Einzelmaßnahmen identifiziert und nach Aufwand und Durchführbarkeit sortiert. Das Machbare wird dann zu einem Plan verbunden. Jede Aktivität ist so durch Zeitpunkt, Ort, Verantwortlichkeit und das erwartete Ergebnis (Zielwerte, Indikatoren) festgelegt.

Folgende **Strategien und Einzelaktivitäten** sollten in einer umfassenden Planung bedacht werden.

1. Strategie zur Fertilitätsregulierung: Verminderung des Anteils fruchtbarer Hündinnen an der Gesamtpopulation.

Die Produktivität des Gesamtbestandes wird primär durch den Anteil fruchtbarer Hündinnen bestimmt. Ein Maßnahmenbündel kann diesen Anteil verringern, so z.B.:

– signifikant höhere Besteuerung weiblicher Hunde (z.B. 4–5mal höher gegenüber männlichen Hunden im Rahmen der Echinokokkosebekämpfung in Zypern);
– Finanzhilfe oder Steuernachlaß bei Sterilisierung von Hunden, insbesondere von Hündinnen;
– Ausbildung und Ausrüstung der Tierärzte für die Sterilisierung und für Gemeindeprogramme verantwortungsbewußter Hundehaltung – invasive und nichtinvasive (Chemo-) Sterilisierung;
– Gefahr der Tötung des Hundes und/ oder Bestrafung des Besitzers.

2. Strategie zur Produktivitätsregulierung: Verminderung der Trächtigkeitsrate und Wurfgröße.

2.1 Aufsicht und Bewegungsbeschränkung, vor allem der Hündinnen, in der Zeit der Läufigkeit:
- Gemeindeprogramm verantwortungsbewußter Hundehaltung;
- Habitatregulierung (Einzäunung von Schlachtstätten und Abfallplätzen, Reinigung von Markt- und Imbißständen, Bereitstellung und Reinigung bestimmter Hundeareale in Wohngebieten);
- Unterstützung des Gemeindeprogramms durch Anordnung der Bewegungsbeschränkung von Hunden.

2.2 Reduzierung der Trächtigkeitsrate (in bezug auf den Gesamtbestand):
- Fertilitätsregulierung (s. Strategie 1);
- Aufsicht und Bewegungsbeschränkung (s. Strategie 2.1);
- Ermittlung populationsbiologischer Daten zur Vermeidung falscher Maßnahmen;
- Verschiebung des Geschlechterverhältnisses zugunsten der männlichen Tiere: besondere Steuern für Verkauf und Haltung weiblicher Tiere, polizeiliche Entfernung unbeaufsichtigter Hündinnen, Aufkauf und Tötung weiblicher Welpen, Kontrolle des Hundehandels;
- Einsatz verbesserter Mittel zur Nidationshemmung und Abtreibung;
- Kontrolle der Wurfgröße und Beeinflussung des Geschlechterverhältnisses durch Tötung von Welpen;
- Veränderung der Sozialstruktur unbeaufsichtigt frei laufender Hunde durch Einfluß auf Altersstruktur und Geschlechterverhältnis.

3. Strategie zum umfassenden Gesundheits- und Fürsorgesystem für Hunde
So anspruchsvoll diese Strategie erscheint, so selbstverständlich sind ihre Ziele in vielen menschlichen Gesellschaften:

- Als Basis dienen die Strategien 1 und 2.
- Versorgung aller ungenügend überwachten Hunde mit genügend Schutz und Nahrung (zur Unterstützung der Überwachung und Bewegungsbeschränkung).
- Sicherstellung eines Veterinärdienstes für die Gesundheit aller Hunde, die von der Fürsorge eines Menschen oder einer Nachbargemeinschaft abhängen, zumindest aber für alle ganz oder teilweise überwachten Hunde (richtige Ernährung, Schutzimpfung, Fertilitäts-, Trächtigkeits- und Produktivitätsregulierung).
- Regulierung der Wurfgröße, des Geschlechterverhälnisses und des Hundehandels als Selbstverständlichkeit in einer modernen Gesellschaft, die den Hund als Mitgeschöpf achtet.
- Berücksichtigung der Gesundheitstriade von Mensch, Tier und Umwelt bei allen Maßnahmen, auch wenn sie primär nur einen oder zwei dieser Triadenelemente zu betreffen scheinen. Bezüglich der Regulierung des Hundebestandes sind insbesondere Pläne zur Veränderung des Habitats und zur Entfernung frei laufender und streunender Hunde zu beachten.
- Sicherstellung eines Tierschutzes, der einen gut überwachten Hundebestand zum Ziele hat und somit die entsprechende Fürsorge gewährleisten kann.

Schlußfolgerungen für den Tierschutz

In hochentwickelten Ländern werden Hundepopulationen durch Handel und Wandel in einem solchen Ausmaß beeinflußt, daß Verfahren der Bestandsregulierung durch Angebot und Nachfrage „automatisiert" erscheinen und Eingriffe in die Populationen kaum sichtbar werden. Die Hundebestände werden durch eine weite Palette von Bestimmungen der Zuchtverbände, des Tierschutzes, der allgemeinen Hygiene und Seuchenbekämpfung, der Sicherheit und der Besteuerung geregelt. Dabei tauchen jedoch neue Probleme der Bestandsregulierung aus tierschützerischer Sicht auf. So werden Eingriffe in bezug auf Neuzüchtungen (z.B. Mängel des Kau- und Bewegungsapparates), Dressur (z.B. Kampfhunde), Nutzung (z.B. Versuchstiere) und Haltungsbedingungen (z.B. soziale Verkrüppelung, Bewegungsbeschränkung, falsche Ernährung) erforderlich. Der Tierschutz steht hier wegen der Selbstsucht des Menschen oft vor schwierigen Fragen. Das regulative Instrumentarium scheint jedoch auszureichen.

Ein weiteres Problem betrifft den Tierschutz selbst, und zwar dort, wo zur Bestandsregulierung Fangtrupps mit speziellen Fahrzeugen und Zwingeranlagen unterhalten werden. Bei sorgfältiger Untersuchung dürften sich fast alle diese Programme der Beseitigung „besitzerloser" und „streunender" Hunde als wirkungslos erweisen. Die oft sehr aufwendigen Einrichtungen müßten im Prinzip verschwinden. Der Tierschutz könnte sich dann wieder auf die wirklich kranken, schwachen und hilflosen Tiere konzentrieren. Zunächst gilt es jedoch, den inneren Widerstand gegen das Eingeständnis einer möglichen Fehlentwicklung zu überwinden. Diese Reorientierung von öffentlichen Diensten und Tierschutzorganisationen wird sicherlich kein einfaches Unterfangen.

Den gravierendsten Wandel brachte die moderne Bestandsbiologie für den Bereich der Tierseuchenbekämpfung, insbesondere die Bekämpfung der Tollwut. Moderne Verfahren der Tollwutbekämpfung gehen nicht mehr davon aus, daß der frei laufende Hund ein gefährlicher Schädling sei, den es zu vernichten gilt. Die Massenvernichtung frei laufender Hunde erwies sich im seuchenprophylaktischen Zusammenhang als sinnwidrig und bezüglich der Akzeptanz und Mitarbeit der Bevölkerung als destruktiv. Die Tatsache, daß solche Programme der Massenvernichtung – wie auch immer durch den Tierschutz mitgetragen und überwacht – in der Praxis mit dem Risiko nicht vertretbarer Grausamkeiten verbunden sind, sollte uns die Abkehr von althergebrachten Verfahrensweisen erleichtern. Neue Erkenntnisse zur Bestandsbiologie und Seuchenbekämpfung unterstützen so unsere Würdigung des Hundes als Mitgeschöpf.

Die Tatsache, daß es in hochentwickelten urbanen Gesellschaften kaum noch frei laufende Hunde gibt, muß keineswegs besagen, daß damit die höchstentwickelte Form des Zusammenlebens mit diesem Haustier erreicht ist. Im Gegenteil, in Gebieten, in denen die Tiere nicht permanent überwacht und in ihrer Bewegung eingeschränkt sind, bleibt auch eine gewisse Achtung der Verhaltensansprüche dieses Rudel- und Territoriumtieres gewahrt.

Zweifellos wird die Umsetzung bestandsbiologischer Erkenntnisse in Tierschutz und Seuchenbekämpfung dadurch erleichtert, daß uns neue Verfahren der Massenimmunisierung, z.B. gegen Tollwut, zur Verfügung stehen, mit denen wir auch frei laufende Hunde erreichen. Die Entfernung von Tieren aus ihrer Umgebung erübrigt sich damit. Solche modernen Immunisierungsverfahren sind aber keineswegs Ursache der „Humanisierung" bestandsbiologischer Maßnahmen in der Seuchenbekämpfung, sondern Konsequenz der simplen Erkenntnis, daß auch unter den Bedingungen von Entwicklungsländern fast alle frei laufenden Hunde ein gewisses Zuhause haben und durch Impfaktionen erreichbar sind.

Es steht zu hoffen, daß uns die neuen Verfahrensweisen zu einem ursprünglichen „Naturverhältnis" zurückführen, aus dem wir ethische Prinzipien ableiten, und nicht nur Stufen in der weiteren Rationalisierung unserer Methodik sind.

Literatur

Beck, A. (1973): The ecology of stray dogs: a study of free-ranging urban animals. York Press, Baltimore.

Lloyd, H.G., Jensen, B., van Haaften, J.L., Niewold, F.J.J., Wandeler, A., Bögel, K., and Arata, A.A. (1976): Annual turnover of fox populations in Europe. Zbl. Vet. Med. B 23, 580–589.

WHO (1984): Guidelines for Dog Rabies Control, Document VPH/83.43 Rev.1, WHO, Geneva.

WHO/WSPA (1990): Guidelines for Dog Population Management, World Health Organization and World Society for the Protection of Animals Document WHO/ZOON/90.165, WHO, Geneva.

WHO (1992): WHO Expert Committee on Rabies. WHO technical report series; 824, Chapter 9.4, Geneva.

Artenschutz und Tierschutz bei Wirbellosen

K. RICHTER

▪ Die Wirbellosen und der Mensch

Gegenwärtig leben auf der Erde schätzungsweise 5–6 Milliarden Menschen, zur Jahrtausendwende werden es wahrscheinlich etwa 1 Milliarde mehr sein. Diese Zahlen sagen zunächst wenig, weil ihre Größenordnung außerhalb des menschlichen Vorstellungsvermögens liegt. Rechnet man aber auf, wieviele Ansprüche jeder dieser Menschen an die in endlichem Maße verfügbaren Dimensionen der Erde stellt, dann ergibt sich ein erschreckendes Bild. Derzeit besetzt jeder Mensch 2,5 ha der gesamten Festlandfläche der Erde (einschließlich der Hochgebirge, Wälder, Wüsten, Gewässer, Stadtflächen, Straßen u.dgl.), d.i. etwa die Fläche von 2 1/2 Fußballfeldern. Diese Fläche muß außer ihm noch ein landwirtschaftliches Nutztier (Schwein, Kuh, Pferd, Esel, Kamel o.ä.) und 2 Stück Geflügel tragen sowie 200 kg Obst und/oder Gemüse und auf 0,1 ha Getreide produzieren (nach Angaben bei Legel, 1993, und Markl, 1993). Außerdem muß dieser Raum auch Lebensmöglichkeit für die Pflanzen- und Tierarten der freien Natur bieten.

Für die rund 500000 Pflanzenarten und die etwa 1,2 Millionen Tierarten, mit denen der Mensch um die gleichen Ressourcen konkurriert, ist er seit seinem Erscheinen in der Evolution eine unausweichliche Existenzgefahr. Wieviele Arten durch den Menschen bisher ausgerottet wurden, vermag niemand zu sagen.

Die Arroganz des Menschen über das Tierreich ist eine der Grundlagen seines schicksalhaften Verhaltens gegenüber der außer ihm existierenden Lebewesen. Sie ist offensichtlich in den vergangenen 2000 Jahren nicht unwesentlich genährt worden durch falsche Interpretation des göttlichen Auftrages, den die Menschen im Schöpfungsbericht der Bibel (1. Buch Mose, 1. Kapitel; 28) mit auf den Weg der modernen Kulturevolution genommen haben: „Seid fruchtbar und mehret euch und füllet die Erde und machet sie euch untertan und herrschet über die Fische im Meer und über die Vögel unter dem Himmel und über alles Getier, das auf Erden kriecht".

Es ist wohl kein anderes biblisches Gebot so sehr befolgt worden wie dieses. Bisher wurden Verantwortlichkeit, Sorgepflicht und Schutz für die Kreatur, wie sie die Theologie heute in diesem und anderen Texten gemeint sehen möchte (Teutsch, 1987), allenfalls nur in wenigen Einzelfällen, nicht aber grundsätzlich aus dieser biblischen Anweisung gelesen und befolgt. Freilich, den besonders attraktiven, großen und auffallenden Tieren gegenüber, Elefanten, Steinböcken, Bibern, Adlern und Paradiesvögeln, zollt man allenfalls noch Respekt; der Tierparkeffekt, mit dem solche Tiere touristisch oder als Freizeitbelustigung betrachtet, bestaunt oder begafft werden, kann hier rettend sein.

Aber wer denkt schon an die Artenfülle der wirbellosen Tiere, die lautlos meist und oft im Verborgenen leben? Mit ihnen

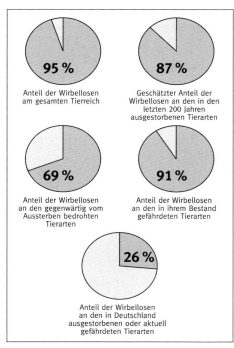

Abb. 1 Anteil wirbelloser Tiere an der Fauna. Erläuterungen im Text.

konkurriert der Mensch in dem gleichen Maße, wie er es mit den Wirbeltieren tut. Dabei machen die Wirbellosen 95% aller Spezies der Tierwelt aus. Ihr Verschwinden wird allerdings in der Regel kaum öffentlich wahrgenommen und meist nur von Spezialisten registriert. Es ist nicht bekannt, wieviele Arten wirbelloser Tiere durch menschliche Einwirkung weltweit bereits ausgestorben sind, nicht zu sprechen von denen, die überhaupt nicht erst bekannt wurden, bevor sie verschwanden.

Statistische Zahlen können nur orientierende Werte angeben (Abb. 1). Nach einer Aufstellung von Röser (1990) sind 91%, nach Blab et al. (1984) 83% der in Deutschland innerhalb der vergangenen rund 200 Jahre bereits ausgestorbenen Tierarten Wirbellose. Unter den derzeit vom Aussterben bedrohten Arten beträgt der Anteil der Wirbellosen 69%. Unter den in ihrem weiteren Bestand gefährdeten Arten sind ebenfalls 91% wirbellose Tiere. Diese hohen Zahlen kommen dadurch zustande, daß Wirbellose mit ca 11000 Arten den oben genannten hohen Anteil an den gesamten in Mitteleuropa vorkommenden Tierarten ausmachen. Unter den Wirbellosen wurden 1984 von Blab et al. 26% als ausgestorben oder aktuell gefährdet angegeben. Darunter sind einige Gruppen, bei denen dieser Anteil bei 100% liegt, wie z.B. bei den Blattfußkrebsen. Aber auch die Eintagsfliegen liegen mit 60% und die Libellen mit 54% aktuell gefährdeter Arten an der Spitze (Röser, 1990). Solche Zahlen werden auch von der Kenntnis der Arten überhaupt beeinflußt.

Wenn von den 500 Tierarten, die seit Beginn der Kolonisation in Nordamerika als ausgestorben gelten, Insekten einen Anteil von 6,6% haben, hängt das sehr wahrscheinlich mit der mangelhaften Artenkenntnis, insbesondere in der Frühzeit der Kolonisation, zusammen. Vor allem endemische Arten wurden durch die Urbanisierung weiter Gebiete Floridas und Kaliforniens verdrängt. Als Beispiele dafür geben Pyle et al. (1981) die einst in der kalifornischen Dünenlandschaft endemischen Falter *Cerconis sthenele*, *Glaucopsyche xerces* und *Icaricia icarioides pheres* an, die aber inzwischen ausgestorben sind. In den Tropen und auf Inseln mit endemischer Fauna wird der anthropogen bedingte Verlust an Arten noch weit größer sein. Hier besonders sind die Artenkenntnisse unzureichend.

Das Verschwinden von wirbellosen Tieren aus unserer Fauna ist ein lautloses Sterben. Wem fällt es schon auf, daß Muscheln und Krebse in unseren Fließgewässern nicht mehr zu finden sind, daß nicht mehr, wie noch zu Beginn dieses Jahrhunderts, Köcherfliegen sich in den dichten Schwärmen ihrer Paarungsflüge an Sommertagen regelmäßig an Bach- und Flußläufen wolkenartig in der Luft türmten und daß noch vor 20 Jahren an Berg- und Hügelkuppen unserer mitteldeutschen Landschaften Segelfalter zu

Dutzenden ihre Balzflüge vollführten oder daß heute in vielen Äckern Regenwürmer kaum noch anzutreffen sind.

Auch auf administrativer Ebene des Arten- und Naturschutzes spielten Insekten, Mollusken und andere Invertebraten lange Zeit nur eine untergeordnete Rolle. Unter den im Washingtoner Artenschutzabkommen von 1973 erfaßten Taxa der weltweit zu schützenden Tiere sind nur 9% wirbellose Tiere aufgeführt. Dabei handelt es sich um die attraktiven tropischen Großschmetterlinge aus der Gruppe der Vogelflügler (Ornithoptera), Vogelspinnen, den medizinischen Blutegel sowie einige Riesenmuscheln (Tridacnidae) und Flußmuscheln (Unionidae). Doch änderte sich das unter dem Druck der wachsenden Einsicht in die ökologischen Probleme bald. Bereits 1983 erschien unter Herausgeberschaft der International Union for Conservation of Nature and Natural Resources (IUCN) „The IUCN Invertebrate Red Data Book", ein sehr umfangreicher und detaillierter Katalog der weltweit gefährdeten Invertebraten, beginnend mit den Protozoen (Wells et al., 1983).

Die Berner Konvention (Convention on the conservation of European wildlife and natural habitats) von 1979, ein erster Schritt in Richtung eines gemeinsamen europäischen Natur- und Artenschutzes, enthält unter den als zu schützend aufgeführten Tierarten noch keine Wirbellosen. In der dazu 13 Jahre später, im Amtsblatt der Europäischen Gemeinschaften vom 22.7.1992, veröffentlichten Richtlinie 92/43 „Zur Erhaltung der natürlichen Lebensräume sowie der wildlebenden Tiere und Pflanzen" werden im Anhang unter den Tierarten, für die in der EG besondere Schutzgebiete ausgewiesen werden müssen, wie auch für die als streng zu schützenden Tierarten, 31% wirbellose Tiere aufgeführt. In der ersten Kategorie betrifft das 59 Arten und in der zweiten Kategorie 71 Arten der Echinodermata (Stachelhäuter), Bivalvia (Muscheln), Gastropoda (Schnecken), Arachnida (Spinnen), Odonata (Libellen), Lepidoptera (Falter) und Coleoptera (Käfer).

Auch auf nationaler Ebene hat sich dieses Spektrum innerhalb von 10 Jahren wesentlich erweitert. Unter den in der Deutschen Bundesartenschutzverordnung von 1980 als geschützt erfaßten Arten sind 63% Wirbellose. In der dem Biotop- und Artenschutz gewidmeten Literatur erlangen wirbellose Tiere in zunehmendem Maße die ihnen gebührende Aufmerksamkeit. Während noch Ende der 70er Jahre Insekten und andere Invertebraten eine mehr oder weniger marginale Rolle spielten (Olschowy, 1978), sind heute umfangreiche Bestandsanalysen der einzelnen Gruppen von Arthropoden, Mollusken und Anneliden unter dem Gesichtspunkt des Artenschutzes zu finden (Kaule, 1991). Schmetterlinge, die seit jeher besonders populär sind, wurden unter den Wirbellosen vorrangig in naturschützende Aktivitäten einbezogen. In England, das in dieser Hinsicht als „epicenter of insect conservation activities" gilt (Pyle et al., 1981), widmete sich zuerst die bereits 1912 gegründete Society for the Protection of Natural Reserves, ab 1923 The Royal Entomological Society insbesondere auch dem Schutz von Lepidopteren (Morris, 1981).

Definitorisch muß Tierschutz von Artenschutz getrennt werden. **Tierschutz** impliziert den Schutz des Lebens von Tieren und den Schutz vor Schmerz, Leiden, Angst und vor Beeinträchtigungen ihres Wohlbefindens. Er bezieht sich in der Regel bei Wirbeltieren auf den Umgang mit dem Einzeltier in der

Tierhaltung und in Tierversuchen oder auf den Umgang mit Schlachttieren. Bei Wirbellosen müssen diese Kriterien des Tierschutzes, die bei Wirbeltieren angelegt werden, kritisch behandelt werden, wie noch darzustellen sein wird. Dennoch werden auch wirbellose Tiere oft Behandlungen durch Menschen unterzogen, die den grundsätzlichen Kriterien des Tierschutzes widersprechen, wie z.B. beim Lebendtransport von marinen Wirbellosen (Muscheln, Tintenfische) oder von Schnecken. **Artenschutz** bedeutet den Schutz einer Spezies vor dem Aussterben oder der Ausrottung. Er geht über das Individuum hinaus und schließt alle zur Erhaltung einer Art bedeutungsvollen ökologischen Faktoren ein. Artenschutz bezieht Tierschutz insofern ein, als die Erhaltung von Lebensräumen zum Schutz des Lebens und der Lebensqualität der Tiere generell beiträgt. Bei Wirbellosen stehen Artenschutz und Tierschutz, weit mehr als bei Wirbeltieren, in enger Beziehung.

Freilich bedarf die Frage des Artenschutzes bei Wirbellosen einer Präzisierung, denn nicht alle dieser sogenannten niederen Tiere sind für den Menschen aus Gesichtspunkten der Konkurrenz schützenswert. Kein Mensch käme auf den Gedanken, Wanderheuschrecken, Kopfläuse, Bettwanzen, Tsetsefliegen (die Überträger der Schlafkrankheit-Erreger), *Anopheles*-Mücken (die Überträger der Malaria-Erreger), Küchenschaben, Dasselfliegen, Bandwürmer, Spulwürmer, Pärchenegel (*Schistosoma*; die Erreger der Bilharziose) oder Filarien (Nematoden; die Erreger der Elephantiasis), um nur einige zu nennen, zu schützen.

Unter der pragmatischen Wertung, die der Mensch aus der ihm eigenen anthropozentrischen Sicht aller Dinge vornimmt, ist es in der Öffentlichkeit üblich, auch die niederen Tiere nach ihrer Nützlichkeit für den Menschen einzuordnen. Die Bienen selbstverständlich stehen da an der Spitze. Seidenraupen nehmen ebenfalls einen bedeutenden Platz ein. Sie sind so weit domestiziert, daß Wildformen kaum noch eine Rolle spielen. Als einziges industriell genutztes Insekt ist ihre kommerziell betriebene Zucht in einigen Ländern auch gegenwärtig noch steigend (Legel, 1993). Regenwürmer werden von Gartenkundigen und Landwirten respektiert und vermehrt und können inzwischen bereits käuflich erworben werden. Ameisen (allerdings nicht in Wohnungen oder in Kliniken) genießen Wohlwollen; nicht zuletzt vielleicht durch die moralisierenden Analogien, die zu ihnen wie auch zu Bienen oft gezogen wurden, beim „Ameisenbüchlein" von Christian Gotthilf Salzmann (1806) begonnen. In Wäldern spielen Ameisen als Prädatoren vieler Schadinsekten eine wesentliche Rolle bei der Aufrechterhaltung des ökologischen Gleichgewichts, weshalb ihnen der Schutz aus forstlichen Gesichtspunkten sicher ist.

Helix pomatia, die Weinbergschnecke, und *Achatina fulica*, die Achatschnecke, haben Chancen unter kulinarischen Gesichtspunkten. Das Absammeln dieser Schnecken hat zu starken Verminderungen der Bestände in manchen Regionen geführt. Seit 1936 besteht in Deutschland eine gesetzliche Regelung für das Sammeln und den Handel mit Weinbergschnecken. Die Zucht von Weinbergschnecken in Farmgärten ist bisher noch nicht befriedigend gelungen. Ihrer beeindruckenden Schönheit wegen werden viele Conchylien seit jeher zu Schmuckzwecken verarbeitet, oft jedoch zu Kitsch vergeudet; allen voran das Meerohr (*Haliothis*), das als Abalone heute im Range von Halbedelstein rangiert, den Seeottern an den nordostpazifischen

Küsten aber als bevorzugte Nahrung dient. Insbesondere Conchyliensammler haben dazu beigetragen, daß so attraktive Molluskenarten wie *Strombus gigas, Nautilus pompilius, Tridacna* spp. oder das Tritonshorn (*Charonia tritonis*) in manchen Gegenden äußerst selten geworden sind. Einige Länder haben die besonders dekorativen Arten unter Schutz gestellt und das Sammeln verboten. Allerdings ist die konsequente Durchsetzung solcher Schutzmaßnahmen nur selten gewährleistet.

Badeschwämme sind ungeachtet der vielen alternativen synthetischen und pflanzlichen Materialien noch immer beliebt; doch wer macht sich schon Gedanken über ihre Herkunft und um das Schicksal ihrer natürlichen Bestände. Die relativ hohen Preise für natürliche Schwämme wirken allerdings regulierend auf deren Absatz; ein gutes Beispiel übrigens für eine positiv rückwirkende Rolle von Kostenbelastungen im Naturschutz.

■ Wirbellose in Ökosystemen

Den aus menschlicher Sicht Nützlichen stehen die Nutzlosen oder, gemilderter, die Wertneutralen gegenüber. Davon die tatsächlich schädlichen, von denen oben einige angeführt wurden, abgezogen, bleiben die vielen nicht zu zählenden Arten und Gattungen der Coelenteraten, Anneliden, Mollusken, Echinodermen und Arthropoden übrig, die aus der menschlich utilitaristischen Sicht gleichgültig sind, weil eben ein Nutzen bei ihnen offenkundig nicht sichtbar ist.

Hierin liegt das Mißverständnis, das den Natur- und Artenschutz lange Zeit zu einseitiger Aufgaben- und Zielstellung geleitet hat. Die riesige Artenfülle und die z.T. auch große Individuendichte vieler wirbelloser Tiere macht sie zu bestimmenden Faktoren in der Struktur stabiler Ökosysteme. Es macht wenig Sinn, einzelne Arten von besonders attraktiv bezeichneten oder landschaftstypischen Wirbeltieren unter Schutz zu stellen, wenn nicht zugleich auch die ökologischen Randbedingungen für deren natürliche Existenz gesichert werden.

Neben Bakterien und niederen Pilzen haben zahlreiche wirbellose Tiere Schlüsselfunktionen im natürlichen Stoffhaushalt. Nematoden, Regenwürmer, Tausendfüßler, Milben, Asseln, Springschwänze (Collembolen) und viele Insektenlarven nehmen abgestorbene Pflanzenteile, vor allem aber die abgefallenen Blätter als Nahrung auf. Indem sie außerdem die von den übrigen Pflanzenfressern, Wirbeltieren wie Wirbellosen (hierunter insbesondere Arthropoden und Mollusken), stammenden Reste wie Kot, Urin und Kadaver verwerten, sind sie die wesentlichen Humusbildner im Boden. In einem Waldstück in den USA wurde durch Eintrag stark zinkhaltiger Industrieabfälle die gesamte Bodenfauna so umfangreich dezimiert, daß der biologische Abbau des Fallaubs am Boden etwa um die Hälfte der ursprünglichen Intensität reduziert wurde. Im Laufe von 3 Jahren bildete sich dort eine 30–50 cm dicke Decke von Fallaub am Boden, auf der keinerlei Samen mehr keimen konnten, da die Wurzeln der Keimlinge die darunterliegende Erde nicht erreichen konnten (Remmert, 1990).

In marinen und anderen aquatischen Ökosystemen spielen Mollusken, insbesondere Muscheln, sowie Crustaceen eine wesentliche Rolle in der Nahrungskette. Sie metabolisieren organische Abfälle und dienen selbst wieder als Nahrung.

Die Vielfalt an Arten wirbelloser Tiere, die zu diesem Kreislauf des Stoffhaushalts am und im Boden, aber auch in Gewässern beitragen, ist sehr groß. Sie bildet zusammen mit den übrigen Arten der Pflanzen und Tiere eines Biotops ein vielfach untereinander abhängiges und zugleich äußerst sensibles Funktionsgefüge. Diese Artenvielfalt rangiert unter dem inzwischen zum Schlagwort gediehenen Begriff „**Biodiversity**" (Edward Osborn Wilson, 1992). Sie gewährleistet unter natürlichen Bedingungen eine hohe Flexibilität der betreffenden Ökosysteme gegenüber den natürlicherweise auftretenden Schwankungen in den Bedingungen für die Komponenten dieser Systeme. Eingriffe des Menschen, z.B. durch Bodenverdichtung, Austrocknung, Düngung, Herbizid-, Pestizid- und anderen Schadstoffeintrag stören die Stabilität dieser Ökosysteme vorrangig an der Basis, indem sie die aus Invertebraten bestehende Bodenfauna wie auch die Bodenflora dezimieren oder gänzlich vernichten. Intensivkulturen im Feld- und Gartenbau können unter diesen Bedingungen zwar künstlich aufrechterhalten werden, führen aber nach einiger Zeit trotz und gerade wegen künstlicher Substitutionen zu einer Verarmung des Bodens, da dessen natürlicher Regenerationsprozeß nicht mehr gewährleistet ist.

Damit ist zugleich die Position der Wirbellosen in den natürlichen Nahrungsketten berührt.

Ein dramatisches Beispiel dafür schildert Rachel Carson (1962) in eindrucksvoller Weise. Große Mengen von DDT und Heptachlor, die man Ende der 50er Jahre in Michigan zur Bekämpfung des Ulmensplintkäfers spritzte, gelangten damals in den Boden. Die Substanzen wurden u.a. auch von Regenwürmern aufgenommen und akkumuliert, hatten aber bei ihnen offensichtlich keine toxische Wirkung. Dafür akkumulierten Wanderdrosseln, die sich im Frühjahr vornehmlich von Regenwürmern ernähren, die Toxine in ihren Hoden bzw. Eizellen. Die daraufhin plötzlich einsetzende Sterblichkeit der Wanderdrosseln betrug in den betroffenen Distrikten bis zu 88%. Der Nachwuchs blieb nahezu vollständig aus. Auch der Bestand an anderen dort nistenden Vögeln, die ihr Futter am Boden, in den Kronen oder in der Borke der Bäume suchen, war bis zu 90% zurückgegangen. Dazu gehörten Waldschnepfen, Zwergdrosseln, Walddrosseln, Einsiedlerdrosseln und Ammerfinken. Man kann von einer Katastrophe in der Vogelwelt dieses Gebietes sprechen, die die Bedeutung der Nahrungskette in eindrucksvoller Weise belegt. Auch in Europa hat der Einsatz von Insektiziden der Chlorwasserstoff- und Organophosphorverbindungen teilweise katastrophale Auswirkungen auf die Vogelwelt verursacht, von denen sich viele Arten bis heute nicht erholen konnten, weil auch andere ihrer existentiellen Randbedingungen bereits zu stark gestört waren.

Es tritt in der Allgemeinheit kaum ins Bewußtsein, daß etwa 90% der Blütenpflanzen zu ihrer Bestäubung Insekten benötigen. Diese Aufgabe kommt nicht nur den Bienen, sondern auch Hummeln, Schmetterlingen, Käfern und Fliegen zu. Insbesondere im tropischen Regenwald ist diese Bedeutung hervorzuheben, denn 90% der dort vorkommenden Bäume werden durch Insekten bestäubt. Man kann sich leicht vorstellen, daß diese Wälder zugrunde gehen müßten, wenn die dafür zuständigen Insekten unter eine kritische Dichte dezimiert würden oder gar völlig verschwänden.

Hummeln sind wegen ihres langen Rüssels und ihrer Körpergröße in der Lage, Pflanzen mit langen Blütenröhren (z.B. Schmetterlings- und Lippenblütler, Fingerhut) zu bestäuben. Als Einwanderer aus Europa in Neuseeland Ende des vergangenen Jahrhunderts begannen, dort Rotklee anzubauen, bildete dieser keine Samen, da in der Insektenfauna Neuseelands keine Arten vorkamen, die den Rotklee befruchten konnten. Um

1870 führte man aus England Hummeln ein (*Bombus terrestris*), die in Neuseeland seßhaft wurden. Erst danach setzte der Klee dort Samen in normalem Maße an.

Andere Abhängigkeiten bestehen in aquatischen Ökosystemen. Beispielsweise benötigen Süßwassermuscheln (Unionidae) für ihre Vermehrung gesunde Fischbestände. Die Larven der Muscheln (Glochidien) halten sich an den Kiemen von Fischen, manchmal auch Molchen, fest und verlassen diese für sie gedeihlichen Plätze erst, wenn sie ihre Reife erlangt haben. Repräsentatives Beispiel dafür ist die Flußperlmuschel (*Margaritifera margaritifera*). Im Bayrischen Wald ging ihr Bestand seit 1980 allein in 2–3 Jahren um bis zu 25% zurück (Röser, 1990). Die Populationen im sächsischen Vogtland müssen praktisch als erloschen angesehen werden. Der extreme Rückgang dieser an kalkarme Fließgewässer der Mittelgebirge gebundenen Großmuschel hat mehrfache Ursache. Einerseits ist sie sehr empfindlich gegenüber Eisen und anderen Schwermetallbelastungen im Wasser (Blab, 1993), andererseits ist sie auf ausreichenden und gesunden Fischbestand, insbesondere auf Cypriniden angewiesen. Beides war in der Mitte unseres Jahrhunderts nicht mehr gegeben. Alle Großmuscheln der Süßgewässer gehören heute zu den besonders stark gefährdeten Arten.

Viele wirbellose Tiere eignen sich besonders für die Beobachtung oder Bewertung von Umweltfaktoren. Auf Grund ihrer spezifischen Anpassung an bestimmte Parameter der Umwelt haben viele Arten Indikatorfunktion für bestimmte Umweltqualitäten. Klassisches Beispiel ist die Beurteilung der Gewässergüte mit dem *Saprobie-Index*. Die Intensität des Abbaus von organischer Substanz in Fließgewässern schließt den Grad der Verfügbarkeit von potentieller Energie (in der Nahrung) sowie den Sauerstoffgehalt ein. Da zahlreiche Arten mit steigender Belastung eines Fließgewässers mit organischen Substanzen und den damit verbundenen Änderungen der ökologischen Bedingungen ihre Individuendichte in bestimmten Grenzen verändern, können diese als Anzeiger für den natürlichen wie den anthropogen bedingten Belastungsgrad gelten. Dazu gehören insbesondere Turbellarien, Mollusken, Crustaceen, Milben sowie Larven von Ephemeropteren, Plecopteren, Trichopteren, Heteropteren, Chironomiden, Simuliiden. Einige Arten der Chironomiden und Anneliden (*Tubifex*, einige Egel) erhöhen sogar mit steigender Gewässerbelastung ihre Individuendichte.

Bewertungen mittels Bioindikatoren beruhen jedoch immer auf der Erfassung der Biodiversität. Diese spiegelt den Grad der Komplexität von Ökosystemen wider. Bei der Einschätzung der Schutzwürdigkeit von Biotopen, bei der Abwägung von Eingriffen in Natur und Landschaft oder bei der Landschaftsplanung wird deshalb in gebührendem Umfang außer der botanischen Artenvielfalt und Individuendichte in zunehmendem Maße auch die der Invertebratenfauna berücksichtigt. So wurde beispielsweise nach Geiger (1992) in der Schweiz Ende der 80er Jahre in die Projektierung einer Autobahntrasse auch die Bewertung der Insektenfauna einbezogen.

Die Aussagefähigkeit solcher Kriterien hängt selbstverständlich grundlegend von den Kenntnissen der Systematik und den ökologischen Ansprüchen der einzelnen Arten ab. Während für einzelne Arten die autökologischen und die synökologischen Ansprüche gut bekannt sind, bestehen bei einer Vielzahl von Arten diesbezüglich noch beträchtliche

Lücken. Dem hierbei bestehenden großen Nachholbedarf an wissenschaftlichen Kenntnissen wurde insbesondere durch die Arbeiten für die Roten Listen Rechnung getragen. Dabei haben vorläufig einzelne Artengruppen entsprechend den zu erfassenden Biozönosen quasi als Leitspezies vorrangige Bedeutung erlangt (z.B. Schmetterlinge und Heuschrecken). Es darf aber keinesfalls vergessen werden, daß die als Beurteilungskriterien zugrunde liegende Diversity alle Pflanzen und Tiere eines Ökosystems einschließen muß (Usher und Erz, 1994).

▪ Verpflichtungen und Chancen zum Schutz Wirbelloser

Wenn die Natur als die Um-Welt des Menschen bezeichnet wird, ist daran erkennbar, daß der Mensch kein Zugehörigkeitsgefühl zur Natur hat. Er fühlt sich außerhalb dieser Um-Welt. Die fehlinterpretierte göttliche Anweisung im 1. Buch Mose, Kapitel 1 der Bibel und das daraus abgeleitete utilitaristische Verhältnis zur Natur sowie seine Überlegenheit auf ökonomischer Ebene allen anderen Lebewesen der Tierwelt gegenüber sind dafür die Grundlagen. Dabei übersieht er, daß er in die Natur eingebettet ist und sein Schicksal als Spezies nicht zu trennen ist von dem der übrigen Lebenswelt. Gleichgültigkeit, Hochmut und Ehrfurchtlosigkeit vor der Schöpfung nennt Illies (1974) als drei der Gründe, aus denen es zu den Umweltkrisen kommt.

Im alten Testament (Hosea 2, 20) stellt der Prophet die Wiedererlangung der Versöhnung mit der Natur in Aussicht und läßt „einen Bund machen mit den Tieren auf dem Felde, mit den Vögeln unter dem Himmel und mit dem Gewürm auf Erden....". Diese Vision schließt aber obligatorische Aufgaben für den Menschen ein. Wenn schon dieses utilitaristische Verhältnis des Menschen zu Tieren generell besteht, zu Wirbellosen speziell, dann ist daraus eine Verpflichtung abzuleiten: Was genutzt wird, ist zu pflegen!

Nach Pyle et al. (1981) gibt es drei Ebenen, auf denen menschliches Interesse für Insekten und andere wirbellose Tiere besteht: eine intellektuelle, eine ökonomische und eine ökologische. Die intellektuelle sei hier besser **ethische Ebene** genannt. Auf allen diesen Ebenen besteht ein kategorischer Imperativ, den Hans Jonas (1985) wie folgt formuliert: „Handle so, daß die Wirkungen deiner Handlungen verträglich sind mit der Permanenz menschlichen Lebens auf Erden". Die Frage kann nicht heißen, was nützen der Menschheit Schmetterlinge und Eintagsfliegen, sondern sie muß heißen, was geschieht mit den Menschen, wenn es keine Schmetterlinge und Eintagsfliegen mehr gäbe.

Der Lebensraum des Menschen besteht nicht nur aus den Ressourcen, die er zur Erhaltung seiner physischen Konsistenz und Kondition benötigt. Für das Wohlbefinden in seinem Lebensraum gelten auch ästhetische Ansprüche. Die ästhetischen Bedürfnisse dafür haben ihre Wurzeln in biologisch begründeten Verhaltensmustern des Menschen (Richter, 1993). Ein Leben unter Entzug positiver Kontakte zu lebenden Tieren und Pflanzen trennt den Menschen von seiner adäquaten, phylogenetisch bedingten Lebenswelt. Eine blühende Wiese mit regem Falterleben und dem Schwirren und Summen all der anderen Insekten, der Flug schillernder Libellen an einem Teich, der von mediterranen Landschaften nicht zu trennende Gesang der Zikaden, der faszinierende Blick in ein Korallenriff gehören zu ästhetischen Erlebnissen, die tief in jedem Betrachter wurzeln. Wer sieht, wie fasziniert Kinder in ihrer noch naturnahen Naivität einen Käfer betrachten, dem ist um die Basis für eine aussichtsreiche Umwelterziehung nicht bange. Und das Erleben der Metamorphose eines Insekts aus dem Ei über die Larve und die Puppe beispielsweise zu einem farbenprächtigen Falter beeindruckt heute wie in historischen Zeiten tief. Angesichts solcher Erlebnisse entsteht wirkliche Ehrfurcht vor dem Leben und bleibt nicht nur plakative Phrase. Der Bedarf nach diesen Impressionen besteht stets und überall. Bereits im alten Griechenland entwickelten sich unter der Übersättigung städtischen Lebens besondere Bedürfnisse und Neigungen nach Anmut und Idylle in der freien Natur, was unter anderem auch in Epigrammen auf Zikaden, Bienen und Ameisen ihren Ausdruck fand (Biese, 1886). Daß diese Bedürfnisse umso größer werden, je seltener ihnen zu entsprechen möglich ist, macht deutlich, wie stark wir dieses beglückende Aufatmen, die spannunglösende Aufheiterung angesichts derartiger Naturerlebnisse brauchen. Es ist eine fatale Selbsttäuschung aus technokratischer Gesinnung, dies zu leugnen. *Naturverlust ist Sinnverlust* (Rock, 1986).

Hier schließt sich die **ökologische Ebene** an, die für den Menschen heute die eigentlich intellektuell verpflichtende sein muß. Diese, die Lebensqualität bestimmenden ästhetischen Naturerlebnisse sind nur in stabilen Ökosystemen gewährleistet. Ändern sich, anthropogen bedingt, die ökologischen Bedingungen eines Habitats (Flächenverkleinerung, Entwässerung, Überdüngung, Übersäuerung und anderer Schadstoffeintrag), wird die vielfältig sich selbst regulierende Biozönose über die Toleranzgrenze hinaus belastet, sie wird instabil und bricht schließlich zusammen. Das Wissen um die Anforderungen der an den Biozönosen beteiligten Spezies, ihre synökologischen Ansprüche und die Konsequenzen daraus für unser Verhalten sind die intellektuelle verantwortungsbezogene und zukunftsorientierte Herausforderung und die dringende Aufgabenstellung an die Fachwissenschaftler wie an die politisch Handelnden.

Die ethische Ebene beim Umgang mit Wirbellosen hat aber noch andere Facetten. Wissenschaftliche Fortschritte in diesem Jahrhundert auf den Gebieten der Genetik, der Neurobiologie und der Soziobiologie sind nicht vorstellbar ohne die Verwendung von Wirbellosen als Versuchstiere.

Die Taufliege *Drosophila melanogaster* wurde bereits seit 1909 durch Thomas Hunt Morgan für die Chromosomengenetik zum Standard-Versuchstier. Am Riesenaxon des Kalmars (*Loligo*) entdeckten Alan Lloyd Hodgkin und Andrew Fielding Huxley in den 40er Jahren die am Membranpotential beteiligten Ionenströme. An den Riesenneuronen der Meeresschnecke *Aplysia depilans* wurden seit den 60er Jahren wesentliche Eigenschaften der neuronalen Integration entdeckt. Mitte der 70er Jahre bauten die Begründer der Soziobiologie um Edward Osborn Wilson ihre Thesen originär auf den Kenntnissen über Strukturen der Sozialverbände von Insekten auf. Gegenwärtig sind die Toxine verschiedener tropischer Meeresschnecken wichtige Mittel zur pharmakologischen Charakterisierung von Ionenkanälen in erregbaren Membranen. Seit Ende der 80er Jahre ist der Pfeilschwanzkrebs *Limulus polyphemus* in der Pharmaprüfung eingeführt worden. Um bei der Testung pyrogener Endotoxine Kaninchen als Testtiere abzulösen, wird der Limulus-Amöbozytenlysat-Test (LAL-Test) verwendet. Die aus der Hämolymphe des Pfeilschwanzkrebses gewonnenen Amöbozytenlysate können heute beim Pharmahandel bezogen werden

Wiederum wird ein „Benutzen" Wirbelloser für menschliches Bestreben deutlich. Doch die Pflicht der Verantwortung besteht hierbei nicht weniger streng. Der sorgsame Umgang mit den Versuchstieren ist angemahnt. Fänge von *Aplysia* haben in der Nähe meeresbiologischer Stationen ihren Bestand in Konjunkturzeiten bis unter die kritische Grenze dezimiert. Der derzeit stark angewachsene Bedarf an Giften aus bestimmten Meeresschnecken (z.B. das Conotoxin aus *Conus geographus*) für die neuropharmakologischen Untersuchungen gefährdet regional die Bestände solcher Arten.

Vivisektionen (im Sinne des Wortes) bei Vertebraten wurden in Deutschland, offensichtlich unter dem Einfluß des englischen Cruelty to Animals Act von 1876, ab Ende des 19. Jahrhunderts in der wissenschaftlichen Forschung allmählich ausgeschlossen. Bei Invertebraten, die als Versuchstiere verwendet werden, sind sie allerdings auch heute noch üblich. Wenn ein Wirbeltier leidet oder Schmerzen empfindet, ist das offensichtlich. Aber Invertebraten können nicht schreien. Die Frage, ob Wirbellose Schmerz empfinden und leiden können, ist nicht schlüssig zu beantworten (Dawkins, 1982, von Holst, 1991), wenngleich gewisse Indizien dafür sprechen. Bei Vertebraten ist Schmerzempfindung an bestimmte Bahnen des Rückenmarks und an Kerngebiete des Zentralnervensystems gebunden. Vergleichbare Strukturen gibt es in den Nervensystemen von Invertebraten nicht. Wenn sich die Teile eines durchtrennten Regenwurmes winden oder ein verletztes Insekt zappelt, können das reflektorische Abwehrreaktionen gegen einen vermeintlichen Freßfeind sein und müssen nicht als Ausdruck eines Schmerzgefühls im anthropomorphen Sinne gedeutet werden. Doch wer das vielfältige und situationsbezogen differenzierte Verhalten vieler Insekten, beispielsweise einer Schabe kennt, wird bezweifeln, daß es keine als leidenbezogen zu charakterisierenden Verhaltensäußerungen bereits bei diesen phylogenetisch alten Insekten gibt. Erst recht bei Cephalopoden, deren zentralnervale Leistungen beim Lernen und bei der Gedächtnisbildung manche Analogie zu Wirbeltieren zeigen, muß man mit Empfindungen und Verhaltensweisen rechnen, die über einfache aversive Äußerungen hinausgehen.

Bemerkenswerterweise wird in dem von der Senatskommission für Versuchstierforschung bei der Deutschen Forschungsgemeinschaft 1986 herausgegebenen Kommentar zum deutschen Tierschutzgesetz wirbellosen Tieren keine Aufmerksamkeit gewidmet. Nur in einer kurzen Nebenbemerkung wird ihnen Schmerzempfinden abgesprochen. Nach Auffassung der Kommission scheint eine Schmerzwahrnehmung „gerade bei solchen Tieren ausgeprägt zu sein, bei denen Lernvorgängen – und gerade damit möglicherweise auch dem Erlernen von Reaktionen auf schädigende Reize – im Leben eine besondere Bedeutung zukommt, wie dies bei den Wirbeltieren der Fall ist".

Allerdings treffen die DFG-Aussagen nicht für alle Länder in gleichem Umfang zu. So schreibt beispielsweise der schweizerische Bundesrat in der 1991 revidierten Tierschutzverordnung Melde- und Bewilligungsverfahren für Tierversuche mit Cephalopoden (Kopffüßlern) und

Dekapoden (Zehnfußkrebse) vor. Andere Crustaceen wie auch Insekten sind jedoch davon ausgenommen, „da über deren Schmerzempfinden zu wenig verläßliche Kenntnisse vorliegen" (Smith, 1991). Das betrifft auch Acrania (z.B. das Lanzettfischchen, *Amphioxus lanceolatus*), die zwar in der Verordnung erwähnt, aber nicht in den Geltungsbereich der Gesetzgebung aufgenommen wurden, „da nach heutigen Kenntnissen ihre Sinnesleistungen nicht entscheidend höher einzustufen sind als z.B. diejenigen verschiedener Insektenarten". Auf Grund ihrer differenzierten zentralnervalen Leistungen genießen Cephalopoden unter allen anderen Wirbellosen besondere Rücksicht. So wurde von der Universities Federation for Animal Welfare (UFAW) in England ein Handbuch für den tierschutzgerechten Umgang mit Cephalopoden in Laboratorien herausgegeben (Boyle, 1991).

Wirbellose aller Klassen, die bisher daraufhin untersucht wurden, führen Reaktionen aus, um unangenehme oder schädigende Reize zu vermeiden, die auch der Mensch meiden würde, weil sie ihm schmerzhaft sind. Solche Verhaltensweisen, sie werden als **Meidereaktionen** bezeichnet, sind auch bei Wirbellosen lernbar und können im Sinne Pawlowscher Reflexe trainiert, d.h. assoziativ erlernt werden. Wenn auch dabei einerseits nicht im anthropomorphen oder vertebromorphen Sinne von Schmerzempfinden gesprochen werden kann und andererseits dafür keine entsprechenden und spezifischen neuronalen Bahnen, Zentren oder Verschaltungen bekannt sind, erfüllen diese Reaktionen doch den gleichen biologischen Zweck wie Schmerzreaktionen beim Menschen. Bekannt sind derartige Verhaltensweisen z.B. bei Polychäten (Evans, 1966), Mollusken (Young, 1960; Kandel, 1976), Insekten (Horridge, 1968; Dudai et al., 1976), um nur einige zu nennen. Es ist sogar ein wirbelloses Tier, nämlich die Honigbiene, bei dem wir bisher die tiefgreifendsten Kenntnisse über die physiologischen Prozesse des Lernen überhaupt haben (Menzel und Mercer, 1987). Die Formulierung in den verschiedenen Tierschutzgesetzen ist also nicht sachgerecht.

Als Beispiel sei hier das Verhalten der Taufliege *Drosophila* angeführt. Nach einem entsprechenden Training vermeiden 93% der Fliegen eines Wildtyps das Aufsuchen einer attraktiven Duftquelle, wenn bei deren Annäherung den Tieren Elektroschocks erteilt werden. Der maximale Lernindex ist bei diesen Tieren bereits nach 5 Trainingsrunden erreicht. Das Gedächtnis für diese Meidereaktion hält über viele Stunden an. Hierbei gibt es außerdem Mutanten, deren Lernfähigkeit und Gedächtnis für die Meidereaktion wegen genetisch bedingter Defekte im Zellstoffwechsel stark herabgesetzt sind (Abb. 2; TULLY und QUINN, 1985).

Aversive Reaktionen zur Vermeidung schädigender Reize sind erstaunlicherweise bereits bei einzelligen Tieren bekannt. Ein gut untersuchtes Beispiel dafür ist der Ciliat *Paramaecium*, das Pantoffeltierchen.

Schwimmen die Tiere gegen ein Hindernis mit negativer Reizwirkung, tritt augenblicklich eine Schlagumkehr der Cilien ein, und die Tiere schwimmen rückwärts, vom Hindernis weg. Solche Hindernisse, die zu einer Meidereaktion führen, können z.B. Chemikalien verschiedener Art, Hitze, Licht oder mechanische Wirkungen sein. Dieser Vorgang ist heute fast bis auf molekulare Ebene bekannt (Hinrichsen und Schultz, 1988). Der Stimulus beim Anschwimmen löst ein depolarisierendes Rezeptorpotential in der Zelle aus. Dieses führt zu einem von Calciumionen verursachten Aktionspotential. Der damit verbundene Einstrom von Calciumionen in die Zelle verursacht eine Umkehr der Schlagrichtung der Cilien und damit das Rückwärtsschwimmen. Kurze Zeit später (1–3 Sekunden) repolarisiert die Zelle wieder, indem die Calciumionen aus der Zelle gepumpt werden. Nun kann mit der wiederkehrenden ursprünglichen Schlagrichtung der Cilien eine neue Vorwärts-Schwimm-

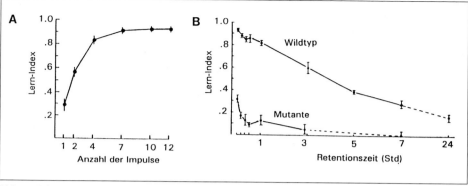

Abb. 2 Schockmeide-Lernen bei der Taufliege *Drosophila* (nach Tully und Quinn, 1985).
A Mit zunehmender Anzahl von Elektroschocks (Gleichstromimpulse, 60 V, 1,25 s Dauer) steigt der Anteil der Tiere, die Meidereaktion zeigen (Lern-Index).
B Das Gedächtnis für die Meidereaktion (Retentionszeit) ist beim Wildtyp bedeutend stabiler als bei der Mutante.

richtung eingeschlagen werden. Es sind Verhaltensmutanten von *Paramaecium* bekannt geworden, bei denen die Reaktion verändert auftritt, weil die Leitfähigkeit der Zellmembran für Calciumionen genetisch verändert ist. Eine dieser Mutanten – sie wurde, weil sie nicht zum Rückwärtsschwimmen fähig ist, nach der Figur im Schachspiel „Bauer" (pawn) genannt – hat eine extrem reduzierte Leitfähigkeit für Calciumionen. Dadurch kann Schlagumkehr der Cilien nicht eintreten. Die Bewegungen dieser Tiere sind vergleichbar mit einem Auto ohne Rückwärtsgang. Andererseits gibt es Mutanten („pantophobiac" oder „paranoiac"), bei denen die Calciumionen-Leitfähigkeit so stark erhöht ist oder die Repolarisation verzögert eintritt, daß sie extrem verlängerte Rückwärtsbewegungen (> 1 Minute) ausführen, wenn ein entsprechender Reiz die Zelle trifft (Abb. 3).

Beim Umgang mit kommerziell, insbesondere gastronomisch genutzten Wirbellosen wird dem Tierschutz nur sehr wenig Aufmerksamkeit gewidmet. In der vom Bundesministerium für Ernährung, Landwirtschaft und Forsten in Deutschland erlassenen und mit Wirkung vom 1.1.1995 in Kraft getretenen „Verordnung zum Schutz von Tieren im Zusammenhang mit der Schlachtung oder Tötung" wird nun auch das Aufbewahren und Töten von Krustentieren (Krebsen) und Schalentieren (Muscheln) in den Geltungsbereich einbezogen. Danach werden das Aufbewahren und Zurschaustellen lebender Krustentiere auf Eisstücken oder in Eiswasser verboten. In der Begründung ist formuliert :" Auch wenn über die Leidensfähigkeit und das Schmerzempfindungsvermögen von Krustentieren noch wenig bekannt ist, kann davon ausgegangen werden, daß ein Aufbewahren der Tiere auf Eis nicht mit dem Tierschutz verträglich ist."

Hinsichtlich der Tötung von Krusten- und Schalentieren wird verfügt (Abschnitt 4, § 13), daß diese nur in stark kochendem Wasser, das sie vollständig bedecken und nach ihrer Zugabe weiterhin stark kochen muß, getötet werden dürfen. Austern allerdings sind auch weiterhin davon ausgenommen. In Österreich finden sich Verfügungen gleichen Inhalts in Verordnungen zum Tierschutzgesetz des Landes Tirol (90. Verordnung, Abschn. 2, § 5, Ziff. 3) und des Landes Oberösterreich (Verordnung 24/1, § 14, Abs. 2). Die schweizerische Tierschutzverordnung in der Fassung von 1991 enthält dazu keine Formulierung.

Diese Verfügungen über das Töten von

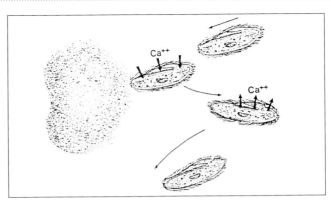

Abb. 3 Meidereaktion von *Paramaecium* (nach Goodenough et al., 1993). Wenn das Tier auf ein Hindernis oder auf einen schädigenden Reiz stößt, schwimmt es für kurze Zeit rückwärts um danach eine andere Vorwärtsrichtung einzuschlagen. Das Auftreffen auf das Hindernis induziert einen Ca^{++}-Einstrom, der Schlagumkehr der Cilien verursacht. Nach dem Auspumpen des eingedrungenen Ca^{++} schlagen die Cilien wieder in der Vorwärtsrichtung.

Crustaceen im gastronomischen Bereich berücksichtigen allerdings nicht experimentelle Befunde, wonach Hummer in mit Kochsalz gesättigtem Wasser innerhalb 2–3 Minuten betäubt werden können, so daß sie anschließend in heißem Wasser keine sichtbaren aversiven Reaktionen mehr zeigen. Das Töten in heißem Wasser ohne Narkose dauert mehrere Minuten und ist mit sichtbaren Qualen für die Tiere verbunden.

Auch der Transport von Hummern über große Distanzen verläuft wesentlich schonender und verlustärmer, wenn Erholungsphasen mit Bewegungsmöglichkeit und ausreichender Sauerstoffversorgung eingefügt werden (Hildebrandt, 1995).

Ohne Zweifel müssen die kommerziell genutzten Vorkommen wirbelloser Tiere auch weiterhin nutzbar bleiben, denn sie bilden in manchen Regionen die Einkommensgrundlage der Bevölkerung, so z.B. die Muschelfischerei an vielen Küsten oder die Schwammfischerei in der Ägäis und im Golf von Mexiko. Hier waren durch das Zusammentreffen von intensivem Befischen und epidemischem Befall der Schwämme mit einer Alge die Bestände Anfang der 50er Jahre zu 90–95% zusammengebrochen. Inzwischen regeln die praktischen Erfahrungen wie auch Vorschriften über Tiefenbegrenzung, Normgrößen und Methodik beim Fischen den Erhalt der Populationen. Außerdem hat sich die Kultivierung der Bestände durch Regeneration bewährt.

Korallenriffe gehören zu den produktivsten Ökosystemen der Welt. Sie schützen Küstenlinien vor Erosion, bilden Nahrungsgrundlage für zahlreiche auch kommerziell genutzte Fische und sind schließlich nicht unwesentliche Grundlage für Tourismus. Edelkorallen werden seit jeher im Mittelmeer, in neuer Zeit auch in pazifischen Gewässern, ausgebeutet. 1980 wurden in den Gebieten um Taiwan und Japan allein 226 Tonnen geerntet. Die Kolonien wachsen pro Jahr weniger als 1 cm und brauchen extrem sauberes Wasser. Ihre Überlebenschance besteht in ihrer Ansiedelung auch in schwer zugängigen Meeresregionen bis zu 400 m Tiefe.

In der Europäischen Gemeinschaft werden durch die bereits erwähnte Richtlinie 92/43 für ökonomisch genutzte wildlebende Arten „.... von gemeinschaftlichem Interesse, deren Entnahme aus der Natur und Nutzung Gegenstand von Verwaltungsmaßnahmen sein können", regional besondere administrative Regelungen zugelassen. 29% der von dieser Regelung betroffenen Tierarten sind Wirbellose, wie z.B. die Edelkoralle

(*Corallium rubrum*), die Weinbergschnecke (*Helix pomatia*), die Flußperlmuschel (*Margaritifera margaritifera*), der medizinische Blutegel (*Hirudo medicinalis*) und der Edelkrebs (*Astacus astacus*). Hierbei ist die verantwortliche Einflußnahme der regionalen Naturschutz- und Tierschutz-Instanzen und gesellschaftlichen Organisationen gefordert.

Welche Chancen gibt es für ein Überleben wirbelloser Tiere in der ökologischen Konkurrenz gegen das evolutive Erfolgswesen Mensch?

Hier sind auf utopischen Forderungen beruhende Illusionen zwecklos. Die anthropogen bedingten Gründe, die zur Dezimierung oder zum Verschwinden von Arten wirbelloser Tiere führen, sind auch künftig nicht auszuschließen, sie nehmen im Ausmaß ihrer Wirkung eher noch zu. Allen voran steht die Zerstörung von Lebensräumen. Land- und Forstwirtschaft mit ihren vielseitigen Nebeneffekten sind mit rund 70% bzw. 45% an der Lebensraumzerstörung z.B. von Tagfaltern beteiligt. Dazu kommen weitere negative Einflüsse. Allein die Wirkung von Sammlern auf den Rückgang von Faltern beträgt nach Plachter (1991) mehr als 20%. Durch die zunehmende Freizeit der Menschen infolge Wegfalls von Arbeit kann diese Komponente künftig auch bei anderen Insektengruppen und bei Mollusken noch wesentlich ansteigen. Gesetzliche Restriktionen werden in dieser Hinsicht konsequent kaum durchzusetzen sein. Auch Besiedlungsdruck, Verkehr und Tourismus sind gravierende ökologische Störfaktoren. Insbesondere auf die Verinselung von Lebensräumen haben diese Erscheinungsformen menschlicher Wirksamkeit erhebliche, zum Teil katastrophale, Einwirkungen. Es gibt inzwischen ausreichende und wissenschaftlich umfassend begründete Konzepte, die als Wegweiser zur Bewahrung oder Rückgewinnung von Lebensräumen bei der Biotopschutzplanung und -gestaltung sowie bei Landschaftsplanungen wirken und die insbesondere auch Invertebraten im Rahmen des integrierten Tierschutzes einbeziehen (Blab, 1993). Angesichts des unnachgiebigen ökonomischen Druckes der Menschen auf die Natur gewinnen diese von Optimismus getragenen Konzepte allerdings oft den Charakter des Rufens in der Wüste (Dahl, 1994). Das Verschwinden hochspezialisierter Arten von Mollusken, Käfern, Faltern, Heuschrecken und Libellen wird, ähnlich wie das zahlreicher Arten der Vertebraten, nicht aufzuhalten sein.

Allerdings ist eine Resignation, die aus dieser realistischen Einschätzung der Situation möglicherweise resultieren könnte, nicht angebracht. Einerseits haben zahlreiche Insektenspezies hohe Vermehrungsraten und erhebliche Anpassungsfähigkeit. Das gewährleistet einigen von ihnen ihr Überleben auch neben, z.T. sogar mit dem Menschen. Das betrifft insbesondere solche Arten, wie die der Termiten und Schaben, die phylogenetisch alt sind und relativ starke adaptive Fähigkeiten haben, und die in der Evolution ähnlich erfolgreich waren, wie der Mensch. Für das Aufrechterhalten stabiler Ökosysteme sind diese aber nicht gerade wesentliche Arten. Für marine Invertebraten bestehen in der Mehrzahl noch ausreichende Refugien, die ihr Überdauern vorläufig nicht in Frage stellen, abgesehen von vielen Küstenregionen. Auch scheint Fliegen, Mücken und Blattläusen ein Zusammenleben mit dem Menschen weiterhin sicher zu sein.

Andererseits besteht im ästhetischen Bedürfnis des Menschen eine Chance, insbesondere für die attraktiven Arten der Insekten. Das menschliche Bedürfnis nach dem Erleben elementarer Natur in ihrer vielfältigen Ausgewogenheit, die unter Einschluß der Wirbellosen gegeben ist, besteht in aller Deutlichkeit. Der lebhafte und im Zunehmen begriffene Naturtourismus in unserer Zeit legt dafür Zeugnis ab. Für Großschmetterlinge (Ornithoptera) wurden z.B. auf Neu-Guinea Farmen angelegt, in denen bei genügender Arealgröße ihr Überleben gesichert werden kann und wo sie außerdem für touristische Zwecke dienen. Wer erlebt, welche elementare Begeisterung Kinder in Insektarien inmitten frei fliegender Großschmetterlinge entfalten, dem wird klar, daß es im Menschen eine elementare Ehrfurcht vor den Phänomenen des Lebens und ihrer unermeßlichen Vielfalt gibt. Hieraus ist der Optimismus zu gewinnen, daß es gelingen könnte, wenigstens exemplarisch, genügend große Biotope in ihrer allseitigen natürlichen Ausgewogenheit auch künftigen Generationen zu erhalten. Das allerdings setzt weitreichende und umsichtige legislative Restriktionen im Umgang mit den Ökosystemen auch weiterhin voraus.

Literatur

Biese, A. (1886): Die Naturanschauung des Hellenismus und der Renaissance. Preußische Jahrbücher 57, 527–556.
Blab, J. (1993): Grundlagen des Biotopschutzes für Tiere. 4. Aufl., Kilda Verlag, Bonn-Bad Godesberg.
Blab, J., E. Nowak, W. Trautmann, und H. Sukopp (Hrsg.) (1984): Rote Liste der gefährdeten Tiere und Pflanzen in der Bundesrepublik Deutschland. Kilda Verlag, 4.erweiterte Neubearbeitung 1984.
Boyle, P.R.: UFAW Handbook on the care and management of cephalopods in the laboratory. Potters Bar: Universities Federation of Animal Welfare, 1991.
Carson, R. (1962): Silent Spring. Deutsche Ausgabe: Der stumme Frühling. DTV, München 1968.
Dahl, J. (1994): Optimismus des Scheiterns. Die Zeit, Nr. 43/94.
Dawkins, M.S. (1982): Leiden und Wohlbefinden bei Tieren. Ulmer, Stuttgart 1982.
Dudai, Y., Y.N. Yan, D. Byers, W.G. Quinn, and S. Benzer (1976): Dunce, a mutant of Drosophila deficient in learning. Proc. Natl. Acad.Sci. 73, 1684–1688.
Evans, S.M. (1966): Non-associative avoidance learning in Nereid polychaetes. Anim. Behav. 14, 102–104.
Geiger, W. (1992): Insekten und Naturschutz. Überlegungen aus der Schweiz. Mitt. Dtsch. Ges. Allg. Angew. Ent. 8, 19–22.
Goodenough, J., B. McGuire, and R. Wallace (1993): Perspectives on animal behavior. New York 1993.
Hildebrandt, K. (1995): Tierschutzgerechter Lufttransport von Hummern und Langusten. Berl. Münch. Tierärztl. Wschr. 108, 148–150.
Hinrichsen, R.D., and J.E. Schultz (1988): Paramaecium: a model system for the study of excitable cells. Trends in Neurosciences (TINS) 11 (1), 27–32.
Holst, D. von (1991): Zoologische Grundlagenforschung: ihre Bedeutung für Tier- und Arternschutz. In: Rahmann, H., und A. Kohler (Hrsg.): Tier- und Artenschutz. Hohenheimer Umwelttagung 23.
Horridge, G.A. (1968): Interneurons. Freeman, London and San Francisco 1968.
Illies, J. (1974): Umwelt und Ideenwelt. Herder Verlag, Freiburg i. Br. 1974.
Jonas, H. (1985): Das Prinzip Verantwortung. 4. Aufl. Frankfurt/M. 1985 (S. 391).
Kandel, E.R. (1976): Cellular basis of behavior. Freeman, San Francisco.
Kaule, G. (1991): Arten- und Biotopschutz. 2. Aufl.Ulmer Verlag, Stuttgart.
Legel, S. (1993): Nutztiere der Tropen und Subtropen. Bd. 3. S. Hirzel, Stuttgart–Leipzig 1993.
Markl, H. (1993): Ökologie und Ökonomie als Herausforderung der Wissenschaften. In: Schmutzer, E. (Hrsg.): Schriftenreihe Ernst-Abbe-Kolloquium 2, Jena.
Menzel, R., and A. Mercer (1987): Neurobiology and behaviour of honeybees. Springer, Heidelberg.
Morris, M.G. (1981): Conservation of butterflies in the United Kingdom. Beih.Veröff. Naturschutz Landespflege Bad.-Württ. 21, 35–47.
Olschowy, G. (Hrsg.) (1978): Natur- und Umweltschutz in der Bundesrepublik Deutschland. Paul Parey, Hamburg–Berlin 1978.

Plachter, H. (1991): Naturschutz. Gustav Fischer, Stuttgart–Jena.
Pyle, R., M. Bentzien, and P. Opler (1981): Insect conservation. Ann. Rev. Entomol. 26, 233–258.
Remmert, H. (1990): Naturschutz. 2.Aufl. Springer, Heidelberg.
Richter, K. (1993): Zur Biologie des Schönen – Grundpositionen einer evolutionären Ästhetik. Sonderschriften der Akademie gemeinnütziger Wissenschaften zu Erfurt 22, 9–40.
Rock, M. (1986): Theologie der Natur und ihre anthropologisch-ethischen Konsequenzen. In: D. Birnbacher (Hrsg.): Ökologie und Ethik. Reclam, Stuttgart, 72–102.
Röser, B. (19): Grundlagen des Biotop- und Artenschutzes. Ecomed, Landsberg/Lech.
Smith, J.A. (1991): A question of pain in invertebrates. Intern.Lab.Animal Res. News. (ILAR)33, 25–31.
Teutsch, G.M. (1987): Mensch und Tier. Lexikon der Tierschutzethik. Göttingen.
Tully, T., and W.G. Quinn (1985): Classical conditioning and retention in normal and mutant Drosophila melanogaster. J. comp. Physiol. A 157, 263–277.
Usher, M.B., und W. Erz (Hrsg.) (1994): Erfassen und Bewerten im Naturschutz. Quelle & Meyer, Heidelberg–Wiesbaden.
Wells, S.M., R.M. Pyle, and N.M. Collins: The IUCN red data book. Cambridge, 1983.
Young, J.Z. (1960): The failures of discrimination learning following removal of the vertical lobes in Octopus. Proc. R.Soc.Lond.B 153, 18–46.

Ausbildung und Einsatz des Tierpflegepersonals in Deutschland

J. Maess

Einleitung

Praktischer Tierschutz beginnt beim direkten Umgang mit dem Tier und der sachverständigen Pflege und Versorgung. Passion und Freude am Leben der Tiere sind unabdingbare Voraussetzungen, genügen allein aber nicht. Erst umfangreiche Erfahrungen und solide theoretische Kenntnisse schaffen die Grundlagen für eine tiergerechte Haltung und Versorgung der anvertrauten „Haustiere". Da die einzelnen Tierarten unterschiedliche Ansprüche und Bedürfnisse haben, sind entsprechende Kenntnisse hierüber notwendig. Dabei reicht es nicht aus, daß die Tiere angemessen und artgemäß ernährt und gehalten werden, sondern es muß auch die Befriedigung ihrer Verhaltensansprüche sichergestellt sein. Am besten werden die hierfür notwendigen Kenntnisse, Fähigkeiten und Erfahrungen in einer systematischen Berufsausbildung erworben. Durch die traditionelle Ausbildung am Arbeitsplatz („Lehre") können die Erfahrungen der Älteren an den Berufsnachwuchs besonders gut weitergegeben werden. Handfertigkeiten und die Beobachtungsgabe werden hierbei geschult. Kommen dazu gut vermittelte theoretische Kenntnisse und die Bereitschaft zur lebenslangen Fortbildung, so sind alle Voraussetzungen für die Normen des Tierschutzes bei der Tierpflege erfüllt.

Die Aus- und Fortbildung in Deutschland

In Deutschland wird die Ausbildung in den Facharbeiterberufen durch rechtsverbindliche Verordnungen geregelt. Für den Bereich „Tier" gibt es zunächst die Berufsgruppe der **Tierwirte** „Verordnung über die Berufsausbildung zum Tierwirt" (Bundesgesetzblatt, Teil I, S. 514–528 vom 10.3.1976). Diese Verordnung regelt die Ausbildung für den Umgang mit landwirtschaftlich genutzten Tieren: Rinder, Schweine, Schafe, Geflügel, Pelztiere und Bienen. Eine seiner Bedeutung angemessene Sonderrolle spielt das Pferd durch die spezielle Festlegung des Ausbildungsberufs **Pferdewirt** „Verordnung über die Berufsausbildung zum Pferdewirt" (Bundesgesetzblatt, Teil I, S 2719–2730 vom 1.11.1975) mit den vier Schwerpunkten: Pferdezucht und -haltung, Reiten, Rennreiten sowie Trabrennfahren.

Die Ausbildung von **Tierpflegerinnen/Tierpflegern** ist seit 1984 durch die „Verordnung über die Berufsausbildung zum Tierpfleger/zur Tierpflegerin" (Bundesgesetzblatt, Teil I, S 673 vom 18.5.84) staatlich anerkannt.

Fachrichtungen und Ausbildungsbetriebe

Im staatlich anerkannten Beruf „Tierpflegerin/Tierpfleger" dauert die Ausbildung drei Jahre. Für das 3. Ausbildungs-

jahr kann gewählt werden zwischen den Fachrichtungen:
1. Haus- und Versuchstierpflege und
2. Zootierpflege.

Diese „Kann-Bestimmung" ist auch als solche zu bewerten, weil ein Wechsel zwischen den Fachrichtungen während der Ausbildung praktisch nur in Ausnahmefällen möglich ist. Durch die jeweils spezifischen Anforderungen, gegeben durch die sehr unterschiedlichen Tierarten und den andersartigen Nutzungszweck, hat sich eine strikte Trennung der beiden Fachrichtungen entwickelt.

Fachrichtung Zootierpflege

Ausbildungsbetriebe sind in erster Linie Zoologische Gärten, die eine Vielzahl verschiedener Wildtiere und Tiere gefährdeter Haustierrassen zeigen und zur Arterhaltung züchten und pflegen. Zur speziellen Ausbildung gehören das Erlernen der Verhaltensbeobachtungen bei den verschiedenen Tierarten und die Wahrung der Sicherheitsbestimmungen beim Umgang mit gefährlichen Tierarten sowie Tier- und Artenschutz.

Betriebe mit geringerem Artenangebot wie Wild- und Safariparks oder ähnliche Freizeiteinrichtungen können allein keine den Anforderungen entsprechende Ausbildung leisten. Sie sind auf betriebsübergreifende Programme mit Zoos angewiesen.

Fachrichtung Haus- und Versuchstierpflege

In dieser Fachrichtung sind sehr gegensätzliche Arbeitsgebiete zusammengefaßt. Das gemeinsame Ziel der Pflege und Betreuung von Tieren läßt diese Kombination zwar logisch erscheinen, aber in der Praxis können Probleme bei der Ausbildung auftreten. Zunächst sollen hier einige Begriffsbestimmungen vorangestellt werden. Unter „Haustieren" im Sinne der Tierpflege-Ausbildungsverordnung sind korrekterweise die als „Heimtiere" bezeichneten Tierarten zu verstehen. Dies sind Tiere, die in den Haushalten als Hobby- und Spieltiere, eben als Heimtiere, gehalten werden. Sie sind also durch den Zweck der Haltung definiert. Die Heimtierhaltung ist durch die sehr enge und persönliche Mensch-Tier-Beziehung geprägt, obwohl auch hier Übergänge zur Nutztierhaltung fließend sind (z.B. Rassekaninchen-Sportzuchten). Heimtiere werden als Spielgefährten und Partner angesehen. Ausbildungsbetriebe für die Heimtierhaltung sind in erster Linie Tierheime der Tierschutzorganisationen, aber auch Tierpensionen und eventuell Katzen- und Hundezuchten. Versuchstiere sind Tiere, die für notwendige medizinische und biologische Forschungszwecke benötigt werden. Sie werden stellvertretend für den Menschen, aber auch für andere Nutztiere eingesetzt. Es sind dies in erster Linie Ratten und Mäuse, Meerschweinchen und Goldhamster, aber auch Hunde, Katzen, Primaten, Schafe, Schweine, Hühner und Wachteln. Für spezielle Versuchszwecke werden Krallenfrösche oder Fische und Fruchtfliegen in zum Teil großer Individuenzahl benötigt. Versuchstiere müssen grundsätzlich (Ausnahmen sind möglich) nach den Bestimmungen des Tierschutzgesetzes speziell für Versuchszwecke gezüchtet werden. Der Versuchszweck stellt besondere Anforderungen an die Haltungs- und Pflegebedingungen. Ausbildungsbetriebe sind Forschungsinstitute (Tierlaboratorium), z.B. in der pharmazeutischen Industrie oder an Universitäten, sowie Versuchstierzuchten. Während bei der Heimtierpflege deutlich die Versorgung und die Ansprüche des Einzeltieres im Mittelpunkt stehen, müssen die Tierpflegerinnen und Tierpfleger in Forschungsinstituten häufig größere Tiergruppen unter standardisierten und strengen hygienischen Bedingungen betreuen. Tiere im Versuch bedürfen somit der besonderen Zuwendung und sachgerechten Betreuung. In den Ausbildungsbetrieben können sich diese doch unterschiedlichen Anforderungen recht gut ergänzen, so daß eine betriebsübergreifende Ausbildung in Tierheimen und Versuchstierinstituten denkbar ist. Ein Konflikt kann aber dadurch entstehen, daß die Personen im Tierheim den Tierversuchen (und damit auch der Versuchstierpflege) recht kritisch gegenüberstehen.

Ausbildung

Eine 9- bis 10jährige Schulbildung mit dem Hauptschulabschluß gilt als formale Voraussetzung für den Abschluß eines Ausbildungsvertrages. Das Einstellungsalter sollte nicht unter 16 Jahren liegen. Als persönliche Voraussetzungen müssen gute Zensuren in Biologie und unbedingte Zuverlässigkeit und Pünktlichkeit sowie gute Gesundheit gegeben sein. Die Ausbildung dauert regulär 3 Jahre; sie kann bei guten Leistungen um ein halbes Jahr verkürzt werden. Bei entsprechend höherem Schulabschluß und guten Leistungen ist eine Verkürzung auf 2 Jahre möglich. In staatlichen Betrieben wird nach dem Tarifvertrag im 1. Lehrjahr eine monatliche Ausbildungsvergütung von DM 1050,– brutto gezahlt (Stand 1995); die Vergütung steigt auf DM 1140,– im zweiten und auf DM 1220,– im dritten Ausbildungsjahr.

Prüfungswesen

Vor Ablauf des 2. Ausbildungsjahres müssen die Auszubildenden sich einer Zwischenprüfung und nach Ende der Ausbildungszeit der Abschlußprüfung unterziehen. Bei verkürzten Ausbildungsgängen gelten vorgezogene Termine. Das Prüfungswesen wie auch die organisatorische Überwachung der Ausbildung, z.B. Zulassung von Ausbildungsbetrieben, Anerkennung von Ausbildungsverträgen und Vermittlung von überbetrieblichen Ausbildungen, sind der Industrie- und Handelskammer übertragen. Diese betreut und beruft die örtlichen Ausbildungsausschüsse für die Dauer von 3–5 Jahren. Zu ehrenamtlichen Prüfungsausschußmitgliedern werden Vertreterinnen und Vertreter der Beschäftigten (das Vorschlagsrecht besitzen die Gewerkschaften), der Betriebe und der Berufsschulen bestimmt. Es sind fachlich sehr erfahrene und in der Ausbildung tätige Personen. Die Zwischenprüfung gliedert sich in die Teile: Fertigkeiten und Kenntnisse. Zum Nachweis der Fertigkeiten müssen die Prüflinge in höchstens zwei Stunden zwei Arbeitsproben zur Begutachtung durch den Prüfungsausschuß vorweisen. Hierfür kommen insbesondere in Betracht:
1. Pflegen und Versorgen von Tieren,
2. Reinigen von Tierräumen und Tierunterkünften,
3. Herrichten einer einfacheren Tierunterkunft,
4. Greifen und Halten kleinerer Tiere zur Körperpflege, zum Verpaaren und Transportieren.

Zum Nachweis der Kenntnisse sollen in höchstens 180 Minuten Aufgaben aus den Aufgabengebieten: Fachkunde, technische Mathematik sowie Wirtschafts- und Sozialkunde gelöst werden.

Die Abschlußprüfung gliedert sich

ebenfalls in den fachpraktischen Teil, die Fertigkeitsprüfung, und den theoretischen Teil, die Kenntnisprüfung. Zum Nachweis der Fertigkeiten sollen in maximal fünf Stunden sechs Arbeitsproben ausgeführt werden.

Die Kenntnisprüfung wird in drei schriftlichen Klausuren: Technologie (120 Minuten), technische Mathematik (90 Minuten) und Wirtschafts- und Sozialkunde (60 Minuten) abgenommen. Bei Bedarf können mündliche Prüfungen das Ergebnis der schriftlichen Prüfung ergänzen.

Über das Bestehen der Abschlußprüfung wird als Zertifikat ein Facharbeiterbrief von der Industrie- und Handelskammer ausgefertigt und vom Vorsitzenden der Prüfungskommission unterschrieben.

Zum Facharbeiterabschluß können auch Kandidaten ohne reguläre Ausbildung als sogenannte Externe zur „Prüfung im Sonderfall" zugelassen werden. Voraussetzung ist eine mindestens fünfjährige einschlägige Tätigkeit. Über die Zulassung beschließt der Prüfungsausschuß. Die Prüfung wird in der Regel zeitgleich unter den Bedingungen der regulären Abschlußprüfung abgenommen.

Berufliche Fortbildung

Durch die 1990 erlassene Verordnung über die Prüfung zum anerkannten Abschluß „Geprüfter Tierpflegemeister/ Geprüfte Tierpflegemeisterin" (Bundesgesetzblatt Teil I, S. 1404 vom 21.7.1990) ist die Fortbildung für den Tierpflegeberuf staatlich anerkannt. Tierpflegemeisterinnen und Tierpflegemeister übernehmen Leitungsfunktionen in den Betrieben und Institutionen im Bereich der Tierhaltung und Tierpflege. Insbesondere widmen sie sich auch der Aus- und Fortbildung des Berufsnachwuchses und organisieren die Prüfungen in den Ausschüssen. Der Facharbeiterabschluß als Tierpflegerin/Tierpfleger und eine dreijährige einschlägige Berufspraxis sind Voraussetzung für die Zulassung zur Meisterprüfung. Als ergänzende Ausnahmeregelungen gelten ferner: Abschluß in einem anerkannten Ausbildungsberuf, der dem Tierpflegeberuf zugeordnet werden kann (z.B. Tierwirt) und fünfjährige, einschlägige Berufspraxis oder eine mindestens achtjährige einschlägige Berufspraxis ohne besonderen Abschluß.

Die geforderten Kenntnisse und Fertigkeiten müssen in eigener Initiative und häufig auf eigene Kosten erworben werden. Dafür werden zentral (z.B. Industrie- und Handelskammer Wuppertal-Solingen-Remscheid, Postfach 13 01 52) Meisterkurse im Blocksystem und unter Internatsbedingungen angeboten, oder es werden dezentral örtlich berufsbegleitende Fortbildungsveranstaltungen am Feierabend und an Wochenenden organisiert. Durch die Teilnahme an derartigen Kursen können die Aspiranten sich die notwendigen Kenntnisse erarbeiten. Eine Teilnahme ist aber nicht verpflichtende Voraussetzung für die Zulassung zur Prüfung. Die eigentliche Prüfung ist sehr fordernd und umfangreich (unter anderem: eine 6stündige Klausur im fachtheoretischen Teil und fünf je einstündige Arbeitsproben im fachpraktischen Teil). Die Prüfung wird von einem durch die Industrie- und Handelskammer benannten Prüfungsausschuß abgenommen. Eine Unterteilung in die beiden Fachrichtungen gibt es nicht. Die Prüfungsaufgaben werden aber unter angemessener Berücksichtigung der speziellen Facherfahrung erstellt. Über die bestandene Prüfung wird ein detailliertes Zertifikat verliehen.

Literatur

Geyer, S., und Grabner, A. (1991): Die Tierarzthelferin. Schlütersche Verlagsanstalt, Hannover.

Pies-Schulz-Hofen, R. (1996): Die Tierpflegeausbildung (Basiswissen für die Zoo,- Wild- und Heimtierhaltung). Paul Parey, Berlin.

Weiß, J., Maeß, J., Nebendahl, K., und Rossbach, W. (Hrsg.) (1996): Lehrbuch für Haus- und Versuchstierpflege. Gustav Fischer, Stuttgart – Jena – New York.

Ausbildung und Einsatz des Tierpflegepersonals in Österreich

CH. HAVRANEK

■ Einsatz von Tierpflegern

Eine ausdrückliche Regelung über den Einsatz von Tierpflegern enthält § 70 a der Gewerbeordnung 1993, Bundesgesetzblatt Nr. 194/1994, zuletzt geändert durch Bundesgesetzblatt Nr. 314/1994 und die darauf gestützte Durchführungsverordnung über den Schutz von Tieren gegen Quälereien und das artgemäße Halten von Tieren im Rahmen gewerblicher Tätigkeiten, Bundesgesetzblatt Nr. 132/1991.

Auf Grund dieser Bestimmungen muß in jeder Betriebsstätte des Zoohandels, in der Tiere gehalten werden, mindestens eine Person mit Kenntnissen über artgemäße Tierhaltung regelmäßig und dauernd tätig sein.

Die Kenntnisse über artgemäße Tierhaltung im Bereich des Zoohandels sind entweder durch den erfolgreichen Besuch des Studiumzweiges Zoologie der Studienrichtung Biologie einer inländischen Universität oder durch die erfolgreiche Ablegung der Lehrabschlußprüfung im Lehrberuf Tierpfleger oder den erfolgreichen Besuch einer Schule, durch die die Lehrabschlußprüfung in diesem Beruf ersetzt wird, oder die Absolvierung einer mindestens einjährigen, im Umgang mit lebenden Tieren bestehenden Tätigkeit und den erfolgreichen Besuch eines Lehrganges über Tierhaltung nachzuweisen.

Der Lehrgang über Tierhaltung legt eine Mindestzahl an Lehrstunden für die einzelnen Gegenstände fest; so sind für die Hundehaltung einschließlich Ernährung 4, für Katzenhaltung einschließlich Ernährung 4, für Kleintierhaltung einschließlich Ernährung 8, für Vogelhaltung einschließlich Ernährung 4, für die Haltung von Zierfischen 3, für Aquaristik und Fischfutter 6, für Wasserpflanzen 2 und für Rechtskunde 4 Lehrstunden vorgesehen.

Die Tierschutzgesetze von Burgenland, Kärnten, Niederösterreich, Steiermark, Vorarlberg und Wien sehen vor, daß Tiere nur durch Personen gepflegt und betreut werden dürfen, die auf Grund ihrer Ausbildung oder praktischen Erfahrung hierzu geeignet sind. Diese Anforderungen gelten auch in Tierheimen und Zoos.

Das Tiertransportgesetz Straße, Bundesgesetzblatt Nr. 411/1994, sieht in seinem § 7 Abs. 1 vor, daß bei Tiertransporten eine Person zur Verfügung stehen muß, die über die fachliche Befähigung zur Betreuung verfügt. Ob eine derartige fachliche Befähigung vorliegt, ist durch die Behörde zu bestätigen. Diese Bestätigung ist mitzuführen. Unter welchen Voraussetzungen nun eine Person als fachlich befähigt anzusehen ist, soll durch eine Verordnung geregelt werden, die aber bis zum derzeitigen Zeitpunkt noch nicht erlassen ist.

Das Tierversuchsgesetz 1988, Bundesgesetzblatt Nr. 501/1989, bestimmt in seinem § 6 Abs. 1 lit. b als Voraussetzung für die Genehmigung von Tierversuchseinrichtungen, daß das erforderliche sachkundige Personal, insbesondere auch zur

Betreuung der Versuchstiere vor, während und nach dem Versuch, vorhanden ist, um eine tägliche Kontrolle der Tiere zu ermöglichen. Die Verordnung, die die Voraussetzungen zur Beurteilung, ob eine Person sachkundig ist, normieren soll, wurde bisher noch nicht erlassen.

Der Nationalrat hat mittlerweile auch ein Tiertransportgesetz – Luft beschlossen (Bundesgesetzblatt Nr. 152/1996). § 5 Abs. 1 dieses Gesetzes sieht vor, daß der Transport durch geeignete Personen zu begleiten ist; bei besonderem Gefährdungspotential hat die Begleitung durch einen Tierarzt zu erfolgen.

Ausbildung von Tierpflegern

Die Lehrabschlußprüfung im Lehrberuf Tierpfleger hat ihre gesetzliche Grundlage im Berufsausbildungsgesetz, Bundesgesetzblatt Nr. 142/1969, zuletzt geändert durch BGBl. Nr. 296/1993 und die hierzu ergangenen Verordnungen.

Gemäß § 20 des Schulpflichtgesetzes, Bundesgesetzblatt Nr. 76/1985, zuletzt geändert durch Bundesgesetzblatt Nr. 969/1994, sind Lehrlinge überdies zum Besuch der Berufsschule verpflichtet, und zwar entweder einmal wöchentlich oder lehrplanmäßig acht Wochen jährlich.

Die Ausbildung zum Tierpfleger dauert drei Jahre und umfaßt auch eine Ausbildung in „allgemeinbildenden Fächern".

Die Verordnung Bundesgesetzblatt Nr. 347/1975 über die Ausbildungsvorschriften für Tierpfleger umfaßt – was die fachspezifische Ausbildung anbelangt – im wesentlichen folgende Inhalte: Handhaben und Instandhalten der zu verwendenden Einrichtungen, Geräte und Arbeitsbehelfe; Kenntnis der Fütterungsmethoden, der Tränketechniken und der Hygiene; Zubereitung und Lagerung des Futters, Fütterung und Tränken; Halten und Pflegen von Tieren; Durchführung hygienischer Maßnahmen; Kenntnis der Ersten Hilfe bei Verletzungen durch Tiere und bei einschlägigen gesetzlichen Vorschriften über Tierhaltung und Tiertransport.

Abgeschlossen wird die Ausbildung durch eine Lehrabschlußprüfung, die sich in eine praktische und eine theoretische Prüfung gliedert. Inhalt und Umfang der Prüfungen ergeben sich aus der Verordnung Bundesgesetzblatt Nr. 217/1976, mit der die Prüfungsordnung für die Lehrabschlußprüfung im Lehrberuf Tierpfleger erlassen wird.

Die praktische Prüfung hat jedenfalls die Vorbereitung von Tierunterkünften, das Zusammenstellen des Futters für eine bestimmte Tierart oder -gruppe, das Ansetzen von Zuchttieren laut gewünschtem Zuchtverfahren und Geschlechtsverhältnis, das Vorbereiten für eine tierärztliche Behandlung oder für einen Tierversuch, das Vorbereiten eines Tiertransportes einschließlich der Transportpapiere, das Wägen, Sortieren und Markieren von Labortieren zu umfassen. Die Prüfung erstreckt sich weiterhin auf die Futterberechnung, die Zuchtberechnung, die Berechnung von gewünschten Konzentrationen und die Preiskalkulation. Im übrigen sind auch entsprechende Kenntnisse der Hygiene, der allgemeinen Krankheitslehre, der Haltungspflege und Fütterungstechnik nachzuweisen.

Für Tierpfleger maßgebliche Gesetze und Verordnungen
- Gewerbeordnung 1993
  Bundesgesetzblatt Nr. 194/1994, zuletzt geändert durch Bundesgesetzblatt Nr. 314/1994
- **Tiertransportgesetz – Straße**
  Bundesgesetzblatt Nr. 411/1994
- **Tierversuchsgesetz 1988**
  Bundesgesetzblatt Nr. 501/1989

- **Tiertransportgesetz – Luft**
  Bundesgesetzblatt Nr. 152/1996
- **Berufsausbildungsgesetz**
  Bundesgesetzblatt Nr. 142/1969, zuletzt geändert durch Bundesgesetzblatt Nr. 296/1993
- **Schulpflichtgesetz**
  Bundesgesetzblatt Nr. 76/1985, zuletzt geändert durch Bundesgesetzblatt Nr. 969/1994
- **Verordnung über die Ausbildungsvorschriften für Tierpfleger**
  Bundesgesetzblatt Nr. 347/1975
- **Verordnung, mit der die Prüfungsordnung für die Lehrabschlußprüfung im Lehrberuf Tierpfleger erlassen wird**
  Bundesgesetzblatt Nr. 217/1976

Ausbildung und Einsatz des Tierpflegepersonals in der Schweiz

A. Steiger

Allgemeines

Die Ausbildung und der Einsatz von Tierpflegerinnen und Tierpflegern stützen sich in der Schweiz auf das Eidgenössische **Tierschutzgesetz** vom 9. März 1978 (erlassen vom Parlament) und die **Tierschutzverordnung** vom 27. Mai 1981 (erlassen vom Bundesrat, der Schweizer Regierung, und 1986 im Bereich der Tierpflegerausbildung revidiert). Detailregelungen zur Ausbildung finden sich ferner in der **Verordnung über den Erwerb des Fähigkeitsausweises für Tierpfleger** vom 22. August 1986 (erlassen vom Eidgenössischen Volkswirtschaftsdepartement).

Nach Artikel 7 des Tierschutzgesetzes kann der Bundesrat „für die Ausübung des Tierpflegerberufs einen Fähigkeitsausweis verlangen und die Bedingungen der Erteilung festsetzen, wenn dies zum Schutze des Lebens und Wohlbefindens der Tiere angezeigt ist. Dies gilt nicht für die Landwirtschaft". In den Artikeln 8–11 der Tierschutzverordnung werden Ausbildung, Prüfung zum Erwerb des Fähigkeitsausweises und Einsatz des Tierpflegepersonals näher geregelt.

Beim Tierpfleger handelt es sich derzeit nicht um einen unter die schweizerische Berufsbildungsgesetzgebung fallenden Beruf, bei dem auch allgemeinbildende Fächer in der Ausbildung vorgesehen sind. Der **Fähigkeitsausweis** ist eine sog. „Polizeibewilligung" aufgrund einer vorangegangenen Fachausbildung. Ein bei der Ausarbeitung des Tierschutzgesetzes erstelltes juristisches Gutachten ergab, daß die Anerkennung des Tierpflegerberufs auf der Basis des Berufsbildungsartikels der schweizerischen Bundesverfassung und des gestützt darauf erlassenen Berufsbildungsgesetzes nach damaliger Auslegung der Rechtsgrundlagen nicht möglich ist. Es ergab sich damals ferner, daß auch der Tierschutzartikel in der Bundesverfassung keine Grundlage für eine Anerkennung und Förderung der Tierpflegertätigkeit im Sinne einer sozialen Aufwertung dieses Berufs bildet, sondern höchstens für eine Polizeinorm ausreicht, welche die Freiheit der Berufsausübung dort einschränkt und vom Vorliegen eines Fähigkeitsausweises abhängig macht, wo es aus Gründen des Tierschutzes angezeigt erscheint. Die Frage der Schaffung einer eigentlichen **Berufslehre** für Tierpflegepersonal steht indessen heute erneut zur Diskussion, da sich die Interpretation der Rechtsgrundlagen in der Zwischenzeit gewandelt hat. Im Fall der Schaffung einer solchen Lehre wird die Ausbildung gegenüber den jetzigen Anforderungen an die Tierpflegerausbildung in zeitlicher und fachtechnischer Hinsicht erweitert werden müssen. Parallel zur Ausbildung zum Erwerb des Fähigkeitsausweises für Tierpfleger laufende Berufslehren (mit allgemeinbildenden Fächern und mit Berufsdiplom) gibt es bereits heute für Tierpfleger und Tierpflegerinnen in Tierheimen sowie für Zoofachverkäufer und -verkäuferinnen.

Einsatz des Tierpflegepersonals

Die Tierschutzverordnung (Art. 11) legt fest, daß in **gewerbsmäßigen Wildtierhaltungen**, in Betrieben, die **gewerbsmäßig mit Tieren handeln**, in **Versuchstierhaltungen, Tierheimen** und **Tierkliniken** die Tiere grundsätzlich durch Tierpfleger mit Fähigkeitsausweis oder unter ihrer unmittelbaren Aufsicht betreut werden müssen und sich die Anzahl dieser Tierpfleger nach Art und Zahl der Tiere zu richten hat. Die Verordnung enthält zusätzlich einige Ausnahmebestimmungen. Ein Fähigkeitsausweis ist nicht erforderlich für die Pflege von Tieren, die nach Wissenschaft und Erfahrung einfach zu halten sind und durch Personen ohne die grundsätzlich geforderten besonderen Fachkenntnisse betreut werden können. Die kantonalen Behörden (Vollzugsbehörden der Tierschutzgesetzgebung) können ausnahmsweise auch bewilligen, daß eine Person, deren Beruf vergleichbare Kenntnisse und Fähigkeiten voraussetzt, an Stelle eines Tierpflegers mit Fähigkeitsausweis tätig ist.

Aufgrund von Anfragen von Kantonen und Betrieben mit Tieren, und um eine einheitliche Vollzugspraxis anzustreben, hat das Bundesamt für Veterinärwesen in einer Information „Einsatz von Tierpflegern mit Fähigkeitsausweis" (1986) Kriterien für den Einsatz von Tierpflegern mit Fähigkeitsausweis, Anzahl notwendiger Personen und Ausnahmefälle konkretisiert.

Ausbildung des Tierpflegepersonals

Die Ausbildung erfolgt gemäß Tierschutzverordnung (Art. 8–10) in einem von der kantonalen Behörde (in der Regel kantonales Veterinäramt) anerkannten Ausbildungsbetrieb und in Ausbildungskursen. Während der Ausbildung erwerben der Tierpfleger und die Tierpflegerin Grundkenntnisse über die Haltung und Pflege von Tieren sowie vertiefte Kenntnisse in einer der folgenden vier Fachrichtungen:
– Haltung kleiner Haustiere (**Tierheime, Tierkliniken**),
– Haltung von Tieren in Tierhandlungen (**Zoofachgeschäfte**),
– Haltung von Wildtieren (**Zoologische Gärten**, Tierparks, Zirkusse),
– Haltung von Versuchstieren (**Versuchstierhaltungen** an Hochschulen und in der chemisch-pharmazeutischen Industrie).

Zur Prüfung zum Erwerb des Fähigkeitsausweises zugelassen werden Personen, die mindestens 18 Jahre alt sind, sich über mindestens 12 Monate Praktikum (ohne Ferien usw.) in einem vom Kanton anerkannten Ausbildungsbetrieb ausweisen können und einen von den Kantonen durchgeführten, mindestens 5tägigen Vorbereitungskurs besucht haben. Die Ausbildungsbetriebe müssen während der Ausbildungszeit in eigener Regie Ausbildungskurse (theoretische Ausbildung) organisieren und das Selbststudium fördern. In der Prüfung werden die Fächer Tierkunde, Tierhaltung, Hygiene, Rechtskunde und Betriebsführung geprüft.

Die genauen Ausbildungs- und Prüfungsmodalitäten sind in der vom Eidgenössischen Volkswirtschaftsdepartement erlassenen Verordnung vom 22. August 1986 über den Erwerb des Fähigkeitsausweises für Tierpfleger aufgeführt. Das Bundesamt für Veterinärwesen hat zusätzlich „Richtlinien für die Ausbildung von Tierpflegern" (1991) herausgegeben, in welchen die Vorschriften präzisiert werden.

Als Übergangslösung (Art. 75 der Tierschutzverordnung) waren bei der Einführung der Tierschutzgesetzgebung von 1982–1987 vom Bundesamt für Veterinärwesen zentral organisierte Spezialkurse durchgeführt worden. Dabei handelte es sich um insgesamt 10 Kurse, die 4tägig durchgeführt wurden und nur einen theoretischen Teil umfaßten. Zugelassen waren nur Tierpfleger und Tierpflegerinnen mit mindestens 5jähriger Praxiserfahrung. Insgesamt wurde ein Grundstock von ca. 1500 Personen ausgebildet. Diese kurzen Spezialkurse werden seit 1987 nicht mehr durchgeführt.

Die geforderten 12 Monate Praktikum in der Tierpflegerausbildung bilden ein Minimum. Die zur Zeit von Verbänden und Institutionen angebotenen Ausbildungsmöglichkeiten dauern wegen der Anforderungen an eine gute Ausbildung in der Regel 2 oder 3 Jahre (Tierheime, Zoologische Gärten, Zoofachgeschäfte), im Versuchstierbereich 1 Jahr, im Zoofachhandel bei Verzicht auf die Verkaufslehre auch 1 Jahr.

Ausbildung zum **Tierpfleger in Tierheimen**: Der Verband der Hundesalons und Tierheime, VHT (CH-6014 Littau) betreibt in Olten eine verbandsinterne Schule, in welcher in einer dreijährigen Lehre Tierpfleger und -pflegerinnen für Tierheime (Haltung von Hunden, Katzen, kleinen Heimtieren) ausgebildet werden. Für Personen mit abgeschlossenem Beruf dauert die Lehre (Zweitberuf) zwei Jahre. Die Ausbildung ist keine der Aufsicht des BIGA (Bundesamt für Industrie, Gewerbe und Arbeit) unterstellte Lehre im Sinne des Berufsbildungsgesetzes, umfaßt aber neben der Fachausbildung auch allgemeinbildende Fächer. Als Abgangszeugnis wird neben dem Fähigkeitsausweis für Tierpfleger ein Berufsdiplom des Verbandes ausgestellt.

Ausbildung zum **Tierpfleger in Zoofachgeschäften**: Zoofachverkäufer und -verkäuferinnen absolvieren in einem Zoofachgeschäft (Haltung von Kleinsäugern, Vögeln, Fischen, evtl. auch Reptilien/Amphibien) eine vom BIGA anerkannte zweijährige Verkäuferlehre gemäß Reglement über die Stufenausbildung und die Lehrabschlußprüfung des Verkaufspersonals im Detailhandel. Im Anschluß an die zweijährige Lehre als Zoofachverkäufer, jedoch auch getrennt als Ausbildung ohne Verkäuferdiplom, kann der Fähigkeitsausweis für Tierpfleger in einem einjährigen Kurs erworben werden. Ausbildungskurse werden vom Verband zoologischer Fachgeschäfte der Schweiz (CH-4053 Basel) durchgeführt.

Ausbildung zum **Tierpfleger in Wildtierhaltungen**: Die vier wissenschaftlich geführten Zoos der Schweiz (Zoo Basel, Zoo Zürich, Tierpark Dählhölzli Bern, Zoo Goldau) führen alle zwei Jahre einen zweijährigen Ausbildungsgang zum Erwerb des Fähigkeitsausweises durch. Zur Ausbildung werden auch Tierpfleger aus Kleinzoos, Tierparks, Zirkussen usw. zugelassen. Die Koordination der Kurse liegt beim Zoologischen Garten Basel (CH-4054 Basel).

Ausbildung zum **Tierpfleger in Versuchstierhaltungen**: Die chemisch-pharmazeutische Industrie in Basel (Firmen Novartis, Hoffmann-La Roche) führt zusammen mit weiteren Firmen und mit Hochschulinstituten für die Deutschschweiz einen einjährigen Ausbildungsgang zum Erwerb des Fähigkeitsausweises für Tierpfleger in Versuchstierhaltungen durch (Haltung von Labornagetieren wie Mäuse, Hamster, Ratten, Meerschweinchen, ferner von Kaninchen, Hunden, Affen). Die Leitung liegt beim „Verein für die Aus- und Weiterbildung in der Versuchstierpflege" (CH-4452 Itingen).

Ausbildung in der französischsprachigen Schweiz (Romandie): Es werden Kurse, z.T. mit gemeinsamen Lektionen für alle 4 Fachrichtungen, durchgeführt. Federführend ist die Association Romande pour la Formation et le Perfectionnement de Gardiens d'Animaux, ARFPGA (Secrétariat: Service vétérinaire cantonal VD, CH-1014 Lausanne).

Ausbildung in der italienischsprachigen Schweiz (Tessin): Kurse werden von Zeit zu Zeit unter Leitung des Ufficio veterinario cantonale (CH-6501 Bellinzona) durchgeführt.

Literatur

Bundesamt für Veterinärwesen (1986), Information Einsatz von Tierpflegern mit Fähigkeitsausweis, Bundesamt für Veterinärwesen, CH-3003 Bern.

Bundesamt für Veterinärwesen (1991), Richtlinien für die Ausbildung von Tierpflegern, Bundesamt für Veterinärwesen, CH-3003 Bern.

Tierschutzgesetz (vom 9. März 1978, Gesetzessammlung SR 455), Eidgenössische Drucksachen- und Materialzentrale EDMZ, CH-3000 Bern.

Tierschutzverordnung (vom 27. Mai 1981, SR 455.1), Eidgenössische Drucksachen- und Materialzentrale EDMZ, CH-3000 Bern.

Verordnung über den Erwerb des Fähigkeitsausweises für Tierpfleger (vom 22. August 1986, SR 455.12), Eidgenössische Drucksachen- und Materialzentrale EDMZ, CH-3000 Bern.

Ausbildung und Einsatz des Tierpflegepersonals im Fürstentum Liechtenstein

P. MALIN

Das liechtensteinische Tierschutzgesetz vom 20. Dezember 1988 und die Verordnung vom 12. Juni 1990 zum Tierschutzgesetz enthalten inhaltlich die gleichen Regelungen über die Ausbildung und den Einsatz des Tierpflegepersonals wie in der Schweiz, wobei die zuständige Behörde natürlich jene Liechtensteins ist (Regierung). Die Verordnung legt jedoch ausdrücklich fest, daß ausländische Fähigkeitsausweise anerkannt werden, wenn der Gesuchsteller nachweisen kann, daß er die Voraussetzungen erfüllt, die in Artikel 10 Absatz 2 der liechtensteinischen Verordnung in bezug auf die Prüfung gefordert sind.

Literatur

Tierschutzgesetz vom 20. Dezember 1988, LGBl. 1989, Nr. 3.
Verordnung vom 12. Juni 1990 zum Tierschutzgesetz, LGBl. 1990 Nr. 33.

Die Tierschutzgesetzgebung in Deutschland

U. KNIERIM

■ Historischer Abriß

Tierschutz ist ein Thema, das die Gemüter erregt, und hinter den im folgenden aufgeführten Jahreszahlen und Änderungen des Tierschutzrechts verbergen sich lange, kontroverse Diskussionen, zahlreiche ergebnislos vorgelegte Gesetzentwürfe sowie ein großes Engagement und viele Eingaben von Verbänden und einzelnen Personen.

Der Tierschutz wurde 1971 als *konkurrierende Gesetzgebungszuständigkeit* des Bundes in Artikel 74 Nr. 20 des Grundgesetzes aufgenommen. Konkurrierende Gesetzgebungszuständigkeit bedeutet, daß sowohl Bund als auch Länder eine Befugnis zur Gesetzgebung haben, die Länder aber nur solange und soweit der Bund von seinem Gesetzgebungsrecht keinen Gebrauch macht (Art. 72 Abs. 1 des Grundgesetzes). Das *Reichstierschutzgesetz* (vom 24. November 1933, Reichsgesetzblatt - RGBl.- I S. 987), das bis dahin weitergalt, allerdings als Landesrecht und nur in seinem strafrechtlichen Teil als Bundesrecht, konnte nach dieser Verfassungsänderung durch das *erste bundesrechtliche Tierschutzgesetz* (vom 24. Juli 1972, Bundesgesetzblatt -BGBl.- I S. 1277) abgelöst werden. Nach einer umfangreichen, insbesondere den Tierversuchsbereich betreffenden Änderung und Neubekanntmachung dieses Gesetzes am 18. August 1986 (BGBl. I S. 1319) folgten weitere Anpassungen einzelner Bestimmungen (Tabelle 1) und eine erneute Bekanntmachung der Neufassung (1993).

Nachdem 1994 eine Initiative des Bundesrates zur Novellierung des Tierschutzgesetzes (Bundesrats-Drucksache 93/92, Beschluß, 1993) nach jeweils einjährigen schwierigen Beratungen im Bundesrat und Bundestag (Bundestags-Drucksache 12/7587, 1994) an offenbar unüberwindlichen Differenzen zwischen Bundestag und Bundesrat (Bundesrats-Drucksache 461/94, Beschluß, 1994) gescheitert war, legte die Bundesregierung mehr als zwei Jahre später einen Gesetzentwurf vor, der hauptsächlich die zwischen Bundesrat und Bundestag unstrittigen Änderungswünsche und vor allem die EG-rechtlich notwendigen Anpassungen berücksichtigte.

Zum jetzigen Zeitpunkt (Juli 1997) wird der Entwurf samt Stellungnahme des Bundesrates und Gegenäußerung der Bundesregierung (Bundestags-Drucksache 13/7015, 1997) im Bundestag beraten. Der Ausgang dieser erneuten Gesetzesinitiative ist ungewiß. Nur soviel steht fest, auch bei diesem Anlauf sind Grundsatzdiskussionen unvermeidlich, werben Interessenverbände "bei dieser Gelegenheit" für umfangreichere Änderungen des Gesetzes in die eine wie in die andere Richtung. Zwei Bundestagsfraktionen haben bereits eigene Entwürfe präsentiert. Hauptdiskussionspunkte bestehen im Bereich der Tierversuche und der Sicherstellung einer artgemäßen Tierhaltung. Insbesondere im Hinblick auf die formalen Voraussetzungen für die Durchführung von Tierversuchen steht der Wunsch

Tab. 1 Detailänderungen des Tierschutzgesetzes von 1986

Änderung durch	Inhalt
Artikel 5 des Gentechnikgesetzes (vom 20. Juni 1990, BGBl. I S. 1080)	Ergänzung § 7: Auch Eingriffe oder Behandlungen am Erbgut von Tieren können Tierversuche im Sinne des Tierschutzgesetzes sein.
Artikel 3 des Gesetzes zur Verbesserung der Rechtsstellung des Tieres im bürgerlichen Recht (vom 20. August 1990, BGBl. I S. 1762)	Einfügung eines § 20 a: Eröffnung der Möglichkeit, bereits bei hoher Wahrscheinlichkeit einer Straftat ein vorläufiges Verbot des Haltens von oder des Umgangs mit Tieren auszusprechen
Artikel 2 des Veterinärkontrollgesetzes (vom 18. Dezember 1992, BGBl. I S. 2022), führt zu Neubekanntmachung	Anpassung an die Erfordernisse des EU-Binnenmarktes, Ergänzung von Ermächtigungen zur Umsetzung von EG-Richtlinien
Artikel 86 des EWR-Ausführungsgesetzes (vom 27. April 1993, BGBl. I S. 512)	Erweiterung der zwischenstaatlichen behördlichen Zusammenarbeit auf die zum Europäischen Wirtschaftsraum gehörenden Staaten

nach Deregulierung dem nach restriktiveren Bedingungen unvereinbar gegenüber. In bezug auf die Tierhaltung fordert beispielsweise der Bundesrat eine Zulassungspflicht für alle serienmäßig hergestellten Aufstallungssysteme und Stalleinrichtungen für Nutztiere. Die Bundesregierung lehnt dies mit dem Hinweis auf den notwendigen bürokratischen Aufwand und EG-rechtliche Bedenken ab.

Die Forderung, den Tierschutz als Staatsziel im Grundgesetz zu verankern – vom Bundesrat unterstützt (Bundesrats-Drucksache 461/94, Beschluß, 1994 und Bundesrats-Drucksache 763/96, Beschluß, 1996) – erhielt bei der Abstimmung im Bundestag am 30. Juni 1994 nicht die erforderliche Zweidrittelmehrheit. Es wurde aber eine Entschließung gefaßt, nach der – entgegen der bisherigen Auslegung – das neu *aufgenommene Staatsziel „Bewahrung der natürlichen Lebensgrundlagen"* die gesamte Schöpfung, also auch das Tier und somit prinzipiell den Tierschutz mit umfaßt (Bundestags-Drucksache 12/8211, 1994). Ob dies dem Tierschutzgesetz in Fällen des Konfliktes mit Verfassungsrechten wie der Kunst-, Forschungs- oder Lehrfreiheit mehr Gewicht geben wird, ist allerdings zweifelhaft.

Das Tierschutzgesetz und die darauf gestützten Rechtsverordnungen

Das Tierschutzgesetz enthält die rechtlichen Grundlagen für den Schutz aller Tiere, also der Wirbeltiere ebenso wie der Wirbellosen (auch wenn sich die meisten Bestimmungen nur auf Wirbeltiere beziehen) und der in Menschenhand gehaltenen ebenso wie der wildlebenden Tiere.

■ Erster Abschnitt: Grundsatz

Im Gegensatz zum *Artenschutz,* der den *Erhalt von Populationen* zum Ziel hat und der im Rahmen der Naturschutzgesetzgebung geregelt ist, bezieht sich der *Tierschutz* auf das *Einzeltier* als lebendes und fühlendes Mitgeschöpf, dessen Leben und Wohlbefinden es zu schützen gilt. „Niemand darf einem Tier ohne vernünftigen Grund Schmerzen, Leiden oder Schäden zufügen." (§ 1).

In Übereinstimmung mit diesem ethischen Postulat werden Tiere auch im bürgerlichen Recht inzwischen nicht mehr als Sachen betrachtet, sondern als lebende Wesen anerkannt (Gesetz von 1990), was sich unmittelbar jedoch nur auf die Bereiche der Pfändung und des Schadenersatzes auswirkt. Tiere, die im häuslichen Bereich und nicht zu Erwerbszwecken gehalten werden, dürfen in der Regel nicht mehr gepfändet werden, und Schadenersatzforderungen bei schuldhafter Verletzung eines Tieres sind nicht mehr notwendigerweise durch den materiellen Wert des Tieres begrenzt. Ansonsten sind die für Sachen geltenden Vorschriften entsprechend anzuwenden, soweit nicht besondere Vorschriften zum Schutz der Tiere dem entgegenstehen.

■ Zweiter Abschnitt: Tierhaltung

In § 2 ist die zentrale Vorschrift für die Haltung, Pflege und Unterbringung von Tieren zu finden. Mit dem Gebot der art- und bedürfnisgemäßen Ernährung, Pflege und verhaltensgerechten Unterbringung und dem Verbot der Bewegungseinschränkung, soweit dem Tier Schmerzen, vermeidbare Leiden oder Schäden zugefügt werden, wird ein deutlicher Bezug zur verhaltenswissenschaftlichen Beurteilung von Haltungssystemen hergestellt. Allerdings ist die Frage, was im Einzelfall unter einer artgemäßen und verhaltensgerechten Haltung zu verstehen ist, eine der strittigsten im Tierschutzbereich. In § 2a wird das Bundesministerium für Ernährung, Landwirtschaft und Forsten (BML) ermächtigt, dies (und Anforderungen an den Transport von Tieren) durch Rechtsverordnung näher zu bestimmen. In bezug auf einige Tierarten hat es hiervon Gebrauch gemacht). Bei Betrachtung der umstrittenen Hennenhaltungsverordnung (umstritten in bezug auf die Frage, ob die Verordnung die Anforderungen des § 2 überhaupt erfüllt) sowie der Kälberhaltungsverordnung, die den Bedürfnissen der Kälber bereits in größerem Maß Rechnung trägt, wird die Bandbreite der Berücksichtigung verhaltenswissenschaftlicher Aspekte bei der Konkretisierung der "Halternorm" deutlich.

Soweit keine Verordnungen existieren, muß im Einzelfall entschieden werden, ob eine Haltung den Anforderungen des § 2 entspricht, gegebenenfalls unter Beteiligung von Sachverständigen. Als Orientierungshilfe für Halter/innen und Behörden werden zu einigen Problembereichen im Auftrag des BML auch Leitlinien oder Gutachten erarbeitet. Beispiele sind das "Gutachten tierschutzgerechte Haltung von Damwild in Gehegen zum Zwecke der Fleischproduktion einschließlich der Gewinnung von Nebenprodukten (Nutztierartige Damwildhaltung) vom 2. November 1979" oder die "Leitlinien für die Haltung, Ausbildung und Nutzung von Tieren in Zirkusbetrieben oder ähnlichen Einrichtungen vom 15. Oktober 1990". Eine Liste der verfügbaren Gutachten und Leitlinien ist im Anhang des alle zwei Jahre erscheinenden Tierschutzberichtes der Bundesregierung (z. B. Bundesministerium für Ernährung, Landwirtschaft und Forsten, 1997) zu finden.

Bei Verstößen gegen die Haltungsvorschriften kann die Behörde – auch präventiv – im Einzelfall Maßnahmen anordnen, d.h. Anforderungen festsetzen, Tiere fortnehmen und anderweitig unterbringen oder bei nicht behebbaren Schmerzen, Leiden oder Schäden töten lassen oder das Halten von Tieren verbieten (§ 16a).

Hinsichtlich des Umgangs mit Tieren ist in § 3 ein Katalog mit ausdrücklichen Verboten aufgeführt. Beispiele sind das Verbot der Zwangsfütterung, wenn sie nicht aus gesundheitlichen Gründen erfolgt, wodurch in Deutschland das Stopfen von Gänsen oder Enten nicht erlaubt ist, oder das Verbot des Abrichtens oder Prüfens eines Tieres auf Schärfe an einem anderen lebenden Tier, das unter anderem für die Jagdhundeausbildung Bedeutung hat.

■ **Dritter Abschnitt: Töten von Tieren**
Werden Wirbeltiere getötet, so muß dies nach den Vorschriften dieses Abschnitts möglichst schmerzfrei durch sachkundige Personen erfolgen. Grundsätzlich müssen warmblütige Tiere vor der Schlachtung betäubt werden. Ausnahmen sind nur zulässig
– bei der Notschlachtung,
– für Geflügel bei raschem Absetzen des Kopfes nach dem noch geltenden § 8 der Verordnung über das Schlachten von Tieren von 1933,
– beim von der zuständigen Behörde genehmigten Schächten für in Deutschland lebende Angehörige einer Religionsgemeinschaft, deren zwingende Vorschriften das Schächten vorschreiben oder den Genuß von Fleisch nicht geschächteter Tiere untersagen. Nachdem das Bundesverwaltungsgericht in seinem Urteil vom 15. Juni 1995 (3 C 31/93) entschieden hat, daß diese Genehmigungsvoraussetzungen für Moslems nicht zutreffen, werden Ausnahmegenehmigungen nur noch in wenigen Fällen für Juden erteilt. Teilweise konnten mit Moslems Vereinbarungen über die Anwendung von Kurzzeitbetäubungen getroffen werden, die die Tiere nachweislich nicht irreversibel schädigen.

Gestützt auf die Ermächtigungen in § 4b wurde 1997, in Umsetzung der EG-Schlachtrichtlinie und des Europäischen Übereinkommens über den Schutz von Schlachttieren, die Tierschutz-Schlachtverordnung erlassen, in die auch aktualisierte Bestimmungen der Verordnung über das Schlachten und Aufbewahren von lebenden Fischen und anderen kaltblütigen Tieren von 1936 übernommen wurden.

■ **Vierter Abschnitt: Eingriffe an Tieren**
Die §§ 5 und 6 dieses Abschnitts sind eng miteinander verflochten und daher gemeinsam zu betrachten. Sie bestimmen die Zulässigkeit von Eingriffen an Tieren sowie die Voraussetzungen hinsichtlich Betäubung und durchführender Person.

Im Grundsatz gelten bei Wirbeltieren ein Amputationsverbot und die Vorschrift der Betäubung bei mit Schmerzen verbundenen Eingriffen. Ausnahmen sind möglich in definierten Einzelfällen sowie nach einem generellen Ausnahmekatalog (hauptsächlich Eingriffe an landwirtschaftlichen Nutztieren bis zu einem bestimmten Höchstalter). Die in dem Katalog aufgelisteten Eingriffe sind durch sachkundige Personen, alle übrigen durch Tierärzte/Tierärztinnen vorzunehmen. Außerdem ist die Betäubung warmblütiger Tiere in der Regel eine tierärztliche Aufgabe.

Werden Organe oder Gewebe von lebenden Tieren zum Zwecke der Transplantation, des Anlegens von Kulturen oder der Untersuchung isolierter Organe, Gewebe oder Zellen entnommen, so gelten in Hinsicht auf die durchführende Person sowie die Nachbetreuung der Tiere die entsprechenden Tierversuchsbestimmungen – diese Eingriffe sind außerdem anzeigepflichtig.

Die Vorschriften der §§ 5 und 6 gelten nicht für Tierversuche und für Eingriffe zur Aus-, Fort- und Weiterbildung (§ 6a).

■ **Fünfter Abschnitt: Tierversuche**
Tierversuche sind nach der Definition des § 7 Eingriffe oder Behandlungen zu Versuchszwecken an Tieren oder am Erbgut von Tieren, wenn sie mit Schmerzen, Leiden oder Schäden für die Tiere (bei Erbgutveränderungen auch für die Trägertiere) verbunden sein können. Zu beachten ist, daß beide genannten

Kriterien erfüllt sein müssen: das Risiko von Schmerzen, Leiden oder Schäden und das Ziel des Erkennntnisgewinns zu einem noch nicht hinreichend gelösten Problem. Hiernach sind beispielsweise Eingriffe und Behandlungen zur Herstellung von Seren oder Impfstoffen oder die Übertragung von Parasiten zum „Aufbewahren" dieser Organismen keine Tierversuche.

Mit den Bestimmungen dieses Abschnitts soll – in Umsetzung der EG-Versuchstierrichtlinie – erreicht werden, daß Tierversuche nur mit speziell hierfür gezüchteten Tieren durchgeführt werden. Darüber hinaus sollen die Zahl der Versuchstiere, insbesondere der sinnesphysiologisch höher entwickelten, und das Entstehen von Schmerzen oder Leiden weitmöglichst begrenzt werden.

Tierversuche sind daher nur zulässig, wenn sie für einen im Gesetz abschließend aufgeführten Zweck nach aktuellem Wissensstand unerläßlich und im Hinblick auf die angestrebten Ergebnisse ethisch vertretbar sind. Grundsätzlich verboten sind Tierversuche zur Entwicklung und Erprobung von Waffen, Munition und zur Entwicklung von Tabakerzeugnissen, Waschmitteln und dekorativen Kosmetika. Das Bundeslandwirtschaftsministerium kann im dringenden Bedarfsfall per Verordnung Ausnahmen von diesem Verbot zulassen, dieser Fall ist aber bisher noch nicht eingetreten.

Tierversuche sind entweder genehmigungs- oder anzeigepflichtig. Lediglich anzeigepflichtig sind Versuche mit Wirbellosen, rechtlich vorgeschriebene Versuche und Versuche mit Anwendung von Routineverfahren zur Diagnostik oder Prüfung von Seren oder Impfstoffen. Darüber hinaus unterliegen alle Einrichtungen, die Tierversuche durchführen, der Aufsicht durch die zuständige Behörde (§ 16), die auch die Einstellung von Tierversuchen anordnen kann, die ohne Genehmigung oder entgegen einem tierschutzrechtlichen Verbot durchgeführt werden (§ 16a). Die §§ 8 und 8a regeln die Voraussetzungen für die Genehmigungs- oder Anzeigepflicht und das jeweilige Verfahren. Außerdem sind allgemeine Grundsätze über durchführende Personen sowie Verwendungsbeschränkung und Betreuung von Versuchstieren niedergelegt (§ 9). Einrichtungen, die Wirbeltiere zu Versuchszwecken verwenden, müssen weisungsfreie Tierschutzbeauftragte einsetzen und bei der Arbeit unterstützen (§ 8b). Aufzeichnungen und die Meldung der Versuchstierzahlen nach der Versuchstiermeldeverordnung (1988) sind obligatorisch (§ 9a). Weitere Vorschriften, die Versuchstierzuchten und -haltungen und den Versuchstierhandel betreffen, sind in den §§ 11 und 11c zu finden.

Zur Durchführung dieses Abschnitts enthält die Allgemeine Verwaltungsvorschrift (1988) für die Behörden nähere Regelungen.

■ **Sechster Abschnitt: Eingriffe und Behandlungen zur Aus-, Fort- oder Weiterbildung** § 10

Dieser Abschnitt bezieht sich auf Eingriffe und Behandlungen, die mit Schmerzen, Leiden oder Schäden verbunden sind und die – im Gegensatz zu Tierversuchen – der Demonstration eines bekannten Effektes bei der Aus-, Fort- oder Weiterbildung dienen. Solche Eingriffe und Behandlungen dürfen nur an Hochschulen oder ähnlichen Einrichtungen durchgeführt werden und müssen vor Aufnahme in das Lehrprogramm der Behörde angezeigt werden. Die Tierversuchsbestimmungen hinsichtlich durchführender bzw. hier: aufsichtführender Person, Beschränkung der Eingriffe und der Verwendung von Tieren sowie deren

Betreuung sind analog anzuwenden. Dies bezieht sich jedoch nur, wie bei Tierversuchen, auf Maßnahmen an lebenden Tieren. Bei Verwendung vorher getöteter Tiere oder tierischer Organe und Gewebe sind die §§ 1 und 17 Nr. 1 (Vorliegen eines vernünftigen Grundes für das Töten) und § 4 (Tötung nur unter Betäubung oder Vermeidung von Schmerzen durch eine sachkundige Person) zu beachten.

- **Siebenter Abschnitt: Zucht von Tieren, Handel mit Tieren**

Die Bestimmungen des § 11 eröffnen der Behörde Eingriffsmöglichkeiten in Versuchstierhaltungen und -zuchten, Tierheimen, im Tierhandel sowie bei gewerblichen Heimtierzuchten, dort, wo Tiere zur Schau gestellt werden, und in Reit- oder Fahrbetrieben. Wer solche Betriebe oder Einrichtungen unterhalten will, braucht die Erlaubnis der Behörde und unterliegt auch weiterhin ihrer Aufsicht (§ 16). Voraussetzungen für die Erteilung der Erlaubnis sind Sachkunde und Zuverlässigkeit der verantwortlichen Person sowie geeignete Räume und Einrichtungen. Detaillierte Bedingungen für die Erlaubniserteilung sind in der Allgemeinen Verwaltungsvorschrift (1988) für die Behörden näher aufgeführt.

In § 11a sind Regelungen getroffen, die einen illegalen Versuchstierhandel verhindern sollen. Unter anderem ist die Kennzeichnung von Versuchshunden und -katzen vorgeschrieben. Dabei sind die Bestimmungen der Verordnung über Aufzeichnungen über Versuchstiere und deren Kennzeichnung (1988) zu beachten.

Für den Tierhandel ist außerdem von Bedeutung, daß warmblütige Wirbeltiere erst an Jugendliche ab 16 Jahren abgegeben werden dürfen. Für kaltblütige Wirbeltiere liegt die Altersgrenze derzeit noch bei 14 Jahren, sie soll aber im Rahmen der Gesetzesnovellierung auf einheitlich 16 Jahre angehoben werden (§ 11c).

§ 11b verbietet, außer zu Tierversuchszwecken, die Zucht von Wirbeltieren, bei deren Nachkommen damit zu rechnen ist, daß Organe oder Körperteile erblich bedingt fehlen oder umgestaltet sind und hierdurch Schmerzen, Leiden oder Schäden auftreten. Das Verbot hat bisher leider wenig mehr als appellierende Wirkung erzielt. Dies hat mit der Schwierigkeit zu tun, überhaupt festzulegen, wann die Grenze zur sogenannten "Qualzucht" erreicht ist. Mit dieser Frage befaßt sich derzeit eine BML-Sachverständigengruppe, die ein entsprechendes Gutachten zur Heimtierzucht (Hunde, Katzen, Kaninchen, Vögel, Reptilien und Fische) vorlegen soll. Gerichtlicherseits wurde im November 1993 erstmalig in einem Einzelfall bestätigt, daß die Zucht von weißen Perserkatzen wegen der zu erwartenden Taubheit der Tiere nicht mit dem § 11b zu vereinbaren ist (rechtskräftiges Urteil des Amtsgerichtes Kassel vom 5.11.1993 Az. 626 Js 11179.8/93 99 OWi). Wie sich dieses Urteil auf die weitere Zuchtpraxis auswirken wird, bleibt abzuwarten.

- **Achter Abschnitt: Verbringungs-, Verkehrs- und Haltungsverbot**

Im § 12 werden die Einfuhr, der Handel und die gewerbliche Haltung von Tieren, denen durch tierschutzwidrige Handlungen Schäden zugefügt worden sind, verboten. Das Verbot ist jedoch auf die Fälle beschränkt, in denen das Weiterleben der Tiere nur unter Leiden möglich ist. Die Einfuhr beispielsweise von Hunden mit kupierten, abgeheilten Ohren oder der Handel mit ihnen kann somit nicht verhindert werden.

Darüber hinaus erhält § 12 eine Verordnungsermächtigung, auf deren Grundlage die Tierschutztransportverordnung für die Einfuhr von Kälbern und Schweinen nach Deutschland eine Bescheinigung über die vorherige tierschutzgerechte Haltung der Tiere, mindestens auf Niveau der EG-Kälber- und -Schweinehaltungsrichtlinie, verlangt (s. Tierschutzregelungen in der Europäischen Union).

■ Neunter Abschnitt: Sonstige Bestimmungen zum Schutz der Tiere

Hier sind Bestimmungen und Verordnungsermächtigungen zum Schutz von Tieren wildlebender Arten zu finden. Unter anderem kann das Halten solcher Tiere in Menschenhand im Rahmen einer Verordnung von einer Genehmigung abhängig gemacht oder verboten werden. In den nächsten Jahren ist mit einer entsprechenden Verordnung zu rechnen. Seit 1993 wurden vorbereitende Expertengutachten mit Mindestanforderungen an die tierschutzgerechte Haltung von Säugetieren (10. Juni 1996), Straußenvögeln außer Kiwis (10. Juni 1994, ergänzt 10. September 1996), von Papageien (10. Januar 1995), Greifvögeln und Eulen (10. Januar 1995), Kleinvögeln, Körnerfressern (10. Juli 1996) sowie von Reptilien (10. Januar 1997) erarbeitet. Weitere Gutachten zu Vögeln und Zierfischen werden folgen.

Aber auch der Gefahr, daß freilebenden Wirbeltieren Schmerzen, Leiden oder Schäden durch Maßnahmen zum Fangen, Fernhalten oder Verscheuchen oder durch land- und forstwirtschaftliche Arbeiten entstehen können, wird hier Rechnung getragen.

■ Zehnter Abschnitt: Durchführung des Gesetzes

Die Durchführung des Gesetzes und der darauf gestützten Rechtsverordnungen liegt in der Verwaltungszuständigkeit der nach Landesrecht zuständigen Behörden (§ 15). Die Aufgaben und Befugnisse der Behörden sind in den §§ 16 und 16a festgelegt.

Ein weitgehend bundeseinheitlicher Vollzug wird durch die auf Grund des § 16c erlassene Allgemeine Verwaltungsvorschrift (1988) gefördert. Außerdem erörtern Bund und Länder regelmäßig gemeinsam Fragen von grundsätzlicher Bedeutung in Hinsicht auf die Auslegung rechtlicher Bestimmungen sowie auf die Vorbereitung von Rechtsetzungsvorhaben.

Die Länder haben die Vollzugszuständigkeit in der Regel den Kreisbehörden, die Genehmigung und Entgegennahme der Anzeige von Tierversuchen in der Regel den Mittelbehörden (Bezirksregierungen, Regierungspräsidenten) oder den obersten Landesbehörden selbst zugeordnet. Zur Unterstützung bei der Genehmigung von Tierversuchen berufen die Behörden gemäß § 15 Abs. 1 außerdem eine oder mehrere Kommissionen, die landläufig nicht ganz zutreffend Ethik-Kommissionen genannt werden. Die Mehrheit der Kommissionsmitglieder muß über für die Beurteilung notwendige naturwissenschaftliche Fachkenntnisse verfügen, mindestens ein Drittel muß von Tierschutzorganisationen vorgeschlagen sein. Die Behörde ist nicht an das Votum der Kommission gebunden, entscheidet aber der Erfahrung nach nur in wenigen Fällen entgegen diesem Votum.

Aufgrund des § 16b und einer darauf gestützten Verordnung wird das Bundesministerium für Ernährung, Landwirtschaft und Forsten von einer Tierschutzkommission mit 12 Vertreter/innen aus Tierschutz, Tierhaltung, Forschung und Wissenschaft unterstützt, die vor dem Erlaß von Verordnungen angehört werden muß.

Der § 16d ist die Grundlage für den zweijährlich erscheinenden Tierschutzbericht der Bundesregierung, der ausführlich den jeweiligen Stand der Entwicklung des Tierschutzes darstellt und deshalb als weiterführende Lektüre und Nachschlagewerk zu empfehlen ist. Der Bericht ist bisher fünfmal erschienen, zuletzt 1997 (Bundesministerium für Ernährung, Landwirtschaft und Forsten, 1997).

■ **Elfter und Zwölfter Abschnitt**:
Straf- und Bußgeldvorschriften, Übergangs- und Schlußvorschriften

In § 18 sind die Voraussetzungen für das Vorliegen einer Ordnungswidrigkeit, in § 17 für das Vorliegen einer Straftat angegeben. Dabei sieht die Strafverfolgungsstatistik über die letzten Jahre weitgehend konstant aus. Von den beispielsweise 1223 Fällen 1994, in denen eine Straftat vermutet wurde, sind die Personen in 82 % der Fälle abgeurteilt oder verurteilt worden, 13 % der Verfahren wurden eingestellt, in 5 % ergingen Freisprüche. Die verurteilten oder abgeurteilten Personen waren zum überwiegenden Teil Erwachsene (94 %), von denen wiederum 85 % männlich waren.

Bei Vorliegen einer Straftat können eine Geld- oder Freiheitsstrafe bis zu zwei Jahren verhängt (§ 17) und Tiere eingezogen werden (§ 19) sowie bei Wiederholungsgefahr das Halten oder der berufsmäßige Umgang mit Tieren verboten werden (§ 20). Bei Ordnungswidrigkeiten können, je nach Fall, Geldbußen bis zu 10 000 DM oder 50 000 DM auferlegt (§ 18) oder Tiere eingezogen werden (§ 19).

■ Wichtige Bestimmungen der auf das Tierschutzgesetz gestützten Verordnungen

Tierhaltung

■ *Verordnung über das Halten von Hunden im Freien (1974)*
– gilt für Anbinde-, Zwingerhaltung, Haltung auf Freianlagen, in Schuppen, nicht benutzten Stallungen, Lagerhallen und ähnlichem; Ausnahmen: Hütehunde während Begleitung der Herde, tierärztliche Behandlung, Tierversuch;
– Erfordernis einer ausreichend großen, wärmegedämmten Hundehütte, die Wetterschutz bietet;
– Anforderungen an Anbindevorrichtungen und Zwinger;
– keine Anbindehaltung hochträchtiger, säugender oder kranker Hunde;
– freier Auslauf für mindestens 60 Minuten täglich bei Anbindehaltung und Haltung in Räumen außerhalb des Hauses außer Zwingern;
– jederzeitiger Zugang zu Wasser;
– natürliches Licht in geschlossenen Zwingern.

■ *Hennenhaltungsverordnung (1987)*
Umsetzung der EG-Hennenhaltungsrichtlinie:
– gilt für Käfighaltung, Ausnahmen bei tierärztlicher Behandlung, Tierversuch;
– Anforderungen an Beschaffenheit und Höhe des Käfigs, Neigung des Käfigbodens;
– Mindestbodenfläche pro Huhn 450 cm^2, 550 cm^2 für schwere Tiere (über 2 kg);
– Mindestlänge des Futtertroges pro Tier (10 cm);
– Mindestzahl der Tränkstellen (2 pro

Käfig oder Wasserrinne mit Länge wie oben);
- Beleuchtung nicht länger als 16 Stunden täglich, in Arbeits- und Kontrollgang mindestens 15 Lux;
- Kontrolle der Tiere und Anlagen sowie Futterzugang mindestens einmal täglich.

■ *Kälberhaltungsverordnung (1992)*
Umsetzung der EG-Kälberhaltungsrichtlinie:
- gilt für Stallhaltung von bis zu 6 Monate alten Kälbern, Ausnahmen bei tierärztlicher Behandlung, Tierversuch;
- Einstreu für bis zu zwei Wochen alte Kälber;
- in der Regel Gruppenhaltung und grundsätzliches Verbot der ständigen Anbindung über 8 Wochen alter Kälber;
- Mindestboxen- und -standmaße, die alle natürlichen Ruhelagen erlauben;
- natürliches Licht (für bestehende Ställe ab 2008);
- Absonderungsmöglichkeit mit Einstreu für kranke oder verletzte Tiere;
- Rauhfuttergabe ab dem achten Lebenstag;
- Mindesteisengehalt in Milchaustauschertränke;
- ab Alter von 2 Wochen jederzeitiger Zugang zu Wasser;
- Kontrolle und Fütterung der Tiere mindestens zweimal, Kontrolle der Anlagen mindestens einmal täglich.

■ *Schweinehaltungsverordnung (1994)*
Umsetzung der EG-Schweinehaltungsrichtlinie:
- gilt für Stallhaltung von Hausschweinen, Ausnahmen bei tierärztlicher Behandlung, Tierversuch, gnotobiotischen oder spezifiziert pathogenfreien Ferkeln;
- Anforderungen an perforierte Böden, Liegebereich nicht abgesetzter Ferkel darf nicht, der von Zuchtschweinen nicht voll perforiert sein;
- Mindestbodenflächen für Gruppen- und Eberhaltung;
- Absonderungsmöglichkeit mit Einstreu für kranke oder verletzte Tiere;
- Verbot der Halsanbindung und der Anbindung allgemein (für bestehende Ställe ab 2006);
- täglich freie Bewegung für insgesamt vier Wochen nach Absetzen der Ferkel für fixierte Sauen;
- Mindestabsetzalter (über 3 Wochen) und -gewicht (mindestens 5 kg);
- Möglichkeit zu täglich mehr als einstündiger Beschäftigung mit Stroh oder anderem Material;
- Festlegung des Tier/Freß- und Tränkplatz-Verhältnisses, ab Alter von 2 Wochen jederzeitiger Zugang zu Wasser;
- Kontrolle der Tiere mindestens zweimal, der Anlagen sowie Fütterung mindestens einmal täglich.

Tiertransport

■ *Tierschutztransportverordnung*
Umsetzung der EG-Transportrichtlinien:
- gilt grundsätzlich für alle Tiere (aber vornehmlich Wirbeltiere) außer im Reiseverkehr und bei Wanderhaltung zu nicht gewerblichen Zwecken;
- **Anzeigepflicht** für Wirbeltiertransporteure (§ 11);
- Sicherstellung sachkundiger Betreuung während des Transports und bei Ankunft am Bestimmungsort (§§ 6, 13), **Sachkundebescheinigung** erforderlich bei Transport von Nutztieren – als Haustier gehaltene Pferde, Rinder, Schweine, Schafe, Ziegen und andere Ein- und Paarhufer – oder Hausgeflügel (§ 13);
- Anforderungen an **Transportmittel**

(§§ 7, 14, 15, 23–25, 28) und **Verladeeinrichtungen** (§ 5, 28);
- Kennzeichnung der Tiere oder Behältnisse und bei Wirbeltieren Mitführen einer **Transporterklärung** (Inhalt: Herkunft und Eigentümer, Versand- und Bestimmungsort, Zeit des Versandes) (§§ 10, 12);
- **Platzbedarf** (§§ 4, 18, 23, 32, 33) – in der Regel Möglichkeit zum gleichzeitigen Liegen – mit konkreten Angaben für Geflügel, Hunde, Katzen und Kaninchen in Behältnissen (Anlage 3) sowie Nutztiere (Anlage 4);
- Vorschriften zur **Betreuung** (§§ 4–6, 9, 14–17, 23, 30–33) mit Mindestzeiten für Ruhepausen, Tränke und Fütterung für
  - Schweine (über 30 kg) in besonders ausgestatteten Straßentransportfahrzeugen (§ 24 Abs. 3) mit freiem Zugang zu Wasser: nach 24stündiger Transportphase 24 Stunden Pause mit Entladen, Füttern und Tränken (Anlage 2),
  - andere Nutztiere – außer Renn- und Turnierpferden – bei Straßentransport: nach 8–14stündiger Transportphase 1 Stunde Pause mit Tränken und evtl. Füttern, nach 2–3 Transportphasen 24 Stunden Pause mit Entladen, Füttern und Tränken (§ 24, Anlage 2)
  - Haushunde und -katzen: Tränken in der Regel mindestens nach 8 Stunden (§ 31),
  - bei Lufttransport Bezug auf IATA (International Air Transport Association)-Bestimmungen (§ 16),
  - bei artengeschützten Tieren auf CITES (Convention on International Trade in Endangered Species of Wild Fauna and Flora)-Leitlinien (§ 32),
  - andere Säugetiere und Vögel: Tränke in der Regel mindestens nach 12, Fütterung nach 24 Stunden (§ 6);
- bei Transport in **Behältnissen** (§§ 19–22):
  - Verbot des Nachnahmeversandes ins Ausland,
  - Pflichten des Absenders und Beförderers zur Sicherstellung der Versorgung, Betreuung und schnellstmöglichen Ankunft beim Empfänger;
- bei Inlandstransporten von Nutztieren auf Schiene, See und mit nicht besonders ausgestatteten Straßentransportmitteln (§ 24 Abs. 3) in der Regel **Transportzeitbegrenzung** auf 8 Stunden (§ 24);
- **Transportverbot** – außer zu tierärztlicher Behandlung, diagnostischen oder Tierversuchszwecken – für:
  - transportunfähige Nutztiere (bei Festliegen, hochgradiger Lahmheit, großen, tiefen Wunden, starken Blutungen, stark gestörtem Allgemeinbefinden oder bei offensichtlich bereits länger anhaltenden starken Schmerzen) außer wenn sie ohne Schmerzzufügung getragen werden können, im Zweifelsfall Feststellung der Transportfähigkeit durch Tierärzte/Tierärztinnen (§ 27),
  - andere kranke oder verletzte Wirbeltiere (§ 3),
  - Säugetiere kurz vor bis 48 Stunden nach der Geburt, außer Transport zur Schlachtstätte während Geburt mit tierärztlicher Bescheinigung der Transportfähigkeit (§ 3),
  - junge Säugetiere mit noch nicht abgeheiltem Nabel, außer Fohlen, und noch nicht entwöhnte sowie Haushunde und -katzen unter 8 Wochen ohne Muttertier (§§ 3, 31),
  - Geweihtragende während der Bastzeit (§ 32);
- Transport sonstig **erkrankter oder verletzter Nutztiere** nur auf schnellstem Weg zur unverzüglichen Schlachtung (Transportzeit höchstens 3 Stunden, von Inseln 5 Stunden, § 28);

- bei Erkrankung, Verletzung von Wirbeltieren während des Transports erforderlichenfalls Behandlung oder Tötung auf dem Transportmittel (§§ 4, 28, 29);
- Mitführen eines **Transportplans** bei mehr als 8stündigem Transport von Nutztieren in Mitgliedstaaten oder Drittländer (§§ 34, 37);
- Bei Aus- oder Einfuhr von Nutztieren, außer Renn-, Turnierpferden oder Ausstellungstieren, Erfordernis einer Internationalen **Transportbescheinigung** (§§ 34, 37, Anlage 6),
  - ausgestellt durch amtliche Tierärzte/Tierärztinnen,
  - Inhalt: Herkunft, Identität, Zahl und Bestimmungsort der Tiere, Bestätigung der Transportfähigkeit, Billigung der Umstände der Verladung;
- **Grenzkontrollen** bei bereits über 8stündigem Transport in Drittländer (Ausfuhruntersuchung, § 35), bei allen Transporten aus Drittländern (Einfuhruntersuchung, §§ 39, 40);
- mögliche **Maßnahmen** bei Verstößen: Rücksendung, Unterbringung der Tiere und Versorgung, Tötung der Tiere (§ 41), Ahndung als Ordnungswidrigkeit (§ 42).

Töten und Schlachten von Tieren

- *Tierschutz-Schlachtverordnung*
  Umsetzung der EG-Richtlinie zum Töten und Schlachten von Tieren:
- enthält zwar überwiegend Bestimmungen für Schlachtbetriebe, gilt aber ebenso für jegliches Töten von Tieren, die zur Gewinnung von Fleisch, Häuten, Pelzen oder sonstigen Erzeugnissen bestimmt sind, oder auf behördliche Anordnung getötet werden, Ausnahmen: Tierversuche, Jagd, Schädlingsbekämpfung und weitgehend beim Massenfischfang;
- Anforderungen an **Ausstattung von Schlachtstätten** hinsichtlich Entladerampen, Treibgängen, Unterbringungs- und Versorgungsmöglichkeiten (§§ 6–8), Fixiereinrichtungen für die Betäubung von Schweinen (außer in kleinen Betrieben), ggf. für Einhufer und Rinder (§ 12);
- **Betreuung** der Tiere vor Schlachtung (§§ 5–9), z. B.
  - jederzeit zugängliche Tränke für Tiere, die nicht sofort – oder bei Tieren in Behältnissen innerhalb von 2 Stunden – der Schlachtung zugeführt werden,
  - bei längerem Aufenthalt Fütterung spätestens 6 Stunden nach Ankunft, geeignete Liegemöglichkeit, 2mal tägliche Tierkontrolle,
  - Pflicht der unverzüglichen Schlachtung bei Tieren in Behältnissen;
- **Betäubung**: möglichst schnelles, schmerz- und leidensfreies Versetzen in einen Zustand der Empfindungs- und Wahrnehmungslosigkeit (§§ 12, 13, Anlage 3),
- Sicherstellung einer **Tötung** noch während der Betäubung, z. B. durch sofortiges Entbluten, weitere Handhabung des Körpers erst nach vollständigem Entbluten oder Feststellung des Todes (§ 13, Anlage 2),
- **Sachkunde:** Bescheinigung erforderlich für berufsmäßiges Schlachten – einschließlich Ruhigstellen und Betäuben – von Einhufern, Wiederkäuern, Schweinen (Nutztiere), Kaninchen und Geflügel (§ 4);
- abschließende Regelung der **zulässigen Betäubungs- und Tötungsverfahren** (§ 13, Anlage 3):
  - Bolzenschuß: für alle Wirbeltiere außer Pelztiere, Küken, Fische, nur in Ausnahmen für Schweine und Gatterwild,
  - Kugelschuß: für Gatterwild, bei

behördlicher Einwilligung für ganzjährig im Freien gehaltene Rinder und Schweine, zur Nottötung für Nutztiere und Hausgeflügel, außerdem für andere Wirbeltiere wie z. B. Strauße,
- elektrische Durchströmung: für alle Wirbeltiere außer Eintagsküken, Gatterwild und Pelztiere,
- Kohlendioxidexposition: für Schweine, Puten, Eintagsküken, anderes Geflügel bei behördlich veranlaßter Tötung und Salmoniden,
- Kopfschlag: für Fische, eingeschränkt für leichte Ferkel, Schaf- und Ziegenlämmer, Kaninchen und Hausgeflügel einschl. Eintagsküken,
- Genickschlag: eingeschränkt für Kaninchen,
- Verabreichung eines Stoffes mit Betäubungseffekt: für alle Wirbeltiere außer Gatterwild und Eintagsküken, bei Fischen Ausschluß von Ammoniak,
- Kohlenmonoxidexposition: für Pelztiere,
- Anwendung eines Homogenisators: für Eintagsküken;
- Ausnahmemöglichkeiten bei behördlicher Zulassung zur Erprobung neuer Verfahren oder für behördlich veranlaßte Tötungen (§ 14);
- Anforderungen an Ausstattung und Wartung der notwendigen Geräte oder Anlagen, Vorhalten von Ersatzgeräten sowie die **Durchführung** der o.g. Verfahren (§ 13, Anlage 3), detaillierte Festlegungen zu
  - Kugelschuß: Kaliber und Auftreffenergie bei Gatterwild,
  - elektrischer Durchströmung: Stromstärken und -flußzeiten für Nutztiere, Geflügel, Strauße und Aale, Aufzeichnungspflicht der Betäubungsverläufe (außer bei kleinen Schlachtbetrieben), Abweichungen für Elektrokurzzeitbetäubung beim Schächten nach behördlicher Zulassung möglich (§ 14),
  - Kohlendioxidexposition: Gaskonzentration (in der Regel 80 Volumenprozent) und Verweildauern, Aufzeichnungspflicht der Konzentrationsverläufe und stichprobenartig erhobenen Verweildauern,
- besondere Bestimmungen für **Fische, Krusten- und Schalentiere**:
  - Anforderungen an die Haltung vor der Schlachtung oder Tötung (§ 10–11),
  - Betäubungsgebot für Fische, Ausnahmen für Plattfische und nicht gewerbsmäßig gefangene Aale (§ 13),
  - Töten von Krusten- und Schalentieren in kochendem Wasser oder Dampf (§ 13),
  - Verbot der Abgabe lebender Fische an Einzelverbraucher (§ 10).

Literatur

Bundesministerium für Ernährung, Landwirtschaft und Forsten (Hrsg.) (1997): Tierschutzbericht 1997. Bericht über den Stand der Entwicklung des Tierschutzes. Bundestags-Drucksache 13/7016, BML, Bonn, 137 S.

■ **Rechtsquellen**
Tierschutzgesetz in der Fassung der Bekanntmachung vom 17. Februar 1993 (BGBl. I S. 254), zuletzt geändert durch Artikel 86 des Gesetzes vom 27. April 1993 (BGBl. I S. 512)

■ **Rechtsvorschriften zum Tierschutzgesetz**
Haltung von Tieren
Verordnung über das Halten von Hunden im Freien vom 6. Juni 1974 (BGBl. I S. 1265), geändert durch Artikel 2 Nr. 1 des Gesetzes vom 12. August 1986 (BGBl. I S. 1309)
Verordnung zum Schutz von Legehennen bei Käfighaltung (Hennenhaltungsverordnung) vom 10. Dezember 1987 (BGBl. I S. 2622)
Verordnung zum Schutz von Kälbern bei Stallhaltung (Kälberhaltungsverordnung) vom 1. Dezember 1992 (BGBl. I S. 1977)

Verordnung zum Schutz von Schweinen bei Stallhaltung (Schweinehaltungsverordnung) in der Fassung der Bekanntmachung vom 18. Februar 1994 (BGBl. I S. 311), geändert durch Verordnung vom 2. August 1995 (BGBl. I S. 1016)

Transport von Tieren
Verordnung zum Schutz von Tieren beim Transport (Tierschutztransportverordnung – TierSchTrV) vom 25. Februar 1997 (BGBl. I S. 348)

Töten von Tieren
§ 8 der Verordnung über das Schlachten von Tieren vom 21. April 1933 in der im Bundesgesetzblatt Teil III, Gliederungsnummer 7833-2-1, veröffentlichten bereinigten Fassung
Verordnung zum Schutz von Tieren im Zusammenhang mit der Schlachtung oder Tötung (Tierschutz-Schlachtverordnung – TierSchlV) vom 3. März 1997 (BGBl. I S. 405)

Versuchstiere
Verordnung über Aufzeichnungen über Versuchstiere und deren Kennzeichnung vom 20. Mai 1988 (BGBl. I S. 639)

Verordnung über die Meldung von in Tierversuchen verwendeten Wirbeltieren (Versuchstiermeldeverordnung) vom 1. August 1988 (BGBl. I S. 1213)

Verwaltungsvorschrift
Allgemeine Verwaltungsvorschrift zur Durchführung des Tierschutzgesetzes vom 1. Juli 1988 (BAnz. Nr. 139a vom 29. Juli 1988)

Tierschutzkommission
Verordnung über die Tierschutzkommission beim Bundesminister für Ernährung, Landwirtschaft und Forsten (Tierschutzkommissions-Verordnung) vom 23. Juni 1987 (BGBl. I S. 2622)

Hinweis:
Vertrieb von Bundesgesetzblatt, Bundesanzeiger, Bundesrats- und Bundestags-Drucksachen: Bundesanzeiger Verlagsgesellschaft mbH, Postfach 1320, D-53003 Bonn.
Tierschutzbericht und Gutachten können beim Bundesministerium für Ernährung, Landwirtschaft und Forsten, Referat Tierschutz, D-53107 Bonn, kostenlos bezogen werden.

Die Tierschutzgesetzgebung in Österreich

Ch. Havranek

▪ Verfassungsgesetzliche Grundlage

In Österreich gibt es keine Generalzuständigkeit des Bundesgesetzgebers zum Schutz von Tieren gegen Quälerei. Der Bundesgesetzgeber darf in einer Reihe von Angelegenheiten, die nach Art. 10 Abs. 1 des Bundes-Verfassungsgesetzes der Kompetenz des Bundes zugewiesen sind, wie in den Angelegenheiten von Gewerbe, Verkehrswesen, Kraftfahrwesen, Bergwesen, Forstwesen, Kultus, Veterinärwesen sowie in militärischen Angelegenheiten, materienbezogene Tierschutzregeln erlassen. Soweit derartige Regelungen nicht im Zusammenhang mit einer der Zuständigkeit des Bundes zugewiesenen Angelegenheit stehen, kommt die generelle Gesetzgebung den neun österreichischen Ländern zu (vgl. Erkenntnis des Verfassungsgerichtshofes Slg. 5649/67). Das Tierschutzrecht ist also in einigen Bundesgesetzen und in neun Landestierschutzgesetzen geregelt.

▪ Gesetzliche Regelungen im Zuständigkeitsbereich des Bundes

Der Bundesgesetzgeber hat seine ihm zustehenden Kompetenzen im Bereich des Tierschutzes nur in Teilbereichen wahrgenommen. Hervorzuheben sind insbesondere die Bestimmungen im Bereich Strafrecht, Zivilrecht, Tiertransport, Gewerberecht und Tierversuche im allgemeinen.

Strafrechtliche Bestimmungen zum Schutz der Tiere

§ 222 des Strafgesetzbuches (Bundesgesetzblatt Nr. 60/1974) lautet:

„(1) Wer ein Tier roh mißhandelt oder ihm unnötige Qualen zufügt, ist mit Freiheitsstrafe bis zu einem Jahr oder mit Geldstrafe bis zu 360 Tagessätzen zu bestrafen.

(2) Ebenso ist zu bestrafen, wer, wenn auch nur fahrlässig, im Zusammenhang mit der Beförderung einer größeren Zahl von Tieren diese dadurch, daß er Fütterung oder Tränke unterläßt, oder auf andere Weise längere Zeit hindurch einem qualvollen Zustand aussetzt."

Nach dieser Regelung sind Schutzobjekt alle Tiere, und zwar ohne Rücksicht darauf, ob sie im Eigentum eines Menschen stehen oder ob sie nützlich oder schädlich sind oder ob sie dem Jagdrecht oder dem Fischereirecht unterliegen.

Der Begriff „Tier" ist umfassend; er erfährt nur insoweit eine Einschränkung, als Schutzbedürftigkeit des Tieres im Hinblick auf ein mangelndes Schmerzempfindungsvermögen nicht mehr zu erwarten ist (Gaisbauer, 1986, S. 716, und die dort angegebene weitere Literatur). Als Täter kommt jedermann in Betracht, also auch der Eigentümer. Der erste Deliktfall ist die rohe Mißhandlung, die zweite Begehungsform das vorsätzliche Zufügen unnötiger Qualen.

Foregger und Serini (1984, S. 482 f.), führen aus Urteilen dazu aus (die von den Autoren jeweils in Klammerausdrücken angeführten Judikatur- und Literaturhinweise werden weggelassen):

„Mißhandlung" ist jede gegen das Tier gerichtete Tätlichkeit, die sich als erheblicher Angriff auf dessen Körper darstellt. Doch soll nicht jede geringe Mißhandlung schon zu gerichtlicher Verfolgung führen, sondern nur eine **rohe Mißhandlung**, das ist eine solche, bei der aus dem Ausmaß und der Intensität der gegen das Tier gesetzten Handlung und der ihm zugefügten Schmerzen in Verbindung mit dem Fehlen eines vernünftigen und berechtigten Zweckes auf eine gefühllose Gesinnung des Täters geschlossen werden kann.

Kann das Tier keine Schmerzen mehr empfinden, so fehlt es am Tatbestand. Während die rohe Mißhandlung auch **in einer einmaligen und kurzen** Schmerzzufügung bestehen kann, setzt die zweite Begehungsform der Tierquälerei, das vorsätzliche **Zufügen unnötiger Qualen**, eine gewisse Dauer des für das Tier unangenehmen Zustandes voraus. Ein qualvoller Zustand ist z. B. gegeben, wenn sich ein Tier in einem Tellereisen fängt oder Hasen nachts mit Mopeds gehetzt werden, deren Scheinwerfer aufgeblendet sind. Im Gegensatz zu Mißhandlungen muß es sich hier nicht um die Zufügung körperlicher Schmerzen handeln; vielmehr kann auch die Herbeiführung anderer qualvoller Zustände, etwa **Hunger** oder **Angst**, den Tatbestand erfüllen.

Gegen Überspannungen schützt das Merkmal ‚unnötig'. Eine Quälerei ist dann nicht unnötig, wenn sie die Grenze des Vertretbaren nicht überschreitet und zugleich bewußt als Mittel angewendet wird, um einen vernünftigen und berechtigten Zweck zu erreichen. So liegt etwa keine unnötige Quälerei vor, wenn durch die Handlung das Tier zu einer zumutbaren Arbeitsleistung oder zum Gehorsam angehalten wird, z. B. maßvolle Verwendung einer Peitsche oder eines Stockes, oder wenn die Erziehung des Tieres gewisse Zwangsmaßnahmen erfordert, z. B. das Anlegen der Kandare beim Zureiten eines Pferdes. Die Tat kann nicht nur durch eine Handlung im engeren Sinn, sondern auch durch eine **Unterlassung** (Abs. 2) begangen werden, z. B. durch Nichtgewähren der notwendigen Nahrung, einer ausreichenden Unterkunft oder durch andere Vernachlässigungen. Die geforderte Rechtspflicht zum Handeln ergibt sich auch aus den Landestierschutzgesetzen."

Zivilrechtliche Bestimmungen über Tiere

§ 285 a Allgemeines Bürgerliches Gesetzbuch (in der Fassung des Bundesgesetzes Bundesgesetzblatt Nr. 179/1988) lautet:

„Tiere sind keine Sachen; sie werden durch besondere Gesetze geschützt. Die für Sachen geltenden Vorschriften sind auf Tiere nur insoweit anzuwenden, als keine abweichenden Regelungen bestehen."

Diese Regelungen wurden im Hinblick auf den mißglückten Wortlaut in der Literatur zwar vehement kritisiert (Lippold, 1989, 335 ff.); in dieser Regelung kommt jedoch eine veränderte Werthaltung der Gesellschaft gegenüber Tieren zum Ausdruck.

Tiertransporte auf Straßen

Der Nationalrat hat ein Gesetz über den Transport von Tieren auf der Straße beschlossen (Bundesgesetzblatt Nr. 411/1994).

Der Beschlußfassung gingen heftige Diskussionen voraus. Der Gesetzesbeschluß enthält Bestimmungen über die Zulässigkeit von Lebendtiertransporten, die Durchführung solcher Transporte, die Ausstattung der Transportmittel, die Betreuung der Tiere während des Transportes, Zuständigkeitsregelungen und Überwachungsbestimmungen (vgl. 1565 der Beilagen zu den Stenografischen Protokollen des Nationalrates, XVIII. Gesetzgebungsperiode). Er stellt hinsichtlich der Transportkilometer eine Kompromißlösung dar. Schlachttiere dürfen ab 1995 nur noch sechs Stunden lang oder 150 km weit transportiert werden. Ab 1997 wird die zulässige Wegstrecke auf 130 km verringert; Autobahnkilometer zählen in beiden Fällen nur die Hälfte. Im äußersten Fall kann also auch ein 300 km (ab 1997 ein 260 km) weit entfernter Schlachthof angefahren werden. Übertretungen dieser Regelungen sind mit Geldstrafe von S 10.000 bis S 50.000 zu bestrafen.

Im Hinblick auf die Tiertransportrichtlinie der EU wird dieses Bundesgesetz jedenfalls nach Ende des Jahres 1996 hinsichtlich der Transportdauer anzupassen sein.

Sonstige Tiertransporte

Als weitere Vorschriften, die rechtliche Richtlinien für sachgerechte bzw. nicht tierquälerische Tiertransporte aufstellen, seien § 125 der Postordnung (Bundesgesetzblatt Nr. 110/1957), § 134 Abs. 2 Luftfahrtgesetz (Bundesgesetzblatt Nr. 253/1957; für diese Regelung gibt es allerdings noch keine Durchführungsverordnung), § 125 Eisenbahnverkehrsordnung (Bundesgesetzblatt Nr. 163/1977 bzw. 170/1967 und die einschlägigen Geschäftsbedingungen dieser Transportunternehmen) und schließlich das Europäische Übereinkommen über den Schutz von Tieren beim Internationalen Transport (Bundesgesetzblatt Nr. 597/1973) angeführt.

Eine Verletzung dieser Transportvorschriften etwa durch Streik kann arbeitsrechtlich rechtmäßig sein, nicht aber z. B. Tierquälerei durch Nichtfütterung usw. rechtfertigen. Dies ist im Hinblick auf § 222 Strafgesetzbuch und die Verwaltungsstrafbestimmungen der Länder relevant (Pallin, 1981, S. 7).

Der Tiertransport durch die Post erfolgt in Österreich nur in jenen Fällen, in denen auch international nach dem Weltpostvertrag Beförderungspflicht besteht (z. B. für Bienen, Blutegel, Seidenraupen, schädlingsvertilgende Insekten), und zwar seit dem 1. September 1994 bei Beförderungen im Inland und seit dem 17. August 1995 auch bei allen übrigen Beförderungen.

Mißstände beim Transport von Tieren mit Flugzeugen haben den Nationalrat veranlaßt, ein Bundesgesetz über den Transport von Tieren im Luftverkehr zu beschließen (Bundesgesetzblatt Nr. 152/1996). Der Text stützt sich auf internationale Regelungen für den Transport lebender Tiere auf dem Luftweg. Verlangt wird eine Bescheinigung über Art und Herkunft der Tiere sowie über Dauer und Zweck ihres Transportes. Dazu kommen jene Angaben, die für einen schonenden Transport notwendig sind, etwa zur Beschaffenheit und Menge des Futters. Detaillierte Bestimmungen regeln auch die artgerechte Unterbringung und Versorgung der Tiere durch den Transporteur; für Verstöße sind Geldstrafen bis zu 70 000,- Schilling vorgesehen.

Tierversuche

Das Tierversuchsgesetz 1988 (Bundesgesetzblatt Nr. 501/1989) regelt die

Durchführung von Versuchen an lebenden Tieren im Zuständigkeitsbereich des Bundes. Tierversuche dürfen – abgesehen von einigen Ausnahmen – nur in Einrichtungen durchgeführt werden, für die eine Bewilligung erteilt worden ist. Derartige Bewilligungen sind zu erteilen, wenn wissenschaftliches Interesse und eine gegebene Notwendigkeit vorliegen und die erforderlichen Personen und Sachmittel vorhanden sind.

Ethische Richtlinien werden als leitende Grundsätze für Tierversuche aufgestellt. Auf die Ergebnisse bereits durchgeführter Tierversuche ist Bedacht zu nehmen. Die Wiederholung von Tierversuchen ist verboten, wenn von diesen Versuchen keine zusätzlichen neuen Erkenntnisse zu erwarten und diese Versuche auch zu Kontrollzwecken nicht erforderlich sind. Tierversuche an aus der freien Natur entnommenen Tieren sind verboten, wenn diese auch an anderen Tieren vorgenommen werden können. Tierversuchsergebnisse aus dem Ausland werden anerkannt. Tierversuche sind auf das unumgängliche Maß zu beschränken und – insbesondere bei Wirbeltieren – unter möglichster Vermeidung von Schmerzen (z. B. durch Betäubung) vorzunehmen. Über Tierversuche sind Aufzeichnungen zu führen; diese sind durch Kontrollorgane zu überwachen. Die Durchführung von Tierversuchen entgegen den gesetzlichen Bestimmungen ist verwaltungsbehördlich strafbar, wenn nicht gerichtliche Strafbarkeit vorliegt. Es sei erwähnt, daß im Universitätsbereich eine Neuregelung der Tierversuche beabsichtigt ist.

Gewerberechtliche Bestimmungen

Auf Grund des § 70 a der Gewerbeordnung 1994 (Bundesgesetzblatt Nr. 194) wurde eine Durchführungsverordnung zum Schutz von Tieren gegen Quälereien und das artgemäße Halten von Tieren im Rahmen gewerblicher Tätigkeiten erlassen (Bundesgesetzblatt Nr. 132/1991). So werden etwa die artgemäße Haltung, Pflege und Fütterung der Tiere angeordnet. Die Ausstattung der Betriebsstätten und Betriebsmittel, die für die Tierhaltung bestimmt sind, wird detailliert vorgegeben. Darüber hinaus werden Mindestabmessungen der für die Tierhaltung dienenden Behältnisse vorgesehen.

■ Übereinkommen über den internationalen Handel mit gefährdeten Arten freilebender Tiere und Pflanzen

Österreich hat 1982 seinen Beitritt zu diesem Übereinkommen erklärt (Bundesgesetzblatt Nr. 188/1982). Im Bereich der Bundesgesetzgebung wurden Regelungen über die Einfuhr, die Ausfuhr und die Wiederausfuhr getroffen. Landesregelungen bestehen in Angelegenheiten des Artenschutzes und des Tierschutzes, der Feststellung des tiergerechten Transportes oder der Feststellung, ob ein Tier in Gefangenschaft gezüchtet oder aus künstlicher Vermehrung hervorgegangen ist (Merth-Schober, 1982, S. 71 ff.).

Gesetzliche Regelungen der Länder

Allen neun Landestierschutzgesetzen gemeinsam ist das Verbot der Tierquälerei; darunter fällt jedenfalls, Tieren ungerechtfertigt Schmerzen, Leiden oder Schäden zuzufügen oder sie unnötig in schwere Angst zu versetzen. In Ausführung dieses generellen Verbotes der Tierquälerei enthalten nun die Landesgesetze demonstrativ Aufzählungen, was beispielsweise von diesem Verbot erfaßt ist. Diese demonstrativen Aufzählungen decken sich nicht in allen Ländern; dies ist jedoch insofern auch nicht von praktischer Bedeutung, als diese beispielhafte Aufzählung in keinem Land Anspruch auf Vollständigkeit hat, lediglich schwergewichtig sowohl die Bürger als auch die Strafbehörden informieren will, was zweifelsfrei ohne weitere Erhebungen als Tierquälerei eingestuft wird. Soweit nun nicht in einem Landesgesetz hinsichtlich bestimmter Handlungen ausdrücklich festgestellt wird, daß etwas in diesem Land nicht als Tierquälerei zu gelten hat, ist davon auszugehen, daß jede einzelne Handlung, die in einem Land als Tierquälerei beispielsweise angeführt ist, auch in jedem der anderen Länder als solche strafbar ist.

Als Beispiele für Tierquälerei werden angeführt: schmerzhafte Eingriffe oder Behandlungen, die in unsachgemäßer Weise oder ohne vorherige Betäubung durchgeführt werden; die Entfernung der Krallen eines Tieres oder das Kürzen der Schweifrübe des Pferdes, sofern dies nicht aus medizinischen Gründen erforderlich ist; die Verwendung lebender Wirbeltiere als Köder; ein Tier an einem anderen lebenden Tier auf Schärfe abzurichten oder zu prüfen; lebenden Fröschen die Schenkel auszureißen oder abzutrennen; von einem Tier Leistungen zu verlangen, die offensichtlich seine Kräfte übersteigen oder denen es wegen seines Zustandes nicht gewachsen ist; Tierkämpfe zu veranstalten oder mutwillig ein Tier durch ein anderes Tier hetzen zu lassen; ein Tier zu einer Ausbildung, zu einer Filmaufnahme, zur Schaustellung, zu Sportveranstaltungen, zur Werbung oder ähnlichem heranzuziehen, sofern damit offensichtlich Schmerzen, Leiden oder Schäden oder unnötige schwere Ängste für das Tier verbunden sind; freilebende Tiere mutwillig ihrer Freiheit zu berauben, ein gefangengehaltenes Tier, das zum Leben in Freiheit unfähig ist, oder ein Haustier auszusetzen; einem Tier Futter vorzusetzen, das ihm offensichtlich Schmerzen, Leiden oder Schäden bereitet; ein hitzeempfindliches Tier bei hohen Temperaturen in einem geschlossenen Transportmittel zurückzulassen; die Verwendung von Stachelhalsbändern oder von Anbindevorrichtungen, die der Größe oder dem Bewegungsbedürfnis des Tieres nicht entsprechen.

Das mutwillige Töten von Tieren ist in Kärnten, Niederösterreich, Salzburg, Steiermark, Vorarlberg und Wien verboten. Ein Recht der Tiere auf Leben ist österreichweit nicht gewährleistet.

Tierversuche im Landeszuständigkeitsbereich sind in Wien und Niederösterreich schlechthin verboten; in Kärnten sind sie verboten, wenn sie für das Tier mit Schmerzen, Leiden, Schäden oder Angst verbunden sind oder der Züchter damit rechnen muß, daß bei der Nachzucht auf Grund vererbter Merkmale Körperteile oder Organe für den artgemäßen Gebrauch fehlen oder untauglich oder umgestaltet sind und hierdurch Schmerzen, Leiden oder Schäden auftreten. In Salzburg und Vorarlberg sind Tierversuche unter besonderen Beschränkungen erlaubt.

Ausdrücklich verboten sind in einigen Ländern Eingriffe, die züchterischen Konventionen zur Entsprechung von Rassemerkmalen – ausgenommen das Kürzen des Schweifes bei Hunden – dienen (Kärnten, Niederösterreich, Steiermark, Vorarlberg).

Eine zwangsweise vorgenommene Einverleibung von Futter, die nicht aus gesundheitlichen Gründen erforderlich ist, ist ausdrücklich in Burgenland, Kärnten, Niederösterreich, Salzburg, Steiermark und Tirol verboten.

Die einzelnen Landesgesetze umschreiben weiterhin, welche Maßnahmen im Bereich der landwirtschaftlichen Tierhaltung und im Bereich der weidegerechten Jagd und Fischerei nicht als Tierquälerei gelten (auch wenn sie objektiv die Kriterien der Tierquälerei erfüllen würden). Im Bereich der Landwirtschaft sind dies etwa die sachgemäße Kastration von Tieren, das Kürzen des Schwanzes bei Ferkeln, Lämmern, Ziegen und Kälbern, das Kürzen von Schnäbeln bei Hausgeflügel oder das Enthornen von Kälbern; alle Maßnahmen werden nur bis zu einer festgelegten Altersgrenze erlaubt.

Einzelne Landestierschutzgesetze enthalten darüber hinaus besondere Regelungen hinsichtlich der Tötung und Schlachtung (Betäubung vor dem Blutentzug bei warmblütigen Tieren; ausdrückliche Ausnahmen in Burgenland, Kärnten und Wien, wenn zwingende religiöse Gebote einer anerkannten Religionsgemeinschaft entgegenstehen), der Tierhaltung im allgemeinen und der Wildtierhaltung (nur eingeschränkt möglich) und der Pelztierhaltung (Verbote bzw. Bewilligungen) im besonderen und Bestimmungen über Tierheime. In einigen Ländern sind auch sehr ausführliche Regelungen über die Hundehaltung enthalten (z. B. Wien).

Die Länder haben darüber hinaus 1993 eine gemeinsame Vereinbarung über den Schutz von Tieren bei landwirtschaftlicher Tierhaltung und bei der Pelztierhaltung abgeschlossen. Die Mindeststandards im Bereich der landwirtschaftlichen Intensivtierhaltung orientieren sich am EU-Niveau; hinsichtlich der Pelztierhaltung ist die Empfehlung betreffend Pelztiere, ausgearbeitet 1990 vom Ständigen Komitee der Europäischen Konvention zum Schutz der Tiere bei landwirtschaftlicher Tierhaltung, maßgebend für die Mindeststandards. Die Länder dürfen strengere Werte vorsehen. Diese Vereinbarung ist 1995 in Kraft getreten.

Die Beschlagnahme von Tieren, die entgegen den gesetzlichen Bestimmungen gehalten werden, wird gesetzlich ermöglicht.

Die Tierschutzgesetze beinhalten darüber hinaus die Möglichkeit, die Tierhaltung und den Umgang mit Tieren zu verbieten, wenn schwerwiegende Verstöße gegen § 222 Strafgesetzbuch oder gegen Tierschutzgesetze der Länder gesetzt werden und zu befürchten ist, daß der Täter weiterhin Tiere quälen wird.

Alle Landesgesetze enthalten entsprechende Verwaltungsstrafbestimmungen für den Fall des Zuwiderhandelns. Der Strafrahmen in den einzelnen Ländern ist unterschiedlich; in einigen Ländern sind jedoch Geldstrafen bis zu S 100.000,- möglich.

Einzelfälle

Tierquälerei nach § 222 StGB

Das Auslegen von Tellereisen – noch dazu in Kenntnis, daß dies gesetzlich verboten ist – kann, wenn sich ein Tier im Eisen fängt und erst nach qualvollem Leiden befreit werden kann, als Vorsatzdelikt den Tatbestand des § 222 Abs. 1

StGB verwirklichen (Entscheidung Oberster Gerichtshof vom 1. Oktober 1974 Evidenzblatt 1975/128; vgl. Gaisbauer 1986, S. 716).

Mayerhofer und Rieder (1989, S. 917 f.) führen nachstehende Beispiele aus Urteilen (die in Klammerausdrücken angeführten Judikatur- und Literaturhinweise werden weggelassen) an:

„Schutzzweck: Tierquälerei stört fühlbar das Zusammenleben in der Gesellschaft, weshalb rohe Tiermißhandlungen nicht reaktionslos hingenommen werden sollen.

Als ‚Mißhandlung' ist jede gegen das Tier gerichtete Tätlichkeit im Sinne einer für das körperliche Wohlbefinden des Tieres nachteiligen Einwirkung, die sich als erheblicher Angriff auf den Körper darstellt, zu verstehen. Für die gerichtliche Strafbarkeit ist allerdings außerdem erforderlich, daß diese Mißhandlung einen Roheitsakt des Täters beinhaltet. Ein Täter, der ohne vernünftigen Anlaß aus gefühlloser Gesinnung einem Hund mehrere Fußtritte versetzt, welche Schmerzen, aber keine Verletzungen hervorrufen, verantwortet § 222 Strafgesetzbuch."

„Versetzen eines kräftigen Fußtritts gegen den Bauch eines Pferdes und Schläge mit den Zügeln auf die Nüstern des Tieres sind eine rohe Mißhandlung, weil sie sich als ein erheblicher Angriff auf den Körper und das Wohlbefinden des Tieres darstellen und aus dem Ausmaß und der Intensität der gegen das Tier gesetzten Handlungen und der ihm zugefügten Schmerzen in Verbindung mit dem Fehlen eines vernünftigen und berechtigten Zweckes auf eine gefühllose Gesinnung des Täters geschlossen werden kann."

„Die nach einem Geburtsvorgang infolge einer Nervenquetschung bewegungsunfähige und geschwächte Kuh wurde mit einem Ochsenziemer auf Kopf, Rücken und Hinterteil heftig geschlagen und dadurch auch unter Berücksichtigung des Zweckes, die Kuh zum Aufstehen zu bewegen, roh mißhandelt, weil dieser Zweck auch durch Komprimieren des Schwanzes hätte erreicht werden können."

Die Zufügung von Schmerzen ist wesentliches Begriffsmerkmal einer rohen Mißhandlung; konnte das Tier bei der Mißhandlung keinerlei Schmerz (mehr) verspüren, fehlt es am Tatbestand. Äußerlich sichtbare Verletzungen oder Folgen müssen nicht eingetreten sein.

Eine strafwürdige Gefühlsroheit ist anzunehmen, wenn die inkriminierte Handlung über das in bäuerlichen Kreisen übliche Schlagen eines Tieres weit hinausging und somit der Sozialadäquanz entbehrt (Pallin, 1981, im Wiener Kommentar, RZ 10 c zu § 222).

„Wer in einer den Regeln des Weidwerkes völlig zuwiderlaufenden und daher – zumindest zeitweilig – mit unnötigen Qualen für das Tier verbundenen Art, Hasen, um sie zu überfahren, mit aufgeblendeten Scheinwerfern (zu nächtlicher Zeit) über das Feld hetzt, verwirklicht den Tatbestand nach § 222 Abs. 1 Strafgesetzbuch (in dessen zweiter Erscheinungsform). Dieser setzt lediglich das Zufügen unnötiger Qualen für eine nicht ganz kurzfristige Dauer, nicht aber das Herbeiführen eines qualvollen ‚Zustandes' voraus, wie zur Verwirklichung des Tatbildes nach § 222 Abs. 2 Strafgesetzbuch.

Wer einen Junghasen in der Schonzeit durch seinen ausgebildeten und erfahrenen Jagdhund zu Tode hetzen läßt, fügt dem Hasen unnötige Qualen im Sinne des § 222 Abs. 1 zu.

Eine brutale und gefühllose Handlungsweise gegen ein Tier mit dem Ziel, einer massiven Drohung gegen die

Ehefrau Nachdruck zu verleihen, ist eine rohe Mißhandlung.

Ein Landwirt, der eine besonders schmerzhafte Erkrankung einer Kuh erkennt und sie durch drei Monate weder behandeln läßt noch die Kuh schlachtet, fügt ihr unnötige Qualen zu.

Hat der Angeklagte oftmals vorsätzlich und nur aus Mutwillen mit seinem Luftdruckgewehr auf Tauben geschossen, obwohl er wußte, daß dieses eine so wenig wirksame Waffe war, daß die getroffenen Tauben nicht sofort eingingen, sondern nur angeschossen wurden und infolge der Schußverletzungen nicht mehr fliegen oder sich nicht mehr bewegen konnten und infolgedessen vielfach erst nach Tagen qualvoll zugrunde gingen, so hat er den Tatbestand selbst dann erfüllt, wenn er sich für berechtigt erachtet haben sollte, zum Schutz der Reinhaltung des Wohnhauses und dessen näherer Umgebung gegen die Taubenplage eigenmächtig einzuschreiten. Darin kann weder ein Rechtfertigungs- noch Schuldausschließungsgrund gesehen werden."

Landesrechtliche Verwaltungsübertretungen

Die nachstehenden Beispiele aus der Judikatur des Verwaltungsgerichtshofes sind Gaisbauer (1986, S. 717 f.) entnommen:

„Das Halten von rund 200 Hunden auf einem Areal von 14 x 64 m, die sich in einem äußerst schlechten Ernährungszustand befanden, wobei außerdem die einzelnen Zwingerabteilungen größenmäßig nicht den Anforderungen entsprachen und ihre ordentliche Reinigung und Desinfektion nicht gegeben war, begründet eine Vernachlässigung der Wartung im Sinne des § 1 Abs. 1 lit. c des Niederösterreichischen Tierschutzgesetzes."

„Dadurch, daß zwei Hunde, Angehörige von Laufhunderassen, tagsüber stundenlang in einem zu kleinen Käfig gehalten werden, werden die Tiere in einen qualvollen Zustand (§ 3 Wiener Tierschutzgesetz) versetzt."

„Der rund 20 Minuten dauernde Transport eines Kalbes im Kofferraum eines PKW bei einer erheblichen Minustemperatur ist als qualvoll anzusehen, fügt dem Tier erhebliche Schmerzen und Leiden zu und ist daher Tierquälerei im Sinne des § 1 des Oberösterreichischen Tierschutzgesetzes."

„Als ausreichende Betäubung im Sinne des § 1 Abs. 2 des Oberösterreichischen Tierschutzgesetzes ist nur eine solche anzuerkennen, die es nach medizinischem Fachwissen ausschließt, daß der Eingriff erhebliche Schmerzen oder Leiden nach sich zieht. Chloräthyl ist wegen seiner kurzen und nur die oberflächlichen Körperschichten erfassenden Betäubungswirkung nicht geeignet, die mit der Öffnung der Bauchhöhle und der Entfernung der Geschlechtsdrüsen verbundenen starken Schmerzen auszuschalten, weshalb die Anwendung anderer Betäubungsarten geboten ist, um eine Tierquälerei auszuschließen."

„Das Aufhängen eines zur Schlachtung bestimmten Tieres ohne vorausgegangene Schmerzausschaltung durch Betäubung oder Tötung ist unzulässig und stellt eine ,grausame Behandlung des Tieres' im Sinne des § 1 Abs. 1 Tiroler Tierschutzgesetz dar."

„Das Verscheuchen von Tieren durch Werfen von Gegenständen in die Umgebung der Tiere, ohne sie zu treffen, kann noch nicht als Peinigung oder Mißhandlung im Sinne des § 1 Abs. 1 des Salzburger Tierschutzgesetzes verstanden werden."

„Es bildet nicht den Tatbestand der Tierquälerei, wenn ein revierender Hund durch den Schuß eines Jagdaufsichtsorganes nicht unmittelbar getötet wird und die Tötung erst durch einen so bald als möglich nachfolgenden Fangschuß zustande kommt."

„Der Jagdausübungsberechtigte, der im unmittelbaren Bereich von Häusern und Gehöften einen fremden Hund tötet, handelt aus ‚bloßem Mutwillen' und macht sich daher der Tierquälerei im Sinne des § 1 Abs. 1 lit. g Abs. 4 des Niederösterreichischen Tierschutzgesetzes schuldig."

Strafverfahren

Gerichtliche Strafverfahren (§ 222 Strafgesetzbuch) führten im Jahr 1990 zu 76 Verurteilungen (64 Männer, 10 Frauen, 2 Jugendliche), im Jahr 1991 zu 61 Verurteilungen (47 Männer, 13 Frauen, 1 Jugendlicher) und im Jahr 1992 zu 68 Verurteilungen (63 Männer, 4 Frauen, 1 Jugendlicher). In zwei Drittel dieser Fälle wurden Geldstrafen (davon ca. die Hälfte unbedingt) und in einem Drittel Haftstrafen (davon ca. 80 v. H. bedingt) zwischen ein und drei Monaten verhängt.

Nach den Landestierschutzgesetzen fallen jährlich etwa 10 bis 20 Fälle an, in denen Strafbescheide erlassen werden. Die Hauptfälle betreffen die Haustierhaltung (insbesondere Hunde) und die landwirtschaftliche Tierhaltung.

Literatur

Foregger und Serini (1984): Strafgesetzbuch[3], 481 ff. Verlag Manz, Wien.
Gaisbauer (1986): Das österreichische Tierschutzrecht im Spiegel der Rechtsprechung. Österreichische Juristen-Zeitung 1986, 714 ff.
Leukauf und Steininger (1992): Kommentar zum Strafgesetzbuch[2], 1298 ff. Prugg Verlag, Eisenstadt 1992.
Lippold (1989): Über Tiere und andere Sachen – § 285 a AGBG als Beispiel zeitgemäßer Gesetzgebungskunst. Österreichische Juristen-Zeitung 1989, S. 335 ff.
Mayerhofer und Rieder (1989): Das Österreichische Strafrecht[3], erster Teil, 916 ff. Verlag Staatsdruckerei, Wien.
Merth und Schober (1982): Übereinkommen über den internationalen Handel mit gefährdeten Arten freilebender Tiere und Pflanzen. Österreichische Juristen-Zeitung 1982, 71 ff.
Pallin (1981): in: Wiener Kommentar zum Strafgesetzbuch, zu § 222, 11. Lieferung, Verlag Manz, Wien.
Rummel (1990): Kommentar zum Allgemeinen Bürgerlichen Gesetzbuch, 1. Bd., 314 f. Verlag Manz, Wien.

Tierschutzgesetze der Länder

Burgenländisches Tierschutzgesetz 1990 (LGBl. Nr. 86, idF 41/1992) und LGBl. Nr. 8/1995), Amt der Burgenländischen Landesregierung, A-7000 Eisenstadt.
Kärntner Tierschutzgesetz 1996 (LGBl. Nr. 77/1996), Kärntner Druck- und Verlagsgesellschaft Ges. m. b. H., Viktringer Ring 28, A-9010 Klagenfurt.
Niederösterreichisches Tierschutzgesetz 1985 (4610-0; Verordnung über das Schlachten und Töten von Tieren, 4610/1-0), Amt der Niederösterreichischen Landesregierung, Presseabteilung, Herrengasse 11, 1014 Wien.
Oberösterreichisches Tierschutzgesetz (LGBl. Nr. 118/1995; Durchführungsverordnungen, 1. und 2. LGBl Nr. 41/1996, 47/1996, 55/1996, 56/1996 und 113/1996), Amt der Oberösterreichischen Landesregierung, Klosterstraße 7, A-4010 Linz.
Salzburger Tierschutzgesetz 1974 (LGBl. Nr. 87, idF 67/1977, 1/1985, 100/1988), Salzburger Druckerei, Bergstraße 12, A-5020 Salzburg.
Steiermärkisches Tierschutzgesetz 1984 (LGBl. Nr. 74, idF 45/1993; Verordnungen LGBl. Nr. 70/1993 über gefährliche Hunde und 19/1987 über Intensivtierhaltung), Amt der Steiermärkischen Landesregierung, A-8010 Graz.
Tiroler Tierschutzgesetz (LGBl. Nr. 45/1981; Verordnung über die Behandlung und Tötung von Tieren, LGBl. Nr. 90/1993; Tierhaltungsverordnung, LGBl. Nr. 61/1990): Amt der Tiroler Landesregierung, Maria-Theresien-Straße 43, A-6020 Innsbruck.
VorarlbergerTierschutzgesetz (LGBl. Nr. 31/1982;

Verordnung LGBl. Nr. 28/1983 idF 20/1991 über die Haltung von Tierarten, Verordnung LGBl. Nr. 7/1989 über Eingriffe an Tieren), Amt der Vorarlberger Landesregierung, Landhaus, A-6900 Bregenz.

Wiener Tierschutz- und Tierhaltegesetz (LGBl. Nr. 39/1987, idF 11/1991, 35/1991 und 46/1996; Verordnung über Schlachten und Töten LGBl. Nr. 3/1952; Verordnung über Wachhunde und Schoppen von Geflügel, LGBl. Nr. 15/1958; Tierschutz- und Tierhaltungsverordnung, LGBl. Nr. 48/1987), Amt der Wiener Landesregierung, Stadthauptkassa I, Rathaus, A-1010 Wien.

Die Tierschutzgesetzgebung in der Schweiz

A. STEIGER

Entstehungsgeschichte der Tierschutzgesetzgebung

Vor Inkrafttreten der schweizerischen (= eidgenössischen) Tierschutzgesetzgebung im Jahr 1981 war der Bereich des Tierschutzes auf Bundesebene nur durch eine kurze Bestimmung (Artikel 264, Tierquälerei) im Schweizerischen Strafgesetzbuch, durch das Verbot des Schlachtens der Tiere ohne Betäubung vor dem Blutentzug (Artikel 25bis, Schächtverbot) der Bundesverfassung, durch einige Betäubungsvorschriften in der Eidgenössischen Fleischschauverordnung und durch vereinzelte weitere Tierschutzbestimmungen in anderen Gesetzeserlassen geregelt. Nach dem Strafgesetzbuch war mit Gefängnis oder mit Buße zu bestrafen, „wer vorsätzlich ein Tier misshandelt, arg vernachlässigt oder unnötig überanstrengt, wer Schaustellungen veranstaltet, bei denen Tiere gequält oder getötet werden, insbesondere wer derartige Tierkämpfe oder Kämpfe mit Tieren oder Schiessen auf zahme oder gefangengehaltene Tiere abhält". Verschiedene der 26 Schweizer Kantone hatten eine kantonale Tierschutzgesetzgebung. Durch eine neue Bestimmung in der Bundesverfassung mußte zunächst dem Bund die Befugnis erteilt werden, das Gebiet des Tierschutzes eidgenössisch zu regeln. Nachfolgend ist stichwortartig der Weg bis zum Inkrafttreten der Tierschutzgesetzgebung aufgezeichnet:

Im Dezember 1963 nahm der Nationalrat (Volkskammer im zwikammerigen eidgenössischen Parlament) einen Vorstoß entgegen, welcher eine eidgenössische Regelung über den Tierschutz anstrebte (Teilrevision der Bundesverfassung). Mit Rücksicht darauf, daß die Vorarbeiten für eine Gesamtrevision der Bundesverfassung in Angriff genommen worden waren, schien aus damaliger Sicht eine gewisse Zurückhaltung in bezug auf Teilrevisionen einzelner Artikel angezeigt, und das Geschäft wurde vorerst nicht rasch weiterverfolgt. Im November 1972 ging die Botschaft des Bundesrates (Regierung) über einen **Tierschutzartikel in der Bundesverfassung** an das Parlament. Im Juni 1973 verabschiedete das Parlament den Tierschutzartikel in der Bundesverfassung, und in der Volksabstimmung vom Dezember 1973 wurde diese Verfassungsänderung mit knapp 84% Ja-Stimmen angenommen.

Im Februar 1977 ging die Botschaft des Bundesrates zum **Tierschutzgesetz** (Rahmengesetz mit allgemeinen Bestimmungen) an das Parlament. Am 9. März 1978 verabschiedete das Parlament das Tierschutzgesetz Im Juli 1978 stellte die Bundeskanzlei fest, daß mit 89664 gültigen Unterschriften (notwendig: 50000) das „**Referendum**" gegen das Tierschutzgesetz zustande gekommen war. In der wegen dieses Referendums durchgeführten Volksabstimmung vom Dezember 1978 wurde das Tierschutzgesetz mit über 81,7% Ja-Stimmen angenommen.

Am 27. Mai 1981 verabschiedete der

Bundesrat die **Tierschutzverordnung** (detaillierte Vollzugsverordnung) und setzte **Tierschutzgesetz** und **Tierschutzverordnung** auf den **1. Juli 1981 in Kraft.**

Im August 1986 wurden einzelne Artikel der Tierschutzverordnung in bezug auf die Ausbildung und Prüfung der Tierpfleger und Tierpflegerinnen revidiert. Im April 1988 erließ der Bundesrat in der Verordnung über die Ein-, Durch- und Ausfuhr von Tieren und Tierprodukten (1988, EDAV) und in einer Änderung der Tierschutzverordnung einschränkende Vorschriften für die Einfuhr sowie das Ausstellen, Anpreisen und Verkaufen von Hunden mit coupierten Ohren. Im Vollzug des Verbots des Coupierens der Ohren von Hunden waren an der Grenze Schwierigkeiten aufgetreten. Ferner wurden Bestimmungen über die Einfuhr von Fröschen und Froschschenkeln, die Einfuhr von Schildkrötenfleisch und die maximalen Besatzdichten bei Tiertransporten bei der Ein-, Durch- und Ausfuhr erlassen.

Im Jahr 1991 hat das eidgenössische Parlament das Tierschutzgesetz im Bereich der Tierversuche revidiert. Ebenso hat 1991 der Bundesrat die Tierschutzverordnung in den Bereichen Tierversuche, Haltung von Kaninchen, Ausnahmen bei Abmessungen von Lägern für Milchvieh und Schutz bestimmter wirbelloser Tiere revidiert und zusammen mit den revidierten Gesetzesbestimmungen auf den 1. Dezember 1991 in Kraft gesetzt.

1997 hat der Bundesrat die Tierschutzverordnung in den Bereichen der Schlachtung und des Transports von Tieren, der Aus- und Weiterbildung des Tierversuche durchführenden Fachpersonals, der Rindvieh- und Schweinehaltung sowie der Tierheime, Heimtiere und Hunde angepaßt und die neuen Bestimmungen auf den 1. Juli 1997 in Kraft gesetzt.

Das Schweizervolk hat die Möglichkeit, mittels der „**Volksinitiative**" (mindestens 100 000 Unterschriften) Regelungen auf Verfassungsstufe vorzuschlagen und zur Abstimmung zu bringen. Im umstrittenen Bereich der Tierversuche wurden drei solche Initiativen eingereicht, die jedoch in den Volksabstimmungen keine Mehrheit fanden: 1985 wurde die Eidgenössische **Volksinitiative „für die Abschaffung der Vivisektion"** (Helvetia Nostra, Franz Weber), welche ein Verbot aller das Tier belastenden Versuche anstrebte, mit 70,6% Nein-Stimmen abgelehnt (vgl. Botschaft von 1984). 1992 folgte die Ablehnung der Eidgenössischen **Volksinitiative „zur drastischen und schrittweisen Einschränkung der Tierversuche (Weg vom Tierversuch!)"** (Schweizer Tierschutz STS) mit 56,3% Nein-Stimmen. Die Initiative hatte u.a. ein grundsätzliches Verbot von Tierversuchen, wovon Ausnahmen möglich waren, und die Einführung des Beschwerderechts von Tierschutzorganisationen gegen Verfügungen der Behörden (Verbandsbeschwerderecht) zum Inhalt (vgl. Botschaft von 1989). Als indirekten Gegenvorschlag (d.h. auf Gesetzes- und nicht auf Verfassungsstufe) zu dieser Initiative hatte das Parlament 1991 das Tierschutzgesetz revidiert bzw. verschärft. 1993 hat das Schweizervolk die Eidgenössische **Volksinitiative „zur Abschaffung der Tierversuche"** (Internationale Liga „Ärzte für die Abschaffung der Tierversuche" ILÄAT), welche ein totales Verbot aller Tierversuche vorsah, mit 72,2% Nein-Stimmen abgelehnt (vgl. Botschaft von 1992).

■ Allgemeine Ziele der Tierschutzgesetzgebung

In der Botschaft über ein Tierschutzgesetz, welche der Bundesrat 1977 an das

Parlament richtete, stand im Kapitel über Tierhaltung u.a. folgendes: „Die Erkenntnis, daß die höheren Tiere Schmerzen und Leiden auf ihre Weise bewusst erleben, hat der Forderung nach einer artgemäßen und verhaltensgerechten Haltung grösseres Gewicht verliehen und erhellt die Verantwortung des Menschen gegenüber dem Tier als seinem Mitgeschöpf. Jedermann, in dessen Obhut sich ein Tier befindet, trägt mit an dieser Verantwortung. Dabei darf die Beurteilung, was als artgemäß und verhaltensgerecht zu bezeichnen ist, nicht bloss auf Empfindungen und Gefühlen beruhen, sondern sie muß sich soweit wie möglich auf wissenschaftliche Erkenntnisse stützen" ... „Ganz eindeutig war bisher in der Nutztierhaltung der Technik und Rationalisierung sowie betriebswirtschaftlichen Vorstellungen der Vorrang eingeräumt worden. Die Bedürfnisse des Tieres wurden soweit berücksichtigt, als es die Erhaltung und Förderung der durch züchterische und andere Massnahmen erzielten Produktivität erforderte. Von weiten Bevölkerungskreisen wird nunmehr gefordert, daß auch in solchen Haltungssystemen den Tieren ein artgemäßes und verhaltensgerechtes Leben ermöglicht wird. Durch Mindestanforderungen für die dem Halten von Tieren dienenden Einrichtungen, durch Verbot eindeutig tierwidriger Haltungsarten und durch Prüfung und Bewilligung der den Tierhaltern angepriesenen Aufstallungssysteme und Stalleinrichtungen soll dieser Forderung soweit als möglich Rechnung getragen werden."

Die **Grundsätze des Tierschutzes** und der Tierhaltung sind in den Artikeln 2 und 3 des **Tierschutzgesetzes** wie folgt festgehalten: „Wer mit Tieren umgeht, hat, soweit es der Verwendungszweck zulässt, für deren **Wohlbefinden** zu sorgen. Niemand darf ungerechtigt einem Tier **Schmerzen**, **Leiden** oder **Schäden** zufügen oder es in **Angst** versetzen. Wer ein Tier hält oder betreut, muß es angemessen **nähren**, **pflegen** und ihm soweit nötig **Unterkunft** gewähren. Die für ein Tier notwendige **Bewegungsfreiheit** darf nicht dauernd oder unnötig eingeschränkt werden, wenn damit für das Tier Schmerzen, Leiden oder Schäden verbunden sind." Die hier aufgestellten Grundsätze versuchen in allgemeinster Form eine Umschreibung der dem Tier gegenüber gebotenen Verhaltensweisen. Sie haben gemäß Botschaft zum Tierschutzgesetz „programmatischen Charakter" und bilden eine Art „Mini-Charta" des Tierschutzes. Sie erfüllen im Rahmen der Gesamtordnung die Funktion von richtungsweisenden Maximen und Auslegungshilfen. Ihre rechtliche Bedeutung besteht vor allem in der wegleitenden Funktion für das richtige Verständnis der übrigen Bestimmungen des Gesetzes und seiner Ausführungserlasse im Interesse möglichst sinngemäßer Anwendung im Einzelfall.

Die **Anforderungen an eine tiergerechte Haltung** für alle Tierkategorien werden in Artikel 1 der **Tierschutzverordnung** allgemein und umfassend wie folgt umschrieben: „Tiere sind so zu halten, daß ihre **Körperfunktionen** und ihr **Verhalten** nicht gestört werden und ihre **Anpassungsfähigkeit** nicht überfordert wird. Fütterung, Pflege und Unterkunft sind angemessen, wenn sie nach dem Stand der Erfahrung und den Erkenntnissen der **Physiologie, Verhaltenskunde und Hygiene** den Bedürfnissen der Tiere entsprechen." Angestrebt wird mit diesen Bestimmungen: a) ein **guter Gesundheitszustand** der Tiere (d.h. das Fehlen von haltungsbedingten inneren und äußeren Krankheiten, Verletzungen, einschließlich Gefiederschäden bei Vögeln); b) ein **normaler Ablauf der Körperfunktionen** (z.B. des Hormonhaushalts, der Stoffwechselvorgänge), c) ein **artgemäßes, normales Verhalten** (d.h. das Fehlen von haltungsbedingten Verhaltensstörungen, wie z.B. Stereotypien oder anderer Verhaltensstörungen, die häufig erste Anzeichen für eine ungeeignete Haltung sind, bevor Schäden, Verletzungen usw. auftreten). Die Anforderungen an eine Tierhaltung müssen sinngemäß in allen drei genannten Bereichen erfüllt sein, und es sind nicht „Kompensationen" von nicht erfüllten Kriterien im einen Bereich durch besser erfüllte Kriterien in einem anderen Bereich möglich. Grundsätzlich wird durch eine tiergerechte Haltung auch eine gute Leistung der Tiere angestrebt. Die Produktionsleistung bei landwirtschaftlichen Nutztieren kann aber nur bedingt und nicht als alleiniges Kriterium zur Beurteilung der Tiergerechtheit einer Haltungsform beigezogen werden, da sie häufig ein einseitiger, auf die speziellen wirtschaftlichen Interessen des Menschen ausgerichteter, nicht biologischer und ganzheitlicher Parameter am Tier ist.

In den Artikeln 2–7 der Verordnung werden allgemeine, für alle Tierkategorien geltende Anforderungen an die Fütterung und Pflege der Tiere sowie die Gehege und Stallungen, Standplätze, Boxen, Anbindevorrichtungen und das Raumklima gestellt.

Bei der **Fütterung** ist wesentlich die regelmäßige und ausreichende Versorgung der Tiere mit geeignetem Futter und, soweit nötig, mit Wasser. Das Futter muß so beschaffen und zusammengesetzt sein, daß die Tiere ihr arteigenes, mit dem Fressen verbundenes Beschäftigungsbedürfnis befriedigen können. Zusätzliche, spezielle Fütterungsvorschriften beziehen sich auf Kälber (Art. 16: Eisenversorgung, Rauhfutter, keine Maulkörbe), auf Schweine (Art. 20: Beschäftigung mit Stroh, Rauhfutter usw.) und auf Kaninchen (Art. 24a: Strukturiertes Futter, Objekte zum Benagen).

Mit der **Pflege** sollen haltungsbedingte Krankheiten und Verletzungen verhindert werden. Sie umfaßt u.a. auch die Pflege von Haut und Fell sowie von Hufen, Klauen und Krallen. Der Zustand der Tiere und Einrichtungen muß genügend oft überprüft werden. Mängel an den Einrichtungen müssen behoben werden, kranke und verletzte Tiere muß der Tierhalter unverzüglich ihrem Zustand entsprechend unterbringen, pflegen und behandeln oder aber töten.

Die **Gehege, Stallungen, Boxen, Käfige** usw., in denen sich Tiere dauernd oder überwiegend aufhalten, müssen so groß und so gestaltet sein, daß die Tiere sich artgemäß bewegen können und so beschaffen sein, daß die Gesundheit der Tiere nicht beeinträchtigt wird. **Standplätze, Boxen und Anbindevorrichtungen** müssen so gestaltet sein, daß die Tiere artgemäß abliegen, ruhen und aufstehen können. Anbindevorrichtungen dürfen nicht zu Verletzungen führen und müssen genügend oft kontrolliert und den Körpermassen der Tiere angepaßt werden. Die Räume, in denen Tiere gehalten werden, müssen so gebaut, betrieben und gelüftet werden, daß ein den Tieren **angepaßtes Klima** erreicht wird.

■ Aufbau, Bewilligungsverfahren und Vollzug der Tierschutzgesetzgebung

Das vom Parlament erlassene Tierschutzgesetz (Abkürzung: **TSchG**) ist ein **Rahmengesetz**, welches die allgemeinen Bestimmungen über den Tierschutz enthält. Es verpflichtet bzw. befugt den Bundes-

Tab. 1 Aufbau des Tierschutzgesetzes und der Tierschutzverordnung der Schweiz

Tierschutzgesetz (TSchG) vom 9. März 1978		Tierschutzverordnung (TSchV) vom 27. Mai 1981	
1. Abschnitt:	Allgemeines (Zweck, Geltungsbereich, Grundsätze)	1. Kapitel:	Allgemeine Tierhaltungsvorschriften
2. Abschnitt:	Tierhaltung (inkl. Bewilligungsverfahren für den Verkauf von Stalleinrichtungen, Bewilligungsverfahren für Wildtierhaltung)	2. Kapitel:	Tierpfleger
		3. Kapitel:	Haustiere (allgemeine Bestimmungen Rindvieh, Schweine, Hauskaninchen, Hausgeflügel, Bewilligung von Aufstallungssystemen und Stalleinrichtungen, Hunde)
3. Abschnitt:	Handel und Werbung mit Tieren (inkl. Bewilligungsverfahren für Tierhandel)	3a. Kapitel:	Tierheime und Heimtiere
		4. Kapitel:	Wildtiere
4. Abschnitt:	Tiertransporte	5. Kapitel:	Handel und Werbung mit Tieren
5. Abschnitt:	Eingriffe an Tieren (Betäubungspflicht)	6. Kapitel:	Tiertransporte
		7. Kapitel:	Tierversuche
6. Abschnitt:	Tierversuche (inkl. Bewilligungsverfahren für Tierversuche)	7a. Kapitel:	Schlachten von Tieren
		8. Kapitel:	Ausnahmen von der Pflicht zur Schmerzausschaltung (Eingriffe)
7. Abschnitt:	Schlachten von Tieren		
8. Abschnitt:	Verbotene Handlungen	9. Kapitel:	Verbotene Handlungen
9. Abschnitt:	Forschungsbeiträge	10. Kapitel:	Forschungsbeiträge
10. Abschnitt:	Verwaltungsmaßnahmen und Rechtsschutz	11. Kapitel:	Verwaltungsmaßnahmen
		12. Kapitel:	Schlußbestimmungen
11. Abschnitt:	Strafbestimmungen	Anhang 1:	Mindestanforderungen für Haustierhaltung (Rindvieh, Schweine, Haushühner, Hauskaninchen, Haushunde, Hauskatzen)
12. Abschnitt:	Durchführungsbestimmungen		
13. Abschnitt:	Schlußbestimmungen		
		Anhang 2:	Mindestanforderungen für Wildtierhaltung
		Anhang 3:	Mindestanforderungen für Labornagetierhaltung
		Anhang 4:	Mindestladeflächen für die Beförderung von Nutztieren

rat, in der Tierschutzverordnung (Abkürzung: **TSchV**) detaillierte **Ausführungsbestimmungen** (Vollzugsvorschriften) zu erlassen. Relativ detailliert ist bereits das Gesetz im Bereich der Tierversuche und bei einzelnen verbotenen Handlungen. Gesetz und Verordnung sind materiell abschließend. Die Kantone legen in den kantonalen Regelungen (Gesetze, Verordnungen) organisatorische Vollzugsaufgaben fest, können aber materiell nicht über das Gesetz und die Verordnung des Bundes hinausgehen. Die Tierschutzgesetzgebung enthält **Minimalanforderungen**, nicht Optimalanforderungen. Tierschutzgesetz (vom 9. März 1978) und Tierschutzverordnung (vom 27. Mai 1981) können zusammen in der jeweils neusten Fassung bei der Eidgenössischen Drucksachen- und Materialzentrale, EDMZ, CH-3000 Bern, bezogen werden. Die Bezeichnungsnummern in der amtlichen Gesetzessammlung sind SR 455 (Gesetz) und SR 455.1 (Verordnung).

Der **Aufbau von Gesetz und Verordnung** ist in Tabelle 1 dargestellt.

Die **Anhänge 1–3 der Verordnung** mit Mindestanforderungen für das Halten von Haustieren, Wildtieren und Labornagetieren haben rechtlich den gleichen verbindlichen Wert wie die Bestimmungen in den Verordnungsartikeln. Gemäß Artikel 5 der TSchV müssen Gehege für Tiere, „die in den Anhängen 1–3 aufgeführt sind, den dort vorgeschriebenen Mindestanforderungen entsprechen".

Die **Bewilligungsverfahren** gemäß Tierschutzgesetzgebung sind folgende:
– Bewilligungsverfahren für das Anpreisen und den **Verkauf von serienmäßig hergestellten Aufstallungssystemen und Stalleinrichtungen für Nutztiere** (Bewilligungsinstanz: Bundesamt für Veterinärwesen).
– Bewilligungsverfahren für das gewerbsmäßig und private **Halten von Wildtieren** (Bewilligungsinstanzen: Kantone).
– Bewilligungsverfahren für den gewerbsmäßigen **Handel mit Tieren** und die Werbung mit lebenden Tieren (Bewilligungsinstanzen: Kantone).
– Bewilligungsverfahren für **Tierversuche**, inkl. Meldeverfahren für nicht belastende Tierversuche (Bewilligungsinstanzen: Kantone).

Der **Vollzug der Tierschutzgesetzgebung** obliegt den **Kantonen**, in der Regel den kantonalen Veterinärämtern. In verschiedenen Kantonen ist der Vollzug im Bereich der Nutztierhaltung auch anderen Stellen im Kanton, wie den Meliorations-, Bau-, Landwirtschaftsbehörden sowie den Bezirks- oder Gemeindebehörden und den Amtstierärzten (Kreis-, Bezirks-, Kontrolltierärzte) übertragen. Über die Organisation des Vollzugs in den einzelnen Kantonen orientieren die kantonalen Vollzugsgesetze und -verordnungen. Sie sind bei den Staatskanzleien der Kantone erhältlich.

Dem **Bund** (Eidgenössisches Volkswirtschaftsdepartement, Bundesamt für Veterinärwesen) obliegt u.a. die **Oberaufsicht** über den Vollzug der Tierschutzgesetzgebung. Das Bundesamt für Veterinärwesen arbeitet dazu Richtlinien, Informationen und Publikationen aus, führt Ausbildungstagungen für die kantonalen Behörden durch, berät die Kantone in vielen Einzelfällen, läßt sich von Zeit zu Zeit von den Kantonen über den Stand des Vollzugs in bestimmten Bereichen informieren, hält die Kantone zu einem wirkungsvollen Vollzug an und übermittelt gegebenenfalls dem Bund gemeldete vermutete Widerhandlungen gegen die Tierschutzgesetzgebung den Kantonen zur Abklärung und zum Treffen von Maßnahmen.

Die zahlreichen **Richtlinien des Bundesamtes für Veterinärwesen** (namentlich in den Bereichen Nutztierhaltung, Tierversuche, Wildtierhaltung, Zoofachhandel, Tierpflegerausbildung) bilden eine Auslegung und Präzisierung der Vorschriften von Gesetz und Verordnung aus der Sicht der Bundesbehörden und werden in der Regel unter Beizug von externen Experten/Expertinnen, Kommissionen, kantonalen Behörden, Tierhaltern/Tierhalterinnen, Tierschützern/Tierschützerinnen usw. ausgearbeitet. Sie sollen als Hilfe im Vollzug dienen und einen einheitlichen, wirkungsvollen Vollzug gewährleisten. Sie haben nicht gleich verbindlichen Charakter wie die Vorschriften von Gesetz und Verordnung, werden aber häufig von Behörden und Gerichten zur Beurteilung von Tierhaltungen beigezogen. Die einzelnen Richtlinien und ein Verzeichnis dazu können angefordert werden beim Bundesamt für Veterinärwesen, CH-3003 Bern. Im Bereich der Tierversuche besteht ein spezieller Ordner „Tierschutz – Tierversuche und Alternativmethoden".

Tab. 2 Vorschriften der schweizerischen Tierschutzgesetzgebung für einzelne Tierkategorien und spezielle Bereiche (TSchG: Tierschutzgesetz, TSchV: Tierschutzverordnung)

Tierschutzgesetzgebung	Landwirtschaftliche Nutztiere	Kleine Haustiere (Heimtiere) und Tierheime	Pferde	Wildtiere
Allgemeine Vorschriften	Allgemeine Tierhaltungsvorschriften (Art. 2-4 TSchG, Art. 1-7 TSchV)	Allgemeine Tierhaltungsvorschriften (Art. 2-4 TSchG, Art. 1-7 TSchV)	Allgemeine Tierhaltungsvorschriften (Art. 2-4 TSchG, Art. 1-7 TSchV)	Allgemeine Tierhaltungsvorschriften (Art. 2-4 TSchG, Art. 1-7 TSchV)
	Allgemeine Haustierhaltungsvorschriften (Art. 12-15 TSchV)	Allgemeine Haustierhaltungsvorschriften (Art. 12-15 TSchV)	Allgemeine Haustierhaltungsvorschriften (Art. 12-15 TSchV)	
Spezielle Vorschriften	Spezielle Vorschriften für – Rindviehhaltung (Art. 16-19, Anhang 1 TSchV, Ausnahmebestimmungen für Milchvieh (Art. 73, 76 TSchV) – Schweinehaltung (Art. 20-24, Anhang 1 TSchV) – Kaninchenhaltung (Art. 24a/b, Anhang 1 TSchV) – Geflügelhaltung (Art. 25, 26, Anhang 1 TSchV)	Spezielle Vorschriften für – Hundehaltung und Umgang mit Hunden (Art. 31-34, Anhang 1 TSchV) – Katzenhaltung (Anhang 1 TSchV) – Kaninchenhaltung (Art. 24a/b, Anhang 1 TSchV) – Heimtiere und Tierheime (Art. 34a, 34b TSchV)		Spezielle Vorschriften für Wildtierhaltung (Art. 35-44, Anhang 2 TSchV)
	Vorschriften über verbotene Handlungen (Art. 22 TSchG, Art. 66 TSchV)	Vorschriften über verbotene Handlungen (u.a. Ohren- und Rutenkupieren sowie Kippohren beim Hund, Krallenamputieren bei Katzen; Art. 22 TSchG, Art. 66 TSchV)	Vorschriften über verbotene Handlungen, besonders im Pferdesport (u.a. Doping, Neurektomie; Art. 22 TSchG, Art. 66 TSchV)	Vorschriften über verbotene Handlungen (u.a. Krallenamputieren bei Feliden; Art. 22 TSchG, Art. 66 TSchV)
	Vorschriften über Pflicht zur Schmerzausschaltung bei Eingriffen (Art. 11 TSchG, Art. 65 TSchV)	Vorschriften über Pflicht zur Schmerzausschaltung bei Eingriffen (Art. 11 TSchG, Art. 65 TSchV)	Vorschriften über Pflicht zur Schmerzausschaltung bei Eingriffen (Art. 11 TSchG, Art. 65 TSchV)	Vorschriften über Pflicht zur Schmerzausschaltung bei Eingriffen (Art. 11 TSchG, Art. 65 TSchV)
Tierpflegepersonal		Tierpfleger mit Fähigkeitsausweis in Tierheimen und Tierkliniken (Art. 7 TSchG, Art. 8-11 TSchV)		Tierpfleger mit Fähigkeitsausweis in gewerbsmässigen Wildtierhaltungen (Art. 7 TSchG, Art. 8-11 TSchV)
Bewilligungsverfahren	Bewilligungspflicht für das Anpreisen und den Verkauf serienmässig hergestellter Aufstallungssysteme und Stalleinrichtungen für Nutztiere (Art. 5 TSchG, Art. 27, 28, 30 TSchV)			Bewilligungspflicht für gewerbsmässige und z.T. private Wildtierhaltung (Art. 6 TSchG, Art. 38-44 TSchV)
	Bewilligungsbehörde: Bundesamt für Veterinärwesen			Bewilligungsbehörde: kanton. Behörde
	Vor Bewilligungserteilung Prüfung auf Tiergerechtheit (z.T. in praktischen Prüfungen); Bewilligung evtl. mit Auflagen			Vor Bewilligungserteilung Prüfung von Räumen, Gehegen, Einrichtungen, Ausbildung des Personals; Bewilligung evtl. mit Auflagen
Tierbestandeskontrolle				Führen einer Tierbestandeskontrolle (Art. 44 TSchV)
Spez. amtliche Kontrollen				Mindestens einmal jährlich Kontrolle der gewerbsmässigen Wildtierhaltungen (Art. 44 TSchV)
Amtliche Kommissionen	Beizug der beratenden Kommission für Stalleinrichtungen (Art. 29 TSchV)			

Tab. 2 Fortsetzung

Tierschutzgesetzgebung	Handel mit Tieren	Tierversuche	Tiertransporte	Schlachten von Tieren	Weitere Bereiche: Tierpflegeausbildung, Tierschutzforschung, Wirbellose
Allgemeine Vorschriften	Allgem. Tierhaltungsvorschriften (Art. 2-4 TSchG, Art. 1-7 TSchV)	Grundsätzlich allgemeine Tierhaltungsvorschriften; Abweichungen zulässig, sofern nötig und bewilligt (Art. 1-7, 58, 58a TSchV)	Allgemeine Vorschriften (Art. 2 TSchG), allgemeine Transportvorschriften (Art. 10 TSchG)	Allgemeine Vorschriften (Art. 2, 3 TSchG, Art. 1-7 TSchV)	Allgemeine Vorschriften zu Tierpflegepersonal (Art. 7 TSchG, Tierschutzforschung (Art. 23 TSchG), wirbellosen Tieren (Art. 1 TSchG)
	Je nach Art: allgem. Haustierhaltungsvorschr. (Art. 12-15 TSchV)	Je nach Art: allgem. Haustierhaltungsvorsch. (Art. 12-15 TSchV)		Allgem. Betäubungsvorschriften (Art. 20, 21 TSchG)	
				Allgemeine Haustierhaltungsvorschriften (Art. 12-15 TSchV)	
Spezielle Vorschriften	Je nach Art: spez. Vorschriften f. Wildtier- oder Haustierhaltung (Art. 12-15, 31-34, 45-51a, Anhänge 1 und 2 TSchV)	Spezielle Vorschriften für Versuchstierhaltung (Art. 58a, 59 TSchV) Je nach Art: spezielle Vorschriften für Haltung von Labormaus, Ratte (Anhang 3 TSchV), Kaninchen (Art. 24a/b, Anhang 1 TSchV), weiteren Haustieren, Wildtieren (vgl. dort)	Spezielle Transportvorschriften: Pflichten der Transporteure, Anforderungen an Betreuung der Tiere, an Transportmittel und an Transportbehälter, Mindestladeflächen (Art. 52-56, Anhang 4 TSchV)	Spezielle Vorschriften über Anlieferung, Unterbringung, Treiben, Betäubung, Entbluten (Art. 64e-i TSchV)	Vorschriften zu Ausbildung und Einsatz von Tierpflegepersonal (Art. 8-11 TSchV)
				Spez. Vorschriften für Nutztierhaltung (vgl. dort)	Vorschriften zum Schutz einzelner wirbelloser Tiere (Krebse, Tintenfische; Art. 58, 66 TSchV)
	Vorschriften über verbotene Handlungen (u.a. Ohren- und Rutenkupieren bei Hund, Krallenamputieren bei Katzen; Art. 22 TSchG, Art. 66 TSchV)	Vorschriften über Leitung und Durchführung von Tierversuchen, Schmerzbekämpfung, Wahl der Tierart, Anforderungen an Institute, Einrichtungen, Personal, Betreuung der Tiere, Unerlässlichkeit von Versuchen, Herkunft der Tiere, Markierung, Versuchstierzuchten, Statistik, Dokumentation, Aus- und Weiterbildung des Fachpersonals (Art. 12, 13, 15-17, 19a/b TSchG, Art. 59a-f, 61, 63a, 64a/b TSchV)	Vorschriften über verbotene Handlungen (u.a. Misshandeln, Überanstrengen, Schlagen; Art. 22 TSchG, Art. 66 TSchV)	Vorschriften über verbotene Handlungen (u.a. Misshandeln, Überanstrengen, Schlagen; Art. 22 TSchG, Art. 66 TSchV)	Vorschriften z. Tierschutzforschung (Art. 67 TSchV)
	Vorschriften über Pflicht zur Schmerzausschaltung bei Eingriffen (Art. 11 TSchG, Art. 65 TSchV)				
Tierpflegepersonal		Tierpfleger mit Fähigkeitsausweis in Versuchstierhaltungen, -zuchten und -handlungen (Art. 7 TSchG, Art. 8-11 TSchV)			Bestimmungen zum Erwerb des Fähigkeitsausweises für Tierpfleger (Art. 8-11 TSchV)
	Tierpfleger mit Fähigkeitsausweis in gewerbsmäßigen Tierhandlungen (Art. 7 TSchG, Art. 8-11 TSchV)				
Bewilligungsverfahren	Bewilligungspflicht für gewerbsmäßigen Handel mit Tieren (Art. 8 TSchG, Art. 45-51 TSchV)	Bewilligungspflicht für Versuche, die dem Tier Schmerzen bereiten, es in schwere Angst versetzen oder sein Allgemeinbefinden erheblich beeinträchtigen (Art. 13a, 14, 18 TSchG, Art. 60-62 TSchG)			Anerkennung von Ausbildungsbetrieben für Tierpflegeausbildung (Art. 8 TSchV)

Tab. 2 Fortsetzung

Tierschutzgesetzgebung	Handel mit Tieren	Tierversuche	Tiertransporte	Schlachten von Tieren	Weitere Bereiche: Tierpflegeausbildung, Tierschutzforschung, Wirbellose
	Bewilligungsbehörde: kantonale Behörde	Bewilligungsbehörde: kantonale Behörde			
	Vor Bewilligungserteilung Prüfung von Räumen, Gehegen, Einrichtungen, Ausbildung des Personals; Bewilligung evtl. mit Auflagen	Vor Bewilligungserteilung von Tierversuchen Prüfung auf Unerlässlichkeit, methodische Tauglichkeit, Wahl der Tierart, Anzahl Tiere; Bewilligung evtl. mit Auflagen			
		Beschwerderecht des Bundesamtes für Veterinärwesen gegen Entscheide der Kantone (Art. 26a TSchG)			
		Anerkennung von Versuchstierzuchten (Art. 59a/b TSchV)			
Tierbestandeskontrolle	Führen einer Tierbestandeskontrolle (Art. 49 TSchV)	Führen einer Tierbestandeskontrolle (Art. 63 TSchV)			
Spez. amtliche Kontrollen	Mindestens alle zwei Jahre Kontrolle der Tierhandlungen (Art. 49 TSchV)	Mindestens einmal jährlich Kontrolle der Institute, die bewilligte Tierversuche durchführen (Art. 63 TSchV)			
Amtliche Kommissionen		Beizug der kantonalen Kommission für Tierversuche / evtl. der Eidgenössischen Kommission für Tierversuche zur Beratung des Bundesamtes und in speziellen Fällen der Kantone (Art. 18, 19 TSchG, Art. 64 TSchV)			

Dem Bund obliegen als direkte Vollzugsaufgabe auch die Durchführung des Prüf- und Bewilligungsverfahrens für den Verkauf serienmäßig hergestellter Aufstallungssysteme und Stalleinrichtungen zum Halten von Nutztieren (Art. 5 des TSchG), der Vollzug an der Grenze (Tiertransporte) und die Überwachung des internationalen Handels mit Tieren und Tierprodukten.

In erster Linie sind jeder **Tierhalter und jede Tierhalterin, im Bereich der Tierversuche der einzelne Forscher und die einzelne Forscherin, selbst verantwortlich**, daß die Tierhaltung und die Durchführung von Tierversuchen den Anforderungen der Tierschutzgesetzgebung entsprechen.

Eine **Übersicht zu den Bestimmungen** für einzelne Tierkategorien oder für spezielle thematische Bereiche findet sich in Tabelle 2.

Einen ausführlichen Kommentar zum Tierschutzgesetz, jeweils mit Hinweisen auf Verordnungsbestimmungen, hat Goetschel (1986) verfaßt, ebenso bestehen ein Kurzkommentar mit Beispielen aus der Rechtsprechung (Goetschel, 1993) und eine Abhandlung über Tierschutz und Grundrechte (persönliche Freiheit, Wissenschaftsfreiheit, Religionsfreiheit; Goetschel, 1989).

In der Broschüre „Unser Tierschutzgesetz – kurz kommentiert" sind die Gesetzesartikel knapp erläutert (Bundesamt für Veterinärwesen, 1997).

▪ Spezielle Tierschutzbestimmungen

Eine detaillierte Darstellung der Bestimmungen des Tierschutzgesetzes mit seinen 38 Artikeln und der Tierschutzverordnung mit ihren 77 Artikeln und 4 umfangreichen Anhängen ist hier nicht möglich. Für präzise Auskünfte muß die Gesetzgebung selbst konsultiert werden.

Kurzbeschreibungen der speziellen Bestimmungen für einzelne Tierarten und Themenbereiche sowie erläuternde und präzisierende Richtlinien und Informationen des Bundesamtes für Veterinärwesen zu den Vorschriften und Publikationen dazu sind in Tabelle 3 zusammengestellt.

Zur Geflügelhaltung ist zu bemerken, daß das Verbot der Haltung von Legehennen in Käfighaltung nicht im Tierschutzgesetz selber steht. Vor der Volksabstimmung hat der Bundesrat jedoch in der Abstimmungsbotschaft (1978) in Aussicht gestellt, die übliche Käfighaltung zu verbieten.

Nicht ausdrücklich geregelt sind derzeit Aspekte der Tierzucht (traditionelle Zuchtmethoden bei Nutz- und Heimtieren) und gentechnischer Eingriffe bei Tieren (transgene Tiere), ausgenommen in beschränktem Umfang bei Versuchstieren. Die Aspekte sind für eine künftige Gesetzes- und Verordnungsrevision vorgesehen. Auf die Problematik der Anzüchtung extremer Merkmale bei Hunden weisen u.a. Raeber (1992) und Peyer (1997) hin, bei Katzen, Kaninchen, Rassegeflügel und Tauben Stucki (1997), bei Puten Hirt (1996). Zu künftigen Regelungen in bezug auf transgene Tiere bestehen verschiedene Lösungsvarianten (Steiger, 1993; IDAGEN-Bericht, 1993; Ethik-Studienkommission, 1995; Schweizer, 1997).

▪ Auswirkungen der Tierschutzgesetzgebung

Das seit 1981 Erreichte wurde nach 5 und 10 Jahren Erfahrung mit der Gesetz-

Tab. 3 Kurzumschreibung der Bestimmungen der Schweizer Tierschutzgesetzgebung nach Tierarten/Themen sowie bestehende Richtlinien/Informationen des Bundes und Publikationen dazu

Tierart/Bereich	Kurzumschreibung der Vorschriften (Best. = Bestimmungen)	Richtlinien/Informationen des Bundesamtes für Veterinärwesen (BVET), Publikationen (Publik.)
Rindvieh	Best. zu Fütterung der Kälber (Rauhfutter, ausreichend Eisen, Verbot Maulkorb), Verbot der Anbindehaltung von Kälbern und der Haltung von 2 Wochen bis 4 Monate in Einzelboxen, Stallböden (Verbot vollperfor. Böden für junge Kälber, Milchvieh und in Neu- und Umbauten für alles Rindvieh), Anbindehaltung (Auslauf mind. 90 Tage/Jahr), Laufställen, Kuhtrainer; Mindestmasse für Standplätze, Boxen; max. Besatzdichten; Ausnahmebest. für Läger in bestehenden Bauten; Verbot Schwanzkürzen.	Richtlinien/Informationen BVET zu Haltung von Rindvieh, Anbindesystemen, Ausnahmeregelungen für Stände bei Milchvieh, Anpassungen von Anbindeställen, Auflagen für Kuhtrainer Publik.: Milchviehhaltung (Oswald 1987, Troxler 1987), Laufhöfe für Milchvieh (v. Caenegem u. Hilty 1990), Kuhtrainer (Oswald 1992)
Schafe / Ziegen	Nur allgemeine Best. zu Haltung, Best. zu Schwanzkürzen bei Lämmern.	Richtlinien BVET zu Schaf- und Ziegenhaltung
Schweine	Best. zu Beschäftigung, Stallböden (Verbot vollperforierte Böden für Sauen, Eber u. Ferkel in Neu- und Umbauten für alle Schweine), Abferkelbuchten (Einstreu vor/nach Abferkeln, Verbot vollperfor. Böden), Verbot Kastenstände (einzelne Ausnahmen) Anbindung u. mehrstöckige Ferkelkäfige; Mindestmasse für Buchten, Boxen; max. Besatzdichten, Best. zu Eingriffen.	Richtlinien BVET zu Haltung von Schweinen Publik.: Schweinehaltung (Landwirtsch. Beratungszentrale 1993, Schweizer Tierschutz 1992)
Pferde	Nur allgemeine Best. zu Haltung, Verbote für Doping und Neurektomie im Sport, elektrisierende Geräte, mechanisches Huf-„Doping", Kürzen Schwanzrübe.	Information BVET zu Pferdehaltung
Kaninchen	Best. zu Haltung (Rauhfutter, Nageobjekte, Verbot Einzelhaltung Jungtiere); Mindestmasse für Käfige; Best. zu Eingriffen.	Publik.: Kaninchenhaltung (Stauffacher 1993)
Hausgeflügel	Best. zu Haltung (Legenester für Legehennen, Sitzstangen/Lattenroste); Mindestmasse für Käfige (dadurch indirektes Verbot der üblichen Käfighaltung für Legehennen); max. Besatzdichten; Best. zu Eingriffen, Schnabelkürzen, Töten von Küken.	Informationen BVET zu neuen Volieren- und Etagenhaltungen für Legehennen, zu Besatzdichten Publik.: Haltung Legehennen (Matter 1989 a, b, Oester u. Fröhlich 1986 a, b, 1988, Schweizer Tierschutz 1994)
Aufstallungssysteme und Stalleinrichtungen für Nutztiere	Best. zu Bewilligungs- und Prüfverfahren für den Verkauf serienmäßig hergestellter Systeme und Einrichtungen (Rind, Schaf/Ziege, Schwein, Kaninchen, Geflügel), gilt für Systeme als Ganzes und für einzelne Einrichtungen.	Richtlinien BVET zu Bewilligungsverfahren, Gesamtliste BVET der Systeme/Einrichtungen Publik.: Erfahrungen mit dem Prüfverfahren (Troxler u. Oswald 1986, Oester 1988, Troxler 1988, 1989, Steiger 1988 a, 1989 a)

Tab. 3 Fortsetzung

Tierart/Bereich	Kurzumschreibung der Vorschriften (Best. = Bestimmungen)	Richtlinien/Informationen des Bundesamtes für Veterinärwesen (BVET), Publikationen (Publik.)
Hunde	Best. zu Haltung (Auslauf Kettenhunde), Zughunden, Ausbildung von Jagdhunden, Abrichten/Dressurgeräte; Mindestmasse für Zwinger/Boxen, max. Besatzdichten; Verbot Ohren- und Rutencoupieren, Verbot Ausstellen/Verkaufen coupierter Hunde (m. Ausnahmen), Verbot Aussetzen von Hunden, Best. zu Absetzen Afterkrallen.	Publik.: Hundehaltungen (Althaus 1989)
Kleine Heimtiere, Katzen	Nur allg. Best. zu Haltung, Mindestmaße für Käfige für Katzen, Verbot Krallenamputation bei Katzen, Verbot Aussetzen von Katzen	
Tierheime	Es gelten die Best. zu einzelnen Tierarten, Best. zu Tierpflegepersonal; Meldepflicht für Tierheime	Publik.: Tierheim (Schweizer Tierschutz 1995)
Tierpflegepersonal	Best. zu Einsatz (Tierheime, Zoofachgeschäfte, Zoo/Zirkus, Versuchstierhaltungen, -zuchten und -handlungen) und zu Ausbildung (Erwerb des Fähigkeitsausweises).	Verordnung über den Erwerb des Fähigkeitsausweises für Tierpfleger (1986) Richtlinien BVET über Einsatz und Ausbildung von Tierpflegern
Wildtiere	Best. zu Bewilligungsverfahren (für gewerbsmäßige und private Wildtierhaltung), zu Haltung (Mindestanforderungen / Mindestmaße für Gehege für viele Säuger, Vögel, Reptilien, Amphibien), zu Definition Wildtiere (Abgrenzung zu Haustieren), zu Tierbestandeskontrolle, zu Kontrolle durch Behörden, Verbot Fütterung durch Besucher in Zoos, Verbot Krallenamputation bei Feliden, Best. zu Tierpflegepersonal.	Zahlreiche Richtlinien/Informationen BVET über Wildtierhaltung allg., Säuger-, Vogel-, Reptilienhaltung, Haltung Zirkustiere Publik.: Zootierhaltung u. Zirkus (Dollinger 1986; Althaus 1988)
Handel und Werbung mit Tieren	Best. zu Bewilligungsverfahren, zu Definition Handel, zu Tierbestandeskontrolle, zu Kontrolle durch Behörden, Verbot des Handels mit Affen, Halbaffen u. Raubkatzen (exkl. Hauskatze), Verbot Werbung / Filmaufnahmen / Schaustellung mit Tieren, wenn mit Leiden verbunden; Best. zu Tierpflegepersonal, Verbot Einfuhr von Hunden mit coupierten Ohren und Ruten (mit Ausnahmen) u. von Schildkrötenfleisch, Best. zu Einfuhr von Fröschen zu Speisezwecken und von Froschschenkeln.	Information BVET zu Anforderungen an Zoofachgeschäfte Verordnungen über die Ein-, Durch- und Ausfuhr von Tieren und Tierprodukten, EDAV (1988)
Tiertransporte	Best. zu Vorbereitung / Betreuung der Tiere, Personal, Transportmitteln / Transportbehältern, Mindestladeflächen für Nutztiere	Richtlinien BVET zu Transport kranker Tiere Publik.: Transporte (Steiger 1988 b)

Tab. 3 Fortsetzung

Tierart/Bereich	Kurzumschreibung der Vorschriften (Best. = Bestimmungen)	Richtlinien/Informationen des Bundesamtes für Veterinärwesen (BVET), Publikationen (Publik.)
Schlachten von Tieren	Best. zu Anliefern, Unterbringen, Treiben, Betäubungsmethoden (mechanische, elektrische und CO_2-Betäubung), Entbluten, Verbot Schlachten ohne Betäubung vor dem Entbluten (Säugetiere), ausnahmslos, Geflügel mit Ausnahme des rituellen Schlachtens.	Richtlinie BVET zum Schlachten von Tieren Publik.: Grundsätze bei Betäubung (Schatzmann 1988; Schatzmann et al. 1993, Jemmi 1988)
Tierversuche	Best. zu Bewilligungsverfahren für belastende Tiervers. u. Meldung der übrigen Tiervers., zu Unerläßlichkeit / Durchführung / Kontrolle der Vers., zu Tierversuchskommissionen, Aus- und Weiterbildung des Fachpersonals, Dokumentationsstelle, Tierversuchsstatistik, Anerkennung von Alternativmethoden, Personal, Einrichtungen, Versuchstierhaltung u. -zuchten, Herkunft/ Markierung der Tiere, Tierbestandeskontrolle, Tierpflegepersonal, Behördenbeschwerderecht des BVET gegen Entscheide der Bewilligungsbehörden.	Mehrere Richtlinien/Informationen BVET zu Tierversuchen, einzeln od. gesamthaft in Ordner BVET „Tierschutz - Tierversuche u. Alternativmethoden" Jährliche Tierversuchsstatistik des BVET Publik.: Tierversuche allg./ Alternativmethoden (Steiger 1989 b, Vogel 1989, 1992), Vollzug (Wirth 1991), Behördenbeschwerde (Lehmann 1995), Unerläßlichkeit (Zenger 1989)
Eingriffe ohne Schmerzausschaltung verbotene Handlungen	Best. zu Eingriffen ohne Schmerzausschaltung (Grundsätze, Kürzen des Schwanzes von Ferkeln, Lämmern; Kastration, Kürzen Schnäbel u.a. bei Vögeln, Enthornen der Kälber, Zähnekürzen bei Ferkeln, Absetzen Afterkrallen bei Welpen, Einsetzen Nasenringe bei Stieren/Schweinen), Verbot Mißhandeln u. qualvolles Töten, Aussetzen, Coupieren Hundeohren und -ruten, Amputieren Katzenkrallen, Doping im Sport, Kürzen Schwanzrübe bei Pferd/Rind, versch. Maßnahmen im Pferdesport, weiteres	Richtlinien/Informationen BVET zu Einfuhr von Hunden mit coupierten Ohren, Haltung von Rindvieh/ Schweinen (inkl. Eingriffe an den Tieren) Publik.: Doping (Steiger 1987)
Wirbellose Tiere	Einbezug Zehnfusskrebse / Kopffüssler in Best. über Tierversuche, Verbot Verletzung der Scherengelenke von Hummern mit Hilfsmitteln	
Tierschutzforschung	BVET-Beiträge an Projekte über Haltung von Nutztieren, Heimtieren, Wildtieren, Versuchstieren, Schlachttierbetäubung, Alternativmethoden zu Tierversuchen.	Richtlinie BVET über Gesuche für Forschungsbeiträge Publik.: Liste BVET der Publikationen aus allen Forschungsprojekten, mit Bezugsquellen, Projektverzeichnis der Stiftung Forschung 3R, Nutztierethologie (Fölsch u. Troxler 1987), Bedeutung der Ethologie (Steiger 1992 a)
Verwaltungs-, Vollzugs-, Übergangs-, Strafbestimmungen	Best. zu Tierhalteverbot, Einschreiten der Behörden, Verweigerung/Entzug von Bewilligungen, Behördenbeschwerde; Best. zu Vollzug durch Kantone/Bund, zu Zutrittsrecht zu Tierhaltungen, Oberaufsicht des Bundes, Übergangsbestimmungen, Ausnahmebestimmungen	Information BVET zu Einschreiten bei stark vernachläßigten Tieren

gebung dargestellt (Steiger, 1986a, b, 1992). An positiven Wirkungen der Tierschutzgesetzgebung können stichwortartig namentlich folgende genannt werden:
- Entwicklung und zunehmende Verbreitung tiergerechter Haltungssysteme in der **Rindvieh-, Schweine-, Kaninchen- und Geflügelhaltung** und Verschwinden einiger tierschutzwidriger Haltungsformen (Oswald, 1992; Troxler, 1987; Stauffacher, 1993; Steiger, 1986a, b, 1992a, b). Speziell über das bis Ende 1991 fristgerecht realisierte Verbot der üblichen Käfighaltung von Legehennen und die Entwicklung von Volierenhaltungen und anderen Haltungsformen orientieren eine umfassende Broschüre des Schweizer Tierschutzes (1994) und weitere Arbeiten (Oester und Fröhlich, 1986a, b).
- Prüfung, Verbesserung, Entwicklung und Bewilligung zahlreicher **Aufstallungssysteme und Stalleinrichtungen für Nutztiere** im Rahmen des Prüf- und Bewilligungsverfahrens für den Verkauf der serienmäßig hergestellten Systeme und Einrichtungen und Verbot einzelner tierschutzwidriger Systeme (Steiger, 1988a, 1989a, 1992a, b; Oester und Fröhlich, 1986a, b, 1988; Troxler, 1988).
- Anpassung zahlreicher **Wildtierhaltungen** in Zoos und im Zirkus, namentlich in bezug auf Größe und Strukturierung der Gehege und in bezug auf das Sozialverhalten und die Bewegung der Tiere (Dollinger, 1986, Steiger, 1986 a, b).
- Einführung verbesserter **Betäubungsmethoden bei Schlachttieren**, namentlich bezüglich Elektrobetäubung und CO_2-Betäubung, neuerdings Entwicklung weiterer Betäubungsmethoden wie Hochdruckwasserstrahl-Betäubung bzw. -Tötung (jet-injection; Schatzmann et al., 1993).
- Aufbau und Ausbau der **Tierpflegerausbildung** in Tierheimen, Zoofachgeschäften, Zoos und Versuchstierhaltungen. 1986 wurden die Tierschutzverordnung im Bereich Tierpflegerausbildung revidiert und ein praktikabler Ausbildungsgang eingeführt.
- Erreichen weiterer Verbesserungen im Bereich der **Tierversuche** durch Reduktion der Tierzahlen (1983–1995 Reduktion der Anzahl Tiere in bewilligungspflichtigen Versuchen von 1,99 Mio. auf 0,62 Mio., d.h. um 68,8%, vgl. Tierversuchsstatistiken, Bundesamt für Veterinärwesen) durch Anwendung weniger belastender Versuchsmethoden und durch Verbesserungen in der Versuchstierhaltung, besonders in Affen, Hunde- und Kaninchenhaltungen (Steiger, 1989b). 1991 wurden das Tierschutzgesetz und die Tierschutzverordnung im Bereich der Tierversuche revidiert und verschärft.
- Förderung der **Forschung über Tierschutzfragen** durch den Bund und durch private Organisationen, namentlich über Nutztierhaltung, Schlachtviehbetäubung und Alternativmethoden zu Tierversuchen (vgl. Publikationsverzeichnis der Projekte und Mehrjahresbericht, Bundesamt für Veterinärwesen; Steiger, 1992a). 1986 wurde zusätzlich die Stiftung „Forschung 3R", getragen von Interpharma (Firmen Novartis und Hoffmann-La Roche in Basel) und Bundesamt für Veterinärwesen, zur Finanzierung der Forschung über Alternativmethoden zu Tierversuchen gegründet (vgl. Projektverzeichnis der Stiftung Forschung 3R).
- Insgesamt **vermehrtes Verständnis und bessere Akzeptanz** der Vorschriften bei der Großzahl der Tierhaltenden, Forschenden usw.

An Problemen im Vollzug sind namentlich zu nennen:

- Schwierigkeit, bei einem Teil der Tierhaltenden den regelmäßigen **Weidegang oder Auslauf für Rindvieh** in Anbindehaltung, die Verabreichung von **Beschäftigungsmaterial an Schweine**, den **Auslauf für Zuchtsauen** in Einzelhaltung, die **Einhaltung der Mindestabmessungen in Rindvieh- und Schweineställungen** und den **Einbau von Fenstern in Geflügelhaltungen** durchzusetzen (Expertenkommission, 1991; Steiger, 1992b).
- Schwierigkeiten bei der Durchsetzung des **Verbots des Coupierens der Ohren von Hunden** wegen Ausweichens eines Teils der Tierhaltenden zur Vornahme des Eingriffs ins Ausland. Als Folge davon wurden 1988 die Tierschutzverordnung in bezug auf das Ausstellen von Hunden verschärft und Einfuhrregelungen in der Verordnung über die Ein-, Durch- und Ausfuhr von Tieren und Tierprodukten (EDAV) erlassen.
- Vollzugsprobleme in bezug auf das Verbot des **Dopings im Pferdesport**.
- Erhebliche Probleme und ein Vollzugsverzug bei der **Anpassung von Milchviehlägern** an die Vorschriften der Tierschutzverordnung, weil die Maßnahmen, die auf Ende 1991 fällig gewesen wären, teilweise zu spät geplant worden sind und teilweise große finanzielle Aufwendungen und bauliche Änderungen zur Folge haben (Expertenkommission, 1991; Steiger, 1992b). Als Folge davon wurde 1991 die Tierschutzverordnung im Bereich Milchviehhaltung revidiert und wurden Lockerungen und Ausnahmeregelungen in bezug auf die Anpassung von Milchviehlägern eingeführt.
- Ein teilweise **zu passives Vorgehen einzelner Kantone** bei der Überwachung des Vollzugs der Tierschutzgesetzgebung in Nutztierhaltungen (Expertenkommission, 1991; Geschäftsprüfungskommission, 1993).

Mit den Vollzugsergebnissen und -problemen befassen sich verschiedene Erhebungen, Berichte und Publikationen (Steiger, 1992b; Rebsamen-Albisser, 1994), in der Nutztierhaltung speziell auch ein Bericht der kantonalen Landwirtschaftsdirektoren (Expertenkommission, 1991), mit Vollzugsproblemen grundsätzlicher Art und in speziellen Bereichen der Nutztiere, des Schlachtviehs und der Heimtiere ein Bericht einer parlamentarischen Kommission (Geschäftsprüfungskommission, 1993), mit dem Vollzug in Rindvieh- und Schweinehaltungen zwei Dissertationen (Kaufmann, 1994; Lorenz, 1997), mit dem Vollzug in Schweinehaltungen eine Erhebung in den Betrieben des Schweizerischen Schweinegesundheitsdienstes SGD (Scheidegger und Danuser, 1990), mit dem Vollzug bei Tierversuchen eine juristische Beurteilung (Wirth, 1991). Der Stand und die Bedürfnisse der Öffentlichkeitsarbeit im Tierschutz in der Schweiz und in Europa, mit dem Ziel einer besseren Durchsetzung des Tierschutzes in der Praxis, sind bei Bhagwanani (1995) zusammengestellt.

Insgesamt hat das Tierschutzgesetz nicht alles gebracht, was man sich erhofft hat, es ist aber auch nicht wirkungslos geblieben, sondern hat zu vielen wesentlichen und merkbaren Verbesserungen für die Tiere geführt.

Literatur

Abstimmungsbotschaft vom 3. Dezember 1978 zum Tierschutzgesetz (1978): Erläuterungen des Bundesrates, Schrift 54019, Eidgenössische Drucksachen- und Materialzentrale, CH-3000 Bern, 6–8.

Althaus Th. (1988): Das Zirkustier aus der Sicht der Schweizer Tierschutzgesetzgebung, Tierärztl. Umschau 43, 635–638.

Althaus Th. (1989): Die Beurteilung von Hundehaltungen, Schweiz. Archiv Tierheilk. 131, 423–431.

Bhagwanani S. (1995): Öffentlichkeitsarbeit im Tierschutz in Europa – der Stand heute und die Bedürfnisse morgen. Diss. med. vet., Univ. Bern, beziehbar bei Bundesamt für Veterinärwesen, CH-3003 Bern.

Botschaft über einen Tierschutzartikel in der Bundesverfassung (1972): Botschaft des Bundesrates zuhanden des eidgenössischen Parlaments, Amtl. Gesetzessammlung 11453, Eidgenössische Drucksachen- und Materialzentrale, CH-3000 Bern.

Botschaft über ein Tierschutzgesetz (1977): Botschaft vom 9. Februar 1977 des Bundesrates zuhanden des eidgenössischen Parlaments, Amtl. Gesetzessammlung 77.011, Eidgenössische Drucksachen- und Materialzentrale, CH-3000 Bern.

Botschaft über die Volksinitiative „für die Abschaffung der Vivisektion" (1984): Botschaft vom 30. Mai 1984 des Bundesrates zuhanden des eidgenössischen Parlaments, Amtl. Gesetzessammlung 84.055, Eidgenössische Drucksachen- und Materialzentrale, CH-3000 Bern.

Botschaft über die Volksinitiative „zur drastischen und schrittweisen Einschränkung der Tierversuche (Weg vom Tierversuch!)" (1989): Botschaft vom 30. Januar 1989 des Bundesrates zuhanden des eidgenössischen Parlaments, Amtl. Gesetzessammlung 89.010, dazu Bericht der Kommission des Nationalrates über einen Gegenentwurf auf Gesetzesstufe (Änderung des Tierschutzgesetzes) vom 16. Januar 1990 (zu 89.010), Eidgenössische Drucksachen- und Materialzentrale, CH-3000 Bern.

Botschaft über die Volksinitiative „zur Abschaffung der Tierversuche" (1992): Botschaft vom 16. März 1992 des Bundesrates zuhanden des eidgenössischen Parlaments, Amtl. Gesetzessammlung 92.032, Eidgenössische Drucksachen- und Materialzentrale, CH-3000 Bern.

Bundesamt für Veterinärwesen (1994): Verzeichnis der Informationen und Richtlinien zur Tierschutzgesetzgebung, Bundesamt für Veterinärwesen, CH-3000 Bern (alle Informationen/Richtlinien sind auch französisch, einzelne italienisch erhältlich).

Bundesamt für Veterinärwesen (1996): Mehrjahresbericht 1992–1995 „Forschung zum Wohl von Tier und Mensch", Bundesamt für Veterinärwesen, CH-3003 Bern, 179 S.

Bundesamt für Veterinärwesen (1997): Unser Tierschutzgesetz – kurz kommentiert, Broschüre, Bundesamt für Veterinärwesen, CH-3003 Bern, 73 S. (auch Französisch).

Dollinger, P. (1986): Auswirkungen der eidgenössischen Tierschutzgesetzgebung auf zoologische Gärten und ähnliche Wildtierhaltungen, Schweiz. Arch. Tierheilk. 128, 347–359.

Ethik-Studienkommission (1995): Bericht zur Gentechnologie im ausserhumanen Bereich. Bundesamt für Veterinärwesen, 3003 Bern.

Expertenkommission „Vollzug Tierschutzgesetz" (1991): Bericht vom Februar 1991 über die Vollzugsprobleme im Tierschutz zuhanden der Landwirtschaftsdirektorenkonferenz, Bezug bei Bundesamt für Veterinärwesen, CH-3000 Bern.

Fölsch, D.W., und Troxler, J. (1987): Nutztierethologische Forschung in der Schweiz. Swiss Vet. 4, 6–9.

Geschäftsprüfungskommission (1993): Vollzugsprobleme im Tierschutz, Bericht vom 5. November 1993 der Geschäftsprüfungskommission des Ständerates und Stellungnahme vom 26. Januar 1994 des Bundesrates, Bundesblatt 1994, Band I, 618–657 (93.082). Eidgenössische Drucksachen- und Materialzentrale, CH-3000 Bern.

Goetschel, A.F. (1986): Kommentar zum Eidgenössischen Tierschutzgesetz. Paul Haupt, Bern.

Goetschel, A.F. (1989): Tierschutz und Grundrechte. Paul Haupt, Bern.

Goetschel, A.F. (1993): Tierschutzrecht – Stand der Gesetzgebung und der Rechtsprechung, Schweiz. Juristische Kartothek (Karte 304/XXII, 1–26), rue du Stand 9, CH-1204 Genève.

Hirt, H. (1996): Beinschwächen bei Mastputen. In: Aktuelle Arbeiten zur artgemäßen Tierhaltung. KTBL Darmstadt, 178–188.

IDAGEN (1993): Interdepartementale Arbeitsgruppe für Gentechnologie, Koordination der Rechtsetzung über Gentechnologie und Fortpflanzungsmedizin, Bericht, Schrift 407.760, Eidgenössische Drucksachen- und Materialzentrale, CH-3000 Bern.

Jemmi, Th. (1988): Praktische Anwendung neuer Forschungsergebnisse bei der Schlachtviehbetäubung. Swiss Vet 1988, Sondernummer.

Kaufmann, M. (1994): Vergleich der Erhebungen der Kantone über den Vollzug der Tierschutzvorschriften in Rindvieh- und Schweinehaltungen, Diss. med. Vet., Univ. Bern, beziehbar bei Bundesamt für Veterinärwesen, CH-3003 Bern.

Landwirtschaftliche Beratungszentrale Lindau LBL Lindau (1993): Schweineställe –

eine aktuelle Übersicht, LBL, CH-8315 Lindau (auch französisch erhältlich).
Lehmann, M. (1995): Das Behördenbeschwerderecht des Schweizerischen Bundesamtes für Veterinärwesen, in Schöffl. et al. (Hrsg.), Forschung ohne Tierversuche 1995, Springer Wien, 264–267.
Lorenz, J. (1997): Erhebungen über den Stand des Tierschutzvollzugs in Rindvieh- und Schweinehaltungen im Kanton Graubünden 1995, Diss. med. vet., Univ. Bern, beziehbar bei Bundesamt für Veterinärwesen, CH-3003 Bern.
Matter, F. (1989 a): Die Einstreuproblematik in der Legehennenhaltung aus hygienischer Sicht, Forschungsbericht, 110 S., Bezug bei Bundesamt für Veterinärwesen, CH-3003 Bern.
Matter, F. (1989 b): Hygiene and welfare implications of alternative husbandry systems for laying hens, Proceedings 3rd European Symposium on Poultry Welfare, Tours, 201–212.
Oester, H., und Fröhlich, E. (1986 a): Die Beurteilung der Tiergerechtheit der neuen Haltungssysteme für Legehennen im Rahmen der Tierschutzgesetzgebung, Schweiz. Arch. Tierheilk. 128, 521–534.
Oester, H., und Fröhlich, E. (1986 b): Erfahrungen mit neuen Haltungssystemen für Legehennen, Swiss Vet 3 (1986) Nr. 10a, 15–17.
Oester, H., und Fröhlich, E. (1988): New housing systems for laying hens in Switzerland, Proceedings of the 6th International Congress on Animal Hygiene, June 1988 in Skara/Sweden. In: Environment and Animal Health, Ekesbo, I. (Editor), Skara, 1988, vol. II, 709–712.
Oswald, Th. (1992): Der Kuhtrainer. FAT-Schriftenreihe 37, FAT, CH-8356 Tänikon.
Peyer, N. (1997): Die Beurteilung verschiedener Zuchtlinien von Hunden in tierschützerischer Hinsicht, Diss. med. vet., Univ. Bern, beziehbar bei Bundesamt für Veterinärwesen, CH-3003 Bern.
Raeber, H. (1992): Standard und gesundheitliche Schäden beim Hund. Hund 1/1992, 15–26.
Rebsamen-Albisser, B. (1993): Der Vollzug des Tierschutzrechts durch Bund und Kantone. Paul Haupt, Bern.
Schatzmann, U. (1988): Grundsätzliches zur Betäubung, Swiss Vet 1988, Sondernummer.
Schatzmann, U., Howard, J., Pittino, J., und Fuchs, P. (1993): Jet-Injektion zur Betäubung von Schlachtschweinen, Untersuchungen am Schlachtband. Fleischwirtschaft 73/2, 126–128.
Scheidegger, R., und Danuser, J. (1990): Erhebung über die Einhaltung der Tierschutzbestimmungen in den Schweinezucht- und -mastbetrieben der SGD-Genossenschaft Bern. Bericht, 38 S. (Bezug bei Bundesamt für Veterinärwesen, CH-3003 Bern).
Schweizer, R.J. (1997): Bericht zur Umsetzung der Gen-Lex-Motion. Bezug bei Bundesamt für Veterinärwesen, CH-3003 Bern.
Schweizer Tierschutz STS (1992): Tiergerechte Haltung von Schweinen – Leitfaden für die Wahl von zeitgemäßen Haltungssystemen, Schweizer Tierschutz, CH-4008 Basel (auch französisch erhältlich).
Schweizer Tierschutz STS (1994): Legehennen – 12 Jahre Erfahrung mit neuen Haltungssystemen in der Schweiz, Schweizer Tierschutz, CH-4008 Basel (auch französisch und englisch erhältlich).
Schweizer Tierschutz (1995): Das Tierheim, Schweizer Tierschutz, CH-4008 Basel.
Stauffacher, M. (1993): Refinement bei der Haltung von Laborkaninchen – ein Beitrag zur Umsetzung von Tierschutzforderungen in die Praxis, Der Tierschutzbeauftragte 3/93.
Steiger, A. (1986 a): Die eidgenössische Tierschutzgesetzgebung – ihre Ziele und Auswirkungen. Schweiz. Arch. Tierheilk. 128, 329–346.
Steiger, A. (1986 b): Die Tierschutzgesetzgebung – Auswirkungen und Erfahrungen (5 Jahre Tierschutzgesetzgebung 1981–1986). Swiss Vet 3 (1986), Nr. 10a, 8–13.
Steiger, A. (1987): Das Doping und das Eidgenössische Tierschutzgesetz, Congrès de Chirurgie Equine et Médecine des Sports Equestres, mars 1987, Genève. Edition: Association Suisse de Médecine Equine, Puplinge-Genève, 149–152.
Steiger, A. (1988 a): The Examination and Authorization of Housing Systems for Farm Animals according to the Swiss Animal Welfare Legislation, Proceedings of the 6th International Congress on Animal Hygiene, June 1988 in Skara/Sweden. In: Environment and Animal Health, Ekesbo, I. (Editor), Skara, 1988, vol. II, 676–681.
Steiger, A. (1988 b): Transport, Anlieferung, Einstallung und Betreuung der Schlachttiere, Swiss Vet 1/2,1988, 16–19, ebenso Swiss Food 4/1989, 15–19.
Steiger, A. (1989 a): Prüfung und Zulassung von Aufstallungssystemen und Stalleinrichtungen in der Schweiz. In: Martin, G., und Fölsch, D.W. (Hrsg.): Artgemäße Nutztierhaltung und ökologisch orientierte Landwirtschaft. Tierhaltung, Band 19, Birkhäuser Basel, 43–52.

Steiger, A. (1989 b): Tierversuche und Tierschutzgesetzgebung in der Schweiz – Wirkungen und Forderungen. Schweiz. Arch. Tierheilk. 131, 435–456.

Steiger, A. (1992 a): Die Bedeutung der angewandten Ethologie für den Vollzug der Tierschutzgesetzgebung. Schweiz. Arch. Tierheilk. 134, 145–155.

Steiger, A. (1992 b): Auswirkungen, Probleme und künftige Entwicklungen im Tierschutz. Swiss Vet 6/1992, 7–26.

Steiger, A. (1993): Gentechnologie und transgene Tiere – Tendenzen der Regelung in der Schweiz. In: Tagungsbericht der Fortbildungstagung der Schweiz. Gesellschaft für Versuchstierkunde über Gentechnologie / transgene Tiere, Basel, 23./24. Nov. 1993, 4 S.

Stiftung Forschung 3R (jährlich): Projektverzeichnis (Alternativmethoden zu Tierversuchen), erhältlich beim Sekretariat, Postfach 149, CH-3110 Münsingen.

Stucki, F. (1997): Die Beurteilung verschiedener Zuchtlinien von Katzen, Kaninchen, Rassegeflügel und Tauben, Diss. med. vet., Univ. Bern, beziehbar bei Bundesamt für Veterinärwesen, CH-3003 Bern.

Tierschutzgesetz (vom 9. März 1978; Gesetzessammlung SR 455) und Tierschutzverordnung (vom 27. Mai 1981; SR 455.1), Eidgenössische Drucksachen- und Materialzentrale EDMZ, CH-3000 Bern.

Troxler, J., und Oswald, Th. (1986): Erfahrungen bei der Prüfung von Stalleinrichtungen für Rindvieh und Schweine. Swiss Vet 3, 10a, 19–21.

Troxler, J. (1987): Tiergerechte Milchviehhaltung – Normen der Aufstallung. Swiss Vet 4, 9a, 19–23.

Troxler, J. (1988): Behaviour and health as criteria for proper-keeping of sows and piglets in farrowing pens. Proceedings of the 6th International Congress on Animal Hygiene, June 1988 in Skara/Sweden. In: Environment and Animal Health, Ekesbo I. (Editor), Skara, 1988, vol. II, 902–904.

Troxler, J. (1989): Die praktische Prüfung von Stalleinrichtungen auf Tiergerechtheit in der Schweiz. Landwirtschaft Schweiz, Nr. 5, 265–266.

Van Caenegem, L., und Hilty, R. (1990): Laufhöfe für Rindvieh, FAT-Bericht 377, FAT, CH-8356 Tänikon.

Verordnung über die Ein-, Durch- und Ausfuhr von Tieren und Tierprodukten (vom 20. April 1988, Gesetzessammlung SR 916.443.11), Eidgenössische Drucksachen- und Materialzentrale, CH-3000 Bern.

Vogel, R. (1989): Rechtliche Kriterien für die Bewertung und Anerkennung von Ersatz- und Ergänzungsmethoden für Tierversuche in der Schweiz, bga-Schriften 2/1989, 46–52 (Bundesgesundheitsamt Berlin).

Vogel, R. (1992): Tierversuche und Alternativmethoden: Rechtliche Grundlagen und aktuelle Situation in der Schweiz. In: Schöffl, H., Schulte-Hermann, R., und Tritthart (Hrsg.), Möglichkeiten und Grenzen der Reduktion von Tierversuchen, Springer Wien, 15–21.

Wirth, P.E. (1991): Gesetzgebung im Vollzug im Bereiche der Tierversuche. Paul Haupt, Bern.

Zenger, Chr. (1989): Das „unerlässliche Mass" an Tierversuchen, Ergebnisse und Grenzen der juristischen Interpretation eines „unbestimmten Rechtsbegriffs". Beihilfe zur Zeitschrift für Schweizerisches Recht, Heft 8, Helbling & Lichtenhahn.

Die Tierschutzgesetzgebung im Fürstentum Liechtenstein

P. MALIN

Tierschutzgesetzgebung – damals

Der Tierschutz fand in Liechtenstein erstmals 1926 Eingang in den Gesetzestext, indem diese Thematik im Paragraph 64 der Einführungs- und Übergangsbestimmungen des Personen- und Gesellschaftsrechts unter dem Titel „Tierquälerei" angesprochen wurde. „Diese Gesetzesbestimmung reichte jedoch nicht hin, um alle Fälle von Tierquälereien strafen zu können und die Behörden mussten oft auf ein Eingreifen verzichten, sogerne sie dies im Interesse des Tieres getan hätten,", soweit die Regierung wörtlich in ihrem Antrag an den Landesfürsten zur Sanktionierung des Tierschutzgesetzes vom 22. Jänner 1936. In der Folge trat dieses Gesetz nach vorgängig einstimmigem Landtagsbeschluß am 28. Jänner 1936 in Kraft. Das Gesetz wurde – so die Stellungnahme des damaligen Regierungschefs Dr. J. Hoop – "in Anlehnung an die modernen deutschen Bestimmungen entworfen und sollte der Tierschutzbewegung dienen".

In der Folge sollten mehr als 50 Jahre verstreichen, ehe dieses Gesetz, das primär das Quälen und rohe Mißhandeln von Tieren verbot, durch das heutige Tierschutzgesetz abgelöst wurde.

Tierschutzgesetzgebung – heute

Der Tierschutz in Liechtenstein wird heute im Tierschutzgesetz vom 20. Dezember 1988, LGBl. 1989 Nr. 3, und durch die Verordnung vom 12. Juni 1990 zum Tierschutzgesetz, LGBl. 1990 Nr. 33, geregelt. Die Erlasse sind am 25. Januar 1989 bzw. am 8. August 1990 in Kraft getreten.

Das aktuelle Tierschutzgesetz geht auf einen Auftrag der Regierung vom 10. September 1981 zurück, mit welchem das Veterinäramt angewiesen wird, zuhanden der Regierung einen Vorschlag für die Revision des Tierschutzgesetzes aus dem Jahre 1936 vorzubereiten. Die dazu bestellte Kommission unterbreitete den ausgearbeiteten Entwurf der Regierung Ende 1982. In der Folge vergingen wiederum etliche Jahre, bis die Gesetzesvorlage zur Schaffung eines Tierschutzgesetzes vom 18. Oktober 1988 in einer ersten Lesung vom Landtag beraten wurde.

Anstelle der ursprünglich in Auftrag gegebenen Revision des Tierschutzgesetzes wurde ein völlig neues Gesetz vorgelegt, das die Bestimmungen aus dem Jahre 1936 ersetzen sollte. Als wesentliche Beweggründe wurden mehrere Aspekte ins Feld geführt. So wurde erkannt, daß das bisherige Gesetz weite Teile eines den zeitgemäßen Auffassungen entsprechenden Tierschutzes nicht erfaßte. Es wurde festgestellt, daß der zwischenzeitlich stattgefundene Gesellschaftswandel auch einen Wandel in der Beziehung Mensch-Tier mit sich gebracht hatte.

Wenngleich im alten Gesetz wie auch in der ausgearbeiteten Vorlage die Schutzbedürftigkeit des Tieres in den Vordergrund gestellt wurde, sollten sich die Tierschutzvorschriften nun mehr auch auf die Kenntnisse der Lebensvorgänge bei den Tieren einerseits, ihres Verhaltens und der unterschiedlichen Bedingungen und unterschiedlichen Situationen sowie ihrer Beziehungen zur Umwelt andererseits abstützen.

Ein weiteres Motiv für ein neues Tierschutzgesetz in Liechtenstein wurde im Bereich der internationalen Abkommen gesehen. So wurde auf den Beitritt Liechtensteins zum Übereinkommen vom 3. März 1973 über den internationalen Handel mit gefährdeten Arten freilebender Tiere und Pflanzen (LGBl. 1980 Nr. 63) sowie das Übereinkommen vom 19. September 1979 über die Erhaltung der europäischen wildlebenden Pflanzen und Tiere und ihrer natürlichen Lebensräume (LGBl. 1982 Nr. 42) hingewiesen. Mit dem neuen Tierschutzrecht sollte auch diesen Übereinkommen Rechnung getragen werden.

Schließlich fanden auch Erwägungen ihre Berücksichtigung, wonach gegenüber der Schweiz abweichende Mindestanforderungen an die Haltung von Tieren zu Wettbewerbsverzerrungen im gleichen Wirtschaftsraum führen könnten. Neben der anerkannten Qualität der schweizerischen Tierschutzgesetzgebung förderten die Berührungspunkte zum Zollvertrag eine Orientierung am schweizerischen Gesetz. Dieser aus dem Jahre 1923 stammende, auch Zollanschlußvertrag genannte Vertrag zwischen dem Fürstentum Liechtenstein und der Schweizerischen Eidgenossenschaft, kundgemacht mit LGBl. 1923 Nr. 24, schließt das Fürstentum Liechtenstein an das schweizerische Zollgebiet an. Deshalb bestehen an der schweizerisch-liechtensteinischen Grenze keine Beschränkungen des Warenverkehrs, es finden die schweizerische Zollgesetzgebung und die übrige Bundesgesetzgebung Anwendung, soweit der Zollanschluß ihre Anwendung bedingt (wie z.B. Tierseuchen-, Lebensmittelgesetzgebung). In Ansehung dieser Bestimmungen kommt daher dem Fürstentum Liechtenstein in diesen Belangen auch die gleiche Rechtsstellung zu wie den schweizerischen Kantonen.

Die erwähnten Berührungspunkte wurden vor allem in den Bereichen der Tierhaltung, des Handels und der Werbung mit Tieren und der Tiertransporte gesehen.

Abweichungen vom schweizerischen Tierschutzgesetz

Während Zweck und Geltungsbereich des liechtensteinischen Tierschutzgesetzes mit dem schweizerischen deckungsgleich sind, findet sich bei den im Art. 2 postulierten Grundsätzen im Umgang mit Tieren kein Vorbehalt zugunsten des Verwendungszwecks.

In Art. 3 wird der Vorbehalt der übrigen Gesetzgebung erwähnt, wobei im Abs. 2 speziell festgehalten wird, daß die aufgrund des Zollvertrages in Liechtenstein anwendbaren Vorschriften vorbehalten bleiben. Da der Tierschutz an sich nicht Gegenstand des Zollvertrages ist, stellen solche Bestimmungen die Ausnahme dar und beziehen sich in erster Linie auf grenzüberschreitende Sachbereiche, wie die Ein-, Aus- und Durchfuhr oder etwa auch die Tierseuchengesetzgebung.

Bei den im Art. 4 geregelten gemeinsamen Bestimmungen wird die im schweizerischen Vorbild postulierte, angemessene Ernährung, Pflege und Unterbringung dahingehend präzisiert, daß diese art-, rasse- und altersspezifisch durch denjenigen zu erfolgen habe, der ein Tier hält oder betreut. Mit Abs. 4 des gleichen Artikels fließt eine Bestimmung ein, welche im weitesten Sinne auch den Schutz des Menschen, beschränkt auf den Bereich der Tierhaltung, stipuliert. Diese Regelung entspricht nicht der Zweckbestimmung des Gesetzes, ist in dieser Form aber Ausdruck eines Kompromisses, nachdem bei der Gesetzesberatung die Ergänzung des Zweckartikels (Art. 1) um den „Schutz von Menschen vor Gefahren, die sich aus der Tierhaltung ergeben" gefordert wurde.

Die Kompetenz der Regierung, bestimmte Haltungsarten zu verbieten entspricht der schweizerischen Regelung, wogegen eine Bewilligungspflicht für das Anpreisen und Verkaufen seriemäßig hergestellter Aufstallungssysteme und Stalleinrichtungen zum Halten von Nutztieren entsprechend Art. 5 des schweizerischen Gesetzes realistischerweise nicht vorgesehen wurde. Aufgrund des Zollanschlußvertrages ergibt sich, daß liechtensteinische Hersteller oder Importeure von Stalleinrichtungen eine Bewilligung des schweizerischen Bundesamtes für Veterinärwesen benötigen, wenn sie solche Systeme und Einrichtungen im schweizerisch-liechtensteinischen Wirtschaftsraum anpreisen oder verkaufen wollen.

Generell ist im übrigen festzustellen, daß überall dort, wo der liechtensteinischen Regierung eine Regelungskompetenz eingeräumt wird, diese im analogen schweizerischen Gesetz dem Bundesrat (schweizerische Regierung) zusteht.

Im Art. 8 werden der gewerbsmäßige Handel mit Tieren und das Verwenden lebender Tiere zur Werbung der Bewilligungspflicht durch die Regierung unterstellt. Die Einschränkung des Handels mit Primaten und Raubkatzen auf anerkannte Zoologische Gärten und Tierparks – wie im schweizerischen Tierschutzgesetz enthalten – fehlt im Gesetz. Die entsprechend restriktive Regelung findet sich, gestützt auf die diesbezügliche Verordnungskompetenz der Regierung, im Kapitel „Handel und Werbung mit Tieren" der Tierschutzverordnung.

Im Art. 9 wird der internationale Handel geregelt und die Regierung mit Kompetenzen ausgestattet, welche zum Zeitpunkt des Gesetzeserlasses aufgrund des Zollanschlußvertrages bereits an die Schweiz abgetreten worden waren. Diese Regelung war getroffen worden, obwohl Liechtenstein im Zusammenhang mit der Hinterlegung der Beitrittsurkunde zum Washingtoner Artenschutzabkommen vom 3. März 1973 dem eidgenössischen Departement für auswärtige Angelegenheiten zu Händen der Verwahrregierung mitgeteilt hatte, daß das Bundesamt für Veterinärwesen (damals Eidgenössisches Veterinäramt) der Schweiz die auch für Liechtenstein zuständige Vollzugsbehörde im Sinne von Art. 9 des Übereinkommens sei. Eigenständige liechtensteinische Erlasse durch die mit Art. 9 Tierschutzgesetz ermächtigte Regierung hätten sich daher zum damaligen Zeitpunkt erübrigt bzw. wären – bei allfälligen Abweichungen vom schweizerischen Recht – geeignet gewesen, Rechtsunsicherheiten zu schaffen. Im Lichte der zwischenzeitlich erfolgten Änderung des Zollvertrages ist dieser mögliche Konfliktpunkt unter einem anderen Blickwinkel zu sehen.

Mit dem „Vertrag zwischen dem Fürstentum Liechtenstein und der Schweiz betreffend Ergänzung des Vertrags vom

29. März 1923 über den Anschluß des Fürstentums Liechtenstein an das schweizerische Zollgebiet" wird nämlich festgehalten, daß durch letzteren das Recht des Fürstentums Liechtenstein nicht eingeschränkt wird, selbst Vertragsstaat internationaler Übereinkommen oder Mitglied internationaler Organisationen zu sein, denen die Schweiz angehört.

Durch die Delegation eines leitenden liechtensteinischen Beamten in die schweizerische Fachkommission Artenschutz (im Sinne von Art. 9 Abs. 1 Bst. b des genannten CITES-Übereinkommens) wurde jedoch während all der Jahre das in Art. 9 Tierschutzgesetz inhärente Konfliktpotential pragmatisch gehandhabt.

Bezüglich der in Art. 11 geregelten Betäubungspflicht ist das liechtensteinische Tierschutzgesetz gegenüber der schweizerischen Regelung strenger, indem kein Vorbehalt zugunsten von Tierversuchen gemacht wird.

Der die Tierversuche regelnde Art. 12 ist strenger als die schweizerische Regelung. Im Gegensatz zur Schweiz verbietet Liechtenstein grundsätzlich Tierversuche, die dem Versuchstier Schmerzen bereiten, es in schwere Angst versetzen oder sein Allgemeinbefinden erheblich beeinträchtigen. Abgesehen von der Kompetenz der Regierung, Ausnahmen zuzulassen, sind allerdings auch Tierversuche ohne schmerzverursachende Eingriffe, d.h. Eingriffe in Narkose, Elektroschock, Applikation von Prüfsubstanzen etc., ohne weiteres, d.h. ohne spezifische Bewilligung, zulässig.

Bei genauer Analyse vermag diese Regelung aus heutiger Sicht nicht ganz zu befriedigen. Entweder wäre das Verbot weiterzufassen, indem alle in die Definition Tierversuche fallenden Eingriffe verboten würden oder dann für Tierversuche, die von Abs. 1 nicht erfaßt sind, weil sie dem Versuchstier zwar ausschaltbare Schmerzen bereiten, es jedoch nicht in schwere Angst versetzen oder sein Allgemeinbefinden erheblich beeinträchtigen, eine Bewilligungspflicht vorzusehen. Diese Lücke wirkt sich insofern praktisch nicht aus, da in Liechtenstein keine Industrie ansässig ist, die auf die Ausführung von Tierversuchen angewiesen ist.

Retrospektiv betrachtet, wurde die maßgebliche Bestimmung wegen des grundsätzlichen Verbots der in der Schweiz bewilligungspflichtigen Tierversuche kontrovers diskutiert. Ausdrücklich wurde in der damaligen Auseinandersetzung um diesen Artikel darauf hingewiesen, daß der Entscheid, ob Tierversuche zugelassen werden sollen oder nicht, beim liechtensteinischen Gesetzgeber liegt. Es gebe keine Anknüpfungspunkte zum Zollvertrag, wurde argumentiert, und Tierversuche gehörten weder zur Kategorie der Zollmaterien noch zur Kategorie „der übrigen Bundesgesetzgebung, soweit der Zollvertrag ihre Anwendung bedingt". Gemeint war damit Art. 4 Ziffer 2 des schon wiederholt genannten Vertrages vom 29. März 1923 zwischen der Schweiz und Liechtenstein über den Anschluß des Fürstentums Liechtenstein an das schweizerische Zollgebiet (ZV), womit auf die in Liechtenstein anwendbaren schweizerischen bundesrechtlichen Erlasse gemäß Anlage I zum Zollvertrag Bezug genommen wurde. Als Beweis dafür wurde das bis dahin geltende Tierschutzgesetz aus dem Jahr 1936 angeführt, das schon ein Verbot von Eingriffen oder Behandlungen an lebenden Tieren zu Versuchszwecken, die mit Schmerzen oder Schädigungen verbunden sind, ausspruch.

Es wurde darauf hingewiesen, daß

Tierversuche sachliche, organisatorische und personelle Voraussetzungen bedingten, die es in Liechtenstein nicht gibt. Wenn der Gesetzgeber von Tierversuchen absah, ging es dabei nicht um eine Vorreiterrolle. Das Verbot von Tierversuchen habe nichts mit moralischen Verurteilungen anderer Staaten zu tun, wurde auf die Vorhaltung der Heuchelei eingewandt, jedoch sollte die besondere Verantwortung des Menschen gegenüber dem Tier unterstrichen werden.

Letztlich wurde den Bedenken der Volksvertreter gegenüber dem absoluten Tierversuchsverbot insofern entgegengekommen, als am grundsätzlichen Verbot von Tierversuchen festgehalten wurde und in genau bestimmten Fällen davon Ausnahmen zulässig sein sollten (Verbot mit Erlaubnisvorbehalt).

Die Betäubungspflicht beim Schlachten von Säugetieren wird in Art. 13 Abs. 1 postuliert. Für den Fall einer Notschlachtung wird eine Ausnahmeregelung dahingehend getroffen, als die Schlachtung bei unmöglicher Betäubung so vorzunehmen sei, daß dem Tier nicht unnötig Schmerzen zugefügt werden und es nicht unnötig in schwere Angst versetzt wird. Mit diesem Passus sollte besonderen Notfällen besonders im Rahmen des Alpbetriebs Rechnung getragen werden.

Vollzug

Mit der Verfügung der Verwaltungsmaßnahmen des Tierhalteverbots (Art. 16) und dem unverzüglichen Einschreiten bei starker Vernachlässigung oder völlig unrichtiger Haltung von Tieren (Art. 17) wird ursprünglich die Regierung beauftragt; die Schlußbestimmungen enthalten eine Verordnungskompetenz zum Erlaß der notwendigen Durchführungsverordnungen sowie einen Delegationsartikel zur Übertragung der Kontroll- und Durchführungsaufgaben an untergeordnete Amtsstellen.

Mit Art. 56 Abs. 1 der Verordnung vom 12. Juni 1990 zum Tierschutzgesetz wird das Landesveterinäramt mit der Durchführung der Verordnung beauftragt; letztere entspricht bzgl. der materiellen Regelungen mit Ausnahme der fehlenden Bestimmungen über Tierversuche der schweizerischen Tierschutzverordnung. Die weitreichendsten Maßnahmen wurden erst mit Verordnung vom 8. Okt. 1996 über die Abänderung der Verordnung zum Tierschutzgesetz, LGBl. 1996 Nr. 170, an das Landesveterinäramt zur selbständigen Erledigung übertragen. Allerdings können Bewilligungen nach dem Tierschutzrecht durch das Landesveterinäramt ausdrücklich verweigert oder entzogen werden, wenn der Inhaber die Vorschriften über den Tierschutz, den Artenschutz oder die Tierseuchenpolizei erheblich oder wiederholt verletzt hat.

Auf der Grundlage von Art. 8 der Verordnung zum Tierschutzgesetz sind die Pläne von Stallneubauten sowie bewilligungspflichtigen Umbauten im Rahmen des Baubewilligungsverfahrens dem Landesveterinäramt zur Begutachtung vorzulegen. Ebenso ist die Baute nach Fertigstellung zusammen mit dem Aufstallungssystem und den Stalleinrichtungen durch das Landesveterinäramt abnehmen zu lassen; eine Regelung, die in der schweizerischen Tierschutzgesetzgebung fehlt. Bezüglich der Anpassung bestehender Stallungen, Aufstallungssysteme, Einrichtungen und Gehege an die im Anhang der Verordnung enthaltenen Mindestanforderungen wurde eine Übergangsfrist von 5 Jahren ab dem Inkrafttreten (8. August 1990) der Tierschutzverordnung festgelegt. Für erhebliche Abweichungen von den Tierschutzvorschriften konnte die Herstellung des gesetzlichen Zustandes innerhalb einer angemessen verkürzten Frist gefordert werden.

Im Gegensatz zum schweizerischen Tierschutzgesetz werden die Befugnisse der nach dem Delegationsprinzip beauftragten Amtsstellen nicht im Tierschutzgesetz definiert. Allerdings räumt das Gesetz über die allgemeine Landesverwaltungspflege L.V.G., LGBl. 1922 Nr. 24, im Art. 134 Abs.2 den Verwaltungsorganen das Recht ein, „in fremde Räume einzudringen, darin zu verweilen und sie zu durchsuchen, soweit dem Inhaber gegenüber eine vorzunehmende Amtshandlung es unabweisbar erfordert".

Strafverfahren

Widerhandlungen gegen das Tierschutzgesetz sind vom Landesveterinäramt als Offizialdelikte der FL-Staatsanwaltschaft zur Anzeige zu bringen. Im Gegensatz zum schweizerischen Tierschutzrecht, in welchem der Straftatbestand der Tierquälerei aus dem Strafgesetzbuch übernommen wurde, wurde in Liechtenstein das Vergehen der Tierquälerei im § 222 Strafgesetzbuch belassen. Beachtlich dabei ist, daß unter Tierquälerei nicht nur die vorsätzliche (i.S. von § 7 Abs. 1 StGB, LGBl. 1988 Nr. 37) rohe Mißhandlung und das Zufügen unnötiger Qualen verstanden wird, sondern daß "genauso derjenige zu bestrafen ist, der auch nur fahrlässig, im Zusammenhang mit der Beförderung einer grösseren Anzahl von Tieren diese dadurch, daß er Fütterung oder Tränke unterlässt, oder auf andere Weise längere Zeit hindurch einem qualvollen Zustand aussetzt". Das maximale Strafausmaß beträgt dabei Freiheitsstrafe bis zu einem Jahr oder Geldstrafe bis zu 360 Tagessätzen.

Demgegenüber werden Zuwiderhandlungen gegen das Tierschutzgesetz – sofern nicht durch die Vornahme einzelner verbotener Handlungen an Tieren im Sinne von Art. 15 des Gesetzes bzw. von Art. 55 der Verordnung zum Tierschutzgesetz oder andere Übergriffe gegenüber dem Tier (s.o.) der Straftatbestand der Tierquälerei vorliegt – wegen Übertretung vom Landgericht bestraft. Das Strafausmaß beträgt bei fahrlässiger Begehung bis zu CHF 10'000.- im Nichteinbringlichkeitsfall bis zu einem Monat Freiheitsstrafe bzw. bei vorsätzlicher Begehung bis zu CHF 20'000.- im Nichteinbringlichkeitsfalle bis zu drei Monaten Freiheitsstrafe. Ein allfälliger Rechtszug erfolgt an das fürstliche Obergericht, bzw. unter bestimmten Voraussetzungen an den obersten Gerichtshof.

Literatur

Tierschutzgesetz vom 20. Dezember 1988, LGBl. 1989 Nr. 3.
Verordnung vom 12. Juni 1990 zum Tierschutzgesetz, LGBl. 1990 Nr. 33.
Verordnung vom 8. Okt. 1996 über die Abänderung der Verordnung zum Tierschutzgesetz, LGBl. 1996 Nr. 170.
Vertrag zwischen der Schweiz und Liechtenstein über den Anschluß des Fürstentums Liechtenstein an das schweizerische Zollgebiet, LGBl. 1923 Nr. 24.
Die Landesgesetzblätter können bei der Regierungskanzlei, Im Städtle 49, FL – 9490 Vaduz, bezogen werden.

- bei Importen von Kälbern aus Drittländern Erfordernis der Bescheinigung der bisherigen tierschutzgerechten Haltung auf Niveau der Richtlinie;
- bis Januar 2006 Vorlage eines aktuellen wissenschaftlichen Berichts durch die Kommission, evtl. mit Revisionsvorschlägen zur Richtlinie.

- EG-Richtlinie zum Schutz von Schweinen (1991)
- für den Regelfall Mindestbodenflächen für Gruppenhaltung (Übergangszeit bis Ende 2005 möglich) und Eberhaltung;
- Verbot des Neubaus von Anbindehaltungen;
- Absonderungsmöglichkeit mit Einstreu für kranke oder verletzte Tiere;
- Festlegung des Tier/Freßplatz-Verhältnisses, ab Alter von 2 Wochen Zugang zu Wasser oder anderen Flüssigkeiten;
- Angebot von Stroh oder anderem Material zur Beschäftigung;
- Kontrolle der Tiere und Anlagen sowie Fütterung mindestens einmal täglich;
- Mindestabsetzalter über 3 Wochen;
- Höchstalter für das betäubungslose Kastrieren männlicher Ferkel 4 Wochen;
- Schwanzkürzen und Abkneifen der Zähne nur, wenn Schäden aufgetreten sind, Zahnabkneifen innerhalb der ersten 7 Tage;
- bei Importen von Schweinen aus Drittländern Erfordernis der Bescheinigung der bisherigen tierschutzgerechten Haltung auf Niveau der Richtlinie;
- bis Oktober 1997 Vorlage eines aktuellen wissenschaftlichen Berichts durch die Kommission, evtl. mit Revisionsvorschlägen zur Richtlinie.

- EG-Richtlinien zum Schutz von Tieren beim Transport (1991 und 1995)
- Gilt grundsätzlich für alle Tiere außer:
  - einzelne von einer Betreuungsperson begleitete Tiere,
  - Heimtiere in Begleitung des Besitzers auf privater Reise,
  - nichtkommerzielle Transporte, auch im Rahmen der Wanderhaltung
  - Transporte bis zu einer Strecke von 50 km,
- transportunfähig:
  - schwer erkrankte oder verletzte Tiere, außer bei Transport zu wissenschaftlichen Zwecken,
  - Säugetiere unmittelbar vor und bis 48 Stunden nach der Geburt, junge Nutztiere mit noch nicht abgeheiltem Nabel und andere noch nicht entwöhnte Säugetiere ohne Muttertier
- bei Erkrankung, Verletzung während des Transports erforderlichenfalls Behandlung oder Tötung;
- Sicherstellung sachkundiger Betreuung während des Verbringens und bei Ankunft am Bestimmungsort;
- Mitführen eines Transportplans bei mehr als 8stündigem Transport von Hausrindern, -schafen, -ziegen, -schweinen und -einhufern in andere Mitgliedstaaten oder Drittländer;
- Kennzeichnung der Tiere und Mitnahme von Dokumenten (Inhalt: Herkunft und Eigentümer, Versand- und Bestimmungsort, Zeit des Versandes);
- Registrierung der Tiertransportunternehmen, Genehmigungspflicht für Wirbeltiertransporteure;
- Kontrollen (nach Richtlinien 90/425/EWG und 91/496/EWG): innergemeinschaftlich in repräsentativem Umfang während des Transports auf der Straße, am Versand- und Empfangsort, systematisch an Drittlandsgrenzen;
- Ein- oder Durchfuhr aus Drittländern nur entsprechend Anforderungen der Richtlinie;
- mögliche Maßnahmen bei Verstößen:

Mitgliedstaaten das Übereinkommen ratifiziert haben (Schlachttiere, Versuchstiere).

Tierschutzvorschriften können grundsätzlich in Form von Verordnungen oder Richtlinien erlassen werden. Verordnungen gelten unmittelbar in jedem Mitgliedstaat und sind in allen ihren Teilen verbindlich. Sie werden immer dann gewählt, wenn eine einheitliche Umsetzung besonders wichtig ist, so beispielsweise im Fall der Kennzeichnungsvorschriften. Im unmittelbaren Tierschutzrecht wird in der Regel die Form der Richtlinie verwendet. Diese ist nur im Hinblick auf das zu erreichende Ziel verbindlich und wird für die Bürger/innen erst nach ihrer Umsetzung in nationales Recht wirksam. Den Mitgliedstaaten bleibt hierbei ein gewisser Spielraum hinsichtlich Form und Mittel der nationalen Umsetzung erhalten. Zudem dürfen die nationalen Vorschriften in der Regel strenger sein, im Grundsatz jedoch nur, wenn sie lediglich den Bürgern des betreffenden Mitgliedstaates Beschränkungen auferlegen. Dagegen kann z. B. das Inverkehrbringen eines Produktes, dessen Gewinnung in Deutschland tierschutzwidrig wäre, das aber in einem anderen Mitgliedstaat rechtmäßig produziert wurde, wie Gänseleberpastete, nicht beschränkt werden.

■ Wichtige Bestimmungen der EG-Richtlinien zum Tierschutz

- ■ EG-Richtlinie zum Schutz von Legehennen in Käfigbatteriehaltung (1988)
- Anforderungen an Beschaffenheit und Höhe des Käfigs, Neigung des Käfigbodens;
- Mindestbodenfläche pro Huhn 450 cm^2;
- Mindestlänge des Futtertroges pro Tier (10 cm);
- Mindestzahl der Tränkstellen (2 pro Käfig oder Wasserrinne mit Länge wie oben);
- grundsätzlich täglich Zugang zu Futter und jederzeit zu Wasser;
- Beleuchtung muß tägliche Ruhezeit durch Verminderung der Lichtstärke zulassen;
- Kontrolle der Tiere und Anlagen mindestens einmal täglich;
- bis 1993 Vorlage eines aktuellen wissenschaftlichen Berichts durch die Kommission, evtl. mit Revisionsvorschlägen zur Richtlinie – ist bisher nicht erfolgt.

- ■ EG-Richtlinie zum Schutz von Kälbern (1991 und 1997)
- Einstreu für bis zu 2 Wochen alte Kälber;
- für den Regelfall Mindestboxen- und -standmaße (Übergangszeit bis maximal Ende 2003);
- in der Regel Gruppenhaltung über 8 Wochen alter Kälber (ab 1998 bei neuen, 2007 bei alten Anlagen);
- Verbot der Anbindehaltung (ab 1998);
- Absonderungsmöglichkeit mit Einstreu für kranke oder verletzte Tiere;
- mindestens täglich 8 Stunden Beleuchtung;
- Fütterung und Kontrolle der Tiere mindestens zweimal (ab 1998), der Anlagen sowie von Tieren in Weidehaltung einmal täglich;
- ab Alter von 2 Wochen Zugang zu Wasser oder – außer bei Hitze und Krankheit (ab 1998) – anderen Flüssigkeiten;
- Sicherung der Eisenversorgung, Ziel: Mindesthämoglobinwert: 4,5 mmol/l Blut (ab 1998);
- ab Alter von 2 Wochen tägliche Gabe von mindestens 50 g faserigem Rauhfutter (ab 1998);

dings nur insoweit, wie es mit den oben genannten wirtschaftlichen Zielsetzungen zu begründen und außerdem mit dem Prinzip der Subsidiarität zu vereinbaren ist. Nach Artikel 3b des EG-Vertrages wird die Gemeinschaft nämlich in den Bereichen, die nicht in ihre ausschließliche Zuständigkeit fallen, nach dem Subsidiaritätsprinzip nur tätig, "sofern und soweit die Ziele der in Betracht gezogenen Maßnahmen auf Ebene der Mitgliedstaaten nicht ausreichend erreicht werden können und daher wegen ihres Umfangs oder ihrer Wirkung besser auf Gemeinschaftsebene erreicht werden können." Tierschutzregelungen zur Heimtierhaltung sind daher auf Gemeinschaftsebene beispielsweise nicht zu erwarten. Auch ein Vorschlag (91/C 249/03) der Kommission für eine Richtlinie des Rates zur Festlegung von Mindestnormen zur Haltung von Tieren in Zoos (Amtsblatt der Europäischen Gemeinschaften – ABl. – EG Nr. C 249 S. 14) wurde wegen zweifelhafter Rechtsgrundlage sowie in Hinsicht auf das Subsidiaritätsprinzip zurückgezogen und soll nun lediglich als Empfehlung verabschiedet werden.

Dagegen existieren Gemeinschaftsregelungen zum Schutz von Tieren in landwirtschaftlichen Tierhaltungen, beim Transport, bei der Schlachtung sowie von Tieren, die zu wissenschaftlichen Zwecken verwendet werden.

Mit Ausnahme der Versuchstierregelung wurden die Tierschutz-Richtlinien gestützt auf Artikel 43 des EG-Vertrages erlassen. Dies stellt sie in den Rahmen der Gemeinsamen Agrarpolitik und legt das Verfahren der Rechtsetzung fest: Der Rat erläßt auf Vorschlag der Kommission und nach Anhörung des Europäischen Parlaments mit qualifizierter Mehrheit Richtlinien oder Verordnungen. Bei diesem Abstimmungsverfahren werden die Stimmen der Mitgliedstaaten entsprechend ihrer Größe gewogen; die größten haben jeweils 10, der kleinste hat 2 Stimmen. Beschlüsse kommen zustande mit mindestens 62 der 87 im Rat vertretenen Stimmen.

Die Bestimmungen zum Schutz von Versuchstieren wurden, wie es die Langfassung der Richtlinienbezeichnung nahelegt, auf Artikel 100 des EG-Vertrages gestützt, der sich auf die Angleichung derjenigen Rechts- und Verwaltungsvorschriften der Mitgliedstaaten bezieht, die sich unmittelbar auf die Errichtung oder das Funktionieren des Gemeinsamen Marktes auswirken. Der Rat kann hierzu auf Vorschlag der Kommission und nach Anhörung des Europäischen Parlaments sowie des Wirtschafts- und Sozialausschusses (einem beratenden Ausschuß mit Vertretern des wirtschaftlichen und sozialen Lebens) einstimmig Richtlinien erlassen. Diese Rechtsgrundlage bewirkt gleichzeitig, daß die Bestimmungen nur Anwendung finden auf Tierversuche im Rahmen einer wirtschaftlichen Betätigung, nicht aber auf solche im Rahmen beispielsweise universitärer Grundlagenforschung oder Ausbildung. Allerdings haben sich die Mitgliedstaaten in einer Entschließung (86/C 331/01 vom 24. November 1986, ABl. EG Nr. C 331 S. 1) verpflichtet, die Anforderungen für den Bereich der Lehre und Ausbildung den Bestimmungen der Richtlinie anzupassen.

Zur Begründung der gemeinschaftlichen Tierschutzvorschriften werden auch die jeweiligen Europarats-Übereinkommen angeführt, denen zum Teil alle Mitgliedstaaten (Haltung landwirtschaftlicher Nutztiere und Transport) und die Gemeinschaft selbst (Haltung landwirtschaftlicher Nutztiere) beigetreten sind oder die die EG genehmigt hat und denen sie beitreten wird, sobald alle

Tierschutzregelungen in der Europäischen Union

U. KNIERIM

■ Historischer Abriß

Mit dem Inkrafttreten des Vertrages über die Europäische Union am 1. November 1993 wurde ein weiterer Schritt auf dem Weg der europäischen Integration getan. Grundlagen der Europäischen Union sind nach dem Vertrag von Maastricht vom 7. Februar 1992 drei „Säulen": die gemeinsame Außen- und Sicherheitspolitik, die Zusammenarbeit in der Justiz- und Innenpolitik und die Europäischen Gemeinschaften (wiederum drei: Europäische [Wirtschafts-] Gemeinschaft, Europäische Gemeinschaft für Kohle und Stahl [EGKS] und Europäische Atomgemeinschaft, deren Organe seit 1967 miteinander verschmolzen sind). Den Rahmen für die Aufgaben und Tätigkeiten der Gemeinschaften legen die Römischen Verträge bzw. der EGKS-Vertrag von Paris fest. Der Vertrag zur Gründung der Europäischen Wirtschaftsgemeinschaft (EWG) wurde in Rom am 25. März 1957 abgeschlossen und durch den Vertrag über die Europäische Union teilweise geändert und ergänzt sowie umbenannt zum EG-Vertrag.

Die Europäische Union besitzt keine eigene Rechtspersönlichkeit. Rechtsetzungsakte der Gemeinschaften werden weiterhin auf die bestehenden Verträge gestützt; es handelt sich also um Rechtsakte der jeweiligen Gemeinschaft. Daher wird im Zusammenhang mit Richtlinien oder Verordnungen nach wie vor beispielsweise die Abkürzung "EG" verwendet, während im Hinblick auf das politische Gebilde von der „EU" gesprochen wird.

Als Aufgabe der Europäischen Gemeinschaft wird im EG-Vertrag vor allem die Förderung eines harmonischen und ausgewogenen Wirtschaftslebens genannt (Artikel 2). Hierzu erläßt sie unter anderem Rechtsvorschriften zur Sicherung des freien Warenverkehrs und zur Vermeidung von Wettbewerbsverzerrungen innerhalb des Binnenmarktes sowie zur Angleichung innerstaatlicher Vorschriften, soweit dies für das Funktionieren des Gemeinsamen Marktes erforderlich ist (Artikel 3).

■ Tierschutz in der EG

Der Tierschutz gehört bisher nicht zu den Zielen des EG-Vertrags, auch wenn durch eine in der Schlußakte des EU-Vertragswerks enthaltene Erklärung der Regierungskonferenz von Maastricht der politische Stellenwert des Tierschutzes auf EG-Ebene hervorgehoben wird:

"Die Konferenz ersucht das Europäische Parlament, den Rat und die Kommission sowie die Mitgliedstaaten, bei der Ausarbeitung und Durchführung gemeinschaftlicher Rechtsvorschriften in den Bereichen Gemeinsame Agrarpolitik, Verkehr, Binnenmarkt und Forschung den Erfordernissen des Wohlergehens der Tiere in vollem Umfang Rechnung zu tragen."

Gemeinschaftsvorschriften für den Schutz von Tieren gibt es seit 1974, aller-

Rücksendung, Unterbringung der Tiere und Versorgung, Tötung der Tiere;
- Planung, EDV-gestütztes Datenverbundsystem ANIMO zur Unterstützung der Kontrollen nutzen;
- in Anhängen Anforderungen an Transportbedingungen entsprechend Europäischem Übereinkommen zum Schutz von Tieren beim Transport, mit Anforderungen an Transportmittel, Verladeeinrichtungen, Raumangebot, Betreuung der Tiere; detaillierte Vorschriften über
  - Ladedichten für Pferde, Rinder, Schafe, Ziegen, Schweine und Geflügel bei Transport auf Straße, Schiene, Luft- und Seeweg,
  - Zeitabstände für Füttern und Tränken sowie Fahrt- und Ruhezeiten für Hausrinder, -schafe, -ziegen, -schweine und -einhufer außer beim Lufttransport (hier gelten die Bestimmungen der International Air Transport Association – IATA),
  - Ausstattung der Transportmittel für o.g. Tiere; bei Nichterfüllen in jedem Fall Ruhezeit von 24 Stunden mit Entladen und Versorgen nach 8 Stunden Transport,
  - Möglichkeit der absoluten Transportzeitbegrenzung auf acht Stunden für nationale Transporte in Transportmitteln, die o.g. Anforderungen nicht erfüllen,
- Anforderungen an Versorgungsstationen (ab 1999) in Ratsverordnung von 1997 festgelegt.

■ EG-Richtlinie zum Schutz von Tieren zum Zeitpunkt der Schlachtung oder Tötung (1993)
- Anzuwenden auf Tiere aus Zucht und Haltung, die der Gewinnung von Fleisch, Häuten, Pelzen oder sonstigen Erzeugnissen dienen, im besonderen Einhufer, Wiederkäuer, Schweine, Kaninchen, Geflügel und Pelztiere;
- Ausnahmen: Jagd, Tötungen im Rahmen wissenschaftlich-technischer Versuche, kultureller oder sportlicher Veranstaltungen;
- zielt auf Vermeidung von Schmerzen, Leiden, Aufregung durch:
  - Anforderungen an das Entladen, die Unterbringung und Betreuung der Tiere in Schlachthöfen (Ausnahmen bei kleinen Schlachthöfen möglich),
  - Anforderungen an bauliche Ausstattung und Wartung der Schlachthöfe,
  - Anforderungen an das Ruhigstellen der Tiere für die Betäubung, zielt auf möglichst schmerzfreie Tötung,
  - in der Regel Erfordernis der Betäubung vor der Schlachtung (mögliche Ausnahmen: Hausschlachtungen von Geflügel und Kaninchen, Notschlachtungen und rituelle Schlachtungen),
  - in der Regel zulässige Betäubungs- und Tötungsverfahren: Bolzen- und Kugelschuß, stumpfer Schuß-Schlag, Elektro- und Kohlendioxidbetäubung – weitere Verfahren können zugelassen werden,
  - Anforderungen an die Durchführung der o.g. Verfahren,
  - Anforderungen an technische Ausstattung der Schlachthöfe, z. B. Kontrollinstrumente für wichtige Betäubungsparameter bei Elektro- und Gasbetäubung, Wartung der Geräte,
  - Sicherstellung einer Tötung noch unter der Betäubung durch sofortiges Entbluten, weitere Handhabung des Schlachtkörpers erst nach vollständigem Entbluten,
  - Tötung von Pelztieren durch Bolzenschuß mit sofort anschließendem Entbluten, Injektion eines Betäu-

bungsmittels, Kohlenmon- oder -dioxid, – Chloroformexposition zulässig – weitere Verfahren können zugelassen werden,
- Anforderungen an das Töten von Eintagsküken (im Homogenisator oder mit Kohlendioxid) und Embryonen in Brutrückständen (im Homogenisator).

- EG-Richtlinie zum Schutz der für Versuche und andere wissenschaftliche Zwecke verwendeten Tiere (1986)
- Anzuwenden auf Wirbeltiere und auf Versuche zu Zwecken der Entwicklung, Herstellung, Qualitäts-, Wirksamkeits- und Unbedenklichkeitsprüfung von Arznei- und Lebensmitteln sowie anderen Stoffen oder Produkten;
- zielt auf:
  - Begrenzung der Anzahl der verwendeten Tiere, besonders der sinnesphysiologisch höher entwickelten Tiere,
  - weitgehende Verwendung speziell für Tierversuche gezüchteter und gekennzeichneter Tiere,
  - Begrenzung der Schmerzen, Leiden, Ängste und dauerhaften Schäden,
- durch:
  - Verpflichtung zur Abwägung der Unerläßlichkeit von Versuchsvorhaben,
  - größtmögliche gegenseitige Anerkennung von Versuchsergebnissen und Förderung von Alternativmethoden,
  - tierschutzgerechte Unterbringung in Zucht, Vorratshaltung und Versuch (konkrete Empfehlungen hierzu im Anhang),
  - sachkundige Pflege und Behandlung der Tiere (konkrete Empfehlungen im Anhang),
  - möglichst weitgehend Betäubung, Analgesie oder schmerzlose Tötung,
- Benennung verantwortlicher Personen,
- Meldepflicht in bezug auf Tierversuche oder Versuchsansteller,
- Registrierung der Zucht-, Liefer- und Verwendereinrichtungen,
- Aufzeichnungspflicht,
- Erhebung der Versuchstierzahlen,
- Anhang mit empfehlendem Charakter entsprechend Europäischem Übereinkommen zum Schutz der für Versuche und andere wissenschaftliche Zwecke verwendeten Wirbeltiere mit Anforderungen an Beschaffenheit der Räumlichkeiten, Raumklima, Größe und Beschaffenheit von Käfigen, Ernährung und sonstige Betreuung einschließlich schmerzloser Tötung.

Weitere für den Tierschutz wichtige Gemeinschaftsregelungen

Nach den EG-Kennzeichnungsverordnungen für Eier (1991), Geflügelfleisch (1993) und Erzeugnisse aus ökologischem Landbau (1991) ist es möglich, die entsprechenden tierischen Erzeugnisse besonders zu kennzeichnen, soweit sie aus bestimmten Haltungen stammen. Zur Zeit (Juli 1997) ist allerdings die Ergänzung der "Öko-Verordnung" hinsichtlich tierischer Erzeugnisse noch nicht erfolgt, ein Entwurf wird diskutiert.

Bei Übereinstimmung mit den festgelegten Haltungskriterien gibt es für Eier die Kennzeichnungsmöglichkeiten „Freilandhaltung", „intensive Auslaufhaltung", „Bodenhaltung", „Volierenhaltung" oder "Batteriehaltung" und für Geflügelfleisch die Bezeichnungen „bäuerliche Freilandhaltung", „bäuerliche Auslaufhaltung", „Auslaufhaltung" oder "extensive Bodenhaltung".

Da es sich um Vermarktungsnormen

und nicht um Tierschutzbestimmungen handelt, sind die festgelegten Haltungskriterien nicht sehr detailliert und werden aus diesem Grund oft als unzureichend kritisiert. Auch wenn manche Änderung und Ergänzung hier wünschenswert wäre, so sollte im Grundsatz die große Bedeutung für die Förderung des Tierschutzes nicht verkannt werden, denn eine nachvollziehbare und kontrollierte Kennzeichnung eröffnet den Verbraucher/innen die Möglichkeit, gezielt Produkte aus tierfreundlicheren Haltungen zu kaufen und diese dadurch zu unterstützen.

Literatur

Rechtsquellen
Haltung von Tieren
Richtlinie 88/166/EWG des Rates vom 7. März 1988 betreffend das Urteil des Gerichtshofes in der Rechtssache 131/86 (Nichtigerklärung der Richtlinie 86/113/EWG des Rates vom 25. März 1986 zur Festsetzung von Mindestanforderungen zum Schutz von Legehennen in Käfigbatteriehaltung) (ABl. EG Nr. L 74 S. 83)
Richtlinie 91/630/EWG des Rates vom 19. November 1991 über Mindestanforderungen für den Schutz von Schweinen (ABl. EG Nr. L 340 S. 33)
Richtlinie 91/629/EWG des Rates vom 19. November 1991 über Mindestanforderungen für den Schutz von Kälbern (ABl. EG Nr. L 340 S. 28)
Richtlinie 97/2/EG des Rates vom 20. Januar 1997 zur Änderung der Richtlinie 91/629/EWG des Rates vom 19. November 1991 über Mindestanforderungen für den Schutz von Kälbern (ABl. EG Nr. L 25 S. 24)
Entscheidung 97/182/EG der Kommission vom 24. Februar 1997 zur Änderung des Anhangs der Richtlinie 91/629/EWG über Mindestanforderungen für den Schutz von Kälbern (ABl. EG Nr. L76 S. 30).

Transport von Tieren
Richtlinie 91/628/EWG des Rates vom 19. November 1991 über den Schutz von Tieren beim Transport sowie zur Änderung der Richtlinien 90/425/EWG und 91/630/EWG (ABl. EG Nr. L 340 S. 17)
Richtlinie 95/29/EG des Rates vom 29. Juni 1995 zur Änderung der Richtlinie 91/628/ EWG über den Schutz von Tieren beim Transport (ABl. EG Nr. L 148 S. 52)
Verordnung (EG) des Rates zur Festlegung gemeinschaftlicher Kriterien für Aufenthaltsorte und zur Anpassung des im Anhang der Richtlinie 91/628/EWG vorgesehenen Transportplans (wird voraussichtlich Ende Juli 1997 im ABl. EG veröffentlicht)

Töten von Tieren
Richtlinie 93/119/EG des Rates vom 22. Dezember 1993 über den Schutz von Tieren zum Zeitpunkt der Schlachtung oder Tötung (ABl. EG Nr. L 340 S. 21)

Versuchstiere
Richtlinie 86/609/EWG des Rates vom 24. November 1986 zur Annäherung der Rechts- und Verwaltungsvorschriften der Mitgliedstaaten zum Schutz der für Versuche und andere wissenschaftliche Zwecke verwendeten Tiere (ABl. EG Nr. L 358 S. 1)

Kennzeichnungsvorschriften
Verordnung (EWG) Nr. 1274/91 der Kommission vom 15. Mai 1991 mit Durchführungsvorschriften für die Verordnung (EWG) Nr. 1907/90 des Rates über bestimmte Vermarktungsnormen für Eier (ABl. EG Nr. L 121 S. 11), geändert durch Verordnung (EG) Nr. 2401/95 der Kommission vom 12. Oktober 1995 (ABl. EG Nr. L 246 S. 6)
Verordnung (EWG) Nr. 2891/93 der Kommission vom 21. Oktober 1993 zur Änderung der Verordnung (EWG) Nr. 1538/91 mit ausführlichen Durchführungsvorschriften zur Verordnung (EWG) Nr. 1906/90 des Rates über bestimmte Vermarktungsnormen für Geflügelfleisch (ABl. EG Nr. L 263 S. 12)
Verordnung (EWG) Nr. 2092/91 des Rates vom 24. Juni 1991 über den ökologischen Landbau und die entsprechende Kennzeichnung der landwirtschaftlichen Erzeugnisse und Lebensmittel (ABl. EG Nr. L 198 S. 1)

Hinweis:
Verlag des Amtsblattes der Europäischen Gemeinschaft: Amt für amtliche Veröffentlichungen der Europäischen Gemeinschaften, L-2985 Luxemburg.

Tierschutzregelungen des Europarates

A. Steiger

■ Aktivitäten des Europarates im Tierschutz

Der Europarat, die älteste unter den politischen Organisationen Westeuropas (1949 gegründet) mit **Sitz in Straßburg**, umfaßt heute 40 Mitgliedstaaten (Stand im Januar 1997). Neben den 15 Ländern der Europäischen Union (EU) sind dies derzeit Albanien, Andorra, Bulgarien, Estland, Island, Kroatien, Liechtenstein, Lettland, Litauen, Malta, Mazedonien, Moldavien, Norwegen, Polen, Rumänien, Rußland, San Marino, Schweiz, Slowakei, Slowenien, Tschechien, Türkei, Ukraine, Ungarn und Zypern. Im Unterschied zur EU ist der Europarat nicht direkt gesetzgebend für die Mitgliedstaaten, sondern er arbeitet in empfehlendem Sinn Übereinkommen aus, welche von den Mitgliedstaaten unterzeichnet und ratifiziert werden können und, nach einer Ratifikation, in der Regel in die nationale Gesetzgebung umzusetzen sind. Die bisher im Bereich des Tierschutzes vom Europarat ausgearbeiteten Konventionen und gestützt darauf ausgearbeiteten Empfehlungen sind in Tabelle 1 zusammengestellt. Zu allen Übereinkommen gibt es kurze Erläuterungen in Englisch und Französisch.

Die Übereinkommen des Europarates, die jeweils von einem Expertenausschuß, bestehend aus Regierungsbeamten und -beamtinnen und beratenden anderen Expertinnen und Experten der interessierten internationalen Organisationen, ausgearbeitet und vom **Ministerkomitee** des Europarates verabschiedet werden, treten in der Regel sechs Monate, nachdem vier Mitgliedstaaten die Ratifikationsurkunde hinterlegt haben, in Kraft. Originalsprachen sind Englisch und Französisch, die meisten Texte sind bei den nationalen Tierschutzbehörden in Deutschland, der Schweiz und Österreich auch in Deutsch erhältlich.

Alle europäischen Übereinkommen zu Tierschutzfragen folgen im Konflikt zwischen den Interessen des Menschen und jenen der Tiere einem **Mittelweg**. Sie bilden auch in bezug auf die Forderungen der verschiedenen bei der Ausarbeitung beteiligten Staaten Kompromißlösungen. Im gesamteuropäischen Rahmen bilden sie einen Fortschritt, u.a. auch deshalb, weil sie als Modelle für nationale Gesetzgebungen in Ländern dienen können, welche noch keine Tierschutzregelungen erlassen haben.

■ Tiertransporte

Das **Übereinkommen über den Schutz von Tieren auf internationalen Transporten** (13. Dezember 1968) regelt in allgemeinen Grundsätzen und in besonderen Bestimmungen für den Eisenbahn-, Straßen-, Schiffs- und Lufttransport die Tierschutzaspekte beim Transport von Einhufern, Rindvieh, Schafen, Ziegen, Schweinen, ferner von Hausgeflügel und Kaninchen, Hunden und Hauskatzen sowie von anderen Säugetieren und Vögeln und auch von Kaltblütern. Die

Tab. 1 Tierschutzübereinkommen und -empfehlungen des Europarates

Tiertransporte	Europäisches Übereinkommen vom Dezember 1968 über den Schutz von Tieren beim internationalen Transport (und Erläuterungen); dazu von einem Expertenausschuß ausgearbeitet und vom Ministerkomitee des Europarats verabschiedet: – Empfehlung für den Transport von Pferden (1987) – Empfehlung für den Transport von Schweinen (1988) – Empfehlung für den Transport von Rindvieh (1990) – Empfehlung für den Transport von Schafen und Ziegen (1990) – Empfehlung für den Transport von Geflügel (1990) Es ist vorgesehen, das Übereinkommen von 1968 zu revidieren.
Nutztiere	Europäisches Übereinkommen vom März 1976 zum Schutz von Tieren in landwirtschaftlichen Tierhaltungen. Änderungsprotokoll vom Februar 1992 (Ergänzung des Übereinkommens betreffend natürliche oder künstliche Zuchtmethoden, inkl. Gentechnologie, Verabreichen von Stoffen zu nichttherapeutischen Zwecken, Töten von Tieren auf dem Landwirtschaftsbetrieb; mit Erläuterungen). Vom Ständigen Ausschuß des Übereinkommens wurden verabschiedet: – Empfehlung für das Halten von Haushühnern (1995), Ersatz für die frühere Empfehlung für das Halten von Legehennen (1986) – Empfehlung für das Halten von Schweinen (1986) – Empfehlung für das Halten von Rindern (1988), nachträglich Anhang über Kälberhaltung (1993) – Empfehlung für das Halten von Pelztieren (1990) – Empfehlung für das Halten von Schafen (1992) – Empfehlung für das Halten von Ziegen (1992) – Empfehlung für das Halten von Straußen (1997) – Weitere Empfehlungen in Vorbereitung
Schlachttiere	Europäisches Übereinkommen vom Mai 1979 über den Schutz von Schlachttieren (und Erläuterungen); dazu von einem Expertenausschuß ausgearbeitet und vom Ministerkomitee des Europarats verabschiedet – Empfehlungen über Schlachttiere (1991)
Tierversuche	Europäisches Übereinkommen vom März 1986 zum Schutz der zu Versuchen oder anderen wissenschaftlichen Zwecken verwendeten Wirbeltiere (und Erläuterungen); dazu von einem Expertenausschuß ausgearbeitet: – Resolutionen („résolutions") von 1992 und 1993 zur Tierversuchsstatistik und Ausbildung des Personals
Heimtiere	Europäisches Übereinkommen vom November 1987 zum Schutz von Heimtieren (und Erläuterungen); dazu von einem Expertenausschuß ausgearbeitet: – Resolutionen („résolutions") über die Haltung von Wildtieren als Heimtiere (1995), die Zucht von Heimtieren (1995), chirurgische Eingriffe bei Heimtieren (1995)

Regelungen sind relativ allgemein gehalten. 1987–1990 wurden detaillierte Empfehlungen über Tiertransporte ausgearbeitet, welche auch auf nationale Tiertransporte anwendbar sind. Es handelt sich um die **Empfehlung für den Transport von Pferden** (1987), **Schweinen** (1988), **Rindvieh** (1990), **Schafen und Ziegen** (1990) und **Geflügel** (1990). Die 10–25 Seiten umfassenden, sehr detaillierten Texte umfassen eine Präambel, allgemeine Bestimmungen (Maßnahmen vor dem Transport, Laden, Transport, Maßnahmen nach dem Transport), Anhänge über den Bahn-, Straßen-, Luft- und Wassertransport (mit jeweils auch Werten für die maximale Ladedichte, teilweise mit Skizzen zu den Transportboxen, ferner mit Hinweisen auf die Animal life regulations der IATA, der International Air Transportation Association).

Nutztierhaltung

Das **Übereinkommen zum Schutz von Tieren in landwirtschaftlichen Tierhaltungen** (10. März 1976) enthält gemeinsame Bestimmungen zum Schutz landwirtschaftlicher Nutztiere, insbesondere in Intensivhaltungen. Es umfaßt allgemeine Grundsätze für die Haltung, Pflege und Unterbringung von Tieren. Die Bestimmungen des Übereinkommens sind sehr allgemein gehalten. Es wurde deshalb im Rahmen des Übereinkommens ein ständiger Ausschuß (Standing Committee, comité permanent) eingerichtet, dem die Ausarbeitung und Annahme von Empfehlungen (recommendations) an die Vertragsparteien obliegt. Diese Empfehlungen sollen ins einzelne gehende Regelungen für die Anwendung der Grundsatzbestimmungen enthalten. Die Empfehlungen müssen im ständigen Ausschuß einstimmig angenommen werden.

Das Übereinkommen von 1976 wurde 1992 im Rahmen eines Änderungsprotokolls revidiert und ergänzt, indem Regelungen über natürliche und künstliche Zuchtmethoden (inkl. gentechnische Eingriffe), über das Verabreichen von Stoffen zu nichttherapeutischen Zwecken (z.B. Leistungs- bzw. Wachstumsförderer) und über das Töten von Nutztieren auf dem Landwirtschaftsbetrieb (z.B. Pelztiere, Hirsche) in das Übereinkommen aufgenommen wurden. Die **Empfehlungen über Schweine** (1986), **Rindvieh** (1988), **Pelztiere** (1990), **Schafe** (1992), **Ziegen** (1992), **Strauße** (1997) und **Hühner** (1995) enthalten jeweils neben einer Präambel allgemeine Bestimmungen zur Betreuung und Überprüfung der Tiere, zu Gebäuden und Einrichtungen, Management, Eingriffen an den Tieren (Veränderungen des Phäno- und/oder Genotyps). In Anhängen werden beim Schwein Regelungen für Zuchteber, Sauen, Ferkel und Mastschweine aufgeführt. Beim Rindvieh finden sich Anhänge zu Zucht- und Mastbullen, Kühen, Jungvieh und Kälbern. Bei den Pelztieren werden in den Anhängen spezielle Regelungen für Nerze, Iltisse, Füchse, Sumpfbiber, Chinchillas sowie Verfahren für das Töten von Pelztieren aufgeführt. Die Empfehlung über Hühner enthält in den Anhängen spezielle Regelungen zu Legehennen (Käfighaltung, andere Intensivhaltungen, Freilandhaltung), zu Zucht- und Masttieren und zu Tötungsmethoden bei Küken.

Die Regelungen der Empfehlungen werden in der Regel durch die Vertragsstaaten im Rahmen der nationalen Tierschutzgesetzgebungen erfüllt. Obwohl sie Empfehlungen heißen, sind sie durch die Vertragsstaaten der Konvention anzuwenden. Dabei sind die Länder in der Art der Anwendung frei. Die Empfehlungen müssen nicht in die nationale Gesetzgebung übertragen werden, sie können auch im Rahmen der Verwaltungspraxis und durch Informations- und Beratungsprogramme umgesetzt werden (ways of implementing recommendations, 1983). Die Empfehlungen sind auch flexibel formuliert und enthalten neben verpflichtenden Regeln („shall", „must") auch strenge Empfehlungen („should"), schwächere Empfehlungen („should be taken into account", „parties should consider the possibilities", „should wherever possible", „should be avoided", „regard should be paid", „as a general rule ...", „should be aimed at whenever possible"), ferner auch Anstöße für die künftige Entwicklung („endeavours should be made to develop ..."). Diese zum Teil schwachen Formulierungen waren der Preis für eine einstimmige Annahme der Empfehlungen. Der Ausschuß war sich jedoch darin einig, daß die Anforderungen, die nach den Grundsätzen eines zeitgemäßen Tierschutzes eigentlich erfüllt sein sollten, als Ziel genannt sein sollen, wenn auch nur in schwacher Form. Wirtschaftliche Gründe, die gegen Änderungen in der Praxis sprechen, zum Teil auch noch ungenügende wissenschaftliche Grundlagen für verbindliche Regeln und für die Einführung neuer Haltungssysteme, ferner auch unterschiedliche Situationen in den beteiligten Europaratsländern, waren für diese schwachen Formulierungen mitbestimmend.

Die Formulierungen in den Empfehlungen sind auch Ausdruck des zähen Ringens im ständigen Ausschuß des Europarats um das Suchen nach Kompromissen zwischen den ethischen Ansprüchen des Tierschutzes auf der einen Seite und den ökonomischen und politischen Zwängen auf der anderen Seite.

Schlachttiere

Das **Übereinkommen über den Schutz von Schlachttieren** (10. Mai 1979) umfaßt Vorschriften über den Umgang mit den Tieren von der Anlieferung zu den Schlachtanlagen bis zum Schlachten. Es regelt namentlich ihre Unterbringung, die Ruhigstellung und Betäubung vor dem Schlachten sowie den eigentlichen Schlachtvorgang. Die Vorschriften gelten unabhängig vom Ort der Schlachtung. Sie sind somit nicht nur auf eigentliche Schlachtanlagen anwendbar. Im weiteren regelt das Übereinkommen die Anforderungen an das Personal, die Schlachtanlagen sowie an die Einrichtungen zum Ruhigstellen und Betäuben der Tiere. 1991 wurden im Europarat detaillierte **Empfehlungen für das Schlachten von Tieren** ausgearbeitet. Die 15seitige Empfehlung umfasst eine Präambel, Bestimmungen zu Personal, Verhalten der Tiere, Treiben/Behandeln/Ausladen der Tiere, Unterkünften, Pflege, Schlachtung, dabei speziell zu Fixation und Betäubung, mit Skizzen zu Ansatzpunkten mechanischer Betäubungsgeräte (bei Rind, Schwein, Schaf, Ziege und Pferd), Angaben zu Kaninchen, Angaben zu elektrischer Betäubung (inkl. Geflügel), Angaben zu CO_2-Betäubung (beim Schwein), Bestimmungen zum Entbluten.

Tierversuche

Das **Übereinkommen zum Schutz der für Versuche und andere wissenschaftliche Zwecke verwendeten Wirbeltiere** (18. März 1986) regelt die Pflege und Unterbringung der Tiere sowie die Durchführung der Tierversuche. Es regelt namentlich die Anforderungen an Personen, die Tierversuche durchführen, an die Zucht- und Lieferbetriebe für Versuchstiere sowie an die Versuchstierhaltungen. Es enthält sodann detaillierte Vorschriften über die Erstellung der Statistik über Tierversuche. Schließlich werden die Vertragsstaaten aufgefordert, die Versuchsergebnisse gegenseitig anzuerkennen. Richtlinien im Anhang zum Übereinkommen präzisieren die Haltung und Pflege von Versuchstieren und die Gestaltung der Jahresstatistik über Tierversuche. 1992 und 1994 wurden im Europarat detaillierte Resolutionen („résolutions") zum Übereinkommen ausgearbeitet. Die **Resolution zur Auslegung bestimmter Regelungen des Übereinkommens** (von der Multilateralen Konsultation zum Übereinkommen am 27. November 1992 verabschiedet) umfaßt eine Auslegung des Übereinkommens (Art. 1) in bezug auf gentechnisch veränderte Tiere (Festlegen, was als Tierversuch gilt), ferner eine Auslegung in bezug auf Anhang B für die Tierversuchsstatistik (wann ein Versuchstier gezählt wird und wie bei mehrmaliger Verwendung eines Tieres gezählt wird), schliesslich auch Details zur Tierversuchsstatistik. Die **Resolution für die Aus- und Weiterbildung des bei Tierversuchen tätigen Personals** (von der Multilateralen Konsultation des Übereinkommens am 3. Dezember 1993 verabschiedet) beinhaltet Ausbildungsmodelle für 4 Kategorien von Personen, die sich mit Tierversuchen befassen (Tierpflegepersonal, technisches Personal, Versuchsleitende, Versuchstierspezialisten), mit Detailangaben zur Ausbildung.

Heimtiere

Das **Übereinkommen zum Schutz von Heimtieren** (13. November 1987) regelt die Anforderungen an die Haltung, die Zucht, den Handel und den Erwerb von Heimtieren sowie deren Verwendung für Werbung, Ausstellungen und Wettkämpfe. Bestimmte chirurgische Eingriffe werden verboten, und das tierschutzgerechte Töten wird geregelt. Im weiteren schreibt es Maßnahmen zur Reduktion streunender Tiere und zur Förderung der Information und Ausbildung über die Heimtierhaltung vor. Das Übereinkommen verbietet auch das Kupieren der Ohren und des Schwanzes von Hunden. Die Vertragsstaaten können in bezug auf das Verbot des Kupierens des Schwanzes einen Vorbehalt machen, nicht jedoch für das Kupieren der Ohren. Ein Expertenausschuß hat 1995 detaillierte **Resolutionen** ("résolutions") über Wildtiere als Heimtiere, die Zucht von Heimtieren und chirurgische Eingriffe bei Heimtieren ausgearbeitet.

Die **Resolution über chirurgische Eingriffe bei Heimtieren** (von der Multilateralen Konsultation zum Übereinkommen am 10. März 1995 verabschiedet) enthält den Aufruf, Körrichter, Züchter, Tierärzteschaft und Tierhaltende dafür zu sensibilisieren, daß die Eingriffe des Kupierens der Ohren und der Schwänze bei Hunden möglichst unterbleiben, Zuchtorganisationen zur Anpassung der Rassenstandards zu motivieren und schrittweise das Ausstellen und den Verkauf kupierter Tiere zu beenden. Im Anhang werden die Hunderassen aufgeführt, deren Rassestandards in Richtung unkupierte Ohren und Schwänze geändert werden sollten.

In der **Resolution über die Zucht von Heimtieren** (von der Multilateralen Konsultation zum Übereinkommen am 10. März 1995 verabschiedet) werden die abzulehnenden Zuchtformen bei Hunden und Katzen, mit Beispielen von überzüchteten Merkmalen bei bestimmten Rassen, detailliert aufgeführt und in erster Linie die Zuchtorganisationen, die Züchter und Züchterinnen sowie die Richter und Richterinnen aufgerufen, zu Verbesserungen in der Hunde- und Katzenzucht beizutragen, u.a. durch Anpassung der Standards, geeignete Selektion der Tiere sowie durch Informations- und Ausbildungstätigkeiten. In einer kurzen **internationalen Absichtserklärung** (Declaration of intent, 1995) haben die Vertragsstaaten des Übereinkommens, die Fédération Cynologique Internationale, die Fédération Internationale Féline, der Governing Council of the Cat Fancy und die World Cat Federation vereinbart, Zucht und Zuchtstandards von Katzen und Hunden gemäß den Grundsätzen des Übereinkommens zum Schutz der Heimtiere zu verbessern, namentlich zur Verbesserung der Standards in bezug auf chirurgische Eingriffe für ästhetische Zwecke beizutragen, die Einhaltung dieser Standards durch Richter und Züchter zu fördern, zur Ausbildung der Richter und Züchter beizutragen, Maßnahmen gegen das Züchten von Tieren mit belastenden genetischen oder äußerlichen Merkmalen zu treffen und die Öffentlichkeit durch Information zu verantwortungsvoller Tierhaltung anzuhalten.

Die **Resolution über die Haltung von Wildtieren als Heimtiere** (von der Multilateralen Konsultation des Europarats am 10. März 1995 verabschiedet) enthält allgemeine Grundsätze zur Haltung: geeignete Haltung und Pflege, namentlich ausreichend Platz, Strukturierung der Gehege, Ermöglichung des Sozialverhaltens, geeignete Klimabedingungen, ausreichende Kenntnisse des Tierhalters, keine Entweichungsgefahr für die Tiere, Berücksichtigung von Sicherheit und Gesundheit des Menschen. Eine Empfehlung über streunende Heimtiere und die Kennzeichnung von Heimtieren ist in Ausarbeitung.

Literatur

Die Übereinkommen und Empfehlungen des Europarats können in Englisch oder Französisch angefordert werden bei: Council of Europe, Publishing and Documentation Service, F-67006 Strasbourg Cedex. Nachfolgend sind die englischen Titel angegeben.

- European Convention for the protection of animals during international transports (1968, ETS 65), and explanatory report.
  - Recommendation no. R (87) 17 on the transport of horses (1987);
  - Recommendation no. R (88) 15 on the transport of pigs (1988);
  - Recommendation no. R (90) 1 on the transport of cattle (1990);
  - Recommendation no. R (90) 5 on the transport of sheep and goats (1990);
  - Recommendation no. R (90) 6 on the transport of poultry (1990).

- European Convention for the protection of animals kept for farming purposes (1976, ETS 87) and explanatory report; Protocol of Amendment to Convention 87 (1992, ETS 145) and explanatory report.
  - Ways of implementing recommendations adapted by the Standing Committee under Article 9 of the Convention (1983), Secretariat Memorandum prepared by the Directorate of Legal Affairs, T-AP (83).
  - Recommendation concerning pigs (1986);
  - Recommendation concerning cattle (1988); appendix C, special provisions for calves (1993);
  - Recommendation concerning fur animals (1990);
  - Recommendation concerning sheep (1992);
  - Recommendation concerning goats (1992);
  - Recommendation concerning poultry of the species Gallus gallus (1995).

  Dieses Übereinkommen und die Empfehlungen sind als Ganzes in Englisch oder Französisch in einem speziellen Ringordner lieferbar (ISBN 92-871-2312-8).

- European Convention for the protection of animals for slaughter (1979, ETS 102) and explanatory report.
  - Recommendation no. R (91) 7 on the slaughter of animals (1991).

- European Convention for the protection of vertebrate animals used for experimental and other scientific purposes (1986, ETS 123) and explanatory report.
  - Resolution on the interpretation of certain provisions and terms of Convention 123 (1992; GT (95) 25);
  - Resolution on education and training of persons working with laboratory animals (1993; GT (95) 25).

- European Convention for the protection of pet animals (1987, ETS 125) and explanatory report.
  - Resolution on the breeding of pet animals (1995; Cons 125 (95) 29);
  - Resolution on surgical operations in pet animals (1995; Cons 125 (95) 29);
  - Resolution on the keeping wild animals as pet animals (1995; Cons 125 (95) 29).
  - Declaration of intent (1995; Cons 125 (95) 29).

Tierschutz und Recht

E. VON LOEPER

■ Tierschutz – Ausdruck unseres Wertbewußtseins

Das größte Hindernis für die Verwirklichung eines wirksamen Tierschutzes, also eines durchsetzbaren Rechts auf Leben und Wohlbefinden auch für Tiere, sind kurzsichtige wirtschaftliche und wahlpolitische Egoismen und das Unwissen darüber, welchen Gewinn ein realisierter Tierschutz für ein zivilisiertes, wertorientiertes Zusammenleben in unserer Gesellschaft bedeuten würde.

Realisierter – nicht nur behaupteter – Tierschutz hat sehr viel mit Menschenschutz zu tun, *denn Ethik ist unteilbar*: Ethik gegenüber dem Menschen und Rohheit gegenüber dem Tier sind zwei Verhaltensweisen, die sich nicht vereinbaren lassen (Erbel, 1986; Killias, 1993). Tierschutz bildet die Voraussetzung für einen besseren Menschenschutz. Ohne einen effektiven Tierschutz wird, wie neuere Forschungen zeigen (Robbins, 1995; Greiffenhagen, 1993), das Wertbewußtsein in unserer Gesellschaft weiter schwinden und dem galoppierenden Werteverfall, der insbesondere in der drastisch ansteigenden Gewaltbereitschaft von Kindern und Jugendlichen zum Ausdruck kommt, Vorschub geleistet. Beginnt dagegen die Menschlichkeit beim Tier, das sich am wenigsten gegen die Machtüberlegenheit und Willkür des Menschen wehren kann, stärkt dies insgesamt den Respekt vor allem Leben und damit auch das allgemeine Wertbewußtsein in unserer Gesellschaft.

Menschen, die als Kinder Tiere betreut und versorgt haben, können später besser für sich selbst und für ihre Mitmenschen sorgen. Umgekehrt besteht ein enger Zusammenhang zwischen Tierquälerei und Gewaltbereitschaft gegenüber Menschen.

So ergab eine sowjetische Studie, daß mehr als 87% aus einer Gruppe von Gewaltverbrechern im Kindesalter Tiere verbrannt, erhängt oder erstochen hatten (Robbins, 1995). Andere umfangreiche Studien zeigen, daß bei Kindern, die Tiere mißhandeln, später eine deutlich erhöhte Neigung zu Gewaltverbrechen besteht. Andererseits sind erstaunlich hohe Resozialisierungserfolge festzustellen, wenn kurz vor ihrer Entlassung stehenden Häftlingen erlaubt wurde, Katzen in ihrer Zelle zu halten.

Der fürsorgliche, verantwortungsbewußte Umgang mit Tieren fördert also das Verantwortungsbewußtsein insgesamt. Erst vor diesem Hintergrund erhält die Durchsetzung des Tierschutzes auf allen Ebenen – im einfachen Gesetz wie in der Verfassung, national wie auf europäischer und internationaler Ebene – seine volle Bedeutung.

■ Gerechtigkeit auch für Tiere?

Gerechtigkeit oder „Recht auch für Tiere" zu fordern, mag utopisch erscheinen angesichts entsetzlicher Tierquälereien, die der Öffentlichkeit insbesondere durch tagelange Tiertransporte von „Schlachtvieh" quer durch Europa bis nach Afrika, durch „neuzeitliche", äußerst tierwidrige

Intensivhaltungssysteme oder durch Tierversuche bekannt sind. Andererseits ist jede Kultur, die menschlicher Würde und Verantwortung entspricht, auf Gerechtigkeit angelegt, nämlich „jedem das Seine" zu gewähren, wie es den Gesetzmäßigkeiten der jeweiligen Natur des Lebewesens entspricht. Diese Erkenntnis enthielt bereits das *Corpus Iuris Civile* des oströmischen Kaisers Iustinian, der vor zwei Jahrtausenden davon sprach, das Naturrecht sei „allen Lebewesen gegeben und nicht nur den Menschen eigen" (von Loeper und Reyer, 1984). Führende Vordenker der Menschenrechte – wie Jeremy Bentham (1748–1832) und Jean-Jacques Rousseau (1712–1748) waren bereits Pioniere einer modernen Tierschutzgesetzgebung. So verlangte Rousseau im Jahre 1755, Tiere müßten wegen ihrer Empfindungsfähigkeit am Naturrecht teilhaben, der Mensch müsse daher ihnen gegenüber Pflichten unterworfen sein. Auch Bentham wies bereits im Jahre 1789 darauf hin, es könne nicht die Frage sein, ob die Tiere verständig denken, sondern ob sie leiden können. Den Tieren müßten Rechte zugestanden werden, die ihnen bisher „mit tyrannischer Hand" vorenthalten worden seien.

Angesichts des gewaltigen Ausmaßes an Leiden und Schäden, die heute fortgesetzt Millionen hochentwickelter Tiere aus Konsum- und Vermarktungsinteressen zugefügt werden, entspricht es der gestiegenen Sensibilität der Öffentlichkeit, aber auch einer zeitgemäßen humanen Wissenschaft (zum tierischen Wissen und Fühlen vgl. GEO Nr. 5/Mai 1996), den Blick auf die Tiere als fühlende, leidensfähige Mitgeschöpfe zu richten: So ist es unverzichtbar, die Menschenrechtsidee, ihrem naturrechtlichen Ursprung und ihren Vordenkern folgend, zu erweitern und auch der außermenschlichen Kreatur entsprechend ihrer Art und Entwicklung gerecht zu werden. Deshalb sind die folgenden fünf Erfordernisse zu erfüllen.

Eigenwert des Tieres

An erster Stelle gilt es, den Eigenwert des Tieres als fühlendes Wesen wahrzunehmen und im Konflikt mit meist wirtschaftlich geprägten Eigeninteressen einzelner Menschen in der obersten Wertordnung des Rechts, der Verfassung, anzuerkennen. In diese Richtung zielt die Schweizer Verfassung. Sie hat im Jahre 1992 erstmals die *„Würde der Kreatur"* in ihrer Bundesverfassung anerkannt und dadurch der Gesetzgebung einen Weg gewiesen, um mitgeschöpfliche (artübergreifende) Menschlichkeit zur Geltung zu bringen.

In Deutschland hat der „Bundesverband Menschen für Tierrechte" seit 1990 eine Initiative „Tierschutz ins Grundgesetz" unternommen, um die vorhandene Verfassungslücke zu schließen, die schwerwiegende Rechtsunsicherheiten und Tierquälereien begünstigt. Mehrere deutsche Bundesländer (Brandenburg, Sachsen, Thüringen, Berlin) haben diesen Schritt in ihren Landesverfassungen bereits vollzogen, in weiteren Bundesländern wird dieser Schritt vorbereitet.

Auch das Europäische Parlament ist in seiner wegweisenden „Entschließung zu dem Wohlergehen und dem Status von Tieren in der Gemeinschaft" vom 21. Januar 1994 dafür eingetreten, Tiere nicht länger als „landwirtschaftliche Erzeugnisse", sondern als „sensible Wesen" einzustufen, deren Rechte geachtet und deren Wohlergehen geschützt werden müssen (ABl.EG Nr. 44, S. 206, vom 14. Februar 1994; s. auch Tierschutzbericht 1995 des deutschen Bundesministeriums für Ernährung, Landwirtschaft und Forsten, Deutscher Bundestag, Drucksache 13/350, S. 10f.).

Was bedeutet es, wenn dem Tierschutz *Verfassungsrang* verliehen wird? Zweifellos kann dann eine bestehende (einfache) Tierschutzgesetzgebung nicht wegen der Grundrechte anderer auf freie Berufsausübung, auf Freiheit von Wissenschaft, Kunst und Religion ausgehebelt und annulliert werden. Möglich und notwendig ist dann vorbeugender Gefahrenschutz auch für Tiere. Tierquälerei sowie ein ständiger Mißbrauch der Tiere werden erschwert, weil die Verletzung des Verfassungsranges Tierschutz wie auch anderer Verfassungsgüter keinesfalls in Kauf genommen werden darf. Im Konflikt verschiedener Rechtsgüter von Verfassungsrang muß eine faire Abwägung gewährleistet sein.

Das heißt z.B., daß die Art der Tierhaltung der Eigenart und den Bedürfnissen der Tiere anzupassen ist. Wildlebende und auf anderen Kontinenten beheimatete Tierarten dürfen nicht beliebig in Gefangenschaft genommen und „verpflanzt" werden. Geht es etwa um eine Straußenhaltung oder um eine Känguruhfarm in Europa, dann ist es bei dem gebotenen Verfassungsrang des Tierschutzes unvermeidlich, die Entscheidung darüber keinesfalls der Frage der wirtschaftlichen Machbarkeit zu überlassen, sondern vorausschauend den seit jeher bestehenden Standort und die Bedürfnisse der Tiere bei der Entscheidung mit großer Sorgfaltzu beachten.

Freiheitsrecht der Mitlebewesen

Es gibt ein Recht der Tiere in freier Natur und in menschlicher Obhut auf ein Leben nach ihrer Art und ihren angeborenen Bedürfnissen, das Freiheitsrecht der Mitlebewesen. Diesem Leitgedanken entspricht der in der Praxis zu wenig beachtete Zweck des deutschen Tierschutzgesetzes, „aus der Verantwortung des Menschen für das Tier als Mitgeschöpf dessen Leben und Wohlbefinden zu schützen" (§ 1 Satz 1) sowie Artikel 1 Abs. 1 des Schweizer Tierschutzgesetzes, das prinzipiell allerdings nur dem „Schutz und Wohlbefinden" des Wirbeltieres dient.

Am Beginn der Entwicklung zum Recht der Tiere steht eine Art historisches Ur-Grundrecht der Einzeltiere: ihr Schutz vor Willkür, insbesondere das Verbot der Tierquälerei, das bisher gegen massive Verfügungs- und Vermarktungsinteressen weder in Deutschland noch in der Europäischen Union durchgesetzt werden konnte. Allerdings haben die Schweiz, Schweden und Liechtenstein einige vorbildliche Regeln geschaffen, so das Verbot dauernder Anbindehaltung von Tieren und das Verbot der Haltung von Hennen in Legebatterien. In Deutschland sind die Rechtsverordnungen zur Hennenhaltung und zur Schweinehaltung nicht an elementaren Bedürfnissen der Tiere orientiert. Nur die Kälberhaltungsverordnung stellt relativ tierfreundliche Regeln auf: Kälber, die älter sind als 8 Wochen, dürfen regelmäßig nur in Gruppen gehalten werden, ihre Anbindung ist nur für eine Stunde während und nach der Fütterung erlaubt.

Gleichheitsrecht der Mitlebewesen

Das Recht der Tiere auf einen innerhalb ihrer Art und Entwicklungsstufe gleichen Schutz – das Gleichheitsrecht der Mitlebewesen – muß, wie alles Recht der Tiere, vor allem als kulturelle und rechtsstaatliche Pflicht des Menschen auf einen die Eigenart des Tieres und seine Bedürfnisse achtenden, schützenden Umgang verstanden werden. Diese humane Pflicht verbietet es, Tiere herablassend in eine Art Zwei-Klassen-System einzustufen, je nach Nähe und „Gnadenerweis" des Menschen. Anders gesagt: Wenn Hunde und Katzen ein Recht darauf haben, entsprechend ihrer Art und ihren Bedürfnissen betreut zu werden sowie artspezifischen Freiraum und soziale Kontakte zu erhalten, dann kann es nicht zulässig sein, gleichen oder ähnlich entwickelten Tieren ihre Rechte vorzuenthalten und sie zu bloßen Nutz- und Forschungsobjekten zu entwürdigen, nur weil Menschen damit Eigeninteressen verfolgen. Der Gleichheitssatz fordert nicht, Tiere als Personen zu behandeln und Menschen gleichzusetzen. Allerdings gebietet es der Gleichbehandlungsgrundsatz, sowohl im Verhältnis der Tiere untereinander wie im Vergleich von Mensch zu Tier den gleichartigen oder ähnlich ausgeprägten Bedürfnissen und der Leidensfähigkeit von Mensch und Tier in gleicher Weise gerecht zu werden. Es ist höchst unwissenschaftlich, ungerecht und menschenunwürdig, anderen sensitiven Wesen allein deshalb die Anerkennung ihrer Bedürfnisse und Rechte zu versagen, weil sie „Tiere" sind.

Mitgeschöpfliche Würde der Tiere

Weiter ist das bereits angesprochene Recht der Tiere auf Anerkennung ihrer Würde hervorzuheben, das in der schweizerischen Bundesverfassung von 1992 und in der Entschließung des Europäischen Parlaments vom 1994 ausdrücklich anerkannt und in der Leitidee der *Mitgeschöpflichkeit* nach § 1 Satz 1 des deutschen Tierschutzgesetzes ansatzweise angesprochen ist.

Wie Teutsch treffend festgestellt hat (1995), werden Tiere in ihrer Würde gefährdet oder verletzt, wenn ihr Anderssein als Tiere und ihr spezifisches Sosein sowie ihre Entwicklungsmöglichkeit nicht akzeptiert, sondern verändert werden, insbesondere durch gentechnische Eingriffe. Die gezielte Schaffung der „Krebsmaus" für Tierversuche oder einer „Supersau" für extremere Fleischnutzung sowie deren Patentierung zur gewerblichen Nutzung stehen nach unserer Auffassung im krassen Widerspruch zur geschöpflichen Würde der Tiere, wie sie sich in 150 Jahrmillionen irdischer Geschichte entwickelt hat. Aber auch die Geringschätzung der Tiere als gegenüber dem Menschen defizitäre Wesen, der Gebrauch abwertender Bezeichnungen der Tiere durch entsprechende Schimpfworte, die artwidrige Vermenschlichung von Heim und Hobbytieren und generell die Einschätzung und Verwendung der Tiere als Mittel und nicht als ein Wesen mit Eigenwert verletzen deren Würde. Das Europäische Parlament hat in seiner Entschließung vom 21.1.1994 u.a. dazu aufgerufen, die Rundfunk- und Fernsehanstalten sollten nur noch Sendungen ausstrahlen, die zur Achtung der Tiere und ihrer Würde beitragen, auch müsse die Erteilung von Patenten auf Tiere verboten werden.

Rechtsschutz der Tiere

Rechtsstaatlich wirksamer Schutz der Tiere und ihrer Rechte läßt sich nur dann allgemeingültig in die Tat umsetzen, wenn deren Rechtsschutz durch gesetzliche Pflichten des Menschen sowie durch unabhängige Kontroll- und Klagebefugnisse gesichert wird. Im Schweizer Kanton Zürich gibt es hierzu ein indirektes Verbandsbeschwerderecht der Tierversuchskommission sowie den Tieranwalt in Strafsachen (Goetschel, 1994); in Deutschland (Hessen, Niedersachsen) bestehen das ansatzweise praktizierte Modell der unabhängigen Landestierschutzbeauftragten (Erbel, 1992; von Loeper, 1993) sowie die Forderung der Tierschutzverbände nach Einführung der Verbandsklage.

Wird die Struktur des nationalen und des künftigen europäischen Tierschutzrechts gemäß den oben genannten Grundzügen entwickelt, dann läßt dies einen doppelten Effekt erwarten. Da Tierschutzdefizite immer auch als Spiegelbild der Menschenrechtsverletzungen zu sehen sind (Erbel, 1986), stärkt die Anerkennung der Tierrechte zugleich die Menschenrechte. Sie werden dann nicht mehr so angreifbar sein, weil sie in einem Wertgefüge als „Krönung von Kreaturrechten" verstanden, praktiziert und nicht mehr gegen Tierrechte ausgespielt werden können. Erst wenn das Recht auch der Einzeltiere auf Leben, Wohlergehen und Würde national und international Geltung findet, wird sich der Mensch vom System der Gewalt befreien und eine Struktur des Friedens mit sich selbst und mit seinen Mitgeschöpfen aufbauen.

Grundzüge der deutschen und schweizerischen Tierschutzgesetzgebung

Das deutsche Tierschutzgesetz vom 24.7.1972 gliedert sich in 12 Abschnitte, in denen tierschutzrechtliche Regeln vielfältiger Art aufgestellt werden. Allein im 11. Abschnitt in §§ 17–20 wird festgelegt, wann das Verhalten gegenüber einem Tier strafbar oder ordnungswidrig ist und welche Folgen daraus entstehen können. Vorausgesetzt werden immer eine bestimmte Schwere der Tat und eine persönliche Vorwerfbarkeit, also Schuld des Täters. Bei begründetem Zweifel muß er freigesprochen werden.

Streng zu unterscheiden davon sind die Anordnungsbefugnisse der Verwaltungsbehörde nach § 16 a des deutschen Tierschutzgesetzes, die ganz unabhängig von persönlicher Schuld des Tierhalters oder des Tierexperimentators bestehen.

Das Schweizer Tierschutzgesetz vom 9.3.1978 ähnelt dieser Grundlinie des deutschen Tierschutzgesetzes, indem es die Verwaltungsmaßnahmen (Artikel 24, 25) von den Strafbestimmungen gegen Tierquälerei u.a. (Artikel 27–32) trennt. Einen großen Vorzug hat das Schweizer Tierschutzgesetz dadurch, daß es gemeinsam mit konkreten Ausführungsbestimmungen der Tierschutzverordnung vom 27.5.1981 in Kraft getreten ist und dadurch für alle Betroffene ein hohes Maß an Rechtssicherheit geschaffen hat. In Deutschland sind die über 15 Jahre nach dem Zustandekommen seiner Gesetzgebung verabschiedeten Rechtsverordnungen zur Hennenhaltung und zur Schweinehaltung bis heute heftig umstritten, weil sie sich von den Grundnormen des Gesetzes weit entfernen (Erbel, 1989; von Loeper, 1989).

Zur *Grundsatznorm*: Das deutsche Tierschutzgesetz betont in § 1 Satz 1 den Zweck, „aus der Verantwortung des Menschen für das Tier als Mitgeschöpf dessen Leben und Wohlbefinden zu schützen". Es gilt also nicht nur für Wirbeltiere. Das Schweizer Tierschutzgesetz schützt dagegen prinzipiell nur Wirbeltiere (Artikel 1 Abs. 2) und nennt Handlungsgrundsätze für den Umgang mit Tieren: Den Bedürfnissen der Tiere ist in „bestmöglicher Weise" Rechnung zu tragen (Artikel 2 Abs. 1), womit der Konflikt mit einer vorrangigen Orientierung an der Wirtschaftlichkeit der Tierhaltung nicht klar genug gelöst wurde. Für das Wohlbefinden der Tiere ist zu sorgen, wobei wiederum Artikel 2 Abs. 2 relativierend hinzufügt, „soweit es der Verwendungszweck zuläßt". Einen bemerkenswerten Unterschied zum deutschen Tierschutzgesetz enthält ferner Artikel 2 Abs. 3 des Tierschutzgesetzes der Schweiz, wo es heißt: „Niemand darf einem Tier ungerechtfertigt Schmerzen, Leiden oder Schäden zufügen oder es in Angst versetzen".

Die weitreichende Zweckrichtung des deutschen Tierschutzgesetzes nach dem oben zitierten § 1 Satz 1 wird durch einen für sich genommen weitmaschig klingenden Folgesatz in Zweifel gestellt, der in der Praxis immer wieder tierfeindlichen Tendenzen Tür und Tor öffnet. Dieser § 1 Satz 2 lautet im Unterschied zum Schweizer Tierschutzgesetz: „Niemand darf einem Tier ohne vernünftigen Grund Schmerzen, Leiden oder Schäden zufügen."

Hier stellt sich die Frage, ob der *„vernünftige Grund"*, der die Zufügung von Schmerzen, Leiden oder Schäden zu Lasten von Tieren zuläßt, ein „verantwortlicher Grund" sein muß oder ob hier der „vorteilhafte Grund", also das blanke wirtschaftliche Nutzungsinteresse, durch die Hintertüre, zum Maßstab erhoben wird. Die Leitidee des ethisch geprägten Tierschutzes, das Tier um seiner selbst willen zu schützen, aber auch rechtsmethodische Gründe lassen es nicht zu, die in § 1 zuerst genannte Verantwortung des Menschen für das Tier als Mitgeschöpf zu einer täuschenden Worthülse verkommen zu lassen, vielmehr muß das Prinzip der Verantwortung auch im Nachsatz zur Geltung kommen. Gebote der wirtschaftlichen Vernunft dürfen daher nur als Teilaspekte innerhalb eines den Eigenwert des Tieres verantwortlich achtenden Handelns berücksichtigt werden. Übereinstimmend damit hat das Bundesverfassungsgericht die ethisch ausgerichtete Grundkonzeption des Tierschutzgesetzes „im Sinne einer Mitverantwortung des Menschen für das seiner Obhut anheim gegebene Lebewesen" billigend hervorgehoben (BVerfGE 36, 47; 48, 376; 61, 291). Ein solches *Obhutsprinzip* läßt sich konstruktiv am besten durch ein Recht des Tieres begründen, das in verantwortlichen Pflichten des Menschen seine Entsprechung findet und gesetzlich gesichert werden muß (von Loeper und Reyer, 1984). Die mitgeschöpfliche Sozialbindung des Menschen, aber auch die Würde des Tieres sowie dessen Schmerz- und Leidensfähigkeit gebieten es, der Stellung des Tieres in der Rechtsordnung als Träger eigener Rechte, vom Menschen geschützt, Geltung zu verleihen.

Die erwähnten Grundnormen des deutschen und des schweizerischen Tierschutzgesetzes erfüllen eine Doppelfunktion: Sie sind unmittelbar geltendes Recht und zugleich Auslegungshilfe für weitere Gesetzesbestimmungen und der auf ihrer Grundlage erlassenen Ausführungsvorschriften. Allerdings steht die ethische Grundkonzeption des deutschen Tierschutzgesetzes noch auf einer bis heute unsicheren Grundlage, weil der deutsche Verfassungsgeber bisher nur die Zuständigkeit für die einfache Gesetzgebung (Artikel 74 Nr. 20 Grundgesetz) geschaffen, im Jahre 1994 im Umweltartikel 20 a Grundgesetz den Staat aber nur zum Schutz der „natürlichen Lebensgrundlagen" verpflichtet hat. Der gesetzliche Schutz des Einzeltieres vor Schmerzen, Leiden und Schäden wird davon nicht erfaßt.

Auch eine von CDU/CSU und FDP im Deutschen Bundestag ohne Verfassungsmehrheit zustande gebrachte Entschließung, die dem Staat aufgegebene ökologische Grundverantwortung umschließe prinzipiell auch den Tierschutz, ersetzt die fehlende explizite Verfassungsregelung nicht. Die Entwicklung ist jedoch, wie das Beispiel der Schweiz zeigt, im Fluß (von Loeper, 1996).

Gebote und Verbote der Tierhaltung

Bei der Schaffung des Tierschutzgesetzes haben sich die Gesetzgeber – 1972 in der Bundesrepublik Deutschland, in weiten Teilen ähnlich 1978 in der Schweiz, in Österreich ist die Lage, vom Bereich der Tierversuche abgesehen, nicht einheitlich (Dietz, 1995) – prinzipiell von der Grundkonzeption eines ethisch ausgerichteten Tierschutzes und davon leiten lassen „zunehmend wissenschaftliche Feststellungen über tierartgemäße und verhaltensgerechte Normen und Erfordernisse zu Beurteilungsmaßstäben zu erheben" (Dt. Bundestag, Drucksache VI/2559, 1971, Vorblatt zum Entwurf eines Tierschutzgesetzes). Die Grundnormen der Tierhaltung sowohl nach § 2 des deutschen Tierschutzgesetzes wie nach Artikel 2 und 3 des Schweizer Tierschutzgesetzes „leben" von zwei tragenden Säulen.

Zum einen ist es die verantwortliche Stellung der Tierhalter/innen und der Tierbetreuer/innen, die ihre **Obhuts- und Fürsorgepflicht gegenüber dem Tier** wahrzunehmen haben. Dazu gehören:
a) Sie dürfen, wie es für jede/n auch sonst gilt, keine Straftaten oder Ordnungswidrigkeiten im Verhältnis zum Tier begehen. Nach deutschem Recht sind jede zumindest bedingt vorsätzliche, also wissentlich und willentlich in Kauf genommene quälerische Mißhandlung (§ 17 Nr. 2") und eine zumindest bedingt vorsätzliche Tötung von Wirbeltieren (soweit „ohne vernünftigen Grund" geschehen, § 17 Nr. 1) strafbar, außerdem wird ein vorsätzlicher oder fahrlässiger, also vorhersehbar pflichtwidrig begangener Gesetzesverstoß als Ordnungswidrigkeit (§ 18 Tierschutzgesetz) mit Geldbuße geahndet. Nach Artikel 27 und 32 des Schweizer Tierschutzgesetzes wird sowohl vorsätzliche wie fahrlässige Tierquälerei bestraft. Dabei liegt Tierquälerei nach schweizerischem Recht schon in einem „Mißhandeln" (Artikel 27 Abs. 1a, Artikel 22 Abs. 1), ohne daß dabei dem Tier anhaltende oder sich wiederholende Leiden zugefügt werden müssen (überzeugend Goetschel, 1986, Anmerkung 1 zu Artikel 22). Der Begriff des Leidens ist nicht im klinischen Sinne, sondern tierschutzrechtlich so zu verstehen, daß es um Einwirkungen und Beeinträchtigungen geht, die der Wesensart des Tieres zuwiderlaufen und sein Wohlbefinden stören. Zwar spricht das deutsche Tierschutzgesetz in § 17 Nr. 2b davon, strafbar mache sich, wer einem Wirbeltier „länger anhaltende oder sich wiederholende erhebliche Schmerzen oder Leiden" zufüge. Das kann aber auch eine einmalige erhebliche Mißhandlung eines Tieres sein, wenn sie sich anhaltend belastend auf das Tier auswirkt (so auch Lorz, 1992, Randnummer 39 zu § 17). Nach Auffassung des Bundesgerichtshofes sind jedenfalls Anomalien, Funktionsstörungen oder „generell spezifische Indikatoren im Verhalten" der Tiere schlüssige Anzeichen und Gradmesser eines Leidenszustandes und daher geeignet, als strafbare (da „anhaltend erhebliche") quälerische Tiermißhandlung verfolgt zu werden (Urteil des Bundesgerichtshofes vom 18.02.1987, Neue Juristische Wochenschrift 1987, 1833).
b) Von großer Bedeutung ist, daß Tierhalter/innen und Tierbetreuer/innen – unabhängig von der Frage persönlicher Schuld und Strafbarkeit – die objektiven Anforderungen der Tierhaltungsnormen erfüllen müssen. Denn geschieht dies nicht, dann ist die

zuständige Verwaltungsbehörde berechtigt und entsprechend den Umständen verpflichtet, die nach § 16 a des deutschen Tierschutzgesetzes oder nach Artikel 24, 25 des Tierschutzgesetzes der Schweiz die erforderlichen Abhilfemaßnahmen zu treffen. Ein Unsicherheitsfaktor kann hier im behördlichen Ermessen bestehen. Die Schweiz hat insoweit eine Rechtspflicht zum behördlichen Handeln in folgender Weise festgestellt: „Die Behörde schreitet unverzüglich ein, wenn feststeht, daß Tiere stark vernachlässigt oder völlig unrichtig gehalten werden" (Artikel 25 Abs. 1 des Schweizer Tierschutzgesetzes). Die Skala von milderen und schärferen behördlichen Maßnahmen muß der Schwere des Gesetzesverstoßes angepaßt sein, um dem Grundsatz der Verhältnismäßigkeit von Mittel und Zweck zu genügen.

Den Amtspersonen der Verwaltungsbehörde obliegt eine besondere Pflicht, dem Tierschutzgesetz zur Geltung zu verhelfen (Garantenstellung). Wissentlich pflichtwidrige Untätigkeit bringt sie in Gefahr der Mittäterschaft. Unabhängig davon sind die Tierhalter/innen und Tierbetreuer/innen für etwaiges tierschutzwidriges Verhalten persönlich und daher auch strafrechtlich eigenständig verantwortlich (vgl. Urteil des Oberlandesgerichts Celle vom 12.01.1993, Neue Zeitschrift für Strafrecht 1993, S. 291)

Zum anderen müssen die **Stellung des Tieres und dessen Wohlbefinden** im Mittelpunkt stehen. Im Bereich der Tierhaltung ist daher maßgebend:

a) Nach § 2 Nr. 1 des deutschen Tierschutzgesetzes muß der Tierhalter sowie der Tierbetreuer „das Tier seiner Art und seinen Bedürfnissen entsprechend angemessen ernähren, pflegen und verhaltensgerecht unterbringen". Dies bedeutet eine umfassende Rechtspflicht, das Tier um seiner selbst willen zu schützen und dabei die physiologischen und verhaltenswissenschaftlichen Erkenntnisse über das Tier zu beachten. Insoweit geht es nicht um einen Nachweis, daß die Tiere unter vorhandenen Verhaltensbedingungen leiden, vielmehr ist jede Unterbringung und „Betreuung" von Tieren gesetzwidrig, die es nicht zulassen, daß angeborene essentielle Verhaltensweisen ausgeführt werden können. Dafür ist „das Normalverhalten der betreffenden Tierart der Maßstab" (Oberlandesgericht Frankfurt, Beschluß vom 12.04.1979, Neue Juristische Wochenschrift 1980, 409 mit Anmerkung von Loeper). Diese Anforderung stimmt überein mit Artikel 2 und Artikel 3 Abs. 1 des Schweizer Tierschutzgesetzes. Sie wird wesentlich präzisiert durch das Gebot „tiergerechter Haltung" der Schweizer Tierschutzverordnung, insbesondere Artikel 1.

b) Darüber hinaus sind der Tierhalter und der Tierbetreuer nach § 2 Nr. 2 des deutschen Tierschutzgesetzes – ähnlich ausgestaltet in Artikel 3 Abs. 2 des Schweizer Tierschutzgesetzes *auch* verpflichtet, „die Möglichkeit des Tieres zu artgemäßer Bewegung nicht so einzuschränken, daß ihm Schmerzen oder vermeidbare Leiden oder Schäden zugefügt werden".

Insoweit geht es darum, ein gestörtes Wohlbefinden des Tieres zu vermeiden. Dabei ist zu erkennen: Das angeborene artgemäße Bewegungsbedürfnis des Tieres umfaßt die den einzelnen Funktionskreisen zugeordneten arttypischen Verhaltensweisen. Je stärker die artgemäßen Verhaltensabläufe der Tiere gestört werden, desto mehr werden Leiden, Verhaltensanomalien und

Angstzustände auftreten. Die Verhinderung essentieller artgemäßer Bewegungsbedürfnisse verursacht also stets Leiden der Tiere. Die Schweizer Tierschutzverordnung hat darum in Artikel 1 Abs. 3 folgerichtig festgelegt, daß „Tiere nicht dauernd angebunden gehalten werden dürfen." Dies ist im Grunde selbstverständlich, wenn Art und Bedürfnisse, Leidensfähigkeit und Schutz der Tiere auch nur ansatzweise ernst genommen werden. Denn das Tier leidet bereits erheblich, wenn es nur eine mäßige Zeitspanne gefesselt und an der Ausübung seines artgemäßen Verhaltens gehindert wird.

c) Die Schweinehaltung durch Halsanbindung ist dementsprechend durch die Tierschutzverordnung der Schweiz (Artikel 22 Abs. 3) und die Schweinehaltungsverordnung Deutschlands (§ 7) verboten. In Deutschland ist die Anbindehaltung von Schweinen seit dem 1. Januar 1996 generell verboten, jedoch soll die Haltung der Schweine in Kastenständen insbesondere dann noch zulässig sein, wenn die Vorrichtungen so beschaffen sind, daß sich die Schweine nicht verletzen können und wenn „nicht offensichtlich erkennbar ist, daß diese Haltungsformen zu nachhaltiger Erregung führen". Man muß sich fragen, wer dies feststellen soll und wie es verantwortet werden kann, durch derartige Haltungsformen hervorgerufene anhaltende Leiden der Tiere, die keine „nachhaltige Erregung" erkennbar machen, zu ignorieren. Als eine weitere Voraussetzung für die Zulässigkeit der Kastenstandhaltung verlangt § 7 der deutschen Schweinehaltungsverordnung, daß „jedes Schwein ungehindert aufstehen, sich hinlegen und den Kopf und in Seitenlage die Gliedmaßen ausstrecken kann". Angesichts des verhaltenswissenschaftlich unzweifelhaften Erkundungs- und Beschäftigungsdranges des Schweines ist es untragbar und mit den Geboten verhaltensgerechter Unterbringung und der Leidensvermeidung nach § 2 des deutschen Tierschutzgesetzes unvereinbar, in der niederrangigen Rechtsverordnung derart minimale Anforderungen zu stellen.

d) In Schweden ist die Käfighaltung von Legehennen ab 1998 verboten. Auch Finnland hat einen Beschluß in gleicher Richtung gefaßt. Die Landesregierungen von Bayern und Rheinland-Pfalz haben die Käfigbatteriehaltung ab 1997 in ihren landeseigenen Einrichtungen untersagt. In der Schweiz und in Liechtenstein ist die Käfighaltung von Legehennen bereits verboten. So hat die Schweizer Tierschutzverordnung vom 27. Mai 1981 – mit 10jähriger Übergangsfrist – nach Artikel 25 geschützte, abgedunkelte Legenester sowie Sitzstangen vorgeschrieben und dem elementaren Recht der Tiere dadurch Raum gegeben.

In der Bundesrepublik Deutschland gab es 15 Jahre hindurch keine Rechtsverordnungen zum Fragenkomplex der Intensivtierhaltung. Die Verwaltungsbehörden vermochten die herrschende Tiernutzungspraxis in der Legehennenhaltung nicht zu ändern, sie blieben – ausgenommen im Bundesland Hessen – untätig. So kam es zu Strafanzeigen und zahlreichen Prozessen gegen Legebatteriehalter wegen Vergehen der Tierquälerei. Obwohl viele Gerichte die objektive Strafrechtswidrigkeit der *Legebatteriehaltung* bestätigten, hat der Bundesgerichtshof in einem Revisionsurteil strafrechtlich „im Zweifel für den Angeklagten" entschieden (siehe oben sowie dazu Lorz, 1987, von Loeper,

1987). Zugleich hat er bestätigt, daß eine zur Gesetzesausführung bestimmte Rechtsverordnung mit dem höherrangigen Gesetz in Einklang stehen müsse. Dennoch kam es – in scharfem Gegensatz zu den Tierhalterpflichten nach § 2, zur Grundsatznorm des § 1 und zur Strafnorm des § 17 Nr. 2 Tierschutzgesetz – zur deutschen Hennenhaltungsverordnung vom 10.12.1987, die eine Käfigbodenfläche von mindestens 450 cm² je Henne sowie für schwere Hennen über 2 kg Gewicht 550 cm² Fläche vorschreibt. Zwar ist letztere Bestimmung strenger als die EG-Richtlinie vom 7.3.1988, die ohne weitere Differenzierung für jede Legehenne die Käfigbodenfläche von mindestens 450 cm² bestimmt. Dennoch reicht der jeweilige Platz nur knapp für die Körpermaße des Huhnes, dessen essentielle artgemäße Bedürfnisse nach Scharren, Flattern, Fliegen, Eiablage in einem Nest u.a. nicht mehr befriedigt werden können. Das Land Nordrhein-Westfalen hat gegen die Verordnung im Jahre 1990 Klage zum Bundesverfassungsgericht erhoben, über die demnächst entschieden werden soll. Allerdings hat inzwischen der Europäische Gerichtshof festgestellt, daß eine EG-Richtlinie strengere nationale Tierschutznormen zuläßt (Urteil des EuGH vom 19. 10. 1995, Neue Juristische Wochenschrift 1996, S. 113).

e) Nach der Schweizer Tierschutzverordnung werden *Pelztiere* als Wildtiere anerkannt, die sich von domestizierten Haustieren unterscheiden (Artikel 35, Artikel 12 TSchV). Nerze (Wildnerz) und Iltisse müssen Gehege von mindestens 6 m² (2 Tiere, jedes weitere Tier 1 m²) zur Verfügung haben, Füchse (Rotfuchs) benötigen mindestens 40 m² (2 Tiere, Anhang 3 der TSchV). Während die Schweiz insoweit einen Teilerfolg für den Schutz der Pelztiere verzeichnen kann, wird die Pelztierhaltung in Deutschland weiter praktiziert – ausgenommen das Bundesland Hessen, das mit entsprechenden Verfügungen den Weg der Schweiz beschreitet. Allerdings wird in Deutschland die Pelztierhaltung als solche von der Deutschen Tierärzteschaft, den großen Kirchen und von den Tierschutzverbänden als gesetzwidrig abgelehnt, weil es einen „vernünftigen Grund" für die Tötung der Pelztiere zu Vermarktungsinteressen in der Tat nicht gibt. Nach dieser Einschätzung ist streng genommen jeder, der solche Pelztierhaltungen betreibt, fördert oder zuläßt, Täter oder Beteiligter an strafbarer Tiertötung nach § 17 Nr. 1 TierSchG. Selbst die Mitwirkung beim Absatz entsprechender Pelze ist dann als strafbare Begünstigung (§ 257 StGB) einzuordnen.

Wegen der in Deutschland strittigen Rechtslage gibt es dort keine Pelztierhaltungsverordnung. Auch ist es bisher zu einer abschließenden strafrechtlichen Klärung der Streitfragen nicht gekommen.

Angesichts dieser Rechtsunsicherheiten ist daran zu erinnern, daß es zu einem *vorbeugenden Gefahrenschutz für Tiere* kommen muß. Diesem Zweck dient die nach Artikel 5 des Schweizer Tierschutzgesetzes und Artikel 27 der Schweizer Tierschutzverordnung geschaffene Bewilligungspflicht für das Anpreisen und den Verkauf serienmäßig hergestellter Aufstallungssysteme und Stalleinrichtungen zum Halten von Nutztieren. Die gesetzliche Einführung dieses Verfahrens in Deutschland wird noch diskutiert.

Zur rechtlichen Problematik der Tierversuche

Das deutsche Tierschutzgesetz bezeichnet in § 7 als „Tierversuche" Eingriffe oder Behandlungen an Tieren oder am Erbgut von Tieren, wenn sie zu Versuchszwecken erfolgen und mit Schmerzen, Leiden oder Schäden für diese Tiere oder für die erbgutveränderten Tiere oder deren Trägertiere verbunden sein können. Das Tierversuchsgesetz Österreichs definiert Tierversuche in § 2 einerseits deutlicher, da es auch die Angst anspricht, es betrifft allerdings nur Wirbeltiere. Insoweit ähnelt es dem Schweizer Tierschutzgesetz (Artikel 1 Abs. 2, Artikel 12, 13). Für Österreich und Deutschland gleichermaßen als Mindestnorm verbindlich ist die EG-Richtlinie vom 24.11.1986, die für Österreich wichtigen Anpassungsbedarf mit sich bringt. Dies hat Friedrich Harrer (1995) eindringlich formuliert.

Es geht um den Konflikt zwischen den Rechtsgütern Tierschutz sowie Freiheit der Wissenschaft und Forschung. Das Grundrecht auf Forschungsfreiheit soll für jeden nach Inhalt und Form „ernsthaften planmäßigen Versuch zur Ermittlung der Wahrheit" gelten (BVerfG 35, 112 f.; 47, 367 f.). Jedes Experiment ist aber nur für die jeweilige Tierart und genau genommen für das jeweilige Individuum, an dem experimentiert wird, aussagekräftig, wie auch Tierexperimentatoren anerkennen. So erklärt es sich, daß die Pharmaindustrie jährlich auf Verlangen des Bundesgesundheitsamtes zahlreiche Medikamente wieder vom Markt nehmen muß, weil sie schädliche Folgen verursachen (Rambeck, 1996). Auch der Gesetzgeber weiß, daß das Versuchsergebnis am Tier weder unmittelbar auf den Menschen angewendet noch im voraus in gesicherter Weise auf ihn „umgerechnet" werden kann. Erst das Experiment am Menschen schafft „Sicherheit", in welcher Weise ein Medikament beim Menschen wirkt. Tierversuche müssen daher schon wegen der Anwendungsproblematik im Hinblick auf menschliche Grundrechte der vollen Einschränkbarkeit unterliegen (Kloepfer, 1986). Die Tierschutzgesetze Deutschlands, Österreichs und der Schweiz kennen im Spannungsfeld zwischen Freiheit der Wissenschaft und Tierschutzethik kein ausdrückliches Grundsatzverbot der Tierversuche, wie es gegenüber dem Tier als „Mitgeschöpf" und nach der Forderung, dessen Leben und Wohlbefinden zu schützen (§ 1 Satz 1 des deutschen Tierschutzgesetzes), folgerichtig erschiene. Der Gesetzgeber verbindet aber nach deutschem, österreichischem und schweizerischem Recht mit der Auflistung generell zulässiger Zwecke (§ 7 Abs. 2 Nr. 1–4 des deutschen Tierschutzgesetzes, § 3 des Tierversuchsgesetzes der Republik Österreich und Artikel 14 des Schweizerischen Tierschutzgesetzes) und mit der Bewilligungspflicht das Erfordernis, daß Tierversuche nur durchgeführt werden dürfen, wenn sie „unerläßlich" sind. An diesem Maßstab müssen sich keinesfalls nur einige Ausführungsmodalitäten, sondern die gesamte Bandbreite sowohl des „Ob" als auch des „Wie" der Tierversuche messen lassen. Auf dieser Linie liegt auch die EG-Richtlinie über Tierversuche (Richtlinie vom 24. November 1986 zur Annäherung der Rechts- und Verwaltungsvorschriften der Mitgliedsstaaten zum Schutz der für Versuche und andere Zwecke verwendeten Tiere), die das Grundrecht der Forschungsfreiheit ethisch relativiert (Harrer, 1995). Denn nach Artikel 12 Abs. 2 Satz 2 der Richtlinie muß die Behörde geeignete gerichtliche oder administrative Schritte veranlassen, „wenn sie nicht davon überzeugt ist, daß der Versuch für grundlegende Bedürfnisse von Mensch und Tier von hinreichender Bedeutung ist". Ein das Tier besonders belastender Versuch muß in diesem Falle verhindert werden.

Werden Tierversuche z.B. mit dem Ziel therapeutischer Konzepte geplant (§ 7 Abs. 2 Nr. 1 des deutschen TierSchG), dann führt dieser generell zulässige Zweck nicht an sich schon zur „Unerläßlichkeit des Tierversuchs" (so jedoch Brandhuber, 1988), vielmehr ist nach dem eindeutigen Sinn des § 7 Abs. 2 Satz 2 weiterhin insbesondere festzustellen, ob der jeweilige Stand der wissenschaftlichen Erkenntnisse beachtet ist und ob der verfolgte (generell zulässige) Zweck nicht durch andere Methoden erreicht werden kann. Die gesetzmäßige „Prüfung" dieser Frage ergibt nur dann einen Sinn, wenn bejahendenfalls der beantragte Tierversuch als nicht „unerläßlich" und daher nicht genehmigungsfähig erachtet wird. Dies bestätigt auch der Wortlaut des Artikels 6 des Europäischen Übereinkommens vom 18. März 1986 zum Schutz der für Versuche und andere wissenschaftliche Zwecke verwendeten Wirbeltiere.

Das bedeutet einen prinzipiellen Vorrang tierversuchsfreier Methoden und Verfahren (übereinstimmend Lorz, 1992, Anmerkung 17 zu § 7). Eine Bestätigung für diese prinzipielle Einschätzung findet sich auch bei der Regelung des Tierversuchs, wonach Tieren nicht aus Gründen der Arbeits-, Zeit- oder Kostenersparnis Schmerzen, Leiden oder Schäden zugefügt werden dürfen (§ 9 Abs. 2 Nr. 3 des deutschen TierSchG). Hier wie dort ist das Schutzbedürfnis des Tieres zu beachten, tierfeindliche Wirkungen sind gleichermaßen zu vermeiden.

Die gesetzliche Zielrichtung schließt ein, daß tierversuchsfreie Methoden gefördert werden müssen, damit deren Vorrang praktisch verwirklicht werden kann. Auch ein größerer Kostenaufwand für tierversuchsfreie Methoden darf nicht gescheut werden, um dem gesetzesimmanenten Streben Gewicht zu verleihen, Tierversuche so weit als möglich durch Versuche an nicht schmerzempfindender Materie zu ersetzen.

Ein weiteres aktuelles Problem ergibt sich aus der Abwägungsklausel von § 7 Abs. 3 des deutschen Tierschutzgesetzes, der die Zulässigkeit von Versuchen an Wirbeltieren davon abhängig macht, ob die zu erwartenden Schmerzen, Leiden oder Schäden der Versuchstiere im Hinblick auf den Versuchszweck „ethisch vertretbar" sind (Scharmann und Teutsch, 1994). Das Verwaltungsgericht Berlin hat diese Regelung in einem Beschluß vom 20.4.1994 als unvereinbar mit dem Grundrecht der Wissenschaftsfreiheit erachtet und die Sache dem Bundesverfassungsgericht vorgelegt (Neue Zeitschrift für Verwaltungsrecht-RR 1994, 506), weil es einen Verfassungsrang des Tierschutzes verneinte und dementsprechend die Einschränkung der formal schrankenlosen Wissenschaftsfreiheit durch den Tierschutz als verfassungswidrig ansah. Das Bundesverfassungsgericht hat daraufhin mit Beschluß vom 20.06.1994 (kritisch dazu Kluge, 1994; Caspar, 1995) darauf abgestellt, das Gericht hätte nach der Entstehungsgeschichte des Gesetzes nur den Maßstab anzulegen brauchen, ob sich der Wissenschaftler an § 8 Abs. 3 Nr. 1a orientiere, also den Tierversuch „wissenschaftlich begründet darlegt", daß die Voraussetzungen für die Durchführung von Tierversuchen nach § 7 Abs. 2 und 3 vorliegen. Obwohl es sich um keine bindende Sachentscheidung des Bundesverfassungsgerichts handelte, hat sich das Verwaltungsgericht Berlin doch entgegen dem Wortlaut und Sinn von § 7 Abs. 3 des Gesetzes umstimmen lassen und sich in einem rechtskräftigen Urteil vom 7.12.1994 mit der Erkenntnis begnügt, aus den Darlegungen des Wissenschaftlers zur Durchführung von Tierversuchen mit Affen sei – auch ohne Anhörung unabhängiger Sachverständiger und ohne Prüfung der Leidensfrage – auf deren „ethische Vertretbarkeit" zu schließen. Die Prüfungs- und Kontrollinstanz der Behörden und der Gerichte wird auf diesem Wege hinfällig und durch eine bloße Plausibilitätskontrolle von Versuchsvorhaben ersetzt. Der Experimentator kann bei dieser Handhabung, von Formalitäten abgesehen, tun, was er will.

Es läßt sich gut begründen, daß Entscheidungen solcher Art nicht nur der bestehenden Tierschutzgesetzgebung, sondern auch dem gebotenen Verfassungsrang des Tierschutzes widersprechen. Andererseits muß der Verfassungsgeber gerade angesichts bestehender Rechtsunsicherheit seine Funktion als demokratische Instanz wahrnehmen, um die bestehende Verfassungslücke mit der gebotenen Eindeutigkeit und Klarheit zu schließen (vgl. von Loeper, 1996).

Die Rechtslage innerhalb der Europäischen Union ist seltsam: Alle Mitgliedsstaaten der EU – und damit im deutschsprachigen Raum Österreich und Deutschland – müssen bei der anwendungsbezogenen Forschung zweifelsfrei die Untersuchungspflicht der Behörde anerkennen, selbst wenn es die nationale Gesetzgebung noch nicht so vorsieht (Harrer, 1995), weil dies Artikel 12 Abs. 2 der EG-Richtlinie zum Schutz der für Versuche und andere wissenschaftliche Zwecke verwendeten Tiere gebietet. In der Schweiz muß sich auch die Grundlagenforschung der Frage stellen, ob der jeweils bewilligungspflichtige Tierversuch unerläßlich ist. Die ethische Frage darf hier nicht ausgegrenzt werden; denn es ist nicht zu verantworten, eine wissenschaftliche Prüfung und ethische Abwägung der Behörde zu verlangen, wenn dem Leid des Tieres ein möglicher Nutzen des Menschen gegenübersteht, aber eine solche Abwägung gar nicht zuzulassen, wenn ein konkreter Nutzen nicht einmal behauptet wird, das Tier aber dafür – also für reine Grundlagenforschung – schwer leiden muß.

Literatur

Bentham, J. (1789): The Principals of Morals and Legislations, Kapitel 17, Sektion 1.

Brandhuber, K. (1988): Das Neue Tierschutzgesetz – ein grundlegender Fortschritt für den Tierschutz? In: Neue Juristische Wochenschrift, 1952–1957.

Caspar, J. (1995): Anmerkung zum Urteil des Verwaltungsgerichts Berlin v. 7. Dez. 1994. Zeitschrift für Umweltrecht, 203–205.

Dietz, Christine (1995): Vergleichende analytische Darstellung des Tierschutzrechts und seiner Entwicklung in Deutschland, der Schweiz und Österreich unter Berücksichtigung des EU-Rechts. Dissertation, München.

Erbel, G. (1986): Rechtsschutz für Tiere. Deutsches Verwaltungsblatt, 1235–1258.

Erbel, G. (1989): Staatlich verordnete Tierquälerei? In: Die Öffentliche Verwaltung, 338–346.

Erbel, G. (1992): Zur Frage der landesgesetzlichen Regelung von Stellung und Aufgaben eines Tierschutzbeauftragten. In: Die öffentliche Verwaltung, 189–199.

Goetschel, A. F. (1986): Kommentar zum Eidgenössischen Tierschutzgesetz. Verlag Paul Haupt.

Goetschel, A. F. (1994): Der Zürcher Rechtsanwalt in Tierschutzstrafsachen. Schweizerische Zeitschrift für Strafrecht 1994, 64–86.

Greiffenhagen, Sylvia (1993): Tiere als Therapie. Neue Wege in Erziehung und Heilung. Verlag Knaur, München.

Harrer, F. (1995): Anpassungserfordernisse im Recht der Tierversuche. In: Österreichische Juristen-Zeitung, 854–858.

Killias, M. (1993): Kriminologische Aspekte von Tierschutz und Tierquälerei. In: F. Goetschel: Recht und Tierschutz, 75–89, Verlag Paul Haupt.

Kloepfer, M. (1986): Tierversuchsbeschränkungen und Verfassungsrecht. In: Juristen-Zeitung, 205–212.

Kluge, H.-G. (1994): Grundrechtlicher Freiraum des Forschers und ethischer Tierschutz. Neue Zeitschrift für Verwaltungsrecht, 869–872.

von Loeper, E., und Reyer, W. (1984): Das Tier und sein rechtlicher Status. Zeitschrift für Rechtspolitik, 205–212.

von Loeper, E. (1987): Anmerkung. In: Neue Zeitschrift für Strafrecht, 512–513.

von Loeper, E. (1989): Die Rechtsverordnungen zur Nutztierhaltung im Spannungsfeld von Verfassungsrecht und europäischem Wettbewerbsrecht. In: Artgemäße Nutztierhaltung und ökologisch orientierte Landwirtschaft, Tierhaltung Band 19, 129–144, Verlag Birkhäuser, Basel.

von Loeper, E. (1993): Unabhängige Landesbeauftragte für Tierschutz. In: Heft 1 der Schriftenreihe „Menschen für Tierrechte".

von Loeper, E. (1996): Tierschutz ins Grundgesetz. Zeitschrift für Rechtspolitik, 143–149.

Lorz, A. (1987): Anmerkung. In: Neue Zeitschrift für Strafrecht , 511–512.

Lorz, A. (1992): Tierschutzgesetz, Kommentar. 4. Auflage, Verlag C. H. Beck.

Rambeck, B. (1996): Mythos Tierversuch. Eine wissenschaftskritische Untersuchung. 6. Auflage, Verlag 2001.

Robbins, J. (1995): Ernährung für ein neues Jahrtausend, 14–42. Hans-Nietsch Verlag.

Scharmann, W., und Teutsch, G. M. (1994): Zur ethischen Abwägung von Tierversuchen. ALTEX 11 (4): 191–198.

Teutsch, G. M. (1995): Die „Würde der Kreatur". Erläuterungen zu einem neuen Verfassungsbegriff am Beispiel des Tieres, mit einer Einführung von Antoine F. Goetschel. Verlag Paul Haupt.

Tierschutzrecht im Wandel

A. F. GOETSCHEL

■ Übersicht

Das Verhältnis des Menschen zum Tier ist außerordentlich vielfältig. Kulturhistorische Abhandlungen über die Mensch-Tier-Beziehung aus religiöser, ethischer, psychologischer und literarischer Sicht sind zahlreich (Teutsch, 1987; Goetschel, 1989, 38–46); philosophische und ethologische Darstellungen und solche der bildenden Künste runden das Thema ab. Dagegen kann bei der Behandlung der Mensch-Tier-Beziehung im *Recht* ein Nachholbedarf festgestellt werden.

Den Kern des rechtlichen Verhältnisses bildet das *Tierschutzrecht* im engen Sinn. Im Rahmen einer kurzen Darlegung können nur *einige wenige* und allgemeine *Aspekte* hiervon kritisch aufgezeichnet werden. Weiter werden vorliegend gewisse *rechtspolitische Postulate* aufgestellt, welche eine bessere Stellung des Tieres im Tierschutzrecht bezwecken.

Man könnte versucht sein, einzelne Forderungen als vermeintlich unrealistisch abzutun; doch man halte sich Albert Schweitzer (1990, S. 332) vor Augen, welcher uns aufruft, uns nicht zu fürchten, als sentimental belächelt zu werden, wenn wir uns dafür einsetzen, die stete Rücksichtnahme auf alles Lebendige bis zu seinen niedersten Erscheinungen herab als Forderung einer vernunftgemäßen Ethik auszugeben. Es kommt, gemäß Schweitzer, die Zeit, wo man staunen wird, daß die Menschheit so lange brauchte, um gedankenlose Schädigung von Leben als mit Ethik unvereinbar einzusehen (über weitere Anforderungen an Vertreterinnen und Vertretern von tierschützerischen Gedanken vgl. neuerdings die trefflichen Darlegungen von Teutsch, 1996).

In der Fachwelt schlug die nun einige Jahre zurückliegende Gesetzesrevision in Deutschland und Österreich, wonach das *Tier keine Sache* mehr ist, hohe Wellen. Auch die Schweiz geriet dadurch in Bewegung; eine Parlamentarische Initiative „Tier, keine Sache" (F. Loeb, FdP/ Bern; Vorstoss Nr. 92.437) ist seit Ende Dezember 1993 hängig und dürfte in absehbarer Zeit zu einem konkreten und ausführlichen Rechtsetzungsprojekt führen. Auch hierüber wird nachstehend zu berichten sein.

Tiere haben nach neuestem schweizerischem Recht *eine Würde*. Die Bundesverfassung schreibt im Zusammenhang mit der Fortpflanzungsmedizin und Gentechnologie vor, der Bund sei verpflichtet, Vorschriften über den Umgang mit Keim- und Erbgut von Tieren, Pflanzen und anderen Organismen zu erlassen. Dabei muß er der *Würde der Kreatur* Rechnung tragen (Art. 24[novies] Abs. 3 BV). Zu beleuchten sind die ersten Interpretationen dieses Verfassungsbegriffes, welcher weit über den Bereich der Gentechnologie am Tier hinausreicht. In Deutschland wird das Tier als Mitgeschöpf des Menschen gesetzlich anerkannt, weshalb rechtspolitische Postulate auch aus der ähnlichen Gesetzesbestimmung abgeleitet werden können.

Haben Tiere *Rechte* oder sollten ihnen solche eingeräumt werden? Eine kurze Darstellung dieser wichtigen rechtsethischen Position erweitert die Debatte, welche mit gewissen *rechtspolitischen Postulaten* abgerundet wird.

Auf andere Rechtsfragen rund um das Tier, wie etwa Haftung des Tierhalters, Kaufrecht, Zwangsvollstreckungsrecht, Arten- und Vogelschutz, Jagd und Fischerei, Schutz des Lebensraumes, Landwirtschaft und Tierzucht, Berufsbildung, Handel, Transporte, Tierseuchen, Schlachtrecht und Lebensmittelhygiene, kann hier nicht eingegangen werden. Es muß mit einem Hinweis auf die eine erste Übersicht bietende Spezialliteratur sein Bewenden haben (statt vieler Minelli, 1990; Goetschel, 1987; Goetschel und Odok, 1991; Lorz, 1984).

Die Tierschutzgesetzgebung

Entwicklung des Tierschutzrechts

Erste Tierschutzgesetze und Tierschutzvereine in Europa

Das Tierschutzrecht ist ein erstaunlich *altes Rechtsgebiet*. So läßt sich die Tierschutzgesetzgebung in Europa auf die erste Hälfte des letzten Jahrhunderts zurückführen (Teutsch, 1983, 13–41; Jenny, 1940, 57–66; Dietz, 1995, 2–29). Bereits im Jahre 1822 wurde in England das erste Tierschutzgesetz erlassen und zwei Jahre später dort auch der erste Tierschutzverein gegründet. In Deutschland ergingen Länder-Tierschutzgesetze in den Jahren nach 1838, und in der Schweiz legiferierten alle Kantone über den Tierschutz in den Jahren zwischen 1842 und 1885. Die Dachorganisation Schweizer Tierschutz STS, Basel, wurde im Jahre 1861 gegründet, der Deutsche Tierschutzbund e.V. 1881 (Jenny, 1940, 66/153; Lüthi, 1991, 1977, 29–76; Drawer und Ennulat, 4–7). In Österreich wurde die Tierquälerei erstmals im Jahre 1846 unter Strafe gestellt. Im gleichen Jahr wurde in Wien die erste Tierschutzorganisation gegründet. Erste Ansätze für einen *ethischen Tierschutz* zeichneten sich ab 1854 ab (Dietz, 1995, 9–12).

Unterschiedliche Entwicklungen des strafrechtlichen und verwaltungsrechtlichen Tierschutzes

In der Folge entwickelten sich strafrechtlicher und verwaltungsrechtlicher Tierschutz unterschiedlich. Eine kurze eingeschobene Unterscheidung dieser Gebiete dürfte das Verständnis der historischen Gegebenheiten erleichtern.

Der *strafrechtliche* Tierschutz dient dem Schutz von Tieren dadurch, daß Tierquälerinnen und Tierquäler bestraft werden. Die Täter sollen von weiteren Straftaten abgeschreckt werden (Spezialprävention), und der gesetzliche Strafrahmen und die ausgesprochenen Strafen sollen so ausfallen, daß von der Strafe auch eine generelle Abschreckungswirkung ausgeht (Generalprävention). Bedauerlicherweise sind in Tierschutzsachen die ausgesprochenen Strafen allerdings teils derart gering, daß ihnen die Abschreckungswirkung meistens abgeht. Auch sind die bestehenden Vollzugsstrukturen mancherorts so ausgestaltet, daß ein Verfahren wegen Tierschutzwidrigkeit oft gar nicht zu einer Bestrafung des Tierquälers führt. Im Rahmen der rechtspolitischen Postulate wird darauf zurückzukommen sein.

Verwaltungsrecht ist wie das Strafrecht dem öffentlichen Recht zuzuordnen. Es regelt die Verwaltung des Staates und der vom Staat anerkannten Selbstverwaltungskörper. Klassische Vollzugsinstrumente des verwaltungsrechtlichen Tierschutzes sind die Erteilung, die Verweigerung oder der Entzug einer Bewilligung, die verschiedenen Möglichkeiten des behördlichen Einschreitens und die

Anordnung eines Tierhalteverbots. Das Verwaltungsverfahren dient dem Schutz der betroffenen Tiere direkt, während sich ein Strafverfahren gegen den fehlbaren Tierhalter richtet (Rebsamen-Albisser, 1994, 260; Goetschel, 1986, 220).

Entwicklung in der Schweiz

Die Tierquälerei im Sinne des *strafrechtlichen* Tierschutzes wurde in der *Schweiz* vorerst von Kanton zu Kanton unterschiedlich umschrieben. Erst im Jahre 1937 wurde der Tierquälereitatbestand auf eidgenössischer Ebene vereinheitlicht, und zwar im Rahmen der Schaffung eines gesamtschweizerischen Strafgesetzbuches, welches dann auf anfangs 1942 in Kraft gesetzt wurde (alter Art. 264 und Art. 401 des Schweizerischen Strafgesetzbuches; Vogel, 1980; Goetschel, 1986, 227–229). Mit dem eidgenössischen Tierschutzgesetz aus dem Jahre 1978 (in Kraft seit 1. Juli 1981) wurde der Tierquälereiartikel in seiner alten Form aufgehoben. Dafür wird die Tierquälerei nunmehr detailliert im Tierschutzgesetz geregelt.

Verwaltungsrechtlich entstand der Tierschutz in der Schweiz mit der Verfassungsbestimmung aus dem Jahre 1893, wonach „das Schlachten der Tiere ohne vorgängige Betäubung vor dem Blutentzug bei jeder Schlachtart und Viehgattung ausnahmslos untersagt" wurde (Art. 25bis BV) (Rothschild, 1955, Goetschel, 1986, 146–152; 1989, 117–130). Nach und nach wurden zahlreiche *Bundeskompetenzen* geschaffen, welche indirekte Auswirkungen auf den verwaltungsrechtlichen Schutz von Tieren zeitigten, so namentlich einzelne Tierschutzvorschriften in der Tierseuchengesetzgebung, im Lebensmittelrecht, im Landwirtschaftsrecht, im Natur- und Heimatschutz und in der Verkehrsgesetzgebung (Art. 69, 69bis, 31bis, 24sexies und 37bis BV; Goetschel, 1987; Goetschel und Odok, 1991).

Als Folge eines politischen Vorstoßes aus dem Jahre 1963 wurde der Verfassungsartikel 25bis überarbeitet und im Jahre 1973 durch Volk und Stände in seiner revidierten Fassung angenommen. Der neue Verfassungsartikel bezweckt, den strafrechtlichen und verwaltungsrechtlichen Tierschutz zu vereinigen und gesamtschweizerisch zu vereinheitlichen. Er hat den noch immer gültigen Inhalt:

„Art. 25bis
1. Die Gesetzgebung über den Tierschutz ist Sache des Bundes.
2. Die Bundesgesetzgebung stellt insbesondere Vorschriften auf über:
   a. das Halten und die Pflege von Tieren;
   b. die Verwendung von und den Handel mit Tieren;
   c. die Tiertransporte;
   d. die Eingriffe und Versuche am lebenden Tier;
   e. das Schlachten und anderweitige Töten von Tieren;
   f. die Einfuhr von Tieren und tierischen Erzeugnissen.
3. Der Vollzug der Bundesvorschriften obliegt den Kantonen, soweit das Gesetz ihn nicht dem Bund vorbehält."

Im März 1978 verabschiedeten die eidgenössischen Räte das Tierschutzgesetz. Tierversuchsgegner ergriffen das Referendum, und das Gesetz wurde in der Volksabstimmung vom 3. Dezember 1978 angenommen. Am 27. Mai 1981 beschloß der Bundesrat die *Tierschutzverordnung* und setzte sie mit dem Tierschutzgesetz (TSchG) vom 9. März 1978 auf den 1. Juli 1981 *in Kraft.* Ende 1991 lief – von nachträglich noch allerletzte Fristen einräumenden Ausnahmen abgesehen – die letzte Übergangsfrist aufgrund der ursprünglichen Tierschutzverordnung ab.

Das 34 Artikel umfassende Tierschutzgesetz wurde am 22. März 1991 hauptsächlich im Bereich der Tierversuche revidiert. Die 77 Artikel umfassende Tierschutzverordnung samt Anhängen wurde bezüglich Tierpflegerausbildung am 12. August 1986, bezüglich des Coupierens von Hundeohren am 23. Oktober 1988 und bezüglich Hauskaninchen, Übergangsbestimmungen bei der Milchviehhaltung und Tierversuche am 23. Oktober 1991 überarbeitet; die letzte Fassung ist mit dem revidierten Tierschutzgesetz am 1. Dezember 1991 in Kraft getreten. Neuerungen der Tierschutzverordnung sind am 1. Juli 1997 in Kraft getreten, solche des Tierschutzgesetzes sind hängig.

Entwicklung in Deutschland

In *Deutschland* verlief die Entwicklung unterschiedlich. So wurde die Tierquälerei für das ganze Bundesgebiet durch das Strafgesetzbuch für das Deutsche Reich bereits im Jahre 1871 verboten. Im Jahre 1933 wurde die strafrechtliche Vorschrift vorübergehend geändert, und im gleichen Jahr wurde das Reichstierschutzgesetz verabschiedet. Dieses vereinigte bereits den strafrechtlichen mit dem verwaltungsrechtlichen Tierschutz und wurde zum Vorläufer des Tierschutzgesetzes (TierSchG) in der Fassung vom 18. August 1986 (BGBl. I 1320), zuletzt geändert durch das Gesetz vom 17. Februar 1993 (Bundesministerium für Ernährung, Landwirtschaft und Forsten, Tierschutzbericht 1997, 13 f.; Lorz, 1992, 64 ff.; Lorz, 1936).

Entwicklung in Österreich

In *Österreich* ist die Tierquälerei durch § 222 des österreichischen *Strafgesetzbuches* verboten. Der Tatbestand des § 222 wurde nahezu unverändert aus dem alten Strafgesetz (§ 524 StG) übernommen. Die heute noch geltende Fassung geht auf das Strafrechtsänderungsgesetz 1971 zurück. Bis dahin stellte die Tierquälerei grundsätzlich lediglich eine Verwaltungsübertretung dar. Daneben enthalten sämtliche neun Landestierschutzgesetze Bestimmungen über das Quälen von Tieren und sehen hierfür Verwaltungsübertretungen vor.

Verwaltungsrechtlich sind für ganz Österreich die Bestimmungen des Tiertransportgesetzes – Straße von Bedeutung, die auf den 1. Januar 1995 in Kraft getreten sind (Schulz, 1995, 134 ff.). Zu erwähnen ist die Verordnung vom 26. März 1991 über den Schutz von Tieren vor Quälereien und das artgemäße Halten von Tieren im Rahmen gewerblicher Tätigkeiten, welche ebenfalls für ganz Österreich anwendbar ist (Blumenstock, 1994, 77, 97; Nentwich, 1994, 110 f.). Verwaltungsrechtliche Straftatbestände enthält auch das Tierversuchsgesetz (BGBl 1989/501) (Schwaighofer, 1994, 147–162). Daneben sind jedoch die neun Landestierschutzgesetze von großer praktischer Bedeutung, welche zwischen 1974 (Salzburg) und 1995 (Oberösterreich, teils Kärnten, teils Burgenland) erlassen worden sind (Plank, 1994, 118; Blumenstock, 1994, 77–97). Schwaighofer (1994, 164) und Plank (1994, 116–120) weisen auf Doppelspurigkeiten zwischen Bund (§ 222 StG) und Ländern mit ihren Landestierschutzgesetzen hin, welche sie kriminalpolitisch als nicht erwünscht ansehen.

Auf zwei Wegen wird eine *Vereinheitlichung* des österreichischen Tierschutzgesetzes angestrebt (Plank, 1994, 120–145). Zum einen sind die Bundesländer 1993 übereingekommen, eine gemeinsame Vereinbarung über den Schutz von Nutztieren in der Landwirtschaft zu schließen mit der Verpflichtung für sie, Bestimmungen zu erlassen, die den in der Vereinbarung enthaltenen Mindestvorschriften entsprechen (zur Vereinbarung über den Schutz von Nutztieren in der Landwirtschaft gemäß Art. 15 a Bundes-Verfassungsgesetz B-VG vgl. Tierschutz-Volksbegehren 1996; Schulz, 1995, 37. In der Schweiz würde man von einem „Konkordat" sprechen.). Diese Vereinbarung ist bis September 1996 von allen Ländern umzusetzen, was teils eine Novellierung der Nutztierverordnungen oder der Tierschutzgesetzgebung nach sich zieht. Zum anderen wurde im März 1996 ein breit unterstütztes Volksbegehren eingereicht (vgl. Tierschutz-Volksbegehren, 1996), welches die Schaffung der kompetenzrechtlichen Voraussetzungen zum Erlaß eines Bundestierschutzgesetzes bezweckt, die Verankerung des Tierschutzes als Rechtsgut mit Verfassungsrang, die Einrichtung einer unabhängigen Tieranwaltschaft zur Wahrnehmung der tierlichen Interessen an ihrem Wohlergehen sowie die Kontrolle ·des Vollzugs, verbunden mit der Einräumung der Parteistellung in Tierschutzverfahren. Der Tierschutz soll als öffentliches Anliegen anerkannt und durch die öffentliche Hand ideell und finanziell gefördert werden (Tierschutz-Volksbegehren, 1996, 27; Elhenický, 1996, 28f.). Der straf- und verwaltungsrechtliche Tierschutz wird zu vereinheitlichen sein, und neben die klassischen Bereiche soll sich auch die Regelung der Zucht, der Tierheime, der Wandermenagerien und der Tierschutzorgane gesellen (Plank, 1994, 120–145).

Entwicklung im übrigen Europa

Der Prozeß der Integration von *Europa* hat sich auch im Tierschutzbereich niedergeschlagen, einerseits auf der Ebene des Europarates, andererseits in der Europäischen Union.

■ **Europäische Union**
In der *Europäischen Union* sollen Wettbewerbsverzerrungen verhindert werden, was die wesentliche Triebkraft der Harmonisierungsbemühungen im Tierschutz ausgemacht hat (Nentwich, 1994, 88; Dietz, 1995, 32). Rechtstechnisch besehen unterscheidet man EU-Richtlinien und EU-Verordnungen. Letztere hätten unmittelbare innerstaatliche Wirkung, doch bestehen sie im Bereich des Tierschutzes, mit Ausnahme der Tellereisenverordnung (Verordnung des Rates vom 4. 11.1991 Nr. 3254/91 zum Verbot von Tellereisen in der Gemeinschaft usw.) noch nicht.

Dagegen sind *EU-Richtlinien* Rechtsakte, welche sich an die Mitgliedstaaten richten und sie verpflichten, ihrerseits die der Richtlinie entsprechenden innerstaatlichen verbindlichen Vorschriften zu erlassen (Lorz, 1992, 71). EU-Richtlinien zum Schutz der Tiere sind zahlreich. Sie betreffen bei den *Nutztieren* die *Haltung* von Legehennen (Richtlinie des Rates vom 25.3.1986 RL 86/113/EWG und RL 88/166/EWG zur Festsetzung von Mindestanforderungen zum Schutz von Legehennen in Käfighaltung), von Kälbern (Richtlinie des Rates vom 19.11.1991 RL 91/629/EWG über Mindestanforderungen zum Schutz von Kälbern), von Schweinen (Richtlinie des Rates vom 19.11.1991 RL 91/630/EWG über Mindestanforderungen zum Schutz von Schweinen), die *Ernährung* von Nutztieren (Richtlinie des Rates vom 23.11.1970 RL 70/524/EWG und 93/55/EWG über Zusatzstoffe in der Tierernährung) und die *Schlachtung* (Richtlinie des Rates vom 22.12.1993 RL 93/119/EWG über den Schutz von Tieren zum Zeitpunkt der Schlachtung oder Tötung).

Den Bereich der *Tierversuche* regelt die Richtlinie des Rates vom 24.11.1986 RL 86/609 zur Annäherung der Rechts- und Verwaltungsvorschriften der Mitgliedstaaten zum Schutz der für Versuche und andere wissenschaftliche Zwecke verwendeten Tiere. Auf den *Transport* sämtlicher Tiere bezieht sich die Richtlinie des Rates vom 19.11.1991 91/628/EWG über den Schutz von Tieren beim Transport (zum ganzen vgl. Nentwich, 1994, 90–101, Dietz, 1995, 242 f.).

Dem verstärkten Tierschutz dient auch die besondere Erklärung zum Maastrichter Vertrag, wonach die Regierungskonferenz auf Initiative von Deutschland und Großbritannien die EG-Organe ersucht, „bei der Ausarbeitung und Durchführung gemeinschaftlicher Rechtsvorschriften in den Bereichen Gemeinsame Agrarpolitik, Verkehr, Binnenmarkt und Forschung den Erfordernissen des Wohlergehens der Tiere in vollem Umfang Rechnung zu tragen" (Nentwich, 1994, 90).

■ **Europarat**

Daneben spielen die verschiedenen *Europäischen Übereinkommen* des Europarates eine große Rolle; besonders für die Schweiz, welche der Europäischen Union bislang nicht beigetreten ist. Die Übereinkommen beziehen sich auf den Schutz von Tieren beim internationalen Transport (1968), in landwirtschaftlichen Tierhaltungen (1976), von Schlachttieren (1979), in Tierversuchen (1986) und von Heimtieren (1987)(Blumenstock, 1994, 2 f.; Dietz, 1995, 32–35). Sie besitzen nur in denjenigen Staaten Gültigkeit, die diese per Ratifikationsgesetz in Kraft gesetzt haben, was bei Deutschland und der Schweiz durchweg der Fall ist. Nach schweizerischem Staatsrecht brauchen internationale Normen nicht mehr in die schweizerische Rechtsordnung transformiert zu werden, sobald sie für unser Land rechtskräftig sind, was sich in der Ratifikation der Übereinkommen manifestiert (Verwaltungspraxis der Bundesbehörden VPB 53, 1989, Nr. 54, S. 403). Nur solche Bestimmungen müssen in das Schweizer Tierschutzgesetz oder in die Verordnung aufgenommen werden, welche nicht genügend klar und bestimmt sind. Hingegen ist eine völkerrechtliche Norm direkt anwendbar und hat sog. Self-executing-Charakter, „wenn sie justiziabel ist, Rechte und Pflichten der Einzelnen zum Inhalt hat sowie als Adressatin die rechtsanwendenden Behörden und nicht bloß die rechtsetzenden oder andere Behörden hat" (Bundesgerichtsentscheid BGE 112 Ib 184).

Diese Erkenntnis hat durchaus praktische Bedeutung. Im Bereich der *Zucht* von Heimtieren (vgl. Art. 5 des Heimtierübereinkommens) oder von landwirtschaftlichen Nutztieren (Art. 3 des Nutztierübereinkommens gemäß Art. 2 des Zusatzprotokolls) sind nämlich die fortschrittlichen Artikel der einschlägigen Europäischen Übereinkommen durchaus „hinreichend bestimmt, um eine unmittelbare Anwendung durch Gerichte und Verwaltungsbehörden zu ermöglichen" (Schweizerisches Bundesamt für Justiz in seiner Stellungnahme an das Bundesamt für Veterinärwesen vom 24.1.1994, 6; Deutsches Tierärzteblatt 11/1991, 946; Goetschel, 1996, 60 f.; Dietz, 1995, 33; Bingener, 1990).

Grundsatz des verfassungsrechtlichen Tierschutzes – Tierschutz als Staatsziel

Mit Aufnahme des Tierschutzartikels 25bis in die *schweizerische* Bundesverfassung wurde der Tierschutz erheblich aufgewertet. Er gilt nun als ein *mit Verfassungsrang ausgestattetes Rechtsgut*. Ihm kommt *derselbe Stellenwert* zu wie anderen Staatszielen, also der Raumplanung, der Sozialpolitik, dem Natur- und Heimatschutz, dem Umweltschutz und dem Walderhaltungsgebot (Fleiner-Gerster, 1993, 14; Goetschel, 1989, 37 f.). Damit ist jeweils eine *Interessenabwägung* vorzunehmen zwischen den *Grundrechten* und den diese einschränkenden verfassungsrechtlich verankerten Staatsaufgaben. Kollisionen tauchen auf zwischen dem Tierschutz und der *Persönlichen Freiheit* (Goetschel, 1989, 51–69; Zenger, 1989, 91–94), der *Religionsfreiheit* (Goetschel, 1986, 146–152; ders., 1989, 118–130), der *Wissenschaftsfreiheit* (Goetschel, 1989, 72–118; Zenger, 1989, 85–87; Goetschel, 1990a, 58–61), der *Meinungsfreiheit* (Goetschel, 1993, 284), der *Wirtschaftsfreiheit* (in den Bereichen Tierversuche, Gentechnologie, Haltung landwirtschaftlicher Nutztiere und Tierhandel; Zenger, 1989, 55–78) und der *Eigentumsgarantie* (Fleiner-Gerster, 1993, 22–24; Goetschel, 1989, 4–11, 51 ff.; Zenger, 1989, 79–85).

Demgegenüber kann der Tierschutz in *Deutschland keine eigenständige verfassungsrechtliche Geltung* beanspruchen. Nicht den Tierschutz, sondern den Umweltschutz hat der Deutsche Bundestag am 30. Juni 1994 in einem neuen Art. 20 a des Grundgesetzes aufgenommen. Dabei hat er zwar einen Entschließungsantrag angenommen, wonach die Staatszielbestimmung Umweltschutz auch den Tierschutz mit umfasse (vgl. von Loeper, 1996, 143 f.). Dieser Absichtserklärung fehlt allerdings die bindende Wirkung, unabhängig von der Überlegung, ob Schutz des Tieres in Menschenhand überhaupt unter dem Umweltschutz unterstellt werden kann. Der Tierschutz könnte einer weiteren Auffassung zufolge von anderen Grundsätzen, namentlich dem Prinzip der Menschenwürde, hergeleitet werden. Doch auch diese Auffassung hat sich nicht durchgesetzt. Es bleibt dabei, daß das deutsche Grundgesetz den Tierschutz lediglich auf den Rang der konkurrierenden Gesetzgebungskompetenz verweist (Art. 74 Nr. 20 GG) (statt vieler: Lorz, 1992, 42 f., 198 f. von Loeper, 1996; Händel, 1996, 137–141). Die Freiheit der Forschung, der Kunst und der Religion kann Vorrang beanspruchen, was namentlich im Bereich der sog. Wissenschaftsfreiheit nicht unproblematisch zu sein scheint. So hat etwa das Berliner Verwaltungsgericht das Verbot schwerwiegender Tierversuche an Affen als verfassungswidrig beurteilt und bestätigt, daß der Freiheit von Wissenschaft, Lehre und Forschung in jedem Fall Vorrang vor dem Tierschutz gegeben werden müsse (VG Berlin vom 7. Dezember 1994; kritisch von Loeper 1996, 144 f.; Bäumer, 1997).

In *Österreich* ist aufgrund von Art. 15 der österreichischen Bundesverfassung Gesetzgebung und Vollziehung des Tierschutzes Angelegenheit der Länder. Mit Ausnahme des Tierquälereiparagraphen 222 des Strafgesetzbuches, der Tierversuche (vgl. Dietz, 1995, 159–189) und neuerdings des Tiertransportgesetzes-Straße (vgl. Schulz, 1995, 134–172) hat der Bund deshalb keine eigenen Kompetenzen für sich beansprucht (Schulz, 1995, 14 f.), weshalb von einer verfassungsmäßigen Verankerung des Tierschutzes zumindest bundesweit noch nicht gesprochen werden kann (vgl. Tierschutz-Volksbegehren, 1996, 3).

Inhalt der Tierschutzgesetzgebung

Zweck

In der *Schweiz* bezweckt das Tierschutzgesetz, das Verhalten des Menschen gegenüber dem Tier zu regeln; es dient dessen Schutz und Wohlbefinden (Art. 1 Abs. 1 TSchG). Unter *Wohlbefinden* ist nicht nur das Fehlen von Schmerzen, Leiden oder Schäden zu verstehen; es handelt sich darüber hinaus um einen

Zustand körperlicher und seelischer Harmonie des Tieres in sich und – entsprechend seinen angeborenen Lebensbedürfnissen (Goetschel, 1986, 16; Teutsch, 1987, 262–266) – mit der Umwelt.

Damit gründet sich das schweizerische Gesetz auf die sog. *Interessenschutztheorie*, nach welcher Tiere zwar keine eigenen subjektiven Rechte besitzen, jedoch schützenswerte Interessen am Freisein von Schmerzen, an physischer und psychischer Integrität sowie allenfalls am Leben schlechthin (Vogel, 1980, 151–162). Die Interessenschutztheorie ist im Tierschutzgesetz konzeptionell allerdings nicht durchweg eingehalten. Das Leben der Tiere ist im schweizerischen Recht nicht ausdrücklich geschützt. Zwar dürfen Tiere nicht aus Mutwillen getötet werden, oder es dürfen keine Kämpfe veranstaltet werden, bei welchen Tiere, theoretisch auch schmerzlos, getötet werden (Art. 22 Abs. 2 TSchG). Doch ist etwa bei der Tötung überzähliger Welpen unserer Auffassung nach davon auszugehen, daß ein solches Vorgehen die kreatürliche Würde des Tieres und die Tierschutzgesetzgebung verletzt (vgl. Goetschel, 1995b, 36 f.).

Nach Art. 2 Abs. 2 des eidgenössischen Tierschutzgesetzes hat, wer mit Tieren umgeht, für deren Wohlbefinden zu sorgen, „soweit es der *Verwendungszweck* zuläßt". Das Tierschutzgesetz schweigt sich im wesentlichen darüber aus, wann ein Verwendungszweck zulässig ist und wann nicht. Die Diskussion über die zulässigen Verwendungszwecke scheint mit der Tierversuchsfrage erst ihren Anfang genommen zu haben. So darf ein Tierversuch in der Schweiz nicht bewilligt werden, wenn er mit der Gesundheit von Mensch und Tier in keinem Zusammenhang steht oder keine neuen Kenntnisse über grundlegende Lebensvorgänge erwarten läßt (Art. 61 Abs. 3 Bst. b der eidgenössischen Tierschutzverordnung).

Ähnliche Überlegungen lassen sich auch außerhalb der Tierversuche anstrengen. So stellt sich bei der *Tierzucht* die Frage, ob Züchtungen zu bestimmten Zwecken nicht hinterfragt oder gar untersagt gehören, wie etwa solche zu sog. ästhetischen Zwecken, wenn das Tier dadurch nicht bloß leidet, sondern auch in seiner Würde, in seinem Eigenwert, verletzt und damit der Lächerlichkeit preisgegeben wird (vgl. Kapitel „Tierschutzaspekte in der Tierzucht"). Auch im Bereich des Menschenschutzes ist es unstatthaft, sich über jemand anders lächerlich zu machen. So verletzt das Ausrüsten von Rekruten mit viel zu großen Uniformen, um sie lächerlich zu machen, deren Menschenwürde (vgl. Maunz und Dürig und Herzog, Kommentar zum Grundgesetz, N 41 zu Art. 1 Abs. 1 des Grundgesetzes; Mastronardi, 1978).

Zu überdenken ist – neben der Haltung – z.B. auch die Nachzucht von Delphinen, die in Delphinarien ein kümmerliches Leben auf engstem Raum zur Befriedigung der Schaulust einiger Zuschauer fristen und durch ihre „Kunststücke" teils erst noch vermenschlicht und als Tiere, als Mitgeschöpfe, nicht ernst genommen werden (Lorz, 1992, 316; Teutsch, 1987, 268, Teutsch, 1995, 56). Man kann durchaus auch zur Fragwürdigkeit bestimmter Haltungsformen etwa zu reinen Unterhaltungszwecken gelangen (Lorz, 1992, 142, 328; Teutsch, 1987, 267–269) oder zu einzelnen Mißständen im „Sport" mit Tieren (Lorz, 1992, 326; Teutsch, 1987, 127 f.). Schließlich stellen sich generelle Fragen zur tierschützerisch problematischen Gewinnung einiger tierlicher Produkte zu Luxuszwecken, sei es kulinarischer Natur, wie bei Gänsestopfleber, Froschschenkeln, Singvögeln und Suppenschildkröten (Teutsch, 1987, 125), oder „modischer" Natur, wie sie sich im Pelztragen oder in Kleidern und Accessoires aus Schlangen- und Krokodilleder manifestiert (Teutsch, 1987, 126).

Weniger von rechtlicher als von ethischer Relevanz ist hier die Frage nach der Legitimation der Tiertötung zwecks *Ernährung* des Menschen. Von einer Tiertötung aus Mutwillen kann nicht gesprochen werden. Doch intensiviert sich die Vegetarismusdebatte gleichzeitig mit dem derzeit rückläufigen Fleischkonsum und der zunehmenden Ökologisierung der Landwirtschaft in der Schweiz und dem gesundheitlichen Gefährdungspotential von Fleisch aus sog. konventioneller Haltung. Die Tierschutzethik verlangt den Vegetarismus nicht unbedingt, sofern sie sich nur auf das Leidvermeidungsprinzip beruft und die betroffenen Tiere durch Haltung und Schlachtung nicht leiden. Allerdings liegen tierschutzrelevante Tatbestände namentlich bei der konventionellen Tierhaltung auf der Hand. Daraus ließe sich postulieren, daß wenigstens vom Fleischverzehr gequälter oder zumindest kraß tierschutzwidrig gehaltener Tiere abgesehen werde. Dieser Frage dürften insbesondere glaubwürdig auftreten wollende Tierschützer kaum ausweichen können (Teutsch, 1987, 242 f.; Lorz, 1992, 320; zum Ganzen Wolf, 1994; Harrer und Graf, 1994, 165 f.). So wird auch zurecht die Frage aufgeworfen, ob das „Faktum" menschlichen Fleischverzehrs zur Rechtfertigung des Tötens von Tieren genüge (Saladin und Schweizer, 1995, 71, N 131).

In *Deutschland* (§ 1 TierSchG in der Fassung vom 20. August 1990; Lorz, 1992, 84) wird über das tierliche Interesse an dessen Wohlbefinden auch sein Leben als solches ausdrücklich geschützt. So lautet § 1 des deutschen Tierschutzgesetzes: *„Zweck dieses Gesetzes ist es, aus der Verantwortung des Menschen für das Tier als Mitgeschöpf dessen Leben und Wohlbefinden zu schützen. Niemand darf einem Tier ohne vernünftigen Grund Schmerzen, Leiden oder Schäden zufügen."*

Die praktischen Auswirkungen dieses konzeptionellen Unterschiedes sind nicht zu überschätzen. § 17 TierSchG stellt das Töten eines Wirbeltieres ohne vernünftigen Grund unter Strafe, wobei Lehre und Rechtsprechung dem Fehlen eines vernünftigen Grundes regelmäßig nicht mehr abgewinnen als dem allgemeinen Tatbestandsmerkmal der Rechtswidrigkeit (Lorz, 1992, 314). Aus diesem Grunde blieb die Tiertötung zur Nahrungsmittelgewinnung in der tierschutzrechtlichen Rechtsprechung bislang nicht hinterfragt (hierzu Brandhuber, 1994, 42; ethisch: Teutsch, 1987, 239–243; 1994, 88; Wolf, 1994, 80–82; dagegen Birnbacher, 1995, 38).

Die *österreichische* Tierschutzgesetzgebung ist ebenfalls von der Interessenschutztheorie geprägt. Darüber hinaus ist das Tierleben durch einige Landestierschutzgesetze geschützt, sei es in der Zweckbestimmung, sei es durch das Verbot mutwilliger Tötung (Schulz, 1995, 21; Dietz, 1995, 36).

In allen drei Gesetzgebungen kommt der direkte oder *ethische* Tierschutz zum Ausdruck, nach welchem Tiere *um ihrer selbst willen* zu schützen sind. Herausgewachsen ist er aus dem *anthropozentrischen* oder indirekten Tierschutz. Nach letzterem sind es die Interessen des *Menschen*, die ihn zu einem tierschützerischen Verhalten bewegen. Namentlich im Bereich der Haltung von Nutz-, Wild- und Versuchstieren liegen einer guten Pflege und Haltung der Tiere regelmäßig wirtschaftliche Interessen der Person zugrunde, welche Tiere hält. Dieser ökonomische Tierschutz beherrscht die Gesetzgebung über die Tiergesundheit und über die Landwirtschaft (Teutsch, 1987, 18 und 59; Goetschel, 1989, 20 f.). Allerdings darf im Bereich des Tierschutzrechts nicht diese anthropozentrische Denkweise vorherrschen. Vielmehr ist das Tier deshalb zu schützen, weil es ein Tier ist.

Dementsprechend wird das Tier auch

vom schweizerischen Bundesgericht nunmehr als lebendes und fühlendes Wesen, als *Mitgeschöpf*, anerkannt: *"Zwar werden Tiere von der Rechtsordnung nach wie vor als Sachen behandelt. Die Grundeinstellung des Menschen zum Tier hat sich jedoch mit der Zeit im Sinne einer Mitverantwortung für diese Lebewesen zum sogenannten 'ethischen Tierschutz' entwickelt, welcher weiter geht als der Schutz lebloser Dinge, und welcher das Tier als lebendes und fühlendes Wesen, als Mitgeschöpf anerkennt, dessen Achtung und Wertschätzung für den durch seinen Geist überlegenen Menschen ein moralisches Postulat darstellt (A. F. Goetschel, Kommentar zum Eidg. Tierschutzgesetz, 15)."* (Entscheid des Schweizerischen Bundesgerichts, Kassationshof, vom 2. August 1989; BGE 115 IV 248 ff., insb. 254; auch BGE 116 IV 366; Botschaft Tierschutzartikel, 1972, 1084).

Das Gericht hatte das Verhalten einer Autofahrerin zu beurteilen, welche wegen eines die Straße überquerenden kleineren Wildtieres brüsk gebremst hatte und eine Auffahrkollision verursachte. Es schützte sie mit den Worten: *"Von einem Lenker zu verlangen, daß er beim Auftauchen von Wirbeltieren einfach zufährt, läßt sich nicht mit der dem Menschen eigenen Achtung vor tierischem Leben vereinbaren, welches darauf gerichtet ist, auch das tierische Leben zu erhalten und nicht, dieses zu vernichten"* (a.a.O.).

Die Mitgeschöpflichkeit des Tieres ist in § 1 des *deutschen* Tierschutzgesetzes angesprochen, bezweckt doch das Gesetz, *„aus der Verantwortung des Menschen für das Tier als Mitgeschöpf dessen Leben und Wohlbefinden zu schützen."* (Lorz, 1992, 39, 73, 81; Teutsch, 1987, 139 f.; Waldschütz, 1994, 45). Dagegen benennt das *österreichische* Tierschutzrecht das Tier nirgends als Mitgeschöpf (Schulz, 1995, 19).

Geltungsbereich

Das *schweizerische* Gesetz ist grundsätzlich nur auf *Wirbeltiere* (mit ihren Klassen der Säugetiere, Vögel, Kriechtiere, Lurche und Fische) anwendbar. Der Gesetzgeber vertrat ursprünglich die Auffassung, bei fehlendem oder doch fraglichem Schmerzempfinden der wirbellosen Tiere sei eine Ausdehnung des Geltungsbereichs wenig sinnvoll (Botschaft Tierschutzartikel, 1972, 1479; Botschaft Tierschutzgesetz, 1977, 1085). Die tierschutzethische Kritik an diesem Rechtszustand (Saladin, 1993, 39; Vogel, 1980, 184–186) mündete in verschiedene Vorstöße, wodurch das Tierschutzgesetz auf den 1. Dezember 1991 revidiert wurde. Nunmehr bestimmt der Bundesrat, auf welche wirbellosen Tiere und in welchem Umfang das Gesetz auf diese anwendbar ist (neu Art. 1 Abs. 2 TSchG). Bei der Umsetzung dieser Bestimmung hält sich der Bundesrat allerdings stark zurück (neu Art. 58 Abs. 1 und Art. 66 Abs. 1 Bst. i der Eidg. Tierschutzverordnung). Unter Berücksichtigung des neuen Verfassungsgrundsatzes der kreatürlichen Würde, welcher sich keinesfalls auf die Wirbeltiere beschränkt (Saladin und Schweizer, 1995, 62, N 114), wird der Gesetzgeber aufgefordert zu prüfen, auch den wirbellosen Tieren einen Schutz zuteil werden zu lassen. Die Tatsache etwa, daß die genmanipulatorische Herstellung einer Drosophila (Taufliege) mit nicht weniger als 14 Augen in Basel keiner Tierschutzkommission hat vorgelegt werden müssen, läßt durchaus gesetzgeberische Lücken erkennen.

Demgegenüber schützt das *deutsche* Tierschutzgesetz grundsätzlich *alle* Tiere, mithin auch die Wirbellosen (Lorz, 1992, 83), also von den Protozoen bis zu den Primaten. Nur hat der Gesetzgeber bestimmte Gruppen oder Arten von Tieren in verschiedenen Zusammenhängen unterschiedlich stark geschützt. So gelten die Bestimmungen über das Töten und über Eingriffe, Amputationen,

Handel, Zucht und die Strafbestimmungen nur für Wirbeltiere, über das Schlachten darüber hinaus nur für Warmblüter. Die Bewilligungspflicht für Tierversuche gilt ebenfalls nur für Wirbeltiere, doch sind auch Versuche an Wirbellosen nur zu bestimmten Zwecken zulässig und auf das unerläßliche Maß zu beschränken.

Interessanterweise schützt der Tierquälereiparagraph 222 *Österreichs* vom Wortlaut her nicht nur Wirbeltiere, sondern Tiere an sich, wie der frühere Art. 264 des Schweizerischen Strafgesetzbuches. Allerdings ist nicht unumstritten, ob niedrig organisierte Lebewesen überhaupt „roh mißhandelt" oder „unnötig gequält" werden könnten (zum Stand der Debatte vgl. Schwaighofer, 1994, 149 f. mit Hinweisen; Schulz, 1995, 102.) Jedenfalls stellen einzelne Landestierschutzgesetze Österreichs gewisse Wirbellose, namentlich Crustaceen und Schnecken, ausdrücklich unter Schutz.

Grundsätze

Nach Art. 2 des *Schweizer* Tierschutzgesetzes sind Tiere so zu behandeln, daß ihren Bedürfnissen in bestmöglicher Weise Rechnung getragen wird. Wer mit Tieren umgeht, hat, soweit es der Verwendungszweck zuläßt, für deren Wohlbefinden zu sorgen. Niemand darf einem Tier ungerechtfertigt Schmerzen, Leiden oder Schäden zufügen oder es in Angst versetzen. Art. 3 Abs. 1 TSchG schreibt vor, daß derjenige, der ein Tier hält oder betreut, es angemessen nähren, pflegen und ihm soweit nötig Unterkunft gewähren muß.

Diese Grundsätze haben nicht nur die Funktion von richtungsweisenden Maximen für den Bundesrat bei der Konkretisierung des Tierschutzgesetzes mit der Verordnung oder für das Bundesamt für Veterinärwesen bei der Ausgestaltung seiner Richtlinien und Informationsschriften. Sie sind unmittelbar anwendbares Gesetzesrecht und halten die Behörden an, verbotenen Handlungen vorzubeugen, auch wenn sie nicht strafbar sind. Personen, welche gegen die festgelegten Grundsätze verstoßen, handeln unabhängig ihrer Strafbarkeit rechtswidrig (Goetschel, 1986, 29). In verschiedenen Fällen von Tierquälerei wurden die Bestimmungen schon direkt angewandt, woraufhin der Täter nach Art. 27/29 TSchG bestraft worden ist (Goetschel, 1993, 264).

Das *deutsche* Tierschutzgesetz bezweckt, aus der Verantwortung des Menschen für das Tier als Mitgeschöpf dessen Leben und Wohlbefinden zu schützen. Niemand darf einem Tier ohne vernünftigen Grund Schmerzen, Leiden oder Schäden zufügen (§ 1 TierSchG). Wer ein Tier hält, betreut oder zu betreuen hat, muß das Tier seiner Art und seinen Bedürfnissen entsprechend angemessen ernähren, pflegen und verhaltensgerecht unterbringen (§ 2 Ziffer 1 TierSchG) und darf die Möglichkeit des Tieres zu artgemäßer Bewegung nicht so einschränken, daß ihm Schmerzen oder vermeidbare Leiden oder Schäden zugefügt werden (§ 2 Ziffer 2 TierSchG). Die Vorschrift von § 1 TierSchG ist kein unverbindlicher Leitgrundsatz, welcher lediglich ein Ziel aufstellt und eine Schranke sozial-ethischer Prägung setzt, aber nur sittliche Verpflichtung bleibt. Vielmehr ist sie wie in der Schweiz unmittelbar geltendes Recht und enthält ein – unter Umständen gar strafrechtlich geahndetes – Verbot bestimmter Handlungen, nämlich des Verursachens von Schmerzen, Leiden oder Schäden (Lorz, 1992, 82). Das deutsche Gesetz erklärt – im Gegensatz zum schweizerischen – die *Angst* des Tieres nicht ausdrücklich zum

Schutzobjekt, sucht aber in der Praxis einen Ausweg dadurch, daß die Angst als Ausdruck des Leidens bezeichnet wird (faktisch: Lorz, 1992, 90; Teutsch, 1987, 123 f.).

Den *österreichischen* Tierschutzgesetzen auf Länderebene ist gemeinsam, daß niemand einem Tier unnötige oder ungerechtfertigte Schmerzen, Leiden (Qual) und Schäden zufügen darf. In einigen Ländern wird die Angst nicht als eigenständiger tierschützerischer Begriff verwendet, in anderen ist das Versetzen in schwere oder überhaupt in Angst verboten (Schulz, 1995, 20). Der Schutz des Tieres in seinem Wohlbefinden wird nur in einigen neueren Landestierschutzgesetzen vorgesehen. Während in Deutschland ohne „vernünftigen Grund" niemand einem Tier Schmerzen, Leiden oder Schäden zufügen darf, benutzen die österreichischen Landestierschutzgesetze Begriffe wie „unnötig" oder „ungerechtfertigt". Den Schutz des Tierlebens bezwecken einige wenige Landestierschutzgesetze; andere stellen zumindest das mutwillige Töten unter Strafe (Schulz, 1995, 21).

Die besonderen Bestimmungen

Aus Platzgründen sei hier auf eine Darstellung der Tierschutzgesetzgebungen Österreichs, Deutschlands und der Schweiz verzichtet, welche die bestehenden Normen vergleicht und auf Neuerungen hinweist. Dies wird Gegenstand einer intensiveren tierschutzrechtlichen Durchdringung bilden, von welcher weitere Anstöße zur Überarbeitung der Tierschutzgesetzgebung erwartet werden. Verwiesen sei auf die Spezialliteratur und die einschlägigen Beiträge im vorliegenden Handbuch.

Der Vollzug des Tierschutzrechts

So schön sich die Darstellung des Tierschutzrechts anhört, so erschreckend wenig wird es zuweilen in der Praxis angewendet. Als Folge verschiedener Anstrengungen von Tierschutzkreisen hat sich das Bundesparlament in der *Schweiz* mit dem Problem des Vollzugsnotstandes im Tierschutz auseinanderzusetzen. Der Bericht der Geschäftsprüfungskommission des Ständerates (Kantonskammer) über die Vollzugsprobleme im Tierschutz vom 5. November 1993 hat die Lücken treffend erkannt und zahlreiche Verbesserungen vorgeschlagen (vgl. auch Rebsamen-Albisser, 1994; Albisser, 1993, 135–160, insb. 148–151). Auch in *Deutschland* kann der Vollzug der tierschutzrechtlichen Bestimmungen weiter verbessert und die Einhaltung der Tierschutzvorschriften angemessener überwacht werden, wie das zuständige Ministerium einräumt (vgl. Bundesministerium für Ernährung, Landwirtschaft und Forsten, Tierschutzbericht 1997, 7).

So ergeben sich verschiedene rechtspolitische Postulate, welche auf einen besseren Vollzug der bestehenden Bestimmungen hinzielen. Sie können aus Platzgründen nur angedeutet werden:

Gesetz und Verordnung wären zweckmäßigerweise so abgefaßt, daß sie tatsächlich angewendet werden können, am einfachsten dadurch, daß sie von sog. Ermessensbegriffen frei sind und die gestellten Fragen auch konkret beantworten. Dabei ließe sich auch etwa ein *Ordnungsbußenkatalog* für die Übertretungen bzw. Ordnungswidrigkeiten denken, welche, ähnlich wie im Straßenverkehr, häufig auftretende Tierschutzwidrigkeiten einheitlich mit einem bestimmten Bußgeld bzw. einer Buße bestrafen (befürwortend auch Neuhaus,

1995, 88; von Runstedt, 1994, 61). Neben der Rechtsgleichheit stünden die Praktikabilität und Publizität der Ahndung im Vordergrund und weniger die härtere Bestrafung von Täterin oder Täter.

Im weiteren sind dringend Strukturen zu schaffen, damit der organisierte Tierschutz seinen Anliegen nicht nur außerhalb des Rechtswegs nachleben kann. Auf die Mitwirkungsrechte der Tierschutzorganisationen wird noch zurückzukommen sein.

Jedenfalls bleibt eine bessere Ausbildung von verschiedenen Berufsgruppen, welche sich mit Tierschutz befassen zu fordern, etwa im Bereich der Veterinärmedizin, Landwirtschaft, Biologie und nicht zuletzt der Rechtswissenschaft; schließlich steht eine systematische Durchdringung der Rechtsgrundlagen im Tierschutz erst am Anfang. Die vom Bundesministerium für Ernährung, Landwirtschaft und Forsten aufgestellte Forderung, das Tierschutzrecht kontinuierlich und sachgerecht weiterzuentwickeln (Tierschutzbericht 1997, 13), läßt sich nur schwerlich erfüllen, wenn nicht Lehrstühle eingerichtet oder zumindest mit ausreichenden Mitteln ausgestattete Lehraufträge für Tierschutzrecht vergeben werden, wenn nicht gezielt und staatenübergreifend Doktorarbeiten gefördert und betreut werden und wenn nicht Behörden den Zugriff auf tierschutzrechtlich relevante Daten für rechtswissenschaftliche Untersuchungen verweigern. Mit einer besseren Aus- und Fortbildung von Juristinnen und Juristen im Tierschutzrecht könnte auch dem Vorurteil begegnet werden, dieser Berufsgruppe fehle es an der Eignung zur Beurteilung von Tierschutzrechtsfällen (Neuhaus, 1995, 89; Botschaft „Weg vom Tierversuch", 1989, 24).

Das Tier ist keine Sache

Überkommener Rechtsauffassung zufolge gilt das Tier im *schweizerischen* Recht noch immer als Sache. Hierin sind Deutschland und Österreich fortschrittlicher. Seit 1988 in Österreich und seit 1990 in Deutschland steht die Bestimmung in Kraft: *„Tiere sind keine Sachen. Sie werden durch besondere Gesetze geschützt"* (§ 285 Bst. a ABGB bzw. § 90 a BGB). Es folgen Bestimmungen über die großzügigere Bemessung der Heilungskosten sowie – in Deutschland – das grundsätzliche Verbot der Zwangsvollstreckung von Heimtieren (vgl. u.a. Goetschel, 1993a, 219 f.).

Nun sind auch in der *Schweiz* gesetzgeberische Vorarbeiten im Gang. Ausgehend von den deutschen und österreichischen Bestimmungen, entstand im Jahr 1991 ein *Gesetzesentwurf über die Mensch-Tier-Beziehung* (Goetschel, 1993a, 213–237). Der Entwurf geht weit über die Vorlagen der Nachbarländer hinaus und regelt auch die Stellung des Tieres bei der Scheidung oder Trennung seiner Halter, in der Mietwohnung und im Todesfall seines Halters oder seiner Halterin. Neu gefaßt werden auch das Fundrecht am Tier und – über die Haftungsfragen und das Verbot der Zwangsvollstreckung hinaus – auch das Strafgesetzbuch, insofern, als das Töten und Verletzen eines Tieres nicht mehr als Sachbeschädigung gelten, sondern eine eigenständige Bestimmung enthalten. Überarbeitet wurde ebenfalls das Bundesgesetz über die Raumplanung und über die Enteignung.

Im Anschluß an die öffentliche Vorstellung der Entwürfe hat der bürgerliche Parlamentarier *François Loeb*, Bern, den Gesetzesentwurf überarbeitet, thematisch etwas entschlackt und in allgemeiner Form am 24. August 1992 als *Parlamentarische Initiative* eingereicht:

"Gestützt auf Art. 93 Abs. 1 BV und Art. 21bis GVG verlange ich mit einer parlamentarischen Initiative in Form einer allgemeinen Anregung die Änderung des schweizerischen Rechts, um das Tier (gemäß Tierschutzgesetz) in der eidgenössischen Gesetzgebung nicht mehr als Sache sondern als eigene Kategorie zu behandeln.

Zu prüfen ist, inwiefern als Folge einer solchen Änderung sichergestellt werden kann, daß
- *bei Verletzung von Tieren dem Eigentümer bzw. Besitzer die den Umständen entsprechenden Heilungskosten zugesprochen werden;*
- *die Regeln über den Fund von Tieren von den Regeln über den Fund von Sachen getrennt werden;*
- *bei Trennung und Scheidung die Regeln für die Zusprechung der zur Familie gehörenden Haustiere festgelegt werden;*
- *bei Nachlässen die Unterbringung von Nachlasstieren sichergestellt wird;*
- *im Strafgesetzbuch anstelle der bisher als Sachbeschädigung auf Antrag zu erfolgenden Strafen für das vorsätzliche bzw. fahrlässige Verletzen und Töten eines Tieres dieser Tatbestand unabhängig aber weiterhin als Antragsdelikt aufgeführt wird."*

In einer Kommission wurden die allgemeinen Anregungen eingehend geprüft und ausformuliert. Die entsprechenden parlamentarischen Arbeiten wurden anfangs 1997 abgeschlossen; die endgültige Fassung steht im Zeitpunkt der Drucklegung aber noch nicht fest.

Aufschlußreich sind einzelne Voten von Gegnern des Vorstoßes. Sie vertreten unter anderem die Auffassung, eine Abkehr vom Sachbegriff beim Tier verbiete sich deshalb, weil das Tier bereits im römischen Recht als Sache gegolten hat. Dementsprechend sei das französische und italienische Zivilrecht frei von solchen germanischen Einflüssen und halte an der Zweiteilung Mensch-Sache fest. Es bestünde deshalb keine Veranlassung, von diesem bewährten System abzugehen. Nun sei allerdings daran erinnert, daß neben den Tieren im römischen Recht auch *Sklaven* dem Sachbegriff unterstanden (Kaser, 1983, 91). Die Sklaven wurden denn auch von ihrem Sachstatus befreit, und die Sklaverei wurde abgeschafft, allen formalistischen römisch-rechtlichen Bedenken zum Trotz.

Zudem hatte gerade *Frankreich* eine Vorreiterrolle inne, was die Mensch-Tier-Beziehung anbelangt. Nicht nur wurde dort am 9. Juli 1970 ein Gesetz erlassen, welches einem Vermieter verbietet, einem Mieter oder Miteigentümer die Haltung eines Heimtieres zu untersagen (Bonduelle und Joublin, 1995, 31 f.), sondern die französischen Gerichte verfolgen die am 16. Januar 1962 eingeschlagene Praxis, einer Person, welche ein Tier hält, eine Genugtuung im Sinne eines Affektionswertes zuzusprechen, wenn das Tier durch jemand anders getötet oder verletzt worden ist (zum Fall „Lunus" vgl. das Literaturverzeichnis). Dem Schutz der Gefühlswelt zwischen Mensch und Tier wird künftig auch in rechtlicher Hinsicht mehr Rechnung zu tragen sein.

■ Die Würde der Kreatur

Tiere haben ein schützenswertes Interesse am Freisein von Schmerzen, Leiden und Ängsten, ja einen Anspruch auf Wohlbefinden schlechthin (Art. 1 TSchG). Auf dieser Grundlage der sog. Interessenschutztheorie steht die Tierschutzgesetzgebung in der Schweiz und in Deutschland. Darüber hinaus hat bereits im Jahre 1945 der in Basel lehrende Theologe Karl Barth die Auffassung vertreten, wonach die Tiere eine eigene *schützenswerte Würde* haben (Barth, 1970, 198 f.).

Der lange Zeit brachliegende Begriff fand Eingang in die Verfassung des Kantons Aargau aus dem Jahre 1980. Danach haben Lehre und Forschung „die Würde der Kreatur zu achten" (Eichenberger, 1986, N 10 f. zu § 14, 88 f.). Mit Eingabe vom 30. Januar 1989 machte sich der Schweizer Tierschutz STS diese Forderung auf eidgenössischer Ebene zu eigen, und nach einem längeren Rechtsetzungsverfahren auf Verfassungsstufe hat der Begriff der Würde der Kreatur im Jahre 1992 in die Bundesverfassung Eingang gefunden. Art. 24[novies] Abs. 3 BV lautet im Zusammenhang mit der Gentechnologie und Fortpflanzungsmedizin:

„Der Bund erläßt Vorschriften über den Umgang mit Keim- und Erbgut von Tieren, Pflanzen und anderen Organismen. Er trägt dabei der Würde der Kreatur sowie der Sicherheit von Mensch, Tier und Umwelt Rechnung und schützt die genetische Vielfalt der Tier- und Pflanzenarten"

(Angenommen in der Volksabstimmung vom 17. Mai 1992; vgl. BBl 1991 II 1475, 1989 III 989 und 1992 V 451).

Bei der vom Verfassungsgeber gewählten Formulierung ist überwiegender Lehre nach davon auszugehen, daß die Würde der Kreatur nicht bloß im Bereich der Gentechnologie zu schützen ist (vgl. hierzu auch die bundesrätliche Botschaft zur 1993 eingereichten Volksinitiative „zum Schutz von Leben und Umwelt vor Genmanipulation" vom 6. Juni 1995; Koechlin/Ammann, 1995, Freudling, 1993, 186–192). Vielmehr überspannt sie das gesamte Rechtsverhältnis vom Menschen zum Tier. Auch im Tierversuch, in der Nutztierhaltung, in der Heimtierhaltung und im Jagdwesen ist die kreatürliche Würde zu schützen. Der genannte Grundsatz dieser Würde bindet nicht nur den Gesetzgeber, sondern gilt auch im Rechtsanwendungsverfahren (Fleiner-Gerster, 1993, 29–31; Saladin, 1993, 44–46; Goetschel, 1995a, V–XII, zum Ganzen: Praetorius und Saladin, 1996; Saladin und Schweizer, 1995).

Die nunmehr verfassungsmäßig geschützte Würde der Kreatur bildet die Rechtsgrundlage für verschiedene tierschutzrelevante Themenfelder: so unter anderem die Genmanipulation am Tier, die Revision des Sachbegriffs am Tier sowie bevorstehende Revisionen der Tierschutzgesetzgebung. Über die Tragweite des Begriffes liegen zahlreiche Dokumente vor, namentlich von Theologen, Philosophen und Juristen (sie sind in Teutsch, 1995, zusammengefaßt). Die Auseinandersetzung mit dem Begriff der kreatürlichen Würde ist recht jung. Die Frage, welche konkreten rechtsethischen und rechtspolitischen Postulate daraus abgeleitet werden müssen, kann heute deshalb noch nicht abschließend beantwortet werden. Ein Aspekt wird sein, bestimmte Arten des Umgehens mit Tieren zu beschränken, die zwar nicht mit Schmerzen, Leiden oder Schäden verbunden sind, aber andere vom Menschen zu respektierende Interessen der Tiere betreffen. In jedem Fall weist der neue Verfassungsartikel in die richtige Richtung: hin zu einem Verständnis der Tiere als eigentliche Mitgeschöpfe des Menschen, welche eine bessere Stellung verdient haben, als ihnen bis heute zuteil geworden ist.

Konzeptionell grundlegende Anpassungen der Tierschutzgesetzgebung stehen bevor, da die neue Verfassungsbestimmung Art. 24[novies] Abs. 3 BV über die Würde der Kreatur nächstens u.a. in die Tierschutzgesetzgebung einzufließen hat. Dann werden Tiere in ihrem Anspruch auf Anderssein und in ihrem spezifischen Sosein zu schützen sein. Die Bedürfnisse von Tieren und Pflanzen richten sich auf Leben, Fortleben, Zusammenleben, Wohlleben, Abwesenheit von Leiden und Entwicklung (Teutsch, 1995, 55; Saladin und Schweizer, 1995, 63 f., N 116 f.). Von dieser neuen Verfassungsbestimmung wird sich der Gesetzgeber im Bereich Tierschutz bei den vor der Türe stehenden Anpassungen von Tierschutzgesetz und -verordnung, Richtlinien und Informationsschriften des Bundesamtes für Veterinärwesens und der angrenzenden Gesetzgebungen leiten lassen müssen. Doch schon jetzt ist diese Bestimmung direkt anwendbar, und jede Behörde hat im Rahmen der verfassungskonformen Interpretation der Gesetze der Würde der Kreatur und des Menschen in ihrem täglichen Handeln Rechnung zu tragen. Als Interpretationskriterium hat der Grundsatz der kreatürlichen Würde in jedwedes Urteil von Gericht und Verwaltung einzufließen (Saladin, 1993, 61; Saladin und Schweizer, 1995, 60, N 111).

Dabei stellt sich die Frage nach der Wünschbarkeit von präzisierenden Interpretationshilfen, welche dem Rechtsanwender angeboten würden. Diese könnten ihm Inhalt und Tragweite der schützenswerten kreatürlichen Würde näherbringen. Doch ist die Innovationskraft nicht zu verkennen, welche von der Interpretation von Rechtsbegriffen durch die Gerichte ausgeht. So hat etwa das schweizerische Bundesgericht eine sehr reiche Praxis zur Persönlichen Freiheit des Menschen und zur Menschenwürde entwickelt. Ähnliches kann sich auch im Bereich der kreatürlichen Würde abspielen, vorausgesetzt, die Rechtsmittel stehen auch Tierschutzorganisationen oder zumindest solchen Institutionen offen, welche sich von Amtes wegen mit Tierschutz befassen und im Verwaltungs- und Strafrecht Parteistellung innehaben.

Die eidgenössische Volksinitiative „zum Schutz von Leben und Umwelt vor Genmanipulation (Gen-Schutzinitiative)", welche 1993 von der Schweizerischen Arbeitsgruppe Gentechnologie SAG eingereicht worden ist, will unter anderem transgene Tiere sowie die Patentierung von Tieren untersagen. Zur Begründung stützt sie sich auf den verfassungsmäßigen Schutz der kreatürlichen Würde. Diese Forderungen dürften auch nach Annahme oder Ablehnung des Volksbegehrens Diskussionen in der Schweiz, in Deutschland und in Österreich veranlassen (u.a. Koechlin und Ammann, 1995).

Tierrechte

Wie bereits dargelegt, gründen sich die Tierschutzgesetze in Deutschland und in der Schweiz auf das Konzept, nach welchem Tiere schützenswerte *Interessen* haben. Daneben hat sich die Auffassung entwickelt, daß Tiere eigentliche *subjektive Rechte* hätten, welche entweder von „Natur" aus vorbestehen oder welche ihnen durch Rechtsakt noch besonders eingeräumt werden müßten (Sitter, 1990, 178–184, Fleiner-Gerster, 1993, 32). Konkret wird etwa ein Existenzgrundrecht der Natur gefordert und an die Formulierung gedacht:

1. *„Das Recht der Natur auf ihre Existenz, auf ihr Da-Sein und So-Sein sowie auf ihre Entwicklungsmöglichkeiten, ist gewährleistet.*
2. *Alle (jedermann und jedefrau) sind verpflichtet, dieses Recht (diese Rechte) zu achten und mit Tieren, Pflanzen und unbelebter Natur möglichst schonend und erhaltend umzugehen"*

(Leimbacher, 1988, 198; Saladin/Leimbacher, 1986, 206; Goetschel, 1993a, 216 f., 228 f. und 232 f.).

Mit der Einräumung von eigentlichen Tierrechten ginge sicherlich eine erhöhte Wertschätzung des Tieres einher, ist doch eine Binsenwahrheit, daß nur geachtet wird, wer Rechte besitzt. Daher würde die Verwirklichung dieser Theorie wesentlich zur Aufwertung des Tieres in unserer Rechtsordnung beitragen. Allerdings sollten die damit verbundenen Erwartungen nicht zu hoch gesteckt werden. Immerhin hat der Tierschutz in der Schweiz Verfassungsrang und gilt das Tier in Deutschland und in Österreich nicht mehr als Sache. Trotzdem ist es mit der Wertschätzung des Tieres nicht immer zum besten bestellt. Ganz pragmatisch besehen, dürfte der Durchsetzung des Tierschutzgedankens und

–gesetzes auf allen Ebenen Priorität einzuräumen sein, wobei insbesondere bessere Vollzugsstrukturen eine wesentliche Rolle spielen. Doch soll damit den Bemühungen um Einräumung von deklamatorischen Tierrechten keineswegs eine Abfuhr erteilt werden.

Tierschutzbeauftragte und Tierschutzanwälte, Klage- und Beschwerderechte von Tierschutzorganisationen

Ein traditionelles Postulat im Tierschutzrecht bildet das *Verbandsbeschwerde- und -klagerecht* von Tierschutzorganisationen.

Rechtsmittel im Verwaltungsrecht

Mit dem *Verbandsklagerecht in Verwaltungssachen* (in der Schweiz *Verbandsbeschwerderecht* benannt) würden anerkannte Tierschutzorganisationen berechtigt, gesetzeswidrige Verfügungen von Verwaltungsbehörden anzufechten (Saladin, 1993, 52–54, 61 f.; Sitter, 1990, 188–190; Wirth und Goetschel, 1989, 88–94 und 99–144). In der Tat mutet das bestehende Ungleichgewicht der Interessenvertretung in Tierschutzverfahren merkwürdig und ungerecht an: Ein Tierhalter kann eine ihn einschränkende Verfügung anfechten, z.B. ein Tierhalteverbot. Für das Tier kann sich niemand wehren, höchstens die öffentliche Verwaltung, was allerdings erfahrungsgemäß nicht genügt (Saladin, 1993, 51). Nicht für das verletzte Tier einstehen kann namentlich ein Tierschutzverein, selbst wenn sich dieser seit Jahrzehnten dem Schutz der Tiere verschrieben hat. So mußte sich ein alteingesessener schweizerischer Tierschutzverein, der wegen eines seinem Tierheim überbrachten vernachlässigten und mißhandelten Hundes vor Gericht zog, vom Bundesgericht sagen lassen, der Verein sei in diesem Fall nicht mehr betroffen als irgendein Dritter und daher zur Beschwerde gar nicht berechtigt (unveröffentlichtes Urteil des Schweizerischen Bundesgerichts vom 27.1.1989). Tierschutzorganisationen werden von tierschutzrechtlichen Verwaltungsverfahren tunlichst ferngehalten; sie werden von der Verantwortung ausgeschlossen und erfahren häufig nicht einmal, wie ein von ihnen angestrengtes Verfahren ausgegangen ist.

Bei dieser Sachlage haben wir es mit einem *groben Strukturmangel* zu tun, welcher mit der *Verbandsklage im Verwaltungsrecht* behoben werden kann. Wie bei der in der Schweiz bereits bestehenden Verbandsbeschwerde von Umwelt- und Naturschutzorganisationen, welche auch in einzelnen deutschen Bundesländern besteht, wären dann anerkannte Tierschutzvereine befugt, in die Verwaltungsakten Einsicht zu nehmen und nötigenfalls einen Entscheid an eine richterliche Instanz weiterzuziehen. Die Wirkungen, die von einer verfahrensmäßigen Beteiligung der Tierschutzorganisationen zu erwarten sind, dürften wesentlich dazu beitragen, das angestrebte Ziel eines besseren Rechtsschutzes des Tieres zu erreichen. Damit würde nicht bloß eine Waffengleichheit der Parteien erreicht. Es ginge hiervon auch eine Vorwirkung aus, indem die rechtsanwendenden Behörden und die Parteien gehalten wären, sich von Anfang an ernsthaft mit den Anliegen des Tierschutzes auseinanderzusetzen (vgl. auch Sidhom, 1995, 193 f., mit Hinweisen). Die Vollzugsbehörden würden gestärkt, da sie gegenüber einer sich tierschutzwidrig verhaltenden Partei auf eine drohende Beschwerde einer ideellen Vereinigung hinweisen könnten. Die Einräumung eines förmlichen Beschwerdeverfahrens würden die tierschützerischen Aktivitäten vermehrt in rechtlich geordnete Bahnen lenken und so den ordnungsgemäßen Vollzug erleichtern. Nicht zuletzt kämen die allgemein bekannten positiven Auswirkungen des Rechtsschutzverfahrens auch dem Tierschutz zugute, was eine gesteigerte Publizität des Tierschutzrechts, die Förderung der Rechtsfortbildung und eine vermehrte Beachtung der Rechtsgleichheit in der Rechtsanwendung zur Folge hätte.

Erste Ansätze eines Verbandsbeschwerderechts sind bereits vorhanden. So räumt z.B. das Tierschutzgesetz des Kantons Zürich vom 2. Juni 1991 im Sinne eines *indirekten Verbandsklagerechts mindestens drei gemeinsam handelnden Mitgliedern* der kantonalen Tierversuchskommission das Recht ein, Tierversuchsbewilligungen, die von der kantonalen Volkswirtschaftsdirektion erteilt werden, gerichtlich anzufechten (§ 12 Abs. 2 des Kant. Tierschutzgesetzes Zürich vom 2. Juni 1991). Eben drei Mitglieder dieser Kommission werden auf Vorschlag der Tierschutzorganisationen gewählt. Somit haben zwar nicht die Tierschutzvereine, aber immerhin drei von ihnen bestimmte Vertreter das Recht, einen Bewilligungsentscheid der Volkswirtschaftsdirektion einer verwaltungsinternen Rekursinstanz und dann einem Gericht zu unterbreiten (Saladin, 1993, 54–56; Danner, 1993, 71 f.; Leuthold, 1995). Ebenfalls verfügt das schweizerische Bundesamt für Veterinärwesen über das Behördenbeschwerderecht gegen kantonale Tierversuchsbewilligungen im Sinne von Art. 26a des revidierten Tierschutzgesetzes (Lehmann, 1995).

Die Bemühungen um das Verbandsklagerecht in Verwaltungssachen dürfen allerdings nicht darüber hinwegtäuschen, daß sich ein korrekter Vollzug des Tierschutzrechts damit nicht ersetzen läßt. Schließlich sind im wesentlichen nur verwaltungsrechtliche Verwaltungsakte (in der Schweiz Verfügungen genannt) anfechtbar. Es kommen immer wieder Fälle von Tierschutzwidrigkeiten vor, welche mit Verwaltungsakten in keinem Zusammenhang stehen.

Rechtsmittel im Strafrecht

Mit der Einführung des *Verbandsklagerechts* in Strafsachen (in der Schweiz „Verbandsklagerecht") würde den Tierschutzorganisationen die Befugnis eingeräumt, bei Tierquälereien oder anderen Zuwiderhandlungen gegen die Tierschutzvorschriften ein Strafverfahren einzuleiten und daran als Partei teilzunehmen. Von der Interessenlage her betrachtet ergibt sich hinsichtlich der Einräumung eines Verbandsklagerechts in Verwaltungssachen (in der Schweiz „Verbandsbeschwerderecht" genannt) kein wesentlicher Unterschied: Das Tier, welches durch eine tierschutzwidrige Handlung verletzt wurde, ist naturgemäß nicht in der Lage, seine Interessen selbst wahrzunehmen. Es bedarf dazu auch im Strafverfahren einer Person, welche seine Interessen vertritt. Deshalb bemühen sich Tierschutzverbände um das Recht, in Tierschutzprozessen anstelle des Tieres als Geschädigte auftreten zu können.

Bislang ist dieses Recht noch keiner Tierschutzorganisation generell zuerkannt worden. Dagegen ist eine Alternative zum Verbandsklagerecht in Strafsachen durchaus bemerkenswert, nämlich der Rechtsanwalt für Tierschutz in Strafsachen des Kantons Zürich. „*In Strafverfahren wegen Verletzung von Bestim-*

mungen der Tierschutzgesetzgebung nehmen die Volkswirtschaftsdirektion sowie ein vom Regierungsrat auf Vorschlag der Tierschutzorganisationen ernannter Rechtsanwalt die Rechte eines Geschädigten wahr", heißt es in § 17 des Tierschutzgesetzes des Kantons Zürich (Goetschel, 1994, 64–86). Damit wird den Tierschutzorganisationen ebenfalls indirekt die Möglichkeit eingeräumt, ihren Einfluß auch in *Strafverfahren* geltend zu machen. Zahlreich sind die tierschützerisch unbefriedigenden Strafurteile oder Einstellungsverfügungen, und nur in wenigen Fällen oder bei wenigen Konstellationen (etwa wenn ein Tierhalter einen Tierquäler anzeigt und die Strafakten einem Tierschutzverein unterbreitet oder sich von einem im Tierschutz engagierten Rechtsanwalt vertreten läßt) besteht die Möglichkeit, vom Entscheid überhaupt Kenntnis zu erhalten, Anträge auf Ergänzung der Untersuchung zu stellen oder Einstellungsverfügungen oder Gerichtsentscheide anzufechten. Das Amt des Tierschutzanwaltes hat sich bewährt. Der Bekanntheitsgrad der strafrechtlichen Tierschutzbestimmungen ist gestiegen, ebenso die Motivation der mit Tierschutzfällen betrauten Strafuntersuchungsbehörden und Gerichte. Die strafprozessuale Konstruktion, daß jemand für andere die Position des Geschädigten einnimmt, ließe sich durchaus auch etwa im Bereich des Umweltstrafrechts, aber auch im Kinderschutz denken.

Tierschutzbeauftragte und Kommissionen

Daneben bestehen verschiedene andere Rechtsinstitute, welche sich für den verstärkten Schutz der stummen Kreatur einsetzen, wie etwa der *Tierschutzbeauftragte* (vgl. Saladin, 1993, 56; Diskussionsvotum Hofstetter nach Fleiner-Gerster, 1993, 35; Lorz, 1992, 228–230), sei er beamtet, wie er im Bereich der Tierversuche für Deutschland vorgesehen ist (vgl. § 8 b TierSchG), oder privat, wie er etwa namentlich bei größeren Unternehmen der chemisch-pharmazeutischen Industrie der Schweiz eingesetzt ist. Gelegentlich werden auch *Ombudsmänner* gefordert (Ennulat, 1978, 84). Die vom Staat eingesetzten Tierschutzbeauftragten sollten wohl administrativ einem bestimmten Ministerium zugeordnet werden können, allerdings fachlich selbständig und unabhängig sein, demnach weisungsfrei vom zuständigen Fachminister arbeiten können und über weitreichende Auskunfts- und Einsichtsrechte in Unterlagen verfügen. Für die Abklärung von konkreten Tierschutzfällen wären gewisse polizeiliche und untersuchungsrichterliche Befugnisse unerlässlich. Nun haben zum einen nur sehr wenige Bundesländer Deutschlands die Stelle eines/r Tierschutzbeauftragten eingerichtet, und das Amt findet sich in der Schweiz nur selten. Zum anderen sind diese noch davon entfernt, als unabhängige Vertreter der Tierschutzinteressen auftreten zu können. Sie sind als staatliche Angestellte dem Ministerium bzw. Veterinäramt unterstellt und nehmen in dessen Auftrag gewisse Tierschutzaufgaben wahr. Wohl stehen ihnen einzelne politische Mitwirkungsmöglichkeiten zu, doch sind sie in der Regel nicht mit durchsetzbaren Rechten ausgestattet. Es ist ihnen insbesondere verwehrt, Verwaltungsentscheide anzufechten, den Richter anzurufen oder in einem konkreten Fall verbindliche Maßnahmen anzuordnen. Obwohl also bereits Ansätze zu stärkerem Recht des Tierschutzbeauftragten zu erkennen sind, müssen wir die „echten", unabhängigen Rechtsvertreter der Tiere noch zu den Zukunftsperspektiven zählen.

Daneben wurden zahlreiche *Kommissionen* eingesetzt, namentlich im Bereich der Tierversuche (Art. 18 Abs. 2 und Art. 19 des eidg. Tierschutzgesetzes; Wirth, 1991), aber auch der Nutztierhaltung (Zur Nutztierkommission im Kanton Zürich § 3 des Kant. Tierschutzgesetzes vom 2. Juni 1991). Die Problematik auch dieser Gremien liegt darin, daß die mit Tierschutz befaßten Personen in der Regel nicht mit durchsetzbaren *Rechten* ausgestattet sind. Ihnen ist es regelmäßig verwehrt, einen Verwaltungsentscheid anzufechten und einen Verwaltungsrichter anzurufen. Insofern verdienen Lösungsansätze mit echten Anfechtungsmöglichkeiten den Vorzug.

Zusammenfassung und Ausblick

Der rechtliche Tierschutz ist eine wichtige Disziplin des Tierschutzes. Er bildet das Gerüst, mit dessen Hilfe der Tierschutzgedanke (straf- und verwaltungsrechtlich) erzwungen werden kann. Es sind Strukturen zu entwerfen, welche eine wesentlich stärkere Durchsetzung des Tierschutzrechts zu gewährleisten vermögen. Im weiteren stehen wichtige rechtsethische Fragen an, so nach der Tragweite der kreatürlichen Würde und nach der Abkehr vom Sachbegriff am Tier. Darüber hinaus wird vom organisierten Tierschutz erwartet, daß er vermehrt Verantwortung für den Vollzug übernehme, womit ihm aber auch bessere Rechtsinstrumente in die Hand gelegt werden sollten. Die Verbandsbeschwerde und die Verbandsklage im Verwaltungs- und Strafrecht sind ein wichtiger Schritt in diese Richtung, sei es in der direkten Form oder indirekt. Die Ansätze, wie sie im Kanton Zürich bereits in die Tat umgesetzt worden sind, wecken Hoffnungen auf ein entspanntes und den ethischen Grundsätzen unserer Zeit verpflichtetes Verhältnis zwischen Tierschutz und Tiernutzung.

Literatur

Albisser, B. (1993): Der Vollzug des Tierschutzrechts in der Landwirtschaft. In: A.F. Goetschel (Hrsg.): Recht und Tierschutz – Hintergründe und Aussichten. Verlag Paul Haupt, Bern/Stuttgart/Wien, 135–160.

Barth, K. (1950): Kirchliche Dogmatik. 4. Auflage. Zollikon-Zürich 1970, Band III, 1. Teilband, Erstauflage 1950.

Bäumer, H. (1997): „Tierschutz contra Lehrfreiheit", in: Schöffl, H., Spielmann, H., und Tritthart, H.A.: Forschung ohne Tierversuche 1996. Springer Verlag, Wien/New York.

Bingener, I. (1990): Das Tier im Recht. Echo-Verlag, Göttingen.

Birnbacher, D. (1995): Dürfen wir Tiere töten? In: Hammer, C., und Meyer, J. (Hrsg.): Tierversuche im Dienste der Medizin. Pabst, Lengerich, 26–41.

Blumenstock, S. (1994): Die Tierschutzgesetzgebung in den Mitgliedstaaten der Europäischen Gemeinschaft sowie in Österreich, der Schweiz und den skandinavischen Ländern – unter besonderer Berücksichtigung der Bestimmungen zur Nutztierhaltung. Vet.-med. Diss., Berlin.

Bonduelle, P., et Joublin, H. (1995): L'animal de compagnie. Presses Universitaires de France, Paris.

Botschaft Tierschutzartikel (1972): Botschaft des Bundesrates an die Bundesversammlung über die Ersetzung des Schächtartikels der Bundesverfassung durch einen Tierschutzartikel (Art. 25bis BV), vom 15. November 1972; in: BBl 1972 II 1478–1490.

Botschaft Tierschutzgesetz (1977): Botschaft über ein Tierschutzgesetz vom 9. Februar 1977; in: BBl 1977 I 1075–1111.

Botschaft „Weg vom Tierversuch" (1989): Botschaft des Bundesrates über die Volksinitiative „zur drastischen und schrittweisen Einschränkung der Tierversuche (Weg vom Tierversuch!)" vom 30. Januar 1989 (Nr. 89.010), BBl. 1989 I 1003 ff.

Brandhuber, K. (1994): Haben wir die Berechtigung, Tiere zu töten? – Stand der in der Bundesrepublik geltenden Rechtsordnung. In: Loeffler, K. (Hrsg.): Deutsche Veterinärmedizinische Gesellschaft, Fachgruppe Tierschutzrecht; Ehrfurcht vor dem Leben, Gießen, 39–58; erhältlich bei der Deutschen Veterinärmedizinischen Gesellschaft e.V., Frankfurter Straße 89, D-35392 Gießen.

Bundesgesetzblatt BGBL. (1993): Teil I mit der Bekanntmachung der Neufassung des Tierschutzgesetzes vom 17. Februar 1993.

Bundesministerium für Ernährung, Landwirtschaft und Forsten (Hrsg.) (1997): Tierschutzbericht 1997, Bonn.

Danner, E. (1993): In: Recht und Tierschutz – Hintergründe und Aussichten. Verlag Paul Haupt, Bern/Stuttgart/Wien, Diskussionsbeitrag, 71 f.

Dietz, Ch. (1995): Vergleichende, analytische Darstellung des Tierschutzrechts und seiner Entwicklung in Deutschland, der Schweiz und Österreich unter Berücksichtigung des EU-Rechts. Vet.-med. Diss., München.

Drawer, K., und Ennulat, K.J. (1977): Tierschutzpraxis. Gustav Fischer Verlag, Stuttgart/New York.

Eichenberger, K. (1986): Verfassung des Kantons Aargau vom 25. Juni 1980, Textausgabe mit Kommentar. Verlag Sauerländer, Aarau/Frankfurt a.M./Salzburg.

Elhenický, R. (1996): Tierärzte Österreichs fordern Bundestierschutzgesetz. In: WUFF – das österreichische Hundemagazin, 28 f.

Ennulat, K. (1978): Der Tierschutzbeauftragte – ein Modell für einen wirkungsvollen Tierschutz. Du und das Tier, 84.

Fleiner-Gerster, Th. (1989): Kommentar zur Bundesverfassung der Schweizerischen Eidgenossenschaft, Art. 25 bis. Verlage Helbing & Lichtenhahn, Schulthess Polygraphischer Verlag, Stämpfli & Cie. AG, Basel, Zürich, Bern.

Fleiner-Gerster, Th. (1993): Das Tier in der Bundesverfassung. In: A.F. Goetschel (Hrsg.): Recht und Tierschutz – Hintergründe und Aussichten. Verlag Paul Haupt, Bern/Stuttgart/Wien, 9–36.

Freudling, C. (1993): Tierpatente in der Schweiz. In: A.F. Goetschel (Hrsg.): Recht und Tierschutz – Hintergründe und Aussichten. Verlag Paul Haupt, Bern/Stuttgart/Wien, 161–199.

Geschäftsprüfungskommission des Ständerats (1993): Vollzugsprobleme im Tierschutz – Bericht über die Inspektion der Geschäftsprüfungskommission an den Bundesrat vom 5. November 1993; Nr. 93.082.

Goetschel, A.F. (1986): Kommentar zum Eidgenössischen Tierschutzgesetz. Verlag Paul Haupt, Bern/Stuttgart.

Goetschel, A.F. (1987): Erlass-Sammlung zum Schweizer Tierschutzrecht. Verlag Paul Haupt, Bern/Stuttgart.

Goetschel, A.F. (1989): Tierschutz und Grundrechte, dargestellt am Verhältnis zwischen der eidgenössischen Tierschutzgesetzgebung und den Grundrechten der persönlichen Freiheit, der Wissenschaftsfreiheit und der Religionsfreiheit. Verlag Paul Haupt, Bern/Stuttgart.

Goetschel, A.F. (1990a): Buchbesprechung des Werkes von Christoph A. Zenger. In: Alternativen zu Tierexperimenten ALTEX, hrsg. von der Stiftung Fonds für versuchstierfreie Forschung, Zürich, Heft Nr. 12, Zürich, 58–61.

Goetschel, A.F. (1990b): Forschungsfreiheit und Tierschutz – Spannungsfeld in juristischer Sicht. In: Ch.A. Reinhardt (Hrsg.): Sind Tierversuche vertretbar? Beiträge zum Verantwortungsbewusstsein in den biomedizinischen Wissenschaften. Zürcher Hochschulforum. Verlag der Fachvereine, Band 16, Zürich, 149–170.

Goetschel, A.F., und Odok, S. (1991): Erlass-Sammlung zum Schweizer Tierschutzrecht, Ergänzungsband I. Verlag Paul Haupt, Bern/Stuttgart.

Goetschel, A.F. (1993a): Kurzkommentar über die Mensch-Tier-Beziehung. In: A.F. Goetschel (Hrsg.): Recht und Tierschutz – Hintergründe und Aussichten. Verlag Paul Haupt, Bern/Stuttgart/Wien, 213–237.

Goetschel, A.F. (1993b): Das Schweizer Tierschutzgesetz – Übersicht zu Theorie und Praxis. In: A.F. Goetschel (Hrsg.): Recht und Tierschutz – Hintergründe und Aussichten. Verlag Paul Haupt, Bern, Stuttgart, Wien, 257–289.

Goetschel, A.F. (1993c): Tierschutzrecht. In: Schweizerische Juristische Kartothek SJK Nr. 304, Genf; auch in französischer Sprache erhältlich.

Goetschel, A.F. (1994): Der Zürcher Rechtsanwalt in Tierschutzstrafsachen. In: Schweizerische Zeitschrift für Strafrecht, Verlag Stämpfli + Cie AG, Bern, Band 112, Heft 1, 64–86.

Goetschel, A.F. (1995a): Zum verfassungsrechtlich geschützten Begriff der Würde der Kreatur. Einführung zu: G.M. Teutsch: Die „Würde der Kreatur" – Erläuterungen zu einem neuen Verfassungsbegriff am Beispiel des Tieres. Verlag Paul Haupt, Bern/Stuttgart/Wien, V–XII.

Goetschel, A.F. (1995b): Welpentötung – eine ethisch verpönte Handlung. In: Hund. Zeitschrift für Haltung, Zucht und Sport 8. September 1995, Nr. 14, 35 – 37.

Goetschel, A.F. (1996): Ethische und rechtspolitische Aspekte des Tierschutzes in der Tierzucht. In: Schweizer Hunde Magazin, Zürich, Nr. 1, 59–63.

Händel, U.M. (1996): Chancen und Risiken einer Novellierung des Tierschutzgesetzes. In: Zeitschrift für Rechtspolitik, Frankfurt a.M., 29. Jhg., Nr. 4, 137–142.

Harrer, F., und Graf, G. (1994): Theorie und Realität – Ökologische Landwirtschaft in der Praxis. In: F. Harrer und Graf, G. (Hrsg.): Tierschutz und Recht, Verlag Orac, Wien, 165 f.

Jenny, A. (1940): Der strafrechtliche Schutz der Tiere. Diss., Bern/Affoltern am Albis (o.V.).

Kaser, M. (1983): Römisches Privatrecht. 13. Auflage. C.H. Beck-Verlag, München.

Koechlin, F., und Ammann, D. (1995): morgen, Materialienband zur Gen-Schutz-Initiative der Schweizerischen Arbeitsgruppe Gentechnologie SAG, Realutopia-Verlagsgenossenschaft Zürich.

Lehmann, M. (1995): Das Behördenbeschwerderecht des Schweizerischen Bundesamtes für Veterinärwesen In: Schöffl, H., Spielmann, H., und Tritthart, H.A. (Hrsg.): Forschung ohne Tierversuche 1995. Springer Verlag, Wien/New York, 264–267.

Leimbacher, J. (1988): Die Rechte der Natur. Helbing & Lichtenhahn, Basel/Frankfurt am Main.

Leuthold, M. (1995): Das Beschwerderecht innerhalb der Tierversuchskommission im Kanton Zürich. In: Schöffl, H., Spielmann, H., und Tritthart, H.A. (Hrsg.): Forschung ohne Tierversuche 1995. Springer Verlag, Wien/New York, 254–256.

Link, Ch. (1993): Rechte der Schöpfung. Argumente für eine ökologische Theologie. In: M. Schneider und Karrer, A. (Hrsg.): Die Natur ins Recht setzen. Karlsruhe (o.V.).

Loeb, F. (1992): Parlamentarische Initiative Nr. 92.437n, Tier keine Sache, eingereicht am 24. August 1992.

Loeper, E. von (1993): Tierschutz ins Grundgesetz. Aachen (o.V.).

Loeper, E. von (1996): Tierschutz ins Grundgesetz. Chancen und Risiken einer Novellierung des Tierschutzgesetzes. In: Zeitschrift für Rechtspolitik, Frankfurt a.M., 29. Jhg., Nr. 4, 137–142.

Lorz, A. (1936): Die Tiermißhandlung im Reichstierschutzgesetz. Diss., Erlangen.

Lorz, A. (1984): Mein Haustier. C.H. Beck-Verlag, München.

Lorz, A. (1992): Tierschutzgesetz – Kommentar. 4. Auflage. C.H. Beck-Verlag, München.

Lüthi, R. (1991): Der Schutz der stummen Kreatur – Zur Geschichte der Schweizerischen Tierschutzbewegung. In: Festschrift 130 Jahre Schweizer Tierschutz, Basel, 29–76.

„Lunus": Zum Fall des Pferdes „Lunus" betreffend Genugtuungsansprüche bei Tötung und Verletzung eines Tieres vgl. Cass.-civ. (Sect. civ.), Entscheid vom 16.1.1962 im Fall des Pferdes „Lunus"; vgl. Recueil Sirey, Novembre 1962, p. 19 et 282–284; auch Cour d'appel de Rouen, 1re Ch. civ., Entscheid vom 16. 9.1992. In: Recueil Dalloz Sirey, 1993, 24e Cahier, p. 353f.

Mastronardi, Ph.A. (1978): Der Verfassungsgrundsatz der Menschenwürde in der Schweiz. Berlin (o.V.).

Minelli, L.A. (1990): „Dina jagt ein Hosenbein – 28 Begegnungen einer Familie mit Tieren". Verlag Paul Haupt, Bern/Stuttgart.

Nentwich, M. (1994): Die Bedeutung des EG-Rechts für den Tierschutz. In: F. Harrer und Graf, G. (Hrsg.): Tierschutz und Recht. Verlag Orac, Wien, 87–116.

Neuhaus, D. (1994): Tierarzt und Tierschutz in der Verwaltung – Untersuchung zu tierschutzbezogenen Anzeigen im Zuständigkeitsbereich eines Veterinäramtes im östlichen Ruhrgebiet von 1987–1992. Vet.-med. Diss., Hannover.

Plank, F.-J. (1994): Zum Entwurf eines Bundesgesetzes zum Schutz der Tiere. In: F. Harrer, und Graf, G. (Hrsg.): Tierschutz und Recht, Verlag Orac, Wien, 117–145.

Praetorius, I., und Saladin, P. (1995): Die Würde der Kreatur. Schriftenreihe des Bundesamtes für Umwelt, Wald und Landschaft, Bern.

Rebsamen-Albisser, B. (1994): Der Vollzug des Tierschutzrechts durch Bund und Kantone. Verlag Paul Haupt, Bern/Stuttgart/Wien.

Rothschild, D. (1955): Das Schächtverbot der schweizerischen Bundesverfassung. Diss., Zürich (o.V.).

Rundstedt, E.-G. von (1994): Untersuchungen der durch die Staatlichen Ämter für Lebensmittelüberwachung, Tierschutz und Veterinärwesen des Regierungsbezirks Kassel festgestellten Ordnungswidrigkeiten und Straftaten wider das Tierschutzgesetz in den Jahren 1987–1992. Vet.-med. Diss., Hannover.

Saladin, P. (1993): Wahrnehmung des Tierschutzes im Verwaltungsverfahren. In: A.F.

Goetschel (Hrsg.): Recht und Tierschutz – Hintergründe und Aussichten. Verlag Paul Haupt, Bern/Stuttgart/Wien, 37–62.

Saladin, P., und Leimbacher, J. (1986): Mensch und Natur. In: Herta Däubler-Gmelin und Wolfgang Adlerstein (Hrsg.): Menschengerecht, Heidelberg (o.V.).

Saladin, P., und Schweizer, R.J. (1995): Kommentar zur Bundesverfassung der Schweizerischen Eidgenossenschaft, Art. 24novies Abs. 3, Verlage Helbing & Lichtenhahn, Schulthess Polygraphischer Verlag, Stämpfli & Cie. AG, Basel, Zürich, Bern.

Schwaighofer, K. (1994): Tierquälerei im Strafrecht. In: F. Harrer und Graf, G. (Hrsg.): Tierschutz und Recht. Verlag Orac, Wien, 147–166.

Schulz, F. (1995): Ein Vergleich der Tierschutzgesetzgebung von Österreich und Deutschland (unter besonderer Berücksichtigung der Strafgesetzgebung der Gesetzgebung zu Tiertransporten). Vet.-med. Diss., Hannover.

Schweitzer, A. (1990): Die Ethik der Ehrfurcht vor dem Leben. In: Kultur und Ethik. C.H. Beck-Verlag, München, Nachdruck, 328–353.

Sidhom, P. M. (1995): Eine statistische Untersuchung der gerichtlichen Sanktionspraxis tierschutzrelevanter Straftaten anhand des Datenmaterials der Strafverfolgungsstatistik der Jahre 1980 bis 1991 in der Bundesrepublik Deutschland. Vet.-med. Diss., Hannover.

Sitter-Liver, B. (1990): Gerechtigkeit für Mensch und Tier. In: Ch. A. Reinhardt (Hrsg.): Sind Tierversuche vertretbar? Beiträge zum Verantwortungsbewußtsein in den biomedizinischen Wissenschaften. Zürcher Hochschulforum, Band 16, Verlag der Fachvereine Zürich, 178–184.

Teutsch, G.M. (1983): Tierversuche und Tierschutz. C.H. Beck-Verlag, München.

Teutsch, G.M. (1987): Mensch und Tier – Lexikon der Tierschutzethik. Vandenhoek & Rupprecht, Göttingen.

Teutsch, G.M. (1994): Das Töten von Tieren nach dem Gleichheitsgrundsatz. In: Loeffler, K. (Hrsg.): Deutsche Veterinärmedizinische Gesellschaft, Fachgruppe Tierschutzrecht; Ehrfurcht vor dem Leben, Gießen, 83–90; erhältlich bei der Deutschen Veterinärmedizinischen Gesellschaft e.V., Frankfurter Straße 89, D-35392 Gießen.

Teutsch, G.M. (1995): Die „Würde der Kreatur". Erläuterungen zu einem neuen Verfassungsbegriff am Beispiel des Tieres, mit einer Einführung von A. F. Goetschel. Verlag Paul Haupt, Bern/Stuttgart/Wien.

Teutsch, G.M. (1996): Leben mit Ethik und Moral, Ohnmacht und Gewalt. In: ALTEX, Alternativen zu Tierexperimenten, 2/96, Spektrum Akademischer Verlag, Heidelberg, Oxford, Berlin, 51–54.

Tierschutz-Volksbegehren (1996): Plattform, Faltblatt, erhältlich bei der Koordinationsstelle Radetzkystraße 21, A-1030 Wien.

Vogel, U. (1980): Der bundesstrafrechtliche Tierschutz. Diss., Schulthess Polygraphischer Verlag, Zürich.

Volksbegehren (1996): Informationen zum Tierschutzvolksbegehren 18.–25. März 1996. In: WUFF – das österreichische Hundemagazin, 26 f.

Waldschütz, E. (1994): Die Stellung des Tieres im Rahmen der Schöpfungstheologie. In: F. Harrer und Graf, G. (Hrsg.): Tierschutz und Recht. Verlag Orac, Wien, 37–46.

Wirth, P., und Goetschel, A.F. (1989): Juristischer Argumentationskatalog zur Eidgenössischen Tierschutzinitiative, hrsg. vom Schweizer Tierschutz STS, Basel.

Wirth, P.E. (1991): Gesetzgebung und Vollzug im Bereiche der Tierversuche. Diss., Verlag Paul Haupt, Bern/Stuttgart.

Wolf, J.-C. (1994): Töten von Tieren? Eine angemessene Begründung des Tötungsverbotes aus moralphilosophischer Perspektive. In: Loeffler, K. (Hrsg.): Deutsche Veterinärmedizinische Gesellschaft, Fachgruppe Tierschutzrecht; Ehrfurcht vor dem Leben, Gießen, 70–82; erhältlich bei der Deutschen Veterinärmedizinischen Gesellschaft e.V., Frankfurter Straße 89, D-35392 Gießen.

Zenger, Ch.A. (1989): Das „unerlässliche Mass" an Tierversuchen. In: Beihefte zur Zeitschrift für Schweizerisches Recht, Heft 8, Verlag Helbing & Lichtenhahn, Basel.

Sachwortverzeichnis

A

Aal 480, 483ff., 753, 843
Abferkelbucht 177, 178
Abkalbebucht 118
Abrichten 290
Abrollnest 190
Abschuß 430, 739, 779
Abwehrbereitschaft 333
Abwehrreaktion 518
Adler 435, 437, 438, 447ff., 803
Adoption 444
Affe 6, 22, 50, 51, 381, 391, 403, 405, 409, 421, 422, 529, 589, 614, 616, 618, 720, 732, 829, 866, 868, 904, 912
Aggression 49, 50, 64, 86, 116, 117, 162, 216, 251, 253, 256, 266, 305, 370, 395, 422, 627, 687
Aggressionshemmung 268
Aggressionsverhalten 288, 291, 342, 660, 667
Aggressionszüchtung 257, 289
Aggressivität 34, 66, 137, 260, 264, 279, 287, 289, 291, 313, 382, 386, 393, 483, 597, 688
agonistisches Verhalten 277
Akupunktur 647
Alpaka 421
Alternativmethoden 713ff., 723, 867
Ammoniak 491, 493
Amphibien 400, 452ff., 526, 693, 721, 829, 866, 915
Amputation 86, 122, 267, 268, 306, 351, 376, 426, 503, 670, 671, 850, 861, 915
Amputationsverbot 376, 835
Analogieschluß 34, 35ff., 47
Anästhesie 706, 707
Anbindehaltung 84, 107ff., 112, 154, 163, 176, 183, 258, 281, 417, 632, 881, 882, 893, 894
Anbindestall 117, 150
Anbindevorrichtung 512, 774, 849, 858
Anbindung 64, 107, 511, 769, 770, 840, 865
Angelfischerei 750
Angelzirkus 753
Angriff 326, 404, 664, 678
Angriffsbereitschaft 288, 289, 291
Angriffsstimmung 316, 321
Angriffsversuch 663
Angst
– allgemein 14, 31ff., 42, 54, 62, 154, 498, 512, 573, 605, 609, 686ff., 693, 699, 700, 702, 707ff., 717, 805

– Gehegewild 432
– Hund 253, 254, 260, 273, 276ff., 657, 662, 663, 669, 671
– Katze 50, 304, 707, 792
– Kleinsäuger 326, 345
– Pelztiere 238, 242
– Pferd 625, 627, 629, 631, 707, 772
– Rind 772
– Schaf 132
– Schwein 707
– Versuchstiere 392
– Wild 707, 742, 792
– Zoo- und Zirkustiere 422
Angstbeißer 277
Ängstlichkeit 395
Angstneurose 636
Angstruf 778
Angstzustand 102, 628, 631, 687, 701, 716, 717, 769, 900, 919
Anpassungsvermögen 657
Antagonismus 595
Anthropozentrismus 723
Antikörper 728, 729
Antilope 404, 416
Antrieb 653
anzeigepflichtig 836
Apathie 31, 33, 39, 59, 60, 66, 132, 238, 389, 392, 552, 671
Appetenz 612, 653ff., 662
Appetenzverhalten 200, 256, 653, 657, 661
Apportieren 655, 658, 660, 662
Aquarianer 489, 494
Aquarienfische 526, 605
Aquaristik 824
Aquarium 488, 490, 533
Arbeitspferd 168
Artenschutz 30, 526ff., 528, 532, 744, 759, 803ff., 833, 876, 877, 907
artgemäß 11, 174, 182, 193, 539, 657, 819, 832, 857, 899
artgerecht 71, 402, 413, 419, 420, 421, 454, 455, 489, 493, 536, 634
arttypisch 162, 393
artwidrig 895
Aufregung 501, 688, 693, 772, 883
Aufstallung 84, 635
Aufstallungssystem 14, 92, 833, 857, 861, 864, 868, 875, 877, 901

Ausbildung 258, 262, 276, 278, 279, 290, 422, 604, 607, 619, 623, 651, 730, 733, 819ff., 824ff., 827ff., 831, 863, 908
Ausbildungsbetrieb 819, 828
Ausdauer 660
Ausdruckselement 611
Ausdrucksmöglichkeit 264, 309, 332
Ausdrucksrepertoire 338
Ausdrucksverhalten 49, 60, 132, 160ff., 171, 251, 263, 264, 267, 271, 273, 662, 663
Auslauf 111, 115, 121, 163, 171, 217, 278, 315, 320, 326, 338, 344, 350, 355, 360, 396, 536, 538, 545, 720, 770, 868
Auslaufhaltung 60, 163, 884
Ausrotten 806
Ausrüstung 629
Außenbox 540, 541, 548
Außengehege 414, 540, 615
Außenlage 415
Aussetzen 746
Ausstellungstier 842
Ausweichdistanz 218
Ausweichmöglichkeit 542
Auswildern 434, 444ff.
Automutilation 62, 378
Aversion 654, 663

B
Bache 428
Bär 68, 411, 614, 616, 674
Barren 630, 638
Barsch 484
Bastard 588
Batteriehaltung 12, 881, 884, 900
Batteriekäfig 190, 191, 194ff., 199, 204,
Bedarf 37, 202, 331, 350, 606
Bedarfsdeckung 36, 37, 60, 67, 193, 425, 433, 606
Bedarfsdeckungskonzept 34, 36, 160
Bedürfnisse
– allgemein 7, 35ff., 71, 81, 499, 506, 526, 529, 531, 546, 731, 819, 857, 894, 895, 899, 903
– Geflügel 199
– Hund 276, 280, 281, 282, 283, 539, 659
– Katze 305, 541
– Kleinsäuger 309, 329, 338, 343
– Pelztiere 237, 238
– Pferd 171, 634
– Rind 109
– Strauß 219
– Versuchstiere 381, 382
– Ziervögel 367
– Zoo- und Zirkustiere 404, 411ff., 417, 419
Bedürfnisbefriedigung 219
Befindlichkeit 37, 38, 275, 289
Begleithund 651
Behaglichkeit 547

Behältnis 505, 841
Beißerei 283, 333
Beißhemmung 261
Beizjagd 449, 450, 739
Beladedichte 500
Beladen 502
Beladevorgang 507
Belegdichte 381, 541
Beleuchtung 140, 183, 192, 203, 209, 374, 396, 397, 491, 493, 498, 512, 515, 840, 881
Belohnung 279, 610
Belüftung 499, 505
Beratung 546
Berufsfischerei 750, 751
Besatzdichte 63, 71, 104, 115, 122, 124, 198, 208, 425, 426, 428, 432, 482, 483, 485, 512, 767, 865, 866
Beschädigung 441, 443
Beschädigungskampf 302
Beschäftigung 175, 367, 387, 395, 396, 413, 539, 882
Beschäftigungsmaterialien 175, 179, 181, 182, 538, 542
Beschäftigungsmöglichkeit 282, 497, 547, 733
Beschäftigungsobjekt 232, 616
Beschäftigungstherapie 406, 410
Bestandsregulierung 300, 776ff., 786ff., 791ff., 796ff.
Bestrafung 273, 277, 279, 623, 654, 655, 668
Betäubung
– allgemein 7, 84, 87, 98, 104, 510, 514ff., 521, 523, 686, 693ff., 717, 753, 835, 837, 842, 849, 850, 852, 859, 861ff., 867, 877, 882, 889, 908
– Fische 485, 486, 753
– Geflügel 516, 523
– Kaninchen 517
– Pferd 517
– Rind 122, 517, 521
– Schaf 517
– Schwein 514, 516, 517, 521
– Wild 430, 517
– Ziege 157, 517
Betäubungsgerät 518, 519
Betäubungsmethode 868
Betäubungsmittel 480
Betreuung 75, 139, 525, 820, 841, 842, 866
Beute 298
Bewegung 102, 368, 801, 868, 899
Bewegungsablauf 386
Bewegungsaktivität 344, 371
Bewegungsarmut 411
Bewegungsbedürfnis 11, 33, 64, 150, 280ff., 308, 324, 330, 350, 354, 540, 899
Bewegungsdrang 119, 280, 283, 337, 354, 411, 536
Bewegungsfreiheit 107, 111, 176, 410, 548, 857
bewegungsfreudig 353, 409, 412, 415, 417
Bewegungskoordination 66, 225

Bewegungsmangel 67, 497
Bewegungsmöglichkeit 75, 105, 163, 720
Bewegungsspiel 302
Bewegungsstarre 771
Bewegungsstereotypie s. *Stereotypie*
Bewegungsweise 652
Bewilligungspflicht 876
Bewilligungsverfahren 529, 720, 722, 812, 860, 868
Bewußtlosigkeit 45, 518, 519, 521, 627, 689, 693, 694ff., 707, 709
Bewußtsein 521, 690, 692, 694, 698, 703
Biber 787
Bioindikator 434, 809
Biologie 32, 35, 186, 226, 228, 235, 240, 245ff., 318, 322, 328, 340, 347, 352, 357, 365, 438, 444, 659, 730, 821, 824, 918
Biotechnologie 91, 93, 95, 560, 573, 577, 578, 581, 585
Biotop 374, 445, 489, 747, 808, 817
Biotopaquarium 488
Bisamratte 409, 786, 788, 789
Bißverletzung 329, 362
Blindenführhund 605, 651, 664, 666
Blutentzug 521
Boden 64, 152, 227, 443, 449, 458, 549, 865
Bodenbelag 340, 443
Bodenbeschaffenheit 75
Bodenhaltung 80, 189, 194, 195, 196, 225, 230, 391, 771, 884
Bodensubstrat 458, 459
Bolzenschuß 520, 695, 696, 883
bösartig 286, 290
Boxen 281, 396, 539, 541, 544, 551, 865
Boxenauslauf 536, 537
Boxenfläche 540
Boxenhaltung 119
Brandrisiko 775
Brandschutz 767ff., 773
Brandursache 767
Brauchtum 673ff., 680
Broiler 186, 187, 192, 193, 203, 211, 523, 560
Brutpflege 747
Bullenreiten 679
Bussard 437, 440, 450
„Brambell-Report" 11

C

Christentum 2, 7, 21, 91
Chinchilla 352ff., 888
Checkliste 548
Chimäre 572
CO_2-Betäubung 515, 519ff., 523, 868, 889

D

Damwild 424ff., 505, 834
Dauerstreß 349, 657, 675
Deckhengst 649

Defekt 305
Defektmutante 384, 566
Defektzucht 289, 290, 304, 556, 561, 565, 566
Degu 357ff.
Dekapitation 689, 693
Dekompression 698
Delphin 402, 913
Demonstrieren 282
Demutshaltung 327, 339
Deprivation 66, 252, 257, 259, 289, 291, 661
Deprivationsschäden 276, 656
Desinfektion 541, 543, 545
Diensthund 651
Distanzritt 626
Distanztier 312
Domestikation 61, 127, 144, 160, 173, 174, 187, 188, 192, 207, 208, 223, 224, 237, 238, 241, 245, 251, 263, 264, 269, 297, 299, 332, 383, 384, 425, 556, 580, 631, 671, 776
Dominanz 180, 316, 321
Dominanzaggression 279
Dominanzbeziehung 224
Dominanzkampf 302
Dominanzverhalten 60
Doping 624, 636ff., 640ff., 670, 869, 983
Dopingkontrolle 646
Dopingmittel 670
Dopingproben 644
Doppellender 557, 558
Drahtgeflecht 236, 240
Drahtrost 391
Dressur 273, 412, 420, 422, 605, 607, 621, 623, 645, 801
Dressurgerät 273, 274, 660
Dressurpferd 620, 649
Dressurprüfung 621
Drogenspürhund 651
Drohen 60, 265, 356, 677
Drohstampfen 132
Drohverhalten 266, 291
Drückjagd 740, 743
Druckschäden 108
Du-Evidenz 263
Dunkelhaltung 157
Durst 11, 32, 35, 36, 497, 631

E

Echse 455, 458, 464, 533
Ehrfurcht 19, 673, 716, 718, 723, 790, 817
Eiablage 901
Eichhörnchen 328, 787
Eidechse 461
Eingewöhnung 542
Eingriff 11, 40, 99, 103, 105, 141, 156, 157, 181, 182, 205, 304, 443, 475, 580, 581, 584, 705, 835, 836, 849, 864, 867, 876, 888, 915
Einhufer 160, 517, 520, 840, 842, 882, 883, 886

Einstreu
– allgemein 73, 77, 498, 513, 840, 865, 881, 882
– Huhn 64, 189, 191, 196ff., 202
– Katze 543
– Kleinsäuger 317, 321, 327, 332, 349, 352, 356, 359, 361
– Pferd 171, 634
– Rind 108, 109, 113ff., 118, 121, 124, 125
– Schaf 133, 134
– Schwein 177, 183
– Strauß 218, 220, 225, 227, 229, 230
– Versuchstiere 381, 384, 394, 398
– Ziege 148, 150ff.
– Ziervögel 375
– Zoo- und Zirkustiere 408, 416, 421
einstreulos 9, 180, 183, 199
Einzäunung 430
Einzelaufstallung 167, 413
Einzelauslauf 548, 550
Einzelbox 149, 151, 163, 165, 168, 416, 536, 540, 541, 543
Einzelgänger 415
Einzelhaltung 176, 229, 306, 312, 365, 382, 394, 396, 409
Einzelkäfig 236
Einzeltierhaltung 319, 335, 348
Eisenbahnverkehrsordnung 847
Eisenmangel 121
Eisenversorgung 121, 881
Ektoparasiten 138, 545
Elefant 68, 402, 407, 413, 421, 422, 605, 613, 615, 616, 674, 803
Elektrobetäubung 523, 883
Elektronarkose 697
Elektroschock 697
Elektrotreiber 623
Emotion 267
Empfindung 4, 8, 12, 31, 32, 35, 36, 38, 40, 47, 857
Empfindungsvermögen 4, 48
Emu 215, 418
Endorphine 44, 53, 65
Entbluten 521, 522, 523, 703
Ente 186ff., 192, 193, 200, 207, 211, 418, 419, 523, 740, 742, 743, 834
Enthornen 29, 103, 122, 157, 709, 850, 867
Entladen 500, 502, 511, 841, 889
Erbanomalie 562
Erbgut 570, 571, 588, 599
Erkundung 280, 542
Erkundungsbedürfnis 540
Erkundungsverhalten 179, 180
Erregung 59, 611, 612
Ersatzhandlung 349, 371
Ersatzmethode 714, 722, 729, 730
Erschießen 794
Erschlagen 794
Erschöpfung 511

Erstickungstod 768
Ertränken 794
Erziehung 278, 622
Erziehungshilfe 270, 272
Esel 1, 2, 160, 414, 803
essentielle Verhaltensweise 899
Ethik 9, 12, 14, 18ff., 21, 25ff., 94, 589, 591, 639, 673, 686, 716, 789, 810, 892, 902, 906
Ethik-Kommission 838
ethisch 22, 24ff., 75, 78, 101, 105, 232, 246, 413, 497, 575, 717, 718, 744, 848, 897, 898, 904, 907, 914, 915
Ethogramm 57, 71, 271
Ethologie 12, 49, 75, 279, 434, 867
ethologisch 31, 34, 49, 58, 81, 204, 252, 256, 264, 269, 290, 308, 381, 382, 384, 389, 413, 733, 906
Ethopathie 75, 252, 291, 403
Eule 419, 435, 448, 589, 838
Euthanasie 687, 690, 704, 794
Evolution 648
Exzitation 692, 7

F
Fahrbetrieb 837
Fährtenarbeit 661
Faktorenkrankheit 556
Falke 435, 438, 440, 446, 448, 449
Falkner 434, 436, 440, 442, 443, 445ff.
Falknerei 449, 450
Falknerprüfung 448, 450
Falle 744, 779, 788
Fallenjagd 739
Familienhaltung 180, 409
Familienverband 347, 354, 357
Fang 431ff., 527, 838
Fangmethode 489, 752, 779
Fangschuß 741, 742, 744
Fangvorrichtung 426, 431, 746
Fasan 61, 186ff., 425, 738, 740, 742, 746, 756
Federpicken 189, 191, 199, 200, 203, 205, 206, 209
Federrupfen 366, 374, 403
Federwild 740
Fehlernährung 190
fehlfarben 564
Fehlprägung 379
Fellpflege 52, 154, 227, 277, 304, 321, 325, 331, 337, 348, 351, 355, 358, 361
Felsentaube 776, 780
Ferientiere 534
Ferntransport 498, 499, 502ff.
Feuer 769
Findeltiere 544
Fink 364, 365, 368, 373
Fische 33, 48, 91, 223, 400, 477ff., 533, 535, 695, 721, 723, 726, 803, 809, 820, 835, 837, 842, 843, 915

Fischbestand 751, 809
Fischerei 93, 750, 751, 850, 907
Fischerprüfung 751
Fischfang 750, 751, 842
Fischhaltung 479
Fischzucht 478ff.
Fixation 444
Flächenbedarf 198, 500
Flatdecks 178
Fledermaus 408
Fleischbeschaffenheit 86, 516
Flucht 219, 356, 437, 627, 654, 707
Fluchtbemühung 62
Fluchtbereitschaft 276, 437, 627
Fluchtdistanz 765
Fluchtreaktion 314, 319, 417
Fluchtreflex 404, 750
Fluchttier 146, 160, 388, 627, 648
Fluchtverhalten 348, 611
Fluchtweg 773
Flugkäfig 373, 374
Flugvermögen 365, 376
Flußpferd 402, 415, 614
Forelle 479, 753
Forschung 13, 76, 96, 98, 177, 298, 304, 335, 382, 580, 713, 715, 724, 731, 796, 838, 859, 862ff., 868, 902, 911, 912
Forschungsfreiheit 833
Forschungsinstitution 821
Fortbewegung 44, 225, 282
Fortbildung 819ff.
Freianlage 418
Freigehege 174, 222, 282, 403, 548
Freilandhaltung 76, 80, 157, 194, 196, 208, 405, 884, 888
Freizeit 619
Freizeitverhalten 764ff.
Fremdgen 579, 583
Fremdkörper 217, 221, 474, 539
Fremdprägung 62
Freßfeind 160, 189, 757
Frosch 453, 458, 459, 471, 472, 526, 676, 730, 849, 856
Frustration 266
Fuchs 235ff., 240ff., 741ff., 756, 758, 888, 901
Führhund 666
Funktionsbereich 112, 192, 194, 199, 201
Funktionskreis 57, 58, 61, 65ff., 174, 175, 180, 189ff., 256, 657, 658
Futterdressur 412
Futterwerfen 111

G
Galopper 628
Galopprennsport 622, 630, 642
Gans 34, 186ff., 192, 193, 200, 205, 207, 211, 418, 419, 523, 681, 834

Gatter 428, 432, 761, 762
Gatterhaltung 425, 427
Gatterwild 430, 517, 842, 843
Geborgenheit 772
Gebrauchshund 561, 742
Geburt 841
Gecko 455, 456, 463
Gedächtnis 46
Gefahr 769
Gefangenschaft 216, 217, 241, 848
Gefiederpflege 375
Gefiederschäden 857
Geflügel
– allgemein 11, 721, 803, 819, 840ff., 850, 859, 861, 864, 865, 883, 884, 886, 887, 889
– Brand 767, 769, 771
– Haltung 186ff., 197, 864, 203
– Schlachtung 517, 523
– Tötung 698
– Transport 498, 502, 505, 506
– Zucht 557, 559ff
Geflügelmast 194, 203
Gehege
– allgemein 105, 525, 530, 532, 544, 548, 733, 858, 863, 866, 868, 877, 891
– Amphibien 452, 458ff.
– Hund 538
– Kaninchen 230ff.
– Katze 539, 541
– Pelztiere 240, 241
– Reptilien 452, 457ff.
– Strauß 219, 221, 222
– Versuchstiere 399
– Wild 424ff., 433, 529
– Zoo- und Zirkustiere 402ff., 407, 414, 416, 417, 420, 613, 617
Gehegegröße 405, 408, 411, 459, 460, 614
Gehegehaltung 74, 281, 432
Gehegewild 424ff
Gehirn 33, 43ff., 49, 53, 61, 250, 481, 518, 520, 572, 626, 688, 690, 692ff., 706,
Gehirnfunktion 692, 707
Geier 404, 435, 437ff., 447
Geländeprüfung 620
Gelenkhalsrahmen 109
Gemeinschaftsnest 347
Gen 570, 583, 585, 594, 600
Genaustausch 590
Genehmigungspflicht 714, 836
Genehmigungsverfahren 720
Genetik 811
Genexpression 579
Genkonstrukt 599
Genmanipulation 577, 580, 582ff., 920
Genom 577, 581, 582, 585
Genotyp 564
Genregulation 572
Genreserve 578

Gentechnik 101, 575, 585, 588ff., 725, 833, 864, 888, 895
Gentechnologie 91, 96, 102, 103, 581, 582ff., 887, 906, 912
Gentherapie 580
Gentransfer 579, 584, 586, 588, 590
Gerbil 49, 347
Gesamtbestand 799
Gesamtpopulation 783
Gesichtsausdruck 160, 161
Gestik 42, 263, 264, 332
Gesundheit 84, 85, 201, 594, 597
Gesundheitsstörungen 86, 690
Gesundheitszustand 537
Get-away-Käfig 194, 195
Gewerbe 848
Gewohnheit 770
Gewöhnung 772
Gift 790
Giraffe 67, 407, 416, 616
Gitterrost 226, 763
Glaube 676
Goldfisch 488
Goldhamster 322ff., 526, 698, 820
Gottheit 673, 677
Grabbedürfnis 359
Grausamkeit 5, 9, 674, 684, 739
Greifvögel 417, 419, 434ff., 780, 838
Greifvogelhaltung 436ff.
Großgruppe 388
Großkatze 616
Großtier 700
Grundlagenforschung 103, 713, , 880
Gruppenauslauf 549
Gruppenbindung 251
Gruppengehege 540ff.
Gruppengröße 386, 503, 537
Gruppenhaltung 164, 167, 169, 175, 176, 178, 180, 229, 231, 232, 243, 267, 282, 293, 303, 329, 335, 343, 391, 392, 394, 396, 405, 536, 537, 539, 542, 543, 774, 882
Gruppenlaufstall 164, 168, 632
Gruppenzusammensetzung 474
Gurtendruck 629

H

Haarerupfen 403
Habicht 450
Hahn 683
Hahnenkampf 683, 684
Hahnenköpfen 684
Hahnenreiten 684
Hahnenschlagen 684
Halbesel 160, 414
Halothantest 559
Hälterung 485

Haltung
– allgemein 60, 61, 72, 76, 88, 732, 733, 828, 858, 865, 874, 880, 888, 910
– Amphibien 459ff.
– Fische 484, 489, 533
– Geflügel 191
– Greifvögel 442, 447
– Hund 260, 536, 652, 732, 796
– Kaninchen 225, 732
– Katze 300ff., 303
– Kleinsäuger 358
– Pelztiere 236, 240
– Pferd 160, 625, 634
– Reptilien 459ff., 474ff., 533
– Schwein 174ff., 396ff., 882
– Strauß 64
– Versuchstiere 382ff., 722, 732, 733
– Zoo- und Zirkustiere 402, 412, 418, 420, 605, 613
Haltungsanspruch 364
Haltungsart 376
Haltungsbedingungen 84, 99, 102, 106, 147, 194, 369, 370, 386, 387, 389, 440, 482, 614, 733
Haltungseinrichtung 104
Haltungsempfehlung 384ff
Haltungsfehler 163
Haltungsformen 84, 85, 312, 323, 329, 335, 342, 348, 354
Haltungsnorm 381
Haltungssysteme
– allgemein 11, 12, 70, 72ff., 76, 77, 81, 84, 85, 857, 864, 889
– Amphibien 452
– Brandgefahr 774
– Geflügel 189ff., 194, 199, 203
– Kaninchen 225
– Kleinsäuger 309
– Pelztiere 237, 241
– Pferd 163, 168, 171, 634
– Reptilien 452
– Rind 112
– Schwein 175, 176, 179
– Ziervögel 375, 382, 383
Hämoglobin 121
Hamster 322, 382, 409, 721, 829
Handaufzucht 62, 365, 373, 379, 419
Handel 531, 860, 862ff., 866, 874, 912
Handling 309, 316, 321, 326, 332, 338, 345, 351, 356, 360, 413
Handlung 59, 60
Handlungsbereitschaft 34, 58, 62, 66, 200, 260, 657, 658
Handlungsbereitschaftsmodell 37ff.
Handlungskette 266
Hase 223, 409, 740, 742, 756, 758, 764
Haushuhn 186ff., 419
Haushund *s. Hund*
Hauskatze *s. Katze*

Hausmaus 786, 787
Hausschlachtung 516, 883
Hausschwein 174
Haustaube 776
Haustier 9, 61, 67, 223, 407, 617, 618, 786, 860, 862
Hautpflege 57, 161, 166, 169, 397, 414
Hecht 478, 484
Hege 739, 746, 750
Hegemaßnahmen 751
Heimfindevermögen 299, 310
Heimnager 323
Heimtiere 14, 16, 102, 103, 223, 297ff., 308ff., 357, 488, 526, 535, 567, 612, 688, 691, 791, 820, 829, 861ff., 866, 882, 887, 890, 891, 911
Heimtierhaltung 92, 98, 308, 535, 820, 880, 890, 920
Heimvogel 364
Hennenhaltung 12, 17, 191, 834, 839, 894, 896
Herdengenossen 160
Herdenmanagement 72, 74, 155
Hetzen 765
Hetzjagd 739, 743
Hilfsmittel 622
Hinduismus 7
Hirnfunktion 690
Hirnstruktur 688
Hirntod 698
Hirsch 405, 406, 416, 425, 426, 505, 741, 758, 888
Hitzestau 511
Hitzestreß 320
Hobby 308, 402, 432
Hobbyschafhalter 138
Hobbytier 268
Hobbyzucht 302, 561, 564
Hochleistung 557
Hochleistungsrassen 557, 592
Hochschule 715ff., 722, 731, 733, 828
Hochspannungsmast 763
Höckergans 188
Homöopathie 647
Hornträger 416
Hufbeschlag 636, 648
Hufpflege 166, 171
Huftier 402, 407, 408, 421, 422
Huhn 12, 34, 47, 58, 59, 60, 61, 63, 64, 65, 67, 186, 193, 397, 398, 419, 560, 684, 820, 887, 888, 901
Hund
– allgemein 6, 98, 105, 245ff., 682, 886, 890, 895
– Ausbildung 614, 651ff., 820, 829
– Haltung 103, 140, 245ff., 549, 550, 732, 764, 841, 851
– Handel 533
– Jagd 739, 749, 764
– Kämpfe 676
– Schmerz 50, 51, 708
– Tierheim 535ff., 544, 553

– Tierversuch 381, 720, 721
– Tötung 688, 695, 700, 703
– Überpopulation 93, 796ff.
– Verhalten 61, 62, 66
– Verordnung 11, 839, 852, 853, 856, 859, 866ff.
– Zucht 256, 258, 284, 290, 526, 561, 667, 820, 837, 864
Hundeausbildung 651ff.
Hundefang 798
Hundeführer 666
hundegerecht 267, 665
Hundehaltung 824, 850
Hundepopulation 796, 797, 801
Hundesport 651ff.
Hundeverein 651
Hundezucht 291, 561, 820
Hunger 11, 25, 32, 35, 36, 38, 220, 440, 497, 560, 596, 631, 654, 846
Hütehaltung 133, 136
Hütehund 140, 651, 839
Hüttenhaltung 177
Hygiene
– allgemein 86, 87, 574, 824, 825, 828, 857
– Geflügel 187, 199
– Hund 801
– Kaninchen 223, 231, 232
– Katze 304
– Kleinsäuger 314, 317, 320, 321, 324, 325, 327, 330, 332, 336, 337, 339, 343, 346, 352, 356, 361
– Pelztiere 242
– Pferd 169, 634, 635
– Reptilien 453
– Tierversuch 731
– Wild 426
– Ziervögel 367, 375, 381, 383
Hygienemaßnahme 422, 541, 543ff., 629
Hygieneplan 155
hygienisch 79, 89, 102, 197, 200, 302, 341, 350, 360, 398, 417, 538, 557, 782, 821
hyperaggressiv 291
Hypnose 53

I
Immobilisation 688, 718
Immunität 598
Immunreaktion 583
Immunsystem 584
Impfprogramm 598
Imponieren 60, 321, 332
Imponiergehabe 278, 327, 338, 345, 360
Imponierverhalten 278
Indikatorenkonzept 34ff.
Industrie 715, 716, 722, 733
Innenboxe 541
Insektenesser 408
Intensivhaltung 71, 73, 76, 888
Inzucht 341, 374, 384, 386, 574
Islam 522, 835

J

Jagd 3, 93, 687, 738ff., 842, 850, 883, 907, 920
Jagdaufsicht 757
Jagdausübung 738
Jagdausübungsberechtigter 761
Jagddruck 747
Jagdgatter 424
Jagdgebrauchshund 651, 742
Jagdgesetz 450
Jagdhund 651, 656, 659, 670, 742, 743, 851
Jagdhundeausbildung 835
Jagdrecht 738, 758
Jagdrennen 632, 633
Jäger 738, 748
Jägerprüfung 448
Jägerschaft 739
Judentum 2, 522, 835
Jugendentwicklung 258, 268

K

Käfig
– allgemein 11, 104, 105, 309
– Geflügel 505
– Gesetzgebung 839, 852, 858, 865, 881, 884
– Heimtiere 312, 313, 315, 317, 319, 323, 324, 329, 332, 336, 337, 343, 349, 350, 354, 359
– Hunde 278, 309, 545
– Kaninchen 225ff., 232ff.
– Katzen 306, 309, 545
– Legehennen 12, 71, 194, 195, 201
– Pelztiere 236ff.
– Tauben 58
– Transport 505
– Versuchstiere 282
– Wachteln 194
– Ziervögel 365ff., 375, 381, 384, 388, 390, 394, 396ff.
– Zoo- und Zirkustiere 404
Käfigboden 228, 901
Käfiggröße 533
Käfighaltung 84, 92, 95, 196, 225, 228, 229, 238, 241, 242, 267, 302, 308, 309, 397, 733, 770, 771, 839, 864, 868, 888, 900, 910
Kalb 2, 11, 16, 34, 61, 71, 75, 79, 117ff., 121, 122, 157, 503, 511, 520, 557, 696, 838, 850, 852, 858, 865, 881, 882, 888, 910
Kälberhaltung 834, 840, 887, 894
Kälberhaltungsverordnung 13, 119, 834, 840, 843, 894
Kälberschlupf 118
Kaltblüter 886
Kamel 416, 605, 803
Kampf 87, 88, 130, 227, 256, 288, 289, 338, 360, 483, 668, 678, 680, 683, 885
Kampfbereitschaft 256, 288, 289, 290, 291
Kampffische 493, 534, 677
Kampfhund 257, 266, 284, 286, 288, 676, 801
Kampfhunderassen 285, 288, 291

Kampftrieb 285
Kampfverhalten 255, 266, 289, 370, 375, 404, 406
Kaninchen
– allgemein 103, 223ff., 310ff., 402, 764
– Gesetzgebung 837, 841, 842, 856, 858, 859, 861, 864, 865, 868, 883, 886, 889
– Haltung 308, 312ff., 409, 542, 865, 868
– Jagd 738, 740
– Schlachtung 517, 687, 693, 695, 699, 700, 969
– Schmerz 49, 50, 51
– Tierpfleger 820, 829
– Tierversuch 728, 732, 812
– Tierzucht 563ff.
– Verhaltensstörung 63
– Verkehrsopfer 760
– Versuchstier 381, 382, 389ff.
Kannibalismus 63, 64, 86, 179, 180, 189, 191, 197, 199, 203, 205, 206, 209, 228, 317, 328, 340, 483
Karpfen 477, 478, 481, 483, 484, 488
Kastenstand 176, 177, 183, 900
Kastration 92, 99, 103, 122, 140, 141, 156, 182, 232, 284, 288, 291, 304, 358, 406, 553, 709, 791, 792, 850, 867
Kastrationspflicht 288
Kastrieren 298, 343, 882
Katastrophe 770, 773, 774
Katastrophenhund 651
Katze
– allgemein 103, 105, 297ff., 308, 309, 411, 526, 683, 780
– Fang 745
– Gehege 550
– Gesetzgebung 306, 529, 837, 841, 859, 864, 866, 886, 890, 892, 895
– Haltung 98, 300ff., 400, 539ff., 550, 765, 824
– Handel 533
– Heimtiere 535, 539ff., 544, 553
– Kastration 553
– Operation 707, 708
– Pflegepersonal 820, 829
– Schmerz 50, 51, 708
– Straßenverkehr 758, 760
– Tierversuch 721
– Tötung 699, 700, 703, 739, 747
– Überpopulation 93, 791ff.
– Verhalten 66, 549, 765
– Versuchstiere 381
– Zucht 304, 306, 565, 820
Katzenfalle 792, 793
Kennzeichnung 377, 841
Klauenpflege 154, 155
Kleingehege 429
Kleinnager 723
Kleinsäuger 308ff., 756, 829
Kleintier 771
Kleintierhaltung 824

Kletterbaum 616
Klima 152, 175, 334, 364, 369, 385, 399, 403, 417, 444, 452ff., 497, 858, 891
Klimatisierung 452, 505, 547
Klinikhaltung 440, 443
Knock-out-Tiere 572, 577
Köderfisch 752
Kohlendioxid 700, 710, 768, 843, 863, 868, 884, 889
Kohlenmonoxid 701
Koloniehaltung 388
Komfort 606, 733
Komfortverhalten 112, 189, 224, 281, 309, 365, 371, 531
Kommunikation 188, 263, 264, 267ff., 274ff., 285, 288, 374, 376, 542, 606, 653, 669
Kommunikationsverhalten 270f.
Konditionierung 653, 662, 668
Konflikt 282, 285, 304, 395
Kontakt 356, 360
Kontaktaufnahme 281, 345
Kontaktbedürfnis 657
Kontaktmöglichkeit 164, 548
Kontaktpflege 351
Kontakttier 312
Koppelschafhaltung 132
Koppen 653
Koran 522
Körperkontakt 188, 224, 277, 298, 346
Körperpflege 11, 33, 67, 111, 114, 130, 137, 148, 154, 166, 167, 171, 181, 209, 277, 335, 338, 342, 345, 356, 371, 383, 427, 428, 440, 542, 615, 821
Krampf 690
Krankheitsresistenz 595
Kratzbaum 541, 542, 616
Kreatur 755
Krebs 726, 804, 814, 815, 867
Krebsmaus 573
Kreuzung 425, 428, 480
Krokodil 454, 456, 457, 531, 533, 674
Kröte 426, 458, 459, 471
Krüppelzucht 566
Kugelschuß 695, 697, 842, 843, 883
Kuh 35, 64, 71, 108, 115ff., 125, 556, 605, 803, 851, 852
Kuhkampf 681
Kuhtrainer 110ff., 865
Kult 673ff
Kultur 674
Kulturfortschritt 72, 73, 76, 81
Kulturkreis 674
Kümmerer 427
Kumpan 252
Künstliche Besamung 559, 560, 592
Kupieren 140, 205, 206, 209, 267, 268, 269, 418, 682, 709, 837, 856, 862, 867, 869, 890, 909
Kupieren des Schwanzes 140, 181, 267, 682

Kupierverbot 418
Kurzstand 108, 109
Kynologie 651

L
Labormaus 570
Labornager 573
Labortier 230, 691, 825, 829
Lachs 477, 483
Ladedichte 500, 502, 503, 506, 507, 883
Ladefläche 502
Laden 887
Lahmheit 647
Lähmung 707
Landesjagdgesetz 761
Landwirtschaft 101, 593, 601
Langeweile 63, 301, 305, 314, 371, 394, 413, 551
Laufbedürfnis 281
Laufhof 865
Laufhund 659
Laufstall 122, 148, 152, 154, 164, 165, 768, 865
Laufstallhaltung 112ff., 117
Lautäußerung 628
Lawinenhund 605
LD_{50}-Test 730
Lebendfang 744, 745
Legebatterie 894, 900
Legehenne 12, 16, 71, 79, 80, 92, 95, 186, 188, 189, 205, 211, 397, 398, 523, 560, 865, 881, 887, 900, 910
Legehennenhaltungsverordnung 13
Legenest 196ff
Leguan 455, 460
Leidensfähigkeit 18, 23, 48
Leinenzwang 282, 284, 287
Leistungsbeeinflussung 640
Leistungsprüfung 620
Leitfähigkeit 491
Lernbereitschaft 656
Lernen 58, 261, 652, 654, 655, 662, 813
Lernerfolg 657
Lernfähigkeit 299, 656
Lernmechanismus 299
Lernmotivation 653
Lernprozeß 252, 608, 656
Lernverhalten 280
Lernvorgang 259, 652
Licht
– allgemein 77, 81, 102, 148, 200, 202, 227, 228, 250, 326, 336, 387, 405, 441, 453, 485, 490, 491, 515, 549, 631, 632, 644, 763, 772, 813, 881
– Empfindlichkeit 341, 344
– Intensität 175, 203, 341, 455, 460, 461
– Programm 129, 145, 187, 399
– Verhältnisse 197, 740
– UV 374, 378
Liegebox 113

Liegeboxenlaufstall 113ff.
Liegeplatz 538
Lokalanästhetikum 706, 707
Lokomotion 67, 68, 112, 190, 198, 199, 201, 202, 303
Löwe 404, 407, 411, 674
Lufttransport 496, 507, 508, 841, 847, 883, 886
Lüftung 503, 511, 512
Lüftungsöffnung 504, 505
Lurche s. *Amphibien*
Lustgewinn 754

M
Machtmißbrauch 556
Magie 683
Management 3, 21, 71, 73, 112, 116, 139, 155, 168, 181, 186, 187, 213, 232, 300, 371, 373, 435, 443, 528, 888
Manege 615
Manegebewegung 330
Manipulation 221, 304, 327, 346, 578, 579, 623
Marder 744, 745
Markierung 220
Massaker 674, 676
Massentierhaltung 10, 81
Massenvernichtung 801
Mastrind 123ff
Mastschwein 63, 73, 180, 518, 520
Masttauben 186
Maulkorb 287
Maus 49, 50, 61, 223, 333, 382, 384ff., 395, 581, 693, 702, 704, 721, 729, 732, 788, 820, 829
Mauser 440, 449
Meerestiere 764
Meerschweinchen 49ff., 103, 223, 308, 318ff., 388ff., 526, 535, 693, 695, 702, 721, 820, 829
Meideverhalten 42, 611, 612, 654, 813, 815
Melken 104
Menagerie 421, 429
Mensch-Tier-Beziehung 122, 162, 304, 497, 607, 820, 874, 906, 918, 919
Menschenaffe 404, 407
Merkmalsantagonisten 558
Military 620, 623
Mimik 42, 263, 264, 316, 360, 628, 675
Mindestanforderung 408, 417, 421, 537
Mindestgrundfläche 390
Mindestnorm 880
Mißbildung 599
Mißbrauch 289, 674
Mißhandlung 5, 8, 13, 14, 86, 104, 845, 846, 851, 852, 862, 898, 916
Mitgeschöpf 12, 14, 28, 85, 497, 723, 739, 764, 800, 833, 857, 893, 894, 896, 897, 902, 906, 913ff.
Mitgeschöpflichkeit 21, 895, 915
Mitleid 7, 20
Molch 459, 473

Mongolische Rennmaus s. *Gerbil*
Moral 6, 20, 588
Mortalität 780
Motivation 38, 170, 250, 256, 260, 263, 265, 271, 280, 282, 290, 657, 658, 664, 666
Motorik 655, 708
Mufflon 127, 425, 427
Mutation 572, 594
Mutter-Kind-Verhalten 135, 151
Mutterkuhhaltung 117ff
mutterlose Aufzucht 135

N
Nachsuche 743
Nachzucht 378
Nagetier 308, 381, 409, 535, 695, 721, 786ff., 859, 860
Nandu 215, 418
Narkose 54, 710, 717
Nasenring 427
Nashorn 415, 616
Naturschutz 30, 424, 489, 526, 738, 747, 760, 807, 911
Nervensystem 48, 61
Nest 174, 196, 197, 204, 310, 322, 342, 386, 398, 399, 542, 606, 901
Nestbau 177, 178, 226, 227, 317, 349, 382, 383, 385, 386, 418
Nestbauverhalten 177, 182, 190
Nestbox 393, 397
Nestflüchter 318
Nesthocker 438
Nestkasten 240, 243
Nestling 445
Nestmaterial 390
Neugierde 299, 351, 543
Neurektomie 623, 625, 647ff
Neurose 41, 43, 252, 368, 374, 378, 412
Niederwild 741, 743
Nistbereich 369
Nistmaterial 340, 347, 390
Normalverhalten 38, 57ff., 63, 178, 196, 198, 209, 538, 899
Notschlachtung 517, 883
Nottötung 843
Nutzfische 486
Nutztiere
– allgemein 14ff., 842
– Ausbildung 612
– Brand 768, 769
– Eingriff 103, 709
– Ethik 102
– Haltung 92, 157, 860, 864, 868, 869, 875, 880, 912
– Tiergerechtheitsindex 79, 80, 81
– Tierversuch 721
– Tierzucht 581, 583, 585, 911
– Tötung 698, 702, 843

- Transport 840, 841, 882
- Verhalten 147
- Vorschriften 861ff., 887, 888, 909, 910, 914
- Wohlbefinden 84, 858
Nutztierethologie 70, 71, 75, 199, 867
Nutztierhaltung 70ff., 75, 81, 84, 92, 96, 98, 820, 860, 868, 869, 887ff., 920

O
Ochse 2, 3
Ochsenmast 123
Offenfrontstall 208
Ohrenkupieren 267
Ohrkerbe 140, 181
Ökologie 435, 797, 806
ökologisch 27, 28, 411, 738, 781, 811, 816
ökologischer Landbau 594ff., 598, 600, 601
ökologische Tierhaltung 595, 600
Ökosystem 807ff.
Ölpest 763
Opfertier 681, 682, 684
Organspender 585

P
Paarhufer 840
Panik 203, 205, 219, 221, 332, 369, 404, 417, 515, 657, 659, 769, 770
Papagei 64, 67, 364, 365, 368, 369, 373, 375ff., 402, 417, 419, 525ff., 530, 532, 838
Parasiten 426, 552, 777, 782, 836
Partnerersatz 562
Partnerkontakt 371
Peitsche 623, 630, 846
Pelz 842, 883, 914
Pelztier 235ff., 425, 566, 703, 819, 842, 843, 883, 887, 888, 901
Pelztierhaltung 850, 901
Pensionstiere 543
Perlhuhn 186ff., 419
Perversion 673
Pfau 425
Pferchen 133
Pferd
- allgemein 5, 6, 14, 31, 57, 160ff., 596, 682, 803
- Ausbildung 105, 819
- Brand 769, 771, 772
- Eingriff 707, 708
- Gesetzgebung 819, 840, 861ff., 865, 883, 887, 889
- Haltung 98, 160ff., 414
- Neurektomie 647ff.
- Sport 619ff., 625ff.
- Stierkampf 679
- Transport 498, 504, 506
- Verhaltensstörung 61, 67, 68
- Zirkus 402, 604, 605
- Zucht 561, 563, 622, 640, 819
Pferdebestand 619

Pferderennen 632, 633
Pferdesport 98, 619ff., 625, 637, 640ff., 645, 862, 869
Pferdesportverband 625, 637, 639, 641
Pferdewirt 819
Pflege
- allgemein 11, 99, 102, 104, 585, 899, 916
- Amphibien 459
- Ausbildung 820, 821, 828
- Brand 768
- Fische 493
- Gesetzgebung 834, 848, 857, 858, 875, 884, 889, 891, 908
- Greifvögel 443, 444, 447, 449
- Kaninchen 232
- Katze 303
- Kleinsäuger 352, 354
- Pferd 634
- Reptilien 459
- Tierversuch 715, 718
- Versuchstiere 733
- Ziervögel 373, 375
- Zoo- und Zirkustiere 412, 414, 420, 605
- Zoofachhandel 525, 527, 530
Pflegemaßnahme 171, 440
Pfleger s. *Tierpfleger*
Pflegestation 448
Philosophie 2ff., 19, 24, 27, 406, 906, 920
Pirsch 748
Plattfische 486, 843
Platzbedarf 504, 547, 841
Polizeidienst 661
Polizeihund 651, 656, 658, 660
Polo 626, 642
Population 173, 298, 438, 797, 798, 815, 833
Populationsdichte 481, 777, 796ff.
Populationsdruck 796
Populationsgröße 776, 777, 783
Populationskontrolle 791
Populationsregulierung 796
Prägung 419, 665, 669
Prägungsphase 656
Primaten 391ff., 404, 405, 410, 529, 721, 820
Problemverhalten 239, 253, 607
Prüfung 822, 827
PSE-Fleisch 558
Psyche 708
Psychopath 287
Pute 61, 186ff., 192, 193, 202, 205, 207ff., 523, 560, 843
Putenhaltung 209

Q
Qual 851, 878
Quälen 8, 9, 14, 685, 854, 873
Quälerei 13, 417, 845, 846, 898, 909
Qualzucht 248, 304, 306, 335, 565, 566, 837
Quarantäne 377, 531, 540, 543, 553

R

Rampe 498, 512
Rangordnung 188, 229, 261, 266, 272, 341
Rangordnungskampf 87, 116, 313, 429, 499, 627, 631, 772
Rassenzucht 233, 302, 565, 651
Rassestandard 311, 563, 564, 566, 567, 890
Rassevogel 565
Ratte 49, 50, 51, 223, 340, 382, 386ff., 693, 695, 698, 702, 704, 709, 721, 732, 745, 786ff., 820, 829
Raubfisch 752
Raubkatze 614, 866
Raubtier 36, 402, 403, 410, 411, 421
Raubwild 139, 745
Rauchvergiftung 768
Rauhfutter 881
Raumklima 884
Raumstruktur 75
Rebhuhn 738, 746, 756
Reflex 42, 675, 692, 813
Regenerationsfähigkeit 777
Regulierungsmaßnahmen 791
Reh 427, 756, 758, 764
Reinigung 545
Reitbetrieb 767, 837
Reiten 819
Reiter 619, 620
Reitpferd 621, 630
Reittier 605
Reizarmut 249, 305
Reizmuster 657
Reizüberflutung 67
Religion 2, 7, 522, 523, 810, 850, 864, 906, 912
Religionsgemeinschaft 835
Rennen 620
Rennordnung 626
Rennpferd 628, 632, 841, 842
Rennsport 561, 620, 630, 638, 642, 643, 645, 669
Reptilien 400, 402, 452ff., 526, 829, 837, 838, 866
Resistenz 583, 594, 598, 601
Restpopulation 435
Rettungshund 656
Revierkampf 335
Rind
– allgemein 1, 78, 79, 156, 803
– Brand 769, 771, 772
– Eingriff 707ff.
– Gesetzgebung 840, 843, 859, 864, 865, 869, 882, 883, 886ff.
– Haltung 78, 107ff., 125
– Schlachtung 511, 512, 514, 520, 521
– Schmerzen 31
– Stierkampf 677
– Transport 498, 501, 503, 506
– Verhalten 57, 130
– Verhaltensstörung 67, 68
– Zoo und Zirkus 416
– Zucht 556, 565ff., 592
Ritual 673
rituelle Schlachtung 883
Ritus 673ff.
Robbe 618
Rodeo 679
Rotwild 424, 427, 505, 738
Rückzugsmöglichkeit 547
Rudeltier 319, 335, 357
Ruhebedürfnis 344
Ruhestall 512, 513
Ruhezone 765
Ruhigstellung 889

S

Sachkunde 529, 837, 842
Sachkundebescheinigung 840
Sachkundenachweis 501
Safaripark 424, 820
Salamander 453, 457, 459, 473
Salmoniden 477, 480, 483ff.
Sandbad 203, 218, 331, 355, 359
Sanitätshund 651
Sattelzwang 629
Saugdefizit 120
Saugen 120
Säuger 36, 58, 866
Säugetier 9, 27, 32, 47, 48, 402, 408, 424, 523, 583, 627, 677, 693, 764, 838, 841, 867, 877, 882, 886, 915
Saupark 427
Schächten 141, 522, 523, 835
Schächtverbot 523, 855
Schäden 31, 42, 456, 501, 511, 519
Schadensvermeidung 36, 160, 171, 194, 289, 433
Schadgaskonzentration 202
Schädigung 31, 32, 40, 511
Schädlingsbekämpfung 745, 842
Schadstoffbelastung 490
Schaf 1, 31, 47, 57, 61, 67, 127ff., 144, 157, 402, 417, 498, 503, 506, 517, 520, 596, 605, 695, 696, 771, 819, 820, 840, 865, 882, 883, 886, 887, 889
Schafbestand 127
Schäferlauf 681
Schafstall 133
Schalenwild 741, 742, 748, 761
Schärfprüfung 739, 834
Schaugehege 428, 437
Schaustellung 849, 855
Schiffstransport 886
Schildkröte 454, 456, 457, 465ff., 531, 533, 535, 856,
Schlachtanlage 889

Schlachtbetrieb 842
Schlachten 7, 14, 16, 481, 485, 496, 510ff., 835, 842, 855, 859, 862ff., 867, 877, 889, 908
Schlachthof 84, 88, 510, 511, 679, 687, 697, 883
Schlachtpersonal 688
Schlachtpferd 504
Schlachtrecht 907
Schlachtschwein 86, 514, 517, 698
Schlachttier 89, 98, 104, 182, 496, 499, 510, 687, 688, 690, 835, 847, 868, 881, 887, 889, 911
Schlachtung 84, 86, 87, 90, 141, 158, 221, 430, 485, 486, 496, 523, 686, 687, 814, 835, 841, 842, 850, 852, 877, 880, 883, 910
Schlachtvieh 496, 869, 892
Schlachtvorgang 889
Schlafhöhle 551
Schlafnest 540, 542
Schlafplatz 542
Schläge 851
Schlange 402, 454, 456, 457, 468ff., 533
Schleie 478, 484
Schmerzbekämpfung 708
Schmerzempfindung 49, 627
Schmerzerzeugung 628ff
Schmerzsymptom 33
Schmerzwahrnehmung 47
Schnabelkürzen 865
Schonzeit 748
Schöpfung 21, 101, 803, 810, 833
Schrotschuß 742
Schußverletzung 852
Schußwaffengebrauch 740
Schutzbedürftigkeit 845
Schutzgebiet 805
Schutzhund 651, 660
Schutzhütte 153, 428, 449
Schutzmaßnahme 807
Schutzmöglichkeit 409
Schutztrieb 660
Schutzvorrichtung 760
Schwanzkürzen 99, 103, 141, 267, 882
Schwanzlurche 473
Schwarzwild 427, 741, 746
Schwein
– allgemein 1, 4, 34, 596, 803
– Angst 54, 707
– Brand 767, 769, 771
– Erkrankung 597, 598
– Gesetzgebung 838, 840ff., 858, 859, 861, 864, 865, 868, 869, 882ff., 886ff., 900, 910
– Haltung 71, 73, 75, 78ff., 173ff., 595, 709, 840, 869, 894, 896, 900
– Kannibalismus 63
– Schlachten 511, 512, 514, 516, 519, 521, 687, 691, 695, 697
– Tierpfleger 819, 820
– Transport 498, 501, 502, 506, 595
– Verhalten 57, 592
– Verhaltensstörung 63ff., 67, 68
– Versuchstier 396ff., 580, 584
– Zoo und Zirkus 415
– Zucht 557ff., 600
Schweinehaltungsverordnung 13, 182, 840, 844, 900
Schwergeburt 558
Seele 3
Seelöwe 614
Selbstverstümmelung 52
Selektion 727
Sichtblende 231, 393, 538, 542, 616
Singvogel 420
Sinnesleistung 34
Sinnverlust 811
Sittich 364, 365, 373, 375, 532
Sitzstangen 189, 191, 192, 194, 195, 196, 198, 200ff., 204, 209, 399
Sozialanspruch 483
soziale Bindung 280, 666
soziale Isolation 281
soziale Kommunikation 282, 653
soziale Rangordnung 218, 388
sozialer Streß 135, 281, 499, 611
Sozialfaktor 386
Sozialisation (Sozialisierung) 252, 259, 260, 291, 300, 301, 563, 651, 656, 658
Sozialisierungsphase 258, 270
Sozialkontakt 11, 75, 77, 81, 105, 112, 116, 123, 148, 149, 151, 162, 164, 176, 239, 242, 251, 257, 261, 268, 301, 348, 533, 536, 631, 634, 658
Sozialkumpan 263
soziallebend 151, 164
Sozialneurose 379
Sozialpartner 226, 253, 257, 269, 271, 276, 280, 287, 297, 298, 301, 383, 388, 653, 656ff., 661, 662, 668
Sozialspiel 251, 257, 259ff., 277, 652, 669
Sozialstruktur 229, 405
Sozialsurrogat 562
Sozialverband 163, 216, 252, 278, 382, 386, 606, 657, 811
Sozialverhalten
– Amphibien 457
– Fische 491
– Geflügel 191
– Gesetzgebung 868, 891
– Greifvögel 437, 438
– Heimtiere 322, 342
– Hund 252, 255, 258ff., 266, 268, 281, 282, 288, 289, 656, 657, 661, 666, 667
– Pferd 162, 165
– Reptilien 457
– Schaf 130
– Schmerz 41
– Schwein 181
– Strauß 216
– Versuchstiere 394

– Ziege 147, 148, 150
– Ziervögel 365
Soziobiologie 811
Spaltenboden 63, 115, 119, 123, 125, 133, 149, 179, 182, 593
Spendertier 599
Spiel 58, 225, 257, 298, 299, 536, 608, 609, 613, 665, 668, 674, 679
Spielaktivität 149
Spielappetenz 655
Spielaufforderung 745
Spielen 254, 382, 383, 386, 387, 395, 665
Spielmöglichkeit 720
Spielobjekt 325, 410, 616
Spieltrieb 412
Spielverhalten 130, 257, 281, 663
Spielzeug 54, 85, 302, 367, 368, 396, 538, 539, 542
Spitzensport 644
Sporen 629, 638
Sport 101, 102, 105, 632, 647, 648
Sportfischer 750
Sportpferd 619
Sportveranstaltung 849
Sportverletzung 635
Springpferd 620, 648
Springprüfung 620
Springsport 623, 645
Spürhund 655, 659
Stall 133, 217, 221, 417, 497, 768, 769, 877
Stallausgang 773
Stallbau 70ff., 101
Stallbrand 767, 769
Stalleinrichtung 14, 68, 92, 102, 111, 112, 124, 833, 857, 859, 864, 868, 875, 877, 901
Stallgang 773
Stallhaltung 117, 123, 133, 136, 139, 148, 151, 153, 167, 175, 202, 218, 632, 638
Stallklima 63, 75, 77, 81, 84, 99, 102, 112, 116, 117, 121, 133, 142, 148, 150, 167, 176, 181, 183, 199, 202, 219, 221, 512, 632, 638
Standardkäfig 366, 385, 387
Standplatz 108
Statussymbol 364
Staubbaden 191, 199, 200, 205
Sterblichkeit 532
stereotyp 59, 64, 68, 180, 190, 276, 675,
stereotype Verhaltensweisen 41
Stereotypie 59, 63, 65, 66, 68, 180, 196, 226, 232, 238ff., 308, 324, 330, 359, 374, 392, 858
Sterilisation 92
Steuerungsvorrichtung 113
Stierkampf 96, 678
Stierspiele 677
Stockente 746
„Stolba-Familienstall" 74, 174
Stopfen 834
Strafe 610, 622, 655, 660, 673

Strafreiz 110, 270ff., 276, 653, 654, 663
Strafschuß 742
Straßentauben 776ff.
Straßentransport 496, 882, 883
Straßenverkehr 758ff.
Strauß 64, 67, 186ff., 192, 193, 202, 215ff., 418, 421, 838, 843
Straußenhaltung 894
Streicheleinheiten 540
Streichelzoo 429
Streifenhörnchen 328ff.
Streß
– allgemein 42, 50ff., 54, 89, 684, 708, 709
– Amphibien 475
– Ausbildung 422, 610, 612, 632
– Fische 483, 750, 752, 753
– Haltung 176, 179, 229, 319, 335, 378, 415
– Heimtiere 315, 327, 335
– Hund 536, 671
– Kaninchen 229
– Katze 304
– Labortiere 688
– Nager 790
– Pelztiere 238
– Pferd 631, 632
– Reptilien 458, 475
– Schlachtung 89, 687ff., 700
– Schwein 176, 415, 502
– sozialer Streß 134, 499, 536, 553, 611, 777
– Symptome 238
– Transport 497, 615
– Verhaltensstörung 179
– Vögel 378, 502, 782
– Wiederkäuer 134, 503
– Wild 744, 745, 766
– Zirkus 609
– Zootiere 406
Streßbelastung 249, 304, 503, 514, 517, 520, 537, 558, 599, 691
Streßfaktor 282
Streßsyndrom 582
streunende Tiere 798, 800, 891
Stroh 177, 178, 180, 183
Strukturierung 243, 394, 404, 408, 410, 416, 420, 538
Stubenvogel 526
Suchhund 651
Suchverhalten 653
Suhle 428
Suhlen 178, 427, 613
Sühneopfer 683, 684
Sumpfbiber 409, 786, 787, 789, 888

T
Tanzbär 675
Tanzmaus 533
Taube 58, 187, 188, 192, 200, 377, 776ff., 852, 864

Taubenpille 781
Taubenplage 852
Taubenpopulation 780
Technisierung 767
Technopathie 114, 308, 368, 511
Teichwirtschaft 477, 480, 482
Teilamputation 167, 376
Teilspaltenboden 124
Temperaturanspruch 453
Territorialverhalten 278, 313
Territorium 224, 251, 329, 530, 777
Theologie 4, 21, 22, 24, 27, 28, 803, 920
Tiefstreu 134
tierartgemäß s. artgemäß
Tierarzt 10, 39, 76, 98, 100ff., 141, 156, 232, 241, 268, 290, 407, 408, 434, 444, 511, 545, 546, 552, 591, 625, 644, 645, 688, 689, 705, 732, 774
Tierbesatz 726
Tierbesitzer 103
Tierbestandskontrolle 532
Tierexperiment 734
tiergerecht
– allgemein 102,
– Ausbildung 275, 276, 279, 607, 612, 613, 652ff., 656, 661, 662, 664
– Geflügel 192ff., 210
– Gesundheit 85
– Haltung 109, 192, 196, 272, 278, 281, 298, 366, 388, 392, 513, 539, 605, 819, 864, 899
– Hund 261, 275, 276, 278, 279, 281, 652ff., 656, 659, 661, 662, 664
– Kaninchen 225
– Rind 109, 864
– Versuchstiere 382, 385, 388, 392
– Vogel 366, 434
Tiergerechtheit 71, 73, 75, 84, 85, 87, 861
Tiergerechtheitsindex 70ff.,76ff., 80, 85
Tiergesundheit 582, 600
Tierhalter 106, 864, 896, 899, 908, 924
Tierhaltung
– allgemein 10, 11, 13, 26, 81, 99, 103, 134, 732
– Ausbildung 822, 824, 828
– Brand 767ff.
– Gentechnik 588ff.
– Gesetzgebung 832ff., 838, 858ff., 874, 875, 880, 894, 898, 914
– Labortiere 691
– Tierarzt 99, 100
– Verhalten 593
– Wildtier 615
Tierhandel 525ff., 531, 595, 937
Tierhandlung 530
Tierheim 93, 98, 278, 282, 306, 535ff., 824, 828, 866, 868, 910
Tierkampf 673, 677, 849, 855
Tierklinik 828
Tierpark 526, 529, 614, 828, 829, 875

Tierpension 546, 554
Tierpflege 822
Tierpfleger 317, 342, 346, 374, 395, 407, 413, 497, 529, 536, 615, 616, 618, 720, 771, 775, 819ff., 824ff., 827ff., 831, 856, 859ff., 866, 890
Tierpflegerausbildung 868
Tierquälerei 5, 6, 10, 136, 417, 676, 849ff., 873, 878, 894, 900, 907ff., 912, 924
Tierrettung 770, 774
Tierschau 429, 617
Tierschutzbeauftragter 13, 715, 731, 836, 896, 922, 924
Tierschutzgesetzgebung 855ff., 873, 893
Tierschutzkommission 11ff., 838, 844, 915
Tierschutzorganisation 733, 856
Tierschutzregelung 886
Tierschutzverband 621
Tierschutzverordnung 856, 857, 861, 868, 869
Tiertransport s. Transport
Tiertransportrichtlinie 847
Tierverkauf 533
Tierverluste 755
Tierversuch
– allgemein 7, 11, 13, 14, 18, 19, 23ff., 93, 96, 101, 102, 104, 903
– Alternativmethoden 713ff.
– Gesetzgebung 842, 845, 847ff., 856, 859, 860, 862ff., 867, 868, 876, 877, 887, 902, 908, 911, 912
– Schmerz 42, 51
– Schwein 182
– Wirbellose 812
Tierversuchskommission 732
Tierwirt 819
Tierzucht 101, 186, 556ff., 588ff., 593, 864
Tiger 404, 411, 592, 676
Tod 627, 633, 689ff., 695, 738
Todesangst 687
Todesfall 499
Todesfalle 763
Todesursache 532
Töten 11, 20, 25, 27, 98, 302, 475, 481, 510, 686ff., 744, 745, 793, 794, 815, 834, 835, 837, 842, 849, 853, 865, 867, 890, 914, 915, 917ff.
Tötung
– allgemein 7, 23, 27, 30, 87
– Aggression 287, 437
– Bestandsregulierung 777, 798, 800
– Fische 485, 486, 494, 750, 753
– Gesetzgebung 837, 842, 843, 850, 868, 882, 883, 884, 898, 901, 910, 913, 914
– Kampf 60, 437
– Nutztiere 513, 517, 686ff., 697, 969
– Pelztiere 237, 241
– Stierkampf 679
– Wild 426, 430, 739, 740, 747
– Wirbellose 814

Tötungsaktion 780
Tötungsmethode 690, 691, 779, 780
Tötungsschuß 740
Tötungsverfahren 241, 516, 842
Touchieren 630
Toxikologie 104, 725, 726, 731, 734, 768
Toxizität 360, 725, 728
Trabrennen 622, 819
Trabrennpferd 628, 629, 633
Trabrennsport 633
Training 163, 620, 622, 623
transgen 560, 570, 579, 584, 588, 590, 864
transgene Tiere 570ff., 577ff.
Transplantation 584, 586
Transport
– allgemein 8, 14, 84, 85, 87, 88, 95, 98, 101, 104, 496ff., 852, 859, 862ff., 866, 874, 880, 882, 883, 886
– Ausbildung 821, 824, 825
– Fisch 477, 483, 484, 489
– Gesetzgebung 15, 16, 102, 717, 798, 838, 840, 845ff., 887, 892, 907ff.
– Greifvögel 442, 443
– Hund 253
– international 95, 96, 713
– Pferd 171
– Schaf 141
– Schlachtung 84, 507, 687, 688
– Schwein 595
– Strauß 221
– Wild 431ff.
– Wirbellose 806, 815
– Ziege 158
– Ziervögel 370
– Zirkus 614, 615
– Zoofachhandel 525, 527, 532
Transportbedingungen 528, 496
Transportbehälter 507, 616, 866
Transportbescheinigung 842
Transportdauer 141, 158, 500
Transportfähigkeit 502, 504
Transportfahrzeug 104, 141, 158, 171, 511
Transportkäfig 505
Transportmittel 496, 498ff., 507, 647, 849, 862, 866, 883
Transportschäden 221
Transportsterblichkeit 527
Transportunternehmen 847
Transportverbot 841
Transportzeit 507
Trauer 37
Treiben 497, 501, 514, 889
Treibgang 514, 516
Treibhilfe 432, 501, 502, 515, 516
Treibjagd 740
Treibstock 512
Treibweg 501, 503, 512
Trenngitter 511

Tretmiststall 113, 117
Trichinen 431
Triebbefriedigung 266, 653
Triebstau 61, 120
Turnierpferd 630, 841, 842
Turniersport 621, 626, 628, 649

U
Überbelegung 179
Überbesatz 375
Überforderung 620
Überpopulation 777
Überproduktion 497
Überwachung 139, 155, 547, 616
Überweidung 156
Umgang 618, 839
Umwelteinfluß 253
Umweltgift 435
Umweltreiz 282, 367
Umweltschutz 94, 738, 911
Umzäunung 139, 218, 241
Unbehagen 698
Unfall 165, 169, 309, 326, 760, 797
Unfallgefahr 410, 765
Unlustgefühl 170, 631
Unterbringung 384, 525, 715, 842, 875, 888
Unterkunft 887
Unterstand 131, 152, 177, 419, 425, 426, 429
Unterwerfung 360, 608

V
Vegetarismus 28
Verantwortung 618
Verbrennung 767, 768, 770
Verdrahtung 761
Vergiftung 434, 547, 789
Vergrämungsmittel 757
Verhalten
– allgemein 34, 37, 857
– Ausbildung 607, 608, 611, 613
– Brand 767, 769
– Geflügel 189
– Haltung 514, 606
– Hund 249, 251ff., 661
– Kaninchen 224
– Katze 796
– Normalverhalten 57ff.
– Pelztiere 239, 243
– Pferd 166, 170
– Schaf 130
– Schmerz 42, 47, 52, 54, 705
– Schwein 174, 180
– Versuchstiere 388, 389
– Ziege 146
– Zoo- und Zirkustiere 405
Verhaltensadaptation 606
Verhaltensänderung 110, 606, 607, 612
Verhaltensanomalie 239, 253, 309, 434, 899

Verhaltensanpassung 607
Verhaltensanspruch 72, 73, 81, 368, 733, 819
Verhaltensauffälligkeit 665
Verhaltensbedürfnis 33, 72, 175, 282
Verhaltensbeobachtung 820
Verhaltensbesonderheit 252, 287
Verhaltenselement 173
Verhaltensforschung 54, 73, 231, 285, 719
verhaltensgerecht 11, 54, 71, 75, 102, 151, 162, 169, 170, 193, 308, 349, 371, 376, 381, 382, 422, 429, 506, 537, 619, 657, 658, 666, 834, 857, 898, 899
Verhaltensinventar 395, 608
Verhaltenskette 66
Verhaltenskontext 269
Verhaltenskunde 12, 13, 857
Verhaltensmerkmal 239
Verhaltensmuster 365, 371, 374
Verhaltensontogenese 58
Verhaltensproblem 277, 305
Verhaltensprogramm 280
Verhaltensrepertoire 224, 299, 379, 382ff., 395, 613, 658
Verhaltensschädigung 42
Verhaltenssteuerung 200, 610
Verhaltensstörung
– allgemein 38, 57ff., 74, 99, 858
– Ausbildung 607
– Geflügel 189, 194, 197, 200, 204
– Haltung 75
– Hund 252, 253, 256, 257, 259, 272, 276, 287ff., 305, 657, 668, 743
– Kaninchen 226
– Pelztiere 238, 242
– Pferd 164, 170, 634ff.
– Rind 108, 120, 124
– Schmerz 41
– Schwein 176, 179
– Strauß 220
– Versuchstiere 385, 388, 390
– Ziervögel 366, 370, 376, 379
Verhaltensweise 38, 57, 58, 60, 61, 152, 299, 381, 383, 385, 392, 605, 613, 652, 665, 666, 857, 892, 899
Verkehrstod 759
Verladeeinrichtung 883
Verladen 497, 504
Verletzen 150, 232, 501, 858, 918, 919, 922
Verletzung
– allgemein 547, 548, 552, 554, 825, 842, 851, 881, 919
– Fische 483, 485
– Greifvögel 437, 441
– Hund 268
– Kaninchen 225, 226, 231
– Kleinsäuger 339, 346, 359
– Pferd 504
– Rind 114, 124, 503

– Schwein 178, 180, 182
– Strauß 221
– Transport 503, 504
– Ziege 156
– Ziervögel 373, 375, 376
Verletzungsgefahr 109, 115, 122, 124, 133, 156, 354, 355, 430, 442, 500, 549, 550, 670
Verletzungshäufigkeit 115
Verludern 752
Vernachlässigung 617
„vernünftiger Grund" 897, 898
Verständigungsmittel 652
Versuchshund 253, 837
Versuchskatze 302, 837
Versuchstiere 14, 16, 104, 223, 249, 298, 302, 334, 381ff., 570ff., 719, 720, 722, 812, 820, 836, 837, 880, 881, 903, 914
Versuchstierhaltung 720, 731ff., 828, 829, 866
Versuchstierhandel 836
Versuchstierkunde 381, 705, 719, 733
Versuchstierpflege 820
Versuchstierzucht 335, 836
Verwildern 248, 747, 797
Verzwergung 562
Veterinärbehörde 98
Viehbestand 596
Vivisektion 7, 14, 812
Vogel 31, 48, 64, 91, 402, 417, 434, 526, 535, 683, 687, 693, 695, 699, 721, 745, 756, 761, 762, 764, 803, 829, 841, 857, 866, 886, 915
Vogelfang 762
Vogelschutz 907
Voliere 191, 194, 195, 204, 308, 366ff., 373, 375, 419, 420, 437, 440, 442, 445
Volierenhaltung 189, 196, 440, 441, 868, 884
Volierensystem 19, 204
Volksbelustigung 674
Vollblutzucht 637
Vollspaltenboden 74, 125
Voltigierpferd 620

W
Wachhund 651
Wachtel 186ff., 193, 683, 820
Waidgerechtigkeit 739, 741
Wal 412
Wanderschafhaltung 133, 136
Waran 455, 464, 533
Wärmedämmung 839
Wartebucht 514
Wassergeflügel 192
Wasserqualität 482
Wasserschildkröte 474
Weben 107, 635
Weide 137, 150, 153, 154, 163, 168, 169, 204, 772
Weidegang 111, 153, 171, 176, 638, 649, 770, 868

Weidehaltung 116, 123, 139, 169ff., 181, 632, 881
Weiterbildung 890
Wels 480, 483, 485, 491
Wesensprüfung 290
Westernreiten 561, 626
Westernsport 628, 630
Wettbewerb 632, 677
Wettfischen 753
Wettkampf 625, 680
Wiederkäuer 557, 842, 883
Wild 424, 433, 738, 755, 762
Wildbestand 738
Wildcaniden 262
Wildente 745
Wilderei 447
Wildern 747
Wildfang 364
Wildgatter 424
Wildkaninchen 223, 310, 745
Wildpark 424, 820
Wildretter 757
Wildrind 118
Wildruhezone 748
Wildschaf 127, 129, 136
Wildschutz 758
Wildschutzzaun 759
Wildschwein 173, 427ff., 431, 598, 762
Wildtiere
– allgemein 14, 79, 424ff.
– Ausbildung 820
– Ethik 102
– Gesetzgebung 859ff., 887, 890, 891, 901, 914
– Greifvögel 448
– Handling 413
– Heimtier 356
– Hund 62
– Jagd 747
– Kampf 674
– Pelztier 237
– Strauß 222
– Tierhandel 526, 528, 529
– Tötung 687, 699, 707
– Umwelt 761, 765
– Witterungsschutz 425
– Zirkus 402, 403, 408, 604, 614ff.
– Zoo 402, 403, 408
Wildtierhaltung 98, 101, 105, 424, 616, 828, 829, 850, 859, 860, 861, 868
Wildverluste 755
Wildwarnsystem 760
Winterquartier 616, 617
Winterschlaf 325
Wirbellose 803ff., 915
Wirbeltiere
– allgemein 804
– Empfindungen 40, 812
– Gesetzgebung 288, 306, 686, 715, 733, 750, 753, 794, 843, 848, 849, 884, 887, 898, 902, 903, 914ff.

– Körperbau 33, 35, 48
– Wild 745
– zoologische Systematik 452, 477
Wirtschaftsgeflügel 186
Wissenschaft 81, 91, 96, 726, 732, 838, 857, 880, 883, 902, 912
Wissenschaftler 36, 566, 718, 720, 731, 734, 735, 904
Witterung 432, 505
Witterungsschutz 123, 169, 170, 425, 426, 428, 429
Wohlbefinden
– allgemein 34, 37, 84, 365, 573, 588
– Ausbildung 827
– Definition 32, 33, 54, 71ff., 77, 574, 577, 631, 805
– Ethik 102
– Gesetzgebung 11, 14, 31, 94, 147, 253, 268, 284, 392, 764, 851, 857, 892ff., 912ff.
– Haltung 198, 221, 238, 332, 368, 373, 385, 453, 493, 536, 538, 585
– Indikatoren 38, 54, 89, 193, 271, 273, 321, 364, 481
– Störung 41, 196, 273, 304, 376, 747, 765, 766
– Tierversuch 104
– Tötung 686
– Verhalten 111, 137, 181, 299, 361, 375, 418, 543
– Wildtiere 738, 747, 748, 765
– Zucht 590
Wohlergehen 102, 193, 717, 718, 879, 896, 911
Wolf 62, 245, 246, 248, 259, 269, 272, 406, 411, 617, 738
Wunde 378
Wundheilung 182
Würde 895, 896, 906, 913, 915, 919ff.

Z

Zahnabkneifen 882
Zaun 117, 139, 150, 155, 219, 428, 429, 762
Zebra 160, 414, 421
Zebu 496
Zellkultur 723, 725, 727, 729
Zentralnervensystem 33, 47, 61, 689, 691, 699, 704, 707
Zerstörungswut 551
Ziege 1, 57, 67, 127, 130, 140, 144ff., 417, 498, 506, 517, 520, 605, 695, 696, 840, 850, 865, 882, 883, 886ff.
Zierfische 488ff., 824
Ziergeflügel 530
Ziervögel 308, 364ff.
Zirkus 3, 93, 102, 105, 168, 420, 604ff., 767, 828, 829, 868
Zirkustiere 402ff., 424, 613, 617, 866
zivilisationsbedingt 755ff.
Zoo 79, 102, 105, 402ff., 424, 436, 448, 526, 529, 612, 614, 615, 820, 824, 828, 829, 866, 868, 875

Zoofachgeschäft 98, 529ff., 533, 828, 829, 868
Zoofachhandel 311, 315, 326, 335, 337, 338, 343, 344, 349, 354, 370, 491, 525ff., 531ff.
Zoologie 824
Zootiere 14, 34, 41, 402ff., 424, 866
Zootierhaltung 34, 866
Zootierpflege 820
Zucht 187, 210, 223, 229, 239, 260, 302, 317, 322, 328, 333, 340, 352, 356, 361, 391, 395, 441, 446, 447, 573, 650, 887, 890
Züchter 103, 223, 226, 236, 238, 258, 260, 261, 287ff., 301, 306, 354, 447, 560, 561, 563, 565, 566, 581, 660, 665, 667, 849, 890
Zuchterfolg 391, 408
Zuchtgruppe 39, 221, 225, 302, 388
Zuchtmethoden 563, 583, 864, 888
Zuchtprogramm 585
Zuchtreife 128, 129, 146
Zuchtschwein 11, 59, 65, 175, 180, 840, 869, 888
Zuchtstandard 890
Zuchttier 240, 391
Zuchtziel 210, 215, 248, 257, 557, 560, 592
Zugluft 167, 169, 334
Zugpferd 648
Zwang 668
Zwangsmaßnahme 662, 664, 771, 846
Zwangsmauser 202, 206
Zwangsmittel 504, 663
Zwergkaninchen 310
Zwinger 140, 142, 258, 281, 537, 839, 852
Zwingeraufzucht 252, 253, 257, 260, 289, 656
Zwingerhaltung 278, 281, 665